כתבי בעל הסולם

הקדמות, מאמרים, אגרות ורשימות דברים
מאת קדוש ישראל
צי"סע האדמו"ר המקובל האלוקי
רבי יהודה לייב הלוי אשלג זצוק"ל,
מחבר פירוש "הסולם" על ספר הזהר הקדוש

כתבי בעל הסולם
Kitvei Baal Hasulam

Copyright © 2022 by Laitman Kabbalah Publishers
1057 Steeles Avenue West, Suite 532
Toronto, ON M2R3X1, Canada
All Rights Reserved

המכון למחקר ע״ש הרב אשלג
Ashlag Research Institute (ARI)
ISBN: 978-1-77228-059-3 :מסת״ב
דאנאקוד: 760-95
www.kab.co.il

תוכן העניינים

חלק א: גילוי חכמת הקבלה

עת לעשות 7
גילוי טפח וכיסוי טפחיים 9

חלק ב: מהות חכמת הקבלה

מהותה של חכמת הקבלה 15
תורת הקבלה ומהותה 21
שכל הפועל 32
חכמת הקבלה והפילוסופיה 33
תכונתה של חכמת הנסתר בכללה 39
חכמת ישראל בערך חכמת חיצוניים 44
גוף ונפש 46
סוד העיבור - לידה 50
מבשרי אחזה אלוקי 58
אחור וקדם צרתני 63
סגולת זכירה 68
סוד הכף דאנכי 75
ד' עולמות 78
וזאת ליהודה 81
תולדות חכמת הקבלה 84

חלק ג: תפיסת המציאות

תע"ס ח"א, הסתכלות פנימית 87
מבוא לספר הזהר 102
החומר והצורה בחכמת הקבלה 116
פתיחה כוללת 117
הקדמה לספר "פנים מאירות ומסבירות" 133
הקדמה לפתיחה לחכמת הקבלה 154

חלק ד: מבנה העולמות

פתיחה לחכמת הקבלה 161
פתיחה לפירוש הסולם 204
בית שער הכוונות 227
ספר האילן 367

חלק ה: החברה כגורם להשגה רוחנית

מתן תורה 385
הערבות 392
מהות הדת ומטרתה 398
השלום 404
החֵרות 414
הקדמה לספר הזהר 430
שפחה כי תירש גבירתה 454
שופר של משיח 457
השלום בעולם 459
הגלות והגאולה 469
מאמר לסיום הזוהר 471
מצווה אחת 479
אהבת ה' ואהבת הבריות 482
האֻמה 487
ירושת הארץ 505
ששים רבוא נשמות 506
נבואתו של בעל הסולם 509

חלק ו: עבודה רוחנית

מאמרי "שמעתי" 513
אגרות 665
הסתר וגילוי פנים של השי"ת - א 766
הסתר וגילוי פנים של השי"ת - ב 768
הקדמה לתלמוד עשר הספירות 769
הקדמת פי חכם 806

חלק ז: כתבי הדור האחרון

הקדמה 813
חלק א 815
חלק ב 839
חלק ג 846
חלק ד 851
חלק ה 855

חלק ח: שירי הסולם

שיר קודש 863
דייני 864
הבהיר 867
שיר, יסודתו בהררי קודש 868

נספחים

לוח ראשי תיבות וקיצורים 870
תוכן עניינים מפורט ל"שמעתי" ולאגרות 880
טבלאות 885

על הספר

לראשונה יוצאים לאור מאוגדים בכרך אחד כתביו העיקריים של גדול מקובלי דורנו, הרב יהודה לייב הלוי אשלג (1884-1954), הידוע בכינויו "בעל הסולם", על שם פירוש "הסולם" שחיבר לספר הזוהר.

בספר זה מקובצים יחד כל הכתבים הדרושים לאדם המעונין ללמוד את חכמת הקבלה, החל מהחיבור הראשון של בעל הסולם שפורסם בשנת 1927, "הקדמה לספר 'פנים מאירות ומסבירות'", ועד ל"כתבי הדור האחרון" שנכתבו בשנות ה־50 ומתארים את מבנה החברה העתידית.

בספר מופיעים:

- כל ההקדמות והמבואות שחיבר בעל הסולם כהכנה ללימוד שלושת חיבוריו העיקריים: ספר "פנים מאירות ומסבירות" (פירוש על ה"עץ חיים" של האר"י); "ספר הזהר עם פירוש 'הסולם'; ו"תלמוד עשר הספירות" (כל ההקדמות יצאו לאור במהדורה מאוחדת ב"ספר ההקדמות" בשנת 1975);
- כל המאמרים שכתב בעל הסולם לטובת הפצת חכמת הקבלה בשדרות העם (מאמרים שהופיעו בקונטרסי "מתן תורה", "הערבות" ו"השלום"; בספר "פרי חכם - מאמרים" ובעיתון "האומה");
- כל האגרות ששלח בעל הסולם לתלמידיו, ובהן הדרכה לפוסעים בדרך הרוחנית. בספר זה הן מובאות לפי סדר כתיבתן (האגרות פורסמו לראשונה בספר "פרי חכם - אגרות קודש", ראו טבלת השוואה בנספחים);
- כל מאמרי ספר "שמעתי". מאמרים המפרטים את העבודה הפנימית, שרשם בנו הבכור וממשיך דרכו הרב ברוך שלום הלוי אשלג ז"ל, מפיו של בעל הסולם.
- "הסתכלות פנימית", ביאור והרחבות לנושאים שבחלק א' של הספר "תלמוד עשר הספירות", מובא כאן בשלמותו כפי שהופיע במקור.
- ספר "בית שער הכוונות" של בעל הסולם הכולל את הביאור "אור פשוט" על כתבי האר"י. הספר מובא כאן בשלמותו כפי שהופיע במקור.
- "כתבי הדור האחרון". אוסף רשימות של בעל הסולם משנות ה־50, שבהן הוא מנתח סוגים שונים של משטרים חברתיים, ומציג מודל לבנין החברה העתידית.

הספר חולק לשבעה חלקים, על פי הנושאים השונים שנלמדים בחכמת הקבלה. בנוסף לחומר הלימודי כללנו בחלק האחרון שבספר שירים שחיבר בעל הסולם.

להקלת העיון בספר, הוספנו במקומות מסוימים הבהרות, הרחבות ותרגום מילים מארמית לעברית, שהובאו בסוגריים מרובעים ובאות אחרת: [דוגמה].

אנו בטוחים שהלימוד בכתבי המקור של בעל הסולם ישמש כמדריך מועיל להתקדמות רוחנית והשגת משמעות החיים לכל אדם שחפץ בכך, ויצעיד את החברה כולה אל עולם חדש וטוב יותר.

"אך ורק בהתפשטות חכמת הקבלה ברוב עם נזכה לגאולה השלמה. וכיון שכן, הרי אנו מחויבים לקבוע מדרשות ולחבר ספרים, כדי למהר תפוצת החכמה במרחבי האומה".

(בעל הסולם, הקדמה לספר "פנים מאירות ומסבירות").

צוות המכון למחקר ע"ש הרב אשלג

גילוי
חכמת הקבלה

עת לעשות

זה זמן רב, אשר מוסר כליותי ירדפוני יום יום, לצאת מגדרי, ולחבר איזה חיבור יסודי, בדבר נשמת היהדות והדת ובידיעת מקוריות בחכמת הקבלה, ולהפיצו בקרב העם. באופן, שישיגו מתוכו היכרות והבנה בכלל הדברים, העומדים ברומו של עולם, כראוי, באופים וצביונם האמיתי.

ולפנים בישראל, בטרם שנתגלה בעולם מלאכת הדפוס, לא היה בקרבינו ספרים מזויפים, בענינים הנוגעים לנשמת היהדות וכו'. משום כמעט שלא היה בקרבינו איזה מחבר בלתי אחראי על דבריו. והיה זאת מטעם פשוט, כי אדם בלתי אחראי הנה על פי רוב איננו מהמפורסמים. ולפיכך, אם במקרה יצא אחד והעיז פניו לחבר חיבור כזה, הרי לא היה כדאי לשום מעתיק להעתיק את ספרו, כי לא ישלמו לו בעד טרחתו, שהיה עולה כרגיל סכום חשוב. ונמצא מאליו, שהיה משפטו חרוץ להאבד מתוך הקהל.

ובעת ההוא גם יודעי דבר, לא היה להם שום ענין ותביעה, לחבר ספרים מסוג הנ"ל, משום שידיעות הללו אינם נחוצים להמון העם. אלא להיפך, שהיה להם ענין להסתיר הדבר בחדרי חדרים, מטעם "כבוד אלקים הסתר דבר". כי נצטוינו להסתיר את נשמת התורה והעבודה, מאותם שאינם צריכים לה, או אינם כדאים לה. ולא לזולזל בה, להציגה בחלונות ראוה, לעומת תאותם של המסתכלים בארובות או בעלי התפארות, כי כן כבוד אלקים מחייבת אותנו.

אולם מעת שמלאכת הדפוס נתפשט בעולם, ואין המחברים צריכים יותר למעתיקים דבריהם, ונתבטלה מחיר הגבוה של הספר, הנה עם זה הוכן הדרך גם למחברים בלתי אחראים למעשיהם, לעשות ספרים לכל אות נפשם, לפרנסה ולכבוד, וכדומה. ואת עצם מעשה ידיהם אינם מביאים בחשבון כלל, ולפועל ידיהם לא יביטו כלל.

ומעת ההוא התחילו להתרבות הספרים גם מסוג האמור לעיל, אשר בלי שום לימוד, וקבלה פה אל פה מרב מוסמך לכך, ואפילו בחסרון ידיעה בכל אותם הספרים הקדמונים, שיש להם שייכות לסוג הזה, הולכים ומוצאים סברות מדמם ובשרם עצמם. ומכל בוקי סריקי. ותולין הדברים ברומו של עולם, לצייר בזה נשמת האומה וכל אוצרה הכביר. וככסילים לא ידעו להזהר. גם אין להם דרך לידע זאת, אשר מביאים לדורות דעות משובשות, ובתמורת תאותיהם הקטנטנות חוטאים ומחטיאים את הרבים לדורות.

ולאחרונה העלו צחנם מעלה מעלה, כי גם תקעו את צפרניהם בחכמת הקבלה, מבלי משים, אשר חכמה זאת נמצאת סגורה ומסוגרת באלף עזקאות עד היום הזה. עד אשר, אין יוצא ובא בתוכה, להבין אף מלה אחת במשמעה הראוי. ואין צריך לומר, איזה קשר בין מלה לחברתה. כי בכל הספרים האמיתיים שנתחברו עד היום, אין בהם זולת רמזים דקים, אשר בדוחק גדול המה מספיקים רק בשביל תלמיד מבין מדעתו לקבל פירושם מפי חכם מקובל ומוסמך לכך. והנה גם "שָׁמָּה קִנְּנָה קִפּוֹז וַתְּמַלֵּט וּבָקְעָה וְדָגְרָה בְצִלָּהּ", ונתרבו בימינו אלה חוברי חבר, אשר עושים שם מטעמים כאלה, שהמה לגועל נפש לכל המסתכלים בהם.

ויש מהם שיפליגו עוד לעלות על ראש הפסגה, ולוקחים להם מקום הראוי לראשי הדורות, שעושים עצמם כיודעים לברר בין ספרי הקדמונים והראשונים ז"ל: להורות לצבור איזה ספר שראוי להגות בו, ואיזה ספר שאינו כדאי לטפל בו, משום שמלאים דברי הזיה חס ושלום, וכדי בזיון וקצף. כי עד עתה היה מלאכת הבירור הזה מיוחסת ומוגבלת רק לאחד מעשרה ראשי דורות. ועתה נבערים יתעללו בה.

ולפיכך נשתבש מאד דעת הצבור בתפיסת ענינים האלה. ועוד נוסף, כי נעשה ונברא בחינת אויר של קלות הדעת. וכל אחד מוצא

בעצמו, אשר די לו רק סקירה אחת בשעת הפנאי, להתבונן ולבקר בדברים הנשגבים האלו. וטסים כל עולם החכמה הגבוה ומקוריות נשמת היהדות, בטיסה אחת, כמו מלאך הנודע. ומוציאים מסקנות כל אחד לפי הלך רוחו.

ואלה הם הסיבות, שהוציאו אותי מחוץ לגדרי. והחלטתי, כי עת לעשות לה', ולהציל מה שאפשר עוד להציל. וקבלתי על עצמי לגלות שיעור מסויים מהמקוריות הנוגעות לסוג האמור, ולהפיצו בקרב העם.

גילוי טפח וכיסוי טפחיים

מרגלא בפי הגדולים אנשי השם, במקומות שבאים שם לגלות איזה דבר עמוק, שמתחילים המאמר: "הנני מגלה טפח ומכסה טפחיים".

והנה הקדמונים שלנו נשמרים מאד ממלה יתרה, כמו שהורונו ז"ל, "מלה בסלע, שתיקא בתרין [בשניים]" (מגילה יח ע"א; הקדמת הזוהר ע"פ הסולם אות י"ח). פירוש, אם יש לך מלה יקרה בפיך, ששויה סלע, תדע, שהשתיקה ממנה שויה שני סלעים.

והכונה על אותם, המפליטים מלות יתירות, שאין בהם תוכן ושימוש להענין, רק לשפר את הלשון להנאותה לעיני המעיין. והיה זה בעיני קדמונינו לאיסור חמור, כמפורסם להמסתכל בדבריהם. וכמו שאוכיח זה בקונטרסים הבאים. ואם כן צריכים אנו לתשומת לב, להבין מליצתם זאת, שהיתה שגורה בפיהם כל כך.

ג' מינים בהסתר החכמה

והענין הוא, כי יש ג' חלקים בסודות התורה, אשר בכל חלק וחלק יש טעם מיוחד להסתר שבו. ונקראים בשמותם:

א. האינו נחוץ,

ב. האי אפשר,

ג. משום סוד ה' ליראיו.

ואין לך פרט קטן בחכמה זו, שאין נוהג בה ביאורים מג' חלקים אלו האמורים. ואבארם אחת לאחת.

א. האינו נחוץ

פירוש, שלא יצמיח למי שהוא שום תועלת על ידי התגלותם. וכמובן, אשר אין בזה משום הפסד כל כך. כי רק ענין של נקיות הדעת יש כאן, דהיינו כדי להזהר מן אותם מיני מעשים, המוגדרים בשם "מה בכך". דהיינו, מה בכך שעשיתי זה, כיון שאין הפסד בדבר.

ותדע, אשר "המה בכך" נחשב בעיני החכמים למשחית היותר נורא בין המשחיתים, שהרי כל מבלי עולם, שנבראו ושעתידים להבראות, אינם יותר רק סוג אנשים של "מה בכך". דהיינו, שעוסקים בדברים, שאין בהם צורך, ומעסיקים לזולתם בדברים שאין בהם צורך. ולפיכך, לא היו מקבלים שום תלמיד, בטרם ישיגו ממנו בטחון, שיהיה משומר בעסקיו, שלא לגלות מה שאינו נחוץ.

ב. האי אפשר

פירושו, כי אין השפה שולטת בהם, לדבר באפס מה מתכונתם, לרוב דקותם ורוחניותם. ולפיכך, כל התגברות להלבישם באיזה מלות, אינה עשויה, אלא להטעות בהם את המעיינים, ולהטותם לדרך שוא, שזה נחשב לעון היותר גדול מנשוא. ועל כן, לגלות מה מענינים כגון אלו, צריכים רשות מן השמים, שזהו חלק הב' מהסתרת החכמה. אולם גם דבר רשיון הזה צריך ביאור.

רשות מן השמים

הנה דבר זה מבואר בספר "שער מאמרי רשב"י" להאר"י ז"ל (בפרשת משפטים, זוהר ד' ק', בדיבור המתחיל "בריה דיוחאי ידע לאסתמרא"). וזה לשונו:

"דע, כי נשמות הצדיקים

יש מהם שהם מבחינת אור המקיף,

ויש מהם שהם מבחינת אור פנימי"

(פירושם תמצא בספרי "פנים מאירות" בשער המקיפין, ענף מ"ח).

וכל אותם, שהם מצד אור מקיף, יש בהם כח לדבר בנסתרות וסודות התורה, דרך כיסוי והעלם גדול, כדי שלא יבינו, אלא מי שראוי להבינם.

והנה, רבי שמעון בר יוחאי עליו השלום, היתה נשמתו מצד אור המקיף. ולכן היה בו כח להלביש הדברים ולדורשן, באופן שאף אם ידרשם לרבים, לא יבינם, אלא מי שראוי להבינם.

ולכך ניתן לו "רשות" לכתוב ספר הזוהר.

ולא ניתן "רשות", לרבותיו או לראשונים אשר קדמו לו, לכתוב ספר בחכמה הזאת, עם היות שודאי היו יודעים בחכמה הזאת יותר ממנו. אבל הטעם הוא, שלא היה בהם כח להלביש הדברים כמוהו. וזהו מה שכתוב "בריה דיוחאי ידע לאסתמרא ארחוי [בנו של יוחאי ידע לשמור דרכיו] וכו'". ובזה תבין גודל העלם ספר הזוהר, אשר כתב רשב"י, שאין כל מות ומות יכול להבין דבריו. עד כאן לשונו.

תמצית דבריו: אשר ענין ביאורי דברים בחכמת האמת, אינו תלוי כלל בגדלות וקטנות של החכם המקובל, אלא הוא ענין הארת הנשמה המיוחדת לדבר זה. אשר הארת נשמה זאת, היא בחינת נתינת "רשות" מהשמים, לגלות חכמה העליונה.

ונמצינו למדים, אשר מי שלא זכה לרשות הזה, אסור לו לבאר ביאורים בחכמה זו, משום שאינו יכול להלביש הדברים הדקים ההם, במלות המתאימות לדבר, אשר המעיינים לא יכשלו בה. שמשום זה, לא מצינו שום ספר מסודר בחכמת האמת, מלפני ספר הזוהר של רשב"י. כי כל הספרים, שקדמוהו באותו החכמה, אינם מוגדרים בשם "ביאורים" בחכמה, אלא רק "רמזים" בעלמא. וגם בלי סדר של קודם ונמשך, כנודע למוצאי דעת. עד כאן הבנת דבריו ז"ל.

ויש להוסיף, כפי מה שקבלתי מפי סופרים ומפי ספרים, אשר מזמן רשב"י ותלמידיו, בעלי הזוהר, עד זמנו של האר"י ז"ל, לא היה אף אחד מהמחברים, שיבין דברי הזוהר והתיקונים כמו האר"י ז"ל. וכל החיבורים אלו שקדמוהו, אינם אלא בבחינת בעלי "רמז" בחכמה זו. וגם ספרי החכם הרמ"ק ז"ל בכללם.

וגם על האר"י ז"ל עצמו, ראוי להאמר אותם הדברים, שאמר על רשב"י. דהיינו, אשר לקודמיו של האר"י ז"ל, לא ניתן רשות מהשמים, לגלות ביאורי חכמה. ולהאר"י ז"ל ניתן רשות הזה. באופן, שאין כאן להבחין משום גדלות וקטנות כלל, כי יכול להיות שמעלת הקודמים לו, היתה לאין ערך גדולה ממעלת האר"י ז"ל. אמנם להם לא ניתן הרשות לדבר זה. ולפיכך נשמרו מלכתוב הביאורים, השייכים לעצם החכמה. רק הסתפקו ברמזים קצרים, בלתי נקשרים זה בזה כלל.

ומטעם זה, מעת שנתגלו ספרי האר"י ז"ל בעולם, כל העוסקים בחכמת הקבלה, הניחו ידיהם מכל ספרי הרמ"ק ז"ל, ומכל הראשונים והגאונים שקדמו להאר"י ז"ל, כמפורסם בין העוסקים בחכמה זו. וכל חיי רוחם הדביקו רק בכתבי האר"י ז"ל בלבדם. באופן, אשר עיקרי החיבורים, הנחשבים בבחינת ביאורים בחכמה זו כראוי להיות, אינם רק ספרי הזוהר והתיקונים, ואחריהם ספרי האר"י ז"ל.

ג. סוד ה' ליראיו

פירושו, שסודות התורה מתבארים רק ליראי שמו ית', השומרים על כבודו ית', בכל נפשם ומאדם, שלא יצא מתחת ידיהם חס ושלום, שום חילול השם של משהו, לעולם.

והוא חלק הג' מהסתרת החכמה. וחלק הזה, הוא היותר חמור בענין ההסתרה, כי רבים חללים הפילו הגילויים ממין הזה, כי מבטנם יצאו כל בעלי השבועות והקמיעות ובעלי קבלה מעשית, הצודים נפשות בערמתם, וכל מיני בעלי המסתורין, המשתמשים בנובלות חכמה, שנפלו מתחת ידיהם של תלמידים דלא מעלי, להפיק מהם תועלת גופני בעדם עצמם או לאחרים, אשר העולם סבלו הרבה, ועדיין הם סובלים מענינים ההם.

ותדע, שכל עיקר ושורש ההסתר מתחלתו, היה לגמרי רק משום זה החלק.

ומכאן לקחו להם החכמים חומרות יתירות בבדיקת התלמידים, על דרך שאמרו ז"ל (חגיגה יג ע"א): "אין מוסרים ראשי פרקים, אלא לאב בית דין, והוא שלבו דואג בקרבו". וכן "אין דורשין במעשה בראשית בשנים, ולא במרכבה ביחיד" וכמותם תמצא רבות, אשר כל זה הפחד הוא, מהמבואר לעיל.

ומטעם זה, מועטים המה היחידי סגולה, שזכו בחכמה זו. ואפילו אותם, שיצאו כל חובתם בשבע בדיקות וחקירות, נמצאים

מושבעים בשבועות חמורות ונוראות, מבלי לגלות, בכל אותם הג' חלקים הנ"ל, ולא כלום. (ועיין מזה בהקדמת הר"ר משה בוטריל ז"ל לספר יצירה).

ואל תטעה בדברי, במה שחלקתי כאן ג' חלקים בענין הסתרת החכמה, אשר כונתי, שחכמת האמת מתחלקת בעצמה על ג' חלקים כגון אלו. אלא כונתי על כל פרט ופרט, שבכל מרחבי החכמה. אשר אין לך מלה קטנה בכל מרחבי החכמה הזאת, שלא יסתעפו ממנה ג' חלקים ההם, כי המה רק ג' אופני הביאור, הנוהג תמיד בחכמה זו. והבן.

אולם יש לשאול כאן: אם אמת הוא, אשר תוקפה של הסתרת החכמה הגיעה לידי מדה כזאת, אם כן מהיכן נלקחו כל אלו אלפי החיבורים, שנתחברו בחכמה הזאת?

והתשובה היא, כי יש הפרש בין ב' חלקים הראשונים ובין החלק האחרון. כי עיקר כובד המשא מוטלת רק על חלק הג' הנ"ל, מטעם המבואר לעיל. אולם ב' חלקים הראשונים אינם תחת איסור קבוע. כי מחלק "האינו נחוץ", מתהפך לפעמים ענין אחד, ויוצא מגדר "האינו נחוץ", משום איזה סיבה, ובא לבחינת נחוץ. וכן מהחלק "האי אפשר" נעשה לפעמים בחינת "אפשר", שהוא מב' סיבות:

א. או מבחינת התפתחות הדור,

ב. או על ידי נתינת רשות מהשמים, כמו שקרה לרשב"י ולהאר"י ז"ל. ובשיעורים קטנים גם לקודמים אליהם.

ומבחינות הללו יוצאים ומתגלים כל הספרים האמיתיים שנתחברו בהחכמה.

ולדבר זה נתכוונו במליצתם "גיליתי טפח ואכסה טפחיים". שכונתם, כי קרה להם ענין, לגלות דבר חדש, שלא שערוהו הקודמים לו. ועל כן מרמז, כי רק טפח אחד, כלומר, חלק א' מג' חלקי ההסתרה הנ"ל, הוא מגלה שם. וב' חלקים הוא משאיר בהסתר. והוא להורות, כי קרה לו איזה ענין, שהוא סיבה לדבר גילוי ההוא: או ש"האינו נחוץ" קיבל לצורת "נחוץ", או ש"ניתן לו רשות מהשמים" על דרך שביארתי לעיל. וזהו שמתבטא בהמליצה של "גיליתי טפח".

וידעו המעיינים בקונטרסים האלו, שדעתי להדפיסם במשך השנה, אשר כולם המה חדשות, שאינם מובאים בטהרה ובתוכנם המדויק לאמיתו, בשום ספר מהקודמים אותי. ואני קבלתי אותם פה אל פה ממורי ז"ל, המוסמך לדבר. דהיינו, שגם הוא קבל מרבותיו פה אל פה וכו'.

והגם שקבלתי אותם בכל התנאים של כיסוי ושמירה כנ"ל, אולם מתוך ההכרח, שהבאתי במאמרי "עת לעשות" הנ"ל, נתהפך לי חלק "האינו נחוץ", ויצא והיה לבחינת "נחוץ". ועל כן "גליתי טפח" זה בהיתר גמור, כמו שביארתי לעיל. אמנם ב' הטפחים, אותם אשמור, כמצווה עלי.

מהות
חכמת הקבלה

מהותה של חכמת הקבלה

בטרם אבוא לבאר את תולדות חכמת הקבלה, שכבר דשו בה רבים, מצאתי לנחוץ לבאר מקודם היטב, את מהותה עצמה של חכמה הזו, אשר לדעתי, מועטים המה היודעים זאת. וכמובן, לא יתכן לדבר מתולדות איזה דבר, בטרם שאנו מכירים את הדבר עצמו, מהו?

והגם שידיעה זו היא רחבה ועמוקה מני ים, עם כל זה אתאמץ בכל כחי וידיעותי, שרכשתי לי במקצוע זה, לבאר ביאור מקורי, ולהאירו מכל הצדדים, באופן מספיק לכל נפש, להוציא מהם מסקנות נכונות לאמיתו, כמות שהן באמת. מבלי להניח מקום להמעיינים, להטעות את עצמם, כאשר רגיל מאד בעיון בדברים הללו.

על מה סובבת החכמה?

שאלה זו כמובן, עולה על כל בר דעת. הנה כדי לתת תשובה מספקת לשאלה זו, אתן הגדרה נאמנה ומשומרת: כי חכמה זו היא, לא פחות ולא יותר, רק סדר של שרשים, המשתלשלים ע״ד קודם ונמשך, בחוקים קבועים ומוחלטים, המתחברים וקולעים למטרה אחת מאד נעלה, הנקובה בשם ״גילוי אלקותו ית׳, לנבראיו בעולם הזה״.

וכאן נוהגים כלל, ופרט:

״כלל״ - כלומר, כלל האנושיות, המתחייבת בסופה, בהכרח ובחיוב מוחלט, לבא עד לידי ההתפתחות המופלגה הזאת, כמ״ש ״ומלאה הארץ דעה את ה׳, כמים לים מכסים״ (ישעיהו, י״א), ״ולא ילמדו עוד איש את רעהו, ואיש את אחיו, לאמר, דעו את ה׳, כי כולם ידעו אותי, למקטנם ועד גדלם״ (ירמיהו, ל״א), ואומר ״ולא יכנוף עוד מורך, והיו עיניך רואות את מוריך״ (ישעיהו, ל׳).

״פרט״ - היינו, שאף מקודם שלימות כלל האנושיות כולה, בכל דור ודור, נוהג דבר זה גם בפרטים יחידי סגולה. כי אלה הם הפרטים, הזוכים בכל דור ודור, למדרגות מסוימות, בענין גילוי אלקותו ית׳. והם המה הנביאים ואנשי השם. וכמו שאמרו ז״ל: ״אין לך דור, שאין בו כאברהם יצחק ויעקב״ (ב״ר, פע״ד). הרי לך לעינך, אשר גילוי אלקותו ית׳, נוהג תמיד בכל דור ודור, לפי דחז״ל, המוסמכים לדבר זה ונאמנים עלינו.

ריבוי הפרצופין וספירות ועולמות

אולם לפי האמור, הועמדה השאלה: כיון שאין לחכמה זו, רק תפקיד האחד המיוחד המבואר, א״כ מהו ענין של ריבוי הפרצופין והספירות, וכל הקשרים בני החילוף, אשר ספרי הקבלה מלאים מהם?

אכן, אם תקח איזה גוף של בעל חי קטן, שכל תפקידו אינו אלא להזין את עצמו, כדי שיוכל להתקיים בעולם זמן מה, המספיק כדי להוליד ולקיים את מינו, והנה תראה ותמצא בו, הרכבה מסובכת מאלף אלפי פייבארס [Fibers: נימים] וגידים, כפי שדרשו ומצאו בעלי הפיזיולוגיה והאנטומיה. ועוד אלפי רבבות יש שם, ממה שלא נודע עוד לעין האנושי. ומכאן תוכל להקיש, כמה מן ריבוי הרכבות של ענינים וצנורות הצריכים להתחבר, בכדי להמציא ולגלות את המטרה הנשגבת ההיא.

ב׳ סדרים - מעילא לתתא, ומתתא לעילא

והנה בכללה, מתחלקת החכמה הזאת לב׳ סדרים, המקבילים זה לזה, ושוים זה לזה, כמו ב׳ טפות מים. ואין הפרש ביניהם יותר, רק: שסדר הראשון נמשך מעילא לתתא, עד לעולם הזה,

וסדר השני מתחיל מעולם הזה, והולך מתתא לעילא, בדיוק על כל אותם הדרכים והרכבות, שנרשמו משורשם, בעת הופעתם והתגלותם מעילא לתתא.

והנה:

סדר הא׳ מכונה בשפת הקבלה ״סדר השתלשלות העולמות והפרצופין והספירות,

לכל מקריהם, אם קבועים אם בני חילוף".

וסדר הב' מכונה בשם "השגות, או מדרגות של נבואה ורוח הקודש". אשר אדם, הזוכה לדבר, מחויב ללכת באותם המבואות והדרכים, ולהשיג כל פרט וכל מדרגה, לאט לאט, בדיוק נכון על פי אותם החוקים, שנרשמו בהם מעת התאצלותם מעילא לתתא.

והוא, כי ענין זה של גילוי אלקותו ית', אינו ענין המופיע כולו בבת אחת, כדרכי הגילוי שבדברים הגשמיים. אלא הולך ומופיע בהמשך זמן מסוים, אשר תלוי לפי זיכוכו של אותו המשיג, עד שיתגלו אליו כל המדרגות המרובות, הערוכות מראש, מבחינתם שמעילא לתתא. ולהיותם מסודרים ובאים בהשגה, בזה אחר זה, וזה למעלה מזה, כדוגמת שלבות הסולם, מכונים משום זה בשם "מדרגות".

שמות מופשטים

רבים סבורים, אשר כל המלות והשמות, הבאים בחכמת הקבלה, המה מין של שמות מופשטים. והוא מטעם, היותה עוסקת באלקיות ורוחניות, שהם למעלה מן המקום והזמן, אשר אפילו עין הדמיון אינו שולט שמה. ומשום זה יחליטו, שכל המדובר בענינים כאלה, ודאי אינם אלא שמות מופשטים. או עוד יותר, נשגבים ונעלים משמות מופשטים, בהיותם נשללים לגמרי מתחלתן, מיסודות המדומים.

אולם אינו אמת, אלא לגמרי להיפך: שאין הקבלה משמשת משמות וכינויים, זולת מבחינת הריאלית והממשיות שבהם. וזה הכלל הברזל אצל כל חכמי הקבלה: "כל מה שלא נשיג, לא נגדרהו בשם ומלה".

וכאן צריך שתדע, שמלת השגה, פירושה מדרגה הסופית שבהבנה. והוא נלקח מלשון "כי תשיג ידך". דהיינו, טרם שהדבר מתבהר לעינים בהחלט הגמור, כמו שהיה תפוש בידים, אין המקובלים מכנים אותו בשם "השגה", אלא בכינויים אחרים, כמו "הבנה", ו"השכלה", וכדומה.

הממשיות שבחכמת הקבלה

אולם, גם בהמציאות הגשמי, הערוכה נגד חושינו, נמצאים גם כן דברים ממשיים, אף על פי שאין לנו שום תפיסה ודמיון בעצמותם, כמו "האלקטרו", ו"המגנט", ודומיהם המכונים בשם "פלואידום". עם כל זה, מי זה יאמר, שהשמות הללו אינם ממשים, בשעה שאנו מכירים בסיפוק גמור את פעולותיהם. ולא איכפת לנו כלל, מה שאין לנו שום תפיסה בעצם הנושא, דהיינו האלקטרו בעצמותו. והשם הזה כל כך ממשי וקרוב אלינו, לא פחות ממה שהיה נתפס לנו לגמרי בחושינו. עד שכל הילדים הקטנים, מכירים את השם הזה של "אלקטרו", כמו שמכירים את השמות "לחם", ו"סוכר", וכדומה.

ולא עוד, אלא אם תרצה לייגע מעט את כלי עיונך, הייתי אומר לך בדרך כלל, אשר כמו שבהבורא ית' אין שום תפיסא והשגה כלל וכלל, ממש כשיעור הזה, אין שום השגה בבחינה העצמית שבכל נבראיו. ואפילו את הגשמיים, שאנו מגששים בידינו.

באופן, אשר כל ההכרות שלנו עם חברינו וקרובינו, שבעולם המעשה שלפנינו, אינו יותר רק "הכרות של פעולות", המתפעלים ונולדים מתוך שיתוף, של פגישת החושים שלנו עמהם, שאלה נותנים לנו סיפוק גמור, אף על פי שאין לנו שום תפיסא בעצם הנושא.

ועוד יתר מזה, כי אפילו את עצמותך עצמך, גם כן אין לך שום תפיסא והשגה בו. וכל מה שידוע לך מעצמותך עצמך, אינו יותר, אלא מהלך של פעולות, הנמשכות מעצמותך.

ומעתה תוכל להשכיל בנקל, אשר כל השמות והכנויים, הבאים בספרי הקבלה, המה גם כן ריאליים וממשים, אף על פי שאין לנו שום השגה בהנושא. משום שיש להעוסקים בהם, סיפוק גמור, של הכרות מלאה לשלימותה הסופי. דהיינו, גם כן רק הכרת של פעולות, המתפעלים ונולדים, מתוך שתוף של אור העליון עם המשיגים אותו.

אולם הוא די ומספיק לגמרי. כי זה הכלל: "כל המשוער ויוצא מהשגחתו ית', לבוא לכלל מציאות, לטבע הבריאה, הרי יש בו משום

ספוק מוחלט". כמו שלא יתעורר לאדם, שום תביעה לאצבע ששית לכף ידו, כי חמשת האצבעות מספיקים לו לגמרי בהחלט.

הערכים הגשמיים ושמות הגופניים, שבספרי קבלה

אכן מובן לכל בן הגיון, שבמקום שיש לנו עסק עם דבר רוחני, ואין צורך לומר עם אלקיות, אין לנו שם שום מלות ואותיות להגות בהם. שהרי כל אוצר המלות שלנו, אינם אלא הרכבות מאותיות הדמיון והחושים. ואיך אפשר להסתייע עמהם, במקום שאינו נוהג שם לגמרי מבחינת דמיונים וחושים.

כי אפילו, אם נקח את המלה, היותר דקה שאפשר להשתמש בה במקומות הללו, דהיינו המלה "אור עליון" או אפילו "אור פשוט", הרי זה גם כן דבר מדומה ומושאל מאור השמש, או אור הנר, או אור מורגש של הנחת-רוח, המופיע באדם, בזמן שנופל לו איזה המצאה חדשה של התרת איזה ספק. ואיך יתכן לשמש עמהם, במקום רוחני ודרכים אלקיים, כי לא יציעו אל המעיינים, אלא דברי שוא וכזב?

ומכל שכן, במקום שאנו צריכים לגלות במלות ההם, איזה שכל מבחינת משא ומתן, הנהוג במחקרי החכמה. אשר כאן מוכרח החכם, להשתמש בדיוק חמור, עם גדרים מוחלטים, לעיני המעיינים.

ואם יכשל החכם, אף במלה אחת בלתי מוצלחה, הרי יגרום על ידה בלבול הדעת להמעיינים. ולא יבינו כלל, מה שאומר שם מלפניה ומלאחריה, וכל הקשור עם אותה המלה, כידוע לכל מעיין בספרי חכמה.

ואם כן, תמה על עצמך, איך אפשר לחכמי הקבלה, לשמש במלות כוזבות, ולהסביר על ידם קשרי חכמה? וכידוע, אשר אין שום הגדרה בשמות כוזבות. כי לשקר, אין לו רגלים, ואין לו עמידה. אמנם כאן צריך שתדע מקודם, את החוק של שורש וענף, ביחס העולמות מזה אל זה.

חוק שורש וענף ביחס העולמות

חכמי הקבלה מצאו, אשר ד' העולמות, הנקובים בשם: אצילות, בריאה, יצירה ועשיה, החל מעולם הראשון, היותר עליון, הנקרא אצילות, עד העולם הזה, הגשמי, המוחשי, הנקרא עשיה, צורתם שוה זה לזה לגמרי, בכל פרטיהם ומקריהם.

דהיינו, שכל המציאות ומקריה, הנמצא בעולם הראשון, כל אלה נמצאים גם כן בעולם השני, שמתחתיו, בלי שום שינוי של משהו. וכן בכל יתר העולמות שלאחריו, עד לעולם הזה, המוחשי. ואין שום הבדל ביניהם, אלא הבחן מדרגה בלבד, המובן רק בהחומר, שבפרטי המציאות, שבכל עולם ועולם.

שהחומר של פרטי המציאות, הנמצאים בעולם הראשון, היותר עליון, הוא חומר היותר זך, מכל התחתונים הימנו. וחומר פרטי המציאות, שבעולם השני, הוא מעובה מעולם הראשון, אבל יותר זך, מכל מה שתחתיו במדרגה. ועל דרך זה, עד לעולם הזה שלפנינו, אשר החומר של פרטי המציאות שבו, הוא יותר עב וחשוך, מכל העולמות שקדמו אליו.

אולם הצורות של פרטי המציאות, וכן כל המקרים שלהם, באים בשוה, בכל עולם ועולם, הן בכמות והן באיכות, בלי שינוי של כלום.

והמשילו את זה, כמשפט החותם עם הנחתם הימנו, אשר כל הצורות, המצויות בהחותם, עוברות בשלימותן, לכל פרטיהן ודקדקיהן אל הדבר הנחתם הימנו.

כן הוא בהעולמות, אשר כל עולם תחתון, נחתם מהעולם העליון ממנו. ועל כן, כל הצורות, שיש בעולם העליון, בכל כמותם ואיכותם, נעתקים במלואם, ובאים גם בעולם התחתון. באופן, שאין לך פרט של מציאות, או של מקרי המציאות, המצוי בעולם התחתון, שלא תמצא דוגמתו, בעולם העליון הימנו, בצורה שוה כמו ב' טיפות של מים.

ונקראים "שורש וענף". כלומר, שאותו

הפרט, הנמצא בעולם התחתון, נבחן לבחינה של ענף, בערך הדוגמא שלה, המצוי ועומד בעולם העליון, שהוא שורשו של הפרט התחתון. מפני שמשם נחתם, ונתהוה, פרט ההוא, בעולם התחתון.

וזהו כונת חז"ל, במה שאמרו: "אין לך כל עשב מלמטה, שאין לה מזל ושוטר מלמעלה, שמכה אותה, ואומר לה: "גדלי!" (השמטות הזוהר, דף רנא ע"א; ב"ר, פ"י).

כלומר, שהשורש, הנקרא "מזל", מכריח אותה, להגדל ולקבל את כל תכונתו, מבחינת כמותו ואיכותו, כמשפט החותם עם הנחתם הימנו, כאמור לעיל. וזהו החוק של שורש וענף, הנוהג בכל הפרטים שבהמציאות, ושל מקרי המציאות, בכל עולם ועולם, ביחס העולם העליון ממנו.

שפת המקובלים היא שפה של ענפים

פירוש, על פי הוראתם של הענפים הללו, על שרשיהם, שהם הדוגמאות שלהם, הקיימים בהכרח בעולם העליון. כי אין לך שום מציאות בעולם התחתון, שלא יהיה נמשך ויוצא, מעולם העליון ממנו. וכמשפט החותם עם הנחתם, כמפורש לעיל.

אשר משום זה, השורש, שבעולם העליון, מטיל ומחייב את הענף שלו, שבעולם התחתון, שיתגלה בו כל צורתו ותכונתו. על דרך שאמרו ז"ל, שהמזל שבעולם העליון, המיוחס להעשב שבעולם התחתון, מכה על אותו העשב, ומכריחו להגדל, על מתכונתו, כנ"ל. שמתוך זה, נמצא כל ענף וענף, שבעולם הזה, מגדיר היטב את הדוגמא שלו, העומד בעולם העליון.

ולפיכך, מצאו להם חכמי הקבלה, אוצר של מלים, ערוך ומפורש לעיניהם, די ומספיק, לבחינת שפה מדוברת ביניהם, המצוינה להפליא. שיוכלו לישא וליתן, זה עם זה, בשרשים הרוחניים שבעולמות העליונים. דהיינו, על ידי שמזכירים לחבריהם, רק את הענף התחתון, המוחשי, שבעולם הזה, המוגדר היטב לחושים הגשמיים. והשומעים, מבינים מדעתם, את השורש העליון, אשר ענף הגשמי הזה, מראה עליו. מפני שהוא מיוחס אליו, להיותו נחתם הימנו, כנ"ל.

באופן, אשר כל פרטי הויות הבריאה, המוחשית, וכל מקריהם, נעשו להם, כמו מלות ושמות מוגדרים ומוחלטים, על השורשים הגבוהים, העליונים הרוחניים. ואע"פ שבמקומם הרוחני, אי אפשר להתבטא בשום מלה והגה, להיותם למעלה מכל דמיון, מכל מקום, קנו להם זכות ביטוא שפתים, על ידי ענפיהם, המסודרים לחושינו כאן, בעולמינו המוחשי, כמבואר.

וזהו כל אופיו, של השפה המדוברת בין חכמי המקובלים. אשר על פיה מגלים את השגותיהם הרוחניים, מאיש לאיש ומדור לדור, הן בעל פה והן בכתב. ומבינים זה את זה בסיפוק גמור, כפי כל השיעור המדויק, המחוייב לצורך משא ומתן במחקרי חכמה. דהיינו בגדרים מדויקים, שאי אפשר להכשל בהם. מפני, שכל ענף וענף, הנה יש לו הגדרה טבעית, מיוחדת לו בהחלט. וממילא, שמראה גם כן על שורשו, שבעולם העליון, עם הגדרתו זו המוחלטת.

ותדע, אשר שפת הענפים של תורת הקבלה הזו, הוא יותר נוח להסביר מושגי החכמה, יותר מכל הלשונות שלנו הרגילים. כנודע מתורת הנומינליזם, אשר הלשונות נשתבשו הרבה בפיות ההמונים. כלומר, שמתוך ריבוי השמוש, שמשתמשים עם המלות, הרי הם הולכות ומתרוקנות מתוכנם המדויק. ועל כן נעשו קושיים גדולים, למסור סברות מדוייקות, מאחד לחבירו, על ידי המבטא והכתב, כנודע.

מה שאין כן, ב"שפת הענפים של הקבלה", הנלקחת משמות הבריות ומקריהם, הערוכים ועומדים לעינינו, מוגדרים בחוקי הטבע, שאינם מקבלים שינוי לעולם - אף פעם לא יארע להשומעים ולהקוראים, שיטעו בהבנת המלות, המוצעות להם, מפני שגדרי הטבע מיחלטים למדי, חוק ולא יעבור.

מסירה מפי מקובל חכם למקבל מבין מדעתו

כן כתב הרמב"ן ז"ל, בהקדמת פרושו על

התורה, וכמתכונתו כתב גם כן הרח"ו ז"ל, במאמר הפסיעות. וזה לשונו: "וידעו המעיינים, שלא יבינו אף מלה אחת, מכל הכתוב בקונטרסים הללו, זולת במסירתם, מפי חכם מקובל, לאזן מקבל חכם ומבין מדעתו". וכן בדברי חז"ל (חגיגה, יא ע"ב): "אין דורשין במרכבה ביחיד, אלא אם כן הוא חכם ומבין מדעתו".

והנה דבריהם מובנים היטב, במה שאמרו, שצריכים לקבל מפי מקובל חכם. אולם, מהו החיוב, שגם התלמיד, צריך מקודם להיות חכם ומבין מדעתו עצמו? ואם אינו כך, אפילו יהיה צדיק, היותר גדול בעולם, אסור ללמדו? ועוד, אם הוא כבר חכם ומבין מדעתו, אם כן שוב, אין לו צורך ללמוד מאחרים?

ובהמבואר לעיל, תבין דבריהם בתכלית הפשיטות. שהרי נתבאר, אשר עם כל המלות וההגה, הבאות במבטא שפתינו, אי אפשר לבאר על ידיהם, אף מלה אחת, מהענינים הרוחניים האלקיים, שהם למעלה ממקום וזמן המדומים. אלא, שנמצא שפה מיוחדת לענינים הללו, שהוא "שפת הענפים", על פי הוראתם ביחסם אל שרשיהם העליונים.

אולם שפה זאת, הגם שמסוגלת מאד לתפקידה, לישא וליתן במחקרי חכמה, עוד ביותר מהשפות הרגילות, כמו שהובא לעיל, אכן כל זה אמור, רק אם השומע הוא חכם מעצמו, דהיינו שיודע ומבין ביחסי הענפים אל שרשיהם.

כי היחסים הללו, אינם מתבארים כלל מהתחתון לעליון. כלומר, שבהסתכלות על הענפים התחתונים, אי אפשר להוציא מהם, שום הקש ודמיון כלל, על איזה דוגמא, בשרשיהם העליונים.

ולהיפך הוא, שמהעליון ילמד התחתון. כלומר, שמתחילה צריכים להשיג את השרשים העליונים, כמות שהם ברוחניותם, למעלה מכל דמיון, אך בהשגה טהורה. על דרך, שנתבאר במאמר "מהותה של חכמת הקבלה", אות ד' ד"ה "הממשיות שבחכמת הקבלה". ואחר, שמשיג היטב את השרשים העליונים, מדעתו, אפשר לו להסתכל בענפים, המוחשים שבעולם הזה, ולידע, איך כל ענף מתיחס אל שרשו, בעולם העליון, בכל סדריו, בכמות ואיכות.

ואחר שיודע, ומבין את כל זה היטב, אז נמצאת לו שפה משותפת, בינו ובין רבו. דהיינו, "שפת הענפים". אשר על פיה, יוכל החכם המקובל, למסור לו כל מחקרי החכמה, הנוהג בעולמות העליונים הרוחניים. הן מה שקיבל מרבותיו, והן הרחבתו בחכמה, שמצא בעצמו. כי עתה, יש להם שפה משותפת, לשניהם. ומבינים זה את זה.

אולם, בעת שהתלמיד, אינו חכם ומבין מדעתו את השפה ההיא, דהיינו הוראת הענפים על שורשיהם, מובן מעצמו, שאין ביכולתו של הרב, להסביר לו אף מלה אחת בחכמה הרוחניות הזו. ואין צריך לומר, לישא וליתן עמו במחקרי חכמה. היות, שאין להם כלל שפה משותפת, להשתמש עמה. ונמצאים, שהם כמו אלמים. ועל כן, בהכרח, שאין מוסרין מעשי מרכבה, שהוא חכמת הקבלה, אלא אם כן הוא חכם ומבין מדעתו.

ויש לשאול עוד לפי זה: מאין החכים התלמיד, עד לידי כך, להכיר היחסים של ענף ושורש, מתוך התחקות על השרשים העליונים?

והתשובה היא: אשר כאן שוא תשועת אדם, אלא לעזור אלקי אנו צריכים! אשר, הזוכה למציאת חן בעיניו ית', הריהו ית', ממלא אותו בחכמה בינה ודעת, להשכיל השגות עליונות. ואי אפשר להסתייע בזה, מעזרת בשר ודם, ולא כלום. אכן, אחר שמצא חן בעיניו ית', וזכה בהשגה העליונה, אז מוכן לבוא ולקבל מרחבי חכמת הקבלה, מפי מקובל חכם. כי עתה, יש לו עמו שפה משותפת, ולא זולת.

כינויים הזרים לרוח אנושי

ועם כל המתבאר לעיל, תבין, מה שנמצא לפעמים בספרי הקבלה, כינויים וערכין הזרים מאד לרוח אנושי. והמה שכיחים ביותר בספרי הקבלה היסודיים, שהם ספרי הזוהר ותיקונים וספרי האריז"ל. אשר המה מתמיהים מאד: מה היה להם, לחכמים האלו, להשתמש בכינויים

נמוכים כאלה, לביטוי רעיונות נשגבות וקדושות הללו?

אולם, אחר שרכשת לך את הידיעות, המובאות לעיל, יובן לך הדבר על אמיתו. כי נתבאר, שאי אפשר כלל להשתמש בהסברת החכמה הזאת, בשום שפה ולשון שבעולם, זולת בהשפה המיוחדת להדבר, שהיא "שפת הענפים", על פי היחסים לשרשיהם העליונים.

ולפיכך, מובן מאליו, שאי אפשר לעזוב איזה ענף או איזה מקרה של ענף, מפני הנחות דרגה שלו. ולא להשתמש עמו, לבטוי המושכל הרצוי, בתוך קשרי החכמה, בו בעת, שלא נמצא בעולמנו שום ענף אחר, שנקחהו בתמורהו. כי כמו שאין שתי שערות יונקות מנקב אחד, כן אין לנו ב' ענפים, שיתיחסו לשורש אחד.

באופן, שאם נשאיר איזה מקרה, שלא להשתמש עמו, נמצא, שמלבד שאנו אובדים את המושכל הרוחני ההוא, שכנגדו בעולם העליון, כי אין לנו עוד שום מלה תמורתו, להראות על השורש ההוא, הנה עוד יזיק דבר זה, לכל מרחבי החכמה כולה, ועל כל הקיפה, שהרי נעדר לנו טבעת אחת, משלשלת כללות החכמה, הקשור במושג ההוא.

על כן נמצא, שמטיל פגם על החכמה כולה. כי אין לך עוד חכמה בחכמות בעולם הזה, שיהיו הענינים מלוכדים וקשורים זה בזה, בדרך עילה ועלול, קודם ונמשך, כמו חכמת הקבלה, הקשורה מראשה עד סופה, זה בזה ממש, כמו שרשרת ארוכה. אשר ע״כ, בהעלם לנו ידיעה קטנה בינתים, נחשכה בעדנו כל החכמה כולה, משום שכל עניניה קשורים חזק זה בזה, ומתלכדים לאחד ממש.

ומעתה, אין שום תמיהא עליהם, במה שמשתמשים לפעמים בכינויים זרים. כי אין להם חירות של בחירה בהכינויים, להחליף ולהמיר רע בטוב או טוב ברע. אלא שמוכרחים תמיד להביא, בדיוק אותו הענף או המקרה, המורה באצבע על שורשו העליון, בכל השיעור הנחוץ להענין. וגם מוכרחים להרחיב הדברים, עד שיספיקו להגדרה מדוייקת, לעיני חבריהם המעיינים.

תורת הקבלה ומהותה

מה היא חכמת הקבלה? חכמת הקבלה בכללה, היא עניין של התגלות אלקיית, מסודר בדרכיו בכל בחינותיו, ממה שנתגלה בעולמות, וממה שעתיד להתגלות, ובכל האופנים שאך אפשר לפעמים להגלות בעולמות, עד סוף כל הדורות.

תכלית הבריאה

מתוך שאין לך פועל בלי תכלית של מה, אם כן ודאי שהיה לו להשי"ת, תכלית בבריאה שלפנינו. ומתוך שהחשוב ביותר בכל המציאות רב הגוונית הזו, היא ההרגש המוקנה למין בעלי חיים, שכל פרט שבו, מרגיש את מציאותו עצמו - ומתוך שהחשוב שבהרגשות, הוא - הרגש השכלי, המוקנה רק לאדם, שעל ידו הוא מרגיש גם כל מה שבזולתו, ממכאוביו ונחמותיו. אם כן ודאי שאם נמצא לבורא תכלית בבריאה הזאת, הנה נושא תכלית זו הוא האדם. ועליו נאמר: "כל פעל ה' למענהו".

ועדיין יש להבין: לשם איזה צורך ערך השי"ת את כל הכבודה הזאת? אלא הוא כדי להעלותו למדרגה יותר נכבדה וחשובה, שירגיש את אלקיו, כמו הרגשה האנושית שכבר מוקנית לו. וכמו שיודע ומרגיש את רצונותיו של חברו, כן ישכיל בדרכי השי"ת וכו', כמו שכתוב אצל משה רבינו ע"ה: "ודבר ה' אל משה פנים אל פנים כאשר ידבר איש אל רעהו". וכל אדם יכול להיות כמשה רע"ה כנודע. ובלי ספק כלל וכלל, לכל מי שמסתכל על ההתפתחות שבבריאה שלפנינו, יבין ויתברר לו העונג הגדול של הפועל, אשר פעולתו, הולכת ומתפתחת, עד שנקנה לו ההרגשה הנפלאה הזו, שיוכל לדבר ולהתעסק עם אלקיו, כאשר ידבר איש אל רעהו.

מעילא לתתא

נודע, שסוף מעשה במחשבה תחילה, כי האדם בטרם שמתחיל לחשוב איך בונים בית, הרי הוא מעלה במחשבתו ענין הדירה שבבית, שהיא התכלית. ואחר כך מעיין בתכנית הבנין, שתהיה מוצלחת אל התכלית הזו. כן העניין שלנו, לאחר שנתברר לנו, ביאור התכלית, הנה יחד עם זה, מבואר לנו, אשר כל סדרי הבריאה, בכל פנותיה ומבואיה ומוצאיה ערוכה ומסודרת בכל מראש, רק על פי התכלית הזו שיתפתח מתוכה המין האנושי, שיעלה במעלותיו, עד שיהיה מוכשר להרגשת אלקיות כמו הרגשת רעהו.

הנה המעלות האלו המה כמו שלבים של סולם, ערוכים ומסודרים דרגא בתר דרגא, עד שנשלם, ומשיג את תכליתו. ותדע שהכמות והאיכות של אלו המדרגות, נערכות בשתי מציאויות, שהם: א' מציאות החומרים הגשמיים. ב' מציאות השכליים הרוחנים. ובשפת הקבלה מכונים: **מעילא לתתא, ומתתא לעילא.** דהיינו: מציאות החומריים הגשמיים, הוא סדר של התגלות אורו ית' **מעילא לתתא.** ממקור הראשון שנחצב שיעור וכמות של אור, ממהותו ית', עד ביאתו בצמצומים, צמצום אחר צמצום, עד שנתהוה ממנו עולם גשמי, ובריות גשמיות בשפל תחתיתו.

מתתא לעילא

אחר כך מתחיל סדר של **מתתא לעילא.** שהם כל המדרגות של הסולם, שעליו מתפתח המין האנושי, מטפס ועולה, עד שמגיע לתכלית הבריאה, כמבואר לעיל. ושתי מציאויות הללו, המה מבוארים לכל מקריהם ופרטיהם בחכמת הקבלה.

עניין חיוב הלימוד בקבלה

יכול המערער לומר, אם כן, כל החכמה הזו, הוא עסק לאותם שכבר זכו לאיזו בחינה של התגלות אלוקיית. ואיזה חיוב וצורך יכול להיות למרבית העם, בידיעת החכמה הנשגבה הזו?

אמנם יש דעה כללית המקובלת אצל ההמון, אשר עיקר החפץ של התורה והדת, הוא עניין הכשר המעשה בלבד, שכל הנרצה תלוי על קיום המצוות המעשיות, בלי שום דבר נוסף הנלוה עליו, או שצריך לצאת ממנו. אם כן היה הדבר, ודאי צדקו דברי האומר שדי לנו בלימוד הנגלה לבד, בדברים הנוגעים למעשה.

אבל לא כן הדבר, שכבר אמרו חז"ל: "וכי מה איכפת ליה להקב"ה למי ששוחט מן הצואר, או מי ששוחט מן העורף, הוי לא נתנו המצוות, אלא לצרף בהם את הבריות". הרי לפניך שיש עוד תכלית, אחר קיום המעשיות, שהמעשה הוא רק הכנה בעלמא לתכלית הזאת. ואם כן מובן מאליו, אשר אם המעשים, אינם מסודרים לתכלית הנרצה, הרי זה כאילו לא קיים כלום. וכן אמרו בזהר "מצוה בלא כוונה כגוף בלא נשמה". אם כן צריך עוד שיתלוה הכוונה אל המעשה.

ועוד מובן שהכוונה צריכה להיות כוונה אמיתית, הראויה למעשה. על דרך שאמרו חז"ל על הפסוק "ואבדיל אתכם מן העמים להיות לי, שתהא הבדלתכם לשמי, שאל יאמר אדם אי אפשי בבשר חזיר, אבל יאמר אפשי, ומה אעשה ואבי שבשמים גזר עלי". הרי שאם נמנע מהחזיר משום השקוץ שבו, או הזק גופני, אין הכוונה הזאת מועילה לו כלום, שיהיה נחשב לעושה מצוה, אלא אם יכוון בכוונה הרצויה והמיוחדת, שהתורה אסרה. וכן בכל מצוה ומצוה, ורק אז גופו הולך ומזדכך, מחמת קיום המצוות, שהוא התכלית המבוקש.

אם כן לא די לנו לימוד הנהגת אופני המעשה, כי אנחנו צריכים ללמוד אותם הדברים המביאים לידי **הכוונה** הרצויה, לקיים כל דבר מתוך אמונתו בתורה, ובנותן התורה, אשר יש דין ויש דיין. ומי פתי לא יבין שאמונה בתורה, ובשכר ועונש. שהם סגולה לדבר הגדול הזה מצריכים לימוד רב בספרים המתאימים. באופן שעוד טרם המעשה, צריכים ללימודים המצרפין את הגוף שיסתגל לאמונה בה' ותורתו והשגחתו. ועל זה אמרו חז"ל: "בראתי יצר הרע בראתי לו תורה תבלין", ולא אמרו בראתי לו מצוות תבלין, כי "ערביך ערבא צריך", כי היצר הרע, החפץ בהפקרות ובפריקת עול, לא יניחהו לקיים המצוות.

תורה תבלין

רק התורה היא תבלין המיוחד לביטול ולהכנעת היצר הרע, והיינו שאמרו חז"ל "המאור שבה היה מחזירן למוטב".

רוב דברי התורה הם לעיון

בזה מיושב למה לנו האריכות בתורה, באותם החלקים שאינם נוגעים למעשה, אלא רק לעיון, דהיינו הקדמת מעשה בראשית והם כל ספר בראשית, שמות, ורוב חלק דברים. ואין צריך לומר אגדות ומדרשים. אלא להיותם העצם שהמאור צרור בהם. יזדכך גופו, ויוכנע יצר הרע, ויבא לאמונה בתורה, ובשכר ועונש, שזוהי הדרגה הראשונה לקיום העבודה כמבואר.

נר מצוה ותורה אור

וז"ש "נר מצוה ותורה אור", כי בדומה למי שיש לו נרות, ואין לו אור להדליקם, נמצא יושב בחושך, כן מי שיש בידו מצוות ואין בו תורה, הרי הוא יושב בחושך, כי התורה אור, שבה מדליקין ומאירין את החושך שבגוף כאמור.

אין כל הפרשיות שבתורה שוים בשיעור המאור

הנה על פי הסגולה האמורה בתורה, דהיינו, בהתחשב בשיעור **המאור** שבה, לפי זה ודאי שיש לחלק את התורה לדרגות, דהיינו, על פי **שיעור המאור שהאדם מסוגל לקבל** מהלימוד בה. וברור שבהיות האדם חושב ומעיין בדברי תורה האמורים בהתגלות ה' לאבותינו, וכדומה לזה, הרי הם מביאים למעיין יותר **מאור**, מהיותו מעיין בענינים מעשיים. הגם שלעניין המעשה הם יותר חשובים. אבל לעניין המאור, ודאי שהתגלות ה' לאבותינו חשוב יותר. וזה יודו כל ישרי לב, אשר ניסו לבקש ולקבל **מאור** מהתורה.

חיוב ודרך התפשטות החכמה

מתוך שחכמת הקבלה כולה, מדברת בסוד התגלות ה', מובן מאליו, שאין לך חכמה חשובה ומוצלחת לסגולתה, כמותה. ואל זה כוונו בעלי הקבלה, לסדרה שתהיה ראויה להתעסק בה. וכן ישבו ועסקו בה, עד זמן הגניזה (ומסבה ידועה הוסכם לגנזה), מכל מקום היה זה רק לזמן ידוע ולא ח"ו לתמיד, כמ"ש בזוהר: "עתידה חכמתא דא לאתגליא בסוף יומיא, ואפילו לטליא דבי רב [עתידה חכמה זו להתגלות בסוף הימים, ואפילו לתינוקות של בית רבן]" עש"ה.

היוצא מדברינו, שעניין החכמה האמורה, אינה מוגבלת כלל בלשון של חכמת הקבלה, כי עיקרה הוא אור רוחני, היוצא ומתגלה מעצמותו ית' בסוד הכתוב, "התשלח ברקים וילכו ויאמרו לך הננו", דהיינו, על שני הדרכים הנ"ל: **מעילא לתתא, ומתתא לעילא.**

והדברים והדרגות האלו, באים ומתפשטים על פי לשון מותאם להם, שהם באמת כל הויות הבריות ומנהגיהם שבעולם הזה, שהמה ענפיהם. כי "אין לך עשב ועשב מלמטה שאין עליו מלאך מלמעלה, שמכה אותו ואומר לו גדל", והיינו שהעולמות יוצאים ונחתמים זה מזה, כחותם ונחתם, וכל שבזה, נוהג בזה. עד לעולם הגשמי, שהוא ענף אחרון שלהם, אבל כולל את העולם העליון ממנו כנחתם מחותם.

בזה נקל לדעת, שאפשר לדבר מעולמות העליונים, רק על פי ענפיהם הגשמיים התחתונים הנמשכים מהם, או מהנהגות, שהם לשון התנ"ך. או על פי חכמות חיצוניות. או על פי הבריות, והוא לשון המקובלים. או על פי שמות מוסכמות, וזה היה נוהג בקבלת הגאונים מזמן גניזת הזהר.

הנה נתבאר שדבר התגלות ה' אינו עניין של גילוי בפעם אחד, אלא עניין ההולך ומתגלה בהמשך זמן המספיק לגילוי כל המדרגות העצומות המתגלים מעילא לתתא, ומתתא לעילא. ועל כולם בסופם מתראה עליהם ה'. בדומה לאדם הבקי בכל המדינות, ובריות העולם, שאינו יכול לומר שנגלה לו העולם כולו, בטרם שגומר הסתכלותו באחרון שבבריות ובמדינות. ועד שלא הגיע לזה, הרי עדיין לא השיג את כל העולם. כן השגת השי"ת, הוא, בדרכים מוכנות מראש, שהמבקש מוכרח להשיג כל הדרכים האלו, בעליונים ותחתונים יחד. ומובן אשר העולמות העליונים הם העיקריים שבדבר זה, אלא שבאים בהשגה יחדיו, מפני שאין הבדל ביניהם בצורות, אלא רק בחומר, שחומר העולם היותר גבוה, הוא חומר יותר זך. אבל הצורות נחתמים זה מזה, ומה שנמצא בעולם עליון, נמצא בהכרח בכל העולמות שמתחתיו, היות שהתחתון נחתם ממנו. ותדע שאלו המציאויות והנהגותיהם, שהמבקש את ה' משיג, המה הנקראים מדרגות. להיותם מסודרים בהשגה, זה על זה, כמו שלבי הסולם.

ביטויים רוחניים

הרוחני אין לו דמיון ועל כן אין לו אותיות להגות בהם. ואפילו אם נאמר עליו בכללות, שהוא אור פשוט, היורד ונמשך למבקש, עד שמלבישו ומשיגו, בכל השיעור, המספיק לגילויו ית' - הרי זה גם כן, לשון מושאל: היות שכל המכונה בעולם הרוחני בשם **אור** אינו דומה לאור השמש או לאור הנר, ומה שאנו מכנים בעולם הרוחני בשם אור, הוא מושאל משכל האנושי, שטבעו, שבשעה שמופיע באדם בהתרת הספיקות, הוא מגלה כעין שפע של אור ותענוג, בכל קומת הגוף. ועל כן אנו אומרים לפעמים, **אור השכל** הגם שאינו אמת. כי האור שמאיר באותם חלקים מחומר הגוף, שאינו ראוי לקבל עיונים נפתרים הרי הוא ודאי דבר פחות משכל. ועל כן גם אותם אברים תחתונים ופחותים, יכולים לקבלו ולהשיגו.

עם כל זה, למען נוכל לכנות השכל באיזה שם, אנו מכנים אותו משום זה בשם **אור השכל** - וממש על דרך זה, אנו מכנים את פרטי המציאות שבעולמות העליונים, בשם **אורות** להיותם מביאים למשיגים אותם, שפע של אור ותענוג, לכל קומת הגוף, מראש ועד סוף. ומטעם זה, אנו זוכים לכנות למשיג בשם **התלבשות**, שהלביש לאור ההוא.

ואין להקשות, אם כן היה יותר נכון לכנותן בשמות הנוהגים בדרכי השכל, שהם: עיון, השגה וכדומה. או להתבטא בביטויים המבליטים את תופעות השכל העיוני? והעניין הוא שאין לו דמיון כלל, לדרכי תופעות השכל, משום שהשכל הוא ענף פרטי מיוחד, הנמצא בין כל הפרטים שבמציאות, ועל כן יש לו דרכים מיוחדות, לדרכי הופעתו. מה שאין כן, ענינים שבמדרגות, להיותם כלל שלם הכולל כל הפרטים הנמצאים בעולם, יש לכל פרט ופרט, דרכים שונות זו מזו. ועל פי רוב תפיסת ענינים שבמדרגות דומות לתפיסת גופי בעלי חיים. כלומר, בשעה שמשיג איזו מהות, הריהו משיג את כולו מראשו עד סופו.

ואם נשפוט, על פי חוקי השכל העיוני, יש לנו לומר, שהשיג את כל מה שיש להשיג, באותו המהות, ואפילו יהגה בו אלף שנים, לא יעדיף עליו כחוט השערה. ועם כל זה בתחילה הריהו דומה ממש ל... כלומר, שרואה הכל, ואינו מבין כלום ממה שהוא רואה. אבל על ידי שיהוי זמן מחוייב להשיג עוד ענינים נוספים, הדומה לעיבור יניקה מוחין, ולעיבור ב׳, ואז מתחיל להרגיש ולהשתמש בהשגותיו, בכל מה שברצונו, ובאמת לא הוסיף כלום על השגותיו, ממה שהשיג בתחילתו, אלא בבחינת גמר ביכור, שאז היה טרם בישולו, ועל כן לא היה יכול להבינו. ועתה נגמר בישולו.

והנך רואה ההפרש הגדול שיש לו מדרכי תופעות שכליות, ומשום זה לא יספיקו לנו, הגדרים שאנו רגילים להשתמש בהם, בעניין דרכי תופעות שכליות, ואנו מוכרחים לשמש, רק בדרכים הנהוגים בחומרים הגשמיים, כי לאלה על כל פנים דומים לגמרי בצורותיהם, אף על פי שרחוקים בחומר בתכלית המרחק.

ארבע לשונות משמשות לחכמת האמת

ארבע לשונות משמשות לחכמת האמת, ואלו הן: א׳: לשון התנ״ך ושמותיו וכנוייו. ב׳: לשון הלכה, - ושפה זו קרובה מאד ללשון התנ״ך. ג׳: לשון האגדות, - והיא רחוקה מהתנ״ך לגמרי משום שאינה מתחשבת כלל עם המציאות, ולשפה זו מתיחסים שמות וכנויים מוזרים, וגם אינה מתיחסת למובנים בדרך שורש וענפו. ד׳: היא שפת הספירות והפרצופים. - בכלל היתה נטיה גדולה, לבעלי החכמה, להסתירה מגסי החומר, משום שלדעתם החכמה והמוסר עולים בקנה אחד. ועל כן, החכמים הראשונים הסתירו החכמה בכתב רק בבחינת קווין ונקודות, גג ורגל, שמזה נולד והצטייר האלפא ביתא, בצורת כ״ב אותיות שלפנינו.

שפת התנ״ך

לשון התנ״ך: הוא הלשון העיקרי והשורשי, המותאם מאד לתפקידו, משום שיש לו על פי רוב, יחס של שורש וענף, והוא הלשון הנח ביותר להבין בו. ולשון זה הוא העתיק ביותר, והוא סוד לשון הקודש שיחסו אותה לאדם הראשון.

לשפה זו שתי מעלות וחסרון אחד. המעלה הראשונה שבה: היא היותה נוחה להבנה, ואפילו למתחילים בהשגות, מובן להם מיד כל הנחוץ להם. המעלה השניה: שהענינים מתבארים על ידה, בהרחבה ובעומק, יותר מכל הלשונות. החסרון שבה: אשר אי אפשר להשתמש עמה בדברים פרטיים או בעניין קשרים של קודם ונמשך, משום שלכל דבר צריכים לבאר ענינה בכל ההקף, כי איננה מוכחת מתוכה באיזה פרט היא מדברת, אם לא בהצגת העניין בשלימותו. לפיכך, כדי להבליט את הפרט היותר קטן, צריכים להציג עליה, פרשה שלמה בגללה, ומשום זה אינה ראויה לפרטים קטנים, או לקשרים של קודם ונמשך. - ולשון התפלות והברכות לקחו גם מלשון התנ״ך.

שפת ההלכה

לשון הלכה: אינה של מציאות, רק מקיום המציאות. הנה לשון זה נלקח כולו מלשון התנ״ך על פי שרשי ההלכה המובאים שם. ויש לה מעלה אחת על התנ״ך, בהיותה מרחיבה מאד, כל עניין ועניין, ומראה מתוך זה את השרשים העליונים ביותר דיוק.

לעומת זה יש לה חסרון גדול על לשון התנ"ך, בהיותה קשה מאד להבנה, והיא הקשה שבלשונות, לא ישיגה כי אם חכם שלם, שנקרא: "עייל ונפיק בלא בר", ומובן מאליו, שגם החסרון הראשון יש בה, כי נלקחה מהתנ"ך.

שפת האגדה

לשון אגדה: היא קלה להבנה, מתוך המליצות המתאימות מאד למובן הנרצה, ואם להבינה בשטחיות, היא עוד יותר נוחה להבנה מלשון התנ"ך. אלם להבינה בשלמות, היא שפה קשה מאד, משום שאינה נשמרת כלל לדבר על סדרי ענף ושורש, אלא רק על פי מליצת הלשון, בחידוד נפלא, אמנם היא עשירה מאד בפתרון מובנים זרים וקשים, במה שנוגע למהות המדרגה במצבה, על פי ערך עצמה, אשר אי אפשר, לבארם בשפת התנ"ך והלכה.

שפת המקובלים

לשון המקובלים: היא שפה ממש במלוא מובן המלה, דייקנית מאד, הן בעניין שורש וענף, והן בעניין קודם ונמשך, ולה המעלה המיוחדת, שאפשר לדבר בשפה זו בפרטים ופרטי פרטים, בלי הגבלה. גם אפשר על ידה לגשת ישר לעניין הפרט שרוצים, בלי הצורך לקשרה עם הקודם לה, או המאוחר לה.

אמנם על כל אותן המעלות הנשגבות שאתה רואה בה, הנה יש בה, גרעון גדול מאד, להיותה קשה להשגה, וכמעט שנמנע להשיגה, זולת מפי חכם מקובל, ומפי חכם המבין מדעתו. כלומר, שאפילו המבין מדעתו את כל המשך המדרגות האמורים: מתתא לעילא, ומעילא לתתא, עם כל זה, לא יבין בלשון זה כלום, עד שיקבל אותה, מפי חכם, שכבר קיבל את השפה מרבו פנים אל פנים.

שפת הקבלה כלולה בכולן

דע שהשמות והכינויים והגימטריאות, המה שייכים לגמרי לחכמת הקבלה, והסבה שהם נמצאים גם בשאר השפות, הוא, שגם כל השפות כלולות בחכמת הקבלה. משום שכל אלה הם סברות פרטיות מיוחדות, אשר שאר השפות מוכרחות להסתייע בהם.

ואין להעלות על הדעת, שארבע שפות אלו, המשמשות להסברת חכמת התגלות אלקיית, התפתחו בזה אחר זה, בסדרי הזמן, אלא האמת שארבעתם התגלו בפי חכמי האמת ביחד. ובאמתו, וכל אחת כלולה מכולם, שיש לשון הקבלה גם בתנ"ך כגון: עמידת הצור, ושלש עשרה מדות הרחמים, שבתורה ומיכה, ובבחינת מה, מורגשת בכל פסוק ופסוק, וכן המרכבות, שבישעיהו ויחזקאל, ועל כולם שיר השירים, שכולו לשון הקבלה ממש. ועל דרך זה בהלכה ואגדה, ואין צריך לומר, עניין השמות הקדושים שאינם נמחקים, באים בכל השפות יחד במובן אחד.

סדר התפתחות השפות

לכל דבר יש התפתחות הדרגתית. והלשון הנוח ביותר להשתמש אתו, הוא, שהתפתחותו נשלמה לפני היתר בזמן. לפיכך תחילת הביכור, היה בשפה התנכיי"ת, להיותה הנוחה בלשונות, והשימוש אתה היה נפוץ מאד. אחריה באה שפת ההלכות, מסבת היותה כולה טבועה, בשפה התנכיי"ת, ונוסף לזה, משום שהיו צריכים להשתמש אתה, להורות את העם הלכה למעשה. השלישית, היא שפת האגדות, הגם שגם בה נמצא במקומות לא מעטים מהתנ"ך, אבל זה רק, בדרך שפה עוזרת, מפני שהחדוד שבה, ממהרת תפיסת הענין אבל אי אפשר להשתמש בה, כבשפה יסודית, להיותה, חסרה הדיקנות של שורש וענפו כנ"ל, ועל כן השימוש בה לא היה נפוץ, ומכיון שכן, לא התפתחה. ואף-על-פי, שההגדה היתה בשימוש רב, בזמן התנאים והאמוראים, היה זה רק על ידי הסמיכה על שפת התנ"ך לפתיחה כרגיל בדברי חז"ל: פתח ר' וכו', (ועוד סיומים), ובאמת כל הרחבה זו שבשימוש השפה הזאת, בזמן חז"ל, התחילה מעת גניזת שפת הקבלה כנ"ל, זאת אומרת, גם בימי רבי יוחנן בן זכאי, וזמן סמוך קודם לו, דהיינו, שבעים שנה קודם חורבן בית

המקדש מטעם הנ"ל, וד"ל.

האחרון להתפתחות היא שפת הקבלה, והוא, מטעם קושי ההבנה שבה כנ"ל. אשר בנוסף להשגה, צריכים גם קבלה בפירוש מלותיה ועל כן אפילו המבינים בה, לא יכלו להשתמש אתה, כי על פי רוב, הם היו יחידים בדור, ולא היה להם עם מי לעסוק. ושפה זו כינו חז"ל, מעשי מרכבה, בהיותה, שפה מיוחדת, שאפשר לדבר אתה, בפרטות הרכבות המדרגות זו בזו, ולא כלל בזולתה בשום פנים.

שפת הקבלה דומה לכל שפה מדוברת ועדיפותה, במשמעות הגלומה במלה אחת!

במבט שטחי נראית שפת הקבלה כמין תערובת משלשת הלשונות הנ"ל. אולם המבין להשתמש אתה יווכח שהיא שפה מיוחדת לעצמה, מתחילתה עד סופה. ואין הכוונה על תוארי המלים, אלא על הוראותיהם, שבזה כל ההפרש ביניהם, אשר בשלושת הלשונות הקודמים, כמעט ואין כל הוראה למלה אחת, דהיינו, לאפשר למעיין להבין על מה המלה רומזת, ורק בצרוף של כמה מלים, ולפעמים גם פרשיות, אפשר להבין תוכנם והוראתם. היתרון שבשפת הקבלה היא, אשר כל מלה ומלה שבה, מגלה למעיין את תוכנה והוראתה, בתכלית הדייקנות, לא פחות מכל לשונות בני אדם, אשר כל מלה ומלה יש לה גדרה המדוייקת שאי אפשר להחליפה באחר.

שכחת החכמה

מעת גניזת הזהר, לאט לאט נשכחה כל השפה החשובה הזאת, משום שנתמעטו העוסקים בה, ונעשה הפסק של דור אחד, שהחכם המקבל, לא מסר אותה, למקובל מבין. ומני אז נעשה חסרון שלא יוכל להמנות.

ותראה זאת בעליל, שהמקובל ר' משה די ליאון, שהוא היה האחרון שהחזיק בו, ועל ידו נגלה לעולם, הנה נווכח שלא הבין בו אף מלה אחת, כי באותם הספרים שהוא מביא קטעים מספר הזוהר, ניכר שלא הבין כלל את הלשון, כי פירשהו על-פי לשון התנ"ך, ועירבב מאד את ההבנה, הגם שהוא עצמו היה בעל השגה נפלאה מאד, כפי שיעידו לנו חיבוריו. וכן היה במשך דורות, אשר כל בעלי השגה נתנו את כל ימיהם, בהבנת לשון הזהר, ולא מצאו ידיהם ורגליהם, כי העמיסו בו בדוחקים גדולים, את לשון התנ"ך, ומחמת זה היה להם ספר החתום, כמו לר"מ די ליאון עצמו.

קבלת האר"י ז"ל

עד שבא המקובל היחיד, האר"י ז"ל אשר להשגתו לא היה כל גבול וגדר, והוא שפתח לנו את לשון הזהר, ונתן לנו מהלכים בו. ולולא נפטר בקוצר ימים, אין לשער מדת האור אשר היה נשאב בזהר. ובמעט שזכינו בו, הוכן לנו דרך ומבוא, ותקוה נאמנה, אשר בהמשך איזה דורות תפתח לנו הבנתינו, להבין בו לגמרי.

ועם זה תבין, מה שכל גדולי עולם, שבאו אחרי האר"י ז"ל, הניחו את כל הספרים שחיברו בחכמה זו ובפירושי הזהר ואסרו על עצמם בבל יראה כמעט, וכל מיטב חייהם השקיעו בדברי האר"י ז"ל.

ותדע שאין זה מפני שלא האמינו בקדושתם של המקובלים שהיו לפני האר"י ז"ל. ח"ו להרהר כן, כי כל מי שעינים לו בחכמה, יראה שאין קץ להשגתם של אותם גדולי עולם, בחכמת האמת. ורק פתי הנבער מדעת, יכול להרהר עליהם, - אלא שסדר הגיונם בחכמה, היה על פי שלשת הלשונות הקודמים. היות וכל לשון ולשון, הוא אמיתי ומותאם במקומו, אבל אינו מותאם לגמרי, וגם מוטעה מאד, להבין בסדרים אלו, את חכמת הקבלה האצורה בזהר, להיותה לשון אחר מן הקצה אל הקצה ממש, מהסיבה שנשתכחה כנ"ל, ועל כן אין אנו משתמשין בהסברותיהם, הן בהסברות ר"מ די ליאון עצמו, והן בבאים אחריו. כי דבריהם אינם אמיתיים בפירוש הזהר, ואין לנו עד היום הזה רק מפרש אחד, והוא, האר"י ז"ל, ולא יותר.

לאור האמור לעיל מתבאר לנו, שפנימיות חכמת הקבלה, אינה אחרת, מפנימיות התנ"ך,

התלמוד, וההגדה. וכל ההפרש ביניהם, הוא רק בדרכי ההגיון בלבד, והדבר דומה, לחכמה שהעתיקוה לארבע שפות. מובן מעצמו, שעצם מהות החכמה לא נשתנתה כלל, עקב שינוי השפה, וכל מה שיש לנו לחשוב הוא רק, איזה העתקה היא הנוחה יותר ומקובלת יותר למסירת החכמה אל המעיין.

כן העניין שלפנינו, אשר חכמת האמת, כלומר, חכמת התגלות האלקיית, בדרכיו אל הנבראים, בדומה לחכמות החיצוניות, צריכה להמסר דור דור, וכל דור מוסיף איזה חוליא על קודמיו, ובזה הולכת החכמה ומתפתחת, ויחד עם זה, נעשית מוכשרת להתפשטות רחבה יותר בין ההמון. ועל כן, כל חכם מוכרח למסור כל מה שירש בחכמה מהדורות הקודמים, וגם הוספתו עצמו שזכה בה. אל תלמידיו, ואל הדורות הבאים אחריו. ומובן מעצמו, שאף-על-פי שההשגה הרוחנית, כפי שהיא מושגת על ידי המשיג - אי אפשר כלל למסור לאחר, ומכל שכן לחרות עלי ספר. כי העצמים הרוחניים לא יבואו באותיות הדמיון בשום אופן שבעולם (ואף-על-פי, שנאמר "וביד הנביאים אדמה" אין זה כפשוטו ח"ו).

סדר מסירת החכמה

אם כן איך יצוייר שאדם המשיג, יוכל למסור את השגותיו, לדורות ולתלמידים, ודע שעל זה אין יותר מאשר דרך אחד, והוא דרך הענף ושורש, והוא בהיות שמהבורא ית' יצאו כל העולמות כולם, וכל מלואם, לפרטי פרטיות, רק כביכול במחשבה אחת יחידה ומיוחדת, אשר המחשבה עצמה לבדה השתלשלה ועשתה, את כל אלו הריבויים מעולמות ובריות והנהגותיהם, כמבואר בעה"ח ובתקוני זהר עש"ה.

לפיכך כולם משתוים ממש זה עם זה, כמו חותם ונחתם, אשר החותם הראשון טבוע על כולם. ומתוך זה, העולמות היותר קרובים למחשבת התכלית, נקראים אצלינו שורשים, והעולמות היותר רחוקים מהתכלית, נקראים אצלינו ענפים. והוא משום שסוף מעשה במחשבה תחילה.

בזה נבין המליצה הרגילה באגדות חז"ל: "וצופה בו מסוף העולם עד סופו". שהיו צריכים לומר מראש העולם עד סופו? אלא שיש שני סופים; סוף על פי **הריחוק מהתכלית**, דהיינו, הענפים האחרונים שבעולם הזה. ב', סוף הנקרא **תכלית הכל**, והיינו משום שהתכלית נתגלה, בסוף הדבר.

אבל לפי המבואר אצלינו, ש"סוף מעשה במחשבה תחילה", על כן אנו מוצאים את התכלית בראש העולמות, והוא הנקרא אצלינו, **עולם הראשון**, או **חותם הראשון**, אשר כל שאר העולמות, יוצאות ונחתמות ממנו - וזאת הסיבה, שכל הבריאות דומם צומח חי מדבר בכל מקריהם, נמצאים בכל צביונם מיד בעולם הראשון, ומה שאין שם, לא יתכן כלל שיתגלה עוד בעולם, כי אין לך נותן מה שאין בו.

שורש וענף בעולמות

ובזה קל להבין, עניין שורש וענף בעולמות, כי כל הריבויים שבדומם צומח חי מדבר שבעולם הזה, יש לו שכנגדו של כל פרט ופרט בעולם העליון ממנו, בלי שום הפרש כלל וכלל בצורתם, רק בחומר שלהם בלבד, כי החיה או האבן שבעולם הזה הוא חומר גשמי, והחיה והאבן הנמצאים כנגדם בעולם העליון, הוא חומר רוחני, שאינו תופס לא מקום ולא זמן, אמנם האיכות שבהם הוא ממש אחד, וזהו ודאי שצריכים להוסיף כאן, עניין יחס החומר על הצורה, שזה מותנה גם באיכות הצורה כמובן. ועל דרך זה, מרביתם של הדצח"ם שבעולם העליון, תמצאם כמותם ודוגמתם ממש בעולם שבעלי העליון וכו', עד עולם הראשון ששם כבר נמצאים כל הפרטים, בגמר מלאכתם, בסוד הכתוב "וירא אלקים את כל אשר עשה והנה טוב מאד".

וזה שכתבו המקובלים, שהעולם נמצא במרכז הכל, שהוא להורות על האמור, אשר הסוף מעשה הוא-עולם הראשון, דהיינו, התכלית והריחוק מהתכלית נקרא, ירידת העולמות ממאצילם, עד לעולם הזה הגשמי, הרחוק מהתכלית יותר מכולם. אבל סופם של

הגשמיים כולם להתפתח לאט לאט, ולבוא עד תכליתם שחשב עליהם הבורא ית', דהיינו, עולם הראשון, שבערך עולם הזה, שאנו נמצאים בו, הוא עולם האחרון, דהיינו סוף דבר, וממילא נדמה הדבר שעולם התכלית, הוא עולם האחרון, ואנו בני עולם הזה, באמצע ביניהם.

מהות חכמת האמת

ועם זה מובן, אשר כמו שהתגלות מין החי בעולם הזה וסדרי קיומו, היא חכמה נפלאה, כן התגלות השפע האלקי בעולם, הן מציאות המדרגות, והן דרכי פעולותיה, עושים ביחד חכמה נפלאה, הפלא ופלא, הרבה יותר לאין ערוך על חכמת הפיזיקה. משום שחכמת הפיזיקה, היא רק ידיעה מהסדרים שבמין פרטי, המצוי בעולם פרטי, והיא מיוחדת רק לאותו הנושא שלה בלבד, ואין שום חכמה אחרת נכללת בה.

מה שאין כן בחכמת האמת, עקב היותה ידיעה כללית מכללות הדצח"ם הנמצאים בכל העולמות, ובכל מקריהם וסדריהם, כאשר נכללו במחשבת הבורא ית', דהיינו, בנושאים התכליתיים, אשר משום זה, כל החכמות שבעולם מקטנם עד גדלם, נכללים בה, באופן הפלא ופלא, על היותה משוה כל מיני החכמות השונות זו מזו, ורחוקות זו מזו, כרחוק מזרח ממערב, משוה אותם בסדר השוה לכל, כלומר, עד שסדרי כל חכמה מחוייבים לבוא בדרכים שלה, למשל, חכמת הפיזיקה מסודרת ממש על פי סדר העולמות והספירות, וכן חכמת האסטרונומיה מסודרת על פי אותו הסדר, וכן חכמת המוזיקה וכו' וכו', באופן שבה אנו מוצאים אשר כל החכמות מסתדרות ובאות על פי קשר אחד ויחס אחד, וכולן דומות אליה כיחס הבן אל מולידו, אשר משום זה, מותנים זה מזה, כלומר, שחכמת האמת, מותנה מכל החכמות, וכן כל החכמות מותנים ממנה, ומשום זה אין אנו מוצאים מקובל אמיתי, שלא יהיה לו ידיעה מקפת בכל חכמות העולם כידוע, עקב היותם רוכשים אותם, מתוך חכמת האמת גופה משום שהמה כלולים בה.

סוד היחוד

ועיקר הפלא שבחכמה זו, היא ההתכללות שבה, כלומר, שכל פרטי המציאות הגדולה הולכים על ידה, ומתכללים ומשתלבים ומתיחדים, עד שבאים בדבר אחד - הכל יכול וכללם יחד.

כי מתחילה מוצאים בה אשר כל חכמות תבל שקופים בה, ומסתדרים בה, על פי סדריה ממש. ואחר זה אנו מוצאים, שכל העולמות והסדרים שבחכמת האמת עצמה, שריבויים הוא לאין ערך, הנה מתיחדים תחת עשר מציאויות בלבד, שנקראים עשר ספירות. ואחר כך עשר ספירות אלו מסתדרים ובאים, בארבעה דברים, שהם ארבע אותיות שם בן ד'. ואחר כך כל ארבעה דברים אלו, מסתדרים ובאים ונכללים בקוצו של יוד, הרומז על אין סוף ב"ה, באופן שהמתחיל בחכמה, מחוייב להתחיל בקוצו של יוד, ומשם לעשר ספירות שבעולם הראשון הנקרא עולם אדם קדמון ומשם רואה ומוצא איך כל הפרטים הרבים לאין ערך, הנמצאים בעולם האדם קדמון כולם נמשכים ויוצאים, על סדר החיוב, של קודם ונמשך, באותם החוקים שאנו מוצאים באסטרונומיה ובפיזיקה, כלומר, חוקים קבועים מתחייבים זה מזה בהחלט, חוק ולא יעבור, שמשתלשים זה מזה, מקוצו של יוד עד לכל הריבויים שבעולם האדם קדמון ומשם נחתמים והולכים זה מזה, מארבע העולמות, על דרך חותם ונחתם, עד שאנו באים לכל הריבויים שבעולם הזה, ואחר כך חוזרים חלילה להכלל אחד בחברו, עד שכולם באים לעולם האדם קדמון, ואחר כך לעשר ספירות, ואחר כך לשם בן ד', עד לקוצו של יוד.

ואין לשאול, אם החומר הוא בלתי ידוע, איך אפשר לעסוק בו בדרכי ההגיון? הנה אמנם תמצא כיוצא בהם בכל החכמות, למשל, בעת שעוסקים באנטומיה, באברים נפרדים ופעולתם זה על זה, הרי אין לאברים האלו שום דמיון, אל הנושא הכללי, שהוא האדם השלם החי, אלא שבהמשך הזמן, כשיודעים את החכמה על בוריה, אפשר לעשות יחס כללי של כל הפרטים, אשר הגוף הכללי

מותנה מהם. כן הדבר הזה: הנושא הכללי הוא דבר התגלות האלקיית לנבראיו, בסוד התכלית, כמ"ש: "כי מלאה הארץ דעה את ה'".

אמנם המתחיל בה, ודאי שאין לו שום ידיעה, בנושא הכללי הזה המותנה מכללות כולם, ומוכרח משום זה לרכוש לו כל הפרטים, וסדר פעולתם זה על זה, וגורמיהם בדרך קודם ונמשך, עד שגומר כל החכמה. וכשיודע הכל על בוריה, אם בעל נפש מזוכך הוא, בודאי יזכה בסופו של דבר לנושא הכללי.

ואפילו אם לא יזכה, סוף סוף זכיה גדולה היא, לקנות איזה תפיסה מחכמה רבה גדולה זו, שיתרה מעלתה על שאר החכמות, כערך הנושאים שבהם, וכפי שמעריכים היתרון של הבורא ית', על נבראיו, כן החכמה הנשואה עליו ית' חשובה ועולה על החכמה הנשואה על נבראיו.

ולא מטעם הבלתי נתפס, נמנעים העולם להגות בה, כי האסטרונום אין לו שום תפיסא בכוכבים ופלאנטין, אלא במהלכים שהם עושים, בחכמה נפלאה מתוקנת ונערכת מראש, בהשגחה נפלאה. ואם כן גם הידיעות שבחכמת האמת, אינו נעלם יותר מזה, כי המהלכים מתבארים היטב אפילו למתחילים, אלא כל המניעה היתה משום שהמקובלים העלימוה מהעולם בחכמה גדולה.

נתינת רשות

שמח אני שנבראתי בדור כזה, שכבר מותר לפרסם את חכמת האמת. ואם תשאלוני מאין אני יודע שמותר הוא? אשיב לכם, משום שניתן לי רשות לגלות, כלומר, שעד עתה לא נגלו לשום חכם, אותם הדרכים שאפשר לעסוק עמהם בפרהסיא בפני כל עם ועדה, ולהסביר כל מלה ומלה על אופנה, כי גם אנכי נשבעתי לרבי, שלא לגלות, כמו כל התלמידים שקדמוני. אבל שבועה זו, ואיסור זה, אינם חלים זולת על אותם הדרכים הנמסרים בעל פה, מדור דור, עד הנביאים ומעלה, כי הדרכים האלו, אם היו מתגלים להמון העם, היו מביאים הפסד רב, מטעמים הכמוסים לנו.

אמנם אותו הדרך, אשר אני עוסק בספרי הוא דרך המותר, ואדרבה נצטויתי מפי רבי להרחיבו כמה שאפשר לי, ומכונה אצלינו דרך התלבשות הדברים. ועיין במאמרי רשב"י, שלדרך הזה מכנה **נתינת רשות**. וזהו שהעניק לי ה' במדה שלמה, אשר מקובל אצלינו, שזה אינו תלוי בגאוניות של החכם עצמו, אלא במצב הדור, על דרך שאמרו ז"ל "ראוי היה שמואל הקטן וכו' אלא שאין דורו זכאי לכך", ועל כן אמרתי שכל זכייתי בדרך גילוי החכמה, הוא מסבת הדור שלי.

שמות מופשטים

טעות גדולה היא לחשוב, שלשון הקבלה משמשת בשמות מופשטים, אלא אדרבה היא אינה נוגעת אלא רק בממשיות, אכן יש דברים בעולם שהם ממשיים, אף-על-פי שאין לנו תפיסה בהם, כגון: המגנט, החשמל ודומיהם, עם כל זה, מי פתי אשר יאמר שהשמות הללו המה שמות מופשטים? הרי אנו מכירים היטב את פעולותיהם, ומה איכפת לנו שלא ידוע לנו שם עצמותו, סוף סוף, אנו מכנים אותו, לבחינת נושא ודאי, אל הפעולות המתיחסות אליו, והוא שם ממשי. ואפילו תינוק המתחיל לדבר, יכול לכנותם בשם, אם רק הרגיש את מעשיהם באפס מה, וזה חוקינו, **כל מה שלא נשיג לא נגדירהו בשם.**

אין עצמות נתפס בגשמיים

ולא עוד, אלא אפילו הדברים המדומים לנו, למושגים בעצמותם, כגון, האבן והעץ, הנה אחר חקירה נאמנה, הרי אנו נשארים, באפס ההשגה בעצמותם, כי לא מושג לנו אלא פעולותיהם המתפעלים בשיתוף עם נגיעת חושינו בהם.

נפש

למשל, כשהקבלה אומרת: ששלשה כוחות הם. א': גוף. ב': נפש בהמי. ג': נפש דקדושה. אין הכוונה על עצמות הנפש, כי עצמות הנפש הוא פלואידום. והוא מה שהפסיכולוגים קוראים

"האני" והמטריאליזם "אלקטרי". ולדבר מה בעצמותה, הוא איבוד זמן, בהיותה בלתי מסודרת תחת התפעלות בנגיעת חושינו, כמו כל העצמים הכוללים הגשמיים, אבל מתוך שאנו רואים בעצמות הפלואידים הזה שלש מיני פעולות בעולמות הרוחניים, אנו מבחינים אותם היטב, על פי שמות נפרדים, על פי פעולותיהם הממשיים בעולמות העליונים. ואם כן, אין כאן שמות מופשטים, אלא אדרבה ממשיים במלוא מובן המלה.

יתרון פירושי על פירושים קודמים

אפשר להעזר לפרש ענינים מחכמת הקבלה, על-פי חכמות חיצוניות, היות שחכמת הקבלה היא השורש לכל, וכולם כלולים בה. יש שנעזרו מאנטומיה עד"ה "מבשרי אחזה אלוקי", ויש שנעזרו מחכמת הפילוסופיה, והאחרונים השתמשו ביותר בחכמת הפסיכולוגיה. אבל כל אלה אינם נבחנים לפירוש אמיתי, משום שאינם מפרשים כלום בחכמת הקבלה גופה, אלא רק מראים לנו איך יתר החכמות כלולים בה, ולכן המעיינים לא יכולים להסתייע ממקום אחד למקום אחר. ... ...
אף-על-פי שחכמת עבודת ה' היא החכמה הקרובה יותר, לחכמת הקבלה, מכל החכמות החיצוניות. ואין צריך לומר, שאי אפשר להסתייע כלום מהפירושים על פי חכמת האנטומיה, או על פי פילוסופיה - ועל כן אמרתי, שאני המפרש הראשון - על פי שורש וענף, וקודם ונמשך. ולכן אם יבין אדם מתוך פירושי איזה עניין, הוא יכול להיות בטוח שבכל מקום שימצא אותו העניין בזוהר ובתיקונים, יוכל להסתייע, כמו בפירושים על הנגלה שאפשר להסתייע ממקום אחד לכל המקומות.

וסגנון פירושים על-פי חכמות חיצוניות הוא ביטול זמן, כי אינה אומרת יותר מבחינת עדות מאמיתיות האחד על השני, והנה חכמה חיצונית, אינה צריכה לעדות, כי ההשגחה הכינה חמשה חושים לעדותה, ובקבלה: (על כל פנים) צריכים להבין טענת הבעל דבר, בטרם שמביאים עדים על הטענה.

סגנון פירושים ע"פ חכמות חיצוניות

ובזה מקור טעותו של הרב שם טוב, שפירש את המורה נבוכים על-פי חכמת הקבלה, והוא לא ידע, או עשה עצמו כלא יודע, שאפשר לפרש גם את חכמת הרפואה, או כל חכמה אחרת, על-פי חכמת הקבלה, לא פחות מאשר את חכמת הפילוסופיה. להיות שכל החכמות כלולים בה, ובחותמה נחתמו. אמנם ודאי, שהמורה נבוכים לא התכוון כלל למה שפירש השם טוב ז"ל, והוא לא ראה איך... בספר יצירה פירש הקבלה, על-פי הפילוסופיה. וכבר הוכחתי שסגנון פירושים אלו, אינם אלא ביטול זמן, כי חכמות חיצוניות אינם צריכים עדות, וחכמת הקבלה בטרם התפרשו דבריה, אין טעם להביא לה עדים, על אמיתיות דבריה. בדומה לתובע, שבטרם הספיק לברר טענותיו, מביא עדים לאמת דבריו (פרט לספרים העוסקים בעבודות ה' כי חכמת עבודות ה' צריכה באמת עדים על אמיתותה והצלחתה, ויש להסתייע ממקום חכמת האמת). אמנם כל החיבורים הנמצאים בסגנון זה אינם ח"ו לבטלה, כי לאחר שנבין היטב ביאור החכמה על-פי עצמה, נוכל להסתייע הרבה בעניין ההקש, איך כל החכמות נכללים בה, וגם האופנים איך לבקשם וכו' וכו'.

סוד השגת החכמה

שלוש סדרים יש בחכמת האמת ואלו הם:

א. בחינת המקוריות שבחכמה, והיא אינה צריכה לשום עזר אנושי, כי כולה מתנת אלוקים היא, ובחלקה לא יתערב זר.

ב. ההבנה שבמקורות האלו שהשיג ממרומים, בדומה לאדם שהעולם ומלואו ערוך לפניו, עם כל זה הוא צריך לשקוד הרבה, להבין את העולם הזה, אף-על-פי שרואה הכל בעיניו, יש פתאים ויש חכמים. ההבנה הזאת נקראת חכמת האמת, שאדם הראשון, היה הראשון, למקבלים סדר של ידיעות מספיקות להבין ולהצליח ולנצל עד לקצה, מכל מה שראה והשיג בעיניו. וסדר ידיעות אלו, אינם נמסרים, אלא מפה אל פה. גם נוהג בהם סדר

של התפתחות, שכל אחד יכול להוסיף על חברו, או ח"ו לסגת אחורנית (מה שאין כן בבחינה הראשונה, כולם מקבלים באופן שוה, מבלי להוסיף, ומבלי לגרוע, בדומה לאדם, בהבנת המציאות שבעולם הזה, אשר בראיתה הכל שוים, מה שאין כן בהבנתה, יש המתפתחים והולכים דור דור, ויש נסוגים לאחור). וסדר מסירתה, מכונה לפעמים, מסירת שם המפורש, והיא נמסרת בתנאים רבים - אבל רק בעל-פה, ולא בכתב.

ג. הוא סדר שבכתב, והוא עניין חדש לגמרי. כי מלבד שנמצא בו הרחבה יתירה להתפתחות החכמה, אשר כל אחד מוריש בסגולתה כל הרחבת השגותיו, לדורות הבאים אחריו, הנה עוד נמצא בה, סגולה מפוארת, אשר כל העוסקים בה, אף-על-פי שאינם מבינים עדיין מה שכתוב בה, מזדככים על ידה ומאורות העליונים מתקרבים אליו - ולסדר הזה, יש ארבע שפות כמ"ש לעיל, ושפת הקבלה עולה על כולם, כנ"ל עש"ה.

סדר מסירת החכמה

הדרך המוצלחת ביותר למשתוקק ללמוד את החכמה, הוא לחפש חכם מקובל אמיתי, ולציית לו ככל אשר ישים עליו, עד שיזכה להבין את החכמה מדעתו, דהיינו הבחינה הראשונה, ואחר כך יזכה למסירתה בעל-פה, שהיא בחינה השניה. ואחר כך להבנה שבכתב, שהיא הבחינה השלישית. כי אז יירש כל החכמה ומכשיריה בנקל מרבו, וישאר לו כל זמנו להוסיף הרחבה, ולהתפתחות.

אמנם במציאות קיימת דרך שניה, כאשר מרוב השתוקקותו הגדולה, יפתחו עליו מראות השמים, וישיג בעצמו כל המקוריות, שהיא הבחינה הראשונה, ואחר כך הוא מחוייב אמנם לטרוח ולהתיגע הרבה, עד שמוצא רב חכם שיוכל להכפף, ולשמוע לו ולקבל החכמה בבחינת המסירה פנים אל פנים, שהיא הבחינה השניה, ואחר כך לבחינה השלישית. ומתוך שאינו נסמך לחכם מקובל מתחילתו, באים לו ההשגות ביגיעה גדולה התופסים זמן רב, ונשאר לו זמן מועט להתפתח בה, או יקרה לפעמים, שהשכל יבוא לאחר הזמן, כמ"ש "וימותו ולא בחכמה", והם צ"ט אחוזים, אשר נקראים אצלינו "עיילי ולא נפקי", ודומים לפתאים והבורים שבעולם הזה, שרואים עולם ערוך בעיניהם ואינם מבינים אותו ולא כלום, חוץ מלחמם שבפיהם.

אמנם גם בדרך הראשון לא כולם מצליחים, כי מרביתם, אחר שזכו להשגה, זחה דעתם עליהם, ואינם יכולים להכפף למשמעת רבם כפי הצורך, כי אינם ראויים למסירת החכמה, ובמקרה זה מוכרח החכם להסתיר את גופי החכמה מהם, "וימותו ולא בחכמה", "עיילי ולא נפקי" - וכל זה, כי במסירת החכמה, ישנם תנאים גדולים ועצומים, הנובעים מסיבות הכרחיות, ועל כן מעט מעט המה שמצליחים לישא חן בעיני רבם עד שימצאו אותם ראויים לדבר הזה. ואשרי הזוכה.

שכל הפועל

מה שכתוב, שכל אדם מחוייב להשיג שורש נשמתו, פירוש: שתכלית הנרצה והמקווה מהנברא, היא הדביקות במידותיו בו ית׳, כמו שכתוב "ולדבקה בו". ופירשו חז"ל, שזה הדביקות במידותיו ית׳: "מה הוא רחום" וכו׳. וענין מדותיו ית׳ הם הספירות הקדושות, כידוע. שז"ס שכל הפועל, ומנהג עולמו, ומודד להם על ידם השפעתו וטובו יתברך.

אבל צריך להבין: למה נקרא זה "דביקות בהבורא יתברך"? ולכאורה הרי זה לימוד בעלמא.

ואבאר דרך משל, אשר בכל פעולה שבעולם, מתדבק ונשאר באותה הפעולה, אותו שכל הפועל אותה. כמו שבשלחן, מושג בחינת שכל של הנגר וחריצותו באומנות זו, אם רב או מעט. כי בעת מלאכתו, ערך אותה בבחינת שכלו ומדת שכלו. והמסתכל בפעולה, וחושב בשכל הטמון בה, הרי הוא, בשעת מעשה, דבוק בשכל הפועל אותה, דהיינו שמתאחדים ממש.

כי באמת, אין מרחק וחתך בין הרוחניים. ואפילו כשבאים בגופים מחולקים, אבל השכליים שבהם, אי אפשר לתארם בחילוקים. כי באיזה סכין תחתוך הרוחני וישאר נבדל? אלא עיקר ההבדל שנמצא ברוחניים, הוא בתוארים. פירוש, משובח או מגונה. וגם בהרכבות. כי שכל, המחשב בחכמת כוכבים, לא ידבוק במחשב חכמת טבעיים. ואפילו באותה חכמה עצמה נמצא הרכבות הרבה. כי אחד מתעלה על חבירו אפילו בחכמה אחת. ורק בזה יבדלו הרוחניים איש מרעהו.

אבל כששני חכמים, מחשבים בחכמה אחת ושיעור אחד במידת השכלתם, אז ממש מאוחדים המה. כי במה יבדלו?

ולכן כשנמצא אחד, מחשב בפעולת חבירו ומשיג את השכל מהחכם הפועל אותה, נמצא ששניהם מדודים בכח ושכל אחד. והמה עתה ממש מאוחדים, כמו איש שפגע רעהו האהוב בשוק, ומחבקו, ומנשקו. ואי אפשר לנתק אחד מחבירו, מרוב האחדות שביניהם.

ולכן כפי הכלל, אשר בחינת השכל שבמדברים, הוא הכח היותר מותאם שבין הבורא לנבראיו, והוא בבחינת האמצע, דהיינו שהאציל ניצוץ אחד מהכח הזה, אשר על ידי אותו הניצוץ, הכל שב אליו.

וכתיב: "כלם בחכמה עשית". דהיינו, שכל העולם ברא בחכמתו ית׳. ועל כן הזוכה להשיג האופנים, שברא בהם את העולם וסדריו, הרי הוא דבוק בשכל הפועל אותם, ונמצא שהוא דבוק בבורא ית׳.

וזה סוד התורה, שהיא כל שמותיו של הקדוש ברוך הוא, ששיכים לנבראים. ובהיות הנברא משיג על ידם שכל הפועל הכל, כי בתורה הבורא היה מסתכל, בעת שברא העולם, כידוע. והארה שמשיג דרך הבריאה, ומתדבק בשכל הזה תמיד, נמצא שהוא דבוק בבורא ית׳.

ובזה מובן, למה הראה לנו הקב"ה את כלי אומנותו. וכי לברוא עולמות אנו צריכים? ומהנ"ל ניחא, כי הראה לנו הקב"ה סדריו, שנדע איך להתדבק בו ית׳. שזהו "הדבק במידותיו".

חכמת הקבלה והפילוסופיה

מהו רוחניות?

הנה עמל גדול פיזרה הפילוסופיה, כדי להוכיח, איך הגשמיות היא יליד הרוחני. ואיך הנפש מולידה את הגוף. ואחר כל אלה, אין דבריהם מתקבלים על הלב, ולא כלום. ועיקר טעותם היה בתפיסת הרוחניות, שקבעו שהולידה והוציאה את הגשמיות, שזהו ודאי בדותא.

כי כל אב צריך שיהיה לו איזה דמיון אל התולדה שלו, אשר היחס הזה הוא האורח והשביל שתולדתו נמשכת דרך שם. וכן כל פועל צריך שיהיה לו איזה יחס אל הפעולה שלו, אשר יבוא עמו במגע דרך שם. וכיון שאתה אומר שהרוחניות משוללת מכל המקרים שבגשמיות, אם-כן אין לו שום שביל, ואיזה יחס שהרוחני יוכל לבוא עמו במגע, להניעהו באפס מה.

אולם הבנתה של מלה "רוחניות" אינה שייכת לפילוסופיה כלל. כי איך ידונו על דבר שלא ראו ולא חשו אותו מעולם, ועל מה אדניהם הוטבעו?

אלא אם יש איזה הגדרה להבדיל ולחלק, בין רוחני לגשמי, אין זה שייך רק לאלה שהשיגו פעם דבר רוחני וחשו אותו, שהמה הם המקובלים האמיתיים, ולפיכך לחכמת הקבלה אנו צריכים.

הפילוסופיה מעצמותו

והנה בעצמותו יתברך, אשר הפילוסופיה אוהבת כל כך לעסוק בו, ולהוכיח את כל חוקי השלילה הנוהגים בו. אין הקבלה עוסקת בו כלל. כי איך אפשר להגדיר מה, בדבר שאי אפשר לבוא לכלל תפיסה והשגה. כי הגדרת השלילה, אין ערכה פחותה כלל, מהגדרת הקיום, כי אם תראה איזה מהות מרחוק, ותכיר בו כל חלקי השלילה. דהיינו, כל מה שאיננו - הרי זה נחשב גם-כן לראיה והכרה במדת מה, כי אם הוא רחוק אמיתי מהעין אין ניכר בו אפילו השלילה.

למשל: אם רואים מרחוק איזה תמונה שחורה, ומכירים בה עכ"פ שאינה אדם, ואינה צפור. הלא זה לראיה נחשבת, כי אם היתה רחוקה יותר, לא היו יכולים להחליט שאינה אדם.

ומזה כל אפסותם וכל בלבוליהם כי הפילוסופיה, אוהבת להתגאות שהמה מבינים בעצמותו יתברך, כל בחינת השלילה. משא"כ, חכמי הקבלה שמים יד לפה במקום הזה. ואפילו שם פשוט, אינם נותנים לו, כי כל מה שלא נשיג לא נוכל להגדירו בשם ומלה. כי המלה מראה, תחילת השגת של מה.

אולם מהארתו יתברך במציאות, המה מדברים ומבחינים הרבה מאד. דהיינו, בכל אותם ההארות שזכו בהם בהשגה ממש, לא פחות מהשגה מוחשית.

הרוחני הוא כח בלי גוף

וזהו שהמקובלים מגדירים בשם "רוחניות", ועליהם מדברים, אשר אין לה כל תמונה מזמן ומקום. וכל ערכי הגשמיות כלל (ולדעתי, כל הפילוסופיא התעטפה בטלית שאינה שלה, כי גנבה איזה גדרים מחכמת הקבלה, ועשו להם מטעמים בהבנה אנושית, כי לולא כן, לא היה עולה על דעתם לבדות חכמה כזו). אלא שהיא בחינת כח בעלמא. כלומר, לא כח המלובש בגוף כרגיל בעולם הזה, אלא כח בלי גוף.

כלי רוחני נקרא כח

וכאן צריך לציין שעניין כח האמור ברוחני, אין הכונה על האור הרוחני גופו, כי האור הזה הרוחני, הוא נמשך ישר מעצמותו יתברך. ואם-כן הרי דינו שוה לעצמותו יתברך. כלומר, שגם באור הרוחני, אין לנו שום תפיסה והשגה, שנוכל להגדירו באיזה שם והגדרה. כי אפילו שם "אור", הוא מושאל ואינו אמיתי. ולפיכך יש לדעת אשר שם זה "כח" בלי גוף, נאמר בדיוק על בחינת "כלי רוחני".

אורות וכלים

ואין להקשות לפי זה, איך מבחינים חכמי הקבלה באורות, אשר כל החכמה מלאה מהבחנותיהם?

אכן אין הבחנות אלו אמורים בעצם האורות, זולת בהתפעלות הכלי שהוא הכח הנ"ל, שהוא מתפעל מסיבת פגישת האור בו.

כלים ואורות (בפירוש המלות)

וכאן צריך להוסיף עניין ההבדל בין המתנה ובין אהבה הנולדת על ידיה. אשר האורות, כלומר, ההתפעלות של הכלי, שזה ניתן להשגה, היא מכונה בשם "חומר וצורה" יחד, כי ההתפעלות, היא הצורה, והכח הנ"ל הוא "החומר".

אולם האהבה הנולדת, היא נבחנת **לצורה בלי חומר**. כלומר, אם אנו עוסקים בהפשטת האהבה מן חומר המתנה, כמו שלא היתה מלובשת באיזה מתנה ממשיית מעולם, אלא בשם המופשט אהבת השי"ת - אז נבחנת לצורה. והעסק בה נבחנת בשם **קבלה הצורתית**. אולם נחשבת לממשית בלי שום דמיון לפילוסופיה צורתית, משום שרוח האהבה הזאת היא הנשארת באמת בהשגה, בבחינת מופשטה לגמרי מן המתנה, דהיינו, עצם האור.

החומר והצורה בקבלה

והטעם, כי האהבה הזו אף-על-פי, שהיא רק תולדה יוצאת מן המתנה, מכל-מקום היא חשובה באין ערך על המתנה בעצמה. בדומה למלך גדול שנותן חפץ קטן לאדם, אף-על-פי שהמתנה בעצמה, אין לה כל ערך, עם-כל-זה האהבה והתשומת לב של המלך, אין קץ לערכה ויקרה. ולפיכך, היא מופשטת לגמרי מן החומר, שהוא האור והמתנה, באופן, שכל העסק וההבחן נשאר חקוק בהשגה רק באהבה לבדה. והמתנה כמו נמחקת ונשכחת מהלב. ולפיכך, נבחנת חלק החכמה הזו, בשם **חכמת הקבלה הצורתית**, שהיא החלק היותר חשוב בחכמה.

אבי"ע

ויש באהבה זו ארבעה חלקים, אשר המה נבחנים בדומה לאהבת אדם, שבעת קבלת מתנה בפעם הראשונה עדיין לא נכנה את נותן המתנה לאוהב. ומכל-שכן, אם נותן המתנה אדם חשוב, שאין למקבל השתוות עמו.

אולם עכ"ז, על-ידי ריבוי מתנות ואורך ההתמדה יצוייר שאפילו את האדם החשוב יכירוהו לאוהב אמיתי כשוה ערך. כי חוק האהבה לא יצוייר בין גדול לקטן, כי שני אוהבים אמיתיים צריכים להרגיש השואה ביניהם כנודע.

ולפיכך תבחן כאן ארבע מדרגות של אהבה. המקרה נקרא **עשיה**. הכפלת ריבוי המתנות נקרא **יצירה**. וגילוי האהבה גופה נקראת **בריאה**.

וכאן מתחיל הלימוד מחכמת **הקבלה הצורתית**, כי במדרגה זו נפשטה האהבה, מן המתנות. שז"ס: "ובורא חושך". כלומר, שמסלק האור מן היצירה, ונשאר האהבה בלי אור, בלי מתנותיה.

ואחר-כך **אצילות**, שאחר שטעמה ופשטה הצורה מהחומר לגמרי, בסוד: "ובורא חושך", ראוי לעלות למדרגת אצילות, ששם חוזרת הצורה ומתלבשת בחומר. דהיינו, אור ואהבה יחד.

מחצבת הנשמה

כל רוחני מובן לנו כבחינת כח מופשט מן הגוף, כי על-כן אין לו שום תמונה גשמית. אולם כיון שכן, הריהו מובדל לעצמו, ונבדל כולו מן הגשמי. ואם-כן איך יוכל אפילו להניע איזה דבר גשמי, ואין צריך לומר שיוולד מעצמו דבר גשמי, כיון שאין לו שום יחס שדרך בו יבוא למגע עם הגשמי.

יסוד החומצי

אולם באמת, גם ה"כח" כשהוא לעצמו נבחן לחומר אמיתי, לא פחות מכל שאר החומרים הגשמיים שבעולם המוחשי.

ואף-על-פי שאין לו כל תמונה מוצגת לתפיסת החושים האנושיים - אין זה מוריד מערך החומר שהוא ה"כח".

כי אם תקח את פרודת יסוד החמצן, אשר

רוב מהחומרים שבעולם מורכבים הימנו, - ועם כל זה כשתקח בקבוק עם יסוד חמצן נקי, כשהוא עומד לעצמו נקי משיתוף חומר אחר - הרי תמצאהו כמו בקבוק ריקן לגמרי, בלי שום תפיסה כלל - להיותו בחינה אוירית לגמרי, שאין היד שולטת בו למישוש, ואין לו כל מראה שהעין שולט בו.

ואם נסיר הפקק מהבקבוק ונריח בו, לא נמצא שום ריח של משהו. ואם נטעם אותו - לא נמצא בו שום טעם. ואם נשימהו על מאזנים - לא ישקול יותר מהבקבוק הריקן. וכמו כן המימן, שאין לו טעם ריח או משקל.

אבל כאשר נרכיב שני היסודות יחד, מיד יתהפכו לנוזל, והנה מים ראויים לשתיה, שיש בהם טעם ומשקל.

ואם ניתן המים לתוך סיד בלתי כבוי - מיד יתערבבו המים בתוך הסיד ויהפכו הנוזלים לחומר מוצק כמו הסיד עצמו.

הרי, שמן היסודות חמצן ומימן, שבהם עצמם אין שום תפיסה מוחשית כלל - מתהפכים להיות גוף מוצק.

ולפי-זה איך נחליט ונאמר על הכוחות הפועלים בטבע שאינם חומר גשמי, וכל זה רק בגלל שאינו מסודר כלפי הכרת החושים - בשעה שאנו רואים בעליל אשר רובם של החומרים המוחשיים שבמציאות נבנו מלכתחילה מיסוד החמצן, שאין החושים האנושיים מסוגלים לתפוס ולחוש אותו.

ולא עוד, אלא שאפילו המציאות המוחשית, המוצק והנוזל, שמושגים בהחלט בעולמינו המוחשי - עלולים להפך לאויר ואדים, במדת חום מסויימת - וכמו-כן האוירים עלולים להפך למוצקים במדת קור מסויימת.

ואם כן יש לתמוה, **איך יש לך נותן מה שאין בו**, כי ראינו בעליל, כי כל התמונות המוחשיות באים מהיסודות שהם עצמם אינם מוחשיים, ואינם חומרים קיימים לעצמם. וכן, כל התמונות הקבועות שאנו מכירים, ועל ידיהם מגדירים את החומרים, אינם קבועים וקיימים כלל מסגולות עצמם, אלא רק פושטים צורה ולובשים צורה בהשפעת גורמים כמו חום וקור.

אלא שעיקר החומר הגשמי הוא ה"כח" שבהם, אלא, שאותם הכוחות עדיין לא נמצאו לנו בלבדם, כמו היסודות החימיים - ויכול להיות שיתגלו לנו בזמן מן הזמנים, גם בהיותם לבדם. כמו כל היסודות החימיים שנתגלו לנו רק בזמן האחרון.

הכח שוה ברוחני ובגשמי

במלה אחת, כל השמות הללו הקבועים בתמונת החומר, המה בדויים לגמרי, דהיינו, מתוך ההכרה המוחשית בחמישה חושים שלנו - כי אינם קבועים וקיימים כן לעצמם. ומעבר השני, כל הגדרה שאנו מגדירים את הכח, ושוללים ממנו דרכי החומר, הוא גם בדוי מן הלב, אלא כל כמה שהמדע לא התפתח לצורתו המושלמת צריכים אנו להתחשב רק עם מציאות הממשית. דהיינו, שכל מה שאנו רואים ומרגישים איזה פעולה חומרית, צריכים אנו להבין את הפועל אותו, שהוא גם כן חומר כמות הפעולה. עכ"פ ביחס משותף, כי בלאו הכי, לא היה מגיע אליו.

וצריכים לדעת, שכל השתבשות הזו, להבדיל בין כח הפועל לפעולה, מקורו הוא מתוך **הפילוסופיה הצורתית**, אשר התעקשה להוכיח עניין הפועל הרוחני על הפעולה הגשמית. ומתוך כך באו להנחות משובשות כגון אלו, אשר הקבלה אינה צריכה לכל זה.

גוף ונפש בעליונים

אולם דעת הקבלה בדבר הזה, צלול ובהיר, מבלי שום ערבוביות הפילוסופיות אף במשהו. כי אפילו אותם האישים הרוחניים השכליים הנבדלים, אשר הפילוסופיה שוללת מהם כל מושג, והעמידו אותם בדמות חומר שכלי הערום מכל. הנה לדעת חכמי הקבלה, אף-על-פי שהם השיגו את הרוחניות, יותר נעלה ויותר מופשט, המה גם כן מורכבים **מגוף ונפש**, כמו האדם הגשמי.

ואל תתמה, איך אפשר לזכות שטרא לבי תרי, לומר שהם מורכבים. ועוד, שלדעת הפילוסופיה נמצא כל מורכב שסופו להתפרק ולהתבטל מהרכבתו. דהיינו, מיתה. ואם-כן

איך אפשר לומר שהמה מורכבים והמה נצחיים?

אורות וכלים

אכן לא מחשבותם מחשבותינו, כי דרך חכמי הקבלה, הוא דרך של מציאת ממשיות שהשיגו כן, אשר אין להשיב את העובדה משום קושיות השכליות. אולם אבאר היטב הדברים שיהיו מובנים לכל נפש.

מתחילה יש לדעת, ההבדל בין אורות לכלים, אשר מובן תיכף בנאצל הראשון מאין סוף ב"ה, כי ודאי נאצל הראשון, הוא היותר שלם ויותר מעודן מכל הבא אחריו. וודאי אשר הנועם והשלימות הזה, הוא מקבל מעצמותו יתברך, שרוצה להעניקהו מכל נועם ועונג.

ונודע בפשיטות, שכל עיקר קנה המידה שבתענוג הוא "הרצון לקבל" אותו. כי כל מה שרצונינו להוט לקבלו ביותר, הריהו מורגש לנו למעונג ביותר, וזה פשוט. וכיון שכן, יש לנו להבחין בנאצל הראשון זה, שתי בחינות. דהיינו בחינת "הרצון לקבל", אותו מהות המקובל לו, וגם בחינת המהות המקובל לפי עצמו. ויש לדעת, אשר הרצון לקבל הוא המובן לנו בבחינת גופו של הנאצל, דהיינו, עיקר העצם שלו, שהוא, כלי לקבל את טובו המקובל. והשנית, הוא המהות הטוב המקובל לו, שזהו אורו יתברך, הנמשך תמיד לנצחיות לאותו נאצל.

הרי שבהכרח, מוכרחים להבחין שני דברים ובחינות המורכבים ומלובשים זה בזה, אפילו ברוחני היותר נעלה שהלב יכול לחשוב ולהרהר, לאפוקי מדעת הפילוסופיה שבדתה לה, אשר האישים הנבדלים המה חומרים בלתי מורכבים. כי בהכרח אותו "הרצון לקבל" הנמצא בנאצל בחיוב גמור (שזולתו לא נמצא תענוג, אלא כפיה, ובלי יחס הרגש של עונג) הוא לא היה בעצמותו יתברך, ועל זה שורה השם הנאצל, במה שאינו עוד עצמותו יתברך, כי ממי יקבל?

מה שאין כן השפע שמקבל הריהו בהכרח חלק מעצמותו יתברך, שעל זה לא היה צריך להיות שום חידוש. ואם כן, אנו רואים את המרחק הגדול מהגוף המחודש, אל השפע המקובל, שדינו כמו עצמותו יתברך.

איך יכול רוחני להוליד גשמי

אולם לכאורה קשה להבין, איך אפשר לרוחני שיוליד וימשיך דבר גשמי? - קושיה זו היא פילוסופית נושנת, והרבה דיו נשפך לבירורה.

והאמת היא, כי קושיה זו חמורה היא רק על-פי שיטתם, - כי קבעו את צורת הרוחני בלי שום יחס כלשהו עם דבר גשמי.

ועל-פי הנחה זו, הקושיה חזקה: איך אפשר שהרוחני ימציא או ישתלשל ממנו דבר גשמי?

אבל לדעת חכמי הקבלה לא יקשה כלל, כי מושגיהם ההפך הגמור משל בעלי הפילוסופיה. ולדעתם כל איכות רוחנית משתוה עם האיכות הגשמית, כמו שתי טיפות מים.

ואם-כן היחסים קרובים לגמרי זה אל זה, ואין חילוק ביניהם אלא בחומר - שהרוחני יש לו ודאי חומר רוחני, והגשמי יש לו חומר גשמי.

אולם כל האיכויות הנוהגות בחומרים הרוחניים - נוהגות גם בחומרים הגשמיים. כמו שנתבאר במאמר מהות חכמת הקבלה ע"ש.

אבל, בדרך הפילוסופיה הישנה, שלש דעות עומדות לי למוקשים, על דרך ביאורי כאן.

הא', הוא מה שהחליטו אשר כח המחשבה השכלית שבאדם, הוא הנפש הנצחי, והעצמות של האדם.

הב', הוא מה שסוברים, אשר הגוף הוא נמשך ועלול מן הנפש.

הג', הוא מה שאומרים, שאישים רוחניים, המה עצמים פשוטים בלתי מורכבים.

הפסיכולוגיה המטריאליסטית

ומלבד שאין כאן המקום להתוכח בסברות הבדויות הללו עמהם, הנה כבר עבר זמנם ובטלה ממשלתם, של בעלי דעות אלו. - ועל זה יש להודות לחכמי הפסיכולוגיה המטריאליסטית, שבנתה אדניה על חורבנה

וכבשה לה דעת הציבור. וכבר הכל מכירים באפסותה של אותה הפילוסופיה, כי אינה בנויה על בסיס ממשי.

ודרך ישנה זו עמדה לה לאבן נגף ולקוץ ממאיר לחכמת הקבלה, כי במקום שהיו צריכים להכנע לחכמי הקבלה, ולקבל עליהם כל מיני פרישות וזהירות, קדושה וטהרה, בטרם התחילו החכמים לגלות להם איזה דבר קטן מעניני הרוחניות - הרי השיגו את אשר ביקשו בנקל, מחכמת הפילוסופיה הצורתית, שבלי כסף ובלי מחיר השקו אותם ממעיני חכמתם לרוייה, ונמנעו מלהתיגע בחכמת הקבלה, עד שכמעט נשתכחה החכמה בקרב ישראל.

ועל-כן אנו אסירי תודה לפסיכולוגיה המטריאליסטית שהכתה אותה מכה ניצחת.

אני שלמה

הנה הדבר דומה לאגדה המובאת בחז"ל: שאשמדאי דחה את שלמה ארבע מאות פרסא מירושלים, בלי כסף ובלי מאום, וישב על כסאו בדמות שלמה, ושלמה היה מחזר על הפתחים. ובכל מקום שבא, אמר אני קהלת, ולא האמינו לו. כך היה הולך מעיר לעיר ומכריז אני שלמה. כשבא אצל הסנהדרין, אמרו החכמים: הלא שוטה אינו נדבק לומר דבר אחד של שטות כל הימים, שזה אומר הייתי מלך וכו'.

לכאורה, אין השם של האדם עיקר, אלא בעל השם הוא העיקר. ואם-כן איך אפשר שאדם חכם כשלמה, לא היה ניכר אם הוא בעל השם. ואדרבה האדם מכבד את שמו, והיה לו להראותם חכמתו.

שלש מניעות

ויש כאן שלש מניעות להכרת בעל השם.

א. אשר מטעם אמיתיותה אינה מתבארת, רק על כל פרטי החכמה יחד. ואם-כן בטרם ידע כל החכמה, לא יוכל לראות אף הקצה ממנה, שע"כ צריכה לפרסום על אמיתיותה, כדי להאמין בה מתחילה שיהיה מספיק לפיזור הוצאה מרובה.

המניע הב', הוא כי אשמדאי השד, התלבש בלבושיו של שלמה המלך וירש את כסא מלכותו. כן הפילוסופיה ישבה לה על כסא הקבלה והשכלותיה יותר נוחות להבין, כי השקר מתקבל במהרה. ולפיכך הצרה כפולה ומכופלת. הראשונה, כי חכמת האמת עמוקה ומיגעת, והפילוסופיה המזויפת קלה להתפש. והשניה "שאין בה צורך", כי יש הרי בזה הספקה שלמה ויפה בפילוסופיה.

ג. כי השד טוען על שלמה המלך שהוא משוגע, כן הפילוסופיא שמתלוצצת ומבטלת את הקבלה.

אולם כל עוד שהחכמה מתעלה, כן מתרוממת היא ונבדלת מהעם. וכיון שהיה חכם מכל אדם, ע"כ היה מרומם מהאדם. ואילו החכמים המצויינים, לא יכלו לעמוד על סוף דעתו ולהבינו. רק אותם החברים, דהיינו הסנהדרין, שאותם לימד מחכמתו יום יום, ימים ושנים, המה שהבינוהו והמה שפרסמוהו ושמו הלך לפניו בעולם כולו. כי מושכל קטן מתבאר בחמישה רגעים, ועל כן הוא עומד להשגת כל אדם, ואפשר להתפרסם במהרה. מה שאין כן מושכל גדול, לא יתבאר כי אם באיזה שעות, ויש שצריך איזה ימים או שנים. דהיינו, לפי מדת השכל. וכן כל חכם גדול לא יבינו אותו זולת יחידי הדור, משום שהשכל עמוק ונבנה על הקדמות וידיעות מרובות.

לפיכך אין פלא על החכם מכל אדם שנגלה למקום שאין מכירים אותו, ולא היה לו שום אפשרות ויכולת לגלות חכמתו, או ליתן להם איזה מושג מה מחכמתו, עד שיאמינו לו שהוא בעל השם.

כן חכמת הקבלה בזמן הזה, אשר הטרדות והגלות שהתגברו עלינו הביאו לשכחתה (ואם נמצאים איזה אנשים אשר עוסקים בקבלה הרי זה להפסידה ולא לתועלתה, כי לא קבלו אותה מחכם מקובל). לפיכך היא נמצאת בדור הזה כמו שלמה המלך בגלות, שמכריזה וקוראת אני החכמה ובי כל טעמי התורה והדת ואין מאמינים לה.

ולכאורה יקשה, אם באמת חכמה תקרא, הרי ביכולתה לגלות עצמה, כמו שאר החכמות?

אולם, אינו כן, כי כשם ששלמה המלך, לא היה יכול לגלות חכמתו לחכמי מקומות גלותו, והוצרך לבוא לירושלים, מקום הסנהדרין, שלמדו והכירו את שלמה המלך והעידו על עומק חכמתו.

כן הדבר לעניין חכמת הקבלה, שצריכה לחכמים גדולים חקרי לב, שיהגו בה עשרים שלושים שנה, ורק אז יוכלו להעיד עליה.

וכשם ששלמה המלך, עד שהגיע לירושלים, לא היה יכול למנוע את אשמדאי מלשבת על כסאו ולהראות כאילו הוא שלמה.

כמו-כן צופים חכמי הקבלה על התיאולוגיה הפילוסופית, וקובלים על כי גנבו את הקליפה העליונה מחכמתם, שאותה רכשו אפלטון וקודמיו היונים, בעוסקם הרבה עם תלמידי הנביאים שבישראל, וגנבו נקודות יסודיות מחכמת ישראל, והתעטפו בטלית שאינה שלהם, ועד היום הזה ישבה התאולוגיה הפילוסופית על כסא מלכות של הקבלה, וירשה את גבירתה.

ומי יאמין לחכמי הקבלה, בשעה שאחרים יושבים על כסאם, כמו שלא האמינו לשלמה המלך בעת גלותו, כי כולם ידעו ששלמה המלך יושב על כסאו - דהיינו, אשמדאי השד, וכשם שלשלמה לא היה שום תקוה לגילוי האמת, כי החכמה עמוקה, ואין לה פתחון פה להגלות על-ידי עדות, או על-ידי נסיון שיכנסו אותה.

ורק לאותם מאמינים המוסרים עצמם עליה בכל כוחם ומאודם.

וכשם שהסנהדרין לא הכירו בשלמה המלך, כל זמן שלא התברר כזבנותו של אשמדאי - כן הקבלה לא תוכל להוכיח טבעה ואמיתותה, ולא תועיל לה כל מיני התגלויות שיהיה די לעולם להכירה, בטרם תתברר אפסותה וכזבנותה של התיאולוגיה הפילוסופית, שירשה את כסאה.

ועל כן, לא היתה עוד תשועה לישראל כבעת שהתגלתה הפסיכולוגיה המטריאליסטית והכתה על קדקודה של התיאולוגיה הפילוסופית מכה ניצחת.

ומעתה כל מבקש ה', מוכרח להחזיר את הקבלה על כסא מלכותה - ולהחזיר את העטרה ליושנה.

תכונתה של חכמת הנסתר בכללה

שני חלקים נוהגים בכל הבנה (בהכרת תבונה).

הא' במושגים החומריים. דהיינו, בטבע של הגופים שבמציאות שלפנינו.

הב' הוא, במושגים הצורתיים המופשטים מהגופים ההם. דהיינו, בצורות של שכל ותבונה עצמה.

הראשונה נכנה השכלה החומרית, והיא נסיונית, ונקראה פיזיקא... ...

והשניה נכנה, השכלה הצורתית, והיא עיונית, ונקראה תורת ההגיון.

ההשכלה החומרית נחלקת
גם לשנים - שהם ארבע

כי לפעמים אפשר להצטמצם בה ולדבר בה מבחינה של למעלה מהטבע, שנקראת חכמת מה שאחרי הטבע. דהיינו, על-פי נשואים ידועים, של השכל הגבוה. ונמצא כאן ארבעה חלקים:

א. השכלה חומרית מהחלק שנקרא תורת הטבע, שהיא נסיונית.

ב. השכלה חומרית מהחלק שנקרא תורת הטבע, שהיא חכמת מה שאחרי הטבע.

ג. השכלה חומרית מהחלק שנקרא עתיק, שהיא נסיונית ומעשית.

ד. השכלה חומרית מהחלק שנקרא עתיק, שהוא רק חכמת מה שאחרי הטבע.

השכלה צורתית

השכלה הצורתית ה"ס שהנשוא שלה הוא העליון ית'. והשכלה החומרית יהיו הנשואים, בחינת המדרגות הנקראות עולמות ופרצופים.

ומכל-מקום נסיונית שימושית. ומובן שהעקרון העליון בחכמת הנסתר, אינו בא עתה בביאורו כלום, כי הוא צריך לימוד שלם בפני עצמו. וכבר הוכחתי שהוא בחינת גילוי אלוקותו יתברך לנבראים, כמבואר במאמר מהות חכמת הקבלה, כמו שהעירותי שם. ולאחר שתבין את זה, תבין ביאורי בתכונת החכמה בכללה.

העקרון העליון הזה מוגדר:
באחד, יחיד, ומיוחד

אחד: וזה מובן מאליו, אשר העליון ית' **אחד** הוא כלול מכל המציאות, ומכל הזמנים, עבר, הוה ועתיד. כי אין לך נותן מה שאין בו. ולולא שכל המציאות וקיום המציאות היו כלולים בו, לא היו נמשכים ויוצאים מתוכו. וזה מוכח לכל בעלי העיון. ומבלי להשגיח מה שאנו מוצאים קלקולים בדרכי קיום המציאות. ותדע שזהו המחקר המכונה לחכמי הנסתר, בשם **אחד**. ואב הראשון לחקירה זו היה אברהם אבינו (וזה מתבאר בס"י וע"כ מיוחס לא"א) דהיינו, שאין כאן שני רשויות, טוב ורע, אלא טוב לבד.

יחיד: יורה שעדיין נמצא באחדותו, ואינה משתנה מתוך הרגשותינו את הרע אפילו לא בתורת היחס שבינו לבין בריותיו. למשל, חולה הבא לרופא שיוציא לו קוץ, הרופא שמוציא את הקוץ ומכאיב לחולה, אינו נבחן שנשתנה עתה ופועל רע, אלא הרופא והחולה שהיתה ביניהם אהבה לפני כן, הם אותם האוהבים גם בשעת המעשה של החיתוך המכאיב. ותואר זה נקרא **יחיד**.

ומיוחד: יורה שכל עיקר יחסו יתברך לבריאה בתור בורא, אינו **יותר** רק לגלות יחידותו זה. כי כל הנועם וכל החכמה וכל הדביקות, מתבטא בסוד התיחדות הזה.

השכלה חומרית - ונסיונית

ההשכלה החומרית היא לדעת את ההתיחסות כל המציאות של הבריות, ואת דרכי קיומם וסדרי השתלשלותם, מסבה הראשונה, עד ביאתם לעולם הזה. הן מעילא לתתא והן מתתא לעילא. ועיקר ידיעתם הוא הקודם ונמשך הנוהג בהם. כי זוהי התמונה של כל חכמה בדומה לתורת הטבע ותורת החיים.

השכלה שימושית

מטבע המדרגות ההם, אשר המשיג מוצא

בהם תענוג ונועם בשיעור מופלג מאד בעת השגתם, אשר דבר זה נמשך בפשיטות מתוך ביאתו ברצון העליון יתברך. כי דרכי השגחתו בקיום העולם, אינו יותר אלא על-ידי שתי כוחות שוים שהרוצה בעשייתם, מושך אותם על-ידי תענוג בשעת מעשה, אשר התענוג הזה מכריחם לדבר, ומה שרוצה שלא יעשו, הוא מרחיקם על-ידי יסורים, שהנברא מתיסר בעשיה. ועל-כן הוא עוזב אותו. וחוק זה שמור על שלימותו במיני בעלי החי, ובמין האדם, להיותו עומד לתכלית. ועל-כן הנהגתו מסתבכת, ומוכרחת לתמורות בכל שעה ורגע. לפעמים מקופחת החוק על-ידי חוק ההרגל שעושה הטבע שני בעדו.

טבע המדרגות

טבע המדרגות למשיג כטבע בעלי חי, כלומר, שחוק שכר ועונש שמור מאד, ולא יעבור, וגם ההרגל לא ישנה אותו.

ב׳ חלקים במחקרים חומריים

במחקרים חומריים יש שני חלקים:

א. הוא המציאות.

הב׳. הוא קיומם: הכמות והאיכות של פרנסתם, ואופן השגתם: על-ידי מי, ועל-ידי מה.

ולפיכך נמצא טעם מר גדול בחללים שבין מדרגה למדרגה, אשר המשיגים יקוצו בהם מאד, והוא עשוי ונמשך כן עליהם, כדי שלא ישארו שם בתָוֶך, כמו שנוהג עם בעלי חיים הפשוטים.

אולם יש לפעמים שהמשיגים חוזרים אחורנית בזכרם הטעם והעונג, שנמצא שם.

קליפה: אין חזרה ברוחניות

והנה כשחוזרים הרי כבר היא מדרגה אחרת, ונקראת **קליפה** ביחס למדרגה הראשונה.

שני חלקים בהשכלה שימושית

בהשכלה שימושית יש שני חלקים. **הא׳** היא קדושה. **הב׳** היא קליפה. והיינו, כי לפעמים, משום איזה צורך, גם החכמים חוזרים למקום שנמצא שם טעם של תענוג גדול, כדי לפעול מה. אולם מיד יוצאים משם ונכנסים למקומם, ועל-כן גם החזרה נקראת קדושה.

אמנם על-פי-רוב חוזרים לשם רק המפחדים ובעלי רצון חלשים, הרוצים להמנע מעבור דרך שבין המדרגות המר להם, והם נשארו תקועים שם, כי לא יכלו לעלות אל מרום פסגתם הנרצה.

דרך פעולה בשמות

דרך הפעולות בשמות, הוא המשכת הנועם במדה מרובה, שאז יכול להמשיך אותו הרוח גם בחברו המתפעל מאד, ובזה יכול לרפאותו, או לצוהו ולכופו לקיום רצונו.

ב. קבלה מעשית

ההפסד מכל ריבוי

בארנו לעיל בעניין השכלה שימושית. שהנרצה מה׳ מכריח לנברא עם אור תענוג העשיה שמתלבש בו. והאינו רצוי מה׳ ימנעהו עם אור של יסורים המתלבש בו. וזה עניין ההפסד מכל ריבוי. "מרבה נכסים מרבה דאגה" וכו׳. משום שיש גדר לכל רצון ה׳, להיותו רוצה בעשיות מרובות במעלות הסולם של התפתחות. ואם לא היה גדר על כל תענוג, היה הנברא משתקע בעשיה אחת כל ימיו, ולא היה מטפס על המעלות. לפיכך, ההשגחה מגדרתו עם מכאובים המסובבים מתוך כל ריבוי תענוג.

פרעון בהמי ופרעון אנושי

ויש תענוג קרוב שאינו נוהג בו עניין של תקוה, אלא נפרע על יד, ויש אמנם תענוג רחוק "מקווה", שזמן פרעונו הוא מקווה בזמן מאוחר. הראשון נקרא פרעון חושי. והשני נקרא השכלי. הראשון מוכשר לכל חי, ודרך ההנהגה בטוחה ובלתי משובשת. והשני אינו מוכשר רק למין האדם בעל העיון והדרכים משובשים. כי מתוך שזמן פרעונו הוא במאוחר,

ממילא נעשה מוכשר להפרעות ולמניעות המבלבלים אותו בעבודתו.

כח-התשלומי "כח סבתי"

פרעון מדעת, פרעון מחושים: שהם פרעון אנושי ופרעון בהמי, שהמה ב' כוחות ההשגחה, שעל ידיה עושים בעלי החיים את התפקיד המוטל עליהם מהשגחתו יתברך כנ"ל באורך.

אמת המידה בבעלי החכמה

אמנם יש מדרגות רבות גם במין האנושי עצמו, כי דבר זה נמדד בחוש ההתפתחות של כל אחד, ובמידת נסיגתו מעולם הבהמי - לעולם האנושי. כי האדם הבלתי מפותח כל צרכו, לא יוכל לחכות לפרעונו זמן רב, והוא בוחר בעבודות המשתלמות לו מיד, ואף אם יהיו במחירים נמוכים יותר. והאדם המפותח ביותר, יוכל להתאפק ולבחור בעבודות שמחירם גבוה, גם אם זמן פרעונם ממושך וארוך מאד. ותדע, שזוהי אמת המידה לבעלי החכמה, כי דבר זה תלוי בהתפתחות חומרי של כל אחד. וכל מי שיכול להאריך זמן פרעונו יכול להשיג מחיר יותר גדול.

מהו התפתחות?

ולפיכך תראה מרבית המלומדים, תיכף בעת השתלמותם, שיוכלו להנות ולקבל שכר עמלם, מניחים את הלימוד ויוצאים לשוק לסחור עם העם ולקבל שכר. אבל היחידים מתאפקים וממשיכים להשתלם בלימודם, כל אחד לפי כשרונותיו המפותחים, משום שרוצים לקבל מחיר יותר גבוה, כגון, להיות מגדולי הדור, וממציאי המצאות. וכמובן שלאחר זמן חבריהם מקנאים בהם לא במעט.

כח המטרה

ותדע שזהו אמת המידה של התפתחות הדורות. דהיינו, בכח ההתאפקות להאריך זמן פרעונו, ולבחור בסכום היותר גבוה. ועל-כן בדורות הללו, התרבו הממציאים, בעלי שיעור קומה, היות שנמצאים בדורינו יותר בעלי סגולה מסוג זה, שהפלגת עמלם היא לאין קץ, משום שחושיהם מפותחים ביותר להתאפקות, הן בהארכת הזמן, והן בכח העמל.

כח חוזר או "כח סבתי"

כי אין לך תנועה בכל בעלי החיים, שתהיה בלתי נפרעת, שהוא המכונה כח המטרה, והמדרגות אינם משוערים רק לפי הרגשת השכר. דהיינו, בהתפתחות. שכל המפותח יותר הוא בעל הרגש ביותר. וממילא כח המטרה הוא פועל בו בשיעור גדול ביותר, ויש בכוחו להרבות ולגדל עמלו ביותר.

והשנית היא האמורה לעיל. דהיינו, כח החכוי (הציפיה) לזמן פרעון - באופן שכח סבתי הזה משוער בשנים, שהם: הא' הרגש היקר, אשר ההרגש הזה, הוא הסכום של המחיר, אשר בעל הרגש גבוה נמצא המחיר גבוה, וכח הסבתי מרובה.

והב', הוא כח ההמתנה לזמן מאוחר, אשר אפילו למחיר היותר גבוה צריכים גם-כן לגוף מפותח שיהיה לו הרגשה מן הריחוק. וכל התפתחות המגולגלת ובאה על מין האנושי, אינו רק שתי ההרגשות האמורות: **הרגש יקר, והרגש מרחוק.** שמידת החכמה מטפסת ועולה על ידיהם לשיא גובהה.

קבלה מעשית

ותדע ששליטת הרגשות האמורות, מורגשות בעיקר בבעלי השגה, בהיות הנעים של כל מדרגה רבה מאד, וממילא שכרו סמוך אליו תמיד, ולמה לו להצטער ולטפס למדרגה יותר גבוהה.

רוח התענוג, ועונג שכלי

ולא עוד, אלא שיש כאן בחינת רוח, ובחינת חכמה, והמה אחת. אלא לגבי מקבל הכלול מגוף ושכל, מורגשים כמו שתי כוחות: לגוף, רוח נייחא. ולמות, שכל רב. ועל-כן צריך הגוף להפסיד מרוחו, בעת שעולה לקבל השכלה ודעת.

ג. מהות המסתורין ואגפיה

להלן ברצוני לתת למעיין, מושג בהיר להבין, את האיסור להשתמש בקבלה מעשית, וכן בכשפים וכל מיני מיסתורין (מיסטיציזם) הנהוג בעולם, וזאת כדי להמציא בסיס נאמן להמשיך ממנו מחקר מדעי.

על מדוכה זו התקבצו בימינו הרבה מלומדים, המתאמצים להביא העניין תחת מחקר מדעי נסיוני והרבה מחשבה הקדישו לחכמה זו. ולפי ידיעתי, לא מצאו עדיין בזה כל בסיס מדעי הראוי לשאת ולתת בו. והוא, מטעם חסרון ידיעתם במקור של המסתורין הללו, שאין שכל אנושי יכול להגיע שם.

ומה שהביאני לגעת במקצוע הזה, הוא מחמת שראיתי אי ידיעתם של ההמון, להבחין במידת מה בדברים כגון אלו, והם מערבים כל מיני מסתורין בקערה אחת. ועל-כן באתי הפעם להראות את מקורם ואת בסיסם של המסתורין ממין הזה.

כבר ביארתי בחלק א' [כאן], אשר שלושה חלקים נמצאים בחכמת הנסתר, שהם, השכלה החומריית והצורתיית והשימושיית. ובחלק השלישי הנקראת השכלה שימושיית, ביארתי איך בעלי הקבלה המעשית פועלים פעולות שלא כדרך הטבע, שהוא מתוך חזרתם אחורנית, לאותם המדרגות הראשונות, שנמצאים בהם הרבה נועם ומתיקות, אשר מתוך זה, מתרבים מאד רוח החיוני שבהם, בדוגמה שתראה אצל אנשים פשוטים, אשר בעל הרצון החזק מפעיל את בעל הרצון החלש הימנו, ומכריחו לפעולות כרצונו, ובלי שום כח שכלי או הבנה, או תועלת בשבילו, הוא הולך ומציית לו לכל אשר ירצה.

על-דרך-זה, כשבעל השגה מתאמץ להשיג אותם המדרגות המביאים חיות ורוח גדול, המה יכולים להפעיל בשיעור מסויים גם בחבריהם. כי טבע הרוחני, כטבע הדגים בים, אשר הגדול בולע את הקטן, בשעה שהוא חושב ממנו. ומחשבה לבד פועלת כאן, ויתר אמת אינו מחשבה, אלא רצון ורוח, כי מחשבה אינה מועילה להניע גם בעל המחשבה עצמו, ואיך תניע את חברו? אלא שהרצון מקבל ומצטייר מדמות מחשבה ההיא, של בעל הרצון הגדול, ופועל אצל הקטן ממנו, אשר בעלי הפסיכולוגיה מגדירים זאת בשם "כח של מחשבה", והוא טעות, כי הוא רצון, ולא מחשבה.

ותדע שכח הפועל הזה הוא כל-כך אמיץ, עד שיכול להוליד דמיונות אצל חברו, ממש באותו שיעור שכל אדם שולט לצייר דמיונות במוחו עצמו, ומבחינת השליטה הוא תקיף יותר לאין שיעור, מהמצייר דמיונות במוחו עצמו. כי המצייר בעצמו - הרי יש לו לעומת הדמיון בחינת כח הבקורת השכלי, ואם הוא מכחיש את הדמיון, הרי הדמיון ההוא נחלש, ואינו יכול לפעול כלום. מה-שאין-כן בהמתפעל מחבירו, הריהו נמצא אז במצב של אנרכיה בלי שום פעולת מכונה שלו, שנקרא מות. ועל-כן לא יארע לו לעולם כח הבקורת, אלא אותו הדמיון שהשיג מיד חברו הולך ופועל בו, כמו שהיה מוסכם לו מכבר, בהחלט גמור, ולמעלה מבקורת כמו, **הסוג של דעה קדומה.**

ולא עוד, אלא שיכול להתלבש ולשאוב את רוחו של חברו לתוכו, עד להרגיש בשיעור מה, את הרגשותיו ואפילו את זכרונותיו ולעשות בהם משא ומתן, ולברר מהם את הנרצה ולהודיע לו.

וז"ש: שמכחישין פמליא של מעלה. כי הגם שהגיע להם רק הנובלות, עם-כל-זה נשארים ומשמשים עם-זה בקביעות, ומגדילים רוחם החיוני יותר מחכמים אמיתיים.

ג' שלישים בהסתר החכמה

שלשה שלישים יש בהסתר חכמת האמת. הא', הלא נחוץ. הב', האי אפשר. הג', כבוד אלקים הסתר דבר. ואבארם אחד לאחד.

שליש הא': הלא נחוץ

חלק זה כמובן אין בו משום הפסד כלל, זולת עניין של נקיות הדעת יש כאן. כי את המה בכך, מצאנו למשחית היותר נורא

במשחיתים. וכל מבלי עולם, אינם אלא אנשים בעלי מה בכך. כלומר, מסתכלים בדברים שאין בהם צורך, ומודיעים דברים שאין בהם צורך. ועל-כן לא יקובל אצלינו תלמיד בטרם נשבע שיסלק עצמו מסוג בעלי החורבן האלו.

שליש הב׳: האי אפשר

על חלק זה כמובן שאינו צריך שבועה, אולם לפי שאפשר לגלותו בלשון מוטעה, ולהתנאות בו בעיני ההמון, לפיכך, גם הוא נכלל בשבועה.

שליש הג׳: כבוד אלקים הסתר דבר

חלק הזה הוא היותר חמור בדבר ההסתרה, כי רבים חללים הפילו. ותדע, אשר כל המכשפים שהיו בעולם, ובעלי הערמה הם רק ממיני גילויים כאלה יצאו, אשר תלמידים שלא שימשו כל צרכם, טעו בענינים, ויצאו ללמד לכל הבא בידם, בלי השגחה אם הם ראויים לכך. והמה שיצאו ושימשו בחכמה למטרת אנושיית לתאוה וכבוד. וקודשי ה׳ הוציאו לחולין ולשוק. והיינו שקוראים קבלה מעשית.

חכמת ישראל בערך חכמת חיצוניים

אמת המידה להערכת חכמה

כל חכמה שבעולם הערכתה היא לפי ערך התכלית שמביאה. שהיא המטרה, שכל חצי העיון קולעים אליה. ולכן לא יצוייר כלל חכמה, בלי איזו מטרה - זולת לתינוקות, בחכמת המשחקים, כי להבל זמן באה להם, וזו מטרתם, לפי ערכם. ועל-כן אין החכמה נערכת בחריפות ובקיאות, אלא לפי שבח ויתרון התכלית שמביאה.

והנך מוצא תכלית כל חכמה חיצונית - לתועלת הגשמיות הנאבדת, בלי ספק היום או מחר, ואם כן דיו לנשוא להיות כנושא.

והגם שיש לחכמה יתרון רב על הנושאים הללו, כי בכל מקום שהיא נמצאת היא על כל פנים עצם רוחני. אבל כבר אמרנו שהיא נידונית לפי התכלית שזו השארתה לנצחיות, ואם התכלית הוא לדבר כליל ונפסד, הלא נאבדת עמו יחד.

ועתה יש לנו אמת הבנין, למדוד חשיבות חכמת ישראל, - על חכמת החיצוניות. - שכל עניניה, אינם זולת להבין דרכי השגחת הבורא ית' על בריותיו, ולהדבק בו ית'. נמצא שכל עצמות החכמה הזו, נסמכת על הבורא ית'. וכיון שאין ערך להעריך, חשיבות הבורא ית', על בריותיו אשר ברא, לכן, אין ערך למעלת חכמת ישראל על חכמות חיצוניות.

וכיון שעיקר נושא של חכמתנו, הוא חי לעד, ונצחי, לכן גם כל חכמתנו, תשאר כולה בנצחיות. וכיון שמטרתה למצוא חן, בהתקרבות הבורא ית', שהוא המשובח שבמטרות שאפשר להצטייר, לכן העוסק בה, ואין צריך לומר הזוכה בה, הוא הוא המשובח שבמין המדבר.

אין חפץ בכסילים

אבל אין חפץ בכסילים, ולכן מעטים הם בית ישראל, כמ"ש ז"ל: "אלף בני אדם נכנסין למקרא וכו' מאה למשנה וכו' עשרה לתלמוד יוצא מהן אחד (להוראה)". "ראיתי בני עלייה והן מועטין". והיה זה לסבות הרבה, והעיקר שכל מתחיל בה, רוצה לטעום בה שיעור שלם, והקטן שבשיעורי אותם הכסילים, הוא על כל פנים, לידע צדקות השגחתו ית'.

וכעין חוב לדעת, ואפשר להודיעו, לפי רוח הכסיל. אבל "מה נעשה לאחותינו ביום שידובר בה", כי חכמתנו אפשר לפרשה בכל שבעים לשון, זולת על לשון הכרס, שאין נשואי החכמה הזאת, נזקקים ללשון הכרס. וזה מה שרצינו לבאר, ונבארהו במאמר מיוחד, כי הוא תחילת המבוכה וסופה.

וחיי צער תחיה

צא ולמד ותמצא, שתנאי מחוייב אחד, נסמך לכל חכמה, ואפילו לחכמות חיצוניות, דהיינו "וחיי צער תחיה", כי ענין מפורסם הוא, שכל שזוכה להקרא חכם, נמצא מהבל כל תענוגי הבשריים, ולפי שיעור הסיגוף שבחר נפשו לסבול מצער העמל ברדיפת החכמה, ממש לפי שיעור הזה מצא אותה.

אם כן, יש להקשות קושיה אחת, על כל חכמי העולם יחד, הלא כל בחינת אהבה, יוצאת מנקודת עצמו ובשרו, ושב לנקודת עצמו ובשרו, אם כן איך יכשלו כל החכמים, באהבת החכמה, שהתחלתה וסופה אינה אלא יגיעת בשר.

אלא, כל בעל נסיון בדבר יודע **שיש ענין אחד בעולם**, שהוא המשובח שבתענוגים המצויירים, דהיינו, **מציאת חן בעיני הבריות**, אשר כדאי הוא לפזר כל כחות ותענוגי הבשרים, להשיג דבר חמדה זו, בשיעור חשוב. וזוהי אבן השואבת, שעיני טובי כל הדורות נמשכים אחריו, ובגללה מהבילים כל חיי בשר.

הנה, כל חכמה, יש לה לשון בפני עצמה, אשר נושאיה הראשונים סדרו אותה, והסבירו חפציהם - על ידי לשון הזה, ותואר הלשון הוא **בחינה אמצעית**, שקרובה **לעצם החכמה**, וקרובה **לעוסקים** בה, כי סגולה גדולה מצויה בה, לקצר הלשון, ולהרבות ההסברה.

נושאי חכמת האמת - ונושאי חכמה חיצונית

והנה, לפי חשיבות חכמת האמת, מובן לכל, שתנאי הנוהג בכל חכמה - נוהג גם אצלה. דהיינו, להבל כל חיי הבשריים; ועוד נוסף עליהם, שצריך להבל גם את אבן השואבת הכללי, דהיינו, מציאת חן בעיני הבריות.

חכם חיצוני מהבל חיי בשר, כדי שינצל מלבלות זמנו היקר לו, על השגתו, שזה מקרה כל הכסילים יחד, שמחמת חביבתם בחיי בשר, מבלים זמנם עליו. ומהם ניצל החכם, כמו אוד המוצל מאש, מחמת בחירתו להבל חיי בשר. ותמורת זה ישיג חכמה באותו זמן.

ובזה תקיש לחכמי האמת, שכל עוד שאינו מהבל את אבן השואבת הכללי, ז"א למצא חן בעיני הבריות - אינו מוכן כלל להשיג חכמה זו. כי יבלה זמנו למצא חן בעיני הבריות, וישוה לכסילים, המבלים זמנם לחיי בשר. שאין לו לב פנוי להשגת חכמה נקיהותמה, ולא יכשר לזכות למצא חן בעיני הבורא ית'. וזה פשוט.

ובזה תבין הטעם שחכמתנו לא מצאה חן בעיני בריות העולם, ואפילו לחכמה פחותה אינם שוקלים אותה.

כי מחמת שינוי הנושאים - באה להם טעותם, כי נושאי חכמה חיצונית, כיון שכל מטרתם למצוא חן בעיני הבריות, על כן יגעים להמציא לבוש חיצוני לחכמתם, שיהיה מקובל אפילו על לב הכסילים. מפני שהמה עיקר בני הישוב, והמה המפרסמים כל מפורסם.

הסתרת חכמת האמת מהכסילים

מה שאין כן חכמי האמת, לא היה להם ענין להראות חלק חכמה, בשיעור שיהיה מקובל על לב הכסילים. מחמת שאין חפץ בכסילים אלו. רצוני לומר שאפילו אם יתאמצו חכמי הדור, להבינם טעם האמת, שיהיה מקובל על לבם - מכל מקום, לא מחמת זה יכנסו "למקרא".

כי אין חפץ הכסיל, אלא בהתגלות לבו, ודברים קרובים לו, דהיינו, השייך לתענוגי בשר. כמו שבארתי, שאין האויל נשאר באולתו, מחמת מאסו בחכמה, אלא מחמת קרבתו לתענוגי בני אדם, שכל ימי חייו אינם מספיקים, למלאות "חצי תאותו". אשר על כן, אין לו פנאי לחכמה, אפילו שתהיה חביבה עליו, ואפילו החכמים המפורסמים בחכמה חיצונית, נחשבו לכסילים וחומריים בערך חכמה זו, מחמת קרבתם למציאת חן בעיני הבריות. שכלפי חכמה זו, שוה היא לגמרי, לתאות חיי בשר ושלות הגוף.

חכמינו ז"ל לא גילו התפתחות מחכמת האמת

כיון שכן, לא גילו חכמינו שום התפתחות מחכמת האמת, לעיני הכסילים. כי עון גדול הוא, כמ"ש חז"ל: "כשם שמצוה על אדם לומר דבר הנשמע, כך מצוה על אדם שלא לומר דבר שאינו נשמע". וכמ"ש בזהר בהרבה מקומות: "ווי אי אימא ווי אי לא אימא, אי אימא ידעון חייביא האיך למפלח למאריהון וכו' [אוי אם אומר אוי אם לא אומר, אם אומר ידעו הרשעים איך לעבוד את אדונם]". כי מחשיבות החכמה, שלא לעשותה שיחה ריקנית, בפיות הכסילים ללא צורך, כי אותם הניזונים לתאות לבם, לא יזונו מזיו השכינה לבטח, וזה שיעור חז"ל: "כל המתגאה" וכו'.

זהו הטעם שבכל שעה שפושט מלכות הרשעה על הדור - תיכף ידונו תורתנו הק' לשריפה. כמו שקרה לנו כמה פעמים, וגם בדורותנו אלה. כי מאסו בחכמת יחודו ית'. שהיא לקוצים תמיד בעיני כסילים. כמו שבארתי: שאין מוצאים בה שום מטרה, למלאות תאותם הסרות. ונהפוך הוא, כי עוד נעשקים מחמתה, שלא יוכלו להנות, ואינם נהנים מעריות בהפרסיא וכדומה, שעל לבם רק זאת הוא גובה השלוה.

גוף ונפש

בטרם אבאר את העניין הנשגב הזה, חשוב לי לציין, הגם שנדמה לכל מעיין שאי אפשר, לבאר ולקרב דבר כזה אל השכל האנושי, אלא על פי יסודות ועיונים פילוסופיים מפשטים, כרגיל בביאורים מסוג זה - אכן, מהיום שמצאתי טעם בחכמת הקבלה, והתמסרתי אליה, התרחקתי מהפילוסופיה המפשטת וכל אביזרייהו, כרחוק מזרח ממערב, וכל מה שאכתוב כאן, מדובר מבחינה מדעית טהורה, בדיוק נמרץ, על פי הכרה פשוטה בדברים שמושיים מעשיים.

ואע"פ שבהמשך מכתבי אזכיר מדבריהם, אין זה אלא להראות ההבדל, בין מה שיוכל להעלות השכל האנושי העיוני, לבין מה שאפשר להבין מתוך שכל התורה והנבואה, המיוסדת על יסודות שמושיים (כפי שהבאתי בקונטרס ב' ד"ה מהות הקבלה).

ואני רוצה לבאר היטב בזה, את המושגים "גוף ונפש", כפי שהם באמת - כי האמת והשכל הבריא אחד הם. היות שהאמת מוכן לכל אדם, והיינו רק - על פי רוח התורה הקדושה, ולהוציא כל המובנים המשובשים שהשתרשו בהמון העם, והלקוחים בעיקר משיטות מפשטות, אשר רוח תורתינו הקדושה רחוקה מהם בתכלית.

ג' שיטות במושג גוף ונפש

הנה מצאנו אשר כללותם של השיטות, המפוזרות בעולם, במושגים של "גוף ונפש", מקובצים בשלש שיטות כדלקמן:

א': שיטת האמונה

שיטת האמונה, שאין דבר בנמצא, זולת נפש או רוח. שלדעתם נמצאים עצמים רוחניים נבדלים זה מזה, באיכות, הנקראות **נפשות בני-אדם**, ויש להם מציאות הקיימת בפני עצמה, בטרם שבאה ומתלבשת בגוף האדם. וגם אחר כך כשהגוף מת, אין ענין המיתה חל עליו כלל, מטעם שהרוחני הוא עצם פשוט.

והמובן של המיתה לדעתם, אינו יותר מפירוד בין היסודות, שהעצם נבנה מהם, שזה יתכן כלפי גוף גשמי, שנמצא לו הרכבה מאיזה יסודות, אשר המיתה חוזרת ומפרידה אותם.

מה שאין כן הנפש הרוחני, שהיא כולה עצם פשוט, מבלי שום ריבוי, ועל כן לא יתכן שיקרה לה פירוד של מה, אשר הפירוד הזה יבטל את בנינה. ולפיכך הנפש היא נצחית עומדת וקיימת לעולם.

והגוף לפי הבנתם, הוא, כמו איזה מלבוש לעצם הרוחני הזה, אשר הנפש הרוחני מתלבש בו, ומגלה כל כוחותיו על ידו, שהן: המדות הטובות וכל מיני השכלות. כמו כן, היא נותנת חיים ותנועה אל הגוף, ומשמרתו מכל פגע, באופן שהגוף כשהוא לעצמו, אין בו לא חיים ולא תנועה ולא כלום, רק חומר מת, כמו שאנו רואים אותו, אחר הפרדת הנפש ממנו - בשעת המיתה - וכל סימני החיים שאנו רואים בגוף האדם, כל אלו הם גילויים מכחות הנפש בלבד.

ב': שיטת מאמיני השניות

שיטת מאמיני השניות. שלדעתם הגוף, בריה שלמה, עומד, וחי, וניזון, ושומר על קיומו בכל מה שצריך. ואינו זקוק כלל לסיוע של איזה עצם רוחני כל שהוא.

אולם הגוף הזה אינו נחשב כלל לעצמותו של האדם, ועיקר עצמותו של האדם, היא הנפש המשכלת, שהיא עצם רוחני, כדעת בעלי השיטה הראשונה.

ההבדל בין שתי השיטות הללו, הוא רק במושג הגוף בלבד. אשר לאחר התפתחות חכמת תורת הגוף ותורת הנפש בעולם במדה מרובה, מצאו וראו אשר ההשגחה הכינה במכונת הגוף מצדו עצמו, כל צרכי החיים, ועל כן לא נשאר לדעתם, בשביל תפקידה של הנפש בתוך הגוף, רק השכלות ומדות טובות בלבד, מסוגם הרוחני - באופן שהם מאמינים בשניות, כלומר, בשתי השיטות יחד,

אלא שהם אומרים, שהנפש הוא סיבה אל הגוף, זאת אומרת שהגוף הוא תולדה הנמשך מהנפש.

ג': שיטת המכחישים

שיטת המכחישים מציאות רוחנית, והמכירים רק בחומריות. ובעלי שיטה זו כפרו לגמרי, במציאת איזה עצם רוחני מפשט, בתוך בנין הגוף. והוכיחו בעליל, אשר גם שכלו של האדם, אינו אלא רק פרי של הגוף. והציגו את הגוף, בדמות מכונה חשמלית המתוקנת עם חוטים המתמשכים מהגוף אל המח, והם מופעלים על ידי פגישתם עם דברים חיצוניים מהגוף, ושולחים אל המח את הרגשתם, כאב, או עונג, והמח מורה לאבר מה לעשות. והכל מתנהל על ידי החוטים וגידים המתוקנים לזה, אשר הם מרחיקים את האבר, מהדבר הגורם לו כאב, ומקרבים את האבר, לדבר הגורם לו תענוג, ועל פי הדרך הזה, הם הולכים ומבארים את כל המסקנות של האדם במאורעות החיים.

ומה שאנו מרגישים בחינת השכלות ודרכי הגיון, בתוך מוחינו, הוא רק צילום, מהנעשה בתוך הגוף, באורח גשמי. ומותר האדם על כל בעלי חיים - אשר המוח שלו מפותח בשיעור כזה, אשר כל המאורעות שבגוף, מצטיירים במוחו, כצילום המורגש לאדם בבחינת שכל והגיון. באופן שכל השכל ומסקנותיו, אינו אלא פרי הנמשך ונגלה ממאורעות הגוף.

ויש גם מבעלי השיטה הב', שמסכימים לגמרי עם שיטה זו. אלא מוסיפים עליה, את העצם הרוחני הנצחי, שנקרא נפש המתלבשת בפנימיות מכונת הגוף. אשר הנפש הזאת, היא **עצם האדם**, ומכונת הגוף רק - מלבוש עבורה.

הנה ערכתי כאן בדרך כללית, כל מה שהעלה המדע האנושי, במושגי "גוף ונפש" עד זמנינו זה.

גוף ונפש במובן המדע על פי תורתנו הקדושה

עתה אבאר את העניין הנשגב הזה, על פי תורתנו הקדושה, כפי שבארוה לנו חז"ל. כבר כתבתי בכמה מאמרים, אשר אין מלה אחת בפי חז"ל, ואפילו בחכמת הקבלה הנבואית, שתהיה מיוסדת על בסיס עיוני.

כי עובדה היא, וגלוי לכל, אשר האדם, הוא מטבעו, בעל ספיקות. וכל מסקנה שהשכל האנושי, קובע אותה לודאית - כעבור זמן יסתפק בזה! ומכיון שכן, מכפיל חוזק עיונו, וממציא לו מסקנה אחרת, ושוב קובע אותה לודאית.

ואם הוא בעל עיון אמיתי, נמצא הולך וסובב מסביב לעיגול הזה, כל ימי חייו. היות, שודאות של אתמול, נעשה לו לספיקות היום. וודאות של היום, נעשה לו לספיקות מחר. באופן שאי אפשר לקבוע ליותר מיום מסקנה בגדר של ודאי המוחלט.

הנגלה והנסתר

המדע של זמנינו, כבר בא לידי התפתחות להבין הדבר הזה, על שיעורו האמיתי, והחליטו, **שאין ודאי מוחלט בהמציאות.**

אולם חז"ל הבינו את הדבר, ובאו להכרה זו, בכמה אלפי שנה לפניהם. לפיכך בנוגע לענינים הדתיים, הדריכו ואסרו עלינו, לא לבד שלא לקבוע איזה מסקנה על בסיס עיוני, אלא שאסרו עלינו גם להסתייע בעיונים כגון אלה, ואפילו בדרך של משא ומתן בלבד.

חז"ל חילקו לנו את החכמה לשני עניינים: נגלה, ונסתר. חלק הנגלה כולל, כל מה שאנו מבינים מתוך הכרתינו הפשוטה, ואת העיונים הנבנים על בסיס מעשי, בלי שום עזר וסיוע של העיון, על דרך שאמרו חז"ל: "אין לו לדיין אלא מה שעיניו רואות".

וחלק הנסתר כולל, כל אותם הידיעות ששמענו מפי אנשים נאמנים, או שיש לנו בעצמנו בחינת הכרה, ותפיסה כללית בהם. אלא אי אפשר לנו להתקרב אליה במידה מספקת לבקורת השכל הבריא, מבחינת הכרה פשוטה. וזהו שנקרא בשם **נסתר**, שייעצו לנו לקבל הדברים מבחינת "אמונה פשוטה". ואסרו עלינו בכל הנוגע לדת, באיסור חמור, אפילו

להסתכל בדברים הגורמים להתעוררות העניין והחקירה בהם.

אולם, השמות הללו: נגלה, נסתר, אינם שמות קבועים, החלים על סוגים של ידיעות מסויימות, כפי שההמון חושב, אלא הם חלים רק על התודעה של האדם, כלומר, כל הידיעות שכבר הספיק לגלותם ולהכירם, מתוך התנסות ממשית, מכונים אצל האדם בשם "נגלה". וכל הידיעות שעדיין לא הגיע לבחינת הכרה כזו, מכונים אצלו בשם "נסתר".

באופן שאין לך אדם בכל הדורות והזמנים, שלא יהיה לו שני החילוקים הללו, כשבחלק הנגלה שלו מותר לו לעיין ולחקור, מתוך שיש לו בסיס ממשי. ובחלק הנסתר לו, אסורה עליו אפילו איזו שמץ של חקירה, מתוך שאין לו שם בסיס ממשי.

המותר והאסור בשימוש המדע האנושי

לפיכך, אנו ההולכים בדרכי חז"ל, אין אנו רשאים להשתמש עם המדע האנושית, אלא עם אותם הידיעות שהוכחו מהנסיון הממשי, ואין לנו צל של ספק במציאותם. ולכן לא נוכל לקבל מכל שלוש השיטות הנ"ל שום עיקר דתי. ומכל שכן במושגים של "גוף ונפש", שהם "העיקרים הכוללים והנושאים של כללות הדת". ורק מהידיעות של תורת החיים, הלקוחים מהנסיון, ושאין אדם היכול להסתפק באמיתותם, מהם נוכל לקבל.

ומובן, שהוכחות כאלו, אי אפשר שימצאו בשום ענין רוחני, אלא רק בענינים גופניים, המסודרים לתפיסת החושים. לפיכך, יש לנו הרשות להשתמש בשיעור מסויים, רק בשיטה השלישית, העוסקת רק בעניני הגוף, ובכל אותם המסקנות שהוכיחו על פי הנסיון, שלא יצוייר בהם שום חולק.

ויתר הסברות המשותפות מהגיון הן משיטתם, והן משיטות אחרות, פסולים לנו ואסורים לנו, וכל המשתמש בהם עובר על הלא תעשה "אל תפנו אל האלילים", כמבואר.

אולם שיטה שלישית זו, זרה ומאוסה מאד, לרוח האנושי. וכמעט שלא נמצא שום משכיל אמיתי שיוכל לקבלה. כי לפי דבריהם נמחקה וחלפה לה כל הצורה של האדם, כי עשו אותו למין מכונה, הפועלת והולכת על ידי כוחות אחרים. ולדעתם אין לאדם כל בחירה חופשית מרצונו עצמו, אלא נדחף והולך על ידי כוחות הטבע, וכל עשיותיו המה בעל כורחו. ואם כן אין לו לאדם שום "שכר ועונש", כי אין דין עונש או שכר חל על מי שאין לו חופש הרצון.

ודבר כזה רחוק מהדעת בתכלית, ולא רק מהדתיים, מאמיני שכר ועונש, שמתוך האמונה בהשגחתו ית', אשר כל כוחות הטבע מושגחים ממנו ית'. ובטוחים שנמצא בכל המנהג הזה מטרה טובה ורצויה.

אלא שיטה זו מוזרה עוד יותר ללא דתיים, אשר לפי דעתם, כל אחד מסור בידי הטבע העוור, חסר דעה ומטרה. והם בני בינה והשכל, נמצאים כמשחק בידיו, שמוליך אותם שולל, ומי יודע להיכן? לפיכך נמאסת שיטה זו, ולא נתקבלה כלל בעולם.

ודע, שכל שיטת תופסי השניות, לא באו אלא לתקן את המעוות הנ"ל. ולפיכך החליטו שהגוף הזה, שהוא מכונה בעלמא לשיטה השלישית, אינו כלל האדם האמיתי. ועיקר האדם, הוא דבר אחר לגמרי, בלתי נראה, ובלתי נתפש בחושים. כי הוא עצם רוחני, המלובש בגניזה בתוכיות הגוף. והוא "האנכי" של האדם ה"אני", אשר הגוף וכל מלואו, נחשב כבחינת רכוש אל האני הזה, הרוחני הנצחי, כמו שהאריכו בזה.

אולם לא רק שכל השיטה הזאת צולעת על ירכה, כמו שהודו בעצמם, אשר אינם יודעים לבאר איך עצם רוחני, שהוא "הנפש", או "האני", יוכל להניע את הגוף, או להכריע עליו באפס מה. כי על פי הדיוק הפילוסופי עצמו, אין לרוחני שום מגע עם דבר גשמי, ואינו פועל עליו כלל, כמו שכתבו בעצמם.

הקיטרוג על הרמב"ם

אולם אפילו בלי הקושיה הזו, גם כן היתה שיטתם "אסורה לבוא בקהל ישראל", כמו

גוף ונפש

שהבאנו לעיל. וחשוב שתדע, שכל הקיטרוג הגדול שהיה על הרמב"ם ז"ל, מחכמי ישראל, והפסק דין החמור לשרוף את ספריו כנודע, לא היה זה משום שהיו מסופקים באפס מה בחסידותו וצדקותו של הרמב"ם ז"ל עצמו, אלא רק משום שהסתייע בספריו מהפילוסופיה והמטפיזיקה, שהיתה בזמן ההוא על שיא גובהה. והרמב"ם ז"ל רצה להצילם מזה. ועם כל זה, לא היתה רוח החכמים נוחה הימנו.

ואין צריך לומר, בזמן הזה, אשר כבר הגיע דורנו, לידי התפתחות והכרה, שאין בפילוסופיה המטפיזית שום תוכן אמיתי שיהיה כדאי לבלות הזמן עליו. אם כן ודאי שאסור לו למי שהוא לקבל איזה תבלין מדבריהם.

סוד העיבור - לידה

א. כללים

הכלל והפרט

עיון המשכילים בבריאה, במושכל ראשון הוא מוגדר בהתחקות אחר מלאכת ה'. מלאכת ה' נקראת "השגחה", או טבע הבריאה.

והמה לא יקראו "גוף" אלא, לחומר הפשוט של בשר ודם בתכונתו הדוממת, בלי שום צורה. כי כל מה שנקרא בשם "צורה", הוא נבחן לכח רוחני ואינו גוף.

ולפיכך יצא לנו חוק, אשר כל הגופות שוות. אלא, כמו כדור הארץ, שהוא גוף יחיד, ולא ייתכן לחלקו לרבים, באשר לא מצאנו בו חידוש צורה מחלק זה לחלק אחר - כן לא יתחלק הדומם לריבוי פרטים.

וכל כח הריבוי שבעולם, הוא כח רוחני נפלא במינו, ולפיכך, כל כלל מוטעם ומשובח, כי בא מהכח הרוחני, וכל פרט מגונה ושפל. ובזה ניכר ההבדל בין האדם האנוכי ובין האדם המסור לעמו.

וודאי הוא, שערך הכלל נגדר לפי גודל הריבוי שבו. כי אם החלטנו שכח הריבוי, הוא ענין רוחני וחשוב - אם כן, אם הריבוי יותר גדול - הוא יותר חשוב.

ומכאן, שהמסור לעמו יותר חשוב מהמסור לעירו. והמסור לעולם יותר חשוב מהמסור לעמו. וזה מושכל ראשון!

לידה ברוחניות

לפיכך, כמו שיש לידה לפרט, מצד בנין הגופים - כן יש לידה לכלל, והיא, על-ידי חידוש כח רוחני, דהיינו, התפתחות השכליים היא לידה לכלל, כי ברוחני שינוי הצורה יחלק העולמות זה מזה, ולידה זו פירושה, לבוא בעולם התיקון.

יציאת מצרים נקראת לידה

ואם אנו מדברים בסוד הריבוי במהות הרוחני, הריהו בדומה לעניין הגשמי שנולד מבטן אמו, שהוא עולם חשוך ומקולקל בכל מיני לכלוך ואי נעימות, אל עולם הנאור בכל השלימות - עולם התיקון.

ובזה מובן עניין ההכנה, בגדר המובן בממלכת הכהנים, שהגיעו לכך על-ידי נבואת משה רבנו, ומשום זה זכו לחירות ממלאך המות, ולקבלת התורה. ואז היו צריכים ללידה חדשה, לאויר העולם הנאור, המכונה בכתוב: "ארץ חמדה טובה ורחבה".

נולד מת

והנה הולד הזה נולד מת, כי אחר ההריון, שהוא כור הברזל ושעבוד מצרים, באה הלידה, ולא היו מוכשרים עוד לנשום רוח חיים מהעולם הנאור, שהיו מובטחים לבא לשם - עד שהתחילה הספירה ומלחמת עמלק ונסיונות המים וכו' - והגיעו למדבר סיני. וסיני הוראתה שנאה (כמ"ש חז"ל) כי מבטאם שוה. דהיינו, ההתיסרות הנהוג בכל מחלה.

הלידה לאבא ואמא

ואז נעשו ראויים לשאוף רוח חיים, והתקיימה בהם הנבואה: "ואתם תהיו לי ממלכת כהנים וגוי קדוש". מתחילה ממלכת **כהנים**, לבטל קנינם הפרטי, ואחר כך **גוי קדוש**, שהוא להשפיע נחת רוח לקונם, על-ידי "ואהבת לרעך כמוך".

וכמו בגשמיות שהולד נופל לידים אוהבות ונאמנות, שהם, אביו ואמו הדואגים לו ומבטיחים קיומו ובריאותו - כמו-כן, לאחר שלכל אחד הוכן ששים רבוא דואגים לקיומו, נשמו רוח חיים, כמ"ש: "ויחן שם ישראל נגד ההר" ופירש"י "כאיש אחד בלב אחד".

ב. אחור ופנים

האדם עיניו מלפניו, המרמז שאינו יכול להסתכל אלא לעתיד, דהיינו, בסדרי גידול **מתתא לעילא**. אולם אינו יכול להסתכל מאחוריו, דהיינו, בסדרי העיבור **מעילא לתתא**

(כמ"ש "אל תביט אחריך" בפרשת לוט).

לפיכך הוא נעשק מכל ידיעה אמיתית, כי חסר לו ההתחלה, והוא דומה לספר שחסר בו חציו הראשון, שאי אפשר להבין מתוכו כלום. וכל היתרון לבעלי ההשגה הוא, שהם זוכים להשיג גם סוד העיבור, כלומר, המהלך של **מעילא לתתא**.

כי האדם כולל הכל, וזה נראה בעליל, כאשר מסתכל ומעיין בדבר מה, הכל יודעים שאינו מסתכל אף משהו מחוץ לגופו ורעיונותיו עצמו - ועם כל זה, הוא משיג את כל העולם כולו, ויודע מה חושבים בני העולם ומעריך אותם כיצד למצוא חן בעיניהם, ומתאים עצמו לרצונם.

וכדי להגיע לידיעות אלו, אינו צריך רק להסתכל בתוך עצמו - וכבר מבין מחשבות בני גילו. כי כולם שוים זה לזה, והאדם עצמו כוללם בתוכיותו. וסייג לידיעותיו הוא, אשר עיבורו עצמו אינו יודע ואינו זוכר מהזמן ההוא לספר משם אף משהו.

שער החמישים

וזה סוד הכתוב: "וראית את אחורי ופני לא יראו". כי משה רבינו השיג את סוד העיבור, כלומר, כל הבחינות **שמעילא לתתא** בתכלית השלימות, המכונה "אחוריים של עולמות הרוחניים" - ולא היה חסר לו, אלא להסתכל גם ב"פנים", דהיינו, לראות כל העתיד עד גמרו של התיקון המכונה **נו"ן שערי בינה**, - כי קומת הבינה היא מאה שערים, שבינה מכונה בלשון המקובלים, בשם "אמא", להיותה אמא של כל העולם כולו, שהזוכה להשיג כל מאה שערים שבה - זוכה להתגלות השלימות.

כי חמישים שעריהם מאחור, הם סוד העיבור, דהיינו המהלך **מעילא לתתא**. וחמישים שעריהם מלפנים, הם דרך ההתפתחות המחוייבת עד גמר התיקון, שאז: "מלאה הארץ דעה את ה'" - וכן "ולא ילמדו עוד איש את רעהו ואיש את אחיו לאמר דעו את ה' כי כולם ידעו אותי למקטנם ועד גדולם".

וזה שהתפלל משה רבנו "הראני נא את כבדך", - דהיינו, כל החמישים שערי בינה **שמפנים**. ואמר לו ה': "וראית את אחורי" - די לך שאתה רואה את כל החמישים שבאחורי, בבחינת **מעילא לתתא**. "ופני לא יראו", - כי לא תראה את כל החמישים **שמפנים** - "כי לא יראני האדם וחי", - כלומר, לפני שמגיע הזמן המוכשר, שיסתגלו הכלים ויתפתחו בכל שלמותם.

ומטרם זה מוכרח הוא למות על ידי הראיה הזאת, כי הכלים לא יוכלו לקבל האור הגדול הזה ויתבטלו. וז"ש: "חמישים שערי בינה נבראו בעולם, וכולם נתנו למשה, חסר אחד".

וברוחניות אינו נוהג חסרון, אלא, או כולו, או לא כלום, כעניין, "נדר שהותר מקצתו הותר כולו". אבל לעת קץ, שיגדלו מדת הכלים, ויתפתחו בשיעורם הרצוי, אז יהיו ראויים להשגת **שער הנו"ן**. (גם תדע אשר יש שני מיני השגות, נבואה וחכמה. מצד החכמה השיג משה כמו כל החכמים, - אבל מצד הנבואה לא היה יכול להשיג, ועל דבר זה אמרו חז"ל: "חכם עדיף מנביא". - וכן אמרו ששלמה השיג **שער הנו"ן**).

הנפש מוליד את הגוף: העיבור והגידול

כשם שבחטה הזרועה אנו מוצאים בה שני מהלכים:

א. משעת הנחתה באדמה, שאז היא מתחילה לפשוט הצורה של בחינתה עצמה, הנבחנת למולידה, עד שבאה לבחינת אפס, כלומר, לבחינת המצע של שלילה מצורת אבותיה, והפועל נעשה לכח. ועד אז נחשבת לבחינת עיבור, הנמשך מהמהלך של **מעילא לתתא**,

ב. וכשבאה לנקודה האחרונה, מתחיל הגידול והצמיחה, שהוא המהלך של **מתתא לעילא**, עד שמשיגה קומתה של המוליד שלה.

הכלל והפרט שווים

הכלל והפרט שווים ההדדי, כמו שתי טיפות מים, הן בחיצוניות העולם, דהיינו, מצב הפלנטה בכללם. והן בפנימיותו, כי אפילו באטום (פרודה) המימי היותר קטן, אנו מוצאים

שם מערכת שלימה, של שמש ופלנטות הרצים סביבו, ממש כמו בעולם הגדול. ועד"ז האדם שהוא פנימיות העולם, גם בו תמצא כל התמונות של העולמות העליונים, אצילות, בריאה, יצירה, עשיה. כמו שאמרו המקובלים: שראש הוא אצילות, ועד החזה בריאה, ומשם עד הטבור יצירה, ומטבור ולמטה עשיה.

ועל-כן עיבור של אדם, תראה גם מהלך של **מעילא לתתא**. דהיינו, התפשטות איטית מהמוליד שלו - אמו, עד שנעתק וניתק ממנה לגמרי, כי יוצא לאויר העולם, ויצא מפועל לנפעל - מרשות מולידו עד רשות עצמו.

ואז מתחיל המהלך של **מתתא לעילא** - ימי היניקה, שעדיין דבוק בשדי אמו, עד שצורתו נשלמת, בשיעור האחרון של קומת מולידיו.

אולם אדם הראשון יציר כפיו של הקב"ה הוא, פירוש, כי בהכרח שאינו יליד אשה, אלא, עפר מהאדמה, כמו שאר הבריות הראשונות שנתהוו מעפר ההוא. כמ"ש: "הכל היה מן העפר", אולם העפר הזה נמשך מהעולמות העליונים הקודמים לה.

והוא כי גם למעלה יש **אור** ו**כלי**. **האור**, הוא בצורות שבקבלה. **והכלי**, הוא הרצון לקבל את הצורות המותאמות ההם. והכלי הזה, שהוא, הרצון לקבל, הוא תמיד בלי קביעות של משהו, לא מחשיבות, ולא ממשות עצמאית העומדת בפני עצמה זולת עם המקובל אליה. ועל-כן אין לה שום ערך יותר מהמקובל.

למשל: העני הרוצה לקבל עשירות, אין לו שום חשיבות יותר מהעני השמח בחלקו. ואינו רוצה לקבל עשירות. אלא אדרבה, הוא עוד גרוע ממנו. והוא, כי הרצון לקבל, עם הדבר המקובל נעשה לאחד, והמה רק שני חצאי דבר, וכל חצי כשהוא לעצמו ונבדל, אין לו שום ערך עצמי שיהיה מה לדבר ולשאת ולתת עמו.

ג. מהו נשמה

חוק ההתפתחות ע"פ חכמת הקבלה

אי אפשר להתבונן בשום דבר, בטרם שרואים את הדבר מתחילתו עד סופו. ומתוך שהאדם אינו מרגיש שום דבר, אלא מתוך עצמו, (ע"ד שחכמי הראיה, מצאו שאין הצבעים שום בכל העינים, אלא רק הסכמה יש כאן) על-כן הוא מחוייב, להכיר את עצמו מתחילה עד סוף. דהיינו, עכ"פ מזמן עיבורו עד היותו לאיש. וכיון שאינו כן, כי האדם מתחיל להכיר את עצמו, רק בהיותו איש שלם. לפיכך, נעדר ממנו היכולת להתבונן בעצמו.

אין לך אדם שמכיר את עצמו

טעם שני הוא, כי להכיר איזה דבר, צריכים בעיקר להתבונן לתכונות הרעות שבדבר, ומתוך שאין האדם יכול לראות נגעי עצמו, (ובאותו שיעור שמושאל לו ממה שרואה באחרים, הוא רואה ג"כ באספקלריה שאינה מאירה) מטעם, כי כל רע המחוייב לבוא לכלל קבלה לאדם, הרי מגיע לו בעונג, שאם לא כן, לא היה מקבלו. וחוק הוא שכל דבר שיש בו תענוג, אין האדם מחשיב אותו לרע, זולת על-ידי נסיונות רבות המתפתחים בהם, ולזה צריכים ימים ושנים, וגם זכרון והקש והתבוננות, אשר לא כל אדם מסוגל לזה. לפיכך אין לך אדם שיהיה מכיר את עצמו.

אולם המקובלים בעלי השגה הרי הם משיגים דבר שלם. כלומר, זוכים להשיג כל אותם המדרגות שישנם במציאות לבוא להשגת האדם, ואז נקרא, שהשיגו דבר שלם, ודבר שלם הזה, מכונה בשם, נשמה.

נשמה זו היא קנין אדה"ר

כבר ביארתי לעיל באות ב', שהעולמות באים בהשגה בשני דרכים, מעילא לתתא ומתתא לעילא, שמתחילה משיגים מעילא לתתא, את השתלשלות הנשמה. ואחר-כך, מתתא לעילא, שהיא ההשגה עצמה. מהלך הראשון מכונה בשם עיבור, משום שערכו כמו הטפה ההולכת ומתנתקת ממוח האב, ובאה בעיבור האם, עד שיוצאת לאויר העולם. שהוא נבחן כמו דרגא האחרונה - מעילא

לתתא. דהיינו, בהתחשב עם העילה של הולד. הרי עד שם היה עדיין מחובר באיזה חלק בבחינת אבא ואמא שלו. דהיינו העילה. ובביאתו לאויר העולם, נכנס לרשות עצמו, שזהו הסדר של מעילא לתתא.

וטעם כל זאת, כי מחשבתו יתברך יחידה, ועל-כן כל המקרים שוים, והכל דומה לפרט.

עיבור וגידול גוף כנשמה

מעת לידתו שהוא נמצא אז בנקודת הריחוק, מתחילה שיבתו להשגה - מתתא לעילא, שזה נקרא חוק ההתפתחות, והוא הולך ממש על אותם הדרכים והמבואות שירדו מעילא לתתא.

וזהו מושג למקובלים. אולם לעינים הגשמיים, נראים רק מצבים פשוטים, איטיים, דרגתיים, עד שגדלה קומתו כמו אבא ואמא שלו, ואז נקרא, שהשיג כל הדרגות מתתא לעילא. דהיינו דבר שלם.

ד. מעילא לתתא - ומתתא לעילא

הגידול מלמד על העיבור

ומאחר ששני המהלכים שהם מעילא לתתא ומתתא לעילא, דומים כמו שתי טיפות מים. נוכל להבין את מהלך **מעילא לתתא** בהתבוננותינו במהלך של **מתתא לעילא**, והוא המהלך השני של ההתפתחות, שהוא הגידול והצמיחה.

ואתה מוצא ארבע עולמות אבי"ע, שמתחילה הוא עשיה - למשל, כשנתבונן בכל מהלך גידול הפרי מהנטיעה ועד גמר בישולו, נמצא ארבעה מצבים:

הא' - בטרם מתראה בו אותות הביכור, והם כל חוקי המצבים שבפרי - והוא **עולם העשיה.**

הב' - משעה שאפשר לאכלו ולשבוע, אולם עדיין אין בו טעם - והוא **יצירה.**

הג' - משעה שנגלה בה מקצת טעם - והוא **בריאה.**

הד' - בשעה שנגלה כל טעמו ויפיו - והוא **אצילות.** וסדר זה הוא **מתתא לעילא.**

כל נאצל ונולד, בא על שני דרכים

כל ענין מעילא לתתא ומתתא לעילא שנתבאר בכלל ארבע עולמות אבי"ע, כל אלה נוהג אפילו בפרט הקטן ביותר שבעולמות, דהיינו, בכל עילה ועלול.

עילה פירושו, אב, שורש, גורם. **עלול** פירושו, שהוא נפעל ונעשה על-ידי העילה. ועל-כן מכונה בן, או ענף, או נמשך ונגרם.

וענין שני מהלכים אלו בפרטות, מובן ממש כמו בהכלל. אשר **מעילא לתתא**, הוא, דרך התבדלות **העלול מהעילה** שלו, עד שיוצא ונעשה רשות בפני עצמו. וענין **מתתא לעילא** הוא חוק ההתפתחות המעוררהו לגדול מתתא לעילא, עד שמשיג העילה שלו. כלומר, שמשתוה לגמרי כמותו. וכמו שביארנו לעיל, ענין אב ותולדה הגשמי שממות אביו עד הלידה, הוא זמן עלייתו מתתא לעילא, וכעין זה תשפוט בכל ארבע מיני דצח"ם. וכמו באצילות **פרטי** הרוחניות, כמו כן **בכלל** כל העולמות.

וטעם הדבר, כי מאחד יוצא יחידה, וכל הדרכים שקיבלה אותה היחידה, מחייבת את כל ההשתלשלויות הבאות אחריה, הן בכלל והן בפרט.

ה. ההתחקות אחר הבריאה

לידת האנושות המאושרת

כשאנו מסתכלים בחותם של מעשה בראשית, אנו מוצאים שם כתוב: "אשר ברא אלקים לעשות" שהמשמעות, שמלאכת השי"ת, הערוכה בבריאה לפנינו, היא נתונה לנו, כדי **לעשות** ולהוסיף עליה. כי אם לא כן, הרי המלה "לעשות", מיותרת לגמרי וריקנית מכל תוכן. והיה צריך לומר: "כי בו שבת מכל מלאכתו אשר ברא אלקים" - ועל מה נתוספה כאן המלה "לעשות"? - אלא בהכרח שמקרא זה מלמדנו, כי כל שיעור המלאכה שהניח השי"ת בבריאה, הוא **בשיעור מדויק** לא פחות ולא יותר, אלא במידה כדי שנוכל לעשות בעצמינו את השלמתה והתפתחותה.

והאמת היא, שכל התפתחותינו בבריאה ההיא, אינה רק התחקות אחריה. כי כל טעם ויופי הצבעים שאנו מתקנים ומחדשים, אינם

נד מהות חכמת הקבלה 54

אלא התחקות אחר הצבעים מלאי הטעם שאנו מוצאים אותם בפרחים. וכן הנגר, מאין הוא יודע לעשות שולחן בן ארבע רגלים, אם לא שהתחקה אחר מלאכת השי"ת שעשה בריות עומדות על ארבע רגלים, או מאין הוא יודע לשלב שני עצים זה בזה, אם לא שהתחקה באברי הגוף המלוכדים זה בזה, והלך ותיקן את עציו כדוגמתם.

וכן הולכים בני אדם, מסתכלים ולומדים היטב להבין את המציאות הערוכה לפנינו בתכלית הטעם והיופי, ואחר-כך כשמבינים אותם, המה מתחקים לעשות כדוגמתם. והדוגמה הזו נעשית בסיס לדוגמא אחרת, עד שכבר ברא האדם עולם נאה, ומלא המצאות. מתוך הסתכלות במלאכת הבריאה, בנו אוירון עם כנפים כדוגמת העוף בעלי הכנפים. בנו רדיו שקולט גלי קול כדוגמת האזנים. בקיצור כל הצלחותינו מוצעת לפנינו בבריאה ובמציאות כמו שהוא, ולא חסר לנו אלא להתחקות אחריה **ולעשות.**

המציאות וקיום המציאות מכחישים זה את זה

כי **המציאות,** כלומר, הבריאה בכללה וכן כל חלקיה הנבראים בריות מבחינת מה השייך לקיומם, אנו מוצאים ערוך בטוב טעם, וכל יופי ונועם, בלי שום חסרון כחוט השערה, ממש עולם נאור. וכשנעמיד נגד זה את **קיום המציאות** הזה, דהיינו, סדרי הזנתם ופרנסתם של כל הבריות הללו, המה מבולבלים, בלי סדר ובלי טעם ובפראיות גדולה. והנה דבר המציאות וקיום המציאות בכללה כבר בארנו במאמר "סוד האחדות" ומשם תדרשנו.

סיום ולידה

ותדע מכל זה, אשר הכלל משתוה תמיד עם הפרט, שהשי"ת בעצמותו, לא ירגיש את הריבוי, שהוא תמיד בסוד רשות היחיד, ותקיש טובת הכלל מהפרט.

וכמו שמציאותו ולידתו של הפרט, אשר ערך השי"ת, מכח הטבע, הוא נבחן מעת לידתו וביאתו למקום שהכין השי"ת בעדו, שנקרא עולם הזה, נבחן שדאג בעדו שיפול לידי אוהבים נאמנים, שיטפלו בו ויבריאו אותו וידאגו לכל צרכיו בתכלית המסירות והאהבה.

כן הכלל כולו, אם רוצה להולד ולצאת לאויר העולם מתוקן בעד הכלל כולו, אז יש לדאוג שהילד הכללי הזה, יפול אצל הורים נאמנים שיאהבו אותו במסירות נפש, לא פחות מאבא ואמא - והיינו על-ידי המצוה של אהבת זולתו. בדומה להכנה של מתן תורה.

אולם כאן נעסוק רק במין האדם בלבד. ונראה כמה מן הנועם והטוב אשר מלאכת השי"ת מסדרת אותו בדבר מציאותו, שיתקיים עד שראוי להקרא, בצורת אדם הפועל, וכשנקח את סדר קיומו עצמו, כמה מן המאוס ואיום נמצא בו, בכל אשר יפנה ירשיע, וכל זכות קיומו נבנה על חורבן חברו.

ו. המתוקן והנזקק לפעולת האדם

אשר ברא אלקים לעשות

ותדע, שהשי"ת לא הזדקק למלאכת הבריאה, אלא באותו שיעור שלא ניתן כח להאדם לפעול שם, ובדומה למלאכת העיכול, ברא השי"ת כך אשר בישול המזונות בתוך קיבתנו נעשה בלי טרחתנו.

אבל, מאותה נקודה שנמצא כח בידי האדם עצמו לפעול שם - מפני שזה כל טעם והנחת רוח של השי"ת, שרצה להנות מפעולתו. דהיינו, לפעול מין בריות שיוכלו להוסיף ולהנות ולברא דוגמתו.

אבל אינו רוצה בשום אופן לבשל הקדירה שלנו שעל גבי הכירה, בלי ידיעתינו, וזה משום, שאנו יכולים לעשות זאת בכוחותינו.

בדומה לרב ותלמיד, שכל מגמתו של הרב, הוא, לתת כח לתלמיד שיהיה כמותו, וללמד לתלמידים אחרים כמותו. כמ"כ יש להשי"ת נחת רוח שבריותיו בוראים ומחדשים דוגמתו. אשר כל כח החידוש וההתפתחות שלנו אינו חידוש באמת, אלא, **מין התחקות יש כאן.** ועד כמה שההתחקות מתאימה עם מלאכת הטבע - באותו שיעור נמדד שיעור התפתחותינו.

ומכאן אנו יודעים, אשר יש כח בידינו

לתקן את עצמינו, **קיום המציאות - כדוגמת הטבע הנעימה של המציאות.** והמופת לזה הוא, שאם לא היה הקב"ה פועל שלימות השגחתו, גם בבחינה ההיא, כי "היד ה' תקצר"? אלא הכרח הוא, שבמקום זה, שהוא **תיקון עצמינו,** יש לאל ידינו לתקן עצמינו.

ז. התנועה כסימן לחיים

דצ"ח - מדבר

מבחינת החיים הרוחניים, מחולקים הבריות לשניים, דצ"ח - ומדבר. **דצ"ח:** הוא בחינת מתים גמורים. **מדבר:** הוא בחינת **חי.**

החיים הם כח התנועה. ונודע, שתחילת החיים נעשה על ידי שתי פעולות מנוגדות בתכלית.

כי גם **המדבר,** כאשר נולד הוא בבחינת **מת,** עד שמעוררים אותו על ידי דחיפות. - כי הכלים שלו מוכנים לקבל חיים ותנועה עוד בבטן אמו, - ובביאתו לאויר העולם פועל על בשרו אויר העולם בקרירות שאינו רגיל בו, ואז נגרם לעורר ההתכווצות.

ואחרי ההתכווצות הראשונה, מוכרח להתפשט שוב לשיעורו הקודם. ובי' הדברים ההתכווצות וההתפשטות המה הפסיעה הראשונה המקבלת לו חיים.

אמנם לפעמים מחמת חולשת הלידה, הרי העובר נחלש, ולא יתעורר בו ההתכווצות. כי מקרה קבלת קרירות אויר העולם חלש הוא מלפעול עליו ההתכווצות, ועל כן נולד מת, כלומר, שלא היה לו עוד המקום והסיבה שהחיים יתלבשו בו, שמקורו מתחיל מכח ההתכווצות.

כי אם אין התכווצות פנימית - אין התפשטות. כי לא יתפשט בשום אופן יותר מגבולו, ואם כן אין תנועה. והנה, הסימן של הבריה שמוכשרת לאור החיים הוא, אשר יש בה כח לפחות לעשות התכווצות משום איזה סיבה, אשר אז בא אור **החיים** ועושה התפשטות, ונעשה תנועה ראשונה של חיים. ולכן לא תפסק עוד התנועה הימנו, ונעשה חי מתנועע.

ותנועה ראשונה זו נקראת **נשמה,** דהיינו, רוח חיים שנושם באפו, כמ"ש: "ויפח באפיו נשמת חיים".

אבל דצ"ח אין בהם כח הזה, לעשות התכווצות פנימית, מכל גורם שיהיה. - וכיון שכן, אין אפשרות לאור החיים להתלבש בהם, ולגרום להתפשטות.

אשר חוק נתן ולא יעבור, שבלעדי ההתכווצות וההתפשטות לא יוכל הכלי להתפשט מעבר לגבולו. ועל כן משפט הדצ"ח הוא למיתה עולמית.

והמדבר מוכשר באמת כולו לחיים, אלא שנולד מת, כאמור לעיל, מפני שצריך לאיזה סיבה וגורם אשר יפעל עליו, שיעשה לפחות התכווצות הראשון, אשר זה נגרם לו על ידי האויר הקר המגיע לו מתורה ומעשים טובים.

איכות ההתכווצות

ההתכווצות צריכה להיות מכח הבריה עצמה. ואנו מבחינים בב' מיני התכווצות.

הא' היא התכווצות הבאה מגורם חיצוני כמו קרירות.

הב', היא התכווצות הבאה מבנין הכלי עצמו.

א. כמו שתראה כשמכים ודוחקים את העובר הנולד להקיצו, אף-על-פי שבכל לחיצה והכאה נעשה התכווצות בגופו של הולד - מכל מקום ההתפשטות החוזרת, אינה חוזרת מכח **אור החיים,** אלא מתוך בנין הכלי עצמו, שמוכרחת תמיד להיות בדיוק על גבולו וחוקו, - ועל-כן כשבא איזה גורם ולוחץ אותו, אזי יש כח בכלי עצמו לחזור למקומו בריחוק, מכח הגורם גבולו החיובי.

ב. אבל אם ההתכווצות נעשית גם היא מתוך הכלי עצמו, ולא מחמת גורם חיצוני - אז אינה מוכשרת באמת כלל וכלל לחזור ולהתפשט לגבולה הקודם, בשיעור הקודם. מפני שההתכווצות המתפעל בה נעשה מתוך בנינה. ועל-כן אי אפשר שתחזור לגבולה המוכן לה מראש.

זולת הבורא יתברך, כלומר, שאור פרטי חדש צריך להתלבש בה, להשיבה לחוקה, שאור ההוא נוסף על אורה הקודם, להיות בה

בקביעות. דהיינו, בכל פעם שתתכווץ, חוזר האור, וגורם לו להתפשט למדתה הקודמת. ואור ההוא נקרא **חיים**.

ב׳ התכווצויות, חלקי וכללי. כנגדן ב׳ התפשטויות

דם הוא הנפש. כי צבע אודם צריך שצבע לבן יתחבר בו ואז יקרא דם. - ובטרם שנתחבר בו לנצחיות - אינו נקרא דם, כי אז שכיבה וקימה נוהג בו. כי טבעו או-דם, ואז נצבע בו בחינת קימה שלא בקביעות, שנקרא רק צבע או-דם, מלשון "דום לה'". ועל כן חוזר ונופל הצבע ממנו, ונעשה לבן בלי שום צבע, שהוא שכיבה שלא בקביעות.

וכאשר מתחברים שניהם אזי נעשים לגידים של דם חיים.

כאשר שניהם נעשו לגידים של דם חיים, היינו, שעושים בו הניגודים. האחת לנפש חיה, כלומר, שנחתך האו מן האודם, ונשאר דם לקביעות - עם כל זה בחינת שכיבה וקימה שהיו קודם, מתחברים עתה גם כן בדם הזה.

ועל-כן מבחינים שני מינים בדם, אדום, ולבן כנודע, דהיינו, אותם אדום ולבן, שמקודם שמשו בזה אחר זה - התקבצו בינתיים ועשו את הדם הזה, שנקרא **נפש חיה**. ותדע שה"ס התכווצות חלקי והתפשטות חלקי שנקרא **נפש ורוח**. ודו"ק.

אמנם אור הזה שעשה ההתפשטות - החלקי דנפש, הנה הוא אור עליון נפלא וכללי. ועל-כן דרכו למלאות ולהשלים על כל מיני התכווצות שנרשמו באותו הבנין.

ונודע שכבר היה בגוף הזה בחינת **לבן** בחלק שאינו ראוי לקבל צבע של **או-דם**, כי ... של האודם נשדדו ונפלו בעת כי יתועדו יחדיו שוא לך וכו׳. ועל-כן אחר שהאור השלים את התפשטות א׳ דאור **נפש חיה** הנ"ל, חוזר וממלא ההתכווצות הישן הזה שנעשה בו מימים קדמונים. ותדע שהוא הנקרא התפשטות כללי, או גידי מוח, הנמשך מחומר האודם, שנימח ממנו המראה לגמרי.

וז"ש: "ויפח באפיו" - בב׳ אפים, א׳. אף, דאודם-לבן. ב׳. אף, דלבן הנימח לגמרי. "ויהי האדם לנפש חיה", מתחילה מתוך האף דאודם-לבן, שה"ס הדם והתפשטות א׳ כנ"ל. אולם סופו היה "נשמת חיים", כי התפשט גם באף הב׳ דלבן הנימח, שה"ס נשמה ובחינת ג"ר.

גם תדע שהתפשטות א׳ דגידי דם ה"ס יש לו יחס למוח תחתון גופני הנקרא מח העצמות, ששם ... הפועלים שלא מדעתו, והוא מפני שהמצב הבינים, מאף א׳ לאף ב׳ הוא זמן גידול של ... ... והנה אז פועל האור לגמרי שלא מדעתו של האדם, כי עדיין לא השיג נשמתו.

והתפשטות ב׳ בגידים ממוחים שנשמרים לו בבחינת הפכיות ב׳, שנקרא אף ב׳ כנ"ל, הוא היחס של מח העליון: ... ., לבחינת ג׳ מוחין שבו הפועלים מדעת שנקרא ... .

הפכיות מראש לגוף

כי נתבאר שבגידים ממוחים נמצא האודם בימין, שהוא הצבע והישות המתקבל על הנייר הזה. והלבן ה"ס השמאל הגמור, כי אף ב׳ נמחק ממנו, ולא נשאר בו אפילו צבע, באופן שהאודם, הוא הישות, והלבן, הוא העדר.

והפכי אליו גידי דם, כי האודם, ה"ס השמאל, דהיינו **או** שנתחבר למפרע, ובסוד נהר ואולי. מה-שאין-כן הלבן, הגם שהוא סוד שכיבה, מכל מקום עתה נעשה תמונה זו לימין, וקימה. דע"כ הוא נפש נצחי, שלא צריך עוד לצבע, וצבע האודם שנשאר ונרשם מלמפרע, הרי עתה הושם לשמאל בגבורה, שנקרא **דם** בלי **או** - באופן שהלבן בימין, שא"צ ולא יארע בו ענין צבע אודם. והאודם נחשב לו בשמאל רק לגבורה שנקראת דם.

וכאן צריך שתבין שרשימו דאודם האמור באף א׳ וגידיהם שעלו לשמאל הרי אחר אף הב׳ לבחינת נשמה, הריהו נמחק ונעבר מבנין זה לעולם. ולפיכך הראש המוח הוא לבן בלי אודם כלל.

עיבור

הולד בימי עיבורו, הוא כמו צומח ממש

ותו לא, וכל תנועותיו אינם נקראים תנועות חיים, כי התנועות נעשים על-ידי אמו, שהעובר חלק ממנה.

הסביבה שלו נקראת בטן ואם הוא הגבול של הסביבה המוטל עליו, ואוכל מה שאמו אוכלת וכו'. והלידה מתחילה מראש מקוה.

מהות החיים

הכרת החי הוא המהות העצמית. ועניין התנועה מוגדר בהתכווצות עיין לעיל, כי אי אפשר לשום בריה לצאת מגבולה כחוט השערה.

וזה נמשך מראש מקוה, כי שמה נתינתה של כח הזה להצטמצם מעט פחות מגבולו - בענין השאלה.

ודע שכל עוד שכח אחר מכווץ אותו למטה משיעורו, אין זה עושה את הדומם לבעל חי.

אלא רק מחוייב להתכווץ מעצמו, אבל איך זה אפשרי בעודו דומם? על-זה צריך תפילה, שיזכה לכח עליון.

ובזה אפשר להבין את הסתום דתחות אומ"ק ועניין לא יראני האדם וחי, כי החי הוא בעל התנועה, ואם אי אפשר לו עוד להתכווץ אינו חי, אלא דומם. וז"ס צדיקים מיתתם בנשיקה, דהיינו, שמאבדים כח התכווצות.

מבשרי אחזה אלוקי

ההכשרה לגידול הנשמה

כמו שלא יוכל לקיים גופו בעולם מבלי שיהיו בידו ידיעות בשיעור מסויים מסדרי הטבע הגשמיים, כמו ידיעות אלו המה סמים ממיתים, ואלו דברים שורפים ומזיקים, וכן ידיעה ואומד מה שבלב חברו אשר בלעדיהם אין לו זכות קיום בעולם החומרי.

כמו כן ממש נשמתו של אדם אין לה זכות קיום בעולם הבא, זולת בהרכש לה שיעור ידיעות מסדרי טבע מערכות עולמות הרוחניים ושינוייהם וזווגיהם ותולדותיהם.

והנה, שלשה זמנים מבחינים בגוף: **הא'** - מעת ביאתו לעולם, אז אין לו שום ידיעה, וכל הידיעות הנחוצות לקיומו הוא על ידי אביו ואמו, ומתקיים בכח שמירתם בחכמתם. **זה מצב קטנות א'.**

הב' - הוא כאשר גדל ורכש לו מקצת ידיעות, ואז נשמר מדברים המזיקים לגופו, בשמירה משותפת, הן מכח אבא ואמא, והן מכח עצמו. **וזהו קטנות ב'.**

הג' - הוא מצב הגדלות, אשר אז רכש לו ידיעות בשיעור המספיק לחיים, להיות נשמר בשמירה בשיעור נכון כדי להתקיים, - אז יוצא מרשות אביו ואמו ורוכש לו הנהגה עצמית. וזהו מצב ג', **שהוא מצב הגדלות.**

כמו כן בענין הנשמה, האדם מתגלגל עד שזוכה להשיג חכמת האמת על בוריה, ובלעדיהם לא תבוא הנשמה לגידול קומתה, ולא שהידיעות שבידו המה שמגדילים קומת הנשמה - אלא שטבע פנימי הוא בנשמה אשר לא תזכה במעשה ידיה להתגדל על ידה בטרם הגיעה לה ידיעות טבעי הרוחניים. וגידולה תלוי בשיעור ידיעתה.

והטעם הוא, כי אם היה לה יכולת לגדול בלי ידיעה, היתה ניזקת. כמו התינוק מחוסר ידיעה אין בו כח לילך, ואם היה לו כח לילך על רגליו היה מפיל עצמו לאש.

אמנם, עיקר הגידול הוא על ידי מעשים טובים, והמה תלויים בהשגת חכמת האמת. ושניהם, הידיעות והמעשים הטובים תלויים בהשגת חכמת האמת, ושניהם באים ביחד, מטעם הנ"ל. וזה סוד "אם לא תדעי לך וכו' צאי לך" - "פוקי וחמי" וכו'.

ולכן, כל נשמה שלמה משיגה כל הנשמות, מאדם הראשון עד גמר התיקון, כמו אדם המשיג את מכריו ושכניו, ועל פי ידיעותיו הריהו נשמר מהם, או שמתחבר ומתקיים עמהם. ולא יהיה הדבר לפלא איך ישיג כל הנשמות כולן, כי הרוחניות אינה תלויה בזמן ומקום, ואין מיתה תמן.

גוף ונשמה

כל גוף הוא קצר רוח ושבע רוגז, כי חיותו הוא דרך גלגול בשבע שני רעב ובשבע שני השובע. וחוק מחויב הוא, אשר שני הרעב משכיחים את שני השובע. והגוף חוזר ומתגלגל ביניהם כמו אבנים שחקו מים. ועוד נוספה לו צרה מקפת, באשר ידמה בעיניו אשר חברו שרוי בטוב.

וזה נמשך מכך, אשר הנשמה ביסודותיה נשחקת בין יצר הטוב ליצר הרע, ומתגלגלת ביניהם, לפעמים יוקל לה על ידי מקיף יצר הטוב, ולפעמים נוסף לה צרה, ממקיף יצר הרע.

השגת ידיעות בגשמי וברוחני

אין בין גוף ונשמה, אלא שזה נמשכו לו מקריו בטבע ומעצמו, וזו מקריה נמשכים לה על ידי עבודה, ומטבע של יחס משותף מרוחני לגשמי.

נוסף הרוחני על הגשמי, אשר בגשמי יושג מציאות גם בלי שישיג מקריו, כמו שישיג שקטן הוא, רק בשנים, אע"פ שאינו יודע טעם הדבר. וכן לא ילעוס דבר המזיק לו, אבל ברוחני לא יושג שום מציאות בטרם יודע מקריו ותוצאותיו. כפי שיעור ידיעת המקרים - כן השגת גדלותו עצמו, והשגת מציאות רוחנית שבסביבתו.

גילוי פעולות הבורא - בהעלמה!

"ואהיה אצלו אמון שעשועים יום יום". ופרשו חז"ל, להודיע, אשר לפני ימות המשיח כשמקבלים גרים, יוצאים לקראתם בעלי האומניות וכל אומן משתעשע עמו. ביומו הראשון מגלה האור, השני עושה רקיע וכו'. שהמה ששת ימי המעשה וכו'. וכולם מתענגים לשבות ביום השביעי, ונותנים בו קדושה וברכה לעולמות. וזה שאמרו חז"ל, אשר לפני מביאי ביכורים - כל בעלי אומניות עומדים לפניהם. פירוש דווקא בשעה שנקראים "חכמים". והבן. אבל אין בעלי אומניות עומדין לפני תלמידי חכמים, והבן. בא וראה כמה גדולה מצוה בשעתה ודו"ק.

מעלת יום השבת. היא שבו הברכה והקדושה לתקן כל ימות החול. ואף על גב שלפי הראות צריך להיות אשר התיקון תלוי בימי העבודה, ולא ביום השביתה, שבו לא פעל מאומה, לא כן הדבר, אלא שבברכה וקדושת השבת לתקן ימות החול.

והנה, כל תיקון, לכאורה לעבודה הוא צריך. אלא באמת אין כח הבורא מתראה בשלמות זולת בהעלמה. כי בהנטל כח ההעלמה מן העולם - תיכף מתגלה השלמות מעצמו. וכמו הזורק מטהו לרקיע, הרי מטהו פורח כלפי מעלה בהיות כח הזורק מדובק בו, ולכן משך כל הפריחה מיוחס לכח הזורק. וגם חוזק כח הזורק מתגלה בזמן ההוא. לעומת זאת, כל משך זמן חזרתו ליפול לארץ, אין כח הזורק מיוחס לנפילה כלל, ומעצמו שב לשורשו. בלי שום עזר.

בערך זה, בכל ההעלמות נראה פעולות הבורא. אבל בשובו אל השלמות, אינו צריך לשום פעולה וכח. כי בהנטל הכח המונע, אזי מעצמו שב לשרשו ולשלמותו.

וזה סוד "וישבות אלקים ביום השביעי וכו', כי בו שבת מכל מלאכתו" וכו'. דהיינו, שביום זה הוסר כח פעולת הבורא מהעולם, אשר בכל משך ימי המעשה היה הולך ופועל להציב אותו בצורתו כמו שהוא. אבל ביום השביעי לא פעל שום כח, אלא הניחו, כמו שכתוב: "והסירותי את כפי" וממילא מוטבע כח השלמות דוקא ביום הזה שלא יפעול כח ההעלמה כאן והבן.

השגת הצורה הרוחנית

כן השגת צורה רוחנית, בשתי צורות שלה ישגה המשיג.

הא' - שלא תהא דמיונית בשום פנים,

הב' - שלא יהא מסופק בהכרתה, כמו שאינו מסופק בחיות שלו עצמו.

והשם **רוחניות** יורה כן, שדמו אותה לרוח, שאף על גב שאין לרוח שום קצה ותמונה ומראה, מכל מקום אין לך אדם שיהיה מסופק במציאותו, מחמת שחיותו תלוי בו. כי בבית שנשאב מן הרוח, אם יוליך שמה את החי, הוא ימות. אם כן מציאותו ברור. כי הוא חייו.

ומגשמיים יכולים להבין ברוחני, כי מהות השכל הפנימי דומה לפנימיות הגוף, שנקרא **"נפש כל בשר"**, שהוא בחינת הוי' וחסרונה עמה, כנזכר לעיל.

וכמו כן פנימיות השכל שנקרא **נפש השכלי** הוא גם כן הוי' בעל חסרון. ודו"ק היטב.

כי בריה כזו שמרגשת את הויתה מרגשת חסרונותיה, מה שאין כן בעלי חי הנחסר להם שכל זה לגמרי, ונעדר ממנו נפש השכלי ופנימיותה, ומרגשת מחמת זאת את חסרונה בשיעור הנחוץ לקיומה הגופני, וכפי קביעות הרגשות החסרון נמדד לה חיותה, ואם לא תהיה מרגשת בחינת חסרונה, אז לא יכולה להזין את עצמה להמשיך הויתה, ותמות. ולא עוד, אלא ששיעור גודלה ובריאותה תלוי בשיעור גודל הרגשת החסרון, כמו גוף הגשמי, אשר כל הבריא ביותר מרגיש רעבון ביותר, ועל כן אוכל ביותר, וממילא מתרבה שיעור דמו ובריאותו יותר.

הצורך בהשגת המאציל

אך עדיין צריך לדעת מה החסרון שמרגיש הנפש השכלי. ואומר לך, שזהו **חסרון השגה את מאצילה**, כי נחקק בטבעה להשתוקק מאד לדעת מאצילה ובוראה. וזה, מתוך שמרגישה את הויתה עצמה, והבן. ופירוש, **גדריה בעצם**

הוכנו כן, לחפש מה למעלה וכו'.

ואין לומר שחסרון זה אינו מגודר בהשגת מאצילה, אלא רדופה היא אחר כל נסתרות, וברצונה לדעת על הדברים העל טבעיים ועל הגלגלים, ועל מה שבלבו של חברו וכדומה.

וזה אינו, כפי הכלל שכתבתי למעלה, אשר פנימיות הדבר הוא מה **שאינו יוצא חוץ הימנו**, כי אם כן לא יצוייר באופן זה חסרון השגה זולת בבוראה. והרי ברור אשר רק השגה זו היא חסרון פנימי, שאינו נקרא פועל יוצא. מה שאין כן חקירה בנבראים היא פועל יוצא לזולתה, שאלמלא לא היו נבראים עוד בעולם, למשל אם היתה נבראת יחידה לא היתה רדופה להשיגן כלל.

אבל השגת מאצילה, זה חסרון כלפי עצמה, וזה הויתה. דהיינו, מרגישה עצמה בבחינת נאצל. ודו"ק ותבין אשר כל מקריה סובבים לזה, וזה החסרון שמרגישה, שתוכל להשיג את מאצילה. ובגודל הרגשתה המראה הזה - נוכל לשער מדה במדה גודל מדת גופה עצמה, ודו"ק היטב.

השגת המאציל

והנה כתוב: "כי לא ראיתם כל תמונה", וזה צריך פירוש, כי מי פתי יחשוב ויהרהר אשר שום דמיון גשמי יפול בהבורא ית'. והאמת, אשר על כן יש בהעולם בחינת השגה בהבורא ית', כי אין שום רצון מתעורר במה שאינו במציאות.

אלא יכולים אנו לדון בזה במין הרוחני ובסדריו היותר רוחני מכל המציאות. וזהו ענין השכל אשר צורתו יתאחז **בהרגש האדם בהבחנת אמת ושקר**. אשר הבחנה זו נקרא **גוף השכל** לעיני ראיית הגשמיים והבן. אשר על כן נאמר הבחנה זו שהיא חלק אלוקי ממעל, שזה באמת מופשט מכל דמיון, רק נאחז בחושים, ונקרא החלטה או מציאות או אפיסת מציאות המתברר בחוקים ודרכים, אשר המשפט הזה נקרא גוף השכל ותמונתו, והבן. ועל זה נוכל לומר שהמשפט הזה הוא חלק אלוקי ממעל, שעל כן תמונה זו נמצאה בכלל עצמו והרגשתו את עצמו ומציאותו. ודו"ק.

וענין תמונה במשפט הזה, היא צורה שלימה וקבועה על מצבה, אשר אי אפשר להתחסר בכולו, או במקצת. ונקרא צורה מוכרחת ומחוייבת בלי תוספות ובלי מגרעת ודו"ק.

וזה סוד: "אנוכי ולא יהיה לך, מפי הגבורה שמענום". אשר במאמר "אנכי" נכלל גם "לא יהיה לך", פירוש, שאם היה נגלה עליהם הקדוש ברוך הוא במשפט המחויב, אז לא יצוייר שום תורה ושום אזהרה: "לא יהיה לך", אלא הקב"ה נגלה עליהם במשפט רצונו, ולא מחויבת היה.

כמו אדם המראה עשרו לחבירו, ואומר לו: ראה, שביכלתי להראות לך ואינך עכשיו מכיר כלל בעשרי, והתאמץ את עצמך לזכור צורה זו, ואז יהיה ברצוני ליתן לך חלק מעשרי, ומכל שכן שתראה כל עשרי, רק שיהי' שמור לך **בזכרונך** צורה זו, דהיינו, שההחלטה זו לא נתתיה לך בחיוב שאין מושל עליו, אלא, שאני המושל, כי לי כל הארץ. כל הראיה - ברצונו הפשוט, וכשארצה לא תזכור אפילו מה שראית במראה. וכשארצה - תראני תמיד. ולא עוד, אלא גם אזכיר לך כל הנשכחות, וזה מתכלית פלאי הבורא יתברך שמו, אשר לא יצוייר כלל בשום שכל, דהיינו, להשכיל על ענין בתכלית ההחלט וישאר שכלו של האיש הזה, והוא ברצונו, ולא בחיוב, להיות נשאר לממשלת עליון.

הכרת ההשגה - רק בדרך התורה

ותמיהני על החוקרים האלקיים, אשר כל חקירתם - בושה היא לנו, כי מתאמצים להביא ראיה על המפורסם שאינו צריך ראיה, ומה שנסתר מהכחשת גדרי הגשמיים ידחו בקש.

והאמת שהמצוי א' לא יצטרך כלל למופתים פילוסופיים, כי זה מושכל ראשון, בכל צד יפנה. כמו ששאלו לאדם מי כתב ספר חכמה כזה. הפלא ופלא מכל עין. ותירץ לו שבאמת לא נמצא חכם כזה בעולם, אך מקרה קרה אשר בנו הקטן שפך דיו לתומתו על אותם העלים, ונפזרו לאותיות בתמונותיהם, ונעשו אותם הצירופים הנוכחים בקישורי דברי חכמה נפלאה.

אלא, כל הסיתומים הם מהשגחתו לנבראים, וגם הכחשתם הוא מהגדרים שבגשמיים, ועל זה יסתמו פיהם לגמרי, כי באמת לא יקויים זולת בדרך התורה ומצוה, ולא בשום עיון שבעולם.

ועוד תדע אשר חיוב המציאות צריך להמשך מהרגשת ההשגחה יתברך שמו. וזה נקרא **הכרה שלימה,** המביאה עמה אהבתו יתברך ושפעו הנחמד. מה שאין כן הנמשך דרך עיון השכלי ביבשות - אין הידיעה זו לא מעלה ולא מוריד. ודו"ק.

וזה שאמרו חכמינו ז"ל, אשר ישנו ואשר איננו פה, מכאן שכל נשמות ישראל נמצאו בהר סיני, כי ממעמד הזה נמשכו כל נשמות לישראל בכל הדורות, וזה שאמרנו שעניינה דומה לנפש הגופני שהוא הוי' **וחסרונה עמה.** והרחבת חיותה תלוי בקביעת החסרון דווקא. כי אלמלא היה הראיה חיובית - אז לא היתה נפש השכלי בעל חסרון יותר. ואם כן לא היתה יכולה לאכול לשבעה, אם כן היתה מתבטלת מכל וכל.

אבל מפלאי תמים דעים אשר משפט הראיה היה תיכף בחינת רצון מתלוה עמה בלי שום חיוב, ונתנה תיכף מזונות להעמיד הרצון הזה.

בסוד "למען ירבו ימיכם" וכו', וזהו **שמירת התורה וחוקותיה,** ובאופן זה משפט הראיה גלוי לעיניהם, כאילו היום קבלו מסיני, וכל יום ויום בעיניהם כחדשות, כי בזה תלוי משפט הראיה, אבל בעברם על שום חוק שבתורה, תיכף ישארו בחשך כעורים שלא ראו אור בעיניהם.

מהות התפיסה השכלית

וכבר ידעת שאין השכליים בעלי הגופים נעשקים מידיעת מאצילם כלל, כמו שאינם נעשקים מהכרת חבריהם כמותם. כי גם הריע כאח אין נופל מבט ההכרה על רוחניותם ופנימיותם לבד, בלי שום לבוש, מפני שגם השכל בעצמו כבר מתעטף בלבוש, דהיינו, כח המדמה.

וכיון שאינו יכול לדמות במוחו צורה רוחנית - לכן נעלם ממנו כל המין הזה.

ועם כל זה, כל הזמן מבטו נופל על החיצוניות דווקא, דהיינו, גופו של חברו ותנועותיו הגשמיים. ובכח ההתמדה יכירו היטב בכל דרגי הרוחני שבו. כי רק את זה הוא רוצה להכיר ולא בשר גופו כמובן.

ולא ירגיש כלל שום מיעוט ועצבון ממה שאינו מכיר שכלו ודרגיו בעצם צורתו הרוחני, כי אינו מחויב להכיר את חברו יותר ממה שמכיר את עצמו והבן. וגם פנימיותו אינו משיג.

לכן הנברא כשהוא בקי היטב בכל חוקות הטבע ומשטריה הגשמיים, ועין מבטו נדבק בהם בהתמדה, יאמר שהוא מכיר את הבורא פנים בפנים, פירוש, כמו שידבר איש את רעהו, שכל אחד מחלקיו מדובק ברעהו בדמיון, דהיינו, כח המדמה בצורות ותנועות השכליים.

וכשנחקור לפי כוחינו במהות השכל, נמצאנו למדים אשר הוא בקיבוץ בריות רוחניות, אשר מאותו הקיבוץ נמשך "הנהגותיו". פירוש, דכל יתרון האדם על הבהמה, הוא מפני שבבנין האדם נמצא אבר כזה, שהוא מוכן לאסוף בתוכו בריות רוחניים.

וכמו כן נערך יתרון האחד על חברו ברבוי כח ההמשכה הנזכר לעיל. וגם בצורות הבריות עצמם, אשר אחד ממשיך בריות חשובות, והשני בריות שאינם חשובות כל כך וכדומה.

והחילוק מן בריה רוחני אל ההנהגה, היא, אשר גדר הבריה היא תמונה שכלית נמשכת ושוכנת במוחו בלי שום השתנות, דהיינו, שלא ניתנה לבאר תחת מקרי הזמן.

וענין ההנהגה, הוא נופל תחת מקרי הזמן והמקום, כמו הכילי בטבעו, יכול פעם אחת בחייו ליתן צדקה מרובה, מחמת המקום או הזמן, והבן.

ההמשכות הנאספות למוח האדם

ותדע, שההכנה הנזכרת לעיל, שנקראת מוח האדם, היא כמו טיפה מתמצית כל אבריו ותכונותיו של גוף הגשמי, ונדבקת על ההמשכות הראשונות הנאספים והנמשכים למוח האדם. דרך משל, בעודו ילד מסתכל בהויות בריות העולם ובוראה. מהם מתדבקים בהשכלות,

ומהם בעושר, ומהם בגבורה. ואם הוא בוחר לעצמו מעלת ההשכלה, כי מצאה חן בעיניו, נמצא שהמשיך בתוכו בריה טובה אשר יולד ממנה אחר כך הנהגות טובות, ואם מתדבק בעושר, נאמר שמשך למוחו בריה רוחנית פחותה.

אחר כך כשגדל יותר רואה שיעורים, דרך משל, איש אחד עוזב כל בניני הגשמיים ומתדבק בהשכלה. והשני בוחר בהשכלה, וגם ממילי דעלמא אינו מניח ידו. ואם הילד מגדל מעלת הראשון, הרי שהמשיך בריה נחמדה למוחו. ואם השני מצא יותר חן בעיניו, הרי שהמשיך למוחו בריה פחותה.

אחר כך בסוגי ההשכלה, אם מהבורא או מהנבראים, ואחר כך בדק. דהיינו, אם לקבל פרס או שלא לקבל פרס, אשר כל התמונות האלו נבראים, שמקבוץ הזה נעשה חומר אחד ושמו שכל.

אחור וקדם צרתני

"אחור וקדם צרתני", פירושו בגילוי והסתר פנים של השי"ת, כי באמת "מלכותו בכל משלה" והכל ישוב לשורשו, כי "לית אתר פנוי מיניה [אין מקום פנוי ממנו]", אלא ההבדל הוא, ב"הוה" ו"יהיה", כי הזוכה לחבר ב' העולמות, הוא מגלה ב"הוה" מלבושו ב"ה, שכל הנעשה הוא לבוש לגילוי שכינה. וזה בחינת "הוה", דהיינו, גם עתה יוצא בלבוש מלכות ומראה בעליל לעין כל, ש"אין הרוכב טפל לסוס" ח"ו, אלא אף שלמראית עין נראה שהסוס מוביל את רכבו, אבל האמת היא, שאין הסוס מתעורר כלל בשום תנועה, זולת להרגש מתג ורסן של רוכבו, זה נקרא בנין קומת השכינה, וכו'. וזה נקרא בחינת "פנים בפנים".

אבל האדם שלא זכה עדיין להקדיש כל תנועותיו בלתי לה' לבדו, ואין הסוס משתוה בתנועותיו למתג ורסן של רוכבו, אלא בהיפך כביכול. ... ומשליט השפחה על גבירתה וכו', זה נקרא בחינת "אחור", פירוש, שאל תדמה בדעתך שאתה מתרחק מהקדושה חלילה וחס, כי "והעולה על רוחכם היו לא תהיה", כה אמר ה': "אם לא ביד חזקה" וכו'. כי לא ידח ממנו נדח, וכל הגלגל מתגלגל לבא אל הקדושה לשורשו, ואם כן אף על פי שנראה שהסוס מוביל את הרוכב כחפצו הנבזה כביכול, אבל האמת אינו כן, אלא הרוכב מוביל את הסוס לחפצו. אך אינו מתגלה עתה ב"הוה", זולת ב"יהיה" והבן. נמצא, כי בבחינה זו הוא ג"כ חיבור, אלא "אחור באחור", ז"א שלא ברצון הלובש ושלא ברצון המלביש והבן.

והעושים רצונו, דהיינו, המגלים בעצמם לבושי מלכות ב"הוה", מחוברים בבחינת "פנים בפנים", ברצון טוב של הלובש וברצון טוב של המלביש והבן, כי דוקא בחינה זו היא רצונו ית'.

וזה פירוש "תחת אשר לא עבדת את ה' אלקיך בשמחה" וכו'. כי בין כך ובין כך תעבוד, אלא החילוק הוא כי זה "במצור ובמצוק", דהיינו שלא ברצון, וזה "מרב כל" דהיינו ברצון.

כן איתא במדרש: "מסתכל הקב"ה במעשיהן של צדיקים ומעשיהם של רשעים ואינו יודע במה רוצה הקב"ה אם במעשיהם וכו', כשהוא אומר וירא אלקים את האור כי טוב ויבדל, הוי אומר במעשיהם של צדיקים", פירוש, שבכל העשיות והמנהגים, הקב"ה מסתכל, ז"א מתחבר, והכל מתגלגל ובא לשורשו, אם כן נשאלת השאלה איזה דרך יותר נרצה? לזה מסתייע המדרש מהכתוב "וירא אלקים את האור כי טוב", דהיינו, בחינת גילוי, שזה במעשיהם של צדיקים, וזו הכונה בחז"ל, "ארוכה וקצרה וקצרה וארוכה". ע"ש, דהיינו כנ"ל.

עולם - העלם

וז"ס "כלם בחכמה עשית מלאה הארץ קנינך", שהכל משומר בל"ב נתיבות החכמה, ומחמת זה "מלאה הארץ קנינך" ולית אתר פנוי מיניה, כי הכל הולך לשורשו. אמנם עתה בהעלם, ולכן נקרא "עולם" לשון "העלם". ואור המתעלם ומתלבש בעולם, נקרא "נקודה" בחינת "יוד" מתחלק לב' "ההין": עלמא דאתכסיא ועלמא דאתגליא [עולם של הסתר ועולם של גילוי]. וכל עבודת האדם, לגלות נקודה זו, להמשיך אותה בבחינת "ואו" מעולם ועד עולם, דהיינו "ו" בין ב' "ההין", לגלות לעין כל, את שפע האור הנמשך מאור מקיף למוקף, דהיינו ב' "ההין", בסוד בינה יסוד מלכות והבן.

הכנעה, הבדלה, המתקה

הדרך הנרצה מהאדם הוא ג' בחינות: הכנעה, הבדלה, המתקה, פירוש, "מארת חסר כתיב", כי האור של עוה"ז מתוך החושך נברא, "כיתרון האור מתוך החושך" - ו"שרגא בטיהרא מאי אהני [נר בצהריים - מהו מועיל]", ובימָמא לא סליק נהוריה [וביום

לא עולה אורו]. וז"ס הקליפה קדמה לפרי, ולכן, הנעשה שותף לבורא במעשה בראשית, הוא מוציא את האור מתוך החושך, דהיינו, שמסתכל בעצמו כמה חשוך ומבוזה הוא לפני הקדושה של מעלה, והאיך לבוש בבגדים צואים, ובזה האור מוקף והבן.

ובתשומת לב לשאלת השי"ת, "ליראה את השם הנכבד והנורא", הוא מתחזק בכח גדול להכניע את הרע שבקרבו, עבדא בישא ושפחה בישא שיהיו נכנעים תחת גבירתה השוכן אתם בתוך טומאתם והבן, - עד אשר ירגיש בנפשו שההתעוררות לחיצוניות עבר ובטל ונכנע מאד, ואז יזכה לבא לבחינת "הבדלה", להבדיל בין האור ובין החושך, ולא יחליף ולא ימיר רע בטוב ולא טוב ברע, ואם המיר ימיר, דהיינו, התעוררות היצר ההכרחי לו, יהיה קודש בלתי לה' לבדו, שזו בחינת "המתקה" סוד ההשתוקקות לה', בסוד אהבה האמיתית, שבחינה זו באה אחר שיבדיל בין טוב לרע, בין רוממות הבורא ית' ושפלות עצמו, ויקיים בעצמו ובערת הרע מקרבך, כי יבוש מאד מפני עושיה, אז יזכה להמתיק ג"כ את השירים דיצר שלו, שאי אפשר לבער אותם, ומעלה אותם לשורשם האמיתי.

זכור ושמור בדיבור אחד נאמרו

"זכור ושמור בדיבור אחד נאמרו, מה שאין הפה יכול לדבר, ואין האזן יכול לשמוע והלב לחשוב ולהרהר" וכו'. צריך להבין למה נאמר כך, ומה הנרצה מזה כלפי דידן?

נראה, הנה כתוב "אדם ובהמה תושיע ה'", ודרשו חז"ל: "אלו בני אדם שהן ערומים בדעת ומשימין עצמן כבהמה". פירוש, כל דרך הבריאה שברא ה' היא בחינת ב' הפכים בנושא אחד, ובבחינה זו נטבעו כל מיני החיבורים שבעולם, וזה כלל כל מעשה בראשית.

כח הדיבור

אלא שהקב"ה בחידושו את מעשה בראשית גילה רק חלק א' בבחינה זו, כמ"ש "בדבר ה' שמים נעשו", שנטל אש ומים וערבן זו בזו לנושא אחד, והטביע הקב"ה כח הדיבור בבן אדם, שיהיה שותף עמו במעשה בראשית, שיברא גם כן בדיבורו עולמות מהבחינה הזאת, דהיינו ב' הפכים בנושא אחד, כי חידוש אחר... בעולם.

וזה אורח צדיקים הדבקים בבורא ית', שמכל דיבורם נבראו עולמות כדבר ה', וכח הפועל בנפעל, והבן, כי כבר הטביע בפיהם, אותם הכ"ב אותיות שברא בהם את העולם, רצוני לומר שיש בהם סגולה זו.

וכל זה שאין העשיות נגמרות בעולם הזה על ידי דיבור בעלמא, היא מפני ירידות העולם הזה בהתגשמות, ולכן שום דבר לא נתגלה בדיבור, רק בידים ורגלים, אבל באמת, די כח הטביע הקב"ה בדיבור שעל ידו יותגלה כל המעשה, כי כח הפועל בנפעל, וגם אנו מבטאים בפינו, אותם הכ"ב אותיות והבן. אלא הקליפות מכסות ומחלישות אותו הכח, ורצה הקב"ה לזכות את ישראל מהקליפות, נתן להם תורה ומצוות שעל ידם מתקרבים לקדושתו ית', ושכינה מדברת מתוך גרונם בטהרה ואז בדיבורם יעבדו מעשים.

ברכת הצדיק

וזה ענין הברכות של הצדיקים, שבדברי פיהם מיד מגלים יותר, ממה שיש כח לאדם פשוט לגלות בידים ורגלים, כי אדם פשוט הרוצה לגמול חסדים עם חברו, נותן לו כסף מרובה בידיו בפועל ומעשרו, מכל מקום אינו יודע אם יתקיים בו זמן מרובה.

אבל השלם, הרוצה לגמול חסדים לחבירו, הוא נותן לו ברכה בפיו, דהיינו, איזה דיבורים קצרים של עשירות ומיד מתגלה מעשה העשירות על חבירו וכו'.

במה זוכים לבחינה זו? הרי זה, על ידי תורה ומצוות, זאת אומרת בעשיית רצונו יתברך יותדמה הצורה ליוצרו, אבל באמת כל ענין התורה ומצוות המתחברים לאדם, הוא גם כן מהמין הנ"ל, דהיינו ב' הפכים בנושא אחד, וזה עיקר הרצון, כי באורייתא ברא הקב"ה עלמא, וכח הפועל בנפעל. וזה סוד תכלית הידיעה אשר לא נדע, דהיינו, כאשר ב' הפכים אלו מתחברים לגוף אחד בדעתו

של אדם, אז הוא נרצה לקונו, ואיש שלם מקרי.

טוב אחרית דבר מראשיתו

עיקר נתינת התורה בעולם השפל הזה, הוא דבר הפכי, כי טעו בו המלאכים כנודע, וז"ס: "טוב אחרית דבר מראשיתו", פירוש "אחרית דבר", הוא שפל המדרגה, דהיינו, בבריאת העולם לעין כל, שאין בזה צורך לשום התבוננות, - מהנקרא בספרים מושכלות ראשוניות, פירוש, אם לא יאכל, ירעב, אם יגע באש, יכוה, אם יפיל את עצמו למים, יטבע, וכדומה, שאותם הדברים מובנים גם כן לחיות ובהמות, כי גם השכל הבהמי יגיד להם דבר זה, ועל כן הוא נקרא "אחרית דבר".

"ראשית דבר", זה שכל התורה, שאינה מושגת אפילו למדברים, דהיינו, לכל עמי הארץ, זולת לזרע יעקב בחירי ה', והנה נמצא בעולם טוב ורע בערבוביא, וכדי להבדיל ולהכיר בין הטוב לרע משמיענו הכתוב, שעיקר דרך הטוב הוא, ה"אחרית דבר", דהיינו, להתנהג בדרך שדשים בו שפלי עם, דרך המושג לכל הבריות, אך יחד עם זה יחבר שכל התורה, והבן. כי זה תכלית ההפכים הנמצאים בעולם, וזה מחויב האדם השלם לחבר וליחד באחדות ממש בדעתו, וזה "טוב" מקרי, וז"ש: "טוב אחרית דבר", - אם מחובר היטב מראשיתו, דהיינו, שכל התורה ושכל הבהמי מתחברים לאחד ממש ודו"ק.

שני הפכים בנושא אחד

וזה פירוש דברי חז"ל "אדם ובהמה תושיע ה' אלו בני אדם שהן ערומים בדעת ומשימין עצמן כבהמה", כפירוש הנ"ל, שמתחבר בהם ב' הפכים אלו לאחד, למשל מה שאיתא: "אם אין קמח אין תורה, אם אין תורה אין קמח", הנה בבא ראשונה זה שכל בהמי, רצוני לומר שכל המושג לכל. ובבא שניה, זה שכל התורה, כי מה ענין וסגולת התורה להמציא לו קמח? אלא מובן על פי התורה, אשר הקב"ה אינו מסיר השגחתו חלילה מהעולם אפילו רגע אחד, ולכן מטיב הוא עם עושי רצונו ושומע תפילתם.

לפי זה מי שזוכה להיות עמלו בתורה, בודאי אינו צריך לעמול בדרך ארץ, כי יבקש ממי שיש לו באמת, - ויתן לו, וכמ"ש: "מתוך שחסידים הם, תורתם משתמרת ומלאכתם מתברכת". וזה שמשמיענו התנא, "אם אין קמח" וכו', דהיינו, שדרך הנרצה הוא לחברם יחד, דהיינו, לעשות עצמו כבהמה, לידע אם אין קמח אין תורה, ומחמת זה ישתדל בכל מה ששכלו הבהמי מלמדו לעשות, להשיג קמח ומזון לגופו.

ואף על פי שלפי שכל התורה הוא למותר, כי "לא בגבורת הסוס יחפץ ולא בשוקי האיש ירצה, רוצה ה' את יראיו את המיחלים לחסדו". ואם כן למה לו ליגע ולפשוט נבלתא בשוקא, כדי שלא יצטרך לבני אדם, מוטב לו לעסוק בתורה, ולירא את ה' ליחל לחסדו, כי לא בשוקי האיש ירצה.

עכ"ז מלמד התנא להשתדל בכל כחו אחר קמח, כי בלעדו אין תורה, ומוטב שיחלל שבת אחת, כדי לשמור שבתות הרבה, וכדומה, אעפ"כ תדע בטוב "אם אין תורה אין קמח", פירוש, שאין היגיעה וההשתדלות מביא וממציא לך הקמח, זולת קיום התורה ויראת שמים, כי "לא בשוקי האיש ירצה", וכו'. וזהו ב' הפכים בהתיחדם לאחד ממש, דהיינו, בעושי מעשה בהמה ויודע שלהבל וריק נחשב, ורק הכל בא לו משולחנא דמלכא, אדם כזה שלם מקרי.

וזה פירוש הכתוב "אשרי הגבר אשר שם ה' מבטחו ולא פנה אל רהבים ושטי כזב", שמיחד ב' הדברים שבוטח בה', ומתעצם בכל כחו להמציא טרף ומזון לביתו, ועם כל זה יודע שמעשיו וכל השתדלותו אינם יותר מרהבים ושטי כזב, ועיקר משים ה' מבטחו והבן.

וזה שכתוב "כי לא ינוח שבט הרשע על גורל הצדיקים", פירוש, אף על פי שמעשיהם דומים כנ"ל והבן, ואמאי? ומפרש הכתוב: "למען לא ישלחו הצדיקים בעולתה ידיהם", כי מקבלים עליהם עול מלכות שמים שלמה, ויודעים שהוא הנותן לך כח.

וטעמו של הדבר הוא כדי לברר את אמונת הצדיק בהשי"ת, עד היכן מגעת, ואף על פי שהקב"ה יודע מחשבות מכל מקום צריך בירור המעשים להיות גלוי לעיני הצדיק עצמו, כי מטבע החומר שאינו מניח לצדיק להאמין בעצמו עד שרואה במעשה בעליל לעין, ותמיד מתירא שמא יגרום החטא, ויפול ממדרגתו בשעת מעשה והבן.

מדתו של יעקב אע"ה

ובזה נבין מה שדרשו חז"ל, שחזר יעקב אע"ה על פכין קטנים, שבאמת פלא הוא, בעת כזאת שראה את עשיו בא עליו להורגו, להאביד ולחמוס את כל אשר יש לו, היה לו מקום במוחו להשאר במקום סכנה לבדו, להציל לעצמו פכין קטנים, והוא לא האמין בחייו כמו שכתוב: "ויירא יעקב מאד וכו' ויחץ את העם וכו' לשני מחנות". וכו'.

אלא בהנ"ל מבואר היטב, כי דרך הנ"ל דהיינו, אדם ובהמה, זה היה מדתו של יעקב אבינו ע"ה, שהוא היה נעשה מרכבה לבחינה זו, כמ"ש בספרים: אברהם אע"ה נעשה מרכבה למדת אהבה, ויצחק אבינו ע"ה למדת הפחד, שב' מדות אלו הם ב' הפכים, כי האוהב אינו מתירא, ובוטח תמיד על אוהבו, ועל כל פשעים תכסה אהבה, והמתירא אינו בוטח, כי אם היה בוטח לא היה מתירא כל עיקר, אבל יעקב אבינו בחיר שבאבות נעשה מרכבה למדות הרחמים, דהיינו, אלו ב' הפכים בנושא אחד, אהבה ויראה ביחד, שזה עיקרו של מדה זו כנודע.

וזה משמיענו הכתוב "ויירא יעקב מאד וכו' ויחץ את העם וכו' לשני מחנות". כדי להמציא לו מעט לפליטה, וכן שלח דורנות אולי יתפייס אתו.

והנך רואה שמנהגו בדבר זה היה כאיש פשוט בתכלית הפשיטות, כי מה לי אם אדם דואג שלא יגוע ברעב, ועושה ורודף כל היום וכל הלילה בתחבולות שונות להמציא לו מחיה ושארית, או שדואג מפני שונאו שלא יאביד את רכושו ולא יהרגנו, ועושה כל מיני המצאות שיש להמציא לדבר זה.

וזאת הקשה רש"י ז"ל: ולמה מתירא יעקב אע"ה הלא הבטיחו ושמרתיך וכו' ותירץ שהיה מתירא שמא יגרום החטא. ויש לדקדק שהיה לו לומר, שמא גרם ולא שמא יגרום, ועם הנ"ל ניחא, שבאמת היה לו ליעקב אע"ה מדת האהבה בשלימות, דהיינו, בטחון, ולא היה לו ספק כלל וכלל כי ישמרנו ה', ולא יחסר לו דבר, עם כל זה התנהג מנהג אדם פשוט, ושם עצמו כמתירא כפי אשר יחייב שכל הבהמי להמציא המצאה לדבר זה בפשיטות, שהיה מתירא מאד מפני ארבע מאות איש שעמו, ובזה היה כמסיח דעת מבטחון, כדי להתירא באמת, ומתוך כך עשה מעשה שמירה כדרך המתיראים מפני שונא, חצה את המחנות, ונתן מתנות וכדומה.

ולמה עשה דבר זה, הא באמת לא היה מתירא כלל וכלל, כי בטח בה', אלא מחמת שמא יגרום החטא, כי הצדיק בענותנותו אינו מאמין בעצמו שלא יפול ממדרגה בשעת המעשה, ולכן הכין את עצמו בכל מילי דעלמא שדי להצלה מפני האויב, ואחר כל אלה שיער בנפשו שכל זה רהבים ושטי כזב, ושם ה' מבטחו והתפלל אל ה'.

ובזה מובן מה שנשאר על פכין קטנים להודיע שיחד עם היראה היה לו מדת האהבה בשלימות, בלי פגם חלילה, והחשיב בדעתו אפילו פכין קטנים, כי ידע בטוב שלא יגע צר ואויב ברכושו כלל.

ההבדל בין עובד ה' ללא עבדו

ובזה ניכר החילוק בין עובד ה' ללא עבדו, כי המתירא באמת ואינו בוטח לא היה שם לבו אפילו לפכין גדולים, בעת כזאת שדואג שלא יבא אויב להכות אם על בנים ולהאביד הכל. אבל עובד ה' יחד עם היגיעה והשתדלות מחמת יראתו, יודע בטוב ובוטח בחסדו ית', שהכל שלו ושום זר לא ישלוט ברכושו, ויש לו מקום אפילו בעת כזאת, להשגיח על פכין קטנים, כדרך הצדיקים שחביבין עליהם ממונם וכו'.

ולכן בנתינת התורה בא לנו הכח, בזה ש"זכור ושמור בדבור אחד נאמרו, מה שאין

אחור וקדם צרתני

הפה יכול לדבר והאזן לשמוע והלב לחשוב ולהרהר", פירוש, שאיתא, שזכור סוד האהבה, ושמור סוד היראה, שהם ב' הפכים כנ"ל, ונאמרו לנו ונמסרו לנו כאחד, דהיינו, ליחדם ביחד כנ"ל, ואף על פי שהם הפכים מאד, שאינו מובן כלל וכלל איך אפשר להיות דבר זה במציאות, בפה ואזן ולב הגשמי, אבל זה כח התורה שהמדבק בה זוכה לדבר זה, דהיינו, להיות מחוברים ומאוחדים בלבו, כמדתו של יעקב אע"ה והבן.

קליפת ישמעאל וקליפת עשיו

וזה שאמר יעקב לבניו בשני הרעב, "למה תתראו"? ופירש"י למה תראו בפני ישמעאל ובני עשיו, כאילו אתם שבעים. וקשה, הלא בני עשיו בשעיר ישבו, ובני ישמעאל במדבר פארן, ומה להם ענין עמהם, יותר היה לו לדאוג מפני הכנעני והחתי יושבי הארץ שכניו? ובנ"ל ניחא, שרש"י פירש שני פשטים:
אחד למה תראו כשבעים,
ב' למה תכחשו ברעב.

ובזה מובן שכך אמר להם יעקב: אם תאכלו לשובע, יש לכם לירא מפני בני ישמעאל, ואם תכחשו ברעב, יש לכם לירא מפני בני עשיו, פירוש, דאיתא שישמעאל סיגי דכספא (אהבה) ועשיו סיגי דדהבא (יראה), וזה שלימד יעקב לבניו, אם תאחזו במדת האהבה, להיות בוטח בה' שידו לא תקצר חלילה אפילו בשני הרעב, יש לכם לירא מפני קליפת ישמעאל. ואם תאחזו במדת היראה לבד, ותצמצמו אכילתכם, יש לכם לירא מפני קליפת עשיו, שיונק מזו המדה, לכן מוטב אכלו כדי שביעה וכדי ליחד דבר בעתו עם מדת הפחד, - רדו שברו לנו אכל ממצרים, שבזה תנצלו מב' הקליפות.

סגולת זכירה

זכירה ושכחה - שמירה ואבידה

בזמן הגלות - בחינת עלמא דנוקבא, העבדות היא בשמירה. והפוגם בעבודתו יוכל לאבד מה שנותנים לו. וענין הדביקות בעולם הזה, הוא - בכח השמירה, ובעילוי הרגש יפוי כח השמירה. כמו כן עילוי שלימותו, וחוזק דבקות שלו.

אמנם לעתיד לבא, אין פחד מאבידה וגניבה, כי "בלע המות לנצח", והעבדות מוגבלת כאן בבחינת "הזכירה". והגם שלפי זה, היה די בצורה אחת, אבל טבע הגוף להיות נלאה בצורה אחת, לכן יש לפשוט צורה וללבוש צורה בזה אחר זה, למען תת לעיני הגוף צורה חדשה בכל פעם, להרבות חשק, כמו שסותמים עיני סוס בטוחנו ברחיים כדי לא להלאותו.

וזה עמוק ונכבד מאד, כי זה פשוט, אשר רצונו ית' מהעובד, הוא תכלית המשובח, וידוע גם, שמה שיותר שהעבדות קרובה לטבע, משובחת היא ביותר. וזה כלל, אם אחד משני האוהבים תגדל אהבתו במדה שלמה וחלוטה, דהיינו "טבעית ושלמה", שאז יכבה כל כח של אהבה מרעהו. ואף על גב, שעיני שכלו יראו בעליל גודל אהבה של האוהב, מכל מקום לא יתגדל אצלו, כח אהבה לגמול לו. ואדרבה, לפי הרגשת ההחלט מהאוהב, בשיעור זה יכבה לאט לאט רגש אהבתו לו, כי אינו ירא ממנו, כי אהבתו חלוטה לו, ואשר על כן יהיה נבלע ונשחת מדת הרוחניות, של אהבה בטבע חומר הנאהב.

והנה רצונו ית' "להודיע אהבתו", ויחד עם זה לתת מקום "להרחיב גבול האהבה".

ושני אלה, הם שני הפכים, כי כשנודע אהבתו, יש לה צורה מחויבת, כמו אהבה טבעית ושלמה. ואם כן אפס מקום לעבודה - "להרחיב אהבה". כי האוהב הנאמן השלם, אינו מרוצה מתשלום גמול של הנאהב בעד אהבתו. כמ"ש: "אם צדקת מה תתן לו". ואדרבה, שבהיות הנאהב מרגיש שיש רצון לאוהבו באיזה גמול ועבודה, נעשה אותו מקום חסר. כי ע"כ בשיש רצון לגמול, משתנה אהבתו, בהחסר השבת הגמול. ואם כן, האהבה אינה חלוטה, ואם כן אינה שלמה וטבעית, אלא תלויה בדבר, שבהבטל הדבר בטל האהבה, בסוד "חידה שלם ואין שלם".

וידוע בעליל, שאין ארור מתדבק בברוך, כמ"ש: "יהב חכמה לחכימין", והעבדות בהוספת והרחבת השלימות, לא שייכת כלל לבעל חסרון, אלא לעובד שלם ממש. - ולעובד השלם, לכאורה אין לו מקום לעבודה כנ"ל.

וזה סוד "הזכירה", דרך משל: לאומר לנאהב לו הא לך שק מלא אבנים טובות, להכרת אהבתי, שבאופן זה מתאמץ הנאהב, לספור בדיוק נמרץ, סכום אותם אבנים טובות, כדי לגלות האהבה בלב עצמו גם כן. ובאופן זה אין עצם האהבה משתנית כלל בחסרון עבודתו לספרם, כי בין כך ובין כך כבר ברשותו הם.

אבל להשבת איזה גמול לאוהבו, ממשמש ביותר באבנים הטובות, כדי לזכות ולגלות נגד עיניו תמיד, מדת גדלו הנעלה של האהבה.

ובדרך זה רגשי האהבה משתלחים ובאים תמיד בלי הרף, מזה לזה, ופרין ורבין, וה"עצם לא ישונה".

וזה ענין אימוץ בצירופים השונים, הגם שהמהות אחת היא, אבל כדי שלא יאבד וישחת אפילו ניצוץ קטן מהיכולת להתגלות "בכחות ההעלם שמצוי תמיד בחומר", לכן נותנים לעיניו בכל פעם צירוף חדש, שעיני החומר לא ראו אותו מעודו, ובזה החומר טועם טעם חדש, ונותן שכמו לסבול ולחזור לכל פעם ותמיד, כמו בריבוי סעודות שמרוצה החומר להכפיל אותה הצורה הרבה פעמים, או זווגים, כי הוכן בעדו "טעם חדש תמיד".

ובזה תבין שיתוף החומר בגוף ונשמה, כי בסגולת החומר הנשרש ב"שכחה", ועוד רעה יותר בכיבוי כל מין של אהבה חלוטה כנ"ל,

בזה עצמו נותן מקום לנשמה, לעבודה מחויבת, דהיינו לחזור ולשנות בכל פעם בצירופים חדשים, דאם לא כן, יגיע הפגם גם לנשמה. מחמת המסכה הנסוכה בשורשי החומר כנ"ל. ואף על גב, שעצם האהבה בשלימות הגמור, עם כל זה, כמו מכוסה מחמת החומר היא, ועל ידי זה שחוזר ושונה בדרך עבודות מחויב כנ"ל, התוספות מרובה על הקרן, ומתרחב גבולי האהבה בענין נפלא.

ובזה תבין ענין "דור שלישי יבא להם בקהל ה'". כי בדור הראשון היתה קליפת מצרי, כמו צר לי המקום, כי הגם שהאוהב והנאהב בשלימות הנרצה, אבל חסר להם מקום להתפשט ולהתרבות, כי הנשמה, מחמת יניקת החומר מחוייבת לגלות האהבה אפילו בחומר. ולזה אין עצה אלא לגלות אהבתו לעינים, בעבודה גדולה, בכח גדול, כי החומר אין לו שום שפה אחרת, זולת הרגש, לכן בשיעור הרגש אהבתו מוצאת את עצמה מחוייבת בהשבת גמול בעבודה נעלית בכח גדול, אשר ע"כ כשהנשמה מרגשת אהבתו השלמה החלוטה, בלתי תלויה בשום דבר, נופל עבודת החומר לגמרי, ד"לא שדי איניש זוזי בכדי [לא נותן אדם כסף בחינם]", שזה חוק בטבע גשמי, (למען נתינת מקום כנ"ל), ולכן בעת הזאת מתאמץ החומר בתודתו ובריבוי הכנעה, לפי הרגש שלו, דהיינו, בחוזר ושונה ומודה ומשבח, וכפי הנ"ל שהחומר נלאה בצירוף א' בטעם א', שזה גורם לו מיעוט הרגש, וממילא מיעוט התודה, עד שנכלה בעדו עבודה הקטנה הזו גם כן. וכיון שנשאר בלי עבודה, ורואה באהבה חלוטה, הוא נותן מכסה קליפת מצרי מצר עליון.

אחר כך בדור השני, היתה גם כן ממש אותה הקליפה, כמו בדרא קדמאה, ועוד נוסף קליפת אדומי, דהיינו, שלא לחזור ולשנות אפילו כלל, כמו שנוהג בדור הראשון, שהיה לו על כל פנים סבה יפה לגלות הרגש מההודאה.

אבל "דור שלישי יבא להם בקהל ה'", כי בדור השלישי נגלה המקום הזה, דהיינו, שבבחינת עתיקא קדישא היה מכסה הארון לבחינת כפורת, שהורגש ב' אלו ביחד, דהיינו, שנתינת מקום לגילוי עבודה תיכף מגלה בשיעור גדול אור האהבה, שמאז והלאה, ידע בטוב, שמניעת השבת גמול, מונע אור אהבה, ולכן חותר והולך, עד שמוצא בחינת השבת גמול, בהיותו אפילו במצב השלימות, כי צריך בעל כורחו לפתור החידה משלם, ואין שלם. ומאז והלאה הוא כלי מוכן לעבודה.

ואין להקשות, שיש מקום לעובד השלם, לעבוד בגופים אחרים להשלימם, כי אין זה שלימות בטבע, כי הטבע מחייב לגלות, השבת הגמול בעצמו ממש, כדי שלא יהיה תלוי בדעת אחרים, ושמא לא ימצא וד"ל. מה שאין כן במוצא בעצמו עבודות, הוא משרת לפני אלקים תמיד, לא יחשה, ובשיעור הזה אור אהבתו גם כן בתמידות דלא פסיק כנ"ל.

ב' נקודות

שתי נקודות לכל שאיפה, אחת בהעדר. והשניה משבעו ולמעלה. והחילוק שביניהם, כי השאיפה הנובעת מפחד ההעדר, הגם שהיא פורחת לרום המעלות, למובחר שבמובחרים, מכל מקום בשעת לְאוּתוֹ, הוא מסתפק בירוד שבירודים, ואוכל לשבעה, ולמכסה עתיק כדי שלא יעדר. מה שאין כן השאיפה היוצאת מנקודת השובע, דהיינו, שלא יחסר לו כלל בלעדיה, אז אינו מסתפק במיעוטו כלל, ואינו שואף, זולת למובחר שבמובחרים שבמציאות, ואם אינו על השיעור הזה, ורק בין העם, הוא לא ירצה לעבוד ולעמול עליה כלל.

למשל: מי שמרגיש בנפשו איזה נטיה לחכמת הניגון, והוא מצוי בחסרון טרם קניתה, הוא לא ישקוט ולא ינוח עד שישיג איזה שיעור מחכמת הניגון, ואפילו יאמרו לו שאין לו תקוה להיות מנגן בעל שיעור, אלא מנגן פשוט, מכל מקום, לא יפסיק משאיפתו ויסתפק במיעוט, ויפזר כחותיו להשיג לכל הפחות המיעוט שביכלתו להשיג. מה שאין כן, מי שאין בו נטיה מלידה לנגינה, ומרגיש את עצמו במזג השובע מחכמה זו, אם יבא אליו איזה מנגן ויאמר לו שיפזר כחותיו על חכמה זו, עוד טרם יגמור שאלתו, יענה לו, אני מרגיש ויודע בנפשי, שלא אהיה כלל

גדול הדור בחכמה זו, ולהיות נמנה בין ההמון המנגנים הפשוטים, האם יש חסרון לעולם בלעדי?

כי כן מוטבע מהשגחתו ית' באדם, שכל שאיפה היוצאת לאחר נקודת השובע, לא תהיה רצויה זולת למובחר שבמובחר שבזמן הזה.

ובזה תבין ענין עמוק, שהגם שהדורות הולכים ומתמעטים בערך היקר, מכל מקום הולכים ומתרחבים בערך החפץ הנרצה, וגמר התיקון.

כי דורות הראשונים, שהיו כבבי אדם, הם בעצמם היו מוצאים חסרון גדול ונורא, במניעות עבודה אלוקיית, אשר על כן היתה נקודת שאיפתם לעבודתו ית', יוצאת ונובעת מנקודת העדרם, אשר על כן לא היו מתרחבים בשאיפתם, מחמת פחד העדרם לגמרי, והיו שקטים ושמחים, גם באותו המיעוט שהשיגו, ולכן היה להם תנועות קטנות וקצרות בעבודתם, כי מהכרתם יקר הערך היו מסתפקים במיעוט.

וזה ענין התקטנות ערך הדורות, עד שבאו לצמצום האחרון שבדורנו, ש"חכמת הסופרים תסרח ויראי חטא ימאסו", כי במצב הזה נמצאים ההמון במזג השוה, ואין עבודה אלוקיית שום חיוב להם, וגם לא ירגישו חסרון בהעדרו, ואפילו אותם שעוסקים בעבודה, היא כמצוות אנשים מלומדה. אינם צמאים ושואפים למצוא איזה לחלוחית דעת בעבודתם, ואם אמר יאמר איזה חכם להם, בואו ואלמדכם בינה, להבין ולהורות בדבר אלקים, תיכף המענה בפיו, כבר יודע אני בנפשי, כי לא אהיה כרשב"י וחבריו, והנח לחמרא על דורדיא [והנח ליין על שמריו], והלואי שאקיים הכל בפשיטות. אבל עליהם נאמר: "אבות יאכלו בסר ושני הבנים תקהינה", כי הם עוסקים בתורה ובמצות שאינם מבושלים ושני בניהם תקהינה לגמרי, ותמהים להם מה העבודה הזאת לכם? לכם ולא לו, ואף אתה הקהה את שיניו, וזהו צורת דורנו, שאנו עסוקים בו.

אבל עם הכתוב והמבואר לעיל, תבין שבכור הברזל הזה, עוד לנו תקוה גדולה וכו', כי מעתה כל בן משכיל שינדב לבו ומאודו, לעבודת האלקים, לא יהיה כלל מהמסתפקים במיעוט, מפני שנקודת שאיפתו אינו יוצא מהעדר, אלא מנקודת השובע, ולכן כל היוצא להתדבק בתורה ובמצוות לא יתרצה בשום פנים, אלא להיות, חד בדרא, דהיינו, לידיעת אלקיו ממש, ולא ירצה לפזר כחותיו בשביל עבודת פשוטי העם כלל וכלל, זולת אל המובחר שבמובחרים, לקרבת אלקים ממש, ולידע בשכלו, כי ה' בחר בו.

ובאמת אין אנו מוצאים בדורנו זה עובדים אמיתיים, זולת אותם האנשים הנבחרים מעם, שכבר זכו לנשמה אלקיית חלק אלוקי ממעל, כמו שכתב הפייטן: "ברכי ברה מנחלי בור נמשכת / את שם בוחרך לפניו ללכת / וכו'... היותך לפניו ככל העומדים עליו / הנגשים אל ה'. ברכי ידעת חפץ תמים דעים / את שם ידע חפציך ומשלמים לרגעים".

אבל אותם שלא השיגו עוד למעלה הנכבדה והמובחרת הזו, אין להם אהבה ויראה בעבודה כלל.

וזה לא היה נוהג בדורות שלפנינו כלל וכלל, כי עובדי ה' ית', לא היו שואפים כלל למדרגה רמה כזו, וכל אחד ואחד, היה עובד השי"ת, לפום מאי דמשער בלביה [לפי מה שמשער בלבו].

ובזה תבין שבאמת התיקון היה מתחיל קודם קבלת התורה, בדור דעה, ועל כן היה באותו הדור, התעוררות גדולה, "רצוננו לראות את מלכנו", כמ"ש במדרש. אבל אחר כך חטאו, שהיו מסתפקים בשליח, באמרם "דבר אתה עמנו ונשמעה, ואל ידבר עמנו אלקים פן נמות", וזה סוד שבירת הלוחות, וכל הגלויות. ובדורו של משיח יתוקן דבר זה, כי יחזור אותו ההתעוררות, וכשישיגהו, לא יחטאו יותר, כי כבר לקחו את עונם כפלים לכל חטאותם. והבן. כי תכלית הנרצה אינו אחרת, זולת במובחר שבמובחרים, וז"ש, "ולא ילמדו עוד איש את רעהו ואיש את אחיו לאמר דעו את ה', כי כולם ידעו אותי למקטנם ועד גודלם", שזה יהיה תנאי הראשון, לכל

מתחיל בעבודה כנ"ל.

ואין דברי אמורים למסתפקים לעבוד ולעמול בשביל טוב הבריות, או מכל שכן בשביל מילואם של תאוות הבזוים, אלא לאותם שמרגישים שאין כדאי לעמול בשביל בריה, זולת להבורא ית'.

כי הרבה כתות ליום הדין: א' למילוי תאוות חומרם, ב' להטיב לבריות. ג' להטיב שכליים של עצמם או של אחרים. וכל זה כחות של הסתר פנים, כי כולם כאין וכאפס במעלת הבורא ית' כמובן.

השגת דבר אמת

יש מציאות חומר רוחני, שעליו נחקקים אותיות התפילה, והחומר הוא קלף הלבן שבלבן, ונקרא גם אש לבנה, דהיינו שגוון לבן הזה כמו בכח האש בא, ולאש נהפך, דשף ויתיב ברוב כחו.

האותיות המה ניצוצי דחילו ורחימו. ר"ל, כי נראה ומורגש מאד החסרון מדחילו ורחימו והוא ענין אש שחורה, כי גוון הזה נראה כמו נחסר ושקוע ביותר, משאר גוונין. ולכן ברישא דרישא היה המראה גם כן כנ"ל, כי מתחילה היה נראה הקלף הלבן, המעובד כל צרכו, בעצמה ובלבנונית. וזה ענין גילוי עטרה וזיוה, ב"עשיה". וסוד העשיה, הוא הקלף, בסוד והערלה לא ישאלה משכנתה, במי שחוברה לה יחדיו. וגילוי העטרה, היא אמתיות האהבה המגולה, עד דוכרא דאריך אנפין, והשבירה היא אותיות היראה. והבן שזהו ספר השמים ממש.

ודע שדבר אמת הוא, אמת מכל צדדיו, ולכן לא יקרה לאדם השגת דבר אמת, כשלא ירגיש בחסרונו, או שאינו חסרון לא באמת, ועל כן כל השגה שבאה לו "בתוספת" בעלמא, אינה נקראית השגה אמיתית, כי אינו בעל חסרון בלעדה, ואם כן יש בחינת שקר בעמל שביגיעה, שהיה עמל אחריה, כמו לדבר החסר לו ודו"ק.

לכן חכמות חצוניות הם חכמת שקר, דהיינו, שעבודה להשגתה מתויבת להיות בתנאי שלם, כמו אחר דבר שחסר לו באמת, והוא מוצא אותו, אבל בשעה שמוצא ומשיגו רואה שלא היה כלל בעל חסרון בלעדה, אם כן זה שקר ובדיה.

מה שאין כן חכמת עבודת השי"ת, אדרבה אינו יודע כלל להרגיש חסרונה, בצורת אמיתיותה, זולת בשעה שמוצא אותה, הוא רואה עד כמה שהיה חסר בלעדה. אם כן היא השגה אמיתית מכל צדדיה.

בדומה לנותן בעד חפץ, פי שנים משוויו. הרי זה נאנה, כי חברו אִנָּה אותו, והקניה הזאת היא של שקר ואונאה, שכח הדמיון שיקר בו.

ועל דבר הכוונות אין לשאול לרופא, אלא לחולה, כי צריך לקדושה וטהרה, בעבודת ה', כדי לכוון, ויהיו הכוונות הכנה לנפשו, להשראת הקדושה. וכן אין לשאול, אם תורה טוב, או מוסר טוב, או בכל דרכיך דעהו, כי על זה יודע הרופא לשאול את החולה, אם לא כואב לו הרי הוא בטוח ברפואתו, ואם כן החולה הוא היודע. וזה שכתוב בזהר: "דאסיר ליה לבר נש לאסתכלא באתר דלא אצטריך [שאסור לו לבן אדם להסתכל במקום שלא צריך]", דהיינו, שאינו מרגיש מההסתכלות קדושה וטהרה.

קבלת חז"ל כעדים נאמנים

ב' מיני עבודות: אחד לאור, והשני לכלים, כי אי אפשר לומר ולהבין מדרגות באורות, ומכל שכן לומר שיזכה למעט אור, כי אין חתיכה ברוחניות. ו"נדר שהותר מקצתו הותר כולו".

(תמה אני על שכל הפועל, ועל שר העולם יחד. זה משפיע כח לידה, בזרע נואף במנאפת. וזה משפיע בנינים מפוארים, על יסודות בדוים ומזויפים). כוונתי על אריסטו, שצוה לפארו בעליתו לשמים, דהיינו, על המצאתו יסוד בדוי, שהספיק לו למטרה, לכל חצי שכלו הדק, ולהוציא כל רוחו. והיא באה לו מצד שראה בספרי ישראל, חכמה עמוקה, בנויה על יסודות מקובלים, ודימה את עצמו להם, "כקוף בפני אדם", להראות שגם מעלתו כמוהם, כמו שכיחש על עצמו, אם אמת הנבואה, היה הוא המוכן לה וכו'.

אבל לא דרכנו דרכו, ולא יסוד בדוי הוא להשאירו מקובל, כמו שהשאיר יסודותיו.

אלא חז"ל ותלמודם, הגם שנתנו לנו בקבלה, אבל המה בזה כמו עדים נאמנים, עדי ראיה, ולא עוד, אלא המה מלמדים אותנו, אותו הדרך שזכו להיות עדי ראיה, וכשנבין תהיה חכמתנו כמוהם, ויושג לנו יסוד אמיתי ממשי, ועליו בנין מפואר נצחי.

הטעם של המנהג הזה, כי לכל דבר נמצא חומר ראשון, ומושכל ראשון, ומה שנוגע לארציית המושכלות, טמונות ושקועות, בתארי החומריים, ובהפשטת צורה אנו משיגים אותם, דהיינו, ממושכל ראשון, למושכל שני וכו', עד המושכל הנרצה. שע"כ בא לנו מושכל ראשון בקלות גדולה, כמו שהחלק קטן מהכל וכדומה. מה שאין כן בשמימית, שאדרבה, המושכל הראשון הוא הוא הקשה שבקשה להשיגו, שזה נקרא נפש דעשיה, ובהיותנו מקבלים צורת נפש דעשיה, מפי הקבלה, - כי ההשגה היא נמנעת לסכל משמימית, ובדרך הקבלה אפשרית. ועל ידה אנו לומדים חכמה השמימית, ואז יהיה לנו זכות להשיג את יסוד המקובל, כטבע דבר המושג, ויהיה אפשר להתיישב במקובלות, כמו כל טבע המושכלות.

מה שאין כן, חכמתו הבדויה, שאין שום תקוה להשיג את יסודו הבדוי, ש"דיו לבא מן הדין להיות כנידון", ואם כן נשאר כל הבנין, בנין שוא לדראון נצחי.

נפש הגר

הכאב המגיע לאבר פרטי הנחתך, הוא במשך זמן הדין, זמן החיתוך. אבל אחר כך, נשאר כל הכאב והחסרון בכלל הגוף. כמו כן תענוג אבר פרטי הוא במשך זמן חיבורו לגוף החדש, אבל אחר כך, התענוג פורח ממנו כמו ממת ושב להיות לכלל הגוף.

ובזה מובן הכתוב: "ונכרתה הנפש ההיא מעמיה", ללמדך "שכל כאב" וחסרון, רק לעם הכללי, וכמו נחתך מקרב של העם.

כמו כן נפש הגר, "כל תענוגה", היא במשך זמן חיבורו אל העם הכללי, מובחר המין, וכשמתחבר בשלימות, שב התענוג הפרטי, לכללות כולו.

רמז לדאמרי אינשי, "זקן וילד שוין", דהיינו שהמתחיל בחכמה, עם הנשלם עמה, שוים זה לזה, זולת מילואו של חכמה, שזה משמש למלכו, ולא לו, אלא כל הקושיה הוא, ביני וביני, שהיא עבודה שכליית, כולו לעצמו ולהשלמתו. למשל: כל עבדי המלך והשרים הנכבדים של המלך, עובדים למלך. מה שאין כן בשעה שלומדים השלמתם, עובדים לעצמם, כמו בית מלא כתבי חכמות, ושירי תהלה. ובנפלם לידי הוללים, המה רק מתהללים, בחומר החיצון הגלוי מהנייר, וממששים עמו לצרכם הבזוי... ומאבדים סגולה יקרה מהם ומכל העולם, מחמת העם ארציות שבהם, וכדי בזיון וקצף.

עוד יותר יכאב הלב, בראות החכמים בעיניהם, המזוהמים, באים בבתי חכמת ישראל, ולוקחים שמה חומר החיצוני מהדברים, דהיינו, יופי הלשון, למעשה ידיהם, למליצות ריקות וצבועות.

וסדרי חכמה מיוסדות על אדני קבלה אמיתית, מושגת למשכילים. מפשיטים צורת חכמה למעשי ידי חרש, (ולדעתי לולא זאת המראה, לא היה להם תוצפה לבדות יסודות מלבם) לבנות חריפות על אדני שוא ותוהו, כמעשה אריסטו וחביריו בשמים, וכמעשה... בארציית. ומכל שכן אותם הבאים בזוהמא גלויה, לעשותם מטרה, לחצי טפשות שלו להתגאות בפני הטפשים כמוהו, אין סליחה להם.

מופת גלוי, אין חסרון בעולם קבוע בגשמיות כלל, אמנם כל החסרון ושלימות טבוע ברוחניות.

רצוני לומר, שבתכלית השלימות היצוייר לעולם, לא יהיה צורך לו ית' לשנות איזה מקרה גשמי, אלא לברך הרוחניית לבד. למשל: אנו רואים שהאדם מקבל על עצמו הרבה מכאובים, וטלטולי דרך, כדי לקבץ הון, עד בוא בסכנות עצומות, ועל כרחך שכח המדמה, מתקוה של הממון, מכריע אותו, ומשיב הרעה לטובה גדולה, עד שבכל אות נפשו נותן את עצמו בסכנה על ההכנה המסופקת.

אם כן אין זה רחוק כלל, אם יקרב השי"ת, שכר העבודה ליגיעה, במדת כל יכלתו, לא יהיה נרגש צער וכאב כלל ביגיעה.

שלש כתות

התורה היא כמו עולם מלואו, ששלש כתות נהנין ממנה, בצורות שונות. כתה ראשונה הם ההמון, שאין בהכנתם להפשיט שום צורה, אלא אם כן, אין להם חפץ בשום צורה, זולת בחומר ראשון מכל מלואו של עולם, שהם באים ישר לחושים, ולכח הדמיון.

צורה שניה שיש בהכנתם כח הפשטת צורה חמרית ולקחת ולהנות מצורה השניה הקרובה לרוחניית שמוצאים תחתיה, שזהו הנאה נפשיית שכליית, דהיינו מהשכליים הנפרדים הטבוע בתמונות החומריים האלו.

צורה שלישית, לכת השלישית היא שיש בהכנתם לקבל צורות כוללות משכליים הנבדלים הטבועים בצורות רוחניות וגשמיות יחד, שהמה קושרים חוט בחוט, ומשיתא במשיתא יורדים לתהום ועולים לשמים, שהצורה הזאת מוצאים אחר הפשטת צורה שניה הנ"ל ודו"ק.

ועל דרך זה באים שלש השלמות מהתורה, לשלש הכתות הנ"ל. הכת הראשונה נשלמת בחומר ראשון. הכת השניה נשלמת בצורה. הכת השלישית נשלמת בהכוללות, שהיא הפשטת צורה מצורה, וחוט בחוט וכו'. ובודאי מי שלא ישיג חן מבריות העולם, יותר מחן של חומר, לא כל שכן שלא יושלם מהתורה, יותר מעל חפצו והשגותיו. וזהו כוונת הרמב"ם שחייב למוד הגיון טרם חכמת האמת, אבל לפי הנסיון אנו יודעים ורואים, שיש השפעה וכח בלתי ישר במאור שבה, שיכולה להגביה פתאום איש מהכת הראשונה, עד דרגת איש מכת שלישית, ונמצא שהוא עובד להשיג מחט, ומשיג בית מלא כסף וזהב.

עולם הזה - ועולם הבא

אין בין עולם הזה לנצחי, אלא שזה זמני וזה נצחי, אבל אין קנין בעולם הזה גם בעולם הבא, שלא יהיה נבדל רוחני, ומובן שכמות שיעור שקנה ממין הזה בזמני, ישאר לו בנצחי. וזה דעת השלימים, וגם הרמב"ם מודה לזה. אמנם אי אפשר לפרסם להמון, כי לא ישמעו, ולא ישימו לבם לעבודה, על השארת שיעור קטן זה לדמיונם הגס.

דומה לחרש, שחוש שמיעתו לא יתפעל משום קול רגיל ומצוי שבעולם, זולת לקול רעש גדול. ולו יתקבצו כל חכמי הנגון והקולות, לא יסדרו לו קול להתפעלות שמיעתו, זולת קול רעש וגס, ודוקא בלי נעימות. כמו כן אי אפשר לדבר עם ההמון מכל דבר רוחני, זולת ברעש לא מסודר, ולא יועילו להם שום דברי שכל, מחמת שאין להם הכנה בנפשם להנות מהצורות שעל גבי החומריות, ואינם דבקים, זולת בתמונה הראשונה, של הבריאה הסמוך להם, שהוא העביות שבגשמיות, אשר על כן גם בדיבורי עולם הבא, מחויב להם אותו המבטא הדבוק במין הזה.

ולכן אסור לדבר עמהם, צורה השכליית שבחומרי הנצחיית, כי ישבר החומר, ואת הצורה לא ישיגו, ויהיה נדחים משניהם, אשר על כן אעשה מקודם חיבור מיוחד, לתת ציור כללי הקרוב לאמת, מצורת גן עדן וגיהנם, ואחר כך אוכל לדבר, מאמות של השארת הנפש עם הטובים שבהם.

בקיצור נמרץ, דע שצורת עולם הזה הוא רוחני נבדל, ואינו עבה וגס, אלא כלפי חומריים, אבל לא בצורת הבורא ית', על כן הוא מוצא כל הצורות האלו בו בעצמו, ונמצא בגמר התיקון יאבד דוקא החומר הגס מכאן, והצורות הנבדלות מכל התמונות שבכאן הן מהמציאות, והן מסדר קיום של המציאות, כמו אכילה ושתיה וכדומה, הכל ישאר בנצחיות, כי אין דבר נפסד, זולת, החומריים ויסודותם, מה שאין כן בצורות אין הפסד, ולא יסבלו כלל מחורבן חומר הראשון שלהם, שכבר עשה את שלו. ואם בעל צורה אתה, מובן בנקל, איך לפשוט הצורות מהחומרים המזוהמים שבעולם, כמו הניאוף והזוללות ואהבת עצמיית, שאותן הצורות, ישארו ברוחנית, בבחינת שכל נבדל, והמה ישארו בב' הבחנות:

בחינה א' כל צורה לחשבון פרטי,
ובחינה ב' כל צורה לחשבון כללי.
ואלו הצורות נקראים לנצחיית, פגרי רשעים,
בשיעור הכתוב: "ויצאו וראו בפגרי האנשים
הפושעים בי". ומזה מובן מעצמו צורות הקודש,
וזהו שכר ועונש, וזה מורגש לבעלים, גם
בעולם הזה. ויש אחרי הפשטת צורה הנ"ל,
הפשטה אחרת, והיא בחינת כוללות, שנקרא
עולם התחיה, ועין לא ראתה, שאפילו הנביאים,
לא מתעסקים בו אלא כל מבין מקבל מחכם
מקובל.

ובזה תבין המאמר: "אין עבירה מכבה
מצוה", כי הנושא יביא שתי הצורות יחד
לעולם הרוחני, באחת יתענג, ובאחת יהיה נדון.
וזה ענין "אין הקב"ה מקפח שכר כל בריה".
ומה שכתב הרמב"ם, שאין אמונה אלא
אחר הציור הנפעל בנפשו, רצוני לומר, בסגולת
המתנה האלקיית, כמו שחילק בהשגת אורות
זה מזה, אינו סותר למה שכתבתי ודו"ק.
ודו"ק כי כאן בארתי ההשלמה המגיעה
לכת א' ולכת ב' הנ"ל, אבל מה שמגיעה
לכת ג' רמזתי ולא בארתי.

סוד הכף דאנכי

הנה בחינת מלכות המלובש בעולמות, נקרא אני. ומשתלשל עד העשיה, והיא היא, בחינת פירודא המורגש לכל אדם, לבחינת ישות לפני עצמו, בהרגש "האני" שבו ובהתפשטותו, רוצה לכבוש כל העולם כולו, לחפצו ולהנאתו, שזה ענין כח השבירה שבעשיה, אני אמלוך, דהיינו, מניצוצות קדושים שלא נבררו עוד, ונקרא משכא דחויא [עורו של נחש] שהיא טוב ורע דקליפת נוגה.

יש בנברא ב' נפשות שבהם קונה ומלובשים בב' רוחין: "נפש החיוני", ו"נפש השכלי". זה מקליפת נוגה, וזה חלק אלוקי ממעל. ונקרא גם כן, "נפש כל בשר דמו היא", שהוא נפש החיוני. ונפש השכלי, הוא הנקודה שבלב (טרם השתלמות, בסוד ולבי ערו). וכיון שנפש החיוני נמשך מקליפת נוגה, נקרא - מקרה, לאפוקי מנצחי. ונפש הקדושה נקרא - נצחי, שהוא חלק אלוקי ממעל.

ההבדל בין גופות עכו"ם לגופות ישראל

ועתה יש להתבונן, לפי מה שכתוב "אין אדם נוקף אצבעו מלמטה אלא אם כן מכריזין עליו מלמעלה", ואיתא ד"הן גויים כמר מדלי וכשחק מאזנים נחשבו", איך אפשר לקיים שניהם. כי זה ברור שלא שייך יחוד ההשגחה לשחק מאזנים, או למר מדלי, כי אין מחשבה בלי פעולה אצל השי"ת, ואין פעולה בלי תכלית אפילו בבני אדם.

אלא ע"כ חילוק הוא בין גופות עכו"ם, לגופות ישראל, שגוף העובד ה', נידון ממנו ית' בהשגחה פרטית, לטובת חפץ ה' התכלית הנרצה. אשר על כן הגם שהגוף קליפה נאבדה משורשה, מכל מקום באה במחשבת הבורא ית', על כל פנים לכלי מלאכה. מה שאין כן גופות עכו"ם, שאינם ראוים למלאכת ה', ואין להם השארה נצחיית, ועל כן אין מתייחד בהם ההשגחה בפרטיות, אלא בכללות. כאדם השוקל בשר במאזנים, שיודע ונופל במחשבתו שבמשך זמן ישאר שחק במאזנים, מכל מקום מחשבה זו אינה נקראת מחשבה, מחמת שהיא ללא כונה, כי למה לו שחק, ואינו צריך לגופה כלל.

ואמשיל משל: אדם הקונה ארגז עם אותיות דפוס, ונותן לפועל שידפיס בהם ספרים. נמצא שכל פעולות ההדפסה נעשית בהשגחת בעל הבית, הגם שהוא אינו הפועל. אבל נייחא דאותיות בלי פעולה, ע"כ אינם בהשגחת בעל הבית, כי לא על זה כוונתו מימיו, וכל המחשבות למין הנ"ל, היו רק בפעולות, אבל לא בריקות ואפס. וגם מעלת החכם בעל הבית, אינה מתמעטת מנייחא דאותיות בלי פעולה, מפני שהוא אינו הפועל כמובן, אבל מעלת הפועל, מתמעטת באמת, כי מתעצל וממעט בברכה הנמשכת מהכנה הישרה, שנותן לו.

והנמשל שהפועל המדפיס הוא נפש החיוני, הנמשך מקליפת נוגה, עם ב' צורות או טוב או רע, והנקודות נלקחין מנקודה שבלב. וגוף האותיות מחללי דעלמא ומלואו.

אני - אנכי

אם המדפיס מתקרב לשכנים טובים, שנותנים לו דרכים ורמזים של צירופים טובים, קונה המדפיס הזה צורה חדשה, שנקראת "כף אחת עשרה זהב מלאה קטורת", וצורת הרגש המוקדם של "אני", נבלע בצורה חדשה של "אנכי", וזה שכר פעולתו הטובה. ומעלתו מגיעה למעלת המחבר, בדומה למדפיס עם הארץ, העוסק בהדפסת ספרים ובהמשך הזמן על ידי הסתכלות בספרים לצורך עצמו, נעשה מושכל, ומחבר ספרים כמו בעלי הבתים הקודמים שלו, וגם נותן ספריו למדפיסים אחרים, ומעלה להם שכר. והבן.

ואם המדפיס נמצא בסביבה רעה, שנותנים לו להדפיס צירופים רעים מנוקדים מקליפת נקודה שבלבם חלל השמאלי, שע"כ נמצא נאבד ושכות כמותם כמר מדלי.

צורה מקרית וצורה נצחית

בזה תבין שהמדפיס והארגז של האותיות, הכל במקרה, ולא בנצחיות, ואין המחבר מתחשב בהם בפרטיותם כלל, כמו שאדם ששוכר פועל למלאכתו, אינו מתחשב בצורת הפנים שלו ותוארו, שלאו להכי איתשיל. ועיקר בכחו ובנאמנותו, ובזה מתיחד ההשגחה של בעל הבית, ולא על יתר התוארים שהם מקריים בנייחא, מפעולתם לגבי דידיה, (והגם שיש להם השגחה לבחינה אחרת, דהיינו לזווג ולחן בין רעים ונקרא בדרך כללית) ועיקר יחודו של מחשבת המחבר, הוא, בצירופים ישרים בלתי משובשים, מחמת מלאכה, שיהיו ראוים לגלות החכמה שטמן בצרופים ההם, אשר כל המסתכל בהם יקנה צורתו בעצמו, ויהיה חכם כמותו, וכוונתו לברא בריה חדשה רוחנית כמותו, דומה לרצון הגשמיים, האדם, העוף והבהמה, לקיום המין.

וזה סוד השארת הנפש לנצחיות, שהיא בחינת "הכף אחת" שקנה המדפיס, והוא "אנכי החדש", שאז לובש צורה חדשה לבעל המחבר עצמו כנ"ל, ועושה בכחו עצמו צירופים טובים ונאמנים, המלאים ברכה ואורה, אשר הצירופים נשארים לנצחיות לכלים של חכמה. ו"הכף אחת" שלו, שהוא "האנכי" שלו, מתמלא בהרחבה גדולה מתענוג של ששון ושמחה ויקר, שזה חלקו לנצחיות.

ונמצא שידיעה ובחירה - כאחת באים, כי המדפיס אינו בעל בחירה כנ"ל, כי מדפיס ספרים של מחברים אחרים ולאו מידידיה הוא, אלא בשעה שזוכה לפשוט צורה הנ"ל, וללבוש צורת "אנכי", הרי זה נבחר מעם ובחור לאל עליון, כמו שאיתא במדרש: "ובחרת בחיים, כאדם הנוטל ידי בנו ומניחו על מנה יפה ואומר לו ברור לך את זה הה"ד ובחרת בחיים".

ואין להקשות שידיעתו מחייבת העשיה ואם ידע ש"האני" יקנה "האנכי", הרי זה מחוייב לקנותו, ואם כן מאי שכר לו במעשיו. שזה סוד "אם תלכו עמי בקרי אף אני אלך עמכם בחמת קרי", ללמדך שצורה הנקנית היא בריאה חדשה רוחניית שנעשה מהפשטת צורה הגשמיית. וכל מדפיס שנותן צורתו המקרית מוכן ומזומן כלפי השי"ת, הרי השי"ת מוכן ומזומן להפשיט צורתו המקרית, ולהחליפו בחדשה, רוחנית, שבורא בו לב חדש, ורוח חדש.

וזהו במדפיס ספרים טובים, ושם לבו להנות מהם בנצחיות. מה שאין כן, במדפיס צירופים רעים ומשים לבו להנות מהם, וממה שכבר מוכן בו מתולדתו, הרי זה דבק בקרי בעולם עובר ובטל, ואם כן אף אני אלך עמכם בחמת קרי.

והרי ברור לפניך שאין הקושיה הזאת שייכת ברוחניות כלל, כי אי אפשר להקשות מגשמיות, למשל, אם יודע השי"ת שראובן עתיד להוליד בן, ע"כ ראובן מוכרח להוליד בן אפילו בלא זווג דו"נ, כי דבר כזה לא יעלה על הדעת, כי יש לומר לפי שטות המקשה הזה בפשיטות, כל מה שתעשה אחר כל החשבונות, זאת ידע מכל מראש וזה אתה מחויב.

וגם המדפיס המדובק בקרי, נופל בחמת קרי במחויב גדול, ואין להקשות, שאינו ראוי לעונש, כי אינו בעל בחירה ורצון. כי העונש הוא הצורה שבו נמצא, בבחינת טרם הבריאה והעדר, שאינו עונש מהשי"ת, אלא שזה לא ברא לאינו רוצה לבראות ולהפשיט צורתו המקרית, וליתן לו צורה רוחנית ונצחיית.

ואין להקשות מזה על צער הנשמות בגיהנם, שזה שייך לנקודה שבלב, טרם שנכללת בשורשה, הרי היא מחויבת לפלוט זוהמתא מעולם החומרי, שזה עונש מר לה, ולא בבחינת נקמה, אלא אדרבה בישועה גדולה, וזה עמוק והבן בסוד ערבות, סוד כלליית.

אין ריבוי במהות של נצחיות

...ובאמת הזורע ללחם, אינו מדייק בצורת מקום, בפרטות המקום, אלא ביחס המקום לזרעו בברכה, וכל מקום שבו זורע, ומוצא לחם לשובעו, די לו בלי רווח ובלי מיעוט מן ערך המקום בפרטיותו. כי סדנא חד הוא. וז"ס שחייב אדם לומר בשבילי נברא העולם, כי כל העולם כדאי לו, וכל העולם לא נברא אלא לצוות לזה, כי אין ריבוי במהות בחינות של נצחיות. וכל צורות הנשמות, מהות אחד

ומיוחד הוא, כי אין חתיכה ברוחניות, וכל ענין חסרון ותיקון, הוא בחינת בריה חדשה, הנעשית מהפשטת הצורה הישנה, שזה שעשועים של הבורא ית׳, בסוד ״ברב עם הדרת מלך״.

והבן מאד, שאין שום ריבוי שעשועים אצל הבורא ית׳ בגאולה כללית של כל העולם, בפעם אחת, יותר מגאולת נשמה אחת בפעם אחת, כי לא נתוספו בריות במקומות וגופות מרוחקות, בלי זמן, כי בזה אחר זה, נקרא ב׳ זווגים, דשמיא וארעא [של שמים וארץ], ומשני אנשים בפעם אחד נקרא זווג אחד, והנשמה משותפת להם בצורה שוה ממש, בלי מיעוט וריבוי, בסוד מזל שעה גורם, או סוד בן גילו, שכל הנולדים בזמן אחד יש להם מזל אחד כנודע.

הא לך ברור שעיקר החפץ בבריאת שתא אלפי שני, הוא כדי להרבות דורות וזמנים, שבהם ישתנה ויוכפל הזווגים, אבל לא להרבות גופים. שאם לא כן, יקשה, שהיה לו לבראות כל גופי דשתא אלפי שני בשנה אחת, כמובן ופשוט. ולא עוד, אלא כפי הנודע... אם כן הגופים מחודשים, והראשונים בעצמם מגולגלים ובאים בזמן ודורות, דהיינו, ״נפש החיוני״ שלהם, שזה שורש המדברים.

ואם כן לא איכפת לן כלל איזה גוף יגלה החפץ, אלא עיקר הדיוק שיתגלה החפץ, יהיה על ידי מי שיהיה, כמו שאין נפקא מינה מהו קלסתר פנים של המדפיס, והעיקר שהספר יהיה נדפס. ופרטיות המדפיסים המרובים בעולם הנם כמר מדלי וכשחק מאזנים, נכלים ונאבדים בחמת קרי, של עצמם. אבל למדפיס אנו צריכים, על כל פנים שיהיה ראוי למלאכתו, וכל מי שמקבל המלאכה, נוטל שכרו משלם, ואין הידיעה מחייבת קלסתר פניו בפרטיות, אלא כל נדיב לב ירימו התרומה לה׳, והזריז הרי זה משובח, בערך עצמו.

עיקר הבריאה היא הנצחיות שבבריאה

ובירור של הדברים, שהשי״ת כל יכול הוא, ועל כן הגם שהבריות נמשל כבהמות נדמו, מכל מקום מי שזוכה לבטל רצונו, מפני רצון הבורא ית׳, הוא נותן לו ובורא בקרבו, רוח חדש ולב חדש, וממשילהו על כל מעשי ידיו, בסוד ״בי מלכים ימלכו״, בדומה למשנה למלך, שכל הנהגת המדינה מסורה לו, וממש, מי שאותו הזוכה רוצה, נטלהו מהשגחה המיוחסת לקליפות, ונותן אותו תחת ההשגחה המסודרת לנצחיות, ורצון יראיו יעשה. וזה סוד ״מה אני בורא עולמות, אף צדיקים בוראים עולמות״.

כי עיקר הבריאה, היא על הנצחיות שבבריאה, אשר הנצחי שבבריאה הראשונה של עולם הזה, דהיינו, אדם הראשון יציר כפיו של הקב״ה, זה, מיוחס לקב״ה, אבל מאדם ואילך, הבריאה הזו מסורה בידי הצדיקים שבכל דור ודור, שהם המה מנהיגים העולמות כחפצם ורצונם, ו״צדיק גוזר, והקב״ה מקיים״.

ותדע שמטעם זה אין השגחה פרטית של הגשמיות מחויבת להשתנות כלל, כי הרוחניות אינו מוגבלת בגבול הגשמי, וראוי להשלמה, על כל מיני גבולים שבמציאות הגשם.

ולכן העולם מלא גויות עד אין שיעור, באופן כזה, שאפילו יעמדו ששים רבוא צדיקים יוכלו גם כן לעסוק בבריאת עולמות חדשים. אבל הכל נמשך אחר הפנימיות, שהיא ההשגחה, שהצדיק מסדר והשי״ת מקיים, ומה שנרגש איזה סרח עודף, על חפץ הזה, הוא כמר מדלי וכשחק מאזנים, ואין הטבע מסוגל להתבונן במה שאין לו ערך.

ונפש החיוני, הוא בחינת נשחת ועומד לשרוף, בלי ערך הוית, ונקרא ״קרי״, לרמז שהרגש ״יש״ של בחינתו הוא בחמת קרי, ומקרה הוא. אבל נפש הנקנה חלק אלקי ממעל, נקרא ״יש״, וזה סוד ״להנחיל אוהבי יש ואוצרותיהם אמלא״, כי רק מהישות הזו אפשר לדבר, ולא מכל הקליפין שקדמו להכנתה, שישותם מקרה בעלמא, המצוי בשעת מלאכתו, ואחר כלות הכל יאבדו, ושמים וארץ כבגד יבלו, ורק החפץ הנקנה ישאר לעד ולנצח נצחים.

ובזה ה״יש״ נמצא ריבוי לפי הדורות והזמנים, בסוד הגלגל, אשר ע״כ אין חילוק בחידוש ה״יש״ מבין גוף אחד, לכל גופות העולם, כי הניתוח והריבוי תלוי ״בזמנים״ ודו״ק מאד כי עמוק הוא.

ד' עולמות

הנה כלל ההשגה בא, **בחומר וצורה** שהתחלתם הוא **הישות**, וגם המושג מקיים "הישות" שהוא מופשט מחומר וצורה שזהו בחינת "ד' עולמות", המושגים בכל דבר נמצא (פי', עולם הוא משפיע ומקבל), וכל עסקינו הוא בחומר וצורה בחינת יצירה ועשיה, שעליהם נופל העבודה, כי הבריאה היא כלל שלהם, ואינה מתפשטת בתפישת השכל כל כך, ועיקר היא הצורה שהיא מחלקת העשיה, כלומר החומרים, לפרטים רבים, אשר כל פרט יש לו צורה מיוחדת כמובן, ובו מתדבק השכל היטב ומתפשט על ידו בהרחבה, להתבונן דבר מדבר, לחלק ולהבדיל דבר מדבר, שזו תכלית העבודה להכיר יתרון האור על החושך בכל הפרטים הנמצאים. וכמ"ש "הכל במחשבה אתברירו".

ד' צורות: נקודה, קו, שטח, מעוקב

והנה כלל הצורות שבעולם הם: **נקודה, קו, שטח**, וגם **מעוקב** שהוא שטח כפול ומכופל מכל הרוחות, אשר ארבע צורות אלו כוללות כל מיני צורות שבעולם, וכל מה שנמצא ביבשה, נמצא בים החכמה, דהיינו, בעולמות עליונים שהעוה"ז אינו אלא כחומר חותם משתלשל מעולמות הרוחניים של מעלה המעותדים לנו להשיג לעולם הבא.

אבל בזמן העבודה, דהיינו, במציאותינו בעוה"ז אין לנו שום השגות אחרות זולת אם הן באות מלובשות בלבושים גשמיים. שהמה צורות גשמיות, אשר בלעדם אין לנו שום תפיסת יד להבין ולהשיג דבר מה, כמובן.

ולכן מושג לנו המהוה כל הוין בשם הוי' שכוללים כל מיני צורות המתחלקות שבעולם, שהם: **נקודה קו - "יוד" "ואו", וב' ההין - שטח ומעוקב**, אשר ה' אחרונה היא התגלות ה' ראשונה, אלא יותר בהתגשמות, דהיינו, צורה שתופסת מקום. מה שאין כן שלש צורות הקודמות, אינן תופסות מקום כלל והבן.

ובאמת מושגת גם כן התחלת הנקודה, שזה מרומז **בקוצו של יוד** וזה הטעם שהשם הזה מקור לכל השמות, פירוש, כל שם הוא בחינת משפיע ומקבל, כי לית מחשבה תפיסא בעצמותו כלל, אלא בהשפעות המגיעות לנו ממנו ית', בסוד "מלאה הארץ קנינך", ובזה כל הבריאה הזאת היא שמותיו ית'. והעובד המשגיח על הדבר, ומייחד הדבר לשורשו, מקדש **שם** לשמים, פירוש, **שם** הוא אותו הדבר שמתבונן עליו ומכיר המשפיע שלו, וזה הדבר הוא המקבל, שזהו **שם** משמים ים משמים, וזה סוד "מי ברא אלה" והבן היטב.

וז"ס ... ... דהיינו, חלק אחד מנבראי העוה"ז נמצא בחושך בלי **שם**, פירוש, שאנשים לא יוכלו להתבונן עליו, שזה הדבר נשפע ממנו ית', מפני שמתראה שהוא נגד רצונו כביכול, והנה בכלל נדע שמלכותו בכל משלה, וכשהעובד בא אל אותו הדבר ועומד עליו ומתבונן עליו שגם זה מושפע מטובו ית', הרי זה מקדש שם שמים, ומעלה הניצוץ הקדוש מהקליפה שהוא נרגן מפריד אלוף. ולפי גודלו של הבירור וההכרה במחשבת העובד, כן יתגדל ויתקדש ה"שם". ובכלל כל ישראל מאמינים ומיחדים שמו פעמים בכל יום באהבה, אבל היחוד הזה צריך לבוא במחשבת העובד על כל ... ... ובהכרה שלמה, וזה נקרא העלאת מיין נוקבין וירידת מיין דוכרין, כי היגיעה ... ... שהיא מ"ד ועולה וחוזר כמה פעמים, וכל פעם תוסיף הכרתו עד ... ... והעובד הזה נעשה שותף לקב"ה במעשה בראשית, וכמו שהקב"ה בורא עולמות גם הוא בורא עולמות, שזהו גם כן בחינת עולם מלא, - משפיע ומקבל, שנקרא עולם, דהיינו שמים וארץ וז"ש שצדיקים בוראים תמיד שמים וארץ חדשים, דהיינו כנ"ל.

מעשה המצוות

והגם שבאמת הכל במחשבה אתברירו, מכל מקום צריך גם כן לאתער עובדא לתתא בפועל ממש, כי כל דבר צריך להתפשט, עד

עולם העשיה ממש, שזה הוא גילוי האמיתי, אשר הקדושה וגילוי מלכותו יתפשט עד לעשיה, "ויכירו כולם" וכו'. ולכן לתכלית הסגולה היא: לעורר על כל דבר יחוד השם, דבר מעשה. וזה סוד כל מעשה המצוות.

ג' בריתות

ובזה תבין ג' הבריתות: ברית עינים, ברית הלשון, ברית המעור. פירוש, עיקר היחוד והעלאת מיין נוקבין במחשבתו נעשה, מכל מקום הכרה זו לא נשלמה עדיין שמה, טרם שמתגלה הכרתו הפנימית לחוץ, על גבי אברי המעשה שלו, ובשלש מקומות נרצים ונראים פני האדון ה': א' ברית הלשון, ב' עינים, ג' מעור, כל דבר לפי בחינתו שלו, יש דבר שנגמר במתדבק בו על ידי מראה עיניו, ויש לך דבר שנגמר בדיבור או על ידי מעשה ממש.

והנה בברית המעור, כל הממעיט בו משובח, והראיה, כי עינים יפה העבודה בהם, בין לפני עצמו ובין לחברו, אבל בברית המעור לגבי עצמו חלילה עבירה גדולה, ובאשתו אמרו, וג"כ כאלו כפאו שד. והטעם: כי האדם הוא הדרגא האחרונה של כל הקדושה, ולכן הקליפה מלבישה את הנה"י שלו והבן. וז"ש נתחממו נעשו אש. ואש כי פרת השם (אותיות י"ה) והבן.

ואפשר שז"ס: "עולמתא שפירתא דלית לה עיינין [עלמה יפה שאין לה עיניים]". כי ידוע שכל פרצוף מלביש את נה"י דפרצוף עליון, ונמצא בחינת פה של התחתון, יסודו של עליון כידוע. וא"כ יש לומר, שעינים של תחתון הוא במקום יסוד של עליון, ונמצא שבחינת עינים של עליון חסר לו לגמרי. והבן.

היוצא מזה שאנו מלבישים לקדושה רק בבחינת **עינא ופומא שלנו**, ולכן כל היחודים שלנו אינם אלא באותן שתי בריתות: **פה ועין**. ותדע, כי כן הטביע הבורא ית' כח באותן שתי בריתות, למסור כל צורות העולם מאחד לחברו, דהיינו, רב לתלמיד, או בכתב, או בעל פה. נמצא שיש כח בעין, לקבל כל חכמות שבעולם על ידי הכתב, וכן בפה, להשפיע כל טוב העולם לחבירו.

... ... בריאת כל העולמות לא היו אלא בשביל התורה ובשביל ... ... כביכול חכמה עליונה סתימאה, להגיעה לישראל ולכן שימש ... ... ג' בריתות הנ"ל שז"ס תורה שבכתב ותורה שבעל פה, שהכתב ... ... משפיע וכו' והכל אחד.

אותיות ונקודות

מעברות השפעה שלהם המה על ידי אותיות ונקודות, שהעין אינו תופס יותר מאותיות ונקודות, שמתוכם לבבו יבין, וכן הפה, אינו מושפע כלום ממנה, זולת על ידי אותיות, ולכן נקרא **לב** מפני שמקבל החכמה על ידי **לב** נתיבות ההשפעה, דהיינו כ"ב אותיות ועשרה נקודות, כי זה עיקר צורות העולם ומלואה בגדרי החכמה וחיות העולם ודו"ק.

וזה סוד ד' אותיות שם הוי' שהם הכוללים כל צורה בכתב ודיבור, כי בנין האותיות הם מנקודה וקו, וכל נקודה צמצום, וכל קו התפשטות.

עצמות וכלים

עצמות וכלים סובב על ב' מיני אורות:

א. המתיחס אל הפועל.

ב. המתיחס אל הנפעלים.

וז"ס דכר ונוקבא, קו ורשימו, נשמה וגוף, מלך ומלכות, קוב"ה ושכינתיה, חסד ודין, שביחוד האמיתי ישתלם העבודה.

העצמות שולט ומתגלה על הכלי כפי התעוררות הכלי והכנתו, וז"ס מצבי זו"ן, כי כל ענין נוקבא, אינו אלא ענין המקבלים לפי הכנתם בעבודתם.

ואלו ב' בחינות נבחנים בכל הברואים, וטבע העצמות שאינו מתראה לעין זולת על ידי הכלי שמלובש בו, ועל ידי הכלי יושתמש ההכרה וכמעט שלא יותפס בהכרה שום חלק מהעצמות, זולת הכלי שבו מלובש העצמות, ומבשרי אחזה, וכיון שיוכר קרבת הבורא לנבראיו על ידי התורה בסוד **המתנה** לכן ממתנה נחלי אל, שזה ממש בחינת הבורא,

שאפשר לומר בהחלט שמכירים אותו ית' הגם שבעצמותו ית' לית מחשבה תפיסא, דאם אתה אומר שמכיר את אחיך הנולד עמך ביחד, לא תכיר בו יותר מכלי שלו שעצמותו מלובש בו והבן ודו"ק.

וכמובן בכל דיבורי תורה ותפלה שמורגש הנהגתו ית' לעין הרואה, נאמר עליהם גילוי אלקות ממש והכרה טבעית כנ"ל. וז"ע "אורייתא וקב"ה וישראל חד הוא" והבן.

וזאת ליהודה

(מתוך פירוש על ההגדה של פסח)

"הא לחמא עניא די אכלו אבהתנא בארעא דמצרים [זהו לחם העוני שאכלו אבותינו בארץ מצרים]".

כי מצות "אכילת מצה" ניתנה לבני ישראל עוד בטרם יציאתם ממצרים. והיינו על שם הגאולה העתידה, להיות בחפזון. נמצא, שמצות אכילת מצה ניתנה להם בעוד שהיו בשעבוד. וכוונת המצוה היתה לזמן הגאולה. דהיינו, משום שאז יצאו בחפזון.

וזהו שחביב לנו להזכיר, בעת אכילת מצה של עכשיו, ענין אכילת מצה של מצרים. משום, שאנו נמצאים גם כן בשעת השעבוד בחוצה לארץ. ואשר גם כונתינו במצוה זו, להמשיך הגאולה העתידה, להיות במהרה בימינו אמן, על דרך אכילת אבותינו במצרים.

"השתא הכא [עכשיו כאן] **וכו', לשנה הבאה בני חורין".**

והיינו כדאמרן לעיל, אשר בכוונת המצוה הזו, יש לנו לעורר גאולה, הבטוחה העתידה לנו, על דרך מצות אכילת מצה של אבותינו במצרים, כנ"ל.

"עבדים היינו וכו'".

שנינו במסכת פסחים (דף קט"ז ע"א), שמתחיל בגנות ומסיים בשבח. ובענין הגנות פליגי [חולקים] בה רב ושמואל: רב אומר, להתחיל "מתחילה עובדי עבודה זרה היו אבותינו". ושמואל אומר, להתחיל מ"עבדים היינו". והלכתא כשמואל.

וצריך להבין פלוגתייהו [מחלוקתם].

הנה הטעם של "להתחיל בגנות ומסיים בשבח" הוא על דרך הכתוב "כיתרון האור מן החושך". ועל כן צריך לזכור ענין הגנות, שמתוכו יוכר לנו ביותר שיעור חסדיו ית', שעשה עמנו. ונודע, אשר כל ההתחלה שלנו, הוא רק ענין הגנות. משום שההעדר קודם להויה. ועל כן "עייר פרא אדם יולד". ובסופו קונה צורת אדם, שזהו נוהג בכל הפרטים שבבריאה. ועל דרך זה היה גם כן בהשרשת כלל האומה הישראלית.

וטעם הדברים הוא, משום שהשי"ת הוציא את הבריאה יש מאין. ואם כן, אין לך שום הויה, שלא היתה בהעדר מקודם לכן. אמנם ענין ההעדר הזה, יש לו צורה נבדלת, בכל אחד ואחד מפרטי הבריאה. כי כאשר נחלק את המציאות לד' סוגים:

א. דומם,

ב. צומח,

ג. חי,

ד. מדבר.

אנו מוצאים, שהתחלה של הדומם יהיה בהכרח העדר גמור. אמנם התחלה של הצומח איננו העדר גמור, אלא רק מהדרגה הקודמת לו, שנחשבת העדר בערכו. והיינו ענין הזריעה והרקבון, ההכרחית לכל גרעין, שהוא קבלתו מצורת הדומם. וכן ההעדר של הויות החי והמדבר, כי צורת הצומח נחשבת העדר כלפי החי. וצורת החי, נחשבת העדר כלפי המדבר.

ולפיכך מלמדנו הכתוב, ענין ההעדר הקודם להוית האדם, שהוא צורת הבהמה. וז"ש "עייר פרא אדם יולד". אשר זהו מוכרח לכל אדם, שתהיה לו התחלה של בחינת בהמה, כאמור.

והנה הכתוב אומר: "אדם ובהמה תושיע ה'". וכמו שמזמין לבהמה כל משאלותיה ההכרחיים לקיומה ולהשלמת עניניה, כן מזמין לאדם כל משאלותיו ההכרחיים לקיומו ולהשלמת ענינו.

ויש להבין אם כן, איפה הוא יתרון צורת האדם על הבהמה, מצד הכנתם בעצמם. אמנם זה נבחן במשאלות שלהם. כי משאלותיו של אדם שונות בודאי ממשאלותיה של הבהמה. אשר כן בשיעור הזה, נבדל גם כן ישועת ה' לאדם, מישועת ה' לבהמה.

והנה אחר כל החקירות והבדיקות, אין אנו מוצאים צורך מיוחד נטוע בחפץ האדם, שלא יהיה נמצא בכל מין החי, זולת ההתעוררות

לדביקות אלקית. אשר רק מין האדם מוכן אליה, ולא זולתו. ונמצא, שכל ענין ההויה של מין האדם, הוא משוער רק באותה ההכנה הטבועה בו, להשתוקק לעבודתו ית׳. ובזה נעלה הוא על הבהמה. וכבר דברו בזה רבים, אשר אפילו השכל העיוני למלאכות ולהנהגות מדיניות, אנו מוצאים בתבונה רבה בפרטים רבים במין החי.

ולפי זה, נבין גם כן ענין ההעדר הקודם להוית האדם, שהוא ענין שלילת החפץ והרצון לקרבת ה׳, שכן הוא מדרגת הבהמה כנ"ל.

ובזה נבין דברי המשנה, שאמרה "מתחיל בגנות ומסיים בשבח". דהיינו כדאמרן, שצריך לזכור ולהשכיל אותו ההעדר, הקודם להויה שלנו, בדרך החיוב, כאמור. שהוא, הגנות הקודם לשבח. ומתוכו נבין את השבח, ביתר שאת וביתר עוז. והיינו דתנן "מתחיל בגנות ומסיים בשבח".

וזהו גם כן ענין ד׳ גלויות שלנו, גולה אחרי גולה, המוקדמים לד׳ הגאולות, גאולה אחר גאולה, עד הגאולה הרביעית, שהיא השלימות הגמורה, המקווה לנו במהרה בימינו אמן. שהגולה היא ענין ההעדר, הקודם להויה, שהוא ענין הגאולה. ומתוך שההעדר הזה, הוא המכין להויה, המיוחסת לו, כדמיון הזריעה המכין לקצירה, כמבואר בספרים.

לפיכך כל האותיות של גאולה אנו מוצאים בגולה, חוץ מאות אל"ף, אשר אות זו מורה על אלופו של עולם, כמאמר חז"ל. והוא ללמדנו, שצורתו של ההעדר, אינו אלא בחינת השלילה של ההויה.

והנה צורת ההויה, שהיא הגאולה, מודעת לנו בכתוב "ולא ילמדו עוד איש את רעהו וכו׳, כי כולם ידעו אותי, למקטנם ועד גדולם". ואם כן, יהיה צורתו של ההעדר הקודמתו, דהיינו צורתו של הגולה, רק בבחינת השלילה של דעת השי"ת, שזהו חסרון באל"ף, שחסר לנו בגולה, והמקווה לנו בגאולה, שהיא הדביקות באלופו של עולם כאמור.

שזהו כל פדות נפשינו בדיוק, לא פחות ולא יותר. והוא שאמרנו, שכל האותיות של גאולה נמצא בגולה, חוץ מאל"ף, שהוא אלופו של עולם. והבן מאד.

ובכדי להבין הענין הנכבד הזה הנ"ל אשר ההעדר בעצמו הוא המכין אותה ההויה המיוחסת לו, נלמד זה מהויות עולם הזה הגשמי כי אנו רואים במושג של חרות שהוא מושג גבוה מאד נעלה, לא יטעמו בו רק יחידי סגולה, וגם המה רק ע"י הכנות מותאמות, אבל רוב העם אינם מסוגלים כלל לטעום בו טעם. ולעומת זה במושג של השעבוד הרי קטן וגדול שוים בו, ואפילו הפחות שבעם לא יוכל לסובלו.

(כמו שראינו בעם פולניא שלא איבדו מלכותם רק משום שמרביתם לא הבינו לשער כראוי מעלת החרות ולא שמרו אותו, ועל כן נפלו בעול השעבוד תחת ממשלת רוסיא מאה שנה. ובאותו זמן כולם נאנחו תחת עול השעבוד ומבקשים חרות בכליון עינים מקטן עד גדול. והגם שעדיין לא ידעו לשער בנפשם טעמו של החרות כדמותו וכצלמו, וכל אחד ואחד היה מדמה אותו כחפצו, אמנם בההעדר של החרות, שהוא השעבוד, נטבעה היטב סגולה זו בנפשם להוקיר ולחבב את החרות. ועם כל זה בעת שנשתחררו מעול השעבוד, אנו מוצאים הרבה מהם שמשתוממים בנפשם ואינם יודעים כלל מה הרויחו בכל החרות הזו, וחלק מהם עוד מתחרטים גם כן ויאמרו שממשלתם מכבידה עליהם מסים וארנונות עוד יותר מהממשלה הזרה והלואי שעמדנו בראשונה. כי עליהם לא פעל עוד כח ההעדר כראוי).

ועתה נבין פלוגתייהו דרב ושמואל כי רב מפרש המשנה שמתחיל בגנות וכו׳, כדי שמתוך כך יוכר שיעור הישועה ביותר ועל כן אומר להתחיל מזמן תרח וכו׳ ואינו אומר כשמואל, משום שבמצרים כבר היתה אהבתו ועבודתו ית׳ נטועה במקצת האומה, וענין קושי השעבוד הנוסף במצרים, אינו חסרון מחמת עצמו בהוית האומה הקרויה אדם כנ"ל.

ושמואל לא אומר כרב, מחמת שמושג של חרות האומה בידיעת ה׳ הוא מושג מאד נעלה שרק יחידי סגולה מבינים אותו וזה עפ"י

הכנות מתאימות. אבל רוב העם עוד לא הגיעו להשגה זו. לעומת זה, ההשגה של קושי השעבוד מובן לכל אחד כמו שכתב האבן עזרא בתחילת פ׳ משפטים "שאין לאדם בעולם יותר קשה עליו, מהיות ברשות אדם כמוהו" עד כאן לשונו.

ומפרש המשנה מטעם שההעדר מכין ההויה ונחשב משום זה לחלק מישועתו ית׳ שצריך להודות גם עליו, ולפיכך אין להתחיל מתחילה עובדי עבודה זרה היו אבותינו כי זמן ההוא אינו נכנס אפילו בבחינת ההעדר הקודם להויה בהיותם נשללים לגמרי מסוג הוית האדם כי היו מרוחקים מאהבתו ית׳ בתכלית, ועל כן מתחילים משעבוד מצרים שכבר שביבי אהבתו ית׳ היה בוער בלבם במקצת, אלא מקוצר רוח ומעבודה קשה היה הולך ונכבה יום יום וזהו שנחשב להעדר הקודם להויה ולכן אומר להתחיל מעבדים היינו.

תולדות חכמת הקבלה

הנה הספר הראשון שיש לנו בחכמה זו הוא ספר היצירה, אשר יש מיחסים אותו לאברהם אבינו ע"ה וכן נדפס על השער של הספר, אולם רוב המחברים מיחסים אותו לתנא רבי עקיבא וכן הדעת נוטה, כי רק בימיו הותרה הכתיבה בתושבע"פ. וע"כ כמעט שאין לנו שום ספר חוץ מספרי התנ"ך שהיה מזמן מוקדם לדורו של ר"ע, מטעם האיסור הנודע אשר דברים שבכתב אי אתה רשאי לאמרם בע"פ ודברים שבע"פ אי אתה רשאי לאומרם בכתב, אלא אחר חורבן ביהמ"ק והתפזרות האומה מארצה היו יראים שלא תשתכח תורה מישראל והתירו הכתיבה מטעם "עת לעשות לה' הפרו תורתך".

ואז החלו תלמידי ר"ע לכתוב את כל התורה שבע"פ שהיתה שגורה בפיהם, וכל אחד מהם קיבל עליו מקצוע מיוחד כי רבי מאיר סידר המשניות ורבי יהודה סידר התוספתות וכו' ורבי שמעון בר יוחאי סידר את חכמת הקבלה שהיתה שגורה בפיהם וחיבר ספר הזהר והתיקונים. באופן אשר כמו המשניות הוא סידור וקיבוץ מן ההלכות ומהחידושים של כל הדורות עד דורו של ר"מ, כן הזהר הוא סידור וקיבוץ מחכמת הקבלה מכל הראשונים שקדמוהו לרשב"י, ונכתבו בסתם על שמו של רשב"י להיותו המסדרם וכמובן שיש חידושים מעצמו ג"כ.

אולם תלמידי ר"ע לא עשו חתימה על ספריהם שלא יוסיפו בהם, כי אדרבא הם עשו התחלה בחיבוריהם כדי שאחרים הבאים אחריהם יוסיפו לבאר וללבן ולחדש ולהמשיך הלאה את אותם החיבורים שהמה התחילו בהם, דהיינו על אותו הדרך שהיה נוהג בשעה שהיו עוסקים בתורה בע"פ, שהאחרונים בררו ולבנו ולפעמים גם חלקו על הראשונים על דעתם והוסיפו על הראשונים, ומשום זה אתה מוצא במשניות חידושים ומימרות גם משאר תנאים שחיו אחר זמן ר"מ.

ונמשך הדבר עד דורו של רבי יהודה הנשיא שנק' רבינו הקדוש, ומצא שהדורות מתמעטים ואינם ראויים עוד לחלוק על הראשונים ועוד מפחד תלמידים שאינם מהוגנים שלא יסתרו דברי הראשונים, לפיכך קם ועשה חתימת המשנה ומאז ואילך לא הותר למי שהוא להוסיף דבר במשניות ולא לחלוק על איזה דין מהמובא בהם.

אולם על הזהר לא נעשה שום חתימה, והוא מטעם שנידון לגניזה ולא היה מצוי לגמרי בין ההמון רק בחדרי חדרים אצל ראשי הדורות, ולפיכך נשאר החיבור.. וכל אחד ואחד מראשי הדורות הלך והוסיף בו כפי חפצו ונמשך הדבר עד זמן של רבנן סבוראי.

(חסר ההמשך)

תפיסת המציאות

ספר "תלמוד עשר הספירות - חלק א"

הסתכלות פנימית

ראשית כל צריכים לדעת, שבמקום שיש לנו עסק עם ענינים רוחניים, המופשטים מזמן, מקום ותנועה, ואצ"ל עם אלקיית, הרי אין לנו את המלות להגות ולהתבטא על ידיהן, שהרי כל אוצר המלות שלנו הוא לקוח מהרגשי החושים המדומים, ואיך אפשר להסתייע בהם במקום שחוש ודמיון אינם שולטים שם, כי למשל, אפילו אם תקח את המלה היותר דקה כגון "אורות", הרי היא ג"כ מדומה ומושאלת מן אור השמש או אור מורגש של נחת רוח וכדומה, אם כן איך יתכן להתבטא עמהן בעניני אלקות, אשר ודאי לא יציעו למעיין שום דבר אמת. ואין צריך לומר במקום שצריכים לגלות על ידי המלות ההן, בכתב על ספר, בעניני משא ומתן בחכמה, כנהוג במחקרי כל חכמה, אשר אז אם נכשלים, אפילו במלה אחת בלתי מוצלחת למטרתה, תיכף יתבלבל המעיין ולא ימצא ידיו ורגליו בכל הענין כולו. ולפיכך בחרו להם חכמי הקבלה שפה מיוחדת, שאפשר לכנותה "שפת הענפים", להיות שאין לנו שום מהות או הנהגה של איזו מהות בעולם הזה, שלא תהיה נמשכת משרשה שבעולם העליון, ואדרבה, התחלת כל ישות שבעולם הזה, הנה היא מתחילה מהעולם העליון, ואח"כ משתלשלת לעולם הזה. לפיכך מצאו להם החכמים שפה מוכנה בלי טורח, שיוכלו למסור ע"י איש לרעהו את השגתם, בעל פה ובכתב מדור לדור, כי לקחו להם את שמות הענפים שבעולם הזה, אשר כל שם מבאר את עצמו, כמורה באצבע על שרשו העליון, אשר במערכת העולמות העליונים.

ובזה תנוח דעתך, במה שתמצא לרוב בספרי הקבלה ביטויים מתמיהים, וגם זרים לפעמים לרוח האנושי. והוא, כי אחר שכבר בחרו להם שפה זו להתבטא על ידיה, דהיינו "שפת הענפים" כאמור, א"כ איך אפשר להם להשמיט על דרכם איזה ענף בלי להשתמש עמו מחמת נחיתות הדרגא שלו, שלא לבטא על ידיו את המושכל הרצוי, בה בעת, שלא נמצא בעולמנו איזה ענף אחר שיקחו אותו בתמורתו. כי כמו ששתי שערות אינן יונקות מנקב אחד, כן אין לנו ב' ענפים שיתיחסו אל שורש אחד. ואף גם זאת לא יתכן, להאביד את דבר החכמה המחויב אל הביטוי נחות הדרגא ההוא, ולא עוד, כי האבידה ההיא תגרום פגם ובלבול גדול בכל מרחבי החכמה, להיות שאין לנו עוד חכמה בכל חכמות העולם, שיהיו הענינים כל כך משולבים זה בזה, בדרך סיבה ומסובב גורם ונמשך, כמו חכמת הקבלה, שהענינים מלוכדים וקשורים זה בזה מראשה עד סופה, ממש כמו שרשרת אחת ארוכה. ולפיכך אין כאן חירות הרצון להחליף ולהמיר בין הכינויים הללו רע בטוב. אלא, מוכרחים להביא תמיד בדיוק אותו הענף המורה באצבע על שורשו העליון, וגם להרחיב בו הדיבור, עד להמציא ההגדרה המדויקת לעיני המשכילים המעיינים.

אמנם כן, אותם שעוד לא נפקחו עיניהם במראות השמים, ועדיין אין להם אותה הבקיאות של יחסי ענפי העולם הזה אל שרשיהם בעולמות העליונים, המה נמצאים כאן כעורים מגששים קיר, כי לא יבינו אף מלה אחת כמשמעה האמיתי. שהרי כל מלה היא שם של איזה ענף ביחס שורשו, זולת, אם שיקבלו הפירוש מפי חכם מובהק, הממציא את עצמו להסביר הענין בשפה המדוברת, שהוא בהכרח כמו מעתיק מלשון אל לשון, דהיינו משפת הענפים לשפה המדוברת. כי אז יוכל להסביר את המושג הרוחני, איך שהוא.

וזהו שטרחתי בביאורי זה, להסביר את עשר הספירות, כפי שהורה לנו החכם האלקי אריז"ל, על פי טהרתן הרוחנית, המופשטות מכל מושגים מוחשיים, באופן, שיוכל כל מתחיל לגשת אל החכמה בלי להכשל בשום הגשמה וטעות, אשר עם הבנת עשר הספירות

פח מבנה העולמות

האלו, יפתח הפתח גם להסתכל ולדעת, איך להבין ביתר הענינים בחכמה הזאת.

פרק א׳

דע כי טרם שנאצלו הנאצלים ונבראו הנבראים, היה אור עליון פשוט ממלא כל המציאות וכו׳ (בע״ח ש״א היכל א׳), הדברים הללו צריכים ביאור, דמטרם שנאצלו העולמות, איך היה שם בחינת מקום של מציאות, שהיה האור הפשוט ממלא אותו כולו, וגם ענין עליית הרצון להצטמצם כדי להוציא לאור שלימות פעולותיו, דמשמע מדברי הספר, דכבר היה שם איזה חסרון ח״ו, גם ענין הנקודה האמצעית אשר בו ממש, ששם היה דבר הצמצום, שהוא מתמיה מאד, דהא כבר אמר שאין שם ראש וסוף, וא״כ איך יש האמצע, אמנם כן, הדברים הללו עמוקים מני ים, וע״כ אני מוכרח להאריך בביאורים.

אין דבר בכל המציאות שלא יהיה כלול בא״ס
המושגים ההפוכים אצלנו כלולים בו ית׳
בסוד אחד יחיד ומיוחד

א) דע שאין לך שום מהות של ישות בעולם, הן מן המוחשות אל החושים שלנו, והן מן המושכלות בעין השכל שלנו, שאינו כלול בבורא ית׳, דהא כולם נמשכין לנו הימנו ית׳, וכלום יש לך נותן מה שלא יהיה בו, וענין זה כבר מבואר היטב בספרים, אמנם צריך להבין, שאותם המושגים, שהם נפרדים אצלנו, או הפוכים, עד״מ מושג החכמה נבחן בהפרש מן מושג המתיקות, שהחכמה והמתיקות ב׳ מושגים נבדלים הן זו מזו, וכן מושג הפועל, הוא ודאי בהפרש מן מושג הפעולה, שהפועל ופעולתו בהכרח ב׳ מושגים נבדלים זה מזה, ומכ״ש המושגים ההפוכים, וכמו המתיקות והמרירות וכדומה, הן נבחנות ודאי כל אחת לעצמה, אמנם אצלו ית׳, יהיו החכמה והתענוג, ומתיקות, וחריפות, ופעולה, ופועל, וכדומה מן הצורות המשונות וההפוכות, כל זה כלול כאחד באורו הפשוט, בלי שום הכר והבדל ביניהם כלל, אלא במושג אחד יחיד ומיוחד: אחד, מורה שהוא בהשואה אחת. יחיד, מורה על הנמשך הימנו, שגם כל אלו הריבויים המה אצלו ית׳ בצורת יחיד כמו עצמותו ית׳. ומיוחד, מורה הגם שהוא פועל ריבוי הפעולות, אמנם כח אחד פועל כל אלה, וכולן חוזרות ושבות ומתיחדות בצורת יחיד, שהצורה היחידה הזו, בולעת כל הצורות המתראות בפעולותיו, והוא ענין דק מאד, ולאו כל מוחא סביל דא. וכן פי׳ לנו הרמב״ן ז״ל, על ענין אחדותו ית׳ בסוד אחד, יחיד ומיוחד, וזה לשונו, בפירושו על ספר יצירה פ״א מ״ז, יש הפרש מן אחד, ויחיד, ומיוחד: שם המתפרש, כשהוא מתיחד לפעול בכח אחד, נקרא מיוחד. וכשהוא מתחלק לפעול פעולתו, כל חלק שממנו, נקרא יחיד. וכשהוא בהשואה אחת נקרא אחד, ע״כ לשונו הזך. פירוש, מתיחד לפעול בכח אחד, רצונו לומר שפועל להיטיב כראוי ליחודו. ואין שינוי בפעולותיו. וכשהוא מתחלק לפעול פעולתו, דהיינו שפעולותיו משונות זו מזו, ונראה ח״ו כפועל טוב ופועל רע, אז נקרא יחיד מפני שלכל פעולותיו המשונות יש להן תוצאה יחידה, להיטיב. ונמצא שהוא יחיד בכל פעולה ופעולה ואינו משתנה ע״י פעולותיו המשונות. וכשהוא בהשואה אחת נקרא אחד כלומר אחד מורה על עצמותו יתברך שאצלו כל מיני ההפכים הם בהשואה אחת. כמ״ש לעיל. וכמ״ש הרמב״ם ז״ל שאצלו היודע והידוע והמדע אחד הם. כי מאד גבהו מחשבותיו ממחשבותינו ודרכיו מדרכינו.

ב׳ הבחנות בהשפעה, מטרם שבאה לכלל קבלה,
ולאחר שבאה לכלל קבלה

ב) וצא ולמד מאוכלי המן, שהמן נקרא לחם מן השמים, משום שלא נתגשם בהתלבשותו בעוה״ז, ואמרו חז״ל שכל אחד ואחד היה טועם בו כל מה שרצה, ונמצא שהיה בו בהכרח מן הצורות ההפוכות, דהיינו אחד טעם בו טעם מתוק, והשני טעם בו טעם חריף ומר, אשר המן בעצמו, היה בהכרח, כלול משני ההפכים יחד, כי כלום יש לך נותן מה שאין בו, וא״כ איך אפשר שיהיו ב׳ הפכים בנושא אחד, אלא על כרחך, שהוא

פשוט ומופשט מב׳ הטעמים ורק כלול הוא מהם, באפן, שהמקבל הגשמי יכול להבדיל לעצמו, הטעם הזה שרוצה. ועל דרך זה תבין כל דבר רוחני, שהוא בעצמו יחיד ופשוט, אמנם כלול מכל ריבוי הצורות שבעולם, ובביאתו ליד מקבל הגשמי והמוגבל, אז יעשה בה המקבל צורה נבדלת אחת, מכלל ריבוי הצורות, המתיחדות במהות הרוחנית ההיא. ולפ״ז יש להבחין תמיד בהשפעתו יתברך, ב׳ בחינות: הא׳ היא צורת מהות השפע העליונה, טרם ביאתה לכלל קבלה, שעדיין הוא אור פשוט וכולל. הב׳, היא אחר שהגיע השפע לכלל קבלה, שעי״ז קנה צורה נבדלת אחת וחלקית, לפי תכונת המקבל.

איך אפשר להבין שהנשמה היא חלק מאלקיות

ג) ובזה נבוא להבין מ״ש המקובלים במהות הנשמה, וזה לשונם, אשר הנשמה, היא חלק אלוהי ממעל ממש ואין בה שום שינוי כלל מן ה״כל״, אלא במה שהנשמה היא חלק ולא ״כל״: ודומה לאבן הנחצבת מההר, שמהות ההר ומהות האבן שוות, ואין שום הבחן מן האבן אל ההר, רק בזה, שהאבן היא רק חלק מן ההר, וההר הוא בחינת ה״כל״. עד כאן תמצית דבריהם ז״ל. ולכאורה הם דברים מתמיהים בתכלית, וביותר קשה להבין, איך יתכן לדרוש בחינת הבדל וחלק מן האלקיות, עד לדמות, לאבן הנחצבת מההר, דבשלמא אבן, היא נחצבת מההר, ע״י גרזן ומקבת, אבל באלקיות, כביכול, איך, ובמה, יתפרדו זה מזה.

הרוחני נבדל בכח שינוי צורה, כמו הגשמי שנבדל ע״י גרזן

ד) וטרם נבא אל הביאור, נסביר מהות ענין ההבדלה, הנוהג ברוחניים: ודע, אשר האישים הרוחניים מתפרדים זה מזה, רק על פי שינוי הצורה בלבד, דהיינו, אם דבר רוחני אחד, קונה בעצמו שתי צורות, כבר אינו אחד, אלא שנים: ואסביר לך, בנפשות בני אדם, שהם גם כן רוחניים: ונודע החוק הרוחני, אשר צורתו פשוטה כנ״ל, וזה ודאי שיש רבוי נפשות, כמספר הגופות, שהנפשות מאירות בהם, אלא שהן נבדלות זו מזו, ע״י שינוי הצורה שבכל אחת ואחת. ועי״ד שאמרו חז״ל, כשם שפרצופיהן אינם שווים זה לזה, כך דעותיהן אינן דומות זו לזו. ויש בסגולת הגוף, להבדיל בצורות הנפשות, עד להבחין בכל נפש לפי עצמה, שזו נפש טובה, וזו נפש רעה, וכדומה, בצורות הנבדלות.

והנך רואה שכמו דבר גשמי, מתחלק ונחתך ונבדל, בגרזן, ותנועה בהרחקת מקום בין חלק לחלק, כמו כן דבר רוחני, מתחלק ונחתך ונבדל, בסיבת שינוי צורה מחלק לחלק, ולפי השיעור של ההשתנות, כן ישוער המרחק מחלק לחלק, וזכור זאת היטב.

איך יצוייר שינוי צורה בבריאה, ביחס א״ס

ה) אמנם, עדיין לא הונח לנו, אלא בעוה״ז, בנפשות בני אדם, אבל בדבר הנשמה, שאמרו בה שהיא חלק אלוקי ממעל, עדיין לא נתבאר, איך נבדלת היא מאלקיות, עד שיתכן לקרותה חלק אלקי. ואין לומר, על ידי שינוי הצורה, דח״ו לומר כן, דכבר בירנו, שהאלקיות היא אור פשוט, הכולל, כל מיני ריבוי הצורות, והפוך הצורות שבעולם, באחדותו הפשוטה, בסוד אחד יחיד ומיוחד, כנ״ל. וא״כ, איך תצוייר לנו בחינת שינוי הצורה, בנשמה שתהיה משונה מאלקיות, שמשום זה תהיה נבדלת, לקנות שם חלק הימנו ית׳.

ובאמת, קושיא זו נוהגת ביותר, באור א״ס שמטרם הצמצום, כי זו המציאות שלפנינו, כל העולמות, עליונים ותחתונים יחד, נבחנים בשתי הבחנות, ההבחן הא׳, הוא צורת כל המציאות הזו, איך שהיא בטרם הצמצום, שהכל היה אז בלי גבול ובלי סוף, והבחן זה נקרא, אור א״ס ב״ה. ההבחן הב׳, הוא צורת כל המציאות הזו, שכבר באה מהצמצום ולמטה, אשר הכל הוא בגבול ומדה, והבחן זה נקרא, ד׳ העולמות, אצילות, בריאה, יצירה ועשיה. ונודע, שבעצמותו יתברך, לית מחשבה תפיסא ביה כלל וכלל, ואין בו שום שם וכינוי, שכל מה שלא נשיג איך נגדירו בשם, שכל שם, ענינו השגה, שמורה, שמושג

לנו בבחינת השם הזה. וע"כ, ודאי שבעצמותו ית' אין שום שם וכינוי כלל וכלל, וכל השמות והכינויים, המה, רק באורו ית' המתפשט הימנו, אשר התפשטות אורו ית' מטרם הצמצום, שהיתה ממלאת כל המציאות בלי גבול וסוף, היא נקראת בשם אין סוף ב"ה. ולפי זה, צריך להבין במה שאור א"ס ב"ה מוגדר לעצמו, ויצא מכלל עצמותו ית', עד שנוכל להגדירו בשם, כמו שהקשינו בנשמה כנ"ל.

ביאור על מ"ש ז"ל לכן הוכן עבודה ויגיעה על שכר הנשמות, כי מאן דאכיל דלאו דיליה בהית לאסתכולי באפיה

ו) ולהבין באפס מה במקום גבוה זה, צריכים להרחיב הדברים. ונחקור, בקוטב כל זו המציאות שלפנינו, ותכליתה הכללית, שכלום יש לך פועל בלי תכלית, וא"כ תכלית זו מה היא, אשר לסיבתה, המציא ית' כל המציאות הזו שלפנינו, בעולמות העליונים ובעולמות התחתונים. אמנם כן כבר הורו לנו חז"ל, בהרבה מקומות, שכל העולמות כולם לא נבראו אלא בשביל ישראל המקיימים תורה ומצוות וכו', וזה מפורסם. אלא צריך להבין בזה, בקושיא של חז"ל, שהקשו ע"ז, אם הכונה של בריאת העולמות, היא בשביל להנות לנבראיו, א"כ, מה היה לו ית', לברוא את העוה"ז הגשמי, העכור והמלא יסורים, ובלי זה, ודאי שהיה יכול להנות לנשמות כמה שרוצה, כביכול, ולמה הביא את הנשמה בגוף עכור ומזוהם כזה. ותירצו על זה, דמאן דאכיל דלאו דיליה בהית לאסתכולי באפיה וכו', פירוש דבכל מתנת חנם נמצא פגם של בושת פנים, וכדי למנוע מהנשמות הפגם הזה, ברא את העוה"ז, שישנה כאן מציאות של עבודה, ונמצאו נהנים לעתיד מיגיע כפיהם, כי נוטלים שכרם משלם, חלף יגיעם, וניצולים ע"י מפגם של בושה ע"כ.

איזה יחס יש מעבודת ע' שנה לתענוג נצחי, ואין לך מתנת חנם גדולה מזו

ז) ודבריהם ז"ל אלו, מוקשים מאד סביב סביב, מתחילה קשה, הרי עיקר מגמתנו ותפילתנו הוא, מאוצר מתנת חנם חננו, ואמרו ז"ל שאוצר מתנת חנם, מוכן הוא, רק בשביל הנשמות היותר גדולות בעולם. וביותר קשה עיקר תירוצם. שתירצו, אשר במתנת חנם נמצא חסרון גדול, דהיינו בושת הפנים הנמצא לכל מקבל מתנת חנם, שלהשלמה זו, הכין ית' את עוה"ז, שיש בו מציאות של יגיעה ועבודה, כדי שבעוה"ב ישלו את שכרם, חלף טרחתם ויגיע כפם, ותירוצם תמוה מאד, הא למה זה דומה, אל אדם האומר לחברו, עבוד עמי רגע אחד קטן, ותמורת זאת אתן לך מכל תענוגי העולם ושכיות החמדה, בכל ימי חייך. שאין לך מתנת חנם גדולה מזו, משום שהשכר אין לו שום השתוות עם העבודה, שהרי העבודה היא בעוה"ז, עולם עובר, שאין לו ערך של כלום, כלפי השכר והתענוג של העולם הנצחי, שאיזה ערך יש, לכמות העולם העובר, נגד כמות העולם הנצחי. ואצ"ל באיכות היגיעה, שאין בה ערך של כלום, כלפי איכות השכר, וכמו"ש ז"ל, עתיד הקב"ה להנחיל לכל צדיק וצדיק ש"י עולמות, וכו', ואין לומר, שמקצת השכר נותן השי"ת חלף טרחתם, והשאר במתנת חנם, שא"כ מה הועילו חכמים בתקנתם, שהרי נשאר הפגם של בושת הפנים, בשאר המתנה, אלא שאין דבריהם אלו מובנים כפשוטם, אלא יש כאן כוונה עמוקה.

במחשבה אחת נאצלה ונבראה כל המציאות, והיא הפועלת, והיא עצם הפעולה, והיא מציאות השכר המקווה, והיא מהות היגיעה

ח) וטרם שאנו נכנסים בביאור דבריהם ז"ל, צריכים להבין, במחשבתו ית', בבריאת העולמות והמציאות שלפנינו, שלא יצאו פעולתם לפניו, בדרך ריבוי מחשבות, כמו דרכינו. כי הוא ית', אחד, יחיד ומיוחד, כנ"ל, וכמו שהוא פשוט, כך אורותיו הנמשכים הימנו, פשוטים ומיוחדים, בלי שום ריבוי צורות, כמ"ש, לא מחשבותי מחשבותיכם, ולא דרכיכם דרכי וגו'. ועל כן תבין ותשכיל, שכל השמות והכינויים, וכל העולמות העליונים והתחתונים, הכל אור פשוט א', יחיד ומיוחד, שאצל השי"ת, האור הנמשך,

והמחשבה, והפעולה, והפועל, וכל מה שהלב יכול לחשוב ולהרהר, המה אצלו דבר אחד ממש.

ועל פי זה תשפוט ותשכיל, שבמחשבה אחת נאצלה ונבראה כל המציאות הזו, עליונים ותחתונים יחד, עד ככלות הכל בגמר התיקון. אשר אותה המחשבה היחידה, היא הפועלת את הכל, והיא עצם כל הפעולות, והיא מקבלת התכלית, והיא מהותה של היגיעה, והיא עצמה מציאות כל השלימות והשכר המקווה. כמו שפי' הרמב"ן ז"ל, בסוד אחד יחיד ומיוחד כנ"ל.

ענין הצמצום, מבאר איך יצאה מהפועל השלם, פעולה בלתי שלמה.

ט) והיינו שהאריך הרב ז"ל בפרקים ראשונים שבספר הזה, בענין הצמצום הא', להיות הענין הזה החמור שבחמורות, כי הכרח הוא, אשר גם הקלקולים וכל מיני החסרונות, המה נמשכים ובאים הימנו ית', וכמוש"כ יוצר אור ובורא חושך, והנה הקלקולים והחושך המה הפך אמיתי לו ית', ואיך אפשר שימשך זה מזה, ואיך באים ביחד עם האור והעונג שבמחשבת הבריאה. ואין לומר, שהם ב' מחשבות מיוחדות זו מזו, שח"ו לומר ולהרהר כזאת, כנ"ל. וא"כ איך כ"ז נמשך הימנו ית', עד לעולם הזה, המלא חלאה יסורין וזוהמא גדולה, ואיך הם מתכלכלים יחד במחשבה היחידה.

פרק ב'

ביאור מחשבת הבריאה.

י) עתה נבא אל הביאור, בצורת מחשבת הבריאה. שזה ודאי, שסוף מעשה במחשבה תחילה, כי אפילו באדם גשמי בעל ריבוי מחשבות, גם בו יבוא סוף המעשה במחשבתו תחילה, עד"מ, כשעוסק בבנין ביתו, אנו מבינים, שמחשבה ראשונה שחשב בעסק זה, הוא שחשב צורת בית לשבת בו, וע"כ מוקדם לו ריבוי מחשבות וריבוי פעולות, עד שגומר צורה זו, שחשב מראש, וצורה זו, באה לו, בסוף כל פעולותיו. והנך רואה, שסוף מעשה במחשבה תחילה. והנה סוף המעשה, שהיא הקוטב והתכלית, שבשבילם נבראו כל אלה, היינו, כדי להנות לבריותיו, כמו"ש בזוהר. ונודע, שמחשבתו ית' נגמרת ופועלת תיכף, שלא אדם הוא, להיות מחוייב לכלי מעשה. אלא המחשבה לבדה גומרת כל הפעולה תיכף ומיד. ולפי זה מובן, שתיכף בחשבו ית' על דבר הבריאה, להנות לנבראיו, תיכף נמשך ונתפשט האור הזה הימנו ית', בכל צביונו וקומתו וכל גבהם של התענוגים שחשב בהם, שכל זה, נכלל באותה המחשבה, שאנו מכנים אותה מחשבת הבריאה, והבן זה היטב, כי מקום שאמרו לקצר הוא. ודע שאת מחשבת הבריאה הזאת אנו מכנים אור א"ס ב"ה. כי בעצמותו ית' ממש, אין לנו שום הגה ומלה להגדירו באיזה שם שהוא. וזכור זאת.

מכח הרצון להשפיע שבמאציל, נולד בהכרח הרצון לקבל בנאצל. והוא הכלי, שבתוכו מקבל הנאצל את שפעו

יא) וזהו, שאמר הרב ז"ל, שמתחילה היה אור א"ס ב"ה ממלא את כל המציאות. פי', כיון שחשב השי"ת, להנות את הנבראים, והאור התפשט ממנו, ויצא מלפניו, כביכול, תיכף הוטבע באור הזה, הרצון לקבל את הנאתו. ותשפוט ג"כ, שזה הרצון, הוא כל מדת גודלו של האור המתפשט, כלומר, שמדת אורו ושפעו, היא כפי השיעור שרוצה להנות, לא פחות ולא יותר. ודו"ק בזה, וע"כ. אנו מכנים מהותו של, הרצון לקבל, המוטבע באור הזה, מכח מחשבתו ית', בשם, מקום. עד"מ, באמרנו שאדם אחד יש לו מקום לקבל סעודת ליטרא לחם, והשני אינו יכול לאכול יותר מחצי ליטרא לחם, באיזה מקום אנו מדברים, לא מגודלם של בני המעיים, זולת מגודל של החשק והרצון לאכול. והנך רואה, שמדת מקום הקבלה, של הלחם, תלויה בשיעור הרצון והחשק של האכילה, ואצ"ל ברוחניות, אשר הרצון של קבלת השפע, הוא המקום של השפע, והשפע נמדד במדת הרצון.

הרצון לקבל הכלול במחשבת הבריאה, הוציא אותו מעצמותו ית' לבחינת השם א"ס.

יב) ובזה, ארוח לן להשכיל, במה שאור א"ס ב"ה יצא מכלל עצמותו ית', שאין לנו בו שום הגה ומלה, להיות מוגדר בשם אור א"ס כנ"ל, שהוא בסבת ההבחן הזה הנ"ל, אשר באור הזה, כלול בו הרצון לקבל מעצמותו ית', שהוא צורה חדשה, שאינה כלולה ח"ו כלל וכלל בעצמותו ית', כי ממי יקבל ח"ו. וזו הצורה, היא ג"כ כל גדלו של האור הזה, כנ"ל, ודו"ק, כי אי אפשר להאריך כאן.

מטרם הצמצום לא היה ניכר שינוי הצורה דברצון לקבל.

יג) אמנם, בכל יכלתו, לא היתה נבחנת הצורה החדשה הזו, לבחי' שינוי מאורו ית'. שז"ס שאיתא בפדר"א, שטרם שנברא העולם, היה הוא אחד ושמו אחד, הוא, מורה האור שבא"ס ב"ה, ושמו, מורה על המקום, שה"ס הרצון לקבל מעצמותו ית', הכלול באור א"ס ב"ה. ומשמיענו, שהוא ושמו אחד, כלומר, ששמו שה"ס מלכות דא"ס, שה"ס הרצון, דהיינו הרצון לקבל, שנטבע בכל המציאות שהיתה כלולה במחשבת הבריאה, מטרם הצמצום, לא נבחן בו שום שינוי צורה והבדל מן האור שבו, והאור והמקום, אחד הם ממש, שאם היה שם איזה שינוי וגרעון בתוך המקום, בערך אור של א"ס ב"ה, אז ודאי היו שם ב' בחינות כנ"ל, ודו"ק.

צמצום, פירושו, שהמלכות דא"ס מיעטה הרצון לקבל שבה, ואז נעלם האור, כי אין אור בלי כלי.

יד) וזהו דבר הצמצום, אשר הרצון לקבל, הכלול באור א"ס ב"ה, המכונה מלכות דא"ס, שה"ס מחשבת הבריאה שבא"ס, כנ"ל, הכוללת כל המציאות, קישטה בעצמה להתעלות, ולהשוות צורתה ביותר, לעצמותו ית'. וע"כ, מיעטה את רצונה מלקבל שפעו ית', בבחי' הד' שברצון, כמו"ש זה לקמן, בכוונה, שעל ידי כן יתאצלו ויבראו העולמות עד לעוה"ז, שבאופן זה תהיה מתוקנת צורת הרצון לקבל, ותשוב אל צורת ההשפעה, ובזה תבוא בהשואת הצורה אל המאציל. והנה אחר שמיעטה, ברצון לקבל, ממילא נסתלק משם האור, שכבר נודע, שהאור תלוי ברצון, והרצון, הוא המקום של האור. כי אין כפיה ברוחניות.

פ ר ק ג'

ביאור מחצבת הנשמה

טו) ועתה יתבאר ענין מחצבת הנשמה, שאמרו שהיא חלק אלקי ממעל וכו', שהקשינו לעיל, איך ובמה תשתנה צורת הנשמה מאורו הפשוט, עד שתהיה נבדלת בזה מן הכל, ית', עתה מובן, כי נעשה בה באמת, שינוי צורה גדול, כי הגם שהוא ית' כולל כל הצורות שאפשר לחשוב ולהרהר, אמנם אחר האמור לעיל, אתה מוצא, צורה אחת, שאינה כלולה בו ית', והיינו הצורה של הרצון לקבל, שח"ו ממי יקבל. אמנם הנשמות, שכל בריאתן היא, משום שרצה ית', להנות להן, שזו היא מחשבת הבריאה כנ"ל, א"כ בהכרח שנטבע בנשמות החוק הזה, לרצות ולחשוק לקבל שפעו. ובזה נמצאות נבדלות הימנו ית', משום שנשתנתה צורתן הימנו ית', שכבר נתבאר שמהות גשמי נחלקת ונבדלת ע"י כח התנועה וריחוק המקום, והמהות הרוחנית, נחלקת ונבדלת ע"י שינוי צורה, ולפי השיעור שבהשתנות הצורה זה מזה, כן ישוער המרחק בין זה לזה, ובאם שינוי הצורה יגיע להפכיות ממש מן הקצה אל הקצה, אז נעשה חיתוך והבדל גמור, עד שלא יוכלו לינק זה מזה, כי זרים נחשבים זה לזה.

פ ר ק ד'

אחר הצמצום והמסך שנעשה על הרצון לקבל, הוא נפסל מלהיות כלי קבלה, ויצא מהמערכת הקדושה, ובמקומו משמש האו"ח לכלי קבלה, והכלי של הרצון לקבל ניתן למערכת הטומאה.

טז) אחר הצמצום והמסך שנעשה על כלי הזה שנקרא רצון לקבל, הוא נתבטל

ונפרד ויצא מכל המערכת הקדושה, ובמקומו נתתקן אור חוזר להיות כלי קבלה. (כמ"ש בחלק ג'). ותדע, שזה כל ההפרש בין אבי"ע דקדושה, לבין אבי"ע דטומאה, כי כלי הקבלה דאבי"ע דקדושה הם מאו"ח, המתוקן בהשואת הצורה לא"ס. ואבי"ע דטומאה, משמשים עם הרצון לקבל שנצטמצם שהוא צורה הפוכה מא"ס. ועי"ז הם נחתכים ונבדלים מחי החיים שהוא א"ס.

האדם ניזון משמרי הקליפות, וע"כ משתמש עם הרצון לקבל כמוהם.

יז) ובזה תבין שורש הקלקולים, שנכלל תיכף במחשבת הבריאה, שהיא כדי להנות לנבראיו. אשר אחר כל ההשתלשלות ה' עולמות הכוללים, שהם: אדם קדמון, ואבי"ע, ונתגלו הקליפות ג"כ בד' עולמות אבי"ע, דטומאה, בסוד זה לעומת זה עשה אלקים, אז נמצא לפנינו, הגוף העכור הגשמי שנאמר עליו, כי יצר לב האדם רע מנעוריו, משום שכל יניקתו מנעוריו הוא משמרי הקליפות, שכל עניני הקליפות והטומאה, הוא ענין צורת "הרצון אך לקבל" שיש בהם, ואין בהם מהרצון להשפיע ולא כלום. ובזה נמצאים הפוכים הימנו ית', שהוא ית' אין לו רצון לקבל ח"ו כלל וכלל, וכל רצונו הוא, רק להנות ולהשפיע. וע"כ נקראות הקליפות מתים, כי בהפוך צורתם מחי החיים, נמצאים נחתכים ממנו, ואין בהם משפעו ית' כלום. וע"כ, גם הגוף הניזון ע"י שמרי הקלי', נמצא ג"כ נחתך מחיים, והוא מלא זוהמא. וכ"ז הוא משום "הרצון אך לקבל" ולא להשפיע, הנטבע בו. כי רצונו תמיד פתוח, לקבל העולם ומלואו לתוך בטנו. וע"כ רשעים בחייהם נק' מתים, כי מתוך שינוי צורתם עד לקצה משורשם, שאין להם מבחי' ההשפעה כלום, נחתכים הימנו ית', והמה מתים ממש. ואע"ג שמדומה, שגם הרשעים יש להם מבחי' ההשפעה, שנותנים צדקה וכדומה, אמנם כבר אמרו עליהם בזוהר, דכל חסד דעבדין לגרמייהו הוא דעבדין, שעיקר כוונתם הוא לעצמם ולכבודם, ע"ש. אמנם, הצדיקים העוסקים בתורה ובמצוות ע"מ שלא לקבל פרס, אלא להשפיע נ"ר ליוצרם, מזככים את גופם בזה, ומהפכים את כלי הקבלה שבהם, על בחי' ההשפעה. ע"ד שאמר רבינו הקדוש גלוי וידוע וכו' ולא נהניתי אפי' באצבע קטנה (כתובות ק"ד). ובזה נמצאים דבקים בו ית' ממש, להיות שצורתם שוה לגמרי ליוצרם, בלי שום שינוי צורה כלל. וזה שדרשו ז"ל על הפסוק, ולאמר לציון עמי אתה ודרשו בהקסה"ז אות ס"ז, עמי אתם בשותפות, אשר הצדיקים המה שותפים עם הבורא ית', בהיות שהוא ית' התחיל הבריאה, והצדיקים גומרים אותה, להיותם מהפכים כלי הקבלה, על כלי ההשפעה.

כל המציאות כלולה בא"ס ב"ה, ונמשכת יש מיש, ורק הרצון לקבל בלבד הוא מחודש, ונמשך יש מאין.

יח) ודע, דכל ענין החידוש, שהמציא הבורא ית' בזו הבריאה שאמרו ז"ל, שהוציא אותה יש מאין, אין זה החידוש נופל, זולת על הצורה של הרצון להנות, המוטבע בכל נברא. שיותר מזה, לא נתחדש כלום בסוד הבריאה. שז"ס יוצר אור ובורא חושך, ופי' הרמב"ן, דמלת בורא, מורה על חידוש, דהיינו מה שלא היה מקודם זה. והנך רואה שלא נאמר ובורא אור, והיינו משום שאין בו חידוש, על דרך המצאת יש מאין, כי האור וכל הכלול באור, שהוא כל המוחשות והמושכלות הנעימות שבעולם, כל זה נמשך, יש מן יש, כלומר שכבר כלולים הם בו ית', וא"כ אין בהם בחי' חידוש, וע"כ נאמר יוצר אור, להורות שאין בו בחי' חידוש ובריאה, אבל על החושך, שהוא כולל כל המוחשות והמושכלות הבלתי נעימים, עליהם נאמר, ובורא חושך, כי המציא אותם יש מאין ממש. כלומר, שאין זה ח"ו במציאותו ית' כלל וכלל, אלא שנתחדש עכשיו, אשר השורש לכולם, הוא הצורה של "הרצון להנות", הכלול באורותיו המתפשטים הימנו ית'. אשר מתחילה היא רק כהה מן האור העליון, וע"כ נקראת חושך בערך האור, אבל לבסוף, משתלשלים ויוצאים מחמתה

הקליפות, ס"א, והרשעים, שהם נחתכים לגמרי על ידה משורש החיים. שז"ס הכתוב ורגליה יורדת מות, פי', רגליה, מורה על לשון סוף דבר, ואומר שרגליה של המלכות, שהיא בחי' הרצון להנות, שישנו בהתפשטות אורו ית', בסוף משתלשלת הימנה בחי' המות לס"א, ולהניזונים ונמשכים אחרי הס"א.

בהיותנו ענפים נמשכים מא"ס, לכן הדברים הנמצאים בשורשנו, הם לנו לתענוג, ושאינם בשורשנו, יהיו לנו לטורח וליסורין.

יט) אמנם אפשר להקשות, כיון ששינוי, הצורה הזה של הרצון לקבל מחויב להמצא בבריות בהכרח, דאם לא כן, איך תהיינה נמשכות הימנו ית' ותצאנה מכלל בורא לכלל נברא, שלא יצוייר זה, אלא על ידי שינוי הצורה כנזכר לעיל. ועוד, הרי שצורה זו של הרצון להנות, היא עיקר טיב כל הבריאה, אשר מחשבת הבריאה סובבת עליה, והיא ג"כ מדת כמות הטוב והעונג, כמו שהארכנו לעיל, שע"כ נקראת מקום, ואיך נאמר עליה, שנקראת חושך, והיא נמשכת עד לבחי' מות, כי עושה במקבלים התחתונים, בחי' הפסק ופירוד מחי החיים ח"ו. ועוד צריכים להבין, מה ענין החרדה הגדולה הזאת המגיע למקבלים מחמת שינוי הצורה מעצמותו ית', ולמה חרי בה, האף הגדול הזה.

וכדי להסביר לך די באר את הענין הדק הזה, צריך לבאר מקודם, מוצא כללות התענוגים והיסורים, המורגשים בעולמנו. ותשכיל זאת, בידוע, אשר כל ענף יהיה טבעו שוה לשורשו, ולכן כל הענינים הנהוגים בשורש, יתרצה בו גם הענף ויאהב אותם ויחמדם, וכל הענינים שאינם נהוגים בשורשו, גם הענף מתרחק מהם, לא יסבול אותם, וישנא אותם, והנה חוק זה, נוהג בכל שורש עם הענף שלו, ולא יעבור. ומשום שהוא ית' וית', הוא שורש לכל בריותיו אשר ברא, וע"כ כל הענינים הכלולים בו ית', ונמשכים לנו הימנו בהמשכה ישרה, יבושם לנו, ויונעם לנו, משום שטבענו קרוב לשורשנו. וכל הענינים שאינם מצויים בו ית', ואינם נמשכים לנו הימנו בהמשכה ישרה, זולת על פי קוטבה של הבריאה עצמה, יהיו אלו נגד הטבע שלנו, ויהיה קשה לנו לסבלם. דהיינו, אנו אוהבים את המנוחה, ואנו שונאים מאד את ענין התנועה, עד שאין אנו עושים שום תנועה, זולת בשביל השגת המנוחה. והיה זה, בשביל שהשורש שלנו אינו בעל תנועה, אלא בעל מנוחה, שאין התנועה נוהגת בו כלל, וע"כ היא ג"כ נגד טבענו והיא שנואה, עלינו, ועד"ז, אנו אוהבים את החכמה והגבורה והעושר וכל המעלות הטובות, היינו משום שהמה כלולים בו ית', שהוא שורשנו, ושונאים אנו מאוד את הפוכם, כמו הסכלות, החולשה, העניות, והבזיונות, וכדומה, היינו בשביל שאינם מצויים כלל ועיקר בשורש שלנו, וע"כ הם מאוסים ושנואים עלינו עד אין לסבול.

אמנם צריך לחקור, איך אפשר שתמשך לנו איזו המשכה, ולא תהיה ישר ממנו ית', כי אם מקוטבה של הבריאה עצמה. אלא למה דבר זה דומה, לעשיר אחד שקורא לאדם מן השוק, ומאכילו ומשקהו ומעניק לו מכסף וזהב בכל יום ויום, וכל יום מרובה משל חברו, ותבחין שהאדם הזה טועם במתנותיו העצומים של העשיר, ב' טעמים, משונים זה מזה, בבת אחת. כי מצד אחד טועם תענוג גדול לאין קץ מכח ריבוי מתנותיו, ומהצד השני קשה לו לסבול ריבוי ההטבה, ומתבייש בעת קבלתו, שהדבר מביא לו אי סבלנות, מחמת ריבוי המתנות שמרבה עליו בכל פעם. וזה ודאי שהתענוג שיש לו מן המתנות, נמשך לו ישר מן העשיר הנותן, אמנם קושי הסבלנות, שהוא טועם במתנות, אינו נמשך לו מן העשיר הנותן, אלא מתוך מהותו עצמו של המקבל, שמתעוררת בו בושה, מחמת הקבלה, ומתנת החנם, ובאמת שגם זה מסבב לו העשיר כמובן, אבל באפן בלתי ישר.

לפי שהרצון לקבל אינו נמצא בשורשנו, אנו מרגישים בו בושה ואי סבלנות. וז"ש ז"ל, שכדי לתקן זה "הכין" לנו בעוה"ז יגיעה בתורה ומצות להפך את הרצון לקבל על רצון להשפיע.

כ) המתבאר לנו מכל האמור, שכל הצורות הנמשכות לנו בהמשכה בלתי ישרה הימנו ית', יהי' בהם קושי הסבלנות. והוא נגד הטבע שלנו. ובזה תבין, שהצורה החדשה שנעשתה במקבל, דהיינו "הרצון להנות" אינה באמת שום פחיתות וחסרון בערכו ית', ואדרבא זהו עיקר הקוטב של בריאתו, שבלא זה אין כאן בריאה כלל כנ"ל. אמנם המקבל, שהוא הנושא את הצורה הזו, מרגיש בה מחמת עצמו, בחינת קושי הסבלנות, והיינו משום שלא נמצאת צורה זו בשורש שלו, ודו"ק היטב.

ובזה הצלחנו להבין את תירוץ חז"ל, אשר העוה"ז נברא, משום דמאן דאכיל דלאו דיליה, בהית לאסתכולי באפי'. שלכאורה הוא תמוה מאד כנ"ל. ועתה יונעמו לנו דבריהם מאוד, שכוונתם על ענין שינוי הצורה של "הרצון להנות", שנמצא בהכרח בנשמות, כנ"ל, משום דמאן דאכיל דלאו דיליה בהית לאסתכולי באפיה, כלומר שכל מקבל מתנה מתבייש בעת הקבלה, והיינו משום שינוי הצורה מהשורש, שאין בו צורה זו של קבלה. וכדי לתקן זאת, ברא את העוה"ז, אשר הנשמה באה בה ומתלבשת בגוף, וע"י עסק התורה ומצוות ע"מ לעשות נ"ר ליוצרו, מתהפכים כלי הקבלה של הנשמה, לכלי השפעה. כלומר, שמצד עצמה לא היתה חפצה בשפע הנכבד, אלא מקבלת השפע, כדי להשפיע נ"ר ליוצרה, הרוצה שהנשמות יהנו משפעו ית'. וכיון שהיא נקיה מהרצון לקבל לעצמה, שוב אינה בהית לאסתכולי באפיה, ונגלית על ידי זה, תכלית השלימות של הנברא. וענין הצורך והחיוב של ההשתלשלות הרחוקה עד העולם הזה, יתבאר לקמן, שהמלאכה הגדולה הנ"ל, שהיא התהפכות צורת הקבלה על צורת ההשפעה, לא תצוייר אלא בעוה"ז. כמו"ש עוד.

רשעים משנה שברון שברם. וצדיקים ירשו משנה.

כא) ובא וראה, אשר לרשעים, משנה שברון שברם, כי אוחזין החבל בב' ראשים, כי העוה"ז נברא עם חסרון וריקות מכל שפע הטוב, וכדי לקנות קנינים צריכים אל התנועה. וידוע שריבוי התנועה מדאיב את האדם, להיותה המשכה בלתי ישרה ממהותו ית'. אמנם להשאר ריקן מהקנינים והטוב גם זה אי אפשר, שזה ג"כ מנוגד לשורש, שהרי השורש מלא מכל טוב. וע"כ בוחרים בסבל ריבוי התנועה. בכדי להשיג מילוא הקנינים, אמנם כיון שכל קנינם ורכושם הם אך לעצמם, והיש לו מנה רוצה מאתים, נמצא בזה, שאין אדם מת וחצי תאותו בידו. ונמצאים סובלים מב' הצדדים, הן מצער ריבוי התנועה, והן מצער החסרון של הקנינים, שחסרה להם מחציתם. אבל הצדיקים בארצם ירשו משנה, דהיינו אחר שמהפכים את "הרצון לקבל" שלהם לרצון להשפיע, ומה שמקבלים, הוא על מנת להשפיע אז ירשו משנה, כי מלבד שמשיגים את שלימות התענוג ומבחר הקנינים. המה משיגים ג"כ, את השואת הצורה ליוצרה, ית', שבזה נמצאים בדביקות האמיתית, ואז נמצאים ג"כ בסוד המנוחה, שהשפע מגיע אליהם מאליו, בלי שום תנועה ועמל.

פרק ה'

מחשבת הבריאה מחייבת כל הפרטים שבמציאות לצאת זה מזה עד לגמר התקון.

כב) ועכשיו שזכינו לכל הנ"ל, יובן לנו באפס מה, עוצם יחודו יתברך וית', אשר לא מחשבותיו מחשבותינו וכו', וכל ריבוי הענינים והצורות המושגים לנו, בכל המציאות הזו אשר לפנינו, כל זה מתיחד אצלו ית', במחשבה יחידה אחת, דהיינו, מחשבת הבריאה "כדי להנות לבריותיו", אשר המחשבה היחידה הזאת, מקפת את כל המציאות באחדות גמורה עד גמר התיקון, כי היא כל מטרת הבריאה כנ"ל. והיא הפועל. כלומר, ע"ד כח הפועל בנפעל, כי מה שהוא

אצלו ית' רק מחשבה יהיה בנבראים חוק מחוייב בהכרח. וכיון שחשב עלינו להנות אותנו נתפעל בנו בהכרח הענין הזה, להיות מקבלים שפעו הטוב. והיא הפעולה. כלומר, אחר שהוטבע בנו החוק הזה של הרצון לקבל הנאות, אז מוגדרים אנו לעצמנו בשם פעולה, שמחמת שינוי הצורה הזאת, יוצאים אנו מכלל בורא לכלל נברא, ומכלל פועל לכלל פעולה, כנ"ל. והיא היגיעה והעבודה, שמחמת כח הפועל בנפעל כנ"ל, מתגברת והולכת כמות חשק הקבלה שבנו, ע"ד השתלשלות העולמות, עד לבחי' גוף נפרד בעוה"ז, דהיינו בהפוך הצורה מחי החיים, שאין בגדרו להשפיע מחוצה לו כלל וכלל, שהוא המביא לגופים את המיתה, וכל מיני יסורים ויגיעות לנשמה כמו"ש עוד. והוא ענין עבודת השי"ת בתורה ומצוות. כי ע"י הארת הקו במקום המצומצם, נמשכים השמות הק', התורה, והמצוות. וע"י העמל בתורה ובמצוות על מנת להשפיע נ"ר ליוצרו, לאט לאט מתהפכים כלי הקבלה שבנו, לכלי השפעה. וזהו כל השכר המקווה לנו. שכל כמה שכלי הקבלה אינם מתוקנים, אי אפשר לנו להרחיב פינו לקבל שפעו ית', והיינו משום פחד של השתנות הצורה, בסוד מאן דאכיל דלאו דיליה בהית לאסתכולי באפיה. כי משום זה היה הצמצום הא', כנ"ל. אבל בהיותנו מתקנים את כלי הקבלה שלנו, שיהיה ע"מ להשפיע, משווים אנו בזה את הכלים ליוצרם, וראויים אנו לקבל את שפעו עד אין קץ.

והנך רואה שכל אלו הצורות ההפוכות שבכל הבריאה הזו שלפנינו, דהיינו צורת פועל ונפעל, וצורת הקלקולים והתקונים וצורת העבודה ומתן שכרה, וכו', כל זה הוא נכלל רק במחשבתו היחידה ית', הנ"ל, ובתכלית הפשטות, דהיינו "להנות לנבראיו" בדקדוק, לא פחות ולא יותר. ועל הדרך הזו הנ"ל נכללים ג"כ במחשבה ההיא, כל ריבוי המושכלות, הן המושכלות שבתורתנו הק', והן החכמות החצוניות וכל ריבוי הבריות והעולמות, ושינוי ההנהגות שבכל אחת, כל אלו יוצאים ונובעים רק מהמחשבה היחידה, כמו שאבאר בהמשך ביאורנו במקומם.

מלכות דא"ס, פירושה, שהמלכות איננה עושה שם בחינת סוף.

כג) ובהנ"ל יובן, המובא בתיקוני זוהר מבחי' המלכות דא"ס ב"ה, שע"ז נרעשו הספים מקול המתמיהים, דהיתכן לכנות שם מלכות בא"ס ב"ה, דא"כ יש גם שם ט' ספירות ראשונות וכו'. ובדברינו מתבאר היטב, דענין הרצון לקבל הכלול באור א"ס ב"ה בהכרח, כנ"ל, הוא נקרא מלכות דא"ס ב"ה, אלא ששם לא עשתה המלכות בחי' סוף וגבול על האור א"ס ב"ה, משום שעוד לא נגלה בה שינוי צורה מחמת הרצון לקבל, לכן נק' א"ס ב"ה, כלומר שהמלכות אינה עושה שם בחי' סוף וכו', לאפוקי מאחר הצמצום ולמטה, נעשה בכל ספירה ופרצוף בחי' סוף בכח המלכות.

פ ר ק ו'

אי אפשר שהרצון לקבל יהיה נגלה באיזו מהות, זולת בד' בחינות, והו"ס ד' אותיות הויה.

כד) ונרחיב מעט את הענין הזה, להבין היטב ענין הסוף שנעשה בדבר המלכות.

ונקדים מתחילה לבאר, מה שגדרו לנו המקובלים, ומובא בזוהר ותקונים, שאין לך שום אור גדול או קטן, הן בעולמות העליונים והן בעולמות התחתונים, שלא יסודר תחת סדר, של השם בן ארבע אותיות הויה.

וזה מותאם עם הכלל, המובא בעה"ח, שאין לך אור בעולמות שלא יהיה מלובש בכלי. פי', דכבר ביארתי ההבחן בין עצמותו ית', לאור המתפשט הימנו ית', שהוא רק מטעם הרצון להנות, שנכלל באורו המתפשט, שהוא בחי' שינוי צורה מעצמותו, שאין בו ח"ו הרצון הזה. ובזה נגדר אור זה המתפשט בשם נאצל, כי מסבת שינוי הצורה הזו, יוצא האור מכלל המאציל לבחי' נאצל. ומבואר ג"כ, שהרצון להנות הכלול באורו ית', הוא ג"כ מדתו של גדלות האור, והיא נק' מקום של האור, כלומר שמקבל שפעו

ית' כפי מדת רצונו לקבל, וחשקו, לא פחות ולא יותר כנ"ל.

ומבואר ג"כ, שענין זה של הרצון לקבל, הוא כל בחי' החידוש, שנתחדש בבריאת העולמות, על דרך המצאת יש מאין ממש. כי רק הצורה הזאת לבדה, אינה כלולה ח"ו כלל בעצמותו ית', ורק עכשיו המציא אותה הבורא ית' לצורך הבריאה. שז"ס ובורא חושך, מפני שצורה זו, היא השורש לחושך, מפני שינוי הצורה שבה, וע"כ כהה היא מן האור המתפשט בתוכה ובסבתה.

ובזה תבין, שכל אור המתפשט הימנו ית', תיכף נבחן בזה ב' בחי'. בחי' א', היא עצמות האור המתפשט, טרם נגלתה בו הצורה של הרצון להנות. ובחי' ב', היא אחר שנגלתה בו הצורה של הרצון להנות, שאז נתעבה ונחשך מעט, בסבת הקנין של שינוי הצורה כנ"ל. והנה בחי' א', ה"ס האור. ובחי' ב', ה"ס הכלי. וע"כ נבחנות בכל אור המתפשט, ד' בחי', בדבר התפעלות הכלי. כי צורת הרצון לקבל, שנק' כלי אל האור המתפשט, אינה נשלמת בבת אחת, אלא בדרך פועל ונפעל. ויש ב' בחי' בפועל, וב' בחי' בנפעל, ונק' כח ופועל בפועל, וכח ופעולה בנפעל שהם ד' בחינות.

אין הרצון לקבל נקבע בנאצל, אלא ע"י התעוררותו לקבל מכח עצמו.

כה) והענין, משום שהכלי הוא שורש החושך כנ"ל, אשר הוא הפוך מן האור, וע"כ הוא מחויב להתפעל לאט לאט, ע"ד המדרגה, בדרך עילה ועלול, שז"ס המים הרו וילדו אפילה (מד"ר שמות פ' כ"ב) כי החושך, הוא תולדה מהאור עצמו, ומתפעל הימנו ע"ד הריון ולידה, שה"ע כח ופועל. והיינו, כי בהכרח, שנכלל תיכף בכל אור המתפשט בחי' הרצון לקבל כנ"ל, אלא שאינה עולה בשם של שינוי הצורה, עד שיקבע באור, זה הרצון להדיא. ולזה, לא די בחינת הרצון לקבל הנכלל באור מצד המאציל, אלא הנאצל בעצמו, מחוייב לגלות הרצון לקבל שבו, בפועל, מצד עצמו. כלומר, שמחוייב להמשיך שפע ברצונו, יותר מכפי שיעור האור של ההתפשטות שבו מצד המאציל. ואחר שנפעל הנאצל מכח עצמו בהגדלת שיעור רצונו, אז נקבעים בו החשק והרצון לקבל, ואז אפשר לאור להתלבש בכלי הזה בקביעות.

והן אמת, אשר אור א"ס ב"ה מתפשט, כביכול, ג"כ על ד' הבחי' הנ"ל, עד שיעור גדלות הרצון מצד הנאצל עצמו כנ"ל, שהוא הבחי' הד'. כי בלאו הכי לא היה יוצא כלל מבחינת עצמותו ית', להיות נקבע בשם לפי עצמו, דהיינו א"ס. אמנם, בכל יכלתו יתברך, לא נשתנתה הצורה כלל, מחמת הרצון לקבל, ולא נבחן שם שום שינוי, בין האור, ובין המקום של האור, שהוא הרצון להנות כנ"ל, והם אחד ממש. והיינו דאיתא בפדר"א, שקודם שנברא העולם, היה הוא אחד ושמו אחד, שבאמת קשה הלשון הכפולה הוא ושמו, כי קודם שנברא העולם מה ענין שמו לשם, והיה לו לומר קודם שנברא העולם היה הוא אחד. אלא הכוונה, על אור א"ס ב"ה, שהוא טרם הצמצום, כי אע"פ, שיש שם בחי' מקום, ובחינת רצון לקבל השפע מעצמותו ית', אמנם בלי שום שינוי והבחן בין האור ובין המקום. והוא אחד, היינו האור א"ס ב"ה. ושמו אחד, היינו הרצון להנות הכלול שם בלי שום שינוי ח"ו כלל וכלל. והבן את אשר רמזו ז"ל "אשר שמו" בגי' "רצון", דהיינו "הרצון להנות".

כללות כל העולמות שבמחשבת הבריאה, נקרא אור א"ס. והכולל של המקבלים אשר שם נקרא מלכות דא"ס.

כו) וכבר נתבאר בענין סוף מעשה במחשבה תחילה, שהוא מחשבת הבריאה שהתפשטה מעצמותו ית', כדי להנות לנבראיו. ונתבאר, שאצלו ית', המחשבה והאור הם ענין אחד. ובזה מובן שאור א"ס ב"ה שהתפשט מעצמותו, כולל את כל המציאות שלפנינו עד גמר התיקון העתיד, שהוא סוף המעשה, אשר אצלו ית', כבר נגמרו כל הבריות בכל שלימותם והנאתם, שרצה להנות אותם. והנה זו המציאות השלמה בכל צרכה,

צח מבנה העולמות תע"ס ח"א, הסתכלות פנימית, עמ' כד 98

נקראת אור א"ס ב"ה. והכולל שלהם, נקרא מלכות דא"ס.

פרק ז'

אע"פ שנצטמצמה רק מבחי"ד, נסתלק האור גם מג' הבחינות הראשונות.

כז) וכבר התבאר שהנקודה האמצעית, שה"ס הנקודה הכוללת של מחשבת הבריאה, וה"ס הרצון להנות שבה, קישט את עצמו, להשוות צורתו למאציל ביתר שאת, ואע"פ שמצד המאציל אין בו שום שינוי צורה בכל יכלתו, אמנם נקודת הרצון הרגישה בזה כעין המשכה בלתי ישרה ממהותו ית', ע"ד המשל הנ"ל מהעשיר עש"ה, וע"כ מיעטה את רצונה מהבחי' האחרונה, שהיא תכלית הגדלות של הרצון להנות, כדי להוסיף בדביקות בבחינת המשכה ישרה ממהותו ית', כמו"ש לעיל. ואז נתרוקן האור מכל בחי' המקום, כלומר, מכל ד' המדרגות שישנן במקום. ואע"פ שלא מיעטה רצונה אלא מהבחי' הד' אמנם מהטבע הרוחני הוא, שאינו נחלק לחלקים.

אח"כ חזר והמשיך קו אור מג' הבחינות הראשונות, ובחי"ד נשארה חלל פנוי.

כח) ואחר זה נמשך שוב אור א"ס ב"ה אל המקום שנתרוקן, אלא לא מילא את המקום בכל ד' בחינותיו, אלא רק על ג' בחי', כמו שהיה הרצון של נקודת הצמצום. ונמצא שהנקודה האמצעית שנצטמצמה, נשארה חלולה וריקנית, כי לא האיר האור אלא עד הבחי' הד', ולא עד בכלל, ונפסק שם אור א"ס. ויתבאר לקמן, ענין התכללות הבחי' זו מזו, הנוהגת בעולמות העליונים. ובזה תבין, שהד' הבחי' נכללות זו מזו, באופן, שגם בבחי' ד' עצמה, ישנן ג"כ כל ארבע הבחי'. ונמצא בזה, שגם בבחי' הד', הגיע האור א"ס ב"ה לג' בחי' ראשונות שבה, רק הבחי' האחרונה שבבחינה הד' שבה, היא בלבדה נשארה. ריקנית בלי אור, וזכור זאת.

פרק ח'

החכמה נקראת אור והחסדים מים. הבינה נק' מים עליונים. והמלכות מים תחתונים.

כט) ועכשיו נבאר מהות ד' הבחינות עילה ועלול, המוכרחות להתפעלות שלימות הצורה של הרצון לקבל. כנ"ל, בסוד המים הרו וילדו אפילה. כי הנה באצילות יש ב' בחי' אור. הבחי' הא' נק' אור, שה"ס חכמה. והבחי' הב' נק' מים, שה"ס חסדים. כי הבחי' הא' נמשכת מעילא לתתא בלי סיוע מצד התחתון, והבחי' הב' נמשכת בסיוע מהצד התחתון, ע"כ נק' מים, שכן טבע האור שיסודו למעלה, וכן טבע המים שיסודם למטה, והבן. וגם במים עצמם ישנן ב' בחי' דהיינו מים עליונים, שהם ע"י הבחי' הב' שבד' הבחי'. ויש מים תחתונים, שהם ע"י הבחי' הד', שבד' הבחינות.

ביאור התפשטות אור א"ס לד' בחינות כדי לגלות הכלי, שהוא הרצון לקבל.

ל) וע"כ יש בכל התפשטות של אור א"ס, עשר ספירות כי הא"ס שה"ס השורש והמאציל נקרא כתר, ואור ההתפשטות עצמו, נקרא חכמה. שהוא כל שיעור ההתפשטות של האור מלמעלה, מא"ס ב"ה. וכבר נודע, שבכל התפשטות אור מלמעלה כלול הרצון לקבל כנ"ל, אלא אין הצורה של הרצון לקבל נגלית בפועל, עד שיתעורר הנאצל לרצות ולהמשיך אור, יתר מכשיעור התפשטותו. וא"כ, כיון שהרצון לקבל כלול בבחי' כח תיכף באור ההתפשטות, ע"כ מחוייב האור לגלות הכח אל הפועל. וע"כ, מתעורר האור להמשיך תוספת שפע, יותר משיעור שבהתפשטותו מצד הא"ס, ובזה מתגלה הרצון לקבל בפועל, באור ההוא, וקונה צורת החידוש בשינוי צורה במעט כנ"ל, כי נעשה בזה כהה מן האור, כי נתעבה מחמת חידוש הצורה הנ"ל, וזה החלק שנתעבה נקרא בינה. וז"ס אני בינה לי גבורה, שבאמת הבינה היא חלק מן החכמה, דהיינו עצם אור ההתפשטות א"ס כנ"ל, אלא משום שהתגברה ברצון, והמשיכה שפע יותר

משיעור ההתפשטות שבה, מא"ס, מחמת זה קנתה שינוי צורה, ונתעבתה מעט מן האור, ויצאה בשם לפי עצמה, שהיא ספירת בינה. והנה מהות תוספות השפע שהמשיכה מא"ס, בכח התגברות הרצון שלה, נק' אור של חסדים, או מים העליונים כנ"ל. מפני שאור זה לא נמשך ישר מא"ס ב"ה. כמו אור החכמה, אלא ע"י הסיוע של הנאצל, שהתגבר ברצון כנ"ל, וע"כ עולה בשם לפי עצמו, להיות נקרא אור דחסדים, או מים. והנך מוצא עכשיו בספירת הבינה, שהיא כלולה מג' בחי' אורות, בחי' א', היא אור עצמות הבינה, שהוא חלק מאור החכמה כנ"ל, ובחי' ב', בחי' ההתעבות ושינוי הצורה שבה, שקנתה ע"י התגברות הרצון כנ"ל. ובחי' ג', היא אור דחסדים שהגיע לה, ע"י המשכתה עצמה מהא"ס ב"ה.

אמנם, עדיין לא נגמר בזה כלי הקבלה על שלימותו, להיות הבינה מעצם אור החכמה הנעלה מאוד. שהוא ההתפשטות הישרה מאור א"ס ב"ה, ע"כ נגלה בבינה, רק בחי' שורש לכלי קבלה, ובחינת פועל, לפעולת הכלי. כי אח"כ, אותו אור דחסדים, שהמשיכה בכח התגברותה, שוב התפשט הימנה, ונתוספה הארה מועטת מאור החכמה. והתפשטות אור דחסדים זה, נקרא זעיר אנפין, או תג"ת, כמו"ש במקומו. והנה אור ההתפשטות הזה, ג"כ התגבר ברצונו, להמשיך שפע חדש, יתר מכשיעור הארת החכמה, שיש בהתפשטות שלו מן הבינה. ע"כ נבחנת התפשטות זו ג"כ לבי' בחינות כי אור ההתפשטות בעצמו נק' ז"א או ו"ק, ובחי' ההתגברות שבו, נק' מלכות, וז"ס עשר הספירות, כתר, ה"ס א"ס. חכמה, היא אור ההתפשטות מא"ס. בינה, ה"ס אור החכמה שהתגבר להוסיף שפע, שעל ידי כן נתעבה כנ"ל. ז"א, הכולל חג"ת נה"י, ה"ס אור דחסדים עם הארת החכמה המתפשט מן הבינה. ומלכות, ה"ס התגברות הב' לתוספת הארת החכמה, יותר ממה שיש בז"א.

ד' הבחינות שברצון, ה"ס ד' אותיות הוי"ה,
שהן כח"ב תו"מ.

לא) וז"ס ד' אותיות, דשם בן ארבע, דקוצו של יוד, ה"ס א"ס, כלומר, כח הפועל הכלול במחשבת הבריאה; "כדי להנות לבריותיו", שה"ס כלי הכתר. ויו"ד, ה"ס חכמה, דהיינו הבחי' הא', שהיא בחינת הכח שבפועל, הכלול תיכף באור ההתפשטות של הא"ס. וה"א ראשונה, ה"ס בינה, דהיינו בחי' ב', שהיא בחי' יציאת הכח אל בחי' פועל, דהיינו האור שנתעבה מן החכמה כנ"ל. ואו, ה"ס זעיר אנפין, או חג"ת נה"י, דהיינו, התפשטות אור דחסדים שיצא ע"י הבינה כנ"ל, שהיא בחי' ג', בחי' כח לגילוי הפעולה כנ"ל, ה"א תתאה שבהויה, ה"ס מלכות, דהיינו הבחינה הד' בחינת גילוי הפעולה בשלימות כלי הקבלה, שהתגבר להמשיך תוספת שפע יתר מכשיעור התפשטותו מבינה, ובזה נקבעה צורת הרצון לקבל, על היכנו, והאור מתלבש בכלי שלו, שהוא הרצון לקבל, הנגמר רק בהבחינה הרביעית הזו, ולא קודם הימנה. בזה תבין בפשטות, שאין לך אור בעולמות עליונים ותחתונים, שלא יהיה מסודר תחת סדר שם בן ארבע, שה"ס ד' בחי' הנ"ל, כי בלא זה לא נקבע הרצון לקבל, שצריך להיות בכל אור. כי הרצון הזה הוא המקום והמדה של האור ההוא כנ"ל.

אותיות י' ו' דהויה הן דקות, מפני שהן בחינות
כח בלבד.

לב) ואין להקשות על זה הרי היוד רומזת לחכמה וה' לבינה, וכל עצמות האור, שאך יש בע"ס, הלא היא נמצאת בספירת החכמה, ובינה וזעיר אנפין ומלכות, המה רק לבושים בערך החכמה, א"כ היתה צריכה החכמה, לתפוש את האות היותר גדולה בשם בן ד'. והענין הוא, כי האותיות של השם בן ד', אינן מורות ומרמזות על שיעור וכמות האור שבע"ס, אלא שהן מורות ערכי התפעלות הכלי, כי הלבן שבקלף הס"ת, מרמז על בחי' האור, והשחור שהוא האותיות שבס"ת, מרמזות על בחי' איכות הכלים. וע"כ הכתר, כיון שהוא רק בחי' שורש דשורש לכלי, לכן מרומז רק בקוצו של יוד. והחכמה, שהיא בחי' הכח שטרם נתגלה לפועל, ע"כ נרמזת באות היותר קטנה שבאותיות, דהיינו

תע"ס ח"א, הסתכלות פנימית, עמ' כו 100

הי', והבינה שבה יצא ונגלה הכח אל הפועל, נרמזת באות הרחבה שהיא ה"א. וז"א כיון שאינו אלא בחי' כח לגילוי הפעולה כנ"ל, ע"כ נרמז באות ארוכה ודקה, שהיא ואו. שהדקות, מורה, שעדיין הויית כלי טמונה בו בכח בהעלם. ואריכות הקו, מורה שבסוף התפשטותו נגלה על ידו כלי גמור ושלם. כי החכמה לא הספיקה בהתפשטותה לגלות כלי שלם, כי הבינה איננה עדיין כלי ממש, אלא בחי' פועל הכלי כנ"ל. שע"כ רגל היוד קצרה, להורות שעדיין קצר הוא, שלא גילה ע"י הכח הטמון בו, וע"י התפשטותו, בחי' כלי שלם. וגם המלכות, נרמזת באות ה', כמו ספירת הבינה, שהיא אות רחבה, שנגלית בשלימות הצורה. ולא יקשה לך ע"ז, מה שהבינה והמלכות יש להן אותיות שוות, היינו משום שבעולם התיקון הן באמת דומות זו לזו, ושואלות כליהן זו לזו, בסו"ה ותלכנה שתיהן. כמ"ש במקומו.

פרק ט'

תנועה רוחנית, פירושה, התחדשות של שינוי צורה.

לג) עוד נשאר לבאר דבר הזמן והתנועה, שאנו נתקלים בהם כמעט בכל מלה בחכמה הזאת. אכן תדע, שהתנועה הרוחנית איננה כתנועה המוחשית ממקום למקום, אלא הכונה היא על התחדשות הצורה, שכל חידוש צורה אנו מכנים בשם תנועה. כי אותו החידוש, דהיינו שינוי הצורה שנתחדשה ברוחני, במשונה מצורה הכללית הקודמתו שבאותו הרוחני, הרי היא נבחנת, שנתחלקה ונתרחקה מרוחני ההוא, ויצאה בשם ובשליטה לפי עצמה. שבזה היא דומה לגמרי למהות גשמית אשר נפרד ממנה איזה חלק, ומתנענע והולך לו ממקום למקום. ולפיכך מכונה החידוש צורה בשם תנועה.

זמן הרוחני פירושו, מספר מסוים של חידושי שינוי צורות, המסובבים זה מזה .קודם ואח"כ, פירושם, סבה ומסובב.

לד) ודבר הזמן בהגדרתו הרוחני, תבין, כי כל עיקר מושג הזמן אצלנו, אינו אלא הרגש של התנועות. כי מוח המדמה שבאדם, מצייר ומרקם מספר מסויים של תנועות, שהרגיש בהן בזו אחר זו, ומעתיקם בדמיון "זמן" מסוים. באופן, שאם היה האדם עם סביבתו במצב של מנוחה מוחלטת, לא היה יודע אז ממושג הזמן ולא כלום. והנה כן הדבר גם ברוחנים, שסכום מסוים של חידושי הצורות, הנבחנות לתנועות רוחניות כנ"ל, המסובבות זו בזו בדרך סבה ומסובב, מכנים אותן בשם "זמן" ברוחניות. וענין "קודם ואח"כ" פירושו תמיד כמו סבה ומסובב.

פרק י'

כל החומר המיוחס לנאצל, הוא הרצון לקבל, ומה שיש בו יותר מזה מיוחס למאציל.

לה) ודע, כי בחינת הרצון לקבל שבנאצל, שנתבאר היטב, שהוא הכלי שבו, תדע, שהוא ג"כ כל החומר הכללי, המיוחס לנאצל. באפן שכל הישות זולתו, מיוחסת למאציל.

הרצון לקבל, הוא צורה ראשונה של כל מהות, וצורה ראשונה אנו מגדירים בשם חומר, משום שאין לנו השגה במהות.

לו) אע"פ שבחינת "הרצון לקבל" מובן לכאורה למקרה ולצורה במהות, ואיך תופסים אותו לחומר המהות? אמנם כן הוא גם במהויות הסמוכות לנו, שדרכינו לכנות הצורה הראשונה שבמהות בשם החומר הראשון שבמהות, משום שאין לנו השגה ותפיסא כלל וכלל בשום חומר, כי כל ה' החושים שלנו אינם מוכנים לזה, להיות המראה והשמיעה והריח והטעם והמישוש מציעים לשכל העיוני, רק צורות בעלמא

של מקרי המהות, המצטיירים על ידי שיתוף פעולה עם החושים שלנו. ולמשל, אם נקח אפילו את האטומים הקטנים המקרוסקואפיים אשר ביסודות הראשונים שבאיזו מהות, הנפרדים על ידי מלאכת החמיא, הלא גם המה אינם אלא צורות בעלמא שמצטיירות כן לעינים, או ביתר דיוק, שהמה ניכרות ונבחנות לנו על ידי דרכי "הרצון לקבל ולהתקבל", שאנו מוצאים בהם, אשר על פי משפט הפעולות הללו אפשר להבחין בהם ולבודד האטומים האלו למיניהם, עד לבחינת החומר הראשון של המהות ההיא, והרי גם אז, המה רק כחות שבמהות, ולא חומר. והנך מוצא, אשר גם בגשמיות, אין לנו מוצא אחר להבין את החומר הראשון, זולת בהנחה, שהצורה הראשונה היא החומר הראשון הנושא כל שאר המקרים והצורות הבאים אחריה, ואין צריך לומר בעולמות העליונים, אשר כל מוחשי ומדומה אינו נוהג שמה.

מבוא לספר הזהר

א) היות, שעומק החכמה, שבספר הזהר הקדוש, סגור ומסוגר באלף מפתחות, ושפתנו האנושית דלה ביותר, מלהמציא לנו ביטוי נאמן ומספיק, כדי לפרש דבר אחד, שבספר הזה עד סופו. והביאור, שעשיתי, אינו אלא סולם, לעזור להמעיין, לעלות לגובהם של הדברים. ולהסתכל, ולעיין בדברי הספר עצמו. לכן, מצאתי לנחוץ, **להכין את המעיין, וליתן לו דרך ומבוא, בגדרים נאמנים, איך להגות ולהשכיל בהספר.**

ב) בראשונה צריך שתדע, **שכל המדובר בספר הזהר**, ואפילו בדברי אגדה שבו, **הוא ערכים של עשר ספירות**, הנקראות כח"ב חג"ת נהי"מ, וצרופי ערכיהן. בדומה לכ"ב האותיות, שבשפה המדוברת, שצרופיהן מספיקים לנו, לגלות כל חפץ וכל חכמה. כן הערכים וצרופי ערכים שבע"ס, מספיקים לגלות כל החכמה שבספר השמים.

אכן, יש בזה ג' גדרים, שצריכים להזהר בהם מאד, שלא לצאת חוץ מהם, בעת העיון בדברי הספר. ומתחילה אציע אותם בקיצור. ואח"כ אבאר אותם בהרחבה.

ג) גדר א'. כי יש ד' אופנים בדרכי ההשכלה, המכונים:

א. חומר,

ב. צורה שבחומר,

ג. צורה מופשטת,

ד. מהות.

וכן הוא בהע"ס, כמו שאבאר להלן. ותדע, שבמהות, וכן בצורה מופשטת שבע"ס, אין לזהר עסק כלל. אלא רק בחומר שבהן. או בצורה שבהן, בעודה מלובשת בחומר.

ד) גדר ב'. בהיות, שכללות כל המציאות האלקית, בקשר עם בריאת הנשמות ודרכי קיומן, נבחנת לנו בג' הבחנות, שהן:

א. אין סוף ברוך הוא,

ב. עולם האצילות,

ג. ג' העולמות, הנקראים בריאה יצירה עשיה.

תדע, שאין הזהר עוסק, אלא בג' העולמות בי"ע. וכן בא"ס ב"ה ועולם האצילות, בשיעור, שבי"ע מקבלים מהם. אבל בא"ס ב"ה ועולם האצילות, בבחינתם כשהם לעצמם, אין הזהר עוסק בהם כלל.

ה) גדר ג'. היות, שיש בכל עולם ועולם מבי"ע, ג' בחינות:

א. הע"ס, שהן האלקיות, המאירות באותו עולם,

ב. נשמות, רוחות, ונפשות בני אדם,

ג. יתר המציאות שבו, המכונים מלאכים, לבושים, והיכלות, שלפרטיהם אין מספר.

תשכיל: שאע"פ שהזהר מרחיב ביאור כל הפרטים שבכל עולם, מ"מ צריך שתדע, **שעיקר דברי הזהר, מרוכזים תמיד, רק לבחינת נשמות בני אדם, שבאותו עולם.** ומה שמדבר ומבאר שאר הבחינות, אינו אלא, כדי לדעת השיעור, שהנשמות מקבלות מהן. ומה שאינו נוגע לקבלת הנשמות, אין הזהר מדבר בהם, אפילו מלה אחת. לפיכך, אתה צריך להשכיל, בכל דבר המובא בספר הזהר, רק במה שנוגע לקבלת הנשמה.

ומתוך שאלו ג' הגדרים, הם חמורים ביותר, ואם המעיין לא ידע להזהר בהם, ויוציא דברים מחוץ לגדריהם, תיכף יתבלבל לו הענין. לכן מצאתי לנחוץ, לטרוח ולהרחיב הבנתם, של אלו ג' הגדרים ,עד כמה שידי מגעת. באופן, שיהיו מובנים לכל נפש.

ו) וכבר ידעת, שעשר ספירות הן, הנקראות חכמה בינה תפארת ומלכות, ושורשן הנקרא כתר, (והן עשר, להיות ספירת התפארת בלבדה, כוללת בתוכה שש ספירות, הנקראות: חסד, גבורה, תפארת, נצח, הוד, ויסוד. וזכור זה לכל המקומות, שאנו רגילים לומר, ע"ס, שהן חו"ב תו"מ).

ובדרך כלל, הן כוללות כל ד' העולמות אבי"ע. כי:

א. עולם האצילות הוא ספירת חכמה,

ב. ועולם הבריאה הוא ספירת הבינה,

מבוא לספר הזהר

ג. ועולם היצירה הוא ספירת התפארת,
ד. ועולם העשיה הוא ספירת המלכות.
ובפרטות, לא בלבד, שכל עולם ועולם,
יש בו ע"ס: חו"ב תו"מ, אלא, אפילו פרט
קטן שבכל עולם, יש לו ג"כ אלו ע"ס: חו"ב
תו"מ, כמ"ש לעיל בהקדמה [הקדמה לספר
הזהר] אות מ"ד ואות נ"א ואות ס"א, עש"ה
ואין להאריך כאן.

ז) והמשיל הזהר, אלו הע"ס חו"ב תו"מ,
לארבעה צבעים שהם:
א. לבן, לספירת החכמה,
ב. אדום, לספירת הבינה,
ג. ירוק, לספירת התפארת,
ד. שחור, לספירת המלכות. (כמ"ש להלן
בראשית ב' דף י"ד אות כ"ז).

פירוש, שהוא בדוגמא לאספקלריא, שיש
לה ד' זכוכיות צבועות, בד' הצבעים הללו.
ואע"פ, שהאור שבה אחד הוא, מ"מ כשהוא
עובר דרך הזכוכיות, הוא מצטבע, ונעשה ד'
מיני אורות:
א. אור לבן,
ב. אור אדום,
ג. אור ירוק,
ד. ואור שחור.

כן האור, שבכל הספירות, הוא אלקיות
ואחדות פשוטה, מראש אצילות עד סוף עשיה.
וענין ההתחלקות לעשר ספירות חו"ב תו"מ,
הוא בסבת הכלים, הנקראים חו"ב תו"מ, שכל
כלי הוא, כמו מחיצה זכה, שאור האלקי עובר
דרכה אל המקבלים. וע"כ נבחן, שכל כלי,
עושה את האור, לצבע אחר.

אשר, הכלי דחכמה שבעולם האצילות,
מעביר אור לבן, כלומר בלי צבע. כי הכלי
דאצילות, הוא כמו האור עצמו. ואין אור
האלקי, מקבל בסבתו, שום שינוי כל שהוא,
בעברו דרך בו. וז"ס, שאמרו בזהר, על עולם
האצילות: "דאיהו חיוהי וגרמוהי חד בהון".
ולפיכך, נבחן אור האצילות, לאור לבן.

משא"כ, הכלים של העולמות בריאה יצירה
ועשיה. כבר האור, מקבל בסבתם, איזה שינוי
וכהות, בעברו דרך בם, אל המקבלים. דהיינו,
המשל, מאור אדום לבינה, שהיא בריאה. ואור

ירוק, כעין אור החמה לתפארת, שהוא עולם
היצירה. ואור שחור, לספירת המלכות, שהוא
עולם עשיה.

ח) ומלבד האמור, יש בהמשל הזה של ד'
הצבעים, רמז חשוב מאד. כי האורות העליונים
מכונים "ספר", כמ"ש בספר יצירה, פרק א',
משנה א': "וברא את עולמו בשלשה ספרים,
בספר וסופר וסיפור". וכה"א: "ונגולו כספר
השמים" (ישעיה, ל"ד).

והנה, גילוי החכמה שבכל ספר, אינו בלבן
שבו, אלא רק בצבעים, דהיינו בדיו, שממנו
באות האותיות שבספר, בצרופי החכמה אל
המעיין. שבדרך כלל, יש בספר, אלו ג' מיני
דיו:
א. אדום,
ב. ירוק,
ג. ושחור.

כמו כן, עולם האצילות, שה"ס חכמה,
שכולו אלקיות, הוא בבחינת הלבן שבספר.
כלומר, שאין לנו תפיסא בו כלל. אלא, כל
הגילוי שבספר השמים, הוא בספירות בינה,
ותפארת, ומלכות. שהן ג' עולמות בי"ע,
להיותם בחינת הדיו שבספר השמים. שהאותיות
וצרופיהן, מתגלות בג' מיני דיו הנזכרים. ורק
על ידיהן מתגלה אור האלקי אל המקבלים.

ויחד עם זה יש להבחין: כמו שהלבן
שבספר, הוא עיקר הנושא של הספר.
והאותיות, כולן הן "נשואות", על הלבן
שבספר. ולולא הלבן, לא היתה אפשרית, שום
מציאות לאותיות, וכל גילוי החכמה שבהן. כן
עולם האצילות, שהוא ספירת החכמה, הוא
עיקר הנושא של גילוי החכמה, המתגלית דרך
העולמות בי"ע. וזסו"ה: "כולם בחכמה עשית".

ט) והוא שאמרנו לעיל, בגדר הג', שאין
הזהר מדבר בעולם האצילות, כשהוא לעצמו.
והוא, מטעם, היותו כבחינת הלבן שבספר.
אלא, לפי הארתו בג' העולמות בי"ע. והוא
מטעם, היותם בבחינת הדיו, והאותיות,
וצרופיהן, שבספר. והיינו בב' אופנים:

א. או שג' העולמות בי"ע, מקבלים הארת
עולם האצילות, במקומם עצמם, שאז האור
מתמעט להם בהרבה, בדרך עברו את הפרסא,

שמתחת עולם האצילות, עד שנבחן רק להארת כלים דאצילות.

ב. או בדרך עלית העולמות בי"ע למעלה מפרסא, למקום הספירות בינה ת"ת ומלכות דאצילות, ונמצאים מלבישים עולם האצילות, דהיינו שמקבלים את האור במקום הארתו, כמ"ש בפתיחה [פתיחה לחכמת הקבלה] מאות קנ"ה ואילך.

י) אמנם, אין המשל דומה לגמרי לנמשל. כי ספר החכמה שבעוה"ז, הרי, הן הלבן והן הדיו, שבאותיותיו, אין בהם רוח חיים. וגילוי החכמה, שבסבתם, אינו במהותם עצמם, אלא מחוץ להם, דהיינו בהמוח של המעיין בו.

משא"כ ד' העולמות אבי"ע, שהם ספר השמים, הרי כל המוחין, שבמציאות הרוחנית והגשמית, נמצאים בהם ונמשכים מהם. ולפיכך תשכיל, אשר הלבן שבו, שהוא הנושא שבהספר, הוא עצמו המושכל שבהספר. וג' צבעי הדיו, המה המבארים את המושכל הזה.

יא) ויש להשכיל כאן, אלו ד' אופני המושכלות, המובאים לעיל בגדר הא', שהם:

א. חומר,

ב. צורה מלובשת בחומר,

ג. צורה מופשטת,

ד. מהות.

אלא, שאבאר אותם מקודם, בדברים המוחשים שבעוה"ז. למשל, כשאתה אומר: "איש גבור, או איש אמיתי, או שקרן" וכדומה. הרי לפניך:

א. החומר שלו, דהיינו גופו,

ב. צורה מלובשת בחומר שלו, דהיינו גבור או אמיתי או שקרן,

ג. צורה מופשטת. כלומר, כי תוכל להפשיט הצורה של גבור, ואמיתי, ושקרן, מעל חומר האיש, ולהשכיל ג' צורות הללו, כשהן לעצמן, בלתי מלובשות בשום חומר וגוף. דהיינו, להשכיל המדות של גבורה, ואמת, ושקר. ולהבחין בהן מעלה או גנות, בשעה שהן מופשטות מכל חומר.

ד. מהותו של האיש.

יב) ותדע, שאופן הד', שהוא מהות האיש, כשהוא לעצמו, בלי החומר, אין לנו תפיסא בו כלל. כי ה' החושים, והדמיון שלנו, לא יציעו לנו, אלא גילוי פעולות של המהות, ולא כלום בעצם המהות. כי למשל:

חוש הראיה, מציע לנו רק צללים, מן המהות הנראית, בערך התרשמותם מול האור.

וחוש השמיעה, הוא רק כח הכאה, של איזה מהות באויר. ואויר הנדחה מכחו, מכה על התוף שבאזנינו. ואנו שומעים, שיש איזה מהות, בקרבתנו.

וחוש הריח, הוא רק אויר, יוצא מהמהות, ומכה על עצבי הריח שלנו, ואנו מריחים.

וכן **הטעם**, הוא רק תולדה, מנגיעת איזה מהות בעצבי הטעם שלנו.

הרי, שכל ד' החושים האלו, אינם מציעים לנו, רק גילוים של הפעולות, המסובבות מאיזו מהות, ולא כלום מן מהות עצמה.

ואפילו **חוש המישוש**, שהוא החזק מהחושים, המבדיל בין חם לקר, ובין מוצק לרך, הרי כל אלו אינם, אלא גילוי פעולות שבתוך המהות, והמה רק מקרים של המהות. כי החם אפשר לקררו, והקר אפשר לחממו, והמוצק אפשר להפך במלאכת החמיא לנוזלים, והנוזלים לאוירים, דהיינו רק גאזים, שכבר פקע לגמרי ממנו כל הבחן מה' החושים, ועכ"ז, עוד המהות קיימת בו. שהרי, אתה יכול, שוב להפך את האוירים לנוזלים, והנוזלים למוצק.

הרי בעליל לעיניך, שה' החושים, לא יגלו לנו שום מהות, אלא רק מקרים וגילוי פעולות מן המהות. ונודע, שכל מה שאינו בא אלינו במוחש, אינו בא גם בדמיון שלנו. ומה שלא יבא בדמיון, לא יבא לעולם במחשבה. ואין לנו דרך, איך להשכיל אותו.

הרי, שאין למחשבה תפיסה כלל במהות. ולא עוד, אלא אפילו מהותנו עצמנו, לא נודע לנו מה היא. כי אני מרגיש ויודע, שאני תופס מקום בעולם, ואני מוצק, ואני חם, ואני חושב, וכדומה מגילוי פעולות מהותי. אבל אם תשאלני, מה מהותי עצמי, שכל אלו הגילוים נמשכים ממנו, איני יודע מה להשיב לך. הרי, שההשגחה מנעה ממנו השגת כל מהות, ואנו משיגים רק גילוים ודימוים של פעולות, המתגלות מהמהותים.

יג) ואופן הא׳, שהוא **החומר**, דהיינו אלו הגילוים של פעולות, המתגלות מכל מהות. יש לנו בו תפיסא שלמה, כי הם מסבירים לנו בהספקה גמורה, את המהות, השוכנת בחומר. באופן, שאין אנו סובלים כלום, מחוסר השגה בהמהות, כשהיא לעצמה, והיא לא חסרה לנו, כמו שלא תחסר לנו, אצבע ששית לידנו. והשגת החומר, דהיינו גילוי פעולות של המהות, דיה ומספקת לנו, לכל צרכנו והשכלותנו. הן להשגת ישותינו עצמינו, והן להשגת כל הישות שמחוץ לנו.

יד) אופן הב׳, שהיא **צורה המלובשת בחומר**. היא ג״כ השגה מבוררת ומספיקה לגמרי. כי אנו משכילים אותה, מתוך נסיונות ממשים מעשיים, שאנו מוצאים אותם, בהתנהגות כל חומר. ומבחינה זו, באה לנו כל השכלתנו הגבוהה, שאפשר לסמוך עליה לודאות.

טו) אופן הג׳, שהוא **צורה מופשטת**. דהיינו, אחר שהצורה נתגלתה לנו, פעם, בעודה מתלבשת באיזה חומר, יש כח בדמיון שלנו, להפשיט אותה לגמרי מן החומר, ולהשכיל אותה, במופשט מכל חומר. כמו המעלות והמדות הטובות, הבאות **בספרי המוסר**. שאנו מדברים, ממדות אמת, ושקר, וכעס, וגבורה, וכדומה, כשהן מופשטות מכל חומר. ואנו מיחסים להן מעלות או גנות, אפילו בשעה, שהן מופשטות.

ותדע, שאופן הג׳ הזה, אינו מקובל על דעת המשכילים הזהירים. משום, שאי אפשר לסמוך עליו, במאה אחוזים. כי בהיותם נשפטים, במופשט מהחומר, הם עלולים לטעות בהם.

למשל, **בעל המוסר האידיאלי, דהיינו, שאינו איש דתי**, מרוב עסקו במעלת האמת, כשהיא בצורתה המופשטת מהחומר, הנה, אפילו בעת, שיציל איזה אנשים ממיתה, על ידי השקר, שיאמר להם, יוכל להחליט בעצמו, שאפילו כל העולם ילך לאבדון, הוא לא יפליט דבר שקר בכונה מפיו. ואין זה דעת תורה, שהרי, "אין לך דבר, שעומד בפני פקוח נפש" (יומא, פ״ב).

אכן, אם היה משכיל, הצורות אמת ושקר, כבעת שהן מתלבשות בחומר, אז היה מובנם, רק בערך מועיל או מזיק להחומר. כלומר, כי אחר נסיונות מרובים, שהעולם נתנסה בהם, וראו רוב החורבנות והנזקים, שאנשי שקר גרמו בדברי שקרם, ואת רוב התועלתיות, שאנשי אמת הביאו, בשמירתם את עצמם, לומר רק דברי אמת, באו לידי הסכמה, אשר אין מעלה יותר חשובה, ממדת האמת, ואין גנות כמדת השקר. ואם האידיאליסט, היה מבין את זה, אז היה ודאי מסכים, לדעת תורה, והיה מוצא, שדבר השקר, להציל אפילו אדם אחד ממיתה, הוא לאין ערך יותר חשוב, מכל גדלה ושבחה של מדת האמת המופשטת.

הרי, שאין כלל ודאות, באותם המושכלות מאופן הג׳, שהן צורות מופשטות. ואין צריך לומר, בצורות מופשטות, שעוד לא נתלבשו, באיזה חומר מעולם, שהשכלות כגון אלו, הן רק איבוד זמן בלבד.

טז) ואחר שנתבאר לך היטב, אלו ד׳ האופנים: **חומר, צורה בחומר, צורה מופשטת, ומהות**, בדברים המוחשיים.

שנתבאר:

שאופן הד׳, שהוא המהות, אין לנו תפישא בה כל עיקר,

ואופן הג׳, הוא מושכל, העלול לטעות,

ורק **האופן הא׳**, שהוא החומר, **ואופן הב׳** שהוא צורה מלובשת בחומר, הם בלבד ניתנו לנו להשגה ברורה ומספקת, מצד ההשגחה העליונה.

הרי תוכל להבין, בעזרתם, גם במציאות העצמים הרוחניים, דהיינו בעולמות העליונים אבי״ע. כי אין לך פרט קטן בהם, שלא יהיה נחלק, על פי ד׳ אופנים הללו.

כי אם תקח, למשל, איזה פרט בעולם הבריאה, הרי יש שם כלים, שהם גוון האדום, שאור הבריאה, עובר על ידו, לבני הבריאה, כנ״ל. והנה הכלי שבבריאה, שהוא צבע האדום, הוא בחי׳ חומר, או עצם, דהיינו אופן הא׳. ואע״פ, שהוא רק צבע, שענינו מקרה וגילוי פעולה שבעצם, מ״מ כבר אמרנו, שאין לנו השגה במהות עצמו, אלא רק בגילוי

פעולה מהמהות. ואת הגילוי פעולה הזה, אנו מכנים בשם עצם, או חומר, או גוף, או כלי, כנ"ל באות י"ג. ואור אלקי, המתלבש ועובר דרך הגוון אדום, הוא הצורה המלובשת בהעצם, דהיינו אופן הב׳. כי ע"כ נראה האור עצמו, בבחינת אור אדום, שיורה על התלבשותו והארתו, דרך העצם, שהוא בחינת הגוף והחומר כנ"ל, דהיינו הגוון אדום.

ואם אמנם, תרצה להפשיט האור האלקי מהעצם, שהוא הגוון אדום, ולדון בו, כשהוא לעצמו, בלי התלבשות בעצם. הרי זה כבר שייך לאופן הג׳, דהיינו צורה מופשטת מחומר, העלולה לקבל טעויות, כנ"ל. ולפיכך, הוא איסור חמור, בהשכלת העולמות העליונים. ושום מקובל אמיתי, לא יעסוק בזה, ומכ"ש בעלי הזהר. ואצ"ל, ב"מהות" של הפרט דבריאה, שהרי אין לנו תפישא בה כל עיקר, אפילו במהות של עצמים הגשמים, מכ"ש בעצמים הרוחנים.

הרי, שיש לפניך, ד׳ אופנים:

א. הכלי דבריאה, שה"ס גוון אדום, הנבחן לעצם או חומר של הבריאה.

ב. התלבשות אור אלקי בהכלי דבריאה, שהוא צורה בעצם.

ג. אור האלקי, כשהוא לעצמו, במופשט מהעצם דבריאה.

ד. מהות של הפרט.

והנה נתבאר היטב, גדר הא׳: שמב׳ האופנים ג׳ וד׳, אין מהם אפילו מלה אחת בכל הזהר, אלא רק ממובן הא׳ והב׳ בלבד.

יז) ויחד עם זה, יתבאר גדר הב׳. ודע, שכמו שבארנו ד׳ האופנים בפרט א׳, בעולם הבריאה בלבד, כן הם בדרך כלל, בכללות ד׳ עולמות אבי"ע, אשר:

ג׳ גוונים, **אדום ירוק שחור**, שבג׳ עולמות בי"ע, הם בחינת החומר, או העצם.

וגוון **לבן**, שהוא בחינת עולם האצילות, הוא הצורה המתלבשת בהחומר, דהיינו בג׳ גוונים, הנקראים בי"ע.

ובחינת א"ס, כשהוא לעצמו, ה"ס המהות.

והוא, שאמרנו בגדר הא׳, שבבחינת המהות, אין לנו תפיסה, שהוא אופן הד׳, הנעלם בכל העצמים, ואפילו בהעצמים שבעוה"ז (כנ"ל באות י"ב).

ובחינת גוון לבן, כשהוא לעצמו, בלתי מלובש בג׳ גוונין שבבי"ע, דהיינו אור החכמה, כשאינו מתלבש בבינה תפארת ומלכות, הרי היא צורה מופשטת מחומר, שאין לנו עסק בו. ואין הזהר מדבר מאופן הזה ולא כלום, אלא:

מאופן הא׳, שהוא ג׳ גווני בי"ע, הנחשבים לחומר, שהם ג׳ הספירות בינה ת"ת ומלכות.

וכן **מאופן הב׳**, שהם הארת אצילות, המלובש בג׳ גווני בי"ע, דהיינו אור החכמה, המתלבש בבינה ותפארת ומלכות, שהם בחינת צורה, בעת שמלובשת בהחומר.

מב׳ הללו עוסק ספר הזהר בכל המקומות.

ולפיכך, אם המעיין לא יזהר, להגדיר מחשבתו והבנתו, להשכיל דברי הזהר, בכל מקום, רק בגדרם של ב׳ האופנים הנזכרים, מיד יתבלבל לו כל הענין, כי יוציא הדברים ממשמעותם.

יח) וכדרך, שנתבארו ד׳ האופנים בכללות אבי"ע, כן הוא בכל עולם ועולם. ואפילו בפרט קטן, שמאיזה עולם, הן בראש עולם אצילות, והן בסוף עולם עשיה. כי יש בו חו"ב תו"מ, כנ"ל. ונמצא:

א. ספירת החכמה לבחינת צורה,

ב. ובינה ותו"מ לבחינת החומר, שבהם מתלבשת הצורה.

והיינו, אופן הא׳ והב׳, שבהם עוסק הזהר. אבל מספירת החכמה, כשהיא מופשטת מבינה ותו"מ, שהוא צורה בלי חומר, אין הזהר עוסק בו. ומכ"ש מהמהות, שהוא בחינת א"ס ב"ה, שבאותו הפרט.

באופן, שבבינה ותפארת ומלכות, שבכל הפרטים, ואפילו באצילות, יש לנו עסק בהם כנ"ל. ובכתר וחכמה של כל הפרטים, ואפילו במלכות דסוף עשיה, אין לנו עסק בהם, בבחינתם עצמם, כשהם מופשטים, אלא במדה שמתלבשים בבינה ותו"מ בלבד.

והנה נתבארו היטב ב׳ הגדרים הראשונים: שכל העסק של בעלי הזהר, הוא בחומר, או

צורה בחומר, שזהו גדר הא'. וכן בבי"ע או בהארת אצילות שבבי"ע, שזהו גדר הב'.

יט) ועתה נבאר גדר הג': שאע"פ, שהזהר עוסק בכל עולם ועולם, מבחינת הספירות, שהן האלקיות, המאירה באותו עולם, וכן מכל פרטי דצח"מ, שהם הנבראים שבאותו עולם, מ"מ עיקר כונת הזהר, קולעת רק אל בחינת המדבר שבאותו עולם.

ואמשיל לך מהויות שבעוה"ז. כי נתבאר לעיל (בהקדמה [לספר הזהר] אות מ"ב), אשר ד' המינים, דומם צומח חי מדבר, שבכל עולם ועולם, ואפילו בעוה"ז, הם ד' חלקי הרצון לקבל. ובכל אחד מהם, יש בערכו עצמו, אלו הד' מיני דצח"מ. עש"ה.

ותמצא, שהאדם בעוה"ז, צריך להזין ולהתגדל, מכל ד' בחינות דצח"מ שבעוה"ז. כי גם מזונותיו של האדם, יש בו אלו ד' בחינות, הנמשכים מד' בחינות דצח"מ, שבגופו של אדם, שהם:

א. רוצה לקבל, לפי מדת קיומו ההכרחי, בכדי להתקיים,

ב. רוצה בתוספת, יותר ממדת קיומו ההכרחי, ושואף למותרות, אלא שמצטמצם בתאות בהמיות בלבד,

ג. שואף לתאות אנושיות, כגון כבוד וממשלה,

ד. שואף למושכלות.

והם נמשכים לו, בד' חלקי הרצון לקבל שבו:

א. רוצה בקיומו ההכרחי, הוא בחינת הדומם של הרצון לקבל,

ב. רוצה בתאות הבהמית, הוא בחינת צומח של הרצון לקבל, כי אינם באים, אלא להגדיל ולענג את הכלי שלו, שהוא בשר הגוף,

ג. רוצה בתאות אנושיות, הוא בחינת החי שברצון לקבל, כי המה מגדילים רוחו,

ד. רוצה במושכלות, הוא בחינת המדבר של הרצון לקבל.

כ) ותמצא:

שבחי"א, שהיא מדת קיומו ההכרחי,

ובחי"ב, שהיא מדת תאוות הבהמיות, היתרות על מדת קיומו, הוא מקבל וניזון מדברים הנמוכים ממנו, שהם דומם וצומח וחי.

אבל **בחי"ג**, שהיא תאוות אנושיות, כגון ממשלה וכבוד, הוא מקבל וניזון מבני מינו השוים אליו.

ובחי"ד של המזונות, שהיא המושכלות, הוא מקבל וניזון מבחינה עליונה ממינו, דהיינו מעצם החכמה והשכל, שהם רוחניים.

כא) וכמוהו, תשכיל בערכים של העולמות העליונים הרוחניים. כי העולמות נחתמים זו מזו, ממעלה למטה. וכל בחינות דצח"מ, שבעולם הבריאה, מניחים חותמם בעולם היצירה. ומדצח"מ היצירה, נחתמים דצח"מ דעשיה. ומדצח"מ דעשיה, נחתמים דצח"מ, שבעוה"ז.

ונתבאר לעיל בהקדמה [לספר הזהר] אות מ"ב:

א. שהדוממים, שבעולמות הרוחניים, מכונים בשם **"היכלות"**,

ב. והצומח, מכונה שם בשם **"לבושים"**,

ג. והחי, בשם **"מלאכים"**,

ד. והמדבר, הוא בחינת **"נשמות"** של האדם, שבאותו עולם,

ה. והע"ס, שבכל עולם, הם **האלקיות**, עש"ה.

ונשמות האדם, הן המרכז שבכל עולם. והוא ניזון, מכל המציאות הרוחני, שבאותו עולם, כדרך המדבר הגשמי, הניזון מכל המציאות הגשמי שבעוה"ז. באופן:

שבחי"א, שהוא הרצון לקבל את קיומו ההכרחי, הוא מקבל מהארת היכלות והלבושים אשר שם,

ובחי"ב, שהוא מותרות בהמיות, המגדילים את גופו, הוא מקבל מבחינת המלאכים, אשר שם (ועי' תקו"ז תקון ס"ט דף ק"ה שורה ל"ב), שהן הארות רוחניות, מיותרות על מדת קיומו, כדי להגדיל את הכלים הרוחנים, שנשמתו מתלבשת בהם.

הרי שבחי"א ובחי"ב, מקבל הוא מבחינות נמוכות הימנו, שהם ההיכלות הלבושים והמלאכים, אשר שם, שהם נמוכים מנשמות בני אדם.

ובחי"ג, שהיא תאוות אנושיות, שהן

מגדילות את רוחו של האדם, המקבל בעוה"ז מבני מינו.

נמצא, מקבל שם ג"כ מבני מינו, דהיינו מכל הנשמות, הנמצאות באותו העולם, שעל ידיהן מגדיל הארת הרוח של נשמתו.

ובחי"ד של הרצון, דהיינו למושכלות, הוא מקבל שם מהספירות שבאותו עולם, שמהן מקבל בחינת חב"ד לנשמתו.

הרי, שנשמת האדם, שנמצאת בכל עולם ועולם, צריכה להתגדל ולהשתלם, מכל הבחינות הנמצאות בעולם ההוא. והוא הגדר הג' שאמרנו, שצריכים לידע, שכל דברי הזהר, בכל פרט ופרט מהעולמות העליונים, שעוסקים בהם, הן מספירות, הן מנשמות, הן ממלאכים, הן מלבושים, הן מהיכלות, אע"פ שעוסקים בהם, כשהם לעצמם, מכל מקום, מחוייב המעיין להשכיל, שהם נאמרים בעיקר כלפי השיעור, שבחינת נשמת האדם אשר שם, מקבלת מהם וניזונה מהם. באופן, שכל דבריהם מרוכזים בצרכיה של הנשמה. ואם תשכיל הכל על פי קו הזה, אז תבין ותצליח את דרכיך.

כב) ואחר כל אלה, נשאר לנו לבאר, את כל אלו תוארים הגשמיים, המתבארים בספר הזהר, בעשר הספירות כמו: מעלה ומטה, עליה וירידה, התמעטות והתפשטות, קטנות וגדלות, פירוד וזווג, ומספרים, וכדומה, אשר התחתונים, על ידי מעשיהם הטובים, או מעשיהם הרעים, גורמים בעשר ספירות.

שלכאורה הדברים מתמיהים: היתכן, שהאלקיות תתפעל בעצמה ותקבל שינוים, כגון אלו בסבת התחתונים? ואפילו אם תמצא לומר, שאין הדברים אמורים ח"ו באלקיות עצמה, המתלבשת ומאירה בהספירות אלא, רק בכלים של הספירות, שהם אינם אלקיות, אלא שנתחדשו עם בריאת הנשמות, בכדי להעלים או לגלות שיעורי השגה, במדה וקצבה כראוי לנשמות, להביאם לגמר התיקון הנרצה.

כנ"ל אות ז', במשל האספקלריא, שיש לה ד' זכוכיות צבועות, בד' גוונים לבן, אדום, ירוק, שחור. וכן בלבן שבספר, והחומר האותיות שבספר. הרי כל זה, יתכן בג' העולמות בי"ע, ששם נמצאים הכלים של הספירות, מחודשים ואינם אלקיות. מה שלא יוצדק כלל, להבין זה בעולם האצילות, ששם גם הכלים של העשר ספירות, אלקיות גמורה, בבחינה אחת עם האור האלקי שבהם, כמ"ש בתקונים: "איהו חיוהי וגרמוהי חד בהון":

א. איהו, פירושו, מהות הספירות, שה"ס א"ס ב"ה.

ב. חיוהי, ה"ס אור המאיר בהספירות, המכונה בשם "אור החיה", כי כל עולם האצילות הוא בחינת חכמה, ואור החכמה נקרא "אור החיה", וע"כ אומר "חיוהי".

ג. וגרמוהי, פירושו, הכלים של הספירות.

ד. הרי, שהכל הוא אלקיות ואחדות גמורה. וא"כ, איך יתכן להבין שם, אלו השינויים הנ"ל, שהתחתונים גורמים שם? ויחד עם זה צריכים להבין: אם הכל הוא אלקיות, בעולם ההוא, ולא נמצא שם כלום מבחינת נבראים המחודשים, א"כ מאין יש להבחין, ג' בחינות האמורים בת"ז: איהו, חיוהי, וגרמוהי, הלא האחדות פשוטה היא בהחלט?

כג) ולהבין זה צריך שתזכור, המתבאר לעיל באות י"ז, שנתבאר: **שעצם מחויב המציאות, ה"ס מהות.** שאין לנו תפיסה בו, אפילו במהותים הגשמים, ואפילו במהותנו עצמנו, ומכ"ש במחויב המציאות.

ועולם האצילות, ה"ס צורה.

וג' עולמות בי"ע, ה"ס חומר.

והארת אצילות בבי"ע, ה"ס צורה המלובשת בחומר.

ומכאן תבין, שהשם א"ס ב"ה, שאנו מזכירים, אינו כינוי כלל למהות מחויב המציאות ית' וית', שהרי "כל מה שלא נשיג, איך נוכל להגדירו בשם או מלה". וכיון שהדמיון וחמשה חושים, לא יציעו לנו משהו מבחינת מהות, ואפילו בגשמיות, איך תתכן מחשבה ומלה בו, ומכ"ש במחויב המציאות עצמו?

אלא צריכים להבין, את השם א"ס ב"ה, כמגודר לנו בגדר הג': שכל המדובר בספר הזהר, הוא מרוכז בדיוק ביחס כלפי הנשמות (כנ"ל באות כא). באופן, שהשם א"ס ב"ה, אינו כלל לבחינת מחויב המציאות, כשהוא

לעצמו, אלא מבחינת, מה שכל העולמות וכל הנשמות, כלולים בו ית', בסוד מחשבת הבריאה, בבחינת "סוף מעשה במחשבה תחילה", שהוא הקשר, שכל הבריאה בכללה, עד גמר התיקון, מקושרת בו ית' בשם א"ס ב"ה.

והוא, מה שאנו מכנים, לעיל בהקדמה [לספר הזהר], אות י"ג, בשם מצב הא' של הנשמות. להיות, שכל הנשמות, יש להן מציאות בו ית', כשהן מלאות בכל העונג והרוך, בגובה הסופי, אשר יקבלו בפועל בגמר התיקון. עש"ה, ואין להכפיל דברים.

כד) ואמשול לך משל, מהויות עוה"ז. למשל, אדם, הרוצה לבנות בית נאה:

הנה, במחשבה ראשונה, הוא רואה לפניו, בית מהודר בכל חדריו ופרטיו וכו', כמו שיהיה בגמר בנינו.

ואחר זה, הוא מחשב תכנית, ההוצאה לפועל לכל פרטיה, שהוא יפרט אותם, אל הפועלים, כל פרט בעתו וזמנו, מעצים ואבנים וברזל וכדומה.

ואחר זה, הוא מתחיל בנין הבית, בפועל עד הגמרו, כמו שהיה מסודר לפניו במחשבה ראשונה.

ותדע, שבחינת א"ס ב"ה, ה"ס מחשבה ראשונה הנ"ל, שהיתה כבר מצוירת לפניו, כל הבריאה בשלמותה הסופית.

אלא, שאין המשל דומה לגמרי לנמשל: כי אצלו ית', העתיד וההוה שוים, והמחשבה גומרת בו ית', ואינו צריך לכלי מעשה כמונו. ולפיכך, הוא בו ית' מציאות ממשית.

ובחינת עולם אצילות, ה"ס כמו התכנית המחשבתית בפרטיה, מה שיוצרך אח"כ לגלות, בעת שיתחילו לבנות הבית בפועל.

ותשכיל, אשר ב' אלה, שהן המחשבה הראשונה, שהוא א"ס ב"ה, וכן התכנית המחשבתית, של פרטי ההוצאה לפועל בזמנו, אין עוד שם, אפילו משהו מן המשהו, מבחינת הנבראים. שהרי עדיין הוא בכח, ולא בפועל ממשי.

כמו אצל האדם, אע"פ שחושב בכל הפרטים, מעצים ואבנים וברזל, אשר יוצרך לעשות, בזמן ההוצאה לפועל. עוד אין בו, אלא חומר מחשבתי עצמותי. ואין בו מעצים ואבנים ממשיים, אפילו משהו ממשהו. וכל ההפרש הוא, אשר אצל האדם, אין תכנית המחשבתית, נחשבת למציאות ממשית. אבל במחשבה האלקיות, הוא מציאות ממשית, לאין ערך יותר ויותר ממציאות הנבראים, הממשים עצמם.

והנה נתבאר, סוד א"ס ב"ה, וסוד עולם האצילות. שכל המדובר בהם, הוא רק בקשר עם בריאת הנבראים, אלא בעוד שהם בכח, ועוד לא נגלו עצמותם אפילו משהו. כעין שהמשלנו באדם, החושב תכנית ההוצאה לפועל, שאין בו מעצים ואבנים וברזל אפילו משהו.

כה) וג' העולמות בי"ע ועוה"ז, הם בחינת ההוצאה מכח אל הפועל. כעין האדם, הבונה ביתו בפועל ממש, ומביא העצים האבנים והפועלים, עד גמר בנין הבית.

ולפיכך, האלקיות המאירה בבי"ע. דהיינו, בשיעור שהנשמות צריכות לקבל, כדי שתבאנה אל הגמרן, היא מתלבשת בעשרה הכלים כח"ב חג"ת נהי"מ, שהם כלים ממשים, כלפי אלקותו ית'. דהיינו, שאינם אלקיות, אלא הם מחודשים, לצורך הנשמות.

כו) ותשכיל בהמשל הנ"ל, ותמצא, איך ג' הבחינות, של החושב לבנות בית, הן מקושרות זו בזו, בדרך סבה ומסובב. ששורש כולן הוא, המחשבה הראשונה, כי לא יבוא שום פרט, בתכנית המחשבתית שלו, אלא לפי סוף המעשה, שיצא לפניו במחשבה ראשונה. וכן, לא יוציא לפועל משהו, בזמן הבנין, אלא לפי הפרטים, הערוכים לו בתכנית המחשבתית.

ומכאן תשכיל בעולמות. שאין שום חידוש קטן בעולמות, שלא יהיה נמשך מא"ס ב"ה. דהיינו, מבחינת מצב הא' של הנשמות, שהן מצויות שם, בכל שלמותן שבגמר התיקון, בבחינת "סוף מעשה במחשבה תחילה", כנ"ל. ונמצא, כלול שם, כל מה שיתגלה, עד גמר התיקון.

ומתחילה, נמשך מא"ס ב"ה, אל עולם האצילות, כבמשל, שתכנית המחשבתית, נמשכת מהמחשבה הראשונה. ומעולם האצילות נמשך, כל פרט ופרט, אל העולמות בי"ע. בדומה

למשל, שמתכנית המחשבתית, נמשכים כל הפרטים, בזמן יציאתם לפועל ממש, בבנין הבית.

באופן, שאין לך כל פרט קטן, המחודש בעוה"ז, שלא יהיה נמשך מא"ס ב"ה, מבחינת מצב הא' של הנשמות. ומא"ס ב"ה, נמשך אל עולם האצילות, דהיינו ליחס הפרטי, השייך לדבר, המחודש בעוה"ז בפועל.

ומעולם האצילות, נמשך החידוש, לג' העולמות בי"ע, ששם מתגלה החידוש, בפועל ממש. ויוצא שם מבחינת אלקיות לבחינת נברא.

וליצירה, ולעשיה. עד שנמשך לתחתון, הנמצא בעוה"ז.

והבן זה היטב, ותמשיל כל דבר, לנוהג בבנין הבית, אצל אדם גשמי. ואז תבין היטב. ונתבאר, שאין לך שום חידוש, שיתהוה בעולם, שלא יהיה נמשך משורשו הכללי, שבא"ס ב"ה. ומשרשו הפרטי באצילות. ואח"כ עובר דרך בי"ע, ומקבל בחינת נברא. ואח"כ הוא מתהוה בעוה"ז. ותשכיל זה היטב.

כז) ועם זה תבין, שכל השנויים האלו, המתוארים בעולם האצילות, אינם נאמרים בהאלקיות, כשהוא ית' לעצמו, אלא רק כלפי הנשמות, בשעור שמקבלות מאצילות, דרך ג' העולמות בי"ע. וענין המציאות של העולם ההוא, הוא ביחס התכנית המחשבתית, אל מחשבה הראשונה, שהוא א"ס ב"ה.

אבל בשניהם, הן בא"ס ב"ה והן בעולם אצילות, עוד אינו נמצא שם מבחינת נשמות כלום. כמו בתכנית המחשבתית, של אדם החושב בו, שאינו נמצא במוחו, משהו מעצים ואבנים וברזל הממשים.

ומציאות הנשמות מתחילה להתגלות בעולם הבריאה. ומשום זה גם הכלים של ע"ס, שהם המודדים שיעור וקצבה אל הנשמות בפועל ממש, המה בהכרח אינם אלקיות, אלא מחודשים. כי באלקיות, לא יתכן כלל שינוים ומספר.

ולפיכך, אנו מיחסים, לכלים של הע"ס שבבי"ע, ג' הגוונים: אדום, ירוק, שחור. שלא יתכן אפילו להרהר, שיהיו בחינת אלקיות. כי אין ח"ו שום חידוש דבר נוהג בו. אבל האור, המלובש בעשרה כלים שבבי"ע, הוא אלקיות ואחדות פשוטה, בלי שום שינוי משהו. ואפילו האור, המלובש בכלי התחתון שבעשיה, הוא אלקיות פשוטה, בלי שום שנוי ח"ו. כי האור הוא אחד, כשהוא לעצמו. וכל השינוים, שנעשו בהארתו ית', נעשו על ידי הכלים של הספירות, שאינם אלקיות. שיש להם, בדרך כלל, ג' גוונים האמורים. ובדרך פרט, נעשו מג' גוונים ההם, רבי רבבות שינוים לאין קץ.

כח) אמנם ודאי, הכלים של ע"ס דבי"ע, מקבלים מאצילות, כל הפרטים ופרטי פרטים של השינוים, שהרי שם הוא בחינת התכנית המחשבתית, מכל הפרטים, שיבואו בסדרים, של בנין הבית, בפועל בבי"ע. ולפיכך, נבחן שהכלים דע"ס, חו"ב תו"מ שבבי"ע, מקבלים מהבחינה שכנגדן, מחו"ב תו"מ שבאצילות, דהיינו מבחינת תכנית המחשבתית אשר שם, להיות כל פרט מהוצאה לפועל, מסובב מכל פרט שבתכנית המחשבתית, כנ"ל בארוכה.

ולפיכך, מבחינה זו, אנו מכנים את הכלים דאצילות, בשם צבע לבן, שאינו כלל צבע. ומ"מ הוא המקור לכל הצבעים. ובדמיון הלבן שבספר החכמה. שאע"פ שאין שום תפיסא בלבן שבו, והלבן שבספר אינו אומר לנו כלום, מ"מ הוא הנושא של כל ספר החכמה, כי הוא המאיר מסביב כל אות, ובתוכיותה של כל אות, ונותן לכל אות צורה המיוחדת לה, ולכל צרוף מקום מיוחד.

באופן, שאפשר לומר להיפך, אשר בחומר האותיות, האדומות, או ירוקות, או שחורות, אין לנו שום תפיסא. וכל התפיסא וההשכלה, שאנו משכילים, בחומר האותיות של הספר, הוא רק על ידי הלבן שבו. כי ע"י הארתו, מסביב האות ובתוך כל אות, הוא עושה צורות בהן, שהצורות הללו מגלות לנו, את כל החכמה שבהספר.

וזהו נמשל להע"ס דאצילות: אע"פ שלהיותן נמשלות לצבע לבן, לא יתכן בהן להכיר שום דבר, לא מספר, ולא שום שינוי, וכדומה מהתוארים, מ"מ בהארת הלבן, אל העולמות בי"ע, שהם ג' הגוונים של חומר

האותיות, נמצאים כל השינוים באים בהכרח, מעשרת הכלים של ספירות דאצילות, אע"פ שאין שם כלים, כשהוא לעצמו, כי כולו לבן. כהמשל, בהלבן שבספר ביחס האותיות וצרופיהן. כי הארתו לבי"ע עושה בהם כלים.

כט) ומהמבואר תבין, מה שהת"ז, מחלק את עולם האצילות לג' בחינות, שהן:

א. איהו,

ב. חיוהי

ג. וגרמוהי.

אע"פ ששם אחדות פשוטה, ואין שם מבחינת נבראים משהו. כי:

"איהו" - פירושו האלקיות, כמו שהוא לעצמו, שבזה אין לנו תפיסא, ולא ניתן לתפיסא, כמו שנתבאר בכל המהותים, אפילו הגשמיים, כנ"ל באות י"ב.

ו"גרמוהי" - פירושו עשרה הכלים, חו"ב תו"מ אשר שם, שהמשלנו אותם ללבן שבספר החכמה. שאפילו מספר, לא יתכן לומר בלבן, כי אין מה שיעשה שם מספר, כי כולו לבן. ומ"מ, לא בלבד שאנו נותנים בהם מספר, אלא כל מיני רבבות השינוים, שמתגלים בבי"ע, שהם בחינת חומר האותיות, אנו מוצאים אותם מקודם, בכלים חו"ב תו"מ שבאצילות עצמה. אמנם, רק כדרך הלבן, שהוא נותן כל צורות אותיות שבהספר, ובו עצמו אין שום צורה. ונמצא, הלבן נחלק לרבבות צורות, אע"פ שבו עצמו אין שום צורה. כן עשרה הכלים שבאצילות, מפורטים ברבבות שינוים, על פי הארתם בבי"ע, כדוגמת התכנית המחשבתית, היוצאת לפועל במלאכה הממשית, שבבנין הבית. באופן, שכל אלו השינוים, היוצאים לפועל בבי"ע, הם רק מהארת הכלים דע"ס, חו"ב תו"מ דאצילות. ומיחס המקבלים בבי"ע, אנו מוצאים בהלבן, רבבות שינוים. ומיחס אצילות עצמו, הוא כמו לבן, כשהוא לעצמו, ואינו מלובש בדיו שבאותיות, שאינו נמצא בו שום מספר ושום דבר. ונתבאר היטב סוד "גרמוהי", שהם הכלים, שכלפי עצמם, הם אחדות פשוטה, כמו "איהו".

ל) ו"חיוהי" - פירושו האור, המלובש בתוך הלבן, שהוא הכלים, הנ"ל. אשר אור זה, מובן לנו גם כן רק כלפי הנשמות, המקבלות מאצילות, ולא ח"ו באלקיות כלפי עצמה, כי ה"ס "איהו", כנ"ל. דהיינו, בעת, שג' עולמות בי"ע עולים לאצילות, עם נשמות בני אדם - אז האור, שמקבלים שם, נבחן לבחינת אור החכמה, הנקראת "אור החיה".

ומבחינה זו, אנו מכנים שם את האור בשם "חיוהי". וז"ש הת"ז: "דאיהו, חיוהי וגרמוהי חד בהון". כי כל אלו, ג' הבחינות אמורות, כלפי המקבלים. שבחינת "גרמוהי", היא הארת הכלים במקום בי"ע, שמתחת הפרסא דאצילות. כי אור אצילות, לא יעבור לעולם למטה מפרסא דאצילות, אלא רק הארת הכלים בלבד.

ובחינת "חיוהי", היא הארת אור עצמו דאצילות, דהיינו כשבי"ע עולים לאצילות.

ו"איהו" ה"ס מהות האלקיות, שאינה מושגת כלל, כנ"ל.

ואומר הת"ז, שאעפ"י שלנו, המקבלים, יש להבחין ג' בחינות הללו באצילות, מ"מ הרי זה רק כלפי המקבלים. אמנם, מבחינת עולם אצילות, כשהוא לעצמו, אפילו "גרמוהי" היא בחינת "איהו", דהיינו מהות האלקיות. ואין משום זה, תפיסה כלל בעולם אצילות, כשהוא לעצמו, שה"ס צבע לבן, שאין בו תפיסא, כשהוא לעצמו. והכל שם אחדות פשוטה לגמרי.

לא) ומה שהזהר מתאר את הכלים, חו"ב תו"מ באצילות, שהם גדלים או מתמעטים, ע"י מעשה בני אדם, וכן מצינו בזהר (בא ד"ג): "ישראל וכו' יהבין [נותנים] תוקפא וחילא לקוב"ה", שהמשמעות היא, בהאלקיות, כשהיא לעצמה - אינו ח"ו כפשוטו, כי אלקיות לא יתכן בה שום שינוי ח"ו, כמ"ש: "אני הויה לא שניתי וגו'".

אלא, מתוך שמחשבת הבריאה היתה, להנות לנבראיו, מכאן אנו למדים, שיש לו רצון להשפיע. ומתוך, שאנו מוצאים בעוה"ז, שהמשפיע מתגדל בקורת רוחו, בעת שמתרבים המקבלים ממנו, והוא מתאוה לריבוי המקבלים, הנה מבחינה זו, אנו אומרים, שהמוחין מתגדלים באצילות, בעת שהתחתונים זוכים

לקבל השפעת האצילות, או שמפרנסים אותו. וכן להיפך, בעת שאין התחתונים כדאים לקבל שפעו, נמצאים המוחין בשיעור הזה, כמו שמתמעטים. כלומר, שאין מי שיקבל מהם.

לב) ותדמה זה אל נר: שבין אם תדליק ממנו, אלף אלפי רבי רבבות נרות, או לא תדליק ממנו כלום, לא תמצא מחמת זה, שום שינוי באפס מה, בנר עצמו.

או, כמו אדם הראשון: בין אם יצאו ממנו, רבי רבבות בנים כמונו היום, ובין אם לא היה מוליד כלל, לא היה פועל זה, על אדם הראשון עצמו, שום שינוי משהו.

כן עולם האצילות, כשהוא לעצמו, אין בו ח״ו שום שינוי משהו, בין אם התחתונים מקבלים הימנו, שפעו בשפע גדול, ובין שאינם מקבלים כלום הימנו. וכל הגדלות האמורה, רובצת רק על התחתונים בלבד.

לג) אמנם לפי״ז, לשם מה היה להם, לבעלי הזהר, לתאר את כל השינויים האלה, בעולם האצילות עצמו? היה להם לומר במפורש, רק כלפי המקבלים שבבי״ע, ולא להרבות דברים כל כך באצילות, שנצטרך לתרץ עליהם תירוצים?

אכן, יש בזה סוד נמרץ מאד ומאד. והוא ״סוד, וביד הנביאים אדמה״ (הושע י״ב). כי באמת, יש בזה חפץ אלקי, שאלו הדימוים, המתפעלים רק בנשמות המקבלים, יתראו אל הנשמות, כמו שהוא ית׳ עצמו משתתף עמהם, כדי להגדיל ביותר את השגת הנשמות.

בדומה לאב, המצטמצם, להראות לבנו יקירו הקטן, בפנים של צער ובפנים של נחת, אע״פ שאין בו, לא מן הצער ולא מן הנחת כלום, אלא עושה זאת, רק להפעיל את בנו החביב, ולהרחיב הבנתו, בכדי להשתעשע עמו. ורק אחר שיגדל, ישכיל וידע, שכל מה שעשה אביו, לא היה בו שום ממשיות יותר, אלא רק בכדי להשתעשע עמו.

כן הוא בענין אשר לפנינו: אע״פ, שכל אלו הדימוים והשינוים, מתחילים רק בהתפעלות הנשמות, ובהם הם מסתיימים, מ״מ בחפץ אלקי, מתדמה להם, כאלו הם נראים בו ית׳ עצמו. ועושה ית׳ וית׳ זה, בכדי להרחיב ולהגדיל את השגתן של הנשמות, במדה הגדושה ביותר, שהוא בכלל מחשבת הבריאה, בכדי להנות לנבראיו.

לד) ואל תתמה על זה, כי כמנהג הזה תמצא, גם כן בהשגתנו הגשמית. כי למשל, חוש הראיה שלנו, שאנו רואים לפנינו, עולם גדול ענקי, וכל מלואו הנהדר. הרי באמת, אין אנו רואים כל זה, אלא רק בפנימיותנו עצמה. כלומר, במוח האחורי שלנו, יש שמה, כעין מכונה פאטאגרפית [צילום photographic], המציירת לנו שמה, כל הנראה לנו, ולא כלום מחוץ לנו.

ועל כל זה עשה ית׳ לנו, שם במוחנו, כעין ראי מלוטש, המהפך לנו כל דבר הנראה שם, שנראה אותו מחוץ למוחנו, מול פנינו. ואעפ״כ, מה שאנו רואים, מחוץ לנו, אינו ענין אמיתי, מ״מ כמה יש לנו להודות, להשגחתו ית׳ וית׳, שעשה במוחנו את הראי המלוטש הזה, לאפשר לנו לראות ולהשיג, כל דבר מחוץ אלינו. כי בזה, נתן בנו כח, להשכיל כל דבר, בדעת ובהשגה ברורה, למדוד כל דבר, מבפנים ומבחוץ וכדומה. ולולא זה, היתה נעדרת לנו מרבית השכלתנו.

כן הדבר בחפץ אלקי, במושכלות האלקיות, אע״פ שכל אלו השינוים, נעשים בפנימיות הנשמות, המקבלות, מ״מ הן רואות, את הכל, במשפיע עצמו. כי רק בדרך הזה, הן זוכות לקבל, כל המושכלות וכל הנועם, שבמחשבת הבריאה.

וכמו כן, תשפוט מהמשל הנ״ל: אע״פ שבפועל, אנו רואים, הכל ממול פנינו, מ״מ, כל בעל שכל יודע בברור, שכל הנראה לנו, אינו אלא בפנימיות מוחנו בלבד.

כן הנשמות, אע״פ שכל הדימוים, הן רואות במשפיע, מ״מ, אין להן ספק משהו, שכל אלו הם רק בפנימיותן עצמן, ולא כלום במשפיע. ודוק בדברים, כי אין בכחי להרחיבם יותר.

לה) ומתוך, שאלו הדברים, הם מדברים העומדים בכבשונו של עולם, ואני חושש מאד, שהמעיין לא יטעה בתפישתם, כדאי לי לטרוח, עוד ולהביא את לשון הזהב של הזהר עצמו,

בדברים הללו, ולפרש כפי יכולתי.

וז"ל (פרשת בא, אות רט"ו וברע"מ) בסגנונו הזך:

ואי יקשה בר נש, דהא כתיב, כי לא ראיתם כל תמונה - ואם יקשה אדם: "הרי כתוב בתורה, כי לא ראיתם כל תמונה". ואיך אנו דורשים בו ית', שמות וספירות?

איהו יתרץ ליה, האי תמונה חזינא, דהא כתיב, ותמונת ה' יביט - הוא יתרץ לו, שתמונה זו ראיתי, כעין שכתוב: "ותמונת ה' יביט". שפירושו, ספירת המלכות, שבה משתרשים כל העולמות והנשמות, להיותה שורש כל הכלים. ובסוד המקבלים ממנה, שמחויבים להשיג הכלים ממנה, הרי נבחנת להם כתמונה, שעליה נאמר: "ותמונת ה' יביט". כמו שמבאר והולך.

ואפילו האי תמונה, לית ליה באתריה, אלא כד נחית לאמלכא על בריין, ויתפשט עלייהו, ויתחזי לון לכל חד, כפום מראה וחזיון ודמיון דלהון, והאי איהו, וביד הנביאים אדמה - ואפילו תמונה זו, שאנו מכנים בספירת המלכות, אין זו במקומה כלפי עצמה ח"ו, אלא רק כשאור המלכות, יורד ומתפשט על הבריות, אז יראה אליהם, לכל אחד ואחד, כפי המראה והחזיון והדמיון שלהם. דהיינו, רק בבחינת המקבלים, ולא כלל בספירת המלכות כלפי עצמה. וזה הוא שכתוב: "וביד הנביאים אדמה".

ובגין דא יימא איהו, אע"ג דאנא אדמה לכו בדיוקנייכו, אל מי תדמיוני ואשוה - ומשום זה, יאמר להם הקב"ה: "אע"פ, שאני מתדמה לכם, בצורות שלכם, דהיינו בחזיון ודמיון, עכ"ז, ואל מי תדמיוני ואשוה".

דהא קדם, דברא קוב"ה דיוקנא בעלמא, וצייר צורה, הוה הוא יחידאי, בלא צורה ודמיון - שהרי, קודם שברא הקב"ה תמונה בעולם, ומטרם שצייר צורה, היה הקב"ה יחיד בעולם, בלא צורה ודמיון.

ומאן דאשתמודע ליה קדם בריאה, דאיהו לבר מדיוקנא, אסור למעבד ליה צורה ודיוקנא בעלמא, לא באות ה' ולא באות י', ואפילו בשמא קדישא, ולא בשום אות ונקודה בעלמא, והאי איהו, כי לא ראיתם כל תמונה - ומי שמשיגו ית' קודם מדרגת בריאה, שהיא בינה, שהוא ית' שם מחוץ לכל תמונה, אסור לדמות לו שם, צורה ותמונה בעולם, לא באות ה' ולא באות י', ואפילו לקרא אותו בשם הויה הקדוש, או באיזה אות ונקודה.

וזה שאומר הכתוב: "כי לא ראיתם כל תמונה". כלומר, שהכתוב "כי לא ראיתם כל תמונה", קאי על הזוכים להשיגו, למעלה ממדרגת הבריאה, שהיא בינה. כי בב' הספירות, כתר חכמה, אין שם בחינת צורה ודמיון כלל, שפירושו, כלים וגבולים, כנ"ל באות י"ח. ותחילת הכלים, מתחילים מספירת הבינה ולמטה. ולכן, כל הרמזים באותיות, או נקודות, או שמות הקדושים, אינם אלא מבינה ולמטה בלבד. וגם לא במקומם של הספירות עצמן, אלא כלפי המקבלים בלבד, כנ"ל אצל ספירת המלכות.

לו) (ולכאורה, נמצא בדבריהם, כעין סתירה. שהרי, מקודם לכן, אמרו, שרק מספירת המלכות, נמשכות הצורות אל המקבלים, שאומר **אלא כד נחית לאמלכא על בריין** וכו', שז"ס **וביד נביאים אדמה**. וכאן אומר שמבריאה ולמטה, דהיינו, מבינה ולמטה, נמשכות הצורות אל המקבלים.

והענין הוא, כי באמת, אין צורה ותמונה נמשכת, אלא מבחי"ד, שהיא המלכות. וממנה נמשכים הכלים, במקום המקבלים. ולא כלום מט' ספירות ראשונות, שהן כתר חכמה בינה תפארת, כמו שנתבאר בפתיחה לחכמת הקבלה, אות נ"ח.

אלא, בעולם התיקון, נעשה שיתוף מדת הרחמים בדין, שפירושו, שהעלה ספירת המלכות, הנבחנת למדת הדין, והביאה תוך ספירת הבינה, הנבחנת למדת הרחמים, כמ"ש בפתיחה לחכמת הקבלה, אות נ"ח. ולפיכך, מאז ואילך, נשרשו הכלים של המלכות בספירת הבינה, כמו שאומר כאן.

באופן, שהזהר מתחיל לדבר, משורש האמיתי של התמונות, שהן הכלים. ואומר, שהן במלכות. ואח"כ אומר, שהן בבריאה, היינו

מכח השיתוף, שנעשה לתיקון העולם. וכן אמרו חז"ל: "מתחילה ברא הקב"ה את העולם במדת הדין, ראה שאין העולם מתקיים, שיתף עמה מדת הרחמים".

ודע, שהע"ס כח"ב תו"מ, יש להן כינויים רבים בספר הזהר. דהיינו, לפי הוראותיהן המרובות. וכשהן מכונות בשם "כתר", "אצילות", "בריאה", "יצירה", "עשיה", - תהיה הוראתן להבחין, בין כלים דפנים, הנקראים "כתר" ו"אצילות", דהיינו "כתר" ו"חכמה", לבין כלים דאחורים, הנקראים "בריאה", "יצירה" ו"עשיה", דהיינו "בינה", "תפארת" ו"מלכות".

אשר הבחן הזה, יצא בהם, מכח השיתוף דמדת הדין במדת הרחמים, כמ"ש בפתיחה לחכמת הקבלה, באות קפ"ג. ומשום שהזהר, רוצה לרמז, ענין השיתוף של המלכות בבינה, לכן מכנה הזהר, לספירה הבינה בשם **בריאה**. כי מקודם שנעשה השיתוף הזה, לא היתה תמונה וצורה בבינה, ואפילו כלפי המקבלים, אלא רק במלכות לבדה).

לז) וממשיך שם: **אבל בתר דעביד, האי דיוקנא, דמרכבה דאדם עלאה, נחית תמן ואתקרי הוי"ה. בגין דישתמודעון ליה, במדות דיליה, בכל מדה ומדה** - אבל לאחר שעשה, אותה הצורה, של המרכבה דאדם העליון, ירד ונתלבש שם. והוא נקרא בו, בצורת ד' אותיות הוי"ה, דהיינו הע"ס, כח"ב תו"מ. כי קוצו של הי' הוא כתר, י' היא חכמה, ה' היא בינה, ו' היא תפארת, ה' אחרונה היא מלכות. בכדי שישיגו אותו ית', בדרך מדותיו, דהיינו הספירות, ובכל מדה ומדה שבו.

לח) ביאור הדברים: כי מבריאה ואילך, דהיינו מבינה, אחר שנשתתפה במדת הדין, שהיא מלכות, נמשכות התמונות והצורות אל המקבלים, שהן הנשמות. ולא ח"ו במקומה עצמה, אלא רק במקום המקבלים, כנ"ל. ואומר, שעשה אז, צורת המרכבה של אדם העליון, וירד ונתלבש בצורת אדם הזה.

כלומר, כי כל צורתו, של גופו, של אדם, בתרי"ג הכלים, אשר לו, נמשכים מן הכלים של הנשמה. כי יש להנשמה תרי"ג כלים, המכונים רמ"ח אברים ושס"ה גידים רוחניים, הנחלקים לה' חלוקות, ע"פ ד' אותיות הויה וקוצו של יוד:

א. הראש שלה, הוא בחינת כתר,

ב. ומפה עד החזה, הוא חכמה,

ג. ומחזה עד הטבור, הוא בינה,

ד. ומטבור עד סיום רגלין, הוא ב' הספירות תפארת ומלכות.

וכן התורה, בכללה, נבחנת בסוד פרצוף אדם, שה"ס רמ"ח מצות עשה, כנגד רמ"ח אברים, ושס"ה מצות לא תעשה, כנגד שס"ה גידין. ויש בה ה' חלוקות, שה"ס ה' חומשי תורה. וזהו המכונה **דיוקנא דמרכבה דאדם עלאה**, דהיינו אדם דבריאה, שהוא בינה, שממנה מתחילים אלו הכלים, להמשך במקומם של הנשמות.

ומכונה "אדם העליון". כי יש ג' בחינות אדם בספירות, דהיינו:

א. אדם דבריאה,

ב. אדם דיצירה,

ג. אדם דעשיה.

אמנם, בכתר וחכמה, אין שום תמונה כלל, שיתכן לכנותה באיזה אות ונקודה, או בד' אותיות הוי"ה, כנ"ל, ולפי שמדבר כאן, מעולם הבריאה. לפיכך מדייק לומר **אדם עלאה**. אמנם, תזכור תמיד דברי הזהר, שאין תמונות הללו, במקומן של הספירות, בינה ות"ת ומלכות, אלא רק במקומם של המקבלים. אלא, משום שאלו הספירות, משפיעים הכלים ולבושים ההם, **בגין דישתמודעון ליה במדות דיליה**, בכדי שהנשמות ישיגו אותו, על ידי האור, הנמשך להם, במדה וגבול, ע"פ תרי"ג האברים שלהם, לכן אנו מכנים גם למשפיעים, בשם "אדם". אמנם שם, הם רק בבחינת צבע לבן, כנ"ל באות ח', עש"ה.

לט) ולא יוקשה לך: הרי ד' אותיות הויה וקוצו של יוד, הן ה' כלים, כנ"ל. כי הכלים מכונים תמיד "אותיות". והן סוד ה' הספירות, כח"ב תו"מ, כנ"ל. הרי מפורש, שיש כלים גם בכתר וחכמה, שעליהם רומזים קש"י והיוד דהויה.

והענין הוא, כי מה שאומר, התמונות

והמדות, שהן הכלים, מתחילות מבריאה ולמטה, דהיינו בג' הספירות, בינה, ת"ת ומלכות בלבד, ולא בכו"ח, היינו מבחינת מהותן של הספירות.

אמנם נודע, שהספירות נכללות זו מזו, ויש ע"ס, כח"ב תו"מ בכתר. וכן כח"ב תו"מ בחכמה. וכן כח"ב תו"מ בבינה. וכן בת"ת, וכן במלכות. ולפי"ז נמצא, שבכל אחת מה' הספירות, כח"ב תו"מ, נמצאות ג' הספירות, בינה ותפארת ומלכות, שמהן באים הכלים.

ובזה תבין:

שקוצו של יוד, שה"ס הכלים דכתר, יורה על בינה ותו"מ, הנכללים בכתר.

והי' דהויה, שהיא כלי דחכמה, יורה על בינה ותו"מ, הנכללים בחכמה.

באופן, שבחינת כתר וחכמה, הנכללים אפילו בבינה וזו"ן, אין להם בחינת כלים. ובחינת בינה ותו"מ, הנכללים אפילו בכתר חכמה, נוהג גם בהם כלים.

ומבחינה זו, יש באמת, ה' בחינות אדם: כי הבינה ותו"מ, שבכל ה' הספירות, משפיעים בסוד מרכבה דאדם. ולפיכך:

א. יש אדם מבחינת כתר, ונקרא אדם קדמון.

ב. ויש אדם מבחינת חכמה, ונקרא אדם דאצילות.

ג. ואדם מבחינת בינה, ונקרא אדם דבריאה.

ד. ואדם מבחינת תפארת, ונקרא אדם דיצירה.

ה. ואדם מבחינת מלכות, ונקרא אדם דעשיה.

מ) **וקרא: אל, אלקים, שדי, צבאות, אהיה. בגין דישתמודעון ליה, בכל מדה ומדה, איך יתנהג עלמא בחסד וגבורה, לפי עובדיהון דבני נשא** - וקרא עצמו בשמות: "אל", "אלקים", "שדי", "צבאות", "אהי"ה". בכדי שיכירו אותו ית', בכל מדה ומדה שבו. כי עשרה שמות שבתורה, שאינם נמחקים, ה"ס עשר הספירות, כמ"ש בזהר ויקרא, אות קס"ח:

א. ספירת הכתר נקראת **אהי'**,

ב. ספירת החכמה נקראת **יה'**,

ג. ספירת הבינה נקראת הוי"ה בניקוד אלקים,

ד. ספירת החסד נקראת **אל**,

ה. ספירת הגבורה נקראת **אלקים**,

ו. ספירת ת"ת נקראת **הוי"ה**,

ז. ב' הספירות, נצח והוד, נקראות **צבאות**,

ח. ספירת היסוד נקראת **אל חי**,

ט. ספירת המלכות נקראת **אדנ"י**.

מא) **דאי לא יתפשט נהוריה על כל ברייין, איך ישתמודעון ליה, ואיך יתקיים, מלא כל הארץ כבודו** - ואם לא היה מתפשט אורו ית', על כל הבריות, על ידי שנתלבש כביכול, באלו הספירות הקדושות, איך היו הבריות, זוכות להכיר אותו ית', ואיך היה מקוים הכתוב "מלא כל הארץ כבודו"?

פירוש, שבזה מתרץ את החפץ האלקי, להראות אל הנשמות, כמו שבו עצמו היה, אלו השינוים שבהספירות. שהוא, בכדי ליתן מקום, להנשמות, להכרה והשגה מספקת בו ית'. כי אז יקוים הכתוב: "מלא כל הארץ כבודו". דהיינו, כמו שאמרנו לעיל, באות ל"ג, ע"ש.

מב) **ווי ליה, מאן דישוה ליה לשום מדה, ואפילו מאלין מדות דיליה, כל שכן לבני האדם, אשר בעפר יסודם דכלים ונפסדים** - ועם כל זה, ווי למי, שישוה לו ית', לאיזה מדה. כלומר, שיאמר, שהמדה נמצאת בו ית', כשהוא לעצמו. ואפילו באלו המדות הרוחניות, שהוא מתראה להנשמות, ומכל שכן במדות גשמיות, מטבע בני אדם, שיסודם מעפר, והם כלים ונפסדים.

דהיינו, כמו שאמרנו לעיל, באות ל"ד: "כי אע"פ שחפץ אלקי הוא, שהנשמות המקבלות תראינה, שהשינויים שבהן, הן במשפיע ית', עכ"ז צריך להיות ברור לנשמות, שאין בו ח"ו שום שינוי ושום מדה, אלא הוא רק חפץ אלקי, שיתדמה להם כן, בסו"ה "וביד הנביאים אדמה. ואם ח"ו יטעו בזה, אז ווי להם, כי אבדו כרגע מהשפע האלקי. ואין צריך לומר, כלפי הטפשים, שידמו לו ית', איזה מקרה, ממקרי בשר ודם, הכלה ונפסד". עכ"ל.

וטוב למעיין, שישכיל כל ההמשך, של הזהר הזה, המבאר ענין עשר הספירות וג' העולמות בי"ע. ואין כאן המקום, להאריך יותר.

החומר והצורה בחכמת הקבלה

המדע בכללה מתחלקת על שני חלקים:
האחד נקרא השכלה חומרית,
השני נקרא השכלה צורתית.

פירוש, אין לך מהות בכל המציאות שלפנינו, שלא יהיה מובן בו חומר וצורה. למשל, השלחן: יש לו חומר, דהיינו עץ. ויש לו צורה, שהיא הצורה של השלחן. אשר החומר, שהוא העץ, נושא לזאת הצורה, שהוא השלחן. וכן מלת "שקרן": הרי יש לו חומר, שהוא האדם. ויש לו צורה, שהיא השקר. אשר החומר, שהוא האדם, נושא לזאת הצורה של שקר, דהיינו הרגיל לדבר שקר. וכן הוא בכל דבר.

ולפיכך, גם המדע, הנושאת ונותנת בפרטי המציאות, מתחלקת אחריהם גם כן על ב' חלקים:

א. להשכלה חומרית,

ב. ולהשכלה צורתית.

אשר חלק המדע, הנושאת ונותנת בטוב החומרים של המציאות, הן בהחומרים בלבדם בלי צורתם, והן בחומרים וצורתם ביחד - נבחן בשם "השכלה חומרית". והשכלה זו מיוסדת על בסיס נסיוני, דהיינו על ראיות והקשים הלקוחים מפי הנסיון השמושי, שנסיונות המעשיים הללו לקוחים אליה לבסיס בטוח אל מסקנות אמיתיות.

והחלקה השני של המדע, הנושאת ונותנת רק בצורות מופשטות מן החומרים, בלי שום מגע של משהו עם החומרים גופם, כלומר שהמה פושטים הצורות אמת ושקר מן החומרים, שהמה האנשים הנושאים אותן. וכל עסקיהם בהשכלה הוא אך להשכיל ערכים של חשיבות ופחיתות וכדומה, בצורות הללו של אמת ושקר כמות שהם, לפי עצמם בערומיהם, וכמו שלא היו מעודם מלובשים באיזה חומר - והוא הנקרא בשם "השכלה צורתית".

והשכלה זו, איננה מיוסדת על בסיס נסיוני מעשי, כי צורות מופשטות כאלו אינם באים במעשיית נסיונות, מפני שאינם כלל במציאות הממשיית. כי צורה מופשטת כזאת הוא לקוחה רק מפרי הדמיון. כלומר, שרק הדמיון יכול לצייר אותה, אע"פ שאינה במציאות הממשיית. ולפיכך, כל השכלה מדעית ממין הזה, מיוסדת בהכרח רק על בסיס עיוני בלבד, דהיינו שאינו לקוח מפי הנסיון השמושי, אלא רק מתוך המחקר של משא ומתן עיוני בלבד.

וכל הפילוסופיא הגבוה שייכת למין הזה. ולפיכך חלק גדול מהמשכילים המודרניים שמטו ידיהם הימנה, שאינם מרוצים מכל משא ומתן, הנבנה על בסיס עיוני, שלדעתם הוא בסיס בלתי בטוח, כי רק את הבסיס הנסיוני מחשיבים לבטוח, כנודע.

והנה גם חכמת הקבלה מתחלקת תחת ב' החלקים הנ"ל, שהם השכלה חומרית והשכלה צורתית. אולם יש כאן הפלאה יתירה על המדע החילונית. כי כאן אפילו החלק של השכלה הצורתית נבנה כולו על בקורת התבונה המעשיית, דהיינו על בסיס נסיוני שמושי.

פתיחה כוללת

להבקיאים בע"ח, וגם שוה לכל נפש, ע"ד מתחילה למגמר והדר למיסבר:

(אות א') אמרו ז"ל, אין לך כל עשב מלמטה, שאין עליה מלאך מלמעלה, שמכה אותה ואומר לה גדל, שלכאורה תמוה מאד, דלמה ועל מה הטריח השי"ת מלאך ממרום, להכות ולהגדיל עשב הקטן שאין לה ערך של כלום.

והנה המאמר הזה הוא מסודות הבריאה הארוכים מלפרשם. כי לב חכמים עד אין חקר, לגלות טפח ולכסות טפחיים במליצתם הזהב, להיותם נזהרים מלגלות תורה לתלמיד שאינו הגון. אשר ע"כ אמרו ז"ל, שאין למדין מדברי אגדה, בהיות דברי האגדה חתומים וסתומים לפני ההמון כולו. ואינם מגולים זולת ליחידי סגולה שבדור וכן מצינו ג"כ בספר הזוהר, שרשב"י ציוה את רבי אבא, שהוא יכתוב את הסודות, משום שיודע לגלות ברזא. עיין באידרא, פי', דאיתא שם, דעל כל רז ורז שגילה רשב"י בסודות החכמה, הי' בכי ואמר, ווי אי אימא ווי אי לא אימא, אי לא אימא, יאבדין חבריי' מילא דא, ואי אימא, ינדעין חייביא איך למפלח למאריהון. פי', כי היה צר לו מב' צדדים, אם לא יגלה סודות התורה, אז יאבדו הסודות גם מחכמים האמתיים יראי השם, ואם יגלה הסודות, אז יכשלו בהם אינשי דלא מעלי, שלא יבינו הדברים בשורשם, ויבואו לאכול פגה. ע"כ בחר רשב"י ברבי אבא שהוא יכתוב, בשביל חכמתו במלאכת המליצה, לסדר הדברים באופן שיהי' מגולים בכל צרכן לכל אותם שהמה כדאים להבינם, ויהיו מכוסים וחתומים לאותם שאינם כדאים להבינם. וזה שאמר, שיודע רבי אבא לגלות ברזא. כלומר, דאע"פ שמגלה, מ"מ נשאר ברזא למי שאינו כדאי. אמנם הבטיחו לנו בזוהר הק', דעתידא חכמתא דא להגלות לגמרי בסוף יומיא ואפי' לקטנים, ועוד אמרו דבחיבורא דא יפקון בני ישראל מן גלותא, פי' שבהגלות חכמת האמת יזכו ישראל לגאולה השלימה, וכן אנו רואים שלאט לאט מתגלה דברי הזוהר והסודות הכמוסים בחכמת האמת, דור אחר דור, עד שנזכה שיתגלה כל החכמה הזו, ואז נזכה לגאולה השלימה.

וכדי לבוא לביאור המאמר שהתחלנו בו, נקדים לבאר את המשנה בספר היצירה המפורסמת, דאיתא שם בסוד עשר הספירות, עשר ולא תשע, עשר ולא אחד עשר. וכבר עמדו בה רוב המפרשים אמנם אנו נפרש אותה ע"פ דרכינו. באופן שיהי' הדברים מגולים לכל מבקש דבר ה'.

ונודע שעשר הספירות, הם נק' כתר. חכמה. בינה. חסד. גבורה. תפארת. נצח. הוד. יסוד. מלכות. ואיתא בשער הקדמות למורנו האר"י ז"ל, בדרוש הדעת, אשר באמת אינם אלא חמשה בחי', דהיינו כתר. חכמה. בינה. זעיר אנפין, ומלכות. אלא שזעיר אנפין כולל ששה ספירות, חג"ת נה"י. והנה הארכתי בהרחבה בפנים חיבורי זה [פירוש פנים מאירות ומסבירות לספר "עץ חיים"] בענין עשר הספירות. וכאן אבוא בקצרה, כי חפצי בפתיחה כוללת הזו, ליתן לפני המעיין מושג כללי ונאמן, בהקפת רוב החכמה הארוכה הזו. והישרה אמיתית בסגנון הלימוד. בספר עץ חיים, אשר רוב המעיינים נכשלין מאוד בפירוש הדברים, להיות המובנים הרוחניים שהמה למעלה מהמקום ולמעלה מהזמן, נבטאים ומתבארים בלשון הגשמי, המדומים ונערכים במקומות וזמנים. ועוד נוסף על זה, שאין מסודר בכהאר"י ז"ל שום סדר למתחילים בחכמה זו. ונתחברו הספרים בחיבור אמרותיו הקדושים שהי' אומר לפני תלמידיו יום יום, אשר התלמידים הי' מעצמם חכמים גדולים בחכמת האמת. ע"כ אין לך מאמר גדול או קטן בכל הספרים שנתחברו שלא יהי' צריכים לו בקיאות אמיתי בכל החכמה בכללות, לכן ילאו בהם המעיינים, ובשום אופן לא יתקשרו להם הענינים. ע"כ יצאתי בפתיחה הזו לקשר רוב הענינים ויסודות החכמה במושג קצר

באופן שיהי' מזומן ביד המעיין לכל מאמר ומאמר שירצה לעיין בכהאר"י ז"ל. וע"כ איני מאריך לפרש כל ענין וענין עד סופו, כי זה יתבאר בפנים חיבורי, אלא מקצר ועולה, באופן שיספיק לענין הנרצה לי. וכן אמרו ז"ל בתחילה למגמר והדר למסבר.

והנה כייל לן [לימד אותנו] הרב, אשר ע"ס כח"ב חג"ת נהי"מ, אינם באמת אלא חמשה בחי', כח"ב ז"א ומלכות כנ"ל, והוא סוד שם בן ד', י"ה ו"ה, דקוצו של יוד הוא כתר, והיוד הוא חכמה, והי הוא בינה, ואו הוא זעיר אנפין, הכולל ששה ספירות חג"ת נה"י. והי אחרונה הוא מלכות. וצריך לידע, שהאותיות והספירות הם ענין אחד, אלא לפי הכלל שאין לך אור מתפשט בלי כלי, ע"כ כשאנו מדברים משניהם יחד, דהיינו כשהאור מלובש בהכלי, אז נקראים ספירות, וכשאנו מדברים מהכלים לבד, נקראים אותיות.

וז"ס שאיתא בהמאור, אשר הלבן שבספר התורה רומז לאור, והשחור שבס"ת דהיינו האותיות רומזים לכלים. פי', ע"ד שפירש הרמב"ן ז"ל בסו"ה יוצר אור ובורא חושך, ופי' שענין הוצאת יש מאין נקרא בורא, כי הוא חידוש מה שלא היה מטרם שנברא. והנה באור, וכל טוב ועונג הכלול באור, אין זה חידוש ובחי' הוצאת יש מאין, אלא הוא יש מן יש, דהאור וכל טוב כבר כלול במהותו ית' עצמו. וע"כ נאמר יוצר אור, דאינו ענין בריאה, אלא ענין יצירה, כלומר, מצייר האור באופן שדרי מטה יוכלו לקבלו, אבל החושך, שהיא חידוש שנתחדש עם הבריאה. בהוצאת יש מאין, כלומר שאינו כלול ח"ו במהותו ית', ע"כ נאמר ובורא חושך.

והנה החושך הוא הפכי אמיתי להאור, ולפ"ז צריך להבין, איך אפשר זה, שהחושך יהי' נמשך ויוצא מן האור.

וב"פנים מסבירות" ענף א' הארכתי בזה עש"ה, ואטייל כאן בקצרה.

דנודע מה שאיתא בזוהר בדבר מטרת הבריאה, שהיא להנות לנבראיו, כי מדרך הטוב להטיב, ע"ש. ומובן, דכל מה שאצלו ית' הוא רצון, יהיה אצל הנבראים חוק מחוייב ומוכרח. ונמצא דכיון שחשב השי"ת להנות לנבראיו, תיכף הוטבע טבע מחוייב בהנבראים, שירצו לקבל את הנאתו, דהיינו החשק הגדול לקבל שפעו ית'. ותדע שזה החשק נקרא כלי, בערך שורש.

וע"כ אמרו המקובלים שאין לך אור בלי כלי, כי הרצון לקבל הכלול בכל נאצל ונברא הוא הכלי, והוא ג"כ כל מדת האור, כלומר שמקבל בדקדוק כפי שיעור שרוצה, לא פחות ולא יותר, כי אין כפיה נוהגת ברוחניות, ואפי' בהגשמיים אינה מסטרא דקדושה.

וברור, שהכלי משונה צורתה מן האור, דע"כ נבחנת תחת שם כלי. ולא בשם אור. וצריך להבין ענין שינוי צורה הזאת. אמנם כן, זה הרצון לקבל עצמו הוא שינוי צורה גדולה. מפני שאין צורה הזו נוהגת כלל וכלל בהמאציל ית', דממי יקבל ח"ו, אלא שנתחדשה, ע"ד המצאת יש מאין, עכשיו בהנאצל הראשון, שבו הרצון לקבל מעילת העילות ית', ועיין בפמ"ס ע"א.

ומתבאר בזה, מ"ש בזוהר הק', דכתר עליון אוכמא היא לגבי עילת העילות, דכונתם על בחי' הרצון לקבל הכלול בנאצל הא', ומכנים שינוי הצורה הזו בשם אוכמא, משום שאיננה בהמאציל ית', וע"כ הוא שורש להחושך, שהוא גוון שחור בערך האור, והפכי לו. ונתבאר בפמ"ס, דכמו שדברים גשמיים נבדלין זמ"ז ע"י גרזן ומקבת, כן הרוחניים נבדלין זה מזה בשינוי הצורה שיש ביניהם, ובהגדיל השינוי צורה. עד להפכיות. מהקצה אל הקצה, נעשה ביניהם פירוד גמור, עש"ה.

ונתבאר שם, דצורת הרצון לקבל תיכף כלול בכל אור המתפשט הימנו ית', ורק בבחי' כח נעלם, אשר אין כח הנעלם הזה מתגלה אל הנאצל, זולת בהתגברות הנאצל לרצות בתוספות שפע, יתר מכפי שיעור שבהתפשטות שלו מצד המאציל. עד"מ, כשהמאכל יונעם ויבושם לחיך, יתגבר חשקו לרצות בתוספת מאכל, יותר משיעור אכילתו. ולכן, אחר שהנאצל מתגבר ברצונו להמשיך תוספת שפע. יתר מכשיעור שבהתפשטותו, אז נגלה הכלי קבלה בפועל. והענין הוא משום שאין צורה

זו נוהגת בו ית', אלא בהנאצל ע"כ אינה נגמרת אלא בהתעוררות הנאצל, והבן היטב.

(אות ב') ולפיכך, אין התפשטות אורו ית' יוצא מכלל מאציל לבחי' נאצל, עד שיעבור עליו ד' בחי', שנקראים חכמה, בינה, זעיר אנפין, מלכות. כי כללות התפשטות אורו ית' נקרא **חכמה**, שהוא כל שיעור עצמות האור של הנאצל ההוא.

וכשהוא מתגבר להמשיך תוספת שפע יתר מכשיעור התפשטותו, נבחן זה לבחי' ב' שנק' **בינה**. ובבחי' הב' לבד יש להבחין בה ג' הבחנות:

הבחנה א', אשר מהותה של ספי' בינה הוא עצם אחד מהחכמה.

הבחנה ב', ענין התגברות הרצון שגילתה, שמטעם זה נגלה בה שורש לכלי קבלה, ובערך הזה יש בה שינוי צורה, דהיינו עביות בערך אור החכמה, ונקרא זה גבורה עילאה.

הבחנה ג', היא מהות השפע שהשיגה ע"י התעוררות רצונה עצמה, שאור הזה נבחן בשם לפי עצמו, דהיינו אור דחסדים, ששפל הרבה מאור החכמה, המתפשט מצד המאציל לבדו, ואור דחסדים משותף ג"כ מצד הנאצל והתגברותו כנ"ל, דהגבורה שהיא בחי' אור שנתעבה, נעשה שורש לאור דחסדים.

וג' הבחנות האלו יחד נקראים בשם בינה ובחי' ב' מחכמה, כנ"ל. ונתבארו ב' הספירות, חכמה, ובינה, והכתר ה"ס א"ס ב"ה, בבחי' שהוא שורש להנאצל.

אמנם אע"פ, שבחי' ב' כבר גילתה התגברות הרצון שבה אל הפועל מ"מ עדיין איננה ראויה להיות בחי' כלי קבלה שלימה, והענין, כי ברוחניות קרובים המה מאד הכלי עם האור שבו, ותלויים ממש זה בזה, שבהעלם האור יתבטל הכלי, ובהעלם הכלי יתבטל האור, וחשיבות הכלי כחשיבות אורה, וכדומה, וע"כ לא נשלמה בהבינה צורת הכלי קבלה, להיותה מעצם אור החכמה כנ"ל, וע"כ אור דחסדים שהמשיכה ע"י התגברותה עצמה, הי' בטל בשיעור עצמותה כנר בפני אבוקה, וע"כ, זהו אור דחסדים, התפשט עוד מהבינה ולחוץ מבחינתה, גם נתגבר להמשיך תוספת שפע יתר מכשיעור התפשטותו מצד הבינה, אז נשלמה הכלי קבלה. וע"כ אנו מבחינים עוד ב' בחי', בחי' ג' ובחי' ד', שמהות התפשטות שנתפשט מהבינה, ששם עדיין צורת הכלי כלול בכח בהעלם, בכל עוד שלא התגבר אחר תוספת, זה נק' **זעיר אנפין**. ומה שהתגבר לתוספת שפע, נק' כלי **מלכות**, שהוא כלי קבלה שנשלמה בהנאצל ההיא, שעכשיו כלול הוא מאור וכלי, ובזה יצא מכלל מאציל, ונבחן בשם נאצל.

אלה הם ד' בחי' הנודעים בשם חו"ב וז"א ומלכות, וה"ס שם בן ד'. דחו"ב ה"ס י"ה, וזו"ן ה"ס ו"ה: והם נבחנים בעשר ספירות, מפני שזעיר אנפין כולל ששה ספירות, שהם חסד, גבורה, תפארת, נצח, הוד, יסוד.

והענין דמהותו של הז"א הוא אור דחסד וגבורה, דהיינו ב' הבחי' אור דחסדים וגבורה עילאה, שנתפשטו מהבינה ולחוץ כנ"ל. ויש כאן להבחין, שבהבינה, הגבורה הוא קודם ושורש לאור דחסדים, אמנם בת"ת להיפך, אשר החסד הוא קודם לאור הגבורה, מפני שעיקר התפשטותו הוא אור החסד. אלא שהגבורה טפילה בו אגב אמיה הבינה, ובזה תבין מ"ש ב"עץ החיים" ובמרשב"י אשר בעולם הנקודים היה הגבורה דז"א קודם לחסד שלו, והיינו משום דהזו"נ דנקודים נחשבים לזו"ן דבינה, ולא לזו"ן ממש דב' בחי' התחתונות, מד' בחי' הנודעים, כמו"ש במקומו, וע"כ הגבורה דז"א קודמת לחסד שלו.

וספירת ת"ת דז"א, הוא יחודם דחו"ג הנ"ל לפעולת הכלי מלכות, ונק' ת"ת, על שם שהאור מתפאר בעצמו על בחי' הא', שהוא החכמה שלא הספיקה בהתגברות רצונה לעשות כלי, אבל בחי' הג', שהוא חו"ג המתפשטים מהבינה ולחוץ, הספיקו לעשות כלי מלכות, שז"ס כתפארת אדם לשבת בית. ובזה נתבאר ג' הספירות חג"ת דז"א, והמה נק' ג' אבות, להיותם עיקר אצילותו של הז"א, ונצח הוד יסוד, נקראים בנים, להיותם מתפשטים מן החג"ת.

והענין שמסבת הצמצום הא' המתבאר בפנים הספר היטב, נעשה מסך קשה בכלי המלכות,

פירוש אשר בחי׳ הד׳ שבכלי מלכות, מעכבת האור העליון, שלא תתפשט לבחי׳ הד׳, והיא מסבת השינוי צורה שיש שם, כמו״ש במקומו. והנה האור מתפשט ורוצה לבוא גם בבחי׳ הד׳, כי כן טבע האור העליון להתפשט אך לתחתונים עד כמעט שהוא נפרד ממקומו, כמו״ש בפמ״ס שם, וע״כ נעשה בין האור העליון המתפשט לכלי מלכות, ובין המסך המעכב שבכלי המלכות, בחי׳ זווג דהכאה. כעין אור השמש המכה בעששית וחוזרים הניצוצים לאחוריהם. ולכן יצא מבחי׳ זווג דהכאה הזאת, עשר ספירות חדשות, שנקראים ע״ס דאור חוזר. ונמצא שיש ב׳ פעמים ע״ס בכל נאצל, שהם ע״ס דאור ישר ע״פ ד׳ הבחי׳, וע״ס דאור חוזר כנ״ל.

ודע שזה אור העליון שהתפשט שוב מחג״ת דז״א, לזווג דהכאה בהמסך שבכלי מלכות, המה נקראים נצח הוד יסוד. ובזה תבין המובא בתיקוני זוהר, דהמלכות היא רביעי לאבות, ושביעי לבנין, דהיינו שהמלכות מתחילת אצילותה נבחנת מפעולת התפארת דז״א כנ״ל, ונמצאת נמשכת אחר החג״ת, שנקראים אבות כנ״ל, ומצד הארת או״ח שבהמסך שלה, נמצאת נמשכת אחרי הנה״י שהתפשטו אליה לזווג דהכאה כנ״ל, והנה״י נקראין בנין דחג״ת, כנ״ל, ע״כ הוא שביעי לבנין, והרי נתבארו מהותם של עשר הספירות כח״ב חג״ת נה״י מלכות, בשורשם לנכון, שהוא ידיעה הראשונה בחכמת האמת, המחוייבים להמצא לעיני המעין תמיד בעיונו בחכמה הזו.

ועתה מובן הזהרה הנאמנה של ספר היצירה, עשר ולא תשע. פי׳ דכיון דמהצמצום ולמטה נעשה מסך המעכב בבחי׳ הד׳ כנ״ל, א״כ אפשר ח״ו לטעות ולומר, שבחי׳ הד׳ נדחית מעשר הספירות, ונשאר בקדושה ח״ו זולת תשע הספירות. ע״כ עומד ומזהיר עשר ולא תשע. ומזהיר עוד, עשר ולא אחד עשר, פי׳ דאל תטעה לומר שבחי׳ הד׳ נעשה לכלי קבלה אחר הצמצום. וא״כ יש ב׳ ספירות במלכות אחת היא בחי׳ המסך המעלה או״ח תמיד, וכלי קבלה לקבל ג״כ אור ישר, ע״כ אומר, עשר ולא י״א, ודו״ק.

(אות ג׳) והנה ה׳ הבחנות גדולות יש בע״ס הנ״ל, שאל יליזו מעיניך ויישירו אורחותיך לנגדך בעיון החכמה.

הבחן א׳ הוא אור העצמות שהוא כללות האור מא״ס ב״ה שמצוי בנאצל ההוא, והוא העיקר, להיות שאין ענין התחתון משותף כאן כלל וכלל. שנק׳ חכמה דאור ישר.

הבחן הב׳, הוא אור דחסדים הנמשך מעילא לתתא, שהוא אור המשותף בהתעוררות גבורת הנאצל דבחי׳ ב׳ שהוא אור הבינה שמשכה כנ״ל.

הבחן ג׳, הוא אור דחסדים העולין מתתא לעילא ע״י זווג דהכאה כנ״ל, והוא נקרא אור חוזר, שעולה ונמשך מצד הנאצל לבד, בסיבת העיכוב כנ״ל.

הבחן ד׳, הוא אור הגבורה עילאה. דהיינו בחי׳ ב׳ שהיא עביות הבינה, שקנתה בהתגברותה כנ״ל.

הבחן ה׳, הוא גבורה תתאה והיינו הבחי׳ ד׳ אשר התגברות הרצון נתפעל באור דחסדים המשותף מצד הנאצל, כנ״ל, שנקרא כלי מלכות דאור ישר, אשר גבורה זו ה״ס הכלי דע״ס, כנ״ל וזכור זה.

ודע, שהמסך שבכלי מלכות הוא שורש לחושך, והיינו בכח העיכוב המצוי במסך. על אור העליון שלא יתפשט בבחי׳ ד׳ והוא השורש ג״כ ליגיעה ע״מ לקבל שכר, כי ענין היגיעה היא בחי׳ פעולה שלא ברצון, להיות הפועל רק במנוחה ניחה ליה, אלא מפאת שבעל הבית משלם לו שכר, נמצא מבטל רצונו מפני רצון של בעל הבית. ותדע, שאין כאן בעוה״ז שום מציאות או הנהגה, שלא תהיה מושרשת בעולמות העליונים, שמשם מתפשטין ענפים לעולמות התחתונים. עד שנמשך ונגלה לנו בעוה״ז. והנך רואה שכללות העבודה והיגיעה, מושרשת בהמסך שבכלי מלכות, המעכבת לאור העליון הנחמד לה, מפאת המאציל שרוצה להנות כנ״ל, וכל מה שהוא מחשבה בהמאציל, הוא חוק מוכרח ומחויב בהנאצל, כמובן שאין צריך לכלי מעשה, אלא מחשבתו ית׳ גומרת, ועכ״ז היא בוחרת בעצמה שלא לקבל אור העליון, שלא יבוא

לידי שינוי צורה כנ"ל, ועי' בפמ"ס ע"א. ונמצא ערך כח העיכוב שבהמסך, שוה עם ערך היגיעה. וענין השכר שבעל הבית נותן לפועל, נשרש באור חוזר היוצא ע"י זווג דהכאה, אשר על ידי שהמסך נעשה שורש לאו"ח, נמצא בזה שחוזרת להיות כתר לע"ס הללו דאו"ח וגם לאו"י, כמו שיתבאר עוד, אשר כל הריוח הזה הגיעה לה, מסבת פעולת העיכוב כנ"ל.

המתבאר מהנ"ל, שכל ענין עשר הספירות אינם אלא כלי האחת הנקרא מלכות, אלא להשתלמות צורתה, נבחנים לה ג' שורשים, שהם ג' בחי', חכמה, ובינה, וז"א, הנמשכים זה מזה כנ"ל. ודע שהמלכות הזו עדיין כלולה באור א"ס ב"ה שמטרם הצמצום, שנקראת מלכות דא"ס. שבה היתה ענין הצמצום הא', כמו"ש בפנים מסבירות ענף א', שלסבת השתוות הצורה להמאציל, נתעלה רצונה מלקבל בבחי' הד', ואז נמשך לה מא"ס ב"ה אור הקו, שאור הקו הוא כולל לכל האור הנמשך בה' עולמות, שנק' אדם קדמון, אצילות, בריאה, יצירה, ועשיה, שאור הזה בכללותו, מכונה בשם קו, מלשון קו המידה, להיותו נמשך בהעולמות, במדה ומספר קצוב בכל עולם ועולם, כצורת כלי מלכות דאותו עולם, כמו"ש בפנים [פנים מאירות ומסבירות] בהרחבה.

וענין חמשה העולמות הנ"ל, הם ממש ענין הכתר וד' הבחי' הנודעים שבעשר הספירות אשר עולם הא"ק הוא עולם הכתר, ועולם האצילות הוא עולם החכמה, ועולם הבריאה הוא עולם הבינה, ועולם היצירה הוא עולם של זעיר אנפין, ועולם העשיה הוא עולם המלכות, אלא שבכל עולם ועולם יש ע"ס, וכל ספירה וספירה מע"ס של העולם, כלולה ג"כ מע"ס, כמו"ש בפנים.

וענין התחלקותם לה' העולמות הנ"ל, הוא משום שמתחילה צריכה הכלי מלכות, להכלל בכל ספירה וספירה עד הכתר, וזה מתהוה:

א. בהתפ"א דאח"פ דא"ק, ששם נכללה בזו"ן.

ב. ובהתפ"ב, דאח"פ נכללה בבינה.

ג. ובעולם הנקודים, נכללה בחכמה.

ד. ובעולם האצילות נכללה בכתר.

וכיון שנכללה המלכות בכל ספירה וספירה אז מתחיל עולם התיקון, שראשם הוא עולם האצילות הנ"ל, דהיינו ששם מתלבש אור א"ס ב"ה בבחי' א', ואח"כ מתלבש אור א"ס ב"ה בבחי' ב', וברא עולם הבריאה. ואח"כ מתלבש בבחי' ג', ויצר עולם היצירה. ואח"כ מתלבש בבחי' ד', וברא עולם העשיה. כמו שיתבאר בפנים [פנים מאירות ומסבירות] בהרחבה, איך כל אלו יוצאים זה מזה, ע"ד החיוב דקודם ונמשך, ונקשרים אלו באלו.

(אות ד') וצריך מקודם להבין תכונת כל עולם ועולם מא"ק ואבי"ע. שאבארם אחד לאחד. ונתחיל מעולם הכתר, שהוא עולם אדם קדמון. וכלי ראשון שלו הוא עולם העקודים. וז"ל הרב ז"ל בשער עקודים פ"ג בא"ד. והנה כל עשר ספירות יצאו, אבל לא יצאו יחד כולם. רק מתחילה יצאה בחי' מלכות מעולם העקודים. ומלכות הזו יצאה בבחי' נפש וכו'. ואח"כ נמשכו ויצאו שאר החלקים עד הכתר וכו'. ובבוא הכתר נמצאת המלכות שלימה מכל ה' אורות פנימיים שהם נפש רוח נשמה חיה יחידה וכו'. והיו חסרים עדיין כל הספירות הנ"ל. שיצאו בלי תשלומין. לכן הוצרכו לחזור ולעלות אל המאציל לקבל תשלומיהם. ואמנם עתה בחזרה היה הכתר חוזר בתחילת כולם. והנה בהתעלם הכתר עלתה אור החכמה במקום הכתר. ובינה במקום חכמה. וז"א במקום בינה. ומלכות במקום ז"א. ואח"כ נתעלם גם החכמה להמאציל. ועלתה הבינה אחר החכמה לכתר. והז"א לחכמה. ומלכות לבינה. ואח"כ נתעלם גם הבינה. ועלה הז"א לכתר. והמלכות לחכמה. ואח"כ נתעלם גם הז"א. ועלה המלכות לכתר. עד שנסתלקה גם המלכות למאציל. ואח"כ שוב חזר האור מהמאציל, והתפשט בהם. אמנם לא על סידורם כבתחילה. אלא אור הכתר לא חזר ויצא ונשאר נעלם. וע"כ יצא אור החכמה בכלי הכתר. ואור הבינה בכלי חכמה. ואור ז"א בכלי בינה. ואור מלכות בכלי ז"א. ונשאר כלי מלכות בלי אור כלל עכ"ל בקיצור. עוד שם: עשר ספירות דעקודים יצאו מתתא לעילא, מתחילה יצא המלכות. ואח"כ הז"א. ואח"כ

הבינה. ואח"כ החכמה. אח"כ הכתר עכ"ל.

וצריך להבין היטב, ענין יציאת הספירות מעילא לתתא ומתתא לעילא. הנזכר בדברי הרב. דודאי, שאין המדובר בערכי מעלה מטה, קודם ואח"כ, שבזמן ומקום. אלא בערך קודם ונמשך, עילה ועלול. וא"כ איך אפשר שהמלכות תצא בתחילה, ואח"כ הז"א, ואח"כ הבינה, עד הכתר שהוא השורש לכולם, יצא לאחרונה. שהוא תמוה לכאורה. ומי ומה נתן והיפך העליונים למטה והתחתונים למעלה.

והענין דכבר נתבאר סדר ע"ס דאור ישר. שהם ה' מדרגות זה למטה מזה. דהיינו על פי שיעור הזדככות דכל או"א מאור העב שנשתנה צורתו, דהיינו הבחי' הד'. אשר בחי' א', להיותה בבחי' העלם בכח, היא חשובה במדרגה. ובחי' ב' שכבר יצאה מכח אל הפועל ע"י שהתגברה ברצון, גרוע מבחי' א'. ובחי' ג' גרוע מבחי' ב'. עד שבחי' ד' שהיא המלכות. גרוע מכולם בשביל העוביות שבה שהיא יותר מכולם. כנ"ל ע"ש.

גם נודע, שאחר שיצאה כלי המלכות עבר עליה צמצום הא'. שלא לקבל בבחי' ד'. שזה הכח העיכוב נקרא מסך. ואשר האור ישר יורד מא"ס ב"ה, ופוגע במסך שבהמלכות, אז נעשה זווג דהכאה, ויוצא ע"י זה ע"ס דאור חוזר. כמו"ש בפנים בענף ג' ע"ש. והנה בע"ס דאור חוזר האלו, נהפכו המדרגות בערך ע"ס דאור ישר. דע"ס דאו"י יהי' כל היותר זך, יותר עליון במעלה ויותר משובח כנ"ל. אמנם בע"ס דאור חוזר, יהי' כל היותר עב, יותר עליון ויותר משובח. והוא משום שהמלכות היא הכתר והשורש לע"ס דאו"ח האלו, לסבת מסך העב שלה המעכב על האור מלירד על הבחי' ד' שלה, וע"כ שב המלכות להיות כתר, בסוד נעוץ סופו בתחילתו. כמו"ש בענף ג' בפמ"ס ע"ש. ונמצא שהז"א מקבל האור מהכתר דאו"ח, וע"כ נחשב הז"א לדרגת חכמה. והבינה נחשבת לדרגת בינה משום שמקבלת מז"א השב להיות חכמה כנ"ל. והחכמה דאו"י, נחשב באו"ח, לז"א. להיותו מקבל האו"ח מהבינה. וכתר דאור ישר, נחשב למלכות באו"ח. להיותו מקבל מהז"א כנ"ל. והנך מוצא, שכל הזך בהמדרגה, יהי' יותר נמוך במעלה ושבח. והבן היטב.

אמנם ע"ס דאו"ח מתחברים ומשתלבים יחד בעשר הכלים. ובחיבורם כאחד, נמצאים כל המדרגות בערך השוה. כי המלכות, יהי' קומתה שוה עם הכתר מצד האו"ח ששב המלכות להיות כתר כנ"ל. וכן הז"א, שוה עם החכמה להיות הז"א בחי' חכמה דאור חוזר כנ"ל. והחכמה, שוה קומתה עם הכתר להיות הכתר מקבל ממנה האו"ח, כמו שהחכמה מקבל מהכתר את האור ישר. וכיון שהז"א שוה קומתו עם החכמה כנ"ל והחכמה עם הכתר. נמצא גם הז"א, שוה קומתו עם הכתר. והבן. ונמצא בזה, שבסיבת יציאת הע"ס דאו"ח מבחי' הד', הושוו כל המדרגות שבע"ס, בקומה שוה עד הכתר.

(אות ה') והנה עשר ספירות דעולם העקודים חזרו ונתעלמו. וצריך להבין סיבת הסתלקות שלהם. והנה הרב אומר הטעם דבעת שיצאו לא יצאו שלימים, וע"כ חזרו והסתלקו כדי לקבל תשלומיהם כמו שמובא דבריו לעיל.

אמנם צריך להבין ענין החסרון, וענין התיקון שהגיע להם ע"י הסתלקותם הזה, וכאן כתב הרב שהחסרון היה מפני שהכתר לא יצא אלא בבחי' נפש, ובמקום אחר כתב שהחסרון היה מפני שאור פנימי ואור מקיף יצאו מנקב אחד, והיה מבטשים זה בזה, וז"ל בהיכל א"ק שער ו' שער העקודים פ"א בא"ד ואח"כ באו הטעמים התחתונים, שהם מתחת לאותיות, שהם בחי' אורות היוצאים דרך הפה של א"ק משם ולחוץ, והנה בכאן התחברו האורות חיבור גמור, כי הרי הם יוצאים דרך צנור א' לבד וכו', וכיון שכבר נתחברו האורות המקיפים ופנימיים יחד, לכן מכאן התחיל להתהוות בחי' כלים וכו'. לכן ה' אורות פנימיים והאורות מקיפין יצאו קשורים יחד, וע"כ נקראים עקודים מלשון ויעקוד את יצחק וכו', ולכן בצאתם יחד חוץ לפה קשורים יחד הם מכים זה בזה ומבטשים זה בזה, ומהכאות שלהם אתייליד הויות בחי' כלים וכו' עכ"ל. פי', דאורות דאוזן ודחוטם הי' האור פנימי מתפשט דרך נקבים השמאלים דאוזן ודחוטם, ואור מקיף

היה מתפשט דרך נקבים הימנים דאוזן ודחוטם. וע"כ נתקיימו ולא נסתלקו, משום שיש כלי מיוחד לאו"פ, וכלי מיוחד לאו"מ. אמנם באורות דפה, שאין שם אלא נקב אחד. והיו האו"פ והאו"מ בכלי אחד, ע"כ היו מבטשים זב"ז וע"כ הי' מסתלק האור ונפלו הכלים למטה. כלומר דנפלו ממעלתם, וניתוסף עיבוי על עיבוי הקדום, ובזה נעשו כלים, כי הסתלקות האור גומר ומשלים בחי' הכלים.

וכדי להבין היטב ענין הב' נקבים, דאוזן, וחוטם דא"ק. וענין נקב אחד, דפה דא"ק. וענין ה' פנימיים וה' מקיפין. וענין הביטוש, וענין הכלים והעיבוי, צריך אני להאריך, להיות שדברי הרב בענינים האלו נאמרים בקיצור נמרץ, ומכ"ש בעניני המקיפין, שלכאורה סותר את עצמו בכל דרוש ודרוש, דפעם אומר שמחוטם, ולמעלה מחוטם, הי' בהם ה' אורות פנימיים כח"ב זו"ן וה' אורות מקיפין כח"ב זו"ן, אמנם מפה ולמטה, נפסקו מקיפי בינה זו"ן, ולא נשאר אלא ב' מקיפין כתר חכמה, וה"פ כח"ב זו"ן, ופעם אמר שמעולם הנקודים ולמטה, נפסקו המקיפין התחתונים, אבל באורות דפה, יש עוד ה' אורות מקיפין וה' אורות פנימיים, ופעם אומר שבכל אבי"ע יש ה"פ וה"מ, ועוד סתירות כאלו.

(אות ו') **ובפנים הספר** [פנים מאירות ומסבירות] באתי בארוכה, ופה אקצר ועולה כדי שלא לצאת מהענין, ועי' בענף א' וענף ד', בסדר עשר הספי' בסוד ד' הבחי' דע"ס דאור ישר ואו"ח, ונתבאר שם, שבכל עשר ספי', נמצא ב' בחי' התפשטות וב' בחי' התעבות, המתפשטים מהשורש, שהוא הכתר דע"ס האלו, דמתחילה מתפשט **החכמה**, והיא בחי' התפשטות בהרחבה, כלומר שהתפשטות הזה כולל כל האור הנמשך מא"ס אל הנאצל ההוא, והכלי שנק' אור העב, דהיינו הרצון לקבל הכלול בהתפשטות האור, שמחמת זה קונה שינוי צורה מהמאציל שאין בו בחי' קבלה, וע"כ נעשה כהה מן האור, עדיין איננה מגולה, בהתפשטות הזה דהרחבה, כל עוד שאינו מתגבר ברצונו אחר תוספת שפע יתר מכשיעור התפשטותו, אמנם כלול הוא מאור העב הנ"ל, מצד המאציל שרצונו להשפיע אליו. ולפיכך הוא מחויב לגלות כלי קבלה שלו, ולהוציאה מכח אל הפועל, ולפיכך היא מתעבה בדרך התפשטותו, כלומר שמתגבר ברצונו להמשיך תוספת שפע יתר מכשיעור התפשטותו, וזה ההתעבות שנעשה בהתפשטות הזה, נגדר בשם לפי עצמו, מסבת התגברותו, ונקרא **בינה**, דכהה מן אור החכמה, שבה נגלה הרצון לקבל בפועל. ובינה זו, אינה ראויה עוד לבחי' כלי ממש, להיות עצמותה מעצם החכמה כנ"ל, אלא היא שורש לכלי, כי אין הכלי יכול להתגלם בשלימות, זולת מהתעבות הנעשה בהתפשטות השני, שהיא נק' התפשטות ע"י חלון, פי' שתוספת השפע שהמשיכה הבינה ע"י התגברותה, מתפשט הימנה ולחוץ, ונקרא אור דחסדים, לאפוקי מהתפשטות דהרחבה הא', שנקרא אור העצמות.

והנה התפשטות דע"י חלון המתפשט מהבינה נקרא **ז"א**, והוא מתעבה ג"כ בדרך התפשטותו, כמו התפשטות הא', והיינו, שגם הוא מתגבר להמשיך תוספת שפע יתר מכשיעור התפשטותו מן הבינה, שבזה הוא מוציא כלי הקבלה הכלול בו אל הפועל כנ"ל, והנה ההתעבות השני הזה, נקרא בשם לפי עצמו, משום דע"י ההתגברות נעשה כהה מן האור דהתפשטות, ונקרא **מלכות**.

והנה בחי' ד' שהיא ההתעבות שנעשה בהתפשטות שע"י חלון שנק' מלכות, היא הכלי קבלה הגמורה, ולא ג' בחי' שקדמו לה שהמה נשתלשלו רק לגלות בחי' זו הד', על דרך הנ"ל.

ועליה עובר סוד הצמצום הא', ומונעת את עצמה שלא לקבל שפע בבחי' זו הד', מטעם שינוי הצורה שמתגלה בה, וכח העיכוב הזה, נק' מסך או פרגוד, כלומר כי מעכבת את השפע להאיר ולהתפשט בעצמה, והבן.

וזהו כל ההבחן מן **התעבות הא'** שנעשה בהתפשטות דהרחבה, בין התעבות שנעשה בהתפשטות ע"י חלון, כי בהתעבות הא' אין הצמצום שולט שם. וע"כ היא ראויה לקבלת אור, וע"כ נקראת חלון, כלומר מקבלת, כמו הבית המקבל אור יומם ע"י החלון שבו.

משא"כ **התעבות ב'**, שולט, עליה כח

הצמצום, ומונעת את עצמה מלקבל השפע בעוביות שלה, ועי״כ נקראת מסך, כלומר מעכב על האור, והבן.

ואחר שנגלה בחי׳ ד׳ עם המסך שלה כנ״ל, שוב מתפשט האור אליה, והמסך מעכב עליו כנ״ל, ואז נעשה מזה בחי׳ זווג דהכאה, ויוצא מזה עשר ספירות דאור חוזר כמו״ש בענף ג׳ עש״ה. וסידור ע״ס האלו, הם בהיפך מן הע״ס דאו״י, שהם יוצאים מתתא לעילא, כי המסך שהוציא את האור הגדול הזה, והוא שורש לו, נעשה לכתר, שז״ס נעוץ סופן בתחילתן, דכמו שהכתר הוא תחילה וראש לע״ס דאו״י, כן הסוף שהיא המלכות נעשה תחילה וראש לע״ס דאו״ח, ושב המלכות להיות כתר לע״ס ההם, וז״א דע״ס דאו״י נעשה עכשיו לחכמה, כי המקבל הראשון מן השורש נקרא חכמה, ועד״ז השאר, עד הכתר דאו״י, שנערך למלכות בע״ס דאו״ח, להיותו מקבל מן הז״א דאו״ח, שהוא חכמה דאו״י, והבן.

ונמצא דע״ס כח״ב זו״ן דאו״י, נבחנים המדרגות בערך הזכות מאור העב, שכל הזך ביותר הוא עליון וחשוב ביותר, ובע״ס כח״ב זו״ן דאו״ח, נבחנים המדרגות בערך העוביות, שכל מדרגה שהיא עב ביותר, יהי׳ עליון וחשוב ביותר כנ״ל, ובזה נמצאים העליונים דע״ס דאו״י, יהיו למטה בע״ס דאו״ח, והתחתונים דע״ס דאו״י, יהיו למעלה בע״ס דאו״ח.

והנה ע״ס הראשונים המתפשטים מא״ס ב״ה, נק׳ אדם קדמון, והם שורשים לכלים דראש, ועי״כ נק׳ הע״ס ע״ש כלי הראש, דהיינו גולגלתא, עינים, אזנים, הם כח״ב דע״ס דא״ק, וחוטם, ופה, ה״ס ז״א, ומלכות, דע״ס דא״ק, ונודע שע״ס נכללים זה מזה, כמו״ש בפנים, ע״כ נתפשטו כל או״א מגולגלתא ועינים ואח״פ הנ״ל, על ע״ס. ומע״ס שנתפשטו בגולגלתא ועינים, שהם כתר וחכמה דע״ס דא״ק אסור בהם הדיבור, ואין לנו עסק בהם, ואנו מתחילים לדבר מאח״פ ולמטה, דהיינו מבינה וזו״ן דא״ק.

ונודע שעשר הספי׳ ה״ס כתר וד׳ הבחי׳ חו״ב וזו״ן, ויש בהם או״פ, ואו״מ, פי׳ מה שכבר התלבש בכלי נקרא או״פ, ומה שעוד לא התלבש בכלי נק׳ אור מקיף, ונמצא שבכל או״א מע״ס דאח״פ דא״ק יש ה׳ פנימיים כח״ב זו״ן. וה׳ מקיפין כח״ב זו״ן.

(אות ז׳) עתה נבאר תכונתם עצמם של או״פ ואו״מ דכללות ע״ס דא״ק. והנה כבר נתבאר ענין ע״ס דאו״י וע״ס דאו״ח שיש בכל ע״ס, שגם בע״ס דא״ק האלו יש ע״ס דאו״י מכתר עד מלכות ועד״ז ע״ס דאו״ח ממלכות עד הכתר, והנה האור ישר נמשך ובא בשלימות אל הנאצל ההוא. אמנם ע״ס דאו״ח לא נמשך במילואו תיכף אל הנאצל ההוא אלא הוא נמשך באמצעות כל הפרצופין הנאצלים אחר אדם קדמון.

והענין דכל הנמשך מצד המאציל נמשך בכל השלימות, ובכל המילואים, שהוא ע״ס דאור ישר. משא״כ ע״ס דאו״ח, שנמשכים מצד הנאצל דהיינו מכח העיכוב שבבחי׳ ד׳ שנק׳ מסך כנ״ל, זה אינו יוצא תיכף בכל מילואו, אלא כל נאצל ונאצל יש לו חלק בו, והוא נפרה ונרבה לפי ריבוי הנאצלים, כמו״ש בפנים; ובזה תבין, שע״ס דאור ישר וחלק מע״ס דאו״ח ה״ס או״פ, וכללות האו״ח ה״ס או״מ.

וכבר נתבאר לעיל, שיש ב׳ נוקבין בע״ס, דהיינו ההתעבות שבהתפשטות דהרחבה, וההתעבות דהתפשטות ע״י חלון, שנק׳ בינה ומלכות ותדע שבחי׳ בינה ה״ס כלי פנימי, שבה מתלבש כל או״פ. והמלכות, ה״ס כלי חיצון, שבה מתלבש כל או״מ, כלומר שהאו״מ נקשר בה, להיותה בעלת המסך שאינו ראוי לקבלה מפני כח העיכוב שבו, אלא הוא השורש לע״ס דאו״ח כנ״ל.

והנה נתבאר היטב תוכנם של או״פ ואו״מ, ותוכנם של כלי פנימי וכלי חיצון, ובזה מובן לשון הרב ז״ל המובא לעיל באות ה׳ בענין ה״פ וה״מ שיצאו קשורים זה בזה וכו׳ דרך פה דא״ק וכו׳ עש״ה פי׳ דסובב על מה שביאר בשער טנת״א פ״א, אשר אור פנימי ואו״מ דע״ס דאזנים, וכן או״פ ואו״מ דע״ס דחוטם, יצאו בב׳ כלים, כלי פנימי לאו״פ וכלי חצון לאו״מ, והם מרוחקין זה מזה, כי מנקב אזן

ימין יוצאים ה' מקיפין כח"ב זו"ן, ומנקב אוזן שמאל יוצאים ה' פנימיים כח"ב זו"ן, ועד"ז בחוטם ולפיכך משמיענו כאן בע"ס דפה דא"ק, שאין כאן ב' כלים מיוחדים, אלא שניהם, הן ה"פ והן ה"מ, יצאו מקושרים בכלי אחד, שהוא הפה שנק' מלכות דא"ק, דהיינו בחי' ד' כנ"ל, אבל כלי פנימי שהיא בחי' ב' ובחי' בינה, אין כאן. כנ"ל ודו"ק.

ואין להקשות ע"ז, איך אפשר לאו"פ שה"ס ע"ס דאו"י, להתלבש בכלי דפה שה"ס בחי' ד', שהותקנה בסוד המסך ואינה ראוי' לקבלה, כנ"ל. והענין, דהמלכות עצמה, נבחנת על ד' בחינות מיוחדות, שנקראים, עצמות, גידין, בשר, עור. העצמות דהמלכות, יורה על עצם בנינה. שהוא בחי' ז"א ממש, דהיינו ההתפשטות ע"י חלון, אלא שנתעבה בדרך התפשטותו מסבת התגברות הרצון להמשיך תוספת שפע יתר מכפי התפשטותו מהבינה. וע"כ נגדר בשם לפי עצמו כנ"ל, ולכן נבחנים בה ב' הבחי', בחי' א', הוא העצמות שבה, שהוא חלק הז"א. ובחי' ב', היא העוביות הנוסף בה מחמת התגברותה, ונקרא גידין. ומה שנוטלת מכח הצמצום, דהיינו כח העיכוב שלא לקבל שפע באור העב הזה, אשר נק' מסך, שהיא בעל הזווג דע"ס דאו"ח כנ"ל, הוא בחי' ד' דהמלכות, ונקרא עור. ואו"ח העולה מהמסך מכח הזווג, נקרא בשר, והוא בחי' ג' דהמלכות.

והנך מוצא, אשר המלכות היא כלולה ג"כ מהתפשטות הבינה, ואדרבא היא עצם בנינה כנ"ל, ותבין אשר בחי' העצמות שבמלכות נעשית לכלי פנימי לה"פ דאורות דפה, ובחי' העור שבה נעשית לכלי חיצון לה"מ דאורות דפה. ונתבאר היטב, איך ה"פ כח"ב זו"ן וה"מ כח"ב זו"ן, יצאו בכלי אחד שהיא המלכות, ובה עצמה יש ג"כ ב' כלים פנימי וחצון, אמנם מקושרים זה בזה, דהא כל הד' הבחי' המה רק כלי א' שהיא המלכות.

(אות ח') ועתה נבאר ענין ההכאה והביטוש, שהי' בין או"מ לאו"פ בסבת עקודתם בכלי אחד, ועיין בעה"ח בהיכל א"ק ש"ב ע"ג, וגם בשער עקודים פ"ב, שטבע של או"פ לזכך את הכלי שהוא מלובש בה ע"ש. לפיכך, כיון שבע"ס דפה דא"ק היו האו"פ והאו"מ קשורים בכלי אחד דמלכות, היה האו"פ הולך ומזכך את הכלי מלכות דרגא אחר דרגא, וזהו סיבת הסתלקות של ע"ס דפה, שנק' עולם העקודים.

והענין דכבר נתבאר לעיל באות ו' ואות ד', אשר ע"ס דאו"ח הם בערך ההפכי מע"ס דאור ישר, כי בע"ס דאור ישר, יהי' המדרגות מתעלים זה על זה לפי הזכות שלהם. עד השורש שהוא הזך שבכולם. אבל בע"ס דאו"ח, יתעלו המדרגות זה על זה לפי העוביות שלהם, עד השורש שהוא היותר עב מכולם. שהיא בחי' הד', ומלכות שבה להיות כתר. ובחי' ג' חכמה, ובחי' ב' בינה, ובחי' א' ז"א, והכתר לבחי' מלכות.

ומתחילה נזדכך המסך בדרגא אחת, דהיינו שנזדכך צורת אור העב דבחי' ד' שבו וקיבל צורת העוביות דבחי' ג', וזה נקרא שאור המלכות נסתלקה ממקומה ועלתה לכלי דז"א, מפני שגם אז נתפשט האור ישר מהא"ס על המסך, וגם אז שלט בהמסך כח העיכוב עד שנעשה זווג דהכאה, ויצאו ע"ס דאו"ח מהמסך דבחי' ג', אמנם אינם עוד בקומת הכתר כבתחילה אלא הם בקומת חכמה, והיינו משום דהעוביית דבחי' ז"א ובחי' ג' דאור ישר יש לו ערך חכמה באו"ח כנ"ל, ונמצא שהמסך לא שב להיות כתר בסבת האו"ח. אלא שב להיות חכמה. ואח"כ נזדכך עוד, וקיבל הזיכוך דבחי' ב', שהיא בחי' בינה, וגם שם נתפשט אליה האור ישר עד לזווג דהכאה והעלאת או"ח, אמנם בקומת בינה, וכמו שאבדה לה העוביות דבחי' ג' ובחי' ד' כן נחסרו לה ב' ספירות הראשונות דאו"ח כנ"ל. ואח"כ נזדכך עוד וקיבל הזיכוך דבחי' א', וגם נזדווג בו האו"י מהא"ס ועלה אור החוזר, אמנם בקומת ז"א, ונחסר לה גם בחי' בינה. ואח"כ נזדכך עוד עד לצורת השורש, שעלתה למעלת הכתר, ואז אין עוד עוביות כלל בהמסך, וא"כ אין עוד עמה בחי' זווג דהכאה מאור ישר, וע"כ נעלם האו"ח לגמרי מע"ס דעקודים, ועיין בפנים בענף ג' וענף ד' שנתבאר כ"ז בארוכה.

והנה נתבאר שכיון שגם או"פ מלובש בכלי מלכות, לכן הוא הולך ומזככו דרגא אחר

דרגא, ובדרך זיכוכו הולכים ונעלמים הע״ס כח״ב זו״ן דאור חוזר. מפני שבעת עלייתה לבחי׳ כתר שוב נאבד מהמסך כל הסגולה שלו להעלות או״ח כנ״ל, אמנם גם הע״ס דאור ישר ג״כ נסתלקו עמו, והוא מפני שהאור ישר והאו״ח קשורים ותלויים זה [בזה].

(אות ט׳) וכדי לבאר זה, אקדים לבאר ענין מצב הספירות בתמונת סגולתא דטעמים, כזה ∴ דהיינו הכתר למעלה באמצע, ותחתיו בימינו החכמה, ובשמאלו הבינה וכו׳ כנודע. וצריך להבין את זה, דח״ו להבין זה בציור מקומות המדומות לעין גשמי, וכן ענין פב״פ ואחור באחור, הנוהג בע״ס, דח״ו אין כאן לא עורף ולא עיפוי. והענין, דכבר נתבאר בסדר ד׳ הבחי׳ דאור ישר המתפשטים מא״ס ב״ה שה״ס הכתר, שההתפשטות דהכתר נקרא חכמה, והוא מתעבה בדרך התפשטותו שה״ס התגברות הרצון להמשיך שפע יתר מכשיעור התפשטותו, דע״כ נבחן לב׳ בחי׳:

בחי׳ א׳, הוא כללות כל האור המתפשט מהא״ס אל הנאצל ההוא, שנק׳ חכמה.

ובחי׳ ב׳, היא בחי׳ ההתעבות, שנקנה לו ע״י התגברות הרצון להמשיך שפע חדשה, ונקרא בינה כנ״ל.

וע״כ יש בספי׳ בינה ג׳ הבחנות:

הבחן א׳, הוא עצם בנינה, שהיא חלק מהחכמה עצמו.

הבחן ב׳, היא אור שנתעבה בה, דהיינו ע״י התגברותה להמשיך שפע חדשה מהכתר.

הבחן ג׳, היא מהות השפע שהיא יונקת מהכתר, שנקרא אור דחסדים, שהוא שפל הרבה מאור החכמה הנמשך ישר מהמאציל, משא״כ אור הבינה שיונקת מהכתר, הוא משותף ע״י הקדם ההתגברות שלה שנתעבה בשבילו, כנ״ל.

והנה בעת שהבינה יונקת אור דחסדים מהכתר, אינה יונקת אז אור החכמה מספי׳ החכמה, וע״כ נחשבת עם החכמה אחור באחור. ונמצא, שאור החכמה, שהוא אור העצמות דכללות הע״ס שבנאצל ההוא נפסקת הימנו, בשביל הבינה שהסבה פניה לינק אור דחסדים מהכתר, אמנם בעת שמתגלה בחי׳ הד׳, וע״ס דאו״ח היוצאים הימנה, שהיא ג״כ בחי׳ אור דחסדים, עוד במדה יתירה מאור דחסדים שבבינה, אז אין הבינה צריכה עוד אל יניקת אור דחסדים מהכתר, כי מגיע לה מאו״ח דמלכות בשפע גדול, וע״כ מחזרת פניה אל החכמה, ושוב יונקת אור החכמה, ואז נמשך גם אור החכמה בשפע, בכללות הע״ס שבנאצל ההוא, וזה נק׳ פנים בפנים דחו״ב, שהרויחו בסבת או״ח העולה מהמלכות. אמנם מטרם הגלות הכלי מלכות, היה הבינה נותנת פניה אל הכתר, שזהו מצב הסגולתא דטעמים, אשר הבינה נמצא מתחת הכתר כמו החכמה, אלא שהחכמה יונקת מהכתר אור דעצמות, והבינה יונקת מהכתר אור דחסדים, וכיון שאור העצמות הוא כללות האור שבהנאצל, ע״כ נבחן החכמה לבחי׳ ימין, ואור דחסדים נבחן לבחי׳ שמאל להיותו משותף בגבורה, כנ״ל.

והנה נתבאר אשר אור העצמות אינו יכול להתפשט בכללות ע״ס דאור ישר, לסיבת הבינה שהיא עמו אחור באחור, זולת ע״י זווג דהכאה בהמסך שבכלי מלכות, שאז אין הבינה צריכה עוד לאור דחסדים, ושבה פב״פ עם החכמה, ונמצא אשר בעת שהסתלקו הע״ס דאו״ח מעולם העקודים כנ״ל, נמצא שגם אור העצמות דע״ס דאור ישר ג״כ הסתלקו עמו, כי אור החכמה והאור חוזר תלויים זב״ז כנ״ל, ולא נשאר שם בעולם עקודים זולת בחי׳ אחוריים דבינה, דהיינו אור דחסדים וגבורה שלה, כנ״ל.

ובזה תבין דברי הרב ז״ל שהבאנו לעיל, אשר מטבע של האור פנימי לזכך הכלי שהוא מלובש בו כנ״ל, כי סובב על אור החכמה שמתלבש בפנימיות הנאצל, ע״י הבינה ששב עמו פב״פ, כנ״ל, שעל ידי זה נמצאים מזדככים אחוריים דהבינה. וכיון שאחורים דבינה שהיא בחי׳ ב׳, הוא השורש לבחי׳ ד׳, כנ״ל, א״כ, כיון שמזדכך השורש, מזדכך עמו גם הענף ובחי׳ הד׳.

(אות י׳) ועתה נבאר ענין הביטוש דאורות פנימיים עם אורות מקיפים בסבת עקודתם זה בזה, שהבאתי לעיל באות ה׳, ואביא עוד לשון הרב ז״ל בשער עקודים פרק ה׳ שמבאר שם בעצמו ענין הביטוש הזה בארוכה, וז״ל

בקיצור באמצע דיבור, נמצא שיש [בהתפשטות האור דעולם העקודים והסתלקותו בחזרה אל המאציל] ג' מיני אורות:

אור הא' הראשון שבכולם דהיינו אורות דעקודים נקרא טעמים, הב' הוא הרשימו שנשאר עוד מזה האור אחר הסתלקותו ונקרא תגין. הג' הוא האור הבא אליו דרך עליית הספירות שאז הוא דרך אחוריים שהוא דין ונקרא נקודות.

ובבוא אור ג' שנקרא נקודות, ופוגע באור הב' שנקרא רשימו שהוא רחמים, אז מכים ומבטשים זה בזה, שהם ב' הפכים זה אור ישר שהוא רחמים, וזה או"ח שהוא דין, ואז נופלין ניצוצין מאו"ח היורד שהוא דין, ואלו הניצוצין הוא אור אחר רביעי, שנקרא אותיות, וה"ס ד' בחי' טעמים נקודות תגין אותיות, שכולם היו נכללים בכאן בענין העקודים וכו', ואלו הניצוצין שנפלו מאו"ח היורד הם, דוגמת רפ"ח ניצוצין דשבירת הכלים בעולם הנקודים וכו', עכ"ל.

פי' דבריו, לפי המתבאר לעיל בסדר התפשטות האור לעולם עקודים, שמתחילה מתפשט האור מא"ס ב"ה עד לזווג דהכאה במסך שבכלי מלכות, ואז יוצאים הימנה ע"ס דאו"ח מתתא לעילא כנ"ל באות ו', שיש להם ערך הפכי, והעליונים דאו"י יהי' תחתונים באו"ח, שבע"ס דאו"ח מתמעטים המדרגות בערך הזיכוך, שז"א שהוא זך מהמלכות יהי' במדרגה פחותה מהמלכות, והוא רק בערך חכמה בע"ס דאו"ח. והבינה שזכה ביותר מהז"א, נתמעטה במדרגה ואין בה אלא ערך בינה. והחכמה שזכה ביותר מהבינה, נתמעטה במדרגה ואין לה אלא ערך ז"א. והכתר היא בערך מלכות, כמו"ש שם ובפנים בענף ג', אמנם אחר שהאו"י והאו"ח מתחברים ומשתלבים יחד, לפיכך נעשה בזה ערך השוה, שכל או"א מע"ס יהי' קומתו עד הכתר, כמו"ש באות ד'. וכללות הזה דעולם העקודים דהיינו ההתפשט ושוב דאור א"ס ב"ה מכתר עד מלכות וממלכות עד הכתר, והאו"ח מתחבר יחד עם האו"י בקומה שוה עד הכתר, נקרא טעמים, או התפשטות א' דעקודים.

והנה נתבאר לעיל אות ח', שבסבת האו"פ שמלובש ג"כ בכלי מלכות שטבעו לזכך את הכלי, ע"כ הולך ומזדכך המסך בסבתו בדרך הדרגה, שמתחילה מקבל זיכוך כבחי' הג' ונק' שעלה המסך לז"א, ואז אור א"ס ב"ה מתפשט ושוב מכתר עד המסך שבכלי ז"א, ומז"א לכתר, שבזה נתמעט ערך האו"ח העולה מהמסך לדרגת חכמה, כערך ז"א של או"ח. ועד"ז יורדים המדרגות בהזדככות המסך עד להזדככות דבחי' כתר דאו"י ואז בטל המסך, ונשבת זווג דהכאה, כנ"ל. והנה כללות האו"ח הזה, היורד מדרגא לדרגא עד שנעלם כולו נקרא אור הנקודות. מפני שסוד המסך נמשך מנקודת הצמצום, דע"כ מעכב ג"כ לאור ישר מלבוא ולהתפשט בתוכו, כמו נקודה האמצעית דצמצום הא', דקישטה בעצמה ועזבה את האור שבה, ובחרה ביותר בהזדככות מעוביותה, כדי להשוות צורתה אל המאציל, כמו שנתבאר בארוכה בענף א' בפנים מסבירות, וע"כ מוטבע בהמסך כח הזה דהיינו הרצון להזדככות, והבן היטב.

ועתה נבאר סוד הרשימו, שהוא אור התגין, דנודע דאע"פ שהאור מסתלק מ"מ מניח אחריו רשימו, וע"כ כללות ההתפשטות א' דעולם העקודים שהתפשט ושוב מכתר למלכות וממלכות לכתר, ויצאו שם ע"ס שקומתם שוה עד הכתר באור פנימי, ועד"ז ע"ס דאו"מ, כנ"ל באות ז', [עש"ה שלא הי' כאן כלי מיוחד לאו"פ וכלי מיוחד לאו"מ] והכלי הזו בכללה נקרא כלי דכתר, מפני שכל ע"ס היו בקומת כתר, ולכן אע"פ שחזר ונסתלק התפשטות הזה, מ"מ נשאר הימנו רשימו המקיים ומחזיק את צורה הקודמת שם, שלא תתבטל לגמרי בסבת הסתלקות האור.

ועפ"ז תבין, איך אור הרשימו הנשאר מהתפשטות הא', ואור חוזר היורד שהוא אור הנקודות, המה ב' הפכים ומכים ומבטשים זה בזה, כי אור הרשימו מתחזקת על התפשטות הא', שהאור הישר היה מתפשט עד המסך דבחי' ד', וחפצה מאוד שהמסך ישאר בעוביות דבחי' ד' דוקא, דרק ע"י סגולת העוביות היתרה שבהבחי' הד' יש לה ערך דקומת הכתר כנ"ל. אמנם אור הנקודות דהיינו המסך עצמו,

אדרבה הוא מתחזק בכל כחו אך להזדכך מאור העב שבו, שהוא בחי' דין וחפץ להזדכך לגמרי, ולהשוות צורתו להמאציל ית' כי נטבע בו התחלה הראשונה מנקודת הצמצום, שהוא שורשו כנ"ל, והבן היטב.

(אות י"א) ועי"ז נבין אור הרביעי, שנפלו ע"י ביטוש דאור הרשימו עם אור הנקודות, שנקראים אותיות, שהם דוגמת רפ"ח ניצוצין דשבה"כ דעולם הנקודים. וצריך שתדע, שבכל מקום שמובא בזוהר, תיקונים ובכהאר"י ז"ל לשון ניצוצין או נצצין או התנוצצות, יורה על בחי' אור חוזר. כי הארות אור ישר, מוגדר בשם אורות או נהורין וכדו', והארות או"ח מוגדר בשם ניצוצין או זיקין או התנוצצות וכדומה. ובזה תבין דענין הניצוצין שנפלו ע"י ביטוש דהרשימו באו"ח היורד, הוא ג"כ בחי' רשימו, אלא שהיא רשימו דאור חוזר, וע"כ מוגדר בשם נצוצין.

והנה נתבאר לעיל אות ח', סדר הירידה דאו"ח, שמתחילה קיבל לזיכוך דז"א ונמצא נעתק מבחי' ד' שהוא כלי מלכות האמיתית, וכשאור א"ס ב"ה התפשט ושוב להמסך שבכלי ז"א, יהי' אור המלכות הזה בקומת חכמה, ונגרע מכללות האור דהעקודים בחי' הכתר, מפני שהמלכות שבז"א לא שב להיות כתר אלא חכמה, [ונתבאר שעיקר נותן מדת הקומה בכללות הע"ס של הנאצל הוא אור המלכות כנ"ל ועי' בפנים מסבירות ענף ד'] ונמצא כלי מלכות האמיתית בלי אור, והיה צריך להשאר בה ב' רשימות, רשימו א' מאור הטעמים, שהוא מקיים ומחזיק העוביות דבחי' ד' כמה שיכולה, ורשימו הב' מאור הנקודות, דהיינו מזה האור המיוחס להמסך וחפץ בהזדככות כנ"ל. אמנם שניהם אינם יכולים להשאר ביחד, שהמה הפכים זה לזה, כי במקום שנמצא הרשימו דהטעמים נקרא כלי דכתר, על שם שע"ס שלו המה בקומת הכתר כנ"ל, ובמקום שנמצא רשימו דאור חוזר היורד, נקרא כלי דחכמה, או דלמטה מכתר, וע"כ נסתלקה מהמלכות גם הרשימו שלה, ועלתה ג"כ לכלי ז"א, ורשימו דאו"ח היורד נשאר על מקומו. ונמצא, שכאן נדחה הרשימו בשביל הניצוצין דאו"ח, אמנם מכאן ולהלן נדחין הניצוצין דאו"ח, בשביל אור הרשימו.

ואחר זה בעליית המסך למקום בינה, כלומר שקיבל זיכוך דבחי' ב', ואור א"ס ב"ה מתפשט ושוב מכתר לבינה ומבינה לכתר, אז נגרע ג"כ בחי' חכמה, ונמצא כלי ז"א נשארים בלי אור, ונשאר גם שם ב' רשימות, מאור הטעמים, ומאור חוזר ההפכים זל"ז, וכאן גבר הרשימו על הניצוצין דאו"ח, שהרשימו דטעמים נשאר בכלי ז"א, וע"כ נשאר בבחי' כלי דכתר. אמנם הרשימו דאו"ח, שהיא הניצוצין דכלי חכמה, המה נדחין למטה מטבור, כלומר למטה מכלי דכתר, כי התפשטות עולם העקודים היא עד הטבור, דמלכות דעקודים נקרא טבור. וכבר נודע ששם נשארין ניצוצין דכתר דאו"ח היורד, שערכם בחי' כתר דחכמה, דהרשימו דמלכות דטעמים שהמה בחי' כתר ממש, עלה לז"א כנ"ל, וניצוצין שנפלו מכלי ז"א שהמה ניצוצין דחכמה שבחכמה, נפלו למטה מטבור, ששם כתר חכמה כנ"ל.

ועד"ז, בעליית המסך לחכמה, כלומר שנזדכך לבחי' א', עדיין הי' אור א"ס מתפשט ושוב מכתר לחכמה ומחכמה לכתר, שאור הזה הוא בקומת ז"א, ונגרע ג"כ קומת הבינה, ונשאר כלי בינה ריקנית בלי אור ונשארו ב' רשימות כנ"ל ורשימו דטעמים נשארו במקומם, ורשימו דאו"ח היורד נדחין ונפלו, למטה מניצוצין דחכמה שלמטה מטבור, כנ"ל.

ואח"ז נזדכך עד לבחי' הכתר שהוא השורש, וממילא אבד כל בחי' העוביות שבו, וממילא בטל הזווג דהכאה, ואין עוד או"ח, ונמצא שלא נפל כלל ניצוצין מבחי' הכתר, אלא נשאר שם רשימו דהטעמים לבדה.

והנה נתבאר היטב, ענין ההפכיות בין הרשימו ואו"ח היורד, דע"כ נתפרדה החבילה, ורשימו דע"ס דהטעמים נשארים במקומם, שהם בחי' כלים כח"ב זו"ן דכתר עד הטבור דא"ק, והניצוצין שהם רשימו דאו"ח היורד, נפלו לחוץ ממדרגתם שהיו בו, ומכונים למטה מטבור, כלומר למטה ממלכות דעקודים, שהם בחי' כלים כח"ב זו"ן דחכמה, כנ"ל שהם נקראים אותיות.

(אות י"ב) והנה סיבת ההזדככות כבר נתבאר לעיל אות ט' בסופו, משום דאו"פ קשור בכלי מלכות, שהוא באמת רק כלי חיצון לאו"מ, כמו"ש באות זיין ע"ש, ועל כן בהיות האו"ח עולה ומשיב חו"ב פנים בפנים כנ"ל באות ט', נמצא בחי' עוביות דבינה הלכה הימנה, דחזרה ומתעצמת עם החכמה לעצם אחד כמו שהיו מתחילה, ובהבטל העוביות שבשורש בטל עמו ממילא גם העוביית שבענף, ובזה תשכיל שסדר התעצמות הבינה עם החכמה היא מזככת עמה גם המסך, וגם הוא עולה על ידה ובסבתה, מדרגא לדרגא עד שמתעלם. שמתחילת ביאת האו"ח אל הבינה והיא מתחלת להחזיר פניה אל החכמה, עולה בזה המסך מבחי' ד' ובחי' ג'. וכשיונקת אור החכמה מפנים דחכמה, נמצא המסך מתעלה לבחי' ב'. וכשמתעצמת עם החכמה לעצם אחד, אז עולה המסך לבחי' א' עד שמתעלה לבחי' השורש, שז"ס המוזכר באד"ר, ואשתאיב ניצוצא. ואכמ"ל.

היוצא מזה, שאור החכמה שהוא כללות אור העצמות שבהנאצל הא'. דהיינו עולם העקודים, ואור חוזר העולה מכלי מלכות. נמצאים קשורים זה בזה, ורדופים זה מזה. כי בלעדי האו"ח לא יוכל אור החכמה להתפשט בהנאצל, מסיבת הבינה שמשימה פניה לינק אור דחסדים מהכתר, ואחוריה לחכמה, כלומר שלא תינק ממנו אור העצמות, אלא בצאת האו"ח, נמצאת הבינה משיבה פניה אל החכמה, ורק אז יכול אור העצמות להתפשט בהנאצל. ונמצא אור העצמות תלוי באו"ח. אמנם, בעת שיבת חו"ב פב"פ, ופסקה יניקתה מהכתר, נמצא מתבטל העוביות שבה, וממילא בטל ג"כ העוביות שבהענף שהוא המסך, וממילא נעלם ג"כ האו"ח, ונמצא שהאו"ח נדחה ונרדף בסבת אור העצמות.

ובזה יתבאר היטב לשון הרב ז"ל שהבאתי לעיל אות ה', אשר או"פ ואו"מ מבטשים זה בזה, ומהכאתם אתייליד הויות הכלים. כי או"פ, ה"ס אור החכמה המתפשט בהנאצל בסיבת האו"ח כנ"ל, ואו"מ ה"ס המסך שהוא כלי חיצון שקשור בו כל האו"מ העתיד לצאת בעולמות מבחי' האו"ח, כנ"ל באות ז' ע"ש. ואעפ"י שהמה תלויים זה בזה, מ"מ האו"פ המתפשט ע"י השבת חו"ב פב"פ מבטש באו"מ, שמזכך להמסך וגורם להסתלקות האור מעולם העקודים, ובזה נתפרדו ג"כ הרשימות דטעמים ודאו"ח זה מזה כנ"ל, ורשימו דאו"ח נדחה חוץ ממחיצתה, דהיינו למטה מטבור, שנקראים אותיות, והמה הם הכלים כנודע, ודו"ק היטב.

(אות י"ג) והנה נתבאר היטב סיבת הסתלקות, מפאת הזדככות המסך ע"ד המדרגה, עד שנעלם כל האו"ח, ועמו גם אור העצמות דכתר וחכמה דאור ישר. אולם עוד לא נשאר כך, אלא אחר העלמת אור העצמות, מפאת הבינה שהחזירה פניה אל הכתר לשפע אור דחסדים, נמצא שחזר אליה האחוריים והעוביות כמקדם, ואם כן חוזר העוביות שלה גם אל המסך שהוא ענף שלה. כנ"ל. ונודע שאור הישר מן המאציל אינו נפסק מהנאצלים אפי' רגע, ולפיכך אחר שהמסך חזר ונתעבה, שוב נתחדש עליו אור ישר דא"ס, על ד' הבחי' הנודעים עד לזווג דאו"ח, ושוב מתפשטים הע"ס דאו"י ואו"ח בעולם העקודים, וזה נקרא התפשטות ב' דעולם העקודים.

אמנם, מאחר שהחו"ב שבו להיות פב"פ ע"י האו"ח כנ"ל, נמצא שוב מזדככת העוביות ואחורים דבינה, כנ"ל, ועמה גם העוביות דהמסך שהוא ענף שלה, ושוב מתבטל זווג דהכאה והאו"ח, וחוזרת הבינה לינק אור דחסדים מהכתר, ונמצא שוב מסתלק אור העצמות כמקדם. וכמו כן על דרך זה, אחר ששב האחורים והעוביות אל הבינה, חוזר ונמשך העוביות גם על המסך, וממילא שוב מתחדש האו"י על המסך, שבסגולתו מתפשט ג"כ אור העצמות כנ"ל. ועד"ז, תמיד חוזר חלילה, שבביאת האו"ח, שב ומתפשט אור העצמות, ובביאת אור העצמות, מסתלק האו"ח, ובהסתלקות האו"ח, שוב מתעבה המסך, ושוב מתחדש האו"ח, ושוב מתפשט אור העצמות, וחוזר חלילה. וכו', כנ"ל. ונמצא התפשטות הב' הזה, תמיד כמו שלהבת המתנענע לכאן ולכאן. והיינו שאומר הרב, שאו"פ ואו"מ

הנעקדים בכלי אחד, הם מכים זב"ז, ומבטשים זב"ז.

ומובן הבחן הגדול מן התפ"א דעקודים, שהיה בקומת הכתר משום דאו"י מזדווג עם המסך דבחי"ד, לההתפשטות של עתה, שהוא רק בקומת החכמה, להיות כל עוביות דהמסך הוא רק התפשטות מעוביות הבינה, ע"ד עוביות דז"א, שע"כ אינו ממשיך אלא קומת אור החכמה, כנ"ל באות ח', וגם אור הזה אינו קבוע וקיים, אלא כשלהבת המתנענע לכאן ולכאן, והנה נתבאר היטב, שענין התפ"ב דעקודים. היא ענין נמשך מהסתלקות דהתפ"א גופיה. ודו"ק.

(אות י"ד) ובזה נבוא להבין דברי הרב ז"ל בשער נקודים פ"א וב'. אשר הא"ק צמצם א"ע, והעלה כל האורות שמטבור ולמטה למטבור ולמעלה, ועלו למ"ן לע"ב דגולגלתא, ופריס שם חד פריסה בגוי מעוהי, והאור שעלה מנה"י יצא דרך עינים, עד שנמשך למטה מטבור, ונתפשטו לע"ס דעולם הנקודים, ומן האור שנתחדש ע"י עליית מ"ן, נמשך ג"כ ובקע להפרסא וירד למטה מטבור, שמתפשט דרך נקבי הטבור ויסוד לע"ס דעולם הנקודים. ומב' אורות אלו, נבנו הע"ס דהנקודים, ע"ש. וענין ב' אורות הללו, וענין הצמצום החדש הזה, צריך ביאור רחב, שיתבאר במקומו אמנם נבאר כאן בהם לפי הצורך במקום הזה.

והנה האורות שלמטה מטבור דא"ק; כבר נתבאר לעיל אות י"א, שה"ס האותיות והניצוצין, שנפלו ע"י הביטוש דהרשימו דכתר וטעמים ברשימו דחכמה ונקודות, עד שיצאו למטה מכל הרשימו דכתר, שמקום יציאה הזה, נק' נה"י ולמטה מטבור, עש"ה. והנה עתה אחר שחזר התפשטות הב' לעולם העקודים, כנ"ל, שהיא רק אור החכמה בכלי דכתר, א"כ נעשה שוב השתוות, בין רשימות דטעמים לרשימות דנקודות, דשניהם בחי' חכמה ולפיכך נמשכו ועלו כל הכח"ב זו"ן דרשימות הנקודות דמלמטה מטבור, ונתחברו שוב עם הרשימות שלמעלה מטבור. והיינו שאומר הרב, שהא"ק העלה האור שמטבורו ולמטה, למעלה מטבורו.

אמנם צריך להבין למה נקרא זה צמצום. והענין, משום דב' בחי' יש בהניצוצין שעלו:

הא', הוא ניצוצין דכתר דאו"ח היורד, שנשארו בטבור גופי', שהוא מלכות דעקודים, ובחי' הד'. אשר אור דהתפשטות ב' אינו מגיע אליה, להיותו מבחי' ג' ועוביות מהתפשטות אחורים דהבינה כנ"ל.

הבחן הב'. היא ניצוצין דחו"ב וזו"ן, שהמה מבחי' ג'. כנ"ל באות י"א וי"ב עש"ה.

ולפיכך, אחר שעלו חו"ב זו"ן דניצוצין, נתרבו שם האורות יותר מקדם, לסיבת העוביות שנתוסף עליהם מחמת נפילתן למטה מטבור, וע"כ נמשך שם ג"כ ניצוצין דהכתר שבטבור, שהמה בחי' הד', וממילא נתפשט ונתחדש עליהם האו"י דא"ס ב"ה, שאינו נפסק מהנאצלים אפי' רגע כנ"ל, ונעשה הזווג דאו"ח בבחי' הד' וע"כ יצאו ע"ס חדשים בקומת כתר, כמו בהתפשטות הא'.

והנך רואה, איך שנעשה מהניצוצין שעלו ב' בחי' ע"ס: דמחו"ב זו"ן דניצוצין, שהתתקנו בעלייתם לבד, להיותם מבחי' ג' כמו התפשטות הב', נמצאים מתוקנים בבחי' ע"ס בקומת חכמה. ומניצוצין דכתר, הותתקנו ע"ס חדשים בקומת כתר. וב' פרצופים האלה, המה שורשים לפרצופי או"א וישסו"ת דאצילות, שפרצוף החדש בקומת הכתר ה"ס או"א, ונקרא חכמה, ואבא דאצילות. ופרצוף דאור הישן, שהיא בקומת חכמה, ה"ס ישסו"ת. ונקרא בינה, ואימא דאצילות. ובשורשים אלה, תבין המוזכר באידרא זוטא, דאבא הוציא את אימא לחוץ אודות בנה, ואבא עצמו התתקן כעין דו"נ. כי פרצוף העליון שהוא בקומת כתר. שנקרא אבא, התתקן כעין דו"נ, כי העלה אליו בחי' הד', שה"ס הנוקבא והמלכות. והבינה, שה"ס פרצוף התחתון, שקומתו למטה מכתר. נמצא שיצאה חוץ מאבא, לסיבת הנוקבא, שה"ס בחי' הד', אשר מעכבת ומסיימת על אור העליון, שלא יתפשט למטה הימנה, דע"כ נקראת בחי' ד' הזו פרסא, בלי נקב הנוהג בבחי' ב', ואין ישסו"ת מלבישין לאור הכתר מסבת הפרסא הזו, והבן.

ונמצא שבחי' ב' שה"ס בינה שעליה לא הי' כלל הצמצום הא' נמצאת נגרעת עכשיו,

131 פתיחה כוללת קלא

שנתצמצמה ג"כ, לסיבת מציאותה למטה מבחי' ד'. והיינו שאמר הרב, שהא"ק צמצם את עצמו בהעלאת אור דמטבור ולמטה, דסובב על בחי' ב' שנתצמצמה עכשיו, בסבת העליית מ"ן, כנ"ל והבן זה.

(אות ט"ו) וצריך שתדע, ההבדל הגדול בין ראש לגוף, שהראש נקרא ג"ר, והגוף נקרא ו"ק או ז"ת או זו"ן. וגם הגוף עצמו נחלק לג"ר וזו"ן. ושורש ההתחלקות הזה, הוא משום דעד הפה, שה"ס מלכות, נמצא האו"י בעיקר הבנין, והאו"ח העולה ומתחבר עמו, הוא רק בחי' לבוש אליו, והפכי לו, הגוף, שהיא התפשטות המסך עצמו, באותו שיעור שמלביש לספירות דראש, וע"כ יהיה האו"ח, עיקר בנינו, וע"ס דאו"י כמו ענפים אליו. אמנם נקרא זו"ן, אע"ג שעיקרו אינו אלא מלכות כנ"ל. והוא משום דאין לך אור המלכות כלל בהמציאות, זולת עם נה"י דז"א המתחברים עמה בזווג דהכאה כנ"ל, וע"כ נחשבים שניהם לאחד, המתפשטים בסוד האו"ח. וכבר נתבאר לעיל, שענין המסך המעכב, והאו"ח היוצא בסבתו, אינו נחשב על המאציל. רק על הנאצל לבד, ולפיכך הראש נבחן שהוא עצמות אור המאציל, והגוף נבחן על פעולת הנאצל עצמו לבד והבן היטב.

ובזה יתבאר לך, ה' פרצופין הכוללים דא"ק, הנקראים, גולגלתא, ע"ב, ס"ג, מ"ה, וב"ן, על סדר אצילותם, והלבשתם זא"ז ואיך הם נקשרים זב"ז, ויוצאים זה מזה ע"ד קודם ונמשך, מחמת מחשבתו ית' היחידה ומיוחדת, שמתבארת היטב בפמ"ס בענף א', שה"ס להנות לנבראיו, אשר מחשבתו ית' זו ה"ס השורש לבחי' הכלי, ולבחי' הצמצום הא', שנעשית בבחי' הד'. אמנם בהמשכה בלתי ישרה, כמ"ש שם באות ז' ע"ד משל מעשיר וכו'. וע"ש באות ח'. אשר מחשבה היחידה הזאת, מקפת כל המציאות וכל העולמות, וכל ריבוי הבחי' והצורות וההנהגות עד גמר התיקון, שכולם יחזרו ויתיחדו באור א"ס ב"ה שמטרם הצמצום, ביחודו הפשוט בצורה האחת שעומדת עלינו "להנות לנבראיו". עש"ה.

והנה תיכף מסוד הצמצום בבחי' הד', שה"ס גדלות הרצון, בערך מלכות דא"ס, נתגלו בהרשימו שנתרוקנה מהאור, ד' צורות של הדרגה, בבחי' הכלי. שנק' חו"ב וז"א ומלכות. ובהם או"פ ואו"מ. הרי י"ב צורות. ואח"כ שנמשך האור על בחי' הרשימו הנ"ל. עד לנקודת הצמצום, כי אורו ית' אינו נפסק כלל כנ"ל וזכור זה, אז נמשך הקו הדק לתוך הרשימו, ונקרא דק, משום דאור העצמות אינו מתפשט להנאצל, זולת בהאו"ח העולה בזווג מהמסך כנ"ל, ובסגולת האו"ח נתגלה צלם א"ק בסוד פרצוף גולגלתא, שנק' בדוגמא, תחילת הקו. והוא מתפשט על כ"ה בחי', דיש כח"ב זו"ן באורך וכן בעובי יש כח"ב זו"ן כנ"ל שמשום דהמלכות שב להיות כתר, ע"כ מתפשט כל אחד מכח"ב זו"ן לע"ס עד הכתר, ונקרא בדוגמא, גולגלתא, עינים, אח"פ, או גולגלתא ע"ב ס"ג מ"ה וב"ן שכאו"א קומתו עד הגולגלתא, והבן. ומפנימית הנאצל הזה יוצאים הארותיו לחוץ, ע"ד שנתבאר בדף ל"ב בפמ"ס בענף ג' אות ב', ע"ש היטב סדר יציאת האורות לחוץ בסיבת הזדככות המסך.

(אות ט"ז) ולפיכך מתחילה יצא הע"ב לחוץ, ויציאה היא ענין גרעון שמסבת הזדככות בחי' הד' דא"ק הפנימי שנק' פה קיבלה לעוביות דבחי' ג', ואחר שאור א"ס נמשך על מסך זה. יוצאים ע"ס חדשים בקומת חכמה כנ"ל, שנקרא ע"ב.

ונמצא, שע"ב היוצא לחוץ נגרע מע"ב הנשאר בפנימיות הא"ק, בקומת כתר.

ונמצא שכתר דע"ב החיצון מלביש על חכמה דגולגלתא, ומתפשט עד הטבור דא"ק הפנימי, ויש בו ג"כ כ"ה בחי', דע"ס דאו"י שלו שהם, גולגלתא, עינים, אזן, חוטם, פה שלו, מתפשטים כאו"א בסגולת האו"ח על ה' בחי', עד כתר ע"ב. אמנם כתר כללי דא"ק הפנימי, נשאר מגולה כנ"ל.

ונבחן בו ג"כ ראש וגוף, כנ"ל, שמפה ולמטה נק' גוף, להיותו רק התפשטות המסך לבד, וע"כ נעקדים שם האו"פ והאו"מ בבחי' הד' דע"ב לבד, דע"כ היו מוכרחים לחזור ולהסתלק, כנ"ל, שהם נק' עולם הנקודים,

קלב תפיסת המציאות 132

שהוא בחי' זו"ן וגוף דע"ב החיצון, כנ"ל.

וכבר נתבאר, שמן ההסתלקות גופי', חזר העוביות אל המסך, והגיע שם התפשטות ב', כנ"ל אות י"ג וי"ד, שהוא הממשיך האורות דלמטה מטבור למעלה מטבור, שמהעלאה הזו מתתקנים או"א עילאין, והופרס פרסא מתחתיהם, וישסו"ת מהפרסא עד הטבור, אשר כל העלאה הזו, נקרא פרצוף ס"ג החיצון, כלומר, שיצא מדרגתו הקודמת, שבע"ב החיצון הי' הבינה, בקומת כתר חכמה, שה"ס אור האוזן עד שבולת הזקן, אמנם בפרצוף זה, שנעשה מניצוצין, שנפלו מאורות דפה דע"ב החיצון, נמצא שהבינה דפרצוף זה הוא מתחת כל ע"ס דאו"א עלאין, ונגרעת משום זה בבחי' הכתר כנ"ל. ומקומו, מפה ולמטה, כלומר משבולת הזקן שהוא סוד גולגלתא שלו, וכמו שהע"ב החיצון מלביש רק למלכות דכתר הכללי. וט"ר נשארים מגולים, כן הס"ג החיצון, אינו מלביש רק למלכות דכתר דע"ב, דהיינו מפה ולמטה, וט"ר שלו שה"ס כללות הראש, נשאר מגולה. וכמו שהע"ב הוציא ענפיו דרך שערות רישא, כן ס"ג הזה הוציא ענפיו דרך שערות אח"פ, שית' במקומם, שה"ס האור הנגרע מהם בסבת יציאתם, בערך העליון, שנשאר שם בהשערות, בסוד מקיפים, ע"ד מקיף חוזר. והס"ג הזה מלביש להא"ק משבולת הזקן עד סיומו, דהיינו בחי' הראש שלו שה"ס ג"ר, נמשכין עד הטבור, שהם בערך, גולגלתא, עינים, ואוזן, וחוטם; ופה שלו מתפשט בעצמו לע"ס דגופא, ע"ד הפה דע"ב החיצון כנ"ל. ומקרה אורות דפה דס"ג החיצון, כמו מקרה אורות דפה דע"ב החיצון, שמסבת עקידתם בכלי אחד, נעשה גם בהם הזדככות המסך בדרך המדרגה, עד שנזדכך לבחי' הכתר ונעלם כל ההתפשטות. שז"ס שבירת הכלים ונפילת רפ"ח ניצוצין כמ"ש במקומו. אמנם זה קרה רק בבחי' זו"ן שלהם, ולא בג"ר שלהם, והיינו משום תיקון הפרסא, כמו שית' במקומו.

ואח"כ נמשכו ועלו גם הניצוצין שנפלו מפה דס"ג החיצון, בסוד עליית מ"ן, כמ"ש במקומם, שאז יצא המ"ה החדש, והותתקנו ע"ס דאצילות בסוד י"ב פרצופין. אשר כל הבחי' הקודמות נכללים בעולם האצילות, כמ"ש בע"ה, ומעולם האצילות נחתם עולם הבריאה, באופן שכל שנמצא באצילות נחתם בהבריאה ומהבריאה נחתם היצירה, ומהיצירה נחתם העשיה, וע"כ אין לך שום מציאות או הנהגה בתחתונים שאין לה יחס ישר להעליונים, שממנו יוצא ונמשך עד למהות תחתון.

וזה שאמרו ז"ל, אין לך כל עשב מלמטה, שאין לו מלאך מלמעלה, שמכה אותה ואומר לה גדל. כי כל הנמשך מעולם עליון לתחתון, הוא נמשך ע"י זווגים, אלא העולמות נחלקים לפנימיות וחיצוניות, אשר בחי' הפנימיות של העולמות, מאצילות ולמטה, אינו נמשך דרך זווג דהכאה בהמסך כנ"ל, אלא דרך זווג יסודות, כמ"ש במקומו, אמנם בחי' החיצוניות שנמשכים מעולם לעולם, נמשכים ע"י זווג דהכאה. שז"ס ע"ה מכה וכו', וזה שדקדקו חז"ל, שהמלאך שבעולם היצירה, שהוא השורש העשב דבעולם עשיה, הוא משפיע לה ומגדלה, בבחי' זווג דהכאה, והיינו מכה ואומר לה גדל, דאמירה ה"ס השפעה, כנודע. ונתבאר היטב ענין קודם ונמשך, דגולגלתא, ע"ב, ס"ג, דא"ק. ואיכות הלבשתם זה על זה, ושכל תחתון הוא בערך זו"ן דעליון, שנמשך רק מניצוצין דאורות הפה דעליון.

ונתבאר, שביציאת הע"ב לחוץ, נכלל המסך בבחי' ג' וביציאת הס"ג לחוץ נכלל המסך בבחי' ב', לנוק' דאבא, וביציאת המ"ה מפנים לחוץ, נכלל המסך בבחי' א', שזה ית' עוד במקומו. ומלכות דבחי' ג' נק' טבור, ודבחי' ב' נקרא פרסא, ודבחי' א' נקרא קרומא, ואכ"מ להאריך יותר, רק קשרתי הענינים בשורשם, בדרך קצר וקל, שזהו כונתי במקום הזה, ובפנים הספר מתבארים הדברים בהרחבה בע"ה.

הקדמה לספר "פנים מאירות ומסבירות"

(אות א') בשלהי עוקצין לא מצא הקב"ה כלי מחזיק ברכה לישראל אלא השלום, שנאמר ה' עוז לעמו יתן ה' יברך את עמו בשלום. ויש להשכיל בו רבות:

א. מאין הוכיחו שאין יותר טוב לישראל מהשלום.

ב. שבהכתוב מפורש שהשלום היא הברכה בעצמה, שכתוב נתינה בעוז וברכה בשלום ולדבריהם היה לו לומר נתינה בשלום.

ג. למה נתחבר מאמר הזה לסיום הש"ס. גם צריך להבין פי' המלות דשלום ועוז, והורתם.

וכדי לפרש מאמר הזה על תכנו האמיתי, מוכרחין אנו לבוא בדרך ארוכה. כי עומק לב בעלי הגדה לאין חקר. ובצדק דיבר הרב בעל אפיקי יהודא ז"ל, בפירוש דברי חז"ל, על הפסוק, סמכוני באשישות אלו הלכות, רפדוני בתפוחים אלו הגדות, ופירשו ז"ל, כי כל עניני התורה והמצוה, יש בהם נגלה ונסתר, כמוש"כ תפוחי זהב במשכיות כסף דבר דבר על אופניו, אמנם ההלכות דומין לאשישי יין, אשר הנותן לחבירו מתנה גביע כסף עם יין, הרי תוכו וברו שניהם חשובים, שהרי גם הגביע יש לו ערך בפני עצמו, כמו היין שבתוכו, משא"כ ההגדות, המה נמשלים לתפוחים, שתוכו נאכל וחיצוניותו נזרקת, שאין להחיצוניות ערך של כלום, ונמצא כל הערך והחשיבות רק בהפנימיות והתוך. וכן בדברי הגדה אין בהפשטיות הנראה לעינים שום מובן וחפץ, זולת בתוכן הפנימי הגנוז בהדברים, שאינם נבנים אלא על אדני חכמת האמת, המסור ליחידי סגולה, עכ"ל בשינוי לשון.

ומי יהין להוציא זה מלב ההמון, ולברר דרכיהם, שאין השגתם שלימה גם בשני חלקי התורה הנק' פשט ודרוש. אשר סדר ד' חלקי התורה פרד"ס לפי דעתם, שמתחילה מבינים הפשט, ואח"כ הדרוש, ואח"כ הרמז, ובסוף הכל מבינים הסוד. אמנם איתא, בסידור הגר"א ז"ל שתחילת ההשגה מתחלת מהסוד, ואחר שמשיגין חלק הסוד שבתורה, אפשר להשיג חלק הדרוש ואח"כ חלק הרמז ואחר שזוכה האדם להשתלם בג' חלקי התורה האלו על בוריים. אז זוכה להשיג חלק הפשט שבתורה ע"כ. והיינו דאמרו ז"ל במסכת תענית זכה נעשה לו סם חיים לא זכה נעשה לו סם מות ע"כ. כי לזכיה גדולה אנו צריכים להבין בפשטי המקראות. להיותינו מחוייבים להשיג מקודם ג' החלקים שבפנימיות התורה, אשר הפשט מלביש אותם, והפשט לא יופשט, ואם עדיין לא זכה לזה, לרחמים גדולים הוא צריך שלא יהיה נעשית לו סמא דמותא [סם המוות] ח"ו, ולאפוקי מטענת המתרשלים בהשגת הפנימיות, ואומרים בלבם דיינו בהשגת הפשט, והלואי שנשיג אותה, והיינו שמחים בחלקינו, שדבריהם דומים למי שרוצה לעלות על המדרגה הרביעית, בטרם שיפסוע על ג' מדרגות הראשונות.

(אות ב') אמנם לפי"ז צריכים להבין ההעלמה הגדולה הנוהגת בפנימיות התורה, כמש"א במסכת חגיגה אין דורשין במעשה בראשית בשנים ולא במרכבה ביחיד. וכן כל הספרים המצויים לנו במקצוע הזה, חתומים וסתומים לעיני כל ההמון לא יבינו זולת השרידים אשר ה' קורא אותם, בהיותם כבר מבינים את השרשים, מדעתם, ובקבלה מפה אל פה. אשר הוא תמיה רבתי איך מונעים תהלוכות החכמה והתבונה מקרב העם אשר הוא כל חייתם ואורך ימיהם, ולכאורה הוא עון פלילי שע"כ אמרו ז"ל במדרש רבה בראשית על אחז שע"כ נקרא אחז בשביל שאחז בתי כנסיות ובתי מדרשות וכו', דע"כ גדלה אשמתו וכו'. וכן חוק הטבע אשר עינו של אדם צרה, להאציל מהונו ורכושו לאחרים, אבל כלום יש לך מי שעינו צרה, מלהאציל

מחכמתו ותבונתו על אחרים, ואדרבה ביותר ממה שהעגל רוצה לינק הפרה רוצה להניק, ומכ"ש בתורת ה' וחפצו ית'.

אמנם כן אנו מוצאים תעלומות בחכמה, אפילו בחכמים החיצונים, בדורות שעברו. ואיתא בהקדמתו של הר"מ בוטריל ז"ל לפירושו על ספר יצירה, מאמר בשם אפלטון שהזהיר לתלמידיו כלשון הזה "אל תמסרו החכמה למי שאינו יודע מעלתה", וכן הזהיר אריסטו "אל תמסרו החכמה למי שאין ראוי לה פן תתמסוה" והוא ז"ל פירשו, אשר אם החכם מלמד חכמה למי שאינו הגון לה, הוא חומס את החכמה ומשחיתה, עכ"ל. ולא כן עושים חכמים החיצונים שבדורותינו, אלא אדרבא מתאמצים להרחיב שערי חכמתם לכל מרחבי ההמון, בלי שום גדרים ותנאים. ולכאורה יש טענה גדולה על חכמיהם הראשונים, שסגרו דלתי חכמתם על קומץ קטן מיחידי סגולה, שמצאו מוכשרים אלי' ומרבית העם עזבו לגשש קיר.

(אות ג') ואסביר הענין, כי ד' מפלגות אנו מבחינים במין המדבר, במדרגה זה על זה, שהם. המון עם, גבורים, עשירים, חכמים, והם שוים בערך, לד' מדרגות שבכלל המציאות, הנקרא:

א. דומם,

ב. צומח,

ג. חי,

ד. מדבר.

אשר **הדומם**, מוכשר להוציא ג' הסגולות, צומח, חי, מדבר, ואנו מבחינים ג' ערכים, בכמות הכח מהמועיל והמזיק שיש בהם.

כח הקטן שבהם, הוא **הצומח**, כי הגם שפעולת הצמח, בקרבת המועיל שלה ובדחית המזיק לה דומה, למין האדם והחי, אמנם אין בה הרגש נבדל לענין זה אלא כח כללי משותף לכל מיני הצמחים שבעולם, שפועל בהם מלאכה הזו.

נוסף עליהם מין **החי**, שבכל בריה ובריה בפני עצמה יש הרגש פרטי לעצמו, לקרבת המועיל ולהרחקת המזיק, ויוצא לנו בזה, ערך בעל חי פרטי אחד, משתוה עם ערך כל מיני הצמחים שבהמציאות כי זה כח המרגיש בברורי מועיל ומזיק, שישנם לכללות כל מין הצומח, נמצא בבריה פרטית אחת ממין החי נבדל ברשותו לעצמו. והנה כח המרגיש הזה הנוהג במין החי, הוא מוגבל מאד במקום ובזמן, להיות ההרגש אינו פועל בריחוק מקום כחוט השערה מחוץ לגופו, וכן אינו מרגיש מחוץ לזמנו, כלומר, בעבר ובעתיד, אלא באותו רגע שהוא דבוק בה לבד.

נוסף עליהם מין **המדבר**, המורכב מכח המרגיש וכח השכלי יחד ולפיכך אין כחו מוגבל בזמן ומקום, לקרבת המועילו ולהרחקת המזיק לו, כמו מין החי, והוא בסיבת המדע שלו, שהוא ענין רוחני, שאינו מוגבל בזמן ומקום, ויכול להשכיל בכל הבריות למקומותיהם בכל המציאות, וכן בעוברות ועתידות משנות דור ודור, ונמצא ע"כ, ערך איש פרטי אחד ממין המדבר, משתוה עם ערך כללות הכחות, שבמין הצמחים ומין החי, שישנם בכל המציאות בזה הזמן, וכן בכל הדורות שעברו, להיות כחו מקיף אותם, וכולל בפרטיותו עצמו, לכל כחותיהם יחד.

ומשפט הזה נוהג ג"כ בד' המפלגות שבמדרגת מין האדם דהיינו המון עם, עשירים, גבורים, חכמים, דודאי כולם באים מן המון העם, שהם הדרגה הא', ע"ד הכל היה מן העפר, ואמנם ודאי כל מעלתה, וזכות קיומה של העפר, הוא לפי ערך ג' הסגולות צומח, חי, מדבר, שהיא מוציאה מתוכה. כן ישוער מעלת ההמון עם, כפי הסגולות שמוציאים מתוכה, דע"כ מתחברים גם המה בצורת פני אדם. ולמען זה, הטביע השי"ת, בכללות ההמון, ג' הנטיות, שנקראים קנאה, ותאוה, וכבוד, שבחמתם מתפתח ההמון דרגה אחר דרגה, להוציא מקרבו פני אדם שלם.

והנה ע"י **נטית התאוה**, מוציאים מתוכם את העשירים, שהמובחרים מהם ברצון חזק, וגם תאוה להם, נמצאים מצטיינים בהשגת העשירות, שהמה דרגה הראשונה להתפתחות ההמון, ובדומה לדרגת הצומח, שבכלל מציאות, אשר כח נכרי מושל עליהם, להנטותם לסגולתם, שהרי כח התאוה במין האדם, כח

זר הוא, ומושאל ממין החי.

וע"י נטיית הכבוד, מוציאים מתוכם את הגבורים אנשי השם, המה המושלים בבית הכנסת, ובעיר וכדומה, שבעלי רצון החזק שבהם, וגם נטיית הכבוד להם, נמצאים מצטיינים בהשגת ממשלה, והמה דרגה הב' להתפתחות ההמון, ובדומה לדרגת מין החי שבכלל המציאות, אשר כח הפועל שבהם, כבר מצוי במהותם בפני עצמם, כאמור לעיל שהרי נטיית הכבוד, נבדלת היא למין האדם בפני עצמו, ועמה חפץ הממשלה, כמו"ש כל שתה תחת רגליו (תהילים ח, ז).

וע"י נטיית הקנאה מוציאים מתוכם את החכמים, כמש"א ז"ל קנאת סופרים תרבה חכמה, שבעלי רצון חזק, ונטיית הקנאה להם, נמצאים מצטיינים בהשגת חכמה ומושכלות, ובדומה, לדרגת מין המדבר שבכלל המציאות, אשר כח הפועל שבהם, בלתי מוגבל בזמן ומקום אלא כללי ומקיף לכל פרטי העולם, ולכל הזמנים, כאמור לעיל, וכן מטבע אש הקנאה הוא כללי ומקפת לכל המציאות, ולכל הזמנים כי זהו משפט הקנאה, שבאם שלא היה רואה זה החפץ אצל חברו, לא היה מתעורר לחשוק אליו כל עיקר, ונמצא שאין הרגשת החסרון מתוך מה שחסר לו, אלא מתוך מה שיש לחבריו, שהמה כל בני אדם וחוה, מכל הדורות, אשר ע"כ, אין קצה לכח הפועל הזה, וע"כ מוכשר לתפקידו הנשא והנעלה.

אמנם הנשארים בלי שום סגולה, היא, מפני שאין להם רצון חזק, וע"כ כל ג' הנטיות הנזכרים, משמשים להם יחד בערבוביא, לפעמים מתאוים, ולפעמים מתקנאים, ולפעמים חושקים כבוד, ורצונם נשבר לרסיסים, ודומים לקטנים, שכל מה שרואים חושקים, ולא יעלה בידם, מהשגה של כלום, ולפיכך יהיה ערכם כמו קש וסובין, הנשארים אחרי הקמח.

ונודע שכח המועיל וכח המזיק, עולים בקנה אחד, כלומר, כמה שמסוגל להועיל, כן מסוגל להזיק, ולפיכך כיון שאדם פרטי אחד, עולה כחו על כל הבהמה והחי מכל הדורות והזמנים כנ"ל, כן כח המזיק שבו עולה על כולנה. וע"כ כל עוד שאינו ראוי למעלתו, באופן שישמש בכחו רק להועיל, לשמירה יתירה הוא צריך, שלא יקנה מדה מרובה ממעלת האדם, שהיא החכמה והמדע. ולמען זה הסתירו החכמים הראשונים את החכמה, ממרחבי ההמון, מפחד שלא יארע להם תלמידים שאינם הגונים, וישמשו עם כח החכמה, להרע ולהזיק, ונמצאים פורצים בתאותם ופראיותם הבהמית, בכחו הגדול של האדם, ויחריבו את הישוב כולו.

ואחר שנתמעטו הדורות, וחכמיהם בעצמם החלו לחשוק לשני שולחנות, לאמור לחיים טובים גם לחומריותם, ולכן נתקרבה דעתם גם לההמון, ויסחרו עמהם, ומכרו החכמה באתנן זונה ובמחיר כלב, ומאז נהרס החומה הבצורה, אשר שתו עליה הראשונים, ויחמסוה להם ההמונים, והפראים, מלאו ידיהם בכח אנשים, והחזיקו בחכמה ויקרעו אותה, חציה ירשו המנאפים, וחציה למרצחים, וישימוה לחרפה לדראון עולם, כיום הזה.

(אות ד') ומזה תשפוט לחכמת האמת, אשר כל החכמות החיצוניות כלולים בתוכה, שהמה שבע נערותיה הקטנות, כנודע, והוא שלימות מין האדם, והמטרה שכל העולמות בשבילה נבראו, כמ"ש אם לא בריתי יומם ולילה חוקות שמים וארץ לא שמתי, אשר ע"כ גדרו לנו חז"ל (אבות ד', משנה ה'), דאשתמש בתגא חלף, ע"ש, כי אסרו לנו להנות בסיבתה, הנאה של כלום לחיי הבשרים. והיא שעמדה לנו עד היום הזה, להחזיק בחיל וחומה, על חכמת האמת, וכל נכרי וזר, לא יתפרץ להיכנס אליה פנימה, גם לא ישומו בכליהם, לצאת ולסחור עמה בשוק, במקרה החכמים החיצונים כי כל הנכנסים כבר נבדקו בשבע בדיקות, עד שהיה בטוחים מכל חשש וחשד של כלום.

ואחר הדברים והאמת הזה, אנו מוצאים לכאורה, סתירה גדולה מקצה אל הקצה, בדברי חז"ל, דאיתא בזוהר דבעקבתא דמשיחא עתידא חכמתא דא להתגלות, אפילו לצעירי ימים. אשר לפי האמור נמצינו למדים, שבעקבתא דמשיחא, יהיה כל הדור ההוא בתכלית הגובה, עד שאין אנו צריכים לשום שמירה, ויתפתחו

מעיינות החכמה, להשקות כל הגוי כולו. אמנם במסכת סוטה מ"ט וסנהדרין צ"ז ע"א, אמרו ז"ל דבעקבתא דמשיחא חוצפה יסגה וכו' חכמת הסופרים תסרח וכו' ויראי חטא ימאסו וכו'. והנה מפורש שאין עוד כדור הזה לרוע ואיך מכלכלים לב' המאמרים האלה שודאי אלו ואלו דברי אלקים חיים.

והענין הוא, כי כל שמירה המעולה, ונעילת הדלת על היכל החכמה, הוא, מפחד האנשים שרות קנאת סופרים שבהם, מעורב בכח התאוה, והכבוד, ואין קנאתם מוגבלת, בחפץ החכמה ומושכלות לבד. ובזה נמצאים ב' המאמרים הנ"ל צדקו יחדיו, שבא זה ולימד על זה, כי מאחר שפני הדור כפני הכלב, כלומר שצוחין ככלבא הב הב, ויראי חטא ימאסו, וחכמת חכמים תסרח בהם, ממילא מותר להרחיב שערי החכמה, ולהסיר השמירה המעולה, להיותה בטוחה מאליה, מחמס ועושק, ואין עוד פחד מתלמיד שאינו הגון, שיטול אותה למכור בשוק, להמון עם, החומרים, היות שלא ימצא להם קונים על סחורה זו, כי כבר נמאסת בעיניהם, וכיון שאין עוד תקוה לנחול תאוה וכבוד על ידיה, נעשת בזה, בטוחה ומשומרת מאליה, שכל זר לא יקרב, זולת אוהבי חכמה ותושיה לבד, ולפיכך יוסר כל בדיקה מהנכנסים, עד שגם צעירי ימים יוכלו לזכות בה.

ובזה תבין אמרם ז"ל, סנהדרין צ"ח ע"א, אין בן דוד בא אלא בדור שכולו זכאי או כולו חייב שתמוה מאד דכל כמה שימצא איזה זכאים בדור, יהיה מעכבים הגאולה, אלא יתמו הזכאים חלילה מהארץ, ואז יהיה היכולת לביאת המשיח, אתמהא.

אמנם צריך להבין מאד מאד, שזה ענין של הגאולה, וביאת המשיח המקוה לנו בב"א, הוא ענין תכלית הגובה של שלימות ההשגה והדעת כמו"ש ולא ילמדו עוד איש את רעהו לדעת את ה' כי כולם ידעו אותי מגדלם ועד קטנם וכו', אלא שעם שלימות הדעת נשלמים גם הגופות כמ"ש ישעיה ס"ה, הנער בן מאה שנה ימות וכו' וכאשר יושלמו בני ישראל, עם דעת השלם יתגברו מעיינות התבונה והדעת מעל לגבול ישראל וישקו לכל אומות העולם, כמ"ש ישעיה י"א כי מלאה הארץ דעה את ה' וכו' וכמו"ש וינהרו אל ה' ואל טובו וכו' והתגברות הדעת הזה הוא ענין התפשטות מלכות המשיח אל כל האומות ולאפוקי מההמון עם גסי החומר, שלהיות דמיונם דבוק בשלימות כח האגרוף, וע"כ נחקק בדמיונם, ענין התפשטות מלכות ישראל על האומות, אך ורק במין שליטה הנוהג מגופות על גופות, ליטול שכרם משלם בגאוה גדולה, להתגאות על כל בני חלד, ומה אעשה להם אם כבר חז"ל דחו כל אותם, וכמותם מקהל ה', באמרם כל המתגאה אומר הקב"ה אין אני והוא יכולים לדור במדור אחד. וכן לאפוקי מאותם הטועים, ושופטים דכשם שמציאות הגוף, בהכרח שיהיה מוקדם בזמן, למציאות הנשמה, והמושכלות השלימות, כך, שלימות הגוף וצרכיו, מוקדמים בזמן להשגת הנשמה, ושלימות המושכלות, באופן שגוף חלש נמנע מהשגת מושכלות שלימות, שזה טעות מר וקשה ממות, היות שלא יצויר כלל ועיקר גוף מושלם, בטרם שהשיג דעת השלם, להיותו לפי עצמו, שק מנוקב ובור נשבר, לא יכיל משהו תועלת לא לו ולא לאחרים. זולת, עם השגת הדעת השלימה, שאז עולה גם הגוף לשלימותו עמה בקנה אחד ממש, וזה הדין נוהג בין בפרטים ובין בהכלל יחד, ועיין כל זה, בזוהר פרשת שלח בענין המרגלים, שהאריך בזה עש"ה.

(אות ה') ובזה תבין מש"כ בזוהר דבחבורא דא יפקון בני ישראל מגלותא, וכן עוד בהרבה מקומות, שאך ורק בהתפשטות חכמת הקבלה ברוב עם, נזכה לגאולה השלמה, וכן אמרו ז"ל המאור שבה מחזירו למוטב, ודקדקו זה בכונה גדולה להורותינו דרק המאור שבתוכיותה, כתפוחי זהב במשכיות כסף בה צרור זו הסגולה, להחזיר האדם למוטב, דהן היחיד והן האומה, לא ישלימו הכונה, שעליה נבראו, זולת בהשגת פנימיות התורה וסודותיה, והגם ששלימות הדעת מקוה לנו, בביאת משיח צדקינו, אמנם כתיב יהיב חכמתא לחכימין וכו' ואומר ובלבב כל חכם לב נתתי חכמה,

וע"כ להתפשטות גדול של חכמת האמת בקרב העם, אנו צריכין מקודם, באופן שנהיה ראוים לקבל התועלת ממשיח צדקינו, ולפיכך תלוים המה התפשטות החכמה וביאת משיח צדקנו זה בזה, והבן היטב.

וכיון שכן הרי אנו מחויבים לקבוע מדרשות ולחבר ספרים, כדי למהר תפוצת החכמה במרחבי האומה, ולא היה כן בזמן הקודם מפני היראה מתערובת תלמידים שאינם מהוגנים, כמו שהארכנו לעיל, וממילא היה זה לעיקר הסיבה של אריכת הגלות בעוה"ר עד היום הזה, והיינו שאמרו חז"ל אין משיח בן דוד בא אלא בדור שכולו זכאי, היינו שכולם יהיה פרושים מרדיפה אחר התאוה והכבוד, שאז יהיה אפשר לקבוע מדרשות ברבים, להכינם לביאת מב"ד כנ"ל. או בדור שכולו חייב דהיינו בדור כזה, שפני הדור הוא כפני הכלב, ויראי חטא ימאסו, וחכמת סופרים תסרח בהם וכו', אשר אז לאידך גיסא, יהיה אפשר להסיר השמירה היתירה, וכל הנשאר בבית יעקב ולבו דופק להשגת החכמה והתכלית, קדוש יאמר לו ויבוא וילמוד כי אין עוד חשד ופחד, פן ואולי לא ישאר עומד על מדותיו ויצא ויסחור אותה בשוק, כי כבר אפס קונה מההמון כולו, וכבר החכמה מאוסה בעיניהם באופן שאין להשיג תמורתה, לא תאוה ולא כבוד, ולפיכך כל הרוצה לכנוס יבוא ויכנוס, וישוטטו רבים ויתרבה הדעת בכל אותם הכדאים לה, ובזה נזכה בקרוב לביאת משיח צדקינו ופדות נפשינו בב"א.

ועפ"י הדברים האלה, הסרתי מעלי טענה גדולה, בזה שהרהבתי מכל הקודמים אותי, ובאתי בספרי [פנים מאירות ומסבירות] זה, בגילוי יסודות החכמה שדרכן לכסות, שעד הנה לא עבר בה אדם עוד, דהיינו מהות העשר ספירות לכל משפטיהם, בישר וחוזר, ופנימי ומקיף, וסוד ההכאה, וסוד ההזדככות אשר המחברים שקדמוני, בכונה פזרו הדברים הנה והנה, וברמיזות דקות, באופן שידו של אדם אינו ראוי לקבץ אותם אשר אנכי באורו יתברך שהופיע עלי, ובעזרת רבותי קבצתי אותם, וגליתי הדברים די באר, ובצביונם הרוחני, למעלה מן המקום ולמעלה מהזמן. והיו יכולים לבוא עלי בטענה גדולה, ממה נפשך, אם אין פה נוספות על רבותי, א"כ האר"י ז"ל ורח"ו ז"ל, בעצמם והמחברים האמיתיים מפרשי דבריהם, היו יכולים לגלות ולבאר הדברים בביאור גלוי, כמו שעשיתי אנכי, ואם נפשך לאמר שלפניהם היה גלוי, א"כ מי הוא המחבר הזה, אשר ודאי, זכות גדול היה לו להיות עפר ואפר תחת כפות רגליהם ז"ל, לומר שנחלתו שפרה לו ה' יותר מנחלתם. אמנם כן, לא הוספתי על רבותי, ולא באתי בחדשות כמו שתראה במראה המקומות, ע"י החיבור, שכל דברי כבר רשום וכתוב, בשמנה שערים, ובעה"ח, ומבוא שערים, מהאר"י ז"ל, ולא הוספתי עליהם אף מלה אחת, אלא המה כיונו לכסות הדברים, וע"כ פזרו אותם אחת הנה ואחת הנה, והוא מפני שדורם לא היה עוד כולו חייב, והיו צריכים לשמירה יתירה, כנ"ל, משא"כ אנו שבעוה"ר נתקיימה בנו כל דברי רז"ל האמורים מראש לעקבתא דמשיחא, שבדור כזה שוב אין פחד מלגלות חכמה, כמו שהארכנו לעיל, וע"כ דברי מגולים ומסודרים.

(אות ו') ועתה בנים שמעו לי, כן החכמה בחוץ תרונה, והנה עתה מרחובות קוראה אליכם מי לה' אלי, לא דבר ריק אני מכם, כי אני חייכם ואורך ימיכם, כי לא נבראתם לחזור אחר מעשה דגן, ותפוחי אדמה אתם וחמוריכם באבוס אחד. וכמו שלא יהיה מטרת החמור לשמש את כל חמורי עולם בני גילו, כן לא יהיה מטרת האדם, לשמש את כל גופות הבריות בני גילו של גופו הבהמי, אבל מטרת החמור לשמש האדם הנעלה הימנו כדי להועילו, ומטרת האדם לשמש להשי"ת ולהשלים כונתו כמו שאמר בן זומא, כל אלו לא נבראו אלא לשמשיני, ואני לשמש את קוני, ואומר כל פעל ה' למענהו, כי השי"ת חושק ומתאוה אל השלמתינו כמו שאמרו בבראשית רבה פ"ח בדבר בריאת האדם, וז"ל שהמלאכים אמרו לפניו יתברך, מה אנוש כי תזכרנו ובן אדם כי תפקדנו, הצרה הזאת למה לך, אמר להם הקב"ה, א"כ צונה

ואלפים למה וכו' למה הדבר דומה למלך שהיה לו מגדול מלא מכל טוב, ואין לו אורחים מה הנאה למלך שמלאו וכו'. מיד אמרו לפניו, ה' אדונינו מה אדיר שמך בכל הארץ, עביד מאי דהניי לך עכ"ל, לכאורה יש להרהר אחר המליצה הזאת, כי איפוא מצוי ועומד, זה המגדל המלא מכל טוב, אשר בזמנינו זה, באמת, שהינו ממלאים אותו אורחים על כל גדותיו. אמנם כנים הדברים, כי הנך רואה שלא טענו המלאכים, על שום בריה מכל הבריות שנבראו בששת ימי בראשית, זולת על מין האדם לבד, והוא להיותו נברא בצלם אלקים, ומורכב מעליונים ותחתונים יחד, והמלאכים שראו את זה, כן תמהו ונבהלו, איך נפש הרוחני זכה וברה תרד מרום המעלה, ולבוא ולדור בכפיפה אחת, עם גוף הבהמי המזוהם הזה, והיינו שתמהו הצרה הזאת למה לך. ולזה הגיע להם התשובה, שמכבר נמצא מגדל מלא מכל טוב, וריקן מאורחים, וכדי למלאותו באורחין, למציאותו של אדם זה, המורכב מעליונים ותחתונים יחד, אנו צריכין ולסיבה זו, בהכרח שתתלבש הנפש הזכה וברה, בצרה של הגוף המזוהם הזה, ומיד הבינו זה, ואמרו עביד מאי דהניי לך [עשה מה שטוב לך].

ותדע שזה המגדל המלא מכל טוב, יורה כללות העונג והטוב, שבשבילו ברא את הנבראים, ע"ד שאמרו ז"ל שמדרך הטוב להטיב, ועכ"כ ברא העולמות, כדי להנות לנבראיו. (והארכנו ענינו בפמ"ס ענף א' ומשם תדרשנו), וכיון שאין ענין עבר ועתיד נוהג בו ית' צריך להשכיל שתיכף כשחשב לבראות נבראים ולהנות אותם תיכף יצאו ונתהוו מלפניו יתברך, הם וכל מילואיהם מהעונג והטוב, יחד, כמו שחשב עליהם. והיינו דאיתא בספר "חפצי בה" מהאר"י ז"ל שכל העולמות עליונים ותחתונים כלולים בא"ס ב"ה, עוד מטרם הצמצם בסוד הוא ושמו אחד, ע"ש בפ"א. ומקרה הצמצום, שהוא השורש לעולמות אבי"ע המוגבלים עד לעוה"ז, קרה, מפאת כללות שרשי הנשמות בעצמם, מחשקם להשוות צורתם ביותר להמאציל ית' שהוא ענין דביקות. כמו שנתבאר שם, שפירוד ודביקות בכל רוחני, לא יתכן, זולת בערכין של שיווי הצורה, או שינוי הצורה, ומתוך שרצה יתברך להנותם נטבע בהמקבלים בהכרח הרצון לקבל הנאתם, שבזה נשתנה צורתם הימנו יתברך, להיות צורה זו אינו נוהגת כלל ועיקר בגדר המאציל ית' דממי יקבל ח"ו. ולתיקון זה נעשה הצמצום והגבול, עד ליציאת עוה"ז, למציאות התלבשות נשמה בגוף גשמי, שבהיותו עוסק בתורה ועבודה ע"מ להשפיע נ"ר ליוצרו, תשוב צורת הקבלה להתאחד בעל מנת להשפיע. והוא שיעור הכתוב ולדבקה בו וכו' כי אז משוה צורתו ליוצרו, אשר שיווי הצורה הוא דביקות ברוחני כאמור וכשנגמר ענין הדביקות, בכל חלקי הנשמה על מילואם, ישובו העולמות לבחי' א"ס, כמו שהיו מטרם הצמצום. ובארצם ירשו משנה, כי אז יוכלו לשוב ולקבל כל העונג והטוב המוכן להם מכבר בעולם א"ס ב"ה, כאמור, ונוסף עוד כי עתה מוכנים לדביקות אמיתי, בלי שינוי צורה כלל, כי כבר גם הקבלה שלהם אינה להנאת עצמם, אלא להשפיע נ"ר ליוצרם, ונמצאים משתוים בצורת השפעה להמאציל יתברך, וכבר הרחבתי דברים אלו בטוב טעם, בפמ"ס בענף א' עש"ה.

(אות ז') ובזה תבין אמרם ז"ל, אשר השכינה בתחתונים צורך גבוה, שמאמר הזה מתמיה מאד. אמנם עולה בקנה אחד עם האמור במדרש הנזכר, שדימו הענין למלך שיש לו מגדל מלא מכל טוב, ואין לו אורחים, אשר ודאי, לאורחים יושב ומצפה, דאם לא כן, נמצא כל ההכנה ללא הועיל ולתוהו, וכדומה, למלך גדול שנולד לו בן לעת זקנתו, שהיה חביב לו ביותר, ועי"כ, מיום הולדו חשב בעדו מחשבות, וקבץ כל הספרים והחכמים המצוינים שבהמדינה, ועשה בעדו בית מדרש לחכמה, וקבץ כל הבנאים המצוינים ובנה לו היכלי עונג, וקבץ כל בעלי הניגון ושיר ועשה לו בתי זמרה, וקבץ ממיטב המבשלים והאופים שבמרחבי המדינה והמציא לו מכל מעדני עולם וכו'. והנה נגדל הבן ובא בשנים, והוא סכל, אין לו חפץ במושכלות, והוא סומא אינו רואה

ואינו מרגיש, מיופי הבנינים, והוא חרש לא ישמע בקול שרים ושרות, והוא חלה במחלת צוקר, אינו רשאי לאכול אלא פת קיבר לבד, והנה כדי בזיון וקצף.

ובזה תבין אמרם ז"ל על הפסוק, אני ה' בעתה אחישנה ופירשו בסנהדרין צ"ח לא זכו בעתה זכו אחישנה. היות שיש ב' דרכים להשגת המטרה הנזכרת:

או ע"י תשומת לב מעצמם, שהוא נקרא דרך תשובה, ואם יזכו לזה יקויים בהם **אחישנה**, כלומר, שאין על זה זמן קצוב, אלא מתי שיזכו יוגמר התיקון, כמובן.

ואם לא יזכו לתשומת לב, יש דרך אחר, שנקרא דרך יסורין, ע"ד שאמרו ז"ל סנהדרין צ"ז אני מעמיד להם מלך כהמן, ובע"כ חוזרים למוטב, והיינו **בעתה** כי ע"ז יש זמן קצוב. וירצו בזה.

להורות לנו, שלא דרכיו ית' דרכינו וכו', וע"כ לא יארע לו ית' מקרה מלך בו"ד הנ"ל, אשר טרח והכין כ"כ גדולות ונצורות, בשביל בנו החביב, ולבסוף נמצא מתאנה מכל וכל, וכל הוצאתו וטרחתו לשוא ולתוהו לבזיון וקצף, אולם השי"ת כל מעשיו בטוחים ונאמנים, ודין אונאה אין נוהג בו ח"ו, והיינו שאמרו ז"ל, לא זכו בעתה, ומה שלא יעשה החפץ יעשה הזמן וכמ"ש בפמ"ס סוף ע"א, בשיעור הכתוב התשלח ברקים וילכו ויאמרו לך הננו ע"ש, דיש דרך היסורין שמסוגל למרק כל חומר וגשם, עדי שיבין, איך מוציאים ראש מתוך האבוס הבהמי, כדי להגביה על ולעלות ולטפס על דרגת סולם האושר וההצלחה האנושית, כי ישוב ויתדבק בשרשו וישלים הכונה.

(אות ח') ולפיכך בואו והבינו, כמה וכמה יש לנו להחזיק טובה לרבותינו המשפיעים אלינו אורותיהם הקדושים ומוסרים נפשם להטיב לנפשינו, שנמצאים עומדים בתוך, בין דרך היסורים הקשים, ובין דרך תשובה, ומצילים אותנו משאול תחתית הקשה ממות, ומרגילין אותנו להגיענו לשמי עונג, לגובה העידון והנועם שהיא חלקינו, המוכן וממתין עלינו מכל מראש כנ"ל, אשר כאו"א פועל בדורו כפי עוצם אור תורתו וקדושתו, וכבר אמרו ז"ל אין לך דור שאין בו כאברהם יצחק ויעקב. אמנם זה האיש האלקי רבינו יצחק לוריא ז"ל, טרח ומצא בעדינו מלא מדתו, הגדיל הפליא על קודמיו, ואם היה לי לשון מדברת גדולות הייתי משבח אותו יום, שנגלה חכמתו כמעט כיום אשר נתנה תורה לישראל. אין די מלה בשיעור פעולתו הקדושה בעדינו, כי היו דלתי ההשגה נעולים בדלתים ובריח, ובא ופתחם אלינו, באופן, שכל מי שמשתוקק לכנוס להיכל המלך פנימה, אין צריך כי אם קדושה וטהרה ולילך למרחץ, ולגלח שערו וללבוש בגדים נקיים, כדי לעמוד לפני המלכות העליונה, כיאות. והנך מוצא בן ל"ח שנה, הכריע בחכמתו הקדושה לכל קודמיו עד הגאונים ועד בכלל. וכל ישישי ארץ אבירי הרועים חברים ותלמידים של החכם האלקי הרמ"ק ז"ל, קמו עמדו לפניו, כתלמידים לפני הרב, וכן כל חכמי הדורות, אחריהם, עד היום הזה, איש מהם לא נעדר, משכו ידיהם מכל הספרים והחיבורים שקדמוהו, הן קבלת הרמ"ק, והן קבלת הראשונים וקבלת הגאונים, זכר כולם לברכה, וכל חיי רוחם הדביקו בחכמתו הק' ביחוד. ומובן מעצמו שלא על חנם זוכין לנצחון מוחלט, כמו שנחל אב החכמה ורך השנים הזה.

אולם לדאבון לבינו הצליח מעשה שטן, ונעשו מעקשים בדרך התפשטות חכמתו למרחבי עם קדוש, ומעוטא דמעוטא, החלו לכבוש אותם. והוא בעיקר מפני שהדברים נכתבו מפי השמועה, כמו שדרש בחכמה יום יום לפני תלמידיו שכבר היו ישישי ימים, ובקיאים גדולים בהשגת הזהר ותיקונים ועל פי רוב נערכו אמרותיו הקדושים, לפי השאלות העמוקים שהיה שואלים הימנו כל אחד לפי ענינו, ועל כן לא מסר החכמה על הסדרים הראוים, כמו בשאר החיבורים שקדמו אליו. ואנו מוצאים בכתבים שהיה האר"י ז"ל עצמו משתוקק לזה לעשות סדר בענינים, ועי' זה בשער מאמרי רשב"י בפירוש האדרא זוטא, בהקדמה קצרה של הרח"ו ז"ל. ונוסף על זה הוא קצרות זמן לימודו כי כל חיי בית מדרשו

היה כי"ז חדשים, כמפורש בש' הגלגולים שער ח' דף מ"ט, כי הגיע ממצרים לצפת"ו, בשנת של"א ליצירה קרוב לימי הפסח, והרח"ו ז"ל היה אז בן כ"ט שנה, ובשנת של"ב ביום ועש"ק פרשת מו"מ, בר"ח מנחם אב נחלה וביום ג' דברים ה' מנ"א, נפטר לחיי עולם הבא ע"ש.

ואיתא שם עוד בשער ח' דף ע"א עמוד א' שבעת פטירתו נתן צוואה להרח"ו ז"ל שלא ילמד את החכמה לאחרים, ולו התיר לעסוק בה בפני עצמו בלחישה, אמנם לשאר החברים אסור להתעסק בהם כלל, כי אמר שלא הבינו החכמה כראוי, ע"ש בארוכה. והיא הסיבה אשר הרח"ו ז"ל לא סידר כלל את הכתבים, והניחם בלי סדרים, ומכ"ש שלא ביאר הקשרים מענין לענין, כדי שלא יהיה בזה כמו מלמד לאחרים, ולכן אנו מוצאים הימנו זהירות יתירה בזה כנודע להבקיאים בכהאר"י ז"ל.

ואלו הסדרים המצויים לפנינו בכתבי האר"י ז"ל, נערכו ונסדרו ע"י דור שלישי בג' זמנים, וע"י ג' מסדרים הראשון למסדרים היה החכם מהר"י צמח ז"ל, שהיה בזמן אחד עם מהר"א אזולאי ז"ל, שנפטר בשנת ת"ד, שהגיע לידו, חלק חשוב מהכתבים, וסידר מהם הרבה ספרים, והחשוב מהם, הוא הספר אדם ישר, שאסף בו שורש ועיקר כלל הדרושים מהמצויים לו, ומקצת ספרים שסידר הרב הנ"ל נאבדו, ובהקדמת ספרו קול ברמה, מביא שם כל הספרים שסידר. מסדר השני הוא תלמידו החכם מהר"מ פאפריש ז"ל, והגדיל ביותר מרבו, ז"ל להיות שהגיע לידו, מחלק הכתבים שהיה בידי החכם מהר"ש וויטאל ז"ל, וסידר הרבה ספרים, החשוב מהם, הוא ספר עץ החיים, ופרי עץ חיים, שכוללים מרחבי החכמה, במלוא המובן. השלישי למסדרים, הוא החכם מהר"ש וויטאל ז"ל בן מוהר"ר חיים וויטאל ז"ל, והיה חכם גדול ומפורסם, הוא סידר שמונה שערים המפורסמים, מעזבון שהניח לו אביו ז"ל. ואנו רואים, שכל או"א מהמסדרים, לא היה לו כל הכתבים בשלימות, וזה גרם להם כובד גדול על סידורם של הענינים, שאינם מוכשרים כלל לאותם שאין להם בקיאות אמיתי בזוהר ותיקונים, וע"כ בני עליה הם מועטים.

(אות ט') ותמור זה חביבה יתירה מודעת לנו מאתו יתברך שהגיענו וזכינו, לרוח אפינו הבעש"ט ז"ל, אשר פרשת גדולתו ועוצם קדושתו, למעלה מכל הגה ומכל מלה, לא התבוננו ולא יתבוננו בו, זולת אותם הזכאים ששמשו לאורו, וגם הם לשיורין, כל או"א לפום מאי דקביל בלבי' [לפי מה שקיבל בלבו]. והן אמת, שאור תורתו וחכמתו הק', נבנים על אדני הקודש מהאר"י ז"ל ביחוד, אמנם אין ענינם דומה זה לזה כלל, ואסביר זה ע"ד משל למי שנטבע בנהר, והוא עולה ויורד כדרך הנטבעין, שלפעמים נגלים רק שערות ראשו, ואז מטכסים תחבולות, איך לתופסו ולהצילו דרך ראשו ולפעמים נראה גם גופו, ואז מטכסים תחבולות, לתופסו מכנגד לבו. כן הענין הזה, אחר שאיש ישראל נטבע במים הזדונים גלות העמים, מאז עד עתה, נמצא עולה ויורד, ולא כל הזמנים שוים, אשר בזמן האר"י ז"ל לא נראה אלא ראשו, וע"כ טרח האר"י ז"ל בעדינו, להצילנו דרך ראש, ובזמן הבעש"ט ז"ל היה הרוחה, וע"כ היה לברכה בעדינו, להצילנו מכנגד הלב, והיה לנו לתשועה גדולה ונאמנה.

ובעוה"ר חזר ונהפך הגלגל בדורינו זה, וירדנו פלאים, כמו מאגרא רמא לבירא עמיקתא, ונוסף עלינו התנגשות העמים, אשר בלבל כל העולם כולו, ונעשו הצרכים מרובים, והדעת קצרה, ומשובשה בזוהמת החומר, הנוטל חלק בראש, ועבדים רוכבים על סוסים, ושרים לארץ יהלכו, וכל הנאמר במתניתין במסכת סוטה הנ"ל נתקיימה בנו בעוה"ר ושוב נעשה מחיצה של ברזל, גם לאור הגדול הזה של הבעש"ט ז"ל, אשר אמרנו שהולך ואור עד נכון גאולתינו השלימה, ולא האמינו חכמי לב בהאפשרות בדור יבוא ולא יוכלו לראות לאורו, והנה חשכו עינינו נשינו טובה, ובראותי זה אמרתי עת לעשות, וע"כ קמתי לפתוח בהרחבה פתחי אורה של האר"י ז"ל, שהוא

הוא המסוגל ומוכשר גם לדורינו זה כנ"ל, וטובים השנים מהאחד.

ואין להאשימנו על הקיצור לשון הנוהג בחיבורי, להיות זה מותאם, ומוכשר לכל אוהבי חכמה, כי ריבוי הקנקנים מפיגין טעם היין, ויוכבד המושג על המעיין. ואין אנו אחראין לשמיני הלב, בשעדיין לא נברא הלשון להועילם, ובכל מקום שנותנים עיניהם, מזומן להם חפץ הכסילות, וכללא נקוט, שמאותו מקום שהחכם שואב מקורי חכמתו שואב משם הכסיל מקור אולתו. ובכלל אני עומד בראש ספרי ומזהיר שלא טרחתי כלל, לכל אותם האוהבים להסתכל בארובות, זולת לאותם שדבר ה' יקר להם, והולכים ומתגעגעים לנהור אחר ה' וטובו, בכדי להשלים המטרה שבשבילה נבראו, כי יתקיים בהם ברצות ה' הכתוב כל משחרי ימצאוננו וכו'.

(אות י') ובא וראה דברי פי חכם, הר"א אבן עזרא ז"ל בספרו יסוד מורא דף ח' ע"ב, וז"ל בא"ד, ועתה שים לבך ודע, כי כל מצוות הכתובות, בתורה או המקובלות שתקנו האבות, אעפ"י שרובם הם במעשה או בפה, הכל הם לתקן הלב, כי כל לבבות דורש ה', וכל יצר מחשבות מבין. וכתוב, לישרים בלבותם, והפך זה לב חורש מחשבות וכו' ומצאתי פסוק אחד כולל לכל המצות, והוא, את ה' אלקיך תירא ואותו תעבוד, והנה מלת "תירא", כולל לכל מצות לא תעשה, בפה ולב ומעשה, וזו היא המדרגה הראשונה, שיעלה ממנה, אל עבודת ה' יתעלה, שהיא כוללת כל מצות עשה, ואלה, ירגלו לבו וידריכוהו, עד כי ידבק בהשם יתברך הנכבד, כי בעבור זה נברא האדם, כי לא נברא לקנות הון ולבנות בנינים וכו' ע"כ יש לו לבקש כל דבר שיביאנו לאהוב אותו ללמוד חכמה, ולבקש האמונה, וכו', וה' יפקח עיני לבו ויחדש בקרבו רוח אחרת, אז יהיה בחייו אהוב ליוצרו וכו'. ודע כי התורה לא נתנה אלא לאנשי לבב. כי התיבות כגויות, והטעמים כנשמות, ואם לא יבין הטעמים כל עמלו שוא ועמל ורוח, כמו המייגע עצמו לספור הדפין והתיבות שבספר רפואה, שמזאת היגיעה לא יוכל לרפאות מזור, וכמו גמל נושא משי, והוא לא יועיל להמשי, והמשי לא יועילנו, עכ"ל אות באות.

הנשאב מדבריו ז"ל, שהוא באחת, דהיינו לאחוז בהמטרה, שעליה האדם נברא. ואומר עליה, שהיא ענין הדביקות בהשם ית' הנכבד, ואומר ע"כ, שהאדם מחויב לחזור אחר התחבולות, שיביאנו לאהוב אותו, ללמוד חכמה ולחפש אמונה, עדי שיזכה שהש"י יפקח עיני לבו, ויחדש בקרבו רוח אחרת, שאז יהיה בחייו אהוב ליוצרו. ובכוונה גדולה מדייק זה שיהיה בחייו אהוב ליוצרו, להורות, שכל עוד שלא זכה לקנין הזה, אין עבודתו שלימה, והעבודה בהכרח שנתנה לנו היום לעשותם. וכמו שמסיים על זה כי התורה לא נתנה אלא לאנשי לבב, כלומר, שהשיגו לב, לאהוב אותו ויחמדהו, שהם נקראים בלשון חכמים חכמי לב להיות שאין שם עוד רוח הבהמי היורד למטה, שאין היצה"ר שורה אלא בלב פנוי מחכמה. ומפרש ואומר שהתיבות כגויות, והטעמים כנשמות, ואם לא יבין הטעמים, הרי זה דומה למייגע עצמו לספור דפין ותיבות שבספר רפואה, שמזאת היגיעה לא יוכל לרפאות מזור. רצונו לומר שבהכרח מתוייב למצוא התחבולות, לזכות להקנין הנזכר, שאז מסוגל לטעום טעמי תורה, שהוא ענין החכמה הפנימית ומסתריה, וטעמי מצוה שהוא ענין האהבה והחמדה אליו ית', שבלעדי זה, נמצא שאין לו, אלא התיבות והמעשים לבד, שהמה גויות בחוסר נשמות, שדומה למייגע עצמו לספור דפין ותיבות שבספר רפואה וכו', שודאי לא יושלם בו הרפואה, מטרם שמבין פירושה של הרפואה הכתובה, וגם אחר שילך ויקנה אותה בכל הדמים שיפסקו עלי', ואם סדרי הלימוד והמעשה אינם מסודרים להביאנו לזה, דומה לגמל נושא משי שהוא אינו מועיל להמשי, והמשי לא יועילנו להביאו אל שלימות הכוונה שבשבילה נברא.

(אות י"א) ועפ"י הדברים הללו, השגנו פקיחת עינים במאמר ר' סימון, במדרש רבה פרק ו' על פסוק, נעשה אדם, וז"ל (שבא הקב"ה לבראות את האדם נמלך במלאכי השרת) שנעשו כתות כתות חבורות חבורות, מהם

אומרים יברא, ומהם אומרים אל יברא, הה"ד חסד ואמת נפגשו, צדק ושלום נשקו, חסד אמר יברא, שהוא גומל חסדים. אמת אמר אל יברא, שכולו שקרים. צדק אמר יברא, שהוא עושה צדקות, ושלום אמר אל יברא, שכולו קטטה. מה עשה הקב"ה, נטל האמת והשליכו לארץ הה"ד ותשלך אמת ארצה, אמרו מלאכי השרת לפני הקב"ה, מה אתה מבזה תכסיס אלתכסייה (חותם) שלך, תעלה האמת מן הארץ, הה"ד אמת מארץ תצמח עש"ה.

והנה המאמר הזה מוקשה הוא סביב סביב:

א. עדיין לא נתבאר בזה חומר הכתוב דנעשה אדם וכי ח"ו לעצה הוא צריך עד"ה תשועה בלב יועץ.

ב. פה אמת, איך יאמר על כלל מין האדם שכולו שקרים, והא אין לך דור, שאין בו כאברהם יצחק ויעקב.

ג. ואם כנים שפתי אמת, איך מלאכי חסד וצדקה הסכימו על עולם שכולו שקר.

ד. למה נקרא האמת תכסיס אלתכסייה, שפי' חותם, הבא בשולי המכתב, אשר בהכרח שיש מציאות של עיקר חוץ מהחותם, אמנם חוץ מגבול האמת, ודאי שאין שם מציאות כלל.

ה. היתכן למלאכי אמת, לחשוב לפועל אמת, שאין ח"ו פעולתו אמת.

ו. מה הגיע לו להאמת מתוך עונשו הקשה שנשלך עד לארץ ולתוך הארץ.

ז. למה לא מובא תשובת המלאכים בתורה כמו שמובא השאלה אליהם.

וצריך להבין אותם ב' ההנהגות הערוכות לעינינו, ההפכים מן הקצה, אל הקצה שהם הנהגה של הוויות כל המציאות של עולם הזה, והנהגה של אופני הקיום, להעמדתם של כאו"א, מהמציאות שלפנינו. כי מקצה מזה, אנו מוצאים הנהגה נאמנה, בהשגחה מאושרה עד להפליא, השולטת, להתהוות כל בריה ובריה מהמציאות, וניקח לדוגמא, סדרי הויה למציאות האדם, והנה האהבה והעונג סבה ראשונה שלו, הבטוחה והנאמנה לשליחותה, ותיכף אחר שנעקר ממות אביו, ההשגחה מזמנת לו מקום בטוח, משומר מכל נזק, בין המצעות שבבטן אמו, באופן שכל זר לא יגע בו, שמה, ההשגחה מכלכלת לו לחם חוקו, דבר יום ביומו, לפי מדתו, וכן מטפלת עמו בכל צרכיו, לא תשכחהו רגע, עד שירכוש לו חיל, לצאת לאויר ארצינו המלאה מעקשים, ואז, ההשגחה משאלת לו, עצמה וכח, וכמו גבור מזויין זקן ורגיל, הולך ופותח שערים ושובר בחומותיו. עד שבא בין אנשים כאלו, שאפשר לבטוח עליהם, שיעזרוהו כל ימי חולשתו, להיותם היקרים לו מכל בני חלד, באהבה ורחמים וגעגועים עצומים בעד קיום מציאותו, וכן הולכת ההשגחה ומחבקתו עד שמכשרתו למציאותו ולהשתלשלות מציאותו אחריו. וכמקרה האדם כן מקרה מין החי, ומין הצומח, כולם מושגחים בהפלאה יתירה המבטחת הויתם למציאותם, וידעו זאת כל חכמי הטבע.

ומעבר מזה מקצה השני, בהסתכלותינו על סדרי העמדה וכלכלה באופני הקיום של אותם המציאות מקרני ראמים עד ביצי כינים, אנו מוצאים בלבול סדרים, כמו בין מחנה הבורחת משדה המערכה מוכים וחולים נגועי אלקים, וכל חיתם לממותים, אין להם זכות קיום, זולת בהקדם יסורין ומכאובים, ובנפשם יביאו לחמם, ואפי' כנה הקטנה שוברת שניה בעת צאתה לסעודתה, וכמה כרכורים היא מכרכרת עד שמשגת אוכל לפיה די סעודתה, לזכות קיומה, וכמוה מקרה אחד לכולם הקטנים עם הגדולים, ואינו צריך לומר במין האדם מובחר היצורים, אשר ידו בכל ויד כל בו.

(אות י"ב) אמנם גם בעשר ספירות דקדושה, אנו מבחינים, ערך של ב' הפכים, להיות ט' ספירות ראשונות ענינם בצורת השפעה, ומלכות ענינה לקבלה, וכן ט"ר מלאים אור, והמלכות, לית לה מגרמה ולא מידי [אין לה מעצמה דבר], וז"ס שאנו מבחינים בכל פרצוף, ב' בחי' באור, שהם או"פ ואו"מ, וב' בחי' בכלים, שהם כלי פנימי לאו"פ וכלי חיצון לאור מקיף. והוא מסבת ב' הפכים הנז' שא"א לב' הפכים שיבואו בנושא אחד, וע"כ צריכים לנושא מיוחד, לאו"פ, ולנושא מיוחד לאור מקיף, כמו שהארכתי בפמ"ס ענף ב' וד'.

אולם בקדושה אינם הפכים ממש, להיות המלכות נמצאת עם הט"ר בסוד הזיווג, ויהיה

גם תכונתה להשפיע בסוד או"ח, כמ"ש בפמ"ס ענף ד'. משא"כ הס"א שאין להם מבחי' ט"ר כלום ועיקר בנינם מחלל הפנוי שהוא ענין גדלות הצורה של קבלה, שעליה היה הצמצום הא', שאפי' אחר שהגיע הארת הקו לתוך הרשימו נשאר שורש הזה בלי אור כמש"כ בפמ"ס ענף א' וע"כ המה הפכים מראש עד רגל לעומת החיים והקדושה, בסוה"כ זה לעומת זה עשה אלקים, וע"כ נקראים מתים כמ"ש שם.

והנה נתבאר לעיל באות ו', שכל ענין הצמצום היה רק להתקשטות הנשמות בדבר השוואת הצורה ליוצרם, שהוא ענין התהפכות כלי קבלה על צורת השפעה, כמו"ש שם, ובמצב הנז', נמצא המטרה הזאת עודנה משוללת, הן מצד בנין פרצופין דקדושה, שאין שם כלום מבחי' חלל הפנוי, שהוא צורת גדלות הקבלה, שעליה היה הצמצום, וע"כ, לא יארע שום תיקון לדבר שאינה שם במציאות, וכן מצד בנין הס"א, ודאי אין כאן שום תיקון, אע"ג שיש להם מבחי' חלל הפנוי, שהרי ענינה הפוכה לגמרי, וכל מה שמקבלת למיתה עומד. וע"כ, אך לאדם דעולם הזה צריכין, שבקטנותו מצוי בכלכלה וקיום הס"א, ויורש מהם הכלים דחלל הפנוי, ובגדלותו עובר ומתחבר לבנין הקדושה, בסגולת תורה ומצות להשפיע נ"ר ליוצרו, ונמצא מהפך גדלות הקבלה שכבר קנה, שתהיה מסודרת בו רק ע"מ להשפיע, שנמצא בזה משוה הצורה ליוצרה, ומתקיים בו הכונה.

וזה סוד מציאת הזמן בעולם הזה, דהנך מוצא שמתחילה נתחלקו ב' ההפכים הנ"ל, לב' נושאים נפרדים זה מזה, דהיינו הקדושה, והס"א, בסוד זה לעומת זה, שעדיין נשלל מהם התיקון כנ"ל, מפני שמחוייבים להמצא בנושא אחד, שהוא האדם, כנ"ל. וע"כ בהכרח, למציאות סדר זמנים אנו צריכים, שאז יהיה ב' ההפכים באים בהאדם, בזה אחר זה, כלומר, בזמן קטנות, ובזמן גדלות כאמור.

(אות י"ג) ובזה תבין הצורך לשבירת הכלים ותכונתם כמ"ש בזהר וכהאר"י, דנודע, דב' מיני אור נמצאים בכל ע"ס, ברצוא ושוב, אור הא', הוא אור אין סוף ב"ה, הרצוא מלמעלה למטה, ונקרא אור ישר. ואור הב', הוא תולדות כלי המלכות, השוב מלמטה למעלה, ונק' אור חוזר. אשר שניהם מתחברים לאחד ממש. ותדע, דהא דאמרינן, אשר מהצמצום ולמטה, כבר נשללת נקודת הצמצום מכל אור, ונשארה חלל פנוי, ואור העליון לא יופיע עוד לבחי' אחרונה, בטרם גמר התיקון שזה נאמר ביחוד, על אור א"ס ב"ה, שנקרא אור ישר, אבל אור הב', הנקרא אור חוזר, הוא יכול להופיע לבחי' אחרונה, היות, שעליו לא היה מקרה הצמצום כלל.

ונתבאר אשר מערכת הס"א והקלי', הוא צורך מחוייב, למטרתה של הצמצום, והוא, כדי להטביע בהאדם כלי גדלות הקבלה, בעת קטנותו, בהיותו סמוך על שולחנה, וא"כ הרי הס"א ג"כ, לשפע היא צריכה, ומאין תקח זה, בהיות כל בנינה רק מבחי' אחרונה, שהוא חלל פנוי מכל אור, אשר מהצמצום ולמטה, כבר אור העליון נפרד משם לגמרי.

ולפיכך, הוכן ענין שביה"כ, שענין שבירה יורה, ענין הפרש חלק מאור חוזר, שבעשר ספירות דעולם הנקודים, שירד מאצילות ולחוץ, עד לחלל הפנוי, וכבר ידעת, שאור חוזר, אפשר לו להופיע גם לחלל הפנוי. והנה בזה החלק או"ח, שירד מאצילות ולחוץ, יש בו מכל ספירה וספירה, דע"ס דנקודים, ל"ב בחי' מיוחדות, כמו"ש במקומו, ועשרה פעמים ל"ב, הוא ש"ך. וש"ך בחי' אלו שירדו, הוכנו, לקיום המציאות, של התחתונים, שהמה באים להם בב' מערכות, בסו"ה זה לעומת זה עשה אלקים, דהיינו עולמות אבי"ע דקדושה, ולעומתם עולמות אבי"ע דס"א. והיינו שאמרו ז"ל (מגילה ו' ע"א) בביאור הכתוב, ולאום מלאום יאמץ וכו', כי כשקם זה נופל זה, ולא נבנית צור אלא מחורבנה של ירושלם, ע"ש. להיות ש"ך הבחי' האלו, אפשר להם, שיופיעו כולם לס"א, ואז נחרב ח"ו בנין מערכת הקדושה, כלפי התחתונים לגמרי. ואפשר להם, שיתחברו כולם לקדושה, ואז נמצא נחרבת מערכת הס"א לגמרי מהארץ. ואפשר להם, שיתחלקו בין שתיהם, בפחות

ויתר, לפי מעשי בני אדם. וכך הם מתגלגלים בב׳ המערכות, עד גומרו של התיקון.

והנה לאחר שביה״כ, וירידתם של ש״ך בחי׳ ניצוצי אורה הנ״ל, מאצילות ולחוץ, נתבררו ועלו מהם רפ״ח ניצוצין. דהיינו כל מה שירד מתשעה ספירות הראשונות, שבע״ס דנקודים, וט׳ פעמים ל״ב, הוא רפ״ח בחי׳. והמה שבו ונתחברו, לבנין מערכת הקדושה. ונמצא נשאר לס״א, רק ל״ב בחי׳, ממה שירד מהמלכות דעולם הנקודים. והיה זה, לתחילת בנין הס״א, במיעוט בתכלית, שעדיין איננה ראויה לתפקידה, ומילוא בנינה נגמר להם אח״כ, בסיבת חטאו של אדם הראשון בעץ הדעת, כמ״ש בע״ה.

והנה נתבאר שב׳ מערכות זה לעומת זה, נוהגת, בקיום ופרנסת המציאות. ותקציב אור הצריך לזה הקיום הוא ש״ך ניצוצין. והמה הוכנו ונמדדו, בכח שביה״כ. ותקציב הזה ראוי להתגלגל, בין ב׳ המערכות אשר בזה תלוי סדרי הקיום והכלכלה של המציאות. ותדע שמערכת הקדושה מחוייבת להכיל, לכל הפחות תקציב של רפ״ח ניצוצין להשלמת ט״ס ראשונות שלה, כנ״ל, ואז יכולה לקיים ולכלכל מציאות התחתונים. וזה היה לה קודם חטאו של אה״ר, וע״כ היה כל המציאות מתנהגת אז, ע״י מערכת הקדושה, להיות שהיה לה המילוא של רפ״ח ניצוצין כאמור.

(אות י״ד) ועתה מצאנו הפתח, להמדרש הנ״ל, בענין ד׳ הכתות, חסד וצדקה אמת ושלום, שנשאו ונתנו עם השי״ת, בבריאת אדם. כי המלאכים הללו, המה משמשי הנשמה של האדם, (ועי׳ בע״ח ש׳ דרושי אבי״ע) ולכן נשא ונתן עמהם, להיות כל מעשה בראשית לדעתם נבראו, כאמרם ז״ל. ונודע, שכל נשמה ונשמה כוללת ענין, ע״ס, באו״פ ואו״מ, והנה החסד, הוא ענין או״פ של ט״ר של הנשמה. והצדקה, ה״ע או״פ של המלכות של הנשמה. והאמת, ה״ע אור מקיף של הנשמה. וכבר דברנו שאו״פ ואו״מ הפכים המה. להיות האו״פ נמשך בחוק הארת הקו, שנמנע מלהופיע לנקודת הצמצום, שהיא צורת הגדלות של הקבלה. ואו״מ נמשך מאור א״ס ב״ה, המקיף לכל העולמות, ששם בא״ס שוה קטן וגדול וע״כ או״מ מאיר ומטיב לנקודת הצמצום ג״כ, ומכ״ש לבחי׳ המלכות. וכיון שהמה הפכים, א״כ לב׳ כלים צריכים, כי או״פ מאיר בט״ר, וכן אפי׳ למלכות אינו מאיר אלא בחוק ט״ר, ולא כלל לבחינתה עצמה. אמנם או״מ, מאיר בכלים הנמשכים מנקודת הצמצום ביחוד, שנק׳ כלי חיצון.

ובזה תבין, למה נקרא האמת חותם, כי שם זה, מושאל, מחותם, הבא בשולי המכתב בסוף הענינים, אמנם הוא מעמידם ומקיימם, כי זולת החותם, אין בהם שום ערך, וכל הכתב הוי לבטלה. וכן ענין או״מ המטיב לנקודת הצמצום, שה״ע גדלות הקבלה, עד שמשוה צורתה ליוצרה בבחי׳ השפעה כנ״ל, שהיא מטרת כל העולמות עליונים ותחתונים המוגבלים.

והיינו המחאה של האמת, בבריאת האדם, כי טען שכולו שקרים, להיות שמצד יצירתו של הקב״ה, אין להאדם כלי חיצון, שהוא צריך להמשך מנקודת הצמצום, בשכבר נפרדה מאורו ית׳ כאמור לעיל. וא״כ, אי אפשר למלאכי אמת, להועיל להאדם בהשגת אור מקיף, וא״כ כל העולמות העליונים והתחתונים המוגבלים, שלא נבראו אלא להשלמה הזו, ואשר זה האדם צריך להיות הנושא היחיד אליה, וכיון שהאדם הזה אינו מוכשר למטרתו. א״כ כולם המה תוהו ושקר, וכל הטרחא בהם ללא הועיל.

אמנם מלאכי חסד וצדקה, שהמה שייכים ביחוד, לאו״פ של הנשמה, אדרבא משום זה שאין לו כלל מבחי׳ חלל הפנוי, היו יכולים להשפיע לו כל אורות הנשמה בהרוחה יתירה, על השלימות היותר נעלה, ולפיכך היו שמחים להועילו, והסכימו בכל מאדם על בריאת האדם. (הם בחינת נה״י הנכנסים בזווג דהכאה וע״כ הם שייכים לחצי או״מ מצד האו״ח שבו). ומלאכי השלום, טענו דכולו קטטה, כלומר, איך שיהיה ענין קבלתו את האו״מ, אמנם סוף סוף אי אפשר שיבואו בנושא אחד עם האו״פ, להיותם הפוכים זל״ז, כאמור, והיינו כולו קטטה. (פירוש שהאו״מ נבחן בב׳, או״ח

העתיד ואו"מ העתיד. והכלי חיצון לאו"ת הוא המסך. והכלי חיצון לאו"י הוא העביות עצמו דבחי"ד, בחינת לב האבן. ונמצא שאדה"ר היה חסר רק מבחי' כלי חיצון השייך למלאכי אמת ולא הי' חסר מכלי חיצון השייך למלאכי שלום וע"כ הסכימו לבריאה אלא שטענו כולו קטטה כלומר שהאו"י אינו יכול לכנס לכלי פנימי משום שהם הפכים לו)

(אות ט"ו) ובהאמור, זכינו להבין המשך הפסוקים, בחטאו של עץ הדעת טוב ורע, אשר עומק רום להם, וחז"ל שגילו בהם טפח, עוד כסו בדבריהם עשרה טפחים. והנה בהקדם הענין כתוב, ויהיו האדם ואשתו שניהם ערומים ולא יתבוששו. ודע, שענין לבוש, ה"ע כלי חיצון, כמ"ש בע"ח שער דרושי אבי"ע, ע"ש, וע"כ מקדים לנו הכתוב, להורות סיבת חטאו של עצה"ד, ע"ד שאמרו ז"ל, בהפסוק נורא עלילה לבני אדם, אשר בעלילה באת עליו. כלומר, שהיה מוכן לו חטאו מכל מראש. וזה שיעור הכתוב, שהיו האדם ואשתו מצד היצירה, בלי כלי חיצון, רק בבחינת כלים פנימים, הנמשכים ממערכת הקדושה כנ"ל, וע"כ ולא יתבוששו, כלומר, שלא הרגישו בחסרונם, כי הבושה ה"ע הרגשת חסרון. ונודע, שהרגשת החסרון, הוא סבה ראשונה למלאות החסרון בדומה, להמרגיש בחליו, מוכן הוא לקבל רפואה, אבל האינו מרגיש כי חולה הוא, נמצא נמנע בודאי מכל רפואה. אכן תפקיד הזה מוטל הוא על כלי חיצונה, שבהיותה בבנין הגוף, והיא ריקנית מאור, מסבת שבאה מחלל הפנוי נמצאת מולידה בו, הרגש הריקנות והחסרון, ומתבייש מזה, וע"כ מוכרח, שיחזור למלאות החסרון, ולהמשיך האו"מ החסר לו, שהוא עומד למלאות את כלי הזו. וזהו הוראת הכתוב, ויהיה האדם ואשתו שניהם ערומים, מכלי חיצון, ולפיכך ולא יתבוששו, שלא הרגישו חסרונם, ונמצאים משוללים מהמטרה שעליה נבראו.

אמנם צריך להבין מאד, רוממות זה האדם יציר כפיו של הקב"ה, ואשתו שהקב"ה חלק לה עוד בינה יתירה הימנו, כאמרם ז"ל (נדה מ"ה) בהבנת הכתוב ויבן ה' את הצלע, ואיככה נכשלו ונעשו ככסילים, לא ידעו להזהר מערמת הנחש, גם לאידך גיסא, זה הנחש, שהמקרא מעיד עליו, שהיה ערום מכל חית השדה, איך הוציא משפתיו כסילות וריקות כזו, שבאם יאכלו לפרי העצה"ד, אז יתהוה מהם אלקים. ואיך כסילות זה מצא קן בלבבם. ועוד, כי להלן נאמר, שלא מפני התאוה להעשות אלקים אכלה מעצה"ד, אלא בפשיטות, כי טוב העץ למאכל וכו', שהוא לכאורה, תאוה בהמית.

(אות ט"ז) וצריכים לדעת, טיב של ב' מיני הבירורים הנוהגים אצלנו:

בירור הא', נק' בירורי **טוב ורע**,

בירור הב', נק' בירורי **אמת ושקר**.

פי', שהשי"ת הטביע כח המברר בכל בריה, שפועל בה כל התועלת הנרצה, ומעמידה על שלימותה הנרצה, והנה **בירור הא'** הוא כח הפועל גופני, שאופני פעולתו, ע"י הרגש מר ומתוק, שהוא ממאס ודוחה צורת המר, כי רע לו, ונאהב לו, ומקרב צורת המתוק, כי טוב לו. והנה כח הפועל הזה, די ומספיק, בדומם, צומח, וחי, שבהמציאות, שמעמידם על גמר שלימותם הנרצה.

ונוסף עליהם מין האדם, שהטביע בו השי"ת כח פועל שכלי, שאופני פעולתו **בבירור הב'** הנ"ל, שדוחה עניני שקר וריקות, במיאוס עד להקאה, ומקרב ענינים אמיתיים, וכל תועלת, באהבה גדולה. ובירור הזה, נק' בירור אמת ושקר, ואינו נוהג זולת במין האדם כאו"א לפי שיעורו. ותדע, שכח הפועל הזה הב', נברא והגיע להאדם, בסבת עטיו של הנחש, כי מצד היצירה, לא היה לו זולת כח הפועל הא', מבירורי טו"ר, שהיה די ומספיק לו לתועלתו בעת ההיא.

ואסביר לך על דרך משל, אם היו הצדיקים נגמלים כמפעלם הטוב, והרשעים נענשים על מעשיהם, כדי רשעתם, בעוה"ז, היה אז הקדושה מוגדרת לנו, במציאות של המתוק והטוב. והס"א היתה מוגדרת לנו, במציאות של הרע והמר. ובאופן זה, היה מצוות הבחירה מגיענו, ע"ד ראה נתתי לפניך את המתוק ואת המר, ובחרת בהמתוק. ובאופן זה, היו כל בני אדם בטוחים בהשגת השלימות, שבטח

קמו תפיסת המציאות 146

היו בורחים מן העבירה, להיותה רע להם, והיו טרודים במצוותיו ית' יום ולילה לא יחשו, כמו הטפשים של עתה בעניני הגוף ווזהמתו, להיותה טוב ומתוק להם. והנה כן היה ענין אדה"ר, מפאת יצירתו ית' אותו. והניחוהו בג"ע, לעבדה ולשמרה, שפירשו ז"ל, לעבדה אלו מצות עשה, ולשמרה אלו מצות לא תעשה, ומצות עשה שלו, היה לאכול ולהתענג מכל עצי הגן, ומצוות ל"ת שלו, היה שלא לאכול מעצה"ד טו"ר. אשר המצוות עשה, היתה מתוקה, ונחמדה, והמצות לא תעשה, היה הפרישה מן הפרי המר והקשה כמות. ואין לתמוה איך אפשר להקרא כאלה, בשם מצוות ועבודה, כי מצינו כזה, גם בעבודתינו של עתה, אשר ע"י התענוג בשבתות ויו"ט, אנו זוכים לקדושה העליונה, וכן על ידי הפרישה משקצים ורמשים, וכל אשר נפשו של אדם קצה בו, אנו מקבלים שכר. והנך מוצא, שענין הבחירה, בעבודתו של אדה"ר, היה ע"ד ובחרת במתוק כנ"ל, ונמצא שחיך הגופני לבד היה די ומספיק לו לכל תועלתו, לדעת אשר צוה ה', ואשר לא צוהו.

(אות י"ז) ועתה, נבין ערמת הנחש, אשר חז"ל הוסיפו להודיענו, אשר הס"מ היה מתלבש בו, והיינו מפני שגבהו דבריו מאד. והנה פתח, באף כי אמר אלקים לא תאכלו מכל עץ הגן, פי' שנכנס עמה בדברים, להיות שהאשה לא נצטוה מפי הקב"ה, כנודע, וע"כ שאל אותה על דרכי הבירור, כלומר מאין תדע, שנאסר העצה"ד, אולי נאסרו לכם גם כל פירות הגן. ותאמר האשה מפרי עץ הגן נאכל וכו', לא תאכלו ממנו ולא תגעו בו פן תמותון.

ויש כאן ב' דיוקים גדולים:

א. הא הנגיעה, לא נאסרה מעולם, ועל מה הוסיפה באיסור,

ב. כי הטילה ספק בדברי השי"ת ח"ו, שהשי"ת אמר מות תמותון, והאשה אמרה פן תמותון, והיתכן שלא האמינה ח"ו בדבר ה', עוד מטרם החטא.

אמנם האשה ענתה לו על פי שאלתו של הנחש, דעל כן יודעה, מה שאסר ה' כי כל עצי הגן מתוקים ונחמדים, וראוים לאכול, משא"כ זה העץ אשר בתוך הגן, כבר היתה בו בקרוב לנגיעה, וטעמה בזה טעם קשה כמות. והיא שהוכיחה מעצמה, שמצד הבירור שלה, יש חשש מיתה אפי' על הנגיעה ולכן הוסיפה להבין במצוות האיסור, על מה ששמעה מבעלה, כי אין חכם כבעל נסיון, ופן תמותון סובב על הנגיעה. וכנראה, שהתשובה היה מספקת לגמרי, כי מי יתערב ויכחיש בחוש הטעם של חבירו. אמנם הנחש הכחיש אותה, ואמר, לא מות תמותון, כי יודע אלקים כי ביום אכלכם ממנו ונפקחו עיניכם וכו'. ויש לדייק, מה ענין פקיחת עינים לכאן, אמנם כן דבר חדש ונשגב הימנה, הודיע אותה, שהוכיח להם, שטפשות היא לחשוב, שברא ה' דבר רע ומזיק בעולמו, והא ודאי כלפי השי"ת, אין זה ענין רע ומזיק, אלא זה המרירות שתטעמו בו אפי' בקירוב נגיעה, הוא רק מצדכם, להיות אכילה זו, הוא להעמיד אתכם, על גובה מעלתכם, וע"כ לקדושה יתירה אתם צריכים, בעת המעשה שיהיה כל כונתכם להשפיע נ"ר לו ית', לקיים הכוונה שעליה נבראתם. ולפיכך הוא נדמה לכם כרע ומזיק, כדי שתבינו הקדושה היתירה הנדרש מכם. אמנם ביום אכלכם ממנו, פירוש, אם תהיה המעשה בקדושה וטהרה, ברורה כיום, אז והיתם כאלקים יודעי טוב ורע, כלומר, כמו שכלפי השי"ת הוא ודאי מתוק בהשואה גמורה, כן יהיה לכם הטוב והרע בהשואה גמורה, למתוק ולעדן. ועדיין נשאר מקום להרהר באימון הנחש, מפני שהשי"ת לא הודיעו זה בעצמו, ע"כ הקדים הנחש, ואמר, כי יודע אלקים כי ביום אכלכם ממנו, ונפקחו עיניכם כלומר, מצד השי"ת דבר יתר הוא, להודיעכם זאת, להיותו יודע שאם תשימו לבכם לזה, לאכל על צד הקדושה, ונפקחו עיניכם מעצמיכם, להבין גודל הרוממות שבו, כי תרגישו בו מתיקות ועידון עד להפליא, וא"כ אינו צריך להודיעכם, דעל כן הטביע בכם כח המברר. לידע תועלתכם מעצמכם.

ומיד כתיב, ותרא האשה כי טוב העץ למאכל וכי תאוה הוא לעינים וכו', פי' שלא סמכה עצמה על דבריו, אלא שהלכה ובררה מדעתה ותבונתה, והקדישה את עצמה בקדושה יתירה, לעשות נ"ר להשי"ת, כדי להשלים הכונה הנרצה הימנה, ולא כלל להנאתה עצמה. שאז, נפקחו עיניה, כדברי הנחש, ותרא האשה כי טוב העץ למאכל, והיינו ע"י זה שראתה, כי תאוה הוא לעינים, כלומר, דעוד מטרם שנגעה בו, הרגישה מתיקות ותאוה גדולה, בראות עיניה לבד שחמדה כזה עוד לא קרה לה, בכל עצי הגן, ונתברר לה עוד, אשר נחמד העץ להשכיל, כלומר, דע"כ יש בעץ הזה תאוה וחמדה מרחוק, יתר מכל עצי הגן, היינו להשכיל עליו, אשר בשביל מעשה האכילה הזו, נבראו, והוא כל המטרה, כמו שגילה לה הנחש. ואז, אחר הבירורין המוחלטים האלו, ותקח מפריו ותאכל, ותתן גם לאישה עמה ויאכל, ודייק הכתוב במלת עמה, כלומר, על כונתה הטהורה, דהיינו רק להשפיע, ולא לצרכי עצמו וזה הוראת הכתוב, שנתנה לאישה עמה, כלומר, עמה בקדושה.

(אות י"ח) ועתה נבוא לעומק הענין, והטעות, שהיה קשור ברגלו, כי זה העצה"ד טו"ר, היה מעורב מבחי' חלל הפנוי, כלומר, מצורת הגדלות שבקבלה. שעליה היה הצמצום, ואור העליון כבר נפרד משם, כנ"ל. וכבר נתבאר, שאדם הראשון, לא היה לו כלל בבנינו, צורת גדלות הקבלה, הנמשך מחלל הפנוי, אלא כולו נמשך ממערכת הקדושה, שענינם להשפיע. כמו"ש בזוהר קדושים, דאדה"ר לא הוה לי' מהאי עלמא כלום, ע"ש. וע"כ נאסר לו העצה"ד, כמו ששורשו, וכל מערכת הקדושה, שהמה נפרדים מהס"א, משום שינוי הצורה שלהם, שהיא ענין הפירוד כנ"ל, וע"כ גם הוא נצטוה עליו, והוזהר מלהתחבר בו, כי יופרד מחמתו משורשו, הקדוש, - וימות, כמו הס"א והקלי' שהמה מתים, לסבת הפכיותם ופירודם מהקדושה, וחי החיים, כנ"ל. אמנם, השטן הוא הס"מ הוא מלאך המוות, שנתלבש בהנחש, וירד והסיתה לחוה, בדבר שקר שבפיו, לא מות תמותון. ונודע, שכל דבר שקר שאין אומרים דבר אמת בתחילתו אינו מתקיים, וע"כ הקדים אותה בדבר אמת, וגילה לה מטרת הבריאה, שכל ענינה לא באה, אלא לתקן העץ הזה, כלומר, כדי להפך כלי קבלה הגדולים על צד ההשפעה, וז"ש חז"ל שאמר לה, אשר אלקים אכל מעץ הזה וברא את העולם, כלומר, שהסתכל על ענין זה בבחינת סוף מעשה במחשבה תחילה וע"כ ברא העולם.

וכמו שנתבאר לעיל, דכל ענין הצמצום א', לא היה אלא בשביל האדם, העתיד להשוות הצורה של קבלה, להשפעה, עי' לעיל, והוא דבר אמת. וע"כ היה השעה משחקת לו, והאשה האמינה אותו, בשעה שהכינה את עצמה לקבל ולהנות רק בע"מ להשפיע, נמצא ממילא, שפרח הרע מן העצה"ד טו"ר ונשאר עצה"ד טוב. להיות שכל ענין הרע דשם, הוא רק מבחי' שינוי צורה, דקבלה לעצמו, שהיה מוטבע בו להטביע, אמנם בקבלה ע"מ להשפיע, הרי הביאתו על תכלית שלימותו, ונמצאת שעשתה יחוד הגדול, כמו שראוי להיות בסוף מעשה.

אמנם זה הקדושה העליונה, היה עדיין שלא בעונתו, שלא היתה ראויה לעמוד בה, זולת באכילה א', אבל לא באכילה הב' (שז"ס הזוה"ק דכלא מלילא בשיקרא). ואסביר לך, כי אינו דומה, המנזר עצמו מהתאוה, בטרם שטעמה והורגל בה, להמנזר עצמו מהתאוה, אחר שטעמה ונקשר בה, כי הראשון ודאי יכול להזיר את עצמו, בפעם א' על תמיד, משא"כ השני, צריך לעבודה יתירה, לפרוש מתאותו לאט לאט, עד שגומר הענין. כן הדבר הזה, להיות שהאשה עדיין לא טעמה מעצה"ד, והיתה כולה בבחי' השפעה, ע"כ, בקל היה מעשיה לאכול אכילה ראשונה, ע"מ להשפיע נ"ר להשי"ת בתכלית הקדושה, משא"כ, אחר שטעמה אותו, כבר נקשר בה תאוה גדולה וחמדה יתירה לעצה"ד, עד שלא היתה יכולה עוד לפרוש מתאותה, כי כבר יצא הענין מרשותה. והיינו שאמרו חז"ל, שאכלו פגה, פי', טרם בישולו, דהיינו בטרם שקנו הכח והגבורה למשול על יצרם, והבן היטב.

ודומה למה שאמרו ז"ל במס' יבמות אליבא דאבא שאול, שאמר, הנושא יבמתו לשם נוי ולשם אישות הוי כפוגע בערוה, ואמרו גזירה ביאה ראשונה אטו ביאה שניה, עש"ה. וז"ש ז"ל, אכלתי, ואוכל עוד, כלומר, שאפי' בו בעת, שכבר שמע בפירוש, שחרה בו השי"ת, מ"מ לא יכול לפרוש הימנו, שכבר נקשר בו התאוה. ונמצא, שאכילה א', היה ע"צ הקדושה, ואכילה ב', היה בזוהמא גדולה.

ובזה מובן חומר ענשו של עצה"ד, שנתקבצו עליו כל בני אדם למיתה, אמנם זה המיתה, נמשך מתוך אכילתו, כמו שהזהיר אותו השי"ת, ביום אכלך ממנו מות תמות. והענין להיות שנמשך לתוך איבריו, צורת גדלות הקבלה מחלל הפנוי, אשר מצמצום ולהלן, כבר אור העליון א"א לו להיות עמה, בכפיפה אחת, וע"כ זה הנשמת חיים הנצחית, המפורש בהכתוב, ויפח ה' באפו נשמת חיים וכו', היה מוכרח להסתלק משם, ונתלה לו חייתו הזמנית בפת לחם. וחיים האלו, אינם חיים נצחיים כלמפרע, שהיה לצורכו עצמו, אלא דומה בערך, לזיעה של חיים, כלומר שנתחלק לו החיים לטפין טפין, באופן שכל טפה וטפה, הוא חלק מהחיים שלו הקודמים, שה"ע ניצוצי נשמות שנתחלקו לכל תולדותיו עד שבכל תולדותיו, מכל בני הישוב ומכל הדורות, עד דור האחרון, המשלים מטרת הבריאה, המה, בערך שלשלת גדולה אחת, באופן שמעשי השי"ת לא נשתנו כלל וכלל, מחמת חטאו של עצה"ד, אלא זה האור החיים, שהיה באה"ר בבת אחת, נמשך ונארך, לשלשלת גדולה המתגלגלת, על גלגל שינוי הצורות, עד גמר התיקון, בלי הפסק כלל כרגע, להיות מעשה ה' מוכרחין להיות חיים וקיימים, ומעלין בקודש ואין מורידין, והבן זה היטב. וכמקרה האדם, כן קרה לכל בני העולם עמו, כי כלם ירדו מבחי' נצחית וכללית, על גלגל שינוי הצורה, כמו האדם, כי האדם ועולם, ערך פנימי וחיצון להם, אשר החיצונית תמיד עולה ויורד בהתאם להפנימי, ואכמ"ל. וז"ע בזיעת אפיך תאכל לחם, שבמקום נשמת החיים הקדום, שנפח ה' באפו, נמצא עתה, זיעה של חיים באפו.

(אות י"ט) והיינו שאמרו ז"ל (ב"ב י"ז), הוא היצה"ר הוא השטן הוא מלאך המוות, שיורד ומסית, ועולה ומקטרג, ובא ונוטל נשמתו. והוא, כי ב' קלקולים כוללים נעשו בסבת החטא של עצה"ד, קלקול הא', ה"ע עולה ומקטרג, כי אחר שנתפתה ואכל מעצה"ד, וקנה בבנין גופו, כלי קבלה דחלל הפנוי, נעשה מחמת זה, שנאה והרחקה, בין אור החיים הנצחי דנפח ה' באפו של האדם, ובין גוף האדם. ודומה למה שאמרו ז"ל, כל המתגאה אומר הקב"ה אין אני והוא יכולין לדור במדור א', כי ענין הגאווה, נובעת מכלי קבלה דחלל הפנוי, שכבר אור העליון נתרחק ונפרד משם, מעת הצמצום ולהלן, ועד"ש בזוהר הק', שהקב"ה שונא את הגופות שבנינם אך לעצמם. וע"כ פרח ממנו אור החיים והוא קלקול א'. וקלקול ב', הוא ירידת רפ"ח ניצוצין, שכבר היו מחוברים במערכת הקדושה, כנ"ל, שעתה, כדי שלא יחרב העולם, נמסרו וירדו, למערכת הס"א והקלי'. כי מאחר שאין מערכת הקדושה יכולה, לפרנס ולכלכל את האדם ובני העולם, מסבת השנאה, שנתהוה בין הקדושה והכלים דחלל הפנוי, כחוק ההפכים זה לזה, כנ"ל, שאין אני והוא יכולים לדור במדור א'. ע"כ נמסרה הרפ"ח ניצוצין למערכות הס"א, כדי שהמה יכלכלו ויקיימו את האדם והעולם, בכל משך זמן גלגולי הנשמות בהגופים בס' ריבוא לדור, ובאלף דור, עד גמר התיקון. ובזה תבין, למה המה מכונים בשם קליפות, להיות ערכם, כערך הקליפה שעל הפרי, כי קליפה הקשה חופפת ומכסית על הפרי, לשמרה מכל טינוף והיזק, עד שתבוא הפרי, לידי האוכלה, שבלעדה, היה הפרי נשחתה, ולא היתה באה למטרתה. כן אתה מוצא, אשר הרפ"ח ניצוצין נמסרו לידי הקליפות, כדי לכלכל ולהכשיר את המציאות, עד שיתחברו וישיגו למטרתם הנרצה, כנ"ל.

והנה קלקול הב' הנזכר, ה"ע ובא ונוטל נשמתו, רצוני לומר, גם זה החלק הקטן של נשמה, הנשאר לו להאדם, בבחי' זיעה, של חיים הקודמים, הרי הס"א עושקתה, על ידי

אותה ההשפעה בעצמה, שהיא משפעת לו מהרפ"ח הניצוצין, שנפלו לגורלה. ולהבינך את זה, צריך לצייר היטב תמונת הס"א כמות שהיא, בכדי שתוכל להשכיל כל דרכיה, וכבר הראיתי לדעת בפמ"ס בענף ו' דכל חלקי המציאות מעולם התחתון, המה ענפים נמשכים משורשם, כמו חותם מחותם, מעולם העליון, והעליון מגבוה הימנו, והגבוה, מגבוה על גבוה וכו'. ותדע, שכל הבחן שיש מהענפים על השורשים, הוא רק ביסודות החומר שבהם לבד, כלומר שחומריים שבעוה"ז, המה יסודות גשמיים, והחומריים שבעולם היצירה המה יסודות רוחניים, דהיינו מבחי' רוחניית היצירה, וכן כל עולם ועולם מבחינתו, אמנם המקרים והתהלוכות שבהם, יש להם ערך שוה, מכל ענף לשורשו, כמו ב' טפות מים, השוות זו לזו, וכמו הנחתם ששוה צורתו בכל וכל להחותם, שממנו נחתם. ואחר שתדע זה, נבקש את זה הענף, שישנו להס"א העליונה בעוה"ז, ואז נדע על ידו, גם את שורשו הס"א העליונה.

ומצאנו בזוהר הק' פרשת תזריע, דהנגעים שבגופי בני אדם, המה ענפים של הס"א העליונה עש"ה. ולפיכך, נקח להשכיל את קומת הבעל חי, ואנו מוצאים בו, אשר זה הנביע המתהוה בגופו, ע"י השגת התענוג, הוא המרבה ומפריא לו החיים, וע"כ ההשגחה הטביעה בהקטנים, שבכל מקום שיתנו עיניהם, ימצאו קורת רוח ותענוג, ואפי' מדברים קטנטנים של מה בכך. להיות קומת הקטן, מחוייב לרביה של חיים ביותר, כדי שיהיה סיפוק בו לצמיחה וגידול, וע"כ תענוגם מצוי. והנך מוצא אשר אור התענוג הוא אבי החיים. אמנם חוק זה, אינו נוהג זולת בתענוג, שהוא מושפע לכללות הקומה, אבל בתענוג דפרודא, כלומר, בשהתענוג מתקבץ ומקובל, רק לחלק נבדל של קומת הבעל חי, אז אנו מוצאים בו דין הפוך. דהיינו אם יש לו מקום לקוי בבשרו, התובע אותו לגרד ולחכך, והנה פעולת החיכוך, מביאה לו ג"כ שכרו בצדה, שמרגיש עמה תענוג מרובה ברדיפה כבירה, אמנם בתענוג זה, טפת סם המות כרוך בעקבו, שבאם לא ימשול על יצרו, וישלם את התביעה הרדופה, נמצאים התשלומים מגדילים עוד את חובו, כלומר, לפי מדתו של השגת התענוג מהחיכוך, כן יתרבה עליו הלקותא, ויתהפך התענוג למכאוב, ובהתחילה שוב להתרפאות, נולד עמה יחד, תביעה חדשה לחיכוך, ובמדה יותר גדולה מקודם, ואם עדיין אינו מושל ביצרו, ושוב משלם די התביעה, נמצא גם הלקותא הולך ומתרבה עליו, עד שמביאה לו טפה של מרה בסופו, שמרעלת כל הדם, שבאותו החי. ונמצא, שמת ע"י קבלת התענוג, מפני שהיא תענוג דפרודא, המקובל רק לחלק נבדל של הקומה, וע"כ פועלת המות בהקומה, בהפכי מהתענוג המושפע לכלל הקומה, כאמור. והנה הגיע לפנינו, צורת הס"א העליונה מראשה עד עקבה, אשר ראשה, היא הרצון לקבל אך לעצמה, ולא להשפיע מחוץ לה, כתכונת התביעה שבבשר המנוגע, בערך כללו של קומת החי; וגופה של הס"א, היא צורתה של מין תביעה, שאינה עומדת להפרע, שהפרעון שהוא הולך ופורע, עוד מגדיל החוב והלקותא ביותר, כדוגמת קבלת תענוג ע"י החיכוך, כנ"ל. ועקבה של הס"א, היא הטפה של סם המות, שעושקתו ומפרידו, גם מניצוץ חיים האחרון שנשאר לו, כדוגמת טפה של סם המות הנ"ל המרעלת את כל הדם שבקומת הבעל חי. והיינו שאמרו ז"ל, ולבסוף בא ונוטל את נשמתו, כנ"ל. והיינו שאמרו שהמלאך המות מזדמן בחרב שלופה וטפה של מרה בקצה החרב, והאדם פותח פיו וזורק בו הטפה, ומת. אשר חרבו של מלאך המות, הוא השפעת הס"א, שנק' חרב, לסבת הפירוד המתגדל במדת הקבלה, שהפירוד מחריבו, כנ"ל, והאדם פותח בהכרח את פיו, להיות שמוכרח לקבל שפע הקיום והעמדתו, מתחת ידיה. עד שמגיע אליו טפה של מרה, שבסוף החרב, שהוא גמר הפירוד לניצוץ האחרון של נשמת חייו, כנ"ל.

(אות כ') ובסבת ב' הקלקולים הנ"ל נתקלקל ג"כ בנין גופו של אדם להיותו מותאם מצד היצירה, בתכלית הדיוק, לקבלת שפע של קיומו, ממערכת הקדושה. כי כל פעולה מאושרה, ושל קיימא, יהיו חלקיה

משומרים, מהעדפה או מגרעת עד לכל שהוא, והפעולה שאינו מאושרה, ושאינה של קיימא, הוא בשביל, שחלקיה חסרי המזג, ומצוי בהם בכל שהוא, מגרעת או העדפה. וע״ד שאומר בשיר היחוד. מכל מלאכתך דבר אחד לא שכחת, לא העדפת ולא החסרת. והוא חוק מחוייב, שמהפועל השלם נמשך פעולה שלימה. אמנם בעבור האדם, ממערכת הקדושה למערכת הס״א, בסבת הספחת הנוסף בבנינו, ע״י העצה״ד, כנ״ל, כבר נמצאים חלקים מרובים בבנין גופו בעודפות, בלי צורך, להיותם אינם מקבלים כלום, משפע של קיום המושפע מרשות הס״א. כמו שאנו מוצאים בעצם לוז עיין בזוהר במד׳ הנעלם תולדות וכן סניא דיבי וכו׳, וכן בחלק ידוע מכל אבר ואבר, ואכמ״ל.

ולפיכך, מחויב האדם, לקבל כלכלה לתוך גופו, יתר מהצורך, להיות העודפות הנ״ל, מתחברים בכל תביעה, העולה מהגוף, וע״כ מקבל הגוף בשבילם, אמנם העודפות בעצמם אינם יכולים לקבל חלקיהם, וע״כ נשאר חלקיהם בגוף, בבחי׳ מותרות ופסולת, שהגוף מחוייב אח״כ להפליט לחוץ. ונמצאים כלי המאכל והעיכול, מתייגעים לריק ולבטלה בשבילם, וע״כ הולכים ונפסדים, עד לכליון, כי משפטם חרוץ ככל פעולה מחסרי המזג, שסופה להתפרק. והנך מוצא גם מצד בנין הגוף, שנתלה מיתתו, בקודם ונמשך מעצה״ד.

ועתה זכינו להשכיל ולדעת, בדבר ב׳ ההנהגות הסותרות זו את זו עד לקצה, שעמדנו עליהם, לעיל באות י״א ע״ש. כי הנהגת קיום וכלכלה של בני המציאות, כבר עברה ממערכת הקדושה למערכת הס״א, והוא, מסבת הספחת, של גדלות הרצון לקבל לעצמו, הנקשר בבני המציאות, מסבת אכילת העצה״ד, שגרם פירוד והפכיות ושנאה, בין מערכת הקדושה, לבנין הגופות של בני מציאות העוה״ז. בשכבר הקדושה, אינה יכולה לקיימם ולזונם, משלחן גבוה, וע״כ כדי שלא יחרב המציאות, וכדי להזמין להם מהלך תיקונם, מסרתה לכללות השפע של קיום המציאות, שה״ע רפ״ח הניצוצין שלה, למערכת הס״א, שהמה יהיו המפרנסים לכל בני העולם, בזמן המשך התיקונים. וע״כ סדרי הקיום נמצאים מבולבלים מאד, כי מרשעים יצא רשע, וממ״נ, אם ממעיטים השפע לבני העולם, מביאים ודאי חורבן ויסורים, ואם מרבים בשפע נמצאים מביאים כח הפירוד ביותר להמקבלים, ע״ד שאמרו ז״ל, יש לו מנה רוצה מאתים, ויש לו מאתים רוצה ארבע מאות. כדמיון התענוג דפרודא, המושג לבשר הנפרד והלקוי הנ״ל, שכמות התענוג, מרבה הפירוד והלקותא, ונמצא האהבה עצמיית, מתגבר ביותר בהמקבלים, ואיש את חבירו חיים בלעו, וגם חיי הגוף מתקצרים, כי ע״י ריבוי כמות הקבלה, מגיע במוקדם לטפה של מרה שבאחריתה, ובכל מקום שהם פונים, אך מרשיעים. כנ״ל.

ובזה תבין, מ״ש בתוספות כתובות דף ק״ד, דעד שאדם מתפלל שיכנס תורה לתוך גופו, יתפלל שלא יכנסו מעדנים לתוך גופו, ע״ש. והיינו, משום דצורת הקבלה העצמיית, שהוא ההפכי מהקדושה, מתרבה ומתגדל, בשיעור התענוג המושג לגופו, כנ״ל. וא״כ איך אפשר לו להשיג אור תורה לתוך גופו, בהיותו נפרד בהפכיות הצורה עד לקצה מהקדושה, ושנאה גדולה מצוי ביניהם, כערך כל ההפכיים ששונאים זה לזה, ואינם יכולים להמצא בכפיפה אחת. ופשוט הוא, שמחוייב מקודם להתפלל, שלא יכנסו המעדנים והתענוגים לתוך גופו, ולפי רוב המעשה בתורה ומצות, נמצא לאט לאט, זוכה להפך צורת הקבלה לע״מ להשפיע, ונמצא משוה צורתו למערכת הקדושה, וחזר להיות ההשתוות והאהבה ביניהם, כמו שהיה קודם חטאו של עצה״ד, וזוכה לאור תורה, להיותו נכנס למחיצתו של הקב״ה.

(אות כ״א) ועתה מובן היטב, למה לא מובא תשובתם של המלאכי מעלה, בדבר בריאת האדם, שעמדנו בהמדרש כנ״ל באות י״א ע״ש. להיות, שעל אדם של עתה, לא הסכימו אפי׳ מלאכי חסד וצדקה, כי יצא כולו מתחת השפעתם, ונעשה סמוך על שלחן של הס״א, כנ״ל, והיינו שמסיים המדרש, שנטל האמת והשליכו לארץ, מיד אמרו כולם תעלה האמת מן הארץ. כלומר, שאפי׳ מלאכי חסד וצדקה,

התחרטו על הסכמתם, כי אדעתא דהכי לא הסכימו מעולם, שיתבזה האמת וכו'. שמקרה הזה, קרה בעת אכילת העצה"ד, שנעדר האמת מהנהגת קיום המציאות, כי נכשל ונחלש כח הבירור, המוטבע באדם מצד היצירה, שאופני פעולתו, היה ע"י הרגש מר ומתוק, כמו"ש לעיל באות ט"ז, עש"ה. כי השפע של קיום, שהם רפ"ח בחי' שונות, כבר היו ברורים, כשמש בצהרים, ומחוברים במערכת הקדושה, וחיך אוכל יטעם, לקרב ולהשתלם, בכל הנאהב והמתוק, ולדחות כל המר, והרע לו, באופן שלא יכשל אדם בהם, כנ"ל עש"ה. אמנם אחר הטעימה הראשונה של עצה"ד, שבחמתה נתדבק בהם, צורת גדלות הקבלה העצמיית, ונעשה גופם עם הקדושה, ב' הפכים, כנ"ל. אז הגיע השפע של קיום, שהיא רפ"ח הבחי' הנ"ל, לידי הס"א. ונמצא שרפ"ח הניצוצין, שהיו כבר ברורים, חזרו ונתבלבלו בידי הס"א, ונולד צורה חדשה בהמציאות, שה"ע הצורה, שתחילתה מתוק וסופה מר. כי כן נשתנה, צורת הרפ"ח בידי הס"א, שאור התענוג, שעל ידיהם מביא פירוד, וטפה של מרה כנ"ל. שזה הוא צורת השקר, אבי אבות החורבנות. וכל בלבול. וז"ש שנטל האמת והשליכו לארץ, וע"כ ניתוסף להאדם, מתוך עטיו של נחש בירור חדש, שהוא כח הפועל השכלי, שאופני פעולתו ע"י בירורי אמת ושקר, שמוכרחת לשמש עמו, בכל משך זמן מהלך התיקונים. שבלעדו הוא נמנע התועלת, כנ"ל באות ט"ז, עש"ה. ובוא והשכל כמות הבלבול שנתהוה, בסיבת נפילת הרפ"ח ניצוצין לידי הס"א, כי בטרם שטעמו מעץ הדעת, לא יכלה האשה, אף לנגוע בדבר האסור, כנ"ל באות י"ז, דאפי' בקירוב נגיעה לעץ הדעת, תיכף טעמה, בו מרירות בטעם מות, דע"כ הבינה והוסיפה, גם באיסור נגיעה, כנ"ל ע"ש, ואחר טעימה הא' שכבר שלטה הנהגת הס"א והשקר בקיום המציאות, נעשה להם האיסור כ"כ מתוק בתחילתו, עד שלא יכלו עוד לפרוש הימנו, כמ"ש ז"ל, שאמר אכלתי ואוכל עוד כנ"ל.

ובזה תבין מה שהמתן שכר שבהתורה הק', מוגדר, רק בשלות הגופות, להיות, שכל ענין התורה, הוא להבאת תיקונו של חטא העצה"ד, שנתבלבל ההנהגה של קיום המציאות על ידיה. ולתיקון זה ניתנה התורה, כדי לחזור ולהעלות הרפ"ח ניצוצין להקדושה, שאז ישוב ההנהגה של הקיום, אל הקדושה, ויסורו הבלבולים, מדרכי הקיום המציאות, שאז יוכשרו בני אדם לשלימותם הנרצה, מאליהם, ע"י הבירור של מר ומתוק לבד, שהוא הפועל הראשון שבטרם חטאו של עצה"ד, והבן. וכן הנביאים, אינם מדברים אלא מתיקון הזה לבד, והיא שאמרו חז"ל, כל הנביאים לא נתנבאו אלא לימות המשיח, שהוא ענין השבת דרכי קיום העולם בהשגחה המבוררת, כמו שהיתה קודם החטא, אבל לעולם הבא, פי' גמר הענין שהוא השואת צורה ליוצרה כנ"ל, עין לא ראתה אלקים זולתיך, עש"ה, וכמו"ש, שבימות המשיח, [אם] מצרים לא יעלה וכו' לא עליהם יהיה הגשם וכו' והיינו ע"י בירור טו"ר כנ"ל.

(אות כ"ב) ועתה מובן לנו מאמר חז"ל שנכנסנו בו, דלא מצא הקב"ה כלי מחזיק ברכה לישראל אלא השלום וכו', ועמדנו בו, למה נבחר מאמר זה לסיום הש"ס, ומובן ע"פ הנ"ל, דמסבת חטאו של עצה"ד, פרח נשמת חיים הנצחיית, שנפח ה' באפו, לצרכי האדם הראשון לבדו, וקבלה לצורה חדשה, המכונה זיעה של חיים, כלומר שנתחלק הכלל לפרטים מרובים מאד, לטפין טפין, שנתחלק בין אה"ר וכל תולדותיו, עד עת קץ, באופן, שאין שינוי כלל במעשה השי"ת אלא צורה נוספה יש כאן, אשר זה אור החיים הכללי, שהיה צרורה באפו של אה"ר, נתפשט לשלשלת גדולה, המתגלגלת על גלגל שינוי הצורה, בגופות מרובות, ובגוף אחר גוף, עד גמר התיקון המחויב. ולפיכך נמצא שתיכף ביום אכילתו מעצה"ד מת, ופרח הימנו חיים הנצחיים, אלא שנקשר באבר ההולדה (שה"ע הזווג שנק' שלום כמ"ש בזוהר וכהאר"י) לשלשלת גדולה כאמור.

ונמצא, שאין אדם חי לצורך עצמו, אלא לצורך השלשלת כולו, באופן שכל חלק וחלק מהשלשלת, אינו מקבל את אור החיים לתוך עצמו, אלא רק משפיע אור החיים, לכללות השלשלת. וכן אתה מוצא במדת ימי חייו, כי

בעשרים שנה, ראוי לישא אשה. ועשר שנים, ראוי להמתין על לידת בנים, כמ"ש ז"ל. ונמצא מוליד בטוח, בשנת השלשים ואז, יושב וממתין על בנו, עד שיגיע לארבעים שנה, ימי בינה, באופן, שיוכל למסור לו, את הונו וידיעותיו, שרכש בעצמו, וכל אשר למד וירש מאבותיו, ויהיה בטוח עליו, שלא יאבד זה בענין רע, שאז תיכף הולך לו לעולמו, ובנו נאחז בהמשך השלשלת, תחת אביו.

והנה נתבאר לעיל אות ט"ו, אשר מקרה החטא של עצה"ד, היה במחוייב לאה"ר, בסו"ה נורא עלילה לבני האדם, עש"ה. כי צריך לקנות בבנינו, כלי חצון, לקבלת אור מקיף, באופן, שב' ההפכים יבואו בנושא אחד, בב' זמנים בזה אחר זה, שבזמן קטנותו, יהיה סמוך על שלחן הס"א, וע"י התענוגים דפרודא שמקבל בחמתם, מתגדלים בו הכלי קבלה דחלל הפנוי, בשיעורם הנרצה, ואז, כשמגיע לגדלותו, ועוסק בתורה ומצות, יהיה מצוי לו היכולת, להפוך כלי קבלה הגדולים, בע"מ להשפיע. שהיא עיקר המטרה, שנק' אור האמת, והחותם, כנ"ל באות י"ד עש"ה.

אמנם נודע, שבטרם שמתחבר להקדושה, מחוייב שוב להתפרש, מכל צורת הקבלה, שהשיג משלחן הס"א. כמו שהגיע אלינו מצות האהבה, בכל נפשך ובכל מאודך, וא"כ מה הועילו חכמים בתקנתם, דשוב חזר ואבד, כל מה שהשיג מס"א, ודו"ק היטב. ולפיכך, הזמין השגחתו ית', ריבוי הגופות בכל דור ודור, ע"ד שאמרו ז"ל, ראה הצדיקים שהמה מועטים, עמד ושתלן בכל דור ודור. פי', שראה ית', שסופם של הצדיקים, לדחות לגמרי ענין הקבלה העצמיית, ונמצאים נתמעטים מאור מקיף שלהם, כי נדחה מהם כלי החצון הראוי לזה, וע"כ שתלן בכל דור ודור, שאין לך דור שלא יהיה בו חלק גדול מאותם הבריות שעיקר בריאתם אינם אלא בשביל הצדיקים, שיהיו המה הנושאים בחי' הכלים דחלל הפנוי, בשבילם. שיתפעל בהצדיקים בחי' כלי חיצון על ידיהם, על צד ההכרח שלא ברצונם. והוא, מפני שכל בני הישוב, יש להם דביקות זה עם זה, להתפעל זה מזה, הן בנטיות הגוף, והן בדעות, וע"כ, המה מביאים במחוייב, את נטיות הקבלה עצמיית, להצדיקים, שבאופן זה מסוגלים לקבל, את האור מקיף הנרצה.

אמנם לפי"ז, היו צריכים צדיקים ורשעים להמצא בכל דור במשקל השוה, ואינו כן, אלא על צדיק אחד, אנו מוצאים אלפי רבבות של ריקים. אלא צריך שתדע ב' מיני שליטות, הנמצאים בהבריאה. הא', הוא כח איכותי, הב', הוא כח כמותי. ולהיות שכל אותם המתנהלים לרגלי הס"א, כחם דל ומצער בזוי ושפל, בלי חפץ ובלי מטרה, אלא הולכין ונהדפים כמוץ לפני רוח. א"כ, איך יוכלו כאלה, לפעול מה, באנשים חכמי לב, שדרכיהם מבורר בחפץ ותכלית, ועמוד אור העליון מאיר לפניהם יומם ולילה. באופן, שיספיקו להביא נטיותיהם הקטנטנות בלבבם. אשר ע"כ, הזמין ית', כח הכמותי בהבריאה, שכח הזה, אינו צריך לאיכות של כלום. ואסביר לך, על דרך שאנו מוצאים, כח האיכותי בגבורה. כמו באריות ונמרים. אשר מרוב האיכות שבכח גבורתם, שום אדם לא ילחם בהם. ולעומתם, אנו מוצאים כח וגבורה, בלי איכות של כלום, אלא בכמות לבד, כמו הזובובים. שלגודל הריבוי שבהם, שום אדם לא ילחום עמהם, וטיילים האלו, בני חורין המה בביתו של אדם, ועל שלחנו הערוך, והאדם מרגיש את עצמו חלש לנגדם. משא"כ, לעומת זבובי השדה, ושרצים, וכדומה, מאורחים בלתי קרואים, הגם שכחם יהיה ביתר איכות מזבובים הביתים, לא ישקוט האדם, ולא ינוח, עד כלה יגרש אותם מרשותו. והוא, מפני שהטבע לא הנחיל להם כח הריבוי, כמו לזבובים. וע"פ זה תבין, אשר בהכרח, מחוייב להמצא המון גדול מאד, על כל צדיק וצדיק, עדי שיפעלו בו את נטיותיהם הגסות, בכח הריבוי שבהם, משום שאין להם איכות של כלום, והבן היטב, ואכמ"ל עוד.

וזה שיעור הכתוב, ה' עוז לעמו יתן, פי', שאור החיים הנצחי, המושג לכל שלשלת הבריאה, הוא נקרא עוז, ומבטיח לנו הכתוב, שהשי"ת נותן לנו בבטחה העוז הזה. אמנם יש להקשות הא כיצד, כיון דכל אחד ואחד, אינו

ענין שלם לעצמו, כמ"ש ז"ל, טוב לו לאדם שלא נברא משנברא, וא"כ, איך אנו בטוחים בנצחיותו ית'. וזה שגומר הכתוב, ה' יברך את עמו בשלום, והיינו, ברכת הבנים, ע"ד שאמרו ז"ל, במסכת שבת משים שלום בבית בטל, כי ע"י הבנים, נמשך ונקשר השלשלת הזה עד גמר התיקון, ואז נמצאים כל החלקים בנצחיות, ואכמ"ל והבן.

ולפיכך, אמרו ז"ל, לא מצא הקב"ה כלי מחזיק ברכה לישראל אלא השלום, כי כמו שברכתו ית' היא נצחיית, צריכים המקבלים ג"כ להיות נצחיים, ובזה נמצא אשר ע"י הבנים, נאחזים האבות, ועושים ביניהם שלשלת הנצחיות, הראוי להחזיק ברכה הנצחיות, ונמצא שהשלום הוא המחזיק ומנצח על שלימות הברכה.

ולפיכך סיימו הש"ס במאמר הזה, להיות השלום כנ"ל, הוא הכלי מחזיק בעדינו ברכת התורה וכל המצוות, עד לגאולה שלימה ולנצחיות, בבי"א, והכל על מקומו יבוא בשלום.

הקדמה לפתיחה לחכמת הקבלה

איתא בזוהר ויקרא פרשת תזריע דף מ' תא חזי דכל מה די בעלמא לא הוי אלא בגיניה דאדם, וכלהו בגיניה מתקיימי וכו', הדא הוא דכתיב וייצר ה' אלקים את האדם, בשם מלא, כמה דאוקימנא, דאיהו שלימותא דכלא וכללא דכלא וכו', וכל מה דלעילא ותתא וכו' כלילן בהאי דיוקנא. עש"ה. הרי מפורש, שכל העולמות העליונים והתחתונים כלולים כולם בהאדם, וכן כל המציאות הנמצאת בעולמות ההם אינם רק בשביל האדם. ויש להבין הדברים, המעט לו לאדם העולם הזה וכל אשר בו בכדי לשמשו ולהועילו, אלא שהוא נצרך גם לכל העולמות העליונים וכל אשר בהם, כי לא נבראו אלא לצרכיו.

ב) והנה בכדי להסביר הענין הזה על מילואו הייתי צריך להביא כאן לפנינו את כל חכמת הקבלה, אמנם בדרך כלל בשיעור המספיק להבין את פתיחת הדברים יתבאר לפניך בפנים הספר. והתמצית הוא, כי כוונת השי"ת בבריאה היתה כדי להנות לנבראיו כנודע. והנה ודאי הוא, שבעת שעלה במחשבה לברוא את הנשמות ולהנותם מכל טוב, הנה תיכף נמשכו ויצאו מלפניו בכל צביונם וקומתם ובכל גבהם של התענוגים שחשב להנותם, כי אצלו ית' המחשבה לבדה גומרת ואינו צריך לכלי מעשה כמונו. ולפי"ז יש לשאול למה ברא העולמות צמצום אחר צמצום עד לעוה"ז העכור והלביש הנשמות בהגופין העכורים של העוה"ז.

ג) והתשובה על זה איתא בע"ח שהוא כדי להוציא לאור שלמות פעולותיו (ע"ח ענף א') ויש אמנם להבין איך אפשר זה שמהשלם יצאו פעולות בלתי שלמות עד שיהיו צריכים להשלימם ע"י פועל ומעשה שבעולם הזה. והענין הוא כי יש להבחין בהנשמות בחינת אור ובחינת כלי, כי עצם הנשמות שנבראו הוא הכלי שבהם, וכל השפע שחשב ית' להנותם ולענגם הוא האור שבהם. כי מאחר שחשב ית' להנותם הרי עשה אותם בהכרח בבחינת רצון לקבל הנאתו, שהרי לפי מידת הרצון לקבל את השפע כן יגדל ההנאה והתענוג. ותדע שהרצון לקבל ההוא הוא כל עצמותה של הנשמה מבחינה התחדשות ויציאת יש מאין, ונבחן לבחינת כלי של הנשמה. ובחי' ההנאה והשפע נבחן לבחינת אור של הנשמה הנמשך יש מיש מעצמותו.

ד) ביאור הדברים. כי בריאה פירושו התחדשות דבר מה שלא היה מקודם שהוא הנבחן ליש מאין, אמנם איך נצייר זה שיהיה דבר מה שאינו כלול בו ית'. הלא כל יכול וכוללם יחד, וכן אין לך נותן מה שאין בו. ובאמור אשר כלל כל הבריאה שברא ית' אינו אלא בחינת הכלים של הנשמות שהוא הרצון לקבל, מובן זה היטב, שהרי הכרח הוא שאינו כלול ח"ו מהרצון לקבל כי ממי יקבל. וא"כ הוא בריאה חדשה ממש שלא היה אף זכר ממנו מקודם לכן, וע"כ נבחן ליש מאין.

ה) ויש לדעת, שהחיבור ופירוד הנוהג ברוחניים אינו אלא בהשואת הצורה ובשינוי הצורה, כי אם ב' רוחניים הם בצורה אחת הרי הם מחוברים יחד והם אחד ולא שנים. שהרי אין מה שיבדילם זה מזה, ואי אפשר להבחינם לשנים זולת בהמצא שינוי צורה מזה לזה. וכן לפי מדת גודלה של השתנות הצורה ביניהם כן שיעור התרחקותם זה מזה, עד שאם הם נמצאים בהפכיות הצורה זה מזה אז נבחנים רחוקים כרחוק מזרח ממערב, דהיינו בתכלית המרחק המצוייר לנו בהמציאות.

ו) והנה בהבורא ית' לית מחשבה תפיסא ביה כלל וכלל, ואין לנו בו ח"ו שום הגה או מלה. אמנם מבחינת ממעשיך הכרנוך, יש לנו להבין בו ית', שהוא בבחי' רצון להשפיע, שהרי ברא הכל בכדי להנות לנבראיו, ולהשפיע לנו מטובו ית'. ולפי"ז נמצאים הנשמות בבחינת הפכיות הצורה אליו ית' שהרי הוא כולו רק להשפיע ואין בו ח"ו רצון לקבל משהו, והנשמות נטבעו ברצון לקבל לעצמם, כנ"ל, שאין הפכיות הצורה רחוקה מזו. ונמצא אם

היו הנשמות נשארים בפועל בבחינת הרצון לקבל, היו נשארים נפרדים ממנו ית' ח"ו לעולמי עד.

ז) עתה תבין מ"ש (בעץ חיים ענף א' הנ"ל) שסבת בריאת העולמות הוא לפי שהנה הוא ית' מוכרח שיהיה שלם בכל פעולותיו וכוחותיו וכו' ואם לא היה מוציא פעולותיו וכוחותיו לידי פועל ומעשה לא היה כביכול נקרא שלם וכו' עכ"ל. שלכאורה תמוהים הדברים, כי איך אפשר שמתחילה יצאו פעולות בלתי שלמות מפועל השלם עד שיהיו צריכים לתיקון. ובהמתבאר תבין זה כיון שעיקר כלל הבריאה אינו, רק הרצון לקבל, הנה הגם שמצד אחד הוא בלתי שלם מאוד להיותו בהפכיות הצורה מהמאציל, שהוא בחינת פירוד ממנו ית', הנה מצד הב' הרי זה כל החידוש והיש מאין שברא, כדי לקבל ממנו ית' מה שחשב להנותם ולהשפיע אליהם. אלא עכ"ז אם היו נשארים כך בפירודא מהמאציל לא היה כביכול נק' שלם, כי סוף סוף מהפועל השלם צריכים לצאת פעולות שלמות. ולפיכך צמצם אורו ית' וברא העולמות בצמצום אחר צמצום עד לעוה"ז, והלביש הנשמה בגוף מעוה"ז וע"י העסק בתורה ומצוות משגת הנשמה את השלימות שהיה חסר לה מטרם הבריאה, שהוא בחינת השואת הצורה אליו ית'. באופן, שתהיה ראויה לקבל כל הטוב והעונג הכלול במחשבת הבריאה, וגם תמצא עמו ית' בתכלית הדבקות, שפירושו השואת הצורה, כנ"ל.

ח) וענין הסגולה שבתורה ומצוות להביא את הנשמה לדבקה בו ית', הוא רק בבחינת העסק בהם שלא לקבל שום פרס רק בכדי להשפיע נחת רוח ליוצרו בלבד, כי אז לאט לאט הולכת הנשמה וקונית השואת הצורה ליוצרה, כמ"ש לפנינו במאמר ר' חנניא בן עקשיא בהתחלת הספר, עש"ה. כי יש בזה ה' מדרגות כוללות נפש רוח נשמה חיה יחידה המקובלים מה' העולמות הנקראים א"ק, אצילות, בריאה, יצירה, עשיה. וכן יש ה' מדרגות נרנח"י פרטיות המקובלים מפרטיות ה' פרצופין שיש בכל עולם מה' העולמות, וכן יש נרנח"י דפרטי פרטיות המקובלים מהעשר ספירות שבכל פרצוף, כמ"ש בפנים הספר. שע"י תורה ומצוות להשפיע נ"ר ליוצרו זוכים ומשיגים לאט לאט לכלים מבחי' הרצון להשפיע הבאים בהמדרגות האלו מדרגה אחר מדרגה עד שבאים בהשואת הצורה לגמרי אליו ית', ואז מקויימת בהם מחשבת הבריאה לקבל כל העונג והרוך והטוב שחשב ית' בעדם, ועוד נוסף להם ריוח הכי גדול, כי זוכים גם לדבקות אמיתי, מכח שהשיגו הרצון להשפיע כיוצרם.

ט) ומעתה לא יקשה לך להבין דברי הזוהר הנ"ל, אשר כל העולמות העליונים והתחתונים וכל אשר בתוכם לא נבראו אלא בשביל האדם. כי כל אלו המדרגות והעולמות לא באו אלא כדי להשלים הנשמות במדת הדבקות שהיה חסר להם מבחינת מחשבת הבריאה, כנ"ל. שמתחילה נצטמצמו ונשתלשלו מדרגה אחר מדרגה ועולם אחר עולם עד לעולם החומרי שלנו בכדי להביא את הנשמה בהגוף של עוה"ז, שהוא כולו לקבל ולא להשפיע, כמו בהמות וחית הארץ, כמ"ש עייר פרא אדם יולד, שהוא בחינת הרצון לקבל הגמור שאין בו מבחינת השפעה ולא כלום, שאז נבחן האדם להפכי גמור אליו ית', שאין התרחקות יותר מזה, ואח"ז בכח הנשמה המתלבשת בו הולך ועוסק בתורה ומצוות שאז משיג צורת ההשפעה כיוצרו לאט לאט בדרך המדרגות ממטה למעלה דרך כל אותם הבחינות שירדו בעת השתלשלותם מלמעלה למטה, שהם רק מדות ושיעורים בצורת הרצון להשפיע, שכל מדרגה עליונה פירושה שהיא יותר רחוקה מבחינת הרצון לקבל ויותר קרובה רק להשפיע, עד שזוכה להיות כולו להשפיע ולא לקבל כלום לעצמו, ואז נשלם האדם בדבקות אמיתי בו ית', כי רק בשביל זה נברא. הרי שכל העולמות ומלואם רק בשביל האדם נבראו.

י) ועתה אחר שזכית להבין ולדעת כל זה, כבר מותר לך ללמוד חכמה זו בלי שום פחד של הגשמה ח"ו. כי המעיינים מתבלבלים מאד, שמצד אחד נאמר שכל הע"ס והפרצופין מתחילת ע"ס האצילות עד סוף הע"ס

דעשיה הוא אלקיות ואחדות גמור. (ע״ח שער מ״ד שער השמות פרק א׳) ומצד הב׳ נאמר שכל אלו העולמות מחודשים ובאים אחר הצמצום, ואיך יתכן אפילו להרהר זה באלקיות. וכן בחינת מספרים ומעלה ומטה וכדומה מהשנוים ועליות וירידות וזווגים, ומקרא כתוב אני הויה לא שניתי וכו׳.

יא) ובהמתבאר לפנינו מובן היטב כי כל אלו העליות וירידות והצמצומים, והמספר, אינם נבחנים אלא בבחינת הכלים של המקבלים, שהם הנשמות. אלא שיש להבחין בהם בחינת כח ובחינת פועל, בדומה לאדם הבונה בית שסוף מעשה במחשבתו תחילה, אמנם תכונת הבית שיש לו במחשבה אין לו שום דמיון להבית הצריך לצאת בפועל, כי בעוד הבית במחשבה הוא רוחניות מבחינת חומר מחשבתי, ונחשבת לבחינת החומר של האדם החושב, כי אז נמצא הבית רק בבחינת ״כח״, משא״כ בעת שמלאכת הבית מתחילה לצאת בפועל כבר מקבלת חומר אחר לגמרי דהיינו חומר של עצים ואבנים. כן יש להבחין בבחינת הנשמות כח ופועל, אשר בחינת התחלת יציאתם מכלל מאציל לבחינת נשמות ״בפועל״ מתחיל רק בעולם הבריאה, וענין התכללותם בא״ס ב״ה מטרם הצמצום בבחינת מחשבת הבריאה, כנ״ל באות ב׳, הנה זה אמור רק בבחי׳ ״הכח״ בלי שום הכר ממשי כלל וכלל. ומבחינה זו נאמר שכל הנשמות היו כלולים במלכות דא״ס המכונה נקודה האמצעית, כי נקודה זו כלולה ב״כח״ מכל הכלים של הנשמות העתידים לצאת ב״פועל״ מעולם הבריאה ולמטה. וענין הצמצום א׳ לא נעשה רק בנקודה האמצעית הזו, והיינו רק בדיוק באותו הבחינה והשיעור שהיא נחשבת לבחינת ״כח״ לנשמות העתידים, ולא כלום בעצמותה. ותדע כי כל הכלים של הספירות והעולמות עד לעולם הבריאה המשתלשלים ויוצאים מנקודה זו או בסבת הזווג דהכאה שלה הנק׳ או״ח המה ג״כ בבחינת כח לבד בלי שום מהות של הנשמות, אלא שהשינוים הללו עתידים לפעול אח״כ על הנשמות שמהותם מתחיל לצאת מעולם הבריאה ולמטה כי שם עדיין לא יצאו ממהות המאציל ית׳.

יב) ואמשול לך מהויות דעולם הזה, למשל האדם המתכסה ומעלים את עצמו במיני כיסוים ולבושים שלא יראנו חברו ולא ירגישו, הכי יעלה על הדעת שהוא עצמו יש לו איזה התפעלות משהו של העלמה וכדומה מחמת ריבוי הכסוים שמתכסה, כן למשל הע״ס שאנו קוראים בשמות כתר חכמה בינה חסד גבורה ת״ת נצח הוד יסוד מלכות, הם רק עשר כסוים שא״ס מתכסה ומתעלם בהם, אשר הנשמות העתידים לקבל ממנו יהיו מחויבים לקבל באותם השיעורים והע״ס מודדים להם, ונמצאים המקבלים מתפעלים על ידי המספר הזה שבע״ס, ולא כלל אורו ית׳ שהוא אחד יחיד בלי שינוי, משא״כ המקבלים נחלקים לעשר מדרגות ממש לפי תכונת השמות הללו. ולא עוד אלא אפילו אלו בחינות הכיסוים שאמרנו אינם בערך האמור רק מעולם הבריאה ולמטה, כי רק שם כבר נמצאות הנשמות המקבלות מהעשר ספירות ההם, משא״כ בעולמות א״ק ואצילות עוד אין שום מציאות אפילו להנשמות כי שם הם רק בבחינת הכח. ולפיכך ענין העשר כיסוים האמורים בע״ס הם שולטים רק בג׳ עולמות התחתונים הנק׳ בריאה יצירה עשיה. אמנם גם בהעולמות בי״ע נבחנים העשר ספירות לאלקיות עד סוף עשיה, ממש כמו בא״ק ואבי״ע וכמו מטרם הצמצום, רק ההפרש הוא בהכלים של הע״ס, אשר בא״ק ואצילות אין להם עוד אפילו בחינת גילוי של שליטה, להיותם שם רק בבחי׳ ״כח״ כנ״ל, ורק בבי״ע מתחילים הכלים של הע״ס לגלות כח ההעלמה והכיסוי שבהם. אמנם באור שבע״ס אין שום שינוי של משהו מחמת הכסוים הללו כנ״ל במשל וז״ס אני הוי״ה לא שניתי וכו׳.

יג) ואין לשאול, כיון שבא״ק ואצילות אין עוד שם שום גילוי למהות הנשמות המקבלים, א״כ מה משמשים הכלים ההם הנק׳ ע״ס ולמי המה מעלימים ומכסים בשיעוריהם הללו. ויש בזה ב׳ תשובות:

הא׳, שכן דרך ההשתלשלות כמו שתמצא בפנים הספר.

הקדמה לפתיחה לחכמת הקבלה 157

והב' הוא כי גם הנשמות עתידים לקבל
מהע"ס ההם שבא"ק ואצילות, דהיינו בדרך
עליות הג' העולמות בי"ע אליהם, כמ"ש להלן
באות קסג, ולפיכך יש להבחין גם בא"ק
ואצילות אלו השינוים שבע"ס, כפי מה שהם
עתידים להאיר להנשמות בשעה שהם יעלו
שמה עם העולמות בי"ע, כי אז יקבלו לפי
המדרגה שבע"ס ההם.

יד) הרי נתבאר היטב, שענין העולמות
ובחינת החידוש והשינוים ומספר מדרגות וכדומה,
כל זה לא נאמר אלא בבחינת הכלים
המשפיעים להנשמות ומעלימים ומודדים להם
שיכלו לקבל מאור א"ס ב"ה שבהם בדרך
המדרגה, והם אינם עושים שום התפעלות של
משהו באור א"ס ב"ה עצמו, כי אין כיסוים
פועלים על המתכסה רק על השני הרוצה
להרגיש אותו ולקבל ממנו כנ"ל במשל.

טו) ובדרך כלל, יש להבחין בהספירות
ובפרצופין, בכל מקום שהם, את ג' בחינות
הללו: עצמותו ית', כלים ואורות. אשר
בעצמותו ית' לית מחשבה תפיסא בו כלל,
ובכלים יש תמיד ב' הבחנות הפכים זה לזה,
שהם העלמה וגילוי, כי ענין הכלי מתחילתו

הוא מעלים על עצמותו ית', באופן שאלו
העשרה כלים שבע"ס הם עשר מדרגות של
העלמות. אמנם אחר שהנשמות מקבלים להכלים
הללו בכל התנאים שבהם הנה אז נעשים אלו
ההעלמות לבחי' של גילויים להשגות הנשמות.
הרי שהכלים כוללים ב' הבחנות הפכיות זו
לזו שהם אחת, כי מדת הגילוי שבכלי הוא
ממש כפי מדת ההעלמה שבהכלי וכל שהכלי
יותר עב, דהיינו שהוא יותר מעלים על
עצמותו ית' הוא מגלה קומה יותר גדולה
הרי שב' הפכים הללו הם אחת. וענין האורות
שבהספירות פירושן, אותו שיעור קומה הראוי
להתגלות להשגת הנשמות. כי מתוך שהכל
נמשך מעצמותו ית' ועם זה אין השגה בו רק
בתכונתם של הכלים כנ"ל, ע"כ יש בהכרח
עשרה אורות בעשרה כלים הללו, דהיינו עשר
מדרגות של גילוים אל המקבלים בתכונת אותם
הכלים. באופן שאין להבדיל בין אורו ית'
לעצמותו ית' רק בזה, אשר בעצמותו ית' לית
השגה תפיסא ביה כלל זולת המגיע אלינו
ממנו ית' דרך התלבשותו בהכלים של הע"ס,
ומבחינה זו כל הבא בהשגה אנו מכנים בשם
אורות.

מבנה העולמות

פתיחה לחכמת הקבלה

א) רבי חנניא בן עקשיא אומר: רצה הקב"ה לזכות את ישראל לפיכך הרבה להם תורה ומצות שנאמר ה' חפץ למען צדקו יגדיל תורה ויאדיר, (מכות כ"ג ע"ב). ונודע שזכות הוא מלשון הזדככות, והוא ע"ד שאמרו ז"ל לא נתנו מצות אלא לצרף בהן את ישראל (ב"ר רפמ"ד) ויש להבין ענין הזכות הזה שאנו משיגין ע"י תורה ומצות, וכן מהי העביות שבנו שאנו צריכים לזכותה ע"י תורה ומצות. וכבר דברנו מזה בספרי, פנים מסבירות, ותלמוד עשר הספירות. ונחזור כאן בקיצור, כי מחשבת הבריאה היתה כדי להנות לנבראים כפי מתנת ידו הרחבה ית' וית', ומכאן הוטבע בנשמות רצון וחשק גדול לקבל את שפעו ית', כי הרצון לקבל הוא הכלי על מדת התענוג שבשפע, כי לפי מדת גדלו ותוקפו של הרצון לקבל את השפע, כן הוא מדת התענוג והחמדה שבשפע לא פחות ולא יותר, והם מקושרים זה בזה עד שאין לחלק ביניהם זולת בהיחס, שהתענוג מיוחס לשפע, והרצון הגדול לקבל את השפע מיוחס לנברא המקבל. ובהכרח ב' אלה נמשכים מהבורא יתברך, אלא שיש לחלק בהם על דרך הנזכר, אשר השפע הוא מעצמותו יתברך, כלומר, שהוא נמשך יש מיש, והרצון לקבל הכלול שם, הוא השורש של הנבראים, כלומר, הוא השורש של חידוש, שפירושו יציאת יש מאין, כי בעצמותו ית' ודאי שאין שם בחינת הרצון לקבל ח"ו. וע"כ נבחן שהרצון לקבל האמור, הוא כל חומר של הבריאה מראשה ועד סופה, עד שכל מיני הבריות המרובות ומקריהן שאין להן שיעור, ודרכי הנהגתן שכבר נתגלו והעתידים להתגלות, אינם רק שיעורים ושינוי ערכים של הרצון לקבל, וכל מה שיש בהן באותן הבריות, דהיינו כל מה שמקובל ברצון לקבל המוטבע בהן, כל זה הוא נמשך מעצמותו ית' יש מיש, ואינו כלום מבחינת הבריאה המחודשת יש מאין, כי אינו מחודש כלל, והוא נמשך מנצחיותו ית', יש מיש.

ב) וכפי האמור, כלול הרצון לקבל, בהכרח תכף, במחשבת הבריאה, בכל ריבוי ערכים שבו, ביחד עם השפע הגדול שחשב להנותם ולהעניקם. ותדע, שז"ס אור וכלי, שאנו מבחינים בעולמות עליונים, כי הם באים בהכרח כרוכים יחד, ומשתלשלים יחד ממדרגה למדרגה, ובשיעור שהמדרגות יורדות מאת אור פניו ומתרחקות ממנו ית' כן הוא שיעור ההתגשמות של הרצון לקבל הכלול בשפע. וכן אפשר לומר להיפך, אשר כפי שיעור התגשמות של הרצון לקבל בשפע, כן הולך ויורד ממדרגה למדרגה, כמ"ש להלן. עד המקום הנמוך מכולם, דהיינו שהרצון לקבל מתגשם שם בכל שיעורו הראוי, נבחן המקום ההוא בשם עולם העשיה, והרצון לקבל נבחן לבחינת גופו של אדם, והשפע שמקבל נבחן למדת תוכנו של החיים שבגוף ההוא. ועד"ז גם בשאר בריות שבעוה"ז. באופן, שכל ההבחן שבין העולמות העליונים לעוה"ז, הוא, כי כל עוד שהרצון לקבל הכלול בשפעו ית', לא נתגשם בצורתו הסופית, נבחן שעודו נמצא בעולמות הרוחנים, העליונים מעוה"ז, ואחר שהרצון לקבל נתגשם בצורתו הסופית, הוא נבחן שכבר הוא מצוי בעוה"ז.

ג) וסדר השתלשלות האמור עד להביא את הרצון לקבל על צורתו הסופית שבעוה"ז, הוא על סדר ד' בחינות שיש בד' אותיות של השם בן ד'. כי ד' אותיות הוי"ה שבשמו ית' כוללות את כל המציאות כולה מבלי יוצא ממנה אף משהו מן המשהו. ומבחינת הכלל, הן מתבארות בהע"ס: חכמה, בינה, ת"ת, מלכות, ושרשם. והם עשר ספירות, כי ספירת התפארת כוללת בעצמה שש ספירות הנקראות חג"ת נה"י. והשורש נקרא כתר, אמנם בעיקרם הם נקראים חו"ב תו"מ. וזכור זה. והן ד' עולמות הנק': אצילות, בריאה, יצירה, עשיה. ועולם העשיה כולל בתוכו גם את עוה"ז. באופן, שאין לך בריה בעוה"ז שלא תהיה מחודשת מא"ס ב"ה, דהיינו במחשבת הבריאה, שהיא

בכדי להנות לנבראיו, כנ"ל. והיא בהכרח כלולה תיכף מאור וכלי, כלומר מאיזה שיעור של שפע עם בחינת רצון לקבל את השפע ההוא, אשר שיעור השפע הוא נמשך מעצמותו ית' יש מיש, והרצון לקבל השפע הוא מחודש יש מאין, כנ"ל. ובכדי שהרצון לקבל ההוא יבא על תכונתו הסופית, הוא מחויב להשתלשל עם השפע שבו דרך הד' עולמות: אצילות, בריאה, יצירה, עשיה, ואז נגמרת הבריה באור וכלי, הנקרא גוף ואור החיים שבו.

ד) והצורך להשתלשלות הרצון לקבל על ד' בחינות האמורות שבאבי"ע, הוא מפני שיש כלל גדול בענין הכלים, אשר התפשטות האור והסתלקותו הוא עושה את הכלי רצוי לתפקידו, פי', כי כל עוד שהכלי לא נפרד פעם מהאור שלו, הרי הוא נכלל עם האור ובטל אליו כנר בפני האבוקה. וענין הביטול הזה הוא, מפני שיש הפכיות ביניהם הרחוקה מקצה אל הקצה, כי האור הוא שפע הנמשך מעצמותו ית' יש מיש, ומבחינת מחשבת הבריאה שבא"ס ית', הוא כולו להשפיע ואין בו מבחינת רצון לקבל אף משהו, והפכי אליו הוא הכלי, שהוא הרצון הגדול לקבל את השפע ההוא, שהוא כל שורשו של הנברא המחודש, הנה אין בו ענין של השפעה כלום. ולפיכך בהיותם כרוכים זה בזה יחד, מתבטל הרצון לקבל באור שבו. ואינו יכול לקבוע את צורתו אלא אחר הסתלקות האור ממנו פעם אחת, כי אחר הסתלקות האור ממנו הוא מתחיל להשתוקק מאד אחריו, והשתוקקות הזאת קובעת ומחליטה את צורת הרצון לקבל כראוי, ואח"ז כשהאור חוזר ומתלבש בו הוא נבחן מעתה לב' ענינים נבדלים, כלי ואור, או גוף וחיים. ושים כאן עיניך כי הוא עמוק מכל עמוק.

ה) ולפיכך, צריכים לד' בחינות שבשם הוי"ה, הנקראות חכמה בינה ת"ת מלכות. כי בחי"א הנק' חכמה, היא באמת כל כללותו של הנאצל אור וכלי, כי בו הרצון לקבל הגדול, עם כל כללות האור שבו הנק' אור החכמה, או אור החיה, כי הוא כל אור החיים שבנאצל המלובש בהכלי שלו, אמנם בחינה הא' הזו, נבחנת לכלו אור, והכלי שבו כמעט שאינו ניכר, כי הוא מעורב עם האור ובטל בו כנר בפני האבוקה. ואחריה באה בחי"ב, והוא כי כלי החכמה בסופו הוא מתגבר בהשואת הצורה לאור העליון שבו, דהיינו שמתעורר בו רצון להשפיע אל המאציל. כטבע האור שבתוכו שהוא כולו להשפיע, ואז ע"י הרצון הזה שנתעורר בו, נמשך אליו מהמאציל אור חדש הנקרא אור חסדים, ומשום זה כמעט שנפרש לגמרי מאור החכמה שהשפיע בו המאציל, כי אין אור החכמה מקובל רק בהכלי שלו, שהוא הרצון לקבל הגדול בכל שיעורו, כנ"ל. באופן שהאור וכלי שבבחי"ב משונים לגמרי מבחי"א כי הכלי שבה הוא הרצון להשפיע והאור שבה נבחן לאור החסדים, שפירושו אור הנמשך מכח הדבקות של הנאצל בהמאציל. כי הרצון להשפיע גורם לו השואת הצורה למאציל, והשואת הצורה ברוחניות היא דבקות, כמ"ש להלן. ואחריה באה בחינה ג'. והוא כי אחר שנתמעט האור שבנאצל לבחינת אור חסדים בלי חכמה כלל, ונודע, שאור החכמה הוא עיקר חיותו של הנאצל, ע"כ הבחי"ב בסופה התעוררה והמשיכה בקרבה שיעור מאור החכמה, להאיר תוך אור החסדים שבה. והנה התעוררות הזו המשיכה מחדש שיעור מסוים מהרצון לקבל שהוא צורת כלי חדש הנקראת בחינה ג' או ת"ת, ובחי' האור שבה נק' אור חסדים בהארת חכמה כי עיקר האור הזה הוא אור חסדים ומיעוטו הוא אור חכמה. ואחריה באה בחינה ד', והוא כי גם הכלי דבחי"ג בסופו התעורר להמשיך אור חכמה במילואו כמו שהיה בבחי"א, ונמצא התעוררות הזו היא בחינת השתוקקות בשיעור הרצון לקבל שבבחי"א, ונוסף עליו, כי עתה כבר נפרד מאור ההוא, כי עתה אין אור החכמה מלובש בו אלא שמשתוקק אחריו, ע"כ נקבע צורת הרצון לקבל על כל שלימותו, כי אחר התפשטות האור והסתלקותו משם, נקבע הכלי, כנ"ל, וכשיחזור אח"כ ויקבל בחזרה את האור, נמצא הכלי מוקדם להאור. וע"כ נבחנת בחינה ד' הזאת לגמר כלי. והיא נק' מלכות.

ו) ואלו ד' ההבחנות הנ"ל ה"ס עשר ספירות הנבחנות בכל נאצל וכל נברא, הן בכלל כולו

שהן ד' העולמות, והן בפרט קטן ביותר שבמציאות. ובחי"א, נקראת חכמה, או עולם האצילות. ובחי"ב נק' בינה, או עולם הבריאה. ובחי"ג נק' תפארת, או עולם היצירה. ובחי"ד נק' מלכות, או עולם העשיה. ונבאר את הד' בחינות הנוהגות בכל נשמה, כי כשהנשמה נמשכת מא"ס ב"ה ובאה לעולם האצילות, היא בחי"א של הנשמה. ושם עוד אינה נבחנת בשם הזה, כי השם נשמה יורה שיש בה איזה הפרש מהמאציל ב"ה, שע"י ההפרש הזה יצאה מבחינת א"ס ובאה לאיזה גילוי לרשות בפני עצמה, וכל עוד שאין בה צורת כלי, אין מה שיפריד אותה מעצמותו ית', עד שתהיה ראויה להקרא בשם בפני עצמה. וכבר ידעת שבחי"א של הכלי אינה ניכרת כלל לכלי וכולה בטלה להאור, וז"ס הנאמר בעולם אצילות שכולו אלקיות גמור, בסוד איהו וחיוהי וגרמוהי חד בהון. ואפילו נשמות שאר בעלי החיים בהיותם עוברים את עולם אצילות נחשבים כעודם דבוקים בעצמותו ית'.

ז) ובעולם הבריאה כבר שולטת בחינה הב' הנ"ל, דהיינו בחינת הכלי של הרצון להשפיע, וע"כ כשהנשמה משתלשלת ובאה לעולם הבריאה ומשגת בחינת הכלי ההוא אשר שם, אז נבחנת בשם נשמה, דהיינו שכבר יצאה ונתפרדה מבחינת עצמותו ית' והיא עולה בשם בפני עצמה להקרא נשמה. אמנם כלי זה זך מאוד, להיותו בהשואת הצורה למאציל, וע"כ נחשבת לרוחניות גמורה.

ח) ובעולם היצירה כבר שולטת בחינה הג' הנ"ל, שהיא כלולה מעט מצורת הרצון לקבל, וע"כ כשהנשמה משתלשלת ובאה לעולם היצירה ומשגת הכלי ההוא, יצאה מבחינת הרוחניות של הנשמה, ונקראת בשם רוח, כי כאן הכלי שלו כבר מעורב בעביות מועטת, דהיינו מעט הרצון לקבל שיש בו. אמנם עדיין נבחנת לרוחני, כי אין שיעור עביות זאת מספקת להבדילו לגמרי מן עצמותו ית' להקרא בשם גוף עומד ברשות עצמו.

ט) ובעולם עשיה כבר שולטת בחינה הד', שהיא גמר הכלי של הרצון לקבל הגדול, כנ"ל. וע"כ משגת בחינת גוף נפרד ונבדל לגמרי מעצמותו ית', העומד ברשות עצמו. והאור שבו נקרא נפש, המורה על אור בלי תנועה מעצמו. ותדע שאין לך פרט קטן בהמציאות שלא יהיה כלול מכל האבי"ע.

י) והנך מוצא איך שהנפש הזאת שהוא אור החיים המלובש בהגוף, נמשכת יש מיש מעצמותו ית' ממש, ובעברה דרך ד' עולמות אבי"ע, כן היא הולכת ומתרחקת מאור פניו ית', עד שבאה בכלי המיוחד לה הנקרא גוף, ואז נבחן הכלי לגמר צורתו הרצוי. ואם אמנם גם האור שבה נתמעט מאד עד שאין ניכר בו עוד שורש מוצאו, עכ"ז ע"י העסק בתורה ומצות ע"מ להשפיע נחת רוח ליוצרו, הוא הולך ומזכך את הכלי שלו הנקרא גוף, עד שנעשה ראוי לקבל את השפע הגדול בכל השיעור הכלול במחשבת הבריאה בעת שבראה. וזה שאמר ר' חנניא בן עקשיא רצה הקב"ה לזכות את ישראל לפיכך הרבה להם תורה ומצוות.

יא) ועם זה תבין גדר האמתי להבחין בין רוחניות לגשמיות, כי כל שיש בו רצון לקבל מושלם בכל בחינותיו, שהוא בחי"ד, הוא נקרא גשמי והוא נמצא בפרטי כל המציאות הערוך לעינינו בעוה"ז. וכל שהוא למעלה משיעור הגדול הזה של הרצון לקבל, נבחן בשם רוחניות, שהם העולמות אבי"ע הגבוהים מעוה"ז, הם וכל המציאות שבהם. ובזה תבין שכל ענין עליות וירידות האמורות בעולמות העליונים אינן בבחינת מקום מדומה ח"ו, רק בענין ד' הבחינות שברצון לקבל, כי כל הרחוק ביותר מבחי"ד נבחן למקום יותר גבוה, וכל המתקרב אל בחינה ד' נבחן למקום יותר תחתון.

יב) אמנם יש להבין, כיון שכל עיקרו של הנברא ושל כל הבריאה בכללה, הוא רק הרצון לקבל בלבד, ומה שיותר מזה אינו לגמרי בכלל בריאה, אלא נמשך יש מיש מעצמותו ית', א"כ למה אנו מבחינים את הרצון לקבל הזה לעביות ועכירות, ואנו מצווים לזכות אותו על ידי תורה ומצות, עד שזולת זה לא נגיע אל המטרה הנעלה של מחשבת הבריאה.

יג) והענין הוא, כי כמו שהגשמיים נפרדים

זה מזה ע״י ריחוק מקום, כן נפרדים הרוחנים זה מזה ע״י שינוי הצורה שבהם. ותמצא זה גם בעוה״ז, למשל ב׳ בני אדם הקרובים בדעתם זה לזה, הם אוהבים זה את זה, ואין ריחוק מקום פועל עליהם שיתרחקו זה מזה. ובהפך כשהם רחוקים זה מזה בדעותיהם, הרי הם שונאים זה את זה, וקרבת המקום לא יקרב אותם במאומה. הרי ששינוי הצורה שבדעתם מרחקם זה מזה וקרבת הצורה שבדעתם מקרבם זה אל זה. ואם למשל טבעו של האחד הוא הפוך בכל בחינותיו כנגד טבעו של השני, הרי הם רחוקים זה מזה כרחוק מזרח ממערב. ועד״ז תשכיל ברוחניות, שכל הענינים של התרחקות והתקרבות, וזווג ויחוד הנבחנים בהם, הם משקלים של שינוי צורה בלבד, שלפי מדת שינוי הצורה הם מתפרדים זמ״ז, ולפי מדת השואת הצורה הם מתדבקים זה בזה. ועם זה תבין שהגם שהרצון לקבל הוא חוק מחויב בהנברא, כי הוא כל בחינת נברא שבו, והוא הכלי הראוי לקבל המטרה שבמחשבת הבריאה. עכ״ז הוא נעשה ע״ז נפרד לגמרי מהמאציל, כי יש שינוי צורה עד למדת הפכיות בינו לבין המאציל, כי המאציל הוא כולו להשפיע ואין בו מנצוצי קבלה אפילו משהו ח״ו, והוא, כולו לקבל ואין בו מנצוצי השפעה אף משהו. הרי אין לך הפכיות הצורה רחוקה יותר מזה, ונמצא ע״כ בהכרח, כי הפכיות הצורה הזו מפרידה אותו מהמאציל.

יד) ובכדי להציל את הנבראים מגודל הפירוד הרחוק הזה, נעשה סוד הצמצום הא׳, שענינו הוא, שהפריד הבחי״ד הנ״ל מן כל פרצופי הקדושה, באופן שמדת גדלות הקבלה ההיא, נשארה בבחינת חלל פנוי וריקן מכל אור. כי כל פרצופי הקדושה יצאו בבחינת מסך מתוקן בכלי מלכות שלהם, שלא יקבלו אור בבחי״ד הזו, ואז בעת שהאור העליון נמשך ונתפשט אל הנאצל, והמסך הזה דוחה אותו לאחוריו, הנה זה נבחן כמו הכאה בין אור העליון ובין המסך, המעלה אור חוזר ממטה למעלה ומלביש הע״ס דאור העליון, כי אותו חלק האור הנדחה לאחוריו נק׳ אור חוזר, ובהלבשתו לאור העליון נעשה אח״כ כלי קבלה על האור העליון במקום הבחי״ד, כי אח״ז התרחבה כלי המלכות באותו שיעור האו״ח, שהוא אור הנדחה שעלה והלביש לאור העליון ממטה למעלה, והתפשטה גם ממעלה למטה, שבזה נתלבשו האורות בהכלים, דהיינו בתוך אור חוזר ההוא. וה״ס ראש וגוף שבכל מדרגה, כי הזווג דהכאה מאור העליון במסך, מעלה אור חוזר ממטה למעלה, ומלביש הע״ס דאור העליון בבחינת ע״ס דראש, שפירושו שרשי כלים, כי שם עוד לא יכול להיות הלבשה ממש, ואח״ז כשהמלכות מתפשטת עם האו״ח ההוא ממעלה למטה, אז נגמר האור חוזר ונעשה לבחינת כלים על אור העליון, ואז נעשה התלבשות האורות בכלים, ונקרא גוף של מדרגה ההיא, שפירושו כלים גמורים.

טו) הרי שנעשו בחינת כלים חדשים בפרצופין דקדושה במקום בחי״ד אחר הצמצום א׳, שהם נעשו מאור חוזר של זווג דהכאה בהמסך. ויש אמנם להבין את אור חוזר הזה, איך הוא נעשה לבחינת כלי קבלה, אחר שהוא מתחילתו רק אור נדחה מקבלה ונמצא שמשמש תפקיד הפוך מענינו עצמו, ואסביר לך במשל מהויות דהאי עלמא, כי מטבע האדם לחבב ולהוקיר מדת ההשפעה, ומאוס ושפל בעיניו מדת הקבלה מחברו, ולפיכך הבא לבית חברו והוא מבקשו שיאכל אצלו, הרי אפילו בעת שהוא רעב ביותר יסרב לאכול, כי נבזה ושפל בעיניו להיות מקבל מתנה מחברו, אכן בעת שחברו מרבה להפציר בו בשיעור מספיק, דהיינו עד שיהיה גלוי לו לעינים, שיעשה לחברו טובה גדולה עם אכילתו זו, הנה אז מתרצה ואוכל אצלו, כי כבר אינו מרגיש את עצמו למקבל מתנה, ואת חברו להמשפיע, אלא להיפך, כי הוא המשפיע ועושה טובה לחברו ע״י קבלתו ממנו את הטובה הזאת. והנך מוצא, שהגם שהרעב והתאבון הוא כלי קבלה המיוחד לאכילה, והאדם ההוא היה לו רעבון ותאבון במדה מספקת לקבל סעודת חברו, עכ״ז לא היה יכול לטעום אצלו אף משהו מחמת הבושה, אלא כשחברו מתחיל להפציר בו, והוא הולך ודוחה אותו, הרי אז התחיל להתרקם בו כלי קבלה חדשים על האכילה,

כי כחות ההפצרה של חברו וכחות הדחיה שלו בעת שהולכים ומתרבים, סופם להצטרף לשיעור מספיק המהפכים לו מדת הקבלה למדת השפעה, עד שיוכל לצייר בעיניו שיעשה טובה ונחת רוח גדולה לחברו עם אכילתו, אשר אז נולדו לו כלי קבלה על סעודת חבירו. ונבחן עתה, שכח הדחיה שלו נעשה לעיקר כלי קבלה על הסעודה, ולא הרעב והתאבון, אע"פ שהם באמת כלי קבלה הרגילים.

טז) ומדמיון הנ"ל בין אדם לחברו, אפשר להבין ענין הזווג דהכאה הנ"ל, ואת האו"ח העולה על ידו, שהוא נעשה כלי קבלה חדשים על אור העליון במקום בחי"ד. כי ענין ההכאה של אור העליון המכה בהמסך ורוצה להתפשט אל בחי"ד, יש לדמותו לענין ההפצרה לאכול אצלו, כי כמו שהוא רוצה מאד שחברו יקבל את סעודתו, כן אור העליון רוצה להתפשט למקבל. וענין המסך המכה באור ומחזירו לאחוריו, יש לדמותו לדבר הדחיה והסירוב של חברו לקבל את סעודתו, כי דוחה את טובתו לאחור. וכמו שתמצא כאן אשר דוקא הסירוב והדחיה נתהפכו ונעשו לכלי קבלה נכונים לקבל את סעודת חברו, כן תוכל לדמות לך, כי האו"ח, העולה ע"י הכאת המסך ודחיתו את אור העליון, הוא שנעשה לכלי קבלה חדשים על אור העליון, במקום הבחי"ד ששמשה לכלי קבלה מטרם הצמצום א'. אמנם זה נתקן רק בפרצופי הקדושה דאבי"ע, אבל לא בפרצופי הקליפות ובעוה"ז, שבהם משמשת הבחי"ד עצמה לכלי קבלה. וע"כ הם נפרדים מאור העליון, כי השינוי צורה של הבחי"ד מפריד אותם, וע"כ נבחנים הקלי' וכן הרשעים, למתים, כי הם נפרדים מחי החיים ע"י הרצון לקבל שבהם. כנ"ל באות י"ג עש"ה, ודוק בזה, כי אי אפשר להסביר יותר.

ה' בחינות שבמסך

יז) והנה נתבאר עד הנה ג' יסודות הראשונים שבחכמה: הא', ענין אור וכלי, שהאור הוא המשכה ישרה מעצמותו ית', והכלי הוא בחינת הרצון לקבל הכלול בהכרח באור ההוא, שבשיעור הרצון הזה יצא מכלל מאציל לנאצל. והרצון לקבל הזה היא בחינת המלכות הנבחנת באור העליון, וע"כ נק' מלכות, שמו, בסוד הוא ושמו אחד, כי שמו בגימטריא רצון.

ענין הב', הוא ביאור הע"ס וד' עולמות אבי"ע, שהם ד' מדרגות זו למטה מזו, שהרצון לקבל מחויב להשתלשל על ידיהן עד לקביעות כלי על תוכנו.

ענין הג', הוא ענין הצמצום ומסך שנעשה על כלי הקבלה הזה שהוא בחי"ד, ותמורתו נתהוו כלי קבלה חדשים בע"ס הנק' אור חוזר. והבן ושנן היטב אלו הג' יסודות הם ונימוקיהם כפי שנתבארו לפניך, כי זולתם אין הבנה אף במלה אחת בחכמה הזו.

יח) ועתה נבאר ה' בחינות שיש בהמסך, שעל פיהם משתנה שיעורי הקומה בעת הזווג דהכאה שעושה עם אור העליון. ויש להבין תחלה היטב, כי אע"פ שלאחר הצמצום נפסלה הבחי"ד מלהיות כלי קבלה על הע"ס, והאו"ח העולה מהמסך ע"י זווג דהכאה נעשה לכלי קבלה בתמורתה, עכ"ז היא מוכרחת להתלוות עם כח הקבלה שבה אל האו"ח, וזולת זה לא היה האו"ח מוכשר כלל להיות כלי קבלה, ותבין זה ג"כ מהמשל הנ"ל באות ט"ו. כי הוכחנו שם אשר כח הדחיה והסירוב לקבל הסעודה נעשה לכלי קבלה במקום הרעב והתאבון, כי הרעב והתאבון שהם כלי קבלה הרגילים, נפסלו כאן מלהיות כלי קבלה מחמת הבושה והבזיון להיות מקבל מתנה מחברו, ורק כחות הדחיה והסירוב נעשו במקומם לכלי קבלה, כי מתוך הדחיה והסירוב נתהפכה הקבלה להיות השפעה, והשיג על ידם כלי קבלה מוכשרים לקבל סעודת חברו. ועכ"ז אי אפשר לומר שעתה כבר אינו צריך לכלי הקבלה הרגילים שהם הרעב והתאבון, כי זה ברור שבלי תאבון לאכילה לא יוכל למלאות רצון חברו ולעשות לו נחת רוח עם אכילתו אצלו. אלא הענין הוא, כי הרעב והתאבון שנפסלו בצורתם הרגילה, נתגלגלו עתה מחמת כח הדחיה והסירוב, וקבלו צורה חדשה, שהיא קבלה ע"מ להשפיע, ועי"ז נהפך הבזיון להיות כבוד. הרי, אשר הכלי קבלה הרגילים עדיין

פועלים עתה כמו תמיד, אלא שקבלו צורה חדשה. וכן תקיש בענינינו כאן, כי אמת הוא שבחי"ד נפסלה מלהיות כלי קבלה על הע"ס, שהוא מחמת העביות שבה, שפירושו שינוי הצורה כלפי המשפיע, המפריד מהמשפיע, כנ"ל, אמנם ע"י תיקון המסך בהבחי"ד. המכה על אור העליון ומחזירו לאחוריו, הנה נתגלגלה צורתה הקודמת הפסולה וקבלה צורה חדשה הנק' או"ח, בדומה לגלגול צורת הקבלה בצורת השפעה הנ"ל במשל, אשר התוכן של צורה הראשונה לא נשתנה שם, כי גם עתה אינו אוכל בלי תאבון. כן גם כאן, כל העביות, שהיא כח הקבלה, שהיה בבחי"ד, נתגלגל ובא תוך האו"ח, וע"כ נעשה האו"ח מוכשר להיות כלי קבלה, ותשכיל זה היטב. ולפיכך יש להבחין תמיד בהמסך ב' כחות:

הא' קשיות, שהוא כח הדחיה שבו כלפי האור העליון,

הב', עביות, שהוא שיעור הרצון לקבל מבחי"ד הנכלל בהמסך, אשר ע"י זווג דהכאה מכח הקשיות שבו, נתהפכה העביות שבו להיות זכות, דהיינו התהפכות הקבלה להשפעה.

ואלו ב' הכחות שבמסך פועלים בה' בחינות, שהם ד' הבחינות חו"ב תו"מ הנ"ל, ושורשם הנק' כתר.

יט) כי הגם שביארנו שג' בחינות הראשונות אינן נחשבות עוד לבחינת כלי, אלא רק הבחי"ד לבדה נחשבת לכלי, כנ"ל באות ה'. עכ"ז מתוך שג' בחינות הראשונות הן סבות וגורמות להשלמת הבחי"ד, באופן שהבחי"ד אחר שנשלמה נתרשמו בה ד' שעורים במדת הקבלה שבה, החל מבחי"א שהוא שיעור היותר קלוש שבה ממדת הקבלה, ואח"כ בחי"ב שהיא משהו עב ביותר מבחי"א במדת הקבלה שבה, ואח"כ בחי"ג העבה יותר מבחי"ב במדת הקבלה שבה, ולבסוף בחי"ד שהיא בחינתה עצמה העבה יותר מכולם, שמדת הקבלה שלה מושלמת בכל תוכנה. גם יש להבחין בה עוד, אשר גם השורש של הד' בחינות כלול בה, שהוא הזך מכולם. ואלו הן ה' בחינות הקבלה הכלולות בבחי"ד, ונק' ג"כ בשמות הע"ס כח"ב תו"מ הכלולות בבחי"ד, כי הד' בחינות הם חו"ב תו"מ כנ"ל באות ה'. והשורש נקרא כתר.

כ) ומה שה' בחינות הקבלה שבבחי"ד נק' בשם הספירות כח"ב תו"מ, הוא, כי הבחי"ד מטרם הצמצום, דהיינו בעוד שהבחי"ד היתה הכלי קבלה על הע"ס הכלולות באור העליון בסוד הוא אחד ושמו אחד, כי כל העולמות נכללים שם כמ"ש בתע"ס חלק א'. נבחן שם הלבשתה להע"ס ע"פ אותן ה' הבחינות הנ"ל, שכל בחינה מה' הבחינות שבה הלבישה הבחינה שכנגדה בהע"ס שבאור העליון, כי בחינת השורש שבבחינה ד' הלבישה לאור הכתר שבע"ס, ובחי"א שבבחי"ד הלבישה לאור החכמה שבעשר ספי', ובחי"ב שבה הלבישה לאור הבינה, ובחי"ג שבה הלבישה לאור הת"ת, ובחינתה עצמה הלבישה לאור המלכות. ולפיכך גם עתה אחר הצמצום א', אחר שהבחי"ד נפסלה מלהיות עוד כלי קבלה, נק' ג"כ ה' בחינות העביות שבה על שם ה' הספירות כח"ב תו"מ.

כא) וכבר ידעת שחומר המסך בכללו מתבאר בשם קשיות, שפירושו כמו דבר קשה מאד, שאינו מניח למי שהוא לדחוק במשהו תוך גבולו, כן המסך אינו מניח משהו מאור העליון לעבור דרכו אל המלכות, שהיא בחי"ד, שעם זה נבחן, שכל שיעור האור הראוי להתלבש בכלי המלכות, מעכב עליו המסך ומחזירו לאחוריו. גם נתבאר שאותן ה' בחינות העביות שבבחי"ד נכללות ובאות במסך ומתחברות במדת הקשיות שבו.

ולפיכך נבחנים בהמסך ה' מינים של זווגים דהכאה ע"פ ה' שיעורי עביות שבו:

שזווג דהכאה על מסך שלם מכל ה' בחינות העביות, מעלה או"ח המספיק להלביש הע"ס כולן, דהיינו עד קומת כתר.

וזווג דהכאה על מסך החסר מעביות דבחי"ד, שאין בו רק עביות דבחי"ג, הנה האו"ח שהוא מעלה, מספיק להלביש הע"ס רק עד קומת חכמה, וחסר מכתר.

ואם אין בו אלא עביות דבחי"ב, הנה או"ח שלו קטן יותר ואינו מספיק להלביש הע"ס רק עד קומת בינה, וחסר מכתר חכמה.

ואם אין בו אלא עביות דבחי"א, הנה

האו"ח שלו מוקטן יותר, ומספיק להלביש רק עד לקומת ת"ת, וחסר מכח"ב.

ואם הוא חסר גם מעביות דבחי"א, ולא נשאר בו אלא עביות דבחינת שורש, הנה ההכאה שלו קלושה מאוד, ומספיק להלביש רק לקומת מלכות בלבדה, וחסר מט"ס הראשונות, שהם כח"ב ות"ת.

כב) והנך רואה איך ה' שיעורי קומות של ע"ס יוצאים ע"י ה' מיני זווג דהכאה של המסך, המשוערים על ה' בחינות עביות שבו. ועתה אודיעך טעם הדברים, כי נודע שאין אור מושג בלי כלי, גם ידעת שה' בחינות עביות הללו באות מה' בחינות העביות שבבחי"ד, שמטרם הצמצום היו ה' כלים בבחי"ד שהלבישו להע"ס כח"ב תו"מ, כנ"ל באות י"ח, ואחר הצמצום א' נכללו בה' בחינות של המסך, אשר עם האו"ח שהוא מעלה, הם חוזרים להיות ה' כלים מבחינת או"ח על הע"ס כח"ב תו"מ, במקום הה' כלים שבבחי"ד עצמה שמטרם הצמצום. ועל פי זה מובן מאליו שאם יש במסך כל ה' בחינות עביות הללו, אז יש בו ה' כלים להלבשת הע"ס, אבל בעת שאין בו כל הה' בחינות, כי חסר לו העביות דבחי"ד, הרי אין בו אלא ד' כלים, וע"כ אינו יכול להלביש רק ד' אורות חו"ב תו"מ, והוא חסר מאור אחד שהוא אור הכתר, כמו שחסר לו כלי אחד שהוא העביות דבחי"ד. וכמו כן, בעת שחסר בו גם בחי"ג שאין בהמסך רק ג' בחינות עביות דהיינו רק עד בחי"ב, הרי אז אין בו רק ג' כלים וע"כ אינו יכול להלביש רק ג' אורות, שהם בינה ת"ת ומלכות, והקומה חסרה אז מב' האורות כתר וחכמה, כמו שחסרה מב' הכלים בחי"ג ובחי"ד. ובעת שאין במסך רק ב' בחינות עביות דהיינו מבחינת שורש ומבחי"א, הרי אין בו אלא ב' כלים, וע"כ אינו מלביש רק ב' אורות שהם אור ת"ת ואור מלכות, ונמצאת הקומה חסרה מג' אורות כח"ב, כמו שחסרה ג' הכלים שהם בחי"ב ובחי"ג ובחי"ד. ובעת שאין במסך רק בחינה אחת דעביות, שהוא בחינת שורש העביות לבד, הרי אין לו אלא כלי אחד, לכן אינו יכול להלביש רק אור אחד, שהוא אור המלכות, וקומה זו חסרה מד' אורות כח"ב ות"ת, כמו שחסרה מד' הכלים שהם עביות דבחי"ד ודבחי"ג ודבחי"ב ודבחי"א. הרי ששיעור הקומה של כל פרצוף תלוי בדיוק נמרץ בשיעור העביות שיש במסך, שהמסך דבחי"ד מוציא קומת כתר, ודבחי"ג מוציא קומת חכמה ודבחי"ב מוציא קומת בינה, ודבחי"א מוציא קומת ת"ת, ודבחינת שורש מוציא קומת מלכות.

כג) אמנם עוד נשאר לבאר, למה בחוסר כלי מלכות במסך שהוא בחי"ד, הוא נחסר מאור הכתר ובחוסר גם כלי הת"ת נחסר מאור חכמה וכו', ולכאורה היה צריך להיות בהיפך, שבחוסר כלי מלכות במסך שהיא בחי"ד, יחסר בקומה רק אור מלכות, ויהיה בו ד' אורות לכח"ב ות"ת. וכן בחוסר ב' כלים בחי"ג ובחי"ד, יחסרו האורות מת"ת ומלכות, ויהיה בקומה ג' אורות לכח"ב. וכו' עד"ז. (עי' לעיל אות כ').

כד) והתשובה היא, כי יש תמיד ערך הפכי בין אורות לכלים, כי מדרך הכלים הוא שהכלים העליונים נגדלים תחילה בפרצוף, שמתחלה נגדל הכתר ואחריו הכלי דחכמה וכו' עד שכלי המלכות נגדל באחרונה. וע"כ אנו מכנים לכלים בסדר כח"ב תו"מ מלמעלה למטה, כי כן טבע גידולם. והפכי אליהם האורות, כי באורות, האורות התחתונים נכנסים תחלה בפרצוף, כי מתחילה נכנס הנפש שהוא אור המלכות, ואח"כ הרוח שהוא אור הז"א וכו' עד שאור היחידה נכנס באחרונה. וע"כ אנו מכנים לאורות בסדר נרנח"י ממטה למעלה, כי כן סדר כניסתם מתתא לעילא. באופן, בעת שעוד לא נגדל בפרצוף רק כלי אחד, שהוא בהכרח כלי העליון כתר, כנ"ל, הנה אז לא נכנס בפרצוף אור היחידה המיוחס לכלי ההוא, אלא רק אור התחתון מכולם, שהוא אור הנפש, ואור הנפש מתלבש בכלי דכתר. וכשנגדלו ב' כלים בפרצוף שהם ב' העליונים כתר וחכמה, הנה אז נכנס בו גם אור הרוח ויורד אז אור הנפש מכלי דכתר אל כלי דחכמה ואור הרוח מתלבש בכלי דכתר. וכן כשנגדל כלי ג' בפרצוף שהוא כלי הבינה, אז נכנס בו אור נשמה, ואז יורד אור הנפש

מכלי דחכמה לכלי דבינה, ואור הרוח לכלי דחכמה ואור הנשמה מתלבש בכלי דכתר. וכשנגדל בפרצוף כלי ד' שהוא כלי דת"ת, הנה נכנס בפרצוף אור החיה, ואז יורד אור הנפש מכלי דבינה לכלי דת"ת ואור הרוח לכלי דבינה ואור הנשמה לכלי דחכמה ואור החיה בכלי דכתר. וכשנגדל כלי חמישי בפרצוף, שהוא כלי מלכות, נכנס בו אור היחידה. ואז באים כל האורות בכלים המיוחסים להם, כי אור הנפש יורד מהכלי דת"ת לכלי דמלכות, ואור הרוח לכלי דת"ת ואור הנשמה לכלי דבינה, ואור החיה לכלי דחכמה, ואור היחידה לכלי דכתר.

כה) הרי שכל עוד שלא נגדלו כל ה' הכלים כח"ב תו"מ בפרצוף, נמצאים האורות שלא במקומם המיוחס להם, ולא עוד אלא שהם בערך ההפכי, שבחוסר כלי מלכות חסר שם אור היחידה, ובחוסר ב' הכלים תו"מ חסרים שם יחידה חיה, וכו', שהוא מטעם שבכלים נגדלים העליונים תחילה, ובאורות נכנסים האחרונים תחילה, כנ"ל. גם תמצא שכל אור הבא מחדש הוא מתלבש רק בכלי דכתר, והוא מטעם שכל המקבל מחויב לקבל בכלי היותר זך שבו, שהוא הכלי דכתר. ומטעם זה מחויבים האורות שכבר מלובשים בפרצוף לרדת מדרגה אחת ממקומם בעת ביאת כל אור חדש, למשל בביאת אור הרוח, מחויב אור הנפש לירד מהכלי דכתר לכלי דחכמה, כדי לפנות מקום הכלי דכתר שיוכל לקבל את אור החדש, שהוא הרוח. וכן אם האור החדש הוא נשמה, מחויב גם הרוח לרדת מהכלי דכתר לכלי דחכמה לפנות מקומו דכתר לאור החדש שהוא נשמה, ומשום זה מחויב הנפש שהיה בכלי דחכמה לרדת לכלי דבינה, וכו' עד"ז. וכל זה הוא כדי לפנות הכלי דכתר בשביל אור החדש. ושמור הכלל הזה בידך, ותוכל להבחין תמיד בכל ענין אם מדברים בערך כלים ואם בערך אורות, ואז לא תתבלבל כי יש תמיד ערך הפכי ביניהם. והנה נתבאר היטב ענין ה' בחינות שבמסך, איך שעל ידיהן משתנים שיעורי הקומה זה למטה מזה.

ה' פרצופי א"ק

כו) אחר שנתבאר היטב ענין המסך שנתקן בכלי המלכות, שהיא הבחי"ד אחר שנצטמצמה, וענין ה' מיני זווג דהכאה אשר בו, המוציאים ה' קומות של ע"ס זו למטה מזו, נבאר עתה ה' פרצופי א"ק הקודמים לד' עולמות אבי"ע, וזאת כבר ידעת שהאו"ח הזה שעולה ע"י זווג דהכאה ממטה למעלה ומלביש הע"ס דאור העליון, הוא מספיק רק לשרשי כלים המכונים ע"ס דראש הפרצוף, ובכדי לגמור את הכלים, מתרחבת המלכות דראש מאותם הע"ס דאו"ח שהלבישו לע"ס דראש, והיא מתפשטת מינה ובה ממעלה למטה באותו שיעור קומה שבעשר ספירות דראש, ובהתפשטות הזו נגמרו הכלים, שהם נק' גוף הפרצוף. כנ"ל באות י"ד. באופן שב' בחינות של ע"ס יש להבחין תמיד בכל פרצוף: ראש, וגוף. וזכור זה.

כז) והנה תחילה יצא הפרצוף הראשון דא"ק, כי תיכף אחר צמצום א' אשר הבחי"ד נצטמצמה מלהיות כלי קבלה על אור העליון, והיא נתקנה במסך כנ"ל, הנה אז נמשך אור העליון להתלבש בכלי מלכות כדרכו, והמסך שבכלי מלכות עיכב עליו והחזיר את האור לאחוריו, וע"י הכאה זו שהיתה ממסך דבחי"ד, העלה או"ח עד קומת כתר שבאור העליון, ואותו או"ח נעשה ללבוש ובחינת שורשי כלים לע"ס שבאור העליון, הנקרא ע"ס דראש של הפרצוף הראשון דא"ק. ואח"ז התרחבה והתפשטה המלכות ההיא עם האו"ח, מכח ע"ס דראש, מינה ובה, לע"ס חדשות ממעלה למטה, ואז נגמרו הכלים בבחינת הגוף. וכל שיעור הקומה שיצא בע"ס דראש נתלבש ג"כ בע"ס דגוף. ובזה נגמר הפרצוף הא' דא"ק ראש וגוף.

כח) ואח"ז חזר ונשנה אותו הזווג דהכאה על מסך המתוקן שבכלי מלכות שאין בו רק עביות דבחי"ג, ואז יצא עליו רק קומת חכמה ראש וגוף. כי מתוך שחסר במסך העביות דבחי"ד, אין בו רק ד' כלים כח"ב ת"ת. וע"כ אין מקום באו"ח להלביש רק ד' אורות לבד, שהם חנר"נ, וחסר בו אור היחידה, ונק' ע"ב דא"ק. ואח"כ חזר אותו הזווג דהכאה

הנ"ל על מסך שבכלי מלכות שאין בו רק עביות דבחי"ב, ואז יצאו עליו ע"ס ראש וגוף בקומת בינה, והוא נקרא פרצוף ס"ג דא"ק, שחסרים בו ב' הכלים דז"א ומלכות וב' האורות דחיה יחידה, ואח"כ יצא הזווג דהכאה על מסך שאין בו רק עביות דבחי"א, ואז יצאו ע"ס ראש וגוף בקומת ת"ת, וחסרים בו ג' כלים בינה ז"א ומלכות, וג' אורות נשמה חיה יחידה, ואין בו אלא רוח ונפש מהאורות, המלובשים בכתר חכמה דכלים, והוא הנק' פרצוף מ"ה וב"ן דא"ק. וזכור כאן את ערך ההפכי שבין כלים לאורות כנ"ל באות כ"ד.

כט) והנה נתבארו אופן יציאתם של ה"פ א"ק הנק' גלגלתא ע"ב ס"ג מ"ה וב"ן זה למטה מזה, שכל תחתון חסר בחינה עליונה של העליון שלו, כי לפרצוף ע"ב חסר אור יחידה, ובפרצוף ס"ג חסר גם אור החיה שיש להעליון שלו שהוא ע"ב. ובפרצוף מ"ה וב"ן חסר גם אור הנשמה שיש בהעליון שלו שהוא ס"ג. והוא מטעם שזה תלוי בשיעור העביות שבמסך שעליו נעשה הזווג דהכאה. כמבואר באות י"ח. אמנם צריכים להבין מי ומה גרם שהמסך ילך ויתמעט בחינה אחר בחינה משיעור עביותו, עד שיתחלק לה' שיעורי קומה שבה' מיני זווגים הללו.

הזדככות המסך לאצילות פרצוף

ל) בכדי להבין ענין השתלשלות המדרגות בה' שיעורי קומה זה למטה מזה שנתבאר בה' פרצופין דא"ק לעיל, וכן בכל המדרגות המתבארים בה"פ של כל עולם ועולם מד' העולמות אבי"ע עד המלכות דעשיה, צריכים להבין היטב ענין הזדככות המסך דגוף הנוהג בכל פרצוף מפרצופי א"ק ועולם הנקודים ובעולם התיקון.

לא) והענין הוא שאין לך פרצוף או איזה מדרגה שהיא, שלא יהיה לה ב' אורות הנק' אור מקיף ואור פנימי. ונבארם בא"ק, כי האור מקיף של פרצוף הא' דא"ק ה"ס אור א"ס ב"ה הממלא את כל המציאות, אשר לאחר הצמצום א' והמסך שנתקן במלכות, נעשה זווג דהכאה מאור הא"ס על המסך הזה, וע"י האו"ח שהעלה המסך חזר והמשיך אור העליון לעולם הצמצום, בבחינת ע"ס דראש וע"ס דגוף, כנ"ל אות כ"ה.

אמנם המשכה זו שבפרצוף א"ק מא"ס ב"ה אינה ממלאת את כל המציאות כמטרם הצמצום, אלא שנבחן בראש וסוף, הן מבחינת מלמעלה למטה, כי אורו נפסק על הנקודה דעוה"ז, שה"ס מלכות המסיימת בסו"ה ועמדו רגליו על הר הזיתים. והן מבחינת מבפנים לחוץ, כי כמו שיש ע"ס ממעלה למטה כח"ב תו"מ והמלכות מסיימת את הא"ק מלמטה, כן יש ע"ס כח"ב תו"מ מפנים לחוץ, המכונים מוחא עצמות גידין בשר ועור, אשר העור, שהוא סוד המלכות, מסיימת את הפרצוף מבחוץ, אשר בערך הזה נבחן פרצוף א"ק כלפי א"ס ב"ה הממלא את כל המציאות, רק כמו קו דק בלבד, כי פרצוף העור מסיימת אותו ומגבילה אותו סביב סביב מבחוץ, ואינו יכול להתרחב למלא את כל החלל שנצטמצם, ונשאר רק קו דק עומד באמצעו של החלל. והנה שיעור האור שנתקבל בא"ק, דהיינו קו הדק, נקרא אור פנימי. וכל ההפרש הגדול הזה שבין האו"פ שבא"ק ובין אור א"ס ב"ה שמטרם הצמצום, נקרא אור מקיף, כי הוא נשאר בבחינת או"מ מסביב פרצוף א"ק, כי לא יכול להתלבש בפנימיות הפרצוף.

לב) ונתבאר היטב סוד האו"מ דא"ק שלגדלו אין קץ ותכלית. אמנם אין הכונה, שא"ס ב"ה הממלא את כל המציאות הוא עצמו הוא בבחינת או"מ לא"ק, אלא הכונה היא, שבעת שנעשה הזווג דהכאה על המלכות דראש א"ק, אשר א"ס הכה במסך אשר שם, שפירושו שרצה להתלבש בבחי"ד דא"ק כמו מטרם הצמצום, אלא המסך שבמלכות דראש א"ק הכה בו, שפירושו שעיכב עליו מלהתפשט בבחי"ד, והחזירו לאחוריו, כנ"ל אות י"ד, שבאמת האו"ח הזה שיצא ע"י החזרת האור לאחוריו נעשה ג"כ בחינת כלים להלבשת אור העליון, כנ"ל, אמנם יש הפרש גדול מאוד בין קבלת הבחי"ד שמטרם הצמצום ובין קבלת האור חוזר שלאחר הצמצום, שהרי לא הלביש אלא בחינת קו דק בראש וסוף כנ"ל, אשר כל זה פעל

המסך בסבת הכאתו על אור העליון, הנה זה השיעור שנדחה מא"ק בסבת המסך, כלומר כל אותו השיעור שאור העליון מא"ס ב"ה רצה להתלבש בבחי"ד לולא המסך שעיכב עליו, הוא הנעשה לאו"מ מסביב הא"ק, והטעם הוא כי אין שינוי והעדר ברוחני, וכיון שאור א"ס נמשך להא"ק להתלבש בבחי"ד, הרי זה צריך להתקיים כן, לכן אע"פ שעתה עיכב עליו המסך והחזירו לאחוריו, עכ"ז, אין זה סותר להמשכת א"ס ח"ו, אלא אדרבא הוא מקיים אותו, רק באופן אחר, והיינו ע"י ריבוי הזווגים בה' העולמות א"ק ואבי"ע, עד לגמר התיקון, שתהיה הבחי"ד מתוקנת על ידיהם בכל שלימותה, ואז א"ס יתלבש בה כבתחילה. הרי שלא נעשה שום שינוי והעדר ע"י הכאת המסך באור העליון. וזה סוד מ"ש בזוהר, א"ס לא נחית יחודיה עליה עד דיהבינן ליה בת זוגיה [א"ס לא משרה יחודו עליו, עד שלא נותנים לו בת זוגו]. ובינתים, כלומר עד הזמן ההוא, נבחן שאור א"ס הזה נעשה לאו"מ, שפירשו שעומד להתלבש בו לאחר מכן, ועתה הוא מסבב ומאיר עליו רק מבחוץ בהארה מסוימת, שהארה זו מסגלתו להתפשט באותם החוקים הראוים להביאהו לקבל האו"מ הזה בהשיעור שא"ס ב"ה נמשך אליו בתחילה.

לג) ועתה נבאר ענין הביטוש דאו"פ ואו"מ זה בזה, המביא להזדככות המסך ולאבידת בחינה אחרונה דעביות. כי בהיות ב' האורות הללו הפוכים זה מזה, וקשורים יחד שניהם במסך שבמלכות דראש א"ק, ע"כ מבטשים ומכים זה בזה. פירוש, כי אותו זווג דהכאה הנעשה בפה דראש א"ק, דהיינו במסך שבמלכות דראש, הנקראת פה, שהיה הסבה להלבשת אור פנימי דא"ק ע"י האו"ח שהעלה (כנ"ל אות יד.) הנה הוא ג"כ הסבה ליציאת האו"מ דא"ק, כי מחמת שעיכב על אור א"ס מלהתלבש בבחי"ד, יצא האור לחוץ בבחינת או"מ, דהיינו כל אותו חלק האור שהאו"ח אינו יכול להלבישו כמו הבחי"ד עצמה, הוא יצא ונעשה לאו"מ, כנ"ל בדיבור הסמוך. הרי שהמסך שבפה הוא סבה שוה לאור מקיף כמו לאו"פ.

לד) ונתבאר שהאו"פ והאו"מ שניהם קשורים במסך, אלא בפעולות הפוכות זה לזה, ובה במדה שהמסך ממשיך חלק מאור העליון לפנימיות הפרצוף ע"י האו"ח המלבישו, כן הוא מרחיק את או"מ מלהתלבש בהפרצוף. ומתוך שחלק האור הנשאר מבחוץ, לאו"מ, גדול הוא מאוד, מפאת המסך המעכב עליו מלהתלבש בא"ק, כנ"ל באות ל"ב, ע"כ נבחן שהוא מכה במסך המרחיק אותו, במה שהוא רוצה להתלבש בפנימיות הפרצוף. ולעומתו נבחן ג"כ, אשר כח העביות וקשיות שבמסך מכה באו"מ, הרוצה להתלבש בפנימיותו, ומעכב עליו, ע"ד שהוא מכה באור העליון בעת הזווג. ואלו ההכאות שהאו"מ והעביות שבמסך מכים זה בזה מכונים ביטוש האו"מ באו"פ. אמנם ביטוש זה נעשה ביניהם רק בגוף הפרצוף, כי שם ניכר ענין התלבשות האור בכלים המשאיר את האו"מ מחוץ לכלי. משא"כ בע"ס דראש, שם אינו נוהג ענין הביטוש הזה, כי שם אין האו"ח נחשב לכלים כלל, אלא לשרשים דקים לבד, ומשום זה אין האור שבהם נחשב לאו"פ מוגבל, עד להבחין באור הנשאר מבחוץ בחינת או"מ, וכיון שאין הבחן הזה ביניהם, לא שייך הכאה דאו"פ ואו"מ בע"ס דראש. אלא רק אחר שהאורות מתפשטים מפה ולמטה לע"ס דגוף, ששם מתלבשים האורות בכלים, שהם הע"ס דאו"ח שמפה ולמטה, ע"כ נעשה שם הכאה בין האו"פ שבתוך הכלים ובין האור מקיף שנשאר מבחוץ, כנ"ל.

לה) והנה הביטוש הזה נמשך עד שהאו"מ מזכך את המסך מכל עביותו ומעלה אותו לשרשו העליון שבפה דראש, כלומר שמזכך ממנו כל העביות שממעלה למטה המכונה מסך ועביות דגוף, ולא נשאר בו רק השורש דגוף שהוא בחינת המסך דמלכות דראש הנק' פה, דהיינו שנזדכך מכל העביות שממעלה למטה, שהוא החוצץ בין או"פ לאו"מ, ולא נשאר רק העביות שממטה למעלה, ששם עוד לא נעשה ההבדל מאו"פ לאו"מ, כנ"ל בדיבור הסמוך. ונודע שהשואת הצורה מדביקה הרוחניים להיות אחד, ע"ב אחר שנזדכך המסך דגוף מכל עביות של הגוף, ולא נשאר בו רק עביות השוה למסך דפה דראש, ונעשה צורתו שוה

אל המסך דראש, הנה נכלל עמו להיות אחד ממש, כי אין ביניהם מה שיחלק אותם לשנים, וזה מכונה שהמסך דגוף עלה לפה דראש. וכיון שנכלל המסך דגוף במסך דראש נמצא נכלל שוב בזווג דהכאה שבמסך דפה דראש, ונעשה עליו זווג דהכאה מחדש, ויוצאות בו ע"ס בקומה חדשה הנק' ע"ב דא"ק, או פרצוף חכמה דא"ק, והוא נחשב לבן ותולדה של הפרצוף הא' דא"ק.

לו) ואחר שפרצוף ע"ב דא"ק יצא ונשלם בראש וגוף, חזר גם עליו ענין הביטוש דאו"מ באו"פ ע"ד שנתבאר לעיל בפרצוף הא' דא"ק, והמסך דגוף שלו נזדכך ג"כ מכל עביות דגוף עד שהשוה צורתו לבחינת מסך דראש שלו, ונמצא אז שנכלל בזווג שבפה דראש שלו, ונעשה עליו זווג דהכאה מחדש שהוציא קומה חדשה של ע"ס בשיעור קומת בינה הנק' ס"ג דא"ק, והוא נחשב לבן ותולדה של פרצוף הע"ב דא"ק, כי יצא מהזווג דפה דראש שלו. ועד"ז יצאו ג"כ הפרצופין שמס"ג דא"ק ולמטה.

לז) והנה נתבאר יציאת הפרצופין זה למטה מזה הנעשה מכח הביטוש דאו"מ באו"פ המזכך המסך דגוף עד שמחזירו לבחי' מסך דפה דראש, ואז נכלל בזווג דהכאה הנוהג בפה דראש, ומוציא ע"י זווגו קומה חדשה של ע"ס, שקומה חדשה זו נבחן לבן אל פרצוף הקודם. ובדרך הזה יצא הע"ב מפרצוף הכתר, והס"ג מפרצוף ע"ב והמ"ה מפרצוף ס"ג, וכן יתר המדרגות בנקודים ואבי"ע. אלא עוד צריכים להבין. למה יצאו הע"ס דע"ב רק על בחי"ג ולא על בחי"ד. וכן הס"ג רק על בחי"ב וכו', דהיינו שכל תחתון נמוך במדרגה אחת כלפי עליונו, ולמה לא יצאו כולם זה מזה בקומה שוה.

לח) ותחילה יש להבין למה נחשב הע"ס דע"ב לתולדה של פרצוף הא' דא"ק, אחר שיצא מהזווג דפה דראש דפרצוף הא' כמו הע"ס דגוף הפרצוף עצמו, וא"כ במה יצא מבחינת פרצוף הא' להיות נחשב כפרצוף שני ותולדה אליו. וצריך שתבין כאן ההפרש הגדול ממסך דראש למסך דגוף, כי יש ב' מיני מלכיות בפרצוף:

הא' הוא מלכות המזדווגת, בכח המסך המתוקן בה, עם אור העליון, כנ"ל.

הב' היא מלכות המסיימת, בכח המסך המתוקן בה, את אור העליון שבע"ס דגוף.

וההפרש ביניהם כרחוק מאציל מנאצל, כי המלכות דראש המזדווגת בזווג דהכאה עם אור העליון, נחשבת לבחינת מאציל אל הגוף, כי המסך המתוקן בה לא הרחיק אור העליון עם הכאתו בו, אלא אדרבא שע"י אור חוזר שהעלה, הלביש והמשיך את האור העליון בבחינת ע"ס דראש, ונמצא מתפשט ממעלה למטה עד שנתלבשו הע"ס דאור העליון בהכלי דאו"ח הנקרא גוף, וע"כ נבחן המסך והמלכות דראש בבחינת מאציל להע"ס דגוף, ולא ניכר עדיין שום בחינת מגביל ומדחה במסך ומלכות הזאת.

משא"כ המסך והמלכות דגוף, שפירושו, שאחר שהע"ס נתפשטו מפה דראש ממעלה למטה, אינם מתפשטים רק עד המלכות שבע"ס ההם, כי אור העליון אינו יכול להתפשט תוך המלכות דגוף, מפני המסך המתוקן שם המעכבו מלהתפשט אל המלכות, וע"כ נפסק הפרצוף שם ונעשה סוף וסיום על הפרצוף. הרי שכל כח הצמצום והגבול מתגלה רק במסך והמלכות הזאת של הגוף, ולפיכך כל הביטוש דאו"מ באו"פ הנ"ל, אינו נעשה רק במסך דגוף בלבד, כי הוא המגביל ומרחיק את האו"מ מלהאיר בפנימיות הפרצוף, ולא במסך דראש, כי המסך של הראש הוא רק הממשיך ומלביש האורות, ואין עדיין כח הגבול מתגלה בו אף משהו.

לט) ונתבאר, שמכח הביטוש דאו"מ באו"פ חזר המסך דמלכות המסיימת להיות לבחינת מסך ומלכות המזדווגת, (לעיל אות לה), כי הביטוש דאור מקיף טיהר את המסך המסיים מכל העביות דגוף שהיה בו, ולא נשאר בו רק רשימות דקות מהעביות ההיא השוות לעביות דמסך דראש, ונודע שהשתוות הצורה מדביק ומיחד הרוחניים זה בזה, לפיכך אחר שהמסך דגוף השווה צורת עביותו למסך דראש, הנה תיכף נכלל בו ונעשה עמו כאלו היו מסך אחד, ואז קבל כח לזווג דהכאה כמו מסך דראש,

ויצאו עליו הע"ס דקומה החדשה, כנ"ל. אמנם יחד עם זווגו זה, נתחדשו בו במסך דגוף, הרשימות דעביות דגוף שהיו בו מתחילה, ואז חזר וניכר בו שוב שינוי הצורה באיזה שיעור בינו למסך דראש הנכלל עמו, והכר של השינוי הזה מבדילהו ומוציאהו מהפה דראש דעליון. כי אחר שחזר וניכר מקורו הראשון, שהוא מפה ולמטה דעליון, הנה אז אינו יכול לעמוד עוד למעלה מפה דעליון, כי שינוי הצורה מפריד הרוחניים זה מזה, ונמצא שהוכרח לירד משם למקום שמפה ולמטה דעליון. ולפיכך, נבחן בהכרח לגוף שני כלפי העליון, כי אפילו הראש של הקומה החדשה נבחן כלפי העליון כגופו בלבד, להיותו נמשך ממסך דגוף שלו. ולפיכך שינוי הצורה הזו מבדיל אותם לב' גופים נבדלים, וכיון שהקומה החדשה היא כולה תולדה של המסך דגוף של פרצוף הקודם, ע"כ נחשב כבן אליו, וכמו ענף הנמשך ממנו.

מ) ויש עוד דבר נוסף בהבדל מהתחתון לעליון. והוא כי כל תחתון יוצא מבחינת שיעור קומה אחרת שבה' בחינות שבמסך, כנ"ל באות כ"ב וכ"ד, וכל תחתון חסר הבחינה העליונה של האורות דעליון והבחינה התחתונה של הכלים דעליון. והטעם הוא, כי מטבע הביטוש דאו"מ במסך, להאביד מהמסך את בחינה אחרונה דעביות שלו, ולמשל, בפרצוף הא' דא"ק, שהמסך יש לו כל ה' בחינות עביות שלו, דהיינו עד לבחי"ד, הנה ע"י הביטוש דאו"מ במסך דגוף, מזכך את העביות דבחי"ד לגמרי, ואינו מניח ממנו אפי' רשימו של העביות ההיא, ורק הרשימות מהעביות דבחי"ג ולמעלה נשארים במסך. ולפיכך כשהמסך ההוא נכלל בראש ומקבלשם זווג דהכאה על העביות שנשאר בהרשימות שלו מהגוף, נמצא הזווג יוצא רק על בחי"ג דעביות שבמסך בלבד, כי הרשימה דעביות דבחי"ד נאבדה ואינה שם, וע"כ הקומה שיוצאת על המסך הזה הוא בשיעור קומת חכמה לבד, הנק' הוי"ה דע"ב דא"ק, או פרצוף ע"ב דא"ק. ונתבאר לעיל אות כ"ב, אשר קומת חכמה היוצאת על המסך דבחי"ג חסרה המלכות דכלים ובחינת אור יחידה מהאורות, שהוא אור הכתר, ע"ש. הרי שפרצוף הע"ב חסר הבחינה אחרונה דכלים דעליון והבחינה עליונה דאורות דעליון. ומשום שינוי הצורה הרחוקה הזו, נבחן התחתון לפרצוף נבדל מהעליון.

מא) ועד"ז אחר שנתפשט פרצוף ע"ב לראש וגוף, ונעשה הביטוש דאו"מ על המסך דגוף דע"ב, שהוא מסך דבחי"ג, הנה הביטוש הזה מעלים ומאביד ממנו את הרשימו דעביות של הבחינה האחרונה שבמסך, שהוא בחי"ג. ונמצא בעת עלית המסך אל הפה דראש ונכלל בו בהזווג דהכאה, נעשה ההכאה רק על עביות דבחי"ב שנשארה במסך הזה, כי הבחי"ג נאבדה ממנו ואינה, וע"כ הוא מוציא רק ע"ס בקומת בינה, הנק' הוי"ה דס"ג דא"ק, או פרצוף ס"ג, ויחסר ז"א ומלכות דכלים וחיה יחידה דאורות כנ"ל. ועד"ז כשנתפשט הפרצוף ס"ג הזה לראש וגוף, ונעשה הביטוש דאו"מ במסך דגוף שלו שהוא מסך דבחי"ב, הנה הביטוש הזה מעלים ומאביד ממנו הבחינה אחרונה דעביות שבמסך שהוא בחי"ב, ולא נשארו במסך אלא הרשימות דעביות שמבחי"א ולמעלה, וע"כ בעת עלית המסך לפה דראש, ונכלל בזווג דהכאה אשר שם, נעשה ההכאה רק על מסך דבחי"א שנשאר במסך, כי הבחי"ב כבר נאבדה ממנו, וע"כ הוא מוציא רק ע"ס בקומת ת"ת, הנק' קומת ז"א, והוא חסר בינה ז"א ומלכות דכלים, ונשמה חיה יחידה דאורות, וכו' עד"ז.

מב) ונתבאר היטב הטעם של ירידות הקומות זו למטה מזו בעת השתלשלות הפרצופין זה מזה, שהוא משום שהביטוש דאו"מ באו"פ הנוהג בכל פרצוף מאביד תמיד שם את הבחינה אחרונה דרשימו דעביות אשר שם. ויש לדעת אמנם שבאלו הרשימות הנשארות במסך לאחר הזדככותו יש בהם ב' בחינות:

הא' נק' רשימו דעביות,

והב' נקרא רשימו דהתלבשות.

למשל, אחר שנזדכך המסך דגוף דפרצוף הא' דא"ק, אמרנו שהבחינה האחרונה דרשימות דעביות, שהיא הרשימו דבחי"ד, נאבדה ממנו,

ולא נשאר במסך אלא הרשימו דעביות דבחי"ג, אמנם הרשימו דבחי"ד כוללת ב' בחינות כנ"ל: דהתלבשות ודעביות, ולא נאבד מהמסך בסבת ההזדככות ההיא רק הרשימו דעביות דבחי"ד, אבל הרשימו דהתלבשות דבחי"ד, נשארה במסך ההוא ולא נאבד ממנו. ופירושו של הרשימו דהתלבשות הוא בחינה זכה מאד מהרשימו דבחי"ד, שאין בה עביות מספיק לזווג דהכאה עם אור העליון. ורשימו זו נשארה מהבחינה אחרונה שבכל פרצוף בעת הזדככותו, ומה שאמרנו שהבחינה אחרונה נאבדה מכל פרצוף בעת הזדככותו הוא רק הרשימו דעביות שבה בלבד.

מג) וההשארה של הרשימו דהתלבשות מהבחינה אחרונה, שנשארה בכל מסך, גרם ליציאת ב' קומות זכר ונקבה, בראשים דכל הפרצופים, החל מע"ב דא"ק וכן בס"ג דא"ק וכן במ"ה וב"ן דא"ק ובכל פרצופי אצילות. כי בפרצוף ע"ב דא"ק, שאין שם במסך אלא רשימו דעביות דבחי"ג, המוציא ע"ס בקומת חכמה, הנה הרשימו דהתלבשות מבחי"ד הנשארת שם במסך, שאינה ראויה כלל לזווג עם אור העליון, משום זכותה כנ"ל, הנה היא נכללת עם העביות דבחי"ג ונעשת לרשימו אחת, ואז קנתה הרשימו דהתלבשות כח להזדווגות עם אור העליון, וע"כ יצא עליה זווג דהכאה עם אור העליון, המוציא ע"ס בקירוב לקומת כתר, והוא מטעם היות בה בחי' התלבשות דבחי"ד. והתכללות זה נקרא התכללות הנקבה בזכר, כי הרשימו דעביות מבחי"ג נק' נקבה, להיותה הנושא לבחי' העביות, והרשימו דהתלבשות דבחי"ד נק' זכר, משום שבא מקומה גבוה ממנה, ומשום שהוא זך מעביות. ולפיכך הגם שהרשימו דזכר בלבד אינו מספיק לזווג דהכאה, אמנם ע"י התכללות הנקבה בו, נעשה גם הוא ראוי לזווג דהכאה.

מד) ואחר זה יש גם התכללות הזכר בנקבה, דהיינו שהרשימו דהתלבשות נכלל בהרשימו דעביות, ואז יוצא זווג דהכאה על קומת הנקבה בלבד, שהוא רק קומת בחי"ג שהיא קומת חכמה הנקרא הוי"ה דע"ב, כנ"ל. והנה הזווג העליון, שהנקבה נכללה בהזכר, נבחן לקומת הזכר, שהיא קומת כתר בקירוב. וזווג התחתון שהזכר נכלל בהנקבה, נבחן לקומת הנקבה, שהיא קומת חכמה בלבדה. אמנם קומת הזכר, מתוך שהעביות שבו אינו מעצמו, אלא ע"י התכללות עם הנקבה, הנה הגם שמספיק ליציאת קומת ע"ס ממטה למעלה הנק' ראש, כנ"ל, עכ"ז אין קומה זו יכולה להתפשט ממעלה למטה לבחינת גוף, שפירושו, התלבשות האורות בכלים, כי זווג דהכאה על עביות הבא מבחינת התכללות, אינו מספיק להתפשט לבחינת כלים, ולפיכך אין בקומת הזכר רק בחינת ראש בלי גוף. וגוף הפרצוף נמשך רק מקומת הנקבה, שיש לה עביות מבחי' עצמית ומשום זה אנו מכנים את הפרצוף רק על קומת הנקבה בלבד, דהיינו בשם פרצוף ע"ב, כי עיקרו של הפרצוף הוא בחינת גוף שלו, שהוא התלבשות האורות בכלים, והוא יוצא רק מקומת הנקבה כמבואר. ע"כ נקרא הפרצוף על שמה.

מה) ועד"ז שנתבארו ב' הקומות זכר ונקבה בראש דפרצוף ע"ב, ממש על אותו דרך יוצאים ב' הללו גם בראש הס"ג, אלא שם קומת הזכר הוא בקירוב לבחינת חכמה, משום שהוא מהרשימו דהתלבשות דבחי"ג בהתכללות העביות דבחי"ב. וקומת הנקבה היא בקומת בינה דהיינו מהעביות דבחי"ב. וגם כאן נקרא הפרצוף רק על שם קומת הנקבה, משום שהזכר הוא ראש בלי גוף. ועד"ז בפרצוף מ"ה דא"ק, ושם קומת הזכר הוא בקירוב לקומת בינה, המכונה קומת ישסו"ת, להיותו מרשימו דבחי"ב דהתלבשות בהתכללות עביות מבחי"א, וקומת הנקבה היא קומת ז"א לבד, כי היא רק בחי"א דעביות, וגם כאן אין הפרצוף נקרא אלא על שם הנקבה, דהיינו פרצוף מ"ה או פרצוף ו"ק, משום שהזכר הוא ראש בלי גוף. ועד"ז תשכיל בכל הפרצופין.

טעמים נקודות תגין ואותיות

מו) אחר שנתבאר הביטוש דאו"מ באו"פ הנוהג אחר התפשטות הפרצוף לבחינת גוף, שבסבתו מזדכך המסך דגוף וכל האורות דגוף מסתלקים, והמסך עם הרשימות הנשארים בו עולים לפה דראש, ומתחדשים שם בזווג דהכאה

מחדש, ומוציאים קומה חדשה בשיעור העביות שברשימות, נבאר עתה, ד' מיני אורות טנת"א, הנעשים עם הביטוש דאו"מ ועליות המסך לפה דראש.

מז) כי נתבאר שע"י הביטוש דאו"מ במסך דגוף, הוא מזכך למסך מכל עביות דגוף עד שנזדכך ונשתוה למסך דפה דראש, שהשתוות הצורה עם הפה דראש נמצא מיחדהו כבחי' אחת עמו, ונכלל בזווג דהכאה שבו. אמנם נבחן שאין המסך מזדכך בבת אחת, אלא על פי סדר המדרגה, דהיינו מתחילה מבחי"ד לבחי"ג, ואח"כ מבחי"ג לבחי"ב ואח"כ מבחי"ב לבחי"א, ואחר כך מבחי"א לבחינת שורש, עד שנזדכך מכל בחינת עביותו ונעשה זך כמו המסך דפה דראש.

והנה אור העליון אינו פוסק מלהאיר אף רגע, והוא מזדווג עם המסך בכל מצב ומצב של הזדככותו, כי אחר שנזדכך מבחי"ד, ונסתלקה כל הקומת כתר הזו והמסך בא לעביות דבחי"ג, הרי אור העליון מזדווג עם המסך על פי העביות דבחי"ג הנשארת בו, ומוציא ע"ס בקומת חכמה, ואחר כך כשנזדכך המסך גם מבחי"ג ונסתלקה גם קומת חכמה, ולא נשאר במסך רק בחי' ב', נמצא אור העליון מזדווג עמו על בחי"ב ומוציא ע"ס בקומת בינה. ואחר כך כשמזדכך גם מבחי"ב ונסתלקה הקומה הזו, ולא נשאר בו רק עביות דבחי"א, הנה אור העליון מזדווג עם המסך על עביות דבחי"א הנשארת בו, ומוציא קומת ע"ס בקומת הז"א. וכשנזדכך גם מעביות דבחי"א וקומת הז"א מסתלקת, ולא נשאר בו אלא שורש העביות, מזדווג אור העליון גם על העביות דשורש הנשארת במסך, ומוציא ע"ס בקומת המלכות. וכשנזדכך המסך גם מעביות דשורש וגם קומת המלכות נסתלקה משם, כי לא נשאר במסך עוד שום עביות דגוף, הנה אז נבחן שהמסך ורשימותיו עלו ונתחברו עם המסך דראש ונכלל שם בזווג דהכאה, ויוצאים עליו ע"ס חדשות, הנקראות בן ותולדה לפרצוף הראשון.

והנה נתבאר, שענין הביטוש דאו"מ באו"פ המזכך למסך דגוף של הפרצוף הא' דא"ק, ומעלהו לפה דראש שלו, שע"ז נולד ויוצא פרצוף שני ע"ב דא"ק, אין זה נעשה בבת אחת, אלא על סדר המדרגה, אשר אור עליון מזדווג עמו בכל מצב ומצב מהד' מדרגות שהולך ובא עליהם במשך זמן הזדככותו, עד שנשתווה לפה דראש. ועד"ז שנתבאר יציאת ד' קומות במשך זמן הזדככות הגוף דפרצוף א' לצורך ע"ב, כן יוצאות ג' קומות במשך זמן הזדככות המסך דגוף דפרצוף ע"ב, בעת אצילותו לפרצוף ס"ג, וכן בכל המדרגות. כי זה הכלל, אין המסך מזדכך בבת אחת אלא בסדר המדרגה, ואור העליון שאינו פוסק להתפשט לתחתון, נמצא מזדווג עמו בכל מדרגה ומדרגה שבדרך זיכוכו.

מח) אמנם אלו הקומות שיוצאות על המסך במשך זמן הזדככותו ע"פ סדר המדרגה אינן נחשבות להתפשטות מדרגות אמיתיות, כמו הקומה הראשונה שיצאה מטרם התחלת הזדככות, אלא שהן נחשבות לבחינות נקודות, ומכונות בשם או"ח ודין, כי כח הדין של הסתלקות האורות כבר מעורב בהם. כי בפרצוף הא', הנה תיכף כשהביטוש התחיל לפעול וזיכך את המסך דגוף מבחי"ד, הנה נחשב כאלו כבר נזדכך כולו, כי אין מקצת ברוחני, וכיון שהתחיל להזדכך כבר מוכרח להזדכך כולו, אלא מתוך שמדרך המסך להזדכך על סדר המדרגה, יש שהות לאור העליון להזדווג עמו, בכל מדרגה של עביות שהמסך מקבל במשך זמן הזדככותו, עד שמזדכך כולו, כנ"ל, וע"כ אלו הקומות היוצאות במשך זמן הסתלקותו, כח ההסתלקות מעורב בהן, ונחשבות רק לבחינות נקודות ואו"ח ודין. ולפיכך אנו מבחינים בכל פרצוף ב' מיני קומות בשם: טעמים ונקודות. כי הע"ס דגוף שיצאו בראשונה בכל פרצוף, נק' בשם טעמים, ואותן הקומות היוצאות בפרצוף בדרך זיכוכו, דהיינו אחר שכבר התחיל המסך להזדכך עד שמגיע לפה דראש, כנ"ל, הן נקראות בשם נקודות.

מט) ואלו הרשימות הנשארות למטה בגוף אחר הסתלקות האורות דטעמים, נקראות בשם תגין. ואלו הרשימות הנשארות מקומות הנקודות

נקראות בשם אותיות שהם כלים. והתגין שהם הרשימות מהאורות דטעמים הם חופפים על האותיות והכלים, ומקיימים אותם. ונתבאר ד' מיני אורות הנק' טעמים נקודות תגין ואותיות.

אשר הקומה הראשונה היוצאת בכל פרצוף, מה"פ הנקראים: גלגלתא, ע"ב, ס"ג, מ"ה, וב"ן, נק' בשם טעמים.

וקומות היוצאות בכל פרצוף אחר שכבר התחיל להזדכך, עד שמזדכך כולו, נקראות בשם נקודות.

והרשימות הנשארות מהאורות דטעמים שבכל קומה אחר הסתלקותם, נק' בשם תגין.

והרשימות, הנשארות מהאורות של קומות הנקודות אחר הסתלקותם נק' בשם אותיות או כלים.

ותזכור זה בכל ה"פ הנק', גלגלתא, ע"ב, ס"ג, מ"ה, וב"ן, כי בכולם יש הזדככות, ובכולם יש אלו ד' מיני אורות.

ענין רת"ס שבכל פרצוף וסדר התלבשות הפרצופין זב"ז

נ) הנה כבר ידעת את ההבחן, שיש ב' מיני מלכיות בכל פרצוף, שהם, מלכות המזדווגת ומלכות המסיימת. והנה מהמסך שבמלכות המזדווגת יוצאות ע"ס דאו"ח ממנה ולמעלה, המלבישות לע"ס דאור העליון, שהם נק' ע"ס דראש, כלומר, שרשים לבד. ומשם ולמטה מתפשטות הע"ס דגוף הפרצוף, דהיינו בבחינות התלבשות האורות בכלים גמורים. ואלו הע"ס דגוף מתחלקות לב' בחי' של ע"ס, הנק' ע"ס דתוך וע"ס דסוף. שהע"ס דתוך מקומן מפה עד הטבור, ששם מקום התלבשות של האורות בכלים. והע"ס דסיום וסוף הפרצוף, מקומן מטבורו ולמטה עד סיום רגליו, שפירושן, אשר המלכות מסיימת לכל ספירה וספירה עד שמגיעה לבחינתה עצמה שאינה ראויה לקבל שום אור, וע"כ נפסק שם הפרצוף. ובחינת הפסק זה מכונה סיום אצבעות רגלין של הפרצוף, שמשם ולמטה חלל פנוי וריקן בלי אור.

ותדע, שב' מיני ע"ס הללו נמשכים מהע"ס דשרשים הנק' ראש. כי שניהם נכללים במלכות המזדווגת כי יש שם כח הלבשה, שהוא האו"ח העולה ומלביש לאור העליון. גם יש שם כח העיכוב של המסך על המלכות, שלא תקבל האור, שעי"ז נעשה הזווג דהכאה המעלה אור חוזר. וב' כחות הללו המה בראש רק שרשים בעלמא, אלא כשמתפשטים מלמעלה למטה, הנה כח הא' שהוא כח ההלבשה, יוצא לפועל בע"ס דתוך שמפה ולמטה עד הטבור. וכח הב' שהוא כח העיכוב על המלכות מלקבל אור, יוצא לפועל בע"ס דסוף וסיום שמטבור ולמטה עד סיום אצבעות רגלין. וב' מיני ע"ס הללו נק' תמיד חג"ת נהי"מ. שהע"ס דתוך שמפה עד הטבור נק' כולן בשם חג"ת, והע"ס דסוף שמטבור ולמטה נק' כולן בשם נהי"מ, וזכור זה.

נא) עוד יש לדעת, כי ענין הצמצום לא היה אלא על אור החכמה, שהכלי שלו הוא הרצון לקבל הנגמר בבחי"ד, שבה נעשה הצמצום והמסך, אבל על אור דחסדים לא היה שום צמצום כלל, כי הכלי שלו הוא הרצון להשפיע, שאין בו שום עביות ושינוי הצורה מהמאציל, ואינו צריך לשום תיקונים. ועכ"ז לפי שבע"ס דאור העליון נמצאים אלו ב' האורות, חכמה וחסדים, מקושרים יחדיו בלי שום הפרש ביניהם, להיותם אור אחד המתפשט לפי תכונתו, לפיכך כשבאים בהתלבשות בכלים, אחר הצמצום, הנה גם אור דחסדים נפסק על המלכות, אעפ"י שעליו לא נעשה צמצום. כי אם היה אור דחסדים מתפשט במקום שאין אור החכמה יכול להתפשט שם אף משהו, דהיינו במלכות המסיימת, היתה נעשת שבירה באור העליון, כי האור דחסדים היה מוכרח להפרד לגמרי מאור החכמה, ולפיכך נעשת מלכות המסיימת לבחינת חלל פנוי וריקן לגמרי, ואפי' מאור דחסדים.

נב) ועם זה תבין תוכנם של הע"ס דסוף הפרצוף שמטבור ולמטה, כי אי אפשר כלל לומר שהן רק בחי' אור החסדים בלי חכמה כלל, כי אין האור דחסדים נפרד לעולם לגמרי מאור החכמה, אלא שיש בהן בהכרח הארה מועטת גם מאור החכמה, ותדע שהארה מועטת הזו אנו מכנים תמיד בשם ו"ק בלי ראש.

והנה נתבארו ג' בחי' הע"ס שבפרצוף, הנק' ראש תוך סוף.

נג) ועתה נבאר ענין סדר הלבשת הפרצופין, גלגלתא ע"ב וס"ג דא"ק, זה לזה. וזה ידעת כי כל תחתון יוצא ממסך דגוף דעליון, אחר שנזדכך ונעשה בהשואת הצורה אל המלכות והמסך שבראש, כי אז נכלל במסך שבראש בזווג דהכאה שבו, כנ"ל. ואחר שנעשה עליו הזווג דהכאה בב' הרשימות עביות והתלבשות הנשאר במסך דגוף, הנה הוכרה העביות שבו שהיא מבחינת עביות דגוף, וע"י הכר ההוא נבחן לנו, שהקומה יוצאת מבחינת ראש דפרצוף הא' דא"ק, ויורדת ומלבשת לבחי' הגוף שלו, דהיינו במקום שורשה, כי ממסך דגוף היא. ובאמת היה צריך לירד המסך עם המלכות המזדווגת של הפרצוף החדש, למקום הטבור דפרצוף הא', כי שם מתחיל המסך דגוף עם מלכות המסיימת של פרצוף הא' שמשם שורש הפרצוף החדש ואחיזתו. אלא מתוך שהבחינה האחרונה דעביות נאבדה מהמסך בסבת הביטוש דאו"מ באו"פ, (כנ"ל באות מ') ולא נשאר במסך זולת בחי"ג דעביות, אשר בחי"ג הזאת דעביות נק' חזה, ולפיכך אין למסך ומלכות המזדווגת דפרצוף החדש, שום אחיזה ושורש בטבור דעליון, אלא רק בחזה שלו, והוא דבוק שם כענף בשורשו.

נד) ולפיכך נמצא, שהמסך דפרצוף החדש יורד למקום החזה דפרצוף הא', ומוציא שם, ע"י זווג דהכאה עם אור העליון, ע"ס דראש ממנו ולמעלה, עד הפה דעליון, שהוא המלכות דראש דפרצוף הא'. אבל את הע"ס דראש של פרצוף העליון אין התחתון יכול להלביש אף משהו, להיותו רק מבחינת מסך דגוף של העליון כנ"ל. ואח"כ מוציא ע"ס ממעלה למטה הנק' ע"ס דגוף בתוך וסוף של התחתון, ומקומן מחזה דפרצוף העליון ולמטה עד הטבור שלו בלבד, כי מטבור ולמטה הוא מקום הע"ס דסיום של העליון, שהיא בחי"ד, ואין להתחתון אחיזה בבחינה אחרונה של העליון, כי נאבדה ממנו בעת הזדככותו (כנ"ל באות מ'). וע"כ פרצוף התחתון ההוא הנק' פרצוף החכמה דא"ק או פרצוף ע"ב דא"ק, מוכרח להסתיים למעלה מטבור של פרצוף הא' דא"ק. ונתבאר היטב, שכל רת"ס דפרצוף ע"ב דא"ק, שהוא התחתון דפרצוף הא' דא"ק, המה עומדים ממקום שמתחת הפה דפרצוף הא' עד מקום הטבור שלו, באופן, שהחזה דפרצוף הא' הוא מקום פה דראש של פרצוף ע"ב, דהיינו מלכות המזדווגת, והטבור דפרצוף הא' הוא מקום סיום רגלין דפרצוף ע"ב, דהיינו מלכות המסיימת.

נה) וכמו שנתבאר בסדר יציאת פרצוף ע"ב מפרצוף הא' דא"ק, כן הוא בכל הפרצופין עד סוף עולם העשיה, שכל תחתון יוצא ממסך דגוף דעליון שלו, אחר שנזדכך ונכלל במסך דמלכות דראש דעליון בזווג דהכאה אשר שם, ואח"ז יורד משם למקום אחיזתו בגוף דעליון, ומוציא גם במקומו ע"י זווג דהכאה עם אור העליון את הע"ס דראש ממטה למעלה, וגם מתפשט ממעלה למטה לע"ס דגוף בתוך וסוף ע"ד שנתבאר בפרצוף ע"ב דא"ק, בטעמו ונימוקו. אלא בענין סיום הפרצוף יש חילוקים כמ"ש במקומו.

צמצום ב' הנק' צמצום נה"י דא"ק

נו) והנה נתבאר היטב ענין הצמצום א' שנעשה על כלי המלכות שהיא הבחי"ד, שלא תקבל לתוכה אור העליון. וכן ענין המסך והזווג דהכאה שלו עם האור העליון, המעלה או"ח, שהאו"ח הזה נעשה לכלי קבלה חדשים במקום הבחי"ד. וכן ענין ההזדככות של המסך דגוף הנעשה בגופין דכל פרצוף, מפאת הביטוש דאו"מ באו"פ, המוציאה ד' הבחינות טנת"א דגוף דכל פרצוף, והמעלה את המסך דגוף לבחינת מסך של ראש, ומכשרתו לזווג דהכאה עם אור העליון, שעליו נולד פרצוף שני הנמוך במדרגה אחת מהפרצוף הקודם. וכן יציאת ג' פרצופין הראשונים דא"ק, הנק' גלגלתא ע"ב ס"ג, וסדר הלבשתם זה את זה.

נז) ותדע, שבאלו הג' הפרצופין גלגלתא ע"ב וס"ג דא"ק, אין עוד אפי' שורש לד' העולמות אבי"ע, כי אפילו בחינת מקום לג' עולמות בי"ע עוד לא היה כאן, שהרי פרצוף הפנימי דא"ק היה נמשך עד הנקודה דעוה"ז. וכן לא נגלה עוד שורש לענין תיקון הנרצה,

שבסבתו נעשה הצמצום כי כל הנרצה בדבר הצמצום שנעשה בבחי"ד, היה בכדי לתקנה שלא תהיה בה שום שינוי צורה עם קבלתה את אור העליון, (כנ"ל באות יו"ד). והיינו כדי לברוא גוף האדם מבחינה ד' ההיא, ועם העסק שלו בתורה ומצוות על מנת להשפיע נ"ר ליוצרו, יהפך את כח הקבלה שבבחי"ד שיהיה ע"מ להשפיע, שבזה משווה צורת הקבלה להשפעה גמורה, ואז יהיה גמר התיקון, כי בזה תחזור הבחי"ד להיות לכלי קבלה על אור העליון, וגם תהיה בדביקות גמורה עם האור, בלי שום שינוי צורה כלל, כנ"ל. אמנם עד עתה לא נגלה עוד שורש לתיקון הזה, כי לענין זה צריך האדם להיות כלול גם מבחינות העליונות שלמעלה מבחי"ד, כדי שיהיה בו ההכשר לעשות מעשים טובים של השפעה, ואם היה האדם יוצא מהמצב של פרצופי א"ק, היה כולו מבחינת חלל פנוי, כי הבחי"ד הצריכה להיות לשורש גופו של האדם, היתה כולה מלמטה מרגלי א"ק, בבחינת חלל פנוי וריקן בלי אור, להיותה נמצאת בהפכיות הצורה מאור העליון, שנבחנת משום זה לבחינת פרודא ומיתה. ואם היה נברא האדם ממנה, לא היה יכול לתקן מעשיו כלל, כי לא היה בו שום ניצוצין של השפעה, והיה נמשל כבהמות, שאין בהם מבחינת השפעה ולא כלום, שכל חייהם הוא אך לעצמם. וכדוגמת הרשעים, השקועים בתאות הקבלה לעצמם, ואפילו החסד דעבדין, לגרמייהו עבדין, שעליהם נאמר רשעים בחייהם נקראים מתים, להיותם בהפכיות הצורה מחי החיים.

נח) וז"ס מ"ש חז"ל (ב"ר ספי"ב) בתחלה עלה במחשבה לברא את העולם במדת הדין וראה שאין העולם מתקיים, הקדים מדת הרחמים ושתפה למדת הדין. פירוש, כי כל תחילה ואח"כ הנאמר ברוחניות, פירושו סבה ומסובב, וז"ש, שהסבה הראשונה של העולמות, דהיינו פרצופי א"ק שנאצלו תחילת כל העולמות, נאצלו במדת הדין, דהיינו בבחינת מלכות לבד, הנק' מדת הדין, דהיינו הבחי"ד, שנצטמצמה ויצאה בבחינת חלל פנוי וסיום לרגלי א"ק. שה"ס הנקודה דעוה"ז, הנמצאת למטה מסיום רגלי א"ק בבחינת חלל פנוי וריקן מכל אור כנ"ל. וראה שאין העולם מתקיים, דהיינו כנ"ל, שבאופן זה לא היה שום אפשרות לאדם, הצריך להברא מבחי"ד הזו, שיוכל לסגל מעשים של השפעה, שעל ידו יתקיים העולם במדת התיקון הנרצה, לכן הקדים מדת הרחמים ושתפה למדת הדין. פי', ספירת בינה נק' מדת הרחמים, וספירת המלכות נק' מדת הדין, משום שעליה נעשה הצמצום. והמאציל העלה מדת הדין, שהוא כח הסיום הנעשה בספירת המלכות, והעלה אותה אל הבינה, שהיא מדת הרחמים, ושיתף אותם יחד זה בזה, שע"י השתתפות הזו נעשת גם הבחי"ד שהיא מדת הדין כלולה מניצוצי השפעה שבכלי דבינה. (כנ"ל באות ה' ע"ש). שבזה נעשה הכשר לגוף האדם היוצא מבחי"ד, שיהיה כלול גם ממדת ההשפעה, אשר יוכל לעשות מע"ט ע"מ להשפיע נ"ר ליוצרו, עד שיהפך מדת הקבלה שבו שתהיה כולה ע"מ להשפיע, שעי"ז יתקיים העולם לתיקון הנרצה מבריאת העולם, כנ"ל.

נט) והנה השיתוף הזה של המלכות בבינה נעשה בפרצוף ס"ג דא"ק, וגרם לצמצום ב' בעולמות שממנו ולמטה, כי נעשה בו סיום חדש על אור העליון, דהיינו במקום הבינה. ונמצא שהמלכות המסיימת, שהיתה עומדת בסיום רגלי הס"ג דא"ק, ממעל הנקודה דעוה"ז, עלתה וסיימה את אור העליון במקום חצי בינה דגוף הס"ג דא"ק, הנק' ת"ת, כי כח"ב דגוף נק' חג"ת, ונמצא הת"ת היא בינה דגוף. וכן מלכות המזדווגת, שהיתה עומדת במקום הפה דראש הס"ג דא"ק, עלתה למקום נקבי עינים דא"ק, שהוא חצי בינה של ראש, ונעשה שם הזווג, לצורך המ"ה דא"ק הנק' עולם הנקודים, במקום נקבי עינים.

ס) וזה מכונה ג"כ צמצום נה"י דא"ק, כי הס"ג דא"ק שהיה מסתיים בשוה עם פרצוף גלגלתא דא"ק ממעל הנקודה דעוה"ז, הנה ע"י השיתוף ועלית המלכות במקום בינה, נמצא מסתיים ממעל לטבור דא"ק הפנימי, דהיינו במקום חצי ת"ת, שהוא חצי בינה דגוף דא"ק הפנימי, כי שם עלתה מלכות המסיימת, ועכבה אור העליון שלא יתפשט ממנה ולמטה, וע"כ

נעשה שם חלל פנוי וריקן בלי אור, ונמצאו התנה״י דס״ג, שנצטמצמו ונתרוקנו מאור העליון. ולפיכך נקרא הצמצום ב׳ בשם צמצום נה״י דא״ק, כי ע״י סיום החדש שנעשה במקום הטבור, נתרוקנו הנה״י דס״ג דא״ק מאורותיהם. וכן נבחן שאח״פ דראש הס״ג יצאו ממדרגת ראש הס״ג, ונעשו לבחינת גוף שלו, כי המלכות המזדווגת עלתה לנקבי עינים, ויצאו הע״ס דראש מהמסך שבנקבי העינים ולמעלה, ומנקבי העינים ולמטה כבר נקרא גוף הפרצוף, כי אינו יכול לקבל רק הארה שמנקבי עינים ולמטה, שזו היא בחינת גוף. והנה קומת הע״ס הללו שיצאה בנקבי עינים דס״ג דא״ק, הן הע״ס הנקראות עולם הנקודים, שירדו מנקבי עינים דס״ג ובאו למקומן, שהוא למטה מטבור דא״ק הפנימי, ונתפשטו שם ראש וגוף. ותדע כי הסיום החדש הנ״ל, הנעשה במקום הבינה דגוף, מכונה בשם פרסה. ויש כאן פנימיות וחיצוניות, ורק הע״ס החיצוניות נקראים עולם הנקודים, והעשר ספירות הפנימיות נק׳ מ״ה וב״ן דא״ק עצמו.

סא) אמנם יש להבין, כיון שהע״ס דנקודים והמ״ה דא״ק, נאצלו ויצאו מנקבי עינים דראש הס״ג כנ״ל, הנה היו צריכים להלביש להס״ג מפה דראשו ולמטה, כמ״ש בפרצופין הקודמים, שכל תחתון מלביש לעליונו מפה דראש ולמטה, ולמה לא היה כן, אלא שירדו להלביש במקום שלמטה מטבור דא״ק. ובכדי להבין את זה, צריכים לידע היטב, איך נתהווה השיתוף הנ״ל, שהבינה והמלכות נתחברו לאחת.

סב) והענין הוא, כי בעת יציאת פרצוף ס״ג, הוא נסתיים כולו למעלה מטבור דא״ק הפנימי, כמו שנתבאר בפרצוף ע״ב דא״ק, כי לא יכלו להתפשט מטבור ולמטה, כי שם מתחלת שליטת הבחי״ד דא״ק הפנימי בבחינת ע״ס דסיום שלה, ובפרצופי ע״ב ס״ג אין בהם מבחי״ד ולא כלום. (כנ״ל באות נ״ד). אמנם כשהתחילו לצאת הנקודות דס״ג דא״ק, דהיינו אחר שנזדכך המסך דס״ג, שהוא בחי״ב דעביות, ע״י הביטוש דאו״מ בו, ובא לבחי״ב דהתלבשות ובחי״א דעביות, הנה אז נסתלקו הטעמים דס״ג, ויצאה קומת הנקודות על העביות הנשארת במסך, בו״ק בלי ראש. כי הע״ס היוצאות על בחי״א דעביות הן קומת ז״א בחסר ג״ר. וגם בקומת הזכר, שהוא בחי״ב דהתלבשות, אין שם בחינת בינה אלא בקירוב שהוא נבחן לו״ק דבינה. ולפיכך קומה זו דנקודות דס״ג, נשתוה צורתה עם הע״ס דסיום שלמטה מטבור דא״ק, שגם הן בבחינת ו״ק בלי ראש, (כנ״ל באות נ״ב), ונודע שהשתוות הצורה מקרבת הרוחניים לאחד, וע״כ ירדה קומה זו למטה מטבור דא״ק, ונתערבה שם עם הזו״ן דא״ק, ושמשו כאחד יחד, להיותם שוים בשיעור קומה.

סג) ואין להקשות הרי עדיין יש ביניהם מרחק רב מצד העביות שבהם, כי הנקודות דס״ג באו מעביות דבחי״ב ואין בהם מבחי״ד ולא כלום, והגם שהם קומת ז״א, אין זה עוד דומה לקומת ז״א של הלמטה מטבור דא״ק, שהוא ז״א דבחי״ד, הרי שיש בהם הפרש גדול. התשובה היא, כי אין העביות ניכרת בפרצוף בעת התלבשות האור, רק אחר הסתלקות האור, וע״כ בעת שהופיע פרצוף הנקודות דס״ג בקומת ז״א ירד ונתלבש בקומת זו״ן שמטבור ולמטה דא״ק ואז נתערבו הבחי״ב בבחי״ד זה בזה, וגרם לצמצום הב׳ הנ״ל, שנעשה סיום חדש במקום בינה דגוף של פרצוף ההוא. וכן גרם להשתנות מקום הזווג, ונעשה הפה דראש במקום נקבי העינים, כנ״ל.

סד) והנך מוצא, שמקור השיתוף של המלכות בבינה, הנק׳ צמצום ב׳, נעשה רק למטה מטבור דא״ק, ע״י התפשטות פרצוף נקודות דס״ג שמה, ולפיכך לא יכלה קומת ע״ס זו דנקודים הבאה מצמצום ב׳, להתפשט למעלה מטבור דא״ק כי אין שום כח ושליטה יכול להתגלות למעלה ממקור יציאתו. ומתוך שמקום התהוות הצמצום ב׳ התחיל מהטבור ולמטה, ע״כ הוכרחה גם קומת הנקודים להתפשט שם.

המקום לד׳ העולמות אבי״ע, וענין הפרסא שבין אצילות לבי״ע

סה) והנה נתבאר, שכל עיקרו של צמצום הב׳ הנ״ל, נעשה רק בפרצוף נקודות דס״ג, שמקומו מטבור ולמטה דא״ק עד סיום רגליו,

דהיינו עד ממעל לנקודה דעוה"ז. ותדע שכל אלו השינויים שנעשו בעקבות צמצום הב' הזה, באו רק בפרצוף נקודות דס"ג ההוא, ולא למעלה ממנו, ומה שאמרנו למעלה, שע"י עלית המלכות לחצי ת"ת דא"ק וסיימה שם הפרצוף, יצאו חצי ת"ת התחתון ונהי"מ דא"ק לבחינת חלל פנוי, לא נעשה זה בתנה"י דא"ק עצמו אלא רק בתנה"י דפרצוף נקודות דס"ג דא"ק, אבל בא"ק עצמו נבחנים השנוים הללו רק לבחינת עליית מ"ן לבד, שפירושו, שהוא נתלבש בשינויים הללו כדי להאציל לע"ס דנקודים בבחינתן, אבל בא"ק עצמו לא נעשה שום שינוי.

סו) והנה תיכף בעת הצמצום, דהיינו בעת עלית המלכות לבינה, עוד מטרם העלית מ"ן והזווג שנעשה בנקבי עינים דא"ק, גרם זה שיתחלק פרצוף הנקודות דס"ג דא"ק, לד' חלוקות: א) כח"ב חג"ת עד החזה שלו, הנבחנים למקום אצילות. ב) ב"ש ת"ת שמחזה ולמטה עד סיום הת"ת שנעשה למקום בריאה. ג) ג' הספירות נה"י שלו שנעשה למקום עולם היצירה. ד) המלכות שבו שנעשה למקום עולם העשיה.

סז) וטעם הדברים הוא, כי מקום עולם אצילות, פירושו, המקום הראוי להתפשטות אור העליון, ומתוך עלית המלכות המסיימת למקום בינה דגוף הנק' ת"ת, נמצא מסתיים שם הפרצוף, ואין האור יכול לעבור משם ולמטה, הרי שמקום האצילות נסתיים שם בחצי ת"ת על החזה, וכבר ידעת שסיום החדש הזה שנעשה כאן, נקרא בשם **פרסא** שמתחת עולם האצילות, ובאלו הספירות שהן למטה מהפרסא יש בהם ג' חלוקות. והוא מטעם, כי באמת לא היו צריכים לצאת למטה מהאצילות רק ב' הספירות זו"ן דגופא הנקרא נהי"מ, כי מאחר שהסיום נעשה בבינה דגופא, שהוא ת"ת, נמצאים רק הזו"ן שלמטה מת"ת שהם למטה מהסיום, ולא הת"ת, אמנם גם חצי ת"ת התחתון יצא ג"כ למטה מסיום. והטעם הוא, כי הבינה דגוף נכללת ג"כ מע"ס כח"ב זו"ן, ומתוך שהזו"ן הללו דבינה, הם שרשים של הזו"ן דגוף הכוללים שנכללו בהבינה, הם נחשבים כמוהם, וע"כ יצאו גם הזו"ן דבינה למטה מהפרסא דאצילות ביחד עם הזו"ן הכוללים. ומטעם זה נסדקה ספירת הת"ת לרחבה במקום החזה, כי המלכות שעלתה לבינה עומדת שם, ומוציאה גם את הזו"ן דבינה לחוץ, שהם ב"ש הת"ת שמחזה ולמטה עד סיומו. ועכ"ז יש הפרש בין ב"ש ת"ת לבין נהי"מ, כי הב"ש ת"ת שייכים באמת לבינה דגוף, ולא יצאו למטה מסיום האצילות מחמת עצמם, רק מפני שהם שורשי הזו"ן, לכן אין הפגם גדול בהם, כי אין יציאתם מחמת עצמם, וע"כ נבדלו מהנהי"מ, ונעשו לעולם בפני עצמו, והוא הנקרא **עולם הבריאה**.

סח) גם הזו"ן דגוף הנקרא נהי"ם נתחלקו ג"כ לב' בחינות, כי המלכות להיותה בחינת נוקבא נמצאת פגמה יותר קשה, והיא נעשית למקום **עולם העשיה**. והז"א שהוא נה"י, נעשה **לעולם היצירה** למעלה מעולם עשיה. והנה נתבאר, איך נחלק פרצוף הנקודות דס"ג, בסבת הצמצום ב', ונעשה מקום לד' עולמות: אצילות, בריאה, יצירה, עשיה, אשר הכח"ב חג"ת עד החזה שבו, נעשה מקום לעולם אצילות. וחצי ת"ת התחתון שמחזה עד סיום הת"ת, נעשה מקום לעולם הבריאה. והנה"י שבו לעולם היצירה. והמלכות שלו לעולם העשיה. ומקומם מתחיל מנקודת הטבור דא"ק, ומסתיים ממעל לנקודת עוה"ז, דהיינו עד סיום רגליו דא"ק, שהוא סוף שיעור הלבשת פרצוף נקודות דס"ג לפרצוף גלגלתא דא"ק, כנ"ל.

ענין הקטנות והגדלות שנתחדש בעולם הנקודים

סט) והנה אחר שידעת בדרך כלל ענין הצמצום ב', שנעשה בפרצוף הנקודות דס"ג, לצורך אצילות הע"ס דעולם הנקודים, שהוא פרצוף הרביעי דא"ק, נחזור ונבאר ענין יציאת הע"ס דנקודים בפרטיות. וכבר נתבאר ענין יציאת פרצוף מפרצוף, שכל פרצוף תחתון נולד ויוצא ממסך דגוף דעליון אחר הזדככותו ועליתו להתחדשות הזווג להפה דעליון והגורם להזדככות הזה הוא הביטוש דאו"מ במסך דפרצוף העליון, המזכך למסך מעביות דגוף שבו, ומשווה אותו לבחינת עביות דראש. (כנ"ל

באות ל״ה, עש״ה) שבדרך זה יצא פרצוף ע״ב דא״ק מפרצוף הכתר דא״ק, וכן פרצוף ס״ג דא״ק מפרצוף ע״ב דא״ק, כמ״ש שם. והנה גם פרצוף הד׳ דא״ק הנקרא ע״ס דעולם הנקודים, נולד ויצא מהעליון שלו, שהוא ס״ג דא״ק, ג״כ באותו הדרך.

ע) אמנם יש כאן ענין נוסף, כי בפרצופין הקודמים, בעת הזדככות המסך והעליה לפה דראש דעליון, לא היה המסך כלול רק מהרשימות דעביות דגוף העליון בלבד, משא״כ כאן בהזדככות המסך דס״ג דא״ק לצורך הנקודים, היה המסך הזה כלול מב׳ מיני רשימות. כי מלבד שהוא כלול מרשימות העביות של עצמו, דהיינו מבחינת הספירות דגוף דס״ג דא״ק, הנה הוא כלול עוד מרשימות העביות דזו״ן דא״ק שלמטה מטבור. והוא מטעם התערבותם יחד למטה מטבור דא״ק כמ״ש לעיל באות ס״א, שהנקודות דס״ג ירדו למטה מטבור דא״ק, ונתערבו יחד עם הזו״ן דא״ק אשר שם.

עא) ומכח זה נתחדש כאן בפרצוף הנקודים, ענין קטנות וגדלות, אשר מבחינת הרשימות דעביות שבמסך, יצאו עליהם ע״ס דקטנות נקודים. ומבחינת הרשימות דזו״ן דא״ק שלמטה מטבור, שנתחברו ונתערבו עם הרשימות של המסך, יצאו עליהם ע״ס דגדלות נקודים.

עב) גם תדע, אשר הע״ס דקטנות נקודים שיצאו על המסך, נחשבים לעיקר הפרצוף נקודים, משום שיצאו על סדר המדרגה, דהיינו מעצם המסך דגוף העליון. ע״ד שיצאו ג׳ פרצופין הקודמים דא״ק. אבל הע״ס דגדלות נקודים נבחנות רק לתוספת בלבד על פרצוף הנקודים. משום שיצאו רק מזווג על הרשימות דזו״ן דא״ק שלמטה מטבור, שלא באו על סדר המדרגה אלא שנתחברו ונתוספו על המסך מסבת ירידתו דפרצוף נקודות דס״ג למטה מטבור דא״ק, כנ״ל אות ע׳.

עג) והנה תחילה נבאר הע״ס דקטנות נקודים. וכבר ידעת, כי אחר התפשטות דס״ג דא״ק, נעשה בו הביטוש דאו״מ באו״פ, דהיינו על המסך שלו, וזיכך אותו על דרך המדרגה, אשר הקומות היוצאות בדרך הזדככותו, נקראות נקודות דס״ג, והן שירדו למטה מטבור דא״ק ונתערבו עם הבחי״ד אשר שם, (כנ״ל באות ס״ב, עש״ה). והנה אחר שנגמר להזדכך מכל העביות דגוף שבמסך, ולא נשאר בו רק בחינת עביות דראש, נבחן שעלה לראש הס״ג וקבל שם זווג מחדש על שיעור העביות שנשארו ברשימות שבמסך, ע״ד שנתבאר לעיל באות ל״ה.

עד) וגם כאו נבחן, שבחינה אחרונה דעביות, שהיא העביות דבחי״ב שהיתה במסך, נאבדה לגמרי, ורק רשימו דהתלבשות נשאר ממנה, ומהעביות לא נשאר כי אם בחי״א בלבד. ולפיכך קבל המסך שם בראש הס״ג, ב׳ מיני זווגים (כנ״ל באות מ״ג), שמהתכללות בחי״א דעביות תוך בחי״ב דהתלבשות, הנקרא התכללות הרשימו דנקבה ברשימו דזוכר, יצאה עליהן קומת בינה בקירוב, שהוא בערך ו״ק דבינה, וקומה זו נקראת ספירת הכתר דנקודים. ומהתכללות הזכר בהרשימו דנקבה, דהיינו התכללות הרשימו דבחי״ב דהתלבשות בבחי״א דעביות, יצאה קומת ז״א שהוא בחינת ו״ק בלי ראש, הנקרא אבא ואמא דנקודים אב״א. וב׳ קומות הללו נקראות ג״ר דנקודים, כלומר, בחינת ע״ס דראש נקודים, כי כל ראש מכונה בשם ג״ר או כח״ב. ויש חילוק ביניהם, כי הכתר דנקודים, שהוא קומת הזכר, אינו מתפשט לגוף, ורק בראש הוא מאיר, ואו״א דנקודים, שהם קומת הנקבה, היא לבדה מתפשטת לגוף הנקרא ז״ס תחתונות דנקודים, או חג״ת נה״י דנקודים.

עה) באופן שיש כאן ג׳ מדרגות זה תחת זה: הא׳ הוא הכתר דנקודים, שיש לו קומת ו״ק דבינה, הב׳ הוא קומת או״א דנקודים שיש להם קומת ז״א. והם שניהם בחינת ראש כנ״ל. הג׳ הוא ז״ת דנקודים חג״ת נהי״מ, שהם בחינת הגוף דנקודים.

עו) ותדע, שמכח עלית המלכות לבינה נבחנות אלו המדרגות דנקודים, שבעת יציאתן נתבקעו לב׳ חצאים הנק׳ פנים ואחורים, כי מאחר שהזווג נעשה בנקבי עינים, אין בראש אלא ב׳ ספירות וחצי, שהם גלגלתא ועינים ונקבי עינים, דהיינו כתר חכמה וחצי העליון

דבינה, והם מכונים כלים דפנים. והכלים דאח"פ, שהם חצי בינה התחתון וז"א ונוקבא, יצאו מהע"ס דראש ונעשים לבחינתה של המדרגה שלמטה מהראש, ועל כן, אלו הכלים דראש, שיצאו לחוץ מהראש, נבחנים לכלים דאחורים. ועד"ז נבקעה כל מדרגה ומדרגה.

עז) ונמצא לפי"ז, שאין לך מדרגה שאין בה פנים ואחורים. כי האח"פ דקומת זכר שהם הכתר דנקודים, יצאו ממדרגת הכתר וירדו למדרגת או"א דנקודים, שהם קומת הנקבה. ואח"פ דקומת הנקבה שהם או"א דנקודים ירדו ונפלו למדרגת הגוף שלהם, דהיינו למדרגות ז"ס חג"ת נה"י דנקודים. ונמצא שאו"א כלולים מב' בחינות פנים ואחורים, כי בפנימיותם נמצאים אחורים של מדרגת הכתר, דהיינו האח"פ דכתר, ועליהם מלביש הכלים דפנים דאו"א עצמם, דהיינו גלגלתא ועינים ונקבי עינים שלהם עצמם. וכן הז"ת דנקודים כלולים מפנים ומאחורים, כי הכלים דאחורים דאו"א, שהם אח"פ שלהם, נמצאים בפנימיות הז"ת, והכלים דפנים דז"ת נמצאים מלבישים עליהם מבחוץ.

עח) וענין זה דהתחלקות המדרגות לב' חצאים גרם ג"כ, שאי אפשר להיות בכל אלו המדרגות דנקודים יותר מבחינת נפש רוח, דהיינו ו"ק בחסר ג"ר, כי מתוך שחסר בכל מדרגה ג' הכלים בינה וזו"ן מטעם הנ"ל, הרי חסר שם ג"ר דאורות שהם נשמה חיה יחידה (כמ"ש לעיל באות כ"ד, עש"ה). והנה נתבארו היטב הע"ס דקטנות נקודים, שהן ג' מדרגות הנק': כתר, או"א, ז"ת. ואין בכל מדרגה זולת כתר חכמה דכלים ונפש רוח דאורות, כי הבינה וזו"ן דכל מדרגה נפלה למדרגה שמתחתיה.

עלית מ"ן ויציאת הגדלות דנקודים

עט) ועתה נבאר הע"ס דגדלות הנקודים, שיצאו על המ"ן דרשימות של הזו"ן דא"ק שלמטה מטבורו, (כנ"ל באות ע"א). ויש לידע מקודם ענין עלית מ"ן. כי עד עתה לא דברנו, כי אם מעלית המסך דגוף לפה דראש דעליון אחר שנזדכך, שעל הרשימות הנכללות בו נעשה שם הזווג דהכאה המוציאות קומת ע"ס לצורך התחתון. אמנם עתה, נתחדש ענין עלית מיין נוקבין, כי אלו האורות שעלו מלמטה מטבור דא"ק לראש הס"ג, שהם הרשימות דזו"ן דגופא דא"ק, מכונים בשם עלית מ"ן.

פ) ודע שמקורו של עלית מ"ן הוא מהז"א ובינה של הע"ס דאו"י, שנתבארו לעיל באות ה' עש"ה. ונתבאר שם, אשר הבינה שהיא בחינת אור דחסדים, בעת שהאצילה את ספי' הת"ת הנקרא בחי"ג. חזרה להתחבר עם החכמה והמשיכה ממנו הארת חכמה בשביל הת"ת שהוא ז"א, ויצא הז"א בעיקרו מבחינת אור חסדים של הבינה ומיעוטו בהארת חכמה. עש"ה. ומכאן נעשה קשר בין הז"א והבינה, שכל אימת שהרשימות דז"א עולות אל הבינה, מתחברת הבינה עם החכמה וממשיכה ממנו הארת חכמה בשביל הז"א. והעליה הזו של הז"א אל הבינה, המחברת אותה עם החכמה, מכונה תמיד בשם עלית מ"ן. כי בלי עלית הז"א לבינה אין הבינה נחשבת לנוקבא אל החכמה, בהיותה בעצמותה רק אור דחסדים ואינה צריכה לאור החכמה. ונבחנת שהיא תמיד אחור באחור עם החכמה, שפירושו שאינה רוצה לקבל מהחכמה, ורק בעת עלית הז"א אליה חוזרת להעשות נוקבא לחכמה, כדי לקבל ממנו הארת חכמה בשביל הז"א, כנ"ל. הרי שעלית הז"א עושה אותה לנוקבא, לפיכך מכונה עליתו בשם מיין נוקבין, כי עליתו דז"א מחזירה פנים בפנים עם החכמה, שפירושו שמקבלת ממנו כבחינת נוקבא מהדכר, והנה נתבאר היטב סוד עלית המ"ן, וזכור זה.

פא) וכבר ידעת שפרצוף ע"ב דא"ק הוא פרצוף החכמה, ופרצוף הס"ג דא"ק הוא פרצוף הבינה, דהיינו שהם נבחנים לפי בחינה העליונה של הקומה שלהם, כי הע"ב שבחי' העליונה שלו היא חכמה נחשב לכולו חכמה, והס"ג שבחינה העליונה שלו היא בינה נחשב לכולו בינה. ולפיכך, בעת שהרשימות דזו"ן דגוף, שלמטה מטבורו דא"ק, עלו לראש הס"ג, נעשו שמה למ"ן אל הס"ג, שבסבתם נזדווג הס"ג, שהוא בינה, עם פרצוף ע"ב שהוא חכמה, והשפיע הע"ב להס"ג אור חדש לצורך הזו"ן שלמטה מטבור שעלה שמה, ואחר שקבלו הזו"ן

דא"ק אור חדש הזה, חזרו וירדו למקומם, למטה מטבור דא"ק, ששם נמצאים הע"ס דנקודים, והאירו את אור החדש תוך הע"ס דנקודים, והוא המוחין דגדלות של הע"ס דנקודים. והנה נתבאר הע"ס דגדלות שיצאו על המין הב' דרשימות, שהם הרשימות דזו"ן שלמטה מטבור דא"ק (המובא לעיל באות ע"א), אמנם המוחין דגדלות האלו גרמו לשבירת הכלים, כמ"ש להלן.

פב) ונתבאר לעיל באות ע"ד, שיש ב' מדרגות בראש דנקודים, הנקראות כתר, ואו"א, ולפיכך כשהאירו הזו"ן דא"ק את האור החדש דע"ב ס"ג אל הע"ס דנקודים כנ"ל, האיר תחילה אל הכתר דנקודים דרך טבורו דא"ק, ששם מלביש הכתר, והשלימו בג"ר דאורות, ובינה וזו"ן דכלים. ואח"כ האיר אל או"א דנקודים דרך היסוד דא"ק, ששם מלבישים או"א, והשלימם בג"ר דאורות, ובינה וזו"ן דכלים, כמ"ש לפנינו.

פג) ונבאר תחילה ענין הגדלות, שגרם אור חדש הזה אל הע"ס דנקודים. והענין הוא, כי יש להקשות על מ"ש לעיל (באות ע"ד), שקומת הכתר ואו"א דנקודים היו בבחינת ו"ק, משום שיצאו על עביות דבחי"א, והלא אמרנו שע"י ירידת הנקודות דס"ג למטה מטבור דא"ק, נתחברה הבחי"ד במסך דנקודות דס"ג שהוא בינה, הרי יש במסך הזה גם רשימו של בחי"ד דעביות וא"כ היה צריך לצאת על המסך בעת התכללותו בראש הס"ג, ע"ס בקומת כתר ואור היחידה, ולא קומת ו"ק דבינה בספירת הכתר, וקומת ו"ק בלי ראש באו"א. והתשובה היא, כי המקום גורם, כי מתוך שהבחי"ד נכללה בבינה שהיא נקבי עינים, נעלמה שם העביות דבחי"ד בפנימיות הבינה, ודומה כמו שאיננה שם, וע"כ לא נעשה הזווג רק על הרשימות דבחי"ב דהתלבשות ובחי"א דעביות, שהם מעצם המסך דבינה לבד, כנ"ל באות ע"ד, ולא יצאו שם אלא אלו ב' הקומות: ו"ק דבינה, וו"ק גמורים.

פד) ולפיכך עתה, אחר שהזו"ן דא"ק שלמטה מטבור המשיכו את האור החדש, ע"י המ"ן שלהם, מע"ב ס"ג דא"ק, והאירו אותו לראש דנקודים, כנ"ל (באות פ"א, ע"ש), הנה מתוך שפרצוף ע"ב דא"ק אין לו שום נגיעה בצמצום ב' הזה שהעלה את הבחי"ד למקום נקבי עינים, ע"כ כשהאור שלו נמשך לראש דנקודים, חזר וביטל בו את הצמצום ב' שהעלה מקום הזווג לנקבי עינים, והוריד בחזרה את הבחי"ד למקומה לפה, כמו שהיתה בעת הצמצום הא', דהיינו במקום הפה דראש. ונמצאו ג' הכלים אוזן חוטם ופה, שמסבת צמצום הב' נפלו מהמדרגה, (כנ"ל באות ע"ו), הנה עתה חזרו ועלו למקומם למדרגתם כבתחילה, ואז ירד שוב מקום הזווג מנקבי עינים אל הבחי"ד במקום הפה דראש, ומאחר שהבחי"ד כבר היא במקומה, יצאו שם ע"ס בקומת כתר. והנה נתבאר, שע"י אור החדש שהמשיך הזו"ן דא"ק אל הראש דנקודים, הרויח ג' האורות נשמה חיה יחידה, וג' הכלים אח"פ, שהם בינה וזו"ן, שהיו חסרים לו בעת יציאתו מתחילה.

פה) ונתבאר היטב הקטנות והגדלות דנקודים, אשר צמצום הב' שהעלה את ה"ת שהיא בחי"ד, למקום נקבי עינים ונגנזה שם, גרם לקומת הקטנות דנקודים, שהוא קומת ו"ק או ז"א באורות דנפש רוח, והיו חסרים שם בינה וזו"ן דכלים ונשמה חיה יחידה דאורות. וע"י ביאת אור חדש דע"ב ס"ג דא"ק אל הנקודים, חזר הצמצום א' למקומו, וחזרו הבינה וזו"ן דכלים לראש, כי ה"ת ירדה מנקבי עינים וחזרה למקומה למלכות הנק' פה, ואז נעשה הזווג על בחי"ד שחזרה למקומה, ויצאו הע"ס בקומת כתר ויחידה, ונשלמו הנרנח"י דאורות והכח"ב זו"ן דכלים. ולשם הקיצור, מכאן ואילך נכנה לצמצום ב' והקטנות בשם עלית ה"ת לנקבי עינים וירידת אח"פ למטה. ואת הגדלות נכנה בשם ביאת אור דע"ב ס"ג המוריד ה"ת מנקבי עינים ומחזיר האח"פ למקומם. ואתה תזכור כל הביאור הנ"ל. גם תזכור תמיד שגו"ע ואח"פ הם שמות דע"ס כח"ב זו"ן דראש, והע"ס דגוף מכונים בשם חג"ת נהי"מ, וגם הם נחלקים לפי גו"ע ואח"פ כי החסד וגבורה ושליש עליון דת"ת עד החזה הם גלגלתא ועינים ונקבי עינים, וב"ש ת"ת ונהי"מ הם אח"פ כמ"ש לעיל. גם

תזכור, שגלגלתא ועינים וג"ע, או חג"ת עד החזה, הם מכונים כלים דפנים. ואח"פ או ב"ש ת"ת ונהי"מ שמחזה ולמטה, מכונים כלים דאחורים, כנ"ל באות ע"ו, ע"ש. וכן תזכור ענין בקיעת המדרגה שנעשה עם צמצום ב', אשר לא נשאר בכל מדרגה רק הכלים דפנים לבד, וכל תחתון יש בפנימיותו הכלים דאחורים של העליון, כנ"ל באות ע"ז, ע"ש.

ביאור ג' הנקודות חולם שורק חירק

פו) דע, שהנקודות נחלקות לג' בחינות ראש תוך סוף, שהם נקודות עליונות שממעל לאותיות הנכללות בשם חולם. ונקודות אמצעיות שבתוך האותיות הנכללות בשם שורק או מלאפום, דהיינו ו' ובתוכה נקודה. ונקודות תחתונות שמתחת האותיות הנכללות בשם חירק.

פז) וזה ביאורם. כי אותיות פירושם כלים, דהיינו הספירות דגוף, כי הע"ס דראש הם רק שרשים לכלים ולא כלים ממש. ונקודות פירושם אורות המחיים את הכלים ומנענעים אותם, והיינו אור החכמה הנקרא אור חיה, והוא בחינת אור חדש הנ"ל שהזו"ן דא"ק קבלו מע"ב ס"ג והאירו להכלים דנקודים, והורידו את ה"ת בחזרה לפה דכל מדרגה, והשיבו להמדרגה את האח"פ דכלים וג"ר דאורות, כנ"ל הרי שאור הזה מנענע הכלים דאח"פ ומעלה אותם מהמדרגה שלמטה ומחבר אותם לעליונה כבתחילה, שו"ס נקודות המנענעות להאותיות. וזה האור להיותו נמשך מע"ב דא"ק שהוא אור חיה, ע"כ הוא מחיה לאותם הכלים דאח"פ ע"י התלבשותו בתוכם.

פח) וכבר ידעת שהזו"ן דא"ק האירו את אור החדש הזה לע"ס דנקודים, דרך ב' מקומות: דרך הטבור האיר לכתר דנקודים, ודרך היסוד האיר לאו"א דנקודים. ותדע, שהארה דרך הטבור מכונה בשם חולם המאיר לאותיות מלמעלה מהם. והוא מטעם, שהארת הטבור אינו מגיע אלא לכתר דנקודים, שהוא קומת הזכר, דראש הנקודים (כנ"ל באות ע"ד), וקומת הזכר אינו מתפשט לז"ת של הנקודים, שהם הכלים דגוף שנקראים אותיות, כמ"ש שם, לפיכך נבחן שהוא מאיר אליהם רק ממקומו למעלה ואינו מתפשט באותיות עצמם. וההארה דרך היסוד מכונה בשם שורק דהיינו ו עם נקודה, וּ, שהיא עומדת תוך שורת האותיות, והטעם, כי הארה זו מגיעה לאו"א דנקודים, שהם קומת הנקבה דראש הנקודים, שאורותיה מתפשטים גם לגוף, שהם הז"ת דנקודים הנק' אותיות, וע"כ נמצא נקודת השורק תוך שורת האותיות.

פט) והנה נתבארו היטב החולם והשורק, אשר הארת אור חדש דרך הטבור המוריד ה"ת מנקבי עינים דכתר לפה, ומעלה בחזרה האח"פ דכתר, הוא סוד נקודת החולם שממעל לאותיות. והארת אור חדש דרך היסוד המוריד ה"ת מנקבי עינים דאו"א לפה שלהם, ומשיב להם את האח"פ, ה"ס נקודת השורק שבתוך האותיות, מטעם שמוחין אלו באים גם בז"ת דנקודים הנק' אותיות.

צ) וסוד החירק, הוא בחינת האור חדש, שהז"ת עצמם מקבלים מאו"א, להוריד בחינת ה"ת המסיימת, העומדת בחזה שלהם, אל מקום סיום רגלי א"ק, שעי"ז חוזרים אליהם האח"פ שלהם, שהם הכלים שמחזה ולמטה שנעשו למקום בי"ע, אשר אז יוחזרו הבי"ע להיות כמו אצילות. אמנם הז"ת דנקודים לא יכלו להוריד הה"ת מהחזה, ולבטל לגמרי את הצמצום ב', והפרסא, והמקום בי"ע, כי בעת שהמשיכו האור לבי"ע, נשברו תיכף כל הכלים דז"ת. כי כח ה"ת המסיימת העומדת בפרסא היה מעורב בכלים האלו, והיה האור מוכרח תיכף להסתלק משם, והכלים נשברו ומתו ונפלו לבי"ע. ונשברו גם הכלים דפנים שלהם העומדים למעלה מפרסא, דהיינו הכלים שמחזה ולמעלה, כי גם מהם נסתלק כל האור ונשברו ומתו ונפלו לבי"ע, וזה היה מחמת חיבורם עם הכלים דאחורים לגוף אחד.

צא) והנך רואה, שנקודת החירק לא יכלה לצאת לשליטתה בעולם הנקודים, כי אדרבה היא גרמה לשבירת הכלים. והיינו משום שרצתה להתלבש בתוך האותיות, דהיינו בתנהי"מ שלמטה מפרסא דאצילות שנעשו לבי"ע. אמנם אח"כ בעולם התיקון, קבלה

נקודת החירק את תיקונה, כי שם נתקנה להאיר מתחת האותיות, דהיינו שבעת שהז"ת דאצילות מקבלים את אור הגדלות מאו"א, הצריך להוריד את ה"ת המסיימת ממקום החזה לסיום רגלין דא"ק, ולחבר את הכלים דתנהי"מ לאצילות, והאורות יתפשטו למטה עד סיום רגלין דא"ק, אינם עושים כן, אלא שהם מעלים התנה"י הללו ממקום בי"ע אל מקום האצילות שלמעלה מפרסא, ומקבלים האורות בהיותם למעלה מפרסא דאצילות, כדי שלא יארע בהם שוב שביה"כ כבעולם הנקודים. וזה נבחן שנקודת החירק המעלה את הכלים דתנה"י דז"ת דאצילות עומדת מתחת אלו הכלים תנהי"מ שהעלתה, דהיינו שעומדת במקום הפרסא דאצילות. הרי שנקודת החירק משמשת מתחת האותיות. והנה נתבאר סוד ג' נקודות חולם שורק חירק, בדרך כלל.

ענין עלית מ"ן דז"ת דנקודים לאו"א וביאור ספירת הדעת

צב) כבר נתבאר, שבסבת עלית ה"ת לנקבי עינים שנעשה בצמצום ב', דהיינו לעת יציאת הקטנות דע"ס דנקודים, נחלקה כל מדרגה לב' חצאים: גלגלתא ועינים נשארים במדרגה ונקראים משום זה כלים דפנים, ואזן חוטם פה, הנפולים מהמדרגה להמדרגה שמתחתיה, נקראים משום זה כלים דאחורים. כנ"ל באות ע"ו, באופן שכל מדרגה ומדרגה נעשית כפולה מפנימיות וחיצוניות, באשר הכלים דאחורים דעליונה נפלו בפנימיות הכלים דפנים של עצמה, ונמצאים אח"פ הנפולים דכתר נקודים מלובשים תוך גלגלתא ועינים דאו"א, ואח"פ הנפולים דאו"א מלובשים תוך גלגלתא ועינים דז"ת דנקודים, עש"ה.

צג) ומכאן נמשך, שגם בביאת האור חדש דע"ב ס"ג דא"ק להמדרגה, המוריד בחזרה את הה"ת למקומה לפה, דהיינו לעת הגדלות דנקודים כנ"ל, אשר אז מחזרת המדרגה אליה את האח"פ שלה, ונשלמים לה הע"ס דכלים והע"ס דאורות, כנ"ל, נבחן אז, אשר גם המדרגה התחתונה שהיתה דבוקה על אח"פ דעליונה, עולה גם היא עמהם ביחד לעליונה. כי זה הכלל שאין העדר ברוחני, וכמו שהתחתונה היתה דבוקה באח"פ דעליון בעת הקטנות, כן אינם נפרדים זה מזה בעת הגדלות, דהיינו בעת שהאח"פ דעליונה שבים למדרגתם. ונמצא, שמדרגה התחתונה נעשתה עתה לבחינת מדרגה עליונה ממש. כי התחתון העולה לעליון נעשה כמוהו.

צד) ונמצא בעת שאו"א קבלו האור חדש דע"ב ס"ג, והורידו הה"ת מנקבי עינים בחזרה אל הפה שלהם, והעלו אליהם את האח"פ שלהם. הנה גם הז"ת המלבישים האח"פ אלו בעת קטנות, עלו עתה גם הם עמהם ביחד לאו"א ונעשו הז"ת למדרגה אחת עם או"א, והנה עליה הזו של הז"ת לאו"א, נקרא בשם עלית מ"ן ובהיותם מדרגה אחת עם או"א נמצאים מקבלים גם אורותיהם דאו"א.

צה) ומה שנקרא בשם מ"ן, הוא מטעם המתבאר לעיל אות פ', שעלית הז"א אל הבינה מחזיר אותה פנים בפנים עם החכמה, ונודע שכל ז"ת הם זו"ן, וע"כ בעת שהז"ת נתעלו עם האח"פ דאו"א למדרגת או"א כנ"ל, נעשו מ"ן אל הבינה דע"ס דאו"א, והיא חוזרת עם החכמה דאו"א פב"פ, ומשפעת הארת חכמה אל הזו"ן, שהם הז"ת דנקודים שעלו אליהם.

צו) אמנם עלית הז"ת לאו"א שאמרנו, אין הפירוש שנעדרו ממקומם לגמרי ועלו לאו"א, כי אין העדר ברוחני, וכל שינוי מקום הנאמר ברוחניות, אין הפירוש שנעדרה ממקומה הקודם ובאה למקום החדש, כדרך העתקת מקום בגשמיות, אלא רק תוספת יש כאן, כי באו למקום החדש וגם נשארו במקומם הקודם. באופן, שהגם שהז"ת עלו לאו"א למ"ן כנ"ל, מ"מ נשארו ג"כ במקומם במדרגתם למטה כמקודם לכן.

צז) וכן עד"ז תבין, אע"פ שאנו אומרים, שאחר שעלו הזו"ן למ"ן לאו"א וקבלו שם אורותיהם, הם יוצאים משם וחוזרים למקומם למטה, הנה גם כאן, אין הפירוש שנעדרו ממקומם למעלה ובאו להמקום שלמטה. כי אם היו הזו"ן נעדרים ממקומם למעלה באו"א, היה נפסק הזווג פב"פ דאו"א תיכף, והיו חוזרים

אב"א כמקודם לכן, ואז היה נפסק השפע שלהם, וגם הזו"ן שלמטה היו אובדים את המוחין שלהם. כי כבר נתבאר למעלה שהבינה מטבעה חושקת רק באור דחסדים, בסו"ה כי חפץ חסד הוא, ואין לה ענין כלל לקבל אור חכמה, וע"כ נמצאת עם החכמה אב"א, ורק בעת עלית הזו"ן להם למ"ן, חוזרת הבינה בזווג פב"פ עם החכמה, בכדי להשפיע הארת חכמה אל הז"א. כנ"ל באות פ' ע"ש. ולפיכך, הכרח הוא, שהזו"ן ישארו שם תמיד, כדי ליתן קיום והעמדה אל הזווג דאו"א פב"פ. וע"כ אי אפשר לומר שהזו"ן נעדרו ממקום או"א בעת שבאים למקומם למטה, אלא כמו שאמרנו, שכל שינוי מקום אינו אלא תוספת בלבד, באופן שהגם שהזו"ן ירדו למקומם למטה, מ"מ נשארו ג"כ למעלה.

צח) ומכאן תבין סוד ספירת הדעת, שנתחדש בעולם הנקודים. כי בכל פרצופי א"ק עד הנקודים, אין שם כי אם ע"ס כח"ב זו"ן, ומעולם הנקודים ואילך כבר יש גם ספירת הדעת, ואנו חושבים כחב"ד זו"ן, והענין הוא כי כבר נתבאר לעיל באות ע"ט, שגם ענין עלית מ"ן לא היה בפרצופי א"ק, אלא רק ענין עלית המסך לפה דראש, ע"ש. ותדע, שספירת הדעת נמשך מעלית מ"ן דזו"ן אל או"א. כי נתבאר, שזו"ן שעלו שם למ"ן לחו"ב, המה נשארים שם גם אחר יציאתם משם למקומם למטה, בכדי ליתן קיום והעמדה להזווג דאו"א פב"פ, והזו"ן האלו הנשארים באו"א, נקראים ספירת הדעת. וע"כ יש עתה לחו"ב ספירת הדעת המקיים ומעמיד אותם בזווג פב"פ, שהם הזו"ן שעלו שמה למ"ן, ונשארו שמה גם אחר יציאת הזו"ן למקומם. וע"כ אנו חושבים מכאן ואילך את הע"ס בשמות כחב"ד זו"ן, אבל בפרצופי א"ק, שמקודם עולם הנקודים שעוד לא היה שם ענין עלית מ"ן, ע"כ לא היתה שם ספירת הדעת. גם תדע שספירת הדעת מכונה תמיד בשם ה' חסדים וה' גבורות. כי הז"א הנשאר שם הוא בחינת ה"ח, והנוקבא שנשארה שם היא בחינת ה"ג.

ק) ואין להקשות הרי איתא בספר יצירה, שהע"ס, הן עשר ולא תשע, עשר ולא אחד עשר. ולפי האמור שבעולם הנקודים נתחדש ספירת הדעת הרי יש אחד עשר ספירות: כחב"ד זו"ן. והתשובה היא, שאין זה הוספה של כלום על הע"ס, כי נתבאר, שספירת הדעת היא הזו"ן שעלו למ"ן ונשארו שם, וא"כ אין כאן הוספה אלא שיש ב' בחינות זו"ן: הא' הם הזו"ן שבמקומם למטה, שהם בחינת גוף, והב' הם הזו"ן שנשארו בראש באו"א, מטעם שכבר היו שם בעת עלית מ"ן ואין העדר ברוחני, הרי שאין כאן שום הוספה על הע"ס, כי סוף סוף אין כאן אלא ע"ס כח"ב זו"ן בלבד, ואם נשארו גם בחינת הזו"ן בראש באו"א, אין זה מוסיף כלום על בחינת הע"ס.

ענין שבירת הכלים ונפילתם לבי"ע

קא) ונתבאר היטב סוד עלית מ"ן וספירת הדעת, שהם בחינת הכלים דפנים דז"ת דנקודים שנמשכו ועלו לאו"א, כי או"א קבלו אור החדש דע"ב ס"ג דא"ק מן הזו"ן דא"ק בסוד נקודת השורק, והורידו הה"ת מנקבי עינים שלהם אל הפה, והעלו את הכלים דאחורים שלהם שהיו נפולים בהז"ת דנקודים, שמתוך כך עלו גם הכלים דפנים דז"ת הדבוקים בהכלים דאחורים דאו"א (עי' לעיל אות פ"ט ואות צ"ד), ונעשו הז"ת דנקודים שם בבחי' מ"ן, והחזירו או"א בבחינת פב"פ. ומתוך שה"ת שהיא בחי"ד כבר חזרה למקומה במקום הפה, ע"כ הזווג דהכאה שנעשה על המסך הזה דבחי"ד, הוציא ע"ס שלמות בקומת כתר באור היחידה (כנ"ל באות פ"ד), ונמצאים הז"ת הנכללות שם בסוד מ"ן, שגם הן קבלו אורות הגדולים ההם דאו"א. וכל זה הוא רק בבחינת ממטה למעלה, כי או"א הם בחינת הראש דנקודים, ששם נעשה הזווג המוציא ע"ס ממטה למעלה. ואח"ז מתפשטים ג"כ לבחינת גוף דהיינו ממעלה למטה (כנ"ל באות נ'), ואז נמשכו הז"ת עם כל האורות שקבלו באו"א, אל מקומם למטה. ונגמר הראש והגוף של פרצוף הגדלות דנקודים, והתפשטות זו נבחן לבחינת הטעמים דפרצוף גדלות הנקודים. עי' לעיל אות כ"ו.

קב) כי גם בפרצוף נקודים נבחנים ד' הבחינות: טעמים נקודות תגין אותיות (כנ"ל באות מ"ז וההמשך ע"ש). כי כל הכחות שישנם בעליונים, הכרח הוא שיהיו גם בתחתונים, אלא בתחתון נתוספים ענינים על העליון. ונתבאר שם שעיקר התפשטות כל פרצוף נק' בשם טעמים, ואחר התפשטותו נעשה בו הביטוש דאו"מ באו"פ, שע"י הביטוש הזה מזדכך המסך בדרך המדרגה, עד שמשתוה לפה דראש, ומתוך שאור העליון אינו פוסק, נמצא אור העליון מזדווג במסך בכל מצב של עביות שבדרך זיכוכו, דהיינו, כשמזדכך מבחי"ד לבחי"ג, יוצא עליו קומת חכמה, וכשבא לבחי"ב יוצא עליו קומת בינה, וכשבא לבחינה א' יוצא עליו קומת ז"א, וכשבא לבחינת שורש יוצא עליו קומת מלכות. וכל אלו הקומות שיוצאים על המסך בעת הזדככותו נקראים בשם נקודות. והרשימות הנשארים מהאורות אחר הסתלקותם נק' בשם תגין, והכלים הנשארים אחר הסתלקות האורות מהם נק' בשם אותיות. ואחר שהמסך מזדכך כולו מהעביות דגוף, נמצא נכלל במסך דפה דראש בזווג אשר שם, ויוצא עליו שם פרצוף שני. עש"ה כל ההמשך בטעמם ונימוקם.

קג) והנה ממש על דרך זה נעשה גם כאן בפרצוף נקודים, כי גם כאן יוצאים ב' פרצופין: ע"ב, ס"ג, זה תחת זה, ובכל אחד מהם, טעמים, נקודות, תגין, אותיות. וכל ההפרש הוא, כי ענין הזדככות המסך לא נעשה כאן מחמת הביטוש דאו"מ באו"פ, אלא מחמת כח הדין דמלכות המסיימת שהיה כלול בכלים ההם, כנ"ל באות צ', ומטעם זה לא נשארו הכלים הריקים בפרצוף אחר הסתלקות האורות, כמו בג' הפרצופין גלגלתא ע"ב ס"ג דא"ק, אלא נשברו ומתו ונפלו לבי"ע.

קד) והנה פרצוף הטעמים שיצא בעולם הנקודים, שהוא פרצוף א' דנקודים, שיצא בקומת כתר, כבר נתבאר (לעיל באות ק"א), שיצא בראש וגוף, שהראש יצא באו"א, והגוף הוא התפשטות הז"ת מפה דאו"א ולמטה. והנה התפשטות הזאת שמפה דאו"א ולמטה נקרא מלך הדעת, והוא באמת כללות כל הז"ת דנקודים, שחזרו ונתפשטו למקומן אחר העלית מ"ן, אלא מתוך ששרשם נשאר באו"א לקיום והעמדה לפב"פ דאו"א, (כנ"ל באות צ"ח), שנק' שם בשם מוח הדעת המזווג לאו"א, לפיכך גם התפשטותם ממעלה למטה לבחינת גוף נק' ג"כ בשם הזה, דהיינו מלך הדעת, והוא מלך הא' דנקודים.

קה) ונודע, שכל הכמות והאיכות שבע"ס דראש מתגלה ג"כ בהתפשטות ממעלה למטה לגוף, ולפיכך כמו שבאורות דראש חזרה וירדה מלכות המזדווגת ממקום נקבי עינים למקום הפה, וגו"ע ונ"ע שהם הכלים דפנים חזרו וחיברו להם את הכלים דאחורים, שהם האח"פ, והאורות נתפשטו בהם, כן בהתפשטותם ממעלה למטה לגוף נמשכו האורות גם לכלים דאחורים שלהם, שהם התנהי"מ שבבי"ע למטה מפרסא דאצילות. אמנם לפי שכח מלכות המסיימת שבפרסא דאצילות מעורב בכלים ההם, ע"כ תיכף בפגישת האורות דמלך הדעת בכח הזה, נסתלקו לגמרי מהכלים ועלו לשורשם, וכל הכלים דמלך הדעת נשברו פנים ואחור, ומתו ונפלו לבי"ע, כי הסתלקות האורות מהכלים הוא כמו הסתלקות החיות מגוף הגשמי, הנק' מיתה. ואז נזדכך המסך מהעביות דבחי"ד, מאחר שהכלים האלו כבר נשברו ומתו, ונשאר בו רק עביות דבחי"ג.

קו) וכמו שנתבטלה העביות דבחי"ד מהמסך דגוף מחמת השבירה, כן נתבטלה העביות ההיא גם במלכות המזדווגת של ראש באו"א, כי העביות דראש ועביות דגוף, דבר אחד הוא אלא שזה כח וזה פועל (כנ"ל באות נ). ולכן נפסק הזווג דקומת כתר גם בראש באו"א, והכלים דאחורים, שהם האח"פ שהשלימו לקומת כתר, חזרו ונפלו למדרגה שמתחתיה דהיינו להז"ת. וזה מכונה ביטול האחורים דקומת כתר מאו"א. ונמצא שכל קומת הטעמים דנקודים, ראש וגוף, נסתלקה.

קז) ומתוך שאור העליון אינו פוסק מלהאיר, נמצא שחזר ונזדווג על העביות דבחי"ג הנשאר במסך של ראש באו"א, ויצאו ע"ס בקומת חכמה. והגוף שממעלה למטה, נתפשט לספירת החסד, והוא מלך הב' דנקודים.

וגם הוא נמשך לבי"ע ונשבר ומת, ואז נתבטלה גם העביות דבחי"ג מהמסך דגוף ודראש כנ"ל, וגם הכלים דאחורים, האח"פ שהשלימו לקומת חכמה זו דאו"א, חזרו ונתבטלו ונפלו למדרגה שמתחתיה, לז"ת, כנ"ל בקומת כתר. ואח"כ נעשה הזווג על העביות דבחי"ב שנשאר במסך ויצאו ע"ס בקומת בינה, והגוף שממעלה למטה נתפשט בספירת הגבורה, והוא מלך הג' דנקודים. וגם הוא נמשך לבי"ע ונשבר ומת. ונתבטלה גם העביות דבחי"ב בראש וגוף, ונפסק הזווג דקומת בינה גם בראש, והאחורים של קומת בינה דראש נפלו למדרגה שמתחתיה בז"ת. ואח"כ נעשה הזווג על העביות דבחי"א שנשאר במסך, ויצאו עליה ע"ס בקומת ז"א, והגוף שלו ממעלה למטה נתפשט בשליש עליון דת"ת, וגם הוא לא נתקיים ונסתלק האור ממנו, ונזדככה גם העביות דבחי"א בגוף וראש, והאחורים דקומת ז"א נפל למדרגה שמתחתיה, לז"ת.

קח) וכאן נגמרו כל האחורים דאו"א לירד, שהם האח"פ, כי בשבירת מלך הדעת נתבטלו באו"א רק אח"פ השייכים לקומת כתר. ובשבירת מלך החסד נתבטלו באו"א רק אח"פ השייכים לקומת חכמה. ובשבירת מלך הגבורה נתבטלו האח"פ השייכים לקומת בינה. ובהסתלקות שליש עליון דת"ת נתבטלו האח"פ דקומת ז"א. ונמצא שנתבטלה כל בחינת הגדלות דאו"א ולא נשאר בהם רק הגו"ע דקטנות. ונשאר במסך רק עביות דשורש, ואח"כ נזדכך המסך דגוף מכל עביותו ונשתוה למסך דראש, אשר אז נמצא נכלל בזווג דהכאה של ראש, ומתחדשים שמה הרשימות שבו חוץ מהבחינה האחרונה, (כנ"ל באות מ"א), ובכח התחדשות הזה יצא עליו קומה חדשה הנק' ישסו"ת.

קט) ומתוך שהבחינה אחרונה נאבדה לא נשאר בו כי אם בחי"ג, ויוצאים עליו ע"ס בקומת חכמה וכשהוכרה עביות דגוף שבו, יצא מהראש מאו"א, וירד והלביש במקום החזה דגוף דנקודים. (כנ"ל באות נ"ה), ומוציא מחזה ולמעלה הע"ס דראש, והראש הזה מכונה ישסו"ת. והגוף שלו הוא מוציא מהחזה ולמטה בב"ש ת"ת עד סיום הת"ת. והוא מלך הד' דנקודים, וגם הוא נמשך לבי"ע ונשבר ומת, ונזדככה העביות דבחי"ג ראש וגוף, והכלים דאחורים של ראש נפלו למדרגה שמתחתיה במקום גוף שלהם. ואח"כ נעשה הזווג על עביות דבחי"ב הנשאר בו, ויצא עליו קומת בינה, והגוף שלו, שממעלה למטה, נתפשט בב' הכלים נצח והוד. והם שניהם מלך אחד, דהיינו מלך ה' דנקודים, וגם הם נמשכו לבי"ע ונשברו ומתו, ונזדככה גם העביות דבחי"ב בראש וגוף, והכלים דאחורים של הקומה נפלו להמדרגה שמתחתיה, לגוף. ואח"כ נעשה הזווג על עביות דבחי"א שנשארה בו, ויצא עליו קומת ז"א, והגוף שלו, שממעלה למטה, נתפשט בכלי דיסוד, והוא מלך הו' דנקודים. וגם הוא נמשך לבי"ע ונשבר ומת, ונזדככה גם העביות דבחי"א בראש וגוף, והכלים דאחורים שבראש נפלו למדרגה שמתחתיהם, לגוף. ואח"כ נעשה הזווג על העביות דבחינת שורש הנשאר במסך, ויצא עליו קומת מלכות, והממעלה למטה שלו נמשך לכלי דמלכות, והוא מלך הז' דנקודים. וגם הוא נמשך לבי"ע ונשבר ומת, ונזדככה גם העביות דשורש בראש וגוף, והאחורים דראש נפלו למדרגה שמתחתיה, בגוף. ועתה נגמרו להתבטל כל הכלים דאחורים דישסו"ת. וכן שביה"כ דכל ז"ת דנקודים, הנק' ז' מלכים.

קי) והנה נתבארו הטעמים ונקודות שיצאו בב' הפרצופין או"א וישסו"ת דנקודים, הנק' ע"ב ס"ג, שבאו"א יצאו ד' קומות זה למטה מזה שהם: קומת כתר הנק' הסתכלות עיינין דאו"א, וקומת חכמה הנקראת גופא דאבא, וקומת בינה הנקראת גופא דאמא, וקומת ז"א הנק' יסודות דאו"א שמהם נתפשטו ד' גופין, שהם מלך הדעת ומלך החסד ומלך הגבורה ומלך ש"ע דת"ת עד החזה. וד' הגופין אלו נשברו פנים ואחורים יחד, אבל מבחי' הראשים דהיינו בד' הקומות שבאו"א נשארו בקומות כל הכלים דפנים שבהם, דהיינו בחינת הגו"ע ונ"ע דכל קומה שהיה בהם מעת הקטנות דנקודים. ורק הכלים דאחורים שבכל קומה שנתחברו בהם בעת הגדלות, הם בלבדם חזרו ונתבטלו בסבת השבירה ונפלו למדרגה

שמתחתיהם, ונשארו כמו שהיו לפני יציאת הגדלות דנקודים כנ"ל באות ע"ו ע"ז ע"ש.

קיא) ועד"ז ממש היה בפרצוף ישסו"ת יציאת ד' קומות זה למטה מזה, שקומה הא' היא קומת חכמה, ונק' הסתכלות עיינין דישסו"ת זה בזה, וקומת בינה, וקומת ז"א, וקומת מלכות, שמהם נתפשטו ד' גופין, שהם: מלך ב"ש תתאין דת"ת, ומלך נו"ה, ומלך היסוד, והמלכות. וד' הגופים שלהם נשברו פנים ואחור יחד, אבל בהראשים, דהיינו בד' הקומות דישסו"ת, נשארו הכלים דפנים שבהם, ורק האחורים בלבד נתבטלו בסבת השבירה, ונפלו למדרגה שמתחתיהם. והנה אחר ביטול אלו ב' הפרצופין או"א וישסו"ת, יצא עוד קומת מ"ה בנקודים, ולפי שלא נתפשט ממנה לבחינת גוף אלא רק תיקוני כלים בלבד, לא אאריך בו. וכבר נתבאר בתלמוד ע"ס דף תקמ"ג אות ע', ובאו"פ ד"ה וכאשר, ע"ש.

עולם התיקון ומ"ה החדש שיצא מהמצח דא"ק

קיב) והנה נתבאר היטב, מתחילת הפתיחה [פתיחה לחכמת הקבלה] עד כאן, ד' פרצופין הראשונים דא"ק:

פרצוף הא' דא"ק הנקרא פרצוף גלגלתא, שהזווג דהכאה נעשה בו על בחי"ד והע"ס שבו הן בקומת כתר.

פרצוף הב' דא"ק נק' ע"ב דא"ק, אשר הזווג דהכאה נעשה בו על עביות דבחי"ג והע"ס שלו הן בקומת חכמה. והוא מלביש מפה ולמטה דפרצוף הגלגלתא.

פרצוף הג' דא"ק נקרא ס"ג דא"ק, שהזווג דהכאה נעשה בו על עביות דבחי"ב, והע"ס שלו הן בקומת בינה, והוא מלביש מפה ולמטה דפרצוף ע"ב דא"ק.

פרצוף הד' דא"ק נקרא מ"ה דא"ק, שהזווג דהכאה נעשה בו על עביות דבחי"א, והע"ס שבו הן בקומת ז"א, ופרצוף זה מלביש מטבור ולמטה דס"ג דא"ק, והוא נחלק לפנימיות וחיצוניות, שהפנימיות נק' מ"ה וב"ן דא"ק, והחיצוניות, נק' עולם הנקודים. וכאן נעשה, ענין השיתוף של המלכות בבינה הנק' צמצום ב', והקטנות והגדלות, ועלית מ"ן, וענין הדעת המכריע והמזווג החו"ב פב"פ, וענין שבירת הכלים. כי כל אלו נתחדשו בפרצוף הד' דא"ק הנק' מ"ה, או עולם הנקודים.

קיג) ואלו ה' בחינות עביות שבמסך, נקראים על שם הספירות שבראש, דהיינו גלגלתא עינים ואח"פ. שהעביות דבחי"ד נק' פה, שעליה יצא פרצוף הא' דא"ק. ועביות דבחי"ג נק' חוטם, שעליה יצא פרצוף ע"ב דא"ק, ועביות דבחי"ב נק' אוזן, שעליה יצא פרצוף ס"ג דא"ק. ועביות דבחי"א נקרא נקבי עינים, שעליה יצא פרצוף מ"ה דא"ק ועולם הנקודים. ועביות דבחינת שורש, נקרא גלגלתא או מצח, שעליה יצא עולם התיקון, והוא נקרא מ"ה החדש. כי פרצוף הד' דא"ק הוא עיקר פרצוף מ"ה דא"ק, כי יצא מנקבי עינים בקומת ז"א, המכונה בשם הוי"ה דמ"ה. אבל פרצוף החמישי דא"ק שיצא מן המצח דהיינו בחינת הגלגלתא, שהיא בחינת עביות דשורש. אין בו באמת אלא קומת מלכות הנק' ב"ן, אמנם מטעם שנשארה שם גם בחי"א דהתלבשות, שהוא בחינת ז"א ע"כ נק' גם הוא בשם מ"ה, אלא בשם מ"ה שיצא מהמצח דא"ק, שפירושו מהתכללות עביות דשורש הנק' מצח. וכן הוא נקרא בשם מ"ה החדש, בכדי להבדילו מהמ"ה שיצא מנקבי עינים דא"ק, ופרצוף מ"ה החדש הזה, נקרא בשם עולם התיקון, או עולם אצילות.

קיד) אמנם יש להבין למה ג' הקומות הראשונות דא"ק, הנק' גלגלתא ע"ב ס"ג, אינן נבחנות לג' עולמות, אלא לג' פרצופין, ולמה נשתנה פרצוף הד' דא"ק להקרא בשם עולם, וכן פרצוף החמישי דא"ק, כי פרצוף הד' נקרא בשם עולם הנקודים, ופרצוף הה' נקרא בשם עולם האצילות או בשם **עולם התיקון**.

קטו) וצריכים לידע ההפרש מפרצוף לעולם. והוא כי בשם פרצוף נקרא, כל קומת ע"ס היוצאת על המסך דגוף דעליון, אחר שנזדכך ונכלל בפה דראש דעליון, (כנ"ל באות נ'), שאחר יציאתו מהראש דעליון הוא מתפשט בעצמו לרת"ס, גם יש בו ה' קומות זה למטה מזה הנק' טעמים ונקודות (כנ"ל באות מ"ז), אמנם נקרא רק על שם קומת הטעמים שבו.

ועד"ז יצאו ג' פרצופין הראשונים דא"ק: גלגלתא, ע"ב, ס"ג, (כנ"ל באות מ"ז). אבל עולם, פירושו שהוא כולל כל מה שנמצא בעולם העליון ממנו כעין חותם ונחתם, שכל מה שיש בחותם עובר כולו על הנחתם ממנו.

קטז) ולפי זה תבין, שג' פרצופין הראשונים, גלגלתא ע"ב ס"ג דא"ק, נבחנים רק לעולם אחד, דהיינו עולם הא"ק, שיצא בצמצום הראשון. אבל פרצוף הד' דא"ק, שבו נעשה ענין הצמצום ב', נעשה לעולם בפני עצמו, מטעם הכפילות שנעשה במסך דנקודות דס"ג בירידתו למטה מטבור דא"ק, כי נכפל עליו גם העביות דבחי"ד, בסוד ה"ת בעינים (כנ"ל באות ס"ג). אשר בעת גדלות חזרה הבחי"ד למקומה לפה והוציאה קומת כתר (כנ"ל באות פ"ד), ונמצאת קומה זו נשתוה לפרצוף הא' דא"ק. ואחר שנתפשט לרת"ס בטעמים ובנקודות יצא עליו פרצוף ב' בקומת חכמה הנק' ישסו"ת, והוא דומה לפרצוף ב' דא"ק הנק' ע"ב דא"ק. ואחר התפשטותו לטעמים ונקודות יצא פרצוף ג' הנק' מ"ה דנקודים (כנ"ל באות קי"א). והוא דומה לפרצוף ג' דא"ק. הרי שיצא כאן בעולם הנקודים כל מה שהיה בעולם א"ק, דהיינו ג' פרצופין זה תחת זה שבכל אחד מהם טעמים ונקודות וכל מקריהם, בדומה לג' פרצופין גלגלתא ע"ב ס"ג דא"ק שבעולם הא"ק. וע"כ נבחן עולם הנקודים שהוא נחתם מעולם הא"ק, ונקרא משום זה עולם שלם בפני עצמו. (ומה שג' פרצופי נקודים אינם נקראים גלגלתא ע"ב ס"ג, אלא ע"ב ס"ג מ"ה, הוא מטעם שהבחי"ד שנתחברה במסך דס"ג אין עביותה שלמה, מפאת מקרה ההזדככות שהיה מכבר בפרצוף הא' דא"ק, וע"כ ירדו לבחינת ע"ב ס"ג מ"ה).

קיז) והנה נתבאר, איך עולם הנקודים נחתם מעולם הא"ק. ועד"ז נחתם פרצוף הה' דא"ק, דהיינו המ"ה החדש, שנחתם כולו מעולם הנקודים, באופן שכל הבחינות ששמשו בנקודים, אע"פ שנשברו ונתבטלו שם, מ"מ חזרו כולם ונתחדשו במ"ה החדש, וע"כ הוא נק' עולם בפני עצמו. ונק' עולם האצילות, מטעם שנסתיים כולו למעלה מפרסא שנתקנה בצמצום ב'. ונק' ג"כ עולם התיקון מטעם שעולם הנקודים לא נתקיים, כי היה בו ביטול ושבירה, כנ"ל, אלא אחר כך במ"ה החדש, שחזרו כל הבחינות ההם שהיו בעולם הנקודים ובאו במ"ה החדש, הנה נתקנו שם ונתקיימו, וע"כ נקרא עולם התיקון, כי באמת הוא עולם הנקודים עצמו, אלא שמקבל כאן במ"ה החדש את תיקונו משלם. כי ע"י מ"ה החדש חוזרים ומתחברים לג"ר, כל אלו האחורים שנפלו לגוף, מן או"א וישסו"ת, וכן הפנים ואחורים דכל הז"ת שנפלו לבי"ע ומתו חוזרים ועולים על ידו לאצילות.

קיח) וטעם הדברים, כי כל פרצוף תחתון חוזר וממלא הכלים דעליון אחר הסתלקות אורותיהם בעת הזדככות המסך, כי אחר הסתלקות האורות דגוף דפרצוף הא' דא"ק מפאת הזדככות המסך, קבל המסך זווג חדש בקומת ע"ב, אשר חזר ומילא הכלים הריקים דגוף דעליון, דהיינו דפרצוף הא'. וכן אחר הסתלקות האורות דגוף דע"ב מפאת הזדככות המסך, קבל המסך זווג חדש בקומת ס"ג, שחזר ומילא הכלים הריקים דעליון שהוא ע"ב. וכן אחר הסתלקות האורות דס"ג מפאת הזדככות המסך, קבל המסך זווג חדש בקומת מ"ה שיצא מנקבי עינים שהם הנקודים, שחזר ומילא את הכלים הריקים דעליון שהוא הנקודות דס"ג. וממש עד"ז אחר הסתלקות האורות דנקודים, מחמת ביטול האחורים ושבירת הכלים, קבל המסך זווג חדש בקומת מ"ה שיצא מהמצח דפרצוף ס"ג דא"ק, וממלא את הכלים הריקים דגוף דעליון, שהם הכלים דנקודים שנתבטלו ונשברו.

קיט) אמנם יש הפרש גדול כאן במ"ה החדש כי הוא נעשה לבחינת דכר ובחינת עליון לכלים דנקודים, שהוא מתקן אותם, משא"כ בפרצופין הקודמים אין התחתון נעשה לדכר ולעליון אל הכלים דגוף דעליון אע"פ שהוא ממלא אותם ע"י קומתו. והשינוי הזה הוא כי בפרצופים הקודמים לא היה שום פגם בהסתלקות האורות, כי רק הזדככות המסך גרם להסתלקותם, אבל כאן בעולם הנקודים היה פגם בהכלים, כי כח מלכות המסיימת היה

מעורב בהכלים דאחורים דז"ת כנ"ל, ואינם ראוים לקבל האורות, שמסבה זו נשברו ומתו ונפלו לבי"ע. לפיכך הם תלויים לגמרי במ"ה החדש, להחיותם לברדם ולהעלותם לאצילות, ומתוך זה נחשב המ"ה החדש לבחינת זכר ומשפיע, ואלו הכלים דנקודים הנבררים על ידו נעשו בחינת נוקבא אל המ"ה, ולכן נשתנה שמם, לשם ב"ן, כלומר שנעשו בחינת תחתון אל המ"ה. ואע"פ שהם עליון למ"ה החדש, כי הם כלים מעולם הנקודים ובחינת מ"ה ונקבי עינים, שבחינה עליונה שבו הוא ו"ק דס"ג דא"ק, (כנ"ל באות ע"ד) מ"מ נעשו עתה לתחתון אל המ"ה החדש, ונק' ב"ן, מטעם האמור.

ה"פ אצילות וענין מ"ה וב"ן שבכל פרצוף

קכ) ונתבאר, שקומת מ"ה החדש נתפשטה ג"כ לעולם שלם בפני עצמו כמו עולם הנקודים וטעם הדבר הוא, כמו שנתבאר בקומת הנקודים שהוא מכח כפילות המסך גם מבחי"ד. (כנ"ל באות קט"ז), כי הגם שהארת הזו"ן דא"ק שהאיר דרך הטבור והיסוד לג"ר דנקודים החזירה הצמצום א' למקומו, וה"ת ירדה מנקבי עינים לפה, שעי"ז יצאו כל אלו הקומות דגדלות נקודים, (כנ"ל באות ק"א ע"ש), אמנם כל אלו הקומות חזרו ונתבטלו ונשברו, וכל האורות נסתלקו, וע"כ חזר הצמצום ב' למקומו, והבחי"ד חזרה ונתחברה במסך.

קכא) ולפיכך גם במ"ה החדש שיצא מהמצח נוהג ג"כ ב' בחינות קטנות וגדלות כמו בעולם הנקודים, אשר תחילה יוצאת הקטנות, דהיינו לפי העביות המגולה במסך, שהוא קומת ז"א דהתלבשות המכונה חג"ת, וקומת מלכות דעביות הנק' נה"י מטעם ג' הקוין שנעשה בקומת מלכות, שקו ימין נק' נצח וקו שמאל נק' הוד וקו אמצעי יסוד. אמנם כיון שאין מבחי"א רק בחינת התלבשות בלי עביות ע"כ אין בה כלים, ונמצאת קומת חג"ת בלי כלים, והיא מתלבשת בכלים דנה"י, וקומה זו נקראת עובר, שפירושו שאין שם אלא שיעור עביות דשורש, שנשאר במסך אחר הזדככותו, בעת עליתו לזווג במצח דעליון, שקומה היוצאת שם, היא רק קומת מלכות. אמנם בפנימיותה יש בחינת ה"ת בגניזו, והוא בחינת ה"ת במצח ואחר שהעובר מקבל הזווג בעליון יורד משם למקומו, (כנ"ל באות נ"ד), ואז מקבל מוחין דיניקה מהעליון שהם עביות דבחי"א, בבחינת ה"ת בנקבי עינים, ועי"ז קונה כלים גם לחג"ת ומתפשטים החג"ת מתוך הנה"י, ויש לו קומת ז"א.

קכב) והנה אח"ז עולה פעם ב' למ"ן להעליון ונקרא עיבור ב'. ומקבל שם מוחין מע"ב ס"ג דא"ק, ואז יורדת הבחי"ד מנקבי עינים למקומה לפה (כנ"ל באות ק"א), ואז נעשה הזווג על בחי"ד במקומה, ויוצאות ע"ס בקומת כתר, והכלים דאח"פ מתעלים וחוזרים למקומם בראש ונשלם הפרצוף בע"ס דאורות וכלים. ואלו המוחין נקראים מוחין דגדלות של הפרצוף. וזהו קומת פרצוף הא' דאצילות, הנק' פרצוף הכתר או פרצוף עתיק דאצילות.

קכג) וכבר ידעת, שאחר שביה"כ חזרו ונפלו כלהו אח"פ מהמדרגות כל אחד למדרגה שמתחתיו. (כנ"ל באות ע"ז, ובאות ק"ו). ונמצאים אח"פ דקומת כתר דנקודים בגו"ע דקומת חכמה, ואח"פ דקומת חכמה בגו"ע דקומת בינה, וכו', ולפיכך בעת העיבור ב' דגדלות דפרצוף הא' דאצילות הנקרא עתיק, שחזרו ונתעלו האח"פ שלו כנ"ל, הנה עלו עמהם יחד גם הגו"ע דקומת חכמה ונתקנו יחד עם האח"פ דקומת עתיק, וקבלו שם עיבור הא'.

קכד) ואחר שהגו"ע דחכמה קבלו קומת העיבור והיניקה שלהם, (כנ"ל באות קכ"א). חזרו ועלו לראש דעתיק, וקבלו שם עיבור ב' שלהם למוחין דגדלות, וירדה הבחי"ג למקומה לפה, ויצאו עליה ע"ס בקומת חכמה, והכלים דאח"פ שלהם חזרו ועלו למקומם בראש, ונשלם פרצוף החכמה בע"ס דאורות וכלים. ופרצוף זה נקרא פרצוף אריך אנפין דאצילות.

קכה) ועם אח"פ הללו דא"א עלו ביחד גם גו"ע דקומת בינה כנ"ל, וקבלו שם עיבור הא' ויניקה שלהם. ואח"ז עלו לראש דא"א לעיבור ב', והעלו האח"פ שלהם וקבלו המוחין דגדלות, ונשלם פרצוף הבינה בע"ס דאורות

וכלים. ופרצוף זה נקרא או"א וישסו"ת, כי הג"ר נקראות או"א, והז"ת נקראות ישסו"ת.

קכו) ועם אח"פ הללו דאו"א, עלו ביחד גם גו"ע דזו"ן, וקבלו שם העיבור א' שלהם והיניקה, ובזה נשלמים הזו"ן בבחינת ו"ק לז"א, ונקודה להנוקבא. והנה נתבארו ה"פ מ"ה החדש שיצאו בעולם האצילות בבחינת קביעות, הנקראים עתיק א"א או"א וזו"ן, שעתיק יצא בקומת כתר, וא"א בקומת חכמה, ואו"א בקומת בינה, וזו"ן בו"ק ונקודה, שהוא קומת ז"א. ובאלו ה' הקומות לא יארע שום מיעוט לעולם. כי בג"ר, אין מעשי התחתונים מגיעים אליהם שיוכלו לפוגמם, והז"א ונוקבא, שאליהם מגיעים מעשי התחתונים, היינו דוקא בכלים דאחורים שלהם, שמשיגים בעת הגדלות, אבל בכלים דפנים, שהם גו"ע באורות דו"ק ונקודה, הנה גם בהם לא יגיעו מעשי התחתונים. ולפיכך נבחנים ה' הקומות הנ"ל, לבחינת מוחין הקבועים באצילות.

קכז) וסדר הלבשתם זא"ז ולפרצוף א"ק, הוא, כי פרצוף עתיק דאצילות אע"פ שיצא מראש הס"ג דא"ק (כנ"ל באות קי"ח), מ"מ לא יכול להלביש מפה ולמטה דס"ג דא"ק רק למטה מטבור, כי למעלה מטבור דא"ק הוא בחינת צמצום א' ונק' עקודים. והן אמת, שפרצוף עתיק, להיותו בחינת ראש הא' דאצילות, עדיין אין הצמצום ב' שולט בו, וא"כ היה ראוי שילביש למעלה מטבור דא"ק, אמנם כיון שהצמצום ב' כבר נתקן בפה דראשו, בשביל שאר פרצופי אצילות שממנו ולמטה, ע"כ אינו יכול להלביש רק למטה מטבור דא"ק. ונמצא קומת עתיק מתחלת מטבור דא"ק, והיא מסתיימת בשוה עם רגלי א"ק, דהיינו למעלה מנקודה דעוה"ז. וזהו מפאת פרצופו עצמו, אמנם מפאת התקשרותו עם שאר פרצופי אצילות, שמבחינתם נבחן שהוא כלול ג"כ מצמצום ב', הנה מבחינה זו הוא נבחן שרגליו מסתיימים למעלה מפרסא דאצילות, כי הפרסא הוא הסיום החדש של הצמצום ב' כנ"ל באות ס"ח.

קכח) ופרצוף הב' דמ"ה החדש הנק' א"א, שהוא נאצל ויצא מפה דראש עתיק, הנה קומתו מתחיל ממקום יציאתו, דהיינו מפה דראש עתיק ומלביש את הז"ת דעתיק המסתיימים למעלה מפרסא דאצילות, כנ"ל. ופרצוף הג' הנק' או"א, שנאצלו מפה דראש א"א, הם מתחילים מפה דראש א"א ומסתיימים למעלה מטבור דא"א. והזו"ן מתחילים מטבור דא"א ומסתיימים בשוה עם סיום א"א, דהיינו למעלה מפרסא דאצילות.

קכט) ותדע, שכל קומה וקומה מה"פ אלו דמ"ה החדש בעת שיצאה, בירדה וחיברה לעצמה חלק מהכלים דנקודים, שנעשה לה לבחינת נוקבא. כי הנה בעת שיצא פרצוף עתיק, לקח וחיבר אליו, כל הג"ר דנקודים, שנשארו שלמים בעת שביה"כ, דהיינו בחינת הגו"ע שבהם שיצאו בעת קטנותם, הנק' כלים דפנים, (כנ"ל באות ע"ו) שבקטנות הנקודים לא באו עמהם רק מחציתה העליונה דכל מדרגה, שהם גו"ע ונקבי עינים, ומחציתה התחתונה דכל אחת, הנק' אח"פ, ירדו למדרגה התחתונה, עש"ה. ולפיכך נבחן שפרצוף עתיק דמ"ה החדש לקח לו מהכלים דנקודים, את מחציתה העליונה דכתר, ומחציתה העליונה דחו"ב, וז' השרשים דז"ת הכלולים בג"ר דנקודים, והם נעשו לבחינת פרצוף נוקבא אל העתיק דמ"ה החדש. ונתחברו יחד זה בזה. והם המכונים מ"ה וב"ן דעתיק דאצילות, כי הזכר דעתיק נק' מ"ה, והכלים דנקודים הנ"ל שנתחברו אליו נקראים ב"ן, (מטעם הנ"ל באות קי"ט, ע"ש). וסדר עמידתם הוא פו"א, העתיק דמ"ה בפנים והעתיק דב"ן באחוריו.

קל) ופרצוף א"א דמ"ה החדש, שיצא בקומת חכמה, בירר וחיבר אליו את חציו התחתון דכתר הנקודים, שהם האח"פ דכתר, שבעת הקטנות היו בהמדרגה שמתחת הכתר, דהיינו בחכמה ובינה דנקודים (כנ"ל באות ע"ז), ונעשה לבחינת נוקבא אל הא"א דמ"ה החדש, ונתחברו יחד זה בזה. וסדר עמידתם הוא ימין ושמאל, שא"א דמ"ה שהוא הזכר עומד בימין, וא"א דב"ן שהיא הנוקבא, עומדת בשמאל. ומה שפרצוף עתיק דמ"ה לא לקח את חציו התחתון דכתר נקודים, הוא, כי עתיק מתוך שהוא ראש הא' דאצילות, שמעלתו גבוהה

מאד, לכן לא חיבר אליו רק הכלים דפנים דג"ר דנקודים, שבהם לא אירע שום פגם בעת השבירה, מה שאין כן בחצי הכתר התחתון, שהם אח"פ שהיו נפולים בעת הקטנות בחו"ב, ואח"כ בעת הגדלות עלו מחו"ב ונתחברו בכתר דנקודים (כנ"ל באות פ"ד), אשר אח"כ בעת שבירת הכלים, חזרו ונפלו מהכתר דנקודים ונתבטלו, כנ"ל, הרי המה כבר נפגמו עם נפילתם וביטולם, ואינם ראוים משום זה לעתיק, ולכן לקח אותם א"א דמ"ה.

קלא) ופרצוף או"א דמ"ה החדש, שהם בקומת בינה, בירוו וחיברו להם את חצים התחתון דחו"ב דנקודים, שהם האח"פ דחו"ב, שבעת הקטנות היו נפולים בהז"ת דנקודים, אלא אח"כ בעת הגדלות נקודים, עלו ונתחברו לחו"ב דנקודים (כנ"ל באות צ"ד), ואשר בעת שביה"כ חזרו ונפלו להז"ת דנקודים ונתבטלו (כנ"ל באות ק"ז), ואותם בירוו להם או"א דמ"ה לבחינת נוקבא אליהם, והם מכונים ז"ת דחכמה וו"ת דבינה דב"ן, כי בחינת החסד דבינה נשארה עם הג"ר דחו"ב דב"ן בפרצוף עתיק, ולא נשאר בחציה התחתון דבינה כי אם ו"ת מגבורה ולמטה. ונמצא הזכר דאו"א הוא קומת בינה דמ"ה, והנוקבא דאו"א היא ז"ת דחו"ב דב"ן. ועמידתם הם בימין ושמאל, או"א דמ"ה בימין ואו"א דב"ן בשמאל, והישסו"ת דמ"ה שהם הז"ת דאו"א, לקחו המלכיות דחו"ב דב"ן.

קלב) ופרצוף זו"ן דמ"ה החדש, שהם בקומת ו"ק ונקודה, בירוו וחיברו אליהם, את הכלים דפנים דז"ת דנקודים מתוך שבירתם בבי"ע, דהיינו בחינת הגו"ע של הז"ת דנקודים (כנ"ל באות ע"ח), והם נעשו לנוקבא אל הזו"ן דמ"ה ועמידתם הוא בימין ושמאל, הזו"ן דמ"ה בימין, והזו"ן דב"ן בשמאל.

קלג) והנה נתבאר המ"ה וב"ן שבה"פ אצילות, אשר ה' הקומות דמ"ה החדש, שיצאו בעולם האצילות, בירוו להם מהכלים הישנים ששימשו בזמן הנקודים, ונתקנו להם לבחינת נוקבא הנקראת בשם ב"ן. שהב"ן דעתיק נעשה ונתקן ממחציתן העליונה דג"ר דנקודים, והב"ן דא"א ואו"א נבררו ונתקנו ממחציתן התחתונה דג"ר דנקודים, ששמשו להם בעת גדלות דנקודים וחזרו ונתבטלו. והב"ן דזו"ן נברר ונתקן מהכלים דפנים, שיצאו בעת קטנות דנקודים, שבעת הגדלות נשברו ונפלו ביחד עם הכלים דאחורים שלהם.

כלל גדול בעניני המוחין שבקביעות ובעליות הפרצופין והעולמות הנוהגין בשתא אלפי שני

קלד) כבר נתבאר לעיל (באות פ"ו ואילך), שיציאת הגדלות של הג"ר וז"ת דנקודים באו בג' סדרים, בסוד ג' הנקודות חולם שורק חירק. עש"ה כל הענין. ומשם תבין שיש ב' מינים של השלמת הע"ס לקבלת המוחין דגדלות: הא' מצד עליתו והתכללותו בעליון. דהיינו בעת שהזו"ן דא"ק האירו את האור חדש דרך הטבור אל הכתר דנקודים, והורידו הה"ת מנקבי עינים דכתר להפה שלו, שבזה נתעלו האח"פ הנפולים דכתר שהיו באו"א, וחזרו למדרגתם לכתר והשלימו הע"ס שלו, הנה נבחן אז שעלו עמהם גם גו"ע דאו"א, שהיו דבוקים על האח"פ דכתר, ונמצאים גם או"א נכללים בהע"ס השלמות של הכתר (כנ"ל באות צ"ג). עש"ה, כי התחתון העולה לעליון נעשה כמוהו. ונבחן משום זה שגם או"א השיגו האח"פ, החסרים להם להשלמת ע"ס שלהם, מכח התכללותם בהכתר. וזהו מין הא' של מוחין דגדלות.

קלה) ומין הב' הוא, שהמדרגה נשלמת בע"ס בכחה עצמה. דהיינו בעת שהזו"ן דא"ק האירו את האור חדש דרך היסוד דא"ק, הנק' נקודת השורק, לאו"א, והוריד הה"ת מנקבי עינים דאו"א עצמם לפה שלהם, שבזה העלה את הכלים דאח"פ דאו"א, ממקום נפילתם בז"ת אל הראש דאו"א, והשלימו להם הע"ס, שעתה נשלמים או"א ע"י עצמם, כי עתה השיגו הכלים דאח"פ ממש החסרים להם. משא"כ במין הא' בעת שקבלו שלמותם מהכתר ע"י הדבקות באח"פ שלו, הרי באמת היו עוד חסרים אח"פ, אלא ע"י התכללותם בכתר, קבלו על ידו הארה מאח"פ שלהם, שהספיק רק להשלימם בע"ס בעודם במקום הכתר, ולא כלל בעת יציאתם משם למקומם עצמם.

קלו) ועד"ז נמצא ב' מיני השלמות הנ"ל גם בז"ת:

הא' בעת הארת השורק ועלית אח"פ דאו"א, שאז גם הגו"ע דז"ת הדבוקים בהם נתעלו יחד עמהם ועלו לאו"א, וקבלו שם בחינת אח"פ להשלמת הע"ס שלהם, שאח"פ אלו אינם עוד אח"פ הממשיים שלהם, אלא רק הארת אח"פ המספיק להשלמת ע"ס בעודם באו"א, ולא כלל בירידתם למקומם עצמם. כנ"ל.

ומין הב' דהשלמת הע"ס, השיגו הז"ת בעת התפשטות המוחין מאו"א אל הז"ת, שעי"ז הורידו גם הם בחינת ה"ת המסיימת מהחזה שלהם אל מקום סיום רגלי א"ק, והעלו את התנה"י שלהם מבי"ע וחיברו אותם למדרגתם לאצילות, שאז לולא נשברו ומתו, היו נשלמים בע"ס שלמות ע"י עצמם, כי עתה השיגו את האח"פ הממשיים החסרים להם.

קלז) וגם בד' פרצופים שיצאו מאו"א לכלים דחג"ת וכן בד' הפרצופין שיצאו מהישסו"ת לכלים דתנהי"מ (כנ"ל באות ק"ז וק"ט) הנה גם בהם נמצאים אלו ב' מיני השלמות הע"ס הנ"ל, כי מבחינה אחת היה נשלם כל אחד מהם, ע"י התדבקותם באח"פ דאו"א וישסו"ת בעודם בראש, שהיא השלמת ע"ס דמין הא'. ואח"כ שנתפשטו לבי"ע, היו רוצים להשתלם בהשלמת הע"ס דמין הב'. וענין זה נוהג גם בפרטי פרטיות.

קלח) ותדע, כי אלו ה"פ אצילות הנ"ל עתיק וא"א ואו"א וזו"ן שנתקנו בקביעות ואין שום מיעוט נוהג בהם, (כנ"ל באות קכ"ו), שעתיק יצא בקומת כתר וא"א בקומת חכמה ואו"א בקומת בינה וזו"ן בקומת ז"א, ו"ק בלי ראש. הנה הכלים דאח"פ שנתבררו להם מעת הגדלות, היו מבחינת השלמת ע"ס דמין הא', והיינו על דרך נקודת החולם שהאיר בכתר דנקודים, שאז נשלמו גם או"א על ידי הכתר והשיגו הארת כלים דאח"פ, (כנ"ל באות קל"ד), ולפיכך אע"פ שהיה לכל אחד מעתיק וא"א ואו"א ע"ס שלמות בראש, מ"מ לא הגיע מזה בחי' ג"ר לגופין שלהם, ואפילו פרצוף עתיק לא היה לו בגוף אלא בחינת ו"ק בלי ראש, וכן א"א ואו"א, והטעם הוא, כי כל הזך נברר תחילה, וע"כ לא נברר בהם רק השלמת ע"ס דמין הא', שהוא מצד עליתו בעליון, דהיינו בחינת הארת כלים דאח"פ המספיק להשלים הע"ס בראש, אבל אין עוד התפשטות מהראש לגוף. כי בעת שאו"א נכללו בכתר דנקודים היה מספיק להם הארת אח"פ מכח הכתר, ולא כלל בהתפשטותם למקומם עצמם מפה דכתר דנקודים ולמטה. (כנ"ל באות קל"ה). וכיון שהגופין דעתיק וא"א ואו"א היו בו"ק בלי ראש, מכ"ש הזו"ן עצמם שהם בחינת גוף הכולל דאצילות, שיצאו בו"ק בלי ראש.

קלט) אמנם בא"ק לא היה כן, אלא כל הכמות שיצא בהראשים דפרצופי א"ק, נתפשט ג"כ לגופין שלהם. ולפיכך נבחנים כל ה"פ אצילות שהם רק בחינת ו"ק דפרצופי א"ק, וע"כ הם מכונים מ"ה החדש, או מ"ה דה"פ א"ק, דהיינו קומת ז"א, שהוא מ"ה בחוסר ג"ר, שהן גלגלתא ע"ב ס"ג. כי עיקר המדרגה נבחנת ע"פ התפשטותה אל הגוף מפה ולמטה, וכיון שגם לג' פרצופין הראשונים אין מהם התפשטות לגוף רק ו"ק בלי ראש, ע"כ הם נבחנים לבחינת מ"ה, שהוא קומת ו"ק בלי ראש, אל ה"פ א"ק.

קמ) באופן, שעתיק דאצילות, שיש לו בראש קומת כתר, נבחן לבחינת ו"ק לפרצוף הכתר דא"ק, וחסר נשמה חיה יחידה דכתר א"ק. וא"א דאצילות שיש לו בראש קומת חכמה, נבחן לבחינת ו"ק לפרצוף ע"ב דא"ק שהיא חכמה, וחסר נשמה חיה יחידה דע"ב דא"ק, ואו"א דאצילות, שיש להם בראש קומת בינה, נבחנים לבחינת ו"ק של פרצוף ס"ג דא"ק וחסר לו נשמה חיה יחידה דס"ג דא"ק. והזו"ן דאצילות נבחנים לבחינת ו"ק דפרצוף מ"ה וב"ן דא"ק, וחסר להם נשמה חיה יחידה דמ"ה וב"ן דא"ק. וישסו"ת וזו"ן הם תמיד במדרגה א'. זה ראש וזה גוף.

קמא) וע"י העלאת מ"ן ממע"ט של התחתונים נבררים השלמת האח"פ דע"ס דמין הב', דהיינו השלמתם דאו"א מבחי' עצמם, על דרך בחינת נקודת השורק, שאז או"א עצמם מורידים הה"ת מנקבי עינים שלהם, ומעלים אליהם האח"פ שלהם, שאז יש להם

קצד		מבנה העולמות		194

כח גם להשפיע אל הז"ת, שהם זו"ן, דהיינו אל הגופין ממעלה למטה. כי הגו"ע דזו"ן הדבוקים באח"פ דאו"א, נמשכים עמהם לאו"א ומקבלים מהם השלמת ע"ס (כנ"ל באות צ"ד), ואז נמצא כל כמות המוחין שישנם באו"א מושפעים ג"כ לזו"ן, שעלו אליהם ביחד עם האח"פ שלהם. ולפיכך בעת שה"פ אצילות מקבלים השלמה זו דמין הב' אז יש ג"ר גם לגופין דג' פרצופין הראשונים שהם עתיק וא"א ואו"א דאצילות וכן להזו"ן דאצילות, שהם גוף הכולל דאצילות. ואז עולים ה' פרצופי אצילות ומלבישים לה"פ א"ק, כי בעת התפשטות הג"ר גם אל הגופין דה"פ אצילות, הרי הם משתוים עם ה"פ א"ק. ועתיק דאצילות עולה ומלביש לפרצוף כתר דא"ק וא"א לע"ב דא"ק. ואו"א לס"ג דא"ק. וזו"ן למ"ה וב"ן דא"ק. ואז מקבל כל אחד מהם נשמה חיה יחידה מהבחינה שכנגדו בא"ק.

קמב) אמנם כלפי הזו"ן דאצילות נבחנים המוחין הללו רק לבחינת מין הא' דהשלמת הע"ס, כי אלו האח"פ אינם אח"פ גמורין, רק הארת אח"פ שהם מקבלים ע"י או"א, הוא בעת שהם במקום או"א, אבל בהתפשטותם למקומם עצמם, הרי הם עוד חסרים האח"פ שלהם, (כנ"ל באות קלו). ומטעם זה נבחנים כל המוחין שהזו"ן משיג בשתא אלפי שני בשם מוחין דעליה, כי אי אפשר להם להשיג מוחין דג"ר רק בעת עליתם למקום ג"ר, כי אז נשלמים על ידם, אמנם אם אינם עולים למעלה למקום הג"ר אי אפשר להיות להם מוחין, כי עדיין לא נבררו לזו"ן בחינת המוחין דמין הב', שזה לא יהיה זולת בגמר התיקון.

קמג) והנה נתבאר, שהמוחין דה"פ הקבועים באצילות, הם מבחינת בירורי כלים דמין הא' דאו"א, שבעולם הנקודים מכונה הארה זו בשם הארת הטבור, או נקודת החולם, שאפילו או"א אין להם השלמה אלא מבחינת מין הא'. וע"כ אין מגיע מהראשים דעתיק וא"א ואו"א, להגופין שלהם עצמם וכן להזו"ן, שום הארת ג"ר, כי גם הז"ת דנקודים לא קבלו כלום מהארה זו דבחינת החולם (כנ"ל אות פ"ח). והמוחין דשתא אלפי שני עד גמר התיקון הבאים ע"י העלאת מ"ן של התחתונים, הם מבחינת בירורי כלים להשלמת ע"ס דמין הב' דאו"א, שבעולם הנקודים מכונה הארה זו בשם הארת היסוד, או נקודת השורק, כי אז מעלה או"א את האח"פ של עצמם, שעליהם דבוקים גם הגו"ע דז"ת, וע"כ גם הז"ת מקבלים במקום או"א בחינת מוחין דג"ר. ולפיכך מגיע המוחין הללו גם להגופין דה"פ אצילות ולזו"ן הכוללים, אלא בלבד שהם צריכים להיות למעלה במקום הג"ר ולהלביש אותם. ולעתיד לבא בגמר התיקון, יקבלו אז הזו"ן את בחינת השלמת ע"ס דמין הב', ויורידו ה"ת המסיימת מבחינת החזה שלהם, שהוא הפרסא דאצילות, אל מקום סיום רגלי א"ק. (כנ"ל אות קל"ו). ואז יתחברו התנה"י דזו"ן שבבי"ע, אל מדרגת הזו"ן דאצילות, וישתוה סיום רגלין דאצילות לסיום רגלים דא"ק, ואז יתגלה מלכא משיחא. בסו"ה ועמדו רגליו על הר הזיתים. ונתבאר היטב שבשתא אלפי שני אין תיקון לעולמות רק בדרך עליה.

ביאור ג' העולמות: בריאה יצירה ועשיה

קמד) ז' עיקרים כוללים יש להבחין בג' העולמות בי"ע:

הא' הוא, מהיכן נעשה המקום לג' העולמות הללו.

הב' הוא, שיעורי קומת פרצופי בי"ע ועמידת העולמות בראשונה, בעת שנאצלו ויצאו מהנוקבא דאצילות.

הג' הוא, כל אלו שיעורי קומה מהמוחין דתוספת ומצב עמידתם, שהשיגו מטרם חטאו של אדה"ר.

הד' הוא, המוחין שנשתיירו בפרצופי בי"ע ומקום נפילת העולמות לאחר שנפגמו בחטאו של אדה"ר.

הה' הוא, המוחין דאמא שקבלו פרצופי בי"ע אחר נפילתם למטה מפרסא דאצילות.

הו' הוא, בחינת פרצופי האחור דה"פ אצילות שירדו ונתלבשו בפרצופי בי"ע ונעשו להם לבחינת נשמה לנשמה.

הז' הוא, בחי' המלכות דאצילות שירדה ונעשית בחינת עתיק לפרצופי בי"ע.

קמה) הנה הבחן הא' כבר נתבאר (לעיל מאות ס"ו ואילך), שמפאת עלית המלכות המסיימת שמתחת סיום רגלי א"ק, למקום החזה דז"ת דנקודות דס"ג, הנעשה בזמן צמצום ב', יצאו ונפלו ב"ש תתאין דת"ת ונהי"ם למטה מנקודת הסיום החדשה שבחזה דנקודות, ואינם ראויים עוד לקבל אור העליון, ונעשו מהם המקום לג' העולמות בי"ע, שמב"ש תתאין דת"ת נעשה מקום עולם הבריאה, ומג' ספירות נה"י נעשה מקום עולם היצירה, ומהמלכות נעשה מקום עולם העשיה. עש"ה.

קמו) והבחן הב' שהוא שיעורי קומת פרצופי בי"ע ומקום עמידתם בעת יציאתם ולידתם מבטן הנוקבא דאצילות. דע, שבעת הזאת כבר השיג הז"א בחינת חיה מאבא, והנוקבא כבר השיגה בחינת נשמה מאמא. וכבר ידעת שאין הזו"ן מקבלים המוחין מאו"א אלא בדרך עליה והלבשה, כנ"ל באות קמ"ב ע"ש. וע"כ נמצא הז"א מלביש את אבא דאצילות הנק' או"א עילאין. והנוקבא מלבשת לאמא דאצילות הנק' ישסו"ת. ואז הנוקבא דאצילות בירדה והאצילה את עולם הבריאה בכללות ה"פ שבו.

קמז) וכיון שהנוקבא עומדת במקום אמא, הרי היא נחשבת למדרגת אמא, כי התחתון העולה לעליון נעשה כמוהו, ולפיכך עולם הבריאה שנבררה על ידה נבחנת למדרגת ז"א, להיותה מדרגה תחתונה להנוקבא שהיא בחינת אמא והתחתון מאמא הוא ז"א. ונמצא אז עולם הבריאה, שעומדת במקום ז"א דאצילות מתחת להנוקבא דאצילות, שהיתה אז בחינת אמא דאצילות.

קמח) ועפי"ז נבחן עולם היצירה שנברר ונאצל ע"י עולם הבריאה שהוא אז במדרגת הנוקבא דאצילות, להיותה מדרגה תחתונה לעולם הבריאה שהיה אז בחינת הז"א דאצילות, והתחתון מהז"א היא בחינת נוקבא. אמנם לא כל הע"ס דעולם היצירה הם בחינת הנוקבא דאצילות אלא רק הד' ראשונות דיצירה בלבד. והטעם הוא, כי יש ב' מצבים בנוקבא, שהם פב"פ ואב"א, שבהיותה פב"פ עם הז"א קומתה שוה אל הז"א, ובהיותה אב"א, היא תופשת רק ד' ספירות תנה"י דז"א. ומשום שאז היה מצב כל העולמות רק אב"א, לא היה בבחינת הנוקבא אלא ד"ס לבד, וע"כ גם עולם היצירה אין לו במקום הנוקבא דאצילות, רק ד"ס ראשונות שלו, ושאר שש תחתונות דיצירה, היו בשש ספירות ראשונות דעולם הבריאה של עתה. דהיינו ע"פ תכונות מקום בי"ע שבהבחן הא' הנ"ל (באות קמ"ה), ששם נפלו העולמות בי"ע אחר חטאו של אדה"ר, ושם הוא מקום קביעותם עתה.

קמט) ועולם העשיה שנברר ע"י עולם היצירה נבחן למדרגת בריאה של עתה, כי מתוך שעולם היצירה היה אז במדרגת הנוקבא דאצילות, נמצא המדרגה שמתחתיה, עולם העשיה, שהוא בבחינת עולם הבריאה של עתה. אלא מתוך שרק הד"ר דיצירה היו בבחינת הנוקבא דאצילות, והשש תחתונות שלה היו בעולם הבריאה, לכן גם עולם העשיה שמתחתיה, נמצאים רק הד"ר שלו בבחינת ד"ס תחתונות דעולם הבריאה, והשש התחתונות דעולם העשיה היו במקום שש ראשונות דעולם היצירה של עתה. ונמצאו אז י"ד הספירות, שהם נהי"ם דיצירה של עתה וכל הע"ס דעולם עשיה של עתה, היו ריקנות מכל קדושה ונעשו למדור הקליפות, כי רק הקליפות היו נמצאות במקום י"ד ספירות הללו. כי העולמות דקדושה נסתיימו במקום החזה דעולם היצירה של עתה כמבואר. והנה נתבאר מדרגות שיעורי הקומה של פרצופי בי"ע ומקום עמידתם בעת שנאצלו בראשונה.

קנ) ועתה נבאר הבחן הג', שהוא שיעורי קומה דפרצופי בי"ע ומצב עמידתם, שהיה להם מהמוחין דתוספת, מטרם חטאו של אדה"ר, והוא כי ע"י הארת תוספת שבת היה להם אז ב' עליות, הא' בשעה חמשית בערב שבת, שבו נולד אדה"ר, שאז מתחיל להאיר תוספת שבת, בסוד הה' דיום הששי, ואז השיג הז"א בחינת יחידה, ועלה והלביש לא"א דאצילות, והנוקבא בחינת חיה, ועלתה והלבישה לאו"א דאצילות, והבריאה עלתה לישסו"ת, והיצירה עלתה כולה לז"א, והד"ס ראשונות דעשיה, עלו למקום הנוקבא דאצילות, והשש תחתונות דעשיה, עלו במקום שש ראשונות דבריאה.

ועליה הב׳ היתה בערב שבת בין הערבים, שע״י תוספת שבת, עלו גם הו׳ תחתונות דעשיה למקום הנוקבא דאצילות, והיו עומדים עולם היצירה ועולם העשיה בעולם האצילות במקום זו״ן דאצילות בבחינת פב״פ.

קנא) ועתה נבאר הבחן הד׳, שהוא קומת המוחין שנשתיירו בבי״ע, ומקום נפילתן לאחר החטא. והוא, כי מחמת פגם חטאו של עצה״ד, נסתלקו מהעולמות כל המוחין דתוספת, שהשיגו ע״י ב׳ העליות הנ״ל, והזו״ן חזר לו״ק ונקודה. וג׳ העולמות בי״ע, נשתיירו בהם רק המוחין שיצאו בהם בראשונה בעת אצילותם, שעולם הבריאה היה במדרגת הז״א שפירושו ו״ק, וכן היצירה ועשיה בשיעור הנ״ל (באות קמ״ח), ונוסף ע״ז, כי נסתלק מהם כל בחינת אצילות ונפלו למתחת הפרסא דאצילות בתכונת מקום בי״ע שהוכן ע״י צמצום ב׳, (כנ״ל באות קמ״ה). ונמצאו ד״ת דיצירה וע״ס דעולם העשיה, שנפלו ועמדו במקום הי״ד ספירות של הקליפות, (כנ״ל באות קמ״ט). הנק׳ מדור הקליפות ע״ש.

קנב) הבחן הה׳, הוא המוחין דאמא, שקבלו בי״ע במקום נפילתן. כי אחר שיצאו הבי״ע מאצילות, ונפלו למתחת הפרסא דאצילות, לא היה בהם אלא בחינת ו״ק, (כנ״ל באות קנ״א), ואז נתלבשו הישסו״ת בזו״ן דאצילות, ונזדווגו הישסו״ת מבחינת התלבשות בזו״ן, והשפיעו מוחין דנשמה לפרצופי בי״ע במקומם, שעולם הבריאה קבל מהם ע״ס שלמות בקומת בינה. ועולם היצירה קבל מהם ו״ק. ועולם העשיה רק בחינת אב״א.

קנג) הבחן הו׳, הוא בחינת נשמה לנשמה, שהשיגו פרצופי בי״ע מפרצופי האחור דה״פ אצילות. כי בעת מיעוט הירח, נפל פרצוף האחור דנוקבא דאצילות ונתלבש בפרצופי בי״ע, והוא כולל ג׳ פרצופין המכונים, עבור, יניקה, מוחין, ובחינת המוחין נפלה לבריאה, ובחינת היניקה נפלה ליצירה, ובחינת עיבור נפלה לעשיה, ונעשו בחינת נשמה לנשמה לכל פרצופי בי״ע, שהיא בחינת חיה אליהם.

קנד) הבחן הז׳, הוא הנוק׳ דאצילות שנעשתה לרדל״א ולהארת יחידה בבי״ע, כי נתבאר שבעת מיעוט הירח, נפלו ג׳ הבחינות עי״מ דפרצוף האחור דנוקבא דאצילות ונתלבשו בבי״ע. והם בחינת אחורים דט״ת דנוק׳, שהם עי״מ, שנה״י נק׳ עיבור, וחג״ת נק׳ יניקה, וחב״ד נק׳ מוחין. אמנם בחינת האחור דבחינת הכתר דנוקבא, נעשתה לבחינת עתיק לפרצופי בי״ע. באופן שבחי׳ עיקר אורותיהם דפרצופי בי״ע של עתה, הם מהשירים שנשארו בהם אחר חטאו של אדה״ר, שהוא בחינת הו״ק דכל פרט מהם (כנ״ל באות קנ״א). ובחינת נשמה קבלו ממוחין דאמא (כנ״ל באות קנ״ב). ובחינת נשמה לנשמה, שהוא בחינת חיה, קבלו מט״ת דפרצוף האחור דנוקבא. ובחינת יחידה, קבלו מבחינת האחור דכתר דנוקבא דאצילות.

ביאור ענין עליות העולמות

קנה) עיקר ההפרש מפרצופי א״ק לפרצופי עולם האצילות הוא, כי פרצופי א״ק הם מבחינת צמצום א׳, שבכל מדרגה שבו יש בה ע״ס שלמות ואין בע״ס רק בחינת כלי אחד, שהוא כלי מלכות, אבל הט״ס ראשונות הן רק בחינת אורות לבד. משא״כ פרצופי אצילות הם מבחי׳ צמצום הב׳, בסו״ה ביום עשות הוי״ה אלהים ארץ ושמים, ששיתף רחמים בדין (כנ״ל באות נ״ט). שמדת הדין שהיא מלכות עלתה ונתחברה בבינה שהיא מדת הרחמים, ונשתתפו יחד ע״ש. שע״ז נעשה סיום חדש על אור העליון במקום הבינה, שהמלכות המסיימת את הגוף עלתה לבינה דגוף, שהיא ת״ת, במקום החזה. והמלכות המזדווגת שבפה דראש, עלתה לבינה דראש הנק׳ נקבי עינים, (כנ״ל באות ס״א), שע״ז נתמעטו שיעור קומת הפרצופין לגו״ע, שהם כתר חכמה דכלים, בקומת ו״ק בלי ראש, שהוא נפש רוח דאורות (כנ״ל באות ע״ד), ונמצאו חסרים מאח״פ דכלים שהם בינה וזו״ן, ומנשמה חיה יחידה דאורות.

קנו) והגם שנתבאר לעיל באות קכ״ד, שע״י עלית מ״ן לעיבור ב׳, השיגו פרצופי אצילות הארת המוחין מע״ב ס״ג דא״ק, המוריד הה״ת מנקבי עינים בחזרה למקומה לפה, כבצמצום א׳, ומשיגים שוב האח״פ דכלים והנשמה חיה

יחידה דאורות. אמנם זה הועיל רק לבחינת הע"ס דראש של הפרצופין, ולא להגופין שלהם, כי המוחין הללו לא נמשכו מפה ולמטה אל הגופין שלהם (כנ"ל באות קל"ח), ועי"כ גם לאחר המוחין דגדלות, נשארו הגופין בצמצום ב' כמו בזמן הקטנות ע"ש. ומשום זה נחשבו כל ה"פ אצילות שאין להם רק קומת ע"ס היוצאת על עביות דבחי"א, שהוא קומת ז"א, ו"ק בלי ראש, הנק' קומת מ"ה. והם מלבישים על קומת מ"ה דה"פ א"ק, דהיינו מטבור ולמטה דה"פ א"ק.

קנז) באופן, שפרצוף עתיק דאצילות, מלביש על פרצוף הכתר דא"ק מטבורו ולמטה, ומקבל שפעו מקומת מ"ה דפרצוף הכתר דא"ק אשר שם. ופרצוף א"א דאצילות, מלביש מטבור ולמטה דפרצוף ע"ב דא"ק, ומקבל שפעו מקומת מ"ה דע"ב דא"ק אשר שם. ואו"א דאצילות, מלבישים מטבור ולמטה דפרצוף ס"ג דא"ק, ומקבלים שפעם מקומת מ"ה דס"ג אשר שם. וזו"ן דאצילות, מלבישים מטבור ולמטה דפרצוף מ"ה וב"ן דא"ק, ומקבלים שפעם מקומת מ"ה דפרצוף מ"ה וב"ן דא"ק, הרי שכל פרצוף מה"פ אצילות אינו מקבל מפרצוף שכנגדו בא"ק, רק בחינת ו"ק בלי ראש, הנק' קומת מ"ה. ואע"פ שיש בראשים דה"פ אצילות בחי' ג"ר, מ"מ אנו מתחשבים רק במוחין המתפשטים מפה ולמטה לגופים שלהם שהוא רק ו"ק בלי ראש, כנ"ל באות קל"ט.

קנח) ואין הכונה, שה"פ אצילות מלבישים כל אחד על הבחינה שכנגדו בא"ק, כי זה אי אפשר, שהרי ה"פ א"ק מלבישים זה על זה, וכן ה"פ אצילות. אלא הכונה היא, שקומת כל פרצוף מפרצופי אצילות, מכוונת לעומת הבחינה שכנגדו שבה"פ א"ק, שמשם מקבל שפעו, (וצריך שתעיין באילן שסדרתי, ציור ג').

קנט) ובכדי שיושפעו המוחין מפה ולמטה אל הגופין דה"פ אצילות, נתבאר לעיל באות קמ"א, שצריכים לעלית מ"ן מהתחתונים, שאז מושפעים להם השלמת הע"ס דמין הב' המספיק גם להגופין, עש"ה. והנה באלו המ"ן שהתחתונים מעלים, יש ג' בחינות, כי כשמעלים מ"ן מבחינת עביות דבחי"ב, יוצאות עליהם ע"ס בקומת בינה, הנק' קומת ס"ג, שהן מוחין דאור הנשמה. וכשמעלים מ"ן מעביות דבחי"ג, יוצאות עליהם ע"ס בקומת חכמה, הנק' קומת ע"ב, שהן מוחין דאור החיה וכשמעלים מ"ן מעביות דבחי"ד, יוצאות עליהם ע"ס בקומת כתר, הנק' קומת גלגלתא, שהן מוחין דאור היחידה. כנ"ל באות כ"ט ע"ש.

קס) ודע שהתחתונים הראוים להעלות מ"ן הנ"ל, הם רק בחינת נר"ן דצדיקים, שכבר כלולים מבי"ע, ויכולים להעלות מ"ן לזו"ן דאצילות, הנחשבים לבחינת העליון שלהם, ואז הזו"ן מעלים מ"ן אל העליון שלהם, שהם או"א, ואו"א יותר למעלה, עד שמגיעים לפרצופי א"ק, ואז יורד אור העליון מא"ס ב"ה לפרצופי א"ק, על המ"ן שנתעלו שמה, ויוצאות קומת ע"ס ע"פ מדת העביות של המ"ן שהעלו, אם הוא מבחי"ב הוא קומת נשמה, אם מבחי"ג הוא קומת חיה וכו' כנ"ל. ומשם יורדים המוחין ממדרגה למדרגה דרך פרצופי א"ק, עד שבאים לפרצופי אצילות, וכן עוברים ממדרגה למדרגה דרך כל פרצופי אצילות, עד שבאים להזו"ן דאצילות, שהם משפיעים המוחין האלו אל הנר"ן דצדיקים שהעלו את המ"ן הללו מבי"ע. וזה הכלל שכל חידוש מוחין אינו בא אלא רק מא"ס ב"ה לבדו. ואין מדרגה יכולה להעלות מ"ן או לקבל שפע, רק מהעליון הסמוך לו.

קסא) ומכאן תדע, שאי אפשר שהתחתונים יקבלו משהו מהזו"ן דאצילות מטרם שיתגדלו על ידיהם כל הפרצופים העליונים דעולם האצילות ועולם הא"ק. כי נתבאר, שאין חידוש מוחין אלא מא"ס ב"ה, אמנם אין הנר"ן דצדיקים יכולים לקבלם אלא מהעליון הסמוך להם, שהם זו"ן דאצילות, ולפיכך צריכים המוחין להשתלשל דרך העולמות והפרצופים העליונים עד שמגיעים אל הזו"ן, שהם המשפיעים לנר"ן דצדיקים. וכבר ידעת שאין העדר ברוחני, וענין העברה ממקום למקום, אין הפירוש שנעדרים ממקום הא' ובאים למקום הב', כנוהג בגשמיים, אלא

שנשארים במקום הא׳ גם אחר שעברו ובאו למקום הב׳, כמו מדליק נר מנר ואין חברו חסר. ולא עוד, אלא זה הכלל, שעיקר ושורש האור נשאר במקום הא׳, ובמקום הב׳ נמשך רק בחינת ענף ממנו. ועם זה תבין שאותו השפע העובר דרך העליונים עד שמגיע לנר״ן צדיקים, נשאר בכל מדרגה ומדרגה שעבר דרכה, ונמצאות כל המדרגות מתגדלות בסבת השפע שהם מעבירים לצורך נר״ן דצדיקים.

קסב) ובהאמור תבין, איך התחתונים במעשיהם גורמים עליות וירידות להפרצופין והעולמות העליונים. כי בעת שמטיבים מעשיהם ומעלים מ״ן וממשיכים שפע, הרי כל העולמות והמדרגות, שדרכם עברה השפע, מתגדלים ועולים למעלה בסבת השפע שמעבירים, כנ״ל, ובעת שחוזרים ומקלקלים מעשיהם, הנה מתקלקל המ״ן, והמוחין מסתלקים גם ממדרגות העליונות, כי נפסק ענין העברת השפע מהן לצורך התחתונים, ונמצאות חוזרות ויורדות למצבן הקבוע כבתחילה.

קסג) ועתה נבאר סדר עליות ה״פ אצילות לה״פ א״ק, וג׳ העולמות בי״ע לישסו״ת וזו״ן דאצילות, החל ממצבם הקבוע, עד להגובה שאפשר להיות בהשתא אלפי שני מטרם גמר התיקון. שבדרך כלל, הן רק ג׳ עליות, אמנם הן מתחלקות לפרטים מרובים. והנה מצב העולמות א״ק ואבי״ע בקביעות כבר נתבאר לעיל, כי פרצוף הראשון הנאצל לאחר צמצום א׳, הוא פרצוף גלגלתא דא״ק, שעליו מלבישים ד׳ פרצופי א״ק: ע״ב ס״ג מ״ה וב״ן, וסיום רגלי א״ק הוא למעלה מנקודת העוה״ז (כנ״ל באות כ״ז ואות ל״א ע״ש), ועליו מסבבים המקיפים דא״ק מא״ס ב״ה, שלגדלם אין קץ ושיעור, (כנ״ל באות ל״ב, ע״ש). וכמו שא״ס ב״ה מקיף מסביב לו, כן הוא מתלבש בפנימיותו, והוא המכונה **קו א״ס ב״ה**.

קסד) ובפנימיות מ״ה וב״ן דא״ק, יש פרצוף תנהי״מ דא״ק, המכונה ג״כ נקודות דס״ג דא״ק, (לעיל באות ס״ג וס״ו עש״ה), שבעת צמצום הב׳, עלתה מלכות המסיימת, שעמדה ממעל לנקודה דעוה״ז וקבעה מקומה בחזה דפרצוף הזה, מתחת שליש עליון דת״ת שלו, ונעשה שם סיום חדש על אור העליון, שלא יתפשט משם ולמטה, וסיום חדש הזה נק׳ בשם **פרסא שמתחת האצילות**. (כנ״ל באות ס״ח), ואלו הספירות שמחזה ולמטה דפרצוף נקודות דס״ג דא״ק, שנשארו מתחת הפרסא, נעשו מקום לג׳ העולמות בי״ע: ב״ש ת״ת עד החזה, נעשה מקום לעולם הבריאה. ונה״י נעשו מקום לעולם היצירה. והמלכות, נעשה מקום לעולם העשיה. (כנ״ל באות ס״ז), ונמצא שמקום ג׳ העולמות בי״ע, מתחיל מתחת הפרסא ומסתיים ממעל לנקודה דעוה״ז.

קסה) ונמצאים ד׳ העולמות, **אצילות, בריאה, יצירה ועשיה**, שמתחילים ממקום למטה מטבור דא״ק, ומסתיימים ממעל לנקודת העוה״ז כי ה״פ עולם האצילות, מתחילים ממקום שלמטה מטבור דא״ק, ומסתיימים ממעל להפרסא הנ״ל ומהפרסא ולמטה עד לעוה״ז, עומדים ג׳ העולמות בי״ע, וזהו מצב הקבוע של העולמות א״ק ואבי״ע, שלעולם לא יארע בהם שום מיעוט. וכבר נתבאר לעיל (באות קל״ח) שבמצב הזה אין בכל הפרצופין והעולמות אלא רק בחינת ו״ק בלי ראש, כי אפילו בג׳ הפרצופין הראשונים דאצילות שיש ג״ר בראשים שלהם, מ״מ אינן מושפעות מפה ולמטה שלהם, וכל הגופים הם ו״ק בלי ראש, וכ״ש בפרצופי בי״ע. ואפילו פרצופי א״ק, בערך המקיפים שלו, נבחנים ג״כ שהם חסרי ג״ר. והתבונן היטב לעיל באות ל״ב.

קסו) ולפיכך נוהגות ג׳ עליות כוללות, בכדי להשלים העולמות בג׳ הקומות, נשמה חיה יחידה החסרות להם. ועליות האלו תלויות בהעלאת מ״ן של התחתונים כנ״ל. העליה הא׳ היא, בעת שהתחתונים מעלים מ״ן מבחינת העביות דבחי״ב, שאז נבררים האח״פ דקומת בינה ונשמה, מבחי׳ השלמת הע״ס דמין הב׳, דהיינו מהארת נקודת השורק, (כנ״ל באות קל״ה, עש״ה), אשר המוחין האלו מאירים גם לבחינת הז״ת והגופין, כמו בפרצופי א״ק, שכל הכמות שיש בע״ס דראשי פרצופי א״ק, עוברת ומתפשטת גם לגופים.

קסז) ונמצא, בעת שמוחין אלו עוברים דרך פרצופי האצילות, מקבל כל אחד מה״פ

אצילות, בחינת מוחין דבינה ונשמה הנק' מוחין דס"ג, המאירים ג"ר גם לפרצופין שלהם כמו בא"ק, וע"כ נבחן אז, שהם מתגדלים ועולים ומלבישים על פרצופי א"ק, כפי מדת המוחין שהשיגו.

קסח) באופן, שבעת שפרצוף עתיק דאצילות השיג המוחין האלו דבינה, נמצא עולה ומלביש לפרצוף בינה דא"ק, המכוון נגד קומת ס"ג דפרצוף גלגלתא דא"ק, והוא מקבל משם בחינת נשמה דיחידה דא"ק, המאירה גם להז"ת שלו, וכשהמוחין באים לפרצוף א"א דאצילות, הוא עולה ומלביש על ראש דעתיק דקביעות, המכוון נגד קומת הס"ג דפרצוף ע"ב דא"ק, והוא מקבל משם בחינת נשמה דחיה דא"ק, המאירה לז"ת שלו. וכשהמוחין באים לפרצוף או"א דאצילות, הם עולים ומלבישים לג"ר דא"א דקביעות, המכוון נגד קומת בינה דס"ג דא"ק, והם מקבלים משם בחינת נשמה דנשמה דא"ק, המאירה גם להז"ת שלהם. וכשמוחין אלו באים לישסו"ת וזו"ן דאצילות, הם עולים ומלבישים על או"א דקביעות, המכוון נגד קומת בינה דפרצוף מ"ה וב"ן דא"ק, ומקבלים משם בחינת נשמה דנפש רוח דא"ק. ואז מקבלים הנר"ן דצדיקים את המוחין דנשמה דאצילות. וכשהמוחין באים לפרצופי עולם הבריאה, עולה עולם הבריאה ומלביש את הנוקבא דאצילות, ומקבל ממנה בחינת נפש דאצילות. וכשבאים המוחין לעולם היצירה, הוא עולה ומלביש לעולם הבריאה דקביעות, ומקבל ממנו בחינת נשמה וג"ר דבריאה. וכשהמוחין באים לעולם העשיה, הוא עולה ומלביש על עולם היצירה, ומקבל משם בחינת מוחין דו"ק שביצירה. והנה נתבאר העליה הא' שהשיג כל פרצוף מאבי"ע, בסבת המ"ן דבחי"ב שהעלו התחתונים. (ועיין באילן הנדפס בסוף ספרי, בית שער לכוונות, ציור ז').

קסט) העליה הב' היא, בעת שהתחתונים מעלים מ"ן מבחינת העביות דבחי"ג, שאז נבררין האח"פ דקומת חכמה וחיה, מבחינת השלמת הע"ס דמין הב'. שמוחין אלו מאירים גם לבחינת הז"ת והגופין כמו בפרצופי א"ק. כנ"ל. וכשהמוחין עוברים דרך הפרצופין דאבי"ע, נמצא כל פרצוף עולה ומתגדל על ידיהם כפי המוחין שהשיג.

קע) באופן, כשבאו המוחין לפרצוף עתיק דאצילות עולה ומלביש לג"ר דפרצוף חכמה דא"ק, הנק' ע"ב דא"ק, המכוון נגד קומת ע"ב דגלגלתא דא"ק, ומקבל משם בחינת אור החיה דיחידה. וכשהמוחין מגיעים לפרצוף א"א דאצילות, הוא עולה ומלביש לג"ר דס"ג דא"ק, המכוונים נגד קומת ע"ב דפרצוף ע"ב דא"ק, ומקבל משם בחי' אור החיה דחיה דא"ק. וכשהמוחין מגיעים לפרצופי או"א דאצילות, הם עולים ומלבישים לג"ר דעתיק דקביעות, המכוונות נגד קומת ע"ב דפרצוף ס"ג דא"ק, ומקבל משם בחינת אור החיה דנשמה דא"ק, המאירה גם להז"ת והגופין. וכשהמוחין באים לישסו"ת דאצילות, הם עולים ומלבישים לג"ר דא"א דקביעות, המכוונות נגד קומת ע"ב דמ"ה דא"ק, ומקבלות משם אור החיה דמ"ה דא"ק. וכשהמוחין באים לזו"ן דאצילות, הם עולים לג"ר דאו"א, המכוונים נגד קומת ע"ב דב"ן דא"ק, ומקבלים משם בחינת אור החיה דב"ן דא"ק. ומהזו"ן מקבלים נשמת הצדיקים. וכשמגיעים המוחין לעולם הבריאה, הוא עולה ומלביש על הז"א דאצילות, ומקבל ממנו בחינת רוח דאצילות, וכשהמוחין באים לעולם היצירה, עולה היצירה ומלביש על הנוקבא דאצילות, ומקבל ממנה אור הנפש דאצילות. וכשבאים המוחין לעולם העשיה עולה ומלביש לעולם הבריאה ומקבל ממנו בחי' ג"ר ונשמה דבריאה, ואז נשלם עולם העשיה בכל הנר"ן דבי"ע. והנה נתבאר העליה הב' של כל פרצוף מפרצופי אבי"ע, שעלו ונתגדלו בסבת המ"ן דבחי"ג שהעלו הנר"ן דצדיקים. (ועיין באילן ציור ח').

קעא) העליה הג' היא, בעת שהתחתונים מעלים מ"ן מעביות דבחי"ד, שאז נבררים האח"פ דקומת כתר ויחידה, מבחינת השלמת הע"ס דמין הב', אשר מוחין אלו מאירים גם להז"ת והגופין שלהם כמו בפרצופי א"ק. וכשהמוחין אלו עוברים דרך פרצופי אבי"ע, הרי כל פרצוף עולה ומתגדל ומלביש לעליונו

כפי מדת המוחין ההם.

קעב) באופן, שבעת ביאת המוחין לפרצוף עתיק דאצילות, עולה ומלביש לג"ר דפרצוף גלגלתא דא"ק, ומקבל משם בחינת אור היחידה דיחידה. וכשהמוחין מגיעים לפרצוף א"א דאצילות עולה ומלביש לג"ר דפרצוף ע"ב דא"ק, ומקבל משם אור היחידה דחיה דא"ק. וכשהמוחין מגיעים לפרצוף או"א דאצילות, הם עולים ומלבישים לג"ר דס"ג דא"ק, ומקבלים משם אור היחידה דנשמה דא"ק. וכשהמוחין מגיעים לפרצוף ישסו"ת, הם עולים ומלבישים לג"ר דמ"ה דא"ק, ומקבלים משם אור היחידה דמ"ה דא"ק. וכשהמוחין מגיעים לזו"ן דאצילות, הם עולים ומלבישים לג"ר דב"ן דא"ק, ומקבלים משם אור היחידה דב"ן דא"ק. ואז מקבלים הנר"ן דצדיקים את אור היחידה מהזו"ן דאצילות. ובעת שהמוחין מגיעים לעולם הבריאה, עולה ומלביש לפרצוף ישסו"ת דאצילות ומקבל משם נשמה דאצילות. וכשהמוחין מגיעים לעולם היצירה עולה ומלביש לפרצוף ז"א דאצילות, ומקבל ממנו בחינת רוח דאצילות. וכשהמוחין מגיעים לעולם העשיה, עולה ומלביש לנוקבא דאצילות, ומקבל ממנה בחינת אור הנפש דאצילות. (ועי' באילן ציור ט').

קעג) ונמצא עתה בעת עליה הג', אשר ה"פ אצילות, נשלמו כל אחד בג' הקומות נשמה חיה יחידה מא"ק, שהיו חסרים להם מבחינת הקביעות. ונבחן, שה"פ אצילות עלו והלבישו את ה"פ א"ק, כל אחד לבחינה שכנגדו בפרצופי א"ק. וגם הנר"ן דצדיקים קבלו בחינת הג"ר שהיה חסר להם, וגם ג' העולמות בי"ע שהיו נמצאים מתחת הפרסא דאצילות, שמבחינת הקביעות לא היה בהם אלא בחי' נר"ן דאור חסדים, הנפרשים מחכמה מכח הפרסא שעליהם, ועתה עלו למעלה מפרסא, והלבישו לישסו"ת וזו"ן דאצילות, ויש להם נר"ן דאצילות, שאור החכמה מאיר בחסדים שלהם.

קעד) ויש לדעת שהנר"ן דצדיקים מלבישים בקביעות רק לפרצופי בי"ע שמתחת הפרסא: הנפש מלביש לע"ס דעשיה, והרוח לע"ס דיצירה, והנשמה לע"ס דבריאה. ונמצא שהגם שהם מקבלים מזו"ן דאצילות, עכ"ז הוא מגיע אליהם רק דרך פרצופי בי"ע שמלבישים עליהם. באופן, שגם הנר"ן דצדיקים עולים בשוה עם עליות הג' עולמות בי"ע שנתבאר לעיל: ונמצא שגם עולמות בי"ע אינם מתגדלים, אלא לפי מדת קבלת השפע של הנר"ן דצדיקים, דהיינו ע"פ המ"ן הנבררים על ידיהם.

קעה) והנה נתבאר, שמבחינת הקביעות אין בכל העולמות והפרצופים שבהם רק בחינת ו"ק בלי ראש, כל אחד כפי בחינתו, כי אפילו הנר"ן דצדיקים אינם אלא בחינת ו"ק, כי הגם שיש להם ג"ר דנשמה מעולם הבריאה, עכ"ז ג"ר אלו, נחשבים רק בבחינת ו"ק בערך עולם האצילות, מטעם שהם בחינת אור חסדים הנפרשים מחכמה כנ"ל. וכן פרצופי אצילות, אע"פ שיש ג"ר בראשים שלהם, מ"מ כיון שאינם מאירים לגופין, הם נחשבים רק לבחינת ו"ק. וכל המוחין המגיעים לעולמות, שהם יותר מבחינת ו"ק, אינם אלא ע"י המ"ן שמעלים הצדיקים. אמנם המוחין האלו לא יוכלו להתקבל בפרצופין, זולת דרך עלית התחתון למקום העליון, כמו שנתבאר. והוא מטעם, כי אע"פ שהם נחשבים לבחינת השלמת הע"ס דמין הב', מ"מ, כלפי הגופין והזו"ת עצמם עוד הם נחשבים לבירורי אח"פ דמין הא', דהיינו שאינם נשלמים במקומם עצמם, אלא רק כשהם נמצאים במקום העליון. (כנ"ל באות קמ"ב). ולפיכך, לא יוכלו ה"פ אצילות לקבל נשמה חיה יחידה דא"ק, זולת בעת שהם עולים ומלבישים אותם. וכן הנר"ן וג' עולמות בי"ע, לא יוכלו לקבל נר"ן דאצילות, זולת רק בעת שהם עולים ומלבישים לישסו"ת וזו"ן דאצילות. עש"ה. כי אלו האח"פ דמין הב' השייכים לזו"ת, שיש להם התפשטות ממעלה למטה, למקום הזו"ת, לא יתבררו רק בגמר התיקון, כנ"ל. ולפיכך בעת שהג' עולמות בי"ע עולים ומלבישים לישסו"ת וזו"ן דאצילות, נמצא אז, שמקומם הקבוע מפרסא ולמטה, נשאר ריקן לגמרי מכל אור קדושה. ויש שם הפרש בין מחזה ולמעלה דעולם היצירה, לבין מחזה ולמטה שלו, כי נתבאר

לעיל, שמחזה ולמטה דעולם היצירה, הוא מקום הקבוע רק לקליפות, (כנ"ל באות קמ"ט), אלא מסבת פגם חטאו של אדה"ר, ירדו ד"ת דיצירה דקדושה וע"ס דעשיה דקדושה ונתלבשו שם. (כנ"ל באות קנ"ו). ולפיכך בעת עליות בי"ע לאצילות, נמצא שמחזה דיצירה ולמעלה, אין שם לא קדושה ולא קליפות, אבל מחזה דיצירה ולמטה, יש שם קליפות. כי שם המדור שלהם.

קעו) ולפי שהמוחין היתירים מקומת ו"ק, אינם באים רק ע"י מ"ן של התחתונים, אינם נמצאים משום זה בקביעות בפרצופין, כי תלוים במעשי התחתונים, ובעת שהם מקלקלים מעשיהם נמצאים המוחין מסתלקים כנ"ל (באות קס"ב עש"ה). אמנם המוחין דקביעות שבפרצופין שנתקנו מכח המאציל עצמו לא יארע בהם שום שינוי לעולם, שהרי אינם מתגדלים ע"י התחתונים, ולכן אינם נפגמים על ידיהם. כנ"ל.

קעז) ולא יקשה לך, הרי א"א דב"ן הוא נבחן לכתר דאצילות, ואו"א לע"ב, (כנ"ל באות ק"ל), כי א"א הוא מחצית הכתר התחתונה דב"ן ואו"א הם מחצית התחתונה דחו"ב דנקודים, וא"כ הבחינה שכנגדו דא"א בא"ק, היה צריך להיות פרצוף הכתר דא"ק, והבחינה שכנגדם דאו"א בא"ק היה צריך להיות ע"ב דא"ק. והתשובה היא, כי פרצופי הב"ן הן נוקבין, שאין להם שום קבלה מעצמם, אלא רק מה שהזכרים, שהם פרצופי המ"ה, משפיעים להם. ולפיכך, כל אלו ההבחנות שבעליות, שפירושם השגת מוחין מהעליון, נבחנים רק בהזכרים, שהם פרצופי המ"ה, וכיון שא"א דמ"ה אין לו מבחינת כתר כלום, אלא רק קומת חכמה בלבד, ואו"א דמ"ה אין להם מבחינת חכמה כלום, אלא קומת בינה בלבד, (כנ"ל קכ"ו) ע"כ נבחן הבחינה שכנגדם בא"ק: ע"ב דא"ק לא"א, וס"ג דא"ק לאו"א. ופרצוף הכתר דא"ק מתיחס רק לעתיק בלבד, שלקח כל הקומת כתר דמ"ה. כנ"ל.

קעח) גם צריך שתבחין בהאמור, כי סולם המדרגות כפי שהם בהמוחין דקביעות, אינו משתנה לעולם בסבת כל העליות הנ"ל, שהרי נתבאר לעיל (באות קס"א). שסבת כל אלו העליות, הם מפאת שהנר"ן דצדיקים העומדים בבי"ע, אי אפשר להם לקבל משהו, מטרם שכל הפרצופין העליונים מעבירים אותה להם מא"ס ב"ה, שבשיעור הזה נמצאים העליונים עצמם, עד א"ס ב"ה, מתגדלים ועולים גם הם, כל אחד להעליון שלהם. (עש"ה כל ההמשך). ונמצא, שבשיעור התעלות מדרגה אחת, כן מחויבים להתעלות כל המדרגות כולן, עד א"ס ב"ה, כי למשל, בהתעלות הזו"ן ממצבם הקבוע, שהוא למטה מטבור דא"א, ומלביש מחזה ולמטה דא"א, הרי גם א"א נתעלה באותה העת במדרגה אחת ממצבו הקבוע, שהיה מפה דעתיק ולמטה, ומלביש לג"ר דעתיק, שאחריו מתעלים גם מדרגות הפרטיות שלו, כי החג"ת שלו, עלו למקום ג"ר הקבועות, והמחזה עד הטבור שלו, עלו למקום חג"ת הקבועים, והמטבור ולמטה שלו, עלו למקום המחזה עד הטבור. אשר לפי זה נמצא הזו"ן שעלה למקום מחזה עד הטבור דא"א הקבוע, שהוא עדיין למטה מטבור דא"א, שהרי בעת הזאת כבר עלה גם הלמטה מטבור דא"א למקום המחזה עד הטבור (עי' באילן ציור ד' ששם תראה עליות הזו"ן בערך הקבוע דה"פ דאצילות, שעולה ומלביש בעת השגת נשמה, לג"ר דישסו"ת, שעל גבי מפה ולמטה דאו"א, שעל גבי מחזה ולמטה דא"א). אמנם גם כל פרצופי אצילות עולים בעת הזאת, (כמו שתראה באילן בציור ז' בעת השגת נשמה) לכן תמצא שם את הזו"ן עדיין מלביש מפה ולמטה דישסו"ת, שעל גבי מחזה ולמטה דאו"א, שעל גבי מטבור ולמטה דא"א, הרי שסולם המדרגות לא נשתנה כלום מחמת העליה. ועד"ז בכל מיני העליות. (ע"ש באילן בכל הציורים, מציור הג' עד סופו).

קעט) גם יש לדעת, שגם אחר עליות הפרצופין הם משאירים כל מדרגתם במקום הקבוע או במקום שהיו שם מתחילה, כי אין העדר ברוחני. (כנ"ל באות צ"ו) באופן, שבעת שהג"ר דאו"א עולים לג"ר דא"א, עוד נשארו הג"ר דאו"א במקום הקבוע מפה ולמטה דא"א, ונמצאים הישסו"ת, שעלו אז על גבי החג"ת

דאו"א דעליה, שהם מקבלים מהג"ר דאו"א ממש, אשר היו שם מטרם העליה. ולא עוד, אלא שנבחן שיש שם ג' מדרגות ביחד, כי הג"ר דאו"א דעליה, העומדות במקום ג"ר דא"א דקביעות, נמצאות משפיעות למקומן הקבוע שמפה ולמטה דא"א, ששם נמצאים עתה ישסו"ת, הרי הג"ר דא"א ואו"א וישסו"ת מאירים בבת אחת במקום אחד. ועד"ז נבחנים כל הפרצופים דא"ק ואבי"ע בעת העליות. ומטעם זה יש להבחין תמיד בעלית הפרצוף, את ערך העליה כלפי העליונים במצבם הקבוע, ואת ערך שלו, כלפי העליונים, שגם הם עלו מדרגה אחת כמותו. (ועי' כל זה באילן, כי בציור ג' תמצא מצב הפרצופין במצבם הקבוע. וג' עליות הז"א לפי ערכם של ה"פ אצילות הקבועים תמצא בציור: ד' ה' ו'. וג' עליות של כל ה"פ אצילות לפי ערכם של ה"פ א"ק הקבועים, תמצא בציורים: ז' ח' ט'. וג' עליות של כל ה"פ א"ק בערך קו א"ס ב"ה הקבוע, תמצא בציורים: י' י"א וי"ב).

ענין התחלקות כל פרצוף לכתר ואבי"ע

קפ) **יש לדעת, שהכלל ופרט שוים זה לזה**, וכל הנבחן בכלל כולו יחד, נמצא גם בפרטי פרטיות שבו ובפרט האחרון שאך אפשר להפרט ולפיכך כיון שהמציאות בדרך כלל נבחנת לה' עולמות א"ק ואבי"ע, שעולם הא"ק נבחן להכתר של העולמות, וד' עולמות אבי"ע, נבחנים לחו"ב וזו"ן, (כנ"ל, באות ג'). כמו כן אין לך פרט קטן בכל ד' העולמות אבי"ע, שאינו כלול מכל ה' האלו, כי **הראש** של כל פרצוף נבחן להכתר שבו, שהוא כנגד עולם הא"ק. והגוף **מפה עד החזה**, נבחן לאצילות שבו, **וממקום החזה עד הטבור**, נבחן לבריאה שבו, **ומטבור ולמטה** עד סיום רגליו, נבחן ליצירה ועשיה שלו.

קפא) **וצריך שתדע, שיש כינויים מרובים** לעשר ספירות כח"ב חג"ת נהי"מ, כי פעמים נק' גו"ע ואח"פ, או כח"ב זו"ן, או נרנח"י, או קוצו של יוד וד' אותיות י"ה ו"ה, או הוי"ה פשוטה וע"ב ס"ג מ"ה וב"ן, שהם ד' מיני מילואים שבהוי"ה: מילוי ע"ב הוא יוד הי ויו הי, מילוי ס"ג הוא יוד הי ואו הי, מילוי מ"ה הוא יוד הא ואו הא, מילוי ב"ן הוא יוד הה וו הה. וכן הם נק' א"א ואו"א וזו"ן, שא"א הוא כתר, ואבא הוא חכמה, ואמא היא בינה, וז"א הוא חג"ת נה"י, והנוק' דז"א היא מלכות. וכן נק' א"ק ואבי"ע או כתר ואבי"ע, והמלכות דכתר נקרא **פה**, והמלכות דאצילות נקרא **חזה**, והמלכות דבריאה נק' **טבור**, והמלכות דיצירה נק' עטרת יסוד, והמלכות דכללות נק' **סיום רגלין**.

קפב) **ותדע שיש תמיד להבחין באלו שינוי** השמות של הע"ס ב' הוראות: הא' הוא ענין השואתו לספירה שעל שמה הוא מתיחס, והב' הוא ענין השינוי שבו מאותו הספירה שמתיחס אחריה, שמסבה זו נשתנה שמו בכינוי המיוחד. למשל, הכתר דע"ס דאו"י ה"ס א"ס ב"ה, וכל ראש של פרצוף נק' ג"כ כתר, וכן כל ה"פ א"ק נק' ג"כ כתר, וכן פרצוף עתיק נק' כתר, וכן א"א נק' כתר. וע"כ יש להתבונן, אם הם כולם כתר, למה נשתנה שמם להקרא בכינויים הללו. וכן אם הם מתיחסים כולם לכתר, הרי צריכים להשתוות להכתר. אמנם האמת הוא, שמבחינה אחת הם כולם שוים לכתר, שהם בחינת א"ס, כי זה הכלל, שכל עוד שאור העליון לא נתלבש בכלי, הוא בחינת א"ס, ולכן כל ה"פ א"ק, נחשבים כלפי עולם התיקון שהם אור בלי כלי, כי אין לנו שום תפיסא בכלים דצמצום א', ולכן נחשב אצלנו אורותיו לבחינת א"ס ב"ה. וכן עתיק וא"א דאצילות, הם שניהם מבחינת הכתר דנקודים, כנ"ל. אמנם מבחינה אחרת הם רחוקים זה מזה, כי הכתר דאו"י הוא ספירה אחת, אבל בא"ק יש בו ה"פ שלמים, שבכל אחד מהם רת"ס, (כנ"ל באות קמ"ב). וכן פרצוף עתיק הוא רק ממחצית הכתר העליון דנקודים, ופרצוף א"א הוא ממחצית הכתר התחתון דנקודים, (כנ"ל באות קכט). ועל דרך זה צריכים להבחין בכל מיני הכינוים של הספירות אותם ב' ההוראות.

קפג) **ותדע שההוראה המיוחדת לעצמה** שבאלו הכינוים דע"ס בשם כתר ואבי"ע, הוא להורות, שהכונה היא, על בחינת התחלקות

הע"ס לכלים דפנים ולכלים דאחורים, שנעשו בסבת הצמצום ב'. כי נתבאר לעיל (באות ס') שאז עלתה מלכות המסיימת למקום בינה דגוף, הנק' ת"ת במקום החזה, וסיימה שם את המדרגה, ונעשה שם סיום חדש, הנק' **פרסא** שמתחת האצילות (כנ"ל באות ס"ח). והכלים שמחזה ולמטה יצאו לבר מאצילות ונק' **בי"ע**, שב"ש ת"ת, שמחזה עד הסיום נק' **בריאה**, ונה"י נק' **יצירה**, והמלכות נק' **עשיה**. ע"ש. גם נתבאר שמטעם זה, נחלקה כל מדרגה לכלים דפנים וכלים דאחורים, שמחזה ולמעלה נק' כלים דפנים, ומחזה ולמטה נק' כלים דאחורים.

קפד) ולפיכך, הבחן זה של הפרסא במקום החזה, מחלק המדרגה לד' בחינות מיוחדות הנק' אבי"ע כנ"ל: האצילות עד החזה, והבי"ע מחזה ולמטה. וראשית ההבחן הוא בא"ק עצמו, אלא בו ירדה הפרסא עד הטבור שלו (מטעם הנ"ל באות ס"ח), ונמצא בחי' אצילות שלו, הוא הע"ב ס"ג המסתיימים למעלה מטבורו, ומטבורו ולמטה הוא בי"ע שלו, ששם ב' הפרצופין מ"ה וב"ן שבו, כנ"ל. הרי איך ה"פ א"ק נחלקים על אבי"ע, מכח הסיום דצמצום ב' שנק' פרסא: שהגלגלתא הוא הראש, והע"ב ס"ג עד טבורו הוא אצילות, והמ"ה וב"ן שמטבורו ולמטה הוא בי"ע.

קפה) ועד"ז, נחלקים ה"פ עולם האצילות בפ"ע, לכתר ואבי"ע: כי א"א הוא הראש דכללות אצילות, ואו"א עלאין שהם ע"ב המלבישים מפה ולמטה דא"א עד החזה, הם אצילות, ושם בנקודת החזה, עומדת הפרסא המסיימת בחי' האצילות של עולם האצילות. וישסו"ת שהם ס"ג, המלבישים מחזה דא"א עד טבורו, הם **בריאה דאצילות**. והזו"ן, שהם מ"ה וב"ן המלבישים מטבור דא"א עד סיום האצילות, הם **יצירה ועשיה דאצילות**. הרי שגם עולם האצילות, בכללות ה"פ שבו, מתחלק לראש ואבי"ע כמו ה"פ א"ק, אלא כאן עומדת הפרסא על מקומה, שהוא בחזה דא"א, ששם מקומה האמיתי. (כנ"ל באות קכ"ז).

קפו) אמנם בכללות כל העולמות, נבחנים כל ג' הפרצופין גלגלתא ע"ב ס"ג דא"ק, לבחינת **הראש דכללות**, וה"פ עולם האצילות, המלבישים מטבור דא"ק ולמטה עד הפרסא דכללות, שהיא הפרסא שנעשתה בחזה דנקודות דס"ג, (כנ"ל באות ס"ו ע"ש). הנה שם הוא **אצילות דכללות**, מפרסא ולמטה, עומדים ג' העולמות **בי"ע דכללות** (כנ"ל באות ס"ז. ובאות ס"ח ואילך ע"ש).

קפז) וממש על דרך הנ"ל. מתחלקת כל מדרגה דפרטי פרטיות שבכל עולם מאבי"ע, לראש ואבי"ע, ואפילו בחינת מלכות דמלכות שבעשיה: כי נבחן בו ראש וגוף, והגוף נחלק, לחזה וטבור וסיום רגלין, והפרסא שמתחת האצילות של אותו המדרגה, עומדת בחזה שלו ומסיימת האצילות. ומחזה עד הטבור, הוא בחינת בריאה של המדרגה, שנקודת הטבור מסיימתה. ומטבור ולמטה עד סיום רגליו הוא בחינת יצירה ועשיה של המדרגה. ומבחינת הספירות, נבחנים חג"ת עד החזה לאצילות. וב"ש תתאין דת"ת, שמחזה עד הטבור לבריאה. ונה"י ליצירה. והמלכות לעשיה.

קפח) ולכן הראש דכל מדרגה מיוחס לבחינת כתר או יחידה או לפרצוף גלגלתא. והאצילות שבו שמפה עד החזה, מיוחס לחכמה או לאור החיה או לפרצוף ע"ב. והבריאה שבו שמחזה עד הטבור, מיוחס לבינה או לאור הנשמה או לפרצוף ס"ג. והיצירה ועשיה שבו שמטבור ולמטה, מיוחס לזו"ן או לאורות דרוח נפש או לפרצוף מ"ה וב"ן. ועי' באילן בציורים מציור ג' ואילך ותראה איך כל פרצוף מתחלק לפי הבחינות הנ"ל.

פתיחה לפירוש הסולם

עשר ספירות

א) תחילה יש לדעת את שמות עשר הספירות. שהן, כח"ב, חג"ת, נהי"מ. שהן ראשי תיבות, כתר, חכמה, בינה, חסד, גבורה, תפארת, נצח, הוד, יסוד, מלכות. והן בחינות עשרת הכיסוים על אורו יתברך שנתקנו כדי שיוכלו התחתונים לקבל אורו. בדומה לאור השמש, שאי אפשר להסתכל בו אלא על ידי זכוכית מפוחמה, הממעטת אורו ומתאימתו לכח הראיה של העינים. כן להבדיל, לא היו התחתונים יכולים להשיג אורו יתברך, אם לא היה מכוסה בעשרה כיסוים אלו, המכונים עשר ספירות, שכל שהוא למטה מחבירו, מכסה יותר על אורו יתברך.

ב) ועשר ספירות אלו הן סוד עשרת השמות הקדושים שבתורה, השם אהיה הוא ספירת כתר. השם יה הוא ספירת חכמה. השם הויה בניקוד אלקים הוא בינה. השם אל הוא חסד. השם אלהים הוא גבורה. השם הויה בניקוד שוא חולם קמץ, הוא תפארת. השם צבאות הוא נצח והוד. השם שדי הוא יסוד. השם אדני הוא מלכות (כמ"ש בזהר ויקרא מאות קנ"ז עד אות קס"ג, ומאות קס"ו עד אות קע"ז ע"ש).

ג) ואע"פ שאנו מונים עשר ספירות, אין בהן יותר מה' בחינות, שהן נקראות כתר חכמה בינה ת"ת מלכות, שתכנן מבואר היטב בפתיחה לחכמת הקבלה מתחילתה עד אות ז', עש"ה כי אין להכפיל כאן האריכות ההיא, אבל הן יסודות החכמה. ומה שאנו מונים עשר ספירות, הוא מפני שספירת התפארת כוללת שש ספירות הנקראות, חסד, גבורה, תפארת, נצח, הוד, יסוד. וע"כ הן עשר. וטעם הדברים עיין בהקדמת ספר הזהר במראות הסולם (בדף ה'). ואלו חמש בחינות כח"ב תו"מ נבחנות בכל נאצל ובכל נברא, הן בכלל העולמות כולם, שהם ה' עולמות הנקראים, אדם קדמון, אצילות, בריאה, יצירה, עשיה. שהם כנגד ה' הבחינות כח"ב תו"מ. והן בפרט היותר קטן שבמציאות, אנו מבחינים בו, שהראש הוא כתר, ומראשו עד החזה הוא חכמה, ומחזה עד הטבור הוא בינה, ומטבור ולמטה הוא תפארת ומלכות. וענינם של ה' עולמות מבואר בפלחה"ק (מאות ו' עד אות יוד, ע"ש).

למה תפארת כולל חג"ת נה"י

ד) כשיצאו ה' הבחינות, כח"ב תו"מ, נכללו זה מזה, שכל אחת מהן היתה כלולה מכח"ב תו"מ. אמנם בספירת התפארת, ירדו קומות הספירות מבחינת ג"ר, לפיכך נשתנו שמותיהן דכח"ב תו"מ הכלולים בה, לחג"ת נ"ה, והיסוד הכוללם. לפיכך מה שאנו אומרים שתפארת כוללת שש ספירות, אין זה מחמת מעלתה על ג' הספירות הראשונות, אלא להיפך, שמחמת הגרעון שבה מאור הג"ר, קבלו ה' בחינות כח"ב תו"מ שבה, שמות אחרים, שהם חג"ת נ"ה. באפן, שחסד הוא כתר, וגבורה היא חכמה, ותפארת היא בינה, ונצח הוא תפארת, והוד הוא מלכות. ונוספה עליהן ספירת היסוד, שאינו בחינה נוספת על ה' בחינות, אלא הוא בחינת כולל בלבד, שכולל בתוכו כל ה"ס חג"ת נ"ה. והן נקראות תמיד ו"ק, שהוא ראשי תיבות ו' קצוות, שהן שש הספירות חג"ת נה"י אלו. וכיון שירידה זו דה' בחינות לחג"ת נה"י, לא נעשית אלא בז"א, ע"כ אנו מיחסים רק לז"א את ה' הבחינות שנשתנו.

אור וכלי

ה) אי אפשר שתהיה מציאות אור בכל העולמות בלי כלי. וענין הכלי הרוחני, מבואר בפלחה"ק אות ג' ואות ד' ע"ש. ומתחילה לא היה בעשר הספירות אלא כלי אחד, שהוא המלכות, ומה שאנו אומרים שיש ה' בחינות שהן כח"ב תו"מ, הן כולן רק חלקי המלכות הנקראת בחינה ד', כלומר, שהן נערכות על פי הקירבה לגמר הכלי, שהוא המלכות

הנקראת בחי"ד (כמ"ש בפלחה"ק אות ה', ע"ש). אלא אחר הצמצום הא' נתתקן מסך בכלי המלכות המעכב האור העליון מלהתלבש בה. ולפיכך כשהאור העליון מגיע אל המסך, המסך מכה בו, ודוחה אותו לאחוריו. והכאה זו מכונה זווג דהכאה של האור העליון עם המסך שבכלי מלכות. והאור הנדחה לאחוריו, נקרא עשר ספירות דאור חוזר, כי האור הנדחה לאחוריו, עולה ממטה למעלה ומלביש על עשר ספירות שבאור העליון, הנקראות עשר ספירות דאור ישר. ומאור חוזר זה נעשו כלים חדשים להלביש את האור העליון, במקום המלכות שנצטמצמה שלא לקבל אור. ותוכנם של הכלים החדשים ההם, הנקראים ע"ס דאור חוזר, מבואר בפלחה"ק מאות י"ד עד אות כ"ו עש"ה.

ראש תוך סוף. פה טבור סיום רגלין

ו) ומפאת הכלים החדשים דאור חוזר, נבחן בכל פרצוף ג' חלקים, המכונים, ראש, תוך, סוף. כי נתבאר, שמכח המסך המעכב את ביאת האור אל המלכות נעשה זווג דהכאה עם האור, ויצאו ע"ס דאו"ח והלבישו את ע"ס דאור ישר שבאור העליון. ואלו ע"ס דאו"י ואו"ח, נקראות עשר ספירות דראש. אמנם ע"ס דאו"ח אלה היוצאות מן המסך ולמעלה ומלבישות לע"ס דאור ישר, אינן עוד כלים אמיתיים, כי השם כלי מורה על בחינת עובי שבו, דהיינו כח הדין שיש במסך, המעכב על התלבשות האור במלכות. ויש כלל, שאין כח הדין פועל, אלא ממקום מציאות הדין ולמטה, ולא ממקום מציאות הדין ולמעלה. ומתוך שע"ס דאו"ח יצאו ממסך ולמעלה, כנ"ל, ע"כ אין כח הדין ניכר באו"ח, ואינו ראוי להיות כלי. ולפיכך מכונות ע"ס דאו"ח בשם, ראש. שפירושו שורש לכלים, ולא כלים ממש. והמלכות שבה נתתקן המסך לזווג דהכאה, נקראת משום זה פה. ונרמז בזה, כמו שבפה גשמי, יוצאות האותיות בדרך זווג דהכאה של ה' מוצאות הפה, אף הפה הרוחני, יש בו זווג דהכאה להוציא ע"ס דאור חוזר, שהן ה' בחינות כח"ב תו"מ. כנ"ל. שהם הכלים לע"ס דאור ישר, וכלים נקראים אותיות. והנה נתבארו ע"ס דראש.

ז) ולפיכך, הוצרכו ע"ס דאו"י וע"ס דאו"ח להתפשט ממסך ולמטה, שאז נעשו ע"ס דאו"ח לבחינת כלים המקבלים ומלבישים על ע"ס דאור ישר, כי עתה כבר המסך ממעל ע"ס דאו"ח, וע"כ שולט העובי שבו על ע"ס דאו"ח, שבזה נעשו כלים. וע"ס אלו, שהם כלים ממשיים, מכונים בשם תוך וגוף, כלומר שהם תוך תוכו, וברו, וגופו של הפרצוף. והמלכות של התוך, מכונה טבור. שהוא מלשון, טבור הארץ, שפירושו מרכז ואמצע, שמורה שהמלכות דתוך, היא המלכות המרכזית, שמהאור החוזר שלה נעשו הכלים הממשיים של הגוף. ועוד אפשר לומר, שטבור, הוא מאותיות טוב-אור, להורות שעד שם האור טוב, להיותו מלובש בכלים הראויים לקבלו. והנה נתבארו ע"ס דתוך עד הטבור.

ח) והנה מצאנו במלכות של ראש, ב' בחינות:

א) בחינת מלכות המסיימת, דהיינו מה שהמסך מעכב על האור העליון שלא יתלבש בכלי מלכות.

ב) בחינת מלכות המזדווגת, כי לולא הזדווג האור העליון עם המסך בסוד הזווג דהכאה, המעלה או"ח להלביש האור העליון, לא היו כלי קבלה לאור העליון, ולא היה שום אור במציאות, כי אין אור בלי כלי כנ"ל. ובמלכות של ראש נמצאות אלו ב' בחינות רק בבחינת ב' שורשים, שמלכות המסיימת, היא שורש למלכות המסיימת את המדרגה. ומלכות המזדווגת, היא שורש להתלבשות אור בכלים. ושתי פעולות אלה, נתגלו ונעשו בגוף הפרצוף, שמפה עד הטבור, שהמלכות המזדווגת, מראה שם כחה, שהאור העליון בא לידי התלבשות בכלים. ומטבור ולמטה, המלכות המסיימת מראה כחה, ומוציאה עשר ספירות דסיום, שכל ספירה יוצאת רק בהארת או"ח בלי האור העליון, וכשמגיעה אל המלכות דע"ס דסיום האלו, מסתיים כל הפרצוף, מפני שהמלכות הזו, היא המלכות המסיימת

שאינה מקבלת כלום, וע״כ מסתיימת בה התפשטות הפרצוף, ומלכות זו, אנו מכנים מלכות **דסיום רגלין** החותכת האור ומסיימת הפרצוף. וע״ס אלו דסיום, המתפשטות מטבור ולמטה עד סיום רגלין, נקראות ע״ס **דסוף**, שהם כולם חלקי המלכות דסוף ודסיום. ומה שאנו אומרים שאין בהם אלא או״ח בלבד, אין הפירוש שאין בהם מאור ישר כלום, אלא הפירוש הוא, שיש להם גם הארה מועטת מאור ישר, אלא שנבחנת לו״ק בלי ראש, ועי׳ בפלה״ק מאות נ׳ עד אות נ״ג.

חזה

ט) ועד כאן דברנו בפרצופי אדם קדמון. אמנם בפרצופי עולם האצילות, נתוסף סיום חדש בע״ס דתוך, שהמלכות דתוך הנקראת טבור, עלתה לבינה דע״ס דתוך וסיימה שם ע״ס דמדרגת התוך, שהסיום הזה נקרא **חזה**. והופרס שם פרסא, כלומר שסיום החדש שנעשה מחמת עלית המלכות לבינה, במקום החזה, נקרא פרסא, בסוד הרקיע המבדיל בין מים עליונים, שהם כתר וחכמה שנשארו במדרגת תוך, ובין בינה ותו״מ שיצאו ממדרגת ע״ס דתוך ונעשו למדרגת ע״ס דסוף, שמשום זה נחלקו ע״ס דתוך לב׳ מדרגות, שמפה עד החזה נחשב לבחינת ע״ס דתוך, ולאצילות ולבחינת ג״ר של הגוף. ומחזה ולמטה עד הטבור, נחשב לבחינת ע״ס דסוף, ולבריאה, ולבחינת ו״ק בלי ראש, כמו ע״ס דסוף. וענין עלית המלכות לבינה וסיום החדש שנעשה באמצע כל מדרגה (עיין לקמן אותיות ט״ו ט״ז).

ערך הפוך מכלים לאורות

י) יש תמיד ערך הפוך בין אורות לכלים. כי בכלים הסדר הוא שהעליונים גדלים בתחילה בפרצוף. שמתחילה בא כתר לפרצוף, ואח״כ חכמה, ואח״כ בינה, ואח״כ ת״ת, ואח״כ מלכות. וע״כ אנו מכנים לכלים כח״ב תו״מ. דהיינו ממעלה למטה, כי כן סדר ביאתם אל הפרצוף. והאורות הם בהיפך, כי סדר האורות הוא, שהתחתונים באים תחילה אל הפרצוף, שמתחילה בא אור הנפש, ואח״כ אור הרוח, ואח״כ אור הנשמה, ואח״כ אור החיה, ואח״כ אור היחידה. באפן, שמתחילה בא אור הנפש, שהוא אור המלכות, הקטן מכל האורות, ולבסוף בא אור היחידה שהוא הגדול מכל האורות. וע״כ אנו מכנים תמיד את האורות בשם נרנח״י. דהיינו ממטה למעלה. כי כן סדר ביאתם אל הפרצוף.

יא) ונמצא לפי זה, שבעת שאין בפרצוף אלא כלי אחד, שהוא בהכרח הכלי העליון, דהיינו כתר, הגדל תחילה, הרי אינו נכנס אז בפרצוף האור הגדול המיוחס אל הכתר, שהוא אור היחידה, אלא שנכנס האור הקטן ביותר, שהוא אור הנפש, ומתלבש בכלי דכתר. וכשגדלו ב׳ כלים בפרצוף, שהם הכלים היותר גדולים, דהיינו כתר וחכמה, הנה אז נכנס בו גם אור הרוח. ויורד אז אור הנפש מכלי דכתר לכלי דחכמה, ואור הרוח מתלבש בכלי דכתר. ועי״ז, כשגדל הכלי השלישי בפרצוף, שהוא כלי דבינה, אז נכנס אור הנשמה בפרצוף, ואז יורד אור הנפש מכלי דחכמה אל הכלי דבינה. ואור הרוח יוצא מכלי דכתר ובא לכלי דחכמה. ואור הנשמה מתלבש בכלי דכתר. וכשגדל כלי רביעי בפרצוף, שהוא כלי דת״ת, נכנס אור החיה בפרצוף, ואז יורד אור הנפש מכלי דבינה לכלי דת״ת, ואור הרוח לכלי דבינה, ואור הנשמה לכלי דחכמה, ואור החיה בכלי דכתר. וכשגדל כלי חמישי בפרצוף, שהוא כלי המלכות, באים אז כל האורות בכלים המיוחסים להם. כי אז נמשך אור היחידה אל הפרצוף, ואור הנפש יורד מכלי דת״ת לכלי המלכות, ואור הרוח יורד מכלי דבינה ובא לכלי דת״ת, ואור הנשמה יורד מכלי דחכמה ובא לכלי דבינה, ואור החיה יורד מכלי דכתר ובא לכלי דחכמה, ואור היחידה בא ומתלבש בכלי דכתר.

יב) והנך מוצא, שכל עוד שלא גדלו כל חמשת הכלים, כח״ב תו״מ, בפרצוף, נמצאים האורות שלא במקומם המיוחסים להם. ולא עוד, אלא שהם בערך ההפוך, כי אם יחסר כלי המלכות בפרצוף, שהוא הכלי הקטן ביותר, יחסר אור היחידה, שהוא האור הגדול ביותר.

ואם יחסרו שני הכלים התחתונים, תפארת ומלכות, יחסרו ב' האורות העליונים, יחידה חיה. ואם יחסרו ג' הכלים התחתונים בינה ת"ת ומלכות, יחסרו ג' האורות העליונים נשמה חיה יחידה. וכו' עד"ז. הרי שכל עוד שלא גדלו כל חמשת הכלים כח"ב תו"מ בפרצוף, נמצא ערך הפוך בין הכלים לאורות, שאם יחסר אור אחד וכלי אחד, הנה באורות יחסר האור היותר גדול, שהוא אור היחידה, והפוכו בכלים, שיחסר הכלי היותר קטן, שהוא כלי המלכות, וכו' עד"ז כנ"ל.

יג) ועם זה תבין, מה שאנו אומרים, שע"י עלית המלכות לבינה, נסתיימה המדרגה תחת החכמה, ומשום זה, לא נשארו במדרגה אלא ב' ספירות, כתר וחכמה, ובינה ותו"מ של המדרגה, נתבטלו וירדו מן המדרגה (כמ"ש להלן אות י"ז ע"ש). הנה זה אמור, רק מבחינת הכלים, אבל מבחינת האורות, הוא בהיפך, שהאורות דנפש רוח נשארו במדרגה, והאורות נשמה חיה יחידה נתבטלו מן המדרגה.

יד) ועם זה תבין מה שלפעמים אומר הזהר, שבעלית המלכות לבינה, נחלקו ה' אותיות של השם אלקים, באפן, אשר ב' אותיות מ"י נשארו במדרגה, וג' אותיות אל"ה יצאו ונתבטלו מן המדרגה (כמ"ש בהקדמת ספר הזהר דף כ' בהסולם ד"ה צייר). ולפעמים אומר הזהר להיפך, שבעלות המלכות לבינה נשארו ב' אותיות א"ל במדרגה, וג' אותיות הי"מ נתבטלו וירדו מהמדרגה (כמ"ש בזהר בראשית א' אות נ"ט). והענין הוא, כי ה' אותיות אלקים ה"ס ה' ספירות כח"ב תו"מ, או ה' אורות נרנח"י. ובעלית המלכות לבינה, הנה מבחינת הכלים נשארו כתר וחכמה במדרגה, שהם ב' אותיות א"ל. וג' אותיות הי"ם, ירדו מן המדרגה. ומבחינת האורות הוא להיפך, שב' האותיות התחתונות מ"י, הרומזות על ב' אורות התחתונים, נפש רוח, הם שנשארו במדרגה, וג' האותיות העליונות, אל"ה, הרומזות על יחידה חיה נשמה, הן שיצאו ונתבטלו מן המדרגה. לפיכך, בהקסה"ז, מדבר הזהר, מה' אורות נרנח"י המרומזים בה' אותיות אלקים, ע"כ אומר, אשר מ"י נשארו, ואל"ה יצאו מן המדרגה. ובזהר בראשית א', מדבר מה' כלים כח"ב תו"מ המרומזים בה' אותיות אלקים, וע"כ אומר להיפך, אשר, אל נשאר במדרגה, וג' אותיות, הים, יצאו מן המדרגה. וצריכים לזכור דברים אלו, ולהתבונן בכל מקום אם המדובר הוא באורות או בכלים, ועם זה יתישבו הרבה סתירות מדומות.

עלית המלכות לבינה

טו) ויש להבין מאד, ענין המתקת המלכות בבינה, שהיא שורש כל החכמה. כי מלכות ה"ס מדת הדין שאין העולם יכול להתקיים בו, וע"כ העלה אותה המאציל לספירת הבינה, שהיא מדת הרחמים. שעל זה רמזו ז"ל, בתחילה עלה במחשבה לברוא העולם במדת הדין, דהיינו במלכות בלבד, שהיא מדת הדין, ראה שאין העולם מתקיים, הקדים מדת הרחמים ושתפה למדת הדין (ב"ר ספי"ב), שע"י עליתה של המלכות לבינה, מקבלת המלכות צורת הבינה, שהיא מדת הרחמים, ואז מנהגת המלכות את העולם במדת הרחמים. וענין זה של עלית המלכות לבינה, נעשה בכל מדרגה ומדרגה, מראש עולם האצילות עד סוף עולם העשיה, כי אין לך מדרגה שלא תהיינה בה עשר ספירות: כח"ב חג"ת נהי"מ, והמלכות שבכל מדרגה עלתה לבינה שבאותה מדרגה ונמתקה שם.

התחלקות כל מדרגה לב' חצאים

טז) ונודע שהמלכות מסיימת כל ספירה וכל מדרגה, שפירושו, שהמלכות מעכבת את האור שבמדרגה, שלא יתפשט בתוכה, שהוא מכח הצמצום שנעשה עליה שלא תקבל האור העליון. וע"כ, אין האור של המדרגה נמשך אלא עד המלכות, וכשמגיע אל המסך שבמלכות הוא מסתיים. ואז נעשה על המסך שבמלכות, זווג דהכאה עם האור (כמ"ש בפתיחה לחכמת הקבלה אות י"ד עש"ה), ולפיכך כיון שהמלכות של המדרגה עלתה אל הבינה שבאותה המדרגה, נמצא, שהמלכות סיימה את האור במקום שעלתה, דהיינו באמצע הבינה, וחצי

הבינה ות"ת ומלכות הנמצאים מתחת המלכות המסיימת, יצאו ממדרגתם, ונעשו למדרגה שניה מתחת המלכות. באפן, שמחמת עלית המלכות לבינה נחצתה כל מדרגה לשנים, אשר כתר וחכמה וחצי בינה שממעל המלכות, נשארו במדרגה, וחצי בינה ות"ת (הכולל חג"ת נה"י) ומלכות, יצאו מן המדרגה ונעשו למדרגה שמתחתיה. וסיום זה שעשתה המלכות באמצע הבינה, נקרא **פרסא**. וזכור זה.

יז) בכל מדרגה, צריך שיהיו בה, ה' אורות, הנקראים: יחידה, חיה, נשמה, רוח, ונפש, המלובשים בה' כלים, הנקראים: כתר, חכמה, בינה, תפארת (הכולל חג"ת נה"י), ומלכות. ומתוך, שמחמת עלית המלכות לבינה, לא נשארו במדרגה אלא ב' כלים שלמים, כתר וחכמה, וג' כלים בינה ות"ת ומלכות חסרים בה, ע"כ לא נשאר בה מן האורות אלא ב' אורות, נפש רוח, המתלבשים בב' הכלים כתר וחכמה, וג' האורות, נשמה, חיה, יחידה, חסרים בה, כי אין להם כלים להתלבש בהם. ונמצא שהמדרגה נחסרה מג' ספירות ראשונות, כי מחמת עלית המלכות לבינה, נבקעה המדרגה לשני חצאים, שחציה נשאר במדרגה, שהוא, כתר וחכמה דכלים ונפש רוח דאורות, וחציה יצא מן המדרגה, שהוא בינה ותו"מ דכלים, ונשמה חיה יחידה דאורות. ולפיכך, נרמזה, עליה זו של המלכות לבינה, בסוד הי' שנכנסה **לאור** המדרגה, והאור נעשה **לאויר**, כי מחמת עלית המלכות לבינה, אבדה המדרגה את **אור** ג' ספירות ראשונות שלה, ונשארה בקומת רוח נפש, המכונה **אויר** (כמ"ש בבראשית א' אות ל"ב ב"הסולם" ד"ה בקע, ע"ש). וענין זה מרומז ג"כ בה' אותיות של השם **אלקים**, שנחלקו לב' חצאים, **מי אלה**, אשר ב' אותיות **מ"י**, רומזות על ב' אורות, רוח נפש, המלובשים בב' הכלים, כתר חכמה, שנשארו במדרגה. וג' אותיות **אל"ה**, רומזות על ג' הכלים, בינה ותפארת ומלכות, שיצאו מן המדרגה (כנ"ל אות י"ד).

ירידת המלכות מבינה למקומה

יח) אמנם ע"י עלית מיין נוקבין מתורה ותפלה של התחתונים, נמשכת הארה עליונה, מחכמה ובינה דא"ק, המוציאה בכל המדרגות, את המלכות מן הבינה, ומורידה למקומה (כמ"ש בויקהל דף מ"א ד"ה והארה ע"ש), אשר אז, אלו ג' הכלים, בינה, תפארת, ומלכות, שיצאו מקודם לכן מהמדרגה, מחמת כניסת הי', שהיא המלכות, **לאור** של המדרגה, וסיימה המדרגה תחת החכמה, והאור נעשה **לאויר**, הנה עתה, אחר שירדה המלכות משם, והי' יצאה **מאויר**, חוזרים הכלים למדרגתם, ושוב יש ה' כלים כח"ב תו"מ במדרגה, וכיון שיש ה' כלים חוזרים ומתלבשים בהם, כל ה' האורות, יחידה, חיה, נשמה, רוח, נפש, וחזר **האויר להיות אור**. כי חזרה קומת ג' ראשונות למדרגה, הנקראים **אור**.

זמן קטנות וזמן גדלות

יט) והנה נתבאר, שמסבת עלית המלכות לבינה, נעשו ב' זמנים בכל מדרגה, זמן קטנות וזמן גדלות, כי עם עלית המלכות לבינה, היא מסיימת שם המדרגה תחת החכמה, ובינה ות"ת ומלכות של המדרגה יוצאים מן המדרגה ובאים למדרגה שמתחתיה, וע"כ לא נשארו במדרגה אלא כתר חכמה דכלים ורוח נפש דאורות, וחסרה מג"ר, וזה הוא **זמן קטנות** (כנ"ל באות י"ז). ואחר שהתחתונים מעלים מיין נוקבין וממשיכים הארה מחכמה בינה דא"ק, המוציאה את המלכות מבינה, אז ג' הכלים, בינה ותו"מ, שנפלו למדרגה שמתחתיה, חוזרים ועולים משם למדרגתם כבתחילה, וכיון שכבר יש ה' כלים כח"ב תו"מ במדרגה, חוזרים ומתלבשים בהם ה' אורות, נפש רוח נשמה חיה יחידה (כנ"ל אות י"ח), וזהו **זמן הגדלות** של המדרגה (וכבר הרחבנו אלו הדברים בהקדמת ספר הזהר דף כ' בהסולם בד"ה צייר. וטוב שתעיין שם). והנה נתבאר, שמחמת נפילת בינה ותו"מ של המדרגה למדרגה שמתחתיה נמצאת המדרגה בקטנות, דהיינו בחסרון ג"ר, וע"י חזרת בינה ותו"מ למדרגה, נמצאת המדרגה בגדלות, דהיינו במילוי ג"ר.

איך התחתון עולה אל העליון שלו

כ) ובדבר הזה של עלית המלכות לבינה, הוכן הקשר והאפשרות להעלות כל תחתון לעליון שלו. כי יש כלל, שהעליון היורד לתחתון נעשה כמוהו, וכן התחתון העולה לעליון נעשה כמוהו. ולפיכך במצב הקטנות של המדרגה, דהיינו בעת שעלית המלכות המסיימת לבינה, הוציאה את בינה ותו"מ מן המדרגה אל המדרגה שמתחתיה, נעשו אז בינה ותו"מ הללו, למדרגה אחת עם המדרגה שמתחתיה, כי העליון היורד לתחתון נעשה כמוהו. ולפיכך, במצב הגדלות של המדרגה, דהיינו בעת שהמלכות חוזרת ויוצאת מן הבינה, ובאה למקומה, ובינה ותו"מ שנפלו מן הבינה חוזרות למדרגתן, הרי הן לוקחות עמהן גם את המדרגה התחתונה, שהיו שורות בה בעת נפילתן, כי משום שכבר נעשו למדרגה אחת עם התחתונה בזמן נפילתן, ונתדבקו עמה כאחד, הנה הן לוקחות אותה עמהן, גם בזמן חזרתן אל המדרגה, ומעלים את המדרגה התחתונה למדרגה העליונה. ולפי הכלל, שהתחתון העולה למקום העליון נעשה כמוהו, נמצאת עתה המדרגה התחתונה שמקבלת כל האורות והמוחין הנמצאים במדרגה העליונה. והנה נתבאר איך עלית המלכות לבינה גרמה קשר בין המדרגות שכל מדרגה תוכל לעלות למדרגה העליונה ממנה. ולא עוד אלא אפילו המדרגה היותר תחתונה תוכל לעלות לרום המעלות, על ידי הקשר הזה שנעשה ע"י נפילת בינה ותו"מ מכל מדרגה למדרגה שמתחתיה (כמ"ש בהסולם ויקהל דף מ"א ד"ה וזה אמרו. ע"ש).

קטנות וגדלות דישסו"ת וזו"ן

כא) ואחר שנתבאר ענין עלית המלכות לבינה בדרך הקף, דהיינו הנוהג בכל מדרגה ומדרגה מד' עולמות אבי"ע, אבאר עתה אותם הדברים בפרטות. ונקח לדוגמא, ב' המדרגות, הנקראות ישסו"ת וזו"ן שבעולם האצילות. אשר בסבת עלית המלכות דישסו"ת לבינה דישסו"ת במצב הקטנות, יצאו ג' הספירות, בינה ותו"מ דישסו"ת, ונפלו למדרגה שמתחת ישסו"ת, שהיא זו"ן, ובינה ותו"מ אלו נתדבקו במדרגת זו"ן בזמן נפילתן. ולפיכך כשהגיע זמן הגדלות, שהמלכות חזרה ויצאה מבינה דישסו"ת למקומה, שעל ידי זה חזרו ועלו בינה ותו"מ דישסו"ת מנפילתן ובאו למדרגת ישסו"ת, הנה העלו עמהן גם את זו"ן, מחמת שהיו דבוקים בהם בזמן הקטנות בעת נפילתן. ונמצא שגם זו"ן עלו ונעשו למדרגת ישסו"ת, ומקבלים ג"כ אותם ההארות והמוחין הראוים למדרגת ישסו"ת.

לולא עלית המלכות לבינה
לא היו זו"ן ראוים למוחין

כב) ויש לדעת כאן, שזו"ן מבחינתם עצמם אינם ראוים לקבל מוחין כלל, משום שמקורם של זו"ן, הוא מבחינת למטה מטבור דא"ק (עי' לעיל אות י"ז), ששם שולטת המלכות דמדת הדין, שכח הצמצום רוכב עליה ואינה ראויה לקבל האור העליון. אבל עתה שבינה ותו"מ דישסו"ת העלו את זו"ן למדרגת ישסו"ת, נעשו זו"ן כמדרגת ישסו"ת, ויכולים לקבל האור העליון כמוהם.

כג) עתה תבין היטב, מה שאמרו חז"ל (ב"ר ספי"ב) "בתחילה עלה במחשבה לברוא העולם במדת הדין" דהיינו במלכות דצמצום ראשון, שהיא מדת הדין. והעולם, יש לפרשו על זו"ן דאצילות המכונים עולם, וכן יש לפרשו על העולם הזה, המקבל מזו"ן דאצילות, כי כל המקובל לזו"ן דאצילות, אפשר שיקובל לבני אדם שבעולם הזה, וכל שאינו מקובל לזו"ן, אינו מקובל לבני העולם הזה, כי למעלה ממדרגת זו"ן אין אנו יכולים לקבל. ולפיכך, כיון ששורש הזו"ן הוא מלמטה מטבור דא"ק, ששם שולטת המלכות דמדת הדין, אין הם יכולים לקבל האור העליון, ולהתקיים, מחמת הצמצום שבמלכות הרוכב עליהם. ומכ"ש העולם הזה שלא יהיה יכול להתקיים. וז"ש "ראה שאין העולם מתקיים הקדים מדת הרחמים ושתפה למדת הדין", דהיינו שהעלה המלכות דכל מדרגה, שהיא מדת הדין, אל הבינה של המדרגה, שהיא מדת הרחמים, ונמצא שהמלכות דישסו"ת עלתה

לבינה דישסו"ת, שעל ידי זה נפלו בינה ותו"מ דישסו"ת למדרגה שמתחתיה, שהיא זו"ן, ונתדבקו עמהם, ומשום זה בזמן הגדלות דישסו"ת, שהמלכות חוזרה וירדה מבינה דישסו"ת למקומה, ושלושת הכלים בינה ותו"מ דישסו"ת חזרו למקומם, לישסו"ת, כבתחילה, הנה אז לקחו עמהם גם את זו"ן הדבוקים בהם, והעלו אותם אל מדרגת ישסו"ת, ונעשו זו"ן כמדרגת ישסו"ת, דהיינו שנעשו ראויים לקבל האור העליון כמו ישסו"ת (כנ"ל אות כ"א), וע"כ מקבלים האור העליון דישסו"ת ומשפיעים לעולם הזה, ועתה יכול העולם להתקיים. אבל לולא השיתוף של מדת הדין במדת הרחמים, דהיינו אם לא עלתה המלכות דישסו"ת לבינה דישסו"ת, אז לא היו נופלים בינה ותו"מ דישסו"ת לזו"ן, ולא היתה שום מציאות שזו"ן יעלו לישסו"ת, ואז לא היו יכולים לקבל האור העליון בשביל העולם, והעולם לא היה יכול להתקיים. והנה נתבאר ענין עלית המלכות לבינה.

ענין תקון קוין

כד) הנה בג' הפרצופין הראשונים דא"ק, הנקראים גלגלתא ע"ב ס"ג דא"ק, היו הספירות זו תחת זו בקו אחד. אלא שבעולם הנקודים המלביש מטבור ולמטה דא"ק, נעשה תקון קוין בג"ר שלהן, ולא בז"ס תחתונות. ובעולם האצילות, נתתקן תקון קוין, גם בז"ס תחתונות.

ב' בחינות בתקון קוין

כה) וטעם הדברים הוא, כי תקון הקוין שנעשה בעשר ספירות, נמשך מעלית המלכות לבינה, שנעשתה נוקבא לחכמה, ומכח זה נעשו ב' צדדים בעשר הספירות, כי המלכות שנתערבה בכל ספירה וספירה, נעשתה לצד שמאל של הספירה, ועצם הספירה נבחן לקו ימין שבספירה, וקו השמאל היה פוגם את קו הימין. אז נזדווג אור העליון על המסך של הדינין שבמלכות זו, וקומת החסדים שיצאה בזווג דהכאה של האור העליון על המסך של אותה המלכות, נעשתה לקו אמצעי המיחד, ומשוה ב' הקוין זה לזה, כי לולא הדינין שבמלכות, לא היה זווג דהכאה, ולא היו החסדים המרובים, ע"כ נעשתה המלכות שהיא שמאל, חשובה כמו עצם הספירה, שהיא ימין. ונודע שתחלת התקון של עלית מלכות לבינה, נעשה בעולם הנקודים שיצא אחר פרצוף ס"ג דא"ק, לפיכך מתחיל גם תקון ג' קוין מעולם הנקודים, כי זה תלוי בזה, משא"כ בג' הפרצופין הראשונים גלגלתא ע"ב ס"ג שקדמו לעולם הנקודים, שבהם עוד לא נתתקן ענין עלית המלכות לבינה, ע"כ לא היו בהם ג' קוין, אלא קו אחד בלבד.

כו) וכל זה יתכן רק בג"ר דעולם הנקודים, שהם בחינת ג"ר דבינה, שהחסדים שלהן הם ג"ר, להיותן אור חסדים מעצם מהותן, כי הן אינן מקבלות אור חכמה לעולם (כמ"ש בהקדמת ספר הזהר דף ו' במראות הסולם ד"ה והוא מטעם), ולפיכך מספיקה קומת החסדים שיצאה על המסך דמלכות, ליחד ב' הקוין ימין ושמאל זה בזה, ולהחזיר ג"ר אל הספירות. מה שאין כן בז' ספירות תחתונות שבעולם הנקודים, שהן בחינת ז"א, שעיקרו הוא הארת חכמה בחסדים (כמ"ש בתלמוד עשר ספירות חלק א' פ"א אות נ'), הרי הן צריכות לחכמה, וכיון שהמלכות מעורבת בכל הספירות אין הן יכולות לקבל חכמה, וע"כ הן נמצאות בחסרון ובפגם כל עוד שהחכמה אינה מאירה בהן, ולפיכך אין קומת החסדים, שיצאה על מסך דמלכות, מועילה להן כלל להשוות את ב' הקוין ימין ושמאל זה לזה, שהרי דינין שבשמאל, שהם הדינין של המלכות שעלתה לבינה, פוגמים את קו הימין, ומרחיקים ממנו אור הג"ר. הרי שתקון קוין דג"ר, אינו מועיל כלום לתקן את ב' הקוין ימין ושמאל שבו"ק, כי הו"ק שבכל הספירות הוא מהתכללות ז"א שמה, שכל זמן שאין לו הארת חכמה נמצא בחסרון ובפגם.

תקון קוין בז"ת ובישסו"ת

כז) ולפיכך תקון הראשון שצריכים לז"ס תחתונות, הוא, להוריד תחילה הדינין שבמלכות שנתערבה בספירות, דהיינו פשוט להמשיך הארה מחכמה בינה דא"ק המורידה את

המלכות מן הבינה, ומחזירה למקומה (כנ"ל אות י"ח), שאז חוזרים ג' הכלים בינה ותו"מ אל הספירה, ונעשים קו שמאל, וכו"ח שנשארו נעשו לקו ימין, וכיון שהמדרגה נשלמה בה' כלים כח"ב תו"מ חוזרים לה כל ה' אורות נרנח"י (כמ"ש שם), וחזר אור החכמה אל המדרגה. ואז יכול הקו האמצעי ליחד ב' הקוין זה בזה, ולהשלים המדרגה בכל תקוניה.

כח) והתקון השני הוא, לחזק את הפרסא (הנזכרת לעיל באות ט"ז ע"ש), שהיא כח הסיום של המלכות שעלתה לבינה, באופן שלא תתבטל לעולם, ואפילו בעת שהמלכות יורדת מן הבינה, נשאר כח הסיום שלה במקום בינה, ובינה ותו"מ המתחברים למדרגה, צריכים לעלות למעלה מן הפרסא, ושם מתחברים אל המדרגה, אבל בהיותם נמצאים למטה תחת הפרסא, אין הם יכולים להתחבר אל המדרגה, אע"פ שכבר ירדה משם המלכות, מפני שכח הסיום שלה נשאר גם אחר ירידתה משם.

כט) וכשבינה ותו"מ עולים למעלה מן הפרסא ומתחברים אל המדרגה, אינם נעשים מדרגה אחת ממש, עם ב' הכלים כתר וחכמה, כי נשאר הפרש בין ב' הכלים כתר וחכמה, שלא נפגמו מעולם, כי לא יצאו ממדרגתם, לבין ג' הכלים בינה ותו"מ, שיצאו ממדרגתם ונפגמו בעת קטנות, ועתה חזרו. וההפרש הזה עושה אותם לב' קוין ימין ושמאל, שכתר וחכמה של המדרגה, נעשו לקו ימין. ובינה ותו"מ של המדרגה, נעשו לקו שמאל (כמ"ש ויקהל אות ק"ל ד"ה וזה).

ל) והפרש זה, וימין ושמאל אלו, אין הפירוש ח"ו במקום, כי הרוחני הוא למעלה ממקום ולמעלה מזמן, אלא, הפרש, פירושו שאינם רוצים להתחבר זה עם זה. וימין, פירושו אור החסדים. ושמאל, פירושו, אור החכמה. והענין הוא, כי כתר וחכמה של המדרגה, הנשארים בה בעת קטנות עם אור החסדים, הם מסתפקים באור החסדים הזה גם בעת גדלות, דהיינו גם אחר שירדה המלכות מבינה, משום שאור זה לא נפגם, כנ"ל, ואינם רוצים לקבל אור החכמה וג"ר שחזרו אל המדרגה זה עתה, עם חזרת בינה ותו"מ אל המדרגה (המובא לעיל באות י"ח), וע"כ נבחנים הכתר והחכמה לקו ימין, דהיינו לאור חסדים. ובינה ותו"מ אלו, שבחזרתם למדרגה הביאו אור החכמה וג"ר למדרגה, אינם רוצים להתחבר עם כתר וחכמה, מפני שהם מחזיקים באור החסדים שהיה להם בזמן הקטנות, ובינה ותו"מ מחשיבים יותר אור החכמה שהגיע עתה אל המדרגה. וע"כ נבחנים לקו שמאל, מפני שמחזיקים באור החכמה.

לא) וההפרש הזה שבין קו ימין לקו שמאל, נבחן גם כן למחלוקת של הימין והשמאל (כמ"ש בבראשית א' דף נ"ז ד"ה וזה. ובאד"ר אות ר"ד), כי קו ימין המחזיק בחסדים רוצה לבטל אור החכמה שבקו שמאל, ולהשליט אור החסדים בלבד. וקו שמאל המחזיק באור החכמה, רוצה לבטל אור החסדים שבקו ימין, ולהשליט אור החכמה. ומסבת המחלוקת הזו שניהם אינם מאירים, כי אור החסדים שבקו ימין, חסר מאור החכמה, והוא כגוף בלי ראש. ואור החכמה שבקו שמאל הוא חשך לגמרי, מפני שאין אור החכמה יכול להאיר בלי חסדים (כמ"ש בבראשית א' דף מ"ז ד"ה נפק).

לב) ואין תקון למחלוקת הזו אלא על ידי הקו האמצעי, הנעשה על ידי התחתון העולה שם למ"ן, בסוד הקו האמצעי, שנעשה זווג מהאור העליון על המסך של התחתון, המכונה מסך דחירק, ויוצאת עליו קומת החסדים, שה"ס הקו האמצעי, שמצד אחד ממעט המסך הזה את ג"ר דקו שמאל, ומצד ב' הוא מרבה את אור החסדים, ובב' אלו הוא מכריח את הקו השמאלי להתיחד עם הקו הימני, ובזה, נמצא אור ו"ק דחכמה של קו השמאל, מתלבש בחסדים שבקו ימין, שעתה הוא יכול להאיר, ונשלם קו השמאל. וכן אור החסדים שבקו ימין מתיחד עם החכמה שבקו שמאל, ונמצא משיג בזה את אור ג"ר, ונשלם קו הימין. והנך רואה, איך הקו האמצעי משלים ב' הקוין, ימין ושמאל. והנה נתבאר תקון ג' קוין בדרך כלל, שנתתקן בז"ס תחתונות.

יציאת ג' קוין בישסו"ת

לג) ועתה נבאר סדר יציאת שלשה קוין

במדרגה אחת בדרך פרט, וממנה תקיש לכל המדרגות. דהיינו למשל במדרגת ישסו"ת, שהיא בחינת ז"ס תחתונות דבינה. כי ג"ר דבינה דא"א נתתקנו באו"א עלאין, וז"ת דבינה דא"א נתקנו בישסו"ת. והנה תחילה יצא קו ימין דישסו"ת, שהוא כו"ח דישסו"ת. והוא נתתקן בעת עלית המלכות דישסו"ת לבינה דישסו"ת, וסיימה מדרגת ישסו"ת תחת החכמה, ובינה ותו"מ דישסו"ת נפלו למטה למדרגת ז"א (כנ"ל אות כ"א), ואלו ב' הכלים כתר וחכמה, שנשארו במדרגת ישסו"ת, נעשו לקו ימין, כנ"ל. וכיון שאין שם רק ב' כלים כו"ח, אין בהם רק ב' אורות נפש רוח, וחסרים מג"ר (כנ"ל אות כ"ו ע"ש).

לד) ואח"כ יצא הקו השמאלי, שהוא ג' הכלים, בינה ותו"מ דישסו"ת, אחר שחזרו ועלו מנפילתם. והוא נתתקן על ידי הארת חכמה ובינה דא"ק, המוציאה את המלכות המסיימת מן הבינה דישסו"ת, ומחזירה למקומה, שאז חוזרים ועולים בינה ותו"מ דישסו"ת למדרגתם (כנ"ל אות כ"א), וכיון שנשלמו ה' כלים בפרצוף, נתלבשו בהם כל הנרנח"י, ואז הם נעשים לקו שמאל דישסו"ת (כנ"ל אות כ"ט). ועם יציאת הקו השמאלי נעשית מחלוקת בין ימין לשמאל, שהימין רוצה לבטל את השמאל ולשלוט לבדו, וכן השמאל רוצה לבטל את הימין ולשלוט לבדו (כנ"ל אות ל"א), ומשום זה שניהם אינם יכולים להאיר, כל עוד שלא נתקן הקו האמצעי המיחד אותם.

לה) ואח"כ יוצא הקו האמצעי, והוא יוצא על ידי המסך של המדרגה התחתונה מישסו"ת, שעלתה למ"ן לישסו"ת (כנ"ל אות ל"ב), שהיא ז"א, שהוא עלה לישסו"ת ביחד עם ג' הכלים בינה ותו"מ, בעת שחזרו ועלו למדרגתם (כנ"ל אות כ"א), שקומת האור היוצא על המסך הזה מיחד הימין והשמאל שבישסו"ת לאחד, אלא שהימין יאיר ממעלה למטה, והשמאל יאיר ממטה למעלה, ואז מתלבשת החכמה בלבוש החסדים ויכולה להאיר, והחסדים נכללים בהארת החכמה ונשלמים בג"ר. והנך מוצא, שמטרם ביאת הקו האמצעי, היו הקו הימני והקו השמאלי במחלוקת זה עם זה, והיו רוצים לבטל זה את זה, שהקו הימני בהיותו שורש המדרגה, ובלתי נפגם, רוצה לבטל את שליטת השמאל ולהכניעו, כיחס השורש אל הענף שלו. והקו השמאלי בהיותו מחזיק באור החכמה, שהוא גדול מאור החסדים שבקו ימין (כנ"ל אות ל'), ע"כ כחו גדול לבטל את אור החסדים שבקו ימין, ומשום זה שניהם לא היו יכולים להאיר, כי החכמה אינה יכולה להאיר בלי לבוש מן החסדים, והחסדים בלי הארת חכמה, הם ו"ק בלי ראש.

לו) והטעם שהחכמה אינה יכולה להאיר בלי אור החסדים, הוא, כי המדובר הוא בישסו"ת, שהוא ז"ס תחתונות דבינה, שהם חג"ת נהי"מ דבינה. ואלו חג"ת נהי"מ דבינה, אינם בחינת בינה עצמה, אלא מהתכללות ז"א בבינה, כי כל עשר הספירות נכללות זו מזו, ויש בכל ספירה ע"ס, למשל ספירת הבינה נכללת מכל ע"ס, כח"ב תו"מ, ובינה שבה היא בחינתה עצמה, וכתר וחכמה שבה, היא מכתר וחכמה שנכללו בה. ותפארת ומלכות, שהם חג"ת נהי"מ שלה, הם מהתכללות זו"ן שבה. ונודע שספירת ז"א ממקורה בע"ס דאור ישר, הוא אור החסדים בעיקר, אלא שאור החכמה מאיר בחסדים שלו (כמ"ש בתלמוד עשר הספירות חלק א' פרק א' אות נ', ע"ש). ולפיכך, אי אפשר בכל ז"ס תחתונות, שתאיר החכמה בלי חסדים, כי חסר בהם עיקר העצם והנושא של הארת החכמה, דהיינו החסדים, שהם עיקר עצמותו של ז"א דע"ס דאור ישר, שהוא שורש כל ז"ס תחתונות הכלולות בכל המדרגות. ומכאן הכלל, שרק באור ג"ס ראשונות יכולה החכמה להאיר בלי חסדים. אבל בז"ס תחתונות, שבכל מקום שהם, הם בחינת ז"א, אי אפשר שתאיר החכמה בלי חסדים, כי החסדים הם עיקר מהותם. וע"כ אם החכמה חסרה מחסדים, היא חושך ולא אור.

לז) אבל משום גבהה של החכמה שהשמאל אוחז בה, אין קו השמאל נכנע בשום פנים להתיחד עם החסדים שבקו הימין, ולא עוד,

213 פתיחה לפירוש הסולם ריג

אלא שלוחם עמו ורוצה לבטלו, כאמור. ואינו נכנע אל הימין, זולת ע״י ב׳ כחות העולים מהקו האמצעי, שפועלים עליו ומכניעים אותו:

א. הוא המסך דבחי״א שבקו האמצעי, שהוא ז״א, שהמסך הזה ממעט את קומת החכמה שבקו שמאל מבחינת ג״ר דחכמה, לקומת ו״ק דחכמה, דהיינו שלא תתפשט החכמה להאיר ממעלה למטה, אלא תאיר בבחינת מלמטה למעלה, שהארה זו נבחנת לו״ק דחכמה בלבד.

ב. הוא הזווג של האור העליון הנעשה על מסך זה דבחי״א, הממשיך קומת אור החסדים. ואז מאחר שמצד אחד ירדה קומת החכמה שבשמאל לו״ק דחכמה, שהוא מכח המסך, ומצד ב׳ נתרבו החסדים על הקו השמאלי מב׳ צדדים, מצד קו הימין, ומצד הזווג של האור העליון על המסך שבקו האמצעי, הנה אז נכנע קו השמאל ומתיחד עם החסדים שבקו ימין ושבקו האמצעי (ועי׳ בזהר אמור אות קצ״ז בהסולם). אמנם כל זמן שהמסך שבקו האמצעי אינו ממעט קומת ג״ר דחכמה, אין שום כח בעולם שיוכל ליחד אותו עם קו הימין (ועי׳ בראשית א׳ דף ס׳ ד״ה מחלוקת).

לח) ויש לדעת שב׳ כחות פועלים במסך הזה דקו האמצעי, כדי להמעיט קומת ג״ר דחכמה שבקו השמאל. כי נתבאר לעיל (באות כ״ב) שזו״ן מבחינתם עצמם אינם ראויים לקבל מוחין, משום ששולטת בהם המלכות דמדת הדין, שכח הצמצום רוכב עליה שלא לקבל הארת החכמה. ומלכות זו דמדת הדין, אנו מכנים מנעולא (כמ״ש בהקדמת ספר הזהר דף נ״ט בהסולם בד״ה גו). אלא אח״כ נשתתפה המלכות במדת הרחמים, דהיינו בבינה, שמבחינת מלכות המשותפת בבינה הם ראויים לקבל מוחין, דהיינו אור החכמה. ומלכות זו המשותפת בבינה, אנו מכנים אותה מפתחא (כנ״ל בהקדמת ספר הזהר דף נ״ז בהסולם בד״ה ההוא). לפיכך גם במסך דז״א, שהוא הקו האמצעי, יש ב׳ כחות הללו, של מנעולא ושל מפתחא, שמתחילה, כשהוא צריך למעט ג״ר דקו שמאל, הוא פועל זה במסך דמנעולא, דהיינו במלכות דמדת הדין, שבכל מקום שהוא מתגלה פורח משם האור העליון (כמ״ש בסולם ויצא י״ג בד״ה סתרא). אמנם מתוך שהוא רוצה להשאיר ו״ק דחכמה, הוא מעלים אח״כ את המסך הזה דמנעולא, ופועל עם המסך דמפתחא, שהיא המלכות המשותפת בבינה, ובכחה נשארה על כל פנים הארת ו״ק דחכמה (ועי׳ כל זה בסולם לך דף י״ג בד״ה ונתבאר). והנה נתבאר היטב, איך ז״א עולה ביחד עם בינה ותו״מ דישסו״ת למדרגת ישסו״ת, וע״י המסך שלו הוא מיחד ומשלים ב׳ הקוין דימין ודשמאל שבישסו״ת, ונעשה לקו אמצעי שם. ואלו ג׳ הקוין שבישסו״ת נקראים חכמה בינה דעת דישסו״ת. שב׳ הקוין ימין ושמאל נקראים חו״ב, וז״א, שהוא הקו האמצעי המכריע ביניהם נקרא דעת.

חולם שורק חירק

לט) וג׳ קוין אלו מכונים גם כן, ג׳ נקודות, חולם, שורק, חירק. שקו ימין ה״ס נקודת החולם. וקו שמאל ה״ס נקודת השורק, דהיינו מלאפום, שהוא ו׳ ובתוכה נקודה. והקו האמצעי, ה״ס נקודת החירק. וטעם הדברים כי נקודות רומזות על הארת החכמה, שהם מחיים ומנענעים את האותיות, שהם הכלים. ולפיכך קו הימין שנתתקן בעת עלית המלכות לבינה, שהוא חסר חכמה (כנ״ל באות ל׳), רמוז בנקודת החולם, שדרכה לעמוד ממעל לאותיות, שזה מורה שהנקודה, שהיא החכמה, אינה מתלבשת בכלים שהם האותיות, אלא נמצאת ממעל לכלים. וקו השמאל, הנתקן מבינה ותו״מ, אחר שחזרו למדרגתם, שהם מחזיקים באור החכמה (כנ״ל באות ל׳), ע״כ רמוז בנקודת השורק, שהוא ו׳ שבתוכה נקודה, שזה מורה שהנקודה שהיא חכמה, מלובשת בתוך הכלים המכונים אותיות. והקו האמצעי, הנתקן ממדרגה שמתחתיה שעלה למדרגה העליונה והכריע והשלים ב׳ הקוין שלה (כנ״ל באות ל״ב ובאות ל״ה), שלולא הקו האמצעי לא היתה החכמה יכולה להאיר (כמ״ש שם), ומתוך שהתקון הזה מגיע ממדרגה שמתחתיה, הוא רמוז בנקודת החירק העומדת מתחת האותיות שהם הכלים. להיותה מדרגה שמתחתיה. ומשום זה אנו מכנים תמיד המסך

דקו האמצעי, בשם מסך דחירק (ועי' כל זה בסולם בראשית א' אות ט').

קו האמצעי למעלה מב' קוין

מ) אכן יש בחינת קו אמצעי, שהוא למעלה מב' הקוין, והיינו בג' רישין דעתיקא, אשר הרישא דלא אתיידע מכריע ומיחד ב' הקוין ימין ושמאל שהם ב' רישין כתרא וחכמה סתימאה דא"א, שהם למטה ממנו (כמ"ש באדרא זוטא דף ט"ו ד"ה ויש פירוש, ובדף כ"ז ד"ה ביאור). אמנם הם נתקנו לבחינת שורש לג' קוין, אבל בכל ג' קוין חוץ מאלו, בא הקו האמצעי מלמטה, כמבואר. והנך מוצא, ג' בחינות תקון קוין.

א. תקון קוין שבג' רישין דעתיקא, אשר הקו האמצעי הוא למעלה מב' הקוין כנ"ל.

ב. הוא תקון קוין שבג"ר, שאף בקו השמאל אין גילוי חכמה (כנ"ל באות כ"ו).

ג. הוא תקון קוין שבז"ס תחתונות, אשר בקו שמאל יש גילוי חכמה (כנ"ל מאות כ"ז עד אות ל"ט).

שלש מיני חכמות שבאצילות

מא) ג' חכמות הן באצילות.

א. היא חכמה שבע"ס דאור ישר, שבפרצופין היא חכמה סתימאה דא"א.

ב. היא ג"ר דבינה, שבפרצופין היא או"א, ונקראת חכמה דימין.

ג. היא ז"ת דבינה, שבפרצופין היא ישסו"ת, ונקראת חכמה דשמאל.

ושתי החכמות הראשונות, סתומות הן, ואינן מאירות לתחתונים, ורק החכמה השלישית, דהיינו חכמה דשמאל, היא הנגלית במקום המלכות, והיא המאירה לזו"ן ולתחתונים.

מב) כי כבר ידעת, שא"א הוא חכמה דאצילות, ואו"א הם ג"ר דבינה דאצילות, וישסו"ת הם ז"ס תחתונות דבינה דאצילות. ונודע שאין בראש דא"א, רק ב' ספירות כתר וחכמה, הנקראים כתרא וחכמה סתימאה, והבינה שלו, יצאה מראשו ונעשתה לבחינת גוף בלי ראש, דהיינו מחמת המלכות המסיימת שעלתה וסיימה הראש תחת החכמה שלו, שמשום זה, כבר נמצאים בינה ותו"מ תחת מלכות המסיימת שבראש (כנ"ל באות ל"ג), וע"כ נעשית לבחינת גוף. ובינה ותו"מ אלו נקראים כולם על שם בחינה עליונה שבהם, שהיא בינה. וכיון שיצאה מראש לבחינת גוף בלי ראש, כבר אינה ראויה לקבל חכמה, עד שתחזור לראש דא"א.

מג) ובינה זו נחלקה לב' בחינות, ג"ר וז"ת. והוא מטעם כי הפגם של חסרון חכמה שנעשה בה עם יציאתה מראש א"א, אינו נוגע כלום בג"ר דבינה, להיותן תמיד בסו"ה, כי חפץ חסד הוא, שהבינה חפצה רק באור החסדים ולא באור החכמה, ואפילו בהיותה בראש א"א, לא היו ג"ר שלה מקבלות חכמה אלא חסדים בלבד. וזה נמשך לה מבינה דאו"י, שכל עצמותה, הוא חסדים בלי חכמה (כמ"ש בפתלחה"ק אות ה'). וע"כ אין ג"ר דבינה נפגמות במשהו מחמת יציאתן מראש, והן נחשבות ממש בכל השלמות כעודן בראש דא"א, ולפיכך נבדלו ג"ר דבינה למדרגה בפני עצמן, ומהן נתתקנו או"א עלאין, המלבישים מפה ולמטה דא"א, הנחשבים תמיד לג"ר, אע"פ שנמצאים מתחת הראש דא"א. אבל ז"ס תחתונות דבינה, שאינם עצמותה של הבינה, אלא מהתכללות זו"ן בבינה (כנ"ל אות כ"ו). שעיקר מהותו של ז"א הוא הארת חכמה בחסדים (כמ"ש בפתיחה לחכמת הקבלה אות ה'), ע"כ הן צריכות להארת חכמה, כדי להשפיע לזו"ן, וכיון שבעת יציאתן מראש דא"א, אינן ראויות לקבל חכמה בשביל זו"ן, הן נבחנות כפגומות, ומשום זה נבדלו מג"ר דבינה השלמות, ונעשו למדרגה נבדלת בפני עצמה, ומהן נתקנו פרצוף ישסו"ת דאצילות, המלבישים מחזה ולמטה דא"א. שהם בחינת ו"ק בלי ראש, עד שתחזור הבינה לראש דא"א, ואז משיגים ג"ר.

מד) והנך רואה, שעצם החכמה היא בראש דא"א, דהיינו הנקראת חכמה סתימאה, משום שחכמה זו המקורית, נסתמה בראש א"א, ואינה מאירה לתחתונים, שהם למטה מראש דא"א. ואו"א וישסו"ת הם בינה המקורית דאצילות, המכונה קומת ס"ג דמ"ה, שעיקרם

חסדים ולא חכמה. וביציאת הבינה מראש דא"א, נפגמו רק ז"ת דבינה, שהן ישסו"ת, שנשארו משום זה בחסרון ג"ר. ואינן נשלמות אלא בחזרת הבינה לראש א"א, שאז מקבלת חכמה בשביל זו"ן. ואז הן נבחנות לחכמה דקו שמאל. שפירושו, שחכמה זו אינה מתגלית אלא בדרך ג' קוין שיוצאים בישסו"ת, אשר בקו שמאל שבג' קוין אלו מתגלית החכמה (כנ"ל אות ל"ד ע"ש). אמנם אע"פ שג"ר וז"ת דבינה, שהם או"א וישסו"ת חזרו לראש א"א, אין ישסו"ת מקבלים החכמה ישר מחכמה סתימאה שבראש א"א, מפני שכל מדרגה אינה מקבלת אלא מהמדרגה העליונה הסמוכה לה. אלא שאו"א מקבלים החכמה מחכמה סתימאה שבראש א"א, ומשפיעים לישסו"ת.

מה) ואו"א נבחנים לחכמה דימין, מפני שאפילו בהמצאם מתחת הראש, הם שלמים כמו שהיו בראש, והם מיוחדים תמיד עם חכמה סתימאה שבראש א"א. אלא שאינם מקבלים ממנה, להיותם תמיד בסוד כי חפץ חסד הוא. כנ"ל (ועי' בסולם צו אות קנ"א, ופנחס אות ר"ו). והנה נתבאר היטב, אשר עצם החכמה היא בראש א"א. אבל היא סתומה שאינה מאירה כלום למטה מראשו. והארת חכמה סתימאה הנכללת באו"א, אע"פ שאינם מקבלים אותה ממש, נבחנת לחכמה דימין. ובחזרתם לראש נקראים חכמה עלאה. ומה שנבחנים לחכמה, אע"פ שאין מקבלים אותה, הוא, מפני שיחודם עם החכמה עושה את החסדים שבאו"א לג"ר גמורים. והחכמה המאירה בישסו"ת היא חכמה דשמאל, מפני שאינה מאירה בה אלא בקו שמאל. וחכמה זו דשמאל נקראת ל"ב נתיבות החכמה (כמ"ש באד"ז אות ע"ג), והיא החכמה הנגלית לזו"ן ולתחתונים. אבל חכמה דימין, אינה מאירה כלום מבחינת חכמה, אלא חסדים בלבד, שהרי או"א אינם מקבלים החכמה, כנ"ל. ומכל שכן חכמה דאו"י שבראש דא"א, שאינה מאירה למטה מראשו, כי ע"כ נקראת חכמה סתימאה. הרי שאין הארת החכמה מתגלית אלא חכמה דשמאל בלבד. אמנם, אין זו חכמה ממש, אלא בינה שמקבלת חכמה בשביל זו"ן.

ג' אותיות מ' ל' צ' שבצלם

מו) המוחין דגדלות, דהיינו אחר שהמלכות חזרה וירדה ממקום בינה למקומה עצמה, ובינה ותו"מ חזרו למדרגתם ונשלמה המדרגה בחמשה כלים כח"ב תו"מ, ובחמשה אורות נרנח"י (כנ"ל אות י"ח), שזה נבחן שהמלכות, שה"ס י', שנכנסה לאור ועשתו לאויר, חזרה ויצאה מן האויר, וחזר האויר להיות אור (כמ"ש שם), יש להבחין במוחין אלו ג' מדרגות, המרומזות בג' אותיות מ' ל' צ' שה"ס צלם.

מדרגה א': היא ג"ר דבינה שנתקנו באו"א עלאין, שהם בסו"ה, כי חפץ חסד הוא, ואינם מקבלים חכמה לעולם. ולפיכך נבחן בהם שאין הי' יוצאת מאויר שלהם. כי אויר ה"ס קומת רוח שהם חסדים, אשר באו"א נבחנים החסדים האלו לג"ר ממש, ואין להם ענין להוציא הי' מאויר שלהם. והם הנקראים מ' דצלם, שאות זו רומזת שיש בהם ד' מוחין חכמה, בינה, ימין דדעת, ושמאל דדעת, שכל מוח כלול מע"ס והם מ' ספירות. ועוד רומזת, שהמוחין סגורים כמו בטבעת, שהיא צורת ם' שלא לקבל חכמה.

מז) מדרגה ב': היא ז"ס תחתונות דבינה שנתתקנו בישסו"ת, שהן צריכות חכמה כדי להשפיע לזו"ן (כנ"ל אות מ"ג), שע"כ בעת גדלות הי' יוצאת מאויר שלהן, ואור החכמה חוזר אליהן כדי להשפיע לזו"ן, אבל גם הן אינן מקבלות חכמה לעצמן, להיותן מן הבינה, וכל הבינה, בין ג"ר ובין ז"ת, היא מאור החסדים, וכל ההפרש הוא בז"ת, שהן מקבלות חכמה בשביל להשפיע לזו"ן. ומדרגה זו נקראת ל' דצל"ם. שאות זו רומזת שיש בהן ג' מוחין חכמה בינה דעת, שבכל מוח ע"ס, והן ל ספירות. כי הימין דדעת והשמאל דדעת נחשבים כאן לאחד, להיותם בחינת הקו האמצעי ליחד החכמה והבינה.

מח) מדרגה ג': היא זו"ן, שבהם נתגלה החכמה מחזה ולמטה, כי בהם הוא מקום הגילוי של החכמה. ונק' צ' דצל"ם, על שם ט"ס שבזו"ן שכל אחת כלולה מעשר, והן צ'. והנה נתבארו ג' אותיות מ' ל' צ' בג' פרצופין או"א וישסו"ת וזו"ן, בכללות עולם

האצילות. אבל כן הוא גם בפרטי פרטות, שאין לך מדרגה שלא תהיה נבחנת בג' בחינות מל"צ אלו, אשר בכל אחת מהן יש מל"צ.

מט) אמנם מקום גילוי החכמה אינו בז"א, אלא במלכות, ומה שאנו אומרים, שמחזה ולמטה דז"א מתגלה החכמה, הוא משום שמחזה ולמטה דז"א, נבחן לבחינת מלכות. באופן, שאין החכמה מתגלה בט' ספירות ראשונות, אלא במלכות בלבד. וע"כ נקראת המלכות חכמה תתאה (כמ"ש בסולם בראשית א' דף רע"ו ד"ה ועוד כמה).

ב' בחינות עלית מ"ן

נ) יש ב' בחינות עלית מ"ן דז"א, א': מתוך שג"ר דבינה שה"ס או"א עלאין הם תמיד באחורים לחכמה, דהיינו שאינם רוצים לקבל חכמה אלא חסדים, בסו"ה כי חפץ חסד הוא. כנ"ל. ואין ישסו"ת יכולים לקבל חכמה מא"א, אלא דרך או"א (כנ"ל אות מ"ד). **לפיכך אי אפשר שישסו"ת יקבל חכמה דרך או"א, אלא אם כן שז"א עולה למ"ן לישסו"ת, ואז מסירים או"א את האחורים שלהם מן החכמה, והחכמה עוברת דרך או"א אל ישסו"ת. והתעוררות זו, נמשכת מבינה דאור ישר הממשכת הארת חכמה בחסדים בשביל ז"א דאור ישר** (כמ"ש בפתיחה לחכמת הקבלה אות ה'). **ולפיכך בכל עת שז"א עולה למ"ן, מתעוררים או"א להמשיך לו חכמה** (ועי' להלן אות פ"ג).

נא) בחינה ב': דעלית מ"ן דז"א, הוא כדי ליחד ב' קוין ימין ושמאל שבישסו"ת (כנ"ל אות ל"ה), **כי כשיוצא קו שמאל דישסו"ת, נעשית מחלוקת בין ימין ושמאל, שמשום זה שניהם אינם מאירים, עד שז"א מיחדם זה בזה, בסוד הקו האמצעי, ואז מאירים שניהם** (כמ"ש שם).

תלת נפקי מחד, חד בתלת קיימא

נב) והנה נתבאר שבחינה ב' דעלית מ"ן דז"א לישסו"ת, היא ליחד ב' קוין, ימין ושמאל דישסו"ת, שאינם יכולים להאיר זולת ע"י מסך דחירק שבז"א (עי' לעיל אות ל"ט בסוף), **שהוא משלים בהם את הקו האמצעי, המכריע ב' הקוין דבינה. וזה נבחן שיוצאים ג' קוין בבינה, הנק' חכמה בינה דעת, על ידי המסך דז"א. ויש כלל, שכל השיעור שהתחתון גורם שיאיר בעליון זוכה בו גם התחתון, ולפיכך כיון שז"א גרם במסך שלו שיצאו ג' קוין, חכמה בינה דעת, בישסו"ת, זוכה גם ז"א בג' קוין חכמה בינה דעת. וז"ש בזהר** (בראשית א' אות שס"ג) **תלת נפקי מחד, חד בתלת קיימא, ע"ש.**

שורש הנוקבא דז"א, דהיינו המלכות

נג) בעת קטנות דעולם הנקודים, היה לז"א, שהוא חג"ת נה"י דנקודים, ששה כלים חב"ד חג"ת (כי מצד האורות, שהקטנים גדלים תחילה, נקראים חג"ת נה"י, וחסרים מג"ר, ומצד הכלים, שהעליונים גדלים תחילה, נקראים חב"ד חג"ת, וחסרים מנה"י דכלים (כמ"ש בפלחה"ק אות כ"ד ע"ש). **והיה חסר לו נה"י דכלים). והיה זה, מחמת עלית המלכות במקום בינה דז"א, שהוא ספירת הת"ת, כי חג"ת דז"א הם כח"ב** (כנ"ל אות ט'), **והיינו בשליש עליון דת"ת במקום החזה, וב' שלישי בינה ותו"מ, הנקראים בז"א ב' שלישי ת"ת ונה"י** (כמ"ש שם) **נפלו ממדרגתו למדרגה שמתחתיה, דהיינו לעולמות בריאה יצירה עשיה, שהם מתחת ז"א דאצילות. וע"כ לא נשאר בו אלא חב"ד חג"ת דכלים עד נקודת החזה. ונקודת החזה, היא המלכות המסיימת המדרגה במקום הבינה, ומורידה בינה ותו"מ, הנקראים תנה"י, למדרגה שמתחתיה** (כנ"ל באות ט"ז), **וז"ס שזו"ן בקטנות נקראים תמיד ו"ק ונקודה, כי ששת הכלים חב"ד חג"ת שבו, נקראים ו"ק, דהיינו ו' קצוות. ונקודת החזה שהיא מלכות המסיימת מדרגתו נקראת נקודה** (ומבחינת האורות, שהקטנים גדלים תחילה, הם נקראים חג"ת נה"י, והמלכות המסיימת נקראת נקודה תחת היסוד).

נד) ומשום זה כל הכלים שבבי"ע, לקחה המלכות לרשותה, שהיא נקודת החזה. כי נקודה זו הוציאה הכלים דתנה"י דז"א לבי"ע,

וכן היא החזירה הכלים ההם למדרגת אצילות, בעת שיצאה הגדלות דנקודים, מטרם שנשברו. כי בשעת הגדלות חזרה וירדה המלכות המסיימת ממקום החזה למקומה, תחת נה"י דכלים דז"א, ואז הכלים דבינה ותו"מ שנפלו לבי"ע, שהם תנה"י, עלו בחזרה לאצילות. וכיון שז"א קנה תשלום תנה"י דכלים יצאו לו ג"ר דאורות (כנ"ל אות י"ט), ומתוך שאין העדר ברוחני, נבחן גם עתה שהמלכות נשארת במקום החזה דז"א כמקודם לכן, אלא כח הדין והסיום שבה בלבד, ירד לנקודה דעוה"ז. ולפיכך אותם הכלים דתנה"י דז"א, שהיו תחת רשותה בעת קטנות, ועתה חזרו ונתחברו לז"א, נמצאים מתחברים גם אליה בעת גדלות, אחר שכבר נתחברו והשלימו תנה"י דז"א. והם נעשים לה ט' ספירות תחתונות. כי נקודת החזה שהיא שורש המלכות הנמצא לה מעת קטנות נעשה לכתר, וג' הכלים נה"י דז"א, נתחלק כל כלי לג' שלישים, וג' שלישי נצח דז"א נעשו למלכות חכמה חסד נצח. וג' שלישי הוד דז"א, נעשו למלכות בינה גבורה הוד. וג' שלישי היסוד דז"א, נעשו למלכות דעת ת"ת יסוד, באופן, שאלו תנה"י דז"א, שעלו בעת גדלות מבי"ע ונתחברו למדרגתו, וגרמו לו ג"ר דאורות, הנה הם מתחברים גם למלכות, ונעשו לה ט"ס תחתונות דכלים וט"ר דאורות.

נה) והנך מוצא, ששורש הנוקבא דז"א, היא נקודת החזה, שאינה חסרה ממנו אפילו בעת קטנות. והיא נקראת בשם כתר המלכות. ואלו הכלים תנה"י דז"א, שנפלו לבי"ע, בעת קטנות, וחוזרים לאצילות בעת גדלות, הם מתחלקים לב' פרצופין, לז"א ולמלכות, כי הם משמשים לתנה"י דכלים בשביל ז"א, ולחב"ד חג"ת נה"י דכלים בשביל המלכות.

מחזה ולמטה דז"א שייך לנוקבא

נו) ומכאן יצא הכלל, שמחזה ולמטה דז"א, דהיינו הכלים תנה"י דז"א, הם בחינת המלכות, הנקראת נוקבא הנפרדת דז"א. כי כל ט' ספירות תחתונות של המלכות נבנות מן תנה"י דז"א אלו, אחר שהן מתחברות אליו בעת גדלות, כמבואר. וכן מובן היטב, מה שאנו אומרים, שבקטנות נמצאים ז"א ומלכות בבחינת ו"ק ונקודה. דהיינו חב"ד חג"ת דכלים ונקודת החזה. וז"א חסר ג"ר דאורות, מחמת חסרון נה"י דכלים, והמלכות חסרה ט"ס ראשונות דאורות, מחמת חסרון ט"ת דכלים. והנה נתבאר היטב שורש הנוקבא דז"א בקטנות וגדלות, שהוא מקטנות וגדלות דעולם הנקודים. ואע"פ שנשברו הכלים דנקודים, עכ"ז חזרו ונתקנו בעולם האצילות בב' הזמנים הללו, דקטנות וגדלות, באופן שגם ז"א ומלכות דאצילות, הם ו"ק ונקודה בקטנות, כמו הקטנות דז"ס דנקודים, שאז תנה"י דז"א דאצילות, הם נפולים בבי"ע. ונקודה זו היא שורש הנוקבא. ולעת גדלות חוזרים למדרגתם בז"א דאצילות, ומשלימים נה"י דכלים לז"א, וט"ת דכלים לנוקבא שלו, שהיא המלכות. דהיינו כמבואר בקטנות וגדלות דעולם הנקודים, ונמצאים תנה"י דז"א אלו שמחזה שלו ולמטה, שהם שורשים לגדלות דנוקבא.

י"ב פרצופין שבאצילות

נז) כל מדרגה שיש בה ג' פעמים עשר ספירות, דהיינו ע"ס דראש, וע"ס דתוך, וע"ס דסוף (כנ"ל אות ה' ו'), נקרא פרצוף. ונבחן ע"פ בחינה עליונה שבו, אם הבחינה העליונה היא כתר, נקראים כל ל' הספירות שבו, בשם כתר. ואם בחינה עליונה היא חכמה נקראים כולם חכמה וכו' עד"ז. והם ה' פרצופין, שקומתם נמדדת על פי זווג דהכאה שעל ה' בחינות שבמסך, שזווג דהכאה על מסך דבחינה ד' ממשיך קומת כתר. ומסך דבחינה ג' ממשיך קומת חכמה, ומסך דבחינה ב' ממשיך קומת בינה. ומסך דבחינה א' ממשיך קומת ז"א, ומסך דבחינת שורש ממשיך קומת מלכות (כמ"ש בפלחה"ק אות כ"א ע"ש).

נח) אמנם באצילות הם י"ב פרצופין. שהם ד' פרצופי הכתר, הנקראים עתיק ונוקבא, אריך ונוקבא. וד' פרצופי הבינה, הנקראים או"א עלאין, וישסו"ת. וד' פרצופי זו"ן, הנקראים זו"ן הגדולים, וזו"ן הקטנים. וטעם התחלקותם כך, הוא, כי בכל פרצוף

ופרצוף שבאצילות, יש בהם ב׳ מיני כלים. א) מכלים שיצאו בעולם האצילות, בזווגי הכאה, והם מכונים כלים דמ״ה. ב) מכלים שנשברו בעולם הנקודים, המכונים כלים דב״ן, שהם מתתקנים ועולים מבי״ע ומתחברים עם הקומות שיצאו ע״י זווג דהכאה בעולם אצילות הנק׳ מ״ה. והכלים דמ״ה הם בחינת דכר. והכלים דב״ן הם בחינת נוקבא. לפיכך יש בכל פרצוף דכר ונוקבא.

נט) וחוץ מזה נחלק כל פרצוף לג״ר וז״ת. ונמצא שיש דכר ונוקבא בג״ר של הפרצוף, ויש דכר ונוקבא בז״ת של הפרצוף. לפיכך יצאו בכל פרצוף ד׳ פרצופין. וב׳ פרצופי ג״ר של הכתר, נקראים עתיק ונוקבא, שעתיק הוא מ״ה והנוקבא היא ב״ן. וב׳ פרצופי ז״ת דכתר, נקראים אריך אנפין ונוקבא. שאריך אנפין הוא מ״ה, והנוקבא היא ב״ן. וב׳ פרצופי ג״ר דבינה, נקראים או״א עלאין. וב׳ פרצופי ז״ת דבינה נק׳ ישסו״ת. וב׳ פרצופי ג״ר דזו״ן נקראים זו״ן הגדולים. וב׳ פרצופי ז״ת שבזו״ן, נקראים זו״ן הקטנים.

ס) ומה שאין אנו חושבים ד׳ פרצופין בחכמה, הוא, מפני שא״א הוא קומת חכמה דמ״ה, אבל החכמה שבו נסתמה תוך הכתר שלו בסוד דא לגו מן דא (כמ״ש באדרא זוטא אות ל״ז), ואין החכמה מאירה כלום באצילות. אלא כל החכמה המאירה באצילות היא מבינה שחזרה לראש א״א ונעשתה לחכמה (כנ״ל אות מ״ד), שבינה זו נתלבשה באו״א וישסו״ת, ואו״א נחשבים לחכמה דימין. וישסו״ת נחשבים לחכמה דשמאל (כנ״ל אות מ״א). לפיכך אין אנו חושבים ד׳ פרצופין בחכמה, אלא בבינה, שהוא ג״כ בחינת החכמה המאירה בז״א ומלכות בכל העולמות.

כלל גדול בזמן ומקום

סא) כל הביטויים שבחכמת הקבלה, שהם בזמן ומקום, תדע, שאין המדובר בזמן ומקום המדומים הנוהגים בגשמיות, כי כאן הכל הוא למעלה מן הזמן ולמעלה מן המקום. אלא, כל קודם ואח״כ, פירושו סיבה ומסובב, אשר את הסיבה אנו מכנים, **קודם**, ואת המסובב אנו מכנים, **אח״כ**. מפני שכל סיבה היא קודמת למסובב ממנה. וענין מעלה ומטה, ועליה וירידה, הם שיעורי עביות וזכות, כי **עליה**, פירושה הזדככות, **וירידה**, פירושה התעבות. וכשאנו אומרים שמדרגה תחתונה עלתה למעלה, פירושו, שהתחתונה נזדככה ונעשתה כל כך זכה, כמו המדרגה העליונה, וע״כ נבחן שנתדבקה בה, כי השואת הצורה מדביקה הרוחניים זה בזה. וכן כשאנו אומרים שהתחתון מלביש העליון, פירושו, שנעשתה בו השואת הצורה לחיצוניות שבעליון, כי הדבקות בחיצוניות דעליון, אנו מכנים הלבשה לעליון. וכן כל שאר הדברים המדומים בזמן או במקום, תשכילם בדרך הזה, דהיינו במובנים רוחניים לפי הענין.

ב׳ הבדלים מפרצופי ג״ר לפרצופי ו״ק

סב) כל פרצוף נאצל ונולד ממסך הגוף של הפרצוף העליון, בדרך סיבה ומסובב. וזה נוהג בכל הפרצופין, מפרצוף הכתר דא״ק שיצא אחר הצמצום הראשון, עד סוף פרצופי עשיה. והם מלבישים זה את זה, דהיינו כל תחתון מלביש את הגוף דעליון שלו. ופירושו של פרצוף עי׳ לעיל (אות נ״ז).

סג) והפרצופין נחלקים לפרצופי ג״ר, שהם פרצוף הכתר ופרצוף החכמה, ופרצוף הבינה. ולפרצופי ו״ק, שהם פרצוף ז״ת דבינה הנק׳ ישסו״ת, ופרצוף ז״א, ופרצוף המלכות. ואלו ג׳ הפרצופין נבחנים תמיד לפרצופי ו״ק, ואפילו בשעה שהם מקבלים ג״ר, אינם יוצאים מבחינת ו״ק. מפני שהם מחוסרי כח״ב משורשם. כמ״ש בזהר משפטים אות תק״כ, רישא דמלכא בחסד וגבורה אתתקן. ע״ש.

ויש הפרש מפרצופי ג״ר לפרצופי ו״ק, הן מבחינת יציאתם ולידתם, והן מבחינת הלבשתם לגוף דעליון. כי פרצופי ג״ר, יוצאים מפה דראש העליון הסמוך להם, שזה מתחיל מפרצוף הכתר דא״ק, כי אחר שיצא פרצוף הכתר דא״ק בראש וגוף (כמ״ש לעיל אות ה׳ ו׳), נעשה ביטוש דאו״מ באו״פ בע״ס דגוף, שפירושו, שאותו האור שעביות המסך היתה מעכבתו מלהכנס בגוף הפרצוף, נקרא

אור מקיף. והוא הכה בעביות המסך, שאור הפנימי מלובש באו"ח שלו, שמתוך הכאה זו של האור המקיף בעביות שבמסך, נזדכך המסך שבגוף ונשתוותה צורתו למסך המזדווג שבראש הפרצוף, שזה נבחן, שמסך דגוף עלה ונכלל במסך שבפה דראש, בתוך הזווג אשר שם, כי השתוות הצורה נבחנת לדבקות, ולפיכך על ידי התכללותו בזווג של ראש נתחדשו כל בחינות העביות שבמסך, חוץ מבחינה אחרונה, ואז יצא עליו זווג דהכאה מהאור העליון שבראש על שיעור העביות שנשאר במסך, שהיא עביות דבחינה ג', ויצאה עליו קומת פרצוף החכמה. ואז הוכר המסך, שהוא מבחינה אחרת, כי העליון הוא פרצוף כתר, וקומה זו שנתחדשה על המסך היא קומת חכמה, מטעם שהבחינה האחרונה נאבדה, והכרה זו נבחנת ללידה, כלומר שיצא מקומת הכתר ונעשה לפרצוף מיוחד, שיש לו רק קומת חכמה. הרי שהמקור של פרצוף חכמה הנולד, הוא המסך דגוף דקומת כתר שנזדכך ועלה לפה דראש. ומקום היציאה והלידה הוא מפה דראש דפרצוף הכתר (כמ"ש כל זה בפלחה"ק אות ל"ה ע"ש). ואחר שנולד פרצוף החכמה ויצא מפה דראש פרצוף הכתר, נבחן שמלביש רק על הגוף דפרצוף הכתר, דהיינו בג"ר דגוף, שהוא חג"ת כי המסך דגוף הוא שורשו, שמשם נולד, והוא מלביש רק על חיצוניות דגוף פרצוף הכתר. מפני שקומת בחינה ג' היא חיצוניות לפרצוף הכתר, שקומתו היא מאו"ח דבחינה ד'. ולפיכך נבחן זה להלבשה. שמורה על דבקות בחיצוניות כנ"ל.

סד) וכמו שנתבאר בלידת פרצוף החכמה דא"ק, מפה דראש פרצוף הכתר דא"ק, על דרך זו ממש יצא פרצוף הבינה מפה דראש דפרצוף החכמה, כי אחר שנשלם פרצוף החכמה בראש וגוף, שוב נעשה ביטוש או"מ ואו"פ המזכך עוביו של המסך, ומשוה צורתו למסך דמלכות של ראש, וכיון שנכלל בזווג של ראש נתחדשה בחינת העובי אשר בו, חוץ מהבחינה האחרונה הנאבדת, ועל שיעור העובי שנשאר בו, שהוא עובי דבחינה ב', יצאו ע"ס דקומת בינה. וכיון שהוכר שהיא קומה נמוכה מפרצוף החכמה, נבחן שנפרד ממנו ונולד לרשות עצמו, אלא שמלביש לגוף דעליון, שמשם שורשו, כנ"ל, ומלביש ג"כ על ג"ר דגוף, שהוא במקום חג"ת.

סה) ועד"ז ממש יצאו ג' פרצופי ו"ק, שהם, ישסו"ת וז"א ומלכות, אלא שיש בהם ב' הבדלים:

א'. שבהם אין התחתון יוצא מפה דראש דעליון הסמוך לו, אלא מפה דראש דעלי עליונו. כי למשל ז"א, אינו יוצא מפה דראש דישסו"ת, אלא אחר שישסו"ת נעשה פרצוף אחד עם או"א, שהם עלי עליונו. וכן הנוקבא אינה יוצאת מפה דראש ז"א, אלא אחר שז"א עלה לאו"א. וכן פרצוף עתיק דאצילות, לא יצא מראש הא' דנקודים, אלא מראש הס"ג דא"ק. והטעם הוא, כי אלו הראשים שהם בבחינת ו"ק משורשם, אינם ראויים לזווג עם האור העליון, באופן שיוכלו להאציל פרצוף תחתון.

והבדל ב'. הוא, בענין ההלבשה, כי פרצופי ו"ק אינם מלבישים על ג"ר דגוף דעליון שלהם, שהוא חג"ת, אלא על ו"ק דגוף דעליון, שהוא נה"י שמחזה ולמטה. כי להיותם ו"ק משורשם, אינם יכולים להאחז בג"ר דגוף של העליון, ונתבארו היטב ב' ההבדלים מפרצופי ג"ר לפרצופי ו"ק. אחד בענין היציאה, שרק פרצופי ג"ר יוצאים מפה דעליון הסמוך להם, מה שאין כן פרצופי ו"ק, שיוצאים מעלי עליון. ואחד בענין הלבשה, שרק פרצופי ג"ר יכולים להאחז בחג"ת דעליון, שהם ג"ר דגוף, משא"כ פרצופי ו"ק, שאינם נאחזים אלא מחזה ולמטה, דהיינו רק בו"ק דגוף.

ג' נתונים להוצאת פרצוף תחתון

סו) ג' דברים נתונים בענין הזווג ללידת פרצוף תחתון.

נתון א' הוא המסך המזדווג עם האור העליון בזווג דהכאה, ומעלה אור חוזר ומלביש את האור העליון, שלפי שיעור הלבשת אור חוזר, כן שיעור קומת התחתון (כמ"ש בפתיחה לחכמת הקבלה אות כ"א ע"ש), ועד"ז אחר

שהוציא המסך את כל הפרצופין והמדרגות שבעולם הנקודים, שלא נתקיימו, אלא שנשברו ונתבטלו, והמסך נזדכך מכל ה' בחינות העובי שבו וחזר לראש הס"ג (כמ"ש בתלמוד עשר ספירות חלק ח' אות ב' וד' ע"ש), **אשר כל המדרגות שיצאו בנקודים השאירו רשימותיהן במסך, ולפיכך בעת שהמסך נכלל בזווג שבראש הס"ג, נתחדשו בו רשימותיו הקדומות, ותחילה הוציא המסך את הבחינה העליונה שבו, שהיא הרשימה דפרצוף הכתר, שנקרא עתיק דאצילות, שהוא עובי דבחינה ד'. והרשימות האחרות שנשארו במסך יצאו עם לידת עתיק למקום עתיק. ואחר שנשלם עתיק, נעשה בו זווג דהכאה על הבחינה העליונה שבשארית המסך הנמצא בו, שהיא בחינה ג', והוציא עליו קומת א"א. ושאר הרשימות שבמסך, שעוד לא נעשה עליהן זווג דהכאה, ירדו עם לידת א"א למקום א"א. וכשנשלם א"א נעשה בו זווג על בחינה עליונה שבשארית המסך, שהיא בחינה ב', והוציא קומת או"א. וכו' על אותו הדרך. הרי שכל הפרצופים יוצאים ע"י זווג דהכאה של האור העליון עם המסך.**

סז) נתון ב' הוא, כי כתר וחכמה דכל תחתון, דבוקים בבינה ותו"מ דעליון שלהם, לכן בעת שהעליון נשלם, ומעלה בינה ותו"מ שלו, עולים עמהם גם כתר וחכמה דתחתון למקום העליון (כמ"ש כל זה באורך לעיל אות כ' ע"ש) **ונכללים בזווג דעליון, ובזה מקבל כל תחתון הקומה שלו מזווג של ראש דעליון.**

סח) נתון ג' הוא, כיון שז"א עולה לישסו"ת ומיחד ומשלים האורות דימין ושמאל דישסו"ת, ולולא עלית ז"א למ"ן, לא יכלו הימין ושמאל דישסו"ת להאיר. נמצא שעלית ז"א לישסו"ת גרמה יציאת ג' קוין, ימין, שמאל, ואמצע, שהם חב"ד דישסו"ת. ויש כלל שכל שיעור האור שהתחתון גורם להאיר בעליון, זוכה בו גם התחתון, ולפיכך מקבל ז"א אותם המוחין דחב"ד מישסו"ת. שז"ס תלת מחד נפקין חד בתלת קיימא (כמ"ש בזהר ב"א רע"ו ד"ה ועוד וכמ"ש כל זה לעיל אות נ"ב ע"ש). **והנה נתבארו ג' הדברים הנתונים בענין הזווג להוצאת התחתון.**

סט) ועיקרו של הזווג להוצאת התחתון יוצא בסוד זווג דהכאה מהאור העליון על המסך כנ"ל. כי זה מודד שיעור קומת התחתון, כנודע. אמנם צריכים להתעוררות מ"ן של התחתון, והתעוררות זו עושים סוד כתר וחכמה דתחתון הדבוקים בבינה ותו"מ דעליון. ולפיכך צריכים שניהם להוצאת פרצוף תחתון. ובז"א יש ענין נוסף כי אין המסך שלו ממשיך כלים דג"ר, להיותו מסך דבחינה א', ולפיכך לא יכול העליון להשפיע לו מוחין מזווג של המסך באור העליון, וע"כ צריכים לנתון הג' הנ"ל, שיקבל המוחין ע"י שגורם מוחין לעליון שלו. בסוד תלת מחד נפקי חד בתלת קיימא. כנ"ל.

ג' שלבים ביציאת עשר הספירות

ע) השלב הא', הוא בפרצופי א"ק הראשונים, ששם יצאו הע"ס כולן בבת אחת, שבזווג דהכאה על מסך דבחינה ד' יצאו עשר ספירות דקומת הכתר. ובזווג דהכאה על המסך דבחינה ג' יצאו ע"ס בקומת חכמה. ובזווג דהכאה על מסך דבחינה ב' יצאו ע"ס בקומת בינה.

עא) השלב הב' הוא עולם הנקודים, שיצא על מסך דבחינה א' המחובר עם המלכות, שבו יצאו ע"ס בב' זמנים. כי תחילה עלתה המלכות לבינה דס"ג דא"ק, ואח"כ כשנזדכך המסך דס"ג לבחינה א', הנקראת ניקבי עינים, עלתה המלכות ונתחברה עם בחינה א'. וסיימה את המדרגה תחת החכמה, הנקראת עינים, ונמצא שנשארו במדרגה רק ב' כלים, כתר וחכמה, עם ב' אורות, רוח נפש, וג' כלים בינה ותו"מ נפלו מהמדרגה. וזהו שנקרא קטנות הנקודים. ובזמן הגדלות הוחזרו ג' הכלים בינה ותו"מ אל המדרגה ונשלמו ה' כלים כח"ב תו"מ במדרגה, עם ה' אורות נרנח"י (על דרך שנתבאר לעיל אות י"ט). **והנה נתבאר שבעולם הנקודים לא יצאו עה"ס בבת אחת כמו בג' הפרצופין הראשונים דא"ק, אלא שיצאו בב' זמנים, בזמן קטנות ובזמן גדלות, שבזמן הקטנות יצאו רק ב' ספירות,**

ובזמן הגדלות יצאו שאר ג' הספירות.

עב) השלב הג' הוא עולם האצילות, שבו יצאו ע"ס בג' זמנים המכונים, עיבור, יניקה, ומוחין. כי כאן לעולם האצילות נתוספה הזדככות המסך בדיוטא האחרונה, כי המסך נזדכך מבחינה א' שנקראת נקבי העינים לבחינת מסך דעובי דבחינת שורש (ע"ד שנתבאר בפלחה"ק אות כ"א), **שאו"ח שבו אינו מלביש רק קומת אור המלכות בכלי דכתר, המכונה מצח. וע"כ מכונה האור הזה בשם מ"ה היוצא מן המצח. כי כח"ב תו"מ דראש מכונים גלגלתא, עינים, אח"פ. ומצח הוא גלגלתא. ולפיכך צריכים כאן לב' ירידות של המלכות:**

א. שתרד מן המצח לנקבי עינים, שזה מכונה יניקה.

ב. שתרד מנקבי עינים למקומה לפה. שזה מכונה מוחין.

באופן:

שקומה ראשונה היוצאת על מסך דעובי דשורש, נקראת עיבור.

וקומה שניה היוצאת על המסך אחר ירידת המלכות לבחינה א', נקראת יניקה.

וקומה שלישית היוצאת על המסך אחר ירידת המלכות למקומה, נקראת מוחין.

והנה נתבאר שבעולם האצילות יוצאים ע"ס בג' זמנים הנקראים, עיבור יניקה מוחין. ותוכנם של הדברים יתבאר לפנינו.

עיבור יניקה מוחין דאחור
ועיבור יניקה מוחין דפנים

עג) כבר נתבאר שהקומה היוצאת על מסך שאין בו אלא עובי דשורש, נקראת קומת העיבור. והיא קומת אור הנפש בכלי דכתר. ומבחינת ג' הקוין שבה, נקראת קומת נה"י. אמנם יש בה ג"כ קומת רוח, הנקראת קומת חג"ת, אלא שהיא בלי כלים, ומשום זה צריכים חג"ת להתלבש בכלים דנה"י. וע"כ נקראת קומת העיבור בשם, ג' גו ג'. דהיינו, חג"ת בתוך נה"י.

עד) ופירוש הדברים הוא, כי אף על פי שהזדככות המסך גורמת שתאבד בחינה אחרונה, אשר משום זה נמצאות ה' הקומות זו למטה מזו (כמ"ש היטב בפתלחה"ק אות מ' מ"א ע"ש)**. עם כל זה, אין הבחינה האחרונה כולה נאבדת, אלא שנשאר במסך ממנה, רשימו דהתלבשות** (כמ"ש שם באות מ"ב)**.**

למשל, כשנזדכך המסך דפרצוף הכתר דא"ק, ועלה לפה דראש, ונכלל בזווג אשר שם, ונתחדשו רשימותיו, הנה מבחינת העובי שבמסך, שעליה נעשה זווג דהכאה, לא נשאר במסך אלא הרשימה דעובי דבחינה ג', מחמת שהבחינה האחרונה, שהיא בחינה ד', נאבדה, אבל חלק ההתלבשות דבחינה ד' נשאר עוד במסך. ונמצא שיש במסך, ב' בחינות עליונות הראויות לזווג:

א. היא העובי דבחינה ג', שהיא המעכבת על האור העליון והיא המקבלת זווג דהכאה, שעליה יוצאת קומת החכמה.

ב. היא בחינת התלבשות דבחינה ד', שאע"פ שהיא אינה ראויה לזווג דהכאה, כי אין בה עובי המעכב על התפשטות האור, עכ"ז כשהיא נכללת ומשתתפת עם העובי דבחינה ג', נעשה גם עליה זווג דהכאה ויוצאת עליה קומת כתר בקירוב.

וב' קומות אלו מכונות זכר ונקבה, כי הקומה שיצאה על בחינה ד' דהתלבשות בשיתוף עם בחינה ג' דעובי, נקראת זכר. והקומה היוצאת על בחינה ג' דעובי בלבד, נקראת נקבה (כמ"ש כל זה שם באות מ"ב ע"ש)**.**

ועד"ז כשנזדכך המסך דגוף דפרצוף החכמה דא"ק, ועלה לפה דראשו, נשארו בו ג"כ ב' רשימות, זכר ונקבה, ע"ד הנ"ל בפרצוף הכתר, כי הרשימו דבחינה ג' דהתלבשות המשתתפת עם בחינה ב' דעובי מוציאה קומת חכמה בקירוב, והוא בחי' הזכר. והרשימו דבחינה ב' דעובי שהיא העיקרית המקבלת זווג דהכאה, מוציאה קומת בינה. והיא בחינת הנקבה. ועד"ז יש זכר ונקבה בהזדככות המסך דגוף דפרצוף בינה, שהזכר הוא בקומת בינה בקירוב, והנקבה היא בקומת ז"א. שהוא הזווג לפרצוף נקודים. ועד"ז יש זכר ונקבה בהזדככות המסך דגוף דפרצוף נקודים, שהזכר, דהיינו הרשימו דבחינה א' דהתלבשות שנשאר במסך

המשתתפת עם בחינת העובי דשורש, הוא בקומת בחינה א׳, בקירוב, דהיינו קומת ז״א, שהיא קומת רוח, דהיינו קומת חג״ת. והנקבה, שהיא העובי דבחינת שורש, שהיא המקבלת את זווג דהכאה, הנה היא בקומת אור הנפש, שהיא קומת מלכות, שמבחינת ג׳ קוין נקראת נה״י.

עה) ולפיכך אנו מבחינים בקומת העיבור, שיש שם ב׳ קומות, קומת חג״ת וקומת נה״י. כי על הרשימו דבחינה א׳ דהתלבשות המשותפת עם עובי דשורש, יוצאת קומת חג״ת, שה״ס זכר. ועל הרשימו דעובי דשורש בלבד, יצאה קומת נה״י, שהיא הנקבה. ומתוך שאין הרשימו דהתלבשות ראויה לקבל זווג דהכאה, זולת ע״י השיתוף עם העובי דשורש, ע״כ אין לקומת חג״ת עמידה בפני עצמה, אלא מחויבת להתלבש בתוך הנה״י. ולפיכך נבחנת קומת העיבור, שהיא חג״ת ונה״י ביחד, ג׳ גו ג׳, דהיינו חג״ת בתוך נה״י.

עו) והנה אחר שיצאו ב׳ קומות הנ״ל, חג״ת בתוך נה״י, בהתכללות הזווג דראש דעליון, והוכר שהן קומות חדשות משונות מהעליון, נבחנת הכרה זו ללידה, כלומר, שהוכר שנולד כאן פרצוף חדש משונה מהעליון, והן יורדות ומלבישות לגוף דעליון. אם הן פרצופי ג״ר מלבישות לג״ר דגוף, שהן חג״ת, ואם הן פרצופי ו״ק, מלבישות לו״ק דגוף, שהם תנהי״מ שמחזה ולמטה. והן יונקות האור מהפרצוף העליון. ויניקה זו גורמת להוריד המלכות מן המצח לנקבי העינים, שאז חוזר ומקבל העובי דבחינה א׳ המחוברת עם המלכות, כמו שהיה בפרצופי נקודים, ואז קונה גם קומת החג״ת בחינות כלים, ואינם צריכים עוד לכלים דנה״י, ולפיכך נבחן, שעל ידי יניקה מתפשטים החג״ת ויוצאים מתוך הנה״י. ואז יש לו קומת רוח בשלמות. ולמשל פרצוף עתיק דאצילות, הנה תחילה עלה המסך דנקודים, על ידי הזדככותו, לראש הס״ג דא״ק, ואחר שנאבדה בחינה אחרונה שבו דבחינת העובי, נשאר המסך בעובי דבחינת שורש, הנקרא מצח, ורשימו דהתלבשות דבחינה א׳, ואז יצאו עליו ב׳ קומות חג״ת ונה״י ג׳ גו ג׳, כי אין כלים לחג״ת, כנ״ל. וכשהוכרו שהם קומה חדשה, נבחן שיצאו ונולדו ובאו למקומם, דהיינו להלביש מטבור ולמטה דא״ק, כי להיותו פרצוף ו״ק, ע״כ מלביש רק ו״ק דגוף, כנ״ל. והוא שנקרא פרצוף עתיק. ואח״כ על ידי יניקה שיונק מס״ג דא״ק, הוא מוריד המסך ממצח לנקבי עינים, ואז יוצאים כלים גם לחג״ת שלו, והם מתפשטים מתוך הנה״י. והנה נתבארו ב׳ הבחינות המכונות, עיבור, ויניקה.

עז) ועתה נבאר פרצוף המוחין. כי אחר שקבל הפרצוף ב׳ הבחינות, עיבור ויניקה, הוא עולה למ״ן לעליון, ומחזיר את החו״ב דעליון פב״פ, ואז הם משפיעים לתחתון את ההארה, המורידה את המלכות מנקבי עינים למקומה עצמה, דהיינו לפה, ואז אלו ג׳ הכלים בינה ותו״מ, שנפלו מחמת עלית המלכות לבינה, הנה הם חוזרים ועולים למדרגתם, ונשלם הפרצוף בה׳ כלים כח״ב תו״מ, ובה׳ אורות נרנח״י. וזהו שנקרא פרצוף המוחין. כי ג׳ האורות הראשונים, נשמה חיה יחידה, נקראים מוחין, למשל, אחר שקבל עתיק ב׳ הבחינות עיבור יניקה, בשלמות, שהן קומות נפש רוח, אז חוזר ועולה לראש הס״ג למ״ן, ומחזיר חכמה ובינה אשר שם פב״פ, ומתוך שפרצוף החכמה דא״ק אין הבינה שבו מעורבת עם המלכות, ע״כ, כשעתיק מקבל הארתו, מוריד גם הוא את המלכות מבינה שלו, ואז מעלה לדרגתו את ג׳ הכלים בינה ותו״מ שלו, שנפלו מחמת עירוב המלכות בבינה, ויש לו עתה כח״ב תו״מ דכלים, ויכולים להתלבש בו נרנח״י דאורות.

עח) וכשיוצאים אלו המוחין בפעם הראשונה, נעשית מחלוקת בין ימין לשמאל (כמ״ש לעיל אות כ״ט ול׳ באורך), כי קו השמאל, שהוא הנושא להארת החכמה, רוצה לבטל את קו הימין שהוא הנושא לאור החסדים. ומטעם המחלוקת והביטוש הזה דימין ושמאל הנוהג במוחין אלו, הם נקראים מוחין דאחור. והנה נתבארו ג׳ הבחינות עיבור, יניקה, מוחין דאחור.

עט) והביטוש הזה דשמאל וימין גורם לפרצוף שיחזור לעלית מ״ן אל העליון. כי

הארת השמאל שהיא הארת החכמה מכה ומזככת כל העובי שבפרצוף, עד שהמסך חוזר להיות זך כמו שהיה בפעם הראשונה שעלה לראש דעליון, דהיינו שלא נשאר בו אלא עובי דשורש, ורשימו דהתלבשות דבחינה א', שע"י השתוות זו הוא מתדבק בראש דעליון, ואחר שנכלל בזווג דראש דעליון, שוב קיבל זווג דהכאה מאור העליון, על העובי דבחינת שורש ובחינה א' דהתלבשות, שנתחדשו במסך, ויצאו שוב עליו קומת ג' גו ג', דהיינו קומת חג"ת הלבושה בתוך קומת נה"י. שנקראת קומת העיבור (כנ"ל אות ע"ה). והנה נתבאר שהביטוש דשמאל בימין שנעשה במוחין דאחור גרם להחזרת הפרצוף לעליון, ולקבל מחדש בחינת עיבור מן העליון.

פ) ואחר שקיבל בחינת העיבור מחדש, חזר ויצא מן הראש דעליון, והלביש את הגוף דעליון, וע"י הלבשה זו ינק שוב את האורות מעליון, ואורות היניקה האלו הורידו את העובי דשורש לבחינת עובי דבחינה א'. דהיינו שהורידו המלכות מן המצח, אל מקום נקבי העינים, ואז יצאה על המסך קומת בחינה א' בשלמות, שזה נבחן להתפשטות החג"ת מתוך הנה"י (כנ"ל אות ע"ו), ונמצא שהשיג בחינת יניקה חדשה, שה"ס קומת הרוח.

פא) ואחר שהשיג עיבור ויניקה חדשים, שוב עולה למ"ן לעליון, ועליה זו היא מעצמו. כי ע"י מה שהניח שורשו דבוק בבינה ותו"מ דעליון (כמ"ש באות ס"ז ע"ש), הוא יכול לחזור שמה בכל עת שצריך, ומיחד את חו"ב אשר שם פנים בפנים (כמ"ש להלן אות פ"ג), והם משפיעים לו ההארה המורידה את המלכות מנקבי העינים למקומה, ואז עולים בינה ותו"מ ומתחברים בו כמקודם, ומשיג כח"ב תו"מ דכלים ונרנח"י דאורות. ובכדי שלא תתעורר שוב המחלוקת דימין ושמאל עולה הקו האמצעי מלמטה ומיחד ימין ושמאל שיאירו ביחד, שהחכמה שבשמאל תתלבש בחסדים שבימין, והחסדים שבימין יכללו בחכמה שבשמאל (כמ"ש לעיל אות ל"ז), ואז המוחין מאירים בכל שלמותם, ואז הם נקראים מוחין דפנים. והנה נתבאר איך מסיבת הביטוש דשמאל בימין, שבמוחין דאחור, חזרו ויצאו ג' הבחינות עיבור, יניקה, ומוחין דפנים.

פב) ולפיכך אין שום פרצוף נשלם אלא אחר שמקבל עיבור יניקה מוחין דאחור ועיבור יניקה מוחין דפנים. כי מסיבת הזדככות המסך הנוסף באצילות עד לעובי דבחינת שורש, לא יוכלו פרצופי אצילות לקבל עשר הספירות שלהם אלא בג' פעמים בזה אחר זה, הנקרא, עיבור יניקה מוחין (כנ"ל אות ע"ב), וכיון שביציאת המוחין בפעם הראשונה נעשה ביטוש דימין ושמאל, עד שהשמאל מזכך כל העובי שבמסך, הנה משום זה כל האורות עיבור יניקה ומוחין שקבל, מסתלקים. כי בהתבטל העובי שבמסך, מתבטל הזווג והאורות מסתלקים, והפרצוף חוזר לראש דעליון לעיבור, ומקבל ג' גו ג' מחדש. ואח"כ נולד ומקבל יניקה מחדש, המורידה המלכות ממצח לעינים, והחג"ת יוצאים מתוך הנה"י, ומקבל קומת רוח מחדש. ואח"כ עולה למ"ן ומקבל נשמה חיה יחידה מחדש, שבהם כבר ישנו הקו האמצעי המיחד הימין והשמאל זה בזה, שהם נקראים מוחין דפנים, ואז מאירים ומתקיימים. הרי שמטרם שמשיגים המוחין בפעם הב', אינם יכולים להתקיים.

פנים ואחור ופנים בפנים

פג) הנה גם בשעה שהפרצוף כבר קבל המוחין דפנים, כנ"ל, נמצאים עוד החכמה עם הבינה אשר שם, בבחינת פנים ואחור, שפירושו, שרק החכמה מקבלת המוחין דפנים, אבל הבינה שהיא תמיד בסו"ה, כי חפץ חסד הוא, שחפצה בחסדים ולא בחכמה, הנה משום זה היא נבחנת שאחוריה הם אל החכמה, ואינה רוצה לקבל ממנה את המוחין דפנים. וחכמה ובינה נמצאות במצב הזה דפנים ואחור, עד שז"א עולה אליהם למ"ן. ומתוך שיש קשר בין בינה דאור ישר שתשפיע הארת החכמה לז"א דאור ישר (כמבואר בפתיחה לחכמת הקבלה אות ה' ע"ש). לפיכך כשז"א עולה למ"ן לבינה, תיכף הבינה מחזירה פניה אל החכמה לקבל ממנה מוחין דפנים, שהם מוחין דהארת החכמה, בשביל ז"א. כדרכה בה' בחינות

דאור ישר. ונבחן אז, שכבר החכמה **פנים בפנים** עם הבינה.

מי מודד הקומה באצילות

פד) ויש לשאול כיון שהמסך דאצילות אין בו אלא בחינות שורש העובי הנקרא מצח, שאין בו אלא קומת אור הנפש, מי גרם שיצאו ה' פרצופין באצילות שהם עתיק וא"א ואו"א וזו"ן אשר עתיק הוא קומת יחידה וא"א קומת חיה, ואו"א קומת נשמה, וזו"ן קומת רוח. וכן קושיא זו היא גם בעולם הנקודים, כיון שלא נשאר במסך אלא עובי דבחינה א' הנקרא נקבי עינים, איך יכלו לצאת ה' פרצופין בנקודים.

פה) והענין הוא, כי גם בחינה ד' נתחברה במסך דנקודים ובמסך דאצילות, מכח המלכות שעלתה לנקודות דס"ג דא"ק, ואם הבחינה ד' לא היתה משתתפת במסך אשר בהם, לא היה יכול לצאת שום פרצוף על אותו המסך, כי אפילו העובי דבחינה א' שבנקודים נבחן להסתכלות דקה שאין הזווג דהכאה מוציא ממנו שום פרצוף, ומכ"ש העובי דמצח שבאצילות, שאינו ראוי לזווג דהכאה ליציאת פרצוף, אלא משום הבחינה ד' שנתחברה במסכים ההם נעשו ראויים לזווג דהכאה. ואין לשאול א"כ היתה ראויה לצאת על המסך קומת כתר כיון שהבחינה ד' דבוקה במסך.

פו) והתשובה היא, כי אין הבחינה ד' מוציאה קומת כתר אלא כשנמצאת במקום המלכות, שאז האו"ח העולה מזווג דהכאה שעליה מלביש ה' כלים כח"ב תו"מ לה' אורות נרנח"י. אבל אם הבחי"ד עומדת במקום ז"א, שאין שם אלא ד' כלים כח"ב ת"ת, אין האו"ח ממשיך רק ד' אורות נרנ"ח, בד' כלים כח"ב ות"ת. ואם הבחינה ד' עומדת במקום בינה, שאין שם אלא ג' כלים כח"ב, אין האו"ח ממשיך אלא ג' אורות נר"ן. ואם הבחינה ד' עומדת במקום הכלי דחכמה, שאין שם אלא ב' כלים כתר וחכמה, אין האו"ח שלה ממשיך אלא ב' אורות נפש רוח. שכן היה בנקודים, ששם נעשה הזווג בנקבי עינים, שהוא הכלי דחכמה, וע"כ לא יצא בקטנות כי אם קומת נפש רוח. ואם הבחינה ד' עומדת במקום הכתר, שאין שם אלא כלי אחד, אין האו"ח שלה ממשיך אלא אור אחד, נפש. שכן היה באצילות, שבעיבור לא יצאה אלא קומת נפש. כנ"ל. מחמת שהזווג היה במקום המצח, שהוא כלי דכתר. אלא אחר הארת היניקה שדחתה הבחינה ד' למקום בחינה א' הנקרא נקבי עינים יצאה קומת רוח. ואח"כ ע"י הארת חו"ב פב"פ דעליון, שהוריד הבחינה ד' למקומה למלכות, המעלה בינה ותו"מ הנפולים למדרגתם, ושוב יש שם ה' כלים כח"ב תו"מ, אז מוציאה הבחי"ד קומת כתר, באור היחידה, והיא קומת עתיק דאצילות.

פז) ועתה צריכים לבאר איך יצאו שאר הפרצופים שהם למטה מעתיק. והענין הוא, כי תחילה אחר שביה"כ, עלה המסך דנקודים לראש הס"ג, דהיינו שנזדכך מכל ה' בחינות העובי שיצאו בו בה"פ, עד שנשתוה למסך דראש הס"ג. ועכ"ז נשארו בו הרשימות מן העובי דה"פ שיצאו בו, חוץ מבחינה אחרונה שנאבדה, כמ"ש בכל הפרצופין. ולפיכך בעת שנכלל בזווג המסך דראש הס"ג, נתחדשה במסך דנקודים, העובי של כל ה' פרצופין, ואז יצא זווג דהכאה על העובי שבמסך. אמנם לא כל הבחינות שבעובי נכנסו בזווג דהכאה, אלא רק הבחינה העליונה שבו, שהיא עובי דמצח המחובר עם בחינה ד'. שע"י ג' בחינות, עיבור יניקה ומוחין, נשלמו ע"ס שלו בקומת כתר. והרשימות האחרות שמשאר הפרצופין דנקודים שהיו במסך, לא קבלו כלום מזווג הזה שבראש הס"ג, להיותם למטה מקומת כתר. והם פסולת בערכו, וע"כ בעת יציאת עתיק מראש הס"ג ירדו עמו כל הרשימות משאר הפרצופין שלא נכללו בזווגו. ואחר שנשלם עתיק בעיבור יניקה מוחין דפנים, אז האיר האור העליון על הבחינה העליונה מרשימות שנשארו בו, שהיא עובי דבחי"ג, אשר ע"י ג' הבחינות, עיבור יניקה מוחין, יצאו ע"ס בקומת חכמה. והוא פרצוף א"א. וכן כאן, כל הרשימות דעובי שהן פחותות מן עובי דבחינה ג', הן פסולת בערך הזווג דקומת בחינה ג' שיצא בראש עתיק, ולפיכך בעת

שנולד א"א ויצא מראש עתיק למקומו, נמשכו עמו כל הרשימות ההן למקומו. ואחר שא"א השיג כל ג' הבחינות עי"מ בשלמות, האיר האור העליון על הבחינה העליונה שנשארה ברשימות ההן, שהיא עובי דבחינה ב', ואז יצאה עליה, ע"י ג' בחינות עי"מ, עשר ספירות בקומת בינה. והן פרצוף או"א. ועד"ז יצאו שאר הפרצופין. והנה נתבאר איך יצאו פרצופי אצילות זה מזה.

ב' מצבים שבמלכות

פח) המלכות ה"ס הנוקבא דז"א. ששורשה מתחיל ממלכות דצמצום ב' שסיימה ז"ס דקטנות דז"א דנקודים. והיא מדרגה נפרדת מז"א, כי ז"א כולל חג"ת נה"י דנקודים, והמדרגה שמתחתיו היא מלכות המסיימת את הנקודים. לפיכך המלכות הזו נבחנת לנוקבא נפרדת מז"א, ומדרגה תחתונה מז"א.

ויש ג"כ בחינת נוקבא שבגופו דז"א, כי הצד השמאלי דז"א נבחן לנוקבא שלו. אבל נוקבא זו נחשבת לגופו עצמו דז"א. כי ז"א ה"ס הקו האמצעי, המקבל מב' קוין, ימין ושמאל, של הבינה. הימין שבו מקבל מקו ימין דבינה, שה"ס אור החסדים, ונחשב לצד הדכר שבו. והשמאל שבו מקבל מקו שמאל דבינה, שה"ס אור החכמה, ונחשב לצד הנוקבא שבו. אבל שניהם הם מדרגה אחת, וכלולים זה בזה.

ונודע, שמתחילה היו החמה והלבנה, שה"ס נוקבא הנפרדת עם ז"א, בבחינת ב' המאורות הגדולים, שהנוקבא היתה קומתה שוה לז"א, וגדולה כמוהו. ואז קטרגה הלבנה, שהיא הנוקבא הנפרדת דז"א, ואמרה, אי אפשר לב' מלכים שישתמשו בכתר אחד, ואז נאמר לה, לכי ומעטי את עצמך, והיא נעשתה בסוד המאור הקטן. והנך מוצא כאן, שני מצבים בנוקבא. מצב א' הוא, בעת שהיתה עם ז"א בבחינת ב' המאורות הגדולים שהיתה שוה לז"א. והמצב הב' הוא, לאחר שנתמעטה הנוקבא, ונעשתה בסוד המאור הקטן.

ביאור הדברים, כי בתחילת תקונה של הנוקבא הנפרדת דז"א, חיבר אותה המאציל עם הנוקבא שבגופו דז"א, שה"ס הצד השמאלי שבו, כנ"ל, ונעשו שתיהן נוקבא אחת לז"א. וכשנמשכו להם המוחין דימין ושמאל מבינה, לקח ז"א, שה"ס הימין שבו, את אורות הימין דבינה. והנוקבא הנפרדת לקחה האורות דקו שמאל דבינה, כמו הנוקבא שבגופו דז"א, מחמת שנתחברה עמה לנוקבא אחת. וכבר ידעת, שאורות דקו ימין דבינה הם חסדים, והאורות דקו שמאל דבינה הם חכמה. ונמצא עתה, שז"א קבל החסדים דימין דבינה בלי חכמה. והנוקבא הנפרדת קבלה החכמה דשמאל דבינה בלי חסדים, ונודע, שאין החכמה יכולה להאיר בלי חסדים, וע"כ נקפאה בה החכמה, והיא נעשתה חושך ולא אור. וז"ס שקטרגה הלבנה, ואמרה, שאין שני מלכים משתמשים בכתר אחד. כי בהיותם משתמשים שניהם בכתר אחד, שהוא בינה, הנחשבת להם לכתר, נעשה ז"א לחסדים בלי חכמה, והנוקבא נעשתה לחכמה בלי חסדים, שהוא חושך, ולא היתה יכולה לעמוד במצב הזה.

ואין לשאול, הרי מטרם שהנוקבא הנפרדת נתחברה עם הנוקבא שבגופו, היה ג"כ הימין שבו, שהוא הדכר, מקבל חסדים, והשמאל שבו, שהוא הנוקבא שבגופו, מקבלת חכמה, ועם כל זה, יכולה הנוקבא שבגופו לעמוד בה ואיננה חושך. הענין הוא, כי הנוקבא שבגופו היא עצמותו דז"א, וע"כ אין החכמה שבה נפרדת מן החסדים שבז"א. מה שאין כן הנוקבא הנפרדת, שהיא באמת מדרגה אחרת מז"א, אלא מחמת שנתחברה עם הנוקבא שבגופו, קבלה החכמה דשמאל דבינה כמוה, וע"כ אחר שקבלה לתוכה החכמה, נפרדה החכמה מן החסדים, כי אין לה חיבור עם החסדים דז"א. והנה נתבאר היטב המצב הא' של הנוקבא הנפרדת.

ובכדי שתוכל להאיר לתחתונים, נאמר לה, לכי ומעטי את עצמך, דהיינו שתמעט עצמה מהמדרגה הגדולה ההיא להיות בשוה עם מדרגת ז"א, ולקבל מבינה, אלא שתרד למטה מיסוד דז"א, כמו שהיתה בשורשה, דהיינו למטה מכל מדרגת ז"א, ולקבל כל אורותיה מז"א. וכיון שמקבלת אורותיה מז"א, שה"ס הקו האמצעי, נמצאת החכמה שנותן לה כלולה

בחסדים, והיא יכולה להאיר. וזהו המצב הב' של הנוקבא הנפרדת. ומה שהיא קבלה במצב הא', נבחנים לנפש רוח נשמה דאחור, דהיינו שאינם מאירים. ומה שמקבלת במצב הב' נבחנים לנפש רוח נשמה דפנים, דהיינו שמאירים בשלמותם. ובכדי להבין הדברים על בוריים, צריך שתעיין בזהר בראשית א', במאמר ב' המאורות הגדולים, מאות קי"א עד אות קט"ז. ובאדרא רבא במאמר הנסירה, מאות שכ"ג עד אות שכ"ה.

וישנן מעלות במצב הא' שלה, כי אז המדרגה העליונה שלה היא בינה, ויכולה לקבל חכמה ממנה, ואינה צריכה לקבל מז"א, אלא שאינה יכולה להאיר לתחתונים, מחמת חסרון החסדים כנ"ל, וע"כ נחשבת שהיא בבחינת אחוריים. אבל במצב הב', אחר שנתמעטה מתחת המסך דיסוד ז"א, כבר אינה ראויה לקבל חכמה, כי המסך דיסוד ז"א מעכב עליה, והיא מוכרחה לקבל אז חכמה בכלים דאחוריים שנשארו בה מהמצב הא'. ויש מעלות במצב הב' יותר ממצב הא', כי אז היא יכולה להאיר לתחתונים הן חכמה והן חסדים, משא"כ במצב הא', שלא יכלה להאיר לתחתונים.

בית שער הכוונות

פרק א'

* א) הנה יש מאציל ונאצל, והנאצל יש בו ד' יסודות: אש, רוח, מים, עפר, והם ד' אותיות הוי"ה, והם חו"ב תו"מ, והנה הם טנת"א, והם הם אבי"ע שהם הם ד' בחי' שבאדם: א' אדם הפנימי שהוא הרוחניות הנקרא נרנח"י, ב' הוא הגוף, ג' הוא המלבושים שע"ג הגוף, ד' הוא הבית שיושב בתוכו האדם וגופו ומלבושו.

ב) וכל בחינות אלו כלולות מד' בחינות, ואלו הם: בחי' א' של הרוחניות היא נשמה לנשמה ונר"ן. בחי' הב' שהוא הגוף, הוא העצמות, שבהם המוח מבפנים, והגידין, והבשר, ועור. וכמש"ה עור ובשר תלבישני ועצמות וגידין תסוככני.

ג) בחי' ג' שהם הלבושים, הנה הם נודעים שהם לבושים המוכרחים אל כהן הדיוט: כתונת, ומכנסים, מצנפת, ואבנט, כי אותן הד' דכ"ג הם לבושים היותר עליונים מאלו, כנזכר בזוהר, שאלו הם לבושים שם אדנ"י, ואלו הם לבושי שם הוי"ה, אבל עיקרם אינם אלא ד' בחי'. בחי' הד' והוא הבית, יש בית, וחצר, ושדה, ומדבר. אמנם בכל אלו הד' בחי' הפרטיות, יש בחינה א' כוללת כולם, והיא ממוצעת בין בחי' ובחי' הכוללת שתיהן.

אור פשוט

א) הנה יש מאציל ונאצל, והנאצל יש בו ד' יסודות וכו'. מלמדנו כאן כלל גדול כולל כל החכמה, להשכיל לדעת, איך הכלל כולו עם הפרטים הקטנים ביותר דומים זה לזה, כי כל המציאות בכללותה העליונים והתחתונים יחד, הם רק חמש בחינות: כתר חכמה בינה תפארת ומלכות בלבד, הנקראות בשם חמשה עולמות: אדם קדמון, אצילות, בריאה, יצירה, עשיה. אשר א"ק הוא כתר, שפירושו שורש הכל ומאציל, ועולם אצילות הוא חכמה, ועולם הבריאה הוא בינה, ועולם היצירה הוא ת"ת, ועולם עשיה הוא מלכות. והם בחינת ארבע אותיות השם הוי"ה: י' חכמה, ה' ראשונה היא בינה, ו' הוא ת"ת, וה' תתאה היא מלכות. וכן הם נקראים: טעמים, נקודות, תגין, אותיות. נמצא שכל העולמות כולם נכללים רק בשם הוי"ה אחת, דהיינו חכמה ובינה תפארת ומלכות, וקוצו של יוד הוא בחי' המאציל, דהיינו עולם א"ק. וכנגד זה אין לך פרט קטן בכל המציאות, שלא יהיו בו חמש בחינות אלו כח"ב תו"מ.

וטעם הדבר הוא, כי אין לך שום דבר נאצל ונברא זולת ע"י ספירת המלכות, והמלכות כוללת בהכרח ארבע בחינות עליונות ממנה וקודמים אליה שהרי היא התחתונה מחמשת הבחינות. ולפיכך, עשר

*) ע"ח ח"ב שער מ"ב פרק א'.

* ד) ואחר שבארנו כי כל הנאצלים כולם בחי' א' הכוללת כל ד' יסודות, שהם ד' אותיות יהו"ה, שהם ד' עולמות אבי"ע. ושיש להם בחי' עליונה חמישית אמצעי בינם לבין א"ס. נבאר עתה כל עולם ועולם בכללות, ואח"כ נחזור בהם בע"ה לבאר יחד כולם בכללות א'.

ה) והנה כל מה שנברא בעולמות כולם, אינם רק ד' בחינות, שהם הוי"ה כנ"ל, והם: בחי' רוחני הנקרא נשמה, ובחי' איברי הגוף, ובחי' המלבושים ובחינת הבית.

אור פשוט

ספירות הראשונות שיצאו אחר צמצום ראשון, הנקראות עולם א"ק, או קו א"ס ב"ה, המתחיל בסמוך לא"ס ב"ה ומסתיים בנקודה דעולם הזה, הנה הוא יצא ע"י זווג בספירת המלכות, וע"כ יש בו בהכרח חמש בחינות הנ"ל. וכן ארבעה עולמות אבי"ע וכל הפרטים אשר בהם, היוצאים ג"כ על ידי זווג בספירת המלכות, הרי יש גם בהם בהכרח אותם החמש בחינות.

וצריכים לדעת, שעשר הספירות כח"ב חג"ת נהי"ם, אינן אלא חמש בחינות בלבד, שהם כח"ב תו"מ כמ"ש הרב בע"ח שמ"ז פ"א ובשער י"א פ"ה, ומה שאנו מחשבים עשר ספירות, הוא משום שתפארת בלבדה יש בה שש ספירות חג"ת נה"י, ע"ש. ומה שת"ת בפני עצמה כוללת שש ספירות, הוא מטעם התכללות הספירות זו בזו, וכל אחת כלולה מכולם. וע"כ יש חמש בחינות בכתר, וחמש בחינות בחכמה, וחמש בחינות בבינה, וחמש בחינות בז"א, וחמש בחינות במלכות. אמנם התכללות ג"ר בת"ת, אינה התכללות שלמה, כי ספירת ת"ת היא אור חסדים ובחינת גופא, ואיך תכלול בתוכה את שלש הבחינות כח"ב שהם אור חכמה בעיקר, ולפיכך נבחנת בה התכללות כח"ב, שירדו ממדרגתם ונעשו לג' חסדים, וע"כ נשתנה שמייהו לחג"ת, ולכן נקראות בה ה' הבחינות בשם חג"ת נ"ה, שזה יורה שכח"ב שנכללו בת"ת, נעשו בה לבחינת חסדים ואין בהם חכמה, ונצח הוא בחינתו עצמו, והוד היא התכללות המלכות בה, וכן הן נקראות ה' חסדים להוראה זו.

גם במלכות אין התכללות כח"ב בשלימות, וגם בה הן נקראות חג"ת כמו בז"א, וחמש הבחינות חג"ת נ"ה נקראות בה חמש גבורות, להיותן כולן בחינת גבורות. וכן ספירת היסוד היא בחינת התכללות מה' חסדים שבת"ת, ואינה בחינה חדשה בפני עצמה. כמ"ש הרב בע"ח שער דרוש הנקודות פ"ה.

באופן, שאלו הע"ס הן לא פחות ולא יותר מחמש בחינות, אשר כל אחת מהן נכללת מכולן. ויש הפרש בענין זה של ההתכללות, כי רק ג"ר נכללות מכל חמש בחינות בשלימות, וע"כ נבחנות שיש כח"ב תו"מ בכל אחת מהן בשלימות. אבל בת"ת, שכח"ב נעשו בה לחסדים, נמצא שאע"פ שהיא כלולה מכח"ב, מ"מ היא חסרה מהן, שהרי נעשו בה לבחינת חג"ת, ולהוראה זו נבחנת הת"ת לשש ספירות חג"ת נה"י, בכדי להדגיש את חסרון כח"ב שבה. ולפיכך נמצא, שכח"ב כלולה כל אחת מהן מע"ס ממש, שהן ג' הבחינות כח"ב, ושש ספירות של ז"א, ומלכות, כי חידוש זה שנעשה בז"א שחמש

*) ע"ח ח"ב שער מ"ב פ"ב.

ו) ונדבר בעולם האצילות, ומשם יובנו כל השאר. כי הנה פנימית כל האצילות הוא הרוחניות הנקרא נשמה, והיא מלובשת תוך איברי הגוף הנקרא כלים, שהם הי"ס הנקרא ראש וזרועות וגוף.

ז) ונחזור לענין הגוף. כי זה הבחי' הוא י"ס, עשר מדות, כי יש בהם גבול ומדה. כמ"ש בפרקי ההיכלות בשיעור קומה, שהוא רל"ו אלפים רבבות פרסאות כו'. וגוף הזה מלובש תוך לבושי דאצילות, וכמו שארז"ל, בי' לבושים נתלבש הקב"ה, לבוש של גאוה שנאמר ה' מלך גאות לבש וכו'. וז"ס הנזכר בפרקי היכלות, כי שם החלוק של הבורא יתברך נקרא זהריא"ל כו'. אך בנשמה שבפנים אין מדה כלל, אמנם בערך הא"ס נוכל לכנותם בשם מדות וספירות גם אל הנשמה.

ח) והנה המלבושים האלה הם בתוך בחי' הבתים, שהם ז' היכלות דאצילות, שהם בחינת העולם בעצמו, שהם השמים והארץ והאויר שביניהן, כי כל זה בחי' הבתים. והם נקראים עולם אצילות, אשר בתוכו יושב האדם העליון, שהוא נשמה, וגוף, ולבושי מלכות, נתונים בהיכל מלך עליון שהוא כללות עולם האצילות.

ט) ואלו הד' בחי' הם בחי' הי"ס המתחילין מחכמה כנ"ל, ויש בהם ד' בחי' כנ"ל. ועוד יש בחי' הכתר, שהוא בחי' הה' הנ"ל, שורש לכולם, ויש בה ג"כ שורש ד' בחי' הנ"ל. ונמצא שבחי' האור והנשמה שבכתר שורש לי"ס הנשמות דאצילות המתחילין מחכמה כנ"ל. ובחי' הגוף שבכתר הוא שורש לי"ס הגופות שבי"ס דאצילות המתחילים מחכמה כנ"ל. ובחי' הלבושים שבכתר הוא שורש לי"ס הלבושים שבי"ס דאצילות המתחילים מחכמה כנ"ל. ובחי' היכל שבכתר, שורש לי"ס ההיכלות שבי"ס האצילות המתחיל מחכמה כנ"ל.

אור פשוט

הבחינות נעשו בו לה' חסדים, נכלל ג"כ בכל אחת מן כח"ב. אבל ז"א אין בו אלא שש ספירות חג"ת נה"י בלבד, כי הוא אין בו מג' הבחינות כח"ב, רק ג' חסדים הנק' חג"ת, כנ"ל. נמצא שאלו חג"ת נה"י הכלולות בת"ת לבד, אינן למעליותא על ג"ר, אלא להיפך שיורה על חסרון ג"ר בו. וזה מפורש בדברי הרב בע"ח בשער י"א פ"ה. ע"ש, ובכל המקומות הנ"ל. ועי' בתלמוד ע"ס חלק ה', ששם נתבאר זה היטב וזכור דברים האלו, כי זולתם אין שום הבנה בדברי הרב.

ומה שהרב מחשב רק ארבע בחינות חו"ב תו"מ, ולא חמש בחינות כח"ב תו"מ, הוא משום שהכתר נבחן לשורש אל כל ד' הבחינות, ואינו נמנה עמהם. כמ"ש כאן באות ט'. וביאור אלו ד' הבחינות, נתבאר היטב בתע"ס חלק ג' פרק א' ופרק ב' ועי' באו"פ שם. גם באו"פ בחלק א' דף ה' ד"ה וטעם,

רל מבנה העולמות בית שער הכוונות, עמ׳ ד 230

י) אח״כ נברא עולם הבריאה ע״ד הנ״ל ממש, כי דרך המסך שהוא קרקע ההיכל דאצילות, האיר למטה, ונחתם שם חותם כל מה שהיה בעולם האצילות, ונקרא עולם הבריאה, יען הוא אור של תולדה ואינו אור עצמו העליון, ואמנם כיון שהוא חותם האצילות, צריך שיהיו בו כל הבחי׳ אשר באצילות.

* יא) ואמנם הכלל הבינוני הקצר מכולם הוא זה, כי כל הי״ס דאצילות וכתר ג״כ, יש בכ״א מהם: שורש, נשמה, גוף, לבוש, היכל. וכעד״ז בי״ע, וכעד״ז א״ק שהוא שורש לכל אבי״ע.

יב) נמצא כי כל מה שנאצל הוא הוי״ה א׳ כלולה מה׳ בחינות שהוא: קוץ של י׳ בא״ק, י׳ באצילות, ה׳ בבריאה, ו׳ ביצירה, ה׳ בעשיה. וכל בחינה מאלו כלולה מכל הה׳.

אור פשוט

וע׳ היטב בכל המקומות. כי ידיעת אלו ד׳ הבחינות היא שורש כל החכמה.

יב) כל מה שנאצל הוא הוי״ה אחת כלולה מה׳ בחינות שהוא, קוץ של י׳ בא״ק, י׳ באצילות וכו׳ וכל בחי׳ מאלו כלולה מכל הה׳: כי אלו ה׳ הבחינות הם באור העליון גופיה, ומצדם אין שום שינוי בין עולם לעולם וממדרגה למדרגה, וכל השינוים בעולמות ובמדרגות, הם רק בבחינת המסכים שבכלי מלכות, שעליהם נעשה זווג דהכאה המעלה אור חוזר המלביש לאור העליון כמ״ש הרב בע״ח בשמ״ז פ״א עש״ה. **ויש במסך הזה ד׳ בחינות של עביות, ומסך העב ביותר מגלה ע״י זווגו עם אור העליון קומה גבוהה ביותר, כי עביות בבחינה ד׳ מוציאה קומה שלימה של או״ח עד הכתר, ועביות בחי״ג קומתה רק עד החכמה, ועביות בחי״ב עד הבינה, ושל בחי״א רק עד ז״א, ואם אין שם במסך רק בחינת שורש דעביות, אינה מוציאה רק קומת מלכות בלבד.** כמ״ש בע״ח בשער מ״ז פ״א ופ״ב. עש״ה. וזה נתבאר היטב בתע״ס בחלק ה׳ בתחילתו, וכן בחלק ב׳ בהסתכלות פנימית, נתבארו דברים אלו בטעמם ונימוקם, ואכהמ״ל.

ובזה כל השינויים בין אלו החמשה עולמות א״ק ואבי״ע, כי מסך דבחי״ד משמש בא״ק, וע״כ האו״ח ממשיך שם קומת כתר, ולפיכך הוא נבחן לבחינת כתר של כל העולמות. ומסך דבחי״ג משמש בעולם האצילות, והאו״ח ממשיך שם קומת חכמה, וע״כ עולם האצילות נבחן לבחינת חכמה של העולמות. ומסך דבחי״ב משמש בעולם הבריאה, הממשיך רק לקומת בינה, וע״כ הוא נבחן לבינה של העולמות. ומסך דבחי״א משמש בעולם היצירה הממשיך רק לקומת ז״א, וע״כ נבחן לבחינת ז״א של העולמות, דהיינו ת״ת. ומסך הקלוש מכולם הוא בעולם העשיה, וע״כ אין שם אלא קומת מלכות בלבד. אמנם ד׳ הבחינות דאו״י נמצאות כולם בשוה, אפילו בעשיה, אלא שבעשיה אין בהם אלא קומת מלכות, וביצירה אין בכל ד׳ הבחינות רק קומת ז״א וכו׳ עד״ז.

*) שם ע״ח שער מ״ב סוף פרק ב׳.

בית שער הכוונות, עמ' ה

יג) כי קוץ של י' שבא"ק, יש בה הוי"ה א' של ה' בחינות אחרות, שהם ה' בחינות הנ"ל בא"ק עצמו, שהם א"ק ואבי"ע שבו, שהם ה' בחי', שהם: שורש ונשמה וגוף ולבוש והיכל. וכן היו"ד דאצילות, יש בה הוי"ה אחת הכוללת כל הה' בחי' הנ"ל, וכן עד"ז שאר אותיות בבי"ע. באופן שהם ה' אותיות כלולים כל האחד מכולם שהם כ"ה בחינות.

יד) ואח"כ עד"ז הנ"ל יש כללות אחר, שכל א' מהם כלולה מן כל הכ"ה בחינות. והוא, כי י' דאצילות יש בה הוי"ה א' כלולה מכל ה' בחינות, וכל בחינה מה' כלולה מה', שהם: י"ס שורש, וי"ס נשמה, וי"ס גוף, וי"ס לבוש, וי"ס היכל. וכעד"ז בקוץ של י' בא"ק, י' באצילות, ובאות ה' בבריאה, ובאות ו' ביצירה, וכו'.

טו) נמצא, כי בקיצור הוא זה. כי הא"ק הוא קוץ הי', ויש בו הוי"ה א' כוללת ה' בחי': שורש, ונשמה, וגוף, ולבוש, והיכל. וכל בחי' מאלו כלולה מה' שהם: י"ס שורש, וי"ס נשמה, וי"ס גוף, וי"ס לבוש, וי"ס היכל. וכל ספירה מאלו העשר ספירות נכללו בה' פרצופים, שהם השורש ואבי"ע.

אור פשוט

ואין להקשות, הרי יש חמשה פרצופים בא"ק שהם חמש קומות זו למטה מזו, וכן באצילות, הנקראים: א"א ואו"א וזו"ן, וא"כ במה נשתנה זו"ן דא"ק מזו"ן דאצילות, ומזו"ן דכלל העולמות שהם יצירה ועשיה. והענין הוא, כי כל עולם נבחן בעיקר על פי הבחינה העליונה שבו, וכיון שפרצוף גלגלתא דא"ק שהוא העליון שבו יש לו קומת כתר, הרי שאר הפרצופין כולם נבחנים לבחינת מדרגות שבכתר. ועד"ז בעולם האצילות שפרצוף העליון שבו הנקרא א"א, יש לו קומת חכמה, נמצאים כל הפרצופים שהם מדרגות של חכמה. וכן בבריאה מאחר שפרצוף העליון שבו יש לו קומת בינה, הרי כולם מדרגות של בינה. וכן ביצירה שפרצוף העליון שבו אין לו אלא קומת ז"א, הרי כל המדרגות שבו אינם אלא מדרגות של ז"א. וכן בעשיה נחשבים למדרגות של מלכות. וזה הכלל, אשר כל המדרגות הנמצאות באיזה עולם, הן מיוחסות ונחשבות לענפים של פרצוף העליון שבו, שקומתו מאירה בכל ענפיו.

פרק ב'

* **טז) ועתה נדבר בבחי' כל עולם מאלו מה ענינם. דע, כי השורש**

אור פשוט

טז) השורש והנשמות והגופים הם בחי' א' שאין פירוד ביניהם אך הלבושים והיכלות הם ב' בחינות נפרדות וכו': להבין דברים אלו צריכים לדעת סוד השיתוף דמדת הרחמים בדין הנעשה בעת צמצום שני דא"ק, בסו"ה ביום עשות ה' אלקים ארץ ושמים, ששיתף מדה"ר בדין. כמ"ש הרב בע"ח שער ג' פ"ב. וכן כמו שאמרו חז"ל (ב"ר פי"ב) בתחילה עלה במחשבה לברא העולם במדת הדין, ראה שאין העולם מתקיים, הקדים מדה"ר ושתפה למדת הדין. פירוש, כי המלכות נקראת מדת הדין, והבינה נקראת מדת הרחמים, וכדי למתק מדת הדין שבמלכות, שיתף וחיבר את המלכות בבינה, בסו"ה ותלכנה שתיהם, שחיבר ה' תחתונה שהיא המלכות עם ה' ראשונה שהיא הבינה, ונמתקה ה"ת בה"ר.

ותחילת תיקון זה נעשה בזמן יציאת הנקודים מאור העינים, כי ע"י התפשטות ס"ג עד סיום רגלין דפרצוף הפנימי דא"ק, הנקרא גלגלתא, (כמ"ש בע"ח בשער טנת"א מ"ב פ"א) נתערב ונתחבר ס"ג שהוא קומת בינה עם המלכות שבתנה"י דא"ק הפנימי, ונתחברו ב' ההין זו בזו בכל המדרגות, עד שה"ת עלתה למקום נקבי עינים. כי עינים היא חכמה, ונקבי עינים, פירושו נוקבא של החכמה. ונמצאות העינים שיש להן בחינת ה' אחרונה וה' ראשונה, בסוד אני ישנה אני שניה, כמ"ש הרב בע"ח שער ח' פ"א עש"ה. ובתע"ס בחלק ו' נתבאר זה בכל הקיפו עש"ה. ונמצא בזה שנשתתפה מדת הרחמים שהיא בינה במדת הדין שהיא מלכות.

אמנם שיתוף הזה, הגם שהיא מעלה חשובה מאד כלפי המלכות, הוא גרם צמצום חדש בעולמות, כי צמצום א' לא פגע אלא בספירת המלכות בלבד, אבל כל ט"ס הראשונות היו נקיים מכל צמצום כל שהוא, אבל עתה אחר שהמלכות עלתה ונתחברה בבינה, הרי העלתה עם זה גם בחינת הצמצום שבה אל הבינה הנקראת נקבי העינים, ונסתיימה עתה כל מדרגה בספירת הבינה, כמו שנסתיימה מקודם לכן במקום המלכות, וכיון שנעשה סיום כל מדרגה במקום בינה, הרי שתי הספירות ז"א ומלכות נפרדו ויצאו לחוץ מכל מדרגה ומדרגה, ולא נשאר בכל מדרגה זולת שלש הספירות כח"ב בלבד.

וזה אמרו **"דע כי השורש והנשמות והגופים הם בחינה א' שאין פירוד ביניהם, אך הלבושים והיכלות הם ב' בחינות נפרדות מג' בחינות הנ"ל"** כי השורש ונשמה והגוף שהם ג' הספירות כתר חכמה בינה, כנ"ל באות א', הנה הם נשתיירו בכל מדרגה גם לאחר צמצום ב', וע"כ הם מיוחדים במדרגה, אבל הלבושים והיכלות שהם ז"א ומלכות, הם נפרדו מכל מדרגה בצמצום ב', משום שנסתיימה בספירת הבינה, כנ"ל, וע"כ נפרדו ונעשו לבחינת מקיפין על המדרגה, כי כל מה שהמדרגה אינה יכולה לקבל עכשיו אלא לאחר זמן, נבחן שנעשה למקיף. לכן ז"א

*) ע"ח ח"ב שער מ"ב פרק ג'.

והנשמות והגופים הם בחי' א' שאין פירוד ביניהן, אך הלבושים והיכלות הם ב' בחינות נפרדות מג' בחינות הנ"ל.

אור פשוט

ומלכות שנפרדו מכל מדרגה, עתידים לחזור ולהתחבר בה לעתיד בגמר התיקון, ולכן נבחנים שנעשו למקיפין.

וז"ש הרב (בע"ח ש"ו פ"ב) **"אמנם מעולם הנקודים ולמטה שהוא עולם אצילות היה חסרון אחד שלא נתגלה בהם בכל פרטיהם יותר מה' אורות פנימים וב' או"מ שהם מקיף לחיה ומקיף ליחידה"** ע"ש. כי בפרצופי א"ק שמקודם עולם הנקודים, היו בהם ה' בחינות כח"ב זו"ן פנימים וכנגדן ה' בחינות כח"ב זו"ן אורות מקיפין. כי אין לך אור שאין בו פנימי ומקיף כנודע, כי כל אור פנימי יש לו מקיף מבחינת עצמו. אמנם בעולם הנקודים שנתעלה מקום הצמצום לספירת הבינה, נעשה חסרון גם בפנימים עצמם, כי ב' הספירות הפנימים, זו"ן, נפרדו מהמדרגה ונעשו למקיפין, ולא נשאר במדרגה זולת ג' הכלים כח"ב, שבהם מתלבשים ג' אורות פנימים נר"נ, אך חיה ויחידה אין כנגדן כלים בפרצוף, אך נשארים בחוץ בסוד מקיף. כמ"ש (בע"ח שער מ' דרוש י"ב) עש"ה.

ואין להקשות, א"כ היו צריכים להשאר בפרצוף ג' האורות הגדולים נשמה חיה יחידה, ורק רוח נפש היו צריכים להעשות למקיפין, שהרי האורות נשמה חיה יחידה מתלבשים תמיד בכלים דכתר חכמה בינה, ונפש רוח בכלים דז"א ומלכות, ולמה אומר שנר"נ נשארו בפרצוף, ויחידה חיה אין להם כלים. אכן צריכים לזכור כאן מה שכייל לן הרב (בע"ח שכ"ג פ"ו) **אשר זה הכלל, שבבחינת הכלים, העליונים נגדלים מתחילה, והיפוכם הוא באורות, שבכניסת האורות אל הכלים נמצאים האורות התחתונים נכנסים מתחילה, כי בעת שאין שם אלא אור הנפש,** הוא מתלבש בכלי דכתר. ובבוא אור הרוח יורד אור הנפש לכלי דחכמה והרוח מתלבש בכלי דכתר. ובבוא אור הנשמה יורד אור הנפש לכלי דבינה, ואור הרוח לכלי חכמה, ואור הנשמה מתלבש בכלי דכתר. ובבוא אור החיה, יורד הנפש לכלי דז"א, והרוח לכלי דבינה, והנשמה לכלי דחכמה, ואור החיה מתלבש בכלי דכתר. ובבוא אור היחידה, יורד הנפש למקומו לכלי דמלכות, וכן הרוח לכלי דז"א, וכן הנשמה לכלי דבינה, והחיה לכלי דחכמה, ויחידה לכלי דכתר, עש"ה. הרי שכל כמה שלא נכנסו כל ה' האורות נרנח"י בפרצוף, הנה לא לבד שהאורות אינם מלובשים בכלים המיוחסים להם אלא עוד יש ביניהם ערך הפכי, כי בעת שחסר יחידה, אין ד' האורות נרנ"ח מתלבשים בחו"ב תו"מ וכלי דכתר יהיה ריקן מאורו, אלא להיפך ממש, שכלי דמלכות נמצא ריקן מכל אור, כי ד' האורות מתלבשים בכלים כח"ב וז"א. ובעת שאין שם רק ג' אורות נר"נ, אינם מתלבשים בכלים בינה ז"א ומלכות, וב' הכלים כתר חכמה ישארו ריקנים מאור, אלא שמתלבשים בכח"ב, וב' הכלים התחתונים נשארים ריקנים. הרי שיש תמיד ערך הפכי בין הכלים והאורות, וזכור זה תמיד, כי זולת הכלל הזה אין שום הבנה בכתבי האר"י ז"ל.

ועל פי זה מובן היטב, שמעולם הנקודים ואילך, אחר שנעשה מקום צמצום חדש בכלי דבינה, וב' הכלים ז"א ומלכות נפרדו מכל מדרגה ונעשו למקיפין, הרי אי אפשר שיתלבשו בכל מדרגה זולת ג' אורות נר"נ, נשמה בכלי דכתר, רוח בכלי דחכמה, ונפש בכלי דבינה, וב' האורות יחידה חיה אין להם כלים להתלבש בהם. (כמ"ש הרב בע"ח ש"מ)

אור פשוט

אלא בגמר התיקון אחר שיחזרו שני הכלים ז"א ומלכות ויתחברו למדרגה כמו שהיו בצמצום א', הנה אז יורד הנפש לכלי דמלכות, והרוח לכלי דז"א, והנשמה תוכל אז לירד לכלי דבינה, ואז יתפנה מקום לב' האורות חיה יחידה, שיוכלו להתלבש בכלים דכתר חכמה. הרי שחסרון הכלים ז"א ומלכות, מעלימים אורות חיה יחידה שאין להם מקום להתלבש, ולכן נבחנים הכלים ז"א ומלכות, שנעשו למקיפין לחיה יחידה, כלומר, שאי אפשר שחיה יחידה יחזרו למדרגה זולת על ידיהם, כי בחזרת כלי דז"א, מתפנה מקום לאור החיה שיתלבש במדרגה, ובחזרת כלי דמלכות מתפנה מקום גם לאור היחידה כנ"ל. ולפיכך אומר הרב (בע"ח ש"ו) **"אשר מנקודים ואילך נעלמו הה"מ מכל פרצוף ולא יש עתה רק ב' מקיפין חיה יחידה לבד. וגם הם אינם מקיפים מבחינת עצמם"** עכ"ל. כי מקודם צמצום ב' דא"ק שהיה בנקודים, שהיו ה' אורות פנימים נרנח"י מתלבשים בכלים שלהם כהלכתם, היו להם כנגדם גם ה' או"מ, וכל מקיף היה מבחינת עצמו, כי לפנימי דיחידה היה או"מ דיחידה, ולפנימי דחיה או"מ דחיה וכו'. אבל אחר צמצום ב' דנקודים, שנעלמו ב' אורות יחידה חיה מכל מדרגה, א"כ אין עתה ה' מקיפים כנגד ה' פנימים שלמים, שהרי גם הפנימים עצמם חסרים עוד מחיה יחידה שבהם, ע"כ אלו חיה יחידה ייחשבו עתה למקיפים לנר"ן שנשארו במדרגה, ואחר שיושלמו להכנס בפנימים, דהיינו אחר שיתחברו שוב ב' הכלים ז"א ומלכות במדרגה וכל ה' פנימים יושלמו כהלכתם, אז ישובו ה' המקיפים הקודמים גם כן.

ונמצא עתה שני חסרונות, א' שנחסרו ונתעלמו הה"מ הקודמים מחמת החסרון שנעשה בפנימים עצמם, כנ"ל. וחסרון הב', כי אפילו אלו ב' מקיפים חיה יחידה שנשארו, אינם מקיפים מבחינת עצמם, שהרי אין כלל בפרצוף חיה יחידה פנימים המתיחסים אל המקיפים האלו, אלא המקיפים דחיה יחידה נמצאים מאירים לנר"ן שאינם מבחינתם, כנ"ל. והוא מטעם, כי באמת המה פנימים, וכל ענינם שנעשו למקיפים הוא מסבת הפירוד של ב' הכלים ז"א ומלכות, כנ"ל. וז"ש שם **"אך לשאר הג' פנימים לא יש בהם בחינת מקיפים מבחינת נר"ן רק מבחינת יחידה חיה שמקיף כולם ולא מבחי' עצמם"** דהיינו כמו שנתבאר.

ואין להקשות, למה בעץ חיים ש"מ, אומר הרב שיש ג' פנימים וב' מקיפים, ובע"ח ש"ו פ"ב, אומר שיש ה' פנימים וב' מקיפים. כי באמת יש ב' כלים ז"א ומלכות בכל מדרגה גם לאחר צמצום ב', אלא שאינם מבחינת עצמם אלא מבחינת התפשטות הבינה, כי כלי דבינה בעצמו נתפשט ג"כ לז"א ומלכות, ולפי שז"א ומלכות אלו אינם מקוריים אלא מבינה, לכן גם עתה אין לחשב יותר מג' כלים כח"ב בכל מדרגה. אלא התפשטות זו דכלי דבינה לז"א ומלכות, גרמה שאפשר עתה גם לב' האורות חיה יחידה להתלבש בפרצוף, אלא שאין להם כלי מיוחד והם מתלבשים תוך אור הנשמה. ומטעם זה אין אורות אלו דחיה יחידה בשלמות הזו כבעת שהיה להם כלים מיוחדים להתלבשות. ולפיכך, בהתחשב עם המדרגות דא"ק בעת שהיו ה' כלים בפרצוף, נמצאים האורות חיה יחידה חסרים לגמרי אחר שנפרדו ונעשו לבחי' מקיפים דלבוש והיכל, וזה שאומר בשער מ' דרוש י"ב, **שלא נשאר בפרצוף זולת ג' אורות פנימים נר"נ.** אמנם בהתחשב עם המדרגות עצמם דצמצום ב', הרי יתכן גם בהם שיהיה ה' פנימים נרנח"י, מכח ב' כלים חדשים דזו"ן המתפשטים מבינה כנ"ל, אלא שחיה יחידה מתלבשים בהם תוך אור הנשמה כנודע.

יז) ובין ב' אלו, שהם בין הגופים ובין הלבושים, שם הם מדור הקליפות, והם ממש נדבקים באחור אור הגוף. וטעם הדבר מפני שג' בחי' הפנימיות יש בתוכם או"פ, והיותר גרוע באו"פ יוצא בתוך העור, ושם מסתיים. ואור המקיף הוא להיפך, כי אור היותר חיצון הוא גדול יותר, כנודע. נמצא כי אור מקיף שבלבוש היותר פנימי הנדבק אל הגוף, הוא אור המקיף היותר קטן שיש בכולם.

יח) לכן הקליפות מדורם שם באמצע, במקום שאין שם לא או"פ ולא או"מ, והוא באמצע בין הפנימי למקיף, ושם נקרא מקום החשך. והענין הזה בכל עולם ועולם בבחי' הקליפות אשר בעולם ההוא.

יט) ואמנם אחר שבארנו הדבר בפרטות, נדבר בכללות. והוא, כי הנה נודע שבפנימיות הא"ק הוא הא"ס המתלבש בשורש הנשמות של י"ס שבו, ואלו מתלבשין בבחי' הנשמות של כל הי"ס שבו, ואלו מתלבשין בי"ס של בחי' הגוף של א"ק.

כ) ומהראוי היה שהי"ס של הגופים יתלבשו בי"ס דלבושים, ואמנם אינו כן לסבה הנ"ל, אמנם ג' בחי' עתיק דאצילות מסבבות אל ג' בחינות אלו דא"ק, כיצד, הרי שהי"ס דגופות דא"ק מתלבשים תוך י"ס השרשים של הנשמות י"ס דעתיק דאצילות, ואלו מתלבשים בי"ס של בחי' נשמות דעתיק דאצילות, ואלו מתלבשים בי"ס דגופות דעתיק דאצילות.

כא) וכעד"ז בחי' השרשים וגופים ונשמות דא"א מלבישין לגופות דעתיק. וכעד"ז ג' בחי' דאבא מלבישין לא"א. וכן ג' בחינות דאמא לאבא, וג' בחי' דז"א לאמא, וג' בחי' נוקבא לז"א. והרי עתה נשלמו כל בחי' הגופות עד נוקבא דז"א. והנה כאן באחורים דגופות הנוקבא נדבקים כל הקליפות דאצילות די"ס שבהם, ואלו הם ע"ד הנ"ל.

* כב) ולזה צריך שנודיעך ענין הלבושים והיכלות מה עניינם. דע כי הלבושים

אור פשוט

יז) או"מ שבלבוש וכו' הוא או"מ היותר קטן וכו': כבר נתבאר זה בדיבור הסמוך, שכלי ז"א שנפרד מכח צמצום ב' נעשה למקיף דחיה, ונקרא לבוש. וכלי דמלכות שנפרד מהמדרגה, נעשה למקיף דאור היחידה. והוא מטעם ערך ההפכי שיש בין הכלים להתלבשות האורות, עש"ה. ועי"כ המקיף דלבוש, הוא יותר קטן מהמקיף דהיכל, כי מקיף דלבוש הוא חיה, ומקיף היכל הוא יחידה.

כב) שיש ג' בחינות כלים המקיפים ועליהם מקיפים דנר"ן: יש דפוסים שכתוב

*) ע"ח ח"ב שער מ"ב פרק ג'.

הם בחי׳ הכלים אל או״מ, ובין כל לבוש ולבוש יש או״מ א׳, ואלו הם בחינות אורות דמקיפים דיושר על כל האצילות. כנזכר במ״א, שיש ג׳ בחי׳ כלים המקיפים, ועליהם מקיפין (האורות) דנר״ן וכנ״ל.

כג) ואותן הכלים דמקיפין הם הלבושים. וכן ההיכלות, הם העגולים, כנזכר בכל מקום שהם סובבים על אורות המקיף שהם הלבושים כנזכר, והם בחינת הרקיעים המתעגלים, שהם בחי׳ ההיכלות של עולם ההוא.

כד) ולכן אלו העגולים הם סובבים על כל הבחי׳, כי הם דמיון בתים שבתוכם דר האדם, ועליהם הוא הארת המקיפים גדולים מאד, שא״א להם להכנס תוך גבול ומדה. כי אפילו בתוך הבתים והיכלות, שהם כלים גדולים במאד מאד, אינם יכולים להתצמצם שם, ומכ״ש בכלים קטנים דמיון גופים. ולכן אל תתמה אם אורות המקיפים הם בעיגולים ובלבושים, כי אדרבא לרוב גודלם אינם מתלבשין בגוף, אלא במקום רחב מאד מאד, וכל מה שהמקום רחב יש אור יותר גדול מקיף, והדבר מובן.

אור פשוט

בהם, ועליהם מקיפים האורות דנר״ן. אמנם מלת ״האורות״ הוא ט״ס. כי בחי׳ הכלים המקיפים דיושר שהם הלבושים, הרי הם כלים דז״א, כמ״ש לעיל, ובחינת האו״מ שעל הכלים דמקיפים האלו, הם מקיף חיה ולא אורות נר״ן, כמ״ש הרב בע״ח ש״ו פ״ב שהבאנו לעיל ״אשר לא יש מקיפים מבחי׳ נר״ן רק מבחי׳ יחידה וחיה אשר מקיף כולם ולא מבחי׳ עצמם״ עכ״ל, עש״ה. הרי שאין כלל אורות מקיפים מבחי׳ נר״ן. אמנם בשאר דפוסים איתא ״ועליהם מקיפין דנר״ן״ ולא כתוב שם מלת אורות, והיא הגרסא האמיתית. שפירושו, כמו שיש ג׳ כלים פנימים, חיצון תיכון פנימי, שבהם מתלבשים ג׳ אורות פנימים נר״ן, כן יש בבחינת הלבושים ג״כ ג׳ בחינות כלים מקיפין, פנימי תיכון חיצון, אשר עליהם סובבים אורות המקיפין המאירים אל נר״ן הפנימים, כמ״ש בע״ח ש״מ דרוש י״ג ע״ש. ואע״פ שאו״מ הזה הוא בחינת או״מ דחיה, מ״מ הוא מאיר אל נר״ן פנימים, אע״פ שאין אור מקיף זה מבחינת עצמם, כנ״ל בדברי הרב, וע״כ נבחן למקיפים דנר״ן, והבן.

כד) **דמיון בתים שבתוכם דר האדם ועליהם הוא הארת המקיפים גדולים מאד:** כבר נתבאר, שבחינת ההיכלות והבתים הם או״מ דיחידה, וז״ש, שעליהם הארת המקיפים גדולה מאד, כי אור יחידה הוא הגדול מכל האורות.

וכל מה שהמקום רחב יש אור יותר גדול מקיף: כלומר, כי החלל הרחב שבמקום, יורה על הרחקת האור המקיף מן האדם היושב בתוכו, דהיינו מהכלים הפנימים שלו. ולפיכך, בחינת האו״מ דלבושים, שהוא או״מ רק מבחינת חיה שהוא קטן מאור היחידה, אין כל כך ריחוק וחלל בין הלבושים וגוף האדם, כי קרוב הוא להאיר לכלים הפנימים. משא״כ הבתים והיכלות שהם בחינת מקיפים לאור היחידה הגדול מאד, הנה הכלים הפנימים רחוקים מאד מלקבל האור מקיף הזה כי גדול הוא, וע״כ יש ריחוק גדול בין האדם וכלים פנימים שלו, לבין כותלי הבתים והיכלות שהם הכלים המקיפים.

פרק ג'

*** כה) ונבאר ענין עולמות בי"ע עצמם מה היתה בחינתם. דע כי אין דבר שאין בו פנימיות וחצוניות, אפילו בבחינת הכלים כנזכר לעיל. ואמנם מחצי תפארת ונה"י דאדם קדמון עד סיום רגליו, החצוניות שלהם נחלק לב' בחינות, והנה החצוניות שלהם מצד פנים הוא הנקרא בריאה, ושמצד אחור נקרא יצירה.**

אור פשוט

כה) **אין דבר שאין בו פנימיות וחיצוניות אפי' בבחינת הכלים:** הכלים הראוים לקבל אורות ג"ר נקראים פנימיות, והכלים שאינם ראוים לקבל אורות ג"ר נקראים חיצוניות. ולפיכך נחלק כל פרצוף על הטבור, שמטבורו ולמעלה הוא ראוי לקבל ג"ר ונקרא פנימיות. ומטבורו ולמטה שאינו ראוי שם לקבל ג"ר, נקרא חיצוניות. וכן הכלים שמטבורו ולמטה עצמם, מתחלקים ג"כ לפנימיות וחיצוניות, והיינו, בשעה שמתלבש ונעשה מוחין בתחתון, שאז מתחלקים נה"י דעליון לג' שלישים ראש תוך סוף, דהיינו לחב"ד חג"ת נה"י, כי מתפשטים ונעשים בתחתון לפרצוף שלם רת"ס, כנודע, ועל כן מתחלקים הנה"י שמטבור ולמטה ג"כ לפנימיות וחיצוניות, כי חב"ד חג"ת שבו עד הטבור נקראים פנימיות, והשלישים תתאין דנה"י, שהם נה"י דנה"י, הם נקראים בו חיצוניות.

מחצי ת"ת ונה"י דא"ק עד סיום רגליו החיצוניות שלהם נחלק לב' בחי' וכו' מצד פנים הוא נקרא בריאה וכו': כאן צריכים לדעת המצב של פרצופי א"ק ונקודים, וזה נתבאר בספר תלמוד עשר הספירות חלק ו', ונביא פה את הקיצור, כי ע"ס הראשונות שיצאו אחר צמצום א' נקראות הוי"ה פנימאה דא"ק, או א"ק הפנימי, שהוא קו א"ס ב"ה המתחיל סמוך למקיף הא"ס ב"ה ומסתיים בנקודה דעוה"ז, ועליו מלביש מפה דראשו עד הטבור פרצוף ע"ב דא"ק, ומפה דראש דע"ב הזה עד סיום רגלים דא"ק הפנימי מלביש פרצוף ס"ג דא"ק, שהוא עד הנקודה דעולה"ז. אמנם פרצוף זה דס"ג דא"ק מתחלק בעצמו לב' פרצופים מיוחדים הנקראים טעמים ונקודות, אשר פרצוף הטעמים שלו מתחיל בפה דראש ע"ב דא"ק ומסתיים בשוה עם רגלי ע"ב, דהיינו עד הטבור דא"ק הפנימי ושם נפסק. ופרצוף הנקודות דס"ג דא"ק מתחיל במקום הטבור דא"ק הפנימי אחר הסיום דטעמים דס"ג, ומסתיים בשוה עם רגלי א"ק הפנימי שהוא מקום הנקודה דעוה"ז.

והנה אלו תנה"י דא"ק שהרב מביא כאן, הוא תנה"י דא"ק הפנימי, שהוא הוי"ה פנימאה הנ"ל. שהוא מתלבש מטבורו ולמטה תוך כל פרצוף נקודות דס"ג דא"ק, כנ"ל. ולפיכך הוא נבחן לפרצוף שלם רת"ס, וע"כ הוא נחלק לארבע חלוקות: פנימיות וחיצוניות, ופנים ואחור. תחילה הוא מתחלק לפנימיות וחיצוניות, אשר חב"ד חג"ת שבו עד החזה נקרא פנימיות, ומחזה עד סיום רגליו בעוה"ז נקרא חיצוניות. ואח"כ מחזה ולמטה שבו מתחלק ג"כ לב' בחינות: פנים ואחור, אשר

*) שער ההקדמות דף ל"ה.

כו) וכאשר עלה ברצון המאציל להאציל עולם הנקודין, כבר נתבאר למעלה, כי אדם קדמון צמצם עצמו שנית והעלה פנימיות האור מחצי תפארת

אור פשוט

מחזה עד סיום הת"ת הוא נקרא פנים. ונה"י שלו נקרא אחור. והפנים הוא בחינת בריאה, והאחור הוא בחינת יצירה ועשיה. כמ"ש להלן.

כו) צמצם עצמו שנית והעלה פנימיות האור מחצי ת"ת שבו ולמטה והעלהו למעלה ואח"כ יצא האור ההוא דרך העינים וכו': ענין צמצום זה השני דא"ק, כבר נתבאר באות ט"ז ד"ה אמנם. כי הצמצום הראשון היה רק על ספירת המלכות שלא תקבל לתוכה אור העליון, ונמצא משום זה שהמלכות עשתה סוף וסיום על אור העליון, אבל הצמצום השני נעשה במקום בינה, כי המלכות עלתה ונתחברה בבינה עצמה, שמחמת זה נסתיים אור העליון במקום ספירת הבינה. עש"ה. ואין הפירוש שבינה עצמה נצטמצמה שלא לקבל את אור העליון, אלא מתוך שהמלכות המצומצמת מכבר, נתערבה ונתחברה עתה בבינה, הרי אור העליון נפסק שם מכח המלכות שבבינה, וע"כ נפסק אור העליון במקום ספירת בינה.

ויש במלכות המצומצמת הזו ב' בחינות: א' היא מלכות המזדווגת בזווג דהכאה עם אור העליון, שעי"ז היא מעלית או"ח ממטה למעלה ומלבשת את אור העליון, שהלבשה זו עושות עשר ספירות דראש הפרצוף, וכן היא מתפשטת בכח האו"ח הזה שהעלתה לע"ס מינה ובה, ומוציאה ע"ס דגוף הפרצוף עד סיום רגלין, כמ"ש בתע"ס חלק ג'. ובחי' הב' של המלכות היא בחינת המלכות המסיימת את אור העליון, כי אחר שהמלכות בכח האו"ח שבה נתפשטה ממעלה למטה מינה ובה לע"ס דגוף, הנה רק הט"ס העליונות שבאו"ח שלה ראוים לקבל בתוכם אור העליון, אבל המלכות שלה אינה ראויה לקבל מחמת הצמצום שנעשה עליה, וכיון שאינה ראויה לקבל נמצאת מפסקת את אור העליון, והגוף מסתיים. באופן, שכל סיום רגלין של פרצוף, נעשה מפאת המלכות המסיימת. וב' בחינות אלו נקראות ג"כ מלכות דראש ומלכות דגוף, כי מלכות דראש היא מלכות המזדווגת כנ"ל, ומלכות דגוף היא מלכות המסיימת כנ"ל.

גם נתבאר לעיל (אות א', ד"ה וצריכים) שרק ע"ס דראש וג"ר נקראות כח"ב תו"מ, אבל ע"ס דו"ק וגוף אינן נקראות כח"ב תו"מ אלא חג"ת נ"ה, ע"ש. ונודע שכל גוף נבחן לו"ק כלפי הראש שלו, ונמצא שחג"ת הוא ממש כמו כח"ב, אלא שבגוף נקרא כח"ב בשם חג"ת, כנ"ל.

ונמצא עתה בצמצום ב' שעלתה בחי' המלכות המצומצמת לספירת בינה, יש להבחין ג"כ ב' בחי' הנ"ל של המלכות, אשר מלכות דגוף שהיא בחינת מלכות המסיימת, עלתה למקום בינה של הגוף דהיינו לספירת ת"ת, כי ת"ת היא ספירת בינה דגוף, כנ"ל. ובחינה ב' של המלכות שהיא מלכות דראש המזדווגת, עלתה לספירת בינה של ראש המכונה נקבי עינים, כי ע"ס של ראש מכונות גלגלתא עינים אזן חוטם פה, כנודע. ועינים היא חכמה של ראש, ונקבי עינים היא בינה נוקבא דחכמה, ונמצא עתה מקום הזווג של מלכות דראש המזדווגת בהכאה עם אור העליון, שהיא במקום נקבי עינים, כי מלכות המזדווגת עלתה ממקום הפה אל נקבי עינים כמבואר.

וזה אמרו **"צמצם עצמו שנית והעלה פנימיות האור מחצי ת"ת שבו ולמטה והעלהו למעלה, ואח"כ יצא האור ההוא דרך העינים"** דהיינו כנ"ל, כי מלכות דגוף המסיימת את

שבו ולמטה והעלהו למעלה, ואח"כ יצא האור ההוא דרך העינים, ונתפשט בחוץ מחצי תפארת שבו ולמטה, ונעשה עולם הנקודים.

כז) ואמנם תכף בעת הצמצום, שהוא עליית האור למעלה, טרם צאתו מן העינים, ועדיין לא נעשו הנקודים, תכף נחשכו שתי בחינות החיצוניות, כי האור הפנימי נסתלק למעלה, ולא יכלו לעמוד שם, וירדו למטה תחת

אור פשוט

הגוף, עלתה תוך הבינה דגוף הנקראת ת"ת, ונסתיים עתה הגוף תוך הת"ת, ונמצא כל האור שהיה מתפשט מחצי ת"ת ולמטה, הוכרח עתה להסתלק משם ולעלות למעלה מחצי הת"ת, דהיינו למעלה ממלכות המסיימת. ועד"ז המלכות דראש המזדווגת, עלתה עתה ממקום הפה אל נקבי עינים, ושם נעשה הזווג דהכאה, וז"ש, "ואח"כ יצא האור ההוא דרך העינים" כי ע"י הצמצום החדש הזה נעשה הזווג בנקבי עינים, וקומת הזווג מתפשטת ויוצאת למטה דרך העינים, והיא קומת הע"ס דנקודים המתפשטים מטבור ולמטה דא"ק, דהיינו תוך הכלים של פרצוף הנקודות דס"ג העומדים מטבור ולמטה דא"ק כנ"ל, ועי' בתע"ס חלק ו'.

ויתבאר לקמן, שגם פרצוף נקודות דס"ג עצמו העומד מטבור ולמטה, נמצא מתחלק ג"כ מפאת צמצום ב', על דרך שביאר הרב בס"ג הכולל דא"ק שבו נעשה הזווג בשביל הנקודות. כי תיכף בעת שנעשה הצמצום החדש, עלתה מלכות המסיימת ממקום רגלים דפרצוף נקודות דס"ג, למקום החזה שבו, ונמצא שכל הכלים שמחזה ולמטה נפרדו מפרצוף זה, ונפלו לבחינת למטה מרגלי א"ק הפנימי, כי כבר נמצאים מתחת המלכות המסיימת העומדת עתה במקום החזה.

כז) תכף בעת הצמצום וכו' טרם צאתו מן העינים וכו' נחשכו שתי בחינות החיצוניות וכו': פירוש, כי ענין עלית המלכות המסיימת לחצי ת"ת דא"ק שביאר הרב לעיל, הנה באמת לא עשה שום רושם בא"ק עצמו, ועליות אלו של המלכות, היו כדי לעשות זווג חדש לצורך התחתון שהם הנקודים, אבל בא"ק עצמו לא היה שום שינוי, כי כל צמצום היוצא מחדש, פועל רק ממקום יציאתו ואילך, אבל אינו פועל משהו על העליונים משם. ולפיכך לא נעשה שום סיום חדש תוך פרצוף א"ק עצמו, אלא כל הסיום החדש שנתחדש בצמצום הזה, פעל רק על הכלים דפרצוף התחתון דא"ק הנקרא נקודות דס"ג, המתחיל מטבור ולמטה דא"ק ומסתיים בנקודה דעוה"ז. כנ"ל.

כי הנה גם בפרצוף זה דנקודות דס"ג דא"ק, נעשה בו ג"כ סיום חדש מתוך עלית המלכות למקום בינה, וכאן פעל הצמצום להפריד את הכלים הנמצאים למטה מחזה שלו, מפאת המלכות המסיימת שעלתה שם. ונמצא כל החלק הזה שמחזה ולמטה עד לנקודה דעוה"ז נפרד מבחי' הפרצוף, ואינו ראוי לקבל שום אור, בדומה ממש לנקודה דעוה"ז שמתחת רגלי א"ק הפנימי. (הרב מכנה פרצוף זה בשם חצי ת"ת ולמטה דא"ק, ובמקומות אחרים קורא אותו נקודות דס"ג, (עי' בשער ההקדמות דרוש ד' בעולם הנקודים) והוא פרצוף שלם ראש וגוף כנ"ל, שמכח הצמצום החדש נסתלק כל האור ממנו ועלה למעלה מטבור דא"ק, כנ"ל בדברי הרב).

וזה אמרו **"שתכף בעת הצמצום וכו' טרם צאתו מהעינים וכו' נחשכו שתי בחינות החיצוניות כי האור הפנימי נסתלק למעלה"** כמ"ש לעיל, שיש ד' חלוקות בפרצוף הזה

רגלי היושר של אדם קדמון, במקום האור המקיף אשר תחת רגלי היושר של אדם קדמון בלבד.

כח) ולא לקח שאר מקום כל אור המקיף או יותר למטה ממנו, והאור

אור פשוט

דנקודות דס״ג, שמחזה ולמעלה נקרא פנימיות, ומחזה ולמטה נקרא חיצוניות. וגם מחזה ולמטה נחלק לב׳ בחינות: פנים ואחור, ואלו ב׳ הבחינות דחיצוניות דהיינו פנים ואחור שמחזה ולמטה, נפלו ונפרדו ממנו, מחמת עלית המלכות המסיימת אל מקום החזה. וז״ש **״שנחשכו שתי בחינות החיצוניות כי האור הפנימי נסתלק למעלה״.** כלומר, שמחמת עלית מלכות המסיימת למעלה מהם, נתרוקנו מכל אור הפנימי שבהם.

ומ״ש **״תיכף בעת הצמצום טרם צאתו מהעינים״**, הכונה היא, מטרם שנעשה הזווג על מלכות דראש שעלתה למקום העינים, כי אז נתרוקן באמת כל הפרצוף הזה, ואפילו הכלים הפנימים שבו שמחזה ולמעלה, כי כל האורות שמטבור דא״ק ולמטה נסתלקו כנ״ל, אמנם הכלים שמחזה ולמעלה, אע״פ שהאורות נסתלקו מהם, עכ״ז לא נפרדו מבחינת אצילות, כי מלכות המסיימת עומדת גם עתה למטה מהם, וע״כ אחר הזווג הם ראוים לקבל אור העליון, משא״כ אלו ב׳ בחינות החיצוניות הנמצאים תחת המלכות המסיימת, הרי נפרדו לגמרי מאצילות, וכמו שהיו נמצאים מתחת לנקודה דעוה״ז הם דומים, ואפילו אח״כ כשיעשה הזווג בעינים, גם אז לא יהיו ראוים לקבל אור העליון, להיותם מתחת נקודת הסיום.

וירדו למטה תחת רגלי היושר של א״ק, במקום האור המקיף אשר תחת רגלי היושר של א״ק: כלומר, ששתי הבחינות החיצוניות הנ״ל שהם מחזה ולמטה דנקודות דס״ג, ירדו עתה מתחת רגלי א״ק במקום העתיד לעמוד שם או״מ דיושר. כי סיום רגלי א״ק הוא בנקודה דעוה״ז, והם ירדו ונפלו עתה מתחת לנקודה דעוה״ז, כי כלפי פרצוף נקודות דס״ג שהמלכות המסיימת עלתה בו למקום בינה דגוף שהיא נקודת החזה שבת״ת, הרי שם בנקודת החזה כבר הסיום על אור העליון, ונעשו הכלים שמחזה ולמטה חושך גמור כמו העה״ז ממש הנמצא מתחת רגלי א״ק, וע״כ נבחן ששתי בחינות החיצוניות ירדו למטה מרגלי א״ק, למקום החושך, שאח״כ לכשיעשה הזווג בנקבי העינים, עתיד לצאת שמה האו״מ דיושר ועגולים דנקודים ומאירים שם. אבל עתה מטרם שנעשה הזווג בנקבי העינים, והאו״מ דיושר עוד לא יצא שם מתחת רגלי א״ק, הרי המקום הזה חושך גמור.

ויש לזכור מ״ש לעיל, שהסיום החדש במקום בינה דגוף הנעשה בצמצום ב׳, אינו נודע כלום לפרצוף א״ק עצמו, והוא מסתיים תמיד בנקודה דעוה״ז כמו מטרם שנעשה צמצום הב׳. וכל ענין הסיום החדש פעל רק על פרצוף נקודות דס״ג דא״ק, הנקרא פרצוף תנה״י דא״ק, ולפיכך מעריך הרב את נפילת הכלים שמחזה ולמטה דס״ג בערך א״ק הפנימי, שנפלו למטה מרגלין, כי אותה נקודה המסיימת רגלי א״ק הפנימי עלתה לחזה דפרצוף נקודות דס״ג, וסיימה שם את אור העליון, ונבחנים הכלים שמחזה ולמטה שהם מתחת רגליו של א״ק הפנימי, והבן היטב.

כח) **ולא לקח שאר מקום כל אור המקיף או יותר למטה ממנו:** יורה בזה, שאין הכונה שהכלים לקחו כל המקום של המקיף דיושר, כי מקיף זה עתיד לצאת ולהתעגל בריחוק מקום מאד מרגלי א״ק, דהיינו בכל אותו השיעור שמתעגל למעלה ממרכז הטבור

המקיף דיושר אשר תחת רגליו עלה במקומם למעלה סביב פנימיות נה"י דאדם קדמון.

אור פשוט

דא"ק, כי כן דרך העיגול, שמתעגל ממרכזו בריחוק שוה, כי בעיגול נחשב המרכז לבחינת הסוף שלו, כנודע. ונמצא שנקודה האמצעית של המקיף דיושר הזה היא בנקודת החזה דפרצוף נקודות דס"ג, כי שם עלתה המלכות המסיימת, והמקיף דיושר מתעגל סביבה במרחק שוה מלמעלה כמו מלמטה. והעיגול העליון שהוא חיצון מכולם הוא ספירת הכתר של או"מ, והבא אחריו הוא חכמה דמקיף, עד שבמרכז ממש היא המלכות דאו"מ, כנודע. ולפי"ז אין שום חילוק באו"מ במעלה ומטה, כי הכתר שלו הוא מרוחק מן המרכז למעלה כמו שהוא מרוחק מן המרכז למטה וכו' עד"ז.

ונמצא שכל המתרחק מן המרכז ולמטה הוא יותר חשוב, כי גם מלמטה נמצא עיגול המלכות קרוב למרכז, ותחתיו עיגול ז"א, ותחתיו עיגול בינה, ותחתיו עיגול חכמה, והתחתון שבכולם הוא עיגול הכתר. ועל פי זה נמצא שגם מטרם יציאת האו"מ דיושר מהעינים, נמצא המקום שלו היותר תחתון שהוא יותר משובח. ולפיכך לא לקחו הכלים הנפולים שמחזה ולמטה דנקודות דס"ג כל מקומו של או"מ דיושר, אלא נשארו עומדים בסמוך למתחת רגלי א"ק, אשר נחשב עוד למקום המלכות דמקיף דיושר ולא למטה משם, שהוא יותר חשוב, ששם מקום הט"ר דמקיפי היושר. וזה אמרו **"ולא לקח שאר מקום כל או"מ או למטה ממנו" אלא רק** מקצת המקום, דהיינו הסמוך לרגלי א"ק, **ולא למטה ממנו.** (עיין בסוף הספר בציור ובהסבר שלצדו מאת מחבר פירוש מעלות הסולם זצ"ל).

והאו"מ דיושר אשר תחת רגליו עלה במקומם למעלה סביב פנימיות נה"י דא"ק: אין הכונה על האו"מ דיושר ממש, שהרי זה האו"מ עוד לא יצא כלל, כי הוא יוצא מהזווג שבנקבי עינים, וכאן המדובר הוא מטרם שנעשה הזווג שם, כנ"ל. **אלא הכונה היא על האור המסתלק מאותם הכלים הנפולים דב' בחינות החיצוניות שמחזה ולמטה. כי האור הזה המסתלק מהם הוא עתיד להכלל בב' המקיפים דלבושים והיכלות** כמ"ש לעיל בדברי הרב, **שמבחינת זו"ן שנפרדו מהמדרגה מתחת צמצום ב', נעשו ב' מקיפין דלבוש והיכל, או"מ דיושר נעשה מהלבושים שהם הכלים של ז"א שנפרדו, ואו"מ דעיגולים נעשה מהיכלות שהם הכלים של המלכות שנפרדו,** כנ"ל (אות כ"ב וכ"ג) **ומשמיענו הרב שזה האור שנפרד מכלים דז"א העתיד להיות מקיף דיושר, הנה הוא נסתלק מהכלים הנפולים העומדים מתחת רגלי א"ק, ועלה במקומו הקדום, דהיינו במקום נה"י דא"ק ששם הלבישו מקודם צמצום ב'. כי זה הכלל, אשר באורות אינו נוהג שום נפילה, וע"כ נשארו במקום הכלים שלהם כמקודם לכן, בלי שינוי כלל, ורק הכלים לבד הם נפלו מתחת רגלי א"ק. וזה אמרו "והאו"מ דיושר אשר תחת רגליו עלה במקומם למעלה וכו'" דהיינו במקום שהיו מלבישים אותם הכלים שלהם.**

ויש לדעת שאלו ב' הבחינות של החיצוניות דתנה"י דא"ק, שהם מחזה ולמטה דנקודות דס"ג, שנפלו מתחת רגלי א"ק, אינם באמת אלא בחינת הכלים דז"א ומלכות של הפרצוף הזה, כי ע"י עלית המלכות למקום בינה, נחלקה הבינה לשתים, לג"ר וזו"ן, וג"ר שלה נשארו במדרגה, ורק זו"ן שלה נפלו למטה, ונמצא שיש כאן בחי' זו"ן דבינה וזו"ן כוללים, הרי שלא נפלו אלא הכלים דזו"ן, כי זו"ן דבינה נחשבים ג"כ

כט) והנה ברדת בריאה ויצירה למטה מרגליו, לא עמדו במקומם הראוי להם, וע"י ירידתם זו הוחשך בם חיצוניות צד האחור יותר ויותר, מחמת שנתרחק יותר מן האור העליון, ואז ירדה חיצוניות של חיצוניות האחור למטה למקום הנקרא עשיה.

ל) והנה אח"כ יצא הארת אור עליון דרך העינים, והלביש מחצי תפארת אדם קדמון ולמטה, ונעשה עולם הנקודין. והאור העיקרי שהוא השרש

אור פשוט

לז"א ומלכות. ונמצא, שלא כל הבינה דגוף הנק' ת"ת נפל למטה, אלא החצי שבו, דהיינו בחינת זו"ן דת"ת הזה, הנבחן למחזה ולמטה עד סיום הת"ת.

ובזה תבין היטב את ב' הבחינות החיצוניות שמחשב הרב לפנים ואחור. כי יש כאן ב' בחינות זו"ן, א', זו"ן ממש. וב', זו"ן דבינה שהוא חצי ת"ת התחתון, וע"כ זו"ן דבינה נחשבים לבחינת פנים, וכלים דזו"ן האמיתים נחשבים לבחינת אחור. וע"כ מבחינת הכלים דפנים נעשה עולם הבריאה, להיותם בחינת בינה, ובריאה היא בינה כנודע. ומבחינת הכלים דאחור נעשה יצירה ועשיה, להיותם זו"ן אמיתים ממש, כנ"ל.

כט) ברדת בריאה ויצירה למטה מרגליו, לא עמדו במקומם הראוי להם וכו' ואז ירדה חיצוניות של חיצוניות האחור למטה למקום הנקרא עשיה: נתבאר לעיל שיש בכלים אלו שנפלו ב' בחינות: פנים ואחור, שהפנים הוא בריאה, והאחור כולל יצירה ועשיה. והם נקראים פנימיות וחיצוניות דאחור, הפנימיות דאחור היא יצירה וחיצוניות דאחור היא עשיה. וז"ש הרב, שהכלים נפלו למטה מרגלי א"ק ולא עמדו במקומם הראוי להם, כי אם עמדו במקומם הראוי להם היו מלבישים הנה"י הפנימים דא"ק כמו בי"ע המתוקנים היום, והיו מסתיימים בשוה עם הנה"י הפנימים דא"ק דהיינו עם רגלי א"ק, כי עולם עשיה של היום הוא במקום הסיום של רגלי א"ק. אבל אז מטרם שנעשה הזווג בנקבי עינים, הרי נפלו כולם למטה מרגלי א"ק והם עומדים כולם למטה ממקומם, עד שעולם העשיה שהוא חיצוניות דאחור כנ"ל, ירד למטה ממקום הנקרא עשיה, וכן הבריאה למטה ממקום הנקרא היום בריאה, וכן עולם היצירה למטה ממקום הנקרא היום יצירה, שהרי כולם נמצאים מתחת לנקודת הסיום דרגלי א"ק שהיא בנקודה דעולם הזה. ומ"ש למטה למקום הנקרא עשיה, צ"ל למטה ממקום הנקרא עשיה, כי רגלי א"ק מסתיימים בנקודה דעוה"ז שהוא למטה ממקום הנקרא עשיה.

ל) העגולים של הנקודים הם היוצאים תחלה וכו' גם מסבבים תחת רגלי יושר שלו: כן הוא בכל הפרצופים אשר עיגולים קודמים ליושר, והוא מטעם, כי העיגולים יוצאים מזווג דמלכות של ראש מבחינת ממטה למעלה, וכל הארתם היא הארת ראש בלבד, אבל מבחינת התפשטות המלכות ממעלה למטה לבחינת ע"ס דגוף הנקרא יושר, אין לעגולים חלק בהם כלל, כמ"ש בע"ח שער א' ענף ד'. ולפיכך נמצא תמיד שעגולים קודמים ליושר, כמו שהראש קודם לגוף. וענין זה נתבאר היטב בתע"ס בחלק ב'.

והנה יש ב' בחינות עיגולים, דהיינו, עיגולים מצמצום א' ועיגולים מצמצום ב'. כי עיגולים הם בחינת מקיפים, כמ"ש הרב

נשאר בפנים. וכבר נתבאר כי העגולים של הנקודים הם היוצאים תחלה,

אור פשוט

לעיל באות כ"ג ע"ש. **כי אחר שנצטמצמה המלכות מלקבל לתוכה אור, הרי נעשה חסרון כלי אחד בע"ס, וכלי קבלה זה שנחסר בצמצום א', נפרד מהפנימים ונעשה למקיפים בפרצופי א"ק, ומבחינת הזווג שממטה למעלה שהיה במלכיות דראשי א"ק יצאו האו"מ אל עיגולים אלו. כי כל זה החלק שהמלכות דראש היתה צריכה לקבל אלמלא היה עליה צמצום, יצא לחוץ מהראש, ונעשה למקיפים על הכלים דעיגולים. באופן שהכלים דעיגולים הם מבחינת המלכות המקבלת, שנחסרה מן ע"ס הפנימים דראשי א"ק. והאו"מ של העיגולים הם כל שיעור האור שהיה מקובל בע"ס דראש, אם לא היה צמצום על המלכות, והבן. אמנם מבחינת התפשטות המלכות לע"ס דגוף אין עוד בחינת עיגולים, כי התפשטות זו ממעלה למטה הוא מכח האו"ח של המלכות המצומצמת מכבר בזווג דהכאה של ראש, וכבר אין בה אותה המלכות המקבלת שתעשה ממנה כלים דעיגולים, ולא נתפשט כלל שום אור השייך למלכות המקבלת הזו שיהיו לאו"מ, להיותם כבר למטה ממסך שבמלכות דראש. ונמצא אחר שנתפשט היושר דא"ק, דהיינו ע"ס דגוף שממעלה למטה, אין עוד שום עיגולים ראוים לצאת ממנו.**

אמנם בעת צמצום ב' דא"ק, שנעשה הצמצום במקום בינה, וב' הכלים זו"ן יצאו ונפרדו מבחינת קבלת אורות לתוכם, ואינם ראוים לכלים פנימים, הנה אז נעשו עיגולים חדשים לגמרי, מבחינת ב' הכלים האלו, שהם מכונים ג"כ לבושים והיכלות, שעיגולים הנעשים מכלים דז"א, נקראים לבושים, והאו"מ שבהם נקראים מקיפים דיושר. ועיגולים הנעשים מכלים דמלכות נקראים היכלות או בתים, והאו"מ שבהם נקראים או"מ דעיגולים. הרי שיש ב' בחינות עיגולים מב' בחינות הצמצומים.

וז"ס אשר עשה האלקים את האדם ישר והמה בקשו חשבונות רבים, כמ"ש בע"ח (ש"ח פ"א). **כי לאחר שיצא א"ק בבחינת היושר שלו, שהם ע"ס דגוף, הנה אינו צריך עוד שיצאו ממנו בחינת עיגולים כלל, כי כל מה שנפרד מע"ס דא"ק, שהיא בחינת מלכות המקבלת שמטרם הצמצום, הנה היא כבר נפרדה בזווג של ראש,** כנ"ל, **ומהמסך ולמטה, נתפשטה רק בבחינת ט"ר לבד בכלים הפנימים, ואין שם עוד בחינת כלים להפרד ולהעשות לעיגולים. וז"ס והאלקים עשה את האדם ישר, כלומר שכבר נתקן ויצא הגוף דאדם בבחינת יושר, אבל, והמה בקשו חשבונות רבים, "והמה" סובב על ע"ס דנקודים הנעשים בצמצום ב' ששם נתחברו ב' ההין יחדיו,** כנ"ל, **שה"ת עלתה ונתחברה בה"ר, שעי"ז יצאו עיגולים חדשים לאחר היושר דא"ק, דהיינו גם מכלים דז"א, שנפרדו גם הם מן הפנימים ונעשו לכלים דעיגולים.**

ובזה תבין למה נקראו הלבושים הנעשים מכלים דז"א בשם מקיפים דיושר, אע"פ שהם בחינת עיגולים כמו ההיכלות, שהרי מתעגלים בתוכיות העיגולים דהיכלות (כמ"ש בע"ח ש"מ פ"ג) **וא"כ למה נקראים מקיפי דיושר. ואין לומר שנקראו כן משום שהם מאירים ליושר, שהרי גם המקיפים דעגולים מאירים ליושר כמותם. אלא עם הנ"ל תבין זה היטב, כי מקיפים דעיגולים הנעשים מכלי המלכות, כיון שהם היו עוד**

ובהתעגלם סביב נה"י דאדם קדמון גם מסבבים תחת רגלי יושר שלו, והפסיקו בין תחת רגליו אל החיצוניות, שהם בריאה ויצירה שירדו שם כנזכר, וגרשום משם, ולא מצאו מקום, והעלו את שתי בחינות החצוניות האלו למקומם למעלה באחור אלו הנקודים.

אור פשוט

בצמצום א' בפרצופי א"ק, ולא היה לפניהם שום יושר, ע"כ הם נבחנים לאו"מ דעגולים, אבל המקיפים דלבושים הנעשים מכלים דז"א, אשר נתחדשו עתה בצמצום ב', אשר בפרצופי א"ק מצמצום א' היו שם יושר וכלים פנימים דגוף, ע"כ המה מכונים בשם מקיפים דיושר, כלומר שבשורשם בא"ק המה שם יושר ממש, ובחינת כלים פנימים, והבן זה.

וגרשום משם ולא מצאו מקום והעלו את שתי בחינות החיצוניות האלו למקומם למעלה באחור אלו הנקודים: כי מטרם שנעשה הזווג בנקבי עינים, לא יצא כלל מקיף דיושר, כי אינו יוצא אלא בעת שנעשה הזווג במלכות של ראש, ע"י התפשטות האור העליון לתוכה, שבהיותה דוחה כל חלקי האור העליון הרוצים להתפשט ולהתקבל לתוכה ע"י הזווג דהכאה (כמ"ש בתע"ס בהסתכלות פנימית בחלק ב' עש"ה). הנה אלו החלקים הנדחים, הם יוצאים לחוץ ונעשים לאו"מ. הרי שאין האו"מ יוצא אלא אחר הזווג הנעשה במלכות דראש.

ולפיכך תיכף בעת הצמצום מטרם שיצא האור דרך העינים להעשות לאו"מ, דהיינו באותו הרגע שעלתה המלכות המסיימת לבינה דגוף שהוא למקום החזה שבת"ת, כנ"ל. הרי נפרדו אותם הכלים שמחזה ולמטה בפנים ואחור שלהם, ונפלו למטה מנקודת הסיום דא"ק הפנימי, דהיינו מתחת רגליו, כי נקודת הסיום דפרצוף נקודות דס"ג כבר היא במקום החזה שממעלה להם, כנ"ל. כי לא יכלו להלביש עוד לנה"י הפנימים דא"ק כמקודם לכן, כי ערכם עתה למטה לגמרי מאותם הנה"י דא"ק, שהרי הם מתחת לנקודת הסיום, שכלפי א"ק נבחן כמו מתחת רגליו שעל הנקודה דעוה"ז.

אמנם עתה לאחר שנעשה הזווג בנקבי עינים, ויצאו האו"מ דלבושים והיכלות ונתעגלו סביב לנה"י דא"ק ומתחת רגליו, דהיינו כמו גלדי בצלים, והפסיקו בין מתחת רגליו אל שתי בחינות החיצוניות שנפלו שם, שפירושו שהחלל הזה של אותם הלבושים והיכלות שיצאו מנקבי עינים, נתמלא בע"ס דמקיפין שלהם, ונודע, שבעיגולים נבחן סופם במרכזם, אבל המעלה מטה שוה בהם (כמ"ש לעיל באור פשוט אות כ"ח ד"ה ולא) הנה נמצאת ספירה אחרונה שבהם, דהיינו המלכות דמקיפים אלו, מסבבת לאותה המלכות שעלתה עתה במקום החזה, ומתחת מלכות דעגולים נמצא ז"א דעיגולים, ומתחת ז"א נמצאת בינה דעיגולים וכו'. ונמצא בערכם עתה שזו הנפילה של החיצוניות שנפלו מתחת רגלי א"ק, נחשבת עתה לעליה, שהרי באו"מ שאין שם מעלה מטה, נמצא שהמקום היותר תחתון הוא יותר חשוב. וז"ש הרב שהאו"מ דעגולים שיצא עתה הפך את חשיבות המקומות, כנ"ל, וע"כ הם גרשו את הכלים הריקנים מן החלל הזה שמתחת רגלי א"ק, כי עתה מאיר שם בחינת ט"ר דמקיפים שאין כלים אלו כדאים לקבלם, וע"כ האו"מ הזה דחה אותם בחזרה למקומם למעלה, ששם נעשה עתה מקום היותר גרוע, להיותו יותר קרוב למרכז דצמצום ב' החדש, וז"ש שגרשום

לא) כי עתה שהנקודים הפסיקו בין פנימיות כלים דנה"י דאדם קדמון אל זה החצוניות, כבר יכולים לעמוד שם אעפ"י שהוחשכו, וכבר יש בהם כח לקבל האור הראוי להם, כמו שנתבאר בענין תיקון הנקודים לקמן בע"ה.

לב) וחזרה הבריאה כנגד פנים והיצירה כנגד אחור ע"ד שהיה בתחלה, ועם זה נתבאר טעם רביעי בענין היות הנקודים יוצאים בדרך עגולים כנזכר לעיל. והנה עתה חזר מקום בי"ע היותו פנוי וחלל כבתחילה.

אור פשוט

משם, והבן. (עיין בספר תלמוד עשר ספירות חלק ט"ז אות א').

לא) כי עתה שהנקודים הפסיקו בין פנימיות כלים דנה"י דא"ק אל זה החיצוניות כבר יכולים לעמוד שם אע"פ שהוחשכו וכבר יש בהם כח לקבל האור הראוי: פי', כי האו"מ דעיגולים, שהם הלבושים שנתחדשו עתה בצמצום ב', גרשו את הכלים דחיצוניות לבחינת הסוף שלהם, דהיינו בסמוך למרכזם, כנ"ל. ועי"ז חזרו ממש למקום עמידתם מטרם הנפילה, דהיינו בכל אותו המקום שיש מנקודה דצמצום ב', הנעשה בנקודת החזה דנקודות דס"ג, לאותה הנקודה דצמצום א' שמתחת לרגלי א"ק הפנימי. והכלים דפנים דחיצוניות, שהם ב"ש ת"ת, חזרו ונתחברו לנקודת החזה כבתחילה, וכן הפנימיות דאחור שהיא בחינת הכלים דנה"י מבחינת ז"א, חזרו ונתחברו אל ב"ש הת"ת, וכן השלישים תתאין דאותם הנה"י, שהם בחינת הכלים של המלכות, חזרו ונתחברו בכלים דז"א, דהיינו ממש כעמידתם מטרם צמצום ב', והם נתקנו בזה לג' עולמות: בריאה יצירה עשיה. כי ב"ש ת"ת מחזה ולמטה עד סיומו, נעשו לעולם הבריאה, הגם שהם בחינת זו"ן (כנ"ל אות כ"ח ד"ה ויש). אמנם הם בחינת זו"ן דבינה, וע"כ נעשו לעולם הבריאה שהיא בחינת בינה. וב' בחינות החיצוניות דאחור, שהם נה"י, נעשו ליצירה ועשיה, כי הם בחינת זו"ן לגמרי, כי נו"ה דגוף הם זו"ן דגופא. (כנ"ל אות א' ד"ה וצריכים עש"ה).

אמנם אין לטעות שחזרו לבחינת אצילות ממש כמו הכלים שמחזה ולמעלה דנקודות דס"ג, כי כבר הופרסה שם בחי' פרסא, שפירושו מסך חדש דצמצום ב' במקום החזה ההוא, ואין אור העליון יכול להתפשט משם ולמטה, אלא שהם מקבלים אור מועט שיכול לעבור דרך הפרסא למטה. וז"ש "יש בהם כח לקבל האור הראוי להם" כלומר, האור שיכול לעבור דרך הפרסא, הנקרא אור של תולדה ולא אור אצילות.

ואין להקשות מאחר שאו"מ דעיגולים גרשו את הכלים מתחת רגלי א"ק, מפאת שבהם המקום היותר תחתון יותר חשוב, כנ"ל, א"כ היו צריכים אלו הכלים דבי"ע להתהפך כולם, אשר עשיה היתה צריכה להיות סמוך לנקודת החזה ששם הסוף של העגולים ומקום הגרוע, ותחתיה היצירה ותחתיה הבריאה, והיינו ע"פ הסדר של העגולים. והענין הוא, שאין הארת העיגולים פועלת כלל במקום עמידת היושר דא"ק, שזה הכלל: אין הארת עיגולים פועלת אלא בבחינת ראש. ולכן אחר שחזרו למקום נה"י דא"ק הפנימי, כבר קבלו הסדר דיושר, שכל עליון הוא יותר חשוב. וכל ענין הגירוש היה רק בחלל שמתחת רגלי א"ק.

* לג) ודע כי בעת ששמעתי זה הטעם הד' כתבתיו בקיצור נמרץ ואעתיקנו לך פה, לפי שנלע"ד ששמעתי, כי מקום בי"ע הוא אחורי הנקודים של העגולים, שהוא ממש בחינת החיצוניות הזה שעלה, וכאן נראה להפך כי מקום בי"ע הוא למטה בחלל הנזכר וצ"ע.

לד) וז"ל העתק מה שכתבתי. בצמצום הנזכר ירדו חיצוניות פנים ואחור מטיבור א"ק ולמטה, בריאה ויצירה, וירדו במקיף יושר שתחת הרגלים ולא בכולו, והמקיף עלה במקומו, וברדתו האחור הוחשך חיצוניות יותר וירד יותר לעשיה, וזה טעם ד' היות הנקודים עגולים ומקיפים כדי להעלותם.

לה) כיצד, ירד מקיף הזה ונכנס בין הרגלים לבריאה, וגרשום ולא מצאו מקום ועלו למעלה אחורי מקיף זה הנקודים, כנגד מקומם הא', ולמטה נשאר חלל ונקרא מקום בריאה כו' והמקום גדול מכל העולם, ולכן כלי הנקודים אעפ"י שהם נתקנו לכלי אצילות הם גרועים ע"כ.

פרק ד'

* לו) והנה אחר שבארנו דרושי העגולים והיושר בקצרה בסדר התלבשות כל העולמות. צריכים אנו לבאר עתה עד היכן הגיע התפשטות רגלי א"ק דיושר שבכל עולם ועולם. והנה מוכרח הוא, כי קו הישר יהיה דבוק ממש

אור פשוט

לג) כי מקום בי"ע הוא אחורי הנקודים של העגולים וכו' וכאן נראה להיפך כי מקום בי"ע הוא למטה בחלל: הוקשה לו להרח"ו ז"ל, כי נודע מכל הדרושים של האריז"ל, אשר מקום בי"ע הוא מתחת כל עולם הנקודים, וכאן שמע כי העגולים של הנקודים מסבבים מתחת רגלי א"ק, ונמצא שכל ג' עולמות בי"ע עומדים בחלל מתחת רגלי א"ק, דהיינו מתחת לעגולים דנקודים הסובבים לרגלי א"ק.

אמנם זה הוקשה לו מטרם שראה את הקונטרס הגדול דא"ק, שהיה סבור אז שלא יצא כלל בחינת יושר בנקודים אלא רק עיגולים בלבד, ולא יצא היושר רק במ"ה החדש. וא"כ, אם נאמר שבי"ע עומדים מתחת העיגולים דנקודים, הרי בהכרח שנמצאים בחלל שמתחת רגלי א"ק, וזה לא יתכן מפני כמה טעמים, ולכן תמה כאן ע"ז. אמנם אחר שראה הקונטרס הגדול דא"ק, ראה שגם בנקודים יצאו עיגולים ויושר (כמ"ש בע"ח שער יוד סוף פ"ד ד"ה נסתפק) וא"כ לא קשה מידי, כי מה ששמע שעולמות בי"ע עומדים מתחת הנקודים, היינו מתחת היושר דנקודים, כי יושר דנקודים מתחיל בטבור דא"ק, כמו פרצוף נקודות דס"ג, ומסתיים על נקודת החזה דפרצוף נקודות דס"ג, ושם הופרסה הפרסא שהיא נקודת הסיום החדש דצמצום ב' הנעשה בעולם הנקודים, כנ"ל. ומתחת פרסא זו עד סיום רגלי א"ק דיושר, דהיינו עד הנקודה דעולם הזה, הוא מקום עמידת ג' העולמות בריאה יצירה עשיה, כנ"ל באורך. אבל העיגולים דנקודים שהם

*) מבוא שערים ש"ב ח"א פ"ג.

*) ע"ח שער א' ענף ד'.

בא"ס הסובב, וממנו מתפשט ויורד ומתלבש תוך פנימיות א"ק, ונמשך ומתפשט עד סיום רגלי א"ק הישר, שהוא ממש עד חצאי עיגולי עתיק יומין הסובבים תחת רגליו, עד שם מסתיימין רגלי היושר דא"ק.

לז) כי אם נאמר, שרגלי א"ק הם מגיעים ומתפשטים עד למטה בתוך עיגולי עצמו עד סיומם וסופם, נמצא שחוזר ומתדבק עם עיגול הא"ס בחצי התחתון אשר תחת רגלי א"ק, ואם כך הוא, נמצא הא"ס יאיר בו משם ולמטה דרך קו הישר, ולא יהיה בחינת מעלה ומטה משפיעים ומקבלים. וע"כ לא נמשך ראש הקו למטה.

לח) הכלל העולה בקיצור הוא זה. כי רגלי א"ק דיושר הנה הם מתפשטים ונמשכים עד חציים התחתונים של עיגולים דעתיק יומין מצד מטה, באופן, כי עיגולי ע"י מקיפים סביב רגלי יושר דא"ק. אמנם כל שאר הרגלים דיושר, כגון רגלי עתיק ורגלי א"א ורגלי ז"א ורגלי נוקבא, כולם מסתיימים בהשואה אחת, והוא עד חצאי התחתונים של עיגולי א"א מצד מטה. באופן כי עיגולי א"א הם מקיפים וסובבים מתחת כל רגלי הנ"ל כולם.

אור פשוט

המקיפים של הנקודים כנ"ל, הם מתעגלים באמת בחלל שמתחת רגלי א"ק, כמ"ש כאן.

לח) **הכלל העולה וכו' כי רגלי א"ק דיושר הנה הם מתפשטים ונמשכים עד חציים התחתונים של עיגולים וכו' מצד מטה וכו' אמנם כל שאר הרגלים וכו' עד חצאי התחתונים של עיגולי א"א:** כבר נתבאר לעיל ההפרש הגדול שנעשה בעולם הנקודים ע"י הצמצום החדש, שהעלה ה"ת לנקבי עינים, ונעשתה נקודת סיום של אור העליון במקום בינה דגוף, ונשארו בכל מדרגה רק ג' כלים כח"ב שבהם אורות נר"ן. ונמצא שיש עתה שתי נקודות סיום: א' היא נקודת הסיום דצמצום ב', שהיא במקום החזה דנקודות דס"ג שלמעלה מעולם הבריאה, ששם הופרסה הפרסא שבין אצילות לבריאה. ונקודת הסיום השניה היא מתחת רגלי א"ק שהיא הנקודה דעוה"ז, בסו"ה ועמדו רגליו על הר הזיתים. באופן שג' עולמות בי"ע עומדים ממש בין שתי נקודות הסיום הנ"ל, ולפי"ז נמצא המרחק שבין רגלי א"ק לבין רגלי הפרצופין דעולם האצילות שיצאו ע"י צמצום ב', שהוא כשיעור המרחק של ב' נקודות הסיום הנ"ל, דהיינו כפי שיעור גדלם של ג' העולמות בי"ע.

ונודע, שפרצוף ע"י דאצילות שהוא בחינת ראש א' דאצילות, אינו נמנה עם ה"פ אצילות, ונחשב עדיין על צמצום א' כמו א"ק, וגם מתפשט בשוה עם רגלי א"ק עד לנקודה דעוה"ז, והוא מניק לפרצופים הנופלים אחר לידתם לבי"ע, בסוד היניקה מדדי בהמה (כמ"ש בתע"ס חלק ח' דף תרמ"א אות מ"ה וע"ש באו"פ).

ולפי"ז יש הפרש גדול בין עיגולים דע"י לעיגולים דא"א, כי עיגולים דעתיק יומין, המרכז שלהם היא נקודה דעולם הזה, ובחן סיומם במרכזם, כנודע, אבל עיגולים דכל ה"פ אצילות הבאים מצמצום ב', הרי

לט) אמנם יש בחינת פרצופים שאינם גבוהים קומתם, כגון או"א ששיעור קומתם מהגרון דא"א עד הטבור של א"א בלבד. וכן פרצוף לאה, שהיא מתחלת מהדעת דז"א עד החזה שלו כמ"ש במקומו. ואלו הפרצופים אין רגליהם נוטים עד רגלי א"א כי הם קצרי קומה, וכל אחד יתבאר במקומו בפרטות.

מ) והנה פעם אחרת שמעתי ממורי זלה"ה בענין דרוש תיקון א"א, איך נולד ויצא וינק מב' פרקין תתאין דרגלי עתיק יומין. ושם ביארנו איך ב' פרקין תתאין הנקרא עקביים דע"י הם מתפשטים יותר למטה מרגלי א"א והם נכנסים בגבול עולם הבריאה כנזכר שם. ואפשר לומר כי לא היה כך אלא קודם תיקון אצילות, ואחר התיקון לא הוצרך לזה, שחזר העתיק לאסוף רגליו למעלה בהשוואה אחת עם רגלי א"א וצ"ע.

אור פשוט

המרכז שלהם בנקודת הסיום דאצילות, ששם הפרסא כנ"ל.

וזה אמרו "רגלי א"ק דיושר הנה הם מתפשטים ונמשכים עד חציים התחתונים של עיגולים דע"י מצד מטה" כלומר עד נקודת הסיום דעוה"ז, באופן שהם נוגעים בחצאים התחתונים של העיגולים, כי הנקודה המרכזית עומדת באמצע בין חצאים התחתונים לבין חצאים העליונים, וע"כ הרגלין דא"ק המסתיימים עם נקודת הסיום, נמצאים נוגעים בחצאים התחתונים של העיגולים דעתיק יומין, וז"ש "אמנם כל שאר הרגלים דיושר כגון רגלי עתיק וא"א וכו' כולם מסתיימים בהשואה א' והוא עד חצאי התחתונים של עיגולי א"א וכו'" כלומר, שהם מסתיימים בנקודת הסיום דצמצום ב' שהוא המרכז דעיגולי א"א, שהיא ממש במקום הפרסא דאצילות, כנ"ל, וכיון שנוגע בהכרח בנקודת הסיום של זה המרכז, נמצא שנוגע ג"כ בחצאים התחתונים דעגולי א"א. כנ"ל.

ומה שמחשב גם את רגלי עתיק שהם מסתיימים בנקודת הסיום דצמצום ב', דהיינו בחצאים התחתונים דא"א, אע"פ שבאמת הוא נמשך עד לנקודה דעוה"ז ומסתיים בשוה עם רגלי א"ק כנ"ל. הענין הוא, כי הגם שמבחינת פרצופו עצמו הוא נמשך עד לנקודה דעוה"ז, אמנם הפרסא שולטת עליו שלא יעבור מהארת אצילות לעולמות בי"ע, וע"כ מבחינה זו, דהיינו מבחינת אצילות דעתיק יומין, נמצא מסתיים בשוה עם כל רגלי ה"פ אצילות, ומבחינת הארת בי"ע הוא נמשך עד לנקודה דעוה"ז בשוה עם רגלי א"ק, שז"ס הב' שלישין תתאין דעתיק העודפים ויוצאים מתחת הפרסא דאצילות, ונמשכין לבי"ע בסוד דדי בהמה. (עי' תע"ס חלק ח' דף תרמ"א אות מ"ה).

מ) ואחר התיקון לא הוצרך לזה שחזר העתיק לאסוף רגליו למעלה וכו': כבר תירצנו קושיא זו בדיבור הסמוך, שמבחינת אצילות הוא מסתיים באצילות אבל הוא מאיר תמיד בבי"ע בב"ש תתאין שלו, אלא שאינו נבחן להארת אצילות, משום שהפרסא מכסה עליהם. ויש לזכור בענין העיגולים, שאין הפירוש עגולים שטחיים, אלא עיגולים כדוריים כעין גלדי בצלים המקיפים זו על זו.

* מא) אמנם דע, כי כל בחי' ה"פ שבכל עולם ועולם הנ"ל, הנה כל אחד כלול מרמ"ח אברים ושס"ה גידים, וצריך המעיין לחקור על ניתוח אברים שבכל פרצוף ופרצוף, איך יפגשו אבר פרצוף זה באבר פרצוף המלביש אותו, כי אין כל הפרצופים עומדים בשוה ובקומה א'. ונמצא כי ראש המלכות דעשיה נפגשה בתחתית העקב דא"ק, וכעד"ז בכל שאר הבחינות לא יכילם העין, כי אם נגולו כספר השמים. וכפי דבוק זה האבר שבזה הפרצוף באבר הפרצוף שכנגדו, לפעמים יפגשו עין בחוטם, ואזן בעקב, וכיוצא בזה לאין קץ.

מב) וזהו ענין חכמת הצירוף כ"ב אותיות א"ב, אלף עם כולם וכולם עם א'. וכיוצא בשאר האותיות, והם הגורמים השינוי שאין לך יום שדומה לחבירו, ואין צדיק דומה לחבירו, ואין בריה דומה לחברתה, וכל הנבראים כולם לצורך גבוה, כי אין יניקת כולם שוה, אף לא תיקון כולם שוה, ותתקן החלבנה בקטורת, מה שלא תתקן הלבונה. לכן היה צריך באלו העולמות טו"ר ובינוני, ובכל אחד מינים לאין קץ.

מג) וזה סוד בהבראם, בה' בראם, כי כל הנבראים היו בחינת ה' פרצופים, הן באצילות הן בבי"ע. וז"ס ה' זעירא, כי כולם יצאו מה' זעירא דמלכות דא"ק, אחר שנתמעטה בסוף ז"ת שלה לבד, ואז היתה ראש להם כנ"ל, לכן נרמזו בה' זעירא.

אור פשוט

מג) בהבראם בה' בראם כי כל הנבראים היו בחינת ה' פרצופים וכו' וז"ס ה' זעירא כי כולם יצאו מה' זעירא דמלכות דא"ק: כי מתחילה יוצא פרצוף הכתר, ברת"ס, והוא נקרא הוי"ה פנימאה, הכולל ה' בחינות כח"ב תו"מ, שהם: קש"י וד' אותיות הוי"ה פנימאה זו. ואח"כ מתפשטים ממנה ארבעה לבושים: ע"ב ס"ג מ"ה ב"ן המלבישים את הוי"ה פנימאה, ואלו ד' הלבושים ע"ב ס"ג מ"ה ב"ן מתפשטים מד' אותיות של הוי"ה פנימאה: הוי"ה במלוי ע"ב מיוד שלה, ומילוי ס"ג מה' שלה, ומילוי מ"ה מואו שלה, ומילוי ב"ן מה"ת שלה. ואלו ה"פ נוהגים הן בא"ק, והן באצילות בריאה יצירה ועשיה, ועל זה רומז בה' בראם, דהיינו בה"פ כנ"ל.

אמנם כתוב בהבראם עם ה' זעירא, וזה רומז שיש כאן מיעוט באלו ה"פ, והוא, כי הכתוב מדבר בעולמות שיצאו לאחר צמצום ב' דא"ק, שנעשה מיעוט וקטנות באלו ה"פ, כמ"ש הרב לעיל, שב' הספירות ז"א ומלכות נפרדו מכל פרצוף, ולא נשאר בכל פרצוף רק ג' כלים כח"ב שבהם ג' אורות דנר"ן, וחיה יחידה נעשו רק למקיפים, הרי שהחמשה פרצופים נתמעטו ביותר ע"י צמצום ב'. ועי"ז רומז הכתיב של בהבראם עם ה' זעירא.

וזה אמרו "כי כולם יצאו מה' זעירא דמלכות דא"ק אחר שנתמעטה בסוף ז"ת שלה" דהיינו כאמור, שכל ד' עולמות אבי"ע, יצאו מצמצום ב' אשר ה"ת עלתה לה"ר ונתמעטו הכלים מב' הספירות ז"א ומלכות, ונתמעטו האורות מחיה יחידה. ונודע שמלכות דא"ק שמטבור ולמטה היא שנתחברה עם ה"ר של נקודות דס"ג, וע"י שניהם יצא צמצום ב', כמ"ש בתע"ס חלק ו' ואין להאריך

*) ע"ח ש"ג פ"ב.

מד) והנה י"ס דאצילות להיותם לבושים למלכות דא"ק, התחילו בהם הסיגים, ונרמזו באלה המלכים הנזכר בריש אדרא רבה, כי כולם בני מלכים הם. בראשית ברא אלקים, שהיא מלכות דא"ק הנקראת אלקים, ומכחה נבראו שמים וארץ דאצילות.

מה) ומתחילה לא נתקנו עד שיצא הדר מלך הח', שם הוי"ה, הוא תולדות היסוד דא"ק, מילה שניתנה בשמיני, והוא הדרת פנים זקן, והוליד טיפת הלובן הנק' חסדים, והטיל במ"ן דמלכות שבו, שהיא טפת אודם, ארץ אדום, וכדין עלמין אתתקנו, שהם ז' מלכים הכוללים הי"ס דאצילות, כי הראשון כולל ג"ר, וכדין עלמא אתבסם בזווג יסוד ומלכות דא"ק. וזהו ביום עשות ה'

אור פשוט

כאן. **וז"ש שכולם יצאו ממלכות דא"ק, ומכחה נבראו שמים וארץ דאצילות.**

מה) **הדר מלך הח' שם הוי"ה הוא תולדות היסוד דא"ק וכו' והוליד טפת הלובן וכו' והטיל במ"ן דמלכות שבו:** כי כל העולמות יצאו מתנה"י דא"ק, דהיינו מסוד השיתוף דמדת הרחמים בדין שנעשה שם, כמ"ש הרב לעיל שיצאו מה' זעירא דא"ק, כמ"ש בדיבור הסמוך. אמנם בע"ס דאצילות הראשונות שיצאו בעולם הנקודים, לא הספיק השיתוף הזה דמדת הרחמים אלא לג"ר דתנה"י דא"ק, דהיינו לג"ר דנקודים המלבישים לג"ר דתנה"י דא"ק, וע"כ רק ג"ר יצאו בתיקון קוין, אבל לז"ת דנקודים לא הספיק השיתוף הזה והם יצאו זה תחת זה בלי תיקון קוין, כמ"ש בשער הנקודים בע"ח, ע"ש. ולפיכך נשברו ז"ת דנקודים ולא נתקיימו אלא ג"ר לבד. אמנם אח"כ ע"י עלית מ"ן מחדש מתנה"י דא"ק לס"ג דא"ק, נעשה השיתוף דמדת הרחמים גם בז"ת דתנה"י דא"ק, ואז נולד ויצא קו מכריע גם בשלישים אמצעים דנה"י דא"ק הנק' יסוד מלך השמיני. באופן שבנקודים לא נתקן תיקון קוין אלא בשלישים עליונים דנה"י דא"ק, שבזה נתתקן יסוד הנוקבא ה' זעירא, כי יסוד הנוקבא הוא בשלישים עליונים דתנה"י. אבל ביסוד דזכר לא היה עוד שום תיקון, כי הוא בחינת שלישים אמצעים דתנה"י, וע"כ ז"ת דנקודים שיצאו ע"י יסוד דא"ק שהשפיע ו' ונקודה לג"ר דנקודים, שהוא בחינת יסוד הנוקבא כנ"ל, הנה הם לא יכלו להתקיים, כי ביסוד דא"ק עוד לא היה תיקון קוין הבא ע"י שיתוף מה"ר בדין, וע"כ נשברו אלו הז"ת, וזה שרומז הרב (באות מ"ד) **בראשית ברא אלקים שהיא מלכות דא"ק הנקראת אלקים.** כלומר שבנקודים מטרם שנתקן היסוד דא"ק בבחינת השיתוף, לא שלט שם אלא השם אלקים, שהוא בחינת דין. אבל אח"כ כשנעשה עלית מ"ן וזווג חדש לצורך אצילות, וגם בחינת ז"ת דאצילות נתקנו בתיקון קוין, דהיינו בשלישים אמצעים של תנה"י דא"ק, אז יצא הדר שה"ס יסוד דא"ק, והוא שם הוי"ה שהיא מדת הרחמים. כי אלקים יורה על מדת הדין והוי"ה יורה על מדת הרחמים. ונתבאר, שבנקודים לא נתקן אלא יסוד הנוקבא, אבל בעולם אצילות נתקן גם יסוד הזכר. וזה ענין עמוק, והוא נתבאר היטב באורך בספר תע"ס חלק י' מתשובה פ"ח עד תשובה צ"ג, ואכמ"ל.

וזהו ביום עשות הוי"ה אלקים ארץ ושמים שיתף רחמים בדין: כי בשיתוף א'

אלקים ארץ ושמים, שיתף רחמים בדין, ואז נתקן האצילות. גם המלכות עצמה דא"ק שהיא ראשית דאצילות, והיא עתיק יומין, נתקנה טיפת אודם שלה, ועליה נאמר באד"ר דקל"ה ע"א, כל רישא דעמא דלא אתתקן איהו בקדמיתא לית עמא מתתקן.

מו) ואין הכוונה ח"ו עליה עצמה, רק על הארת ז"ת שבה המתלבשים בי"ס דאצילות, אך עצמות ממשות ז"ת שבה נשארו למעלה במקומו, רק ניצוצי אורם הם היורדין להתלבש באצילות, ונק' רישא דעמא. ולכן נקרא אנ"י ונק' אי"ן, ודא מלכות דא"ק וכתר דאצילות והבן.

מז) וז"ש באד"ז דרפ"ח, ובג"כ אקרי ע"ק אין, דביה תליא אי"ן בגין דהאי חכמתא סתימאה אקרי אי"ן, דביה תליא, דביה מתפרשין תלת זמנין כו' שהוא חכמה דא"ק, המתלבשת בעתיקא, שהוא כתר דאצילות ואז נקרא אי"ן.

מח) הרי אם ירצה המעיין להעמיק בדברינו אלה, יסתכל, היות א"ס פנימית לעולמות ומקיף כל העולמות, ורגלי קומת א"ק המלביש את א"ס

אור פשוט

הנעשה בעולם הנקודים לא נתקיימו שם השמים וארץ שהם ז"ת, משום שיצאו משם אלקים בלבד, דהיינו שהיה חסר תיקון קוין בשלישים אמצעים דנה"י, וז"ת יצאו בלי שיתוף מדת הרחמים בדין, כי בהם לא נשתתפה המלכות בבינה, רק בג"ר דנקודים לבד, וע"כ נשברו הז"ת. וז"ס מתחילה עלה במחשבה לברוא את העולם במדת הדין, דהיינו מלכות במקומה בלי שיתופה עם הבינה, וראה שאין העולם מתקיים כי ז"ת נשברו ושמים וארץ לא נתקיימו, ע"כ נעשה זווג חדש שתיקן את השיתוף דמה"ר גם בז"ת שה"ס יסוד דא"ק, כנ"ל, ואז נגלה שם הוי"ה אלקים על הבריאה, בסו"ה ביום עשות הוי"ה אלקים ארץ ושמים ואז נתקיימו, וז"ש "וכדין עלמין אתבסמו".

המלכות עצמה דא"ק שהיא ראשית דאצילות והיא עתיק יומין נתקנה טפת אודם שלה: רומז בזה על המלכות האמיתית דא"ק מטרם שנתמעטה, שהיא בסוד ה' גדולה, ולא ה' זעירא דהבראם, שהיא עצמה נתלבשה ונתקנה בג"ר דע"י הנקרא רדל"א, ונתקנה שם בסוד הגניזו, שלא להתגלות באצילות זולת בבחינת ה' זעירא, הנקראת טפת אודם. וז"ש שנתקנה טפת אודם שלה, כי מלכות הכלולה בבינה נקראת ארץ אדום, כנודע. ומתיקון רדל"א ואילך, לא נעשה עוד שום זווג על מלכות דבחי"ד שאינה משותפת במדת הרחמים. גם לע"ל לא תתגלה אלא ממקום רדל"א עצמה, בסו"ה אבן מאסו הבונים היתה לראש פנה. וז"ס התיקון דרישא דעמא שאומר כאן הרב ואכמ"ל. וכבר נתבאר זה בתע"ס בחלק י"ג.

מח) ורגלי קומת א"ק המלביש את א"ס מבריח עד סיום כל העולמות אבי"ע: היינו רק א"ק הפנימי, הנקרא הוי"ה פנימאה, אבל פרצוף ע"ב דא"ק אינו נמשך עד לעוה"ז, כי הוא מסתיים על הטבור דא"ק הפנימי. וגם פרצוף ס"ג דא"ק, אע"פ שמתחילה היה מתפשט בשוה עם רגלי א"ק הפנימי, מ"מ

מבריח עד סיום כל העולמות אבי"ע. ואצילות לבוש לז"ת דמלכות שבו, וכל בריאה לבוש לז"ת דמלכות דאצילות, וכל היצירה לבוש לז"ת דמלכות דבריאה, וכל עשיה לבוש לז"ת דמלכות דיצירה.

מט) והיה עקביים דא"ק מתלבשים בי"ס דעשיה. וכ"א כלולה מק' הרי אלף יומין דחול, כי שם הקלי' כולם. ובהשתלם להזדכך ולהתברר האור מעולם העשיה, שהוא יסוד יעקב, י' עקב. כי הם עשר ניצוצי אורה הניתנין בעקב שהוא עולם העשיה, כי אז בעקבא משיחא הוא א"ק חוצפא יסגא.

אור פשוט

בצמצום ב' דא"ק, חזר ועלה למעלה מטבור דא"ק, כנודע. הרי שרק א"ק הפנימי לבד, מתפשט עד סיום כל עולמות אבי"ע. וע"כ מדייק הרב לומר "א"ק המלביש את א"ס" שהוא רק א"ק הפנימי שבתוכו קו א"ס ב"ה כנודע.

מט) עקביים דא"ק מתלבשים בע"ס דעשיה: כבר נתבאר לעיל, כי אע"פ שבצמצום ב' נעשה סיום חדש בתנה"י דא"ק, דהיינו על בחי' החזה דפרצוף זה. מ"מ אין הצמצום הזה נוגע רק אל ע"ס דנקודים וכן אל עולם האצילות, שרק הם נגבלו ע"י צמצום ב', וכלהו רגלים דהה"פ אצילות מוכרחין להסתיים על הפרסא, משא"כ א"ק עצמו לא נשתנה כלום, והוא מסתיים בנקודה דעוה"ז כמו מטרם צמצום ב'. וזה אמרו "עקבים דא"ק מתלבשים בי"ס דעשיה" אמנם אין לטעות בזה שהם מאירים שם מבחינתם, כי אין א"ק מאיר אלא לאצילות בלבד, וזו הפרסא שהופרסה בין אצילות לבריאה, ומכסה על אורות דאצילות שלא יעברו לבריאה, הנה היא מכסה גם על עקביים דא"ק שבבי"ע, ובי"ע אינם יכולים לקבל מאורם, רק בחינת אור של תולדה שאין הפרסא מעכבת עליו.

עשר ניצוצי אורה הניתנין בעקב שהוא עולם העשיה: זהו מטעם המלכות שנגנזה ברדל"א, ואריך אנפין לא יצא אלא בט' ספירות בחוסר מלכות. (כמ"ש הרב בע"ח בשער א"א פ"ב ובתלמוד ע"ס חלק י"ג אות י"ט וכ' ע"ש). היינו מלכות דצמצום א' שנגנזה ברדל"א כנ"ל, בסוד אבן מאסו הבונים היתה לראש פנה. וז"ס ג' הרישין שאומר הזוהר, אשר רדל"א נתקן בסוד דא לעילא מן דא, וא"א נתקן בסוד דא לגו מן דא. כי מלכות האמיתית דא"ק אינה משמשת כלום באצילות, ונגנזה ברדל"א, וע"כ הוא נתרחק מלהאיר באצילות, כי נפרש מהם בסוד דא לעילא מן דא, כי הוא נסתלק לעצמו לעילא ואינו מאיר כלל באצילות, וע"כ יצא א"א בחוסר מלכות. ונודע, שיש ערך הפכי בין כלים אל אורות, כי חסרון מלכות פירושו שחסר אור הכתר שהוא יחידה, כי אז עולה החכמה בכלי דכתר ובינה בכלי דחכמה וכו' עד שאור המלכות בכלי דיסוד, ע"ד שביאר הרב בע"ב דא"ק בע"ח בשער מטי ולא מטי. וז"ס שא"א נתקן דא לגו מן דא, כלומר אור חכמה בכלי דכתר, שז"ס ב' הרישין: כתרא, ומו"ס, שהם דא לגו מן דא.

ונודע, שז' מלכין דנקודים היו מתפשטין עד לעוה"ז, דהיינו עד סיום כל בי"ע, כי ע"י הארת ע"ב ס"ג חזרה וירדה ה"ת מנקבי עינים אל מקום הפה דג"ר דנקודים, ואז בקעו וביטלו הפרסא הנעשתה מהסיום החדש, כי שמשו עם בחינת מלכות דא"ק

נ) ואח"כ יעמדו רגליו על הר הזיתים, דכתיב ועמדו רגליו וגו', וישתלם קומתו, ועליו נאמר הנה ישכיל עבדי ירום ונשא וגבה מאד. ישכיל מעשיה, בסוד ונחמד העץ להשכיל עץ הדעת. ירום מיצירה. ונשא מבריאה. וגבה מאצילות. מא"ד אותיות אדם, הוא א"ק, אז יבוא משיח בע"ה, ומחת לצלמא על רגלוהי, הם הקליפות שכנגד ג' עולמות בי"ע.

נא) כי על האצילות נאמר אני ה' הוא שמי וכבודי לאחר לא אתן.

אור פשוט

מן צמצום א', כמ"ש בתע"ס חלק ז'. **וע"כ נשברו ונפלו לקליפות.**

ובעולם התיקון שחזרו ונבררו הכלים מן קליפות בי"ע, המה לא נבררו רק מן ט"ס הראשונות, דהיינו מבחינת ט"ס דא"א, אבל מבחינת המלכות דז' המלכים לא יכלו להתברר, מחמת שאין כלל זווג על מלכות זו, כי נגנזה ברדל"א, בסוד דא לעילא מן דא, כנ"ל, **ולפיכך נמצא שבכל משך שיתא אלפי שני, דהיינו מטרם שיתגלה הזווג על המלכות דרדל"א, בסוד אבן מאסו הבונים היתה לראש פנה, נמצאים נשארים הכלים דבחינת מלכות דז' המלכים תוך הקליפות דעולם העשיה. וזה אמרו "עשר ניצוצי אורה הניתנים בעקב שהוא עולם עשיה" דהיינו עשר ניצוצין של המלכיות דז' המלכים, התקועים תוך הקליפות, שאי אפשר כלל לברר אותם קודם גמר התיקון.**

וזה אמרו "ובהשתלם להזדכך ולהתברר האור מעולם העשיה וכו' יעמדו רגליו על הר הזיתים וכו' וישתלם קומתו" דהיינו בגמר התיקון, אחר שיושלמו להתברר כל בחינות הרפ"ח ניצוצין, ואז יתבררו ג"כ אלו עשר ניצוצי אורה הניתנין בעקב, כי אז תתגלה המלכות דא"ק שהיא ה' גדולה, דהיינו מלכות דצמצום א', וייעשה עליה הזווג דרדל"א, אשר קומת זווג זו, תברר ותעלה את עשר ניצוצי אורה הניתנים בעקב, כי יתבטל צמצום ב' עם הפרסא שבין אצילות אל בריאה, ויתפשטו אז רגלין דכל ה"פ אצילות, עד הנקודה דעוה"ז בשוה עם רגלי א"ק, שז"ס מטי רגלין ברגלין, כי רגלין דפרצופי אצילות ימטו לרגלי א"ק, ואז יבא משיח בע"ה, ומחת לצלמא על רגלוהי.

נ) יעמדו רגליו על הר הזיתים וכו' וישתלם קומתו: ענין יעמדו רגליו, פירושו, שיתגלו רגליו על הר הזיתים, כמ"ש להלן באות נ"ב, **"בהגלות רגלי א"ק על הר הזיתים". כי עתה אע"פ שעומד שם**, כנ"ל, **מ"מ הוא אינו מגולה, כי הפרסא המכסה על בי"ע למעלה תחת אצילות, מכסה גם על רגלוהי דא"ק**, כנ"ל. **אלא בגמר התיקון, אחר שיתבטל צמצום ב', והעולמות יהיו זכאים לקבל ממלכות דצמצום א', הרי הפרסא שבין אצילות לבי"ע תתבטל, ורגלין דה"פ אצילות יתפשטו עד נקודה דעוה"ז על הר הזיתים בשוה עם רגלי א"ק, וישובו בי"ע להיות אצילות, וב"ן שנעשה ע"י צמצום ב', ישוב להיות ס"ג דא"ק, ומ"ה החדש הנעשה ע"י צמצום ב', ישוב להיות ע"ב דא"ק. ואז יתגלו ויאירו רגלין דא"ק, בסו"ה ועמדו רגליו על הר הזיתים.**

ומ"ש "וישתלם קומתו" הענין הוא, כי כל העולמות באו רק להשלים את תנה"י דא"ק. כי בעת שיצא ראש וגוף דא"ק הפנימי, הנקרא הוי"ה פנימאה, נעשתה הסתלקות אורות בגוף שלו, דהיינו מפה דראש עד סיום רגלין. (כמ"ש בע"ח ש"ז פ"א). **ואז יצאה התפשטות ב', הנקראת**

והבריאה היא רישא דדהבא, כי היא בחי' זהב, מצפון זהב יאתה, שהיא בינה עלמא דאתכסיא המתלבשת ומקננת בבריאה כנ"ל. וקלי' דיצירה כסף ונחושת. וקלי' דעשיה פרזלא וחספא, והיא אבן מלכות האחרונה שבכל העולם, הוא עקב א"ק ואתה תשופנו עקב. בהאי אבן רציץ מוחא דנחש, ומחת לצלמא על רגלוהי שבעשיה.

נב) ואז שמים דעשיה וארץ דעשיה נאמר עליהם, שמים כעשן כו', והארץ כבגד תבלה, כי בהגלות רגלי א"ק על הר הזתים, אשר בתוכם הא"ס מתלבש כנ"ל, ואז יהיה אור הלבנה כאור החמה ואור החמה יהיה שבעתים כאור ז' הימים הראשונים, ז"ת דמלכות דא"ק כנ"ל, הנקרא ע"י דאצילות.

אור פשוט

פרצוף ע"ב דא"ק, וחזר ומילא את הגוף דא"ק הפנימי עד הטבור. אמנם בהתפשטות ב' זו נסתלקו ג"כ האורות מן הגוף שלו, ויצא אז פרצוף ס"ג דא"ק וחזר ומילא את הכלים דגוף דע"ב דא"ק שנתרוקנו מאורותיהם הקודמים, (כמ"ש הרב בשער מטי ולא מטי. ועי' בתע"ס בחלק ה') ומתחילה נתפשטו רגלי ס"ג הזה בשוה עם רגלי א"ק, אבל בעת צמצום ב' נתעלה גם הוא עד הטבור דא"ק, ונמצא שאלו ב' המילוים ע"ב וס"ג, מילאו את הגוף דא"ק הפנימי רק עד הטבור לבד, ומטבור ולמטה נשאר הגוף דא"ק הפנימי בבחינת הסתלקות א' כבתחילה. ולפיכך יצאו במקום הזה שמטבור ולמטה ד' עולמות אבי"ע, כדי למלאות חסרון האור אשר שם במקום הזה, הרי שמטרם שישתלמו העשר ניצוצי אורה שבעקב דעשיה הנ"ל, אין קומתו של א"ק הפנימי נשלמת, כי המילוי דמטבור ולמטה, תלוי בשלימות דאבי"ע. וז"ש "ואח"כ יעמדו רגליו על הר הזיתים וישתלם קומתו" כי אין קומתו נשלמת אלא אחר שישובו בי"ע להיות אצילות, והם ימלאו את הטבור ולמטה דא"ק הפנימי, עם אורות דאצילות. וז"ש "ועליו נאמר, הנה ישכיל עבדי וכו' ישכיל מעשיה, ירום מיצירה וכו' אז יבוא משיח" כלומר, אחר שיתעלו בי"ע להיות אצילות, שאז ישוב אצילות להיות כבחינת א"ק, דהיינו צמצום א', כנ"ל, אז יושלם א"ק הפנימי עם אורות דאבי"ע, וז"ש "מא"ד אותיות אדם שהוא א"ק הוא ישכיל וירום ונשא וגבה מאבי"ע", כמבואר, שימלאו את הטבור ולמטה שלו כנ"ל, ואז יתגלה אור היחידה בעולמות שהוא משיח כנודע. והבן, כאכמ"ל.

נב) אור הלבנה כאור החמה ואור החמה יהיה שבעתים כאור ז' הימים הראשונים ז"ת דמלכות דא"ק הנקרא עתיק יומין דאצילות: פירוש, כי ישובו להיות החמה והלבנה בסוד שני המאורות הגדולים, בקומה שוה עד הכתר פב"פ, שה"ס מדרגה הז' שכתב הרב (בע"ח שער ל"ו פ"ב) ע"ש. דהיינו, שנוקבא דז"א תעלה עם ז"א לקומת ג"ר דא"א, ולבחינת התכללות לבחינת הזווג בג"ר דעתיק, (כמ"ש בתע"ס חלק ט"ו תשובה ז') עש"ה. ואז ילביש ז"א כל קומת ז"ת דעתיק הנמשכים בשוה עם רגלי א"ק עד לנקודה דעוה"ז, כנ"ל אות נ' ד"ה יעמדו, כי הפרסא דצמצום ב' תתבטל לגמרי כנ"ל.

פרק ה'

* נג) הנה נתבאר, איך כל העולמות בכללן הם פרצוף אדם א', בעצמות וכלים ומלבושים. ואמנם כל עולם בפ"ע דרך פרט, יש לו כל אלו הבחי' שהם עצמות וכלים ומלבושים. וכעד"ז כל פרט ופרט מהם מתחלק ע"ד הנ"ל. וזכור זה, ולא תצטרך להזכירו בכל פעם ופעם. וזה רמוז בפ' תולדות קל"ד.

נד) והנה נבאר עתה מעולם האצילות ממנו ולמטה, כי הנה באצילות יש בו נרנח"י ואיברים של גוף הנקרא כלים. ויען היחידה וחיה הם מקיפים, לכן לא היו גם הכלים רק ג' בחי' שהם נגד נר"ן הפנימים.

נה) וכבר ידעת כי המוח כלי לנשמה והלב לרוח וכבד לנפש. והנשמה מתפשט בכל הגוף מן המוח עד הרגלים, וזהו נקרא גדלות ז"א שהם מוחין.

אור פשוט

נג) **פרצוף אדם אחד בעצמות וכלים ומלבושים, ואמנם כל עולם בפ"ע דרך פרט יש לו כל אלו הבחינות:** כנ"ל אות י"ב י"ג וי"ד וע"ש באו"פ, כי א"ק הוא בחינת שורש, ואצילות היא עצמות, ובריאה היא גוף וכלים, ויצירה היא לבושים, ועשיה היא היכל. באופן שא"ק ואבי"ע הם בחינת אדם אחד, שבו ה' בחינות אלו: שורש, נשמה, גוף, לבוש, היכל. ונקרא ג"כ: מוחא, עצמות, גידין, בשר, עור. והם כח"ב תו"מ, והם ארבע אותיות הוי"ה וקוצו של יוד, והם נקראים ג"כ חמשה אורות: נפש, רוח, נשמה, חיה, יחידה. עש"ה.

נה) **והנשמה מתפשט בכל הגוף מן המוח עד הרגלים וכו' רוח מתפשט בלב ומשם ולמטה בכל הגוף וכו':** כלומר, שאלו ג' הכלים מוח, לב, כבד, מלבושי נר"ן, הם שלשה פרצופין שלמים הנקראים: עיבור יניקה מוחין, אשר הכבד הוא פרצוף העיבור בע"ס שלמות ובו מתלבש אור הנפש. הלב הוא פרצוף היניקה בע"ס, ובו מתלבש אור הרוח. והמוח הוא פרצוף המוחין בע"ס, ובו מתלבש אור הנשמה. וג' פרצופין אלו מתלבשים זה בזה מחזה ולמטה, שפרצוף המוחין מלובש מחזה שלו ולמטה בפרצוף היניקה. ופרצוף היניקה מלובש מחזה שלו ולמטה בפרצוף העיבור, באופן שרגלי כל ג' הפרצופין מסתיימים בשוה. וזה אמרו "שהנשמה מתפשט בכל הגוף מן המוח עד הרגלים", וכן הרוח מתחיל בגרון ומתפשט בכל הגוף עד הרגלים, וכן הנפש מתחילה בכבד ומתפשטת עד הרגלים. וטעם הדברים מבואר בתע"ס חלק י"ב אות רט"ז.

הלב בו"ק הוא עומד וכו' ומלביש על הנשמה ועל המוח ומחסהו וכו': כמ"ש בדיבור הסמוך, שהלב שהוא פרצוף יניקה המלביש לאור הרוח, הוא מלביש מחזה ולמטה דפרצוף המוחין, וכן הכבד שהוא פרצוף העיבור נמצא מלביש מחזה ולמטה דפרצוף היניקה. באופן שחב"ד חג"ת דכל פרצוף הם מגולים, ומחזה ולמטה מתכסים ונעלמים כל אחד בתחתון שלו. וכשהם מלובשים זה בזה נבחנים לגוף אחד, שחב"ד

*) ע"ח ח"ב שער מ"ט פ"א.

ואח"כ רוח מתפשט בלב ומשם ולמטה בכל הגוף, וזהו הכלי האמצעי הנקרא יניקה, כי הלב בו"ק הוא עומד, שהוא יניקה, ומלביש על הנשמה ועל המוח ומכסהו, וע"כ אין הנשמה נכרת אלא במוח, כי בגוף נעלמה. ואח"כ הנפש מתפשט תוך הכבד, ומשם ולמטה מלבשת על הרוח והלב, ולכן אין הרוח ניכר אלא בלב.

נו) וזהו על סדר שרשיהן, שידעת איך כל האצילות כך הוא, שבינה שהיא נשמה חציה מגולה וחציה נעלמת בז"א שהוא רוח, וכן ז"א חציו מגולה וחציו מכוסה בנוקבא שהיא הנפש.

נז) נמצא כי התפשטות כלי המוח בכל הגוף הם סוד הגידין בלתי חלולים מבפנים, וסוד מוח העצמות. ועליהן הם הוורידין, הנקראים עורקים הדופקים בלי דם, אלא בתוכם רוח הלב, ואלו מלבישין את הגידין הנ"ל הנמשכים מהמוח ואת מוח העצמות, ואח"כ העורקים המלאים דם הנמשכים מהכבד, אלו מלבישין את העורקים בלתי דם כנודע מחכמי הנתוח, כי העורקים הדופקים הם תחת העורקים של הדם.

נח) הרי נתבאר איך הם ג' כלים זה תוך זה, והם בחי' עיבור יניקה ומוחין, והם כלים לנר"ן, כי היחידה וחיה אין כנגדן כלים, יען אינם פנימים.

אור פשוט

חג"ת דפרצוף המוחין המגולה, הוא בחינת הראש עד הגרון, ומשם ולמטה מכוסה ומלובש בפרצוף היניקה המתחיל בגרון שהוא בחינת ו"ק. וחב"ד חג"ת דפרצוף היניקה המגולה, הוא מגרון עד החזה עם הידים, ומשם ולמטה הוא מכוסה ונעלם בפרצוף העיבור המתחיל במקום החזה. וזה אמרו "הלב בו"ק הוא עומד שהוא יניקה ומלביש על הנשמה ועל המוח ומכסהו וע"כ אין הנשמה ניכרת אלא במוח" כי ו"ק שהוא פרצוף היניקה, מלביש על פרצוף המוחין מחזה שלו ולמטה, דהיינו ממקום הגרון של כללות הפרצוף, ואין מגולה מפרצוף המוחין אלא בחינת הראש דכללות הפרצוף, וע"כ אין הנשמה ניכרת עוד למטה מהראש, להיותה מכוסה ונעלמת מהגרון ולמטה תוך פרצוף היניקה. וכן אין הרוח ניכר רק מהגרון עד החזה ששם הלב, להיותו מכוסה ונעלם מהחזה ולמטה תוך פרצוף העיבור.

והנך מוצא, איך בהבחן הפרטי של הפרצוף, יש בו ג' פרצופין שלמים מלובשים זה בזה מחזה ולמטה, שחב"ד חג"ת דכל אחד מגולים, ונה"י דכל אחד מכוסה ומלובש בתחתונו. והראש ג"ר דנשמה, וגוף חב"ד חג"ת דרוח, ומחזה עד הסוף כולל חב"ד חג"ת נה"י דנפש. אמנם בהבחן כללי הם כולם רק פרצוף אחד, שהראש נבחן רק לחב"ד שבו, ומגרון עד החזה רק לחג"ת שבו, ומחזה עד הסוף רק לנה"י שבו.

נח) ג' כלים זה תוך זה והם בחינת עיבור יניקה מוחין וכו' ועליהם סובבת הבשר וחופפת עליהם ונקרא בשרא סומקא: כבר נתבאר לעיל, שמנקודים ואילך נפרדו ב' הכלים ז"א ומלכות דכל מדרגה, ונעשו לכלים

ועליהם סובבת הבשר וחופפת עליהם, ונקרא בשרא סומקא. והוא סוד החשמ"ל המקיף לכל הכלים, וזהו כעין החשמ"ל מתוך האש, אשא סומקא, והוא סוד בשרא סומקא. ואח"כ העור, והוא עץ הדעת טוב שבאצילות.

אור פשוט

מקיפים של חיה יחידה, ולא נשארו במדרגה מבחינת הכלים, זולת ג' כלים כתר חכמה בינה, שבהם מתלבשים ג' אורות נפש רוח ונשמה, עש"ה. גם נתבאר לעיל, שאלו ה' הכלים כח"ב זו"ן, נקראים לפעמים בשם: מוחא עצמות גידין בשר עור, שמוחא עצמות גידין, הם כח"ב, ובשר ועור הם זו"ן. ועל פי הכינוים האלו נמצא, שג' הכלים הנמצאים בכל מדרגה, הם מוחא עצמות וגידין, וב' הכלים התחתונים בשר ועור, נפרדו מהמדרגה ונעשו למקיפי חיה יחידה, הנקראים לבושים והיכלות, כנ"ל.

ונמצא, שאילו לא נפרדו ב' הכלים התחתונים מהמדרגה, היו אז בכל פרצוף כללי ה' פרצופין שלמים: מוחא עצמות גידין בשר ועור, ועתה שנחסרו ב' הפרצופין בשר ועור מכל פרצוף כללי, הנה יש כנגדן מקום אחיזה לחיצונים, כי בכל מקום שנמצא איזה חסרון בקדושה, נמצאים החיצונים מתאחזים שמה, כנודע. וע"כ יש אחיזה בסיום כל פרצוף לחיצונים, שצריכים לזה תיקון מיוחד שנקרא מילה, כי בבחינת העור שהוא מלכות יש להם אחיזה גדולה, ולכן בסיום הפרצוף נעשת קליפה, שאין לה תיקון אלא לחתוך אותה ולהשליכה, שז"ס הערלה הנשלכת לעפר. ובבחינת הבשר שבסיומא, אין להם אחיזה כל כך ונתקנת על ידי פריעה, כמ"ש להלן.

היחידה וחיה אין כנגדן כלים יען אינם פנימים ועליהם סובבת הבשר וכו' ואח"כ העור: כלומר, כי מתוך שיחידה וחיה אינם פנימים, שזה הוא מפאת שז"א ומלכות נפרדו מכל מדרגה מחמת צמצום ב' (כנ"ל, אות ט"ז ד"ה וז"ש, ע"ש כל ההמשך) לפיכך לא נחשבו הבשר והעור לכלים של הגוף, ורק ג' כלים כח"ב ישנם בגוף, שהם נקראים מוחא עצמות גידין, שהנשמה מלובשת בהם, אבל בב' הכלים בשר ועור, אין הנשמה מלובשת בהם כלום, והם בני חילוף באדם, שהולכים ומתחלפים ומתחדשים בגוף האדם יום יום, כנודע. והוא מטעם, כי כלים דז"א ומלכות האמיתיים, אינם כלל בפרצוף, כי נפרדו ונעשו ללבושים והיכלות, ואלו ב' הכלים דזו"ן שישנם בפרצוף, הם רק התפשטות מהבינה כנ"ל אות ט"ז ד"ה ואין, ע"ש. וזהו מ"ש הרב, אשר גידי הדם בסופם מתמסמסים ונעשים לבשר, דהיינו לרמז, שכלי דבשר שהוא כלי דז"א, אינו אלא מהתפשטות כלי דבינה הנק' גידין. עי' בע"ח [שער החשמל פרק א' סוף ד"ה דע כי בכל פרצוף].

החשמל המקיף לכל הכלים וזהו כעין החשמל מתוך האש וכו' ואח"כ העור והוא עץ הדעת טוב שבאצילות: הבשר שבפרצוף הוא בחינת חשמל, והעור הוא בחינת קליפת נוגה. כמ"ש הרב להלן באות ע' וע"ג, וזה הוא רק אחר שמשיג בחינת חיה. כי כל עוד שאין בפרצוף רק בחינת נשמה, אין עוד הכר לכלי דבשר, וגם הוא נבחן לבחינת עור בלבד, אלא שכלול משני עורות יחד, כלומר, ב' כלים דז"א ומלכות אינם נבחנים לבשר ועור, אלא לב' עורות דבוקים יחד אב"א. (כמ"ש בע"ח שמ"א פ"א. ולהלן באות ע') כי כל עוד שאין בז"א אלא ג' אורות נר"ן, הרי הם מלובשים בג' הכלים מוחא עצמות גידין, ומגידין ולמטה דהיינו בבשר ועור אין שום אור מגיע שם, ונודע, שהאורות מבררים הכלים, לכן הם נחשבים לבלתי נבררים כלל, וע"כ שניהם נבחנים לבחינת עורות, כי כל כלי בלתי נברר נקרא בשם עור, כמ"ש הרב

נט) והנה בשר הוא שם אלקים הסובבת ונקרא כורסייא דשביבין. והוא כי אלקים במילוי יודי"ן בגימטריא ש', וברבוע גימטריא ר', וב' כוללים גימטריא בשר. והעור נתבאר אצלינו, כי הוא רע, ואות ו' טוב שבתוכו, כנזכר

אור פשוט

להלן באות ע' **אמנם בעת שז"א משיג בחינת אור החיה, הנה אז מתלבשת החיה במוחא, והנשמה שהיתה במוחא יורדת לכלי דעצמות, והרוח שהיה בכלי דעצמות יורד לכלי דגידין, והנפש שהיתה בכלי דגידים יורדת לכלי דבשר. ונמצא עתה שנברר גם כלי דז"א ע"י השגת אור החיה, וע"כ יש לו עתה ארבעה כלים: מוחא עצמות גידין בשר. ועליהם סובב העור, ורק העור נשאר עוד בבחינת בלתי נברר.**

ועכ"ז אין הבשר נבחן לכלי גמור, כנ"ל, **להיותו מבחינת התפשטות בינה, וע"כ הוא נקרא בשם חשמ"ל, שפירושו מלבוש, שמלביש ג' הכלים. ונקרא בשם מלבוש, משום שאור החיה המברר לו כלי דבשר, הוא נמשך מן מקיף הלבושים, וע"כ גם כלי דבשר נבחן בשם מלבוש. ויש טעם ב', כי בחינת אור החיה שהוא מקבל ע"י בירור דכלי דבשר, אינו אלא בחינת ו"ק דחיה, כי אי אפשר לו לקבל ג"ר דחיה בטרם גמר התיקון, שאז מתבטל צמצום ב', ומקיף דלבושים, דהיינו כלי דז"א שנפרד ע"י צמצום ב', חוזר ומתחבר בפרצוף כמו ג' הכלים כח"ב. ונתבאר לעיל** אות ט"ז ד"ה ואין עש"ה. **שמטרם גמר התיקון אין כלי ז"א אלא מהתפשטות בינה, ואינו מקבל אלא בחינת ו"ק דאור חיה, ולכן נבחן כלי דבשר שעדיין אינו מחובר לגוף, כי אין נשמה דחיה מאירה בגוף, וכיון שהוא נפרד עוד מהגוף ע"כ נקרא מלבוש, או חשמ"ל, להורות שאינו מחובר בגוף כמו ג' הכלים מוחא עצמות גידין. ונתבאר, שבעת שאין לז"א אלא נר"ן בלבד, הנה אז אין לו כלל כלי דבשר, וגם הוא נבחן עוד בשם עור. וכשמשיג אור החיה אז נברר לו כלי דבשר, ועכ"ז אינו כלי ממש מחובר לגוף, משום חסרון ג"ר דחיה בכל משך שיתא אלפי שני. וע"כ אין בכלי דבשר אור גמור השייך לו, אלא רק בחינת ו"ק מהאור השייך לו. ונודע, שו"ק נבחנים תמיד בכל הבחינות רק לבחינת כלי בלבד, ורק ג"ר נחשבים לאורות גמורים. ונמצא שאין בבשר אלא בחינת הארת כלים בלבד, דהיינו ו"ק ולא ג"ר.**

העור והוא עץ הדעת טוב שבאצילות: זה יתבאר להלן באות ע"ב ד"ה עץ.

נט) בשר הוא שם אלקים וכו' אלקים במילוי יודין בגימ' ש' וברבוע גימטריא ר' וב' כוללים גימטריא בשר: כי מוחין דג"ר נקראים בשם הוי"ה, ומוחין דו"ק נקראים בשם אלקים. וכיון שאין בכלי דבשר אלא מוחין דו"ק, כנ"ל בדיבור הסמוך, **ע"כ נק' בשם אלקים. ונודע שיש ג' בחינות עי"מ בו"ק, וכולם שמות אלקים. אלא שמוחין דעיבור ה"ס אל"ם מאלקים, המורה שהוא חסר י"ה דאלקים. ומוחין של יניקה, נק' אלקים פשוט בלי מילוי, כי כל מילוי יורה על זווג דמוחין, וכיון שביניקה אין שם אלא ו"ק דו"ק, דהיינו נ"ר דרוח, ואין שם אפילו בחינת ג"ר דרוח, הנק' מוחין דו"ק, ע"כ הם בחינת אלקים פשוט בלי מילוי. ומוחין דו"ק, דהיינו ג"ר דרוח, הם נבחנים לאלקים במילוי. ונודע, שיש ג' מוחין חב"ד, ויש להם ג' מילוים: מוח חכמה הוא אלקים במילוי יודין. מוח בינה הוא אלקים במילוי ההין. ומוח הדעת הוא אלקים במילוי אלפין.**

וזה אמרו "אלקים במילוי יודין בגי' ש'" שזה יורה שיש שם בכלי דבשר בחינת מוח חכמה של ו"ק, כי אלקים במילוי יודין הוא חכמה. אמנם מבחינת מוח בינה של ו"ק, יש

בתקונים ס"ט דק"ן, כי הוא עץ הדעת טו"ר. אמנם באצילות הרע נפרד לחוץ, כמ"ש בע"ה.

ס) ואח"ז הם העולמות בי"ע, והם לבושים אל האצילות, כנודע. והוא באופן זה, כי ברדת המלכות להיותה ראש לשועלים מתלבשים הגופים העליונים למטה.

אור פשוט

לו רק בחינת אחורים בלבד, כי אין לו אלקים במילוי ההין, אלא אחורים דאלקים שהוא בגימטריא ר', כזה: א' א"ל אל"ה אלה"י אלהי"ם. וזה יורה שאין לו בחינת החסדים המושפעים ממוח הבינה, שהוא אלקים במילוי ההין, ומוח זה הוא בבחינת אחורים אליו. וע"כ מבחינת הדעת יש לו ב' כוללים בלבד, כולל דחסדים וכולל דגבורות. והם אותיות בש"ר: ש' חכמה ר' בינה ב' דעת. ולכן נק' כורסיא דשביבין, המורה על דינין, שזה הוא מטעם חסרון חסדים אשר שם, כנ"ל. כי כל עוד שהוא מתוסר חסדים, הנה גם החכמה לא תוכל להתלבש בו בשלמות.

ס) ברדת המלכות להיותה ראש לשועלים מתלבשים הגופים העליונים למטה: ענין זה נעשה בעת מיעוט הירח שהיה ביום רביעי דימי בראשית. כי תחילה היו זו"ן בסוד שני המאורות הגדולים בקומה שוה אב"א, והיתה הנוקבא אז פרצוף גמור בי"ס דאחור, דהיינו שנשלמה בעי"מ דאחור שהוא כל השלימות דפרצוף ו"ק, (עי' בתע"ס חלק ט"ו בתחילתו) וכאשר הירח קטרגה ואמרה אי אפשר לשני מלכים שישתמשו בכתר אחד, נאמר לה לכי ומעטי את עצמך, ואז חזרה להיות בחינת נקודה תחת היסוד כמקודם לכן, וכל הי"ס דפרצוף האחור שלה, ירדו לבריאה בסוד ראש לשועלים, כי נעשית בחינת עתיק ובחינת רישא מגולה בבריאה. כמ"ש הרב בע"ח שמ"ו פ"ב. ועי' בע"ח של"ו פ"א וב'. ובתע"ס חלק ט"ו בתחילתו.

ונודע, דכל מה שהיה בחינת גוף לז"א בבחינת עיבור ויניקה, הוא נעשה עור בבחינת גדלות. כמו שכייל הרב בע"ח שמ"א פ"א ע"ש. פירוש הדבר, שבחינת עיבור יניקה הוא אורות דו"ק, שהם רוח נפש. ונודע, שבעת שיש לו רק ב' אורות: רוח נפש, יש לו ב' כלים כתר חכמה, המכונים מוחא עצמות, אשר אור הרוח מתלבש בכלי דכתר שהוא מוחא, ואור הנפש בכלי דחכמה שהוא עצמות. והשגת נשמה מבררת לו כלי דבינה שהוא גידין. ואז מתלבשת הנשמה בכלי דמוחא, ואור הרוח שהיה שם יורד לכלי דעצמות, ואור הנפש שהיה בכלי דעצמות יורד לכלי דגידין. והשגת חיה מבררת לו כלי דבשר, ואז מתלבש אור החיה בכלי דמוחא, ואור הנשמה שהיה שם יורד לכלי דעצמות, והרוח שהיה בכלי דעצמות יורד לכלי דגידין, והנפש שהיתה בכלי דגידין יורדת עתה לכלי דבשר שנברר מחדש. והשגת אור יחידה מבררת לו כלי דעור, והיחידה מתלבשת במוחא וכו' ע"ד הנ"ל, ואור הנפש שהיה בכלי דבשר יורד עתה לכלי דעור הנברר ע"י אור יחידה. כנ"ל אות נ"ח ד"ה החשמל ע"ש.

והנך מוצא שבעת שהיה לו לז"א רק עיבור יניקה, שהם נפש רוח, נמצא שהם מתלבשים בבחינת כלים גמורים דגוף ז"א, דהיינו בכלים דמוחא ועצמות. אמנם לעת גדלות בעת שמשיג חיה יחידה, הרי חיה יחידה לוקחים עתה אותם הכלים דמוחא ועצמות, והנשמה לוקחת כלי דגידין, ונמצאים

סא) כי כלי הפנימי של המוח לנשמה יורד בבריאה, ונעשה שם נשמה, אף שהיא בחי' כלי, מ"מ נעשה שם נשמה לעולם שתחתיו. אבל בעולם עצמו לא נעשה לעולם מבחי' כלי נשמה, כי החיה והיחידה אינם מתלבשין לעולם, כנ"ל.

אור פשוט

עתה הרוח נפש שמתלבשים בכלים שהם מלבר מגופא, הנקרא בשר ועור. וז"ש הרב, דכל מה שהיה בחינת גוף לז"א בעיבור ויניקה נעשה עור בבחינת גדלות. כמבואר, שאורות דו"ק היו בימי עיבור יניקה, מלובשים בגוף, דהיינו במוחא ועצמות, ועתה מלובשים בבשר ועור, הנקראים יחד בשם עור, להורות שהם כלים בלתי שלימים, כי כל עוד ששולט צמצום ב', אי אפשר לברר בשלימות כלים אלו דז"א ומלכות הנקראים בשר ועור, וע"כ הם מכונים עוד בשם עור, אלא כלי דעור מכונה בשם קלף, וכלי דבשר מכונה בשם דוכסוסטוס. כמ"ש הרב בע"ח שמ"א פ"א ועיין בתע"ס חלק ט"ז אות קנ"ו.

וזה אמרו **"ברדת המלכות להיותה ראש לשועלים מתלבשים הגופים העליונים למטה":** כי כל התלבשות המלכות בבי"ע אינה אלא בפרצוף האחור שלה שנפל בבי"ע בעת מיעוט הירח להיותה ראש לשועלים, והוא רק בחינת ו"ק, שהוא רוח נפש, שאפילו האורות שבה נבחנים לגוף ולכלים, כנודע שאור הו"ק, נקרא הארת כלים. ואין אורות אלא בחינת ג"ר, שהם נשמה חיה יחידה. וז"ש, שרק בחינת הגופים דאצילות נתלבשו ע"י המלכות בבי"ע, כי יש בפרצוף האחור הזה שנפל לבי"ע ג' בחינות, שהם עי"מ, כנ"ל, והם רק ג' בחינות גוף, כלומר אורות ו"ק, ובחינת גוף דמוחין נתלבש בבריאה ונעשה נשמה. ובחינת גוף דיניקה נתלבש ביצירה ונעשה שם נשמה. ובחינת גוף דעיבור נתלבש בעשיה ונעשה שם נשמה. ודייק לומר בחי' "גופים" להורות שאלו הו"ק המתלבשים בבריאה אינם בשר ועור כמו באצילות בעת גדלות, כנ"ל, אלא הם כלים דגוף ממש שהם מוחא ועצמות, כי פרצוף האחור דנוקבא הוא קטנות. ועיין בדיבור שלאח"ז, והבן היטב, כי הוא שורש לכל ידיעת המוחין שיש בבי"ע.

סא) אבל בעולם עצמו לא נעשה לעולם מבחינת כלי נשמה כי החיה והיחידה אינם מתלבשים לעולם: כי בבי"ע, נמצאים אלו האורות דו"ק שהם רוח נפש דמלכות דאצילות, שנעשו שם לבחינת נשמה, כנ"ל בדיבור הסמוך ע"ש. אבל בעולם אצילות עצמו לא יארע זה לעולם, כי אפילו במוחין דגדלות נתבאר לעיל שהאורות דו"ק, יורדים אז לבשר ועור, שהם כלים בלתי גמורים, ואינם יכולים לקבל לעולם בחינת נשמה השייכת להם, אלא נשארים בכל שתא אלפי שני בבחינת אור דו"ק מהאור השייך לחלקם, משום שבירור כלים אלו תלוי במוחין דחיה ויחידה, וכל עוד ששולט צמצום ב' הרי הכלים דז"א ומלכות נפרדים ללבושים והיכלות, מכח עלית המלכות המסיימת לכלי דבינה, (כנ"ל אות ט"ז, ד"ה השורש) ע"ש. וע"כ נמצאים הכלים דבשר ועור חסרים מג"ר דחיה דחלקם, כי אינם אלא התפשטות בינה לבד, כנ"ל.

וז"ש, שאלו אורות דרוח נפש, הנבחנים לבחינת כלי הם נעשים בבי"ע לבחינת נשמה, מטעם שבי"ע מקבלים מעיבור יניקה דקטנות המלכות, שהיא עי"מ דאחור, ובקטנות נמצאים נפש רוח מלובשים בכלים גמורים דגוף, דהיינו בעצמות ומוחא כנ"ל בדיבור הסמוך, וע"כ יכולים להעשות שם בבי"ע

סב) וכלי האמצעי הלב כלי לרוח, יורד ביצירה, ונעשה שם נשמה, ואז היצירה מכסה ומלביש לבריאה קצתה, דוגמת הלב המכסה את המוח באצילות כנ"ל, ודוגמת ז"א לבינה, וכלי החצון של כבד של נפש דאצילות, הוא עצמו נעשה נשמה לעשיה.

סג) האמנם ודאי, כי הנשמה שביצירה היא נשמה בערך היצירה עצמה, אך כפי האמת אינו רק רוח בערך הכללות ג' עולמות בי"ע. וכן נשמת העשיה אינו רק נפש בערך הכללות, כי הרי באצילות היו ג' כלים לנר"ן.

סד) וצריך שתדע, כי פנימיות וחיצוניות הכלים, אע"פ שכל א' יש לו ג' בחינות עי"מ, עם כל זה, כל ג' בחינות של החיצוניות נקרא גופא, וכל הפנימיות נקרא מוחין בערכו, כנזכר בתיקונים קכ"א, לכן ברוב הפעמים אנו קורין אל פנימים בשם מוחין, ונודע כי המוחין אינו נשמה, רק גוף פנימי.

סה) נמצא כי המוחין של החיצוניות נעשה בית קבול אל המוחין הפנימיות, ונקרא בשם אוירין דילהון, דוגמת המוחין דקטנות שנעשו קרומין אל המוחין דגדלות. וזה שכתוב בתקונים דקכ"א, שמא דס"ג איהו מוחא מלגאו, ג' יודין דוגמת ג' מוחין. ושמא דמ"ה איהו מלבר, ג' אלפין, ג' אוירין דמתלבשין בהון ג' מוחין.

אור פשוט

לבחינת נשמה. אבל באצילות, אין הנוקבא יכולה לעמוד באלו המוחין דאחור, אלא שחוזרת לנקודה תחת היסוד כנ"ל, שפירושו שהיא באה בעיבור למוחין דפב"פ, ומקבלת מוחין דגדלות מנה"י דז"א כמ"ש בתע"ס חלק ט"ו בתחילתו, ואז יורדים האורות דו"ק לכלים דעור, דהיינו לבשר ועור, כנ"ל בדיבור הסמוך, שהם אינם נעשים לבחינת נשמה לעולם, והם תמיד מחוסרי ג"ר השייך לחלקם הנקרא בחינת כלי, כנ"ל, הרי שבחינת הארת כלים לא תתעלה להיות לבחינת נשמה באצילות. ודוק היטב, כי אי אפשר להאריך יותר.

סד) ג' בחינות של החיצוניות נקרא גופא וכל הפנימיות נק' מוחין בערכו: סובב על מ"ש לעיל שפרצוף האחור דנוקבא שירד לבי"ע, נבחן לבחינת התלבשות דגופים דאצילות. ואומר שכל ג' הבחינות של החיצוניות, דהיינו עי"מ דאחור, שעיבור יניקה, הם ו"ק דו"ק, ומוחין הם ג"ר דו"ק, כנ"ל, כל אלו האורות נקראים גופא, ולא אורות, כי אפילו בחינת המוחין דו"ק הם בחינת גופא. וע"כ פרצוף זה עי"מ דאחור שנפל ונתלבש בבי"ע, נקרא בחינת גופים של אצילות. כי רק ג' הבחינות עי"מ דפנים, שהם נרנח"י דג' האורות של נשמה חיה יחידה, הם לבד נקראים אורות ומוחין.

פרק ו׳

* סו) ונבאר עתה מרכבת יחזקאל שהיא ביצירה וממנו תקיש אל השאר. דע כי הנה נתבאר שבכל העולמות יש בהם או״פ ואו״מ, והכלים של כל העולמות מפסיקין הם באמצע בין אורות מקיפים ובין אוה״פ.

סז) והנה האו״פ וכליהם הם היותר עליונים בפנים והיותר תחתונים בחוץ, כי הרי עתיק הפנימי וכלי שלו בפנים מן הכל ועליו או״פ וכלי דא״א וכן כיוצא עד העשיה, שאו״פ שלה וכלי שלה הם מלבישים כל העולמות כולם. ואורות המקיפין הם להיפך כי התחתונים יותר פנימים, כי מקיף דעשיה ע״ג כלים דעשיה ועליו מקיף דיצירה וכו׳.

סח) ונמצא א״כ, כי כלים דעשיה נקודה אמצעית של כל העשיה, וכל העולמות כולם באמצע האורות הפנימים והמקיפים. והארץ הזו שלנו, היא נקודה אמצעי של העשיה וכל העולמות.

סט) ואחר שידענו זה נחזור לענינינו, כי הנה הקליפות דעשיה הם יותר אמצעי של כל העשיה וכל העולמות בכללם זולת הארץ הזאת, אמנם בערך האו״פ לבד נמצאו הקליפות מלבושים להם ומקיפין להם וחיצוניות מכולם.

ע) ונתחיל מאצילות הנה תחלה הם הקליפות והם רוח סערה כו׳ ואלו

אור פשוט

סח) **כלים דעשיה נקודה אמצעית של כל העשיה וכל העולמות כולם באמצע האורות הפנימים והמקיפים:** כלומר, שסיום של עולם העשיה דיושר הוא בנקודה המסיימת רגלי א״ק, שהוא בנקודה דעוה״ז. וכעד״ז הסיום דכלים העיגולים דא״ק הוא ג״כ בנקודה המסיימת דיושר, שהוא בנקודה דעוה״ז, כי בעיגולים נבחן סופם במרכזם, כי אין מעלה מטה נבחן בעיגולים. הרי שאותה נקודת הסיום המסיימת את היושר היא הנקודה המרכזית של העגולים דא״ק, שהם מצמצום א׳. (כנ״ל אות ל׳ ד״ה אמנם עש״ה. **אמנם תזכור אשר נקודת הסיום דצמצום ב׳ דיושר, היא בפרסא שמתחת** האצילות, ששם מסתיימים כל רגלי האצילות, והיא ג״כ הנקודה המרכזית של העיגולים דצמצום ב׳. אלא שמדובר כאן בעולמות בי״ע, המלבישים לנה״י דא״ק דצמצום א׳ עד לנקודה דעוה״ז, ע״כ הוא מראה כאן על נקודה המרכזית של העיגולים דצמצום א׳.

ע) **הקליפות והם רוח סערה וכו׳ ואלו נקראים עור, כי עור הוא הקליפה, ולכן הוא נק׳ קליפה והנה הם ג׳ קליפות וכו׳:** ויש לדעת, כי אף על פי ששורש כל הדינין שבעולמות הם עוד בצמצום א׳ בסוד המסך שנעשה שם בכלי מלכות. כמ״ש בע״ח שער א׳ ענף א׳. **עכ״ז לא נתהוה מציאות של הקליפות אלא על ידי שביה״כ שהיה בז״ת**

*) ע״ח ח״ב שער מ״ט פרק ב׳.

נקרא עור, כי עור הוא הקליפה, ולכן הוא נקרא קליפה, והנה הם ג' קליפות

אור פשוט

של עולם הנקודים. כי עד שם אע"פ שכבר היה חסרון בקדושה מפאת צמצום א', כי בחינת מלכות המקבלת שנתמעטה מלקבל מכח צמצום א', היא נפרדה מהפנימים ונעשתה לכלים של העיגולים דא"ק, (כנ"ל אות ט"ז ד"ה השורש ע"ש), מ"מ עוד לא נתהוה על ידי זה שום קלקול בעולמות. אמנם אחר שנעשה צמצום ב' בעולם הנקודים שעלתה המלכות המסיימת למקום כלי בינה דגוף דפרצוף תנה"י דא"ק, שהוא במקום החזה דפרצוף הזה, והופרסה שם הפרסא לנקודת הסיום, והכלים דחצי ת"ת ונה"י שנעשו לג' עולמות בי"ע, כבר אינם יכולים לקבל מאור האצילות כלום, מפאת נקודת הסיום שלמעלה מהם, (כנ"ל אות כ"ה, ד"ה מחצי) ועי"כ אחר שז"ת דנקודים חזרו והמשיכו אור האצילות לבי"ע, כי הם ביטלו את הגבול החדש של הפרסא ונתפשטו לבי"ע, נעשתה בהם השבירה פנים ואחור ונפלו לבחינות קליפות בבי"ע, כמ"ש בע"ח בשער שביה"כ. כי עתה נעשה קלקול גדול, אשר אפילו הכלים דפנים של ז"ת העומדים למעלה מפרסא, והם ראוים לקבל אור האצילות, הנה גם הם נשברו ומתו ונפלו לקליפות.

ויש להבין היטב ענין הפנים ואחור של ז"ת דנקודים. והענין, כי תחילה יצאו הכלים דנקודים, שהם הכלים דנקודות דס"ג דא"ק, שנתמעטו ע"י צמצום ב' שנעשה פרסא וסיום במקום החזה שלהם, ותנה"י שבהם נפלו לבי"ע יחד עם החזה ולמטה של פרצוף תנה"י דא"ק. ונמצא שאין עתה לאחר הצמצום שנעשה, רק ששה כלים חב"ד חג"ת עד החזה, ונקודת החזה היא נקודת המלכות שבהם, המסיימת לאלו הכלים, שמשם ולמטה אינם ראוים לקבל אורות דאצילות. ועי"כ אלו ז' הכלים חב"ד חג"ת ונקודת החזה, נבחנים לכלים דאצילות, ונקראים כלים דפנים. ואלו הכלים דתנהי"ם שמתחת הפרסא שאינם ראוים לקבל אור אצילות, נקראים כלים דאחור.

ותחילה יצא בחינת אור דקטנות בעולם הנקודים, ונתלבש באלו ז' הכלים חב"ד חג"ת עד החזה, שבהם נתלבשו אורות דרוח נפש, רוח בכלים דחב"ד, ונפש בכלים דחג"ת, ועי"כ הם נקראים חג"ת נהי"מ, כי אורות דרוח נקראים חג"ת, ואורות דנפש נקראים נהי"מ. ואורות אלו נסתיימו בנקודת החזה, בסיום הפרסא, והתלבשות זו היא בתכלית השלימות, כי לא ירד מהם לכלים דאחור כלום, אלא שזה גרם לפירוד של ב' הכלים ז"א ומלכות, שנעשו למקיפין דלבוש והיכל כנ"ל.

אמנם אח"ז ע"י זווג יסוד דא"ק בג"ר דנקודים, שנמשכו האורות מזווג ע"ב ס"ג דא"ק, ומתוך שאור ע"ב הוא מטרם צמצום ב', גרם אור הזה לביטול הפרסא דצמצום ב', ואחר שהגיעו המוחין האלו לז"ת דנקודים, נמשכו גם הם עד לסיום רגלי א"ק תוך הכלים דאחור שלהם שבבי"ע, וחזרו וחיברו אלו ב' הכלים שנעשו ללבושים והיכלות, לבחי' כלים פנימים. אמנם תוקף גבול הפרסא גבר עליהם, והאורות דאצילות שהמשיכו נסתלקו תיכף מכל הז"ת, ואפילו מהכלים דפנים הנמצאים למעלה מפרסא, וכולם נשברו ומתו. והוא מטעם שכבר נתחברו הכלים דפנים עם הכלים דאחור לפרצוף אחד, ועי"כ נפגמו גם הכלים דפנים בסבת קבלת האורות של הכלים דאחור, ונתקלקלו כל הכלים, כי בחינת הכלים דפנים נתערבו בצורה אחת עם הכלים דאחור.

ויש להבחין באלו ז"ת דנקודים שנפלו

ענן ורוח סערה ואש, נגד ג' ערלות מילה ופריעה ואטופי דמא, ובתוכם הבשר עטרת הגיד, והוא החשמל.

אור פשוט

לקליפות, ד' בחינות: א' הם הכלים דפנים, דהיינו הכלים שמחזה ולמעלה שהם כלים דאצילות, שלא נשברו מחמת עצמם אלא מטעם תערובתם עם הכלים דאחור. ועוד ג' בחינות בכלים דאחור, כי בכללותם הם ז"א ומלכות, אבל יש בהם גם זו"ן דבינה, כנ"ל אות כ"ח ד"ה ויש, ע"ש, הרי הם ג' בחינות: א' זו"ן דבינה, ב' ז"א, ג' מלכות. והנה אלו ד' הבחינות, נתערבו זה בזה לגמרי, באופן שאין לך שום ניצוץ ופרט קטן באלו הז"ת שנפלו לבי"ע, שלא יהיו מעורבים בהם אלו ד' הבחינות יחד.

וכשנבררו ז"ת בעולם האצילות מן השבירה, ונתקנו שם לפרצוף זו"ן דאצילות, לא נברר מתחילה רק בחינת הכלים דפנים מהם, דהיינו הבחינת מחזה ולמעלה, שהם הכלים דחב"ד חג"ת ונקודת החזה, שבהם מתלבשים האורות דרות נפש, הרוח בכלים דחב"ד ונפש בכלים דחג"ת, ונקראים משום זה חג"ת נהי"מ, כנ"ל. ואלו נמצאים בקביעות בז"א, ולא יארע בהם שום מיעוט עוד, משום ששבירתם היתה רק מטעם תערובות עם הכלים דאחור, וכיון שנבררו פעם מהתערובות, לא יפגמו עוד לעולם.

אמנם גם בג' בחינות דאחור אשר נשארו בקליפות, נשאר עוד מבחינת הכלים דפנים מעורב בהם, כנ"ל, שאין שום פרט בכלים השבורים שלא יהיה בהם כל ד' הבחינות יחד. והם מתבררים ע"י עלית מ"ן, כי מבחינת זו"ן דבינה שבכלים דאחור, נבררים כלים דנה"י חדשים לקומת נשמה. ומבחינת ז"א דכלים דאחור, נבררים נה"י חדשים לקומת חיה. ומבחינת המלכות דכלים דאחור נבררים נה"י חדשים לקומת יחידה. אמנם אלו ג' הקומות: נשמה, חיה, יחידה, אינם קבועים בז"א, משום שהכלים נבררים מכלים דאחור, ששבירתם מכח עצמם, וע"כ יש כח במעשה התחתונים להעלותם ע"י מ"ן, או לקלקלם שוב ע"י עונות שיעשו.

עוד יש הבחן באלו הבירורים דכלים דאחור לנשמה חיה יחידה. כי רק בחינת הכלים לקומת נשמה הבאים מבחינה א' דכלים דאחור, הם מתבררים בשלמות ומתחברים לגוף דזו"ן, להיותם מבחינת זו"ן דבינה. אבל הכלים הנבררים לצורך קומת חיה הבאים מבחינה ב' דכלים דאחור, שהם כלים דז"א, אינם יכולים להתברר בשלמות, כי כלים דז"א כבר נפרדו לבחינת לבושים שהם כלים מקיפים, וע"כ הבחינה ב' דכלים דאחור ששימשה בנקודים נשברה, ונעשו מהם קליפות ממש, משום שהמשיכו כלים דמקיפים ושמשו עמהם לכלים פנימים, ע"כ נתקלקלו אלו הכלים ונעשו לקליפות, ומהם נעשה פרצוף ז"א דקליפה. אמנם בקליפות אלו מעורבים ג"כ מבחינות הכלים דפנים, וכן מבחינה א' דכלים דאחור, שהמה ראוים להתברר לקדושה, כנ"ל שאין לך שום פרט שלא יהיו מעורבים בו כל ד' הבחינות יחד. ולפיכך ראוים אלו ב' הבחינות הנ"ל להתברר מתוך הקליפות. אבל בחינה הב' דאחור, שהיא בחינת כלי דז"א ממש, אינה ראויה לבירור, ונקראת קליפה.

ועד"ז הכלים הנבררים מבחינה ג' דאחור, שהוא הכלי דמלכות, אינם מכלי דמלכות עצמה, כי היא נתקלקלה ע"י שימושה בנקודים לכלים פנימים, ונעשתה ע"כ לקליפה, וממנה נעשתה הנוקבא דקליפות. אלא משום שגם היא כלולה בהכרח מכל ד' הבחינות, וע"כ רק ב' הבחינות הראשונות

עא) וע"ז החשמל סובב הנוגה, הקליפה רביעית, קול דממה דקה

אור פשוט

המעורבות בה יכולות להתברר, שמהם מתבררים לקומת יחידה.

והנה נתבאר איך כל הקליפות לא באו אלא מסבת שביה"כ, והם מאלו ב' הכלים ז"א ומלכות שנשתמשו בז"ת דנקודים לפנימים אחר שנפרדו לכלים מקיפים, וע"כ נתקלקלו ונעשו לז"א ומלכות דקליפה. ונקראים קליפות, להורות שאינם ראוים לבירור בכל שתא אלפי שני, כי כל עוד שלא נתבררו ב' הבחינות הראשונות כולם מתוכם, שהם הכלים דפנים ובחינה א' דאחור, שהם זו"ן דבינה, כנ"ל, נמצאת הפרסא דצמצום ב' קבועה וקיימת, והכלים דז"א ומלכות נשארים למקיפים, ומה שנתחבר מהם בעת מלוכת ז"ת דנקודים נעשו לזו"ן דקליפות.

אכן יש באלו זו"ן דקליפות שלש מדרגות, הנקראות: רוח סערה, ענן גדול, ואש מתלקחת. והם כנגד בינה ז"א ומלכות, בסו"ה זה לעומת זה עשה אלקים, וע"כ יש זו"ן בבחינת רוח סערה, וזו"ן בבחינת ענן גדול, וזו"ן בבחינת אש מתלקחת.

עור היא הקליפה וכו' נגד ג' ערלות מילה פריעה ואטופי דמא: פירוש, בעת שאין לז"א אלא נר"ן, הם מבררים לו רק ג' כלים מוחא עצמות גידין, שהם כלים דכח"ב, וב' הכלים דבשר ועור הם עוד בלתי נבררים. (כנ"ל אות נ"ח ד"ה החשמל). ואז נקרא גם הכלי דבשר בשם עור, כי כל בחינה בלתי נבררת נקראת עור, שמשמעותה טו"ר מעורבים זה בזה, כמ"ש לעיל בדברי הרב. שאז ג' הקליפות מעורבות בב' כלים אלו דבשר ועור, שהם רע גמור כנ"ל. וז"ש הרב "עור הוא הקליפה וכו'" כלומר כל עוד שאין לו מוחין דחיה, נקראים הבשר ועור דז"א בשם עור לבד, כי ג' הקליפות נכללות עוד בבשר ועור שלו, וע"כ כולם יחד דהיינו הבשר והעור והג' קליפות נחשבים כמו אחד, וכולם קליפות.

אלא בעת שמשיג המוחין דחיה, אז נעשה בו תיקון המילה, שה"ס הבירור של כלי דבשר והפרדת ג' הקליפות, כי עור הנחתך ונשלך, הוא הפירוד דקליפת רוח סערה, שהיא שורש כל ג' הקליפות ועיקרן. וכנגד הפרדת הקליפה דענן גדול, נעשת בו הפריעה. וכנגד הקליפה דאש מתלקחת, נעשה בו אטופי דדמא, ואז מתגלה בו בירור כלי דבשר שבעטרת יסוד, הנקרא חשמ"ל, מטעם הנ"ל. וכלי דעור שעל הבשר נקרא עתה קליפת נוגה, להיותו עוד בלתי נברר, כי מוחין דחיה מבררים רק כלי דבשר לבד, כנ"ל. וכל בחינה בלתי נבררת נקראת עור או קליפת נוגה. כמ"ש הרב באות ע', וז"ש "ועל זה החשמ"ל סובב הנוגה" כמבואר, שהחשמל הוא הבשר, והעור הוא הנוגה.

ויש לדעת, כי ענין בירור הכלים האמור, נוהג בכל ספירה וספירה מע"ס דז"א, להיותם כלולים זה מזה. ובכל ספירה צריך לברר חמשה כלים: מוחא עצמות גידין בשר עור. ונמצא ענין תיקון המילה האמור, נוהג באמת בכל הספירות, אלא עיקר הקליפות נאחזות רק בסיום הפרצוף, דהיינו בספירת היסוד, וע"כ נעשו התיקונים רק ביסוד, והוא מועיל ומתקן לכל הבחינות דבשר ועור שבכל ספירה.

עא) הנוגה קלי' ד' קול דממה דקה בחשאי וז"ס ח"ש מחשמ"ל ובתוכו מ"ל שהוא העצמות של החשמ"ל וכו' מילוי אלקים דיודין גימ' ש' של בשר: פירוש, כבר נתבאר, שמטרם גמר התיקון, אין בירור שלם לכלי דבשר, משום שגם מוחין דחיה אינם אלא בחינת ו"ק דחיה, (כנ"ל אות נ"ח

בחשאי. וז״ס ח״ש מחשמ״ל, ובתוכו מ״ל, שהוא עצמות של החשמ״ל, והוא

אור פשוט

ד״ה ועכ״ז) **וע״כ אינם מתחברים לגוף הפרצוף ממש, אלא בבחינת מלבוש, שמלבישים על ג׳ הכלים מוחא עצמות גידין. ודע, שאלו השירים מכלי דבשר שאינם יכולים להתברר טרם גמר התיקון, מפני שצריכים לג״ר דחיה שיבררו אותם, הם נקראים קליפת נוגה, מפני שהיא אינה מבוררת.**

וכבר נתבאר, שענין הבירורים של הכלים נוהג בכל הספירות של קומת ז״א, כנ״ל בדיבור הסמוך. **ונמצא שיש פרצוף שלם של בשר, וכן פרצוף שלם של קליפת נוגה, כי בחינת כלי דבשר שבכל ספירה דז״א מראש תוך סוף שלו מתחבר לפרצוף שלם. וכן השירים הבלתי נבררים הנשארים בכלי דבשר, שנק׳ נוגה, מתחברים גם הם מכל הספירות דרת״ס שלו ונעשים לפרצוף נוגה.**

והנך מוצא שהחשמ״ל והנוגה הם ב׳ פרצופים זה על זה אמנם שורשם הוא אחד, דהיינו בחינת כלי דבשר שבכל ספירה מע״ס דרת״ס דז״א, שהחלק המבורר נקרא חשמ״ל, והחלק הבלתי מבורר נקרא נוגה, ומבחינה זו הם רק פרצוף אחד, אשר ו״ק דמוחין דחיה שאינם יכולים לברר ממנו רק הכלים שמחזה ולמעלה, הנקראים חב״ד חג״ת, שבהם מתלבשים נפש רוח דחיה, רוח בכלים דחב״ד, ונקרא ע״כ חג״ת. ונפש בכלים דחג״ת ונק׳ ע״כ נהי״מ, כנודע בערך ההפכי שבין כלים לאורות כנ״ל אות ט״ז ד״ה ואין, **ואלו הששה כלים חב״ד חג״ת הנבררים הם הנקראים חשמ״ל. והשירים מהפרצוף הזה דהיינו תנה״י שמחזה ולמטה, שאין בירורם אלא בג״ר דמוחין דחיה, שאינם נוהגים קודם גמר התיקון, הם הנקראים פרצוף נוגה. הרי שמשורשם הם פרצוף אחד, אשר מחזה ולמעלה נקרא חשמ״ל ומחזה ולמטה נקרא** **נוגה, אבל מתוך שהבירור הזה נוהג בכל ספירה וספירה מע״ס דרת״ס דז״א, הרי נעשה מהם בהכרח ב׳ פרצופים שלמים ברת״ס לכל אחד מהם, והם מלבישים זה על זה.**

ולפיכך, מבחינת מה שהחשמ״ל והנוגה הם פרצוף אחד, מתחלק השם חשמ״ל בין שניהם, שהששה כלים שמחזה ולמעלה נקראים מ״ל מחשמ״ל, שפירושם חיות אש ממללות, להורות ששם מתלבשים המוחין דחיה, שבהם סוד הדיבור, כי אין דיבור אלא בסוד מוחין דחיה, וע״כ מרומזים בסוד מ״ל, מלשון חיות ממללות. אבל הכלים דתנה״י שמחזה ולמטה דפרצוף זה, שאינם יכולים להתברר לפני גמר התיקון, הנקראים נוגה, הם ח״ש מחשמ״ל, להורות שהם חשות, ואין בהם דיבור. וז״ש הרב, שהחשמ״ל הוא מ״ל והנוגה הוא ח״ש.

אמנם מבחינת מה שהם ב׳ פרצופים ברת״ס מלבישים זה על זה, נמצא שיש בפרצוף החשמ״ל בלבדו כל ע״ס ברת״ס, וכן בפרצוף נוגה לבדו יש ע״ס ברת״ס כנ״ל, **ונמצא שיש בפרצוף החשמ״ל בחינת כלים שמחזה ולמעלה ובחינת כלים שמחזה ולמטה, לכן יש כל השם חשמ״ל בפרצוף החשמ״ל בלבד, כי מחזה ולמעלה שלו, ה״ס מ״ל מחשמ״ל, חיות אש ממללות, ששם מלובש אור החיה שיש בה דיבור. ומחזה ולמטה שלו, גם הוא בסוד ח״ש מחשמ״ל, שאין אור החיה מאיר בו בשלימות מטרם שישיג ג״ר דחיה, וע״כ אין שם דיבור, והם חשות,** כנ״ל. **הרי שענין ח״ש ומ״ל נוהג בפרצוף החשמ״ל בלבד.**

וכן בפרצוף הנוגה לבדו יש ע״ס דרת״ס, אשר מחזה ולמעלה הוא יכול לקבל הארה מפרצוף החשמ״ל, כי בדרך כלל

הבשר. וזה החשמ"ל הוא חיות אש ממללות, מילוי דאלקים דיודין גימטריא ש' דבשר.

עב) והוא עץ הדעת טוב דאצילות, כנזכר בתקונים ד"ל. לכן הוא שם

אור פשוט

מתקנים ו"ק דחיה בחינת הכלים שמחזה ולמעלה, ועי"כ הוא נבחן שם שכולו טוב בלי רע כלל. אמנם בכלים שמחזה ולמטה דפרצוף נוגה, אין אור החיה מאיר כלל אפילו בפרצוף החשמ"ל, כנ"ל, ע"כ נחשבים בנוגה שהם מעורבים טו"ר, וזכור דברים אלו לכל המשך דברי הרב.

ואין להקשות ע"ז ממה שמבואר בכמה מקומות בדברי הרב, אשר כל גילוי החכמה בפרצוף הוא רק מחזה ולמטה, אבל מחזה ולמעלה החסדים מכוסים תוך יסוד דאמא, ואין גילוי חכמה יכול להראות בהם, שהוא לכאורה ההיפך מהמבואר כאן. אכן הענין הוא, כי כל המדובר כאן הוא בשני הכלים בשר ועור שהם בחינת כלים דז"א ומלכות כנ"ל, שהם נפרדו מהפרצוף בסוד צמצום ב', מאחר שעלתה המלכות בבינה דגוף הנקראת ת"ת וסיימה שם את הפרצוף, ובחינה מחזה ולמטה נפרדו מהפרצוף ונעשו למקיפים, שהם זו"ן דת"ת הזה, דהיינו מחזה ולמטה עד סיום ת"ת, וזו"ן אמיתים דגוף שהם נצח והוד, כנ"ל אות א' ד"ה וצריכים. עש"ה. הרי שאלו הכלים בשר ועור הם בחינת מחזה ולמטה של כל פרצוף בכללותו, וכן הוא בחינת מחזה ולמטה דכל ספירה פרטית מע"ס דראש תוך סוף, כי כל הנוהג בכלל נוהג בכל הפרטים של אותו הכלל. הרי שכל פרצוף החשמ"ל המדובר כאן, אינו אלא בחינת מחזה ולמטה, ששם אומר הרב בכ"מ שהוא המקום דגילוי חכמה. אלא רק בפרטות, כשנחלק כל ספירה מע"ס דז"א לראש תוך סוף, דהיינו ראש ותוך מחזה ולמעלה, וסוף מחזה ולמטה כנודע, ע"כ הם מתחברות ונעשות בחשמ"ל פרצוף שלם מרת"ס, כי בחינת כלי דבשר שבספירות שמחזה ולמעלה דפרצוף ז"א, הם המחזה ולמעלה דפרצוף חשמ"ל, ובחינת כלי דבשר הבאים מהספירות שמחזה ולמטה דז"א, הם המחזה ולמטה דחשמ"ל.

ויש עוד טעם ב', כי בתנה"י דז"א עצמו, דהיינו במחזה ולמטה הכולל של ז"א, הנה כל גילוי חכמה אשר שם הוא מבחינה ממטה למעלה, שזה טבע אורות דו"ק דחיה, שאינם מתגלים ממעלה למטה, וע"כ נבחן כמו שהם עצמם מתחלקים למחזה ולמעלה דפרצוף תנה"י זה, ומחזה ולמטה דפרצוף תנה"י זה. שממטה למעלה מאירים המוחין דחיה, וממעלה למטה אינם מאירים. והבן כל זה היטב.

חיות אש מללות מילוי דאלקים דיודין גימט' ש' דבשר: כבר נתבאר זה לעיל (אות נ"ט ד"ה וזה) **אשר מות החכמה דג"ר דו"ק, הוא אלקים במילוי יודין, ע"ש. וע"כ נק' חיות אש ממללות כי אור החכמה נק' חיה, וז"ס חיות. וכן בהם סוד הדיבור, כי כל דיבור הוא מהארת מוחין דחיה** כנ"ל בדיבור הסמוך, **וז"ס ממללות. והם נבחנים בסוד חיות אש, כי הם ו"ק דחיה ולא ג"ר דחיה** כנ"ל, **ובכל ו"ק יש בהם אחיזה לדינין, אשר צריכים לשמירה יתירה, כי ע"כ הם מכונים בשמות אלקים כנודע, וע"כ הם חיות אש.**

עב) עץ הדעת טוב דאצילות וכו' עצה"ד טו"ר וכו' וקליפה זו טו"ר בבי"ע אבל באצילות עצמו טוב בלא רע: הנה תחילה בטרם שנמשך המוחין דחיה בז"א דאצילות, הנה גם באצילות נכללים החשמ"ל שהוא

יאהדונהי, כי זהו שם החשמל, כנזכר בהרבה מקומות. אך בבי"ע עץ הדעת טו"ר. ולא החשמ"ל עצמו, אלא קליפת נגה הסובבת עליו, ומפסקת בין החשמל ובין הקליפות, וקליפה זו טו"ר בבי"ע, אבל באצילות עצמו טוב בלא רע.

עג) לכן תמצא החשמ"ל גימטריא מלבוש, והוא הבשר החופף על הג' כלים הנקרא גוף, כי הבשר אינו מכללם. וקליפה זו דנוגה הוא עור המפסיק בין הג' קליפות ובין החשמל כי הוא עור זך ודק מאד שאינו ניכר, והוא ע"ג הבשר, שהעורות הגסים הם ג' קליפות אחרים. וזה נקרא באצילות עץ הדעת טוב, ובבי"ע עץ הדעת טו"ר.

עד) וצריך שתדע כי לא יש שום בחי' בעולם שאינה כלולה מעצמות וכלים כנ"ל, נמצא כי עם היות שזה הנוגה הוא קליפת העור, לא מפני זה אינו כלול מגוף ונשמה כו'.

עה) והנה זה הנוגה, הוא בתיה בת פרעה. כי פרעה שלח את הערב רב דאתי מקליפות נגה הנקרא לילי"ת קשת עורף, לבושא דחוה אשת אדם. ויש לילית יותר חיצונה, והיא אשת סמא"ל. גם בזה הנוגה יש סמאל ולילית אחרים פנימית, שע"ז אחז"ל שהיה מלאך מגורש מן השמים. ונקרא להט החרב המתהפכת, לזמנין מלאך לזמנין שד ונקרא לילי"ת, לפי שהנוקבא שולטת בלילה (והשדים שולטין בלילה) נקרא לילית, כנזכר בתיקונים דקכ"ד.

עו) והנה בתקונים דמ"ד אמרו סמא"ל דנפיק מקדושתיה, כי הג' קליפות

אור פשוט

הבשר עם הנוגה וג' הקליפות, תחת השם עור, משום שהם טו"ר (כנ"ל אות נ"ח ד"ה החשמל) **הרי שגם באצילות מטרם שממשיכים מוחין דחיה הוא בחינת טו"ר. אמנם אחר שנמשכין המוחין דחיה, אז נבררים החשמ"ל והנוגה לקדושה, והם טוב בלי רע, כי הרע שבהם שהם ג' הקליפות רוח סערה וכו' כבר נדחו משם בסוד המילה ופריעה ואטופי דדמא,** כנ"ל. **אמנם בבי"ע, שאין מוחין דחיה יכולים להתפשט מפרסא דאצילות ולמטה, ע"כ אין ג' הערלות נפרדות עוד שם מן קליפת נוגה, והיא עוד שם מעורבת עמהם, וע"כ נבחנת לעצה"ד טו"ר. ויש טעם ב', כי באצילות החשמל דאמא מפסקת בין העור שהיא נוגה פנימית ובין הנוגה שהיא קליפה** כמ"ש הרב בע"ח שמ"ב פ"ד **וע"כ הנוגה הפנימית כולה טוב.**

עג) דנוגה הוא עור המפסיק בין הג' קליפות ובין החשמ"ל וכו' וזה נק' באצילות עצה"ד טוב, ובבי"ע עצה"ד טו"ר: כנ"ל בדיבור הסמוך, **כי טרם שמאירים המוחין דחיה, כולם נכללים בעור, ואפילו החשמ"ל נקרא אז עור, אלא שהם שני עורות דבוקים זה בזה. ואז עור החיצון שהוא נוגה הוא אחד עם ג' הקליפות, ולפיכך בבי"ע שאין אור החיה מגיע שם מפאת הפרסא, הרי הנוגה**

אחרים יש שם סמא"ל ולילית אחרים אמיתים רעים וחטאים בכל קליפה מהם, וזה נרמז בזוהר פרשת בראשית כ"ט אית ס"ם ואית ס"ם ולאו כלהו שוין. ובזה יתורצו לך כמה מאמרים בענין סם ולילית.

עז) נמצא כי ס"מ ולילית שפיתו לאדם וחוה, הם הג' קליפות החצונים, ששם יש ג"כ ס"ם ולילית אחרים, אך הפיתוי היה ע"י קליפת נוגה זה כלולה מן ס"ם ולילית אחרים. וזה הנוגה נתערבה באדם וחוה, ואז נעשה אדם טו"ר. ועיין פרשה ויחי רכ"א ובויקהל ר"ג ע"ש. וז"ש ובהאי נוגה מפתי סטרא אחרא לאתתא לנטלא נהורא כו'.

אור פשוט

מעורב בג' הקליפות, וע"כ הוא טו"ר, עי' לעיל.

עז) ס"ם ולילית שפיתו לאדם וחוה הם הג' קליפות החיצונים וכו' אך הפיתוי היה ע"י קליפת נוגה: כבר נתבאר, שאלו השירים של ז' מלכין דמיתו שאינם ראוים להתברר בשתא אלפי שני, דהיינו בחינת הכלים דז"א ומלכות שנפרדו בסיבת הצמצום ללבוש והיכל, וז' המלכין חזרו והמשיכו אותם לכלים פנימים, כנ"ל (אות ע' ד"ה והנה) ע"ש. הם ג' קליפות, שבכל אחת מהן יש ז"א ומלכות כמ"ש כאן הרב. ומתוך שבעת המלכים שימשו עם אורות דאצילות, ע"כ הם חוזרים אחר הנשמות לפתותם שיחזרו וימשיכו להם אורות דאצילות, וע"כ הם פיתו לאדם וחוה שיחזור ויחבר אותם לכלים פנימים דאצילות כמו שהיו בעת שביה"כ. משא"כ הנוגה, הנה היא אינה קליפה, כי כן נתקנה שלא לקבל לתוכה הארת חיה, להיותה בחינת מחזה ולמטה של פרצוף החשמל כנ"ל, שהחשמ"ל נתקן בסוד עתים ממללות מחזה ולמעלה, ועתים חשות מחזה ולמטה. וע"כ אין לה ענין לפתות האדם שימשיך אור החיה. וז"ש הרב, כי הפיתוי נעשה ע"י ג' הקליפות שיש להם חשק גדול להמשיך אור החיה, אלא שעשו זאת באמצעות קליפת נוגה, כי הם עצמם אין להם שום מגע עם הקדושה דאצילות, אלא רק עם קליפת נוגה.

פרק ד'

*** עח) קודם שבא אדה"ר, וקודם בריאת עולם, היו זו"ן אב"א. ולכן כל העולמות כולם היו אב"א בסוד העשיה שהוא אב"א. לכן ט"ל מלאכות הם בסוד העשיה. כי שם הוא המעשה, וכולם היו בסוד אב"א.**

אור פשוט

עח) קודם שבא אדם הראשון וכו' כל העולמות כולם היו אב"א בסוד העשיה: בחינת מחזה ולמטה דכל פרצוף נקרא עשיה, והוא מבחינת מה שמנקודים ואילך אין יותר בפרצוף אלא נר"ן, כנ"ל (אות ט"ז ד"ה וז"ש) ע"ש. ונמצא ע"כ, שהראש נבחן לבריאה ונשמה, ותג"ת ליצירה ורוח, ותנה"י שמחזה ולמטה לעשיה ונפש. וענין אב"א, פירושו שיש שם דינין, והם מתוקנים בדרך העלמה בסו"ה אחוריהם ביתה. וז"ש, שמטרם שנברא אדה"ר, לא יכלה עוד העשיה להטהר מדינין, כי הארת נשמה אע"פ שהיא נחשבת לג"ר, ואין שום שליטה ואחיזה לחיצונים בהארת ג"ר, כנודע, עכ"ז ג"ר אלו הנקראים נשמה אינם מתקנים את הפרצוף, רק את חב"ד חג"ת שבו עד החזה שהם בריאה ויצירה, כנ"ל, אבל מחזה ולמטה שבו הנקרא עשיה, אינו יכול לקבל בחינת ג"ר מאור הנשמה, ונשאר עוד בבחינת אב"א בסוד אחוריהם ביתה, כי הם אינם מתתקנים רק במוחין דחיה, מטעם שיתבאר להלן.

ויש לדעת מ"ש בע"ח שט"ל דרוש ב' ובמבו"ש ש"ב ח"ג פ"ט. **אשר בכל מדרגה יש ב' עיבורים, ועיבור א' של המדרגה נעשה בלי העלאת מ"ן דתחתון, אלא ע"י סליק ברעותא לבד, שפירושו שהעליון מעלה מצד עצמו את המ"ן של התחתון שלו אליו, ומתקן אותו בסוד העיבור, בלי שום סיוע מהתחתון, בסוד ואדם אין לעבוד את האדמה, כי בעיבור א' עדיין אין מציאות לתחתון שיוכל לסייע בהעלאת מ"ן שלו מבי"ע. אבל עיבור ב' נעשה רק ע"י העלאת מ"ן בכח התחתון גופיה, כי אחר שכבר יש לו לתחתון מציאות של קטנות, הרי הוא יכול לברר לעצמו מ"ן מבי"ע ולעלות לעליון בסוד עיבור ב', ע"ש.** וטעם הדברים נתבאר בתע"ס חלק ח' בתחילתו.

והנה אדם הראשון הוא בחינת תחתון ובן לזו"ן, ובעת שזו"ן השיגו בחינת נשמה דחיה, הנקראת בחינה ג' של ז' הבחינות, כמ"ש הרב בע"ח של"ו פ"א, **אז העלו המ"ן דאדה"ר אליהם בסוד סליק ברעותא, כלומר בלי שום סיוע של אדה"ר עצמו, כי עוד לא היה לו אז שום מציאות בפני עצמו שיוכל לסייע בזה, אלא שזו"ן העלו אותו ותיקנו אותו בעיבור ראשון לקטנות. ואחר שנולד, אז העלה בכחו עצמו מ"ן מבי"ע, ועלה למ"ן לזו"ן והשיב אותם פב"פ,** כמ"ש הרב להלן, **דהיינו, שע"י המ"ן שלו המשיכו זו"ן מוחין דחיה, כי אין פב"פ אלא ע"י מוחין דחיה, כנודע.**

הרי שאדה"ר נולד מזו"ן בעוד שלא היה להם אלא מוחין דנשמה דחיה, שמוחין אלו אינם מספיקים להיות ג"ר בשביל המחזה ולמטה של הפרצוף הנקרא עשיה, כנ"ל, **ונמצא אז המחזה ולמטה בבחינת אב"א. אלא אחר שנולד והשיג הקטנות שלו בשלימות ע"י יניקה, אז עזק וסיקל** וגדר את הכרם

*) ע"ח ח"ב שער סדר אבי"ע: שער מ"ז אמצע פרק ה'.

עט) ואחר שבא אדה"ר ותיקן ע"י תפלתו את העולמות בסוד לעבדה ולשמרה, הנה עד שבא אדה"ר, היו ו' ימי המעשה בסוד ט"ל מלאכות הנ"ל בהיותן אב"א. ואז הוא גרם הנסירה העליונה, וחזרו זו"ן פב"פ, והיה יום השבת. לכן נאסרו כל הט"ל מלאכות בשבת, כי גורם להחזיר העולמות אב"א כבתחלה.

פ) והנה סבת היותן בתחלה אב"א, הוא מפני כי כאשר עדיין לא נתקנו ג"ר, וירד האור בז"ת, ולא יכלו לסבול ומתו. וז"ס ואלה המלכים וגו', וכאשר

אור פשוט

וכו' כמ"ש הרב להלן, **שפירושו שהעלה מ"ן לעיבור שלו דמוחין, שאז ממשיכין זו"ן את מוחין דחיה המשיב אותם פב"פ. וזה אמרו "קודם שבא אדה"ר וכו' היו כל העולמות כולן אב"א בסוד העשיה" כלומר, אע"פ שהיו להם כבר ג"ר מבחינת נשמה דחיה** כנ"ל, **מ"מ בסוד העשיה, דהיינו מחזה ולמטה דזו"ן הנקרא עשיה, אין הארת ג"ר דנשמה מועיל שם כלל, כי צריכים להארת חיה דחיה דוקא,** כנ"ל. **ונמצא ע"כ עשיה דזו"ן בסוד אב"א, וכן הוא גם בכל המדרגות כולם, כנודע.**

פ) אב"א הוא מפני כי כאשר עדיין לא נתקנו ג"ר וכו' ולא יכלו לסבול ומתו וכו' ואמנם הקליפות וכו': פירוש, כי ע"י צמצום ב' דא"ק, שמלכות המסיימת עלתה לבינה דגוף ומלכות המזדווגת לבינה דראש הנקראת נקבי עינים, כנ"ל בדברי הרב אות כ"ו. **ויצא האור דקומת הע"ס דנקודים דרך העינים, הנה אז יצאה שם רק קומת ו"ק בלי ג"ר, כי ע"כ יצאו או"א דנקודים אב"א כנודע, כי מאחר שלא נשארו במדרגה זולת שתי ספירות: גלגלתא ועינים שהם כתר וחכמה, הנה אור הרוח מתלבש בכתר, ואור הנפש בעינים, כנ"ל, בערך ההפכי שיש בין כלים לאורות** (אות ט"ז ד"ה ואין).

אמנם אח"כ ע"י עלית מ"ן מתנה"י דא"ק לע"ב ס"ג דא"ק, יצא אור חדש, ונמשכו ג"ר דנקודים בקומת כתר, הנקראת הסתכלות עיינין דאו"א זה בזה, כמ"ש בשער שביה"כ. **ועל אלו ג"ר דהסתכלות עיינין דאו"א, אומר כאן הרב, שהם לא היו מתוקנים, וע"כ כשירד האור מהם לז"ת דנקודים נשברו ומתו. ובעולם התיקון נתקנו אלו הג"ר, וע"כ ז"ת מתקיימים.**

והנה דבר זה הוא יסוד היסודות, וצריכים להבין היטב, מה היה חסר בג"ר בזמן הנקודים, ומה נתקן בזמן התיקון.

ותחילה צריכים להבין איך חוזרים ויוצאים אלו הג"ר, אחר עלית ה"ת לעינים המפרידה את בינה וזו"ן מהמדרגה ולא נשארו בהם אלא כתר חכמה לבד, שלא יכלו לקבל אלא נפש רוח כנ"ל, **ומאין השיגו שוב חמשה כלים שיהיו ראוים כל נרנח"י להתלבש בהם. והענין הוא, כי צמצום ב' נעשה רק בפרצוף ס"ג דא"ק,** כנ"ל. **ונודע, כי כל מסך אין לו כח ופעולה אלא ממקום יציאתו ולמטה, אבל לא כלום למעלה ממקום יציאתו. ונמצא, שבע"ב דא"ק אין שום כח למסך דצמצום ב' להראות בו, או אפילו לצמצם את הארתו.**

ולפיכך, כשעלו המ"ן מתנה"י דא"ק, אל ע"ב ס"ג דא"ק, ויצא אור חדש מן ע"ב דא"ק, הנה אור הזה כשנמשך אל ג"ר דנקודים, חזר והוריד אותה ה"ת שעלתה לעינים, אל מקומה הראשון דהיינו אל הפה, שהיא המלכות דצמצום א', דהיינו כמו שהמלכות עומדת בע"ב דא"ק, ונמצאים אותם אח"פ

נתקנו ג"ר בסוד פרצוף, נתמעט האור ויכול הז"א לסובלו. כמבואר אצלינו, כי המיעוט הוא סבת תיקון אל המקבלים. ואמנם הקליפות נעשו מאלו המלכים משיוריהם.

פא) וכאשר נתקנו או"א, ירדו הדינין לתתא בזו"נ. וכאשר נתקנו זו"ן,

אור פשוט

שנפרדו מג"ר דנקודים, חוזרים עתה ומתחברים למדרגה כמטרם צמצום ב', וכיון שיש עתה חמשה כלים בג"ר דנקודים, חזרו או"א פב"פ ונזדווגו והוציאו קומת כתר בסוד הסתכלות עיינין כנ"ל.

ונמצא ע"כ, כי אח"כ כשאור זה של קומת כתר דג"ר דנקודים נתפשט וירד לז"ת דנקודים, הנה גם בהם חזרה וירדה המלכות המסיימת העומדת במקום החזה שלהם, אל מקום סיום רגלים דא"ק, כמו שעמדה מלפני צמצום ב'. ועי"כ נתפשטו ז"ת אל בי"ע, וגם הם חזרו וחיברו אותם ג' הבחינות דכלים דאחור שכבר נפרשו מהם ע"י צמצום ב'. וכיון שעברו על הגבול דצמצום ב', ע"כ נשברו ומתו, כי ה"ת המסיימת שבפרסא סילקה מהם את אור העליון. ולא רק ג' הכלים דאחור שלמטה מפרסא נשברו, אלא אפילו הכלים דפנים דהיינו החב"ד חג"ת עד החזה העומדים למעלה מפרסא, גם הם נשברו ומתו, כיון שכבר נתחברו עם הכלים דאחור לפרצוף אחד ולמדרגה אחת. כנ"ל ד' לז ד"ה אמנם.

וזה אמרו "כאשר עדיין לא נתקנו ג"ר וירד האור בז"ת ולא יכלו לסבול ומתו" כי אלו הג"ר היוצאים מזווג דע"ב ס"ג, הנה מטבעם לבטל את הגבול דצמצום ב', וחוזרים ומתחברים עם בינה וזו"ן שנפרדו על ידי צמצום ב', כנ"ל, ועי"כ נתפשטו עד בי"ע בסבת האור הגדול הזה דע"ב דא"ק, אבל לא יכלו לסבול, כי הרשימו דה"ת המסיימת נשארה בפרסא ומעכבת על אור העליון שלא יתפשט ממנה והלאה, וע"כ פרח האור מהם ומתו.

ולסבה זו, נעשה תיקון ברישא דעתיק דאצילות, שנגנזה שם ה"ת זו דצמצום א', והוא האציל לא"א בט"ר חסר מלכות. וא"א מסתיים רק ביסוד, כי המלכות שלו היא ברדל"א, דהיינו בראש דעתיק. כנ"ל (אות מ"ה) ועי"ז נמצא, שבעת שנמשך הארת ע"ב דא"ק, להוריד הה"ת מעינים למלכות ולהוציא ג"ר בפרצופים דאצילות, אין ה"ת יורדת למלכות דצמצום א' כמו שקרה בג"ר דנקודים, אלא יורדת ליסוד לבד, שהרי הה"ת דצמצום א' כבר נגנזה ברדל"א, ועי"ז משומר הגבול דצמצום ב', וז"ת יכולים לקבל אור ג"ר זה, מאחר שהם כבר מתוקנים שלא יתפשטו לבי"ע כמו שקרה בז"ת דנקודים.

הקליפות נעשו מאלו המלכים משיוריהם: כי אותו התיקון שנעשה בג"ר דאצילות עם הגניזו דמלכות דצמצום א' ברדל"א, כנ"ל בדיבור הסמוך, גרם שאותה קומת או"א שיצאה בנקודים לא תוכל לצאת עוד באצילות, וז"ת לא יוכלו עוד להתפשט בבי"ע, כנ"ל, ועי"כ נשארים אותם ג' הבחינות דאחור של המלכין דמיתו שלא יכלו לקבל שום הארה ע"י המוחין דאצילות, והם לא יוכלו להתברר עד גמר התיקון עד שתתגלה המלכות שברדל"א בסוד ראש פנה. ולכן הם נעשו לקליפות המחטיאים את הנשמות, ומפתים אותם להמשיך להם שוב הארת האצילות כמו שהיה להם בעת המלכים דנקודים. כמ"ש להלן.

פא) וכאשר נתקנו או"א ירדו הדינין לתתא בזו"ן: כי תחילה היו הדינין של המסך דצמצום ב', סוד ה' זעירא דהבראם, בפה

273 בית שער הכוונות, עמ' מז

ראה המאציל יתברך, שאם יתוקנו בבחי' פב"פ, יתאחזו הקליפות והדינין באחורים שלהם, להיותן דינין, בפרט שהם לתתא, לכן תיקנם אב"א, ועי"ז לא יוכלו להתאחז שם, כי להשמר שלא יתאחזו בפנים זה א"צ, ודאי שאין

אור פשוט

וגרון דא"א, שהוא הפרצוף הראשון שנתקן ע"י ה' זעירא שנתקנה ברדל"א, ועי"כ לא נשאר בראש דא"א אלא כתר וחכמה, ובינה וזו"ן יצאו לבר מראשו, כנודע, כי המסך דצמצום ב' נתקן במלכות דחכמה שלו בסוד נקבי עינים, ונמצא הגרון דא"א היא הבינה שלו, שהיא בחינת ו"ק בלי ראש. אמנם אח"כ יצאו או"א דאצילות, והלבישו את הגרון וחג"ת דא"א עד החזה, בקומת ס"ג, שהיא בחינת ג"ר ובחינת נשמה, כנודע, ואז נעשה גרון וחג"ת דא"א ג"כ בבחינת ראש, אלא בבחינת אור דנשמה, ואז ירדו הדינין שהם המסך דצמצום ב', ממקום הפה דא"א, אל מתחת הקומה דאו"א, שהוא במקום החזה דא"א, שמשם ולמטה הוא מקום זו"ן, דהיינו זו"ן דאו"א, וזו"ן הכוללים דאצילות, כנודע. וז"ש "וכאשר נתקנו או"א ירדו הדינין לתתא בזו"ן" כי עתה רוכב המסך הזה על זו"ן ומצמצם אותו לבחינת ו"ק בלי ראש.

וכאשר נתקנו זו"ן וכו' לכן תיקנם אב"א: כלומר, אחר שנתקנו זו"ן באותם המוחין דס"ג של או"א, והשיגו גם הם מוחין דג"ר של אור הנשמה, ומוחין אלו מאירים בזו"ן רק עד החזה בלבד כמו בא"א, אבל מחזה ולמטה דזו"ן אינם יכולים לקבל בחינת ג"ר מאלו המוחין דנשמה, ע"כ יכולות הקליפות להאחז מחזה ולמטה דזו"ן, ולכן נתקנו שם אב"א, בסוד אחוריהם ביתה, ופניהם מגולים כלפי חוץ.

ויש לדעת, שמסך זה דצמצום ב' הדוחה לבינה וזו"ן דראש לבר מראש לבחינת ו"ק, ואת בינה וזו"ן דגוף דוחה למטה מפרסא, אין זה אמור על ג"ר דבינה, רק על הזו"ן דבינה, כי אין שום מסך וכח צמצום שולטים על ג"ר דבינה, מטעם שג"ר דבינה מטבעם הם בחינת חסדים מכוסים, שאינם מקבלים לעולם בחינת חכמה, בסו"ה כי חפץ חסד הוא, כמ"ש בע"ח שער מטי ולא מטי. ונודע, שהצמצום נוהג רק כלפי הארת חכמה ולא כלום כלפי אור חסדים. אמנם זו"ן כל תיקונם הוא רק בהארת חכמה, כטבע זו"ן דאו"י, כמ"ש בתלע"ס בחלק א' דף ה' ד"ה וטעם ע"ש, ועי"כ רק על זו"ן שולט כח מסך דצמצום ב', הן לדחותם מן ע"ס דראש, והן לדחותם מע"ס דגוף.

אמנם בעת שבינה צריכה להאציל הארת חכמה לזו"ן, הרי גם היא מוכרחת לקבל חכמה כדי שיהיה לה להשפיע לזו"ן, ומבחינה זו שולט המסך וצמצום ב' גם על בינה, כי בעת שמלכות של ראש נמצאת למעלה ממנה, אינה יכולה לקבל מחכמה כלום. אלא אין זה נוגע לבינה עצמה, רק לזו"ן שלה, כלומר, לשורש הזו"ן, כי שורשי זו"ן שבבינה נקראים זו"ן דבינה. באופן שגם בעת שבינה מקבלת חכמה בשביל זו"ן, אין ג"ר שלה עושים זאת, רק זו"ן שלה. וז"ס התחלקות פרצוף הבינה לב' פרצופים, שג"ר שלה, שאינם מקבלים חכמה לעולם, נקראים או"א עילאין. וזו"ן שבה שחוזרים לקבל חכמה בשביל זו"ן, נקראים ישסו"ת.

ובזה תבין ענין ירידת הדינין מן פה וגרון דא"א אל החזה שבו, בעת שנתקנו או"א שמה, כנ"ל בדיבור הסמוך. כי אחר שנתקנו שם מגרון ולמטה עד החזה, בקומת או"א, שהם בחינת ג"ר דבינה, שעליהם אין שום צמצום ומסך יכולים לשלוט, כנ"ל, נבחן אז שהמסך שבפה דא"א ירד עתה למטה מאו"א למקום החזה. אבל מחזה עד הטבור ששם

להם שם אחיזה. ואח"כ כשבא אדה"ר ותיקן מעשיו, וע"י תיקון מעשיו גדר הכרם וקצץ הקוצים הנאחזין שם, וכרת כל הקליפות משם, החזירן פב"פ. ואמנם אדה"ר לא היה יכול לתקן רק עולמות עליונים, אבל עולם עשיה שכולו קליפות לא תיקן, ונשאר עולם זה בבחי' אב"א.

אור פשוט

עומדים ישסו"ת, הרי המסך שולט עליהם, כיון שהם שרשי זו"ן, והם צריכים לקבל חכמה בשביל זו"ן, ומכ"ש על זו"ן עצמם.

והנה נתבאר, שעל ידי מוחין דנשמה אין תיקון לא"א ואו"א אלא עד החזה לבד. אבל מחזה דא"א ואו"א ולמטה, תיקונם הוא רק עם מוחין דחיה, המוריד את המסך דצמצום ב' מנקבי עינים אל היסוד דמלכות דצמצום א'. כנ"ל (אות פ' ד"ה ותחילה) ואז מגיעה הארת ג"ר דחיה גם מחזה ולמטה דא"א ואו"א.

והנה כן הוא גם בזו"ן עצמם, כי בעת שהשיגו מוחין דנשמה, אין אלו מספיקים למחזה ולמטה, כי מחזה ולמטה צריכים להארת חכמה, כי גם זו"ן נכללים מע"ס. שעד החזה הוא מהתכללות ג"ר בהם, וע"כ יכולים להתתקן שם עם מוחין דנשמה כמו או"א, אבל מחזה ולמטה שם הוא בחינת זו"ן עצמם, והם צריכים להארת חכמה, שהוא מוחין דחיה. וז"ש "שאם יתוקנו בבחינת פב"פ יתאחזו הקליפות והדינין באחוריהם" כי באחוריהם שהוא מחזה ולמטה, ששם בחינת זו"ן דזו"ן, כנ"ל, אינם מקבלים שום תיקון ע"י מוחין דנשמה ולכן תיקנם אב"א, דהיינו שתיקן אותם עם הארת חסדים מכוסים כמו הארת חג"ת, שזה מעלים את בחינת הנה"י שבהם, שלא יוכלו להתעורר להמשיך הארת חכמה כטבעם. וז"ס אחוריהם ביתה, שמדת נה"י שבהם נעלמו בפנימיותם, ואין להם כח להמשיך חכמה. ופניהם מגולים כלפי חוץ, כי רק הארת חג"ת שהיא חסדים מכוסים מאירה ושולטת בהם, אשר הארה זו שייכת לכלים דפנים, דהיינו לחג"ת. וע"כ אין לקליפות אחיזה גם מחזה ולמטה, כי בחסדים מכוסים אין אחיזה לקליפות.

החזירם פב"פ ואמנם אדה"ר לא היה יכול לתקן רק עולמות עליונים אבל עולם העשיה וכו' בבחי' אב"א: כי בעת עיבור א' דאה"ר, היו זו"ן מחזה ולמטה בבחינת אב"א, כנ"ל, כי לא היה בהם אז רק נשמה דחיה, ואור הנשמה משאיר למחזה ולמטה בבחינת אב"א. אבל אחר שנולד אדה"ר, תיקן מעשיו וגדר הכרם וכו', דהיינו שהעלה מ"ן לעיבור ב' דמוחין שלו, וע"י אלו המ"ן שהעלה החזיר לזו"ן פב"פ, ונזדווגו והולידו המוחין דגדלות לאדה"ר.

אמנם באלו מוחין דגדלות יש ג"כ ב' מדרגות, כי מתחילה מקבל מוחין דנשמה מזו"ן, ואח"כ מעלה עוד מ"ן לזו"ן ואז מקבל מוחין דחיה, כנודע. אמנם אדה"ר היה לו כח אז להעלות מ"ן רק למוחין דנשמה שלו, והמשיך מוחין דנשמה אליו. ונמצא אדה"ר עצמו עוד היה מבחינת מחזה ולמטה שלו בבחינת אב"א, משום שמחזה ולמטה אינו מתוקן אלא במוחין דחיה, כנ"ל בדיבור הסמוך ולפיכך נמצא, שראשו דאדה"ר שהוא בחינת ע"ס דעולם הבריאה עלו במקום אמא, הנק' ישסו"ת, שהם בחינת המוחין דנשמה שהשיג עתה. והגרון וחג"ת שלו עד החזה, שהוא בחינת ע"ס דעולם היצירה עלו למקום ז"א דאצילות. וג"ר דעשיה שהם בחינת ב"ש תחתונים דת"ת דאה"ר, עלו למקום נוקבא דאצילות. אבל ז"ת דעשיה שהם בחינת נה"י דאה"ר, עוד לא יכלו להתברר במוחין אלו

פב) ושם באותן האחורים להיות שם קליפות רבים, פסולת מרובה על האוכל, יש אחיזה לחיצונים שם בין אותן האחורים בין הדבקים, והם סוד אלהים אחרים, פי' אלהים הנדבקים באחורים. ואלו הם בעשיה, כי בבריאה תמן אמא מקננא, והיא סוד הוי"ה בניקוד אלהים. אך כאן בעשיה הם סוד אלהים אחרים כנ"ל.

* פג) ודע כי באדם הראשון הוברו כל הבירורין של כל העולמות וכל הנשמות בבחי' אחור באחור, והיו חסרים בחי' פב"פ. והוברו כל הבהמות זולת בהמות בהררי אלף, והדומם והצומח לא נגמרו להתברר, לכן היו אוכלים לבררם.

אור פשוט

דנשמה שהשיג מן זו"ן, כנ"ל, והם נשארו מתחת הפרסא בבריאה. ונמצא, אע"פ שעלו ג"ר דעשיה לנוקבא דאצילות, הרי היא עומדת עם היצירה אב"א, כי אין תיקון לז"ת שלה, שהם נה"י דאדה"ר, להיותם בסוד אחוריהם ביתה, כנ"ל. ועי' בשער מאמרי רשב"י פרשת קדושים ובשער הפסוקים בראשית, ששם ביאר הרב כל זה באורך.

וזה אמרו "לא היה יכול לתקן רק עולמות עליונים אבל עולם עשיה שכולו קליפות לא תיקן ונשאר עולם זה בבחינת אב"א" כי העולמות העליונים שהם זו"ן, היה יכול לתקן אותם פב"פ במקום עליתם באו"א, ושם במקום או"א הם פב"פ, אבל במקומם עצמם של זו"ן, שיצירה ועשיה לקחו להם, כנ"ל, שהיצירה לקחה מקום ז"א, ועשיה לקחה מקום נוקבא, הנה לא תיקן שם אדה"ר אלא בבחינת אב"א, כי שם מוחין דנשמה שאינם מבררים הנה"י, וע"כ נשארו אלו הנה"י שהם השש תחתונות דעשיה מתחת הפרסא בבי"ע, ועדיין הם כולם קליפות.

ולפיכך נאסר לו אכילת עץ הדעת, שהוא בחינת המחזה ולמטה הנקראת עשיה, כי עשיה עוד לא היתה נבררת אז במוחין שלו, ועוד היתה מלאה קליפות, ואלהים אחרים היו נדבקים באחורים אלו. אמנם אם היה ממתין עד השבת, הנה תיכף עוד בע"ש בין הערבים בסוד תוספת שבת, עלו גם השש אחרונות דעשיה אל מקום הנוקבא דאצילות, שאז חזרו גם היצירה ועשיה פב"פ, ונטהרו כל הקליפות מעולם העשיה, ואז לא היה נכשל כלל באכילת עצה"ד. כמ"ש הרב בשער מרשב"י פרשת קדושים. ובשער הפסוקים.

פג) **באדם הראשון הוברו כל הבירורים של כל העולמות וכל הנשמות בבחי' אב"א והיו חסרים בחינת פב"פ:** כלומר, בחינת מחזה ולמטה הנקראת עשיה היתה אב"א, כנ"ל אות ע"ח ד"ה קודם.

והוברו כל הבהמות וכו' והדומם וצומח לא נגמרו להתברר: כי ארבע בחינות דצח"מ, הם חו"ב תו"מ. והם בחי' נשמה גוף לבוש והיכל. כי חכמה היא בחי' נשמות ובחינת מדבר. ובינה היא גוף ובחינת חי דהיינו בהמות. וז"א הוא לבוש ובחינת צומח. ומלכות היא היכל ובחינת דומם. כנ"ל.

ונתבאר לעיל שאדה"ר השיג נר"ן דאצילות, המבררים ומתלבשים בג' הכלים

*) ע"ח ח"ב שער מ"ט פ"ג.

פד) וכאשר חטאו חזרו הנשמות והבהמות לעמקי הקליפות, ועתה עולין הנשמות בסוד מ"נ, והבהמות הטהורות לבד מתבררין על ידי אכילתינו, וכן דומם וצומח. ולעתיד יתבררו הבהמות בהררי אלף, וגם הטמאים. עיין פרשת פנחס דף ר"מ.

פה) ובזה תדע נפש הבהמית שבאדם מה הוא, והוא יצר טוב ויצר הרע שבאדם. ונשמתן של הגוים הם מג' קליפות: רוח, וענן, ואש, שכולם רע. וכן

אור פשוט

כח"ב, שהם שורש ונשמה וגוף, וחסרים לו שני הכלים ז"א ומלכות שהם לבוש והיכל ובחינת צומח ודומם, אבל בחי' נשמות ובהמות, שהם בחי' נשמה, גוף, וכלים דחכמה ובינה, הם כבר נבררו כולם לגמרי. וז"ש "והוברר כל הבהמות וכו' והדומם וצומח לא נגמרו להתברר" כי לא נבררו לו אלא שורש נשמה גוף, שהם בחי' שורש ומדבר וחי, אבל לבוש והיכל שהם צומח ודומם, אינם נבררים כלום עם מוחין דנשמה, להיותם בחינת מחזה ולמטה הנשארים אבי"א כנ"ל וז"ש "לכן היו אוכלים כדי לבררם" כי אכילה הוא ענין העלאת מ"ן ומ"ד ובירורים, והיה צריך לברר את הדומם והצומח, ע"כ ניתנים לו לאכילה, אבל בחינת חי שכבר נבררה בשלמות לא ניתנה לו לאכילה כי לא היה צריך לברר אותה.

פד) וכאשר חטאו חזרו הנשמות והבהמות לעמקי הקליפות: כי ע"י החטא חזרו ונתקלקלו כל הבירורים דרוח ונשמה שלו, שהם בחינת נשמות ובחינת החי, וכן הכלים בינה וחכמה, ולא נשאר בו רק כלי דכתר, שבו מתלבש אור הנפש, דהיינו בחינת השורש לבד. וכל ד' הבחינות: עצמות גוף לבוש והיכל, נפלו יחד לעמקי הקליפות. וז"ש "שחזרו הנשמות והבהמות לעמקי הקליפות", אשר תיקון ובירור הנשמות מתוך הקליפות הוא ע"י מ"ן, ובירור הבהמות הוא ע"י אכילתינו.

פה) ובזה תדע נפש הבהמית שבאדם מה הוא וכו': וצריכים לזכור מה שכתב הרב לעיל אות י"ד, שאין יותר מה' בחינות כוללות, שהם שורש נשמה גוף לבוש והיכל, שבכל אחת מהן יש חמש בחינות אלו. והנה טרם החטא של עצה"ד, לא היו בירורים רק בב' בחינות אחרונות לבוש והיכל, שהם דומם וצומח כנ"ל בדברי הרב, ובחינת ז"א ומלכות. והם בחינת הכלים שנפלו לבי"ע ע"י צמצום ב', ובחינת מחזה ולמטה דכל מדרגה. כי בכל גוף יש ג"כ ה' בחינות: כח"ב זו"ן, הנקראות חג"ת נ"ה, כנ"ל אות א' ד"ה וצריכים. ונמצא שת"ת הוא כלי דבינה, וכלי זה מתחלק ג"כ על ה' בחינות חג"ת נ"ה, שהם כח"ב זו"ן, אשר עד החזה הוא כח"ב, ומחזה ולמטה עד סיום הת"ת הוא זו"ן של בינה דגוף, ונו"ה הם זו"ן הכוללים של הגוף. הרי שמחזה ולמטה דכל מדרגה יש שם רק בחינת זו"ן, הנקראים לבוש והיכל, שהם גם בחינת דומם וצומח.

ומאחר שאפילו קודם החטא דאה"ר לא נברר מבי"ע כל בחינת מחזה ולמטה, כי לא נתקנו אלא אבי"א, שזה מעלה רק את ג"ר דעשיה, שהוא ב"ש ת"ת התחתונים מחזה, אבל ו"ק דעשיה, שהם בחינת נה"י ובחינת זו"ן הכוללים דגוף, כנ"ל, אותם לא בירר אדה"ר עם המוחין דנשמה שלו, כנ"ל, ע"כ ניתנו לו אלו ב' הבחינות דומם וצומח, שהם בחינת שש תחתונות דעשיה, לאכילה כדי לבררם. וענין הבירור נתבאר לעיל אות ע' שאין שום פרט בבי"ע ובקליפות שלא

277 בית שער הכוונות, עמ' נא מבנה העולמות רעז

הבהמות וחיות ועופות טמאים. אך נפש הבהמית דישראל, ונפש הבהמית דבהמות וחיות ועופות הטהורים, כולם מנוגה.

פו) לכן יש חלב מהחזה ולמטה של הבהמות כולם: חלב טמא וחלב טהור, טוב ורע, נגד נוקבא דנגה הנ"ל, וכמ"ש בע"ה ובתקון מ"ג, והנה אלו הם שיורי המלכים שמתו שלא נתבררו עדיין ונקרא י"א סמני הקטורת. וזה סוד מזבח אדמה בסוד מלכי ארץ אדום, כנזכר פרשת תרומה. וז"ס הכל היה מן העפר, וז"ס אדמת עפר כנזכר פרשת משפטים.

אור פשוט

יהיה כלול מכל ה' בחינות דגוף של ז"ת דנקודים, כי מחמת שביה"כ נתערבו ונכללו כולם זה בזה, לכן גם באלו ב' הכלים ז"א ומלכות שנפרדו מכל המדרגות פנימים ונעשו למקיפין, נמצא גם בהם מג' בחינות כח"ב שהם ראוים לכלים פנימים עש"ה. וזה כל הבירור שניתן לאדה"ר באכילת דומם וצומח דהיינו שיברר את בחינת כח"ב המעורבים בהם.

אמנם ע"י חטא של עצה"ד, נפלו ממנו עוד ב' בחינות לקליפות, שהם: נשמה, גוף, כנ"ל בדיבור הסמוך. והנה בחינת נשמה, שהוא העצמות והאורות שבו, לא נפלו לקליפות אלא רק נסתלקו לשורשם, כי אין ירידה ונפילה שייך באורות כנודע. אמנם הגוף, שהם בחינת הכלים המלבישים את העצמות הנק' נשמה, הם נפלו ממש תוך הקליפות, ונתערבו עמהם כמו הלבוש והיכל, דהיינו הדומם וצומח שמקודם לכן, כנ"ל.

ונמצא שנתוסף עתה בתערובות של הקליפות רק בחינת הגוף לבד, אשר מקודם החטא היה כולו טוב ונברר לגמרי, ועתה נתערב בקליפות ונעשה גם בחינת הגוף שהוא הכלים של כל המדרגות, בבחינת טוב ורע.

וזה הגוף נקרא עתה קליפת נוגה, שפירושו בלתי נברר, והוא בחינת נפש הבהמית שבאדם, שפירושו, בחינת החיה שבאדם, שהם ד' יסודות שבגוף עצמו, כי יש באדם נפש רוחני הנמשכת לו מאופנים, והיא בחינת אור, שאין ענין נפילה לקליפות נוהג באורות כנ"ל, ואין בה ענין טו"ר. אלא רק בבחינת הבהמיות שבאדם, דהיינו חלק החיה שבו, שיש ג"כ בכל מיני בעלי החיים שבעולם, זהו הנקרא באדם נפש הבהמית, והיא נקראת קליפת נוגה שנתערבה בקליפות ויש בה טו"ר. ובה כל ההבחן, אשר קודם חטאו של אדה"ר, היתה כולה טוב בלי רע כלל, ורק אחר החטא נעשתה לקליפת נוגה טו"ר. ובזה תבין ג"כ שנפש הבהמית שבאדם עם כל בחינות בעלי החיים שבעולם נחשבים לבחינה אחת, וכמו גוף האדם כן יתר בעלי החיים, דהיינו הבהמות הטהורות, הם מקליפת נוגה טו"ר, כי שניהם בחינה אחת כמבואר. אלא נוסף האדם על בעלי החיים, שיש לו בחינת נשמה הנקראת מדבר, שהם הנר"ן שראוי להמשיך, ע"כ עליו מוטל הבירור של נפש הבהמית של עצמו, וכן של כל בעלי החיים, כי בהיותו מעלה מ"ן מבחינת נשמה שבו, לזו"ן דאצילות, ונעשה שם זווג והורדת מ"ד על המ"ן שהעלה, הנה לפי שיעור קומת הזווג שיצאה על המ"ן שהעלה, הנקרא נר"ן, כן הוא מברר מנפש הבהמית שלו, שהם נעשו לכלים המלבישים לאותה הקומה דנר"ן שיצאה בשבילו בזו"ן, כנ"ל. וענין בהמות טמאות ונשמות הגוים יתבאר בסמוך.

פז) ודע כי הרע הגמור שנתברר, שאין בו טוב כלל, הן ג׳ קליפות החצונים, אבל קליפה ד׳ לא נתברר לגמרי, ולכן נשארה בבחי׳ לבוש ועור, ומתבררת מעט מעט, ונעשית גוף גמור, כי הם כלים שבורים וחוזרים להחיות, והטוב נתברר ונעשו עולמות אבי״ע, אלא שיש בחי׳ זה טוב מזה וזה טוב מזה, מעתיק דאצילות עד תשלום דעשיה.

פח) ונוגה שבכל העולמות הוא מה שלא נתברר עדיין, וזהו טיקלא דעשיקא נשמתין, כנזכר משפטים צ״ה ע״ב. כי כשנוגה מדבקת בלבנת הספיר

אור פשוט

פז) הרע הגמור שנתברר שאין בו טוב כלל הן ג׳ קליפות החצונים אבל קליפה ד׳ וכו׳ ומתבררת מעט מעט ונעשית גוף גמור: כי אלו שיורי המלכים שלא יוכלו להתברר מטרם גמר התיקון, הם נבחנים לג׳ קליפות, וכבר נתבאר שעיקרם הם ב׳ כלים ז״א ומלכות שנפרדו מהפנימים בזמן יציאת עולם הנקודים, ואח״כ חזרו ז״ת דנקודים להשתמש בהם, שע״י שימוש זה נעשו לקליפות המחטיאים לנשמות, שיחזירו וימשיכו להם אורות דאצילות, שז״ת דנקודים המשיכו להם בעת שביה״כ.

אמנם יש הפרש גדול מכלי דז״א אל כלי דמלכות, שהם זכר ונקבה דקליפות, כי בחינת ז״א דקליפה אין בו רק קלקול דצמצום ב׳ לבד, כי בצמצום א׳ היה ז״א מבחינת הכלים הפנימים, בסוד והאלקים ברא את האדם ישר וכו׳ (כנ״ל אות ל׳ ד״ה וז״ס), אבל נוקבא דקליפה אשר לא היתה מעולם בבחינת כלי פנימי, כי עליה היה גם צמצום א׳, ע״כ היא דינין קשים מאד. ואלו זו״ן דקליפות ישנם בכל אחת מג׳ קליפות הטמאות, ומהם באים נשמות הגוים, וכן הבהמות הטמאות.

קליפה ד׳ לא נתבררה לגמרי ולכן נשארה בבחינת לבוש ועור: כלומר, כל עוד שלא נתבררה, נקראת קליפת נוגה טו״ר, ונקרא עור או לבוש, כי בעת שאין לו אלא בחינת שורש, דהיינו כלי דכתר עם אור הנפש, הנקרא עיבור של כל מדרגה, נבחן שעוד לא בירר מן בחינת הגוף שלו, והוא נוגה טו״ר בלי בירור, כי אז הוא מתוקן רק על ידי השורש ולא מגופו עצמו. וע״כ נקרא הגוף כולו בעת ההוא רק בשם עור, שפירושו שהוא עוד מעורב טו״ר, וכן כולו נוגה. ובעת שמשיג בחינת יניקה, אז הוא קונה כלי דחכמה שבו מלובש אור הרוח, ואז נבחן שיש לו בחינת כלי דגוף, כי אור הרוח מברר לו בחינת כלי דחכמה. ואח״ז שהוא משיג נשמה נברר לו כלי דבינה, ואז נשלמים ג׳ בחינות הכלים דגוף שהם כתר חכמה בינה. שהנשמה מתלבשת אז בכלי דכתר והרוח בכלי דחכמה, והנפש בכלי דבינה.

וזה אמרו ״ולכן נשארה בבחינת לבוש ועור ומתבררת מעט מעט ונעשית גוף גמור״ דהיינו כנ״ל, שבעיבור עוד נחשב כל הגוף שלו לבחינת עור לבד, אבל כשמשיג רוח ונשמה הרי נברר לו העור, שהוא הקליפת נוגה ונעשה לגוף גמור בג׳ כלים כח״ב, שבהם מתלבשים נר״ן, כי עתה כל אלו הם טוב בלי רע כלל, וע״כ נבחנים לגוף גמור. וזה נוהג בכל הפרצופים ובכל המדרגות כמ״ש הרב לפנינו, ״שהטוב נתברר ונעשו עולמות אבי״ע״.

פח) טיקלא דעשיקא נשמתין וכו׳ כשהנוגה מתדבקת בלבנת הספיר שהוא יסוד וכו׳ שבת שאין שם דביקות נוגה: כי כל עוד

יסוד, והוא ערלה שעל המילה, ואז עושקת הנשמות, וכשמסתלקת אינה עושקת. לכן הזווג בליל שבת, שאין שם דביקות נוגה, ומה שנדבק חזר להיות תוספת שבת טוב גמור. משא"כ בחול, כנזכר פרשת ויקהל.

פט) וז"ס פרשת משפטים דצ"ו ע"ב, אלקים הוא סוד הנוגה הנ"ל, כי מז"א של בריאה עד סיום המלכות הם ק"ך צרופי אלקים, כמבואר אצלינו, שהם כלים החצונים אשר שם, וחוץ מהם החשמל, וחוץ מהם הוא אלקים דנוגה, ושם מתחילין אלקים אחרים.

אור פשוט

שאין מוחין דחיה בפרצוף, נמצא המחזה ולמטה שלו מתוקנים רק אבי"א, בסוד אחוריהם ביתה, כנ"ל. והמה נשארים בלתי נבררים, ואז נתדבק הערלה על המילה שהוא יסוד. פירוש, כי אלו נה"י הבלתי נבררים נוהגים בכל ספירה מע"ס דרת"ס של הפרצוף, כנ"ל אות ע' ד"ה ויש, ע"ש. ונמצא שאפילו במחזה ולמטה יש ג"כ ג' כלים כח"ב שהם נבררים, ובחינת בשר ועור דכל ספירה שבאלו נה"י הם בלתי נבררים. אמנם כל כחות הדין מתגלים בסיומא של הפרצוף, דהיינו ביסוד שבו. וע"כ יש בחינת ג' כלים נבררים גם ביסוד, אלא בחינת בשר ועור של היסוד הוא בלתי נברר, והוא נקרא קליפת נוגה טו"ר, אשר גם ג' הקליפות נכללות בה, וכולם יחד נק' ערלה כנ"ל. כי זה הכלל שבכל בחינה בלתי נבררת יש שם נוגה וג' קליפות מעורבות יחד, ואז נקראת הנוגה טיקלא דעשיקא נשמתין. כי השפע היוצא מן היסוד, הנקרא נשמה, מקבלת קליפת נוגה, וממנה לג' הקליפות, כי הן כלולות בה. וזהו בבחינת יומי דחול, שאין הארת חיה מאירה ביומי דחול.

אבל בשבת, שאז מאירה הארת חיה בעולמות, הנה אז נוסף בפרצוף כלי רביעי שנקרא חשמל, כנ"ל אות נ"ח ד"ה החשמל, כי כשיש ד' אורות הם מבררים ד' כלים, אלא שכלי הד' נקרא חשמל, ע"ש. ואור החיה בכתר, ואור הנשמה בחכמה, ואור הרוח בבינה, ואור הנפש בז"א שהוא הכלי הרביעי הנקרא חשמל, ואז מתברר לו בחינת בשר היסוד, שה"ס העטרה, והג' ערלות נפרדות משם. ואע"פ שעוד יש שם בחינת כלי חמישי שאינו מבורר, שהוא הכלי דעור הצריך לבירור דאור יחידה, אמנם הוא מתוקן עם ההשמ"ל, בסוד "תוספת שבת" ואז נבחן שאין שם דביקות נוגה כלל, כי אפילו בחינת העור נבחן כמבורר, ולכן אין שם נוגה, שפירושו, בחינה בלתי נבררת, וזה אמרו "לכן הזווג בליל שבת שאין שם דביקות נוגה ומה שנדבק חזר להיות תוספת שבת טוב גמור" רוצה לומר, כי אפילו בחינת העור שנדבק על היסוד, אינו נחשב לבלתי נברר, כי נתתקן בסוד תוספות שבת, אע"פ שאין לו עדיין אור דיחידה המברר אותו.

פט) אלקים הוא סוד הנוגה וכו': כי רק ג"ר נק' הוי"ה, אבל ו"ק שהם נפש רוח, נק' אלקים, וע"כ ק"ך צירופי אלקים מתחילים מז"א דבריאה שהוא רוח, ומתפשטים עד המלכות דעשיה, והם בחינת אלקים קדושים. ושיוריהם שלא נבררו לגמרי, נקראים אלקים דנוגה, יורה, על עירוב כחות דטו"ר שבהם. ושם מתחילים אלהים אחרים, כחות דע"ז.

צ) וז"ס רפ"ח ניצוצין אשר נשארו להתברר בקליפות נוגה. ומשם הממזר, כי הוא גימטריא רפ"ח ע"ה. ושם נקרא כורסייא דשבּיבין, באדרא, וע"ש בביאורינו. וקליפת נגה שכנגד האצילות הוא אלקים קדושים, כרסייא דשביבין. ומז"א דבריאה ולמטה הם טו"ר.

צא) וז"ס פרה אדומה, והבן היטב מאד, כי בזה לא יכול משה ושלמה לעמוד על ביאוריה, איך זה הטו"ר ביחד. ועיין תקון ך', ומטהרת הטמא ומטמאת הטהור בבחי' טו"ר. והיא פרה, כי היא בנוקבא דנוגה, בסוד מנצפ"ך ה' דמים טהורים וה' דמים טמאים גימטריא פרה. ועיין בפרשה פקודי דל"ז.

אור פשוט

צ) וקליפת נוגה שכנגד האצילות הוא אלקים קדושים: כמ"ש להלן באור פשוט אות קט"ו ד"ה וזה. **שבאצילות נמצאת הנוגה דבוקה בחשמ"ל, וע"כ היא כולה טוב בלי שום רע, וע"כ נבחנת לאלקים קדושים.**

פרק ח'

* צב) ועתה יתבאר ענין האדם, כי יש לו עצמות וכלים, העצמות הם נר"ן וכלים הם לבושים שיש לנר"ן כנזכר פ' ויחי דרכ"ד. והנה תחלה היו אלו הכלים הנקרא גוף ונקרא לבושים דאדם הראשון כתנות אור, והיו מן החשמ"ל, שהיא כתונת א' דק על לבוש גוף העליון, שהם הג' כלים. ומהחשמ"ל דבריאה לבוש הנשמה. ומהחשמ"ל דיצירה לבוש רוח, ומהחשמ"ל דעשיה לבוש הנפש.

אור פשוט

צב) **לבושים דאדה"ר כתנות אור והיו מן החשמל שהיא כתונת א' דק על לבוש גוף העליון שהם הג' כלים:** פי' זו"ן הוא העליון דאדה"ר, שממנו נאצלה נשמתו. ונתבאר לעיל, שיש לו ג' כלים כח"ב בלבד, וכלי הד' שנברר לזו"ן בעת השגת המוחין דחיה, הוא לבוש חשמל, כנ"ל. ומשמיענו הרב כאן, כי הכלים דאה"ר אינם כבחינת ג' הכלים דז"א שהם כח"ב הבלתי נפרדים, אלא שהם נמשכים מן הכלי ד' דז"א בלבד, שהוא לבוש החשמל המלביש על גוף הזו"ן, שהוא ממקורו בחינה נפרדת מז"א לבחינת מקיפים, אלא שנתברר מבחינת הכלים דז"ת דנקודים שנפלו לקליפות, כנ"ל אות ע' ד"ה עוד.

וטעם הדבר הוא, כי נשמת אדה"ר, נמשכת רק מבחינת מחזה ולמטה דז"א ואין לו שום חלק במחזה ולמעלה דז"א, שהרי אפילו הנוקבא דז"א, אין לה חלק מחזה ולמעלה אלא רק מחזה שלו ולמטה, כנודע, ומכ"ש אדה"ר שהוא תולדה דנוקבא דז"א. ולפיכך לא התחיל עיבור א' דאדה"ר אלא אחר שהשיגו זו"ן נר"ן דבחינת מוחין דחיה, כנ"ל (אות ע"ח ד"ה קודם) כי מוחין דחיה מתחילים לברר את בחינת מחזה ולמטה דזו"ן, דהיינו בעת שזו"ן מלבישים לאו"א עלאין, כנ"ל. ונודע, שמוחין דחיה מבררים כלי הד' דז"א הנקרא חשמ"ל, ע"כ נמשכו כל הכלים דאדה"ר רק מבחינת הכלי הד' ההוא הנקרא חשמ"ל, ולא מג' כלים הראשונים כח"ב דז"א שהם בחינת גוף דזו"ן, כנ"ל. אמנם נתבאר לעיל סוף אות ע"א ד"ה ואין), שאע"פ שזה הכלי הד' הוא בחינת מחזה ולמטה דז"א, מ"מ יש בו פרצוף שלם רת"ס, כי ענין המחזה ולמטה דכללות הפרצוף דז"א נוהג גם בפרטות בכל ספירה וספירה מרת"ס דז"א, דהיינו בשלישים תתאין דכל ספירה, וכל אלו השלישים תתאין מצטרפים לפרצוף אחד שנקרא חשמ"ל. הרי שיש בפרצוף החשמ"ל הזה כל ה' בחינות כח"ב זו"ן: כי השלישים תתאין דכח"ב דז"א הם כח"ב דפרצוף החשמ"ל, והשלישים תתאין של נה"י דז"א הם בחינות ז"א ומלכות דפרצוף החשמ"ל.

וזה אמרו "תחילה היו אלו הכלים הנק' גוף ונקרא לבושים דאדה"ר כתנות אור והיו מן החשמל שהיא כתונת א' דק על לבוש גוף עליון" דהיינו כנ"ל, כי ג' הכלים כח"ב שהיו מלבישים את נר"ן דאדה"ר קודם החטא, לא היו נמשכים מג' הכלים של העליון שלו, שהוא ז"א, אלא רק מהחשמ"ל המלביש על ג' הכלים דעליון שלו, וכח"ב של החשמ"ל ההוא נעשו לג' כלים דגוף של אדה"ר.

*) ע"ח ח"ב שער מ"ט פ"ד.

צג) והנה זה החשמ"ל הוא צפרנים העליונים, ולא נשאר ממנו רק ראשי האצבעות, שמשם יונקת קליפת נוגה, כנזכר בזוהר ויקהל דר"ח. ונקרא כתנות אור, ונקרא מאורי האש המבדילין בין קודש מוחא, ובין החול קליפת נוגה, דשליט ביומא דחול, כנזכר בתקונים ל"ו. וזהו כעין החשמ"ל מתוך האש, כי מאש עלאה מאיר החשמל, ונקרא מאורי האש, לכן עושין הבדלה במ"ש בצפרנים.

צד) וכשחטא אדם, נסתלקו הנשמה והרוח, כיון שהפסידו לבושיהן. כי אותן הלבושין דחשמ"ל, שהם שע"ח נהורין כמנין חשמ"ל, לקחתם קליפת נוגה, הנקרא ערלה, כמ"ש פרשת ויקהל דר"ג ע"ב, בהאי נגה מפתי לאתתא לנטלא נהורא.

צה) והוא נהורא של זה החשמ"ל, כי מן המוח אינו יונק הוא, רק מהחשמ"ל, וזכור זה הכלל. נמצא כי לקח המלבושים שלו. ואפשר כי מן המלבושים של חשמ"ל, הוא אדם קדמאה דאתפתי גו משכנא, כנזכר פרשת תרומה קמ"ד ע"ב, ובזוהר ש"ה בפסוק שחורה אני כו' ובפרשת ויקהל ר"ח.

צו) והנה אז פרחו נשמה ורוח של אדה"ר הנקרא זיהרא עלאה, שהם

אור פשוט

וזה אמרו "מחשמ"ל דבריאה לבוש הנשמה ומחשמ"ל דיצירה לבוש רוח, ומחשמ"ל דעשיה לבוש הנפש" כי מחזה ולמטה דכל פרצוף נבחן לבי"ע שלו, שב"ש ת"ת התחתונים הם בריאה, ונה"י הם יצירה ועשיה, כנ"ל (סוף אות כ"ח ד"ה ובזה), **וע"כ גם המחזה ולמטה דז"א נבחן לבי"ע שלו, וע"כ עלה והלביש בעת ההוא לבי"ע דאצילות דהיינו לבי"ע שעלו במקום ישסו"ת וזו"ן דאצילות, הנבחנים לבי"ע דאצילות כנודע. ומשם נמשכו לו הג' כללם דגוף, מחשמ"ל דבריאה הכלי דכתר אל אור הנשמה, ומחשמ"ל דיצירה הכלי דחכמה לאור הרוח, ומחשמ"ל דעשיה הכלי דבינה לאור הנפש. אמנם ב' הכלים דז"א ומלכות לא היו נבררים אז,** כנ"ל, **כי ע"כ בחינת נה"י דאדה"ר שהם בחינת ששה הכלים דעולם העשיה לא יכלו לעלות לאצילות אלא שנשארו מתחת הפרסא בבי"ע,** כנ"ל, אות פ"א ד"ה אמנם דף מח.

צג) צפרנים העליונים ולא נשאר ממנו רק ראשי האצבעות וכו': כי אחר החטא נפלו כל אלו הג' כלים דחשמל לקליפות, אלא שנעשה לו בחינת כלי חדש מחשמ"ל דבינה דמלכות המלכות, הנק' ג"ע הארץ, המלביש לאור דנפש הנפש שנשאר לו אחר החטא, כמ"ש הרב להלן, **והוא בחינת גוף פנימי שלו, אלא שנמשך ממנו הארה גם מבחוץ הנק' צפרנים שעל ראשי האצבעות, שהם שומרים אותו מקליפת נוגה, וגם קליפת נוגה יונקת משם הארה מועטת כדי חיותה.**

צו) פרחו נשמה ורוח של אדה"ר וכו' ונשאר בו נפש: כלומר נפש דנפש, כמ"ש בשער הפסוקים בראשית סימן ב'. **כי אם היה נשאר בו כל הנפש, היה צריך להשאר**

נשמה ורוח דאצילות, ונשאר בו נפש. ואע"פ שגם לבוש הנפש דאצילות לקחו החצונים, חזר הש"י לעשות להם מלבוש מחשמ"ל דעשיה, ולא מכללותה, רק מג"ע דעשיה מחשמל הסובב אותו.

צז) ואח"כ עשה לו ג"כ מלבוש אחר, מקליפות נוגה, והם כתנות עור. וכנגד הלבוש דכתנות אור ג"ע הארץ, היה כתוב בספרו של ר"מ כותנות אור. וזהו קליפת נגה הוא משכא דחויא, כי הרי היא הקליפה חצונה שבכולם בערך הנחש הדבוקה עם הקדושה.

צח) וקליפת רוח סערה, הוא חיות פנימי דנחש, והעוה"ז נתון בתוכו של הנחש, ולכן מתחיל מתתא לעילא, רוח סערה וכו'. והבן זה איך מעילא לתתא נגה היא יותר עליונה ופנימית שבכולם, וקרובה אל הקדושה. ונקרא משכא דחויא בתקונים ל"ו.

צט) והנה זה באמיתות חטא אדה"ר בעץ הדעת טו"ר, כי המלבושים שלו שהם מן החשמ"ל לקחם הקליפה נוגה, ע"י קליפת נוגה. ואז נתלבש בקליפת נוגה שהוא טו"ר, משכא דחויא.

ק) נמצא א"כ, כי אחר חטא של אדה"ר נאבדו כל המלבושים שלו, שבו כוללים כל המלבושים של כל בני אדם דישראל ושבעולם, ונכנסו בקליפת נוגה. ואחר שהיו מבוררים חזרו להתערב טוב ברע.

אור פשוט

בו כל הכלי דכתר, כי אור הנפש מתלבש בכלי דכתר, אמנם לא נשאר בו אלא חלק העשירי של הכתר, שהוא כתר דכתר באור נפש דנפש. ע"ש. וע' בתלע"ס חלק ח' אות צ' ובאו"פ שם.

שגם לבוש הנפש דאצילות לקחו החיצונים חזר הש"י לעשות להם מלבוש מחשמל דעשיה ולא מכללותה רק מג"ע דעשיה: דהיינו כנ"ל בדיבור הסמוך, **אשר גם הט"ר דנפש פרחו ממנו, משום שהחיצונים לקחו גם בחינת החשמל דעשיה שלו שהלביש הנפש. וע"כ עשה לו השי"ת עתה מלבוש רק מבחי' ג"ע דעשיה, שהוא בחינת בינה דמלכות המלכות,** כמ"ש להלן, **המלביש לאור הנפש דנפש שנשאר בו,** כנ"ל. **ולבוש הזה שומר את אור הנפש דנפש מן הקליפת נוגה, שהוא הגוף דמשכא דחויא שנעשה לו אחר החטא.** כנ"ל.

צח) וקליפת רוח סערה הוא חיות פנימי דנחש והעוה"ז נתון בתוכו של הנחש ולכן מתחיל מתתא לעילא וכו': כי בקליפות כל העב ביותר הוא חשוב בהם ביותר, וע"כ הקליפה היותר תתתונה שהוא רוח סערה, שהוא בחינת המלכות דצמצום א' כמו בחינת נקודה דעוה"ז המסיימת לרגלי א"ק הפנימי, הנה הם כל תוקפו של הנחש, והם בחינת פנימיות שלו. וזה אמרו "וקליפת רוח סערה וכו' והעוה"ז נתון בתוכו של הנחש" כי הם פנימיותו וכל תוכיותו. וכל היותר זך הוא יותר גרוע בקליפות וע"כ הענן גדול הוא

קא) ואז נמצא כי קליפת נגה, היא האדם ששלט באדם לרע לו, כנזכר בסבא דמשפטים, ונכנסו בה כל המלבושים ונתערבו עם רע של זו הקליפה. נמצא שהמלבוש של כל האנשים, הנקרא גופא דילהון, הוא טו"ר, וצריך לבררם שנית ע"י המצות כמ"ש בע"ה.

* קב) אמנם הגוף ממש של החומר של האדם הוא בחי' אחרת, ושל נעלך דמשה הוא מקליפת נוגה, ונאמר על הרע שבה, כי לילית אשר שם נקרא שפחה בישא טחול אוכמא מצד הרע שבה, אך כשר וטהור הוא לאוכלו כנודע, כי מסירים הדם והחלב שהוא הרע שבה, והשאר נאכל. וזהו הלילית שהיתה רוצה להזדווג לאדה"ר בבחי' לבוש לנפשו.

קג) אך הגוף העכור הוא העה"ז, הכולל כל העולמות, והוא פסולת הכל וחומר הכל. ולכן תראה, כי הרקיעים הנפש שלהם, הם המלאכים דטוב ורע בקליפת נוגה כמ"ש בתקונים ס"ו, והם עצמם חומרים, וגוף של אדם יש לו חומר זה.

קד) ובפנים מזה, יש לו ב' גופים אחרים: א' הוא הגוף הזך והטהור מהחשמל כנ"ל, שבו זכה משה בסנה כנ"ל. והב' הוא מקליפת נוגה, והוא כלול מיצ"ט ומיצה"ר, מלאך ושד, ונקרא נפש הבהמית טו"ר.

אור פשוט

יותר חיצון על רוח סערה, וכו' עד שהנוגה שהוא הזך יותר מכולם, היא חיצי חיצוניות של הנחש, ונקרא עור שלו, והיינו המשכא דחויא שממנו הגוף דאדה"ר לאחר החטא.

קב) **הגוף ממש של החומר של האדם הוא בחינה אחרת:** כי המשכא דחויא שהוא קליפת נוגה, הוא בחינת מלבוש על החשמ"ל דג"ע הארץ, ומשכא דחויא הוא באמת מבחינת ג' הכלים דחשמ"ל שהיו לו קודם החטא, אלא שע"י החטא נפלו ונתערבו בקליפות, ונעשו לקליפת נוגה טו"ר, ובגוף הזה דנוגה נוהגים כל הבירורים הנעשים ע"י המצוות, והוא גוף רוחני הנק' נפש הבהמית. שיש בו ארבעה יסודות, ובו נבחן היצה"ר והיצ"ט, שהוא הטו"ר שבנוגה הזה. אמנם הגוף החומרי של האדם, לא היה נברר מעולם באדה"ר, ואפילו קודם חטא עצה"ד, להיותו מבחינת נקודה דעוה"ז הנתון בתוכיותו **של הנחש**, כנ"ל בדיבור הסמוך. משא"כ הגוף של המשכא דחויא, הוא כבר נברר כולו מקודם חטא עצה"ד, אלא שחזר ונתערב ברע מחמת החטא. כנ"ל.

קג-ד) **הגוף העכור הוא העה"ז וכו' ובפנים מזה יש לו ב' גופים אחרים:** נמצא שיש לו ג' גופים מלובשים זה תוך זה. א' הוא גוף דחשמ"ל דג"ר דעשיה, שהוא הפנימי מכולם, והוא המבדיל בין אור הנפש שבתוכו, ובין גוף הב' הנקרא כתנות עור משכא דחויא, שהוא קליפת נוגה טו"ר, וזה הוא גוף אמצעי. ג' הוא הגוף העכור שהוא בחינת עוה"ז, שהוא פסולת הכל.

והנה הגוף הפנימי הוא כולו טוב ואינו

*) ע"ח ח"ב שער מ"ט פ"ה.

קה) והנה זה הגוף האמיתי שהוא מקלי' נוגה, שהוא לבוש אל הנר"ן, אשר נקרא כתנות עור, להיותו כלול מטוב ורע אחר שנתערב ע"י חטא אדה"ר, צריך לבררו. והוא נעשה ע"י התורה והמצוה, וזהו כל הפעולה שעושין ישראל עד ביאת המשיח.

קו) ושם הוא סוד נפילת אפים, מקום רגליה יורדת מות, כנ"ל, ממראה מתניו ולמעלה הוא טוב, בתקונים ד"ק, וממראה מתניו ולמטה הוא רע כנ"ל, והרע שבו, נקרא מות אילנא דמותא, כנזכר בתקונים ק"א, ושם הוא נפילת אפים, לברר משם הבירורין.

קז) והנה לא נתן הקב"ה תורה ומצות לישראל אלא לברר ולצרף ולהסיר הסיגים מהכסף, שהם לבוש הנשמה. וע"י כונת האדם בתורה ובמצות נגמר לבוש נשמה, כנזכר פרשת ויחי רכ"ז. וע"י התורה מזדכך נוגה דיצירה לבוש הרוח. וע"י מצות מעשיות, מזדכך נוגה דעשיה, ונעשה לבוש הנפש.

קח) ונמצא כי אלו הלבושים הנזכר פרשת ויחי אין פי' שנעשה מחדש ע"י התורה ומצות, אמנם מתבררים מהרע שנתערבו ע"י חטא אדה"ר ונעשים חדשים ממש, והבן. והנה כפי מה שחסר לאדם להשלימו כך ימים קצבו לו. וז"ש פרשת ויחי דרכ"ד, כי מן יומין דב"נ ממש, נעשה לו לבושים, והבן זה.

אור פשוט

צריך לבירורים. והגוף העכור החיצון, רובו רע וגם בו אין בירורים. וכל הבירורים הם רק בגוף האמצעי הבינוני, שהוא קליפת נוגה, שהוא חצי טוב וחצי רע. כי ממראה מתניו ולמעלה הוא טוב, וממראה מתניו ולמטה הוא רע, שנקרא מות, אילנא דמותא, כמ"ש הרב לפנינו.

פרק ט'

* קט) ונבאר ענין החשמל וקליפת נוגה, הנזכר פרשת ויקהל הנה כמו שג' גופות דבינה נכנסו תוך ז"א, כנודע, כן גוף חיצון מכולם שהוא העור, נשאר בחוץ סביב עור דז"א.

קי) והענין, כי תוך כלי הבשר דז"א נכנס כלי הבשר דנה"י דאמא, ובתוכו נפש פנימי דז"א. ואח"כ תוך כלי ב' שהוא גידין דז"א, נכנס כלי ב' דגידין דאמא, ובתוכם הרוח פנימי דז"א. ואח"כ יש כלי ג' דעצמות ז"א, ובתוכם כלי ג' דעצמות דאמא, ובתוכם נשמה פנימיות דז"א. נשאר עתה עור דבינה, שהיה מהראוי שיכנס ג"כ תוך כלי העור דז"א ע"ד השאר, אכן לא כן היה, אלא נשאר מבחוץ ע"ג העור דז"א עצמו, ונשארו בבחי' עור ע"ג עור.

קיא) ומבחוץ לכולם הם הצלמים, שהם אורות מקיפים דיושר דז"א, שהם הלבושים שלו כנ"ל. והקליפה, כבר נתבאר לעיל, שהם בין הלבושים והאור המקיף דיושר ובין עור דז"א, וע"כ הושם עור בינה מחוץ לעור ז"א, כדי שלא יוכלו הקליפות אשר שם לינק מז"א, כי עור הבינה מפסיק.

קיב) והוא בחי' החשמ"ל והלבוש כנזכר אצלינו שנעשה לזו"ן מבינה, בסוד כנשר יעיר קנו על גוזליו ירחף, ואין זה מכלל הלבושים ממש רק הם בחי' עור ממש.

קיג) ובזה העור נאחזת הקליפה הדקה שבכולם הנקרא קליפת נגה,

אור פשוט

קי) עור דבינה שהיה מהראוי שיכנס ג"כ תוך כלי העור דז"א ע"ד השאר אכן לא כן היה אלא נשאר מבחוץ: וטעם הדבר, כי כל מוחין דז"א יוצאים רק על המ"ן דמזלא, המזווג לאו"א ע"י התכללותם במ"ן דדיקנא דא"א, כנודע. וכיון שאין בחינת מלכות בדיקנא, כי מזל ונקה הוא בחינת יסוד, והמלכות חסרה שם, ע"כ רק הנה"י דאמא לבד יכולים להכלל במ"ן דדיקנא, ולא המלכות שלה, ונמצאת המלכות דאמא שאינה נכללת במוחין אלו דז"א.

ולפיכך בעת שנה"י דאמא מתלבשת עם המוחין דז"א בכלים הפנימים שלו, נשארת המלכות דאמא מבחוץ לז"א ע"ג העור שלו, כי אין לה חלק במוחין הפנימים דז"א, כמבואר. אמנם בשביל המוחין דפב"פ לנוקבא דז"א, היא נכללת גם בפנימיות המוחין דז"א, כמ"ש הרב בע"ח.

קיג) ובזה העור נאחזת הקליפה הדקה שבכולם הנק' קליפת נוגה יען בפנימיותו יש נוגה ואור רפ"ח ניצוצין: כי בחי' העור דז"א נכללת ג"כ מקליפת נוגה. כנ"ל. ומכאן

*) ע"ח ח"ב שער מ"ב פ"ד.

יען בפנימיותו יש נגה, ואור רפ"ח ניצוצין של המלכים שנשארו לברר. וזו הקליפה היא רוצה לדבק בז"א או בנוקבא, וזה החשמ"ל משמרן.

קיד) וכאשר העונות גורמין, אז החשמל מסתלק, ונשאר עור ז"א לבדו. ויש בו ניצוץ קדושה בפנימיותו והוא ו' שבתוך עור, והעור עצמו נשאר רע שהוא קליפת נוגה, והיא יונקת משם. וכשמשפיע ז"א בנוקבא יונקת קליפה ההיא ונאחזת בעור יסוד של הנוקבא, ואז מושכת אליה טפת יסוד דכורא, ומוציאתו לחוץ בסוד פולטת ש"ז, והבן זה מאד.

קטו) וז"ש פרשה תרומה קמ"ד, ובהאי נגה מפתי סט"א לחוה, כי נדבק בה בסוד ערלה שהוא רע שבעור הה', שהוא נוקבא הנקרא ה', ויונקת מטפה קדושה.

קטז) ובזה תבין מ"ש בסוד המסך שבין אצילות לבריאה וכו', שהוא אותו עור של הבינה החופף על כל זו"ן. והבן, כי כמו שיש צלם בפנים דה' אורות נרנח"י פנימיים מלובשים בנה"י דאמא, וכנגדם יש ה' מקיפים בבחי' נה"י דלבושין דבינה המתלבשת בג' כלים מקיפים דלבושים דז"א עצמו, כן יש הארת אחרת חיצוניות מכולם, והיא הארת העור דז"א, הנקרא הבל דגרמי,

אור פשוט

מובן, שאע"פ שמשמע מדברי הרב, שבחינת עור דז"א הוא עצמו קליפת נוגה ובה דבוקים ג' הקליפות, כנ"ל, הרי אין זה אלא התכללות בלבד, ועצם קליפת נוגה היא מבחוץ לז"א לגמרי, שהרי אומר כאן במפורש שהחשמ"ל דאמא מלבשת ע"ג העור דז"א, ומפסקת בין העור דז"א לקליפת נוגה, וקליפת נוגה אינה נאחזת בעור דז"א אלא בעור דאמא המלביש עליו מבחוץ בסוד חשמל. וזכור זה.

קטו קטז) **ובהאי נוגה מפתי סט"א לחוה כי נדבק בה בסוד ערלה וכו' ובזה תבין מ"ש בסוד המסך שבין אצילות לבריאה שהוא אותו עור של הבינה:** כי סוד המלכות דאמא שאיננה נכללת במוחין דז"א, שנעשית לחשמ"ל השומר אותה מקליפת נוגה, היא בחינת מלכות דצמצום ב' סוד ה' זעירא הנ"ל, אשר נתקנה לבחינת נוקבא בעתיק כלפי כל פרצופי אצילות, וסיימה אותם במקום החזה של תנה"י דא"ק, ששם הופרסה הפרסא שבין אצילות לבריאה בעת יציאת הקטנות דנקודים. כנ"ל אות ע' ד"ה ותחילה. ולפיכך בעת הארת הזווג דע"ב ס"ג דא"ק, המוריד את ה"ת ממקום נקבי עינים אל הפה, ומחזיר את הג"ר למדרגה, אין הפרסא שבין אצילות לבריאה נחלשת כלל משום זה, כמו שקרה בעת גדלות של ז"ת דנקודים. כי אין שם הורדת ה"ת אלא ליסוד בלבד, ולא למלכות, ואפילו בדיקנא דא"א אין שם בחינת מלכות, כנ"ל בדיבור הסמוך, שעי"כ אין מלכות דאמא נכללת במוחין אלו דג"ר, כנ"ל. ולפיכך נשארת הפרסא על תקפה, כי היא ממש אותה בחינת מלכות דאמא שאיננה נכללת במוחין דז"א, והיא אינה מקבלת שום שינוי ע"י כל המוחין דגדלות היוצאים על ידי הורדת ה"ת

וזו ההארה ג״כ מתלבשת תוך עור הבינה וסובבת עור הז״א, ויש בה בחי׳ צלם הבל דגרמי. ונלע״ד שהם הם בחי׳ הרפ״ח ניצוצין והבן זה.

קיז) וזאת הבחינה נקרא חשמ״ל, שהוא צלם הבל דגרמי שבעור, והם המלבושים האחרים ממשים בין לבושי ז״א ובין לבושי נה״י דאמא, שהם כלים לאורות מקיפים, כולם נקרא חשמל.

קיח) ויש חשמל זכר ויש חשמל נקבה שהם המלבושים האמתיים, אבל העור אינו נקרא חשמל גמור, כי איננו לבוש נפרד, אלא הוא כעין חשמל ולא חשמל ממש, והבן זה מאד.

קיט) ובתוך עור זה, יש כלי הנפש, שהוא הבשר, ושם אופנים וחיות ושרפים, וכנגדם ד׳ רוחות הגוף מזרח ומערב וכו׳. ובפנים מכולם, העצמות

אור פשוט

בחזרה למקום הפה, וז״ס השמירה שלה שלא תתפשט עוד כלום מהארת אצילות לבי״ע, כמו שקרה בזמן שביה״כ, והבן היטב.

וז״ס החשמל דאמא המלביש את כל פרצוף ז״א מראשו עד רגליו. כי ענין החשמל והעור דז״א הנוהג מחזה ולמטה שלו, נוהג בכל ספירה וספירה מרת״ס שלו, ונמצא שיש לקליפת נוגה אחיזה בכל השלישים תתאין שבכל ספירה שבו, דהיינו בעור אשר שם, וע״כ נוהג שם גם בחינת הפרסא שה״ס החשמ״ל דאמא המשמר את הארת האצילות שלא תגיע לנוגה ולג׳ הקליפות, ונמצא שאותה הפרסא הנוהגת בין אצילות לבריאה, נוהגת ג״כ בכל קומתו של ז״א בכל ספירה על בחינת העור שלה, אלא שם היא נקראת חשמ״ל ומלבוש על גבי העור, ומתחת רגליו היא נקראת פרסא. והבן זה.

וזה אמרו ״וכאשר העוונות גורמים אז החשמ״ל מסתלק ונשאר עור ז״א לבדו ויש בו ניצוץ קדושה בפנימיותו והוא ו׳ שבעור, והעור עצמו נשאר רע שהוא קליפת נוגה והיא יונקת משם״ פירוש, כי נתבאר שכל הכלים דאדם הראשון היו מן חשמ״ל דז״א עצמו, כנ״ל בסמוך, **וע״כ לא היה יכול לברר רק בחינת נשמה דחיה, המאירה בו רק עד החזה, ומחזה ולמטה נשאר אב״א, משום שפרצוף החשמ״ל דז״א עצמו אינו מאיר רק עד החזה שבו, ומחזה ולמטה הוא בחינת נוגה בלתי נברר** כנ״ל אות ע״ח ד״ה קודם עש״ה **ובחינת העור דז״א הנקרא נוגה היא ממש בחינת מחזה ולמטה של החשמ״ל שלו שהוא פרצוף הבשר, כמ״ש שם, אמנם הן מחזה ולמטה של פרצוף הבשר, והן פרצוף העור, נבחנים בז״א שכולו טוב בלי רע כלל, והוא מטעם שהחשמ״ל דאמא שה״ס הפרסא** כנ״ל **היא השומרת את החשמ״ל דז״א ואת העור שלו שלא ימשיכו כלום מהארת ג״ר דנשמה למחזה ולמטה, וכיון שאינם ממשיכים אלא הארה מועטת דהיינו הארת ו״ק, הם נחשבים לטוב בלי רע כלל. ולא עוד אלא אפילו עצם קליפת נוגה שהיא מחוץ לפרסא דאצילות וכן מחוץ לחשמ״ל דאמא, נחשבת ג״כ לכולה טוב בלי רע כלל, והוא מטעם שהיא ג״כ דבוקה ויונקת מן החשמ״ל דאמא, שדבקות זו מודדת לה הארה מועטת כדי חיותה, ואז היא טוב בלי רע.** כמ״ש הרב בע״ח שער מ״ט פ״ד בשם

כמראה אדם, בחי' נשמה לנשמה, שמעולם אינה מתלבשת בכלי, ונקרא אדם בסוד חכמה: כ"ח, מ"ה, שהוא אדם והבן זה.

קכ) והנה במש"ל כי הלבושים הם או"מ, ועליהם העגולים שהם הרקיעים והיכלות הנקרא שמים, תבין פסוק עוטה אור כשלמה. כי נתעטף הקב"ה בטליתו שהוא או"מ המתעטף בטלית, שהם הלבושים האמתיים יותר הפנימית. ואז נוטה שמים כיריעה, כי מהארת הלבושים יצאו משיוריהם בחי' העגולים, שהם שמים, שהם חיצונים מן הלבושים.

אור פשוט

הזוהר, אשר בעת שהנוגה מתחברת עם החשמ"ל היא נעשית טוב. עש"ה.

אמנם בעת שאדם וחוה נתפתו אחר עצת הנחש ואכלו מעץ הדעת, דהיינו שבירורו והמשיכו הארת ג"ר למחזה ולמטה שלהם, שהוא בחינת שש תחתונות דעשיה, הנמצאים מתחת הפרסא דאצילות (כנ"ל אות פ"א ד"ה אמנם) ועברו על גבול הפרסא, שה"ס החשמ"ל דאמא, גרמו בזה להסתלקות החשמ"ל דאמא מן עור דז"א, כדברי הרב כאן, וגם גרמו שאש מתלקחת הקליפה הג' של ג' הקליפות, נתחברה ונעשית אחת עם קליפת נוגה ועם שאר הב' קליפות, ואז נעשית הנוגה רע גמור כמו ג' הקליפות, כמ"ש בע"ח הנ"ל שמ"ט פ"ד, וגם היא נתדבקה בעור של ז"א, וגם בחשמ"ל דז"א עצמו, ועתה אין החשמ"ל דאמא משמרתו ואז גם החשמ"ל הזה נהפך להיות עור דהיינו לטו"ר, ונפלו לקליפות, וחזרו ז"א לבחינת ו"ק דיניקה, ונוקבא דז"א לבחינת נקודה תחת היסוד, כמ"ש הרב בע"ח שער ל"ו פ"ב. כי אחר שנפגמו הכלים דחשמ"ל ועור שלו ונפלו לקליפות, לא נשאר בו אז כי אם הכלים דפנים, שהם חב"ד חג"ת עד החזה, ונקודת החזה היא כתר הנוקבא אשר בהם מתלבשים האורות דרות נפש לבד, וירדו כלים דחב"ד לחג"ת, וכלים דחג"ת לנה"י, ונקודת החזה לנקודה תחת היסוד, שהוא קומת ו"ק דיניקה, שבהם לא יוכל להיות שום מיעוט לעולם.

אבל מבחינת הכלים דאדה"ר נפלו כל ג' הכלים שלו, להיותם כולם מבחינת חשמ"ל דז"א שנפגמו ע"י ג' הקליפות, וע"כ לא נשארה בו כי אם בחינת חשמ"ל דג"ע דעשיה עם אור נפש דנפש לבד, כנ"ל בדברי הרב אות פ"ד ד"ה וכאשר. ובזה נמצא, אשר חטא דעצה"ד, הוא ענין אחד עם שביה"כ דנקודים, כי גם אדה"ר המשיך מהארת אצילות לבי"ע ועבר על גבול הפרסא כמו ז"ת דנקודים. וע"כ נסתלקו ממנו נר"ן לשורשם והכלים שלו נפלו לקליפות, כמו שקרה לז' תחתונות דנקודים בשביה"כ. והבן היטב בכל המתבאר, ואז תבין חטא עצה"ד על מתכונתו.

קכ) **נתעטף הקב"ה בטליתו וכו' נוטה שמים כיריעה כי מהארת הלבושים יצאו משיוריהם בחינת העגולים שהם שמים:** כבר נתבאר זה, אשר ע"י עלית ה"ת בעינים בעת צמצום ב' נפרדו הלבוש והיכל, שהם ב' הכלים דז"א ומלכות, מן בחינת הכלים הפנימים דכל מדרגה, ונעשו לכלים מקיפים, הנקראים לבוש והיכל, (כנ"ל אות ט"ז ד"ה השורש) עש"ה. ונמצא שהלבושים שהם מקיפים דיושר הנק' טלית, הם מהשיורים של הכלים הפנימים, דהיינו הכלי דז"א שנפרד מהם. וההיכלות הנקראות שמים הם יצאו

קכא) ונבאר עתה ענין העוה"ז, כי הנה הרקיעים שאנחנו רואים בעינינו הם י' עגולים שבראש המלכות דעשיה, ובאותו אמצעי החלל שלהם מתפשט גוף קו יושר דמלכות דעשיה, דרך אמצע חלל, והוא בג"ע הארץ. וע"ג הגוף הזה הוא עור כנ"ל. וע"ג העור הם הקליפה כנ"ל. וסביבותיהם הלבושים דמלכות דעשיה עם אורותיהם המקיפים, וסביבותיהם הם הרקיעים הנזכר.

קכב) וזה ענין, זאת ירושלים בתוך הגוים שמתיה וסביבותיה ארצות, כי מלכות דעשיה נקרא ירושלים, וסביבותיה הם הקליפה, שהם הע' שרים, הנזכר פרשה ויקהל ר"ט.

קכג) וקו זה נמשך עד הקרקע, נמצא כי אמצעית קרקע הוא ג"ע הארץ והוא חומר זך מאד קדוש, וסביבותיו הארץ הזאת חומרית מאד, ששם שולטים הקליפה, ובה שמרי הקליפות הגסות, שאין גסות גדול מהם. והוא תכלית הבירור והעביות, כי כמו שג"ע הארץ תכלית גסות ועביות של כל העולמות והיכלות עליונים דקדושה, כן הארץ הזו תכלית ועביות דקליפות. לכן כל מעשה עוה"ז קשים ורעים, והרשעים גוברים בו, בסוד יש הבל אשר נעשה על הארץ.

אור פשוט

מהשיורים של הלבושים, כי הכלי של המלכות הוא משיורי הז"א. אמנם אלו ואלו הם בחינת עגולים, כי המקיפים דלבושים הם מתעגלים תוך העיגולים דהיכלות, כמ"ש הרב בע"ח ש"א פ"ד, ומה שהם נק' מקיפים דיושר, הוא מטעם, שמטרם הצמצום ב' היו משמשים בא"ק בבחינת היושר דהיינו בכלים הפנימים שלו, כנ"ל אות ל' ד"ה העיגולים. אבל בחינת העיגולים דהיכלות, שהם בחינת המלכות, הרי אפילו בא"ק הפנימי לא היו משמשים לבחי' יושר ע"כ נקראים בשם מקיפים דעיגולים.

ויש עוד לפרש בדברי הרב כאן, כי נודע שהעגולים מקבלים אורותיהם רק מג"ר דיושר, וע"כ מקיפי היושר מקבלים הארותיהם קודם המקיפים דעגולים, מפני שהם קרובים יותר אל הכלים הפנימים, כנ"ל שבצמצום א' היו משמשים לכלים פנימים.

אמנם יש לזכור שאע"פ שמבחינת הכלים נמצאים המקיפים דיושר יותר חשובים ממקיפי העיגולים כנ"ל, אבל מבחינת האורות הוא להיפך, כי מקיפי יושר הם בחי' מקיפים דחיה, ומקיפי עיגולים הם בחינת מקיפים דיחידה. כנ"ל אות ט"ז ד"ה ועל.

קכא) **יוד עיגולים שבראש המלכות דעשיה ובאותו אמצעי החלל שבהם מתפשט גוף קו יושר דמלכות דעשיה וכו'**: כי אין עיגולים רק בבחי' ע"ס של ראש, כנ"ל אות ל' ד"ה העיגולים. ולכן כל היוד עיגולים דעשיה מקיפין רק על ראש דעשיה לבד, ומפה דראש עשיה ולמטה עד ג"ע הארץ כבר אין שם רק בחינת יושר בלבד. גם תזכור מ"ש לעיל שהעגולים הם כגלדי בצלים מקיפים זה על זה, ומבחינה זו הרי בהכרח שהם מקיפים גם על הגוף, אלא הפירוש הוא שבחינת עובי העגולים הנוגעים

קכד) ובזה תבין ענין הכינוים, אשר נמצא בכל ספירה וספירה עצמו מספר, כי הנה מצאנו כינויים בדומם, כמו כסף וזהב אבנים טובות וסלעים וארץ ונהרים ויאורים והרים וגבעות. וכל שאר פרטיות דהיכלות, המכונים לבתים ושדות וקרקעות, ובהם כלולים כל מיני הדומם בי"ס דהיכלות ובפרטות פרטותן, וכולם צודקים ממש. ועד"ז כנויים רבים בלבושים, ועד"ז ועד"ז כנויים רבים באיברים, וכולם אמתיים נכוחים למוצאיהם.

* קכה) ביאור ג"ע הארץ. כבר נתבאר שהיא נקודת האמצעי של קו משוה היום של כל העולם, והוא לדרום א"י, והוא נגד בינה דמלכות עשיה כנ"ל, שהוא עולם הבא הצפון לצדיקים לעוה"ב. ונודע שהס"א אין לה אחיזה בבינה, ולכן אין סט"א בג"ע.

קכו) משא"כ בבהמ"ק, שאע"פ שהוא נקודת היסוד, הוא יסוד דמלכות, וג"ע הוא בינה דמלכות. ונודע שהחצונים אין להם אחיזה בבינה, וגם בחסד שהוא זרוע ימין, אך ביסוד דנוקבא, לפעמים יש בהם דם נדות ח"ו, שהוא ימי החורבן, שאז שלטה בה סט"א, ובכלות הדם תכף אזלא לה. וכן כשיש הלנת מת בירושלים, אך לא בעיקרו. אך בג"ע אין לה אחיזה כלל.

קכז) ואמנם קרקע הגן, שהוא הארץ שלו, שהוא בינה דמלכות, נוגעת

אור פשוט

ביושר ועוברים עליו, אינם נוגעים אלא בע"ס דראש לבד.

קו יושר דמלכות דעשיה דרך אמצע חלל והוא בג"ע הארץ וכו': כי הקו דעשיה נמשך מצמצום ב', כי כל אורות דאבי"ע הם מצמצום ב'. ונודע שנקודת הסיום דצמצום ב' היא במקום בינה, כי מלכות המסיימת עלתה למקום בינה, כנ"ל אות כ"ו ד"ה צמצם, וז"ס שהקו הזה מסתיים בג"ע הארץ שהוא בחינת בינה דמלכות דעשיה, ואינו מסתיים על נקודת עוה"ז החומרי, כמו הסיום רגלין דא"ק הפנימי שהוא מסתיים על המלכות שהיא הארץ החומרית ממש שבעוה"ז, כי היא בחינת צמצום א' (כנ"ל אות מ"ח ד"ה ורגלי) ונמצא שיש הפרש מנקודת הסיום דא"ק אל נקודת הסיום דקו היושר דעשיה, כשיעור ז"ת דמלכות דעשיה. אמנם אין עקביים דא"ק מאירים בשתא אלפי שני, כי הפרסא דצמצום ב' שומרת על הארתם, ומכסה אותם מן בי"ע, אלא לעתיד יתגלו העקביים שלו בסוד ועמדו רגליו על הר הזיתים (כנ"ל אות מ"ט ד"ה עשר). וע"כ מטרם גמר התיקון נמצאת הארץ הזאת בתכלית העביות של כל הקליפות, כי שום הארה דיושר איננה מגיעה לכאן, שהרי אפילו קו היושר דעשיה, מסתיים בבינה דעשיה, ועקביים דא"ק מכוסים כנ"ל.

קכז) **ורקיעים שלה הם ט' ספירות ראשונות שלה וכו':** כלומר, שהרקיעים שהם המקיפים דעגולים ויושר, הם מסבבים על ט"ס דראש שלה, ומפה דראש ולמטה,

*) ע"ח ח"ב שמ"ג פ"ג.

ואינה נוגעת בזאת הארץ שלנו, והיא יותר זכה במאד מאד כערך היסוד אל בינה, ורקיעים שלה הם ט"ס ראשונות שלה, ע"ד שבארנו בעה"ז שלנו, והנהר הוא היסוד שבה. ועץ החיים הוא ת"ת שבה.

קכח) ועץ הדעת עטרת היסוד שבה, שהנהר יוצא מתחתיו, ועץ הדעת סמוך לו. ולהיות ג"ע ארציי, יש בו קצת אחיזה כל שהוא משם להחצונים, והוא טו"ר אלא שאין נכנסין בתוכו.

קכט) ובחטא אדה"ר גרם שיכנס הנחש עד עץ הדעת ונגע בו, וצעק העץ ואמר רשע אל תגע בי. והיה האתרוג, שהוא נגד עטרה כמבואר אצלינו, בסוד הלולב שהוא עץ החיים, ע' תמרים, ע' ענפים, י"ב עיינות, י"ב שבטים.

אור פשוט

נמשכים ז"ת דיושר שלה, כמ"ש הרב לפנינו, **אשר עץ החיים הוא ת"ת שבה, והנהר הוא יסוד שלה, ועץ הדעת הוא עטרת היסוד שבה.**

קכט) **ובחטא דאדה"ר גרם שיכנס הנחש עד עץ הדעת ונגע בו, וצעק העץ רשע אל תגע בי וכו', בסוד הלולב שהוא עץ החיים, ע' תמרים וכו':** והנה לכאורה תמוה, כי הלולב הוא בחינת יסוד, ולעיל אומר שלמטה מחזה הוא עץ הדעת. אכן יש כאן עמקות גדולה, וצריכים להבינו היטב. כי יש תמיד ערך הפכי בין כלים לאורות (כנ"ל אות ט"ז ד"ה ואין ע"ש). כי יסוד דקטנות דאורות, עומד במקום החזה של הפרצוף, וכשנעשה הזווג ביסוד דקטנות הזה, להמשכת מוחין דחיה, נמצא יסוד זה עולה למקום הדעת דמוחין, וע"כ נקרא עץ הדעת, להורות שנעשה הזווג במקום הדעת, שעי"ז הוא פוגם בפרסא דצמצום ב', שה"ס מלכות דאמא שאינה בכלל המוחין דז"א, כנ"ל אות פ"א ד"ה החזירם.

וטעם עליה זו של יסוד דקטנות, הוא, כי עקרו של ז"א הוא מבחינת הכלים דפנים דז"ת דנקודים, שיצאו למעלה מפרסא, דהיינו למעלה מחזה דפרצוף תנה"י דא"ק, (כנ"ל אות ע' ד"ה ויש ע"ש) שבהם אין שום פגם, להיותם כלים דאצילות שלמעלה מפרסא דצמצום ב', והם ז' כלים חב"ד חג"ת עד החזה, שבהם מלובשים אורות דנפש רוח, רוח בחב"ד, ונפש בחג"ת, ולכן מצד התלבשות אורות אלו בהם, הם נקראים חג"ת נה"י, כי אור הרוח נקרא חג"ת, ואור הנפש נקרא נה"י. ונמצא שמקום החזה דכלים, הוא מבחינת האורות דיסוד.

ודע, כי ליסוד הזה שבמקום החזה קורא הרב תמיד, בשם יסוד דקטנות. כי בעת שקונה נשמה, עולים כלים דחג"ת ונעשים לחב"ד, שבהם מתלבש ג"ר דנשמה, וחג"ת שהיו נה"י עולים ונעשים לחג"ת, כי בהם מתלבש עתה הרוח, והוא משיג נה"י חדשים שבהם מתלבש הנפש. ונבחן עתה שיש לו ב' יסודות, כי אין העדר ברוחני, ונמצא היסוד דקטנות שהיה במקום החזה בעת הקטנות, עומד שם גם עתה בעת גדלות דנשמה. ונוסף עליו יש לו עתה יסוד מנה"י החדשים, והוא נקרא בשם יסוד דגדלות א'. ובעת שממשיך אורות דחיה שהיא גדלות ב', נמצא נבחן בערכו, שחב"ד וחג"ת דנשמה הם רק בחינת חג"ת אליו, ועתה ע"י אור החיה עולים חב"ד חג"ת דנשמה ונעשים לכלים דחב"ד דחיה, ונה"י דנשמה עולים

קל) ושאר ספירות אשר שם, הם שאר עצי הגן, כמ״ש מכל עץ הגן אכול תאכל. והיכל קן צפור, שבו משיח בן לאה העליונה, היא בינה שבבינה, מבחי׳ המלכות שבה, בסוד והאם רובצת. והרקיעים ט״ס עלאין דילה, ובאמצע אותן הרקיעים נקודה חדא הנקרא עדן, שהוא חכמה, ובו כלול כתר, ובזה נשלם כל הי״ס דמלכות דעשיה.

קלא) ולהיות רקיע הגן הנ״ל בחי׳ הדעת, ונקודת אמצעי חכמה עדן, והוא בסוד זרוע ימין שאין בו קליפה, לכן רקיע זה, יותר מעולה מרקיע עה״ז, כנזכר ויקהל דר״ט, שנעשה מאש ומים עלאין. והנה זה הרקיע הוא תוך הרקיע

אור פשוט

ונעשים כלים לחג״ת דחיה, ויוצאים לו נה״י חדשים מבחינת חיה.

ומתוך שחב״ד חג״ת דנשמה עלו שניהם ונעשו לחב״ד דחיה, נמצא עתה שמקום החזה ששם עומד היסוד דקטנות נעשה עתה לבחינת דעת דחיה. הרי שעל ידי אור החיה, עולה היסוד דקטנות למקום הדעת. ועל שם זה נקרא הזווג דיסוד דקטנות בשם עץ הדעת. וזכור זה, כי הוא עמוק מאד.

אבל הזווג דיסוד דגדלות דחיה, דהיינו היסוד דנה״י החדשים שהשיג בעת המשכת מוחין דחיה, ששם מתלבש אור נפש דחיה, כנ״ל, הוא נקרא בשם עץ החיים, והוא מטעם שהוא ממשיך רק בחינת ו״ק דחיה, מהדעת דרדל״א המתגלה במוחא דאוירא דא״א, אשר כלפי בחינת אור החיה שברדל״א, הוא ו״ק, כי ג״ר דאו״א דנקודים נגנזו ברדל״א, ואינם מתגלים אלא בגמר התיקון, שה״ס הגביזה דמלכות דא״ק, סוד ה׳ גדולה ששמשה בנקודים, ואין הרדל״א משפיע לאצילות, אלא בסוד ה׳ זעירא דהבראם, (כנ״ל אות מ״ה ד״ה המלכות) וע״כ הוא נקרא עץ החיים, כי כל המוחין דאצילות ואורות דחיה הם ע״י זווג יסוד דגדלות דנה״י החדשים דמוחין דחיה. אבל היוצא ע״י זווג יסוד דקטנות, שהוא זווג דמוחין של הג״ר דחיה, כנ״ל, שמקום החזה ששם היסוד דקטנות, עומד בדעת, במוחין בין חו״ב, שהם הג״ר דחיה, נמצא פוגם את ה׳ זעירא דהבראם שנתקנה ברדל״א, שהוא סוד החשמל דאמא והפרסא שמתחת אצילות, (כנ״ל אות קט״ו ד״ה וז״ס). ואז נמשך השפע לג׳ קליפות הטמאות הנ״ל שהוא הנחש הטמא, והממשיך אותם נופל עמהם יחד למקום הקליפות והמיתה, שז״ס הכתוב, ביום אכלך ממנו מות תמות. הרי שהזווג דיסוד דגדלות, מושך כל החיים, והזווג דיסוד דקטנות הוא הממית את כל החי. והבן זה.

וז״ש הרב, שהלולב הוא עץ החיים, כי הלולב הוא בחינת יסוד דגדלות, שממנו נמשך כל החיים כנ״ל, ואומר שה״ס ע׳ תמרים וכו׳. רומז בזה, שהוא סוד ע׳ טובה, כי הזווג מכונה בשם הסתכלות עינים, כמ״ש הרב בשער הנקודים, וע״י זווג הזה יוצאים י״ב פרצופי אצילות, כנודע, שיש ד׳ פרצופין בכתר: עתיק ונוקבא, אריך ונוקבא. וכן בחו״ב: או״א, וישסו״ת, וכן בזו״ן: זו״ן הגדולים ויעקב ולאה. וזהו הרמז י״ב עיינות, כי הם יוצאים על י״ב זווגים. אבל הס״א אין להם אלא סוד עשתי עשר בלבד, בסוד כל המוסיף גורע, כמ״ש בזוהר שהמוסיף ע׳ על שתי עשר נגרע ונעשה עשתי עשר. כי הס״א הוא מלכותא בלא תגא, שה״ס הדכר דעתיק שהוא א״ס שתיכף נסתלק מהם, ולא נשאר

דעה"ז דעשיה, והוא רקיע החופף כנגד הגן, ולא יותר, והוא תחת הרקיע דעשיה, דבוק עמו בתוכו.

* קלב) וכשחטא אדם הראשון נסתלקו ממנו המוחין, וחזר [הז"א] בסוד היניקה לבד, ואז גם החשמ"ל עור דתבונה, נסתלק, ונשארו הוא ואשתו ערומים, ואז יונקים ממנו החצונים, ונעשה העור ההוא טו"ר.

קלג) והענין, כי הלבוש שלהם אז, הוא מבחינת אלהים קדושים, מקטנות דיניקה, הנקרא נחש הנושך בעריתה, בסוד קריעת י"ס, שהוא בחינת אלקים קדושים דקטנות, כנזכר במ"א, לכן הלבוש הזה דקטנות כולו, נקרא משכא דנחשא והבן זה. וזשרז"ל כתנות עור משכא דחוייא, ואז הנחש החצון הטמא יונק משם ונעשה טו"ר עור, וז"ס חשמל. כי כשפתה את חוה, הוא בכח זווג היסוד דיניקה עם אור דאלקים, משם נאחזו ויונקים ממנו, והבן ענין זוהמת הנחש מה עניינה.

קלד) כלל העולה כי כל זמן שחוזר ז"א בסוד יניקה מתלבש כתנות עור חשמ"ל, וזה בלילה כנ"ל, ואז יונקים חיצונים בלילה בסוד תרין צפרין.

אור פשוט

להם אחיזה אלא בעשתי עשרה בלבד. וז"ס שצעק העץ רשע אל תגע בי הרומז על הנ"ל.

קלב) וכשחטא אדה"ר נסתלקו ממנו המוחין וחזר הז"א בסוד היניקה לבד ואז גם החשמל עור דתבונה נסתלק מהז"א: כן צריך לומר, כי באדה"ר לא נשאר אחר החטא אלא בחינת נפש לבד, כנ"ל אות צ"ו. ובשער הפסוקים סימן ב', מבואר שלא נשאר בו אלא נפש דנפש, ע"ש. אלא רק ז"א נשאר בסוד יניקה כמ"ש להלן, שכל זמן שז"א חוזר בסוד יניקה מסתלק ממנו החשמ"ל, הרי שהמדובר הוא בז"א.

ומשמיענו שמחמת הסתלקות החשמל מן ז"א, נשארו האדם ואשתו ערומים מכל הכלים שלהם שהלבישו הנר"ן של האצילות שהיה לו, כי נפלו בקליפות ונעשו טו"ר. והוא מטעם שכל הכלים של אדה"ר לא היו אלא מהחשמל דז"א, כנ"ל אות ק"ד ובאות קט"ו ד"ה וז"ס.

קלג) הלבוש שלהם אז הוא מבחינת אלקים קדושים מקטנות דיניקה הנקרא נחש הנושך בערייתא וכו': כי ענין החטא דעצה"ד הוא מבחינת היסוד דקטנות כנ"ל בדיבור הסמוך, והקטנות נקראת תמיד בשמות אלקים, וע"כ נקרא "זווג היסוד דיניקה עם אור דאלקים". והיסוד נקרא נחש הנושך בערייתא, להיותו מסלק החשמל דאמא, כנ"ל, שאז הנחש הטמא, הכלול מי' הקליפות מתדבק ויונק מעור וחשמל דז"א, ועושה אותו טו"ר כנ"ל.

קלד) בסוד יניקה מתלבש כתנות עור חשמל וזה בלילה: כלומר, שהחשמ"ל דאמא מסתלק, והחשמ"ל דז"א נעשה לבחינת כתנות עור, שפירושו טו"ר דנוגה. וע"כ יש

*) ע"ח ח"ב שמ"א פ"א.

ובבוקר חוזרין המוחין ואנו מברכין בבקר מלביש ערומים כנזכר במ"א, ואמנם אע"פ שמסתלק החשמ"ל נשארין בחי' הצפרנים להגין, כי אם היו יונקים משם תהיה יניקתן גדולה מאד ח"ו.

אור פשוט

יניקה לחו"ב דקלי' הנקרא ב' צפרים. כנ"ל   באורך ועי' באות קי"ד.

פרק י'

* **קלה) ובזה יובן ענין אדה"ר שהיה לו ב' נשים א' נקרא לילית וב' היא חוה. והענין, כי אדה"ר הוא דמיון ז"א, וז"א יש לו ב' נקבות לאה ורחל. וכבר ביארנו כי לאה היא דינין קשין מאד מפני שהיא אחורים של אמא, ועוד שהיא למעלה במקום הסתום, אבל רחל היא נמתקת כי היא במקום הגלוי של החסדים.**

קלו) והנה ז"א נקרא אדם, כי הוא סוד מ"ה שהוא הוי"ה דמילוי אלפין

אור פשוט

קלה) **לאה היא דינין קשין מאד מפני שהיא אחורים דאמא:** כי היא בחינת האחורים דאו"א עלאין דנקודים אשר נתבטלו ונפלו למקום זו"ן בעת שבירת הכלים. ומתוך שג"ר דאו"א אלו נגנזו ברדל"א, כנ"ל בדיבור הסמוך, ע"כ אין תיקון לאחורים שלהם שיחזרו ויעלו לאו"א כמו שהיו בעת הנקודים, מטרם גמר התיקון, דהיינו אחר שתתגלה המלכות דצמצום א' שנגנזה ברדל"א, כי אז תחזור ותתגלה קומת הסתכלות עיינין דנקודים באצילות, והאחורים שנפלו למקום זו"ן יתחברו שוב באו"א כמקודם לכן בעת גדלות דנקודים. ואלו האחורים נקראים בשם לאה, וע"כ תיקונה הוא רק בז"א, דהיינו במקום הנפילה, שהיא נתקנה כאן להיות נוקבא דז"א, כי כל תיקונה הוא רק ממנו, כל עוד שלא תוכל לחזור למקומה לאו"א עילאין. וע' בע"ח של"ז פ"ד.

וזה אמרו "לאה היא דינין קשין מאד מפני שהיא אחורים דאמא" כי אין תיקון לדינין שלה בכל שתא אלפי שני, כי היא אינה מתתקנת אלא בזווג דמוחין עילאין דחיה בסוד הדעת הממשיך ג"ר דחיה, שהוא בחינת ג"ר דנקודים. וע"כ נבחנת בסוד דינין קשין מאד.

ועוד שהיא למעלה במקום הסתום אבל רחל היא נמתקת כי היא במקום גלוי של חסדים: טעם ב' הזה תלוי בטעם הראשון הנ"ל בדיבור הסמוך, כי המוחין דחיה הנמשכין ע"י הזווג דיסוד דגדלות דנה"י דחיה, אינם יכולים להתגלות מחזה ולמעלה דז"א אלא רק מחזה ולמטה דז"א, באופן שאפילו בעת שיש לז"א מוחין דחיה, הוא נשאר בחסדים מכוסים מחזה שלו ולמעלה, והארת חכמה בחסדים הנקראת גילוי של החסדים, הם רק מחזה ולמטה כנודע. וז"ש, לפי שלאה נתקנה להיות לנוקבא רק מחזה ולמעלה דז"א, ששם אין הארת חיה מתגלית, ע"כ עוד הדינין שלה מזומן בביטול הג"ר דאו"א שורים בה, בלי תיקון. אבל פרצוף רחל, שהיא בחינת הנוקבא דנה"י שלו שמחזה ולמטה, הרי יש לה ממקום הגילוי של מוחין דחיה, והארת חיה מבטלת כל האחיזה של החיצונים לגמרי, וע"כ היא נמתקת לגמרי. משא"כ לאה אינה נמתקת רק במוחין דנשמה המאירים מחזה ולמעלה, כי גילוי הארת חיה אינה נוהגת בה, כנ"ל, וע"כ נחשבת לבלתי נמתקת לגמרי.

קלו) **המילוי הוא בחינת נקבה לפי שכולה דינין:** ד' אותיות הוי"ה הפשוטה, רומזות על עצמות הספירות שבמדרגה, דהיינו מבחי' הע"ס דאו"י שבהם. והמילוי

*) ע"ח ח"ב של"ח פ"ב.

גימטריא מ"ה, ואד"ם. ונודע כי פשוט של הוי"ה הוא העיקר, כי המילוי הוא בחי' נקבה, לפי שכולה דינין, ומילוי גימטריא אלקים. וגם נקרא מילוי, מפני שכל כח הנוקבא ועצמות אורותיה וכחותיה כולם גנוזים תוך הז"א, כי עטרא דגבורה הוא תוך ז"א ואח"כ יוצא חוץ ממנו.

קלז) באופן, כי הנוקבא היא מילוי של הז"א, כי מילוי הוא בסוד העיבור הממלא תוכיות בטן אמו. לכן המילוי הוא בחי' נוקבא. והנה מילוי שם מ"ה גימטריא י"ט, אחר שתסיר אותיות פשוטות שהוא גימטריא כ"ו, נשאר מילוי גימטריא י"ט, גימטריא חו"ה.

אור פשוט

של ד' האותיות רומז על בחינת המלכות והמסך שבכל ספירה שעליהם נעשה הזווג דהכאה, המעלה או"ח ומלביש לע"ס דאו"י. ומצד אחד אותיות הפשוטות יותר חשובות, להיותם עצמות הספירות ועיקר של הפרצוף. ומצד אחד המילוי יותר חשוב, להיותו מודד קומת הפרצוף, כי אין האו"י מאיר בפרצוף אלא לפי שיעור האו"ח העולה: שבמילוי ע"ב עולה או"ח עד חכמה, וע"כ יש בפרצוף אור החכמה, ובמילוי ס"ג עולה או"ח ומלביש רק עד הבינה, וע"כ המדרגה ההיא בקומת בינה בלבד, והיא חסרה מאור החכמה, וכו' עד"ז. והוא מטעם שאין השגה באור בלי כלי, וע"כ אע"פ שיש ע"ס דאו"י בכל מדרגה, מ"מ אינה מקבלת אלא לפי קומת הלבוש, שהוא האו"ח, וע"כ נבחן המילוי לבחינת נקבה ודינין, כי המלכות והמסך שבה היא בחינת נקבה ודינין, כנודע. וזה נתבאר באורך בספר תע"ס בחלק ג'. וכן בהסתכלות פנימית בחלק ב'.

מפני שכל כח הנוקבא ועצמות אורותיה וכחותיה כולם גנוזים תוך הז"א וכו' ואח"כ יוצא חוץ ממנו: פירוש, כי בעת שז"א משפיע לנוקבא, הנה נעשה זווג דהכאה בז"א עצמו בבחינת עיטרא דגבורה שלו, שהיא הנוקבא שבגופו עצמו, ויוצאת קומה לפי שיעור האו"ח שנוקבא שבגופו מעלה בו, ואח"כ הוא משפיע קומה זו, כמות שהיא מלובשת באו"ח, אל הנוקבא הנפרדת שלו רחל, ונמצא שכל המוחין של הנוקבא היא בחינת מילוי בלבד, שהרי הזווג נעשה תוך ז"א, והיא נוטלת הקומה מן המוכן, כנ"ל. **וזה טעם ב' שבחינת המילוי הוא נוקבא. וזה סובב ביחוד על מ"ש להלן, שהנוקבין לאה ורחל מרומזות באותיות המילוי של הוי"ה דמ"ה של הז"א. אמנם טעם הא' הוא על כל המדרגות כולם דכורין ונוקבין.**

קלז) המילוי הוא בסוד העיבור הממלא תוכיות בטן אמו: רומז בזה שכל תחתון הוא בחינת המילוי של פרצוף העליון ממנו, להיותו יוצא מעיבור דעליון. וזהו ענין ארוך, וצריכים לזכור כל מה שביאר בסוד הסתלקות והתפשטות ב' אצל פרצופי א"ק, ונתבאר היטב בתלמוד עשר ספירות בחלק ד' ובחלק ה', **ונבאר כאן בקיצור נמרץ ויועיל רק לבקיאים בחלקים הנ"ל. כי השתלשלות הפרצופין זה מזה בא ע"י ביטוש או"פ באו"מ הגורם להזדככות המסך דגוף לבחינת מסך דראש, שע"י זה מסתלקים כל אורות דגוף, אמנם נעשה זווג במסך בראש של הפרצוף, שע"י זה יוצאת התפשטות חדשה של קומת ע"ס, וזו ההתפשטות נבחנת לבחינת בן של הפרצוף ולתחתון שלו, וגם**

קלח) ובזה תבין, איך חוה היא אשת אדם, והיא בשר מבשרו ממש. וכבר בארנו כי הז"א יש בו ב' בחי': אחד מהראש עד החזה, ויש לו שם בחינת יסוד הראשון, אשר בו מזדווג עם לאה, וחציו האחרון מהחזה ולמטה ששם

אור פשוט

גוף העליון חוזר ומתמלא ע"י התפשטות זו דתחתון שלו. וע"כ התחתון מלביש לעליון כל אותו השיעור שהוא ממלא את הכלים הריקים דעליון, דהיינו לבחינת הגוף בלבד. וע"כ נבחן ענין ההזדככות דמסך דגוף לבחינת מלכות דראש, בשם עיבור, כי ע"י עליה זו דמסך דגוף אל מלכות דראש נולד כל התחתון.

ונבאר בהשתלשלות ה"פ א"ק, כי תחילה יצא הוי"ה פנימאה דא"ק, שהוא פרצוף הכתר שלו, שהם הע"ס הראשונות שבאו עם קו א"ס ב"ה לאחר צמצום א'. ונזדכך מסך דגוף שלו לבחי' שורש מסך, שהיא המלכות דראש, ונסתלקו כל אורות דגוף שלו. אח"ז נעשה זווג על המסך שעלה ונכלל במלכות דראש, ויצאה התפשטות חדשה של ע"ס בעביות דבחי"ג הנקרא מילוי ע"ב, שהאו"ח עולה ומלביש עד חכמה, וגם הגוף דפרצוף הפנימי נתמלא מהתפשטות הזו דע"ב. ואח"ז נעשה הזדככות המסך והסתלקות האורות גם בגוף דע"ב, ועלה ונכלל במלכות דראשו ונעשה זווג חדש בעביות דבחי"ב, ויצאה התפשטות חדשה הנק' פרצוף ס"ג דא"ק, והוא ממלא ג"כ את הגוף דעליון שלו שהוא ע"ב. וכן עד"ז יצאה התפשטות חדשה בראש דפרצוף הס"ג, בעביות דבחי"א המוציאה קומת מ"ה, והוא ממלא גם את הגוף דס"ג, כנ"ל. והם הע"ס דנקודים הנקראות ב"ן. והנך מוצא איך כל פרצוף הוא מבחינת מסך דגוף דעליון שעלה ונכלל בפה דראש דעליון, ושם יוצאות הע"ס של קומתו. וע"כ נק' עליה זו בשם עיבור של תחתון, שהוא ממלא את תוכיותו של העליון.

ועוד הנ"ל בהשתלשלות פרצופי א"ק, היה ג"כ באצילות בג' פרצופים הראשונים הנקראים עו"נ או"נ ואו"א, שהעיבור דכל תחתון נעשה בפה דראש דעליון והוא ממלא העליון מפה דראש ולמטה. אמנם אחר שיצא פרצוף או"א עילאין הממלאים לא"א מפה דראש שלו עד החזה, אין הסתלקות עוד בגופין דאו"א, כי כבר מתוקנים ע"ז בזווג דלא פסיק, אמנם מחזה ולמטה דאו"א העומדים מחזה ולמטה דא"א, בהם נוהג עוד הסתלקות, וע"כ ענין עלית המסך לעיבור בשביל הזו"ן אינו עולה לפה דראש דאו"א, אלא למטבור ולמטה שלהם, הנק' פה דראש בערך ישסו"ת, אמנם בערך או"א הוא בחינת מטבור ולמטה ונק' בטן, וע"כ העיבור דז"א הוא בבטן דאו"א וישס"ת ותבונה הנעשים אז פרצוף אחד. וז"ש "מילוי הוא בסוד העיבור הממלא תוכיות בטן אמו" שבהיות הז"א יוצא רק מטבור ולמטה דאו"א, ע"כ אינו ממלא רק הבטן שלהם.

קלח) **החזה ויש לו שם בחי' יסוד הראשון אשר בו מזדווג עם לאה:** כי תחלה לא היו בו אלא ששה כלים חב"ד חג"ת עד החזה, שבהם מתלבשים נפש רוח, רוח בחב"ד ונעשה משום זה לחג"ת, ונפש בחג"ת, ונעשה משום זה לנה"י. הרי שספירת היסוד הוא במקום החזה. וזה אמרו "בחינה א' מהראש עד החזה ויש לו שם בחינת יסוד הראשון" כי בבחי' הקטנות שבו אין לו אלא ששה כלים מהראש עד החזה, שהם חב"ד חג"ת, שמבחינת האורות שבהם, נעשו לחג"ת נה"י, ונמצא היסוד דקטנות במקום החזה.

מהחזה ולמטה ששם מקום חסדים המגולים: וזה נבחן לבחינה ב' דז"א, שהוא בחינת הגדלות שבו, כי לעת גדלות, כשמשיג

מקום חסדים המגולין. נמצא כי יש לו ב' שמות של מ"ה דאלפין, כנזכר בפסוק הודיעני ה' קצי, ומשניהן יוצאין ב' מילויין, שכל א' מהם גימטריא חוה. ואמנם חוה ראשונה עליונה היא בחי' לאה, וחוה תחתונה רחל.

קלט) והנה להיות, כי בחי' לאה היא בחי' דינין קשים מאד לסבה הנ"ל,

אור פשוט

ג"ר, חוזרים תג"ת להיות חב"ד, מאחר שהאורות הם ג"ר כמו הכלים, ונה"י חוזרים להיות תג"ת, ואורות ג"ר מבררים לו מבי"ע נה"י חדשים. ונמצא שהשיג עתה יסוד חדש דגדלות. אמנם אין העדר ברוחני, וגם היסוד דקטנות הראשון שהיה במקום החזה נשאר שם גם עתה בעת גדלות, וע"כ יש בו ב' בחינות יסודות. וכבר דברנו מזה (אות פ"א ד"ה ויש) **שחסדים מגולים פירושם שהארת חכמה מתגלה בחסדים ע"ד הבינה החוזרת לראש דא"א ומזדווגת שם עם החכמה כדי להשפיע הארת חכמה לזו"ן כדרך הבינה דאו"י המאצלת לז"א דאו"י** (כנזכר בתלע"ס דף ה' ד"ה וטעם ע"ש) **אבל הבינה מצד עצמה היא תמיד בבחינת כי חפץ חסד הוא, ואינה מקבלת חכמה, שזו"ס או"א עילאין שהם בקומת בינה הם תמיד בזווג דלא פסיק.** (עי' בתלע"ס חלק ח' אות נ"ד באו"פ ד"ה או"א) **ונמצא גם אחר שהבינה חזרה לחכמה, אין החכמה מתגלה במקומה עצמה אלא במקום זו"ן** כמ"ש הרב בע"ח ע"ש. **שזה נוהג הן בזו"ן דע"ס דראש הנק' דעת, והן בזו"ן דע"ס דגוף הנק' נה"י. ולפיכך אין הארת חכמה מתגלית מחזה ולמעלה ששם בחינת כח"ב דגוף, אלא רק מחזה ולמטה ששם בחינת זו"ן דגוף,** כנ"ל אות א' ד"ה וצריכים.

ואין להקשות, הא תינח בחכמה שבבחינת בינה של הג"ר, אבל בחכמה עצמה של הג"ר שאין בה זה ההבחן הנ"ל, א"כ למה אינה מאירה בג"ר דראש ובג"ר דגוף, אמנם יש לדעת מה שכייל לן הרב (בשער מרשב"י פרשת תרומה דף קל"ד, ובתלמוד עשר ספירות חלק י"ד אות צ"ה ע"ש) **שאחר שנסתמה ח"ס דא"א, אין בחינת חכמה מאירה באצילות זולת החכמה דל"ב נתיבות, המקובל מהבינה החוזרת לראש דא"א ומקבלת שם חכמה בשביל הז"א. הרי שכל החכמה שיש אחר א"א היא רק חכמה דבחינת בינה.**

ועל כן נקראת בחינת חכמה זו בשם ל"ב נתיבות חכמה, כי זה רומז על כ"ב אותיות שהיא הבינה, עם הע"ס דזו"ן המעוברים בתוכה, שהם בגימטריא ל"ב, כמ"ש שם הרב, שפירושו, שאין הבינה ממשיכה חכמה זולת ע"י זו"ן העולים אליה בעיבור בבחינת מ"ן, וע"כ נרמזו בה בינה וזו"ן יחד. ומתוך שהיא עצמה נמצאת תמיד בבחינת חסדים, ע"כ אפילו כשמקבלת החכמה, אינה מתגלית בחו"ב שלה, זולת בזו"ן בלבד, הן בראש והן בגוף כנ"ל, **וזכור דברים אלו תמיד. וז"ש כאן הרב "וחציו האחרון שמחזה ולמטה ששם מקום חסדים המגולים" והוא מפני ששם בחי' זו"ן דגוף, הרי הארת חכמה מתגלה בחסדים. אבל מחזה ולמעלה ששם בחינת ג"ר דגוף, נמצאים תמיד החסדים מכוסים מחכמה. וע"כ מחלקם לב' בחינות, וב' שמות של מ"ה דאלפין, כי הם נחשבים לב' קומות נבדלות, אשר מילוי דאלפין שמחזה ולמעלה הוא לאה, ומילוי דאלפין שמחזה ולמטה הוא רחל.**

קלט) **בעולם התחתון הזה שהוא חומרי לא יכלה בחינת לאה לצאת ממותקת וכו' וזהו בחי' לילית חוה ראשונה. כי אפילו באצילות כל תיקונה הוא רק במילוי דאלפין**

אף על פי ששם למעלה בעולם העליון של אצילות הוא בחי׳ קדושה גמורה, עכ״ז בעולם התחתון הזה שהוא חומרי, לא יכלה בחי׳ לאה לצאת ממותקת בסוד הקדושה בעת בריאת אדה״ר, ויצאה בחי׳ דינין קשים מאד, בסוד קליפה חויא בישא, וזהו בחי׳ לילית חוה ראשונה, שהיתה מזדווגת עם אדם קודם שנברא חוה שניה.

קמ) ואח״כ יצאה חוה שניה ממותקת, וזו נשארה לאשת אדם, והאחרת נסתלקה. כי היתה עדיין מעורבת בקליפות בתכלית, אשר לכן נק׳ חוה ראשונה לילית. אבל אח״כ כאשר בא יעקב ששופריה מעין שופריה דאדם, ותיקן פגם העריות של אדה״ר, כנזכר זוהר קדושים ובפרשת תולדות, בענין הברכות שלקח במרמה מן עשו אחיו, אז לקח שניהן כי אז נתמתקה לאה, והיתה בסוד הקדושה, ונסתלקה מן הקליפה.

קמא) וז״ס שארז״ל על ועיני לאה רכות, מדמעות שהיתה בוכה על שהיתה עתידה להיות בחלקו של עשו, וע״י תפילותיה ודמעותיה נתמתקה, ואז ניתנה בחלקו של יעקב, והבן זה היטב.

קמב) והנה בפסוק הזה כתיב בענין אדה״ר, ויאמר זאת הפעם עצם

אור פשוט

שמחזה ולמעלה דז״א, שהוא חסדים מכוסים, כנ״ל.

נמצא שגם לאה לא נתקנה רק בבחי׳ מחזה ולמעלה שבה, שהם כח״ב, אבל בחינת מחזה ולמטה שבה, שהם בחינת זו״ן שבה הצריכים לגילוי הארת חיה, נשארו בה בבחינת עור, וע״כ בעולם התחתון, בבחינת לאה דאה״ר, שכל עצמות הכלים שלו הם רק מבחינת החשמ״ל דז״א, שהוא בחינת בשר ועור דז״א, כנ״ל בדברי הרב אות נ״א הרי גם בחינת לאה שלו, היא ג״כ בחינת בשר ועור דלאה העליונה. שהיא בחינת עקביים שלה, שאין להם שום התחלה של תיקון רק במוחין דג״ר דחיה, שהם בחינת או״א דנקודים שנגנזו באצילות, ע״כ נחשבת לקליפה ממש, הנקראת לילית. כי זה הכלל, שכל בחינה משביה״כ שאין להם בירור בכל שתא אלפי שני נקראת קליפה. והיא נקראת ג״כ חוה ראשונה.

קמ) **נתמתקה לאה והיתה בסוד הקדושה ונסתלקה מן הקליפה:** אין הפירוש שלאה זו דאדה״ר, היא לאה אשת יעקב, כי כבר אמר שנעשית לקליפה. אלא שהיא הארת לאה, מן לאה העליונה דז״א, ונתמתקה כל כך, עד שקבלה תיקון להסתלק לגמרי מן בחינת בשר ועור שנעשית לקליפה. וזה שמדייק "ונסתלקה מן הקליפה" דהיינו מהקליפה של עצמה הנ״ל. באופן, שגם לאה אשת יעקב יכולה לקבל הארת ג״ר מחסדים מכוסים כמו לאה אשת ז״א. וז״ש והיתה בסוד הקדושה, והבן.

קמב) **ב׳ נשי חד דגרמי וחד דבשרא וכו׳:** כבר נתבאר שכח״ב זו״ן נקראים מוחא עצמות גידין בשר עור כמ״ש בע״ח שכ״ד פ״ב. ונמצא, עצמות הוא חכמה, ובשר הוא

מעצמי ובשר מבשרי, ובתקונים דצ"ט אמרו, כי הם ב' נשי, חד דגרמי, וחד דבשרא. והענין, כי לאה נקראת עצם, שהיא דינין קשים כעצם, ועוד כי היא בחי' הצלע כי הרי לאה מקומה היא אחורי הצלעות, שהם עצמות. אבל רחל היא בשר מבשרו דינא רפיא במקום גילוי החסדים.

קמג) והמשך דברי אדה"ר הם כך: כי הנה ב' נשים היו לו, א' היא עצם מעצמו, וב' בשר מבשרו. אבל לזאת השניה הנקרא בשר יקרא אשה, ולא לראשונה שהיא עצם, ואינה עדיין נמתקת כנ"ל. ואח"כ נמתקה בזמן יעקב בסוד לאה כנ"ל.

קמד) אמנם טעם אמרו ויאהב יעקב את רחל, ולא לאה, הוא לב' סבות: א' הוא כי הנה יעקב התחתון אשר בזה העולם, לא היה משיג עדיין בכל מציאות פרצוף ז"א, רק מנגד החזה ולמטה, מקום רחל, לכן ויאהב אז יעקב את רחל, ולא כתיב ויאהב ישראל, שהוא הז"א, שהיה לו שתיהן לאה ורחל.

אור פשוט

ז"א. גם נתבאר לעיל, שכל בחינות נשמת אדה"ר הם ממוחין דחיה דזו"ן, ואפילו הכלים שלו באו מחשמ"ל דז"א שהם כלים הד' הנברר ע"י מוחין דחיה. כנ"ל אות נ"ח ד"ה החשמל עש"ה. כן נתבאר לעיל שלאה היא בחינת אחורים דאו"א הפנימים שהם ג"ר דחיה, ומתוך שאו"א הפנימים נגנזו באצילות, ע"כ אינה יכולה לחזור למדרגתה לאו"א מטרם גמר התיקון, שאז יתגלו ג"ר דחיה. וכל תיקונם מטרם זה, הוא ע"י ז"א מחזה ולמעלה, וע"כ גם לאה אינה נמתקת רק מחזה ולמעלה שלה, אבל הרגלין שלה, שהם בחינת בשר ועור, אין להן תיקון כלל. וע"כ אדה"ר שכל בחינתו הוא רק מבחינת החשמ"ל דז"א שהוא בשר ועור, נמצאים ב' הנוקבין שלו שהם ג"כ רק בחינת בשר ועור של ב' הנוקבין לאה ורחל דז"א, וע"כ יצאה לאה שלו בבחינת קליפה שנק' לילית, להיותה בשר ועור של לאה עליונה שאינה מקבלת תיקון במשך שתא אלפי שני.

וע"כ נקראות ב' הנוקבין דאדם הראשון בשם גרמי ובשרא. כי גרמי פירושו עצמות, דהיינו חיה דחיה, והוא לאה להיותה האחורים דאו"א הפנימים, שאינה מתוקנת אלא בג"ר דחיה, הנק' חיה דחיה. ובשרא היא רחל, שפירושו רוח דחיה, שהיא מקבלת תיקונה משלם בז"א, כי מוחין דו"ק דחיה הנק' בשרא, נמשכין לז"א בתכלית השלמות. וע"כ הנוק' דבשרא היא חוה השניה דאדה"ר, שנמתקה לגמרי. אבל הנוקבא דגרמי, שהיא חוה הראשונה דאדה"ר, שהיא בחינת הרגלין דלאה אשת ז"א, שלא יוכלו להתמתק מטרם גמר התיקון נעשית לקליפה. ואין להתבלבל במה שלפעמים נק' בשר ועור על שם הכלים שלהם, ולפעמים על שם האורות שלהם, כי כן דרך הרב שלא להקפיד כל כך בהגדרת המלות, לפי שהדברים מתבארים מתוך הענין. והמעיין בעצמו צריך לזכור תמיד את הערך ההפכי שיש בין הכלים לאורות, אז יוכל להבינם על פי הענין המדובר.

קמד) **יעקב התחתון אשר בזה העולם לא היה משיג עדיין בכל מציאות פרצוף ז"א רק מנגד החזה ולמטה:** כי ז"א נחלק לב' בחינות, כנ"ל אות קל"ח, ופרצוף הג"ר

קמה) אבל יעקב אהב את רחל תחתונה כמוהו, שהוא עלמא דאתגליא, אבל לאה היא עלמא דאתכסיא, כמבואר אצלינו, שהוא צורת הד' שבקשר של תפילין ש״ר, לכן לא היה רוצה יעקב להזדווג עמה, כי לא היה משיג עד שם.

קמו) וז״ש זהר פ' ויצא דקכ״ג ע״ב, כי לאה ורחל תרין עלמין, מן העולם ועד העולם, ד' שנין עלמא דאתכסיא כו'. והוא, כי הנה ממלכות דאמא שבדעת דז״א, יצאה לאה מאחוריו בסוד ד' קשר תפילין ש״ר, כנ״ל. ולהיות לאה מבחי' אמא, לכן ד' שנין דילה אתכסיא.

קמז) והז' הם: כחב״ד חו״ג ושליש ת״ת עד החזה דז״א, כי אלו הז' בחי' היו מכוסים, בלתי גלויין אל יעקב קודם שנק' ישראל כנ״ל, כי אז השיג כל פרצוף ז״א הנקרא ישראל כנודע. וז״ש ג״כ בזוהר ויצא דקנ״ד על פסוק וירא ה' כי שנואה לאה, מהכי דסני ב״נ עריין דאימיה. פי' כי לאה נמשכת ממלכות דאמא כנ״ל, שהיא אמא של יעקב.

קמח) ודע כי חצי אמא נקרא מ״י כנודע, וכשמתפשטים כאן בבחי' לאה, שהם אותיות אלה נעשית אלהים, לפי שבחינותיה העליונות של אמא נק' מ״י, אבל מחצי ת״ת שלה ולמטה המלבישין בז״א כנודע, נקרא אל״ה, וחבור הכל ביחד נקרא אלהים.

קמט) והנה אלה הנ״ל, נעשית ממנו בחי' לאה הנ״ל. וז״ס בסבא דמשפטים דק״ה על פסוק, מי אלה כעב תעופינה, ע״ש, ותבין דבריו ע״י מה

אור פשוט

שלו שמחזה ולמעלה נק' בשם ישראל. ופרצוף הו״ק שלו שמחזה ולמטה נק' בשם יעקב. לכן כל עוד שלא השיג רק בחינת ו״ק דז״א, הוא נק' בשם יעקב. וכשהשיג הג״ר קרא לו הש״י בשם ישראל.

קמה) **לאה היא עלמא דאתכסיא וכו'. שהיא צורת הד' שבקשר של תפילין:** כי מתוך שלאה היא פרצוף נוקבא דג״ר של ז״א, ואין מיתוקה אלא ע״י ג״ר דחיה, ע״כ המוחין דחיה שהיא מקבלת מן הז״א המה אצלה בבחינת אחורים בלבד, כי הם בחינת ו״ק דחיה שאינם מבררים את הכלים הצריכים אל האורות דג״ר דחיה. וע״כ אותם הכלים שהמוחין דו״ק דחיה מבררים בלאה ומתלבשים בהם, נקראים בשם "עור" ובשם אחורים, כי כל בחינה שלא נבררה כל צרכה נק' בשם עור, כנ״ל אות נ״ט ע״ש. וע״כ נק' לאה עלמא דאתכסיא, כי הארת מוחין דחיה מכוסים אצלה להיותם מלובשים בעור, שהיא צורת הד', קשר של תפילין. וכן הארתה נק' חסדים מכוסים, כי הארת החכמה מכוסה בה. ולפיכך לא היה רוצה יעקב להזדווג עמה. כי יעקב הוא בחינת ו״ק דז״א, ששם מקום של חסדים מגולים, ומבחינת חסדים מכוסים לא יוכלו לקבל אלא בחינת ו״ק

שבארנו כאן. ודע, כי לאה זו תמיד יש לה פרצוף שלם כמו ז"א, ושיעור קומתה הוא מן הכתר דז"א עד החזה שלו (ועיין לקמן ששם נתבאר שהתחלתה מן הדעת דז"א וצ"ע, ואפשר שיובן ע"י מש"ל).

קנ) וכבר נת"ל, כי יסוד אמא היא מתפשטת עד החזה דז"א, אשר שם בחי' הדדים של ז"א, אשר נעשו שם מבחי' הצירים והדלתות שיש ביסוד אמא אשר שם, וז"ס הדדים של זעיר אנפין.

קנא) והנה גם יסוד דלאה הוא שם מבחוץ נגד דדי הז"א. גם ידעת כי בחי' חצי ת"ת עליון של ז"א, היה בתחלה בחי' יסוד, כמבואר אצלינו בענין הגדלות דז"א, שהיה מן ו' קצוות, והחג"ת שלו נתעלו ונעשו חב"ד, והנה"י נעשו חג"ת. הרי כי היסוד נעשה ת"ת.

קנב) וא"כ נמצא עתה, כי יש שם ג' בחי' של יסודות במקום א', והם יסוד דאמא, ויסוד דלאה כאשר תחזור עם ז"א עצמו להיות פב"פ עמו להזדווג בו. ויסוד דז"א עצמו, שהוא נקרא ת"ת עתה כנ"ל. נמצא כי יסוד דאמא ויסוד דלאה מתחברים יחד ונעשו שניהם רחם א', להזדווג בו יסוד ז"א עצמו, כנז', הנקרא ת"ת כנ"ל. וז"ס מהכא דסני ב"נ עריין דאימיה, עריין ממש כפשוטו.

קנג) (ודע כי פ"א שמעתי ממורי זלה"ה, כי בחי' לאה, כאשר מזדווגת עם ז"א עצמו, הוא מזדווג בה ע"י הדעת עצמו ממש. וז"ס והאדם ידע את חוה אשתו, כי זווג זה ע"י הדעת נעשה, וזווג זה הוא בטמירו, לכן אתכסיא בקדמיתא מן יעקב, ולא נודע שהיתה לאה עד הבוקר, והבן זה. (וצ"ע ליישב,

אור פשוט

בלי ראש, כנ"ל סוף אות ע"א ד"ה ואין ע"ש.

קנג) **בחינת לאה כאשר מזדווגת עם ז"א עצמו הוא מזדווג בה על ידי הדעת עצמו ממש:** כי כמו שפרצוף ז"א נחלק על פרצוף ג"ר מחזה ולמעלה, ועל פרצוף ו"ק מחזה ולמטה כנ"ל, כן בחינת הזווג שבמוחין נחלקין על זווג דג"ר של המוחין, ועל זווג דו"ק דמוחין. ונמצא לפי"ז שהזווג של בחינת הנוקבא דג"ר, שהוא לאה, הוא מבחינת זווג דג"ר של המוחין, והיא מקבלת מדעת דראש ממש, כי יסוד דג"ר נק' בשם דעת, אבל רחל שהיא בחינת ו"ק, אין הזווג שלה מבחינת הג"ר דמוחין, אלא מבחי' הו"ק דמוחין, ואינו מדעת ממש של ראש אלא מדעת המתפשט אל הגוף, שהוא בחינת ו"ק דדעת דראש, ולא דעת ממש. והענין, כי ג' מוחין יש במוח הדעת, שהם חב"ד דדעת. החו"ב דדעת הם ג"ר דדעת, והדעת דדעת, הוא ו"ק דדעת, והם מכריעים על המוחין העליונים הנקראים חו"ב דכללות הראש, וכשהזווג הוא בג"ר דחו"ב אלו, הרי הוא נעשה ע"י חו"ב דדעת, ונקראת טפת הזווג ההיא בשם טפת הזווג דג"ר ממש של אותה הקומה. וזהו בחינת הזווג דז"א עם לאה, כי ע"כ הם נקראים זו"ן הגדולים. אבל הזווג

איך מתישבים שמועות אלו, ואפשר כי היסוד הזה העליון, שהוא ראש הת"ת. שם ג"כ לפעמים בחי' הדעת דז"א כשיורד שם כנודע וצ"ע).

קנד) ודע, כי גם מרע"ה אשר עליו נאמר בזוהר שהשיג עד הבינה, אינו אלא מן הלאה הזאת הנמשכת ממלכות דבינה, ונעשית ד' קשר של תפילין, וזה סוד וראית את אחורי, כמאמר רז"ל בגמרא מלמד שהראהו קשר של תפילין.

קנה) גם ענינו לומר, כי לאה העומדת בקשר תפילין, היא רואה את אחור ז"א, כי היא עומדת ופניה נגד אחורי ז"א כנ"ל. והנה משה הוא בלאה וזהו וראית את אחורי, והדברים מובנים.

קנו) אמנם הסיבה הב' למה שנאמר, ויאהב יעקב את רחל, הוא מובן במ"ש הפסוק, עור בעד עור וכל אשר לאיש יתן בעד נפשו. פי' כי האיש הזה הוא ז"א, ויש לו תרין נשין לאה ורחל, והנה לאה היא בחינת עור כנ"ל, אך רחל היא נפשו ממש, לכן הז"א יתן עורו בעד עור לאה באהבתו אותה. אמנם יש יתרון לרחל על לאה, כי כל אשר לאיש הנ"ל יתן בעד נפשו שהיא רחל, ולא יספיק בעורו לבד שיתן בעדה.

קנז) והנה נבאר טעם אל הנ"ל, למה לאה נקרא עור ורחל נקרא נפש,

אור פשוט

עם רחל הוא ע"י מוח הג' דדעת, הנק' דעת דדעת, שהוא אינו מזווג אלא הו"ק דחו"ב דראש, וע"כ טפת הזווג ההיא היא טפה דו"ק מאותה הקומה. וזכור זה, כי הוא המפתח להבין את בחינת הזווג דז"א עם לאה בכל המקומות שבדברי הרב. ועם זה תבין ג"כ, למה נקראת לאה עלמא דאתכסיא, כי מתוך שהזווג שלה עם ז"א הוא מבחינת חו"ב דדעת, המזווג ג"ר דחו"ב של ראש, כנ"ל, נמצא א"כ, שאם היה הזווג בבחינת קומת חכמה, היו ממשיכים בחינת ג"ר של חכמה, שהם בחינת או"א הפנימים, שנגנזו ברדל"א, ואין להם גילוי עוד באצילות. הרי שאי אפשר לז"א להזדווג עם לאה בקומת חיה. וכל הזווגים דז"א עם לאה הם רק מבחינת חסדים מכוסים, שהארת חיה מתכסה ונעלמת שם, וע"כ נקראת עלמא דאתכסיא.

קנה) **ופניה נגד אחורי ז"א:** כנ"ל, אשר מבחינת המוחין דחיה לא תוכל לקבל רק בחינת אחורים לבד, שהוא בחינת הכלי דעור, הנקרא קשר של תפילין, וע"כ נקרא זה פניה נגד אחורי ז"א. כי בחינת הפנים שלה הוא מוחין דחיה, להיותה אחורים של או"א דנקודים, ואינה מקבלת אלא בחינת אחורים דאלו המוחין. אמנם מבחינת נשמה, ואפילו מנשמה דחיה, היא יכולה לעמוד עם הז"א פב"פ.

קנז) **רחל היא נוקבא אמיתית של ז"א וכו':** ג' עיקרים יש לדעת ברחל זו. א' שורשה מבחינת הכלים, ב' שורשה מבחינת האורות, ג' מקורה מבחינת בנין פרצוף.

והענין כנ"ל, כי רחל היא נוקבא האמיתית של ז"א, והיא בת זוגו ממש, לפי שהוא מכלל היוד נקודות הכוללים עולם האצילות, והיא מלכות האחרונה שבהם, אבל לאה עיקרה היא אחורים דאמא, שנפלו כאן למטה במקום הזה, ואיננה אשתו לז"א רק בדרך השאלה לבד, בהיותה נופלת כאן למטה, נדבקת בעורו של ז"א. אבל רחל היא נפשו כי המלכות נפש, וז"א רוח כנודע.

קנח) עוד ט"א, כי הנה מקום לאה היא למעלה במקום אורות הסתומים, כי יסוד אמא מגיע עד החזה, לכן הארה שלה אינה אלא בחי' עור לבד, ר"ל

אור פשוט

וכל ג' עיקרים אלו הם מעולם הנקודים. כי נודע, שבקטנות הנקודים לא יצאו אלא ז' כלים חב"ד חג"ת עד החזה ונקודת החזה המסיימת אותם בבחינת הפרסא שנתקנה ע"י צמצום ב', והכלים מחזה ולמטה יצאו ונעשו לבי"ע, כנ"ל. נמצא ששורש הנוקבא מבחינה זו היא נקודת החזה בלבד. ומבחינת האורות שנתלבשו בהם, הרי הם נעשו לבחינת חג"ת נה"י, כי אורות דו"ק נקראים חג"ת נהי"מ, ונמצא בזה שנקודת החזה נקראת נקודת מלכות דז"ת דנקודים. אמנם מב' בחינות אלו אין בה רק נקודה אחת, שהיא בחינה המסיימת את ז"א, אבל אין בה שום בנין של פרצוף. וזה התחיל בגדלות של נקודים, כי ע"י האור חדש שיצא מע"ב ס"ג דא"ק נתבקעה הפרסא וז"ת דנקודים נתפשטו עד לנקודה דעוה"ז כמו הרגלים דא"ק, ואלו הנהי"מ שנפרדו מז"ת דנקודים למתחת הפרסא שנתהוו לבי"ע, שוב נתחברו עם הז"ת של ז"א כנ"ל אות ע"א ד"ה אמנם ע"ש. וכמו כן הם נבחנים ג"כ לחלקה של הנקודה דחזה דז"א שהיא המלכות, ונתחברו אליה ונבנית אז לשעתה בפרצוף שלם, הנקרא מלך הז' של הנקודים. והוא משום שבעת הקטנות כבר היו שייכים לחלקה, כי כל בי"ע המצומצמים ע"י הפרסא נמצאים ברשות הנוקבא ומתחתיה, ע"כ גם בעת שנתחברו נעשה לחלקה ולבנינה. הרי שכל שורש בנין הנוקבא הוא מהכלים דאחורים דנקודים שהם הנה"י שמתחת הפרסא.

וע"כ נבחנת נקודת החזה לבחינת הכתר של הנוקבא, כי אחר שנבנית ע"י נה"י שעלו מבי"ע, נעשת נקודת החזה לכתר שלמעלה מהם. ולפעמים נקראת נקודת החזה בשם מלכות שלה לבד, כי מבחינת התלבשות האורות, נמצא שבעת קטנות נקודים לא היה בה אלא כח הסיום דמלכות לבד. ונמצאים אלו ג' עיקרים הנ"ל נקראים: א' נקודת כתר דנוקבא, ב' נקודת מלכות דנוקבא, ג' ט"ס תחתונות דנוקבא, וזכור זה לכל המקומות המדובר מהם.

לאה עיקרה היא אחורים דאמא שנפלו כאן למטה במקום הזה: היינו בזמן שביה"כ דנקודים. ויש לדעת, כי אמא זו אין פירושה קומת נשמה, אלא אמא דקומת חיה, כי או"א דנקודים היו בקומה שוה בקומת חיה. ונמצאת לאה שהיא בחינת אחוריים שנפלו מקומת חיה דאמא. וע"כ היא אינה כלל ממדרגת ז"א, אלא מקום ירידה שלה הוא במקום ז"א, וע"כ הוא מתקן אותה, ונבחנת לנוקבא שלו רק בדרך השאלה, כלומר, שסוף סוף בגמר התיקון תסתלק ממנו ותחזור לאמא עילאה למדרגתה. ומתוך שבחינת חיה דנקודים נגנזה בשתא אלפי שני, לכן אין תיקון לאה נשלם והיא נחשבת משום זה לדינים.

כמ"ש אצלינו בענין צורת ד' של קשר תפילין ש"ר שהיא לאה, וקשר אינו רק בחי' עור לבד, אבל רחל שהיא תפלה של יד, יש בה עור, בחי' בתים של תפילין ש"י, וגם מוחין ממש בסוד פרשיות ע"ש.

קנט) והענין בקיצור, כי לאה היא נגד מקום הכסוי של האורות, עוברת הארה מועטת דרך עור דז"א לחוץ אליה מן המוחין שלו, ולא מן המוחין עצמן רק ממלבושים והכלים שלהם, שהם נה"י אמא, ולכן נרמזת בד' של קשר תפילין ש"ר, כי היא דלה ועניה. ומה שלוקחת צורת ד', כנגד ד' מוחין, אינה רק הארה בעלמא דרך העור, וענין עור הוא ע"ד הפסוק ואחר עורי נקפו זאת, וע"ש איך ההארות הפנימיות מכים זה בזה, ומספר הכאתן הוא כמנין עור, ולכן נק' עור.

קס) ונבאר כאן יותר, ונאמר, כי הנה"י דאבא עומדין מלובשים תוך נה"י דאמא בראש ז"א, ואו"א וז"א הם ב' אותיות ראשונים של הוי"ה, שהם י"ה, ומכים זה בזה, אבא הפנימי באמא שהיא בחוץ, כדי להוציא אורותיה לחוץ, ואז נעשה, יוד פעמים ה"א גימ' ק"ך, אח"כ מכים הארת ה"א שהיא אמא בוא"ו שהוא ז"א לצאת לחוץ, והם גימטריא ע"ח. ואח"כ מכים הארת וא"ו בה"א, שהוא ז"א בלאה החצונה, הם גי' ע"ח. סך כל הכאות כמנין רע"ו, הרי איך לאה בחי' אורותיה כמנין רע"ו. ויוצאין דרך עו"ר של ז"א.

קסא) וז"ס עור בעד עור, כי עור הנקרא לאה עוברת הארותיה דרך עור של ז"א, אבל רחל, שהיא כנגד אורות המגולין, פשוט הוא, שהאורות המגיע לחלקה שהיא עטרא דדעת שבגבורה וכן שאר המוחין, אינן ניתנין לה אלא בבחינת מוחין ממש. נמצא שכל מה שיש אל ז"א יש אל רחל ג"כ.

קסב) וזשה"כ וכל אשר לאיש יתן בעד נפשו. וכבר ידעת כי רחל נקרא נפש, וז"א נקרה רוח. גם נוכל לומר כי ב"פ עור הנזכר כאן הם רחל ולאה. כי גם רחל הארותיה יוצאות ועוברות דרך עור ז"א לחוץ. וכוונת הפסוק

אור פשוט

קסא) **נמצא שכל מה שיש לז"א יש אל רחל ג"כ:** זה סובב רק על קומת המוחין, שרחל נוטלת כל קומת המוחין. אבל לאה אין לה מהם אלא בחינת עור כנ"ל. אמנם במהות המוחין יש הרבה חילוקים בין ז"א לרחל, והעיקר שבהם, כי ז"א יש בו השורש של העיטרא דגבורה, מבחינת נה"י דאמא הכלולה במזל ונקה. אבל הנוקבא אין לה אלא בחינת עיטרא דגבורה מהמלכות דאמא, שאינה כלולה במזל ונקה, ואינה בכלל המוחין דז"א, וע"כ דעתה קלה. כמ"ש הרב בשער מרשב"י באד"ז דף נ"ד ע"ב. (ובמהדורה החדשה דף רע"ז).

לומר, אף כי שתיהן בחינת עור, והן שוין בזו הבחינה, כי הארת שניהן יוצא להם דרך עור ז"א, אך עכ"ז יש יתרון אל רחל מלאה, כי כל אשר לאיש ז"א שהם המוחין ממש, יתן בעד נפשו שהיא רחל הנ"ל.

קסג) ונחזור לענין, כי זש"ה ויאהב יעקב את רחל, כי היה אוהב ז"א את רחל יותר מלאה, כי לזו נתן מוחין ממש ולזו הארה בעלמא. ואע"פ שכפי האמת, אם הכתוב מדבר בז"א, הול"ל ויאהב ישראל את רחל, כי ז"א הוא ישראל ואינו יעקב כנ"ל, אבל הוא במה שנתבאר סבה אל משארז"ל כי יעקב הוא בחיר שבאבות.

קסד) והטעם הוא, כי בתחלה היה יעקב בסוד יעקב הנעשה מאחורי אבא כנ"ל, שהם אחוריים דאבא, שהוא עליון מאד, ולא די זה, אלא שאח"כ על ידי מעשיה עלה עוד, ונמשך לו נשמה מן ז"א ממש, הנקרא ישראל, ולפעמים משמש בשם יעקב, ולפעמים בסוד ישראל, לכן כל הקורא אותו יעקב, אינו עובר בעשה לסבה הנ"ל.

קסה) אבל אברהם ויצחק, הם בחינת חו"ג שבז"א, והם בחינת פרטיות שבז"א ואינם פרצוף גמור לבדו, ולכן יעקב הוא בחיר שבאבות. גם לכך הקורא לאברהם אברם עובר בעשה, כי אות ה' שנתוספה בשם אברהם, היא הה' חסדים, אשר לעולם אינם משתנים ואינם חסרים.

קסו) אמנם בחי' פרצוף ישראל, או יעקב, משתנה כפי הזמנים, ונמצא כי גם שכתוב ויאהב יעקב את רחל, אפשר שמדבר בז"א עצמו, אשר גם הוא בהיותו בסוד ו"ק, הוא כדוגמת יעקב, ובגדלותו נקרא ישראל.

קסז) וזש"ה לא יעקב יאמר עוד שמך כי אם ישראל כי שרית עם אלהים, פי', בקטנות ז"א, יש לו מוחין דקטנות, מבחי' שם אלקים כנ"ל, כי בזמן הקטנות אין לו רק ב' מוחין, כי הקטן אין בו דעת שהוא המוח הג' רק חו"ב. והם ב' שמות אלקים, שהם גימטריא יעקב. ובזמן גדלותו, אז נקרא ישראל, לפי שנכנסין מוחין דגדלות, ודוחין המוחין דקטנות למטה כנ"ל, וז"ש כי שרית עם אלקים, כי שורה עמהם, ויכול להם לדחותן למטה, והבן זה.

* קסח) ועתה נבאר בחי' התקשרות שיש בין לאה ורחל יחד, ובו יתבאר כמה פסוקים, וכמה מאמרי רז"ל. והנה רז"ל פי' על פסוק עקב ענוה יראת ה', מה שעשתה יראה עטרה לראשה, עשתה ענוה עקב לסולייתא.

*) ע"ח ח"ב של"ח פ"ג.

קסט) ביאור הדברים האלה, כי שורש נשים האלה של ז"א, שהם לאה ורחל, נקרא ענוה ויראת ה'. ואמנם רחל נקרא יראת ה' ראשית חכמה, כי היא ראשית כל הספירות מתתא לעילא, והיא פתח לכולם, והיא הנקרא אשת חיל יראת ה', שהם סוד ושמתי כ"ד כ"ד שמשותיך, שהם גימטריא חיל. אבל לאה נקראת ענוה, לפי שהיא למעלה באחורי רישא דז"א.

קע) ונודע, כי הענוה ניכרת באדם בהשפיל ראשו וכופפו למטה נגד פני אדם מפני ענותנותו, ונכנע לפני מי שגדול הימנו. וז"ש והאיש משה עניו מאד, כי הנה נתבאר במ"א כי משה לקח צפורה, והיא א' מן ד' בחי' שיש ללאה, וכולן נקרא לאה על שמה, וצפורה א' מהם, שהיא ג"כ עומדת למעלה נגד דעת ז"א.

קעא) והרי נתבאר, איך משה לקח מדת ענוה העליונה, אבל רחל שהיא ה' תתאה הקטנה הנקראת יראת ה', זוטרתי היא לגביה משה, בסוד שם הגדולה לאה ושם הקטנה רחל, וז"ס שארז"ל, ועתה ישראל מה ה' אלקיך שואל מעמך כי אם ליראה, אטו יראה מילתא זוטרתי היא, והשיבו הן, לגבי משה מילתא זוטרתי היא.

קעב) וכבר נת"ל, כי לאה יוצאת מן הארת המלכות דאמא המתלבשת בז"א בסוד מוחין. ואמנם הנה"י שלה הם נעשין לבושין דג' מוחין דחב"ד

אור פשוט

קעב) **לאה יוצאת מן הארת המלכות דאמא המתלבשת בז"א בסוד מוחין:** להלן אומר שמלכות דאמא אינה משמשת כלל במוחין דז"א אלא רק נה"י דאמא לבד, וכאן אומר שמתלבשת בסוד מוחין. אכן ענין זה, מבואר היטב בשער מאמרי רשב"י באד"ז בסוד הרצועות של תפילין של ראש. אשר הגם שאינה משמשת כלום לצורך המוחין של ז"א עצמו, אמנם לצורך המוחין של רחל היא מתלבשת במוחין דז"א, ונכללת עם המוחין שלו, שע"י התכללות זו דמלכות דאמא עם המוחין דז"א, יוצאים המוחין של רחל שם בראש ז"א, ומשם חוזרים לאחורי המוחין דז"א על העורף, ועושים שם הקשר של תפילין בסוד ד', שהיא בחינת לאה. וכלפי המוחין דנוקבא רחל, נחשבת לבחינה שניה של המוחין שלה, ומשם נמשכים לפנימיות נה"י דז"א, וזה נחשב לבחינה ג' דמוחין דרחל, ואח"כ יוצאים המוחין למקיפים על נה"י דז"א, שזה נחשב לבחינה ד' של המוחין דרחל, ומכאן הם נמשכין לראש דרחל עצמה שהיא בחינה ה', עש"ה. הרי שמלכות דאמא מתלבשת בסוד המוחין דז"א, לצורך המוחין דרחל, אשר בחינה השניה של המוחין ההם, שה"ס הד' דקשר של תפילין, הם באים למוחין גם בשביל לאה. וזה נתבאר היטב בתלע"ס חלק י"ד מאות קנ"ד עד אות קפ"ג ובאו"פ שם.

הנה"י שלה נעשין לבושים לג' מוחין חב"ד דז"א, אמנם המלכות דאמא אינה משמשת כלל לז"א: כי מוחין דז"א יוצאין מנה"י דאו"א הכלולים במזלא, ואין במזלא

309 בית שער הכוונות, עמ' פג מבנה העולמות שט

דז"א, אמנם המלכות דאמא אינה משמשת כלל לז"א. וז"ס מה שארז"ל על ענין הז' רקיעין, אשר תחתון שבהם נקרא וילון, אינו משמש כלום, אלא יוצא ערבית ונכנס שחרית.

קעג) והענין הוא, כי הרקיע הוא אשר נקרא דרך סתם רקיע, אשר בו קבועים חמה ולבנה כוכבים ומזלות, והוא בחי' היסוד דתבונה, שהוא הנקרא רקיע בכ"מ, והוא ו' זעירא בסוד נוטה שמים כיריעה. ובו קבועים חמה ולבנה וכו', לפי שכל האורות כולם יצאו משם כנודע, כי חמה ולבנה שהם זו"נ הם קבועים בו, ומשם הם יונקים, זה מן החסדים וזה מן הגבורות, העומדין בדעת המלובש ביסוד דתבונה הזה.

קעד) והנה הכוכבים הם אורות החסדים היוצאין משם ונופלין תוך יסוד דז"א כנודע, ומכים שם בכח ומתפזרים ונעשו ניצוצין דקין, אשר הם סוד הכוכבים המאירים, וז"ס ומצדיקי הרבים ככוכבים, כי מצדיקי רבים שרשם מן יסוד הנקרא צדיק, והם מקבלים הארת הכוכבים של החסדים שבתוך היסוד מאירין כמותן. (ונלע"ד ששמעתי ממורי זלה"ה כי המזלות הן נקודות והן מן ניצוצין הנעשין ביסוד מנפילת הגבורות, גם הם מלמעלה עד היסוד דז"א ומכים שם ונופלין ומתפזרין ונעשין ניצוצין).

קעה) והנה המלכות של התבונה היא הנקרא וילון, אינו משמש כלום אל ז"א, אמנם מאיר את הארתה ומוציאה לחוץ לצורך לאה העומדת מחוץ לז"א, ואם כן, מאחר שלאה יוצאת מבחי' מלכות זה של תבונה, אשר היא בחינת עטרה של היסוד שבה כנודע וזכור זה. א"כ נמצא כי מקומה הוא בדעת

אור פשוט

בחינת מלכות, כי המזל ונקה הוא בחינת יסוד כנודע, וע"כ אין המלכות דאמא כלולה בכלל המוחין דז"א דגדלות, והמלכות הזו, נשארת בבחינת צמצום ב', וע"כ אינה משמשת כלום במוחין דגדלות דז"א. אלא לצורך המוחין דנוקבא רחל, היא נכללת ביסוד דאמא, ואז יוצאת על ההתכללות הזו קומה חדשה בשביל מוחין דרחל. ולבאר זה צריכים אריכות גדולה וכבר נתבאר כל צרכו בתלע"ס חלק י"ד תשובה צ'. **וכבר נתבאר בדיבור הסמוך, כי אלו המוחין דלאה מבחינת הד' דקשר של תפילין, הם הבחינה השניה דמוחין דרחל. וכן צריכים לדעת, שאלו המוחין הם מוחין דחיה, וע"כ אין לאה מקבלת מהם אלא בחינת עור בלבד, ולא פרשיות,** כמ"ש לעיל אות קנ"ז ד"ה לאה, **להיותה צריכה אל מוחין דג"ר דחיה מאו"א הפנימיים, שאין מוחין אלו מתגלים מטרם גמר התיקון,** כנ"ל אות קמ"ה ד"ה לאה. **ולפיכך אין לה בכל שתא אלפי שני בחינת מוחין דחיה מבחינתה ומשמשת במוחין דו"ק דחיה דרחל** כנ"ל.

ז״א כי שם מקומה העיקרי, וגם לאה היוצאת מהארתה מוכרח הוא ששם מתחיל שיעור קומת הכתר שבה עד למטה עד החזה כנ״ל.

קעו) ואמנם רחל, מתחיל הכתר שלה מהחזה ולמטה עד סיום רגלי ז״א ממש, באופן כי בסיום רגלי ועקבי לאה משם מתחיל כתר רחל למטה מרגלי לאה. וזשארז״ל מה שעשתה יראה עטרה לראשה עשתה ענוה עקב לסולייתא, ר״ל רגלים דלאה שהיא הנקרא ענוה, עשתה יראה שהיא רחל כתר לראשה, כנ״ל.

קעז) אבל הלשון עדיין צריך ביאור, כי מלשון רז״ל נראה כי מהעקב עצמו של ענוה נעשית עטרה ליראה, ולא אמרו שכתר היראה היא תחת עקב דענוה לכן צריך לבאר הענין יותר בפרטות.

קעח) כי הנה כפי הנ״ל נמצא, שמראש כתר דלאה עד סיום רגלי דרחל הם ז״ס דעת חג״ת נה״י, כי המלכות שבז״א היא עצמה שורש רחל כנודע, ומהראוי היה ששתי נשים הללו אחת אהובה רחל ואחת שנואה לאה, לא

אור פשוט

קעה) ותקח לאה ג׳ ספירות וחצי וכו׳ ותקח רחל מחצי ת״ת ולמטה וכו׳: פירוש, כי עיקר הנושא לגילוי מוחין דחיה הוא ז״א הנקרא ת״ת, כי הבינה עצמה היא תמיד בחסדים מכוסים ואינה מזדווגת עם חכמה כדי להמשיך מוחין דחיה, אלא לצורך ז״א בלבד, כנ״ל אות קל״ח ד״ה מהחזה, ולפיכך נמצא בחינת ז״א גם במוחין דאו״א הנקרא שם דעת, כי מציאותו שם גורם קיום לזווג בינה עם החכמה בסוד מ״ן אליהם, כלומר, שבינה מחזקת בזווג עם חכמה בשבילו. אבל בהיותו יורד משם, תיכף נתבטל זווג דבינה עם חכמה, כי הבינה חוזרת לבחינת חסדים מכוסים, והמוחין דחיה מתבטלים כמ״ש הרב בע״ח שער שביה״כ פ״א בתחילתו, ע״ש. ובתלע״ס חלק ז׳.

והוא הטעם שת״ת דאמא נעשה כתר אל ז״א, כי מתוך שעיקר המקיים למוחין דחיה באו״א הוא ז״א, שהוא ת״ת, ע״כ נחשב ת״ת זה דאמא גם למשפיע המוחין ההם אל ז״א במקומו עצמו. כי זה הכלל, כל הריות שהתחתון גורם אל העליון גם התחתון יורש כל אותו הריות, כי הוא הגורם לו, שיהיה בחינה כתר ומשפיע אליו. דהיינו, כמו שת״ת דאמא מקיים מוחין דחיה באמא עלאה, כן משפיע מוחין אלו לז״א עצמו, והבן זה היטב.

והנה גם בז״א עצמו, כשמקבל אותם המוחין, נמצא שת״ת דז״א, שהוא עיקרו של ז״א, נמצא גם בו עיקר הנושא למוחין דחיה כמו באמא הן: בחינת ת״ת דמוחין הנקראת דעת, ובחינת ת״ת דגוף. ודע שעיקרו של ת״ת הוא שליש אמצעי שבו, כי שליש עליון הוא בחינת התכללות ע״ס דת״ת מהעליונים ממנו, דהיינו כח״ב דת״ת. ושליש תחתון דת״ת, הוא בחינת התכללותו ממלכות התחתונה ממנו, שהיא בחינת נהי״מ דת״ת, אבל שליש אמצעי הוא בחינתו עצמו, שהוא חג״ת דת״ת. ולפיכך נבחן כי

יוכל להסיר חלק השנואה בעבור האהובה, כי חלק כחלק יאכלו שניהן, וירשו מקום בעליהן ז"א שוה בשוה, ותקח לאה ג"ס וחצי שהם דעת חו"ג וחצי ת"ת העליון, ותקח רחל מחצי ת"ת ולמטה עד סיום רגלי ז"א, שהם ג"ס אחרות וחצי תחתון של ת"ת.

קעט) ואמנם אין הדבר כך אלא שלאה לוקחת שליש עליון מג"ש דת"ת, ורחל לוקחת כל ב"ש תחתונים דת"ת דז"א לכתר שלה, כמבואר במ"א, ושם נתבאר טעמים רבים, ואחד מהם הוא, שבחזה נשלם יסוד אמא, לכן משם ולמטה, שאורות החסדים ההם בגלוי, נבנית רחל באחורי ז"א, וכ"ז נת"ל. והנה בזה תהיינה צרות זו לזו ותפול ביניהן קנאה על הדבר הזה.

קפ) לכן מה עשה המאציל העליון, עשה באופן ששליש עליון דת"ת יהיה כולו ללאה, ושליש תחתון כולו לרחל, אבל שליש האמצעי יהיו שני אחיות משמשות שוה בשוה ויהיה ברשות ושותפות שניהן, כלומר, כי שיחלק

אור פשוט

עיקר הנושא להארת המוחין דחיה, הוא שליש אמצעי דת"ת.

ועם זה תבין, מ"ש הרב, שבעת שאין לז"א אלא מוחין דנשמה, אינו מלביש רק שליש תחתון דת"ת דאמא. ורק בעת שהוא משיג מוחין דחיה הוא עולה ומלביש על שליש אמצעי דת"ת. והוא משום שאין חיה רק משליש אמצעי הנושא להארת חכמה, כי נבחן לת"ת דת"ת ועיקר הת"ת, משא"כ שליש תחתון דת"ת הוא בחינת המלכות הכלולה בו, ושליש עליון הוא בחינת ג"ר הכלולות בו. כנ"ל.

וזה אמרו "ומהראוי היה ששתי נשים הללו וכו' יירשו מקום בעליהן ז"א שוה בשוה ותקח לאה ג"ס וחצי שהם דעת חו"ג וחצי הת"ת העליון ותקח רחל מחצי ת"ת ולמטה וכו'" דהיינו ששניהן יטלו את שליש ת"ת האמצעי המשפיע מוחין דחיה, כנ"ל, דהיינו שלאה תקח חלק מהמוחין דחיה דז"א כמו רחל, ויתחלקו עם השליש אמצעי דת"ת שוה בשוה. וז"ש "ואמנם אין הדבר כך אלא שלאה לוקחת שליש עליון ורחל לוקחת כל ב"ש התחתונים דת"ת דז"א לכתר שלה" דהיינו, כי רק רחל לוקחת את שליש האמצעי המשפיע מוחין דחיה, ולא לאה, כי לאה נוטלת רק שליש עליון בלבד, שאין שם הגילוי של המוחין דחיה כנ"ל.

קפ) **שליש אמצעי יהיו שני אחיות משמשות שוה בשוה וכו' ומתלבשים רגלי לאה בכתר של רחל:** היינו רק בעת הקטנות של רחל נעשה כך, אשר רגלי לאה מתלבשות בכתר של רחל, ואז אין גם לרחל מוחין דחיה, והיא נמצאת בעת ההיא אב"א עם הז"א. כי מתוך שרגלי לאה מתלבשות בשליש אמצעי דת"ת דז"א, ולאה אינה ראויה לקבל המוחין דחיה, כנ"ל, נמצאים רגלי לאה מחשיכים את כתר דרחל, דהיינו שגם רחל אינה יכולה לקבל מוחין דחיה, והיא דומה כמו שהיתה מתחלה מטבור ולמטה דז"א, כי אין בחלקה עצמה רק שליש תחתון דת"ת שאין שם גילוי דמוחין דחיה, אמנם בעת שרחל משגת המוחין דחיה, הנה אז בהכרח שנוטלת את כל שליש אמצעי דז"א לחלקה עצמה, ורגלי לאה נעלמים שם.

שליש אמצעי לב' חלקים א"א, כי כולה בחי' א' ואינו מתחלק, אבל יהיה כתר של רחל עולה עד שם, וגם רגלי לאה יורדים עד שם, ומתלבשים רגלי לאה בכתר של רחל כשיעור שליש אמצעי בלבד, והרי שתיהן משתמשות בשוה. וזשארז"ל מה שעשתה ענוה עקב לסולייתא שהם רגלי לאה, מהם עצמם נעשה ראש וכתר של רחל הנקרא יראה.

קפא) אמנם דע, כי פעמים שרחל לוקחת כל מקום אותו שליש אמצעי, ואין רגלי לאה מתפשטים בתוך כתר רחל כשיעור שליש ההוא. וז"ש אצלינו בכוונת ק"ש בפסוק ואהבת, צריך לכוין לתת ב' אורות לרחל כמנין ואהבת, שהם ב"פ אור, ורחל נקראת א"ת כמ"ש למטה בע"ה. כמארז"ל אתין וגמין רבויין הם. וזהו ואהבת את, ר"ל שתאהב את רחל הנקראת את, והוציא בלשון אהבה ע"ד ויאהב יעקב את רחל, כי האהבה יתירה הוא שנתן לה חלק יתר על לאה כנ"ל, והם ב' אורות אלו כמנין ואהבת כנ"ל.

קפב) והאורות הללו, הנה הם בחי' הב"ש תחתונים של ת"ת כנ"ל, ולפי ששליש העליון הוא במקום הסתום, אבל אלו הב"ש הם במקום הגלוי שמאירין החסדים, לכן נקרא אור אור. וענין זה נת"ל בענין הכתר של רחל, שהוא ב"ש דת"ת דז"א הנקרא ב"פ אור אור, בסוד ושמתי כדכ"ד שמשותיך, אבל כתר של לאה אין בו רק אור א' לבד, כנ"ל שם באורך ויתבאר לקמן.

קפג) נמצא כי יש זמן שלוקחת רחל ב"ש לבדה, ויש זמן ששליש אמצעי,

אור פשוט

כמ"ש לפנינו "אמנם דע, כי לפעמים שרחל לוקחת כל מקום אותו שליש אמצעי ואין רגלי לאה מתפשטים בתוך כתר רחל" דהיינו כנ"ל כי רק כשרחל היא אב"א עם הז"א, אז רגלי לאה מתפשטות בכתר רחל, אבל בעת שרחל משגת פב"פ, עם הז"א, דהיינו בקבלת מוחין דחיה, אז רגלי לאה מסתלקות מתוך כתר רחל, ושליש אמצעי דת"ת דז"א נעשה כולו לכתר שלה, המשפיע לה המוחין ההם, כמ"ש. וזה הכלל, שאין השפעת מוחין דחיה אלא משליש אמצעי בלבד, הן בז"א מאמא עילאה, והן בנוקבא מז"א, ושורש המשפיע, נקרא כתר.

קפב) **במקום הגלוי שמאירים החסדים לכן נקרא אור אור וכו' אבל כתר של לאה אין בו רק אור א' לבד:** כי בגילוי אור החיה, נמצאים ב' אורות שהם: אור חכמה ואור חסדים, כי הפירוש של גילוי החסדים הוא, שהארת חכמה מתגלית בהם, ולכן נקרא אור אור. אבל לאה שהיא בחינת עלמא דאתכסיא, כי היא בחינת שליש עליון בלבד, ששם אין גילוי חכמה בחסדים, כנ"ל, ע"כ אין שם אלא אור א' לבד, דהיינו רק אור חסדים, כי הם שם חסדים מכוסים מחכמה.

קפג) **חטיפה וגניבה נקרא תרפים:** כלומר, בחינת רגלי לאה, שרחל לוקחת אותם לחלקה, על ידי עליתה והלבשתה את שליש עליון דז"א, הם נבחנים בה כמו חטיפה וגניבה. והוא, כי להיותם מבחינת לאה, אין

אע"פ שהוא לעולם שלה, עכ"ז יש זמן שרגלי לאה מתלבשין בכתר שלה בתוכו ממש כשיעור שליש אמצעי (גם לפעמים לוקחת רחל שליש בגנבה ממש כשיעור שליש זה אמצעי) לבד, אבל לעולם שיעור כתר של רחל הוא ב"ש. וז"ס ותגנוב רחל את התרפים אשר לאביה, פי' כי מקום השליש האמצעי, שלפעמים לוקחת אותו רחל לה לעצמה בלבד, דרך חטיפה וגניבה, נקרא תרפים.

קפד) נמצא כי לבן הוא לובן העליון, שהוא אבא עלאה, ולו ב' בנות רחל ולאה, כנזכר זוהר פרשה ויצא דקס"ב על וללבן שתי בנות ע"ש, ולפעמים גונבת רחל מן לאה שליש האמצעי הנקרא תרפים ולוקחת לה לבדה, כי ממון אביה הוא, ואינה נותנת ממנה אל לאה אחותה.

קפה) והנה ענין תרפים אלו הוא לשון תורף, שהוא מקום ערוה, כמו בית התורפה הנזכר בגמ', והם בחי' ב' רגלים של לאה הנכנסין ומתלבשין תוך כתר רחל כנ"ל, לכן אמר תרפים לשון רבים, שהם ב' הרגלים.

קפו) וביאור הענין, כי הנה מקום פתיחת יסוד אמא תוך ז"א הוא בחזה שלו, נמצא שגילויו ופתיחתו הוא בשליש האמצעי, וזהו פתיחת וגילוי בית התורף אשר שם של התבונה. ואמנם ענין גניבת רחל את התרפים, ואיך עי"ז

אור פשוט

הם ראוים לקבל כלום מהארת חיה, כי זווג דמוחין דחיה, נעשה רק על בחינה ו"ק דאו"א, אשר ז"א יכול להאיר אותם רק לבחינת רחל, שהיא בחינת נוקבא דו"ק שלו, אבל לא ללאה שהיא נוקבא דג"ר שלו, כנ"ל. ונמצאים רגלי לאה אינם ראוים להארת חיה מצד עצמם, אלא מתוך שרחל לוקחת אותם לחלקה, נמצאים גם הם מקבלים הארת חיה כמו רחל, וזו היא גניבה, כלומר, שהכלים ההם אינם שייכים כלל לבנין פרצופה, ואינם ראויים לקבל הארתה, אלא רחל גנבתם, שמתוך כך קבלו ג"כ הארתה. אבל ענין נטילתה את שליש אמצעי דת"ת דז"א, אינם שום גניבה, כי זהו חלקה ממש המשפיע את המוחין דחיה שלה, והבן.

קפה) תרפים לשון רבים שהם ב' הרגלים: ולהלן אומר (באות ר"א) "להיותם מובלעים ב' העקביים בכתר רחל מתאחדים ונעשים עקב אחד" והענין הוא, כי להלן מדבר בעת שהם מתלבשים תוך כתר רחל ומחשיכים אותה, שאז נמצאת רחל אב"א עם ז"א, ועי"כ נבחנים נו"ה דלאה לבחינה אחת, כמ"ש הרב, שבעת שנו"ה הם באחור הם שניהם בחינה אחת, ועי"כ קראם עקב, לשון יחיד. משא"כ כאן, שהמדובר הוא מגניבת התרפים, שהוא ע"י השגת מוחין דחיה של רחל, כנ"ל, ועי' שהתרפים אלו קבלו הארת רחל, כנ"ל, בדיבור הסמוך, ונמצאים ע"כ בבחינת פנים, ובבחינת פנים נבחנים הנו"ה לשתי בחינות מיוחדות, ועי"כ נקרא תרפים לשון רבים. והבן זה.

לא הגידו ללבן כי ברח יעקב, הענין הוא, כמ"ש אצלינו בדרוש בלק ובלעם ועזא ועזאל ע"ש היטב.

קפז) ושם נתבאר, כי הנה המקום הזה הוא בחי' עץ הדעת טו"ר, אשר בו חטא אדה"ר וחוה, כי שם הוא מקום גילוי החסדים של הדעת דז"א בחזה שלו, ולכן יש שם יניקה ואחיזה אל החצונים הנקרא רע בעצם.

קפח) משא"כ למעלה, כשהאורות מכוסים, הנה הארת ה"ח אלו המתגלים ויוצאין אל החצונים, הוא ע"י אותם הרגלים של לאה הנכנסין תוך כתר רחל כנ"ל, והם כנגד פתיחת פי היסוד של תבונה.

קפט) כי כאשר האורות ההם יוצאין מן היסוד דתבונה עד מחוץ אל ז"א, לעשות כתר לרחל כנודע, אז ע"י התלבשות רגלי לאה תוך הכתר של רחל, האור מתמעט ונחשך, ואינו יכול לצאת ולעבור האור ההוא על צד פני רחל כנודע, כי היא עומדת אב"א עם ז"א. ובתחלה האורות פוגעין באחוריים, ואח"כ משם עוברין עד הפנים שלה, ולהיות העקביים של לאה

אור פשוט

קפז) המקום הזה הוא בחינת עץ הדעת טו"ר אשר בו חטא אדה"ר וחוה כי שם הוא מקום גילוי החסדים של הדעת דז"א: כי שליש אמצעי דת"ת, הוא שורש המשפיע חכמה, בסוד ת"ת העולה ומזווג לחו"ב, שאין בינה מזדווגת עם חכמה זולת ע"י מ"ן דת"ת, וע"כ עלה ז"א וקנה מקום תוך המוחין דאו"א, כדי לקיים באו"א את הזווג דחכמה, כנ"ל אות קע"ח ד"ה ותקח עש"ה. ות"ת הזה המקיים את המוחין דחיה באו"א נקרא בשם דעת. כנ"ל.

ולפיכך נקרא שליש אמצעי של ת"ת דז"א עץ הדעת, כי הוא השאיר את שורשו באו"א בסוד מוח הדעת שלהם כמבואר. אמנם לפי זה יש לטעות שגם בחינת כתר דרחל נקרא כן ח"ו, כי גם היא נוטלת מוחין דחיה משליש אמצעי דת"ת דז"א. אכן הכונה היא, על בחינת הזווג דג"ר דמוחין דחיה, שהם בחינת או"א הפנימים שנגנזו בסוד עוקא רבא, שהם בחינת המוחין ששמשו באו"א דנקודים בסוד הסתכלות עיינין דאו"א זה בזה. ועל שם זה נקרא שליש אמצעי דת"ת דז"א בשם עץ הדעת, כי בו יש האיסור שלא להעלות ת"ת בסוד מ"ן לאו"א הפנימים ולזווגם בכדי להמשיך ג"ר דחיה כמו בנקודים. משא"כ עלית ת"ת זה בסוד מ"ן אל או"א דמזלא, כנהוג בכל המוחין דחיה דאצילות, אין בזה משום איסור כלל, ואדרבה, בו תלוי כל התיקונים, כי אין כלל שום זווג בלי מוחין דחיה כנודע. אמנם נתבאר כי הדעת הזה הוא בחינת ו"ק דדעת, ומזווג על ידו לבחינת ו"ק דאו"א הפנימים, כנ"ל. וכבר נתבאר, שע"כ נקראת לאה עלמא דאתכסיא, כי היא צריכה לג"ר דחיה שאין שום זווג עליהם בזמן הזה. וע"כ נקראת רחל עלמא דאתגליא, כי היא צריכה רק לבחינת ו"ק דחיה, והם מתגלים בה גם בזמן הזה קודם גמר התיקון, והבן.

קפט) עקביים של לאה מפסיקים לגמרי והם לוקחים האורות היוצאים מבפנים:

שם באמצע כתר של רחל, אינו עובר האור עד פני כתר של רחל, כי אלו ב' עקביים של לאה מפסיקין לגמרי, והם לוקחין האורות היוצאין מבפנים.

קצ) ונודע כי העקביים של לאה הם דינין קשים וגמורים לגמרי, כי נ"ה אינון, אשר כל בחי' נ"ה הם דינין להיותן הקצוות הקרובים אל הקליפה, ובפרט שנקרא בלשון לבר מגופא, כנודע, כי נ"ה אינון לבר מגופא.

קצא) ונוסף ע"ז, כי הם רגלי לאה, אשר כל בחינותיה הם דינין קשים, להיותה בחי' מלכות דתבונה כנ"ל, והתבונה עצמה היא נה"י של בינה, שהם אחרונות שבה, והבינה עצמה אמרו עליה בזוהר, דדינין מתערין מינה.

קצב) ולא עוד, אלא שלאה עצמה היא מן אחורים של מלכות דתבונה, ואינה בחי' פנים, ובפרט כי אינה רגלים שלה אלא בחי תחתונה שברגליה, והם בחי' עקביים, כמ"ש בע"ה.

קצג) והנה כפי כל הטענות הנ"ל, נמצא, כי אלו העקביים דלאה הם דינין גמורים, לכן יש מקום אחיזה ויניקה אל הקליפות, כמ"ש בדרוש בלק ובלעם ועזא ועזאל, ששרשם הם בחי' ד' אורות הנ"ל שבאותן תרין רגלים ועקביים דלאה, שמשם יונקים החצונים, לכן היה הולך בלעם אל הררי קדם אל עזא ועזאל, כמ"ש בזוהר, שקודם שבא בלעם אל בלק, הלך והסגיר את עצמו בהררי קדם עם עזא ועזאל.

אור פשוט

המדובר הוא באורות דפנים דנשמה, אשר עקביים דלאה מתתקנים בהם לצורך עצמם לגמרי, כי אורות דג"ר דנשמה הם הארת ג"ר ממש לגמרי בבחינת מחזה ולמעלה, כנ"ל אות קל"ה ד"ה ועוד ע"ש. אמנם מחזה ולמטה אין הם מספיקים להארת פנים, כי אין בחינת פנים מחזה ולמטה, רק ע"י מוחין דחיה כנ"ל. וז"ש, "שעקביים דלאה מפסיקים לגמרי והם לוקחים האורות דפנים" אבל לרחל אין מהם אלא אורות דאחורים, שהם ו"ק בחוסר ראש, כי היא אינה יכולה להנות מהם להיותם חסדים מכוסים, והיא צריכה לחסדים מגולים. וע"כ נבחנים רגלי לאה שבמקום כתר רחל, לבחינת דינין קשים, כי בה נראים הדינין שבהם המעמידים לרחל בבחינת האחורים. והבן זה היטב, כי אע"פ שרגלי לאה ממותקים בבחינת פנים לבחינת לאה עצמה, מ"מ לבחינת רחל הם דינין גמורים העושים אותה לאחורים עם הז"א. מטעם הנ"ל.

קצג) ועזא ועזאל ששרשם הם בחי' ד' אורות הנ"ל שבאותם תרין רגלים ועקביים דלאה: כבר נתבאר שאלו העקביים דלאה הם תכלית הדינין, עם הארתם למטה מחזה אחר כלות יסוד דאמא, כי אור אמא שהוא הארת ג"ר, כבר מסתיים במקום החזה, ומחזה ולמטה אינו נמתק רק בהארת חיה, ומתוך שהארת חיה מבחינת המוחין דלאה אינם מופיעים בכל המשך שתא אלפי שני, נמצאים משום זה אותם הדינין בלי שום

קצד) וז"ש מן ארם ינחני בלק מלך מואב מהררי קדם. וכבר נתבאר אצלינו בדרוש בלק ובלעם, כי בחי' בלעם, היה מהאורות היוצאין, מאותן עקביים דלאה הנבלעים תוך כתר רחל אל החצונים. וזהו פי' בלע"ם, ולכן היה הולך להררי קדם אצל עזא ועזאל שיניקתן משם.

קצה) וכבר נתבאר אצלינו כי לבן הארמי אבי אביו של בלעם, והוא עצמו נתגלגל בבלעם, וממנו למד בלעם בן בנו מעשה כשפים, וחכמה הזאת חכמתו של לבן הארמי, אשר שיבח עצמו ואמר יש לאל ידי לעשות עמכם רע, וע"ד הנאמר בבלעם, כי ידעתי את אשר תברך מבורך ואשר תאור יואר.

קצו) וזה ענין חכמת התרפים אשר ללבן, אשר ע"י אלו התרפים היה משיג כל הארותיו, וכאשר רחל גנבתם לא יצאו האורות ההם אל עקבי של לאה לחוץ אל החצונים להאיר להם, ולא ידע כי ברח הוא, באופן שתרפים הם בחי' אורות היוצאין אל החצונים מן התורף של התבונה, שהוא יסוד שלה המלובש במקום החזה של ז"א.

* קצז) גם ענין זה הוא חטא של אדה"ר בעץ הדעת טו"ר, כאשר בארנו לעיל, כי זהו מקומו. והוא עצמו משארז"ל, שחטא חוה היה שסחטה ענבים ונתנה לו. ופירוש הענין, כי הנה העקביים של לאה הנכנסין בכתר רחל, הם בחי' ענבים, גימטריא עק"ב, בסוד עקב ענוה הנ"ל, והיין שבענבים, הם דינין שבעקביים האלו.

קצח) ונודע, שאין החצונים ניזונין אלא מפסולת היין, מן השמרים שבו, שהם שיורי הדין הקדוש. והנה זה השפע שיונקים החצונים הוא דין קשה, והוא יין עכור מלא שמרים, והוא בלוע תוך העקביים של לאה, דמיון היין הבלוע תוך הענבים.

אור פשוט

מיתוק כלל, וע"כ נעשו שורשים לב' המלאכים, עזא ועזאל, שעז"א נעשה מעקב ימין ועזאל מעקב שמאל, כמ"ש להלן.

קצו) **רחל גנבתם לא יצאו האורות ההם אל עקבים של לאה לחוץ:** כנ"ל ד"ה חטיפה וגניבה, **שענין גניבה זו נעשה עם השגתה של רחל למוחין דחיה שאז מאירים העקבים ההם כאילו היו מאברים שלה, עש"ה. וע"כ** נפרדים מהם כל כוחות הדין שהיו מעורבים בהם, ונתבטלה לגמרי הארת החיצונים שהם האלהים של לבן. וז"ש, למה גנבת את אלהי, וגם נסתלקה כל חכמתו ממנו ולא ידע כי ברח הוא, והבן.

קצח) **יין עכור מלא שמרים והוא בלוע תוך העקביים של לאה דמיון היין הבלוע תוך הענבים:** פירוש, כי כל פרצופי אבי"ע,

*) ע"ח ח"ב של"ח פ"ד.

קצט) וחוה סחטה אותן הענבים, וכוונתה היתה שע"י הסחיטה ההיא יצאו השמרים הבלועים שם, ומהם שתו אדם וחוה מן היין ההוא, כוס התרעלה. חלק החצונים הנקרא סטרא דמותא, ולכן נענשו בענין המיתה, וגרמו עליה מיתה. ואפשר גם כן, שזה סוד מיתת רחל מחמת התרפים כמאמר רז"ל.

ר) והבט נא וראה, כי ענבים גימטריא עק"ב כנזכר לעיל, לכן אין נדרכות הענבים להוציא מתוכם יינם אלא בעקביים. וענבים אלו הם לשון רבים, שהם ב' עקביים הנ"ל, אשר כל א' מהם הוא נקרא אלקים, להיותה דינין כנ"ל. והנה ב' רגלים הם ב' שמות אלקים, (ועם י' אותיות שלהם ג"כ גי' ענבים) והם גימטריא עק"ב, כי אלקים שהוא שורש הדין בבחי' ענבים ובתוכו גנוז היין ומובלע בתוכו.

רא) ולפי האמת כיון שהם ב' שמות אלהי"ם, וגם ענבים, מיעוט רבים

אור פשוט

יצאו מצמצום ב' כנ"ל, **שה"ס בה' זעירא בראם,** כנ"ל אות מ"ג ד"ה בהבראם. **גם נודע, שענין הקליפות נעשו מאותם הכלים דז"א ומלכות של אחורים דנקודים ששמשו עמהם בזמן המלכים, אחר שנפרדו לכלים חיצונים ומקיפים הנקראים לבוש והיכל.** כנ"ל אות ע' ד"ה והנה, ע"ש. **גם נתבאר לעיל שבבחינת הכלים של המלכים ששמשו בנקודים היה פגם נוסף, כי גם בחינת הדינין דצמצום א' רכיב עלה,** כנ"ל אות מ"ט ד"ה ונודע ע"ש. **ודע כי זו הבחינה שבקליפות ה"ס כוס התרעלה, ונקראת שמרי הקליפות, וזכור זה. כי מבחינת השמוש עם הכלים הנפרדים דז"א ומלכות שנפרדו ע"י צמצום ב', נעשו כל הקליפות, ומבחינת המלכות דצמצום א' שהיתה מעורבת בהם, נעשה שמרי הקליפות, שממנה כל כח החוזק שבהם, ע"ד השמרים שהם כל כח החיזוק שביין.**

וזה אמרו "יין עכור מלא שמרים והוא בלוע תוך העקביים דלאה" כי נתבאר לעיל שכל בחינה שלא נבררה לגמרי נמצאים כל הקליפות מעורבות שמה. כנ"ל אות ע' ד"ה עור, **ונמצא שיש בעקביים דלאה ב' בחינות דינין שהם השורשים לקליפות ולשמרי הקליפות** כנ"ל. **והנה העקביים דלאה עצמם, הם מבירורים דצמצום ב' כבכל הפרצופים, שמהם אינם יונקים רק הקליפות, אכן גם בחינת שמרי היין מעורבים בהם,** כנ"ל, **וז"ש "והוא בלוע תוך העקביים" כלומר, שאינם ניכרים לחוץ משום שכל בנין לאה הוא מבחינת צמצום ב', אמנם הם נעלמים שם ובלועים בתוכם.**

וזה אמרו "וחוה סחטה אותם הענבים" כי ע"י אכילתה לעץ הדעת, שפירושו, שרצתה להמשיך בחינת ג"ר דחיה המבררים לאלו העקבים דלאה, כנ"ל, **נמצא שסחטה אותם הענבים, ואז נתגלו השמרים לחוץ, שה"ס הזוהמא שהטיל הנחש בחוה. כי ע"י שהמשיכה הארה לשמרי הקליפות, נתדבקו בה וגרמו לה המיתה.**

רא) להיותן מובלעים ב' העקביים בכתר רחל מתאחדים ונעשים עקב אחד: **כבר נתבאר זה לעיל, כי בעת התלבשות העקביים דלאה בכתר רחל, נמצאת אז רחל רק בבחינת אב"א, ואלו העקבים הם נו"ה דלאה,**

שנים, (א"כ) למה הם גימ' עק"ב כנ"ל, שהוא לשון יחיד. הענין, כי להיותן מובלעים ב' העקביים בכתר דרחל כנ"ל, מתאחדים ונעשים עקב אחד, וזה עקב ענוה, ולא כתיב עקבי הענוה.

רב) (ונל"ח ששמעתי ממורי זלה"ה כי זהו ג"כ סוד מ"ש פרשה תצוה ובספרא דצניעותא, דינין דנוקבא תקיפין ברישא ונייחין בסופא. כי הנה בכתר דרחל, שם הם עקביים דלאה. שהם תוקף הדינין כנ"ל).

רג) והנה נתבאר ענין חטא אדה"ר איך היה בעץ הדעת, שהם בב"ש תחתונים של ת"ת דז"א, שהם אורות נגלים של הדעת מבחינת החסדים שבו.

* רד) ועתה צריך לפרש ענין מ"ש חז"ל במדרש וגם בזוהר פרשה בלק דף ר"ח ע"ב, כי מש"ה אשר מחזה שדי יחזה נופל וגלוי עינים, על עזא ועזאל אתמר וכו'. דע כי עזא ועזאל הם שני מלאכים הנשרשים ונבראים מאותם ב' האורות היוצאות משתי עקביים דלאה שבתוך כתר דרחל, שמשם אחיזת בלק כנ"ל שהם תכלית הדינים, ויוצא הארותם לחוץ, ועזה נעשה מן עקב ימין ועזאל מהארת עקב שמאל.

רה) והנה בלעם אינו מבחי' הארת עקבים עצמם, אלא מהארת כתר דרחל הבולע בתוכו הארת ב' העקבים, כנז"ל. ולכן גם הוא היה למד מעזא ועזאל כל חכמתו, ויונק מהם, ע"ד כתר דרחל שיונקת מן העקבים דלאה, ולהיות הארות עזה ועזאל נגלים בזה המקום לכן נק' מחזה שדי.

רו) ובזה יתבאר ענין מאמר רז"ל במדרש וגם בזוהר פרשת בראשית דף ל"ה ע"א, כי עזה ועזאל, הם שקטרגו על בריאת אדה"ר והפילם הקב"ה ממקום קדושתם, ועליהם נאמר, הנפילים היו בארץ.

רז) ופשוט הוא, כי לא לחנם היו אלו מקטרגים על בריאתו יותר משאר המלאכים, והטעם הוא, כי זו"ן היו בתחלה אב"א, ואז הם לאה ורחל זו למעלה

אור פשוט

וע"כ הם רק בחינה אחת, כי אין נו"ה נחשבים לב' בחינות, אלא רק בזמן היותם בבחינת פנים.

רה) בלעם אינו מבחינת הארת עקבים עצמן אלא מהארת כתר דרחל הבולע בתוכו הארת ב' העקבים: כמ"ש לעיל ד"ה עקבים של לאה, אשר אלו עקבים בהיותם בבחינת לאה עצמה יש להם מיתוק, אלא כל הדינין שבהם מתגלים עם היותם מאירים בכתר רחל מחוזה ולמטה. וזה שמשמיענו כאן הרב, אשר

*) שער הפסוקים פ' בלק סימן כ"ד.

מזו באופן הנז"ל, כי שתי עקבי לאה מתעלמים תוך כתר דרחל. ואז עזה ועזאל יונקים משם כנזכר.

רח) וכשעלה ברצונו לברא אדם וחוה, היה כדי שע"י מעשיו יתקן את הנקבה, באופן שיחזרו פב"פ, ויזדווגו יחד, בסוד ואדם אין לעבוד את האדמה.

רט) והנה בהיות זו"ן פב"פ, אין עקבי לאה תוך כתר דרחל, וכל אותם ההארות שהיו יוצאות מעקבי לאה אל כתר דרחל, אשר משם היו נאחזים עזה ועזאל, היו עתה מתבטלות משם ויוצאות דרך צד פנים, כי שם עומדת רחל, ושם אין מקום אחיזה אל החיצונים כנודע, שאין אחיזתם אלא באחור, ועזה ועזאל היו הארותיהם מתבטלות בבריאת אדם, ולכן היו מקטרגים בבריאתו, מפני הנזק המגיע להם בבריאתו. ודע, כי עזה צריך להיות בה"א, לא באל"ף, ושמעתי משם מורי ז"ל, כי הוא בגימטריא אדנ"י עם מספר י"ב אותיות המילוי.

רי) ואמנם שאר אורות היוצאות לצד אחור אינם מתבטלות זולתי זו, לפי שאינה יוצאת אלא בהיות עקבי לאה תוך כתר דרחל, ובחזרתה בפנים מתבטלות שאר האורות דעזה ועזאל.

אור פשוט

בלעם נאחז בעקבים דלאה בשעה שהם מאירים בכתר רחל, וע"כ הוא בחינת ס"א, והבן.

רט) זו"ן פב"פ אין עקבי לאה תוך כתר רחל וכו' הארותיהם מתבטלות בבריאת אדם: כי כל יניקת עזא ועזאל הם מעקבים דלאה שבכתר רחל, שזהו רק בעת היותה אב"א, וכיון שהם ידעו שאדה"ר יחזיר לזו"ן פב"פ, שהם בחינת מוחין דחיה, שאז לוקחת רחל כל השליש אמצעי ומתקנת גם כן העקבים דלאה בסוד חטיפה וגנבה, כנ"ל, ואז מתבטלים לגמרי הארת עז"א ועזאל. וז"ש, "ולכן היו מקטרגים בבריאתו מפני הנזק המגיע להם".

פרק י"א

* ריא) ועתה נבאר לך הקדמה אחרת, דע כי אדה"ר מלבד חטאו הראשון שאכל מעץ הדעת כנודע, עוד הוסיף לחטא והוליד שדין ורוחין ולילין כנודע.

ריב) והנה בתחלה התחיל והוציא טפות קרי לבטלה ואח"כ בהיותו עושה עדיין מעשה הרע הזה, בא על אשתו, ואז נתעברה ממנו חוה אשתו מב' טפות: מן הטיפה הראשונה יצא קין הבכור, ואח"כ מטיפה הב' יצא הבל אחיו.

ריג) ואח"כ חזר עוד לקלקולו, והוציא טיפות קרי לבטלה כל אותם ק"ל שנים שפירש מן אשתו עד שהוליד שת כנודע, באופן, כי ב' בחי' טיפות קרי היו, אחת קודם קין ואחת לאחריו, וקין היה באמצעיתם.

ריד) ואמנם כשיצאה מן אדה"ר טיפת קין, ונתנה אל חוה אשתו ע"י חיבור וזיווג, עדיין היתה טיפת קין מעורבת עם טיפות קרי שקדמו לו, כי

אור פשוט

ריא) **אדה"ר מלבד חטאו הראשון שאכל מעץ הדעת עוד הוסיף לחטא והוליד שדין רוחין ולילין:** כי ע"י חטא של עצה"ד הוציא טפת קרי לבטלה בעטיו של נחש, ונדבקו בו הרוח סערה וכו' המלובש בפנימיותו של הנחש, שהוא בחינת שמרי הקליפות סמא דמותא, שהם קליפות דמלכות דנקודים שהדינין דצמצום א' רכיב עלה, כנ"ל בדיבור הסמוך. **ומלבד זה הוסיף לחטא בק"ל שנים שפירש מאשתו שהוציא טפות קרי לבטלה,** והללו היו מבחינת טיקלא דעשקית נשמתין, דהיינו מבחינת קליפות דצמצום ב'. והם ב' בחינות הנקראות להלן טיפות ראשונות וטפות אחרונות. ויש מעלה בבחינת טיפת קרי הראשונות, שאין הקליפות נאחזות רק במלכות שלהם בלבד, ולא כלל בט' ראשונות של אותם הטפות, כי בבחינת צמצום א' אין אחיזה לקליפות ודינין בט"ר, כנודע. אמנם כנגד זה יש שם פגם גדול שאי אפשר כלל לתקן אותה בטרם גמר התיקון, שה"ס הי' אורות הנתונים בעקב. כנ"ל אות מ"ט. וכנגד זה יש מעלה בטיפות האחרונות, שאפשר לתקנם גם בשתא אלפי שני ע"י מוחין דחיה, אמנם נבחן בהם חסרון גדול שהקליפות נאחזים גם בבחינת ט"ר שלהם, מפאת היותם מבחינת צמצום ב' ומבחינת הקליפות הבאים מהכלים דאחורים ששמשו בנקודים כנ"ל. וזכור היטב אלו ההבחנות שבין הטפות קרי הראשונות אל הטפות האחרונות. וז"ש "שהוסיף עוד לחטא והוליד שדין וכו'", כי גרם שהקליפות יתאחזו גם בט"ר דנשמות אלו, שזהו הוספת חטא.

ריב-יג) **בהיותו עושה עדיין מעשה הרע הזה בא אל אשתו וכו' אחת קודם קין ואחת לאחריו וקין היה באמצעיתם:** וז"ס ביאת נחש על חוה והטיל בה זוהמא. כי אותה טפת קרי הראשונה דשמרי הקליפות מצמצום א', נתערבה בחוה, בעת ביאתו באותו זמן על אשתו, וזוהמא זו נתדבקה בקין, ובסוד

*) שער הפסוקים יחזקאל.

הענין היה סמוך ורצוף זה לזה, ולכן כל טיפות של קרי שיצאו מן אדם קודם שהוליד טיפת קין, נתערבו בקין להיותם סמוכים יחד כנזכר.

רטו) עוד סיבה ב', לפי שכבר ביארתי לך בשער הגלגולים בענין עשרה הרוגי מלכות, שהיו מטיפות קרי של יוסף, ושם נתבאר, שהנשמות היוצאות בבחינת טיפות קרי לבטלה, הם יותר גדולות במעלה משאר הנשמות, לפי שהם מבחי' הדעת עצמו, כי הם מאתערותא דדכורא. ושאר הנשמות הבאות בזיווג דכר ונוקבא הם מאתערותא דנוקבא, ואינם אלא מן החסדים או הגבורות המתפשטים למטה בו"ק דגופא דז"א, ולהיותם גבוהות ומעולות מאד, לכן הקליפות שולטים מאד באלו טיפות הקרי.

רטז) והנה כיון שקין הוא הבכור, כמ"ש בס' התיקונין על פסוק הלא אם תיטיב שאת, לכן אלו טיפות קרי המעולות מאד נתערבו בו, עוד סיבה ג'

אור פשוט

מ"ש חז"ל, ישראל שעמדו על הר סיני פסקה זוהמתם, אבל אומות העולם שלא עמדו על הר סיני לא פסקה זוהמתם, והבן זה. אמנם מלבד זה גם טפות האחרונות דק"ל שנים גם הם נתערבו בקין, באופן שקין כלול משתיהן, ויש בו אותם ב' החסרונות הנ"ל בדיבור הסמוך ע"ש, וע"כ רובו רע, כמ"ש הרב להלן.

רטו) **שהנשמות היוצאות בבחינת טפות קרי לבטלה הם יותר גדולות במעלה משאר הנשמות לפי שהם מבחינת הדעת עצמו:** כי הנשמות המתוקנות הבאות מדכר ונוקבא, נמשכות מו"ק של מוחין דחיה, בסוד חסד דמתגלי אפומא דאמה דהיינו מבחינת חסדים המתגלים מחזה ולמטה דז"א, שהם ו"ק דגוף, ולא מבחינת חג"ת דז"א, שהם ג"ר דגוף. אמנם הנשמות דטפות קרי, הם באים ע"י המשכות ג"ר דמוחין דחיה, שמתוך שאין זווג דג"ר הזה נוהג בשתא אלפי שני, כי או"א הפנימים נגנזו ברדל"א כנודע, ע"כ יוצאות נשמות אלו לרשותא דקליפות לבטלה, כנ"ל אות קנ"ג ד"ה בחינת ע"ש. הרי שהנשמות דטפות קרי גבוהים במעלתם מהנשמות המתוקנות, להיותם נמשכים מדעת ממש, כלומר, מבחינת ג"ר דדעת, המשפיעים לגרון ותג"ת דגופא, שהם ג"ר דגופא, והבן.

בו"ק דגופא דז"א: היינו מחזה ולמטה, הנבחן לו"ק דגופא. כי הגרון ותג"ת נבחנים לג"ר דגופא דז"א, כנ"ל בדיבור הסמוך. וטעם הדבר, כי ה' הבחינות כח"ב זו"ן שבראש, כשהם בגופא נקראות חג"ת נ"ה, שחג"ת הם כח"ב דגופא, או חב"ד. ונו"ה הם זו"ן דגופא, כנ"ל אות א' ד"ה וצריכים. ע"ש.

רטז) **שקין הוא הבכור וכו' הלא אם תיטיב שאת:** ואע"פ שקין הוא עטרא דגבורה דדעת דז"א, ואדה"ר והבל הוא עטרא דחסדים שבדעת שלהם, ונודע שעטרא דחסדים הוא קודם לעטרא דגבורה. אמנם כאן מפאת החטא דעצה"ד נעשה שינוי, שהגבורות קדמו לחסדים. ונודע, שעיקר בחינת אור דחיה היוצאים ע"י הדעת, הם בסוד נקבה תסובב גבר, וגילוי אור דחיה של החסדים באים ע"י הגבורות בסוד או"ח ממטה למעלה, שהחסדים מקבלים גילוי

לפי שכל אלו הטיפות של קרי, הם גבורות, כי שם יכולים הקליפות הנקרא קרי להתאחז בהם.

ריז) והנה קין הוא עטרא דגבורה כנודע, ולכן נתערבו בו, להיותם מן השורש שלו, ולכן כל טיפות קרי הראשונות והאחרונות שהיו מהזכר לבדו, כיון שנולד קין מזכר ונקבה, ובפרט שהיו מן השורש שלו, נכללו כולם עמו, כי כולם משורש אחד, והוא צריך לתקן את כלם. וזהו הטעם שנולד קין רובו רע ומעוטו טוב, לפי שהיו כלולים בו כל טפות קרי הנזכר, ובהם נאחזים קליפות רבות מאד.

ריח) ונבאר עתה מאמר חז"ל על פסוק וימח את כל היקום, זה קין, שתלאו הקב"ה ברפיון בין השמים ובין הארץ ובא המבול ושטפו וכו'. והענין הוא במה שנתבאר, כי כל טיפות קרי של אדה"ר הראשונים והאחרונים נכללו בקין להיותם משורש אחד, ובפרט כי הוא נולד מזכר ונקבה, והיה בו יכולת לתקנם, והיה מחויב לתקנם.

ריט) ואדרבא הוסיף לחטא, בסוד מה שידעת, כי כל דור המבול היה בניו של קין מחויאל ומתושאל וכו' וכולם היו משחיתים זרעם על הארץ, וקלקלו יותר מבראשונה עד שנמוחו במי המבול מים רותחין מדה כנגד מדה כנודע.

רכ) והנה קין אביהם עצמו, מן היום שחטא עד שבא המבול, תלאו הקב"ה ברפיון. פי' כי הנוצר ע"י זכר ונקבה היא טיפה חזקה ועומדת קיימת

אור פשוט

הארת חכמה מתוך הגבורות המאירים להם ממטה למעלה. וע"כ נבחן קין לבכור, שפירושו, הארת ג"ר, כי כל בחינת ג"ר של הבל הוא ע"י הארת קין אליו ממטה למעלה. וז"ס הכתוב, ויהי בהיותם בשדה ויקם קין וכו', כי מנע ממנו הארת ג"ר, ועי"ז הרגו. וזו הטענה שלו, השומר אחי אנכי, כי לדעתו לא היה מחויב להאיר אליו.

וז"ס וישע ה' אל הבל ואל מנחתו ואל קין ואל מנחתו לא שעה. כי כן סדר הארת הדעת דז"א, שאין הגבורות מקבלים לצורך עצמם אלא כדי להאיר ממטה למעלה אל החסדים, ונמצא וישע ה' אל הבל ואל מנחתו, שהוא בחינת החסדים דדעת, ולא אל קין במקומו. וז"ס אם תטיב שאת, כי קין חרה לו על מה שהוא צריך להאיר אל הבל אחיו ממטה למעלה, שהוא בחינת ו"ק דג"ר דחיה, כי כל הארה שממטה למעלה הוא בחינת ו"ק, והוא רצה הארת ג"ר דחיה המאירים בבחינת או"י במקום התג"ת דז"א, ע"ד שהיה בתג"ת דז' מלכין, וע"כ ויפלו פניו. וע"ז השיב לו השי"ת אם תטיב שאת. כלומר, רק באופן הזה יגיע כל התיקון שלך, דהיינו בבחינת שאת, ממטה למעלה להטיב החסדים. והזהירו ע"כ, ואם לא תטיב, אלא שתרצה להמשיך ג"ר דמוחין

לפי שיוצאות מן הזכר בבחי׳ מים רופפין, ונכנסה בנקבה ונקרשת בסוד רקיע חזק וקיים, בפרצוף ובאברים קשים וחזקים.

רכא) אבל הטיפה של קרי שיוצאת מן הזכר לבדו, יש לה שני חסרונות: האחד שהיא רופפת, כי היא טיפת מים. והשנית, שהיא תלויה באויר, כי מן הזכר הנקרא שמים יצאה, ובנקבה הנקראת ארץ לא נכנסה, ולכן היא תלויה באויר בין השמים לארץ, ואין לה מנוחה כלל עד שתכנס בנקבה.

רכב) וז״ש על קין שהיו בו שני חסרונות אלו: האחד שהיה תלוי בין השמים לארץ, וב׳ שהיה ברפיון, וכל זה היה לסבת אותם הטפות של קרי, שהיו כלולים בו כנזכר, וכשבאו מי המבול מים רותחין, מדה כנגד מדה, מצאוהו תלוי באויר ברפיון ומחאוהו.

רכג) כי אם היה מתקן אותם הנשמות של טיפות קרי, לא היה המבול מוחה אותם, אבל כיון שלא נתקנו, היו הנשמות של טיפות קרי תלוים באויר השמים, שהם בחי׳ שדים ורוחין העומדים תלוים באוירא דרקיעא תמיד, כנזכר בזוהר בהרבה מקומות, אם באדרת נשא ואם בפרשת אחרי מות ואם בפרשת תזריע ואם בפרשת ויקרא.

רכד) וכיון שלא נצטיירו בנקבה, ולא יכלו לא לעלות למעלה ולא לירד למטה בעוה״ז ליכנס בגופי הילדים, לכן נמוחו במי המבול, שמצאום תלוים שם באויר בבחינת שדין ורוחין. וז״ש על קין שהיה תלוי בין השמים ובין

אור פשוט

דחיה אל תג״ת דז״א, הרי אז לפתח חטאת רובץ. דהיינו הנחש רובץ על הפתח הזה, כי זה היה החטא של עצה״ד. כנ״ל אות קצ״ח ד״ה יין.

רכב) קין שהיו בו שני חסרונות אלו האחד שהיה תלוי בין שמים לארץ וב׳ שהיה ברפיון: כי כל התיקון דטפות קרי הראשונות שהיו נדבקות בקין, הוא ע״י קרישה לבחינת אברים חזקים הנעשה ע״י הנוקבא, בכח הגבול החזק שבה. אבל קין היה בבחינת טפת מים רופפת בלי גבול חזק, כי ע״כ היה תאב עוד להמשיך ג״ר דחיה כמעשה החטא דעצה״ד, כנ״ל בדיבור הסמוך, בסוד ויחר לקין מאד ויפלו פניו, ע״ש. והגם שהוא באמת יצא ע״י הנוקבא חוה, אמנם זה היה לו מכח הטיפות קרי הראשונות שנדבקו בו כנ״ל. ועוד שהיה תלוי בין שמים לארץ, כי גם בחינת נשמתו עצמו נפגמה מחמת הטיפות קרי האחרונות כי הם בחינות הקליפות דצמצום ב׳ הפוגמים כל הט״ר דנשמה, וז״ש הרב ״ואין לה מנוחה כלל״ כלומר שהס״א נאחזה גם בזה החלק של נשמת קין שכבר היה נברר בו, וע״כ היה תלוי בין שמים וארץ דהיינו בבחינת אויר, שפירושו חסרון הארת ג״ר לגמרי, כי לא יכול להצטייר בנקבה ולקבל ממנה בחינת ג״ר, כמ״ש הרב בבחינת שדין ורוחין ולילין. וע״כ בא המבול ומחאו, בסו״ה וימח את

הארץ, כי השמים הוא הזכר, והארץ הוא הנקבה, והטיפות ההם יצאו מן השמים שהוא הזכר, ואל הארץ שהיא הנקבה לא הגיעו, ונשארו תלוים ברפיון.

רכה) גם ז"ס מ"ש רז"ל, כי השדין והרוחין נבראו בע"ש בין השמשות, לפי שהם מבחי' אותם טיפות קרי, שהיו רוחין בלא גופין, כי לא נצטיירו בנקבה. וכבר ידעת כי גם קין נולד בע"ש, סמוך למנחה ובין השמשות.

רכו) והנה אחר שאלו טיפות קרי נמוחו בדור המבול, הוסר מהם קליפתם הנאחזת בהם, ומאז הם חוזרים ונכנסים בנקבה העליונה, ושם הם נתקנות ומצטיירות ויורדות בעוה"ז בגופות הנולדים כשאר הנשמות, ומאז עד עתה הולכות ונתקנות מעט מעט כנודע.

רכז) והנה אעפ"י שכל הטיפות של הקרי של אדם נכללו בקין, ודאי שהם נחלקים לג' חלוקות: הא' הוא טיפות קרי קודם שנולד קין. הב' טיפות קין עצמו שהיה מזכר ונקבה. הג' טיפות קרי שלאחר הולדת קין.

רכח) ודע, שאעפ"י שאמרנו למעלה כי הנשמות הבאות מטיפות הקרי הם גדולות וגבוהות מאד מאד, מן שאר הנשמות הבאות מזווג זכר ונקבה, עכ"ז יש הפרש, בין טיפות קרי שקודם שנולד קין, מאותם שלאחר שנולד, כי הטיפות של הקרי הראשונות קודם שנולד קין, מעולות וגדולות מאד מן הטיפות של קרי שלאחר שנולד קין.

וכבר הודעתיך, כי מיכה המורשתי, הוא משורש קין, והוא מאלו הטיפות של קרי הראשונות, והם יותר מעולות. וזהו המורשתי, לשון ראשית. אך נחום האלקושי, ג"כ הוא משורש קין, אלא שהוא מטיפות קרי האחרונות וזהו האלקושי, מלשון מלקוש. נמצא, מיכה יורה. נחום מלקוש, שהם טיפות גשם האחרונות. והנה יחזקאל הנביא, וחזקיהו מלך יהודה, שניהם משרש קין, והם

אור פשוט

כל היקום. כי היקום פירושו ג"ר, כנודע. וכיון שנאבדה ממנו הארת חיה, ע"כ שלט המבול עליו.

רכו) **בדור המבול הוסר מהם קליפתם וכו' חוזרים ונכנסים בנקבה העליונה:** כי על ידי שנמחו לגמרי מן הארץ, הוסרה מהם קליפת הנחש של בחינת הטפות הראשונות, שהם בחינת שמרי הקליפות שאין להם שום תקנה. ואחר שהוסרה מהם קליפה קשה זו, אז הם ראוים לקבל תיקון בנקבה. וזה נבחן לתיקון הראשון, כי כל עוד שהקליפה הקשה הזו דבוקה בהם אינם ראוים לשום תיקון כלל.

רכח) **הטפות של הקרי הראשונות קודם שנולד קין מעולות וגדולות מאד מן הטפות של קרי שלאחר שנולד קין:** כבר נתבאר זה לעיל בד"ה אדה"ר אות רי"א, **שיש מעלה גדולה בטפות קרי הראשונות, שאין הקליפה**

מן הטיפות הראשונות של קרי, שהם יותר מעולות. ולפי שבתחלה היו נשמותיהם תלוים ברפיון כנזכר, לכן נזכרו נשמותיהם כך בלשון חוזק, להורות על תיקונם, שנתקנו תיקון גמור, ונתחזקו לגמרי מרפיונם.

אור פשוט

נאחזות אלא בבחינת מלכות שבהם, אבל ט"ר נקיים, מה שא"כ הטפות קרי האחרונות נאחזים בהם הקליפות גם בט"ר, ע"ש.

תלויים ברפיון וכו' ונתחזקו לגמרי מרפיונם: כמ"ש לעיל בד"ה קין, **שכל אפשרות תיקונם של הטפות הראשונות, הוא בבחינת קרישת אברים בגבול חזק על ידי הנוקבא, ע"ש. שעי"ז המה בטוחים שלא יחזרו לסורם כמו בחטא דעצה"ד, ע"ש. וזהו כל התיקון שיש לאלו הנשמות בשתא אלפי שני. אבל בגמר התיקון יתוקנו לגמרי בסוד דמטי רגלין ברגלין.** כנ"ל אות מ"ט ד"ה וזה.

פרק י"ב

* רכט) כבר נתבאר בפרשת ראה במצות זכירת יציאת מצרים, סיבת הגלות שגלו ישראל בין האומות, מה ענינם. ואמרנו כי אדה"ר היה כולל כל הנשמות והיה כולל כל העולמות, וכשחטא נפלו ממנו כל הנשמות ההם לתוך הקליפות הנחלקות לשבעים אומות, וצריכים ישראל לגלות שם בכל אומה ואומה, ללקט שושני הנשמות הקדושות, שנתפזרו תוך הקוצים ההם. וכמ"ש חז"ל במ"ר, למה גלו ישראל בין האומות, כדי שיתוספו עליהם גרים וכו' והבן זה היטב.

רל) גם נתבאר שם ענין גלות מצרים, כי אז רוב הנשמות ההם או כולם, היו שם מעורבות בין הקליפות הנק' מצרים, ואמנם ענין בחינת הנשמות ההם בפרטות מי היו, נתבאר בדרוש פסח ויציאת מצרים וע"ש.

אור פשוט

רל) **גלות מצרים וכו' היו שם מעורבות בין הקליפות הנק' מצרים:** "מצרים הם הקליפות שכנגד הגרון דז"א ששם מקום צר", כמ"ש שם להלן. פירוש, שהם בחינת הקליפות שכנגד ג"ר דגופא דז"א, מהגרון עד החזה, ששם החסדים מכוסים כנ"ל, כי אין החסדים מתגלים אלא מחזה ולמטה, ששם בחינת ארץ כנען, שהוא בחינת ו"ק דגופא דז"א, וכל עוד שקליפות המצרים נאחזים לינק מג"ר דגופא דז"א, דהיינו על ידי שמחטיאים הנשמות להמשיך הארת חיה למקום ג"ר דגופא דז"א, כדי שיוכלו גם הם להנות מהשפע, נמצאים החו"ג דז"א נעלמים בראש ואינם מתפשטים מגרון ולמטה, שז"ס שנעשה הגרון מקום צר. שפירושו סיתום החסדים, שהוא בסיבת אחיזתם של המצרים במקום העורף דז"א.

וז"ס גלות מצרים, כי נשמות בני ישראל נפלו תחת רשותם והיו מוכרחים לעבוד אותם כרצונם, להמשיך להם חסדים מגולים למקום ג"ר דגופא דז"א מגרון ולמטה, שמשום זה נסתלקו המוחין דז"א, ולא האירו לבני ישראל, עד שנגאלו מתחת ידיהם, ונולדו המוחין דחיה דז"א, ונתפשטו במקומם מחזה ולמטה דז"א, שז"ס יציאת מצרים.

וצריכים לזכור בכל הדרושים האלו, שאין שום תיקון יכול להגיע לנשמות בני אדם זולת על ידי מוחין דחיה דז"א, כי גם לנוקבא דז"א רחל אין לה כח הולדת נשמות, מטרם שז"א משיג מוחין דחיה, מכ"ש לנשמות שהם תולדותיה של נוקבא דז"א, כמ"ש לעיל. ובזה תבין שכל עיקר גלות מצרים היה, משום חסרון של מוחין דחיה בז"א. וענין כח השעבוד של מצרים היה להחטיא את נשמות בני ישראל להמשיך הארת מוחין אל בחינתם, דהיינו למקום ג"ר דגופא דז"א, שנקרא אחיזת העורף כנ"ל, שהוא המשך מהחטא של עץ הדעת, כמ"ש לעיל סוף אות פ"א ד"ה ולפיכך.

אמנם מלבד העון הנ"ל היתה כלולה בהם גם בחינת זוהמא דחויא הנמשכת מקליפות שכנגד צמצום א', הנקראת מות, כנ"ל, שבכח

*) שער הפסוקים שמות סימן א'.

שכז	מבנה העולמות	בית שער הכוונות, עמ׳ קא	327

רלא) ועתה נבאר ענינם בקיצור, הנה נתבאר לעיל, בפסוק לכו אל יוסף אשר יאמר לכם תעשו, כי צפה ברוח הקדש שהיו ניצוצות קרי של נשמות קדושות, שהוליד אדה״ר בק״ל שנים הראשונים, הנקראים נגעי בני אדם. ר״ל אדה״ר, וע״י עונג שהיה מתענג בהוצאתם, בסוד, ותענוגות בני אדם שידה ושידות, הם לילית ונעמה וכו׳. נתהפכו ונעשו נגעים תמורת ענוגים, ולכן גיירם ומהל אותם.

רלב) והנה הענין הוא, במה שנתבאר אצלינו בענין קין והבל בפרשת בראשית, שרוב הנשמות באות, מבחינות חו״ג המתפשטות בגופא דז״א, ולא מן הדעת עצמו, אמנם הטפות הנזרקות ע״י שכבת זרע לבטלה, הם מתאות הזכר לבדו, שנתעורר דעתו אל הזווג, והוציא הטפות ההם מלמעלה מן הדעת עצמו העליון, ולא מצא את נוקביה מוכנת לכך בעולם האצילות, כי ירדה למטה ע״י הפגם, ואז יצאו לחוץ, ולקחום הנקבות של הקליפות, ונצטיירו בגופם והולידום. והם שדין רוחין לילין, ונקראים נגעי בני אדם.

רלג) ונמצא, כי כל אותם השדין ורוחין שנבראו באותם ק״ל שנה שפירש אדם מחוה כנודע, כולם נשמות עליונות קדושות מבחינת הדעת, ונתערבו בקליפות, וצריכות גלגולים רבים לצרפם וללבנם עד תום חלאתם מהם על ידי גלגולים רבים.

רלד) ולכן תמצא, כי לא נולדה אומת ישראל עד יעקב ואילך, כי כל

אור פשוט

זה המיתו את ילדי בני ישראל, בסו״ה אם בן הוא והמיתן אותו. והוא כי כל בחינה בלתי נבררת נמצאת כלולה מכל בחינות הקליפות. אמנם עיקר כחם הרע של המצרים היה בהמשכת חסדים מגולים למקום האסור הנקרא אחיזת העורף, שהוא בחינת ביטול הפרסא דצמצום ב׳, כנ״ל, **שז״ס וימררו את חייהם בעבודה קשה** בחומר ובלבנים וכו׳. כמ״ש לפנינו.

רלא) **ולכן גיירם ומהל אותם: כי ענין המילה ה״ס העברת הערלה, שהיא בחינת שלש הקליפות הרעות, המלובשות בנחש הטמא. וע״כ** מהל אותם **יוסף כדי להעביר מהם קליפה קשה זו, שהוא תחילת כל התיקונים** (כנ״ל אות ע׳ ד״ה עור). **אמנם עדיין נשארו בבחינת קליפתם העיקרית הנ״ל, שנקראת אחיזת העורף,** כנ״ל בדיבור הסמוך. **ואלו המצרים שנמולו ע״י יוסף חזרו אח״כ ונתגלגלו בערב רב, אשר משה טרח אחריהם לתקנם גם מאחיזת העורף,** כמ״ש להלן.

רלב) **הטפות ההם מלמעלה מן הדעת עצמו העליון ולא מצא את נוקביה מוכנת לכך** וכו׳. **כבר נתבאר זה לעיל** אות רט״ו ד״ה שהנשמות עש״ה, **כי זו״ן פב״פ במוחין דהולדה באים רק מו״ק דחיה, המאירים לרחל לבד. והממשיך מבחינת דעת, פירושו מג״ר דחיה, שאין לז״א נוקבא מוכנה שתקבל ג״ר דחיה, משום שאו״א הפנימים נגנזו.**

רוב הנשמות היו מעורבות בקליפות והיו הולכות ומתבררות ומתגלגלות מדור לדור, ולא התחילו תיקונם עד יעקב בחיר שבאבות, שתקן את אדה"ר, וגם אז התחיל תיקון בניו, שהם הנשמות הנזכר, והיו מתבררים והולכים בגלות מצרים, עד שיצאו ישראל ממצרים.

רלה) וז"ס פסוק או הנסה אלקים לבא לקחת לו גוי מקרב גוי, ואמרו רז"ל, עם מקרב גוי לא נאמר, אלא גוי מקרב גוי והבן זה מאד, כי היו ממש בתוך קרבם של הקליפות, והיו גוים כמותם, ונצטרפו ונתלבנו ונלקחו מקרב הגוים ההם ממש.

רלו) והנה התחלת גלגולם היה בדור המבול, ולהיותם משורש המר ההוא, שיצאו ע"י השחתת זרע של נגעי בני אדם הראשון, לכן היו מורדין וכופרים בהשי"ת. ועיקר חטאם היה בהשחתת זרעם על הארץ, וכמש"ה, כי השחית כל בשר את דרכו על הארץ.

רלז) וז"ס וינחם ה' כי עשה את האדם בארץ, הנאמר בדור המבול. לרמוז כי הם בחינת בני אדם הראשון עצמו, שיצאו בהשחתת זרעו באותם ק"ל שנים. גם ז"ס וירא ה' כי רבה רעת האדם בארץ. ונודע כי המשחית זרעו נקרא רע, בסוד ויהי ער בכור יהודה רע בעיני ה', כנזכר בס"ה בפרשת ויחי. כי ז"ס לא יגורך רע. ונמצא כי דור המבול שיצאו בהשחתת זרע אדם, נקראים רעת האדם ממש.

רלח) גם זהו אומרו, ויאמר ה' אמחה את האדם אשר בראתי, לרמוז כי הם הם בחינת נשמות מהשחתת זרע דאה"ר עצמו שנברא, והיה יציר כפיו יתברך ממש. וז"ש וכל יצר מחשבות לבו רק רע כל היום. כי כל תגבורת יצרם היה השחתת זרע הנקרא רע, לפי שמשם נמשכו גם הם, ואז נמוחו גופם במבול, תמורת טפת רותחין של השחתת זרעם על הארץ. וכמ"ש חז"ל ברותחין קלקלו, וברותחין נדונו.

רלט) אח"כ נתגלגלו פעם ב' בדור הפלגה, וגם הם הרעו כאבותם, אך

אור פשוט

רלה) **גוי מקרב גוי וכו', והיו גוים כמותם ונצטרפו ונתלבנו וכו'.** כלומר, שאלו שני כוחות הטומאה הנ"ל של העם המצרי, היו דבוקים ממש בבני ישראל בשוה כמו במצרים, כי ז"ס השעבוד שתחת ידיהם. וע"כ היו צריכים בני ישראל להתלבן ולהתברר עד שיסורו אלו שני כוחות הטומאה מנשמותיהם, שהם: אחיזת העורף, וזוהמת הנחש, כנ"ל.

רלט) **נתגלגלו פעם ב' בדור הפלגה וגם הם הרעו כאבותם אך לא בהשחתת זרע וכו'.** פירוש, שלא חטאו בבחינת דכר, שבו נוהג

לא בהשחתת זרע. וזש"ה וירד ה' לראות את העיר ואת המגדל אשר בנו בני אדם, ודרשו בס"ה ובמדרש רז"ל, בני האדם ממש, זה אדה"ר, לרמוז כי הם הם בניו ממש שיצאו בהשחתת זרעו. אח"כ נתגלגלו פעם שלישית באנשי סדום, ולכן נאמר בהם, ואנשי סדום רעים וחטאים לה' מאד, לרמוז כי היו רעים מבחינת השחתת זרעו של אדם, הנקרא רע.

* רמ) והנה אחר שנתגלגלו ג"פ בג' דורות הנזכר, וכתיב הן כל אלה יפעל אל פעמים שלש עם גבר, אז חזרו להתגלגל פעם רביעי במצרים, בבני ישראל שהיו נולדים אז בדור הגלות ההוא, ואז התחילו ליתקן.

רמא) ובזה יתורץ לך קושיא אחת גדולה שנתחבטו בה גדולי עולם, ואפילו בס"ה בפרשת שמות, שאל ר"א לרשב"י אביו, טעם לגלות מצרים, למה היה הגלות ההוא, ועוד למה במצרים יותר משאר ארצות, ועוד יש תוספת שאלה, והוא למה היה הגלות באופן השעבוד המכוער ההוא, וימררו את חייהם בעבודה קשה בחומר ובלבנים וגו'.

רמב) והענין מבואר עם הנז"ל, כי נשמות אלו נטבעו בקליפות באומת מצרים, ולכן לפי שבתחלה בדור המבול חטאו בהשחתת זרעם, אשר לכן נמוחו אז בימי המבול מים רותחין, לכן גם עתה גזר עליהם פרעה, כל הבן הילוד היאורה תשליכוהו, ולא גזר אלא על הזכרים, לפי שהם חטאו בהשחתת הזרע ולא הנקבות.

אור פשוט

ענין השחתת זרע, אלא חטאו בבחינת נוקבא, שאין זה נוהג בבחינתה, כמ"ש להלן. אמנם ענין החטא, היה ג"כ המשך מהחטא של עצה"ד, כי רצו לבטל הפרסא דצמצום ב', הנקראת רקיע המבדיל בין מים למים. שז"ס מ"ש חז"ל (תנחומא נח י"ח), שאמרו לא כל הימנו שיבור לו את העליונים וכו', נעלה לרקיע ונלחם עמו וכו'. דהיינו שכפרו בעיקרו של עולם, כי פרסא דצמצום ב', ה"ס עיקרו של עולם כנ"ל, בסו"ה בה' בראם, שכל העולמות יצאו רק בתיקון פרסא זו, שה"ס ה' זעירא, כנ"ל אות מ"ג ד"ה בהבראם.

רמב) נמוחו אז בימי המבול וכו', גם עתה גזר עליהם פרעה כל הבן הילוד היאורה תשליכוהו: כי נשמות אלו של בני ישראל, הם בחינת הנשמות שנפלו מאדה"ר עם החטא דעצה"ד, כנ"ל, כמ"ש לעיל, שב' מיני פגמים היו בחטא עצה"ד, א' הוא, הוצאת טפת קרי לבטלה לבחינת שמרי הקליפות, שהוא בחינת מושך בערלתו, כי הפיל נשמות ההם בג' קליפות דערלה, הנקראות רוח סערה וכו'. ב', היה ענין ביטול הפרסא, כי המשיך הארת ג"ר דחיה מבחינת או"א דנקודים שנגנזו באצילות, וע"כ ביטל הפרסא שבין אצילות לבי"ע, כמו שקרה בעת ז' מלכין דנקודים, (כנ"ל אות רי"א ד"ה אדה"ר ע"ש). וזה נקרא כפר בעיקר, כי כפר בעיקרו של עולם, שה"ס ה' זעירא דהבראם, שממנה יצאו כל העולמות כולם דאבי"ע. וע"כ באו הנשמות ההם בשני

*) שער הפסוקים פ' שמות סימן א' דף ק"ג.

רמג) וכנגן מה שחטאו בגלגול דור הפלגה, הבה נלבנה לבנים ונשרפה לשרפה לבנות את העיר ואת המגדל, לעלות ולכפור בעיקר להלחם בו, לכן עתה נאמר במקומו, הבה נתחכמה לו, כנגד הבה נלבנה לבנים, וימררו את חייהם לבנות פיתום ורעמסס כנגד העיר והמגדל ההם.

רמד) ודע כי ב' בחינות היו, כי יש נשמות שנתקנו לגמרי ונתגלגלו בבני ישראל ההם שבדור ההוא אחר שירדו למצרים. ויש בהם נשמות שלא נתקנו ונתגלגלו בבני המצרים עצמם, אותם שמל יוסף, כנז"ל בפסוק (בראשית מ"א נ"ה) לכו אל יוסף אשר יאמר לכם תעשו, וזש"ה ויאמר אל עמו הנה עם בני ישראל.

רמה) והנה תחלה קראם עם בני ישראל, ואח"כ ויקוצו מפני בני ישראל, ולא הזכיר עם. ושאלה זו נשאלה בס"ה בפרשת שמות. והענין הוא, כי הנה יוסף גזר מילה על אותם המצרים כנזכר, וגם יעקב אביו ארז"ל, שגם הוא היה מגייר גיורים במצרים, והם בחי' הנשמות הנזכר.

אור פשוט

גלגולים: א' בדור המבול, שבסו"ה וימח את כל היקום וכו' נפרדה מהם קליפת הערלה. וב' בדור הפלגה, שעוד נשאר באותן הנשמות קליפה הב' דכפירה בעיקר, שעי"ז חטאו בעיר ומגדל וראשו בשמים, שפירושו שרצו לבטל הפרסא ולהמשיך אורות דאצילות לבי"ע, כנ"ל בדיבור הסמוך. **ואח"כ באו באנשי סדום, ואח"כ בנשמות בני ישראל שבגלות מצרים. וע"כ היו אלו שני הפגמים הנ"ל, דבוקים בהם כמו במצרים שהם בחינת קליפות אלו ממש.**

וזה אמרו "לפי שבתחילה בדור המבול חטאו בהשחתת זרעם וכו' גזר עליהם פרעה כל הבן הילוד היאורה תשליכוהו" כי קליפה זו דערלה היא בחינת מות, כנ"ל, **ואין לה תיקון אלא בסוד וימח את כל היקום שנדונו בו דור המבול, וע"כ גם פרעה גזר עליהם כל הבן הילוד היאורה תשליכוהו, וכן אם בן הוא והמיתן אותו.**

וז"ש "וכנגד מה שחטאו וגלגול דור הפלגה וכו' לעלות ולכפור בעיקר להלחם בו, לכן עתה נאמר וכו', וימררו את חייהם לבנות פיתום ורעמסס כנגד העיר והמגדל ההם" כי העבודה הקשה דחומר ולבנים, הוא ממש אותו עון כפירה בעיקר של דור הפלגה, אשר המצרים החטיאו בו את בני ישראל.

ויש להבין ההבדל שבין שני הגלגולים דדור המבול והפלגה, לבין הדור דגלות מצרים, כי בדור המבול והפלגה היו עוד שתי קליפות אלו דבוקות ומעורבות תוך הנשמות ההם דטפות קרי, וע"כ לא יכלו להתתקן לגמרי. אמנם אחר שכבר נפרדו הקליפות מהנשמות ונתלבשו במצרים, והנשמות עצמם בבני ישראל, אז נעשה התיקון אפשרי בנשמות בני ישראל, להוציאם ממצרים בסו"ה גוי מקרב גוי כנ"ל.

פרק י"ג

* רמו) בענין האורות, שאנו אומרים ששרשם נשאר במקומן, והארתן

אור פשוט

רמו) בענין האורות שאנו אומרים ששורשם נשאר במקומן והארתן יצא לחוץ נבאר וכו': הנה דברי הרב האלו מאות רמ"ו עד אות רנ"א המה מפתחות מזהירים לכל עמקי החכמה, מראשה ועד סופה, שבלעדם לא היה לנו שום דרך ומבוא להבין אף ענין אחד על בוריו. ואביא שאלות אחדות:

א', מאחר שכל כתר של עולם או פרצוף, הוא ענף של מלכות העליונה ממנו, איך אפשר להבין שכתר בכל מקום הוא בחינת א"ס ממש, מאחר שהוא רק תולדה ממלכות, שהיא בכל מקום רק בחינת כלי.

ב', נודע, שאין לך מדרגה שלא יהיו בה כ"ה פרצופים דהיינו ה' פרצופים: א"א או"א וזו"ן מלבישים זה על זה בקומה שוה, שבכל אחד מהם יש ה"פ: א"א או"א וזו"ן לאורכו. ולפי"ז, יש להבין ההבדל שביניהם, למשל, מה ההבדל בין א"א הפנימי ובין א"א דאבא המלביש עליו, לבין א"א דאמא וכו', הלא כולם הם א"א ובחינת מאציל. וכן מה ההבדל בין או"א של א"א שבאורכו, לבין או"א של או"א שבאורכם וכו'.

ג', אם לא"א הפנימי המלביש על קו א"ס ב"ה, יש ג"כ ה' פרצופים באורך דהיינו או"א וזו"ן, א"כ איך יתכן, שאו"א שהם מדרגה ג' לא"ס, ילבישו את קו א"ס בשוה עם א"א, ומכש"כ זו"ן שהם מדרגה ד' מא"ס, ילבישו את ק"ו א"ס הרחוק מהם ד' מדרגות.

ד', פעם נאמר שהפרצופים מלבישים זה את זה בקומה שוה, ופעם נאמר שהם רק מלבישים זה למטה מזה, דהיינו שהתחתון מלביש קצתו של העליון. וצריכים לדעת מתי הם בקומה שוה, ומתי הם זה למטה מזה, וגם טעמו של דבר.

ה', והיא השאלה העיקרית, שעליה סובב המאמר הזה, והוא ביאור מה דכייל לן הרב בכמה מקומות, שגם אחר כל מיני העליות של העולמות הנוהגות בשתא אלפי שני, אין סולם המדרגות משתנה כלל. כי למשל, זו"ן שיצאו בתחילת אצילותם כשמלבישים את נה"י דא"א, הנה לא יגביהו את עצמם למעלה מזה לעולם, ואפילו כשמלבישים את ג"ר דא"א, אינם משנים מקומם, כי א"א עולה אז למעלה לע"ב דא"ק, ונמצאים נה"י שלו במקום ג"ר הקודמים, ונמשך עמהם גם ז"א לג"ר דא"א הקודמים, אבל אינו משנה לעלות למעלה מנה"י דא"א, וכן תמיד אין העליות משנות את סולם המדרגות.

וטעם הדבר הוא, מפני שעיקר הגורם לכל אלו העליות דה' פרצופי אצילות, הם נשמות הצדיקים, שהם מעלים מ"ן לזו"ן, כדי שזו"ן ימשיכו להם מוחין, כנודע. והנה מוחין אלו שזו"ן ממשיכים, הם נמשכים לו מפרצופים העליונים ממנו עד א"ס, ונודע שאין העדר ברוחני שלא יתכן לומר בהם שנעתקים ממקום ראשון ובאים למקום שני, אלא נשארים לגמרי בכל המקומות שבהם עברו, כי כל דבר שבקדושה שרשו קיים בכל מקום שיהיה, ורק הארתו נמשכת למטה, כמ"ש הרב בע"ח שכ"ט שער הנסירה פרק ז' ובכמה מקומות. ולא עוד אלא עיקר ושורש הארתן נשארת במקומן, והארתן תצא לחוץ.

למשל, כשז"א ממשיך מוחין דנשמה, הנה מוחין ההם באים מא"ס ב"ה, אל פרצוף

*) ע"ח ח"ב שער כללות אבי"ע פ"ב.

יצא לחוץ, נבאר לך בז״א, וממנו נקיש אל השאר. הנה בהיות שהאציל א״ס את הכתר עשאו מכללות ה׳ פרצופים, שהם כתר שבו, ואו״א, וזו״ן שבו. ודע

אור פשוט

עתיק, והוא נוטל את בחינת קומת כתר שבנשמה זאת, ועי״ז יש לו עליה אל פרצוף ס״ג דא״ק. ואח״ז נותן המוחין אל א״א והוא נוטל את בחינת קומת חכמה שבנשמה, ועי״ז יש לו עליה אל פרצוף עתיק דאצילות. ושאר המוחין נותן לאו״א, והם נוטלים לעצמם את קומת בינה שבנשמה, ועי״ז עולים אל ג״ר דא״א הקודמים. ושאר הקומה דהיינו ו״ק שבנשמה, הם נותנים אל ז״א, ויש לו עליה מטבור דא״א עד החזה דא״א. הרי שכתר של הנשמה לקח עתיק, וחכמה דנשמה לקח א״א, ובינה דנשמה לקחו או״א, ולא הגיע ממנו אל ז״א רק בחינת ו״ק מהם.

נמצא שגם עתה אחר השגת נשמה לז״א, לא נשתנה סולם המדרגות כלום. כי כמו שז״א גדל בו״ק, כן גדלו גם כל העליונים ממנו באותו שיעור: או״א בבינה, א״א בחכמה, ועתיק בכתר. וכל אחד עלה למדרגה יותר עליונה, עד שז״א נשאר על מקומו הראשון, שהוא הטבור דא״א. אלא מתוך שא״א עצמו גדל ועלה למקום עתיק, נמצא גם בחינת הטבור שלו גדל ועלה למקום החזה הקודם, ונמשך עמו גם ז״א. ועד״ז ביתר המוחין שז״א משיג, נמצאים העליונים גדלים תחילה. למשל, כשז״א קונה חיה, נמצא החזה דא״א עולה למקום הגרון שלו ועמו נמשך גם ז״א, וביחידה נמצא הגרון דא״א עולה למקום גלגלתא שלו ונמשך עמו גם ז״א. באופן שאין העליות משנות כלום מקומן של המדרגות, אלא רק הגדלה כללית ישנה כאן.

ועניין זה הולך ומבאר כאן הרב, ולכן הוא מוכרח לבאר כאן ענין סדר אצילות של המדרגות בכלל ובפרט. ומה שהרב מחשב כאן את א״א לכתר ולא את עתיק, ונודע, שעתיק לקח כתר דמ״ה, וא״א רק חכמה דמ״ה. הענין הוא, כי הרב רוצה לפרט כאן ה׳ פרצופים א״א או״א וזו״ן, ונודע שאין מציאות לפרצוף נוקבא, מטרם שז״א משיג קומת נשמה, כי אז יש לנוקבא פרצוף אב״א מחזה ולמטה דז״א, כמ״ש הרב בע״ח שער ל״ו פ״א, עש״ה ובכ״מ. גם נודע שבעת שז״א משיג קומת נשמה, הוא עולה ומלביש לחזה דא״א, ואו״א עולים ומלבישים לג״ר דא״א, ששם חכמה דמ״ה, וא״א עולה ומלביש לג״ר דעתיק, ששם כתר דמ״ה. הרי שעתה כבר יש לו לא״א קומת כתר, ע״כ מחשב הרב את א״א לכתר, ואו״א לחכמה, וישסו״ת לבינה, וז״א לרוח, ונוקבא לבחינת חזה ולמטה דז״א, שהיא הנפש דאצילות. וכן דרכו של הרב תמיד, כשמחשב ה׳ פרצופים באצילות, אינו מחשב לעתיק, כי אז כבר עלה עתיק לס״ג דא״ק, וא״א עולה לג״ר דעתיק ונעשה לכתר דמ״ה, ואו״א לחכמה דמ״ה, וישסו״ת לבינה דמ״ה, וזו״ן לו״ק דמ״ה. אבל לקמן באות רנ״ג כשמפרש סדר אצילותו של הפרצוף, הוא מתחיל באמת בפרצוף עתיק.

שהאציל א״ס את הכתר עשאו מכללות ה״פ, שהם כתר שבו ואו״א וזו״ן שבו: יש לזכור כאן את שתי ההבחנות הגדולות שהביא הרב בע״ח שער מ״ז פרק א׳, להבחין בהן בכל קומת ע״ס, הן מעולם לעולם, והן ממדרגה למדרגה. והוא, כי בע״ס דאור ישר הנבחנות לכתר וארבע בחינות חו״ב תו״מ, אין בהן שום חילוק בין עולם לעולם, וכן ממדרגה למדרגה, וכמו שהן ארבע בחינות באצילות כן הן בסוף עשיה, וכל ההבדל שיש בין עולם לעולם ובין מדרגה למדרגה, הוא רק בבחינת המסך בלבד.

שבעת שהאציל כתר שבו, היו כלולים בתוכו כל הכתרים שיש משם ולמטה עד העשיה זה תוך זה. כיצד, כתר דאצילות מלביש אותו כתר דבריאה, ועליו כתר דיצירה, ועליו כתר דעשיה מלבוש אליו.

אור פשוט

והיינו כמו שמבאר שם בתחילת הפרק, שע"ס דאו"י, הולכות ומתעבות בסדר ארבע בחינות זו עבה מזו, שבחי"א היא חכמה, ובחינה ב' היא בינה העבה יותר מחכמה, ובחינה ג' היא ז"א העבה יותר וכו', ובכלי מלכות נתקן שם מסך, המכה ודוחה את האור לאחוריו בסוד או"ח. וביאר שם כי מתחילה התפשט אור א"ס בסדר ארבע בחינות דאו"י הנ"ל, עד שהגיע למסך שבכלי מלכות, ואז העלה המסך או"ח עד לתחילת הקומה דאו"י, ומלבישם, ואז מתלבשת העצמות בכלים.

וענין זה צריך ביאור ארוך, וכבר ביארתי אותו בתלמוד עשר ספירות דף ה' וכן בחלק ג'. **ואביא כאן רק קיצור המספיק לענין שלפנינו. כי כלי המלכות, הוא עיקר כלי הקבלה של הספירות, וכל אלו ארבע בחינות עביות שמביא הרב, בחו"ב תו"מ דאו"י, המה מתרשמות בעיקר בכלי מלכות גופיה ובמסך שבה, וע"כ מתחלק המלכות והמסך על חמש בחינות של עביות, שיש בהן חמש קומות של זווג דהכאה באופן הנ"ל זה למטה מזה.**

וזה הכלל, ככל שהמסך עב יותר הוא מעלה קומת או"ח גבוהה יותר, כי אם העביות שבכלי מלכות, היא בתכלית השלמות דהיינו בבחי"ד, אז בעת שאור העליון מכה על המסך שבה, הוא מעלה או"ח, ומלביש עד קומת כתר דאו"י. ואם העביות דכלי מלכות היא רק מבחי"ג, האו"ח שלה העולה בעת זווג דהכאה מגיע רק לקומת חכמה דאו"י ונמצאת קומת ע"ס אלו חסרה מכתר. ואם העביות שבמלכות היא רק בחי"ב דעביות, הרי האו"ח שלה מגיע רק לקומת בינה דאו"י, ונמצאת הקומה חסרה שתי ספירות כתר וחכמה. ואם במלכות יש רק עביות דבחי"א, אז מלבישה רק את קומת ז"א, וחסרה כח"ב. ואם אין בה עביות כלל, אלא כבחינת השורש של עביות, אז היא מוציאה רק קומת מלכות, וחסרה ט"ס ראשונות. עיין בתע"ס חלק ב' בהסתכלות פנימית. **ועל ידי המסך הזה דהיינו ע"פ חמש בחינות של עביות הנ"ל, נבדלו העולמות זה מזה, כי בעולם א"ק היתה משמשת בחינת מלכות מעביות דבחי"ד, שע"כ הגיע האו"ח שלה לקומת כתר, וע"כ נקרא א"ק עולם הכתר. ובאצילות היתה במלכות עביות דבחי"ג, וע"כ הוציאה שם קומת חכמה. ובבריאה היתה בה עביות דבחי"ב וע"כ הוציא המסך קומת בינה. וביצירה היתה בה עביות דבחי"א וע"כ יצאה שם קומת ז"א. ובעשיה היתה בה עביות דשורש, וע"כ יש שם רק קומת מלכות בלבד.**

וכמו שהמסך מבדיל בין עולם לעולם כן הוא מבדיל בין חמשה פרצופים שבכל עולם. כי כתר דאצילות יוצא ע"י מסך דבחי"ד, וחכמה דאצילות הנקראת אבא יוצאת על מסך דבחי"ג, והיא חסרה מכתר. ובינה דאצילות הנקראת אמא או ישסו"ת, יוצאת ע"י מסך דבחי"ב, וחסרה כתר וחכמה. וז"א דאצילות יוצא ע"י מסך דבחי"א והוא חסר ג"ר שהם כח"ב. ונוקבא יוצאת ממסך דשורש, וע"כ היא חסרה כל ט"ס ראשונות.

וכל זה אמור רק בשיעור קומת המדרגה, אמנם ע"ס דאו"י כח"ב ז"א ומלכות, שוות בכל העולמות ובכל הפרצופים, כי אפילו בעולם העשיה שיש שם רק קומת מלכות הנקראת בשם נה"י וחסרה מט"ס ראשונות

אור פשוט

כנ"ל, אין הפירוש שחסרה לגמרי מן ט"ר, כי זה לא יצוייר כלל שתצא איזו מדרגה שלא יהיו בה עשר ספירות או"י: כח"ב ז"א ומלכות. אלא הפירוש הוא שיש לה באמת ע"ס, אלא מתוך שהעביות שבה היא קלושה מאוד, ע"כ האו"ח שבה מועט ומגיע רק לקומת מלכות, וע"כ יהיו בה כל הע"ס רק בקומת מלכות, כי כתר יהיה בקומת מלכות, וכן חכמה בקומת מלכות, וכן בינה בקומת מלכות, וכן ז"א שבה יהיה בקומת מלכות, וכן מלכות עצמה תהיה בקומת מלכות, כי בע"ס דאו"י אין כלל ההבחן הזה של שיעור הקומה. ועד"ז בעולם היצירה, שיש שם רק קומת ז"א, נמצאות כל ע"ס כח"ב זו"ן שהן כל אחת בקומת ז"א. וכן ע"ס דבריאה כל אחת שבהן היא בקומת בינה. באופן, שענין ע"ס דאו"י וענין שיעור הקומה שיש באלו ע"ס, הם שתי הבחנות נבדלות זו מזו לגמרי. כי ע"ס דאו"י מוכרחות להיות בכל קומה ובכל מדרגה תהיה אפילו הקטנה שבקטנות, אבל שיעור הקומה של עשר הספירות ההם, זה ענין אחר ותלוי בשיעור העביות של כלי המלכות המשמשת במדרגה בזווג דהכאה, שכל העבה יותר נמצא המסך שבה מעלה קומה גבוהה יותר.

וזה שאומר הרב כאן, **"בהיות שהאציל א"ס את הכתר עשאו מכללות ה"פ שהם כתר שבו ואו"א וזו"ן שבו"** כי קומת כתר דאצילות הנקראת פרצוף א"א כנ"ל, הנה יצאה ע"י זווג דהכאה במסך שבכלי מלכות דעביות דבחי"ד, כמ"ש לעיל. דהיינו שאור א"ס הכלול מכתר וארבע בחינות דאו"י הנקראות חו"ב תו"מ, התפשט עד המסך שבכלי מלכות דבחי"ד, והכה בו, ובכח ההכאה של הירידה חזר לעלות בסוד או"ח למעלה והלביש לכתר וארבע בחינות חו"ב תו"מ דאו"י, שבזה התלבשה העצמות בכלים ונגמרה המדרגה. כמ"ש בע"ח שער מ"ז פ"א. והנה אלו חמש הבחינות כתר ותו"ב תו"מ דאו"י, תיכף עם התפשטותן לזווג דהכאה הנ"ל, נכללות זו בזו ונעשות לכ"ה ספירות, דהיינו חמש ספירות בעובי המלבישות זו על זו, שבכל אחת מהן יש חמש ספירות כח"ב תו"מ באורך בקומה שוה.

וטעם הדבר, כי כל דבר שבקדושה העובר ממקום למקום אין הפירוש שנעדר ממקומו הראשון ובא למקום השני כטבע הגשמיים, אלא רק בחינת תוספות יש כאן, כי נשאר כולו במקום הראשון גם אחר ביאתו למקום השני, כמ"ש הרב בשער הנסירה פ"ז. וכיון שספירת הכתר היא השורש לכל ארבע הבחינות דאו"י, והן עוברות דרך בה, נמצאות כולן מניחות שרשן בה, ולכן יש בספירת הכתר לבדה כל חמש הבחינות כח"ב תו"מ דאו"י. וכן שלש הספירות בינה וזו"ן העוברות בהכרח דרך ספירת חכמה דאו"י הנה הן מניחות שרשיהן בה, ויש בחכמה כל ארבע בחינות חו"ב תו"מ לארכה. כי כל העבה מחברתה נבחנת ליותר תחתונה ממנה כנודע, וע"כ דומות שהן זו למטה מזו באורך. וכן שתי הספירות ז"א ומלכות העוברות דרך הבינה מניחות שרשיהן בה, ולכן יש בספירת הבינה שלש ספירות בינה ז"א ומלכות. וכן ספירת המלכות נשארת בז"א, וכולל שתי ספירות ז"א ומלכות. וספירת המלכות אין בה מאו"י רק בחינתה עצמה, כי אין שום ספירה עוברת דרך בה.

והנה ההתכללות הזו נעשת מכח חמש בחינות דאו"י עצמן מטרם שנעשה זווג דהכאה המעלה או"ח ומלביש אותן עד הכתר. שאז נכלל הכתר מחמש בחינות, וחכמה מארבע בחינות, ובינה משלש בחינות, וז"א משתים, ומלכות מאחת. אמנם אחר שנעשה זווג דהכאה, שהאו"ח עולה ומלבישם הנה אז האו"ח משוה קומתן של כולן שוה

אור פשוט

בשוה, כמ"ש בע"ח שער ד' אח"פ פ"א בדרוש הרב גדליה הלוי. ונתבאר היטב בתע"ס בהסתכלות פנימית חלק ב' עש"ה. **ונמצא עתה, שחכמה הרויחה ספירת הכתר מפאת האו"ח שהלביש אותה ונשתוה קומתה עם הכתר, וכן בינה הרויחה ע"י האו"ח שתי בחינות כו"ח ונשתוה גם קומתה עם הכתר וכו', והמלכות הרויחה ארבע ספירות כח"ב ז"א ונשתוה גם קומתה עם הכתר. באופן שכל אחת מחמש בחינות דאו"י כח"ב תו"מ קומתן שוה עד הכתר והן מלבישות זו על זו בעובי, ולכל אחת מהן יש חמש בחינות כח"ב תו"מ לאורכן ונעשות משום זה כ"ה ספירות.**

וכל זה הוא במדרגת הראש של הפרצוף. ונודע, שמלכות דראש חוזרת ומתפשטת מלמעלה למטה עם האו"ח שבה ועושה דוגמתן כ"ה ספירות בגוף הנקרא תוך הפרצוף עד הטבור, ואח"ז הן מתפשטות בבחינת הסוף של הפרצוף בכ"ה ספירות מטבור ולמטה עד סיום רגלין. והנה אז, אחר התפשטות זו לראש תוך סוף, היא נקראת בשם פרצוף. כלומר, כל ספירה דאו"י שבה, אחר שהתפשטה לראש תוך סוף, היא נקראת בשם פרצוף, כנודע. באופן, שאלו חמש הספירות כח"ב תו"מ הנ"ל שהתפשטו לזווג דהכאה במלכות של ראש, ומשם התפשטו לתוך סוף עד סיום רגלין, הן נקראות עתה בשם חמשה פרצופים א"א או"א זו"ן, המלבישים זה לזה בעובי בקומה שוה, אשר בכל אחד מהם יש גם חמשה פרצופים א"א או"א וזו"ן באורך, ונמצא אשר כ"ה הספירות שיצאו ע"י זווג דהכאה במלכות של ראש כנ"ל, **נעשו עתה לכ"ה פרצופים, והבן היטב.**

וז"ש הרב "כשהאציל הא"ס את הכתר עשאו מכללות ה"פ שהם כתר שבו ואו"א וזו"ן שבו" דהיינו ע"ד שנתבאר לעיל, שע"י חמש הבחינות דאו"י שהתפשטו לזווג דהכאה במסך שבכלי מלכות יוצאים חמשה פרצופים: א"א או"א וזו"ן המלבישים זה על זה בעובי בקומה שוה, אשר בכל אחד מהם יש חמשה פרצופים: א"א או"א וזו"ן באורך, שהם ביחד כ"ה פרצופים כמ"ש לעיל, וזכור זה לכל המשך דברי הרב.

ודע, שזווג זה לצורך הכתר דעולם האצילות נעשה במלכות של עולם עליון מאצילות, הנקרא עולם א"ק כנודע. דהיינו, שחמש הבחינות דאו"י המתפשטות מא"ס ב"ה עוברות דרך חמשה פרצופים: א"א או"א וזו"ן דא"ק, עד שמכים במסך שבכלי מלכות דא"ק, והמסך מעלה או"ח המלביש לחמש בחינות דאו"י אלו, ואז נאצל הכתר דאצילות ונעשה לכללות חמשה פרצופים: א"א או"א זו"ן בעובי, שלכל אחד מהם חמשה פרצופים: א"א או"א זו"ן באורך, ומלבישים זה על זה בקומה שוה כנ"ל, **ואז יורדים משם למקומם באצילות, ומלבישים לקו א"ס ב"ה המתפשט באצילות.**

ובזה מתבארת היטב שאלה א' הנ"ל ד' קה ד"ה בענין, **שהקשינו איך יתכן שכתר יהיה בחינת א"ס ב"ה ממש, אחר שהוא רק ענף הנאצל ע"י מלכות שבעולם העליון, והמלכות היא תמיד בחינת כלי. ובמתבאר מובן היטב, כי כתר וארבע בחינות דאו"י המה נמשכים מא"ס ב"ה בלבד, אלא כדי להתלבש באו"ח הם מזדווגים בזווג דהכאה במלכות דעליון,** כנ"ל, **ומבחינת זווג דהכאה הזו הנעשת במלכות דעליון, נחשבת המלכות הזו לבחינת מאציל לעולם התחתון. אמנם האורות עצמם דאו"י באים רק מא"ס ב"ה, ועוברים דרך חמשה פרצופים דעולם העליון, כל אחד בבחינה שכנגדו בחמשה פרצופים דעולם העליון.**

באופן, אשר השראת א"ס הנקראת ספירת הכתר, על ארבע בחינות דאו"י, הנה

אור פשוט

היא נמשכת מא"ס ב"ה ממש ועוברת דרך פרצוף הכתר דא"ק, וממנה מתפשטות שאר ארבע הבחינות דאו"י דרך ארבעה פרצופי א"ק: חו"ב תו"מ, עד שבאים בזווג דהכאה בכלי מלכות דא"ק ומתלבשים שם בלבוש דאו"ח, ויורדים משם למקומם בעולם האצילות. הרי שכתר נמשך מא"ס ב"ה לבדו, והוא עצמו א"ס ממש, וכל מה שמקבל ממלכות דעליון אינו אלא התלבשות באו"ח בלבד, וזכור זה. וכן שאר ארבע הבחי' דאו"י הם ענפי הכתר בלבד, ורק התלבשות האו"ח הן מקבלות ממלכות דעליון. ומה שנאמר בכ"מ שמלכות דעליון נעשת עתיק לתחתון, זה ענין אחר לגמרי, כמ"ש בתע"ס חלק ג', ועוד יתבאר במקומו. ובמתבאר נוכל להבין המשך דברי הרב.

שהאציל כתר שבו היו כלולים בתוכו כל הכתרים שיש משם ולמטה עד העשיה זה תוך זה: עתה מבאר הרב סדר הלבשתם זה לזה ולקו א"ס שבאצילות, אחר שירדו מן מלכות דעליון אל מקומם הקבוע באצילות. ודע, שבחינת חמשה פרצופים שבאורך הפרצוף, רגיל הרב לכנותם בשם כתר אבי"ע כי הראש של הפרצוף נקרא בשם כתר עד הגרון. ומגרון עד החזה נקרא בשם אצילות, והוא פרצוף אבא, או או"א. ומחזה עד הטבור נקרא בשם בריאה, והוא פרצוף אמא או ישסו"ת. ומטבור עד סיום רגלין של הפרצוף נקרא בשם יצירה ועשיה, או זו"ן. באופן שיש כאן חמשה פרצופים בקומה שוה בעובי, שהם א"א או"א וזו"ן המלבישים זה על זה, אשר לכל אחד מהם יש חמשה פרצופים באורך הנקראים: כתר, אצילות, בריאה, יצירה, עשיה.

וכבר נתבאר, שאלו חמשה פרצופים שבעובי המלבישים זה על זה, הנקראים א"א או"א זו"ן, הם עצמות הספירות דחמש הבחינות דאו"י. וענין חמשה פרצופים שיצאו לכל אחד מהם באורך, הנקראים כתר אבי"ע, הם באים רק מהתכללותן זו בזו, שבדרך יציאתן זו מזו הניחה כל אחת שרשה בעליון ממנה, וע"כ נכללו זו מזו כנ"ל בסמוך.

ויש להבין ההבדל הגדול מפרצופי העובי ופרצופי האורך, כי פרצופי העובי הם חמש מדרגות נבדלות זו מזו בדרך סבה ומסובב במרחקים ניכרים, כי פרצוף הכתר הוא בחינת א"ס ממש והוא בחינת מאציל ושורש לכולם, ופרצוף חכמה נבדל ממנו מאד להיותו כבר אור נאצל, אמנם נבחן למדרגה שניה לכתר משום שהכלי שבו דק מאד והוא נחשב עוד לאור בלי כלי. ונודע, שכל עוד שאין האור מתלבש בכלי אין להבחין בו שיצא מכלל מאציל, ולכן הוא קרוב אל הכתר. משא"כ הבינה נמצאת שהתרחקה מפרצוף החכמה שהוא אבא, כי כבר נמצא בה שורש לכלי, והאור שבה הוא אור חסדים ולא חכמה. וז"א התרחק יותר, מפני שהכלי שבו הוא קרוב לכלי מלכות, ופרצוף המלכות נבדל לעצמו יותר מכולם שהוא כבר בחינת כלי גמור. הרי איך שחמשה פרצופי העובי נבדלים בהרבה זה מזה.

אבל חמשה פרצופי האורך, שישנם בכל אחד מהם, שהם באים רק מהתכללותם זה בזה, הנה הם אינם משנים מאומה את עצם הפרצוף שבעובי. כי למשל, פרצוף הכתר שהוא בחינת א"ס ושורש לכל ארבעה הפרצופים, נאמר שהוא כלול מכל ארבעה הפרצופים האחרים, שהם מתפשטים בו לארכו, ונקראים אבי"ע, כי להיותו שורש לפרצוף החכמה שהוא אבא, ע"כ כשיצא אבא ממנו, הניח בו שורשו הנקרא אצילות שבו מגרון עד החזה, ונקרא כתר דאצילות, כלומר שורש לאבא. וכן, כשהאציל כתר את פרצוף אמא הניחה שורשה בכתר, ונקראת בריאה שמחזה עד הטבור, ונקרא כתר הבריאה כלומר שורש לאמא. וכן כשהאציל

אור פשוט

כתר פרצופי זו"ן הניחו בו שרשם הנקראים יצירה ועשיה שבכתר, מטבורו עד סיום רגלין שבו, ונקרא כתר דיצירה וכתר דעשיה, כלומר, שורש ז"א ושורש נוקבא. הרי שכל אלו ארבעה הפרצופים אבי"ע שבכתר הם כולם שורשים בלבד, כלומר שכולם בחינת א"ס, ואין בהם מבחינתם של ארבעה הפרצופים כלום, הגם שכל אחד מארבעה הפרצופים הניח שרשו בכתר מטעם שאין לך נותן מה שאין בו וכן מטעם שיצאו ממנו, הרי זה אינו משנה את בחינת א"ס שבו, אלא כתר אצילות נבחן כמו כתר של אבא, כלומה שורש אליו. וכן כתר בריאה נבחן לשורש אל פרצוף אמא, והוא א"ס. וכן יצירה ועשיה שבו, נבחנים לשורשים לפרצופי זו"ן, אבל הם א"ס. באופן שכל אלו ארבעה הפרצופים אבי"ע שבארכו דא"א, הם כולם כתרים ממש ואינם משתנים במשהו מחמת שהם שורשים לארבעה הפרצופים או"א וזו"ן.

ועד"ז חמשה פרצופי האורך כתר ואבי"ע, שישנם בפרצוף אבא בחמשה פרצופי העובי, אינם משנים מאומה את בחינת אבא, כי הן אמת שאבא נכלל מהם להיותו שורש אליהם, ועברו דרך בו, אכן אין הענף יכול לשנות במשהו את השורש שלו, ובריאה דאבא אין בה מבחינת אמא אפילו משהו, אלא נקראת בריאה מטעם היותה שורש לאמא, וכן יצירה ועשיה שבאבא. באופן שכל אלו חמשה פרצופי האורך שבאבא הם כולם בחינת אבא וכולם חכמה, דהיינו שהם בחינת אור נאצל וכבלי כלי, כנ"ל. ועד"ז חמשה פרצופי האורך שבבינה הם כולם בחינת אמא וכולם בחינת אור דחסדים, ואע"פ שהיא כלולה מכתר וחכמה אין זה משנה את בחינתה, כי ההתכללות אינה משנה כלום את עצם הפרצוף. וכן חמשה פרצופי האורך שבזו"ן הם כולם בחינת זו"ן מראשם ועד סופם, כמבואר.

וזה שאומר הרב **"שבעת שהאציל כתר שבו היו כלולים בתוכו כל הכתרים שיש ממנו ולמטה עד סוף העשיה, כיצד כתר דאצילות מלביש אותו כתר דבריאה ועליו כתר דיצירה ועליו כתר דעשיה מלביש אליו"** הוא מדייק להשמיענו, כי כל אלו ארבעה פרצופים או"א וזו"ן הכלולים לארכו דא"א הנקראים אבי"ע, הנה הם אינם משנים במשהו את עצמותו, שהוא כתר וא"ס, והם כולם כתרים ממש, כלומר שהם בחינת א"ס ממש. ויש רק להבחין בהם, אשר אצילות שבו הוא כתר לבחינת אבא וכו', ויצירה ועשיה שבו הם כתרים לזו"ן. והם מלבישים בקצתם זע"ז לאורכם, כי מגרון עד החזה מלביש כתר האצילות, ומחזה עד הטבור מלביש עליו כתר דבריאה, ומטבור ולמטה הכתרים דיצירה ועשיה. והטעם הוא, כי כל בחינה שהיא מיוחסת לשורש פרצוף יותר עב, היא נחשבת לשורש יותר תחתון, ולכן הם מסודרים זה תחת זה לאורכן, כי כתר בריאה שהיא שורש לאמא היא יותר עבה מפרצוף אבא, ע"כ נבחן שכתר דבריאה הוא למטה מכתר דאצילות שהוא שורש לאבא, וכו' עד"ז.

ובזה מיושבת שאלה ב' בדף קה ד"ה בענין, שהקשינו, כיון שלכל אחד מחמשה פרצופים שבעובי יש בהם אותם חמשה פרצופים שבאורך, א"כ מה ההבדל מפרצוף לפרצוף. ועתה מובן היטב ההבדל הרב שביניהם, כי למשל פרצוף אבא אשר בא"א הנקרא אצילות שבו, אין לו שום דמיון לכל חמשה פרצופי אבא דעובי, כי אצילות דא"א הוא א"ס ממש, אלא שהוא בחינת כתר דאבא, מה שא"כ כל פרצוף אבא מראש עד סוף הוא בחינת אור נאצל ואינו בחינת

רמז) וכן בענין הפרטי, המשל בזה, כתר דא"א ועליו כתר אבא ועליו

אור פשוט

שורש וא"ס. כי אפילו כתר דאבא דעובי שהוא א"ס, מ"מ אינו נחשב לכתר ממש, כי הוא בו רק מבחינת השואת הקומה של האו"ח המשוה את כל הספירות בקומה שוה, כנ"ל ד' קו ד"ה שהאציל ע"ש, והוא בחינת השראה בלבד בו. משא"כ אצילות דא"א, הוא נבחן לכתר ממש לאור א"ס ב"ה מבחינת היותו שורש ומאציל לבחינת אבא, והבן היטב. ועד"ז תוכל להבחין בכל פרצוף מכ"ה הפרצופים את התכונה המיוחדת אשר בו, הנבדל בהרבה מהדומים לו שישנם בפרצופים אחרים.

וכן מיושבת שאלה ג' המובאת שם. שהקשינו, איך אפשר שאבא בא"א דעובי יוכל להלביש את קו א"ס מאחר שהוא בחינה ב' מא"ס, ומכ"ש שאר הפרצופים בינה וזו"ן הנכללים בא"א לאורך. ועתה מובן זה היטב, כי כל אותם ארבעה הפרצופים אבי"ע הכלולים בא"א באורך, אינם כלל מבחינת ארבעה פרצופים, אלא כולם הם כתרים ממש וכולם הם בחינת א"ס, וע"כ הם מלבישים כולם לקו א"ס. ועד"ז חמשה פרצופי האורך דאבא, שהם כתר ואבי"ע דאבא, להיותם כולם חכמות שהם מדרגה ב' לכתר, ע"כ הם מלבישים בקומה שוה על כתר ואבי"ע דא"א. ועד"ז חמשה פרצופי האורך דאמא, להיותם כולם בינות שהם מדרגה ב' לחכמה, ע"כ הם מלבישים בקומה שוה לכתר ואבי"ע דאבא שהם חכמות, ועד"ז חמשה פרצופי האורך דז"א שהם כולם זעירין, הם מלבישים בקומה שוה לכתר ואבי"ע דאמא, להיותם מדרגה שניה להם. ועד"ז חמשה פרצופי האורך כתר ואבי"ע דנוקבא, הם כולם נוקבין שהם מדרגה שניה לזו"ן, וע"כ הם מלבישים בקומה שוה לכתר ואבי"ע דזו"ן.

רמז) **וכן בענין הפרטי המשל בזה כתר דא"א ועליו כתר אבא וכו':** הוא משמיענו בזה, כי אפילו אם תמצא שאנו מפרטים את כל אחד מחמשה פרצופי האורך של הכתר, לפרטות חמשה פרצופים חדשים, כגון בעת שא"א מאציל לנפש דנפש של התחתון, שהוא מוכרח לצאת מפרצוף מלכות דעשיה דא"א, דהיינו פרצוף חמישי של בחינת עשיה שבו. והנה אז הכרח הוא שכל פרצוף מפרצופי האורך יתחלק שנית לחמשה פרצופים, כנודע. ומשמיענו, שאין הכונה שיש בהם משהו מארבעה הפרצופים שבעובי אלא גם אז הם כולם כתרים. כי חמשה פרצופים א"א או"א זו"ן המתחלקים באצילות דא"א, הם רק כתרים של חמשה פרצופים ההם, וכן חמשה פרצופים א"א או"א וזו"ן המתחלקים מחדש בבריאה דפרצוף הכתר הם רק כתרים דחמשה פרצופים, וכן הפרטים דיצירה ועשיה דפרצוף דא"א. באופן שכל ההתפרטות החדשה שנעשתה בחמשה פרצופי האורך דא"א, שנעשו עתה לכ"ה פרצופים באורך, הרי זו אינה משנה במשהו את עצם תכונת הפרצוף דא"א, וכל כ"ה פרצופי האורך אינם אלא כ"ה כתרים.

והנה עד כאן לא דיבר הרב אלא מפרצוף הפנימי דחמשה פרצופי העובי דא"א המלבישים זה על זה בקומה שוה, הנקרא פרצוף הכתר דא"א, או א"א דא"א, שמתחילה מבאר בו חמשה פרצופי האורך שנקראים כתר ואבי"ע דפרצוף הכתר דא"א, ואח"ז מבאר גם התחלקות כל אחד מחמשה פרצופים אלו דכתר ואבי"ע לחמשה פרצופי אורך חדשים אשר מכנה אותם עתה א"א או"א וזו"ן, שהם עתה כ"ה פרצופים וכולם רק כתרים, ובאות רמ"ח מבאר הרב שאר ד' פרצופים שבעובי דא"א, הנקראים חכמה

כתר אמא ועליו כתר ז"א ועליו כתר נוקבא, וכ"ז באצילות, ועד"ז בכתרים דבריאה וכן אח"כ בכתרים דיצירה וכן אח"כ בעשיה.

רמח) ובעת שהאציל חכמה היו כלולין בו כל החכמות שיש בכל העולם

אור פשוט

בינה ז"א נוקבא. או או"א ישסו"ת ז"א ונוקבא, אשר בכל אחד מארבעה פרצופים ההם, יש ג"כ אותם חמשה פרצופי האורך כתר ואבי"ע שנתבארו כאן בפרצוף הכתר דא"א. וכן מתפרטים לפעמים לכ"ה פרצופי האורך כמ"ש הרב בפרצוף הכתר דא"א.

ודע, כי התפרטות הפרצוף בעובי הוא תמיד קודם לאורך, שהרי האורך אינו מתפרט רק מתוך התכללות הפרטים שבעובי כנ"ל. באופן שלאחר שנפרטו הה"פ שבעובי לכ"ה פרצופים בעובי ומלבישים זה על זה בקומה שוה, מתפרט אחריהם גם ה"פ האורך לכ"ה פרצופים זה למטה מזה.

רמח) **ובעת שהאציל חכמה היו כלולים בו כל החכמות שיש בכל העולם ע"ד הנזכר:** היינו בעת שפרצוף הכתר דא"א הכלול מה"פ לאורכו שכולם כתרים, האציל לפרצוף חכמה דא"א המלביש בעובי שלו, הנה גם הוא כלול מה"פ לארכו, שהם כתר ואבי"ע כמו א"א. אמנם אלו ה"פ שבאורך פרצוף אבא דעובי הנקרא פרצוף החכמה, הם כולם חכמות מראשו עד סופו, כמ"ש לעיל שענין ה"פ הנעשים באורך כל פרצוף אינם משנים במשהו את עצם בחינתו עצמו, כי אלו ג' הפרצופים בינה וזו"ן שנכללו באבא בדרך עוברם בתוכו, אינם עושים בו שום בחינת עביות או כלי, והוא נשאר כולו אור נאצל בלי שום כלי כדרך ספירת החכמה, כי הפרצופים בריאה יצירה עשיה הללו, המה רק בחינת שרשים לשלשה פרצופים בינה וזו"ן דעובי. וגם בחינת הכתר שבו הוא רק בחינת השראה של א"א הכלול בו, אבל אינו כתר ממש כמו א"א. וז"ש **ובעת שהאציל חכמה היו כלולים בו כל החכמות ע"ד הנזכר** בא"א דהיינו כתר שבו, ועליו מלביש פרצוף אצילות שבו, שהוא בחינת חכמה, ועליו חכמה דבריאה, ועליו חכמה דיצירה, ועליו חכמה דעשיה, כנ"ל בכתר ואבי"ע דא"א.

וכעד"ז בבינה שבו כל הבינות ובז"א כל הזעירין שבכל העולם ובנוקבא כל הנוקבות: דהיינו ע"ד שנתבאר לעיל בשני הפרצופים הקודמים, כן ה"פ שבאורך הפרצוף השלישי דא"א, שהם כתר ואבי"ע דבינה שבו, כולם הם בינות. וכן כתר ואבי"ע דז"א דא"א, הם כולם זעירין, ואפילו אם אלו ה"פ שלו יתחלקו עוד לה"פ אחרים ויהיו כ"ה פרצופים באורכו, יהיו ג"כ כולם זעירים, ולא יהיה בהם משהו לא מבחינת כח"ב ולא מבחינת נוקבא דעובי, וכן עד סוף העולם. והוא מטעם שנתבאר לעיל, אשר כל בחינת ההתחלקות שבאורך באה רק מבחינת התכללות הפרצופים זה בזה, וע"כ אין הם משנים כלום את עצם הפרצוף. ועד"ז גם בה"פ האורך כתר ואבי"ע דנוקבא דא"א, כי כולם טעם אחד להם כנ"ל.

והנה נתבארו כ"ה הפרצופים של פרצוף הכתר הנקרא א"א דאצילות, שהם חמשה פרצופים: א"א או"א וזו"ן דא"א, המלבישים זה על זה בקומה שוה בעובי, שבכל אחד מהם יש חמשה פרצופי אורך הנקראים כתר אבי"ע. ועיקר ההבדל שבמדרגות הוא רק בפרצופי העובי, אבל בפרצופי האורך אין שום הבדל כלל מעצם הפרצוף דעובי, אלא הם מסודרים זה תחת זה לפי יחס הענפים שבעובי, וכל שורש חכמה שבעובי נמצא תחת הכתר, וכל שורש בינה שבעובי נמצא

ע"ד הנזכר, וכעד"ז בבינה שבו כל הבינות, ובז"א כל הזעירין שבכל העולם, ובנוקבא כל הנוקבות.

רמט) וכאשר האציל א"א את אבא דאצילות, הנה הכתר שבו לקח א"א

אור פשוט

תחת החכמה מלביש עליו בקצתו. וכן כל שורש ז"א שבעובי נמצא תחת הבינה מלביש עליו מקצתו. ושורש של הנוקבא הוא תחת השורש של ז"א.

ולכן כתר אבי"ע דא"א דעובי מלבישים לקו א"ס, ועליו מלבישים בקומה שוה כתר אבי"ע דאבא שבעובי, ועליו מלבישים בקומה שוה כתר אבי"ע דאמא, ועליו מלבישים בקומה שוה כתר אבי"ע דז"א שבעובי, ועליו מלבישים בקומה שוה כתר אבי"ע דנוקבא שבעובי. אבל חמשה פרצופי האורך שבכל אחד, אינם מלבישים זה את זה רק בקצתם לבד ולא בקומה שוה כמבואר. שאצילות דכל אחד, מלבישה מקצת הכתר דכל אחד ועומדת תחתיו. ובריאה דכל אחד מלבישה על מקצת אצילות דכל אחד ועומדת תחתיה וכו' עד"ז.

רמט) **וכאשר האציל א"א את אבא דאצילות הנה הכתר שבו לקח א"א לעצמו וכל מה שלמטה ממדרגתו נתן הכל באבא.** כאן מתחיל הרב לבאר את ארבעה הלבושים דא"א הנקראים ע"ב ס"ג מ"ה ב"ן. כי בכל עולם נבחנת הוי"ה פנימאה שממנה יוצאים ארבעה פרצופים עסמ"ב זה למטה מזה. אשר מהיוד של הוי"ה פנימאה יוצא פרצוף ע"ב הנקרא אבא, או או"א עילאין. ומן ה' דהוי"ה פנימאה יוצא פרצוף ס"ג המלביש מפה ולמטה דפרצוף ע"ב. ומן ו' דהוי"ה פנימאה יוצא פרצוף מ"ה המלביש מפה ולמטה דפרצוף ס"ג, ומן ה"ת דהוי"ה פנימאה יוצא פרצוף ב"ן. כמ"ש הרב בע"ח ש"ה פ"ב ע"ש.

והנה הוי"ה פנימאה של עולם האצילות הם כ"ה הפרצופים הנ"ל של א"א, אשר כתר אבי"ע דא"א הפנימי שבה"פ העובי דא"א נבחן לקוצו של יוד דהוי"ה זו. וה"פ האורך של אבא דא"א הם י' דהוי"ה פנימאה. וה"פ האורך של אמא דא"א הם ה"ר דהוי"ה פנימאה. וה"פ האורך של ז"א דא"א, הם ו' של הוי"ה זו. וה"פ האורך של נוקבא דא"א הם ה"ת דהוי"ה פנימאה זו. וכבר נתבאר שכל אלו הם בקומה שוה.

אמנם ארבעה הפרצופים ע"ב ס"ג מ"ה וב"ן היוצאים מארבע אותיות הוי"ה פנימאה, הם יוצאים מארבעה זווגי הכאה מיוחדים: כי פרצוף ע"ב יוצא מזווג דהכאה על מסך דעביות של בחי"ג, ופרצוף ס"ג יוצא ע"י מסך דבחי"ב, ופרצוף מ"ה יוצא ע"י מסך דבחי"א כנ"ל ד' קז ד"ה וזה, ע"ש. כי כמו שחמשה עולמות א"ק ואבי"ע נבדלים זה מזה מסבת העביות של המסך שבכלי מלכות, כן חמשה פרצופים הכוללים של כל עולם ועולם, הם מתחלקים זה מזה מסבת העביות שבמסך.

באופן, אשר פרצוף כתר דאצילות יצא ע"י זווג דהכאה במסך שבכלי מלכות שעביותה היא בחי"ד. וכשהאציל פרצוף הכתר את פרצוף ע"ב דאצילות היוצא מיוד דהוי"ה פנימאה שלו, הוציאו ע"י זווג דהכאה במסך דבחי"ג, אשר האו"ח שלו אינו מגיע לקומת כתר רק לקומת חכמה, והזווג הזה נעשה בפה דראש דפרצוף הכתר, וע"כ נבחן שקומת כתר של פרצוף ע"ב נשארת בפה דראש דפרצוף הכתר, ולא יצאה עם פרצוף ע"ב הנאצל ממנו, ונמצאות כל החמש בחינות דאו"י חסרות מקומת כתר, ומתחילות מאור החכמה.

ונבחן שאור חכמה התלבש בפרצוף ע"ב בכלי דכתר, נמצא הכתר שירד למדרגת

מבנה העולמות שמא

לעצמותו, וכל מה שלמטה ממדרגתו נתן הכל באבא, ונמצאו כל החכמות כולם

אור פשוט

חכמה, כמ"ש הרב בשער מטי ולא מטי פרק ב', וכן בשער עקודים. ולפיכך מתחיל פרצוף ע"ב מפה ולמטה דפרצוף הכתר, ששם החכמה דחמשה פרצופי האורך שבכתר, ונבחן ביחס לכתר שהוא חסר ראש שלו, וכן כשהאציל פרצוף ע"ב לפרצוף ס"ג של האצילות הנקרא אמא, הוציאו ע"י זווג דהכאה במסך דבחינה ב', שהאו"ח שלו מגיע רק לקומת בינה, נמצאת אמא חסרה גם מחכמה, ואין לה אלא מבינה ולמטה. וכשהאצילה אמא לפרצוף ז"א הוציאה אותו ע"י זווג על מסך דבחי"א, שהאו"ח שלו מגיע רק לקומת ו"ק, והוא חסר גם מבינה. והנך מוצא איך המדרגות הולכות ומתמעטות בסבת המסך, וע"כ נבחן כל תחתון לחסר ראש כלפי עליונו, כי ע"ב חסר ראש כלפי הכתר, ומתחיל להלבישו מפה דפרצוף הכתר ולמטה. וכן ס"ג נבחן כחסר ראש כלפי ע"ב, וע"כ מלביש רק מפה דראש דע"ב ולמטה. ומ"ה פרצוף ז"א נבחן לחסר גם חג"ת דס"ג, ומלביש רק מטבור ולמטה.

וזה אמרו **"כשהאציל א"א את אבא דאצילות הנה הכתר שבו לקח א"א לעצמותו וכל מה שלמטה ממדרגתו נתן הכל באבא ונמצאו כל החכמות כולם נתונים באבא"** דהיינו כמ"ש, כי הוא האציל לפרצוף ע"ב שנקרא אבא ע"י מסך דעביות דבחי"ג, שמוציא רק קומת חכמה, ונמצא כתר דאבא נשאר בפה דראש דא"א, וז"ש **"הנה הכתר שבו לקח א"א לעצמותו"** ולא נתן לו אלא מה שלמטה ממדרגתו, דהיינו רק מקומת חכמה ולמטה. ונודע, שעיקרו של הפרצוף נבחן על פי הבחינה העליונה שבו שבראש קומתו, ולכן נבחן אבא שכולו חכמות בלבד, וז"ש **"ונמצאו כל החכמות נתונים באבא"**, ואין בו לא מבחינת כתר ולא משאר הבחינות, כי הוא נבחן כולו על פי הבחינה העליונה שבו, כנודע.

ואומר **"ע"ד שנזכר בא"א"** פירוש, כי גם פרצוף אבא נחלק לכ"ה פרצופים שהם חמשה פרצופים א"א ואו"א וזו"ן המלבישים זה על זה בקומה שוה בעובי, אשר בכל אחד מהם יש חמשה פרצופים כתר ואבי"ע לארכו. כי ענין ה"פ המלבישים זע"ז בעובי וכן התכללותם זה מזה העושה בכל אחד מהם ה"פ באורך, אינם תלוים כלל בשיעור הקומה של המדרגה, כי אלו נעשו בעיקר ע"י חמש הבחינות דאו"י עצמם, אלא שהאו"ח משוה קומתם זה לזה, כנ"ל. אבל שיעור הקומה של האו"ח אינו מעלה ואינו מוריד כלל בענין ההתחלקות דאורך ועובי.

באופן, שגם באבא יש פרצוף פנימי הנקרא א"א דאבא, שבו כתר ואבי"ע לארכו, והוא מלביש מפה ולמטה דפרצוף האחרון שבעובי דפרצוף הכתר, דהיינו לפרצוף נוקבא דכתר, ועליו מלבישים בקומה שוה כתר ואבי"ע דפרצוף אבא דאבא, ועליו מלבישים בקומה שוה כתר ואבי"ע דפרצוף אמא דאבא בקומה שוה. ועליו מלביש כתר ואבי"ע דז"א דאבא בקומה שוה. ועליו מלביש כתר ואבי"ע דנוקבא דאבא בקומה שוה. דהיינו ממש ע"ד שנתבאר בכ"ה פרצופי הכתר. אמנם ההפרש שביניהם הוא, כי אע"פ שחלקנו בין ה"פ דכתר המלבישים זה על זה בעובי ע"פ ההבחנות דה' בחינות דאו"י, עכ"ז נחשבים כולם לכתרים שהוא מטעם שיעור קומתם שהם כולם קומת כתר. אבל אלו כ"ה פרצופי אבא, הגם שבערכו עצמו אנו מחלקים ג"כ בין ה"פ העובי שלו ע"פ ההבחנות דאו"י, מ"מ הם כולם רק חכמות בלבד, מפני שבחינה העליונה שבהם היא קומת חכמה.

וכעד"ז באמא ובזו"ן: היינו בשלשה הפרצופים ס"ג מ"ה ב"ן דאצילות שהם

נתונים באבא, ע"ד שנזכר בא"א. וכעד"ז באמא, ובזו"ן, ובכל ג' עולמות בי"ע.

אור פשוט

נקראים אמא וזו"ן, היוצאים זה מתוך זה ע"י שלשה זווגים מיוחדים, אשר ס"ג יוצא ממסך דבחי"ב, והוא חסר ראש כלפי הע"ב. ונוקבא חסרה ראש כלפי מ"ה שהוא ז"א, כנ"ל. אמנם הן באמא והן בז"א והן בנוקבא יש בכל אחד מהם כ"ה פרצופים ע"ד שנתבאר בכתר ובע"ב. אלא כל כ"ה הפרצופים של אמא הם כולם בינות, מפני שהבחינה העליונה שבהם היא קומת בינה. וכל כ"ה הפרצופים של ז"א הם בקומת ו"ק, מפני שהבחינה העליונה שבהם היא ו"ק, וכל כ"ה הפרצופים של הנוקבא הם נוקבין בלבד, מפני שהבחינה העליונה שבהם היא קומת מלכות הנקראת קומת נה"י. ועכ"ז יש להבחין בכל אחד מהם, שה"פ שלו שבעובי המלבישים זה על זה בקומה שוה, הם נבחנים ג"כ ע"פ ההבחן שבה' בחינות דאו"י, כמ"ש לעיל בפרצוף ע"ב.

באופן ששתי הבחנות יש להבחין בכל פרצוף, כנ"ל ד' קו ד"ה שהאציל א' הוא ע"פ חמש הבחינות דאו"י, אשר הכתר שבו הוא א"ס, וחכמה שבו הוא אור נאצל בכלי דק מאד, ובינה הוא אור חסדים בשורש כלי, וז"א הכלי שלו עב יותר, ונוקבא כבר היא כלי גמור, וכן יתר ההבחנות שישנם ע"פ ע"ס דאו"י. והבחן זה נוהג בה"פ דכל מדרגה המלבישים זה על זה בעובי בקומה שוה, כנ"ל.

ועוד יש להבחין הבחן ב', והוא ע"פ ערכים דשיעור קומה, אשר כל כ"ה הפרצופים שבכל מדרגה נערכים ע"פ שיעור הקומה שבהם, אם המדרגה היא בקומת כתר, נחשבים כל כ"ה הפרצופים שלו לכתרים. ואם היא קומת חכמה נחשבים כל כ"ה הפרצופים לבחינת חכמות. ואם היא קומת בינה נחשבים כולם רק לבינות, ואם היא קומת ז"א נחשבים כולם לזעירין, ואם היא קומת מלכות, נחשבים כולם רק למלכיות, וכבר ידעת ששיעור הקומה אינו תלוי כלל בחמש הבחינות דאו"י, אלא רק בשיעור עביות המסך, שזווג דהכאה עם אור העליון נעשה עליו, וזכור זה.

ובכל ג' עולמות בי"ע: היינו ג' עולמות בי"ע שמתחת הפרסא דאצילות, וכמו שנתבאר בחמשה פרצופים הכוללים דאצילות, שיש בכל אחד מהם כ"ה פרצופים, הנה זה נוהג ג"כ בג' עולמות בי"ע הנמצאים מתחת הפרסא דעולם האצילות. כי בא"א דבריאה יש ה"פ א"א ואו"א וזו"ן המלבישים זע"ז בקומה שוה, אשר בכל אחד מהם יש ה"פ כתר ואבי"ע באורך. וכן באבא דבריאה יש ה"פ א"א ואו"א וזו"ן המלבישים זה על זה בקומה שוה בעובי אשר בכל אחד מהם יש ה"פ כתר ואבי"ע באורך. וכן לאמא דבריאה יש חמשה פרצופים א"א ואו"א וזו"ן המלבישים זע"ז בקומה שוה שבכל אחד מהם יש ה"פ כתר ואבי"ע באורך. ואלו שלשה הפרצופים הכוללים הם יוצאים זמ"ז בשלשה זווגים מיוחדים, והם מלבישים זה למטה מזה.

ויש לדעת, כי א"א דבריאה הוא חסר ג"ר, ואין בראש שלו אלא אור דחג"ת, ובתוך סוף של הגוף שלו אין שם אלא אור דנה"י. ומ"מ נחלק לה"פ בעובי שבכל אחד יש ה"פ באורך, כי הראש שלו נבחן לכתר שלו, והתוך שלו עד החזה נבחן לאצילות שבו, והסוף שלו מחזה ולמטה נבחן אל בי"ע שלו, וכל החמשה פרצופים שלו שבעובי מתחלקים עד"ז. ואבא דבריאה הכולל הוא ג"כ חסר ג"ר, ואור חג"ת מתלבש בראש שלו, ובתוך סוף שלו מלובש רק אור נה"י, ומ"מ נחלק לה"פ באורך ע"ד שנתבאר בא"א דבריאה. באופן, שגם באבא הכולל דבריאה יש חמשה פרצופים: כתר א"א או"א זו"ן בקומה שוה המלבישים זה על זה בעובי, אשר בכל אחד

רנ) ונבאר לך ענין ז"א בפרטות, כי תחלה נאצל ז"א מכתר א"א, ובו כלולין כל הז"א. ואח"כ, לקח א"א שאר החלק המגיע לבחי' א"א, ויצאו כל השאר באו"א. וכעד"ז באו"א. ונמצא שבחי' בן ובת שהם זו"ן דא"א דכתר

אור פשוט

מהם יש חמשה פרצופים באורך הנקראים כתר ואבי"ע.

ופרצוף אמא דבריאה הכולל, יש לה ג"ר שלמים בקומת בינה. וגם היא יש לה חמשה פרצופים מלבישים זה את זה בקומה שוה בעובי, אשר בכל אחד מהם יש חמשה פרצופים כתר ואבי"ע באורך.

ועד"ז בפרצופים שביצירה ועשיה, כי שלשה עולמות בי"ע הם בחינת פרצוף אחד, שבריאה הוא בחינת הראש, ועולם היצירה הוא בחינת התוך, ועולם העשיה הוא בחינת נה"י וסוף. ונודע שכל מה שיש בראש כן הוא בגוף עד הטבור שנקרא תוך, וכן הוא מטבור ולמטה הנקרא סוף, ואין להאריך.

רנ) ונבאר לך ענין ז"א בפרטות כי תחילה נאצל ז"א מכתר דא"א וכו' ואח"כ לקח א"א שאר החלק המגיע לא"א וכו': זה סובב על ביאור חמשה הפרצופים הכוללים דאצילות הנזכר לעיל באות רמ"ט, שאומר שם **"כאשר האציל א"א את אבא דאצילות הנה הכתר שבו לקח א"א לעצמותו ונמצאו כל החכמות נתונים באבא, וכעד"ז באמא וזו"ן"**, ע"ש. ועתה מבאר הרב פרצוף אחד מהם בפרטות, כדי להבין מתוכו שאר ארבעה הפרצופים הכוללים היוצאים ע"י זווגים מיוחדים וקומתן ההולכת ומתמעטת בסבת המסך, כנ"ל ד' קיד ד"ה באופן, עש"ה. ועיקר הביאור הזה בא להראות שעם כל העליות שעושים הפרצופים, מ"מ סולם המדרגות של עת אצילותם אינו משתנה לעולם.

ונתבאר לעיל ד' קו ד"ה וענין, שהרב מכנה כאן את כתר דאצילות בשם א"א, וע"ב דאצילות בשם או"א, וס"ג דאצילות בשם ישסו"ת, ע"ש טעם הדבר. ואומר **"כי תחילה נאצל ז"א מכתר א"א ובו כלולים כל הז"א"** פירוש, שבעת שיצאה קומת ז"א בא"א היתה בו קומה שלימה כח"ב זו"ן. **"ואח"כ לקח א"א שאר החלק המגיע לא"א ויצאו כל השאר באו"א"** כלומר, בעת שנתן קומת ז"א לאו"א, לא נתן להם כל קומת ז"א עד הכתר כמו שיצאה בא"א, אלא שנתן להם מחכמה ולמטה דז"א, ובחינת הכתר דז"א נשארת בא"א עצמו. כי כמו שאבא עצמו לא יכול לקבל מבחינת כתר דא"א בעת שנאצל ממנו, כנ"ל ד' קטו ד"ה וזה, הנה מאותו הטעם אינו יכול לקבל גם מבחינת הכתר דז"א כלום, אלא מקבל מבחינת חכמה ולמטה דז"א. **"וכעד"ז באו"א"** כלומר, בעת שאו"א נתנו קומת ז"א לישסו"ת, לא נתנו לו רק מבחינת בינה ולמטה דז"א, ובחינת חכמה דז"א נשארת באו"א, כי ישסו"ת כולו בינות ואינו יכול לקבל מבחינת חכמה כלום. וכעד"ז כשהוציא ישסו"ת קומת ז"א ממנו למקומו דז"א, לא נתן לו אלא בחינת ו"ק דו"ק. כי הוא נחלק לב' תבונות, ובתבונה א' נשארת הבינה, ובתבונה ב' הג"ר דו"ק. באופן, שבעת שקומת ז"א יוצאת, היא יוצאת בהכרח מהוי"ה פנימאה, שהוא א"א, ועוברת דרך הפרצופים או"א וישסו"ת העליונים ממנו. נמצא עיקר ושורש הארתו, שהוא כתר חכמה בינה דז"א נשאר בעליונים ממנו, כי כתר דז"א נשאר בא"א, וחכמה דז"א נשארת באו"א, ובינה דז"א נשארת בישסו"ת, ולא הגיע אליו אלא הענף בלבד, שהוא רק ו"ק דהיינו ז"א דקומת ז"א.

וזה אמרו **"ונמצא שבחינת בן ובת שהם זו"ן דא"א דכתר דאצילות נשארים שם"** כלומר, שבחינת כתר זו"ן נבחן בא"א לזו"ן שלו. כמ"ש לעיל דף ק"ח ד"ה וטעם, ודף קי"א ד"ה וזה ע"ש. **שיצירה ועשיה דא"א הם**

דאצילות נשארים שם, ויצאו כל שאר הבחי' דזו"נ (באו"א) בנה"י דתבונה, ואז נשארים שם זו"נ.

רנא) באופן, ששורש זו"ן, הוא אותו חלק הכתר שלהם, שהיה כלול בכתר דאצילות כנ"ל, ושאר זעירין ונוקבא של שאר עולמות ופרצופים הם הארות לבד. וכן תקיש אל שאר הפרצופים הנודעים, כנ"ל.

אור פשוט

כתרים לזו"ן, והוא נשאר שם כנ"ל. וז"ש **"ויצאו כל שאר הבחינות דזו"ן באו"א ובנה"י דתבונה ואז נשארים שם זו"ן"** כלומר, אחר שיצא מא"א הוא עובר דרך או"א וישסו"ת, ונשארים בהם חכמה דזו"ן ובינה דזו"ן, ואינו מגיע למקומו רק ז"א דז"א, דהיינו ו"ק דז"א בחסר ג' ראשונות שלו שהם כתר חכמה בינה, שהשאיר בעליונים ממנו דרך עברו בהם. וז"ש **"באופן ששורש זו"ן הוא אותו חלק הכתר שלהם שהיה כלול בכתר דאצילות כנ"ל ושאר זעירין ונוקבין של שאר עולמות ופרצופים הם הארות לבד".** כלומר, שאין להחשיב לבחינת שורש ממש של זו"ן רק את אותו חלק זו"ן שנשאר בא"א, שהוא הכתר דאצילות, כי שורש פירושו כתר וא"ס. וכל אלו הזעירין ונוקבין שעוברים דרך שאר פרצופים ועולמות חוץ מכתר, דהיינו באו"א וישסו"ת, הם נחשבים רק להארות בלבד אל ז"א ולא שורשים ממש. כי חכמה דז"א הנשארת באו"א כבר נבחנת להארה דז"א ולא לשורש, וכן בינה דז"א הנשארת בישסו"ת נבחנת להארה ולא לשורש, וכן לכל הפרטים שהם מתחלקים בפרצופי או"א וישסו"ת, ורק מה שנשאר בכתר נקרא שורש.

וכמו שנתבאר בתחילת אצילות של זו"ן, כן הוא בכל המוחין והעליונים של זו"ן, שמכל מדרגה הבאה לז"א אינו לוקח ממנה אלא בחינות ו"ק לבד, וכתר חכמה ובינה של המדרגה נשארים בשלשה פרצופים הכוללים הקודמים אליו ע"ד הנ"ל.

רנא) **תקיש אל שאר הפרצופים הנודעים:** כלומר, כן כל פרצופי נרנח"י הפרטים והכוללים של ז"א המה מניחים עיקר הארותיהן בשלשה הפרצופים העליונים ממנו, כי שם נשארים כתר חכמה בינה של פרצוף המוחין, ורק ו"ק שלהם מגיע אל ז"א. והיא הנותנת שסולם המדרגות אינו משתנה לעולם. כמ"ש לעיל ד"ה וטעם ע"ש.

ומתוך שענין זה הוא ראש פנה להבנת כל המוחין והעליות של כל פרצופי אבי"ע, הכרח הוא להרחיב הדברים עד כמה שאפשר. ונודע שהרב מחשב כאן את א"א לכתר, או"א לע"ב, ישסו"ת לס"ג, וזו"ן למ"ה וב"ן. והוא, מפני שרוצה לדבר מה"פ הכוללים באצילות, שזה לא יצויר אלא אחר שז"א משיג ג"ר דנשמה, שאז מתחילים להבנות פרצופי הנוקבא מחזה ולמטה שלו אב"א. ובמצב הזה נמצא בהכרח שכבר עלה א"א לג"ר דעתיק, והוא נעשה אז פרצוף כתר דאצילות, גם או"א עלו אז לג"ר דא"א ונעשו ע"ב דאצילות, וגם ישסו"ת עלו אז למקום או"א דהיינו מגרון ולמטה דא"א ונעשו לס"ג דאצילות, וז"א עלה למקום ישסו"ת דהיינו לחזה דא"א ונעשה בחינת ו"ק אל ישסו"ת, דהיינו ו"ק דס"ג, הנבחן לנשמה דז"א. כי ז"א יש לו תמיד אותם המוחין של ישסו"ת, כי הם נבחנים לראש ז"א, וז"א לבחינת ו"ק שלהם, וע"כ בעת שישסו"ת יש לו מוחין דס"ג יש לו לז"א ג"ר דנשמה, ובעת שיש לו לישסו"ת מוחין דע"ב יש לו לז"א ג"ר דחיה, ובעת שיש לו לישסו"ת מוחין דיחידה יש לו לז"א ג"ר דיחידה, וזכור זה.

פרק י"ד

*** רנב) כל ד' עולמות אבי"ע הוכררו מבירור המלכים, היותר מעולה באצילות, והגרוע ממנו בבריאה, וממנו נתהוה בריאה. וכעד"ז היצירה, ואח"כ**

אור פשוט

א') אכן כדי להבין היטב בפרטות את דברי הרב הנ"ל, אנו צריכים להתחיל לפרש את ה"פ הכוללים דאצילות מתחילת אצילותם כלומר מבחינת המוחין שנתקנו בהם בקביעות שאינם חסרים מהם לעולם. ומבחינה זו כתב הרב בע"ח שער עתיק פ"א, **אשר בכל חמשה פרצופי אצילות יש שם רק קומת מ"ה, הנקרא מ"ה החדש: ועתיק לקח כתר דמ"ה, וא"א לקח חכמה דמ"ה, ואו"א וישסו"ת לקחו ס"ג דמ"ה, וזו"ן לקחו מ"ה דמ"ה, דהיינו ז"ת דמ"ה. ועמהם נתחברו בחינת הכלים דג"ר וז"ת דנקודים, ונתקנו כל אחד על ידי הבחינה שכנגדו במ"ה.** ואלו הכלים, הן מה שנשארו בג"ר דנקודים, והן אלו שנתבררו מבי"ע ונתקנו ע"י ה"פ מ"ה דאצילות, נקראים ה"פ ב"ן דאצילות.

ב') ומה שהרב מכנה להה"פ הכוללים דאצילות בשם ע"ס דמ"ה, הנה הוא ביחס לה"פ א"ק. והוא מטעם, כי אין תיקון לה"פ אצילות אלא ע"י עליתם והלבשתם בקומה שוה בקביעות לה"פ א"ק, שזה יהיה בגמר התיקון, אמנם בתחילת תיקונם ע"י המאציל, לא קבלו מה"פ א"ק רק קומת מ"ה שלו, דהיינו, שכל פרצוף דאצילות בעת שנתקן, קבל קומת מ"ה מפרצוף שכנגדו בא"ק. כי פרצוף עתיק קבל קומת מ"ה מפרצוף כתר דא"ק, שהוא נמצא למטה מטבור דפרצוף כתר דא"ק, כי הראש דכל פרצוף הוא כתר שלו, וגוף דכל פרצוף, עד החזה, הוא חכמה שבו או אצילות או ע"ב. ומחזה ועד הטבור, היא בינה שבו, או בריאה, או ס"ג. ומטבור ולמטה הוא זו"ן שבו, או מ"ה וב"ן, או יצירה ועשיה.

ג') ופרצוף א"א דאצילות, קיבל מא"ק מ"ה דפרצוף חכמה שלו, דהיינו בחינת מטבור ולמטה דע"ב דא"ק, ונקרא חכמה דמ"ה, או ע"ב דמ"ה. ופרצוף או"א דאצילות, קבל מ"ה דס"ג דא"ק, הנקרא בינה דמ"ה או ס"ג דמ"ה. ופרצוף זו"ן, קבל מ"ה דמ"ה דא"ק דהיינו למטה מטבור דפרצוף מ"ה דא"ק הנקרא ו"ק דמ"ה, או מ"ה דמ"ה. וצריכים לדעת שבחינת ג"ר דפרצוף נקודים נבחנים למ"ה דא"ק, ובחינה ז"ת דנקודים לב"ן דא"ק. כמ"ש הרב בע"ח שער עקודים פרק ב', **שישסו"ת הוא תגין ומ"ה, וז"ת הם ב"ן ואותיות.** שהכונה היא למ"ה וב"ן דא"ק, שהם פנימיות ג"ר וז"ת דנקודים אשר ישסו"ת וזו"ן דאצילות מקבלים מהם, שישסו"ת מקבלים ממ"ה דא"ק, שהם פנימיות ג"ר נקודים, וזו"ן מקבלים מב"ן דא"ק, שהם פנימיות ז"ת נקודים.

ד') ואע"פ שעתיק אינו מצטרף להה"פ אצילות, הנה זה אמור רק מבחינת ב"ן שבו, שה"ס מלכות דא"ק, סוד ה' גדולה, כנ"ל אות מ"ג ד"ה בהבראם, **אבל** קומת מ"ה היא בחינת ה' זעירא דהבראם, וע"כ מבחינת מ"ה גם עתיק מצטרף לה"פ אצילות, והוא נחשב לכתר שלהם. ודע שכל עליות הפרצופים והעולמות הם רק ע"פ בחינת מ"ה, שבו נחשב עתיק לכתר ולא א"א, וזכור זה.

ה) ונמצא כל פרצוף מה"פ אצילות, הוא רק בחינת ו"ק, הנקרא מ"ה כלפי הפרצוף

*) ע"ח ח"ב שער כללות אבי"ע פ"ג.

בעשיה. והגרוע מהכל, מה שלא היה יכול להתברר נשאר בסוד הקליפה. ר"ל שהם דינין קשים עד מאד, שלא יוכלו להתברר מן הסיגים, ונשארו ניצוצי קדושה שלהן בתוך הקליפות, והן נקראים י"א סמני הקטורת.

אור פשוט

שכנגדו בא"ק, והוא חסר שלש מדרגות: כתר, ע"ב, ס"ג, כלפי עליונו. ושלש מדרגות אלו מקבלים ה"פ אצילות, על ידי עלית מ"ן של התחתונים בתפילות ושבתות ומועדים, שאז הם עולים ומלבישים את ה"פ א"ק, אבל אין זה בקביעות, כי בקביעות יש לכל אחד רק בחינת מ"ה של עליונו בא"ק, שזה מספיק רק להחיות את העולמות בלבד, אמנם אינו מספיק לנר"ן דצדיקים, כי הם לא יוכלו לקבל מזו"ן בעת שיש לו רק ו"ק דמ"ה, וע"כ הם מעלים מ"ן ע"י מע"ט ותפילות, וממשיכים תוספות מוחין אל זו"ן, ואז יוכלו נר"ן דצדיקים לקבל שפעם ממנו. ומתוך שמוחין אלו שהם למעלה מבחינת ו"ק דמ"ה, באים רק ע"י מע"ט ומ"ן של הצדיקים, ע"כ אינם בזו"ן בקביעות, כי בעת שהתחתונים מקלקלים מעשיהם ואינם ראוים לקבל שפע מזו"ן, נמצאים תוספת המוחין מסתלקים תיכף מזו"ן.

ו) והנה בעת שהצדיקים מעלים מ"ן לזו"ן, וממשיכים להם מוחין דס"ג, הנה מוחין אלו צריכים לעבור מן א"ס ב"ה, דרך פרצופי א"ק ודרך כל פרצופי אצילות, עד שבאים לזו"ן שממנו מקבלים נר"ן דצדיקים. וזה גורם שכל העולמות העליונים נמצאים גדלים ע"י העלאת מ"ן של התחתונים, שהרי עיקר המוחין נשאר בעליונים ולתחתונים אינו מגיע רק ענף קטן מהם כנ"ל בדברי הרב.

ז) כי בעת שהמוחין באים מא"ס ב"ה להה"פ א"ק, המה נוטלים מהם כל מה ששייך לבחינת א"ק, ואח"כ ה"פ א"ק נותנים את המוחין דס"ג להה"פ אצילות. ותחילה הם מגיעים לעתיק דאצילות שהוא פרצוף הכתר כנ"ל. והוא לוקח מהם את כתר דס"ג, והשאר נותן לא"א דאצילות. וא"א לוקח מהם את חכמה דס"ג, והשאר נותן לאו"א דאצילות ואו"א לוקחים מהם את בינה דס"ג, והשאר נותנים לישסו"ת וזו"ן דאצילות, דהיינו את מ"ה דס"ג, אשר בחינת הראש של מ"ה דס"ג לוקחים ישסו"ת לעצמם, ובחינת ו"ק דמ"ה דס"ג נותנים אל זו"ן, ונעשים בו ג"ר דנשמה, ואז מושפעים המוחין מן זו"ן אל נשמות הצדיקים. הרי שאי אפשר שיקבלו התחתונים משהו מן זו"ן, מטרם שנגדלים כל העולמות העליונים מקודם לכן.

ח) ועד"ז כשהתחתונים מעלים מ"ן כדי להמשיך לזו"ן מוחין דע"ב הנקרא מוחין דחיה. מתחילה נמשכים המוחין מא"ס דרך ה"פ א"ק ובאים לעתיק דאצילות, ואז מקבל עתיק לעצמו את כתר דע"ב. וא"א לוקח לעצמו את חכמה דע"ב, והשאר נותן לאו"א, והם לוקחים לעצמם את בינה דע"ב, ואת מ"ה דבינה דע"ב נותנים אל ישסו"ת וזו"ן, שישסו"ת מקבלים הראש דמ"ה דע"ב, וזו"ן את ו"ק דמ"ה דע"ב, ונעשים בו ג"ר דחיה. ואז זו"ן לוקחים את חלקם, והשאר הם משפיעים לנר"ן דצדיקים. וכסדר הזה ממש נוהג ג"כ בעת שהתחתונים ממשיכים את מוחין דיחידה, שעתיק א"א ואו"א לוקחים את כח"ב דיחידה, וישסו"ת וזו"ן את מ"ה דיחידה, שישסו"ת מקבלים הראש דמ"ה דיחידה, וזו"ן מקבלים ו"ק דמ"ה דיחידה, והשאר מושפע לנר"ן דצדיקים.

ט) ובמתבאר תבין בדיוק סדר עליות הפרצופים והעולמות בעת שמושפעים המוחין דכתר ע"ב ס"ג דא"ק הנ"ל, אל ה"פ אצילות. (עיין בספר האילן הנספח כאן בסוף הספר

רנג) וכעד"ז בכל אצילות עצמו, היותר מובחר נברר בעתיק, והגרוע בא"א, ועד"ז בכל ספירה וספירה שבכל פרצוף ופרצוף בפרטות, ואין להאריך בזה, כי כשל כח הקולמוס לפרטם.

אור פשוט

בציור ז' ח' ט') **כי בעת שמושפעים המוחין דס"ג דא"ק אל ה"פ אצילות, הנה עתיק לקח הכתר דס"ג** כנ"ל, **ולפיכך עולה עתיק עליה אחת ממקום מ"ה דפרצוף כתר דא"ק, והיינו ממקום הטבור דפרצוף כתר דא"ק,** כנ"ל, **ועולה ומלביש עתה את מקום ס"ג דפרצוף כתר דא"ק, שהוא מקום החזה דפרצוף כתר דא"ק.** (עיין באילן ציור ז' אות ו').

ופרצוף א"א דאצילות הלוקח חכמה דס"ג, עולה ג"כ עליה אחת ממקום מ"ה דע"ב דא"ק, שהוא מטבור ולמטה שלו, אל מקום ס"ג דע"ב דא"ק, שהוא מקום החזה דע"ב דא"ק ומלביש שם. (עיין באילן ציור ט' אות ז').

וגם פרצופי או"א דאצילות עולים עליה אחת ממקום מ"ה דס"ג דא"ק, שהוא המקום שלמטה מטבור דס"ג דא"ק, אל מקום ס"ג דס"ג, דהיינו למקום החזה דס"ג דא"ק. (עיין באילן ציור ז' אות ח').

וכן ישסו"ת דאצילות עולים עליה אחת ממקום מ"ה דמ"ה דא"ק, שהוא מטבור ולמטה של מ"ה דא"ק, אל מקום ס"ג דמ"ה דא"ק, דהיינו למקום החזה דס"ג דמ"ה דא"ק. וכן זו"ן עולים עליה אחת ממקום ו"ק של מ"ה דמ"ה דא"ק, אל מקום ו"ק דס"ג דמ"ה דא"ק (עיין באילן ציור ז' אות ט' וי').

וכן נשמות הצדיקים עם עולם הבריאה, עולים למקום נוקבא דז"א, דהיינו לחזה ולמטה דז"א דאצילות. ורוח של הצדיקים עם עולם היצירה עולים ממקומם אל מקום הבריאה. וכן נפש דצדיקים עם עולם העשיה, עולים למקום היצירה. (עיין באילן ציור ז' אות י').

י) ובעת שמושפעים המוחין דע"ב דא"ק אל ה"פ אצילות, שהם מוחין דחיה. הנה עתיק דאצילות לוקח מהם כתר דע"ב, ועולה עליה ב', ממקום החזה דפרצוף כתר דא"ק אל פה של פרצוף כתר דא"ק, שהוא ממקום ס"ג אל מקום ע"ב דפרצוף הכתר. (עיין באילן ציור ח' אות ו').

וא"א לוקח מהם חכמה דע"ב, ועולה ממקום ס"ג דע"ב דא"ק, שהוא מקום החזה שלו, אל מקום פה ולמטה דפרצוף ע"ב דא"ק ששם ע"ב דע"ב. (עיין באילן ציור ח' אות ז').

וכן או"א עולים עליה ב' ממקום ס"ג דס"ג דא"ק, שהוא מקום החזה דס"ג דא"ק, אל מקום הפה דפרצוף ס"ג דא"ק, ששם מקום ע"ב דס"ג דא"ק. (עי' באילן ציור ח' אות ח').

וכן ישסו"ת עולים מן מקום ס"ג דמ"ה דא"ק שהוא החזה, אל מקום ע"ב דמ"ה דא"ק שהוא פה שלו (עיין באילן ציור ח' אות ט').

וכן זו"ן, עולים ממקום ו"ק דס"ג דמ"ה דא"ק, אל מקום ו"ק דע"ב דמ"ה דא"ק שהוא ע"ב דב"ן דא"ק. (עיין באילן ציור ח' אות י').

וכן נשמות הצדיקים עולים עם הבריאה ממקום נוקבא דז"א שהוא המקום שמחזה ולמטה דז"א, אל מקום פה דז"א, שהוא במקום הטבור דא"א דאצילות. וכן רוח של הצדיקים עולים עם עולם היצירה אל מקום נוקבא דאצילות, שהוא מחזה ולמטה דז"א. וכן נפש דצדיקים עם עולם עשיה, עולים ממקום יצירה אל מקום בריאה (עיין באילן ציור ח' אות י').

יא) ובעת שמושפעים המוחין דכתר דא"ק אל ה"פ אצילות, הנקראים מוחין

רנד) ודע שאחר שהוברר חלק העתיק לגמרי, אז התחיל הוא לברר את חלק הא"א, ואחר שהוברר חלק א"א לבדו, אז בירר הוא חלק או"א. ואחר שהוברר חלק או"א, או התחילו לברר חלקי זו"ן.

אור פשוט

דיחידה דא"ק. הנה עתיק דאצילות לוקח מהם כתר דכתר, ועולה עליה ג' ממקום פה דפרצוף הכתר דא"ק ששם מקום ע"ב, אל מקום גלגלתא שלו, ומלביש לראש דפרצוף כתר דא"ק ששם מקום יחידה דכתר דא"ק. (עיין באילן ציור ט' אות ו').

וכן א"א עולה עליה ג' ממקום פה דפרצוף ע"ב דא"ק ששם ע"ב דע"ב דא"ק, אל מקום ראש דפרצוף ע"ב דא"ק דהיינו אל מקום יחידה דע"ב דא"ק. (עיין באילן ציור ט' אות ז').

וכן או"א דאצילות עולים עליה ג' ממקום פה דפרצוף ס"ג דא"ק, אל מקום ראש ס"ג דא"ק ששם יחידה דס"ג דא"ק. (עיין באילן ציור ט' אות ח').

וכן ישסו"ת עולים עליה ג' ממקום פה דפרצוף ע"ב דמ"ה דא"ק, אל מקום ראש מ"ה דא"ק, ששם יחידה דמ"ה דא"ק (עיין באילן ציור ט' אות ט').

וכן ז"א עולה ממקום ו"ק דע"ב דמ"ה דא"ק, אל מקום ו"ק של יחידה דמ"ה דא"ק, שהוא ראש ב"ן דא"ק, כי ו"ק דמ"ה בכללותם הם ראש תוך סוף דב"ן דא"ק, כנ"ל באות ג' (עיין באילן ציור ט' אות י').

וכן נשמות הצדיקים עולים עם עולם הבריאה עליה ג', ממקום פה דז"א שהוא במקום טבור דא"א, אל מקום ראש ז"א דנשמה, שהוא מקום החזה דא"א דאצילות. וכן רוח דצדיקים עולים עם עולם יצירה, ממקום נוקבא דז"א אל מקום פה דז"א במקום טבור דא"א. וכן נפש דצדיקים עולים עם עולם העשיה, ממקום בריאה אל מקום נוקבא דאצילות, שהוא מטבור ולמטה דז"א דאצילות. (עיין באילן ציור ט' אות י').

ונמצא עתה, אשר חמשה פרצופי אצילות עלו והלבישו כל אחד את הפרצוף שכנגדו בא"ק. וג' עולמות בי"ע שמתחת הפרסא דאצילות עם נר"ן דצדיקים, עלו והלבישו את בי"ע דאצילות שממעלה לפרסא. וזהו תכלית העליות של העולמות הנוהגות בשתא אלפי שני.

יב) אכן כל אלו העליות שנתבארו, אין הכונה שכל אחד מחמשה פרצופי אצילות נכנס בין פרצופי א"ק להלביש שם את הפרצוף שכנגדו, שזה בלתי אפשרי, שהרי חמשה פרצופי א"ק וחמשה פרצופי אצילות עומדים ומלבישים כל פרצוף תחתון מפה ולמטה דעליון, שע"ב מלביש לפרצוף כתר דא"ק מפה שלו ולמטה, וכן ס"ג מלביש מפה ולמטה דע"ב, ומ"ה דא"ק מטבור ולמטה דס"ג דא"ק, (שבו נעשה צמצום ב') **וב"ן דא"ק מפה ולמטה דמ"ה דא"ק. ועתיק דאצילות על מ"ה וב"ן דא"ק, שהוא מטבור ולמטה דס"ג, וא"א מלביש מפה ולמטה דעתיק, ואו"א מלבישים מפה ולמטה דא"א, וישסו"ת מלבישים מחזה ולמטה דאו"א, וזו"ן מלבישים מטבור ולמטה דא"א.** (עיין באילן ציור ג'). **וזהו סדר ההלבשה בבחינת הקביעות, כלומר, בעת שיש בפרצופי אצילות רק קומת מ"ה החדש מחמשה פרצופי א"ק,** כנ"ל. **ולפי"ז תבין, שהעליות בעצם הם על חיצוניות פרצופי א"ק, אמנם מכוונות לעומת הפרצוף שכנגדו בפנימיות א"ק, ועד"ז העליות שבחמשה פרצופי אצילות עצמם, מפרצוף לפרצוף.**

וכדי להבין את זה צריכים מקודם לדעת בדיוק את נקודות הפגישה של כתר ואבי"ע דכל פרצוף תחתון, במקום כתר

349 בית שער הכוונות, עמ' קכג מבנה העולמות שמט

רנה) וכ"ז על ידי זווגים ועיבורים, שאותן הניצוצין המבוררים עולין ממקום נפילתן עד למעלה ונכנסים בבטן הנוקבא, ושוהין שם זמן העיבור ונמתקים שם, ונעשים שם בחינת פרצוף.

אור פשוט

ואבי"ע דפרצוף העליון ממנו, הן בחמשה פרצופי א"ק והן בחמשה פרצופי אצילות.

יג) וכבר ידעת שכל פרצוף נתחלק לכתר ואבי"ע, שראש שלו נקרא כתר, ותוך שלו מפה עד החזה נקרא אצילות או ע"ב. ומחזה ולמטה עד הטבור נקרא בריאה או ס"ג. ומטבור ולמטה עד סיום רגלין נקרא יצירה ועשיה או מ"ה וב"ן, או מ"ה בלבד. וצריכים לזכור תמיד, שכל ראש הוא כתר והוא יחידה, וסיומו הוא הפה. וכל מפה עד החזה, הוא חכמה, אצילות, ע"ב, חיה. וכל מחזה עד הטבור הוא בינה, ס"ג, בריאה, נשמה. וכל מטבור ולמטה, הוא זו"ן, מ"ה וב"ן, ו"ק בלי ראש, יצירה ועשיה, רוח נפש. (עיין באילן בציור ג').

אלא שהשואה זו האמורה צודקת בדיוק גמור רק בפרצוף הכתר, שיש בו קומת כתר ויחידה, ומתחלקים בו נרנח"י בדיוק גמור. אמנם שאר הפרצופים שמחכמה ולמטה ההולכים ומתמעטים, אין ההתחלקות הנ"ל בדיוק גמור רק בבחינה יחסית בלבד, כלומר, שהיא צודקת רק מבחינתו עצמו ולא מבחינת כללות נרנח"י.

יד) ומטרם נבא לסדר מצב הלבשתם של הפרצופים ונקודת פגישתם זה בזה, יש להקדים ארבע ידיעות: א' הוא, שאותם שני פרצופים הנקראים מ"ה וב"ן דא"ק, שכבר דברנו מהם לעיל באות ג' ע"ש. הנה גם בהם יש בכל אחד מהם כתר אבי"ע, ומ"ה מתחיל מטבור דא"ק הפנימי הנקרא כתר, ומסתיים בשוה עם רגלי אצילות. ועל אבי"ע דמ"ה דא"ק מלבישים כתר ואבי"ע דב"ן דא"ק, עיין באילן ציור ג' אותיות ד' ה' שהם פנימיות ג"ר וז"ת דנקודים המלבישים עליהם, ג"ר על מ"ה דא"ק בקומה שוה, וז"ת של נקודים מטרם שבירתם הלבישו על ב"ן דא"ק בקומה שוה. אשר עתה בעולם התקון, שעתיק דאצילות מלביש על ג"ר דנקודים עד הפה שלהם, כמ"ש בע"ח ש"א פ"א, נמצא שקומת עתיק דאצילות שוה אל קומת מ"ה דא"ק. ונודע שא"א דאצילות מלביש מפה ולמטה דעתיק, כמ"ש בע"ח ש"ג פ"א, הרי שהוא לוקח ממש כל מקום ז"ת דנקודים, שקומתן היתה שוה עם פרצוף ב"ן דא"ק, נמצא שא"א קומתו שוה עם פרצוף ב"ן דא"ק.

ב' הוא, שישסו"ת שהם בחינת פרצוף תחתון דאו"א, והם בחינת ז"ת דס"ג ממקורם, הנה כדי להוליד מוחין לז"א, הוציאו או"א את ישסו"ת לחוץ ממדרגתם, ונעשו לבחינת ראש דמ"ה, כלומר שנעשו למקבלי מוחין בשביל ז"א, שלא היה ראוי לעולם לקבל בחינת ראש וג"ר לולא נתמעטו ישסו"ת ויצאו מבחינת ס"ג לבחינת ראש דמ"ה, כי ע"י הם משפיעים ראש וג"ר אל ז"א, כמ"ש הרב במרשב"י תרומה דף קלו ובתע"ס חלק י' אות ל'. וע"כ יש להבחין ב' בחינות ישסו"ת: ישסו"ת א' הוא חג"ת דאו"א וז"ת דס"ג, וישסו"ת ב' הוא נה"י דאו"א, וג"ר דמ"ה.

ג' הוא, שכל המושפע לישסו"ת ב' זה מטרם גמר התקון, הוא מבחינת פרצוף מ"ה דא"ק, להיותו נבחן לבחינת ראש אל ב"ן דא"ק. וכל המושפע מא"ק אל ז"א הוא רק מב"ן דא"ק, הנחשב לבחינת ו"ק דמ"ה דא"ק כנ"ל, וזה תלוי במתבאר בידיעה הב'.

ד' הוא, כי נודע שע"ב ס"ג דא"ק נסתיימו למעלה מטבור דפרצוף כתר דא"ק. אמנם בעת שה"פ א"ק קבלו קומת מ"ה

רנו) ואחר שנתברר האצילות כולו, אז מתחיל בירורי עתיק דבריאה להתברר ע"י נוקבא דז"א דאצילות, ואח"כ אחר בירור עתיק דבריאה אז הוא מברר חלקי א"א דבריאה וכיוצא בזה בכל הבריאה, ועד"ז אח"כ ביצירה

אור פשוט

החדש לצורך תיקון ה"פ אצילות, הנה אז נתארכו ע"ב ס"ג דא"ק ונמשכו למטה מטבור דא"ק, עד הטבור דפרצוף מ"ה וב"ן דא"ק.

טו) עתה נבאר סדר התלבשותם דחמשה פרצופי א"ק ונקודת פגישתם זה בזה. והנה בדרך כלל, נבחן פרצוף הכתר דא"ק להוי"ה פנימאה, והוא מתחלק לאורכו לכתר ואבי"ע, ויתר ד' הפרצופים הם ד' לבושיו. ומפה ולמטה מלביש כתר ואבי"ע דע"ב דא"ק, ומובן שכמו שהבחינה העליונה דפרצוף ע"ב, ירדה מדרגה אחת מן פרצוף כתר, כן יתר הבחינות דע"ב יורדות כל אחת מדרגה אחת. כי כתר דע"ב דא"ק מלביש על אצילות דפרצוף כתר דא"ק, ולפיכך אצילות דע"ב ירדה ג"כ בהכרח, והיא מלבישה על בריאה דפרצוף הכתר. וכן בריאה דע"ב מלבישה על יצירה דפרצוף הכתר, ויצירה ועשיה דע"ב מלבישות על עשיה דפרצוף הכתר. (עיין באילן ציור ג' אות א' וב').

טז) ופרצוף ס"ג דא"ק ירד ג"כ מדרגה אחת מן פרצוף ע"ב דא"ק, כי חסר מן חכמה, כנ"ל אות רמט ד"ה ונבחן. ובערך פרצוף כתר ירד שתי מדרגות: כתר וגם חכמה. נמצא שכתר ואבי"ע דפרצוף ס"ג דא"ק, מלבישים על אבי"ע דפרצוף ע"ב, ועל בי"ע דפרצוף הכתר. וכתר ס"ג דא"ק מלביש על אצילות דע"ב דא"ק, דהיינו מפה עד החזה שלו, שבתוכו מלובשת בריאה דפרצוף כתר דא"ק שהוא מחזה עד הטבור שלו. ואצילות דפרצוף ס"ג מלבישה על בריאה דפרצוף ע"ב, מחזה עד הטבור שלו, שבתוכו יצירה דפרצוף כתר דא"ק, מטבור ולמטה שלו. ובריאה דפרצוף ס"ג, מלבישה על יצירה דפרצוף ע"ב, מטבור ולמטה שלו, שבתוכו עשיה דפרצוף כתר דא"ק. ויצירה דס"ג מלבישה על עשיה דפרצוף ע"ב. (עיין באילן ציור ג' אות ב' וג').

יז) ופרצוף מ"ה דא"ק ירד מדרגה אחת מן ס"ג כי הוא חסר בינה, ושתי מדרגות חו"ב מן פרצוף ע"ב, ושלש מדרגות כח"ב מן פרצוף הכתר. נמצא כתר דפרצוף מ"ה דא"ק מלביש על אצילות דס"ג דא"ק, שבתוכו בריאה דע"ב, שבתוכו יצירה דפרצוף כתר, דהיינו למטה מטבור. ואצילות דמ"ה מלבישה על בריאה דפרצוף ס"ג, שבתוכו יצירה דע"ב, שבתוכו עשיה דפרצוף הכתר. ובריאה דמ"ה מלבישה על יצירה דס"ג, שבתוכו עשיה דע"ב. ויצירה דמ"ה מלבישה על עשיה דפרצוף ס"ג. (עיין באילן ציור ג' אות ג' ד').

יח) ופרצוף ב"ן דא"ק ירד מדרגה אחת מן פרצוף מ"ה דא"ק, ושתים מן ס"ג, ושלש מע"ב, וארבע מן פרצוף הכתר. וכתר דב"ן מלביש על אצילות דמ"ה, שבתוכו בריאה דס"ג, שבתוכו יצירה דע"ב, שבתוכו עשיה דפרצוף כתר דא"ק. ואצילות דפרצוף ב"ן דא"ק מלבישה על בריאה דמ"ה, שבתוכו יצירה דס"ג, שבתוכו עשיה דע"ב. ובריאה דפרצוף ב"ן דא"ק מלבישה על יצירה דמ"ה, שבתוכו עשיה דס"ג. ויצירה ועשיה דפרצוף ב"ן דא"ק, מלבישות על עשיה דפרצוף מ"ה דא"ק. (עיין באילן ציור ג' אות ד' וה').

יט) המתבאר מזה, כי ראש דפרצוף כתר דא"ק מגולה. ואצילות דכתר, הוא בלבוש א' דראש ע"ב. ובריאה דפרצוף הכתר, תוך אצילות דע"ב, תוך ראש דס"ג. ויצירה דפרצוף הכתר, תוך בריאה דע"ב, ותוך אצילות דס"ג, תוך כתר דמ"ה. ועשיה דפרצוף הכתר, תוך יצירה דע"ב, תוך בריאה דס"ג,

בכל פרטיו, ועד"ז בעשיה בכל ענין פרטיהן. נמצא שכל ד' עולמות כולן הם מבירור ז' מלכים, ומה שלא הוברר נשאר בסוד אחד עשר סמני קטורת.

*** רנז) והנה מציאת מקום התפשטות כל אלו פרצופי הזכרים והנקבות,**

אור פשוט

תוך אצילות דמ"ה, תוך ראש הב"ן. וחלק ב' דעשיה דכתר, תוך עשיה דע"ב, תוך יצירה דס"ג, תוך בריאה דמ"ה, תוך אצילות דב"ן. וחלק ג' דעשיה דכתר, תוך חלק ב' דעשיה דע"ב, תוך עשיה דס"ג, תוך יצירה דמ"ה, תוך בריאה דב"ן. ועשיה דפרצוף מ"ה, תוך יצירה ועשיה דב"ן. (עיין בציור ג').

כ) עתה נבין היטב איך כל פרצוף מחמשה פרצופי אצילות, מחויב להמשיך המוחין שלו רק מהפרצוף שכנגדו בחמשה פרצופי א"ק, ועם זה אינו נכנס לבין הפרצופים דא"ק רק עולה בחצוניות כל פרצופי א"ק, אבל במכוון כנגד נקודת הפגישה של הפרצוף שכנגדו העומד בפנימיות א"ק. שעמדנו בזה לעיל באות י"ב.

ונתחיל מתחילת אצילותם דהי"פ אצילות מתחילת יציאתם מחמשה פרצופי א"ק. וכבר נתבאר שמתחילה לא קבלו מא"ק רק בחינת מ"ה שלו, אמנם אין הכונה על פרצוף מ"ה דא"ק המלביש מטבור ולמטה דפרצוף הכתר דא"ק, כי הוא בחינת ו"ק הפרטי של א"ק עצמו, כנ"ל באות י"ז. **אלא הכונה היא על בחינת מ"ה דכל פרצוף ופרצוף מחמשה פרצופי א"ק, הנקרא בחינת יצירה ועשיה של כל פרצוף מחמשה פרצופי א"ק, ומהאי טעמא מכנה הרב את המ"ה הזה דכל פרצוף ופרצוף מפרצופי א"ק בשם מ"ה החדש, כדי שלא להחליפו במ"ה הפרטי דא"ק.**

והנה עתיק דאצילות קבל כתר דמ"ה, כנ"ל באות א'. **ואז עלה והלביש לג"ר דנקודים, שהם בקומה שוה עם פרצוף מ"ה דא"ק, שבתוכו אצילות דס"ג, שבתוכו בריאה דע"ב דא"ק, שבתוכו יצירה ועשיה דפרצוף הכתר דא"ק שהוא המ"ה דכתר דא"ק, וממ"ה הזה דפרצוף כתר דא"ק מקבל עתיק את הכתר דמ"ה, כי מ"ה דכתר יש לו אותו היחס של כתר דמ"ה.** עיין באילן ציור ג' אות ו' **הרי שעתיק דאצילות מלביש באמת על חיצוניות פרצופי א"ק, דהיינו על הראש של מ"ה דא"ק שהוא פרצוף החיצוני שלו במקום זה, אמנם לא ממנו הוא מקבל כי הוא מיוחס לישסו"ת וזו"ן דאצילות, אלא שם במקום הזה בפנימיות א"ק, היא נקודת הפגישה של מ"ה דפרצוף כתר דא"ק, ועי"כ הוא יכול לקבל ממנו בחינת כתר מ"ה. ונודע שמ"ה דכתר, הוא אותו הבחינה כמו כתר דמ"ה.**

כא) ועד"ז א"א דאצילות, בעת שקבל חכמה דמ"ה, כנ"ל באות א'. **הוא עלה והלביש את אצילות דעתיק, שהוא מפה דראש עתיק ולמטה, ושם היא נקודת הפגישה של יצירה ועשיה ומ"ה דפרצוף ע"ב דא"ק שממנו מקבל את חכמה דמ"ה, כי אצילות דעתיק הוא על כתר ב"ן דא"ק, שבתוכו אצילות דמ"ה דא"ק, שבתוכו בריאה דס"ג דא"ק, שבתוכו מ"ה דפרצוף ע"ב דא"ק, שמשם מקבל א"א את חכמה דמ"ה שלו, כי מ"ה דחכמה דא"ק, יש לו אותו היחס כחכמה דמ"ה.** עיין באילן ציור ג' אות ז'. **הרי שמקום אצילות דעתיק ששם עלה א"א בעת אצילותו, הוא מכוון לנקודת הפגישה עם מ"ה דע"ב המיוחס אל א"א.**

כב) ועד"ז או"א דאצילות, שקבלו בעת

*) ע"ח ח"א שער י' פ"ג.

הנעשין מהתחברות מ"ה וב"ן כנ"ל, הנה מקומם במקום שהיו תחלה הנקודות שיצאו דרך נקבי העינים, והוא מטבורא דא"ק עד סוף רגליו. ואור המצח הנקרא שם מ"ה, אע"פ שיצא מלמעלה מן המצח, הנה מתפשט משם ולמטה ומתחיל מציאותו מן הטבור עד סוף סיום רגליו כנ"ל.

אור פשוט

אצילותם את קומת בינה דמ"ה, הרי הם צריכים לקבלה מיצירה ועשיה ומ"ה דס"ג דא"ק, כי הם מיוחסים לבינה. ולכן עלו למקום אצילות דא"א, מפה עד החזה שלו, ששם מקום הפגישה עם מ"ה דס"ג דא"ק, כי תוך אצילות דא"א מלובשת בריאה דעתיק, שבתוכו אצילות דב"ן דא"ק, שבתוכו בריאה דמ"ה דא"ק, שבתוכו יצירה ומ"ה דס"ג דא"ק, שהם מ"ה דבינה, שמשם מקבלים או"א בינה דמ"ה, כי מ"ה דבינה הוא בינה דמ"ה. הרי שמקום אצילות דא"א, ששם עלו או"א בעת אצילותם, הוא מכוון לנקודת הפגישה עם יצירה ועשיה דס"ג דא"ק המיוחס לאו"א. (עיין ציור ג' אות ח').

כג) וישסו"ת א' נחשבים לז"ת דבינה, וע"כ הם מקבלים את בחינת ז"ת דקומת בינה דמ"ה, ביחד עם או"א. וישסו"ת ב' לוקחים ג"ר דו"ק דמ"ה דמ"ה, והלבישו לחזה ולמטה דא"א, לבריאה דא"א, ששם מקום הפגישה עם מ"ה דפרצוף מ"ה דא"ק (עיין באילן ציור ג' אות ט').

כד) וכשנאצלו זו"ן המקבלים בעת אצילותם רק ו"ק דמ"ה, כנ"ל אות א'. **הרי הם צריכים לקבל מן פרצוף ב"ן דא"ק המיוחס להם,** (כנ"ל אות י"ד ידיעה ג' וגם בידיעה א') **ע"כ עלו והלבישו את יצירה ועשיה דא"א, דהיינו מטבור ולמטה שלו, ששם מקום הפגישה עם יצירה ועשיה דב"ן דא"ק הנחשב לו"ק דמ"ה. כי קומת א"א היא שוה עם קומת ב"ן דא"ק** כנ"ל באות י"ד ידיעה א'. עיין באילן ציור ג' אות י'.

והנה נתבאר היטב סדר אצילותם של ה"פ אצילות מתחילתם, דהיינו בחמש קומות מ"ה שלקחו מה"פ א"ק, שכל אחד מלביש על עליונו, אבל במכוון נגד נקודת הפגישה עם פרצוף דא"ק המיוחס לו.

כה) ונמצא, עתיק דאצילות שלקח ג"ר דנקודים מתחיל מטבור דא"ק, כי ג"ר דנקודים התחילו מטבור דא"ק. ולכן נמצא מלביש על מ"ה וב"ן דא"ק, דהיינו בקומה שוה עם ראש מ"ה דא"ק, ומקבל דרך שם מיצירה ועשיה דפרצוף כתר דא"ק. וא"א מלביש על אצילית דעתיק מפה עד החזה, ודרך שם מקבל חכמה דמ"ה, מיצירה ועשיה דע"ב דא"ק. ואו"א מלבישים לאצילות דא"א מפה עד [החזה] הטבור, ודרך שם הם מקבלים בינה דמ"ה, מיצירה ועשיה דפרצוף ס"ג דא"ק. וישסו"ת מלבישים על או"א, ומקבלים ז"ת דס"ג דמ"ה. וזו"ן מלבישים מטבור ולמטה דא"א, ודרך שם מקבלים ז"ת דו"ק דמ"ה מיצירה ועשיה דב"ן דא"ק, שהוא ו"ק דמ"ה. וכל קומות מ"ה אלו הנ"ל שקבלו מה"פ א"ק, הם נבחנים לעיקר אצילות שלהם, שלא יארע בהם מיעוט ושינוי לעולם כי עתיק לא יתמעט לעולם מקומת כתר מ"ה, וא"א מקומת חכמה דמ"ה, ואו"א וישסו"ת מקומת בינה דמ"ה, וזו"ן מז"ת דו"ק דמ"ה.

כו) גם חלקי ב"ן שנתקנו עם חמש קומות דמ"ה הנ"ל, נשארים ג"כ בקביעות ולא יארע בהם מיעוט לעולם. וכבר נתבאר לעיל, שכל בחינת כלים דג"ר וז"ת דנקודים שנתבטלו ונשברו נקראים בשם ב"ן אחר שנתקנו ע"י חמש קומות מ"ה הנ"ל. כי

רנח) אבל מה שנשתנה עתה מבראשונה בעת יציאת נקודות העינים, הוא זה, כי אז היתה נקודת הכתר במקומה לבד בפ"ע, ואחריה נקודת החכמה לבדה בפ"ע, וכעד"ז היו כל הי"ס. אבל עתה נתוסף תיקון גדול, והוא, כי

אור פשוט

בעתיק נתקנו הגד"ז מנקודים, שפירושם ה' ראשונות דכתר נקודים, וג"ר דאבא דנקודים, וד' ראשונות דאמא דנקודים, וז' כתרים. והם נתחברו ונתערבו עם קומת כתר מ"ה, שלקח עתיק ממ"ה דפרצוף כתר דא"ק, ונעשו לפרצוף אחד עתיק ונוקביה. שקומת מ"ה הוא עתיק דכורא, וקומת ב"ן נעשתה לנוקבא שלו.

וע"י חכמה דמ"ה, שלקח א"א ממ"ה דע"ב דא"ק, נתקן חצי כתר התחתון דנקודים, ונעשה נוקבא אליו. וע"י בינה דמ"ה, שלקחו או"א וישסו"ת מן מ"ה דס"ג דא"ק, נתקנו ו"ק דחכמה בינה דנקודים. וע"י ז"ת דו"ק דמ"ה שלקח ז"א נתקנו ז"ת דנקודים.

כז) וטעם הדברים למה נתחלקו דוקא חלקי הנקודים בין חמשה פרצופי אצילות באופן הנ"ל, נתבאר היטב בתע"ס חלק ח' אות ל"א ע"ש. אמנם בדרך כלל, כל התקון הזה שקבלו הכלים דנקודים ע"י חמש קומות מ"ה הנ"ל, אינם יותר מבחינת ו"ק דכל פרצוף שבנקודים, ואפילו אלו ג"ר דאבא וד"ר דאמא דנקודים שלקח עתיק, הם רק בחינת ו"ק דג"ר דחו"ב דנקודים, כי הם בחינת או"א דנקודים שיצאו בקטנות נקודים בבחינת אב"א. ומה שלא נתקן מהם יותר מבחינת ו"ק, הוא מטעם פשוט, שהרי כל תקונם בא ע"י מ"ה שקבלו ה"פ אצילות מיצירה ועשיה דה"פ א"ק, כנ"ל, שהם בחינת ו"ק דה"פ א"ק, כי מ"ה, ויצירה ועשיה, או נפש רוח, פירושם אחד, כנ"ל באות י"ד, והם בחינת ו"ק בחוסר ג"ר, כי ג"ר נקרא כח"ב, או כתר ע"ב ס"ג, או יחידה חיה נשמה כנ"ל, והנך רואה שכל מה שנתקן בה"פ אצילות בבחינת הקביעות אינו אלא קומת

מ"ה לבד, שהוא ו"ק מה"פ א"ק, וע"כ די לבא מן הדין להיות כנדון, ולא יכלו גם הכלים דנקודים להתתקן רק בבחינת ו"ק שבהם בלבד.

אלא בעת שה"פ אצילות יקבלו בקביעות את ג' הראשונות החסרות להם, שהן ג' בחינות: כתר, ע"ב, ס"ג, שכל פרצוף יקבל מפרצוף שכנגדו בא"ק, הנה אז יגמר גם התקון דכלים דנקודים מבחינת ג"ר שלהם, ואז יתבטלו כל הפרסאות, ויהיה גמר התקון, ואז יעלו ה"פ אצילות וילבישו לה"פ א"ק בקביעות בקומה שוה. אמנם גם מטרם התקון, מקבלים ה"פ אצילות ג"ר דא"ק, דהיינו, ע"י מע"ט והעלאת מ"ן דנר"ן דצדיקים, ובמועדים ובשבתות, עד שבשבת במנחה נמצאים שכבר השיגו כל אחד מה"פ דאצילות, את ג"ר שכנגדו בה"פ א"ק. שעתיק מקבל אז כתר דפרצוף הכתר דא"ק, והוא עמו בקומה שוה. וכן א"א מקבל אז כתר דפרצוף ע"ב דא"ק, והוא עמו בקומה שוה. וכן או"א מקבלים אז כתר דפרצוף ס"ג דא"ק והם עמו בקומה שוה. וכן ישסו"ת מקבלים אז כתר דפרצוף מ"ה דא"ק, והם עמו בקומה שוה. (עיין באילן ציור ט' מאות ז' עד י'). וכן ז"א מקבל אז כתר דב"ן דא"ק, והוא עמו בקומה שוה.

אמנם נוקבא דז"א מקבלת אז בחינת אצילות דב"ן דא"ק, כי היא לא תוכל להתתקן אפילו שלא בקביעות מטרם גמר התקון. נמצא שגם מטרם גמר התקון, יוכלו ה"פ אצילות לקבל ג"ר שלהם מה"פ א"ק, אמנם יש כאן שלשה חסרונות: א', שהוא לא בקביעות. ב', שג' עולמות בי"ע אינם יכולים

נקודת הכתר נמשכה ונתפשטה ממקומה עד למטה קרוב אל סיום רגלי א"ק, כמ"ש בע"ה. וזה ההתפשטות הוא כל שיעור הנקרא בשם עולם אצילות, ונקודה זו היא נקראת נוקבא דע"י.

אור פשוט

לקבל אורותיהם אלו, אלא ע"י עליה לאצילות למעלה מפרסא, ונמצאים בי"ע במקומם ריקנים מאור. ג', הוא, כי נוקבא לא תוכל לקבל בחינת יחידה שלה מכתר ב"ן דא"ק, כי תכלית העליה שלה היא רק עד אצילות דב"ן כנ"ל, אבל בגמר התיקון גם הנוקבא תקבל הכתר שלה, וכן תתבטל הפרסא, ורגלי אצילות יתפשטו לבי"ע בסוד מטי רגלין ברגלין, כי רגלי אצילות יהיו אז שוים עם רגלי א"ק המסתיימים בנקודה דעוה"ז, כנ"ל אות נ' ד"ה ועמדו. **וכן ישארו אז בקביעות כי יתבטלו כל הקליפות, אמנם אח"ז יש עליות רבות, ואין להאריך.**

כח) **ויש לבאר ג"כ ענין מקום הפגישה של ה"פ אצילות, כל אחד עם הבחינה שכנגדו בא"ק, בעת השגתם את ג' הראשונות מה"פ א"ק.**

הנה בעת שהתחתונים מעלים מ"ן, ומוחין דס"ג מושפעים מא"ס אל ה"פ א"ק לצורך ה"פ אצילות, הם מגיעים תחילה לעתיק כנ"ל אות ז', **ואז עולה עתיק ממקומו הקבוע, שהוא בכתר מ"ה דא"ק, אל מקום ראש הס"ג, שבתוכו אצילות דע"ב דא"ק, שבתוכו בריאה דפרצוף כתר דא"ק, שמשם לוקח עתיק את המוחין דס"ג המיוחסים לו, שהם כתר דס"ג, כי ס"ג דפרצוף הכתר יש לו אותו היחס כמו כתר ס"ג.** עיין באילן ציור ז' אות ו'.

ובעת שא"א מקבל מוחין דס"ג, ע"ד הנ"ל באות ז' וט' עש"ה, **הוא עולה ממקומו הקבוע ממקום אצילות דעתיק, אל ג"ר דעתיק, שבתוכו כתר מ"ה דא"ק, שבתוכו אצילות דס"ג דא"ק, שבתוכו בריאה דע"ב דא"ק, ומשם הוא לוקח מוחין דס"ג המיוחסים לו, שהם חכמה דס"ג, כי ס"ג דע"ב הוא אותו היחס דחכמה דס"ג.** עיין באילן ציור ז' אות ז'.

ובעת שאו"א מקבלים מוחין דס"ג דא"ק ע"ד הנ"ל באות ז' ט' עש"ה **עולים ממקומם הקבוע ממקום אצילות דא"א, אל מקום ג"ר דא"א, שבתוכו כתר ב"ן דא"ק, שבתוכו אצילות דמ"ה דא"ק, שבתוכו בריאה דס"ג דא"ק, ומשם הם נוטלים המוחין שלהם דס"ג דהיינו בינה דס"ג, כי ס"ג דס"ג דא"ק יש לו יחס שוה לבינה דס"ג.** עיין באילן ציור ז' אות ח'.

כט) **וכשישסו"ת מקבלים מוחין דס"ג דא"ק,** ע"ד הנ"ל באות ז' וט' **עולים ממקומם הקבוע שהוא במקום החזה דא"א ולמטה ששם בריאה דא"א, אל מקום או"א, דהיינו במקום אצילות דא"א, שבתוכו אצילות דב"ן דא"ק** (כנ"ל אות י"ד) **שבתוכו בריאה דמ"ה דא"ק, ומשם לוקחים ישסו"ת המוחין דס"ג שלהם, שהם מראש דס"ג דמ"ה.** עיין באילן ציור ז' אות ט'.

וכן זו"ן עולים ממקום קביעותם ממקום הטבור דא"א, אל הבריאה דא"א, דהיינו למקום חזה ולמטה דא"א ששם מלובשת בריאה דב"ן דא"ק, ומשם הם נוטלים המוחין דס"ג שלהם, שהם המוחין דו"ק דס"ג דמ"ה, כי ב"ן דא"ק בכללו הוא ו"ק דמ"ה, כנ"ל אות י"ד ידיעה ג'. עיין באילן ציור ז' אות י'.

ואחריהם נמשכים ג' עולמות בי"ע שמתחת לפרסא, שכל אחד מהם עולה עליה אחת: בריאה למקום נוקבא דאצילות, ועולם היצירה למקום עולם הבריאה, ועולם העשיה

רנט) וכעד"ז עתיק יומין דדכורא הנעשה מטעמים דמ"ה כנ"ל, גם הוא נתפשט לשיעור הנ"ל. וכן עשו כל השאר: א"א ונוקבא, ואו"א וזו"ן, והלבישו זה את זה עד בחי' זו"ן. באופן, שכל רגלי הפרצופים דאצילות בין דעתיק בין

אור פשוט

למקום עולם היצירה, ועמהם עולים נר"ן דצדיקים. עיין באילן ציור ז' אות י'.

ל) ובעת שהעלאת מ"ן מתחתונים מגיע להמשכת מוחין דע"ב אל ה"פ אצילות, והם מושפעים מא"ס אל ה"פ א"ק, תחילה מגיעים לעתיק ע"ד הנ"ל באות ח' וי'. **ואז עולה עתיק ממקום כתר ס"ג אל מקום ראש ע"ב דא"ק, שבתוכו אצילות דפרצוף כתר דא"ק, ומשם לוקח מוחין דע"ב שלו שהם כתר דע"ב, כי ע"ב דכתר הוא אותו הבחינה ככתר דע"ב.** ועיין באילן ציור ח' אות ו'.

וכן א"א עולה ממקום ראש עתיק למקום הראש דס"ג, שבתוכו אצילות דע"ב דא"ק, ומשם לוקח חכמה דע"ב שלו, ועיין באילן ציור ח' אות ז'.

וכן או"א עולים ממקום ג"ר דא"א לראש עתיק, שבתוכו כתר דמ"ה דא"ק, שבתוכו אצילות דס"ג דא"ק, ומשם הם לוקחים את בינה דע"ב המיוחסת להם. ועיין באילן ציור ח' אות ח'.

וכן ישסו"ת עולים ממקום או"א שהוא מקום אצילות דא"א, אל מקום ג"ר דא"א, שבתוכו ראש דב"ן, שבתוכו אצילות דמ"ה, ומשם הם לוקחים בחינת ראש דע"ב דמ"ה. ועיין באילן ציור ח' אות ט'.

וזו"ן עולים מבריאה דא"א למקום אצילות דא"א, ששם מקום הקבוע דאו"א, שבתוכם מלובש אצילות דא"א, שבתוכו אצילות דפרצוף ב"ן דא"ק, ומשם הם לוקחים בחינת מוחין דע"ב שלהם, שהם ו"ק דמ"ה דע"ב. ע"ד שנתבאר לעיל אות ח' וי' ועי' באילן ציור ח' אות י' **ואחריהם נמשכים בי"ע שמתחת לפרסא דאצילות, ובריאה עולה ממקום נוקבא דאצילות אל מקום ז"א דאצילות, ויצירה למקום נוקבא דז"א דאצילות, ועשיה למקום בריאה דאצילות, ועמהם עולים ג"כ נר"ן דצדיקים.** עיין באילן ציור ח' אות י'.

לא) ובשבת במנחה, שאז נמשכים מוחין דיחידה אל ה"פ אצילות מה"פ א"ק, הם מגיעים לעתיק כנ"ל אות ח' וי"א, **ואז עולה עתיק לראש פרצוף כתר דא"ק, ומשם מקבל כתר דיחידה המיוחס לו. וא"א עולה לראש פרצוף ע"ב דא"ק, ומשם מקבל חכמה דיחידה המיוחס לו. ואו"א עולים אל ראש ס"ג דא"ק, ומשם מקבלים את בינה דיחידה המיוחסת להם. וישסו"ת עולים אל ג"ר דעתיק שבתוכו ראש דמ"ה דא"ק, ומשם מקבלים ג"ר דיחידה דמ"ה המיוחס להם. וז"א עולה לג"ר דא"א, שבתוכו ראש דב"ן, שהוא בחינת ו"ק דמ"ה, ומשם מקבל בחינת ו"ק דיחידה דמ"ה המיוחס לו.** כנ"ל אות ח' וי"א עש"ה, **ואחריהם נמשכים ג' עולמות בי"ע עם נר"ן דצדיקים, שבריאה עולה למקום ישסו"ת דאצילות שבתוכם בריאה דא"א, דהיינו מחזה ולמטה דא"א. ויצירה עולה למקום ז"א דאצילות, שהוא למטה מטבור דא"א. ועשיה עולה למקום נוקבא דאצילות.** עיין באילן ציור ט' אות ו' וכו' עד אות י'. **ואז נשאר מקום ג' עולמות בי"ע שמתחת הפרסא דאצילות בבחינת חלל ריקן, אחר שג' עולמות עצמם עלו למקום ישסו"ת וזו"ן דאצילות. כי הם עתה בלי האורות הקודמים דבי"ע, ואין במקומם לא קדושה ולא קליפה.**

לב) ואין להקשות, כי נודע, שא"א מבחינת צד הב"ן נבחן לכתר דאצילות, וכן או"א מצד הב"ן נבחנים לחכמה ולע"ב דאצילות, וכן ישסו"ת מצד ב"ן הם בינה

דא"א בין דאו"א בין דזו"ן כולן שוין בסיומם, והם מסתיימים יחד מעט למעלה מסיום רגלי א"ק, ושם הוא סיום האצילות כולו.

רס) ועי"כ נעשו נשמה זה לזה וזה מלביש לזה. וגם כי עי"ז יוכלו הנבראים לקבל אורות העליונים, שהם עתה מכוסים ומתלבשים זה תוך זה, וגם כי הכלים שלהם הגדילו ע"י שנתפשטו עד למטה, ובזה יש בהם כח לקבל האורות שלהם בהיותן כלים גדולים.

אור פשוט

דאצילות כמ"ש הרב בשער עתיק פ"א ובכ"מ. ולפי"ז נמצא, שא"א מתיחס לכתר דא"ק, ואו"א לע"ב דא"ק, וישסו"ת לס"ג דא"ק, ואיך נאמר שא"א מיוחס לע"ב דא"ק ואו"א לס"ג דא"ק.

והענין הוא, כי כל פרצופי ב"ן אינם יכולים לקבל משהו זולת על ידי מ"ה המשפיע להם, כנודע. ולכן אינם יכולים לקבל מה"פ א"ק רק ע"י עליתם של פרצופי מ"ה. וע"כ כל ההבחנות של עליות ה"פ אצילות לקבל מוחין מה"פ א"ק, הוא רק על פי קומות מ"ה בלבד, ואז הם מקבלים ממ"ה כנודע. ומצד מ"ה נבחן עתיק לכתר האצילות, וא"א אין לו מכתר דמ"ה כלום, והוא לקח רק קומת חכמה דמ"ה, וכן או"א לקחו רק בינה דמ"ה, ואין בהם מבחינת חכמה כלום. לפיכך בכל ערכי השגות מוחין ועליות לה"פ א"ק, מתיחס עתיק לכתר דאצילות המקבל מפרצוף כתר דא"ק, וא"א לחכמה דאצילות המקבל מפרצוף ע"ב דא"ק. ואו"א לבחינת בינה דאצילות, המקבלים רק מפרצוף ס"ג דא"ק.

וכל תיקונם של פרצופי ב"ן באים רק ע"י עליות מ"ה כנ"ל, ולפיכך הם באמת מחוסרי תיקון, כי לא יוכלו להתתקן לגמרי ע"י פרצופי מ"ה, שהרי ב"ן דא"א צריך לקבל מכתר, וא"א משפיע לו רק מחכמה דא"ק. וכן ב"ן דאו"א צריך לקבל מחכמה דא"ק, ואו"א משפיעים להם רק מבינה דא"ק, וכו' עד"ז. הרי שאין לפרצופי ב"ן סיפוק מלא מכל אלו המוחין שמ"ה משפיע להם.

וענין זה לא יתוקן רק בגמר התיקון לאחר ביטול הקליפות, בסו"ה בלע המות לנצח.

ויש לדעת, שבעת עלית פרצופי אצילות לא"ק, עולים גם ה"פ א"ק באותו השיעור גם כן למעלה מהם. כי זה כלל הן בפרצופי אצילות והן בפרצופי א"ק, שכל עליון מעלה עמו את התחתון. למשל, כשנה"י דא"א עולים לחג"ת שלו, הנה אז נמשכים עמהם גם ישסו"ת וזו"ן המלבישים על נה"י דא"א ועולים גם הם לחג"ת של א"א. וכן כשעולים חג"ת דא"א לחב"ד שלו, נמשכים עמהם גם או"א המלבישים לחג"ת דא"א, וגם הם מלבישים עתה לחג"ת שלו. ועד"ז כשעולים חג"ת דעתיק ונעשים לחב"ד דעתיק, נמשכים עמהם גם ג"ר דא"א מלבושי חג"ת דעתיק, ועולים גם הם לחב"ד דעתיק. ועד"ז בפרצופי א"ק, כי בעת שעולים ג"ר דמ"ה דא"ק אל ראש ס"ג דא"ק, הם ממשיכים עמהם גם את ג"ר דעתיק לראש הס"ג. וכן בעת שג"ר דמ"ה עלה לראש ס"ג, הנה בהכרח עלו מקודם חג"ת דס"ג דא"ק לג"ר דס"ג, שהם העלו עמהם את מ"ה דא"ק. וכן בהכרח עלו מקודם חג"ת דע"ב, לג"ר דע"ב דא"ק, שהם העלו את ראש דס"ג לראש דע"ב, וכן בהכרה שעלו מקודם חג"ת דפרצוף הכתר דא"ק ונעשו לג"ר דכתר דא"ק, שהם העלו עמהם את ראש דע"ב דא"ק שהיה מלביש לחג"ת דא"ק, והוא מלביש עתה למקום ג"ר דפרצוף כתר. וג"ר דפרצוף כתר דא"ק עלו עוד יותר למעלה.

רסא) והנה האור הזה דמ"ה החדש היוצא מן המצח כנ"ל, הוא סוד המלך הח' הנזכר בפרשת וישלח, הנקרא הדר, אשר לא נזכר בו מיתה בתורה, כי לא מת כמו האחרים, אדרבא הוא מתקן ומקיים הז' מלכין קדמאין שמתו, הקודמין אליו כנ"ל. כי כבר הודעתיך כי אלו המלכים כולם, הם מלכין הנזכר בפרשת וישלח בפסוק ואלה המלכים אשר מלכו בארץ אדום.

רסב) ולפי שכאשר יצא, התחיל תיכף לברר בחי' אלו המלכים לעשות

אור פשוט

באופן שמתחילה עולים פרצופי העליונים והם ממשיכים עמהם את התחתונים המלבישים עליהם, (עיין ציור י' י"א י"ב), אלא שמעריכים מדת העליה של התחתון, על פי מדת הקביעות של העליון, כי אע"פ שהעליון עולה גם הוא, מ"מ משאיר את בחינתו למטה במקום הקביעות שלו מקודם העליה. למשל, בעת שאו"א עולים לחב"ד דא"א הם נבחנים שהם מלבישים לג"ר דא"א, אע"פ שבאמת גם ג"ר דא"א עלו יותר למעלה, והם מלבישים לג"ר דעתיק, מ"מ נאמר שאו"א הם במקום ג"ר דא"א. והוא מטעם כי אין העדר ברוחניות, ואין לומר שבעת תנועתו ממקום למקום יהיה נעדר ממקום ראשון, אלא רק הוספה ישנה כאן, והוא נמצא במקומו הראשון כמו במקום החדש שעלה עתה שם. ועל כן נבחן שאו"א הרויחו בחינת ג"ר דא"א מחמת עליתם זו, אע"פ שג"ר דא"א עלו משם לג"ר דעתיק. ועד"ז בכל הפרצופים, וזכור זה תמיד, כי זולתו אין להבין שום עליה בפרצופים ובעולמות. ולפי"ז נמצא, שכל תחתון בעת עליתו הוא מגיע גם אל עלי עליון שלו, כי על ידי עלית או"א לחב"ד דא"א, הם נכללים גם בג"ר דא"א שעלו לחב"ד דעתיק, ומשום זה יש לאו"א התכללות גם בג"ר דעתיק גופיה, שהרי ג"ר דא"א נמצאים עתה שם, והבן זה. ויתבאר זה במקומו כי ממנו מסתעפים הרבה ענינים.

ואל תתמה במ"ש שג"ר דמ"ה דא"ק עולה בעליה אחת ממקום טבור דא"ק אל ראש ס"ג, ונמצא עולה ב' מדרגות בבת אחת, דהיינו חג"ת דס"ג וחב"ד דס"ג דא"ק, עיין באילן ציור ז' אות ו', שלא מצאנו כזה בכל הפרצופים דא"ק ואצילות, זולת במ"ה דא"ק, ועתיק דאצילות המלביש עליו. והענין הוא, כי מ"ה דא"ק זה הוא באמת מבחינת ס"ג דא"ק, כי הוא יצא מנקבי עינים דס"ג, שהוא הפנימיות דג"ר הנקודים, כנ"ל דף קי"ט אות ג' ע"ש. ולפי"ז היה צריך להלביש באמת מפה ולמטה דראש הס"ג, כמו כל פרצופי א"ק שהתחתון מלביש על חג"ת דעליון כנודע, אלא מתוך שהיה כאן ענין חדש דצמצום ב', שה"ת עלתה בנקבי עינים והוציאה אח"פ מכל המדרגות לחוץ מהמדרגה, כנ"ל דף י"ג ד"ה תכף לכן לא יכלו ע"ס אלו להלביש את חג"ת דס"ג, ששם בחינת עקודים דא"ק דהיינו בחינת צמצום א', ואין שום כח למסך דצמצום ב' שיתעלה למעלה ממקום שורשו. וכיון ששורשו התחיל רק בפרצוף נקודות דס"ג שממטה לטבור דא"ק, כמ"ש בתלע"ס חלק ו' אות ל"ח באו"פ ד"ה וצריך עש"ה. לכן הוכרח לרדת ב' מדרגות מן ראש הס"ג, ולהתחיל להלביש רק מטבור ולמטה דא"ק. והנך רואה שבאמת נמצא מקום מ"ה דא"ק עם ע"ס דנקודים, במקום חג"ת דס"ג למעלה מטבור דא"ק, דהיינו כמו ישסו"ת המלבישים מפה ולמטה דאו"א, להיותם בחינת ז"ת דס"ג, ורק מכח התחברות ה"ת בנקבי עינים, ירדו ז"ת דס"ג להיות בחינת למטה מטבור,

בחי' נוקבא אליו, שהם נקרא עתה ב"ן דההי"ן כנ"ל, לכן נאמר בו וימלוך תחתיו הדר ושם אשתו מהיטבאל. כמ"ש בזוהר, דעד השתא לא אידכר דכר ונוקבא כלל בר השתא, ובג"כ אתקיים כלא, דהשתא הוי דכר ונוקבא כדחזי, וכנזכר באד"ר. והענין, כי הם בחי' מ"ה וב"ן הנ"ל, והשתא נקרא אדם, לפי שאדם כולל זו"ן, ולכן תמצא כי שם מ"ה בגימטריא אדם.

רסג) וא"ת והלא בשם מ"ה לא נעשה רק הדכורין שבאצילות, ובחי'

אור פשוט

ונתהוו למ"ה וב"ן דא"ק. ולפיכך בעת השפעת המוחין דע"ב ס"ג דא"ק, שהם מורידים את ה"ת מעינים ובוקעים הפרסאות שנעשו ע"י צמצום ב', עולה מ"ה דא"ק בבת אחת אל ראש דס"ג דא"ק, כי עתה בעת הזווג שכבר חלף לו הכח דצמצום ב', ותג"ת דכל הפרצופים חוזרים לג"ר שלהם, נמצאים ג"ר דמ"ה לאחת עם חג"ת דס"ג, ועולים עמהם לחב"ד דס"ג. באופן, שכמו בעת שליטת צמצום ב' ירד מ"ה דא"ק שהוא ישסו"ת, ב' מדרגות בבת אחת, כן בעת הזווג שנתבטל לשעתו כל הכח דצמצום ב', חוזר ועולה ב' מדרגות בבת אחת, כי כלפי ירידה נחשבים לבחינת מ"ה וב"ן, וכלפי עליה הם נחשבים לז"ת דס"ג כמו שהם באמת, והבן היטב. ועם זה תבין ג"כ, למה יצאו ישסו"ת הג' מבחינת ס"ג ונעשו לראש מ"ה, כנ"ל אות י"ד ידיעה ג'. **כי זה ישסו"ת הג' נמשך ממ"ה דא"ק, שגם הוא בחינת ישסו"ת שירד ונעשה למ"ה, כמבואר. וזכור זה, כי הוא מפתח להבין בו כל המוחין דזו"ן.**

עוד דבר יש לברר בנוגע לענין עליות העולמות והפרצופים. והוא, כי הסדר המקובל בדברי הרב הוא, שע"ב הוא חכמה, וס"ג הוא בינה, ומ"ה הוא ז"א, וב"ן הוא נוקבא. וכלפי זה נמצא בהרבה מקומות בדברי הרב, אשר ע"ב הוא כתר, וס"ג הוא חכמה, ומ"ה הוא בינה, וב"ן הוא זו"ן. (עי' בע"ח שער טנת"א פ"א מ"ב. ובשי"ב פ"א) ובכ"מ. **וכן אומר לפעמים שאו"א הם ס"ג, וישסו"ת הם מ"ה. אכן אחר העיון בכל אלו המקומות נמצאים הדברים מבוררים היטב ובפשטות. כי כבר נתבאר שכל פרצוף מפרצופי האצילות כלול ממ"ה וב"ן** (עי' לעיל אות כ"ז) **שמצד המ"ה נבחן עתיק לכתר, וא"א לע"ב וחכמה, ואו"א לס"ג ובינה, וישסו"ת הב' לאו"א נבחן לז"ת דס"ג ולז"ת דבינה. וישסו"ת הג', לג"ר דמ"ה,** (עי' לעיל אות י"ב), **וזו"ן לו"ק דמ"ה או ב"ן. ומצד הב"ן נבחן א"א לכתר, ואו"א לע"ב וחכמה, וישסו"ת לס"ג ובינה, וז"א למ"ה, ונוקבא לב"ן. ולפיכך כשהמדובר הוא מעניני הב"ן שבפרצופים, אז נבחן א"א לכתר ואו"א לע"ב וישסו"ת לס"ג וזו"ן למ"ה וב"ן. אמנם בעת שהמדובר הוא מצד המ"ה בלבד, אז נבחן עתיק לכתר, וא"א לע"ב, ואו"א לס"ג, וישסו"ת ותבונה הג' למ"ה, וזו"ן רק לו"ק דמ"ה. ולפעמים כשהמדובר הוא מיחס משותף שבין המ"ה וב"ן שבפרצוף, ועיקר הענין סובב על המ"ה, אז נקרא א"א כתר וע"ב ביחד, ואו"א ס"ג וחכמה ביחד, וישסו"ת מ"ה ובינה ביחד, וזו"ן ב"ן.**

וזה מפורש בדברי הרב בשער עקודים פ"ב במ"ב **וז"ל שם: "היחידה אינה נכנסת בחשבון הפרצוף וכו' ולכן נמצא עתה ד' בחינות דרך כללות, ונאמר כי הנה ע"ב טעמים בכתר, וס"ג נקודות בחכמה. ומ"ה תגין בבינה, וב"ן אותיות בז"ת. וכבר ביארנו, כי ע"ב הוא בכתר שיש בו אריך ונוקבא. וכן ס"ג בחכמה או"א. וכן מ"ה ישסו"ת,**

הנוקבא נעשה משם ב"ן, ואיך נקרא אדם. והענין הוא, כמ"ש, כי שם מ"ה בצאתו היה מברר משם ב"ן ומחברו אליו ונתקן עמו, ונמצא כי אז היה אור הנוקבא טפל אליו, והיה יונק ממנו, כדמיון הבן עם הבת שהכל נקרא ע"ש הבן, והוא יורש הכל, ואינו נותן לבת אלא מה שיוטב בעיניו כרצונו. וא"כ נמצא, כי הבת טפלה וכלולה בבן.

רסד) ולכן שם ב"ן שהיא הבת, נוקבא וטפלה לשם מ"ה שהוא הבן

אור פשוט

וכן ב"ן זו"ן", עכ"ל. והנך רואה מפורש איך הוא מערב ב' הצדדים מ"ה וב"ן שבפרצוף ביחד. והוא מתחיל מא"א, שמבחינת ב"ן קורא אותו כתר, ומבחינת מ"ה קורא אותו ע"ב. וכן לאו"א, מבחינת ב"ן קורא אותם חכמה ומבחינת מ"ה ס"ג. וכן לישסו"ת קורא אותם מבחינת מ"ה בשם מ"ה, והכונה היא לישסו"ת הג', שהוא נעשה לבחינת מ"ה, כנ"ל אות כ"ג, ע"ש. ולזו"ן קורא ב"ן, כי ו"ק דמ"ה נק' ב"ן, כנ"ל.

גם נתבאר היטב שאלה ד' הנ"ל תחילת אות רמ"ו ד"ה ד', ששאלנו לדעת, מתי נבחנים הפרצופים שהם בקומה שוה, ומתי הם נבחנים שהם זה למטה מזה. וזה נתבאר בדברי הרב כאן, כי אותם הפרצופים שיוצאים על זווג במסך אחד, כמו כ"ה הפרצופים שפרצוף א"א הכולל, ובפרצוף אבא הכולל וכו' הרי כולם בקומה אחת, כי מצד כתר וד' בחינות דאו"י אין שום הבדל בשיעור הקומה, כי כך הם בראש א"ק כמו בסוף עשיה, וכל ההבדל הנמצא בין העולמות והפרצופים הוא רק מסבת השינוים שבמסך שבכלי מלכות שעליו נעשה זווג דהכאה, כמו שכתב בע"ח שער מ"ז פ"א בסופו, עש"ה. ולפיכך רק ה"פ כוללים, דהיינו שכל אחד מהם כולל כ"ה פרצופים המשתנים במסכים שבהם, כנ"ל ד' קיד ד"ה באופן. שפרצוף כתר הכולל יוצא על מסך דבחי"ד, ואבא הכולל שהוא ע"ב יוצא על מסך דבחי"ג, ואמא הכוללת שהיא ס"ג על מסך דבחי"ב, וזו"ן הכולל על מסך דבחי"א. ומשום זה כל אחד יורד במדרגה אחת כלפי העליון שלו, כי אבא היוצא במסך דבחי"ג, אין לו אלא קומת חכמה וחסר כתר, ונמצא אור החכמה מתלבש בכלי דכתר שלו, ואור הבינה בכלי דחכמה, וכו' על דרך שביאר הרב בשער עקודים ומול"מ ע"ש, ואין להאריך. ולכן נמצא אבא שהוא ע"ב מלביש מפה ולמטה דפרצוף הכתר, וכן ס"ג מפה ולמטה דפרצוף החכמה, וכו' עד"ז. וכן העולמות מתחלקים מסבת המסך ויורדים זה למטה מזה. כי א"ק בכללותו והוא ממסך של בחי"ד, ואצילות מבחי"ג, ובריאה מבחי"ב, ויצירה מבחי"א, ועשיה מבחינת שורש, כנ"ל ע"ש. אמנם אותם הפרצופים הפרטיים שבכל פרצוף כולל, שהם יוצאים כולם על זווג אחד ועל מסך אחד, כנ"ל, הרי קומתן שוה זו לזו לגמרי, כי אין מה שיחלק בהם את שיעור קומתן, כמבואר.

והנה ראיתי בספר רחובות הנהר, להרש"ש ז"ל הנדפס יחד עם ע"ח דפוס ורשא, שנדחק מאד בביאור דברי הרב הנ"ל, במה שכתב הרב "שבעת שהאציל כתר שבו היו כלולים בתוכו כל הכתרים, וכו' ובעת שהאציל חכמה היו כלולים בו כל החכמות" וכו'. ע"ש בדף ו' ד"ה גם נודע, (ובמהדורה החדשה דף כ"ב) וכן בנהר שלום שם דף ל"ד ד"ה ועל (ושם דף קמ"ב) וביאר, כי אחר שנאצלו ויצאו כל חמשה העולמות א"ק

שס מבנה העולמות
בית שער הכוונות, עמ' קלד 360

הזכר, והיא כלולה בו, כי שם מ"ה, הוא המבררו עמו, והוא נתקן ע"י המ"ה. ולכן כאשר מברר, הוא לוקח תחלה מה שמברר לעצמו, כנודע בסוד תרין עטרין דירית ברא, ב' (תרויהו) חסדים וגבורה דמ"ה, ודב"ן, ולבתר יהיב

אור פשוט

ואבי"ע עד סוף עולם העשיה התחתון, חזר המאציל והפך את סדרם, אשר כל בחינות האורך שיצאו זה למטה מזה בכל פרצוף, תיקן אותם לבחינת עובי, ומכל אותם הפרצופים שהיו מלבישים זה על זה בעובי תיקן אותם לבחינת אורך. כי אחר שיצאו א"ק ואבי"ע, נכללו זה מזה ונעשו כ"ה עולמות, כי כל אחד מה' העולמות נכלל מכולם, ונמצאים ה' עולמות א"ק ואבי"ע לאורכו בא"ק, וכן ה' עולמות א"ק ואבי"ע לאורכם דאצילות, וה' עולמות א"ק ואבי"ע לארכו דבריאה, וכן ביצירה וכן בעשיה. ומתוך התכללות זו נעשו גם כולם בקומה שוה זה לזה, אשר למשל, אפילו עולם העשיה התחתון, עלה והגדיל קומתו בשוה עם א"ק, וגם עולם עשיה מתחיל עתה בא"ס ב"ה בתחילת הקו ומסתיים בשוה עם רגלי א"ק, וכן כל העולמות. ואח"ז, החליף המאציל את האורך שבהם לעובי, כי לקח את ה' העולמות א"ק, שהיו מלבישים זה על זה בעובי, שהם א"ק דא"ק וא"ק דאצילות וא"ק דבריאה וא"ק דיצירה וא"ק דעשיה, ועשה אותם לבחינת אורך דא"ק, כי א"ק דאצילות שבעובי נעשה לאצילות דא"ק באורכו. וא"ק דבריאה בעובי נעשה לבריאה דא"ק באורכו, וא"ק דיצירה שבעובי ליצירה דא"ק שבאורכו, וא"ק דעשיה שבעובי לעשיה שבאורכו דא"ק, ואת ארבעה עולמות אבי"ע שהיו מקודם לאורכו דא"ק, תיקן אותם לבחינת עובי מלמעלה על ד' עולמות אבי"ע, כי את עולם האצילות שהיה באורך דא"ק עשה אותו לא"ק דאצילות, ועולם בריאה דאורך דא"ק עשה לא"ק דבריאה, ועולם יצירה דאורך דא"ק לא"ק דיצירה, ועולם עשיה דאורך דא"ק לא"ק דעשיה. ועד"ז שאר העולמות, בכללותם ובפרטותם ובפרטי פרטות, עד שנמצא שבכתר דכל עולם ופרצוף אין יותר מבחינת כתרים מתחילת הקו עד סוף עולם העשיה, וכן חכמה דכל עולם ופרצוף עד סוף העשיה כולו חכמות בלבד, וכו' עד"ז, ע"ש.

והנה מלבד שהפירוש הזה דחוק מאד לבאר כאן דברי הרב, שהרי הרב אומר בפירוש, **כשהאציל א"ס את הכתר עשאו מכללות ה' פרצופים וכו' וכשהאציל כתר שבו היו כלולים בתוכו כל הכתרים וכו'.** הרי שמדובר כאן תיכף בתחילת אצילות של ה"פ דעולם האצילות, וכן הולך ומפרש את תחילת אצילות דה"פ בריאה וכן דה"פ יצירה ועשיה זה למטה מזה. ואיך אפשר כאן לומר שהרב מדבר רק מבחינת תיקון שנעשה אחר יציאתם של כל העולמות, כי לא היה לו לשמש עם לשון "כשהאציל" אלא עם לשון "כשתיקן". וכן חידוש גדול כזה אשר אחר יציאת כל העולמות חזר המאציל והפך את סדרם מאורך לעובי ומעובי לאורך, היה צריך הרב להביא על כל פנים איזה רמז כל שהוא בכל כתבי האר"י ז"ל. גם מלבד כל אלה הדברים, קשה להבין איך אפשר שעולם העשיה התחתון, שיצא בבחינת אב"א בא"ק ואבי"ע דאורך, ובפרצוף החכמה שבו אומר הרב שאין בו רק בחינת נקודה לבד, ואיך התתקן אח"כ והשוה קומתו עם א"ק, ועולם עשיה מתחיל עתה בראש הקו דבוק בא"ס ב"ה כמו א"ק.

וכתב שם ברחובות הנהר שדברים אלו מובאים **בדברי הרב** בשער התיקון פ"ה ובספר מב"ש ש"ב חלק ג' פ"ז. **והנה עיינתי**

ברא לברתא בשעתא דמזדווג עמה עטרה דגבורה, וכאלו נותן לה משלו דמי, ולכן הוא לבדו נקרא אדם כלול תרוייהו.

אור פשוט

היטב בשער התיקון הנ"ל, ואדרבא שם כתב בהדיא, כי מטרם גמר התיקון נמצאים הפרצופים זה למטה מזה, אלא רק אחר תכלית כל התיקון כשיצאו ג"ר דז"א וכן ט"ר דנוקבא אז יהיו קומתם שוה ויתלבשו זו בזו. אבל באמצע התיקון דהיינו בשתא אלפי שני, מבאר שם שז"א חסר ג"ר ונוקבא חסרה ט"ר ולהשלים זה הם צריכים לעי"מ בכל פעם. הרי שכל זמן שלא הגיע תכלית כל התיקון אין קומתם שוה. ובספר מבו"ש אינו מדבר כלל מענין השואת הקומה ע"ש.

וכנראה שהוא מבאר שם דברי הרב שמה שכתוב תכלית כל התיקון, אינו בדיוק על גמר התיקון, אלא רק לתיקון דשתא אלפי שני. ותכלית כל התיקון שאומר הרב סובב על בחינת הכללות שקומתם שוה, ואמצע התיקון שאומר הרב סובב על בחינת פרט אחרון שאפשר להפרט שבהם נוהג ענין עי"מ בז"א ואינם בקומה שוה.

אמנם לפי"ז מאחר שהוא ביאר שמתחילה נתקן הכללות של כל העולמות והפרצופים בקומה שוה ואחר כך יצא הפרטות של הפרצופים להעשות זה למטה מזה, נמצא מזה שמה שכתב שם הרב בבחינת אמצע התיקון נעשה עתה לאחר תכלית כל התיקון, ונמצא תכלית התיקון קודם לאמצע, שזה קשה מאד. גם אין כלל מדרכו של הרב לדבר כן, כי תכלית כל התיקון הרי פירושו ברור, שהוא גמר התיקון הרגיל תמיד בדברי הרב בכל הדרושים. ומלבד זה אין הרב מדבר שם כלל, לא מפרצוף א"ק, ולא מפרצופי ג' עולמות התחתונים בי"ע, לומר שקומתם שוה עם עולם האצילות, אלא שמדבר רק מה"פ עולם אצילות, בלבד, ע"ש. ואין מכאן שום רמז להשואת קומת עולם העשיה התחתון עם ראש הקו הדבוק בא"ס ב"ה.

עוד אומר שם הרש"ש ז"ל לעיין בשערי קדושה ובדרושי אבי"ע, ששם מבואר שאחר שיצאו ה' עולמות א"ק ואבי"ע, הלבישו זה את זה באורך מעילא לתתא מראש א"ק עד סוף עשיה, ע"ש ברחובות הנהר דף ה' ע"ב ד"ה וענין (ובמהדורה החדשה דף יט). והנה עיינתי בדרושי אבי"ע בע"ח, ואין שום רמז שם לענין השואת הקומה, ובשערי קדושה כתב בהדיא להיפך מדבריו. כי כתוב שם וז"ל: "כל העולמות נכללין בשם הוי"ה וכו' ועד"ז הוא בכל עולם מה' עולמות וכו' כל אלו הבחינות והמדרגות מרום אדם קדמון עד התהום שבעולם השפל כולן הם זו למעלה מזו, וזו לפנים מזו, כי העליון מחברו מתלבש תוך התחתון ממנו כנשמה לגוף. ואמנם אין כל כללות העליון מתלבש בתחתון, רק בחינה פרטית תחתונה שבעליון, מתלבש בכל התחתון, וכן ע"ד זה עד סיום העולמות" עכ"ל בשערי קדושה חלק ג'. הרי מפורש ההיפך מדבריו, כי הגם שהם כלולים זה מזה, והם זו למעלה מזו, והם זו לפנים מזו, עכ"ז אין העליון מתלבש בתחתון רק מקצתו לבד, דהיינו רק המלכות דעליון, ואין קומתם שוה. ומתמיה ביותר שמכל המקומות שהביא לחזק דבריו נמצא שם ההיפך ממש. וטרחתי בדברי קדשו מאד מאד ולא זכיתי להבינם כל עיקר.

ועוד פלא מצאתי שם ברחובות הנהר דף ח' ע"ב ד"ה וכן, ובמהדורה החדשה דף לב), שכתב, שקומת א"א מתחיל בטבורא דא"ק ושם שורשו ע"ש. וזה כנגד דברי הרב המפורסמים בכמה מקומות, שג"ר דעתיק מלבישים ג"ר דנקודים שנשארו במקומם ולא נתבטלו בזמן שבירת הכלים והוא מתחיל

*** רסה) ואמנם צריך לתת טעם אל הנ"ל, כי הרי אלו הנקודות הנ"ל הם בחי' ס"ג, ואיך יהיו גרועים וטפלים לשם מ"ה החדש, ויהיה מ"ה זכר ונקודות ס"ג נקבה, ונודע בכמה מקומות, כי בחינת שם ס"ג גדול משם מ"ה.**

אור פשוט

מטבור דא"ק, וראש דעתיק זה הוא נקרא רדל"א, שאין א"א יכול להלבישו, וא"א מלביש רק את ז"ת דעתיק, שהם מתחת ג"ר דנקודים, דהיינו במקום ז"ת דנקודים, ונמצא הרדל"א מפסיק בין טבור דא"ק ובין ראש דא"א. ואיך אומר שם הרש"ש ז"ל שא"א מתחיל מטבור דא"ק, וראה בשער התקון פ"ג וז"ל: "ואור המצח הנקרא שם מ"ה אע"פ שיצא מלמעלה מן המצח הנה מתפשט משם ולמטה ומתחיל מציאותו מן הטבור וכו' נקודת הכתר נמשכה ונתפשטה ממקומה עד למטה וכו' וזה ההתפשטות הוא כל שיעור הנקרא עולם האצילות, ונקודה זו היא נוקבא דעתיק יומין, וכן עד"ז עתיק יומין דדכורא הנעשה מטעמים דמ"ה כנ"ל, גם הוא מתפשט לשיעור הנ"ל", עש"ה. הרי מבואר במפורש, שהן עתיק יומין נוקבא והן עתיק יומין דכורא מתחילים מטבור דא"ק ולא למעלה ממנו משהו. ובע"ח בשער א"א פרק א' כתב הרב וז"ל: "כי הנה ג"ר דעתיק אי אפשר שיתלבשו תוך א"א וגם אי אפשר שיקבל אורם ולכן נשארים מגולים והם עומדים לבחינת מקיף לא"א, והז' תחתונות דעתיק לבדם מתלבשים תוך א"א כי כח"ב דא"א מלבישין לחג"ת דעתיק יומין, וז' תחתונות דא"א מלבישין לנה"י דעתיק", עכ"ל. הרי מפורש אשר ראש דא"א עומד במקום ז"ת דעתיק, שהוא מקום ז"ת דנקודים, ואינו נוגע במקום ג"ר דנקודים העומדים למטה מטבור דא"ק, אפילו משהו, כי שם מקום רדל"א. וכן מבואר בע"ח שי"א פ"א וז"ל: "הג"ר (דנקודים) כבר נתבאר שכליהם לא ירדו,

והנה מסוד הכלים של הג' נקודות אלו נעשה מהם רישא חדא ובתוכם ג' מוחין, וזה נקרא רדל"א. ונקרא רישא דעתיק יומין, הרי שהג' נקודות ראשונות מן היוד נקודות, הם סוד רדל"א", עכ"ל. הרי מפורש שמקום ג"ר דנקודים המלבישים מטבור דא"ק ולמטה לקח ראש דעתיק, ולא א"א. וכן בע"ח שער כ' פ"ב בסופו, וז"ל: "מקום ז"א בראשונה הוא במקום שהוא עתה א"א", ע"כ. הרי שא"א עומד במקום ז"א דנקודים.

ויותר מזה, כי מההנהגה הנ"ל, אשר א"א מתחיל בטבורא דא"ק, יצא לו לפרש שם בסדר העליות דפרצופי אצילות לפרצופי א"ק שבעת שז"א משיג פרצוף נשמה ועולה לחזה דא"א, דהיינו בעליה הא', אז עולה א"א לראש ס"ג דא"ק. ובעליה ב' שז"א עולה לגרון דא"א ומשיג חיה, עולה אז א"א לראש ע"ב דא"ק. ובעליה ג' שז"א עולה לראש א"א ומשיג יחידה, עולה אז א"א לראש דפרצוף גלגלתא דא"ק, עש"ה. ונמצא לפי דבריו, שבשבת במוסף שאז נמצאים הפרצופים בעליה הב', שז"א עלה לגרון דא"א במקום או"א עלאין, נמצא א"א לפי דבריו בראש דע"ב. וזה הוא בסתירה מפורשת לדברי הרב בספר הכונות בדרוש הסעודה דשחרית דשבת, שכתב שם שבעת ההיא נמצא א"א עולה למקום ההין דפרצוף ע"ב דא"ק, והרב צוה לעיין בזה בשער מול"מ, ושם נתבאר שמקום ההין אלו הם בכח"ב דגופא דע"ב דא"ק. הרי שבעליה דמוסף שבת נמצא א"א במקום גופא דע"ב דא"ק, דהיינו בחג"ת שלו שהוא מלובש בראש ס"ג דא"ק,

*) ע"ח ח"א שער י' סוף פ"ג.

רסו) והתשובה היא, כי שם מ"ה החדש הנ"ל יצא מבחינת הזווג דע"ב וס"ג כנ"ל, לכן כיון שהוא נמשך מכח ע"ב עצמו לכן הוא גדול מס"ג, ועוד טעם אחר, כי בשם מ"ה לא היה בו מיתה ושבירה כמו שהיה בשם ס"ג עצמו.

אור פשוט

ולא בראש דע"ב דא"ק. רק בעליה הג' דהיינו במנחה דשבת, שז"א עולה לא"א, אז עולה א"א לראש דע"ב דא"ק ועתיק עולה אז לראש פרצוף גלגלתא דא"ק. באופן שבעליה א' עולה א"א לראש דעתיק דאצילות, ובעליה ב' עולה א"א לחג"ת דע"ב, שהוא מקום ראש ס"ג דא"ק, ובעליה ג' עולה א"א לראש ע"ב דא"ק.

עוד תמיה רבתא מצאתי שם ברחובות הנהר דף ז' ד"ה וסדר (במהדורה החדשה דף כ"ו), **שאומר שם אשר אלו ה"פ הזכרים דאצילות היוצאים ממ"ה החדש הכונה היא על מ"ה דא"ק, הנקרא ז"א דא"ק. וה"פ הנוקבין שלהם הנקראים ב"ן, הם באים מב"ן דא"ק מלכות דא"ק,** עש"ה וגם בדיבור שלאחריו בד"ה והנה עתיק. **והנה דבריו אלו הם בסתירה מפורשת להמובא בכ"מ בדברי הרב, שצד ב"ן דה"פ אצילות הם גבוהים מצד מ"ה הזכרים, כי הם בחינת ס"ג הגבוה ממ"ה. אלא מתוך שאין להם תיקון רק ע"י מ"ה, לפיכך נשתנה שמייהו לשם ב"ן,** (עי' בשער התיקון פ"ג בע"ח) **הרי להדיא שפרצופי ב"ן דאצילות אינם מב"ן דא"ק אלא מס"ג דא"ק הגבוה הרבה אפילו ממ"ה דא"ק עצמו. גם קשה לפי דבריו אשר מ"ה החדש הוא מ"ה דא"ק, א"כ למה מכנה אותו הרב בשם מ"ה החדש. גם איך אפשר שעתיק וא"א ואו"א דכורין יקבלו מג"ר דז"א דא"ק, הלא הם בחינת ג"ר וצריכים לקבל מהבחינה שכנגדם בפרצופי א"ק, דהינו מבחינת מ"ה דפרצוף כתר וע"ב וס"ג דא"ק, ולא מז"א דא"ק, כמ"ש לעיל בדברי הרב, וזה ברור.**

גם מ"ש שם בד"ה והנה עתיק, **אשר הגד"ז דב"ן שלקח עתיק הם מט"ס דב"ן שיצאו מחדש, הוא כנגד דברי הרב** בשער א"א פ"ח בע"ח **שכתב שהם הכלים הישנים דנקודים שלא היתה בהם שבירה, ע"ש.**

וענין מ"ה וב"ן דה"פ אצילות כבר ביארנו לעיל, אשר רק הכלים שנשארו בשלימות מע"ס דנקודים או הכלים הנבררים ע"י קומות דמ"ה היוצאים באצילות, המה מכונים בשם ב"ן, והוא מטעם ירידתם לקבל מאורות דאצילות הנמוכים מהם, כמ"ש הרב בע"ח בשער התיקון פ"ג. **וכל אלו האורות היוצאים באצילות, הגם שיוצאים רק ע"י מ"ן מרשימות וניצוצין דב"ן, מ"מ כולם נקראים בשם מ"ה. כמ"ש שם הרב שרק מ"ה יוצא ע"י זווג ע"ב ס"ג לצורך אצילות, ולא ב"ן, שכולו הוא מבחינת נקודות דס"ג דא"ק.** (עיין באות רס"ה) **כי רק כלים דנקודים או המתבררים מהם מבי"ע, הם בלבדם נקראים בשם ב"ן, והאורות שבהם אינם באים מזווג ע"ב ס"ג דא"ק עצמו אלא רק ע"י בעליהם המ"ה. ודברי הרב אלו ברורים מדי ואין לסגת מהם כחוט השערה.**

גם יש לזכור מ"ש לעיל אות כ"ז **כי מה שאורות דאצילות מכונים מ"ה החדש, הוא על שם הקומות הקבועות דאצילות שלא יארע בהם מיעוט לעולם, שהם רק המקובל מבחינת זו"ן דכל פרצוף מה"פ א"ק הנקרא מ"ה, אבל כל האורות המקובלים, ממה שלמעלה ממ"ה דה"פ א"ק, הנקראים גלגלתא ע"ב ס"ג דה"פ א"ק, הנמשכים ע"י מ"ן מתחתונים בתפילות ועליות, הם אינם בקביעות באצילות אלא בעולה ויורד לפי מעשה התחתונים, ע"כ לא נקבע שם אצילות עליהם, אלא רק על קומת מ"ה הקבועה בהם.**

עוד ענין אחד ראוי להעיר כאן, כי

רסז) ועוד טעם ג' והוא, כי אלו בחי' נקודות לבד של ס"ג, אבל המ"ה החדש הוא כולל טנת"א כנ"ל וכיון שיש בחי' טעמים ודאי שהוא מעולה על הנקודות דס"ג, אבל לא על הטעמים דס"ג. ועוד טעם ד' כי ס"ג יש בו גרעון

אור פשוט

ראיתי בספר חסדי דוד, הנדפס ומחובר עם ע"ח דפוס ווארשא בסופו דף נ"ב ד"ה ז"א (ובמהדורה החדשה דף ר"ח), **וז"ל: וכן א"ק עצמו נקרא יחידה בערך האצילות, אמנם בערך שלמעלה ממנו נקרא גם הוא זו"ן וכו' כי הרי כל כללות א"ק עומד במקום חצי מלבוש התחתון כנודע, כי כללות המלבוש ה"ס עסמ"ב, וכשנחלק המלבוש ונקפל חצי התחתון שה"ס מ"ה וב"ן והלביש לחצי העליון, שהוא ע"ב ס"ג, הנה המקום הפנוי הנ"ל שהיה במקום חצי מלבוש התחתון, נקרא אויר קדמון, והכדור הנעשה בתוכו, שבתוכו עומדים ע"ס דא"ק נקרא טהירו, וע"ג הטהירו בין אויר קדמון למלבוש עומדים י"ס דא"ק עילאה סתימאה, הרי כי א"ק עומד במקום מ"ה וב"ן ולכן נקרא זו"ן בערך מה שלמעלה ממנו, עכ"ל. ודברים אלו נמצאים ג"כ בספרי הרמ"ע מפאנו ז"ל ובעמק המלך ובשערי גן עדן, ועוד אחרונים.**

ודע, שדברים אלו הם מקבלת חברים, דהיינו שאר תלמידי האר"י ז"ל ולא מהרח"ו ז"ל, ולא לבד שאינם נמצאים בכל כתבי מהרח"ו ז"ל אלא עוד שהם בסתירה לקבלת מהרח"ו ז"ל, כי תראה מפורש בע"ח שער א' ענף ב' ד"ה והנה בהיות, **וז"ל: והנה העגול הזה הראשון היותר דבוק עם הא"ס הוא הנקרא כתר דא"ק וכו' ע"ש. וכן שם** בשער א' ענף ד' ד"ה ונתחיל, **וז"ל: דע כי האורות הראשונים וכו' הם בחינות הי"ס אשר חיבור כללותם נקרא א"ק לכל הקדומים, עש"ה, וכן בכ"מ. הרי מפורש להדיא שלא נמצא כלל שום עולמות למעלה מא"ק, לאפוקי מהאומרים שעולם המלבוש הוא עולם מיוחד הקודם לא"ק.**

ובאמת כל אלו העולמות המובאים בקבלת חברים, דהיינו הטהירו קדמאה ועולם המלבוש שנתקפל חציו התחתון על חציו העליון, ואויר קדמון, והטהירו שבתוך אויר קדמון, וא"ק סתימאה כולם נכללים בה"פ א"ק שביאר הרח"ו ז"ל. כמ"ש בע"ח הנ"ל שער א' ענף ד' ד"ה והנה, **וז"ל: נתחיל לבאר פרט אחד אשר הוא כולל ותופס כל מקום החלל הזה אשר מן פרט זה מתפשטים כל העולמות כולם ובו נתלים ונאחזים וממנו יוצאים ונתגלים בחוץ כמ"ש בע"ה, אמנם הפרט הזה נקרא בשם א"ק לכל הקדומים אשר הוא קודם לכל הנמצאים, וכו' עש"ה. הרי מפורש שהא"ק הוא קודם לכל הנמצאים, וכל העולמות כולם הם נכללים בו ומתפשטים הימנו.**

ודע, כי עולם המלבוש נכלל תוך פרצוף ס"ג דא"ק, שמטרם צמצום ב' היה מתפשט עד נקודת עוה"ז כנודע. וענין התקפלות עולם המלבוש נעשה עם צמצום ב' המובא בע"ח שער ח' פ"ב ולעיל אות כ"ו ע"ש. **כי אז נתקפל עולם המלבוש ג"כ מטעם עליות האורות דלמטה מטבור שהם ב' הויות מ"ה וב"ן דא"ק, אל למעלה מטבור שהם ב' הויות ע"ב ס"ג דא"ק. ומכאן תבין שהעולמות אויר קדמון וטהירו הב' שנעשה עיגולא גו ריבועא וכו' המובא בקבלת חברים שהם יצאו במקום חצי מלבוש התחתון שנתקפל, נמצא לפי הנ"ל, שהם נכללים בטבור ולמטה דא"ק, דהיינו בעולם הנקודים. וענין טהירו קדמאה הוא עולם הצמצום הראשון. הרי שעולם המלבוש ומכ"ש העולמות שלאחריו הם למטה מב' הפרצופים גלגלתא וע"ב דא"ק.**

גדול עתה והוא כי עדיין לא הושלם להתברר כנודע, ולכן עתה מ"ה גדול ומעולה ממנו.

רסח) אבל לע"ל אשר יתוקן כל בחי' ס"ג, ויחיו כל המלכים ויתבררו לגמרי בסוד בלע המות לנצח, אז יחזור שם ס"ג לקדמותו ולמעלתו ושם ס"ג ישלוט ויאיר בעולם, ואז יתבטל שם מ"ה. אשר זהו ענין חזרת העולם לתהו ובהו, כנזכר בדרז"ל לימות המשיח, ואז יתבטל מ"ה, ואז לא יהיה רק ב' אורות של ע"ב וס"ג, ודי בזה.

אור פשוט

ומלבד האמור בביאור דבריהם, מצווים אנו, שאין להשגיח כלל בקבלת חברים, ומכ"ש במקום שהם סותרים לקבלת הרח"ו ז"ל. כמ"ש בשער הגלגולים שער ח' דף ע"א (ובמהדורה החדשה הקדמה ל"ט דף קע"ו), שבעת פטירתו נתן האריז"ל צוואה ואסר ללמוד בכתבים שכתבו מפיו לכל החברים, מפני שלא הבינו דבריו, ולא התיר לעיין בהם זולת להרח"ו ז"ל, ע"ש. וראה מ"ש הרש"ש ז"ל בספרו נהר שלום דף ל"ד ד"ה וראיתי (ובמהדורה החדשה דף ק"מ), וז"ל: כל עסקי ולמודי אינו רק בדברי האר"י ז"ל ותלמידו הרח"ו ז"ל לבדם, ובלעדם אין לי עסק בשום ספר מספרי המקובלים ראשונים ואחרונים ואפילו בדברי שאר תלמידי האר"י ז"ל לא למדתי, וכשיזדמן לפני דבר מדבריהם אני מדלגו, כי ע"כ איני כמזהיר אלא כמזכיר, למען ה' אל יהי לכם מגע יד בדבריהם, עכ"ל.

ואין להתפלא על אלו הספרים הנ"ל שנמשכו אחר קבלת חברים, כי בטח לא ראו את דברי שער הגלגולים הנ"ל, וע"כ לא נזהרו להבחין בין קבלת הרח"ו ז"ל לשאר החברים. וזהו שעורר אותי לחבר ספר האילן ולסדר בו העולמות והפרצופים, החל מראש הקו הדבוק בא"ס ב"ה עד לעולם העשיה התחתון, המיוסד לפי טהרת דברי המהרח"ו ז"ל. כי כל האילנות שראיתי המה מעורבים עם קבלת חברים, וע"כ אין לסמוך עליהם כנ"ל.

רסח) **יחזור שם ס"ג לקדמותו ולמעלתו ושם ס"ג ישלוט ויאיר בעולם:** פירוש, שס"ג דא"ק שנתמעט בעת צמצום ב' ועלה מסיום רגלין דא"ק אל המקום שלמעלה מטבור דא"ק, ונסתיים על הטבור דא"ק, ומתחתיו הופרסה הפרסא בגוי מעוהי דא"ק, שזה גרם יציאת הפרסא שבין אצילות לבריאה, כנ"ל אות ל"ח ד"ה הכלל ע"ש, הנה בגמר התיקון יתבטלו כל אלו הפרסאות דצמצום ב', וס"ג דא"ק יחזור לקדמותו, להתפשט עד לסיום רגלי א"ק דהיינו עד לנקודה דעולם הזה, כמו שהיה מתפשט מטרם צמצום ב'. והשם ב"ן דהיינו ה"פ ב"ן דעולם אצילות, הבאים מן עשר ספירות דנקודים, שיצאו מס"ג דא"ק מנקבי עינים אחר שנתמעט ועלה למעלה מטבור, יחזור לשורשו כס"ג עצמו ויתפשט גם הוא עד לנקודה דעוה"ז, ועי"ז ישובו בי"ע להיות אצילות ממש, ונמצא כי השם ס"ג שמטרם צמצום ב' ישלוט ויאיר בעולם, והבן.

ואז יתבטל שם מ"ה וכו' רק ב' אורות של ע"ב וס"ג: כי מ"ה החדש הכולל כל ה"פ הזכרים דאצילות, יצא מה' זעירא דהבראם, כנ"ל אות מ"ג עש"ה באור פשוט, **שה"ס**

אור פשוט

צמצום ב' שנעשה בס"ג דא"ק, ומזווג ע"ב עם ס"ג זה דצמצום ב', יצא מ"ה החדש כנ"ל. ונמצא עתה אחר שיתבטל צמצום ב' וס"ג ישוב להתפשט עד לסיום רגלי א"ק כמו שהיה בקדמותו מטרם צמצום ב', הרי אין עוד מקום יציאה למ"ה החדש, וגם הוא יחזור לשורשו לע"ב דא"ק, וישלטו רק ע"ב וס"ג בלבד, והבן כי אכהמ"ל.

ספר האילן

ביאורים ומראה מקומות

ציור א'

באות א' מצויר ראש תוך סוף דפרצוף הכתר דא"ק. באות ב' ציור פרצוף ע"ב דא"ק ברת"ס, ואיך הוא מלביש את פרצוף כתר דא"ק מפה שלו ולמטה. באות ג' ציור פרצוף ס"ג דא"ק ברת"ס ואיך הוא מלביש על פרצוף ע"ב דא"ק מפה שלו ולמטה.

ציור א' אות א'

הוא פרצוף הכתר דא"ק, דהיינו הע"ס הראשונות שנתפשטו מא"ס ב"ה לתוך החלל אחר הצמצום, שראשו נוגע בא"ס ב"ה למעלה, וסיום רגליו הוא בנקודה האמצעית המרכזית, שהיא העוה"ז. ויש בו ג' בחי' של ע"ס, שהם ע"ס דראש, וע"ס דתוך, וע"ס דסוף.

הע"ס דראש נק' שורשים דע"ס, כי שם ראשית התהוותם ע"י פגישת הע"ס דאו"י בסוד זווג דהכאה בהמסך שבהמלכות דראש המעלה ע"ס דאו"ח המלבישים להע"ס דאו"י הנמשכים שם מהא"ס ב"ה. (כמ"ש בע"ח שמ"ז פ"א ע"ש) והע"ס דאו"י מסודרים ממעלה למטה, והפוכם האו"ח שהם מסודרים ממטה למעלה. המלכות דע"ס דראש נק' פה.

הע"ס דתוך נק' בפרצופי א"ק בשם עקודים: הן בפרצוף הכתר והן בע"ב והן בס"ג. אכן בפרצוף הכתר לא היה נבדל וניכר עדיין האור העליון ביוד ספירות, וכל ההכר ביניהם היה רק בבחינות רושמים בלבד. (כמ"ש הרב בשער מטי ולא מטי פ"א בע"ח עש"ה). המלכות דע"ס דתוך נק' בשם טבור.

הע"ס דסוף הם בחינות הסיום של כל ספירה וספירה מהע"ס עד מלכות, ובספירת המלכות נפסק הפרצוף, וע"כ היא נק' סיום רגלין.

ציור א' אות ב'

הוא פרצוף ע"ב דא"ק, דהיינו התפשטות הב' של ע"ס מא"ס ב"ה לתוך החלל אחר הצמצום, והוא מתחיל מחכמה, וחסר אור הכתר, והוא נאצל ויצא מהמלכות דראש של פרצוף הכתר הנק' פה. ולכן הוא מלביש על פרצוף הכתר מפה שלו ולמטה עד הטבור דפרצוף הכתר.

הע"ס דראש שלו הם כמו הע"ס דראש דפרצוף הכתר דא"ק כנ"ל. מלבד שהוא חסר כתר, וענין יציאת הע"ס האלו מתבארים באורך בע"ח בשער מטי ולא מטי בפ"א ופ"ב עש"ה. ועי' בתלמוד ע"ס שיעור ה' ששם נתבארו היטב דברי הרב הללו בהרחבה.

הע"ס דתוך נעשו כאן בולטים יותר מהע"ס דתוך דפרצוף הכתר, מפני שבו נעשו עשר הכנסות ועשר יציאות בסדר מטי ולא מטי (כמ"ש בע"ח בשער מול"מ עש"ה, ובתע"ס שיעור ה') ובספירת הכתר דע"ס דתוך יש ב' כלים בשם י"ה, וכן בספירת חכמה שלהם, אבל בספירת בינה הי"ה הם רק בכלי אחת. והו' הוא בכלי דיסוד וה"ת בהמלכות.

הע"ס דסוף הם כמו בפרצוף הכתר דא"ק אלא שהסיום רגלין שלו הוא למעלה מטבור דפרצוף הכתר.

ציור א' אות ג'

הוא פרצוף ס"ג דא"ק, דהיינו התפשטות ג' של ע"ס מא"ס ב"ה לתוך החלל אחר הצמצום ברת"ס. והוא נאצל ויצא מן הפה דפרצו' ע"ב דא"ק, והוא מתחיל מבינה וחסר לו אור הכתר ואור החכמה והוא מלביש מפה ולמטה דפרצוף ע"ב דא"ק, אבל למטה הוא ארוך יותר ממנו, כי התפשט למטה בשוה עם סיום רגלין של פרצוף כתר דא"ק.

ציור ב' אות א'

הוא המצב דפרצוף ס"ג דא"ק בעת צמצום א'. והוא כבר מובא לעיל בציור א' אות ג', אלא שנוסף כאן ההבחן של ב' פרצופין פרטיים שיצאו בו, שהם פרצוף הטעמים מפה עד

הטבור ופרצוף הנקודים מטבור ולמטה. וביאורם תמצא בספר תלמוד ע"ס שיעור ו' דף ש"צ ד"ה וס"ג ע"ש כל ההמשך.

ועד כאן עוד לא היה שום מציאות לג' עלמין בי"ע התחתונים, שהרי גם הס"ג דא"ק היה נמשך עד לנקודה דעוה"ז, ונמצא שעד לנקודה דעוה"ז היה בחינת אצילות.

ציור ב' אות ב'

הוא מצב ס"ג דא"ק בעת צמצום ב' מטרם שנעשה הזווג בנקבי עינים להאציל הע"ס דנקודים. אשר מסבת ירידת הס"ג למ"ה וב"ן הפנימים דא"ק, קבלה הבינה בחינת המלכות, שעי"ז, מלכות המסיימת שעמדה בנקודה דעוה"ז עלתה למקום הטבור, ומלכות המזדווגת שעמדה בפה דראש הס"ג עלתה למקום נקבי עינים דראש הס"ג, והאח"פ דראש ירדו לבחינת גוף דס"ג, ומטבור ולמטה נעשה ריקן מאור, וזהו בכללות פרצוף הס"ג.

וכן ג"כ בפרטות פרצו' הנקודות דס"ג (עי' לעיל ציור ב' אות א') העומד כולו למטה מטבור, שיש בו עצמו ראש תוך סוף: הנקראים חב"ד חג"ת נהי"מ, הוא נבחן ג"כ כמו הכללות, שמלכות המסיימת עלתה לבינה דגופא הנקרא ת"ת במקום החזה שלו, ושם נסתיים קו א"ס, ומתחתיו הופרס פרסא, כי שם נסתיים בחינת אצילות. ומשם ולמטה נעשה המקום לג' עלמין בי"ע: מן ב' שלישים תחתונים דת"ת עד סיומם נעשה עולם הבריאה. ומן נה"י נעשה עולם היצירה. וממלכות נעשה עולם העשיה. וביאור הדברים תמצא מבואר היטב לעיל בדברי הרב דף ח' עש"ה, ובאור פשוט שם.

ציור ב' אות ג'

הוא מצב ס"ג דא"ק בעת הזווג שנעשה בנקבי עינים, שהאזן חוטם פה יצאו מבחינת ראש לגוף, כלומר למטה ממקום הזווג דראש. אמנם מתוך שאין העדר ברוחני נבחנים כאן ב' מיני אח"פ: הא' הם אח"פ במקום יציאתם, דהיינו במקומם בראש כבתחילה. והב' הם אח"פ שירדו לבחינת גוף ממש דהיינו למטה מפה דראש הס"ג, ונקראים אח"פ שלא במקום יציאתם, וכל אלו נקראים אח"פ פנימים.

הע"ס דתוך עד הטבור נקראים גם כאן בשם עקודים כמו מטרם צמצום ב', כי הע"ס שיצאו מהזווג דנקבי עינים לא יכלו להתגלות רק למטה מטבור, שהם נקראים ע"ס דנקודים, שיצאו בעיקר מחוץ לפרצוף ס"ג, אמנם פנימיותם יצאו בא"ק עצמו, ונקראים מ"ה וב"ן דא"ק, כי פנימיות ג"ר דנקודים נקרא בשם מ"ה דא"ק. ופנימיות ז"ת דנקודים נקרא ב"ן דא"ק. והם מסתיימים בנקודת הסיום דצמצום ב' הנקרא פרסא שבין אצילות לבריאה. ומתחתיו ג' עלמין בי"ע התחתונים.

ציור ב' אות ד'

הוא פרצו' אח"פ חיצוני' דס"ג דא"ק עד הטבור, ומטבור ולמטה הוא פרצוף ע"ס דנקודים המסתיימים בפרסא. ומתחת הפרסא עומדים ג' עלמין דבי"ע התחתונים.

האח"פ החיצונים נחלקים לב' בחי' אח"פ: אח"פ חיצונים במקום יציאתם דהיינו העומדים למעלה מפה. ולאח"פ חיצונים שלא במקום יציאתם, העומדים למטה מפה ועד הטבור. ובחינת הג"ר שלהם דבוקים בשפה תתאה, ונקרא בשם שבולת הזקן, והג"ר הם בעיקר אור האזן אלה גם בחינת חו"פ נכלל עמהם, והם השורשים לג"ר דנקודים. ובחינת הז"ת שלהם שהם חו"פ ממש, עומדים למטה משבולת הזקן ונמשכים עד הטבור. וכל אלו האח"פ החיצונים נקראים ג"כ בשם דיקנא דס"ג דא"ק. וביאורם בפרטות תמצא בתלמוד ע"ס שיעור ו' דף ת"ט אות כ' ובאו"פ שם.

והע"ס דנקודים עומדים מטבור ולמטה, הג"ר שלהם הם בתיקון קוין ומלבישים למ"ה דא"ק. והז"ת שלהם הם זה תחת זה כמו בצמצום א', והם מלבישים לב"ן דא"ק. ומתחתיהם הפרסא וג' עלמין בי"ע מתחת הפרסא.

ציור ג' אות א'

הוא מצב ה"פ א"ק שבקביעות, שממנם יצאו ה"פ מ"ה החדש הנקראים ה"פ אצילות

הקבועים, אשר אחר שנתקנו לא יארע בהם עוד שום מיעוט לעולם.

גם יבואר בו ענין התחלקות כל פרצוף לכתר ואבי"ע, הנקראים גם כן כתר וע"ב ס"ג מ"ה וב"ן, או יחידה חיה נשמה רוח נפש: שכל ראש עד הפה נק' בשם כתר, או יחידה. ומפה עד החזה שבכל אחד מהם נקרא בשם אצילות או ע"ב או חיה. ומחזה עד הטבור שבכל אחד נקרא בשם בריאה או נשמה או ס"ג. ומטבור ולמטה דכל אחד נק' בשם יצירה ועשיה או מ"ה וב"ן או רוח נפש.

גם יבואר בו ענין הלבשתם זה את זה: שכל אחד מלביש מפה ולמטה של העליון שלו: באופן: שראש דכל תחתון מלביש לע"ב ואצילות דעליון, וע"ב ואצילות דתחתון מלביש לס"ג ובריאה דעליונו. וס"ג ובריאה דכל תחתון מלביש למ"ה וב"ן שהוא יצירה ועשיה דעליון. ונמצא שפה דעליון הוא בחי' גלגלתא דתחתון, וחזה דעליון הוא בחי' פה לתחתון, וטבור דעליון הוא בחי' חזה לתחתון.

גם יבואר בו יציאת מ"ה החדש בכל פרצוף מה"פ אצילות המ"ה שבפרצוף שכנגדו בא"ק.

ציור ד'

מצב הז"א בעת עליתו להשגת נשמה בערך ה"פ א"ק ופרצופי אצילות הקבועים. ואיך הוא לוקח ויונק מבריאה דב"ן דא"ק, שהוא הפרצוף שכנגדו בא"ק.

ציור ה'

מצב הז"א בעת עליתו להשגת חיה, בערך ה"פ א"ק ואצילות הקבועים. ואיך הוא יונק ולוקח מאצילות דב"ן דא"ק, שהוא הפרצוף שכנגדו בא"ק.

ציור ו'

מצב הז"א בעת עליתו להשגת יחידה, בערך ה"פ א"ק ואצילות הקבועים. ואיך הוא לוקח ויונק מהראש דב"ן דא"ק, שהוא הפרצוף שכנגדו בא"ק.

ציור ז'

מצבי ה"פ אצילות בעת עליתם להשגת נשמה, בערך ה"פ א"ק הקבועים. ואיך כל אחד לוקח ויונק מפרצוף שכנגדו בא"ק.

ציור ח'

מצבי ה"פ אצילות בעת עליתם להשגת חיה, בערך ה"פ א"ק הקבועים. ואיך כל אחד לוקח ויונק מהפרצוף שכנגדו בא"ק.

ציור ט'

מצבי ה"פ אצילות בעת עליתם להשגת יחידה, בערך ה"פ א"ק הקבועים ואיך כל אחד לוקח ויונק מהפרצוף שכנגדו בא"ק.

ציור יו"ד י"א וי"ב

מראה איך סולם המדרגות אינו משתנה לעולם, והמדרגות בכללם נשארי' תמיד כמו שהיו בתחילתם בעת יציאת מ"ה החדש, דהיינו כמו במצב הקביעות כי בעת שהז"א עולה ומשיג נשמה עולים אחריו כל המדרגות כולם: ה"פ א"ק ואצילות ומשיגים כל אחד בחי' נשמה המיוחס לו. ועד"ז בהשגת חיה דז"א והשגת יחידה דז"א.

ציור יוד הוא מצב ה"פ א"ק בעת עליתם להשגת נשמה. ציור י"א הוא המצב שלהם בעת השגת חיה. ציור י"ב הוא המצב שלהם בעת השגת יחידה.

מבנה העולמות

ציור א

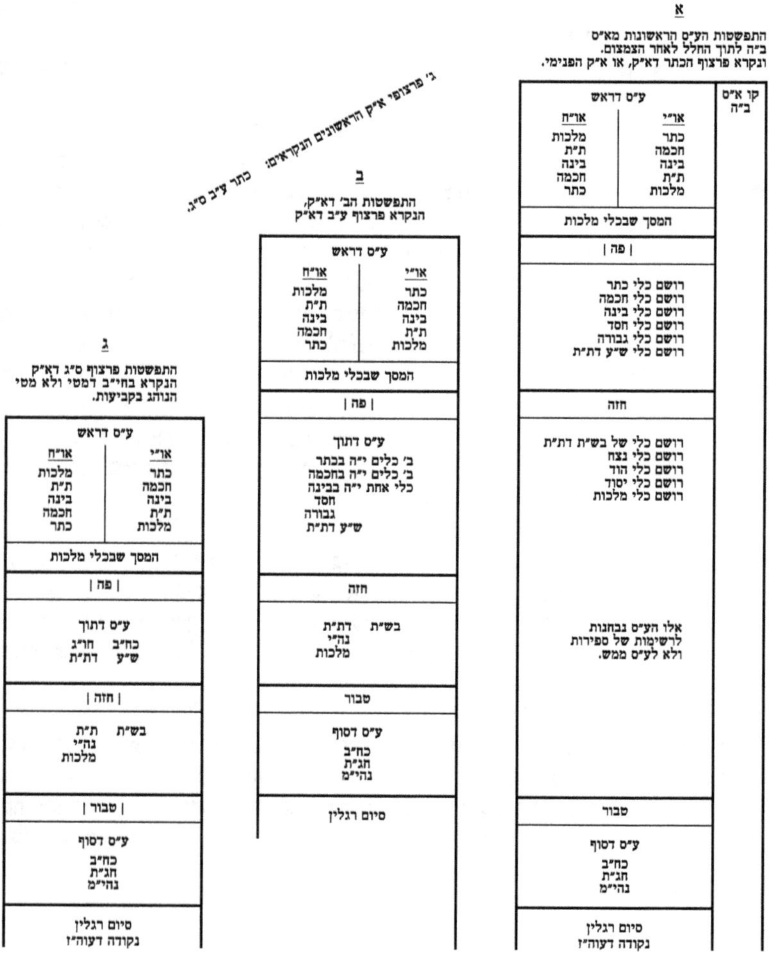

א

התפשטות הע"ס הראשונות מא"ס ב"ה לתוך החלל לאחר הצמצום. ונקרא פרצוף הכתר דא"ק, או א"ק הפנימי.

קו א"ס ב"ה	ע"ס דראש	
	אור ישר	אור חוזר
	כתר	מלכות
	חכמה	ת"ת
	בינה	בינה
	ת"ת	חכמה
	מלכות	כתר
	המסך שבכלי מלכות	
		פה	
	רושם כלי כתר	
	רושם כלי חכמה	
	רושם כלי בינה	
	רושם כלי חסד	
	רושם כלי גבורה	
	רושם כלי ש"ע דת"ת	
		חזה	
	רושם כלי של בש"ת דת"ת	
	רושם כלי נצח	
	רושם כלי הוד	
	רושם כלי יסוד	
	רושם כלי מלכות	
	אלו הע"ס נבחנות לרשימות של ספירות ולא לע"ס ממש.	
		טבור	
	ע"ס דסוף	
	כח"ב	
	חג"ת	
	נה"ים	
	סיום רגלין	
	נקודה דעוה"ז	

ב: פרצופי א"ק הראשונים הנקראים: כתר ע"ב ס"ג.

ב

התפשטות הב' דא"ק, הנקרא פרצוף ע"ב דא"ק

ע"ס דראש	
אור ישר	אור חוזר
כתר	מלכות
חכמה	ת"ת
בינה	בינה
ת"ת	חכמה
מלכות	כתר
המסך שבכלי מלכות	
	פה	
ע"ס דתוך	
ב' כלים י"ה בכתר	
ב' כלים י"ה בחכמה	
כלי אחת י"ה בבינה	
חסד	
גבורה	
ש"ע דת"ת	
	חזה	
בש"ת דת"ת	
נה"י	
מלכות	
	טבור	
ע"ס דסוף	
כח"ב	
חג"ת	
נה"ים	
סיום רגלין	

ג

התפשטות פרצוף ס"ג דא"ק הנקרא בחי"ב דמטי ולא מטי הנוהג בקביעות.

ע"ס דראש	
אור ישר	אור חוזר
כתר	מלכות
חכמה	ת"ת
בינה	בינה
ת"ת	חכמה
מלכות	כתר
המסך שבכלי מלכות	
	פה	
ע"ס דתוך	
כח"ב חג"ת	
ש"ע דת"ת	
	חזה	
בש"ת ת"ת	
נה"י	
מלכות	
	טבור	
ע"ס דסוף	
כח"ב	
חג"ת	
נה"ים	
סיום רגלין	
נקודה דעוה"ז	

ציור ב

ד	ג	ב	א
פרצוף אח"פ חיצונים הנקרא דיקנא דס"ג דא"ק	פרצוף ס"ג דא"ק בעת יציאת המלכים ושבירת הכלים	פרצוף ס"ג דא"ק בעת העליה לצמצום ב'	פרצוף ס"ג דא"ק בעת צמצום א'
אח"פ חיצונים במקום יציאתם אזן חוטם	ע"ס דראש גלגלתא עינים ה"ת בנקבי עינים המסך לזווג דהכאה אח"פ פנימים י' אזן ה' חוטם ר' פה	ע"ס דראש גלגלתא, כתר עינים, חכמה ה"ת בנקבי עינים האזן חוטם פה נפלו מראש אל בחינת גוף.	ע"ס דראש גלגלתא, כתר עינים, חכמה אזן, בינה חוטם, ת"ת פה, מלכות
פה שבולת הזקן הוא אור האזן וכלליות חוטם פה שירדו לכאן הם שורשים לכח"ב דנקודים חוטם פה דחיצוניות שירדו לכאן והם שורשים לז"ת דנקודים	פה		פרצוף הטעמים מפה עד הטבור כתר חכמה בינה חסד גבורה ש"ע דת"ת חזה בש"ת דת"ת נצח הוד יסוד מלכות ע"ס עקודים
עולם הנקודים כתר חכמה בינה דעת חסד גבורה ת"ת נצח הוד יסוד מלכות	ע"ס דתוך הנקרא עקודים כתר חכמה בינה חסד גבורה ש"ע דת"ת חזה בש"ת דת"ת נצח הוד יסוד מלכות הע"ס שעי' כאן מלמטה מטבו שוב לא ירדו	ע"ס דתוך הנקרא עקודים כתר חכמה בינה חסד גבורה ש"ע דת"ת חזה בש"ת דת"ת נצח הוד יסוד מלכות כאן עלו הע"ס שנסתלקו מלמטה מהטבור	
	טבור פרצוף מ"ה דא"ק הוא הפנימיות דג"ר דנקודים כתר חכמה בינה	טבור כל הע"ס נסתלקו מכאן ועלו למעלה מטבור הנקרא צמצום נה"י דא"ק.	סבור פרצוף נקודות דס"ג ותגין אותיות נכללים עמהם. כתר חכמה בינה
	פרצוף ב"ן דא"ק הוא הפנימיות דזו"ן דנקודים שהם דעת חג"ת נה"י מלכות זת"ז		ע"כ בחינת ראש חסד גבורה ש"ע דת"ת
הפרסא שמתחת האצילות	הפרסא שמתחת אצילות	כאן נקודות הסיום החדש דצמצום ב' הנקרא פרסא.	בחינת חזה
עולם הבריאה	עולם הבריאה הנעשה מבש"ת דת"ת	מקום הבריאה	ב"ש תתאין דת"ת עד סיום כל ת"ת
עולם היצירה	עולם היצירה הנעשה מנה"י	מקום עולם היצירה	נצח הוד יסוד
עולם העשיה	עולם העשיה הנעשה מהמלכות	מקום עולם העשיה	מלכות
נקודה דעוה"ז	נקודה דעוה"ז	נקודה דעוה"ז	נקודה דעוה"ז

ציור ג

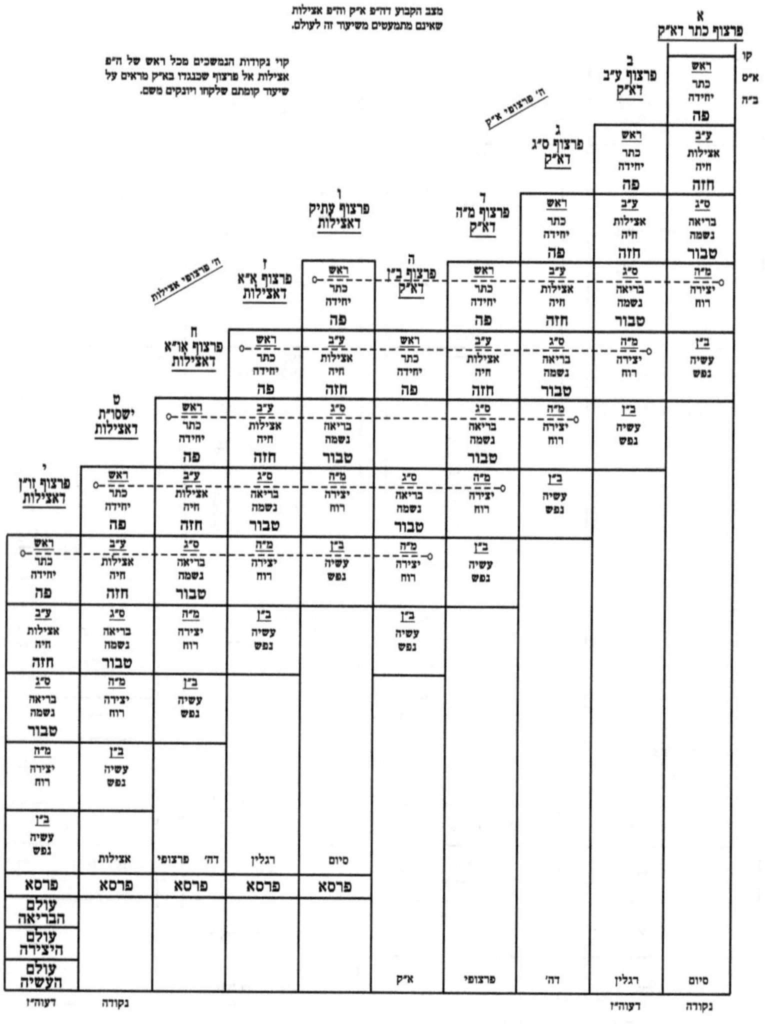

מצב הקבוע דהי"פ א"ק וחי"פ אצילות שאינם מתמעטים משיעור זה לעולם.

קוי נקודות הנמשכים מכל ראש של חי"פ אצילות אל פרצוף שכנגדו בא"ק מראים על שיעור קומתו שלקחו ויונקים משם.

									א פרצוף כתר דא"ק	
								ב פרצוף ע"ב דא"ק	ראש כתר יחידה פה	קו אי"ס ב"ה
							ג פרצוף ס"ג דא"ק	ראש כתר יחידה פה	ע"ב אצילות חיה חזה	
				ו פרצוף עתיק דאצילות		**ד** פרצוף מ"ה דא"ק	ראש כתר יחידה פה	ע"ב אצילות חיה חזה	ס"ג בריאה נשמה סבור	
	ז פרצוף א"א דאצילות	ראש כתר יחידה פה	ע"ב אצילות חיה חזה	**ה** פרצוף ב"ן דא"ק	ראש כתר יחידה פה	ע"ב אצילות חיה חזה	ס"ג בריאה נשמה סבור	מ"ה יצירה רוח		
	ח פרצוף או"א דאצילות	ראש כתר יחידה פה	ע"ב אצילות חיה חזה	ס"ג בריאה נשמה סבור	ראש כתר יחידה פה	ס"ג בריאה נשמה סבור	מ"ה יצירה רוח	ב"ן עשיה נפש		
	ט ישסו"ת דאצילות	ראש כתר יחידה פה	ס"ג בריאה נשמה סבור	מ"ה יצירה רוח	ס"ג בריאה נשמה סבור	מ"ה יצירה רוח	ב"ן עשיה נפש			
י פרצוף זו"נ דאצילות	ראש כתר יחידה פה	ע"ב אצילות חיה חזה	ס"ג בריאה נשמה סבור	מ"ה יצירה רוח	ב"ן עשיה נפש	ב"ן עשיה נפש				
ראש כתר יחידה פה	ע"ב אצילות חיה חזה	ס"ג בריאה נשמה סבור	מ"ה יצירה רוח	ב"ן עשיה נפש						
ע"ב אצילות חיה חזה	ס"ג בריאה נשמה סבור	מ"ה יצירה רוח	ב"ן עשיה נפש							
ס"ג בריאה נשמה סבור	מ"ה יצירה רוח	ב"ן עשיה נפש								
מ"ה יצירה רוח	ב"ן עשיה נפש									
ב"ן עשיה נפש										
פרסא	אצילות פרסא	דח' פרצופי פרסא	רגלין פרסא	סיום פרסא						
עולם הבריאה										
עולם היצירה										
עולם העשיה										
דעוהי"ז נקודה			א"ק	פרצופי	דח'	רגלין	נקודה	סיום דעוהי"ז		

ציור ד

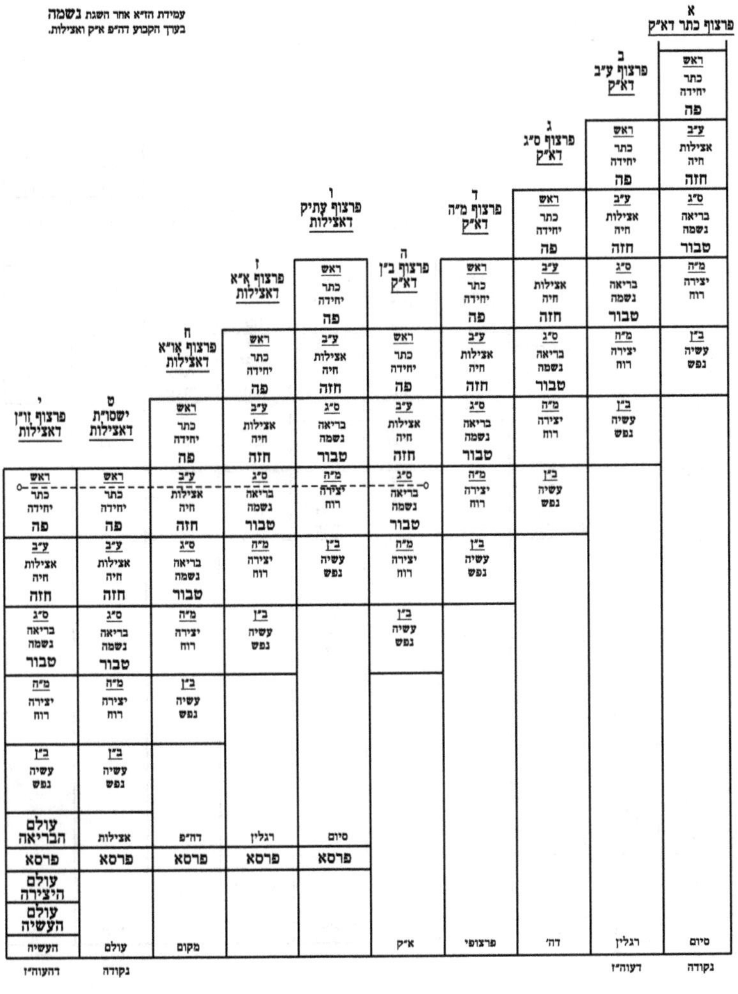

עמידת הדז"א אחר הששנת נשמה בערך הקבוע דהי"פ א"ק ואצילות.

י פרצוף זו"ן דאצילות	ט ישסו"ת דאצילות	ח פרצוף א"א דאצילות	ז פרצוף עתיק דאצילות	ו פרצוף א"א דאצילות	ה פרצוף ב"ן דא"ק	ד פרצוף מ"ה דא"ק	ג פרצוף ס"ג דא"ק	ב פרצוף ע"ב דא"ק	א פרצוף כתר דא"ק
									ראש / כתר / יחידה / פה
								ראש / כתר / יחידה / פה	ע"ב / אצילות / חיה / חזה
							ראש / כתר / יחידה / פה	ע"ב / אצילות / חיה / חזה	ס"ג / בריאה / נשמה / סבור
						ראש / כתר / יחידה / פה	ע"ב / אצילות / חיה / חזה	ס"ג / בריאה / נשמה / סבור	מ"ה / יצירה / רוח
					ראש / כתר / יחידה / פה	ע"ב / אצילות / חיה / חזה	ס"ג / בריאה / נשמה / סבור	מ"ה / יצירה / רוח	ב"ן / עשיה / נפש
				ראש / כתר / יחידה / פה	ע"ב / אצילות / חיה / חזה	ס"ג / בריאה / נשמה / סבור	מ"ה / יצירה / רוח	ב"ן / עשיה / נפש	
			ראש / כתר / יחידה / פה	ע"ב / אצילות / חיה / חזה	ס"ג / בריאה / נשמה / סבור	מ"ה / יצירה / רוח	ב"ן / עשיה / נפש		
		ראש / כתר / יחידה / פה	ע"ב / אצילות / חיה / חזה	ס"ג / בריאה / נשמה / סבור	מ"ה / בריאה / נשמה	ב"ן / עשיה / נפש			
	ראש / כתר / יחידה / פה	ע"ב / אצילות / חיה / חזה	ס"ג / בריאה / נשמה / סבור	מ"ה / יצירה / רוח	ב"ן / עשיה / נפש				
ראש / כתר / יחידה / פה	ע"ב / אצילות / חיה / חזה	ס"ג / בריאה / נשמה / סבור	מ"ה / יצירה / רוח	ב"ן / עשיה / נפש					
ע"ב / אצילות / חיה / חזה	ס"ג / בריאה / נשמה / סבור	מ"ה / יצירה / רוח	ב"ן / עשיה / נפש						
ס"ג / בריאה / נשמה / סבור	מ"ה / יצירה / רוח	ב"ן / עשיה / נפש							
מ"ה / יצירה / רוח	ב"ן / עשיה / נפש								
ב"ן / עשיה / נפש									
עולם הבריאה / פרסא	אצילות / פרסא	דח"פ / פרסא	רגלין / פרסא	סיום					
עולם היצירה									
עולם העשיה	עולם / נקודה	מקום	דה"	פרצופי	א"ק	רגלין / דעוה"ז	סיום / נקודה		
העשיה / דתעוה"ז									

מבנה העולמות

ציור ה

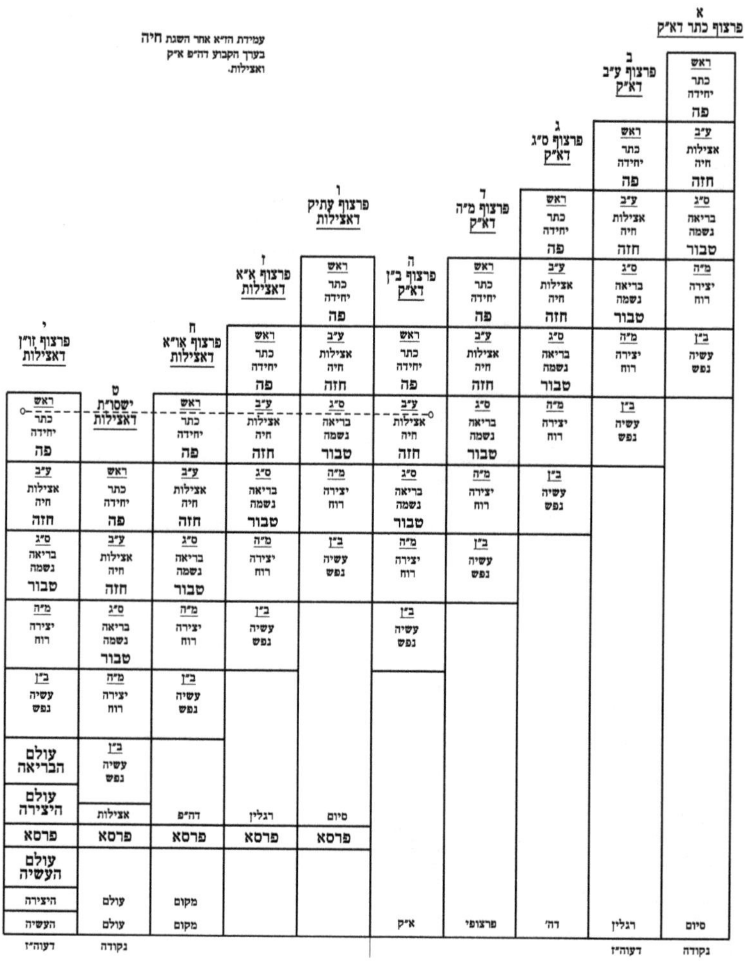

י פרצוף ז"ן דאצילות	ט יש סרות דאצילות	ח פרצוף א"א דאצילות	ז פרצוף עתיק דאצילות	ו פרצוף ב"ן דא"ק	ה פרצוף מ"ה דא"ק	ד פרצוף ס"ג דא"ק	ג פרצוף ע"ב דא"ק	ב פרצוף כתר דא"ק	א
								ראש כתר יחידה פה	
							ראש כתר יחידה פה	ע"ב אצילות חיה חזה	
						ראש כתר יחידה פה	ע"ב אצילות חיה חזה	ס"ג בריאה נשמה טבור	
					ראש כתר יחידה פה	ע"ב אצילות חיה חזה	ס"ג בריאה נשמה טבור	מ"ה יצירה רוח	
			ראש כתר יחידה פה	ראש כתר יחידה פה	ע"ב אצילות חיה חזה	ס"ג בריאה נשמה טבור	מ"ה יצירה רוח	ב"ן עשיה נפש	
ראש כתר יחידה פה		ראש כתר יחידה פה	ע"ב אצילות חיה חזה	ע"ב אצילות חיה חזה	ס"ג בריאה נשמה טבור	מ"ה יצירה רוח	ב"ן עשיה נפש		
ע"ב אצילות חיה חזה	ראש כתר יחידה פה	ע"ב אצילות חיה חזה	ס"ג בריאה נשמה טבור	ס"ג בריאה נשמה טבור	מ"ה יצירה רוח	ב"ן עשיה נפש			
ס"ג בריאה נשמה טבור	ע"ב אצילות חיה חזה	ס"ג בריאה נשמה טבור	מ"ה יצירה רוח	מ"ה יצירה רוח	ב"ן עשיה נפש				
מ"ה יצירה רוח	ס"ג בריאה נשמה טבור	מ"ה יצירה רוח	ב"ן עשיה נפש	ב"ן עשיה נפש					
ב"ן עשיה נפש	מ"ה יצירה רוח	ב"ן עשיה נפש							
עולם הבריאה	ב"ן עשיה נפש								
עולם היצירה פרסא	פרסא אצילות	פרסא דה"פ	פרסא רגלין	פרסא סיום					
עולם העשיה היצירה העשיה	עולם עולם	מקום מקום			א"ק	פרצופי	דה'	רגלין	סיום
דעוה"ז	נקודה								דעוה"ז	נקודה

עמידת הי"א אחר השבת חיה בערך הקבוע דה"פ א"ק ואצילות.

ציור ו

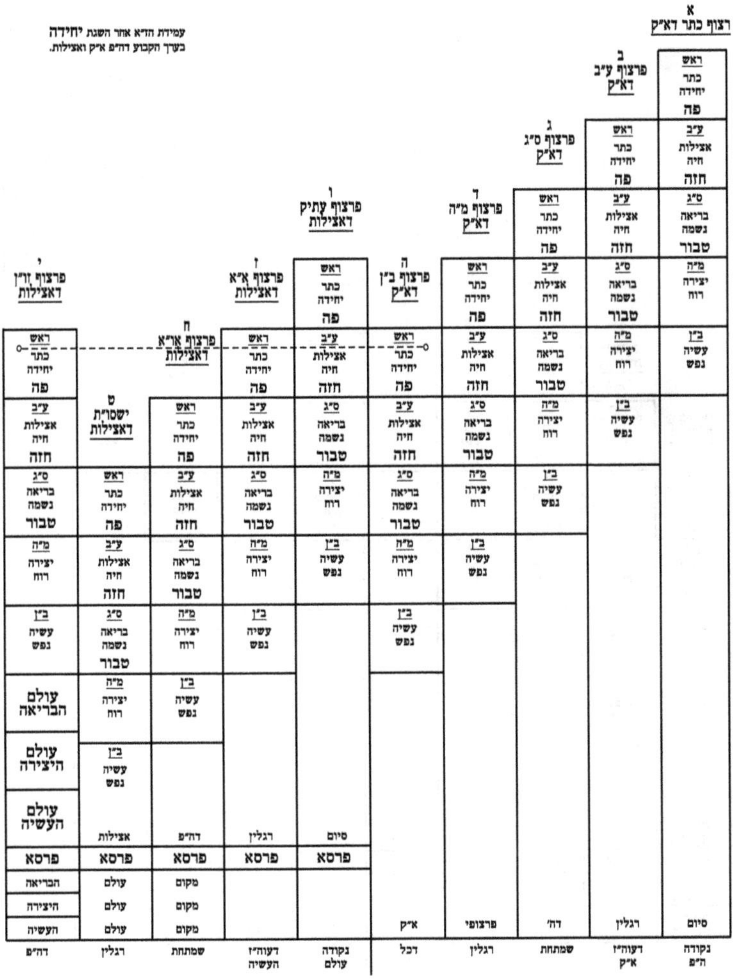

עמידת הו״א אחר השגת יחידה
בערך הקבוע דחי״ם אי״ק ואצילות.

								א רצוף כתר דא״ק
							ב פרצוף ע״ב דא״ק	
							ראש כתר יחידה פה	
						ג פרצוף ס״ג דא״ק	ע״ב אצילות חיה חזה	
						ראש כתר יחידה פה		
					ד פרצוף מ״ה דא״ק	ע״ב אצילות חיה חזה	ס״ג בריאה נשמה סבור	
				ו פרצוף עתיק דאצילות	ראש כתר יחידה פה			
			ה פרצוף ב״ן דא״ק	ראש כתר יחידה פה	ע״ב אצילות חיה חזה	ס״ג בריאה נשמה סבור	מ״ה יצירה רוח	
י פרצוף זו״ן דאצילות		ז פרצוף א״א דאצילות	ראש כתר יחידה פה	ע״ב אצילות חיה חזה	ס״ג בריאה נשמה סבור	מ״ה יצירה רוח	ב״ן עשיה נפש	
ראש כתר יחידה פה	ח פרצוף או״א דאצילות	ראש כתר יחידה פה	ע״ב אצילות חיה חזה	ס״ג בריאה נשמה סבור	מ״ה יצירה רוח	ב״ן עשיה נפש		
ע״ב אצילות חיה חזה	ט ישסו״ת דאצילות	ראש כתר יחידה פה	ע״ב אצילות חיה חזה	ס״ג בריאה נשמה סבור	מ״ה יצירה רוח	ב״ן עשיה נפש		
ס״ג בריאה נשמה סבור	ראש כתר יחידה פה	ע״ב אצילות חיה חזה	ס״ג בריאה נשמה סבור	מ״ה יצירה רוח	ב״ן עשיה נפש			
מ״ה יצירה רוח	ע״ב אצילות חיה חזה	ס״ג בריאה נשמה סבור	מ״ה יצירה רוח	ב״ן עשיה נפש				
ב״ן עשיה נפש	ס״ג בריאה נשמה סבור	מ״ה יצירה רוח	ב״ן עשיה נפש					
עולם הבריאה	מ״ה יצירה רוח	ב״ן עשיה נפש						
עולם היצירה	ב״ן עשיה נפש							
עולם העשיה								
פרסא	פרסא	פרסא	פרסא	פרסא				
הבריאה	אצילות	דחי״ם	רגלין	סיום				
היצירה	עולם	מקום						
העשיה	עולם	מקום						
	עולם	מקום						
דחי״ם	רגלין	שמתחת	דעוה״ז העשיה	נקודה עולם	דכל	רגלין	שמתחת	דעוה״ז א״ק	נקודה חי״ם

מבנה העולמות

ציור ז

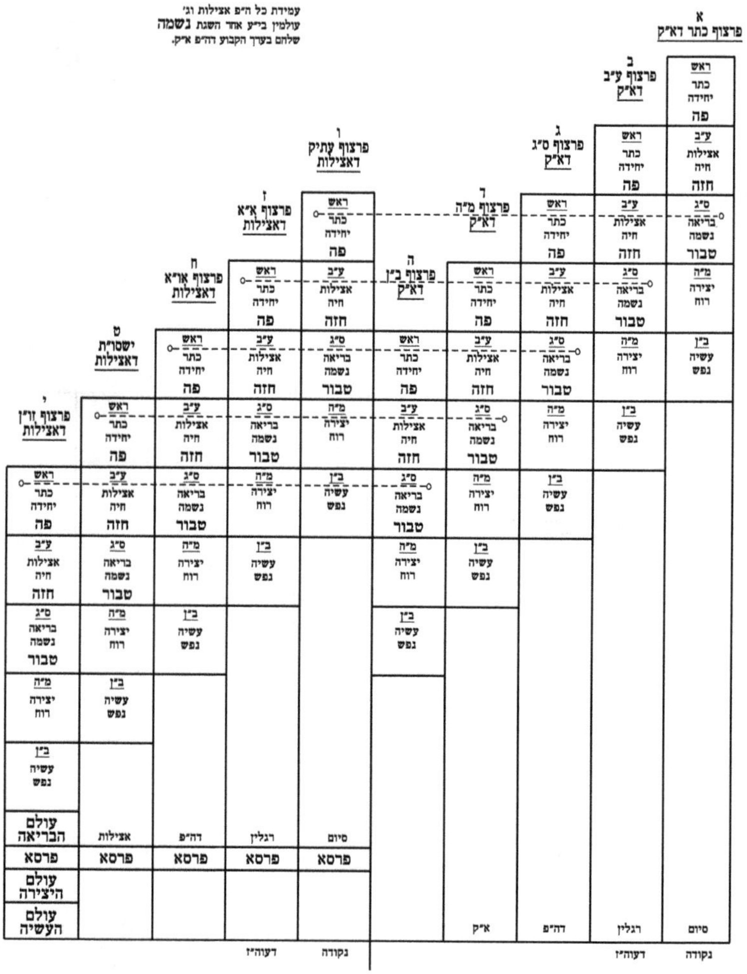

עמידת כל ה"פ אצילות וג'
עולמין בי"ע אחר חטאת נשמה
שלהם בערך הקובע דה"פ א"ק.

								א פרצוף כתר דא"ק
							ב פרצוף ע"ב דא"ק	ראש כתר יחידה פה
						ג פרצוף ס"ג דא"ק	ראש כתר יחידה פה	ע"ב אצילות חיה חזה
					ד פרצוף מ"ה דא"ק	ראש כתר יחידה פה	ע"ב אצילות חיה חזה	ס"ג בריאה נשמה טבור
				ה פרצוף ב"ן דא"ק	ראש כתר יחידה פה	ע"ב אצילות חיה חזה	ס"ג בריאה נשמה טבור	מ"ה יצירה רוח
			ו פרצוף עתיק דאצילות	ראש כתר יחידה פה	ע"ב אצילות חיה חזה	ס"ג בריאה נשמה טבור	מ"ה יצירה רוח	ב"ן עשיה נפש
		ז פרצוף א"א דאצילות	ראש כתר יחידה פה	ע"ב אצילות חיה חזה	ס"ג בריאה נשמה טבור	מ"ה יצירה רוח	ב"ן עשיה נפש	
	ח פרצוף או"א דאצילות	ראש כתר יחידה פה	ע"ב אצילות חיה חזה	ס"ג בריאה נשמה טבור	מ"ה יצירה רוח	ב"ן עשיה נפש		
ט ישסו"ת דאצילות	ראש כתר יחידה פה	ע"ב אצילות חיה חזה	ס"ג בריאה נשמה טבור	מ"ה יצירה רוח	ב"ן עשיה נפש			
י פרצוף זו"ן דאצילות								
ראש כתר יחידה פה	ע"ב אצילות חיה חזה	ס"ג בריאה נשמה טבור	מ"ה יצירה רוח	ב"ן עשיה נפש				
ע"ב אצילות חיה חזה	ס"ג בריאה נשמה טבור	מ"ה יצירה רוח	ב"ן עשיה נפש					
ס"ג בריאה נשמה טבור	מ"ה יצירה רוח	ב"ן עשיה נפש						
מ"ה יצירה רוח	ב"ן עשיה נפש							
ב"ן עשיה נפש								
עולם הבריאה	אצילות	דה"פ	רגלין	סיום				
פרסא	פרסא	פרסא	פרסא	פרסא				
עולם היצירה								
עולם העשיה								

דעוה"ז · נקודה · · · דה"פ · א"ק · · רגלין · דעוה"ז · סיום · נקודה

ציור ח

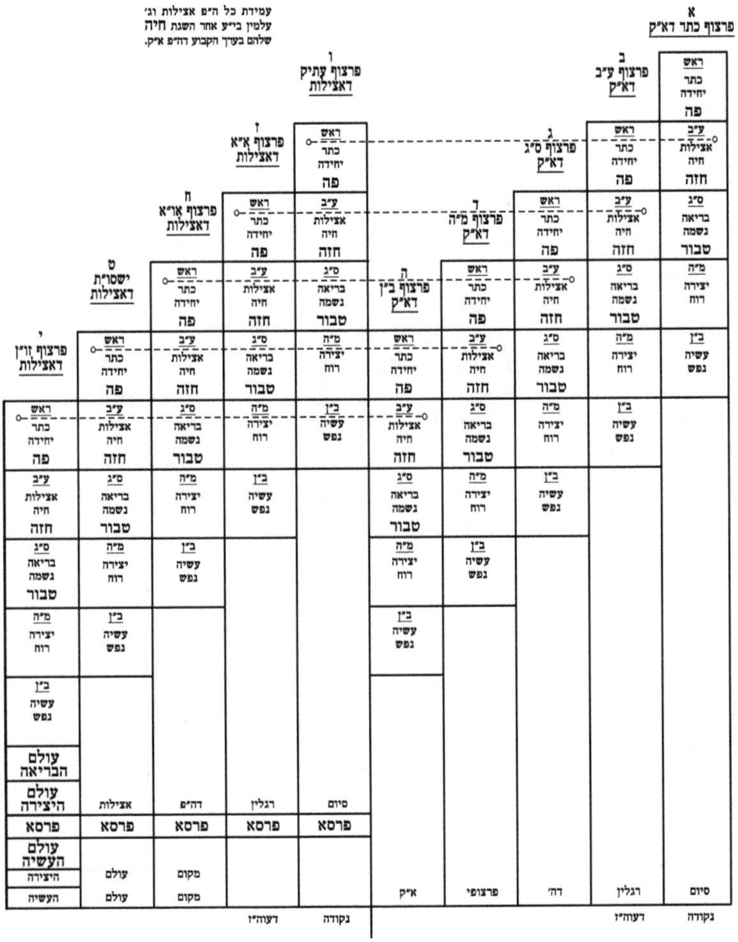

עמידת כל ה"פ אצילות וג'
עלמין בי"ע אחר השגת חיה
שלהם בעיך הקבוע דה"פ א"ק

פרצוף זו"ן דאצילות	ישסו"ת דאצילות	פרצוף א"א דאצילות	פרצוף א"א דאצילות	פרצוף עתיק דאצילות	פרצוף ב"ן דא"ק	פרצוף מ"ה דא"ק	פרצוף ס"ג דא"ק	פרצוף ע"ב דא"ק	פרצוף כתר דא"ק
			ראש כתר יחידה פה					ראש כתר יחידה פה	ראש כתר יחידה פה
			ע"ב אצילות חיה חזה				ראש כתר יחידה פה	ע"ב אצילות חיה חזה	ע"ב אצילות חיה חזה
		ראש כתר יחידה פה	ס"ג בריאה נשמה סבור			ראש כתר יחידה פה	ע"ב אצילות חיה חזה	ס"ג בריאה נשמה סבור	ס"ג בריאה נשמה סבור
	ראש כתר יחידה פה	ע"ב אצילות חיה חזה	מ"ה יצירה רוח	ראש כתר יחידה פה		ע"ב אצילות חיה חזה	ס"ג בריאה נשמה סבור	מ"ה יצירה רוח	מ"ה יצירה רוח
ראש כתר יחידה פה	ע"ב אצילות חיה חזה	ס"ג בריאה נשמה סבור	ב"ן עשיה נפש	ע"ב אצילות חיה חזה	ראש כתר יחידה פה	ס"ג בריאה נשמה סבור	מ"ה יצירה רוח	ב"ן עשיה נפש	
ע"ב אצילות חיה חזה	ס"ג בריאה נשמה סבור	מ"ה יצירה רוח		ס"ג בריאה נשמה סבור	ע"ב אצילות חיה חזה	מ"ה יצירה רוח	ב"ן עשיה נפש		
ס"ג בריאה נשמה סבור	מ"ה יצירה רוח	ב"ן עשיה נפש		מ"ה יצירה רוח	ס"ג בריאה נשמה סבור	ב"ן עשיה נפש			
מ"ה יצירה רוח	ב"ן עשיה נפש			ב"ן עשיה נפש	מ"ה יצירה רוח				
ב"ן עשיה נפש					ב"ן עשיה נפש				
עולם הבריאה									
עולם היצירה פרסא	אצילות פרסא	דה"פ פרסא	רגלין פרסא	סיום פרסא					
עולם העשיה היצירה העשיה	עולם עולם	מקום מקום							
		דעה"ד	נקודה	א"ק	פרצופי	דה'	רגלין	דעה"ד	נקודה סיום

שעה מבנה העולמות 378

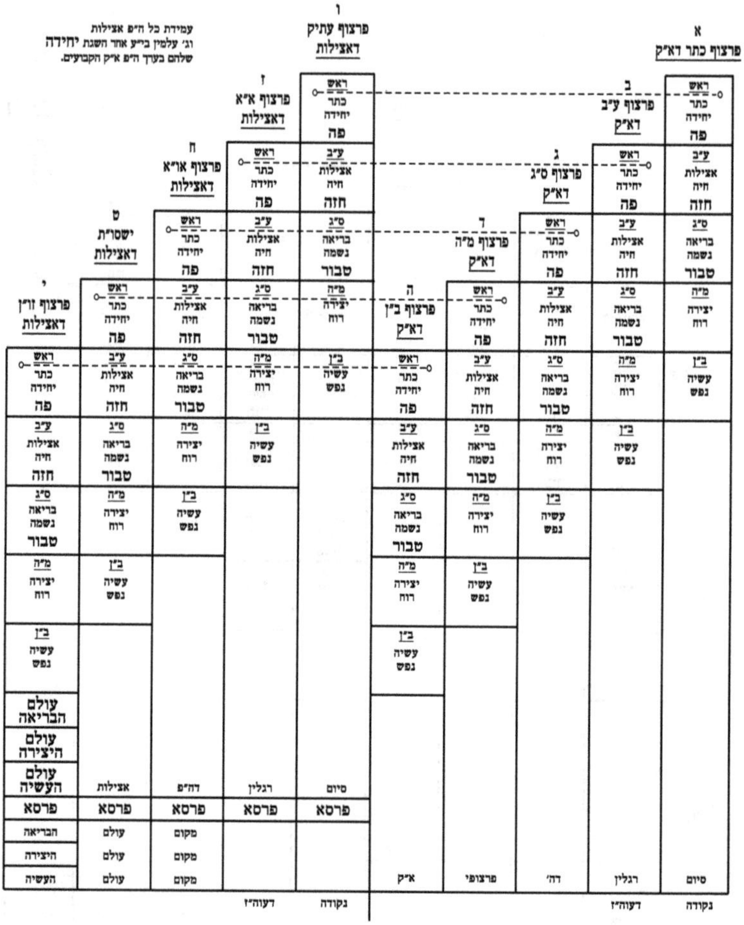

ציור ט

פרצוף כתר דא״ק (א)		פרצוף עתיק דאצילות (ו)		
	פרצוף ע״ב דא״ק (ב)		פרצוף א״א דאצילות (ז)	עמידת כל ח״פ אצילות וג׳ עלמין בי״ע אחד חשבון יחידה שלהם בעורך ח״פ א״ק הקבועים
		פרצוף ס״ג דא״ק (ג)		פרצוף אר״א דאצילות (ח)
			פרצוף מ״ה דא״ק (ד)	ישסו״ת דאצילות (ט)
פרצוף זו״ן דאצילות (י)				פרצוף ב״ן דא״ק (ה)

פרצוף כתר דא״ק: ראש – כתר/יחידה/פה; ע״ב – אצילות/חיה/חזה; ס״ג – בריאה/נשמה/טבור; מ״ה – יצירה/רוח; ב״ן – עשיה/נפש; סיום – רגלין – נקודה – דעוה״ז

פרצוף ע״ב דא״ק: ראש – כתר/יחידה/פה; ע״ב – אצילות/חיה/חזה; ס״ג – בריאה/נשמה/טבור; מ״ה – יצירה/רוח; ב״ן – עשיה/נפש; דה׳

פרצוף ס״ג דא״ק: ראש – כתר/יחידה/פה; ע״ב – אצילות/חיה/חזה; ס״ג – בריאה/נשמה/טבור; מ״ה – יצירה/רוח; ב״ן – עשיה/נפש; פרצופי

פרצוף מ״ה דא״ק: ראש – כתר/יחידה/פה; ע״ב – אצילות/חיה/חזה; ס״ג – בריאה/נשמה/טבור; מ״ה – יצירה/רוח; ב״ן – עשיה/נפש; א״ק

פרצוף ב״ן דא״ק: ראש – כתר/יחידה/פה; ע״ב – אצילות/חיה/חזה; ס״ג – בריאה/נשמה/טבור; מ״ה – יצירה/רוח; ב״ן – עשיה/נפש

פרצוף עתיק דאצילות: ראש – כתר/יחידה/פה; ע״ב – אצילות/חיה/חזה; ס״ג – בריאה/נשמה/טבור; מ״ה – יצירה/רוח; ב״ן – עשיה/נפש; סיום – פרסא – אצילות; נקודה – דעוה״ז

פרצוף א״א דאצילות: ראש – כתר/יחידה/פה; ע״ב – אצילות/חיה/חזה; ס״ג – בריאה/נשמה/טבור; מ״ה – יצירה/רוח; ב״ן – עשיה/נפש; פרסא – דח״פ; מקום

פרצוף אר״א דאצילות: ראש – כתר/יחידה/פה; ע״ב – אצילות/חיה/חזה; ס״ג – בריאה/נשמה/טבור; מ״ה – יצירה/רוח; ב״ן – עשיה/נפש; פרסא – רגלין; מקום

ישסו״ת דאצילות: ראש – כתר/יחידה/פה; ע״ב – אצילות/חיה/חזה; ס״ג – בריאה/נשמה/טבור; מ״ה – יצירה/רוח; ב״ן – עשיה/נפש; פרסא – סיום; מקום

פרצוף זו״ן דאצילות: ראש – כתר/יחידה/פה; ע״ב – אצילות/חיה/חזה; ס״ג – בריאה/נשמה/טבור; מ״ה – יצירה/רוח; ב״ן – עשיה/נפש; עולם הבריאה; עולם היצירה; עולם העשיה; פרסא – הבריאה/היצירה/העשיה – אצילות/עולם/עולם/עולם

ספר האילן

ציור י

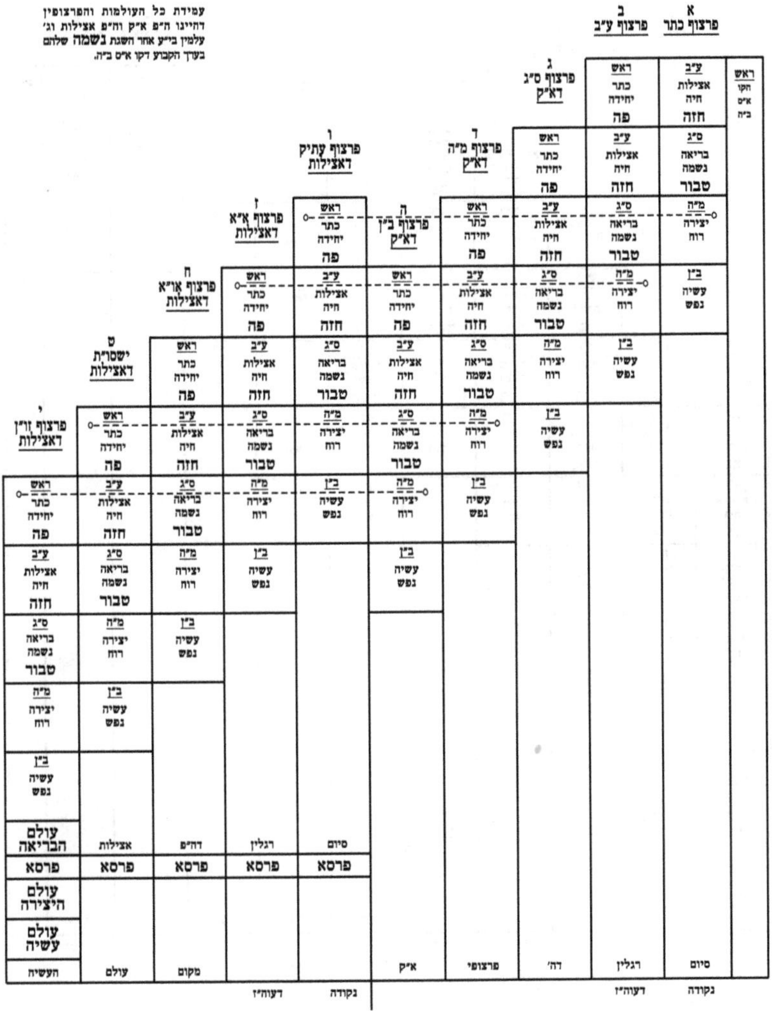

עמידת כל העולמות והפרצופין דחיינו ח״ם א״ק וח״ם אצילות וג׳ עלמין בי״ע אחר חשבת **נשמה** שלהם בעך הקבוע דקו אר״ס בי״ע.

							A פרצוף כתר	B פרצוף ע״ב
						G פרצוף ס״ג דא״ק	ראש כתר יחידה פה	ע״ב אצילות חיה חזה
					D פרצוף מ״ה דא״ק	ראש כתר יחידה פה	ע״ב אצילות חיה חזה	ס״ג בריאה נשמה טבור
				ז פרצוף א״א דאצילות	ראש כתר יחידה פה	ראש כתר יחידה פה	ע״ב אצילות חיה חזה	מ״ה יצירה רוח
			ח פרצוף או״א דאצילות	ראש כתר יחידה פה	ע״ב אצילות חיה חזה	ע״ב אצילות חיה חזה	ס״ג בריאה נשמה טבור	ב״ן עשיה נפש
		ט ישסו״ת דאצילות	ראש כתר יחידה פה	ע״ב אצילות חיה חזה	ס״ג בריאה נשמה טבור	ס״ג בריאה נשמה טבור	מ״ה יצירה רוח	
	י פרצוף זו״ן דאצילות	ראש כתר יחידה פה	ע״ב אצילות חיה חזה	ס״ג בריאה נשמה טבור	מ״ה יצירה רוח	מ״ה יצירה רוח	ב״ן עשיה נפש	
ראש כתר יחידה פה	ע״ב אצילות חיה חזה	ס״ג בריאה נשמה טבור	מ״ה יצירה רוח	ב״ן עשיה נפש	ב״ן עשיה נפש			
ע״ב אצילות חיה חזה	ס״ג בריאה נשמה טבור	מ״ה יצירה רוח	ב״ן עשיה נפש					
ס״ג בריאה נשמה טבור	מ״ה יצירה רוח	ב״ן עשיה נפש						
מ״ה יצירה רוח	ב״ן עשיה נפש							
ב״ן עשיה נפש								
עולם הבריאה פרסא	אצילות פרסא	דה״ס פרסא	רגלין פרסא	סיום פרסא				
עולם היצירה								
עולם עשיה חעשיה	עולם	מקום	א״ק	פרצופי	דה׳	רגלין	סיום	
		נקודה	דעוה״ז			דעוה״ז	נקודה	

ציור יא

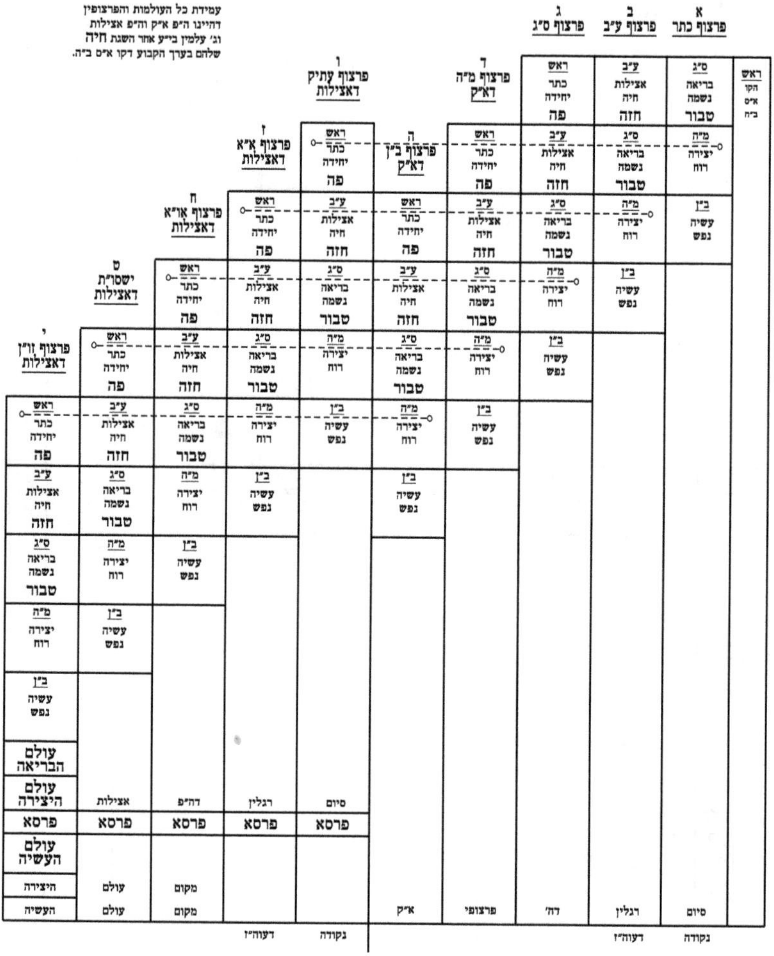

עמידת כל העולמות והפרצופין דהיינו ה״פ א״ק וה״פ אצילות וג׳ עלמוז בי״ע אחר השבת חי״ה שלהם בערך הקבוע דקו אי״ס ב״ה.

י פרצוף ז״ן דאצילות	ט יסטרית דאצילות	ח פרצוף או״א דאצילות	ז פרצוף א״א דאצילות	ו פרצוף עתיק דאצילות	ה פרצוף ב״ן דא״ק	ד פרצוף מ״ה דא״ק	ג פרצוף ס״ג	ב פרצוף ע״ב	א פרצוף כתר	
									ראש הקו אי״ס ב״ה	
							ראש כתר יחידה פה	ע״ב אצילות חיה חזה	ס״ג בריאה נשמה טבור	
				ראש כתר יחידה פה	ראש כתר יחידה פה	ראש כתר יחידה פה	ע״ב אצילות חיה חזה	ס״ג בריאה נשמה טבור	מ״ה יצירה רוח	
		ראש כתר יחידה פה	ראש כתר יחידה פה	ע״ב אצילות חיה חזה	ע״ב אצילות חיה חזה	ע״ב אצילות חיה חזה	ס״ג בריאה נשמה טבור	מ״ה יצירה רוח	ב״ן עשיה נפש	
	ראש כתר יחידה פה	ע״ב אצילות חיה חזה	ע״ב אצילות חיה חזה	ס״ג בריאה נשמה טבור	ס״ג בריאה נשמה טבור	ס״ג בריאה נשמה טבור	מ״ה יצירה רוח	ב״ן עשיה נפש		
ראש כתר יחידה פה	ע״ב אצילות חיה חזה	ס״ג בריאה נשמה טבור	ס״ג בריאה נשמה טבור	מ״ה יצירה רוח	מ״ה יצירה רוח					
ע״ב אצילות חיה חזה	ס״ג בריאה נשמה טבור	מ״ה יצירה רוח	ב״ן עשיה נפש	ב״ן עשיה נפש	ב״ן עשיה נפש					
ס״ג בריאה נשמה טבור	מ״ה יצירה רוח	ב״ן עשיה נפש								
מ״ה יצירה רוח	ב״ן עשיה נפש									
ב״ן עשיה נפש										
עולם הבריאה										
עולם היצירה פרסא	אצילות פרסא	דה״פ פרסא	רגלין פרסא	סיום פרסא						
עולם העשיה היצירה העשיה	עולם עולם	מקום מקום						סיום	רגלין	דה״פ	פרצופי	א״ק	נקודה	דעוהי״ז
				נקודה	דעוהי״ז					

שפא — **ספר האילן** — **381**

ציור יב

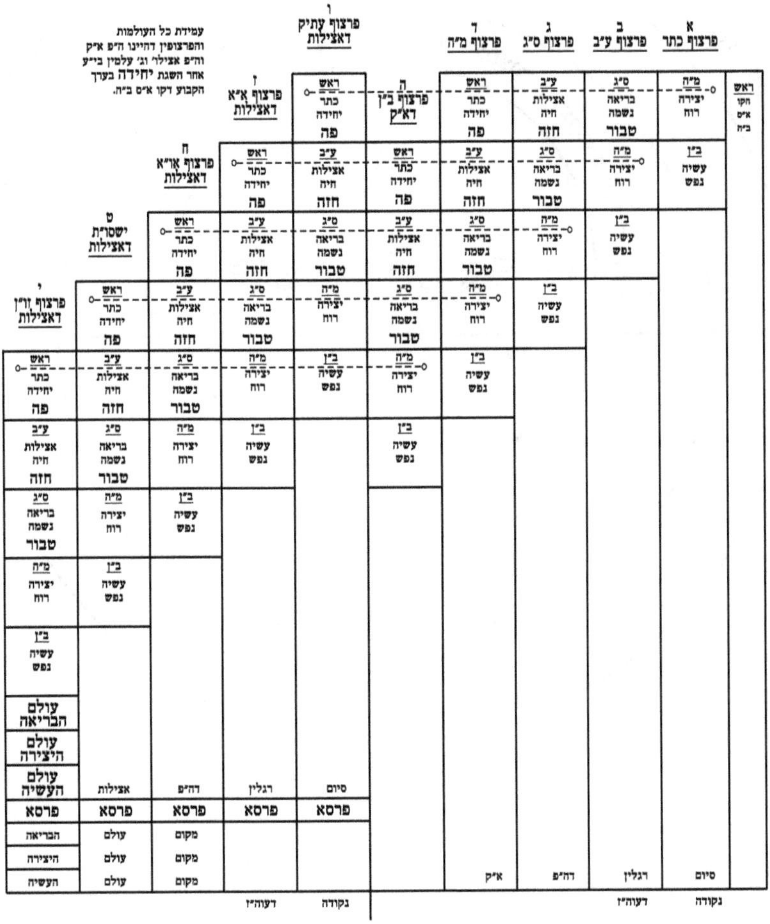

י פרצוף זו"ן דאצילות	ט ישסו"ת דאצילות	ח פרצוף או"א דאצילות	ז פרצוף א"א דאצילות	ו פרצוף עתיק דאצילות	ה פרצוף ב"ן דא"ק	ד פרצוף מ"ה	ג פרצוף ס"ג	ב פרצוף ע"ב	א פרצוף כתר
									ראש / חקי / א"ס / ב"ה
								ראש / כתר / יחידה / פה	ב"ן / עשיה / נפש
							ראש / כתר / יחידה / פה	ע"ב / אצילות / חיה / חזה	
						ראש / כתר / יחידה / פה	ע"ב / אצילות / חיה / חזה	ס"ג / בריאה / נשמה / טבור	
					ראש / כתר / יחידה / פה	ע"ב / אצילות / חיה / חזה	ס"ג / בריאה / נשמה / טבור	מ"ה / יצירה / רוח	
				ראש / כתר / יחידה / פה	ע"ב / אצילות / חיה / חזה	ס"ג / בריאה / נשמה / טבור	מ"ה / יצירה / רוח	ב"ן / עשיה / נפש	
			ראש / כתר / יחידה / פה	ע"ב / אצילות / חיה / חזה	ס"ג / בריאה / נשמה / טבור	מ"ה / יצירה / רוח	ב"ן / עשיה / נפש		
		ראש / כתר / יחידה / פה	ע"ב / אצילות / חיה / חזה	ס"ג / בריאה / נשמה / טבור	מ"ה / יצירה / רוח	ב"ן / עשיה / נפש			
	ראש / כתר / יחידה / פה	ע"ב / אצילות / חיה / חזה	ס"ג / בריאה / נשמה / טבור	מ"ה / יצירה / רוח	ב"ן / עשיה / נפש				
ראש / כתר / יחידה / פה	ע"ב / אצילות / חיה / חזה	ס"ג / בריאה / נשמה / טבור	מ"ה / יצירה / רוח	ב"ן / עשיה / נפש					
ע"ב / אצילות / חיה / חזה	ס"ג / בריאה / נשמה / טבור	מ"ה / יצירה / רוח	ב"ן / עשיה / נפש						
ס"ג / בריאה / נשמה / טבור	מ"ה / יצירה / רוח	ב"ן / עשיה / נפש							
מ"ה / יצירה / רוח	ב"ן / עשיה / נפש								
ב"ן / עשיה / נפש									
עולם הבריאה / עולם היצירה / עולם העשיה									
פרסא	פרסא	פרסא	פרסא						
הבריאה / היצירה / העשיה	עולם / עולם / עולם	מקום / מקום / מקום							
				נקודה / דעוהי"ז	א"ק / דה"פ		רגלין / דעוהי"ז		סיום / נקודה

עמידת כל העולמות והפרצופין דהיינו ח"פ א"ק וח"פ אצילות וג' עלמין בי"ע אחר השבת יחידה בערך הקבוע דקו א"ס ב"ה.

עגול אדם קדמון וסופו במרכז העגול שהוא הנקודה האמצעית הנקראת נקודה דעוה"ז
עגול
עתיק יומין
חצאי העגולים העליונים
עגול אריך אנפין וסופו במרכזו שהוא
נקודה דצמצום ב' הנקראת נקודה דעוה"ב
הקו הישר המבריח מן הקצה אל הקצה עד נקודה דעוה"ז
פרצופי עולם האצילות
נקודה דצמצום ב'
הנקראת נקודה דעוה"ב
עד כאן הגיעו רגלי
פרצופי אצילות
בריאה
יצירה
עשיה
נקודה דצמצום א' הנקראת נקודה דעוה"ז
חצאי העגולים התחתונים

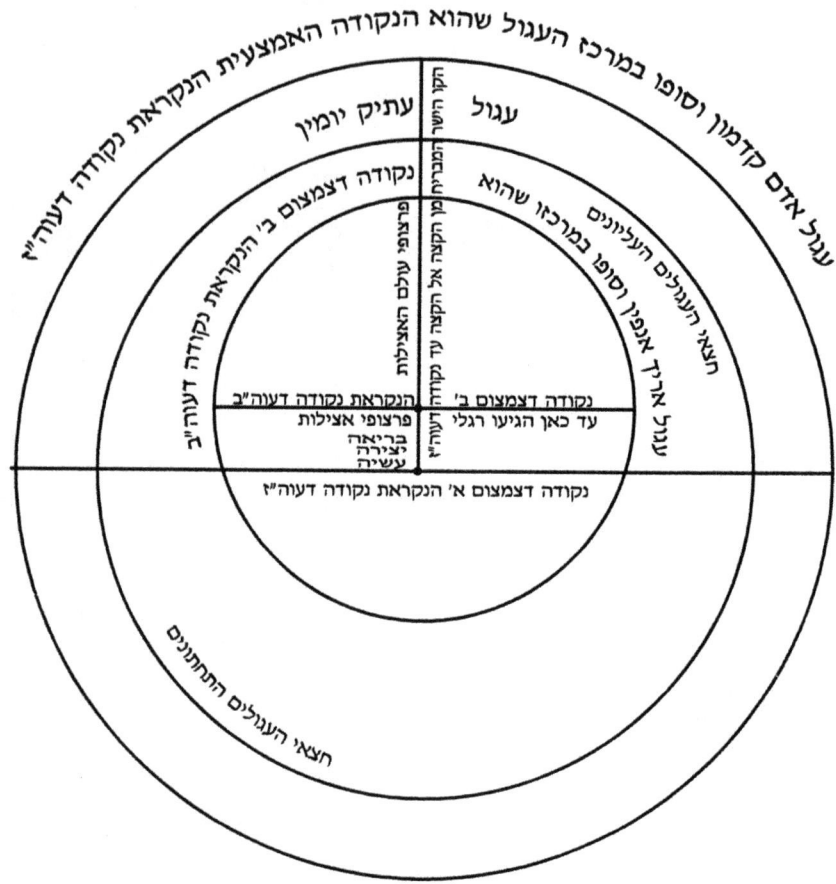

החברה כגורם להשגה רוחנית

מתן תורה

"ואהבת לרעך כמוך". (ויקרא, י"ט י"ח).
"רבי עקיבא אומר: "זה כלל גדול בתורה". (ב"ר, פכ"ד).

א) מאמר חז"ל הזה אומר לנו: בארוני! כי מלת "כלל" יורה על סכום של פרטים, שמבין השתתפותם יחד הועמד אותו הכלל. נמצא, כשהוא אומר על המצוה של "ואהבת לרעך כמוך", שהוא "כלל גדול בתורה", הנה עלינו להבין, ששאר תרי"ב המצוות שבתורה, עם כל המקראות שבתוכה, אינם לא פחות ולא יותר, רק סכום הפרטים, המוכנסים ומותנים במצוה האחת הזאת של "ואהבת לרעך כמוך".

שאין אלו אלא דברים מתמיהים. כי זהו יצדק במצות שבין אדם לחבירו. אולם איך יכול אותה המצוה האחת להכיל ולכלכל בתוכה את כל המצות שבין אדם למקום, שהם הן עקרי התורה ורוב מנין ובנין שלה?

ב) ואם עוד אפשר לנו להתיגע, ולמצוא איזה דרך, איך שהוא ליישב דבריהם שבכאן, הנה ערוך לעינינו מאמר שני, עוד יותר בולט. באותו הגר שבא לפני הלל (שבת, לא ע"א) ואמר לו: "למדני כל התורה כולה, כשאני עומד על רגל אחת". ואמר לו: "כל מה דעלך סני לחברך לא תעביד [כל מה ששנוא עליך, אל תעשה לחברך] (התרגום של "ואהבת לרעך כמוך"). ואידך, פירושא הוא, זיל גמור [והיתר, פירוש הוא, לך ולמד]".

הרי לפנינו הלכה ברורה, אשר אין לנו שום העדפה בכל התרי"ב מצות ובכל המקראות שבתורה על המצוה האחת של "ואהבת לרעך כמוך", כיון שאינם באים לנו רק לפרש ולאפשר לנו לקיים מצות אהבת זולתו על היכנה. שהרי אומר בפירוש: "ואידך פירושא היא זיל גמור". דהיינו, שכל שאר התורה הם פירוש של המצוה האחת הזאת, שאי אפשר לגמור מצות "ואהבת לרעך כמוך" זולתם.

ג) ובטרם נחדור לעומק הדבר, יש לנו להתבונן בהמצוה הזאת גופה. כי נצטוינו "ואהבת לרעך כמוך", אשר מלת "כמוך" אומר לנו, שתאהב את חבירך באותה השיעור שאתה אוהב את עצמך, לא פחות בשום פנים שבעולם. זאת אומרת, שאני מחויב לעמוד תמיד על המשמר, ולמלאות צרכי כל איש ואיש, לכל הפחות מכל האומה הישראלית, לא פחות כמו שאני עומד תמיד על המשמר למלאות את צרכי עצמי.

אשר זה הוא לגמרי מן הנמנעות, כי לא רבים המה שיוכלו ביום העבודה שלהם למלאות די צרכי עצמו. ואיך אתה מטיל עליו עוד לעבוד ולספק את משאלות כל האומה? וזאת לא יתכן כלל לחשוב, שהתורה מדברת על דרך הגזמה. כי ע"כ מזהיר לנו התורה: "לא תוסיף ולא תגרע וכו'", לומר לך שהדברים והחוקים נאמרו בדיוק הנמרץ.

ד) ואם מעט לך זה, אומר לך, שפשטו של המצוה הזאת של אהבת זולתו, מחמיר עוד עלינו להקדים צרכי חברינו על צרכי עצמינו, על דרך שכתבו התוספות בשם הירושלמי (קידושין, דף כ ע"א) בהפסוק "כי טוב לו עמך", האמור גבי עבד עברי.

וזהו לשונם: "דפעמים, שאין לו אלא כר אחת, ואם שוכב עליו בעצמו ואינו נותנו להעבד, הרי אינו מקיים "כי טוב לו עמך", שהוא שוכב על כר והעבד על הארץ. ואם אינו שוכב עליו וגם אינו מוסרו לעבדו, הרי זו מדת סדום. נמצא, שעל כרחו צריך למסרו לעבדו. והאדון עצמו שוכב על הארץ". עכ"ל. עש"ה.

ונמצינו למדים אותו הדין גם בהכתוב שלנו, בהשיעור של אהבת זולתו, שהרי גם כאן השוה הכתוב את מילוי צרכי חבירו כמו מילוי צרכי עצמו, כדוגמת "כי טוב לו עמך" שבעבד עברי. באופן, שגם כאן במקרה, אם אין לו אלא כסא אחד ולחבירו אין כסא כלל, יוצא הפסק הלכה, שאם הוא יושב עליו ואינו

נותנו לחבירו, הריהו עובר על מצות עשה של "ואהבת לרעך כמוך", כי אינו ממלא צרכי חבירו, כמו שהוא ממלא צרכי עצמו. ואם הוא אינו יושב עליה וגם אינו נותנו לחבירו, הרי זו רשעות כמדת סדום.

אלא שמחויב ליתנה לחבירו לשבת עליה, והוא עצמו ישב על הארץ או יעמוד. ומובן מעצמו, שכן הדין אמור בכל הצרכים, שמצויים לו וחסרים לחבירו. ומעתה צא ולמד, אם המצוה הזאת היא בגדר האפשרות לקיימה?

ה) ויש לנו להבין מקודם כל: למה נתנה התורה ביחוד לאומה הישראלית, ולא נתנה לכל באי העולם בשוה יחד? היש כאן חס ושלום משום לאומיות?

וכמובן, אשר רק היוצא מדעתו יכול להרהר כזאת. ובאמת, שכבר עמדו חז"ל בשאלה זו, שזהו כונתם במה שאמרו ז"ל (ע"ז, ב ע"ב), שהחזירה הקב"ה על כל אומה ולשון ולא קיבלוה, כנודע.

אולם מה שקשה לדבריהם: אם כן למה נקראנו עם הנבחר, כמו שנאמר "בך בחר ה'" וכו', מאחר שלא היה מי שהוא מאומה אחרת שירצה בה? ועוד, שהדברים מוקשים מעיקרם: היתכן שהקב"ה בא עם תורתו בידו, ונשא ונתן עם עמי הארצות הפראים ההם, או ע"י נביאיו? אשר לא נשמע מעולם כזאת, ואינו מקובל על הלב כלל.

ו) אולם כשנבין היטב את מהות התורה והמצוות הנתונות לנו, ואת הנרצה מקיומם, בשיעור שהורונו חז"ל, שהוא תכלית כל הבריאה הגדולה הערוכה לעינינו, אז נבין הכל. כי מושכל ראשון הוא, שאין לך פועל בלי תכלית. ואין לך יוצא מהכלל הזה, זולת הירודים שבמין האנושי או התינוקות. ואם כן, לא יסופק כלל על הבורא ית' ברוממותו לאין חקר, שלא יפעל חס ושלום דבר קטן או גדול בלי תכלית של מה.

והורונו לנו חז"ל, על זה שלא נברא העולם, אלא בשביל קיום התורה ומצוות. פירוש הדבר, כפי שבארוה לנו הראשונים ז"ל, כי כוונת הבורא ית' על הבריאה מעת שנבראה, הוא להודיע את אלקותו לזולתו.

כי דבר הודעת אלקותו, הוא מגיע להנברא במדת שפעו הנעים, ההולך ומתרבה אליו עד שיעור הרצוי. שבאלה מתרוממים השפלים בהכרה אמיתיות, להיות למרכבה אליו ית' ולדבקה בו. עד שמגיעים לשלמותם הסופי: "עין לא ראתה אלקים זולתך". אשר מרוב גודלו ותפארתו של השלמות ההיא, גם התורה והנבואה נשמרו לדבר אף מלה אחת מהפלגה הזו, כמו שרמזו על זה חז"ל (ברכות, ל"ד ע"ב): "כל הנביאים לא נתנבאו אלא לימות המשיח, אבל לעתיד לבוא עין לא ראתה אלקים זולתיך", כידוע הדבר למוצאי דעת ואכמ"ל.

ומתבטא השלמות הזו בדברי התורה והנבואה ודברי חז"ל, רק במלה הפשוטה "דביקות". והנה מתוך גלגולה של המלה ההיא בפיות ההמון, כמעט שאבדה לה כל תוכן. אולם אם תשהא את רעיונך על המלה הזאת כרגע קטנה, תשאר עומד ומשתומם על גובהה המפליאה. כי תצייר לך הענין האלקי, וחין ערכו של הנברא השפל, אז תוכל לערוך יחס הדביקות מזה לזה.

ואז תבין, למה אנו משימים את המלה הזאת לתכלית לכל הבריאה הגדולה הזאת. היוצא מדברינו, אשר תכלית כל הבריאה היא, אשר הברואים השפלים, יוכלו ע"י קיום התורה והמצוות, לילך מעלה מעלה הלוך ומתפתח, עד שיזכו להדבק בבוראם ית' וית'.

ז) אולם כאן עמדו חכמי הזוהר ושאלו: למה לא בראנו מתחילה בכל אותו הרוממות הרצויה להדבק בו ית'? ומה היה לו ית' לגלגל עלינו את כל המשא והטורח הזה של הבריאה והתורה ומצות?

והשיבו: "דמאן דאכיל דלאו דיליה בהית לאסתכולא באפיה וכו'". פירוש, כי מי שאוכל ונהנה מיגיע כפיו של חבירו, מפחד הוא להסתכל בתואר פניו, כי נעשה מושפל, והולך על ידי זה עד שאובד צורתו האנושיות.

ומתוך שבהנמשך משלימותו ית' ויתעלה, לא יתכן שימצא בו בחינת חסרון מאיזה צד, לכן הניח לנו מקום, להרויח בעצמינו את רוממותינו הנרצה, על ידי מעשה ידינו בתורה ומצוות.

ודברים אלו המה עמוקים מכל עמוק. וכבר בארתי אותם במתכונתם בספרי פנים מסבירות לעץ החיים בענף הראשון, [ובספר תלמוד עשר הספירות, הסתכלות פנימית חלק א']. וכאן אפרשם בקצרה, שיהיו מובנים לכל נפש.

ח) כי הדבר הזה דומה לעשיר אחד, שקרא לאדם מן השוק, ומאכילו ומשקהו ומעניק אותו מכסף וזהב וכל חמדה יום יום. וכל יום מרובים מתנותיו על הקודם לו, וכן מוסיף והולך.

לסוף שאלוהו העשיר: "אמור לי, אם כבר נתמלא כל משאלותיך?"

וענהו: "עדיין לא נתמלאו כל מבוקשי, כי מה טוב ומה נעים היה לי, אם כל הרכוש והחמודות הללו, הגיעני על ידי עסקי עצמי, כמו שהגיעו אליך, ולא להיות בתור מקבל מתחת מתנת ידיך בחסד".

ויאמר לו העשיר: "אם כן, לא יברא עוד איש, שיוכל למלאות משאלותיך".

ודבר זה טבעי הוא. כי הגם שמצד אחד הוא טועם תענוג גדול, ומוסיף והולך כפי שיעור ריבוי מתנותיו, הנה יחד עם זה, מצד השני, קשה לו לסבול מבושה את ריבוי ההטבה הזו, שהעשיר הולך ומרבה עליו בכל פעם. כי חוק טבעי הוא בעולם, שהמקבל מרגיש כמין בושה ואי סבלנות, בעת קבלתו המתנת חנם מאת הנותן, מחמת חסדיו ורחמיו עליו.

ומכאן נמשך לנו חוק שני: שלא יצוייר בעולם, מי שיוכל למלאות חפצי חבירו במילואם, כי סוף סוף **לא יוכל ליתן לו את האופי והצורה של קנין עצמיית**, שרק עמה נשלם כל ההרחבה בכל השלימות הרצויה.

והנה זה אמור רק כלפי הנבראים. מה שלא יתכן ומתאים כלל כלפי שלימותו הנעלה ית' וית'.

וזהו שהכין לנו: ע"י היגיעה והטרחא, להמציא את רוממותינו בעצמינו, ע"י העסק בתורה ומצות. כי אז כל העונג והטוב, המגיע לנו ממנו ית', דהיינו כל הכלול בדבר דבקותו ית', יהיה כל זה בבחינת קנין עצמינו, שהגיע לנו ע"י מעשה ידינו. שאז אנו מרגישים עצמינו בבחינת בעלים בדבר. שאין לנו טעם של שלימות זולתה, כמבואר.

ט) אמנם כן ראוי לנו להתבונן בעיקרו ומקורו של חוק טבעי הזה, ומבטן מי יצא לנו הפגם בושה והאי סבלנות הזה, שאנו מרגישים בעת קבלת החסד ממי שהוא?

אולם דבר זה מושכל מחוק הידוע לחכמי הטבע, אשר כל ענף טבעו קרובה ושוה אל שורשו:

א. וכל הענינים הנהוגים בהשורש, יתרצה בהם גם הענף שלו, ויאהב אותם ויחמודם, ויפיק תועלתו מהם.

ב. ולעומתם, כל הענינים שאינם נהוגים בהשורש, גם הענף שלו מתרחק מהם, לא יוכל לסובלם, וגם ניזוק מהם.

וחוק זה מצוי בין כל שורש וענף שלו ולא יעבור.

ומכאן נפתח לנו פתח, להבין המקור מכללות התענוגים והיסורים, הקבועים בעולמינו:

א. כי מתוך שהשי"ת וית' הוא השורש לכל בריותיו אשר ברא, לפיכך כל הענינים הכלולים בו ית', ונמשכו לנו הימנו בהמשכה ישרה, יבושמו לנו וינעמו לנו. משום שטבעינו קרובה לשורשינו ית'.

ב. וכל הענינים שאינם נוהגים בו ית', ולא נמשכו לנו הימנו בהמשכה ישרה, זולת על פי קוטבה של הבריאה עצמה, יהיו אלה נגד הטבע שלנו. ויהיה קשה לנו לסובלם.

דהיינו, אנו אוהבים המנוחה, ושונאים מאד את התנועה, עד שאין אנו עושים שום תנועה, אם לא להשגת המנוחה. והיה זה, בשביל שהשורש שלנו איננו בעל תנועה זולת בעל המנוחה, ואין תנועה חס ושלום נוהגת בו כלל. ולפיכך יהיה זה גם כן נגד טבעינו ושנואה לנו.

ועל דרך זה אנו אוהבים מאד את החכמה, ואת הגבורה, ואת העושר וכו'. שהוא משום, שכל אלה כלולים בו ית', שהוא שורשינו.

ועל כן שונאים אנו מאד את הפוכם, כמו הסכלות, והחולשה, והעניות. משום שאינם מצויים כלל ועיקר בהשורש שלנו, שזהו העושה

להרגשתינו מאוס ושנוא, וגם מכאובים לאין לסבול.

י) והיא הנותנת לנו הטעם הפגום הזה, של בושה ואי סבלנות, בעת שאנו מקבלים איזה דבר מאחרים בתורת חסד. להיות הבורא ית', אין בחוקו חס ושלום שום ענין של קבלת טובה. כי ממי יקבל? ומתוך שאין הענין הזה נהוג בשורשנו ית', על כן הוא מאוס ושנוא לנו, כאמור.

ולעומתו, אנו מרגישים תענוג ונועם רך בעת כל השפעה, שאנו משפיעים לזולתנו. להיות דבר זה נוהג בשרשינו ית', שהוא המשפיע לכל.

יא) עתה מצאנו פתח עינים, להסתכל בדבר תכלית הבריאה של "ולדבקה בו" בפרצופו האמיתי. שכל ענין הרוממות והדביקות הזה, המובטח לנו ע"י מעשה ידינו בתורה ומצוות, אינו לא פחות ולא יותר, אלא דבר השואת הענפים לשורשם ית'. אשר כל הנעימות והעידון וכל נשגב, נעשה כאן דבר נמשך טבעי מאליו.

כמו שנתבאר לעיל:

א. שענין התענוג אינו יותר, רק השואת הצורה ליוצרה. ובהיותנו משתוים בעינינו לכל מנהג, הנוהג ומצוי בשורשנו, הרי אנו מצויים בתענוגים.

ב. וכל ענין, שיארע לידנו מהענינים, שאינם בנמצא בשורשנו, הרי נעשה מושג זה לבלי לסבול, ולגועל נפש, או למכאובים ממשיים, כפי אשר יתחייב מהמושג ההוא.

ונמצא מאליו, אשר כל תקותינו תלוי ועומד בשיעור השואת צורתינו לשורשנו ית' וית'.

יב) ואלה הם דברי חז"ל (ב"ר פמ"ד) בשאלתם: "וכי מה איכפת ליה להקב"ה, למי ששוחט מן הצואר, או מי ששוחט מן העורף? הוי לא נתנו המצות, אלא לצרף בהם את הבריות". עד כאן לשונם.

והצירוף הזה, פירושו הזדככות הגוף העכור, שזהו התכלית היוצא מקיום התורה והמצות כולנה. מפני ש"עייר פרא אדם יולד". כי כשיוצא ונולד מחיק הבריאה, הוא מצוי בתכלית הזוהמא והשפלות, שפירושם, הוא ענין רבוי גדלות אהבה עצמיית הנטבע בו, אשר כל תנועותיו סובבים בחזקה על קוטבו עצמו, מבלי ניצוצי השפעה לזולתו ולא כלום.

באופן, שאז נמצא במרחק הסופי מן השורש ית' וית', דהיינו מן הקצה אל הקצה:

א. בהיות השורש ית' כולו להשפיע, בלי שום ניצוצי קבלה כלל וכלל חס ושלום.

ב. ואותו הנולד נמצא כולו במצב של קבלה לעצמו, בלי שום ניצוצי השפעה ולא כלום.

ועל כן נבחן מצבו בנקודה התחתונה של השפלות והזוהמא, המצויה בעולמינו האנושי.

וכמו שהוא הולך וגדל, כן יקבל מהסביבה שלו שיעורים חלקיים של "השפעה לזולתו". וזהו ודאי תלוי בערכי התפתחות, הנמצאים באותה הסביבה.

והנה גם אז מתחילים לחנכו בקיום תורה ומצוות - לאהבת עצמו - משום שכר בעולם הזה ובעולם הבא, המכונה "שלא לשמה". כי אי אפשר להרגילו באופן אחר.

וכשגדל ובא בשנים, אז מגלים לו, איך לבא לעסק המצוות לשמה, שהוא רק בכוונה מיוחדת, רק לעשות נחת רוח ליוצרו.

כמ"ש הרמב"ם (הלכות תשובה פ"י), שלנשים וקטנים, אין לגלות את העסק בתורה ומצוות לשמה, כי לא יוכלו שאתו. רק כשנגדלים וקונים דעת ושכל, אז מלמדים אותם לעשות לשמה.

וכמו שאמרו ז"ל: "מתוך שלא לשמה בא לשמה", שהוא המוגדרת בהכונה לעשות נחת רוח ליוצרו, ולא לשום אהבה עצמיית, יהיה מה שיהיה.

וע"י סגולה הטבעיית, שבעסק התורה ומצוות לשמה.

אשר נותן התורה ידעה, כמו שאמרו ז"ל (קידושין, ל ע"ב), שהקב"ה אומר: "בראתי יצר הרע, ובראתי לו תורה תבלין". הרי נמצא הנברא ההוא, הולך ומתפתח ופוסע אל על, בדרגות ומעלות הרוממות האמורה, עד שמספיק לאבד מקרבו כל הניצוצין של אהבה עצמיית, וכל מצותיו שבגופו מתרוממים, ועושה את כל תנועותיו רק להשפיע, באופן אשר אפילו

ההכרחיות שהוא מקבל, זורם גם כן לכונת ההשפעה, כלומר כדי שיוכל להשפיע.

וזהו אמרם ז"ל: "לא נתנו מצוות, אלא לצרף בהם את הבריות".

יג) ואם אמנם נמצאים ב' חלקים בהתורה:

א. מצות הנוהגים בין אדם למקום ית',

ב. מצות הנוהגים בין אדם לחבירו.

הנה שניהם לדבר אחד מתכונים, דהיינו כדי להביא הנברא לידי המטרה הסופית של הדביקות בו ית', כמבואר.

ולא עוד, אלא אפילו צד המעשית שבשניהם, הוא גם כן בחינה אחת ממש. כי בשעה שעושה מעשהו "לשמה", ולא לשום תערובות של אהבה עצמית, דהיינו בלי שום הפקת תועלת של מה בעדו עצמו, אז לא ירגיש האדם שום הפרש במעשהו: בין אם הוא עובד לאהבת חבירו, בין אם עובד לאהבת המקום ית'.

משום שחוק טבעי הוא לכל בריה, שכל הנמצא מחוץ למסגרת גופו עצמו, הוא אצלו כמו ריקנית ובלתי מציאות לגמרי. וכל תנועה, שאדם עושה לאהבת זולתו, הוא עושה זה בעזרת אור חוזר ואיזה גמול, שסופו לחזור אליו ולשמשו לתועלתו עצמו.

ולפיכך, אין המעשים כגון אלו יוכלו להקרא בשם "אהבת זולתו", משום שנידון על שם סופו. ודומה לשכירות, שאינה נשלמת, אלא לבסוף. ומכל מקום אין מעשה השכירות נחשבת לאהבת זולתו.

אולם לעשות איזה תנועה וטרחא, משום אהבת זולתו לגמרי, דהיינו בלי נצוצי אור חוזר, ושום תקוה של איזה גמול שישוב אליו, זהו מצד הטבע לגמרי מן הנמנעות.

ועל כיוצא בזה, אמרו בזוהר על אומות העולם: "כל חסד דעבדין, לגרמייהו הוא דעבדין". פירוש: כל מה שהמה מתחסדים עם חבריהם או בעבודות אלהיהם, אין זה משום אהבת זולתם, אלא משום אהבה עצמיית. והוא משום שדבר זה הוא מחוץ לדרך הטבע, כמבואר. ועל כן, רק מקיימי התורה ומצוות, מוכשרים לדבר זה. שבהרגיל את עצמו לקיים את התורה ומצוות, לעשות נחת רוח ליוצרו, אז לאט לאט נפרש ויצא מחיק הבריאה הטבעית, וקונה טבע שני, שהוא אהבת זולתו האמורה.

וזהו שהביא לחכמי הזוהר, להוציא את אומות העולם מדבר אהבת זולתו מכל וכל. ואמרו: "כל חסד דעבדין לגרמייהו הוא דעבדין", משום שאין להם ענין עסק בתורה ובמצות לשמה. וכל דבר עבדות לאלהיהם, הוא משום שכר והצלה בעולם הזה ובעולם הבא, כנודע.

ונמצא גם עבדותם לאלהיהם, הוא משום אהבה עצמיית. וממילא לא יארע להם לעולם שום פעולה, שיהיה מחוץ למסגרת גופם עצמם, שיוכלו להתרומם בשבילה, אפילו כחוט השערה ממעל לקרקע הטבע.

יד) והננו רואים בשתי עינינו, אשר כלפי העוסק בתורה ומצות לשמה, הנה אפילו מצד המעשיות שבתורה, אינו מרגיש שום הפרש בב' חלקי התורה. כי בטרם שמשתלם בהדבר הכרח הוא, שכל פעולה לזולתו, הן להשי"ת והן לבני אדם, מורגש אצלו כמו ריקנית לבלי מושג.

אולם ע"י יגיעה גדולה, נמצא עולה ומתרומם לאט לאט לטבע שני, כנ"ל. ואז תיכף זוכה למטרה הסופית, שהוא הדביקות בו ית', כמבואר.

וכיון שכן הוא, הנה הסברה נותנת, אשר אותו חלק התורה, הנוהג בין אדם לחבירו, הוא היותר מסוגל בשביל האדם, להביאו להמטרה הנרצה:

משום שהעבודה במצוות שבין אדם למקום ית' - הוא קבוע ומסויים, ואין לו תובעים, והאדם מתרגל בו בנקל - וכל שעושה מחמת הרגל כבר אינו מסוגל להביא לו תועלת כנודע.

משא"כ המצות שבין אדם לחבירו - הוא בלתי קבוע ובלתי מסויים, והתובעים מסבבים אותו בכל אשר יפנה - ועל כן סגולתם יותר בטוחה ומטרתם יותר קרובה.

טו) עתה נבין בפשיטות דברי הלל הנשיא להאי גיורא [לאותו הגר], אשר עיקר הקוטב שבתורה הוא "ואהבת לרעך כמוך", ויתר תרי"ב מצות הם פירוש והכשר אליה (כנ"ל אות ב').

ואפילו המצוות שבין אדם למקום, הם גם כן בכלל הכשר המצוה הזו, להיותה המטרה הסופית היוצא מכל התורה והמצוות, כמו שאמרו ז"ל: "לא נתנו תורה ומצות אלא לצרף בהם את ישראל" (כנ"ל אות י"ב), שהוא הזדככות הגוף, עד שקונה טבע שני, המוגדרת באהבת זולתו, דהיינו המצוה האחת של "ואהבת לרעך כמוך", שהיא המטרה הסופית בהתורה, אשר אחריה זוכה תיכף לדביקותו ית'.

ואין להקשות: למה לא הגדיר זה בהכתוב "ואהבת את ה' אלקיך בכל לבבך ובכל נפשך ובכל מאודך"? כי זהו עשה מטעם המבואר לעיל, אשר באמת כלפי האדם, הנמצא עוד בטבע הבריאה, אין הפרש לו כלל בין אהבת השי"ת לאהבת חבירו, משום שכל שמזולתו הוא אצלו בגדר בלתי מציאות.

ומתוך שאותו הגר ביקש מהלל הנשיא, שיסביר לו כללות הנרצה מהתורה, כדי שיהיה מטרתו קרובה לבוא ולא ירבה בדרך הליכה, כאמרו: "למדני כל התורה כולה על רגל אחת". על כן הגדיר לו באהבת חבירו, משום שמטרתה יותר קרובה ומהירה להגלות (כנ"ל אות י"ד), משום ששמורה מטעותים, ומשום שיש לה תובעים.

טז) ובהאמור מצאנו הפתח להבין, במה שעמדנו לעיל (אות ג' וד') בעיקר תוכנה של המצוה הזאת "ואהבת לרעך כמוך": איך מחייבנו התורה בדבר, שהוא מהנמנעות לקיומה?

אכן השכיל, שמטעם הזה לא ניתנה התורה לאבותינו הקדושים, אברהם יצחק ויעקב, אלא נמשך הדבר עד יציאת מצרים, שיצאו והיו לאומה שלימה, בת שש מאות אלף איש מעשרים שנה ולמעלה, אשר אז נשאלו: "אם כל אחד מהאומה מסכים לעבודה הנשגבה הזאת?".

ואחר שכל אחד ואחד מהאומה הסכים בכל לב ונפש להדבר, ואמר: "נעשה ונשמע", אז נעשה הדבר הזה, שהוא כללות התורה, לאפשר לקיימה, שיצאה מגדר הנמנעות ובאה לגדר האפשרות.

כי זהו ודאי גמור, אם שש מאות אלף איש מסתלקים מכל עסקיהם לצרכי עצמם, ואין להם שום עסק בחייהם, רק לעמוד על המשמר תמיד, שלא יחסר שום צורך לחבריהם. ולא עוד, אלא שיעסקו בזה באהבה עצומה, בכל לבבם ונפשם, ככל גדרה של המצוה "ואהבת לרעך כמוך". אז ברור בלי שום ספק, שאפס כל צורך מכל יחיד מחברי האומה, לדאוג מה בשביל קיומו עצמו. ונעשה משום זה, מופנה גמור משמירת קיומו עצמו, ויכול לקיים בנקל את המצוה של "ואהבת לרעך כמוך", בכל אותם התנאים המבוארים באות ג' וד'. כי איך יפול לו איזה פחד כרגע על קיומו עצמו, בה בשעה ששש מאות אלף איש אוהבים נאמנים, עומדים על המשמר הכן, בהשגחה עצומה, שלא יחסר לו כלום מצרכיו.

ולפיכך, אחר שכל חברי האומה הסכימו לדבר, תיכף ניתנה להם התורה, כי עתה המה נעשו מוכשרים לקיימה. אמנם מקודם שבאו ונתרבו לשיעור אומה שלימה, ואין צריך לומר בזמן האבות, שהיו רק יחידים בארץ, לא הוכשרו באמת לקיים התורה על אופנה הרצוי, כי במספר קטן של אנשים, אי אפשר אפילו להתחיל בענין עסק המצות שבין אדם לחבירו, כפי הקוטב של "ואהבת לרעך כמוך", כמבואר באות ג' וד'. ולפיכך לא ניתנה להם התורה.

יז) ובהאמור נתרחבנו להבין מאמר אחד, מהיותר מתמיהים שבמאמרי חז"ל, דהיינו במה שאמרו, אשר "כל ישראל ערבים זה לזה". שלכאורה הוא בלתי מוצדק בתכלית. כי היתכן, אם מי שהוא חוטא איזה עבירה ומכעיס את קונו, ואין לי שום הכרות ושייכות עמו, יגבה הקב"ה את חובו ממני? ומקרא כתוב: "לא יומתו אבות על בנים וגו', וכן איש בחטאו יומת וגו'?" ואיך אומרים, אשר אפילו הנכרי לי לגמרי, שאיני מכיר לא אותו ולא את מקומו, נמצאתי ערב בחטאיו?

והמעט לך זה, קח וראה (במסכת קידושין, דף מ' ע"ב), וזה לשונם: "רבי אלעזר ברבי שמעון אומר, לפי שהעולם נידון אחר רובו, והיחיד נידון אחר רובו, עשה מצוה אחת, אשריו שהכריע את עצמו ואת העולם לכף זכות. עבר עבירה אחת, אוי לו שהכריע את

עצמו ואת העולם לכף חובה, שנאמר: "וחוטא אחד יאבד טובה הרבה". עכ"ל.

והנה עשאוני ר' אלעזר ברבי שמעון ערב גם בשביל העולם כולו. שנמצא לדעתו, אשר כל בני העולם ערבים זה לזה, וכל יחיד במעשיו יגרום זכות או חובה לכל העולם כולו, שזהו תמיהא על גבי תמיהא.

אולם לפי המתבאר לעיל, הרי דבריהם ז"ל מובנים ומוסכמים בתכלית הפשיטות. כי הנה הוכחנו לעינים, אשר כל פרט ופרט מהתרי"ג מצות שבתורה, סובבים על קוטבה של המצוה האחת של "ואהבת לרעך כמוך". ונתבאר, שקוטב זה אינו בגדר של קיום זולת באומה שלימה, שכל חבריה מוכנים לדבר.

הערבות

(המשך ממאמר "מתן תורה")

שכל ישראל ערבים זה בזה (סנהדרין כ"ז ע"ב; שבועות ל"ט ע"א).

וזהו דבר הערבות, אשר כל ישראל נעשו ערבים זה לזה.

כי לא נתנה להם התורה, בטרם שנשאל כל אחד ואחד מישראל, אם מסכים לקבל עליו את המצוה של אהבת זולתו, בשיעור הכתוב "ואהבת לרעך כמוך" בכל שיעורו, כפי המתבאר במאמר "מתן תורה", אות ב' וג', עש"ה מלה במלה.

דהיינו, שכל אחד מישראל, יקבל על עצמו, לדאוג ולעבוד בעד כל אחד מחברי האומה, למלאות כל צרכיו, לא פחות ממה שהוטבע באדם, לדאוג בעד צרכיו עצמו.

ואחר שכל האומה הסכימו פה אחד, ואמרו: "נעשה ונשמע", הרי שכל אחד מישראל, נעשה ערב, שלא יחסר דבר מה לשום חבר מחברי האומה, אשר אז נעשו ראויים לקבלת התורה ולא זולת.

משום שבערבות הכללית הזאת, נפטר כל יחיד מהאומה, מכל דאגותיו לצרכי גופו עצמו, ויכול לקיים מצות "ואהבת לרעך כמוך" בכל שיעורו, וליתן כל מה שיש לו לכל המצטרך, היות שאינו מפחד עוד, בעד קיום גופו עצמו, כי יודע ובטוח הוא, ששש מאות אלף אוהבים נאמנים נמצאים בסביבתו, עומדים הכן לדאוג בשבילו, כמבואר במאמר "מתן תורה", אות ט"ז, עש"ה.

שמטעם זה, לא היו מוכנים כלל לקבל התורה, מזמן אברהם יצחק ויעקב. אלא עד שיצאו ממצרים, והיו לאומה שלימה בפני עצמם. כי אז נעשה המציאות, שכל אחד יהיה מובטח בכל צרכיו, בלי שום דאגה והרהור כלל. משא"כ בהיותם עוד מעורבים בין המצריים. ובהכרח, אשר חלק מסוים מצרכיהם, היה מסור בידי הנכרים הפראים הללו, המלאים אהבה עצמית.

ונמצא, שאותו שיעור, המסור בידי הנכרים, יהיה בלתי מובטח כלל לכל יחיד מישראל. כי חבריו לא יוכלו למלאות לו את המחסורים האלו, משום שאינם בידיהם. וכבר נתבאר, שכל עוד שהיחיד מוטרד במאומה בדאגותיו עצמו, אינו מוכשר כלל אפילו להתחיל בקיום המצוה של "ואהבת לרעך כמוך".

והנך מוצא בעליל, אשר ענין מתן תורה, היה מוכרח להתעכב עד זמן יציאתם ממצרים, והיו לאומה בפני עצמם. דהיינו, עד שכל צרכיהם יהיו מסורים בידיהם עצמם, בלתי תלויים על אחרים. אשר אז הוכשרו לקבלת הערבות האמור. ואז נתנה להם התורה.

ונמצא משום זה, אשר גם אחר קבלת התורה, אם יבגדו מועטים מישראל, ויחזרו לזוהמת האהבה עצמית, מבלי להתחשב עם זולתם, הרי אותו שיעור הצטרכות המסור בידי המועטים, מטרידים לכל יחיד מישראל, לדאוג עליו בעצמו, כי אותם המועטים לא יחמלו עליו כלל. וממילא, שנמנע קיום המצוה של אהבת זולתו לכל ישראל כולם, כנ"ל.

באופן, אשר אותם הפורקי עול, נמצאים גורמים לשומרי התורה, שישארו בזוהמתם בהאהבה העצמית, שהרי לא יוכלו לעסוק במצות "ואהבת לרעך כמוך", ולהשתלם באהבת זולתו בלתי עזרתם, כאמור.

הרי לעיניך, שכל ישראל ערבים זה לזה, הן מצד הקיום, והן מצד השלילה.

כי מצד הקיום, דהיינו אם מקיימים הערבות, עד שכל אחד דואג וממלא לכל מחסוריו של חבריו, הנה נמצאים משום זה, שיכולים לקיים התורה והמצות בשלימות, דהיינו לעשות נחת רוח ליוצרו, כנזכר במאמר "מתן תורה", אות י"ג.

והן מצד השלילה, דהיינו אם חלק מהאומה, אינם רוצים לקיים הערבות, אלא להיות שקועים באהבה עצמית, הרי הם גורמים

לשאר האומה, להשאר שקועים בזוהמתם ובשפלותם, מבלי למצוא שום מוצא, לצאת מעמידתם המזוהם, כמבואר.

יח) ולכן הסביר התנא דבר הערבות, בדמיון לשנים, שהיו באים בספינה. והתחיל אחד קודר תחתיו, ולעשות נקב בהספינה. אמר לו חבירו: "למה אתה קודר?" אמר לו: "מאי איכפת לך. הלא תחתי אני קודר ולא תחתיך"? אמר לו: "שוטה, הרי שנינו נאבדים יחד בהספינה!" עכ"ל.

והיינו כדאמרן, כי מתוך שפורקי העול, משוקעים באהבה עצמיית, הרי הם עושים במעשיהם, גדר של ברזל, המעכב על שומרי התורה, מלהתחיל אפילו בשמירת התורה והמצוה על היכנה, דהיינו בשיעור הכתוב "ואהבת לרעך כמוך", שהוא הסולם להגיע לדביקותו ית', כנ"ל. ומה צדקו דברי המשל, שאומר לו: "שוטה, הרי שנינו נאבדים יחד בהספינה!"

יט) ורבי אלעזר, בנו של רשב"י, מפליג עוד יותר בדבר הערבות. ולא די לו, שכל ישראל ערבים זה לזה, אלא כל העולם נכנסים בדבר הערבות. אמנם לא פליגי. כי הכל מודים, שמתחילה די ומספיק אומה אחת לקיומה של התורה. והיינו רק להתחלת תיקון העולם. מפני שאי אפשר היה להתחיל בכל אומות העולם בבת אחת.

כאמרם ז"ל, שסבב הקב"ה עם התורה לכל אומה ולשון, ולא רצו לקבלה. כלומר, שהיו שקועים בזוהמת אהבה עצמיית, עד למעלה מחוטמם. אלו בניאוף, ואלו בגזל, ורציחה, וכדומה. עד שלא היה אפילו להעלות על הדעת בימים ההם, לדבר עמהם, אם מסכימים להפרש מאהבה עצמיות.

ולפיכך, לא מצא הקב"ה שום עם ולשון, שיהיו מוכשרים לקבלת התורה, זולת בני אברהם יצחק ויעקב, שזכות אבותם עמדה להם. וכמו שאמרו רז"ל: "האבות קיימו כל התורה, עוד בטרם שנתנה". שפירושו, שמתוך רוממות נשמתן, היה להם היכולת, להשיג ולבא בכל דרכי ה', בבחינת רוחניותה של התורה, הנובעת מדבקותו ית', בלי הקדם הסולם של המעשיות שבתורה, שלא היה להם האפשרות לקיימם כלל, כנ"ל במאמר "מתן תורה", אות ט"ז.

שבלי ספק, הן הזיכוך הגופני, והן הרוממות הנפשי של אבותינו הקדושים, פעל הרבה מאד על בניהם ובני בניהם אלה. וזכותם זו עמדה להם, לאותו הדור, אשר כל אחד ואחד מחברי האומה, קבלו עליהם את העבודה הגבוהה הזאת, וכל אחד ואחד אמר בפה מלא: "נעשה ונשמע". ומטעם זה נבחרנו, מתוך הכרח, לעם סגולה מכל העמים.

ונמצא, שרק בני האומה הישראלית לבד, נכנסו בערבות הדרושה. ולא בני אומות העולם כלל, כי לא השתתפו בדבר. וזה פשוט, כי מציאות הוא.

ואיך יוכל רבי אלעזר לחלוק עליו?

כ) אולם הגמר של תיקון העולם, אי אפשר שיהיה, זולת בהכנסת כל באי עולם בסוד עבודתו ית', כמ"ש: "והיה ה' למלך על כל הארץ, ביום ההוא יהיה ה' אחד ושמו אחד". ודייק הכתוב "ביום ההוא", ולא לפני זה. וכן כמה כתובים: "ומלאה הארץ דעה את ה' וגו'", "וינהרו אליו כל הגוים וגו'".

אולם תפקידם של ישראל כלפי כל העולם, דומה לתפקידם של אבותינו הקדושים כלפי אומה הישראלית. דהיינו, כמו שזכות אבותינו עמדה לנו להתפתח ולהזדכך, עד שנעשינו ראויים לקבלת התורה. שלולא אבותינו, שקיימו כל התורה בטרם שנתנה, כי אז לא היו משובחים כלל משאר האומות, כנ"ל באות י"ט, כמובן.

כן מוטל על האומה הישראלית, ע"י העסק בתורה ובמצות לשמה, להכשיר את עצמם ואת בני העולם כולו, עד שיתפתחו לקבל עליהם את העבודה הגבוה הזו של אהבת זולתו, שהוא הסולם לתכלית הבריאה, שהוא דביקותו ית', כמבואר.

באופן, אשר כל מצוה ומצוה, שכל יחיד מישראל עושה, כדי לעשות נחת רוח ליוצרו, ולא לשום תשלום גמול ואהבה עצמיית, נמצא פועל בזה איזה שיעור בהתפתחות כל בני העולם. כי אין הדבר נעשה בבת אחת, אלא בהתפתחות דרגתי לאט לאט, עד שמתרבים

בשיעור גדול כזה, באופן שיוכלו להכריע את כל בני העולם להזדככות הרצוי. וזהו המכונה במליצת חז"ל "הכרעת הכף זכות". כלומר, שנגמר המשקל של הזדככות הרצויה. ודימו הדבר, כמו שוקל בכף מאזנים, אשר הכרעת הכף, הוא גמר המשקל, הנרצה להשוקל.

כא) ואלה הם דברי רבי אלעזר ברבי שמעון, באמרו: "העולם נידון אחר רובו וכו'". שכונתו על תפקיד האומה הישראלית, להכשיר את העולם להזדככות מסוים, עד שיהיו ראויים לקבל עליהם את עבודתו ית', לא פחות משהיו ישראל עצמם ראויים, בעת קבלת התורה, שזה נקרא בלשון חז"ל, שכבר השיגו רוב זכיות. באופן, שהמה מכריעים על כף חובה, שהיא אהבה עצמית המזוהמת.

ומובן, שאם הכף של זכיות, שהוא ההבנה הגבוה בטיב אהבת זולתו, הוא רבה ועולה על כף החובה המזוהמת, נעשו מוכשרים להכרעה ולהסכמה, ולאמור "נעשה ונשמע", כמו שאמרו ישראל. מה שאין כן קודם זה, דהיינו בטרם שזוכים לרוב זכיות, אז ודאי האהבה עצמיות מכריע, שימאנו לקבל עולו ית'.

וזה אמרו: "עשה מצוה אחת, אשריו שהכריע את עצמו, ואת כל העולם, לכף זכות". כלומר, כי סוף סוף מצטרף חלקו הפרטי של היחיד מישראל, בשיעור ההכרעה הסופית. כמו השוקל שומשמין, ומוסיף והולך על כף המאזנים אחת אחת, עד שגומר ההכרעה. הרי ודאי כל אחת נותנת חלקה בהכרעה זו, שבלעדה היה ההכרעה בלתי נגמרת.

ועל דרך זה אומר על מעשה היחיד מישראל, שמכריע את כל העולם כולו לכף זכות. כי בזמן שנגמר הדבר, והוכרעה הכף זכות של העולם כולו, הרי לכל יחיד ויחיד חלק בהכרעה הזו. שלולא מעשיו, היה ההכרעה חסרה.

והנך מוצא, אשר ר' אלעזר ברבי שמעון, אינו חולק על המאמר חז"ל, "שכל ישראל ערבים זה לזה". אלא ר' אלעזר ברבי שמעון מדבר לענין התיקון של כל העולם, העתיד לבא, וחז"ל מדברים בהוה, אשר רק ישראל בלבד קבלו עליהם את התורה.

כב) וזהו שמסתייע ר' אלעזר ברבי שמעון מהמקרא: "וחוטא אחד יאביד טובה הרבה". כי כבר נתבאר לעיל באות כ', אשר הרגש התפעלות, המגיע לאדם בעסק המצות בין אדם למקום, הוא שוה לגמרי עם הרגש ההתפעלות, המגיע לו בעת עסק המצות שבין אדם לחבירו.

כי כל המצות מחויב לעשותם לשמה, בלי שום תקוה של אהבה עצמיית. כלומר, שאין שום הארה ותקוה חוזרת אליו, על ידי טרחתו זו, מתשלום גמול או כבוד וכדומה. אשר כאן, בנקודה הגבוה הזאת, מתחברים אהבת ה' ואהבת חבירו לאחת ממש, כנ"ל במאמר "מתן תורה", אות ט"ו. נמצא, שהוא פועל בזה שיעור מסויים של התקדמות, בהסולם של אהבת זולתו, בכל בני העולם בכללם.

כי מדרגה זו, שאותו היחיד גרם במעשיו, אם מדה גדולה או מדה קטנה, סוף סוף נמצאת מצטרפת לעתיד, בהכרעת העולם לכף זכות, כי גם חלקו הוכנס ומצטרף שם להכרעה. כנ"ל אות כ', עיין שם היטב, בהמשל של שוקל שומשמין, בעושה עבירה אחת, שמשמעה, שלא יכול להתגבר ולכבוש את האהבה עצמיית המזוהמת, ועל כן פרץ בגנבה וכדומה.

שנמצא, מכריע את עצמו ואת העולם כולו לכף חובה. כי בגילוי זוהמתה של אהבה עצמיית, הרי הטבע השפלה של הבריאה חוזרת ומתחזקת. ונמצא, שהוא גורע שיעור מסוים, מתוך ההכרעה, לכף זכות הסופית. בדומה, כמו שאחד חוזר ונוטל מן הכף מאזנים, אותו השומשמין היחידה, שחבירו הניח שם. שנמצא, אשר בשיעור זה, חוזר ומגביה מעט את הכף של חובה למעלה. ונמצא שהוא מחזיר את העולם אחורנית.

וזה אמרו: "וחוטא אחד יאביד טובה הרבה". שבשביל, שלא יכול להתאפק על תאותו הקטנטנה, גרם לדחיפה אחורנית לרוחניותו של העולם כולו.

כג) ובדברים הללו מתבארים היטב, מה שעמדנו לעיל באות ה', במה שניתנה התורה ביחוד אל גזע האומה הישראלית. כי זהו ודאי, שאין כאן ב' דעות בהדבר, אשר

דבר תכלית הבריאה, מוטלת על כל מין האנושי יחד: כשחור, כלבן, כצהוב, בלי שום הפרש מעיקרה.

אולם, מתוך ירידתה של טבע הבריות עד לדיוטא התחתונה, כמבואר לעיל, שהיא ענין האהבה עצמית, השולטת שליטה בלי מצרים על כל האנושיות, לא היה שום דרך ומבוא לבא במשא ומתן עמהם ולהבינם, שיכריעו ויסכימו לקבל על עצמם, אפילו בהבטחה בעלמא, לצאת ממסגרתם הצרה אל העולם הרחב של אהבת זולתו.

מלבד האומה הישראלית, אשר מכח שהקדימה להם, השעבוד להמלכות הפראיית של מצרים ארבע מאות שנה, ביסורים גדולים ונוראים. ונודע דברי חז"ל, שאמרו: "מה מלח ממתק את הבשר, כן יסורים ממרקין עונותיו של אדם". דהיינו, שמביאין אל הגוף הזדככות גדול. ונוסף על זה, שהזדככות אבותיהם הקדושים עמדה להם, כנ"ל באות ט"ז, שזהו העיקר, כמו שמעידים על זה כמה מקראות שבתורה.

ומכח ב' הקדמות האלו, נעשה אז מוכשר לדבר הזו, דעל כן מכנה אותם הכתוב, בעת ההוא בלשון יחיד, כמ"ש: "ויחן שם ישראל נגד ההר". ופירשו חז"ל: "כאיש אחד בלב אחד". מפני שכל יחיד ויחיד מהאומה, הסתלק את עצמו לגמרי מאהבה עצמית, וכל מגמתו היה רק להועיל לחבירו, כמו שהוכחנו לעיל באות ט"ז, במשמעות המצוה של "ואהבת לרעך כמוך", עיין שם היטב.

ונמצא, שנתלכדו יחד כל היחידים שבאומה, ונעשו ללב אחד ולאיש אחד, כי רק אז הוכשרו לקבלת התורה, כמבואר.

כד) ולפיכך, מתוך הכרח האמור, ניתנה התורה ביחוד לאומה הישראלית, גזע אברהם יצחק ויעקב בלבדה. כי לא היה מקום אפילו להעלות על הדעת, ששום זר ישתתף עמה. אמנם בגלל זה, הותקנה ונעשית אומה הישראלית, כמין מעבר, שעל ידיהם יזורמו ניצוצי ההזדככות, לכל מין האנושי שבהעולם כולו.

באופן, שניצוצי הזדככות הללו, הולכים ומתרבים יום יום, כדמיון הנותן לאוצר, עד שיתמלאו לשיעור הנרצה, דהיינו עד שיתפתחו ויבואו לידי כך, שיוכלו להבין את הנועם ואת השלוה, השרויים בהגרעין של אהבת זולתו. כי אז יבינו להכריע את כף הזכות, ויכניסו את עצמם תחת עולו ית', והכף חובה יתבער מן הארץ.

כה) עתה נשאר לנו להשלים, מה שביארנו בקונטרס הקודם "מתן תורה", אות ט"ז. שמשום זה לא ניתנה התורה להאבות, משום שהמצוה של "ואהבת לרעך כמוך", שהיא הקוטב של התורה כולה, אשר כל המצות מסבבות עליה, כדי לבארה ולפרשה, הנה איננה ראויה לקיימה ביחידות, זולת בהסכמה מוקדמת של אומה שלימה.

ועל כן נמשך הדבר עד צאתם ממצרים, שנעשו ראוים לקיימה. ואז נשאלו מקודם, אם כל אחד ואחד מהאומה, מסכים לקבל על עצמו מצוה הזאת. ואח"כ, שהסכימו לדבר, ניתנה להם התורה, עש"ה.

אולם עדיין צריך לבאר: היכן מצינו בהתורה, שנשאלו בני ישראל שאלה זו, ושהסכימו לזה, קודם קבלת התורה?

כו) ותדע, שהדברים האלה מגולים בעליל לכל משכיל, בהזמנה ההיא, ששלח הקב"ה לישראל, ע"י משה רבינו, קודם קבלת התורה, כמ"ש (יתרו, י"ט פסוק ה'): "ועתה, אם שמוע תשמעו בקולי, ושמרתם את בריתי, והיתם לי סגולה מכל העמים, כי לי כל הארץ. ואתם תהיו לי ממלכת כהנים, וגוי קדוש. אלה הדברים, אשר תדבר אל בני ישראל. ויבא משה, ויקרא לזקני העם, וישם לפניהם את כל הדברים האלה, אשר צוהו ה'. ויענו כל העם יחדיו, ויאמרו, כל אשר דבר ה' נעשה. וישב משה את דברי העם אל ה'". ע"כ.

והנה לכאורה, הדברים אינם מותאמים לתפקידם. כי השכל מחייב, באם אחד מציע לחבירו, איזו עבודה לעשות, ורצה לשמוע הסכמתו, הריהו צריך לבאר לו דוגמה ומעין של תוכן העבודה ההיא. וגם שכרה. אשר אז נמצא מקום להמקבל, לעיין בה, אם למאן אם להסכים.

וכאן, בב' מקראות האלו, אין אנו מוצאים לכאורה, לא שום דוגמא של העבודה, ולא שום שכר חלף העבודה. כי אומר: "אם שמוע תשמעו בקולי, ושמרתם את בריתי". ואינו מפרש לנו, לא את הקול, ולא את הברית, על מה שיחולו. אח"כ אומר: "והיתם לי סגולה מכל העמים, כי לי כל הארץ". שאינו מוכח מתוכו, אם הוא מצוה עלינו. דהיינו, להתאמץ להיות סגולה מכל העמים, או הוא הבטחה טובה אלינו.

גם יש להבין, הקשר שיש כאן לסיום הכתוב "כי לי כל הארץ". אשר ג' התרגומים: אונקלוס, ויונתן בן עוזיאל, והירושלמי, נדחקים כאן לתקן את הכתוב הזה. וכל המפורשים: רש"י ורמב"ן וכו'.

והאבן עזרא מביא בשם ר' מרינוס, אשר "כי" הזה הוראתו אע"פ. ויפרש: "והיתם לי סגולה מכל העמים, אע"פ שלי כל הארץ". ולזה נוטה גם דעתו עצמו, עש"ה.

אולם פירושו זה, אינו מותאם עם חז"ל, שאמרו "כי" משמש בארבע לשונות: או, דלמא, אלא, דהא. והוא עוד מוסיף לשון חמישי: אעפ"י. ואח"כ מסיים הכתוב: "ואתם תהיו לי ממלכת כהנים וגוי קדוש". וגם כאן אינו מוכח מתוכו, אם הוא מצוה, וחובה להתאמץ בדבר זה, או הוא הבטחה טובה.

גם מלות הללו "ממלכת כהנים", אין לו פירוש, ואין לו חבר בכל התנ"ך. ובעיקר צריך להגדיר כאן, על כל פנים, איזה הבחן, בין "ממלכת כהנים" ובין "גוי קדוש". שהרי, לפי המשמעות הרגילה של כהונה, הרי זו בחינה אחת עם קדושה. וממילא מובן, שממלכת, שכולה כהנים, הרי זה גוי קדוש. ואם כן, המלות "גוי קדוש" מיותרים.

כז) אולם, על פי כל אותם הדברים, שביארנו מראש המאמר עד כאן, מתבארים הכתובים על מתכונתם, כתפקידם הראוי להיות לדמות משא ומתן של הצעה והסכמה. דהיינו, שמציע להם באמת, בדברים האלו, כל צורתה ותוכנה, של ענין העבודה של התורה ומצות, ואת כל מתן שכרה, הראוי להשמע.

כי צורת העבודה שבתורה ומצות, מתבטא בהכתוב "ואתם תהיו לי ממלכת כהנים". כי "ממלכת כהנים" פירושו, שתהיו כולכם, מקטון ועד גדול, כמו כהנים. דהיינו, כמו שהכהנים, אין להם חלק, ונחלה, ושום קנין גשמי בארץ, כי ה' הוא נחלתם, כן תהיה כל האומה מסודרת בכללה. באופן, אשר הארץ וכל מלואה, כולה מוקדש לה' ית'.

ואין לשום פרט לעסוק בה יותר, רק כדי לקיים מצות השי"ת, ולמלא את צרכי זולתו, שלא יחסר לחבירו כלום ממשאלותיו. באופן, שלא יהיה לשום פרט, לדאוג מה לצרכי עצמו. שבאופן זה, נמצאו אפילו העבודות של חולין, מקצירה וזריעה וכדומה, נבחנים ממש בדוגמת עבודות הקרבנות, שהכהנים היו עושים בבית המקדש.

כי מה לי העסק, בהמצוה של הקרבת עולה לה', שהוא מצות עשה? ומה לי, אם מקיים המצות עשה של "ואהבת לרעך כמוך"? ונמצא, שהקוצר שדהו, כדי להאכיל לזולתו, דומה כעומד ומקרב קרבן לה'.

ולא עוד, שהסברא נותנת, אשר המצות עשה של "ואהבת לרעך כמוך", הוא עוד יותר חשוב מהמקריב קרבן, שהוא משום, מה שהוכחנו לעיל באות י"ד וט"ו, עש"ה.

אמנם עדיין אין זה גמר הדבר, כי כל התורה והמצות, אינם נתונים, אלא לצרף בהם את ישראל, שהוא הזדככות הגוף, כנ"ל באות י"ב. אשר אח"כ, יזכה בגללם את השכר האמיתי, שהוא הדבקות בו ית', שהוא תכלית הבריאה, כנ"ל באות ו', עש"ה.

והנה השכר הזה מתבטא בהמלות "גוי קדוש". שע"י הדביקות בו ית', נעשינו קדושים, כמ"ש: "קדושים תהיו לה' אלקיכם, כי קדוש אני ה' מקדישכם".

והנך רואה, שבמלות "ממלכת כהנים", מתבטאת כל צורת העבודה על קוטבה של "ואהבת לרעך כמוך". דהיינו, ממלכה, שכולה כהנים, שה' הוא נחלתם, ואין להם שום קנין עצמי, מכל קנינים הגשמיים. ובעל כרחינו יש לנו להודות, אשר זהו ההגדרה היחידה, שאך אפשר להבין בענין "הממלכת כהנים" הזו. כי לא תוכל לפרשה, בדבר הקרבת

קרבנות למזבח, כי לא יתכן זה להאמר על האומה כולה, כי מי יהיו המקריבים? וכן בענין לקיחת מתנות הכהונה, מי יהיו הנותנים?

וכן לפרשם על דבר הקדושה של הכהנים. הלא כבר נאמר "וגוי קדוש". אלא בהכרח, שכל המשמעות שבהדבר, אינו אלא, רק במה שה' הוא נחלתם, שנעדרים מכל קנין גשמי לעצמם. והיינו, השיעור של "ואהבת לרעך כמוך", הכולל כל התורה כנ"ל.

ובמלות "גוי קדוש" מתבטא כל צורת המתן שכר, שהיא הדביקות כנ"ל.

כח) ועתה מובן לנו היטב, גם המלות הקודמות, בכל שיעורם. כי אומר: "ועתה, אם שמוע תשמעו בקולי, ושמרתם את בריתי". כלומר, לעשות ברית, על זה שאני אומר אליכם כאן. דהיינו, "והיתם לי סגולה מכל העמים". כלומר, שאתם תהיו לי הסגולה. שעל ידיכם, תעבור ניצוצי הזדככות וצירוף הגוף, אל כל העמים ואומות העולם. בהיות, שכל אומות העולם, עדיין אינם מוכנים כלל לדבר הזה. וצריך אני לאומה אחת, על כל פנים, להתחיל בה עתה, שתעשה סגולה מכל העמים.

ועל כן מסיים על זה: "כי לי כל הארץ". כלומר, כל עמי הארץ שייכים לי, כמותכם. וסופם להדבק בי, כנ"ל באות כ'. אלא עתה, באותה שעה, שהמה עדיין אינם מסוגלים לתפקיד הזה, הנה לעם סגולה אני צריך. ואם אתם מסכימים לזה, דהיינו להיות הסגולה מכל העמים, הרינו מצוה אתכם, אשר "ואתם תהיו לי "ממלכת כהנים", שהוא בחינת אהבת זולתו, באופיה האחרון של "ואהבת לרעך כמוך", שהיא קוטבה של כללות התורה והמצות. "וגוי קדוש", שהוא השכר, בצורתו האחרון של "ולדבקה בו ית'", הכולל כל השכר, שאך אפשר להודיע עליו.

וזהו שהשמיענו חז"ל, בביאור הסיום "אלה הדברים, אשר תדבר אל בני ישראל". שדייקו "אלה הדברים", "לא פחות ולא יותר". שקשה מהיכי תיתי, שמשה רבינו יעדיף או יחסיר מדברי ה', עד שהשי"ת צריך להזהירו עליו. שלא מצאנו דוגמתה בכל התורה. ואדרבה, מקרא כתוב עליו: "בכל ביתו נאמן הוא".

כט) ובהאמור מובן היטב, כי בענין ציור העבודה, על אפיה האחרונה, כמבואר בהמלות של "ממלכת כהנים", שהוא ההגדרה הסופית של "ואהבת לרעך כמוך", הנה באמת, שהיה אפשר למשה רבינו, להעלות על דעתו, להתעכב ולא לגלות להם בפעם אחת, צורת העבודה בהפלגה הגדולה והרמה כזו, מפחד פן לא יתרצו בני ישראל להסתלק, מכל קנינים הגשמיים, ולמסור כל הונם ורכושם לה', כהוראת המלות של "ממלכת כהנים".

בדומה, למה שכתב הרמב"ם, אשר לנשים וקטנים, אסור לגלות להם ענין העבודות הנקיה, שמחוייבת להיות על מנת שלא לקבל פרס. רק להמתין, עד שיוגדלו ויתחכמו, ויהיה להם האומץ, להוציא אל הפועל את זה, כמ"ש לעיל. ולפיכך, הקדים אליו השי"ת, האזהרה הנ"ל: "לא פחות", אלא להציע להם את האופי האמיתי עם כל הפלגתה הנשגבה, המתבטאה בהמלות "ממלכת כהנים".

וכן בענין המתן שכר, המוגדר בהמלות "וגוי קדוש". היה אפשר למשה רבינו להעלות על דעתו, לפרש ולהרחיב להם ביותר, את הנועם והעידון הנשגב, הטמון בדביקותו ית', כדי להתאימם ולקרבם, שיקבלו ויסכימו אל ההפלגה העצומה הזו, להסתלק לגמרי מכל קניני עולם הזה, כבחינת כהנים.

ולפיכך הגיע אליו ההזהרה: "ולא יותר". רק לסתום, ולא לפרש כל בחינת המתן שכר, הכלול בהמלות הללו של "וגוי קדוש" בלבד. וטעם הדבר, כי אם היה מגלה להם, ההפלגה הנפלאה, שבמהות השכר, הנה אז בהכרח, שהיו משתבשים, ומקבלים את עבודתו ית', על מנת להשיג לעצמם את השכר הטוב הזה. שזה היה נחשב לעובד את עצמו, ולאהבה עצמית, שנמצאת כל הכונה מסורסת, כנ"ל באות י"ג, עש"ה.

והנה נתבאר, אשר על שיעור המלה של צורת העבודה, המתבטא ב"ממלכת כהנים", נאמר לו: "לא פחות". ועל שיעור הסתום של מתן השכר, המתבטא בהמלות: ו"גוי קדוש", נאמר לו "ולא יותר".

מהות הדת ומטרתה

כאן אני רוצה להשיב על ג' שאלות:
האחת: מהותה של הדת, מהו?
השניה: אם מטרתה מקווה בעולם הזה, או לעולם הבא דוקא?
השלישית: אם מטרתה עומדת לטובת הבורא, או לטובת הבריות?

ובהשקפה הראשונה, יתפלא כל מעיין בדברי, ולא יבין את ג' השאלות הללו, שהצבתי לי לנושא להמאמר הזה.

א. שהרי, "זיל קרי בי רב הוא", ומי הוא שאינו יודע, מהו דת?

ב. ומכל שכן, השכר ועונש שלה, המקווה וצפוי בעיקר לעולם הבא?

ואין צריך לומר, השאלה הג', שהכל יודעים, שהוא לטובת הבריות, לנחותם לטובה ולאושר. וכי יש מה להוסיף על זה?

ובאמת, אין לי מה להוסיף כלום!

אולם, מתוך שידועים את ג' ידיעות הללו, ושגורה כל כך בפיהם, מגרסא דינקתא, על בוריים, עד שלא נמצא להם שום הוספה ובירור דברים, במשך כל חייהם, הרי זה מורה, על אי הידיעה בדברים הנשגבים האלה!

ובהכרח, שהמה כל עיקרי היסוד, אשר כל המשא, של בנין הדתי בנוי ונשען עליו!

ואם כן, הגידו לי, איך זה אפשר, אשר נער קטן, כבן י"ב או י"ד שנים, כבר נמצא לו מקום מוכן במוחו, לכלכל היטב ולהבין, ג' ידיעות דקי העיון כאלה? ומכל שכן, באופן מספיק כזה, שלא יוצטרך לו, עוד להוסיף עליו דעה והשכל, במשך כל ימי חייו?

אכן, כאן הדבר קבור! כי הנחה הנמהרה הזאת, הביא לכל קלות הדעת והמסקנות הפראיות, שמלאה את אויר עולמינו, בדורינו זה. והביא אותנו לידי מצב, אשר הדור השני, כמעט שנשמט כולו מתחת ידינו.

"טוב המוחלט"

וכדי שלא להלאות, המעיינים בדברים ארוכים, נתמכתי על כל הכתוב ומבואר בקונטרס הקודם [הערבות], ובעיקר על כל המבואר ב"מאמר מתן תורה", שהמה כולם, כמו הקדמה לנושא הנשגב שלפנינו. וכאן אדבר בקצרות, ובתכלית הפשטיות, כדי שיהיה מובן לכל נפש.

ובראשונה, צריכים להבין את הבורא ית'. אשר הוא "טוב המוחלט". כלומר, שאי אפשר בשום פנים שבעולם, אשר יגרום למי, איזה צער של משהו. שזהו מובן לנו, כמו מושכל ראשון. באשר, שהשכל הבריא, מראינו בעליל, את הבסיס לכל עושי רעות, שהוא מוגדר אך ורק ב"רצון לקבל".

פירוש, שמתוך שלהוט, אחרי קבלת טובה, מה שהוא להשלמתו עצמו, והוא מוצא את רצונו זה בהרע לזולתו. הנה משום זה, יוצא להרע לזולתו, מתוך "הרצון לקבל" את השלמתו עצמו. באופן, שאם הבריה, לא היה מוציאה שום קורת רוח בעדה עצמה, לא היתה שום בריה בעולם, שתריע לזולתה.

ואם לפעמים, אנו מוצאים איזה בריה, המזקת לזולתה בלי שום "רצון לקבל" הנאה לעצמה, אינה עושאת את זה, רק מתוך הרגל קדום, שהגיע לה מתחילה, מתוך הרצון לקבל, אשר ההרגל פוטרתה עתה מכל סבה חדשה, כנודע.

ומתוך שהבורא ית', מובן לנו, שהוא שלם מעצמו, ואין לו צורך למי שהוא, שיעזור לו להשלמתו, להיותו קדמון לכל דבר, אם כן ברור הוא, שאין לו שום "רצון לקבל". וכיון שאין לו שום בחינה של "רצון לקבל", ממילא אין לו שום בסיס להרע למי שהוא. וזהו פשוט בתכלית הפשטיות.

ולא עוד אלא, שמקובל ומתיישב על לבנו, בתכלית הפשיטות, במושכל ראשון, שיש לו "רצון להשפיע" טוב אל זולתו, דהיינו לנבראיו. שזה מוכיח לנו לעינים, מכל הבריאה הגדולה, שברא וערך לעינינו.

כי בהכרח, שיש כאן בעולמינו בריות,

שמרגישות אחת מהשתים: או טובות, או רעות. ואיזו הרגשה שהיא, שהן מרגישות, בהכרח הוא, שנגרם להם מהבורא ית'. ואחר שידוע בבירור גמור, שאין בחוק הבורא ית' להרע, כמו שנתבאר, א"כ בהכרח, שכל הבריות, מקבלים הימנו ית' טובות בלבד. הרי שברא את הבריות, רק כדי להטיב להם.

נמצינו למדים, שיש לו ית' "רצון להשפיע" טוב בלבד. ובשום אופן שבעולם, לא יצוייר בחוקו, איזה גרם של היזק וצער, שיהיה נמשך הימנו ית'.

ועל כן גדרנו אותו ית', בשם "הטוב המוחלט". ואחרי שידענו את זה, נרד ונסתכל במציאות הממשיות, המתנהלת ומושגחת על ידו ית': איך הוא ית' משפיע להם רק טוב בלבד?

השגחתו ית' הוא "השגחה מטרתית"

זהו מובן לנו, מכל מערכות הטבע, המוצגים לעינינו, אשר כל בריה, קטנה איזו שהיא, מד' הסוגים: דומם, צומח, חי, ומדבר, הן בכללם והן בפרטם, אנו מוצאים בהם השגחה מטרתית. כלומר, גידול אטי, והדרגתי, בדרך התפתחות של "קודם ונמשך". כמו הפרי על האילן, אשר מושגחת במטרה טובה לסופה, שתהיה פירי נאה ומתוקה לחיך.

וצא נא ושאל להבוטניקאי, כמה מצבים הם העוברים על הפרי הזאת, מעת שנראאתה לעינים, עד ביאתה לתכליתה, שהוא גמר בישולה, אשר כל המצבים הקודמים לתכליתה, לא די שאינם מראים לנו שום דוגמא מותאמת לתכליתה, המתוק והיפה, אלא עוד כמו להכעיס, מראים לנו את ההפכי להצורה התכליתית. דהיינו, כל שהפירי יותר מתוק בסופה, היא נמצאת יותר מרה ויותר מגונה, במצבים הקודמים של סדר התפתחותה.

וכן במין החי והמדבר. כי הבהמה, אשר דעתה מועטת בסוף גידולה, איננה לקויה כל כך בדרך התפתחותה. בניגוד להאדם, שדעתו מרובה בגמר גידולו, ולקוי ביותר בדרך התפתחותו. כי "עגל בן יומו קרי שור". כלומר, שיש לו כח ושכל השמירה, לעמוד על רגליו, ולטייל אנה ואנה, ולהשמר מפגע רע, הנמצא על דרכו.

מה שאין כן האדם בן יומו, שהוא מוטל לעצמו, כמו נטול החושים. ואם יצוייר לנו, מי שאינו מורגל בהויות עולם הזה, שהיה מסתכל בשתי הולדות האלו, בטח שהיה אומר על יליד האדם, שגם בתכליתו לא יצלח למאומה. ועל יליד הבהמה, היה אומר, שכאן נולד נאפוליאן חדש. דהיינו, אם היה דן על פי שיעור חכמתו של העגל, לעומת יליד האדם, הטפש והנטול מכל החושים.

הרי בולט לעיניך, שהשגחתו ית' על המציאות, שברא, אינו אלא בדמות של "השגחה מטרתית". מבלי לקחת כלל בחשבון, את סדר השלבות של התפתחות. כי אדרבה, דרכם - לרמאות אותנו ולהעתיק עינינו, מלהבין את תכליתם, בהיותם תמיד במצב ההפכי אל גמר מלאכתם.

ועל דברים כאלה אנו אומרים: "אין חכם כבעל נסיון". כי רק בעל הנסיון, שיש לו ההזדמנות, לראות את הבריה, בכל מצבי התפתחותה, עד ביאתה לשלימותה, הוא יכול להרגיע את הרוחות - שלא להתפחד כלל, מכל אותן התמונות המקולקלות, שהבריה אוחזת בהן במצבי התפתחות, רק להאמין בגמר בישולה היפה וברה. וטעם הסדר הדרגתי הזה, המתחייבת לכל בריה, מבואר היטב בחכמת הקבלה, ואכמ"ל.

והנה נתבאר היטב, דרכי השגחתו ית', בעולמינו, שהיא בחינת השגחה מטרתית בלבד, שאין מדת הטוב ניכרת בה כלל, מקודם ביאתה של הבריה להנקודה הסופית שבה, לגמר צורתה ובישולה.

ואדרבה, דרכה להתעטף תמיד במעטפה של קלקולים, כלפי המסתכלים.

הרי לעיניך, שהשי"ת משפיע לבריותיו, תמיד רק טוב בלבד. אלא, שהטוב הזה, מושגח הימנו ית', בדרך השגחה מטרתית.

ב' דרכים: דרך יסורין ודרך התורה

והנה נתבאר, אשר השי"ת, הוא הטוב המוחלט. והוא משגיח עלינו, מתוך מדת טובו

השלימה, בלי שום עירוב של רע. אכן, בבחינת השגחה מטרתית! שפירושו, שהשגחתו ית', מכרחת אותנו, לקבל סדר של מצבים שונים, על דרך עילה ועלול, דהיינו קודם ונמשך, עד שנעשינו מוכשרים, לקבל את הטוב הרצוי, ואז נבוא אל תכליתינו, כמו הפרי היפה בגמר בישולה.

ועם זה מובן, אשר תכלית הזה, בטוחה לנו לכולנו בהחלט. דאם לא כן, אתה מטיל פגם בהשגחתו ית', לומר, שאינה מספקת למטרתה, חס ושלום. וזהו שאמרו ז"ל: "שכינה בתחתונים צורך גבוה". כלומר, כיון שהשגחתו ית' הוא מטרתית, שהיא להביאנו בסופינו לדביקותו ית', שישכון בתוכינו, הרי נחשב זה לצורך גבוה. כלומר, שאם לא נגיע לזה, נמצא חס ושלום דופי בהשגחתו.

שהדבר דומה למלך גדול, שנולד לו בן לעת זקנותו, שהיה חביב לו מאד. ולכן מיום הולדו, חשב טובות בעדו. והלך וקבץ כל הספרים, היקרים והחכמים המצוינים שבמדינה. והכין בעדו בית מדרש לחכמה. ושלח אחרי הבנאים המפורסמים, ובנה לו היכלי עונג. וקיבץ כל בעלי הניגון וזמרה, והכין לו בתי זמרה. וקרא המבשלים והאופים, היותר מצוינים, שימציאו לו מכל מעדני עולם. והנה, נתגדל הבן, ובא בשנים. והוא סכל, אין לו חפץ במושכלות. והוא סומא, אינו רואה ואינו מרגיש מיופי הבנינים. והוא חרש, לא ישמע בקול משוררים וכלי זמר. והוא חולה במחלת סוכר, ואינו רשאי לאכול אלא פת קיבר בלבד, וכדי בזיון וקצף.

אולם עובדא כזאת, יכולה שיארע למלך בשר ודם. מה שלא יתכן להאמר, כלפי השי"ת, אשר ענין אונאה אין נוהג בו כמובן. אשר על כן, הכין לנו ב' דרכים של התפתחות:

א. האחת - הוא **דרך יסורין**, שהוא, סדר התפתחות של הבריאה מתוך עצמה, אשר מוכרחת מטבעה, ללכת ולקבל בדרך עילה ועלול, במצבים שונים, זה אחר זה, אשר אנו מתפתחים על ידיהם לאט לאט, עד בואינו לכלל הכרה, לבחור בטוב ולמאס ברע, ולהגיע להכשר התכליתי הרצוי לו ית'. ודרך זה הוא אמנם ארוך בזמן ומלא יסורין ומכאובים.

ב. ועל כן, הכין לנו כלפי זה דרך נעים וטוב, שהיא **דרך התורה והמצוה**, המסוגל להכשירנו לתכליתנו, בזמן קצר ובלי יסורים.

היוצא מזה, אשר המטרה הסופית שלנו הוא: הכשרתינו לדביקותו ית', שישכון בתוכנו!

והמטרה הזאת, היא חיובית, מבלי למצוא שום נקודת מוצא לנטות הימנה. כי השגחתו ית' חזקה עלינו, עם ב' אופני השגחתו, שהם "דרך יסורין" ו"דרך תורה", כמבואר.

אולם, מבחינת המציאות המעשיות, אנו מוצאים, אשר השגחתו ית' מגיע אלינו עם ב' דרכי השגחתו בבת אחת. והמה נקראים בדברי חז"ל "דרך ארץ ודרך תורה".

מהות הדת הוא לפתח בנו את חוש הכרת הרע

וזהו דברי חז"ל: "וכי מה איכפת ליה, להקב"ה, למי ששוחט מהצואר, או מי ששוחט מן העורף, הוי לא ניתנו המצות, אלא לצרף בהן את הבריות. (ב"ר, פמ"ד פסקה א'). וענין צירוף הזה נתבאר היטב במאמר "מתן תורה", אות י"ב. וראה, מה שכתבנו שם. אולם כאן אבאר, מהותו של התפתחות הזה, המושג ע"י העסק בתורה ומצות. מהו?

ותדע, שהוא דבר הכרת הרע שבקרבו, אשר עסק המצות, מסוגל לזכך, להעוסק בהם, הזדככות דרגתי ואטי. אשר אמת המדה, של המדרגות שבהזדככות, הוא שיעור ההכרה את הרע שבקרבו.

כי כבר מוכן האדם, מצד טבעו, לדחות ולבער כל דבר רע מקרבו. וזהו מדה שוה בכל בריה ובריה. אולם, כל ההבחן מבריה לחברתה, הוא רק בהכרה של הרע:

א. שבריה יותר מפותחה, מכרת בעצמה מדה יותר גדולה מהרע, וממילא שמבדלת ודוחית את הרע מתוכה, במדה יותר גדולה,

ב. ובלתי מפותחת, נמצאת מרגשת בעצמה שיעור קטן של רע, ועל כן לא תדחה הימנה, רק שיעור קטן של רע. וע"כ משארת בקרבה כל זוהמתה, כי לא תכירהו לזוהמא כלל.

וכדי שלא להלאות להמעיין, נבאר הרע והטוב בכללותם, כמו שנתבאר במאמר "מתן

תורה", אות י"ב. אשר כללות כל הרע, אינו רק אהבה עצמית, הנקרא אגואיזם, להיותו הפכי הצורה מהבורא ית', שאין לו רצון לקבל לעצמו, ולא כלום, אלא רק להשפיע.

וכמו שנתבאר במאמר "מתן תורה", אות ט', י"א, אשר:

א. ענין התענוג והעדון, כל עיקרה הוא, בשיעור השואת הצורה ליוצרה,

ב. וענין היסורין ואי סבלנות, כל עיקרה הוא, בשיעור שינוי הצורה מיוצרה.

ראה שם בעיון מספיק.

ולפיכך, מאוס לנו האגואיזם, וכואב אותנו בתכלית, להיותו הפכי הצורה מהיוצר ית'. אולם מיאוס הזה, אינה שוה בכל נפש, אלא מתחלק בינותינו לשיעורים.

כי האדם הפרא, הבלתי מפותח כלל, אינו מכיר את האגואיזם לתכונה רעה ולא כלום. ולפיכך משמש עמה בגלוי. לבלי שום בושה. ובלי שום גבול. גוזל ורוצח לעיני כל, בכל אשר תמצא ידו.

והמפותח מעט, כבר מרגיש, איזה שיעור בהאגואיזם שלו, לבחינת רע. ולכל הפחות, מתבייש להשתמש עמו בפרהסיא, לגזול ולרצוח נפשות במקום רואים. ובסתר עדיין מבצע כל זממו, אלא שמקפיד על כל פנים, שלא יראהו איש.

והיותר מפותח הימנו, נמצא, מרגיש את האגואיזם לדבר מאוס ממש, עד שלא יוכל לסובלו בתוך עצמו, ודוחה ומפרישהו לגמרי, כפי שיעור הכרתו אותו, עד שאינו רוצה, ואינו יכול, להנות מעמל אחרים. ואז, מתחיל להתעורר בקרבו ניצוצין של אהבת זולתו, המכונה "אלטרואיזם". שהוא מדת הטוב הכללית.

וגם זה מתלקח אצלו בסדר התפתחות דרגתי. דהיינו, מתחלה מתפתח בו חוש האהבה וההשפעה, לצרכי קרוביו ומשפחתו, על דרך הכתוב "ומבשרך אל תתעלם". וכשמתפתח יותר, מתרחב בו מדת ההשפעה, לכל בני סביבתו, שהם בני עירו, או בני אומתו. וכן מוסיף והולך, עד שמתפתח בו בחינת אהבת זולתו, על כל האנושיות כולו.

התפתחות מדעת והתפתחות שלא מדעת

ותדע, אשר ב' כוחות משמשים, ודוחים אותנו לעלות ולטפס, על שלבות הסולם האמור, עד שנגיע לראשו שבשמים, שהוא הנקודה התכליתית, של השואת צורתינו להיוצר ית'.

וההפרש בין ב' הכוחות הללו הוא:

שהאחד, דוחף אותנו "שלא מדעתינו". כלומר, **בלי בחירתנו.** וכח הזה הוא דוחף אותנו מלאחרינו. ונקרא ויז-א-טערגא [כח הדוחה לאיזה דבר מאחוריו]. והוא שגדרנו אותו, בשם "דרך יסורין" או "דרך ארץ".

וממנו הגיעה אלינו הפילוסופיא של תורת המוסר, שנקראת "אתיקה", המיוסדת על הכרה נסיונית. דהיינו, מתוך הבקורת של התבונה המעשיית. שכל עיקרה של התורה ההוא, איננו יותר, רק סיכום של הנזקים, שנולדו לעינינו, ע"י גרעיני האגואיזם. והנה, הנסיונות האלו הגיעו אלינו במקרה, דהיינו, שלא "מדעתינו" ובחירתנו. אולם המה בטוחים למטרתם, כי דמות הרע הולך ומתברר בחושינו. ובשיעור, שאנו מכירים את נזקיו, באותו שיעור אנו מסתלקים הימנו. ואז מגיעים לשלבה יותר עליונה שבהסולם.

וכח השני, דוחף אותנו "מדעתינו". דהיינו, מכח **בחירתינו בעצמנו.** וכח הזה מושך אותנו מלפנינו. ונקרא ויז-א-פראנטא [כח המושך לאיזה דבר מלפניו]. והוא שגדרנו אותו בשם "דרך התורה והמצות". כי ע"י עסק המצות, והעבודה, לעשות נ"ר ליוצרינו, נמצא מתפתח בנו במהירות נפלאה, אותו החוש של הכרת הרע. כמו שנתבאר במאמר "מתן תורה", אות י"ג.

ואנו מרויחים בשנים:

א. שאין אנו צריכים לחכות על נסיונות החיים, שידחוף אותנו מאחרינו. שכל שיעור הדחיפה שבהם, נמדד רק במדת המכאובים והחורבנות, הנגרמים לנו ע"י מציאת הרע בקרבנו.

אולם, בדרך העבודה להשי"ת, מתפתח בנו אותה ההכרה, בלי שום הקדם של יסורין וחורבנות. ואדרבה, מתוך הנועם והעידון, שאנו

מרגישים, בעת העבדות הטהורה להשי"ת, לעשות נחת רוח אליו, מתפתח בנו יחס רלטיבי [יחסי], להכיר את שפלות הניצוצין הללו, של אהבה עצמית, בהיותם מפריעים לנו על דרכינו, לקבל את הטעם העדון הזה, של השפעה להשי"ת.

באופן, אשר החוש הדרגתי, של הכרת הרע, הולך ומתפתח בנו, מתוך העתות של עונג ושלוה רבה. דהיינו, ע"י קבלת הטוב בעתות העבודה להש"י, מתוך הרגשתינו את הנועם והעידון, שמגיע לנו אז, מפאת השתוות הצורה ליוצרה.

ב. שאנו מרויחים זמן. כי הוא פועל "לדעתנו". ויש בידינו להרבות בעסק, ולמהר בזמן, כפי חפצנו אנו.

הדת איננה לתועלת הבריות,
אלא לתועלת העובד

רבים טועים, ומשווים את תורתינו הקדושה, לתורת המוסר. אולם זהו הגיע להם, משום שלא טעמו טעם הדת מימיהם! וקורא אני עליהם את המקרא: "טעמו וראו כי טוב ה'".

והן אמת, ששניהם, האתיקה [מוסר] והדת, לדבר אחד מתכוונים, שהוא, לרומם את האדם מזוהמת האהבה עצמית הצרה, ולהביאו על מרומי הפסגה של אהבת זולתו.

אולם עם כל זה, רחוקים אחד מחבירו, כרחוק מחשבת הבורא ית' מן מחשבת הבריות. כי הדת נמשכת ממחשבותיו של הבורא ית'. ותורת המוסר באה ממחשבות בשר ודם, ומנסיונות החיים שלהם. ועל כן, ניכר ובולט ההבדל שביניהם, הן בכל הנקודות שבבחינות השמושיות, והן בהמטרה הסופית:

א. כי הכרת הרע והטוב, המתפתח בנו ע"י תורת האתיקה, בעת השימוש, יש לה יחס רלטיבי להצלחת החברה, כנודע.

ב. מה שאין כן הדת, אשר דבר הכרת טוב ורע, המתפתח בנו מתוך שמושה, יש לה יחס רלטיבי אל השי"ת לבדו. דהיינו, מן שינוי הצורה מהיוצר ית', עד להשואת הצורה אליו ית', שנקרא דביקות. כמו שנתבאר לעיניך במאמר "מתן תורה", אות ט', יוד, י"א, עיין שם היטב.

וכן רחוקים המה זה מזה, בתכלית המרחק, בענין המטרה:

א. כי המטרה של תורת האתיקה, הוא לאושרם של החברה, מבחינת בקורת התבונה המעשיות, הלקוחה מנסיונות החיים, אשר סוף סוף, אין המטרה מבטחת להעוסק בה, שום התעלות של מה למעלה ממסגרת הטבע. ואשר על כן, המטרה הזאת, עדיין לא יצאה מכלל הבקורת, כנודע. כי מי יוכל להוכיח ליחיד, את מדת הטוב בעדו, בצורה סופית, כזו, שיהיה מוכרח בשבילה, למעט דמותו, באיזה שיעור של משהו, בשביל אושר החברה?

ב. מה שאין כן, המטרה הדתית, מבטחת את האושר אל האדם עצמו, העוסק בה. כי כבר הוכחנו לדעת, אשר, בביאת האדם אל אהבת זולתו, אז הוא נמצא ישר בבחינת הדביקות, שהוא השואת הצורה ליוצרה ית'. אשר עמה יחד, עובר האדם מתוך עולמו הצר, המלא מכאובים ואבני נגף, אל עולם נצחי רחב, של השפעה להשי"ת והשפעה לבריות.

גם תמצא, הבדל ניכר ובולט למדי, בבחינת התמיכה:

א. כי עסק על פי שיטת תורת האתיקה, הנהו נתמך על יסוד של מציאת חן בעיני הבריות. ודומה דבר זה, כדוגמת שכירות, המשתלמת לבסוף. ובהתרגל האדם לעבודה כזו, הנה לא יוכל להתעלות, גם במדרגות המוסר, כי כבר רגיל הוא בעבודה כזו, המשתלמת היטב מהסביבה, המשלמים בעד מעשיו הטובים.

ב. מה שאין כן, בהעסק של תורה ומצות, לעשות נחת רוח ליוצרו, בלי שום קבלת פרס, הרי הולך ומטפס על דרגות המוסר, ממש כפי שיעור העסק. שהריהו נעדר מכל תשלום על דרכו, ופרוטה ופרוטה מצטרף לו לחשבון הגדול, עד שקונה טבע שני, שהוא ההשפעה לזולתו, בלי שום התעוררות של קבלה עצמית, זולת להכרח קיומו בלבד. ונמצא, באמת שנשתחרר מכל מאסרי הבריאה.

כי בשעה, שהאדם ממאס כל קבלה

מהות הדת ומטרתה

עצמית, ונפשו קצה, בכל מותרות מתענוגי גופניים הקטנטנים וכבוד וכו', נמצא שמטייל לחפשי בעולמו של הקב"ה, ומובטח, שלא יארע לו כאן שום נזק ותקלה לעולם. שהרי כל הנזקים, מורגשים ובאים לאדם, רק מבחינת הקבלה עצמית, המוטבע בו. והבן זה היטב.

והנה נתבאר היטב, אשר מטרת הדת, עומדת כולה רק לצורך האדם העובד ועוסק בה. ולא כלל לשמש הבריות ולהועילם. הגם שכל מעשהו, סובבים לתועלת הבריות, ומשוער בהמעשים הללו, אולם אין זה אלא בחינת מעבר, אל המטרה הנשגבה, שהוא השואת ליוצרה.

ועם זה מובן גם כן, אשר מטרת הדת נגבית בעולם הזה, בחיים חיותו. כמ"ש לעיל, ועיין היטב במאמר "מתן תורה", אות ו', בדבר המטרה של הכלל ושל הפרט.

אולם, ענין שכר עולם הבא - זהו ענין אחר, ואבארו במאמר מיוחד, בע"ה.

השלום

(מחקר מדעי, על בסיס נסיוני, בדבר החיוב של עבודת השי"ת)

"וגר זאב עם כבש, ונמר עם גדי ירבץ, ועגל וכפיר ומריא יחדיו, ונער קטן נהג בם".

"והיה ביום ההוא, יוסיף ה' שנית ידו, לקנות את שאר עמו, אשר ישאר מאשור וממצרים ומפתרוס ומכוש, ומעילם ומשנער ומחמת ומאיי הים" (ישעיה י"א).

"אמר רבי שמעון בן חלפתא: "לא מצא הקב"ה, כלי מחזיק ברכה לישראל, אלא השלום, שנאמר: "ה' עוז לעמו יתן, ה' יברך את עמו בשלום". (סוף מסכת עוקצין).

אחר שבארתי במאמרים הקודמים, את צורתה הכללית של עבודתו ית' וית', שכל מהותה איננה, לא פחות ולא יותר, מדבר אהבת זולתו. אשר, מבחינה המעשיית, ראוי להגדירה בשם "השפעה לזולתו". כלומר, בהתחשבות עם חלק המעשה, של אהבת זולתו, נמצאת, מצויירת לנו, רק בענין השפעות טובות לזולתו. לפיכך ראוי להגדיר "אהבת זולתו" בהשם של "השפעה לזולתו", המוכשר ביותר לתוכנה המכוון, להבטיח לנו, שלא לשכוח את הכוונה.

ואחרי שידענו, את צורת עבודתו ית' לנכון, יש לנו לחקור: אם העבודה הזאת, היא מקובלת עלינו רק באמונה, בלי שום בסיס מדעי נסיוני, או שיש לנו גם בסיס נסיוני לדבר זה? וזהו שאני רוצה להוכיח, בהמאמר שלפנינו.

והנה מתחילה, כמובן, צריך אני להוכיח היטב, את הנושא עצמו. כלומר, מי הוא המקבל את עבודתינו? אולם, מתוך שאינני מן אוהבי הפלוסופיא הצורתית, כי אני שונא לכל מיני מחקרים, הנבנים על בסיס עיוני. וכידוע, גם רוב בני דורי, מסכימים עמי בדבר זה. כי מנוסים אנו יותר מדאי, בבסיסים ממין הזה, שהמה יסודות רעועים, ונע היסוד ממקומו, נופל כל הבנין.

לפיכך, לא באתי כאן לדבר, אף מלה אחת, אלא רק מתוך בקורת התבונה הנסיונית: החל מן ההכרה הפשוטה, שאין עליה חולק הלך והוכח בדרך **אנאליטי** [אנאליטי: הפרדת הדבר לכל הבחינות שבו], **עד שנבא אל קביעת הנושא העליון.** ומבחינת המבחן הזה, נחזור ונבא בדרך **סינתטי** [סינתטי: האיחוד והקשר בין הדברים כמו ההקש והקל וחומר], איך עבודתו ית', מתאשרת ומתאמתת, מתוך ההכרה הפשוטה, מהבחינה המעשית.

הניגוד והסתירה בדבר ההשגחה

הנה, כל בר דעת, המסתכל בהמציאות הערוכה לעינינו, הוא מוצא בה ב' הפכים, מקצה אל הקצה: כי כשמסתכלים בסדרי הבריאה, מבחינת מציאותה ועמידתה, הרי בולט לעינינו הנהגה **מאושרה עד להפליא**, בחכמה עמוקה וכשרון רב:

א. הן להתהוות חלקי המציאות,

ב. והן בהבטחת קיומו בדרך כללי.

וניקח לדוגמא, סדרי הויה למציאת מין האדם. והנה, האהבה והעונג של המולידים, מוכנה לו לסבה ראשונה, אשר היא בטוחה ונאמנה מאד לתפקידה. וכשהטפה היסודית, נעקרת ממוח האב, ההשגחה הזמינה בעדה מקום בטוח, מסודר בחכמה רבה, המכשרה לקבלת רוח חיים. ושמה ההשגחה מחלקת לו לחם חוקו, דבר יום ביומו, במדה מדויקת. גם מצעות נפלאות הכינה לו ההשגחה בבטן אמו, באופן שכל זר לא יזיק לו.

וכן מטפלת עמו בכל צרכיו, כמו אומנת מנוסית, לא תשכחהו רגע עד שירכוש לו חיל וכח, לצאת לאויר עולמינו. אשר אז, ההשגחה משאלת לו כח וגבורה על זמן קצר, באופן שיספיק לו, לשבור החומות המקיפות אותו. וכמו גבור מזוין, מנוסה ורגיל, הולך ופורץ לו פתח יציאה, ויוצא לאויר העולם. וגם אז, ההשגחה לא סרה מעליו, וכמו אם רחמניה, דואגת לו להביאהו לאוהבים נאמנים כאלו,

שאפשר לבטוח עליהם, שנקראים "אבא", "אמא", שיעזרוהו כל ימי חולשתו, עד שיגדל ויוכל לשמור על קיומו, בכחו עצמו. וכמו האדם, כן כל בעל חי, וכן הצומח והדומם, כולם מושגחים בתבונה וברחמים רבים, עד להבטיח את מציאותו עצמו, ולהשתלשלות מינו אחריו.

והמסתכלים אמנם, מבחינת הכלכלה והכשרת הקיום, של אותה המציאות, הרי בולטים לעיניהם, אי סדרים ובלבולים גדולים, כמו שלא היה כאן שום מנהיג ושום השגחה, ואיש הישר בעיניו יעשה, וכל אחד בונה על חורבנו של חברו, ורשעים השיגו חיל, וצדיקים נרמסים באין חמלה וכולי.

ותדע, אשר הפכיות הזה, הנמצא ערוך לעיני כל מרגיש ומשכיל, העסיקה את האנושיות עוד מימים קדמונים. ושיטות רבות היו להם, כדי לתרץ את ב' ההפכים האלו המתראה בהשגחה, אשר משמשים בעולם אחד.

שיטה א' הוא - הטבע

שיטה זו היא, שיטה קדמונית מאד. כי מתוך ב' הפכים אלו, שמצאו בולט לעיניהם, לבלי שום דרך ומבוא, איך לקרבם זה אל זה, באו לכלל הנחה, אשר הבורא והממציא את כל אלה, המשגיח בכח חזק על קיום מציאותו, שלא יתבטל אף משהו הימנו, אינו כלל בעל שכל ומרגיש.

ולפיכך, אף שממציא ומשגיח על קיום המציאות, בחכמה נפלאה הפלא ופלא, עם כל זה, הוא עצמו חסר דעה, ושלא מדעת יעשה כל זאת. כי אם היה בו דעת והרגשה, ודאי שלא היה מניח קלקולים כאלה, בדרכי כלכלת המציאות, בלי שום חמלה ורחמים על המעונים.

ולפיכך, כנוהו בשם "טבע". כלומר, משגיח, החסר דעה והרגש. ולפיכך, אין כלל לדעתם, על מי להתרעם, או להתפלל, או להצטדק לפניו.

שיטה ב' הוא - ב' רשויות

יש שהחכימו יותר, כי היה קשה להם, לקבל את הנחה זאת, של השגחת הטבע. משום, שמתוך שראו, השגחת הויות המציאות, המובטחת לקיומה, בחכמה עמוקה למעלה מכל פסגה האנושית, לא יכלו להסכים, שהמשגיח על כל אלה, יהיה בעצמו חסר דעה. "כי כלום יש לך נותן, מה שאין בו", ו"כלום יש לך מלמד ומחכים לחברו, בעוד שהוא עצמו טפש". ואיך אפשר לומר, על מי שמסדר לפנינו מעשים, בחכמה נפלאה הפלא ופלא, שאינו יודע, מה הוא עושה, אלא במקרה הוא עושה כך, בעת שגלוי לכל, שאין המקרה יכול לסדר שום מעשה מסודרת בסדרי החכמה. ולא עוד, אלא גם להבטיח לו סדר קיומי נצחי.

ומשום זה, באו להנחה שניה, אשר יש כאן שני משגיחים וממציאים: אחד בורא ומקיים את הטוב, ואחד בורא ומקיים את הרע. והרחיבו מאד שיטה זו, בראיות ומופתים על דרכם.

שיטה ג' היא - ריבוי אלהיית

שיטה זו נולדה, מתוך חיקה של שיטת ב' רשויות. כי חלקו והפרידו את כל פעולה ופעולה, מפעולות הכלליות, לפי עצמה. דהיינו, הכח העושר, השליטה והנוי, הרעב, המות, והמהומות, וכדומה. ומינו על כל אחד מהם, ממציא ומשגיח מיוחד. והרחיבו הדבר לפי חפצם.

שיטה ה' - עזב פעולתו

לאחרונה, כאשר נתרבה החכמה, וראו את הקשר החזק, בין כל חלקי הויות הבריאה, הכירו את ענין ריבוי אלהית, לדבר נמנע לגמרי, ולפיכך שוב נתעוררה שאלת ההפכיות, המורגשה בהשגחה.

ומתוך זה עשו הנחה חדשה: אשר באמת הממציא והמשגיח על קיום המציאות, הוא חכם ומרגיש. אולם, מתוך רוממותו, שהוא למעלה מכל ערך, נמצא העולם שלנו, כגרגיר חרדל וכאפס בעיניו, ואינו כדאי לו לטפל עמנו, בעניינינו הקטנטנים. ולפיכך, נמצא כלכלתנו כל כך מקולקלת, וכל הישר בעיניו יעשה.

והנה, יחד עם השיטות הנ"ל, בזמן אחד, שלטו גם כן שיטות דתיות מבחינת אחדות

האלקיית, שאין כאן המקום לעסוק בהם. כי רק רציתי לבאר, המקוריות שממנו התלקחו, כל מיני שיטות המקולקלות והנחות המתמיהות, שהיה להם שליטה והתפשטות גדול, בזמנים ומקומות שונים, כידוע.

ונמצינו למדים, הבסיס, שעליו נבנו כל השיטות האמורים, נולד ויצא מתוך הניגוד וסתירה, מבין ב' מיני השגחות, המורגשות בעולמינו, אשר כל השיטות הללו לא באו, אלא לאחה את הקרע הגדול הזה.

אולם, עדיין "עולם כמנהגו נוהג", והקרע הגדול והנורא הזה, לא לבד שלא נתאחה, אלא להיפך, שהולך ומתרחב לעינינו, לתהום נורא מאד, מבלי לראות ולקוות עוד, על איזה מוצא ומפלט ממנו.

ובהביטי על כל אלו הנסיונות, האמורים לעיל, שהשתמשו בהם האנושיות, כמה אלפי שנה עד הנה, ולא הועילו, הריני שואל: אולי אין לבקש כל עיקר, את תיקון הקרע הזה, מצד המשגיח, אלא כל התיקון הגדול הזה, מצוי בידינו עצמנו?

חיוב הזהירות בחוקי הטבע

כולנו רואים, מתוך הכרה פשוטה, אשר מין האדם מוכרח לחיי החברה. כלומר, שלא יוכל להתקיים ולהתכלכל, זולת ע"י עזרת החברה.

ולפי זה, צא ודמה לך את מאורע הזה. למשל, אם יארע לפנינו איזה יחיד, הולך ופורש את עצמו מהחברה, למקום שאין שם איש, והוא חי שם חיי צער ויסורין גדולים, משום חולשתו להספיק לעצמו את צרכיו. הרי, שאין לו שום רשות להתרעם, על ההשגחה או על גורלו. ואם הוא עושה זאת, דהיינו שמתרעם ומקלל את גורלו המר, אינו יותר, רק מכריז ומפרסם על טפשותו. כי בעת, שההשגחה הכינה לו מקום נוח ורצוי, בין החברה, אין לו הצדק, להפרש ממנה למקום שמם. ולאדם כזה, אסור לרחם עליו, להיותו הולך נגד טבע הבריאה, ולהיות שיש לו עצה, לחיות, כפי אשר גזרה עליו ההשגחה. על כן, הוא נטול הרחמים.

ומשפט הזה, מוסכם מכל חברי האנושיות, לבלי חולק. ואני יכול להוסיף, ולהטעים את הדבר, על בסיס דתי, וליתן לו צורת משפט כזה: כיון שהשגחת הבריאה, נמשכת מבורא ית', שבלי ספק, יש לו איזה מטרה בפעולתו, כי אין לך פועל בלי תכלית, נמצא, שכל העובר על איזה חוק, מחוקי הטבע, אשר הטביע לנו, הריהו מקלקל את המטרה התכליתית.

כי המטרה נבנית, בלי ספק, על כל חוקי הטבע ביחד, אחד לא נעדר. כמו שנאות לפועל חכם, שלא יחסיר ולא יעדיף, כחוט השערה, על פעולותיו, המוכרחות אל המטרה.

ונמצא, אשר המקלקל חוק אחד, הרי קלקולו פוגע ומזיק במטרת התכלית, אשר הציב השי"ת. ולכן יעינשהו הטבע. ולפיכך, גם אנו, ברואי השי"ת, אסור לנו לרחם עליו. כי חוקי הטבע הוא מחלל, ומטרת השי"ת הוא בוזה. וזהו צורת המשפט, לדעתי.

ואני חושב, שאינו כדאי למי שהוא, לחלוק עלי. על הצורה הזו, שנתתי להמשפט, מתוך שדבריף המשפט אחד הם. כי מהו החילוק:

אם אומרים, אשר המשגיח נקרא "טבע", דהיינו חסר דעה וחסר תכלית,

או לאומרים, אשר המשגיח הוא חכם נפלא, יודע ומרגיש, ויש לו תכלית במעשיו?

כי סוף סוף, כלנו מודים ומסכימים, שמוטל עלינו החוב הזה, לקיים את מצות ההשגחה, כלומר, חוקי הטבע. וכלנו מודים, שהעובר על מצות ההשגחה, כלומר, על חוקי הטבע, ראוי וכדאי לקבל את העונש, אשר יעינשהו הטבע. ואסור למי שהוא, לרחם עליו. הרי, שאופי המשפט אחד הוא, ואין חילוק בינינו, רק בהמוטיב:

א. שלדעתם המוטיב הוא הכרחי,

ב. ולדעתי הוא מטרתי.

וכדי שלא אצטרך, מכאן ואילך, להביא את ב' הלשונות הללו, דהיינו:

א. טבע,

ב. ומשגיח.

אשר אין שום חילוק, בקיום החוקים, כמו שהוכחתי, על כן מוטב לנו, לבוא לעמק השוה, ולקבל את דברי המקובלים, אשר "הטבע" עולה בחשבון "אלהים", דהיינו, במספר פ"ו.

ואז, אוכל לקרות את "חוקי אלקים" בשם "מצות הטבע", או להיפך ("מצות אלקים" בשם "חוקי הטבע"). כי היינו הך, ולא נאריך במלות על לא דבר.

ומעתה, חשוב לנו מאד, להסתכל במצות הטבע, לידע מה הוא דורשת מאתנו, פן תענישנו בלי חמלה, כנודע. והנה אמרנו, אשר הטבע מחייב למין האדם, לחיות חיי חברה. וזהו פשוט. אולם, יש לנו להסתכל בהמצות, אשר הטבע מחייב אותנו, לעשות מתוך הבחינה ההוא, דהיינו, מבחינת חיי החברה.

וכשנסתכל בדרך כללית, יש לנו לעסוק, בתוך החברה, רק בשני מצות, שאפשר להגדיר אותם, בשם:

א. "קבלה"

ב. ו"השפעה".

דהיינו, שכל חבר, מחוייב, מצד הטבע, לקבל צרכיו מהחברה. וכן מחוייב, להשפיע, ע"י עבודתו, לטובת החברה. ואם יעבור, על אחת מב' המצות הללו, יענש, לבלי רחמים, כאמור.

והנה, במצות "הקבלה", אין אנו צריכין להסתכלות מרובה, משום שהעונש נגבה תיכף על יד. ומשום זה, לא יארע לנו שום הזנחה.

אולם, במצוה השניה, שהיא "השפעה לחברה", אשר העונש לא יגיענו תיכף, ולא עוד, אלא שגם העונש, מגיע אלינו ביחס בלתי ישר, לפיכך, אין המצוה הזאת משומרה כהלכתה. ולפיכך, מטוגנת האנושיות על האש, במרחשת איומה. והחרב והרעב ותולדותיהם, לא פסקו ממנו עד הנה.

והפלא שבדבר, אשר הטבע, כמו שופט בעל מקצוע, מענישנו על פי התחשבות עם התפתחותינו. כי עינינו הרואות, שבאותו שיעור, שהאנושיות הולכת ומתפתחת, כן יתרבו עלינו העינויים והמכאובים, בהשגת כלכלתינו וקיומינו.

הרי לעיניך, בסיס מדעי נסיוני, שנצטוינו מצד השגחתו ית', לקיים בכל מאודינו, את המצוה של "השפעה לזולתו", בתכלית הדיוק. באופן, ששום חבר מאתנו, לא ימעיט, מלעבוד בכל השיעור, המובטח להצלחת החברה ולאושרם. וכל עוד, שאנו מתעצלים לקיים את זה, בכל השיעור, לא תפסיק הטבע מלהענישנו, וליטול נקמתה ממנו. וכפי המכות, שאנו מוכים בזמננו זה, גם לקחת בחשבון, את החרב, השלופה לעינינו על להבא. יש להסיק מהם, מסקנא נכונה, אשר סוף סוף תנצחינו הטבע, וכלנו יחד, נהיה מוכרחים, לעשות יד אחת, לקיים מצותיה, בכל השיעור, הנדרש מאתנו.

הוכחת עבדותו ית' מפי הנסיון

אולם, המבקר את דברי, יש לו עדיין פתחון פה, לשאול: כי עדיין לא הוכחתי, רק שצריך לעבוד לבני אדם. אולם, מאין ההוכחה המעשית, שצריך לעבוד במצוה זו, לשם השי"ת?

על זה אמנם, הטריחה בעדינו ההסטוריא בעצמה, והכינה לנו עובדה, מליאה לעינינו, שדיה ומספקת לנו, להערכה שלימה, ולמסקנות בלתי מפוקפקות.

כי הכל רואים, איך חברה גדולה, כמדינת רוסיא, בת מאות מליונים, שלרשותה עומד ומשמש שטח אדמה העולה על מדת ארופה כולה, עם רכוש של חמרים גלמיים, שכמעט אין דוגמתו בעולם כולו, אשר המה כבר הסכימו לחיות חיי חברה שתפנית, ובטלו למעשה כל קנין פרטי, וכל אחד אין לו דאגה אחרת, זולת לטובת החברה, שלכאורה כבר רכשו להם, כל המדה טובה של "השפעה לזולתו" במשמעותה המלאה, ככל מה שיעלה השכל האנושי. ועם כל זה, צא ולמד מה עלתה להם?

ובמקום, שהיה להם להתרומם ולהתקדם על המדינות הבורגניות, ירדו מטה מטה הולך ורדת, עד שלא לבד, שאינם מוכשרים, להיטיב את חיי העובדים, ביותר מעט מן פועלי הארצות הבורגניות, הנה אין לאל ידם, אפילו להבטיח להם את לחם חוקם, ולכסות את מערומיהם.

ובאמת, עובדא זו מפליאינו בהרבה. כי לפי עשרה של המדינה הזאת, ומרבית החברים,

לא היתה צריכה לכאורה, על פי שכל אנושי, להגיע לידי כך. אולם, חטא אחד חטאה האומה הזאת, והשי"ת לא יסלח להם. והוא, כי כל העבודה הזאת, היקרה והנשאה, שהוא "ההשפעה לזולתו", שהחלו לעבוד בה, צריכה שתהיה לשם השי"ת, ולא לשם האנושיות. ומתוך שעושים עבודתם, שלא לשמו ית', לפיכך, אין להם זכות קיום, מצד הטבע עצמה.

כי נסה נא, ודמה בדעתך, אם כל אחד מהחברה הזאת, היה חרד לקיים מצות השי"ת, בשיעור הכתוב "ואהבת את ה' אלקיך בכל לבבך ובכל נפשך ובכל מאדך", ובשיעור הזה, היה עומד ודואג, למלאות צרכי חבירו ומשאלותיו, בכל השיעור, המוטבע באדם, למלאות משאלותיו עצמו, ככתוב "ואהבת לרעך כמוך".

והיה השי"ת בעצמו, עומד בהמטרה לכל עובד, בעת עבודתו לאושר החברה. דהיינו, שהעובד היה מצפה, אשר ע"י עבודתו זו להחברה, יזכה להדבק בו ית', אל המקור של כל האמת והטוב וכל נועם ורוך.

הנה, לא יסופק כלל, אשר במשך שנים מועטות, היו עולים בעשרם, על כל ארצות התבל יחד. כי אז, היו לאל ידיהם, לנצל את אוצרות החמרים הגלמיים, אשר באדמתם העשירה, והיו באמת למופת לכל הארצות, וברוכי ד' יקראו.

אולם בעת, אשר כל שיעור העבודה ב"השפעת זולתו", מתבסס על שם החברה לבד, הרי זה יסוד רעוע, כי מי ומה יחייב את היחיד, להרבות תנועותיו, להתייגע לשם החברה? כי מן פרינצפ יבש בלי חיות, אי אפשר לקוות הימנו לעולם, שימציא מוטיב-פאואר [מוטיב-פאואר: כח-מטרה שהוא כח הפועל המניע לכל גוף ומודד לו כח ליגיעה כתפקיד הדלק בהמכונה] לכח התנועה, אפילו לאנשים המפותחים. ואין צריך לומר, לאנשים בלתי מפותחים.

ואם כן, הועמדה השאלה: מאין יקח הפועל או האכר, מוטיב-פאואר, המספיק להניעהו אל העבודה? כי שיעור לחם חוקו, לא ימעיט ולא ירבה, בסבות פזור כחותיו. ושום מטרה וגמול, אינה עומדת לפניו.

ונודע זה לחכמי הטבע, אשר אפילו תנועה הקטנה ביותר, לא יניע האדם בלי מוטיב-פאואר, כלומר, מבלי להטיב מה את עצמו. למשל, כשאדם מטלטל את ידו מהכסא אל השלחן, הוא משום, שנדמה לו, שבהניח ידו על השלחן, יהנה ביותר. ואם לא היה נדמה לו כזה, היה עוזב את ידו על הכסא, בכל שבעים שנותיו, מבלי להניעה ממקומה. ואין צריך לומר לטרחא גדולה.

ואם תאמר, שיש עצה על זה, להעמיד משגיחים עליהם. באופן, שכל המתעצל בעבודתו, יענש, ויטלו ממנו את לחם חוקו, אכן אשאל: אמור לי, מאין יקחו המשגיחים בעצמם, את המוטיב-פאואר לעבודתם? כי העמידה במקום המיוחד, והשגחה על אנשים, להניע ולייגע אותם, היא גם כן טרחא גדולה, אולי עוד יותר מהעבודה עצמו. ועל כן נדמה הדבר, כמו הרוצה להניע מכונה, בלי תת לה חמרי דלק.

ולפיכך, משפטם חרוץ, להאבד מצד הטבע. כי חוקי הטבע יעניפו אותם, משום שאינם מסגלים את עצמם לקיים פקודותיה. דהיינו, שיעשו אלו המעשים, של השפעה לזולתו, מבחינת העבודה להשי"ת, כדי לקיים ולבא מתוכה לתכלית מטרת הבריאה, שהוא הדביקות בו ית', על דרך שנתבאר במאמר "מתן תורה", אות ו', שדביקות הזה, מגיעה להעובד, במדת שפעו הנעים רבת העונג, ההולך ומתרבה אליו, עד שיעור רצוי, להתרומם בהכרת אמתיותו ית', הלוך ומתפתח, עד שזוכה להפלגה הגדולה, שעליה רמזו בסוד הכתוב "עין לא ראתה אלקים זולתיך".

וצייר לעצמך, אם האכר והפועל, היו מרגישים לעיניהם מטרה הזאת, בעת עמלם לאושרם של החברה, בטח, שלא היו צריכים אפילו למשגיחים עומדים עליהם, כי כבר היה מצוי להם מוטיב-פאואר, בסיפוק גמור, ליגיעה גדולה, עד להרים את החברה למרומי האושר.

ואמת הדבר, אשר הבנת הדבר באופי כזה, צריכה לטיפול רב, ובסדרים נאמנים. אולם הכל רואים, שאין להם זכות קיום, זולתו

מצד הטבע העקשנית, שלא תדע פשרות. וזהו, שרציתי להוכיח במקום זה.

והנה הוכחתי בעליל לעיניך, מצד התבונה הנסיונית, מתוך הסטוריא המעשיות, המתרקמת לעינינו, אשר אין תרופה לאנושיות, בשום פנים שבעולם, זולת אם יקבלו על עצמיהם, מצות ההשגחה, שהוא "השפעה לזולתו", כדי לעשות נחת רוח להשי"ת, בשיעור ב' הכתובים:

האחד הוא - "ואהבת לרעך כמוך", שהיא תכונת העבודה גופה. דהיינו, ששיעור היגיעה, להשפעת זולתו, לאשרם של החברה, צריכה להיות, לא פחות מזה השיעור, המוטבע באדם, לדאוג לצרכי עצמו. ולא עוד, אלא שצריכים להקדים, צרכי זולתו על צרכי עצמו, כמבואר במאמר "מתן תורה", אות ד'.

וכתוב **השני הוא** - "ואהבת את ה' אלקיך, בכל לבבך, ובכל נפשך, ובכל מאדך", שזהו המטרה, המחויבת להמצא לעיני כל, בשעת היגיעה לצרכי חבירו, שהוראתו, שעושה ומתייגע, רק כדי למצוא חן בעיני הבורא ית', שאמר, ועושים רצונו ית'.

"ואם תאבו ושמעתם טוב הארץ תאכלו". כי יחדל אביון וכל מעונה ומנוצל מן הארץ. ואושרו של כל אחד, יעלה מעלה מעלה, מכל ערך ושיעור.

אולם, כל עוד שתמאנו, ולא תרצו לבא בברית עבודות השי"ת, בכל השיעור המבואר, אז הטבע וחוקיה עומדים הכן, לנקום את נקמתה ממנו, ולא תרפה אותנו, כמו שהוכחנו בעליל, עד שתנצחה אותנו, ונקבל את מרותה, לכל אשר תצוה אותנו, כמבואר.

והנה, נתתי לך מחקר מדעי מעשי, ע"פ בקורת התבונה הנסיונית, בדבר חיוב המחלט, לכל הבריות, לקבל עליהם עבודות השי"ת, בכל לבבם ונפשם ומאודם.

ביאור המשנה "הכל נתון בעירבון, ומצודה פרוסה על כל החיים"

ואחר שידענו את כל האמור לעיל, הרותנו להבין משנה סתומה, במסכת אבות, פרק ג' משנה ט"ז. וזה לשונה: "הוא (רבי עקיבא) היה אומר: הכל נתון בערבון, ומצודה פרוסה על כל החיים. החנות פתוחה, והחנוני מקיף, והפנקס פתוח, והיד כותבת. וכל הרוצה ללוות, יבא וילוה. והגבאים מחזירים תדיר, בכל יום. ונפרעים מן האדם, מדעתו ושלא מדעתו. ויש להם על מה שיסמוכו. והדין דין אמת. והכל מתוקן לסעודה". עד כאן לשונו.

והמשנה הזאת, לא על חנם נשארה סתומה לפנינו, במשל, מבלי לרמז אפילו על פתרונה. שזהו יורה לנו, שיש כאן עמקות מרובה, להתעמק בה. אכן היא מתבארת יפה יפה, על פי הידיעות שרכשנו עד הנה.

גלגל שינוי הצורה

ומתחילה, אציע דעת חז"ל, בדבר השתלשלות דורות העולם. אשר, הגם שאנו רואים, את הגופים, שמתחלפים ועוברים מדור לדור, הנה זהו רק מקרה הגופות.

אולם הנפשות, שהם עיקר העצמות של הגוף, המה אינם נעדרים במשפט בני חילוף. אלא המה נעתקות, ובאות מגוף לגוף, מדור לדור. שאותם הנפשות, שהיו בדור המבול, הם נעתקו ובאו בדור הפלגה, ואח"כ בגלות מצרים, ואח"כ ביוצאי מצרים וכו'. עד דורינו זה, ועד גמר התיקון.

באופן, שאין כאן בעולמינו, שום נשמות חדשות, על דרך התחדשות הגופית. אלא רק סכום מסוים של נפשות, באות ומתגלגלות, על גלגל שינוי הצורה, מפאת ההתלבשות בכל פעם, בגוף חדש, ובדור חדש.

ולפיכך, בהתחשבות מבחינת הנפשות, נבחנים כל הדורות, מעת תחילת הבריאה עד להגמרה של התיקון, כמו דור אחד, שהאריך את חייו כמה אלפים שנה, עד שהתפתח ובא לתיקונו, כמו שצריך להיות. ולא חשוב כלל, מבחינה זו, מה שבינתים, החליפו כל אחד ואחד, גופותיהם כמה אלפי פעמים. משום, שעיקר העצמות מהגוף, שנקרא נפש, לא סבלה כלום מחילופים האלו.

ויש על זה הוכחות רבות, וחכמה נפלאה, הנקראת "סוד גלגול הנשמות", שאין כאן המקום לביאורו. אלא, לסבת הפלגתו של הדבר, למי שאינו בקי בחכמה זאת, ראוי

לציין, אשר סוד הגלגול, נוהג גם כן בכל פרטי המציאות המוחשיים. אשר כל דבר, לפי דרכו, חי חיים נצחיים.

ואע"פ שאנו רואים בחוש, שכל דבר הוה ונפסד, אין זה רק למראה עינינו. ובאמת, רק בחינת גלגולים יש כאן. אשר כל פרט ופרט, אינו נח, ואינו שקט, אף רגע, אלא הולך ומתגלגל על גלגל שינוי הצורה. ואינו אובד אף משהו ממהותו, בכל דרך הילוכו, כמו שהאריכו בזה בעלי הפיזיקא.

ומעתה נבוא לביאור המשנה, שאומר: "הכל נתון בערבון".

כי דימו הדבר, למי שמלוה לחבירו סכום כסף, לעסק על מנת, שיהיה שותף עמו בהריוח. וכדי שיהיה בטוח, שלא יאבד את כספו, נותן לו זה בערבון. ונמצא, מסולק מכל חשש.

כן בריאת העולם וקיומו: אשר השי"ת הכינה לבני אדם, לעסוק בה, ולהרויח על ידיה בסופם, את התכלית הנשגב, של הדביקות בו ית', כמבואר במאמר "מתן תורה" אות ו', עש"ה.

אם כן, יש להעלות על הדעת: מי יכריח את האנושיות, לעסוק בעבודתו ית', עד שיבואו בסופם, לידי תכלית הזה, הנשגב והנעלה?

ועל זה אומר לנו ר' עקיבא: "הכל נתון בערבון". כלומר, כל מה שהשי"ת הניח בעסק הבריאה, ונתנה לבני אדם, לא נתן להם על הפקר, אלא הבטיח את עצמו בערבון. ואם תאמר: איזה עירבון נתנו לו?

ועל זה משיב ואומר: "ומצודה פרוסה על כל החיים".

כלומר, שהחכים השי"ת, ופרש מצודה נפלאה כזאת על האנושיות שאף אחד, ממנה לא ימלט. אלא, כל החיים מוכרחים להלכד שמה, במצודה זו. ולקבל עליהם, בהכרח, את עבודתו ית', עד שישיגו מטרתם הנעלה. וזהו הערבון של השי"ת, שהבטיח את עצמו, שלא יתאנה במעשה הבריאה.

ואח"ז מפרש הדבר בפרטיות, ואומר: "החנות פתוחה".

כלומר, אע"פ שעולם הזה, מתראה לעינינו, כדמות חנות פתוחה, מבלי שום בעלים, אשר כל עובר דרכה, יכול לקבל סחורה וכל טוב, כפי אות נפשו בחנם, בלי שום חשבון.

ועל זה עומד רבי עקיבא ומזהירנו: "והחנוני מקיף".

כלומר, אע"פ שאינך רואה כאן שום חנוני, תדע, שיש חנוני. ומה שאינו תובע תשלומיו, הוא מפני, שנותן לך בהקפה.

ואם תאמר: מאין יודע את חשבונותי?

על זה משיב: "הפנקס פתוח והיד כותבת". כלומר, שיש פנקס כללי, אשר כל מעשה ומעשה נרשמת שמה, מבלי להתאבד אף כל שהוא.

והכונה סובבת על החוק של התפתחות, שהטביע הקב"ה בהאנושיות, הדוחף אותנו תמיד קדימה. פירוש, שהנהגות המקולקלות, המצויים במצבי האנושיות, הן עצמן הגורמים והבוראים, את המצבים הטובים. וכל מצב טוב, אינו, אלא פרי עמלו של מצב הרע, שהקדים לו.

אכן, ערכי טוב ורע אלו, אינם אמורים בהערך של המצב לפי עצמו, כי אם על פי המטרה הכללית. אשר כל מצב, המקרב את האנושיות להמטרה, נקרא "טוב", והמרחיקם מן המטרה, נקרא "רע". ורק על ערך הזה נבנה "חוק התפתחות", אשר הקלקול והרשעות, המתהוה בהמצב, נבחן לגורם וליוצר על המצב הטוב.

באופן, אשר זמן קיומו, של כל מצב ומצב, הוא רק זמן מסוים, המספיק לגידול קומתו של הרע, שבתוכו, בשעור כזה, שאין הצבור יכול עוד להמצא בו. אשר אז, מוכרחים הצבור להתקבץ עליו, ולהרוס אותו, ולהסתדר במצב יותר טוב, לתיקונו של הדור ההוא.

וכן זמן קיומו של מצב החדש, נמשך גם כן, עד שניצוצי הרשעות שבו, מתבכרות ונגמלות, לשיעור כזה, שאי אפשר לסובלו. אשר אז, מוכרחים להורסו, ולבנות מצב יותר נוח, על מקומו.

וכן הולכים המצבים, ומתבררים, בזה אחר זה, מדרגה אחר מדרגה, עד שיבואו למצב מתוקן כזה, שיהיה כולו טוב, בלי שום ניצוצין רעות. והנך מוצא, אשר כל עיקרי הזרעים והגרעינים, שמתוכם צומחים ויוצאים מצבים

הטובים, אינם אחרים, רק המעשים המקולקלים עצמם.

דהיינו, שכל רשעה ורשעה, המתגלה ויוצא, מתחת ידי הרשעים שבהדור, הנה מצטרפות יד על יד, ובאות בחשבון, עד שמקבלים משקל כזה, שאין הצבור יכול עוד לעמוד בו. ואז עומדים, ומהרסים אותו, ובוראים מצב הרצוי ביותר.

הרי לעיניך, אשר כל רשעה בפרטיותה, נעשה מותנה לכח הדחיפה, שיתפתח על ידיה מצב הישר.

ואלה הם דברי רבי עקיבא: "הפנקס פתוח, והיד כותבת".

כי כל מצב אשר, איזה דור נתון בו, מדומה כמו פנקס. וכל עושי רשע, מדומים כמו ידים כותבות. כי כל רשעה ורשעה, נחקקת ונרשמת בהפנקס, עד שמתקבצות לידי חשבון, שאין הצבור יכול עוד להמצא בו. אשר אז, מהרסים מצב הרע הזה, ומסתדרים תחת מצב יותר רצוי, כמבואר.

הרי, אשר כל מעשה ומעשה, בא בחשבון, ונרשמים בהפנקס. דהיינו, בהמצב, כאמור.

ואומר: "כל הרוצה ללות יבא וילוה".

כלומר, מי שמאמין, שאין עולם הזה, בבחינת חנות פתוחה, על הפקר בלי בעל בית. אלא, שיש כאן בעל הבית חנוני, עומד בחנותו, ותובע מכל לוקח, שיתן לו את מחיר הרצוי, בשביל הסחורה, שלוקח מהחנות. דהיינו, שישתדל בעבודתו ית', במשך זמן כלכלתו מאותה החנות, באופן הרצוי ובטוח, להגיע למטרת הבריאה, כחפצו ית'.

והנה, אדם כזה, נבחן, אשר הוא "רוצה ללות". כלומר, עוד בטרם שהוא פושט את ידו, ליקח מה מעולם הזה, שהוא החנות, הרי הוא נוטל זה מבחינת הלואה, על מנת לשלם מחירו הקצוב. דהיינו, שמקבל על עצמו, לעבוד ולהגיע למטרתו ית', במשך ימי כלכלתו מהחנות. באופן, שמבטיח נאמנה, ליפרע את חובו. דהיינו, על ידי ביאתו אל המטרה הרצויה. ועל כן, הוא מכונה בשם "הרוצה ללות". דהיינו, שמשתעבד לפרוע ולשלם.

ומצייר לנו רבי עקיבא, ב' סוגי אנשים:

סוג האחד, הם מבחינת "חנות פתוחה", שחושבים את עולם הזה, כמו חנות פתוחה, בלי שום בעל הבית חנוני. ועליהם אומר: "הפנקס פתוח, והיד כותבת". דהיינו, אע"פ שהמה אינם רואים שום חשבון, מכל מקום כל מעשיהם בספר נכתבים, כמבואר לעיל. שזהו ע"י חוק ההתפתחות, המוטבע בהבריאה בעל כרחה של האנושיות. אשר מעשי הרשעים, בעצמם מולידים, בעל כרחם, מעשים הטובים, כמו שמבואר לעיל.

וסוג השני של האנושיות, הוא מכונה בשם "הרוצים ללות". אשר המה מתחשבים עם בעל הבית. ובעת שלוקחים מה מהחנות, אינם לוקחים רק מבחינת הלואה, שמבטיחים להחנוני לשלם לו, את מחירו הקצוב, דהיינו לזכות על ידה להמטרה התכליתית. ועליהם אומר: "כל הרוצה ללות, יבא וילוה".

ואם תאמר, מהו החילוק:

בין **סוג האחד**, אשר מטרה התכליתית, מתחייבת, ובא להם, מתוך חוק ההתפתחות.

ובין **סוג השני**, אשר מטרה התכליתית, מגעת להם, על ידי השתעבדות עצמית לעבודתו ית'.

הלא, סוף סוף, שתיהם שוים בהשגת המטרה?

ועל זה ממשיך ואומר: "והגבאים מחזירין תמיד, בכל יום, ונפרעים מן האדם, מדעתו, ושלא מדעתו".

כלומר, אמת היא, אשר אלו ואלו, משלמים חובם בשוה, לשיעורין, בכל יום ויום, וכשם, שהכחות הסגוליים, שמופיעים על ידי העסק בעבודתו ית', נבחנים לגבאים נאמנים, הגובים החוב לשיעורין תדיר, דבר יום ביומו, עד שנפרע על מלואו, כן ממש כחות האיתנים, המוטבעים בחוק ההתפתחות, נבחנים גם כן לגבאים נאמנים, הגובים החוב לשיעורין, תדיר, דבר יום ביומו, עד שנפרע על מלואו. שזה אמרו: "והגבאים מחזירים תדיר בכל יום ונפרעים מן האדם".

אמנם, יש ביניהם חילוק, ומרחק רב. דהיינו: "מדעתו ושלא מדעתו". אשר סוג האחד, אשר חובם נגבה, ע"י הגבאים של

התפתחות, נמצאים פורעים חובם "שלא מדעתם". אלא הגלים סוערים, ובאים עליהם, על ידי רוח החזק של התפתחות, הדוחפים אותם מאחוריהם, ומכריחים הבריות לפסוע קדימה. הרי שהחוב נפרע בעל כרחם, ביסורין גדולים, על ידי הגילויים של כחות הרע, הדוחפים אותם **ויז-א-טערגא** [ויז-א-טערגא: כח הדוחה לאיזה דבר מאחוריו], **בדחיפה מאחוריהם.**

אולם הסוג השני, פורעים חובם, שהוא השגת המטרה "מדעתם", מרצונם עצמם, בהיותם חוזרים אחרי העבודות הסגוליות, הממהרות את התפתחות חוש הכרת הרע, על דרך שנתבאר במאמר "מהות הדת ומטרתה", שעל ידי העבודה הזו, נמצאים מרויחים שנים:

ריוח אחד, שהכחות הללו, המתגלות מתוך עבודתו ית', נמצאים ערוכים לפניהם, בבחינת כח המושך, בדמות חשק מאגנטי, (מבחינת **ויז-א-פראנטא** [ויז-א-פראנטא: כח המושך לאיזה דבר מלפניו], שהמה אצים ונמשכים אחריו מרצונם, מחשקם, על פי רוח האהבה. ואין צריך לומר, שנשללים מכל צער ויסורין, כמו הסוג הראשון.

וריוח השני, שהמה ממהרים להם התכלית הרצוי. כי המה הם הצדיקים והנביאים, הזוכים ומשיגים את המטרה, בכל דור ודור, כמבואר לעיל במאמר "מהותה של תורת הקבלה [מהות חכמת הקבלה]", ד"ה "על מה סובב החכמה".

והרי לעיניך, מרחק רב, מבין הנפרעים מדעתם, להנפרעים שלא מדעתם, כיתרון האור של נועם ותענוג, על החשכות של יסורין ומכאובים רעים.

ואומר עוד: "ויש להם על מה שיסמוכו. והדין דין אמת".

כלומר, על אותם, הנפרעים מדעתם ורצונם, הוא מבטיח, "שיש להם על מה שיסמוכו". שיש רב כח בתכונת עבודתו ית', להביא אותם אל המטרה הנשגבה. וכדאי להם להשתעבד תחת עולו ית'.

ועל הנפרעים שלא מדעתם, אומר: "והדין דין אמת". שלכאורה, יש לתמוה, על השגחתו ית', אשר מניח ונותן רשות, לכל אותם הקלקולים והיסורין, שיתגלו בעולם, והאנושיות מתטגנת בהם בלי חמלה?

ועל כן אומר, שהדין הזה הוא "דין אמת". מפני: "והכל מתוקן לסעודה". כלומר, להמטרה התכליתית האמיתית. והנועם העליון, העתיד להתגלות, עם גילוי תכליתו ית', שבהבריאה, אשר כל הטרחא והיגיעה והיסורין, המתגלגלים ובאים בדורות וזמנים, מדמה לנו, כדמיון בעל הבית, המטריח ומתייגע ביגיעות גדולות, כדי להכין סעודה גדולה, לאורחין המוזמנים. והמטרה הצפויה, המוכרחת סוף כל סוף להתגלות, הוא מדמה, כדמיון הסעודה, אשר האורחים מסובין בה, ברב נועם ועונג. ועל כן אומר: "והדין דין אמת. והכל מתוקן לסעודה", כמבואר.

ודומה לזה, תמצא גם כן, בבראשית רבה, פ"ח, בדבר בריאת האדם. וזה לשונם: "ששאלו המלאכים להשי"ת: "מה אנוש כי תזכרנו, ובן אדם כי תפקדנו, הצרה הזאת למה לך?" - אמר להם הקב"ה: "אם כן, צונה ואלפים למה וכו'? למה הדבר דומה? - למלך, שהיה לו מגדל, מלא מכל טוב, ואין לו אורחים. מה הנאה למלך, שמלאו? - מיד אמרו לפניו: "ה' אדונינו, מה אדיר שמך בכל הארץ! עביד מאי דהניי לך".

פירוש, כי המלאכים, שראו כל המכאובים והיסורין, העתידים להתגלגל על האנושיות, תמהו ושאלו: "הצרה הזאת למה לך?"

והשיב להם הקב"ה, שיש לו אמנם מגדול המלא מכל טוב, ואין לו אורחים אחרים, מוזמנים אליה, רק האנושיות הזאת. וכמובן, אשר המלאכים, שקלו בדעתם את התענוגים, הנמצאים בהמגדול הזה, העומד ומצפה על מוזמניו, לעומת היסורין והצרות, העתיד להגיע להאנושיות, ואחר שראו שכדאי להאנושיות, לסבול בשביל הטוב הצפוי והמחכה לנו, אז הסכימו על בריאת האדם.

והיינו ממש כדברי רבי עקיבא, אשר: "הדין דין אמת, והכל מתוקן לסעודה". שעוד מראשית הבריאה, נרשמו שמה כל הבריות, לאורחים מוזמנים, שמחשבות הבורא ית',

מחייבתם לבא להסעודה: אם שלא מדעתם, אם מדעתם, כמבואר.

ובהמבואר, יגלה לכל, אמיתות דברי הנביא (ישעיה, י״א) בנבואת השלום, המתחלת: ״וגר זאב עם כבש, ונמר עם גדי ירבץ״. ונותן טעם על כל זה: ״כי מלאה הארץ דעה את ה׳, כמים לים מכסים״.

הרי שהנביא, תלה שלום כל העולם, על מילוי כל העולם בדעת ה׳. דהיינו, ממש כדברינו לעיל, אשר התנגדות הקשה האגואיסטית, שמבין איש לרעהו, שעמה יחד מתחדדים היחסים הלאומיים, כל אלו לא יעברו מתוך העולם, על ידי שום עצה ותחבולה אנושיות, יהיה מה שיהיה.

כי עינינו הרואות, איך החולה האומלל, מתגלגל ומתהפך מתוך מכאוביו האנושים, לבלי סבול על כל צדדיו, שכבר האנושיות השליכו את עצמם לימין קיצונית, כמעשה גרמניא, או לשמאל קיצונית, כמעשה רוסיא, ולא מלבד, שלא הקלו לעצמם את המצב, אלא עוד החמירו המחלה והכאב, והקולות עד לשמים, כידוע לכלנו.

הרי, שאין להם עצה אחרת, זולת לבא בקבלת עולו ית׳, בדעת את ה׳. דהיינו, שיכוונו מעשיהם לחפץ ה׳, ולמטרתו ית׳, כמו שחשב עליהם בטרם הבריאה.

וכשיעשו זאת, הרי הדבר גלוי לכל, שעם עבדותו ית׳, תמחה זכר הקנאה שנאה מהאנושיות, כמו שהראתי בעליל בהאמור עד כאן. כי אז, כל חברי האנושיות, יתלכדו לגוף אחד בלב אחד, המלאה דעת את ה׳. הרי ששלום העולם ודעת ה׳, הם דבר אחד.

ותיכף אחר זה אומר הנביא: ״והיה ביום ההוא, יוסיף ה׳ שנית ידו, לקנות את שאר עמו״, ״ונפוצות יהודה יקבץ מארבע כנפות הארץ״. ונמצינו למדים, אשר שלום העולם, הוא מוקדם לקיבוץ גליות.

ובזה נבין דברי חז״ל, בסוף מסכת עוקצין: ״לא מצא הקב״ה כלי מחזיק ברכה לישראל, אלא השלום, שנאמר: ״ה׳ עוז לעמו יתן, ה׳ יברך את עמו בשלום״.

לכאורה יש לתמוה, על המליצה: ״כלי מחזיק ברכה לישראל״? וכן: כיצד מוציאים סברה זו מהכתוב הזה?

אולם, הכתוב הזה מתבאר להם, כמו נבואת ישעיהו, אשר שלום העולם מוקדם לקיבוץ גלויות. ועל כן אומר הכתוב: ״ה׳ עוז לעמו יתן״. פירוש, אשר לעתיד, כשהשי״ת יתן לעמו ישראל עוז, דהיינו, תקומה נצחיית, אז: ״ה׳ יברך את עמו בשלום״. כלומר, שיברך את עמו ישראל, מקודם בברכת השלום של העולם כולו. ואח״ז: ״יוסיף ה׳ שנית ידו, לקנות את שאר עמו״.

וזהו שאמרו ז״ל, בטעם הכתוב, דעל כן ברכת השלום של העולם כולו, קדמה לעוז, דהיינו להגאולה, משום ״שלא מצא הקב״ה, כלי מחזיק ברכה לישראל, אלא השלום״.

כלומר, כל זמן, שהאהבה עצמית והאגואיזם, שוררים בין האומות, גם בני ישראל לא יוכלו לעבוד את ה׳, על צד הטהרה, בדבר השפעה לזולתו, כמ״ש בביאור הכתוב: ״ואתם תהיו לי ממלכת כהנים״ במאמר הערבות.

ודבר זה אנו רואים מפי הנסיון, שהרי ביאת הארץ ובנין בית המקדש, לא יכלו להחזיק מעמד, ולקבל הברכות, אשר נשבע ה׳ לאבותינו.

וזהו שאמרו: ״לא מצא הקב״ה, כלי מחזיק ברכה״. כלומר, עד כאן עדיין לא היה לבני ישראל, כלי המחזיק ברכת האבות. ועל כן, עוד לא נתקיימה השבועה, שנוכל לרשת ברכת הארץ, לנצחיית. כי רק שלום העולם, הוא הכלי היחידה, המאפשרת אותנו לקבלת ברכת האבות, כנבואת ישעיהו.

פירוש מלות הלועזיות

אלטרואיזם: אהבת זולתו.

אנאליטי: הפרדת הדבר לכל הבחינות שבו.

סינתטי: האיחוד והקשר בין הדברים כמו ההקש והקל וחומר.

מוטיב-פאואר: כח מטרה, כח ליגיעה, המניע כדלק בהמכונה.

ויז-א-טערגא: כח הדוחה לאיזה דבר מאחוריו.

ויז-א-פראנטא: כח המושך לאיזה דבר מלפניו.

החֵרות

"חרות על הלוחות" אל תקרי חרות אלא חירות מלמד שנעשו חירות ממלאך המות. [שמו"ר מ"א]

מאמר זה צריך באור, כי מה ענין קבלת התורה לשחרורו של האדם ממיתה? ועוד, לאחר שהשיגו על ידי קבלת התורה גוף נצחי, שאין המות חל עליו, א"כ איך חזרו ואבדו אותו, האם יוכל הנצחי להתהפך לבחינה של העדר?

חרות הרצון

אולם כדי להבין את המושג הנעלה "חירות ממלאך המות", צריכים מתחילה להבין מושג החרות במובנו הרגיל כפי הבנת האנושות.

הנה בהשקפה כללית יש לחשב את החרות לחק טבעי, הפרוס על כל החיים, כפי שאנו רואים, שבעלי החיים הנמצאים תחת ידינו, מתים כשאנו עושקים מהם את החפש. וזאת עדות נאמנה, שההשגחה אינה מסכימה לשעבודה של שום בריה. - ולא לחנם לחמה האנושות במאות השנים האחרונות עד שהשיגו חרות היחיד בשיעורים מסוימים.

אבל בכל זאת המושג הזה המתבטא במלה "חרות" מטושטש אצלינו מאד, ואם נתעמק בפנימיותה של המלה הזאת, כמעט ולא ישאר ממנה כלום. כי בטרם שאתה מבקש חרותו של היחיד, עליך להניח שכל יחיד כשהוא לעצמו יש בו אותה התכונה הנקראת חרות, ז"א, שיכול לפעול על פי בחירתו לרצונו החפשי.

התענוג והמכאוב

אולם כשנתבונן במעשיו של היחיד, נמצא אותם כהכרחיים. ובעל כרחו יעשה אותם, ואין לו כל אפשרות של בחירה. והוא דומה בזה, לתבשיל השפות על כירה, שאין לו כל בחירה, והוא מוכרח להתבשל, כי ההשגחה חבשה את כל החיים בשני מוסרות, שהם **התענוג והמכאוב**. ואין לבעלי החיים שום בחירה חפשית, לבחור ביסורים, או לדחות את העונג. ומותר האדם על בעלי החיים הוא: שהאדם יכול להסתכל למטרה רחוקה. זאת אומרת: להסכים לקבל עתה שיעור ידוע של מכאובים, מתוך בחירתו את העונג, או התועלת שעתידה לבא אליו לאחר זמן.

אבל האמת, שאין כאן יותר מחשבון. שהוא לכאורה מסחרי. כלומר, שמעריכים את התענוג או את התועלת העתידים לבא. שיש בהם עדיפות ויתרון, על הצער שהם סובלים מהמכאובים, שהסכימו לקבל עליהם עתה. ורק ענין של נכיון יש כאן שמנכים את הצער והיסורים מתוך התענוג המקווה. ונשאר להם עודף מסוים.

הרי שנמשך בהכרח רק התענוג. וכן קורה לפעמים, שמתענים, היות שלא ימצאו בתענוג שהשיגו, שיהוה את העודף המקווה, לעומת היסורים שסבלו. ונמצאים על כן בגרעון, הכל כמנהג הסוחרים.

ואחרי הכל אין בזה הבדל בין האדם לבעלי החיים, ואם כן אין כלל בחירה חופשית מדעת. אלא כח מושך, המושכם אל התענוג המזדמן להם באיזה צורה שהיא - והמבריח אותם מסבות המכאיבות. ובכח שתים אלה ההשגחה מוליכה אותם לכל המקומות הרצויים לה, מבלי שאלת פיהם כלל.

ולא עוד, אלא אפילו קביעת האופי של התענוג והתועלת, אינה לגמרי מתוך בחירתו ורצונו החפשי של היחיד, אלא על פי רצונם של אחרים, שהם רוצים ולא הוא. למשל, אני יושב, אני מתלבש, אני שח, אני אוכל. כל זאת - לא משום שאני רוצה לשבת כך, ואני רוצה להתלבש כך, ולדבר כך, ולאכול כך. אלא מכיון שאחרים רוצים שאשב ואתלבש ואדבר ואוכל בצורה זו. כל זה לפי רצונם וטעמם של החברה, - ולא רצוני החפשי. יתר על כן, אני עושה כל אלה על פי רוב בנגוד

לרצוני, כי יותר נח לי להתנהג בפשטות בלי שום עול, אלא שאני משועבד בכל תנועותי, ואסור בכבלי ברזל, בטעמים ונמוסים של אחרים, שהם החברה.

אם כן אמרו נא לי, היכן חרות הרצון שלי? ומצד שני אם נניח שאין חרות לרצון וכל אחד מאתנו אינו אלא כמין מכונה הפועלת ויוצרת על ידי כחות חיצוניים, המכריחים אותה לפעול בצורה זו. זאת אומרת שכל אחד חבוש בבית האסורים של ההשגחה, אשר על ידי שני מוסרותיה **התענוג והמכאוב**, מושכת ודוחפת אותנו לרצונה, למקומות הנרצים לה. באופן שאין כלל "אנכיות" בעולם. כי אין כאן כלל בן חורין ועומד ברשות עצמו. אין אני בעל המעשה, ואין אני העושה, משום שאני **רוצה לעשות**, אלא משום שעובדים אתי בעל כרחי ושלא מדעתי, אם כן יוצא לפי זה חלף לו השכר ועונש.

ומוזר הדבר בתכלית, לא רק לדתיים המאמינים בהשגחתו ית', ויש להם על כל פנים לבטוח ולסמוך עליו ית' שיש לו בכל המנהג הזה מטרה טובה ורצויה. אלא הדבר מוזר עוד יותר למאמיני הטבע, אשר לפי האמור, כל אחד אסור במוסרות הטבע העור, שאין לו, לא דעת, ולא חשבון. ואנו מובחר היצורים, בני הדעה והשכל, נעשינו כמשחק בידי הטבע העור, המוליך אותנו שולל. ומי יודע להיכן?

חק הסבתיות

כדאי לקחת לנו זמן, להבין דבר חשוב כזה. דהיינו, איך אנחנו קיימים בעולם מבחינת ישות של "אנכיות", שכל אחד מאתנו מרגיש את עצמו כהויה מיוחדת, הפועלת על דעת עצמה, ובלתי תלוי בכחות חיצונים זרים, בלתי ידועים, ובמה מתגלה הישות הזה של אנכיות אלינו?

והן אמת שיש קשר כללי בכל פרטי המציאות שלפנינו, שהוא פוסע והולך על פי חק הסבתיות, בדרך גורם ונמשך קדימה, וכמו הכלל כולו, כן כל פרט ופרט לעצמו. זאת אומרת, כל בריה ובריה מבריות העולם, מארבעת הסוגים: דומם, צומח, חי, מדבר, נוהג בה חק הסבתיות, בדרך גורם ונמשך. ולא עוד, אלא אפילו כל צורה פרטית, מהנהגה פרטית, שהבריה אוחזת במשך רגעי קיומה בעולם, היא נדחפת על ידי גורמים קדומים, שהכריחוה לקבל את אותו השינוי שבאותה הנהגה, ולא אחרת, בשום פנים. וזה ברור וגלוי, לכל המסתכל בסדרי הטבע, מבחינת המדע הטהור, ובלי תערובת של פניות עצמיות. אכן אנחנו צריכים לנתח הדבר, כדי לאפשר לעצמנו, להסתכל עליו מכל צדדיו ונקודותיו.

ארבעה גורמים

דע שבכל התהוות הנפעלת בבריות העולם, צריך להבין אותה, שאינה נמשכת בבחינת יש מאין, אלא **יש מיש**. דהיינו על ידי מהות ממשית, שפשטה צורתה הקודמת, ולבשה הצורה המתהוית עתה.

לפיכך יש לנו להבין, אשר בכל התהוות שבעולם, משותפים ארבעה גורמים, שמארבעתם יחד יצאה ונקבעה אותה ההתהוות, ונקראים בשם:

א. **המצע.**

ב. דרכי **הגורם ונמשך**, המיוחס לתכונת המצע, **מצד עצמו**, שאינם משתנים.

ג. דרכי **הגורם ונמשך הפנימים שלו**, המשתנים מסבת מגע עם כחות זרים.

ד. דרכי הגורם ונמשך של **דברים זרים** הפועלים עליו מחוץ.

ואבארם אחת אחת.

סבה א': המצע, חומר ראשון

א. ה"מצע", פירושו, חומר הראשון המיוחס להתהוות הזאת כי "אין כל חדש תחת השמש". וכל התהוות אשר יקרה בעולמנו, אינה "יש מאין", זולת "יש מיש". אלא שאיזה ישות, פשטה צורתה הקודמת, ולבשה צורה אחרת, משונה מהקודמת. ואותה המהות, שפשטה צורתה הקודמת, היא מוגדרת בשם "מצע", שבו טמון הכח העתיד להתגלות, ולהקבע בגמר הצורה של אותה ההתהוות, ועל כן, ודאי הוא נחשב לבחינת הגורם העיקרי אליה.

סבה ב': הגורם ונמשך מצד עצמו

ב. הוא סדר של גורם ונמשך, המיוחס לתכונת המצע, **מצדו עצמו**, ואינו משתנה. למשל, חטה שנרקבה באדמה, ובאה לבחינת זריעה של חטים. הרי המצב הרקוב הזה, מכונה בשם "מצע". כלומר, שיש להבין כאן שמהות של חטה, פשטה צורתה הקודמת שהיתה לה, דהיינו, צורת החטה. וקבלה בחינה חדשה, בתמונת חטה רקובה, שהוא הזרע הנקרא "מצע", הערום מכל צורה. שעתה, אחר שנרקבה באדמה, נעשית ראויה ללבוש צורה אחרת, דהיינו, צורה של חטים, הראויים לצמוח, ולצאת מאותו המצע שהוא הזרע.

זה גלוי וידוע לכל, שהמצע הזה, אינו עתיד להתלבש, בצורות של דגן, ולא בשבולת שועל, אלא רק בהשואה, אל אותה הצורה הקודמת, שהסתלקה ממנה, שהיא, החטה היחידה, ואף על פי שמשתנית בשיעורים מסוימים, הן בכמות והן באיכות, כי בצורה הקודמת היתה חטה יחידה, ועתה עשר חטים, וכן בטעם ויופי. אולם עיקר הצורה, של החטה, אינה מקבלת שינוי.

הרי שיש כאן סדר של גורם ונמשך, המיוחס לתכונת המצע מצדו עצמו, ואינו משתנה לעולם, שמחטה לא יצא דגן כמבואר. וזהו המכונה סבה ב'.

סבה ג': גורם ונמשך הפנימיים

ג. הוא סדר דרכי "הגורם ונמשך", הפנימיים של המצע, שמשתנים, מסבת המגע ופגישה עם כחות הזרים שבסביבתו, שעמהם בא במגע. פירוש, כי אנו מוצאים שמחטה אחת הנרקבת באדמה, יוצאות ונולדות הרבה חטים, ולפעמים עוד גדולות ומשובחות, ממה שהיתה החטה בטרם שנזרעה.

הרי בהכרח, שיש כאן **תוספת** של גורמים, שהשתתפו והתחברו עם הכח הטמון מהסביבה, דהיינו "המצע", שמשום זה נגלו ויצאו כל אותם ההוספות בכמות ואיכות, שלא היו כלל בצורת החטה הקודמת. שהם, החומרים והמלחים שבאדמה, והגשם, והשמש, אשר כל אלה פעלו עליה, מתוך שהפרישו מכחותיהם והתחברו אל הכח הטמון במצע עצמו, אשר בדרך **קודם ונמשך**, והוציאו את הרבוי של כמות ואיכות, להתהוות ההיא.

ויש להבין שהגורם הג' הזה, מתחבר עם המצע בפנימיותו, מכיון שהכח הטמון במצע שולט עליהם, שסוף סוף השינויים הללו שייכים כולם למין החטים, ולא למין אחר. ולפיכך אנו מגדירים אותם לגורמים פנימיים, אלא שנבדלים מגורם הב' הבלתי משתנה, משום בחינה שהיא. מה שאין כן גורם הג' המשתנה בכמות ואיכות.

סבה ד': גורם ונמשך מדברים זרים

ד. הוא סדר גורם ונמשך **מדברים זרים**, הפועלים עליו מבחוץ. פירוש, שאין להם יחס ישר אל החטה, כמו המלחים והגשם והשמש. אלא מדברים זרים אליה, כמו השכנים הנמצאים בשכנותה, ומקרים חיצונים כמו הברד והרוח וכד'.

והנך מוצא, אשר **ארבעה גורמים** מתחברים בחטה בכל משך זמן גדולה. אשר כל מצב ומצב הפרטי שהחטה מקבלת במשך הזמן ההוא, נעשה מותנה מארבעתם. שהכמות והאיכות שבמצב, נקבע על ידיהם. וכמו שציירנו בחטה, כן החק בכל מיני התהוות שבעולם. ואפילו במחשבות ומושכלות. למשל, אם נצייר איזה מצב במושכלות מאיזה אדם שהוא, דהיינו, מצב אדם דתי, או לא דתי, אם חרדי קיצוני, או לא דתי קיצוני, או בינוני - נבין גם כן שאותו המצב התהווה ונקבע באדם, על ידי **ארבעת הגורמים** האמורים.

הקנינים התורשתיים

גורם סבה הא' הוא המצע, שהוא החומר ראשון שלו. כי האדם נברא יש מיש, דהיינו, מפרי מוחותיהם של מולידיו. ולפיכך נמצא בשיעור מסויים, כמו העתקה, המעותקת מספר לספר. כלומר, שכמעט כל הענינים שהיו מקובלים ומושגים באבותיו ואבות אבותיו, באים ונעתקים גם בו.

אלא ההבחן הוא, שנמצאים בבחינת הפשטת הצורה, בדומה לחטה הנזרעת, שאינה ראויה

לזרע, אלא אחר שנרקבה ופשטה צורתה הקדומה, כן הטפה הזרעיית שממנה נולד האדם, אין עוד בה כלום מהצורות של אבותיו, רק כחות נעלמים בלבד.

כי אותם המושגים שהיו באבותיו בבחינת מושכלות, נעשו בו בבחינת סתם נטיות, הנקראים: תכונות, או הרגלים, מבלי לדעת אפילו למה הוא עושה כך. שהמה אמנם בחינת כחות נעלמים שירש מאבותיו, באופן שלא בלבד הקנינים הגשמיים, באים לנו בירושה מאבותינו, אלא גם הקנינים הרוחניים, וכל המושכלות שאבותינו עסקו בהם, מגיעים אלינו בירושה, מדור דור.

ומכאן מתגלים ויוצאים, כל מיני נטיות שונות שאנו מוצאים בין האנשים, כגון: נוטה להאמין, או לבקרת, נוטה להסתפק בחיים חומריים, או מתאוה רק לשלמות רוחנית, מוסרית, ומואס בחיים שאין בהם חפץ, קמצן, ותרן, עז פנים, ביישן.

כי כל אלו התמונות המתראים באנשים, אינם מרכושם עצמם אשר רכשו, רק ירושה פשוטה, שנפלה בחלקם מאבותיהם ואבות אבותיהם. כידוע, שבמוח האדם יש מקום מיוחד שהירושות הללו שורים שם, ונקרא "מוח המאורך" או סובקונשינס [תת מודע], שכל הנטיות הללו מתגלים שם.

אולם מתוך שמושכלות אבותינו, מפרי נסיונותיהם, נעשו בנו לנטיות בעלמא. על כן, נחשבים כמו החטה הנזרעת שפשטה צורתה הקודמת ונשארה עירומה, ורק כחות טמונים בה, הראויים לקבל צורות חדשות. שבנידון שלנו ראויים הנטיות, לקבל צורות של מושכלות. שזהו נחשב ע"כ לבחינת חומר ראשון והוא גורם הא' העקרי, הנקרא "מצע", שבו כלול כל הכוחות לנטיות המיוחדות שירש ממולידיו, והם מוגדרים בשם מורשה אבהית.

ודע, שכל הנטיות הללו, יש מהם שבאים דוקא בבחינת השלילה. כלומר, להפך ממה שהיו נמצאים באבותיו. ומכאן אמרו כל מה שיש בלב האב בסתר, מתגלה אצל הבן בגלוי.

וטעם הדבר הוא, מפני ש"המצע" עומד בבחינת פושט צורה קדומה, כדי ללבוש צורה חדשה. ולפיכך, נמצא קרוב לשלילת צורות המושכלות של אבותיו. כמו החטה הרקובה באדמה, שמאבדת מעצמה כל הצורה שהיתה בחטה. ועם כל זה תלוי הדבר ביתר ג' הדברים כמו שכתבתי לעיל.

השפעת הסביבה

סבה הב' הוא סדר "גורם ונמשך" באורח ישר, המיוחס לתכונת המצע **מצדו עצמו** שאינו משתנה. פירוש, על דרך שנתבאר בחטה הרקובה הנתונה באדמה, אשר הסביבה שהמצע נתון בהם כמו האדמה, המלחים, הגשם, האויר והשמש, כמו שנתבאר לעיל, היא פועלת על הזריעה בסדר ארוך של גורם ונמשך במהלך אטי הדרגתי, מצב אחר מצב עד שמתבשלים. והמצע חוזר ולבש צורתו הקדומה, דהיינו, צורת החטה, אולם בשינויים של כמות ואיכות, שחלקם הכללי אינו משתנה כלום, שלא יצמחו דגן או שבולת שועל, אלא בחלקם הפרטי משתנים בכמות, דהיינו, שמחטה אחת נעשו עשר או עשרים חטים, וכן באיכות, שהמה משובחות או גרועות מצורת החטה הקודמת.

על דרך זה כאן, האדם בתור "מצע" נתון בתוך הסביבה, דהיינו, בתוך החברה, והוא מושפע ממנה בהכרח, כמו החטה מסביבתה, כי המצע הוא רק צורה גלמית, וע"כ מתוך המגע ומשא התמידי שלו עם הסביבה והחברה, הרי הוא מתפעל על ידיהם במהלך הדרגתי, של סדר מצבים בזה אחר זה בדרך גורם ונמשך.

ובזמן הזה מתהפכים בו הנטיות הכלולים במצע שלו, ומקבלים בחינות של מושכלות, למשל, אם ירש מאבותיו נטיה להיות קמצן, הנה כשגודל, הולך ובונה לעצמו שכליות ועיונים, אשר כולם מסיקים לו החלטות אמיתיות, שטוב לאדם להיות קמצן. וכבר ידעת שאף על פי שאביו היה ותרן יכול הוא לרשת ממנו נטיה שלילית להיות קמצן, כי השלילה היא גם כן ירושה גמורה ממש כמו הקיום. או שירש מאבותיו נטיה להיות חפשי בדעות, הולך ובונה לעצמו עיונים, ומסיק

מהם מסקנות שאך טוב לאדם להיות חפשי, אולם מאין הוא נוטל אותם המשפטים ודרכי ההקש ומשא ומתן? כל זה הוא נוטל מהסביבה שלא מדעתו, כי המה משפיעים לו דעותיהם וטעמם, בבחינת גורם ונמשך הדרגתי.

באופן, שהאדם מחשיבם שהם רכושו עצמו, אשר רכש אותם בדרך עיונו החפשי. אמנם גם כאן כמו בחטה, יש חלק אחד כללי בלתי משתנה מגדרו של "המצע", כי בסוף של דבר נשארות הנטיות שירש, עומדים אצלו בעינם כמו שהיו מצויים באבותיו, וזהו המכונה גורם הב׳.

הרגל נעשה לטבע שני

סבה הג׳ הוא סדר גורם ונמשך באורח ישר, העובר על המצע ומשתנה על ידיהם. כי מתוך אשר הנטיות המורשות נתהפכו באדם בסבת הסביבה, לבחינות מושכלות, לפיכך נמצאות פועלות באותם הכוונים, אשר השכליות הללו מגדירות אותם. למשל, הקמצן מטבעו, אשר על ידי הסביבה נתהפכה אצלו הנטיה של הקמצנות למושכל, ומבין את הקמצנות על פי איזה גדר שכלי.

נניח שמגן על עצמו במנהגו זה שלא יצטרך לבריות, הרי שהשיג בחינת קנה מדה לקמצנות שיכול לוותר בזמן שלא יהיה לו מציאות מהפחד הזה. נמצא שהשתנה הרבה לטובה, מהמדה שירש מאבותיו, וכן לפעמים מצליח לעקור נטיה רעה מתוכו לגמרי, והוא על ידי הרגל, אשר כוחו יפה להעשות לו טבע שני.

אשר בזה יפה כח האדם מכח הצומח, כי החטה לא תוכל להשתנות רק בחלקה הפרטי כאמור לעיל, מה שאין כן האדם שיש לו יכולת להשתנות מכח ה"גורם ונמשך" של הסביבה, אפילו בחלקים הכללים, דהיינו, להפוך נטיה שלמה ולעקור משרשה אל ההפכיות שלה.

גורמי חוץ

סבה הד׳ הוא סדר גורם ונמשך העובר על המצע מדברים **הזרים לו לחלוטין**, ופועל עליו מבחוץ. פירוש, שאותם הדברים אין להם שום שייכות לסדר הגידול של המצע, לפעול עליו באורח ישר, אלא שפועלים באורח **בלתי ישר**, למשל, הכלכלה וטרדות, או הרוחות, וכדומה, אשר יש להם לעצמם סדר שלם הדרגתי ואטי, של מצבים מ"גורם ונמשך", הגורמים שנויים במושכלות האדם לטובה או לרעה.

הנה ערכתי ארבעת הגורמים הטבעיים, אשר כל מחשבה, וכל שכל המופיע בנו, אינם רק פירותיהם בלבד. ואפילו ישב אדם ויעיין באיזה דבר יממה שלמה, לא יוכל להוסיף או לשנות, על מה שארבעת הגורמים הללו נותנים לו. וכל הוספה שיכול להוסיף היא במדת הכמות, אם שכל גדול, או שכל קטן. מה שאין כן באיכות לא יוסיף אף משהו, כי המה הם הקובעים לנו, את האופי והצורה של השכל ושל המסקנה בעל כרחנו, בלי שאלת פינו כלל. באופן שאנו מסורים בידיהם של ארבעה גורמים הללו, ממש כחומר ביד היוצר.

בחירה חפשית

אולם כשאנו מסתכלים בארבעה הגורמים הללו, אנו מוצאים אשר למרות שכחותינו חלשים מלעמוד כנגד גורם הראשון, שהוא ה"מצע", עם כל זה, יש לנו היכולת והבחירה החפשית, להגן על עצמנו משאר שלשת הגורמים, שעל פיהם משתנה המצע בפרטיות, ולפעמים גם בחלקו הכללי, דהיינו על ידי הרגל, שקונה טבע שני כמו שנתבאר לעיל.

הסביבה כגורם

והגנה זו משמעותה שאפשר לנו תמיד להוסיף בדבר בחירת הסביבה שלנו, שהם החברים, הספרים, המורים, ודוגמתם. בדומה, לאחד שירש כור חטים מאביו, אשר יוכל לעשות ממדה קטנה הזו, עשרות רבות, דהיינו, רק בבחירת הסביבה בשביל ה"מצע" שלו, שהיא אדמה פוריה, שיש לה כל המלחים והגלמים המכלכלים את החטה במדה מלאה בשפע. כמו כן בעבודה, לשבח את התנאים שבסביבה, שיתאימו לצרכי הגדול והצמיחה, כי החכם יעשה בדעת ויבחור אליו כל התנאים

הטובים, וימצא ברכה. והסכל יקח הכל מהמזדמן לפניו, ועל כן יהפך לו הזריעה לקללה ולא לברכה.

הרי שכל שבחו ורוחו תלוי בבחירת הסביבה לזריעת החטה, אבל לאחר הזריעה במקום הנבחר, כבר נקבעת בחטה הצורה המוחלטת, בהתאם לאותו השיעור שהסביבה מוכשרת לתת.

כן הנדון שלנו, כי אמת הדבר, שאין חירות לרצון, אלא מתפעל מארבעה הגורמים האמורים, ומוכרח לחשוב ולעיין כמו שהם מציעים לו, בלי שום כח לבקורת ושנוי כמלא נימא. כדוגמת החטה שכבר נזרעה בסביבה.

אולם יש חירות לרצון לבחור מלכתחילה בסביבה כזו, בספרים ומדריכים כאלו שמשפיעים לו שכליות טובות. ואם לא יעשה זאת, אלא מוכן לבוא בכל סביבה המזדמנת לפניו, ולקרוא בכל ספר שמזדמן לפניו. שמשום זה ודאי יפול בסביבה רעה, או יבלה זמנו בספרים שאין בהם תועלת, שהם מרובים ויותר נוחים לפניו. שמתוך זה נעשה כפוי להשכלות גרועות ורעות, המביאים אותו לחטא ולהרשיע, ודאי ענש יענש, לא מטעם המחשבות והמעשים הרעים, שאין לו בחירה עליהם - אלא מטעם שלא בחר להיות בסביבה הטובה, **כי בזה ודאי יש בחירה כמבואר.**

לכן, המתאמץ בימי חייו, ובוחר בכל פעם בסביבה טובה יותר - הרי הוא ראוי לשבח ולשכר. - - - וגם כאן, לא מטעם מחשבותיו ומעשיו הטובים, הבאים לו בהכרח בלי בחירתו, אלא מטעם התאמצותו לרכוש לו סביבה טובה המביאתו לידי המחשבות והמעשים האלו. וזה שאמר רבי יהושע בן פרחיא "עשה לך רב וקנה לך חבר"...

החיוב בבחירת סביבה טובה

באמור תבין דברי רבי יוסי בן קסמא (אבות פ"ו) שהשיב לאדם שביקש ממנו שידור במקומו, ויתן לו עבור זה אלף אלפי אלפים דינרי זהב. ענה לו רבי יוסי בן קסמא: "אם אתה נותן לי כל כסף וזהב ואבנים טובות ומרגליות שבעולם, איני דר אלא במקום תורה". לכאורה הדברים נשגבים מדעתנו הפשוטה, אשר, איך ויתר על אלף אלפי אלפים דינרי זהב, בשביל דבר קטן כזה, שלא רצה לדור בעיר שאין שם בני תורה, בה בשעה שבעצמו היה מוסמך וחכם גדול, ואינו צריך ללמוד ממי שהוא? - פלא גדול.

אולם במבואר, הרי הדבר הזה פשוט מאד, וראוי שיקויים בכל אחד ואחד מאתנו. כי הגם שיש לכל אחד בחינת "מצע משלו", מכל מקום אין הכוחות מתגלים **בפועל** זולת על ידי הסביבה שהוא נמצא בה, - - - בדומה לחטה הנזרעת באדמה, שאין כוחות החטה מתגלים בפועל, זולת על ידי הסביבה שלה - שהיא האדמה, הגשם, ואור השמש. לפיכך, יפה שיער רבי יוסי בן קסמא, אשר אם יעזוב את הסביבה הטובה שלו, אשר בחר, ויבוא לסביבה רעה ומזיקה, דהיינו, בעיר שאין בה תורה, לא זו בלבד אשר דעותיו הקודמות ישתבשו, אלא גם כל יתר הכוחות הטמונים במצע שלו, שטרם הספיק לגלותם בפועל, ישארו בהעלמם. כי לא תהיה להם עוד הסביבה המתאימה, שתוכל להפעיל אותם **מהכוח אל הפועל**, וכמבואר לעיל, אשר רק בענין בחירת הסביבה, משוער כל ענין ממשלתו של האדם על עצמו, אשר בשבילה הוא ראוי לשכר או לעונש.

לכן אין כל פלא על חכם כרבי יוסי בן קסמא, שבחר בטוב, ועזב את הרע. ולא התפתה בדברים וקנינים חומריים, כמו שמסיק שם: "שבשעת פטירתו של אדם, אין מלוין לו, לאדם, לא כסף ולא זהב ולא אבנים טובות ומרגליות, אלא תורה ומעשים טובים בלבד". וכן הזהירו חז"ל: "עשה לך רב וקנה לך חבר". וכמו כן הבחירה בספרים כנודע.

כי רק בדבר הזה יש להועיל לאדם או לגנותו, דהיינו, בבחירת הסביבה, אולם לאחר שבחר הסביבה, הוא מוטל בידיהם כחומר ביד היוצר.

שליטת השכל על הגוף

ויש מהחכמים המודרנים החיצונים, אשר לאחר שהתבוננו בענין הנזכר לעיל, וראו איך ששכלו של האדם, אינו אלא בחינת פרי

הצומח ויוצא ממאורעות החיים, - על דרך שהבאנו לעיל - באו למסקנה, שאין שום שליטה לשכל, לפעול על הגוף במדת מה, אלא רק מאורעות החיים בלבד, הנרשמים בגידים הגשמיים של המוח, המה השולטים ומפעילים את האדם. ושכלו של האדם, דומה למראה המקבל צורות הנמצאות לנגדו, שאף על פי שהמראה הוא הנושא לצורות הללו, מכל מקום אינו יכול להפעיל ולהניע את הצורות הנשקפות בו כלל.

כן השכל, אף על פי שמאורעות החיים, בכל בחינותיהם של הגורם ונמשך, מתראים וידועים בשכל, מכל מקום אין השכל עצמו שולט כלל על הגוף שיוכל להביאו לידי תנועה. דהיינו, לקרבו למועיל, או להרחיקו מהמזיק, משום שהרוחני והגשמי רחוקים זה מזה בתכלית, ולא יצוייר כלל שום אמצעי מכשיר ביניהם, באופן שיוכל השכל הרוחני להניע ולפעול על הגוף שהוא גשמי, כמו שהרחיבו בו והאריכו בזה.

אולם במקום חריפותם, שם שיבושם, כי הדמיון שבאדם משמש עם השכל, לא פחות מהמיקרוסקופ לעינים, אשר בלי המיקרוסקופ אינו רואה שום דבר מזיק מחמת קטנותו. אולם אחר שרואה את הבריה המזיקה, על ידי המיקרוסקופ, הרי האדם מתרחק מאותו המזיק.

נמצא אשר המיקרוסקופ, מביא את האדם לידי פעולה להרחיקו מהנזק, ולא החוש. כי החוש לא הרגיש במזיק. ובשיעור הזה, ודאי שהשכל שולט על גוף האדם בשליטה גמורה, להרחיקו מהרע, ולקרבו אל הטוב. דהיינו, בכל אותם המקומות, אשר תכונת הגוף, חלשה להכיר שם את המועיל או המזיק, ורק להשכלתו של השכל הוא צריך. ולא עוד, אלא שמתוך שהאדם מכיר את השכל, שהוא מסקנה נאמנה מנסיונות החיים, על כן, הוא מסוגל לקבל שכל ובינה מהאדם הנאמן לו, ולקבל אותו בדמות חוק, אף על פי שמאורעות חייו, לא הספיקו לגלות לו שכל כזה.

בדומה לשואל בעצת הרופא - שהאדם מקבל ושומע לעצתו, אף על פי שאינו מבין בשכלו עצמו ולא כלום. הרי שמשתמש בשכל של אחרים, ונעזר על ידם, לא פחות מבשכלו שלו עצמו.

וזהו שביארנו לעיל, שיש ב׳ דרכים לדרכי ההשגחה, להבטיח לאדם שיבוא אל המטרה הטובה התכליתית. שהם: דרך יסורים, ודרך תורה. אשר כל הבהירות שאמרנו שם, שנמצא בדרך התורה, נובע מזה, משום שאותם שכליות הבהירות, שנתגלו ויצאו והוכרו לעין, אחר שלשלת גדולה וארוכה ממאורעות החיים של הנביאים ואנשי השם, הנה האדם בא ומנצל אותן בכל מדתן, ומוציא תועלת על ידיהן, כאילו אותן השכליות היו ממאורעות חייו עצמו.

הרי לעיניך שנפטר האדם מתוך זה מכל אותם הנסיונות המרים המתחייבות לו לעבור עליו עד שיתפתח בו עצמו אותו השכל הבהיר, ואם כן נפטר מיסורים, וגם מרוית זמן.

ואפשר לדמות הדבר לחולה שאינו רוצה לשמוע לעצתו של הרופא, בטרם שיבין בעצמו איך עצתו תרפא אותו. ועל כן מתחיל בעצמו ללמוד חכמת הרפואה, הרי יוכל למות מחליו, בטרם יספיק להבין חכמת הרפואה.

כן דרך היסורים, לעומת דרך התורה. כי מי שאינו מאמין למושכלות, שהתורה והנבואה מיעצים לו לקבלם בלי הבנה עצמית, הרי מוכרח בעצמו לבוא לאותם השכליות, והיינו רק על דרך ביאתו בשלשלת הסיבה והמסובב ממאורעות החיים, שהן נסיונות מזרזות מאד המסוגלות לפתח בהם את חוש הכרת הרע, כמו שנתבאר בלי בחירתו, אלא מטעם התאמצותו לרכוש לו סביבה טובה, המביאה לידי המחשבות והמעשים האלו.

חרות היחיד

ועתה באנו לידי הבנה, גם בחירות היחיד, על תוכנו המדויק. אשר זה אמור, רק על בחינת גורם הראשון - שהוא ״המצע״, שהוא בחינת חומר הראשון של כל אדם. דהיינו, על כל בחינות הנטיות הבאות אלינו בירושה מאבותינו ואבות אבותינו. אשר באלה נבדל האחד ממשנהו.

כי תראה אשר אלפי אנשים, שסביבה

אחת לכולם, גם באופן ששלושת הגורמים האחרונים פועלים כולם במדה שוה. עם כל זה לא תמצא ביניהם שני אנשים שיהיה להם תכונה אחת. והוא מטעם, שכל אחד מהם, יש לו מצע מיוחד, לפי עצמו לבדו, שזה דומה כמו המצע של החטה, שאף על פי שמשתנית הרבה מכות שלושת הגורמים האחרונים, עם כל זה תשאר עליה צורת החטה הקדומה, ולעולם לא תקבל צורת מין אחר.

הצורה הכללית של המולידים אינה נאבדת

כן הדבר הזה, אשר כל "מצע" שפשט הימנו הצורה הקדומה של המולידים, ולבש צורה חדשה, מכח ג' גורמים שנוספו אליה, ומשתנית הרבה על ידיהם - עם כל זה הצורה הכללית של המולידים לא תאבד הימנו, ולעולם לא יוכל לקבל צורה של אדם אחר, שדומה בערכו, כשם שהשעורה לא תדמה בערכה להחטה. שהרי כל מצע ומצע יש לו לעצמו שלשלת דורות ארוכה, מכמה מאות דורות, אשר אותו המצע כלול מהמושכלות שבכולם, אלא שאינם מגולים בו, באותן הצורות שהיו נמצאות באבותיו. דהיינו, בצורות של מושכלות, אלא רק מבחינת פושט צורתם. ועל כן עומדים בו, רק בצורות של כוחות פשוטים שנקראות נטיות טבע ואינסטינקטים, מבלי שיודע טעמם להבין למה עושה כן כנ"ל. ולפיכך לא יצוייר לעולם, שיהיו שני אנשים בתכונה שוה.

חיוב השמירה על חרות היחיד

ודע שזהו הרכוש האמיתי של היחיד, שאסור לפגוע בו, או לשנותו. כי סופם של כל אלו הנטיות הכלולות ב"מצע", להתפעל ולקבל צורות מושכלות, כשיגדל אותו היחיד ויעמוד על דעתו. כמבואר לעיל. ומכח חוק ההתפתחות השולט בכל השלשלת ההיא הדוחף אותה תמיד קדימה, כמבואר במאמר השלום. נמצא עוד, שסופם של כל נטיה ונטיה, להתהפך למושכלות מאד גבוהות וחשובות לאין ערוך.

נמצא שכל מי שמשחית איזו נטיה מהיחיד, ועוקר אותה ממנו, הריהו גורם שיאבד מהעולם השכלה נשגבה ונפלאה ההיא, שעתידה לצאת בה באחרית השלשלת. משום שנטיה ההיא, לא יארע עוד לעולם, בשום גוף אחר זולתו.

כאן צריכים להבין, שבשעה שאיזו נטיה מתהפכת ומקבלת צורת מושכל, אין עוד יותר להכיר בה הבדלות של טוב ורע. כי הבדלות אלו ניכרות רק בזמן היותן נטיות או מושכלות בלתי בשלות, ובשום פנים לא יוכר שמץ מהם, בעת שמקבלות צורת מושכלות אמיתיות. ודבר זה יתבאר במאמרים הבאים, בכל טעמו ונמוקו.

מזה מובן לנו, גודל החמס, שעושים אלו האומות, המטילים מרותם על המיעוטים ועושקים את חרותם, מבלי לאפשר להם להמשיך את דרך חייהם, על פי נטיותיהם, שהגיעו אליהם בתורשה, מאבות אבותיהם, כי כרוצחי נפשות נחשבים. וגם הבלתי מאמינים בדת ובהשגחה מטרתית, יוכלו להבין את חיוב השמירה על חרות היחיד, מתוך מערכות הטבע.

כי עינינו רואות איך כל האומות שנפלו ונהרסו מדור דור, לא היה זה, אלא מתוך הכבדת עולם על המיעוטים, ועל היחידים. אשר על כן התגברו עליהם והרסו אותם. אם כן ברור לכל, שאין אפשרות להעמיד השלום בעולם, אם לא נתחשב עם חירות היחיד, כי זולת זה, לא יהיה השלום בן קיימא. והחורבן ישתרר.

הנה גדרנו היטב את ישותו של היחיד, בתכלית הדיוק, אחרי הנכיון מכל מה שמגיע אליו מהצבור כמבואר. אולם, הועמדה השאלה סוף סוף איה הוא היחיד עצמו? כי כל האמור עד הנה בגדר היחיד, הוא מובן רק מבחינת רכושו של היחיד, שהוא המורשה שהנחילו לו אבותיו. אולם, איה הוא **היחיד עצמו**, דהיינו, היורש והנושא של אותו הרכוש, התובע לפנינו על שמירת רכושו? כי מכל המבואר עד כאן, עדיין לא מצאנו, את הנקודה האנוכית של האדם, שיהיה עומד לעינינו בתור יחידה עצמית, ומה לי הגורם הראשון - שהוא שלשלת ארוכה, של אלפי בני אדם בזה אחר זה, מדור דור, שקבענו עמהם דמותו של היחיד בתור יורש. ומה לי שאר שלושת הגורמים - שהם אלפי האנשים עומדים בזה

אצל זה בדור אחד - - - סוף סוף נבחן כל יחיד, רק בדמות מכונה צבורית, העומדת תמיד הכן לרשות הצבור לתשמישם, לחפצם. דהיינו, שנעשה סביל לשני מינים של צבור. מצד הגורם הראשון נעשה סביל לצבור גדול מדורות שעברו, שהיו נמצאים בזה אחר זה, ומצד שלושת הגורמים האחרים נעשה סביל לצבור הנמצאים עמו בדור אחד.

וזוהי אמנם שאלה כלל עולמית, ומשום זה נמצאים הרבה המתנגדים לשיטה הנ"ל הטבעית, אף על פי שמכירים היטב אמיתותה, ובוחרים ביותר בשיטות מטפיזיות או בדואליזם, או בטרנסצנדנטליות, לצייר לעצמם איזה עצם רוחני, איך שהוא יושב בפנימיות הגוף, בתור נפש האדם. אשר הנפש הזאת היא המשכלת, והיא המפעלת את הגוף וכו', שהיא עצם האדם וה"אנכי" שלו.

ואולי היה בכל הפירושים הללו, כדי להניח את הדעת, אבל הצרה בזה, שאין להם כל פתרון מדעי, איך אפשר לעצם רוחני, שיהיה לו איזה מגע כל שהוא, עם אטומים הגשמיים בגוף, שיוכל לגרום לו איזה תנועה. וכל חכמתם והתעמקותם, לא הועילה להם, למצוא כאן איזה גשר מספיק, לעבור על הבקיע הרחב והעמוק הזה, הנמצא בין עצם רוחני לאטום גשמי. ולפיכך לא הרויח המדע ולא כלום, בכל השיטות המטפיזיות הללו.

הרצון לקבל - יש מאין

וכדי להוסיף כאן איזה פסיעה קדימה בדרך מדעית - רק לחכמת הקבלה אנו צריכים! כי כל החכמות שבעולם כלולות בחכמת הקבלה. ונתבאר אצלינו, בענין "אורות וכלים הרוחניים" (בפנים מסבירות לעץ החיים ענף א') **אשר כל עיקר החידוש מבחינת הבריאה שברא ית' יש מאין, אינו חל רק על ענין אחד בלבד, המוגדר תחת השם "רצון לקבל".** וכל שאר הענינים הנמצאים בכל הבריאה, אינם בבחינת חידוש כלל, שאינם מבחינת **יש מאין, אלא, יש מיש.** כלומר, שנמשכים בהמשכה ישרה ממהותו ית' עצמו, כמו האור הנמשך מהשמש - שאין שם כל חידוש, שמה שנמצא במהות השמש מתפשט ויוצא לחוץ.

מה שאין כן, בענין "רצון לקבל" האמור, בזה יש חידוש לגמרי, כי לפני הבריאה לא היה דבר זה במציאות, שהרי הוא ית' אינו כלול ולא כלום, מבחינת רצון לקבל, להיותו קדמון לכל דבר... ממי יקבל? ולכן נבחן הרצון לקבל הזה, שהוציאו ית' בבחינת **יש מאין בחידוש גמור.** מה שאין כן כל היתר אינו כלול בבחינת חידוש שיתכן לכנותם בשם בריאה. ולפיכך, כל הכלים וכל הגופים, הן מעולמות הרוחניים, והן מעולמות הגשמיים, הם נבחנים לבחינת חומר רוחני או גשמי שטבעו הוא "לרצות לקבל".

ב' כוחות ברצון לקבל: כח המושך, כח הדוחה

וצריך שתבחין עוד, אשר בבחינת הכח הזה המכונה "רצון לקבל", אנו מבחינים בשני כוחות הנקראים:

א. "כוח המושך"

ב. ו"כח הדוחה".

והטעם, כי כל כלי או גוף, שגדרו הוא רצון לקבל, נמצא אמנם מוגבל, דהיינו, כמה שיקבל, ואיזה איכות שיקבל. וכיון שכן, נמצאים כל אלו הכמות והאיכות שהם מחוץ לגבולו, כמו נגד הטבע שלו. ומתוך כך הוא דוחה אותם, הרי שבגדר הזה שנקרא **רצון לקבל**, אף על פי שמובנו רק כח המושך בלבד, מכל מקום, בהכרח נעשה גם כן לכח הדוחה. והבן זה היטב.

חוק אחד לכל העולמות

ואף על פי שחכמת הקבלה, אינה מדברת כלום מעולמנו הגשמי, **עם כל זה יש להם לכל העולמות חוק אחד** (כמ"ש במאמר מהות חכמת הקבלה בד"ה חוק שורש וענף). **ולפיכך נמצא גם כן, אשר כל מיני מהותים הגשמיים שבעולמנו,** דהיינו, כל מה שנמצא בתוך החלל הזה, יהיה מה שיהיה, דומם, צומח, חי, עצם רוחני, עצם גשמי, אם באנו להבחין את בחינת היחידית והאנוכית של כל אחד מהם, במה שנבדל מכל האחרים, ואפילו בפרודה היותר קטנה, הרי היא לא יותר מבחינת "רצון

לקבל" הנ"ל, שהוא כל צורתו הפרטית מצד הבריאה המחודשת, המגביל אותה בכמות ואיכות כנ"ל, שמכוח זה נמצא בה כוח המושך וכוח הדוחה.

אבל כל מה שנמצא בה יותר משני הכוחות האמורים, הרי זה נחשב לבחינת השפע ממהותו ית', אשר השפע הזה הוא שוה לכל הברואים, ואין בה משום חידוש המיוחס לבריאה כלל, להיותה נמשכת יש מיש, ולא יתכן ליחס את זה לבחינת יחידה פרטית. רק לדברים משותפים לכל חלקי הבריאה הקטנים עם הגדולים. שכל אחד מקבל מהשפע הזה, לפי גבול הרצון לקבל שלו, ובגבול הזה נעשית ההגדרה בין כל יחיד ויחידה.

הרי הוכחתי בעליל מבחינה מדעית טהורה, את "האנכי" (האיגו) של כל יחיד, בשיטה מדעית מוגנת לחלוטין בכל צרכיה מעין הבקורת. ואפילו לשיטת המטריאליסטים האוטומאטיים הקיצונים. ומעתה אין אנו צריכים יותר לכל השיטות הצולעות, המתובלות במטפיזיקא. וכמובן שאין כאן כל הפרש, אם הכוח הזה - של רצון לקבל, הוא פרי ותוצאה של המטריה, שהוציאתו בדרך החימיה, או המטריה, הוא פרי ותוצאה של הכח הזה, כי העיקר ידענו, אשר רק הכח הזה - המוטבע בכל בריה ואטם של "הרצון לקבל" בגבולותיו, הוא בחינת היחידה, שבו הוא נבדל וניכר לעצמו, מתוך שאר חברי סביבתו, שזה נוהג הן באטום יחידה, והן בחבורה של אטומים - שנקראים גוף. וכל יתר הבחינות, שנמצא בהם עודף על הכח הזה, אינם מיוחסים בכל שהוא לאותה הפרודה, או לאותה החבורה של פרודות, מבחינת האנכיות שבה, אלא רק מבחינה כללית, שהוא השפע הנמשך אליהם מהשי"ת, שהוא ענין המשותף לכל חלקי הבריאה יחד, ואין בהם ענין של גופים נבראים יחידים, כמבואר.

ועתה יתבאר לנו ענין "חירות היחיד", מבחינת ההגדרה הנכללת בגורם הראשון, שקראנו אותו בשם "מצע", שכל הדורות הקודמים, שהם אבותיו ואבות אבותיו של אותו היחיד, הניחו טבעיהם שמה, כמו שהארכנו בזה לעיל. ועל פי המבואר, שכל עיקרו של המובן במלת **יחיד** אינו אלא הגבולים של "הרצון לקבל" המוטבע בחבורת הפרודות שבו.

הרי לעיניך, שכל אותם הנטיות שירש מאבותיו ואבות אבותיו, הם אמנם רק בחינות גבולים של "הרצון לקבל" בלבד. או מבחינת כח המושך שבו, או מבחינת כח הדוחה שבו, שהמה מתראים לעינינו בדמות נטיות לותרנות, או לקמצנות, להתערב בין הבריות, או להיות מתבודד כנ"ל. וכיון שכן, הנה הם ממש בחינת האנכיית שבו (האיגו) העומד ולוחם על זכות קיומו. באופן שאם אנו משחיתים איזו נטיה מאותו היחיד, הרי אנו נחשבים לקוצצים אבר אמיתי מהעצמות שלו, וגם הוא נחשב אבידה אמיתית לכלל הבריאה, משום שלא נמצא ולא יהיה עוד בכל העולם דוגמתו, כמבואר לעיל.

ואחר שבררנו היטב את הזכות המוצדקת של חירות היחיד להלכה על פי חוקים הטבעיים. נפנה ונראה עד כמה שאפשר לקיימו למעשה, מבלי לפגוע בתורת המוסר, ובתורת המדיניות. והעיקר - כיצד מקויימת הזכות הזאת, על פי תורתנו הקדושה.

אחרי רבים להטות

והנה הכתוב אומר: "אחרי רבים להטות", זאת אומרת, שבכל המקומות שיש לנו מחלוקת בין יחיד לרבים, אנו מחויבים להכריע הדבר, לפי רצונם של הרבים. הרי מפורש שיש זכות לרבים להפקיע את **חירותו של היחיד**.

אולם יש לנו כאן שאלה אחרת, עוד יותר חמורה, כי לכאורה, החוק הזה עומד להחזיר את האנושות לאחור ולא קדימה, כי בעת שרוב חברי האנושות, המה בלתי מפותחים, והמפותחים המה תמיד מיעוט הקטן, ואם אתה מכריע תמיד כרצונם של הרבים, שהם הבלתי מפותחים, ונמהרי הלב, נמצא שדעתם וחפצם של החכמים והמפותחים שבחברה, שהם תמיד המיעוט, לא ישמע ולא יפקד. הרי אתה חותם את האנושות על נסיגה לאחור. כי לא יוכלו להתקדם אפילו פסיעה קטנה אחת קדימה.

אמנם כפי המתבאר במאמר השלום ד"ה חיוב הזהירות בחוקי הטבע, שמתוך שנצטוינו מפי ההשגחה לחיות חיי חברה, אם כן נעשינו מחויבים לקיים כל החוקים הנוגעים לקיום החברה, ואם אנו מקילים בשיעור מה, ינקום הטבע בנו ויטול נקמתו מאתנו כדרכו, בלי שום הפרש, אם אנו מבינים טעמי החוקים אם לא, עש"ה.

ועינינו הרואות שאין לנו שום סדור לחיות בתוך החברה, זולת על פי החוק של "אחרי רבים להטות", המסדר לנו כל ריב וכל פגע שבתוך החברה, באופן שהחוק הזה הוא המכשיר היחידי הנותן זכות קיום לחברה. ולפיכך נבחן משום זה, בין המצוות הטבעיות של ההשגחה, ואנו מוכרחים לקבלו עלינו ולשמרו בכל הזהירות בלי כל התחשבות בהבנתנו - והוא דומה לשאר המצוות שבתורה, שהמה כולם חוקי הטבע והשגחתו ית', אשר נתונים ובאים אלינו "מעילא לתתא". וכבר ביארתי (מאמר מהות חכמת הקבלה ד"ה חוק שורש וענף) אשר כל המציאות הנראית בדרכי הטבע שבעולם הזה, אין זה אלא משום שנמשכים ונרשמים כן מחוקים והנהגות שבעולמות העליונים הרוחניים.

ועם זה תבין גם כן, אשר המצוות שבתורה, אינם אלא חוקים והנהגות הקבועים בעולמות העליונים, שהמה השורשים לכל דרכי הטבע שבעולמינו הזה. ולפיכך מתאימים תמיד חוקי התורה לחוקי הטבע שבעולם הזה, כמו שתי טפות מים. וזהו שהוכחנו אשר החוק של "אחרי רבים להטות", הוא חוק ההשגחה והטבע.

דרך תורה ודרך יסורים

ועם כל זה קושיתנו בדבר הנסיגה אחורנית שצמחה מהחוק הזה, עדיין אינה מיושבת בדברים אלו.

ואכן זו היא דאגתנו אנו. להמציא תחבולות איך לתקן את זה. אבל ההשגחה מצדה, אינה מפסידה מזה, כי כבר הקיפה היטב את האנושות בשני דרכים: "דרך תורה" ו"דרך יסורים", באופן, שהיא בטוחה בהתפתחות האנושות ובהתקדמות תמידית אל המטרה. ושום מורא לא יעלה עליה (כמ"ש במאמר השלום במשנה הכל נתון בערבון). אמנם קיום החוק הזה הוא התחייבות טבעית הכרחית כמבואר.

זכות הרבים להפקיע חרות היחיד

ויש אמנם לשאול עוד, כי הדברים מוצדקים רק בדברים שבין אדם לחברו, אשר אז מקובל עלינו החוק של "אחרי רבים להטות", מתוך חובת ההשגחה, המטילה עלינו לפקח תמיד על קיומם ואושרם של החברים, כמבואר. --- אולם החוק הזה של "אחרי רבים להטות", חייבה אותנו התורה, גם במחלוקת בנושאים שבין אדם למקום, שלכאורה, אין לדברים שום נגיעה ושייכות לענין קיומה של החברה.

אם כן חוזרת השאלה למקומה: איך יוצדק החוק הזה, המחייב לקבל הדעות של הרוב, שהוא כאמור, הבלתי מפותח, ולדחות ולבטל דעות המפותחים, שהמה בכל המקומות רק מיעוט קטן?

אולם, לפי מה שהוכחנו בקונטרס ב' (במאמר מהות הדת ומטרתה בד"ה התפתחות מדעת והתפתחות שלא מדעת) **שכל התורה והמצוות לא ניתנו אלא לצרף בהם את ישראל**, שפירושו, לפתח בנו חוש הכרת הרע, המוטבע בנו מלידה, שבכללותו הוא מוגדר לנו בדבר אהבה עצמית שלנו, - ולבוא לידי הטוב הנקי בלי בר. המוגדר בשם: אהבת זולתו, שהוא המעבר היחיד והמיוחד אל אהבת השי"ת. ולפי זה נבחנים גם המצוות שבין אדם למקום מכשירים סגוליים, המרחיקים את האדם מאהבה עצמית, המזיקה לחברה.

נמצא מאליו, שגם נושאי המחלוקת בעניני מצוות שבין אדם למקום נוגעים לבעיית זכות קיומה של החברה, לפיכך, גם הם נכנסים לתוך המסגרת של "אחרי רבים להטות".

בזה מובן טעם הנוהג להבחין בין הלכה לאגדה. כי רק בהלכות נוהג החוק: יחיד ורבים - הלכה כרבים, ולא כן בדברי אגדה. --- משום שדברי אגדה המה ענינים הנמצאים

עומדים למעלה מכל הדברים הנוגעים לקיום חיי החברה. כי הם מדברים בדיוק בענין הנהגת אנשים בדברים שבין אדם למקום י״ת. באותו החלק שאין לו שם יחס ישר, וגם לא תוצאות לקיום ולאושר הגופני של החברה.

ולפיכך, אין שום זכות והצדקה לרבים, לבוא ולבטל דעת היחיד, וכל איש הישר בעיניו יעשה. מה שאין כן ההלכות הנוגעות לקיום מצוות התורה, אשר כולם נכנסים תחת פקוח של קיום החברה, שלא תתאפשר השלטת סדר, זולת החוק של ״אחרי רבים להטות״ כמבואר.

לחיי החברה החוק: אחרי רבים להטות

עתה באנו לידי ברור דברים בהבנת המשפט של חרות היחיד, כי באמת קיימת שאלה גדולה: מאין לקחו הרבים את הזכות להפקיע את חרותו של היחיד, ולשלול ממנו את היקר לו בחיים, שהוא החרות, שלכאורה אין כאן יותר מכח הזרוע בלבד?

אולם כבר הטבנו לבאר, אשר הוא חוק טבעי ומצוות ההשגחה, שמתוך שההשגחה חייבה לכל אחד מאתנו לחיות חיי חברה - נמצא מאליו, שכל יחיד ויחיד נעשה משועבד לשמור על קיומה ואשרה של החברה. וזה לא יקויים, זולת על ידי השלטת הסדר של ״אחרי רבים להטות״ ודעת היחיד לא ישמע ולא יפקד.

הרי לעיניך בעליל, שזה מקור כל הזכות והצדקה שיש לרבים, להפקיע את חרותו של היחיד בעל כרחו, ולשעבדו תחת ידיהם - - - ולפיכך מובן מאליו, אשר בכל אותם העניינים שאינם נוגעים לקיום החיים החומריים של החברה - אין שום רשות והצדקה לרבים, לגזול ולעשוק את חרותו של היחיד בכל שהוא. ואם יעשו כן - הם גזלנים וחמסנים, המעדיפים את כח הזרוע על כל זכות וצדק שבעולם. כי כאן לא חל חיוב ההשגחה על היחיד, שישתעבד לרצונם של הרבים.

בחיים הרוחניים החוק: אחרי היחיד להטות

המתבאר, שלענין חיים רוחניים, אין שום חוב על היחיד מצד הטבע, לחייבו אל החברה, - אלא ההפך - יש כאן חוב טבעי על הרבים, להשתעבד ולהכנע תחת היחיד - - - והוא מובן על פי המבואר במאמר השלום, שיש שני דרכים שההשגחה חבשה והקיפה אותנו, כדי להביאנו אל המטרה התכליתית, שהם: **דרך יסורים** הגורם אלינו התפתחות הזאת **שלא מדעתנו. ודרך תורה וחכמה**, הגורמת אלינו התפתחות הזאת **מדעתנו**, בלי שום הכרח ויסורים עש״ה.

ומתוך שהיותר מפותח של הדור הוא ודאי אך היחיד, נמצא בעת שהרבים באים לידי הכרה לפטור את עצמם מהיסורים הנוראים, ולקבל עליהם בחינת התפתחות, מדעתם ורצונם. שהיא דרך התורה, - הנה אז צריכים ומחוייבים, להכניע את עצמם ואת חרותם הגופני תחת המשמעת של היחיד. ולקיים פקודותיו וסגולותיו שיציע להם.

הרי לעיניך, שבענינים רוחניים, מתהפך זכות הרבים - לחובתם. ויוצא החוק: **אחרי היחיד להטות**. כלומר היחיד המפותח. כי דבר גלוי הוא לכל אדם, אשר המפותחים והמשכילים, הם תמיד מיעוט קטן מאד בתוך כל החברה. ונמצא כל הצלחת החברה ואושרה הרוחני - צרורה וחתומה בידי המיעוט. והבן זה היטב.

ומתוך זה, מתחייבים הרבים בזהירות יתרה, לשמור בעיניים פקוחות על כל הדעות של היחידים, שלא יתבטלו מהעולם, כי עליהם לדעת בבטחה, בוודאות מוחלטת, אשר הדעות היותר מפותחות והיותר אמיתיות - אינם נמצאים לעולם ברשות הרבים השולטים - אלא דווקא ברשות החלשים ביותר, דהיינו, דווקא במיעוט שאינו ניכר לעיניים. כי כל חכמה וכל יקר - דרכה לבוא לעולם בכמות מועטה. לפיכך נעשינו מוזהרים לשמור על הדעות של כל היחידים, משום חולשת היכולת של הרוב השולט, לברר ביניהם.

הבקורת כגורם הצלחה -
אי הבקורת כגורם להתנוונות

יש להוסיף עוד על האמור: כי המציאות

מציעה לעינינו הפכיות קיצונית בין הדברים הגופניים - לדברים שבדעות והשכלות בנושא הנידון! כי ענין האחדות החברתית, העשויה להיות מקור לכל אושר ולכל הצלחה, נוהג ביחוד רק בין הגופים ועניני הגוף שבבני אדם. שהפרוד ביניהם, הוא המקור לכל פורענות ומקרים רעים.

אולם ענינים שבדעות והשכלות - הוא להפך מקצה אל הקצה. כי האיחוד ואי הבקורת, נבחן בהם למקור כל הכשלונות, והמפריע את כל ההתקדמות, וכל ההפריה השכלית, - - - כי השגת המסקנות המוצלחות, עומדות ביחוד על רבוי המחלוקת והפרוד, היוצא והמתגלה בין הדעות. שכפי רבוי הנגוד, והסתירה, וגדלות כח הבקורת - כן מתרבה הדעת והתבונה. והעינינים נעשים מוכשרים להתברר ולהתלבן ביותר. וכל כשלונה והתנוונותה של התבונה, אינה באה רק ממעוט הבקורת ומיעוט המחלוקת שבעניניה.

הרי הדבר גלוי לעיניים, אשר כל בסיס של הצלחה גופנית, הוא שיעור האיחוד של החברה. והבסיס של הצלחת ההשכלה והדעות הוא הפירוד והמחלוקת שבהם.

לפיכך הדין יוצא, אשר בעת שהאנושות תגיע למטרתה, בדבר הצלחת הגופות, דהיינו, על ידי ביאתם לדרגה השלמה באהבת זולתו, שאז יתלכדו כל גופות בני העולם לגוף אחד, ולב אחד, כמ"ש במאמר השלום, אשר רק אז יתגלה כל האושר המקווה לאנושות על שיא גובהו - הנה, לעומת זה, צריכים אז להזהר, שלא יתקרבו הדעות של חברי האנושות כל כך, באופן שתתבטל המחלוקת והבקורת בין החכמים והמלומדים. משום שאהבת הגופים, מביא בטבע גם קרבת הדעות. ואם תתבטל המחלוקת והבקורת - תתבטל כל התקדמות בדעות והשכלות, ויתיבש מקור הדעת מהעולם, כמובן.

ומכאן הוכחה מוחלטת, על חיוב הזהירות בחרות היחיד, בנוגע לעניני דעות והשכלות. משום שכל התפתחות החכמה והדעת, מיוסדת על חרות היחיד הזה. ולפיכך אנחנו מוזהרים לשמור עליה בשמירה מעולה, באופן שכל צורה וצורה שבתוכנו, שאנו קוראים לה בשם יחיד, דהיינו, בחינת הכח הפרטי של האדם היחיד - שנקרא בכללות בשם "רצון לקבל".

מורשת אבות

גם כל הפרטים מהתמונות, אשר הרצון לקבל הזה כוללם, שגדרנו אותו תחת השם "מצע", או סיבה א', שמשמעותו כוללת, כל אותם הנטיות והמנהגים וכדומה, שירש מאבותיו ואבות אבותיו, המצוירים לנו כמו שלשלת ארוכה של אלפי בני אדם, שהיו מצויים בשעתם, ועומדים זה תחת זה, - שכל אחד מהם הוא טפה תמציתית ממולידיו, שבטפה הזאת, הגיע לכל אחד כל הרכוש הרוחני של מולידיו, לתוך המוח המארך שלו שנקרא סובקונשינס. באופן, שהיחיד הנמצא לפנינו, יש לו בסובקונשינס שלו כל אלפי הירושות הרוחניות, מכל היחידים המוצגים באותה השלשלת, שהם מולידיו ואבותיו.

ולפיכך, כשם שפרצופיהם של כל יחיד ויחיד, משונה זה מזה - כן דעותיהם משונות זו מזו. ואין לך שני בני אדם בעולם שיהיו דעותיהם שוות זו לזו. כי לכל אחד יש רכוש גדול ונשגב, אשר הורישו לו אלפי אבותיו, ולאחרים אין אף שמץ מהם.

אשר על כן, כל הרכוש הזה, נבחן לרכושו של היחיד, שהחברה מוזהרת לשמור על טעמו ורוחו. שלא יטשטש בסיבת הסביבה שלו. אלא, כל יחיד ישאר עם שלמות מורשתו. ואז, הנגוד והסתירה שביניהם ישאר קיים לנצח, כדי להבטיח לנו לתמיד את הבקורת, ואת התקדמות החכמה, שהיא כל יתרון האנושות וכל מאויה האמיתיים הנצחיים.

אחר שבאנו לידי הכרה, במדה מסויימת, בדבר האנכיות של האדם אשר גדרנו אותו במובן של בחינת כח, ו"רצון לקבל", שהיא בחינת הנקודה העצמית של בעל החי במערומו - גם נתברר לנו היטב, על כל גבוליו, מדת רכושו המקורי של כל גוף יחיד, אשר הגדרנו אותו במובן של "מורשת אבות", שפרושו הוא, כל כח הנטיות והתכונות שהגיעו לו בירושה לתוך בחינת ה"מצע", שהוא חומר

ראשון של כל אדם, דהיינו טפה הזרעיית של מולידיו.

והנה עתה מצאנו הפתח, לפתור כוונת חז"ל, במה שאמרו, שבסיבת קבלת התורה נעשו בני חורין ממלאך המות. - אולם להבנה יתרה אנו עוד צריכים, בענין האנוכיות ובענין מורשת אבות האמורים.

ב' בחינות: א' ב"כח". ב' ב"פועל"

בתחילה צריכים להבין, אשר האנוכיית הזו, שגדרנו בשם כח של "רצון לקבל", אף על פי שהוא כל עיקר עצמותו של האדם - מכל מקום לא יצוייר כלל שיהיה לו קיום במציאות ממשית אפילו רגע אחד.

(כי ידוע אשר יש בחי', ובחי' ב"פועל". - ודבר זה שאנו מכנים אותו "כח" הוא דבר שבמחשבה, דהיינו, בטרם שיתגלה מכח אל הפועל. ורק במחשבה הוא נקבע.)

כי דבר זה שאנו מכנים אותו "כח", דהיינו, בטרם שיתגלה מכח אל הפועל, הוא אמנם רק דבר **שבמחשבה** כלומר, שרק **במחשבה**, אפשר לקבוע אותו.

אולם למעשה לא יצוייר כלל כח ממשי ומציאותי בעולם בשעה שהוא נח ואינו פועל כלום, משום שהכח אינו קיים במציאות, אלא בזמן ובמידה המגולה בפעולה, כשם שלא יתכן לומר על איזה תינוק, שהוא בעל כח גדול, שעה שאינו יכול להגביה אפילו משא קל. אלא, אפשר לומר, שמכירים באותו תינוק, אשר בשעה שיגדל - יתגלה בו כח גדול.

ומכל מקום אנו אומרים, אשר אותו כח וגבורה שאנו מוצאים באדם בעת גדלותו, היה כלול באבריו וגופו של התינוק גם בקטנותו. אלא שהכח הזה, היה בו **בהעלם**. ולא היה מגולה **בפועל**.

והן אמת שבמחשבה אפשר היה לקבוע (את הכחות העתידים להתגלות). כן, משום שהשכל מחייב כן - אולם בממשיות ובמציאות גופו של התינוק - בוודאי שלא קיים אצלו שום כח של גבורה ולא כלום, להיות ששום כח אינו מתגלה בפעולות של התינוק. - - - כמו כן כח התאבון, כח זה לא יופיע במציאות ממשית בגופו של אדם, בשעה שהאברים אינם מסוגלים לאכול, דהיינו, בעת השביעה.

אולם, אפילו בעת השביעה נמצא כח התאבון, אלא שהוא בהעלם, בתוך גופו של האדם - - - ואחר כך, לאחר העיכול, הוא חוזר ומתגלה, ויוצא מהכח אל הפועל.

אולם משפט זה (של הבחנת הכח שעדיין לא בא לידי גילוי בפועל), שייך לדרכי השכל של המחשבה. אכן, אין לו שום קיום במציאות ממשית. כי בעת השביעה אנו מרגישים, וברור לנו, שכח התאבון חלף הלך לו. והביט על מקומו, ואיננו.

המתבאר, שאי אפשר כלל להציג לעינינו כח, כבחינת נושא, העומד, ונח, וקיים לעצמו. - - - אלא כבחינת נשוא, כלומר, בה בשעה שהפעולה מתקיימת במציאות - באותה שעה מתגלה ה"כח" בתוך הפעולה.

ואם כי בדרכי ההשכלה בהכרח יש כאן ב' דברים, נושא ונשוא, דהיינו כח ופועל, כמו כח התאבון שהוא **הנושא**. והדמיון של הדבר הנאכל, שהוא **הנשוא**, ובחינת הפעולה, אולם במציאות באים כדבר אחד. ולא יקרה לעולם שיתגלה באדם כח תאבון, בלי שיצטייר במוחו דמיון של דבר הנאכל, באופן שהם שני חצאים מדבר אחד שכח התאבון מוכרח להתלבש באותו הדמיון של דבר הנאכל. כי אין שום גילוי, זולת על ידי התלבשותו בדמיון הזה. - והבן זה היטב, אשר הנושא והנשוא מוצגים כאן כשני חצאים של דבר אחד, אשר הויתם מתגלים בבת אחת, ונעדרים בבת אחת.

ובזה מובן, אשר ה"רצון לקבל" הזה, שהצגנוהו בתור האנוכיות. אין הכוונה שקיים כן באדם בבחינת כח החושק, ורוצה לקבל בבחינת נשוא נח. - אלא הכוונה, רק מבחינת נושא, כלומר, שמתלבש בדמיון של הדברים הראויים לו להתקבל. כמו כח התאבון - המתלבש בדמיון של הדבר הראוי לאכילה ופעולתו מתגלה, בדמיון הצורה הנאכלת, ובה הוא מתלבש - - - לפעולה זו אנו קוראים חשק, דהיינו, כח התאבון, המתגלה בפעולת הדמיון.

וכן בנידון שלנו, ברצון לקבל הכללי, שהוא מהותו ועצמותו של האדם. הוא מתגלה וקיים, רק בהתלבשות בתוך הצורות של הדברים העשויים להתקבל. כי אז הוא מקויים בבחינת הנושא, ולא זולת. ופעולה זו אנו קוראים "חיים", דהיינו, "החיות של האדם", שמשמעותו - שכח ה"רצון לקבל" מתלבש ופועל בתוך הדברים הרצויים לו להתקבל. שמדת הגילוי של הפעולה הזאת - היא מדת חייו. על דרך שאמרנו בפעולה שאנו קוראים לה "חשק".

שתי יצירות: א׳ האדם. ב׳ נפש חיה

מהמתבאר מובן לנו היטב הכתוב: "וייצר ה' אלקים את האדם עפר מן האדמה ויפח באפיו נשמת חיים ויהי האדם לנפש חיה". כי אנו מוצאים כאן שתי יצירות שהם:

א. האדם לבד,

ב. ונפש חיה לבד.

והכתוב משמיענו, שמתחילה נברא האדם בבחינת עפר מהאדמה, דהיינו, קיבוץ מספר מסויים של פרודות, שבתוכם כלול עצמותו של האדם, דהיינו, ה"רצון לקבל" שלו. אשר כח הרצון לקבל הזה, שרוי בכל הפרודות שבמציאות, כמו שביארנו לעיל, שמהם נבראו ויצאו כל ד' הסוגים:

א. דומם

ב. צומח

ג. חי

ד. מדבר.

ובדבר הזה, אין שום יתרון לאדם על יתר חלקי הבריאה. וזה שמשמיענו הכתוב במילים: "עפר מן האדמה".

אולם, כבר נתבאר, שאין מציאות לכח הזה, שנקרא רצון לקבל, שיתקיים בלי התלבשות ופעולה בדברים הרצויים להתקבל. אשר פעולה זו נקראת "חיים", שלפי זה נמצא, שבטרם שהגיעו לו לאדם צורות קבלת ההנאה האנושית, השונות מצורות של שאר בריות - - - הרי הוא נבחן עוד לאדם מת בלי חיים, שהרי הרצון לקבל שלו, לא היה לו מקום שיתלבש, ויגלה שם פעולותיו שהם גילוי החיים כאמור.

וז"ש: "ויפח באפיו נשמת חיים", שהוא כללות הצורות של קבלה, הראויות למין האדם. - ומילת נשמת - היא מלשון "שמין" לו את הקרקע, שהוראתה כמו "ערך" (ומקור השם של נשמה תבין מהכתוב איוב ל"ג, "רוח אל עשתני ונשמת שדי תחייני", ועי' פי' המלבי"ם שם) ונשמה היא מבנין נפעל, כמו השם, נפקד, נאשם, נאשמה.

ושיעור הכתוב הוא: "ויפח באפיו" כלומר, שהביא לתוך פנימיותו ותוכיותו נשמה, והערכה של חיים, שמשמעותו כל סכום הצורות הראויים להתקבל אל "הרצון לקבל" שלו כנ"ל. ואז, אותו הכח של הרצון לקבל שהיה צרור בפרודות שלו, מצא המקום שיוכל להתלבש ולפעול שם. דהיינו, באותן הצורות של קבלה שהשיג מהשי"ת. אשר פעולה זו, נקראת "חיים", כמבואר לעיל.

וזהו שסיים הכתוב: "ויהי האדם לנפש חיה", כלומר, כיוון שהתחיל הרצון לקבל לפעול על פי המדות של אותן צורות של קבלה - תיכף נגלה בו החיים והיה לנפש חיה. מה שאין כן בטרם שהשיג הצורות של קבלה, אף על פי שכבר הוטבע בו אותו הכח של "רצון לקבל" - מכל מקום נחשב עוד כגוף מת בלי חיים, משום שאין לו המקום להתראות, ולבוא לידי גילוי הפעולה, כמבואר.

וכפי שנתבאר לעיל אשר אע"פ שעיקרו של האדם הוא רק ה"רצון לקבל" מ"מ הוא מובן כמו חצי דבר להיותו מוכרח להתלבש באיזו מציאות המזדמנת לו, אשר ע"כ הוא ותמונת הקנין שמצייר הם יחד ממש דבר אחד, כי אין לו זכות קיום על רגע קטן זולתו כמבואר. ולפיכך בשעה שמכונת הגוף על היכנה ועל מלואה דהיינו עד אמצע שנותיו הרי "האגו" שלו עומד בכל קומתו המוטבע בו מלידתו שמשום זה מרגיש בעצמו רצון לקבל במדה גדולה וחזקה, דהיינו, שרוצה להשיג עשירות מרובה וכבוד גדול וכל המזדמן לנגד עיניו, והוא מטעם השלמות של ה"אגו" של האדם אשר הוא מושך לעצמו צורות של בנינים ומושגים שהוא מתלבש בהם

ומתקיים על ידיהם, אולם כעבור אמצע שנותיו אז מתחילים ימי ירידה אשר לפי תוכנם המה ימי מיתה, כי אין האדם מת ברגע אחד כמו שאינו מקבל גמר צורת החיים ברגע אחד, אלא נרו, דהיינו ה"אגו" שלו הולך וכבה לאט לאט ויחד עם זה הולכים ומתגונים תמונות הקנינים שרוצה לקבל, כי מתחיל לותר על הרבה קנינים שחלם עליהם בנערותו וכן נעשה להולך ומותר על גדלות הקנינים כפי שני השקיעה של החיים, עד שבימי זקנה האמתיים שצלה של המיתה כבר מרחפת על כל קומתו, נמצא האדם בימים שאין בהם חפץ לגמרי, כי הרצון לקבל שלו שהוא ה"אגו" נכבה והלך לו ולא נשאר בו רק ניצוץ קטן ממנו הבלתי מגולה לעינים, דהיינו בהתלבשות של איזה קנין, לכן אין בימים אלו שום רצון ותקוה אל איזה תמונה של קבלה.

והנה הוכחנו אשר הרצון לקבל עם תמונת החפץ שמצטייר לו להתקבל הם ממש דבר אחד, אשר גילויים שוה וקומתו שוה ושעור חייהם שוה, אולם יש כאן הבחן חשוב בצורת הויתור שאמרנו בימי שקיעת החיים, שהויתור הזה אינו מחמת שביעה כמו האדם שמוותר על דברי אכילה בשעת שביעתו אלא הם מחמת יאוש. כלומר שה"אגו" כשמתחיל למות בימי הירידה הוא עצמו מרגיש חולשתו ואת מיתתו, וע"כ הוא הולך ומתיאש ומוותר על חלומותיו ותקותיו של ימי השחרות. והתבונן היטב בהבחן הויתור מחמת שביעה שאין זה גורם שום צער ולא יתכן לכנותו בשם מיתה חלקית, אלא כפועל שגמר פעולתו. אכן הויתור מחמת יאוש הוא מלא צער ומכאובים וע"כ יתכן לכנותו מיתה חלקית והבן זה היטב.

חרות ממלאך המות

ועתה אחר כל המבואר מצאנו פתח להבין את דברי חז"ל על היכנם במה שדרשו "חרות על הלוחות אל תקרי חרות אלא חירות" שנעשה חירות ממלאך המות כי נתבאר במאמר מתן תורה וערבות אשר בטרם מתן תורה קבלו עליהם לבטל כל קנין פרטי בשעור המתבטא בהמלות ממלכת כהנים ואת המטרה של הבריאה כולה, דהיינו, להדבק בו בהשואת הצורה אליו ית' כמו שהוא ית' משפיע ואינו מקבל כן יהיו המה משפיעים ולא מקבלים שהוא דרגה האחרונה של דביקות המתבטא במלים "גוי קדוש" כמ"ש בסוף מאמר הערבות.

וכבר הבאתיך לידי הכרה, שעיקר עצמותו של האדם דהיינו האנוכיות שלו המוגדר ברצון לקבל אינו אלא חצי דבר, ואין לו זכות קיום זולת בהתלבשו באיזה תמונה של קנין או תקוה של קנין כי אז נשתלם עניננו שיתכן לקרותו בשם עצמות האדם ולא זולת, נמצא אשר בני ישראל שזכו לתכלית הדבקות במעמד הקדוש היה כלי קבלה שלהם בהתרוקנות גמורה מכל קנינים שבעולם והיו דבוקים בו בהשואת הצורה, שמשמעותה שלא היה להם שום רצון של קנין לעצמם אלא רק בשעור של השפעת נחת רוח שיוצרם יהנה מהם. וכיון שהרצון לקבל שלהם התלבש בתמונה של קנין הזה הרי התלבש בה והתחבר עמה לעצמות אחד שלם, א"כ ודאי שנעשו בני חורין ממלאך המות, כי המות בהכרח הוא בחי' העדר ושלילת הקיום של דבר מה, וזהו יתכן בעוד שיש איזה ניצוץ הרוצה להתקיים לקנינו עצמו, יתכן לומר עליו שהניצוץ הזה אינו מתקיים כי נעדר ומת, משא"כ אם לא נמצא באדם שום ניצוץ כזה אלא כל ניצוצי עצמותו מתלבשים בהשפעת נ"ר ליוצרם וזהו לא נעדר ולא מת, כי אפילו כשהגוף מתבטל אינו מתבטל אלא מבחי' קבלה עצמית שהרצון לקבל מלובש בה ואין לו זכות הויה זולתה כנ"ל. אולם כשבא על הכונה של הבריאה והשי"ת יש לו נ"ר ממנו שנעשה רצונו, נמצא העצמות של האדם שמתלבש בנחת רוחו ית' הזה וזוכה לנצחיות גמורה כמוהו ית', ונמצא שזכה לחירות ממלאך המות. וז"ש במדרש (שמו"ר מ"א ז') חרות ממלאך המות, ובמשנה (אבות פ"ו) חרות על הלוחות אל תקרא חרות אלא חירות שאין לך בן חורין אלא מי שעוסק בתלמוד תורה וכו', ע"ש.

הקדמה לספר הזהר

א) רצוני, בהקדמה זו, לברר איזה דברים, פשוטים לכאורה, כלומר, אשר ידי הכל ממשמשות בהם, והרבה דיו נשפכה בכדי לבררם. ובכל זאת, עדיין לא הגענו בהם, לידי ידיעה, ברורה ומספקת.

שאלה א׳. מה מהותנו?

שאלה ב׳. מה תפקידנו, בשלשלת המציאות הארוכה, שאנו טבעות קטנות הימנה?

שאלה ג׳. הנה, כשאנו מסתכלים על עצמנו, אנו מרגישים את עצמנו, מקולקלים ושפלים, עד שאין כמונו לגנות. וכשאנו מסתכלים על הפועל, שעשה אותנו, הרי אנו, מחויבים להמצא ברום המעלות, שאין כמוהו לשבח, כי הכרח הוא, שמפועל השלם, תצאנה פעולות שלמות?

ד׳. לפי שהשכל מחייב, הלא הוא ית׳ הטוב ומטיב, שאין למעלה הימנו ית׳. ואיך ברא מלכתחילה, כל כך הרבה בריות, שתתענינה ותתיסרנה בכל ימי היותן? והלא מדרך הטוב. להטיב? ועכ״פ, לא להרע כל כך?

ה׳. איך אפשר, שמהנצחי, שאין לו ראשית ואין לו תכלית, תמשכנה בריות הוות וכלות ונפסדות?

ב) ובכדי לברר כל זה בשלמות, צריכים אנו להקדים איזו חקירות. ולא ח״ו במקום האסור, דהיינו, בעצמותו של הבורא ית׳, אשר לית מחשבה תפיסא בו כלל וכלל [אין המחשבה תופסת בו כלל וכלל]. ואין לנו משום זה, שום מחשבה והגה בו ית׳. אלא במקום, שהחקירה היא מצוה, דהיינו החקירה במעשיו ית׳, כמצוה לנו בתורה: ״דע את אלקי אביך ועבדהו״. וכן אומר ב״שיר היחוד״: ״ממעשיך הכרנוך״.

והנה:

חקירה הא׳ היא: איך יצויר לנו, שהבריאה תהיה מחודשת, שפירושו, דבר חדש, שלא יהיה כלול בו ית׳ מטרם שבראו? בו בעת, שברור לכל בעל עיון, שאין לך דבר, שלא יהיה כלול בו ית׳. וכן השכל הפשוט מחייב, כי כלום יש לך נותן, מה שאין בו.

חקירה הב׳: אם תמצא לומר, שמבחינת כל יכלתו ודאי הוא, שיכול לברוא יש מאין, דהיינו דבר חדש, שאין לו שום מציאות בו ית׳, נשאלת השאלה: מה היא מציאות הזו, שיתכן להחליט עליה, שאין לה שום מקום בו ית׳, אלא היא מחודשת?

חקירה הג׳: במה שאמרו המקובלים, שנשמתו של אדם, היא חלק אלוה ממעל. באופן, שאין הפרש, בינו ית׳ לבין הנשמה, אלא שהוא ית׳ ״כל״, והנשמה ״חלק״. והמשילו זה לאבן, הנחצבת מהר, שאין הפרש, בין האבן לבין ההר, אלא שזה ״כל״ וזו ״חלק״. ולפי״ז יש לחקור: הא תינח, אבן, הנחלקת מהר, שהיא נפרדת מההר, על ידי גרזן, המוכן לכך, ונפרד על ידו ה״חלק״ מה״כל״. אבל, איך יצוייר זה בו ית׳ וית׳, שיפריד חלק מן עצמותו ית׳, עד שיצא מעצמותו ית׳, ויהיה ״חלק״ נבדל הימנו, דהיינו, לנשמה, עד שיתכן להבינה, רק כחלק מעצמותו ית׳?

ג) **חקירה הד׳:** כיון שמרכבת הס״א והקליפות, רחוקה מקדושתו ית׳, מהקצה אל הקצה, עד שלא תצויר הרחקה כזאת, איך אפשר, שתתמשך ותתהוה מהקדושה ית׳, ולא עוד, אלא שקדושתו ית׳, תקיים אותה?

חקירה הה׳: ענין תחית המתים. כיון שהגוף, הוא דבר בזוי כל כך, עד שתכף מעת לידתו, נידון למיתה וקבורה. ולא עוד, אלא שאמרו בזוהר, שמטרם שהגוף נרקב כולו, לא תוכל הנשמה לעלות למקומה לגן עדן, כל עוד שיש איזה שיור הימנו. וא״כ, מהו החיוב, שיחזור ויקום לתחית המתים? וכי לא יוכל הקב״ה, לענג את הנשמות, בלעדו? ויותר תמוה, מ״ש חז״ל, שעתידים המתים לקום לתחיה במומם, כדי שלא יאמרו: ״אחר הוא״. ואח״ז ירפא את המומים שלהם. ויש להבין: מה איכפת לו להקב״ה, שיאמרו: ״אחר הוא״, עד שבשביל זה, הוא יחזור, ויברא, את המום שבהם, ויוצרך לרפאותם?

חקירה הד׳: במה שאמרו ז״ל, אשר האדם, הוא מרכז כל המציאות, שכל העולמות, העליונים ועוה״ז הגשמי, וכל מלואם, לא נבראו, אלא בשבילו (זהר, תזריע מ׳). וחייבו את האדם, להאמין, שבשבילו נברא העולם (סנהדרין, לז.). שלכאורה, קשה להבין, שבשביל האדם הקטן הזה, שאינו תופס ערך של שערה, בערך מציאות העוה״ז, ומכ״ש בערך כל העולמות העליונים, שאין קץ להם ולרוממותם, טרח הקב״ה, לברוא כל אלו בשבילו? וכן, למה לו לאדם כל זה?

ד) ובכדי להבין, כל אלו השאלות והחקירות, תחבולה האחת היא: להסתכל בסוף המעשה. כלומר, בתכלית הבריאה. כי אי אפשר להבין שום דבר, באמצע מלאכתו, אלא מסופו. וזה ברור הוא, שאין לך פועל בלי תכלית. כי רק מי, שאינו שפוי בדעתו, תמצאהו פועל בלי תכלית.

ויודע אני, שיש מתחכמים, פורקי עול תורה ומצוות, שאומרים, שהבורא ית׳ ברא את כל המציאות, ועזב אותה לנפשה. כי מחמת האפסיות, שבאלו הבריות, אינו מתאים לבורא ית׳, לרוב רוממותו, להשגיח על דרכיהן, הפעוטות והמגונות. אכן, לא מדעת דברו זאת. כי לא יתכן, להחליט על שפלותנו ואפסותנו, מטרם שנחליט, שאנחנו עשינו את עצמנו, ואת כל אלו הטבעים המקולקלים והמגונים שבנו.

אבל בה בעת, שאנו מחליטים, אשר הבורא ית׳, השלם בכל השלמות, הוא בעל המלאכה, שברא ותיכן את גופותנו, על כל נטיות הטובות והמגונות שבהם, הרי מתחת יד הפועל השלם, לא תצא לעולם פעולה בזויה ומקולקלת. וכל פעולה, מעידה על טיב פועלה. ומה אשמתו, של בגד מקולקל, אם איזה חייט, לא יוצלח תפר אותו?

ועיין כגון זה (במס׳ תענית, כ׳): מעשה, שבא ר״א בר״ש וכו׳. נזדמן לו אדם אחד, שהיה מכוער ביותר וכו׳. אמר לו: ״כמה מכוער אותו האיש וכו׳״. אמר לו: ״לך, ואמור, לאומן שעשאני: ״כמה מכוער כלי זה, שעשית וכו׳״. עש״ה.

הרי, שמתחכמים האלו, לומר, שמסבת שפלותנו ואפסותנו, אין מתאים לו ית׳, להשגיח עלינו, ועזב אותנו, הם אינם, אלא מכריזים על חוסר דעתם בלבד. ודמה לך: אם היית פוגש איזה אדם, שימציא לו, לברא בריות, מלכתחילה בכדי שתתענינה ותתיסרנה בכל ימי חייהם, כמונו. ולא עוד, אלא להשליך אותן, אחר גיוו, מבלי שירצה אפילו להשגיח בהן, כדי לעזרן מעט. כמה היית מגנה ומזלזל בו. והיתכן להעלות על הדעת, כזה, על מחויב המציאות ית׳ וית׳?

ה) ולפיכך, השכל הבריא, מחייב אותנו להבין, את ההיפך מהנראה בשטחיות, ולהחליט, שאנו באמת, בריות טובות ונעלות ביותר, עד שאין קץ לחשיבותנו. דהיינו, ממש באופן הראוי והמתאים, לבעל מלאכה, שעשה אותנו. כי כל משהו חסרון, שתרצה להרהר על גופותנו, הנה אחר כל מיני תירוצים, שאתה מתרץ לך, הוא נופל רק על הבורא ית׳, שברא אותנו, ואת כל הטבעים שבנו. שהרי ברור, שהוא עשנו ולא אנחנו. גם ידע, כל אלו התהלוכות, אשר תמשכנה לצאת, מכל אלו הטבעיות והנטיות הרעות, שנטע בנו. אלא הוא הדבר, אשר אמרנו, שצריכים אנו להסתכל, על סוף המעשה. ואז נוכל להבין הכל. ומשל בפי העולם: ״אל תראה דבר לשוטה, באמצע מלאכתו״.

ו) וכבר הורונו חז״ל (עי׳ ע״ח, שער הכללים, פ״א בתחילתו), שלא ברא הקב״ה את העולם, אלא בכדי להנות לנבראיו. וכאן אנו צריכים, להשים את עינינו וכל מחשבותינו. כי הוא סוף הכונה והמעשה, של בריאת העולם.

ויש להתבונן: כיון שמחשבת הבריאה, היתה, בכדי להנות לנבראיו, הרי הכרח הוא, שברא בנשמות, מדת רצון גדולה עד מאד, לקבל, את אשר חשב ליתן להן. שהרי, מדת גדלו של כל תענוג וכל הנאה, מדודה, במדת גדלו של הרצון לקבל אותו. עד, שכל שהרצון לקבל גדול יותר, הנה בשיעור הזה, מדת התענוג גדולה ביותר. וכל שהרצון לקבלו פחות יותר, הרי באותה המדה, נפחת שיעור התענוג מהקבלה. הרי שמחשבת הבריאה,

בעצמה, מחייבת בהכרח, לברוא בנשמות, רצון לקבל, בשיעור מופרז ביותר, המתאים למדת התענוג הגדול, שכל יכלתו חשב, לענג את הנשמות. כי התענוג הגדול והרצון לקבל הגדול, עולים בקנה אחד.

ז) ואחר שידענו זה, כבר הגענו, להבין חקירה הב׳, עד סופה, בבירור מוחלט. כי חקרנו לדעת: מה היא המציאות, שאפשר להחליט עליה, בבירור, שאינה מצויה, ואינה נכללת, בעצמותו ית׳, עד שנאמר, שהיא בריאה מחודשת, יש מאין?

ועתה, שידענו בבירור, שמחשבת הבריאה, שהיא, בכדי להנות לנבראיו, בראה בהכרח, מדת רצון לקבל, ממנו ית׳, את כל הנועם והטוב הזה, שחשב בעדם. הנה, הרצון לקבל הזה, ודאי, שלא היה כלול בעצמותו ית׳, מטרם שבראו בנשמות. כי ממי יקבל? הרי, שברא דבר מחודש, שאינו בו ית׳.

ויחד עם זה, מובן, על פי מחשבת הבריאה, שלא היה צריך כלל, לברוא משהו, יותר מהרצון לקבל הזה, שהרי בריאה מחודשת הזו, כבר מספקת לו ית׳, למלאות כל מחשבת הבריאה, שחשב עלינו, להנות אותנו.

אבל, כל המלוי, שבמחשבת הבריאה, דהיינו, כל מיני הטבות, שחשב בעדנו, כבר הן נמשכות, בהמשכה ישרה, מעצמותו ית׳. ואין לו ענין לברוא אותן מחדש, בעת שכבר הן נמשכות יש מיש, אל הרצון לקבל הגדול, שבנשמות. והנה נתברר לנו, בהחלט, שכל החומר כולו, מתחילתו עד סופו, שבבריאה המחודשת, הוא רק "הרצון לקבל".

ח) ומכאן באנו, גם לסוף דעתם של המקובלים, שהבאנו בחקירה הג׳. שתמהנו עליהם: איך אפשר לומר על הנשמות, שהן חלק אלקי ממעל, בהשואה אל האבן שנחצבה מהר, שאין הפרש ביניהן, אלא שזה "חלק" וזה "כל"?

ותמהנו: תינח, האבן שנפרדה מההר, שנעשית חלקו, על ידי גרזן, מוכן לכך. אבל בעצמותו ית׳, איך יתכן לומר כזה? ובמה נחלקו הנשמות מעצמותו ית׳, ויצאו מכלל בורא ית׳, להיות נבראים?

ובהמתבאר, מובן הדבר היטב, כי כמו שהגרזן, מחתך ומבדיל, בדבר גשמי, לחלקהו לשנים, כן שינוי הצורה, מבדיל ברוחני, לחלקהו לשנים.

למשל, כשב׳ אנשים, אוהבים זה את זה, תאמר, שהם דבקים זה בזה, כגוף אחד. ולהיפך, כשהם שונאים זה את זה, תאמר, שהם רחוקים איש מרעהו, כרחוק מזרח ממערב. ואין כאן ענין של קרבת מקום, או ריחוק מקום, אלא הכונה היא, על השתוות הצורה: שבהיותם, שוים בצורתם איש לרעהו, שאוהב, כל מה שחברו אוהב, ושונא, כל מה שחברו שונא, וכדומה, נמצאים אוהבים זה את זה, ודבוקים זה בזה.

ואם יש ביניהם איזה שינוי צורה, דהיינו, שאוהב דבר מה, אע״פ שחברו שונא הדבר, וכדומה, הרי בשיעור שינוי הצורה הזה, הם שנואים ורחוקים זה מזה.

ואם, למשל, הם בהפכיות הצורה, דהיינו, כל מה שזה אוהב, נמצא שנוא לחברו, וכל מה שזה שונא, נמצא אהוב לחברו, הרי אז רחוקים זה מזה, כרחוק מזרח ממערב, דהיינו מקצה אל הקצה.

ט) והנך מוצא, שברוחניות, פועל שינוי הצורה, כמו גרזן, מפריד בין הגשמים. וכן, שיעור ההרחקה, כפי שיעור הפכיות הצורה. ומכאן תשכיל, כיון שנטבע בנשמות, הרצון לקבל הנאתו כנ״ל, אשר הוכחנו בעליל, שצורה זו, אינה נמצאת כלל בהבורא ית׳, כי ח״ו ממי יקבל, הרי שינוי צורה הזה, שהשיגו הנשמות, פועל להפרידם, מעצמותו ית׳, כדמיון הגרזן החוצב האבן מן ההר.

באופן, שע״י שינוי הצורה הזה, יצאו הנשמות מכלל בורא, ונבדלו הימנו, להיות נבראים. אמנם, כל מה שמשיגות הנשמות, מאורו ית׳, הרי הוא נמשך יש מיש מעצמותו ית׳. א״כ נמצא, שמבחינת אורו ית׳, שמקבלות תוך הכלי שבהן, שהוא הרצון לקבל, אין הפרש כלל, ביניהן לעצמותו ית׳, שהרי מקובל להן, יש מיש, ישר מעצמותו ית׳.

וכל ההפרש, שבין הנשמות לעצמותו ית׳, אינו יותר, אלא במה שהנשמות, הן חלק

מעצמותו ית'. דהיינו, ששיעור האור, שקבלו תוך הכלי, שהוא הרצון לקבל, כבר הוא חלק נבדל מאלקי, בהיותו נשוא, תוך שינוי הצורה, של הרצון לקבל, ששינוי צורה זה, עשה אותה לחלק, שעל ידו יצאו מבחינת "כל", ונעשו לבחינת חלק. הרי, שאין ביניהם, אלא שזה "כל", וזה חלק, כאבן הנחצבת מהר. והתבונן היטב, כי אי אפשר להאריך יותר, במקום גבוה כזה.

יוד) ועתה, נפתח לנו הפתח, להבין החקירה הד': איך אפשר, שיתהוה מקדושתו ית', ענין מרכבת הטומאה והקליפות, אחר שהיא רחוקה מקדושתו ית', מקצה אל הקצה? ואיך יתכן, שיפרנס אותה ויקיימה?

אכן, יש להבין מקודם, ענין מציאות מהות הטומאה והקליפות. מה היא? ותדע, שזה הרצון לקבל הגדול, שאמרנו, שהוא עצם מהותן של הנשמות, מבחינת עצם בריאתן. כי ע"כ הן מוכנות, לקבל כל המלוי, שבמחשבת הבריאה. הוא לא נשאר, בצורתו זו, בנשמות. כי אם היה נשאר בהן, היו מוכרחות להשאר תמיד, בפרודא ממנו ית'. כי שינוי הצורה שבהן, היה מפרידן ממנו ית'.

ובכדי לתקן, דבר הפירוד הזה, המונח על הכלי של הנשמות, ברא ית', את כל העולמות כולם. והבדילם, לב' מערכות, בסוה"ה "זה לעומת זה עשה אלקים". שהן, ד' עולמות אבי"ע דקדושה, ולעומתם ד' עולמות אבי"ע דטומאה.

והטביע את הרצון להשפיע, במערכת אבי"ע דקדושה.

והסיר מהם, את הרצון לקבל לעצמו.

ונתן אותו במערכת העולמות אבי"ע דטומאה. ונמצאו בגללו, נפרדים מהבורא ית', ומכל העולמות דקדושה. ומטעם זה, מכונות הקליפות בשם "מתים" כמ"ש: "זבחי מתים". וכן הרשעים, הנמשכים אחריהם. כמ"ש חז"ל: "הרשעים בחייהם, נקראים מתים". כי הרצון לקבל, המוטבע בהם, בהפכיות הצורה מקדושתו ית', מפרידן מחיי החיים. והן רחוקות ממנו ית', מקצה אל הקצה. כי הוא ית', אין לו שום ענין של קבלה, אלא רק להשפיע לבד.

והקליפות, אין להן שום ענין של השפעה, רק לקבל לעצמן להנאתן בלבד. ואין הפכיות גדולה מזה. וכבר ידעת, שהמרחק הרוחני, מתחיל בשינוי צורה במשהו, ומסתיים בהפכיות הצורה, שהיא סוף המרחק בדיוטא האחרונה.

יא) ונשתלשלו העולמות, עד למציאות עולם הזה, הגשמי. דהיינו, למקום, שתהיה בו מציאות, גוף ונשמה, וכן זמן, קלקול ותיקון. כי הגוף, שהוא הרצון לקבל לעצמו, נמשך משורשו, שבמחשבת הבריאה, כנ"ל. ועובר, דרך המערכה של העולמות דטומאה, כמ"ש: "עייר פרא אדם יולד". ונשאר משועבד, תחת המערכה ההיא, עד י"ג שנה. והוא זמן הקלקול.

ועל ידי עסק המצות, מי"ג שנים ואילך, שעוסק, על מנת להשפיע נחת רוח ליוצרו, הוא מתחיל לטהר, הרצון לקבל לעצמו, המוטבע בו, ומהפכו, לאט לאט, על מנת להשפיע, שבזה הולך וממשיך, נפש קדושה, משורשה במחשבת הבריאה. והיא עוברת, דרך המערכה של העולמות דקדושה, והיא מתלבשת בגוף. והוא הזמן של התקון.

וכן מוסיף והולך, לקנות ולהשיג, מדרגות דקדושה, ממחשבת הבריאה שבא"ס ב"ה. עד שהן מסייעות לו, להאדם, להפוך, את הרצון לקבל לעצמו, שבו, שיהיה כולו, בבחינת מקבל על מנת להשפיע נחת רוח ליוצרו, ולא כלל לתועלת עצמו. שבזה קונה האדם, השואת הצורה ליוצרו. כי קבלה ע"מ להשפיע, נחשבת לצורת השפעה טהורה. כמ"ש במסכת קדושין, דף ז', שבאדם חשוב, נתנה היא, ואמר הוא, הרי זו מקודשת, כי קבלתו שהיא ע"מ להנות לנותנת לו, נחשבת להשפעה ונתינה גמורה אליה, עש"ה.

ואז, קונה דבקות גמורה, בו ית'. כי דבקות הרוחני, אינה אלא השואת הצורה, כמ"ש חז"ל: "ואיך אפשר להדבק בו, אלא הדבק במדותיו". שבזה נעשה האדם, ראוי לקבל כל הטוב והנועם והרוך, שבמחשבת הבריאה.

יב) והנה נתבאר היטב, דבר התיקון של הרצון לקבל, המוטבע בנשמות מצד מחשבת הבריאה. כי הכין הבורא ית', בשבילן, ב' מערכות הנ"ל, זה לעומת זה, שעל ידיהן

עוברות הנשמות, ומתחלקות לב' בחינות, גוף ונפש, המתלבשים זה בזה.

וע"י תורה ומצות, נמצאים בסופם, שיהפכו צורת הרצון לקבל, כמו צורת הרצון להשפיע. ואז, יכולים לקבל כל הטוב, שבמחשבת הבריאה. ויחד עם זה, זוכים, לדבקות חזקה בו ית'. מפאת, שזכו, ע"י העבודה בתורה ומצות, להשואת הצורה ליוצרם. שזה נבחן לגמר התיקון.

ואז, כיון שלא יהיה עוד, שום צורך לס"א הטמאה, היא תתבער מן הארץ, ויבולע המות לנצח. וכל העבודה בתורה ומצות, שניתנה לכלל העולם, במשך שתא אלפי שני דהוי עלמא, וכן לכל פרט, במשך שבעים שנות חייו, אינה, אלא להביאם, לגמר התיקון, של השואת הצורה האמורה.

גם נתבאר היטב, ענין התהוות, ויציאת מערכת הקליפות והטומאה מקדושתו ית', שהיה מוכרח זה, כדי להמשיך על ידה בריאת הגופים, שאח"כ יתקנו אותו, ע"י תורה ומצות. ואם לא היו נמשכים לנו הגופים, ברצון לקבל שבהם המקולקל, ע"י מערכת הטומאה, אז לא היה אפשר לנו, לתקנו לעולם, כי אין אדם מתקן, מה שאין בו.

יג) אמנם עדיין, נשאר לנו להבין, סוף סוף: כיון שהרצון לקבל לעצמו, הוא כל כך פגום ומקולקל, איך יצא, והיה במחשבת הבריאה, בא"ס ב"ה, שלאחדותו אין הגה ומלה לפרשה?

והענין הוא, כי באמת, תכף בהמחשבה לברוא את הנשמות, היתה מחשבתו ית', גומרת הכל. כי אינו צריך לכלי מעשה כמונו. ותיכף יצאו ונתהוו, כל הנשמות וכל העולמות, העתידים להבראות, מלאים בכל הטוב והעונג והרוך, שחשב בעדן. עם כל תכלית שלמותן הסופית, שהנשמות עתידות לקבל, בגמר התיקון. דהיינו, אחר שהרצון לקבל, שבנשמות, כבר קבל כל תיקונו בשלימות, ונתהפך, להיות השפעה טהורה, בהשואת הצורה הגמורה, אל המאציל ית'.

והוא מטעם, כי בנצחיותו ית', העבר והעתיד וההוה, משמשים כאחד. והעתיד, משמש לו כהוה. ואין ענין מחוסר זמן, נוהג בו ית'. (זהר משפטים אות נ"א. ז"ח ברא' אות רמג). ומטעם זה, לא היה כלל, ענין הרצון לקבל המקולקל, בצורה דפרודא [של פירוד], בא"ס ב"ה. אלא להיפך, שאותה השואת הצורה, העתידה להגלות בגמר התיקון, הופיעה תיכף בנצחיותו ית'.

ועל סוד הזה אמרו חז"ל (בפרקי דר"א): "קודם שנברא העולם, היה הוא ושמו אחד, כי הצורה דפרודא, שברצון לקבל, לא נתגלתה כלל במציאות הנשמות, שיצאו במחשבת הבריאה, אלא הן היו דבוקות בו, בהשואת הצורה, בסוד "הוא ושמו אחד". ועי' בתע"ס ענף א'.

יד) והנך מוצא, בהכרח, שיש ג' מצבים לנשמות, בדרך כלל:

מצב הא' - הוא מציאותן בא"ס ב"ה, במחשבת הבריאה, שכבר יש להן שם, צורה העתידה, של גמר התיקון.

מצב ב' - הוא מציאותן בבחינת שתא אלפי שני, שנתחלקו, ע"י ב' המערכות הנ"ל, לגוף ונפש, וניתנה להן העבודה, בתורה ומצוות, כדי להפך את הרצון לקבל, שבהן, ולהביאו לבחינת רצון להשפיע נ"ר ליוצרם, ולא לעצמם כלל. ובמשך זמן מצב הזה, לא יגיע שום תיקון לגופים, רק לנפשות בלבד. כלומר, שצריכים לבער מקרבם, כל בחינת הקבלה לעצמם, שהיא בחינת הגוף, ולהשאר, בבחינת רצון אך להשפיע בלבד. שזהו צורת הרצון שבנפשות. ואפילו נפשות הצדיקים, לא תוכלנה להתענג בגן עדן, אחר פטירתן, אלא, אחר ככלות כל גופן, להרקב בעפר.

מצב הג' - הוא גמר התיקון של הנשמות, אחר תחית המתים, שאז יגיע התיקון השלם, גם אל הגופין. כי אז, יהפכו גם את הקבלה עצמה, שהיא צורת הגוף, שתשרה עליה צורה של השפעה טהורה. ונעשים ראויים, לקבל לעצמם, כל הטוב והעונג והנועם, שבמחשבת הבריאה. ועם כל זה, יזכו לדבקות החזקה, מכח השואת צורתם ליוצרם. כי לא יקבלו כל זה, מצד רצונם לקבל, אלא מצד רצונם,

להשפיע נ"ר ליוצרם, שהרי יש לו ית' הנאה, שמקבלים ממנו.

ולשם הקיצור, אשתמש מכאן ואילך, בשמות ג' המצבים הללו, דהיינו מצב א' מצב ב' ומצב ג'. ואתה תזכור כל המתבאר כאן, בכל מצב ומצב.

טו) וכשתסתכל, בג' מצבים הללו, תמצא, שמחייבים זה את זה, בהחלט גמור. באופן, שאם היה אפשר, שיתבטל משהו מאחד מהם, היו מתבטלים כולם.

כי, למשל, אם לא היה מתגלה מצב הג', שהוא התהפכות, צורת הקבלה לצורת השפעה, הרי בהכרח, לא היה יכול לצאת, מצב הא' שבא"ס ב"ה. שהרי לא יצאה שם כל השלמות, אלא מפני, שהעתיד להיות במצב הג', כבר שימש שם בנצחיותו ית', כמו הוה. וכל השלימות, שנצטיירה שם באותו המצב, היא רק כמו העתקה מהעתיד לבא, אל ההוה, אשר שם. אבל, באם היה אפשר, שיתבטל העתיד, לא היתה שם, שום מציאות בהוה. הרי שמצב הג', מחייב כל המציאות שבמצב הא'.

ומכ"ש, בהתבטל משהו ממצב הב', ששם מציאות כל העבודה, העתידה להגמר במצב הג'. דהיינו, העבודה בקלקול ותיקון, ובהמשכות מדרגות הנשמות, ואיך יהיה מצב הג'. הרי שמצב הב', מחייב את מצב הג'.

וכן מציאות מצב הא', שבא"ס ב"ה, שכבר נוהגת שם, כל השלמות שבמצב הג'. הרי הוא מחייב בהחלט, שיותאם זה, דהיינו, שיתגלה מצב הב' ומצב הג'. דהיינו, ממש בכל אותה השלמות, אשר שם, לא פחות משהו ולא יותר משהו. הרי, שמצב הא' עצמו, מחייב בהכרח, שתתפשטנה מערכות זו לעומת זו, במציאות הב', כדי לאפשר מציאות גוף, ברצון לקבל המקולקל, ע"י מערכת הטומאה. ואז אפשר לנו לתקנו. ואם לא היתה, מערכת העולמות דטומאה, לא היה לנו, הרצון לקבל הזה. ולא היה אפשר, לתקנו, ולבא למצב הג'. כי אין אדם מתקן, מה שאין בו. הרי, שאין לשאול, איך נתהותה ממצב הא' מערכת הטומאה, כי אדרבה, מצב הא', הוא המחייב מציאותה, ולהתקיים כן, במצב הב'.

טז) ואין להקשות לפי"ז: א"כ נתבטלה מאתנו הבחירה ח"ו? כיון שאנו מוכרחים, להשתלם ולקבל המצב הג' בהחלט, מכח, שכבר הוא מצוי, במצב הא'?

והענין הוא, כי ב' דרכים, הכין לנו השי"ת, במצב הב', כדי להביאנו אל מצב הג':

הא' - הוא דרך קיום התורה ומצות, ע"ד שנתבאר לעיל.

הב' - הוא דרך יסורין. אשר היסורים בעצמם, ממרקין את הגוף, ויכריחו אותנו, לבסוף, להפך את הרצון לקבל, שבנו, ולקבל צורת הרצון להשפיע, ולהדבק בו ית'. והוא ע"ד שאמרו חז"ל (סנהדרין, צז ע"ב): "אם אתם חוזרים למוטב, טוב, ואם לאו, אני מעמיד עליכם מלך, כהמן, ובעל כרחכם הוא יחזיר אתכם למוטב".

וזה שאמרו ז"ל, על הכתוב: "בעתה אחישנה. אם זכו, אחישנה. ואם לאו, בעתה". פירוש:

אם זוכים על ידי דרך הא', שהוא ע"י קיום תורה ומצות, אז אנו ממהרים את התיקון שלנו, ואין אנו צריכים ליסורין קשים ומרים, ואריכות הזמן, שיספיק לקבלם, שיחזירו אותנו למוטב בעל כרחנו.

ואם לאו, בעתה, דהיינו רק בעת, שהיסורים יגמרו את התיקון שלנו, ותגיע לנו עת התיקון בעל כרחנו. ובכלל דרך היסורים, הם גם עונשי הנשמות בגיהנם. אבל בין כך ובין כך, גמר התיקון, שהוא מצב הג', הוא מחויב ומוחלט מצד המצב הא'.

וכל הבחירה שלנו, היא רק, בין דרך יסורין לבין תורה ומצות.

והנה נתבאר היטב, איך ג' המצבים הללו, של הנשמות, קשורים זה בזה, ומחייבים בהחלט זה את זה.

יז) ובהמתבאר, מובנה היטב קושיא ג', הנ"ל. שהקשינו, שבעת שאנו מסתכלים על עצמנו, אנו מוצאים את עצמנו מקולקלים ונבזים, שאין כמונו לגנות. ובעת, שאנו מסתכלים על הפועל, שפעל אותנו, הרי אנו צריכים להיות ברום המעלות, שאין כמוהו לשבח, כיאות להפועל, שברא אותנו. כי מטבע

הפועל השלם, שפעולותיו שלמות.

ובהאמור מובן היטב, שאותו הגוף שלנו, בכל מקריו וקניניו האפסיים, אינו כלל הגוף שלנו האמיתי, שהרי הגוף שלנו האמיתי, כלומר, הנצחי, השלם בכל מיני שלמות, כבר הוא מצוי עומד וקיים, בא"ס ב"ה, בבחינת מצב הא', שמקבל שם צורתו השלמה, מהעתיד, להיות במצב הג', דהיינו, קבלה בצורת השפעה, שהיא בהשואת הצורה לא"ס ב"ה.

ואם אמנם, מצבנו הא' עצמו, מחייב, שתנתן לנו, במציאות הב', את הקליפה של אותו הגוף שלנו, בצורתה הבזויה והמקולקלת, שהוא הרצון לקבל אך לעצמו, שהוא כח הפירוד מא"ס ב"ה כנ"ל, בכדי לתקנו, ולאפשר לנו לקבל הגוף הנצחי שלנו, בפועל גמור, במצב הג' - אין לנו להתרעם על כך כלל, כי העבודה שלנו, לא תצויר, רק בגוף הזה, הכלה ונפסד, כי אין אדם מתקן, מה שאין בו.

באופן, שבאמת אנו מצוים, באותו שיעור השלמות, הראוי ומותאם להפועל השלם, שפעל אותנו, גם במצבנו זה הב'. כי גוף זה, אינו פוגם אותנו במשהו, שהרי הוא עומד למות ולהתבטל, ואינו מוכן לנו, רק בשיעור זמן, הנחוץ לבטלו, ולקבל צורתנו הנצחית.

יח) ויחד עם זה, מיושבת קושיא ה', שהקשינו: איך אפשר, שמנצחי, תצאנה פעולות בלתי נצחיות, הוות ונפסדות? ובהמתבאר מובן, כי באמת כבר יצאנו מלפניו, כראוי לנצחיותו, דהיינו, בריות נצחיות בכל השלמות. ונצחיותנו זו, מחייבת בהכרח, שקליפת הגוף, הניתנה לנו רק לעבודה, תהיה כלה ונפסדת, כי אם היתה נשארת בנצחיות ח"ו, אז היינו נשארים נפרדים ח"ו, מחי החיים לנצח.

וכבר אמרנו באות י"ג, שצורה זו של הגוף שלנו, שהוא הרצון לקבל אך לעצמו, אינה נמצאת כלל במחשבת הבריאה הנצחית, כי שם אנו עומדים בצורתנו של מצב הג'. אלא שהיא מחויבת לנו, במציאות הב', כדי לאפשר לנו לתקנה כנ"ל.

ואין לשאול כלל, על מצב שאר בריות העולם, חוץ מהאדם, משום שהאדם הוא מרכז כל הבריאה, כמ"ש להלן באות ל"ט, וכל שאר הבריות, אין להן חשבון וערך של כלום לעצמן, זולת באותו השיעור, שהן מועילות לאדם, להביאו לשלמותו, ועל כן הנה עולות ויורדות עמו, בלי שום חשבון לעצמן.

יט) ויחד עם זה, מבוארת קושיא הד', שהקשינו: כיון שמדרך הטוב להטיב, איך ברא מלכתחילה בריות, שתתענינה ותתיסרנה, במשך ימי חייהן?

כי כאמור, כל אלו היסורים, מתחייבים ממצב הא' שלנו, שנצחיותנו השלמה, אשר שם המקובלת, ממצב הג', העתיד לבא, מכריחה אותנו ללכת, או בדרך תורה או בדרך יסורין, ולבא ולהגיע לנצחיותנו, שבמצב הג' (כנ"ל, באות ט"ו).

וכל אלו היסורין, אינם שורים, רק על קליפת הגוף שלנו הזו, שלא נבראה אלא למיתה וקבורה. שזה מלמד אותנו, שהרצון לקבל לעצמו, שבו, לא נברא, אלא רק למחותו ולהעבירו מהעולם, ולהפכו לרצון להשפיע. והיסורים, שאנו סובלים, אינם אלא גילוים, לגלות האפסיות וההזק הרובצת עליו.

ובוא וראה, בעת שכל בני העולם, יסכימו פה אחד, לבטל ולבער את הרצון לקבל לעצמם, שבהם, ולא יהיה להם שום רצון, אלא להשפיע לחבריהם, אז היו מתבטלים, כל הדאגות וכל המזיקים מהארץ, וכל אחד היה בטוח, בחיים בריאים ושלמים, שהרי כל אחד מאתנו, היה לו עולם גדול, שידאג בעדו וימלא את צרכיו.

אמנם, בזמן, שכל אחד, אין לו אלא הרצון לקבל לעצמו, מכאן כל הדאגות היסורים והמלחמות והשחיטות, שאין לנו מפלט מהם. שהם מחלישים גופינו, בכל מיני מחלות ומכאובים. והנך מוצא, שכל אלו היסורים, המצוים בעולמנו, אינם אלא גילוים, מוצעים לעינינו, בכדי לדחוף אותנו, לבטל את קליפת הגוף הרעה, ולקבל צורה השלמה, של רצון להשפיע. והוא אשר אמרנו, שדרך היסורין בעצמו, מסוגל להביאנו אל צורה הרצויה.

ודע, שהמצות שבין אדם לחברו, הן קודמות למצות שבין אדם למקום, כי ההשפעה לחברו,

מביאתהו להשפיע למקום.

כ) ואחר כל המתבאר, נפתרה לנו שאלה הא', ששאלנו: מה מהותנו? כי מהותנו, היא כמהות כל הפרטים שבהמציאות, שהיא לא פחות ולא יותר, מהרצון לקבל, כנ"ל באות ז'. אלא, לא כפי שהוא מזדמן לנו עתה, במציאות הב', שהוא הרצון לקבל אך לעצמו. אלא, כפי שעומד וקיים, במצב הא', בא"ס ב"ה, דהיינו בצורתו הנצחית, שהוא לקבל ע"מ להשפיע נ"ר ליוצרו, כנ"ל באות י"ג.

ואע"פ, שעוד לא הגענו בפועל למצב הג', ועדיין אנו מחוסרי זמן, מכל מקום, אין זה פוגם במשהו, בעיקר מהותנו, משום שמצבנו הג', מתחייב לנו בהחלט גמור, מצד מצב הא'. לפיכך, "כל העומד לגבות, כגבוי דמי". ומחוסר זמן, הנחשב לחסרון הוא, רק במקום, שיש ספק של משהו, אם ישלים את הצריך, להשלים באותו זמן.

וכיון, שאין לנו שום ספק בזה, הרי זה דומה עלינו, כמו שכבר באנו למצב הג'. ואותו הגוף, בצורתו הרעה, הניתן לנו כעת, גם הוא אינו פוגם את מהותנו, להיותו הוא וכל קניניו, עומדים להתבטל לגמרי, יחד עם כל מערכת הטומאה, שהיא מקורם. ו"כל העומד להשרף, כשרוף דמי", ונחשב, כמו שלא היה מעולם.

אמנם הנפש, המלובשת בגוף ההוא, שמהותה היא ג"כ בחינת רצון בלבד, אלא רצון להשפיע, שהיא נמשכת לנו, ממערכת ד' העולמות אבי"ע דקדושה, כנ"ל באות י"א, היא קיימת לנצחיות, כי צורה זו של רצון להשפיע, הוא בהשואת הצורה לחי החיים, ואינה כלל ח"ו בת חילוף. ותשלום הענין, הוא להלן, מאות ל"ב ואילך.

כא) ואל יסור לבך, אחר דעת הפלוסופים, האומרים, שעצם מהותה של הנפש, היא חומר שכלי, והויתה באה, רק מכח המושכלות שמשכלת, שמהן מתגדלת, והן כל הויתה. וענין השארת הנפש, אחר פטירת הגוף, תלוי לגמרי בשיעור שכליות ומושכלות, שקבלה. עד, שבהעדר לה המושכלות, אין כלל על מה שתחול השארת הנפש.

אין זה דעת תורה. גם אינו מקובל כלל על הלב. וכל חי, שניסה פעם לקנות שכל, יודע ומרגיש, שהשכל הוא קנין, ואינו עצם הקונה.

אלא כמבואר, שכל חומר של הבריאה המחודשת, הן חומר של העצמים הרוחניים, והן חומר העצמים הגשמיים, אינו לא פחות ולא יותר, מבחינת רצון לקבל.

ואע"פ שאמרנו, שהנפש היא כולה, רצון להשפיע, הוא רק מכח תיקונים, של לבוש אור חוזר, המקובל לה מעולמות העליונים, שמשם באה אלינו. שענין לבוש הזה, מבואר היטב, בפתיחה לחכמת הקבלה, באות יד, טו, טז, יט. אמנם, עצם מהותה של הנפש, היא ג"כ רצון לקבל. ע"ש ותבין זה.

וכל ההבחן, הניתן לנו להבחין, בין עצם לעצם, אינו נבחן משום זה, רק ברצונו בלבד. כי הרצון, שבכל מהות, מוליד לו צרכים. והצרכים, מולידים לו מחשבות והשכלות, בשיעור כזה, כדי להשיג את הצרכים ההם, אשר הרצון לקבל מחייב אותם.

וכשם, שרצונות בני אדם, שונים איש מרעהו, כן צרכיהם ומחשבותיהם והשכלתם, שונים זה מזה.

למשל, אותם שהרצון לקבל שבהם, מוגבל בתאוות בהמיות בלבד, הרי צרכיהם ומחשבותיהם והשכלתם, רק בכדי למלאות הרצון הזה, בכל מלואו הבהמי. ואע"פ שמשתמשים בשכל ודעת כאדם, מ"מ "דיו לעבד להיות כרבו". והוא כשכל בהמי, להיות השכל, משועבד ומשמש לרצון הבהמי.

ואותם, שהרצון לקבל שלהם, מתגבר בעיקר בתאוות אנושיות, כגון כבוד ושליטה על אחרים, שאינם מצוים במין הבהמה, הרי כל עיקר צרכיהם ומחשבותיהם והשכלותיהם, רק בכדי למלאות להם, הרצון ההוא, בכל מלואו האפשרי.

ואותם שהרצון לקבל שלהם מתגבר בעיקר לקבל מושכלות, הרי כל עיקר צרכיהם ומחשבותיהם והשכלותיהם, למלאות להם הרצון הזה, בכל מלואו.

כב) ואלו ג' מיני רצונות, מצוים על פי

רוב, בכל מין האדם. אלא, שמתמזגים בכל אחד, בשיעורים אחרים. ומכאן כל השינוים, שבין אדם לאדם. וממדות הגשמיות, יש להקיש, ג"כ למדות העצמים הרוחניים, לפי ערכם הרוחני.

כג) באופן, שגם נפשות בני אדם, הרוחניות, אשר מכח לבושי אור חוזר, שמקבלות מעולמות העליונים, שמשם באות, אין להן, אלא רצון להשפיע נ"ר ליוצרן, שהרצון הזה הוא מהות ועצם הנפש, כנ"ל. נמצא, אחר שמתלבשת בגוף האדם, היא מולידה בו, צרכים ומחשבות והשכלות, למלאות הרצון להשפיע שלה, בכל מלואו. דהיינו, להשפיע נ"ר ליוצרה, כפי מדת גדלו של הרצון שבה.

כד) ובהיות, עצם ומהות הגוף, רק רצון לקבל לעצמו, וכל מקריו וקניניו, הם מלואים, של הרצון לקבל הזה המקולקל, שלא נברא מלכתחילה, אלא כדי לבערו ולכלותו מהעולם, בכדי לבא למצב הג' השלם שבגמר התיקון. ע"כ הוא בן תמותה, כלה ונפסד. הוא, וכל קניניו עמו, כצל עובר, שאינו מניח אחריו כלום.

ובהיות, עצם ומהות של הנפש, רק רצון להשפיע, וכל מקריה וקניניה, הם מלואים של הרצון להשפיע ההוא, שהוא כבר קיים ועומד, במצב הא' הנצחי, וכן במצב הג', העתיד לבא, לפיכך אינה כלל, בת תמותה ובת חילוף. אלא היא, וכל קניניה עמה, המה נצחיים חיים וקיימים לעד, ואין ההעדר פועל עליהם כלום, בשעת מיתת הגוף. ואדרבה, העדר צורת הגוף המקולקל, מחזק אותה ביותר, ותוכל לעלות אז, למרומים, לגן עדן.

ונתבאר היטב, שהשארת הנפש, אינה תלויה כלל וכלל, במושכלות שקנתה, כדברי הפלוסופים הנ"ל, אלא נצחיותה היא, בעצם מהותה בלבד, דהיינו, בהרצון להשפיע, שהוא מהותה. וענין המושכלות, שקנתה, הן שכרה, ולא עצמותה.

כה) ומכאן יצא לנו, הפתרון המלא, של חקירה ה'. ששאלנו: כיון שהגוף מקולקל כל כך, עד שאין הנפש מצויה בכל טהרתה, עד שירקב הגוף בעפר, וא"כ למה הוא חוזר, ועומד לתחית המתים? וכן על מה שאמרו ז"ל (זהר, אמור י"ז): "עתידים המתים להחיות במומם, שלא יאמרו אחר הוא?

והענין תבין היטב, ממחשבת הבריאה עצמה, דהיינו ממצב הא'. כי אמרנו: כיון שהמחשבה היתה, להנות לנבראיו, הרי הכרח הוא, שודאי ברא רצון גדול מופרז עד מאד, לקבל, כל אותו השפע הטוב, שבמחשבת הבריאה. כי התענוג הגדול, והרצון לקבל הגדול, עולים בקנה אחד, כנ"ל באות ו', ז'.

ואמרנו שם, שהרצון לקבל הגדול הזה, הוא כל חומר המחודש, שברא. מפני, שאינו נצרך כלל, ליותר מזה, כדי לקיים מחשבת הבריאה. ומטבע פועל השלם, שאינו פועל דבר מיותר, כעין שאומר ב"שיר היחוד": "מכל מלאכתך, דבר אחד לא שכחת, לא החסרת, ולא העדפת".

גם אמרנו שם, שהרצון לקבל המופרז הזה, הוסר לגמרי ממערכת הקדושה, וניתן למערכת העולמות דטומאה, שממנה מציאות הגופים וכלכלתם, וכל קניניהם בעולם הזה. עד שהאדם משיג י"ג שנה, שע"י עסק התורה, מתחיל להשיג נפש דקדושה, שמתפרנס אז, ממערכת העולמות דקדושה, לפי מדת גדלה, של הנפש דקדושה, שהשיג.

גם אמרנו לעיל, שבמשך שתא אלפי שני, הניתנים לנו לעבודה בתורה ומצות, אין שום תיקונים, מגיעים מזה אל הגוף, דהיינו, לרצון לקבל המופרז שבו. וכל התיקונים, הבאים אז, ע"י עבודתנו, הם מגיעים רק לנפש, שעולה על ידיהם, במדרגות העליונות, בקדושה וטהרה. שפירושו, רק להגדלת רצון להשפיע, הנמשך עם הנפש.

ומטעם זה, סוף הגוף, למות ולהקבר ולהרקב. כי לא קבל לעצמו שום תיקון, אכן, אי אפשר, שישאר כך. כי סוף סוף, אם יאבד, הרצון לקבל המופרז, מהעולם, לא תתקיים ח"ו מחשבת הבריאה, דהיינו שיתקבלו, כל התענוגים הגדולים, אשר חשב להנות לנבראיו, שהרי הרצון לקבל הגדול, והתענוג הגדול, עולים בקנה אחד. ובשיעור שנתמעט הרצון לקבלו, הרי בשיעור ההוא,

נפתחים התענוג וההנאה מן הקבלה.

כו) וכבר אמרנו, שמצב הא', מחייב בהחלט, את המצב הג', שיצא בכל השיעור המלא, שבמחשבת הבריאה, שבמצב הא', לא יחסר ממנו אף משהו, כנ"ל באות ט"ו.

ולפיכך, מחייב המצב הא', את תחיית הגופים המתים. כלומר, הרצון לקבל המופרז שלהם. שכבר כלה ונפסד ונרקב, במציאות הב'. מחויב לעמוד לתחייתו מחדש, בכל גודל שיעורו המופרז, בלי מצרים כל שהם, דהיינו בכל המומים שהיו בו.

ואז, מתחילה העבודה מחדש, בכדי להפוך, הרצון לקבל המופרז הזה, שיהיה רק בשיעור, כדי להשפיע. ואז הרוחנו פי שתים:

א. שיש לנו מקום, לקבל כל הטוב והנועם והרוך, שבמחשבת הבריאה, מכח, שכבר יש לנו גוף, המופרז מאד בהרצון לקבל שבו, העולה בקנה אחד עם התענוגים הללו. כנ"ל.

ב. שמתוך שקבלתנו, באופן הזה, לא תהיה רק בשיעור, להשפיע נחת רוח ליוצרנו, הרי קבלה זו, כהשפעה גמורה נחשבת, כנ"ל באות י"א. ובאנו גם להשואת הצורה, שהיא הדבקות, שהיא צורתנו במצב הג'. הרי, שמצב הא', מחייב את תחיית המתים בהחלט.

כז) אכן, לא יתכן, שתהיה תחית המתים, אלא קרוב לגמר התיקון. דהיינו, בסופה של מציאות הב'. כי אחר שזכינו, לשלול את הרצון לקבל המופרז שלנו, וקבלנו את הרצון אך להשפיע, ואחר שזכינו, לכל המדרגות הנפלאות שבנפש, המכונות, נפש רוח נשמה חיה יחידה, ע"י עבודתנו, בשלילת הרצון לקבל הזה, הנה אז, הרי כבר באנו, לשלמות הגדולה ביותר, עד שאפשר, להחיות את הגוף, בחזרה, בכל הרצון לקבל המופרז שלו.

ואין אנו נזוקים עוד ממנו, להפרידנו מדבקותנו. ואדרבה, אנו מתגברים עליו, ואנו נותנים לו צורת השפעה, כנ"ל. ובאמת, כן הוא המנהג, בכל מדה רעה פרטית, שאנו רוצים להעבירה ממנו:

א. שמתחילה, אנו צריכים, להסירה לגמרי, עד קצה האחרון, שלא ישאר ממנה כלום,

ב. ואח"כ, אפשר לחזור, ולקבלה, ולהנהיגה, בדרך האמצעי.

וכל עוד, שלא הסרנו אותה כולה מאתנו, אי אפשר כלל להנהיגה, בדרך הרצוי הממוצע.

כח) וזה שאמרו חז"ל: "עתידים, המתים להחיות במומם, ואח"כ מתרפאים". דהיינו כנ"ל, שמתחילה, עומד לתחיה אותו הגוף, שהוא, הרצון לקבל המופרז בלי מצרים כל שהם, דהיינו, כמו שנתגדל, תחת מרכבת העולמות הטומאה, מטרם שזכו לטהרו במשהו, ע"י תורה ומצות, שזהו בכל מומו.

ואז, אנו מתחילים בעבודה חדשה: להכניס, כל הרצון לקבל המופרז הזה, בצורת השפעה, כנ"ל. ואז הוא נרפא. כי עתה, השיג גם השואת הצורה. ואמרו הטעם, שהוא "שלא יאמרו אחר הוא". פירוש, שלא יאמרו עליו, שהוא בצורה אחרת, מהיותו במחשבת הבריאה. שהרי שם, עומד, זה הרצון לקבל המופרז, מכוון לקבלת כל הטוב שבמחשבת הבריאה. אלא שבינתים, ניתן אל הקליפות, וניתן לטהרה. אבל סוף כל סוף, אסור שיהיה גוף אחר. שאם יהיה בשיעור פחות משהו, הרי הוא כמו אחר לגמרי, ואינו ראוי כלל, לכל הטוב שבמחשבת הבריאה, כמו שכבר מקבל שם, מבחינת מצב הא'. והבן היטב.

כט) ובכל המתבאר, נפתח לנו הפתח, ליישב שאלה הב' הנ"ל, דהיינו: מה תפקידנו, בשלשלת המציאות, הארוכה, שאנו טבעות קטנות הימנה, במשך ימי שני חיינו הקצרים?

ותדע, שעבודתנו, במשך ע' שנותינו, מתחלקת לד' חלוקות:

חלוקה א' - הוא להשיג, את הרצון לקבל, המופרז בלי מצרים, בכל שיעורו המקולקל, מתחת יד מערכת ד' העולמות אבי"ע הטמאים. כי אם לא יהיה בנו, הרצון לקבל המקולקל הזה, לא נוכל כלל לתקנו, כי "אין לך מי, שיתקן דבר, שאין בו".

ולפיכך, לא די, אותו שיעור הרצון לקבל, המוטבע בגוף, ממקור לידתו לאויר העולם, אלא עוד, שמוכרח להיות מרכבה, לקליפות הטמאות, לא פחות מי"ג שנים. כלומר, שהקליפות, תהינה שולטות עליו, ותתנה לו

מאורותיהן. שהאורות שלהן, הולכים ומגדילים, את הרצון לקבל שלו. כי המלואים, שהקליפות מספיקות, אל הרצון לקבל, אינם, אלא מרחיבים והולכים את התביעה, של הרצון לקבל.

למשל, כשנולד, אין לו תאוה אלא למנה, ולא יותר. אבל, כשהס"א ממלאת לו המנה, תכף נרחב הרצון לקבל, והוא רוצה מאתים. ואח"כ, כשנותנת לו הס"א, את המלוי מאתים, מיד נרחב הרצון, ורוצה ד' מאות. ואם אינו מתגבר, על ידי תורה ומצות, לטהר את הרצון לקבל, ולהפכו להשפעה, הרי הרצון לקבל שלו, הולך ומתרחב, במשך שנות חייו, עד ש"אין אדם מת, וחצי תאותו בידו".

וזה נבחן, שהוא מצוי, ברשות הס"א והקליפות. שתפקידן, להרחיב ולהגדיל את הרצון לקבל שלו, ולעשותו מופרז בלי מצרים כל שהם. דהיינו, בכדי להמציא להאדם, כל החומר, שהוא צריך לעבוד בו, ולתקנו.

ל) **חלוקה ב'** - הוא, מי"ג שנים ואילך. שאז, ניתן כח, לנקודה שבלב שבו, שה"ס אחורים של הנפש דקדושה, המלובשת בהרצון לקבל שלו, מעת לידתו. אלא, שאינה מתחלת, להתעורר, רק אחר י"ג שנים, שהוא מטעם הנ"ל. ואז, הוא מתחיל להכנס, תחת רשות מערכת העולמות דקדושה, דהיינו, בשיעור שהוא עוסק בתורה ומצות.

ועיקר התפקיד בעת ההיא, הוא להשיג ולהגדיל את הרצון לקבל הרוחני. כי מעת לידתו, אין לו רצון לקבל, אלא לגשמיות בלבד. ולפיכך, אע"פ שהשיג הרצון לקבל המופרז, מטרם י"ג שנים, אינו עוד גמר גדלותו, של הרצון לקבל. ועיקר גדלות הרצון לקבל, מצוירת רק ברוחניות.

כי למשל, מטרם י"ג שנים, חשק הרצון לקבל שלו, לבלוע, כל העושר והכבוד שבעוה"ז הגשמי, אשר גלוי לכל, שהוא בעדו, עולם שאינו נצחי, המצוי לכל אחד, רק כצל עובר חלף ואינו. משא"כ, כשמשיג, הרצון לקבל המופרז הרוחני, הרי אז, הוא רוצה, לבלוע להנאתו, כל הטוב והעושר, שבעוה"ב הנצחי, שהוא בעדו, קנין עדי עד ולנצחיות. הרי, שעיקר הרצון לקבל, המופרז, אינו נגמר, אלא ברצון לקבל רוחניות.

לא) וז"ש (תקונים חדשים, צ"ז, ע"ב), על הכתוב: "לעלוקה, שתי בנות, הב, הב" (משלי ל'). שעלוקה, פירושו גיהנם. והרשעים, הנלכדים בגיהנם זה, צווחין, ככלבא [צווחים ככלב] "הב, הב". דהיינו, "הב" לן עותרא דעלמא הדין, "הב" לן עותרא דעלמא דאתי [תן לנו עושר עולם הזה, תן לנו עושר עולם הבא].

ועם כל זה, הוא מדרגה חשובה, לאין ערך יותר מהראשונה. כי מלבד שמשיג, שיעור הגדלות האמיתית, של הרצון לקבל, וניתן לו לעבודה, כל החומר כולו, שהוא צריך, הנה היא המדרגה, המביאתו לשמה. כמו שאמרו חז"ל (פסחים, נ', ע"ב): "לעולם, יעסוק אדם, בתורה ומצות, שלא לשמה, שמתוך שלא לשמה, בא לשמה".

וע"כ נבחנת המדרגה הזו, הבאה לאחר י"ג שנה, לבחינת קדושה. וה"ס "השפחה דקדושה, המשמשת לגבירתה". שה"ס "השכינה הקדושה". כי השפחה, מביאתו לשמה, וזוכה להשראת השכינה.

אמנם, הוא צריך לעשות, כל האמצעים, המותאמים שיבא לשמה. כי אם לא יתאמץ לזה, ולא יבא ח"ו לשמה, הרי הוא נופל בפח השפחה הטמאה, שהיא הלעומת דשפחה דקדושה, שענינה לבלבל את האדם, שהלא לשמה לא יביאהו לשמה. ועליה נאמר: "ושפחה כי תירש גבירתה" (משלי, ל'), כי לא תניחהו לאדם, להתקרב אל הגבירה, שהיא השכינה הקדושה.

והמדרגה הסופית שבחלוקה זו, היא שיתאהב בהקב"ה בתאוה גדולה, בדומה, לבעל תאוה, המתאהב בתאוה גשמית, עד שאין התאוה סרה מנגד עיניו, כל היום וכל הלילה. וע"ד שאמר הפיטן: "בזכרי בו, אינו מניח לי לישון". ואז, נאמר עליו: "ועץ חיים, תאוה באה" (משלי י"ג). כי ה' מדרגות הנשמה, ה"ס עץ החיים, שמהלכו חמש מאות שנה. שכל מדרגה, היא בת מאה. דהיינו, כי יביאהו לקבל, כל אלו ה' בחינות נרנח"י, המבוארות בחלוקה הג'.

לב) **חלוקה ג'** - הוא העבודה בתורה

ומצות לשמה. דהיינו, על מנת להשפיע, ושלא לקבל פרס. שעבודה זו, מטהרת את הרצון לקבל, לעצמו, שבו, ומהפכתו, ברצון להשפיע.

אשר, בשיעורי הטהרה, של הרצון לקבל, נעשה ראוי ומוכשר, לקבל ה' חלקי הנפש, הנקראות נרנח"י (להלן, באות מ"ב). כי הן עומדות, ברצון להשפיע (כנ"ל, באות כ"ג), ולא תוכלנה להתלבש בגופו, כל עוד שהרצון לקבל, שולט בו, הנמצא עם הנפש, בהפכיות הצורה, או אפילו, בשינוי צורה. כי ענין התלבשות, והשואת הצורה, עולות בקנה אחד, כנ"ל באות י"א.

ובעת שיזכה, שיהיה כולו ברצון להשפיע, ולא לצורך עצמו כלום, נמצא שזכה, בהשואת הצורה, לנרנח"י שלו העליונים, שהן נמשכות, ממקורן בא"ס ב"ה, ממצב הא', דרך אבי"ע דקדושה, ותכף תמשכנה אליו, ותתלבשנה בו, בדרך המדרגה.

חלוקה ד' - הוא העבודה, הנוהגת אחר תחית המתים. דהיינו, שהרצון לקבל, אחר שכבר נעדר לגמרי, ע"י מיתה וקבורה, עומד שוב לתחיה, ברצון לקבל המופרז הגרוע ביותר, שה"ס: "עתידים המתים להחיות במומם", כנ"ל באות כ"ח. ואז מהפכים אותו, על קבלה בצורת השפעה, כמ"ש שם באורך. אמנם, יש יחידי סגולה, שניתנה להם עבודה זו, גם בחיים חיותם בעוה"ז.

לג) ועתה נשארה לנו, לבאר חקירה הו', מ"ש חז"ל, ש"כל העולמות, העליונים ותחתונים, לא נבראו, אלא בשביל האדם". שלכאורה תמוה מאוד: שבשביל אדם הקטן, שאינו אפילו בערך שערה דקה, כלפי המציאות, שלפנינו בעוה"ז, ומכ"ש כלפי העולמות העליונים הרוחניים, יטרח הבורא ית', לברוא כל אלו בשבילו? ועוד יותר תמוה: למה לו לאדם, כל אלו העולמות הרוחניים האדירים המרובים?

וצריך שתדע, שכל נחת רוח של יוצרנו ית', להנות לנבראיו, היא במדה, שהנבראים ירגישו אותו ית', שהוא המשפיע, והוא המהנה אותם. אשר אז, יש לו שעשועים גדולים עמהם, כאב, המשתעשע עם בנו, החביב לו, בה במדה, שהבן מרגיש ומכיר, גדולתו ורוממותו של אביו, ואביו מראה לו, כל האוצרות, שהכין בשבילו.

כמו שאומר הכתוב (ירמיה ל"א): "הבן יקיר לי אפרים, אם ילד שעשועים, כי מדי דברי בו, זכור אזכרנו עוד, על כן המו מעי לו, רחם ארחמנו נאום ה'".

והסתכל היטב בכתוב הזה, ותוכל להשכיל ולדעת, את השעשועים הגדולים של השי"ת, עם אותם השלמים, שזכו, להרגישו ולהכיר, גדולתו, בכל אותם הדרכים, שהכין בעדם, עד שיבוא עמהם, ביחס של אב ובנו היקר, כאב עם ילד שעשועים שלו, ככל המבואר בכתוב לעיני המשכילים.

ואין להאריך בכגון זה. כי די לנו לדעת, אשר בשביל הנ"ר והשעשועים האלו, עם השלמים הללו, היה כדאי לו, לברוא את כל העולמות, העליונים ותחתונים יחד, כמו שיתבאר לפנינו.

לד) ובכדי להכין את בריותיו, שתוכלנה להגיע, למדרגה, הרמה והנשאה הנזכרת, רצה הקב"ה לפעול זה, על סדר ד' מדרגות, המתפתחות, אחת מחברתה, הנקראות, דומם צומח חי מדבר.

והן באמת, ד' בחינות של הרצון לקבל, שכל עולם ועולם מעולמות עליונים, מתחלק בהן. כי אע"פ, שעיקר החפץ הוא, בבהי"ד של הרצון לקבל, אמנם אי אפשר, שתתגלה בחי"ד בבת אחת, אלא בכח ג' בחינות, הקודמות לה, שהיא מתגלית ומתפתחת, בהן ועל ידיהן, לאט לאט, עד שנשלמה בכל צורתה שבבחי"ד, כמבואר בתע"ס, חלק א', אות ב', ד"ה "וטעם".

לה) והנה, בחי"א של הרצון לקבל, הנקרא "דומם", שהיא תחילת גילוי של הרצון לקבל, בעוה"ז הגשמי. אין שם, אלא כח תנועה, כולל לכל מין הדומם. אבל בפרטים שלו, אינה ניכרת לעין, שום תנועה. כי הרצון לקבל, מוליד צרכים. והצרכים, מולידים תנועות, מספיקות, עד כדי להשיג את הצורך. וכיון שהרצון לקבל, הוא במדה מועטת, אינו שולט

רק על הכלל כולו, בבת אחת, ואינה ניכרת שליטתו על הפרטים.

לו) נוסף עליו, "הצומח", שהוא בחי"ב של הרצון לקבל. שמדתו כבר גדולה יותר, ממדתו שבדומם. והרצון לקבל שבו, שולט בכל פרט ופרט, מהפרטים שלו. כי כל פרט, יש לו תנועה פרטית לעצמו, שמתפשט לארכו ולרחבו, ומתנועע למקום זריחת השמש. וכן ניכר בהם, ענין של אכילה ושתיה והוצאת הפסולת, לכל פרט ופרט. ועכ"ז, עוד לא נמצא בהם, הרגש חפשי פרטי, לכל אחד.

לז) נוסף עליו מין "החי", שהוא בחי"ג של הרצון לקבל. ומדתו כבר נשלמה במדה מרובה. שהרצון לקבל הזה, כבר מוליד, בכל פרט ופרט, הרגש חפשי פרטי, שהוא החיים המיוחדים, לכל פרט, באופן משונה מחברו. אמנם עדיין, אין בהם הרגש זולתו. והיינו, שאין בהם שום הכנה, להצטער בצרת חברו או לשמוח בשמחת חברו, וכדומה.

לח) נוסף על כולם, מין "האדם". שהוא בחי"ד של הרצון לקבל. והיא כבר במדתו השלמה הסופית. הרי הרצון לקבל שבו, פועל בו, גם הרגש זולתו. ואם תרצה לידע, בדיוק נמרץ, כמה הוא ההפרש, מבחי"ג של הרצון לקבל, שבמין "החי", עד הבחי"ד של הרצון לקבל, שבמין "האדם", אומר לך, שהוא, כמו ערך בריה אחת של המציאות, כלפי כל המציאות כולו.

כי הרצון לקבל שבמין "החי", החסר מהרגש זולתו, לא יוכל להוליד חסרונות וצרכים אליו, רק בשיעור, המוטבע באותה הבריה בלבדה. משא"כ האדם, שיש לו גם הרגש זולתו, נמצא חסר גם בכל מה שיש לזולתו, ומתמלא קנאה, לרכוש לו כל הישות, שנמצאת בזולתו. ואם יש לו מנה, רוצה מאתים. וכן נמצאים חסרונותיו וצרכיו, הולכים ומתרבים, עד שהוא רוצה לבלוע כל הישות, שבעולם כולו.

לט) ואחר שנתבאר, שכל התכלית, הנרצה להבורא ית', מכל הבריאה אשר ברא, היא להנות לנבראיו, בכדי שיכירו אמיתיותו וגדולתו, ויקבלו ממנו כל הטוב והנועם, שהכין בעדם, ובשיעור המבואר בכתוב "הבן יקיר לי אפרים, אם ילד שעשועים", - הנך מוצא בבירור, שהתכלית הזו לא תחול, לא על הדוממים והכדורים הגדולים, כמו הארץ והירח והשמש, ולוא יהיו זהרם ומדתם כמה שיהיו, ולא על מין הצומח, ולא על מין החי, שהרי חסרים מהרגש זולתם, אפילו מבני מינם, הדומים להם. ואיך יחול עליהם, ההרגש האלקי והטבתו?

אלא רק מין "האדם" בלבדו, אחר שכבר יש בהם ההכנה, של הרגש זולתו כלפי בני מינם הדומים להם. הנה אחר העבודה בתורה ומצות, שמהפכים הרצון לקבל שלהם, לרצון להשפיע, ובאים בהשואת הצורה ליוצרם, שאז מקבלים כל המדרגות, שהוכנו להם בעולמות העליונים, הנקראות "נרנח"י", שבזה נעשו מוכשרים, לקבל את התכלית שבמחשבת הבריאה. הרי שתכלית, כוונת הבריאה, של כל העולמות, לא היתה, אלא בשביל האדם.

מ) ויודע אני, שאין דבר זה מקובל כלל, על דעת חלק מן הפילוסופים. ואינם יכולים להסכים, אשר אדם, השפל והאפסי, בעיניהם, יהיה המרכז של כל הבריאה, הגדולה והנשאה. אבל הם דומים, כאותה התולעת, שנולדה תוך הצנון. והיא יושבת שם, וחושבת, שכל עולמו של הקב"ה, הוא כל כך מר, וכל כך חשוך, וכל כך קטן, כמדת הצנון, שהיא נולדה בו.

אבל, ברגע שבקעה את קליפת הצנון, וחוטפת מבט מבחוץ לצנון, היא תמהה, ואומרת: "אני חשבתי, שכל העולם הוא, כמדת הצנון, שנולדתי בו. ועתה, אני רואה, לפני עולם גדול, נאור, אדיר, ויפה להפליא"!

כן אותם, המשוקעים, בקליפת הרצון לקבל שלהם, שבה נולדו, ולא ניסו לקבל התבלין המיוחדים, שהם תורה ומצות מעשיות, המסוגלות לבקוע קליפה קשה הזו, ולהפכה לרצון להשפיע נ"ר ליוצרו. ודאי הוא, שהם מוכרחים להחליט, על אפסותם וריקנותם, כמו שהם באמת. ולא יוכלו להעלות על הדעת, שכל המציאות הגדולה הזו, לא נבראה אלא בשבילם.

אכן אם היו עוסקים בתורה ומצות, להשפיע נחת רוח ליוצרם, בכל הטהרה הנאותה,

ויבואו לבקוע קליפת הרצון לקבל, שנולדו בה, ויקבלו הרצון להשפיע, הלא תיכף היו עיניהם נפתחות, לראות ולהשיג, את עצמם ואת כל המדרגות, של החכמה והתבונה והדעת הבהירה, החמודות והנעימות עד לכלות נפש, שהוכנו להם בעולמות הרוחניים. ואז היו אומרים, בעצמם, מה שאמרו חז"ל: "אורח טוב, מה הוא אומר: "כל, מה שטרח בעל הבית, לא טרח, אלא בשבילי".

מא) ועדיין נשאר לבאר: סוף סוף, למה לו לאדם, כל אלו עולמות העליונים, שברא ית', בשבילו? ואיזה צורך, יש לו לאדם בהם?

וצריך שתדע, שמציאות כל העולמות, נחלקת להי' עולמות בדרך כלל, ונקראים:

א. אדם קדמון,

ב. אצילות,

ג. בריאה,

ד. יצירה,

ה. עשיה.

אמנם, בכל אחד מהם, יש פרטים עד אין קץ. והם, בחינת ה' הספירות כח"ב תו"מ, כי:

עולם א"ק - הוא כתר,

ועולם האצילות - הוא חכמה,

ועולם הבריאה - הוא בינה,

ועולם היצירה - הוא תפארת,

ועולם העשיה - הוא מלכות.

והאורות, המלובשים באלו ה' עלמות, נקראים יחנר"נ:

שאור היחידה - מאיר בעולם אדם קדמון.

ואור החיה - בעולם אצילות.

ואור הנשמה - בעולם הבריאה.

ואור הרוח - בעולם היצירה.

אור הנפש - בעולם עשיה.

וכל אלו העולמות, וכל אשר בהם, נכללים בהשם הקדוש י"ה ו"ה וקוצו של יוד, כי:

עולם הא', שהוא א"ק, אין לנו תפיסה בו, וע"כ מרומז רק **בקוצו של יוד של השם.** וע"כ, אין אנו מדברים ממנו. ואנו מזכירים תמיד, רק ד' עולמות אבי"ע:

והי' - היא עולם אצילות,

וה' - עולם הבריאה,

ו' - עולם היצירה,

ה' **תתאה** - היא עולם עשיה.

מב) והנה נתבארו ה' עולמות, שהם כוללים כל המציאות הרוחנית, הנמשכת מא"ס ב"ה עד עוה"ז. אמנם, הם כלולים זה מזה. ויש, בכל עולם מהם, כללות ה' העולמות, כנ"ל ה' ספירות כח"ב תו"מ, שבהן מלובשים ה' אורות נרנח"י, שהן כנגד ה' העולמות, כנ"ל.

ומלבד ה' הספירות, כח"ב תו"מ, שבכל עולם ועולם, יש גם ד' בחינות, דצח"מ רוחניים, אשר:

א. **נשמת האדם** - היא בחינת **מדבר** אשר שם,

ב. ובחינות החי - הן **המלאכים** שבאותו עולם,

ג. ובחינות **הצומח** - נקראות בשם **לבושים**,

ד. ובחינות **הדומם** - נקראות בשם **היכלות**.

ונבחנות כמלבישות זו את זו.

כי בחינת **המדבר**, שהיא נשמות בני אדם - מלבישות על ה' ספירות, כח"ב תו"מ, שהן אלקיות, שבאותו עולם (וענין י' הספירות, שהן אלקיות, יתבאר להלן, ב"המבוא לספר הזוהר").

ובחינות **החי**, שהן המלאכים - מלבישות על הנשמות.

והצומח, שהם הלבושים - מלבישים על המלאכים.

ובחינות **הדומם**, שהן היכלות - מסבבות על כולם.

וענין ההתלבשות הזו, משוערת בענין, שהם משמשים זה לזה, ומתפתחים זה מזה, כעין שבארנו בדצח"מ הגשמיים שבעוה"ז (לעיל, אות ל"ה-ל"ח). וכמו שאמרנו שם, שג' הבחינות, דומם צומח חי, לא יצאו בשביל עצמם, אלא רק שתוכל הבחי"ד, להתפתח ולהתעלות על ידיהן, שהיא מין האדם.

וע"כ, אין תפקידן, אלא לשמש את האדם ולהועילו. כן הוא בכל העולמות הרוחניים, אשר הג' בחינות, דומם צומח וחי, אשר שם, לא יצאו שם, אלא כדי לשמש ולהועיל, את בחינת המדבר, אשר שם, שהיא נשמת האדם. ע"כ נבחן, שכולם מלבישים על נשמת האדם. שפירושו, לתועלתו.

מג) והנה האדם, בעת שנולד, יש לו תכף, בחינת נפש דקדושה. ולא נפש ממש, אלא בחינת אחורים של הנפש, שפירושו, בחינה אחרונה שלה, המכונה, מפאת קטנותה, בשם "נקודה".

והיא מלובשת בלב האדם, כלומר, בבחינת רצון לקבל שבו, המתגלה בעיקרו, בלבו של אדם.

ודע הכלל הזה, שכל, הנוהג בכלל המציאות כולו, נוהג בכל עולם, ואפילו בכל חלק קטן, שאך אפשר להפרט, שיש באותו עולם. באופן, כמו שיש ה' עולמות בכלל המציאות, שהם ה' ספירות כח"ב תו"מ, כנ"ל, כן יש ה' ספירות כח"ב תו"מ בכל עולם ועולם. וכן יש ה' ספירות, בכל חלק קטן, שבאותו עולם.

והנה אמרנו, שעוה"ז נחלק על דצח"מ. והם, כנגד ד' הספירות חו"ב תו"מ כי:

א. דומם - נגד מלכות,

ב. וצומח - נגד תפארת,

ג. וחי - נגד בינה,

ד. ומדבר - נגד חכמה,

ה. והשורש של כולם - הוא נגד כתר.

אמנם, כאמור, שאפילו פרט אחד, מכל מין ומין שבדצח"מ, יש בו ג"כ ד' בחינות דצח"מ. באופן, שגם בפרט אחד, שבמין המדבר, דהיינו אפילו באדם אחד, יש בו ג"כ דצח"מ, שהם ד' חלקי הרצון לקבל שבו, שבהם מלובשת הנקודה מן הנפש דקדושה.

מד) ומטרם י"ג שנה, לא יצויר שום גילוי, אל הנקודה שבלבו. אלא לאחר י"ג שנה, כשמתחיל לעסוק בתורה ומצות, ואפילו בלי שום כונה, דהיינו בלי אהבה ויראה, כראוי למשמש את המלך, גם אפילו שלא לשמה, מתחילה הנקודה שבלבו, להתגדל ולהראות פעולתה.

כי מצות אינן צריכות כונה.

ואפילו המעשים, בלי כונה, מסוגלים לטהר את הרצון לקבל שלו. אלא רק בשיעור דרגה הא' שבו, המכונה "דומם". ובשיעור שמטהר חלק הדומם של הרצון לקבל, בשיעור הזה הוא הולך ובונה את התרי"ג אברים של הנקודה שבלב, שהיא הדומם דנפש דקדושה. וכשנשלם בכל תרי"ג מצוות, מבחינת המעשה, נשלמו בזה כל תרי"ג אברים, של הנקודה שבלב, שהיא הדומם דנפש דקדושה:

שרמ"ח איבריה הרוחניים - נבנים ע"י קיום רמ"ח מצות עשה.

ושס"ה גידיה הרוחניים - נבנים ע"י קיום שס"ה מצות לא תעשה.

עד שנעשית לפרצוף שלם דנפש דקדושה.

ואז הנפש עולה ומלבשת את ספירת המלכות, אשר בעולם עשיה הרוחני. וכל פרטי דומם צומח חי הרוחניים, שבעולם ההוא, הנמצאים כנגד ספירת המלכות ההיא דעשיה, משמשים ומסייעים את פרצוף הנפש דאדם, שעלה שם, דהיינו בשיעור שהנפש משכלת אותם, שהמושכלות ההן נעשות לה מזון רוחני, הנותן לה כח, להתרבות ולהתגדל, עד שתוכל להמשיך, אור ספירת המלכות דעשיה, בכל השלמות הרצויה, ולהאיר בגוף האדם. ואור השלם ההוא, מסייע לו לאדם, להוסיף יגיעה בתורה ומצות, ולקבל יתר המדרגות.

וכמו שאמרנו, שתכף, עם לידת גופו של האדם, נולדה ומתלבשת בו, נקודה מאור הנפש, כן כאן, כשנולד לו פרצוף הנפש דקדושה, נולדת עמה גם נקודה, ממדרגה העליונה ממנה, דהיינו בחינת אחרונה מאור הרוח דעשיה, המתלבשת בפנימיות פרצוף הנפש.

וכך הוא הדרך בכל המדרגות: שכל מדרגה, שנולדה, יוצאת בה תכף בחינה אחרונה, ממדרגה העליונה אליה. כי זה כל הקשר, בין עליון לתחתון, עד רום המעלות. וכך בסגולת נקודה זו, שיש בה מעליונה, היא נעשית מסוגלת לעלות למדרגה העליונה. ואכמ"ל.

מה) ואור הנפש הזה, מכונה בשם אור "הדומם דקדושה" דעולם עשיה. והוא, להיותו מכוון, נגד הטהרה, של חלק הדומם מהרצון לקבל שבגוף האדם, כנ"ל. וכן פעולת הארתה ברוחניות, דומה לבחינת מין הדומם שבגשמיות, שנתבאר לעיל באות ל"ה, שאין לו תנועה פרטית לחלקיו, אלא רק תנועה כוללת, מקיפה לכל הפרטים בשוה.

כן האור, של פרצוף הנפש דעשיה, אע"פ שיש בו תרי"ג אברים, שהם תרי"ג מיני שינוי

צורות, בדרכי קבלת השפע, מ"מ אינם נכרים בו, אלו השינוים, אלא רק אור כולל, שפעולתו מקיפה את כולם בשוה, בלי הכר הפרטים שבו.

מו) ודע, אע"פ שהספירות הן אלקיות, ואין בהן שום שינוי והבדל, מראש הכתר שבעולם א"ק, עד סוף ספירת המלכות שבעולם עשיה, מ"מ יש הבדל גדול, כלפי המקבלים. כי הספירות נבחנות לאורות וכלים:

והאור שבספירות, הוא אלקיות גמורה, כנ"ל.

אבל הכלים, הנקראים כח"ב תו"מ, שבכל עולם, מג' עולמות התחתונים, הנקראים בריאה יצירה עשיה, אינם בחינת אלקיות. אלא הם בחינת כיסוים, המעלימים אור א"ס ב"ה שבתוכם, ומודדים קצבה ושיעור אל הארתו, כלפי המקבלים. שכל אחד מהם, יקבל רק לפי שיעור הטהרה שבו.

ומבחינה זו, אע"פ שהאור עצמו אחד הוא, מכל מקום, אנו מכנים האורות שבספירות בשם נרנח"י. כי האור מתחלק, לפי תכונות הכלים:

כי המלכות - היא הכיסוי היותר עב, המעלמת על אור א"ס ב"ה, והאור שהיא מעבירה, ממנו ית' למקבלים, הוא רק בשיעור קטן, המיוחס לטהרת "הדומם של גוף" האדם לבד. וע"כ נקרא נפש.

והכלי דת"ת - הוא יותר זך מכלי המלכות, והאור, שהוא מעביר מא"ס ב"ה, מיוחס לטהרת חלק "הצומח דגוף" האדם. כי פועל בו יותר, מאור הנפש. ונקרא אור הרוח.

וכלי דבינה - יותר זך מת"ת, והאור, שהוא מעביר מא"ס ב"ה, מיוחס לטהרת חלק "החי שבגוף" האדם. ונקרא אור הנשמה.

והכלי דחכמה - זך מכולם. והאור, שהוא מעביר מא"ס ב"ה, מיוחס לטהרת חלק "המדבר שבגוף" האדם. ונקרא אור חיה. שלפעולתו אין שיעור, כמו שיתבאר לפנינו.

מז) וכאמור, שבפרצוף הנפש, שקנה האדם, בכח העסק בתורה ומצות, שלא בכונה, כבר מלובשת שם, נקודה מאור הרוח. ובהתחזק האדם, לעסוק בתורה ומצות, בכונה הרצויה, הולך ומטהר, את החלק הצומח, מבחינת רצון לקבל שבו. ובשיעור הזה, הוא הולך ובונה, את הנקודה דרוח לבחינת פרצוף:

שע"י רמ"ח מצות עשה בכונה - מתפשטת הנקודה, ברמ"ח אבריה הרוחניים.

וע"י קיום שס"ה מצות לא תעשה - מתפשטת הנקודה בשס"ה גידיה.

וכשנשלמת בתרי"ג האברים כולם, היא עולה ומלבשת, את ספירת התפארת שבעולם העשיה הרוחני, המעבירה לו מא"ס ב"ה, אור יותר חשוב, הנקרא אור הרוח, שהוא מכוון, לפי טהרת חלק "הצומח שבגוף" האדם. וכל פרטי, דומם צומח וחי, שבעולם עשיה, המתיחסים לקומת התפארת, מסייעים לפרצוף הרוח של האדם, לקבל האורות, מספירת התפארת בכל השלמות, על דרך שנתבאר לעיל באור הנפש, ע"ש. ומכונה משום זה "צומח דקדושה". וכן טבע הארתו, כערך צומח הגשמי. שנתבאר לעיל, שכבר יש לו שינויי תנועה, הניכרים בכל פרט ופרט שבו, לפי עצמו. כן אור הצומח הרוחני, כבר כחו גדול, להאיר בדרכים מיוחדים, לכל אבר ואבר, מתרי"ג האברים, שבפרצוף הרוח. וכל אחד מהם, מראה כח הפעולה, המיוחס לאותו האבר. גם עם יציאת פרצוף הרוח, יצאה עמו נקודה, של המדרגה העליונה ממנו, דהיינו נקודה של אור הנשמה. שהיא מתלבשת בפנימיותו.

מח) וע"י העסק, בסודות התורה ובטעמי מצות, הוא מטהר חלק "החי" מהרצון לקבל שבו. ובשיעור הזה, הולך ובונה, את נקודת הנשמה, המלובשת בו, ברמ"ח אבריה ושס"ה גידיה. וכשנשלמת בכל בנינה, ונעשית פרצוף, אז עולה ומלבשת, לספירת הבינה, שבעולם העשיה הרוחני. שכלי זה, הוא זך ביותר, לאין ערך על כלים הראשונים תו"מ. וע"כ הוא מעביר לו, אור גדול מא"ס ב"ה, הנקרא "אור הנשמה".

וכל פרטי, דומם צומח חי, שבעולם עשיה, המיוחסים לקומת הבינה, נמצאים משמשים ומסייעים, לפרצוף הנשמה של האדם, לקבל אורותיו בשלמות, מספירת הבינה, ע"ד שנתבאר באור הנפש. והוא נקרא ג"כ בחינת "חי דקדושה", להיותו מכוון, נגד טהרת חלק

"החי שבגוף" האדם. וכן טבע הארתו, כדרך שנתבאר במין החי הגשמי, לעיל אות לז, שהוא נותן הרגשה פרטית, לכל אבר ואבר, מתרי"ג אברי הפרצוף, להיות חי ומרגיש, בהרגשה חפשית, לכל אחד מהם, בלי שום התלות בכלל הפרצוף.

עד שנבחן, שתרי"ג אברים שבו, הם תרי"ג פרצופים, המיוחדים במיני הארתם, כל אחד לפי דרכו. ומעלת אור הזה, על אור הרוח ברוחניות, היא בערך הפרש, מין החי כלפי הדומם וצומח בגשמיות.

וכן יוצאת נקודה מאור החיה דקדושה, שהיא אור ספירת החכמה, עם יציאת פרצוף הנשמה, ומתלבשת בפנימיותו.

מט) ואחר שכבר זכה, באור הגדול ההוא, הנקרא "אור הנשמה", אשר תרי"ג האברים שבפרצוף ההוא, כבר מאירים, כל אחד מהם, באור שלם ובהיר, המיוחד לו, כמו פרצוף מיוחד לעצמו, אז נפתח לו הפתח, לעסוק בכל מצוה ומצוה, על פי כונה אמיתית שבה. כי כל אבר של פרצוף הנשמה, מאיר לו את דרכי כל מצוה, המיוחסים לאותו אבר. ובכחם הגדול של אורות ההם, הוא הולך ומטהר, את חלק "המדבר" שברצון לקבל שלו, ומהפכו לרצון להשפיע.

ובשיעור הזה, הולכת ונבנית הנקודה של אור החיה, המלובשת בו, ברמ"ח איבריה ושס"ה גידיה הרוחניים. וכשנשלמת לפרצוף שלם, אז עולה ומלבשת, לספירת החכמה, שבעולם העשיה הרוחנית. אשר כלי הזה, אין קץ לזכות שבו. וע"כ הוא מעביר לו, אור גדול ועצום מאד מא"ס ב"ה, הנקרא "אור החיה" או "נשמה לנשמה".

וכל הפרטים שבעולם העשיה, שהם דומם וצומח וחי, המתיחסים לספירת החכמה, מסייעים לו, לקבל אור ספירת החכמה, בכל השלמות, ע"ד שנתבאר באור הנפש. וכן נקרא "מדבר דקדושה", להיותו מכוון נגד טהרת חלק "המדבר שבגוף" האדם. וכן ערכו, של האור ההוא באלקיות, כערך המדבר, שבדצח"מ הגשמיים, דהיינו, שקונה הרגש זולתו. באופן, ששיעור גדלו, של אור ההוא, על גודל דצ"ח הרוחניים, כשיעור גדלו של מין המדבר הגשמי, על דצ"ח הגשמיים.

ובחינת אור א"ס ב"ה המלובש בפרצוף זה, הוא נקרא "אור יחידה".

נ) אמנם תדע, שכל אלו, ה' בחינות האורות נרנח"י, שנתקבלו מעולם העשיה, אינן, אלא בחינת נרנח"י של אור הנפש. ואין בהן עוד מבחינת אור הרוח, ולא כלום. כי אין אור הרוח, אלא בעולם היצירה. ואור הנשמה, רק בעולם הבריאה. ואור החיה, רק בעולם אצילות. ואור היחידה, רק בעולם א"ק.

אלא, כמו שאמרנו לעיל, שכל שיש בכלל כולו, מתגלה ג"כ בכל הפרטים, עד הפרט היותר קטן, שאך אפשר להפרט.

ולפיכך, ישנן כל ה' בחינות נרנח"י, גם בעולם העשיה, כדרך שבארנו אותן. אבל הן רק נרנח"י דנפש.

וממש על דרך זה, ישנן כל ה' בחינות נרנח"י, בעולם היצירה. והן רק ה' חלקי הרוח.

וכן ישנן, כל ה' בחינות נרנח"י, בעולם הבריאה. והן ה' חלקי הנשמה.

וכן הוא בעולם האצילות, שהן ה' חלקי אור החיה.

וכן הוא בעולם א"ק, שהן ה' חלקי אור היחידה.

וההפרש שבין עולם לעולם, הוא ע"ד שבארנו בהבחנות, שבין כל אחד מנרנח"י דעשיה.

נא) ודע, שהתשובה והטהרה, אינה מקובלת, זולת שתהיה בקביעות מוחלטת "שלא ישוב לכסלו עוד". וז"ש: "היכי דמי תשובה, עד שיעיד עליו יודע תעלומות, שלא ישוב לכסלו עוד".

ונמצא, שמה שאמרנו, שאם אדם מטהר, את חלק הדומם, מהרצון לקבל שבו, שהוא זוכה לפרצוף נפש דעשיה, ועולה ומלביש את ספירת המלכות דעשיה. היינו ודאי, שיזכה בטהרת חלק הדומם, בקביעות מוחלטת, באופן "שלא ישוב לכסלו עוד". ואז יכול לעלות לעולם העשיה הרוחני. כי יש לו טהרה, והשואת הצורה, בהחלט, לעולם ההוא.

אמנם שאר המדרגות, שאמרנו, שהן, רוח

נשמה חיה יחידה דעשיה, שצריך לטהר כנגדן, את חלק הצומח והחי והמדבר מהרצון לקבל שלו, שילבישו ויקבלו האורות ההם, - אין הטהרה צריכה להיות בקביעות מוחלטת "עד שיעיד עליו יודע תעלומות, שלא ישוב לכסלו עוד".

והוא מטעם, שכל עולם העשיה, בכל ה' ספירות כח"ב תו"מ שבו, אינם אלא בחינת מלכות לבד, שיחסה רק לטהרת הדומם בלבד. וה' הספירות, הן רק ה' חלקי המלכות. וע"כ, כיון שכבר זכה, על כל פנים, בטהרת חלק הדומם שברצון לקבל, כבר יש לו, השואת הצורה, לכל עולם העשיה.

אלא, כיון שכל ספירה וספירה מעולם העשיה, מקבלת מהבחינה שכנגדה, בעולמות העליונים ממנה. למשל:

ספירת הת"ת דעשיה - מקבלת מעולם היצירה, שכולו בחי' ת"ת, ואור הרוח.

וספירת בינה דעשיה - מקבלת מעולם הבריאה, שכולו בחינת נשמה.

וספירת חכמה דעשיה - מקבלת מעולם האצילות, שכולו חכמה, ואור החיה.

ולפיכך, אע"פ שלא טיהר, אלא חלק הדומם בקביעות, מ"מ, אם טיהר שאר ג' חלקי הרצון לקבל שלו, עכ"פ שלא בקביעות, הוא יכול לקבל גם רוח נשמה חיה, מת"ת ובינה וחכמה דעשיה. אלא, רק שלא בקביעות. כי בשעה, שנתעורר שוב, אחד מג' חלקי הרצון לקבל שלו, נמצא תכף מאבד את האורות ההם.

נב) ואחר שמטהר, גם חלק הצומח שברצון לקבל שלו, בבחינת קביעות, הוא עולה לעולם היצירה, בקביעות. ומשיג שם, עד מדרגת הרוח בקביעות. ויכול להשיג שם, גם האורות נשמה וחיה, מספירות בינה וחכמה, אשר שם, הנבחנות לנשמה דרוח, וחיה דרוח. אפילו מטרם שזכה, לטהרת חלק החי והמדבר, בבחינת קביעות מוחלטת. ע"ד שנתבאר בעולם העשיה.

אבל רק שלא בקביעות. כי אחר שהשיג, טהרת הצומח מרצון לקבל שבו, בבחינת הקביעות, כבר הוא בהשואת הצורה, לעולם היצירה כולו, עד רום המעלות, כנ"ל בעולם העשיה.

נג) ואחר שמטהר, גם חלק החי מהרצון לקבל, והופכו לרצון להשפיע "עד שיודע תעלומות, יעיד עליו, שלא ישוב לכסלו עוד", כבר הוא בהשואת הצורה לעולם הבריאה. ועולה ומקבל שם, עד אור הנשמה בקביעות.

וגם ע"י טהרת חלק "המדבר שבגופו", יכול לעלות עד ספירת החכמה. ומקבל גם אור החיה, אשר שם, אע"פ שעוד לא טיהר אותו בקביעות, כנ"ל ביצירה ועשיה. אבל, גם האור מאיר לו, שלא בקביעות, כנ"ל.

נד) וכשזוכה לטהר בקביעות, גם חלק המדבר, מהרצון לקבל שבו, אז זוכה להשואת הצורה לעולם האצילות, ועולה ומקבל שם אור החיה בקביעות.

וכשזוכה יותר, זוכה לאור א"ס, ואור היחידה, המתלבש באור החיה. ואכמ"ל.

נה) והנה נתבאר היטב, מה שעמדנו לעיל באות מא, ששאלנו: למה לו לאדם, כל אלו העולמות העליונים, שברא השי"ת בשבילו? ואיזה צורך, יש לו לאדם, בהם?

כי עתה תראה, שאי אפשר כלל לאדם, להגיע לעשית נ"ר ליוצרו, זולת על ידי סיועם, של כל העולמות האלו. כי בשיעור הטהרה, של הרצון לקבל שבו, משיג האורות והמדרגות, של נשמתו, הנקראים נרנח"י. וכל מדרגה שמשיג, הרי האורות של אותו מדרגה, מסייעים לו בטהרתו. וכן עולה במדרגותיו, עד שזוכה להגיע, אל השעשועים, של תכלית הכונה שבמחשבת הבריאה, כנ"ל באות לג.

וזה שאמרו בזוהר, נח, אות ס"ג, על המאמר "הבא לטהר מסייעין אותו". ושואל: "במה מסייעין אותו? ואומר, שמסייעין אותו בנשמתא קדישא". כי אי אפשר לבא, לטהרה הרצויה, למחשבת הבריאה, זולת ע"י סיוע כל המדרגות נרנח"י של הנשמה, כמבואר.

נו) ויש לדעת, שכל אלו נרנח"י, שדברנו עד הנה, הרי הם ה' חלקים, שכל המציאות נחלקת עליהם. אכן כל שיש בכלל כולו, נוהג אפילו בפרט היותר קטן שבמציאות, כנ"ל.

ולמשל, אפילו בבחינת דומם דעשיה הרוחני

בלבדו, יש שם להשיג ה' בחינות נרנח"י, שיש להם יחס, לה' בחינות נרנח"י הכוללים. באופן, שאי אפשר להשיג, אפילו אור הדומם דעשיה, זולת ע"י ד' חלקי העבודה, הנ"ל.

באופן, שאין לך אדם מישראל, שיפטור עצמו, מלעסוק בכולן, לפי ערכו:

א. והוא צריך לעסוק בתורה ומצות בכונה - בכדי לקבל בחינת רוח בערכו.

ב. והוא צריך לעסוק בסודות התורה לפי ערכו - כדי שיקבל בחינת נשמה, לפי ערכו.

ג. וכן בטעמי מצות. כי אי אפשר, לאור היותר קטן שבמציאות הקדושה, שיהיה נשלם זולתם.

נז) ומכאן תבין, את היבשות והחשכות, שמצאונו בדורנו זה, שלא נשמע כמוהן, בכל הדורות שקדמו לנו. שהוא משום, שאפילו העובדי ה', שמטו ידיהם מהעסק בסודות התורה.

וכבר המשיל הרמב"ם ז"ל, משל אמיתי על זה, ואמר, שאם שורה, של אלף אנשים סומים, הולכים בדרך, ויש להם לפחות, פקח אחד בראשם, הרי הם בטוחים כולם, שילכו בדרך הישר, ולא יפלו בפחים ומכמורות, להיותם נמשכים אחר הפקח, שבראשם.

אבל, אם חסר להם אותו האחד, בלי ספק, שיכשלו בכל דבר, המוטל בדרך, ויפלו כולם לבור שחת.

כן הדבר שלפנינו:

אם היו לפחות עובדי השי"ת, עוסקים בפנימיות התורה, והמשיכו אור שלם מא"ס ב"ה, הרי כל בני הדור, היו נמשכים אחריהם, וכולם היו בטוחים, בדרכם שלא יכשלו.

ואם גם עובדי השי"ת, סלקו את עצמם מחכמה זו, אין פלא, שכל הדור נכשל, בגללם. ומגודל צערי, לא אוכל להאריך בזה!

נח) אמנם, ידעתי הסבה, שהיא בעיקר, מתוך:

א. שנתמעטה האמונה, בכלל.

ב. והאמונה, בקדושי עליון חכמי הדורות, בפרט.

ג. וספרי הקבלה והזוהר, מלאים ממשלים גשמיים.

ע"כ נפל הפחד, על כל אחד, שלא יצא שכרו בהפסדו. כי ח"ו, קרוב להכשל בפסל ודמות.

והיא שהעירני, לעשות ביאור מספיק, על כהאר"י ז"ל. ועתה - על הזוהר הקדוש. והסרתי הפחד הזה, לגמרי. כי ביארתי והוכחתי בעליל, את הנמשל הרוחני של כל דבר, שהוא מופשט מכל דמיון גשמי, למעלה מהמקום ולמעלה מהזמן, כמו שיראו המעיינים. למען, לאפשר לכל המון בית ישראל, ללמוד ספר הזוהר, ולהתחמם באורו הקדוש.

וקראתי הביאור בשם "הסולם", להורות, שתפקיד ביאורי, הוא בתפקיד כל סולם: שאם יש לך עליה, מלאה כל טוב, אינך חסר, אלא "סולם", לעלות בו. ואז, כל טוב העולם בידיך.

אמנם, אין "הסולם" מטרה כלפי עצמו. כי אם תנוח במדרגות הסולם, ולא תכנס אל העליה, אז לא תושלם כונתך. כן הדבר בביאור שלי על הזוהר. כי לבאר דבריהם, העמוקים מכל עמוק, עד סופם, עוד לא נברא הביטוי לזה.

אלא, עשיתי על כל פנים, בביאורי זה, דרך ומבוא לכל בן אדם, שיוכל על ידו, לעלות ולהעמיק ולהסתכל, בספר הזוהר גופו. כי רק אז, תושלם כונתי בביאורי זה.

נט) והנה, כל המצוים, אצל ספר הזוהר הקדוש, כלומר, המבינים מה שכתוב בו, הסכימו פה אחד, שספר הזוהר הקדוש חיברו, התנא האלקי, רבי שמעון בן יוחאי.

חוץ מהרחוקים מחכמה זו, שיש מהם המפקפקים, ביחוסו זה, ונוטים לומר, על סמך מעשיות בדויות, ממתנגדי החכמה הזו, שמחברו הוא, המקובל ר' משה די ליאון, או אחרים, הסמוכים לו בזמן.

ס) ואני, כשאני לעצמי, הרי מיום שזכיתי, באור השי"ת, להתבונן מעט בספר הקדוש הזה, לא עלה על לבי לחקור ביחוסו. והוא מטעם פשוט, כי לפי תוכנו של הספר, עלה בלבי, מעלת יקר התנא רשב"י, לאין ערך יותר, על כל התנאים הקדושים.

ואם היה מתברר לי, בבירור גמור, שמחברו הוא שם אחר, כגון ר"מ די ליאון ז"ל, וכדומה,

449 הקדמה לספר הזהר תמט

הרי אז, היה גדל אצלי מעלת האיש ר"מ די ליאון ז"ל, יותר מכל התנאים הקדושים, וגם רשב"י בכללם.

אמנם באמת, לפי מדת עומק החכמה שבספר, אם הייתי מוצא בבירור, שמחברו הוא אחד ממ"ח הנביאים, היה זה מקובל על לבי ביותר. מליחסו לאחד מהתנאים. ומכ"ש, אם הייתי מוצא, שמשה רבינו, קבל אותו מהר סיני מהשי"ת עצמו, אז היתה שוככת דעתי לגמרי. כי לו נאה ולו יאה חיבור כזה.

ולפיכך, כיון שזכיתי, לערוך ביאור מספיק, השוה לכל בעל עיון, להבין מעט, מה שכתוב בו בספר, אני חושב, שכבר נפטרתי בזה לגמרי, מלטרות עוד, ולהכניס עצמי בחקירה הזאת. כי כל משכיל בזוהר, לא יוכל להסתפק עוד, שמחברו יוכל להיות איש, פחות במעלה, מהתנא רשב"י הקדוש.

סא) אכן, לפי"ז נשאלת השאלה: למה לא היה נגלה, ספר הזוהר, לדורות הראשונים, שבלי ספק, היו חשובים במעלה, יותר מדורות האחרונים, והיו ראויים לו יותר? ויחד עם זה, יש לשאול: למה לא נגלה, ביאור ספר הזוהר, עד האריז"ל, ולא למקובלים שקדמו לו?

והתמיה העולה על כולנה: למה לא נגלו, ביאור דברי האריז"ל ודברי הזוהר, מימי האריז"ל עד דורנו זו (ועיין בהקדמתי לספר "פנים מסבירות" על הע"ח, באות ח', ד"ה "ואיתא")? ונשאלת השאלה: הכי אכשר דרי?

והתשובה היא, כי העולם, במשך זמן קיומו, של שתא אלפי שני, הוא כמו פרצוף אחד, שיש לו ג' שלישים - ראש, תוך, וסוף, דהיינו - חב"ד, חג"ת, נה"י. וז"ש ז"ל: "ב' אלפים תהו, ב' אלפים תורה, וב' אלפים ימות המשיח" (סנהדרין צז, ע"א).

כי בב' אלפים הראשונים, שהם בחינת ראש וחב"ד, היו האורות מועטים מאד. והיו נחשבים לבחינת ראש בלי גוף, שאין בו אלא אורות דנפש. כי יש ערך הפוך בין כלים לאורות:

כי בכלים, הכלל הוא, שהכלים הראשונים, נגדלים בכל פרצוף, מתחילה.

ובאורות הוא להיפך, שאורות התחתונים מתלבשים בפרצוף, מתחילה.

ונמצא, כל עוד, שאין בכלים, רק העליונים לבד, דהיינו כלים דחב"ד, יורדים שם להתלבש, רק אורות דנפש, שהם האורות התחתונים ביותר. וז"ש על ב' אלפים ראשונים, שהם בבחינת תהו.

ובב' אלפים השניים של העולם, שהם בחינת חג"ת דכלים, ירד ונתלבש אור הרוח בעולם, שה"ס תורה. וע"כ אמרו, על ב' אלפים האמצעים, שהם תורה.

וב' אלפים האחרונים, הם נהי"מ דכלים, וע"כ מתלבש בעולם, בזמן ההוא, אור דנשמה, שהוא האור היותר גדול. וע"כ הם ימות המשיח.

גם הדרך הוא, בכל פרצוף פרטי, שבכלים דחב"ד חג"ת, עד החזה שלו, האורות מכוסים. ואינם מתחילים להאיר, חסדים המגולים, שפירושו, התגלות הארת חכמה עליונה, אלא מחזה ולמטה, דהיינו בנהי"מ שלו.

והוא הסבה, שמטרם התחילו להתגלות, הכלים דנהי"מ, בפרצוף העולם, שהם ב' אלפים האחרונים, היתה חכמת הזוהר בכלל, וחכמת הקבלה בפרט, מכוסה מן העולם.

אלא בזמן האריז"ל, שכבר נתקרב זמן, השלמת הכלים שמחזה ולמטה, נתגלתה אז, הארת חכמה העליונה בהעלם, ע"י נשמת האלקי ר' יצחק לוריא ז"ל, שהיה מוכן לקבל האור הגדול הזה. וע"כ גילה העיקרים שבספר הזוהר, וגם חכמת הקבלה, עד שהעמיד בצד, כל הראשונים שקדמוהו.

ועכ"ז, כיון שהכלים האלו, עוד לא נשלמו לגמרי, שהוא נפטר בזמן ה' אלפים של"ב, כנודע, ע"כ לא היה העולם עוד ראוי, שיתגלו דבריו. ולא היו דבריו הקדושים, אלא קנין ליחידי סגולה מועטים, שלא ניתנה להם הרשות, לגלותם בעולם.

וכעת, בדורנו זה, אחר שכבר קרובים אנו, לגמר ב' אלפים האחרונים, לפיכך ניתנה עתה הרשות, לגלות דבריו ז"ל, ודברי הזוהר בעולם, בשיעור חשוב מאד. באופן, שמדורנו זה ואילך, יתחילו להתגלות דברי הזוהר, בכל

תנ החברה כגורם להשגה רוחנית 450

פעם יותר ויותר, עד שיתגלה, כל השיעור השלם, שבחפץ השי"ת.

[חסרה אות ס"ב במקור]

סג) ולפי"ז תבין, שבאמת אין קץ, לשעור מעלתם של דורות הראשונים על האחרונים. כי זה הכלל, בכל הפרצופין, של העולמות ושל הנשמות, אשר "כל הזך נברר תחילה אל הפרצוף".

ולפיכך, נבררו תחילה, הכלים דחב"ד, מהעולם וכן מהנשמות. ולפיכך היו הנשמות, שבב' אלפים הראשונים, גבוהות לאין קץ. ועכ"ז לא יכלו לקבל, קומת אור שלם, מפאת החסרון של החלקים הנמוכים, מהעולם ומהן עצמן, שהם חג"ת נהי"מ, כנ"ל.

וכן אח"כ, בב' אלפים האמצעים, שנתבררו הכלים דחג"ת אל העולם וכן מן הנשמות, היו הנשמות באמת מבחינת עצמן, עוד זכות עד מאוד, כי כלים דחג"ת מעלתם קרובה לחב"ד, כמ"ש בהקסה"ז, ד"ו, ד"ה "ומה". ועכ"ז, עוד היו האורות מכוסים בעולם, מטעם חסרון הכלים, שמחזה ולמטה מהעולם, וכן מן הנשמות.

ולפיכך, בדורנו זה, שהגם שמהות הנשמות הללו, היא הגרועה שבמציאות, כי ע"כ לא יכלו להתברר לקדושה עד היום, עם כל זה, המה המשלימים, את פרצוף העולם ופרצוף כללות הנשמות, מבחינת הכלים. ואין המלאכה נשלמת, אלא על ידיהם. כי עתה, בשכבר נשלמים הכלים דנה"י, ויש עתה כל הכלים, ראש תוך וסוף בפרצוף, נמשכים עתה, קומות שלימות של האורות, בראש תוך וסוף, לכל הכדאים להם, דהיינו נר"ן שלמים, כנ"ל. ולפיכך, רק עם השתלמותן, של הנשמות, הנמוכות הללו, יכולים האורות העליונים, להתגלות, ולא מקודם לכן.

סד) ובאמת, נמצאת קושיא זו, עוד בדברי חז"ל, במס' ברכות, דף כ': "א"ל רב פפא לאביי, מאי שנא ראשונים דאתרחיש להו ניסא, ומ"ש אנן דלא מתרחיש לן ניסא, אי משום תנויי? בשני דרב יהודה כולי תנויי בנזיקין הוה, ואנן קא מתנינן שיתא סדרי, וכי הוה מטי רב יהודה בעוקצין וכו', אמר הויות דרב ושמאל קא חזינא הכא, ואנן קא מתנינן בעוקצין, תליסר מתיבתא. ואלו רב יהודה כד הוה שליף חד מסאניה אתי מטרא, ואנן קא מצערינן נפשין ומצוות קא צווחינן ולית דמשגח בן. א"ל קמאי הוו קא מסרי נפשייהו אקדושת השם וכו'". עכ"ל, עש"ה.

הרי שאע"פ, שהן למקשן והן למתרץ, היה ברור, שהראשונים היו חשובים מהם, מ"מ, מבחינת התורה והחכמה, היו רב פפא ואביי יותר חשובים מהראשונים.

הרי מפורש, שאע"פ שהדורות הראשונים, חשובים יותר מדורות האחרונים, במהות נשמתם עצמם, כנ"ל, שהוא מטעם, ש"כל הזך ביותר נברר תחילה" לבוא לעולם, מ"מ, מבחינת חכמת התורה, היא מתגלית יותר ויותר בדורות אחרונים. והוא מטעם, שאמרנו, כי מתוך שקומה הכללית, הולכת ונשלמת, על ידי היותר אחרונים דוקא, לכן נמשכים להם אורות, יותר שלמים, אע"פ שמהותם עצמם, הוא גרועה ביותר.

סה) ואין להקשות לפי"ז: א"כ, למה אסור לחלוק על הראשונים בתורת הנגלה?

הענין הוא, כי במה ששייך, להשלמת חלק המעשי מהמצות, הוא להיפך, שהראשונים, נשלמו בהם יותר מהאחרונים. והוא משום, שבחינת המעשה, נמשכת מהכלים הקדושים של הספירות, וסודות התורה וטעמי המצוה, נמשכים מהאורות שבספירות.

וכבר ידעת, שיש "ערך הפוך מהכלים להאורות", שבכלים, העליונים נגדלים מתחילה, כנ"ל אות ס"ב. וע"כ נשלמו הראשונים, בחלק המעשה, יותר מהאחרונים. משא"כ באורות, שהתחתונים נכנסים מתחילה. וע"כ נשלמים בהם התחתונים, יותר מהראשונים. והבן היטב.

סו) ודע, שבכל דבר יש פנימיות וחיצוניות:

ובכללות העולם - נחשבים ישראל, זרע אברהם יצחק ויעקב, לפנימיות העולם, וע' אומות, נחשבים לחיצוניות העולם.

וכן בישראל עצמם - יש פנימיות, שהם עובדי השי"ת השלמים, וכן יש חיצוניות, שאינם מתמסרים לעבודת השי"ת.

וכן באומות העולם עצמם - יש פנימיות,

תנא
הקדמה לספר הזהר
451

שהם חסידי אומות העולם, ויש חיצוניות, שהם הגסים והמזיקים שבהם וכדומה.

וכן בעובדי השי"ת, שבבני ישראל - יש פנימיות, שהם, הזוכים להבין נשמת פנימיות התורה וסודותיה, וחיצוניות, שהם אותם, שאינם עוסקים, אלא בחלק המעשה שבתורה.

וכן בכל אדם מישראל - יש בו פנימיות, שהיא בחינת "ישראל" שבו, שה"ס הנקודה שבלב, וחיצוניות, שהיא בחינת "אוה"ע" שבו, שהוא הגוף עצמו. אלא, שאפילו בחינת "אוה"ע" שבו, נחשבים בו, כמו "גרים". כי להיותם דבוקים על הפנימיות, הם דומים לגרי צדק מאומות העולם, שבאו והתדבקו בכלל ישראל.

סז) ובהיות האדם מישראל, מגביר ומכבד את בחינת פנימיותו, שהיא בחינת "ישראל" שבו, על חיצוניותו, שהיא בחינת "אוה"ע" שבו. דהיינו, שנותן רוב טרחתו ויגיעתו, להגדיל ולהעלות בחינת פנימיות שבו, לתועלת נפשו, וטרחה מועטת, בשיעור המוכרח, הוא נותן לקיום בחינת "אוה"ע" שבו, דהיינו לצרכי הגוף. דהיינו, כמ"ש (אבות, פ"א): "עשה תורתך קבע ומלאכתך עראי", הנה אז, גורם במעשיו, גם בפו"ח דכללות העולם, שבני ישראל עולים בשלמותם מעלה מעלה, ואוה"ע, שהם החיצוניות שבכללות, יכירו ויחשיבו את ערך בני ישראל.

ואם ח"ו להיפך, שהאדם הפרטי מישראל, מגביר ומחשיב את בחינת חיצוניותו, שהיא בחינת "אוה"ע" שבו, על בחינת "ישראל" שבו, וכמ"ש (דברים, כ"ח): "הגר, אשר בקרבך", דהיינו החיצוניות שבו, "יעלה עליך מעלה מעלה, ואתה, בעצמך", דהיינו הפנימיות, שהיא בחינת "ישראל" שבך, "תרד מטה מטה". אז גורם במעשיו, שגם החיצוניות שבכללות העולם, שהם אוה"ע, עולים מעלה מעלה, ומתגברים על ישראל, ומשפילים אותם עד לעפר. ובני ישראל, שהם הפנימיות שבעולם, ירדו מטה מטה ח"ו.

סח) ואל תתמה על זה, שאדם פרטי, יגרום במעשיו, מעלה או ירידה לכל העולם. כי זהו "חוק ולא יעבור", אשר הכלל והפרט שוים,

כב' טפות מים. וכל שנוהג בכלל כולו, נוהג גם בפרט. ואדרבה, הפרטים עושים כל מה שבכלל כולו. כי לא יתגלה הכלל, אלא לאחר גילוי הפרטים שבו, ולפי מדתם ואיכותם של הפרטים. וודאי, שמעשה הפרט, לפי ערכו, מוריד או מעלה, את הכלל כולו.

ובזה יתבאר לך, מה שאיתא בזוהר, שמתוך העסק, בספר הזוהר ובחכמת האמת, יזכו לצאת מתוך הגלות, לגאולה שלימה (תיקונים, סוף תקון ו'). שלכאורה, מה ענין לימוד הזוהר, לגאולתם של ישראל מבין האומות?

סט) ובהמבואר מובן היטב, כי גם התורה, יש בה פו"ח, כמו כללות העולם כולו. ולפיכך, גם העוסק בתורה, יש לו אלו ב' המדרגות.

ובהיותו, מגביר טרחתו בפנימיות התורה וסודותיה - נמצא גורם בשיעור הזה, שמעלת פנימיות העולם, שהם ישראל, תעלה מעלה מעלה, על חיצוניות העולם, שהם אוה"ע. וכל האומות, יודו ויכירו, בשבחם של ישראל עליהם. עד שיקוים הכתוב (ישעיה, י"ד): "ולקחום עמים, והביאום אל מקומם, והתנחלום בית ישראל על אדמת ה'". וכמו כן הכתוב (ישעיה, מ"ט): "כה אמר ה' אלקים, הנה אשא אל גויים ידי, ואל עמים ארים נסי, והביאו בניך בחוצן, ובנותיך על כתף תנשאנה".

אבל אם ח"ו להיפך, שהאדם מישראל, משפיל מעלת פנימיות התורה וסודותיה, הדנה בדרכי נשמותינו ומדרגותיהן, וכן בחלק השכל וטעמי מצוה, כלפי מעלת חיצוניות התורה, הדנה בחלק המעשה בלבד. ואפילו, אם עוסק פעם בפנימיות התורה, הריהו מקציב לה, שעה מועטת מזמנו, בשעה שלא יום ולא לילה, כמו שהיתה ח"ו, דבר שאין צורך בו - הוא נמצא גורם בזה, להשפיל ולהוריד מטה מטה, את פנימיות העולם, שהם בני ישראל, ולהגביר את חיצוניות העולם עליהם, שהם אוה"ע. וישפילו ויבזו את בני ישראל, ויחשיבו את ישראל, כמו שהיו דבר מיותר בעולם, ואין לעולם חפץ בהם ח"ו.

ולא עוד, אלא גורמים בזה, שאפילו

החיצוניות שבאוה"ע, מתגברת על פנימיות שלהן עצמן. כי הגרועים שבאוה"ע, שהם המזיקים ומחריבי העולם, מתגברים ועולים מעלה על הפנימיות שלהם, שהם חסידי אומה"ע. ואז, הם עושים כל החורבנות והשחיטות האיומים, שבני דורנו היו עדי ראיה להם, השם ישמרנו מכאן ואילך.

הרי לעיניך, שגאולת ישראל וכל מעלת ישראל, תלוי בלימוד הזוהר ובפנימיות התורה. ולהיפך, כל החורבנות וכל ירידתם של בני ישראל, הם מחמת, שעזבו את פנימיות התורה, והשפילו מעלתה מטה מטה, ועשו אותה, כמו שהיתה ח"ו דבר, שאין צורך בו כלל.

ע) וזה שאמרו בתיקונים (תיקון ל', נתיב תנינא), וז"ל:

"קומו ואתערו, לגבי שכינתא, דאית לכון לבא, בלא סוכלתנו למנדע בה, ואיהי בינייכו" - קומו והתעוררו, בשביל השכינה הקדושה, שהרי, יש לכן לב ריקן, בלי בינה, לדעת ולהשיג אותה, אע"פ שהיא בתוככם.

"ורזא דמלה, **קול אומר: קרא**, כגון **קרא נא היש עונך**, ואל מי מקדושים תפנה. והיא אומרת, מה אקרא, **כל הבשר חציר**, כלא אינון כבעירן דאכלין חציר, וכל חסדו כציץ השדה, **כל חסד דעבדין לגרמייהו עבדין**".

וסוד הדבר, כמ"ש (ישעיה, מ'):

"קול אומר: קרא" - שקול דופק בלבו, של כל אחד ואחד מישראל, לקרות ולהתפלל, להרמת השכינה הקדושה, שהיא כללות נשמות של כל ישראל.

ומביא ראיה מהכתוב:

"קרא נא היש עונך" - שקריאה פירושו תפילה.

אבל השכינה אומרת:

"מה אקרא" - כלומר: אין בי כח, להרים את עצמי מעפר, בשביל,

"שכל בשר חציר" - כולם המה כבהמות, אוכלי עשב וחציר, כלומר, שעושים המצות בלי דעת, כמו בהמות.

"כל חסד דעבדין לגרמייהו עבדין" - כל החסדים שעושים, לעצמם הם עושים, כלומר שאין כונתם, במצות, שעושים, שתהיינה בכדי להשפיע נחת רוח ליוצרם, אלא רק לתועלת עצמם, הם עושים המצות.

"ואפילו, כל אינון דמשתדלי באורייתא, כל חסד דעבדין לגרמייהו עבדין" - ואפילו, הטובים שבהם, שמסרו זמנם על עסק התורה, לא עשו זה, אלא לתועלת גופם עצמם, בלי כונה הרצויה, בכדי להשפיע נ"ר ליוצרם.

"בההוא זמנא, רוח הולך ולא ישוב, לעלמא" - בעת ההיא, נאמר על הדור, רוח הולך ולא ישוב, להעולם.

"ודא, איהו רוחא דמשיח" - דהיינו, רוח המשיח, הצריך לגאול את ישראל, מכל צרותיהם, עד לגאולה השלמה, לקיים הכתוב "ומלאה הארץ דעה את ה'". הרוח הזה, נסתלק לו והלך, ואינו מאיר בעולם.

"וי לון, מאן דגרמין, דיזיל ליה מן עלמא, ולא יתוב לעלמא, דאילין אינון דעבדי לאורייתא יבשה, ולא בעאן לאשתדלא בחכמה דקבלה" - אוי להם, לאותם אנשים, הגורמים, שרוחו של משיח, יסתלק וילך לו מהעולם, ולא יוכל לשוב לעולם, שהמה, הם העושים את התורה ליבשה, כלומר, בלי משהו לחלוחית של שכל ודעת. כי מצטמצמים, רק בחלק המעשי של התורה, ואינם רוצים להשתדל ולהבין, בחכמת הקבלה, לידע ולהשכיל בסודות התורה וטעמי מצוה.

"ווי לון, דגרמין עניותא וחרבא וביזה והרג ואבדן בעלמא" - אוי להם, שהם גורמים במעשיהם הללו, שיהיו, עניות וחרב וחמס וביזה והריגות והשמדות, בעולם. עכ"ל.

עא) וטעם דבריהם הוא, כמו שבארנו, שבהיות כל עוסקי התורה, מזלזלים בפנימיות שלהם, ובפנימיות התורה, ומניחים אותה, כמו דבר, שאין צורך בו בעולם, ויעסקו בה, רק בשעה שלא יום ולא לילה, והמה בה, כעורים מגששים קיר - שבזה, המה מגבירים את חיצוניותם עצמם, דהיינו תועלת גופם, וכן חיצוניות התורה, המה מחשיבים, על פנימיות התורה.

ואז המה גורמים, במעשיהם הללו, שכל בחינות החיצוניות, שישנן בעולם, מגבירות את עצמן, על כל חלקי הפנימיות שבעולם. כל

אחת לפי מהותה:

א. כי החיצוניות שבכלל ישראל, דהיינו "עמי הארצות" שבהם, מתגברת ומבטלת את הפנימיות שבכלל ישראל, שהם גדולי התורה.

ב. וכן החיצוניות שבאומות העולם, שהם בעלי החורבן שבהם, מתגברת ומבטלת את הפנימיות שבהם, שהם חסידי אומות העולם.

ג. וכן חיצוניות כל העולם, שהם אוה"ע, מתגברת ומבטלת את בני ישראל, שהם פנימיות העולם.

ובדור כזה, כל בעלי החורבן שבאומות העולם, מרימים ראש, ורוצים בעיקר להשמיד ולהרג את בני ישראל, דהיינו כמ"ש ז"ל (יבמות ס"ג): "אין פורענות באה לעולם, אלא בשביל ישראל". דהיינו, כמ"ש בתיקונים הנ"ל, שהם גורמים, עניות וחרב ושוד והריגות והשמדות, בעולם כולו.

ואחר שבעונותנו הרבים, נעשינו עדי ראיה, לכל האמור בתיקונים הנ"ל. ולא עוד, אלא שמדת הדין, פגעה דוקא בהטובים שבנו, כמ"ש ז"ל (ב"ק ס'): "ואינה מתחלת, אלא מן הצדיקים תחילה". ומכל הפאר, שהיה לכלל ישראל, בארצות פולין וליטא וכו', לא נשאר לנו, אלא השרידים שבארצנו הקדושה.

הנה מעתה, מוטל רק עלינו, שארית הפליטה, לתקן את המעוות החמור הזה. וכל אחד ואחד מאתנו, שרידי הפליטה: **יקבל על עצמו, בכל נפשו ומאודו, להגביר מכאן ואילך, את פנימיות התורה, וליתן לה את מקומה הראוי, כחשיבותה על מעלת חיצוניות התורה.**

ואז יזכה, כל אחד ואחד מאתנו, להגביר מעלת פנימיותו עצמו, דהיינו בחינת "ישראל" שבו, שהיא צרכי הנפש, על בחינת חיצוניותו עצמו, שהיא בחינת "אוה"ע" שבו, שהיא צרכי הגוף.

ויגיע כח הזה, גם על כלל ישראל כולו, עד ש"עמי הארצות" שבנו, יכירו וידעו את השבח והמעלה של גדולי ישראל עליהם, וישמעו להם, ויצייתו להם.

וכן **פנימיות אוה"ע, שהם חסידי אומות העולם, יתגברו** ויכניעו את החיצוניות שלהם, שהם בעלי החורבן.

וכן **פנימיות העולם, שהם ישראל, יתגברו** בכל שבחם ומעלתם, על חיצוניות העולם, שהם האומות.

ואז, כל אוה"ע, יכירו ויודו, **במעלת ישראל עליהם.**

ויקיימו הכתוב (ישעיה, י"ד): "ולקחום עמים, והביאום אל מקומם, והתנחלום בית ישראל על אדמת ה'". וכן (ישעיה, מ"ט): "והביאו בניך בחוצן, ובנותיך על כתף תנשאנה". וז"ש בזוהר, נשא, דף קכד ע"ב, וז"ל: **"בהאי חיבורא דילך, דאיהו ספר הזוהר, יפקון ביה מן גלותא, ברחמי** [בחיבור הזה שלך, שהוא ספר הזוהר, יצאו בו מן הגלות, ברחמים]". דהיינו, כמבואר. אכי"ר.

שפחה כי תירש גבירתה

דבר זה צריך הסבר גדול. וכדי שיהיה מובן לכל, אבחר לפרש הענין על פי המתגלה לנו מסיבה זו ונמשך אלינו כאן בהנהגת העולם הזה.

פנימיות וחיצוניות

והענין הוא, כי שורשים העליונים ממשיכים כחם בהשתלשלות עד לגילוי בענפיהם בעוה"ז, כמ"ש בביאור ענף ושורש. והנה העולמות בכללם נבחנים לפנימיות וחיצוניות, בדומה למשא כבד, שאין בכחו של מי להגביה ולטלטל אותה ממקום למקום, אז מטכסים עצה לחלק את המשא לחלקים קטנים, ואז מעבירים אותו בזה אחר זה.

כן בענין שלנו, להיות תכלית הבריאה הוא נפלא עד לאין ערך, כי ניצוץ קטן ודל, כמו נפשו של אדם, אפשר לו לעלות בהשגתו אל על יותר ממלאכי השרת, ע"ד שאמרו ז"ל על הפסוק, כעת יאמר ליעקב ולישראל מה פעל אל, שפרשו, שהמלאכים עליונים ישאלו לישראל, מה פעל אל?

התפתחות ישראל (פנימיות) - בזה אחר זה

והנה כל ההפלגה הזאת תגיע אלינו רק על דרך ההתפתחות בזה אחר זה, בדומה להמשל הנ"ל, אשר גם המשא היותר כבד, האפשרות להגביה אותו, אם נחלקו לחלקים ולהגביה החלקים בזה אחר זה. ולאו דוקא התכלית הכללי מגיע אלינו כן, אלא אפילו התכלית הגופני, שהוא רק ענין מכין את התכלית הכללי, היא ג"כ באה אלינו בהתפתחות דרגתי לאטו.

ולפיכך נתחלקו העולמות לפנימיות החיצוניות, שכל עולם ועולם יש בו הארות, המוכשרים לפעול בהתפתחות איטית, והם קראים פנימית העולם.

התפתחות אומות העולם (חיצוניות) - בבת אחת

ולעומתו יש הארות, המסוגלים לפעול רק בבת אחת. וע"כ כשמופיעים כאן בענפיהם שבעולם הזה ונתנים להם שליטה, אז לא לבד שאינם מתקנים, אלא המה גם מקלקלים.

וענין זה מכונה בדחז"ל בהשם פגה, עד"ש ז"ל בעצה"ד באדה"ר, שאכלו פגה. כלומר, שהוא באמת מאכל תאוה ונעים עד אין קץ, וגם עתידה לענג את האדם, אלא לעתיד ולא עתה, להיותו בדרך הגידול וההתפתחות. וע"כ דימו זה לפרי בטרם בישולו, כי גם התאינה, שהיא הפרי היותר מתוקה ונעימה, מ"מ אם יבא מי לאוכלה בטרם בישולה, יקלקל קיבתו וימות.

אכן יש לשאול, מי הוא הממשיך פעולה זו בעולם, כי נודע שאין פעולה בעולמנו, שתבוא בלי הכאה משורש העליון. ותדע, מזהו הנקרא אצלנו "שליטת חיצוניות", אשר הוכן בסו"ה: "זה לעומת זה עשה אלקים", שיש בו כח דוחף ומזרז אל גילוי הנהגה הפנימיות, עד"ש ז"ל: "הנני מעמיד להם מלך כהמן ובעל כרחם מחזירם למוטב".

פנימיות המה עם ישראל

ואחר שבארנו השרשים העליונים נבאר את הענפים שבעוה"ז. ותדע שענף הנמשך מהפנימיות המה עם ישראל, שנבחרו לפועלי התיקון והתכלית הכללי. ויש בהם אותה ההכנה, שיכולים להתפתח ולגדול, עד שיגיעו גם יניעו את האומות להגיע אל התכלית הכללי.

חיצוניות המה אומות העולם

והענף הנמשך מחיצוניות הם שאר האומות, שלא הוכנו בהם אותם הסגולות, שיהיו ראויים לקבל את דרכי התפתחות התכלית בזה אחר זה, אלא שמוכשרים לקבל את התיקון בבת אחת בכל מלואו, ע"ד שורשם העליון. ולפיכך בשעה שמקבלים שליטה משורשם, המה מחריבים את הסגולות שבבני ישראל וגורמים יסורים בעולם.

עבד ושפחה

והנה השורשים העליונים שנקראים "חיצוניות"

ע"ד הנ"ל, נקראים בכללם בשם "שפחה" ו"עבד". והיינו להראות אשר אין ענינם ח"ו להזיק ולקלקל, כמו שנגלו לשטחיות העין, אלא המה משמשים ומשרתים להפנימיות, כמו העבד ושפחה המשמשים לאדונם.

שליטת החיצוניות בזה שישראל
לא דורשים עמקות בעבודתם

ושליטת החיצוניות האמורה נקראת בשם "גלות ישראל לבין אומות העולם", שמביאים בזה להאומה הישראלית יסורים, בזיונות וחורבנות באופנים וגוונים מרובים. אמנם למען הקיצור נבאר רק המתגלה מתוך מבט הכללי, שהוא התכלית הכללי, שהוא בענין העבודה זרה ואמונות תפילות בסו"ה "ויתערבו בגויים וילמדו ממעשיהם", שהוא הרעל היותר נורא ומסוכן המשחית נפשות ישראל, להיותם מקרבים את הבליהם לדעת האנושי. כלומר, שאינם דורשים עמקות מרובה להבינם, ובזה משרישים את יסודות עבודתם ללבות בני ישראל. ואע"פ שאין איש ישראלי מוכשר לגמרי לקבל את הבליהם, מ"מ גורמים סוף סוף, שיקוץ ווזהמא עד לכפירה מגולה, עד שאומר כל אפין שוים ח"ו.

סיבת גניזת הקבלה

ומזה תבין ענין גניזת חכמת הנסתר מעיני החיצונים, גם מה שאמרו ז"ל: "אסור ללמד גוי תורה". ולכאורה יש סתירה לזה מתנא דבי אליהו, שאמר: "אפילו גוי, ואפילו עבד, ואפילו שפחה, שיושבים ועוסקים בתורה, שכינה עמהם". והאיך הורו ז"ל, שאסור ללמד גוי תורה?

לימוד תורה לגוי

אכן הכוונה של תנא דבי אליהו הוא בגוי שנתגייר או עכ"פ שפירש את עצמו מעבודה זרה, דהיינו מאמונות התפילות. והכונה של חז"ל, היינו במי שלא פורש מעבודה זרה, אלא רוצה לידע מתורת ישראל וחכמתו, כדי לקבל ממנו חיזוק וכח לע"ז שלהם. ואם תאמר, מאי אכפת לנו, אם הגוי הזה נעשה בסיבת תורתינו הקדושה יותר אדוק בע"ז שלו, אם לא יועיל מה יזיק?

בכיתו של רשב"י

אכן על זה בכה רשב"י בטרם שביאר איזה סוד חשוב בחכמת הנסתר, כמ"ש: "בכי ר"ש, ווי אם אימא, ווי אם לא אימא. אם אימא, ידעון חייביא למפלח למאריהון. ואם לא אימא, יאבדון חבריא מלא דא".

כי היה ירא, פן יגיע הסוד הזה לעובדי ע"ז, ויפלחו לע"ז שלהם בכח שכל הקדוש הזה, שזהו המאריך את גלותינו ומביא לנו כל היסורים והחורבנות, כמו שאנו מוצאים עתה לעינינו, אשר חכמי האומות חקרו ודרשו את כל ספרי בני ישראל, ועשו בזה מטעמים לחזק אמונתם, דהיינו החכמה שלהם, הנקראת "תיאולוגיא".

שתי רעות בגילוי חכמת ישראל לאוה"ע

ושתי רעות עשו:

א. כי מלבד שמתעטפים בטלית שלנו, ואומרים שכל החכמה ההיא הם מהשגת רוח הקודש שלהם, שהמעתיקים הללו קנו אצלם שם גדול על חשבוננו, אשר בזה מחזקים ודאי את תורתם המזויפת וקונים כח להכחיש את תורתינו הקדושה,

ב. אלא עוד רעה יותר גדולה הגיע לנו, כי המסתכל בתוך התיאולוגיה שלהם, מוצא בהם סברות וחכמה בעבודת ה', שנראים לו יותר כנים ואמיתיים מחכמה שלנו.

והוא מב' טעמים:

הא' הוא משום שהמה חברה גדולה ונמצא ביניהם בלשנים גדולים ומובהקים, היודעים המלאכה ההיא, איך לקרב דברים שיהיו מקובלים על דעת אנשים הדיוטים. וענין בלשנות הוא מחכמות חיצוניות, שודאי הוא אשר חברה של שמונת אלפי מיליון איש יכולים להמציא בלשנים יותר גדולים ומרובים מן חברה שלנו, שהוא כמו חמשה עשר מליון איש. וכיון שכן, נכשל המסתכל בספריהם וקונה ספק, אולי הצדק עמהם ח"ו, או עוד יותר גרוע כמובן.

תנו

וטעם הב' הוא וזהו העיקר, כי חכמי ישראל מצניעים את חכמת הדת בחדרי חדרים ובכל האפשרות מרבים חכמי כל דור ודור להציע פשט פשוט אל ההמון, ודוחין אותו בכל התחבולות מן הרצון אפילו לבא ולמשש בחכמת הנסתר.

"ווי אי אימא"

ועושים זאת מפחד, שמא יפלו הדברים והחכמה לעובדי עבודה זרה, כמ"ש רשב"י: "אם אימא ידעון חייביא איך למפלח למאריהון", כי על דברים הפעוטים שגנבו מכלינו, אנו סובלים בזיון וקצף די מאד, אשר נפלטו אליהם אחר כל השמירות המעולות.

סיבת גניזתה של הקבלה

ומזה מובן, מה שהיה לנו, אם חכמינו היה מגלים חכמת הנסתר לעין כל. ומתוך שאנו מצניעים, נמצא אשר האיש הפשוט שלנו, כל עוד שאינו כדאי למסור לו רזי תורה, הנה אין לו שום מושג כלל בחכמת הדת. וע"כ מובן מאליו, איזו התפעלות שאדם כזה קונה, בעת שמוצא טעמים וחכמה של מה בתיאולוגיה שלהם, שכל עיקרה אינו אלא קיבוץ של ידיעות גנובות מהנסתר שלנו בתוספות מטעמים ספרותיים. ואחר שרואה זה, אומר ומכחיש את תורתינו המעשית ואח"כ לכפירה לגמרי רחמנא ליצלן.

שפחה כי תירש גבירתה

ודבר זה נקרא "שפחה כי תירש גבירתה", כי כל כח הגבירה, דהיינו שליטת הפנימיות, הוא בכח החכמה ודעת שלנו, בסו"ה "ונפלינו אנו ועמך מכל העם, אשר על פני האדמה". ועתה קדמה השפחה ומתגאה בהמון, כי היא ירשה החכמה הזאת ח"ו. ותדע, שכחם זה הוא השלשלת, שבו כובלים את רגלי בני ישראל בהגלות תחת שליטתם.

כבלי הגלות

ונתבאר, שכל עיקר כבלי הגלות ותוקפם, הוא מחכמת התורה ורזיה, שהספיקו לגנוב ולשים בכליהם, אחר כל השמירות המעולות והגניזות שעשינו, שבזה מטעים ההמונים, שהמה ירשו את עבודת אלקים ומטילים ספק וגם כפירה בנפשות ישראל כנ"ל.

שופר של משיח

גאולה רק בכח הקבלה

ותדע שז"ס, שאין בני ישראל נגאלים, אלא אחר שיתגלה חכמת הנסתר בשיעור גדול, כמ"ש בזוהר: "בהאי חיבורא נפקין בנ' ישראל מגלותא". כי היה בזמן הלז תקוה לגאולה, שכתיבת הזוהר, שהתחילה בימי רשב"י, היתה בזמן גילוי בר כוכבא, שר"ע רבו של רשב"י אמר עליו: "דרך כוכב מיעקב". וכן אחר חורבן ביתר היה התקוה גדולה.

כתיבת הזהר וגניזתו

ומשום זה הרשה רשב"י את עצמו וגילה או חכמת הנסתר, דהיינו בספריו זוהר ותיקונים. אכן בשמירה גדולה, כי לא הרשה לכתוב דבריו, אלא לר' אבא, שיכול לגלות ברזא, שחכמי בני ישראל לבד יבינו הדברים וחכמי האומות לא יבינו, מפחד שמא ידעו חייביא למפלח למאריהן. ומשום זה תיכף שראו שעדיין הזמן מוקדם לגאולת ישראל, אז הצניעו אותו, שהיה בזמן רבנן סבוראי. כי אנו מוצאים הרבה מרבנן סבוראי, שכתבו עניניו בתוך הזוהר כנודע.

גילוי הקבלה הוא רצון ה'

והיה אמנם רצון השם שיתגלה, ע"כ נתגלגל הדבר עד אלמנת ר' משה די ליאון, שירשה הכת"י מבעלה, וכנראה שלא גילה לה כלום מאיסור ההתגלות, וע"פ מקרה נתנה אותו למכירה כנודע.

צרות ישראל - מגילוי הקבלה

אכן עד היום הזה גרם הדבר חורבנות מרובים בכרם בית ישראל מטעמים הנ"ל.

הטובה מגילוי הקבלה

אכן אין לך רעה בלי טובה, וע"כ השליטה הזאת, שהאומות השיגו ע"י גניבת סודות התורה, גרמה ג"כ דחיפה גדולה להתפתחות הקדושה, אשר לפי השערתי הננו בדור עומדים ממש על סף הגאולה, אם אך נדע איך להתפשט חכמת הנסתר בהמון.

טובה א'

כי מלבד טעם הפשוט של "חיל בלע ויקיאנו", כי בזה יתגלה לעין כל מה בין בני לבין חמי וההבדל בין עיקר הגרעין ובין הקליפה העליונה, שקלפו ממנה כל חכמי האומות שבעולם, כי בטח ישובו כל מחנות ישראל, שכפרו בהתורה, ישובו להשי"ת ולעבודו.

טובה ב'

הנה יש בזה עוד טעם, כי קבלה בידינו, שיש חיוב מוקדם להגאולה, אשר כל אומות העול יודו לתורת ישראל בסו"ה "ומלאה הארץ דעה", דוגמת יציאת מצרים, שהיה חיוב מוקדם, שגם פרעה יודה לאלקים אמת ולמצותיו וירשה להם לצאת.

גאולה ע"י גילוי הקבלה לאוה"ע

וע"כ כתוב, שכל אחד מהאומות יחזיק באיש יהודי ויוליכהו לארץ הקדושה, ואינו מספיק מה שיוכלו לצאת מעצמם. ותבין אמנם, מהיכן יבא לאומות העולם דעת ורצון כזאת. תדע, שהוא ע"י הפצת החכמה האמיתית, שיראו בעליל אלקים אמת ותורת אמת.

הפצת חכמת הקבלה בכל העולם

והפצת החכמה בהמון מכונה **שופר**, דוגמת השופר שקולו הולך עד למרחק המרובה, כן יתפשט הד החכמה בכל העולם, שאפילו האומות ישמעו ויודו, כי יש חכמת אלקים בקרב ישראל.

גילוי הקבלה לכל העמים זהו גילוי אליהו

ותפקיד הזה אמרו על אליהו הנביא, כי גילוי רזין דאורייתא מכונה תמיד בשם "גילוי אליהו".

וע"ד שאמרו ז"ל: "יהא מונח עד שיבא אליהו", וכן "תשבי יתרן קושיות ואבעיות". ולפיכך אמרו, שג' ימים (שהוא רמז ידוע) קודם ביאת המשיח, ילך אליהו על ראשי ההרים ויתקע בשופר גדול וכו'.

גילוי הקבלה לכל העמים הוא תנאי לגאולה השלמה

ותבין רמזים האלו, שאין ענין השופר הזה, רק גילוי חכמת הנסתר בהמון גדול, שהוא תנאי מוקדם ומחוייב לבא בטרם **הגאולה השלימה.**

ולזאת יעידו הספרים, שכבר נגלו על ידי בחכמה הזאת, שדברים העומדים ברומו של עולם נפרשו לעיני כל כמו שמלה, שזהו עדות נאמנה שאנו מצויים כבר על סף הגאולה, וכבר נשמע קול השופר הגדול, אם לא במרחקים, כי עדיין קול דממה דקה ישמע.

אכן התחלת כל גדלות הוא מוכרח לקטנות מתחילה, ואין קול גדול אם לא תקדים אותו דממה דקה, כי כן דרך שופר שקולו הולך וגדול. ומי עוד כמוני עצמי יודע שאיני ראוי כלל אפילו להיות רק שליח וסופר לגילוי סודות כאלו, ואצ"ל להבינם על שורשם. ולמה עשה ה' לי ככה? - אין זה אלא מפני שהדור ראוי לכך, שהוא הדור האחרון, העומד על סף הגאולה השלימה. ולפיכך הוא כדאי להתחלה של שמיעת קול שופרו של משיח, שה"ס גילוי נסתרות, כמבואר.

השלום בעולם

עיונים ובקורת בשאלות הגורמים להעדר שלום, הצעות מתקני עולם, והעמדתן במבחן המציאות. - התבוננות ב"טוב" הנשען על "חסד ואמת צדק ושלום" כנרמז בספר תהילים.

חסד ואמת נפגשו. צדק ושלום נשקו, אמת מארץ תצמח, וצדק משמים נשקף, גם ה' יתן הטוב וארצנו תתן יבולה. (תהילים פ"ה)

כל דבר מוערך לא לפי שהוא נראה ברגע מסויים - אלא במדת התפתחותו

כל דבר שישנו במציאות, הן טוב והן רע, ואפילו היותר רע ומזיק שבעולם - יש לו זכות קיום, ואסור להשחיתו ולבערו כליל מן העולם - - - אלא שמוטל עלינו רק לתקנו, ולהביאו למוטב.

כי התבוננות כלשהי במלאכת הבריאה, דיה, להשכילנו על גודל שלימות פועלה ויוצרה. ולכן, עלינו להבין להזהר מלהטיל דופי בשום פרט מהבריאה, ולומר שהוא מיותר, ואין בו צורך. שבזה יש ח"ו משום הוצאת שם רע על פועלה.

אמנם, דבר זה ידוע לכל, שהבורא ית' לא השלים את הבריאה, בעת שבראה, וכן אנו רואים בכל פינה במציאות שלפנינו, הן בכלל, והן בפרט - היא נתונה תחת חוקים של התפתחות הדרגתית, החל משלב ההעדר, עד גמר גידולו. ומסיבה זו, כאשר אנו טועמים טעם מר בפרי בתחילת גידולו, אין הדבר נידון אצלנו כמציאת מום ודופי בפרי. משום שכולנו יודעים את הסיבה, והיא, שהפרי עדיין לא גמר תהליך ההתפתחות בשלמותו.

וכן ביתר הפרטים של המציאות: כאשר איזה פרט נראה לנו רע ומזיק, הנה אין זה אלא עדות עצמית של אותו הפרט, שהוא עדיין שרוי בשלב מעבר, בתהליך ההתפתחות שלו. לכן אין לנו להחליט כי רע הוא, ואין להטיל בו דופי, כי לא מחכמה היא.

חולשתם של "מתקני עולם"

ומכאן המפתח להבנת החולשה של מתקני עולם שקמו בדורותיהם, - כי הם ראו את האדם בדמות מכונה שאינה פועלת כראוי, וצריכה תיקון. דהיינו, להסיר ממנה את החלקים המקולקלים, ולהחליפם באחרים מתוקנים.

כי כן כל מגמתם של מתקני עולם הללו לבער כל רע וכל מזיק שבמין האדם - - - ואמת היא, שלולא הבורא ית' עמד לנגדם, ודאי שהיו כבר מספיקים מזמן לנפות את האדם ככברה, ולהותיר בו רק טוב ומועיל בלבד.

אלא, מתוך שהבורא ית' שומר על כל הפרטים שבבריאה שלו בהקפדה יתרה, ואינו מרשה למישהו להשחית שום דבר שברשותו - אלא רק להחזירו ולהפכו למוטב בלבד, כדברינו לעיל, - לפיכך: כל המתקנים מהמין האמור - יתמו מהארץ, והמדות הרעות שבעולם - לא יתמו מהארץ. והם מתקיימים ומונים את מספר המדרגות של התפתחות המחויבים עוד לעבור עליהם - עד שיבואו לגמר בישולם.

אשר אז, אותם המדות הרעות בעצמן מתהפכות, ונעשות למדות טובות ומועילות, כמו שחשב עליהם הבורא ית', מראש. בדומה לפרי היושב על ענפי העץ, ומחכה ומונה את הימים והחדשים המחויבים עוד לעבור עליו, עד שיגמר בישולו, שאז יתגלה טעמו ומתיקותו לכל אדם.

זכו - אחישנה. לא זכו - בעיתה

אמנם יש לדעת, שחוק ההתפתחות האמור, השפוך על כל המציאות, המבטיח להחזיר כל רע - לטוב ומועיל, הנה הוא פועל את כל פעולותיו בכח ממשלת השמים ממעל, כלומר, מבלי שאלת פיהם של בני האדם יושבי הארץ. לעומת זה, שכל וממשלה נתן השי"ת באדם,

והרשהו לקבל את חוק ההתפתחות האמור, תחת רשותו וממשלתו עצמו, ובידו למהר ולזרז את תהליך ההתפתחות לפי חפצו, באופן חפשי, ובלתי תלוי לגמרי בכבלי הזמן.

המתבאר, שיש כאן ב' ממשלות הפועלות בדרכי ההתפתחות האמורה:

אחת היא: "ממשלת השמים", המבטיחה לעצמה להחזיר כל רע ומזיק - לטוב ומועיל. אלא שבא בעתו. כדרכו בכבדות ובאריכת הזמן.

ויש - "ממשלת הארץ".

וכאשר "הדבר המתפתח" הוא בעל חי ומרגיש, נמצא שסובל כאבים ויסורים נוראים, בזמן שנמצא תחת מכבש ההתפתחות, מכבש, הכובש דרכו באכזריות רבה.

ולעומת זה, "ממשלת הארץ", שהם בני אדם שלקחו את חוקי ההתפתחות האמורה תחת ממשלתם עצמם, שכחם יפה להשתחרר לגמרי מכבלי הזמן, ונמצאים ממהרים מאד את הקץ, כלומר, את גמר בישולו ותיקונו של הדבר, שהוא קץ ההתפתחות שלו.

כדברים האלה אמרו חכמינו ז"ל (סנהדרין צח:) על גמר גאולתם וגמר תיקונם של ישראל. וכך ביארו הכתוב: "אני ה' בעתה אחישנה". "זכו - אחישנה, לא זכו - בעתה". רצונם לומר. שאם יזכו ישראל, ויקחו את חוק ההתפתחות הצריך לעבור על מדותיהם הרעות עד שיתהפכו לטובות - יביאו אותו תחת ממשלת עצמם. דהיינו, שישימו לבם ודעתם לתקן בעצמם את כל המדות הרעות שבהם, ולהפוך אותם למדות טובות, אז: "אחישנה", כלומר, שנמצאים משוחררים לגמרי מכבלי הזמן, והקץ הזה תלוי מעתה בחפצם עצמם, דהיינו, רק לפי רוב המעשה ותשומת הלב. ונמצאים "מחישים" את הקץ.

אבל אם לא זכו לקבל התפתחות מדותיהם הרעות תחת ממשלת עצמם, אלא יעזבוהו תחת ממשלת השמים - הנה גם אז מובטחים הם בגמר גאולתם, ובגמר תיקונם, כי יש בטחון מלא בממשלת השמים, הפועלת על פי חוק ההתפתחות ההדרגתית מדרגה אחר מדרגה, עד שמהפכת כל רע ומזיק לטוב ולמועיל, כמו הפרי על העץ, והקץ בטוח לגמרי, אלא בעתה, כלומר, שהדבר כבר תלוי ומקושר לגמרי במדת הזמן.

כי על פי חוק ההתפתחות ההדרגתית הנ"ל, עד ביאתו לקץ מוכרח לעבור עליו מדרגות שונות ומרובות, שדרכם לבא בכבדות, באיטיות גדולה וארוכה ביותר, הנמשכת זמן רב מאד. ומתוך שבנידון שלפנינו "דבר המתפתח" הם בעלי חיים ומרגישים על כן גם עליהם לקבל במצבי ההתפתחות הללו יסורים גדולים ונוראים ביותר, כי כל הכח הדוחף הנמצא במדרגות הללו כדי להעלות את האדם ממדרגה נמוכה למדרגה עליונה ממנה, אינו אלא כח דחיפה של יסורים ומכאובים, שהתקבצו במדרגה הנמוכה - ושאי אפשר לסובלם, ועקב זה מוכרחים לעזוב את המדרגה ולעלות למדרגה עליונה ממנה, - על דרך שאמרו חז"ל: "אלא הקב"ה מעמיד להן מלך שגזירותיו קשות כהמן, וישראל עושין תשובה ומחזירן למוטב".

הנה הקץ המובטח לבא לישראל על פי חוק ההתפתחות ההדרגתית הנזכר, מכונה "בעתה", כלומר, הקשור בעבותות הזמן. והקץ הבטוח לישראל, על ידי שיקחו את התפתחות מדותיהם תחת ממשלת ידיהם. מכונה "אחישנה", כלומר בלתי תלוי לגמרי בזמן.

טוב ורע נערכים ביחס שבפעולת הפרט כלפי החברה

בטרם שאנו נכנסים להתבונן בענין תיקון הרע שבמין האנושי - צריכים לקבוע קודם את ערכם של אותם השמות המופשטים: **טוב ורע**. כלומר, בהגדירנו מעשה או מדה, בתואר **טוב** או **רע**, יש להבהיר, **כלפי מי** אותה מדה או מעשה הוא **טוב** או **רע**.

ולהבין את זה, צריכים לידע היטב את הערך היחסי שבין הפרט והכלל, דהיינו, בין היחיד אל הציבור שלו, שהיחיד חי מתוכו, וניזון מתוכו, הן בחומר, והן ברוח.

המציאות מורה לנו, שאין כלל זכות קיום ליחיד, אילו היה מבודד לעצמו, בלי ציבור בהיקף מספיק, שישרתוהו, ויעזורוהו בסיפוק צרכיו. ומכאן, שהאדם נברא מלכתחילה לחיות

חיי חברה, וכל יחיד ויחיד שבחברה, הוא כמו גלגל אחד, המלוכד בגלגלים מספר, המותנים במכונה אחת, - שהגלגל היחיד אין לו חרות של תנועה בערך יחידתו לפי עצמו, אלא נמשך עם תנועת כלל הגלגלים, בכוון ידוע, להכשיר את המכונה לתפקידה הכללי.

ואם יארע איזה קלקול בגלגל - אין הקלקול נערך ונבחן כלפי יחידותו של הגלגל עצמו, אלא שנערך לפי תפקידו ושירותו כלפי כללות המכונה.

וכמו כן בענינינו, מדת טובו של כל יחיד ויחיד בתוך הציבור שלו, נערכת לא לפי טובת עצמו, אלא לפי מדת שירותו את הציבור בכללו. וכן להיפך, אין אנו מעריכים את מדת הרע של כל יחיד ויחיד - אלא לפי מדת הנזק שמזיק את הציבור בכלל, ולא לפי ערכו עצמו הפרטי.

הדברים הללו ברורים כשמש בצהרים. הן מצד האמת שבהם, והן מצד הטוב שבהם, כי אין בכלל אלא מה שבפרט, וטובת הכלל היא טובת כל יחיד ויחיד. המזיק לכלל נוטל חלקו בנזק, והמטיב לכלל נוטל חלקו בהטבה. כי היחידים הם חלק מהכלל. ואין לכלל ערך כלשהו והוספה כלשהי יותר מסכום היחידים שבו.

המתבאר שהציבור והיחיד היינו הך, ואין כל ריעותא ליחיד מחמת שעבודו אל הציבור, כי גם חירות הציבור וחירות היחיד, דבר אחד הוא. וכמו שמחלקים ביניהם את הטוב, כן מחלקים ביניהם את החירות.

הרי שמדות טובות ומדות רעות, מעשים טובים ומעשים רעים, נערכים רק כלפי טובת הציבור.

כמובן שהדברים אמורים אם כל היחידים ממלאים את תפקידם לציבור בשלימות. ומקבלים לא יותר מהמגיע להם, ולא לוקחים מחלק חברם. אבל אם חלק מהציבור אינם מתנהגים כאמור, הרי הפועל יוצא מזה, שלא זו בלבד שמזיקים לציבור אלא שגם ניזוקים.

אין להאריך יותר בדבר שידוע ומפורסם, והאמור עד כה אינו אלא להראות את נקודת התורפה, כלומר, המקום התובע את תיקונו.

והוא שכל יחיד יבין שטובתו וטובת הציבור אחד הוא ובזה יבוא העולם על תיקונו המלא.

ארבע המדות: חסד, אמת, צדק ושלום
בנושאי הפרט והחברה

לאחר שאנו יודעים היטב את מדת הטוב המקווה כצלמו ודמותו, עלינו להתבונן בדברים והאמצעים העומדים לרשותנו כדי להחיש את הטוב והאושר.

ארבע מדות נמצאים למטרה זו והן: חסד, אמת, צדק ושלום. במדות אלו השתמשו כל מתקני העולם עד כה. נכון יותר, שבארבע מדות אלו עשתה עד כה ההתפתחות האנושית - ממשלת השמים, את דרכה ההדרגתית עד שהביאה את האנושות אל המצב העכשווי.

כבר נכתב לעיל כי מוטב שנקח את חוק ההתפתחות תחת ידינו וממשלתנו, כי אז נפטור עצמינו מכל חומר היסורים שההיסטוריה ההתפתחותית רושמת בעדינו מכאן ולהבא.

לפיכך נעיין ונדון בארבע מדות אלו. כדי לדעת היטב מה שנתנו לנו עד כה ומתוכם נדע מה שיש לנו לקוות לסיוע מהם להבא.

הקשיים המעשיים בקביעת "האמת"

כאשר אנו דנים במדות טובות, "להלכה" ודאי שאין לנו מדה יותר טובה ממדת "האמת". שהרי כל הטוב שגדרנו לעיל, בזיקה שבין היחיד והציבור הוא, כאשר הפרט נותן, וממלא בשלמות תפקידיו כלפי הכלל - וגם נוטל חלקו מהכלל בצדק וביושר - - - כל זה אינו אלא דבר "אמת" אלא החסרון הוא, כי "למעשה" אין מדה זו מתקבלת כלל על הציבור. והנה הקושי **למעשה** שישנו **באמת** האמור מוכח מתוכו, שיש כאן איזה פגם וגורם, שלא יתקבל על הציבור. וצריכים להתבונן: מהו אותו הפגם.

וכשתפשפש היטב בהאמת האמור, בכשרונו המעשי, תמצאהו בהכרח שהוא מעורפל ומסובך מאד, ואי אפשר כלל לעין האנושית לעמוד עליו.

שהרי האמת מחייבת אותנו להשוות כל היחידים שבציבור, שיקבלו חלקם לפי מדת

יגיעתם, לא פחות ולא יותר, וזהו הבסיס היחידי, האמיתי, שאין להרהר אחריו, שהרי ודאי הוא, שכל הרוצה להנות מיגיעתו של חברו, מעשיו הם כנגד הדעת והאמת הברור האמור.

אבל כיצד יצוייר לנו, שנוכל לברר את האמת הזו, באופן שתתקבל על לב הציבור. למשל, אם נדון בדבר לפי העבודה הגלויה, כלומר, לפי מספר השעות, ונחייב את כל אחד ואחד לעבוד מספר שעות שוה - עדיין לא תתגלה לנו כלל מדת האמת.

ואדרבה - יש כאן שקר גלוי, משום ב' דברים: הא' הוא משום הצד הפיזי, והב', משום הצד הנפשי של העובד.

כי מצד הטבע, אין הכח לעבודה שוה אצל כל אחד ואחד, - ויש לך אחד מהחברה שהוא מתיגע בעבודתו, מפני חולשתו, בשעה עבודה אחת - הרבה יותר מחברו העובד שתי שעות, או יותר.

וכן יש לפנינו ענין פסיכולוגי. כי העצל מאד מטבעו, מתיגע ג"כ בשעה אחת - יותר מחברו בשתי שעות או יותר. ולפי השקפת מדת האמת, הברור, אין לנו לחייב חלק אחד מהחברה, להתיגע, יותר מהחלק האחר, לספוק צרכי חייהם.

ולמעשה, נמצאים הגבורים והזריזים הטבעיים שבחברה, נהנים מיגיעתם של אחרים, ומנצלים אותם בזדון לבם, בנגוד למדת האמת, כי הם מתייגעים מעט מאד, לעומת החלשים והעצלים שבחברה.

ואם נקח עוד בחשבון את החוק הטבעי של "אחרי רבים להטות", הרי, מין אמת כזו, שתקבל כבסיס את מספר שעות העבודה הגלויה, - אינה בת קיימא כלל, כי החלשים והעצלים, המה תמיד הרוב הניכר בתוך החברה, והמה לא יאפשרו למיעוט הזריזים והגבורים לנצל את כחם ויגיעתם.

הרי לך, שהבסיס האמור, שהוא יגיעה של הפרט, בתנאי של האמת הברורה, ולצידו הרוב שבחברה, - אינו מעשי כלל, כי אינו ניתן לבדיקה ולהערכה כל עיקר. נמצא שמדת האמת, אין לה שום כשרון למעשה, לסדר על פיו דרכי היחיד, ודרכי הציבור, באופן מוחלט, כלומר, שיניח את הדעת, בהחלט, ואין בה כלל אותה הספקה הגמורה המתאימה לסדרי החיים שבגמר התיקון של העולם.

ולא עוד, אלא שיש קשיים גדולים יותר מהאמור. כי אין לך אמת ברורה יותר, מדרך הטבע עצמו. והנה טבעי הוא, שכל אדם ואדם מרגיש את עצמו בעולמו של הקב"ה כמו שליט יחיד, אשר כל זולתו לא נברא, אלא להקל ולשפר את חייו, עד מבלי להרגיש חובה כלשהי, לתת מצידו איזו תמורה.

ובמלות פשוטות נאמר, שטבע כל אדם ואדם, לנצל חיי כל הבריות שבעולם לטובת עצמו - וכל שנותן לזולתו - אינו נותן אלא מחמת הכרח, וגם אז יש בזה משום ניצול זולתו, אלא שהדבר נעשה בערמה רבה באופן, שחברו לא ירגיש בזה, ויוותר לו מדעתו.

טעם הדבר הוא, מצד שכל ענף, טבעו קרוב לשרשו. ומתוך שנפשו של האדם נמשך מהשי"ת, שהוא אחד ויחיד, והכל שלו - הנה כמו כן האדם הנמשך ממנו, מרגיש, שכל בריות העולם צריכים להמצא תחת ממשלתו, ולשם תועלתו הפרטית. וזהו חוק ולא יעבור.

וכל ההבדל הוא רק בדרך בחירתם של האנשים. שהאחד בחר לנצל את הבריות על ידי השגת תאוות נמוכות, והשני על ידי השגת ממשלה, והשלישי על ידי השגת כבוד. ולא עוד, אלא שאילו עלה הדבר בלי טורח מרובה, היה מסכים לנצל את העולם בכל אלו יחד: גם בעושר וגם בממשלה, וגם בכבוד - - - אלא שנאלץ לבחור לפי אפשרותו ויכלתו.

וחוק הזה אפשר לכנותו "חוק היחידיות" שבלב האדם. ואין כל אדם נמלט ממנו, (אלא שכל אחד נוטל חלקו בחוק זה), הגדול לפי גדלו, והקטן לפי קטנו.

והנה, חוק היחידיות האמור, שבטבע כל אדם, לא יגונה ולא ישובח. כי הוא מציאות טבעית, ויש לו זכות קיום, כמו כל פרטי המציאות, ואין שום תקוה לבערו מן העולם, או אפילו לטשטש צורתו במקצת, כמו שאין תקוה לבער את כל מין האדם מהארץ. ולפיכך לא נשקר כלל, אם נאמר על החוק

הזה, שהוא: "האמת המוחלט".

ומאחר שכן הוא בלי ספק, איך נוכל כלל לנסות אפילו להניח הדעת של היחיד, בזה שנבטיח לו להשוותו, במדה השווה יחד עם כל בני הציבור - שאין לך דבר רחוק מהטבע האנושי יותר מזה. בשעה שכל מגמת היחיד הוא להגביה למעלה, מעל כל בני הציבור כולו.

והנה בארנו היטב, שאין מציאות כלל להביא סדרים מאושרים וטובים לחיי היחיד ולחיי הציבור, **על פי מדת האמת**, באופן, שיניחו את הדעת של כל יחיד ויחיד, שיתן עליהן את הסכמתו המוחלטת, כמו שצריך להיות בגמר התיקון.

בהעדר יכולת להנהיג מדת האמת ניסו להשתית את המדות התרומיות

ועתה - לענין ג' המדות הנשארות, שהן: חסד, צדק, ושלום. שלכאורה, לא נבראו מתחילתם. אלא לקחת מהם סימוכין, להסמיך בהם את האמת החלש מאד בעולמנו, ומכאן התחילה ההיסטוריה ההתפתחותית לטפס על דרגותיה האיטיות והנחשלות ביותר בהתקדמותה לסידור חיי הציבור.

כי להלכה, הסכימו כל בני החברה, וקבלו עליהם בכל תוקף, לבלתי נטות מהאמת אף משהו - אבל **למעשה** נהגו הם עצמם בהיפך גמור מהאמת, כמוסכם. ומאז, נפל גורלו של האמת להיות בחלקם של השקרנים ביותר, ואינו מצוי לעולם אצל החלשים והצדיקים, שיוכלו אפילו להסתייע במדת האמת, לא מיניה ולא מקצתיה.

כאשר לא יכלו להנהיג את מדת האמת בחיי הציבור, נתרבו הנחשלים והנעשקים בתוך החברה - - ומכאן יצאו וצמחו מדות "החסד והצדק", לפעול פעולתם בסדרי החברה, כי כללות קיום החברה היה מחייב את המוצלחים שבהם, לתמוך בנחשלים. וזאת כדי לא להזיק לחברה בכללותה, לפיכך היו נוהגים עמם לפנים משורת הדין, דהיינו, בחסד ובצדקה.

אמנם, מטבע הדברים, בתנאים שכאלה מתרבים הנחשלים והנעשקים, עד שמספיקים למחות במוצלחים, ולעשות מריבות וקטטות - - ומכאן יצאה ונתגלתה מדת "**השלום**" בעולם. - הרי, שכל אלו המדות: חסד, צדקה ושלום, יצאו ונולדו מחולשת האמת.

והיא שגרמה להתפלגות החברה לכתות כתות, מהם תפסו את מדת החסד והצדקה, דהיינו, לוותר מרכושם לאחרים. - ומהם שתפסו את מדת האמת, דהיינו, שלי שלי, ושלך שלך.

ובדברים יותר פשוטים, אפשר לחלק את שתי הכתות לבעלי "בנין" ולבעלי "חורבן", בעלי בנין הם אותם החפצים בבנין, ובטובת כלל הציבור. ולענין זה הם מוכנים לוותר פעמים תכופות מרכושם לאחרים.

אבל אלו שהיו נוטים מטבעם לחורבן ולהפקרות, היה נוח להם להאחז במדת האמת, דהיינו, "שלי שלי ושלך שלך". לתועלתם הפרטית, ולא היו רוצים לעולם לוותר אף במשהו מחלקם לאחרים, וזאת, מבלי להתחשב בסכון קיום הציבור, להיותם מטבעם בעלי חורבן.

תקוות השלום

ואחר, שהתנאים האלו הביאו את החברה לקטטות גדולות, שסכנו את כללות החברה - צמחו ונתגלו **עושי השלום**, בחברה, שנטלו את עוצם התקיפות והכח שבידיהם, וחדשו את חיי החברה על פי תנאים חדשים, אמיתיים לפי דעתם, שיספקו את קיום החברה בשלום.

אמנם, עושי השלום האלו, הצומחים ובאים אחרי כל מחלוקת, הנה מצד טבע הדברים, באים ברובם רק מבעלי החורבן, דהיינו, ממבקשי האמת, מבחינת "שלי שלי ושלך שלך". והוא, לטעם היותם בעלי הכח והאומץ שבחברה, המכונים גבורים, אמיצי הלב, כי המה מוכנים תמיד להפקיר את חיי עצמם ואת חיי כללות הציבור כולו, אם לא יסכים הצבור לדעתם.

מה שאין כן בעלי הבנין שבחברה, שהם אנשי החסד והצדקה, שיקר להם חיי עצמם, וגם יקר להם חיי הציבור - הם אינם מוכנים להפקיר את עצמם, ולא את הציבור, להעמידם בסכנה, כדי לכפות על הציבור להסכים לדעתם. ומכיון שכן, המה תמיד הצד החלש שבחברה, המכונים מוגי הלב והפחדנים.

ומובן מאליו, שתמיד ידי המופקרים אמיצי הלב על העליונה, על כן טבעי הוא, הדבר, שכל עושי השלום - מ"בעלי החורבן" באים, ולא "מבעלי הבנין".

ומהאמור אנו רואים, איך שתקוות השלום, שכל בני דורנו מיחלים אליו, בכליון עיניים, הוא מחוסר ערך הן מצד "הנושא" והן מצד "הנשוא".

כי הנושאים, שהם עושי השלום שבדורנו, ובכל דור ודור, כלומר, אותם שהכח בידיהם לעשות שלום בעולם - הרי המה לעולם קרוצים מאותו החומר האנושי שאנו מכנים אותם: "בעלי החורבן", להיותם מבקשי האמת, דהיינו, להשתית העולם על מדת "שלי שלי ושלך שלך".

טבעי הדבר, שאותם האנשים עומדים על דעתם בתוקף, עד כדי להעמיד בסכנה את חייהם, וחיי הציבור כולו. והיא הנותנת להם תמיד את הכח להתגבר על אותו החומר האנושי, שהם בעלי הבנין, מבקשי החסד והצדקה, המוכנים לוותר משלהם, לטובת האחרים, כדי להציל את בנין העולם, כי המה הפחדנים, מוגי הלב.

המתבאר: שביקוש האמת וחורבן העולם - היינו הך, וביקוש החסד ובנין העולם - היינו הך. ולכן אין לקוות כלל מבעלי החורבן, שיבנה השלום על ידם.

וכן מחוסרת ערך תקוות השלום מצד הנשוא, כלומר, מצד התנאים של השלום עצמו. כי עדיין לא נבראו אותם התנאים המאושרים לחיי היחיד ולחיי הציבור, על פי אמת המידה של האמת, שעושי השלום הללו חפצים בה. והכרח הוא שנמצאים וימצאו תמיד מיעוט חשוב בחברה, בלתי מרוצים מהתנאים המוצעים להם, כמו שהוכחנו לעיל את חולשת האמת. והמה יהיו תמיד חומר מוכן לבעלי הקטטה החדשים, ולעושי השלום החדשים שיתגלגלו כן לאין קץ.

שלום ציבור מסויים, ושלום העולם כולו

ואל תתמה, מה שאני מערבב יחד את שלומו של ציבור אחד, עם שלום העולם כולו, כי באמת כבר באנו לידי מדרגה כזו, שכל העולם נחשבים רק לציבור אחד, ולחברה אחת, כלומר, שכל יחיד בעולם, מתוך שיונק לשד חייו והספקתו מכל בני העולם כולו - נעשה בזה משועבד, לשרת ולדאוג לטובת העולם כולו.

כי הוכחנו לעיל את השיעבוד המוחלט של היחיד, להציבור שלו, כדוגמת גלגל קטן במכונה. כי הוא נוטל כל חייו ואשרו מאותו הציבור, ועל כן טובת הציבור, וטובתו הפרטית - היינו הך. וכן להיפך. ולפיכך, באותו השיעור שהאדם משועבד לעצמו - הנה בהכרח שנעשה משועבד לציבור, כמו שהארכנו בדברים לעיל.

ומהו היקפו של אותו ציבור. - דבר זה נבחן לפי מרחק יניקת היחיד מהם, כי למשל בתקופות ההיסטוריה הקדומות, היה המרחק הזה משוער רק בהיקף של משפחה אחת. כלומר, שהיחיד לא נצרך לסיוע כלשהו רק מבני משפחתו. אשר אז, ודאי לא היה מוכרח להשתעבד רק לבני המשפחה שלו.

ובתקופות מאוחרות יותר, נצטרפו המשפחות לעיירות ולגלילות, ונעשה היחיד משועבד לעירו. - ואחר כך כשנצטרפו העיירות והגלילות למדינות - היה היחיד מסתייע באושר חייו מכל בני המדינה, הנה נעשה עם זה משועבד לכל בני המדינה.

ועל כן בדורינו זה, כשכל יחיד מסתייע באושר החיים שלו, מכל מדינות העולם, הנה הכרח הוא, שהיחיד נעשה בשיעור הזה משועבד לכל העולם כולו, כמו הגלגל בתוך המכונה.

ולפיכך אין להעלות על הדעת את האפשרות לעשות סדרים טובים ומאושרים בדרכי שלום במדינה אחת, כאשר לא יהיה כן בכל מדינות העולם, וכן להיפך. כי בתקופתנו אנו, כבר מקושרות המדינות בהספקת משאלות החיים, כמו היחידים במשפחתם בתקופות הקדמוניות, ולפיכך אין לדבר ולעסוק עוד, מסדרים צודקים המבטיחים שלום מדינה או אומה אחת. אלא רק משלום העולם כולו. כי טובתו ורעתו של כל יחיד ויחיד בעולם תלוי ומדוד במדת טובת היחידים

שבכל העולם כולו.

ואע"פ שדבר זה למעשה ידוע ומורגש למדי, עם כל זה בני העולם עדיין לא תפסו את זאת להלכה כראוי. ומדוע - כי כן מהלכי ההתפתחות בטבע, אשר המעשה מקדימה את הבנת הענינים. ורק המעשים יוכיחו וידחפו את האנושות קדימה.

בחיי המעשה סותרות ארבעת המדות זו לזו

והמעט לנו את הקשיים המעשיים האמורים, המפריעים על דרכנו, חדלי האונים, הנה נוספה לנו עוד ערבוביא ומלחמה גדולה מבחינת הנטיות הפסיכולוגיות. כלומר, המדות עצמם השורדים בכל אחד מאתנו, באופן מיוחד ובסתירה מאיש לרעהו, להיות כי ארבע המדות הנזכרים, חסד ואמת, צדק ושלום, שנתחלקו בטבע בני האדם אם מתוך התפתחות, ואם מתוך החינוך - המה עצמם סותרים זה לזה.

כי כשנקח למשל את מדת החסד, בצורה מופשטת, אנו מוצאים את כח ממשלתה, שסותרת את כל המדות האחרות, - כלומר, שעל פי חוקי ממשלת החסד אין שום מקום להופעת יתר המדות בעולמנו.

מדת החסד מהי - חז"ל גדרו לנו (אבות ה'): "שלי שלך ושלך שלך, חסיד". ואם היו בני העולם כולו מתנהגים במדה זו, הרי בטלה והלכה לה כל התפארת והיקר שבמדת "האמת והדין". כי אילו כל אחד היה מוכן מטבעו לתת כל אשר לו לזולתו, ולא לקחת כלום משל זולתו - כבר בטל והלך לו כל ענין וגורם לשקר בעמיתו.

וגם אין מקום אז לדבר ממדת האמת כל עיקר, כי האמת והשקר הם יחסיים זה לזה. כי אם לא היה "שקר" בעולם - לא היה קיים מושג של "אמת", ואין צריך לומר שגם שאר המדות שבאו רק לחזק האמת מסיבת חולשתו, היו מתבטלות.

והאמת, המוגדר באמירה: "שלי שלי ושלך שלך", סותר את מדת החסד, ואינו סובל אותו לגמרי, כי אין זה הגון כלל מבחינת האמת לעמול ולהתיגע בשביל זולתו, כי מלבד שמכשיל את חברו, ומרגילו לנצל את זולתו - הנה האמת נותן, שכל אדם חייב לאצור רכושו לשעת הדחק, שלא יצטרך ליפול למעמסה על יגיעת זולתו.

ומלבד כל אלה, אין לך אדם שאין לו קרובים ויורשי רכושו, שעל פי האמת המה מוקדמים מאחרים, כי כן הטבע מחייב, שהנותן רכושו לאחרים נמצא משקר בקרוביו ויורשיו, בזה שאינו משאיר להם כלום.

וכן השלום סותר לצדק. כי כדי לעשות שלום בציבור, מוכרחים להיות התנאים כמות שהם קיימים, המבטיחים לפי תוכנם לזריזים ולפיקחים, המשקיעים ממרצם ומשכלם - להתעשר, ואילו המתרשלים והתמימים - להיות עניים. כך, שבעל המרץ נוטל חלקו, וחלק חברו המתרשל, ונהנה מחיים טובים ביותר, עד שלא נשאר עוד למתרשלים ולתמימים אפילו כדי חיותם ההכרחית, ונשארים על כן בעירום ובחוסר כל, ובנושאים מרובים.

וזה ודאי בלתי צודק, להעניש את המתרשלים והתמימים במדה מרובה כל כך, אשר על לא חמס בכפיהם. ומה חטאם ומה פשעם של האומללים הללו, אם ההשגחה לא העניקה להם את הזריזות והפיקחות, להענש ביסורים הקשים ממות. הרי שאין צדק כלל בתנאים של השלום, והשלום סותר לצדק.

וכן הצדק סותר לשלום, כי אם נסדר את חלוקת הרכוש על פי הצדק, דהיינו, לתת למתרשלים ולתמימים חלק חשוב בערכו, עם הזריזים ובעלי המרץ - כי אז בעלי הכח והיזמה הללו, ודאי לא ינוחו ולא ישקוטו, עד שיפילו את ההנהגה הזו, המשעבדת את הגדולים, בעלי המרץ, ומנצלים אותם לטובת החלשים הללו. ואין על כן שום תקוה לשלום הציבור - הרי שהצדק סותר לשלום.

מדת היחידיות בתוך האיגואיזים
פעולתה הרס וחורבן

והנך רואה, איך המדות שבנו מנגחות ונלחמות זו בזו, ולא רק בין כתות לכתות, אלא בכל אדם יחיד, נמצאות ד' המדות

שולטות בו בבת אחת, או בזה אחר זה, ונלחמות בקרבו, עד שאין מקום לשכל הישר לסדר אותם, ולהביאם לידי הסכמה מוחלטת אחת.

והאמת היא, ששורש כל הערבוביא הרבה השורדת בנו, אינו יותר ממדת "היחידיות" הנזכר לעיל, המצויה בכל אחד ואחד מאתנו, אם פחות ואם יותר.

והגם שבארנו בה טעם יפה וגבוה, מאד נעלה, אשר מדה זאת נמשכת לנו ישר מהבורא ית', יחידו של עולם, שהוא שורש כל הבריות, עם כל זה מתוך שהרגשת היחידיות התישבה בתוך האיגואיזם הצר שלנו, נעשתה פעולתה הרס וחורבן, עד שהיתה למקור לכל החורבנות שהיו ויהיו בעולם.

וכאמור, אין לך אף אדם אחד בעולם שיהיה בן חורין ממנה, וכל החילוקים המה רק באופני ההשתמשות עמה, אם לתאות לב, אם לממשלה, אם לכבוד, שבהם נבדלים הבריות זה מזה.

אבל הצד השוה שבכל בריות העולם הוא, שכל אחד מאתנו עומד לנצל לכל הבריות לתועלתו הפרטית, בכל האמצעים שברשותו, ומבלי לקחת בחשבון כלל שהולך להבנות על חורבנו של חברו.

ולא חשוב כאן כלום הוראת ההיתר שכל אחד ממציא לעצמו, על פי כוון המתאים לו, כי "הרצון הוא שורש השכל" ואין "השכל שורש הרצון". והאמת ניתנת להאמר, שככל שהאדם גדול יותר, ומצויין ביותר - באותו השיעור ממש מדת היחידיות שבו, גדול ומצויין ביותר.

צורת השימוש בטבע היחידיות כנושא התפתחות בפרט ובכלל

עתה נחדור להבין התנאים הישרים, שיתקבלו סוף סוף על האנושות, לעת הופעת הזמן של שלום העולם; ולדעת במה כחם של התנאים הללו יפה, להביא את חיי האושר ליחיד ולציבור, וכן את הנכונות שישנה באנושות, לרצות להעמיס על עצמם לבסוף תנאים מיוחדים אלו.

נחזור לדבר היחידיות שבלב כל אדם, העומדת לבלוע להנאתה את כל העולם ומלואו. ושרשה, שהוא נמשך ישר מיחידו של עולם, לבני האדם שהם ענפו כנ"ל.

כאן עומדת השאלה ותובעת לעצמה תשובה, איך יצוייר שתתגלה בתוכנו בצורה מקולקלת כזו, שתעשה לאבי אבות כל מזיקי ומחריבי עולם, ואיך מהמקור של כל בנין, יתמשך ויצא המקור של כל חורבן - ואי אפשר להניח לשאלה כזאת בלי פתרון.

אמנם יש שני צדדים במטבע היחידיות האמורה, כי אם נסתכל בה מצדה הא' העליון, דהיינו, מצד השתוותה עם יחידו של עולם, הרי היא פועלת רק בצורה של "השפעה לזולתו", שהרי הבורא ית' כולו משפיע, ואין בו מצורת הקבלה ולא כלום, כי לא חסר לו מאומה, ואינו צריך לקבל דבר מבריותיו שברא, לכן, גם היחידיות שנמשך אצלנו ממנו ית', מחויבת שתפעל גם כן רק בצורות של "השפעה לזולתו" ולא כלום "לקבל לעצמו".

מצדה הב' של אותה המטבע, דהיינו, מבחינת צורת פעולתה המעשית שפועלת בנו, - נמצא שפועלת בכוון הפוך לגמרי, כי פועלת רק בצורות של "קבלה לעצמו", כגון, הרצון להיות העשיר הגדול היחיד בכל העולם וכדומה, באופן, שב' הצדדים האמורים הן ב' קצוות רחוקים זה מזה בתכלית המרחק, כרחוק מזרח ממערב.

בזה מצאנו הפתרון למה ששאלנו, איך אפשר שאותה היחידיות הנובעת ומגיעה אלינו מיחידו של עולם, שהוא המקור לכל בנין - תהיה משמשת בנו למקור כל חורבן. - והוא, כי זה הגיע לנו מתוך שאנו משמשים בכלי היקר הזה בכוון ההפוך, שהוא קבלה עצמית.

ואיני אומר שהיחידיות שבנו לא יארע לה לעולם שתפעל בנו בצורת השפעה לזולתו. כי אי אפשר להכחיש שנמצא בתוכנו אנשים, שהיחידיות פועלת בהם גם בהשפעה לזולת, כמו המפזרים רכושם לטובת הכלל, וכן המפזרים כל יגיעתם לטובת הכלל, וכדומה.

אלא אותם ב' הצדדים שבמטבע שתיארתי, מדברים רק מב' הנקודות שבהתפתחות הבריאה,

המביאה כל דבר לשלמותו. החל מהעדר, ומטפסת ועולה במדרגות ההתפתחות לאט לאט, ממדרגה למדרגה גבוהה ממנה, ומשם ליותר גבוה, עד הגיעה לתכלית גבוהה, שהיא מדת השלמות הקצובה לה מראש, ושמה תשאר קיימת כן לנצח.

כי סדר ההתפתחות של ב' הנקודות היא:

א. נקודת ההתחלה שהיא הדרגה התחתונה, הקרובה להעדר הגמור, והיא המתוארת בצד הב' שבמטבע.

ב. נקודת תכלית הגובה ששמה תנוח ותשאר קיימת לנצחיות. והיא המתוארת בצד הא' שבמטבע.

אמנם תקופה זו שאנחנו נמצאים בה, כבר התפתחה במדה מרובה, ועלתה כבר מדרגות רבות, והתרוממה למעלה משלבה התחתון שהוא צד הב' הנזכר, והתקרבה במדה נכרת אל צד הא', ועל כן כבר נמצאים בנו אנשים המשמשים עם היחידיות שלהם בצורות של "השפעה לזולתו", אלא שעדיין מועטים המה, להיותנו נמצאים עוד באמצע הדרך של ההתפתחות.

וכשנגיע לנקודת הגובה העליון של המדרגות, נשמש כולנו ביחידיות שלנו רק בצורה של "השפעה לזולתו", ולא יארע אף פעם לשום אדם שישמש עמה בצורות של "קבלה לעצמו".

ועל פי הדברים הללו, מצאנו הזדמנות, להסתכל בתנאי החיים של דור האחרון, הזמן של שלום העולם, בזמן שהאנושות כולה תגיע לנקודת הגובה של צד הא', ויהיו משמשים עם היחידיות שלהם רק בצורה של "השפעה לזולתו" ולא כלל בצורה של "קבלה לעצמו".

וכדאי להעתיק כאן את צורות החיים האמורה, במדה שתשמש לנו לקח ומופת, ולהתיישב בדעתנו תחת שטף גלי החיים שלנו, אולי כדאי ואפשר גם בדורנו לעשות נסיון, להדמות לצורת החיים האמורה.

תנאי החיים של הדור האחרון

... ראשית צריך כל אחד להבין היטב, ולהסביר לסביבה שלו, אשר שלום החברה, שהיא שלום המדינה ושלום העולם - תלויים זה בזה לגמרי, כי כל עוד שחוקי החברה אינם משביעים רצון לכל יחיד ויחיד שבמדינה, ומשאירים מיעוט בלתי מרוצה, מהנהגת המדינה, הרי המיעוט הזה חותר תחת הנהגת המדינה ומבקש להפילה.

ואם אין כחו מספיק להלחם עם הנהגת המדינה פנים בפנים - הריהו צודה להפילה בדרך עקיפין, כגון לשסות המדינות זו בזו, להביאם לידי מלחמה, כי טבעי הדבר שבעת מלחמה יתוספו עליהם הרבה בלתי מרוצים, אשר אתם יש להם תקוה להשיג רוב מכריע להפיל הנהגת המדינה. ולהקים הנהגה חדשה נוחה להם, הרי ששלום הפרט הוא גורם ישיר לשלום המדינה.

ולא עוד אלא אם ניקח בחשבון את אותו החלק הנמצאים תמיד במדינה אשר המלחמה היא אומנותם, וכל תקוות הצלחתם, כמו מלומדי המלחמה, והעוסקים בהספקת צרכי החימוש - שמבחינת האיכות החברתית הם מיעוט חשוב מאד, ואם עוד נצרף עליהם את המיעוט שאינם מרוצים, מהחוקים הקיימים הרי לפניך בכל שעה רוב בנין גדול המשתוקקים למלחמות ולשפיכות דמים.

הרי ששלום העולם ושלום המדינה תלויים זה בזה. ואם כן נמצא בהכרח, שאפילו אותו החלק שבמדינה אשר מרוצה כעת מהחיים הקיימים שהם הזריזים והפקחים - עדיין לפניהם דאגה רבה לבטחון חייהם מחמת המתיחות מאותם החותרים תחתיהם.

ואם היו מבינים את ערך השלום האמור, היו שמחים לקבל בהחלט סדרי החיים של דור האחרון, כי כל אשר לו יתן בעד נפשו.

היסורים לעומת התענוג בקבלה עצמית

והנה, כאשר נסתכל ונתפוס בשכלנו היטב את תכנית הנזכרת - נראה שכל נקודת הקושי הוא בשינוי טבענו, מן הרצון לקבל לעצמו, עד לרצון להשפיע לזולתו. כי המה ב' דברים המכחישים זה את זה.

אמנם בהשקפה ראשונה נראית התכנית דמיונית, כדבר שלמעלה מהטבע האנושי. אבל

כאשר נעמיק בדבר נמצא, שכל הסתירה - מקבלה לעצמו להשפעה לזולתו - אינה אלא פסיכולוגית בלבד, כי למעשה בפועל אנו משפיעים לזולתנו בלי טובות הנאה לעצמנו.

כי הקבלה העצמית, אף על פי שמתוארת אצלנו בצורות שונות, כגון רכוש, קנינים מחמדי הלב, העין, והחיך וכדומה, הרי כל אלה מוגדרים רק בשם אחד: "תענוג", באופן שכל עיקר הקבלה לעצמו שאדם מתאוה, אין זה אלא שרוצה להתענג.

ועתה, צא ודמה לך אם נקבץ את כל שיעורי התענוג שמשיג האדם במשך שבעים שנותיו לצד אחד, ונקבץ את כל הצער והיסורים שסובל, לצד השני, עד כדי שאילו היה החשבון לנגד עיניו - היה מעדיף שלא להוולד.

ואם כן הוא הדבר, איזו קבלה לעצמו משיג האדם בעולמנו, אם נניח שמשיג עשרים אחוז של תענוג בחייו, לעומת שמונים אחוז יסורים, הרי, כשנעמיד זה מול זה, ישארו שישים אחוז יסורים ללא שום תמורה.

אמנם, כל האמור הוא חשבון פרטי, כשאדם עובד לשם עצמו, כי בחשבון כלל עולמי, הפרט מייצר יותר ממה שמקבל לקיומו ולהנאתו. אם כן ישתנה הכיוון, מקבלה עצמית להשפעה - או אז יהנה הפרט מכל התפוקה שמייצר, בלי יסורים מרובים.

הגלות והגאולה

ההרמוניה בין הדת לחוק התפתחות
או אל הגורל העיוור

ובגוים ההם לא תרגיע ולא יהיה מנוח לכף רגליך (דברים כ"ח פ"ה). והעולה על רוחכם היו לא תהיה אשר אתם אומרים נהיה כגוים כמשפחות הארצות (יחקאל כ' ל"ב).

הרי הוי' יראנו בעליל שאין כל קיום לישראל בגלות, ולא ימצאו להם מנוח - כמו שאר העמים שנתערבו בגוים ומצאו להם מנוח, עד שנטמעו ביניהם, ולא נשאר מהם זכר.

לא כן בית ישראל, - עם זה לא ימצא לו מנוח בין הגוים, עד שיתקיים בו הכתוב: "ובקשתם משם את ה' אלקיך ומצאת כי תדרשנו בכל לבבך ובכל נפשך".

אפשר לבאר הדבר מתוך ההשגחה. וגזירת הכתוב עלינו, כי התורה אמת, וכל דבריה אמת, ואוי לנו כל זמן שאנחנו מסופקים באמיתותה, ואנו אומרים על כל התוכחה שמתקיימת בנו, שהם מקרה וגורל עור ח"ו, אשר לדבר זה יש רק תרופה אחת, והיא, להחזיר עלינו את הצרות, בשיעור כזה - עד שנתבונן בהם שאינם מקרים, אלא השגחה נאמנה היעודה עלינו בתורה הקדושה.

ויש לבאר הדבר מתוך חוק ההתפתחות גופו, אשר בטבע ההדרכה הנאמנה, שהשגנו על ידי התורה הקדושה, מבחינת דרך תורה שבהשגחה (עי' מאמר ב' דרכים [מאמר החרות]) **הגיעה אלינו התפתחות מהירה לאין ערך יותר על גויי הארצות** וכיון שחברי האומה התפתחו היה החיוב ללכת תמיד קדימה, ולדקדק ביותר בכל מצות התורה.

וכיון שלא עשו זאת אלא רצו לערב שם גם את האנכיית הצר, דהיינו, **השלא לשמה**, מכאן התפתח חורבן בית ראשון, שרצו לעשות הסגולות, של עשירות והרמת הכח - על הצדק, כשאר הגוים.

וכיון שהתורה אסרה כל זה, על כן הכחישו את התורה והנבואה וקבלו נימוסי השכנים, כדי שיוכלו להנות מהחיים, ככל שדרש מהם האנכיית. וכיון שעשו כך, התפוררו כחות האומה: מקצתם הלכו אחרי המלכים והקצינים האנכיים, ומקצתם הלכו אחרי הנביאים. והפירוד הזה נמשך עד החורבן.

ובבית שני הובלט הדבר ביותר, כי תחילת הפירוד הודגש שם בפרהסיא, על ידי **תלמידים דלא מעלי**, שבראשם עמדו צדוק ובייתוס. שכל עיקר מרידתם בחז"ל, היה מטעם החיוב של לשמה, כמ"ש בדברי חז"ל, "חכמים הזהרו בדבריכם", כי לא רצו לפרוש מהאנכיית. ועל כן הקהילו קהלות מסוג הגרוע הזה, ונעשו כת גדולה שנקראו צדוקים, אשר הם היו העשירים והקצינים, רודפי תאות אנכיית, שלא כדרך התורה, והם לחמו עם הפרושים, והם שהביאו את מלכות רומא והשליטות על ישראל, והם שלא רצו לעשות שלום עם התקיפים כעצת חז"ל על פי התורה, עד שנחרב הבית ונגלה הדר ישראל.

הבחן בין אידאל חילוני לאידאל דתי

אידיאל חילוני מקורו יוצא מהאנושיות, על כן אינו יכול לרומם עצמו ממעל לאנושיות. מה שאין כן אידאה דתית שמקורה בהשי"ת, יכולה לרומם עצמה ממעל לכל האנושיות.

כי הבסיס של אידיאל חילוני הוא השוויה - והמחיר של **התפארת מן האדם** ומעשהו כדי להתפאר בעיני הבריות, ואף על פי שלפעמים מתבזה בעיני דורו, מכל מקום נסמך על דורות אחרים, ועל כל פנים דבר יקר הוא לו, כמו אבן טובה, המזינה את בעליה הרבה, אף-על-פי ששום בן אדם אינו יודע ממנה, ואינו מוקירה.

מה שאין כן אידיאה דתית הרי הבסיס שלה הוא **התפארת בעיני ה'**, ועל כן בעל אידיאה דתית יכול לרומם עצמו ממעל לאנושיות.

וכן בין העמים בתוך גלותינו: כל עוד שהלכנו בדרכי התורה, היינו נשמרים, כי דבר זה ידוע לכל האומות, אשר אנו עם מפותח ביותר, והחפצים בשיתופינו עמהם, אלא

שמנצלים אותנו, כל אחד לפי התאוה האנכיית. אולם כח רב היה לנו בכל האומות אשר אחר כל הניצול - נשאר לנו עדיין מנה יפה, גדולה מלאזרחי הארץ.

אולם בסיבת פורקי עול התורה, ובשאיפתם לתת חופש לזממם האנכיי, הרי אבדו את המטרה של החיים, דהיינו, עבודת השי"ת. ומתוך שהמטרה נשגבה, החליפו על מטרות אנוכיות של יופי החיים.

ממילא כל מי שזוכה להון, הרי מעלה את המטרה שלו בכל הידור ויופי. ובמקום שהאיש הדתי, פיזר את העודף הכלכלי שלו, על צדקה ומעשים טובים, והעמדת ישיבות וכדומה, על צרכים כלליים. הלכו להם האנוכיים, ופיזרו את העודף שלהם. על יופי החיים: על אכילה ושתיה, הלבשה ותכשיטים והשתוו לרמי המעלה שבאותה האומה.

וכוונתי בדברים אלו, אינה אלא להראות, אשר התורה, וחוק ההתפתחות הטבעי, אפילו גם עם הגורל העור - הולכים יד ביד באחדות נפלאה. באופן אשר המקרים הרעים, במצב הגלותי, שיש לנו לספר הרבה מימי גלותינו - כולם היו מסבות המעל שמעלנו בתורה. ואם היינו נשמרים במצוות התורה, לא היה קורה אותנו כל רע ח"ו.

התאום והאחדות בין התורה והגורל העיור והתפתחות חשבון אנושי

ומתוך זה הנני להציע לבית ישראל, שיאמרו לצרותינו די, ויעשו חשבון, חשבון אנושי על כל פנים, מכל אלו הרפתקאות, ששינו ושילשו עלינו, וגם פה בארצינו, שאנו רוצים להתחיל במדיניות משלנו מחדש, שאין לנו כל תקוה להאחז על הקרקע בתור אומה, כל עוד שלא נקבל את תורתינו הקדושה, בלי שום הקלות, זולת בתנאי האחרון של העבודה לשמה, ולא לשם עצמו, בשיור אנוכיי, כמו שהוכחתי במאמר מתן תורה.

ואם לא נסדר עצמינו כאמור שם, הרי יש בנו מעמדות, אשר בלי ספק שמוכרחים אנו להתגלגל, פעם לימין ופעם לשמאל, כגלגול כל האומות. ועוד הרבה יותר. מפני שטבע המפותחים שאי אפשר לרסנם, כי כל דעה חשובה, מבעל דעה מפותח, לא תרכין ראשה מפני שום דבר, ואינה יודעת פשרות. ועל כן אמרו ז"ל: "ישראל עזין שבאומות הן", כי כל שדעתו רחבה יותר, הוא עומד על דעתו ביותר.

והוא חוק פסיכולוגי. ואם לא תבינו אותי, צאו ולמדו את הפרק הזה בין חברי האומה היום, אשר בעת שהתחלנו לבנות, כבר הספיק הזמן לגלות בנו את העזות ותקיפת הדעת, ומה שהאחד בונה השני סותר.

... וזה גלוי לכל. אלא מה שאני מחדש הוא דבר אחד, כי המה סבורים, אשר סוף כל סוף יבין הצד שכנגד את הסכנה, ואז ירכין ראשו ויקבל את דעתו. ואני יודע שאפילו נקשור אותם בכפיפה אחת לא יוותר אחד לשני כמלא נימא, ושום סכנה לא תפריע למי, מלבצע את שאיפתו.

במשפט אחד, כל עוד שלא נגביה את מטרתינו מתוך חיים הגשמיים, לא יהיה לנו תקומה גשמית, כי הרוחני והגשמי שבנו אינם יכולים לדור בכפיפה אחת, כי אנו בני האידיאה. ואף אם אנו שקועים במ"ט שערי החומריות, עם כל זה לא נוותר על האידיאה, ועל כן למטרה הקדושה שלשמו יתברך אנו צריכים.

מאמר לסיום הזוהר

(נאמר לרגל סיום הדפסת ספר הזוהר עם פירוש "הסולם")

נודע, כי התכלית הנרצית, מהעבודה בתורה ובמצוות, היא להדבק בהשם ית', כמ"ש "ולדבקה בו". ויש להבין, מה הפירוש של הדביקות הזאת בהשי"ת. הלא, אין המחשבה תופסת בו כלל. אכן, כבר קדמוני חז"ל בקושיא זו, שהקשו כן על הכתוב "ולדבקה בו", ואיך אפשר להדבק בו, הלא אש אוכלה הוא?

והשיבו: "הדבק במדותיו. מה הוא רחום, אף אתה רחום. מה הוא חנון, אף אתה חנון".

ולכאורה קשה: איך הוציאו חז"ל את הכתוב מפשוטו? הלא כתוב במפורש: "ולדבקה בו". ואם היה הפירוש "הדבק במדותיו", היה לו לכתוב "ולהדבק בדרכיו". ולמה אומר "ולדבקה בו"?

והענין הוא, כי בגשמיים, התופשים מקום, מובנת לנו הדביקות בקירוב מקום, והפירוד מובן לנו בריחוק מקום. אבל ברוחניים, שאינם תופשים מקום כלל, אין הדביקות והפירוד מובנים בהם, בקירוב מקום ובריחוק מקום, שהרי אין תופשים מקום כלל.

אלא השואת הצורה, שיש בין שני רוחניים, מובנת לנו כדביקות. ושינוי הצורה, בין שני רוחניים, מובן לנו כפירוד. וכמו שהגרזן, מחתך ומבדיל בדבר גשמי, לחלקו לשנים, ע"י שמרחיק החלקים זה מזה, כך שינוי הצורה, מבדיל את הרוחני, ומחלק אותו לשנים.

ואם שינוי הצורה בהם הוא קטן, נאמר שרחוקים הם זה מזה בשיעור מועט.

ואם שינוי הצורה הוא גדול, נאמר שרחוקים הם בהרבה זה מזה.

ואם הם בהפכיות הצורה, נאמר שרחוקים הם זה מזה מן הקצה אל הקצה.

למשל, כשב' אנשים, שונאים זה לזה, נאמר עליהם, שהם נפרדים זה מזה, כרחוק מזרח ממערב.

ואם אוהבים זה לזה, נאמר עליהם, שהם דבוקים זה בזה, כגוף אחד.

ואין כאן המדובר בקרבת מקום או ריחוק מקום, אלא המדובר הוא בהשואת הצורה או בשינוי הצורה.

כי בהיות בני אדם, אוהבים זה לזה, הוא משום שיש ביניהם השואת הצורה. כי מפני שהאחד אוהב, כל מה שחבירו אוהב, ושונא, כל מה שחבירו שונא, נמצאים דבוקים זה בזה, ואוהבים זה את זה.

אבל, אם יש ביניהם איזה שינוי צורה, דהיינו, שאחד אוהב איזה דבר, אף על פי שחבירו שונא את הדבר ההוא, וכדומה, הרי בשיעור שינוי הצורה הזו, הם שנואים זה על זה, ונפרדים ורחוקים זה מזה.

ואם הם בהפכיות, באופן, שכל מה שהאחד אוהב, נמצא שנוא על חבירו, נאמר עליהם, שנפרדים ורחוקים הם, כרחוק מזרח ממערב.

והנך מוצא, ששינוי הצורה פועל ברוחניות, כמו גרזן המפריד בגשמיות. וכן שיעור הרחקת מקום, וגודל הפירוד שבהם, תלוי במדת שינוי הצורה שביניהם. ומדת הדביקות שביניהם, תלויה במדת השוואת הצורה שביניהם.

ובזה אנו מבינים, מה צדקו דברי חז"ל, שפירשו הכתוב "ולדבקה בו", שהוא "הדביקות במדותיו: מה הוא רחום, אף אתה רחום, מה הוא חנון, אף אתה חנון".

כי לא הוציאו הכתוב מפשוטו, אלא להיפך, שפירשו הכתוב לפי פשוטו בתכלית. כי הדביקות הרוחנית, לא תצוייר כלל, בדרך אחרת, אלא בהשואת הצורה. ולפיכך, ע"י זה שאנו משוים צורתנו, לצורת מדותיו יתברך, אנו נמצאים דבוקים בו.

וזה שאמרו "מה הוא רחום". כלומר, מה הוא יתברך, כל מעשיו הם להשפיע ולהועיל לזולתו, ולא לתועלת עצמו כלל, שהרי הוא יתברך, אינו בעל חסרון, שיהיה צריך להשלימו, וכן אין לו ממי לקבל, אף אתה, כל מעשיך יהיו להשפיע ולהועיל לזולתך. ובזה תשוה צורתך לצורת מדות הבורא יתברך, שזו הדביקות הרוחנית.

ויש בהשואת הצורה האמורה, בחינת "מוחא" ובחינת "לבא".

וענין העסק בתורה ובמצוות ע"מ להשפיע נ"ר ליוצרו, הוא השואת הצורה מבחינת מוחא: כמו שהשי"ת אינו חושב בעצמו, אם הוא נמצא, או אם הוא משגיח על בריותיו, וכדומה מהספיקות, אף הרוצה לזכות להשואת הצורה, אסור לו לחשוב בדברים האלו, שברור לו, שהשי"ת אינו חושב בהם, כי אין לך שינוי צורה גדול מזה.

ולפיכך, כל מי שחושב דברים אלו, נמצא בודאי בפירודא ממנו יתברך. ולא יבוא לידי השואת הצורה לעולם. וזה מה שאמרו ז"ל: "כל מעשיך יהיו לשם שמים, כלומר דביקות בשמים, לא תעשה שום דבר, שאינו מביא מטרה זו של הדביקות. דהיינו, שכל מעשיך יהיו להשפיע ולהועיל לזולתך.

שאז תבוא להשואת הצורה עם השמים: מה הוא יתברך, כל מעשיו להשפיע ולהועיל לזולתו, אף אתה, כל מעשיך יהיו רק להשפיע ולהועיל לזולתך, שזו היא הדביקות השלימה.

ואין להקשות על זה: איך אפשר, שהאדם יעשה כל מעשיו לטובת זולתו? הרי הוא צריך בהכרח לעבוד לקיום עצמו, ולקיום משפחתו?

התשובה היא, כי אותם המעשים, שעושה מטעם ההכרח, דהיינו כדי לקבל המעט הנחוץ לקיומו, הנה "ההכרח, לא יגונה ולא ישובח". ואין זה נחשב כלל, שעושה משהו לעצמו.

והנה, כל היורד לעומקם של הדברים, בודאי יתפלא: איך אפשר לאדם, שיבוא להשואת הצורה הגמורה, שכל מעשיו יהיו להשפיע לזולתו, בשעה, שכל הויתו של אדם, אינה אלא לקבל לעצמו? ומצד טבע בריאתו, אינו מסוגל לעשות אפילו מעשה קטן לטובת זולתו. אלא בשעה שמשפיע לזולתו, הוא מוכרח לצפות, שבסופו ישיג ע"י זה, תמורה המשתלמת יפה. ואם אפילו מסופק בתמורה, כבר ימנע את עצמו מלעשות המעשה. ואיך אפשר, שכל מעשיו יהיה רק להשפיע לאחרים, ולא כלום לצרכי עצמו?

אכן אני מודה, שהוא דבר קשה מאד. ואין בכחו של אדם לשנות טבע בריאתו. שהוא רק לקבל לעצמו. ואין צריך לומר, שיכול להפוך טבעו, מקצה אל קצה. דהיינו, שלא יקבל כלום לעצמו, אלא כל מעשיו יהיו להשפיע.

אבל לפיכך, נתן לנו השי"ת, תורה ומצוות, שנצטוינו לעשותן רק על מנת להשפיע נ"ר להקב"ה. ולולא העסק בתורה ובמצוות לשמה, דהיינו, לעשות בהם נ"ר ליוצרו, ולא לתועלת עצמו, אין שום תחבולה שבעולם, מועילה לנו להפוך טבעו.

ומכאן תבין, את גודל החומרה, של העסק בתורה ומצוות לשמה. כי אם גם כוונתו בתורה ומצוות, אינה לתועלת הקב"ה, אלא לתועלת עצמו, הרי לא בלבד, שלא יהפך טבע הרצון לקבל שבו, אלא אדרבה, הרצון לקבל שבו, הוא יהיה הרבה יותר, ממה שיש לו מטבע בריאתו. כמו שביארתי בהקדמה לביאור הסולם, בכרך הראשון, עי"ש באות ל', ל"א, ואין להאריך כאן.

ומה הם מעלותיו, של אותו האדם, שזוכה לדביקות השי"ת?

הן אינן מפורשות בשום מקום, אלא ברמזים דקים. אבל כדי לבאר הדברים שבמאמרי, אני מוכרח לגלות קצת, לפי מדת ההכרח. ואסביר הדברים בדרך משל.

הגוף עם אבריו - אחד הם. וכללות הגוף, מחליף מחשבות והרגשים, על כל אבר פרטי שלו. למשל, אם כללות הגוף חושב, שאבר אחד ממנו, ישמשו ויענג אותו, מיד אותו האבר יודע מחשבתו, וממציא לו התענוג שחושב. וכן אם איזה אבר, חושב ומרגיש, שצר לו המקום, שהוא נמצא בו, מיד יודע כללות הגוף מחשבתו והרגשתו, ומעבירו למקום הנוח לו.

אמנם אם קרה, ואיזה אבר נחתך מן הגוף, אז הם נעשים לשתי רשויות נפרדות, וכללות הגוף, כבר אינו יודע צרכיו של אותו האבר הנפרד. והאבר, אינו יודע עוד מחשבותיו של הגוף, שיכול לשמש אותו ולהועיל לו.

ואם יבוא הרופא, ויחבר את האבר לגוף,

כמקודם לכן, הנה חוזר האבר לדעת, מחשבותיו וצרכיו של כללות הגוף. וכללות הגוף, חוזר לדעת, צרכיו של האבר.

לפי המשל הזה, יש להבין ג"כ מעלת האדם, שזוכה להדבק בהשי"ת. כי כבר הוכחתי (ב"הקדמה לספר הזהר", אות ט', ובפרושי להאדרא זוטא), שהנשמה היא, הארה נמשכת מעצמותו ית'. והארה זו, נפרדה מאת השי"ת, ע"י שהשי"ת הלבישה ברצון לקבל. כי אותה מחשבת הבריאה "להנות לנבראיו", בראה בכל נשמה רצון לקבל הנאה. ושינוי צורה זו של רצון לקבל, הפריד אותה הארה מעצמותו ית', ועשה אותה לחלק נפרד ממנו. ותעיין שם במקור כי אין כאן המקום להאריך בזה.

היוצא מזה, שכל נשמה, היתה מקודם בריאתה, בכלל עצמותו ית'. אלא עם הבריאה, דהיינו עם הטבע של רצון לקבל הנאה, שהוטבע בה, קנתה שינוי צורה, ונפרדה מהשי"ת, שכל ענינו הוא רק להשפיע. כי שינוי הצורה, מפריד ברוחניות, כמו הגרזן בגשמיות, כמבואר לעיל.

ונמצאת הנשמה, דומה עתה לגמרי, למשל האבר, הנחתך מהגוף ונפרד ממנו, שאעפ"י שמקודם הפירוד, היו שניהם, האבר עם כללות הגוף, אחד. והיו מחליפים מחשבות והרגשות זה עם זה. אבל, לאחר שנחתך האבר מהגוף, נעשו בזה שתי רשויות. וכבר, אין אחד יודע מחשבותיו של השני, וצרכיו של השני. ומכל שכן, אחר שהנשמה נתלבשה בגוף של העוה"ז, נפסקו כל הקשרים, שהיו לה מטרם שנפרדה מעצמותו יתברך. וכמו שתי רשויות נפרדות הם.

ולפי זה מובנת מאליה, מעלת האיש, שזכה שוב להדבק בו, שפירושו, שזוכה להשואת הצורה עם השי"ת, עי"ז שבכח התורה והמצוות, הפך את הרצון לקבל, המוטבע בו, אשר הוא הוא שהפריד אותו מעצמותו ית', ועשה אותו לרצון להשפיע, וכל מעשיו הם, רק להשפיע ולהועיל לזולתו, שהוא השוה את הצורה ליוצרה, נמצא ממש בדומה לאותו אבר, שנחתך פעם מהגוף, וחזר ונתחבר שוב עם הגוף, שחוזר לדעת מחשבותיו של כללות הגוף, כמו שהיה יודע טרם שנפרד מהגוף.

אף הנשמה כך, אחר שקנתה השואה אליו יתברך, הנה היא **חוזרת ויודעת מחשבותיו** יתברך, כמו שידעה מקודם, שנפרדה ממנו בסבת שינוי הצורה של הרצון לקבל.

ואז מקויים בו הכתוב: "דע את אלוקי אביך". **כי אז זוכה לדעת השלמה שהיא דעת אלקית. וזוכה לכל סודות התורה, כי מחשבותיו יתברך הן סודות התורה.**

וזה שאמר ר' מאיר: "כל הלומד תורה לשמה, זוכה לדברים הרבה, ומגלים לו רזי וטעמי התורה, ונעשה כמעיין המתגבר". דהיינו, כמו שאמרנו, שע"י העסק בתורה לשמה, שפירושו, שמכוון לעשות נ"ר ליוצרו, בעסקו בתורה, ולא לתועלתו כלל, אז מובטח לו להדבק בהשי"ת, שפירושו, שיבוא להשואת הצורה, שכל מעשיו יהיו לתועלת זולתו, ולא לתועלת עצמו כלל, דהיינו ממש כמו הקב"ה, שכל מעשיו הם, רק להשפיע ולהיטיב לזולתו, שבזה חוזר האדם להדבק בהשי"ת, כמו שהיתה הנשמה מטרם שנבראה.

ולפיכך זוכה לדברים הרבה, וזוכה לרזי וטעמי התורה. כי כיון שחזר ונתחבר עם השי"ת, הוא חוזר ויודע מחשבותיו של הקב"ה, כמשל האבר, שחזר ונדבק בגוף. ומחשבותיו של הקב"ה, נקראות רזי וטעמי התורה. הרי, שהלומד תורה לשמה, זוכה שמתגלים לו רזי וטעמי התורה. ונעשה כמעיין המתגבר, מחמת ביטול המחיצות, שהפרידוהו מהשי"ת, שחזר להיות אחד עמו יתברך, כמטרם שנברא.

ובאמת, כל התורה כולה, בין הנגלה ובין הנסתר, הם מחשבותיו של הקב"ה, בלי הפרש כל שהוא. אלא הדבר דומה לאדם, טובע בנהר, שחברו זורק לו חבל, כדי להצילו. שאם הטובע תופס את החבל, בחלקו הסמוך אליו, יכול חבירו להצילו, ולהוציאו מן הנהר.

אף התורה כן, שהיא כולה מחשבותיו של הקב"ה, היא בדומה לחבל, שזורקו הקב"ה אל בני האדם, להצילם ולהוציאם מן הקליפות.

וקצהו של החבל סמוך לכל בני האדם, שהוא סוד התורה הנגלית, שאינה צריכה שום כוונה ומחשבה. ולא עוד, אלא אפילו, שיש במעשה המצוות מחשבה פסולה, הוא ג"כ מקובל להקב"ה, כמ"ש: "לעולם יעסוק אדם בתורה ובמצוות שלא לשמה, שמתוך שלא לשמה בא לשמה".

ולפיכך, תורה ומצוות - קצהו של החבל, שאין אדם בעולם, שלא יוכל להחזיק בו. ואם תופס בו בחזקה, דהיינו שזוכה לעסוק בתורה ומצוות לשמה, דהיינו לעשות נ"ר ליוצרו, ולא לתועלת עצמו, אז התורה והמצוות מביאים אותו להשואת הצורה עם הקב"ה, שהוא סוד ולדבקה בו כנ"ל, שאז זוכה להשיג כל מחשבותיו של הקב"ה, הנקראות "רזי תורה" ו"טעמי תורה", שהם כל שאר החבל, שאין זוכה בו, אלא אחר שבא לדביקות השלימה, כנ"ל.

ומה שאנו מדמים, מחשבותיו של הקב"ה, דהיינו רזי התורה וטעמי התורה, לחבל, הוא משום, שיש הרבה מדריגות, בהשואת הצורה עם השי"ת. ע"כ יש הרבה מדריגות, בחלק החבל שבו, דהיינו בהשגת רזי התורה. שלפי מדתה של מדריגת השואת הצורה להשי"ת, כן מדת השגתו ברזי התורה, דהיינו בידיעת מחשבותיו יתברך.

שבדרך כלל הן ה' מדרגות: נפש, רוח, נשמה, חיה, יחידה. שכל אחת כלולה מכלן. ויש בכל אחת ה' מדרגות ונפרטות, שבכל אחת מהן יש לכל הפחות כ"ה מדרגות.

ומכונים ג"כ "עולמות", כמ"ש חז"ל: "עתיד הקב"ה להנחיל לכל צדיק ש"י עולמות. והטעם, שהמדריגות בהשגתו ית' נקראות עולמות, הוא משום, ששתי משמעויות יש בשם עולם:

א. שכל באי העולם ההוא, מושפע להם חוש והרגש שוה. וכל, מה שהאחד רואה ושומע ומרגיש, רואים ושומעים ומרגישים כל באי אותו העולם.

ב. שכל באי אותו העולם ה"נעלם", לא יכולים לדעת ולהשיג משהו בעולם אחר.

וכן נמצאות אלו ב' הגדרות גם בהשגה:

א. שכל מי שזוכה באיזו מדריגה, הוא יודע ומשיג בה, כל מה שהשיגו באי אותה המדריגה, בכל הדורות, שהיו ושיהיו, ונמצא עמהם בהשגה משותפת, כמו שנמצאים בעולם אחד.

ב. שכל באי אותה המדריגה, לא יוכלו לדעת ולהשיג מה שהוא, ממה שיש במדריגה אחרת, כמו באי העולם הזה, שלא יוכלו לדעת משהו, במה שיש בנמצאים בעולם האמת. לפיכך נקראות המדריגות בשם "עולמות".

ולפיכך, יכולים בעלי ההשגה, לחבר ספרים, ולרשום השגותיהם, ברמזים ומשלים ומובנים, לכל מי שזוכה לאותן המדריגות, שבהם מדברים הספרים, ויש להם עמהם השגה משותפת.

אבל, מי שלא זכה בכל כמות המדריגה, כאותם המחברים, לא יכול להבין רמזיהם. ואין צריך לומר אותם, שלא זכו להשגה, שלא יבינו בהם כלום, משום שאין בהם השגות משותפות.

וכבר אמרנו, שהדביקות השלימה וההשגה השלימה, מתחלקת לקכ"ה מדריגות כוללות. ולפי זה, מטרם ימות המשיח, אי אפשר לזכות בכל קכ"ה המדריגות.

ויש ב' הפרשים, מכל הדורות לדורו של המשיח:

א. שרק בדורו של המשיח, אפשר להשיג כל קכ"ה המדריגות, ולא בשאר הדורות.

ב. שבכל הדורות, בני עליה, שזכו להשגה ולדביקות, מועטים הם, כמ"ש חז"ל על הכתוב: "אדם אחד מאלף מצאתי", ש"אלף נכנסים לחדר, ואחד יוצא להוראה", דהיינו לדביקות ולהשגה. אבל בדורו של משיח, יכול כל אחד ואחד, לזכות לדביקות ולהשגה, כמו שאמרו: "ומלאה הארץ דעה את ה'", "ולא ילמדו עוד איש את רעהו, ואיש את אחיו, לאמר, דעו את ה', כי כולם ידעו אותי, למקטנם ועד גדולם".

חוץ מרשב"י ודורו, דהיינו בעלי הזוהר, זכו לכל קכ"ה המדריגות בשלימות, אעפ"י שהיו לפני ימות המשיח. שעליו ועל תלמידיו ז"ל, נאמר: "חכם עדיף מנביא". וע"כ, נמצא הרבה פעמים בזהר, שלא יהיה כדור הזה של רשב"י, עד דורו של מלך המשיח. ולפיכך עשה חבורו הגדול, רושם חזק כל כך בעולם.

כי סודות התורה שבו, תופסים קומת כל קכ"ה המדריגות.

ולפיכך אמרו בזוהר, שספר הזוהר לא יתגלה, אלא באחרית הימים, דהיינו בימות המשיח. כי אמרנו, שאם מדריגות המעיינים, אינן בכל השיעור של מדריגת, המחבר לא יבינו רמזיו, משום שאין לשניהם השגה משותפת.

וכיון, שמדריגת בעלי הזוהר, היא בכל הגובה של קכ"ה מדריגות, אי אפשר להשיגם, מטרם ימות המשיח. נמצא, שבדורות שלפני ימות המשיח, אין השגה משותפת עם בעלי הזוהר. וע"כ, לא היה יכול הזוהר להתגלות בדורות, שקדמו לדורו של המשיח.

ומכאן הוכחה ברורה, שכבר הגיע דורנו זה לימות המשיח. כי עינינו הרואות, שכל הביאורים על ספר הזהר, שקדמו לנו, לא ביארו אפילו עשרה אחוזים, מהמקומות הקשים בזהר. וגם באותו המקצת, שכן ביארו, סתומים דבריהם, כמעט כדברי הזהר עצמו.

ובדורנו זה, זכינו לפירוש "הסולם", שהוא ביאור מלא על כל דברי הזהר. ומלבד זה, שאינו מניח דבר סתום בכל הזהר, בלי לפרשו, אף גם הביאורים מיוסדים על פי השכל העיוני הפשוט, שכל מעיין בינוני יכול להבינם.

ומתוך, שנגלה הזהר בדורנו זה, הרי זו הוכחה ברורה, שאנחנו נמצאים כבר בימות המשיח, בתחילתו של אותו הדור, שעליו נאמר: "ומלאה הארץ דעה את ה'".

ויש לדעת, שענינים רוחניים, אינם כענינים גשמיים, שבהם הנתינה והקבלה באים כאחד. כי ברוחניות, זמן נתינה לחוד, וזמן קבלה לחוד. כי תחילה, ניתן הדבר מהשי"ת למקבל. ובנתינה זו, נותן לו רק הזדמנות לקבל. אבל עוד לא קיבל כלום. עד שיתקדש ויטהר כראוי. אז, זוכה לקבל הדבר. באופן, שמזמן הנתינה עד זמן הקבלה, יכול להתעכב זמן מרובה. ולפי זה מ"ש, שהדור הזה כבר הגיע להכתוב "ומלאה הארץ דעה את ה'", הנה זה אמור מבחינת נתינה בלבד. אבל לבחינת קבלה, ודאי לא הגענו עוד. עד שנטהר, ונתקדש, ונלמד, ונתיגע בשיעור הרצוי - יגיע זמן הקבלה, ויקויים בנו הכתוב "ומלאה הארץ דעה את ה'".

ונודע, שהגאולה ושלימות ההשגה, כרוכים זה בזה. והמופת הוא, שכל מי שיש לו המשכה לסודות התורה, יש לו המשכה לארץ ישראל. ולפיכך, לא הובטח לנו "ומלאה הארץ דעה את ה'", אלא באחרית הימים, דהיינו בזמן הגאולה.

ולפיכך, כמו שבשלימות ההשגה, לא זכינו עוד לזמן קבלה, אלא לזמן נתינה בלבד, שבכחה ניתנת הזדמנות, לבוא לשלימות ההשגה, כן הוא בענין הגאולה, שלא זכינו לה, אלא בבחינת נתינה בלבד.

כי העובדה היא, שהקב"ה הוציא ארצנו הקדושה, מרשות הנכרים, והחזירה לנו. ובכל זאת, עדיין לא קבלנו הארץ לרשותנו, מפני שעוד לא הגיע זמן הקבלה, כמו שביארנו בענין שלימות ההשגה. באופן, שנתן, ואנחנו עוד לא קבלנו.

שהרי אין לנו עצמאות כלכלית. ואין עצמאות מדינית, בלי עצמאות כלכלית. ועוד הרבה יותר מזה, כי **אין גאולת הגוף בלי גאולת הנפש**. וכל עוד, שרוב בני הארץ שבויים בתרבויות הזרות של האומות, ואינם מסוגלים כלל לדת ישראל ותרבות ישראל, הרי גם הגופות שבויים תחת הכוחות הנכרים. ומבחינה זו, נמצאת עוד הארץ בידי הנכרים.

והמופת הוא, שאין שום אדם מתרגש כלל, מן הגאולה, כמו שהיה צריך להיות, בזמן הגאולה, אחרי אלפיים שנה. ולא בלבד, שאין בני הגולה מתפעלים לבוא אלינו, וליהנות מן הגאולה, אלא חלק גדול מאותם, שנגאלו, וכבר יושבים בתוכנו, מצפים בכליון עינים, להפטר מגאולה זו, ולשוב לארצות פזוריהם. הרי, שאעפ"י שהקב"ה הוציא הארץ מרשות האומות, ונתנה לנו, עכ"ז אנו עוד לא קבלנוה, ואין אנו נהנים מזה.

אלא, שבנתינה זו, נתן לנו הקב"ה את ההזדמנות לגאולה. דהיינו, להטהר ולהתקדש ולקבל עלינו עבודת ה', בתורה ובמצוות לשמה. ואז יבנה בית המקדש, ונקבל הארץ לרשותנו.

ואז נחוש ונרגיש בשמחת הגאולה.

אבל כל עוד, שלא באנו לזה, שום דבר לא נשתנה, ואין שום הפרש בין נמוסי הארץ עתה, מכפי שהיתה עדיין תחת ידי זרים, הן במשפט, הן בכלכלה, והן בעבודת ה'. ואין לנו, אלא הזדמנות לגאולה.

היוצא מדברינו, שדורנו זה, הוא הדור של ימות המשיח. ולפיכך, זכינו לגאולת ארצנו הקדושה, מידי הנכרים. גם זכינו להתגלות ספר הזהר, שהוא תחילת קיום הכתוב "ומלאה הארץ דעה את ה'", "ולא ילמד עוד..., כי כולם ידעו אותי, למקטנם ועד גדולם".

אבל, בשתי אלה זכינו, רק בבחינת נתינה מהקב"ה. אבל אנו לידינו עוד לא קבלנו כלום, אלא שניתנה לנו הזדמנות בזה, להתחיל בעבודת השי"ת, לעסוק בתורה ובמצוות לשמה, שאז נזכה להצלחה גדולה, ככל המובטח לדורו של המשיח, מה שלא ידעו כל הדורות שלפנינו. ואז נזכה לזמן הקבלה של שתי אלה: "שלימות ההשגה" ו"הגאולה השלימה".

והנה ביארנו היטב, תשובת חז"ל על הקושיה: איך אפשר להדבק בו, שאמרו, שפירושו "הדבק במדותיו"? - שהוא צודק מב' טעמים:

א. כי דביקות הרוחנית, אינה בקירוב מקום, אלא בהשוואת הצורה.

ב. כיון שלא נפרדה הנשמה מעצמותו ית', אלא בסבת הרצון לקבל, שהטביע בה הבורא ית', א"כ אחר שהפריד הרצון לקבל ממנה, חזרה מאליה בדביקות הקדומה בעצמותו ית'.

אמנם, כל זה להלכה. אבל למעשה, עוד לא תרצו כלום עם הפירוש "הדבק במידותיו", שפירושו **להפריד את הרצון לקבל, המוטבע בטבע בריאתו, ולבא לרצון להשפיע, שהוא היפך טבעו.**

ומה שביארנו, שהטובע בנהר, צריך להחזיק החבל בחזקה. ומטרם שעוסק בתו"מ לשמה, באופן "שלא ישוב לכסלו עוד", אינו נחשב שמחזיק החבל בחזקה, שוב הדרא קושיה לדוכתיה [חזרה הקושיה למקומה]: מאין יקח חומר דלק, להתייגע בכל לבבו ומאודו, רק כדי לעשות נ"ר ליוצרו? כי אין אדם יכול לעשות תנועה, בלי שום תועלת לעצמו. כמו המכונה, שאינה יכולה לעבוד, בלי חומר דלק. ואם לא יהיה שום תועלת לעצמו, אלא רק לנ"ר ליוצרו, אין לו חומר דלק לעבודה.

והתשובה היא, שכל משיג רוממותו ית', כראוי, הרי ההשפעה, שהוא משפיע אליו, מתהפכת להיות קבלה, כמו"ש במסכת קידושין (דף ז ע"א), באדם חשוב, שהאשה נותנת לו כסף, ונחשב לה לקבלה, ומתקדשת.

וכך הוא אצל השי"ת: שאם משיג רוממותו ית', אין לך קבלה יותר חשובה מנ"ר ליוצרו. והוא די מספיק לחומר דלק, לעמול ולהתייגע, בכל לבו ונפשו ומאודו, כדי לעשות נ"ר אליו ית'.

אבל זה ברור, שאם עוד לא השיג רוממותו ית', כראוי, הנה השפעת נ"ר להשי"ת, לא נחשב אליו לקבלה, בשיעור שימסור כל לבבו ונפשו ומאודו להשי"ת. ולפיכך בכל פעם, שיתכוון באמת רק לעשות נ"ר ליוצרו, ולא לתועלת עצמו, יאבד תיכף כח העבודה לגמרי. כי נשאר כמו מכונה בלי חומר דלק. כי אין אדם יכול להזיז אבר, בלי שיפיק מזה איזה תועלת לעצמו. ומכש"כ יגיעה כ"כ גדולה, כמדת מסירת נפשו ומאודו, כפי המחוייב בתורה, שאין ספק, שלא יוכל לעשות זאת, בלי שיפיק איזה קבלת הנאה לעצמו.

ובאמת השגת רוממותו ית', בשיעור שההשפעה תהפך לקבלה, כמו שאמרו באדם חשוב, אינו דבר קשה כלל. והכל יודעים גדלות הבורא ית', שברא הכל ומבלה הכל, בלי ראשית ובלי אחרית, שלרוממותו אין קץ ותכלית.

אלא הקושי שבדבר, הוא, כי ערך הרוממות, אינו תלוי ביחיד, אלא בסביבה. למשל, אפילו אם האדם מלא מעלות טובות, אם לא יחשבוהו הסביבה, ולא יכבדוהו, אדם כזה ימצא תמיד נכה רוח, ולא יוכל להתגאות במעלותיו, אעפ"י שאינו מסופק באמיתותם.

ולהיפך מזה: אדם, שאין לו מעלה כלל, אלא הסביבה יכבדוהו, כמו שיש לו מעלות

מרובות, האדם הזה יהיה מלא גאות רוח, כי ערך החשיבות והרוממות ניתנה לגמרי לרשות הסביבה.

ובשעה שאדם רואה, איך הסביבה שלו, מקילים ראש בעבודתו ית', ואינם מעריכים רוממותו כראוי - אין האחד יכול להתגבר על הסביבה, וגם הוא אינו יכול להשיג רוממותו ית', אלא שמיקל ראשו בעת עבודתו כמוהם. וכיון שאין לו הבסיס של השגת רוממותו ית', מובן מאליו, שלא יוכל לעבוד להשפיע נ"ר ליוצרו ולא לתועלת עצמו. כי אין לו חומר דלק ליגיעה. ו"לא יגעת ומצאת, אל תאמין". ואין לו שום עצה, אלא או לעבוד לתועלת עצמו, או שלא לעבוד כלום. כי השפעת נ"ר ליוצרו, לא ישמש לו, כמו קבלה ממש.

ובזה תבין הכתוב: "ברוב עם הדרת מלך". כי ערך הרוממות בא מן הסביבה בב' תנאים:

א. במדת ההערכה של הסביבה.

ב. במדת גדלה של הסביבה, וע"כ ברוב עם הדרת מלך.

ובשביל גודל הקושי שבדבר, יעצו לנו חז"ל: "עשה לך רב וקנה לך חבר". דהיינו, שהאדם יבחר לעצמו, אדם חשוב ומפורסם, שיהיה לו לרב, שממנו יוכל לבוא לעסק תו"מ, ע"מ להשפיע נ"ר ליוצרו. כי ב' הקלות יש לרבו:

א. שמתוך שהוא אדם חשוב, הרי התלמיד יכול להשפיע לו נ"ר, על בסיס רוממותו של רבו, כי ההשפעה נהפכה לו לקבלה, שהוא חומר דלק טבעי, שיוכל להרבות מעשי ההשפעה בכל פעם. ואחר שהתרגל, בעסק ההשפעה אצל רבו, הוא יכול להעבירו, גם לעסק תו"מ לשמה, כלפי הקב"ה, כי הרגל נעשה טבע.

ב. כי השואת הצורה להקב"ה, אינה מועילה, אם אינה לנצח, דהיינו: "עד שיעיד עליו, יודע תעלומות, שלא ישוב לכסלו עוד". משא"כ השוואת הצורה לרבו, מתוך שרבו הוא בעולם הזה, בתוך הזמן, מועילה השואת הצורה אליו, אפילו היא רק זמנית, שאח"כ ישוב לסורו.

ונמצא, בכל פעם שמשוה צורתו לרבו, הוא מתדבק בו לשעתו. ומתוך כך, הוא משיג ידיעותיו ומחשבותיו של רבו, לפי מדת דביקותו. כמו שבארנו במשל האבר, הנחתך מהגוף, וחזר ונתדבק בו, עש"ה.

וע"כ, התלמיד יכול, להשתמש מהשגת רוממות השי"ת של רבו, המהפכת ההשפעה לקבלה, ולחומר דלק, מספיק למסירת נפשו ומאודו. ואז יוכל גם התלמיד, לעסוק בתורה ומצוות לשמה, בכל לבבו ונפשו ומאודו, שהיא הסגולה, המביאה לדביקות נצחית בהקב"ה.

ובזה תבין, מה שאמרו חז"ל: "גדולה שימושה של תורה יותר מלימודה, שנא' פה אלישע בן שפט, אשר יצק מים, ע"י אליהו. למד, לא נאמר, אלא, יצק" (ברכות, ז ע"ב).

שלכאורה תמוה, איך מעשים פשוטים, יהיו גדולים מלימוד החכמה והדעת. ובאמור מובן היטב, כי השמוש ששימש לרבו, בגופו ומאודו, ע"מ לעשות נ"ר לרבו, מביאהו לדביקות ברבו, דהיינו להשוואת הצורה. ומקבל עי"ז, ידיעותיו ומחשבותיו של רבו, בסוד פה אל פה, שהיא דביקות רוחא ברוחא, שעי"ז זוכה, להשיג רוממותו ית', בשיעור, שתהפך ההשפעה לקבלה, להיות לו חומר דלק, מספיק למסי"נ ומאודו, עד שיזכה לדביקות להקב"ה כנ"ל.

מה שאין כן, לימוד התורה אצל רבו, כי היא מוכרחת להיות לתועלת עצמו, ואינה מביאה לידי דביקות, והיא נבחנת מפה לאוזן. באופן, שהשמוש מביאו להתלמיד מחשבותיו של רבו, והלימוד - רק הדבורים של רבו. ומעלת השמוש גדלה על מעלת הלימוד, כשיעור חשיבות מחשבת רבו על הדיבורים של רבו. וכחשיבות פא"פ, על מפה לאוזן.

אמנם, כל זה אמור, אם השימוש לרבו, הוא ע"מ להשפיע אליו נ"ר. אבל, אם השמוש, הוא לתועלת עצמו, ששמוש מעין זה, אינו מסוגל להביאהו לדביקות ברבו. ודאי שהלימוד אצל רבו, חשוב יותר משמושו.

אמנם, כמו שאמרנו, אצל השגת רוממותו ית', שהסביבה, שאינה מחשיבה אותו ית', כראוי, מחלשת את היחיד, ומונעת אותו מהשגת רוממותו ית' - הנה ודאי, דבר זה נוהג, גם ברבו. אשר הסביבה, שאינה מחשיבה כראוי,

את רבו, מונעת את התלמיד, שיוכל להשיג, רוממות רבו, כראוי.

ולפיכך אמרו חז"ל: "עשה לך רב, וקנה לך חבר". דהיינו, שהאדם יוכל לעשות לו, סביבה חדשה, שהסביבה תעזור לו, להשיג רוממות רבו. והיינו, ע"י אהבת חברים, המחשיבים את רבו. שע"י שיחת החברים, ברוממות רבו, מקבל כל אחד, הרגשת רוממותו. באופן, שההשפעה לרבו, תהפך לקבלה, ולחומר דלק. והיינו, בשיעור שיביאהו, כן לעסוק בתורה ומצוות לשמה. שעל זה אמרו: "במ"ח מעלות, שהתורה נקנית בהם, בשמוש חכמים, ובדקדוק חברים". כי מלבד שמשמש לרבו, צריך גם כן לדקדוק חברים. כלומר, להשפעת החברים, שיפעלו עליו, להשגת רוממותו של רבו. כי השגת הרוממות, תלויה לגמרי בהסביבה. ואדם יחידי,

אי אפשר, שיפעל בזה במשהו, כמבואר. אמנם, ב' תנאים פועלים בהשגת הרוממות:

א. לשמוע תמיד, ולקבל את הערכת הסביבה, בשיעור הפלגתם.

ב. שהסביבה תהיה גדולה, כמ"ש: "ברוב עם הדרת מלך".

ולקבל תנאי הא' - מחויב כל תלמיד, להרגיש עצמו, שהוא הקטן, שבכל החברים. ואז, יוכל לקבל הערכת הרוממות מכולם. כי אין גדול יכול לקבל מקטן ממנו. ומכ"ש, שיתפעל מדבריו, ורק הקטן מתפעל מהערכת הגדול.

וכנגד תנאי הב' - מחוייב כל תלמיד, להרים מעלת כל חבר, ולחבבו, כאילו היה גדול הדור. ואז תפעל עליו הסביבה, כמו שהיתה סביבה גדולה, כראוי, "כי ברוב בנין, חשוב יותר מרוב מנין".

מצווה אחת

"עשה מצוה אחת אשריו שהכריע את עצמו ואת כל העולם לכף זכות".

אין עבודת ה' וקיום המצוות, זולת לשמה, שפירושו: לעשות נחת רוח ליוצרו. אבל כבר הנהיגו חז"ל, לעסוק בתורה ובמצוות אפילו שלא לשמה, מטעם - "שמתוך שלא לשמה יבוא לשמה"...

אומר אני: שהמצווה הראשונה והיחידה, שתהיה בטוחה יותר לשאיפה לבא ל"לשמה", היא, לקבל על עצמו שלא לעבוד לצורכו, אלא במידת ההכרחיות לעבוד בהם, כלומר, בדיוק עד לידי סיפוק קיומו בלבד. ובשאר הזמן, יעבוד למען הציבור, להושיע נדכאים, ולכל בריה בעולם הצריכה ישועה והטבה.

לשמש הבריות על פי מצוות השי"ת

במצווה הזו יש שתי מעלות:

אחת, אשר כל אחד יבין, שעובד, מפני שעבודה זו מאושרת ומוסכמת ע"י כל בני העולם.

והשנית, מפני שיכול להיות שמצווה זו היא המכשירה אותו טוב יותר, לבוא לקיום תורה ומצוות לשמה, - היות שההכנה הנ"ל היא חלק מהמטרה - כי בהרגלו לעבוד את הבריות, הרי הוא עושה לאחרים ולטובתם, ולא לעצמו, ואם כן לאט לאט, יוכשר לעשות מצוות השם בתנאי הנרצה, לטובת הבורא ית', ולא לטובת עצמו. - ומובן שהכוונה צריכה להיות למען קיום מצוות השם ית'.

חלק התורה שבין אדם לחבירו

שני חלקים בתורה:

אחד, הנוגע בין אדם למקום.

והשני, הנוגע בין אדם לחבירו.

ואני קורא אתכם, על כל פנים, לעסוק ולקבל עליכם מה שבין אדם לחבירו, ועל ידי זה תשתלמו גם במה שנוגע בין אדם למקום.

דיבור, מחשבה, מעשה

העבודה מאיזה מין שתהיה, צריכה להכלל: במחשבה, דיבור ומעשה.

הנה ענין מצוה אחת, בחלקה "המעשי" כבר ביארנו, שהאדם יקבל על עצמו, שכל שעות הפנאי שלו, יהיו מוקדשים לתועלת בריות העולם. וענין "המחשבה" הוא עיקרי במצווה זו, יותר מבמצוות המיוחדות בין אדם למקום, כי המצוות שבין אדם למקום, "המעשה" בעצמו מוכיח על הכוונה, שהיא לשם יוצרו, כי אין שום מקום לאותו המעשה, זולתו ית'.

אבל באותם שבין אדם לחבירו, אשר מוצדקים מתוך עצמם, מתוך המצפון האנושי המחייב לעשותם. ואולם אם יעשה אותם מנקודת השקפה זו, ודאי שלא עשה כלום, זאת אומרת, שהמעשים לא יביאוהו לידי קרבת השי"ת, ולידי עבודה לשמה ממש. על כן צריך כל אחד ואחד, לחשוב במחשבתו שעושה כל אלה, רק בשביל לעשות נחת רוח ליוצרו, ולהדמות לדרכיו, מה הוא רחום אף אני רחום, מה הוא משפיע תמיד טובות אף אני כן וכו', ודימוי הזה בצירוף עם המעשים הטובים יקרבוהו להשי"ת, באופן שיושווה צורתו לרוחניות וקדושה, וייהפך כחומר חותם ויוכשר לקבלת השפע העליונה האמיתית.

וענין "הדיבור", הוא התפילה בפה, בעת העבודה, ובזמנים קבועים, שיזכהו השי"ת להפוך לבו "מקבלה להשפעה", כן להגות בתורה ובעניינים המביאים לידי זה.

עשיית נ"ר ליוצרו שלא מדעתו

לעולם אין לקוות שיגיע הזמן ושימצא הפתרון שיוכלו להתחיל את עבודת השי"ת מתוך "לשמה", אלא כמאז כן עתה, וכן לעתיד, מוכרח כל עובד ה' להתחיל בעסק

תפ החברה כגורם להשגה רוחנית 480

העבודה, "מתוך שלא לשמה", אשר מתוכה יבוא אל ה"לשמה". והדרך להגיע לדרגה זו, אינה מוגבלת בזמן, אלא במכשירים אותו, ובמידת שליטתו על לבו, ועל כן רבים חללים נפלו ויפלו על שדה העסק "שלא לשמה", וימותו בלי חכמה. ועם כל זה, שכרם גדול מאד, כי אין מחשבתו של אדם מסוגל להעריך אותו היקר והערך של עשיית נחת רוח ליוצרו. ואפילו העושה שלא על תנאי זה, מכל מקום, מתוך שאינו ראוי באופן אחר, עושה גם כן נחת רוח ליוצרו. וזה נקרא שלא מדעתו.

אמת נבואי במודד גופני

מכיון שכן הוא ודאי המוחלט, על כן שפע הנבואי, מוכרח להתקבל באותם צירופי אותיות, אשר מותאמים לגמרי לרוח המתחילים, כלומר, שיהיו תועלתם, גלוי לעניינים העצמיים של הדור שלו, כי רק אז מובטח שדבר ה' יתקבל על הדור בדרך של, "שלא לשמה", שהבורא ית' לא הכין אותם באופן אחר כנ"ל. ועל כן, זהו הסימן של נביא אמת, אשר נבואתו מותאמת ביותר לתועלת ההצלחה הגופנית, של בני דורו. כמ"ש "ומי גוי גדול אשר לו חוקים ומשפטים צדיקים ככל התורה הזאת אשר אנכי נתן לפניכם היום". כי קרבת ההצלחה הגופנית יאשר את אמיתותם, כי סוף סוף, הוא פתח הכניסה בהחלט כנ"ל.

החיוב בקיום תרי"ג מצוות

התרי"ג מצוות בבחינת שמות הקדושים הם ענין השגחה פרטית לכל המתקרב לקבלת השפע האלקי, שמוכרחים לעבור עליו, כל הסדרים האלה, איש מהם לא נעדר, ועל כן השלימים נוהים אחריהם בכל נפשם ומאודם, לקיימם עד לענפיהם הגשמיים בסוד הכתוב "בכל המקום אשר אזכיר את שמי אבוא אליך וברכתיך".

חכמת האמת

הקדמונים בחרו לעצמם דרך פרטי, ואני בחרתי דרך כללי, כי לדעתי מותאם יותר לענין אלקי, להלבישו בצירופי אותיות נצחיות, אשר לא יקבלו שינוי לעולם, רצוני לומר, שעם הצלחתם הגופני, גם לא יקבלו שינוי בשום מקום, ובשום זמן. לכן דברי מוגבלים.

מטעם הנ"ל הוכרחתי להביע גם את הרוחניות בדרך כללי, אולם תחת זה בחרתי לבאר כל הפרטים והצירופים הרוחניים, עד לפרטי פרטים, אשר אין להם מוצא ומקור אחר, זולת מפי הכלל הזה, דהיינו, טהרת הקבלה. ומתוך שאני מבאר את הפרטים הרוחניים, בלי הלבשה בצירופים גשמיים, יועיל הדבר הרבה להתפתחות ההשגה. וחכמה זו נקראת "חכמת האמת".

הנבואה

בנבואה לא יארע טעות או שקר, כי באור האמת הנובע מהשי"ת, איך יפול בו טעות. אלא ודאי, כמו הגשם והשלג היורד מהשמים על האדמה, ושמה לא ישוב, עד שיצליח בשליחותו, אבל עם כל זאת יש הבחן במקבל, דהיינו, באדמה, כי האדמה שהכשירוה על-ידי סיקול וחרישה וכדומה, מסוגלת לקבל טוב יותר, מאשר האדמה שלא הכשירוה. הכל תלוי בהכשרה.

כמו כן ודאי שיש הבחן, על כל פנים בנביאים המקבלים, שאין אחד במעלה כחברו ממש, שגדלות וקטנות זו, נבחנת כפי ההכנה שבאותו הנביא. והנה הקטן במעלה, מסבת חוסר ההכנה המעולה, בהכרח שיפיל איזה נטיה במהלך האור הנשפע אליו, שיתכן היה לומר עליו, שאור הנבואה אינו מקבל טעות כנ"ל, אבל קטנותו גורמת לו ריבוי בצירופי אותיות שהוא ריבוי צינורות וכלים, עד שיבוא לו הנבואה לידי השגה.

הצלחה הנבואי, הוא המהירות

אף על פי שלבסוף מתגלית כל האמת שבנבואה, בהצלחה הרצויה. מכל מקום גרם הנביא הקטן במעלה, דרך ארוכה אל האנשים שאליהם נשלח בנבואתו. מה שאין כן, הגדול במעלה, אשר הכנתו שלמה יותר, הרי לא יארע לו שום נטיה, בעת קבלת נבואתו מהשי"ת,

ומכיון שכן, לא ירבה בצינורות וכלים, ועל כן נבואתו ברורה, קצרה ומקובלת בנקל ובמהירות, לאותם שאליהם נשלח.

אפשר שהקטן במעלה יצליח יותר מהגדול

מלבד האמור, יתכן שהקטן שבנביאים יצליח בנבואתו - בעניין המהירות כנ"ל - יותר מנביא היותר גדול שבנביאים, והוא מטעם שנסמך על הגלוים של הנביאים הקודמים שסללו לו הדרך. ומובן שגם תלוי בהתפתחות השומעים את נבואתו, כי לדברים קצרים וברורים, צריכים לדור מפותח יותר, שיהיו מוכשרים להבינו. ומכח שתי הוספות האלו, אם יספתו לקטן במעלה, יכול להצליח לאין ערוך מהגדול.

סוד הנבואה שבדורות

אף על פי שמשה רבנו ע"ה, קבל התורה והחוקים לכל הדורות, עד שאין הנביא רשאי לחדש דבר, עם כל זה, נבואתו ניתנה לו אלא לזמן. ועל זה מעיד הכתוב: "נביא מקרבך מאחיך כמני יקים לך ה' אלקיך, אליו תשמעון", ואם נבואת משה רבנו ע"ה, היתה מספקת לנצחיות, למה לו להשי"ת להקים עוד נביאים כמותו - אלא ודאי, שאין נבואתו מועילה אלא לזמן מסויים, וככלות הזמן, שולח השי"ת נביא אחר, להמשיך ולהשלים חפץ השי"ת.

אלא ודאי שאין הנביא רשאי לחדש דבר או לגרוע. שאם כן היה בחינת חסרון בנביא שקדם לו ח"ו. ודבר ה' תמיד בכל השלימות, בסוד הכתוב: "אני ראשון ואני אחרון", אלא כל תפקידו הוא להמשיך אותה הנבואה, לאותם הדורות שכבר אינם ראויים לקבל מהראשון.

והנביא האחרון, הוא סוד משיח, כלומר, המשלים את כולם, אך ודאי שגם הוא אינו רשאי להוסיף, או לגרוע. אלא שהצלחתו תהיה יותר גדולה, שכל הדור יוכשר לקבל את דבריו, ויושלמו על ידו. והוא: משני הטעמים הנ"ל, או מחמת גדולתם, או מחמת בני דורו כנ"ל, או מחמת שניהם.

עיקר ההצלחה הנבואי

עיקר ההצלחה הנבואי הוא להמשיך, אור העליון, עד לדרי מטה, והמורידו ביותר למטה, הוא המצליח ביותר, וענין מעלה ומטה, נבחן ברוח ובטובה גופנית, כי הגופניות המושגת על ידי הנבואה, היא הנקודה הנותנת אחיזה לבני העולם. ונודע, שעיקר נקודת הכובד בעבודת השי"ת היא, האחיזה הראשונה.

כח כללי וכח פרטי

יחודם, הוא סוד יחוד קוב"ה ושכינתיה. כח פרטי, הוא איסור הקבלה עד לשיעור הנמוך ביותר. כח כללי, הוא ריבוי ההשפעה עד, בכל מאודו ונפשו.

אהבת ה' ואהבת הבריות

ואהבת לרעך כמוך. רבי עקיבא אומר: זה כלל גדול בתורה. (ב"ר כ"ד)

כלל ופרט

המאמר הנ"ל הגם שהוא אחד המאמרים המפורסמים והמצוטטים ביותר בימינו. עכ"ז הוא בלתי מבואר לכולם על כל רוחבו והקיפו. כי מילת "כלל" יורה לנו סיכום פרטים שמתיחסים ל"כלל" הנשוא, אשר כל פרט ופרט נושא חלק בתוכו, באופן, שבצירוף כל הפרטים יחד ימצא אותו "הכלל".

ואם אנו אומרים "כלל גדול בתורה", הרי הבנתו: אשר כל המקראות ותרי"ב המצוות, המה הם סיכום הפרטים המתיחסים לפסוק של: "ואהבת לרעך כמוך". ולכאורה קשה, איך יכול פסוק זה להיות "כלל" לכל מצוות התורה? לכל היותר הוא יכול להיות "כלל" לחלק התורה והמשפטים הנוגעים בין אדם לחבירו. אולם לחלק הארי שבתורה העוסק בעניני עבודות בין אדם למקום, איך אפשר להכלילם במסגרת הכתוב של "ואהבת לרעך כמוך"?

דעלך סני לחברך לא תעביד

ואם בדוחק אפשר ליישב את המאמר הנ"ל, הרי בא מאמרו של הלל הזקן באותו נוכרי שבא לפניו ובקש ממנו שיגיירו כפי שמובא בגמרא: "... גיירני על מנת שתלמדני כל התורה כולה כשאני עומד על רגל אחת. וכו'. אמר לו: **דעלך סני לחברך לא תעביד** [מה ששנוא עליך, אל תעשה לחברך]. זו היא כל התורה כולה, ואידך, פירושא הוא זיל גמור".

הרי אנו רואים להדיא שהוא אמר לו שכל התורה כולה היא הפירוש של הפסוק "ואהבת לרעך כמוך".

ועתה לפי דברי הלל, רבן של כל התנאים, ושהלכה כמותו, נהיר לנו בודאות גמור, אשר עיקר הרצון שבתורתינו הקדושה היא להביא אותנו לגובה רום המעלה, שנוכל לקיים הכתוב הזה של "ואהבת לרעך כמוך", כי בפירוש הוא אומר: "ואידך פירושא הוא זיל גמור", דהיינו, מפרשים לנו איך לבוא לכלל הזה.

והנה לפלא הוא, איך קביעה זו תצדק ברוב פרשיות התורה העוסקים בדינים שבין אדם למקום, ואשר כל בר בי רב יודע בעליל, שהמה העיקרים שבתורה, ולא הפירושים לבירור הכתוב של "ואהבת לרעך כמוך".

ואהבת לרעך כמוך

עוד יש לנו להתבונן ולהבין כוונת הכתוב גופו באמרו: "ואהבת לרעך **כמוך**", שפירושו לפי הפשט, הוא לאהוב את חברך באותו שיעור שאתה אוהב את עצמך. ואנו רואים שאין הציבור יכול לעמוד בו כלל. ואילו היה כתוב "ואהבת לרעך כמו שהוא אוהב אותך", גם זה לא היו רבים שיוכלו לקיים אותו באופן מושלם, אבל עכ"פ זה מקובל על הדעת.

אבל לאהוב את חברו כמו שהוא אוהב את עצמו, אין זה לכאורה בגדר האפשרות. ואפילו אם לא היה בעולם אלא איש אחד זולתו, היה זה גם מן הנמנע, ובפרט שהעולם מלא אנשים, ואם יאהב את כולם כמותו, לא ישאר לו זמן בעד עצמו. כי ודאי הוא שצרכיו שלו הוא ימלא מבלי להחסיר, ובחשק רב ימלאם, באהבתו את עצמו.

לא כן לענין צורכי הכלל. שאין לו סיבה חזקה שתעורר **רצונו** לפעול עבורם - ואפילו אם היה לו **רצון** - האם יוכל לקיים את המקרא כפשוטו - האם כוחו יעמוד לו? ואם כן איך תחייבנו התורה דבר שאינו יכול לעמוד ולקיים כלל?

ואין לעלות על הדעת כלל, אשר הכתוב הזה נאמר בדרך הגזמה ח"ו, כי מוזהרים

ועומדים אנחנו על "לא תוסף עליו, ולא תגרע ממנו". ולזה הסכימו כל המפרשים לפרש המקרא כפשוטו. ויותר מזה אמרו, שחייב למלא צרכי חבירו, ואפילו במקום שהוא עצמו נמצא חסר בו, גם אז הוא מצווה ועומד ליתן צרכי חבירו. ולהשאיר את עצמו בחיסרון. כמו שפירשו התוספות קידושין כ. ד"ה כל הקונה עבד עברי כקונה אדון לעצמו, ומפרשים שם התוספות בשם הירושלמי וז"ל: "דפעמים אין לו אלא כר אחת אם שוכב עליו בעצמו אינו מקיים כי **טוב לו עמך**, ואם אינו שוכב עליו וגם אינו מוסרו לעבדו, זו מדת סדום, נמצא שע"כ צריך למסור לעבדו, והיינו אדון לעצמו".

מצוה אחת

וכאן מתעוררות כמה שאלות. לפי האמור לעיל כולנו בגדר עוברי התורה, ולא עוד, אלא עיקר התורה אין אנו מקיימים, כי אנו עושים **הפרטים**, ו**להכלל** איננו באים. וז"ש: "בזמן שאתם עושים רצונו של מקום אביונים באחרים ולא בכם" וכו'. כי איך יתכן שיהיו אביונים, בזמן שהכלל כולו עושים רצונו של מקום ואוהבים זולתם כעצמם?

ועניין עבד עברי שמביא הירושלמי צריך לימוד. כי משמעות הכתוב, אפילו בגר שאינו עברי, חייב לאהוב כמותו. ואין לתרץ, כי הגר דינו כעברי, משום: "תורה אחת ומשפט אחד יהיה לכם ולגר הגר אתכם". כי גר משמעותו הוא גם גר תושב, שאינו מקבל התורה כלל, זולת שפורש עצמו מעבודה זרה, שעליו נאמר: "לגר אשר בשעריך תתנה". ואכמ"ל בזה.

וזה סוד **מצוה אחת** שהתנא אומר: "עשה מצוה אחת הכריע את עצמו וכל העולם כולו לכף זכות". וקשה מאד להבין, כי מהו ענין "כל העולם" לכאן? ואין לדחוק ולתרץ שמיירי כשהוא עצמו "חצי חייב וחצי זכאי" וכל העולם "חצי חייב וחצי זכאי", שאם נאמר כן העיקר חסר מהספר; ועוד הלא כל העולם מלא גויים ועריצים ואיך הוא יכול לראות שהם "חצי חייב וחצי זכאי" - על עצמו הוא יכול לראות שהוא "חצי חייב וחצי זכאי" אבל לא על כל העולם; ועוד, עכ"פ היה צריך לומר "כל ישראל כולו", ומה ענין "העולם", שצירף כאן התנא, האם יש לנו ערבות גם בעד אומות העולם, לצרף אותם לחשבון מעשינו הטובים?

יש להבין שחז"ל לא דברו אלא בחלק המעשי אשר בתורה, המביאים לתכלית הנרצה מהעולם והתורה. ועל כן, כשאומרים **מצוה אחת** הכוונה ללא ספק **מצוה מעשית**. וזה ודאי כדברי הלל שהוא: - "ואהבת לרעך כמוך", אשר על ידי מצוה זו בלבד, יזכה למטרה האמיתית, שהיא - הדביקות באלקיו. והנך מוצא שבמצוה אחת זוכה לקיים כל המטרה והתכלית.

ועתה אין כל קושיה מעניין המצוות שבין אדם למקום, כי המעשיות שבהם, יש להם גם תכלית זו של זיכוך הגוף, אשר נקודתה האחרונה היא לאהוב "את חברך כמוך", שהשלב המידי הבא אחריו הוא **הדביקות**.

ויש בזה כלל ופרט כמבואר, כי מהפרטים באים אל הכלל, כי הכלל מביא למטרה האחרונה. אם כן ודאי שאין חילוק, מאיזה צד מתחיל, אם מהכלל, או מהפרט. כי עיקר הדבר **להתחיל** ולא ללכת באמצע, **עד שנבוא למטרתינו**.

ולדבקה בו

אולם עדיין נשאר לנו מקום לשאלה, אם כל תכלית התורה וכל הבריאה, אינה אלא להרים את האנושות השפלה, עד שיהיו ראויים לאותו רוממות הנפלאה - "ולדבקה בו יתברך ויתעלה". היה לו לברא אותנו ברוממות זו, ולא להטריח אותנו ביגיעת הבריאה, התורה והמצוות?

ואפשר לתרץ ע"פ מה שמובא בחז"ל: "מאן דאכיל דלאו דיליה בהית לאסתכולי באפיה". פירוש, כל המתקיים וניזון על ידי יגיעת אחרים, מפחד (מתבייש) להסתכל בצורתו, משום שאין לו צורה אנושית...

ומאחר שמתוך שלימותו יתברך, אין דבר חסר יוצא הימנו. לפיכך, כדי שנוכל להגות מיגיע כפינו, הכין לנו העבודה הזאת, וברא הבריאה בצורתה המשפלת, והעבודה היא על ידי תורה ומצוות, המרוממת אותנו, משיפלות הבריאה, ועל ידי עבודה זאת, נמצאנו משיגים רוממותנו על ידי קניין עצמי. וכל העונג והטוב המגיע לנו מידו יתברך הרחבה והמלאה אנו מרגישים כמו בעלים עליו, ולא כמקבל מתנה.

אולם עכ"ז צריכים להבין מקור השיפלות שאנו מרגישים בשעת קבלת מתנה. ונבין את זה על-פי החוק הידוע לחכמי הטבע: ש"כל ענף טבעו וחוקו כשרשו". וכל הענינים הנהוגים בשורש, יתרצה בהם הענף שלו ויאהב אותם ויחמדם ויפיק מהם תועלתו. ולעומתם, כל הענינים שאינם נהוגים בשורש, גם הענף שלו מתרחק מהם, ולא יוכל לסובלם וניזק מהם.

ומכיון ששורשינו הוא השי"ת ויתעלה, והוא אינו מקבל, אלא משפיע, על-כן מגיע לנו הצער והשיפלות בכל קבלה מזולתו.

עתה מבואר לנו דבר התכלית של - "ולדבקה בו", אשר רוממות הדביקות ההיא, אינה אלא בחינת **השתוות הענף לשורשו.** ולעומתו בצד השני, אשר כל עניין השפלות אינה אלא בחינת **הרחקה משורשו**, או במלות אחרות, אשר כל בריה שדרכיה מתוקנות להשפיע לזולתו ביותר, נמצאת מתרוממת ביותר ומסוגלת להדבק בו יתברך ביותר. וכל בריה שדרכה בבחינת קבלה ואהבה עצמית ביותר, הרי זו נמצאת מושפלת ביותר ומורחקת מהשי"ת ביותר.

ותרופה לזה הוכן לנו התורה ומצוות, בתחילה לקיים "שלא לשמה", דהיינו, כדי לקבל שכר, שזה נוהג בזמן קטנות - לבחינת חינוך. וכשגדל מלמדין אותו לעסוק בתורה ומצוות "לשמה". דהיינו, לעשות נחת רוח ליוצרו, ולא לאהבה עצמית.

ובאמור נוכל להבין דברי חז"ל שהקשו: - "וכי מה איכפת ליה להקב"ה למי ששוחט מן הצואר, או מי ששוחט מן העורף. הוי לא נתנו המצות אלא לצרף בהם את הבריות".

אך עדיין אין אנו יודעים "צירוף" זה מהו? ובנ"ל מובן היטב. - כי "עיר פרא אדם יולד", ושרוי בתכלית הזוהמה והשפלות, בריבוי הקבלה אך לעצמו, ואהבה עצמית בלי שום ניצוצין של אהבת זולתו והשפעה לזולתו. במצב זה הוא נמצא בנקודה הרחוקה בתכלית, מן השורש יתברך ויתעלה.

וכאשר גדל ומתחנך בתורה ומצוות המוגדרת - רק "בכוונה להשפיע נחת רוח ליוצרו, וכלל לא לאהבה עצמית" מגיע לדרגה של השפעה לזולתו על-ידי הסגולה הטבעית שבעסק **התורה והמצוות לשמה**, שנותן התורה ידעה, כמו"ש חז"ל: "בראתי יצר הרע בראתי לו תורה תבלין".

ובזה נמצא הנברא הולך ומתפתח במעלות הרוממות האמורה, עד שמגיע לדרגה שמאבד מקרבו כל בחינת אהבה עצמית וקבלה עצמית, וכל מדותיו הם להשפיע - או לקבל על מנת להשפיע. ועל זה אמרו חז"ל: "לא נתנו המצוות אלא לצרף בהם את הבריות". ואז נדבק בשורשו בשיעור הכתוב: - "ולדבקה בו".

שני חלקים בתורה: בין אדם למקום - בין אדם לחברו

ואף אם אנו רואים **שיש שני חלקים בתורה:** האחד, מצוות הנוהגות בין אדם למקום. והשני, מצוות הנוהגות בין אדם לחברו, הנה שניהם דבר אחד הוא. כלומר, המעשיות שבהם והתכלית המבוקש היוצא מהם - אחד הם "לשמה". ואין שום נפקא מינה לנברא, אם הוא עובד בשביל חברו, או שעובד בשביל השי"ת. כי כן נחקק בנברא מלידתו, אשר כל שבא מזולתו, הוא כעין דבר ריק ובלתי מציאותי.

ומכיון שכך, בין כך ובין כך, הוא מוכרח ומחוייב מתחילה להתחיל ב"שלא לשמה", כמו"ש הרמב"ם: "ואמרו חכמים לעולם יעסוק האדם בתורה ואפילו שלא לשמה שמתוך שלא לשמה בא לשמה. לפיכך כשמלמדין את הקטנים ואת הנשים וכלל עמי הארץ, אין מלמדין אותן אלא לעבוד מיראה וכדי לקבל

שכר, עד שתרבה דעתן ויתחכמו חכמה יתירה, מגלים להם רז זה מעט מעט ומרגילין אותן לענין זה בנחת עד שישיגוהו וידעוהו ויעבדוהו מאהבה".

...הרי שבהשתלם האדם באהבת זולתו ובהשפעה לזולתו בנקודה הסופית, ישתלם יחד עם זה באהבת השי"ת ובהשפעת נחת רוח להשי"ת. ואין הפרש בשניהם, כי כל הנמצא מחוץ לגופו, שהוא מחוץ לעניין תועלת עצמו - דין אחד לו, אם זה להשפיע לחברו, או להשפיע נחת רוח ליוצרו.

וזה ששיער הלל הנשיא, אשר "ואהבת לרעך כמוך" הוא המטרה האחרונה שבמעשיות. כי הוא האופי והצורה היותר ברורה לאדם. ואין לטעות במעשים, שהרי הם מסודרים לעיניו, ויודע שאם מקדים צרכי חברו על צרכי עצמו, הריהו במדת השפעה, ולפיכך אינו מגדיר המטרה - "ואהבת את ה' אלקיך בכל לבבך ובכל נפשך ובכל מאודך". כי באמת הם היינו הך, כי גם את חברו הוא צריך לאהוב בכל לבבו ובכל נפשו ומאודו. כי כן מתבטא במלה "כמוך". כי את עצמו ודאי שהוא אוהב בכל לבבו נפשו ומאודו, ובהשי"ת יכול לרמות את עצמו. ובחברו הדבר פרוש תמיד לנגד עיניו.

מדוע לא ניתנה התורה לאבות

ובזה בארנו שלושת השאלות הראשונות, אבל נשאלת השאלה איך אפשר לקיים את זה, שלכאורה הדבר הוא מהנמנעות. אולם תדע כי על-כן לא ניתנה התורה לאבות, אלא לבני-בניהם - אומה שלמה שמנו שש מאות אלף איש מבני עשרים שנה ומעלה, שנשאלו אם כל אחד ואחד מוכן לקבל על עצמו את העבודה והתכלית הנשגבה הזאת. ולאחר שכל אחד ואחד אמר "נעשה ונשמע", אז נעשה הדבר לאפשרי, כי זה ברור בלי שום ספק, כי אם שש מאות אלף איש לא יהיה להם שום עסק אחר בחייהם, רק לעמוד על המשמר שלא יחסר שום צורך לחברו, ולא עוד, אלא שיעסקו בזה באהבה אמיתית בכל נפשם ומאודם. אז ודאי בלי ספק כלל, שלא יהיה שום צורך ליחיד מכלל האומה לדאוג בשביל קיומו עצמו, שהרי יש לו שש מאות אלף איש אוהבים ונאמנים אשר משגיחים עליו שלא יחסר לו כלום מצרכיו.

ובאמור מתורצת הקושיה מדוע לא ניתנה התורה לאבות הקדושים. כי במספר קטן של אנשים אין התורה עומדת לקיום כלל, כי אי אפשר להתחיל בענין עבודה לשמה כמבואר לעיל, ולפיכך לא ניתנה להם התורה.

כל ישראל ערבים זה לזה

ועם האמור נבין מאמר מפליא בחז"ל שאמרו: "כל ישראל ערבים זה לזה". - ולא עוד, אלא שרבי אלעזר ברבי שמעון מוסיף: "שהעולם נידון אחר רובו". אשר לפי זה אנו ערבים גם בשביל כל אומות העולם, אתמהה. - שלכאורה הוא דבר שאין הדעת סובלתו כלל. כי איך יערב לחטאים של אדם שאינו מכירו כלל? והרי מקרא מפורש "לא יומתו אבות על בנים, ובנים לא יומתו על אבות איש בחטאו יומתו".

ובאמור מובנים הדברים בתכלית הפשיטות, שהרי נתבאר, שאי אפשר כלל שהתורה ומצוות יבואו לכלל קיום, אם לא בהשתתפות כל האומה. נמצא, שכל אחד נעשה מאליו ערב לחבירו. כלומר, שפורקי עול גורמים לשומרי התורה שישארו בזוהמתן, כי לא יוכלו להשתלם באהבת זולתו ובהשפעה לזולתם בלי עזרתם, כמבואר. נמצא שאם חלק מהאומה חוטאים, הרי הם גורמים לשאר האומה לסבול בגללם.

וזה שכתוב במדרש: "ישראל אחד מהן חוטא וכולן מרגישין". והמשיל ע"ז רשב"י "משל לבני אדם שהיו יושבין בספינה, נטל אחד מהם מקדח והתחיל קודח תחתיו, אמרו לו חביריו מה את יושב ועושה, אמר להם, מה אכפת לכם לא תחתי אני קודח? אמר לו שהמים עולין ומציפין עלינו את הספינה". והיינו כפי שבארנו לעיל, שמתוך שפורקי העול משוקעים באהבה עצמית, הרי הם עושים במעשיהם גדר של ברזל, המעכב על שומרי

התורה, מלהתחיל אפילו בשמירת התורה והמצוות על היכנם.

ועתה נבאר מאמרו של רבי אלעזר ברבי שמעון שאומר: "לפי שהעולם נידון אחר רובו, והיחיד נידון אחר רובו, עשה מצוה אחת אשריו שהכריע עצמו ואת כל העולם לכף זכות. עבר עבירה אחת אוי לו שהכריע את עצמו ואת כל העולם לכף חובה. שנאמר וחוטא אחד יאבד טובה הרבה".

אנו רואים שר"א בר"ש, מפליג יותר בדבר **הערבות**, שהרי אומר: "שהעולם נידון אחר רובו". וזאת, משום שלדעתו, אינו מספיק אומה אחת לקבלת התורה והמצוות, ודעתו זו למד או מהמציאות שלפנינו, שהרי אנו רואים שסוף סוף עדיין לא הגיע הקץ, או שקבל את זה מרבותיו.

וכן הכתוב מסייעו שמבטיח לנו לעת הגאולה: "ומלאה הארץ דעה" וכו'. וכן "ונהרו אליו כל הגויים". ועוד הרבה פסוקים. ועל-כן תלה **הערבות** על כל העולם כולו, לומר לך, שגם היחיד אי אפשר לו לבוא לגמר הנרצה, מקיום התורה והמצוות, זולת בסיוע של כל בני העולם, כמבואר.

ועל כן: כל מצוה ומצוה שהיחיד עושה, נמצא מכריע את כל העולם. והוא, בדומה לאדם השוקל קטניות במשקל מסויים, אשר כל קטנית וקטנית שהוא נותן על המאזנים גורם להכרעה הסופית הרצויה - כן כל מצוה שהיחיד עושה בטרם שתמלא הארץ דעה, הריהו גורם שיתפתח העולם ויבואו לכלל זה.

וזה אמרו "וחוטא אחד יאבד טובה הרבה", כי על-ידי החטא שהוא עושה, הריהו גורם להפחתת המשקל, כמו שאחר עומד ונוטל חזרה אותה הקטנית שהוא הניח על המאזנים. ונמצא מחזיר את העולם אחורנית.

למה ניתנה התורה לישראל

ובזה מתבאר היטב השאלה, למה ניתנה התורה לאומה הישראלית, ולא נשתתפו בה כל אומות העולם. כי האמת היא, שעניין תכלית הבריאה מוטלת על כל המין האנושי, איש לא נעדר. אולם מתוך שיפלותו של טבע הבריאה, וחוזקו על הבריות, לא היה שום דרך שהבריות יוכלו להבין להכריע ולהסכים להתרומם ממנו, ולא היו מגלים רצון לצאת ממסגרת האהבה העצמית, ולבוא להשוואת הצורה, שהיא הדביקות במדותיו יתברך. כמו"ש חז"ל: "מה הוא רחום אף אתה רחום" וכו'. ומתוך זכות אבות, עמדה להם ההצלחה לישראל, שבמשך ארבע מאות שנה התפתחו והוכשרו **והכריעו את עצמם לכף זכות**. ונכנסו כל אחד מחברי האומה, בקבלה זו של אהבת הזולת, בהיותם אומה יחידה קטנה בין שבעים אומות גדולות, אשר כנגד כל אחד מישראל נמצאים מאה נכרים ויותר כנגדו. וכאשר קבלו עליהם אהבת הזולת, ניתנה התורה דווקא לאומה הישראלית ולהכשרתה עצמה.

אמנם האומה הישראלית הותקנה בזה בבחינת "מעבר", אשר באותו שיעור שישראל עצמם יוצאים מצורפין על-ידי קיום התורה, כן מעבירים את כוחם לשאר האומות. וכאשר גם יתר האומות יכריעו את עצמם לכף זכות, אז יתגלה משיח ה', אשר תפקידו מלבד מה שישלים את בני ישראל למטרה הסופית לדביקותו יתברך, כן יבוא ללמד דרכי ה' אל כל האומות. כמ"ש "ונהרו אליו כל הגויים".

האֻמה

ירושלים, ד' סיון, ת"ש (5/6/1940)

מגמתנו

עתון זה "האמה" הוא יצור חדש ברחוב היהודי, עתון שמסגרתו הוא "בין מפלגתי". ואם תשאלו, מה הפירוש של עתון "בין מפלגתי"? איך יתואר עתון, שיוכל לשמש כל המפלגות ביחד על אף כל הניגודים והסתירות שביניהם?

אכן הוא מין בריה שנולדה בין המצרים בחבלי לידה קשים ואיומים, מתוך רעל השנאה שתקף לאומות העולם להשמידנו מעל פני האדמה, כליון האיום של מיליונים מאחינו, ועוד ידם נטויה. יצר הסאדיסטי שבהם לא ידע שבעה. ועוד האסון כפול, כי לא נוכל להשלות עצמנו, אשר כל זה הוא רק תופעה זמנית חולפת. כמו שמנוסים אנו ביותר בהיסטוריה, שאם איזה אומה התפרצה עלינו, מצאנו לה תחליף באומה אחרת.

אבל עתה המצב משונה הוא לגמרי. כי מלבד שהקיפו אותנו בבת אחת מכל קצוי ארץ, הרי גם האומות הנעלות ביותר, נעלו בעדינו את הדלתות, בלי רגש כל שהוא של חמלה ורחמים. ובאופן אכזרי כזה, שאין לו תקדים בכל התהליך של ההיסטוריה האנושית, אפילו בימים הברבריים ביותר.

והדבר ברור, אם לא לסמוך על נסים, שקיומנו, אם בתור יחיד אם בתור אומה, נמצא על כפות המאזנים של חיים ומות. וההצלה היא, אם נמצא את התחבולה הדרושה, דהיינו אותה תחבולה הכבירה, שאין דרכה להמצא זולת בקרבת הסכנה, שתהיה בכחה להכריע את הכף לטובתנו, - לתת לנו כאן מקלט בטוח לכל פזורי אחינו, שלדברי הכל, הוא מקום ההצלה היחידה כעת. ואז דרך החיים תהיה פתוחה לנו, איך שהוא, להמשיך קיומנו על אף כל המעקשים. ואם נחמיץ את השעה, ולא נקום כולנו כאיש אחד, במאמצים כבירים, הדרושים בעת סכנה, להבטיח לנו שארית בארץ, הרי העובדות שלפנינו מאיימות עלינו מאד, מאחר שהענינים מתפתחים כרצון אויבנו, האומרים להשמידנו מעל פני האדמה.

גם זה ברור, שלמאמץ הכביר הדרוש לנו בדרך התחתים שלעומתנו, צריכים אחדות איתנה ומוצקת כפלדה, מכל אברי האומה, בלי שום יוצא מהכלל. ואם לא נצא בשורות מלוכדות לקראת הכחות האיתנים, העומדים לשטן על דרכינו זה, נמצא תקותינו נידונה כאבודה למפרע.

ואחר כל אלה, כל אחד וכל מפלגה מאתנו, רובץ ומשמר על רכושו המפלגתי בקפדנות יתירה בלי ויתור כל שהוא, ובשום פנים לא יוכלו, או יותר נכון, לא ירצו לבוא לידי איחוד לאומי, כפי שדורש עת הסכנה שלכלנו. וכה אנו שוקעים באדישות כאלו לא קרה מאומה.

ונסו נא להדמות בעצמכם, בשעה שאיזה אומה מראה לנו את הדלת, כרגיל בימינו אלה, הנה אז בודאי, שאף אחד ממנו לא יעלה על לבו את השייכות המפלגתיות שלו, כי הצרה היתה לשה את כלנו לעיסה אחת, אם להתגונן או ליטול חבילותנו על שכמינו ולברוח אי-שם ביבשה או בימים. ולולי הרגשנו הסכנה כמו מציאות, הרי אז גם אנו כמוהם, בלי שום ספק, היינו כבר מאוחדים כראוי בלי כל קושי.

במסיבות אלו נפגשו כאן, קבוצה קטנה מכל הזרמים, אנשים שמרגישים השוט הנורא על גביהם, כאלו היה כבר למציאות. וקבלו עליהם להוציא העתון הזה. שלדעתם תהיה זה צנור נאמן, להעביר בו הרגשיהם אל העם כולו, על כל מפלגיו וזרמיו בלי יוצא מהכלל. ועל ידי כן יתבטלו הניגודים והמפלגתיות צרות האופק. או יותר נכון, שישתתקו ויפנו מקום להמוקדם אליהם, - וכלנו נוכל להתאחד לגוף מוצק אחד, המוכשר להתגונן על עצמו

בשעה המכריעה הזו.

והגם שסכנה זו ידוע לכל כמונו, אולם ידיעה זו, כפי הנראה, עוד לא נתפתחה בכל הצבור, בכל צרכה כמות שהיא. כי לולי הרגישו בה, היו צריכים מזמן להתנער מאבק המפלגתיות, באותו השיעור שמפריעה לליכוד שורותנו. ואם אינו כן, אין זה אלא משום שהרגשה זו עוד איננה לנחלת רבים. - ולכן קבלנו עלינו את הוצאות העתון הזה, כדי לעמוד על המשמר, ולהתריע על הצרה, ולהבינה להצבור, - עד שישתתקו כל הגורמים מביאי הפירוד, ונוכל לקבל פני אויבנו בשורות מלוכדות, ליתן לו תגובה המתאימה בעוד מועד.

ועוד: אנו מובטחים, שעוד לא אלמן ישראל, ויש עוד בינינו חקרי לב, המוכשרים להמציא לנו איזו תכנית מוצלחת, שתאחה כל הקרעים שבהאומה; ומפי הנסיון למדנו, שדוקא אנשים האלו יושבים להם בקרן זויות ושומעים אין להם. - לזאת מוכנים אנו ליתן מקום בעתון הזה לכל אחד, שנושא בחובו איזה פתרון בטוח לאיחוד האומה, לפרסם אותה ולהשמיעה ברבים.

ונוסף על כל הנזכר, כוונתנו בהוצאת עתון הזה, להגין על תרבות העתיקה שלנו, בת התפתחות של המשך אלפים שנה, שמלפני חורבן ארצנו. ולגלותה ולנקותה מתחת הערמות, שנצטברו עליה בהמשך שנות גלותנו בין האומות, - כדי שיוכר בהם אופים היהודי הטהור, כמו שהיו באותו הזמן. ומזה יצמח לנו תועלת הכי חשובה. כי נוכל למצוא דרך, איך לקשר את ההוי הגלותי שלנו עם התקופה המזהירה ההיא, - ונפטור מלרעות עצמנו בכרמים זרים. **(המערכת)**

היחיד והאומה

האדם יצור חברתי. הוא אינו יכול למלא את צרכי חייו, כי אם בעזרה מזולתו. ולכן שיתוף רבים - הוא תנאי הכרחי לקיומו. ואין כאן המקום לחקירת התהוות האומות, ודי לנו ללמוד את המציאות כפי שהיא לעינינו. עובדה היא, שהפרט הוא חסר אונים למלא את צרכיו בעצמו. והוא זקוק לחיי חברה, - הוכרחו היחידים להתאגד באיגוד אחד, הנקרא בשם "אומה" או "מדינה". שבה עוסק כל אחד במקצועו: מי בחקלאות, ומי במלאכת יד, וכדומה. והם מתקשרים באמצעית חליפין של תוצרות כפיהם. מכאן נתהוו האומות, שכל אחת נושאת אופי מיוחד, הן בחיים החומריים, והן בחיים התרבותיים.

מתוך השתקפות החיים אנו רואים, שהתהליך של אומה דומה לגמרי להתהליך של אדם יחיד, ותפקיד כל יחיד בהאומה שוה לתפקידם של האברים בגוף היחיד. וכמו שגוף כל אדם יחיד, מחויב שימצא בתוכו הרמוניא מליאה בין אבריו: העינים רואות, והמות נעזר על ידיהן לחשוב וליעץ, אשר אז הידים עובדות או לוחמות, והרגלים הולכות, וכדומה, שכל אחד על משמרתו עומד ומחכה לתפקידו - כן האברים המהוים את גוף האומה: היועצים, המעבידים, העובדים, המובילים וכדומה, צריכים לפעול ביניהם מתוך הרמוניא מליאה. וזה הכרחי לחיים הנורמליים של האומה ולקיום בטוח.

וכמו שהמיתה הטבעית של היחיד היא תוצאה של חסרון הרמוניא מבין אבריו, כן האומה, השקיעה הטבעית שלה היא תוצאה מאיזה הפרעה שנתהווה בין האברים שלה, כמו שהעידו קדמונינו, "לא חרבה ירושלים, אלא מפני שנאת חנם שהיתה, באותה הדור", כי אז נגועה האומה ומתה, ואבריה נתפזרו לכל רוח.

לכן, תנאי מחויב לכל אומה, שתהיה מלוכדת יפה מפנימיותה, שכל היחידים שבה יהיו מהודקים זה בזה מתוך אהבה אינסטינקטיבית. ולא לבד, שכל יחיד ירגיש את אושרו באושר האומה והתנוונותו בהתנוונות האומה, אלא שיהיה גם מוכן למסור כל ישותו לטובת האומה בעת הצורך. ולולא כן, הזכות קיום שלהם, בתור אומה בעולם, אבודה היא למפרע.

ואין זה אומר, שכל יחידי האומה בלי יוצא מהכלל מוכרחים להיות כן, אלא הכוונה היא, שאותם בני האומה, הנמצאים בהרגשה ההרמונית האמורה, הם העושים את האומה, ועל פי איכותם נמדד מדת האושר של האומה

וכל זכות קיום שלה. ואחר שכבר נמצא סכום של פרטים המספיקים לקיומה של האומה, כבר יוכל להמצא בה גם שיעור מסוים של אברים מדולדלים, שאינם מחוברים בגוף האומה בכל השיעור האמור. והבסיס כבר בטוח ומשומר בלעדם. לפיכך, אין אנו מוצאים בזמנים הקדמונים איגודים וחברות, שלא תמצא בהם קרבה משפחתית בין יחידיה, - כי אותה האהבה הפרימיטיבית, שהיא הכרחית לקיום החברה, אינה נמצאת זולת במשפחות, שהם בנים לאב אחד.

אולם בהתפתחות הדורות, כבר נמצאים חברות המקושרות יחד תחת מושג של "מדינה". רצוני לומר, בלי שום יחס משפחתי גזעי, שקשר היחיד למדינה כבר אינו קשר טבעי פרימיטיבי, אלא הוא נוגע מתוך צורך הדדי, אשר כל יחיד מתאחד עם הכלל לגוף אחד, שהיא המדינה. והמדינה מגנת, בכל מדת הכח של גוף מדיני, על גופו ורכושו של כל יחיד ויחיד.

אכן המעבר הזה, - שעברו הדורות מן האומה הטבעית אל המדינה המלאכותית, דהיינו מן הקשר הבא מתוך אהבה הפרימיטיבית אל הקשר של אהבה הבא מתוך צורך הדדי, - אינו גורע כלום מכל אותם התנאים המחויבים בהאומה הטבעית הגזעית. וזה הכלל, כשם שכל אדם בריא מחונן בשלטון מוחלט על אבריו, המבוסס רק על רחשי אהבה. כי האברים נשמעים לו בהנאה רבה בלי שום יראה מעונשים. - כן המדינה, מבחינה צרכיה הכללים, צריכה לשלוט על כל היחידים שבה בשלטון מוחלט, המבוסס על אהבה והתמסרות אינסטינקטיבית מהפרטים אל הכלל. הוא הכח הנוח ביותר, המספיק להניע את הפרטים לצרכי הכלל.

אבל שליטה המבוססת על כפיה ועונשין, - הוא כח חלש מידי, להניע לכל פרט באופן מספיק לשמירת צרכי הכלל. וגם הכלל יתחלש ולא יוכל לקיים התחייבותו, לשמור ולהגן על גופו ורכושו של כל יחיד ויחיד שבו. ואין לנו עסק כאן עם צורת המשטר של המדינה. כי בין שהיא אוטוקרטי, או דמוקרטי, או שיתופי, - אין הם משנים כלום את עיקר ביסוסה של כח האיגוד החברתי, - לא תוכלה להתיסד ומכל שכן להמשיך את קיומה, אם לא על ידי קשר אהבה החברתית.

ובושה להודות, שאחת הסגולות היקרות שאבדנו במשך גלותנו, והחשובה מכל - היא אבדת הכרת הלאומיות. היינו הרגש הטבעי ההוא, המקשר ומקיים כל אומה ואומה. כי חוטי אהבה, המקשרים את האומה, שהם כל כך טבעי ופרימיטיבי בכל האומות, נתנוונו וניתקו מלבותינו, חלפו עברו ואינם.

והגרוע מכל, כי גם המעט שנשאר בנו מאהבה הלאומית, אינה טבועה בנו מבחינה חיובית, כרגיל בכל האומות, אלא שנתקיים בתוכינו מבחינה שלילית: הוא הסבל המשותף, שכל אחד ממנו סובל בתור בן האומה, שזה הטביע בנו הכרה וקרבה לאומית מבחינת קרבת - אחים לצרה. והוא גורם מן החוץ. ובעוד שהגורם החיצוני הזה נתחבר ונתמזג עם הכרה הלאומית הטבעית שבנו, יצא ונצנצה מהתערובת הזו, מין אהבה לאומית בתופעה מוזרה, בלתי טבעית ובלתי מובנת.

והעיקר הוא, שאינה מוכשרת כלל לתפקידה: מדת החימום שבה מספיקה רק להתלהבות לשעתה, אבל בלי כח ועצמה, שנוכל לחזור ולהבנות על ידה בתור אומה הנושאת את עצמה. כי איגוד, המתקיים מתוך גורם חיצוני, אינו איגוד לאומי כל עיקר.

ואנו דומים בזה לגל של אגוזים, המאוחדים לגוף אחד מבחוץ, על ידי שק העוטף ומאגד אותם. שמדת האיחוד ההוא אינה עושה אותם לגוף מלוכד. וכל תנודה קלה הנעשה על השק, מוליד בהם התרוצצות ופירודים זה מזה. ובאים על ידה בכל פעם לאיחודים ולצירופים חלקיים מחדש. וכל החסרון הוא, מה שחסר להם הליכוד הטבעי מבפנים. וכל כוח איגודם הוא מתוך מקרה חיצוני. בענינינו אנו - דבר זה מכאיב מאד את הלב.

ובאמת גחלת הלאומיות עוד שמורה בנו בכל שיעורה, אלא שנתעממה ואינה פעילה בתוכנו. גם ניזוקה במדה מרובה מתוך התערובת שקבלה מהחוץ, כאמור. אולם זה עוד אין

מעשיר אותנו כלל. והמציאות מרה מאד.

והתקוה היחידה היא - לסדר לעצמנו חנוך לאומי באופן יסודי מחדש, לגלות ולהלהיב שוב את אהבה הלאומית הטבעית העמומה בנו, לחזור ולהחיות אותם השרירים הלאומיים, שאינם פעילים בנו זה אלפים שנה, בכל מיני אמצעים המתאימים להדבר. אז נדע שיש לנו יסוד טבעי, בטוח להבנות מחדש ולהמשיך קיומינו בתור אומה, מוכשרת לשאת את עצמה ככל אומות העולם.

וזה תנאי מוקדם לכל עבודה ומעשה. כי מתחילה בונים את היסוד באופן בריא ומספיק להמשא, שרוצים להעמיס עליו. ואחר זה מתחילים לבנות הבנין. אבל חבל על מי שבונה בנין בלי יסוד מוצק כראוי. כי מלבד שאינו בונה כלום, הוא גם מסכן עצמו ואת אחרים הסמוכים אליו, כי לכל תנודה קלה יפול הבנין ואבניו יתפזרו לכל רוח.

וצריך אני להדגיש מיד בדבר החינוך הלאומי האמור. כי הגם שכונתי להשריש אהבה יתירה בין יחידי האומה מזה לזה בפרט, ולכללות האומה בכלל, בכל מדת הגדלות האפשרית, - עם כל זה, אין זאת מזדהה כלום עם שוביניזם או פשיזם, השנוא כל כך עלינו. ושמצפוני נקי מזה לגמרי. כי הגם שלפי צלצול החיצוני של המלות, נדמה שהם קרובים זו לזו, שהרי שוביניזם אינם אלא אהבה לאומית נפרזת, ברם ביסודם רחוקים זה מזה, כרחוק צבע השחור מהלבן.

ובכדי לתפוס ההבדל שביניהם בנקל, יש לדמות זה למדת האגואיזם והאלטרואיזם שביחיד. כי כאמור, התהליך של האומה דומה לגמרי להתהליך של האדם היחיד בכל פרטיו האינדיבידואלים. וזה מפתח כללי להבין בו כל החוקים הלאומים מבלי נטות בהם ימין ושמאל כחוט השערה.

וברור, שמדת האגואיזם, הטבוע בכל בריה, הוא תנאי מחויב בעצם קיומו של הבריה, שבלעדיו לא היתה כלל עצם נבדל וקיים לפי עצמה. ועם זה, אין זאת צריך לסתור כלום למדת האלטרואיזם שבהאדם. רק הצורך הוא להציב גבולים חזקים ביניהם: חוק האגואיזם מחויב להשמר בכל תוקף רק בשיעור זה שנוגע לקיום המינימלי, וכל העודף על שיעור ההוא, הרשות נתונה לוותר עליו לטובת זולתו.

וכמובן, שכל הנוהג כן, יש לחשבו לאלטרואיסטי יוצא מהכלל. אכן מי שמוותר גם מחלקו המינימלי לטובת זולתו, ומסכן בזה את קיומו עצמו - כבר זה בלתי טבעי לגמרי, שאי אפשר לקיים זה, אלא פעם אחת בחיים.

אמנם מאוס לנו מאד האגואיסט המופרז, שאינו דואג כלל לטובת זולתו, שמחומר הזה באים החמסנים, הרוצחים וכל בעלי תרבות רעה למיניהם. כן הדבר באגואיזם ואלטרואיזם לאומי, אשר גם אהבה הלאומית מחויבת להיות טבועה בכל יחידי האומה לא פחות מאהבה האגואיסטית האינדיבידואלית שבהיחיד לצרכיו עצמו. דהיינו, גם כן בשיעור המספיק לשמירת קיומה של האומה בתור אומה, שתוכל לשאת את עצמה. והעודף על שיעור הזה המינימלי, אפשר להקדיש לטובת ההומניות, לכלל האנושיות בלי הבדל לאום או גזע.

ולעומת זה, שנוא לנו בתכלית, האגואיזם הלאומי המופרז, החל מהאומות שאינם דואגים כלום לטובת זולתם, עד החומסים ורוצחים אומות אחרות להנאת עצמם, שזה הנקרא בשם "שוביניזם". ומכאן שאותם, אשר מטעמים הומאניים אלטרואיסטיים, פורשים מלאומיות לגמרי ונעשים לקוסמופוליטים, הם בטעות יסודם, כי הלאומיות והומניות אינם כלום "תרתי דסתרי".

מכאן יוצא באופן ברור, שאהבה הלאומית היא היסוד של כל אומה, כמו שהאגואיזם הוא יסוד כל בריה הקימת לפי עצמה, שבלעדיה לא היתה יכולה להתקיים בעולם, כן אהבה הלאומית שביחידי האומה, היא היסוד לעצמיותה של כל אומה, - שאינה מתקימת ואינה מתבטלת זולת בסבתה.

ולכן היא צריכה להיות הדאגה הראשונה בדרך תחית האומה. כי אהבה זו אינה מצויה כעת בקרבנו, כי אבדנו אותה בדרך נדודנו בין אומות העולם זה אלפים שנה. ורק יחידים, נתקבצו כאן, שאין בין אחד לחבירו שום קשר של אהבה לאומית טהורה. אלא אחד

מקושר בהשפה המשותפת, והשני במולדת משותפת, והשלישי בהדת המשותפת, והרביעי בהיסטוריה משותפת - ורוצים לחיות כאן על פי אמת המידה. שכל אחד היה חי בהאומה שממנה בא, ואינו לוקח כלל בחשבון, ששמה הרי היתה האומה כבר מבוססת על בניה עצמה עוד מטרם שהוא בא ונצטרף אליה, ולא לקח שם חלק פעיל בהתיסדות האומה.

מה שאין כן בבואו לארץ, שאין כאן שום סדרים מוכנים המספיקים לתפקיד קיום אומה ברשות עצמה, ואין לנו כאן חומר לאומי אחר, שנוכל לסמוך על מבנהו, וגם אין אנו רוצים בזה. אלא אנו מחויבים כאן לסמוך לגמרי על המבנה שלנו עצמנו. ואיך יצויר זה בשעה, שאין עוד שום קשר לאומי טבעי שיאגד אותנו לתפקיד הזה?

ואלו הקשרים המרופפים: מהשפה והדת וההיסטוריה, הגם שהם ערכין חשובים, שאיש לא יכחיש בחשיבותם הלאומית, עם כל זה אינם מספיקים כלל להשען עליהם, כעל יסוד לקיום אומה ברשות עצמה. כי סוף סוף רק קיבוץ של אנשים זרים יש כאן, בני תרבות של שבעים אומות, שכל אחד בונה במה לעצמו לרוחו ולטעמו. ולא יש שום דבר טבעי יסודי, שיאגד כולנו מבפנים לגוש אחד.

יודע אני, שיש דבר אחד משותף לכולנו - הוא הבריחה מהגלות המר. אכן זה רק איגוד חיצוני, בדומה לשק המאגד קופה של אגוזים, כמובא למעלה. לכן אמרתי, שצריכים לסדר לעצמנו חינוך מיוחד, בדרך תעמולה רחבה, להכניס בכל אחד מאתנו רגשי אהבה לאומית, הן בנוגע מפרט לפרט, והן מהפרטים אל הכלל, ולחזור ולגלות את האהבה הלאומית שהיתה, נטועה בקרבנו מאז היותנו על אדמתנו בתור אומה בין האומות.

ועבודה זו קודמת לכל אחרת, כי מלבד שהיא היסוד, - היא נותנת גם את שיעור הקומה והצלחה לכל מיני פעולות, שאנו רוצים לעשות בשדה זו. א.ג.

שם האומה, השפה והארץ

יש לבקר את שם האומה שלנו. כי התרגלנו לקרוא את עצמנו בשם "עברי" והשם הרגיל שלנו "יהודי" או "ישראל" יצא כמעט מהשמוש, עד שבכדי להבדיל בין השפה הז'רגונית לשפת האומה, קוראים לשפת האומה - "עברית" ולז'רגונית "יהודית".

בתנ"ך מוצאים את השם עברי רק בפי אומות העולם, וביחוד בפי המצרים. כמו: "ראו הביא לנו איש עברי לצחק בנו" (בראשית ל"ט י"ד), "ושם אתנו נער עברי..." (בראשית מ"א י"ג), "מילדי העברים זה..." (שמות ב' ו'). וכן מצאנו השם הזה בפי הפלשתים: "פן יעשו העברים חרב..." (שמואל י"ג י"ט). וכן אנו פוגשים אותו ביחס שבינינו לבין האומות, כמו במלחמת שאול עם הפלשתים, שהכריז "ישמעו העברים", וכן "והעברים עברו את הירדן..." (שמואל א' י"ג ז'). ומלבד זה אנו פוגשים בקביעות את השם "עברי" בסמכות אל עבדים, כמו "עבד עברי", "אמה העבריה" וכדומה. אולם בינינו לבין עצמנו, אף פעם לא נפגוש בתנ"ך את השם "עברי", רק אחד מב' השמות "ישראל" או "יהודי".

ומקורו של השם "עברי", כנראה, שהיתה אומה עתיקה מפורסמת בשם הזה. כי הכתוב (בראשית י' כ"א) מוצא להציג לפנינו את שם בן נח, כאב אל האומה הזאת: "ולשם יולד גם הוא אבי כל בני עבר". ואברהם אבינו היה מצאצאי האומה הזאת. ועל כן היה מכונה בפי העמים בשם "אברהם העברי", כמו "ויגד לאברם העברי" (בראשית י"ד י"ג).

ולכן בטרם שנעשו ישראל לאומה בין האומות, היו נקראים בשם "עבריים", על שם עמו של אברהם אבינו העברי. והגם שבני ישראל היו מצוינים בארץ מצרים בתור עם נבדל לעצמו, כמו: "הנה עם בני ישראל רב ועצום ממנו, הבה נתחכמה לו פן ירבה" (שמות א' י'). אכן השם הזה היה כמו שם של שבט, ולא של אומה. כי לא נעשו לאומה אלא אחר ביאתם לארץ ישראל. ומכאן יש להסיק, כי על כן לא רצו האומות לקרוא אותנו בשם "אומה ישראלית" גם אחר ביאתנו לארץ, כדי שלא להודות במציאות שלנו בתור "אומה". והדגישו זאת בקריאתם אותנו "עברים", כמו

שקראו לנו מטרם שבאנו לארץ.

ואין זה מקרה מה שלא נמצא השם "עברים" בתנ"ך ובהספרות שלאחריה, זולת ביחסים של עבדים ושפחות, שהשם "עברי" נטפל להם בקביעות: "עבד עברי", "אמה עבריה. ואף פעם לא נפגוש "עבד ישראלי" או "עבד יהודי". וכנראה שסמיכות הזה מקורו הוא, כעין זכר לעבדות במצרים, שאנו מצווים בה, בהמצוה: "וזכרת כי עבד היית בארץ מצרים" (דברים ה' ט"ו).

גם כיום מכנים אותנו ברוב לשונות העמים בשם "יהודים" או "ישראלים". רק האומה הרוסית עודנה מכנה אותנו בשם "עברים". ויש להניח, ששונאי ישראל שבתוכם הרגילו בהם את הכינוי הזה, בכונת זדון של ביטול לאומיות ממנו, דוגמת העמים הקדמונים. כאמור למעלה. וכנראה שהם התעמקו בהמובן של שם הזה הרבה יותר ממנו, שלקחנו אותו מהמוכן מתוך הרגל בהשפה הרוסית בלי התעמקות יתירה. מכל האמור יוצא אפוא, שאם אנו רוצים לכבד עצמנו, יש לנו להפסיק מלהשתמש עם השם "עברי" ביחס כל בן חורין שבתוכנו.

אכן בנוגע לשם השפה, אם היה לנו מקור היסטורי, שהאומה העתיקה העברית היתה מדברת בשפה זו, אז היה אולי לכנותה בשם "עברית". אולם כשאני לעצמי עוד לא מצאתי שום מקור בהיסטוריה, שהאומה הקדמונית הזו דברה בשפה זאת. ולכן יש לנו להתחשב עם הספרות התלמודית, הקרובים אל המקור יותר ממנו בחמש עשרה מאות שנה. וביניהם היה מקובל בלי שום פיקפוק, שהעברים הקדמונים לא השתמשו כלל בהשפה. כי אמרו: "בתחילה ניתנה תורה לישראל בכתב עברי ולשון הקודש, חזרה וניתן להם בימי עזרה בכתב אשורית ולשון ארמי. בירור להן לישראל כתב אשורית ולשון הקודש, והניחו להדיוטות כתב עברי ולשון ארמי". (סנהדרין כ"א ע"ב). הרי מפורש מדבריהם, שרק הכתב לבד בא לנו מהעברים, ולא הלשון, כי אומרים: "כתב עברי ולשון הקודש", ולא: "כתב ולשון עברי".

כן מצאנו (מגילה דף ח'): "ורמינהו, מקרא שכתבו תרגום, ותרגום שכתבו מקרא, וכתב עברי אינו מטמא את הידים". הרי איך שהדגישו: "תרגום, שכתבו מקרא וכתב עברי", ואינם אומרים: "תרגום, שכתבו עברית וכתב עברי", כלשון המשנה. (ידים ד' ה'). אשר הרמינהו הזה מובא משם, אלא ללמדנו, שרק הכתב מיוחס לעברים ולא השפה. ומלשון המשנה אין ראיה, כי כנראה, שהשפעה רומית היתה במקום זה על הכתב. אבל כשלמדו המשנה בעל פה, היו מדייקים כראוי. ולעומת זה מצאנו כמה פעמים, שהתנאים היו מכנים את השפה בשם "לשון הקודש". האחד (ספרי ברכה, י"ג): "כל הדר בארץ ישראל, וקורא ק"ש שחרית וערבית, ומדבר בלשון הקודש, הרי הוא בן עולם הבא". וכן (שקלים, סוף פרק ג'): "תני משום רבי מאיר, כל מי שקבוע בארץ ישראל ומדבר בלשון הקודש..." ועוד.

ואפילו אם נניח, שיש למצוא איזה מוצא היסטורי, שהעברים העתיקים דברו בשפה זו, עוד אין זה מחייב אותנו לכנות את השפה על שמם, אחר שאין עוד זכר לאומה זאת בין החיים. כי כאמור, אין השם הזה מוסיף לנו כבוד במושג הלאומי, ורק שונאינו הרכיבו אותו עלינו בכונה, של ביטול ומיעוט הדמות לנכסי האומה. ומכאן, שאין לנו לעקוב גם להשפה האנגלית, המכונית להאומה בשם "יהודים", ולהשפה בשם "עברית".

גם צריכים להכריע, איזה שם מתאים בשבילנו ביותר: אם "יהודים" או "ישראלים". השם ישראל, מקורו הוא באבינו יעקב, שכפי הכתוב, הוא נקרא כן על ביטוי של שררה וכבוד: "לא יעקב יאמר עוד שמיך, כי אם ישראל, כי שרית עם אלקים ואנשים ותוכל" (בראשית ל"ב כ"ט). ועל שמו אנו נקראים "ישראל".

אכן אחר שלמה המלך, שנחלקה האומה לשתים: לעשרת השבטים, שהמליכו עליהם את ירבעם בן נבט, ולב' שבטים יהודה ובנימין, שנשארו תחת מלוכת רחבעם בן שלמה, אז נשאר השם "ישראל" על עשרת השבטים. וב' השבטים, יהודה ובנימין, קבעו לעצמם השם

"יהודים". כי גם בני בנימין קראו להם "יהודים", כמו שמצאנו במגילת אסתר: "איש יהודי היה בשושן הבירה ושמו מרדכי בן יאיר בן שמעי בן קיש איש ימיני". הרי שגם שבט בנימין קראו לעצמם בכלל בשם "יהודים".

ועשרת השבטים נגלו מהארץ זמן רב קודם לגלות יהודה. ומאז לא נמצאו עקבותם. וגלות יהודה, שנגלה לבבל, חזרו לארץ אחר שבעים שנות גלותם, ובנו הארץ מחדש. משום כך בכל ימי בית שני נזכר בעיקר השם "יהודים", והשם "ישראל" נזכר רק לעתים רחוקים, באיזה מובן יוצא מהכלל. ואנחנו, בני הגלות של בית שני, נקראים ג"כ בעיקר רק בהשם "יהודים", כי אנו מגלות בית שני, שהם צאצאים לב' השבטים יהודה ובנימין, שקבעו לעצמם את השם "יהודים". ולפי זה יש להכריע את שם האומה שלנו "יהודים", ולא "אומה הישראלית" או "ישראל", שהוא השם של עשרת השבטים.

ובדבר השפה, יש להכריע בודאי בשם "שפה היהודית" ולא בשם "שפה ישראלית". והוא מטעם, כי לא מצאנו בתנ"ך את הסמיכות הזה "שפה ישראלית". ובניגוד לזה נזכר "יהודית": "ואינם מכירים לדבר יהודית" (נחמיה י"ג כ"ד). וכן: "ויאמר אלקים... דבר נא אל עבדיך ארמית, כי שומעים אנחנו, ואל תדבר עמנו יהודית באזני העם, אשר על החומה". (מלכים ב' י"ח).

אלא שיש לצדד, כי על כן קראו השפה שלהם בשם "יהודית", משום שהעם של יחזקיהו המלך נקראו "יהודים". וכן הבאים מגלות בבל. אבל העשרת השבטים, שנקראו "ישראלים", קראו גם את שפתם בשם "שפה הישראלית". אולם, גם אם נניח כן, אין עוד טעם בעדינו, צאצאי יהודה ובנימין, לקרוא לשפתנו בשם "ישראלית".

הסיכום מכל האמור: כי הן לאומה והן לשפה יש לקבוע רק את השם יהודה: לאומה בשם "יהודים", ולהשפה, בשם "יהודית". ואת השפה הז'רגונית יש לקראה "אידיש". ורק להארץ אפשר לקראה בשם "ארץ ישראל", להיותה נחלת כל השבטים.

בקורת להמרקסיזם לאור מציאות החדשה
ופתרון לשאלת איחוד האומה על זרמיה

נדרשתי ליתן פתרון, לפי השקפתי, על הבעיה הכאובה, בדבר איחוד כל המפלגות והזרמים על רקע אחד. והנני להודות מיד, שלשאלה הזו באותו הדרך שנשאלה, אין לי פתרון. גם לא יהיה לה פתרון לעולם. כי על מדוכה זו כבר ישבו חכמי אומות העולם בכל הדורות והזמנים, ועוד לא מצאו פתרון טבעי, שיהיה מקובל על כל הזרמים שבתוכם. והרבה סבלו ועוד עתידים לסבול, מטרם שימצאו את שביל הזהב, שלא יהיה בסתירה להזרמים שבתוכם.

והקושי שבדבר הוא, שאין האידיאות שבאדם מסוגלים כלל לוותר במשהו על המגמה שלהם. כי מדת הויתור אפשרי באדם מבחינות החומריות שלו, עד כמה שזהו הכרחי לקיום גופו. לא כן באידיאליות, כי מטבע של בעל האידיאה, שכל אשר לאדם ייתן בעד נצחון האידיאה שלו. ואם הוא מוכרח לוותר במשהו על האידיאל שלו, אין זה אצלו ויתור גמור, אלא עומד על המשמר ומצפה על שעת הכושר, שיוכל לחזור ולגבות את שלו. לכן אין בטחון בפשרות מעין אלו.

מכל שכן באומה עתיקה, בעלת ציביליזציא של אלפי שנים, אשר האידיאליות כבר נתפתחה בה במדה נעלה ביותר על אותן האומות, שזה מקרוב באו לידי התפתחות - אין שום תקוה כלל ועיקר, שיבואו בשדה זו לידי פשרה, לא מיניה ולא מקצתיה. ולא מחכמה הוא לחשוב, שסוף סוף האידיאה הצודקת ביותר תנצח לשאר האידיאות, כי בהתחשב עם צורתם הזמנית נמצאים כולם צודקות: "כי אין לך אדם שאין לו מקום, ואין לך דבר שאין לו שעה", כפי הביטוי של קדמונינו.

ובשביל כך נמצאים האידיאות בבחינת גלגל החוזר בעולם, שהאידיאות שנפסלו בימי קדם, קמו לתחיה בימי הבינים ואחר שנפסלו בימי הבינים, קמו לתחיה בדורנו זה. זה מראה לנו, שכולם צודקות, ואף אחת מהם אין לה זכות קיום לנצח.

והנה אומות העולם, הגם שהתרוצצות הזו עושה שמות נוראות גם בהם, עם זה גב חזק יש להם, המאפשר להם לסבול המשא האיומה הזו. ואיך שהוא אין זה מאיים על קיומם ברגע זו. אבל מה יעשה האומה האומללה, שכל קיומה תלוי על פתיתים ושיורי מאכל, שהאומות זורקים להם בחסדם, בעת שכבר שבעו דים. הרי גבם חלש מדי, שיוכלו לשאת עליו את סבל של התרוצצות הזו. ומכל שכן בשעה הרת-הסכנה הזאת, שאנו נמצאים על פי תהום ממש, - אין השעה כשרה לדברי הכל, לנגיחות ולמלחמת אחים מבפנים.

ולפי חומר השעה, יש עמי להציע פתרון אמיתי, הראוי לדעתי להתקבל ולאחד כל הזרמים שבתוכנו לחטיבה אחת. אולם, מטרם אתחיל בהצעתי, הייתי רוצה להניח מקודם את דעת הקוראים, שבלי ספק ירצו לדעת את הדעה קדומה שלי בשטח המפלגתי.

והנני להודות, שהאידיאה הסוציאליסטית, שהיא הרעיון של חלוקה שוה וצודקת, אני רואה אותה לאמיתיות ביותר. כי כדור ארצינו די עשירה לפרנס לכולנו. ולמה לנו מלחמת החיים הטרגית המעכרת חיינו מדורי דורות? הבה נחלק בין עצמנו את העבודה ואת פריה במדה שוה, - והקץ לכל הצרות! שהרי אפילו המיליונרים שבקרבנו, מה הנאה להם מכל רכושם, אם לא הבטחון החזק בכלכלתם, להם ולזרעם לכמה דורות?! אשר גם במשטר של חלוקה צודקת יהיה להם אותו בטחון החזק. ועוד במדה יותר גדולה. ושמא תאמרו שיחסרו מכבודם הקדום, שהיה להם בתור בעלי רכוש? גם זה לא כלום, כי אלו האיתנים שהספיקו כח לנחול כבוד בתור בעלי רכוש, בלי ספק, ימצאו כבוד באותו המדה בשדה אחרת, כי שערי ההתחרות והכבוד לא ינעלו לעולם.

אכן, עם כל האמת שבאידיאה זו, אינני מבטיח להמקבלים אותה עתה, אף קורטוב של גן עדן. ולהיפך, גיהינום גדול של צרות מובטח להם, כי העובדה החיה שבארץ רוסיה, כבר החכימה אותנו למדי. אמנם זה אינו סותר עוד את אמיתיותה של אידיאה הזאת. כי כל החסרון שבה, הוא מפני שהיא בשבילנו עדיין פגה. כלומר, אין בני דורנו בשלים עוד מבחינה מוסרית, שיהיו יכולים לעכל במעיהם את המשטר הזה של חלוקה שוה וצודקת. כי מחוסרי זמן אנו, שעדיין לא הגענו לידי התפתחות המותאמת לקבל את הסיסמא "מכל אחד לפי כשרונו, לכל אחד כפי צרכיו".

וזה דומה לחטאו של אדם הראשון, שלפי תיאור קדמוננו, החטא היה מפני "שאכל הפרי בהיותה פגה", מטרם שנתבשלה כל צרכה. ועל עון פעוט הזה נתקבצו כל העולם למיתה, ללמדינו, שזה אבי אבות כל הנזקים שבעולם. כי בני אדם אינם מבינים להזהר ולהסתכל בכל דבר, אם הוא מבושל כל צרכו. והגם שהדבר מועיל והוא אמיתי לפי תוכנו, יש עוד להתעמק בהדבר, אם הוא מבושל כל צרכו. אם כבר נתבגרו המקבלים במדה מספקת, שיוכלו לעכל אותו במעיהם. ובעוד שהם מחוסרי זמן התפתחות, הרי האמת והמועיל מתהפך במעיהם ונעשו לשקר ולמזיק, - לכן נחרץ משפטם למיתה, שכל אוכל הבוסר ימות בחטאו. לאור הדברים האלו עוד לא הוכיחה לנו התסבוכת הרוסי, שהאידיאה הסוציאליסטית היא בלתי צודקת ממהותה עצמה. כי כאמור, עדיין הם מחוסרי זמן לקבל האמת והצדק הזה. ועוד אינם מוכשרים להתנהג על ידה, ואינם נזוקים אלא מתוך מיעוט התפתחותם הם, ואי הכשרתם בהתאם להאידיאה הזאת.

וכדאי להטות אזן לדברי החבר מ. בוטקובסקי (ב"דבר" 4507) הוא שואל: "מדוע לא יעשה איש הפוליטיקה, חבר התנועה הסוציאליסטית, כאותו פיסיקאי, שאחר שהנסיון גילה ליקוים בהאינטרפרטציא שהיה רגיל לה בחוקי הברזל של תורתו, לא נרתע מלנער את חצנו ממנה. תחילה ניסה לתקן אותה בזהירות, ובאחרונה הוא מוכן לפוסלה, כשאין היא מסוגלת לעמוד בפני המציאות". והוא מסביר: "בשעת חורבן של תנועת הפועלים הבינלאומית, חובה להטהר מדעות קדומות, כשהעובדות מדברות בשפת התבוסה, יש לשבת מחדש על ספסל הלימודים, ולהתחיל במרץ ובהכרת האחריות העמוסה על שכם הממשיכים, לחקור את הדרך ועקרותיה, כך

דרכה של המחשבה המדעית, כשהיא נתקעת לקרן זויות של סתירות בין המציאות החדשה לבין התיאוריה שהסבירה את המציאות הישנה. רק פריצת גדר רעיונית מאפשרת מדע חדש וחיים חדשים". והוא מסיק: "אם לא נתכחש למצפוננו, נכריז, כי באה שעת ויכוח יסודי מחדש, באה תקופה של חבלי לידה, עתה ישבו טובי התנועה על הדוכן ויענו על השאלה: מה מובנו של הסוציאליזם בימנו? מה הדרך שיש להוליך בו את המחנה?"

מסופקני, אם ימצא איש מהתנועה שיענה על דבריו. או אולי, שיהיה מוכן לתפוס את דבריו כמו שהם. כי לא קל הדבר לזקן בן מאה שנה, אשר הצליח כל כך עד הנה בלימודיו, לקום בפעם אחת ולהעביר קו-מחק על כל תורתו העברה, ולחזור להתחיל לשבת על ספסל הלימודים מחדש, בדומה לאותו פיסיקאי, כמו שהחבר בוטקובסקי דורש מטובי התנועה הסוציאליסטית. אכן איך עוברים על דבריו לסדר היום?

ואם אפשר עוד לשבת בחיבוק ידים, בנוגע לחורבן תנועת הפועלים הבין לאומית? כי איך שהוא, עוד אינם עומדים על סף החורבן ממש. ועל כל פנים עוד בטוח להם מדת חיים של עבדים ושפחות נרצעים, - אין הדבר כן בנוגע אל הסכנה העומדת לפני התנועה של הפועלים העברים, העומדים על סף הכליה ממש, תחת הסיסמא של האויבים "להשמיד ולהרג ולאבד טף ונשים", כבזומנה של אסתר המלכה.

ואין להשוות מצב חורבן שלנו עם חורבן התנועה שבעמי העולם, כי אלו רק לעבדים ולשפחות נמכרנו - החרשנו גם אנו כמוהם. אבל גם הבטחון של חיי עבדים ושפחות נקפח ממנו. ולכן אסור לנו להחמיץ את השעה: יש לנו לשבת מחדש על ספסל הלימודים, לחקור מחדש את רעיון הסוציאליסטי לאור העובדות והסתירות שהופיעו בימינו, ובלי לחוש כלל לפריצת גדר רעיונית. כי אין לך דבר שעומד בפני פקוח נפש.

לשם כך, נסקור בקצרה את התפתחות הסוציאליזם משלביה הראשונים. בדרך כלל, מצאנו לה שלשה תקופות:

הראשונה: היתה סוציאליזם הומניות, שהיתה מבוססת על פתוח המוסריות והיתה, מופנית רק אל המנצלים.

השניה: היתה מבוססת על הכרת הצדק והרשע, והיתה מופנית בעיקר אל המנוצלים: להביאם לידי הכרה, שהעובדים הם הבעלים האמיתים על כל פרי העבודה, ולהם שייך כל התוצרת החברתי. ולפי שהעובדים הם הרבים בהחברה, היה לדעתם הדבר בטוח, שבעת שהם יכירו את צדקתם, יקומו כאיש אחד ויטלו את שלהם, ויסדרו משטר של חלוקה שוה וצודקת בהחברה.

השלישית: היא המרקסיזם, שהצליחה יותר מכולם. היא מיוסדת על מטריאליזם היסטורית. הסתירה הגדולה הנמצאת בין כחות היצירה, שהם העובדים, לבין המנצלים אותם, שהם המעבידים. הכרח הוא, שתביאה בסופה את החברה לסכנה ואבדן. ואז תבוא המהפיכה במשטר הייצור והחלוקה. ומשטר הרכושני יוכרח להתחרב לטובת משטר הפרוליטריון. ולשיטתו תבא זה מאליו בדרך סבה ומסובב. אלא בכדי לקרב את הקץ, יש תמיד לחפש תחבולות, ולהשים מכשולים למשטר הרכושני, כדי לקרב את המהפיכה בזמן קצר.

ומטרם אבוא לבקר את שיטתו זו, יש להודות, ששיטתו היא הצודקת ביותר מכל קודמיו. שהרי עדים חיים אנו להצלחתה הגדולה בכמות ואיכות, שהיתה לה בעולם, מטרם שבאה בנסיון עובדתי בהמיליונים המרובים שבארץ רוסיה. שעד אז היו נמשכים אחריה כמעט כל טובי האנושיות.

וזהו תעודה נאמנה על צדקת שיטתו. ומלבד זה, גם מבחינה תיאורטית דבריו מקוימים למדי, ואף אחד לא הצליח לסתור את השקפתו ההיסטורית, אשר האנושיות מתקדמת לאט לאט באופן דרגתי. והיא מטפסת ועולה כמו על שלבים של סולם. כל שלב שבה אינו אלא שלילת השלב שקדמה לה.

כן כל תנועה וכל מצב, שקבלה האנושיות בהנהגת המדיניות, אינו אלא שלילת המצב שמקודם לה. וזמן קיומו של כל מצב מדיני

הוא, עד שיתגלה מתוכו החסרונות והרשע שבו. ותוך כדי גילוי להליקוים שבו, נמצא מפנה מקומו למצב חדש, המשוחרר מהליקוים אלו. ונמצא, שאלו הליקוים, המתגלים בהמצב ומחריבים אותו, הוא כל כח הפיתוח של האנושיות. שהרי הם מעלים את האנושיות על מצב המתוקן יותר ממנו.

וכן גילוי הליקוים שבמצב השני, מביאים האנושיות על מצב שלישי, הטוב ממנו. וכן תמיד בזה אחר זה. הרי שכחות השליליים הללו, המתגלים במצבים, הם סבות התקדמות שבאנושיות, שעל ידיהם היא מטפסת ועולה כעל שלבות הסולם. והמה בטוחים לתפקידם, להביא האנושיות עד לשלב האחרון של התפתחות - הוא אותו המצב המקווה, הנקי מכל שמץ וכל דופי.

ובתהליך הזה של ההיסטוריה הוא מראה לנו, איך משטר הפיאודלי, הראה את ליקויו ונחרב, ופינה מקום למשטר הבורגני. ועתה הגיע תורו של המשטר הבורגני, להראות ליקויו ולהחרב, ולפנות מקום למשטר היותר טוב ממנו, שלפי דבריו הוא משטר הפרוליטריון.

אכן בנקודה זו האחרונה, שהוא מבטיח לנו, שאחר חורבן המשטר הבורגני העכשוי, יקום תיכף משטר הפרוליטריון - כאן נקודת התורפה שבשיטתו. כי מציאות החדשה שלעינינו מכחישה אותו. כי חשב את משטר הפרוליטריון להשלב הסמוך למשטר הבורגני. ועל כן החליט, שבשלילת המשטר הבורגני יקום תיכף על מקומו משטר הפרוליטריון. אולם המציאות הראה לנו, שהשלב הסמוך אחר חורבן המשטר של היום, הוא משטר של נאצים או של פשיסטים. הרי שאנו עומדים עוד בשלבים האמצעים של התפתחות האנושיות, ועוד לא הגיע האנושיות על שלבו העליון של סולם ההתפתחות. ומי יודע לשער, כמה נחלי דם יישפך בעולם, עד שנגיע אל השלב המקווה.

ובכדי למצוא איזה מוצא מהסבך הזה, יש לתפוס היטב את חוק התפתחות הדרגתי האמור, שעליו ביסס כל שיטתו. ויש לדעת, שהחוק הזה הוא חוק מקיף לכל הבריאה כולה. ועליו נבנו כל מערכות הטבע כולה, הן הבלתי אורגנים, והן האורגנים, עד למין האנושי בכל תכונותיו האידיאליים כמו החומריים - בכל אלה אין לך דבר שלא יעבור תחת חוק הברזל של התפתחות הדרגתי, המסובב ובא מכח התרוצצות של שני כחות זה בזה:

א. כח פוזיטיבי, דהיינו כח בונה,

ב. וכח נגטיבי, דהיינו כח שולל ומהרס.

ועל ידי מלחמתם הקשה והתמידי זה בזה, נמצאים יוצרים ומשלימים את כלל המציאות בכללו, וכל פרט של המציאות בפרטיותו. וכאמור למעלה, שכח השולל, המתגלה בכל מצב מדיני בסופו, הוא המגביה אותו להמצב, שהוא יותר טוב ממנו. וכן הולכים המצבים בזה אחר זה, עד שהוא מגיע על שלימותו הסופי.

ונקח לדוגמא את כדור הארץ, אשר תחילה היה רק כדור גזי דוגמת ערפל. ועל ידי כח המושך שבתוכו, ריכז במשך תקופה מסוימת את האטמים שבו לתוך חוג יותר צר, שבתוצאה מזה נתהפך כדור הגזי לכדור אש נוזלי. ובהמשך תקופות של מלחמות נוראות של שני הכחות שבכדור הארץ, הפוזיטיבי עם הנגטיבי, גבר כח קרירות שבו על כח האש נוזלי, וקירר איזה קליפה דקה מסביב הכדור ונתקשה שם.

אכן עוד לא שקט הכדור ממלחמות הכחות, ובהמשך איזה תקופה גבר שוב כח האש הנוזלי, והתפרץ ברעש גדול מתוך בטן הכדור, ועלה ושיבר את הקליפה הקרה והקשה לרסיסים. וחזר הכדור לאש נוזלי. ושוב התחיל תקופה של מלחמות חדשות, עד שבסוף התקופה גבר שוב כח הקרירות על כח האש, וקירר שנית קליפה קרה וקשה מסביב הכדור.

והפעם היתה הקליפה יותר עבה ויותר מסוגלת להחזיק מעמד נגד ההתפרצויות של הנוזלים מתוך בטן הכדור והיתה כחה יפה לתקופה יותר ארוכה. אמנם בסופה שוב נתגברו הנוזלים, והתפרצו מתוך בטן הכדור, ושברו את הקליפה לרסיסים. ושוב נחרב הכל, ונעשה לכדור נוזלי.

וכן נתחלפו התקופות בזו אחר זו. ובכל

פעם שגברה כח הקרירות, נעשה הקליפה שכבש לו עבה ביותר. עד שבסוף נתגברו כחות הפוזיטיבים על הנגטיבים, ובאו לידי הרמוניא מוחלטת: והנוזלים לקחו מקומם במעמקי האדמה, והקליפה הקרה נתעבה כל צרכה מסביב להם, ונתהוה אפשריות ליצירת חיים אורגנים עליה כיום הזה.

ממש על אותו הסדר מתפתחים גם כל גופים האורגנים. כי מעת זריעתם עד גמר בישולם, עוברים עליהם כמה מאות תקופות של מצבים, מפאת שני הכחות הפוזיטיבי עם הנגטיבי, הנלחמים זה בזה, כמתואר בכדור הארץ. ומלחמות האלו הם המביאים את גמר בישולו של הפרי.

וכן כל חי מתחיל בטפת נוזלים קטנה. ועל ידי התפתחות דרגתי בכמה מאות שלבים, מכח מלחמות הכחות האמורים, היא מגיעה בסופה "שור גדול ראוי לכל עבודה", או "אדם גדול ראוי לכל תפקידיו". אלא שיש עוד לחלק בין שור לאדם: כי השור כבר הגיע על שלבו הסופי בתקופותנו היום. אבל האדם, שכח החומרי שבו אינו עוד מספיק להביאו על שלמותו, מפאת כח המחשבי שבו, העולה במדת העזר שבו אלפי פעמים על כח החומרי שבו, נמצא לו משום זה סדר חדש של התפתחות דרגתי, שאינו נוהג בשום בעל חי, - הוא התפתחות דרגתי של המחשבה שלו.

ובהיותו גם יצור חברתי, הרי עוד מעט לו התפתחותו האינדיבידואלי. אלא שלימותו הסופי תלוי גם בהתפתחות של כל פרטי החברה שלו. ומבחינת התפתחות כח המחשבי של האדם, שידע להעריך היטב את המועיל ואת המזיק בשבילו, הגם שאין לחשוב, שעודו עומד בשלב של אדם פרימיטיבי, בכל זאת ברור אפוא שעוד אינו נמצא בשלב של השלמה, אלא שהוא עומד באמצע התפתחותו, ועדיין הוא מסור למלחמות הכחות הפוזיטיבים עם הנגטיבים, כאמור לעיל בכדור הארץ, שהם השליחים הנאמנים לתפקידם, להביא גם את האנושיות על שלמותה הסופי.

הוא שאמרתי, שהאידיאה הסוציאליסטית בהיותה האידיאה היותר צודקת מכל השיטות, לכן היא צריכה לדור מפותח ביותר, שיהיו ראוים לעכל אותה, שיוכלו להתנהג על ידה. ובהיות האנושיות של היום עומדת בשלבים האמצעים בסולם של התפתחות, ועומדת במערכות התנגחות הכחות הפוזיטיבים עם הנגטיבים, - אינה ראויה כל עיקר לאידיאה הנעלה הזו, כי היא אצלה בבחינת בוסר ופגה, כפרי בלתי מבושל, שלא לבד שאינה מתוקה לחיך, אלא עוד כח הנגטיבי שבה הוא ארס מזיק ולפעמים גם ממית. והוא הצרה של האומה ההיא, הסובלת כל כך בעדה, כי הם מחוסרי זמן וחסרים להם אותם המדות התרומיות, המתאימות לקבלת המשטר הצודק הזה.

ואל יחשוד אותי הקורא, שיש לי בזה איזה קונצפציה ספיריטואלית, כי גם מרקס עצמו אומר אותם הדברים: הוא מודה, אשר "בסטדיא הראשונה של החברה אין להמלט מחסרונות". אלא שמבטיח "שבסטדיא הגבוהה של החברה השיתופית, אחר שתעלם ההיררכיא הגסה של האנשים בחלוקת העבודה, ואתה יחד הנגוד שבין עבודה גופנית ועבודה רוחנית, כשהעבודה עצמה תהפך לצורך חיוני ולא לאמצעי פרנסה, בשעה שיחד עם התפתחותה הכל-צדדית של האישיות יצמחו כחות ייצור, וכל מעייני אושר החברה יפכו בשפע רב, אז יעזב לגמרי המבט הבורגני הצר, והחברה תכתוב על דגלה: "מכל אחד לפי כשרונו - לכל אחד לפי צרכיו". (מפאת חשיבות הדברים לענינינו, העתקתי הקטע שלו במילואו).

הרי, שגם הוא מודה, שאין לקוות על משטר צודק לגמרי מטרם שהאנושיות תשיגה את הסטדיא הגבוהה, מטרם שהעבודה עצמה תהפך לצורך חיוני, כלומר, לפרינציפ של החיים, ולא לצורך פרנסה. אלא שהוא מחליט, שעוד בעת שהחברה היא בסטדיא הנמוכה, ראויה גם כן להתנהג על ידי משטר השיתופי עם כל החסרונות שבה.

אבל כאמור לעיל, בנקודה זו כרוך הרפיון שבשיטתו. וכבר הוכיחה לנו רוסיה הסוביטית, אשר לחברה בלתי מפותחת כל צרכה, תתהפך אצלה המשטר השיתופי להיות משטר היותר

גרוע בעולם. ועוד יותר מזה שגם, במה שהעריך, שהשלב הסמוך אחר החורבן המשטר של היום, הוא השלב של משטר הפרוליטריון. והמציאות מראה לנו, אשר השלב שיבא אחר המשטר של היום, הוא המשטר הנציסטי או הפשיסטי. וזהו שגיאה מרה מאד. והגרוע ביותר, שתשלומיו בחלקו היותר גדול מאיים על האומה היהודית דוקא, ובלי הבדל מעמדי.

אכן כדאי להסתכל ביותר בהיסטוריה ולקבל לקח הימנו, ראשית כל מתעוררת השאלה: פקח כזה שהרעיש כל העולם בשיטתו, איך הגיע לשגיאה גדולה כזו? ומהו המכשול, שנכשל בו? אכן זה מחייב אותנו לדון בדבריו בכובד ראש ובאופן יותר מדויק. וכאמור למעלה הוא ביסס את שיטתו על מטריאליזם היסטורית, אשר החברה מתפתחת על ידי הכחות המתנגחים בהחברה. בדרך סבה ומסובב, ממצב למצב, שבהתגברות כח הנגטיבי שבהמצב הוא מהרס המצב, ובמקומו נבנה מצב יותר טוב על ידי כח פוזיטיבי, - וכן הולכות ונלחמות, עד שבסופו מתגלה כח הפוזיטיבי על כל שלמותו.

אולם לפי זה הרי השלמות של החברה מובטחת מאליה. שהרי כח הנגטיבי לא יעזבנה טרם שיביאה על סופה. ואם כן, אפשר לישב בחיבוק ידים ולחכות על התפתחות העצמית המקווה. ולמה לנו כל טרחה הזאת של הטכסיס שלו שהטיל עלינו?

אמנם שאלה טפשית היא, שהרי בזה כל ההפרש בין האדם לבעלי חי: כל בעלי חיים נסמכים על הטבע לגמרי, ואינם מסוגלים לקדם במשהו את הטבע, ולעזור לעצמם בלעדיה. לא כן האדם, המחונן בכח מחשבי, שבסגולת הכח הזה הוא הולך ומשתחרר מחבלי הטבע ומקדם אותו. דרכו להתחקות אחר מלאכת הטבע, ולעשות את מלאכתו כמותה. הוא אינו מחכה לקבל אפרוחים מידי הטבע, עד שתבא התרנגולת ותחמם הבצים. הוא עושה לו מכונה, המחממת הבצים ומולידה לו אפרוחים, כמו התרנגולת הטבעית.

ואם הוא עושה זה בדברים פרטים, כל שכן שיעשה זה בדבר התפתחות כלל האנושיות.

ולא יסמוך עצמו על הכחות המתרוצצים זה עם זה, ולהעשות בעצמו אוביקט בהתנגחותם. אלא שיקדם את הטבע, ויתחקה היטב על מלאכתו בהתפתחות הזה. ויסדר לו טכסיס נוח וטוב, שיביא הקץ המאושר בפחות זמן ובפחות יסורים.

וזהו שרצה מרקס בטכסיסו: הארגון, מלחמות המעמדות. והנחת מכשולים תחת משטר הקפיטליסטי, שטכסיסו זה מקיל היסורים מעל האוביקטים הנושאים, את ההתרוצצות על גבם, וממריץ אותם, להיות להם סוביקטים לעצמם. ולמהר הקץ של המשטר הנחשל, כדי לפנות מקום למשטר הפרוליטריון המאושר. במלה אחת: הטכסיס המרקסיסטי מהפך את האוביקטים להיות סוביקטים, לסדר להם ההתפתחות כחפצם הם.

נסכם: הבסיס, הוא טבע התפתחות האנושיות על ידי קשר סבתי, שאנו רואים אותה כמו מכונה טבעית להתפתחות.

הטכסיס: היא מין מכונה מלאכותית להתפתחות האנושיות, בדומה למכונה הטבעית. הריוח מהטכסיס, - חיסכון זמן ומיעוט יסורים. עתה נפתח הדרך לבקר שיטתו באופן פשוט. ברור, שבעת שאנו רוצים לעשות איזה מכונה, שתהיה תחליף למלאכת הטבע, הרי אנו צריכים מתחילה להתחקות היטב בהמנגנון של הטבע, אשר אז יכולים לסדר בדומה לה מנגנון מלאכותי, כמו המכונה הטבעית.

למשל, כשאנו רוצים לעשות מכונה, שתהיה תחליף לבטן תרנגולת המחממת ביצים ומולידה אפרוחים, הרי אנו מחויבים להבין היטב מתחילה את דרכי הייצור והתפתחות הכחות של הטבע, הפועלים תוך בטן התרנגולת. ואנו מתחקים אחריהם ועושים מכונה, בדומה לבטן התרנגולת, המוכשרת ליצור אפרוחים כמותה.

וכמו כן בהנידון שלנו, שאנו רוצים לעשות מכונה, שתהיה תחליף למכונת התפתחות האנושיות של הטבע, הרי גם כאן אנו צריכים להסתכל מתחילה באותם ב׳ הכחות: הפוזיטיבי והנגטיבי, הפועלים בהטבע, שהיא המכונה, שעל ידיהם עושה הטבע את הפרוצידורא הזו של התפתחות. אשר אז נדע

גם אנו, איך לסדר לנו טכסיס, בדומה להמנגנון של מכונת התפתחות הטבעית, שיהיה מוצלח לפיתוח האנושיות כמותה. ובלי ספק, אם תהיה לנו איזה טעות בהבנת המנגנון של מכונה הטבעית, אז התהליך שלנו לא יוצלח לכלום. כי כל החכמה היא כאן, רק בהתחקות דרכי היצירה הטבעיים, ולהתאים דרכים מלאכותיים במקומם.

ואם לדבר בדרך מקורית, גם להגדיר הדברים במושגים, שאינם עלולים להביא לידי טעות בשום צד, יש להגדיר את שני הכחות: הפוזיטיבי והנגטיבי, הפועלים במכונת התפתחות האנושיות תחת שני השמות: אגואיזם ואלטרואיזם. ואין כונתי למושג המוסרי שבהם, כרגיל בשפת השימוש. אלא רק לבחינה המטריאלית שבהם, כלומר, רק בזה השיעור, שהם משתרשים בגוף האדם, עד שאינו יכול עוד להשתחרר עצמו מהם. רצוני לומר, מבחינת מה שהם כחות אקטיבים באדם:

א. שהכח האגואיסטי משמש בו כמו קרני סנטרופיטלים [כוח המכוון כלפי המרכז בתנועה מעגלית centripetal], שמושך אותם מחוצה לו, והם מתרכזים בתוך גופו עצמו.

ב. וכח האלטרואיסטי משמש בו כמו קרני סנטרופוגלים [כוח המכוון כלפי חוץ בתנועה המעגלית centrifugal], הזורמים מפנימיות גופו למחוץ לו.

כחות אלו נמצאים בכל חלקי המציאות, בכל אחד לפי מהותו, וכן נמצאים באדם לפי מהותו. והם הגורמים הראשיים לכל פעולותיו. כי יש עובדות, שהגורם שלהם הוא כח משמש לעצם קיומו האינדיבידואלי. והוא כמו כח שואף כל דבר מועיל לו, מן המציאות שמחוץ לו אל מרכז גופו עצמו. שלולא כח הזה, המשמש אותו, לא היה לו מציאות של עצם עומד בפני עצמו. והוא נקרא "אגואיזם".

ולעומת זה יש עובדות, שהגורם שלהם הוא כח זורם להועיל להגופים שמחוץ לו. ונמצא כח הזה משמש לטובת זולתו. ואפשר לכנותו בשם "אלטרואיזם".

ומבחינות אלו אני מגדיר בשמות הללו את ב' הכחות, הנלחמים זה עם זה בדרך התפתחות האנושיות, אשר לכח הפוזיטיבי אכנה בשם כח אלטרואיסטי, ולכח הנגטיבי אכנה בשם כח אגואיסטי.

אכן, בהמונח אגואיזם איני מתכוין לאגואיזם מקורי, אלא אני מתכוין בעיקר לאגואיזם הצר. כלומר, כי האגואיזם המקורי אינו אלא אהבה עצמית, שהוא כל כח קיומו החיובי האינדיבידואלי. ומבחינה זו אינו מתנגד גמור להכח האלטרואיסטי, אע"פ שאינו משמשו. אמנם מטבע האגואיזם, שבדרך שמושו נעשה צר ביותר. כי הוא מחויב פחות או יותר לקבל אופי של שנאה וניצול של הזולת, כדי להקל על קיומו עצמו. ואין המדובר משנאה מופשטת, אלא מהמתגלה במעשים של ניצול לחבירו לטובת עצמו, ההולך ונעכר לפי דרגותיו, כגון: הערמה, גניבה, גזילה ורציחה. וזהו מכונה אגואיזם צר; ומבחינה זו הוא מתנגד והפכי גמור לאהבת זולתו - והוא כח הנגטיבי, המהרס להחברה.

והיפוכו הוא הכח האלטרואיסטי. הוא כח בונה של החברה, שהרי כל מה שהאדם עושה לזולתו אינו אלא בכח אלטרואיסטי, כאמור למעלה. והוא מתעלה והולך בדרגותיו:

א. העובדות הראשונות של כח הבונה הזה, הם הולדת בנים וחיי משפחה,

ב. והשניות הם לטובת הקרובים,

ג. והשלישיות הם לטובת המדינה,

ד. והרביעיות לטובת העולם כולו.

כל הגורם של בנין החברתי הוא רק כח האלטרואיסטי. וכאמור, אלו הם הגורמים הפועלים במכונה הטבעית של התפתחות האנושיות - כח האגואיסטי הנגטיבי להחברה וכח האלטרואיסטי הפוזיטיבי להחברה.

והנה מרקס, בהתחקותו אחר המכונה הטבעית של התפתחות, לא התחשב אלא רק עם התוצאות של הכחות הפוזיטיבי והנגטיבי אלו, שהם הבנין והרס, הנעשים בהחברה. ועל פיהם התאים את התכנית של טכסיסו. ולא שם לבו אל הגורמים של אותם התוצאות.

וזה דומה לרופא, שאינו משים לב לשורש הגורם של המחלה, אלא שמרפא את החולה לפי תכונתה החיצונית של המחלה בלבדה.

אשר שיטה כזו היא תמיד קרובה להזק יותר מלתועלת. כי צריכים לקחת בחשבון את שניהם: הן הגורם של המחלה, והן המחלה עצמה. ואז אפשר להתאים רפואה בטוחה. ואותו החיסרון יש גם בשיטת הטכסיס המרקסיסטי: שלא לקח כלל בחשבון את כחות הסוביקטים שבהחברה, אלא רק הבנין וליקוים בלבד.

ומכאן יצא לו, אשר כיון טכסיסו הוא הפוך מהכיון המטרתי: כי בו בעת שהכיון המטרתי הוא כיון אלטרואיסטי, נמצא הכיון הטכסיסי בכיון הפוך - שהרי זה ברור, שהמשטר השיתופי מחויב להיות בכיון אלטרואיסטי. כי עצם המלה "חלוקה צודקת" יש בה תפיסה אלטרואיסטית טהורה, ומתערטלת לגמרי ממסגרת האגואיזם. כי האגואיסט שואף לנצל כל הזולת לטובת עצמו, וכלפי דידיה אין צדק במציאות כלל, כל כמה שאינו משמש לטובתו עצמו. ועצם המלה "צדק" פירושה "יחס הדדי הגון", שהוא מושג לזכות זולתו. ובאותו השיעור שהיא מודה בזכות הזולת, מפסיד בהכרח מזכותו עצמו האגואיסטי.

יוצא, שעצם המושג "חלוקה צודקת" היא מושג אלטרואיסטי. ובמובן עובדתי, הרי אי אפשר כלל לאחה הקרעים שבחברה הבאים עם חלוקה השוה, רק בדרך אלטרואיזם מופרז למדי. כי שכר עבודה רוחנית משתלמת יותר מעבודה גופנית. ועבודת הזריזים משתלמת יותר מעבודת המפגרים. והרוק צריך לקבל פחות מהמטופל במשפחה. וזמן העבודה צריך להיות שוה לכולם. וגם חלוקת פרי העבודה צריך להיות שוה לכולם. ואיך נגשר את הקרעים הללו?

ואלו הם קרעים ראשים. ומהם יתפצלו קרעי קרעים לרבבות, כמו שמתביים לעינינו בהצגה הסוביטית. והאפשרות האחת לאחה אותם, הוא רק ברצון טוב אלטרואיסטי, אשר העובדים הרוחנים יוותרו מחלקם לטובת העובדים הגופנים והרווקים לטובת מטופלי משפחה... או כפי הביטוי של מרקס עצמו "שהעבודה עצמה תהפך לצורך חיוני ולא רק לאמצעי פרנסה" - אין זה אלא כיון אלטרואיסטי גמור. וכיון שהמשטר המטרתי מחויב להמצא בטבע האלטרואיסטי, הרי בהכרח שהטכסיס המכוון להביא להמטרה, צריכה גם כן לצעוד באותו הכיון של המטרה, שהיא כיון אלטרואיסטי.

אבל בהטכסיס המרקסיסטי מוצאים כיון אגואיסטי הצר ביותר, שהוא כיון ההפוך להמטרה: כי הטיפוח של שנאת המעמד הנגדי, הנחת מכשולים והריסות למשטר הישן. טיפוח ההרגש בלב הפרוליטריון, שכל העולם נהנים ומתענגים על חשבון העמל שלהם - כל אלו מגדילים והולכים במדה יותר מדי את כח האגואיסטי הצר שבהפרוליטריון, ומוריקים אותם לגמרי מכח האלטרואיסטי הטבוע בהם מלידה. ואם הטכסיס הוא בכיון הפוך לכיון המטרתי - איך אפשר שיגיע פעם למטרתו?!

ומכאן נולד הסתירה בין התיאוריה שלו למציאות החדשה. כי הוא חשב את השלב הסמוך לשלב המשטר הבורגני, שהוא משטר הפרוליטריון השיתופי. ולבסוף אנו עדים חיים, שאם יהרס עתה המשטר הבורגני הדמוקרטי, יקום תיכף על מקומו משטר הנאצי והפשיסטי. ולאו דוקא על ידי מלחמה זו של היום, אלא מתי שיהרס משטר הדמוקרטי, יירש אותו משטר הפשיסטי והנאצי.

ובלי ספק, אם יארע כזה, אז תהדף הפרוליטריון לאלף שנים אחורנית, ויהיו צריכים לחכות לכמה משטרים, שיבואו בדרך סבה ומסובב עד שיחזור העולם למשטר הבורגני הדמוקרטי, בהאופי של היום. וכל זה נצנץ ויצא מתוך הטכסיס האגואיסטי, שנתן לאותם הסוביקטים, הצריכים להוות משטר הפרוליטריון - והוליך התנועה בכיון הפוך מהמטרה.

ואם נקח בחשבון, שכל אלו ההורסים את התהליך הטבעי של משטר הצודק, באו בעצם מחומר הפרוליטריון, ומבטנם יצאו. ולאו דוקא הסוביטים, אלא גם רוב הנאצים היו מקודם לכן סוציאליסטים טהורים, וכן רוב הפשיסטים, ואפילו מוסוליני עצמו היה מקודם מנהיג

סוציאליסט בלהב - הנה התמונה שלמה, איך טכסיס המרקסיסטי הוביל את הפרוליטריון בכיון הפוך ממש מן המטרה.

אכן, עוד קשה לקבוע בהחלט, שדבר פשוט כזה יתעלם מיוצר השיטה המרקסיסטית, וביחוד, אחר שקובע בעצמו, "שאין תקנה לחברה השיתופית מטרם שתעלם ההירכיא הגסה בחלוקת העבודה והנגודים, שבין עבודה גופנית לעבודה רוחנית". הרי הדבר ברור, שידע מסוד הזה, שאין זכות קיום לחברה שתופית בלי ויתור המוחלט של החברים על חלקם לטובת זולתם.

וכיון שידע מאותו הגורם האלטרואיסטי המחויב להחברה, אני אומר, שהוא לא נתכוין כל עיקר להציע לנו פרוצידורא תכליתית עם טכסיסו זה, אלא שהתכוין בעיקר למהר על ידי טכסיסו, מצד אחד - את הקץ של המשטר ההוי הבלתי צודק, ומצד השני - לארגן את הפרוליטריון האינטרנציונאלי, ולהכינם להיות כח חזק מכריע בעת שיהרס המשטר הבורגני - הם שני יסודות הכרחיות המחויבים להיות בהשלבים המביאים את המשטר של החברה השיתופית.

ומבחינה זו, הרי טכסיסו המצאה גאונית, שלא מצאנו דוגמתו בהיסטוריה. ובדבר העיצוב עצמו של החברה המאושרת סמך על ההיסטוריה עצמה, שתגמור את הדבר. כי היה ברור לו, שבעת המצרים, כלומר, בעת שהמשטר הבורגני יתחיל גסיסתו, וארגון הפרוליטרי ימצא אז בעצמו, שאינו מוכן עוד לקבל את המשטר לידיו, הרי אז יהיה להפרוליטריון אחת משתי ברירות:

א. או לאבד עצמם לדעת, ולהניח בעלי חורבן האמיתים, הנאצים והפשיסטים, להחזיק במשטר החברה.

ב. או למצוא טכסיס מוצלח להכשיר את הפרוליטריון, שיהיו מוכשרים לקבל המשטר לידיהם.

ולפי דעתו, היה בטוח בנו, שבעת שנגיע אל המצב הזה, בעת שהפרוליטריון האינטרנציונלי יהיה כבר מאוגד לכח מכריע בעולם, נודה לו בעד אמיתיות שיטתו, שהביאנו עד כאן ונבקש בעצמנו הדרך להמשיך את התנועה הלאה אל המטרה, כי עדיין לא נברא איזה ממציא בעולם, שלא יניח את גמר השכלול להבאים אחריו.

ואם נעמיק יותר בשיטתו, נראה כי בכלל לא היה יכול להמציא לנו הטכסיס לגמר הכשרת הפרוליטריון, להיותם שתי פרוצידורות, הסותרות זו את זו. כי כדי ליצור את התנועה באופן המהיר ביותר, ולהחסל את משטר המנצלים, היה מחויב לפרוצידורא בכיון אגואיזם הצר ביותר. דהיינו, לטיפוח של שנאה עמוקה למעמד המנצלים, בכדי להגביר כח הנגטיבי, המוכשר להרס המשטר הישן בזמן מהיר ביותר, ובכדי לארגן את הפרוליטריון בקשרים האמיצים ביותר.

ומשום כך היה מחויב לעקר את כח האלטרואיסטי שהבפרוליטריון, שמטבעו לסבול ולוותר על מנצליו. ובכדי להכשיר את הפועלים ב"סוציאליזם מעשית", שיוכלו לקבל לידיהם את המשטר למעשה, היה מחויב לפרוצידורה בכיון האלטרואיסטי, הסותר ל"פרוצידורה הארגונית". ובהכרח הניח מדעתו את העבודה הזאת לנו עצמנו.

גם לא היה מסופק בהבנתנו או ביכלתנו, מאחר שהדבר פשוט כל כך, שלא יצויר משטר שיתופי, אלא על בסיס אלטרואיסטי. ועל כרחינו נהיה מחויבים לקבל טכסיס חדש בכיון האלטרואיסטי, ולהכשיר את הפרוליטריון ליקח המשטר לידיהם, באופן מעשי ובן קיום. אלא כדי להעיר על זאת, מצא עצמו לנחוץ, לצייר לנו צורת המשטר הצודק של הפרולטריון במלות הקצרות "והחברה תכתוב על דגלה, מכל אחד לפי כשרונו, לכל אחד לפי מעשיו", בכדי שגם סומא בשתי עיניו ימצא בדברים אלו, שלא יצויר כלל משטר צודק, זולת בחברה אלטרואיסטית במלוא המובן של המלה.

מנקודת ראות זו לא סבל המרקסיזם קונפרונטציא [עימות confrontation] כל שהוא מן הנסיון הבלתי מוצלח הרוסי. ואם המרקסיזם באה לידי נקודה קפואה, אין זה

אלא משום, שכבר גמרה תפקידה במערכה הראשונה שלה, שהוא ארגון הפרולטריון הבין לאומי מבחינת "כח". ועתה אנו צריכים להמציא טכסיס מעשי להכשיר התנועה לקבלת המשטר בידיה בפועל.

וכאמור, שהפרוצידורה [procedure הליך] של עתה מחויב להיות בכיון הפוך מקצה אל הקצה, להטכסיס הקדום: כי במקום שטיפחנו אגואיזם מופרז, שהיה מוצלח מאוד למערכתנו הראשונה, צריכים אנו עתה לטפח אלטרואיזם מופרז בחבר הפרוליטריון, שזה מחויב בהחלט לטבע החברתי של המשטר השיתופי, - ונוליך את התנועה בצעדים בטוחים לתפקידה המעשי, לקבל המשטר לידיה בצורתה המאושרת הסופית.

יודע אני, שאין זה מעבודות הקלות, להפוך כיון התנועה מקצה אל הקצה, שכל שומע אותה יכווה ממנה כברותחין. עם זה, אין השד נורא כל כך כמו שמציירים אותו. כי אפשר להביא את התנועה לידי הכרה על ידי תעמולה מותאמת, שבדבר זה תלוי האינטרס המעמדי "אם לחדל ואם להתקיים", אם להמשיך את התנועה המרקסיסטית או ליתן מוסרות המשטר להנאצים ופשיסטים.

כחות המעצר המסוכנים ביותר של משטר הפרוליטריון, המאיים על דחיפה של אלף שנים אחורנית. בעת שההמונים יבינו זאת, בטח יקבלו בלי כל קושי את הטכסיס החדש המעשי, המוביל אותם לידי קבלת המשטר לידיהם בפועל. ומי אינו זוכר, איך כל העולם חיכו בכליון עינים על סופו המוצלח של המשטר הסוביטי. ולולי הצליחו, כבר היה העולם כולו, בלי ספק, מרוסן תחת משטר השתופי. אכן לא היה להם להרוסים שום תקוה להצליח, כי הכיון הארגוני, שההמונים היו רגילים בו, שהוא הכיון האגואיסטי, המחויב במערכה הראשונה, - הוא מטבעו כח מהרס להמשטר השיתופי.

אמנם מטרם שהשיטה מתקבלת, עוד מוקדם לדבר בפרטות מתכנית המעשי של כיון הזה. וביחוד אחר שכבר נתארך המאמר יותר מדי. ובדרך השקפה כוללת אפשר לסכם בקצרה, שצריכים לארגן תעמולה כזו, בדרך מדעי ובדרך מעשי, שתהיה בטוחה להשריש מין דעת הצבור, שכל חבר שאינו מצטיין במדת אלטרואיזם, הוא כמו חיה טורפת, שאינו ראוי לבא בחבר האנושיות, עד שירגיש עצמו תוך החברה כמו רוצח וגזלן.

ואם נעסוק בהדבר בתעמולה מתאימה באופן שיטתי, לא יהיה צורך לתהליך ממושך כל כך. וההיטלריזם יוכיח, שבמשך זמן קצר, נהפכה מדינה שלמה על ידי תעמולה וקלטה את רעיונו המוזר.

אחר שנתבהר באופן ברור, מפי היסטוריה העובדתית, הדרך הנכון, שיש להוליך בו מעתה את התנועה. הרי אני פונה באופן תכוף אל הפרוליטריון שלנו. וכאמור למעלה, שעמי העולם יכולים עוד לחכות. ומכל שכן עתה, בעת האנדרלמוסיה העולמית, שצריכים מקודם להפטר מהסכנה ההיטלראית. אבל לנו אין זמן לחכות. ומבקש אני שתשימו לב תיכף ומיד לשיטתי זו החדשה שהצעתי, שאני מכנה אותה בשם "סוציאליזם מעשי". כי עד עתה לא היה תפקיד הסוציאליזם, לדעתי, אלא "סוציאליזם ארגוני" בלבד, כאמור למעלה.

ואם שיטתי תתקבל, יש לשנות גם הטכסיס כלפי חוץ, שבמקום נשק הישן של שנאת המעמדות ושנאת הדת, יקבלו לידיהם נשק חדיש של שנאת האגואיזם המופרז שבהרכושנים, המוצלח לתפקידו מכל הצדדים. כי מלבד שהמעמד הנגדי לא יוכל עוד להתגונן עם השריונות העבות של תורות מוסריות ודתיות, עוד יועיל לעקור, בדרך אגב, כל מיני צמחים הפראיים של נאציזם ופשיזם, שנקלטו במדה רבה תוך גוף הפרוליטריון עצמו, המסכנים לקיומו, כאמור למעלה.

ועוד נוסף על אלה, יש לקחת בחשבון, את יפיו של נשק הזה, שהוא מושך את הלב ביותר, והוא מוצלח ללכד את כל הנוער שלנו בסביבתו. ולאמתו של דבר, אין שינוי כל כך בהטכסיס, אלא רק בהתוצאה בלבדה. כי עד עתה, שהיו לוחמים בעד גזלת המעמד, נמצא תמיד הלוחם בעצמו במבט האגואיסטי הרכושני הצר, להיותו מגן על רכושו הוא.

וכתוצאה מזה, מתגבר בו, יחד עם מלחמתו זו, כח האגואיסטי המופרז. והלוחמים עצמם נתפסים באותו מבט הצר הבורגני.

ועוד באופן מוזר ביותר לתפיסה הרכושנית, שלדעתם יש להם זכות מלאה מכל הצדדים, מצד החוק, הדת והמוסר להגן על עצמם בכל האמצעים. אמנם כשלוחמים נגד האגואיזם של הרכושנים, מתוך מבט רחב של תפיסה אלטרואיסטית, התוצאה היא שכח האלטרואיזם מתגדל והולך בהם יחד עם מדת מלחמתם. וגם זכותם של הרכושנים נפגם ביותר, שלא יוכלו להגן על עצמם כל כך, שצורת מלחמה זו נתמכת בהרבה מתפיסה המוסרית והדתית שבהרכושנים עצמם.

והנה בשיטתי זו מונח הפתרון של אחוד לאומי, שאנו צמאים בעת הזו כל כך. כי יש להניח, שההיסטוריה עצמה כבר הרסה הרבה מהמחיצות המפלגתיות שבתוכנו. כי עתה אין עוד כדי להבדיל בין בלתי ציונים, ציונים רוחניים, ציונים מדיניים, טריטוריאליסטים וכדומה. שהרי כעת, אחר שנתבדו כל התקוות לנשום אויר חפשי מחוץ לארצנו, הרי אפילו הבלתי ציונים, המושבעים, ואפילו הקיצונים ביותר, כבר נעשו, מתוך הכרח, ציונים מעשיים גמורים. הרי שמבחינה עקרונית, כבר נתרפאו רוב הבקיעות שבנו.

אמנם עדיין אנו סובלים משתי מחיצות איומות:

א. ממחיצה המעמדית,

ב. וממחיצה הדתית.

שאין לזלזל בהם כל עיקר. וגם אין לנו שום תקוה להפטר מהם פעם. אכן אם שיטתי זו החדשה של "סוציאליזם מעשי", שהצעתי, תתקבל על התנועה, הינו נפטרים בפעם אחת ולתמיד גם מן הטריז המעמדי, שנתקע תוך הגב של האומה. כי כאמור למעלה, טכסיס החדש: מסתייע בהרבה מהדת, והוא אינו מכוון כלפי החוטאים המנצלים, אלא כלפי החטאים שלהם בלבד, - רק כלפי האגואיזם המגונה שבהם, שבעצם הרי אותה מלחמה תתנהג בחלקה גם כלפי פנים התנועה עצמה. ומתוך כך תתבטל בהכרח שנאת המעמדות והדת לגמרי. ונשיג היכולת להבין איש לרעהו, ולבא לידי איחוד גמור של האומה על כל זרמיה ומפלגותיה, כפי שדורש מאתנו שעת הסכנה שעל כולנו, - בזה מונח הערבון לנצחון בטוח על כל החזיתות.

לשאלת היום

כבר נלאינו מנשוא כל אלו הידיעות, הסותרות בנוגע ליצירת איטליה למלחמה, שאנו מקבלים יום יום: פעם מבטיחים שמוסוליני לא ירהיב לצאת למלחמה נגד בנות הברית, ופעם שהוא יוצא למלחמה תיכף. כה חוזרים תמורות יום יום בלי הרף, והעצבים עלולים להתפקע. כל הסמנים מראים, שכל הידיעות הללו, הם מטעמים ערוכים, המושטים לנו מבית חרושת היטלר-מוסוליני, שכל מטרתם הוא רק להחליש את עצבינו בלבד. וכיצד שהוא, אנו מוכרחים לבקש מנוס ומפלט להפטר מהם.

יש להסתלק כרגע מכל אלו הידיעות המוזרות, ולהתחיל לנסות בעצמנו לעקוב אחר הגורמים הראשיים, לכל אלו הרפתקאות - אולי נבין מהם כל אלו התהלוכות המתמיהות של היטלר-מוסוליני. ובעיקר יש להתעכב על חוזי ההסכם שלהם. וכידוע יש ביניהם שני חוזים:

א. הראשון, לא היה רק הסכם פוליטי לבד, שקראו אותו "ציר רומא ברלין", שכל תוכנו הוא עזרה הדדית פוליטית, והתחלקות איזורי השפעה מסוימים ביניהם. על פיו נתן היטלר עזרה פוליטית למוסוליני במלחמתו בחבש, וכן מוסוליני להיטלר, בכל הרפתקאותיו שמלפני המלחמה, וממשיך בה עד היום.

ב. קרוב לפריצת המלחמה עשו ביניהם, כידוע, חוזה שני צבאי, שתוכנו בפרט לא נודע לנו. אלא בדרך כלל נודע, שהתחיבו בו, בעזרה צבאית הדדית בפועל ממש.

יש די הוכחות לשער, שלא התחייבו באותו ההסכם הצבאי לצאת מיד ביחד להמלחמה, כדרך ההסכם של אנגליה-צרפת. הסכם הזה היה בנוי כולו רק על האיניציאטיבה של היטלר, שרצה בו רק להבטיח את עצמו על

כל צרה שלא תבא: אולי יגיע לידי משבר מלחמתי ויהיה זקוק לעזרתה של איטליה, אז ההסכם מחייב את איטליה שתבא לעזרתו, על פי הזמנתו של היטלר. וכמובן, על פי תנאים מסוימים בחלוקת השלל.

כי ביסודו של דבר, לא חשב היטלר, שיהיה זקוק לעזרתה הצבאית של איטליה, והיה זה משני טעמים:

האחד, שהוא בטוח ברוב כחותיו עצמו ואינו מאמין כל כך בכשרון הצבאי של איטליה.

השני, כי גם ההסכם הפוליטי הקדום, הנקרא "ציר רומא-ברלין" כבר מבטיח לו תמיכה מלחמתית במדה הגונה למדי. כי על ידי תמרונים פוליטיים בלבד אטליה יכולה להעסיק כחות מרובות של אויביו על גבולי איטליה, שאינם נופלים בהרבה מהיותו לוקח חלק פעיל במלחמה. משום כך לא רצה כלל לשתף את מוסוליני במלחמתו בפועל ממש. והסכם הצבאי שעשה עמו, לא היה אלא רק על שעת משבר מלחמתי, המחייב למוסוליני שיבא לעזרתו על פי הזמנתו של היטלר ביחוד, ואין האיניציטיבה כלל בידי מוסוליני.

וכנגד זה, מוסוליני עצמו, קיווה להגשים, בהרת מלחמה זו, כל תכניותיו הפשיסטיות: לחזור ולחדש את קיסרות רומה העתיקה כל כנה. שהרי אין לו לקוות על הזדמנות יותר טובה מללחום את מלחמתו עם היטלר ביחד. ובלי ספק, שהוא יושב ומקווה על הרגע שהיטלר יזמין אותו להשתתף עמו במלחמה. וכנראה, שהיטלר עוד לא אבד הבטחון בכחותיו עצמו, ועוד אין לו שום רצון לשתף אותו בהמלחמה, או יותר נכון לשתפו בשלל המלחמה.

על פי הקו הזה, יוצא איפוא, שכל עוד שאין אנו מרגישים שעת משבר אמיתי בצבאותיו של היטלר, אין לנו לפחד כלל מכל אלו האיומים של מוסוליני בהכנותיו למלחמה. ואין אלו רק תמרונים פוליטיים בלבד בערמה, כדי לעצור את כחות בנות הברית על גבולותיו, ולהחליש כמה שאפשר את כחות בנות הברית בחזית המלחמה, כפי התנאים של החוזה "ציר רומה-ברלין" (באמצע הכתיבה הושג ידיעה על יציאת איטליה למלחמה. והמאמר נפסק באמצע, ונסיים המאמר כפי המציאות ההוי)

עתה, שיציאת איטליה למלחמה נעשה לעובדה, נתחוור הרבה, אם נדון על פי הקו שהתוינו. שהרי, עתה נודע לנו בעליל, כי היטלר הגיע בקרב האחרון לידי משבר אמיתי, ובא שם לידי אפיסת הכחות. כי זולת זה, בלי שום ספק, לא היה משתף את איטליה בהמלחמה. ומשום כך ענין יציאת איטליה למלחמה, הוא כעין בשורה טובה במפלתה של גרמניה. וכפי שאנו מקוים, גם עזרת איטליה לא תציל אותה. ונצחון בנות הברית בטוח עתה הרבה יותר מתמיד.

במה צבורית

הננו להקצות מקום בעתוננו בשביל "במה צבורית" בעד כל הנוגע לשאלות לאומיות, וביחוד בדבר איחוד האומה. וכל מי שיש לו איזה נושא חשוב לאומי, או איזה תכנית לאיחוד האומה, וכמו כן דברי ויכוח ללבן דברים בנוגע להנושאים הללו - הננו מוכנים לקבלם ולפרסמם בעתוננו.

המערכת

ירושת הארץ

[מתוך כתב יד]

ישראל לא ישובו לארצם עד שיהיו כולם באגודה אחת.

חז״ל אין ישראל נגאלין עד שיהיו כולם באגודה אחת.

ב. ויש להבין מה ענין אחדות ישראל עם הגאולה.

ג. ונקדים העניין בַּמָּה אֵדַע וכו׳, כִּי גֵר יִהְיֶה זַרְעֲךָ וכו׳, וְאַחֲרֵי כֵן יֵצְאוּ בִּרְכוּשׁ גָּדוֹל. וקשה איזו תשובה היא על שאלת אברהם?

ד. ויש להבין כל ענין הבריאה הזאת שהאדם סובל בה כל כך למה לי? וכי לא היה יכול להנות לנבראיו בלי כל זה?

ה. אמנם אִיתָא בספרים כי אי אפשר להנשמות לקבל את השכר הטוב שבשבילו ברא העולם והנשמות בלי שיהיה להם כלי מוכנת לקבלה והכלי ההוא אינה מושגת להאדם זולת ע״י היגיעה והטורח לקיים המצוות מתוך הדחק והמלחמות שהאדם נלחם עם היצה״ר ועם המניעות וטרדות המרובים אשר הצער והיגיעה הזאת בתורה ומצוות ממציא כלי להנשמה שתהיה מוכנת לקבל כל העונג והטוב שבשבילה ברא לכל הנבראים.

ו. ובזה מובן מאמר בֶּן הֵא הֵא במשנה אבות שאומר לְפוּם צַעֲרָא אַגְרָא שפירושו שהשכר נמדד במידת הצער. שקשה לכאורה מהו עניין הצער של אדם להשכר שלו?

ז. ובהאמור מובן היטב כי כל עיקר הצער והיגיעה שהוכנה בעולם הוא למציאת הכלי לקבל השכר הטוב על יגיעה בתורה ומצוות, מובן מאליו שכל שצערו בתו״מ גדול הרי שיש לו כלי יותר גדולה ממילא מוכן לקבל שכר מרובה ביותר.

ח. ועתה מובן תשובת הקב״ה לשאלת אברהם אבינו בַּמָּה אֵדַע כו׳ כי השאלה של אברהם אבינו היתה משום שראה ברוח קדשו גודל ההפלגה של שכר הטוב העתיד להגיע לישראל בזכות ירושת הארץ שהרי כל קיום המצוות תלוי בארץ וע״כ תָּמַהּ אברהם אבינו בַּמָּה אֵדַע כִּי אִירָשֶׁנָּה כלומר במה אדע שבני ישראל יוכלו לזכות לְשָׂכָר גדול כזה ולהפלגה גדולה כזו כי מֵאַיִן יהיו להם כלים גדולים שיהיו ראויים לקבלה נפלאה הזו, וע״ז תירץ לו השי״ת גֵר יִהְיֶה זַרְעֲךָ וַעֲבָדוּם וְעִנּוּ אֹתָם אַרְבַּע מֵאוֹת שָׁנָה וכו׳ שאז יהיו להם יגיעה רבה בתורה ומצוות ואז הבין שבדרך זה ישיגו בטח כלי קבלה הגדולים והתשובה מְסַפֶּקֶת לגמרי.

ט. היוצא מדברינו שצריכים הכנה רבה לירושת הארץ משום שכל סגולת התורה והמצוות תלויים בה שעל ידיה זוכים לכל השפע והטוב שחשב השי״ת על כל נשמות ישראל בטרם שבראם אשר מטעם זה נתפלא אברהם אבינו כי לא הבין מֵאַיִן יקחו כלי קבלה כל כך גדולים לזכות לקדושת הארץ עד שהשי״ת אמר לו שהיגיעה בתורה ומצוות בגלות מצרים יכין אותם בכלים הגדולים הללו ויהיו ראויים להארץ הקדושה כמבואר.

י. וקשה על זה הַתֵּיבָה העוסקים בתורה אבל העוסקים בְּמִילֵּי דְעָלְמָא [בהבלי העולם] שאינם מוכנים כלל לעסוק בתורה במה יזכו המה לכלים הללו?

יא. אמנם התירוץ הוא כי ע״כ אמרו במדרש הנ״ל שאין ישראל נגאלים עד שיהיו כולם באגודה אחת. כי הכלל ישראל המה גוף אחד ממש. שכל אבר ואבר יש לו תפקיד המיוחד לאותו האבר. למשל הראש מחשב שכל ודעת. והידים עובדות ומספיקות מזונות להראש. והראש פטור מלעבוד בעצמו, ואין לו צורך לזה כי הידים מספיקים לו. והידים אין להם צורך לחשוב שֵׂכֶל איך לעבוד, כי הראש מספיק בעדו לגמרי.

יב. אם ישראל יעשו לאגודה אחת, כמו גוף אחד, אשר בעלי עבודה שהם הידים של הגוף יספיקו להראש, אז היגיעה והצער של בעלי תורה ועבודה ישלימו בעד העובדים... ומובן היטב המדרש [אין ישראל נגאלין עד שיהיו כולם] באגודה אחת וּבָא לְצִיּוֹן גּוֹאֵל ... יהלך.

ששים רבוא נשמות

אמרו, שיש ששים רבוא נשמות, וכל נשמה מתחלקת לכמה ניצוצין. וצריך להבין, איך אפשר שהרוחני יתחלק, כי מתחילה לא נברא רק נשמה אחת - נשמת אדה"ר.

ולענ"ד, שבאמת אין בעולם יותר מנשמה אחת, כמ"ש, (בראשית ב, ז) "וַיִּפַּח בְּאַפָּיו נִשְׁמַת חַיִּים". ואותה נשמה מצויה בכל בני ישראל, אצל כל אחד ואחד בשלמות, כמו אצל אדה"ר. כי הרוחני לא יבא בחיתוכים וחילוקים, שזה דווקא מִגִּדְרֵי הגשמיים. אלא מה שאמר שיש ששים רבוא נשמות וניצוצי נשמות, נראה שזה מתחלק בכח גופו של כל אחד ואחד. דהיינו, בתחילה הגוף חוצץ ומונע זוהר הנשמה ממנו מכל וכל, ובכח התורה והמצווה נזדכך הגוף, ולפי המדה שנזדכך, באותו השיעור מאירה הנשמה כללית עליו.

לכן נעשה בערך הגוף הגשמי ב' בחינות. בחינה א', שמרגיש את נשמתו לפרט מיוחד, ואינו מבין כי זהו כלל ישראל, וזה באמת פגם, לכן גורם ביחד עם הנ"ל.

בחינה ב', שאינו מאיר עליו באמת אור נשמת ישראל בכללות כח הארתה, אלא בחלק הימנה, פירוש, לפי המדה והשיעור שזיכך את עצמו, בבחינת השבתו אל הכלל.

והסימן אם נתתקן הגוף בשלמות, בשעה שמרגיש שנשמתו נמצאת בכל כלל ישראל, בכל אחד ואחד מהם, ולכן אינו מרגיש ג"כ את עצמו לבחינת פרט, כי זה תלוי בזה, ואז הוא תמים בלי מום, ושופע עליו באמת הנשמה בכל כחה, כמו שהופיעה באדה"ר, בסוד, "מָאן דְּנָפַח מִתּוֹכוֹ נָפַח" [מי שנפח, מתוכו נפח].

וז"ע ג' זמנים לאדם.

א. בחינת ניצוץ מנשמה, סוד הפעולה בדרך התנוצצות, בסוד שָׁרֵי וַאֲסַר [התיר ואסר].

ב. בחינת נשמה פרטית, חלק אחד מששים רבוא, ונשלם בסוד הקביעות, אבל פגמו עמו. דהיינו, שגופו אינו יכול לקבל בחינת כללות הנשמה, ומרגיש את עצמו לפרטיות, שזה עדיין מסבב לו הרבה יסורים של אהבה.

ואח"כ מתקרב לשלימות, סוד הנשמה כלליות כנ"ל, כי כבר נזדכך הגוף וכולו קדש להוי' ואינו עושה שום שיעורים ומסכים ונכלל כולו בכלל ישראל. ... .

אִיתָא, "וַאֲפִילוּ גַּבְרָא חָדָא אִי יִתְקְרַב קָמֵי מָארֵיהּ בִּתְיוּבְתָּא שְׁלִימְתָּא מִיַּד יֵיתֵי מַלְכָּא מְשִׁיחָא" [למדנו, ואפילו איש אחד, אם יתקרב לפני אדונו בתשובה שלמה, מיד יבוא מלך המשיח].

ונראה פירושו, דהנה אמרו, (שהש"ר פ"א, ועוד) "שקול משה כנגד ששים ריבוא". וצריך להבין, כי לפי זה נמצא ב' פעמים ששים ריבוא נשמות, נשמת משה, ונשמות ישראל.

והאמת נראה כנ"ל, שלא נמצא יותר מנשמה אחת, שנודע לפי שערים של כל נפש ונפש שמזדככת ומטהרת א"ע מזוהמתה.

לכן בהתתקן כל הנפשות, ימשיכו אליהם כל בחינת הנשמה העליונה של אצילות לכל נפש ונפש, כי הרוחני אינו מתחלק, ואז, (זכריה יד, ט) "והיה ה' למלך על כל הארץ".

לכן בעוד שחסר נפש אחת משלימות הטהרה, תחסר המשכת קדושה זו בכל נפש ונפש מישראל.

וגם בהיטהר נפש אחת מישראל עצמה מכל זוהמתה, אז תמשיך אליה כל בחינת הנשמה דאצילות, וְאַגַּבָּהּ יתוקנו כל נפשות דורה, וז"ע שתלוי זה בזה הרבה כמ"ש, (סנהדרין יא.) "ראוי היה שתשרה שכינה עליו, אלא שאין דורו ראוי לכך".

ותוכן הדברים מפלאי תמים דעים, שאותה הנשמה שזכתה להיטהר, מיד היא מתאמצת לעלות חן הדור ולבקש עליהם, עד שמעלה כל הדור שלה למעלתה.

וז"ס, "שקול משה כנגד ששים רבוא". כי כיון שהיה רועה נאמן שלהם, על-כן היה לו אותה הקדושה שראויה לכל הדור, והבן.

ובאמת, בכל פרט ופרט נמצא כל הכלל, מפני שבאחרית, סוף כל סוף, יתאחדו כל הנפשות לבחינה אחת, בסוד, תשובתם לשורשם

הרוחניים, לכן כל מה מהנסים והנפלאות וכל בחינות המסעות שעברו על כל העולם בשית אלפי שני [בששת אלפי השנים], צריכים לעבור על כל נפש פרטית, והנפש הטובה, שואבת אליה מכל בחינות הקדושה שלפניה ולאחריה, והנפש הרעה להפך.

וסוד העתים המתחלפים עליו, הוא בחינת דורות, אלא שכל דור ודור מתנהג כפי השופט שלו, סוד השכל השופטו, לפי שמקבלת מהקדושה בזמן ההוא.

לכן כל נפש מוכן לשאוב בתוכו נשמת משה, אהרן, שמואל, דוד ושלמה, דהיינו, בבחינת זמנים העוברים עליו, ביציאת מצרים וקבלת התורה, נשמת משה רע"ה מתגלית עליו. ובשבע שכבשו, נשמת יהושע. ובבנין המקדש, נשמת שלמה המלך, והבן.

ואין הכונה על פרטי נשמות הנ"ל, אלא לפי הכלל שאמרנו שהרוחני אינו מתחלק, ומיד שזוכה לבחינת נשמה, זוכה לנשמת כלל ישראל, אלא לפי מקום וערך הטהרה שלו, ולכן בזמנים שזוכה לנפלאות הנ"ל, אז הוא מקבל לתוכו שפעת הנשמה באותה הגילוי, לכן שם בעל הגילוי עליו ממש.

ואמרו, (שבת סז. ב"מ קיג:) "כל ישראל בני מלכים הם". (ירושלמי הוריות ג ה) "ומלך שמת כל ישראל ראויים למלכות". וז"ס גדול, דהנה בכל הדורות שקדמו, שהמה רק הכנה לבחינת מלכות, היו צריכים כלים מיוחדים להמשכת השופטים שלהם, כמו נשמת משה ושמואל וכו'. אבל סוד התכלית האחרון תלוי בכל כלל ישראל, כי בהחסר חלק קטן מניצוץ קטן, לא יוכל להתגלות הקץ, וע"כ כל ישראל ראוים למלכות, כי הכל שוים בבחינה זו האמיתית, ולכן אין שום כלי מיוחד להמשכת השלימות הזה, אלא כל מי שמזכך, ומטהר את נפשו להיות ראוי להמשיך גילוי המלכות לעולם, יהיה נקרא דוד המלך ממש. וזה סוד (ר"ה כה.) "דוד מלך ישראל חי וקים", כי לא מת כלל, וכלי שלו נמצא בכל נפש ונפש מישראל, מה שאין כן נשמת משה שאינה אלא בתלמידי חכמים שבדור וכן נביאים וכהנים וכו'.

וזה סוד (ירושלמי הוריות ג ה) "מלך שמת כל ישראל ראויין למלכות". והבן. וזה סוד, מוציא את הרבים ידי חובתן והבן מאד.

וזה ענין, (סוטה מט:) "בְּעִקְבוֹת מְשִׁיחָא חוּצְפָּא יִסְגֵּא [בסמוך למשיח החוצפה תתרבה]". (ישעיהו ג, ה) "וְאִישׁ בְּרֵעֵהוּ יִרְהֲבוּ הַנַּעַר בַּזָּקֵן וְהַנִּקְלֶה בַּנִּכְבָּד". פירוש שנער גם נקלה ירהיב בנפשו עוז, להמשיך מלכותו לעולם, כאילו היה מזקנים שבדור ונכבדי הדור.

כי גם הַנִּקְלֶה, דהיינו, בעל נפש נמוכה ושפלה באמת בשורשו, אם יכוון לבבו ויטהר מעשיו להיות רצוים, יזכה להמשיך בנפשו כלל הנשמה של עם קדוש, עם כל הנפלאות שטעמו עם קדוש עד היום הזה, כי כולם לא היו אלא הכנה לשלימות הזה, לכן מוכרח גם אותו הנפש הפרטי לטעום הכל, וקונה עולמו בשעה אחת, מפני סגולת הדור ההוא להמשיך כתר מלכותו ית' שכולל הכל, (ברכות סד. ב"ב קמה:) וְהַכֹּל צְרִיכִין לְמָרֵי דְחִטֵּי [לבעל החיטים] וְכָל פְּרַט וּפְרַט חַיָּבִין בּוֹ. והבן.

וזה שאמרו, וַאֲפִילּוּ גַּבְרָא חֲדָא אִי יִזְכֵּי לְמִיתַב בְּתְיוּבְתָּא שְׁלִימְתָּא מִיַּד יֵיתֵי מַלְכָּא מְשִׁיחָא [ואפילו איש אחד, אם יזכה לשוב בתשובה שלמה, מיד יבוא מלך המשיח], פירוש, יהיה מי שיהיה, אפילו אם אדם אחד שבדור יזכה להמשיך בעצמו אותו הנשמה, יוכל לזכות כל בני דורו, כי כל המחויב בדבר מוציא את הרבים ידי חובתן, ויוכל להרבות בתפילה ולעמוד בפרץ לפניו, עד שיזכה בעד כל דורו.

מה שאין כן בשאר מיני גאולות, שהיו רק בבחינת הכנה, לא היו שייכים לכל פרט ופרט, למשל נתינת התורה היתה שייכת דוקא לדור המדבר ומשה רבם, וכל דור אחר אפילו היו זכים ביתר שאת, לא היו ממשיכים בחינה זו, וכן אדם אחר חוץ ממשה, כי זה תלוי בזה.

אבל בחינת משיח מוכן לכל דור ודור, ומחמת זה מוכן ג"כ לכל פרט ופרט, להיות הממשיך בחינת משיח, בסוד, כל המחויב בדבר כנ"ל.

והטעם כי ענין משיחות, הוא תיקון

הכלים, וציור כל הכלים שוים, כי כל החילוק בהם, הוא רק בחב"ד שלהם, למדות שלהם, ולכן מהשר הרואה פני המלך עד היושב אחר הרחים, כולם משרתים שוים בזה להחזיר העטרה ליושנה, ובזה לא נמצא כל דרגות בין אחד לחברו.

נבואתו של בעל הסולם

[מתוך כתב יד]

"ויהי בתוך שני המלחמה בימי הטבח האיום. ואני תפילה, ואבך בכי רב כל הלילה. ויהי כעלות הבוקר. והנה אנשי העולם כולו כמו מקובצים בקיבוץ אחד לפני דמיוני. ואיש אחד מרחף ביניהם בראש חרבו על ראשיהם, מצליף כלפי ראשיהם, והראשים פורחים למרום וגוויותיהם נופלים לבקעה גדולה מאוד, ויהיו לים של עצמות.

והנה קול אלי: "אני אל שדי, המנהיג לכל העולם כולו ברחמים מרובים. שלח ידך ואחוז בהחרב, כי עתה נתתי לך עצמה וגבורה". ותלבישיני רוח ה', ואחזתי בהחרב. ותכף נעלם אותו האיש, והבטתי היטב על מקומו ואיננו. והחרב ברשותי לקנייני הפרטי.

ויאמר ה' אלי: "שא רגלך ולך לך ממולדתך אל ארץ החמדה ארץ האבות הקדושים, ואעשך שם לחכם גדול ועצום ונברכו בך כל גאוני הארץ, כי אותך בחרתי לצדיק וחכם בכל הדור הזה, למען תרפא את שבר האנושי בישועה של קיימא. ואת החרב הזה תיקח בידך, ותשמור עליה בכל נפשך ומאודך, כי היא האות ביני ובינך, אשר כל הדברים הטובים האלו יתקימו על ידיך, כי עד עתה עוד לא היה לי איש נאמן כמותך, למסור לו החרב הזאת. וע"כ עשו החובלים מה שעשו, ומעתה כל מחבל אשר יראה את החרבי בידיך, תכף יתעלם ויתבער מהארץ".

ואסתיר פני, כי יראתי מלהביט לעומת הדובר בי. והחרב שהיתה למראה עיני דמיוני, כמו חרב פשוטה של ברזל בדמות משחית נורא, הנה נתהפכה ברשותי לאותיות נוצצות השם הקדוש אל שדי, אשר ברק זיוום מלאה אור ונחת והשקט ובטח את כל העולם כולו. ואומר אל לבי: "מי יתן ואקנה לכל דורי העולם מטיפה טהרה של החרב הזאת, כי אז ידעו שיש נועם ה' בארץ".

ואשא עיני. והנה ה' ניצב עלי ויאמר אלי: "אני אל אלוקי אבותיך, שא נא עיניך מהמקום אשר אתה עומד לפני, ותראה כל המציאות אשר המצאתי יש מאין, עליונים ותחתונים יחד, מראש מתחילת יציאתם לגילוי המציאות ועד כל המשך זמן בסדרי התפתחותם, עד יבואו על גמר מלאכתם, כראוי למעשה ידי להתפאר".

ואראה ואשמח מאוד על הבריאה הנהדרה וכל מלואה. והעונג והטוב אשר כל באי הארץ מתענגים עליה. ואודה לה'.

אז אמרתי לה': "לפניך נעבוד ביראה ופחד ונודה לשמך תמיד, כי מאתך לא תצא הרעות והטוב, אכן שלשלת של נועם ערוכה לפנינו מראש עד סוף, ואשרי הדורכים על עולמך אשר הכינות להם לנועם ועדן וכל טוב, אין שום נפתל ועקש בכל מעשי ידיך העליונים ותחתונים יחד". ונמלאתי חכמה נהדרה. ועל כולם חכמת השגחתו הפרטית בתכלית. כן הלכתי והוספתי חכמה יום יום ימים רבים שמונים ומאות יום.

בימים האלה עלה על לבי לערוך תפלה לה' לאמור: "הן נמלאתי חכמה יותר מכל הקדמונים, ואין דבר בעולם אשר יפלא ממני. אולם את דברי הנביאים וחכמי ה' איני מבין כלום. גם השמות הקדושים ברובם לא הבנתי. והרהרתי, הנה ה' הבטיח לי חכמה ודעת עד להיות למופת בין חכמים והנבראים, ואני עדיין את שיחתם איני מבין".

ובטרם אקרא, והנה ה' שורה עלי ויאמר: "הן תראה חכמתך והשגתך למעלה למעלה על כל החכמים אשר היו בארץ עד הנה. ומה שאלת ממני ולא נתתי לך, ולמה תדאיב את רוחך בהבנת דברי הנבואה, שאינך מסופק שדבריהם נאמרים מתוך קטנות מהשגתך, האם תרצה שאורידך ממדרגתך, ואז תוכל להבין את כל דבריהם כמותם?"

והחרשתי ושמחתי בהתפארות רחבה ולא עניתי דבר. אחרי זה שאלתי את ה': "הלא עד הנה לא שמעתי דבר על קיום גוויתי וכל

הטובות והיעודים הגיעו לי מתוך רוחניות בלבד ואליה הכל מיועד. ואם כן, מה יהיה שבגלל איזה מחלה או פגעי הגוף יתבלבל שכלי ואחטא לפניך? האם תשליכני מלפניך ותאבד את כל הטובה הזאת או תענישני?"

וישבע לי ה' בשמו הגדול והנורא ובכסאו הנצחי, כי לא ירפה חסדו ממני בנצחיות. ואם אחטא ואם לא אחטא, חסדו וקדושתו לא יסור הימני לנצח. ושמעתי ושמחתי מאוד. (הן כבר באת על תכליתך ולכל פשעיך סלחתי והחסד הזה).

ובמלאת הימים האלה הקשבתי קשב רב לכל היעודים וההבטחות שנועדתי מאת ה', ולא מצאתי בהם סיפוק ולשון, איך לדבר אל בני העולם ולהביאם לחפץ ה', אשר הודיעני. ולא יכולתי להתאפק לטייל בין בני אדם, הריקים מכל, ודוברים סרה על ה' ועל בריאתו. ואני שבע והלל הולך ושמח, וכמו מצטחק על האומללים האלה. ונגעו אלי הדברים עד הלב. אז הוסכם בלבי: יהיה מה שיהיה, ואפילו ארד ממדרגתי הרמה, הנני מוכרח לשפוך תפילה חמה לה', ליתן לי השגה ודעת בדברי נבואה וחכמה ולשון, להועיל את בני העולם האומללים, להעלותם לדרגת החכמה והנועם כמותי. והגם שידעתי מאז שאסור לי להדאיב רוחי, עכ"ז לא התאפקתי ושפכתי שיח ותפילה חמה מאוד.

ויהי בבוקר ואשא עיני וראיתי יושב בשמים ישחק עלי ועל דברי ויאמר לי: "מה אתה רואה?"

ואומר אני: "רואה שני אנשים מתאבקים יחד. אחד חכם ושלם בכל עוז, והשני קטן וטיפש, כמו קטן שנולד. והשני החסר טעם הקטן והחלש מפיל את הגיבור והשלם".

ויאמר לי ה': "זה הקטן גדול יהיה".

ויפתח הקטן את פיו, ואמר לי איזה פסוקים בלתי מובנים לי כל צרכם. אומנם הרגשתי בהם כל אוצרות החכמה והנבואה הנהוגה בין כל נביאי אמת, עד שידעתי כי ענה לי ה', ונתן לי מהלכים בין כל הנביאים וחכמי ה'.

ויאמר לי ה': "קום על רגלך והבט לרוח מזרחית קדמה". ונשאתי עיני, וראיתי אשר הקטן הלז ברגע אחת נתרומם והשוה את עצמו וקומתו לקומת הגדול, ועדיין היה חסר טעם ושכל כמקדם ונפלאתי מאוד.

אח"ז היה דבר ה' אלי במחזה לאמור: "שכב על צדך הימנית". ואשכב על הארץ. ויאמר לי: "מה אתה רואה?"

ואומר: "אני רואה גויים ולאומים רבים מאד, מתנשאים ונאבדים ומראיהם משחת מאדם".

ויאמר לי ה': "אם תוכל ליתן צורה לכל הגויים האלה ולהפיח בהם רוח חיים, אז אביאך אל הארץ אשר נשבעתי לאבותיך, לתת לך וכל יעודי יתקיימו על ידך".

עבודה רוחנית

על מאמרי שמעתי

בין הספרים וכתבי היד, שהיה לומד בהם מורי הרב ברוך שלום הלוי אשלג (הרב״ש), בנו ובכורו ממשיך דרכו של בעל הסולם, היתה מחברת מיוחדת, עליה היה כתוב בכתב ידו של מורי: ״שמעתי״. ממחברת זו לא מש, ולכל מקום שנסע, נטל אותה עמו ועיין בה עוד ועוד.

בהיותו על ערש דווי, בשעת לילה מאוחרת, הגיש לי לפתע את המחברת ואמר לי בזו הלשון: ״קח את המחברת ועסוק בה״. למחרת לפנות בוקר, בהיותי סמוך למיטת חוליו, עלתה נשמתו הטהורה לגנזי מרומים.

המחברת מכילה אוסף מאמרים מאת בעל הסולם, שכתבם הרב״ש מפי אביו מיד לאחר אמירת הדברים. עקב ייחודיותם שמרנו על סגנון השפה המדוברת הנהוגה במאמרים - אותם שתה הרב״ש בצמא ועליהם השתית את יסודות תורתו.

הרב מיכאל לייטמן

מאמרי "שמעתי"

א. אין עוד מלבדו

שמעתי א' יתרו תש"ד

הנה כתוב "אין עוד מלבדו", שפירושו, שאין שום כח אחר בעולם, שיהיה לו יכולת לעשות משהו נגדו יתברך. ומה שהאדם רואה שיש דברים בעולם שהם מכחישים פמליא של מעלה, הסיבה היא, מטעם שכך הוא רצונו יתברך. וזהו בחינת תיקון, הנקרא "שמאל דוחה וימין מקרבת". כלומר, מה שהשמאל דוחה, זה נכנס בגדר של תיקון. זאת אומרת, שישנם דברים בעולם, שבאו מלכתחילה על הכוונה להטות את האדם מדרך הישר, שעל ידיהם הוא נדחה מקדושה.

והתועלת מהדחיות הוא, שעל ידם האדם מקבל צורך ורצון שלם, שהקב"ה יעזור לו, כי אחרת הוא רואה שהוא אבוד. לא די שלא מתקדם בעבודה, רק הוא רואה, שהולך אחורה. היינו, אפילו שלא לשמה אין לו כח לקיים את התו"מ. שרק ע"י התגברות אמיתי על כל המכשולים למעלה מהדעת הוא יכול לקיים את התו"מ. ולא תמיד יש לו כח ההתגברות למעלה מהדעת. אחרת, הוא מוכרח לנטות חס ושלום מדרך ה', אפילו משלא לשמה.

והוא, שתמיד אצלו הפרוץ מרובה מהעומד. היינו, שהירידות הם הרבה יותר מהעליות. ולא רואה בזה שיקח סוף המצבים האלה, והוא ישאר תמיד מחוץ לקדושה. כי הוא רואה, אפילו כקוצו של יוד קשה לו לקיים, רק בהתגברות למעלה מהדעת. אבל לא תמיד הוא מסוגל להתגבר. ומה יהיה הסוף?

אז הוא בא לידי החלטה, שאין מי שיכול לעזור, אלא הקב"ה בכבודו ובעצמו. וזה גורם, שיקבע בליבו תביעה אמיתית, שה' יפתח את עיניו ולבו, ויקרבו באמת לדביקות ה' בנצחיות.

נמצא לפי זה, שכל הדחיות שהיו לו, היה הכל מאת ה'. היינו, שלא מטעם שהוא לא היה בסדר, שלא היה לו היכולת להתגבר. אלא לאלו אנשים שרוצים באמת להתקרב לה', ובכדי שלא יהיה מסתפק במועט, כלומר שלא ישאר בבחינת ילד קטן בלי דעת, ומשום זה ניתן לו מלמעלה עזרה, שלא יהיה לו היכולת לומר, שברוך ה' שיש לו תורה ומצות ומעשים טובים. ומה חסר לו עוד?

וזה דוקא אם באמת, שיש לאדם הזה רצון אמיתי. אז, האדם הזה מקבל עזרה מלמעלה, ומראים לו תמיד, איך שהוא לא בסדר במצב הנוכחי. דהיינו, ששולחים לו מחשבות ודיעות, שהם נגד העבודה. וזהו בכדי שיראה, שאין הוא בשלימות עם ה'.

ועד כמה שהוא מתגבר, הוא רואה תמיד, איך שהוא נמצא במצב שהוא רחוק מקדושה משאר עובדים, שהם מרגישים, שהם בשלימות עם ה'. מה שאין כן הוא תמיד יש לו טענות ותביעות, ולא יכול לתרץ את ההתנהגות של הבורא, איך שהוא מתנהג עמו.

וזה גורם לו כאב, מדוע הוא לא שלם עם הקב"ה. עד שבא לידי הרגשה, שממש אין לו שום חלק בקדושה. והגם שמקבל לפעמים איזה התעוררות מלמעלה, שמחיה אותו לפי שעה, אבל תיכף הוא נופל למקום השפלות. אולם, זהו הסיבה, שגורם לו שיבוא לידי הכרה, שרק ה' יכול לעזור, שיקרב אותו באמת.

האדם צריך להשתדל ללכת תמיד בדרך, שהוא דבוק בו יתברך. כלומר, שכל מחשבותיו יהיו בו ית'. היינו, אם אפילו שהוא נמצא במצב הכי גרוע, שאי אפשר להיות ירידה יותר גדולה מזו, אל יצא מרשותו ית', כלומר שיש רשות אחרת, שלא נותן לו להכנס להקדושה, שבידו להטיב או להרע. פירוש, שאל יחשוב שיש ענין כח של ס"א, שהיא לא נותנת לאדם לעשות מעשים טובים וללכת בדרכי ה', אלא הכל נעשה מצד ה'.

וזהו כמ"ש הבעש"ט, שאמר, שמי שאומר שיש כח אחר בעולם, היינו קליפות, האדם הזה נמצא בבחינת "ועבדתם אלוהים אחרים". שלאו דוקא במחשבה של כפירה הוא עובר עבירה, אלא אם הוא חושב שיש עוד רשות וכח חוץ מה', הוא עובר עבירה. ולא עוד,

אלא מי שאומר שיש לאדם רשות בפני עצמו, היינו, שאומר אתמול הוא בעצמו לא היה רוצה ללכת בדרכי ה', גם זה נקרא עובר עבירה של כפירה. כלומר, שאינו מאמין, שרק הבורא הוא מנהיג העולם.

אולם בזמן שעבר איזה עבירה, ובטח שהוא צריך להתחרט ולהצטער על מה שהוא עשה את העברה, גם כאן צריכים לסדר את סדרי הצער והכאב, על איזה נקודה הוא תולה סיבת גורם העבירה, שעל נקודה זו צריכים להצטער.

והאדם צריך להצטער אז, ויאמר, זה שעשיתי את העבירה, הוא מסיבת שהקב"ה זרק אותי מהקדושה, למקום טינופת, לבית הכסא, ששם מקום הפסולת. כלומר, שה' נתן לו רצון וחשק להשתעשע ולנשום אויר במקום סרחון.

(ואפשר לומר, שמובא בספרים, שלפעמים האדם בא בגלגול חזיר. ויש לפרש על דרך שהוא אומר, שהאדם מקבל רצון וחשק לקבל חיות מדברים שכבר אמר עליהם שהוא פסולת, ועכשיו הוא רצה לקבל מהם מזונות).

וכמו כן, בזמן שהאדם מרגיש שעכשיו הוא נמצא בבחינת עליה, ומרגיש קצת טעם בעבודה, אל יאמר, שעכשיו אני נמצא במצב, שאני מבין, שכדאי להיות עובד ה'. אלא הוא צריך לדעת, שעכשיו הוא מצא חן בעיני ה'. לכן הקב"ה מקרבו ומשום זה הוא מרגיש עכשיו טעם בעבודה. ויזהר, שאף פעם לא לצאת מרשות הקדושה, לומר, שיש עוד מי שפועל חוץ מהקב"ה.

(אולם מכאן משמע, שענין מציאת חן בעיני ה' או להיפך, אינו תלוי באדם עצמו, אלא הכל בה'. ומדוע עכשיו מצא חן בעיני ה' ואח"כ אינו כן, אין זה בידי האדם להבין עם השכל החיצוני שלו).

וכמו כן, בזמן שמצטער על מה שאין הקב"ה מקרבו, צריך גם כן להזהר, שלא יהיה על חשבון עצמו, היינו מזה שהוא מרוחק מה', כי בזה הוא נעשה למקבל לתועלת עצמו. והמקבל הוא בפרודא. אלא, שיצטער על גלות השכינה. כלומר, שהוא גורם צער השכינה.

והאדם צריך לצייר לעצמו, כדוגמת שיש לאדם כאב באיזה אבר קטן שהוא, מכל מקום הכאב מורגש בעיקר במוח ולב, שהלב והמוח הם כללות האדם. ובטח שאין ערך דמיון הרגשת אבר פרטי, בערך כללות קומת האדם, ששם מורגש בעיקר הכאב.

כמו כן הכאב שהאדם מרגיש מזה שהוא מרוחק מה'. והיות שהאדם הוא רק אבר פרטי מהשכינה הקדושה, כי השכינה הקדושה היא כללות נשמת ישראל. ולכן, אינו דומה הרגשת הכאב הפרטי בערך הרגשת הכאב הכללי. זאת אומרת, שיש צער השכינה בזה שהאברים מורחקים ממנה, ואינה יכולה לפרנס את האברים שלה.

(ויש לומר שזהו מאמר חז"ל, בזמן שאדם מצטער, שכינה מה אומרת, קלני מראשי). ובזה שחושב הצער של התרחקות לא על עצמו, הוא נצול מלנפול לרשת הרצון לקבל לעצמו, שהוא בחינת פירוד מהקדושה.

ואותו דבר בזמן שאדם מרגיש שיש לו קצת התקרבות לקדושה. שיש לו שמחה, מזה שזוכה למציאת חן בעיני הקב"ה, גם אז מוטל עליו לומר, שעיקר השמחה שלו יהיה בזה שיש עכשיו שמחה למעלה, אצל השכינה הקדושה, מזה שהיה לה מקום לקרב את אבר הפרטי שלה אליה, ולא צריכה לשלוח את האבר הפרטי שלה החוצה.

ומזה שהאדם זכה לשמח את השכינה, מזה יש לו שמחה. וזהו גם כן על אותו החשבון הנ"ל, כי מה שיש שמחה להפרט, זהו רק חלק, מזה שיש שמחה להכלל כלו. ועי"י החשבונות האלו הוא מאבד את פרטיותו עצמו, ולא נלכד ברשת הס"א, שהוא הרצון לקבל לתועלת עצמו.

והגם שהרצון לקבל הוא דבר הכרחי, מסיבת "כי זהו כל האדם", כי מה שיש באדם חוץ מהרצון לקבל אינו שייך להנברא, אלא אנו מיחסים להבורא. אבל הרצון לקבל הנאה צריך להיות מתוקן בעמ"נ להשפיע. כלומר, שהתענוג והשמחה שהרצון לקבל לוקח, צריך להיות על הכוונה משום שיש נחת רוח למעלה מזה שיש להנבראים תענוגים. כי זה היתה

מטרת הבריאה להטיב לנבראיו. וזה נקרא "שמחת השכינה למעלה".

ומשום זה מחויב האדם לחשוב עצות, איך הוא יכול לעשות נחת רוח למעלה. ובטח שעל ידי זה שיהיה לו תענוג, יהיה נחת רוח למעלה. לכן הוא משתוקק להיות תמיד בהיכל המלך, ויהיה לו היכולת להשתעשע בגנזי המלך. ומזה בודאי יהיה נחת רוח למעלה. נמצא, שכל ההשתוקקות צריך להיות רק לשם שמים.

ב. ענין שכינתא בגלותא

שמעתי תש"ב

הזוה"ק אומר "איהו שוכן ואיהי שכינה". ויש לפרש דבריו. ידוע, דלגבי אור העליון אומרים, שאין שום שינוי, כמ"ש "אני הוי"ה לא שניתי". וכל השמות והכנוים הוא רק בערך הכלים, שהוא בחינת הרצון לקבל, הכלול במלכות, שהיא שורש הבריאה. ומשם משתלשל ויורד עד לעולם הזה, להנבראים.

וכל הבחינות האלו, החל ממלכות שהיא שורש בריאת העולמות, עד הנבראים, נקראת בשם **שכינה**. שהתיקון הכללי הוא, שהאור העליון יאיר בהם בתכלית השלימות. והאור המאיר בהכלים, נקרא בשם **שוכן**. והכלים נקראים באופן כללי **שכינה**. כלומר, **שהאור שוכן בתוך שכינה**. זאת אומרת, שהאור נקרא שוכן, מטעם שהוא שוכן בתוך הכלים. היינו, שכללות הכלים נקראים בשם שכינה.

ומטרם שהאור מאיר בהם בתכלית השלימות, אז מכנים הזמן זה בשם **"זמן של תיקונים"**. היינו, שאנו עושים תיקונים, בכדי שהאור יאיר בהם בשלימות. ועד אז נקרא המצב הזה בשם **שכינתא בגלותא**. כלומר, שבעולמות עליונים אין עדיין השלימות.

ולמטה בעולם הזה היא מצב, שצריך להיות לשרות אור העליון בתוך הרצון לקבל, **שהתיקון הזה הוא בחינת מקבל בע"מ להשפיע**. ובינתיים הרצון לקבל ממולא עם דברים שפלים ושטותיים, שאין נותנים מקום שיהיה שם מגולה עם כבוד שמים. זאת אומרת, במקום שהלב צריך להיות משכן לאור ה', נעשה הלב מקום לפסולת וטינופת. היינו, שהשפלות לקח את כל הלב. וזה נקרא "שכינתא בעפרא".

זאת אומרת, שהיא מושפלת עד לעפר. וכל אחד ואחד מואס בדברים של קדושה, ואין שום רצון וחשק להרים אותה מהעפר, אלא שבוחרים בדברים שפלים, שזה גורם צער השכינה, בזה שלא נותנים לה מקום בהלב, שיהא משכן לאור ה'.

ג. ענין ההשגה הרוחנית

שמעתי

אנו מבחינים בהרבה מדרגות ובהרבה הבחנות בהעולמות. ויש לדעת אשר כל המדובר במדרגות וההבחנות, הכל מדובר מענין השגת הנשמות בערך מה שמקבלים מהעולמות, וזה לפי הכלל **מה שלא נשיג לא נדעהו בשם**. והוא, כי המלה **"שם"**, יורה על השגה, כמו אדם הנותן שם לאיזה דבר לאחר שהשיג בו דבר מה, ולפי השגתו.

ועל כן כללות המציאות מתחלק לענין ההשגה הרוחנית לג' הבחנות:

א. עצמותו ית'.

ב. אין סוף ברוך הוא.

ג. הנשמות.

א. בענין **עצמותו ית'** אין אנו מדברים כלל. מטעם כי שורש ומקום הנבראים מתחיל ממחשבת הבריאה, אשר שם המה נכללים בסוד "סוף מעשה במחשבה תחילה".

ב. אין סוף ברוך הוא. שענינו הוא מחשבת הבריאה, בסוד רצונו להטיב לנבראיו בבחינת אין סוף, המכונה אין סוף ברוך הוא. והוא הקשר שיש בין עצמותו להנשמות. קשר זה מובן אצלנו בסוד רצון להנות לנבראים.

אין סוף ברוך הוא הוא תחילת העסק. והוא נקרא אור בלי כלי, אלא שם מתחיל שורש הנבראים. היינו, הקשר שיש בין הבורא לנבראים, הנקרא רצונו להטיב לנבראיו. הרצון הזה מתחיל מעולם אין סוף, ונמשך עד עולם העשיה.

ג. **הנשמות**. שהם מקבלי ההטבה, מה שיש ברצונו להטיב.

אין סוף ברוך הוא נקרא כן, משום שזה הקשר שיש בין עצמותו ית' להנשמות, המובן אצלנו בסוד רצון להנות לנבראיו. וחוץ מהקשר הזה של רצון להנות אין לנו שום דיבור. ושם הוא תחילת העסק. והוא נקרא אור בלי כלי, אבל שם מתחיל שורש הנבראים, היינו, הקשר שיש בין הבורא לנבראים, הנקרא רצונו להטיב לנבראיו. והרצון הזה מתחיל מעולם אין סוף ונמשך עד עולם העשיה.

וכל העולמות כלפי עצמם נבחנים כמו אור בלי כלי, שאין בהם דיבור. והם נבחנים כמו עצמותו ית', ואין בהם שום השגה.

ואל תתמה, מה שאנו מבחינים שם הרבה הבחנות. והוא משום שהבחנות אלו הם שם בבחינת כח. אשר אח"כ, כשיבואו הנשמות, אז יתגלו ההבחנות האלו אצל הנשמות המקבלים את האורות העליונים כפי מה שתיקנו וסדרו, באופן שיהיה יכולת להנשמות לקבלם, כל אחד לפי כוחו והכשרתו. ואז מתגלים ההבחנות האלו בפועל. אבל בזמן שאין הנשמות משיגות את האור העליון, אז הכל בערך עצמם נחשבות לבחינת עצמותו ית'.

ובערך הנשמות המקבלים מהעולמות, נבחנים העולמות בסוד אין סוף ברוך הוא. והוא מטעם, כי הקשר הזה שיש בין העולמות להנשמות, היינו, מה שהעולמות משפיעים לנשמות, זה נמשך ממחשבת הבריאה, שהוא בחינת יחס משותף בין עצמותו ית' להנשמות. והקשר הזה מכונה בשם אין סוף כנ"ל. וכאשר מתפללים ומבקשים מהבורא שיעזור לנו, ויתן לנו מבוקשנו, הכוונה לבחינת אין סוף ברוך הוא, ששם שורש הנבראים, שרוצה לתת להם טוב ועונג, הנקרא רצונו להטיב לנבראיו.

והתפילה היא להבורא ית' שברא אותנו, ושמו הוא, "רצונו להטיב לנבראיו", והוא מכונה בשם אין סוף, משום שהדיבור הוא לפני הצמצום. ואפילו לאחר הצמצום לא נעשה בו שום שינוי, שאין שינוי באור, ונשאר תמיד בשם הזה.

וכל ריבוי השמות הם רק כלפי המקבלים. לכן, השם הראשון שנתגלה בסוד שורש לנבראים, מכונה שם אין סוף ברוך הוא. וגילוי שם זה נשאר בלי שום שינויים. וכל הצמצומים וריבוי השינויים המה עשויים רק בערך המקבלים. והוא מאיר תמיד בשם הראשון, הנקרא רצונו להטיב לנבראיו בלי סוף. ועל כן אנו מתפללים להבורא ית' שנקרא אין סוף, שמאיר בלי צמצום וסוף. ומה שאח"כ נעשה סוף, זה תיקונים עבור המקבלים שיוכלו לקבל אורו ית'.

אור העליון מורכב מב' בחינות: משיג ומושג. וכל מה שמדברים בענין אור העליון הוא רק ממה שהמשיג מתפעל מהמושג. אבל כל אחד בפני עצמו, דהיינו, המשיג לבד, או המושג לבד, אינם מכונים בשם אין סוף. אלא שהמושג מכונה בשם עצמותו ית', והמשיג מכונה בשם נשמות, שהוא בחינה מחודשת, שהוא חלק מהכלל. והוא מחודש, בזה שנטבע בו הרצון לקבל. ומבחינה זו נקרא הבריאה בשם "יש מאין".

ובערך עצמם נבחנים כל העולמות לאחדות הפשוט ואין שינוי באלוקות, שהוא סוד "אני הוי"ה לא שניתי". ובאלקות לא שייך ספירות ובחינות. ואפילו הכינויים הזכים ביותר אינם מכנים את האור כשהוא לעצמו, כי הזה בחינת עצמותו שאין בו שום השגה. אלא, כל הספירות וההבחנות, המדובר בהם הוא רק ממה שאדם משיג בו. כי הבורא ית' רצה שאנחנו נשיג ונבין את השפע, בסוד רצונו להטיב לנבראיו.

וכדי שנוכל להשיג מה שרצה שנשיג ונבין, בסוד רצונו להטיב לנבראיו, ברא ונתן לנו את החושים האלה, וחושים אלו משיגים מה שמתפעלים מהאור העליון.

ובשיעור זה נעשו לנו הבחנות רבות. כי החוש הכללי נקרא רצון לקבל, והוא מתחלק לפרטים מרובים, לפי השיעור שהמקבלים מוכשרים לקבל. בערך זה יוצא הרבה חלוקות ופרטים המכונים עליות וירידות, התפשטות, הסתלקות, וכדומה.

והיות שהרצון לקבל נקרא "נברא" ו"בחינה מחודשת", לכן, דווקא ממקום שהרצון לקבל מתחיל להתפעל - משם מתחיל הדיבור.

והדיבור הוא הבחנות בחלקים של התפעלות. כי כאן יש כבר יחס משותף, בין אור העליון להרצון לקבל.

וזה מכונה בשם אור וכלי. אבל באור בלי כלי לא שייך שם הדיבור, כנ"ל, כי אור שאינו מושג למקבל נבחן לעצמותו ית', שבו אסור הדיבור משום שלא ניתן להשגה. ומה שלא משיגים, איך אפשר לתת לו שם.

ומזה נבין שבתפילה שאנו מתפללים לה', שישלח לנו ישועה, רפואה וכדומה, יש להבחין בזה ב' דברים:

א. הבורא ית'.

ב. דבר הנמשך ממנו.

בחינה א', שנבחן לעצמותו ית', כאן אסור הדיבור כנ"ל. בחינה ב', הדבר הנמשך ממנו, שהוא נבחן לאור המתפשט לתוך הכלים שלנו, היינו, לתוך הרצון לקבל שלנו, את זה מכנים בשם אין סוף ברוך הוא. שזה הקשר שיש להבורא ית' עם הנבראים, בחינת מה שרצונו להטיב לנבראיו. שהרצון לקבל נבחן לאור המתפשט, שבסופו מגיע להרצון לקבל.

ובזמן שהרצון לקבל מקבל את האור המתפשט, אז נקרא האור המתפשט בשם אין סוף, והוא בא לידי המקבלים ע"י כיסויים רבים, בכדי שהתחתון יוכל לקבל אותם.

נמצא לפי זה, אשר כל ההבחנות והשינויים נעשו דווקא בהמקבל, בערך ולפי מה שהמקבל מתפעל מהם. אלא שיש להבחין בענין המדובר. כאשר מדברים בבחינות בהעולמות, מדובר בהבחנות בכח, וכשהמקבל משיג אותן בחינות, אז הם נקראים בפועל.

וההשגה הרוחנית היא כאשר המשיג והמושג באים יחד. כי באין משיג - אין שום צורה למושג, כיון שאין מי שיקבל את צורתו של המושג. לכן נבחן בחינה זו בשם עצמותו ית', ואין שם מקום לדבר כלל. ואיך שייך לומר שהמושג יקבל איזה צורה בערך עצמו.

ואין לנו לדבר, אלא ממקום שהחושים שלנו מתפעלים מהאור המתפשט, שהוא בחינת רצונו להטיב לנבראיו, ובאה לידי המקבלים בפועל.

וזה דומה כמו שאנו מביטים על השלחן. אז לפי חוש המישוש אנו מרגישים שזה דבר קשה. וכן מדת אורך ורוחב, והכל לפי ערך חושינו. אבל אין זה מחייב שהשלחן יהיה נראה כן למי שיש לו חושים אחרים, למשל בעיני המלאך, בעת שמסתכל על השלחן אזי רואה אותו לפי חושיו. לכן אין לנו לקבוע שום צורה בערך המלאך כי אין אנו יודעין את חושיו.

ומכאן, שכמו שאין לנו השגה בהבורא ית', ממילא אין לנו לומר איזה צורה יש להעולמות בערכו, רק אנו משיגים בהעולמות בערך חושינו והרגשתנו. וכך היה רצונו ית' שאנחנו נשיג אותו.

וזה פירוש: "אין השתנות באור". אלא, כל השינויים הם בכלים, היינו, בחושינו, שהכל נמדד לפי הדמיון שלנו. ומזה תשכיל, אשר באם יסתכלו אנשים רבים על דבר רוחני אחד, אז כל אחד ישיג לפי הדמיון והחושים שלו. ולכן כל אחד רואה צורה אחרת. וכמו כן באדם עצמו ישתנה הצורה לפי מצבי עליות וירידות שלו, כמ"ש לעיל שהאור הוא אור פשוט, וכל השינויים הם רק במקבלים.

ויהי רצון שנזכה לקבל אורו יתברך, וללכת בדרכי השם ית', ולעבדו שלא על מנת לקבל פרס, אלא להשפיע נחת רוח להשם ית', ולאקמא שכינתא מעפרא [ולהקים שכינה מעפר], ולזכות לדביקות ה', ולבחינת גילוי אלקותו ית' לנבראיו.

ד. מהו סיבת הכבידות, שהאדם מרגיש בבטול לה', בעבודה

שמעתי י"ב שבט תש"ד

צריכים לדעת, כי סיבת הכבידות, שמרגישים בזמן שהאדם רוצה לעבוד בביטול עצמותו לה', ולא לדאוג לתועלת עצמו, שהאדם בא לידי מצב, כאילו כל העולם נשאר לעמוד על עמדתו, רק הוא כאילו נעדר עכשיו מעולם הזה, ועוזב את המשפחה שלו ואת חבריו למען התבטלות לה', היא רק סיבה פשוטה והיא נקראת חסרון האמונה. זאת אומרת, שהוא לא רואה אל מי הוא מתבטל, היינו שאינו מרגיש את מציאות ה'. זה גורם לו הכבידות.

מה שאין כן, בזמן שהוא מתחיל להרגיש את מציאות ה', תיכף נפשו כוסף להבטל ולהתחבר להשורש, ולהכלל בו "כנר בפני אבוקה", בלי שום דעת ושכל. אלא שזה בא לו מצד הטבע, כמו נר שהוא בטל בפני אבוקה.

לפי זה יוצא, שעיקר עבודת האדם היא רק לבוא לידי הרגשת מציאות ה', היינו שירגיש את מציאות ה', ש"מלא כל הארץ כבודו". וזה יהיה כל עבודתו, היינו שכל המרץ שהוא נותן בעבודה, היא בכדי להגיע לזה ולא לשום דברים אחרים. ולא יתבלבל, שהוא צריך להשיג משהו. אלא רק דבר אחד חסר להאדם, היינו בחינת **אמונה** בה', ולא לחשוב על שום דבר, כלומר שכל השכר שהוא רוצה תמורת עבודתו, צריך שיהיה שיזכה לאמונת ה'.

וצריכים לדעת, שאין הבדל בין הארה קטנה לגדולה, מה שהאדם משיג. היות, שבאור אין שום שינוי, אלא כל השינויים הוא בהכלים המקבלים את השפע, כמ"ש "אני הוי"ה לא שניתי". לכן, אם הוא מסוגל להגדיל את הכלים, בשיעור זה הוא מגדיל את ההארה.

אולם השאלה היא, במה האדם יכול להגדיל את הכלים. התשובה היא, בשיעור שנותן שבח והודיה לה', על זה שה' קירב אותו אליו, שירגיש אותו קצת. ויחשוב על החשיבות שבדבר, היינו שהוא זכה שיהיה לו קצת קשר עם הבורא. וכפי שיעור החשיבות שיצייר לעצמו, בשיעור זה תגדיל אצלו את ההארה.

והאדם צריך לדעת, שאף פעם הוא לא יבוא לדעת את שיעור האמיתי של החשיבות של הקשר בין אדם להבורא. כי אין ביד האדם להעריך את מדת ערכה האמיתי. אלא כפי שיעור שהאדם מעריך אותה, בשיעור זה הוא משיג את מעלתה וחשיבותה. ויש בזה סגולה, שעל ידי זה הוא יכול לזכות, שההארה זו תשאר אצלו בקביעות.

ה. לשמה זהו אתערותא דלעילא. ולמה צריכים אתערותא דלתתא?

שמעתי תש"ה

הנה, בכדי לזכות לבחינת לשמה, אין זה בידי אדם להבינה. כי אין זה בשכל אנושי להבין, איך אפשר להיות דבר כזה בעולם. וזהו מטעם, כי כל מה שנותנים לאדם להבין, שאם יעסוק בתו"מ ישיג משהו, מוכרח להיות שם תועלת עצמו, כי אחרת אין האדם מסוגל לעשות משהו. אלא זהו הארה הבאה מלמעלה. ורק מי שטועם זה, הוא יכול לדעת ולהבין. ועל זה נאמר "טעמו וראו כי טוב ה'".

אם כן יש להבין, בשביל מה האדם צריך לעשות תחבולות ועצות איך להגיע לשמה. הלא, לא יעזור לו שום עצות, ואם ה' לא יתן לו את הטבע השני, הנקרא רצון להשפיע, לא יועיל לאדם שום יגיעה, בכדי להשיג את הענין של לשמה.

והתשובה היא, כמו שאמרו חז"ל "לא עליך המלאכה לגמור, ולא אתה בן חורין להבטל ממנה" (אבות פרק שני כ"א). זאת אומרת על האדם מוטל לתת את האתערותא דלתתא [ההתעוררות מלמטה], היות שזהו בחינת תפלה. כי תפלה נקרא חסרון, ובלי חסרון אין מלוי. לכן כשיש להאדם צורך לבחינת לשמה, אז בא המלוי מלמעלה, ואז בא מלמעלה עניית התפלה. היינו, שהוא מקבל מלוי על חסרונו.

נמצא, זה שצריכים עבודת האדם בכדי לקבלת מה' את הלשמה, הוא רק בחינת חסרון וכלי. והמלוי, אף פעם האדם יכול להשיג מעצמו, אלא זהו מתנת אלקים.

אולם התפלה צריכה להיות תפלה שלמה. היינו, מעומק הלב, שפירושו, שהאדם יודע מאה אחוז, שאין מי בעולם שיכול לעזור לו, אלא ה' בעצמו. ואיך האדם יודע זאת, שאין מי שיעזור לו, אלא הקב"ה בכבודו ובעצמו. הידיעה הזאת האדם יכול להשיג דוקא אם הוא השקיע כל הכוחות מה שיש ברשותו, ולא עזר לו.

לכן מוטל על האדם לעשות כל המעשים שאפשר להיות בעולם, בכדי לזכות לבחינת לשם שמים. אז הוא יכול לתת תפילה מעומק הלב. ואז הקב"ה שומע תפילתו.

אבל האדם צריך לדעת, בעת השתדלותו להשיג את בחינת לשמה, שיקבל על עצמו,

שהוא רוצה לעבוד כולו להשפיע על תכלית השלמות. היינו כולו להשפיע, ולא לקבל כלום. ורק אז הוא מתחיל לראות, שאין האברים מסכימים לדעה זו.

ומזה הוא יכול לבוא לדעת בבירור, שאין לו עצה אחרת, אלא שישפוך שיחו לה', שיעזור לו, שהגוף כן יסכים לשעבד עצמו לה' בלי שום תנאים. היות, שהוא רואה, שאין בידו לשכנע את גופו, שיבטל את עצמותו לגמרי. נמצא, שדוקא בזמן שהוא רואה, שאין מה לקוות שגופו יסכים מצד עצמו לעבוד לתועלת ה', אז התפלה שלו יכולה להיות מעומק הלב. ואז נתקבל תפלתו.

ויש לדעת, שעל ידי זה שזוכים לבחינת לשמה, הוא ממית את היצר הרע. כי היצר הרע הוא הרצון לקבל. ועל ידי זה שזוכין להרצון להשפיע, אז הוא מבטל את הרצון לקבל, שיהיה בידו מה לעשות. זה נבחן שממית אותו. היות כיון שהעבירו מתפקידו, ואין לו מה לעשות, כי כבר לא משתמשים עמו, זה שנתבטל מפעולתו, זה נבחן שהמית אותו.

וכשהאדם יתן חשבון לנפשו "מה יש לו בעמלו שיעמול תחת השמש", אז הוא יראה, שלא כל כך קשה לשעבד את עצמו לשמו ית' מב' טעמים:

א. הלא בין כך ובין כך, היינו בין שהוא רוצה ובין שאינו רוצה, הוא מוכרח להתיגע בעולם הזה. ומה נשאר לו מכל היגיעה שנתן?

ב. מה שאין כן אם האדם עובד לשמה, הוא מקבל תענוג גם בזמן העבודה.

לפי המשל של המגיד מדובנא ז"ל, שאמר על הכתוב "לא אותי קראת יעקב, כי יגעת בי ישראל". ואמר, שזה דומה לאיזה עשיר שיצא מהרכבת, והיה לו תיק קטן, והעמיד זה אצל המקום שכל הסוחרים מעמידים שם חבילותיהם. והסבלים לוקחים את החבילות ומביאים אותם למלון, ששם נמצאים הסוחרים. והסבל חשב שבטח תיק קטן היה הסוחר בעצמו לוקח ולא צריכים לזה סבל. לכן לקח חבילה גדולה. והסוחר רוצה לתת לו סכום קטן, כפי שהוא רגיל לשלם. והסבל לא רוצה לקחת, והוא אומר, הכנסתי להמחסן של המלון חבילה גדולה שנתעיפתי מאד, ובקושי סחבתי את החבילה שלך, ואתה רוצה לתת לי סכום פעוט עבור זה.

והנמשל הוא, בזמן שאדם בא ואמר, שהוא נתן יגיעה גדולה, בזה שקיים תו"מ, אמר לו הקב"ה "לא אותי קראת יעקב", היינו לא החבילה שלי לקחת, אלא החבילה זו שייך למי שהוא אחר. היות שאתה אומר, שיש לך הרבה יגיעה בתו"מ, בטח שהיה לך בעל בית אחר, שבשבילו עבדת. לכן לך אליו, שהוא ישלם לך. וזה שכתוב "כי יגעת בי ישראל".

זאת אומרת, מי שעובד אצל הבורא, אין לו שום יגיעה אלא להיפך, תענוג והתרוממות רוח. מה שאין כן, מי שעובד לשם מטרות אחרות, אז הוא לא יכול לבוא בטענות להבורא, מדוע הבורא לא נותן לו חיות בעבודה. היות שהוא לא עבד עבור ה', שהשם ישלם לו עבור עבודתו.

אלא האדם יכול לבוא בטענה לאלו אנשים, שהוא עבד בשבילם, שהם ישפיעו לו תענוג וחיות. והיות בשלא לשמה יש הרבה מטרות, לכן האדם צריך לדרוש מהמטרה שעבד בשבילה, שהמטרה זו שעבד בשבילה, שהיא יתן לו שכר, היינו תענוג וחיות. ועליהם נאמר "כמוהם יהיו עושיהם, כל אשר בוטח בהם".

אבל לפי זה יהיה קשה, הלא אנו רואים, שאפילו בזמן שהאדם מקבל על עצמו את עול מלכות שמים בלי שום כוונה אחרת, ומכל מקום אינו מרגיש שום חיות, שנגיד שהחיות הזאת מחייב אותו לקבל על עצמו את העול מלכות שמים. ומה שכן הוא מקבל עליו את העול, הוא רק מטעם אמונה למעלה מהדעת, היינו שעושה זה בבחינת התגברות בכפיה שלא בטובתו.

אם כן, נשאלת השאלה, מדוע הוא כן מרגיש יגיעה בעבודה זו, שהגוף מסתכל כל רגע, מתי אני יכול להתפטר מעבודה זו, היות שאין האדם מרגיש שום חיות בעבודה. ולפי הנ"ל, בזמן שהאדם עובד בהצנע לכת, שאין לו אז שום מטרה רק בשביל לעבוד בע"מ להשפיע, אם כן מדוע אין ה' משפיע לו טעם וחיות בעבודה?

והתשובה היא כי יש לדעת, שענין זה הוא תיקון גדול. שלולי כך, היינו שאם היה מאיר אור וחיות תיכף בזמן שהאדם מתחיל לקבל על עצמו עול מלכות שמים, היה לו חיות בעבודה, היינו שהרצון לקבל גם כן היה מסכים לעבודה זו. אז בטח מדוע הוא מסכים, בטח שהוא מטעם שרוצה למלאות תאותו, היינו שהיה עובד מטעם תועלת עצמו.

ואם היה כך, לא היה שום מציאות שיהא באפשרות להגיע לשמה. כי האדם היה מוכרח לעבוד לתועלת עצמו מטעם שהוא מרגיש בעבודת ה' יותר תענוג מתאוות גשמיים. אם כן היה אדם מוכרח להשאר בשלא לשמה. וזה מטעם שהיה לו סיפוק בעבודה. ובמקום שיש סיפוק, אין האדם מסוגל לעשות שום דבר, כי בלי רווחים אין האדם מסוגל לעבוד. אם כן, אם האדם היה מקבל סיפוק בעבודה זו דשלא לשמה, היה מוכרח להשאר במצב הזה.

וזה היה דומה כמו דאמרי אינשי (כמו שאומרים אנשים), בזמן שאנשים רודפים אחרי הגנב לתופסו, גם הגנב רץ וצועק "תפסו את הגנב". ואז אי אפשר להכיר מי הוא הגנב האמיתי, כדי לתופסו ולהוציא את הגניבה מידו.

אבל בזמן שהגנב, היינו הרצון לקבל, לא מרגיש טעם וחיות בהעבודה של קבלת עול מלכות שמים, ואז אם האדם עובד בבחינת אמונה למעלה מהדעת, בדרך הכפיה, והגוף מתרגל בעבודה זו, היינו נגד רצונו של הרצון לקבל שלו, אז יש להאדם האמצעים שיכול לבוא לידי עבודה, שיהיה על המטרה לעשות נחת רוח ליוצרו. היות שעיקר מה שדורשים מהאדם, הוא בכדי שע"י עבודתו הוא יבוא לידי דביקות בה', שהוא בחינת השתוות הצורה, שכל מעשיו יהיו בע"מ להשפיע.

וזהו כמ"ש "אז תתענג על ה'", שפירוש של אז, הוא מקודם שהיא תחילת עבודתו לא היה לו תענוג, אלא עבודתו היתה בדרך הכפיה. מה שאין כן אח"כ, כשכבר הרגיל את עצמו לעבוד בע"מ להשפיע, ולא להסתכל על עצמו, אם מרגיש טעם בעבודה, אלא הוא מאמין, שהוא עובד בכדי שעם עבודתו הוא משפיע נחת ליוצרו, והאדם צריך להאמין שה' מקבל עבודת התחתונים, ולא חשוב כמה ואיך הצורה של עבודתם, ואת הכל הקב"ה מסתכל על הכוונה ומזה יש נחת להבורא, **אז האדם זוכה התענג על ה'**.

שגם בעת עבודת ה' כבר ירגיש טוב ועונג, היות שעכשיו האדם עובד ממש לה', כי היגיעה שנתן בעת עבודת הכפיה מכשיר את האדם שיוכל לעבוד באמת לשם ה'. נמצא, שגם אז התענוג שהוא מקבל, הוא על ה', היינו לה' דוקא.

ו. מהו סמכין בתורה, בעבודה

שמעתי תש"ד

כשהאדם לומד תורה והוא רוצה להגיע לבחינת, שכל מעשיו יהיו בע"מ להשפיע, אז הוא צריך להשתדל, שיהיה לו תמיד "סמכין בתורה". שסמכין הוא בחינת מזונות, שהיא אהבה, ויראה, והתרוממות רוח, ורעננות, וכדומה. וכל זה הוא צריך להוציא מהתורה. כלומר, שהתורה צריכה לתת לו תולדות כאלה.

מה שאין כן כשהאדם לומד תורה ואין לו אלו התולדות, אין זה נכנס בגדר של תורה. מטעם ש"תורה", הכוונה למאור המלובש בתורה. כלומר, מה שאמרו חז"ל "בראתי יצר הרע, בראתי תורה תבלין", הכוונה להמאור שבה, כי המאור שבתורה מחזירו למוטב.

ועוד יש לדעת, כי התורה נחלקת לב' בחינות:

א. בחינת תורה.

ב. בחינת מצוה.

ולפי האמת אי אפשר להבין את ב' בחינות הנ"ל, מטרם שהאדם זוכה ללכת בדרכי ה', בסוד ה' ליראיו. כי בזמן שהאדם נמצא בבחינת הכנה, להכנס להיכל ה', אי אפשר להבין דרכי אמת.

אולם דוגמה אפשר לתת, שאפילו שהאדם נמצא בזמן הכנה, גם כן יכולים להבין באפס מה. והוא על דרך שאמרו חז"ל "אמר ר' יוסף, **מצוה בעידנא דעסיק בה, מגנא ומצלא** [מצוה, בעת שעוסק בה, מגינה ומצילה], **תורה בין בעידנא דעסיק בה, ובין בעידנא דלא עסיק בה, מגנא ומצלא** [תורה, בין בעת שעוסק בה

ובין בעת שלא עוסק בה, מגינה ומצילה]" (סוטה כא).

והענין הוא "בעידנא דעסיק בה" פירושו, בזמן שיש לו איזה מאור, שעם המאור שהשיג הוא יכול לשמש עמה רק בזמן שעדיין המאור נמצא אצלו, שעכשיו הוא בשמחה, מטעם המאור שמאיר לו. וזה נקרא בחינת מצוה, היינו שעדיין לא זכה לבחינת תורה. אלא רק מהמאור הוא מוציא חיות דקדושה.

מה שאין כן תורה, שהוא משיג איזה דרך בעבודה, הדרך הזה שהשיג הוא יכול לשמש עמו, אפילו בזמן דלא עסיק בה. שפירושו, אפילו בזמן שאין לו המאור. וזהו מטעם, שרק ההארה נסתלק ממנו, אבל הדרך שהשיג בעבודה, זה הוא יכול לשמש, אפילו שנסתלק ממנו ההארה.

אולם יחד עם זה יש לדעת, שבחינת "מצוה בעידנא דעסיק בה", היא יותר גדולה, מבחינת "תורה שלא בעידנא דעסיק בה". כלומר ש"עידנא דעסיק בה" פירושו כנ"ל, היינו שמקבל עתה את המאור. זה נקרא "דעסיק בה", שקבל המאור שבה. לכן, מצוה, בזמן שיש לו מאור, היא יותר חשובה מתורה, בזמן שאין לו אז מאור, היינו, שאין אז חיות התורה.

הגם מצד אחד תורה חשובה, מפאת שהדרך שהשיג בתורה הוא יכול לשמש, אבל מזה שהיא בלי חיות, הנקרא מאור. ובזמן שבמצוה הוא כן מקבל חיות, הנקרא מאור. מבחינה זו מצוה יותר חשובה. **לכן, כשהוא בלי חיות, הוא בבחינת רשע.** מטעם שלא יכול עתה לומר, שהבורא מנהיג את העולם בבחינת טוב ומטיב. וזה נקרא שהוא נקרא רשע, מטעם שהוא מרשיע את קונו, היות שהוא מרגיש עכשיו, שאין לו שום חיות, **ושאין לו במה לשמוח, שיהיה בידו להגיד,** שהוא נותן עתה תודה להבורא, בזה שהוא משפיע לו טוב ועונג.

ואין לומר שהוא יגיד, שהוא מאמין, שהבורא מנהיג את השגחתו עם אחרים בבחינת טוב ומטיב. כי דרכי תורה הוא מובנת לנו בבחינת הרגשה באברים. ואם האדם לא מרגיש את הטוב ועונג, מה נותנת לו, בזה שיש לאדם אחר טוב ועונג.

ואם באמת, אם האדם היה מאמין שאצל חבירו כן מגולה את ההשגחה בבחינת טוב ומטיב, האמונה הזו היה צריך להביא לו שמחה ועונג, מזה שהוא מאמין, שהבורא מנהיג את העולם עם השגחה של טוב ועונג. ואם זה לא מביא לו חיות ושמחה, מה מועיל, בזה שאומר שלחבירו, כן הבורא משגיח עליו בהשגחה של טוב ומטיב.

כי עיקר הוא, מה שהאדם מרגיש על גופו עצמו, או שטוב לו, או שרע לו חס ושלום. ומזה שיש לחבירו טוב, זהו רק אם הוא נהנה מזה, שיש לחבירו טוב. זאת אומרת, אנו לומדים בהרגשת הגוף, לא חשוב הסיבות, רק חשוב הוא, אם הוא מרגיש שטוב לו. אז האדם אומר, שהבורא הוא טוב ומטיב. ואם חס ושלום מרגיש רע, אין הוא יכול לומר, שהבורא מתנהג עמו בבחינת טוב ומטיב.

לכן דוקא, אם הוא נהנה מזה, שיש לחבירו טוב, והוא מקבל מזה מצב רוח מרומם, והוא מקבל שמחה מזה שיש לחבירו טוב, אז הוא יכול לומר שהבורא הוא מנהיג טוב. ואם חס ושלום אין לו שמחה, אם כן הוא מרגיש שרע לו, איך הוא יכול לומר אז, שהבורא הוא טוב ומטיב.

לכן, המצב שבו נמצא האדם, ואין לו חיות ושמחה, כבר הוא נמצא במצב שאין לו אהבה לה', ושיוכל להצדיק את קונו, ויהיה בשמחה כמו שמתאים למי שיש לו זכיה, לשמש מלך גדול וחשוב.

ובכלל צריכים לדעת, כי אור העליון הוא במצב המנוחה המוחלטת, וכל התפשטות השמות הקדושים, הוא בא על ידי התחתונים. כלומר כל השמות שיש להאור עליון, הוא בא מהשגת התחתונים, היינו לפי השגותיהם, כך נקרא האור העליון.

כלומר לפי מה שהאדם משיג את האור, היינו לפי הרגשתו, בשם זה הוא מכנה אותו. ואם אין האדם מרגיש, שהבורא נותן לו משהו, איזה שם הוא יכול לתת לה', אם הוא לא מקבל ממנו כלום. אלא בזמן שהאדם מאמין בה', אז כל מצב ומצב שהאדם מרגיש, אומר שזה בא מה'. אז, לפי הרגשתו, הוא

נותן שם להבורא.

זאת אומרת, אם האדם מרגיש שבמצב שבו הוא נמצא טוב לו, אז הוא אומר שהבורא נקרא טוב ומטיב, מטעם שכך הוא מרגיש, שהוא מקבל ממנו טוב. ואז האדם נקרא צדיק, מטעם שהוא מצדיק את קונו (שהוא הבורא). ואם האדם מרגיש, במצב שבו הוא נמצא, שרע לו, אז האדם לא יכול לומר, שהבורא שולח לו טוב. לכן הוא נקרא אז רשע, מטעם שהוא מרשיע את קונו. אבל בינוני, אין מציאות כזו, היינו שהאדם יאמר, הוא מרגיש במצבו, שטוב לו וגם רע לו. אלא, או טוב לו, או רע לו.

וזהו שאמרו חז"ל "לא אברי עלמא, וכו', או לרשיעי גמירי, או לצדיקי גמירי [לא נברא העולם אלא או לרשעים גמורים, או לצדיקים גמורים]" (ברכות ס"א). והוא מטעם, שאין מציאות כזאת, שהאדם ירגיש טוב ורע ביחד. ומה שחז"ל אומרים, שיש בינוני, זהו ענין שאצל הנבראים, שיש להם בחינת זמן, שייך לומר בינוני ב-ב' זמנים בזה אחר זה. כמו שאנו לומדים, שיש ענין עליות וירידות, שהם ב' זמנים. פעם הוא רשע, ופעם הוא צדיק. אבל בזמן אחד, שאדם ירגיש שרע לו וטוב לו באותו זמן, אין זה במציאות.

ובהאמור יוצא, שמה שאמרו, שתורה יותר חשובה ממצוה, זה דוקא בזמן שלא עסיק בה. היינו בזמן שאין לו חיות, אז התורה יותר חשובה ממצוה, שאין בה חיות. היות ממצוה שאין בה חיות, הוא לא יכול לקבל שום דבר. מה שאין כן מבחינת תורה על כל פנים נשאר לו דרך בעבודה, ממה שקבל בזמן שהיה עסיק בתורה. הגם שהחיות נסתלק, אבל הדרך נשאר אצלו, כנ"ל, שהוא יכול לשמש עמו. שיש זמן, שמצוה יותר חשובה מתורה, היינו בזמן שיש חיות בהמצוה ובתורה אין לו חיות.

לכן "בעידנא דלא עסיק בה" (פירוש, בזמן שלא עוסק בה) זאת אומרת, בזמן שאין לו חיות ושמחה בעבודה, אין לו עצה אחרת כי אם תפלה. אולם, בזמן התפלה הוא צריך לדעת, שהוא רשע. מטעם שאין הוא מרגיש את הטוב ועונג הנמצא בעולם. הגם שהוא עושה חשבונות, שהוא כן יכול להאמין, שהבורא נותן רק טובות, אבל לא כל המחשבות של אדם מה שהוא עושה, הם אמת בדרכי עבודה.

כי בדרכי עבודה הוא, אם המחשבה מביא לידי מעשה, היינו לידי הרגשה באברים, שהאברים ירגישו שהבורא הוא טוב ומטיב, אז האברים צריכים לקבל מזה חיות ושמחה. ואם אין לו חיות, מה מועיל לו כל החשבונות, היות שאין האברים אוהבים עתה, את הבורא, מטעם שנותן להם כל טוב.

לכן הוא צריך לדעת, שאם אין לו חיות ושמחה בעבודה, סימן הוא שהוא רשע, משום שאין לו טוב כנ"ל. וכל החשבונות אינם אמת, אם הם לא מביאים לידי מעשה, היינו לידי הרגשה באברים, שהאדם יאהב את ה', מטעם שהוא המשפיע טוב ועונג להנבראים.

ז. מהו, ההרגל נעשה טבע שני, בעבודה

שמעתי תש"ג

ע"י ההרגל שהאדם מרגיל עצמו באיזה דבר, אז הדבר הזה נעשה אצלו טבע שני. לכן אין שום דבר שהאדם לא יוכל להרגיש בו את מציאותו. זאת אומרת, אף על פי שאין להאדם שום הרגשה בדבר, מכל מקום על ידי התרגלות בהדבר, האדם בא לידי הרגשה.

ויש לדעת שיש הפרש בין הבורא להנבראים בענין הרגשה, שאצל הנבראים יש בחינת מרגיש ומורגש, משיג ומושג, כלומר שיש לנו בחינת מרגיש המשותף עם איזה מציאות. מה שאין כן מציאות בלי מרגיש, הוא רק הבורא ית' בעצמו, שאצלו ית' "לית מחשבה תפיסה ביה כלל [אין מחשבה תופסת בו כלל]".

מה שאין כן להאדם, כל מציאותו הוא רק על ידי המרגיש את המציאות. וגם אמיתיות המציאות, לא נערך לאמיתיות, אלא כלפי המרגיש את המציאות. זאת אומרת, מה שהמרגיש טועם בו, זה הוא אצלו אמת. היינו, אם הוא מרגיש טעם מר בהמציאות, כלומר שהוא מרגיש עצמו באיזה מצב שהוא

נמצא שרע לו וסובל יסורים ממצב הזה, האדם הזה נקרא בעבודה שהוא רשע, מטעם שמרשיע את הקב"ה, היות שהוא נקרא טוב ומטיב, מטעם שהוא משפיע רק טוב לעולם. וכלפי הרגשתו של האדם, האדם מרגיש שהוא קבל מה' ההיפך, היינו המצב שבו הוא נמצא הוא רע.

ובהאמור יש להבין מה שאמרו חז"ל "לא איברי עלמא, אלא או לרשיעי גמירי, או לצדיקי גמירי [לא נברא העולם, אלא או לרשעים גמורים או לצדיקים גמורים]" (ברכות סא). פירוש הדברים הוא כנ"ל, או שהוא טועם טעם ומרגיש טעם טוב בעולם, ואז הוא מצדיק את המקום, ואומר ה' משפיע בעולם רק טוב. או אם הוא מרגיש וטועם טעם מר בעולם, אז הוא רשע, מטעם שהוא מרשיע את המקום.

נמצא שהכל נמדד לפי הרגשת האדם. מה שאין כן אצל הבורא ית' לא שייך כל אלה הרגשת, כמ"ש בשיר היחוד "כמו היית לעולם תהיה, חוסר ועודף בך לא יהיה". לכן, כל העולמות וכל השינויים, הם רק כלפי המקבלים, כפי אדם המשיג.

ח. מהו, הבדל בין צל דקדושה לצל דס"א

שמעתי תמוז תש"ד

הכתוב אומר, "עד שיפוח היום ונסו הצללים" (שיר השירים ב').

ויש להבין מהו "צללים" בעבודה, ומהו ב' צללים. והענין הוא, כי בזמן שאין האדם מרגיש את מציאות השגחתו ית', שהוא מנהיג את העולם בבחינת טוב ומטיב, זה נבחן כמו צל, המסתיר את השמש. כלומר, כמו בצל הגשמי, שמסתיר את השמש, אין זה עושה שום שינוי על השמש, והשמש מאיר בכל תוקפו. כן זה, שהאדם אינו מרגיש את מציאות השגחתו ית', אינו נעשה שום שינוי למעלה. אלא שאין למעלה שום שינוי, כמ"ש "אני הוי"ה לא שניתי".

אולם, כל השינויים הוא אצל המקבלים. ובצל הזה, היינו בההסתר הזו, יש להבחין ב' בחינות:

א. שעדיין יש לו היכולת להתגבר על החשכות וההסתרות, מה שהוא מרגיש, ולהצדיק את ה', ולהתפלל לה', שה' יאיר את עיניו, שיראה שכל ההסתרות מה שהוא מרגיש, הוא בא מה'. היינו, שהקב"ה מסבב לו כל זה, מטעם בכדי שיגלה את תפלתו, וישתוקק להתדבק בו ית'. וזהו מסיבת שרק על ידי היסורים, שהוא מקבל ממנו ית', והוא רוצה להחלץ מצרתו ולברוח מהיסורים, אז כל מה שביכולתו הוא עושה. לכן, כשהוא מקבל את ההסתרות והיסורים, אז בטח יעשה את התרופה הידועה, שהיא להרבות בתפלה, שה' יעזור לו להוציאו ממצבו שבו הוא נמצא. ובמצב הזה עדיין הוא מאמין בהשגחתו ית'.

ב. כשהוא בא לידי מצב, שכבר אי אפשר לו להתגבר, ולומר שכל היסורים והמכאובים, מה שהוא מרגיש, הוא מטעם שהבורא שלח אותם אליו, כדי שעל ידם יהיה לו סיבה לעלות בדרגה, אז, הוא בא לידי מצב של כפירה חס ושלום. היות שאין הוא יכול להאמין בהשגחתו ית'. וממילא אין הוא יכול אז להתפלל. נמצא, שיש ב' מיני צללים. וזה פירוש "ונסו הצללים", היינו שהצללים יעברו מן העולם.

והנה צל הקליפה נקרא "אל אחר אסתרס ולא עביד פירי [אל אחר נסתרס ואינו עושה פירות]", מה שאין כן קדושה נקרא "בצלו חמדתי וישבתי ופריו מתוק לחיכי". היינו שאומר, שכל הסתרות והיסורים, שהוא מרגיש, הוא מטעם, שהבורא שלח לו את המצבים האלו, בכדי שיהיה לו מקום לעבוד למעלה מהדעת.

ובזמן שיש כח בידו לומר כך, היינו שהקב"ה מסבב לו את הסיבות האלו, הוא לטובת האדם. זאת אומרת, שעל ידי זה הוא יכול לבוא לעבוד בעמ"נ להשפיע, ולא לתועלת עצמו. ואז האדם בא לידי הכרה, היינו שהוא מאמין, שהבורא נהנה דוקא מעבודה זו, שהוא בנוי הכל למעלה מהדעת.

נמצא, שאין האדם מתפלל אז מהבורא, שהצללים יעברו מן העולם, אלא הוא אומר אז, אני רואה, שהבורא רוצה, שאני יעבוד אותו בצורה כזו, שהוא הכל למעלה מהדעת.

אם כן בכל מה שהוא עושה, הוא אומר, בטח שהבורא נהנה מעבודה זו. אם כן מה איכפת לי שאני עובד במצב של הסתרת פנים, היות שהוא רוצה לעבוד בעמ"נ להשפיע, היינו שהבורא יהנה. לכן אין לו שום פחיתות מעבודה זו, היינו שירגיש שהוא נמצא במצב של הסתרת פנים, שאין הבורא נהנה מעבודה זו.

אלא האדם מסכים להנהגת הבורא. כלומר, איך שהבורא רוצה שהוא ירגיש את מציאות ה' בעת העבודה, האדם מסכים בלב ונפש, כי האדם לא מסתכל על מה שהוא יכול להנות, אלא הוא מסתכל על מה שהבורא יכול להנות. נמצא שהצל הזה מביא לו חיים.

וזה נקרא "בצלו חמדתי". זאת אומרת, שהוא חומד למצב כזה, שיוכל לעשות איזה התגברות למעלה מהדעת. ונמצא, שאם אין האדם משתדל במצב של ההסתרה, שיש לו עוד מקום להתפלל, שה' יקרב אותו, והוא מתרשל בזה, לכן שולחים לו הסתר ב', שאפילו להתפלל אינו יכול. וזהו מסיבת החטא, שלא היה מתאמץ בכל כחו להתפלל לה'. לכן הוא בא לידי שפלות כזו.

אבל, אחר שבא לידי המצב הזה, אז מרחמים עליו מלמעלה, ונותנים לו עוד הפעם התעוררות מלמעלה. ומתחיל עוד הפעם אותו הסדר. עד שבסופו של דבר האדם מתחזק בתפלה. וה' שומע תפלתו, וה' מקרב אותו ומחזירו למוטב.

ט. מהו, ג' דברים שמרחיבים דעתו של אדם, בעבודה

שמעתי אלול תש"ב

הזה"ק מפרש מה שאמרו חז"ל "ג' דברים מרחיבים דעתו של אדם. והם אשה נאה, דירה נאה וכלים נאים". ואומר, "אשה נאה" היינו השכינה הקדושה. "דירה נאה" דא ליביה [זה לבו]. ו"כלים" דא אברים דיליה [זה אבריו]. עד כאן לשונו.

ויש לפרש, שאין השכינה הקדושה יכולה להתגלות בצורה האמיתית, שהיא בבחינת חן ויופי, אלא בזמן שיש לו כלים נאים, שהם האברים הנמשכים מן הלב. זאת אומרת, שהאדם צריך מקודם לטהר את לבו, שיהא דירה נאה, בזה שהוא מבטל את הרצון לקבל לעצמו, ומרגיל עצמו לעבוד, שכל מעשיו יהיו רק בעמ"נ להשפיע, שמזה נמשך כלים נאים. היינו, שהרצונות שלו, הנקראים כלים, יהיו נקיים מבחינת קבלה לעצמו, אלא שיהיו זכים, הנקרא בחינת השפעה.

מה שאין כן, אם אין הדירה נאה, אמר הקב"ה "אין אני והוא יכולים לדור במדור אחד", מטעם שצריך להיות השתוות הצורה בין האור להכלי. לכן, בזמן שהאדם מקבל על עצמו את בחינת אמונה בבחינת הטהרה, בין במוחא ובין בליבא, אז הוא זוכה לאשה נאה, היינו שהשכינה הקדושה מתגלית אליו בבחינת חן ויופי. וזה מרחיב את דעתו של אדם. היינו, שע"י התענוג והשמחה, שמרגיש אז, בא מהתגלות השכינה הקדושה בתוך האברים, וממלא את הכלים החיצונים והפנימים. וזה נקרא "הרחבת הדעת".

ולזכות לזה הוא ע"י "הקנאה והתאוה והכבוד", ש"מוציאין את האדם מן העולם". שפירושו "קנאה" ע"י הקנאה בהשכינה הקדושה, הנקרא שהוא מקנא קנאת ה' צבאות. "כבוד" פירושו, שרוצה להרבות כבוד שמים. "תאוה" פירושו, בחינת "תאות ענוים שמעת".

י. מהו, ברח דודי, בעבודה

שמעתי תמוז תש"ד

יש לדעת, כי בזמן שהאדם מתחיל ללכת בדרך, שרוצה להגיע לעשות הכל לשם שמים, הוא בא למצבים של עליות וירידות. ויש לפעמים, שהאדם בא לידי ירידה כל כך גדולה, שיש לו מחשבות לברוח מתו"מ. כלומר, שבא לו מחשבות, שאין לו חפץ להיות ברשות הקדושה.

אז, האדם צריך להאמין, שהדבר הוא להיפך. היינו, שהקדושה בורחת ממנו. והטעם הוא, כי בזמן שהאדם רוצה לפגום בקדושה, אז הקדושה מתקדמת ובורחת מקודם ממנו. ואם האדם מאמין בזה, ושהוא מתגבר בזמן הבריחה, אז מה"ברח", נעשה "ברך", כמ"ש

"ברך ה' חילו ופועל ידיו תרצה".

יא. ענין גילה ברעדה, בעבודה

שמעתי תש"ח

שמחה נקרא בחינת אהבה, שהיא בחינת ישות. וזה דומה למי שבונה לו בית ולא עושה בקירות הבית שום חסרון. נמצא, שאין לו שום אפשרות להכנס להבית, כי אין מקום חלל בקירות הבית, שיהיה לו מקום להכנס להבית. ולכן צריכים לעשות מקום חלל, שעל ידי החלל הזה הוא יכנס להבית.

לכן, במקום שיש אהבה, צריכים לעסוק ביראה גם כן. כי יראה היא החלל. היינו, שיש לו לעורר את היראה, אולי לא יוכל לכוון בעמ"נ להשפיע. לכן, בזמן שיש שתיהם, אז יש שלימות. אחרת כל אחד רוצה לבטל את השני.

לכן צריכים להשתדל, ששניהם יהיה במקום אחד. וזה ענין, שצריכים אהבה ויראה. שאהבה נקרא ישות. מה שאין כן יראה נקראת חסרון וחלל. ורק שתיהם ביחד יש שלימות. וזה נקרא ב' רגלים. שדוקא שיש לו ב' רגלים, האדם יכול ללכת.

יב. עיקר עבודת האדם

שמעתי בסעודה יום ב' דר"ה תש"ח

עיקר עבודת האדם צריך להיות, איך לבוא ולהרגיש טעם בלהשפיע נחת רוח ליוצרו. היות שכל מה שהאדם עושה לתועלת עצמו, מרחקת אותו מה', מטעם שינוי צורה. מה שאין כן, אם הוא עושה מעשה לתועלת ה', אפילו שהמעשה תהיה הכי קטנה, מכל מקום נקרא זה "מצוה".

לכן, עיקר השתדלות האדם, צריך להיות להשיג כח המרגיש טעם בלהשפיע. וזהו על ידי שממעטין בכח המרגיש טעם בקבלה עצמית. ואז לאט לאט משיגים את הטעם בלהשפיע.

יג. ענין רמון

שמעתי בסעודת ליל ב' דר"ה תש"ח

ענין רמון, אמר, זה הוא רמז למה שאמרו חז"ל "שאפילו הרקנין שבך מלאין מצות כרמון" (עירובין י"ט).

ואמר "רמון" הוא מלשון רוממות, שהוא סוד למעלה מהדעת. ויהיה הפירוש "שהרקנין שבך מלאים מצות". ושיעור המלוי הוא, כפי שהוא יכול ללכת למעלה מהדעת, שזה נקרא רוממות. שענין ריקנות אינה שורה אלא על מקום שאין שם ישות (בסוד "תולה ארץ על בלימה").

נמצא, כמה הוא השיעור של המלוי של מקום הריקן? התשובה הוא: לפי מה שהוא רומם את עצמו למעלה מהדעת. זאת אומרת, שהריקנית צריכים למלאות עם רוממות, היינו עם בחינת למעלה מהדעת. ויבקש מה', שיתן לו את הכח הזה. ויהיה הפירוש, שכל הריקנית לא נברא, היינו שלא בא לאדם שירגיש כך שהוא ריקן, אלא בכדי למלאות זה עם רוממות ה', היינו שיקח הכל למעלה מהדעת.

וזהו מה שכתוב "והאלקים עשה שיראו מלפניו". כלומר, שזה שבא לאדם, אלו המחשבות של ריקות, הוא בכדי שהאדם יהא לו צורך לקבל על עצמו אמונה למעלה מהדעת.

ולזה צריכים את עזרת ה'. היינו, שהאדם מוכרח אז לבקש מה', שיתן לו את הכח, שיוכל להאמין למעלה מהדעת. נמצא, שדוקא אז האדם נצרך להבורא, שיעזור לו. וזהו מטעם, היות השכל החיצוני נותן לו להבין את ההיפך.

לכן אין עצה אחרת להאדם אז, אלא לבקש מה', שיעזור לו. ועל זה אמרו "יצרו של אדם מתגבר עליו כל יום, ואלמלא אין הקב"ה עוזרו, אינו יכול לו". נמצא, שרק אז הוא המצב, שהאדם מבין, שאין מי שיעזור לו, אלא הקב"ה. וזהו "אלקים עשה", בכדי "שיראו מלפניו". שענין יראה הוא בחינת אמונה, שרק אז האדם נצרך לישועת ה'.

יד. מהו רוממות ה'

שמעתי תש"ח

רוממות ה' פירושו, שהוא צריך לבקש מה', שיתן לו הכח ללכת למעלה מהדעת. זאת

אומרת, שרוממות ה' יש ב' פירושים:

א. שלא ימלא עם בחינת דעת, שהוא שכל, מה שהאדם יכול לתרץ את שאלותיו. אלא שהוא רוצה, שה' ימלא לו את שאלותיו. נמצא שזה נקרא רוממות, משום שכל השכל בא מלמעלה, ולא מצד האדם, היינו שהאדם יכול להשיב את שאלותיו. וכל מה שהאדם יכול לתרץ, נקרא שהאדם מתרץ הכל עם שכל החיצון. כלומר, שהרצון לקבל מבין, שכדאי לקיים תו"מ. מה שאין כן למעלה מהדעת, הוא המחייב את האדם ללכת בעבודה, זה נקרא נגד הדעת של הרצון לקבל.

ב. שרוממות ה' נקרא, שהוא נעשה זקוק, שה' ימלא משאלותיו.

לכן:

א. שהאדם צריך ללכת למעלה מהדעת, אז האדם רואה שהוא ריקן, ואז הוא נעשה נצרך לה'.

ב. שרק ה' יכול לתת לו הכח הזה, שיהא בידו ללכת למעלה מהדעת. היינו, זה שה' נותן, זה נקרא רוממות ה'.

טו. מהו, אלהים אחרים, בעבודה

שמעתי כ"ד מנחם אב תש"ה

כתוב "לא תעשה אלהים אחרים על פני". והזה"ק מפרש, שצריך להיות "אבנין למשקל בה [אבנים לשקול בהן]".

ושאל על זה, איך שוקלים את העבודה באבנים, שעל ידי זה ידע את מצבו בדרכי ה'? והשיב, שזה ידוע, שבזמן שהאדם מתחיל לעבוד יותר ממה שהוא רגיל, אז הגוף מתחיל לבעוט ולהתנגד בכל כחו לעבודה זו. היות שבענין להשפיע הוא אצל הגוף בבחינת לעול ולמשא, שאינו יכול לסבול את עבודה זו. וההתנגדות של הגוף מתראה אצל האדם בצורה של מחשבות זרות. והוא בא ושואל את שאלת "מי ומה". וע"י השאלות האלו האדם אומר, שבטח שכל אלו השאלות הס"א שולח לו, בכדי להפריע לו מן העבודה.

ואמר, שאז, אם האדם אומר, שהם באים מצד הס"א, אז האדם עובר על מה שכתוב "לא תעשו אלהים אחרים על פני".

והטעם הוא, שהאדם צריך להאמין, שזה בא לו מצד השכינה הקדושה. כי "אין עוד מלבדו". אלא השכינה הקדושה מראה להאדם את מצבו האמיתי, איך שהוא הולך בדרכי ה'. זאת אומרת, שעל ידי זה שהיא שולחת לו אלו השאלות, הנקראים מחשבות זרות. היינו, שע"י המחשבות זרות האלו, היא רואה איך שהוא מתרץ את השאלות, שהם נבחנים למחשבות זרות. וכל זה האדם צריך לדעת את מצבו האמיתי בעבודה, כדי שידע מה לעשות.

וזה דומה למשל: חבר אחד רוצה לדעת עד כמה חבירו אוהב אותו. ובטח פנים בפנים חבירו מסתיר עצמו מטעם בושה. לכן האדם שולח מי שהוא, שידבר לשון הרע על חבירו. אז הוא רואה את התגובה של חבירו, בזמן שהוא נמצא מרוחק מחבירו. אז האדם יכול לדעת את האמת, את מדת האהבה של חבירו.

והנמשל הוא, בזמן שהשכינה הקדושה מראה את פניה להאדם, שפירושו שה' משפיע להאדם חיות ושמחה, במצב כזה האדם מתבייש לומר, מה דעתו על עבודה דלהשפיע ולא לקבל כלום לעצמו. מה שאין כן שלא בפניה, היינו שהחיות והשמחה מתקרר, זה נבחן "שלא בפניה", אז האדם יכול לראות את מצבו אמיתי שלו בבחינת בעמ"נ להשפיע.

ואם האדם מאמין, ש"אין עוד מלבדו" כתוב, אלא שכל המחשבות זרות הבורא שלח אותם, היינו שהוא הפועל, בטח כבר יודע מה לעשות, ואיך לתרץ את כל הקושיות. וזה נראה כאילו היא שולחת לו שלוחים, לראות, איך הוא מדבר עליה לשון הרע על המלכות שמים שלו. כן אפשר לפרש את ענין הנ"ל.

והאדם יכול להבין זה, שהכל בא מהבורא. כי ידוע שהבטישות, מה שהגוף בוטש את האדם עם המחשבות זרות שלו, היות שהם לא באים לאדם בזמן שהוא לא עוסק בעבודה, אלא הבטישות האלו, שבאים לאדם בהרגשה גמורה, עד כדי כך, שהמחשבות האלו רוצצים את מוחו, הם באים דוקא אחרי הקדם של תורה ועבודה שלמעלה מהרגילות.

וזה נקרא "אבני למשקל בה". היינו, שהאבנים האלו, מה שהוא רוצה להבין

השאלות האלו, נופלים לו במוחו. שהולך אח"כ לשקול את מטרת עבודתו, אם באמת כדאי לעבוד בעמ"נ להשפיע, ולעבוד בכל מאודו ונפשו. ושכל מאוויו יהיה רק לקוות, שיש מה לרכוש בעולם הזה, הוא רק במטרת עבודתו בעמ"נ להשפיע נחת רוח ליוצרו, ולא בשום ענינים גשמיים.

ואז מתחיל ויכוח חריף, שרואה שיש פנים לכאן ופנים לכאן. ועל זה מזהיר הכתוב **"לא תעשו אלהים אחרים על פני"**. שאל תאמרו, שאלהים אחרים נתן לך את האבנים, לשקול בהם את עבודתכם, אלא **"על פני"**. אלא האדם צריך לדעת, שזהו בחינת **"פני"**. והטעם הוא, בכדי שהאדם יראה את צורתה האמיתית של הבסיס והיסוד, שעליו בונים את בנין של העבודה.

ועיקר הכבידות שיש בעבודה היא, משום שהם "ב' כתובים המכחישים זה את זה":

א. שמצד אחד אדם צריך להשתדל, שכל עבודתו היא להגיע לדבקות ה', שכל רצונו יהיה אך ורק להשפיע נחת רוח ליוצרו, ולא כלום לתועלת עצמו.

ב. ומצד הב' אנו רואים, שאין זה המטרה העיקרית. היות שמטרת הבריאה לא היתה שהנבראים ישפיעו להבורא, כי הוא חס ושלום אינו בעל חסרון, שהנבראים יתנו לו משהו, אלא להיפוך, שמטרת הבריאה היתה מטעם רצונו להטיב לנבראיו, היינו שהנבראים יקבלו טוב ועונג ממנו ית'.

ולפי שב' ענינים אלו הם שני דברים הסותרים זה את זה, כלומר מקצה אל הקצה: שמצד אחד האדם צריך להשפיע, ומצד הב' האדם צריך לקבל. זאת אומרת יש בחינת תיקון הבריאה:

א. שהוא להגיע לידי דביקות, שהוא בחינת השתוות הצורה, שהיא שכל מעשיו יהיו רק בעמ"נ להשפיע.

ב. ואח"כ יכולים להגיע לידי מטרת הבריאה, שהיא לקבל טוב ועונג מהבורא.

לכן, בזמן שהאדם הורגל את עצמו ללכת בדרכי השפעה, אז ממילא אין לו כלים דקבלה. ובזמן שהולך בדרכי קבלה, אין לו כלים דהשפעה. לכן על ידי **"האבנין למשקל בה"** הוא קונה את שניהם ביחד. משום שאחרי דין ודברים, שהיה לו בזמן העבודה, ובזמן כשהוא מתגבר ומקבל על עצמו עול מלכות שמים בבחינת השפעה במוחא וליבא, זה גורם לו, שבזמן שהוא הולך להמשיך שפע עליון, היות שכבר יש לו יסוד מוצק, שצריך הכל להיות בבחינת השפעה, לכן אפילו כשמקבל איזה הארה, כבר מקבל זה בעמ"נ להשפיע.

וזהו מטעם, שכל יסוד עבודה שלו נבנה אך ורק על בחינת השפעה. וזה מכונה בשם שהוא "מקבל בעמ"נ להשפיע".

טז. מהו יום ה' וליל ה', בעבודה

שמעתי תש"א ירושלים

רז"ל אמרו על מה שכתוב וזה לשונו "הוי המתאוים את יום ה', למה זה לכם את יום ה', הוא חושך ולא אור". (עמוס ה'). משל לתרנגול ועטלף, שהיו מצפים לאור. אמר לו התרנגול לעטלף, אני מצפה לאורה, שאורה שלי היא. ואתה, למה לך אורה. (סנהדרין צ"ח ע"ב). עד כאן לשונו. שהפירוש הוא, היות שאין לעטלף עינים לראות, אם כן מהו מרויח מאור השמש? אלא להיפך, מי שאין לו עינים, אור השמש מחשיך לו יותר.

ויש להבין את המשל הזה, היינו איזה שייכות יש לעינים להסתכלות באור ה', שהכתוב מכנה "יום ה'". ונותנו על זה משל מעטלף, שמי שאין לו עינים, הוא נשאר בחושך. ועוד יש להבין, מהו "יום ה'", ומהו "ליל ה'"? איזה הפרש יש ביניהם? בשלמא [מובן], יום של בני אדם אנו מבחינים בזריחת השמש. אבל יום ה', במה אנו מבחינים את זה?

התשובה הוא, כמו גילוי השמש. היינו, שהשמש זורחת על הארץ, אנו קוראים אותה "יום". ובזמן שהשמש אינה זורחת, נקרא "חושך". כמו כן אצל הקב"ה "יום" נקרא גילוי, ו"חושך" נקרא הסתרת פנים. זאת אומרת, בזמן שיש גילוי פנים, שהדבר ברור אצלו כיום, זה נקרא "יום", כמו שדרשו חז"ל על מה שכתוב "לאור יקום רוצח, יקטל עני

תקכח עבודה רוחנית 528

ואביון, ובלילה יהי כגנב". הא מדקאמר, "ובלילה יהי כגנב", אלמא אור יממא הוא, וכו' - הכי קאמר, אי פשיטא לך מלתא כנהורא, דאנפשות קא אתי, רוצח הוא, וניתן להצילו בנפשו וכו' (פסחים ב.). עד כאן לשונו. [הרי מזה שאמר, "ובלילה יהי כגנב", משמע אור יום הוא, וכו' - כך אמר, אם ברור לך העניין כאור, שעל נפשות הוא בא, רוצח הוא, וניתן להצילו בנפשו וכו']. **הרי אנו רואים, שענין "יום" אומרת הגמרא, שהוא ענין דבר ברור כיום.**

נמצא, ש"יום ה'" יהא פירושו, שהשגחה, מה שהבורא מנהיג את העולם, יהיה ברור, שהיא בבחינת טוב ומטיב. לדוגמא, כשהוא מתפלל, תיכף נענה על תפלתו ומקבל את מבוקשו, על מה שהוא התפלל. ובכל מקום שהוא פונה, הוא מצליח. זה נקרא "יום ה'".

מה שאין כן חושך, שהוא לילה, יהיה פירושו הסתרת פנים. שזה מביא לו ספיקות בהשגחת טוב ומטיב ומחשבות זרות. כלומר, שהסתרת ההשגחה מביאו לו כל אלה הדיעות והמחשבות זרות. זה נקרא חושך ולילה. כלומר, שהאדם מרגיש מצב, שבו הוא מרגיש, שהעולם חשך בעדו.

ובזה יש לפרש מה שכתוב: "הוי המתאוים את יום ה'. למה זה לכם את יום ה', הוא חושך ולא אור".

והענין הוא, אלו שמצפים ליום ה', הכוונה הוא, שהם מצפים, שיזכו לבחינת אמונה למעלה מהדעת. שיהיה האמונה כל כך חזקה, כאילו שהם רואים בראיה וידיעה גמורה, שכך הוא. היינו, שה' משגיח על העולם בבחינת טוב ומטיב.

כלומר, שאין הם רוצים, שהם יראו, איך שה' משגיח בבחינת טוב ומטיב. כי ראיה הוא נגד אמונה. כלומר, אמונה הוא דוקא במקום שהיא נגד השכל. והאדם, עושה את הדבר שהוא נגד השכל, זה נקרא אמונה למעלה מהדעת. כלומר, הם מאמינים, שהשגחה של הבורא עם הנבראים הוא בבחינת טוב ומטיב. ומה שהם לא רואים זה בידיעה ברורה, אין הם אומרים לה': "אנחנו רוצים לראות את בחינת טוב ומטיב בבחינת ראיה בתוך השכל".

אלא הם רוצים, שזה ישאר אצלם בבחינת אמונה למעלה מהדעת.

אלא שהם מבקשים מה', שיתן להם כח, שיהא אמונה זו כל כך חזקה, כאילו הם רואים זה בתוך הדעת. היינו, שלא יהא הפרש בין אמונה לידיעה בתוך השכל. זה נקרא אצלם, היינו אצל מי שרוצה להיות דבוק בה', "יום ה'".

כלומר, שאם הם ירגישו זה בבחינת ידיעה, אז אור ה', הנקרא שפע עליון, ילך לכלי קבלה, הנקראים כלים דפרודא. וזה הם לא רוצים, מטעם שזה ילך להרצון לקבל, שהוא ההפכי מהקדושה, שהיא נגד הרצון לקבל לתועלת עצמו. אלא הם רוצים להיות דביקים בה'. וזה יכול להיות רק ע"י השתוות הצורה.

אולם, בכדי להגיע לזה, היינו שיהיה לאדם רצון וחשק להדבק בה', והיות שהאדם נברא עם טבע רצון לקבל רק לתועלת עצמו, אם כן איך אפשר להגיע לדבר, שהוא ממש נגד הטבע?

ולכן מוטל על האדם להשקיע עבודה רבה, עד שהוא יקבל טבע שני, שהוא הרצון להשפיע. שעם הרצון להשפיע, בזמן שהאדם זוכה לזה, אז הוא מוכשר לקבל שפע עליון ולא לפגום. כי כל הפגמים באים, רק ע"י הרצון לקבל לעצמו. היינו, אפילו בזמן שהוא עושה משהו בעמ"נ להשפיע, יש שם בבחינת פנימית המחשבה, שהוא יקבל משהו איזה תמורה עבור מעשה דלהשפעה, שהוא עושה עכשיו.

במלה אחת, אין בכחו של אדם לעשות משהו, אם לא יקבל תמורה זה משהו עבור המעשה. היינו, שהוא צריך להנות. וכל הנאה, שהאדם מקבל לתועלת עצמו, מוכרחת להיות ע"י הנאה זו נפרד מחיי החיים מסיבת הפירוד. ומפסיקו מלהיות דבוק בהבורא. היות שענין הדביקות נמדדת בהשתוות הצורה. לכן אי אפשר להיות השפעה נקיה, בלי תערובות של קבלה מצד כוחות עצמו.

לכן, בכדי שיהיה להאדם כחות דהשפעה, לטבע שני אנו צריכים, שיהא באדם הכח להגיע להשתוות הצורה. היינו, כמו שהבורא

הוא המשפיע ולא לקבל כלום, דאינו חס ושלום בעל חסרון.

כלומר, שגם מה שהוא משפיע, אין זה מטעם חסרון. היינו, שאם אין לו חס ושלום למי להשפיע, מורגש דבר זה אצלו לחסרון. אלא שאנו צריכים להבין זה כמו **שחוק**. כלומר, שאין זה שהוא רצה להשפיע הוא דבר הצריך לו, אלא הכל כמו **משחק**.

וזהו על דרך שאמרו חז"ל, בענין מטרוניתא [גבירה] שאלה, מה הקב"ה עושה לאחר שברא את העולם. התשובה היתה, יושב ומשחק עם לויתן, שנאמר "לויתן זה יצרת לשחק בו". (עבודה זרה דף ג.). שענין לויתן הוא בחינת דביקות וחיבור (מלשון "כמער איש ולויות"). היינו, שהתכלית הוא חיבור הבורא עם הנבראים, הוא רק בחינת שחוק ולא ענין של רצון וצורך.

וההבדל הוא בין שחוק לרצון, הוא שכל מה שבא ברצון הוא בהכרח, ואם אינו משיג את רצונו הוא בעל חסרון. מה שאין כן בשחוק, אפילו כשאינו משיג את הדבר, לא נחשב זה לחסרון. כמו שאומרים: "מה שלא השגתי מה שחשבתי, אין דבר". שזהו לא כל כך חשוב, מטעם שכל הרצון שהיה לו להדבר, היה רק בשחוק ולא ברצינות.

ובהאמור יוצא, שתכלית השלימות הוא, שתהיה כל עבודתו בבחינת השפעה גמורה, ולא יהיה לו שום רצון וחשק לקבל הנאה תמורת עבודתו. וזהו מדרגה גבוהה, משום שהיא בחינה הנוהג אצל השם ית'. וזה נקרא "יום ה'", שיום ה' נקרא שלימות, על דרך שכתוב "יחשכו כוכבי בוקר, יקו לאור ואין". שאור נבחן על שלימות.

וכשהאדם משיג את הטבע השני, היינו הרצון להשפיע, מה שהבורא נותן לו אחר הטבע הראשון, שהוא רצון לקבל, ומקבל עתה את הרצון להשפיע, אז האדם מוכשר לעבוד את הבורא בבחינת השלימות. וזה נבחן ליום ה'.

לכן מי שעדיין לא זכה לטבע השני, שיוכל לעבוד את ה' בבחינת השפעה, ומצפה שיזכה לבחינה זו, היינו לבחינת השפעה. זאת אומרת, שכבר התיגע ועשה מה שביכלתו לעשות, כדי לזכות לכח הזה, אז הוא נבחן שמצפה ליום ה', היינו שיהיה לו השתוות הצורה עם ה'. וכשבא יום ה', הוא בשמחה נפלאה, שהוא שמח, בזה שיצא מתחת שליטת רצון לקבל לעצמו, שהוא היה מפרידו מהבורא. ועכשיו הוא מתדבק בהבורא. ונבחן זה אצלו, שעלה עכשיו לראש הפסגה.

מה שאין כן מי שעבודתו הוא רק בבחינת קבלה עצמית, הוא להיפוך, שכל זמן שהוא חושב, שיהיה לו איזה תמורה מעבודתו, הוא שמח. ובו בזמן שהוא רואה, שהרצון לקבל לא יקבל שום תמורה עבור עבודתו, אז הוא בא לידי עצבות ועצלות. והוא בא לפעמים לידי "תוהה על הראשונות", והוא אומר "אדעתא דהכי לא נדרתי [על דעת זה לא נדרתי]".

אם כן אדרבא, "יום ה'", שהוא משיג כח להשפיע, אם יגידו לו שזה יהיה הריוח שלך, בזה שאתה עוסק בתורה ומצות, אז יגיד, זה נקרא אצלי חושך ולא אור, משום שהידיעה הזו מביאו לידי חשכות, כנ"ל.

יז. מהו, שהס"א נקראת, מלכותא בלי תגא

שמעתי תש"א ירושלים

הנה **תגא** פירושו כתר. וכתר הוא סוד מאציל ושורש. והקדושה היא מחוברת עם השורש. כלומר, שקדושה נקראת, שהיא בהשתוות הצורה עם השורש שלה.

שפירושו, כמו שהשורש שלנו, היינו הבורא, רצונו הוא רק להשפיע, כמ"ש "רצונו להטיב לנבראים", כמו כן הקדושה היא אך להשפיע להבורא. מה שאינו כן הס"א, כל כוונותיה היא רק לקבל לעצמה. לכן אינה דבוקה עם השורש, שהוא סוד הכתר. לכן נקראת הס"א שאין לה תגא, היינו שאין לה כתר, משום שהיא נפרדת מהכתר.

ובזה נבין מה שאמרו חז"ל "כל המוסיף הרי זה גורע". (סנהדרין כ"ט). היינו שמוסיף על חשבון, הרי זה גורע. וזה לשונו: "ואף כאן כך במה שבפנים כתוב, ואת המשכן תעשה

עשר יריעות, במה שמבחוץ כתוב, עשתי עשרה יריעות, מוסיף אותיות, דהיינו שמוסיף ע' על שתי עשרה, וגורע מחשבון, שנגרע א' מחשבון שתי עשרה, מחמת הוספת ע' על שתי עשרה". עד כאן לשונו. (זהר פקודי אות רמ"ט).

ידוע, שענין חשבון נוהג רק במלכות, שהיא עושה את חשבון של גובה הקומה של המדרגה (ע"י האור חוזר שבה). וידוע שמלכות נקראת "הרצון לקבל לעצמו". ובזמן שהיא מבטלת את הרצון לקבל שלה להשורש, שהיא אינה רוצה לקבל, רק להשפיע להשורש, כדוגמת השורש, שהוא רצון להשפיע, נמצא שמלכות הנקראת "אני", נעשית לבחינת "אין" ב-א'. שרק אז היא ממשכת ומקבלת את אור הכתר לבנין פרצופה, ונעשית בסוד י"ב פרצופי דקדושה.

מה שאין כן בזמן שהיא רוצה לקבל לעצמה, אז נעשה עין רע. זאת אומרת, במקום שהיה מקודם צירוף אין, היינו בחינת ביטול להשורש, שהוא כתר, נעשית בחינת עיין (שפירושו בחינת ראיה וידיעה בתוך הדעת). שזה נקרא "מוסיף", היינו שרוצה להוסיף על האמונה בחינת ידיעה ולעבוד בתוך הדעת. היינו שאומרת, שיותר כדאי לעבוד בתוך הדעת, אז הרצון לקבל לא יתנגד על העבודה.

וזה גורם גריעו, היות שנפרדו מהכתר, הנקרא רצון להשפיע, שזהו השורש. שאין כבר ענין של השתוות הצורה עם השורש, הנקרא כתר. ומטעם זה נקראת הס"א "מלכותא בלי תגא". כלומר, שהס"א, המלכות שלה, אין לה דביקות עם הכתר. לכן אין להם רק י"א פרצופים, בלי פרצוף כתר.

וזה הפירוש מה שאמרו חז"ל: "תשע ותשעים מתו מעין הרע". שהכוונה היא, מטעם שאין להם בחינת כתר, כלומר שבחינת המלכות שבהם, שהיא הרצון לקבל, לא רוצה להתבטל להשורש, הנקרא כתר. זאת אומרת, שהם לא רוצים לעשות מה-אני, הנקרא רצון לקבל, שיהיה בחינת אין, שהיא ביטול הרצון לקבל, אלא שהם רוצים להוסיף. וזה נקרא עיין רע. היינו שבמקום שצריך להיות אין עם א', הם מכניסים עיין רע. לכן הם נופלים ממדרגתם, מטעם חסר דביקות להשורש.

וזה פירוש מה שאמרו חז"ל: "כל המתגאה, אומר הקב"ה, אין אני והוא יכולים לדור במדור אחד". וזה הוא מטעם שעושה ב' רשויות.

מה שאין כן כשהוא בבחינת אין, והוא מבטל את עצמו להשורש, היינו שכל כוונתו הוא רק להשפיע, דוגמת השורש, נמצא שאין כאן רק רשות אחד, היינו רשותו של הקב"ה. וכל מה שהוא מקבל בעולם, הוא רק בכדי להשפיע לה'. וזה פירוש מה שאמר: "כל העולם כולו לא נברא אלא בשבילי, ואני לשמש את קוני", לכן אני מוכרח לקבל כל המדרגות שישנו בעולם, מטעם כדי שאוכל להשפיע הכל לה', הנקרא "לשמש את קוני".

יח. מהו, במסתרים תבכה נפשי, בעבודה

שמעתי ת"ש ירושלים

הנה בעת שההסתרה גברה על האדם, והגיע לידי מצב, שאין הוא מרגיש שום טעם בעבודה, ואין בידו לצייר ולהרגיש בחינת אהבה ויראה בשום אופן, ואין הוא מסוגל לעשות שום דבר בקדושה, אז אין לו שום עצה, רק לבכות לה', שירחם עליו ויעביר מעליו את המסך מעל עיניו ולבו.

וענין הבכיה הוא דבר חשוב וגדול. וזה כמו שאמרו חז"ל: "כל השערים ננעלו חוץ משערי הדמעות". ועל זה מקשין העולם, אם שערי הדמעות לא ננעלו, בשביל מה צריכים בכלל שערים?

ואמר, שזה דומה לאדם, המבקש מחבירו איזה דבר נחוץ. ודבר זה נוגע עד לבבו, והוא מבקש ומתחנן לפניו בכל לשון של תפלה ובקשה. וחבירו אין שם לב לכל זה. ובעת שהוא רואה, שאין כבר מקום לתת תפלה ובקשה, אז האדם מרים את קולו בבכיה, ועל זה אמרו: "כל השערים ננעלו חוץ משערי הדמעות". כלומר, מתי שערי דמעות לא ננעלו, דוקא בזמן שכל השערים ננעלו, אז יש מקום לשערי דמעות, ואז רואים שהם לא ננעלו.

מה שאין כן בזמן ששערי התפלות פתוחות, אז לא שייך שערי דמעות ובכיות. זה נקרא, ששערי דמעות כן ננעלו. אלא מתי

שערי הדמעות לא ננעלו, דוקא בזמן שכל השערים ננעלו, אז שערי דמעות פתוחות, היות שעדין יש לו עצה של תפלה ובקשה.

וזה פירוש **"במסתרים תבכה נפשי"**. היינו בזמן שהאדם בא לכלל הסתרה, אז תבכה נפשי, מטעם שאין לו עצה אחרת. וזה ענין "כל מה שיש בידך ובכוחך לעשות, עשה".

יט. מהו, שהקב"ה שונא את הגופים, בעבודה

שמעתי תש"ג ירושלים

הנה הזה"ק אומר, שהקב"ה שונא את הגופים.

אמר, שיש לפרש הכוונה על הרצון לקבל, הנקרא גוף. והיות שהקב"ה ברא את עולמו לכבודו, כמ"ש: "כל הנקרא בשמי לכבודי בראתיו, יצרתיו אף עשיתיו", לכן זה הוא בסתירה למה שהגוף טוען, שהכל בשבילו, היינו רק לתועלת עצמו. והקב"ה אומר להיפך, שהכל צריך להיות לתועלת ה'. ובגלל זה אמרו חז"ל, שהקב"ה אמר, ש"אין אני והוא יכולים לדור במדור אחד".

לפי זה יוצא, כי עיקר המפריד מלהיות דבוק בה' הוא הרצון לקבל. וזה ניכר בזמן שהרשע בא, היינו הרצון לקבל לעצמו בא ושואל: "מדוע אתה רוצה לעבוד לתועלת ה'?". ותושבים שהוא מדבר כטענת בן אדם, היינו שרוצה להבין בשכל. אולם אין זה אמת, היות שאין הוא שואל למי האדם עובד, כי זה בטח טענה שכלית, כי מי שהוא בעל שכל מתעורר בו טענה זו.

אולם טענתו של הרשע הוא שאלת גופנית. היינו, שהוא שואל: **"מה העבודה?"**. כלומר, איזה ריוח יהיה לך בעבור היגיעה, שאתה נותן? זאת אומרת, שהוא שואל, אם אתה לא עובד לתועלת עצמו, מה יהיה מזה להגוף, הנקרא "רצון לקבל לעצמו"?

והיות שהוא טענת גופנית, אין לו להשיב, אלא תשובה גופנית, שהוא "הקהה את שיניו, ואלמלא היה שם, לא היה נגאל". מדוע? משום, שהרצון לקבל לעצמו אין לו גאולה אפילו בזמן הגאולה. כי ענין הגאולה תהיה, שכל הרווחים יכנסו לכלים דהשפעה ולא לכלים דקבלה.

והרצון לקבל לעצמו צריך תמיד להשאר בחסרון, כי המלוי של הרצון לקבל הוא מות ממש. והסיבה הוא כנ"ל, כי עיקר הבריאה היה לכבודו. (וזהו תשובה על מה שכתוב, שרצונו להטיב לנבראיו ולא לעצמו, חס ושלום). שהפירוש יהיה, כי עיקר הבריאה, שיהא מגולה לכל, שהמטרת הבריאה הוא להטיב לנבראיו, הוא דוקא בזמן, שהאדם אומר, שהוא נברא בכדי לכבד את ה'. אז בכלים האלו מתגלה את מטרת הבריאה, שהוא להטיב לנבראיו.

לכן מוטל על האדם לבדוק את עצמו תמיד, את מטרת עבודתו. היינו, שבכל מעשים שהוא עושה, אם הקב"ה יקבל מזה נחת רוח. כי הוא רוצה בהשתוות הצורה להי, שזה נקרא **"כל מעשיך יהיו לשם שמים"**. היינו, שכל מה שהאדם עושה, הוא רוצה בזה, שה' יהנה מזה, כמ"ש: "לעשות נחת רוח ליוצרו". ועם הרצון לקבל צריך להתנהג עמו ולומר לו: כבר החלטתי, ששום הנאה אני לא רוצה לקבל, מטעם שאתה רוצה להנות. היות על הרצון שלך אני מוכרח להיות נפרד מה', כי שינוי צורה גורם פירוד וריחוק מה'.

והתקוה של אדם צריך להיות, היות שהאדם לא יכול להשתחרר משליטת הרצון לקבל, והוא נמצא תמיד בגלל זה בעליות וירידות, לכן הוא מצפה לה', שיזכה שה' יאיר עיניו, ושיהיה לו כח להתגבר ולעבוד רק לתועלת ה'. וזה כמ"ש: **"אחת שאלתי מאת ה', אותה אבקש"**. **"אותה"**, היינו השכינה הקדושה. ומבקש, שיהא **"שבתי בבית ה' כל ימי חיי"**. הנה "בית ה'" נקראת השכינה הקדושה.

ובהאמור נבין מה שדרשו חז"ל על הכתוב: **"ולקחתם לכם ביום הראשון, ראשון לחשבון עונות"**. ויש להבין, מהו השמחה, אם יש כאן מקום לחשבון עונות.

ואמר, שאנו צריכים לדעת, שיש ענין חשיבות **בהיגיעה**, שיש אז מגע בין האדם להשם ית'. כלומר, שהאדם מרגיש, שהוא נצרך להשם ית', היות שהוא רואה אז במצב

היגיעה, שאין מי שהוא בעולם, שיהא בידו להציל אותו, ממצבו שהוא נמצא, כי אם ה' לבדו. שאז הוא רואה, **ש"אין עוד מלבדו"**, שיכול להציל אותו, ממצבו שבו הוא נמצא, ולא יכול לברוח משם.

וזה נקרא, שיש לו מגע הדוק עם ה'. ואין האדם יודע להחשיב את המגע הזו. כלומר, שהאדם צריך להאמין, שאז הוא דבוק בה', כלומר שרק בה' הוא כל מחשבתו אז, היינו שהוא יעזור לו. אחרת, הוא רואה שהוא אבוד.

מה שאין כן מי שזוכה להשגחה פרטית, שרואה שהכל עושה הבורא, כמ"ש **ש"הוא לבדו עושה ויעשה לכל המעשים"**, ממילא אין להאדם מה להוסיף, וממילא אין לו מקום לתפלה, שה' יעזור לו. כי הוא רואה, אפילו בלי התפלה שלו גם כן עושה הבורא הכל. לכן אין לו אז מקום, שיכול לעשות מעשים טובים, היות שהוא רואה, שגם בלעדו נעשה הכל מצד הבורא. אם כן אין הוא נצרך להבורא, שיעזור לו לעשות משהו. וממילא אין לו אז מגע עם הבורא, שיהא נצרך אליו בשיעור, אם אין הבורא עוזר לו, הוא אבוד.

נמצא, שהמגע, שהיה לו עם הבורא בזמן היגיעה, אין לו. ואמר, שזה דומה לאדם הנמצא בין החיים והמות, ומבקש מחבירו שיציל אותו ממיתה. באיזה אופן הוא מבקש מחבירו? בטח כל הכוחות, שנמצא ברשותו של אדם, הוא משתדל לבקש מחבירו, שירחם עליו, ויציל אותו ממות. בטח שאינו שוכח אף רגע מלהתפלל לחבירו, מטעם, אחרת האדם רואה, שהוא אובד את חייו.

מה שאין כן מי שמבקש מחבירו דברים של מותרות, שאינם כל כך הכרחיים, אין המבקש כל כך דבוק בחבירו, שיתן לו את מבוקשו, עד כדי כך שלא יסיח דעתו ממנו מלבקש. נמצא, בדברים שאין להם שייכות לפקות נפש, אין המבקש כל כך דבוק בהנותן.

לכן, כשהאדם מרגיש, שהוא צריך לבקש מהבורא, שיציל אותו ממות, היינו מבחינת "רשעים בחייהם נקראים מתים", אז המגע בין האדם להבורא מגע הדוק. לכן אצל הצדיק מקום עבודה, שיהא נחוץ לעזרת הבורא, אחרת הוא אבוד. לזה הצדיקים משתוקקים, היינו למקום עבודה, בכדי שיהיה להם מגע הדוק עם הבורא.

ובהאמור יוצא, אם הבורא נותן מקום עבודה, אז הצדיקים האלו שמחים מאד. לכן דרשו "ראשון לחשבון עונות", שזה הוא שמחה להם, מזה שיש להם עתה מקום עבודה. היינו, שנעשה עתה נצרכים לה', ויכולים לבוא עתה לידי מגע הדוק עם ה', היות כי אין לבוא אל היכל המלך אלא בשביל איזה צורך.

וזה שכתוב: **"ולקחתם לכם"**. לכם דייקא. והטעם הוא, משום ש"הכל הוא בידי שמים, חוץ מיראת שמים". כלומר, הבורא יכול לתת אור שפע, כי זה יש לו, מה שאין כן חשכות ומקום חסרון, זה אין בגבולו.

והיות שיש כלל, **כי רק ממקום חסרון יש יראת שמים**. ומקום חסרון נקרא "הרצון לקבל". זאת אומרת, **שרק אז יש מקום יגיעה, במה שהוא המתנגד**, שהגוף בא ושואל: "מה העבודה?". ואין להאדם מה להשיב על שאלתו. והאדם מוכרח לקבל עול מלכות שמים למעלה מהדעת, "כשור לעול וכחמור למשא" בלי שום ויכוחים. אלא "אמר ונעשה רצונו". זה נקרא **"לכם"**, כלומר, **עבודה זו שייך לכם דייקא ולא אלי**. כלומר, עבודה מה שהרצון לקבל שלכם מחייב אותו.

מה שאין כן, אם ה' נותן לו איזה הארה מן השמים, אז הרצון לקבל נכנע והוא מתבטל אז כנר בפני אבוקה. וממילא אין לו כבר יגיעה, כי הוא כבר לא צריך לקבל על עצמו את עול מלכות שמים בדרך הכפיה, "כשור לעול וכחמור למשא", כמ"ש: **"אוהבי ה' שנאו רע"**. שפירושו, כי רק ממקום הרע נמשך אהבת ה'.

כלומר, בשיעור שיש לו שנאה להרע, היינו שהוא רואה, איך שהרצון לקבל מפריע לו מלהגיע לשלימות המטרה, בשיעור זה הוא זקוק שיזכה לאהבת ה'. מה שאין כן אם הוא לא מרגיש שיש לו רע, אין הוא מסוגל לזכות לאהבת ה', כי אין לו צורך לזה, מטעם שכבר יש לו סיפוק בעבודה.

ובהאמור, אין להאדם להתרעם, בזמן שיש לו עבודה עם הרצון לקבל, בזה שהוא המפריע לו בעבודה. והאדם בטח היה יותר שבע רצון, אם הרצון לקבל היה נעדר מהגוף, היינו, **שלא היה מביא להאדם את שאלותיו,** להפריע לו מהעבודה של קיום תו"מ.

אלא האדם צריך להאמין, שזה שהרצון לקבל מפריע לו מהעבודה, זה באה לו מלמעלה. כי מן השמים נותנים לו כח הגלוי של הרצון לקבל, מטעם שדוקא בזמן שהרצון לקבל מתעורר, יש מקום עבודה, שיהיה להאדם מגע הדוק עם הבורא, שיעזור לו להפוך את הרצון לקבל בעמ"נ להשפיע.

והאדם צריך להאמין, **כי מזה נמשך נחת רוח להבורא,** מזה שהאדם מתפלל אליו, שיקרבהו בבחינת הדביקות, הנקראת "השתוות הצורה", שהיא בחינת ביטול הרצון לקבל, שיהיה בעמ"נ להשפיע. ועל זה אומר הבורא: **"נצחוני בני".** היינו, אני נתתי לכם רצון לקבל, ואתם מבקשים ממני, שאני אתן לכם במקומו רצון להשפיע.

ובזה יש לפרש מה שמובא בגמרא, דר' פנחס בן יאיר הוה קא אזיל (היה הולך) לפדיון שבוים. פגע ביה בגינאי נהרא (שם הנהר היה גינאי). אמר ליה, גינאי, חלוק מימיך ואעבור בך [ר' פנחס בן יאיר היה הולך לפדיון שבוים. הגיע לנהר גינאי. אמר לו, גינאי, חֲצֵה מימיך ואעבור בך]. **אמר ליה,** אתה הולך לעשות רצון קונך, ואני הולך לעשות רצון קוני. אתה ספק עושה, ספק אי אתה עושה, ואני ודאי עושה. (חולין דף ז').

ואמר, שהפירוש הוא, שהוא אמר להנהר, הכוונה להרצון לקבל, שיתן לו לעבור דרך בו, ולהגיע לדרגת לעשות רצון ה', היינו לעשות הכל בעמ"נ להשפיע נחת רוח ליוצרו. והנהר, היינו הרצון לקבל, השיב לו, היות שהבורא ברא אותו בטבע זו, שירצה לקבל הנאה ותענוגים, לכן אין הוא רוצה לשנות את הטבע, ממה שהבורא ברא אותו. ור' פנחס בן יאיר עשה מלחמה עמו, היינו שרצה להפוך אותו על רצון להשפיע. זה נקרא שעשה מלחמה עם הבריאה, מה שהבורא ברא בהטבע, שהוא נקרא רצון לקבל, מה שהבורא ברא אותו, שהיא כל הבריאה הנקראת "יש מאין".

ויש לדעת, בזמן העבודה, כשהרצון לקבל בא להאדם עם הטענות שלו, אינו מועיל שום ויכוחים עמו ושום שכליות, מה שהאדם חושב שהם טענות צודקות, לא יעזור לו, שיוכל לנצח את הרע שלו. אלא כמ"ש **"הקהה את שיניו",** שפירוש רק ללכת במעשים ולא בויכוחים, שזה נקרא, שהאדם צריך להרבות כוחות על דרך הכפיה, שזה סוד מה שאמרו חז"ל **"כופין אותו עד שיאמר רוצה אני".** כלומר, ע"י ריבוי התמדה אז ההרגל נעשה טבע שני.

ובעיקר צריכים להשתדל, שיהיה להאדם רצון חזק להשיג את הרצון להשפיע, ולהתגבר על הרצון לקבל. ופירושו של רצון חזק הוא, שרצון חזק נמדד לפי ריבוי השהיות והמנוחות שבינתיים. כלומר, ההפסק זמן שבין התגברות להתגברות. שיש לפעמים, שהאדם מקבל הפסק באמצע, היינו ירידה. וירידה זו יכול להיות הפסק של רגע, או שעה, או יום, חודש. ואח"כ שוב מתחיל לעבוד בענין התגברות על הרצון לקבל, ולהשתדל להשיג את הרצון דלהשפיע.

ורצון חזק נקרא, שההפסק אינו לוקח אצלו הרבה זמן, ותיכף נתעורר שוב לעבודה. וזה דומה לאדם, שרוצה לשבור אבן גדול. ולוקח פטיש גדול, והוא דופק דפיקות הרבה כל היום, אבל הם חלשים, כלומר שאינו דופק על האבן בתנופה אחת, אלא שמוריד את הפטיש הגדול לאט לאט. והוא בא בטענה, שהעבודה הזו לשבור את האבן, זה לא בשבילו, שבטח צריכים גיבור, שיהיה בידו היכולת לשבור את האבן הגדול. והוא אומר, שהוא לא נולד עם כוחות כה גדולים, שיהיה בידו לשבור את האבן.

מה שאין כן מי שמרים את הפטיש הגדול הזה, ונותן בתנופה גדולה על האבן, ולא לאט לאט, אלא בהתאמצות, תיכף האבן נכנע לפניו ונשבר תחתיו. וזהו **"כפטיש החזק יפוצץ את הסלע".**

כמו כן בעבודת הקודש, שהיא להכניס

את הכלי קבלה לקדושה, הגם שיש לנו פטיש חזק, היינו דברי תורה, שנותנים לנו עצות טובות, ואם הוא בלי זרם, אלא בשהיות גדולות, בינתיים, אז האדם בורח מן המערכה, ואומר שהוא לא נברא לזה, אלא לעבודה זו צריכים מי שנולד עם כשרונות מיוחדים לזה.

אלא שהאדם צריך להאמין, שכל אדם יכול להגיע להמטרה, אלא שהוא צריך להשתדל, שכל פעם הוא ישתדל לתת כוחות דהתגברות יותר גדולים, ואז הוא יכול לשבור את האבן בזמן קצר.

עוד יש לדעת, שבכדי שהיגיעה יעשה מגע עם ה', יש כאן תנאי קשה מאוד. והוא, שהיגיעה צריך להיות אצל האדם בבחינת **הידור**. שהידור נקרא אצל אדם דבר חשוב. מה שאין כן, אם היגיעה אינה בחשיבות, אין הוא יכול לעבוד בשמחה. היינו שיהיה לו שמחה, מזה שיש לו עתה מגע עם ה'.

ודבר זה מרומז באתרוג, כמ"ש באתרוג, **"פרי עץ הדר"** שצריך להיות נקי למעלה מחוטמו. ידוע, שיש ג' בחינות:

א. הדר,

ב. ריח,

ג. טעם.

טעם פירושו, כשהאורות מושפעים מלמעלה למטה, היינו למטה מפה, ששם יש בחינת חיך וטעם, שפירוש שהאורות באים בכלים דקבלה.

ריח פירושו, שהאורות באים מלמטה למעלה, היינו שהאורות באים בכלים דהשפעה, בסוד "מקבלת ואינה משפעת", למטה מחיך וגרון, שהוא בחינת **"והריחו ביראת ה'"**, הנאמר אצל משיח. ידוע שבחינת ריח מיוחס לחוטם.

הדר, הוא בחינת יופי, שהיא בחינת למעלה מחוטמו, היינו שאין בו ריח. זאת אומרת, שאין שם לא טעם ולא ריח. אם כן, מה כן יש שמה, שעל ידי דבר זה הוא יכול להחזיק מעמדו? אלא רק בחינת הידור יש בו על כל פנים. וזהו שמחזיק אותו.

אנו רואים באתרוג, שההידור נמצא בו דוקא טרם שראוי לאכילה. מה שאין כן בזמן שהוא ראוי לאכילה, כבר אין בו הידור. וזה בא לרמז לנו על ענין **עבודה ד"ראשון לחשבון עונות"**, כנ"ל. כלומר, שדוקא בזמן עבודה דבחינת "ולקחתם לכם", היינו העבודה בזמן קבלת עול מלכות שמים, שהגוף מתנגד אז לעבודה זו, אז יש מקום לשמחה של **הידור**. היינו, שבזמן עבודה זו ניכר ההידור. כלומר, אם יש לו שמחה מעבודה זו, זהו מטעם, שהעבודה זו הוא אצלו בבחינת הידור ולא בזיון.

כלומר, שיש לפעמים, שהאדם מבזה את עבודה זו של קבלת עול מלכות שמים, שהיא זמן של הרגשת השחרית. שהוא רואה, שאין מי שיכול להציל את מצבו, שבו הוא נמצא, אלא רק הבורא. והוא מקבל על עצמו מלכות שמים למעלה מהדעת, בבחינת "כשור לעול וכחמור למשא". ושצריך להיות לו שמחה, בזה שיש לו עתה מה לתת להבורא. ומזה שיש לו מה לתת להבורא, הבורא נהנה מזה.

אבל לא תמיד יש לאדם הכות, שיגיד, שזהו עבודה **יפה**, הנקרא **הידור**. אלא הוא מבזה את עבודה זו. וזהו תנאי קשה לאדם, שיהיה בידו לומר, שהעבודה זו הוא בוחר יותר מהעבודה של בחינת "לבנינות". היינו ממצב שאינו מרגיש טעם של חושך בעת עבודה. אלא שאז הוא מרגיש טעם בעבודה, היינו שאז אין הוא צריך לעבוד עם הרצון לקבל, שיסכים לקבל על עצמו מלכות שמים למעלה מהדעת.

ואם הוא כן מתגבר על עצמו, ויכול לומר שהעבודה זו נעים לו, בזה שעתה הוא מקיים מצות אמונה למעלה מהדעת, ומקבל את עבודה זו בבחינת יופי והדר, זה נקרא "שמחה של מצוה".

וזה ענין, שהתפלה היא יותר חשובה מעניית התפלה. מטעם, כי בתפלה יש לו מקום יגיעה, והוא נצרך להבורא, היינו שהוא מצפה לרחמי שמים. ואז יש לו המגע האמיתי עם הקב"ה, ואז הוא נמצא בהיכל המלך. מה שאין כן בעניית התפלה, כבר יצא מהיכל המלך, כי כבר לקח את מבוקשו והלך לו.

ובזה יש להבין את הכתוב "לריח שמניך

535 מאמרי "שמעתי" תקלה

טובים, שמן תורק שמך". **שמן** נקרא אור העליון, בזמן שהוא שופע. **תורק**, היינו בזמן הפסקת השפע, שאז נשאר בחינת ריח מהשמן (היינו, ריח נקרא, שנשאר על כל פנים בחינת רשימו ממה שהיה לו. מה שאין כן **הידור** נקרא במקום שאין שום אחיזה, היינו אפילו בחינת רשימו אינו מאיר).

וזה ענין עתיק וא"א, שבזמן התפשטות השפע נקרא בחינת א"א, שהיא בחינת חכמה, היינו **השגחה גלויה**. ועתיק פירושו מלשון "ויעתק", שהוא בחינת הסתלקות האור, היינו שאינו מאיר, שזה נקרא **הסתרה**. שאז הוא הזמן של התנגדות להתלבשות, שאז הוא הזמן של קבלת כתר המלך, שהוא בחינת מלכות דאורות, שהוא בחינת **מלכות שמים**.

שעל זה נאמר בזה"ק, שהשכינה הקדושה אמרה לר' שמעון, דלית אתר לאתטמרא מנך (היינו, שאין מקום שאני יכול להסתיר עצמי ממך). שפירושו, שאפילו בהסתרה הכי אפשרי במציאות, גם כן הוא מקבל עליו עול מלכות שמים בשמחה עצומה.

והסיבה היא, מטעם שהוא הולך לפי הקו של רצון להשפיע. אם כן, מה שיש בידו הוא משפיע. ואם ה' נותן לו יותר, הוא משפיע יותר. ואם אין לו כלום מה להשפיע, אז הוא עומד ומצוות ככרוכיא, שהקב"ה יציל אותו מהמים הזדונים. לכן גם באופן זה גם כן יש לו מגע עם הקב"ה.

והטעם שבחינה זו נקראת "עתיק" היא, הלא עתיק היא מדרגה הכי גבוה? התשובה הוא, משום שכל דבר שהוא יותר רחוק מהלבשה, הוא יותר גבוה. ולהאדם יש יכולת להרגיש במקום היותר מופשט, הנקרא "אפס המוחלט". משום ששם אין יד האדם משמשת. כלומר, שהרצון לקבל יכול להאחז רק במקום שיש איזה התפשטות האור. ומטרם שהאדם מזכך את כליו, שלא יפגום בהאור, אין הוא מסוגל שהאור יבוא אליו בצורת התפשטות בכלים.

ורק בזמן שהאדם הולך בדרכי השפעה, היינו במקום שהרצון לקבל לא נמצא שם, בין במוחא ובין בליבא, שם האור יכול לבוא בתכלית השלימות, והאור בא אצלו בבחינת הרגשה, שיכול להרגיש את רוממותו של האור עליון.

מה שאין כן, כשהאדם עוד לא תיקן את הכלים שיהיו בעמ"נ להשפיע, אז כשהאור בא לכלל התפשטות, מוכרח האור להתצמצם ואינו מאיר אלא לפי טהרת הכלים. לכן האור נראה אז שהוא בתכלית הקטנות. לכן, בזמן שהאור הוא בבחינת הפשטה מהתלבשות בכלים, אז האור יכול להאיר בתכלית השלימות והבהירות, בלי שום צמצומים לצורך התחתון.

היוצא מזה, כי חשיבות עבודה הוא דוקא בזמן שבא לכלל אפס, היינו בזמן שהוא רואה, שהוא מבטל את כל מציאותו וישותו, שאין אז שום שליטה להרצון לקבל, ורק אז הוא נכנס להקדושה.

יש לדעת כי "זה לעומת זה עשה אלקים". כלומר, כפי שיעור שיש גילוי בהקדושה, בשיעור זה מתעורר הס"א. זאת אומרת, בזמן שהאדם טוען "כולה שלי", היינו שכל הגוף שייך להקדושה, אז גם הס"א טוענת כנגדו גם כן שכל הגוף צריך לשמש להס"א.

לכן על האדם לדעת, כי בזמן שהוא רואה, שהגוף טוען שהוא שייך לס"א, וצועק בכל כוחו את השאלות הידועות, שהם בחינת **מה ומי**, זהו סימן שהאדם הולך בדרך האמת, היינו שכל כוונתו הוא להשפיע נחת רוח ליוצרו.

לכן עיקר העבודה הוא דוקא במצב הזה. והאדם צריך לדעת, שזהו סימן שהעבודה הזו היא קולע למטרה. והסימן הוא, שהוא לוחם ושולח את חציו לרישא דחויא [לראש הנחש], היות שהוא צועק וטוען טענת מה ומי, שפירושו "מה העבודה הזאת לכם". היינו, "מה אתם תרויחו בזה שאתם עובדים רק לתועלת ה' ולא לתועלת עצמו?" וטענת "מי" פירושו, שזהו טענת פרעה, שהיה טוען: "מי ה', אשר אשמע בקולו?".

ולכאורה נראה הטענה של "מי" הוא טענה שכלית. שמדרך העולם הוא, שאומרים למי שהוא: "לך תעבוד אצלו", האדם שואל: "אצל מי?". לכן כשהגוף טוען "מי ה', אשר אשמע

בקולו", הוא טענה שכלית. אלא לפי הכלל, שהשכל אינו עצם בפני עצמו, אלא שהוא בחינת מראה, ממה שנמצא בהחושים, מתראה כך בהשכל, שזה סוד "ובני דן חושים".

כלומר, שהשכל אינו דן אלא לפי מה שהחושים נותנים לו לעיין ולהמציא איזה המצאות ותחבולות, שיתאים לתביעות החושים. כלומר, מה שהחושים תובעים, השכל משתדל להמציא להם את מבוקשם, אולם השכל לפי עצמו אין לו שום צורך עבור עצמו לאיזה תביעה שהוא. לכן, אם נמצא בהחושים תביעות של השפעה, אז השכל עובד לפי קוי השפעה, ואין השכל שואל שאלות, היות כי הוא רק משמש את החושים.

והשכל דומה לאדם, המסתכל במראה, לראות אם הוא מלוכלך. וכל המקומות שהמראה, מראה לו שהוא מלוכלך, הוא הולך להתרחץ ולנקות, היות שהמראה הראה לו שיש בפניו של אדם דברים מכוערים וצריכים לנקותם.

אולם הדבר הקשה ביותר הוא, לדעת מה נקרא דבר מכוער, אם הרצון לקבל, כלומר מה שהגוף דורש לעשות הכל רק לתועלת עצמו, או הרצון להשפיע הוא דבר מכוער, שאין הגוף יכול לסבול אותו. וזה אינו השכל יכול לברר, כדוגמת המראה, שאינו יכול לומר, מהו מכוער ומהו יופי. אלא זה תלוי הכל בהחושים, שרק החושים הם קובעים את זה.

לכן כשהאדם מרגיל את עצמו לעבוד על דרך הכפיה, לעבוד בבחינת השפעה, אז גם השכל פועל לפי קוי השפעה. ואז אין שום מציאות שישאל השכל שאלת "מי", בזמן שהחושים כבר התרגלו לעבוד בבחינת השפעה. כלומר, שאין החושים שואלים אז שאלת "מה העבודה הזאת?", מטעם שכבר הם עובדים בעמ"ב להשפיע, וממילא אין השכל שואל שאלת "מי".

נמצא, שעיקר עבודה הוא בה-"מה העבודה הזאת לכם?". ומה שהאדם שומע, שהגוף כן שואל שאלת "מי", זהו מטעם, שאין הגוף רוצה להשפיל עצמו כל כך. לכן הוא שואל שאלת "מי", שנראה כמו ששואל טענה שכלית.

אבל האמת הוא כנ"ל, שעיקר העבודה היא בה-"מה".

כ. ענין לשמה

שמעתי תש"ה

דענין לשמה. בכדי שהאדם יזכה לשמה, הוא צריך לאתערותא דלעילא [להתעוררות מלמעלה], כי זהו הארה ממרום, ואין זה בשכל האנושי להבין, אלא מי שהוא טועם, הוא יודע. ועל זה נאמר: "טעמו וראו כי טוב ה'".

ומשום זה, צריך האדם, בזמן קבלת עול מלכות שמים, שיהיה על תכלית השלימות, היינו כולו להשפיע ולא לקבל כלום. ואם האדם רואה, שאין האברים מסכימים לדיעה זו, אין לו עצה אחרת, אלא תפילה, שישפוך שיחו לה', שיעזור לו, שגופו יסכים לשעבד את עצמו להקב"ה.

ואל תאמר, אם בחינת לשמה הוא מתנה מלמעלה, אם כן מה מועיל את התגברותו ועבודתו, וכל הסגולות והתיקונים, שהוא עושה, בכדי לבוא לשמה, אם זה תלוי ביד ה'. ועל זה תירצו חז"ל ואמרו: "אי אתה בן חורין לפטור ממנה". אלא על האדם מוטל לתת את האתערותא דלתתא [ההתעוררות מלמטה]. וזהו בחינת תפילה.

אבל אי אפשר שיהיה תפילה אמיתית, אם לא יודע מקודם, שבלי תפילה אי אפשר להשיגה. לכן ע"י המעשים והסגולות, שהוא עושה בכדי לזכות לשמה, מתרקם אצלו כלים מתוקנים, שירצו לקבל את ה"לשמה".

ואז, לאחר כל המעשים והסגולות, אז הוא יכול לתת תפילה אמיתית. משום שראה, שכל המעשים שלו לא הועילו לו כלום. ורק אז הוא יכול לתת תפילה אמיתית מעומקא דליבא. ואז הקב"ה שומע תפילה, ונותן לו המתנה של לשמה.

וגם צריך לדעת, שע"י קניית הלשמה הוא ממית את היצר הרע. משום שיצר הרע נקרא "המקבל לתועלת עצמו". ועל ידי זה שזוכין להשפיע, אז הוא מבטל את התועלת עצמו. ועניין המיתה פירושו, שהוא כבר לא משמש

עם כלי הקבלה שלו לתועלת עצמו. וכיון שביטל את תפקידו, הוא נבחן למת.

ובאם האדם יתן חשבון לנפשו, מה יש לו בעמלו, שיעמול תחת השמש, אז הוא רואה, שלא כל כך קשה לשעבד את עצמו לשמו ית', מב' טעמים:

א. הלא בין כך ובין כך, היינו בין שרוצה ובין שלא רוצה, הוא מוכרח להתיגע בעולם הזה,

ב. שגם בזמן העבודה, אם הוא עובד לשמה, הוא מקבל תענוג מן העבודה בעצמה.

לפי המשל המגיד מדובנא, שאמר על פסוק "לא אותי קראת יעקב, כי יגעת בי ישראל", שפירושו הוא, שמי שעובד אצל השם ית', אין לו שום יגיעה, אלא להיפוך, שיש לו תענוג והתרוממות רוח.

אלא מי שלא עובד לשם השם ית', אלא לשם מטרות אחרות, לא יכול לבוא בטענה אצל השם ית', מדוע לא משפיע לו חיות בעבודה, היות שהוא עובד למטרה אחרת. שרק לשם מי שהוא עובד, הוא יכול לבוא בטענה אליו, שישפיע לו חיות ותענוג בעת עבודתו. ועליו נאמר: "כמוהם יהיו עושיהם כל אשר בוטח בהם".

ואל יקשה בזה, מדוע בזמן שהאדם מקבל על עצמו את העול מלכות שמים, היינו שרוצה לעבוד בעמ"נ להשפיע להבורא ית', מכל מקום אינו מרגיש שום חיות, שחיות הזו יחייב אותו את הקבלת עול מלכות שמים, אלא צריך לקבל על עצמו בעל כרחו שלא בטובתו, היינו שהגוף לא מסכים על עבודות זו, מדוע הקב"ה לא משפיע לו אז חיות ותענוג.

הטעם, שזהו תיקון גדול. שלולי זאת, אלא הרצון לקבל היה מסכים לעבודתו זו, אף פעם לא היה לו באפשרותו להגיע לשמה. אלא תמיד היה עובד מטעם תועלת עצמו, היינו למלאות תאוותו. וזה דומה כדאמרי אינשי [כדברי האנשים], שהגנב בעצמו צועק: "תתפסו את הגנב". ואז אי אפשר להכיר, מי הוא הגנב האמיתי, כדי לתופסו ולהוציא מידו הגניבה.

אבל בזמן שהגנב, היינו הרצון לקבל, לא מרגיש טעם בעבודה של קבלת עול מלכות שמים, אז כיון שהגוף מרגיל את עצמו לעבוד עבודה מה שהוא נגד רצונו, אז יש לו האמצעים, שיכול לבוא לידי עבודה, שיהיה רק במטרה לעשות נחת רוח ליוצרו. כי כל כוונתו צריך להיות רק לה', כמ"ש "אז תתענג על ה'". היינו מקודם, כשהיה עובד לה', לא היה לו תענוג מעבודתו, אלא עבודתו היתה על דרך הכפיה.

מה שאין כן כשכבר הרגיל את עצמו לעבוד בעמ"נ להשפיע, אז הוא זוכה להתענג על ה' מעבודה בעצמה יהיה לו תענוג וחיות. וזה נקרא, שגם התענוג יהיה אז לה' דווקא.

כא. בזמן שהאדם מרגיש את עצמו בבחינת עליה

שמעתי כ"ג חשון תש"ה

בזמן שהאדם מרגיש את עצמו בבחינת עליה, שיש לו מצב רוח מרומם, ואז מרגיש את עצמו, שאין לו שום תשוקה רק לרוחניות, טוב אז לעיין בסתרי תורה, בכדי להשיג את פנימיותה.

ואפילו שרואה, שאף על פי שמתיגע את עצמו להבין משהו, ומכל מקום אינו יודע שום דבר, מכל מקום כדאי לעיין בסתרי תורה, אפילו מאה פעמים בדבר אחד, ולא לבוא ליד יאוש, היינו לומר, שאין שום תועלת מזה, מאחר שלא מבין שום דבר. והוא מב' טעמים:

א) שבזמן שהאדם מעיין באיזה ענין ומשתוקק להבינו, ההשתוקקות הזו נקרא "תפילה". כי ענין תפילה הוא בחינת חסרון, שפירושו שמשתוקק לדבר שחסר לו, שהקב"ה ימלא את חסרונו. וגודל התפילה נמדד לפי ההשתוקקות. כי לדבר שחסר לו ביותר, אז ההשתוקקות יותר גדולה. כי לפי ערך החסרון, כן במידה זו הוא משתוקק.

ויש כלל, בדבר שהאדם משקיע יגיעה ביותר, אז היגיעה מגדילו את החסרון, ורוצה לקבל מילוי על חסרונו. וחסרון נקרא "תפילה", בחינת עבודה שבלב, כי "רחמנא ליבא בעי [הקב"ה חפץ בלבב]". נמצא, שאז הוא יכול

לתת תפילה אמיתית. כי בעת שמעיין בדברי תורה, אז הלב מוכרח להתפנות משאר רצוניות, ולתת כח להמוח, שיוכל לחשוב ולעיין.

ובאם אין חשק בהלב, אין המוח יכול לעיין, על דרך שאמרו חז"ל: "לעולם ילמוד אדם לתלמודו במקום שלבו חפץ". ובכדי שתתקבל תפילתו, מוכרח להיות תפילה שלימה. לכן, כשמעיין בשיעור שלם, אז הוא מוציא מזה תפילה שלימה. ואז יכול להתקבל תפילתו, כי ה' שומע תפילה. אבל יש תנאי, שהתפילה צריך להיות תפילה שלימה, ולא שיהיה באמצע התפילה שאר דברים מעורבים בו.

וטעם ב), שאז, כיון שהאדם נפרד מגשמיות באיזה שיעור, ויותר קרוב למידת השפעה, אז הזמן יותר מוכשר שיתחבר עם פנימיות התורה, שהיא מתגלית לאלו, שיש להם השתוות עם הבורא, כי "אורייתא וקוב"ה וישראל חד הוא". מה שאין כן, כשהאדם הוא בבחינת קבלת עצמית, אז הוא שייך לחיצוניות ולא לפנימיות.

כב. תורה לשמה

שמעתי ט' שבט תש"א

עיקר "תורה לשמה" נקרא בזמן שלומדין בכדי לידע בבירור גמור בתוך הדעת ממש, בלי שום ספיקות של בירור האמת "שאית דין ואית דיין [שיש דִין ויש דַיָן]".

"אית דין [יש דין]" נקרא, שרואים את המציאות, כמו שהוא נראה לעינינו. היינו שאנחנו רואים, בזמן שעובדים בבחינת אמונה והשפעה, אז נגדלים ועולים מיום ליום, כי בכל פעם רואים השתנות לטובה.

וכן להיפוך, כשאנו עובדים בבחינת קבלה וידיעה, אז רואים שיורדים מיום ליום, עד לתכלית השיפלות שישנם במציאות.

כשמסתכלים על ב' מצבים האלו, אז רואים "שאית דין, ואית דיין [שיש דִין ויש דַיָן]". מטעם, כי בו בזמן שלא הולכים על פי דיני תורה של אמת, אז תיכף נענשים על המקום. אז רואים "שאית דין צדק [שיש דִין צדק]". פירוש, שרואים שדוקא זהו הדרך הטובה ביותר, ומסוגל וראוי להגיע אל האמת.

וזהו שנקרא "שהדין הוא צדק", שרק באופן כזה יכולים לבוא לשלימות התכלית. היינו, שיבין בתוך הדעת בהבנה שלימה ומוחלטת, שאין למעלה הימנה, שרק בבחינת אמונה והשפעה יכולים להגיע להתכלית.

לכן אם לומדים על מטרה זו, להבין זאת "שאית דין ואית דיין", זה נקרא "תורה לשמה". וזה הפירוש מאמר חז"ל "גדול התלמוד, שמביא לידי מעשה". ולכאורה היה צריך לומר "שמביא לידי מעשים". היינו, שיוכל לעשות מעשים הרבה, לשון רבים ולא לשון יחיד.

אלא הענין הוא כנ"ל, שהלימוד צריך להביא לו רק לבחינת אמונה. והאמונה נקרא "מצוה אחת", שהוא "המכריע את כל העולם כולו לזכות". והאמונה נקרא "עשיה", מטעם שמדרך העולם הוא, שמי שעושה איזה דבר, מוכרח להיות מקודם איזה סיבה, שהוא יחייבו לעשות בתוך הדעת. וזה כמו יחס משותף שכל עם עשיה.

אבל בזמן שהוא דבר למעלה מהדעת, שאין הדעת נותן לו לעשות את הדבר, אלא להיפוך, אז מוכרחים לומר, שבמעשה זו אין שום שכל, אלא מעשה לבד. וזה פירוש "עשה מצוה אחת, אשריו שהכריע את עצמו וכו' לכף זכות". וזה הפירוש "גדול התלמוד, שמביא לידי מעשה", היינו לבחינת עשיה בלי דעת, הנקרא "למעלה מהדעת".

כג. אוהבי ה' שנאו רע

שמעתי י"ז סיון תרצ"א

בפסוק "אוהבי ה' שנאו רע, שומר נפשות חסידיו, מיד רשעים יצילם".

ופירש, שלא מספיק בזה שהוא אוהב ה', שרוצה לזכות לדביקות ה', אלא שצריך להיות גם שונא את הרע.

וענין שנאה מתבטא בזה, שהוא שונא את הרע, הנקרא "רצון לקבל". והוא רואה, שאין לו שום עצה להפטר ממנו. ויחד עם זה הוא לא רוצה להשלים עם המצב. והוא מרגיש את ההפסדות, מה שהרע גורם לו. וגם רואה את

מאמרי "שמעתי" 539

האמת, שהאדם מצד עצמו אין בכוחו לבטל את הרע, היות שזהו כוח טבעי מצד השם ית', שהטביע בהאדם את הרצון לקבל.

אזי הפסוק מודיע לנו, מה שיש ביד האדם לעשות. היינו לשנוא את הרע. ועל ידי זה ה' ישמור לו מהרע הזה, כמ"ש "שומר נפשות חסידיו". ומהו השמירה? - "ומיד רשעים יצילם". ואז, כיון שיש לו איזה מגע עם ה', יהיה המגע הכי קטנטנה, אזי הוא כבר איש מוצלח.

ובאמת, ענין הרע נשאר קיים ומשמש בבחינת אחוריים להפרצוף. וזהו רק ע"י תיקון האדם. שבזה שהוא שונא את הרע באמת גמור, על ידי זה מתתקן לבחינת אחוריים.

וענין השנאה נובע מטעם, שאם האדם רוצה לזכות לדביקות השם ית', אזי נוהג את המנהג שיש בין חבירים וידידים. זאת אומרת, שאם שני אנשים באים לידי הכרה, שכל אחד מהן שונא מה שחבירו שונא, ואוהב את מה ומי שחבירו אוהב. אז הם באים לידי התחברות תמידית, בחינת יתד שלא תמוט לעולם.

לכן, מאחר שה' אוהב להשפיע, לכן גם התחתונים צריכים להסתגל לרצות אך להשפיע. וכמו כן ה' שונא להיות מקבל, דאיהו [שהוא] שלם בתכלית השלימות ואינו צריך לכלום, גם האדם צריך לשנוא את ענין הקבלה לעצמו.

היוצא מכל האמור, שהאדם צריך לשנוא את הרצון לקבל בתכלית השנאה, שכל החורבנות שבעולם באים רק מהרצון לקבל. וע"י השנאה הוא מתקן אותו ונכנע תחת הקדושה.

כד. מיד רשעים יצילם
שמעתי ה' אב תש"ד בסיום לזהר

הנה כתיב "אוהבי ה' שנאו רע וכו', ומיד רשעים יצילם", והקשה איזה קשר יש בין "שנאו רע" ל"מיד רשעים יצילם".

ובכדי להבין זה צריכים להקדים את מאמר חז"ל, "לא אברי עלמא, אלא או לצדיקי גמירי או לרשעי גמירי [לא נברא העולם אלא או לצדיקים גמורים או לרשעים גמורים]", והקשה, בשביל רשעי גמירי כדאי לבראות, ובשביל

צדיק שאינו גמירי לא כדאי? [והקשה, בשביל רשעים גמורים כן כדאי להבראות ובשביל צדיק שאינו גמור, לא?]

והשיב, שמצד ה' אין שום דבר בעולם שיהיה לו ב' משמעות, אלא רק מצד המקבלים, היינו לפי הרגשת המקבלים. זאת אומרת, או שהמקבלים מרגישים טעם טוב בעולם, או שמרגישים טעם רע ומר בעולם, משום שכל פעולה שעושים חושבים מראש כשעושין אותה, כי לא עושים שום פעולה בלי מטרה, או שרוצים להטיב את מצבו הקיים, או להרע למי שהוא, אבל דברים של מה בכך אינם ראויים לפועל בעל תכלית.

לכן, המקבלים את דרכי הנהגת ה' בעולם, תלוי איך שהם מרגישים וכפי זה הם קובעים, או שזהו טוב או רע.

ומשום זה אוהבי ה', שמבינים שתכלית הבריאה היתה כדי להטיב לנבראיו, ובכדי שיבואו להרגיש את זה, הם מבינים שזה מתקבל דוקא ע"י דביקות והתקרבות לה'. לכן, אם הם מרגישים איזה התרחקות מצד ה', זה נקרא אצלם רע, ובמצב כזה הוא מחזיק את עצמו לרשע, כי מצב בינתיים אינו במציאות. היינו, או שמרגיש את מציאות ה' והשגחתו ית', או חס ושלום שנדמה לעיניו כי "ארץ נתנה ביד רשע".

וכיון שמרגיש בעצמו שהוא איש אמת, היינו שאינו יכול לרמאות את עצמו ולומר שמרגיש ואינו מרגיש, אז מיד הוא מתחיל לצעוק לה' שירחם עליו, ויוציאו מרשת הס"א ומכל המחשבות זרות. וכיון שהוא צועק מבחינת אמת אז ה' שומע תפילתו, (ואולי זה פירוש "קרוב ה' לכל אשר יקראוהו באמת") ואז "מיד רשעים יצילם".

וכל זמן שהוא לא מרגיש את אמיתיותו, היינו את שיעור הרע שלו, במדה מספקת שיעורר אותו לצעוק לה' מרוב יסוריו שהוא מרגיש עם הכרת הרע שלו, אז עדיין אינו ראוי להיושע. מטעם שלא גילה את הכלי לשמיעת התפילה, שנקרא מעומקא דליבא [מעומק הלב], משום שהוא חושב שעדיין יש לו קצת טוב.

היינו שאינו יורד עד לעומק הלב, ובעומק הלב הוא חושב שיש לו קצת טוב, ואין שם לב באיזה אהבה ויראה הוא מתיחס לתורה ולמצות. לכן לא רואה את האמת.

כה. דברים היוצאים מהלב

שמעתי ה׳ מנחם אב תש״ד בסעודה של גמר חלק הזהר

ענין "דברים היוצאים מן הלב, נכנסים ללב". אם כן, מדוע אנו רואים, אפילו אם כבר הדברים נכנסו להלב, ומכל מקום האדם נופל ממדרגתו?

והענין הוא, שבזמן שהאדם שומע את הדברי תורה מרבו, תיכף מסכים לדעת רבו, ומקבל על עצמו לקיים דברי רבו בלב ונפש. אלא אח״כ, כשיוצא לאויר העולם, אז הוא רואה וחומד ומתדבק ברצונות הרבים המשוטטים בעולם. אז הוא, ודעתו, ולבו, ורצונו מתבטלים ברוב. כל זמן שאין בידו הכח להכריע את כל העולם לכף זכות, אז הם מכריעים אותו ומתערב ברצונותיהם.

ואז הוא "כצאן לטבח יובל". ואין לו בחירה, והוא מוכרח לחשוב, ולרצות, ולחשוק, ולדרוש את כל מה שהרבים דורשים. ואז הוא בוחר במחשבותיהם הזרות, ובתשוקות, ובתאוות הנמאסות, מה שהם זרים לרוח התורה. ואז אין לו שום כח, שיוכל להכריע את הכלל.

אלא עצה אחד יש לו אז, שיתדבק ברבו ובספרים, שזה נקרא "מפי ספרים ומפי סופרים". ורק בהתדבקותו בהם הוא יכול לשנות אז דעתו ורצונו לטוב. אבל בויכוחים ובפלפולים מחודדים לא יעזרו לו אז לשנות את דעתו, אלא רק בסגולת הדביקות, כי היא סגולה נפלאה, שהדבקות מחזירו למוטב.

ורק בזמן שהוא נמצא בתוך הקדושה, אז הוא יכול להתוכח עם עצמו, ולפלפל עם פלפולים יפים, איך שהדעת מחייב, שילך תמיד בדרכי ה׳. אבל את זה הוא צריך לדעת, שגם אחרי כל החכמות והודאות שיש לו, שיוכל כבר ללכת עם השכליות האלו לנצח את הס״א, הוא צריך לחקוק במחשבתו, שכל זה כלום לא שוה. שאין זה כלי זיין, שיוכל לנצח את המלחמת היצר, משום שכל אלו השכליות הוא רק תוצאה, שהשיג אחרי הדבקות הנ״ל.

זאת אומרת, שכל השכליות, שעליו הוא בונה את כל הבנין, שצריכים ללכת תמיד בדרכי ה׳, הוא היסוד שהוא דביקות ברבו. וממילא אם יאבד לו היסוד, אז כל השכליות אין להם שום כח, משום שחסר לו עכשיו היסוד. לכן לא להסתמך על שכלו, אלא שוב להתדבק בספרים ובסופרים. ורק זה יכול לעזור לו. אבל לא שום שכל ותבונה, משום שאין בהם שום רוח חיים.

כו. העתיד של האדם תלוי וקשור בהודאה על העבר

שמעתי תש״ג

הנה כתוב **"רם ה׳ ושפל יראה"**, שרק השפל יכול לראות את הרוממות. והנה אותיות יקר הם אותיות **יכיר**, שפירושו שעד כמה שיש לו יקר בהדבר, כך הוא מכיר את רוממותו, שדוקא לפי שיעור חשיבותו שבדבר, הוא מתפעל. וההתפעלות מביא לו לידי הרגשה שבלב. ולפי ערך שהוא מכיר את החשיבות, בשיעור זה נולד לו שמחה.

לכן אם הוא מכיר את שיפלותו, שאין הוא יותר יחסן מכל בני גילו, היינו שרואה שיש הרבה אנשים בעולם, שלא ניתן להם הכח לעבוד עבודת הקודש אפילו בתכלית הפשיטות, אפילו שלא בכוונה ושלא לשמה, אפילו שלא לשמה דשלא לשמה, אפילו הכנה דהכנה של התלבשות דקדושה - והוא כן זכה, שניתן לו רצון ומחשבה, שעל כל פנים יעבוד עבודת הקודש לפרקים, אפילו בתכלית הפשיטות שאפשר להיות - ואם הוא יכול להעריך את חשיבות שבדבר, ולפי חשיבות שהוא מחשיב את עבודת הקודש, בשיעור הזה הוא צריך לתת שבח והודיה על זה.

כי זה אמת, היינו שאין אנחנו מסוגלים להעריך את חשיבות, מה שיכולים לפעמים לקיים מצות ה׳ אפילו בלי שום כוונה. ואז הוא בא לידי הרגש רוממות ושמחת הלב. וע״י

השבח והודיה שנותן על זה, מתרחב ההרגשות ומתפעל מכל נקודה ונקודה של עבודת הקודש, ומכיר את העבדות של מי הוא עובד. ועל ידי זה הוא עולה מעלה מעלה.

וזה סוד מה שכתוב "מודה אני לפניך על החסד שעשית עמדי", היינו על העבר. ועל ידי זה תיכף הוא יכול לומר בבטיחות והוא אומר "ועל אשר אתה עתיד לעשות עמדי".

כז. מהו רם ה' ושפל יראה

שמעתי שבת תרומה תש"ט ת"א

"רם ה' ושפל יראה". איך אפשר להיות השתוות עם ה', בזמן שהאדם הוא מקבל, והשם ית' הוא משפיע. ולזה אומר הפסוק "רם ה' ושפל...". אם האדם מבטל את עצמו, נמצא שאין לו שום רשות להיות מפריד בינו לה', אז הוא "יראה", היינו שזוכה למוחין דחכמה.

ו"גבוה ממרחק ידע". אבל מי שהוא בעל גאה, היינו שיש לו רשות בפני עצמו, אזי הוא נתרחק, משום שחסר ההשתוות.

ושיפלות לא נקרא מה שהאדם משפיל את עצמו בפני אחרים. זהו ענווה, שהאדם מרגיש בעבודה הזאת בחינת שלימות. ושיפלות נקרא מה שהעולם מבזין אותו. דוקא בזמן שבני אדם מבזין, אזי נבחן לשיפלות, שאז לא מרגיש שום שלימות.

כי זה חוק: מה שבני אדם חושבין, פועלים על האדם. לכן, אם בני אדם מחשיבין אותו, אזי הוא מרגיש לשלם. ולמי שבני אדם מבזין, אזי הוא חושב את עצמו לשפל.

כח. לא אמות כי אחיה

שמעתי תש"ג

בפסוק "לא אמות כי אחיה". האדם בכדי להגיע להאמת, צריך שיהיה בהרגשה, שאם לא ישיג את האמת, הוא מרגיש את עצמו למת, כי רוצה לחיות. זאת אומרת, שהפסוק "לא אמות כי אחיה" נאמר על מי שרוצה להשיג את האמת.

וזה סוד "יונה בן אמיתי". יונה מלשון אונאה. בן מלשון מבין. שמבין, משום שתמיד מסתכל על מצבו, שבו הוא נמצא, ורואה שאונאה את עצמו ואינו הולך בדרך האמת. כי אמת נקרא להשפיע, היינו לשמה. והיפוך מזה אונאה ושקר, היינו רק לקבל, שהוא שלא לשמה. ועל ידי זה הוא זוכה אח"כ לבחינת "אמיתי", היינו להאמת.

וזה סוד "עיניך יונים". שהעינים דקדושה, הנקרא עינים דשכינה הקדושה, יונים, מרמים אותנו וחושבים שאין לה עינים חס ושלום, כמ"ש בזה"ק בסוד "עולמתא שפירתא דלית לה עינים". והאמת היא, שמי שזוכה להאמת, אז הוא רואה, שיש לה עינים, שזה סוד "כלה שעיניה יפות, כל גופא אינה צריכה בדיקה".

כט. כשבאים הרהורים לאדם

שמעתי תש"ג

"ה' צלך". אם האדם מהרהר, גם הבורא ית' מהרהר בו.

וכשהבורא ית' מהרהר, נקרא זה "הר ה'". וזה סוד "מי יעלה בהר ה', ומי יקום במקום קודשו". "נקי כפים", שזה סוד "וידי משה כבדים". "ובר לבב" שזה סוד ליבא.

ל. עיקר לרצות רק להשפיע

שמעתי מוצש"ק ויקרא, תש"ג

עיקר שלא לרצות שום דבר, רק להשפיע מטעם גדלותו ית', היות שכל קבלות נפסלות. ולצאת מבחינת קבלה אי אפשר, רק ללכת בקצה השני, היינו בבחינת השפעה. וכח המנענע, היינו כח המשכה וכח המחייב להעבודה, הוא רק מטעם גדלות ית'.

שצריכין לעשות חשבון, שסוף כל סוף הכוחות היגיעה מוכרחין לתת. אלא שע"י הכוחות האלו, יכולין להביא איזה תועלת והנאה. זאת אומרת, עם הכח והיגיעה, מה שהאדם נותן, יכול להנות גוף בעל גבול, שהוא בחינת אורח עובר. או בעל נצחי. זאת אומרת, שהמרץ שלו נשאר בנצחיות.

וזה דומה, שבן אדם, אם יש בכוחו לבנות מדינה שלימה, והוא בונה רק צריף, שע"י רוח חזק הוא נהרס. ונמצא, שכל הכוחות הלכו

לטמיון. מה שאין כן אם נשאר בקדושה, אזי כל הכוחות נשארים בנצחיות. ורק ממטרה זה הוא צריך לקבל כל היסוד לעבודה. והשאר יסודות פסולים.

וכח האמונה מספיק שהאדם יכול לעבוד בבחינת השפעה, היינו שיכול להאמין שהבורא ית' מקבל עבודתו. אפילו שעבודתו בעיניו אינו כל כך חשוב, מכל מקום הקב"ה מקבל את הכל. שכל עבודות, איך שיהיו, רצוי ומקבל לפניו, אם האדם מיחס את העבודה אליו ית'.

וכך, אם האדם רוצה להשתמש עם האמונה על בחינת קבלה, אזי האמונה אינו מספקת לו. זאת אומרת, שיש לו אז ספיקות בהאמונה. והטעם הוא משום שהקבלה אינו אמת. זאת אומרת, שבאמת אין לו להאדם שום דבר מהעבודה, רק להבורא ית' יהיה מהעבודה שלו. לכן הספיקות שלו הן אמת. היינו, אלו המחשבות זרות, מה שעולים במוחו, הם טענות אמיתיות.

מה שאין כן, אם האדם רוצה להשתמש עם האמונה ללכת בדרכי השפעה, בטח שלא יהיה לו שום ספיקות בהאמונה. ובאם שיש לו ספיקות, אז הוא צריך לדעת, שבטח שאין הוא רוצה ללכת בבחינת השפעה, שעל השפעה מספיק לו האמונה.

לא. כל שרוח הבריות נוחה הימנו

שמעתי

"כל שרוח הבריות נוח הימנו".

והקשה, הלא מצאנו אצל הגדולים המפורסמים ביותר, שהיו להם מחלוקת. אם כן "אין רוח הבריות נוח הימנו". ותירץ, שלא אמרו "כל שהבריות", אלא "רוח הבריות". שהכונה, שרק הגופות הם במחלוקות.

זאת אומרת, שכל אחד משמש עם הרצון לקבל. מה שאין כן "הרוח של הבריות" הוא כבר רוחניות. ו"נוח הימנו", שהצדיק ממשיך השפע, הוא ממשיך עבור כל הדור. ורק שעדיין לא הלבישו את הרוח שלהם, עוד לא יכולים להשיג ולהרגיש את השפע, שהצדיק המשיך.

לב. גורל הוא סוד אתערותא דלעילא

שמעתי ד' תרומה תש"ג

גורל הוא סוד אתערותא דלעילא [התעוררות מלמעלה], **שאין התחתון מסייע כלום. וזה סוד "הפיל פור" הגורל, שהמן היה מקטרג ואמר: "ואת דתי המלך אינם עושים". שפירושו, שתחילת העבדות מתחיל אצל העובד בבחינת שלא לשמה, היינו לשם קבלה עצמית. ואם כן, למה ניתנה התורה להם, שאח"כ זוכים לבחינת לשמה, ונותנים להם האורות והשגת העליונות.**

ואז בא המקטרג ושואל: "למה נותנים להם אלו דברים העליונים, אשר עליהם לא עבדו ולא קוו, אלא כל מחשבותיהם ומטרותיהם היו רק דברים הנוגעים לצורכי עצמם, הנקרא שלא לשמה?"

וזה סוד "רשע יכין וצדיק ילבש". פירוש, שמקודם היה עובד בבחינת רשע, היינו שלא לשמה, אלא לשם המקבל. ואח"כ הוא זוכה לשמה, היינו שכל העבדות נכנסת ברשות הקדושה, היינו הכל להשפיע. וזה סוד "וצדיק ילבש".

וזה סוד "פורים, כיום כפורים". שפורים הוא אתערותא דלעילא [התעוררות מלמעלה]. **ויום הכפורים הוא אתערותא דלתתא** [התעוררות מלמטה], **היינו ע"י תשובה. אבל גם שם יש אתערותא דלעילא** [התעוררות מלמעלה], **שהוא מבחינת הגורלות, שהיה שם גורל אחד לה' וגורל ב' לעזאזל. והשם ית' הוא המברר.**

לג. ענין גורלות, שהיה ביום כפורים, ואצל המן

שמעתי ו' תרומה תש"ג

כמ"ש "ונתן אהרן על שני השעירם גורלות, גורל אחד לה' וגורל אחד לעזאזל" (פרשת אחרי, ראשון). ואצל המן כתוב "והפיל פור הוא הגורל" (מגילת אסתר ג, ז).

גורל הוא נוהג במקום שלא יכולים לברר בשכל, מטעם שאין הדעת מגעת שם, שיוכלו לברר מהו טוב ומהו רע. אז עושים גורל, שסומכים עצמם לא על השכל, אלא מה שהגורל

אומר להם. נמצא לפי זה, כשמשתמשים במילת "גורל", זה בא להשמיענו שהולכים עכשיו למעלה מהדעת.

ענין ז' אדר שבו נולד משה, ובו מת משה.

יש להבין מהו הפירוש של "אדר", הוא מלשון "אדרת", כמ"ש אצל אליהו "וישלך אדרתו אליו" (מלכים א. יט). שאדרת הוא אדרת שער, שהם בחינת שערות ודינין, שבבחינת עבודה הם דיעות ומחשבות זרות, המרחיקים את האדם מהקב"ה.

וכאן נוהג ענין התגברות עליהם. ואע"פ שהוא רואה הרבה סתירות, שנמצא בהשגחתו ית', מכל מקום הוא צריך להתגבר עליהם על ידי אמונה למעלה מהדעת, ולומר, שהם השגחה בבחינת טוב ומטיב. שזה סוד שכתוב אצל משה "ויסתר משה פניו", היינו שראה כל הסתירות, והחזיקם ע"י התאמצות בכח האמונה למעלה מהדעת. וכמו שאמרו חז"ל "בשכר ויסתר משה פניו כי ירא מהביט, זכה לתמונת ה' יביט".

שזה סוד מה שכתוב "מי עור כעבדי, ומי חרש כמלאכי".

ידוע, כי "עינים" נקרא דעת, שכל, היינו עיני השכל. כי דבר המבינים בשכל, אומרים, הלא אנחנו רואים, שהשכל והדעת מחייבים אנו לומר כך. לכן מי שהולך למעלה מהדעת, דומה כאילו אין לו עינים והוא נקרא עור. היינו שעושה עצמו כעור. וכמו כן מי שלא רוצה לשמוע, מה שהמרגלים אומרים לו, ועושה עצמו כחרש, הוא נקרא חרש.

וזה שאומר "מי עור כעבדי, ומי חרש כמלאכי". אלא שהאדם אומר "עינים להם ולא יראו, אוזנים להם ולא ישמעו". היינו כנ"ל, שלא רוצה לציית למה שהשכל מחייב, ולא למה שהאוזנים שומעים, כמ"ש אצל יהושע בן נון, שלא נכנס דבר רע באוזניו מעולם.

וזה ענין אדרת שער, שהיה לו הרבה סתירות ודינין. שכל סתירה נקרא שער, שתחת כל שער יש גומא, זאת אומרת שעושה נקב בראש, כלומר, שהמחשבה זרה בוקע ונוקב את ראשו. וכשיש לו הרבה מחשבות זרות, זה נקרא שיש לו הרבה שערות.

וזה נקרא אדרת שער.

וזה סוד מה שכתוב אצל אלישע "וילך משם, וימצא את אלישע בן שפט, והוא חרש שנים עשר צמדים לפניו, והוא בשנים העשר, ויעבר אליהו אליו, וישלך אדרתו אליו" (מלכים א. יט). (ופירושו של צמדים הוא זוג הבקר, היות שהיו חורשים בשני בקר ביחד, שהם נצמדים, זה נקרא צמד בקר).

בקר פירושו בקורת. ושנים עשר הוא סוד שלימות המדרגה (כמו י"ב חדש, י"ב שעות). היינו שכבר יש לו כל בחינת שערות, שאפשר להמצא בעולם. שאז, מן השערות נעשה אדרת שער.

אלא אצל אלישע היה זה מבחינת בוקרו של יוסף, כמ"ש "הבוקר אור והאנשים שולחו, המה וחמוריהם". כלומר, שכבר זכה להאור השורה על הסתירות האלו. היות כי על ידי הסתירות, הנקרא בקורת, וכשהוא רוצה להתגבר עליהם, זהו על ידי המשכת אור עליהם.

וזה כמ"ש "הבא לטהר מסייעין אותו". וכיון שכבר המשיך האור על כל הבקורת, ואין לו עוד מה להוסיף, כי כבר נשלם אצלו את כל הבקורת, אז הבקורת והסתירות כלין מאליהם. וזהו לפי הכלל, שאין שום פעולה לבטלה, היות שאין פועל בלי תכלית.

ובאמת יש לדעת, מה שנתדמה להאדם, דברים שהם בסתירה להשגחת טוב ומטיב, הוא רק בכדי שהאדם יהיה מוכרח להמשיך אור עליון על הסתירות, בזמן שהוא רוצה להתגבר על הסתירות. אחרת אי אפשר לו להתגבר. ושזה נקרא רוממות השם ית', שממשיך בזמן שיש לו הסתירות, הנקרא דינין.

כלומר, שהסתירות יכולים להתבטל, אם הוא רוצה להתגבר עליהם, רק אם הוא ממשיך רוממות ה'. נמצא, שהדינין האלו הם הגורמים להמשכת רוממות ה'. שזה סוד מה שכתוב "וישלך אדרתו אליו". היינו שאח"כ היה מיחס כל האדרת שער אליו, היינו אל ה'. כלומר, שראה עתה, שהקב"ה נתן לו את האדרת הזו, וזה היה בכוונה, כדי להמשיך אור עליון עליהם.

אולם זה יכולים לראות רק אח"כ. היינו,

לאחר שכבר זכה להאור השורה על אלה הסתרות והדינין, שהיה לו מתחילה. כי הוא רואה שבלי השערות, היינו הירידות, לא היה מקום, לאור עליון שישרה שם, כי אין אור בלי כלי. לכן הוא רואה שכל הרוממות השם ית' שהשיג, היה בגלל השערות והסתירות שהיה לו, וזה סוד "אדיר במרום ה'", כלומר, שע"י האדרת זוכים לרוממות ה'.

וזה סוד **"רוממות אל בגרונם"**, כלומר שע"י הגרעונות בעבודת ה', זה גורם לו שירומם עצמו לעלות למעלה. כי בלי דחיפה, האדם מתעצל לעשות תנועה, ומסכים להשאר במצב שבו הוא נמצא.

מה שאין כן אם הוא יורד למדרגה יותר נמוכה מכפי שהוא מבין, זה נותן לו כח להתגבר, שאינו יכול להשאר במצב כל כך גרוע, היות שהמצב שבו ירד, הוא לא יכול להסכים להישאר כך. לכן הוא מוכרח כל פעם להתגבר, ולצאת מהמצב של הירידה, ואז עליו להמשיך רוממות ה', זה גורם לו, להמשיך מלמעלה כוחות יותר גבוהים, אחרת הוא נשאר בתכלית השפלות.

נמצא, שכל פעם על ידי השערות, הוא הולך ומגלה את רוממות ה', עד שהוא מגלה שמותיו של הקב"ה, הנקראים י"ג מדות של רחמים, וזה סוד **"ורב יעבוד צעיר"**. וכמו כן **"רשע יכין, וצדיק ילבש"**. כמו כן **"ואת אחיך תעבוד"**.

זאת אומרת, שכל העבדות, היינו הסתרות שהיו, שהם היו נראים כאילו מפריעים לעבודת הקודש, אלא שהיו עובדים נגד הקדושה, רואים עכשיו בזמן שזכו לאור ה', השורה על אלו הסתרות, רואים להיפך, שהם היו משמשים להקדושה, כלומר שעל ידם היה מקום, שהקדושה יכולה להתלבש, בהלבושים שלהם. שזה נקרא **"רשע יכין, וצדיק ילבש"**, כלומר שהם נותנו הכלים ומקום עבור הקדושה.

ובזה יש לפרש מה שאמרו חז"ל: "זכה, צדיק, נטל חלקו וחלק חבירו בגן עדן. נתחייב, רשע, נטל חלקו וחלק חבירו בגיהנום". (חגיגה טו, ע"א).

שפירושו, שלוקח הדינין והמחשבות זרות של חבירו, שיש לפרש על כל העולם, היינו שמטעם זה נברא עולם כל כך מלא עם הרבה אנשים, שלכל אחד ואחד ואחד יש לו מחשבות משלו ודעות משלו, וכולם נמצאים בעולם אחד. זהו בכוונה, כדי שכל אחד ואחד יהיה כלול מכל המחשבות של חבירו, שע"י זה בזמן שהאדם עושה תשובה, יהיה הריוח מזה ההתכללות, היות שהאדם כשרוצה לעשות תשובה, הוא מוכרח להכריע את עצמו, ואת כל העולם כולו לכף זכות, היות שהוא בעצמו נכלל מכל הדיעות, והמחשבות זרות, של כל העולם כולו.

וזה סוד **"נתחייב, רשע, נטל חלקו, וחלק חבירו בגיהנום"**, שפירוש, שבזמן שהיה עדיין רשע, שזה נקרא **נתחייב**, שאז היה חלקו עצמו, של שערות וסתירות ומחשבות זרות. וכמו כן היה נכלל מחלק חבירו בגיהנום, כלומר שהיה נכלל מכל הדיעות, של כל אנשים שישנם בעולם.

לכן אח"כ כשנעשה **"זכה, צדיק"**, זאת אומרת, לאחר שעשה תשובה, הכריע את עצמו ואת כל העולם כולו **לכף זכות, יש לו חלקו, וחלק חבירו בגן עדן**. וזהו מטעם שמוכרח להמשיך אור עליון, גם בשביל המחשבות זרות, של הכלל אנשים שבעולם, היות שהוא נכלל מהם, והוא צריך להכריע אותם לכף זכות. וזה הוא דוקא כנ"ל, ע"י המשכת אור עליון, על הדינין האלו של הכלל.

ואף על פי שהם בעצמם, אינם יכולים לקבל את האור הזה, שהוא המשיך עבורם, מטעם שאין להם כלים מוכנים לזה, אבל הוא המשיך בשבילם גם כן.

אולם יש להבין לפי הכלל הידוע, שכל הגורם להמשכת אורות במדרגות עליונות, אומרים בשיעור שגרם אור בהעליון, אז הוא גם כן, מקבל מהאורות האלו, מסיבת שהוא היה הגורם. ולפי זה גם הרשעים היה צריכים לקבל, חלק מהאורות ממה שגורמו לצדיקים.

ובכדי להבין זה, צריכים להקדים את ענין הגורלות, שהיה שני גורלות, כמ"ש **"גורל אחד לה', וגורל אחד לעזאזל"**.

כידוע שענין גורל, הוא למעלה מדעת,

545 מאמרי "שמעתי" תקמה

לכן בזמן שהגורל הוא למעלה מהדעת, זה גורם שהשני יהיה לעזאזל, שזה סוד "וסער על ראש רשעים". היות כי הוא המשיך על ידי הסתירות הללו, את אור העליון, נמצא שעל ידי זה מתרבה הרוממות ה'. וזה אצל הרשעים חסרון, יען כל חשקם הוא רק בתוך הדעת. וכשמתרבה האור שבא על היסוד שלמעלה מהדעת, ממילא הם כלין והולכים ומתבטלים. **לכן אין לרשעים, אלא זה שעזרו לצדיקים להמשיך את רוממות ה'**, ואחר כך הם מתבטלים.

וזה נקרא, "זכה, לוקח חלקו וחלק חבירו בגן עדן". (הג"ה מכאן משמע, שרק מי שעוזר לעשות את התיקון, שיהיה מציאות התגלות האור על ידי מעשים טובים, לכן הפעולה הזו נשאר בקדושה, והוא מקבל מה שגורם למעלה, שיהיה מקום של התפשטות האור, אז התחתון מקבל, מה שגורם להעליון. מה שאין כן הסתירות והדינין הם מתבטלות, היות שבא במקומם רוממות ה', המתגלה על למעלה מהדעת. והם רוצים דוקא, שיתגלה על כלים של תוך הדעת, לכן הם מתבטלים. כך אפשר לפרש). אולם גם המחשבות זרות, מה שהכלל גורמו, שימשיך רוממות עליהם, האור הזה נשאר עבורם. וכשיהיו ראויים לקבל, הם יקבלו גם מה שכל אחד ואחד גורם להמשכת אור עליון עליהם.

וזהו הענין "האורחא דאזיל בפלגותא דשערא [הדרך שהולך בהתחלקות השער]", המובא בזה"ק (חלק טו. ובהסולם אות לג. דף נו.), שהוא מחלק ימין לשמאל. ושני השעירים היו ביום כפורים, שהוא סוד תשובה מיראה. וכן היה גורל בפורים, שהוא סוד תשובה מאהבה. היות שהיה אז לפני בנין בית המקדש, והיה צריכים אז לתשובה מאהבה. והיה מוכרח להיות מקודם צורך שיעשו תשובה. שהצורך לזה גורם דינים ושערות.

וזה סוד שמלמעלה נתנו שליטה להמן בסוד "אני מעמיד אתכם שליטה, שהוא ישלוט עליכם". וזהו שכתוב, שהמן **"הפיל פור הוא הגורל"**. בחדש אדר, שהוא סוד הי"ב, בסוד י"ב בקר, הכתוב אצל אלישע, כנ"ל "שש המערכות", שהוא חדש אדר, בסוד **אדרת שער**, שהם דינים הכי גדולים. מזה ידע המן, שהוא ינצח את ישראל, היות שבחודש אדר מת משה. אבל לא ידע, שבו נולד משה, בסוד "ויראו אותו כי טוב".

היות, שבמצב הכי קשה, כשמתחזקים, זוכים אז לאורות היותר גדולים, הנקראים רוממות ה'. וזה סוד **"שש משזר"**. היינו, כיון שזכו **להאורחא דאזיל בפלגותא דשערא** [הדרך שהולך בהתחלקות השער], **שש שש המערכות**, אז **מש-זר** מלשון **ומש זר**, שהוא סוד הסטרא אחרא. זאת אומרת הזר, שהוא הס"א, בטל והלך לו, מטעם שכבר גמר את תפקידו.

נמצא, שכל הדינים והסתירות לא באו, אלא לגלות את הרוממות ה'. לכן ביעקב, שהוא איש חלק, בלי שערות, לא היה יכול לגלות את הרוממות ה', מטעם שלא היה לו גורם וצורך להמשיכן. ומסיבה זו לא היה ליעקב יכולת לקבל הברכות מיצחק. מטעם שלא היה לו כלים, ואין אור בלי כלי, לכן יעצה לו רבקה, שיקח את בגדי עשו.

וזה סוד **"וידו אוחזת בעקב עשו"**. זאת אומרת, הגם שלא היה לו שום שערות, אבל הוא לקח זה מעשו. וזהו מה שראה יצחק ואמר "הידים ידי עשו". אבל "הקול, קול יעקב". היינו שמצא חן בעיני יצחק התיקון הזה, מה שעשה יעקב. ומזה נעשו לו כלים על הברכות.

וזה ענין, שאנו צריכים לעולם כל כך גדול עם הרבה אנשים. וזהו בכדי שכל אחד יכלול בחבירו. שמזה יוצא, שכל אדם פרטי נכלל ממחשבות ורצוניות של עולם מלא. ומטעם זה נקרא אדם "עולם קטן בפני עצמו". והוא מטעם הנ"ל.

וזה ענין "לא זכה". היינו, בזמן שהאדם עדיין לא זכה, "נוטל חלקו וחלק חבירו בגיהנום". היינו כנ"ל, שהוא נכלל מגיהנום של חבירו. ועוד יותר מזה, שאפילו כבר תיקון חלקו של גיהנום, ואם לא תיקון חלק של חבירו, זאת אומרת ממה שנכלל מהעולם, עדיין לא תיקון, אין הוא עדיין נקרא שלם.

ובזה מובן, הגם שיעקב מבחינת עצמו היה חלק בלי שערות, **מכל מקום הוא אוחז**

בעקב עשו. זאת אומרת, שנוטל השערות, מזה שנכלל מעשו, כנ"ל. ולפיכך, בעת שהוא זוכה לתקנם, נוטל חלק חבירו בגן עדן. הכוונה על שיעור רוממות האור עליון, שהמשיך על השערות של הכלל. הוא זוכה לזה, הגם שהכלל עוד לא יכולים לקבל, מטעם שחסר להם ההכשרה לזה.

ובהאמור נבין את ענין הויכוח של יעקב ועשו, שעשו אמר **"יש לי רב"**. ויעקב אמר **"יש לי כל"**. היינו, **שש** המערכות, היינו **תוך הדעת ולמעלה מהדעת**, שהוא סוד הרצון לקבל ואור הדביקות. שעשו אמר "יש לי רב", שהוא אור הבא בכלים דקבלה, שהוא בחינת תוך הדעת. ויעקב אמר, שיש לו כל, היינו ב' בחינות. היינו שהוא משמש עם כלים דקבלה, ויש לו גם כן אור הדביקות.

וזה סוד הערב רב, שעשו את העגל ואמרו "אלה אלקיך ישראל". היינו, **אלה בלי מי**. כלומר, שרק ב"אלה" היו רוצים להתחבר. ולא ב"מי", כלומר שלא רצו בשניהם יחד, שהוא מי ואלה, שביחד הוא השם **אלקים**. היינו, **כל ורב**, זה **לא** רצו.

וזה סוד הכרובים, שהוא סוד כרביא ופתיא. שכרוב אחד קצה מזה, שהוא בחינת רב, וכרוב אחד קצה מזה, שהוא בחינת **כל**.

וזה סוד מה שכתוב "הקול מדבר אליו מבין שני הכרובים". אבל איך זה אפשר להיות, הלא הם ב' קצוות, הפוכים זה מזה? מכל מקום הוא צריך לעשות פתיא וכך לקבל (פתיא פירושו שוטה). וזה נקרא "למעלה מהדעת": הגם שהוא לא מבין שום דבר מה שאומרים לו, מכל מקום הוא עושה.

ובענין **כל**, הנקרא למעלה מהדעת, האדם צריך להשתדל שיעבוד בשמחה. כי ע"י השמחה מתגלה את שיעור אמיתי של **בחינת כל**. ובאם אין לו שמחה, אז האדם **לצער עצמו**, על זה שאין לו שמחה, היות שכאן הוא עיקר מקום עבודה, לגלות את השמחה, בזה שעובד למעלה מהדעת. לכן כשאין לו שמחה מעבודה זו, הוא צריך לצער עצמו על זה.

וזה סוד מה שכתוב **"אשר ידבנו לבו"**. שפירושו, בחינת דוה וכאב, על מה שאין לו שמחה מעבודה זו. וזה סוד "תחת אשר לא עבדת את ה' אלקיך בשמחה **מרב כל**". אלא עזבת את **הכל**, ולקחת את **הרב** לבד. לכן סופו שתהיה מטה מטה, ותהיה בחוסר כל. כלומר, שתאבד גם את **הרב**. אלא בשיעור שיש לו את הכל, והוא בשמחה, באותו שיעור הוא זוכה לבחינת **רב**.

ובהאמור יש לפרש מה שכתוב "נשים מבכות את התמוז" (יחזקאל ח'). ופירש רש"י, שהיה להם עבודה זרה, שהיה לו עופרת בתוך עיניו, והיו מסיקות אותה, כדי להתיך את העופרת מתוך העינים. עד כאן לשונו.

ויש לפרש ענין מבכות, היינו שאין להם שמחה, מטעם שיש עפר בתוך העינים. עפר הוא סוד בחינה ד', היינו המלכות שמים, שהיא בחינת אמונה למעלה מהדעת. ולבחינה זו יש צורת עפר, היינו בלתי חשובה. ויש בה לטעום בעבודה זו בחינת טעם של עפר. כלומר שהיא לא חשובה, אלא כמו עפר.

והמשל, שהנשים מבכות את התמוז, הוא, שמסיקים את עבודה זרה זו, בכדי שעל ידי חימום יוצא העפר מן העופרת.

והרמז הוא, שהם בוכין על העבודה, שניתן להאמין בהשגחתו ית' למעלה מהדעת, שהוא טוב ומטיב. ובתוך הדעת רואים רק סתירות בהשגחתו ית'. והעבודה זו הוא עבודה דקדושה. והם רוצים להוציא את העפר, היינו העבודה שלמעלה מהדעת, הנקרא עפר, אלא שבעינים, הנקרא ראיה, שהוא מרמז על ראיית השגחתו ית', שיהיה **בתוך הדעת**. וזה נקרא **עבודה זרה**.

וזה דומה לאדם, שאומנותו לעשות כדים וכלים מאדמה. שעבודתו לעשות כלי חרס. והסדר הוא, שטרם כל הוא עושה כדורים עגולים מחמר, ואח"כ הוא חוקק ועושה חורים בהכדורים. וכשהבן הקטן רואה מה שאביו עושה, הוא צועק: "אבא, מדוע אתה מקלקל את הכדורים?" והבן אינו מבין, שעיקר כוונתו של האב הוא החורים, שרק החורים מסוגלים להיות כלי קבלה. והבן רוצה דוקא לסתום את החורים, מה שהאב עשה בהכדורים.

כן הענין כאן, שהעפר הזה, שהוא בתוך

העינים, שסותם את הראיה שלו, שבכל מקום שהוא מסתכל, הוא סתירות בהשגחה. וזהו כל הכלי, שעל ידו יכול לגלות את נצוצי אהבה בלתי תלויה בדבר, שנקרא "שמחה של מצוה".

ועל זה נאמר: "אלמלא אין הקב"ה עוזרו, אינו יכול לו". זאת אומרת, אם ה' לא היה נותן לו את המחשבות האלו, לא היה מוכשר לקבל שום התרוממות.

לד. יתרון ארץ בכל הוא

שמעתי טבת תש"ב

ידוע, כי אין שום דבר מתגלה בצורתו האמיתי, אלא רק **בדבר והפוכו**, "כיתרון האור מתוך החושך".

זאת אומרת, שכל דבר מראה על חבירו, שדוקא על ידי דבר והפוכו, אפשר להשיג את מציאותו האמיתי של המושג הנגדי. ומשום זה אי אפשר להשיג את הדבר בתכלית הבהירות, אם אין לו את הדבר המקבילו.

דוגמא: אי אפשר להעריך ולומר, שזהו דבר טוב, אם אין הדבר שכנגדו, המראה על רע. וכמו כן: מר - ומתוק, שנאה - ואהבה, רעבון - ושביעה, צמאון - ורויה, פירוד - ודביקות. ולפי זה יוצא, שאי אפשר לבוא לידי אהבת הדביקות, מטרם שמשיג את שנאת הפירוד.

והעצה לזכות לדרגת שנאת הפירוד הוא, שצריך האדם מקודם לדעת, מהו ענין פירוד בכלל, כלומר ממה הוא נפרד. אז יש אפשרות לומר, שהוא רוצה לתקן את הפירוד הזה.

זאת אומרת, שהאדם צריך לתת לעצמו דין וחשבון, ממה וממי הוא נעשה נפרד. והוא יכול אח"כ להשתדל לתקן את זה. והוא יחבר עצמו למי שהוא נעשה נפרד ממנו. כלומר, אם הוא מבין, שירויח מזה, אם יתחבר עמו, ואז הוא יכול לשער ולדעת, מהו ההפסד, אם הוא ישאר בפירוד.

וענין ריוח והפסד נמדד לפי תענוג ויסורים. כלומר, מדבר שהאדם מרגיש יסורים, האדם מתרחק מזה ושונא את זה. ושיעור ההתרחקות תלוי בשיעור הרגשת היסורים, כי מטבע האדם לברוח מיסורים. לכן זה תלוי בזה. כלומר, לפי שיעור גודל היסורים, בשיעור זה האדם משתדל ועושה כל מיני מעשים, בכדי להתרחק מזה. היינו, שהיסורים גורמים שנאה להדבר, שמביא לו יסורים, ובשיעור זה הוא מתרחק.

ובהאמור יוצא, שהאדם צריך לדעת, מהו השתוות הצורה, בכדי שידע מה עליו לעשות, בכדי שיגיע לידי דביקות, הנקרא השתוות הצורה. ועל ידי זה ידע מהו שינוי צורה ופירוד.

הנה ידוע מפי ספרים ומפי סופרים, שהבורא ית' הוא טוב ומטיב, היינו שהשגחתו ית' מתגלה להתחתונים בבחינת טוב ומטיב. וכך אנו מחויבים להאמין.

לכן, בזמן שהאדם מסתכל בדרכי הנהגת העולם, ומתחיל להסתכל על עצמו או אצל אחרים, איך שמצד השגחה הם סובלים יסורים ולא תענוגים, כראוי לשמו ית', שהוא טוב ומטיב, קשה לו במצב הזה לומר, שההשגחה עליונה מתנהג בבחינת טוב ומטיב, ומשפיע להם כל טוב.

אמנם צריכים לדעת, שבמצב הזה, שלא יכולים לומר שה' הוא משפיע רק טוב, הם נקראים רשעים. כי מזה שמרגישים יסורים, זה גורם להם, שמרשיעים את קונם. ורק בזמן שהם רואים, שהבורא משפיע להם תענוגים, הם מצדיקים את הבורא. כמו שאמרו חז"ל "איזהו צדיק, זה שמצדיק את קונו", היינו שאומר שהקב"ה מנהיג את העולם בדרך של צדקות.

ונמצא, שבזמן הרגשת היסורים האדם נעשה מרוחק מה', היות מצד הטבע האדם נעשה לשונא, למי שהוא משפיע לו יסורים. נמצא, שעל ידי זה האדם, במקום שצריך לאהוב את ה', חס ושלום נעשה עכשיו הדבר להיפך, כי האדם בא חס ושלום לידי שנאה לה'.

ומה האדם צריך לעשות, בכדי שיגיע לידי אהבת ה'. על זה ניתן לנו סגולה לעסוק בתו"מ, ש"המאור שבה מחזירו למוטב". שיש שם מאור, הנותן להאדם להרגיש את חומר המצב של פירוד. ולאט לאט, כשאדם מכוון להשיג מאור התורה, מתרקם אצל האדם שיעור של שנאה להפירוד, היינו שמתחיל להרגיש את הסיבה, שגורם לו ולנשמתו את הפירוד

וההתרחקות מה'.

כלומר, האדם צריך להאמין, שהשגחתו ית' הוא בבחינת טוב ומטיב. אלא, היות שהאדם שקוע באהבה עצמית, שזה גורם לו השינוי הצורה, היות שנעשה תיקון המכונה "ע"מ להשפיע", שזה נקרא "השתוות הצורה", שרק באופן כזה יכולים לקבל הטוב ועונג הזו, **שלא יכול לקבל את הטוב ועונג,** מה שהבורא רוצה לתת, זה גורם לו שמקבל שנאה להפירוד.

אז יש לו היכולת להבחין את גודל התועלת מהשתוות הצורה. ואז הוא מתחיל להשתוקק לבחינת הדביקות. נמצא, שכל צורה מראה על צורה השניה. נמצא לפי זה, שכל הירידות שהאדם מרגיש, שבא לידי פירוד, ניתן לו הזדמנות להבחין בין דבר והפוכו.

זאת אומרת, שמהירידות האדם צריך לקבל הבנה מהו התועלת מהעליות. אחרת לא היה אפשרות להאדם להעריך את חשיבות, מזה שמקרבין אותו מלמעלה, ונותנים לו את העליות. ולא היה לו היכולת להוציא את החשיבות את מה שהוא היה יכול להוציא.

כדוגמת, שנותנים להאדם לאכול, ואף פעם לא טעם טעם של רעבון. נמצא, שהירידות, שהוא זמן הפירוד, גורם לו חשיבות להדבקות שבעליות. והעליות גורם לו בחינת שנאה להירידות, שמביא לו הפירוד.

כלומר, שאינו יכול להעריך את גודל הרע שיש בהירידות. היינו, שהאדם מדבר חס ושלום רע על ההשגחה, ואינו מרגיש אפילו על מי הוא מדבר רע, שידע שהוא צריך לעשות תשובה על דבר חטא גדול כזה, שזה נקרא שמדבר חס ושלום לשון הרע על הבורא, כנ"ל.

ובהאמור יוצא, שדוקא בזמן שיש לו הב' צורות, אז הוא מוכשר להבחין את המרחק, מה שיש בין אחת לחברתה, כנ"ל "כיתרון האור מתוך החושך". שרק אז הוא יכול להעריך ולהחשיב את ענין הדביקות, שעל ידה יכולים להשיג את הטוב ועונג, שישנו **במחשבת הבריאה,** שהוא רצונו להטיב לנבראיו.

וכל מה שנראה לעינינו, הוא רק דברים שהבורא רוצה, שאנו נשיג אותם בצורה כמו שמשיג, היות שזהו דרכים, איך להגיע לשלימות המטרה.

אולם בכדי לזכות לדביקות ה', זהו לא כל כך דבר פשוט, שצריכים התאמצות ויגיעה גדולה, עד שזוכים להשיג ולהרגיש את הטוב ועונג. ומטרם זה, מוטל על האדם להצדיק את ההשגחה, ולהאמין בלמעלה מהדעת, שה' מתנהג עם הנבראים עם בחינת טוב ומטיב, ולומר "עינים להם ולא יראו".

וזה כמו שאמרו חז"ל "בא חבקוק והעמידן על אחת, כמ"ש **"וצדיק באמונתו יחיה".** שפירושו, שהאדם אין צורך להתעסק בפרטים, אלא שהוא צריך לרכז את כל עבודתו על נקודה אחת, היינו **כלל,** שהוא בחינת אמונה בה'. ועל זה יתן תפלה. כלומר, שה' יעזור לו, שיהיה בידו ללכת בבחינת אמונה למעלה מהדעת.

ויש סגולה באמונה, שעל ידה בא אדם לידי שנאת הפירוד, שזה נבחן שבעקיפין גורמת לו האמונה לשנוא את הפירוד.

ואנו רואים, שיש הפרש גדול בין **אמונה לראיה וידיעה.**

כי דבר הניתן לראיה וידיעה, שאם השכל מחייב אותו, שכדאי לעשות את הדבר, ומחליט על זה פעם אחת, כבר מספיק לו ההחלטה הזו על הדבר הזה כפי החלטתו. כלומר, איך באיזה צורה שהחליט, כן הוא עושה בפועל. כי השכל מלווה אותו בכל פעולה ופעולה, שלא יעבור על מה שהשכל אמר לו. ונותן לו להבין מאה אחוז, בשיעור שהשכל הביאו לידי החלטה, מה שהוא החליט.

מה שאין כן בחינת אמונה, שזה ענין הסכמי בכח, כלומר שהוא מתגבר על השכל, ואומר, שכן כדאי לעבוד כפי שהאמונה מחייבת לעבוד למעלה מהדעת. ולכן האמונה למעלה מהדעת מועיל רק בשעת מעשה, כלומר בזמן שהוא מאמין. שרק אז הוא מוכן לתת כוחות עבודה למעלה מהדעת. מה שאין כן בעת שהוא עוזב לרגע קטנה את האמונה, היינו שנחלש ממנו לרגע את האמונה, תיכף הוא בא לידי הפסקה בתורה ועבודה ולא מועיל לו, בזה שקבל על עצמו לפני זמן מה, את

העול אמונה למעלה מהדעת.

מה שאין כן בדבר שהשיג בשכל, שדבר זה הוא מזיק לו, וזהו דבר שמסכן את חייו, אינו צריך כל פעם לחזור אל השכל וההסבר, מדוע הוא דבר מסוכן. אלא כיון שהשכיל פעם והבין בשכל מאה אחוז, שהוא צריך לעסוק דוקא בדברים אלו, מה שהשכל הגיד לו, מהו רע ומהו טוב, כבר הוא הולך לפי החלטה זו.

רואים אנו את ההבדל, שישנו בין מה שהשכל מחייב, לבין מה שרק האמונה מחייב אותו. ומהו הסיבה שבדבר שהבסיס הוא אמונה, צריכים כל פעם לזכור את צורת האמונה, אחרת הוא נופל ממדרגתו, ומקבל מצב שמתאים בשביל רשע. ומצבים כאלו יכול להיות אפילו ביום אחד, שיפול ממדרגתו הרבה פעמים ביום אחד, כי אי אפשר שלא יפסוק אצלו לאיזה רגע ביום את האמונה למעלה מהדעת.

וצריכים לדעת, שסיבת השכחה של האמונה נובע מטעם, היות שהאמונה למעלה מהדעת והשכל, שהיא מתנגדת לכל הרצונות של הגוף. והיות הרצונות של הגוף באים לו מצד הטבע שנטבע בו, הנקרא רצון לקבל, בין במוחא ובין בליבא, לכן הגוף מושך אותו תמיד לבחינת הטבע שלו. ורק בזמן שהוא דבוק באמונה, אז האמונה יש לה כח להוציאו מתוך הרצונות של הגוף וללכת למעלה מהדעת, כלומר נגד השכל של הגוף.

לכן, מטרם שהאדם זוכה לכלים דהשפעה, שנקרא דבקות, אז האמונה לא יכול להיות אצלו בקביעות. ובזמן שלא האיר לו האמונה, אז הוא רואה איך שהוא נמצא במצב השפלות שאין כמוהו. והכל באה לו מסיבת השינוי צורה, כנ"ל, שזהו הרצון לקבל לעצמו. שהפירוד הזה גורם לו כל היסורים, שמהרס לו כל הבנינים וכל היגיעות, שהשקיע בעבודה.

והוא רואה, ברגע שנאבד לו האמונה, הוא נמצא במצב יותר גרוע מבעת כניסתו בדרך של עבודה דלהשפיע. על ידי זה הוא מקבל שנאה להפירוד, היות שתיכף הוא מתחיל להרגיש יסורים בפרטיותו עצמו, וכמו כן אצל העולם כולו. וקשה לו להצדיק את השגחתו ית' עם הנבראים, שהוא בבחינת טוב ומטיב. ומרגיש אז, שכל העולם חשך בעדו, ואין לו ממה לקבל שמחה.

לכן, כל פעם שהוא מתחיל לתקן את הפגם, על מה שהוא מדבר לשון הרע על ההשגחה, הוא מקבל שנאה להפירוד. וע"י השנאה שהוא מרגיש בהפירוד, הוא בא לידי אהבת הדביקות. זאת אומרת, כי בשיעור שהוא מרגיש יסורים בזמן הפירוד, בשיעור הזה הוא מתקרב לידי דביקות בה'. כנ"ל, בשיעור שמרגיש את החושך, שזהו דבר רע, כן בשיעור הזה הוא בא לידי הרגשת הדביקות, לדבר טוב. ויודע איך להעריך זה, בשעה שמקבל קצת דביקות לפי שעה, אז הוא יודע איך להחשיב אותה.

ובהאמור נוכל להבין, שכל היסורים, שישנו בעולם, הוא רק הכנה ליסורים אמיתיים. שליסורים האלו האדם צריך להגיע, אחרת הוא לא מסוגל לזכות לשום דבר רוחני, מטעם כי "אין אור בלי כלי". ועל היסורים האלו, היסורים אמיתיים, נקרא זה שמרשיע את ההשגחה, שמדבר לשון הרע. ועל זה הוא מתפלל, שלא ידבר לשון הרע על ההשגחה.

והיסורים האלו הקב"ה מקבל אותם, שזה נקרא, שהקב"ה שומע תפלת כל פה. והטעם, שעל היסורים האלו הקב"ה שמע, הוא, היות שאין האדם מבקש עזרה עבור הכלי קבלה שלו, מסיבת שיכולים לומר, אם ה' יתן לו מה שהוא מבקש, זה יכול לגרום לו, שיהיה יותר מרוחק מה', מסיבת שינוי צורה, שהוא יקבל על ידי זה.

אלא ממש להיפוך, שהוא מבקש אמונה, שה' יתן לו כח התגברות, שיוכל לזכות להשתוות הצורה, כי הוא רואה שבזה שאין לו אמונה בקביעות, כלומר בזמן שהאמונה לא מאיר לו, הוא בא לידי הרהורים על ההשגחה, ובא לידי מצב הנקרא רשע כנ"ל, שהוא מרשיע את קונו.

נמצא, שכל מה שהוא סובל יסורים, הוא מזה שהוא בא לדבר לשון הרע על ההשגחה עליונה. נמצא לפי זה, מה כואב לו? - שבמקום שהאדם צריך לתת שבח לה', ולומר "ברוך הוא אלקינו שבראנו לכבודו", היינו שהנבראים

מכבדים את ה׳, והוא רואה שהנהגת העולם הוא לא לכבודו ית׳, מטעם שלכל אחד ואחד יש טענות ותביעות, שההנהגה צריך להיות בהשגחה גלויה, שה׳ מנהיג את העולם בבחינת טוב ומטיב, והיות שזה לא מגולה, נמצא שאומרים שההנהגה זו הוא לא לכבודו. וזה כואב לו.

נמצא שהאדם, על ידי היסורים שמרגיש, הוא מוכרח חס ושלום לדבר לשון הרע. נמצא, מה שהוא מבקש מה׳, שיתן לו את כח האמונה, ולזכות לבחינת טוב ומטיב, אין זה מטעם שהוא רוצה לקבל טוב, בכדי להנות עצמו, אלא בכדי שלא ידבר לשון הרע חס ושלום, שזה כואב לו.

כלומר, שהוא מצד עצמו רוצה להאמין למעלה מהדעת, שה׳ מנהיג את העולם בבחינת טוב ומטיב, והוא רוצה, שהאמונה שלו יהיה מספיק בהרגשה גמורה, כאילו הוא בתוך הדעת.

לכן כשעוסק בתו״מ, הוא רוצה בהמשכת אור ה׳ לא להנאת עצמו הוא דורש, אלא שלא יכול לסבול מזה שלא יכול להצדיק את השגחתו ית׳, שהוא בבחינת טוב ומטיב. וזה גורם לו יסורים, היות שהוא מחלל את שם ה׳, **ששמו הוא טוב ומטיב** והגוף שלו טוען אחרת. וזהו כל היסורים שלו, מטעם שמזה שהוא נמצא בבחינת הפירוד, הוא לא יכול להצדיק את השגחתו ית׳. וזה נקרא, שהמצב הפירוד הוא שנואה אצלו.

וכשיש לו היסורים האלו, אז ה׳ שומע תפלתו, ומקרבו אליו, וזוכה לדביקות, כי היסורים שמרגיש מן הפירוד, זה גורם לו שיזכה לדביקות. ואז נאמר ״כי יתרון האור מתוך החושך״.

וזה שכתוב ״יתרון ארץ בכל הוא״. **ארץ**, היינו הבריאה. **בכל הוא**, **שע״י** היתרון, היינו שרואים ההבדל בין המצב של פירוד למצב הדביקות, על ידו זוכים להיות דבוק **ב-כל**, שהבורא נקרא שורש **הכל**.

לה. בענין החיות דקדושה

שמעתי בשנת תש״ה ירושלים

הכתוב אומר ״זה הים גדול ורחב ידים, שם רמש ואין מספר, חיות קטנות עם גדולות״ (תהילים ק״ד). יש לפרש:

א. **זה הים** הכונה על הים דס״א.

ב. **גדול ורחב ידים** היינו שהיא מתגלית עצמה לכל וצועקת הב הב, שכוונתו על כלי קבלה גדולים.

ג. **שם רמש**, היינו שיש שם אורות עליונים, שהאדם דורך ורומש עליהם ברגלים,

ד. **ואין מספר**, שיש שם חיות קטנות עם גדולות. היינו בין שיש להאדם חיות קטנות ובין שיש לו חיות גדולות, הכל נמצא בים הזה. וזהו מטעם שיש כלל ״משמים מהיב יהבו ומשקל לא שקלו״ (שכל מה שנותנים משמים, לא מקבלים חוזרה משמים, אלא שזה נשאר למטה). לכן אם האדם המשיך משהו מלמעלה ואח״כ פגם בה, זה כבר נשאר למטה, אבל לא אצל האדם, אלא שזה נופל להים של הס״א.

היינו, אם האדם המשיך איזה הארה, ואין בידו להחזיקה בקביעות, מטעם שהכלים שלו עדיין לא נקיים, שיהיו מתאימים להאור, היינו שהאדם יקבל זה בכלים דהשפעה, כדוגמת האור הבא מצד המשפיע, לכן ההארה מוכרח להסתלק ממנו.

ואז ההארה הזו נופלת לידי הס״א. וכך הוא כמה פעמים. היינו שהאדם ממשיך ואח״כ מסתלק ממנו. לכן מתרבה ההארות בים דס״א. וזהו עד שנתמלאה סאתה. זאת אומרת, לאחר שהאדם מגלה את כל מדת היגיעה, שיש בידו לגלות, אז הס״א נותנת לו בחזרה את כל מה שלקחה לרשותה, בסוד **״חיל בלע ויקיאנו״**.

נמצא לפי זה, את כל מה שהס״א קבלה הכל לרשותה, היה רק בתור פקדון. היינו שכל זמן שיש לה שליטה על האדם, וענין השליטה שיש לה, הוא הכל בכדי שיהיה מקום להאדם, לברר את הכלי קבלה שלו, ולהכניסם להקדושה. זאת אומרת, אם היא לא היתה שולטת על האדם, אז היה האדם מסתפק במועט. ואז כל הכלי קבלה של האדם היו נשארים בפרודא.

והאדם, אף פעם לא היה ביכולתו לקבץ את הכלים השייכים לשורש נשמתו, ולהכניסם לקדושה, ולהמשיך את האור השייך אליו. לכן

זהו תיקון, שכל פעם שהוא ממשיך, ממשיך משהו, ויש לו ירידה, הוא מוכרח עוד הפעם להתחיל מחדש, היינו בירורים חדשים. ומהעבר, מה שהיה לו, נפלו לס"א, והיא מחזיקה זה ברשותה בתור פקדון. כלומר ואח"כ האדם מקבל ממנה את כל, מה שהיא קבלה ממנו כל הזמן.

אולם גם זאת לדעת, אם היה ביכולת האדם להחזיק איזה הארה אפילו קטנה, אבל אם זה היה בקביעות, כבר היה האדם נחשב לאדם השלם. היינו עם ההארה הזו, היה יכול ללכת קדימה. לכן, אם נאבד לו ההארה, עליו להצטער על זה.

וזה דומה לאדם, שנתן גרעין באדמה, על מנת שיצמח מזה אילן גדול. אבל תיכף הוציא את הגרעין מהאדמה. אם כן מהו התועלת מהעבודה, ממה שהכניס את הגרעין באדמה? ועוד, שאנו יכולים לומר, לאו דוקא שהוציא גרעין מהאדמה וקלקל אותו, אלא שיכולים לומר, שהוציא אילן עם פירות מבושלים מהאדמה, וקלקלם.

וכן הענין כאן, שאם לא היה נאבד ממנו ההארה הקטנה הזו, היה נצמח מזה אור גדול. נמצא, שלאו דוקא שנאבד ממנו הארה קטנה, אלא כאילו נאבד ממנו אור גדול מאד.

ויש לדעת, שזה כלל, שאין האדם יכול לחיות בלי חיות ותענוג, מטעם שזה נמשך משורש הבריאה, שהיא רצונו להטיב לנבראיו. לכן כל נברא, אי אפשר להתקיים בלי חיות ותענוג. ומשום זה, כל נברא מוכרח לילך ולחפש מקום, שממנו יכול לקבל הנאה ותענוג. אולם, קבלת התענוג נוהגת בג' זמנים: בעבר, ובהוה, ובעתיד.

אבל קבלת התענוג העיקרי הוא בהוה. והגם שאנו רואים, שיש לאדם הנאה מעבר ועתיד גם כן, אבל זה דוקא מה שהעבר ועתיד מאירים בהוה.

לכן, אם אין האדם מצא הרגשת תענוג בהוה, אז האדם מקבל חיות מהעבר. והוא יכול לספר לאחרים, איך שבזמן העבר, איך שהיה לו אז טוב. ומזה הוא יכול לקבל חיות בהוה. או שמצייר לעצמו, שהוא מקווה שבעתיד יהיה לו טוב. אבל מדידת הרגשת התענוג מעבר ועתיד תלוי כמה שהם מאירים לו בהוה. ויש לדעת, שזה נוהג בין בתענוגים גשמיים, ובין בתענוגים רוחניים.

וכמו שאנו רואים, בזמן שהאדם עובד אפילו בגשמיות, הסדר הוא, שבזמן העבודה יש לו צער, בזה שהוא מתיגע עצמו. וכל מה שהוא יכול להמשיך בעבודה, הוא רק מכח שהעתיד מאיר לו, שהוא יקבל שכר תמורת עבודתו. וזה מאיר לו בהוה. לכן הוא מסוגל להמשיך בעבודה.

מה שאין כן, אם אין בידו לצייר את השכר שיקבל בעתיד, יש להאדם לקחת תענוג מהעתיד לא מהתמורה, שיקבל בעתיד תמורת עבודתו, כלומר לא מהשכר הוא יהנה, אלא שלא יהיה לו יסורים מהיגיעה, מזה הוא נהנה עתה בהוה, מה שיהיה בעתיד. אלא שהעתיד מאיר לו בהוה, **בזה שעוד מעט העבודה תגמר**. היינו, הזמן שצריכים לעבוד, והוא יקבל מנוחה.

נמצא, על כל פנים מאיר לו התענוג של המנוחה, מה שהוא יקבל בסוף, שפירושו שהריוח שלו יהיה מזה, שלא יהיה לו היסורים, ממה שהוא מרגיש עכשיו מהעבודה. וזה נותן לו כח, שיוכל עכשיו לעבוד. ואם אין האדם מסוגל לצייר לעצמו, שעוד מעט הוא יהיה פטור מהיסורים, שהוא סובל עתה, היה האדם בא לידי יאוש ועצבות, עד שהמצב הזה יכול להביא את האדם, שיהיה מאבד עצמו לדעת.

ומטעם הנ"ל אמרו חז"ל "המאבד עצמו לדעת אין לו חלק לעולם הבא". משום שהוא כופר בהשגחה, שהשם ית' מנהיג את העולם בבחינת טוב ומטיב.

אלא האדם צריך להאמין, שמצבים האלו באים אליו, מכח שרוצים מלמעלה, שזה יביא לו תיקון. היינו, שהוא יקבל רשימות מהמצבים האלו, בכדי שיוכל להבין את דרך העולם, ביתר שאת וביתר עז, שהמצבים האלו נקראים בחינת **אחורים**. ובזמן שהוא מתגבר על המצבים האלו, הוא יזכה לבחינת **הפנים**, היינו שהאור יאיר לתוך האחורים האלו.

וכפי הכלל, שאין האדם יכול לחיות, אם אין לו מקום, שיכול לקבל הנאה ותענוג. נמצא, בזמן שאין האדם מסוגל לקבל מבחינת ההוה, אז הוא מוכרח לקבל חיות על כל פנים מהעבר או מהעתיד. כלומר, שהגוף מחפש לעצמו חיות בכל האמצעים שישנו בידו.

ואז, אם אין האדם מסכים לקבל חיות מדברים גשמיים, אז אין ברירה להגוף, אלא הוא מוכרח להסכים לקבל חיות מדברים רוחניים, מטעם שאין לו עצה אחרת. לכן הוא מוכרח להסכים לקבל הנאה ותענוג מכלים דהשפעה, כנ"ל, כי בלי חיות אי אפשר לחיות.

ולפי זה יוצא, בזמן שהאדם רגיל לקיים תו"מ שלא לשמה, היינו לקבל תמורה עבור עבודתו, כן יש יכולת להאדם לצייר לעצמו שהוא יקבל אח"כ איזה תמורה, וכבר יכול לעבוד על חשבון שיקבל הנאה ותענוג אחר כך.

מה שאין כן אם האדם עובד שלא על מנת לקבל פרס, אלא שהוא רוצה לעבוד בלי שום תמורה, איך הוא יכול לצייר לעצמו, שיהיה לו אח"כ ממה לקבל חיות. הלא אינו יכול לעשות שום ציור, כי אין לו על מה. לכן, בשלא לשמה אין כאן הכרח, שצריכים לתת לו מלמעלה חיות, כי יש לו חיות מהציור של העתיד, ומלמעלה אין נותנים מותרות, אלא הכרחיות.

לכן, אם האדם רוצה לעבוד אלא לתועלת הבורא, ולקחת חיות על שאר אופנים, הוא לא רוצה לקבל בשום אופן, לכן אין עצה אחרת, אלא מלמעלה מוכרחים לתת לו חיות. היות שהוא לא דורש אלא חיות הכרחי, שיוכל להמשיך בחיים, אז הוא מקבל חיות מבחינת בנין השכינה הקדושה.

וזהו כמו שאמרו חז"ל "כל המצטער עם הציבור, זוכה ורואה בנחמת הציבור". כי ציבור נקרא השכינה הקדושה. כי ציבור פירושו קיבוץ, היינו כנסת ישראל, שמלכות היא הכלל של כל הנשמות.

והיות שהאדם לא רוצה שום שכר לתועלת עצמו, אלא שהוא רוצה לעבוד תועלת ה', שזה נקרא "לאקמא שכינתא מעפרא [להקים שכינה מעפר]", שהיא לא תהיה כל כך מושפלת, היינו שלא רוצים לעבוד לתועלת ה', אלא כל מה שהאדם רואה, שיצמח מזה תועלת עצמו, אז יש חמרי דלק לעבודה. ומה שנוגע לתועלת ה', ואין האדם רואה מה שהוא יקבל איזה תמורה, אז הגוף מתנגד לעבודה זו, מטעם שיש לו בעבודה זו טעם של עפר.

והאדם הזה כן רוצה לעבוד לתועלת ה', רק הגוף מתנגד לזה. והוא מבקש מה', שיתן לו כח, שכן יוכל לעבוד "לאקמא שכינתא מעפרא". לכן הוא זוכה לבחינת פנים של ה', המתגלה אליו. וההסתרה נסתלק ממנו.

לו. מהו, ג' בחינות גופים באדם

שמעתי כ"ד אדר תשי"ד ירושלים

האדם מורכב מג' בחינות גופים:

א. גוף הפנימי, שהוא לבוש לנפש דקדושה,

ב. מקליפת נוגה,

ג. ממישכא דחויא [עורו של הנחש].

ובכדי שהאדם יהיה ניצול מב' גופים, שלא יפריעו להקדושה, ושיהיה לו היכולת לשמש רק עם גוף פנימי, העצה לזה הוא, שיש סגולה, שהאדם יחשוב מחשבות רק מה שנוגע להגוף הפנימי. זאת אומרת, שהמחשבה שלו יהיה תמיד ברשות היחיד, היינו ש"אין עוד מלבדו" כתוב, אלא ש"הוא עושה ויעשה לכל המעשים". ואין שום בריאה בעולם שיוכל להפרידו מהקדושה.

וכיון שאין הוא חושב עבור ב' גופים הנ"ל, אז הם מתים, משום שאין להם מזונות ואין להם במה להתקיים. כי המחשבות, שחושבים עבורם, מזה הם מתפרנסים.

וזה סוד מה שכתוב "בזיעת אפך תאכל לחם". שלפני חטא דעץ הדעת, לא היה החיות תלוי בהלחם, היינו שלא היו צריכים להמשיך אור וחיות, אלא שהיה מאיר. מה שאין כן אחר החטא, שאדם הראשון נדבק בהגוף של משכא דחויא [עורו של נחש], אז נקשר החיים בהלחם, היינו במזונות, שצריכים כל פעם להמשיך מחדש, ואם לא נותנים להם מזונות, הם מתים. וזה נעשה לתיקון גדול, בכדי להינצל ב' גופים הנ"ל.

ולכן מוטל על האדם להשתדל ולהתאמץ, שלא יחשוב מחשבות מה שנוגע להם. ואפשר שזהו מה שאמרו חז"ל "הרהורי עבירה קשים מעבירה". כי המחשבות זהו המזונות שלהם. היינו מהמחשבות שחושבים מהם, מזה הם מקבלים חיות.

לכן האדם צריך לחשוב, רק עבור הגוף הפנימי, היות שהוא לבוש לנפש דקדושה. כלומר, שיחשוב מחשבות מה שהם אחר עורו, כלומר אחרי עור של הגוף, נקרא חוץ מגופו, שפירושו חוץ מתועלת עצמו. אלא רק מחשבות שהם תועלת הזולת.

וזה נקרא "חוץ מעורו". כי אחרי עורו אין שום אחיזה לקליפות. כי הקליפות נאחזות רק מה שהוא בתוך העור. היינו מה ששייך לגופו, ולא מחוץ לגופו, הנקרא "חוץ מעורו". זאת אומרת, שכל מה שבא לידי התלבשות בגוף, יש להם אחיזה. וכל מה שאינו באה לידי הלבשה, אין הם יכולים להתאחז.

וכשיתמיד לחשוב מחשבות שהם לאחר עורו, אז הוא זוכה למה שכתוב **"ואחר עורי נקפו זאת, ומבשרי אחזה אלוק"** (איוב י"ט כ"ו). "זאת" היא בחינת שכינה הקדושה. והיא עומדת אחרי עורו. "נקפו" היינו שנתקנה, להיות לעמוד אחרי עורי. ואז האדם זוכה לבחינת **"מבשרי אחזה אלוק"**. היינו שהקדושה באה בהתלבשות בגוף בפנימיות. וזהו דוקא בזמן, כשהוא מסכים לעבוד מחוץ לעורו, היינו בלי כל התלבשות.

מה שאין כן הרשעים, שרוצים לעבוד דוקא בזמן, שיש הלבשות בתוך הגוף, הנקרא "בתוך העור", אז "וימותו ולא בחכמה". שאז אין להם שום התלבשות, ולא זוכים לשום דבר. מה שאין כן הצדיקים, דוקא הם זוכים להתלבשות בגוף.

לז. מאמר לפורים

שמעתי בשנת תש"ח

יש להבין כמה דיוקים בהמגלה:

א. הנה כתוב "אחר הדברים האלה גדל המלך את המן". ויש להבין, מהו "אחר הדברים", היינו לאחר שמרדכי הציל את המלך, השכל מחייב, שהמלך היה צריך להגדיל את מרדכי. ומה כתוב, שגדל את המן.

ב. בשעה שאסתר אמרה למלך "כי נמכרנו אני ועמי", שאל המלך "מי זה ואיזה הוא"? משמע שהמלך לא ידע משום דבר. הלא כתוב בפירוש, שהמלך אמר להמן "הכסף נתון לך, והעם לעשות בו כטוב בעיניך". אם כן אנו רואים, שהמלך כן ידע מהמכירה.

ג. על "כרצון איש ואיש", דרשו חז"ל "אמר רבא, לעשות כרצון מרדכי והמן". (מגילה י"ב). ידוע, איפה שכתוב "מלך" סתם הכוונה על מלכו של עולם. ואיך אפשר, שהקב"ה יעשה כרצונו של רשע?

ד. כתוב "ומרדכי ידע את כל אשר נעשה". שמשמע שרק מרדכי ידע. הלא כתוב לפני זה "והעיר שושן נבוכה". אם כן, הרי כל העיר שושן ידעו מזה.

ה. מה שכתוב "כי כתב, אשר נכתב בשם המלך ונחתם בטבעת המלך, אין להשיב". ואיך נתן אח"כ אגרות שניות, שסוף כל סוף הם מבטלים את האגרות הראשונות?

ו. מהו הענין שחז"ל אמרו "חייב אדם לבסומי בפוריא [להשתכר בפורים], עד דלא ידע בין ארור המן לברוך מרדכי".

ז. מהו שאמרו חז"ל על הכתוב "והשתיה כדת". מאי כדת, "אמר ר' חנן משום ר' מאיר, כדת של תורה, מה דעת תורה, אכילה מרובה משתיה".

ובכדי להבין את הנ"ל, צריכים מקודם להבין את ענין המן ומרדכי. שדרשו חז"ל על הכתוב "כרצון איש ואיש", היינו המן ומרדכי. שיש לפרש, שרצון מרדכי נקרא דת תורה, שהיא אכילה מרובה משתיה. ורצון המן הוא להיפך, השתיה מרובה מאכילה. ושאלנו, איך אפשר להיות, שיעשה סעודה כרצונו של רשע? על זה כתוב תשובה בצידו "אין אונס", שפירושו שהשתיה לא היה בדרך הכרחי, שזהו הפירוש אין אונס.

וזהו על דרך שאמרו חז"ל על מה שכתוב "ויסתר משה פניו, כי ירא מהביט". אמרו, בשכר "ויסתר משה פניו", זכה ל"תמונת ה' יביט". שפירושו, כי דוקא בזמן שאינו נצרך

להדבר (היינו שיכול לעשות עליו מסך), אז מותר לו לקבל.

וזה שכתוב "שויתי עזר על גיבור", היינו מי שהוא גיבור ויכול ללכת בדרכי ה', אז הקב"ה נותן לו עזרה. וזה שכתוב **"והשתיה כדת"**. מהו כדת? מטעם כי אין אונס. שפירושו, שלא היה זקוק לבחינת שתיה. אבל אח"כ, כשהתחילו לשתות, אז נמשכו אחר השתיה. היינו שכבר היו כרוכים להשתיה, היינו שהיו זקוקים לשתיה, אחרת לא היו יכולים ללכת קדימה. זה נקרא **אונס**. וזה נקרא, שביטלו שיטת מרדכי.

וזה סוד שאמרו חז"ל, שאותו הדור נידון לכליה, משום שנהנו מסעודתו של אותו רשע. והיינו כנ"ל, שאם היו קבלו את השתיה בבחינה אין אונס, לא היו מבטלין את רצונו של מרדכי. וזהו שיטת ישראל. מה שאין כן אח"כ, שלקחו את השתיה בבחינת אונס, נמצא שהם בעצמם דנו לכליה את **דת תורה**, שהוא בחינת ישראל. וזה ענין "אכילה מרובה משתיה". כי ענין שתיה הוא סוד גלוי חכמה, הנקרא בחינת ידיעה. ואכילה נקרא אור דחסדים, שהוא סוד אמונה.

וזה עניין של בגתן ותרש, שרצו לשלוח יד במלכו של עולם. "ויודע הדבר למרדכי, ויבוקש הדבר וימצא". וענין הביקוש לא היה בפעם אחד, שלא בנקל השיג מרדכי זה, אלא אחר עבודה רבה **גילה לו את ענין הזה של הפגם**. ואחר שנתגלה לו בבירור, **תלו את שניהם**. **היינו לאחר הרגשת הפגם מזה, אז תלו**, היינו שהעבירו את עשיות ורצונות האלו מהעולם.

"אחר הדברים האלה". היינו אחר כל הטרחות והיגיעות, שעשה מרדכי על ידי הבירור, מה שהוא עשה. ורצה המלך לתת לו שכר תמורת יגיעתו, בזה שהוא עובד רק לשמה ולא לתועלת עצמו. והיות שיש כלל, שאין התחתון מסוגל לקבל משהו בלי צורך, מטעם ש"אין אור בלי כלי", וכלי נקרא חסרון. והיות שהוא לא צורך בשביל עצמו שום דבר, איך יכולים לתת לו משהו?

ואם המלך היה שואל את מרדכי, מה לתת לו עבור היגיעה, והיות שמרדכי הוא צדיק, שכל עבודתו הוא רק להשפיע, ואין לו שום צורך להתעלות במדרגות, אלא הוא מסתפק במועט, ולהמלך היה רצון לתת את אור החכמה, שזה נמשך מקו שמאל, ועבודתו של מרדכי היתה רק מקו ימין לבד.

מה עשה המלך, גדל את המן. היינו, שהחשיב את קו שמאל. וזה סוד **ושב את הכסא על כל השרים**. וכמו כן נתן לו השליטה, היינו שכל עבדי המלך היו כורעים ומשתחוים להמן, **כי כן צוה לו המלך**, שהוא יקבל השליטה. וכולם היו משלימים עימו, שענין הכריעה הוא קבלת השליטה.

כי דרך של המן בעבודה מצא חן בעיניהם יותר מדרך של מרדכי. וכל היהודים, אשר בשושן, קבלו את שליטת המן. עד שהיה קשה להם להבין את דעתו של מרדכי. הלא כולם מבינים, שהעבודה ללכת בקו שמאל, הנקרא **ידיעה**, הוא יותר קל ללכת בדרכי השם ית'.

וכמ"ש ששאלו, **מדוע אתה עובר את מצות המלך?** וכיון שראו, שמרדכי מחזיק בדעתו ללכת בדרכי **אמונה**, **נפלו במבוכה**, ולא ידעו עם מי הצדק. והלכו ושאלו את המן, עם מי הצדק? כמ"ש **"ויגידו להמן**, לראות היעמדו דברי מרדכי, כי הגיד להם, אשר הוא **יהודי"**. היינו, שדרך היהודי הוא אכילה מרובה משתיה, כלומר שעיקר הוא **אמונה**. וזהו כל יסוד היהדות.

וזה גרם להמן הפרעה גדולה, מדוע שמרדכי לא הסכים לדעתו. לכן כשכולם ראו את דרכו של מרדכי, שטען שרק הוא הולך בדרך היהדות, ומי שהולך בדרך אחר, כבר נקרא שהוא עובד עבודה זרה. וזה שכתוב **"וכל זה איננו שוה לי, בכל עת אשר אני רואה, את מרדכי היהודי יושב בשער המלך"**, שמרדכי טוען, כי רק דרכו הוא **שער של המלך**, ולא של המן.

ובאמור נבין מדוע כתוב "ומרדכי ידע", שמשמע דוקא מרדכי ידע. הלא כתוב **"והעיר שושן נבוכה"**. משמע שכולם ידעו.

אלא יש לפרש, כנ"ל, שהעיר שושן היו נבוכים, ולא ידעו עם מי הצדק. אבל מרדכי

ידע. שאם יהיה שליטת המן, בזה יהיה כליה חס ושלום לעם ישראל, היינו שימחה את הכלל ישראל מן העולם. כלומר את דרך היהדות של עם ישראל, שהבסיס העבודה הוא בחינת אמונה למעלה מהדעת, המכונה "חסדים מכוסים", וללכת בעינים עצומות עם ה', ולומר תמיד על עצמו "עיניים ולא יראו". היות שכל אחיזתו של המן הוא בקו שמאל, הנקרא "ידיעה", שהוא ההפכיות של האמונה.

וזה סוד שהמן הטיל גורלות, על דרך שהיה ביום כיפורים, כמ"ש "גורל אחד לה' וגורל אחד לעזאזל". שענין גורל לה' הוא בחינת ימין, שהוא סוד חסדים הנקרא "אכילה", שענינו אמונה. וגורל אחד לעזאזל, הוא סוד קו שמאל, בעצם הוא בחינת לא יצלח לכל, וכל הסטרא אחרא נמשכת מכאן. לכן נמשך מקו שמאל סיתום על האורות, כי הקו שמאל מקפיא האורות.

וזה סוד **"הפיל פור הוא הגורל"**. היינו, שמפרש מה שהפיל. ואומר פור שענינו **פי-אור** (במבטא הוא פי-אור), שעל ידי הגורל לעזאזל נסתמו כל האורות, ונמצא שהפיל את כל האורות למטה. והמן חשב, **שצדיק יכין ורשע ילבש**. זאת אומרת, המן חשב, שעל כל עבודות ויגיעות, שעשה מרדכי ביחד עם כל הנלוים אליו, את השכר, מה שמגיע להם, המן חשב שזה השכר הוא יקח.

כלומר, שהמן חשב את האורות, שמתגלים ע"י התיקונים של מרדכי, יקח הכל לרשותו. וכל זה היה מטעם שראה, שהמלך נתן לו את השליטה להמשיך את אור החכמה למטה. ולכן כשבא להמלך, לאמר להשמיד את היהודים, היינו לבטל שליטת ישראל, שהוא בחינת אמונה וחסדים, ושיהיה בחינת ידיעה מגולה בעולם, והשיב לו המלך **"הכסף ינתן לך והעם, לעשות כטוב בעיניך"**. היינו, כטוב בעינים של המן, היינו לפי שליטתו, שהוא **שמאל וידיעה**.

והנה כל ההפרש בין אגרות הראשונות להשניות, הוא במילת **"היהודים"**. והנה בפתשגן הכתב (שענין פתשגן פירושו הוא התוכן, שיצא מלפני המלך. ואח"כ נותנים על הפתשגן הכתב ביאורים, שמפרשים מהו כוונת הפתשגן) היה כתוב **"להנתן דת בכל מדינה ומדינה, גלוי לכל העמים, להיות עתידים ליום הזה"**. ולא כתוב על מי "להיות עתידים".

רק המן נתן ביאור על פתשגן הכתב, כמ"ש **"ויכתוב כל אשר צוה המן"**. ובאגרות שניות כתוב את מלת **היהודים**, כמ"ש "פתשגן הכתב להנתן דת, בכל מדינה ומדינה, גלוי לכל העמים ולהיות **היהודים**, עתידים ליום הזה להינקם מאויביהם".

לכן כשבא המן לפני המלך, אזי המלך אמר לו, הכסף שהוכן מראש נתון לך. היינו שאין אתה צריך להוסיף שום מעשה, מטעם שהעם לעשות בו כטוב בעיניך. היינו, שהעם כבר רוצה לעשות "כטוב בעיניך". זאת אומרת, שהעם רוצה לקבל שליטתך. אבל המלך לא אמר לו לבטל את שליטת מרדכי והיהודים, אלא שהוכן מראש, שיהיה עכשיו בזמן הזה בחינת גלוי חכמה, שזהו "כמוציא חן בעיניך".

ופתשגן הכתב היה "להנתן **דת** בכל מדינה ומדינה, גלוי לכל העמים". שפירושו, **שהדת** היה, שיהיה גלוי, **שענין גלוי חכמה** (הוא) **לכל העמים**. אבל לא היה כתוב, שיבטלו בחינת מרדכי והיהודים, שהוא סוד בחינת אמונה. אלא הכוונה היתה, שיהיה גלוי חכמה, ומכל מקום הם יבחרו בחסדים.

והמן אמר, מאחר שעכשיו הוא הזמן של גלוי חכמה, בטח אין הגלוי חכמה ניתן שלא להשתמש עם החכמה, כי מי עושה איזה דבר שלא לשימוש. כי אם לא משתמשים עם זה, נמצא שיהיה פעולה לבטלה. אלא בטח רצון ה' הוא. בכדי להשתמש עם החכמה, עשה ה' הגלוי הזה.

וטענתו של מרדכי היה, שענין הגלוי הוא רק להראות, מה שהם לוקחים לעצמם ללכת בדרך הימין, שהוא חסדים מכוסים, אין זה מטעם שאין ברירה, לכן הם הולכים בדרך הזה, וזה נראה כמו כפיה, זאת אומרת שאין להם עצה אחרת, היות שאין עתה גלוי חכמה, אלא עכשיו שיש גלוי חכמה, יש מקום לבחירה מרצונם הטוב. כלומר, שהם בוחרים בדרך של חסדים יותר מבחינת השמאל, שהיא גלוי

חכמה. זאת אומרת, שגלוי היה רק בכדי שיוכלו לגלות את החשיבות של חסדים, שזה חשוב להם יותר מחכמה.

וזה שאמרו חז"ל **"עד כאן באונס, מכאן ואילך ברצון"**. וזהו הפירוש על **"קימו וקיבלו היהודים עליהם"**. זאת אומרת, שכל ענין גלוי חכמה לא בא עכשיו, אלא כדי שיוכלו לקבל את דרך היהודי, ברצון.

ובזה היה ענין המחלוקת בין מרדכי והמן. שטענתו של מרדכי היה, כי מה שאנו רואים עתה, שה' מגלה את שליטת החכמה, אינו בכדי שיקבלו את החכמה, אלא להשביח את החסדים. כלומר, שעתה יהיה להם מקום להראות, שזה שמקבלים את החסדים, הוא ברצון. כלומר, יש מקום לקבל חכמה, כי עתה הוא שליטת השמאל, שמאיר חכמה, ומכל מקום הם בוחרים בחסדים. נמצא, שהם מראים עכשיו, בזה שמקבלים את החסדים, שהימין שולט על השמאל. היינו שעיקר הוא **דת יהודי**.

והמן טען ההיפך, כי מה שה' מגלה עתה את הקו שמאל, שהוא בחינת חכמה, הוא בכדי להשתמש עם החכמה, אחרת נמצא שה' עשה פעולה בחינם, היינו עשה דבר, ואין מי שיהנה מזה. לכן אין להסתכל על מה שאומר מרדכי, אלא שכולם צריכים לשמוע בקולו, ולהשתמש עם גלוי חכמה, שנתגלה עתה.

ולפי זה נמצא, שהאגרות השניות לא ביטלו את הראשונות, אלא שנתנו ביאור ופירוש לפתשגן הכתב הראשון. שענין "גלוי לכל העמים", שענין גלוי חכמה שמאיר עכשיו, הוא **בשביל היהודים**. כלומר, שזה הוא כדי שהיהודים יוכלו לבחור את החסדים מרצונם הטוב. ולא מטעם שאין בחירה ללכת בדרך אחר. לכן כתוב באגרות השניות **"להיות היהודים עתידים ליום הזה, להנקם מאויביהם"**.

היינו כנ"ל, שמה שיש עכשיו שליטה לחכמה, הוא כדי להראות, שהם מעדיפים החסדים יותר מחכמה. וזה נקרא "להנקם מאויביהם", שאויביהם רוצים דוקא חכמה, מה שאין כן היהודים דוחים את החכמה.

ובזה נבין מה שהקשינו, על מה שהמלך שאל "מי הוא ואיזה הוא, אשר מלאו לבו לעשות כן". ולמה שאל? הלא המלך בעצמו אמר להמן **"הכסף נתון לך, והעם לעשות בו כטוב בעיניך"** (וזהו כנ"ל, שהפירוש הוא, שענין גלוי חכמה הוא על הכוונה, בכדי שהעם יעשה כטוב בעיניך, היינו שיהא מקום בחירה. זה נקרא "והעם לעשות כטוב בעיניך". מה שאין כן אם אין גלוי חכמה, אין מקום לבחירה, אלא שהחסדים שלוקחים, נראה שהוא מטעם אין ברירה). זאת אומרת, שכל זה בא מכח, שהמלך נתן את הפקודה, שיהיה עתה הזמן של גלוי חכמה.

והכוונה היתה, שהשמאל ישמש להימין, שעל ידי זה יהא נראה לכל, שהימין הוא יותר חשוב מהשמאל, כי בגלל זה הם בוחרים בחסדים. וזה סוד **מגילת אסתר**. שלכאורה זה הוא תרתי דסתרי [שני דברים סותרים]. כי **מגילה** משמע, שהיא גלוי לכל. **ואסתר** משמע, שיש הסתרה. אלא שיש לפרש, כנ"ל, שכל הגלוי הוא בכדי לתת מקום לבחור בהסתרה.

ועתה נבין מה שאמרו חז"ל **"חייב אדם לבסומי בפוריא** [להשתכר בפורים], **עד דלא ידע בין ארור המן לברוך מרדכי"**. והיות שענין מרדכי ואסתר היה לפני בנין בית שני, שבנין בית המקדש הוא ענין של המשכת חכמה. **ומלכות** נקראת בית המקדש.

וזה סוד שמרדכי שלח לאסתר, שתלך למלך לבקש על עמה. והיא השיבה "כל עבדי המלך וכו', אשר לא יקרא, אחת דתו להמית, וכו', ואני לא נקראתי לבוא אל המלך זה שלשים יום". שפירושו הוא כמו שידוע, שאסור להמשיך בחינת ג"ר דחכמה למטה. ומי שכן ממשיך בחינת ג"ר (שהם ג' ספירות וכל אחת כלולה מעשר, הם שלשים), נדון למיתה, מטעם שהקו שמאל גורם פירוד מחיי החיים. "לבד אשר יושיט לו המלך את שרביט הזהב וחיה", שזהב הוא סוד חכמה וג"ר.

היינו, שרק בהתעוררות העליון יכולים להשאר בחיים. היינו, הדביקות הנקרא חיים, אבל לא בהתעוררות התחתון. והגם שאסתר הוא סוד מלכות, שהיא צריכה חכמה, אבל זה רק בהתעוררות העליון. מה שאין כן אם היא ממשיכה בחינת חכמה, היא מאבדת את

כל בחינתה.

ועל זה השיב לה מרדכי, (אם) "ריוח והצלה יעמוד ליהודים ממקום אחר". היינו ע"י שיבטלו לגמרי את הקו שמאל, ויהיה ליהודים את הקו ימין לבד, שהוא סוד חסדים, הרי **"את ובית אביך תאבדו"**. כי בסוד "אבא יסד ברתא [בת]", אז היא מוכרחה שיהיה בה חכמה. אלא שצריך להיות, אכילה מרובה משתיה. אבל אם לא יהיה ליהודים שום עצה, הרי הם יהיו נאלצים לבטל את קו שמאל. נמצא, שכל בחינתה תתבטל.

ועל זה אמרה **"וכאשר אבדתי אבדתי"**. דהיינו, אם אילך, אני אבוד. כי אני יכול לבוא לידי פירוד, כנ"ל, כי בהתעוררות התחתון גורם פירוד מחיי החיים. ואם לא אילך, אז "ריוח והצלה יעמוד ליהודים ממקום אחר", היינו על ידי אופן אחר, שהם יבטלו לגמרי את קו שמאל, כמו שאמר לה מרדכי.

לכן לקחה את דרך מרדכי, שהזמינה את המן להמשתה, שפירושו, שהמשיכה את קו שמאל, כמו שצוה לה מרדכי. ואח"כ כוללה את השמאל בימין. ועל דרך זה יכול להיות גילוי אורות למטה, וגם להשאר בבחינת הדביקות. וזה סוד מגילת אסתר. כלומר, אע"פ שכבר יש גלוי אור החכמה, מכל מקום היא לוקחת את בחינת ההסתר, שיש שם (כי אסתר היינו הסתר).

ובענין "ולא ידע" מבואר בתלמוד עשר הספירות (חלק ט"ו, דף א' תתי"ז, באור פנימי), היות שהגם שהיה מאיר אורות דחכמה, ובלי אור דחסדים אי אפשר לקבל, כי על ידי זה באים לידי פירוד, אלא ש"נעשה נס ע"י דברי צומות וזעקתם", המשיכו את אור דחסדים, אז היו יכולים לקבל את אור החכמה. ולפני גמר התיקון אין דבר כזה. והיות שבחינה זו היא מבחינת גמר התיקון, שאז כבר יהיה מתוקן, כמ"ש בזה"ק "עתיד ס"מ להיות מלאך קדוש", נמצא שאז אין הבדל בין המן למרדכי. שגם המן יהיה מתוקן. וזהו הרמז **חייב אדם לבסומי בפוריא** [להשתכר בפורים], **עד דלא ידע בין ארור המן לברוך מרדכי**.

יש להוסיף במה שאומר "אז תלו". זהו רמז "תלו על עץ", שהבינו, שזה אותו חטא של עץ הדעת, שגם שם היה הפגם בג"ר. ובענין "יושב בשער המלך" אפשר להוסיף, שזהו רמז, שהוא יושב ולא עומד, כי ישיבה נקראת ו"ק, ועמידה נקראת ג"ר.

לח. יראת ה' הוא אוצרו

שמעתי י' ניסן תש"ז

אוצר נקרא הכלי, ששם נותנים את הרכוש. למשל, תבואות נותנים במחסן, ודברים יקרי ערך נותנים במקום יותר שמור. זאת אומרת, שכל דבר המתקבל נקרא בשם יחס לאור. והכלי מוכרח להיות, שיוכל לקבל את הדברים, כמו שלומדים "אין אור בלי כלי". זה נוהג אפילו בגשמיות.

אולם מהו הכלי ברוחניות, שנוכל לקבל בתוכו את שפע הרוחניות, מה שהבורא רוצה לתת, שהכלי הזו יהיה מתאים להאור? היינו כמו בגשמיות, שהכלי המתאימה להדבר שנותנים בתוכו, צריך יחס משותף. כדוגמת, שאין אנו יכולים לומר, שיש לנו אוצרות יין, השמורים שהיין לא יתקלקל, שפכנו אותם בשקים חדשים. או שלקחנו הרבה קמח בחביות. אלא כמו שנהוג, יין, הכלי שלהם חביות וכדים. וקמח, הכלים שלהם הוא שקים, ולא חביות. וכדומה.

ובהאמור נשאלת השאלה, מה הכלי הרוחני, שמהכלים האלו אנו יכולים לעשות אוצר גדול משפע עליונה. לפי הכלל, שיותר משעגל רוצה לינוק הפרה רוצה להניק, היות שרצונו ית' הוא להטיב לנבראיו, וסיבת הצמצום, אנו צריכים להאמין, שזהו לטובתנו. ובטח הטעם הוא, משום שאין לנו כלים המתאימים, שיוכל להיות שם את השפע, כדוגמת כלים גשמיים, שצריכים להיות מתאימים להדבר שנותנים שמה. ומשום זה אנו צריכים לומר, אם אנחנו נוסיף כלים, אז יהיה במה להחזיק שם תוספות שפע.

על זה בא התשובה: "אין להקב"ה בבית גנזיו, אלא אוצר של יראת שמים בלבד" (ברכות ל"ג).

אמנם יש לפרש מהו יראה, שזהו הכלי,

תקנח עבודה רוחנית 558

שמהכלי הזו עושים אוצר, ומכניסים לתוכו כל הדברים החשובים. אז זצ"ל אמר, יראה הוא כמ"ש אצל משה, שאמרו חז"ל "בשכר ויסתר משה פניו כי ירא מהביט, זכה לתמונת ה' יביט" (ברכות דף ז.). וענין יראה הוא, שמתירא מפני התענוג הגדול שיש שם, ולא יוכל לקבלו בעל מנת להשפיע. ובשכר זה, שהיה לו יראה, בזה עשה לעצמו כלי, שיוכל לקבל בתוכו השפע עליונה.

וזהו עבודתו של אדם, וחוץ מזה אנו מתיחסים הכל להבורא. מה שאין כן יראה, כי המשמעות של יראה הוא, שלא לקבל, ומה שהבורא נותן, הוא נותן רק לקבל, וזה ענין "הכל בידי שמים חוץ מיראת שמים".

ולהכלי הזו אנו צריכים, כי אחרת אנו נהיה נקראים שוטה, כמו שאמרו חז"ל, "איזהו שוטה המאבד מה שנותנים לו". שפירושו, כי הס"א יוציא מאתנו השפע, אם אין אנו יכולים לכוון בעמ"נ להשפיע, שאז זה הולך לכלי קבלה, שהוא הס"א והטומאה.

וזה ענין "ושמרתם את המצות". כי ענין שמירה הוא סוד יראה. והגם שטבע האור ששומר את עצמו, שפירושו שמטרם שרוצה לקבל את האור לכלי קבלה, האור מסתלק, מכל מקום, האדם בעצמו הוא צריך לעשות זה עד כמה שאפשר, כדברי חז"ל "תשמרו עצמכם מעט מלמטה, ואני אשמור אתכם הרבה מלמעלה".

ומה שאנו מיחסים את היראה לבני אדם, כמו שדרשו חז"ל "הכל בידי שמים, חוץ מיראת שמים", הוא משום שהכל הוא יכול לתת חוץ מיראה. כי מה שהקב"ה נותן, הוא **מוסיף אהבה ולא יראה**.

ובכדי לקנות את היראה הוא ע"י סגולת תורה ומצות. היינו, כשהאדם עוסק בתו"מ על הכוונה לזכות לעשות נחת רוח ליוצרו, הכוונה הזו, הרוכבת על מעשי המצות ולימוד התורה, מביאים את האדם לזכות לזה. אחרת האדם יכול להשאר, אף על פי שמקיים תו"מ בכל פרטיה ודקדוקיה, ומכל מקום הוא ישאר רק בדרגת דומם דקדושה.

ולפי זה יוצא, שהאדם צריך תמיד לזכור את הסיבה, המחייבו לעסוק בתו"מ. וזה ענין שדרשו חז"ל **"שתהיה קדושתכם לשמי"**, שפירושו, שאני אהיה הגורם שלכם. שזה נקרא, שכל עבודתכם הוא בזה, שאתם רוצים להנות לי, היינו שכל מעשיכם יהיו בעמ"נ להשפיע.

כדברי חז"ל "כל שישנו בשמירה ישנו בזכירה" (ברכות כ). שפירושו הוא, כל אלה, שעוסקים בשמירת תו"מ על הכוונה בכדי להגיע לזכירה, בסוד **"בזכרי בו, אינני מניח לי לישון"**, נמצא, שעיקר השמירה הוא, בכדי לזכות לזכירה.

זאת אומרת, זה שרוצה **לזכור את הבורא**, זה הוא הגורם **שמירת** תו"מ. היות לפי זה, הסיבה והגורם, שצריך לשמור את התו"מ, הוא הבורא. היות בלי זה אין האדם יכול להתדבק בהבורא, מטעם ש"אין אני והוא יכולים לדור במדור אחד", מסיבת שנוי צורה כידוע.

והסיבה, שהשכר ועונש אינו מגולה ורק צריכים להאמין בשכר ועונש, הוא מטעם, שהבורא רוצה, שכולם יעבדו בשבילו ולא לתועלת עצמם. שהוא בחינת שנוי צורה מהבורא. ואם השכר ועונש היה מגולה, אז האדם היה עובד מטעם אהבת עצמו. היינו, שהבורא יאהב אותו. או משנאת עצמו, היינו שהיה מפחד שהקב"ה ישנא אותו. נמצא, שכל הסיבה לעבודה הוא רק האדם, ולא הבורא. והקב"ה רוצה, שהוא יהיה הסיבה המחייבו.

ובהאמור יוצא, שיראה הוא דוקא בזמן, שהאדם מכיר את שפלותו, ואומר, שזה שהוא משמש להמלך, היינו שהוא רוצה להשפיע לו, לזכיה גדולה יחשב לו זה. ואין לו ערך מה שיוכל לומר, עד כמה שהשימוש הזה חשוב בעיניו. כפי הכלל, שבאדם חשוב מה שנותנין לו, נחשב כאילו קיבל ממנו, כידוע. ובטח לפי שופלותו של אדם, איך שהוא מרגיש בעצמו, בשיעור הזה הוא יכול להתחיל להעריך את גדלותו של ה', ויתעורר בו חשק לשמשו. מה שאין כן אם האדם בעל גאווה, אמר הקב"ה "אין אני והוא יכולים לדור במדור אחד".

וזה ענין שוטה, ורשע, וגס רוח הולכים ביחד. והטעם הוא, היות שאין לו יראה,

שפירושו, שאין הוא יכול להשפיל עצמו לפני הבורא, ולומר, שלכבוד גדול יחשב לו זה, שהוא יכול לשמש אותו בלי שום תמורה, אז אין הוא יכול לקבל בחינת חכמה מה'. אז הוא נשאר שוטה. ומי שהוא שוטה, הוא רשע, כמו שדרשו חז"ל "אין האדם חוטא, אלא אם כן נכנסה בו רוח שטות".

לט. ויתפרו עלה תאנה

שמעתי כ"ו שבט תש"ז

ענין "עלה" הוא סוד צל, שעושה על האור, היינו על השמש. ויש ב' צללים:

א. צל הבא מצד הקדושה,

ב. צל שבא מחמת חטא.

זאת אומרת, שיש ב' מיני העלמת האור.

כמו בגשמיות, הצל עושה העלמה על השמש, כן יש העלמה על אור עליון, הנקרא "שמש", שהוא באה מצד הקדושה, שהוא מחמת בחירה. על דרך שכתוב אצל משה רבינו עליו השלום "ויסתר משה פניו, כי ירא מהביט". שהצל בא מחמת יראה.

שענין יראה פירושה, הוא מפחד לקבל את השפע, אולי לא יהיה לו היכולת לכוון בעמ"נ להשפיע. נמצא, הצל באה מחמת קדושה, שפירושו שהוא רוצה להיות דבוק בה'. היינו שדביקות נקרא השפעה, והוא מפחד, אולי לא יהיה לו היכולת להשפיע. נמצא, שהוא דבוק בקדושה. וזה נקרא "צל, הבאה מצד הקדושה".

ויש "צל, הבאה מחמת חטא". היינו, שהעלמה באה לו לא מטעם שלא רוצה לקבל, אלא להיפוך, מצד שהוא רוצה לקבל בעמ"נ לקבל. לכן נסתלק האור. היות שכל ההבדל בין קדושה להקליפה הוא, שקדושה רוצה להשפיע, וקליפה רוצה רק לקבל ולא להשפיע כלל. לכן נקרא הצל הזה שבאה מצד הקליפה.

ואין עצה אחרת לצאת מהמצב הזה, אלא כמ"ש "ויתפרו עלה תאנה, ויעשו להם חגרת". "חגורות" פירושו הם כוחות הגוף, והתחברו בבחינת הצל דקדושה. זאת אומרת, הגם שאין להם עכשיו אור, כי השפע נסתלק ע"י החטא, מכל מקום הם התגברו לעבוד את ה', בכח לבד למעלה מהדעת, שזה נקרא בחינת כח. וזה שכתוב "וישמעו את קול ה' וכו', ויתחבא האדם ואשתו". היינו, שנכנסו לתוך הצל, שזה סוד "ויסתר משה פניו".

היינו, שאדה"ר עשה אותו ענין כמו משה. "ויאמר לו, איכה, ויאמר, את קלך שמעתי בגן, ואירא, כי ערום אנכי, ואחבא". "ערום" פירושו ערום מן האור עליון. אז שאל ה': "מהו הסיבה שבאת להצל, שנקרא "ואחבא"? מטעם "כי ערום אני", אם הוא מטעם צל דקדושה. או מחמת חטא. ושאל אותו ה': "המין העץ אשר צויתיך לבלתי אכל ממנו, אכלת"? היינו מחמת חטא.

אולם בזמן שהצל באה מחמת חטא, נקרא זה "צלמא וחרשין וקוסמין [צלם וכשפים וקסמים]". ש"זה לעומת זה עשה אלקים", כי כמו שיש כוחות בקדושה, לשדד המערכות, להראות אותות ומופתים, כמו כן יש כוחות בס"א.

ומשום זה, אין הצדיקים משתמשים בכוחות אלו, מטעם "זה לעומת זה", כדי שלא יהיה כח להסטרא אחרא לעשות כמותם. ורק לזמנים יוצאים מהכלל אין הקב"ה נותן להסטרא אחרא אותו הכח שיש בקדושה. כדוגמת לאליהו בהר הכרמל, שאמר "ענני, שלא יאמרו מעשי כשפים". היינו, שיש כח לעשות העלמה על אור העליון.

ולכן חגורות הבאים מצד עלה תאנה, שהוא מחטא דעץ הדעת, העלין האלו, היינו הצל הזה הבא מסיבת החטא, היות שהגורם הוא לא מצד הקדושה, שהם בוחרים מעצמם לקחת להם צל, אלא שהם לוקחו את הצל מסיבת שאין להם עצה אחרת. זה יכול לפעול רק לצאת מהמצב של הירידה. אבל אח"כ צריכים להתחיל העבודה מחדש.

מ. אמונת רבו, מהו השיעור

שמעתי תש"ג

ידוע שיש דרך ימין ודרך שמאל. ימין נקרא מלשון הֲימין. שעל הפסוק "והאמין בה'" אומר התרגום "והֵימין". בזמן שהרב

אומר להתלמיד ללכת בדרך ימין, שבדרך כלל נקרא ימין "שלימות", ושמאל - "בלתי שלם", אלא שחסר שם תיקונים, אז התלמיד צריך להאמין לדברי רבו, מה שהוא אומר לו ללכת בדרך ימין, שנקרא שלימות.

ומהו הוא השלימות, שהתלמיד צריך ללכת? הוא שהאדם צריך לצייר לעצמו, כאילו כבר זכה לאמונה שלימה בה', וכבר יש לו הרגשה באבריו, שהבורא מנהיג את כל העולם בבחינת טוב ומטיב, כלומר, שכל העולם מקבלים ממנו ית' רק טובות.

ואע"פ כשהוא מסתכל על עצמו, הוא רואה, שהוא בעירום וחסר כל. וכמו כן כשהוא מסתכל על העולם, הוא רואה שכל העולם סובל יסורים, וכל אחד לפום דרגה דיליה [לפי הדרגה שלו], על זה הוא צריך להגיד, כמ"ש "עינים להם ולא יראו". שלהם פירושו, שכל זמן שהאדם נמצא ברשות הרבים, הנקרא להם, ולא יראו האמת.

ומהו רשות הרבים? כלומר, שכל זמן שיש לאדם ב' רצוניות. הגם שהוא מאמין, שכל העולם שייך להבורא, אבל להאדם גם כן שייך משהו. שבאמת האדם צריך לבטל רשותו מפני רשותו של הקב"ה, ולומר, שהאדם בשביל עצמו אינו רוצה לחיות, וכל מה שהוא רוצה להתקיים, הכל הוא בכדי לעשות נחת רוח להבורא.

נמצא, שעל ידי זה הוא מבטל את רשות עצמו מכל וכל. ואז האדם נמצא ברשות היחיד, שהוא ברשותו של הקב"ה. ורק אז הוא יכול לראות את האמת, איך שהבורא מנהיג את העולם במידת טוב ומטיב. אבל כל זמן שהאדם נמצא ברשות הרבים, היינו שיש לו עדיין ב' רצוניות, הן בבחינת מוחא והן בבחינת ליבא, אין בכחו לראות האמת. אלא שהוא צריך ללכת למעלה מהדעת ולומר: "עינים להם" אבל לא יראו את האמת.

ובהאמור יוצא, שבזמן שהאדם מסתכל על עצמו, ורוצה לדעת אם הוא נמצא עכשיו בזמן ירידה או בזמן עליה, גם זה הוא לא יכול לדעת.

כלומר, הוא חושב שנמצא במצב ירידה,

גם זה לא נכון. כי יכול להיות, שעתה הוא נמצא במצב העליה, היינו שרואה את מצבו האמיתי, איך שהוא רחוק מעבודת הקודש. ונמצא שהתקרב עכשיו להאמת. ויכול להיות להפך, שהוא מרגיש עכשיו, שהוא במצב התרוממות. ובאמת הוא נמצא עכשיו בשליטת המקבל לעצמו, הנקרא ירידה.

ורק מי שכבר נמצא ברשות היחיד, הוא יכול להבחין ולדעת את האמת. ולכן האדם צריך לסמוך על דעת רבו, ולהאמין מה שרבו אומר לו. כלומר, שהוא צריך ללכת, כפי שרבו צוה לו לעשות.

ואע"פ שהוא רואה הרבה סברות, ורואה הרבה תורות, שאינם עולים בקנה אחד עם דעת רבו, מכל מקום הוא צריך לסמוך על דעת רבו, ולומר, מה שהוא מבין, ומה שהוא רואה בספרים אחרים, שאינם מתאימים לדעת רבו, הוא צריך לומר, שכל זמן שהוא נמצא ברשות הרבים, אין הוא יכול להבין את האמת, ולא יכול לראות מה שכתוב בספרים אחרים, את האמת מה שהם אומרים. כידוע, שבזמן שהאדם עדיין לא זכה, תורתו נעשה לו סם המות.

ומדוע נקרא "לא זכה", תורתו נעשית לו סם המות"? זהו מטעם כי כל התורות, מה שהוא לומד או שומע, לא יביאו לו שום תועלת, שיוכל לזכות לבחינת חיים, שהיא בחינת דביקות בחיי החיים. אלא ממש להפך. כלומר, שכל פעם הוא נעשה יותר מרוחק מדביקות, היות שכל מה שהוא עושה, הוא רק לצורכי הגוף, הנקרא מקבל לעצמו. שזהו בחינת פירודא, היינו שע"י מעשיו הוא נעשה יותר נפרד מחיי החיים. ממילא נקרא זה סם המות, היות שזה מביא לו מיתה ולא חיים. כלומר, היות שכל פעם הוא נעשה יותר מרוחק מבחינת השפעה, הנקרא השתוות הצורה להבורא, מבחינת "מה הוא רחום אף אתה רחום".

עוד צריכים לדעת, כי בזמן שהאדם עוסק בימין, הזמן מוכשר אז להמשיך שפע עליון, מטעם שברוך מתדבק בברוך. כלומר היות שהאדם הוא במצב השלמות הנקרא ברוך,

מבחינה זו יש לו עכשיו השתוות הצורה. היות סימן לשלימות הוא, אם האדם הוא בשמחה. אחרת אין שלימות. וזהו כמו שאמרו חז"ל "אין השכינה שורה, אלא מתוך שמחה של מצוה".

והפירוש הוא, כי הסיבה שהיא גורמת לו השמחה, הוא המצוה. כלומר, זה שהרב צוה לו ללכת בקו ימין, זאת אומרת שהוא מקיים מצות הרב, מה שקבעו לו זמן מיוחד ללכת בימין וזמן מיוחד ללכת בשמאל, והיות השמאל הוא בסתירה להימין, כי שמאל נקרא בזמן שעושה חשבון לעצמו, ומתחיל להסתכל מה שכבר רכש בעבודת ה', והוא רואה שהוא בעירום וחוסר כל, איך הוא יכול להיות בשלמות - מכל מקום מטעם מצות הרב, הוא הולך למעלה מהדעת.

נמצא, שכל השלמות שלו נבנה על למעלה מהדעת. וזהו נקרא **אמונה**. וזה סוד "בכל מקום אשר אזכיר את שמי, אבוא אליך וברכתיך". **בכל מקום**, כלומר אע"פ שעדיין אינו ראוי לברכה. מכל מקום "ונתתי את ברכתי", מסיבת שאתה נותן **מקום**. שפירושו **מקום השמחה**, שבתוכה אפשר לשרות שום אור עליון.

מא. מהו קטנות וגדלות באמונה

שמעתי מוצאיו"ט דפסח תש"ה

הנה כתיב "ויאמינו בה' ובמשה עבדו".

צריכים לדעת, שאורות דפסח סגולתן הוא לזכות לאור האמונה. אבל לא לחשוב, שאור האמונה הוא דבר קטן, כי הקטנות והגדלות תלוי רק בהמקבלים. כי בזמן שהאדם אינו עובד על דרך האמת, אזי הוא חושב שיש לו אמונה יותר מדי, ובשיעור האמונה שיש בו, הוא יכול לחלק לכמה אנשים, אזי המה יהיו יראים ושלימים.

מה שאין כן מי שרוצה לעבוד את ה' על דרך האמת, ובודק את עצמו בכל פעם, אם הוא מוכן לעבוד במסירות נפש "ובכל לבבך". אזי הוא רואה, שתמיד הוא בחסרון עם בחינת אמונה. היינו שתמיד יש לו גרעונות בבחינה זו.

ורק בזמן שיש לו אמונה, אזי הוא יכול להרגיש, שהוא יושב תמיד בפני המלך. ובזמן שהוא מרגיש את גדלותו של המלך, אזי הוא יכול לגלות את האהבה בב' סטרין [בשני צדדים]: **בין בסטרא דטובא** [בין בצד הטוב], **ובין מסטרא דדינא קשיא** [ובין מצד הדין הקשה].

לכן אדם המבקש את האמת, הוא הנצרך לאור האמונה. ואדם כזה, אם הוא שומע או רואה איזה סגולה להשיג את האור האמונה, הוא שומח כמו שמוציא שלל רב.

לכן אלו אנשים, שהם מבקשי האמת, אזי בחג הפסח, שאז סגולה לאור האמונה, אזי אנו קוראין בפרשה "ויאמינו בה' ובמשה עבדו", כי אז זמן המסוגל לזכות לזה.

מב. מהו, שראשי תיבות אלול "אני לדודי ודודי לי" מרמזות בעבודה

שמעתי ט"ו אלול תש"ב

כדי להבין זה, יש להבין עוד כמה דברים:

א. ענין מלכויות זכרונות שופרות. ומהו הפירוש מה שאמרו חז"ל "בטל רצונך מפני רצונו, כדי שיבטל רצונו מפני רצונך"?

ב. מה שאמרו חז"ל "רשעים לאלתר למיתה וצדיקים לאלתר לחיים".

ג. מה שכתוב "בני גרשון לבני ושמעי".

ד. מה שכתוב בזה"ק "יוד היא נקודה שחורה דלית [שאין] בה לבנוניתא".

ה. מה שכתוב "מלכות דעליון נעשה כתר לתחתון".

ו. מהו שהשמחה מעידה על העבודה, אם היא בשלימות.

שכל אלו הדברים נוהגים בהכנה דחודש אלול.

בכדי להבין כל הנ"ל, צריכים להבין את ענין מטרת הבריאה, מה שאמרו שהיא מטעם שרצונו להטיב לנבראיו. ומסיבת התיקון, שלא יהא ענין של נהמא דכסופא [לחם בזיון], נעשה הצמצום. ומהצמצום נמשך המסך, שעל ידי זה מהפכים את הכלי קבלה להשפעה. וכשמכינים את הכלים, שיהיו בעמ"נ להשפיע, אז תיכף מקבלים את האור הגנוז והצפון לנבראיו.

היינו שמקבלים את הטוב והעונג, שהיה במחשבת הבריאה להנות לנבראיו.

ובזה יש לפרש מה שכתוב "בטל רצונך מפני רצונו". היינו לבטל את הרצון לקבל שבך, מפני הרצון להשפיע, שהוא רצונו של ה'. זאת אומרת, שהאדם יבטל אהבה עצמית מפני אהבת ה', שזה נקרא שיבטל את עצמו לה', שזה נקרא בחינת דביקות. ואח"כ ה' יכול להאיר בתוך הרצון לקבל שלך, מפני שהוא כבר מתוקן בבחינת מקבל בעמ"נ להשפיע.

וזה שאומר "כדי שיבטל רצונו מפני רצונך". שפירושו, שה' מבטל את רצונו, היינו סוד הצמצום, שהיה מטעם שינוי צורה. מה שאין כן עכשיו, שכבר יש השתוות הצורה, לכן יש עכשיו התפשטות האור להרצון של התחתון, שקבל תיקון בעל מנת להשפיע, כי זהו מטרת הבריאה להטיב לנבראיו, ועתה יכול זה לצאת לפועל.

ובזה יש לפרש מה שכתוב **"אני לדודי"**. כלומר בזה שה-אני מבטל את הרצון לקבל שלי לה', בבחינת כולו להשפיע, אז הוא זוכה **"ודודי לי"**. זאת אומרת, **ודודי**, שהוא הקב"ה, **לי**, שהוא משפיע לי את הטוב והעונג, שישנו במחשבת הבריאה. כלומר, מה שהיה מקודם בחינת הסתר וצמצום, נעשה עכשיו לבחינת גלוי פנים, היינו שנתגלה עתה מטרת הבריאה, שהיא להטיב לנבראיו.

ויש לדעת, שכלים דהשפעה נקראים בשם י"ה דשם הוי"ה, שהם בחינת כלים זכים. וזהו הפירוש "כל המקבל, מקבל בכלי היותר זך". אז הוא זוכה "ודודי לי". והוא משפיע לו כל טוב, היינו שזוכה לגלוי פנים.

אולם יש תנאי לזה, כי אי אפשר לזכות לבחינת גילוי, מטרם שהאדם מקבל את בחינת אחוריים, שהיא בחינת הסתרת פנים, ולומר שאצלו זהו חשוב כמו גילוי פנים, היינו שיהיה בבחינת השמחה, כאילו הוא כבר זכה לבחינת גילוי פנים.

אבל זה אי אפשר להחזיק מעמד, ושיהיה אצלו ההסתרה כמו גילוי, רק בזמן שהאדם עובד בבחינת השפעה. אז האדם יכול לומר "מה חשוב לי, מה שאני מרגיש בזמן העבודה, כי עיקר הוא אצלי, שאני רוצה להשפיע להבורא, ואם הבורא מבין, שיהיה לו יותר נחת רוח אם יעבוד בבחינת אחוריים, אני מסכים".

מה שאין כן אם יש לו עדיין ניצוצות של קבלה, הוא בא לידי הרהורים, שקשה לו אז להאמין, שהבורא הוא מנהיג את העולם בבחינת טוב ומטיב. שזה סוד אות י' דשם **הוי"ה**, שהיא אות הראשון, הנקראת "נקודה שחורה דלית [שאין] בה לבנוניתא". היינו שהיא כולה חושך והסתרת פנים.

כלומר, בזמן שהאדם בא לידי מצב, שאין לו שום סמיכה, **אז נעשה המצב שלו שחור, שהיא בחינה היותר תחתון שבעולם העליון, ומזה נעשה בחינת כתר לתחתון**, שכלי דכתר הוא כלי דהשפעה.

כי הבחינת התחתונה שבעליון היא מלכות, שלית לה מגרמה ולא מידי [שאין לה מעצמה ולא כלום], היינו שאין לה כלום. ורק בצורה כזו נקרא מלכות. היינו, שאם מקבל עליו המלכות שמים, **שהיא בבחינת דלית לה כלום** [שאין לה כלום], **בשמחה, נעשה** מזה אח"כ בחינת **כתר**, שהיא כלי דהשפעה וכלי זכה ביותר. כלומר, שזה שקבל בחינת מלכות בבחינת השחרית, נעשה אח"כ בחינת כלי דכתר, שהוא כלי דהשפעה.

וזהו כמ"ש **"כי ישרים דרכי ה', צדיקים ילכו בה ופושעים יכשלו בה"**. שפירושו, שרשעים, היינו אלו שנמצאים בשליטת הכלי קבלה, הם מוכרחים לנפול ולהיות רובץ תחת משאו, בזמן שהם באים למצב הזה. מה שאין כן צדיקים, היינו מי שהוא בבחינת השפעה, הוא נתעלה על ידי זה, היינו שזוכה על ידי זה לכלים דהשפעה (שיש לפרש רשעים, אלו שעדיין לא נקבע בלבם, שצריכים לעבוד לזכות לכלים דהשפעה. וצדיקים יהיה הפירוש, אלו אנשים, שכבר נקבע בלבם, שצריכים לזכות לכלים דהשפעה, אבל אין ביכולתם).

וזהו כמ"ש בזה"ק, שהשכינה הקדושה אמרה לר' שמעון בר יוחאי **"לית אתר לאסתמרה מינך** [אין מקום להסתתר ממך]**"**. ולכן היא מתגלית אליו. וזה שאמר ר' שמעון בר יוחאי:

"בגין דא, ועלי תשוקתו [משום זה, ועלי תשוקתו]". וזהו "אני לדודי ודודי לי". ואז הוא משפיע לבחינת ו"ה, שזה סוד ש"אין השם שלם, ואין הכסא שלם, עד שיתחברו ה-ה לגבי ה-ו". שה' נקראת רצון לקבל, שהוא הכלי הסופית ביותר, שה-ו' תשפיע לתוך ה-ה', שאז יהיה גמר התיקון.

וזה סוד "צדיקים לאלתר לחיים".

כלומר, שהאדם בעצמו צריך לומר באיזה ספר הוא רוצה שירשמו את שמו, אם בספרן של צדיקים, היינו שרוצה שיתנו לו את הרצון להשפיע, או לא. היות שיש לאדם הרבה בחינות בענין של הרצון להשפיע. כלומר, יש לפעמים האדם אומר: "נכון אני רוצה שיתנו לי את הרצון להשפיע, אבל לא לבטל לגמרי את הרצון לקבל". אלא שהוא רוצה ב' עולמות לעצמו, כלומר שגם הרצון להשפיע הוא רוצה להנאתו.

אולם בספרן של צדיקים נרשמים רק אלו, שיש ברצונם להפוך את כל הכלי קבלה שלו, שיהיו רק בבחינת השפעה, ולא לקבל לעצמו כלום. וזהו בכדי שלא יהיה לו מקום לומר, אי הוי יודע שהרצון לקבל מוכרח להתבטל, לא הייתי מתפלל על זה (שלא יאמר אח"כ "אדעת דהכי לא נדרתי [אילו ידעתי זאת, לא הייתי נודר]"). לכן הוא צריך לומר בפה מלא מה כוונתו, בזה שירשמו אותו בספרן של צדיקים, ושלא יבוא אח"כ בטענות.

שיש לדעת שבדרך עבודה "ספרן של צדיקים" ו"ספרן של רשעים" נוהג באדם אחד. כלומר שהאדם בעצמו צריך לעשות בחירה, ולדעת בבירור גמור, מה שהוא רוצה. כי ענין "רשעים" ו"צדיקים" מדברים בגוף אחד.

לכן האדם צריך לומר, אם הוא רוצה, שירשמו אותו בספרן של צדיקים, שיהיה לאלתר לחיים, היינו להיות דבוק בחיי החיים, שהוא רוצה לעשות הכל לתועלת ה'.

וכמו כן כשהוא בא להרשם בספרן של רשעים, ששם נרשמים כל אלה, שהם רוצים להיות בבחינת מקבלים לתועלת עצמו, הוא אומר, שירשמו שם לאלתר למיתה, היינו שהרצון לקבל לעצמו יתבטל אצלו, ויהיה אצלו כאילו הוא מת.

אולם לפעמים האדם מפקפק, כלומר שהאדם לא רוצה, שבפעם אחת תיכף יתבטל אצלו הרצון לקבל, כלומר שקשה לו להחליט בפעם אחת, שכל ניצוצי קבלה שלו יהיו לאלתר למיתה. היינו שאינו מסכים שיתבטלו אצלו כל הרצונות של קבלה בפעם אחת. אלא הוא רוצה, שיתבטלו הניצוצי קבלה לאט לאט, ולא לאלתר בפעם אחת, כלומר קצת יפעלו הכלי קבלה וקצת כלי השפעה.

נמצא, האדם הזה אין לו דיעה חזקה וברורה. ודעה חזקה היא, שמצד אחד הוא טוען "כלו שלי", היינו כלו לצורך הרצון לקבל. ומצד השני טוען "כלו לה'". זה נקרא דיעה חזקה.

רק מה האדם יכול לעשות, אם הגוף לא מסכים לדעתו, מה שהוא רוצה שיהיה כלו לה'? אז שייך לומר, שהאדם עושה כל מה שבידו, שיהיה כלו לה'. היינו שמתפלל לה', שיעזור לו, שיהיה בידו להוציא לפועל, שיהיה כל רצונותיו בפועל כולו לה'. ועל זה אנו מתפללים "זכרנו לחיים וכתבנו בספר החיים".

וזה שכתוב מלכות. היינו שיקבל על עצמו את בחינת נקודה שחורה "דלית בה [שאין בה] שום לבנונית", שזה סוד "בטל רצונך, כדי שיעלה זכרוניכם לפני, ואז יהיה בטל רצונו מפני רצונך. ובמה? בשופר, היינו בשופרא דאמא, היינו בתשובה תליא מילתא [בתשובה הדבר תלוי]". זאת אומרת, אם הוא מקבל את השחרית, צריך גם כן להשתדל שיהיה בדרך כבוד ולא בדרך בזיון, שזה נקרא "שופרא דאמא". כלומר, שיהיה אצלו בבחינת יופי וכבוד.

ובאמור יש לפרש מה שכתוב "בני גרשון לבני ושמעי". שאם האדם רואה, שגירשו אותו מהעבודה, האדם צריך לדעת, שזהו מסיבת לבני, כלומר היות שהוא רוצה דוקא לבנונית. זאת אומרת, שאם יתנו לו לבנונית, היינו שיאיר כל מה שהוא עושה, היינו שירגיש טעם טוב בתורה ותפילה, אז האדם מוכן לשמוע ולעסוק בתו"מ.

וזה שכתוב "שמעי". היינו דוקא בצורה של לבנונית הוא יכול לשמוע. מה שאין כן בזמן העבודה, הוא רואה צורה של שחור, אין הוא יכול להסכים, שישמע לקבל על עצמו את העבודה הזאת.

לכן הוא מוכרח להתגרש מהיכל המלך, כי קבלת מלכות שמים צריך להיות כניעה ללא תנאי. מה שאין כן, אם האדם אומר, שהוא מוכן לקבל על עצמו את העבודה, רק בתנאי שיהיה צורה של לבן, היינו יום שיאיר לו, מה שאין כן אם יתגלה לו העבודה בצורה שחורה, אין הוא מסכים לזה, להאדם הזה אין מקום בהיכל המלך.

כי בהיכל המלך נותנים לכנס לאלו אנשים, שרוצים לעבוד בעמ"נ להשפיע. ובזמן שהאדם עובד בעמ"נ להשפיע, לא חשוב לו מה שהוא מרגיש בעצמו בעת עבודה. אלא אפילו במצב, שהוא רואה צורה של שחור, אין הוא מתפעל מזה, אלא רק הוא רוצה, שה' יתן לו כח, שיוכל להתגבר על כל המכשולים. זאת אומרת, אין הוא מבקש, שה' יתן לו צורה של לבן, אלא שיתן לו כח, שיוכל להתגבר על כל ההסתרים.

לכן, אלו אנשים, שרוצים לעבוד בעמ"נ להשפיע, ואם יהיה תמיד במצב של לבנונית, הלבנונית נותן להאדם להמשיך בעבודה. כי בזמן שמאיר, האדם יכול לעבוד אפילו בבחינת קבלה לעצמו. לכן אף פעם לא יהיה להאדם מקום לדעת, אם עבודתו הוא בטהרה או לא. וזה גורם, שאף פעם לא יכול לבוא לזכות לדביקות ה'.

לכן נותנים לו מלמעלה צורה של שחרית. ואז הוא רואה, אם עבודתו הוא בטהרה. זאת אומרת, אם גם במצב של שחרית הוא יכול להיות בשמחה - זהו סימן שעבודתו היא בטהרה. כי האדם צריך להיות שמח, ולהאמין שמלמעלה נתנו לו הזדמנות, שיהיה בידו לעבוד בעמ"נ להשפיע.

היות זה כמו שאמרו חז"ל "כל הגרגרן כועס". שפירושו, מי שמשוקע בקבלה עצמית, הוא כועס, שהוא תמיד בחסרון, שחסר לו למלאות את הכלי קבלה שלו. מה שאין כן מי שרוצה ללכת בבחינת השפעה, הוא צריך להיות תמיד בשמחה, היינו בכל הצורות הבאות עליו, הוא צריך להיות בשמחה, מטעם שאין לו שום כוונה לקבלה עצמית.

לכן הוא אומר, ממה נפשך, אם הוא באמת עובד בעל מנת להשפיע, בטח שהוא צריך להיות בשמחה, בזה שהוא זכה להיות משפיע נחת רוח ליוצרו. ואם הוא מרגיש, שעדיין אין עבודתו להשפיע, הוא גם כן צריך להיות בשמחה, משום מצד עצמו האדם אומר, שהוא לא רוצה שום דבר לעצמו, הוא שמח בזה, שאין הרצון לקבל יכול להנות מעבודה זו. מזה הוא צריך לקבל שמחה.

מה שאין כן אם הוא חושב, שמעבודה זו יהיה גם כן משהו לתועלת עצמו, כבר הוא נותן רשות לס"א להתאחז בעבודתו. וזה גורם לו עצבות וכעס וכדומה.

מג. ענין אמת ואמונה

שמעתי

ענין אמת, הוא מה שהאדם מרגיש ורואה לעיניו. ובחינה זו נקראת "שכר ועונש". היינו, שאי אפשר להרויח שום דבר בלי יגיעה.

וזה דומה לאדם, שיושב בביתו ואינו רוצה לעשות שום דבר בשביל פרנסתו. ואומר, מאחר שהשי"ת הוא טוב ומטיב ומפרנס לכל, לכן בטח ישלח לו את מחסורו. והוא בעצמו אינו צריך לשום מעשה. והנה האדם הזה בטח שיגוע ברעב, אם יתנהג כך. וגם השכל מחייב כן, וכך נראה לעינים, והאמת הוא כך, היינו שימות ברעב.

אבל יחד עם זה הוא צריך להאמין בבחינת למעלה מהדעת, היינו שבלי שום יגיעה וטרחא, הוא גם כן יכול להשיג כל צרכיו, מטעם השגחה פרטית. זאת אומרת, שהשם ית' עושה ויעשה לכל המעשה, ואין האדם עוזר לו בשום דבר, אלא הכל השם ית' עושה, ואין ביד האדם להוסיף או להגרע.

אבל איך אפשר ששני דברים הללו יעלו בקנה אחד, הלא אחד הוא בסתירה להשני? אלא, בחינה אחת נקרא, מה ששכלו משיג. היינו, שבלי עזרת האדם, זאת אומרת שבלי

הקדם טרחא ויגיעה, לא ישיג שום דבר. וזה נקרא בחינת אמת, מטעם שהשם ית' רצה שהאדם ירגיש כך. לכן נקרא הדרך הזה דרך אמת.

ואל יקשה בעיניך, אם ב' הדרכים הם בסתירה, איך אפשר להיות שמצב הזה יהיה אמת? והתשובה הוא, שענין אמת אינו נאמר על הדרך והמצב, אלא שענין אמת נאמר על ההרגשה, שהשם ית' רצה, שהאדם ירגיש כך - זה הוא "אמת". נמצא, שענין אמת אפשר לומר בדיוק על השם ית', היינו על רצונו ית', שהוא רוצה כך, שהאדם ירגיש ויראה כך.

אבל יחד עם זה הוא צריך להאמין, אפילו שלא מרגיש ולא רואה בעין שכלו, שהשם ית' יכול לעזור לו בלי שום יגיעה, כל הרווחים שאפשר להשיג. וזהו רק מבחינת השגחה פרטיות. והטעם, שאין האדם יכול להשיג את ענין של השגחה פרטיות, מטרם שמשיג את ענין שכר ועונש, הוא, שענין השגחה פרטית הוא דבר נצחי, והשכל של האדם אינו נצחי. לכן, דבר נצחי אי אפשר שיתלבש בדבר שהוא בלתי נצחי. לכן, לאחר שהאדם זכה לבחינת שכר ועונש, אזי השכר ועונש נעשה כלי, שבו יוכל להתלבש דבר השגחה פרטית.

ובזה נבין את הפסוק "אנא ה' הושיעה נא, אנא ה' הצליחה נא". ש"הושיעה נא" היינו שכר ועונש, שהאדם צריך להתפלל, שה' יזמין לו עבודה ויגיעה, שעל ידי זה יהיה לו שכר. ויחד עם זה הוא צריך להתפלל על הצלחה, שהוא בחינת השגחה פרטית, היינו שבלי שום עבודה ויגיעה, הוא יזכה לכל הרווחים הכי נמצאים בעולם.

וכמו כן אנו רואים בקנינים גשמים (שהם בחינת נפרדים במקומות, היינו בשני גופים. מה שאין כן בדברים רוחניים, הכל נלמד על גוף אחד, אלא בשני זמנים). יש אנשים, שמשיגים את קניניהם דוקא ע"י רבוי יגיעה, ומרץ יתירה, וחריפות נפלאה. ויחד עם זה אנו רואים את ההיפוך, שאנשים שאינם כל כך חריפים, ואין להם מרץ יתירה, ולא נותנים יגיעה רבה, ומצליחים ונעשים לבעלי קנינים ורכוש הכי גדולה שבעולם.

והתשובה, משום שאלו הדברים הגשמיים נמשכים משורשם עליונים, היינו מבחינת "שכר ועונש" ומבחינת "השגחה פרטיות". וההפרש הוא רק בזה, שברוחניות זה מתגלה במקום אחד, היינו בנושא אחד, אלא בזה אחר זה, היינו באדם אחד בב' מצבים. ובגשמיים זה נוהג בזמן אחד אלא בשני נושאים, היינו בזמן אחד ובב' מיני אנשים.

מד. מוחא ולבא

שמעתי י' טבת תרפ"ח גבעת שאול

צריכים לראות אם האמונה הוא בסדר, היינו אם יש לו יראה ואהבה, כדכתיב "אם אב אני איה כבודי, ואם אדון אני איה מוראי". וזה נקרא בחינת **מוחא**.

כמו כן צריכים לראות, שלא יהיה שום רצוניות להנאת עצמו, אפילו מחשבה לא יעלה לו לחשוק לעצמו, אלא כל רצוניות שלו יהיה אך ורק להשפיע להשם ית'. וזה נקרא בחינת **לבא**, שהוא ענין "רחמנא לבא בעי [הבורא רוצה את הלב]".

מה. ב' בחינות בתורה ובעבודה

שמעתי א' לחדש אלול תש"ח

יש ב' בחינות בתורה, ויש ב' בחינות בעבודה:

א. הוא בחינת **יראה**.

ב. הוא בחינת **אהבה**.

תורה נקרא מצב של שלימות, היינו שלא מדברים מעבודת האדם, באיזה מצב שהוא נמצא, אלא מדברים מבחינת התורה כשלעצמה.

א' נקרא בסוד אהבה, היינו שיש להאדם רצון וחשק לדעת דרכי השם ית' ואת גנזי אוצרותיו. ובשביל זה הוא מוסר את כל כוחו וכל מרצו, בכדי להשיג את מבוקשו. ומכל דבר תורה שהוא מוציא ממה שהוא לומד, הוא מתפעל שזוכה ליקר מציאת. אז לפי ערך התפעלות מחשיבות התורה, כן הוא הולך ומתגדל לאט לאט, עד שמגלין לו לפי ערך יגיעתו את הרזי תורה.

בחינה הב', הוא בחינת יראה, היינו שרוצה להיות עובד ה'. והיות "מאן דלא ידע צויא

דמאריה, איך יעבוד ליה [מי שלא ידע מצוות אדונו, איך יעבוד לו]". והוא בפחד ומורא, והוא לא יודע איך לעבוד לה'. וכשלומד על דרך זה, ובכל פעם שהוא מוציא איזה טעם בהתורה ויכול לשמש עם זה, ולפי ערך ההתפעלות וההתרגשות, מזה שוכה לדבר מה בהתורה, והוא מתמיד בדרך זה, אז מגלין לו לאט לאט את רזי תורה.

ובזה יש חילוק בין חכמה חיצונית לחכמת התורה. שבחכמה חיצונית ההתפעלות ממעטת השכל, מסיבת שההרגש הוא בהופכיות להשכל, לכן ההתפעלות ממעטת בהבנת השכל. מה שאין כן בחכמת התורה, ההתפעלות היא עצמות, כמו השכל.

והסיבה הוא, משום שהתורה בחינת חיים, כמ"ש "והחכמה תחיה בעליה", שהחכמה והחיים הוא אותו דבר. לכן כמו שהחכמה מתגלה בהשכל, כן החכמה מתגלה בההרגש, כי אור החיים ממלא את כל האברים (ונראה לי, שמשום זה צריכים לראות תמיד, שיהיה לו התפעלות בחכמת התורה, כיון שבהתפעלות יש היכר גדול בין חכמה חיצונית לחכמת התורה).

וכמו כן **בבחינת עבודה**, שנבחן לקו שמאל, מטעם שהוא בחינת קבלה. כי ענין קבלה פירושו, שהוא רוצה לקבל, מטעם שהוא מרגיש חסרון. וחסרון נבחן לג' בחינות:

א. חסרון הפרט,
ב. חסרון הכלל,
ג. חסרון השכינה.

וכל חסרון נבחן שהוא רוצה למלאות את החסרון, לכן נבחן זה לקבלה, ולקו שמאל. מה שאין כן תורה, נקרא שהוא עובד לא מטעם שמרגיש חסרון, שצריכים לתקן, אלא שהוא רוצה להשפיע נחת רוח ליוצרו (והוא על דרך תפילה, ושבח, והודאה. וכשעוסקים על דרך שמרגיש את עצמו שהוא בשלימות, ואינו רואה שום חסרון בעולם, זה נקרא **בחינת תורה**. מה שאין כן שאם הוא עוסק בזמן, שהוא מרגיש איזה חסרון, נקרא זה **בחינת עבודה**).

ובזמן עבודה יש להבחין ב' בחינות:

א. מטעם **אהבת ה'**, שרוצה להיות דבוק בה', שמרגיש כאן המקום, שיכול להוציא את מידת האהבה, **שיש לו ולאהוב את ה'**.

ב. מטעם יראה, **שיש לו יראת ה'**.

מו. שליטת ישראל על הקליפות

שמעתי

ענין שליטת ישראל על הקליפות, וכן להיפך שליטת הקליפות על ישראל. ומקודם צריך להבין, מהו ענין ישראל, ומהו אומות העולם.

ובכמה מקומות מבואר, שישראל נקרא בחינת פנימיות, הנקרא כלים דפנים, שעמהם מסוגלים לעבוד בע"מ להשפיע נחת רוח ליוצרו.

ואומות העולם נקרא בחינת חיצוניות וכלים דאחוריים, שכל יניקתם הוא מבחינת קבלה ולא השפעה. ושליטת האומות העולם על ישראל, הוא בזה שלא יכולין לעבוד בבחינת השפעה ובכלים דפנים, אלא רק בכלים דאחוריים, ושהם מפתים להעובדי ה', שהם ימשיכו את האורות למטה בכלים דאחוריים.

ושליטת ישראל נקרא, שאם נותנין כח, שכל אחד ואחד יוכל לעבוד בעל מנת להשפיע נחת רוח ליוצרו, זאת אומרת רק בכלים דפנים, ואפילו כשהם ממשיכים בחינת חכמה, הוא רק מבחינת "אורחא למעברי בו ולא יתיר [דרך לעבור בה ולא יותר]".

מז. "במקום שאתה מוצא גדלותו"

שמעתי

"במקום שאתה מוצא גדלותו, שם אתה מוצא ענוותנותו".

פירוש: האדם, שנמצא תמיד בדביקות אמיתית, רואה שהשם ית' משפיל את עצמו, דהיינו שהקב"ה נמצא במקומות השפלים. והאדם אינו יודע מה לעשות. לכן כתוב "המגביהי לשבת המשפילי לראות בשמים וארץ". שהאדם רואה גדלות הבורא, ואחר כך "המשפילי", שמשפיל את השמים לארץ. והעצה היועצה לזה, שיחשוב, שאם הרצון הזה מהקב"ה, אין לנו גדול מזה, כמ"ש "מאשפות ירים אביון".

מקודם צריך שאדם יראה, שיהיה לו

חיסרון. ואם אין לו, צריך שיתפלל על זה, מדוע אין לו. כי זה שאין לו חיסרון, הוא מטעם מיעוט הכרה. לכן בכל מצווה צריך שיתפלל, מדוע אין לו הכרה, שאינו עושה המצווה בשלמות, דהיינו שהרצון לקבל מכסה, כדי שלא יראה האמת. שאם הוא רואה, שהוא במצב כל כך שפל, אז בוודאי לא ירצה להיות במצב הזה. אלא שבכל פעם ופעם יתאמץ בעבודתו, עד שיבוא לכלל תשובה, כמ"ש "מוריד שאול ויעל".

פירוש: כשהקב"ה רוצה שהרשע ישוב בתשובה, עושה לו את השאול כל כך בשפל, עד שרשע בעצמו אינו רוצה להיות כן. לכן צריך שיתפלל בתחנונים, שהקב"ה יראה לו האמת, על ידי שיוסיף לו את אור התורה.

מח. עיקר היסוד

שמעתי מוצש"ק וירא תשי"ג

עיקר היסוד הוא דרך הידוע לכל. ועניין הזהירות והשמירה, שיש בעניין מוחא, הוא מסיבת, שהוא נבנה על יסוד השאלה. ואם נזדמן לו השאלה הידוע, צריך להיות מזוין ומחוסן לעמוד על המשמר, ולענות על המקום את התשובה הידוע.

זאת אומרת, שכל הבנין נבנה על שאלות ותשובות. וזה הוא שהולך בדרך ה', וזוכה לבנות בנין השכינה. ובזמן שאין לו כבר מקום של שאלות ותשובות, אזי הוא נקרא בחינת עומד.

וגם לאלו שכבר זכו להתלבשות השכינה בקביעות, וכבר הולכין בדרך המדרגות, שכבר אין לו אז מקום לעבודה הנ"ל, אזי ה' הכין להם מקום, שעל מקום הזה יהיה להם יסוד פנוי לשרות את האמונה. הגם שזה קשה להבין, איך יצוייר דבר כזה במדרגות עליונות, אבל הקב"ה בעצמו יכול לעשות דבר כזה.

שזה עניין תיקון דקו אמצעי: ושאסור לקבל מבחינת קו שמאל. ויחד עם זה אנו רואים, שבחינת החכמה מתגלה רק במלכות. ואף על פי שמלכות הוא בחינה כנגד להחכמה, מכל מקום דוקא כאן במלכות הוא מקום גלוי החכמה.

וזה עניין "והמכשלה הזאת תהיה תחת ידך", שדרשו חז"ל, ש"אין אדם עומד על דבר הלכה, אלא אם כן נכשל בה". "הלכה" נקרא בחינת מלכות (שזה עניין הכלה, ובזמן שהולכין להכלה נקרא "הלכה"). והוא נבנית רק על מכשולים, היינו על זמן של "שאלות". ובזמן שאין לו שאלות, אין לה את השם של אמונה או שכינה.

מט. עיקר הוא מוחא וליבא

שמעתי יום חמישי וירא תשי"ג

ועל בחינת מוחא צריך להיות הכנה, באותו עבודה המתיחס לבחינת אמונה. זאת אומרת, שאם הוא מתרשל בעבודת האמונה, הוא נופל למצב, שהוא רוצה רק בחינת ידיעה. שזה קליפה, שהוא נגד השכינה הקדושה. לכן עבודתו הוא להתחזק בכל פעם, לחדש את בחינת מוחא.

וכמו כן בעבודת הליבא: אם הוא מרגיש התרשלות, אזי הוא צריך לחזק את העבודה, המתיחס לבחינת ליבא, ולעשות פעולות הפכיות. זאת אומרת בחינת סיגופי הגוף, שזהו בחינת ההיפוך מהרצון לקבל.

ההפרש מהתרשלות עבודת מוחא לעבודת ליבא הוא, שיש קליפה רעה נגד בחינת מוחא, שבכוחה להביא אותו לידי מצב של "תוהה על הראשונות". לכן צריך לעשות פעולות הפוכות. היינו בכל שמחדש את בחינת מוחא, שיקבל על עצמו חרטה על העבר וקבלה להבא. והמקור להגורם לזה הוא יכול לקבל מבחינת הדומם. ועניין התלבשות האמונה הוא דבר תמידי ונצחי. לכן תמיד יהיה לו זה לבחינת מדידה, אם עבודתו נקיה או לא. כי אין ההתלבשות השכינה מסתלקת, אלא מפגם או במוחא, או בליבא.

נ. שני מצבים

שמעתי כ' סיון

הנה להעולם יש שתי מצבים:

א. במצב הא' העולם נקרא בשם "יסורים",

ב. ובמצב הב' הוא נקרא בחינת "שכינה הקדושה".

כי מטרם שהאדם זכה לתקן את מעשיו שיהיו בעמ"נ להשפיע, אז הוא מרגיש את העולם רק לבחינת יסורים ומכאובים. אלא אח"כ הוא זוכה ורואה, שהשכינה הקדושה היא מלובשת בכל העולם. ואז הקב"ה נקרא שהוא הממלא את העולם. והעולם נקראת אז בשם "שכינה הקדושה", שהוא המקבלת מהקב"ה. ואז נקרא "יחוד קודשא בריך הוא ושכינתא", כי כמו שהקב"ה הוא המשפיע, כן העולם עוסקים עכשיו רק בהשפעה.

וזה דומה לניגון עצב, כשיש מנגנין, שיודעים לבצע את היסורים, שעליהם נבנה הניגון. כי כל הניגונים הם כמו שפה המדברת, שהניגון מפרש את הדיבורים, מה שהוא רוצה לדבר בעל פה. ואם הניגון מעורר את האנשים ששומעים אותו עד לבכיה, שכל אחד ואחד בוכה, מחמת היסורים שהניגון מבטא, אז נקרא זה "ניגון", וכולם אוהבים לשמוע אותו.

ובאמת, איך אפשר שאנשים יהנו מיסורים? אלא כיון שהניגון אינו מראה את היסורים של ההוה, אלא על העבר, היינו שהיסורים שהיו בעבר כבר נמתקו וקבלו את מלואם, לכן אנשים אוהבים לשמוע אותם. שזה מראה על המתקת הדינים, שמה שהיה לו יסורים, נמתקו. לכן היסורים האלו, הם מתוקים לשמוע אותם. ואז נקרא העולם בשם "שכינה הקדושה".

והעיקר שצריך האדם לדעת ולהרגיש, ש"יש מנהיג להבירה", כמו שאמרו חז"ל, שאברהם אבינו עליו השלום אמר "אין בירה בלי מנהיג". ואל יחשוב, שכל מה שנעשה בעולם, הוא במקרה. והס"א מחטיאו את האדם לומר, שהכל הוא מקרה. שזה סוד "חמת קרי". שיש חמת מלא קרי, "מ-קרי", שמביאים לאדם מחשבות, לומר שהכל במקרה. (וגם זה שהס"א מביאו לאדם מחשבות כאלו, לומר שהעולם מתנהג במקרה בלי השגחה, גם זה לא מקרה, אלא שהבורא רצה כך).

אלא שהאדם צריך להאמין בשכר ועונש, "ואית דין ואית דיין [וְיֵשׁ דִּין וְיֵשׁ דַּיָּן]", והכל מתנהג בהשגחה של שכר ועונש. כי לפעמים כשבא לאדם איזה רצון והתעוררות לעבודת ה', והוא חושב שזה באה לו במקרה. גם זה הוא צריך לדעת, שהיה לו לפני זה עבודה בבחינת "עשיה שקדמה לשמיעה". והתפלל, שיעזרו לו מן השמים, שיוכל לעשות איזה מעשה בכוונה. וזה נקרא בחינת "עליית מ"ן".

אבל האדם כבר שכח מזה, ולא החשיב את העשיה זו, מטעם שלא קבל עניית התפילה תיכף על מקומו, שיוכל לומר "כי אתה שומע תפילת כל פה". ומכל מקום הוא צריך להאמין, שסדר מלמעלה הוא, שעניית התפילה יכול לבוא אחר כמה ימים וחודשים מעת שהתפלל. ואל יחשוב האדם, שזהו במקרה קבל את ההתעוררות הזה עכשיו.

אדם, לפעמים הוא אומר, "עכשיו שאני מרגיש, שלא חסר לי שום דבר, ואינו לי כעת שום דאגות. ומוחי צלול ומיושב. לכן עכשיו אני יכול לרכז את מוחי ורצוני לעבודת ה'". נמצא, שהוא יכול לומר, שכל התעסקותו בעבודת ה' הוא "כוחי ועוצם ידי עשה את החיל". נמצא, במקרה הוא יכול לעסוק להשיג צרכים רוחניים. אז הוא צריך להאמין, שזהו עניית התפילה, על מה שהתפלל לפני זה, נתנו לו עתה תשובה על התפילה שלו.

וכן לפעמים, כשמעיין באיזה ספר, וה' האיר עיניו, ומרגיש איזה התעוררות, גם אז מדרך האדם לתלות את זה במקרה, כנ"ל. אלא הכל בהשגחה. והגם שאדם יודע, שכל התורה כולו הוא שמותיו של הקב"ה, אם כן הוא יכול לומר, שהספר שמעיין בו, על ידי זה קבל איזה הרגשה עליונה.

אבל הוא צריך לדעת, שהרבה פעמים, שהוא מעיין בהספר, ויודע שכל התורה כולה הוא שמותיו של הקב"ה, ומכל מקום הוא לא מקבל שום הארה והרגשה, אלא הכל יבש, והידיעה שהוא יודע אינו מועיל לו כלום.

לכן צריך האדם, כשמעיין באיזה ספר, ותולה תקוותו בו ית', והלימוד שלו צריך להיות על יסוד האמונה, שהוא מאמין בהשגחה, שה' יאיר עיניו, אז הוא נעשה זקוק לה', ויש לו אז מגע עם ה'. ועל ידי זה הוא יכול לזכות לדביקות בו ית'.

הנה יש ב' כוחות מנוגדים זה לזה: כח עליון וכח תחתון. כח עליון הוא, כמ"ש "כל הנקרא בשמי, לכבודי בראתיו". זאת אומרת, שכל העולם לא נברא אלא לכבוד הבורא. וכח התחתון הוא הרצון לקבל, שטוען שהכל נברא בשבילו, הן דברים גשמיים והן רוחניים, הכל הוא בשביל אהבה עצמית. הרצון לקבל טוען, לו מגיע העולם הזה והעולם הבא. ובטח שהבורא הוא המנצח. אבל זה נקרא "דרך יסורים". וזה נקרא "דרך ארוכה".

אבל יש "דרך קצרה", הנקרא "דרך התורה". וזה צריך להיות מגמת כל אדם, לקצר הזמן, שזה נקרא בחינת "**אחישנה**". אחרת יהיה בחינת "**בעתה**", כדברי חז"ל "**זכו אחישנה, לא זכו בעתה**, שאני מעמיד עליהם מלך כהמן, ובעל כרחכם יחזיר אתכם למוטב".

והתורה מתחיל מ"בראשית וכו', והארץ היתה תהו ובהו וחושך" וכו', ומסיים "לעיני כל ישראל". בתחילה רואים, שהארציות היא בחינת "תהו, ובהו, וחושך". אבל אח"כ, כשמתקנים את עצמם בעל מנת להשפיע, אז זוכים ל"ויאמר אלקים יהי אור". עד שמתגלה האור "לעיני כל ישראל".

נא. אם פגע בך מנוול זה

שמעתי אסרו חג דפסח תש"ג

"אם פגע בך מנוול זה, משכהו לבית המדרש וכו'. ואם לא, יזכיר לו יום המיתה".

פירושו, שיזכיר לו, שהעבודה צריך להיות במקום, שהוא לא נמצא שם, שהוא לאחר עורו של אדם, שזה נקרא שהוא "עובד מחוץ לגופו", שאין לו שום מחשבה על גופו של עצמו.

נב. אין עבירה מכבה מצווה

שמעתי עש"ק ט' אייר תש"ג

"אין עבירה מכבה מצוה, ואין מצוה מכבה עבירה". הנה דרך העבודה הוא, שצריכים ללכת בדרך הטוב. אבל הרע שבאדם אינו נותן לו ללכת בדרך הטוב. אבל צריכים לדעת, שאין האדם צריך לעקור את הרע, כי דבר זה הוא בלתי אפשרי. אלא שצריכים רק לשנוא את הרע, כמ"ש "אוהבי ה' שנאו רע". שרק השנאה צריכים, שמדרך השנאה הוא שמפריד בין הדבוקים.

ומשום זה אין להרע שום מציאות בפני עצמו. אלא מציאות הרע תלוי באהבה להרע או בהשנאה להרע. זאת אומרת, שאם יש לו אהבה להרע, אז הוא נלכד ברשותו של הרע, ואם הוא שונא להרע, אז הוא יצא ממחיצתם, ואין להרע שלו שום שליטה על האדם. נמצא, שעיקר העבודה הוא לא בעצם הרע, אלא במדת האהבה, ובמידת השנאה. ומשום זה עבירה גוררת עבירה.

ויש לשאול: למה מגיע לו עונש כזה, כי בזמן שהאדם נופל מעבודתו אז צריכים לסייע אותו, איך לקום מהנפילה. וכאן אנו רואים, שעוד מוסיפים לו מכשולים, שיפול יותר למטה ממקום נפילתו הראשונה.

אלא בכדי שהאדם ירגיש שנאה להרע, נותנים לו עוד רע, בכדי שירגיש עד כמה שהעבירה מרחיק אותו מעבודת ה'. והגם שהיה לו חרטה על העבירה הראשונה, אבל עוד לא היה לו שיעור חרטה, שיביא לו שנאה להרע. לכן עבירה גוררת עבירה. וכל פעם הוא מתחרט. ובטח שכל חרטה מביאה לו שנאה להרע. עד שנשלם לו שיעור שנאה להרע. ואז הוא נפרד מהרע כנ"ל, כי שנאה מביא פירוד.

ולפי זה יוצא, אם האדם מגלה שיעור שנאה בשיעור שיבא לידי פירוד, הוא לא צריך לידי תיקון של עבירה גוררת עבירה. וממילא הוא מרויח זמן. ובזמן שהרויח, הוא נכנס לאהבת ה'. וזה שכתוב "אוהבי ה' שנאו רע". שרק שונאים את הרע, אבל הרע עצמו נשאר במקומו. ורק לשנאה להרע צריכים.

וזה נמשך מן "ותחסרהו מעט מן אלקים". וזה סוד שהנחש אמר, "והיתם כאלקים, יודעי טוב ורע". שפירושו, שהאדם מתיגע ורוצה להבין, כדוגמת ה', כל דרכי השגחה העליונה. וזהו "תאוות אדם תשפילנו". היינו, ע"י שרוצה להבין הכל בשכל חיצוני, ואם לא מבין את זה, הוא נמצא בשיפלות.

והאמת הוא, שאם האדם נתעורר לדעת איזה דבר, זהו סימן שהוא צריך לדעת את

הדבר. ובזמן שהוא מתגבר על הדעת שלו, מה שהוא רוצה להבין, ולוקח הכל באמונה למעלה מהדעת, זה נקרא "שיפלות, שאין למעלה הימנה במדת האנושית". נמצא, בשיעור שיש לו תביעה, לדעת יותר, ולוקח את זה באמונה למעלה מהדעת, נמצא שהוא בשיפלות יותר.

ובזה נבין מה שפירשו על הפסוק "והאיש משה עניו מאד" ענוותן וסבלן, שפירושו שהיה סובל את השיפלות במידה שאין למעלה הימנה.

וזה סוד, שאדם הראשון קודם החטא היה אוכל מעץ החיים והיה בשלימות, אבל לא היה יכול ללכת יותר ממדרגתו שבו עמד, כי לא היה מרגיש שום חסרון במצבו. וממילא לא היה יכול לגלות כל השמות הקדושים. לכן "נורא עלילה לבני אדם" עשה, שיאכל מעץ הדעת טוב ורע. וע"י החטא הזה כל האורות נסתלקו ממנו. וממילא הוצרך להתחיל עבודתו מחדש.

ועל זה אמר הכתוב, ש"נגרש מגן עדן". מטעם, שאם יאכל מעץ החיים, "וחי לעולם". שהוא סוד פנימיות העולמות. ששם, אם הוא נכנס, הוא נשאר שם לנצחיות. היינו, שעוד הפעם הוא ישאר בלי חסרון. וכדי שיוכל ללכת ולגלות השמות הקדושים, שהם מתגלים על ידי תיקון של טוב ורע, לכן היה מוכרח לאכול מעץ הדעת.

וזה דומה לאדם, שרוצה לתת לחבירו חבית גדולה מלאה עם יין. ואין לחבירו אלא כוס קטן. מהו עושה? הוא נותן לו יין לתוך הכוס הזה. והוא מוליך את הכוס הביתה ושופך שם. ואחר כך הוא מתחיל מחדש ללכת עם הכוס. וממלא עוד הפעם עם יין. והולך עוד הפעם לביתו. עד שמקבל את כל חביות היין.

ושמעתי עוד משל, שאמר: לב' חברים, שאחד נהיה מלך והשני היה עני ואביון. ושמע, שחבירו נעשה מלך. אז העני הלך לחבירו המלך, וסיפר לו על מצבו הרע. אז המלך נתן לו מכתב לשר האוצר, שבמשך שעתיים הוא יקבל כסף כמה שרוצה. והעני בא לבית האוצר עם הקופסא הקטנה. ונכנס, ומילא את הקופסא הקטנה עם כסף.

כשיצא, אז הפקיד נתן לו בעיטה בהקופסא. אז כל הכסף נפל לארץ. וכך היה חוזר חלילה. והעני היה בוכה: למה הוא עושה לו כך? ולבסוף אמר, כל הכסף שלקחת כל הזמן, שלך הוא. ואתה תיקח הכל. כי לא היו לך כלים, לקחת את הכסף, שיספיק לך מהאוצר. לכן עשה תחבולה כזאת.

נג. ענין הגבלה

שמעתי עש"ק א' סיון תש"ג

ענין הגבלה, הוא להגביל את מצבו, שבו הוא נמצא, ולא לרצות גדלות. אלא בהמצב הנוכחי, שבו הוא נמצא, הוא רוצה להשאר לנצחיות. וזה נקרא "דביקות תמידית". ולא חשוב את השיעור של גדלות, שיש לו. אלא אפילו שיהיה הקטנות הכי קטנה, ואם זה מאיר לנצחיות, נקרא זה ש"זכה לדביקות תמידי". מה שאין כן מי שמשתוקק ליותר גדלות, נקרא זה "מותרות".

וזה סוד "וכל עצב יהיה מותר". היינו, שהעצבות המגיע להאדם, היא בסיבת שמשתוקק למותרות. וזה סוד, כשבא ישראל לקבל התורה, ויוליכן משה לתחתית ההר, כמ"ש "ויתיצבו בתחתית ההר", (הר פירוש הרהורים), שמשה הוליכן לסוף המחשבה, והבנה, ושכל, שאין מדרגה למטה הימנו.

ורק אז, שהסכימו על מצב כזה, ללכת בו בלי שום נדנוד ותנועה, אלא להשאר במצב כזה, כאילו היה להם גדלות הכי גדולה, ולגלות על זה שמחה. שזה סוד "עבדו ה' בשמחה". היינו, כי בזמן הגדלות, לא שייך לומר, שנותן להם עבודה שיהיה בשמחה. כי בזמן הגדלות, השמחה בא מאליו. אלא על הזמן הקטנות ניתן להם עבודה של שמחה. ואז, בזמן הקטנות, שיהיה להם שמחה, אעפ"י שהם מרגישים קטנות. זהו עבודה גדולה.

וזה נקרא "עיקר אצילות של המדרגה", שהוא בחינת קטנות. ובחינה זו צריך להיות

בקביעות. והגדלות הוא רק תוספת. וצריכים להשתוקק על העיקר, ולא על התוספות.

נד. מטרת העבודה

מה ששמעתי ט"ז שבט תש"א

זהו ידוע, שעיקר העבדות הוא להשפיע נחת רוח ליוצרו. אבל צריך לדעת, מהו הפירוש של להשפיע, היות שדבר זה מורגל בפי כל. וידוע, שההרגל מפיג את הטעם. לכן צריכים לבאר היטב, מה ענינו של מלת להשפיע.

והענין הוא, שברצון להשפיע של התחתון, נכלל גם כן הרצון לקבל (אלא שהרצון לקבל יכולים לשמש עמו עם תיקונים). כי לולי זה, אין קשר בין הנותן להמקבל. שאין זה מן הנמנע, שאחד יתן והשני לא נותן שום דבר בחזרה, שיהיה מציאות של שותפות. שרק בזמן, ששניהם מגלים אהבה זה לזה, אז יש קשר וידידות בין שניהם. אבל אם אחד מגלה אהבה, והשני לא מראה שום תגובה, אין לאהבה כזאת שום מציאות וזכות קיום.

וחז"ל דרשו על הפסוק "ולאמר לציון עמי אתה" (ישעיה נ"א), "אל תקרו עַמי אלא עִמי אתה, למהוי שותפא עמי" (בראשית זהר דף ה'). היינו, שהנבראים הם בשותפות עם הבורא. נמצא לפי זה, בזמן שהתחתון רוצה להשפיע להבורא, אז גם התחתון צריך לקבל מהבורא. אז נקרא שותפות, שהתחתון נותן וגם העליון נותן.

אבל הרצון לקבל צריך להיות להשתוקק להדבק בו יתברך, ולקבל שיפעו וחיותו וטובו. וזה היתה מטרת הבריאה, שהוא להטיב לנבראיו. אמנם ע"י השבירה, שהיתה בעולם הנקודים, נפלה הרצון לקבל לרשותו של הקליפות, שעל ידי זה נעשה בהכלי ב' בחינות:

א. שנעשה בה יחס לתענוגים של פירוד, שהעבודה לצאת מרשות הקליפה זו, נקרא "עבודת הטהרה".

ב. ובחינה הב) שנעשה ע"י השבירה הוא, להתרחק מתענוגים רוחניים, היינו שהאדם מתרחק מרוחניות, שאין לו שום תשוקה לרוחניות. והתיקון לזה הוא נקרא "קדושה".

שסדר העבודה הוא, להשתוקק לרוממתו יתברך, אז הבורא ית' מאיר לו בהכלים האלו. אבל צריכים לדעת, שבשיעור שיש לו כלים דבחינת טהרה, שנקרא בחינת "שנאו רע", כן באותו שיעור הוא יכול לעבוד בבחינת הקדושה, כמ"ש "אוהבי ה' שנאו רע".

היוצא מזה, שיש ב' בחינות:

א. טהרה,

ב. קדושה.

שקדושה נקרא הכלי, שהוא ההכנה לקבל את טובו ית' מבחינת להטיב לנבראיו. אבל הכלי הזו מתיחסים להתחתון. היינו שזהו בידו לתקן, דהיינו שבידו להשתוקק אל הטוב. שזהו שמרבה לעסוק ברוממותו ית' ובשפלות עצמו.

מה שאין כן השפע שצריך להתגלות בהכלי דקדושה, הוא בידי הבורא ית', שהוא המשפיע את השפע להתחתון. ואין בידי התחתון לעזור לזה כלום, וזה נקרא "הנסתרות לה' אלוקינו".

וכיון שמחשבת הבריאה, הנקראת "להטיב לנבראיו", מתחלת מאין סוף ברוך הוא, לכן אנו מתפללים לאין סוף ברוך הוא. היינו להקשר שיש להבורא עם הנבראים. וזה פירוש מה שכתוב בכתבי האר"י ז"ל, שצריכים להתפלל לאין סוף, כי לעצמותו ית' אין שום קשר עם הנבראים. כי תחילת הקשר מתחיל באין סוף, ששם נמצא בחינת "שמו", שהוא שורש הבריאה.

וזה סוד מה שכתוב בירושלמי, שהמתפלל, יתפלל בשם. היינו כנ"ל, ששם יש בחינת שמו. ובחינת שמו ואין סוף נקרא בלשון אגדה "מגדול מלא כל טוב". לכן מתפללים לשם, שהוא בכדי שנקבל את ההטבה שהוכן לנו מראש.

לכן הכתר נקרא "רצונו להטיב לנבראיו". וההטבה בעצמה נקרא בשם "חכמה", שהוא עצמות השפע. לכן נקרא הכתר בשם "אין סוף" ובשם "מאציל". אבל החכמה עוד לא נקראת בשם נאצל. כי בחכמה עדיין לא נמצא בחינת כלי, ונבחנת לאור בלי כלי. לכן גם חכמה נבחנת לבחינת מאציל, מטעם שאין השגה

באור בלי כלי. וכל ההפרש בין כתר לחכמה הוא, ששם מגולה יותר שורש להנאצלים.

נה. המן מן התורה מנין

שמעתי ט"ז שבט תש"א

המן מן התורה מנין? "המן, העץ, אשר צויתיך לבלתי אכל ממנו, אכלת" (בראשית ג', י"א).

ויש להבין, מהו הקשר בין המן לעץ הדעת. אלא, עץ הדעת הוא בחינת גדלות הקבלה, שאינו בקדושה. וצריכים להכניסה לתוך הקדושה ע"י תיקונים. ובחינת המן הוא גם כן גדלות הקבלה, כמ"ש, שהמן אמר "למי יחפוץ המלך", מלכו של עולם, "לעשות יקר יותר ממנו". שפירושו, שהוא בחינת גדלות הקבלה. וזהו בחינת "ויגבה לבו בדרכי ה'".

נו. תורה נקרא יורה

שמעתי א' בשלח תש"א

תורה נקרא "יורה" מלשון "יָרֹה יִיָּרֶה", שכוונתו, שבזמן שהאדם עוסק בתורה, בשיעור השתדלותו בתורה, באותו שיעור הוא מרגיש את התרחקותו.

היינו, שמראים לו את האמת, שפירושו, כי מראים לו את שיעור האמונה שלו, שזה כל היסוד של האמת. שבשיעור שיש לו האמונה, על זה נבנה כל היסוד של הקיום של תורה ומצות. כי אז נגלה לעיניו, שכל היסוד שלו נבנה רק על בחינת החינוך שנתחנך. כי החינוך מספיק לו לקיים תו"מ בכל דקדוקיה ופרטיה. וכל מה שבאה מבחינת החינוך נקרא "אמונה בתוך הדעת".

ואף על פי שהוא כנגד השכל. דהיינו, השכל מחייב, לפי מה שהוא מוסיף בתורה, בשיעור זה הוא צריך להרגיש, שהוא יותר מקורב לה'. אבל כנ"ל, שהתורה מראה לו תמיד יותר את האמת.

וזהו בזמן שהאדם מחפש את האמת, אז התורה מקרבת אותו יותר אל האמת, ורואה את שיעור אמונתו באמונת השם ית'. וזהו בכדי שהאדם יוכל לבקש רחמים, ולהתפלל לה' שיקרבהו אליו ית' באמת, שהוא, שיזכה לאמונת ה'. ואז יוכל ליתן שבח והודאה לה', על מה שהוא זוכה, שהוא קירב אותו אליו.

מה שאין כן, כשאין האדם רואה את שיעור התרחקותו, וחושב שהולך ומוסיף תמיד, נמצא שבונה כל הבנינים על יסוד רעוע, ואין לו מקום להתפלל לה', שיקרב אותו אליו. נמצא, שאין לו מקום להתיגע על זה, שיזכה לאמונה שלימה. כי אין האדם מתיגע, אלא על דבר שחסר לו.

לכן כל זמן שאינו ראוי לראות את האמת, אז הוא להיפוך: כמה שהוא מוסיף בתו"מ, הוא מוסיף במידת שלימותו, ואינו רואה שום חסרון לעצמו.

אם כן אין לו מקום לתת יגיעה ותפילה, שיזכה לאמונת ה' באמת. כי שהוא מרגיש קלקול, שייך לומר תיקון. אבל בזמן שהוא עוסק בתו"מ על דרך האמת, אז התורה מורה לו האמת. כי סגולה זה יש בהתורה, לראות באמת את מצבו האמיתי של שיעור אמונה שלו (וזה סוד "או הודע").

ובזמן התעסקותו בתורה ורואה את האמת, היינו שיעור התרחקותו מרוחניות, ורואה איך שהוא בריה כל כך שפילה, שאין אדם יותר גרוע מכדור הארץ, אז הס"א באה אליו בטענה אחרת, שהאמת היא, שהגוף שלו מכוער מאוד, שבאמת אין אדם מכוער בעולם יותר ממנו בעולם, בכדי שיבוא לידי יאוש, היא אומרת לך כך.

כי היא מפחדת, שמא ישים אל לבו ויבוא לתקן את מצבו. לכן היא מסכימה, למה שהאדם אומר, שהוא איש מכוער. ונותנת לו להבין, אם הוא היה נולד בכשרונות יותר נעלים ובמידות יותר טובות, אז הוא היה יכול להתגבר על רשע שלו ולתקן אותו, והיה יכול להגיע לדביקות ה'.

ועל זה יש להשיב לה, שענין זה, מה שהיא אומרת לו, מובא במסכת תענית דף כ', שבא ר' אלעזר בר ר' שמעון ממגדל גדור מבית רבו, והיה רכוב על החמור, ומטייל על שפת נהר, ושמח שמחה גדולה. והיתה דעתו גסה עליו, מפני שלמד תורה הרבה. נזדמן לו אדם אחד, שהיה מכוער ביותר. אמר לו: "שלום

עליך, רבי". ולא החזיר לו. אמר לו: "ריקא, כמה מכוער אותו האיש, שמא כל בני עירך מכוערין כמותך?" אמר לו: "איני יודע, אלא לך ואמור לאומן שעשאני, כמה מכוער כלי זה שעשית". כיון שיודע בעצמו שחטא, ירד מן החמור.

ועם הנ"ל נבין, שכיון שלמד תורה הרבה, זכה על ידי זה לראות את האמת, איזה מרחק יש בינו לבין השם ית'. זאת אומרת, שיעור התקרבותו ושיעור התרחקותו. וזה שאומר, ש"דעתו גסה עליו", דהיינו שראה את הצורה השלימה של הבעל גאה, שהוא הרצון לקבל שלו. ואז נזדמן לו לראות את האמת, שהוא בעצמו אדם מכוער ביותר. ואיך ראה את האמת? על ידי זה שלמד תורה הרבה.

אם כן, איך יהיה לו אפשרות להתדבק בו ית', כיון שהוא אדם כל כך מכוער? לכן שאל, אם כל בני אדם מכוערין כמותו, או שרק הוא מכוער, אבל שאר בני העולם אינם מכוערין? ומה היה התשובה? - "איני יודע". פירוש הדבר, שהם לא מרגישים, לכן לא יודעים. ומדוע לא מרגישים? הטעם הוא פשוט, מפני שלא זכו לראות את האמת, מפני שחסר להם תורה, שהתורה יגלה להם האמת.

ועל זה השיב לו אליהו: "לך לאומן שעשאני". כיון שראה, שבא למצב, שאין הוא יכול לעלות מהמצב שבו נמצא, נתגלה אליהו ואמר לו: "לך לאומן שעשאני". פירוש, כיון שהבורא ית' ברא אותך כל כך מכוער, בטח שידע, שעם הכלים האלו יכולים לבוא לשלימות המטרה. לכן אל תדאג, ולך קדימה, ותצליח.

נז. יקריב אותו לרצונו

שמעתי א' יתרו תש"ד

על פסוק "**יקריב אותו לרצונו**" דרשו חז"ל: "הכיצד? כופין אותו, עד שיאמר, רוצה אני". וכן יש להבין, מה שאנו מתפללים "יהי רצון". הלא "יותר משהעגל רוצה לינוק, הפרה רוצה להניק". אם כן, בשביל מה אנו צריכים להתפלל "יהי רצון למעלה"?

הנה ידוע, בכדי להמשיך שפע מלמעלה, צריכים להקדים אתערותא דלתתא [התעוררות מלמטה]. יש לשאול: **בשביל מה צריכים** אתערותא דלתתא? ומשום זה אנו מתפללים "יהי רצון למעלה", זאת אומרת, שאנחנו צריכים לעורר, שיהיה רצון למעלה, בכדי להשפיע למטה. שעוד לא מספיק בזה, שיש לנו רצון, אלא שצריך להיות רצון טוב גם מצד המשפיע.

ואף על גב שיש למעלה רצון כללי להטיב לנבראיו, מכל מקום הוא מחכה לרצון שלנו, שיעורר את הרצון שלו. היינו, שאם אין ביכולתנו לעורר את הרצון שלו, זהו סימן, שהרצון מצד המקבל אינו עדיין בשלימות. לכן, דוקא על ידי זה שאנו מתפללים "יהי רצון למעלה", מתרקם הרצון שלנו, שיהיה רצון אמיתי, שיהיה כלי ראוי ומוכשר לקבלת השפע.

ויחד עם זה אנו צריכים לומר, שכל המעשים שלנו, בין הרעים ובין הטובים, נמשכים הכל מלמעלה (שזה ענין השגחה פרטית), שהכל עושה הקב"ה. ויחד עם זה יש להצטער על מעשים הרעים, אף על פי שגם זה נמשך מלמעלה. והשכל מחייב, שאסור להצטער, אלא להצדיק את הדין, שמגיעים לנו את המעשים רעים. מכל מקום להיפוך, אנו מוכרחים להצטער, מטעם שלא נותן לנו לעשות מעשים טובים. ובטח שזהו מטעם עונש, היינו שאין אנו ראויים לשמש את המלך. אם הכל בהשגחה, מה שייך לומר, שאין אנו ראויים, כיון שאין שום מעשה למטה. ובשביל זה נותנים לנו מחשבות ורצונות רעים, שזה מרחק אותנו מעבודת השי"ת, שאין אנו כדאים לשרת אותו. לכן בא על זה תפילה, שזה מקום תיקון, שנהיה ראויים ומוכשרים לקבל את עבודת המלך.

ובזה יתבאר לנו, איך שייך תפילה על איזה צרה חס ושלום. הלא בטח שהצרה בא מטעם עונש. וענין עונשים בטח הוא תיקונים, כי יש כלל, כי העונש הוא תיקון. אם כן, איך מתפללים, שה' יבטל את התיקונים שלנו, כדרשת חז"ל על פסוק "ונקלה אחיך לעיניך". כי שנלקה אחיך הוא.

אלא, שצריכים לדעת, שהתפילה מתקנת את האדם עוד יותר מעונשים. ומשום זה, כשמתגלים תפילה במקום העונש, אז מסירים היסורים, ונותנים את התפילה במקומה, שיתקן את הגוף. וזה ענין מה שאמרו חז"ל "זכה, ע"י תורה. לא זכה, ע"י יסורים". וצריכים לדעת, שדרך תורה הוא דרך יותר צלחה, ומביאים יותר רווחים מדרך יסורים, מטעם שהכלים שיהיה ראויים לקבל אור עליון נרחבים יותר, שבסגולתם יכולים לזכות לדביקות בו ית'.

וזה ענין "כופין אותו עד שיאמר, רוצה אני". היינו, שהשם ית' אומר "רוצה אני במעשי תחתונים".

וענין תפילה הוא מה שאמרו חז"ל "נתאווה הקב"ה לתפילתן של צדיקים", שעל ידי התפילה מכשירים את הכלים, שהשם ית' יכול אח"כ להשפיע את השפע, משום שיש כלי מוכשרת לקבל את השפע.

נח. השמחה היא בחינת "מראה" ממעשים טובים

שמעתי ד' דחוה"מ סוכות

הנה השמחה היא בחינת "מראה" ממעשים טובים: אם המעשים הם של קדושה, אז מתגלה על ידי זה שמחה. אבל צריכים לדעת, שיש גם כן בחינת קליפה. ובכדי לדעת, אם זה קדושה, הבירור הוא ב"דעת", שבקדושה יש דעת, מה שאין כן בס"א אין דעת, כי "אל אחר אסתרס ולא עביד פירי [אל אחר נסתרס ואינו עושה פירות]". לכן, כשמגיע לו שמחה, הוא צריך לעיין בדברי תורה, בכדי שיתגלה לו דעת התורה.

עוד צריכים לדעת, שהשמחה הוא בחינת הארה עליונה, שמתגלה על ידי מ"ן, שהוא מעשים טובים. והשם ית' דן את האדם "באשר הוא שם". דהיינו, שאם האדם מקבל על עצמו עול מלכות שמים לנצחיות, תיכף על זה שורה הארה עליונה, שהיא גם כן בחינת נצחיות. ואפילו שגלוי וידוע לפניו, שתיכף יפול האדם ממדרגתו, מכל מקום דן אותו "באשר הוא שם". היינו, אם אדם החליט עכשיו בדעתו, שמקבל עליו עול מלכות שמים לנצחיות, נבחן זה לשלימות.

מה שאין כן, אם האדם מקבל על עצמו עול מלכות שמים, ואינו רוצה שישאר אצלו המצב הזה לנצחיות, אם כן אין הדבר והמעשה זו נבחן לשלימות, ממילא אינה יכולה לבוא ולשרות עליו אור עליון, משום שהוא שלם ונצחי, ואינו עומד להשתנות, מה שאין כן האדם רוצה, אפילו המצב שבו הוא נמצא, לא יהיה לנצחיות.

נט. ענין מטה ונחש

שמעתי י"ג אדר תש"ח

"ויען משה ויאמר, והן לא יאמינו לי וכו'. ויאמר אליו ה', מה זה בידך. ויאמר, מטה. ויאמר, השליכהו ארצה ויהי לנחש. וינס משה מפניו" (שמות ד').

ויש לפרש, שאין יותר מב' מדרגות: או קדושה, או ס"א. ומצב של בנתיים אין. אלא, מאותו המטה בעצמו נעשה נחש, אם משליכין אותו לארץ. ובכדי להבין את זה, נקדים מאמר חז"ל, ש"השרה שכינתו על עצים ואבנים". ש"עצים ואבנים" נקראים דברים של למטה בחשיבות. דוקא ובאופן זה השרה שכינתו.

וזה ענין השאלה: "מה זה בידך?" כי יד פירושו השגה, מלשון "כי תשיג יד". **מטה.** היינו שכל השגותיו בנויים על בחינת מטה בחשיבות, שהוא סוד אמונה למעלה מהדעת.

(שבחינת אמונה נבחן לעיני האדם לבחינת מטה בחשיבות, לבחינת שיפלות. ואדם מחשיב את הדברים שמתלבשים בתוך הדעת. מה שאין כן, אם השכל של האדם אינו משיגו, אלא שהוא מתנגד לדעתו של האדם, והאדם צריך אז לומר, שהאמונה הוא למעלה בחשיבות מהדעת שלו, נמצא שמשפיל אז דעתו, ואומר, מה שהוא מבין בתוך הדעת, שהוא מתנגד לדרך ה', אז האמונה נמצא אצלו למעלה בחשיבות מהדעת שלו.

כי כל השכליות, שהוא בסתירה לדרך ה', הוא שהשכל הזה כלום לא שוה, אלא "עינים להם ולא יראו, אזנים להם ולא ישמעו". היינו, שמבטל את כל מה שהוא שומע ורואה. זה

נקרא, שהולך למעלה מהדעת. וכך נראה להאדם לבחינת שיפלות וקטנות.

מה שאין כן אצל הבורא, אינו נבחן בחינת אמונה לשיפלות. כי אצל האדם, שאין לו עצה אחרת, ומוכרח ללכת בדרך אמונה, נראה לו האמונה לשיפלות. מה שאין כן לגבי הבורא, שהוא היה יכול להשרות שכינתו, לאו דוקא על עצים ואבנים, אלא שבחר דוקא על דרך זה, הנקרא אמונה, בטח שבחר זה מטעם, שזה יותר טוב ויותר הצלחה. נמצא, אצלו ית' לא נקרא אמונה למטה בחשיבות, אלא להיפוך, שדוקא לדרך זה יש לו מעלות רבות, אלא לעיני הנבראים נקרא זה בחינת מטה).

ואם משליכין את המטה לארץ, ורוצים לעבוד עם בחינה יותר גבוה, היינו בתוך הדעת, ומבזים את בחינת למעלה מהדעת, שנדמה עבודה זו לבחינת שיפלות, תיכף נעשה מהתורה והעבודה שלו בחינת נחש, שהוא סוד נחש הקדמוני.

וזה סוד "כל המתגאה, אומר לו הקב"ה, אין אני והוא יכולים לדור במדור אחד". והטעם הוא כנ"ל, שהשרה שכינתו על עצים ואבנים. לכן, אם הוא משליך בחינת מטה לארץ, ומגביה את עצמו לעבוד עם מדה יותר גבוה, זהו כבר נחש. ואין בחינת בנתיים. אלא או נחש או קדושה. מטעם, שכל התורה והעבודה שלו, שהיה לו מבחינת מטה, הכל נכנס עכשיו לבחינת נחש.

וידוע, דאין להס"א אורות. ומשום זה גם בגשמיות, אין להרצון לקבל רק חסרון, ולא מלוי חסרון. והכלי קבלה נשאר תמיד בחסרון בלי מלוי. כי מי שיש לו מנה, רוצה מאתיים וכו'. ואין אדם מת וחצי תאוותו בידו. וזה נמשך מכח השורשים העליונים. ששורש הקליפה הוא סוד הכלי קבלה. ובשיתא אלפי שני [ובששת אלפי השנים] אין להם תיקון. ועליהם שורה הצמצום. לכן אין להם אורות ושפע.

ולכן הם מפתים לאדם, שימשוך אור למדרגתם. וכמה אורות, שהאדם קבל ע"י היותו דבוק בקדושה, כי בקדושה מאיר השפע, לכן כשהם מפתים לאדם, שימשוך שפע לבחינתם, אז הם מקבלים את האור הזה. ועל ידי זה יש להם שליטה על האדם, היינו שנותנים לו הספקה, בזה המצב שבו הוא נמצא, שלא יזוז מכאן.

לכן ע"י שליטה זו אין האדם יכול ללכת קדימה, מטעם שאין לו צורך למדרגה יותר גבוה. וכיון שאין לו צורך, אינו יכול לזוז ממקומו אף תנועה קלה. ואז אין באפשרותו להבחין, אם הוא הולך בקדושה או להיפוך, משום שהס"א נותן לו כח לעבודה ביתר שאת וביתר עז, כיון שעכשיו הוא נמצא בתוך הדעת. לכן יש לו מקום לעבודה לא בבחינת שיפלות, ולפי זה האדם היה נשאר כך ברשות של הס"א.

ובכדי שהאדם לא ישאר ברשות הס"א, עשה הקב"ה תיקון, שאם האדם עוזב את בחינת ה"מטה", תיכף נופל לבחינת "נחש", ותיכף הוא הולך במצב של כשלונות. ואין לו שום כח להחזק, אלא אם כן יקבל שוב את בחינת האמונה, הנקרא שופלות.

נמצא לפי זה, שהכשלונות בעצמם הם גורמים, שהאדם יקבל על עצמו שוב הבחינת מטה, שהוא בחינת אמונה למעלה מהדעת.

וזה פירוש מה שאמר משה: "והם לא יאמינו לי", שפירושו, שלא ירצו לקבל עליהם את הדרך לעבוד בבחינת אמונה למעלה מהדעת. אז אמר לו ה': "מה זה בידך מטה?" השליכהו ארצה. אז תיכף "ויהי לנחש". היינו שבין מטה לנחש אין מצב של בנתיים. אלא שהוא בכדי לדעת, או שהוא נמצא בקדושה, או בהס"א.

נמצא, ממילא שאין להם עצה אחרת, אלא לקבל עליהם את בחינה אמונה למעלה מהדעת, הנקרא "מטה". והמטה הזה צריך להיות ביד, ולא לזרוק את המטה. וזה ענין מה שכתוב "ופרח מטה אהרן", היינו שכל הפריחות, שהיה לו בעבודות ה', היה על בסיס מטה אהרן דוקא.

שזה ענין, שרצה לתת לנו סימן, בכדי לדעת, אם הוא הולך על דרך האמת, או לא חס ושלום. נתן לנו סימן להכיר רק בהיסוד של העבודה, היינו על איזה בסיס הוא עובד. אם היסוד שלו הוא מטה, זהו קדושה. ואם הבסיס שלו הוא בתוך הדעת, אין זו דרך להגיע לקדושה.

אבל בעבודה בעצמו, היינו בתורה ותפילה, אין שום היכר בין "עבדו ללא עבדו", כי שם הוא להיפוך. אם היסוד הוא בתוך הדעת, היינו על יסוד ידיעה וקבלה, אז הגוף נותן חמרי דלק לעבודה, ויכול ללמוד ולהתפלל ביותר התמדה וביותר התלהבות, כיון שזהו על יסוד בתוך הדעת.

מה שאין כן בזמן מי שהולך בדרך הקדושה, שהבסיס שלו הוא אמונה והשפעה, אז הוא צריך הכנה רבה, שהקדושה תאיר לו. וסתם בלי הכנה, אין הגוף נותן לו כח לעבודה. וצריך תמיד להתאמצות יתירה, כיון ששורש האדם הוא בחינת קבלה ובתוך הדעת.

לכן אם עבודתו הוא על יסוד הארציות, יכול הוא תמיד להיות בסדר. מה שאין כן אם היסוד של עבודתו הוא על בחינת השפעה ולמעלה מהדעת, הוא צריך תמיד להתאמצות, שלא יפול לשורשו של קבלה ולתוך הדעת. ואסור להסיח דעת לרגע, אחרת הוא נופל לשורשו של ארציות, המכונה בחינת "עפר", כמ"ש "כי מעפר באת ואל עפר תשוב". וזה היה לאחר חטא עץ הדעת.

ונותן בירור, אם הוא הולך בקדושה או חס ושלום להיפוך, הוא כי "אל אחר אסתרס ולא עביד פירי". סימן זה נותן לנו הזה"ק, שדוקא על בסיס של אמונה, הנקרא בחינת מטה, זוכים לפריה ורביה בתורה, כנ"ל. וזה סוד "ופרח מטה אהרן", שהפריחה והגדילה באה דוקא ע"י המטה.

אי לזאת, בכל יום, כמו שהאדם קם ממטתו, והוא רוחץ את עצמו לטהר גופו מזוהמת הגוף, כן צריך לרחוץ את עצמו מזוהמת הקליפה. שיבדוק את עצמו, אם בחינת ה"מטה" שלו הוא בשלימות אצלו. ובדיקה זו צריכה להיות בתמידיות. ואם הוא רק מסיח דעת ממנו, תיכף נופל לרשותם של הסטרא אחרא, הנקרא קבלה עצמית. ותיכף הוא נעשה משועבד להם. כי ידוע שהאור עושה את הכלי. לכן כפי מה שהוא עובד בעמ"נ לקבל, בשיעור זה הוא נצרך רק השתוקקות לקבלה עצמית, ונתרחק מענינים השייכים להשפעה.

ובזה יובן לנו המאמר חז"ל "מאד, מאד הוי שפל רוח". ומהו הרעש הזה שאומר "מאד, מאד".

אלא כנ"ל, כיון שהאדם נעשה נצרך לבריות, על ידי זה שנתנו לו פעם כבוד, ומתחילה קיבל את הכבוד לא מטעם חס ושלום שרוצה להנות מהכבוד, אלא מטעמים אחרים, מטעם כבוד התורה וכדומה. והוא בטוח בחשבון זה, כיון שהוא יודע בעצמו, שאין לו שום תשוקה לכבוד. ולפי זה הסברה נותנת, שמותר לו לקבל את הכבוד. מכל מקום אסור לקבל, מטעם שהאור עושה את הכלי.

לכן, לאחר שקיבל את הכבוד, כבר נעשה נצרך להכבוד. והוא כבר נמצא ברשותו, וקשה להשתחרר מהכבוד. ועל ידי זה הוא נעשה למציאות בפני עצמו, וכבר קשה להתבטל לה', משום שע"י הכבוד הוא נעשה למציאות בפני עצמו. ובכדי לזכות לדביקות, אדם צריך להתבטל מכל מציאותו. לכן "מאוד, מאוד": "מאוד" הוא, שאסור לקבל כבוד לצורך עצמו. ו"מאוד" השני הוא, אפילו שאין כוונתו לצורך עצמו, גם כן אסור לקבל כנ"ל.

ס. מצוה הבאה בעבירה

שמעתי א' תצוה תש"ג

ענין "מצוה, הבאה בעבירה" פירושו, באם האדם מקבל עליו את העבודה בעמ"נ לקבל תמורה, אז מתחלק זה לשני דברים:

א. קבלת העבודה, והוא נקרא מצוה.

ב. הכוונה, שהוא לקבל תמורה. נקרא עבירה, מטעם שקבלה מעביר אותו מקדושה לס"א. וכיון שכל היסוד והסיבה, שנתן לו כח לעבודה, היתה התמורה, לכן "מצוה הבאה", שפירושו, שהביאו אותו לעשות המצוה, הוא העבירה. לכן נקרא זה "מצוה הבאה". מי שמביא את המצוה, הוא העבירה. שהוא רק התמורה.

והעצה לזה הוא, שיעבוד את עבודתו בבחינת "ותו ולא אחמוניה [ויותר מזה לא רואה]", רק כל כוונתו של עבודתו הוא שיהיה, כדי שיתרבה כבוד שמים בעולם, שזה נקרא, שעובד בעמ"נ לאוקמא שכינתא מעפרא.

ועניין "לאוקמא שכינתא [להקים השכינה]" **הוא, שהשכינה הקדושה נקראת כללות הנשמות.** שהיא המקבלת השפע מהבורא ית', ומשפעת להנשמות. והמשפיע והמעביר השפע להנשמות נקרא "יחוד קוב"ה ושכינתא", שאז נמשך שפע להתחתונים. מה שאין כן כשאין יחוד, אז אין המשכת שפע לתחתונים.

וביותר ביאור הוא, כיון שרצה הקב"ה להנות לנבראיו, אם כן כמו שחשב על השפעת השפע, כמו כן חשב על קבלת השפע. היינו, שהתחתונים יקבלו את השפע. ושניהם היו בבחינת כח. דהיינו, אח"כ יבואו נשמות, והמה יקבלו את השפע בפועל.

והמקבל השפע בבחינת כח נקרא בחינת "שכינת הקדושה", כיון שמחשבתו ית' הוא מציאת שלומה, ואינו צריך לבחינת מעשה. לכן התחתון (אין המשך)

סא. וסביביו נשערה מאד

שמעתי ט' ניסן תש"ח

על פסוק "וסביביו נשערה מאד" דרשו חז"ל, שהקב"ה מדקדק עם הצדיקים כחוט השערה. ושאל: "מדוע מגיע להם עונש גדול, אם הם צדיקים באופן כללי"?

והעניין הוא, שכל הגבולים, שמדברים במציאות העולמות, הכל הוא בערך המקבלים. היינו ע"י שהתחתון עושה לעצמו איזה הגבלה וצמצום, נשאר כך למטה. משום שכך מסכימים למעלה, לכל מה שהתחתונים עושים, בשיעור זה נמשך השפע למטה. לכן התחתון, עם המחשבה דיבור ומעשה שלו, גורם שכך מלמעלה ימשך השפע למטה.

נמצא לפי זה, אם התחתון, על מחשבה דיבור מעשה קלה, נחשב אצלו כאילו עשה מעשה גדולה. למשל, על הפסק רגע בדביקות ה', נחשב אצלו כאילו עבר על איסור דאורייתא, החמור שבחמורות. אזי גם למעלה מסכימים לדעתו של התחתון. ונחשב זה למעלה, כאילו הוא עבר באמת על איסור חמור. נמצא לפי זה, שהצדיק אומר, שהקב"ה מדקדק עמו על חוט השערה. וכפי שהתחתון אומר, כן מסכימים עמו למעלה.

ובזמן שהתחתון לא מרגיש איסור קל, שיהיה חמור כמו איסור חמור, גם כן מלמעלה לא מחשיבין את הדברים הקלים, שעובר עליהם, שיהיו נחשבים לאיסורים גדולים. נמצא, שעם אדם כזה נוהגים עמו כאילו הוא היה אדם קטן. היינו המצות שלו הם נחשבים לבחינת קטנים, וכמו כן העבירות שלו נבחנים לקטנים. ששניהם נשקלים במשקל אחד, והוא בכלל נבחן לאדם קטן.

מה שאין כן מי שחושב את הדברים קלים, ואומר שהקב"ה מדקדק עליהם כחוט השערה, הוא נבחן לאדם גדול, שהן העבירות שלו הם גדולים, והן המצות שלו הם גדולים.

ולפי התענוג שהאדם מרגיש בעשיית המצוה, באותו שיעור הוא יכול להרגיש יסורים בעשיית העבירה.

ואמר על זה משל: לאדם שעשה איזה עבירה חמורה נגד המלוכה, ודנו אותו לעשרים שנות מאסר עם עבודת פרך, ומקום המאסר הוא מחוץ להמדינה, באיזה מקום נידח בעולם. ותיכף הוציאו לפועל את הפסק דינו, ושלחו אותו למקום נידח בקצה תבל.

ושם מצא עוד אנשים, שנתחייבו מצד המלוכה להיות שם כמוהו. אבל הוא נחלה במחלת השכחה, ושכח, שיש לו אשה, וילדים, ואנשים ידידים, ומכירים. והוא חושב אז, שכל העולם אינו יותר מכפי שרואה את המקום נידח ועם האנשים שנמצאים שמה, וכך נולד שם. ויותר הוא לא יודע.

נמצא, שהאמת שלו היא לפי הרגשתו, מה שהוא מרגיש עכשיו, ואין לו שום התחשבות עם המציאות האמיתי, רק לפי ידיעתו והרגשתו.

ושם למדו עמו חוקים ודינים, בכדי לדעת שעוד הפעם לא יעבור על חוקים, וישמור את עצמו מכל אלו העבירות שכתוב שם בהחוקים, ולידע איך לתקן מעשיו, בכדי שיוציאו אותו משם. וכשהוא למד בספרי חוקי המלך, ראה, שמי שהוא עובר על עבירה זו למשל, שולחים אותו לארץ גזירה רחוק מישוב העולם. והוא מתפעל מהעונש החמור הזה, ויש לו תרעומות, מדוע נתנו עונשים כל כך גדולים.

אבל אף פעם לא יעלה בדעתו, שהוא

בעצמו, הוא מהעובר על חוקי המדינה, וכבר דנו אותו בחומר הדין, וכבר הוציאו את פסק דינו לפועל. וכיון שהוא חלה במחלת השכחה, אף פעם לא ירגיש את מציאותו האמיתי.

וזה פירוש "וסביביו נשערה מאד", שהאדם צריך לעשות חשבון נפש על כל צעד ושעל, שהוא בעצמו עבר על מצות המלך, וכבר גרשוהו מהישוב.

וע"י רבוי מעשים טובים, מתחיל לפעול אצלו מח הזכרון. ומתחיל להרגיש, איך שהוא נתרחק כל כך ממקום ישוב העולם. ומתחיל לעסוק בתשובה, עד שמוציאים אותו משם ומחזירים אותו למקום ישוב. והרגשה זו בא דוקא ע"י עבודת האדם. ומתחיל להרגיש, איך שהוא נתרחק ממקום מקורו ושורשו, עד שזוכה לדביקות ה'.

סב. יורד ומסית עולה ומקטרג

שמעתי י"ט אדר א' תש"ח

"יורד ומסית עולה ומקטרג". האדם צריך לבדוק את עצמו תמיד, אם התורה והעבודה שלו לא יורדים לעמקי התהום, כי מדת גדלותו של האדם נמדדת **בשיעור הדביקות בה', היינו בשיעור התבטלות לה'**. היינו, שאהבה עצמית אינו עולה אצלו בשם, אלא שהוא רוצה לבטל את עצמויותו לגמרי.

כי מי שעובד בעל מנת לקבל, כפי שיעור עבודתו, כך שיעור גדלות עצמותו של האדם. ונעשה אז בחינת יש ועצם ורשות בפני עצמו, וקשה לו אז להתבטל לה'.

מה שאין כן כשהאדם עובד בעמ"נ להשפיע, וכשגומר את עבודתו, היינו שתיקן את כל בחינת כלי קבלה לעצמו, ממה שיש לו מבחינת שורש נשמתו, אז אין לו כבר עוד מה לעשות בעולם. נמצא, שרק על נקודה זו צריך להיות כל רכוז מחשבה, על בחינת זו.

והסימן לזה, אם האדם הולך על דרך האמת, הוא יכול לראות, אם הוא בבחינת "יורד ומסית". היינו שכל עבודתו הוא בבחינת ירידה. ונמצא האדם אז ברשות הסטרא אחרא. אז הוא "עולה ומקטרג", היינו שמרגיש את עצמו בבחינת עליה, ומקטרג על אחרים.

מה שאין כן מי שעובד על דרך הטהרה, אינו יכול לקטרג על אחרים. אלא תמיד הוא מקטרג על עצמו, ועל אחרים הוא רואה אותם במדרגה יותר טובה, משהוא מרגיש את עצמו.

סג. לוו עלי ואני פורע

שמעתי מוצש"ק תרצ"ח

להבין מאמר חז"ל "לוו עלי ואני פורע".

פירוש, הנה תכלית מעשה שמים וארץ הוא אור השבת, שאור הזה צריך לבוא לידי גלוי לתחתונים, והתכלית הזה מתגלה ע"י תו"מ ומעשים טובים. וגמר התיקון נקרא, כשהאור הזה יתגלה בשלימותו ע"י אתערותא דלתתא [התעוררות מלמטה], היינו בהקדם תו"מ. מה שאין כן טרם גמר התיקון, יש גם כן בחינת שבת, הנקרא "מעין עולם הבא", שהאור השבת מאיר בין בפרט ובין בכלל כולו.

ואור השבת הזה בא בהקפה, היינו בלי הקדם יגיעה. אלא אח"כ יפרע את כל הקפות. היינו, שאח"כ יתן את כל היגיעה, מה שהיה צריך לתת מקודם, שזוכה להאור, הוא משלם אח"כ.

וזה פירוש "לוו עלי". היינו, תמשיכו את האור השבת בהקפה. "ואני פורע", מלשון "ופרע את ראש האשה". היינו, שהשם ית' יגלה את האור הזה רק שעם ישראל ילוו, היינו שימשיכו, אף על פי שעדיין אינם ראויים, מכל מקום בהקפה יכול להמשיך.

סד. מתוך שלא לשמה באים לשמה

שמעתי ויחי י"ד טבת תש"ח בסעודת שחרית

"מתוך שלא לשמה באים לשמה".

ויכולין להגיד, אם משימין לב ביותר, שבזמן **השלא לשמה** הוא הזמן יותר חשוב, מטעם שיותר קל ליחד את המעשה להשם ית'. מטעם שבלשמה, אז הוא אומר, שהוא עשה את המעשה הטוב הזו, משום שהוא עובד ה' בתכלית, וכל מעשיו לשם שמים. נמצא, שהוא הבעל מעשה.

מה שאין כן בזמן שעוסק **שלא לשמה**,

אז המעשה הטוב הוא לא עושה לשם ה'. נמצא, שהוא לא יכול לבוא אליו ית' בטענה, שמגיע לו שכר. נמצא, שהשם ית' לא נעשה אצלו מחויב. ובשביל מה עשה המעשה הטוב הזו? הוא רק מטעם שהשם ית' הזמין לו איזה הזדמנות, שהס"מ הזו יחייב אותו ומכריחו לעשותו.

למשל, אם באו אנשים לביתו, והוא מתבייש להיות יושב בטל, אזי הוא לוקח איזה ספר ולומד תורה. נמצא, בשביל מי הוא לומד תורה? לא בשביל מצות ה', זאת אומרת, שימצא חן בעיני השם ית', אלא בשביל האורחים שבאו לרשותו, למצא חן בעיני האדם. ואיך אפשר אח"כ לבקש שכר מהשם ית' על התורה הזו, שעסק עבור האורחים. נמצא, שאצלו אין השם ית' נעשה מחויב, אלא שהוא יכול לחייב את האורחים, שהם ישלמו לו שכר, היינו שיכבדו אותו בשביל שהוא לומד תורה. אבל אינו יכול לחייב בשום אופן את הבורא ית'.

ובזמן שנותן לעצמו חשבון הנפש, ואומר, שסוף כל סוף אני עוסק בתורה, וזורק את הגורם, היינו את האורחים, ואומר, שעובד עכשיו רק לשם השם, אזי תיכף ומיד הוא צריך לומר, שהכל מתנהג מלמעלה. זאת אומרת, שהבורא ית' רצה לזכותו, שיעסוק בתורה, ולתת לו גורם של אמת, אין הוא ראוי לקבל את האמת. לכן, הקב"ה ממציא לו גורם של שקר, שע"י השקר הזה יעסוק בתורה.

נמצא, שהבורא ית' הוא הפועל ולא האדם. ואזי אדרבה, שהוא צריך לתת שבח להשם ית', שאפילו במצב השופלות שנמצא, גם כן ה' לא עוזב אותו, ונותן לו כח, היינו חמרי דלק, שירצה לעסוק בדברי תורה.

נמצא, שאם הוא משים לב על המעשה הזו, אזי הוא שהשם ית' הוא הפועל, בסוד ש"הוא לבדו עושה ויעשה לכל המעשים". אבל האדם אינו נותן בהמעשה טוב שום פעולה. הגם שהאדם עושה המצוה הזאת, אבל הוא לא עושה זה בשביל מצוה, רק בשביל גורם אחר (שהאדם), שהגורם נמשך מפרודא חס ושלום.

והאמת הוא, שהשם ית' הוא הגורם והוא הסיבה שמחייב אותו. אבל הבורא ית' מלובש אצלו בלבוש אחר ולא בלבוש של מצוה, אלא בשביל יראה אחרת או אהבה אחרת. נמצא, שבזמן השלא לשמה יותר קל ליחס המעשה טוב, ולומר שהשם ית' הוא העושה המעשה טוב ולא האדם. וזה פשוט מטעם, שהאדם לא רוצה לעשות את הדבר בשביל מצוה, אלא בשביל גורם אחר.

מה שאין כן בלשמה, שהוא יודע בעצמו, שהוא העובד מטעם המצוה, זאת אומרת שהוא בעצמו היה הגורם, היינו מטעם מצוה, אבל לא מטעם שהשם ית' נתן לו בלבו את הרעיון והרצון לעשות את המצוה, אלא הוא בעצמו בחר בזה.

והאמת, שהכל עשה השם ית', אבל אי אפשר להשיג להשגחה פרטית, מטרם שמשיגים את הענין שכר ועונש.

סה. ענין נגלה וענין נסתר

שמעתי כ"ט טבת תש"ב ירושלים

כתוב "הנסתרות לה' אלקינו, והנגלות לנו ולבנינו עד עולם, לעשות את כל דברי תורה הזאת".

וצריך לשאול: מה בא הכתוב להשמיענו, שהנסתרות לה'? ואין לומר, שענין נסתר פירוש בלתי מושג, וענין נגלה היינו בחינת המושג. הלא אנו רואים, שיש אנשים, שיש להם ידיעה בחלק הנסתר. וכמו כן יש אנשים, שאין להם ידיעה בחלק הנגלה. ואין לומר, שהכוונה, שיש יותר אנשים, שיש להם ידיעה בחלק הנגלה מבחלק הנסתר (אם כן נתת דבריך לשיעורין).

והענין הוא, שאנו רואים בעולמנו זה, שיש מעשים שמגולה לעינינו לעשות, היינו שיד האדם משמשת בהם. ויש מעשים, שאנו רואים שהדברים נעשים, אבל אין האדם יכול לפעול שם מאומה, אלא כח נסתר פועל שם.

כדוגמת מה שאמרו חז"ל: "ג' שותפים יש באדם, הקב"ה ואביו ואמו". הנה חלק הנגלה הוא מצות פרו ורבו, שמעשה זה נעשה על

ידי הוריו. ואם ההורים עושים מעשיהם בסדר, אז הקב"ה נותן נשמה בהולד. היינו, שהוריו עושים את חלק הנגלה, שרק את המעשה הנגלה יש ביכולתם לעשות. אבל חלק הנסתר, שהוא לתת נשמה בהולד, בזה אין ההורים יכולים לפעול שום מעשה, רק הקב"ה בעצמו עושה את הדבר ההוא.

וכמו כן במעשה המצות, אין לנו לעשות יותר מחלק הנגלה, שרק כאן אנו יכולים לעשות, שהוא לעסוק בתורה ומצות בבחינת "עושה דברו". אבל חלק הנסתר, היינו בחינת הנשמה שבעשיית תורה ומצות, אין האדם יכול לפעול שם מאומה. ובזמן שמקיימים התורה ומצות בבחינת עשיה, הנקרא "לעשות", צריכים להתפלל לה', שהוא יעשה את חלק הנסתר, היינו שיתן בחינת נשמה בחלק המעשה שלנו.

וחלק המעשה נקרא "נר מצוה", שזה רק נרות. וצריכים להדליקם ע"י "ותורה אור". שהאור תורה מדליק את המצוה, ונותן בחינת הנשמה והחיות בחלק המעשה, כנ"ל בדוגמת הולד שיש בו ג' שותפים.

וזה פירוש "הנגלות לנו". היינו שעלינו מוטל לעשות בבחינת "כל אשר בידך ובכחך לעשות עשה". ורק כאן אנו יכולים לפעול. אבל להשיג בחינת הנשמה והחיות, זה תלוי ביד הקב"ה.

וזה פירוש "הנסתרות לה' אלקינו". שהשם ית' מבטיח לנו, שאם אנחנו נעשה את חלק מה שמגולה לנו, לעשות בתנאי תורה ומצות בחלק העשיה, אז הקב"ה נותן בה נשמה בהעשיות שלנו. מה שאין כן, מטרם שזוכין לבחינת הנסתר, הנקרא "נשמה", אז חלק הנגלה שלנו כגוף בלי נשמה. אלא צריכים לזכות לחלק הנסתר, שזהו רק ביד ה'.

סו. עניין מתן תורה

שמעתי בסעודת ליל שבועות תש"ח

עניין מתן תורה, שהיה במעמד הר סיני. אין הפירוש, שאז נתנה התורה פעם אחת, ואחר כך נפסקה הנתינה. אלא, אין העדר ברוחניות, כי רוחניות זה עניין נצחי, שאינו נפסק. רק מפני שמצד הנותן אין אנו מוכשרים לקבל התורה, אנו אומרים, שהפסק הוא מצד העליון.

מה שאין כן אז, במעמד הר סיני, היו הכלל ישראל מוכנים לקבלת התורה, כמ"ש: "ויחן העם תחת ההר, כאיש אחד בלב אחד". שהיה אז הכנה מצד הכלל, שהיה להם רק כוונה אחת, שהיא מחשבה אחת על קבלת התורה. אבל מצד הנותן אין שינויים והוא תמיד נותן, כמ"ש בשם הבעל שם טוב, שהאדם מחויב כל יום לשמוע את עשרת הדברות על הר סיני.

התורה נקראת סם החיים וסם המות. ויש להבין, איך שייך לומר שני דברים הפוכים בנושא אחד.

יש לדעת, שאין אנחנו יכולים להשיג שום מציאות כפי שהיא לעצמה, אלא הכול אנו משיגים רק לפי הרגשותינו. והמציאות, איך שהיא לפי עצמה, לא מעניינת אותנו כלל. לכן התורה, כשלעצמה, אין אנו משיגים כלל, רק אנו משיגים הרגשות שלנו. וכל ההתפעלות שלנו היא רק לפי הרגשותינו.

לכן בזמן שהאדם לומד תורה והתורה מרחיקה אותו מאהבת ה', בטח שהתורה הזו נקראת "סם המות". וכן להיפך, אם התורה זו שהוא לומד מקרבת אותו לאהבת ה', בטח שהיא נקראת "סם החיים". אבל התורה בעצמה, זאת אומרת מציאות התורה כשלעצמה, בלי חשבון התחתון שהוא צריך להשיגה, נבחנת לאור בלי כלי, שאין שם שום השגה. לכן כשמדברים מהתורה, אז הכוונה על הרגשות שהאדם מקבל מהתורה, שרק הן קובעות את המציאות אצל הנבראים.

ובזמן שהאדם עובד לתועלת עצמו, נקרא זה שלא לשמה. אבל מתוך שלא לשמה באים ללשמה. לכן, אם האדם עדיין לא זכה לקבלת התורה, אז הוא מקווה שיזכה לקבלת התורה בשנה הבאה. אבל לאחר שהאדם זכה לבחינת השלמות של לשמה, כבר אין לו עוד מה לעשות בעולם הזה, כיון שתיקן את הכול, שיהיה בשלמות הלשמה.

ולכן, בכל שנה ושנה יש זמן קבלת התורה,

מטעם שהזמן הוא מוכשר לאתערותא דלתתא (התעוררות מלמטה), משום שאז מתעורר הזמן, שהיה מגולה אצל התחתונים האור של מתן תורה. לכן יש התעוררות למעלה, שנותנת כוח לתחתונים, שיוכלו לעשות פעולת ההכשרה לקבלת התורה, כמו שהיו אז מוכנים לקבלת התורה.

אי לזאת, אם האדם הולך על דרך, שהשלא לשמה יביא לו את הלשמה, אז הוא הולך על דרך האמת. והוא צריך לקוות, שסוף כל סוף יזכה לבוא לשמה. ויזכה לקבלת התורה.

אבל צריך להיזהר, שהמטרה תהיה תמיד לנגד עיניו, אחרת הוא ילך בקו הפוך. משום ששורש הגוף הוא בחינת מקבל לעצמו. לכן הוא מושך תמיד לשורשו, שהוא דווקא בעל מנת לקבל, שהוא הפוך מהתורה, שנקראת "עץ חיים". לכן התורה נבחנת אצל הגוף, לבחינת סם המוות.

סז. סור מרע

שמעתי אסרו חג סוכות תש"ג ירושלים

צריכים להזהר ב"סור מרע". לשמור את הד' בריתות.

א. ברית עינים, שהוא להזהר מהסתכלות בנשים. והאיסור מלהסתכל הוא לאו דוקא משום שיכול לבוא לידי הרהור. והראיה לזה הוא, שהרי האיסור חל גם על זקן בן מאה שנים. אלא הטעם האמיתי הוא, משום שזה נמשך משורש עליון מאד, שהזהירות הזו היא, שאם לא יהיה נזהר, יכול לבוא חס ושלום להסתכלות בהשכינה הקדושה. ודי למבין.

ב. ברית הלשון, היינו שיהיה נזהר באמת ושקר. שענין הבירורים, שישנם כעת, לאחר חטא אדם הראשון, הוא בירור של אמת ושקר. מה שאין כן טרם חטא עץ הדעת, היה הבירורים בענין של מר ומתוק. מה שאין כן כשהבירור הוא באמת ושקר, הוא אחרת לגמרי. שיש לפעמים, שתחילתו מתוק וסופו מר. לכן יוצא, שיש מציאות של מר, אבל מכל מקום זהו אמת.

לכן צריכין להזהר, שלא לשנות בדיבורו, הגם שהוא חושב, שהוא משקר רק לחבירו. אבל צריכים לדעת, שהגוף הוא כמו מכונה, כפי שהיא רגילה ללכת, כך היא ממשכת ללכת. לכן, כשמרגילין אותה בשקר ורמאות, אז אי אפשר לו ללכת בדרך אחרת. ומשום זה האדם בינו לבין עצמו גם כן מוכרח ללכת בשקר וברמאות.

ולפי זה יוצא, שהאדם מוכרח לרמאות את עצמו, ובשום אופן אין הוא מסוגל לומר לעצמו את האמת, משום שאין הוא מוציא טעם מיוחד בהאמת.

ואפשר לומר, מי שחושב שמרמה את חבירו, אינו אלא שמרמה להשם ית', משום שחוץ מגופו של האדם נמצא רק השם ית'. כי מעיקר הבריאה, שהאדם נקרא נברא, הוא רק בערך עצמו. שהקב"ה רוצה בכך, שהאדם ירגיש את עצמו למציאות נפרד הימנו ית'. אבל חוץ מזה, הכל הוא "מלא כל הארץ כבודו".

לכן כשמשקר לחבירו, הוא משקר להבורא ית'. וכשמצער לחבירו, הוא מצער את הקב"ה. לכן אם האדם רגיל לדבר אמת, זה יביא לו תועלת לגבי הקב"ה. היינו אם הבטיח משהו להקב"ה, אז הוא ישתדל לשמור את הבטחתו, משום שהוא לא רגיל לשנות בדיבורו. ועל ידי זה יזכה ל"ה' צלך". שאם האדם יקיים, מה שהוא אומר הוא עושה, גם הקב"ה יקיים כנגדו. "ברוך אומר ועושה".

ויש סימן בשמירת הלשון, שלא לדבר על כל שאפשר, משום שע"י דיבורו הוא מגלה את מצפוני לבו, ועל ידי זה יש אחיזה לחיצונים. מטעם, כי כל זמן שאין האדם נקי בתכלית, וכשהוא מגלה משהו מפנימיותו, אז יש כח לסטרא אחרא לקטרג למעלה ולהתלוצץ מעבודתו. ואומרת, איזה עבודה הוא נותן למעלה, הלא כל כוונתו בעבודה זו היא רק למטה.

ובזה יתורץ קושיא עצומה, הלא ידוע ש"מצוה גוררת מצוה", ולמה אנו רואים שהרבה פעמים שאדם בא לידי נפילה מעבודתו?

אלא כנ"ל, משום שהסטרא אחרא מסטנת ומקטרגת על עבודתו. ואח"כ היא יורדת ונוטלת את נשמתו. היינו, לאחר שכבר הסטינה למעלה,

ואמרה שאין עבודתו נקיה, אלא שעובד בבחינת קבלה לעצמו, אז היא יורדת ונוטלת את נשמת חיים שלו, בזה שהיא שואלת להאדם: "מה עבודה הזאת?". לכן, אפילו שכבר זכה לאיזה הארה של נשמת חיים, הוא מאבד את זה חזרה.

והעצה לזה - "הצנע לכת". שהיא לא תדע מעבודתו, בסוד "מליבא לפומא לא גליא [מהלב לפה - לא מתגלה]**". שאז גם הס"א לא יכולה לדעת מעבודתו, משום שהיא לא יודעת, רק מה שמגלים על ידי דיבורים ומעשה, בזה היא יכולה להתאחז.**

וצריכים לדעת, שעיקר יסורים ומכאובים באים על ידי המקטרגים. לכן עד כמה שאפשר, צריכים להזהר מלדבר. ויותר מזה צריכים לדעת, אפילו כשמדברים דבורי חול, גם כן מתגלה מצפוני לבו. וזה סוד "נפשי יוצאה בדברו". וזהו ברית הלשון, שצריכים להזהר.

ועיקר השמירה צריך להיות בזמן עליה, כי בזמן הירידה קשה ללכת בדרגת ושמירת גדולות.

סח. קשר האדם אל הספירות

שמעתי י"ב אדר תש"ג

קודם החטא של אדם הראשון:

א. היה גופו מבינה דמלכות דמלכות דעשיה.

ב. והיה לו נר"ן מבריאה, ונר"ן מאצילות.

ואחר שחטא

נפל גופו לבחינת משכא דחויא [עור הנחש]**, שהוא הקליפה דבחינה ד', המכונה עפרא דעולם הזה** [עפר של עולם הזה]**. ובתוכו מלובש גוף הפנימי מקליפת נוגה, שהוא חציו טוב וחציו רע. וכל המעשים טובים, שהוא עושה, הוא רק עם גופו דנוגה. וע"י העסק בתורה ומצות, הוא מחזיר את גוף הזה, שיהיה כולו טוב. והגוף של משכא דחויא** [עור הנחש] **מתפרד ממנו.**

ואז הוא זוכה לנר"ן דקדושה, לפי מעשיו.

קשר נר"ן של האדם אל הספירות.

א. עצם הנר"ן של האדם הוא מבחינת מלכות של ג' הספירות: בינה וזו"ן, שבכל עולם מאבי"ע.

ב. ואם הוא זוכה לנר"ן דנפש, הוא מקבל מג' בחינות **מלכות** דבינה וזו"ן **דעשיה.**

ג. ואם הוא זוכה לנר"ן דרוח, הוא מקבל מג' בחינות **מלכות** דבינה וזו"ן **דיצירה.**

ד. ואם הוא זוכה לנר"ן דנשמה, הוא מקבל מג' בחינות **מלכות** דבינה וזו"ן **דבריאה.**

ה. ואם הוא זוכה לנר"ן דחיה, הוא מקבל מג' בחינות **מלכות** דבינה וזו"ן **דאצילות.**

וזהו מה שאמרו חז"ל, שאין אדם מחשב אלא מתוך הרהורי לבו, שכל הגוף נחשב לבחינת לב. והגם שהאדם כלול מד' בחינות דצח"מ (דומם, צומח, חי, מדבר), אבל כולם נרשמים בהלב.

והיות שאחר החטא נפל גופו של אדם הראשון למשכא דחויא [עור הנחש]**, שהוא הקליפה דבחינה ד', המכונה "עפרא דעולם הזה** [עפר של עולם הזה]**". לכן כשהוא מחשב, כל מחשבותיו הם של לבו, היינו גופו מבחינת משכא דחויא** [עור הנחש]**.**

וכשהוא מתגבר על ידי התעסקותו בתורה ומצות, שזהו הסגולה היחידה, אם הוא מכוון בכדי להשפיע נחת רוח ליוצרו, אז התו"מ מזככים את גופו. פירושו, שהמשכא דחויא [עור הנחש] **מתפרד ממנו. והפועל הקודם של תו"מ, הנקרא "קליפת נוגה", שהוא בחינת גוף הפנימי, שהיה מחצה טוב ומחצה רע, נעשה עכשיו לכולו טוב, שענינו הוא, שבא עכשיו להשתוות הצורה.**

ואז זוכה לנר"ן דקדושה, לפי מעשיו. היינו בתחילה הוא משיג נר"ן דנפש מעולם העשיה. ואח"כ, כשהוא מברר את כל הבחינות ששיכים לעולם העשיה, אז הוא זוכה לנר"ן דרוח דעולם היצירה. עד שמשיג נר"ן דחיה דאצילות. היינו שבכל פעם נעשה לו בנין אחר בליבו. זאת אומרת, במקום שהיה לו מקודם גוף פנימי מקליפת נוגה, שהיה חציה טוב וחציה רע, נעשה עכשיו הגוף הזה, על ידי הזיכוך שקבל מתורה ומצות, לבחינת שכולו טוב.

נמצא לפי זה, כי בזמן שהיה לו גוף מבחינת משכא דחויא [עור הנחש]**, היה מוכרח לחשוב ולהשכיל מושכלות רק מתוך הרהורי**

לבו. שפירושו, כל מחשבותיו היו רק איך למלאות הרצונות, מה שהקליפה מחייבת אותו, ולא היה לו שום עצה לחשוב מחשבות ולכוון כוונת, רק מה שנתיישב על לבו. והלב שלו היה אז בחינת משכא דחויא [עור הנחש], שהוא הקליפה הגרוע ביותר.

לכן יוצא שכמו כן, בזמן שזוכה על ידי התעסקותו בתו"מ אפילו שלא לשמה, אלא שהוא דורש ומבקש מה', שהשם ית' יעזור לו על ידי התעסקות בתו"מ בבחינת "כל אשר בידך ובכחך לעשות עשה", ומצפה לרחמי שמים, שה' יעזור לו להגיע על ידי זה לשמה, שכל השכר מה שהוא דורש מה' עבור עבודתו, שיזכה לעשות בעמ"ב להשפיע נחת רוח ליוצרו. כמו שאמרו חז"ל "המאור שבה מחזירו למוטב".

אז מזדכך הגוף דמשכא דחויא [עור הנחש], היינו כנ"ל, שנפרד ממנו הגוף הזה וזוכה לבנין אחר לגמרי, דהיינו לבנין דנפש דעשיה. וכמו כן הוא מוסיף והולך, עד שמשיג בנין מנפש ורוח דבינה וז"א ומלכות דאצילות. וגם אז אין לו שום ברירה לחשוב מחשבות אחרות, אלא לפי מה שהבנין דקדושה מחייבת אותו. היינו שאין לו מקום לחשוב מחשבות נגד הבנין שלו, אלא הוא מוכרח לחשוב ולעשות מעשים רק על הכוונה להשפיע נחת רוח ליוצרו, כפי שהבנין שלו דקדושה מחייבת אותו.

היוצא מכל הנ"ל, שאין בידי אדם לתקן את המחשבה, אלא רק הלב יש לכוון, שלבו יהיה ישר לשם השם ית'. ואזי ממילא כל מחשבותיו יהיו רק להשפיע נחת רוח ליוצרו. וכשמתקן את לבו, שיהיה לב ורצון דקדושה, אז הלב הוא הכלי להשרות בו אור עליון. וכשהאור עליון מאיר בתוך הלב, אז הלב מתחזק. ובכל פעם הוא מוסיף והולך.

וזה נוכל לבאר מאמר חז"ל "וגדול התלמוד, שמביא לידי מעשה". שפירושו, שע"י אור התורה הוא בא לידי מעשה, שהמאור שבה מחזירו למוטב. וזה נקרא בחינת מעשה. זאת אומרת, שהאור התורה עושה לו בנין חדש בהלב. וזהו כנ"ל, שהגוף הקודם, שבא לו ממשכא דחויא [עור הנחש], נפרד ממנו, וזוכה לגוף קדוש. שהגוף הפנימי, הנקרא קליפת נוגה, שהיה חציו טוב וחציו רע, נעשה כולו טוב. ובו שורה עכשיו הנר"ן, מה שהוא משיג ע"י מעשיו, במה שהוא מוסיף והולך.

ומטרם שזוכה לבנין חדש, אף על פי שהוא משתדל לזכך את לבו, מכל מקום הלב בעינה עומדת. ואז נבחן, שהוא בבחינת "עושי דברו". אבל צריכים לדעת, שהתחלת העבודה מתחלת דוקא בבחינת עושי דברו. אבל אין זה שלימות, משום שאין הוא יכול לטהר את מחשבותיו במצב הזה, כי אינו יכול להנצל מהרהורי עבירה, מטעם שלבו הוא מגוף של קליפה, ואין אדם חושב אלא מתוך הרהורי לבו, כנ"ל.

אלא רק המאור שבה מחזירו למוטב. שאז הגוף החוצץ מתפרד ממנו. והגוף הפנימי, שהוא קליפת נוגה, שהיה חציו רע, נעשה לכולו טוב. ואז נמצא, שהתורה מביאו לידי מעשה, שהוא ע"י עשייתו בנין חדש. וזה נקרא מעשה.

סט. מקודם יהיה תיקון העולם

שמעתי סיון תש"ג

אמר, שמקודם יהיה תיקון העולם, ואח"כ יהיה הגאולה השלימה, שהוא סוד ביאת המשיח, שהוא סוד "והיו עיניך רואות את מוריך" וכו', "ומלאה הארץ דעה". שזה ענין מה שכתב, שמקודם יתוקן פנימית העולמות ואח"כ חיצוניות העולמות. אבל צריכים לדעת, שחיצוניות העולמות, שיתקנו, זהו מדרגה יותר גדולה מתיקון הפנימיות.

וישראל, שורשן מפנימיות העולמות, שזה סוד "כי אתם המעטים מכל העמים". אלא שעל ידי זה שמתקנים את הפנימיות, אז יתוקן גם החיצוניות. רק חלקים קטנים, וכל פעם ופעם מתוקני החיצוניות יתוקן (עד שפרוטה ופרוטה מצטרפת לחשבון), עד שיתוקן את כל החיצוניות.

ועיקר הבנה בין פנימיות לחיצוניות, הוא על דרך כשאדם עושה איזה מצוה, אז לא כל האברים מסכימים לזה. וזה דומה כאדם היושב בתענית, שאז אומרים, שרק הפנימיות שלו

הסכים על התענית, אבל החיצוניות שלו יש לו אי נעימות מהתענית, שהגוף הוא תמיד בהתנגדות להנשמה. שרק בערך הנשמה יש להבחין בין ישראל לאומות העולם. אבל בערך הגוף הם שוים, שגם הגוף של ישראל דואג רק לתועלת עצמו.

לכן, כשיתקנו הפרטים בדרך כלל ישראל, ממילא יתוקנו כללות העולם. נמצא, בשיעור שאנו מתקנים את עצמנו, בשיעור הזה יתוקן אומות העולם. וזה סוד מה שאמרו חז"ל: "זכה, מכריע את עצמו ואת כל העולם כולו לכף זכות". ולא אמרו: "מכריע את כלל ישראל", אלא כי "ואת העולם כולו לכף זכות". היינו כנ"ל, שהפנימיות יתקן את החיצוניות.

ע. ביד חזקה ובחימה שפוכה

שמעתי כ"ה סיון תש"ג

להבין מה שכתוב "ביד חזקה ובחימה שפוכה אמלוך עליכם". ויש להבין, הלא יש כלל, אין כפיה ברוחניות, על דרך "לא אותי קראת יעקב, כי יגעת בי ישראל". וידוע הפירוש של המגיד מדובנא ז"ל. אם כן מהו הפירוש "ביד חזקה ובחימה שפוכה אמלוך עליכם?".

אמר, כי צריכים לדעת, כי מי שרוצה לכנס בעבודת ה', בכדי להדבק בו באמת ולהכנס בהיכל המלך, אז לא נותנים להכנס כל אחד ואחד. אלא בודקין אותו, אם אין לו רצון אחר, אלא רצון של דביקות. אותו נותנים להכנס.

ואיך בודקין את האדם, אם אין לו אלא רצון אחד? זהו שנותנים להאדם הפרעות, היינו שולחים לו מחשבות זרות ושליחים זרים, בכדי להפריע לו, שיעזוב את דרך זה וילך בדרך כל הארץ.

ואם האדם מתגבר על כל הקשיים, ופורץ כל הגדרים, שעושים לו מחסומים, ועם דברים קטנים לא יכולים לדחותו, אז הקב"ה שולח לו קליפות ומרכבות גדולות, שיטעו את האדם מלהכנס להדבק רק בה' ולא בדבר אחר. וזה נקרא "ביד חזקה הקב"ה דוחה אותו". כי אם הקב"ה לא יגלה יד חזקה, קשה לדחות אותו, משום שיש לו רצון גדול להדבק רק בה', ולא בדברים אחרים.

אבל במי שאין לו כל כך רצון חזק, כשהשם ית' רוצה לדחותו, בדבר קל הוא מדחה אותו, כשנותן לו תאוה גדולה לגשמיות. כבר הוא עוזב את כל עבודת הקודש. לא צריכים לדחותו ביד חזקה.

מה שאין כן כשהאדם מתגבר על הקושיים וההפרעות, אז לא בקלות יכולים לדחות אותו, אלא ביד חזקה. ואם האדם מתגבר גם על היד חזקה, ובשום אופן לא רוצה לזוז ממקום הקדושה, ורוצה דוקא להדבק בו ית' באמת, ורואה שדוחים אותו, אז האדם אומר, ש"חימה שפוכה עליו", אחרת היו נותנים לו להכנס, אלא ש"חימה שפוכה עליו" מצד ה', לכן לא נותנים לו להכנס להיכל המלך ולהדבק בו ית'.

נמצא, שמטרם שהאדם לא רוצה לזוז ממקומו, אלא הוא מתפרץ ורוצה להכנס, לא שייך לומר שמרגיש, ש"חימה שפוכה שורה עליו". אלא אחרי כל הדחיות, שדוחים אותו, והוא לא זז ממקומו, היינו שכבר נגלה עליו את היד חזקה וחימה שפוכה, אז יקויים "אמלוך עליכם". כי רק ע"י התפרצות והתאמצות גדולה, מתגלה אליו את המלכות שמים, וזוכה להכנס פנימה בהיכל המלך.

עא. במסתרים תבכה נפשי

שמעתי כ"ה סיון תש"ג

"במסתרים תבכה נפשי, מפני גאוה, מפני גאותן של ישראל". ומקשה: "והאיכא בכיה קמיה קוב"ה [והאם יש בכיה לפני הקב"ה], והלא "עוז וחדוה במקומו"?

וצריך להבין ענין בכיה למעלה. שענין בכיה הוא במקום, שאינו יכול לעזור לו בעצמו, אז בוכים, שהשני יעזור לו. וענין "במסתרים" פירושו ההסתרות. והסתירות, שמתגלה בעולם.

וזה פירוש "במסתרים תבכה נפשי": כי "הכל בידי שמים חוץ מיראת שמים".

ועל זה אמרו חז"ל: "בבתי גואי יש בכיה" [בבתים הפנימיים יש בכיה]. שפירוש, שבזמן שהאור מופיע רק בפנימיות ואין גלוי אור

לחוץ, משום שחסר כלים לתחתונים, שיוכלו לקבל, אז יש בכיה. מה שאין כן בבתי בראי [בבתים החיצוניים], כשהאור יכול להתגלות לחוץ, כשנגלה להתחתונים התפשטות השפע למטה, אז "עוז וחדוה במקומו", רואים הכל. מה שאין כן כשאינו יכול להשפיע לתחתונים, זה נקרא בכיה, משום שצריך לכלים דתחתונים.

עב. הבטחון הוא הלבוש להאור

שמעתי י' ניסן תש"ז

הבטחון הוא הלבוש להאור, הנקרא חיים. כי יש כלל "אין אור בלי כלי". נמצא, שהאור, הנקרא אור החיים, אינו יכול להתלבש, אלא שמוכרח להתלבש באיזה כלי. והכלי, שאור החיים מלובש, נקרא בדרך כלל "בטחון". שפירושו, על כל דבר קשה, הוא רואה שבידו לעשות.

נמצא, שהאור ניכר ומורגש בהכלי של בטחון. ומשום זה מודדים את החיים שלו, בשיעור שמדת הבטחון, מתגלה שם. כי הבטחון שיש בו, בזה הוא יכול למדוד שיעור גדלות החיים שבו.

ומשום זה האדם יכול לראות בעצמו, שכל זמן שהוא נמצא בהרמת החיים, הבטחון מאיר לו על כל דבר ודבר, ואינו רואה שום דבר, שיכול להפריע לו על מה שהוא רוצה. וזהו מטעם, שאור החיים, שהוא כח מלמעלה, מאיר לו. שיש בידו לעשות בכוחות על אנושיים, היות שהאור העליון אינו מוגבל, כמו כוחות גשמיים.

מה שאין כן כשהאור החיים מסתלק ממנו, שזה נקרא שירד מרמת החיים שהיה לו, אז הוא נעשה לחכם וחוקר. ועל כל דבר הוא מתחיל לחשוב את הכדאיות שלו, אם כן כדאי לעשות את הדבר או לו. ונעשה מתון, ולא תוסס ובוער, כמו מטרם שהתחיל לרדת מרמת חיים שלו.

אבל אדם, אין לו שכל שיגיד, שכל החכמה והפקחות שזכה עכשיו לחשוב על כל דבר, הוא מטעם שנאבד לו רוח החיים, ממה שהיה לו אז. אלא הוא חושב, שעכשיו הוא נעשה פיקח. ולא כמו שהיה מטרם שנאבד לו אור החיים. אלא אז הוא היה פזיז, על דרך "עמא פזיזה [עם נמהר]".

אמנם הוא צריך לדעת, את כל החכמה שהשיג עכשיו, היא באה לו מחמת שנאבד לו רוח החיים, מה שהיה לו מקודם. שאור החיים מה שהקב"ה נתן לו אז, הוא היה המודד לכל המעשים. אבל עכשיו, שהוא בזמן הירידה, לכן יש עכשיו כח להסטרא אחרא לבוא אליו, עם כל הטענות הצודקות שלהם.

והעצה לזה, שהאדם צריך לומר: "עכשיו אני לא יכול לדבר עם הגוף שלו ולהתוכח עמו". אלא שיגיד: "עכשיו אני מת, ואני מצפה לתחית המתים".

ויתחיל לעבוד למעלה מהדעת, היינו שיגיד להגוף שלו: "כל מה שאתה טוען, אתה צודק, ולפי השכל אין לי מה לענות לך, אבל אני מקוה, שאני מתחיל לעבוד מחדש, ועכשיו אני מקבל עלי תו"מ, ועכשיו אני נעשה גר, וחז"ל אמרו "גר שנתגייר כקטן שנולד דמי [גר שנתגייר, דומה לקטן הנולד]", ועכשיו אני מצפה לישועת ה', ובטח הוא יעזור לי, ואני שוב אכנס לדרך הקדושה. וכשיהיה לי כח דקדושה, אז יהיה לי מה לענות לך. אבל בינתיים אני מוכרח לילך למעלה מהדעת, כי עדיין חסר לי דעת דקדושה. אם כן, אתה יכול לנצח עם השכל שלך. ועלי, אין לי מה לעשות, אלא להאמין באמונת חכמים, שאמרו, שאני צריך לקיים תו"מ באמונה למעלה מהדעת. ובטח עלי להאמין, שבכח האמונה נזכה לסיוע מן השמים, כמו שאמרו חז"ל 'הבא לטהר מסייעין אותו'".

עג. לאחר הצמצום

שמעתי תש"ג

לאחר הצמצום נעשה הט' ראשונות למקום קדושה. והמלכות, שעליה היה הצמצום, נעשה מקום להעולמות. ויש בה להבחין ב' בחינות:

א. מקום חלל, שהוא מקום לקליפות, שמהותן הוא הרצוניות אך לקבל לעצמן.

ב. מקום פנוי, היינו שנעשה מקום פנוי להכניס שם מה שבוחרים: קדושה או חס ושלום להיפוך.

ולולי שהיה הצמצום, היה כל המציאות בבחינת אור פשוט. ורק לאחר שנעשה הצמצום, נעשה מקום לבחירה להרע או להטיב.

ועל ידי בחירת הטוב, נמשך לתוך מקום ההוא את שפעו ית׳. וזה פירוש שמובא בכתבי האר״י, שאור אין סוף מאיר לתחתונים. שאין סוף נקרא הרצון דלהטיב לנבראיו. והגם שמבחינים הרבה עולמות, ועשר ספירות, ושאר כינויים, אבל הכל נמשך מאין סוף ברוך הוא, הנקראת מחשבת הבריאה.

ושם ספירה ועולם מכונה, משום שהשפע הנשפע מאין סוף ברוך הוא, יורדת דרך אותה ספירה ועולם. שהכוונה היא, היות שאין התחתונים יכולים לקבל את שפעו ית׳ בלי הכשרה ותיקון, שהתחתון יהיה מוכשר לקבל, לכן התיקונים האלו שנעשו, שעל ידם יש יכולת לקבל, את זה מכונה בשם ספירות.

היינו, שכל ספירה יש לה תיקון מיוחד. ומשום זה ישנם הרבה בחינות, שהם רק כלפי המקבלים. כי כשהתחתון מקבל את השפע מאין סוף ברוך הוא, הוא מקבל ע״י תיקון מיוחד, המתאים לו לקבל את השפע. וזה הפירוש, שמקבל ע״י ספירה מיוחדת. אבל בהשפע עצמו אין שום שנויים.

ובזה תבין את ענין התפילה, מה שאנו מתפללים להבורא ית׳, שהוא בחינת אור אין סוף ברוך הוא, שהוא הקשר שיש להבורא עם הנבראים, שנקרא "רצונו להטיב לנבראיו". ואף על פי שבכוונת התפילה יש הרבה שמות, שהפירוש הוא שהשפע יושפע על ידי התיקונים שישנם בהשמות, משום שדוקא ע״י התיקונים שישנם בהשמות, תתקיים השפע בידי המקבלים.

עד. ענין עולם שנה נפש

שמעתי תש״ג

זה ידוע, שאין שום מציאות בלי שיהיה מי שירגיש את המציאות. לכן, כשאנו אומרים "נפש דאצילות", פירושו שמרגישים בחינת השגה במידת מה בהשפע העליונה, ששיעור הזה אנו מכנים בשם "נפש".

ועולם, פירושו הכלל שבאותה השגה. דהיינו, שכל הנפשות יש להן אותה הצורה, שכל מי שמשיג אותה מדריגה, הוא משיג את השם הזה, הנקרא נפש. כלומר, שלאו דוקא שאיש אחד הוא משיג את השם הזה ובאותה הצורה, אלא שכל מי שבא לאותה מדריגה, בטח שהוא לפי הכנה של קדושה וטהרה, מתראה השפע אליו באותה צורה, המכונה נפש.

ודבר זה יכולים להבין ממשל גשמי, הנוהג בעולם הזה. למשל, כשאדם אחד אומר, שאני הולך עכשיו לירושלים, אז כשאומר שם העיר, כולם יודעים ומכירים את העיר הזה. שאין ספק לאף אחד מהם, מאיזה מקום הוא מדבר, כי מי שהיה בעיר הזו, כבר יודע במה המדובר.

עה. יש בחינת עולם הבא, ויש בחינת עולם הזה

שמעתי בסעודת ברית ירושלים

יש בחינת עולם הבא, ויש בחינת עולם הזה. "עולם הבא" נקרא בחינת אמונה. ו"עולם הזה" נקרא בחינת השגה.

ובעולם הבא כתוב "ישבעו ויתענגו", היינו שאין קץ להשביעה. והוא מטעם, כי כל מה שמקבלים על ידי אמונה, אין לו שום גבול. מה שאין כן מה שמקבלים ע״י השגה, כבר יש לו גבול. משום שכל מה שבא בכלים דתחתון, התחתון מגביל את הדבר. לכן, לבחינת עולם הזה יש גבול.

עו. על כל קרבנך תקריב מלח

שמעתי ל׳ שבט בסעודת גמר כריכת חלק שש, טבריא.

"על כל קרבנך תקריב מלח", שפירושו "ברית מלח". שענין ברית הוא כנגד השכל. כי מדרך העולם הוא, כי כששני אנשים עושים טובות אחד להשני, בטח בזמן שאהבה פועלת בין שניהם, לא צריכים אז לכריתת ברית. אבל יחד אנו רואים, שדוקא בזמן שהאהבה פועלת, אז מדרך העולם הוא לעשות כריתת ברית. אז הוא אמר, שהכריתת ברית, שעושים, הוא על לאחר זמן.

פירוש הדבר, שעושים עכשיו הסכם, באם שיבוא אח"כ מצב, שכל אחד מהם יחשוב, שאין לבו של כל אחד שלם לחבירו, ואם יש להם הסכם, אז ההסכם הזה מחייב אותםלזכור את הכריתת ברית שעשו ביניהם, בכדי להמשיך גם במצב הזה את האהבה הישנה. וזה פירוש "על כל קרבנך תקריב מלח", היינו, שכל קרבות בעבודת השם ית' צריך להיות על "ברית מלך".

עז. נשמת אדם תלמדנו
שמעתי ח׳ אלול תש"ז

"נשמת אדם תלמדנו".

ידוע שכל התורה נלמד בעיקר לצרכי הנשמה, היינו לאותם שכבר זכו לבחינת נשמה. ומכל מקום הם צריכים להשתוקק ולחפש לדברי תורה של משיגים אחרים, בכדי שילמדו מהם דרכים חדשים, מה שהקודמים המציאו מחידושי תורותיהם. ועל ידי זה יהיה בנקל, שגם הם יוכלו ללכת בהמדרגות עליונות, היינו שהם ילכו מדרגה לדרגה על ידם.

אבל יש בחינת תורה שאסור לגלות, מטעם שכל נשמה ונשמה צריכה בעצמה לעשות את הבירור, ולא שמי שהוא יברר בשבילו. לכן מטרם שהם בעצמם עשו את הבירור, אסור לגלות להם את הדברי תורה.

ולכן נוהגים הגדולים להסתיר הרבה דברים מטעם הנ"ל. וחוץ מחלק הזה, יש תועלת גדול להנשמות, על ידי מה שמקבלים מחידושי תורה של אחרים. ו"נשמת אדם תלמדנו", איך ומה לקבל ולהיות נעזר מחידושי תורה של אחרים, ומה שהוא בעצמו צריך לחדש.

עח. אורייתא וקב"ה וישראל חד הוא
שמעתי סיון תש"ג

"אורייתא [תורה] וקב"ה וישראל חד הוא".

לכן כשהאדם לומד תורה, הוא צריך ללמוד לשמה. שפירושו, שלומד על הכוונה, שהתורה ילמוד את האדם. היינו כשם התורה, שפירושו מורה. וכיון ש"אורייתא [תורה] וישראל וקב"ה

חד הוא", לכן התורה לומד את האדם את דרכי הקב"ה, איך שהוא מלובש בהתורה.

עט. אצילות ובי"ע
שמעתי ט"ו תמוז א' פנחס תש"ג

אצילות הוא בחינת מחזה ולמעלה, שהוא רק כלים דהשפעה.

בי"ע הוא סוד קבלה בעמ"נ להשפיע.

עליית ה' תתאה למקום בינה. כיון שהאדם מוטבע ברצון לקבל עמ"נ לקבל, לכן אין האדם מסוגל לעשות איזה דבר, בלי שיהיה שם קבלה לעצמו.

לכן אמרו חז"ל "מתוך שלא לשמה באים לשמה". דהיינו, שמתחיל לעסוק בתו"מ בעמ"נ "הב לן עותרא עלמא דין [תן לנו עושר העולם הזה]". ואח"כ בעמ"נ "הב לן עותרא עלמא דאתי [תן לנו עושר עולם הבא]". וכשלומד כך, אז הוא צריך להגיע ללמוד לשמה, היינו לשם התורה. דהיינו שהתורה ילמוד אותו את דרכי השם ית'. ואז הוא צריך לעשות מקודם המיתוק של מלכות בבינה, שפירושו, שמעלה את המלכות, שנקרא רצון לקבל, לבינה, שהוא בחינת השפעה. היינו, שכל עבודתו יהיה רק בעמ"נ להשפיע.

ואז נעשה לו חושך. שמרגיש שהעולם חשך בעדו, משום שאין הגוף נותן כח לעבודה רק בבחינת קבלה, ולא בבחינת השפעה. ואז אין לו עצה אחרת, רק להתפלל לה', שיאיר עיניו, שיוכל לעבוד בבחינת השפעה. וזה פירוש "מי קיימא לשאלה ["מי" עומדת לשאלה]". שהכוונה על בינה, שנקראת "מי". ו"שאלה" היא מלשון "שואלין על הגשמים", שפירושו תפילה. כיון שמגיע לבחינת "מי" בינה, אז המקום הזה יש להתפלל על זה.

פ. ענין אחור באחור
שמעתי

פנים ואחור.

פירושו קבלת השפע או השפעת השפע, נקרא בחינת פנים.

ובחינת שלילה נקרא בחינת אחוריים, היינו

שאינו מקבל או שאינו משפיע.

לכן כשהאדם מתחיל בעבודה, נמצא שהוא בבחינת אחור באחור, מטעם כיון שיש לו עוד הכלים של הרצון לקבל, ואם הוא ימשיך שפע לתוך כלים הללו, אזי הוא יכול לפגום באור. מטעם שהוא בחינת ערך הפכי, משום שהאורות באים מהשורש, והשורש הוא רק משפיע. לכן התחתונים משתמשים בכלים דאמא, הנקרא בחינת אחוריים, היינו שאינם רוצים לקבל מטעם שלא יפגמו. וגם המאציל אינו משפיע להם מטעם הנ"ל, שהאורות שומרים על עצמם, שהתחתונים לא יפגמו בם. לכן נקרא זה אחור באחור.

לבאר מה שכתוב בכמה מקומות "דבכל מקום שיש חסרון, יש יניקה לקליפה". אפשר לומר, דהטעם הוא, משום שהמקום הזה עדיין לא נקיה מבחינת עוביות. דלולא זאת היה מאיר אור בתכלית השלימות, מטעם שאור עליון אינו פוסק, ובאם יש רק מקום מתוקן עם מסך, תיכף נאחז בו אור העליון. וכיון שיש מקום חסרון, היינו שאין אור העליון, בטח שיש עוד בחינת עוביות, שכל אחיזתה הוא ברצון לקבל.

פא. ענין העלאת מ"ן
שמעתי

ידוע, שע"י השבירה נפלו נצוצין דקדושה לבי"ע. ושם בבי"ע אין הם יכולים להתתקן. לכן צריכין להעלותם לאצילות. ועל ידי זה שעושים מצות ומעשים טובים בכוונה עמ"נ להשפיע נחת רוח ליוצרו ולא לעצמו, מתעלים הנצוצין הללו לאצילות. ואז הם נכללים במסך דעליון, שבראש המדריגה, ששם נשאר המסך בנצחיותו. ואז יש זווג על המסך בהתכללות הנצוצין. ונמשך אור העליון בכל העולמות, כפי שיעור הנצוצין שהעלו.

וזה דומה כמו בהזדככות הפרצופים דעקודים. שלמדנו, שבעת הזדככותו, שהאור נסתלק בסיבתו, אז המסך דגוף עולה ביחד עם הרשימות לפה דראש. והטעם, משום שבעת שהתחתון מפסיק לקבל, אזי נקרא שנזדכך מעוביותו. לכן יכול המסך דגוף לעלות חזרה לפה דראש. משום שכל ירידתו למדרגת גוף, היתה משום שהאור התפשט מלמעלה למטה, היינו לתוך כלים דקבלה. והראש נבחן תמיד שהוא בחינת ממטה למעלה, היינו בהתנגדות להתפשטות. ומשום בעת שהגוף מפסיק לקבל את האורות מלמעלה למטה, מסיבת חסרון המסך שנזדכך, על ידי הביטוש פנימי ומקיף, נבחן שהמסך דגוף נזדכך מעוביותו, ועולה עם הרשימות להראש.

כמו כן, בעת שהאדם עוסק בתורה ומצות עמ"נ להשפיע ולא לקבל, אז על ידי זה הנצוצין עולין למסך שבראש שבעולם אצילות (והם עולים ממדרגה למדרגה, עד שבאים לראש דאצילות). וכשנכללים במסך הזה, ויוצא קומת האור לפי בחינת גודלו של המסך, ניתוסף אור בכל העולמות. וגם האדם, שגרם את השבח למעלה, מקבל גם כן הארה, בזה שהשביח למעלה בהעולמות.

פב. התפילה שצריכין להתפלל תמיד
מה ששמעתי ביחידותי וירא תשי"ג

האמונה נקראת בחינת מלכות, שמתפרשת בבחינת מוחא - וליבא, ז"א בחינת השפעה - ואמונה. וכנגד האמונה יש בחינת ערלה, שהיא בחינת ידיעה. שדרך להחשיב את בחינת הערלה, מה שאין כן בחינת אמונה, הנקראת בחינת שכינה הקדושה, היא בעפרא [בעפר], היינו עבודה בבחינה זו נקראת בחינת בזיון, שכולם בורחין מללכת בדרך זו. ורק זה נקרא דרך צדיקים וקדושה.

וה' יתברך רוצה שרק באופן זה יתגלו שמותיו יתברך, משום שבאופן כזה בטוח שלא יפגמו באורות העליונים, משום שכל היסוד הוא בחינת השפעה ודבקות, ומבחינה זו אין הקליפות יכולין לינק, היות שכל יניקתם היא מבחינת קבלה וידיעה.

ובמקום ששורה שליטת הערלה, אין השכינה הקדושה יכולה לקבל לתוכה את האורות העליונים, בכדי שלא יפלו האורות לקליפות. לכן יש בחינת צער השכינה, היינו שמעכבים את האורות העליונים מלהמשך לתוכה, שתוכל להשפיע לנשמות.

ודבר זה תלוי רק בתחתונים, שהעליון יכול רק להשפיע את האור העליון, מה שאין כן כח המסך, שהתחתון לא ירצה לקבל בכלים דקבלה - זה תלוי בעבודות התחתונים, שהתחתונים צריכים לעשות את הבירור הזה.

פג. ענין ו' ימינית, ו' שמאלית

שמעתי י"ט אדר תש"ג

יש בחינת "זה" ויש בחינת "זאת". משה רבינו עליו השלום נקרא בחינת "זה", שהוא סוד שושבינא דמלכא [שושבין המלך]. ושאר הנביאים הם בחינת "זאת", או בחינת כ"ה, שזה סוד "יד-כה", ו' שמאלית. ויש בחינת ו' ימנית. וזה סוד "זיינין דכנישין [אותיות ז' שכונסות]", דכניש ב' ווין [שכונסות ב' אותיות ו']. והוא סוד "וחד דכליל לן [ואחד שכולל אותם]", שזה סוד י"ג, שהיא נבחן למדרגה שלימה.

יש ואו ימינא, ויש ואו שמאלא. ו' ימינא נקרא "עץ החיים". ו' שמאלא נקרא "עץ הדעת". ושם יש מקום השמירה. וב' הווין נקראים "י"ב חלות", שש שש המערכות, שהוא סוד י"ג תיקונים, שהם י"ב וחד דכליל לן [ואחד שכולל אותם], שהיא נקראת מזל "ונקה". וכמו כן כולל תיקון הי"ג, הנקרא "ולא ינקה", שזה סוד וזיינין דכנישין [אותיות ז' שכונסות], ש-ד' הוא סוד מלכות היא כלול לן [היא כוללת אותן], שמטרם שזוכה ל"לא ישוב לכסלה עוד", נקראת בחינת "ולא ינקה". ומי שכבר זכה שלא ישוב לכסלה, נקראת בחינת "ונקה".

וזה סוד "יגלה לן טעמי דבתריסר נהמי, דאינון אות בשמיה כפילה וקלישא [יגלה לנו הטעמים, שבשתים עשרה חלות, שהנם אות בשמו, כפולה וקלושה]" (בשיר של אסדר לסעודתא). וכמו כתוב "בווין תתקטר וזינין דכנישין [בווים תתקשר, ואותיות ז' שכונסות]" (בשיר של אזמר בשבחין). שיש לפרש בווין תתקטר [בווים תתקשר], שההתקשרות ע"י ב' ווין, הוא סוד תריסר נהמי, (שהם י"ב חלות) דאינון אות בשמיה [שהם אות בשמו]. שאות נקרא יסוד, ונקרא כפילא וקלישא [כפולה וקלושה], שפירוש שנתכפלו הווין, ש-ו' השמאלית נקראת "עץ הדעת", ששם מקום השמירה. אז נעשו בחינת קלישא (הנקרא "קל"), שאז נעשה מקום, שבקלות יכולים לעבוד. שלולי ההתכפלות עם "עץ הדעת", אלא שהיו צריכים לעבוד עם ה-ו' הימנית, שהוא סוד "עץ החיים", אז מי היה יכול להגביה את עצמו ולקבל בחינת מוחין.

מה שאין כן ב-ו' השמאלית, שהוא סוד השמירה, שבבחינה זו נמצא האדם עצמו תמיד. ובזכות השמירה, שהוא מקבל על עצמו למעלה מהדעת, אז עבודתו רצויה. ולכן נקרא זה "קלישא", שהוא קל, היינו שבנקל למצוא מקום עבודה.

זאת אומרת, שבכל המצבים שהאדם נמצא, הוא יכול להיות עובד ה', מטעם כי הוא לא צריך לשום דבר, אלא הכל הוא עושה למעלה מהדעת. נמצא, שאינו צריך לשום מוחין, שעמהם יהיה עובד ה'.

ובהאמור יש לפרש מה שכתוב "תערוך לפני שלחן נגד צוררי". ששלחן פירושו, כמ"ש (כי תצא, חמישי, "ושלחה מביתו ויצאה מביתו והלכה") ששלחן הוא כמו "ושלחה", היינו יציאה לחוץ מהעבודה.

שיש לפרש, שאפילו בזמן היציאות מהעבודה, היינו מצב של הירידות, יש לו גם כן מקום עבודה. כלומר שבזמן הירידות, שהאדם מתגבר למעלה מהדעת, ואומר שגם הירידות נתנו לו מלמעלה, על ידי זה מתבטלים הצוררים. היות שהצוררים חשבו שע"י הירידות האדם יגיע לתכלית השפלות, והאדם יברח מהמערכה, ולבסוף הדבר נעשה להיפך, שהצוררים מתבטלים.

וזה סוד מה שכתוב "השולחן, אשר לפני ה'". שדוקא על ידי זה הוא מקבל את הפני ה'. וזה ענין אשר הוא מכניע כל הדינין, אפילו הדינין היותר גדולים, היות שהוא מקבל על עצמו עול מלכות שמים בכל הזמנים. היינו, שתמיד הוא מוציא לעצמו מקום עבודה, בסוד מה שכתוב, שר' שמעון בר יוחאי אמר "לית אתר לאתטמרא מינך [אין מקום להסתתר ממך]".

פד. מהו, ויגרש את האדם מגן עדן, מטעם שלא יקח מעץ החיים

שמעתי כ"ד אדר תש"ד

כתוב "ויאמר לו, איכה וכו', ויאמר, את קלך שמעתי וכו', ואירא כי ערום אנכי ואחבא וכו', ויאמר, פן ישלח ידו ולקח גם מעץ החיים וכו', ויגרש את האדם".

ויש להבין ענין היראה, שהיה לאדם, עד כדי כך, שהיה צריך להתחבא. מטעם, שראה עצמו, שהוא ערום. והענין הוא, כי מטרם שאכל מעץ הדעת, היה מזונותיו מן בינה, שהוא סוד עלמא דחירות. ואח"כ, כשאכל מעץ הדעת, אז ראה, שהוא ערום. היינו, שהיה מפחד, שמא יקח את האור תורה, וישמש עמו לצורך בחינת "רועי מקנה עבדי לוט".

שענין "רועי מקנה עבדי לוט" פירושו, היות שיש בחינת אמונה למעלה מהדעת, שזה נקרא "רועי מקנה אברהם". כלומר, זה שזוכה להשיג את האור תורה, אינו לוקח אותה מטעם שזה יהיה לו בסיס לעבודה. היינו לומר, שעכשיו כבר אינו צריך להתחזק באמונת ה', כי כבר יש לו בסיס של האור תורה, זה נקרא "רועי מקנה עבדי לוט", שהוא בחינת עלמא דאתלטיא [עולם של קללה], שהיא בחינת קללה, שזהו היפך מהאמונה, שהיא בחינת ברכה.

אלא אמר, הוא אומר, שעתה הוא רואה, שאם הוא הולך בבחינת אמונה למעלה מהדעת, אז נותנים לו מלמעלה בחינת אור תורה, להראות לו, שהוא הולך על דרך האמת. ולא שהוא לוקח זה בתור תמיכה, שיהיה עבודתו בתוך הדעת, שמזה באים לבחינת כלי קבלה, שעליה היה צמצום. לכן נקרא זה "מקום הקללה", שלוט פירושו עלמא דאתלטיא [עולם של קללה].

ולזה אמר לו ה': "מדוע אתה מפחד לקחת את האורות האלו, מחשש שלא תפגום בהם, מי הגיד לך כי ערום אתה, בטח זה אינו אלא מטעם שאכלת מעץ הדעת, שזה גרם לך הפחד. מה שאין כן מקודם כשאכלת מכל עץ הגן, היינו שהיית משמש עם האורות, בסוד "רועי מקנה אברם", לא היה לך שום פחד". לכן, ויגרש אותו, מטעם "פן ישלח ידו ויאכל מעץ החיים". והפחד היה, שמא יעשה תשובה, ויכנס לתוך עץ החיים. ומהו הפחד? אלא היות שחטא בעץ הדעת, הוא כבר צריך לתקן את העץ הדעת.

וזה ענין "ויגרש אותו מגן עדן", כדי לתקן את החטא של עץ הדעת. ואח"כ יהיה לו היכולת לכנס לתוך הגן עדן. שענין גן-עדן הוא סוד עלית מלכות לבינה. ומקבלת שם חכמה, שעדן הוא סוד חכמה. ואז מלכות, הנקראת "גן", מקבלת חכמה בסוד "עדן", וזהו "גן עדן".

פה. מהו, פרי עץ הדר, בעבודה

שמעתי א' דחוה"מ סוכות תש"ג

כתוב "ולקחתם לכם ביום הראשון, פרי עץ הדר, כפות תמרים, וענף עץ עבות, וערבי נחל" (אמור, שישי). ויש לפרש:

"פרי עץ הדר": עץ הוא בחינת צדיק, הנקרא "עץ השדה".

"פרי" הם התולדות של העץ, היינו תולדותיהם של צדיקים, שהם המעשים טובים. שצריכים להיות בחינת הדר באילנו.

"משנה לשנה", היינו שנה שלמה, שהם "ששה חדשים בשמן המור, וששה חדשים בבשמים". ודי למבין. מה שאין כן הרשעים, הם "כמוץ אשר תדפנו הרוח".

"וכפות תמרים" היינו ב' כפות, שהוא סוד ב' ההי"ן, ה' ראשונה וה' אחרונה, שעל ידי זה זוכים ל"כף אחת עשרה זהב מלאה קטורת".

שענין "כפות" פירושו כפיה, שהאדם מקבל מלכות שמים על דרך הכפיה, כלומר אפילו שהדעת אינו מסכים. והוא הולך למעלה מהדעת, וזה נקרא "זווגין על דרך הכפיה".

"תמרים" מלשון מורא, שהיא בחינת יראה (שזהו בחינת "אלקים עשה שיראו מלפניו").

ומשום זה נקרא "לולב", כלומר, שמטרם שאדם זוכה יש לו ב' לבות. וזה נקרא "לא לב", היינו שהלב שלו לא היה מיוחד לה'. וכשזוכה לבחינת לו, שפירושו "לה' לב", וזהו "לולב".

וכמו כן צריך האדם לומר: "מתי יגיע מעשי למעשי אבותי", שעל ידי זה זוכים להיות בחינת "ענף לאבות הקדושים", שזה סוד "וענף עץ עבות", שהם ג' הדסים.

ויחד עם זה צריך להיות גם בחינת "ערבי נחל", שאין להם טעם וריח. וצריך להיות בשמחה מעבודה זו, אע"פ שאין לו טעם וריח בעבודה זו. ואז נקרא עבודה זו בשם "אותיות שמך המיוחד", שעל ידי זה זוכים ליחוד ה' בכל השלמות.

פו. ויבן ערי מסכנות

שמעתי מאאמו"ר זצ"ל ג' שבט תש"א

הנה הכתוב אומר "ויבן ערי מסכנות לפרעה, את פתום ואת רעמסס" (שמות א').

ויש לשאול, הלא פתום ורעמסס משמע שהם ערים יפים. וערי מסכנות משמע שהיא עניות ודלות. וגם מלשון סכנה. וכן יש להבין, במה ששאל אברהם אבינו עליו השלום: "ויאמר וכו', במה אדע כי אירשנה?" (לך לך ששי). ומה השיב לו הקב"ה. כתוב: "ויאמר לאברם, ידע תדע, כי גר יהיה זרעך בארץ לא להם, ועבדום וענו אותם ארבע מאות שנה".

לפי הפשט קשה להבין: היות שהשאלה היתה, שהוא היה רוצה בטוחות על הירושה. ולא נראה שום בטוחות בהתשובה, שהקב"ה השיב לו, כי זרעך יהיו בגלות. ומשמע שזה היה תשובה מספקת עבורו.

כי אנו רואים, כי אברהם, כשהיה לו וכוח עם הקב"ה בענין אנשי סדום, היה לו וכוח ארוך עם הקב"ה. וכל פעם אמר "אולי...". וכאן, כשהקב"ה אמר, שזרעך יהיו בגלות, כבר קבל זה בתור תשובה מספקת. ולא היה לו שום וכוח לומר "אולי...". אלא שקבל זה בתור בטוחות על ירושת ארץ.

ולפי זה יש להבין את התשובה הזו. וכן יש להבין מה שפירש הזה"ק על הכתוב "ופרעה הקריב". ומפרש, שהוא הקריב אותם לתשובה. היתכן, שפרעה הרשע ירצה לקרבם לתשובה?

ולהבין כל זה יש להבין את מאמר חז"ל וזה לשונם: "כדריש ר' יהודה, לעתיד לבוא מביא הקב"ה ליצר הרע ושוחטו בפני הצדיקים ובפני הרשעים. צדיקים נדמה להם כהר גבוה. ורשעים נדמה להם כחוט השערה. הללו בוכין והללו בוכין. צדיקים בוכין ואומרים, האיך יכולנו לכבוש הר גבוה כזה. ורשעים בוכין ואומרים, האיך לא יכולנו לכבוש את חוט השערה הזה". (סוכה נ"ב ע"א).

והמאמר הזה כולו מוקשה:

א. אם כבר שחט את היצר הרע, מאיפה יש עוד רשעים?

ב. צדיקים למה בוכין, אדרבא הם היו צריכים לשמוח.

ג. איך יכול להיות שני דעות במציאות, בזמן ששניהם כבר הגיעו למצב של אמת, שהמאמר הזה המדובר הוא בעתיד לבוא, שאז בטח מצב של אמת, ואיך יכולים להיות שנוי במציאות במרחק כזה, מבין חוט השערה להר גבוה?

ופירש זה עם מה שאמרו חז"ל (שם) "אמר רבי אסי: "יצר הרע בתחילה דומה לחוט של בוכיא (של עכביש), ולבסוף דומה כעבותות העגלה, שנאמר "הוי מושכי העון בחבלי השוא וכעבות העגלה חטאה" (ישעיה ה')".

אנו צריכים לדעת כלל גדול, שעבודה שלנו, שניתן לנו, שיהיה על בסיס אמונה למעלה מהדעת. אין זה מטעם, שאין אנו ראויים למדרגה גדולה, ומשום זה ניתן לנו, שנקח הכל בכלי של האמונה. וזה נדמה לנו לבחינת שופלות ופחיתות ערך. והאדם מצפה, מתי נוכל לפטור את עצמו מעול הזה, שנקרא אמונה למעלה מהדעת.

אלא הוא מדרגה גדולה וחשובה מאוד, שאין סוף ותכלית לרוממותה. ומה שנראה בעינינו לבחינת שופלות, הוא מסיבת הרצון לקבל שבנו. ובהרצון לקבל יש להבחין בו בחינת ראש וגוף, שהראש נקרא ידיעה והגוף נקרא קבלה. ומשום זה כל מה שהוא נגד הידיעה, נבחן אצלנו לבחינת שופלות ומעשה בהמה.

ובהנ"ל יש לפרש, מה שאברהם אבינו עליו השלום שאל להקב"ה "במה אדע כי ארשנו?" כי איך יהיה מציאות, שיוכלו לקבל עליהם עול האמונה? היות שזהו כנגד הדעת. ומי יכול ללכת נגד הדעת? אם כן איך יהיה

מציאות, שיזכו לאור האמונה, היות שכל השלימות תלוי רק בזה.

ועל זה השיב לו הקב"ה: "ידוע תדע וכו', שהם יהיו בגלות". שפירושו, שהוא הכין קליפה, שהוא היצר הרע אדם בליעל, שהוא פרעה מלך מצרים, שאותיות **פרעה** הוא אותיות **ערף**, כמו שאמר האר"י ז"ל בשער הכוונות לפסח, שפרעה הוא בחינת עורף **מצר-ים**, שהיה מוצץ את השפע כשיורדת לתחתונים, עם השאלה שלו, שהוא בא ושואל "מי ה' אשר אשמע בקולו?" (שמות, שביעי). ותיכף עם השאלה הזאת כבר נמצאים ברשות הקליפות, כמו שאומר הרמב"ם (בהלכות דעות) מה שכתוב "אל תפנו לאלילים", עם הפניה לבד, היינו עם השאלה לבד, כבר עוברים על הלאו "דלא תפנו".

והיות שהס"א, רוצה שתוכל לינוק שפע מהקדושה. ומה היא עושית אז שתוכל לינוק שפע מהקדושה? וזה שאומר לנו הכתוב "ופרעה הקריב". ומפרש הזה"ק, שהקריב אותם לתשובה. ושאל כנ"ל: "איך שייך לומר, שפרעה קרב אותם לתשובה, הלא הדרך של הקליפות הוא לרחק את האדם מהקב"ה?"

וזה יש להבין על דרך, מה שכתוב בזהר, וזה לשונו: "אבל בך אתרשים פשע בטמירו, כגוונא דחויא דמחי ואעיל רישיה בין גופיה [אבל בָּךְ, מתרשם פשע בְּטְמִירוּ, כמו הנחש שֶׁמַּכֶּה, ומכניס ראשו לתוך גופו]". ובהסולם "כגוונא וכו', כי הפשע הזה, להיותו בטמירו, נמצא כח הנחש, דמחי לבני עלמא והביא מיתה לעולם, עודו בכל תוקפו. ואי אפשר להעביר אותו, בדומה לנחש, הנושך לאדם, ותיכף מכניס ראשו לגופו, שאז אי אפשר להרגו". (הקדמת ספר הזהר דף מא, ובהסולם).

ועוד מאמר יש בזהר, שהנחש כפף לרישא ומחי בזנביה [שהנחש כופף ראשו וּמַכֶּה בזנבו]. היינו, שלפעמים הוא נותן לאדם, שיקבל עליו את עול האמונה, שהוא בחינת למעלה מהדעת. שזה הוא ענין "כפיף לרישא", אבל מחי "בזנביה". בזנביה, אפשר לפרש, בסופו. שמה שכף לרישא, היה בכדי שבסופו יקבל בעמ"נ לקבל. זאת אומרת, מה שנתן לו מקודם רשות לקבל עליו את האמונה, היה בכדי שאח"כ יקח הכל לרשותו. כי הקליפה יודעת, שאין מקום לקבל שפע, אלא על ידי הקדושה.

וזה פירוש, שפרעה הקריב. שדרשו, שהקריב את ישראל לתשובה. וזה היה בכוונה תחילה, כדי שאח"כ יקח מהם הכל לרשותו. וזהו שכתב האר"י ז"ל, שפרעה היה יונק כל השפע, שהיה יורד לתחתונים, היה יונק מבחינת עורף ומצד הגרון, שהוא בחינת רישא דגופא [תחילת הגוף], שהיה לוקח הכל בכלי קבלה שלו.

וזהו פירוש "ויבן ערי מסכנות", היינו שזה היה לישראל. זאת אומרת, שכל כמה שהיה עובדים בזמן גלות, הכל לקח פרעה לרשותו. וממילא היו עם ישראל עניים, שנקרא מסכנא, בחינת עני.

ועוד יש לפרש **מסכנות** מלשון **סכנה**, שהם היו בסכנה גדולה, שלא ישארו במצב זה כל ימי חייהם. אבל לפרעה היה עבודתם של ישראל פיתם ורעמסס, היינו ערים יפים מאד מאד.

לפי זה יהיה הפירוש "ויבן ערי מסכנות" - לישראל, ולפרעה - את פיתם ורעמסס. היות שכל מה שעבדו ישראל, נפל לקליפות, ולא היו רואים שום ברכה בעבודתם. ובזמן שהיו מתגברים בעבודת האמונה ובבחינת השפעה, אז כן ראו פריה ורביה. וברגע שנפלו לבחינת ידיעה וקבלה, היו תיכף נופלים לרשות קליפת פרעה. ואז באו לידי החלטה גמורה ומוחלטת, שהעבדות צריך להיות בבחינת אמונה למעלה מהדעת, ובבחינת השפעה.

אבל ראו, שאין כח בידי עצמם לצאת משליטת פרעה. לכן כתוב "ויאנחו בני ישראל מן העבודה". כי פחדו, שלא ישארו שם בגלות לעולמים. אז "ותעל שועתם אל ה'", וזכו לצאת מגלות מצרים.

נמצא, שמטרם שראו את המצב, שבו הם נמצאים ברשות הקליפות, וכואב להם ומפחדים שלא ישארו שם לעולמים, אז אין שום צורך, שה' יעזור להם מכלי קבלה, אם לא מרגישים את ההזק והחסרון, שיש בזה, שזהו כל המפריע

מלהתדבק בה'. כי אחרת אדם מחשיב יותר את העבודה בבחינת ידיעה וקבלה. מה שאין כן בחינת אמונה נחשב לבחינת שופלות. ובוחרים יותר בידיעה וקבלה, כי כך מחייב שכל החיצון של האדם.

ולכן הוכן להם הגלות, שירגישו שאין להם שום התקדמות בהתקרבות לה', כל עבודתם נשקע בתוך קליפת מצרים. ואז ראו, שאין להם שום ברירה, אלא הם מוכרחים לקבל על עצמם עבודה של שיפלות, שהוא בחינת אמונה למעלה מהדעת, ולהשתוקק לבחינת השפעה, אחרת הם מרגישים, שהם שנמצאים ברשות הס"א.

נמצא, שהאמונה שקבלו עליהם, היה מטעם, שראו, אחרת אין להם שום עצה. ומשום זה הסכימו לעבודה של שיפלות. וזה נקרא "עבודה, התלויה בדבר". מסיבת שלא יפלו לתוך רשת הקליפות, לכן לקחו עליהם עבודה זו. אבל אם בטל הדבר, בטלו אהבה לעבודה זו. זאת אומרת, אם בטל היצר הרע, שכבר אין מי שיביאו להם מחשבות דלא תפנו לאלילים, בטלו אהבה של עבודת השיפלות.

ובזה נבין מה שאמרו חז"ל: "יצר הרע בתחילה דומה לחוט של בוכיא (עכביש), ולבסוף דומה כעבותות העגלה".

ידוע, שיש בחינת אונס, שוגג, מזיד. הרצון לקבל, המוטבע באדם, הוא בחינת אונס, מטעם שאין זה בידו לבטלו. וממילא לא נחשב זה לחטא, אלא זה נחשב לעון, כמ"ש: "הוי מושכי העון בחבלי השוא". אם כן, אי אפשר לדחותו או לשנוא אותו, מטעם שאין הוא מרגיש, שזה יהיה חטא. אבל מזה יוצא אח"כ "כעבותות העגלה", חטאה. ומהרצון לקבל הזה נברא אח"כ קליפות, שיש להם מרכבה שלימה, בסוד "זה לעומת זה עשה אלקים". ומשם נמשך היצר הרע. היינו הכל מהחוט השערה הנ"ל.

וכיון שכבר נתגלה שזהו חטא, אז כבר יודעים לשמור את עצמם מחוט השערה הזו. ואז מבינים, שאין עצה אחרת, אם רוצים להכנס לקדושה, אלא לקבל עבודה של שיפלות, היינו אמונה והשפעה. אחרת הם רואים, שנמצאים תחת שליטת קליפת פרעה מלך מצרים.

נמצא, שתועלת הגלות היה, שירגישו, שהרצון לקבל הוא חטא. וזהו סיבה, שיחליטו, שאין עצה אחרת, אלא להשתדל להגיע לכלי השפעה. וזה ענין, שאמר לו הקב"ה לאברהם אבינו עליו השלום, על השאלה, שהוא בקש בטוחות על ירושת הארץ: "ידוע תדע, כי גר יהיו זרעך וכו' וענו אותם". כי על ידי הגלות, אז הם יבואו לידי גלוי של החוט השערה, שהוא חטא. אז יבואו לידי קבלת עבודה אמיתית, כדי להרחיק עצמם מן החטא.

וזה שאמר רבי יהודה, לעתיד, שיהיה "בלע המות לנצח", דהיינו שהקב"ה שוחט ליצר הרע, וממילא לא נשאר ממנו אלא חוט השערה, שזה לא מורגש לחטא כלל (שחוט השערה הוא דבר שלא יכולים לראות זה בעין). ומכל מקום נשארים עוד רשעים וצדיקים. ואז כולם רוצים להדבק בו ית'. והרשעים, שעוד לא תיקנו את החוט השערה שלהם, מזמן שהיצר הרע היה קיים, שאז היה יכולת להרגיש, שזהו חטא.

מה שאין כן עכשיו, שאין יצה"ר לא נשאר אלא בבחינת חוט השערה, אז אין להם סיבה שיצטרכו להפוך את הכלי קבלה לכלי השפעה. כנ"ל, שחוט השערה לא מרגישים. אבל מכל מקום להדבק בו ית' לא יכולים, כיון שיש שנוי צורה ו"אין אני והוא יכולים לדור במדור אחד". והתיקון שלהם הוא, שיהיו אפר תחת כפות רגלי הצדיקים. שהכוונה הוא, היות שהיצר הרע נתבטל, נמצא שאין לצדיקים סיבה, שיצטרכו ללכת בבחינת אמונה למעלה מהדעת.

אם כן, כיון שאין להם סיבה, אז מי מכריח אותם? לכן כשהם רואים, שהרשעים, שנשארו עם חוט השערה, ולא תיקנו את חוט השערה, בזמן שהיה היצר הרע, שאז ראוי היה שיוכלו לתקן, מטעם שאז היה מגולה את הרצון לקבל לחטא. מה שאין כן עכשיו לא ניכר לחטא, אלא לחוט השערה.

לכן, אם אין סיבה, אין עכשיו מקום לתקן. אבל יחד עם זה, אין מקום לדביקות, כי

השנוי צורה נשארו. וכל התיקון שלהם הוא בזה, שהצדיקים הולכים עליהם. היינו, כשרואים שעכשיו כבר אין פחד מפני רשת הקליפות, שכבר נשחט היצר הרע.

אם כן, מדוע עכשיו הם צריכים לעבוד בבחינת אמונה למעלה מהדעת? אבל כשהם רואים, שאין הרשעים יכולים עכשיו להגיע לדביקות, מטעם שאין להם עכשיו סיבה, היינו יצר הרע, שיהיה ניכר להם לחטא, ויחד עם זה הם נשארו בחוץ, שסוף כל סוף נשאר שנוי צורה.

לכן הצדיקים, כשרואים את זה, אז הם מבינים מה טוב היה להם, שהיה להם סיבה לעבוד בבחינת השפעה, שהיה נדמה להם, שעסקו בבחינת השפעה רק מטעם היצר הרע. אבל הם רואים, שענין החטא, שראו אז, היה לטובתם. היינו, שבאמת העבודה זו הוא עיקר. ולא מטעם פחד, שיפלו לרשות הקליפות, עושים עבודה זו. וראיה לזה הם רואים אצל הרשעים, שלא תיקנו את החוט השערה. ועכשיו אין להם סיבה. ונשארו מבחוץ, שלא יכולים לבוא עכשיו לדביקות בה'.

נמצא, שהצדיקים מקבלים כח ללכת מחיל לחיל ע"י הרשעים. וזה שהרשעים נעשה אפר תחת רגלי הצדיקים. שהצדיקים הולכים על בחינת שנשארו בבחינת רשעים. אם כן "אגלאי מילתא למפרע [מתברר העניין מלכתחילה]", שדוקא עבודה זו הוא חשובה. ולא מטעם הכרח, כמו שנדמה להם מקודם, בזמן שהיה להם יצר הרע. עכשיו הם רואים, אפילו בלי יצר הרע, כדאי לעבוד בבחינת השפעה ואמונה.

וענין הללו בוכין והללו בוכין, כידוע, כי בכיה הוא בחינת קטנות, שהוא בחינת ו"ק. ויש חילוק בין ג"ר לו"ק, שמוחין דו"ק מאירים מבחינת העבר, היינו שהם לוקחים חיות ואור ממה שעבר עליהם. מה שאין כן מוחין דג"ר מאיר בהוה, ע"י שהוא מיחד את הזווג.

וזה פירוש, שהצדיקים בוכין ואומרין: "איך יכולנו לכבוש הר גבוה?" שעכשיו הם רואים, מה שהיה לפני שחיטת יצר הרע, שהיה שליטתו גדולה מאד, בסוד "זה לעומת זה עשה אלקים". והיה להם רחמים גדולים מצד השם ית', שנתן להם כח לנצח את מלחמת היצר. ויש להם עכשיו ששון ושמחה מהנס שהיה להם אז, היינו מזמן העבר. וזה נקרא "מוחין דקטנות".

והרשעים בוכין, כיון שעכשיו אין להם שום עצה להדבק בו ית', אף על פי שעכשיו הם רואים, שאין זה אלא חוט השערה. אבל היות שאין עכשיו יצר הרע, אין להם סיבה, שיוכלו להפוך את הכלי קבלה להשפעה. רק רואים שהם מבחוץ, לכן הם בוכין.

אבל התיקון שלהם הוא בזה, שנעשה אפר תחת כפות רגלי הצדיקים. היינו כנ"ל, שעל ידי זה שהצדיקים רואים, אף על פי שאין עכשיו יצר הרע, ומכל מקום אין הרשעים יכולים לזכות לדבקות. אז הם אומרים, על מה שהיה חושבים, שרק מטעם סיבה של יצר הרע צריכים ללכת בדרכי השפעה. אלא הם רואים, שזהו הכלי אמיתית. זאת אומרת, אפילו שלא היה יצר הרע, גם כן דרך זה הוא אמת, שדרך האמונה הוא דרך נפלאה.

ובזה נבין, למה נשארים רשעים אחר שחיטת יצר הרע. זהו מטעם כדי שיהיו אפר "תחת כפות רגלי הצדיקים". שאם לא היה נשארים רשעים, אז לא היה מי שיגלה את הענין הגדול הזה, שדרך האמונה הוא לא מטעם אהבה התלויה בדבר. היינו שלא מטעם יצר הרע צריכים ללכת בדרך האמונה, אלא זהו אהבה שאינו תלויה בדבר. היות שעכשיו כבר אין יצר הרע, ומכל מקום רק בדרך האמונה יכולים לזכות לדביקות ה'.

ושמעתי פעם אחרת: הנה מה שאנחנו צריך דוקא לאמונה, הוא מסיבת הגאות שיש בנו, שאז קשה לנו לקבל האמונה. זאת אומרת, שאף על פי שהאמונה הוא בחינה גבוה, ומדרגה נפלאה, שאין התחתון יכול להשיג ולהבין את יקר ערכה ותכלית רוממותה, הוא רק מסיבת הגאות שבנו, דהיינו הרצון לקבל, נדמה לעינינו שהוא בחינת שופלות ומעשה בהמה. אשר לסיבה זו הוכן לנו אדם בליעל.

ושמעתי פעם אחרת: אשר אנחנו רואים, שבזמן שאנו לא רוצים לקבל את האמונה אנחנו

נופלים ממצבנו. ובכל פעם ופעם אנחנו עולים ויורדים, עד שנקבע בליבנו שאין לנו עצה אחרת אלא לקבוע את האמונה. וזהו היה בכדי לקבל את האמונה. וזה ויבן ערי מסכנות (לישראל) לפרעה.

פז. שבת שקלים

שמעתי כ"ו אדר תש"ח

בשבת שקלים, בעת שנכנס לקידוש ... אמר, מנהג היה אצל אדמורים בפולניא, שכל העשירים היו באים לרבם בשבת שקלים, כדי לקבל שקלים מרבם.

ואמר, הרמז לזה הוא, משום שאי אפשר להיות מחית עמלק בלי שקלים. מטעם כי מטרם שמקבלים שקלים, אין עדיין קליפת עמלק. אלא בזמן שלוקחים שקלים, אז באה הקליפה הגדולה, שנקראת עמלק. ואז מתחיל העבודה של מחית עמלק, משה, שאם כן מטרם זה אין לו מה למחוק.

והוסיף לזה ביאור, על מה שאמר המגיד מקוזניץ זצ"ל, על מה שאומרים בתפילת נעילה "אתה הבדלת אנוש מראש ותכירהו לעמוד לפניך". ושאל על זה המגיד, איך אפשר לעמוד בלי ראש, שהמשמעות היא, שהבדיל את הראש מהאדם. ואיך אפשר להיות מציאות כזה. וביאור, שהתירוץ הוא, "כי תשא את ראש בני ישראל". שעל ידי זה ממשיכים בחינת ראש, בתנאי אם נותנים את המחצית השקל, אז על ידי זה זוכין לבחינת ראש.

ואח"כ שאל ... מדוע המכין לקידוש שתיה יותר מאכילה. וזהו שלא כסדר. כי הסדר צריך להיות "אכילה מרובה משתיה", כי השתיה באה רק להשלים את האכילה, על דרך "ואכלת ושבעת וברכת". מה שאין כן כשהשתיה מרובה מאכילה. ופירש, כי אכילה מרמז על חסדים, ושתיה מרמז על חכמה.

ועוד אמר, ששבת שלפני חודש אדר כולל כל חודש אדר. לכן "כשנכנס אדר מרבים בשמחה". ואמר, שיש הפרש בין שבת ליום טוב. שבת נקרא בחינת אהבה, ויום טוב נקרא בחינת שמחה. וההבדל בין שמחה לאהבה הוא, כי אהבה הוא בחינת עצם, ושמחה הוא רק תוצאה, שנולדה מאיזו סיבה. והסיבה הוא העצם, והתוצאה הוא רק תולדה מעצם. לכן שבת נקראת "אהבה ורצון", ויום טוב נקרא "שמחה וששון".

ועוד אמר הסבר על מה שרבי יוחנן בן זכאי השיב לאשתו, שאני בחינת שר בפני המלך, והוא רבי חנינא בן דוסא כעבד בפני מלך. לכן יש לו אפשרות להתפלל. ולכאורה היה צריך להיות להיפוך, שלהשר יש כח יותר לפעול דעתו על המלך, ולא העבד.

אלא "שר" נקרא מי שכבר זכה להשגחה פרטיות. ואז אין הוא רואה מקום להתפלל, כיון שהכל טוב. מה שאין כן "עבד" נקרא, שהוא במדרגת שכר ועונש, אז יש לו מקום להתפלל, כיון שרואה, שיש לו עוד מה להתקן.

והוסיף על זה הסבר ממאמר שמובא (בבא מציעא פ"ה ע"א). כתוב שם, דההוא עגלא דהוי קא ממטו ליה לשחיטה, אזל תליא לרישא בכנפיה דרבי וקא בכי. אמר ליה, זיל לכך נוצרת. אמרו, הואיל ולא קא מרחם ליתו עליה יסורין [עגל אחד שהוליכו אותו לשחיטה, הלך תלה ראשו בכנף בגדו של רַבִּי, ובכה. אמר לו רַבִּי, לֵךְ, לכך נוצרת. אמרו, הואיל ואינו מרחם יבואו עליו יסורים]. וענין "לכך נוצרת" פירושו השגחה פרטית, שאין מה להוסיף ומה להגרע, ששם גם היסורים ניכרים לשבחים. לכן המשיך עליו בחינת יסורים. והגמרא מביא, שנפטר מן היסורים ע"י מעשה, שאמר "ורחמיו על כל מעשיו". יומא חד הוה קא כנשא אמתיה דרבי [יום אחד, היתה שיפחתו של רַבִּי מטאטאת את הבית] (שאמתיה דרבי הוה מכבדת הבית), הוי שדיא בני כרכושתא וקא כנשא להו (שהיתה זורקת בני חולדה, שהיתה שם). אמר לה, שבקינהו (היינו עזבי אותם), כתיב "ורחמיו על כל מעשיו". שהשיג אז, שגם בחינת תפילה נשאר בנצחיות. לכן כבר היה לו מקום לתפילה. לכן הלכו ממנו היסורים.

ובמוצאי שבת קודש אמר ביאור על מה שאומר הזה"ק על פסוק "כי יעקב בחר לו יה". מאן בחר למאן [מי בחר את מי]. והשיב הזה"ק: "כי ה' בחר ליעקב" (בראשית קס"א

ע"ב). ואמר, שאלת הזה"ק הוא, אם ה' בחר ליעקב. נמצא, שיעקב לא עשה שום דבר, אלא הכל בהשגחה פרטית. ואם יעקב בחר, פירושו שיעקב הוא העושה, היינו ענין של שכר ועונש.

והשיב, שבתחילה צריך האדם להתחיל בדרך של שכר ועונש. וכשהוא גומר את השלב הזה של שכר ועונש, אז זוכים ורואים, שהכל הוא בהשגחה פרטית "שהוא לבדו עושה ויעשה לכל המעשים". אבל מטרם שהאדם משלים את עבודתו בשכר ועונש, אי אפשר להבין את השגחה פרטית.

ובליל דיום א' אחר השיעור, אמר הסבר על בחינת ערום דיעקב, שכתוב אצל יעקב "בא אחיך במרמה". ובודאי שלא היה כאן ענין של שקר, אחרת לא היה הכתוב אומר על יעקב "בחיר שבאבות", שהיה שקרן. אלא פירושו של ערמה הוא, בזמן שהאדם עושה דבר חכמה, ולא כוונתו לשם חכמה, אלא להוציא מזה איזה תועלת, שהוא צריך לזה. ורואה, שבאופן ישר אי אפשר להשיגו. לכן הוא עושה איזה דבר חכמה, בכדי שישיג את הדבר שנחוץ לו. זה נקרא חכמה.

וזה פירוש הפסוק "הוי ערום בדעת", היינו חכמה ע"י הדעת. שפירושו, שמה שהוא רוצה להשיג חכמה, הוא לא לשם חכמה, אלא ע"י דבר אחר, שמכריחו להמשיך חכמה. דהיינו שהוא צריך להמשיך, בכדי להשלים את החסדים.

כי מטרם שהחסדים משיגים חכמה הם בבחינת הקטנות. מה שאין כן אח"כ, שממשיך חכמה, ומכל מקום הוא בוחר יותר בחסדים מחכמה, אז ניכר שהחסדים יותר חשובים מחכמה. וזה נקרא בחינת ג"ר דבינה, שענינו הוא, מה שמשתמש בחסדים, הוא מחמת בחירה. וזה ענין חכמה ע"י הדעת, שבישסו"ת מתגלה חכמה בבחינת ו"ק, ובאו"א מתגלה החכמה ע"י שהם משביחים את החסדים ונשאר בחסדים. מה שאין כן, הגם בינה הוא בבחינת תיקון חפץ חסד, אבל הבחירה, שהוא בוחרת בחסדים, איננו ניכר מטעם צמצום ב', שאין חכמה. מה שאין כן בגדלות, כשבא חכמה, אז החסדים, שהיא משתמשת עמהם, הוא מחמת בחירה.

פח. כל העבודה הוא רק במקום שיש ב' דרכים

שמעתי מוצש"ק בשלח תש"ח

כל העבודה הוא רק במקום שיש ב' דרכים, כמ"ש וחי בהם ולא שימות בהם. וענין יהרג ואל יעבור אינו נוהג, אלא בג' מצות לבד, שהם עבודה זרה, ושפיכות דמים, וגלוי עריות. ויחד עם זה אנו מוצאים, שחסידים הראשונים היו מוסרין נפשייהו [נפשם] על עשה.

וצריכים לדעת, שכל העבודה והיגיעה הוא רק בזמן, שהאדם צריך לשמור את התורה. אז האדם מרגיש את המעמסה הכבידה, שהגוף לא מסכים לתנאי התורה. אבל בזמן שהאדם זוכה, שהתורה שומרת את האדם, אז לא מרגישים שום כבידות בעבודת ה', משום שהתורה שומרת את האדם על דרך שכתוב "נשמת אדם תלמדנו".

פט. בכדי להבין את דברי הזה"ק

שמעתי ה' אדר תש"ח

בכדי להבין את דברי הזה"ק, צריכים להבין מקודם, מה שזה"ק רוצה לומר. ובכדי להבין, מה שזה"ק רוצה לומר, זה תלוי במדת התמסרות לתורה ומצות. שתו"מ יביא לו בחינת נקיות, היינו שיהיה נקי מאהבה עצמית. ולצורך זה הוא עוסק בתו"מ. ובשיעור זה אפשר להבין את האמיתות, מה שהזה"ק רוצה לומר. אחרת יש קליפות, המסתירות וסותמות את האמיתיות, שנמצא בדברי הזה"ק.

צ. בזהר בראשית

שמעתי י"ז אדר ב' תש"ח

בזוהר בראשית דף קס"ה, בסתרי תורה "מתניתין, תוקפי דהורמני, זקיפין מלעילא, ושננא דחרבא דמלהטא ממנא על כל חילין ומשרין, וכו' בסטרין סגיאין מתפרשן גוונין אחרנין לכמה דרגין [מגיני השרים, זקופים

ממעלה, ולהט החרב הלוהטת ממונה על כל הצבאות והמחנות וכו', ובבחינה זו מתפרשים בחינות אחרות לכמה מדרגות]".

ופירש, שבזמן שנמשך הקו שמאל, וצריכים להמתיקו בקו ימין, הוא מתפרש בג' מקומות:

א. באו"א, שהוא השורש,

ב. הוא במלכות,

ג. הוא במלאכי אלקים.

באו"א נקראים "תוקפי דהורמני [מגיני השרים]**". ובמלכות הוא נקראת "להט החרב המתהפכת". ובמלאכים הם נקראים "בסטרין סגיאין אינון, מתפרשן גוונין אחרנין, לכמה דרגין".**

צא. ענין בני תמורה

שמעתי ט' ניסן תש"ח

בזה"ק אומר טעם על ראובן, שנולד מלאה. והוא חשב בעת מעשה על רחל. והדין הוא, אם הוא חשב באחרת, אז הולד נקרא בן תמורה. ותירץ הזה"ק, היות שהוא חשב על רחל, והוא היה חושב שבאמת למעשה הוא רחל. ובני תמורה נקרא, שמחשבתו היה על רחל, ועל המעשה ידע, שהוא לאה. מה שאין כן כאן, שמחשבתו היה על רחל, ועל המעשה גם כן חשב שבאמת הוא רחל.

ואמר על זה ביאור. כי ברוחניות ידוע, שהם על דרך חותם ונחתם, שכל מדרגה נחתמה מהמדרגה עליונה. והדרך של חותם ונחתם הוא תמיד דבר והיפוכה, שהנחתם הוא תמיד הפוך מהחותם. לכן יוצא, מה שנקרא בבריאה קליפה, הוא ביצירה קדושה. ומה שהוא קליפה ביצירה, הוא קדושה בעשיה.

אי לזאת, אם הצדיק מתיחד באיזה מדרגה, בטח שהוא מתיחד עם בחינת הקדושה שבהמדרגה. ואם בעת מעשה הוא חושב על מדרגת אחרת, ומה שנקראת קדושה במדרגה זו, נקראת קליפה במדרגה אחרת. לכן נקרא "בן תמורה". היינו מה שנולד מייחוד הזה, הוא בן תמורה, מטעם שהמדרגות אחד לגבי שניה הוא בהופכיות.

מה שאין כן יעקב: מחשבתו היה על רחל, היינו לבחינת הקדושה, הנמצאת בבחינת רחל. ועל המעשה גם כן חשב, שהוא באמת רחל. אם כן, בין במחשבה היה על בחינת קדושה הנמצאת ברחל, ובין במעשה היה מתכוון שהוא מדרגת רחל. אם כן, אין כאן בחינת לאה, שיהיה זה בחינת תמורה.

צב. ביאור לבחינת מזלא

שמעתי ז' סיון תש"ח

"מזל" נקרא דבר שהוא למעלה מהשכל. דהיינו, אף על פי שמצד השכל היה צריך להיות כך וכך, אלא מצד המזל גרם, שהצליח במעשה ידיו. כי שכל נקרא סיבה ומסובב. שפירוש, שהסיבה הזה גרם, שיצא תוצאה כך כמו שהוא. אבל למעלה מהשכל, היינו שהסיבה ראשונה לא היה קודם ונמשך להתוצאה, נקרא זה למעלה מהשכל. וזה אנו מכנים, שהמזל גרם לו את התוצאה.

וידוע, שכל השפעות באות מאור החכמה. וכשהחכמה מאירה, נקרא זה קו שמאל וחושך. והשפע נסתמת ונקרא בשם קרח. וזה נקרא זכות, היינו מטעם שהוא זוכה. היינו, הסיבה שמסובב ממנו אור החכמה, נקרא זכות, שהוא קודם ונמשך.

אבל "בני, חיי ומזונא לאו בזכותא תליא מילתא, אלא במזלא [בנים, חיים ומזונות - לא בזכות תלוי הדבר, אלא במזל]**". היינו דוקא על ידי קו האמצעי, ששם החכמה מתמעטת, ודוקא ע"י המיעוט, המכונה מסך דחיריק, היא מאירה. נמצא, שהיא מאירה שלא עם סיבה ומסובב, היינו שהחכמה תאיר ע"י קו שמאל, אלא דוקא ע"י מיעוט. זה נקרא "למעלה מהדעת". וזהו "מזלא".**

צג. ענין סנפיר וקשקשת

שמעתי תש"ה

להבין מה שאמר חז"ל "כל שיש לו קשקשת, בידוע שיש לו סנפיר. וכל שיש לו סנפיר, אינו ידוע אם יש לו קשקשת".

על דרך העבודה יש לפרש, ענין קשקשת, היינו קשיות, שיש לו בעבודות ה'. שהקשיות

הם כלים לקבל תירוצים. משום שהתירוצים אינם מתמלאים בשכל החיצוני, אלא דוקא בשכל הפנימי, שהוא סוד אור עליון המתלבש בהאדם. ואז מתיישב אצלו כל הקושיות.

לכן כפי רבוי הקושיות, בשיעור זה מתלבש אור עליון בהאדם. לכן הקשקשת היא מסימני טהרה, משום שעל ידי זה הוא יכול לבוא לטהר את עצמו, ע"י שרוצה שלא יהיה לו קושיות. לכן כל אשר ביכולתו הוא עושה, בכדי לטהר את עצמו, שיכול לזכות לאור העליון.

וסנפיר הוא גם כן מסימני טהרה, שסנפיר רומזת על "שונא-פה-אור" העליון. וכיון שיש לו קשיות, בטח שהוא מטעם שיש לו שנאה לאור העליון. אבל מי שיש לו סנפיר, אינו מחויב שיהיה קושיות. שיכול להיות, שהוא שונא אור העליון, לא מטעם שיש לו קושיות, אלא מטעם שהוא פשוט בעל תאוה. ואומר, בין כך ובין כך לא אילך.

וזהו סימני טהרה. היינו, בזמן שיש לו דג. שפירושו של דג, הוא סוד הבשר, המלובש בהסנפיר וקשקשת. זאת אומרת, שאור העליון מאיר באלו שני סימנים. מה שאין כן מי שעובד ואין לו שום קושיות בעבודה, אין זה סימן טהרה, בזה שאין לו קושיות. והוא מטעם, שאין לו מקום לשרות בו אור עליון בתוכה. מטעם, שאין לו סיבה, שיחייבהו להמשיך אור עליון, כיון שגם בלי אור העליון, הוא גם כן בסדר גמור לפי דעתו.

לכן פרעה מלך מצרים, שהיה רוצה, שעם ישראל ישארו ברשותו, נתן צו, שלא לתת קש, כמ"ש "ויפץ העם ללקוט קש". אז ממילא אף פעם לא יהיה לו צורך, שה' יוציא אותם מרשות הטומאה להקדושה.

צד. ושמרתם את נפשותיכם

שמעתי תש"ה

בפסוק "ושמרתם את נפשותיכם" עיקר השמירה הוא על נפש הרוחני. מה שאין כן על נפש הגשמי, האדם שומר אותו, אפילו בלי צווי מן התורה. כי זה כלל: כי עיקר היכר מצוה, שפירושו שיהיה ניכר שהוא עושה את הדבר מטעם מצוה, הוא, שאם לא היה מצוה, לא היה עושה דבר זה. אלא מה שהוא כן עושה דבר זה, הוא מטעם מצוה.

לכן בדבר מצוה שהוא עושה, ואם אפילו שלא היה מצוה, גם כן היה עושה דבר זה, אז הוא צריך בדיקה יתירה, למצוא שם איזה מקום, שיהיה לו היכולת לומר, שעושה זה רק מטעם מצוה. אז יכול האור של המצוה להאיר על המעשה המצוה, שהוא עושה. שזה נקרא, שעושה עם המצוה כלי, שיכול לשרות בו אור העליון, לכן עיקר שמירה, הכוונה על נפש הרוחני.

צה. ענין הסרת הערלה

שמעתי בסעודת ברית תש"ג ירושלים

מלכות מבחינתה עצמה נקראת "חכמה תתאה [תחתונה]". ומבחינת שהיא קשורה ביסוד, היא נקראת בחינת "אמונה". ועל היסוד יש בחינת ערלה, שמתפקידה להפריד המלכות מהיסוד, ולא נותן לה להתקשר עם היסוד. וכוחו של הערלה הוא בזה, שמצייר שבחינת אמונה, היא בחינת עפר, שזה ענין שכינתא בעפרא [שכינה בעפר].

וכשמסירים את הכות המצייר הזה, ואדרבא, שאומרים, שהכח המצייר הוא בחינת עפר, אזי נקרא בחינת מילה, שחותך את הערלה וזורקין את הערלה בעפר.

אזי, השכינה הקדושה יוצאת מהעפר. ואז ניכר מעלת האמונה. וזה נקרא בחינת גאולה. היינו, שזוכין לאקמא שכינתא מעפרא [להקים שכינה מעפר]. לכן צריכין לרכז את כל העבודה להסיר את כח המצייר. ורק בחינת אמונה הוא בחינת שלימות.

"מחמירין על עצמן, עד כזית ועד כביצה". "זית" הוא כמו שאמרה היונה: "מוטב שיהיו מזונותי מרורים כזית בידי שמים". ו"כביצה" היינו, שאין בה שום חיים, אף על פי שממנה תצא בעל חי, אבל לעת עתה אין רואין בה שום חיים. והם מחמירין על עצמן ומבכרין [ומעדיפים] לעבוד, אף על פי שהמצב הזה הוא בחינת זית.

וכמו כן, שאין רואין שום חיות בעבודה,

599 מאמרי "שמעתי" תקצט

וכל הכח שלהם לעבודה הוא משום, שכל מגמתם הוא אך לאקמא שכינתא מעפרא [להקים שכינה מעפר]. ואז, על ידי עבודה זו, הם זוכין לבחינת גאולה. ואז הם רואים, שהסעודה הזו, שהיתה מקודם בחינת זית וביצה, נעשה עכשיו לבחינת חיות ומתיקות נועם עליון.

וזה ענין "גר, שנתגיר, כקטן שנולד דמי [דומה]". שצריך אז לקיים בחינת ברית גם כן. ואז יהיה בשמחה.

ומזה נמשך, שבזמן שמולין את התינוק, אף על פי שהילד נמצא ביסורים, ומכל מקום הקהל וההורים הם שמחים, משום שמאמינים, שהנפש של הילד הוא שמח. כמו כן בעבודת הברית צריכין להיות בשמחה, אף על פי שמרגיש מצב של יסורים, ומכל מקום הוא צריך להאמין, שהנפש שלו הוא בשמחה.

כל עבודתנו צריך להיות בשמחה. והראיה לזה מהמצוה הראשונה, שניתן לאדם. אזי המצוה נעשית ע"י ההורים. וההורים והמשתתפים הם בשמחה. כך צריך להיות כל המצות מה שהוא עושה, שיהיה רק בשמחה.

צו. מהו פסולת גורן ויקב, בעבודה

שמעתי ערב סוכות בתוך הסוכה תש"ג

גורן הוא סוד דינין דדכורא [דינים של זכר], שהיא בחינת "ונסתרה ולא נטמאה". שהוא מרגיש, שהוא בחינת גורן, היינו גר בעבודה.

יקב היא בחינת דינין דנוקבא [דינים של נקבה], שהיא בחינת "ונסתרה ונטמאה", שיקב הוא בחינת נקב.

ויש ב' מיני סוכות:

א. דענני הכבוד,

ב. דפסולת גורן ויקב.

הנה ענן הוא בחינת הסתרה, שהאדם מרגיש את ההסתרה, שיש על הקדושה. ואם האדם מתגבר על הענן, היינו על ההסתרה שהוא מרגיש, אז על ידי זה הוא זוכה לבחינת ענני הכבוד. וזה נקרא בחינת מ"ן דאמא, שזה נוהג בשיתא אלפי שני [ששת אלפי השנים], שזה הוא בחינת סוד, שעדיין לא הגיע לידי טבע, הנקרא פשט.

ופסולת גורן ויקב נקרא בחינת פשט וטבע, שהיא בחינת מ"ן דמלכות, המותקנת דוקא ע"י אמונה, הנקראת אתערותא דלתתא [התעוררות מלמטה].

ומ"ן דאמא היא בחינת אתערותא דלעילא [התעוררות מלמעלה], שאינו בבחינת הטבע. כלומר שמצד הטבע, בזמן שאין האדם מוכשר לקבל את השפע, אין הוא מקבל שום השפעה. מה שאין כן מצד אתערותא דלעילא [התעוררות מלמעלה], שהוא למעלה מהטבע, כן האור מושפע לתחתונים בסוד "אני ה', השוכן אתם בתוך טומאתם". כמ"ש בזה"ק "דאף על גב דאיהו חטא, כאילו לא חטא כלל".

אבל באתערותא דלתתא אין האור מושפע. אלא דוקא בזמן, שהאדם מוכשר מצד הטבע, היינו מצד עצמו, שזה נקרא מ"ן דנוקבא, שהוא יכול להתתקן על ידי האמונה. וזה נקרא מצד עצמו, שהוא בחינת אלף השביעי, הנקרא וחד חרוב [ואחד חרב], היינו ש"לית לה מגרמיה ולא מידי [שאין לה מעצמה ולא כלום]", שהיא בחינת מלכות.

וכשמתקנים זה, זוכים לאלף העשירי, שהיא בחינת ג"ר. ונשמה כזאת נמצאת באחד מעשרה דורות. אבל יש בחינת אלף השביעי מבחינת שיתא אלפי שני [ששת אלפי השנים], הנקרא בחינת פרט, שהכלל ופרט תמיד שוים. אבל היא בחינת מ"ן דאמא, הנקראת ענני הכבוד.

ותכלית העבודה היא בבחינת הפשט והטבע, שבעבודה זו אין לו כבר מקום לפול יותר למטה, מאחר שהוא כבר מונח בארץ. וזהו מטעם, שאין הוא נצרך לגדלות, מטעם שאצלו הוא תמיד כמו דבר חדש.

כלומר, שתמיד הוא עובד כמו שהתחיל עתה לעבוד. והיה עובד בבחינת קבלת עול מלכות שמים למעלה מהדעת. שהיסוד שעליו בנה את סדר עבודה, היתה בצורה השפלה ביותר. וממש שהיה כולה למעלה מהדעת. שרק מי שהוא פתי באמת יכול להיות כל כך שפל, שילך ממש בלי שום בסיס, שיהיה לו מקום לסמוך את האמונה שלו, ממש על שום סמיכה.

ונוסף לזה הוא מקבל את העבודה זו בשמחה רבה, כמו שהיה לו דעת וראיה אמיתית, על מה לסמוך את הודאות של האמונה. וממש באותו שיעור למעלה מהדעת, באותו שיעור כאילו היה לו דעת. לכן אם הוא מתמיד בדרך זה, אי אפשר לו ליפול אף פעם, אלא שתמיד הוא יכול להיות בשמחה, בזה שהוא מאמין, שהוא משמש מלך גדול.

וזה ענין מה שכתוב "את הכבש האחד תעשה בבוקר, ואת הכבש השני תעשה בין הערבים, כמנחת הבוקר ונסכו". פירוש, שאותה השמחה, שהיה לו בזמן שהקריב את קרבנו, בזמן שהיה אצלו בוקר, שבוקר נקרא אור, היינו שהיה מאיר לו את האור תורה בתכלית הבהירות, באותה שמחה היה עושה את קרבנו, היינו עבודתו, אפילו שהיה לו בחינת ערב.

כלומר, אפילו שלא היה לו שום בהירות, בתורה ועבודה, מכל מקום הוא עשה הכל בשמחה, מטעם שהוא עושה למעלה מהדעת. לכן אין הוא יודע למדוד, מאיזה מצב יש להבורא יותר נחת רוח.

וזה סוד, שרבי שמעון בן מנסיא היה דורש "כמין חומר". חומר נקרא בלי דעת ושכל. "אוזן, ששמע על הר סיני, לא תגנוב". היינו, שלא לקבל לעצמו כלום, אלא שיקבל על עצמו עול מלכות שמים בלי שום גדלות, אלא הכל בלמעלה מהדעת. והלך וגנב איזה הארה לעצמו. היינו, שאומר, שעכשיו כבר אני יכול להיות עובד ה', מסיבת שכבר יש לי דעת ושכל בעבודה "ואני מבין שכדאי להיות עובד ה', ועתה כבר אין אני זקוק לבחינת אמונה למעלה מהדעת".

ועל זה משמיענו "ומכרוהו בית דין". ש"בית דין" הכוונה על השכל ודעת של האדם, שהם דנין את מעשיו של האדם, אם הם כדאי לעשותם או לא.

ומכרוהו, היינו שנעשה בחינת נכרי בעבודת ה'. שאז בא השכל ושואל אותו את השאלה הידוע "מה העבודה הזאת?" והוא בא רק מצד הגניבה, מצד שכבר קיבל איזה סמיכה לבחינת אמונה. לכן הוא בא ורוצה לבטל את הסמיכה עם השאלות שלו. אבל זה אינו אלא ל"שש", היינו ש"מכרוהו לשש שנים", שהוא בחינת דינים דדכורא.

"ואם אמר יאמר העבד אהבתי את אדני וכו', לא אצא חפשי", היינו שלא רוצה לצאת לחפשי בלי מצות, אז התיקון הוא "והגישו אדוניו", היינו אדון כל הארץ. "אל הדלת או אל המזוזה", היינו שנותן לו סיתום על הקבלת מלכות שמים. "ורצה", היינו שעושים לו נקב באזנו. כלומר, שעושים לו נקב אחר, בכדי שיוכל לשמוע עוד הפעם, מה ששמע על הר סיני "לא תגנוב". "ועבדו לעולם", שאז נעשה עובד ה' באמת.

סוכות הוא דירת עראי [דירה זמנית], היינו, מי שכבר זכה לדירת קבע, וכבר אין לו מה לעשות, כנ"ל בענין ראשון לחשבון עונות, אז העצה שיצא לדירת עראי. כמו שהיה בזמן, שהלך בדרך להגיע לבית ה', מטרם שהגיע לדירת קבע. שאז היה לו כל פעם צורך להגיע להיכל ה'. והיה לו אושפיזין [אורחים], היינו בזמן שעבודתו היתה בבחינת אורח עובר.

ועתה הוא יכול להמשיך מזמן עבודה שעבר, שהיה אז תמיד מודה ומשבח את ה', בזה שהקב"ה היה מקרבו בכל פעם, ומזה היה לו שמחה. השמחה שהיה לו אז, הוא יכול להמשיך עכשיו, בסוכות. וזהו רמז של דירת עראי. לכן אמרו: "צא מדירת קבע ושב בדירת עראי".

"לא המדרש עיקר אלא המעשה". היינו כנ"ל, שמעשה נקרא כמין חומר, שהיה רבי שמעון בן מנסיה דורש "כמין חומר", שעיקר הוא המעשה, והשכל אינו אלא כמו מראה.

אבל יחד עם זה, המעשה נקרא בחינת חי, והשכל נקרא בחינת מדבר. והענין הוא, שאם יש שלימות בבחינת המעשה, אז המעשה כל כך גדולה, שהוא מביא לו בחינת שכל התורה. ושכל התורה נקרא בחינת מדבר.

צז. ענין פסולת גורן ויקב

שמעתי

גורן פירושו מיעוט מעשים טובים, שהאדם מרגיש בחינת גרונות (גרעונות) עם השם ית'.

לכן הוא ממעט במעשים טובים. ואחר כך הוא בא לבחינת יקב, שהוא ענין "ונוקב שם ה'". סוכות הוא בחינת שמחה, שהוא בחינת גבורות המשמחות, שהוא סוד תשובה מאהבה, שזדונות נעשו לו כזכיות. ואז אפילו גורן ויקב נכנסים לקדושה. וזה סוד שעיקר בחינת סוכות הוא יצחק, אלא שכולם נכללים בו (ופסח הוא בחינת אהבה, שהוא ימין). וזה סוד ש"אברהם הוליד את יצחק".

כי ענין אב ובן הוא גורם ונמשך, סיבה ומסובב. שלולי שהיה מקודם בחינת אברהם, שהוא סוד ימין, לא היה יכול לבוא לבחינת יצחק, שהוא סוד שמאל. אלא שהשמאל נכלל בהימין. וזה סוד "כי אתה אבינו". כי אברהם אמר: "ימחו על קדושת שמך". וכמו כן אמר יעקב, שפירושו, שהעבירות ימחו על קדושת שמך. ואם נשאר כך, נמצא שיש פירצה באמצע. היינו, העבירות, שיהיו בתוך כלל ישראל, הם כמו פירצה בקדושה.

מה שאין כן יצחק אמר: "פלגא עלי ופלגא עלך [חצי עלי וחצי עליך]". היינו חלק עבירות וחלק המצות. זאת אומרת, ששניהם יכנסו לקדושה. וזה יכול להיות ע"י תשובה מאהבה, שזדונות נעשו לו כזכיות. אז אין שום פירצה, כמ"ש "אין פרץ ואין צווחה", אלא הכל מתוקן לקדושה.

וזה סוד שאמרו חז"ל: "גדול זבל ופרדותיו של יצחק מכספו וזהבו של אבימלך".

זבל נקרא דבר פחות שאין לו שום ערך. היינו שהעבדות שלו היא אצלו בבחינת זבל. ואחר כך באים לידי פירוד. כיון שהוא לא מחשיב את עבודתו, הוא בא לידי פירוד. וזה נקרא "זבל ופרידותיו של יצחק". וכיון שיצחק תיקן את הכל בבחינת תשובה מאהבה, שזדונותיו נעשו כזכיות, אז הרווחים שבא לו ע"י זבל ופרדותיו, הם יותר גדולים מכספו וזהבו של אבימלך.

כספו פירוש כיסופין לה'. וזהב פירושו זה הב, שהוא ענין השתוקקות לתורה, היינו להשגת התורה. וכיון שיצחק תיקן את הכל, היינו שבא לתשובה מאהבה, ואז גם הזדונות נחשבו לו לזכיות, אז ממילא הוא היה עשיר גדול. כי לקיים המצות, אין יותר מתרי"ג מצות. מה שאין כן עבירות וזדונות, לזה אין גבול. לכן נתעשר יצחק, כמ"ש "וימצא מאה שערים". שפירושו, שהיה לו מאה אחוז בקדושה, בלי שום פסולת, שגם הפסולת נתתקן אצלו.

לכן הסכך של הסוכה נעשה מפסולת גורן ויקב. (ואפשר לומר, שמה שאמרו חז"ל, מפסולת נתעשר משה). לכן עיקר סוכות הוא על שם יצחק, שהוא סוד גבורות המשמחות, וכן נבחן סוכות על שם משה.

צח. רוחניות נקרא, מה שלא יתבטל לעולם

שמעתי תש"ח

רוחניות נקרא, מה שלא יתבטל לעולם. לכן הרצון לקבל בהצורה שהוא נמצא, שהוא עמ"נ לקבל, נקרא גשמיות, משום שהוא יתבטל מצורה זו, ויקבל צורה בעמ"נ להשפיע.

מציאות מקום ברוחניות נקרא מקום מציאות, מטעם שכל מי שבא לשם, היינו למקום ההוא, רואה אותה צורה כמו השני. מה שאין כן דבר דמיוני אינו נקרא מקום מציאותי, משום שהוא דמיוני. אז כל אחד מדמה לעצמו באופן אחר.

ומה שאנו אומרים "ע' פנים לתורה", פירושו שהם ע' מדרגות. ובכל מדרגה מתבאר התורה לפי המדרגה, שבו הוא נמצא. אבל ענין "עולם" הוא מציאות. דהיינו, שכל מי שבא לאיזו מדרגה מן השבעים מדרגות שבאותו עולם, הוא משיג אותה צורה כמו כל המשיגים, שבאו לשם.

ומזה נמשך מה שאמרו חז"ל, מה שמבארים את פסוקי התורה. שאומרים "כך היה אומר אברהם ליצחק", וכדומה בשאר מאמרי חז"ל. שהיו אומרים, מה שהיו אומרים, מה שמבואר בהפסוקים. ונשאלת השאלה: מנין היו יודעים את זה, מה שהיה אומר אחד להשני?

אלא כנ"ל, משום שאותם, שבאו להמדרגה, ששם היה עומד אברהם, או מי שהוא, אז הם רואים ויודעים, כמו שאברהם ידע וראה. לכן הם יודעים, מה שאברהם היה אומר.

וכמו כן בכל הדרשות חז"ל, מה שהיו מפרשים את הפסוקים של התורה, את כל זה היה משום, שגם הם השיגו את המדרגה. וכל מדרגה ברוחניות הוא מציאות, שכולם רואים המציאות. כמו שכולם שבאים לעיר לונדון באנגליה, כולם רואים מה שיש בעיר, ומה שמדברים בעיר.

צט. רשע או צדיק לא קאמר

שמעתי כ"א אייר ירושלים

"דדריש רבי חנינא בר פפא: אותו מלאך, הממונה על הריון, לילה שמו. ונוטל טיפה, ומעמידה לפני הקב"ה, ואומר לפניו: רבונו של עולם, טיפה זו מה תהא עליה: גבור או חלש, חכם או טיפש, עשיר או עני? ואילו רשע או צדיק לא קאמר [נאמר]" (נידה ט"ז ע"ב).

ויש לפרש לפי הכלל, שאי אפשר לטיפש שיהיה צדיק, כדברי חז"ל: "אין אדם חוטא, אלא אם כן נכנס בו רוח שטות". וכל שכן זה ששוטה כל ימיו. אם כן, לזה שנולד שוטה, אין לו שום בחירה, כיון שנגזר עליו, שיהיה טיפש. אם כן, מה שאמרו "צדיק ורשע לא קאמר", הטעם הוא, כדי שיהיה לו בחירה. ומהו התועלת אם לא אמר "צדיק ורשע", הלא אם נגזר עליו שיהיה טיפש, אם כן הוא ממילא כמו שנגזר עליו שיהיה רשע?

וכן יש להבין דברי חז"ל: "אמר רבי יוחנן, ראה הקב"ה שצדיקים מועטין, עמד ושתלן בכל דור ודור, שנאמר "כי לה' מצוקי ארץ וישת עליהם תבל". ופירש רש"י: "וישת עליהם תבל", פיזרן בכל הדורות להיות שתות וקיום ויסוד לקיים תבל. (יומא ל"ח ע"ב).

"שמועטין" משמע שמתמעטים והולכין. לכן, מה עשה כדי שיתרבון, עמד ושתלן בכל דור ודור. ויש לשאול: מהו הריוח, שעל ידי זה שתלן בכל דור ודור, והיו מתרבין? שיש להבין, מהו ההבדל אם כל הצדיקים נמצאים בדור אחד, או שפיזרן בכל הדורות, כמו שמפרש רש"י, כיון שנמצאים בהרבה דורות על ידי זה יתרבו הצדיקים?

ולהבין את הנ"ל, צריכים להרחיב ולפרש את המאמר חז"ל, שהקב"ה גוזר על הטיפה, שיהיה חכם או טיפש. היינו מי שנולד חלש, שאינו לו כח להתגבר על יצרו, ונולד עם רצון חלש, ואינו בעל כשרונות, וכיון שגם בעת ההכנה, כלומר בעת שהאדם מתחיל בעבודת ה', הוא מוכרח להיות מוכשר לקבל את התורה והחכמה, כמ"ש "יהיב חכמתא לחכימין [נותן חכמה לחכמים]", והקשה: אם הם כבר חכמים, מדוע הם זקוקים עוד לחכמה? אלא היה צריך להיות, יהיב חכמתא [נותן חכמה] לטיפשים?

ותירוץ, שחכם נקרא מי שמשתוקק לחכמה, אף על פי שעדיין אין לו חכמה. אלא כיון שיש לו רצון, ורצון נקרא כלי, נמצא שמי שיש לו רצון והשתוקקות לחכמה, הוא כלי להאיר שם חכמה. נמצא לפי זה, מי שהוא טיפש, היינו שאין לו השתוקקות לחכמה, וכל ההשתוקקות שלו הוא רק לצורכי עצמו. ומבחינת השפעה אין הטיפש מסוגל לבחינת השפעה ולא כלום.

אם כן, אדם שנולד בתכונות כאלה, איך אפשר להגיע למדרגת צדיק? נמצא, שהוא אינו בעל בחירה. אם כן, מהו התועלת, שצדיק ורשע לא קאמר? כדי שיהיה בחירה. הלא כיון שהוא נולד טיפש וחלש, כבר אינו מסוגל שיהיה לו בחירה, כיון שאינו מסוגל לשום התגברות והשתוקקות לחכמתו ית'.

ולהבין את זה, היינו שיכול להיות בחירה אפילו לטיפש, עשה הקב"ה תיקון, המכונה בדברי חז"ל "ראה הקב"ה, שצדיקים מיעוטים, עמד ושתלן בכל דור ודור". ושאלנו, מהו התועלת מזה?

עכשיו נבין את הענין. כי ידוע, שכמו שאסור להתחבר עם רשעים אף על פי שהוא לא עושה כמעשיהם, כמ"ש "ובמושב לצים לא ישב", שמשמע שעיקר החטא הוא מטעם שיושב בין הלצים, אף על פי שהוא יושב ולומד תורה ומקיים מצות. אחרת, היה האיסור מטעם ביטול תורה ומצות. אלא הישיבה בעצם היא אסורה. מטעם שהאדם, ממי שמוצא חן

בעיניו, הוא לוקח את מחשבות וגם התשוקות שלהם.

וכמו כן להיפוך. אם הוא אין לו כל כח רצון וחשק לרוחניות, אם הוא נמצא בין אנשים שיש להם חשק ורצון לרוחניות, אם האנשים האלה מוצאים חן בעיניו, הוא גם כן לוקח כח התגברות והרצונות והשאיפות שלהם, אף על פי שהוא מכח תכונתו עצמו אין לו אלו הרצונות והתשוקות וכח התגברות. אלא, לפי החן והחשיבות שמחשיב אלו האנשים, אז הוא מקבל כוחות חדשים.

ובזה נבין המאמר הנ"ל: "ראה הקב"ה, שצדיקים מיעוטים". שפירושם, היינו שלא כל אדם מוכשר להיות צדיק, משום שחסר לו התכונות לזה, כנ"ל שהוא נולד טיפש או חלש, יש לו גם כן בחירה, ואין לו תירוץ מצד תכונותיו עצמו. משום שהקב"ה שתלן להצדיקים בכל דור ודור.

לכן יש בחירה לאדם, בזה שילך למקום, שישנם צדיקים. ויקבל מרותם, אז הוא יקבל את הכוחות, מה שחסר לו מצד תכונתו עצמו. ויקבל זה מהצדיקים. וזה התועלת, ש"פיזרן בכל דור ודור", כדי שבכל דור ודור יהיה למי לפנות, ולהתדבק, ולקבל מהם את הכוחות, שצריכים בכדי לעלות לדרגת צדיק. ועל ידי זה הם בעצמם נעשים אח"כ לצדיקים.

נמצא, ש"צדיק ורשע לא קאמר" פירוש, שיש לו בחירה, בזה שיכול לילך להתדבק אצל צדיקים, שהם ידריכו לו, ולקבל כוחות על ידיהם. שעל ידי זה הם יכולים להיות אח"כ צדיקים. מה שאין כן אם היו כל הצדיקים בדור אחד, אז לא היה שום עצה להטפשים ולהחלשים להתקרב לה'. נמצא, שלא היה להם בחירה. מה שאין כן, שפיזרן את הצדיקים בכל דור ודור, אז כבר יש כח הבחירה ביד כל אחד ואחד, ללכת ולהתקרב להצדיקים, שישנם בכל דור ודור. אחרת מוכרח להיות תורתו סם המות.

וזה נבין ממשל הגשמי. בזמן ששני אנשים עומדים זה מול זה, אז יוצא שימינו של אחד נגד שמאלו של השני, ושמאלו של השני הוא נגד ימינו של חבירו. והיות שיש שני דרכים, אחד ימין שהוא דרך הצדיקים, שכל ענינם הוא רק להשפיע. ודרך שמאל, שכל ענינם הוא רק לקבל לעצמם, שבזה הם נפרדים מהבורא, שהוא כולו להשפיע, וממילא הם נפרדים מחיי החיים.

לכן הרשעים בחייהם נקראים מתים. נמצא לפי זה, כי בזמן שהאדם עוד לא זכה לדביקות הבורא, נמצא שהם שניים. ואז, כשהאדם לומד תורה, שנקרא ימין, אבל זה לשמאלו של הבורא. היינו, שהוא לומד תורה מטעם קבלה עצמית, שזה מפרידו ממנו יתברך. נמצא, שתורתו נעשה לו סם המות, כי נשאר בפרודא. כי הוא רוצה שתורתו ילביש את גופו. פירוש, שהוא רוצה, שהתורה יגדיל את הגופניות שלו. ובזה היא נעשית לו תורתו סם המות.

מה שאין כן כשנעשה דבוק בו ית'. ונמצא, שאז נעשה רשות היחיד, שהוא נתאחד באחדותו ית'. אז ממילא הימין שלו הוא ימין של הקב"ה. ואז נעשה הגוף לבוש לנשמתו.

וההכר, בכדי לדעת אם הוא הולך בדרך אמת, הוא, כי בזמן שהוא עוסק בצרכי גופו, אז הוא רואה שלא יעסוק בצרכי גופו יותר מכדי שהוא צריך לצורכי נשמתו. ובזמן שהוא נדמה לו, שיש לו יותר מכפי צריך להלביש לצורכי נשמתו, אז הוא דומה בעיניו כמו מלבוש שהאדם מלביש את גופו. אז הוא מדקדק שלא יהיה המלבוש יותר ארוך ולא יותר רחב, אלא בדיוק שילביש את גופו. כמו כן, בזמן שהאדם בצורכי גופו, הוא צריך לדקדק שלא יהיה יותר מכפי שהוא צריך לנשמתו, היינו שילביש את נשמתו.

לבוא לדביקות ה', לא כל הרוצה ליטול את השם יבוא ויטול, היות שזהו נגד טבעו של האדם שנברא ברצון לקבל, שהוא בחינת אהבה עצמית, לכן לצדיקי הדור אנו צריכים.

כי בזמן שהאדם מתדבק ברב אמיתי, שכל רצונו הוא אך לעשות מעשים טובים, אבל האדם מרגיש שאינו מסוגל לעשות מעשים טובים, היינו שהכוונה תהיה בעל מנת

להשפיע נחת רוח להבורא ית', אז על ידי שהוא מתדבק ברב אמיתי ורוצה למצוא חן בעיני רבו, היינו שעושה מעשים מה שרבו אוהב, ושונא את הדברים מה שרבו שונא, אז יכול להיות לו דביקות ברבו, ולקבל כוחות מרבו, אפילו מה שאין לו מתכונתו מעת לידתו. וזה ענין ששתלן הצדיקים בכל דור ודור.

אבל לפי זה קשה, למה לו לפזרן את הצדיקים בכל דור ודור, אמרנו שזהו בשביל הטיפשים והחלשים. הלא היה לו עצה אחרת, היינו שלא לברוא טיפשים, מי מכריח אותו שיגיד שטיפה זו יהיה טיפש או חלש, היה יכול לברוא כולם חכמים.

והתשובה, שגם הטיפשים צריכים כי הם הנושאים להרצון לקבל. ורואים שהם מצד עצמם אין להם שום עצה שיוכלו להתקרב לה', אז הם בסוד הכתוב "ויצאו וראו בפגרי האנשים האלה, אשר אשם לא תכבה ותולעתם לא תמות, והיו דראון לכל בשר". שהם נעשו אפר תחת כפות רגלי הצדיקים, שעל ידי זה יש היכר לצדיקים, איזה טובה עשה להם הקב"ה שבראו אותם חכמים וגיבורים, שעל ידי זה קירב אותם אליו. ויכולים עתה ליתן שבח והודאה לה' בזה, כיון שהם רואים איך נמצאים במצב של שופלות. וזה נבחן לאפר תחת רגלי הצדיקים, שפירושו, שהצדיקים הולכים על ידי זה ונותנים שבח לה'.

אבל צריכים לדעת, כי גם את המדרגות הנמוכות צריכים. שאין קטנות של המדרגה נחשב לדבר מיותר, לומר, שיותר טוב היה אם גם המדרגות של קטנות היו נולדו תיכף עם גדלות.

כי זה דומה לגוף גשמי, שבודאי יש לו אברים חשובים, כמו השכל והעינים וכדומה. ויש לו אברים לא כל כך חשובים, כמו הקיבה והבני מעיים, ואצבעות ידים ורגלים. שאין שייך לומר, שאיזה איבר שמשמש תפקיד לא כל כך חשוב, אז הוא מיותר. אלא הכל חשוב. כמו כן ברוחניות, שגם הטפשים והחלשים אנו צריכים, כנ"ל.

ובזה נבין מה שכתוב, שהקב"ה אומר "שובה אלי ואשובה אליכם". שפירושו, שהקב"ה אומר: "שובה". וישראל אומרים להיפוך: "השיבנו אליך ה', ואחר כך, ונשובה".

והפירוש, שבזמן הירידה מהעבודה, אז ה' אומר "שובה" מקודם. ועל ידי זה בא לאדם עליה בעבודת ה'. אז האדם מתחיל לצעוק: "השיבנו". מה שאין כן בזמן הירידה, אין האדם צועק "השיבנו", אלא להיפוך, הוא בורח מהעבודה. לכן צריך האדם לדעת, כי בזמן שהוא צועק "השיבנו", זה באה מהתעוררות מלמעלה, שמקודם לכן הקדים הקב"ה לומר "שובה". שעל ידי זה יש לו עליה ויכול לומר "השיבנו".

וזה פירוש "ויהי בנסוע הארון, ויאמר משה, קומה ה' ויפוצו אויבך". כי נסיעה נקרא בזמן שהולכים בעבודת ה', שהוא עליה. אז משה אמר "קומה". ובנחה יאמר "שובה ה'". ובזמן החניה מעבודת ה', אז צריכים שה' יאמר "שובה", שפירושו "שובה אלי". היינו, שהבורא נותן את ההתעוררות. לכן צריכים בכדי לדעת מתי לומר "קומה" או "שובה".

וזה ענין מה שכתוב בפרשת עקב "וזכרת את כל הדרך וכו', לדעת את אשר בלבבך, התשמור מצותיו אם לא". "התשמור מצותיו" הוא בחינת "שובה". "אם לא" הוא בחינת "קומה". וצריכים את שניהם. וזהו הרב יודע מתי "קומה" ומתי "שובה". כי המ"ב מסעות הוא ענין עליות וירידות, שנוהג בעבודת ה'.

ק. תורה שבכתב ותורה שבעל פה

שמעתי משפטים תש"ג

תורה שבכתב הוא בחינת אתערותא דלעילא [התעוררות מלמעלה]. ותורה שבעל פה הוא אתערותא דלתתא [התעוררות מלמטה]. ושניהם יחד נקרא בחינת "שש שנים יעבוד ובשביעית יצא לחופשי".

כי עיקר עבודה שייך דוקא במקום שיש התנגדות. ונקרא עלמא, מלשון העלם. שאז, בזמן ההעלם, יש התנגדות, ואז שייך מקום עבודה. וזה סוד מאמר חז"ל "שיתא אלפי שני עלמא וחד חרוב [ששת אלפים שנה עולם, ואחד חרב]". היינו, שיחרב ההעלמא, ואז אין

כבר עבודה. אלא הקב"ה עושה לו כנפים, שזהו בחינת כיסוים, בכדי שיהיה לו עבודה.

קא. ביאור להזמר "למנצח על שושנים"

שמעתי כ"ג אדר א' תש"ג

למנצח, מי שכבר ניצח.

על שושנים, היינו השכינה הקדושה, שענינה הוא התהפכות מאבל ליום טוב וששון. וכיון שיש בה הרבה מצבים עליות וירידות, הירידות נקראים "שושנים", מלשון "הכהה את שניו". שאין לענות על שאלות רשע, אלא הכהה את שיניו. מהרבה הכאות, זאת אומרת מהרבה הכהה שיניו, באים לידי שושנים. לכן יש בה הרבה בחינות ששון. לכן נקראת בלשון רבים - שושנים.

לבני קרח. מלשון קרחה, שהשערות נקרחו. שענין שערות הוא סוד הסתרות, מלשון סערה. וזה ידוע "לפי צערא, אגרא [לפי היגיעה - השכר]". היינו בזמן שיש סערות, אזי הוא מקום עבודה, וכשמתקן באה על הסערה בחינת שערה, בסוד "זה השער לה'". ובזמן שהאדם כבר תיקן כל הסערות, שכבר אין לו שום הסתרות, אזי אין לו כבר מקום לעבודה, ואם כן אין לו כבר מקום לשכר.

נמצא, שבזמן שהאדם בא לבחינת "קרח", כבר לא יכול להמשיך בחינת אמונה, שנקרא שער לה', שאם אין השער לא יכול להכנס בהיכל המלך, יען שזה היסוד, שעל בחינת אמונה נבנה כל הבנין.

ו"בני קרח" מלשון בינה, שהם הבינו שענין קרח הוא בחינת שמאל שממנו נמשך הגיהנום, לכן הם רצו להמשיך את הידידות שהיה להם מקודם, היינו מזמן שעבר עליהם בסוד "ה' שמעתי שמעך ויראתי" (בזהר בראשית ד' ב'). היינו, מזמן דעבר, בכח הזה שהמשיכו, היה להם כח לעמוד במצבים ולילך מחיל לחיל. וזה סוד ש"בני קרח לא מתו", היינו ע"י שהבינו שאם נשארים במצב של בחינת קרח לא יכלו להמשיך חיים, אזי לא מתו.

משכיל שיר ידידות, היינו שהשכילו, שהשיעור ידידות עם הבורא יתברך הוא בשלימות.

רחש לבי, ענין התרחשות שהוא בלב, הוא בסוד "מליבא לפומא לא גליא [מהלב לפה - לא מתגלה]". היינו שאין מה להוציא מפה, שהוא רק בחינת קבלה בלב, בסוד מתרחשן בשפתוון [נלחש בשפתיים].

דבר טוב, אמונה נקרא דבר טוב.

אומר אני, מעשי למלך, שבזמן שהוא מקבל את האור אמונה, אזי הוא אמר "מעשי למלך", ולא לעצמו. ואז הוא זוכה לבחינת:

לשוני עט סופר מהיר, שהוא זוכה לבחינת תורה שבכתב, שהוא סוד לשונו של משה רבינו עליו השלום.

יפיפית מבני אדם, שהוא אומר להשכינה הקדושה, שהיופי שלה הוא מבני אדם. זאת אומרת, ממה שבני אדם חושבין עליה, שהוא בחינת "מה בכך", דוקא מזה נולד היופי.

הוצק חן בשפתיך, ענין חן שייך דוקא בדברים שאין להגיד שבחים. ומכל מקום רוצים אחר הדבר. אזי אנו אומרים, שהיא בעלת חן.

בשפתותיך, היינו בהסופות, שזה סוד ראה מסוף העולם ועד סופו.

קב. ולקחתם לכם פרי עץ הדר

שמעתי באושפיזא דיוסף

בפסוק "ולקחתם לכם פרי עץ הדר". היינו בחינת צדיק שנקרא "עץ עושה פרי", שזהו כל ההבדל בין קדושה לס"א, ש"אל אחר אסתרס ולא עביד פירי [אל אחר נסתרס ואינו עושה פירות]". מה שאין כן צדיק נקרא הדר, משום שהוא עושה פרי, שהוא דר באילנו משנה לשנה. לכן כתוב אצל יוסף "הוא המשביר לכל עמי הארצות", שהוא שובר אותם ע"י הפירות שהיו לו. ולהם לא היה פירות. בזה כל אחד הרגיש את מצבו, אם הוא מסטרא דטוב או להיפוך.

וזה פירוש "ויכלכל יוסף לחם לפי הטף". טף נקרא בחינת ג"ר, בסוד "והיו לטוטפות בין עיניך", שהוא בחינת תפילין של ראש. ומשום זה נקרא יוסף בן זקונים, "בר חכים". וזה סוד "למחיה שלחני", שהוא ענין "מוח חיה", שהוא בחינת ג"ר.

וזה סוד מה שכתוב "ואני נתתי לך שכם

אחד על אחיך, אשר לקחתי מיד האמורי בחרבי ובקשתי" (שיטלו בניו שני חלקים. ו"שכם" לשון חלק, כן פירש רש"י). היינו על ידי הבנים שלו, שבנים נקרא פירות. וזה נתן ליוסף.

וזה ענין שכתוב אצל שאול "משכמו ולמעלה גבוה מכל העם". וזה סוד "ושמלה קצין תהיה לנו". וזה סוד "טף, למה הם באין, ליתן שכר למביאיהם". ששאל: החכמה למה הם צריכים, הלא אין המדרש עיקר אלא המעשה? ומשיב, ליתן שכר למביאהם, שהחכמה מביא לידי מעשה.

וענין מחלוקת שאול ודוד, שאצל שאול לא היה שום דופי. לכן בן שנה היה במלכו, ולא היה צריך להאריך במלוכה, משום שגמר את הכל בזמן קצר. מה שאין כן דוד, היה צריך למלוך ארבעים שנה. דוד היה בן יהודא, שהוא בן לאה, עלמא דאתכסיא. מה שאין כן שאול היה מבנימין, שהוא בן רחל, מעלמא דאתגליא. לכן היה בהופכיות לדוד. לכן אמר דוד "אני שלום", זאת אומרת, שאני משיג לכולם ואני אוהב את כולם, "וכי אדבר, המה למלחמה".

וכמו כן אבישלום היה בהופכיות לדוד. וזה ענין החטא של ירבעם בן נבט, שהקב"ה אחז לו בבגדו ואמר לו: "אני ואתה ובן ישי נטייל בגן עדן". ושאל: "מי בראש? ואמר לו הקב"ה: "בן ישי בראש". אז השיב: "לא בעינא [לא רוצה]".

והענין הוא, שסדר המדרגות הוא מקודם עלמא דאתכסיא, ואח"כ עלמא דאתגליא. וזה ענין "יש לי כל", "יש לי רב". שענין "רב" הוא בחינת ג"ר, ו"כל" הוא בחינת ו"ק. וזה פירוש "מי יקום יעקב, כי קטון הוא". וזה ענין שיעקב לקח ממנו את הבכורה, שאח"כ נעשה לו כל, שהיה לו גם כן בחינת ג"ר. וזה הגיע לו ע"י יוסף, בסוד "ויכלכל יוסף".

וזה ענין "כי שנואה לאה", שממנה נמשכת כל השנאות וכל המחלוקת, שישנם אצל תלמידי חכמים. וזה ענין מחלוקת שמאי והלל. ולעתיד ששני המטות יהיה לאחדים, היינו מטה יוסף ומטה יהודה. וזה ענין שאמר יהודא ליוסף: "בי אדני", שהיה אז היחוד של יהודה ויוסף. אבל צריך להיות יהודה בראש.

וזה ענין, שהאר"י הקדוש היה משיח בן יוסף. לכן היה יכול לגלות כל כך חכמה, משום שהיה לו הרשות מעלמא דאתגליא. ומחלוקת הזה נמשך מ"ויתרוצצו הבנים בקרבה", שלעשיו היו בגדי החמודות, אשר היו אצל רבקה.

קג. ידבנו לבו

שמעתי עש"ק בראשית תש"ג

בפסוק "מאת כל איש, אשר ידבנו לבו תקחו את תרומתי". זה סוד "חומר תרומה מקודש". זאת אומרת, ע"י מה האדם מגיע לבחינת תרומה, הוא ע"י הקודש.

פירוש, שאם האדם מקדש את עצמו במותר לך, על ידי זה הוא בא לבחינת תרומה, שהוא בחינת שכינה הקדושה, הנקראת "תרומתי". וזה פירוש "מאת כל איש, אשר ידבנו לבו". כל-לבו היינו, שאם נדב כל לבו, אזי הוא זוכה לתרומתי, היינו להתדבק בהשכינה הקדושה.

בפסוק "ביום חתונתו וביום שמחת לבו", חתונתו, הוא ענין נחות דרגה, שהוא בחינת שופלות. שאם האדם מקבל על עצמו לעבוד את ה' בבחינת שופלות, ויחד עם זה יהיה אצלו עבודה זו בשמחה, זהו מדרגה חשובה. ואז הוא נקרא בחינת חתן להשכינה הקדושה.

קד. והמחבל הוי יתיב

שמעתי עש"ק בראשית תש"ג

בזוהר, נח. טופנא הוי, ומחבל הוי יתיב בגויה [מבול היה, ומחבל היה יושב בתוכו]. ושאל, הלא טופנא, שפירושו מבול מים, זה עצמו הוא מחבל וממית. ומאי פירושו, שבתוכו, היינו שבתוך המבול, היה יושב מחבל. וב', ומהו הפרש בין מבול להמחבל.

והשיב, שטופנא [מבול] היינו יסורים גשמיים, היינו יסורי הגוף, שבתוכה, היינו שבתוך יסורי הגוף, יש עוד מחבל, שהוא מחבל את הרוחניות. היינו, שיסורי הגוף מביאים לו לידי מחשבות זרות, עד שמחשבות זרות האלו מחבלין והורגין את רוחניותו.

קה. ממזר תלמיד חכם קודם לכהן גדול עם הארץ

שמעתי תש"ה ט"ו חשון תל-אביב

"ממזר תלמיד חכם, קודם לכהן גדול עם הארץ".

ממזר, היינו אל-זר, אך-זר. פירושו ממזרות, שעל ידי זה שהאדם עובר על הלאו ד"לא תפנו אל האלילים", אזי הם מולידים לו את הממזר.

ד"פניית להאלילים" היינו, שמזדווג את עצמו עם הס"א, שהוא ערוה. וזה נקרא "הבא על הערוה והוליד ממנה ממזר". ודעת בעל הבית הפוכה מדעת התורה. לכן יש חילוק בין עם הארץ לתלמיד חכם. ובזה יש הבדל גדול, אם האדם הוליד את הממזר. שתלמיד חכם טוען, שגם זה הוא מצד השם ית', שהצורה המתראה לעיניו, היינו בחינת ממזר, הוא אומר, שהשם ית' סובב לו את הסיבה ההוא.

מה שאין כן הרשע אומר, שזהו רק מחשבה זרה, שבא לו מחמת חטא. ולא צריך יותר, רק לתקן את חטאיו.

מה שאין כן התלמיד חכם, יש בכוחו להאמין, שגם זה, היינו צורתו כמו שהוא, הוא מוכרח לראות את אמיתיותו. ויחד עם זה לקבל עליו עול מלכות שמים עד מסירות נפש.

פירוש, שגם על בחינת מטה בחשיבות, שאין בחינת מטה והסתר יותר מזה, מכל מקום בזמן כזה צריך ליחס להקב"ה. היינו שהקב"ה סובב לו תמונה כזו, הנקרא מחשבות זרות על ההשגחה. והוא, על בחינה קטנה כזו לעבוד למעלה מהדעת, כאילו היה לו דעת גדול בקדושה.

וכהן גדול נקרא, מי שעובד ה' נקרא כהן גדול, בסוד "ורבים הם...". היינו, שיש להם הרבה תורה והרבה מצות, ולא חסר להם שום דבר. לכן, אם האדם בא להתחבר ולקבל על עצמו איזה סדר בעבודה, אז הדין הוא, שממזר תלמיד חכם קודם.

היינו, שממזרותו יקבל עליו בבחינת תלמיד חכם. שחכם נקרא הקב"ה. ותלמידו, היינו שלומד מפי הקב"ה. שרק תלמיד חכם יכול לומר, שהכל, היינו כל הצורות המתראות בזמן העבודה, הוא "מה' היתה זאת".

מה שאין כן כהן עם הארץ, הגם שהוא עובד ה' והוא גדול בתורה ועבודה, אבל עוד לא זכה ללמוד מפי ה', עוד לא נקרא תלמיד חכם. לכן מצב הזה, הנקרא, אינו יכול לעזור לו מאומה, שיוכל להגיע לשלימות האמיתי, משום שיש לו דעת בעל בתים. ודעת תורה הוא רק מי שלומד מפי ה', שרק תלמיד חכם יודע את האמת, שהשם ית' הוא המסבב לכל הסיבות.

ועם זה נבין את מאמר חז"ל, "רבי שמעון בן מנסיא היה דורש את כל אתין [מילות אֶת] שבתורה". שענין "את" היינו לרבות. זאת אומרת, שהרבה תורה ומצות כל יום יותר מחבירו. וכיון שבא ל"את ה' אלקיך תירא", פירש היינו, שלא היה יכול להרבות, אלא שבא לנקודה הזה, לא היה יכול להוסיף, אלא חס ושלום להיפוך.

ופירש ר"ש בן מנסיא, היינו שהבין את המנוסה, שפירוש נוסה ונסיגה מהמערכה. וכמו כן בן העמסוני, היינו שהבין את האמת, ואיזו צורה יש לו להאמת. ואז נשאר עומד על משמרתו, ואין יכול ללכת קדימה. עד שבא רבי עקיבא ודרש: "את" - לרבות תלמידי חכמים. היינו כנ"ל, שע"י התדבקות בתלמידי חכמים יכולים לקבל איזה אסמכתא.

היינו, שרק התלמיד חכם יכול לעזור לו ולא שום דבר אחר. אפילו שיהיה גדול בתורה, גם כן נקרא "עם הארץ", אם לא זכה ללמוד מפי ה'. לכן מוכרח האדם להכנע לפני התלמיד חכם, ויקבל על עצמו מה שהתלמיד חכם יושית עליו, בלי שום וכוחים, אלא בבחינת למעלה מהדעת.

"ארוכה מארץ מידה". היינו, שהתורה מתחלת אחר הארץ. זאת אומרת, אם יותר גדול מהארץ. וזה כלל, ששום דבר לא יכולין להתחיל באמצע. לכן, אם הוא רוצה להתחיל, הלא התחלתה נמצאה אחרי הארץ, היינו אחר הארציות. (וזה פירוש "כהן גדול עם הארץ". היינו, אפילו שעבודתו היא בגדולות, ואם עוד לא זכה לאור תורה, עדיין נמצא בארציות).

בכדי לבוא לשמה צריכין ללמוד הרבה שלא לשמה. היינו, שיתיגע ויעמול בהשלא לשמה, אז יכול לראות האמת, שעדיין לא זכה להשמה. מה שאין כן כשלא מתיגעין קודם עם הרבה כוחות, אין לו האפשרות לראות האמת.

ופעם אחר אמר, שהאדם צריך ללמוד הרבה תורה לשמה, בכדי לזכות ולראות האמת, שהוא עובד שלא לשמה. שעבודה לשמה נקרא בחינת שכר ועונש, שהוא בחינת מלכות. ותורה שלא לשמה נקראת בחינת ז"א, שהוא בחינת השגחה פרטית.

לכן מלכי ישראל, שכולם זכו להשגחה פרטית, אזי כבר לא היה להם מה לעשות, שלא היה להם מה להוסיף. לכן אמרו חז"ל, מלך ישראל לאו דן ולא דנין אותו. לכן אין להם חלק לעולם הבא, מטעם שלא עושים שום דבר. שהם רואים, שהכל עושה ה' ית'.

וזה ענין "איזבל אשתו של אחאב". שפירשו, שאשתו טענה, אי-זבל, מלשון איפה יש זבל בעולם, שהיא ראתה, שכולו טוב. ואח-אב, היינו שהיה אח לאב שבשמים. מה שאין כן מלכי בית דוד, שדנין אותם, משום שלמלכי בית דוד היה הכח ליחד קוב"ה ושכינתו ית', הגם שהם שני דברים דסתרי אהדדי [שסותרים זה את זה], שהשגחה פרטית היא בהפכיות לבחינת שכר ועונש.

וזהו כח של הצדיקים הגדולים, שיכולים ליחד בחינת קוב"ה ושכינתא, היינו בחינת השגחה פרטיות עם שכר ועונש. ודוקא מבין שניהם יוצא את השלימות הגמור הנרצה.

קו. מהו הרמז של י"ב חלות בשבת

שמעתי אלול תש"ב

בזמירות דשבת כתוב "יגלה לן טעמיה דבתריסר נהמי" (יגלה לנו הטעם של י"ב חלות), "דאינון אות בשמיה כפילא וקלישא [שהן אות בשמו, כפולה וקלושה]".

ויש לפרש דברי האר"י הקדוש. ידוע, שע"י צמצום ב' נעשה ב' ווין, היינו צד ימין וצד שמאל. וזה פירוש כפילה, מלשון כפל. ומזה, היינו מכח תיקון של צמצום ב', שהיה שיתוף מדת הרחמים בדין, אז הדין נעשה יותר קלוש, ממה שהיה לפני המיתוק. ואח"כ הב' ווין מאירים במלכות, שהוא סוד "וזיינין דכנישין [ובאותיות ז' שכונסות]". שזיינין הוא סוד מלכות, הנקראת שביעי. היא כונסת בתוכה את ב' ווין.

ויום השביעי נקרא בחינת גמר התיקון, שהיא בחינה לעתיד לבוא. אבל מאיר גם בבחינת שיתא אלפי שני [ששת אלפי השנים]. וזה ענין ששת ימי המעשה. והיא בחינת "אשר ברא אלקים לעשות". ושבת נקראת בחינת נפישא (כמ"ש "וביום השביעי שבת וינפש"). וזהו בחינת שבת, המאיר בשתא אלפי שני, שאז השבת היא רק בחינת נפישא. בדומה לאדם, הנושא משא. ובאמצע דרך הוא עומד לנוח, בכדי לקבל כוחות מחדש. ואח"כ הוא צריך עוד הפעם לסחוב את המשא.

מה שאין כן בשבת של גמר התיקון, כבר אין שם מה להוסיף. לכן אין כבר עבודה בכלל.

קז. ענין ב' המלאכים

שמעתי תצוה תש"ג ירושלים

ענין ב' המלאכים, שמלוין את האדם בערב שבת, מלאך טוב ומלאך רע.

מלאך טוב נקרא ימין, שעל ידו הוא מתקרב לעבודות ה'. וזה נקרא "ימין מקרבת". ומלאך רע, הוא בחינת שמאל, מרחקת. היינו, שמביא לו מחשבות זרות, בין במוחא ובין בליבא.

וכשאדם מתגבר על הרע, ומקרב את עצמו לה', זאת אומרת שכל פעם הוא הולך ומתגבר על הרע ומתדבק את עצמו לה', נמצא שע"י שניהם התקרב לדביקות ה'. שפירושו, ששניהם עשו תפקיד אחד, היינו שגרמו שיבוא לדביקות ה'. אז אומר האדם **"בואכם לשלום"**.

וכשהאדם כבר גמר את כל עבודתו, היינו שכבר הכניס את כל השמאל לקדושה, כמ"ש "לית אתר לאתטמרא מנך [אין מקום להסתתר ממך]", אז אין כבר למלאך הרע מה לעשות, כיון שהאדם כבר התגבר על הקושיים שהרע הביא, ואז המלאך הרע הוא פועל בטל, אז האדם אומר לו **"צאתכם לשלום"**.

קח. אם תעזבני יום, יומים אעזבך

שמעתי תשי"ג ירושלים

כל אדם מרוחק מה' עם בחינת הקבלה שיש בו.

אבל סתם הוא מרוחק מטעם הרצון לקבל שבו. אבל היות שהאדם אינו משתוקק לרוחניות, אלא לתאוות עולם הזה, נמצא שמרוחק מה' יום אחד. היינו מרחק של יום, שהוא רק עם בחינת אחת הוא מרוחק ממנו ית', במה שהוא מושקע ברצון לקבל דתאוות עולם הזה.

אבל כשהאדם מקרב את עצמו לה', היינו שמבטל את הקבלה בעולם הזה, נמצא שהוא נקרא קרוב לה'. אבל אם אח"כ נכשל בקבלה דעולם הבא, אז נמצא שהוא מרוחק מה', מחמת שהוא רוצה קבלת התענוגים דעולם הבא, וגם נופל לקבלת התענוגים דעולם הזה גם כן. נמצא שנעשה עכשיו מרוחק מה' עם שני ימים:

א. ע"י קבלת התענוגים בעולם הזה שחזר ונפל בו.

ב. שיש לו עכשיו רצון לקבל לעותרא דעולם הבא [עושר עולם הבא]. כי בזה שהלך ועסק בתורה ומצות, הוא משעבד את ה', שישלם לו תמורה עבור עבודתו בתו"מ.

נמצא לפי זה, מתחילה הוא הלך יום אחד, ונתקרב לעבודות ה', ואח"כ, ושני ימים הלך אחורנית. שעכשיו האדם נעשה נצרך לשני מיני קבלות:

א. דעולם הזה,

ב. דעולם הבא.

ולפי זה יוצא שהלך במצב הפוך.

והעצה לזה הוא ללכת תמיד בדרך התורה, שהוא סוד להשפיע. והסדר צריך להיות, שמקודם צריכים להזהר בב' היסודות:

א. שיש עשית מעשה המצוה,

ב. הוא הרגשת התענוג בהמצוה. שהאדם צריך להאמין, שיש תענוג להבורא ית', בזה שמקיימים את מצותיו.

לפי זה יוצא, שהאדם צריך לעשות המצוה במעשה. וכמו כן להאמין, שיש תענוג להבורא ית', בזה שהתחתון מקיים את מצותיו. ובזה אין הבדל בין מצוה גדולה למצוה קטנה. היינו, שיש הנאה להבורא ית', אפילו מעשה הכי קטנה, שעושים עבורו, הוא מתענג.

ואח"כ יש יוצא פועל, שזהו עיקר הכוונה, שיש להאדם לראות. היינו, שיהיה להאדם הנאה ותענוג, בזה שגורם נחת רוח ליוצרו. וכאן עיקר הדגש של העבודה. וזה נקרא "עבדו את ה' בשמחה". וזה צריך להיות התמורה שלו עבור עבודתו. היינו שיקבל הנאה ותענוג, בזה שזוכה לשמח את ה'.

וזה סוד "והגר, אשר בקרבך, יעלה עליך מעלה מעלה וכו', הוא ילוך ואתה לא תלוֶנו".

"הגר" נקרא הרצון לקבל (בזמן שנכנס לעבדות ה' נקרא הרצון לקבל גר. ולפני זה הוא גוי גמור).

"הוא ילוך", בזמן שהוא נותן כח לעבודה, הוא נותן את הכח רק בדרך הלואה והשאלה. שפירושו, כשעבד יום בתו"מ, והגם שלא קבל התמורה על המקום, אבל הוא האמין לו, שישלם לו אח"כ שכר תמורת הכוחות שנתן לו לעבוד. לכן אחר יום עבודה הוא בא אליו ומבקש את החוב, שהבטיח לו. שיתן תמורה עבור הכוחות, שהגוף נתן לו לעסוק בתו"מ. והוא לא נותן לו. אז הגר צועק, מה העבודה הזאת לעבוד בלי שכר. לכן אח"כ הגר לא רוצה לתת כוחות עבודה לישראל.

"ואתה לא תלונו". ואם אתה נותן לו מזונות, ואתה בא לבקש ממנו, שיתן לך כח לעבודה, אז הוא אומר לו, שאין לו שום חוב לשלם לך תמורת המזונות, שאתה נותן לו. כי אני נתתי לך מקודם מרץ לעבודה, היה על תנאי, היינו שאתה תקנה קנינים בשבילי. אם כן, מה שאתה נותן לי עכשיו, הכל לפי תנאי הקודם. אם כן, עתה אתה בא אלי, שאני אתן לך עוד כוחות לעבודה, בכדי להביא לי קנינים חדשים.

אז הרצון לקבל נעשה פיקח, ומשתמש עם הפקחות שלו, ומתחיל לעשות חשבונות את הכדאיות שבדבר. לפעמים הוא אומר לו, שהוא מסתפק במיעוט, שמספיק לו הקנינים, במה שיש לו. ולכן הוא לא רוצה לתת לו כוחות. ולפעמים הוא אומר, שהדרך שאתה

הולך עכשיו, הוא בסכנה, ואולי יהיה כל הכוחות לבטלה. ולפעמים אומר לו, שהיגיעה היא מרובה על השכר, לכן אני לא אתן לך כוחות לעבודה.

ואז כשרוצה ממנו כוחות ללכת בדרך ה' בעמ"נ להשפיע, שהכל יהיה רק להרבות כבוד שמים, אז אומר: "מה יהיה לי מזה?". אז הוא בטענות הידועות כמו "מה ומי?". היינו: "מי ה', אשר אשמע בקולו?" כטענת פרעה. או "מה העבודה הזאת לכם?", כטענת הרשע. והכל הוא, מפני שיש לו טענה צודקת, שכך התנו ביניהם. וזה נקרא, אם לא תשמע בקול ה', אז הוא בא בטענות, משום שלא מקיים את התנאים.

מה שאין כן, "כשתשמע בקול ה'". זאת אומרת, שתיכף בתחילת הכניסה (והכניסה נקרא דבר תמידי, כי בכל פעם שיש לו ירידה, מוכרח להתחיל מחדש, לכן נקרא זה כניסה. וממילא יש הרבה יציאות והרבה הכנסות) הוא אומר להגוף שלו: "תדע, שאני רוצה להכנס לעבודת ה'. וכוונתי היא רק להשפיע ולא לקבל שום תמורה. ואין לך לקוות, שתקבל משהו עבור היגיעה שלך, אלא הכל בעמ"נ להשפיע".

ואם הגוף שואל: "איזה תועלת יהיה לך מעבודה זו?" היינו, "מי הוא המקבל את העבודה הזו, שאני רוצה לתת כוחות ולהתיגע?". או ששואל יותר פשוט: "לטובת מי אני עובד כל כך ביגיעה רבה?".

אז צריך להשיב לו, שיש לי אמונת חכמים, שהם אמרו, שאני צריך להאמין באמונה מופשטת למעלה מהדעת, שהשם ית' צוה לנו כך, שאנחנו נקבל על עצמנו אמונה, שהוא צוה לנו לקיים תו"מ. וגם צריכים להאמין, שיש להקב"ה נחת רוח, מזה שאנחנו מקיימים את התו"מ בחינת אמונה למעלה מהדעת. וכמו כן צריך להאדם להיות בשמחה, מזה שיש הנאה ותענוג לה' מעבודתו.

נמצא שיש כאן ד' דברים:

א. להאמין באמונת חכמים, שמה שהם אמרו, זהו אמת.

ב. להאמין, שה' צוה לעסוק בתו"מ רק ע"י אמונה למעלה מהדעת.

ג. שיש שמחה, מזה שהנבראים מקיימים את התו"מ על יסוד האמונה.

ד. שהאדם צריך לקבל הנאה ותענוג ושמחה, מזה שהוא זוכה לשמח את המלך. ושיעור גדלות וחשיבות עבודת האדם, נמדדת בשיעור השמחה, שהאדם מוציא בעת עבודתו. וזה תלוי בשיעור האמונה, שאדם מאמין בהנ"ל.

ונמצא לפי זה, כשתשמע בקול ה', כל הכוחות שמקבל מהגוף, לא נחשב זה שמקבל הלואה בהגוף, שצריך להחזירו. כנ"ל, באם לא תשמע בקול ה'. ואם הגוף שואל: "בשביל מה אני צריך לתת לך כוחות לעבודה, ואתה לא מבטיח לי שום תמורה?" הוא צריך לענות לו: "כי לכך נוצרת. ומה אני יכול לעשות לך, שהקב"ה שונא אותך", כמ"ש בזה"ק, שהקב"ה שונא את הגופות.

ועוד יותר מזה, מה שאומר הזה"ק, הקב"ה שונא את הגופות, הכוונה דוקא על הגופות דעובדי ה', מטעם שהם רוצים להיות מקבלים נצחיים, כיון שהוא רוצה עותרא דעלמא דאתי [עושר עולם הבא], גם כן.

וזה נבחן ל"ואתה לא תלוה". זאת אומרת, שאין אתה צריך לתת לו שום דבר, בעד המרץ שנתן לך הגוף לעבוד. אבל "אם תלונו", ואם אתה נותן לו איזה תענוג, הוא רק בהלואה. היינו, שצריך לתת לך תמורת זה כח לעבודה. אבל לא לחינם.

והוא תמיד חייב לך ליתן מרץ, היינו בחינם. אתה לא נותן לו שום תענוג, ואתה תובע ממנו תמיד, שיש לך כח לעבודה, כי "עבד לוה לאיש מלוה". אם כן הוא יהיה תמיד העבד, ואתה תהיה האדון.

קט. ב' מיני בשר

שמעתי כ' חשון

ובדרך כלל אנו מבחינים ב' מיני בשר, בשר בהמה ובשר של דגים. ובשניהם יש סימנים של טומאה. והתורה נתנה לנו סימנים, בכדי לידע, איך להתרחק מהם, ולא ליפול לרשות הטומאה שבהם.

בדגים נותן לנו סימנים של סנפיר

וקשקשת. בזמן שהוא רואה את הסימנים האלה בהדגים, אז הוא יודע, איך להזהר, ולא ליפול לרשות הטומאה. **סנ-פ-יר** מרמז לנו על **שונא-פה-אור**. הכוונה על מלכות, שנקראת **פה**. וכל האורות באות ממנה, שהוא בחינת שהוא אמונה.

ובזמן שהוא רואה, שהוא בחינת טעם של עפר, שהוא בזמן שצריך להאמין, אזי הוא יודע בבירור, שצריך לתקן מעשיו. וזה נקרא "**שכינתא בעפרא** [שכינה בעפר]". וצריך להתפלל **לאקמא שכינתא מעפרא** [להקים שכינה מעפר].

וקשקשת נקרא, כי בזמן של סנפיר אין הוא מסוגל לעבוד כלל. אלא כשהוא מתגבר על סנפיר, אז נופל לו במחשבתו איזה קושיא על ההשגחה, וזה נקרא **קש**. ואז הוא נופל מעבודתו. ואח"כ הוא מתגבר ומתחיל לעבוד בלמעלה מהדעת. ונופל לו במחשבתו עוד קושיא על ההשגחה.

נמצא, שיש לו ב' פעמים קש, שהם **קש-קשת**. וכל פעם שמתגבר למעלה מהדעת, אז הוא עולה. ואח"כ הוא יורד. אז האדם רואה, שאין הוא יכול להתגבר מחמת רבוי הקשיות. אז אין לו עצה אחרת, אלא לצעוק לה', כמ"ש "ויאנחו בני ישראל מהעבודה ותעל שועתם אל ה' והוציאם ממצרים", היינו מכל הצרות.

ידוע הכלל מה שאמרו חז"ל, שהקב"ה אומר: "אין אני והוא יכולים לדור במדור אחד". שפירושו הוא, משום שהם הפוכים זה לזה. כי יש שני בחינת גופים לאדם:

א. גוף פנימי

ב. וגוף חיצוני.

שבגוף פנימי מתלבש חיות רוחני, שהוא בחינת אמונה והשפעה, המכונה מוחא וליבא.

ובגוף החיצוני יש חיות גשמי, שהוא בחינת ידיעה וקבלה.

ובאמצע, בין גוף הפנימי לגוף החיצוני, יש גוף אמצעי, שהוא אינו עולה בשם לפי עצמו. אלא אם האדם עושה מעשים טובים, אז גוף האמצעי מתדבק בגוף הפנימי. ואם עושה מעשים רעים, אז הגוף אמצעי מתדבק בגוף החיצוני. היינו, או שיש לו חיות גשמי, או חיות רוחני.

נמצא, כיון שיש הופכיות בין פנימי לחיצוני, לכן אם הגוף האמצעי דבוק בגוף הפנימי, אז הוא בחינת מות לגוף החיצוני. ואם הוא דבוק בגוף החיצוני, אז הוא מות לגוף הפנימי. כי הבחירה היא בגוף האמצעי אז, להמשיך ולהתדבק בקדושה או חס ושלום להיפוך.

ק'. שדה אשר ברכו ה'

שמעתי תש"ג

"שדה אשר ברכו ה'". השכינה הקדושה נקרא **שדה**. ולפעמים נעשה מן שדה **שקר**, שה-ר' שבתוך ה' הוא סוד הנשמה, שה-ד' הוא סוד השכינה הקדושה. ובזמן שהנשמה מלובשת בה נקרא ה'. ובזמן שהאדם רוצה להוסיף על האמונה, אז הוא ממשיך ה-ר' למטה ונעשה ק'. אז מה-ד' נעשה ר', שמבחינת דלה ועניה, שרוצה להוסיף. אזי נהפך לריש בסוד "במלכותו נולד רש", שמן **דל** נעשה **רש**. היינו ע"י שהכניס עין רע לעצמו, הן במוחא והן בליבא, שהוא סוד "יכרסמנה חזיר מיער", שהעין תלויה, משום שהוא חוזר להיתרה, שס"א עתיד להיות מלאך קדוש.

וזה סוד "יהי כבוד ה' לעולם". כיון שהוא בא לידי מצב של חיותו **יער** מלשון **עירו**. היינו, שנשפך כל חיותו, והוא מתחזק בכל פעם, אז הוא זוכה לבחינת "שדה אשר ברכו ה'", שמעין רע נעשה עין טובה.

וזה פירוש "עין תלויה". היינו, שתלוי ועומד בספק, אם בעין רע או בעין טובה. וזהו שחוזר להיתרה. וזה סוד "חד לקבל חד [אחד לעומת אחד]". וזה סוד שאמרו חז"ל: "לא היה שמחה לפניו, כיום שנברא בו שמים וארץ".

וזהו מטעם, שסוף כל סוף "יהיה ה' אחד ושמו אחד", שזהו תכלית הבריאה. ואצל הבורא ית' העבר ועתיד שוה. לכן השם ית' מסתכל על הבריאה על צורתה הסופית, כמו שתהיה בגמר התיקון, וכבר כלולים בעולם אין סוף כל הנשמות עם כל השלמתם, שיהיה

בגמר התיקון, כבר צורתם השלימות נמצא שם ולא חסר שום דבר.

אלא אצל המקבלים ניכר, שעדיין חסר להשלים מה שמוטל עליהם להשלים. שזהו "אשר ברא אלקים לעשות". היינו החסרונות והרגזנות, שזה סוד, מה שאמרו חז"ל "רגזן, לא עלתה בידו אלא רגזנותא". וכמו כן "כל הגרגרן כועס", שזהו צורתו האמיתית של הרצון לקבל בצורתו האמיתית, איך שהוא מגונה.

וכל התיקונים הוא להפכו בעמ"נ להשפיע, שזהו כל עבודת התחתונים. שמטרם שנברא העולם, היה בסוד "הוא ושמו אחד". היינו, אף על פי ששמו כבר יצא מ-הוא ונתגלה לחוץ, וכבר נקרא בחינת שמו, מכל מקום היה אחד. וזה סוד חד לקבל חד [אחד לעומת אחד].

קיא. הבל, קול ודיבור

שמעתי כ"ט סיון תש"ג ירושלים

יש בחינת הבל קול ודיבור. ויש בחינת קרח. ויש בחינת נורא. "הבל" נקרא אור חוזר, היוצא מהמסך, שהוא בחינת כח הגבלה. וכל זמן שלא נתקבל לשיעור לבחינת "שלא ישוב לכסלה עוד", נקרא הבל. וכשנתמלא לשיעור שלם, אז נקרא הגבלה זו, שהוא המסך, עם האור חוזר בשם "קול". שהקול הוא בחינת אזהרה, שאומר לו, שלא לעבור על חוקי התורה, ואם יעבור, תיכף כשעובר, הוא פסיק טעמי. לכן, כשהוא יודע בבירור, שאם יעבור, אז הוא בא לידי הפסק, לכן הוא שומר את ההגבלה. ואז הוא בא לידי "דיבור", שהוא סוד מלכות. שאז יכול להיות זווג קוב"ה ושכינתיה. ואז גם הארת חכמה נמשכת למטה.

כי ידוע, שיש ב' מדרגות:

א. בחינת השפעה, בלי קבלה כלל,

ב. קבלה בעמ"נ להשפיע.

ואז, כיון שרואה, שכבר בא לידי מדרגה, שיכול לקבל בעמ"נ להשפיע, אם כן למה לו העבודות, שהיא רק בבחינת משפיע עמ"נ להשפיע? הלא מקבלה בעמ"נ להשפיע מגיע להקב"ה יותר נחת רוח, כיון שהאור החכמה הבא בכלי דקבלה, הוא האור של מטרת הבריאה. אם כן, למה לו לעסוק בעבודה דלהשפיע עמ"נ להשפיע, שזה נקרא האור של תיקון הבריאה?

ואז הוא בא תיכף לידי פסיק טעמי. ואז נשאר בערום וחוסר כל. מטעם, שאור דחסדים הוא אור המלביש את אור החכמה. ואם חסר לו המלביש, אפילו שיש לו אור החכמה, מכל מקום אין לו במה להלביש את החכמה. ואז היא באה ליד מצב, הנקרא "הקרח הנורא". שיסוד דאבא, המשפיע חכמה, נקרא צר מחסדים ואריך מחכמה, הוא קרח. כדוגמת מים שנקרשו: הגם שיש מים, אבל אין מתפשטים למטה. ויסוד דאמא נקראת "נורא", שהוא בחינת קצר ורחב. קצר נקרא, משום שיש סתימה על החכמה, מטעם צמצום ב' אין שם חכמה. וזהו "נורא". לכן דוקא ע"י שניהם: על ידי יסוד דאבא נמשך חכמה, וע"י יסוד דאמא נמשך חסדים.

קיב. שלשת המלאכים

שמעתי וירא תש"ג

להבין,

א. ענין שלשת המלאכים, שבאו לבקרו את אברהם בזמן המילה,

ב. וענין שהקב"ה בא לבקרו, ומה אמר לו בזמן הביקור,

ג. ושהמבקר, אמרו חז"ל, נוטל א' מששים מחוליו,

ד. וענין הפירוד עם לוט,

ה. וענין הפיכת סדום ועמורה,

ו. וענין בקשת אברהם, שלא להחריב את סדום,

ז. וענין הבטת אשת לוט מאחוריו, שנהיתה לנציב מלח,

ח. וענין הנאת שמעון ולוי לאנשי שכם, בענין המילה שאמרו, "כי חרפה לנו",

ט. וענין ב' פרידות, שיוצאו מלוט, שהם נמתקו בימי דוד ושלמה, שהם בחינת הפיכיות זו לזו.

ולהבין את הנ"ל נקדים את הענין, שידוע לנו, שבכל דבר אנו מבחינים עולם-שנה-נפש.

לכן גם בענין מילה, שהוא סוד כריתת ברית המעור, נוהג גם שם ענין עולם-שנה-נפש. (יש ד' בריתות: עינים, ולשון, ולב, ומעור. ומעור כולל כולם).

והמעור, שהוא בחינת ערלה, הוא הבחינה ד', שצריכים להסירה למקומה, היינו לבחינת עפר, שהוא בחינת מלכות במקומה. שפירושו, הורדת מלכות לבחינת עפר. הוא כמ"ש: "אבא נותן את הלובן", היינו שמוריד את המלכות מכל הל"ב נתיבות למקומו. ונמצא, שהספירות נתלבנו מבחינת העביות של מלכות דמדת הדין, שהיה בהם, שבשביל המלכות זו נעשה השבירה.

ואח"כ אמא נותן את האודם, שמקבלת מלכות הממותקת בבינה, שנקרא אדמה ולא עפר. כי במלכות אנו מבחינים ב' בחינות:

א. בחינת אדמה,

ב. בחינת עפר.

אדמה נקרא מלכות, שיש לה מיתוק של בינה, שנקרא "מלכות שעלתה לבינה".

ועפר נקרא "מלכות במקום מלכות", שהוא מדת הדין.

ובזמן שאברהם היה צריך להוליד את יצחק, שהוא בחינת כלל ישראל, היה צריך לטהר את עצמו עם בחינת מילה, כדי שיצאו הכלל ישראל בטהרה.

והמילה, מבחינת **נפש** שלה, נקרא מילה, שהוא ענין הסרת הערלה, ולהשליכה למקום עפר.

ובחינת **עולם** שבמילה, נקראת הפיכת סדום ועמורה.

ובחינת התכללות מהנפשות שבעולם (שעולם נקרא התכללות מהרבה נפשות) נקרא בחינת לוט. והמילה שבבחינת עולם נקרא הפיכת סדום, וריפא כאב המילה נקרא הצלת לוט. לוט מלשון ארעא דאתלטיא [ארץ מקוללת], הנקרא בחינה ד'.

כי צריכים לדעת, שבזמן שהאדם זכה לדביקות ה', שיש לו אז השתוות הצורה, שרצונו רק להשפיע ולא לקבל כלום לתועלת עצמו, אז באים לידי מצב, שאין לו מקום עבודה. כי בשביל עצמו אינו צריך לשום דבר.

ובשביל השם ית', הוא רואה, שהשם ית' אינו בעל חסרון. לכן הוא נשאר עומד בלי עבודה. ואז יש לו כאב גדול מהמילה, כיון שהמילה גרם לו מקום עבודה. כי מילה נקרא הסרת הרצון לקבל לעצמו.

נמצא, שבזה שהסיר את הרצון לקבל, שכבר אינו שולט בו, אם כן אין לו מה להוסיף על עבודתו. על זה יש תיקון, אפילו לאחר שזכה למול את עצמו מהרצון לקבל, מכל מקום נשאר בו עוד ניצוצין מבחינה ד', שגם הם מחכים לתיקון. והם מתמתקים רק ע"י המשכת האורות דגדלות. ועל ידי זה יש לו כבר מקום עבודה.

וזה ענין, שהיה לאברהם אבינו עליו השלום כאב אחר המילה, היינו כנ"ל. והקב"ה בא אליו לבקרו. וזה ענין שמלאך רפאל ריפא לו על הכאב הזה (ואין לומר, מאחר שבהד' מלאכים הסדר הוא, מיכאל מימין וגבריאל משמאל, ומלפנים אוריאל, מאחורו שהוא מלכות המרומזת במערב, הוא רפאל, הוא משום שהוא מרפא את המלכות אחרי הסרת הערלה, שיהיה עוד מקום עבודה, כנ"ל).

ומלאך השני בא להפוך את סדום. היינו כנ"ל, שבחינת הסרת הערלה בבחינת נפש נקרא מילה, ובבחינת עולם נקרא הפיכת סדום. וכמו שאמרו, שאחרי הסרת הערלה נשאר כאב. אז צריכים לרפא את הכאב. כמו כן בהפיכת סדום נקרא הריפוי בשם הצלת לוט, מטעם ב' פרידות טובות, שעתיד לצאת.

ולכאורה קשה להבין ענין פירדות טובות: אם זה פירוד, איך אפשר להיות טובות? אלא כנ"ל, שלאחר הסרת הערלה, יש בחינת כאב כנ"ל, שהוא מטעם, שאין לו מקום עבודה. ומאותן הפרידות, היינו הניצוצין שנשארו מבחינה ד', הם נותנים לו מקום עבודה, בזה שהוא צריך לתקן אותם. ואינם יכולים לתקן אותם מטרם הסרת הערלה. כי מקודם צריכים להעלות ולתקן את הרפ"ח ניצוצין. ואח"כ מתקנים את הלב ניצוצין, הנקרא "לב האבן". לכן, מקודם הוא צריך להסיר את הערלה מכל וכל. שזה ענין, שצריך להיות סוד, שאינו צריך לידע מקודם, שהם צריכים

להישאר בבחינת רשימו. וזהו פירוש "סוד", שע"י תיקון המילה, שהוא ענין פרע היסוד, היינו פרע "יוד". ואז מ"סוד" נעשה "יסוד".

וזה ענין, שאותו מלאך רפאל הלך אח"כ להציל את לוט, מטעם "פרידות טובות", שהוא ענין רות ונעמי, שהוא בחינת מוחא וליבא. "רות" הוא מלשון "ראויה", שהא' נבלעת במבטא. ו"נעמי" הוא מלשון "נועם", משהו נועם אל הלב, שנמתקו אח"כ בדוד ושלמה.

מה שאין כן, מקודם זה אמר המלאך: "אל תביט מאחריך". משום ש"לוט" הוא בחינה ד'. אבל יש לה על כל פנים חיבור עם אברהם. מה שאין כן "אחריך", אחרי הבחינה ד', שאז אין רק בחינה ד' בעצם, בלי מיתוק. הוא סוד תנינים הגדולים, שאמרו חז"ל, שהוא לויתן ובת זוגו, שהרג את הנוקבא ומלחה לצדיקים לעתיד לבוא. שלעתיד לבוא, נקרא אחרי כל התיקונים.

וזה סוד, כשהביטה אשת לוט אחריה, כמ"ש "ותבט אשתו מאחריו ותהי נציב מלח". אבל מקודם צריכים להרגה, שזה סוד הפיכת סדום. אבל צריכים להציל את לוט גם כן, שהוא בחינת לויתן (שהוא החיבור שיש לבחינה ד' מאברהם, כנ"ל).

ובזה מתורץ קשית העולם: איך היה יכול המלאך, שריפא את אברהם, להציל את לוט? הלא יש כלל: "אין מלאך אחד עושה שתי שליחות". אלא שזה ענין אחד. כי צריכה להשאר רשימו מבחינה ד', אבל זה צריך להיות סוד. זאת אומרת, שטרם שמל את עצמו, לא צריכים לדעת מזה כלום. אלא צריך להרגה. והקב"ה מלחה לצדיקים לעתיד לבוא, שאז נעשה מהסוד יסוד.

וזה ענין הריב, שהיה בין רועי מקנה אברהם לרועי מקנה לוט (מקנה פירושו קנינים רוחניים). כי המקנה של אברהם היה לצורך הגדלת בחינת אברהם, שהוא בחינת אמונה. זאת אומרת, שעל ידי זה לקח על עצמו כוחות יותר גדולים ללכת למעלה מהדעת, כיון שראה, שדוקא ע"י דרך הזה של אמונה למעלה מהדעת זוכים לכל הקנינים.

נמצא, שמה שהוא רוצה את הקנינים, הוא, שהקנינים האלו מעידים על הדרך, הנקרא אמונה למעלה מהדעת, שהוא דרך אמיתי. וראיה לזה, כיון שמשפיעים לו מלמעלה קנינים רוחניים. נמצא שעל ידי הקנינים הוא מתאמץ רק ללכת בדרך אמונה למעלה מהדעת. אבל הוא לא רוצה את הקנינים הרוחניים, משום שהם מדרגות והשגות גדלות.

היינו, לא שהוא מאמין בה', בכדי להשיג ע"י האמונה השגות גדולות. אלא הוא צריך להשגות גדולות, כדי שידע את שהוא הולך בדרך אמיתי. נמצא, שלאחר כל הגדלות הוא רוצה ללכת דוקא בדרך האמונה. כי על ידי זה הוא רואה, שהוא עושה משהו.

מה שאין כן רועי מקנה לוט, כל כוונתם היו בכדי להשיג קנינים והשגות גדולות, שזה נקרא להגדיל בחינת לוט. שלוט נקרא ארעא דאתלטיא [ארץ מקוללת], שהוא הרצון לקבל שלו, המכונה בחינה ד', בין במוחא ובין בליבא. ועל כן אמר אברהם: "הפרד נא מעלי". היינו, שהבחינה ד' יפרד ממנו, שמבחינת עולם-שנה-נפש.

וזה ענין מילה והסרת הערלה. והסרת הבחינה ד' בנפש נקרא מילה. ובבחינת עולם נקרא הסרת הערלה בשם הפיכת סדום. ומבחינת שנה הוא בחינת התכללות מנפשות הרבה, נקרא שנה. וזהו בחינת לוט, מלשון קללה, המכונה ארעא דאתלטיא [ארץ מקוללת]. לכן כשאמר אברהם ללוט: "הפרד נא מעלי".

אבל מכל מקום לוט היה בן הרן, שהכוונה הוא על צמצום ב', המכונה "נהר, היוצא מעדן, להשקות את הגן". ויש בחינת "עבר הנהר", שהוא מחוץ לנהר, היינו צמצום א'. ויש הפרש מצמצום א' לצמצום ב'. כי בצמצום א' הדינים עומדים למטה מכל הספירות דקדושה, כמו שיוצאו מתחילה מסדר השתלשלות העולמות. מה שאין כן בצמצום ב' הם עלו למקום קדושה, ויש להם כבר אחיזה בקדושה. לכן מבחינה זו הם יותר גרועים מצמצום א', אין להם התפשטות נוספת.

הנה "ארץ כנען" הוא מבחינת צמצום ב',

שהם גרועים מאד, משום שיש להם אחיזה בקדושה. לכן כתיב בהם "לא תחיה כל נשמה". מה שאין כן בחינת לוט, שהוא בחינה ד', צריך להציל אותה. לכן ג' המלאכים באו כאחד. אחד לברכת הזרע, שהוא בחינת כלל ישראל, שזה מרמז גם על פריה ורביה בתורה, שהוא סוד גלוי רזי תורה, שזה נקרא בנים, לשון הבנה. וכל זה יכולים להשיג רק אחר תיקון המילה.

וזה סוד שאמר ה': "המכסה אני מאברהם את אשר אני עושה". כי אברהם היה מפחד מהפיכת סדום, אולי יאבדו לו כל הכלי קבלה. לכן אמר: "אולי יש חמשים צדיקים?" כי פרצוף שלם הוא חמשים מדרגות. ואח"כ שאל: "אולי יש ארבעים וחמשה צדיקים?" היינו עביות דבחינה ג', שהוא בחינת ארבעים, וד' דהתלבשות שהוא בחינת ו"ק, חצי מדרגה, שהוא חמש ספירות. וכו', עד ששאל: "אולי יש עשרה צדיקים?" היינו קומת מלכות, שהיא רק עשרה. לכן כשראה, שאפילו קומת מלכות אינה יכולה לצאת משם, אז הסכים אברהם על הפיכת סדום.

נמצא, שבזמן שהקב"ה בא לבקרו, אז נתן תפילה על סדום. וזה שכתוב "הכצעקתה" וכו', היינו שכולם היו משוקעים ברצון לקבל. "כלה, ואם לא אדעה", היינו אם יש בהם בחינות של השפעה, אז ונדעה שהוא ענין חיבור, זאת אומרת שיחבר אותם להקדושה. וכיון שראה אברהם, שמהם לא תצמח שום טובה, אז הסכים להפיכת סדום.

וזה סוד שאחר פרידת לוט מאברהם כתוב "ויאהל עד סדום", שהוא למקום מגוריהם של הרצון לקבל, שזהו מבחינתו עצמו. וזהו רק בארץ ישראל. מה שאין כן בעבר הנהר, שהוא בחינת צמצום א', שהוא שליטת הבחינה ד' בעצם, אין מקום לעבודה, כי במקומה היא הגוברת והשולטת ורק בארץ ישראל, שהוא בחינת צמצום ב'. שם שייך כל העבודה. וזה סוד שנקרא אברהם "בה' בראם". היינו שה"י" דשרי נחלקה ל"ב' ההין", לה' תחתונה ולה' עילאה, שאברהם לקח מבחינת התכללות ה' תתאה בה' עילאה.

ובזה נבין את שמעון ולוי, שהערימו את אנשי שכם. מאחר ששכם חפץ בדינה היה, משום שכל כוונתו היה רק ברצון לקבל, אז הם אמרו, כי צריכים למול, היינו לבטל את הכלי קבלה. והיות שכל כוונתם היה רק ברצון לקבל, נמצא שע"י המילה בעצמם נהרגו, בזה שנאבד להם הרצון לקבל ע"י המילה. וזה נחשב להם להריגה. נמצא לפי זה, שהם בעצמם הערימו, כיון שכל כוונתם היה בדינה אחותם. והם חשבו, שיכלו לקבל את דינה בכלים דקבלה. לכן, לאחר שנמולו ורצו לקבל אז את דינה, ואז הם היו יכולים להשתמש רק בכלים דהשפעה, וכלים דקבלה נאבד להם ע"י המילה. והיות שהיה חסר להם ניצוצי השפעה, מטעם ששכם היה בן חמור, שאין לו מושג רק בכלים דקבלה, לכן לא יוכלו לקבל את דינה בכלים דהשפעה, שזהו נגד שורשם, ששורשם הוא רק חמור, רצון לקבל, נמצאו קרח מכאן וקרח מכאן. וזהו נבחן ששמעון ולוי גורמו להם הריגה, אבל הם בעצמם אשמים, ולא שמעון ולוי.

וזה ענין מה שאמרו חז"ל: "אם פגע בך מנוול זה, משכהו לבית המדרש". ויש להבין מהו פירוש "אם פגע". שמשמע שלא תמיד נמצא המנוול, שכוונתו על הרצון לקבל. אלא הפירוש הוא, שלא אצל כולם הרצון לקבל נקרא מנוול, אלא אם נמצא מי שהוא, שאצלו הרצון לקבל הוא מרגיש אותו למנוול, והוא רוצה להפטר ממנו, כמ"ש "לעולם ירגיז אדם יצר טוב על יצר הרע, אם נצחו מוטב, ואם לאו יעסוק בתורה, ואם לאו יקרא קריאת שמע, ואם לאו יזכיר לו יום המיתה" (ברכות דף ה'). אז יש לו ג' עצות ביחד, שאחד בלי אחרים אין לו שלימות.

ובזה מובן קשיות העולם, שהגמרא מסיימת. ואם לא עוזר עצה הראשונה, היינו "משכהו לבית המדרש", אז "לקרוא קריאת שמע". ואם לא עוזר לו, אז "יזכיר לו יום המיתה". אם כן, למה הוא צריך לב' עצות הראשונות, שהם בספק אם יעזור לו? למה לא יקח תיכף

העצה האחרונה, היינו שיזכיר לו את יום המיתה? על זה הוא מתרץ, שאין הפירוש שעצה אחד יעזור, אלא שצריכים כל הג' עצות ביחד.

והפירוש הוא:

א. משכהו לבית המדרש, היינו בחינת אורייתא,

ב. שיקרא קריאת שמע, הוא בחינת קוב"ה ודביקות בה',

ג. הזכרת יום המיתה. פירושו מסירות נפש, שזהו בחינת ישראל, שנמשלו כיונה שפושטת את צוארה. היינו, שכל הג' בחינות הם בחינת יחוד אחד, הנקרא "אורייתא וישראל וקוב"ה חד הוא".

ולבחינת תורה ולבחינת קריאת שמע יכולים לקבל סיוע מרב. אבל לבחינת ישראל, שהוא סוד מילה, שהוא בחינת מסירות נפש, צריך האדם בעצמו לעבוד. והגם שעל זה גם כן יש סיוע מלמעלה, כמו שאמרו חז"ל: "וכרת עמו הברית", שפירושו, שהקב"ה עזרו, אבל מכל מקום האדם צריך להתחיל. וזה ענין "יזכיר לו יום המיתה", שצריכים תמיד להזכיר ולא לשכוח, משום שזהו עיקר עבודת האדם.

וענין הרשימות שצריכים להשאיר בסוד הצלת לוט, הוא מטעם ב' פרידות טובות, שהוא סוד ענין המן ומרדכי. כי מרדכי, שרצונו רק להשפיע, אין לו שום צורך בהמשכת אורות דגדלות. אבל ע"י המן, שהוא רוצה לבלוע את כל האורות לרשותו, על ידו, היינו הוא הגורם שמעורר את האדם להמשיך את האורות דגדלות. אבל לאחר שכבר המשיך את האורות, אסור לקבל אותם בכלים של המן, שנקרא כלים דקבלה. אלא בכלים דהשפעה. שזהו פירוש מה שכתוב, שהמלך אמר להמן "ועשה כן למרדכי היהודי", שזה נבחן, אורות דהמן המאירים בכלים דמרדכי.

קיג. תפילת שמונה עשרה

שמעתי ט"ו כסלו שבת

בתפילת שמונה עשרה: "כי אתה שומע תפילת כל פה עמך ישראל ברחמים". ולכאורה קשה, מקודם אנו אומרים: "כי אתה שומע תפילת כל פה". היינו, אפילו פה שאינה רצויה, גם כן הקב"ה שומע, כתוב: "כל-פה". אפילו שאינה רצויה משמע. ואח"כ אומר: "עמך ישראל ברחמים". משמע, שדוקא תפילה, שהוא ברחמים, אחרת לא שומעין.

והענין הוא, שצריכין לדעת, שכל הכבידות שישנו בעבודת ה', הוא מסיבת ההפכיות, הנוהג על כל צעד ושעל. למשל, יש כלל, שהאדם צריך להיות שפל. אבל אם נלך בקצה הזה, הגם שחז"ל אמרו "מאד מאד הוי שפל רוח", מכל מקום הקצה הזה אינו משמע שיהיה כלל. כי ידוע, שהאדם צריך ללכת נגד כל העולם, ולא להבטל אחר רבוי הדיעות, הנוהגים בעולם, כמ"ש "ויגבה לבו בדרכי ה'". אם כן, כלל הזה לא נקרא כלל, שנוכל לומר, שיש בו שלימות.

ואם ללכת בקצה השני, שהוא הגיאות, גם כן לא בסדר, כי "כל המתגאה, אומר הקב"ה, אין אני והוא יכולים לדור במדור אחד". וכמו כן אנו רואים הופכיות בענין יסורים. היינו, אם הקב"ה שולח יסורים לאיזה אדם, ואנחנו צריכין להאמין, שהשם ית' הוא טוב ומטיב, אם כן בהכרח היסורים ששלח הוא לטובת האדם. אם כן, איך אנו מתפללים, שהשם ית' יסיר מאתנו היסורים.

ובענין היסורים צריכים לדעת, כי היסורים באו רק בכדי לתקן את האדם, שיהיה מוכשר לקבלת אור ה'. ותפקיד היסורים הוא למרק את הגוף, כמו שאמרו חז"ל: "מה מלח ממתיק את הבשר, כך יסורים ממרקין את הגוף". וענין התפילה תיקנו, שיהיה במקום יסורים, היינו שגם התפילה ממרק את הגוף. אלא שהתפילה נקרא דרך התורה. לכן התפילה מועיל יותר להמתיק את הגוף מיסורים, לכן מצוה להתפלל על היסורים, מאחר שמזה באה תוספות טובה, להאדם בפרט ובכלל כולו.

ומשום זה, ההופכיות גורם להאדם כבידות והפסקות בעבודת ה'. ואינו יכול להמשיך בעבודה, ומרגיש את עצמו ברע. ונדמה בעיניו, שהוא אינו ראוי, שיוכל לקבל עליו את עול מלכות שמים "כשור לעול וכחמור

למשא". ונמצא, שבזמן הזה הוא נקרא "אינו רצוי". אלא, מאחר שכל כוונתו הוא בזה, שרוצה להמשיך בחינת אמונה, הנקרא בחינת מלכות. היינו "לאקמא שכינתא מעפרא [להקים שכינה מעפר]", שכוונתו, שיתגדל שמו ית' בהעולם, היינו גדלותו ית', שלא תהיה צורה של השכינה הקדושה בבחינת עניה ודלה, אזי "הקב"ה שומע תפילת כל פה". היינו אפילו מאדם שאינו רצוי כל כך, היינו שמרגיש בעצמו, שהוא עדיין מרוחק מעבודת ה'.

וזה פירוש "כי אתה שומע תפילת כל פה". מתי הוא שומע כל פה? בזמן שעמך ישראל מתפללים ברחמים. היינו רחמים פשוטים. שהאדם מתפלל, בכדי "לאקמא שכינתא מעפרא [להקים שכינה מעפר]". היינו קבלת האמונה. וזה דומה לאדם, שלא אכל שלשה ימים. ואז, כשהוא מבקש מאדם, שיתן לו משהו לאכול, אינו מבקש שום דברים מיותרים או מותרות, אלא פשוט מבקש, שיתן לו משהו להחיות את נפשו.

וכמו כן בעבודת ה', כשהאדם מוצא את עצמו עומד בין שמים וארץ, אינו מבקש מה' שום דבר מיותר, אלא את אור האמונה. היינו, שה' יאיר את עיניו, שיוכל לקבל עליו את בחינת האמונה. וזה נקרא "לאקמא שכינתא מעפרא [להקים שכינה מעפר]". ותפילה זו נקבל מ"כל פה": איזה בחינת מצב שהאדם נמצא, אם הוא מבקש להחיות את נפשו מבחינת אמונה, נתקבל את תפילתו.

וזה נקרא "ברחמים". שתפילתו הוא רק שירחמו עליו מהשמים, שיוכל להחזיק את חיותו. וזה פירוש, מה שכתוב בזוהר, שתפילה, שהוא למסכנא [לעני], תיכף נתקבל. היינו, שהוא עבור השכינה הקדושה, תיכף נתקבל.

קיד. ענין תפילה

שמעתי תש"ב

יש להבין, איך שייך ענין תפילה, שהוא בחינת רחמים. הלא יש כלל "מצאתי ולא יגעתי אל תאמין"? והעצה, שהאדם צריך להבטיח להשם ית', שיתן לו את היגיעה לאחר מכן.

קטו. ענין דומם, צומח, חי, מדבר

שמעתי ת"ש ירושלים

דומם: הוא בחינת שאין לו רשות בפני עצמו. אלא רשות של בעל הבית עליו. והוא מוכרח למלאות כל חשקו ורצונו של בעל הבית. לכן, היות שהשם ית' ברא את הבריאה לכבודו, כמ"ש "כל הנקרא בשמי וכו' לכבודי בראתיו", היינו שהשם ית' ברא את הבריאה לצורכי עצמו, הטבע של בעל הבית נטבע בהנבראים. היינו, שכל אחד מהנבראים אינם יכולים לעבוד לתועלת זולתו, אלא לתועלת עצמו.

צומח: הוא שכבר יש לו רשות בפני עצמו במקצת. שכבר יכול לעשות דבר, שהוא בהיפוך מדעת בעל הבית. היינו, שכבר יכול לעשות דברים, שאינם לתועלת עצמו, אלא להשפיע. וזהו כבר ההיפוך, ממה שיש ברצון בעל הבית, שהוא הטביע בהתחתונים, שיופעלו רק ברצון לקבל לעצמו. אבל עם כל זה, כמו שאנו רואים בצמחים הגשמיים, אף על פי שהמה בעלי תנועה, שמתפשטים באורך וברוחב, ומכל מקום תכונה אחת יש לכל הצמחים.

זאת אומרת, שאין אף צמח אחד יכול נגד שיטת כל הצמחים, אלא שמחויב לשמור את חוקי הצמחים, ואין לו שום כח שיוכל לעשות נגד בני גילו. זאת אומרת, שאין לו בחינת חיים בפני עצמו. אלא שהוא חלק מחיי כל הצמחים בכלל. זאת אומרת, שלכל הצמחים יש בחינת חיים אחת, שצורת החיים אחת הוא לכל הצמחים כולם, שכל הצמחים דומה לבריה אחת. והצמחים באופן פרטי דומים לאברים של הבעל חי הזה.

וכמו כן ברוחניות, אלו האנשים שכבר יש להם כח להתגבר על הרצון לקבל במקצת, אבל הם משועבדים להסביבה, אבל לעשות בהיפוך מהסביבה, שבו הוא נמצא, אין לו עוד הכח הזה, אלא על כל פנים הוא עושה להיפוך, ממה שהרצון לקבל שלו רוצה, היינו שהוא כבר עובד עם רצון להשפיע.

חי: בבעלי החי, אנו רואים, שלכל אחד מהם יש להם תכונה בפני עצמו. ואינם

משועבדים להסביבה. אלא לכל אחד יש הרגשה ותכונה בפני עצמו. ובטח שהוא יכול לפעול מה שהוא נגד רצון בעל הבית. היינו, שיכול לעבוד בבחינת השפעה. וגם אינו משועבד להסביבה. אלא שיש לו חיים בפני עצמו, מבלי שחיותו יהיה תלוי בחיים של חבירו. אבל יותר מישותו עצמו אינו יכול להרגיש. היינו, שאין לו הרגש הזולת, וממילא שאינו יכול לדאוג עבור הזולת.

מדבר: יש בו מעלות:

א. שהוא עושה נגד רצון בעל הבית,

ב. שאינו משותף לכל בני גילו, כמו הצומח. היינו, שאינו תלוי בהסביבה,

ג. שגם מרגיש את הזולת. לכן יכול לדאוג עבורם ולהשלימם. על ידי זה שמרגיש ומצטער עם הצבור, ויכול לשמוח בנחמת הצבור. וכן הוא יכול לקבל מהעבר והעתיד. מה שאין כן הבעל חי, שאינו מרגיש רק את ההוה, וגם רק פרטיות עצמו.

קטז. למאן דאמר מצוות אין צריכות כוונה

שמעתי

"מצות אין צריכות כוונה" ו"שכר מצוה בהאי עלמא ליכא [בעולם הזה אין]**". פירוש, דלמאן דאמר** [שֶׁלְּמִי שֶׁאָמַר]**, מצות אין צריכות כוונה, הוא סובר, ששכר מצוה בהאי עלמא ליכא** [בעולם הזה אין]**. דענין כוונה, היינו השכל והטעם שבמצוה. והוא באמת השכר של המצוה. שאם האדם טועם טעם המצוה, וגם מבין השכל שבהדבר, אז לא צריכים לשכר יותר גדולה מזו. לפי זה יוצא, אם אין מצות צריכות כוונה, ממילא שכר מצוה בהאי עלמא ליכא. הלא אין לו שום טעם ושכל בהמצוה.**

נמצא, שאם האדם נמצא במצב, שאין לו שום כוונה, אז נמצא במצב, ששכר מצוה בהאי ליכא [בזה אין]**. כיון ששכר המצוה הוא הטעם והשכל, ואם אין לו זה, בטח שאין לו שכר מצוה בעולם הזה.**

קיז. יגעת ולא מצאת אל תאמין

שמעתי

התצרוכת להיגיעה הוא דבר הכרחי. מאחר שהשם ית' נותן מתנה להאדם, הוא רוצה שירגיש בטוב המתנה. אחרת הוא יהיה בחינת שוטה, כמו שאמרו חז"ל: "איזהו שוטה, המאבד מה שנותנין לו". מאחר שאינו מחשיב את חשיבות שבהדבר, לכן אינו שם לב שישמור את המתנה.

וזה כלל, שאין האדם מרגיש שום חשיבות באיזה דבר, אם לא היה לו צורך להדבר. וכפי ערך הצורך והיסורים אם אינו משיגו, כן ממש באותו השיעור הוא מרגיש טעם תענוג ושמחה במילוי החסרון. כדוגמת למי שנותנין כל מיני משקין טובים, ואם אינו צמא, אין לו שום טעם, כמ"ש "כמים קרים על נפש עיפה".

ולכן, כשמסדרים סעודות, בכדי להנאות ולשמח להקהל, אזי המנהג כמו שמכינים בשר ודגים וכל מיני דברים טובים, אזי נזהרים לערוך על השלחן גם כן דברים חריפים ומרים. דהיינו חרדל, ופלפלים חריפים, ודברים חמוצים, ודברים מלוחים. וזהו הכל בכדי לעורר את היסורים של רעבון. כי כשהלב טועם טעם מר וחריף, אזי נתעורר רעבון וחסרון, שהאדם זקוק למלאות את חסרונו עם הסעודה של דברים טובים.

ואל יעלה על לבו של מישהו לשאול: "למה לי את הדברים המעוררים יסורים של רעבון? הלא על בעל הבית להכין רק מילוי להחסרון, דהיינו הסעודה. ולא להכין דברים, שמעוררים להמילוי חסרון?" - והתשובה מובן לכל: משום שאם בעל הבית רוצה שהאנשים יהנו מהסעודה, אזי, כפי שיעור שיהיה להם החסרון להסעודה, כן ממש באותו שיעור הם יהנו מהסעודה. נמצא, שאם הוא ירבה דברים טובים, זה עוד לא יועיל שיהנו מהסעודה, מטעם הנ"ל "כי אין מלוי בלי חסרון".

לכן, בכדי לזכות לאור השם ית', גם כן צריך להיות בחינת חסרון. והחסרון לזה הוא היגיעה. בשיעור שהאדם מתיגע ודורש את ה', בזמן ההסתרה ביותר, בשיעור הזה הוא נעשה נצרך לה', היינו שה' יאיר עיניו שיזכה ללכת בדרך ה'. אזי כשכבר יש לו הכלי הזו של חסרון. אזי כשהשם ית' יתן לו איזה עזרה

משמים, אזי כבר ידע, איך לשמור את מתנה זו. נמצא, שהיגיעה היא בחינת אחוריים. וכשמקבל את האחוריים, יש לו מקום, שיוכל לזכות לבחינת פנים.

ועל זה נאמר "לא יחפוץ הכסיל בתבונה". זאת אומרת, שאין לו צורך כל כך, שירצה להתיגע על התבונה, בכדי להשיגו. נמצא, שאין לו האחוריים. ממילא אי אפשר לזכות לבחינת הפנים.

וזה ענין "לפום צערא אגרא [לפי הצער - השכר]**". היינו הצער, הנקרא "יגיעה", עושה את הכלי, שיוכל לזכות לבחינת אגרא. זאת אומרת, כפי שיעור שיהיה לו הצער, באותו שיעור הוא יכול אח"כ לזכות לבחינת השמחה והתענוג.**

קיח. להבין ענין ברכים אשר כרעו לבעל

שמעתי

הנה, יש בחינת אשה, ויש בחינת בעל. אשה נקרא "דלית לה, אלא מה שיהיב לה בעלה [שאין לה אלא מה שנותן לה בעלה]**". ובעל נקרא, שהוא עצמו ממשיך לתוך בחינתו כל טוב. הנה ברכים נקרא בחינת הכנעה, כמ"ש "וכל ברך לך תכרע".**

ובענין הכנעה יש ב' בחינות:

א. מי שמכניע את עצמו לפני מי שגדול ממנו. והגם שלא יודע מעלתו, אלא שהוא מאמין, שהוא גדול, ומשום כך, יש לו הכנעה לפניו.

ב. שהוא יודע את גדלותו ומעלתו בבירור גמור.

ובענין אמונה בהגדלות של העליון, יש גם כן ב' בחינות:

א. שהוא מאמין, שהוא גדול, מטעם שאין לו עצה אחרת. היינו, שאין לו שום דרך ומבוא, איך לידע את גדלותו.

ב. שיש לו עצה, איך לידע בדעת ברורה וצלולה את גדלותו. ומכל מקום הוא בוחר בדרך האמונה, מטעם "כבוד אלקים הסתר דבר". זאת אומרת, הגם שיש לו ניצוצין בגופו, שהם רוצים דוקא לדעת גדלותו, ולא ללכת כבהמה, ומכל מקום הוא בוחר בדרך האמונה, מטעם הנ"ל.

נמצא, שמי שאין לו עצה אחרת ובוחר באמונה, נמצא שהוא בחינת אשה. היינו בחינת נקבה, "תשש כוחו כנקבה", והוא רק מקבל מבעלה.

ומי שיש לו עצה והוא לוחם ללכת בדרך אמונה, הוא נקרא בחינת "איש מלחמה". לכן, אלו שבוחרו בבחינת אמונה, בזמן שהיה להם עצה ללכת בבחינת ידיעה, הנקרא בעל, המה נקראים "אשר לא כרעו לבעל". היינו שלא נכנעו לעבודת בעל, שהוא בחינת ידיעה, אלא שהלכו בדרך האמונה.

קיט. ההוא תלמיד דלמד בחשאי

שמעתי ה' תשרי תש"ג

"ההוא תלמיד דלמד בחשאי, בטש ביה [הכתה בו] **ברוריה ואמרה "ערוכה בכל", אם ערוכה ברמ"ח, מתקיים".**

חשאי, פירוש קטנות, מלשון חש-מל. חש נקרא כלים דפנים. ומל נקרא כלים דאחור, שהם כלים למטה מחזה, המביאים בחינת גדלות. התלמיד הנ"ל היה חושב, שאם הוא זוכה לבחינת חש, שהוא בחינת רצון להשפיע וכל כוונותיו הם אך להשפיע, כבר זכה לכל השלימות. אבל היות שתכלית בריאת העולמות היתה להטיב לנבראיו, היינו לקבל כל התענוגים העליונים, שהאדם ישיג את כל הקומה, אפילו למטה מחזה גם כן. זאת אומרת, כל הרמ"ח.

לכן אמרה לו ברוריה את הפסוק "ערוכה בכל", היינו בכל הרמ"ח. זאת אומרת, שימשיך גם הלמטה מחזה גם כן. היינו, שצריך להמשיך גם הגדלות. וזה "מל", היינו דיבור, שהוא בחינת גילוי, שיגלה את כל הקומה. אלא בכדי שלא יפגמו, צריכים מקודם לקבל את הקטנות, הנקרא "חש", שהוא בחשאי, שעדיין לא מגולה. ואח"כ הוא צריך לברר גם את בחינת מל, שהוא בחינת הגדלות. ואז יהיה מגולה את כל הקומה.

וזהו "ערוכה ושמורה". היינו כיון שכבר אצלו בבחינת השמירה, היינו הקטנות, כבר

יכול להמשיך את הגדלות, ואין לו לפחד.

קכ. טעם על מנהג שלא אוכלין אגוזים בראש השנה

שמעתי מוצאי ראש השנה תש"ג ירושלים

טעם על מנהג, שלא אוכלין אגוזים בראש השנה. משום שאגוז גמטריא חטא "חט". והקשה, הלא אגוז גמטריא טוב.

ואמר, שאגוז רומז לעץ הדעת טוב ורע. וטרם שהאדם עשה תשובה מאהבה, אצלו האגוז עדיין חטא. ומי שכבר זכה לתשובה מאהבה, אזי זדונות נעשו לו כזכיות. נמצא, שמה"חט" נעשה בחינת טוב. ואז כבר מותר לו לאכול אגוז. לכן צריכין להיזהר לאכול דברים, שאין בהם שום רמז לחט, שהם בבחינת עץ החיים. מה שאין כן בדברים שיש בהם גמטריא לחט, מרומזים לעץ הדעת טוב ורע.

קכא. היתה כאניות סוחר

שמעתי

בפסוק "היתה כאניות סוחר ממרחק תביא לחמה". הנה בזמן שהאדם דורש ועומד בתוקף ש"כולה שלי", היינו שכל הרצוניות יהיה מוקדש כולה לה', אזי הס"א מתעורר כנגדו וטוענת גם כן "כולה שלי".

ואז יש מסחר. מסחר נקרא, שהאדם רוצה לקנות איזה חפץ, והקונה והמוכר מתדיינים על הכדאיות. היינו כל אחד טוען שהצדק עמו. וכאן הגוף מסתכל למי כדאי לשמוע: להמקבל או לכח המשפיע, ששניהם טוענים בבירור "כולה שלי". וכיון שהאדם רואה את שופלותו, שגם יש בו נצוצין, שלא מסכימים לשמור את התורה והמצות, אפילו כקוצו של יוד, אלא כל הגוף טוען "כולה שלי".

אזי "ממרחק תביא לחמה". היינו, מהרחקות, שהאדם רואה, איך שהוא כל כך מרוחק מה', ומצטער ומבקש מה', שיקרבהו, "תביא לחמה". ענין לחם הוא סוד אמונה. אזי הוא זוכה לאמונה בקביעות, כי "ה' עשה, שיראו מלפניו". היינו שכל ההרחקות, שהוא מרגיש, ה' הביאו לו את המצבים האלו, בכדי שיהיה לו צורך לקבל עליו את יראת שמים.

וזה פירוש "כי לא על הלחם לבדו יחיה האדם, כי על כל מוצא פי ה'". פירוש, שהחיות דקדושה שבאדם, אינו בא דוקא מההתקרבות, היינו הכנסות. זאת אומרת, הכניסות להקדושה. אלא גם מהיציאות, היינו מההתרחקות. שעל ידי זה שהסטרא אחרא מתלבשת בגוף האדם, וטוענת "כולה שלי" בטענה צודקת, ועל ידי זה התגברות באלו המצבים, האדם זוכה לאמונה בקביעות.

זאת אומרת שהאדם צריך ליחד הכל לה', היינו, אפילו היציאות נמשך ממנו ית'. וכשזוכה, אזי הוא רואה, שבין היציאות ובין ההכנסות, הכל ממנו יתברך.

ועל ידי זה הוא מוכרח להיות עניו. כיון שהוא רואה, שהכל השם ית' עושה, בין היציאות ובין ההכנסות. וזה ענין הנאמר אצל משה ענותן וסבלן, שצריכים לסבול את השופלות. היינו, שבכל מדרגה ומדרגה הוא צריך להחזיק את השופלות. וברגע שעוזב את השופלות, תיכף נאבד ממנו כל המדרגות "משה", שכבר השיג. ודי למבין.

וזה ענין סבלנות. שענין שופלות יש אצל כל אחד ואחד, אלא לא כל אחד מרגיש את שופלות לדבר טוב. נמצא שלא רוצים לסבול. מה שאין כן משה רבינו עליו השלום, סבל את הענוות. לכן נקרא עניו. היינו, שהיה לו שמחה מהשופלות.

וזה כלל: "במקום שאין שמחה, אין השכינה שורה". לכן בזמן הטהרה, אי אפשר להיות השראת השכינה. והגם שדבר הטהרה הוא דבר הכרחי (וזהו כדוגמת בית הכסא, הגם שהאדם מוכרח להכנס לתוכו, ומכל מקום בטוח הוא, שאין זה בית המלך).

וזה ענין ברכה ובכורה, שאותיותיהן שוות. כי בכורה הוא סוד ג"ר. והס"א רוצות את הג"ר, אבל לא את הברכות. כי ברכה הוא סוד הלבוש על המוחין. ועשיו היה רוצה את הבכורה מבלי הלבוש. ומוחין בלי לבוש אסור לקבל. וזה שאמר עשו: "הלא ברכה אחת אצלת לי". ברכה אחת כוונת להיפוך מהברכות, היינו קללה, שעל זה נאמר: "ויאהב קללה ותבואהו, ולא חפץ בברכה".

קכב. להבין מה שמבואר בשולחן ערוך

שמעתי עש"ק ניצבים כ"ב אלול תש"ב

להבין מה שמבואר בשולחן ערוך, שהדין, שהאדם צריך לחזור ולעיין בהתפילות של ימים נוראים, מסיבת, כשיבוא זמן התפילה, אזי כבר יהיה זקן ורגיל בתפילה.

והענין הוא, שתפילה צריך להיות בלב, שהוא סוד עבודה שבלב. היינו, שהלב יסכים למה שהאדם מדבר בפה (ואם לאו, נקרא זה רמאות. היינו, שאין פיו ולבו שוים). לכן בחודש אלול צריך האדם להרגיל את עצמו בהעבודה העצומה. והעיקר הוא, שיכול לומר "כתבנו לחיים". היינו בזמן שאומר כתבנו לחיים, שגם הלב יסכים (שלא יהא כחונף), שיהיו פיו ולבו שוים, "כי האדם יראה לעינים, וה' יראה לבב".

ולפי זה, בזמן שהאדם צועק "כתבנו לחיים", שפירוש "חיים" הוא בחינת להתדבק בחיי החיים, שהוא דוקא על ידי זה, שהאדם רוצה לעבוד בבחינת כולו להשפיע, וכל מחשבותיו עבור הנאה עצמית יהיו בביטול גמור.

ואז, כשמרגיש, מה שהוא מדבר, אזי לבו יכול לפחד, שמא חס ושלום יתקבל תפילתו. היינו שלא יהיה לו שום רצון עבור עצמו. ולגבי הנאת עצמו מצטייר מצב, בדומה שהוא עוזב את כל תענוגי עולם הזה ביחד עם כל הבריות, והחברים, ובני ביתו, וכל קניניו ורכושו. ופורש את עצמו ללכת למדבר, אשר אין שם שום, רק חיות רעות. ואף אחד לא ידע ממנו וממציאותו. ונדמה בעיניו, כאילו אובד את עולמו בפעם אחת, ומרגיש שמאבד עולם מלא חדוות חיים, ומקבל על עצמו מיתה מעולם הזה, ומרגיש שהוא כעת מאבד עצמו לדעת, בזמן הרגשת הציור הזה. ויש לפעמים, שהס"א עוזרת לו לצייר את מצבו עם כל הצבעים השחורים, אז הגוף בועט בתפילה זו. ונמצא, שאי אפשר שיתקבל תפילתו, מסיבת שהוא עצמו לא רוצה שתתקבל תפילתו.

לכן צריך להיות הכנה להתפילה, שירגיל את עצמו לתפילה, כאלו שיהיו פיו וליבו שוים. וזה יכולין לבוא שהלב יסכים ע"י ההרגל, שיבין שבחינת קבלה נקרא פירוד, ועיקר הוא דביקות בחיי החיים, שהוא סוד השפעה. ותמיד מוכרחים להשתדל בעבודת המלכות, הנקראת בחינת "כתיבה", שהוא בחינת דיו ושחרית. היינו, שלא ירצה שעבודתו יהיה דוקא בבחינת "לבני ושמעי". כנ"ל, שרק בזמן הלבנונית הוא ישמע לתורה ומצות, אלא ללא תנאים, בין בלבן ובין בשחור. תמיד יהיה שוה אצלו, שבכל אופנים הוא צריך להשמע להפקודות של התו"מ.

קכג. ענין גיטו וידו באין כאחד

שמעתי זכרונות מאדמו"ר זצ"ל

ענין "ה' תתאה [תחתונה] **בעינים".**

היינו, שנעשה בחינת מסך וכסוי על העינים. שהעינים הוא סוד ראיה והשגחה, שרואה בחינת השגחה מסותרת.

ענין נסיון. היינו, שאין לו צד הכרעה, לא לכאן ולא לכאן. שאין הוא יכול לברר את רצון ה' ואת כוונת רבו. הגם שמסוגל לעשות עבודות במסירות נפש, אבל אין בידו להכריע, אם עבודה זו של מסירות נפש הוא במקומו או להיפוך, שעם עבודה קשה זו, יהיה בניגוד לדעת רבו ולדעת ה'.

וכדי להכריע בדבר, הוא מכריע בדבר המוסיף יגיעה. זאת אומרת, שהוא צריך לפעול בהתאם להקו, שרק היגיעה מוטלת על האדם ולא שום דבר. אם כן, אין לו כל מקום לפקפק במעשיו, ובמחשבותיו, ובדיבוריו. אלא הוא צריך תמיד להרבות יגיעה.

קכד. שבת בראשית - ודשיתא אלפי שני

שמעתי

יש ב' בחינות שבתות:

א. דבראשית,

ב. דשיתא אלפי שני [של ששת אלפי השנים].

וההבדל ביניהם הוא זה: ידוע, שיש בחינת שביתה ובחינת נפישה. שביתה נקרא במקום שאין כבר מה להוסיף. מה שאין כן נפישה, שהוא מלשון עמד לפוש, זאת אומרת שהוא באמצע עבודה, ואין לו כח להמשיך בעבודתו,

אז הוא עומד לפוש, בכדי לקבל חיות וכוח מחדש, ואח"כ ממשיך בעבודתו.

שבת בראשית הוא בחינה שאין מה להוסיף. והוא נקרא בחינת שביתה.

ושבת דשיתא אלפי שנין הוא בחינת נפישה, שעל ידי זה הוא מקבל כח וחיות להמשיך בעבודתו בימות החול.

ובזה נבין מאמר חז"ל, ששבת אמרה: "לכולם נתת בן זוג, ולי לא נתת". והשיב לה הקב"ה: "ישראל יהיה בן זווגך". שענין זוג היינו בחינת נקרא ז"א. אם יש בחינת נוקבא, יכול להיות זווג. ומזווג בא תולדות, היינו התחדשות והוספות. וענין נוקבא, היינו בחינת חסרון. שאם נמצא באיזה מקום חסרון, יש מקום לתקן את החסרון. וכל התיקונים נקראים, שהם באו על שלימותם, בזה שממשיכים אור העליון במקום החסרון. נמצא, שלא היה כאן שום חסרון מלכתחילה. אלא כל החסרון, שחשבו מקודם, שהוא בחינת חסרון, הוא בא בבחינת תיקון מלכתחילה, היינו שעל ידי זה ישפע שפע עליון ממרום.

וזה דומה, כשאדם מעיין באיזה ענין, ומתייגע את עצמו להבין את הענין. וכשמשיג את הפירוש, אזי להיפוך, היינו שלא מרגיש, שמקודם היה לו יסורים, שלא הבין את הענין. אלא שהוא שמח, בזה שיש לו עכשיו שמחה. שהשמחה נמדדת בערך לפי שיעור היגיעה, שהיה לו מטרם שהבין את הענין. נמצא, שזמן העיון נקרא בחינת נוקבא, שהוא בחינת חסרון. וכשהאדם מתיחד עם החסרון, אזי הוא מוליד את התולדה, היינו החידוש. וזה שטענה השבת: "הלא בשבת אין זמן עבודה. אם כן לא, יהיה שום תולדות ושום חדושים".

קכה. המענג את השבת

שמעתי ח' סיון תש"ט תל אביב

"כל המענג את השבת נותנין לו נחלה בלי מצרים, שנאמר, אז תתענג על ה' והרכבתיך על במתי ארץ, והאכלתיך נחלת יעקב אביך, וגו'. לא כאברהם, שכתוב בו, קום התהלך בארץ לארכה, וגו'. ולא כיצחק, שכתוב, כי לך ולזרעך אתן את כל הארצות. אלא כיעקב, שכתוב בו, ופרצת ימה וקדמה צפונה ונגבה". (שבת, קיח).

והגמרא כפשוטה קשה להבין. וכי לכל אחד ואחד מישראל יתנו את כל העולם כולו, דהיינו נחלה בלי מצרים.

ונקדים מאמר חז"ל "לעתיד לבוא הקב"ה מוציא חמה מנרתיקה ומקדיר. רשעים נידונין בה וצדיקים מתרפאים בה, דכתיב "כי הנה היום בא בוער כתנור, והיו כל זדים ועושי רשעה קש, ולהט אותם היום הבא, אמר ה' צבאות, אשר לא יעזוב להם שורש וענף", לא שורש בעולם הזה ולא ענף בעולם הבא. צדיקים מתרפאים בה, דכתיב "וזרחה לכם יראי שמי שמש צדקה ומרפא בכנפיה" וגו'. ולא עוד, אלא שמתעדנין בה" (עבודה זרה, ג, ע"ב).

וצריך להבין חידת חכמים: מהו שמש ומהו נרתיק? ומאין נמשך ההפכיות הזה? ומה "שורש בעולם הזה וענף בעולם הבא"? ומהו "ולא עוד, אלא שמתעדנין בה?" היה לו לומר "מתרפאים ומתעדנין בה". ומהו "ולא עוד" דקאמר?

ומובן זה עם מאמר חז"ל: "ישראל מונין ללבנה ואומות העולם לחמה" (סוכה כ"ט). פירוש, אור השמש כינוי לידיעה היותר ברורה, כמ"ש "ברה כחמה". ואומות העולם, שלא קבלו את התורה ומצות, כמ"ש, שהחזירה הקב"ה על כל אומה ולשון, כי לא רצו להנות מאור התורה, שהוא בחינת לבנה, המקבלת מאורו ית', שהוא אור השמש, כלומר אור הכולל. ועם כל זה יש להם חשק חפץ ורצון לחקור בהשם ית', ולידע אותו עצמו.

מה שאין כן ישראל מונין ללבנה, שהמה התורה ומצות, שאור השמש ית' מלובש בהם. ועל כן התורה היא סוד נרתיק להשם ית'. ואיתא בזהר, ש"אורייתא וקוב"ה חד הוא". כלומר, שאור השם ית' מלובש בתורה ומצות. והוא ונרתיקו חד הוא. ועל כן ישראל מונין ללבנה, כלומר להשלים את עצמם בתורה ומצות. וממילא זוכים גם בקוב"ה. אמנם אומות העולם, מתוך שאינם מקיימים התורה ומצות, דהיינו הנרתיק, על כן אין להם אפילו אור החמה.

וזה סוד "לעתיד לבוא מוציא חמה מנרתיקה". ואמרו "שכינה בתחתונים צורך גבוה". כלומר, שהשם ית' חושק ומתאוה לזה. וזה סוד "ששת ימי המעשה", היינו העבודה בתורה ומצות, כי "כל פעל ה' למענהו פעל, ואפילו עובדין דחול [מַעֲשֵׂי החול] גם כן עבודת השם ית'", כמ"ש "לא תהו בראה לשבת יצרה". ועל כן הוא מכונה לנרתיק.

ושבת הוא סוד אור החמה, יום המנוחה לחיי עולמים. כלומר, הכין העולם בב' מדרגות:

א. שיתגלה שכינתו על ידי התורה ומצות בבחינת ששת ימי המעשה,

ב. שיתגלה בהעולם בלי תורה ומצות.

וזה סוד "בעתה אחישנה". זכו אחישנה, דהיינו על ידי תו"מ. לא זכו, בעתה. כי התפתחות הבריאה ברוב היסורין מביאה קץ וגאולה להאנושיות, עד שישרה השם ית' שכינתו בתחתונים. וזהו מכונה "בעתה", כלומר על ידי התפתחות של הזמן.

קכו. חכם בא לעיר

שמעתי סעודת חג השבועות תש"ז תל אביב

"חכם בא לעיר".

חכם נקרא הקב"ה. בא לעיר. שבשבועות מתגלה עצמו להעולם.

"אמר עצל, ארי בדרך, שמא החכם אינו בביתו, שמא הדלת נעול". והענין הוא, חז"ל אמרו "יגעת ולא מצאת אל תאמין". לכן, אם הוא רואה, שעדיין לא מצא את קרבת ה', אזי אומרים לו, שבטח לא התיגע כראוי. ולכן מכנה אותו הפסוק בשם "עצל".

ומהו הטעם, שהוא לא התיגע? כיון שהוא מחפש את קרבות ה', למה הוא לא רוצה לתת יגיעה? הלא אפילו אם רוצים להשיג דבר גשמי, גם כן לא משיגין בלי יגיעה. אלא באמת הוא רוצה להתייגע. ולא שאומר "ארי בדרך", היינו הסטרא אחרא, כמ"ש "יארוב ארי במסתרים". היינו, מי שמתחיל בדרך ה', הוא פוגע בהארי, שהוא על דרך. ומי שנכשל בו, אין לו תקומה.

ובשביל זה הוא מפחד להתחיל, כי מי יוכל לנצחו. אזי אומרים לו: "אין ארי בדרך", היינו ש"אין עוד מלבדו" כתוב. כי אין שום כח אחר זולתו, בסוד "והאלוקים עשה שיראו מלפניו".

ואז הוא מוציא תירוץ אחר, שמא החכם אינו בביתו. ביתו, הוא בחינת נוקבא, בחינת שכינה הקדושה. אזי הוא, שהוא לא יכול לידע בבירור, אם הוא הולך בקדושה או לא.

ולזה אמר, שמא החכם, היינו הקב"ה, אינו בביתו. היינו זה הבית אינו שלו, אינו של הקדושה. ומאין יהיה לו הידיעה, שהוא הולך בקדושה? אזי אומרים לו: "החכם בביתו", היינו "נשמת אדם תלמדנו". וידע שסוף כל סוף, שהוא הולך בקדושה.

אזי הוא אומר: "שמא הדלת נעול", שאי אפשר להיכנס להיכל פנימה, כדרך "לא כל הרוצה ליטול את ה', יבוא ויטול". אזי משיבים לו: "אין הדלת נעול". הלא אנו רואים, שהרבה אנשים זכו להכנס להיכל פנימה.

אזי הוא משיב: "בין כך ובין כך לא אילך". פירוש, שאם הוא עצל ולא רוצה להתיגע, אזי נעשה חריף ומתוכח, שחושבין שרק מכבידין עליו את העבודה.

ובאמת הוא, מי שרוצה להתיגע, אז הוא רואה להיפוך. הלא הוא רואה, שהרבה הצליחו. ומי שאינו רוצה להתיגע, אזי הוא רואה, שיש אנשים שלא הצליחו. אף על פי שהם לא הצליחו, גם כן הטעם, שהם גילו, שאינם רוצים להתיגע. אבל כיון שהוא עצל, ורוצה רק להכשיר ולהצדיק את מעשיו, לכן הוא כל כך דורש כחכם. והאמת הוא, שצריכין לקבל את העול תורה ומצות בלי שום טענות וויכוחים. ואז יצליח.

קכז. להבין ההפרש בין עיקר ועצמות, ותוספת שפע

ד' דחוה"מ סוכות תש"ג ירושלים

זה ידוע שהסתלקות המוחין והפסק הזווג נוהגין רק בתוספות המוחין, ועיקר המדרגה בזו"ן הוא ו' ונקודה. זאת אומרת שהמלכות בבחינת עיקר מציאותה אין לה יותר מנקודה, שהיא בחינת נקודה שחורה דלית [שאין] בה לבנוניתא. ואם האדם מקבל זאת הנקודה לבחינת עיקר ולא לדבר יתר שהוא רוצה

להפטר מזה, אלא אדרבה, שמקבל את זה לבחינת הידור, נקרא זה בחינת דירה נאה בליבא. שאינו מגנה את העבדות הזו אלא שעושה זאת לבחינת עיקר אצלו, אזי נקרא זה בחינת "לאוקמא שכינתא מעפרא [להקים שכינה מעפר]". וכשמקיים את היסוד לבחינת עיקר אצלו, אזי אי אפשר לו ליפול ממדרגתו אף פעם, משום שבעיקר אין הסתלקות.

ובזמן שהאדם מקבל על עצמו לעבוד בבחינת נקודה שחורה, שאפילו בשחרות הכי גדולה במציאות שיש בעולם... אזי השכינה הקדושה אומרת: "לית אתר לאתטמרא מנך [אין מקום להסתתר ממך]". לכן "בחד קטירא אתקטרנא ביה [בקשר אחד מתקשרים בו]", "ולא אתפסק מיניה לעלמין [ולא נפסקים ממנו לעולמים]". ומשום זה אין לו שום הפסק מהדבקות. ואם באה לו איזו הארה מלמעלה הנקרא תוספת, אזי הוא מקבל את זה בבחינת "לא אפשר ולא קמכוין", מטעם שזה בא מהמאציל בלי התעוררות מצד התחתון. וזה פירוש: "שחורה אני ונאוה", באם שאתה תוכל לקבל את השחרות - אז תראה איך שאני נאוה.

וזה סוד: "מי פתי יסור הנה", וכשפונה מכל עסקיו ורוצה רק לעבוד לתועלת הבורא, ועובד בבחינת "בהמות הייתי עמך" - אזי הוא זוכה ורואה את תכלית השלמות. וזה פירוש: "חסר לב אמרה לו", היינו, משום שהיה חסר לב - בשביל זה היה צריך להיות פתי, אחרת אי אפשר לו להתקרב.

אבל לפעמים נתקלים במצב של שכינתא בגלותא, היינו שהנקודה יורדת לבי"ע דפרודא, ואז הוא נקרא בבחינת "שושנה בין החוחים" שיש לה צורה של חוחים וקוצים, אזי אי אפשר לקבלה, שזו שליטת הקליפות. וזה בא על ידי מעשי האדם, כי האדם על ידי מעשיו למטה - כך הוא גורם בשורש נשמתו למעלה בשכינה הקדושה. זאת אומרת שאם האדם למטה משועבד לרצון לקבל - כך הוא גורם למעלה שהקליפה תשלוט על הקדושה.

וזה ענין תיקון חצות, שאנו מתפללין לאוקמא שכינתא מעפרא [להקים שכינה מעפר], היינו להגביה אותה למעלה, היינו שתהיה בחשיבות, שענין מעלה ומטה הוא בחשבון החשיבות. ואז היא בחינת נקודה שחורה. ובתיקון חצות הוא מתגבר ואומר שהוא רוצה לקיים את הפסוק של "לבני ושמעי", לבני - היינו בחינת לבן ולא שחור. ושמעי - היינו שמיעא לי, כלומר סבירא, שהוא ענין סבור ומקובל אצלו את בחינת קבלת עול מלכות שמים. וענין "תיקון חצות" הוא תיקון מחיצה, היינו תיקון להפריד בין הקדושה לקליפה, היינו לתקן את ההרגש הרע שנמצא בתוך הרצון לקבל, ולהתחבר לרצון להשפיע.

גולה הוא אותיות גאולה, וההפרש הוא באלף. זאת אומרת שצריכים להמשיך בחינת אלופו של עולם בתוך הגולה, אזי תכף מרגישים את הגאולה. שזה סוד "כל שתבתי בשמירתו הכשרתי את נזקו... לשלם תשלומי נזק במיטב". וזה ענין "כשיש דין למטה אין דין למעלה".

קכח. מהאי גלגלתא נטיף טלא לז"א

שמעתי ג' משפטים ת"א תש"ג

מהאי גלגלתא נטיף טלא לז"א. ענין שערא וחוורתא [לבנונית], שתחת כל שערא יש גומא מתחתיו. והוא ענין "אך בשערה ישופנו". וזה סוד "ויען ה' אל איוב מן הסערה". וזה פירוש "זה יתנו כל העובר על הפקודים, מחצית השקל בשקל הקודש". וזה סוד "בקע לגלגלת לכפר על נפשותיכם".

להבין ענין השערות, הוא סוד שחרית ודיו. היינו, בזמן שהאדם מרגיש התרחקות מן ה', על ידי שיש לו מחשבות זרות, זה נקרא "שערות". ו"חוורתא" נקרא לבנונית. היינו בזמן, שמושפע אליו אור ה', שעל ידי זה הוא מתקרב לה'. ושניהם יחד נקראים בשם אור וכלי.

וסדר העבודה הוא, כשהאדם נתעורר לעבודת ה', הוא ע"י שזוכה לבחינת חוורתא, שמרגיש אז חיות ואור בהעבודת ה'. ואח"כ בא לו איזה מחשבה זרה, שעל ידי זה נופל

מדרגתו ומתרחק מהעבודה. המחשבה זרה מכונה בשם סערה ושערה. ותחת השערא יש גומא, שהוא בחינת נקב וחסרון בהגולגולת. שמטרם שבא לו המחשבות זרות, היה לו ראש שלם, והיה מקורב לה'. וע"י המחשבות זרות נתרחק מה'.

וזה נבחן שיש לו כבר חסרון בהראש. וע"י הצער, שמצטער על זה, הוא ממשיך מהנקב הזה מבועא דמייא [מַבּוּעַ מַיִם]**. ומן השערא נעשית צנור להעברת השפע, שעל ידי זה נבחן שזוכה לבחינת חוורתא.**

ואח"כ בא לו עוד הפעם מחשבות זרות, שעל ידי זה נעשה עוד הפעם מרוחק מה'. ונעשה עוד הפעם גומא, בחינת נקב וחסרון בהגלגלתא. וע"י הצער שמצטער על זה, הוא ממשיך עוד הפעם מבועה דמיא [מַבּוּעַ מַיִם]**. ואז מן השערה נעשה צנור להעברת השפע.**

וכן הוא הולך הסדר: כל פעם חוזר המצב הנ"ל בבחינת עולה ויורד, עד שנתרבו השערות לשיעור שלם. זאת אומרת, שכל פעם שהוא חוזר ומתקן, הוא ממשיך שפע. ושפע זו נקרא "טלא". וזה סוד "שראשי נמלא טל". משום שהשפע בא לסירוגין, וכל פעם הוא מקבל כעין טיפי טיפי [טיפות טיפות]**. וכשנשלם עבודתו, שהוא בא לשיעור שלם, עד "שלא ישוב לכסלה עוד", נבחן שמהאי טלא עתיד לאתחייא מתיא** [מטל זה, עתיד להחיות המתים]**.**

וזה סוד "בקע". היינו, שהמחשבות זרות עושים בקיעות בהראש.

וכן ענין של מחצית השקל. היינו, שמחצית חייב ומחצית זכאי. אבל צריך להבין, שענין מחצית ומחצית אינו בזמן אחד, אלא בכל זמן מוכרח להיות דבר שלם. כי אם עבר על מצוה אחת ולא קיים אותה, כבר לא נחשב למחצית, אלא לרשע גמור. אלא בב' זמנים. שפעם הוא צדיק, היינו שהוא דבוק בה', ואז הוא זכאי בתכלית. ובזמן שיש לו ירידה, אז הוא רשע. שזה סוד "לא איברי עלמא, אלא או לצדיקי גמירי או לרשעי גמירי [לא נברא העולם אלא או לצדיקים גמורים או לרשעים גמורים]**". לכן נקרא "מחצית", שיש לו ב' זמנים.**

וזהו "לכפר על נפשותיכם", משום שע"י הבקע, שהוא מרגיש, שאין הראש שלו שלם, כי בזמן שנופל איזה מחשבה זרה, אז אין דעתו שלם עם ה'. וכשהוא מצטער על זה, זה יגרום לו לכפרה על נפשו. מטעם אם כל פעם הוא חוזר בתשובה, אז הוא ממשיך שפע, עד שנתמלא השפע בסוד "שראשי נמלא טל", כנ"ל.

קכט. בחינת שכינתא בעפרא

שמעתי

"חביבין עליך יסורים. אזי אמר, לא הן ולא שכרן וכו', על האי שופרא דבלא בעפרא [על יופי זה שֶׁבָּלֶה בעפר]**". דהנה עיקר היסורים הן במקום שלמעלה מהדעת. ושיעור היסורים תלוי בשיעור שהוא בסתירה להדעת. וזה נקרא בחינת אמונה למעלה מהדעת. ומעבודה זו יש נחת רוח להשם ית'. נמצא, שהשכר הוא, שעל ידי עבודה זו נצמח נחת רוח ליוצרו.**

אבל בין הזמנים, דהיינו מטרם שיכול להתגבר ולהצדיק את השגחתו ית', נמצא שכינתא בעפרא [השכינה בעפר]**. דהיינו שהעבודה בבחינת אמונה, הנקרא בחינת שכינה הקדושה, הוא בגלותא. היינו בבחינת ביטול בעפרא, ועל זה אמר, לא הן ולא שכרן, היינו שאינו יכול לסבול את הזמן של בנתים. וזה שהשיב לו "ועל דא ודא קא בכינא** [ועל זה וזה אני בוכה]**".**

קל. טבריא דרז"ל, טובה ראיתך

שמעתי א' אדר תש"ז בנסיעת טבריא

טבריא דרז"ל טובה ראיתך. "ראיה" היא סוד חכמה. "טובה", ששם מסוגל לזכות לבחינת חכמה.

ורבי שמעון בר יוחאי היה מטהר את שוקי טבריא, שענין טומאה של מתים, היינו של הרצון לקבל, שהוא בחינת "רשעים בחייהם

נקראים מתים". וכל הטומאות, המשייכות רק לבחינת חכמה. לכן בטבריא, ששם היא סגולת החכמה, היה צריך לטהר את השוק.

קלא. הבא לטהר
שמעתי תש"ז

"הבא לטהר מסייעין אותו". היינו, שתמיד צריך האדם להיות בחינת "הבא". ואז ממה נפשך, אם הוא מרגיש שטהר, הרי אינו צריך כבר לסייעו, כיוון שטהר והלך. ואם הוא מרגיש, שהוא בבחינת בא והולך, אז מסייעין אותו בודאי, כי אין מניעה בפני הרצון, כיון שהוא מבקש את האמת.

"כי טובים דודיך מיין", היינו, שע"י היין יכולים להשתכר. ושיכור, כל עלמא דיליה [כל העולם שלו], שאין לו שום חסרון, ואפילו שבשיתא אלפי שני [שבששת אלפי השנים].

קלב. בזיעת אפיך תאכל לחם
שמעתי י"ד אדר תש"ז ת"א

"בזיעת אפיך תאכל לחם". לחם היינו התורה, שהוא סוד "לכו לחמו בלחמי", שלימוד התורה צריך להיות באימה, ברתת, ובזיעה, שעל ידי זה נמתק החטא דעץ הדעת.

קלג. אורות דשבת
שמעתי תש"ז

אורות דשבת מגיעות לבחינת גוף. לכן בשבת אומרים "לדוד ברכי נפשי וכל קרבי", היינו לבחינת גוף. מה שאין כן בראש חדש הוא בחינת נשמה, המגיע רק לבחינת נשמה ולא לגוף. לכן אומרים "ברכי נפשי" לבד, ולא "וכל קרבי", משום שאינו מגיעות לגוף (עיין זוהר א' צז).

קלד. יין המשכר
שמעתי תש"ז

אי אפשר לזכות לבחינת תורה בשלימות. וע"י השיכרות של יינה של תורה, שירגיש שכל עלמא דיליה [שכל העולם שלו], אף על פי שאין לו עדיין את החכמה בשלימות, יחשוב וירגיש שיש לו הכל בשלימות.

קלה. נקי וצדיק אל תהרוג
שמעתי ב' ניסן תש"ז ת"א

"נקי וצדיק אל תהרוג".

"צדיק" פירוש, שמצדיק את ה', שכל מה שהוא מרגיש, בין טוב בין רע, הכל הוא לוקח למעלה מהדעת. והוא בחינת ימין.

"נקי" פירוש נקיות הדבר, המצב איך שהוא רואה. כי "אין לדיין, אלא מה שעיניו רואות". ואם הוא לא מבין את הדבר או שלא יכול להשיג את הדבר, אין לטשטש הצורות כמו שהן נראות לעיניו. וזהו בחינת שמאל, והוא צריך לכלכל שניהם.

קלו. החילוק בין אגרות הראשונות לאגרות האחרונות
שמעתי פורים תש"ז

החילוק בין אגרות הראשונות לאגרות האחרונות, הוא רק שפתשגן הכתב. פירושו תוכן הכתב, הניתן מבית המלך. והסופרי המלך מרחיבין את התוכן, שיהיה מובן לכל. התוכן היה כתוב סתם "להיות עתודים ליום הזה". והסופרים פירשו, שקאי על הגויים, שהם יהיו עתודים להנקם מהיהודים, חס ושלום. וכח הזה היה מטעם, שכדי שהמן יחשוב, ש"למי יחפוץ המלך לעשות יקר יותר ממנו". לכן באגרות האחרונות כתב בפירוש תיכף מהמלך, להיות "היהודים" עתודים. מה שאין כן באגרות הראשונות לא כתוב בפירוש "היהודים". לכן היה להם כח לקטרג.

והענין, שניתן הכח הזה, הוא מטעם, שאין להצדיק שום רצון לקבלת האורות, היינו להמשיך האורות העליונות למטה. מטעם, שכל העבודה היה להשפיע. לכן אין לו עוד באפשרות להמשיך דבר מהלמטה. לכן על ידי זה שנותן כח להמן, והוא רוצה דוקא בהאורות היותר גדולות, ששמו מוכח עליו. "המן האגגי", היינו גג המדרגה, שהוא סוד ג"ר.

קלז. צלפחד היה מקושש עצים
שמעתי תש"ז

צלפחד היה מקושש עצים. ופרשו בזוהר,

שהיה מודד, איזה עץ יותר גדול, עץ החיים או עץ הדעת. דהנה צדיק נקרא "עץ החיים", שכולו להשפיע. ובזה אין שום אחיזה לחיצונים. אבל השלימות הוא בעץ הדעת, שהוא סוד המשכת חכמה למטה, שהוא סוד להטיב לנבראיו. ואסור למדוד אותם, אלא צריך להיות "והיו לאחדים בידך".

זאת אומרת, שאחד בלי השני אין שלימות. ומרדכי היה מבחינת עץ החיים, שלא רצה כלום להמשיך למטה, מפני שלא היה בעל חסרון. לכן היה מוכרח להגדיל את בחינת המן. ושהוא ימשוך האורות למטה. ואח"כ, כשהוא מראה את החסרון, אזי מרדכי מקבל אותם בבחינות בסוד קבלה עמ"נ להשפיע.

ועם זה נבין למה דוקא אח"כ, שדיבר מרדכי טוב על מלך, שהציל אותו ממות, גידל המלך את המן, שהוא שונאו, כמאמר חז"ל "כרצון איש ואיש", כרצון מרדכי והמן, שהיו שונאים זה לזה.

קלח. ענין יראה ופחד שבא לפעמים להאדם

שמעתי תש"ב

בזמן שבא לאדם בחינת יראה, הוא צריך לידע, ש"אין עוד מלבדו" כתוב. ואפילו מעשי כשפים.

ואם הוא רואה, שהיראה מתגבר עליו, אזי הוא צריך לומר, שאין חס ושלום מקרה, אלא נתן לו השם ית' הזדמנות משמים. והוא צריך לעיון ולמוד, לאיזה מטרה שלחו לו את היראה הזו. מסתמא, הוא בכדי שיוכל להתגבר ולומר "אין עוד מלבדו".

ואפילו אחרי כל אלה, עדיין היראה והפחד לא הלך ממנו, אזי הוא צריך לקבל מזה דוגמא, ולומר: "באותו שיעור היראה צריך להיות בעבודות השם ית'". היינו, שהיראת שמים, שהוא לזכות, צריך להיות בזה האופן של יראה, שיש לו עכשיו. היינו, שהגוף מתפעל מהיראה הזו החיצוניות, כן ממש באותה הצורה של התפעלות הגוף, צריך להיות יראת שמים.

קלט. הבדל מששת ימי המעשה לשבת

שמעתי

ששת ימי המעשה הם בחינת ז"א, ושבת נקרא בחינת מלכות.

והקשה, הלא בחינת ז"א הוא מדרגה יותר גבוה ממלכות. ולמה שבת היא יותר חשובה מימי החול? ועוד, למה נקרא ימין דחול?

והענין הוא, דהעולם ניזון רק ממלכות. ולכן נקראת מלכות "כנסת ישראל", שמשם נמשך לכלל ישראל את ההשפעות טובות. לכן, הגם ששת ימים רומזים על ז"א, אבל אין יחוד בין ז"א למלכות. אי לזאת, נקרא חול, משום שאין נמשך שפע מז"א למלכות. וכשאינה נמשכת קדושה ממלכות, לכן נקרא "ימי חול". מה שאין כן בשבת יש יחוד ז"א ומלכות, אז נמשך קדושה ממלכות. לכן נקרא "שבת".

קמ. מה אהבתי תורתך

שמעתי מוצאי שביעי של פסח תש"ג

"מה אהבתי תורתך כל היום היא שיחתי".

אמר, שדוד המלך, אף על פי שזכה כבר לשלימות, מכל מקום היה משתוקק לבחינת תורה, משום שתורה היא יותר גדולה וחשובה מכל שלימות שבעולם.

קמא. ענין חג הפסח

שמעתי

ענין חג הפסח הוא על מוחין דחיה. וענין הספירה הוא מוחין דיחידה. לכן, בזמן הספירה יש הסתלקות המוחין, משום שענין הספירה הוא בחינת עליית מ"ן. וידוע, שבזמן עליית מ"ן יש הסתלקות האורות. אבל לאחר הספירה חוזרת המוחין למקומה. כי ענין הקטנות שבזמן הספירה, הוא קטנות דבחינת יחידה. אבל יחד עם זה יש מוחין דחול, שהוא ישסו"ת. ומוחין דשבת שהם מוחין דאו"א.

קמב. עיקר המלחמה

שמעתי

עיקר המלחמה צריך להיות במקום הרשות.

מה שאין כן במצוה ועבירה, שם קרוב להפסד ורחוק משכר. לכן שם הוא צריך לקיים, כמו שהוא בלי שום שקולים.

מה שאין כן בדבר הרשות, שם שייך לעשות מלחמה ולקיים מצות בחירה. מטעם, כיון שהמעשה הוא רק דבר רשות. לכן, אפילו שיהיה נכשל, מכל מקום אין החטא גדול כל כך. לכן נבחן קרוב לשכר, כיון, שאם ינצח במלחמה, אז הוא מכניס רשות חדש תחת הקדושה.

קמג. אך טוב לישראל

שמעתי מאאמו"ר זצ"ל

"אך טוב לישראל אלקים לברי לבב". הנה ידוע, שאכין ורקין המיעוטין. היינו, כל מקום שכתוב "אך" ו"רק" בהתורה, זה בא למעט.

אי לזאת, בעניני עבודה יש לפרש, שבזמן שהאדם ממעט עצמו, ומשפיל עצמו. וענין השפלה שייך לומר, בזמן שהאדם משתוקק להיות בגאוה. היינו, שהוא רוצה להיות בגדלות. זאת אומרת, שהוא רוצה להבין כל דבר ודבר, שנפשו חשקה להיות בחינת ראיה ושמיעה בכל דבר, ומכל מקום הוא משפיל עצמו, ומסכים ללכת בעינים עצומות, ולקיים תו"מ בתכלית הפשטות, זהו "טוב לישראל". שמילת "ישר-אל" הוא אותיות "לי ראש".

היינו שמאמין, שיש לו ראש דקדושה, אף על פי שהוא בחינת "אך". היינו שהוא בבחינת מיעוט ושפל. ואומר על ה"אך" הזה, שהוא טוב גמור. אז מקויים בו "אלקים לברי לבב". שפירושו, שהוא זוכה לבחינת לבר לבב, שהוא סוד "והסירותי את לב האבן מבשרכם, ונתתי לכם לב בשר". שענין בשר הוא מוחין דו"ק, הנקרא מוחין דלבוש, שהוא בא מצד העליון. מה שאין כן מוחין דג"ר, זה צריך לבא מצד התחתון, היינו ע"י בירורים של התחתון.

וענין ו"ק דמוחין וג"ר דמוחין צריך ביאור. כי הרבה בחינות ו"ק וג"ר ישנו בכל מדרגה. ואולי כוונתו למה שכתוב בכמה מקומות, כי הקטנות, הנקרא גו"ע דתחתון, עולים למ"ן, ע"י הכלי המעלה מ"ן, הנקרא אח"פ דעליון. נמצא לפי זה, שהעליון מעלה את התחתון. ואח"כ, כדי לקבל ג"ר דאורות ואח"פ דכלים, התחתון צריך לעלות מעצמו.

קמד. ישנו עם אחד

שמעתי ליל פורים, אחרי קריאת המגילה, תש"י

"ישנו עם אחד מפוזר ומפורד בין העמים".

המן אמר, שדעתו הוא, שנוכל להצליח לאבד היהודים, מטעם שהם בפירוד בין אדם לחבירו. על כן הכח שלנו נגדם בטח נצליח, כי זה גורם פירוד בין אדם למקום, וממילא ה' לא יעזור להם, כיון שהם נפרדים ממנו.

לכן הלך מרדכי לתקן את הפגם הזה, כמו שמבואר בהכתוב "נקהלו היהודים, וכו', להקהל ולעמוד על נפשם". היינו על ידי ההתאחדות הצילו את נפשם.

קמה. מהו יהיב חכמתא לחכימין דוקא

שמעתי ה' תרומה תש"ג

"יהיב חכמתא לחכימים [נותן חכמה לחכמים]**". והקשה: הלא יהיב חכמתא לטיפשים** [נותן חכמה לטיפשים]**, היה צריך לומר?**

ואמר, ידוע ש"אין כפיה ברוחניות". אלא נותנים לכל אחד כרצונו. והטעם הוא, היות שרוחניות הוא מקור החיים ועונג, ואיך שייך לומר כפיה על דבר טוב. לכן, אם אנו רואים, כשאנו עוסקים בתורה ומצות על דרך הכפיה, היינו שצריכים להתגבר על הגוף, היות שהוא לא מסכים, מסיבת שאין הוא מרגיש תענוג בעבודה זו, בטח הסיבה הוא, מטעם שהוא לא מרגיש את הרוחניות שבהם, כנ"ל, שהרוחניות הוא מקור החיים והתענוג, כמ"ש בזה"ק, "באתר דאית טרחא, תמן אית סטרא אחרא" (פירוש, במקום שיש טרחא, שם יש ס"א).

וזהו הגורם, שרק לחכמים יכולים לתת חכמה. משום שהטפשים, אין להם צורך לחכמה. אלא רק לחכמים יכולים לתת חכמה, מסיבת הטבע שלהם. היינו, מי שהוא חכם, אוהב חכמה. וזהו כל רצונו! ולפי הכלל "אין מניעה בפני הרצון", לכן הוא עושה כל המאמצים, בכדי להשיג חכמה. לכן סוף כל סוף הוא

יזכה לחכמה. לכן מי שהוא אוהב חכמה, כבר יכולים לכנותו בשם "חכם" על שם סופו.

מה שאין כן הכסיל, כתוב "לא יחפץ הכסיל בתבונה". נמצא, מה שכתוב "יהיב חכמתא לחכימין [נותן חכמה לחכמים]**", זה בא להשמיענו, שמי שאוהב חכמה, לא יתפעל מזה, שעדיין לא השיג חכמה, אף על פי שהשקיע הרבה יגיעה בזה. אלא שהוא ימשיך בעבודתו, ובטח הוא ישיג חכמה, היות שהוא אוהב חכמה. לכן אומרים: "לך בדרך זה ובטח תצליח".**

אולם יש להבין, מה האדם יכול לעשות, הלא מצד הטבע "עיר פרא אדם יולד"? ומאיפה הוא יקח רצון להשתוקק לחכמה?

על זה ניתן לנו עצה לעסוק בבחינת "עושי דברו", והדר "לשמוע בקול דברו". שפירושו, שהדבר, שהוא רוצה להשיג, הוא עושה מעשים, איך להשיג את הדבר. לכן כאן, שאין לו רצון לחכמה, נמצא שהדבר שחסר לו, הוא רצון לחכמה. לכן הוא מתחיל להתיגע ולעשות פעולות, בכדי להשיג את הרצון לחכמה. כי רק זה חסר לו.

והסדר הוא, שהאדם צריך להתיגע בתורה ועבודה, אף על פי שאין לו רצון לזה. שזה נקרא "יגיעה". היינו, שעושה מעשים, אף על פי שאין לו חשק להדבר שהוא עושה. וזהו על דרך שאמרו חז"ל: "כל אשר בידך ובכחך לעשות, עשה". ובסגולת הידיעה, יתרקם אצלו בחינת רצון וחשק לחכמה. ואז יקויים אצלו מה שכתוב "יהיב חכמתא לחכימין [נותן חכמה לחכמים]**". ואז הוא זוכה לבחינת "לשמוע בקול דברו". היינו, את הדבר שהיה מקודם בבחינת עשיה, שהוא מעשה בלי רצון, הוא זוכה לרצון להדבר.**

לכן, אם אנו רוצים לדעת את מי שאוהב חכמה, אז עלינו להסתכל על מי שנותן יגיעה לחכמה, אע"פ עדיין לא זוכה להיות מאוהבי חכמה. והטעם הוא כנ"ל, כי על ידי היגיעה הוא יזכה להיות מאוהבי חכמה. ואח"כ, היינו לאחר שיהיה לו רצון לחכמה, הוא יזכה לחכמה. בעצם, נמצא שרצון לחכמה הוא הכלי, והחכמה הוא האור. וזה נקרא ש"אין כפיה ברוחניות".

אור חכמה פירוש אור החיים. שאין החכמה מובנת לנו בבחינת מושכל לשכל, אלא בבחינת חיים בעצם, שהוא עצמות חיים ממש, בשיעור שבלי זה נבחן לבחינת מת. (לכן אפשר לומר, שלסיבה זו נקרא חכמה בחינת "חיה").

קמו. פירוש על זהר

שמעתי שנת תרצ"ח

בזוהר: "כד אתיליד יהבין ליה נפשא מסטרא דבעירא דכיא [כאשר נולד, נותנים לו נפש מצד בהמה טהורה]**". ופירש, שגם הנפש הבהמי שלו מסכים להיות עובד ה'.**

"זכה יתיר יהבין ליה נפשא מסטרא דאופנים [זכה יותר נותנים לו נפש מצד אופנים]**". פירוש, שיש לו בחינת נפש המתגעגעת תמיד. ומתגלגלת ממקום למקום, כמו אופן, המתהפך תמיד. כן היא מתהפכת ומתגלגלת, בכדי להתדבק לקדושה.**

קמז. ענין העבודה של קבלה והשפעה

שמעתי כ"א אדר תשי"ג

ענין העבודה של קבלה והשפעה, תלוי בליבא. וזהו בחינת ו"ק. מה שאין כן עבודה של אמונה וידיעה הוא בחינת ג"ר. והגם שהוא בחינת אחת, היינו שלפי ערך העבודה בבחינת קבלה והשפעה, כן מקובלת אצלו בחינת אמונה, מכל מקום הם ב' בחינות מיוחדות. כי אפילו שהוא יכול לעבוד בבחינת השפעה, מכל מקום הוא רוצה לראות למי הוא משפיע, ומי מקבל עבודתו. לכן הוא צריך לעבוד בבחינת מוחא. זאת אומרת, שיאמין שיש משגיח ומקבל עבודת התחתונים.

קמח. בירור מר ומתוק, אמת ושקר

שמעתי

יש בירור "מר ומתוק". ויש בירור "אמת ושקר".

הבירור של "אמת ושקר" הוא במוחא. והבירור של "מר ומתוק" הוא בליבא. לכן צריכים לתת תשומת לב בעבודה שבלב, שיהיה

בבחינת השפעה ולא בבחינת קבלה. ומצד הטבע "מתוק" להאדם רק קבלה, ו"מר" הוא השפעה. והעבודה, להפוך את הקבלה להשפעה. וזהו נקרא "עבודה שבלב".

ובמוחא, הוא העבודה של "אמת ושקר". ולזה צריכים לעבוד בבחינת אמונה. זאת אומרת, שיאמין באמונת חכמים. כי העובד אינו יכול לברר לעצמו את הענין של "אמת ושקר".

קמט. למה צריכים להמשיך בחינת חכמה

שמעתי כ"ב אדר תשי"ג ת"א

הקשה: למה צריכים להמשיך בחינת חכמה, שהיא בחינת ידיעה, אם כל עבודתינו הוא בבחינת אמונה למעלה מהדעת?

ותירץ: באם לא היה צדיק הדור בבחינת ידיעה, אזי הכלל ישראל לא היו יכולים לעבוד בבחינת אמונה למעלה מהדעת. אלא דוקא בזמן שהצדיק הדור ממשיך בחינת הארת חכמה, אז הדעת שלו מאיר בהכלל ישראל.

בדוגמת האדם, שאם המח של האדם אם מבין ויודע, מה שהוא רוצה, אזי האברים פועלים את פעולתם, ולא נזקקים לשום שכל. אלא היד והרגל ושאר אברים פועלים ועושים מה שמוטל עליהם. ולא יעלה על שום בר דעת לשאול ולומר, שאם היה שכל להיד והרגל, אזי העבודה שלהם היה יותר נעלה. אלא שהשכל לא משנה להאברים. אלא שהאברים נערכים לפי גדלות המוח. זאת אומרת, אם המוח הוא שכל גדול, אז כל האברים נקראים על שמו, שהם נקראים אברים גדולים.

כמו כן כאן: אם הכלל דבוק בצדיק אמת, שהוא כבר זכה לבחינת ידיעה, אזי הכלל יכולים לעשות מעשים בבחינת אמונה. ויש להם הספקה שלימה. ולא חסר להם שום בחינת ידיעה.

קנ. זמרו לה', כי גאות עשה

שמעתי י"ד שבט

בפסוק "זמרו לה' כי גאות עשה". נראה לומר, ש"זמרו" פירושו, כמו "עזי וזמרת". והיינו, שצריכים לזמור תמיד ולהכרית הקוצים מן כרם ה'. ואפילו בו בזמן שמרגיש בעצמו שהוא שלם, ונדמה לו שכבר הכרית את הקוצים, על זה מסיק הפסוק "כי גאות עשה". פירוש, כי כביכול עשה בעולם הזה ענין בריאה של גאות, שהאדם אוהב להיות נאמן וישר בעיני עצמו. וזה שמרגיש בעצמו, שכבר הכרית הקוצים, והוא כבר האדם השלם, זהו מין גאות.

אלא האדם צריך תמיד לפשפש במעשיו, ולבדוק בעשר מיני בדיקות, ולא לסמוך עצמו על הרגשה זמנית, כי זה רק מין גאוה. על דרך שאומרים בשם הצדיקים על פסוק "נרפים אתם נרפים, על כן אתם אומרים נלכה נזבחה לה' אלקינו". פירוש, שאמר לבני ישראל: "מה שאתם אומרים, נלכה נזבחה וכו', ואתם מרגישים עצמכם, שהנכם כבר מוזמנים להקריב את עצמכם למזבח לפני ה', זהו רק כמו עצלות ורפיון ידים. שאינכם רוצים לעבוד עוד, ולבדוק עצמכם תמיד, שתהיו מוזמנים להעבדות הגדולה הזו. ולכן נדמה לכם, שאתם כבר מושלמים בעבדות הזאת, על דרך שפירשו בסוף הפסוק 'כי גאות עשה'".

קנא. וירא ישראל את מצרים

שמעתי בשלח

בפסוק "וירא ישראל את מצרים מת על שפת הים, ויראו העם את ה', ויאמינו בה' ובמשה עבדו".

יש להבין: מה שייך כאן לומר ענין "ויאמינו", שמובן, שהנס של יציאת מצרים וקריעת הים, הביא את ישראל לאמונה גדולה יותר ממה שהאמינו קודם? והלא אמרו חז"ל על פסוק "זה אלי ואנוהו", שראתה שפחה על הים יותר מיחזקאל הנביא. אם כן, משמע שיציאת מצרים היה ענין של ניסים גלוים, המביאים לידיעת ה', שזהו היפך מהמובן של "אמונה", כי אין פירושו למעלה מן הדעת. וכשרואים נסים גלוים, קשה מאד להיות אז באמונה. כי אדרבה, אז הוא התפשטות הדעת. אם כן מהו הפירוש של כתיב "ויאמינו בה'"?

רק יש לפרש על דרך הפירוש של "וכל

מאמינים, שהוא אל אמונה". והפסוק מספר בשבחן של ישראל, שאפילו אחרי שראו הנסים הגלוים, לא נגרע אצלם העבדות ה', שהוא על דרך האמונה ולמעלה מן הדעת. וזה הוא עבודה גדולה, לאחר שזוכים ויכולים לעבוד את ה' בדעת, ואז לאחוז בדרך האמונה ולא לזלזל בו כלום.

קנב. כי השוחד יעור עיני חכמים

שמעתי כ"ד טבת תש"ח בש"ה

"כי השוחד יעור עיני חכמים".

בזמן שהאדם מתחיל לבוא לבקר את העבודה ותנאיה, אזי הוא בא ליד סיכום, שאין באפשרות לקבל את העבודה, מב' טעמים:

א. שהשכר העבודה אינה בטוחה במאה אחוז. שהוא לא רואה את מי שכבר קיבל תשלום. וכשבא לבקר את האנשים, שנתנו את שכמם לסבול את עול העבודה, ולא רואה, אם הם כבר קיבלו שכר חלף עבודתם. ואם הוא שואל לעצמו: למה הם לא קיבלו? - אז אם עלה בידו לתרץ תירוץ הכי נעלה, הוא מסיבת, שהם לא מילאו את תנאי העבודה בשלימות. ומי שממלא את הסדרים בשלימות, הוא מקבל שכרו משלם.

ואז נולד שאלה הב': יודע, שהוא יהיה יותר מסוגל לתנאי העבודה מחבירו, שיעלה בידו להסתגל לכל תנאיה? - לכן היוצא מזה, שהוא במאה אחוז בטוח, שאין מי שיעלה בקורת עליו, על מה שהוא משתמט, אלא הוא צודק במאה אחוז.

ב. ואם כן, שואלת השאלה: מי שמתחיל בעבודה, בטח שהוא עבר על כל החשבונות. ויחד עם זה קבל עליו העבודה, ואיך תירץ לעצמו כל התירוצים? - והענין הוא, כדי לראות את האמת, צריכים לראות בעינים פקוחות. ולולי זה, חושבים רק, שרואים, עם מי היה הצדק: או עם הצדיק או עם העולם. ובאמת לא רואים את הצדק. ובכדי שיהיה לו עינים פקוחות, צריכים להזהר מהשוחד, "כי השוחד יעור עיני חכמים ויסלף דברי צדיקים".

ועיקר השוחד הוא הרצון לקבל. אם כן, אין לו עצה אחרת, אלא מקודם צריכים לקבל את העבודה בכל תנאיה בלי שום השכלות, אלא בבחינת אמונה למעלה מהדעת. ואח"כ, כשיהיה כבר נקי מבחינת הרצון לקבל, ואז כשיעשה בקורות, אז יש לו תקוה, שיוכל לראות את האמיתיות שבדבר. ולכן, מי שהוא רק מסתכל בערובות, בטח שלא יכול לשאול שום דבר. יען שאמת הצדק אתו, ותמיד הוא ינצח בהויכוות, מטעם שלא יוכל לראות את האמת.

קנג. המחשבה היא תולדה מהרצון

שמעתי ז' שבט תש"ח תל-אביב

המחשבה היא תולדה מהרצון. לדבר שיש לו רצון, בזה הוא מהרהר. ולא יהרהר בדבר שאינו לרצונו. היינו לדוגמא: מיום המיתה לא יהרהר אף פעם. אלא להיפך, שהוא תמיד יהרהר בנצחיותו, מטעם שכך הוא רוצה. נמצא, שתמיד מהרהר בדבר שהוא לרצונו.

אבל יש תפקיד מיוחד להמחשבה, שהוא מגדל את הרצון, שהרצון נשתקע במקומו ולא היה לו כח להתפשט ולפעול פעולתו. אלא משום שחושב ומהרהר בהדבר, שהרצון מבקש מהמחשבה, שיתן להרצון איזה עצות ותחבולות, שיצא הרצון לפועל, אז הרצון מתגדל ומתפשט ופועל את פעולתו בפועל ממש.

היוצא מזה, שהמחשבה הוא משמש הרצון, והרצון הוא העצם של האדם. ויש עצם גדול, ויש עצם קטן. ועצם גדול הוא השולט על העצמים הקטנים. ומי שהוא עצם קטן, ואין לו שום שליטה, העצה היא שיוכל להגדיל את העצם, הוא ע"י התמדת המחשבה על הרצון. שהמחשבה, בשיעור שמהרהר בה, ככה היא מתגדלת. ועל כן "בתורתו יהגה יומם ולילה". שאז ע"י התמדתה בה היא מתגדלת לעצם גדול, עד שנעשית לבחינת שליט בכח.

קנד. אי אפשר להיות חלל ריק בעולם

שמעתי ז' שבט תש"ח תל אביב

אי אפשר להיות חלל ריק בעולם. ומכיון שעיקר האדם הוא הרצון, שזהו עיקר הבריאה, ובזה נמדדת גדלות וקטנות של האדם, נמצא

שמוכרח להיות לו איזה הרצון, או לגשמיות או לרוחניות. ומי שמופשט מאלו הרצוניות נבחן למת, מטעם שכל הבריאה הוא רק הרצון, הנבחן ליש מאין. ומכיון שנחסר לו החומר הזו, שהוא כל החומר דבריאה, ממילא מובן שהוא נבחן לבחינת נפל ואינו בר קיימא.

אלא צריך להשתדל, שיהיה לו רצון, שזה כל החומר דבריאה. אלא שצריך לברר את הרצון. שטבע הוא, שכל בעל חי מרגיש את דבר המזיק לה. כמו צריכים לדקדק שהרצון יהיה על דבר.

קנה. נקיות הגוף

שמעתי בסעודת שבת י"ג שבט

נקיות הגוף מורה על נקיות הדעת. נקיות הדעת נקראת בחינת אמת, שלא יהיה מעורב בו בחינת שקר. ובזה לא כולן שוין. שיש מקפידין בהשיעורין. אבל בנקיות הגוף לא כדאי כל כך להקפיד. משום שענין הליכלוך, מה שאנו מואסין בו כל כך, הוא מטעם שהליכלוך הוא בחינת מזיק. ואנו צריכין לשומרו מפני המזיקין. לכן אצל הגוף, לא כדאי כל כך להקפיד עליו כל כך, מפני שסוף כל סוף הוא יתבטל, אפילו שנשגיח עליו עם כל מיני הקפדות.

מה שאין כן בעניני הנשמה, שהוא ענין נצחי, שם כדאי להקפיד עם כל מיני הקפדות, שלא יהיה שום בחינת ליכלוך, משום שכל ליכלוך הוא בחינת מזיק.

קנו. פן לקח מעץ החיים

שמעתי ט"ו שבט בש"ה

"פן לקח מעץ החיים ואכל וחי לעולם".

ופירש אאמו"ר, אולי יקח מבחינת חסדים מכוסים, שהוא בחינת מחזה ולמעלה. שבזה יש הספקה גמורא, ועל ידי זה לא יתתקן את החטא של עץ הדעת, שהוא בחינת מחזה ולמטה. נמצא לפי זה, שעץ החיים נקרא בחינת מחזה ולמעלה, ששם חסדים מכוסים.

ונראה לי לפי זה לפרש, מה שאנו אומרים, "חיים שיש בהם יראת שמים, וחיים שיש בהם יראת חטא".

וההפרש ביניהם, פירוש אאמו"ר, שמה שהוא לוקח החיים הוא מחמת יראת חטא, היינו, שאין לו עצה אחרת. ויראת שמים נקרא, שיש לו עצה אחרת, היינו, שאפילו לא יקח הבחינה הזו, גם כן לא יחטא, ומכל מקום הוא בוחר בזה, מטעם יראת ה'.

ואין לומר לפי זה, שבחינת חסדים מכוסים הוא בחינת קטנות. וזהו דוקא בעת שאין לו עצה אחרת. אבל בזמן שהוא משיג את החסדים מגולים מבחינת רחל, אזי גם בחינת לאה, שהוא חסדים מכוסים, נקרא בחינת ג"ר וגדלות.

וזה נקרא יראת שמים. היינו, שיש לו מבחינת חסדים מגולים, ומכל מקום הוא בוחר בחסדים מכוסים. נמצא שיש ב' בחינות חסדים מכוסים:

א. בזמן שאין לו בחינת רחל, אזי נקרא בחינת ו"ק.

ב. בזמן שיש לו בחינת רחל, אזי נקרא בחינת לאה, לג"ר.

קנז. אני ישנה וליבי ער

שמעתי ט' ניסן תש"ח

בזוהר (פרשת "אמור", צ"ה ע"א, ד"ה "ובחודש"): "אמרה כנסת ישראל, אני ישנה בגלותא דמצרים דהוו בני בשעבודה דקשיו [אמרה כנסת ישראל, אֲנִי יְשֵׁנָה, בגלות מצרים שהיו בָּנַי בַּשִּׁעְבּוּד הקשה]". שהמוחין היו בבחינת שינה. כמו שדרשו על פסוק "ישנו", אלקיהם של אלו ישן הוא.

"ולבי ער, לנטרא להו דלא ישתיצון בגלותא [וְלִבִּי עֵר, לשמור אותם שלא יִכְלוּ בגלות]". היינו בזמן שמקבלים המוחין דאחוריים, הם נשמרים על ידיהם, אף על פי שעדיין אינם מאירים בה, והם עוד בסוד הגלות. אבל מכל מקום נקרא ער, שהוא סוד "מליבא לפומא לא גליא [מהלב לפה - לא מתגלה]". שענין לב הוא סוד ו"ק, שבבחינת ו"ק דחכמה יש שמה. עד שאפילו בזמן הגדלות אין שמה חכמה אחרת, אלא רק מבחינה שקיבלה כאן.

"קול דודי דופק", הוא סוד הכאה, בחינת מסך דחירק שבחינת ז"א.

"ואזכור את בריתי", שהוא סוד ברית מילה, שהוא בחינת דינין דנוקבא [דינים של נקבה]**, שהם מבטלין דינין דדכורא** [דינים של זכר]**, שדינים הם הבחינה, שמבטלין את הג"ר, שזה בחינת חתוך.**

ויש עוד תיקונים, הנקרא בחינת פריעה. "פתחי לי פתחא כחדודא דמחטא, ואנא אפתח לך תרעין עילאין [פתחי לי פתח כחודו של מחט, ואני אפתח לך שערים העליונים]**". שענין פתיחת דקיקא הוא ענין אורחין דקיקין** [אורחות דקיקים]**, שחכמה בלי חסדים מאירים רק בבחינת דקיקא. ורק אח"כ כשמושכין חסדים, ונכללו החכמה בחסדים ו"ק אורחין רברבין** [אורחות גדולים]**. וענין תרעין עילאין** [שערים עליונים] **הוא סוד חסדים מבחינת או"א, הנקרא "אוירא דכיא". שרק אחר שיש לו חכמה וממשיך חסדים, החסדים הללו נקראים "אוירא דכיא", יען שבוחר בחסדים מבחכמה.**

מה שאין כן כשיש לו חסדים בלי חכמה, זה נקרא בחינת קטנות.

"פתחי לי", שהז"א והמלכות אחותו, בסוד חכמה, שהיא תמשיך חכמה.

"דהא פתחא לאעלא לי בך [כי הפתח לכנוס אצלי, הוא בך]**". רק כשיהיה לך בחינת חכמה, אז יש לי פתח, להכנס בבחינת החסדים, שיש לי מבחינת או"א, הנקרא "אוירא דכיא".**

"תא חזי, בשעתא דקב"ה הוי קטיל לבוכרי דמצראי וכו', ואחית דרגין מעילא לתתא [בוא וראה, בשעה שהקב"ה היה הורג לבכורי מצרים וכו', והוריד המדרגות שלמעלה, למטה]**". שמצרים הוא סוד קו שמאל. אבל מבחינת קליפה, בלי שום התכללות מימין. וכשישראל היו במצרים, היו תחת שליטתם, שגם היו מוכרחין לקבל בחינת שמאל. ומכת בכורות, היינו שביטל את שליטת הג"ר דשמאל, שזה "ואחית דרגין מעילא לתתא, ביה שעתא עאלו ישראל בקיומא דאת קדישא** [והוריד המדרגות שלמעלה, למטה, בה בשעה נכנסו ישראל בברית אות הקדוש]**". שענין ברית מילה הוא סוד דינין דנוקבא, שהוא מסך דחירק, שמבטל את הדינין דדכורא. שעל ידי זה מבטלת את הג"ר דשמאל, ומאירין רק בחינת ו"ק. ונמצא, שע"י שהקב"ה הכה בכוריהם, היה להם כח לקיימא בברית** [לעמוד בברית]**, "כדין ההוא דמא אחזיאו על פתחא** [אז הראו אותו הדם על הפתח]**".**

"ותרין דמאי הוו, חד דפסחא וחד דמא דאתגזרו [ושני דמים היו אחד של פסח ואחד של מילה]**". שענין דם פסחא, היינו התיקון דה נכלול דקו שמאל. וענין דם מילה הוא סוד התיקון דדינין דנוקבא, שהוא בחינת החירק. שדם פסח...**

קנח. טעם שלא נוהגים לאכול אחד אצל השני בפסח

שמעתי בסעודת שחרית דחג פסח תש"ח

אומר טעם על מנהג, שנוהגין, שלא לאכול אחד אצל השני, מטעם כשרות. ולמה לא נוהגין כך כל השנה? וכמו כן מי שיודעין בו, ששם כשר בתכלית, אפילו יותר טוב מבאצלו בבית, ומכל מקום נוהגין שלא אוכלין, הוא מסיבת שאיסור חמץ הוא ב"משהו". ועל "משהו" אי אפשר לשמור את עצמו, אלא השם ית' יכול לשמור לו, שלא יעבור על משהו.

וזה ענין שכתוב, שצריכין להזהר על "משהו" חמץ. שהאדם מצוה על הזהירות, שצריך לשית עצות, שלא יבוא לידי "משהו" חמץ. אבל בידי אדם אי אפשר לשמור את עצמו. לכן, שרק השם הוא השומר. ובטח שהשמירה הוא באופן, שלא כל אחד שוה. שיש ה' שומר אותו יותר, ויש שלא שומר אותו כל כך. וזה תלוי כפי ההצטרכות האדם. כי יש בני אדם, שיודעים, שצריכים לשמירה יתירה. אזי הם ממשיכים שמירה יותר גדולה. ויש בני אדם, שמרגישים שלא צריכים כל כך לשמירה ממרום. וזה לא ניתן להאמר, כי זה תלוי בהרגשה. כי יש שמרגיש את עצמו בחסרון, והוא צריך לנטירותא יתירה [לשמירה יתירה]**.**

קנט. ויהי בימים הרבים ההם

שמעתי

"ויהי בימים הרבים ההם, וימת מלך מצרים,

ויאנחו בני ישראל מן העבודה, ויזעקו, ותעל שועתם אל אלקים מן העבודה, וישמע אלוקים את נאקתם" (שמות ב' כג). זאת אומרת, שכל כך היו סבלו יסורים, עד שאין באפשרות לנשוא אותם. וכל כך הפצירו בתפילה עד "ותעל שועתם אל אלקים". והלא אנחנו רואים, שהיו אומרים: "מי יתן וכו', בשבתנו על סיר הבשר, באכלנו לחם לשובע". וכן אמרו: "זכרנו את הדגה, אשר נאכל במצרים חנם, את הקשואים, ואת האבטחים, ואת החציר ואת הבצלים, ואת השומים".

והענין הוא, שבאמת עבודת מצרים היה חביב עליהם ביותר. וזהו ענין "ויתערבו בגוים וילמדו ממעשיהם". היינו, שאם הישראל תחת שליטת איזה אומה, אזי האומה הזו שולטת עליהם. ואין להם באפשרות לפרוש משליטתם. אם כן היו טועמים טעם מספיק בהעבודת הזו, ואי אפשר להם להגאל.

ומה עשה הקב"ה? - "וימת מלך מצרים". היינו, שאבדו העבדות הזו. וממילא שלא היו יכולים עוד לעבוד. שהם הבינו, באם אין שלימות המוחין, אזי אין העבדות בשלימות. לכן: "ויאנחו בני ישראל מן העבודה". העבודה, היינו שלא היה להם הסתפקות בהעבודה, שלא היה להם שום חיות בהעבדות. שזה סוד "וימת מלך מצרים", שכל השליטות של מלך מצרים, שהוא היה זן ומפרנס אותם, מתו. לכן היה להם מקום לגלות תפילה. ותיכף ויושעו. וזה אח"כ, כשהלכו במדבר, ובאו במצב הקטנות, היו משתוקקים להעבדות, שהיה להם, מטרם מיתות מלך מצרים.

קס. טעם הצנע במצוות

שמעתי

אמר טעם, למה נוהגין שהמצות מונחים תמיד בהצנע, דהיינו במצה-טש או בדבר אחר מכוסה. כתוב: "וישא העם בצקו טרם יחמץ, משארתם צרורות בשמלתם על שכמם", שהרמז הוא מ"צרורות בשמלתם". וענין, שבפסח עדיין לא היו הכלים מתוקנים כראוי. לכן באה ענין הספירה, לתקן הכלים. שזה ענין, שאמרה "כטפת ורד ראיתי". היינו, שבליל הפסח היתה נס, שאף על פי שהיתה יכולה להיות איזה אחיזה, מכל מקום לא היתה, מטעם שהיתה מכוסה, ולא היתה ניכר לחוץ שום דבר. וזהו הרמז "צרורות בשמלתם".

קסא. ענין מתן תורה

שמעתי בשבועות בסעודה

ענין מתן תורה, שהיה במעמד הר סיני. אין הפירוש, שאז ניתנה התורה, ועכשיו אינו כן. אלא שנתינת התורה הוא ענין נצחי, שהשם ית' נותן תמיד. אלא שאנחנו אינם מוכשרים לקבל. ואז, במעמד הר סיני, היינו אנו מקבלי התורה. שזהו כל המעלה, שהיה אז. שאנחנו היה "כאיש אחד בלב אחד". היינו, שהיה אז לכלנו רק מחשבה אחת, שהוא קבלת התורה.

אבל מצד השם ית' הוא תמיד נותן, כמו שמובא בשם הריב"ש, ש"האדם מחויב כל יום לשמוע את העשרת הדברות על הר סיני".

תורה נקרא "סם החיים וסם המות". ויש לשאול: איך אפשר ב' הפכים בנושא אחד? שכל מה שאנחנו רואים בעינינו, אינו יותר מהרגשיים. אבל המציאות, כשהיא לעצמה, לא מענין אותנו. לכן, בזמן שהאדם לומד תורה, והתורה מרחקת אותו מאהבת השם ית', אזי בטח התורה הזו נקראת "סם המות". ואם התורה מקרב אותו להשם ית', בטח שזהו נקרא "סם החיים".

אבל התורה בעצמה, זאת אומרת המציאות כשהיא לעצמה, לא בא בחשבון. אלא ההרגשות הם הקובעים את המציאות אצלנו למטה. והתורה לעצמה, זאת אומרת בלי המקבלים. ונראה לפרש, התורה בערכה עצמה, היא נבחנת לאור בלי כלי, שאין לנו שום השגה. שזהו נבחן למהות בלי חומר, שאין לנו שום השגה במהות, אפילו מהות גשמי. וכל שכן רוחני.

ובזמן שהאדם עובד לתועלת עצמו, זה נקרא "שלא לשמה". ו"מתוך שלא לשמה באים לשמה". לכן, אם האדם עדיין לא זכה לקבלת

התורה, אז הוא מקוה שבשנה הבא יקבל. ובזמן שהוא קיבל את הבחינת לשמה בשלימות, אזי כבר אין לו מה לעשות בעולם הזה.

ולכן בכל שנה ושנה יש זמן קבלת התורה, מטעם שהזמן הוא מוכשר לאתערותא דלתתא [התעוררות מלמטה]**. משום שאז נתעורר הזמן, שהיה מגולה אצל התחתונים האור של מתן התורה. לכן יש תמיד התעוררות למעלה, שהתחתונים יוכלו לעשות הפעולה כמו אז, בזמן הזה. לכן, אם הוא הולך על דרך, שהשלא לשמה יביא לו לשמה, נמצא שהוא הולך על הסדר, ומקוה שסוף כל סוף הוא יזכה לקבלת התורה לשמה. ובאם שהמטרה אינו תמיד לעיניו, נמצא שהוא הולך בקו הפוך מהתורה, שהוא נקרא "עץ החיים". ולכן היא נבחנת ל"סם המות", מפני שכל פעם הוא נתרחק מהקו החיים.**

"יגעתי ולא מצאתי, אל תאמין". וצריך להבין מהו הפירוש "מצאתי". מה צריכים למצא? אלא "מצאתי" הוא ענין מציאת חן בעיני השם ית'.

"לא יגעתי ומצאתי, אל תאמין". צריך להבין, הלא הוא אינו משקר. הלא אינו מדבר מאדם כלפי עצמו בבחינת פרט. אלא שהוא הדין לגבי הכלל. ואם הוא רואה, שמצא חן בעיניו ית', ומה "אל תאמין"? והענין הוא, כי יש לפעמים, שאדם זכה למציאת חן על דרך התפילה. כי זהו כח סגולת התפילה, שיש בכוחו לפעול כמו היגיעה. (כמו שאנחנו רואים בגשמיות, יש מי שמפרנס ע"י יגיעתו, ויש מי שמפרנס עצמו ע"י תפילתו, שעל ידי זה שהוא מבקש פרנסה, נותנים לו לפרנס את עצמו).

מה שאין כן ברוחניות: הגם שהוא זוכה למציאת חן, מכל מקום אח"כ הוא צריך לשלם כל המחיר. זאת אומרת את שיעור היגיעה, מה שכל אחד נותן. ואם לא, יאבד לו הכלי. לכן אמר: "לא יגעתי ומצאתי, אל תאמין", שהכל יאבד ממנו. אלא צריך אח"כ לשלם כל יגיעתו.

קסב. ענין "חזק" שאומרים אחר סיום הסדרה

שמעתי ב' דמנחם אב ת"א סעודת שחרית דשבת

ענין "חזק", מה שאומרים אחרי סיום הסדרה הוא, שמהסיום צריכין לקבל חיזוק לגמור את כל המדריגות. שכמו שיש להגוף רמ"ח אברים ושס"ה גידין, כן יש להנשמה גם כן בחינת תרי"ג, שהם צינורות הנשמה, שעל ידם נמשכת השפע. וע"י התורה נפתחין הצינורות האלו. וכל זמן שלא נפתחו כולן, אזי אפילו במדרגה הפרטיות ניכר חסרון, שגם המדרגה הפרטיות נכלל מכללות.

נמצא, שאם חסר איזה פרט בהכלל, אזי הבחינה הזו חוסרת גם בהפרט. והן מתגלגלין לאט לאט על סדר המדרגה. וכשנגמרו הכל יהיה הגמר תיקון. ומלפני זה, הם נתקנים ובאים בזה אחר זה. ועם זה יובן מה שאמרו חז"ל: "התורה קדמה לעולם". היינו, שמטרם שנעשה הגבלת העולם, כבר היתה התורה.

ואיך אפשר שתוכל להאיר אחר כך בתוך העולם, שהוא בחינת גבול? אלא שהתורה מאיר בבחינת זה אחר זה. וכשנגמרו כל הבחינות, הוא מוכרח לצאת מהעולם, יען שקצר מהכל את בחינת התורה. לכן מכל הסיום צריכין לקבל חיזוק, בכדי שיוכלו לילך הלאה. וענין החמשה חומשי תורה הם נגד ז' ספירות, שעיקרן הם ה'. משום שיסוד ומלכות אינם עיקרן, רק כוללים.

קסג. ענין מה שאמרו בעלי זהר

שמעתי במוש"ק פ' מסעי תש"ח ת"א

ענין מה שאמרו בעלי הזהר את דבריהם על דרך המוסר, אינו דבר הכרחי, שסודותיהם הם היו יכולים לגלות ע"י לבושים אחרים גם כן. אלא שרצו לתת על סודותיהם לבוש של מוסר, בכדי שיהיה להמעיין גלוי, שעיקר הוא לא החכמה שבהתורה, אלא הנותן התורה. שעיקר התורה והמצות, אינו אלא בכדי להדבק בהנותן התורה.

לכן, כיון שלבוש המוסר מזכיר את הענין הזה יותר, לכן סידרוהו בלבוש הזה. ומה

שהרבה פעמים הם נותנין לבוש של חכמה, בכדי שלא יטעו ויאמרו שאין יותר ממוסר. ששם אינו מוסתר שום חכמה, אלא שהוא מוסר פשוט. לכן כתבו בשני לבושין, שבא זה ולימוד על זה.

קסד. יש הפרש בין גשמיות לרוחניות
שמעתי ג' מנחם אב תש"ח

יש הפרש בין גשמיות לרוחניות:

שבגשמיות אזי הכח לפני העשיה, כמ"ש "טרם יקראו ואני אענה". ששם כבר הסדר לפי הגמר התיקון, שלא עושין שום דבר, מלפני שיהיה להם כח לעשות.

מה שאין כן ברוחניות, ששם עדיין לא מתוקן לפי הגמר, אלא לפי סדר הבירורים. אזי מוכרחין להתחיל את העבודה לפני שמשיגים את הכח, כמ"ש "עושי דברו, לשמוע בקול דברו".

קסה. ביאור לבקשת אלישע מאליהו
שמעתי

אליהו שאל לו: "מה אעשה לך?" והוא השיב לו: "פי שנים ברוחך". והוא השיב לו: "הקשית לשאול".

והענין, שיש בירור רפ"ח. ויש בחינת לב האבן, שלא ניתן להתברר. אלא, כשמבררין את הרפ"ח, מתברר על ידו גם הלב האבן. אבל בו עצמו אסור ליגע. ומי שמברר את הרפ"ח אלו, הוא מברר כך גם את הלב האבן.

קסו. ב' בחינות בהשגה
שמעתי

יש ב' בחינות:

א. בחינת השתלשלות העולמות מלמעלה למטה,

ב. בחינת מלמטה למעלה.

בחינה א' - "אשר ברא אלוקים לעשות". היינו, שהשם ית' הכין לנו מקום לבחינת עבודה.

בחינה ב' - שאנחנו מתחילין לעסוק ולהלביש מלמטה למעלה. אבל מטרם שבאים לשלימות המדרגה, לא יכולים לדעת שום דבר בבירור. וזה נקרא "מתחילה למגמר והדר למסבר [מתחילה ללמוד ואח"כ להבין]**".**

וזה לקטן, שמתחיל לאכול לחם, אין לו אז עדיין שום מושג רק בהלחם. וכשמתחיל להתבגר, אז הוא מתחיל להבין, שיש להלחם בחינת סיבה, הגורם לצורת הלחם. היינו שיקבל את צורתו, המתראה לעיניו. היינו שיהיה לבן, ושיהיה רך, וטעים, וכדומה. אזי הוא משיג את צורת הלחם, לאחר שהוציאו מהתנור. שאז הלחם היה רך יותר מדי והיה חם ביותר, עד שלא היה ראוי לאכילה, והיה מחוסר איזה מעשה, דהיינו שיתיבש ויתקרר ע"י שהיית זמן, שהאויר מכשיר ללחם, שיקבל צורת הלחם, כמו שמתראה בעת שבא לשלחן.

אבל אח"כ מתחיל עוד לחקור, אזי הוא רואה עוד צורה, היינו טרם שהכניסו להתנור, הגם שהיה לו בערך אותו צורה, אבל יש שנויים גדולים. היינו, ע"י חום התנור הלחם נעשה יותר גדול, ונעשה יותר למוצק, והקרים את פניה, שמקודם היה לבן, ועכשיו יש לו צבע אחר. וכשמתחיל לחקור, אזי הוא רואה, שהצורה והמשקל קבל הלחם עוד טרם שהכניסו להתנור. וכמו כן הלאה, עד שבא להמצב, שלוקחים חיטים וזורעין אותן בקרקע, ועד אז הוא יכול רק לקבל מהלחם, היינו שיחסור מהלחם, שישנם במציאות העולם. אבל אחר כך כבר הוא יודע איך להוסיף.

וכמו כן ברוחניות: מקודם הוא צריך לקבל ממטה למעלה. ואז הוא יכול רק לקבל ולא להוסיף. אבל אח"כ במצב השני, הוא יכול גם כן להוסיף.

קסז. טעם למה שקורין שבת תשובה
שמעתי שבת תשובה תש"ט ת"א

טעם, למה שקורין "שבת תשובה". כי (בעשרת ימי תשובה, בסופו ביום כיפור) אומרים "על חטא". וכל מי שמביט ב"על חטא", אינו מוציא שם את מקומו בששים אחוז ודאי. וארבעים אחוז אפשר לתרץ וליישב, אולי נמצא שם בספק, שהוא לא מרגיש. אבל בששים אחוז, אינו מוציא את עצמו בשום אופן.

לכן יש סגולת שבת, שעם אור השבת יש יכולת שיאיר, לראות, שהוא נמצא את עצמו בכל מאה אחוז של "על חטא". שדבר זה נתקן רק בשבילו, ולא בשביל אחרים. ובלי אור לא מרגישים. ולכן קורין "שבת תשובה". שהשבת מועיל לתשובה, שיוכלו להרגיש החטא. שצריכין להודות על החטא. ואז אפשר לבקש סליחה. ואם אומרים "על חטא" ולא מרגיש החטא, איזה הודאה נקרא זה. הרי הוא אומר בלבו שלא חטא. ומה שאומר בפה, ולבו בל עמו, בטח שכלום לא שוה ההודאה כזאת.

קסח. מנהגי ישראל

שמעתי

מנהגי ישראל הם כל כך חשובים, עד שיכולים לומר, שהם נותנים יותר רוחניות להאדם, מהמצות עצמן. אף על פי שאם עוברים על מנהגים, אין עליהם עונשים. ואם עוברים על דינים, יש עונשים. מכל מקום לגבי להביא תועלת, זאת אומרת להביא יראת שמים, אזי המנהגים מביאים יותר רוחניות. כי הגדולים, שהכניסו את המנהגים, הם סדרו שהרוחניות יאיר על ידיהם.

לכן אמר, המנהג לאכול בשבת בשר ודגים, מי שמונע את עצמו מזה, מונע מעצמו רוחניות. אבל זה דוקא לגבי האדם, שעדיין לא הגיע לשלימות, היינו לראות מה שהוא עושה. זאת אומרת, שעדיין לא זכה לטעמי המצוות, אזי הוא צריך לשמור על המנהגים.

כדרך משל, תפוח, מטרם שנתרקב, נתקלקל. וכשנתקלקל, אזי הריקבון בטוח. כמו כן, מטרם שהאדם נעשה חפשי, אזי בועט במנהגים. ולאחר הבעיטה הזאת, או שהוא עצמו נעשה חפשי, או שבניו נעשו חופשיים.

קסט. ענין צדיק גמור

שמעתי

ענין "צדיק גמור", היינו שלא חטא. והלא כתוב "אין צדיק בארץ, אשר יעשה טוב ולא יחטא".

והשיב, שבכל מדרגה ומדרגה יש בחינת "צדיק גמור", ששם לא שייך חטא. ובמדרגה הזאת לא חטא מעולם. היינו בחינת מחזה ולמעלה דכל מדרגה, ששם נבחן לעץ חיים ולחסדים מכוסים. ולבחינת מחזה ולמטה, שייך חטא ותשובה. וכשמתקנין זו, באים למדרגה יותר גבוה. ושם גם כן מתחיל הסדר הזה, היינו "צדיק גמור", ו"אין צדיק בארץ, אשר יעשה טוב ולא יחטא".

קע. לא יהיה בכיסך אבן גדולה

שמעתי

"לא יהיה בכיסך אבן גדולה ואבן קטנה". "אבן" נקרא בחינת אמונה. (שהוא אבנא למשקל בה). שהוא בחינת קטנה, שהוא למעלה מהדעת. אבל יחד עם זה, אזי תגיד שיש לך "אבן גדולה", היינו שיש לך דעת. היינו, שכבר מה שאתה עושה, אינו דומה לכל העולם. אלא שיש לך בסיס חזק, שהוא בחינת גדלות, ולא קטנות. היינו, בלי בסיס ואבן שלימה.

אלא שצריך להיות "אבן קטנה". אבל שתהיה "שלימה". היינו, שיספיק לקיים כל התורה ומצות על סמך "האבן קטנה". ורק אז נקרא "שלימה".

אבל אם היא "קטנה", ומחייבת לך לעשות רק מעשים קטנים, אין זה נקרא "אבן שלימה". ואיפה גדולה, ואיפה קטנה? שאם יש לו בסיס קטן, אזי נחשב לגבי עצמו לבחינת קטן. אבל בזמן שיש לו "אבן גדולה", שיש לו בסיס גדול. אז יחשיב את עצמו לגדול. זאת אומרת, שהוא גדול. ו"אבן שלימה" נקרא, בזמן שזוכה להשגחה פרטית.

קעא. זהר, אמור

שמעתי ד' דחוה"מ פסח תש"ט

בזהר פרשת "אמור": "אמרה כנסת ישראל, אני ישנה בגלותא דמצרים" (זהר, אמור, דף מ"ג, ד"ה "ובחודש הראשון").

הסתלקות המוחין נקרא "שינה".

"ולבי ער". לב הוא בחינת ל"ב נתיבות חכמה. היינו שהיה מאיר בהם בחינת חכמה. אבל היתה בלי התלבשות בחסדים, שזה נקרא

״גלות מצרים״. ובשביל זה נקרא ״שינה״. אבל יחד עם זה היו ראויים לקבלת מוחין דחכמה, אלא מבחינת אחוריים.

״קול דודי דופק״. היינו קולו של ז״א, שהוא בחינת חסדים.

וזה שאמר, דא קוב״ה: ״פתחי לי פתחא כחדודי דמחטא [פתחי לי פתח כחוד המחט]״. היינו שבעת הגאולה, אמר להם, שימשיכו מחדש את בחינת החכמה. ובזמן שהוא בלי חסדים, נקרא הפתח שלה ״כחדודי דמחטא [כחוד המחט]״, משום שאינה מאירה בלי חסדים.

״ואני אפתח לך תרעין עילאין [שערים עליונים]״. היינו, משפיע לה מבחינת חסדים. ואז יהיה לה הרחבה, שיהיה לה חכמה וחסדים.

״פתחי לי וכו׳, דהא פתחא לאעלא לי בך הוא, דלא יעלון לגבאי בני, אלא בך [כי הפתח לִכְנוֹס אצלי, הוא בָּךְ, שלא יִכָּנְסוּ אצלי בָּנַי, אלא בָּךְ]״. היינו שהבנים, הצריכים למוחין דחכמה, אינו הוא יכול להשפיע להם. יען, שבחינתו היא רק חסדים. אלא כשהיא תמשיך חכמה, אז יש יכולת, שהבנים גם כן יקבלו חכמה. לכן נקרא, כי רק היא יכולה לפתוח הפתח הזה.

מה שאין כן ״אני סגור דלא ישכחון [ימצאו] לי״. היינו ״שלא ישכחון לי בשלימות״. שז״א, בזמן שיש לו רק חסדים, אזי אין לו אלא בחינת ו״ק. ונקרא ״אוירא סתם״. מה שאין כן כשיש לו בחינת חכמה גם כן, ואז, אף על פי שאין הוא מקבל רק חסדים, נקרא החסדים שלו ״אוירא דכיא״. שאז החסדים שלו מעולים מן חכמה. אבל בלי חכמה לא ישכחון אותו בשלימות. וזה שכתוב ״בגין לאזדווגא עמך ולמהוי עמך בשלם דעלמין [כדי להזדווג עמך ולהיות בשלום עמך לעולמים]״.

״תא חזי בשעתא דקב״ה קטיל לבוכרי דמצראי, כל אינון דקטיל בפלגות ליליא, ואחית דרגין מעילא לתתא [כדי להזדווג עמך ולהיות בשלום עמך לעולמים. בוא וראה בשעה שהקב״ה היה הורג לבכורי מצרים, כל אלו שהרג בחצות לילה, והוריד המדרגות שלמעלה, למטה]״. היינו, על ידי תיקון המסך דחיריק, שגורם שני בחינות, הסתלקות הג״ר וכמו כן המשכת החסדים, שע״י התכללות הזה, יש יכולת להתפשטות המוחין מלמעלה למטה.

״ביה שעתא עאלו ישראל בקיומא דאת קדישא, אתגזרו [בה בשעה נכנסו ישראל בברית אות הקדוש, שנמולו]״. שענין ״מכת בכורות״ וענין ״דם פסח״ וענין ״דם מילה״ הוא בחינה אחת. שזה ידוע, שאלהי מצרים היה שה. זאת אומרת, שהקרבן פסח היה מכוון לאלוהיהם. שקליפות מצרים היה, שהם רצו להמשיך מבחינת גמר התיקון, כעין חטא של עץ הדעת, שרצו להמשיך את האור דג״ר מלמעלה למטה. וע״י שחיטת הפסח, היו שוחטין את הג״ר דחכמה, שעל ידי זה היה מכת בכורות. שענין בכור הוא סוד ג״ר. שהיו מבטלין את הג״ר. וזה היה על ידי מסך דחיריק, שהוא בחינת העלאת המנעולא, שזה גורם לביטול הג״ר.

וזה ״דם״ מלשון ״דממה״, שהוא דמית דממית הג״ר. וזה ענין דם מילה, שענין איזמל הוא סוד דינין דנוקבא, שהדינין מבטלין את דינין דדוכרא [של הזכר]. וזה שכתוב ״תרי דמא הוו [שני דמים היו] דם פסח ודם מילה״. ועל ידי זריקת דם פסח היה ביטול הג״ר והתכללות בתיקון קוין, שהוא סוד המשקוף ושתי המזוזות.

״ובארבעה וכו׳, ויסתלקו ישראל מרשותא אחרא וכו׳, ויתאחדו במצה קשורא קדישא [וישראל מסתלקים מרשות אחרת וכו׳, ומתאחדים במצה קשר קדוש]״. שענין חמץ הוא סוד המוחין המתפשטין מחזה ולמטה, שאז הם מאירים ממעלה למטה. ומצה הם המוחין, שמאירים מחזה ולמעלה, שמבחינה זו אין אחיזה לחיצונים. והטעם, משום שענין המנעולא שנתגלה בליל פסח, שעל ידי זה היה שחיטת הפסח ומכת בכורות, פועלת רק ממנה ולמטה. זאת אומרת, שנתגלתה בחזה.

יוצא לפי זה, כל מה שישנם ממנה ולמעלה, אינו היא פועלת עם בחינת דין הנמצא בה. מה שאין כן מחזה ולמטה, שכל התפשטות היא למטה מבחינתה, לכן נרגשת הדין שבה. לכן היו ישראל נזהרין אז בליל פסח, שיאכלו מצה ולא חמץ.

ויש מעלה למצה, שאינו בחמץ. ויש מעלה בחמץ, שאינו במצה. במצה יש מעלה, שהם מוחין שלמים מבחינת ג"ר דחכמה, הנבחנים עוד לבחינת שני מאורות הגדולים. אבל הם בבחינת אחוריים, שאינם יכולים להאיר, מסיבת חסרון החסדים.

ויש יתרון לחמץ. הגם שהם רק בחינת ו"ק, אבל כבר מלובשים בחסדים. ובבית המקדש, שהיו מוחין דחכמה, היו גם כן בבחינת מחזה ולמעלה, שהוא בחינת מצה. שלכן נאמר: "וכל שאור וכל דבש לא תקטירו ממנו".

קעב. ענין המניעות והעיכובים

שמעתי בשביעי של פסח תש"ט ת"א

כל המניעות והעיכובים, המתראים ומתגלים לעינינו, אינו אלא בחינת התקרבות, שהבורא ית' רוצה לקרב אותנו. וכל אלו המניעות מביאים לנו רק התקרבות. כי לולי זה לא היה שום מציאות להתקרבות אליו. כי מצד הטבע אין התרחקות יותר גדולה, מזו שאנחנו מחומר קרוץ, לבין הבורא ית', שהוא גבוה מעל גבוה. ורק כשהאדם מתחיל להתקרב, אזי הוא מתחיל להרגיש את המרחק שבינינו. וכל מניעה, שהוא מתגבר עליה, מקרב לו את הדרך.

(יען, שהוא מתרגל לילך על קו של התרחקות. לכן, אם הוא מרגיש כל פעם, איך שהוא מרוחק, הדבר הזה אינו משפיע לו שום שנוי בתהליך. יען, שידע דבר זה מראש, שהוא הולך בקו של התרחקות. מסיבת שזהו האמת, שהמרחק בינינו לבין הבורא ית', אין די מילים לבאר. לכן, כל פעם שהוא מרגיש את ההתרחקות בשיעור היותר גדול מכפי שחשב, אינו גורם לו שום מְדָנָה [כעס]).

קעג. מדוע אומרים לחיים

שמעתי בסעודת שבת פ' אח"ק כ"ג למב"י תש"ט

אמר, על מה שאומרים "לחיים", בזמן ששותים יין, הוא על דרך מאמר חז"ל, שאמרו: "חמרא וחיי לפום רבנן ותלמידיהון [יין וחיים לפי החכמים ותלמידיהם]". שלכאורה קשה: למה דוקא לפום רבנן [לפי החכמים] וכו'? ולמה לעמי הארץ לא?

אלא, שענין "לחיים", מה שאומרים, הוא לרמז על חיים עליונים. שבזמן ששותים יין, צריכים לזכור, שהיין מרמז על "יינה של תורה", לזכור שצריכים להמשיך בחינת אור תורה, שנקרא חיים. מה שאין כן חיים גשמיים נקרא בדברי חז"ל "רשעים בחייהם נקראים מתים".

לכן דוקא לרבנן יכולים להגיד: "חמרא וחיי [יין וחיים]". זאת אומרת, שרק הם מוכשרים להמשיך חיים רוחניים. מה שאין כן עמי הארץ, שאין להם כלים לזה, שייך לומר שימשיכו. (ואולי "לפום רבנן", היינו כמו לפי דעתם של הרבנן. זאת אומרת, חיים, שנקרא אצלם חיים, היינו חיים רוחניים).

קעד. ענין הסתר

שמעתי

בענין ההסתר, שהוא דבר תיקון, כי לולי זה לא היה האדם יכול להשיג שום שלימות, מטעם שאין הוא ראוי להשיג את החשיבות שבהדבר. מה שאין כן כשיש הסתרה, אז נעשה אצלו הדבר לחשיבות. אף על פי שמצד עצמו, אין האדם מסוגל להעריך את החשיבות, כמו שהוא לאמיתו של דבר. אבל ההסתרה הוא מסגל לו ערך חשיבות. שכפי ערך הרגשתו בהסתר, כן נתרקם אצלו מצע של חשיבות.

וזהו כמו שלבים, שעולה כל פעם, שלב אחרי שלב, עד שמגיע למקום המיועד לו. היינו, שמשיג איזה שיעור בחשיבות, על כל פנים שיוכל להחזיק מעמד. אף על פי שאמתיות החשיבות, אין ערך ושיעור לרוממותו ית'. רק על כל פנים שיעור, שיספיק לו להמשיך בקיומו.

אלא שהסתרה לבד לא נקרא הסתרה, שהסתרה נמדדת לפי הביקוש. כי עד כמה שהביקוש אחר הדבר הוא ביתר עוז, אז ניכר ההסתרה בשיעור היותר רחוק. ועל זה יובן ענין "מלא כל הארץ כבודו". אף על פי שאנחנו מאמינים בזה, מכל מקום הסתרה גם כן מלא בכל הארץ.

ולעתיד כתוב: "ואני אהיה לה חומת אש סביב כבוד בתוכה". שענין "אש" היינו בחינת הסתרה. אבל מכל מקום, כבוד בתוכה, היינו שיתגלה אז הכבוד. והוא, שאז יהיה הביקוש כל כך גדול, אף על פי שיש גם אז בחינת ההסתרה. אלא שההבדל, בזה הזמן, שיש הסתרה אבל אין ביקוש. אם כן זה נבחן לבחינת גלות. מה שאין כן אז, אף על פי שיהיה ההסתרה, אבל הביקוש גם כן יהיה. וזה העיקר רק הביקוש.

קעה. והיה כי ירחק ממך

שמעתי בסעודת שבט פ' בהר בחוקתי
כ"ב אייר תש"ט

"והיה כי ירחק ממך הדרך, לא יוכל שאתו".

ופירש, למה הדרך כל כך רחוק, מטעם כי "לא יוכל שאתו". משום שלא יכול לישא את העול של תו"מ. לכן הדרך נחשב לו לרחוק. והעצה לזה, אומר הפסוק, "וצרת הכסף בידך". שענין כסף הוא ענין כיסופין, שימשיך בחינת כסופין בהעבדות. שע"י ההחשק ההשתוקקות לה', אזי יוכל לשאת את העול תורה ומצוות. וגם "כסף" הוא ענין בושה. משום שבן אדם למטרה להגדיל כבוד שמים, כמ"ש "ברוך וכו', שבראנו לכבודו".

כי ענין תו"מ בכלל, הם דברים שהאדם עושה, בכדי למצוא חן בעיניו ית'. כי טבע של העבד, שרוצה למצוא חן בעיני רבו, שאז לבו של רבו עליו. וכן כאן, שכל ריבוי הפעולות והחומרות שבן אדם מתמחה בהן, הוא רק אמצעי, שעל ידי זה ימצא חן בעיניו ית'. ואז יהי' לו המטרה הרצוי ממנו.

והבן אדם הולך ועושה תו"מ, בכדי למצוא חן בעיני הבריות. ועושה מצרכי שמים בחינת אמצעי. זאת אומרת, שבאמצעותם יזכה למצוא חן בעיני הבריות. וכל זמן שהאדם לא זכה לבחינת תורה לשמה, אזי הוא עובד לשם הבריות. והגם שאין להאדם אפשרות אחרת, אלא לעבוד בשביל הבריות, אבל מכל מקום על כל פנים, הוא צריך להתבייש עם העבדות כזו. ואזי, ע"י הכסף הזה, יזכה לכסף דקדושה, דהיינו להשתוקק להקדושה.

"וצרת הכסף בידך". היינו, שאף על פי שענין ההשתוקקות אינו בידי אדם, אם אין לו חשק לדבר, אין הוא יכול לעשות שום דבר. אבל על כל פנים הוא צריך לגלות את הרצון לכיסופין, היינו הרצון להשתוקק (ואולי "וצרת" מלשון "רצית"). שהוא צריך לגלות ביקוש על זה. היינו, שצריך לגלות הרצון והחשק להשתוקק לה', היינו להשתוקק להרבות כבוד שמים, להשפיע נחת ליוצרו, למצוא חן בעיניו ית'.

ויש בחינת "זהב". ויש בחינת "כסף".

כסף, שיש לו כיסופין בכללות.

וזהב נקרא, שהוא רוצה רק דבר אחד. וכל הכיסופין וההשתוקקות, שיש לו לכמה דברים, נבטלין בהרצון הזה שיש. והוא אומר, שרק "זה-הב". היינו שהוא לא רוצה שום דבר, רק "לאקמא שכינתא מעפרא [להקים השכינה מעפר]". ורק זה הוא רוצה.

היוצא מזה, שאף על פי שהאדם רואה, שאין לו החשק והרצון, כמו שצריכין, מכל מקום על כל פנים הוא צריך לראות ולהשתדל במעשים ובמחשבות, שישיג את החשק. וזה נקרא "וצרת הכסף בידך". ואל יחשיב האדם, שזהו דבר קטן, אם זה ביד האדם. אלא "בבקר (בחן) ובצאן" וכו'. היינו, שעל ידי זה הוא יזכה לאורות הכי נעלים.

קעו. בעת שתיית י"ש אחר ההבדלה

שמעתי מוצאי יום כפור תשי"א

"ויום טוב היה עושה בצאתו מן הקודש".

כי קודש הוא בחינת חכמה, ובחינת קו שמאל. ששם יש פחד מן הדינין. לכן, אין שם מקום של יום טוב. אלא "בצאתו מן הקודש" הנקרא חכמה וקו שמאל. אז היה עושה בחינת יום טוב, שענין הוא בחינת אור דחסדים.

קעז. ענין כפרות

שמעתי

ענין "כפרת עונות" הוא ע"י גלוי אור החכמה. וזהו ענין הוידוי, שהוא המשכת החכמה. ולפי כמה וידוי שהוא מתוודה, כך מתגלה עליו בחינת החכמה. שעל זה נאמר:

"ביום ההוא יבוקש עון יעקב ואיננו". כי על כל החטא, שהוא נמחל, אינו נמחל, עד שימשיכו עליו בחינת החכמה. לכן הם חיפשו עונות, בכדי להמשיך עליו את אור החכמה.

"חיבוק השמאל". היינו ע"י המשכת הקו שמאל, שבכל יום שבעשרת ימי תשובה, נמשך בחינת אחת מהעשר ספירות של מוחין דחכמה, הנקרא קו שמאל. וביום כיפור אז הוא הזווג.

חיבוק הימין הוא המשכת החכמה למטה מחזה, שהוא מקום הגילוי, ששם כבר נמתקה בחסדים. ונבחן בעיקר להמשכת החסדים, שבנין הנוקבא מבחינתה נמשכת עד שמיני עצרת ובשמיני עצרת הוא הזווג.

קעה. ענין ג' שותפין באדם

שמעתי ג' אייר תשי"א הסעודה של סיום חלק ט' של הזוהר

ענין ג' שותפים שבאדם: הקב"ה, ואבא, ואמא.

והוא אמר, שיש שותף רביעי, שהוא הארץ. שאם אין האדם לוקח מזונות מהארץ, אינו יכול להתקיים. שענין "ארץ" הוא בחינת מלכות. שבאופן כללי נבחן, שיש ד' בחינות, הנקרא חו"ב תו"מ.

וענין המזונות, שהאדם מקבל מהארץ, הוא בבחינת ברורין. שע"י המזונות נבררין הקליפה מהמאכל. ויש ב' בחינות במלכות:

א. קדושה.

ב. בחינת לילית המרשעת.

לכן, כשהאדם אוכל ועושה ברכה ראשונה ואחרונה, מזה יוצא המאכל מרשות הס"א. והיות שהמאכל נעשה דם, ודם הוא בחינת נפש, לכן נעשה הנפש שלו מבחינת חולין ולא מס"א.

מה שאין כן, כשהאדם אוכל מסעודת מצוה, שאז המאכל נבחן לבחינת קדושה, אם הוא אוכל את זה בכוונה, נמצא שמהמאכל נעשה דם, והדם נעשה בחינת נפש, אז הוא יבוא לבחינת נפש דקדושה.

לכן בא יצר הרע לאדם, ונותן לו תמיד להבין, שלא כדאי לאכול בסעודת מצוה, מכמה וכמה טעמים. ועיקר כוונתו, שלא לאכול מסעודת מצוה מטעם הנ"ל, כי זהו חלק דקדושה.

קעו. ענין ג' קוין

שמעתי ב' דמב"י דחוהמ"פ תשי"א

יש ענין ג' קוין. וענין ישראל אחידן בגופא דמלכא [נאחזים בגוף המלך]. ענין גלות מצרים, שהעם ישראל היו מוכרחין לירד למצרים. וענין יציאת מצרים. וענין "האי מאן דבעי ליקדש אשה, לידכיר עם הארץ בהדיה [מי שהולך לקדש אשה, יביא איתו עם הארץ]". וענין מה ששאל אברהם: "במה אדע כי ארשנה", והקב"ה השיב לו: "ידוע תדע, כי גר יהיה זרעך בארץ לא להם, ועינו אותם ארבע מאות שנה, ואחרי כן יצאו ברכוש גדול". ענין ג"ר וענין ו"ק. וענין ו"ק דג"ר.

הנה מחשבת הבריאה היתה להנות לנבראיו. ורק כדי שלא יהיה נהמא דכסופא [לחם בזיון], היה הצמצום והמסך. ונמשך מזה מקום העבודה. ומזה נמשך בחינת ג' קוין:

א. קו א' הוא בחינת ימין, הנבחן לבחינת ו"ק בלי ראש, הנבחן לבחינת אמונה.

ב. וקו ב' שנבחן לבחינת שמאל, הוא בחינת השגה. ואז שניהם במחלוקת, כי האמונה היא בסתירה להשגה, והשגה היא בסתירה לאמונה.

ג. ואז יש בחינת קו האמצעי, הנבחן לבחינת ו"ק דג"ר. או חכמה וחסדים. או קו ימין ושמאל, נכללו זה בזה. היינו, שמקבל בחינת השגה, כפי מה שיש לו אמונה. זאת אומרת, בשיעור שיש לו אמונה, באותו שיעור הוא מקבל בחינת השגה. ובמקום שאין לו אמונה, אין הוא ממשיך בחינת השגה, שישלים אותו, אלא תמיד הוא עומד ושוקל את הקוין, שלא יכריע זה יותר מזה. וג"ר נקרא (שמגלה לפניו) בחינת השגה בלי אמונה. וזה נקרא בחינת "עבודת הגויים". ו"עבודת ישראל" הוא בחינת אמונה. ובה נכללת בחינת השגה. וזה נקרא בחינת גופא דמלכא [גוף המלך], היינו בחינת אמונה והשגה.

והנה אברהם נקרא אב האמונה, היינו בחינת חסדים. אזי ידע, שכל מי שירצה

להתקרב אליו ית', הוא מוכרח לקבל מקודם בחינת ימין, היינו בחינת אמונה. ואמונה הוא בסתירה להשגה. אם כן איך אפשר להם להמשיך בחינת השגה, בזמן שאין להם כלים לזה. וזה ענין שאמר לו, שזרעך יהיה בארץ לא להם. שזה ענין "ויתערבו בגויים וילמדו ממעשיהם", היינו שיהיה תחת שליטת הגוים. שגם הם יהיו תחת שליטתם, שימשיכו בחינת ג"ר דחכמה.

וזה ענין גלות מצרים, שגם ישראל המשיכו בחינת ג"ר דחכמה. וזה הגלות שלהם, שנמשך בחינת חושך. ויציאת מצרים היה ע"י מכת בכורות, שענין בכור הוא סוד ג"ר דחכמה, שהשם ית' הכה את בכור מצרים. וזה ענין דם פסח ודם מילה. וזה מה שכתוב בזוהר "בשעתא דקוב"ה הוה קטיל לבוכרי דמצראי וכו', ביה שעתא עאלו ישראל בקיומא דאת קדישא אתגזרו ואשתתפו בכנסת ישראל [בשעה שהקב"ה היה הורג לבכורי מצרים וכו', בה בשעה נכנסו ישראל בברית אות הקדוש, שנמולו ונתחברו בכנסת ישראל]" (פרשת אמור, מ"ג).

שענין קו שמאל נקרא בחינת "ערלה", משום שסותם את האורות. לכן בעת שהרג את הבכר, היינו שביטל להג"ר, אז ישראל למטה אתגזרו [נימולו], היינו חתוך הערלה, שזה נקרא בחינת דין דדכורא [של זכר], שסותם את האורות. וכך על ידי מילה באיזמל, שהוא בחינת ברזל, הנקרא דינין דנוקבא, אזי מבטלין לדינין דדכורא. ואז נמשך להם בחינת ו"ק דחכמה.

זאת אומרת, בתחילה מוכרחין להמשיך בחינת שלימות, היינו ג"ר דחכמה. ואי אפשר להמשיך חצי מדרגה. וזה מוכרח להיות דוקא ע"י המצריים. וזה נקרא "גלות". שגם היהודיים מוכרחין להיות תחת שליטתם. ואח"כ ע"י יציאת מצרים, היינו תיקון של מסך דחיריק, אז יוצאים משליטתם, היינו שהמצרים בעצמם צועקים קומו צאו.

וזהו "אני ולא שליח": "אני" היינו המלכות, שהוא סוד מנעולא, שהיא מבטלת את הג"ר. ועל ידי זה יש התכללות שמאל בימין וימין בשמאל.

וזהו "מן דבעי לקדוש אישה [מי שרוצה לקדש אשה]". היינו בחינת חכמה, הנקרא בחינת שמאל. "ידכיר בחינת עם הארץ בהדיה [יביא בחינת עם הארץ איתו]". בשביל שהוא נמצא בבחינת ימין, שהוא אמונה. והוא רוצה בחינת השגה. אזי דוקא על ידי עם הארץ, הוא יכול להמשיך בחינת חכמה, משום שיש לו תשובה, אך לבחינת השגה, ולא לבחינת אמונה.

"קמתי אני לפתח לדודי, וידי נטפו מור, ואצבעותי מור עובר על כפות המנעול". מור, היינו "ולא יכנף עוד את מוריך, והיו עיניך רואות את מוריך". "וידי" היינו בחינת השגה. ואצבעות בחינת ראיה, מלשון "כל אחד ואחד מראה באצבעו, ויאמר, הנה אלוקינו זה". "על כפות המנעול", היינו בחינת מנעולא.

קפ. בזהר, אמור

שמעתי ב' דחוה"פ תשי"א ת"א

בזוהר, אמור: "ר' חייא פתח, אני ישנה ולבי ער וכו'. אמרה כנסת ישראל, אני ישנה בגלותא דמצרים, דהוו בני בשעבודא דקשיו [שהיו בָּנַי בשעבוד הקשה]. ולבי ער, לנטרא להו דלא ישתצון בגלותא [לשמור אותם שלא יִכְלוּ בַּגָּלוּת]. קול דודי דופק, דא קב"ה [זה קב"ה]. דאמר, ואזכור את בריתי" (פרשת אמור, מ"ג).

להבין את ענין שינה. היינו בזמן שישראל היו במצרים, היו תחת שליטתם. שגם הם המשיכו בחינת ג"ר דחכמה. והיות שחכמה בלי חסדים אינו מאיר, לכן נקרא זה בחינת "שינה". וזה נקרא, שעבודא דמצרים בקשיו [שעבוד מצרים הקשה], היינו בעבודה קשה, הנקרא בחינת דינין דדכורא.

"ובכל עבודה בשדה", שהוא בחינת דינין דנוקבא.

"ולבי ער". היינו, אף על פי שהיא ישנה מבחינת קו שמאל, שאז מלכות נקראת בחינת "ב' מאורות הגדולים", ואז מלכות נקראת בחינת "רגל רביעי", והיא נבחנת, שהיא

בחינת ת"ת, שהוא למעלה מחזה. "ולבי ער", ששם כבר נמצאת בחינת נקודת המנעולא, שהיא גורמת בחינת הכרעה דקו אמצעי, שתחזור לבחינת נקודה דבחינת הפנים, שעל ידי זה לא ישתצון בגלותא [לא יִכָלוּ בַּגָּלוּת].

וזה ענין "פתחו לי פתחא כחדודא דמחטא [פתחו לי פתח כחוד המחט]". היינו שז"א אומר לבחינת מלכות, שהיא תמשיך בחינת חכמה. ואף על פי שאין החכמה יכול להאיר בלי חסדים, שבשביל זה נקרא רק "כחדודא דמחטא [כחוד המחט]", "ואני אפתחה לך תרעין עילאין [ואני אפתח לך שערים העליונים]". היינו אח"כ הוא ישפיע לה בחינת החסדים. ועל ידי זה ממשיך לה המשכה בשפע.

מה שאין כן אם היא לא תמשיך בחינת חכמה, ז"א מבחינת אין המשכת החכמה, אלא חסד, נקרא "פתחי לי אחותי". היינו מבחינת חכמה, נקרא מלכות "אחות".

קפא. ענין כבוד

שמעתי כ"ה ניסן תשי"א

ענין כבוד הוא, דבר שמשבית את הגוף. ובשיעור זה הוא מזיק להנשמה. לכן כל הצדיקים שנתפרסמו ושיש להם כבוד, הוא מחמת עונש. אבל הצדיקים הגדולים, מה שהבורא ית' רוצה, שהם לא יפסידו, בזה שהם נתפרסמו לצדיקים, אז הבורא ית' שומר עליהם, שלא יקבלו כבוד. בכדי שלא יהיה להם שום היזק להנשמה. לכן בשיעור שיש להם כבוד מצד אחד, אזי מצד השני עומדים עליהם בעלי מחלוקת, שמבזים את הצדיקים האלו בכל מיני בזיונות. בשיעור שיהיה משקל שוה להכבוד שנותנים להצדיק, ממש באותו שיעור הצד שני נותן בזיון.

קפב. משה ושלמה

שמעתי ג' אייר תשי"א

משה ושלמה הוא בחינת פנים ואחוריים. במשה כתוב "וראית את אחורי".

מה שאין כן שלמה הוא בחינת פנים. ורק שלמה השתמש עם האחוריים של משה. וזה סוד ש"שלמה" הוא אותיות "למשה".

קפג. בחינת משיח

שמעתי

יש בחינת:

א. משיח בן יוסף,

ב. ומשיח בן דוד.

ושניהם צריכים להתאחד. ואז יש בהם השלימות האמיתי.

קפד. ההבדל בין אמונה להשכל

שמעתי ט"ו שבט תש"ט טבריא

ההבדל בין האמונה להשכל.

יש מעלה בהאמונה, שהוא פועל על הגוף יותר משכל, מסיבת שהיא קרובה להגוף. שהאמונה היא בחינת מלכות, והגוף מתיחסת להמלכות. לכן היא פועלת עליו.

מה שאין כן השכל, שהוא מיוחס לט"ר, אינו יכול לפעול כל כך על הגוף. אבל יחד עם זה יש מעלה להשכל, שהוא נבחן לרוחני, בערך האמונה שהיא מיוחסת להגוף. וברוחניות יש כלל, ש"אין העדר ברוחניות" ו"כל פרוטה ופרוטה מתקבצת לחשבון גדול".

מה שאין כן האמונה הנבחן לגשמיות, שנקרא בחינת פירוד. שאין שום הצטרפות בגשמיות. אלא, מה שעבר, אין. שמה שהיה בעבר, אינו מצטרפת להוה ועתיד. לכן, הגם בבחינת אמונה להדבר, שהוא פועל עליו בשעת מעשה במאה אחוז מערך שהשכל פועל, אבל הוא רק פועל לפי שעה. מה שאין כן השכל, הגם שהוא פועל רק אחוז אחד, מכל מקום האחוז הזה נשאר קבוע וקיים. לכן במאה פעמים הוא מצטרף לאותו שיעור, שהאמונה היתה יכול לפעול בפעם אחד. מכל מקום בבחינת אמונה, כשיעבוד מאה פעמים, הוא ישאר באותו המצב. מה שאין כן בבחינת השכל, הוא ישאר אצלו בבחינת קבוע וקיים.

כדוגמת, מה שלומדים איזה דברים שכליים, אפילו ששוכחים, מכל מקום הרשומות נשארות בהשכל. זאת אומרת, כפי מה שהוא הרבה

בשכליות, באותו השיעור יש לו התפתחות השכל. מה שאין כן הגשמים, הנמשכים במקום וזמן, שאף פעם לא יבוא מקום מזרח למקום מערב, וכן השעה שעבר בשעה של עכשיו. מה שאין כן רוחניות, הכל יכול להיות בזמן אחד.

קפה. עם הארץ, אימת שבת עליו
שמעתי

חז"ל אמרו: "עם הארץ, אימת שבת עליו". הנה תלמיד חכם הוא בחינת שבת. הנה שבת היא בחינת גמר התיקון. היינו, כמו שבגמר התיקון, אז כבר יהיו הכלים מתוקנים ומוכשרים לקבל ולהלביש את אור העליון. כמו כן שבת הוא בחינת גמר. היינו, שאור העליון יכול להופיע ולהתלבש בתחתונים, אלא שהוא רק בבחינת אתערותא דלעילא [התעוררות מלמעלה].

קפו. עשה שבתך חול ואל תצטרך לבריות
שמעתי

בשבת אסור בעשיית מלאכה, היינו איתערותא דלתתא [התעוררות מלמטה]. ותלמיד חכם, היינו תלמיד שזכה להיות תלמיד הבורא ית', הנקרא חכם, שהוא גם כן בחינת איתערותא דלעילא [התעוררות מלמעלה]. היינו, ע"י שמגלין רזי תורה.

לכן, בזמן שבא בחינת התעוררות מלמעלה, גם זה נקרא בחינת שבת. שאז, עם הארץ, היינו הגוף, יש לו בחינת יראה. ממילא, שאין אז מקום עבודה.

קפז. להכריע ביגיעה
שמעתי

עניין ה' תתאה בעיניים. היינו, שנעשה בחינת מסך וכיסוי על העיניים, שהעיניים הוא סוד השגחה, שרואה בחינת השגחה מסותרת.

עניין ניסיון. היינו, שאין לאדם צד הכרעה, לא לכאן ולא לכאן. שאינו יכול לברר את רצון ה', ואת כוונת רבו. הגם שמסוגל לעשות עבודות במסירות נפש, אבל אין בידו להכריע, אם עבודה זו של מסירות נפש היא במקומה. או להיפך, שעבודה הקשה זאת, תהיה בניגוד לדעת רבו, ולדעת ה'.

וכדי להכריע בדבר, הוא מכריע בדבר המוסיף יגיעה. זאת אומרת, שהוא צריך לפעול בהתאם לרבו. שרק היגיעה מוטלת על האדם, ולא שום דבר אחר. אם כן, אין לו כל מקום לפקפק במעשיו, ובמחשבותיו, ובדיבוריו. אלא הוא צריך תמיד להרבות יגיעה.

קפח. כל העבודה היא רק במקום שיש ב' דרכים
שמעתי מוצש"ק בשלח י"ד שבט תש"ח

כל העבודה היא רק במקום שיש ב' דרכים, כמו שמצינו: "וחי בהם, ולא שימות בהן". ועניין "יהרג ואל יעבור" אינן נוהגין אלא בג' מצות לבד. ויחד עם זה אנו מצינו, שחסידים הראשונים היו מוסרין נפשייהו על עשה. אלא האמת, שזהו כל העבודה. ובזמן שהאדם צריך לשמור את התורה, אזי נוהג כל המעמסה הכבד. ובזמן שהתורה שומרת האדם, אזי אין זה כל קשה, על דרך "נשמת אדם תלמדנו", שזה נקרא, שהתורה שומרת האדם.

קפט. המעשה פועל על המחשבה
ז"ך תשרי

להבין סיבת החריפות וההתלהבות והתחבולות, שכל האברים פועלים כסדרן במלוא הקצב בזמן שאדם חושב על קניינים גשמיים. מה שאין כן בעניני דנשמתא אזי האדם על כל דבר-קנין לצרכי הנשמה, הגוף עם כל החושים פועלים בכבדות.

והענין הוא, כי השכל והמחשבה של האדם, אינם אלא העתק מפעולות האדם, שהם מתראים כמו במראה. לכן אם רוב המעשים של האדם הם מצרכים גשמיים, אז מתראה במראה של השכל, זאת אומרת שנקלטו בהשכל כל צרכם, אזי הוא יכול לשמש עם השכל בכל מה שרוצה, משום שהמוח מקבל כל חיותו מדברים גשמיים. לכן ממקום שהוא מקבל החיות - לאותו מקום השכל משמש, ומצרכי דנשמתא אין עוד הרבה רשימות במוח

שיספיקו לו לקבל חיות ולהתרשם, לכן אין המות מוכן לשמש אותו לצרכי נשמה.

לכן על האדם להתגבר ולעשות פעולות ומעשים רבים עד שיתרשמו במוח, ואז בטח שתתרבה הדעת, והשכל ישמש לו בכל קצב החריפות עוד יותר מצרכים גשמיים. משום שהשכל הוא לבוש קרוב לנשמה.

קצ. כל פעולה עושה רושם

שמעתי א׳ פסח תש״ט בסעודה

שאל, אם פועל עלינו את הֵתירה של ארצנו מידי המשעבדים. שזכינו, שנעשו בני חורין מעול העמים. ואנחנו נעשו כמו כל הגוים, שאין אחד משעובד לחבירו. ואם החירות הזה פעל עלינו, שיש לנו מזה איזה הרגשה בעבדות השם ית׳.

ואמר, שאל נחשוב, שזה לא פעל לנו. זאת אומרת, שבעבדות לא ניכר שום שנוי מהחירות הזו. זהו בלתי אפשרי. שהשם ית׳ אינו פועל בטל, חס ושלום. אלא כל מה שפעל, הוא מתרשם עלינו, הן לטוב והן לרע. זאת אומרת, שמכל פעולה, שהוא עושה, בין החיוב ובין השלילה, היינו בין האור ובין החושך, נמשך לנו כח יתירה. או שאנחנו באים לידי עליה מהפעולה. כך, כי ברוחניות אין שתמיד יש רשות וכח, שתחת הכח הזו מוכרחים להמשיך. לכן אין אדם יכול לומר, שהחירות, מה שהשגנו, לא עשה בנו שום שנוי. אלא אם אנחנו לא מרגישים שנוי לטובה, אזי אנחנו מוכרחים לומר, שיש כאן שנוי לרע, אף על פי שאנחנו לא מרגישים.

ובמוצאי יום טוב לאחר הבדלה, נתן הסבר לזה, כדוגמת סעודת שבת ויום טוב, שע״י התענוגים הגשמים, בדרך ענף ושורש, מעוררים את התענוגים הרוחנים, שהוא מעין העולם הבא. ובודאי שע״י לטעום טעם מעין העולם הבא, צריכין הכנה יתירה בששת ימי המעשה. וכפי שיעור הכנתו, כך הוא שיעור הרגשתו.

ובלי שום הכנה נכונה להמשיך את הטעם שבת הרוחניים, אז הוא להיפך. שע״י התענוגים הגשמיים, הוא נעשה יותר גרוע. שאחר סעודת גשמיות, נמשכים רק לשינה ולא יותר. שאחר אכילה באים לידי שינה. נמצא, שאכילתו הורידו יותר למטה.

אלא שצריכים להתאמצות יתירה, שע״י התענוגים הגשמיים יבואו לרוחניות. כי כך היה רצון המלך. אף על פי שהם בסתירות, שהרוחניות מונח תחת קו ההשפעה, והגשמיות תחת הקבלה, וכיון שכך היה רצון המלך, לכן נמשכים הרוחניות אחר התענוגים הגשמים, שמונחים תחת מצותיו ית׳, שהם תענוג שבת ויום טוב.

כמו כן, אנחנו צריכים לראות, שגם בהחירות הזו שזכינו, צריכים לכוון ולעשות הכנה הרבה, בכדי להמשיך החירות הרוחניים, הנקרא חירות ממלאך המוות. היינו זוכין אז לבחינת "מלא כל הארץ כבודו", הנקרא מוחין דאו״א. פירוש, שלא רואין שום מקום ושום זמן, שלא יוכל להיות שם מלובש הבורא ית׳, שלא נוכל להגיד בזמן הזה, או במקום זו, אין הוא יכול להתלבש חס ושלום. אלא מלא כל הארץ כבודו. ומטרם זה יש הבדל והפרש "בין אור לחושך, ובין ישראל לעמים". שבמקום אור שוכן ה׳. מה שאין כן במקום החושך.

וכמו כן אצל ישראל, יש מקום לשכון בו אור ישראל ה׳. מה שאין כן באומות העולם, אין הבורא ית׳ מתלבש אצלם. ו"בין יום השביעי לששת ימי המעשה". מה שאין כן כשזוכין למוחין דאו״א, אז זוכין לבחינת "מלא כל הארץ כבודו", שאין הפרש בין הזמנים, אלא שבכל המקומות ובכל הזמנים שורה אורו ית׳.

וזה ענין פסח, שישראל זכו אז לבחינת חירות, היינו למוחין דאו״א, שהוא בחינת "מלא כל הארץ כבודו", וממילא, שאין מקום ליצר הרע, כיון שהוא לא מרחק ע״י מעשיו מעבדות השם. אלא להיפך, שרואין איך שהקריב את האדם לעבודתו ית׳. אבל הבחינה הזו היתה רק מצד אתערותא דלעילא [התעוררות מלמעלה]. לכן אמרו, שהשכינה הקדושה אמרה: "כטיפת כשושנה אדומה ראיתי". היינו, שראה, שיש מקום, שצריכים עדיין לתקן, שבמקום הזה אין הוא ית׳ יכול

להאיר. לכן היו צריכין לספור את השבעה שבועות של ספירת העומר, בכדי לתקן את המקומות, שיראה ש"מלא כל הארץ כבודו".

וזה דומה למלך, שיש לו מגדל מלא כל טוב, ואין לו אורחים. לכן ברא את האנשים, בכדי שיבואו לקבל את כל טובו. והלא אין אנו רואים את המגדל מלא כל טוב, אלא להיפך, שכל העולם מלא יסורים. וזהו התירוץ, ש"יין מלכות רב". שמצד המלכות, אין שום חסרון ליין. זאת אומרת לתענוגים הנמשלים ליין. אלא החסרון הוא רק מצד הכלים, שאין לנו הכלי קבלה המתאימים לקבלת השפע. כי דוקא בכלי דהשפעה יכולים לקבל. וכפי ערך גדלות הכלים, כן ערך גדלות השפע. אם כן, כל השינוים הוא רק בהכלים ולא בהאורות. וזהו שמשמיענו הכתוב ש"כלים מכלים שונים, ויין מלכות כיד המלך". היינו כמו שהיתה במחשבת הבריאה, היינו להטיב לנבראיו, כפי יכולתו ית'.

קצא. זמן הירידה

שמעתי י"ד סיון תרח"צ

קשה לצייר המצב של זמן הירידה, שבו אובדין את כל העבדות והיגיעות, שהושקעו במשך כל הזמן, שמתחילת העבדות עד זמן הירידה. ונידמה, למי שלא טעם טעם של עבדות ה' מעולם, וכאילו דבר זה חוץ לו. זאת אומרת, שזה נעשה לבעלי מדרגות גבוהות. אבל לפשוטי אנשים, להם אין שום שייכות לעבודות ה', רק להשתוקק לבחינת רצון לקבל הגשמי, שנמצא בזרם העולם, ששוטף את כל העולם ברצון הזה. אבל צריך להבין, למה באו למצב כזה? הלא, בין שאדם מסכים, ובין לשלא מסכים, אין שום שינוי בבריאת שמים וארץ, אלא שהוא מתנהג בבחינת טוב ומטיב. אם כן, מה נצמח ממצב כזה?

אלא צריך לומר, שזה בא להודיע גדלותו ית'. שהאדם לא צריך להתנהג בבחינת לבו גס בה. זאת אומרת, שהאדם צריך להתנהג בבחינת יראת הרוממות, לידע איזה ערך ואיזה מרחק יש בינו לה'. שמצד שכל החיצוני קשה להבין, או שיהיה באפשרות לקשר וחיבור בין הבורא לבין הבריאה.

ובזמן הירידה הוא מרגיש אז, שאין שום אפשרות, שיהיה לו חיבור ושייכות להבורא ית' בבחינת הדביקות. כי מרגיש את העבדות לדבר מוזר לכל העולם כולו. והאמת הוא כן. אלא, "במקום גדלותו שם אתה מוציא את ענוותנותו". זאת אומרת, שהוא ענין למעלה מהטבע, שהשם ית' נתן המתנה הזאת להבריאה, לאפשר להם להיות חיבור ודביקות עמו.

לכן, בזמן שהאדם נעשה בחזרה מקושר, אזי הוא צריך תמיד לזכור את המצב הירידה שלו, בכדי לידע ולהבין ולהעריך ולהחשיב את הזמן של הדביקות. שידע, שעכשיו יש לו ישועה למעלה מדרך הטבע.

קצב. ענין הגורלות

שמעתי שנת תש"ט ת"א

ענין הגורלות. שהמשמעות הוא, ששניהם שוים, ואי אפשר לברר בשכל, איזה יותר חשובה. לכן צריכין לגורל. ובזהר אמור, מקשה: איך אפשר להיות, ששעיר לה' ושעיר לעזאזל יהיו שניהם שוים?

והענין הוא, ששעיר לה' הוא בחינת ימין. ושעיר לעזאזל הוא בחינת שמאל, ששם יש בחינת ג"ר דחכמה, שעל זה נאמר "זכו טוב, לא זכו רע". היינו, שנתגלה מלכות דמדת הדין, שהוא בחינת מנעולא, ועשית סיתום על האורות. והמנעולא נמצא במקום החזה דכל פרצוף. לכן עד המנעולא יש יכולת לחכמה להאיר. אבל במקום החזה שם נפסקת, כי כל צמצום פועל רק ממנו ולמטה, ולא ממנו ולמעלה.

והשעיר לה' נכלל מבחינת השמאל דשעיר לעזאזל, היינו מבחינת החכמה. אבל לא כמו השמאל דעזאזל, ששם הוא מלמעלה למטה. ולכן נפסק האור, שהמנעולא פועלת. אלא רק בבחינת ממטה ולמעלה, שאז המנעולא בגניזו, והמפתחא בגלוי.

נמצא, שלענין חכמה, השעיר לעזאזל יש לה חכמה מבחינת ג"ר. מה שאין כן השעיר לה' הוא בחינת ו"ק. אבל ו"ק יכול להאיר.

מה שאין כן ג"ר מוכרחת להפסק. ולכן את השעיר לעזאזל, בכדי שהשטן לא יקטרגו. וענין קטרוגו הוא, כי חפצו הוא רק להמשיך חכמה, השייכת לבחינה ד', כי ממדרגה אחרת אינו נשלם. כי כל מקורו הוא בחינה ד'. לכן אם לא מקבל לתוך מדרגתו, אין הוא נשלם. לכן תמיד הוא מפתה להאדם, שימשיך לתוך בחינה ד'. ואם לא רוצה, הוא עושה כל מיני תחבולות להאדם, שיהיה מוכרח להמשיך. לכן, כשנותנין לו חלק מבחינת חכמה, אזי הוא לא מקטרג על ישראל, כי מפחד, שלא יופסק לו השפע, מה שיש לו מכבר.

אבל כשהוא ממשיך ג"ר דחכמה, אזי באותו הזמן הישראל ממשיך את הו"ק דחכמה. שאור החכמה הזו מכונה אור של "מחילת עונות". שע"י אור הזה זוכין לתשובה מאהבה, שזדונות נעשין כזכיות. שזה סוד, שהשעיר עזאזל נשא עליו את עונות בני ישראל, היינו שכל עונות ישראל נעשו עכשיו לזכיות.

וזה משל, שמביא הזהר לשטיא דמלכא [לשוטה המלכות], כשנותנין לו חמרא [יין] ומספרים לו את כל המעשין שעשה, אפילו מעשים רעים שהאדם עשה. והוא אומר על כל המעשים, שהם מעשים טובים, ואין דוגמתו בכל העולם. היינו כנ"ל, שהשטיא נקרא השטן, כשנותנים לו חמרא [יין], היינו בחינת חכמה, כשממשיכו זה, שהוא אור של מחילת עונות, שעל ידי זה נעשו כזכיות.

נמצא, שעל כל מעשים רעים הוא אומר שהם טובים, מטעם שזדונות נעשים כזכיות. וכיון שהשטן רוצה שיתנו לו חלקו, אינו מקטרג על ישראל. וזה ענין, שהיה במצרים קטרוג, שהיה שואל: מה נשתנו אלו מאלו, או שגם ישראל ימותו כמו המצרים, או שישראל ישובו למצרים?

והענין הוא, שבמצרים הוא מקור להמשכת החכמה, אלא שם החכמה בבחינת ג"ר. וכשישראל היה במצרים, היה תחת שליטתם.

קצג. ענין כותל אחד משמש לשניהם

ענין אחוריים הוא בעיקר על חסרון אור החכמה, שהוא עצמות החיות, שנקרא בחינת אור ישר. ועל האור הזה היה הצמצום, בכדי שלא יבוא חס ושלום לידי שינוי צורה. ומשום זה זו"ן בזמן שאינם כתיקונם אין להם בחינת ג"ר, מטעם שלא יינקו הסטרא אחרא.

אבל מכל מקום, כיון שיש חסרון ג"ר, יש חשש שהחיצונים יתאחזו, כי הם נהנים בכל מקום שיש איזה חסרון בקדושה, משום שהם באים ושואלים את שאלת "איה", ולתרץ את הקושיא הזו מטרם שיש בחינת חכמה אינו במציאות. לכן יש לזו"ן תיקון, שהם עולים ונכללים בבינה, שהיא בחינת "כי חפץ חסד" ודוחית חכמה. ובבינה עצמה אן צורך לחכמה משום שהיא עצם חכמה.

וזה נקרא שעושים הכל על דעת רבם, שכל היסוד שלהם הוא שורשם, היינו דעת רבם. ושם אינו שייך הקושיא של "איה מקום כבודו".

והם בבינה עד שמתתקנים על ידי העלאת מ"ן של כוחות ויגיעות, עד שנטהרו מבחינת קבלה לעצמם, אזי הם מוכשרים לקבל חכמה - ורק אז מותר להם לגלות את בחינתם עצמם, שהמה בעלי חסרון מזה שאין להם חכמה - ולקבל את התירוץ - היינו להמשיך את אור החכמה, שיאיר בהם בבחינת הארת חכמה. ואז הם ברשות עצמם ולא ברשות דבינה, מטעם שיש להם אור החכמה, ואור מבער ומגרש את החיצונים. ואפשר שזה פירוש: "ודע מה שתשיב לאפיקורוס".

וזה נקרא כותל אחד, היינו באחוריים דבינה, שזה מספיק בשביל שניהם, שהוא תריס בפני הסטרא אחרא. היינו, עם זה שהאדם סומך על דעת רבו, שהוא אחד עם רבו, היינו שאותו כותל שיש לרבו שהוא בחינת "חפץ חסד", מספיק גם בשבילו. מה שאין כן אחר כך שנחלקים, היינו שהוא ממשיך הארת חכמה וכבר יכול להיות ברשות עצמו, בזה שכבר יכול לתרץ את כל הקושיות של הסטרא אחרא.

קצד. ענין ז' שלמים

העתק מכתב"י של אאמו"ר זצ"ל

ענין ז' שלמים של קידוש לבנה, שנוהגים

לחכות על ז׳ שלמים, וגם על מוצאי שבת קדש. ולא כמו שנוהגים, שבאם חל מוצאי שבת קדש באמצע הז׳ ימים, אז מקדשים את הלבנה, או כשמלאו לה ז׳ ימים מעת לעת, אינם מחכים על מוצאי שבת קדש. לא כן, רק צריכים דוקא להמתין על ז׳ שלמים, גם דוקא במוצאי שבת קדש.

והענין הוא, כי הלבנה היא בחינת מלכות, שנקראת שביעית, שהוא סוד ״שבי הוא״. דהיינו, בשעה שהשבת מתמלא מששת ימי המעשה, שנקרא ״הוא״, אומרת השבת ״בי הוא״. ש״הוא״ הוא סוד ״חמה״, ו״בי״ הוא סוד ״לבנה״, המקבלת מהחמה כל אור שבה, ולית לה מגרמה ולא מידי [ואין לה מעצמה ולא כלום]. אמנם יש בה ב׳ בחינות, שנקרא ״שבת״ ו״חדש״. משום שהמלכות בעצמותה נבחנת גם כן לד׳ בחינות הנודעים חו״ב ותו״מ. אשר ג׳ בחינות הראשונות (חכמה, בינה, ת״ת) הוא סוד שבת, שהן המה שלשת הסעודות, המכונים ונרמזים בתורה הקדושה בג׳ פעמים ״היום״. אכן בחינה ד׳ שבה הוא סוד מוצאי שבת או חדש, שאינה נכללת בסוד היום כנ״ל, כי לילה היא ולא יום.

ואין להקשות, הלא סעודה הראשונה של שבת קודש גם היא לילה, ואיך נקרא בתורה הקדושה ״היום״? אולם ליל שבת הוא סוד ״יום יִוָּדַע להו׳, לא יום ולא לילה, והיה לעת ערב יהיה אור״. מה שאין כן לילה דמוצאי שבת קדש, הרי היא חושך עדיין, ולא אור. לפיכך הורו לנו חז״ל בתורה שבעל פה, לסדר שלחן גם במוצאי שבת קדש, כדי לתקן גם חושך ולילה הזאת, הנשארת עדיין בלי תיקון. והוא הנקרא ״מלוה מלכה״, כנודע, המפרנס ומשלים לאותו ״עצם לוז״, שהוא סוד בחינה ד׳ הנ״ל, שאינה מקבלת כלום מג׳ סעודות דשבת, כמבואר. אמנם בחינה ד׳ זאת הולכת ומשתלמת בסוד ״חודש היום״, שזה סוד קידוש החודש, שישראל מקדשי לזמנים, דהיינו להאי [לאותה] ״שארית״ הנ״ל, שאינה מתפרנסת מסעודת השבת כאמור.

ועל כן, אפילו הכהן הגדול באחיו, שאין בקדושה עליונה למעלה ממנו, דעל כן מוזהר ועומד שלא לטמא לשום מת מקרוביו, מזהיר לו הכתוב, ״כי אם לשארו הקרוב אליו לה יטמא״. והבן עם הנ״ל, אשר כל קדושה עליונה משבת באה, ומתוך שהאי עצם לוז, דהיינו בחינה ד׳ הנקרא ״שארו״, אינה מקבלת מסעודת שבת, ולפיכך אין כהן הגדול נפטר מלטמא בה.

וסוד התיקון שבקידוש החודש הוא אמנם נמשך מהשבת והארותיו, שהוא סוד, ״נתקשה משה, עד שהראה לו הקב״ה כמין מטבע של אש, ואמר לו, כזה ראה וקדש״. פירוש, כי משה נתקשה מאד, כי לא יכול לקדשה מחמת שכל כוחו של משה הוא סוד שבת, כי בשבת ניתנה תורה. ועל כן לא מצא תיקון לשארית הזאת, בכל אורות התורה הקדושה, משום שאין שארית הזאת ניזונית מכל זה, כמבואר. ועל כן נתקשה משה.

ומה עשה הקב״ה, נטלה וצר בה צורה בתוך צורה, כמין מטבע של אש, שהצורה הטבועה בה מצד זה אינה דומה להצורה שמצד השני, על דרך שאמרו חז״ל במטבע של אברהם אבינו עליו השלום, אשר זקן וזקנה מצד אחד, שהוא סוד בחינה ב׳ מדת הרחמים, ובחור ובתולה מצד אחד, שהוא סוד בחינה ד׳ מידת הדין הקשה, מלשון ״ואיש לא ידעה״. וב׳ צורות הללו נשתתפו יחד, באופן שבעת שהקב״ה רוצה להמשיך שם תיקון דהאורות השבת, ע״י עבודת הצדיקים, הנה הקב״ה מראה להם להצדיקים אותה הצורה שנמשכת מג׳ בחינות הראשונות דמלכות, דהיינו המכונה אצלנו בחינה ב׳, אשר אותה אפשר להצדיקים לקדשה עם אורות דשבת כנ״ל שזה סוד...

קצה. זכו אחישנה
שמעתי שנת תרח״צ

״זכו, אחישנה״, היינו דרך תורה. ״לא זכו, ע״י יסורים״, שהיא דרך התפתחות, שסוף כל סוף יבוא הכל לתכלית השלימות.

וענין דרך תורה, היינו שנותנים לאדם פשוט סגולות, שיכול לעשות לעצמו כלים מוכנים לזה. וענין כלים נעשה ע״י התפשטות האור והסתלקותו. שענין כלי נקרא דוקא

הרצון לקבל. זאת אומרת, שחסר לו איזה דבר. ו"אין אור בלי כלי", שצריכים לתפוס את האור באיזה כלי, שיהיה לו אחיזה. ולאדם פשוט אי אפשר שיהיו לו חסרונות על דברים גבוהים, כיון שאי אפשר להיות חסרון טרם המילוי, כמ"ש "התפשטות האור וכו'". למשל, כשיש לאדם אלף לירות, אז הוא עשיר, יש לו הרחבת הדעת. מה שאין כן כשאח"כ הרויח יותר, עד חמשת אלפים לירות, ואח"כ הפסיד, עד שנשארו לו אלפים, אז הוא כבר בעל חסרון, יש לו כבר כלים על שלושת אלפים לירות, יען שכבר היה לו, נמצא שדוקא התבטל.

ועל זה יש דרך תורה. כשהאדם מורגל בדרך התורה, להצטער על מיעוט השגה, וכל פעם יש לו איזה הארות, והם מתחלקות, אזי הם גורמים, שיהיה לו יותר צער ויותר כלים.

וזה פירוש, שכל כלי חסר לה אור, שלא נתמלאה, שאורה החסר לה. נמצא, שכל מקום שחסר לה, נעשה מקום לאמונה. מה שאין כן, אם היא נתמלאה, לא היה מציאות כלי, מציאות מקום לאמונה.

קצו. אחיזה לחיצונים

שמעתי שנת תרח"צ

צריך לידע, שאין להקליפות אחיזה רק במקום חסרון. ובמקום שיש שלימות, הם בורחים ואי אפשר להם לנגוע. ועם זה נבין ענין השבירה, שכתוב בכמה מקומות, שהוא ענין הפרשת אור החכמה מאור דחסדים. היינו, כיון שנעשה פרסא בין אצילות לבי"ע, ממילא אין אור החכמה יכול לירד. אלא רק בחינת אור דחסדים, שהיה בהם אור דחכמה, נפרש עכשיו מאור החכמה וירד למטה. נמצא שיש להם עוד כוחות, ממה שהיה להם מקודם. וזה נקרא, מוריד קדושה לקליפה.

קצז. ספר סופר סיפור

שמעתי שנת תרח"צ

ספר, סופר, סיפור.
ספר נקרא כמו מטרם הבריאה.
סופר הוא בעל הספר. סופר הוא יחוד של סופר וספר, שצריכים לקבל בחינת סיפור. זאת אומרת, התורה עם הנותן התורה ביחד.

קצח. חירות

שמעתי שנת תרח"צ

"חָרות". אל תקרא חָרות, אלא חירות. פירוש דהנה כתוב "כתבם על לוח לבך". דהנה כתיבה היא בדיו, שהוא בחינת שחרות. וכל פעם שהאדם כותב, זאת אומרת שעושה איזה החלטות איך להתנהג, ואח"כ הוא חוזר לסורו, הוא מטעם שנמחק הכתב. וצריך בכל פעם לכתוב, אך שיהיה בחינת חרות, שיהיה חרות על לבו, שלא יהא יכול למחוק.

ואז, תיכף זוכה לבחינת חירות, שזהו הכלי לבחינת חירות, עד כמה שנכתב בלבו. כפי שיעור החקיקה, כך הוא הישועה. שענין כלי עיקר הוא החלל. וזהו "לבי חלל בקרבי". ואז הוא זוכה לבחינת חירות ממלאך המות. יען, שענין השפלות הוא הס"מ בעצמו. והוא צריך להכירו בכל השיעור. ולהתגבר עליו, עד שה' עוזרו.

קצט. לכל איש ישראל

שמעתי ג' דחוה"מ

לכל איש ישראל יש נקודה פנימית שבלב, שהיא בחינת אמונה פשוטה. והיא מירושת אבותינו, שעמדו על הר סיני. רק שמכסין עלי' הרבה קליפות, שהם הרבה מיני התלבשות משלא לשמה. וצריכין להסיר כל הקליפות. והיסוד שלו, יהיה נקרא, שהוא בבחינת אמונה בלבד, בלי שום תמיכות וסיועות מהצד.

ר. הזדככות המסך

שמעתי טבריא א' כסלו שבת

ענין הזדככות המסך, שנוהג בפרצוף, שעל ידי זה נסתלק גם האור. והטעם, כי אין האור נתפס לאחר הצמצום רק בכלי המסך, שהוא כח הדוחה. וזהו עיקר הכלי. כשנסתלק הכלי ההוא, אז נסתלק גם האור. פירוש, שענין כלי הוא בחינת אמונה למעלה מהדעת. ואז מופיע האור. וכשהאור מופיע, אזי טבעו לזכך הכלי, היינו לבטל את כלי

האמונה. וכיון שכך, זאת אומרת שבא אצלו לבחינת ידיעה, תיכף נסתלק ממנו האור. אלא צריך לראות, שיגביר אז כלי האמונה, דהיינו המסך על הידיעה, ואז לא יפסק ממנו השפע.

וזה פירוש שכל כלי חסר לו אור, שלא נתמלא באור החסר לו, נמצא שכל מקום שחסר לו נעשה מקום לאמונה. מה שאין כן אם הוא נתמלא - לא היתה מציאות כלי, מציאות מקום לאמונה.

רא. רוחניות וגשמיות

שמעתי א׳ דחנוכה תרצ״ט

למה אנו רואים, שעל גשמיות יש הרבה אנשים שעובדים במרץ רב, אפילו במקום שיש סכנת נפשות, וברוחניות כל אחד ואחד נותן על נפשו שמירה ובדיקה יפה?

ועוד, על גשמיות יכול אדם לעבוד, אפילו שלא נותנין לו מחיר רב חלף עבודתו, ומה שאין כן ברוחניות אין האדם יכול להסכים לעבודה, רק שידע בבטח, שיש לו תמורה הגונה חלף עבודתו?

והענין הוא, שזה דבר ידוע, שהגוף אין לו שום ערך. שהרי הכל רואים, שהוא כלה והולך בלא כלום, וממילא קל להפקיר אותו, משום שהוא דבר הפקר ממילא. אלא ברוחניות יש בחינת קליפות, השומר להגוף, שהיא שומרת קיומו, לכן קשה להפקיר אותו. לכן אנו רואים, שאצל חילוניים יותר קל להפקיר את גופם, ואינם מוצאים כבידות בגופם. מה שאין כן ברוחניות. וזה האחוריים של הקדושה, המכונה ״מסירות נפש״. שדוקא על ידה זוכין לאור ית׳. וטרם שהאדם נגמר בענין מסירות נפש, אי אפשר לו לבוא לשום מדריגה.

רב. בזיעת אפיך תאכל לחם

שמעתי

המעטת האור הוא תיקונו. היינו, ששום דבר לא משיגים בלי יגיעה. וכיון להשיג האור בשלימות, בתכלית הבהירות, הוא דבר בלתי אפשרי, היה העצה להמעיט האור. ובאופן כזה יהיה אפשר להשיגו, עם מעט יגיעה שמסוגל התחתון לתת. בדוגמת, שמי שרוצה להעביר בנין גדול, בטח שאי אפשר. רק מה הוא עושה? הוא מפרק את הבנין ללבנים קטנים, וכל חתיכה וחתיכה הוא יכול להעביר. כן הוא כאן, שעל ידי המעטת האור יכול לתת מעט יגיעה.

רג. גאות אדם תשפלנו

שמעתי ב׳ דחוה״מ סוכות תרצ״ט

״גאות אדם תשפלנו״. פירוש בזה דבר ידוע, שהאדם נברא בתכלית השפלות. אלא, אם השפל מכיר מקומו, אזי אין לו יסורים, במאי שהוא שפל. יען שזהו מקומו. כדמיון הרגלים, שאין להם שום שופלות, במה שהם הולכים תמיד בהאשפות. והם מוכרחין לשאת על עצמן את כל כובד המשא של הגוף. מה שאין כן הראש, שהוא תמיד למעלה. יען, שהם מכירים את מקומם. לכן אין להרגלים שום שפלות, שאין להם שום יסורים, במה שהם במדרגה נמוכה.

מה שאין כן, אם היו רוצים להיות למעלה, והם מוכרחין להיות למטה, אזי הם מרגישים את היסורים. וזה פירוש ״גאות אדם תשפלנו״. שאם האדם היה רוצה להיות להישאר בתוך השפליות, אזי לא היו מרגישים שום שופלות, זאת אומרת שום יסורים, במה שהם ״עיר פרא אדם יולד״. אלא שהם רוצים להיות בגאוה, ואזי הם מרגישים את השופלות. ואזי יש להם היסורים.

והיסורים והשופלות עולים בקנה אחד. שאם אין לו יסורים, אזי נחשב שאין לו שופלות. וזהו ממש לפי שיעור הגאוה שיש לו. או שרוצה להיות ואין לו, כך הוא מרגיש את השופלות. וזה השופלות נעשה אח״כ כלי לגאות, כמ״ש ״ה׳ מלך גאות לבש״. שאם המתדבקים בה׳, יש להם לבוש של גאות, כמ״ש ״הגאוה והגדולה לח״י העולמים״. שאותם, המתדבקים בח״י העולמים, יש להם גאוה וגדולה. ועד כמה שהוא מרגיש בשיעור השפלות, ולפי ערך היסורים שיש לו, כך הוא זוכה ללבוש ה׳.

רד. מטרת העבודה

שמעתי שנת תרח"צ

הנה, בזמן ההכנה, כל העבודה היא בהלאוין. זאת אומרת, בה"לא", כמ"ש "ועינו אותם בארץ לא". מה שאין כן בענין הלשון, שהוא בחינת אנכי, צריכים מקודם לזכות לבחינת אהבה.

מה שאין כן בההכנה יש רק עבודה בבחינת "לאוין", שהוא בחינת "לא יהיה לך", שעל ידי הרבה "לא" באים לבחינת "אל" דחסד. וטרם זה יש הרבה "לא", שהוא אלוהים אחרים, הרבה "לָאוִין". יען, שמשלא לשמה באין לשמה.

וכיון שהס"א נותנת הסמיכה, לכן אפילו אח"כ, כשעובדים וממשיכים קדושה, ומכל מקום בזמן שהיא לוקחת את הסמיכה, אזי נופלין מהמדרגה. אזי היא לוקחת את כל השפע, מה שהיו ממשיכים. ועל ידי זה יש כח לס"א לשלוט אח"כ על האדם, שהאדם יהיה נגרר אליהם למלאות רצונה. ואין לו עצה אחרת, אלא שהוא יכול להרים את עצמו מדריגה יותר גבוה. ואזי הסדר עוד הפעם, כמו מקודם עם מ"ט שערי טומאה.

זאת אומרת, שהאדם הולך במדרגת הקדושה עד מ"ט שערים. אבל שם יש לה שליטה, ליקח את כל החיות והשפע, עד שהאדם נופל בכל פעם לתוך שער של טומאה יותר גבוה, כי "זה לעומת זה עשה אלוקים". וכשבאים לתוך שער המ"ט, כבר אין האדם יכול להגביה את עצמו, עד שהקב"ה בא וגאלו. ואז "חיל בלע ויקאנו ומבטנו יורישנו אל". זאת אומרת, שכל השפע והחיות, שהקליפה היתה לוקחת מכל המ"ט שערים דקדושה, לוקח עכשיו האדם. וזה סוד "ביזת הים".

וטרם שמרגישין את הגלות אי אפשר לגאול. ובזמן שהולכין בהמ"ט, אז מרגישין את הגלות. ובשער הנו"ן השם ית' גואל. ואין חילוק בין "גולה" ל"גאולה" אלא ב"א", שהוא סוד אלופו של עולם. לכן גם הגלות, אם אין האדם משיג כראוי, חסר לו מהמדרגה.

רה. החכמה בחוץ תרונה

שמעתי שנת תרח"צ

"החכמה בחוץ תרונה, וברחובות תתן קולה, מי פתי יסור הנה, חסר לב אמרה לו".

פירוש, כשהאדם זוכה לדביקות השם ית', אזי השכינה הקדושה אמרה לו, שזה שהיה צריך מקודם להיות בבחינת פתי, זהו לא מפני שהאמת הוא כך, אלא שהסיבה היתה, מטעם חסר לב. דהנה אנו אומרים: "וכל מאמינים, שהוא אל אמונה".

זאת אומרת, שאח"כ, כשזוכין לדביקות אמיתי, אזי אין זה נקרא בחינת פתי, שאגיד שהוא למעלה מהדעת. אלא אדרבא, שהוא צריך לעבוד, ולהאמין על עבודתו, שהיא למעלה מהדעת, אף על פי שהוא רואה בחושיו והרגשיו, שהעבודתו הוא בתוך הדעת. ממש להיפוך, שמקודם היה רואה, שהדעת אינו מחייבו את העבודות, ממילא היה צריך לעבוד למעלה מהדעת. ולומר, שבזה יש דעת אמיתי.

זאת אומרת, שהוא מאמין, שהעבדות הוא מציאות אמיתי. ואח"כ הוא להיפוך, שכל עבודתו מחייבו אותו את הדעת שלו, היינו הדביקות מחייבו את העבודות. אלא שהוא מאמין, שכל מה שהוא רואה בתוך הדעת, הכל הוא למעלה מהדעת. מה שאין כן מקודם, שכל מה שהוא בלמעלה מהדעת, הוא בתוך הדעת.

רו. ענין אמונה ותענוג

שמעתי שנת תרח"צ

שאף פעם לא ישאל אדם על בחינת תענוג: מה יהיה התכלית של תענוג הזה? ואם נופל בדעת מחשבה הכי קטנטנה, לשאול על תכליתה, סימן לדבר, שאין זה תענוג אמיתי. כי ענין תענוג, ממלא כל המקומות הריקים, ממילא לא יש מקום ריקן במוח, לשאול על תכליתה. ואם שואל על תכלית, זהו סימן, שהתענוג אינו בשלימות, שהרי לא מילא את כל המקומות.

וכך הוא הענין בענין אמונה. שהאמונה צריכה למלא את כל המקומות של הידיעה.

לכן, צריכין לצייר, איך היה, אם היה הידיעה. ממש באותה השיעור, צריך שיהיה בהאמונה.

רז. ענין קבלה להשפיע

שמעתי י״ג טבת שבת

הנה בני העולם הולכים על שני רגלים, הנקרא תענוג ויסורים. שלמקום התענוג רודפין תמיד, וממקום היסורים בורחין תמיד. לכן בזמן שהאדם זוכה לטעום טעם בתו״מ, כמ״ש "טעמו וראו כי טוב ה'", אז הוא רודף אחר עבודות ה'. ובזה נמשך, שזוכה לדרגות בתו״מ תמיד, כמ״ש "ובתורתו יהגה יומם ולילה".

והלא, איך שהאדם יוכל לצמצם את מוחו לדבר אחד? אלא שענין אהבה ותענוג קושר תמיד את מחשבות של האדם, שיהא ראשו וגופו דבוק באהבה ותענוג, כמו שרואין באהבה גשמיות. וזהו דוקא בזמן, שהאדם כבר זכה לבחינת התפשטות הדעת המוליד אהבה. ובחינה זו נקראת בחינה "תוך הדעת". ותמיד צריך האדם לעבוד בבחינה למעלה מהדעת. כי זה נקרא בחינת "אמונה והשפעה".

מה שאין כן תוך הדעת, שאז כל האיברים מסכימים לעבודתו, משום שהם מקבלים גם כן אהבה ותענוג. לכן נקרא זה תוך הדעת. ובזמן כזה האדם הוא במצב קשה, כי לפגום בבחינה אסור, כי היא הארה אלוקית בו, זהו שפע ממרום. אלא הוא צריך לתקן את שניהם, היינו בחינת אמונה ובחינת הדעת. ואז הוא צריך לסדר כך, שכל מה שהשיג עכשיו, היינו התורה שהשיג עכשיו, והשפע שיש לו עכשיו, מאין זה לכל זה? הוא רק מטעם, שהיה לו הכנה מקודם, על ידי זה שקבל עליו את הלמעלה מהדעת. זאת אומרת, שע״י שעסק בדביקות והדביק את עצמו מהשורש, על ידי זה זכה לבחינת דעת. זאת אומרת, שהדעת שהשיג בבחינת אמונה, היתה נגלה אמיתית. נמצא מזה, שמחשיב בעיקר את הלמעלה מהדעת, וכמו כן מחשיב את הדעת, שזכה עכשיו לגלוי שמותיו להמשכת שפע.

לכן צריך עכשיו להתחזק יותר על ידי הדעת. ולקבל עליו בחינת למעלה מהדעת היותר גדולה. והיינו, משום שעיקר דביקות בשורש הוא רק ע״י האמונה. וזה כל עיקר מטרתו. וזה נקרא קבלה, היינו הדעת שהמשיך על מנת להשפיע. שעל ידי זה יוכל לקבל עליו בחינת אמונה למעלה מהדעת, בשיעור היותר גדול בכמות ובאיכות.

רח. ענין היגיעה

שמעתי

ענין היגיעות, שהאדם מתיגע, הוא רק הכנה לבוא למסירות נפש. לכן צריך האדם להתרגל בענין מסירות נפש תמיד, שלא יכולים לבוא לשום מדרגה בלי מסירות נפש. שרק זהו כלי, המכשיר לזכות לכל המדרגות.

רט. ג' תנאים בתפילה

שמעתי

יש ג' תנאים בתפילה:

א. להאמין, שהוא יכול להושיע לו, אף על פי שיש לו תנאים הכי הגרועים מכל בני דורו, מכל מקום "היד ה' תקצר מלהושיע לו". שאם לא כן, הרי, חס ושלום, "אין בעל הבית יכול להציל את כליו".

ב. שכבר אין לו שום עצה. שמאי שהיה אפשר בכוחו לעשות, כבר עשה, ולא העלתה רפואה למכתו.

ג. שאם לא יעזור לו, טוב לו מותו מחייו. שענין תפילה הוא אבודה שבלב. שעד כמה שהוא בבחינת אבוד כך גודל התפילה. שבטח, שאין דומה למי שחסר לו מותרות, או למי שיצא פסק דינו למות, וחסר רק הוצאה לפועל. והוא כבר כבול בכבלי ברזל, והוא עומד ומתחנן לבקש על נפשו. שבטח לא ינום, ולא ישן, ולא מסיח דעת, אף רגע מלהתפלל על נפשו.

רי. מום יפה שבך

שמעתי

בתלמוד: "ההוא דאמר לה לדביתהו וכו' [אותו אחד שאמר לה לאשתו], עד שתראי מום יפה שבך. אמר רבי ישמעאל בן רבי יוסי, שהשם ית' אומר, שלא תוכל להתדבק אליו,

עד שתראי מום יפה שבך" (נדרים ס"ו ע"ב). היינו, לפי פירוש הראשון של התוספות, היינו שאסרה בהנאתו, אם תוכל למצוא דבר נאה. זאת אומרת, שאם האדם יכול להגיד, שיש לו גם כן דבר יפים, שעמהם עזר להשם ית', שיהא יכולים להתדבק זה בזה. זאת אומרת, שאם לא כן, למה לא עזר לאחר. אלא ודאי מוכרח להיות שבו יש דברים. זאת אומרת, שיש לו אמונה טובה או מידות טובות, היות שיש לו לב טוב, שהוא יכול להתפלל.

וזה שמפרש: "אמר להם, שמא ראשה נאה". היינו, שיש שכל חיצוני, טוב יותר מכל אנשי דורו. או "שמא שערה נאה", שהוא מדקדק על עצמו כחוט השערה. או "שמא עיניה יפות", היינו שיש לו חן דקדושה יותר מכל אנשי דורו. או "שמא אוזניו נאות". זאת אומרת, שלא יכול לשמוע שום לשון הרע.

ריא. כעומד בפני מלך

שמעתי א' אלול תרח"צ

אינו דומה היושב בביתו, כאילו עומד בפני מלך. זאת אומרת, שהאמונה צריך להיות, שירגיש כל היום, שהוא עומד בפני המלך. שאז בודאי יש לו אהבה ויראה בשלימות. וכל זמן שלא הגיע לבחינת אמונה כזו, לא צריך לנוח ולשקוט, מטעם "כי זה חיינו ואורך ימינו", ושום פיצוים שבעולם לא ירצה לקבל. והחסרון אמונה צריך שיהא נקלע באברו, עד שהרגל נעשה טבע שני, בשיעור "בזוכרי בו איננו מניח לי לישון". וכל ענינים גשמיים מכבים חסרון זה. יען, שמכל דבר, שהוא מקבל תענוג, הנה התענוג מבטל את החסרון והכאב.

אלא שלא ירצה לקבל שום תנחומים. וצריך ליזהר בכל דבר גשמי שהוא מקבל, שלא יבטל את החסרון שלו. וזהו על ידי שיצטער עצמו, שעל ידי התענוג ההוא, נחסרין לו ניצוצי וכוחות של כלים דקדושה, היינו חסרונות דקדושה. ועל ידי הצער הוא יכול לשמור, שלא יפסיד כלים דקדושה.

ריב. חיבוק הימין וחיבוק השמאל

שמעתי ח' כסלו תש"ב

יש חיבוק הימין, וכן יש חיבוק השמאל. ושניהם צריכים להיות לנצחיות. זאת אומרת, שבזמן שהוא בבחינת ימין, אזי יחשב בדעתו, שאין בחינת שמאל בעולם. וכמו כן, בזמן שהוא עוסק בשמאל, יחשב בדעתו, שאין בחינת ימין בעולם. ובחינת ימין, היינו השגחה פרטית. ובחינת שמאל, היינו השגחת שכר ועונש. והגם שיש דעת, שאומר, שאין שום מציאות שיש בהימין והשמאל כאחת, אבל הוא צריך לעבוד למעלה מהדעת. זאת אומרת, שהדעת לא יפסיקו. ועיקר הוא הלמעלה מהדעת. זאת אומרת, שכל עבודתו נמדדת במאי שהוא עובד למעלה מהדעת. ואף על פי שהוא בא אחר כך לתוך, זה לא כלום, מטעם שהיסוד שלו הוא למעלה מהדעת, אז הוא תמיד יונק מהשורש שלו.

מה שאין כן, שאם כשהוא בא לתוך הדעת, הוא רוצה לינוק דוקא בתוך הדעת. ואזי בזמן ההוא, האור תיכף נסתלק. ואם הוא רוצה להמשיך, אז הוא צריך להתחיל בהלמעלה מהדעת, שזהו כל השורש שלו. ואחר כך הוא בא לידי דעת דקדושה.

ריג. ענין גילוי החסרון

שמעתי

דבר העיקרי והיסוד הוא להגדיל את החסרון. כי זה היסוד, שעליו נבנה כל הבנין. וחוזק הבנין נמדד לפי היסוד.

יען, כי דבר המחייב להאדם ליתן יגיעה, יש הרבה גורמים. אבל אינם למטרה. לכן, היסוד מקלקל את כל הבנין. הגם שמשלא לשמה באים לשמה, אבל לאריכות זמן צריכין, עד שיחזור למטרה. לכן צריכין לראות, שהמטרה יהיה תמיד נגד עיניו, כמ"ש בשולחן ערוך: "שויתי ה' לנגדי תמיד", שאינו דומה מי שיושב בבית, למי שעומד בפני המלך. שמי שמאמין במציאות השם ית', ש"מלא כל הארץ כבודו", אזי הוא מלא ביראה ואהבה, ואינו צריך לשום הכנות והתבוננות, רק שהוא בטל להמלך בתכלית הביטול מצד הטבע ממש.

כמו שאנו רואים בגשמיות, שמי שאוהב לחבירו אהבה אמיתית, אזי הוא משתוקק וחושב רק בטובת חבירו, ומונע את עצמו במה שאינו נצמח טובה לחבירו. והכל נעשה בלי שום חשבונות. ואינם צריכים מוח גדול לזה, מפני שזה טבעי. כמו אהבת האם לבנה, שכל מגמתה לטובת בנה, ואינה צריכה שום הכנות ומוחין לאהוב בנה. יען שדבר טבעי אינו צריך לשכל, שיחייב את הדבר, אלא שנעשה מצד החושים בעצמם, שהחושים בעצמם עובדים במסירות נפש ממש. שכן הוא בטבע, שמחמת אהבה לאיזה דבר, מוסרין את נפשם, עד שמגיעין להמטרה. וכל זמן שאינם משיגים, חייהם אינם חיים.

לכן מי שמרגיש, כמ"ש בשולחן ערוך, "שיהא אצלו דומה וכו'", בטח שהוא בשלימות. זאת אומרת, שיש לו אמונה. וכל זמן, שאין הוא מרגיש שעומד בפני המלך, אזי הוא חס ושלום להיפך. לכן צריך האדם לראות, שעבדות בראשונה. והוא שיצטער עצמו, על שאין לו אמונה כראוי. וחסרון אמונה הוא היסוד שלו. וצריך ליתן תפילתו לבקשות ויגעות, שירגיש את החסרון הזה. שאם אין לו חסרון, זאת אומרת שאין לו כלי לקבל את המילוי. וצריך להאמין, שהקב"ה שומע תפילות כל פה, ושהוא גם כן יוושע באמונה שלימה.

ריד. נודע בשערים

שמעתי שבועות תרצ"ט, ירושלים

"אנכי ה' אלקיך". וכן בזוהר: "נודע בשערים". מקשה: למה שינו חז"ל מלשון הכתוב, לקרות את "חג העצרת" בשם "מתן תורתינו"? שבהתורה נדגשה חג הזה בשם "הבאת ביכורים", כמ"ש "וביום הביכורים". ובאו חז"ל וקראו בשם "מתן תורתינו".

והענין הוא, דחז"ל לא שינו כלום, רק באו לפרש את ענין הביכורים. דהנה כתוב: "יעלוז שדה וכל אשר בו, אז ירננו כל עצי יער". וההפרש בין שדה ליער, הוא שהשדה הוא שעושה פירי, ויער הוא אילני סרק, שאינו עושה פירי. וביאור הדבר הוא, שענין שדה נקרא בחינת מלכות, שהוא בחינת קבלת עול מלכות שמים, שהוא ענין אמונה למעלה מהדעת.

אבל כמה הוא שיעור האמונה? לזה יש מדידה. דהיינו, שהיא צריכה למלאות ממש באותו שיעור, כמו הידיעה. ואז נקרא "שדה אשר ברכו ה'". היינו, שעושה פירי. שרק על דרך זה יכול להדבק בו ית'. יען, שאינם עושים שום הגבלות עליו, מטעם שהוא למעלה מהדעת.

מה שאין כן ידיעה, שהוא מוגבל: לפי שיעור הידיעה, כך הוא הגדלות. והוא נקרא "אל אחר דאסתרס ולא עביד פירי [אל אחר נסתרס ואינו עושה פירות]". לכן נקרא יער. אבל בין כך ובין כך נקרא שניהם בחינת קצוות. אלא שצריך להיות בחינת עמודא דאמצעיתא. היינו, שהוא צריך לידיעה גם כן. אבל בתנאי, שלא יקלקל לו את האמונה למעלה מדעת.

מה שאין כן, אם על ידי הידיעה הוא עובד מעט יותר טוב מהאמונה, אז תיכף נאבד לו הכל. אלא שהוא צריך להיות אצלו בלא חילוק כל שהוא. ואז "יעלוז שדה וכו', ירננו כל עצי יער". שאז יש תיקון אפילו ל"אל אחר", שהוא בחינת "יער", שהוא מתחזק על ידי האמונה.

וזה הענין שאצל אברהם כתוב: "התהלך לפני והיה תמים". ופירש רש"י, שאינו צריך סעד לתמכו. ובנח כתוב: "את האלוקים התהלך נח", שהיה צריך סעד לתומכו. אבל על כל פנים סעד מה'. אבל יותר גרוע, שאין למטה הימנו, שצריכים סעד מאנשים. ויש ב' ענינים:

א. בחינת מתנה,

ב. ואחד בהלוואה.

והמתנה, שלוקחים מאנשים, הוא שלוקחים את הסעד. ואין רוצה להשיב זה בחזרה, אלא רוצה להשמש עמה כל ימי חייו. והלואה הוא, שהוא לוקח לפי שעה. זאת אומרת, כל זמן שאינו כח וחיל מצד עצמו. אבל הוא מקוה, שעל ידי עבודה ויגיעה קדושה וטהרה, יקנה בחינת כח עצמית. ואז, אותו הסעד שהוא לקח, נותן בחזרה. וגם זה לא טוב, שאם אינו זוכה לקנות, אז ממילא נופל.

ונחזור לענין, שענין "מתן תורה" ולא

"קבלת התורה" הוא מטעם, שאז זכו לבחינת נותן התורה, כמ"ש "רצוננו לראות את מלכנו". לכן העיקר מה שזכו לבחינת "נותן התורה". ואז נקרא בחינת "שדה, אשר ברכו ה'". זאת אומרת, לשדה שעשה פירי. וזה ענין הביכורים, היינו מהפירי הראשונה שבשדה. שזה סימן, שזכה ל"נותן התורה" והכרה שלימה. לכן אומר: "ארמי עובד אבי". שמקודם היו לו ירידות וערמומיות, ועכשיו הוא בחינת "קשר של קיימא [קשר קבוע]". לכן פרשו חז"ל, שענין "ביכורים" הוא ענין "מתן תורה", שזכו לבחינת "נותן התורה".

רטו. ענין אמונה

שמעתי

ענין אמונה הוא דוקא עבודה טהורה. משום שאין הרצון לקבל משתתף עם העבודה זאת, אלא אדרבא, שהרצון לקבל מתנגד לו. שטבע של הרצון הזה, הוא רק לעבוד במקום שהוא רואה ויודע, מה שאין כן למעלה מהדעת. לכן, בזה האופן יכול להיות הדביקות בשלימות, מטעם שיש בזה ענין השתוות, זאת אומרת שהוא ממש להשפיע.

לכן כשהבסיס הזה קבוע וקיים אצלו, אזי אפילו כשמקבל השפעות טובות, נכנס זה אצלו בבחינת "אַתְרֵיא [התראה]" שגמטריא "תורה". ועל זו התורה צריך להיות בחינת "מורא". היינו שצריך לראות, שלא לקבל שום סיוע ותמיכה מבחינת תורה, אלא מן בחינת אמונה. ואפילו כשנראה אצלו דבר זה לבחינת מיותרת, יען שהוא כבר מקבל מבחינת ארץ חמדה, מכל מקום הוא צריך להאמין, שכך היא האמת. וזה פירוש: "וכל מאמינים שהוא אל אמונה". שדוקא על ידי האמונה יכול להחזיק את המדרגה.

רטז. ימין ושמאל

שמעתי ו' טבת

הנה יש בחינת ימין ושמאל. בימין יש בחינת חכמה, חסד, נצח. ובשמאל יש בחינת בינה, גבורה, הוד. וימין נקרא בחינת "השגחה פרטית". ושמאל נקרא "שכר ועונש". ובזמן שעוסקים בימין, צריך לומר, שהכל בהשגחה פרטית. ואז ממילא, שאין הוא עושה כלום. נמצא, שאין לו שום עבירות. אלא המצות שהוא עושה, גם כן אינו שלו, אלא שהוא זכיה מן השמים. וממילא, שהוא צריך לתת שבח על זה. וכמו כן על טובות הגשמיים, שעשה עמו. וזה נקרא "נצח", שהוא ניצח את הס"א. ומזה נמשך בחינת חסד, שהוא אהבה. ועל ידי זה הוא בא לחכמה, שזה נקרא "רישא דלא אתידע". ואח"כ הוא צריך לילך לקו שמאל, שהוא בחינת הוד.

ריז. אם אין אני לי מי לי

שמעתי כ"ז אדר א'

"אם אין אני לי מי לי, וכשאני לעצמי מה אני". זהו תרתי דסתרי [שנים שסותרים]. והענין הוא, שהאדם צריך לעשות כל עבודתו בבחינת "אם אין אני לי מי לי". שאין מי שיכול להושיע לו, אלא "בפיך ובלבבך לעשותו". זאת אומרת, בחינת שכר ועונש. אבל בינו לבין עצמו, זאת אומרת בצנע צריך לידע, "כשאני לעצמי, מה אני". זאת אומרת, שהכל בהשגחה פרטית, ואין שום איש יכול לעשות שום דבר.

ואם תאמר, אם הכל בהשגחה, מה ענין עבודתו בבחינת "אם אין אני לי מי לי"? אלא, שע"י עבודתו בבחינת "אם אין אני לי מי לי", זוכה להשגחה פרטית. זאת אומרת, להשיג את זה. זאת אומרת, שהכל הולך על דרך התיקון. והחילוק את החיבה יתירה, שנקרא "בנים למקום", זאת אינו מגולה, אלא בהקדם עבודה בבחינת "אם אין אני לי מי לי".

ריח. אורייתא וקוב"ה חד הוא

שמעתי

"אורייתא וקוב"ה חד הוא [תורה והקב"ה אחד הוא]".

הנה ודאי, שבזמן העבודה הם ב' דברים. ולא, אלא שסותרין זה את זה.

דבחינת "קוב"ה" הוא ענין דביקות, שענין דביקות הוא בחינת השתוות, בחינת

ביטול במציאות. (וצריך תמיד לצייר, איך היה אצלו הזמן, בזמן שהיה לו בחינת דביקות במקצת, שהוא היה אז מלא חיות ותענוג, ולחשוק להיות תמיד בדביקות, שאין ענין רוחני נחלק לחצאין. ועוד, שאם הוא דבר ממלא, שצריך שיהיה לו תמיד הדבר טוב. ונכון שיצייר את הזמן שהיה לו, מטעם שאין הגוף מרגיש משלילי אלא מקיום. זאת אומרת, ממצבים שכבר היה לו. ואלו המצבים יכול הגוף ליקח דוגמאות).

ובחינת "אורייתא [תורה]" נקראת בחינת "מאור" שבה. היינו, שבזמן הלימוד, שמרגישין את המאור, ועם זה המאור רוצים להשפיע להשם ית', כמ"ש: "מאן דידע צויה דמאריה, יעביד ליה [מי שידע מצוות אדונו, יעבוד לו]". לכן הוא מרגיש את עצמו לבחינת מציאות, שהוא רוצה להשפיע להשם ית'. והוא בחינת הרגשת עצמו.

אבל כשזוכין לבחינת "אורייתא וקוב"ה חד [תורה והקב"ה אחד הוא]", נמצא שהכל אחד. שאז הוא מרגיש בבחינת "אורייתא" את בחינת "קוב"ה". וצריך תמיד להשתוקק אחר המאור שבה. והמאור יכולים במאי שלומדים. אלא שבדברי הקבלה יותר נוח למצוא את המאור. ובזמן העבודה הם בחינת קצוות:

א. יש אחד, שיש לו המשכה לבחינת "קוב"ה". ואז אין הוא יכול ללמוד באורייתא, והוא משתוקק אחרי ספרי חסידים.

ב. ויש שמשתוקק אחרי בחינת "אורייתא". זאת אומרת, לדעת את דרכי השם ית', את העולמות, ואת תהליכיהן, ואת עניני הנהגה.

וזה שני קצוות. אבל לעתיד "ומחץ פאתי מואב". זאת אומרת, שניהם נכללין באילן.

ריט. ענין מסירות נפש

שמעתי

הנה העבודות צריך להיות ביראה ואהבה. הנה על בחינת אהבה, לא שייך לומר, שצריכים ליתן מסירות נפש על זה. מטעם שזהו דבר טבעי. שהאהבה עזה היא ממש כלות הנפש, כמ"ש: "עזה כמות אהבה". אלא עיקר מסירות נפש הוא בבחינת יראה. זאת אומרת, שעדיין אינו מרגיש טעם אהבה בהעבדות, אלא שהעבדות אצלו על דרך הכפיה.

וזה כלל, שהגוף אינו מרגיש דבר, שהוא על דרך הכפיה, מטעם שהוא נבנה על דרך התיקון. והתיקון, שהעבדות צריך להיות בבחינת אהבה גם כן. שזהו תכלית הדביקות, כמ"ש: "באתר דאית טרחא, תמן אית סטרא אחרא [במקום שיש טרחה, שם יש סטרא אחרא]".

ועיקר העבדות, שצריך להיות במסירות נפש, הוא על בחינת יראה. שאז כל הגוף אינו מסכים לעבודתו, יען שאינו טועם שום טעם בהעבדות, וכל עשיה ועשיה, שהוא עושה, הגוף עושה לו חשבון, שאין זה עבדות השלימות. אם כן, מה יהיה שתעבוד. אז כיון שאין שום ממש וטעם בעבדות הזו, ואז ההתגברות הוא רק במסירות נפש. זאת אומרת, שעם העבדות הוא מרגיש טעם מר, שבכל עשיה שהוא עושה הוא מרגיש יסורים נוראים, יען שהגוף מורגל, שלא לעבוד לבטלה. או שיהיה מהיגיעה הזו טובה: או לעצמו, או לאחרים.

ובזמן הקטנות, אז אינו מרגיש טובה לעצמו, יען שאינו מרגיש עכשיו שום תענוג בהעבדות. וכן אינו מאמין שיהא טובה לאחרים, יען כיון שאינו חשוב לעצמו. אם כן מה הנאה יהיה מזה לאחרים? אזי היסורים קשים. ועד כמה שהוא עובד, באותה השיעור נתרבה היסורים. עד שנתקבצו היסורים והיגיעה לשיעור מסוים, עד שהבורא ית' מרחם עליו, ונותן לו טעם בעבדות השם ית', כמ"ש: "עד שיערה עלינו רוח ממרום".

רכ. ענין יסורים

שמעתי

ענין יסורים קשים, שמרגישים, הוא רק מטעם שחסר חיות. אבל מה לו לאדם לעשות, הלא אין זה בידו ליקח חיות. וזמן כזה הוא בא לידי שעמום. וזה דוקא שבזמן כזה צריכין להתחזקות יתירה, אבל אינך לוקח.

רכא. רשות הכל

שמעתי

אין כלי יוצא מרשותו, אלא כשממלאים אותה בדבר אחר. אבל בריקנות אי אפשר לה להיות. לכן, כיון שהוא ברשות הס"א, וודאי הוא שצריכין להוציאה, לכן צריכין להשתדל למלאותה בדברים אחרים. לכן ההכרח הוא שימלאנה באהבה. כתוב, ואז ימשוך אחריה מאהבת עצמו.

רכב. ענין חלק שנותנין לס"א, כדי שיפרד מהקדושה

שמעתי

הנה: "מתחילה ברא את העולם במדת הדין. ראה, שאין העולם מתקיים". פירוש: דמדת הדין היא המלכות, ששם היתה מקום הצמצום, שמשם ולמטה עומדים בחינת חיצונים. מה שאין כן בט"ר יכולים לקבל השפע בלי שום פחד. אבל לא היה העולם מתקיים, היינו הבחינה ד', אי אפשר לעולם שיקבל תיקון, משום ששם מקומה. ואי אפשר לשנות, זאת אומרת לבטל את הכלי קבלה. יען, שזה טבע. ואי אפשר לשנות. שענין טבע הוא כח עליון, שכך היתה רצונו ית', שיהיה הרצון לקבל בשלימות. ואי אפשר לבטלו.

וכן באדם למטה, אי אפשר לשנות את הטבע. והעצה לזה היתה שיתוף עמה מדת הרחמים. פירוש, שעשה את הגבול, שיש במלכות במקום בינה. זאת אומרת, שעשה כמו שיש איסור לקבל. ושם יכולים כבר לעבוד. זאת אומרת לקבל על מנת להשפיע. יען, ששם אין מקומה של הבחינה ד', לכן יכולים לבטלה.

מזה נצמח, שהבחינה ד' בעצם נתקנת. זאת אומרת, שע"י הורדת של הבחינה ד' למטה. זאת אומרת, שמגלה, שאין זה מקומה. וזה ע"י מצות ומעשים טובים, שמגלה, הוא מברר את הבחינה ד' בהבחינה ב', שמראה שזה מקומה למטה. ואז עולה הזיווג ונמשך מוחין למטה. אז עולית ה' תתאה לעינים, והתחיל עוד הפעם העבודות, להפוך הכלי קבלה. ועיקר התיקון הוא, משום שנותן לסטרא אחרא חלק. דהיינו, שמקודם היה מקום יניקתה רק מבחינה ד', שרק שם הוא מדת הדין, מה שאין כן בבינה. אבל עכשיו גם בינה לקחה בחינת מיעוט, שנתערב גם בה מדת הדין. נמצא, שנתגדל מקום דמדת הדין. אבל על ידי חלק הזה, יש מקום עבודה, שיהא יכולים לדחות, יען שאין זה מקומה באמת. ואז, כשכבר רגילין לדחות אותה ממקום שאפשר, נצמח, שיכולין לדחות אותה ממקום שלא היה אפשר מקודם.

וזה "חיל בלע ויקיאנו". היינו, שעל ידי שנתגדל גבולה ובלעה חיל גדול, על ידי זה בעצמה בא, שמתקנין אותה לגמרי. וזה ענין "שעיר לעזאזל" וכו', שנותנין לה חלק, שעל ידי זה יתפרש מהקדושה אח"כ, שמתקנין אתה במקום שנותן לה, שזה לאו מקומה.

רכג. לבוש - שק - שקר - שקד

שמעתי

"אין לבוא בשער המלך בלבוש שק". היינו, שבזמן שהאדם מעורר את עצמו, איך שהוא מרוחק מהשם ית', והוא מלא עונות חטאים ופשעים, אזי אי אפשר לו להיות דבוק, ואי אפשר לו לקבל שום ישועה מהשם ית', יען שיש לו לבוש שק, ואי אפשר לבוא בהיכל המלך.

לכן מן ההכרח הוא, שהאדם יראה את מצבו אמיתי, איך שהוא ולא לכסות. אלא אדרבא, כל כוונת הקליפות הוא רק לכסות. ואם יש לאדם זכיה מן השמים, אזי הוא יכול לגלות ולראות את מצבו אמיתי. אבל הוא צריך לדעת, שאין זה שלימות, אלא ההכרחות. וזמן של מרירות נקרא בחינת "דלת". אזי בצירוף עם ה"שק" עולה "שקד", שהוא ממהר את הישועה.

ומה שאין כן כשעושה את המרירות בעצמו לעבודה. זאת אומרת, שבזמן שהוא יכול לעשות את חשבון הנפש, אזי הוא שמח, שעל כל פנים הוא רואה האמת. ונבחן זה, שעושה זה לבחינת ראש. זאת אומרת לחשיבות. ואזי נקרא "ר", בצירוף "שק" עולה "שקר". אלא זה העבודות צריך להיות כמו שכופאו

שד. ותיכף יתחזק את עצמו באמונה שלימה, שהכל יבוא לתיקון.

רכד. ענין יסוד נוקבא ויסוד דדכורא

שמעתי

שענין עליית מלכות למקום עינים נקרא "יסוד דנוקבא [של נקבה]**". יען, שענין נוקבא הוא בחינת חסרון, ששם המיעוט הוא בחינת חסרון. יען, שהוא בעינים, שהוא חכמה, נקרא על כל פנים בחינה א' דד' בחינות. מה שאין כן כשה' תתאה** [תחתונה] **בכתר, שענין כתר הוא רצון להשפיע, ושם לא שייך שום מיעוט, שעל רצון להשפיע לא יש שום הגבלה, לכן נקרא "יסוד דדכורא** [של זכר]**".**

רכה. להגביה את עצמו

שמעתי

אי אפשר להגביה את עצמו ממעל להעיגול שלו. לכן האדם מוכרח לינוק מתוך הסביבה שלו. ואין לו שום עצה, אלא דרך תורה ויגיעה רבה.

לכן, אם האדם בוחר לעצמו סביבה טובה, אזי הוא מרויח זמן ויגיעה, יען שהוא נמשך לפי הסביבה שלו.

רכו. תורה שבכתב ותורה שבעל פה

שמעתי ג' משפטים תל אביב תש"ג

"תורה שבכתב" הוא בחינת אתערותא דלעילא [התעוררות מלמעלה]**. ו"תורה שבעל פה" הוא בחינת אתערותא דלתתא** [התעוררות מלמטה]**. ושניהם יחד נקרא בחינת "שש שנים יעבוד ובשביעית יצא לחפשי".**

כי ענין עבודה שייך דוקא במקום שיש התנגדות. ונקרא "עלמא" מלשון "העלם". שאז, בזמן ההעלם, יש התנגדות. ואז שייך מקום עבודה. וזה סוד מאמר חז"ל: "שיתא אלפא שני הוי עלמא, וחד חרוב [ששה אלף שנים עומד העולם, ואחד חרב]**". היינו, שיחרב ההעלמא. ואז אין כבר עבודה. אלא הקב"ה עושה לו כנפים, שזהו בחינת כיסוים, בכדי שיהיה לו עבודה.**

רכז. שכר מצוה, מצוה

שמעתי

האדם צריך להשתוקק לזכות לשכר מצוה, שפירושו, שעל ידי קיום המצות, יזכה להיות דבוק בהמצוֶה.

רכח. דגים קודמים לבשר

שמעתי א' אדר תש"ז טבריא

ענין, מה שאוכלין בסעודה מקודם דגים, הוא משום שענין דגים זוכים בחינם, בלא הכנה. לכן אוכלין זה מתחילה, בשביל שלא צריכין הכנה. כמ"ש: "זכרנו הדגה, אשר אכלנו במצרים חנם". ופרשו בזוהר, היינו חינם, בלא מצוות, היינו בלא הכנה.

ולמה אין צריכין הכנה לדגים? הענין הוא, משום שדג אנו רואים, שהוא רק בחינת ראש, ואין לו ידים ורגלים. שדג הוא בחינת "יוסף רצה דג, ומצא מרגלית בבשרו". "מרגלית", היינו בחינת מרגל. ו"דג" הוא בחינת, שאין שם משא ומתן, שזה סוד, שאין לו ידים ורגלים. ו"חצה" הוא סוד שעל ידי עליית המלכות לבינה, נתחלקה כל המדרגה לחצאין, שע"י התחלקות נעשה מקום להמרגלים. וכל המשא ומתן הוא רק על המרגלים הזו, שכל התורה נמשך מכאן. וזה ענין, שמרגלית היה תלוי בצווארו. וכל חולה, שהיה מסתכל בה, מיד נתרפא.

מה שאין כן מבחינת דג לבד, אין שום שכר, אלא שהוא בחינת חנם, כמ"ש: "אשר אכלנו במצרים חינם". עינא "פקיחא ולא נאים תדירא". ולפיכך לא צריך נטירתא, משום שענין הדגים הוא בחינת חכמה ובחינת שבת, שקדמו לתורה.

וענין תורה הוא סוד משא ומתן, שזה סוד "לא מצאתי ידי ורגלי בבית המדרש", היינו שלא היה המשא ומתן. ו"חינם" נקרא בלי משא ומתן. ו"תורה" נקרא בחינת עולם הבא, ששם הוא בחינת "ישבעו ויתענגו", ושהשביעה אינה מכבה התענוג, משום שהוא תענוג הנשמה. מה שאין כן בחינת "שבת שקדמו לתורה", שהיא בחינת חכמה, הוא בא לבחינת גוף, והגוף הוא בחינת גבול,

שהשביעה מכבה להתענוג.

רכט. כיסי המן

שמעתי ליל פורים אחרי קריאת המגילה תש"י

על ענין שאוכלים המן-טשים, היינו כיסים של המן, אמר, היות ש"חייב אדם לבסומא בפוריא [להשתכר בפורים], עד דלא ידע בין ארור המן לברוך מרדכי", לכן אוכלים "כיסי המן", בכדי שנזכור, שהמן לא הביא לנו יותר מהכיסים, שנקרא כלים, ולא הפנימיות. פירוש, שרק הכלים דהמן יכולים לקבל, ולא האורות, הנקרא פנימיות. מטעם, שגדלות הכלי קבלה נמצאים ברשותו של המן. וזה אנו צריכים להוציאו ממנו.

אבל להמשיך האורות, זה לא יכולים עם כלים דהמן. וזה דוקא ע"י כלים דמרדכי, שהם כלים דהשפעה. אבל על כלים דקבלה היה צמצום. וזה מבואר בהכתוב: "ויאמר המן בלבו, למי יחפוץ המלך, לעשות יקר יותר ממני". וזה נקרא רצון לקבל אמיתי. לכן אמר, להביא את לבוש מלכות, אשר לבש בו המלך, וסוס אשר, רכב עליו המלך וכו'. אבל באמת אין הכלים של המן, הנקראים כלי קבלה, לקבל שום דבר מחמת הצמצום. אלא רק רצון וחסרון יש לו, היינו יודע מה לדרוש. לכן כתוב: "ויאמר המלך להמן, מהר קח את הלבוש ואת הסוס, כאשר דברת, ועשה כן למרדכי היהודי".

וזה נקרא "אורות דהמן בכלים דמרדכי", היינו בכלים דהשפעה.

רל. רם ה' ושפל יראה

שמעתי שבת תרומה תש"ט ת"א

"רם ה' ושפל יראה". איך אפשר להיות השתוות עם ה', בזמן שהאדם הוא מקבל והשי"ת הוא משפיע. ולזה אומר הפסוק: "רם ה' ושפל יראה". אם האדם מבטל את עצמו, נמצא שאין לו שום רשות מפריד בינו לה'. אז הוא "יראה". היינו, שזוכה למוחין דחכמה.

"וגבוה ממרחק ידע". אבל מי שהוא בעל גאה, היינו שיש לו רשות בפני עצמו, אזי הוא נתרחק משום שחסר ההשתוות. ושופלות לא נקרא, מה שהאדם משפיל את עצמו בפני אחרים - זהו עניוות, שהאדם מרגיש בעבודה הזאת בחינת שלימות. ושופלות נקרא, מה שהעולם מבזים אותו. דוקא בזמן שבני אדם מבזין, אזי נבחן לשופלות, שאז לא מרגיש שום שלימות. כי זה חוק, מה שבני אדם חושבין, פועלים על האדם. לכן אם בני אדם מחשיבין אותו, אזי הוא מרגיש לשלם. ולמי שבני אדם מבזין, אזי הוא חושב את עצמו לשפל.

רלא. טהרת הכלי קבלה

שמעתי טבת תרפ"ח גבעת שאול

צריכים להזהר בכל דבר שהגוף נהנה. שיצטער האדם על זה. מטעם שעל ידי הקבלה, הוא נעשה מרוחק מה'. היות שה' הוא המשפיע. ואם יהיה עכשיו מקבל, על ידי זה באים להופכיות הצורה. ושנוי צורה ברוחניות הוא התרחקות, וממילא אין לו דביקות בה'.

וזה ענין "ולדבקה בו". וע"י הצער, שירגיש בעת קבלת ההנאה, אז הצער מבטל את התענוג. בדומה, כשיש לאדם שחין בראשו, והוא מוכרח לגרד את ראשו ומקבל תענוג מזה. ויחד עם זה הוא יודע, שעל ידי זה יתוסף לו השחין, והמכה שלו יתפשט ולא יוכל להתרפא. נמצא, שבעת התענוג אין לו שום הנאה אמיתית, אף על פי שלא יכול לבטל מלקבל את התענוג של הגירוד. וכמו כן הוא צריך לראות, כשיש לו תענוג מאיזה דבר, שימשיך על התענוג בחינת לווי של צער, בזה שהוא נעשה עכשיו מרוחק מהשם ית', עד כדי כך שירגיש שאין התענוג כדאי, בערך ההפסד שיקבל אח"כ מהתענוג הזה. וזהו עבודה של לבא.

(קדושה - דבר המקרבת אותו לעבודת ה', נקרא קדושה.

טומאה - דבר שמרחק אותו מעבודת ה', נקרא טומאה).

רלב. השלמת היגיעה

שמעתי

"יגעתי ולא מצאתי, אל תאמין". וצריך

להבין, מהו הפירוש "מצאתי". מה צריכים למצא? אלא "מצאתי" הוא ענין מציאת חן בעיני השם ית'.

"מצאתי ולא יגעתי, אל תאמין". צריך לשאול: הלא הוא אינו משקר, הלא אינו מדבר מאדם כלפי עצמו בבחינת פרט, אלא שהוא הדין גבי הכלל. ואם הוא רואה, שמצא חן בעיניו ית', ומה "אל תאמין"?

והענין הוא, כי יש לפעמים, שאדם זוכה למציאת חן על דרך התפילה, כי זהו כח סגולת התפילה, שיש בכחו לפעול כמו היגיעה. (כמו שאנחנו רואים בגשמיות, יש מי שמפרנס ע"י יגיעתו, ויש מי שמפרנס עצמו ע"י תפילתו. שעל ידי זה שהוא מבקש פרנסה, נותנים לו לפרנס את עצמו).

מה שאין כן ברוחניות, הגם שהוא זוכה למציאת חן, מכל מקום אח"כ הוא צריך לשלם כל המחיר. זאת אומרת את שיעור היגיעה, מה שכל אחד נותן. ואם לא, יאבד לו הכלי. לכן אמר "מצאתי ולא יגעתי, אל תאמין". שהכל נאבד ממנו, אלא צריך אח"כ לשלם כל יגיעתו.

רלג. ענין מחילה סליחה וכפרה

שמעתי

"מחילה" מלשון מכליא לשבח. היינו, דוקא ע"י תשובה מאהבה, שזדונות נעשו לו כזכיות, נמצא שהוא מכליא את הזדונות לשבח, היינו לזכיות.

"סליחה" מלשון "ושלח את בעירו" (ס' וש' מתחלפין). היינו, ששולח את הזדונות ממנו, ואומר, שמהיום והלאה הוא יעשה רק זכיות, שזה נבחן לתשובה מיראה, שזדונות נעשו לו כשגגות.

"כפרה" מלשון "וכפר את המזבח", מלשון "בעי לאכפירה ידי בהאי גברא [רוצה לכפר ידיו באיש הזה]". ומשום זה, בזמן שהאדם יודע שהוא מלוכלך, אזי אין לו העזה וחוצפה להכנס בהיכל המלך. ולכן קשה לאדם, בזמן שהוא רואה וזוכר את מעשיו הרעים, שהם נגד רצונו של המלך, לעסוק אז בתורה ומצות. ומכל שכן, שיבקש מהמלך, שהוא רוצה להתדבק ולהאחד בו.

לכן צריך כפרה. היינו, שלא יראה את מצבו הדל, איך שהוא בתכלית השופלות, ולא יזכור את מצבו, בכדי שיהא לו מקום לקבל שמחה, היינו ע"י שיוכל לעסוק בתורה ועבודה. ואז, כשיהיה לו שמחה, אזי יהיה לו מקום לבקש שיתחבר עם המלך. כי "אין השכינה שורה, אלא במקום שמחה". לכן מקודם צריכין כפרה. ואח"כ, כשעושים תשובה מיראה, זוכין לבחינת סליחה. ואח"כ תשובה מאהבה, זוכין לבחינת מחילה.

צריכין להאמין, שכל מה שמתרחש בעולמנו, הכל הוא בהשגחה. ואין חס ושלום שום מקרה. וכמו כן צריכין לדעת, שכל מה שכתוב בתוכחה, היינו הקללות, "באם לא תשמעו", הם יסורים נוראים. ולא כמו שעולם חושבים. היינו, יש שאומרים, שהם ברכות ולא קללות. והביאו ראיה לדבריהם, שהמגיד מקוזניץ ז"ל היה תמיד עולה לתורה בפרשת התוכחות. אזי הוא אומר, שזה קללות וצרות ממש. וזה כמו שאנחנו רואים בעצמנו, שיש מציאות קללות. זאת אומרת, שמרגישים בעולם הזה טעם יסורים נוראים, שקשים מנשוא. אלא שאנחנו צריכין להאמין, שיש ליחס את כל היסורים האלו להשגחה, שהוא יוצר הכל. שמשה רבינו עליו השלום לקח את קללות האלו, ויחד אותם להבורא ית', שזה סוד "ולכל המורא הגדול". וכשמאמינים בזה, אזי גם מאמינים ב"אית דין ואית דיין [יש דין ויש דיין]". לכן המגיד ז"ל היה עולה בפרשת התוכחה, משום שרק הוא היה יכול ליחד את הקללות והיסורים להבורא ית', משום שהוא היה מאמין ב"אית דין ואית דיין [יש דין ויש דיין]", ועל ידי זה היה נצמח מכל אלה הקללות ברכות ממש, כי "אלוקים עשה שיראו מלפניו".

וזה פירוש "ממכה עצמה מתקן רטיה". היינו ממקום שרשעים יכשלו, מאותו מקום צדיקים ילכו בה. כי בזמן שבאים למקום שאין סמיכה, יש אחיזה לס"א במקום הזה. אז רשעים יכשלו בם. הרשע הזה, שאינו יכול

ללכת למעלה מהדעת, הוא נופל. מטעם, שאין לו שום סמיכה. אזי נשאר בין שמים וארץ, היות שהם רשעים, שהם לא יכולים לעשות שום דבר רק בתוך הדעת, בסוד "עין רע, גבה עינים".

מה שאין כן צדיקים, שהם בחינת "לא גבהו עיני, ולא רמה לבי", הם ילכו בה. נמצא, שנעשה מזה ברכות, היינו שעל ידי זה שהוא מיחד את כל היסורים להשגחה, ולקח הכל למעלה מהדעת, נתרקמו אצלו כלים הראוים לקבל ברכות.

רלד. הפוסק מדברי תורה ועוסק בדברי שיחה

אדר א' ת"ש בדרך לעזה

"הפוסק מדברי תורה ועוסק בדברי שיחה, מאכילין אותו גחלי רתמים", פירוש, שבזמן שהאדם עוסק בתורה ואינו מפסיק, אזי התורה אצלו בבחינת אש שלהבת, היינו ששורפת את היצר רע, וממילא הוא יכול להמשיך בעבודתו. אבל אם פוסק באמצע לימודו, אפילו שתכף שוב חוזר ומתחיל, אזי התורה כבר אצלו בבחינת גחלי רתמים, היינו שאין כבר בכוחה לשרוף את היצר הרע, ואז נפגם אצלו טעם התורה ומן ההכרח שיפסוק מעבודתו.

לכן כשחוזר ללימודו צריך להזהר שיקבל עליו שלא יפסיק עוד פעם באמצע לימודו, ועל ידי הקבלה על להבא תחזור ותתלהב שלהבת אש התורה.

רלה. מסתכל בספר מחדש

אחר שהאדם ראה איזה דברי תורה בספר וזוכר אותם בעל-פה; היות מה שנכנס בראש כבר פגם, לכן כשמסתכל בספר מחדש הוא יכול להוציא את המאור, שיקבל הארה ממה שרואה עכשיו. וזה כבר נקרא חדש, ולא פגום.

רלו. כי חרפוני צוררי כל היום

ו' תשרי תש"ג

"כי קנאת ביתך אכלתני, כי חרפוני צוררי כל היום" (תהלים סט). הצורה של חירוף וגידוף מתראה בכמה אופנים:

א. בזמן העבודה, שעושה איזו עשיה של מצוה, אזי הגוף אומר לו: מה יהיה לך מזה, איזו תועלת תצמח מזה? לכן אפילו כשמתגבר ועושה את הדבר בדרך הכפיה - אבל עם כל זה המצוה הזו בבחינת לעול ולמשא. וכאן נשאלת השאלה: אם הוא באמת עושה מצות המלך ומשמש את המלך, הלא הוא היה צריך להיות בשמחה, כטבע מי שמשרת את המלך שהוא בשמחה, וכאן הוא להפך. נמצא שמרגיש כאן בחינת חירוף וגידוף - הכפיה הזו מוכיחה שאינו מאמין שמשמש את המלך, ואין לך חירוף גדול מזה.

ב. או שהוא רואה שאינו דבוק כל היום בה', מסיבת שאינו מרגיש דבר ממשי, ובדבר ריק אי אפשר להיות דבוק, לכן הוא מסיח דעת מה' (מה שאין כן מדבר ממשי שיש שם תענוג, אדרבה, קשה לשכוח. ואם הוא רוצה להסיח דעתו, הוא מוכרח להתאמץ בהתאמצות יתירה להוציא את הענין ממחשבתו). וזהו: "כי חרפוני צוררי כל היום".

ודבר זה נוהג בכל אדם, אלא ההבחן הוא בהרגשה. אבל אפילו אם האדם אינו מרגיש את זה - הוא מסיבת שחסרה לו תשומת לב לראות את המצב כמו שהוא. וזה דומה לאדם שיש לו חור בכיס והכסף יורד דרכו לחוץ ומאבד את כל הכסף, וזה לא משנה אם הוא יודע שיש לו חור או לא. וההפרש הוא רק בזה שאם הוא יודע שיש לו חור אז יש בידו לתקנו, אבל לעצם אבידת הכספים אין שום שינוי. ולכן כשהיה מרגיש איך שהגוף המכונה צוררי מחרף את ה', אזי אמר: כי "קנאת ביתך אכלתני", שהוא רוצה לתקן את הדבר הזה.

רלז. כי לא יראני האדם וחי

"כי לא יראני האדם וחי" (שמות לג, כ). היינו שאם האדם יראה התגלות אלוקות בשיעור יותר מכפי שהוא מוכן עבורו לראות, הוא יכול לבוא לידי קבלה, שהיא בחינת הפכיות מחיי החיים, אז הוא בא לידי מיתה. לכן עליו ללכת בדרכי האמונה.

רלח. אשרי איש שלא ישכחך ובן אדם יתאמץ בך

י' אלול

"אשרי איש שלא ישכחך, ובן אדם יתאמץ בך" (מוסף לר"ה). הנה בזמן שהאדם הולך בבחינת לבן, צריך לזכור תמיד, שכל מה שזכה הוא רק מסיבת שקבל עליו את בחינת השחרות. וצריך להתאמץ בבחינת "בך" דוקא. על דרך "וכל מאמינים שהוא אל אמונה", אף על פי שלא רואה עכשיו שום מקום שיצטרך לעבוד בבחינת אמונה, היות שהכל גלוי לפניו - ומכל מקום הוא צריך להאמין בבחינת למעלה מהדעת, שיש עוד מקום להאמין בבחינת אמונה.

וזה סוד: "וירא ישראל את היד הגדולה... ויאמינו בה'", היינו אף על פי שזכו לבחינת "וירא", שהוא סוד ראיה, מכל מקום היה להם הכח עוד להאמין בבחינת האמונה.

ועל דבר זה צריכים להתאמצות יתירה, אחרת נופלים ממדרגתן. כעין לבני ושמעי. זאת אומרת, שאם לא כן משמע שדוקא בזמן שיש לבנונית, יכול לשמוע לתורה ומצוות, שזהו כעין תנאי. אלא צריכים לשמוע ללא תנאים. לכן בזמן הלבנונית צריכים להזהר שלא לפגום בבחינת השחרות. ודי למבין.

רלט. החילוק בין מוחין דשבועות לדשבת במנחה

חילק בין שבועות, שהוא בחינת עליית הז"א עד אריך אנפין לבחינת דיקנא, לשבת במנחה שאז הוא גם כן בחינת עליה לאריך אנפין.

שבועות הוא בחינת מוחין דחכמה מבחינת ישסו"ת, זאת אומרת מבחינת בינה השבה להיות חכמה. מה שאין כן (שבת) הוא בחינת ג"ר דבינה, הנחשבת לעצם החכמה, שנבחנת שעוד לא יצאה מהראש, ונבחנת שמלובש בה בחינת מוחא סתימאה, שהוא ג"ר דחכמה ולא בחינת ו"ק. וכיון שהיא ג"ר אינה יכולה... אלא בסוד ממטה למעלה, בלי שום התפשטות למטה. לכן נבחנת לאור הנקבה, יען שאין לה התפשטות למטה. ולכן נקראת שבת בחינת נוקבא. מה שאין כן יום טוב שהוא בחינת ז"ת דבינה, הנבחן לבחינת ו"ק - יש לו התפשטות למטה. לכן אפילו אחרי כל העליות שישנם במציאות, מכל מקום סולם המדרגות לא נשתנה.

ואמר, שזה הטעם שבני העולם מכבדים את יום טוב יותר משבת, אף על פי ששבת היא מדרגה יותר גבוהה. מטעם שיום טוב הוא ז"ת דבינה, שיש לו התגלות למטה, מה שאין כן שבת הוא בחינת ג"ר דבינה שאין גילוי למטה. וודאי ששבת מדרגתה גבוהה במעלה לאין ערוך יותר מיום טוב.

רמ. דרוש נא דורשיך בדרשם פניך

א' סליחות צ"ו, מכבוד אאמו"ר שליט"א

"דרוש נא דורשיך בדרשם פניך, הדרש למו משמי מעונך, ולשוועת חינונם אל תעלם אזנך" (סליחות ליום ראשון). הנה ... שתכלית בריאת העולם היתה להטיב לנבראיו. אך כדי שיהא התיקון השלם בכל שלמותו, צריך שיהא בחינת מיתוק דמדת הדין ברחמים. שענין הדין הוא בחינת הגדלות, אך כדי שלא יבוא על ידי זה לבחינת שינוי הצורה, צריך שתהיה בחינה שהיא כעין פשרה: לפי הדין היתה מקבלת יותר, אבל עדיין היה בדרך סכנה, שלא יבוא לידי בחינת שינוי צורה - אבל כשהוא ממוזג עם מדת הרחמים, אזי איננה מקבלת את גדלות האור ואז יכולה לבוא לידי השתוות הצורה. והתיקון הוא על ידי שמכלי קבלה נעשית בחינת "קבלה על מנת להשפיע".

לכן כשהאדם בא לדרוש את ה', אזי הוא עדיין דבוק בבחינת קבלה, ומי שיש לו בחינת קבלה נקרא חסר, ונקרא ארור, ואין ארור מתדבק בברוך. אבל מי שמקבל על מנת להשפיע אזי הוא נקרא ברוך, יען שלא יחסר לו כלום עד שיהא הוא צריך לקבל בשביל עצמו. נמצא, כי כל הקושיות הוא רק שיהיה האדם בבחינת ברוך, שרק בסגולת תורה ומצוות יכולים להפוך הכלי קבלה לכלי השפעה. וזה שאנו מתפללים: "דרוש נא דורשיך".

663 מאמרי "שמעתי" תרסג

שיש ב' מיני דורשים: יש שדורשים רק בשביל פניך, מה שדורשים הוא רק להשפיע, לכן מה שהם דורשים לקבל איזה ישועות הוא רק בשביל פניך. ועל זה אמר: בדורשם פניך, אלו הדורשים בשביל פניך - הדרש למו משמי מעונך, היינו שיתגלה את שמי מעונך, יען שהם כבר לא יפגמו למעלה, יען שהם נקיים מבחינת קבלה. ולשוועת חינונם, שכל התפילות והבקשות הם עדיין לצורך עצמם, שהם רוצים שיהא מקורב לה' יתברך, היינו שהם עדיין אינם מנוקים מבחינת קבלה.

יען שיש ב' בחינות בעבדות ה' יתברך: יש מי שרוצה שתהא התגלות אלוקות בעולם, שכולם ידעו שיש אלוקות בעולם. ואז אין הוא באמצע, רק שהוא רוצה סתם, ואז אי אפשר לומר שיש לו בחינת קבלה, יען שהוא אינו מתפלל שתהיה התקרבות ה' יתברך, רק שיתגלה כבוד שמים בעולם. ויש מי שמתפלל שהוא יתקרב לה' יתברך, ואז כבר הוא באמצע, ואז שייך לומר בחינת קבלה לעצמו, יען שהוא רוצה לקבל שפע על מנת שהוא יתקרב לה' יתברך. וזה נקרא "חינונם", וכן נקרא "שוועה". ומי שהוא עדיין בבחינת חינונם, דהיינו שהם יתקרבו - הם יכולים לעשות בחינת שוועה, ועליהם - אל תעלם אזנך.

כי רק מי לו שיש חסרון עושה צעקות. אבל בשביל אחר לא שייך שוועה, רק בחינת דרישה, כמו "דרישת שלום". לכן על בחינת פנים שייך רק בחינת דרישה.

משמי מעונך, היינו בחינת עיניים, אור החכמה, שהם יקבלו עצמות השפע, יען שהכלים שלהם כבר בבחינת קבלה על מנת להשפיע. אבל אלו שהם בבחינת חינונם - אל תעלם אזנך, בחינת אוזן, בינה, הם צריכים להמשיך כח שיהיה להם בבחינת השפעה... על אור דחסדים.

רמא. קראוהו בהיותו קרוב

"קראוהו בהיותו קרוב" (ישעיהו נה, ו). צריך להבין מהו בהיותו קרוב, הלא "מלא כל הארץ כבודו", ונמצא שתמיד הוא קרוב, אם כן מהו "בהיותו", משמע שיש זמן שאינו קרוב.

והענין הוא, שתמיד מחשבים את המצבים כלפי האדם המשיג והמרגיש, שאם אין האדם מרגיש את קרבתו יתברך אליו אזי אין יוצא מזה שום דבר, אלא הכל נמדד לפי הרגשת האדם. שיכול להיות שאדם אחד ירגיש עולם מלא כל טוב, והשני שאינו מרגיש את טובו של העולם, אזי אין הוא יכול לומר שיש עולם טוב, אלא שאומר כפי הרגשתו, היינו שהוא עולם מלא יסורים.

ועל זה בא הנביא ומזהיר: "קראוהו בהיותו קרוב". שהוא בא ואומר: דעו לכם, זה שאתם קוראים לה' - נמשך מזה שהוא קרוב, זאת אומרת עכשיו יש לכם הזדמנות, אם תשימו לב אזי תרגישו שה' יתברך קרוב אליכם, וזהו סימן על הקירבה של ה' יתברך. והראיה לזה, משום שצריכים לדעת שהאדם מצד טבעו אינו מוכשר לדבקות ה' יתברך, היות שזהו נגד טבעו, כי האדם מצד הבריאה יש לו רצון אך לקבל, ודבקות הוא אך להשפיע - אלא מצד שה' יתברך קורא לאדם, מזה נתרקם בו טבע שני, שהוא רוצה לבטל את טבעו ולהדבק בו יתברך.

ולכן על האדם לדעת, כי זה שמדבר דיבורי תורה ותפילה - הוא רק מצד ה' יתברך, ואל יעלה בדעתו לומר שזהו כוחי ועוצם ידי, משום שזהו ממש הופכי מכוחו. וזהו דומה לאדם שתועה ביער עבות, ואינו רואה שום מוצא לצאת ממנו ולהגיע למקום ישוב, אז הוא נשאר מיואש ואין חושב אף פעם לחזור לביתו. ובשעה שרואה מרחוק איזה איש, או שומע איזה קול של אדם, תיכף יתעורר בו הרצון והחשק לחזור למקורו, ומתחיל לצעוק ולבקש ממישהו שיבוא ויצילו. כמו כן מי שהוא תעה בדרך הטוב ונכנס למקום רע, וכבר הרגיל את עצמו לחיות בין החיות הרעות - מצד הרצון לקבל אף פעם לא יעלה בדעתו שצריך לשוב למקום ישוב-הדעת דקדושה. אלא כששומע את הקול קורא אליו אזי הוא מתעורר בתשובה. וזהו קול ה', ולא קול של עצמו. רק שאם

עדיין לא השלים את מעשיו על דרך התיקון, הוא לא יכול להרגיש ולהאמין שזה יהיה קול ה', והוא חושב שזהו כוחו ועוצם ידו. על זה מזהיר הנביא, שהאדם צריך להתגבר על דעתו ומחשבתו, ולהאמין באמונה שלמה שזהו קול ה'.

ולכן כשה' יתברך רוצה להוציאו מסבכי היער, אזי מראה לו איזה אור מרחוק, והאדם מאסף ומקבץ את שארית כוחו ללכת בַּשביל שהאור מתראה אליו בכדי להשיגו. ואם אינו מייחס את האור לה', ואינו אומר שה' יתברך קורא אליו, אז האור נאבד ממנו, ונשאר שוב עומד בתוך היער. נמצא שבמקום שהיה יכול עכשיו לגלות את כל לבו לה' שיבוא ויצילו מהמקום הרע, היינו מהרצון לקבל, ולהביאו למקום ישוב הדעת, הנקרא מקום בני "אדם", בסוד "אדמה לעליון", היינו בבחינת רצון להשפיע, בסוד הדבקות, אזי אינו מנצל את ההזדמנות הזו ונשאר שוב כמקודם.

רמב. מהו הענין לשמח העניים ביום טוב, בעבודה

ג' דחוה"מ סוכות

בזהר: חולקיה דקודשא בריך הוא למחדי למסכני [חלקו של הקב"ה - לשמח את העניים] **וכו'. ופירש שם בהסולם: כיון שראה הקדוש ברוך הוא, שהלא לשמה אין מביאו לשמה וכו', סליק לחרבא עלמא** [עלה להחריב העולם]**. היינו שמפסיקין לו השפע (הקדמת ספר הזהר אות קעה).**

ואפשר לומר, שבזמן שבאה לאדם הארה מלמעלה, אפילו בזמן שהאדם עדיין לא בא לבחינת טהרה - ומכל מקום אם האדם לוקח את ההארה הזו בכדי להגביה את עצמו משפלותו, ולהתקרב על ידי זה לבחינת השפעה, אזי נקרא שהשלא לשמה מביא לו לשמה. היינו שהולך על דרך התורה.

וזה נקרא "מאן דחדי במועדיא [מי ששמח במועדים]**": שענין מועד היינו יום טוב, ובטח שאין לך יום טוב יותר גדול, מבזמן שמאירה לאדם איזו הארה מלמעלה, שמקרבתו לה' יתברך.**

רמג. ענין בדיקת הצל בליל הושענא רבה

כ"ד אדר א' תשי"ג ת"א

ענין הצל, שנוהגין שבליל הושענא רבה כל אחד בודק את עצמו אם יש לו צל ואז הוא בטוח שיהיה לו כל טוב (שער הכוונות דרושי סוכות ו - ז). ענין הצל הוא סוד הלבוש, שבלבוש הזה מתלבש האור. ובלי לבוש אין אור, מטעם שאין אור בלי כלי. ולפי גודל הלבושים כן מתגדלים ומתרבים האורות. ובזמן שנאבד לו לבוש, באותו שיעור נחסר ממנו בחינת אור השייך ללבוש.

וזה סוד אמת - ואמונה, אמת נקרא האור והאמונה נקרא הכלי. שזה סוד קודשא בריך הוא - ושכינתיה. וזה סוד "נעשה אדם בצלמנו", ו"בצלם יתהלך איש", שהליכתו של האיש תלויה בצלם, היינו בבחינת אמונה. וזה ענין שבהושענא רבה, צריך האדם לראות אם בחינת האמונה שלו היא בשלמות.

ומה שאנו קוראין בעולמות למעלה "צלם", הלא למעלה אין שום כובד של אמונה, אלא מה שמתדמה אלינו בחינת יבשות הוא למעלה אור גדול. אלא שאנו קורין השם הזה למעלה, מטעם שמתגלה אלינו בבחינת צל, ועל שם התחתון אנו קורין כך למעלה.

בינה נקראת בחינת אמונה, שהוא סוד אור האוזן, בחינת שמיעה. חכמה נקראת בחינת ראיה, שהוא סוד אור הבא לכלים דקבלה, שהוא בחינת עיניים.

אגרות

אגרת א

שנת תר"פ (1920)

ב"ה תשעה עשר ימים למב"י בפר"ת בירושלים ת"ו לסדר בקרבתם אל ה' וכו' וכו'.

לרעי ... שליט"א

עתה בעת הצהרים קבלתי מכתבו רשום מיום שמיני בחדש הראשון, ודבריך עלי בתורעמותא [בתרעומת] כעני - הוא תפלה המקובלת, כאיתא בזוהר [כמו שמובא בזוהר].

כבר הוכחתי לך במכתבי הקודמים, שעד שאתה מוכיחני על שאני נמנע מלכתוב, יש לך להוכיח את רפיונך עצמך. ראה, שמיום שבעה בשבט עד יום שמונה בניסן, היינו יותר משני חודשים, לא כתבת לי כלום. ואנכי כתבתי לך במשך הזמן הזה ד' מכתבים, בכ"ב שבט, בעשרה באדר, בר"ח ניסן, ובשמונה בניסן.

ואם הקומץ הזה עדיין משביע את הארי, הוא כמו שכתוב: "כי גבה מעל גבה שמר וגבהים עליהם", ולמענה הנדרש בחזקה הימנו, אשיבך שהכל מאמינים בהשגחה פרטית, אבל אינם דבקים בה כלל.

הטעם הוא, כי איך אפשר ליחס מחשבה זרה ומטונפת... לבורא ית', שהוא תכלית הטוב והמטיב... אלא רק לעובדי ה' אמיתיים, נפתח להם בתחילה ידיעה בהשגחה פרטית, שהוא היה המסבב כל הסבות שקדמו לזה, מהטובות והרעות יחד, ואז המה דבוקים בהשגחה פרטית, כי כל המחובר לטהור-טהור.

וכיון שנתיחד המשגיח על השגחתו, אין ניכר כלל חילוק בין רע לטוב, וכולם אהובים וכולם ברורים, כי כולם נושאי כלי ה' מוכנים לפאר גילוי יחודו ית', וזה נודע בחוש, ובערך הזה יש להם ידיעה בסוף, שכל הפעולות והמחשבות, הן הטובות והן הרעות המה נושאי כלי ה', והוא הכין אותם ומפיו יצאו, וזה יודע לעין כל בגמר התיקון.

אבל בינֵי לבינֵי היא גלות ארוכה ומאוימה, ועיקר הצרה היא, שכאשר רואה איזה גילוי פעולה שלא כשורה, נופל ממדרגתו (ונאחז בשקר מפורסם ושוכח שהוא כגרזן ביד החוצב בו) כי חושב את עצמו לבעל הפעולה הזו, ושוכח במסבב כל הסבות שהכל ממנו, ואין שום פועל אחר בעולם זולתו.

וזהו הלימוד הגם שעמד בה בבחינת ידיעה מתחילה, מכל מקום בעת הצורך, לא ישלוט בידיעתו ליחד הכל למסבב, ביחוד, שהוא מכריע לכף זכות. וזה כל המענה על מכתבו.

מכבר אמרתי לך פנים בפנים משל אמיתי על ענין ב' הידיעות הנ"ל, שבא זה ולימד על זה. ומכל מקום מתגבר ושולט כח ההעלם בינותם. כמ"ש חז"ל בהני ב' בדיחי דהוי קדם דרבי, דהוי מבדחי לכל מאן דהוה עציב [כמו שאמרו חז"ל באלו שני בדחנים שהיו לפני רַבִּי שהיו מבדחים לכל מי שהיה עצוב].

משל למלך שעבדו נשא חן בעיניו עד שביקש לגדלו ולנשאו על כל השרים, כי הכיר בלבו אהבה נאמנה בל - תמוט.

אבל אין זה מנימוסי המלכות לרומם אדם לרום המעלות בפעם אחת, ובלי סיבה נראית לעין. אלא שנימוסי המלכות לגלות טעמו לעין כל בחכמה עמוקה.

מה עשה? הפקיד את העבד לשומר - סף בבתי בראי [בבתים החיצונים]. ואמר לשר אחד חכם בחכמת הבדחנות שיתחפש וישים עצמו כמורד במלכות, ויצא למלחמה לכבוש הבית בשעה שאין אנשי החיל מוכנים.

השר עשה כמצוות המלך, ובתחבולות ובחכמה גדולה שם עצמו נלחם על בית המלך. והעבד שומר הסף שם נפשו בכפו, ומילט את המלך, ולחם נגד השר בגבורה נפלאה ומסירות נפש עצומה, עד שנגלה לעין כל אהבת לבו למלך.

אז פשט השר לבושו, ונעשה שחוק גדול (כי נלחם בעוז רוח ובגבורה רבה ועתה נוכח אשר דמיון ולא ממשות היה כאן). וביותר צחקו כאשר סיפר השר עמקות הדמיונות

מאכזריותו ומרוב הפחד שדימה לעיניו. וכל פרט ופרט במלחמה נוראה זו היתה לסבב שחוק ושמחה גדולה.

אבל עם כל זה - עבד הוא! ואינו מלומד. ואיך אפשר לנשאו על כל השרים ועבדי המלך?

חשב המלך בלבו, ואמר לאותו השר שהוא מחוייב להתחפש בלבושי גזלן ורוצח, ויעשה עמו מלחמה כבושה. כי יודע המלך אשר במלחמה השניה יגלה לו חכמה נפלאה, עד שיהיה ראוי לעמוד בראש כל השרים.

על כן מינה את העבד לממונה על אוצר המלכות. ואותו השר התחפש הפעם בלבוש אכזרי ורוצח. ובא לבוז את גנזי המלך.

הממונה האומלל נלחם עמו בכל עוז ובמסירות נפש, עד שנתמלאה הסאה. אז פשט השר לבושו, ונעשה שמחה גדולה ושחוק עצום בהיכלא דמלכא [בהיכל המלך], עוד יותר מקודם. כי מעשי תחבולות השר עד פרטיהם מעוררים צחוק רב, מחמת שעתה היה צריך השר להתחכם יותר מלפנים, כי עתה ידוע המנהג בעליל שאין שום אכזר במדינת המלך, וכל מיני האכזרים אך בדחנים המה, עד שאותו השר בתחבולות עמוקות סיגל לו כח התהפכות לבגדי רשע.

אבל ביני לביני, יורש העבד "חכמה" - מידיעה שבסוף. "ואהבה" - מידיעה שבתחילה. ואז הוקם לנצחיות.

והאמת שמראה נפלא הוא כל המלחמות, שבאותו הגלות, והכל יודעים בטוב פנימיותם שהכל מין בדחנות ושמחה המביאים רק טוב. ומכל מקום אין שום תחבולה, להקל על עצמו כובד המלחמה והאיום.

הנה הארכתי לך בזה פנים בפנים, ועתה יש לך ידיעה במשל הזה בקצהו האחד, ובעז"ה תבינו גם בקצהו השני.

ועיקר הדבר שאתה רוצה לשמוע דברי עליו, לא אוכל לענות לך כלום, וגם על זה המשלתי לך משל פב"פ, כי "מלכותא דארעא כעין מלכותא דרקיע [מלכות הארץ כמו מלכות השמים]", אשר ממשות ההנהגה מסורה לשרים, מכל מקום הכל נעשה על פי עצת המלך וחתימתו, והמלך עצמו אינו עושה יותר, זולת שחותם על התוכנית, שערכו השרים, ואם מוצא איזה פגם בתוכנית אינו מתקנו, אלא מושיב שר אחר במקומו, והראשון מתפטר ממשרתו.

כמו כן האדם, עולם קטן, ומתנהג ע"פ אותיותיו שנטבעו בו, להיות מלכים שלטים על ע' אומות שבו, וז"ס שבספר יצירה, "המליך אות פלוני", וכל אות היא כמו שר בשעתו, שעושה הערכות, ומלכו של עולם חותמם, ובהיות שהאות טועה באיזה תוכנית, מיד מתפטר ממשמרתו, וממליך אות אחר תחתיו.

וז"ס "דור דור ושופטיו", אשר בגמר התיקון, ימלוך אותו האות שנקרא משיח, וישלים ויקשר כל הדורות לעטרת תפארת ביד ה', ולפ"ז תבין איך אפשר לי להתערב בעסקי מדינה שלך, שכבר ... ... מלכים ושופטים, שכל אחד מחויב לגלות כל מה שהוטל עליו לגלות, אשר מעברות היחוד ... ... אינו רוצה לתקנם, אני אתקנם בתמיהא, אלא בסוד הגלגול יתברר הכל.

ומטעם זה אני משתוקק לשמוע כל מיני החלטותיך בפרטיות בחינותיהם, כי בכל פרט ופרט, טמון בו חכמה עמוקה ואם הייתי שומע ממך איזה סדרים קבועים הייתי יכול למלאותם ולשמח לבך.

ודע שקשה לי מאד לשמוע לשונך, מפני שאין לך קביעות בשמות וברמיזותיהם, וע"כ, אפתח לך פתח בערכי הכינויים, אשר ע"פ משפט הכינויים אשר יורוך תמדוד לי בהם משפט חכמתך, ובדרך זה אוכל לירד לסוף דבריך.

הנני לערוך הכינויים, כפי שקלטתי מכל מכתביך, שיהיו נקבעים בקביעות בינינו, לדעת כל מה שתכתוב בלי עיון כלל, כמו סימנים על קנקנים של יין.

ונתחיל משורשא דכל שורשין, עד סיפא דסיפא [ונתחיל משורש כל השורשים עד סופו של הסוף], ומסומנים בכללותם חמש דרגות: יחידה, חיה, נשמה, רוח, נפש, שכל אלו מקובצים יחד בגוף המתקן, והנה יחידה, חיה, נשמה, המה למעלה מהזמן, והגם שאפילו בלב

נברא ימצאום, אבל בבחינת מקיפים מרחוק, ולא יבואו בגוף שנמצא בזמן תיקונו, כי גם במקור הנעלם, מובחן שורש: ראש, תוך, סוף, שהראש הוא שורש ליחידה, והוא א"ס, כי שם, אפילו במקומו לא נתגלה אורו ית', והכל בטל כאור בפני אבוקה.

אחר כך, שורש התוך, והוא שורש לחיה, וה"ס אור אין סוף, דהיינו גילוי אורו בשלימות, ובסוד הזמן מושג האור הזה, רק בבחינת החיות שבו, וד"ל. ולכן נקרא שורש לחיה.

ואחר כך שורש הסוף, והוא שורש לנשמות, והוא כמו בתחילה ממש, סוד אין סוף. וכאן נפרס פרוכתא עלאה [פרוכת עליונה], ומתחיל הזמן בסוד "שתא אלפי שני הוי עלמא וחד חרוב [ששת אלפים שנה קיים העולם ואחד חרב]", שנקרא: רוח ונפש, ושורשם דבוק בנשמה, אבל מתפשטים גם כן למטה, בסוד תורה, זה רוח חיים. ומצוה, זו הנפש, אשר הנפש זו הקביעות, בחינת נפישה, והוא כח המתבק ומחזק את הגוף במצב קבוע, בכח נוקבות שנטבע בנפש הזו.

והרוח זה הנופת רוחי חיים ואור תורה בדיוקנא דנוקבא. ועוד בשורשא מבואר הסוד "ויפח באפיו נשמת חיים ויהי האדם לנפש חיה", דהיינו, הרוח עולה לנשמה, ומקבל ממנה חיים, באור פני מלך, ומביא חיים אלו לנפש, ובשעה זו נקראת, נפש חיה.

וכן הסדר בכל הזווגים בז' נוקבין דרישא [בשבע נוקבין של הראש], ובב' דלתתא שבנפש [ובשניים שלמטה שבנפש], וז"ס "אלקים מושיב יחידים ביתה", דהיינו, בהתגלות כח נוקבות, שע"י "כל כבודה בת מלך פנימה".

והנה עיקר התיקונים והעבודה הוא לגלות כחות דנשמה, שנקרא בזהר: "עלמא עילאה [עולם עליון]", וגם זה שייך לבחינת מקור הנעלם, בסוד שורש הסוף כנ"ל. וכל זווג הוא התגלות אור אחד במציאות עלמא עילאה [עולם עליון], שז"ס "אשר בנינו כנטעים מגדלים בנעוריהם", דהיינו, בסוד העיבור בעלמא עילאה [עולם עליון], וע"י זווג ... ... לתתאין [לתחתונים] ... כך עלה במחשבה, שסיפא דרישא [שסוף הראש] המקור הנעלם, ישלים על כל המאורות ... ... המשך מספר אוצר ידיעות. עצם השכל הוא נפש אדם, וכל האדם, כי בה נגדר כולו, והיוצא ממנה היא לבושיה ומשמשיה, מהם ענפים לה, מהם כזרים נחשבו לה.

והנה הכח הזה, הגם שבנפשו הוא, מכל מקום לא יראה אותו, ונעלם מעין כל חי. ואל תתמה על זה, כי העין הוא בחינה שלטת, החשובה מכל החושים, ומכל מקום לא יראו את עצמם לעולם, אלא מרגישים מציאותם בהחלט, באופן שהראיה לא הייתה מוסיפה להם ידיעה כלל, ולכן לא נברא דבר לבטלה, כי הם להם ההרגש, ואין צורך להוסיף על חוש ההרגש.

כמו"כ הכח הנפשי, שהוא עצמו של אדם, לא ניתן לו שום הבחנה בחושים, כי די לו על כל פנים, להרגש מציאותו, ושום ב"א לא יסתפק במציאות עצמו, שיהיה צריך לעדות חושיו, (והטעם שאין הרגש בלי תנועה, ר"ל שלפעמים יפסק ההרגש, ובעצמותו לא שייך תנועה, א"כ דומה יותר לידיעה מוחלטת). וטעות גדולה לדמות צורת עצם השכל, לצורת השכלה הנאחזת במיעוטה לעיני הדמיון, כי זה שקר מוחלט, היות והשכלה זו, היא כמו אור יוצא ופועל, ובהמשך פעולתו נבחן ג"כ הרגש אורו, עד שמסיים פעולתו ונאבד אורו.

מזה תשכיל, שההשכלה הנרגשת בעת פעולתה, היא רק ענף קטן וחלוש ממנה, (הרגש עצמותי הוא בחינת ידיעה, כי כח ההרגש הוא ג"כ חוש, בבחינת יוצא פועל, והרגש עצמותי אינו צריך לו) ואין לו שום דמיון לעצמותה, לא בכמות ולא באיכות, כמו האבן המוכה ומגלה ניצוצי אור, שהתחדשו מהתפעלות כח המתבק הכללי שבאבן, והגם שבצורות כח המתבק שבו אין מין אור כלל. כמו"כ עצם השכל, הוא כח הכללי שבאדם, ונגלה ענפים משונים הימנו, כמו בגבורה וכח, בחום ובאורה, לפי חוקי המעשה הנפעל על ידו.

והגם שאנו מכנים אותה, בשם "נפש

השכלית", או "עצם השכל", הוא מפני, שהשכל הוא ג"כ ענף ממנה, והוא החשוב שבעולם, כי "לפי שכלו יהלל איש", וכיוון שאין לך נותן מה שאין בו, על כן אנו מגדירין אותה, בשם שכל. כלומר, עכ"פ לא פחות משכל הנרגש, כי היא ענפה וחלק ממנה. והוא מולך על יתר ענפיה, ובולע אותם, כנר בפני אבוקה. והשכל לא מתחבר בשום פעולה, אבל כל מיני פעולות מתחברים ונקבעים בשכל, ומובחן שכל המציאות המה עבדיו, הן במשמעת והן להשביתו, כי כולם נאבדים והולכים, והשכל בכלל, הולך ומתפתח. ע"כ כל עסקינו, רק בדרכי השכל ובמשאפותיו, ותו לא מידי [ויותר לא צריך].

יהודה ליב

אגרת ב

שנת תר"פ (1920)

ב"ה שבעה עשר בתמוז בפר"ת קרתא דשופריא

לעצמי ובשרי ... ירום הודו ותפארתו

עתה באתי למענה למכתבך מל"ג בעומר בצירוף מכתבך מן טו"ב סיון, שהשגתי אתמול, ולכן עכבתי מלענות למכתבא דל"ג בעומר, כי קויתי שתודיעני סדר שמות קבועות בינינו, כדי לגלות על ידם מחשבותינו שבלב, אבל השגתי טענת איני יודע... ולכן גם עתה לא אוכל להרחיב במילין מחמת יראתי שלא תכשל בהבנה, ואחכה לכתוב השלישי, אולי אכריע מבניהם לשון ברור, להודיעך אשר בלבבי ולא אחטיא המטרה.

כואב לי על הזמן הרב שהוצאתי בכדי ולמפח נפש, בשלשה מכתבים ארוכים הראשון מיום ב' משפטים ב"ך שבט, בו רשמתי לך שיר יפה לעבודה, המתחיל: "אכן תדבק לשוני לחכי כל עצמותי ציחו שמן, / ומפועל ה' כל שיקוי / וחייתי כל-בו יאומן". וכו'.

מכתב שני מיום ו' תצוה עשרה באדר, בו ביארתי מדרש פליאה, "הגמון אחד שאל לחד מן אלין דבית סליני [הגמון אחד שאל לאחד מבית סליני] א"ל [אמר לו] מי תופס המלכות אחרינו (ור"א) הביא נייר חלק ונטל קולמוס וכתב עליו: "ואחר כן יצא אחיו" וכו' אמרו ראו דברים ישנים מפי זקן חדש". וביארתי האמת המופלא בדברים הללו.

מכתב השלישי מיום ג' ויקרא, בו ביארתי את הפלוגתא דב"ש וב"ה [המחלוקת של בית שמאי ובית הילל] ב"כיצד מרקדין לפני הכלה". גם שיר אמיתי קולע אל המטרה, המתחיל: "הכר נא למי החותמת / שאלה היא לכל בני ירד / וליקוד אש העלמה מוצאת / כבן עולה או כבת מרד".

איני מוצא שום עון בהם שגרמו את אבידתם, זולת שהיית יכול להבין בהם שלא כהלכה, מחמת חסרון לשון ברור בינינו, אשר על כן מצוה גדולה להפיל את חומת ברזל הזו, המפסקת בינינו, אשר לא ישמע איש את שפת רעהו כדור הפלגה.

ומה שהוכחת באריכות מכתבך להראות בעליל שאדני אהבתינו מיוסדים על "אהבה מוסתרה" והעלית מזה סוף דבר ברור לדעתך, שאין לחוש כלל, לכל קושיותי שהקשתי עליך וזה לשונך מלה במלה:

"אמנם אני איני חושש כלל לקושיתך, ממני עליך, וממך עלי, כולם בטלים ומבוטלים, וגם אתה לא תחוש כלל ולא תביט למראה הפנים, אלא לגילוי הפנימי שבלב, כדרך האוהב המסתיר כל מחשבות הרבות שעוברים בתוך לבו, ועושה מקשה אחת חזקה וטובה לדחות ממנו כל המקשאות והחריפים והשומים והבצלים, ולא כוונתי במבוקשי זה כדי להרבות האהבה או שלא לבטלה כי אהבה במקומה עומדת, תמה ושלימה, ובלי שינוי כלל, שעליו אין להוסיף ולא לגרוע.

אולם כדי שלא תמצא בצער בחנם ולמה ועל מה? ובצערך אתה תוסיף על צערי, שבוודאי אינך רוצה בצערי, לכן רמזתי לך ב' הטעמים האלה כי המה אמת ופשוטים" עכ"ל.

מה אעשה אם לא אוכל לכחד האמת אפילו בשעה שהיא מרה, לכן אומר לך האמת: עדיין אין נוחה דעתי כלל, מכל פטומי מליך, ואם יש לך צער מזה, מ"מ האמת אהובה לי יותר מכל, וכתוב: "ואהבת לרעך

כמוך", "דעלך סני לחברך לא תעביד [מה ששנוא עליך, אל תעשה לחברך]", ואיך אשאיר אצלך "דבר מתוק" אם "אינו אמיתי" השנוא לו מאוד, וחכי יקיא אותו, כלה כלה יגרש אותו.

ובפרט בענין החשוב שבחשובים, שנקרא "אהבה" שהיא הקשר הרוחני בין ישראל לאביהם שבשמים, כמ"ש: "וקרבתנו מלכנו לשמך הגדול סלה באמת באהבה", וכמ"ש: "הבוחר בעמו ישראל באהבה". וזו תחילת הישועה, וגמר התיקון, אשר הבורא ית' מגלה לבריותיו אשר ברא, כל האהבה שהיתה מקודם מוסתרת בלבו, כידוע לך למדי.

ולכן מחויב אנכי לגלות לך הפגמים שטעמתי בב' המטעמים שלך: בטעם הא' מצד חוט המשולש הנעלה באין ערך על אהבת ריעים דעלמא. טעית מאד במשל הזה, להשוות ולהעריך אהבה שורשית רוחנית, לאהבת ריעים התלויה בדבר, שעומדת להבטל בהבטל הדבר. ובטעם הב' הוספת חטא על פשע, להסתייע באהבתנו, מצד אהבת ההשתוות הטבעית המצויה עמנו במדה מרובה.

ותמה אנכי "מריה דאברהם תלי תניא בדלא תניא [תרגום: אֲדוֹנֵי אברהם, תלית את הלימוד בלא מקור!]", כי אהבתנו, שורשית נצחית היא, תולה על אהבת ההשתוות הטבעית, שאפשר להבטל, "וְכָשַׁל עוֹזֵר וְנָפַל עָזֻר".

ואני באחד ומי ישיבני, ואומר לך אם ממשיל משלים אתה, לא תמשול אהבה "שורשית רוחנית" לאהבת ריעים התלויה באיזה סבה מן הסבות, העומדים סוף כל סוף להבטל, אלא לאהבת אב ובנו, שהיא גם כן שורשית, בלתי תלויה בדבר.

בא וראה באהבה זו מנהג הפלא ופלא, שלכאורה אם הבן יחיד הוא לאביו ואמו, מחויב הבן לאהוב יותר את אביו ואמו, כי מגלין אליו יותר אהבה מהורים שיש להם הרבה בנים.

אבל במציאות אינו כן, ונהפוך הוא, שאם הורים נקשרים מאד לבניהם בחבלי אהבתם אז ערך אהבת הבנים מוצער ומוקטן מאוד, עד שלפעמים נראה בחוש אצל הבנים מסוג אהבה כזו, "שנכבה בלבם כל רגש האהבה" שזהו מנהג מחוקי הטבע הטבוע בעולם, ודו"ק ותמצא.

וטעם הדבר פשוט הוא, כי אהבת אב לבנו היא שרשית טבעית, וכמו שהאב חושק שבנו יאהב אותו, כמו כן הבן חושק שאביו יאהב אותו, והחשק הזה המצוי בלבבם, גורם להם תמיד בלי הרף בחי' יראה. דהיינו, שהאב מתירא מאד שבנו לא ישנא אותו באיזה שיעור, ואפי' דק מן הדק, וכמו כן הבן מתירא שאביו לא ישנא אותו באיזה שיעור, דק מן הדק, באין נבדק.

"ויראה תמידית" זו גורמת להם לגלות מעשים טובים בין איש לרעהו, שהאב מתאמץ לגלות אהבתו בפועל בתמידות לעיני בנו, וגם הבן מתאמץ לגלות אהבתו בפועל בתמידות ובכל יכלתו לעיני אביו. ובדרך זה רגשי האהבה פרין ורבין, בלב שניהם תמיד, עד שהאחד מתגבר במעשים טובים על חברו, בשיעור גדול ושלם. דהיינו, שאהבת לב מהאב, מתגלית אל הבן בשיעור שלם, שעליו אין להוסיף ואין לגרוע.

כשמגיעים למצב זה רואה הבן בלב אביו בחי' "אהבה חלוטה", רצוני לומר, שהבן אינו מתירא כלל, שמא תפחת אהבתו, וגם אין לו תקוה שתתרבה אהבתו, וזה נקרא "אהבה חלוטה", ואז לאט לאט מתעצל הבן לגלות מעשים טובים לעיני אביו, ובערך מיעוט מעשים טובים וגילוי אהבה בלב הבן לאביו, "ממש בערך הזה יכבו ג"כ ניצוצי "אהבה השורשית", שנחקקה בלב הבן מצד הטבע, ונעשה לו טבע שני, קרוב לשנאה ח"ו, כי כל המעשים טובים, שאביו עושה עמו, קטנים ושפלים בעיניו, כלפי החיוב מצד "אהבה חלוטה" שנבלעה באבריו, וז"ס הכתוב "קטנתי מכל החסדים ומכל האמת" וכו', ודו"ק ביותר כי עמוק וארוך הוא.

ובהיות שדרכי תמיד לזמר בשבחים למערכות הטבע שהטביע וערך הבורא ית' לטוב לנו כל הימים ע"כ אגלה לך טעם המחוקק את הגבול הזה, כי לא חפץ רשע

הוא ח״ו אלא אדרבה זהו כל פריה ורביה שברוחניות, כי עיקר הנרצה מעובדי ה׳ הוא הדביקות, ואין ציור דביקות אלא מתוך אהבה ותענוג, כמ״ש: ״וקרבתנו מלכנו לשמך הגדול סלה באמת באהבה״, ובאיזה אהבה אמרו, ב״אהבה שלימה״, כי אין השלם שורה על החסר, ואהבה שלימה היא היא ״אהבה חלוטה״ כנ״ל.

וא״כ איך יצוייר עוד פריה ורביה בדביקות הנרצה, ועולה ונקנה מכל הרפתקאות דעדו עלייהו [שבאו עליהם]: וז״ס שהלביש הקב״ה נשמה, בגוף ובחומר עכור, אשר סוף כל סוף נודע לו שלגלות אהבה בפועל הוא צריך, ובחסרון גילוי אהבה בלב עצמו, כי טבע החומר לכבות מיד כל רגשי אהבה הקנוי לו מכבר.

ובדרך זה ״השלם שורה על השלם״, שיש ידיעה חלוטה באהבה חלוטה ושלימה, מצד השכל, ומ״מ אפשר עוד להוסיף באהבה, ובאם לא יוסיף אהבה, בטח יגרע ויוכבה כל הקנין שכבר קנה בהחלט, וז״ס ״והארץ לא תמכר לצמתת״ וכו׳, וכ״ז דברים כנים ואמתיים מאד, והכנס אותם לאוצר, לאחרית הימים בע״ה בקרוב.

עתה בין תבין הרהורי דברים שבלבי עליך. בראותי שאין לך שום יראה מקרירות אהבתי אליך, ואהבתי אליך היא **אהבה חלוטה**, ובפירוש רשמו אצבעותיך, שאהבתנו תמיד במקומה עומדת ״בלי להוסיף ובלי לגרוע״ אבל סוף דבר הוא שרוחניותנו מלובש בחומר, וטבע החומר להתקרר מחמת **אהבה חלוטה** כנ״ל, והוא חק ולא יעבור.

לכן אדרבה אם אתה מרגיש אהבתנו על צד השלימות בהחלט מחויב אתה, עתה להתחיל במעשים בפועל, ״לגלות אהבה״ מחמת פחד הקרירות העולה מהרגש **אהבה חלוטה**, בשלילת שום יראה: ובדרך זה מתרבה החשק, ומתרבה הכפלים שבאהבה, שנקרא ״פריה ורביה״.

והנה דברי נאמרים על צד הראיה, ו״אין לו לדיין אלא מה שעיניו רואות״, ושום עיון וספק אין ביכולתו להפר את דברי אלה, ואם אינך מרגיש את דברי בלבך, הוא מחמת הטרדות באבידה שלך, אבל בשעה שתמצא את האבידה, ותוסר הטרדה אז תסתכל בלבבך, ותמצא אותו פנוי מכל רגש אהבה. והוא מחמת חוסר מעשים בפועל לגלות את האהבה כנ״ל, וזה ברור. וגם עתה כבר מודעזעים באיזה שיעור דק מן הדק עבותות אהבתנו מחמת ״חוסר יראה״ **מכח הידיעה באהבה החלוטה.**

וכל זה כתבתי להודיעך דעתי הישרה, כי איך אכחד ממך דבר אמת, אבל לא נעלם כלל ממני שדברים הללו אינם מיושבים על לבך דהשתא [על לבך של עכשיו], והמה יגעים וארוכים לך, ולהג בשר.

אבל שמעני ויטב לך כל הימים, כי אין חכם כבעל ניסיון, לכן איעצך, לעורר בקרבך יראה מקרירות אהבה שבנינו, והגם שהשכל מכחיש ציור כזה. אבל הגע עצמך, אם יש תחבולה להוסיף באהבה, ואינו מוסיף גם זה לגריעותא [לפגם] תחשב: בדומה לאיש הנותן מתנה גדולה לרעהו, האהבה המתגלה בלבו בשעת מעשה, אינה דומה לאהבה הנשארת בלב, לאחר מעשה, אלא היא הולכת ומתקררת יום יום, עד שאפשר לבא לכלל שכחה בברכת האהבה, ומחויב מקבל המתנה להמציא תחבולה בכל יום להיות בעיניו כחדשות.

וזהו כל עבודתנו, לגלות אהבתנו בקרבנו, בכל יום ויום ממש, שוה בשוה כמו בשעת הקבלה, דהיינו, להרבות ולהפרות השכל בתוספות מרובות על העיקר, עד שהתוספות ברכה דהשתא [של עכשיו], יהיה נוגע בחושים שלנו, כמו מתנה העיקרית בפעם הראשונה, ולזה צריכים תחבולות גדולות, וערוכות לעת הצורך.

וז״ס הכתוב: ״בימים ההם לא יאמרו עוד **אבות אכלו בוסר ושני בנים תקהינה וכו׳** כל האדם האוכל הבוסר תקהנה שניו״, פי׳, שכל עוד שלא באו לידיעה הנ״ל, שלגילוי אהבה צריכים, לא יכלו לתקן חטא אביהם, ועל כן אמרו, ״האבות אכלו בוסר ושני הבנים תקהנה״. ודו״ק.

אבל אחר שבאו לידיעה הנ"ל, מיד יזכו לתקן חטא אביהם, וכל פגם שימצאו, ידעו כי יחטאו בגילוי אהבה כנ"ל, ועל כן כל יום ויום יהיו בעיניהם כחדשים כבפעם הא', שבשיעור גילוי אהבה של אותו יום, ימשכו האור עד לחוש, ואם ירגישו מיעוט בחוש, הוא מתוך אכילת בוסר של אותו יום, כי לא גילו באותו יום שיעור אהבה כל צרכן. ואכלו טרם גמר בישול, ועל כן נמעט מחושיהם, כי לא שוה כבפעם הא'.

ועיקר הדברים היא הלכתא למשיחא: אבל נוהגים גם בעוה"ז, כי באימוץ הלב, לגלות אהבה בינו לבוראו ית', הקב"ה משרה שכינתו עליו בסוד הזכירה, בסוד "בכל מקום אשר אזכיר את שמי אבוא אליך וברכתיך", וברבות הזכרון מגופא דעובדא [מעצם המעשה], יתרבה החשק והגעגועים, "ורוח אמשיך רוחא ואייתי רוח [רוח מושך רוח ומביא רוח]", וחוזר חלילה, עד שמתרבה הזכירה, ומתרבה על ידי החשק, ועולה במעשים טובים, ש"כל פרוטה ופרוטה מצטרפת לחשבון גדול", שז"ס "הנה זה בא ושכרו אתו ופעולתו לפניו".

הארכתי בזה, אע"פ ששכל קצר הוא בלימוד, אבל לקנות השכל הזה עד שיהיה נבלע באיברים, הוא ארוך מאד, אבל הוא הוא כל בחי' אתערותא דלתתא [התעוררות מלמטה], שבערך שיעור קנינו תלוי מהירות התיקון בעת התיקונים, וערך גודל פריה ורביה אחר גמר התיקון, במהלך העבודה על צד הנרצה.

ואין להרהר אחר דברי, שא"כ "גיורא בארעא ויציבא בשמי שמיא [גר בארץ ואזרח בשמי השמים]", כי מדת האהבה היא רצונית, שבלב תלויה, ואינה שכליית, וא"כ איך יתכן להציגה בראש כל המדרגות השכליות כאשר הארכתי.

אבל כל הטועם ורואה, כי טוב ה', הוא עד ראיה בכל הדברים הללו, כי בדביקות הבורא ית' קא עסקינן [אנו עוסקים], שיחודו ית' כולל כל ההבחנות שבעולם, מ"מ בלי ספק אין ביחודו העצמי שום גשם, ועכ"פ שום פסיעה מלבר [מחוץ] מעצם שכלי, וע"כ כל הזוכה להדבק בו ית', מתחכם, מפני שדבוק בשכל פשוט, ובשעת הדביקות, העובד דבוק בנעבד ית', בתוקף גילוי רצונו ואהבתו בלבד. אבל אצלו ית' הרצון והשכל והידיעה ביחוד פשוט, בלי שום הבדל בצורה: כחוקי הגשמיים: וזה פשוט. ואשר ע"כ השגת גילוי אהבתו ית' זו, זו היא ברכת השכל. וד"ל.

ובא ולמד מעובד השלם (ואפילו שלם באתערותא דלעילא [בהתעוררות מלמעלה]) ושאל זקניך ויאמרו לך, כי השלם ע"ה שלם בכל, ויש לו ידיעה שלימה "בברכה שבעתידות שלו", ומכל מקום אינו נחלש כלל מחמת כן, מיגיעה בתורה, וחיפוש. ואדרבה אין לך מתיגע בתורה ובחיפוש כמוהו. והתירוץ פשוט: שיגיעתו אינו כ"כ לקרב לעצמו העתידות הטוב, אלא כל יגיעתו היא בגדר גילוי אהבה בינו לבין קונו, ולכן רגשי האהבה פרין ורבין, ומתגדלים, בכל יום ויום עד שמשתלמת האהבה בבחי' "אהבה חלוטה", שזה מעוררו ומביאהו אח"כ לכפול שלימותו, בבחי' אתערותא דלתתא [התעוררות מלמטה] וד"ל.

ובדרך אגב אבאר לך סוד הצדקה למסכנא [לעני], שמשובחת מאוד בזוהר ותיקונים ובחז"ל: אשר אבר אחד נמצא באדם, שאסור לעבוד עמו ח"ו, ואפילו אם מצוייר עוד באדם "איזה רצון דק" לעבוד עמו, נשאר אבר זה כנגוע ומוכה אלקים, ונקרא "מסכנא [עני]", שכל זכות קיומו ופרנסתו בעולם, היא שאחרים עובדים בעדו, ומרחמים עליו, וז"ס "כל המקיים נפש אחת מישראל כאלו קיים עולם מלא", שבהיות האבר סמוך על שולחן אחרים, אין לו יותר מקיום נפשו בלבד והבן.

ומ"מ מחשיב הקב"ה כאלו קיים עולם מלא, שזהו עצמו כל ברכת העולם ומלואו, שפרין ורבין ומשתלמין רק בכח נפש המסכן הזה, שמתקיים ע"י עבודה של אברים אחרים וד"ל.

וז"ס "ויוצא אותו החוצה ויאמר לו הבט נא השמימה וכו', והאמין בה' ויחשבה לו צדקה", פירוש, כי בהוציאו אותו החוצה ע"כ היה איזה רצון לעבוד באבר זה, ולכן אסר לו העבודה.

וז"א: "הבט נא השמימה", ויחד עם זה הובטח בברכת הזרע, והמה כמו "ב' הפכים בנושא אחד" כי כל זרעו לברכה, על כרחך מאבר זה באים, וא"כ כשאינו עובד, איך ימצא זרע, וז"ע "והאמין בה'", דהיינו, שקיבל "ב' קבלות אלו, כמו שהם", הן איסור העבודה בהחלט, והן הבטחת ברכת הזרע, וכיצד קיבלם? ע"ז מסיים "ויחשבה לו צדקה", דהיינו, כצורת "הצדקה", לעני המתפרנס מעבודות אחרים.

וז"ע ב' המימרות בחז"ל: מר סבר שהקב"ה יעשה עמו צדקה, שיקיימיהו ויחיהו בלי עבודה, ומר סבר שאברהם יעשה עם הקב"ה צדקה, ואלו ואלו דברי אלקים חיים, כי טרם התיקון נמצא אותו אבר בשמים, ונחשב הצדקה על שם התחתון, ובגמר תיקונו לא בשמים היא ואז נחשב נתינת הצדקה לעליון. ודו"ק כי אמיתי הוא.

יהודה

אגרת ג

שנת תר"פ (1920)

ב"ה בפר"ת ירושלים

לכבוד ... נ"י

"ארבעה נכנסו לפרדס", וכו', כי קודם שנברא העולם, היה הוא ושמו אחד, כי הנשמות לא היו בבחינת נשמות, כי כל ענין שם, הוא ענין, שבשעה שחברו מחזיר פניו ממנו, קורא אותו בשמו, להשיב פניו אליו.

וכיון שטרם הבריאה היו הנשמות דבוקים בו ית' בשיעור שלם, ונתן עליהם עטרות וכתרים, הוד והדר ות"ת, אפילו מה שלא עוררו, כי הוא ית' יודע חפצם מאליו ונותן להם, אם כן, מכל שכן שלא שייך לומר קריאת שם, שזה ענין התערותא דלתתא [התעוררות מלמטה], באיזה צד. ולכן הוא בחינת "אור פשוט", כי הכל בתכלית הפשיטות, והיה אור זה מובן לכל אדם פשוט, ואפילו למי שלא ראה שום חכמה.

לכן נקראו בסוד חכמים ונבונים "פשט", כי הפשט הוא שורש לכל דבר, וממנו לא ידברו סופרים וספרים, שהוא מושכל אחד פשוט ומפורסם. והגם שבעלמין תתאין [שבעולמות תחתונים], רואים ברשימו של אור הפשוט הנ"ל שתי חלוקות, הוא משום, שחלק לבם של עצמם, בסוד "ואנכי איש חלק".

מה שאין כן במקום הנ"ל, אין שום השתנות בכל ציור שתצייר. והרי זה דומה למלך שלקח את בנו חביבו פתאום, והעמידהו בפרדס הגדול והמופלא שלו, וכיון שפתח בן המלך את עיניו, לא הסתכל במקום עומדו כלל, כי מרוב האור שבפרדס, נמשך ראיית עיניו למרחקים, הרחק ממנו, כרחוק מזרח ממערב, וכל אור עיניו נתן על הבנינים ועל ההיכלות שברחוק ממנו בצד מערב, והיה הולך ימים וחדשים, מטייל ומתפלא מרוב התפארת והיקר שרואה בצד מערב, שהוא נוכח עיניו.

כעבור מספר חדשים, שקטה רוחו ונתמלא תאותו, ושבע מההסתכלות בצד מערב, יישב א"ע וחשב, מה נמצא בכל הדרך שעברתי? הפך פניו לצד מזרח, הוא הצד שדרך שם נכנס, והוא נרעש! כי כל החמדה וכל היופי, היה בסמוך אליו, ואינו מבין א"ע על אשר לא הרגיש כלל בכל זה עד עתה, והיה דבוק רק באור המאיר כלפי מערב.

מני אז והלאה היה דבוק באור המאיר פני מזרח, והיה הולך ומטייל לצד מזרח, עד שהגיע לשער הכניסה ממש.

עתה תמה על עצמך, ואמור לי החילוק, מימים הנכנסים לימים היוצאים, כי כל מה שראה בחודשים האחרונים, ראה גם בחדשים הראשונים, אלא מעיקרא [מלכתחילה] היה בלי התפעלות, מחמת שהיו עיניו ולבו לאור המאיר כלפי מערב, ולאחר ששבע כל צרכו, הפך פניו לצד מזרח, ושם עיניו ולבו באור המאיר כלפי מזרח ומה נשתנו אלו?

אלא בהיותו על יד שער הכניסה, יש מקום גילוי לפנים הב' שנקרא בלשון חכמים "רמז" מלשון "ומה ירמזון עינך", דומה למלך שמרמז איזה דבר לבנו חביבו, ומפחידו ברמיזות עין. והבן.

והגם שבן המלך לא מבין כלום, ולא רואה כלל הפחד הפנימי הטמון ברמז הזה,

מכל מקום, מרוב דבקותו עם אביו, מיד נשמט משם לצד אחר.

וז"ס שנקרא פנים הב' "רמז" ודו"ק היטב.

כי ב' פנים הנ"ל, **פשט ורמז** נרשמים לתחתונים שורש אחד, כמ"ש המדקדקים, שאין תיבה שלא יהיה לה שורש משתי אותיות, הנקראים מקור התבה, כי מאות אחד אי אפשר להבין שום משמעות, ולכן ר"ת **פשט רמז** הוא "פר", שהוא שורש לפר בן בקר שבעוה"ז, וכן פריה ורביה באה משורש הזה והבן.

אחר כך מתגלה והולך פנים השלישי הנקרא בלשון חכמים **דרוש**, וע"כ לא היה כלל דרישה לשום דבר, בסוד "הוא ושמו אחד" כנ"ל. אבל בפנים הזה, גורעים ומוסיפים ודורשים ומוצאים, בסוד "יגעתי ומצאתי", כנודע לך בעליל. ולכן נחשב המקום הזה לתחתונים. מפני שיש שם אתערותא דלתתא [התעוררות מלמטה], לא כמו הארת פני המזרח למעלה, שהיה בבחינת "טרם יקראו ואני אענה", כי כאן היתה קריאה חזקה, ואפילו יגיעה ותאוה, וז"ס "קברות התאוה". והבן.

אחר כך מתחיל, פנים הרביעי, הנקרא בלשון חכמים **סוד**, האמת שהוא דומה לרמז, אלא שברמז לא היה כל תפיסה, אלא כצל הנמשך אחר אדם כנ"ל. ומכ"ש שפנים הג' של דרוש כבר הלבישו, והבן.

אבל כאן הוא בחינת קלא [קול] בלחש, כמו אשה הרה המריחה... לוחשין לה באזנה שיוה"כ היום וכו' כדי שלא יתנענע הולד ויפול. ודו"ק.

ואין להקשות שאם כן אדרבה, הוא הסתרת פנים, ולא פנים? כי זה "סוד" כמ"ש: "סוד ה' ליראיו ובריתו להודיעם", כי לכן כרכר כמה כרכורים, עד שלחש לו לשון מדברת כזאת: "טרף נתן ליראיו", ולא "טרפה", כמו שלגלג האי לגיון [החייל ההוא]. והבן.

והתירוץ הזה השגת בעצמך, וכתבת לי במכתבך, אלא בבושה וצניעות, כי רווק אתה ולאו אורחא דארעא [וזה לא דרך ארץ]. ודי"ל.

פסוק זה כיון דאתא לידן [כיון שבא לידינו], אבאר לך אותו, כי זה גם קושי' המשורר "סוד ה' ליראיו", ואמאי [ומדוע] דיבר בלשון כזה? כקושי' חז"ל שמצאנו שהכתוב מעקם (שמונה) י"ב אותיות, כדי לדבר בלשון נקיה כמ"ש: "ובהמה אשר לא טהורה היא וכו'", ע"ש.

ועדיין לא מספיק למשורר תירוצך, כי היה יכול לתת לנשמות כל טוב, ובלשון נקיה, כמו שאמר לבן ליעקב: "למה נחבאת לברח ותגנב אתי, ולא הגדת לי ואשלחך בשמחה ובשירים, בתף ובכנור".

על זה עונה המשורר: "ובריתו להודיעם", שז"ס חיתוך ופריעה ואטיפו דדמא [והטפת דם]. דהיינו, בפרטיות י"ג בריתות, כי אם לא היה הסוד בדרך הזה, אלא בלשון אחר, היה נחסר ד' תיקונים מי"ג תיקוני דיקנא, ולא היה נשאר אלא ט' תיקוני דיקנא שבז"א, ולא היה הז"א מלביש לא"א, כנודע לבאים בסוד ה', וז"ס "ובריתו להודיעם", וזה סוד "זכות אבות תמה אבל ברית אבות לא תמה".

ונחזור לענינינו, שז"ס "פר" "פרדֿ" "פרדס", שזה סדרם וצירופם, מעילא לתתא ודו"ק.

ועתה תבין ענין ארבעה חכמים אלו שנכנסו לפרדס, דהיינו, פנים הד' הנקרא "סד", כי לתחתון יש בו מן העליונים שקדמוהו, ולכן נמצאו כל ד' פנים כלולים בפנים הד', וסודם, ימין ושמאל, פנים ואחור.

כי ב' פנים הראשונים הם ימין ושמאל דהיינו, "פר" (וז"ס שאמר על גב מעלה בהר הבית: "כל חכמי ישראל דומין עלי כקליפת השום") והם בן עזאי ובן זומא, שנשמות אלו ינקו מב' פנים "פר".

וב' פנים אחרונים הם פו"א, והוא רבי עקיבא שנכנס בשלום ויצא בשלום, ויפה אמרו: "מלמד שיש לדרוש על כל קוץ וקוץ תילי תילים של הלכות".

"ואחור" הוא אלישע בן אבויה שיצא לתרבות רעה. ועל זה אמרו חז"ל: "לא יגדל אדם כלב רע בתוך ביתו", כי תרבות רעה היא.

וכל מה שנאמר עליהם, הציץ ומת, הציץ ונפגע, ויצא לתרבות רעה, כל זה נאמר

תרעד עבודה רוחנית 674

באותו הדור שנתאספו בסקירה אחת ביחד, אבל נתקנו כולם היטב בשלימות זה אחר זה, כנודע לבאי סוד הגלגול. אלא אחר, ראה לשונו של חוצפית המתורגמן, לכן אמר, "שובו בנים שובבים חוץ מאחר", ומקומו ירש רבי מאיר תלמידו של רבי עקיבא.

נכון שגם הגמ' מתקשה, איך למד רבי מאיר תורה אצל אחר, ואמרו "רמון מצא תוכו אכל קליפתו (אחר) זרק". ויש אומרים שגם הקליפה תיקן, בסוד, העלת עשן על קברו. וד"ל.

בזה תבין המימרא [אמרה] של אלישע בן אבויה: "הלומד ילד למה הוא דומה? - לדיו כתובה על ניר חדש". דהיינו, נשמת רבי עקיבא. והלומד זקן למה הוא דומה? - לדיו כתובה על ניר מחוק". אמר על עצמו. וז"ע אזהרתו לרבי מאיר. "עד כאן תחום שבת". שהבין ושיער בפסיעותיו של סוסו, כי לא ירד מסוסו לעולם.

וז"ע "פושעי ישראל אין אור [אש] של גיהנם שולטת בהן, ומלאים מצוות כרמון", ומביא ק"ו ממזבח הזהב שאין עליו אלא כעובי דינר זהב, עמד כמה שנים, ולא שלטה בו האור [אש], וכו' ריקנין שבך מליאין מצוות כרמון על אחת כמה וכמה. ואתיא כמ"ד [והולכת כמי שאמר] שהקליפה גם נתקנת.

ודע, שרבי אליעזר הגדול ורבי יהושע, גם הם מנשמות פ"ר. כמו בן עזאי ובן זומא, אלא בן עזאי ובן זומא היו בדורו של רבי עקיבא והיו תלמידיו, דהיינו מכ"ד אלף. אבל רבי אליעזר ורבי יהושע היו רבותיו. וז"ס שבמקום רבי אליעזר היו מטהרין את הטהרות (סוד הפשט), שעשו ע"ג תנורו של עכנאי, כי חתכו אותו חוליות חוליות (ח"י חוליות) ונתנו חול בין חוליא לחוליא, דהיינו, פנים הג' כחול שויהו בין חוליא א' שהוא פ"ב, ובין חוליא ב' שהוא פ"ד, וממילא אחתא ומודעתא כחדא נכללים [אחות ומודע - כאחד נכללים]. ור' טרפון ור' יהושע כחדא [כאחד], הם תלמידיו של רבי אליעזר הגדול, ורבי עקיבא כמו נכלל ביניהם, כי יום טוב שני לגבי יום טוב ראשון כחול שוינהו רבנן [כיום חול השווהו חכמים], כי "הדרוש" לגבי "רמז", כשרגא בטיהרא [כנר בצהריים].

אבל חכמי דורו, טמאו כל אלו הטהרות, ושרפו אותן, ורבי אליעזר הגדול הוכיח באמת המים שעלה מימיו, כי חכם גדול היה רבי יהושע וכותלי בה"מ יוכיחו, והתחילו ליפול מפני כבודו של רבי אליעזר ולא נפלו מפני כבודו של רבי יהושע. וזו הוכחה גמורה, שאין עוד שום ספק שטהור הוא.

אבל החכמים נטלו רבי יהושע באנפי נפשי' [בפני עצמו], ולא רצו לפסוק הלכה כרבי אליעזר רבו, עד שירדה בת קול, בבחינת רבי יהושע דתלמידו ממש היה, אבל רבי יהושע לא התחבר למקומו, ואמר אין משגיחין בבת קול, "לא בשמים היא" וכו', ואז ברכוהו חכמים, כי התבטל אור אוזן מהם, שלא צייתו הלכות רבי אליעזר הגדול. ורבי עקיבא תלמידו החביב לו הודיעו. כי מתו כ"ד אלף תלמידיו בימי הספירה, ולקה העולם שליש בזיתים וכו'. ע"ש.

אלישע בן אבויה ורבי טרפון משורש אחד באו, אלא אלישע בן אבויה הוא אחורים עצמו, ורבי טרפון הוא פנים דאחורים. משל למה הדבר דומה: בבית אחד מונחים זיתים מרים, לא יצלחו לכל; ובבית שני מונחת קורת בית הבד, לא תוכשר לכל, ובא אדם וחבר את שניהם, כי נתן הקורה ע"ג הזיתים, ויצא לו רכוש גדול של שמן.

נמצא שהשמן הטוב המתגלה, הוא פנים, והקורה היא אחורים, ופשוטי כלי עץ בעלמא הנשלכים אחר גמר מלאכתם.

והבן שמנהג זה הוא בהתפשטות השרשים לענפים בעלמין תתאין הימנו [בעולמות נמוכים ממנו], אבל בשרשם נראו שניהם בבת אחת כמו אדם שבא פתאום לבית הבד, ורואה קורת בית הבד ותחתיו קופה גדולה של זיתים, ושמן שופע מהם בהרוחה, כי בשורש נראה הכל בב"א, ולכן נקרא זה "אחר" וזה "טרפון, זה "קורה" וזה "שמן" השופע מיד על ידה, וז"ע שיצא לתרבות רעה, כי לאחר שהתגלה החפץ, שהוא נשמת רבי טרפון, נשארה נשמת אחר כתרבות רעה בביתו של אדם. וזה צירוף

אות "סוד": ס' היא ר"ת של הסוד עצמו נשמת אחר. ד' היא ר"ת של דרוש, נשמת ר"ע, כי הם הפועלים. ו' שבאמצע הוא רבי טרפון. יהודה ליב

אגרת ד

שנת תר"פ (1920)

ב"ה אור ליום ט"ו מר-חשון בפר"ת

לכבוד

ידי"נ ... שליט"א

... ...

אמנם באשר שרואה אני קושי הפשיטות שעליך, שאתה מתבייש לדבר בפשיטות, וכל עסקי עמך, הן פא"פ והן במכתבים לא פעלתי ברותך כלום, כי זה דרך רוב בני אדם בענינים האלו, שבכל אבר שחוטאים בהם, או מנהגם עמו כמנהג הבהמה, בהשתוות, יבושו עמו כבושת גנב, ויכסו אותו בז' כיסויים. כמו אבר המילה וחלק אחוריים וכדומה, מהאברים העושים שוה כמעשה הבהמה.

לכן מוכרחת אני לוותר לך, על שינוי זה, ואדבר עמך בלשון... מתחת מעטה של המליצה. כי כבר נלאיתי לחכות על פתרונות בשאלה זו, הנחוצה לשנינו יחד, והעיקר לכבוד שמים. כי אינו חסר לי זולתה כלום.

אבחר לדבר עמך לשון ערומים, בלשון שאין מלאכי השרת נזקקים לו. ואי לזאת, אדרוש ממך לבאר לי לשון הזוהר הקדוש בשלוש מקומות באר היטב. ואפילו הדברים שברור לך שיתרון או אפילו לחטא יחשבו לגלות רזין כאלו, ומכל-שכן בפני יודעים ומבינים. או אפילו דברים הקלים ומעופפים כעופי שמיא על שמים [כְּצִפּוֹרֵי שָׁמַיִם עַל שָׁמַיִם], של איש פשוט, הכל צריך לי. והגם שאין צורך בו לעצמו, אבל צורך הוא לכלל פנים.

ועיין בזוהר מפרשת שמות ולהלאה, עד דיבורי ההפסקה שלאחר הפסח ועד בכלל באר היטב. ואחר-כך, עיין היטב מדפים של קודם חג העצרת, ששם בסמוך לו, עד אלול דהאי שתא דעברוה מעברא לארעא דישראל [עד אלול של אותה שנה שֶׁעֲבָרוּ מֵעֵבֶר לארץ ישראל]. והא לך ב' מקומות. ואחר-כך מדפים דמעלות ארעא דישראל [ארץ ישראל] עד סופו.

מתחילה תבאר לי כל מיני השתנות ופעולותיהם, מהאי מקום להאי מקום [ממקום זה למקום זה]. דהיינו, בפרנוס הדרגות, ואסוקי שמעתתא [והבנת הסוגיה] כל כמה שידך מגעת. ואחר-כך תציין לי כל טוב שבפסיעות גופייהו ואבזורייהו [עצמם וחלקיהם], ואיזה נחוצה ואיזה יתירה, ובמה נחוצה ובמה יתירה, ומה העולם היה חסר בלעדה, גם ציורי קוי התקוה שבכל אתר ואתר [מקום ומקום]. ועיקר בשרטוטין מבליטין תואר הפנים עם גווני חיותו והארתו, בפנים אימות או פנים יפות, או פנים שוחקות, או פנים מסבירות. כי על בליטה חיה כזו צריכין לרשום אפילו דברים פשוטים, ומיותרים, ונודעים מכבר, כדי שבכל תמונה יצוייר כללות שרטוטין בקבוץ אחד, מסודר לזה בהסברה יתירה. ולא תכפול הטעות לפרש לי הפירוש שמצאת בהשרטוטין ושרטוטין עצמם מובלעים בפירושך, אדרבה לשרטוטין גופייהו [עצמם] אני צריך, ולפרשם אני בעצמי ביכולת כמותך, והעיקר כמו שנפלו מלמעלה, טרם ביאורך שנתת עליהם מלמטה.

וכיון שעדיין אני ירא מעצלות ידים שלך, אשר רק קליפה, או צודה נפשות נקיות מבלי פשע. לכן הנני בעצמי אכתוב לך חידושי מילין בצורות הללו, שאני דורש אותם.

ואחר ככלותך לבאר לי כל השרטוטין הנ"ל, כל כמה שידך משגת, בפשיטות בלי ביאורים, רק כמו שנפלו משמים, אחר-כך תפרש לי בלשונך, מה שאני מפרש כאן בלשון תרגום, שבדרך זה אדע כמה אתה מבין כתב ידי והגיוני לבי.

ואחר שתפרש מה שבלבי, תגיה את דברי, ותוסף עליהם, או תגרע מהם, או שניהם יחד. ולמעה"ש, למלאות דרישתי זאת, ולא לחוס על שום ביטול תורה ותפילה שלך, אפילו כמה שבועות, עד שתמלא דרישתי זאת, ועד שיגיעו לי דבריך הללו במענה ברורה לי, הרי

אצבעותי קשורים בעבותות היראה, ולא אוכל לבוא ולצאת עמך בכתובים באוהלה של תורה ואהבה עילאה [עליונה].

[העורך: מכאן ואילך האגרת בארמית. תרגום לעברית מופיע בעמ' 680]

תא חזי, אית שפה קדישא לעילאין, ואית שפה קדישא לתתאין. ועלייהו אקרי כל הני חכימיא דקשוט פה ה', מ"ט, בגין דשכינתא קדישא מדברת מתוך גרונם. וכל מה דממללון, חיך דלהון טעים ולא אחרא. ועל דא אורחייהו דהני חכימו דקשוט, לממסר חוכמתא לחבריהון, פה אל פה.

ומאי טעמא פה אל פה, ולא מפה לאודנין, בגין דמה דחיכא טעים, לא מתמסר באודנין, והאי לחודא והאי לחודא.

ועל רזא דא כתיב: "פה אל פה אדבר בו במראה ולא בחידות". "במראה", דא לפום חיזו דבני נשא, "בחידות", דא לפום שמיעו דאודנין דבני נשא.

אבל לית הכי כלל אורחייהו דחכמתא דקשוט, דלית איהי ממסרא, אלא מחיכא, כמ"ד: "מי יאכל ומי יחוש חוץ ממני", וע"ד כללא ידעי רבנן דין בדין מין (דלאו) במינו בטעמא, דכל מין ומין אית ליה טעמא באנפי נפשיה, וכיון דהני חיביא שבע תועבות בלביהון, על דא חלק לבהון, ולית טעמיהון שוה, כי בלל ה' שפתם אשר לא ישמעו איש את שפת רעהו.

אבל רבנן, דשקרא לא אתי בחכיהון, בגיני כך, כל מיכליהון קושטא איהו, וכל אתערותא דלהו לקושטא איהי. ועל דא הוי כלהו רבנן כגברא חדא, ומבינין כל חד שפת רעהו, דחכיהון חיך חדא. ועל דא אשתכח חילא הון לגלאה רזין, חד לחבריה פה אל פה.

וברזא דא צלי רעיא מהימנא על יהודה - "ואל עמו תביאנו", ואוקמוהו רבנן, שיוכל לעמוד במחיצתם של צדיקים, ולישא וליתן עמהם בהלכה. דהיינו, כדאמרן, שישמע לשונם.

כי מאן דאשתכח בפגימו, ברזא דלא תיקן כדקא יאות חטאם של דור הפלגה, כדין אשתכח תחות רשותא דאליל בבל, דאקרי: "בל", ונבלה תמן שפתהון, ולא ידע מאי קאמרי רבנן, ווי ליה ווי לנפשיה. ו"שכינה מה לשון אומרת? קלני מראשי קלני מזרועי".

ואי תימא איך אית לתקן תיקונא דחובה רבא דא, והכתיב: "האלקים בשמים ואתה על הארץ על-כן יהיו דבריך מעטים". וכתיב: "למה יקצוף האלקים על קולך". דא קושטא איהו בלי ספיקא כלל.

אבל כגון הכא אנן צריכין לכחו של משה רעיא מהימנא, דסהיד על גרמיה: "לא בשמים היא וכו' בפיך ובלבבך לעשתו". דבחילא תקיפא דרעיא מהימנא, אשתמודע דכבר נחתא תורה לארעא כהני צירופי אתוון דשמאהן דאורייתא. ובכל הני עובדין דסדיר קמן ודכולא עלמא ברזא דמן המותר בפיך, השתא איתנייהו בארעא ממש כמ"ד: "בפיך ובלבבך לעשתו". דהיינו, באתדבקותא דרוחא ומוחא, בכל האי סכלתנותא ודעתא דאית בשיחין דאבהתנא, ובשיחת עבדי אבהתנא, ובתרי"ג פיקודין דבכל עובדא אשתמודע לעיינין צירופא חדא בגוונין דאורחין דמארי עלמא, דבגוונין אלין אתפקדא כל נהורא עילאה. ומאן דאדביק גוונא חדא בדעתא שלים, איהו לא טרח בכדי, ארי הכא אשכח חולק חדא מתרי"ג חולקין דנשמתא. וכדין אזיל ואכפיל בכל הני גוונין, עד דמשכח כלהו איברין דנשמתיה.

ואם זכה לשלימו דנשמתיה, הרי להוי באבטחותא דזכי בכולא, דכלום חסר בביתא דמלכא, וליכא עניותא באתר דעותרא סגיאה.

ווי להני טפשין, מבלי עלמא דידעו בנפשייהו דטב להון דלא אתבריאו, ומלתא חדא תחות לישנא דהנך דהוו להו יומין טבין מהאידנא. דהיינו, מלקדם דאתבריאו.

ודא זמין להו קוב"ה לאשתמודע פגימו דלהון לעיינין דבני נשא. והיינו דכתיב: "אל תאמר מה היה שהימים הראשונים היו טובים מאלה, כי לא מחכמה שאלת על זה". דהיינו, דהכתוב חס עליהון, ומודע להון דיכסו בלבייהו מלתא דא, בגין דסימנא הוא לפגימו דטפשותא דאית בהון.

ועל דא אוכח להו נביאה מהימנא מלאכי: "מגישים על מזבחי לחם מגאל ואמרתם במה גאלנוך, באמרכם שלחן ה' נבזה הוא". דכן

אורחייהו דכל טפשי עלמא, כיון דחכייהו טעים מתקא למרירו, כדין אמרין דמריר הוא, ומבזין פתורא דמלכא קדישא.

ועל דא לייט להון ואמר: "וארור נוכל ויש בעדרו זכר" וכו'. ואחזי להון דהאי נכילותא, איהו דאינון נוכלין במארייהו. מאי טעמא, בגין דאית בעדרייהו זכר, ואינון קא מפרשי בעובדין, ולא טרחי לאשכחא יתיה, ובגיני דא, לייט להון נביאה קדישא. בגין דאפשר להון לאיתאה להיכלא דמלכא "זכר תמים", ואייתו ית דתגיר, וית דעויר.

ווי להון דאחזיאן קלנא בהיכלא דמלכא. ועל דא מחוי להון בפקיחו יתירא פגימו בישא דלהון ברזא "הקריבהו נא לפחתך הירצך או הישא פניך". "פחתך", איהו רמיזו לאתרא דפחת, דעבדו תמן פגימו, דהיינו, בשפה עילאה, דוכתא דלדידן הוי מומא, ולדידהו לא הוי מומא. אבל האי אתרא לא מתמלא בעקימת שפתייהו וקוב"ה מגלי בישהון לאפיהון, כמא דאמינא לך, כד הוינא עמך, ברזא דקרא "ונקי וצדיק אל תהרוג". דמותא, אקרי "נקי", ולבא, אקרי "צדיק".

ווי למאן דחליף שמייהו דמשקר בשמא דקוב"ה, ומהפכין הקערה על פיה. וקרא מסהיד בהון ולאפיהון "כי לא אצדיק רשע".

ובגין דא אנת רחימו דנפשאי לא תהך בארחיהון דהנך מבלי עלמא, שטיא ובר שטיא, בגין דלא שוין לגבך כלל, לא בגזעא ולא בשבילא ומכל-שכן בפירי. דבגזעא דילך אנת חד בהאי דרא, ובדכיותא דגזעא הדא טב אנת מנאי, כמא דאמינא לך כד שרינא עמך, ולא חסיר לך כלל, אלא למפק בחקלא דברכיה ה'. ולמילקט כל הני איברין המדולדלין דאתדלדלו מנשמתך, ולצרף יתהון לגופא חדא. ובהאי גופא שלימאה ישרי ה' שכינתיה בגויה בתדירו ולא יתפסיק כלל. והאי נביעו דסוכלתנותא סגיאה ונחלין עלאין דנהורא יהוי כעינא דלא פסיק. וכל אתר דיהבת עינך בו יתברך, וכולהו יתברכון בגינך, בגין דיהוין מברכין יתך בתדירו, וכלהון מרכבתין דמסאבותא ישרי עליהו... לעלמין בגין דרעותהון למילט יתך, וכדין יתקיים ברכתא דסבא "מברכיך ברוך" וכו'.

ונהדר להאי רישא דשרינא ביה ברזא דפה ה', דאית שפה עילאה ואית שפה תתאה, ואינהו כתרי אחתו שויין דא לדא, אבל בגין לאוספא לכל הני זכאין טיבו על טיבו, ונהורא על נהורא, אתתקן עלייהו ד' תיקונין דדיקנא קדישין עילאין, זכאה חולקא דהאי דזכי למירת להון. ואוף זכאה חולקא דהאי גברא דזכי לאתדבק בהאי זכאה דכבר ירית להון.

וברזא דהני ארבעה תיקונין כתיב: "לא מחשבותי מחשבותיכם ולא דרכיכם דרכי". דלית מחשבין קדישין עילאין כמו מחשבין דהדיוטא, ולית אורחין קדישין עילאין כאורחין דהדיוטין. מחשבה, איהי רזא דרישא, ואורחא, איהו האי אורחא דרישא אתפשט ביה ופרי ורבי על ידיה.

תא חזי, אית רישא עילאה ואורחא עילאה על גבי שפה עילאה, ואית רישא תתאה ואורחא תתאה על גבי שפה תתאה. ועל דא אתתקנו הני שערין דשפוון על שפה עילאה דאינון חיזו דהאי רישא עילאה דאמינא. ותיקוני דא אקרי "רחום". עיין אדרא רבא נשא. והאי חיזו כד זכיין למחמי יתה בטביעו דעינא אשתכח דאיהו מלא רחמים מכל סטרין דלית ביה אתר... ... ועל דא איהו "רחום" ודאי.

ולבתר דא זכיין למחמי אורחא עילאה, דאיהו אורח דבני עליה דאינון שעירין, ובגין דא אתחזי לכל הני עלמין תתאין כמה דהאי תיקונא יקירא דרישא דאקרי "רחום", דאיהו תושבחתא דכל תושבחתין אתחזי לון, דבהאי אורחא אתפסיק משערין אלו גו מצעי, ופסיקו דא דאורחא דא אתחזי לתתאין מכחות ב' נוקבין דחוטמא, תמן אתפשט האי אורחא ואתרשים במציעו דשפה עילאה. ותיקונא דא אקרי "וחנון", דכל יודעי חן חמין יתיה ודאי.

והשתא דזכית להני שרי שמהן ... ... תתאין, ונחזי מאי האי דקמן באתר דא דאשתכח שפה ... ... מתחות שפה תתאה, דתמן ... ... דהיינו, רישא לתתאין, וכל הני זכאין זכו לנשיקות ... ... אף-על-גב דנשיקין ... ... תתאה כחדא. ואם-כן אית

למתער למה אתדבקו ברישא דשפה תתאה ... ... טעמא יתירה ... ... ופומא קדישא ... ... דהאי אורחא דאתרשים בשפה עילאה, ומחזי להון אתר דא כמה ... ... אורחא לית בשרא, ... כדקא יאות ברחימו ... וכדין ... ... אתתקפו יתיר בשפה תתאה. וכדין "עזה כמות אהבה", ונפק נפשיהו ברחימו עילאה ותתאה כחדא, וכד נפשייהו ... ... תתאה.

ועל דא אקרי אתר דא רישא תתאה, מאי טעמא, בגין דדמי לגמרי לרישא עילאה. וכלא יודעים דדא אוליד לדא. ודא אקרי "ארך". בגין דנתארך פנים דרישא עילאה ... ... אין בכלא דא לדא, וכמה דאתכללו כחדא הויין לעיינין דכולא.

וברזא דא אוקמוהו רבנן ד"קול ומראה וריח אין בהם משום מעילה". מאי טעמא משום דבג' אלין אתחזי כל ... וכיון דזכינן דהאי רישא תתאה אתכפל בסיומא, ואתי בג' תושבחתן... כמה דאתיא לן רישא עילאה, ודאי אין בהם מעילה, ולית שום פגימו שייכא בהני תיקונין יקירין דאתמשכא... דידהו, וכולא יודעין דדא אוליד לדא, לאפוקי מליצני הדור דהוי אמרין, מאבימלך מלך גרר אתעברה שרה.

ועל דא אתקיים בהאי נטיעא קדישא דזרעא דישראל, רזא דקרא: "ואני זאת בריתי אותם אמר ה', רוחי אשר עליך" וכו'. ואשתכח תיקונא דא רישא לתתאין ודאי. בגין דשייכא לתתאין לקיימא להון, ולקשרא להון בצרורא דחיי כדאמרן.

אבל ברזא דאוקמוה רבנן, ד"אין ישיבה בעזרה, אלא למלכי בית דוד בלבד", מאי טעמא, בגין דאינון משתכחו ברזא דרישין. אבל לכלהו בני דרא אתר דא נעשה רק למעברא עלוהי, ואי לאו הכי הוי האי מנוחה ברזא דטיול בנייחא דרוחא, ועל דא אתתקן ואתמשך מהאי רישא אורחא תתאה, ואיהו דמיא נמי לאורחא עילאה. אבל אתגלי ואתי כמו סבא דלאי מאורכא דיומין, ו"לא בסבי טעמא", כמו ברזילי הגלעדי. דכיון דצורה דהאי אורחא תתאה, דמי לגמרי בכולא כאורחא עילאה דאתפשט מרישא עילאה, בגין דא חזי דגופא תתאה איהו, ואשתכח באורחא תתאה, ודמי לעילאה - "כקוף בפני אדם". והאי דחזי שפיר חזי.

ועל דא אתקרי תיקונא דא "אפים", לאחזאה דלא כל אפין שוין, וכלהו נפילות דבני עלמא בעי לאשתכח על אפיים, ברזא "וישתחו אפיים ארצה".

ועל דא אתרשים האי אורחא בשפה תתאה, ממש ממול אורחא דבשפה עילאה, כמה אפי כרובים - "איש אל אחוהי". דבגין צורה דידהו דדמיא להדדי, אתתקפו דא בדא, ואתרשמו בשפוון בעומקא יתירתא, ודא איהו נמי רזא ד"אפיים". דהיינו, דעד השתא לא הוי ידיע כלל דאית אפין לעילא ואפין לתתא, ולא כל אפין שוין.

וכד אנא שמענא להאי צורבא מרבנן דאמר: דשוחק מכולהו בני עלמא, בחילא ד"תמנת ה' יביט". והוי שש ומתפאר בגוונין דיליה, דהוא "ענה", ד"מצא את הימים במדבר ברעתו את החמרים לצבעון אביו", ועון רשין נמחק.

אנא אמינא בליבאי, דהאי מדרבנן, אהאי אורחא תתאה קא משכה, וקרי להאי אורחא תתאה: "ענה" רעיא דצבעון אבוהי. והאי רישא תתאה קא קרי "צבעון". ודא לא שמענא השתא כלל בכתבא דלקמאי.

ואני קא מצטער למשמע מלין אלין מתפרשן כל צורכייהו. חד למנדע ימים אלו מאי עבידתיהו, דהיינו, כל שרטוטין דבאפיהון, באורכא ובפותיא, ובקול מראה וריח. וקושיא דלהו מאי, ופירקא דידהו מאי. ואם קושיא דא חדתא הוית, או טמיר באודנין דלהון מרעיא דצבעון אבוה דענה דא. ומאי הוי בלביה דצבעון על בן חכים דא, אם אמר לו "אם חכם לבך ישמח לבי גם אני". ובכלל אי הוי חדותא דשמעתא, וכמה יומין אתמשכא. או חדותא דא כמה שעתין. כל דא מפורש ומבואר היטב בהאי ביאורא דרישא תתאה ואורחא תתאה דאמינא. ואי לאו הכי לגבך, אלא באורח אחר, אימא לי איזו גופא דעובדא היכי הוי.

והשתא דרות לון עלמא בהאי רישא תתאה ואורחא תתאה שמהן קדישין, למאן דזכי לסבר אפיהון בתיקונין דשערא דתחות שפה תתאה, **ארך אפים** ודאי. כדין ניחות הלאה לתחות דהאי פרוכתא קדישא, דביה צרור וחתים ואתגלי אגרא טבא לצדיקיא, ועונשין מרין וקשין לחייביא.

דהאי פרוכתא אתקראית "ורב חסד", כמה דאוקמוהו. בגין דמטיא כלפי "חסד", ובידהא דילה כל זכוון וכל טיבו דמאריה עלמא.

ווי למאן דגלי ערייתא דהכרת נפשיה בעולם הזה, ותכרת לעולם הבא. ואיהו משתכח ברזא ד"תתן אמת ליעקב", דעל דא אחיד ידיה בעקבוי דעשיו, ואשכח לכל האי חסד דאמרן, דבשלימו דידיה אתגליא ואתי האי תיקונא שביעאה, דאקרי "ואמת" דאמת וחסד אתכללו פה דא בדא, ברזא ד"תתן אמת ליעקב חסד לאברהם".

ותא חזי ותיקום אסדרא דא אמינא לך עד כען, בכלהו דרגין דחמית להו עד השתא, ואסתכל בציורא דידהו כדקא יאות, ותשכח להון כמה ציורא דרוגא חדא דאזדרע בה נטיען, שתים כנגד שתים ואחת יוצאה זנב. דהיינו, לעילא רישא ואורחא, ולתתא לקבלייהו ממש רישא ואורחא, והאי אחת דהשתא דאתקריאת "ורב חסד", דהיא במציעותא כלפי כלהו ולתתא מכלהו.

ואית ערוגה דהני נטיען מציירין בה בצירופא אחרינא. דהיינו, ג' נטיען לעילא, ואתחשבו לראש תוך וסוף. דהאי רישא עילאה אקרי **ראש**, ואורחא עילאה אקרי **תוך**, ורישא תתאה אקרי **סוף**. ומאי טעמא אצטרפו כך, בגין דהני ג' נטיען, טעמן וחזותן וריחן שוין אינון, וברזא דא מצטרפו תלתא כחדא, ואתחשבו תלתיהון לעילאין, ברזא **דראש תוך וסוף**.

והאי אורחא תתאה, והאי יחודא ד"ורב חסד" אתקריאן **ב' בדי ערבות**. מאי טעמא, בגין דמשתכחו בד בבד, ובני גלוותא דמשתכחו ביני עממיא ואתערבו עמהון אמרין על הני ב' **בדי ערבה**, דלית בהו טעמא וריחא, ואשתכח בערוגה דא דאמינא, ג' לעילא, וב' לתתא.

ובהני חמשה אתוון דאמרן, אית ק"ך צירופין. אבל אנא אמינא הני תרין בגין לאחזאה צירופא חדא ב"זכור", וצירופא חדא ב"שמור". ואידך מתכללין בהני תרין סטרין דאמינא.

וסדרין אלין אתקריאין חמשא אתוון דאלקים. מאי טעמא, בגין דאתסדרו לאורכא דרך אצילותן, דא תחות דא. אבל אית רזא דמדידו דפותיא. דעד השתא לא שמענא ממך יוצא מפורש מפי כתבא, ועל דא לית אנא יכיל למלל מרזא דא כלל, עד דלא שמענא דשרית ביה בגרמך.

והא דאמרית לעילא ולתתא, לאו אדוכתין קא רמיזנא, כי לרוחין לית דוכתא, אבל זמן אית להו ודאי לאשתמודע בעלמא. והא דאמינא לעילא, איהו בגין דאתחזי בקדמיתא, ולתתא אנא קרי מאי דאתחזי לבתרוהי.

וליתיר אנא בעית מנך, דכד תפרש לי בלישנא דידיך, כל הני חמשה פרקין דאחוינא לך עליהון בסדרא דלעילא ותתא, ותפרש לי כל עידנא ועידנא אימתי קא שרית פרקא קמא, ואימתי פרקא דאבתרוהי, וכן כלהון בדקדוק לפום חילך דבדוכרנא דלך, או חושבן קרוב פחות או יתיר, ומשכא דזמנא דכל פרקא.

וביתיר אנא צחי למשמע משיכותא דזמנא דהני **ב' בדי ערבות**, דקא אמינא על אורחא תתאה דאיקרי תיקונא ד"אפיים". ועל פרוכתא קדישא דאקרי "ורב חסד", ושירותא דלהון "אמת" הוי.

ואף-על-גב דמילתא זעירא איהו לגבך, אבל לדידי רבתא איהו. ודמי לי דכבר רמזת לך בכתבא חדא, דשכיחת זמנא דלהון, אבל הוי דכיר מלתא דא, דאנא יתיב כמה בבית אסורין, ולא אוכל למטרת ולמיתי עמך בשמעתא מטעמא סגיאה דבלבאי. ועל דא אתקיף למדכר זמניהון בפחות או יתיר, הן במשיכותא, והן ברישיתא דלהון.

ובמטו מנך לחדא דתתחייס על זמנא דאזולת לאיבודא בצערא למגנא, תשדר לי כתבא מפורשא לכל הני שאילתין דבעית מנך, עתה יקירי בא וראה איך תוכל לפרנסיני בתירוצי

אמת שלך, ומכל זה שאני נושא בעול עמך, אין לי כעת יותר מעגמת נפש, ואין לי קושיא עליך, כי התירוצים קדמאה לקושיות, - אם על חייו לא חס וכו'.

אמנם מאי דהוה הוה, ומעתה ספור הרגעים שלא תאבד אפילו רגע אחד מהם, כי כרוז עלינו ממרום, בכל יום ויום: **לא שררה נתתי לכם אלא עבודות נתתי לכם.**

ומאן איהו ואן איהו דא דאנהיג האי קליפה בישא נוכראה דעצלות ידים הכא בגו בנוי דמלכא, חציפותא איהו ודאי כלפי שמיא. ו"הדלת תסוב על צירה ועצל על מטתו". ושכינתא קדישא רמיאת לעפרא תחות רגלהא דהדא שפחה דילה, דעברת ודשה על רישא ודרועה בתדירו, בחציפותא סגיאה כמנהגין דשפחות נכריות, דכל רעותהון בסליקו, כד ירקון רוקא מסאבא באפי גבירתם, וכדי בזיון וקצף.

על כל הני דאית חילא בידיהו לממחי בחציפא דא, וקיימין וחזיין כל האי חציפות, ולא מוחין, לאינון את קרי עצלים, לא עצלים שמיהו, אלא לית שום תפישא להון בערכא יקירא ותושבחתא דמארי שמיא דמשתכח לראשיהון.

וכגון דא צריך להודיע, דלית יגיעו בריבוי דזמן, אלא בעיונא, דהאי חומר המטונף, מתרצה ומתפייס ביותר לעבוד כ"ד שעות ביממה, ולא לעבוד שעתא חדא בטרחא דעיונא.

ועיקר הטרחא שייכת במציאת כל רזי וטעמי תורה, כי שום עבודות אחרת לית בהאי גלותא. ובכלא מתרצה האי חומר מטונף. אלא לא לייגע בטעמי מצוה.

ואפילו אי משתכח איזה טעמין, כדי אחזי ליה לאותא בדא דלית כל-כך חדושא מתחזי בחד יתיר מחבריה, וכדין לאי ולית יכיל לאטרחא יתיר. ובקבורתא דא האי כלבא קבור. וצריך לאשרש אבתרוהי ולאפקיה מחצרות בית ה', ולקבל על גרמיה טרחא, לאשכחא טעמי תורה ורזין דפקודין בלישנא דאוריתא, וכדין - **והושב היוצר על כנו.**

[העורך: סוף הקטע בארמית]

אתמול לעת ערב השגתי מכתבך מיום י"ד מר-חשון, וכעת בהשכמת הבוקר מכתבי זה נשלם ומוכן למשלות.

רציתי לדעת, מאין תדע בהאי גברא דנפיק **ועאל** [באיש הזה שיוצא ובא] **בביתך בלא בר, דחכימא דקשוט איהו** [שחכם של אמת הוא], **וגברא קדישא** [ואיש קדוש], **כמו דאמרת לי ... לסדרא דגופך** [לסדר הנכון של גופך]. והודע לי בפרטות במאי הוא הפוך, כי זה נחוץ לי לדעת, אבל באר היטב ביסודא ובסברא. ואם אינו האי כורך ספרים או מוכר ספרים וספסר דראיתי אותו בביתך, ואם מסתכל במכתבים ... ומהו אומר עליהון וד"ל. ועיקר אל תמעיט לי בדברים אלו הנראים לך לשפת יתר, כי בהרבות ציורין כאלו, תתרבה ההכרה בינינו, וזה אני חסר כעת וצריך לה מאד.

ידידך,
יהודה

תרגום לעברית

בא וראה, יש שפה קדושה לעליונים, ויש שפה קדושה לתחתונים. ועליהם נקראים כל אלו חכמי האמת, פה ה'. מה הטעם? הוא משום שהשכינה הקדושה מדברת מתוך גרונם. וכל מה שמדברים חיכם טועם ולא אחר. ועל כן דרכם של חכמי האמת האלו למסור חכמה לחבריהם, פה אל פה.

ומה הטעם פה אל פה, ולא מפה לאוזן? הוא משום, שמה שהחיך טועם לא נמסר לאזנים, זה לחוד וזה לחוד.

ועל סוד זה כתוב: "פה אל פה אדבר בו במראה ולא בחידות". "במראה", זה לפי ראיית בני-אדם, "בחידות", זה לפי שמיעת האוזניים של בני אדם.

אבל אין כך כלל דרכיה של חכמת האמת, שהיא (חכמת האמת) לא נמסרת אלא בחיך, כמ"ש: "מי יאכל ומי יחוש חוץ ממני". ולפי כלל זה יודעים חכמים דין, בדין, מין (בשאינו) במינו בטעמו, כי כל מין ומין יש לו טעם בפני עצמו. וכיון שרשעים אלו שבע תועבות בלבם, על-כן חלק לבם, ואין טעמם שוה, כי בלל ה' שפתם, אשר לא ישמעו איש את שפת רעהו.

אבל החכמים שהשקר לא בא לחיכם, משום זה כל מאכליהם אמת הוא, וכל התעוררות שלהם לאמת היא, ועל-כן כל החכמים הם כאיש אחד, ומבינים כל אחד שפת רעהו, כי חיכם חיך אחד, ועל-כן נמצא בהם כח לגלות סודות אחד לחברו פה אל פה.

ובסוד זה התפלל הרועה הנאמן על יהודה - "ואל עמו תביאנו". והעמידו רבנן, שיוכל לעמוד במחיצתם של צדיקים, ולשאת ולתת עמהם בהלכה. דהיינו, כדאמרן, שישמע לשונם.

כי מי שנמצא בפגם, בסוד שלא תיקן כראוי חטאם של דור הפלגה, אז נמצא תחת רשותו של אליל בבל, שנקרא: "בל". ונבלה שם שפתם, ולא ידע מה שאמרו רבנן. אוי לו אוי לנפשו. ו"שכינה מה לשון אומרת? "קלני מראשי קלני מזרועי".

ואם תאמר, איך יש לתקן תיקון של חטא גדול זה, והלא כתוב: "האלקים בשמים ואתה על הארץ, על-כן יהיו דבריך מעטים". וכן כתוב: "למה יקצוף האלקים על קולך?" זו אמת ללא ספק כלל.

אבל כמו כאן, אנו צריכים לכוחו של משה רועה נאמן, שמעיד על עצמו: "לא בשמים היא וכו' בפיך ובלבבך לעשתו". שבכוחו החזק של רועה הנאמן, נודע שכבר ירדה התורה לארץ כאילו צירופי אותיות של שמות התורה. ובכל אלו מעשים שסדר לפנינו ולכל העולם, בסוד: "מן המותר בפיך". עכשיו נמצאים בארץ ממש, כמ"ש: "בפיך ובלבבך לעשתו". דהיינו, באתדבקות הרות והמות, בכל התבונה והדעת שיש בשיחות אבות, ובשיחת עבדי אבות, ובתרי"ג מצות שבכל מעשה נודע לעינים צירוף אחד באופני דרכי אדון העולם, שבאופנים אלו מופקד כל אור העליון. ומי שמדבק בחינה אחת בדעת שלם, הוא לא טרח לריק, הרי כאן נמצא חלק אחד מתרי"ג חלקי הנשמה. ואז הולך ומכפיל בכל הדרגות האלו, עד שמוצא כל האיברים של נשמתו.

ואם זכה לשלימות נשמתו, הרי יהיה בבטחון שזכה בכל. כי לא חסר כלום בבית המלך, ואין עניות במקום עשירות.

אוי לאלו טפשים, מבלי עולם, שיודעים בעצמם שטוב להם שלא היו נבראים. ודבר אחד תחת לשונם של אלו, שהיו להם ימים טובים מעתה, דהיינו, מטרם שנברא.

וזה מזמין להם הקב"ה להודיע הפגם שלהם לעיני בני-אדם. והיינו שכתוב: "אל תאמר מה היה שהימים הראשונים היו טובים מאלו, כי לא מחכמה שאלת על זה". דהיינו, שהכתוב חס עליהם, ומודיע להם שיכסו בלבם דבר זה, משום שסימן הוא לפגם הטפשות שיש בהם.

ועל זה הוכיח אותם הנביא הנאמן מלאכי: "מגישים על מזבחי לחם מגאל ואמרתם במה גאלנוך, באמרכם שלחן ה' נבזה הוא". שכן דרכם של כל טפשי העולם, כיון שחיכם טועם מתוק למר, אז אומרים שמר הוא, ומבזים לחם של המלך הקדוש.

ועל-כן מקלל אותם ואומר: "וארור נוכל ויש בעדרו זכר "וכו', ומראה להם שנוכלות זו, זה שהם נוכלים באדונם. מהו הטעם? הוא משום, שיש בעדרם זכר, והם מתרפים במעשיהם, ולא טורחים למצוא אותו, ומשום זה, מקלל אותם הנביא הקדוש, משום שיכולים הם להביא להיכל המלך "זכר תמים", ומביאים תגר ועור.

אוי להם שמראים קלון בהיכל המלך, ועל-כן מראים להם בפיקחות יתירה פגם הרע שלהם. בסוד: "הקריבהו נא לפחתך הירצך או הישא פניך". "פחתך", הוא הרמז למקום שנפחת, שעשו שם פגם, דהיינו, בשפה עליונה, מקום שלפנינו הוא מום, ולפיהם אינו מום. אבל המקום הזה לא מתמלא בעקימת שפתיהם, והקב"ה מגלה רעתם בפניהם, כמו שאמרתי לך כאשר הייתי אתך, בסוד הכתוב: "ונקי וצדיק אל תהרוג". שהמוח, נקרא "נקי", והלב, נקרא "צדיק".

אוי למי שמחליף שמו, שמשקר בשמו של הקב"ה, ומהפכים הקערה על פיה. והכתוב מעיד בהם ובפניהם: "כי לא אצדיק רשע".

ומשום זה, אתה אהבת נפשי, לא תלך בדרכיהם של אלו מבלי העולם, שוטים ובני שוטים, משום שלא שוים לגבך כלל, לא בגזע ולא בשבילא ומכל-שכן בפירות. כי

בגזע שלך אתה יחיד בדור הזה, ובנקיותו של הגזע הזה אתה טוב ממני, כמו שאמרתי לך כשהייתי אתך, ולא חסר לך כלום, אלא לצאת בשדה אשר ברכו ה', וללקט כל אלו האיברים המדולדלים שהתדלדלו מנשמתך, ולצרף אותם לגוף אחד. ובגוף השלם הזה ישרה ה' שכינתו בתוכו בקביעות בלי הפסק כלל. והמבוע של תבונה רבה, ונחלים עליונים של אור, יהיו כמעין שלא פסק. וכל מקום שתתן עיניך בו, יתברך. וכולם יתברכו בגינך, משום שיהיו מברכים אותך בקביעות. וכל מרכבות הטומאה ישרה עליהם... לעולמים משום שרצונם לקלל אותך, ואז יתקיים ברכת הסבא: "מברכיך ברוך" וכו'.

ונחזור לתחילת הענין שעסקנו בו, בסוד של פה ה'. שיש שפה עליונה ויש שפה תחתונה, ואלו הכתרים ירדו שוים זה לזה, אבל כדי להוסיף לכל אלו הזכאים טוב על טוב, ואור על אור, תיקנו עליהם ארבעה תיקונים של הדיקנא קדושים עליונים, אשרי חלקו של זה שזוכה לירש אותם. וגם אשרי חלקו של האיש שזכה לאתדבק בזה הזכאי שכבר ירש אותם.

ובסוד אלו ארבעה תיקונים כתוב: "לא מחשבותי מחשבותיכם ולא דרכיכם דרכי". שאין המחשבות הקדושות העליונות, כמו מחשבות של הדיוט. ואין הדרכים הקדושים העליונים, כדרכים של הדיוטים. מחשבה, היא סוד הראש, ואורח, הוא זה האורח שהראש התפשט בו ופרה ורבה על ידו.

בא וראה, יש ראש עליון ואורח עליון על גבי שפה עליונה, ויש ראש תחתון ואורח תחתון על גבי שפה תחתונה. ועל כן נתתקנו אלו שערות של השפם, על השפה העליונה, שהם המראה של הראש העליון שאמרתי. ותיקון זה נקרא "רחום". (עיין אדרא רבא נשא) והמראה הזה כשזוכים לראות אותו בטביעת עין, נמצא שהוא מלא רחמים מכל הצדדים, כי אין בו מקום ... ... ועל כן הוא "רחום" ודאי.

ואחר כך זוכים לראות אורח עליון, שהוא אורח של בני עליה, שהם שעירים. ומשום זה נראה לכל אלו עולמות תחתונים, כמו התיקון היקר של הראש שנקרא "רחום", שהוא השבח שכל התשבחות נראים להם, שבדרך הזה נפסק משערות אלו באמצע, והפסק זה של אורח זה, נראה לתחתונים מכוחות שני הנקבים שבחוטם, שם התפשט האורח הזה, ונרשם באמצע השפה העליונה. ותקון זה נקרא "וחנון". שכל יודעי חן רואים אותו ודאי.

ועתה שזכית לאלו שני שמות ... ... תחתונים, ונראה מה הוא לפנינו במקום זה שנמצא שפה ... ... מתחת שפה תחתונה, ששם ... ... דהיינו, ראש לתחתונים, וכל אלו הזכאים זכו לנשיקות ... ... אף-על-גב שהנשיקות ... ... תחתונה כאחד, ואם-כן יש להתעורר למה התדבקו בראש של שפה תחתונה ... ... טעם רב ... ... ופה קדוש ... ... של הדרך הזה שנרשם בשפה עליונה, ומראה להם מקום זה כמו ... ... אורח אין בשר, ... כראוי באהבה. ... ... ואז ... ... התחזקו יותר בשפה תחתונה. ואז "עזה כמות אהבה". ויוצאת נפשם באהבה עליונה ותחתונה יחד, וכאשר נפשם ... ... תחתונה.

ועל כן נקרא מקום זה הראש התחתון, מהו הטעם? משום שדומה לגמרי לראש העליון. והכל יודעים, שזה אוליד את זה. וזה נקרא "ארך". משום שנתארך פנים של הראש העליון, ... אין בכולם זה לזה. וכמו שנכללו כאחד היו לעינים לכולם.

ובסוד זה העמידו חכמים ש"קול ומראה וריח אין בהם משום מעילה". מה הטעם, משום שבג' אלו נראים כל ... ... וכיון שזכינו שזה הראש התחתון, נכפל בסופו, ובא בשלש תשבחות... כמו שבא לנו הראש העליון, ודאי אין בהם מעילה, ואין שום פגם שייך באלו תיקונים יקרים שנמשכו.... שלהם, וכולם יודעים שזה הוליד את זה, להוציא מליצני הדור שהיו אומרים, מאבימלך מלך גרר נתעברה שרה.

ועל-כן התקיים בנטע הקדוש של זרע ישראל, סוד הכתוב: "ואני זאת בריתי אותם אמר ה', רוחי אשר עליך" וכו'. ונמצא תיקון

זה, ראש לתחתונים ודאי. משום ששייך לתחתונים לקיים אותם, ולקשר אותם בצרור החיים כדאמרן.

אבל בסוד שהעמידו חכמים ש"אין ישיבה בעזרה אלא למלכי בית דוד בלבד". מהו הטעם? משום שהם נמצאים בסוד של ראש. אבל לכל בניהדור, מקום זה נעשה רק לעבור עליו, ואם לא כן, היתה המנוחה הזאת בסוד של טיול בנחת רוח, ועל-כן נתקן ונמשך מראש זה דרך תחתון. והוא דומה לדרך עליון. אבל מתגלה ובא כמו זקן שעייף מאריכות ימים - ו"לא בסבי טעמא [לא בזקנים סיבה]", כמו ברזילי הגלעדי. כי כיון שהצורה של הדרך התחתון הזה דומה לגמרי בכל, כדרך העליון שהתפשט מהראש העליון. משום זה רואה שהגוף תחתון הוא. ונמצא באורח התחתון, ודומה לעליון - "כקוף בפני אדם". וזה שראה יפה ראה.

ועל-כן נקרא תיקון זה "אפיים", להראות שלא כל הפנים שוות, וכל הנפילות של בני העולם, צריכות להיות על **אפיים**, בסוד "וישתחו אפיים ארצה".

ועל-כן נרשם האורח הזה בשפה התחתונה, ממש מול האורח שבשפה העליונה. כמו פני הכרובים - "איש אל אחיו". כי משום שצורתם דומה להדדי, נתחזקו זה בזה, ונרשמו בשפתיים בעומק יותר, וזה הוא גם הסוד של "אפיים". דהיינו, שעד עתה לא היה ידוע כלל שיש פנים למעלה ויש פנים למטה, ולא כל הפנים שוות.

וכאשר אני שומע לצורבא מרבנן זה, שאמר: שצוחק מכל העולם, בכח של "תמנת ה' יביט". והיה שש ומתפאר בדרגות שלו, שהוא "ענה" ש"מצא את הימים במדבר ברעתו את החמרים לצבעון אביו", ועון ראשון נמחק.

אני אומר בליבי, שזה מדרבנן, על אורח התחתון נמצא, וקורא לזה האורח התחתון: "ענה" רועה של צבעון אביו. ולראש התחתון הזה, הוא קורא "צבעון". וזה לא שמעתי כלל בכתבים שלפני.

ואני מצטער לשמוע מלים אלו מתפרשים כל צרכם. א' לדעת ימים אלו מה מעשיהם, דהיינו, כל הרשימות שבפניהם, באורך וברוחב, ובקול מראה וריח. והקושיה שלהם מהי, והתירוץ שלהם מהו. אם קושיה זו חדשה היא, או טמיר באזניהם מרועה של צבעון אביו של ענה זה? ומה היה בלבו של צבעון על בן חכם זה, אם אמר לו "אם חכם לבך ישמח לבי גם אני". ובכלל אם היה חדותא דשמעתא [שמחת הסוגיה], וכמה ימים נמשכה, או שמחה זו כמה שעות. כל זה מפורש ומבואר היטב בביאור זה של הראש התחתון והאורח התחתון שאמרתי. ואם לא כך לגבך, אלא בדרך אחר, אמור לי גוף המעשה איך היה.

ועתה דרות לנו העולם, בענין הראש התחתון והאורח התחתון, ושמות קדושים, למי שזכה לסבר פניהם בתיקונים של שערות שמתחת השפה התחתונה - "ארך אפיים" ודאי. אז נרד הלאה, אל תחת הפרוכת הקדושה, שבו צרור וחתום ומתגלה שכר טוב לצדיקים. ועונשים מרים וקשים לרשעים.

שהפרוכת הזו נקראת "ורב חסד", כמו שהעמידוהו. משום שנוטה כלפי "חסד". ובידה כל הזכויות וכל הטוב של אדון העולם.

אוי למי שמגלה עריות שהכרית נפשו בעולם הזה, ותכרת לעולם הבא. והוא נמצא בסוד של "תתן אמת ליעקב", שעל-כן אחז ידו בעקבו של עשו. ומצא לכל החסד הזה שאמרנו, כי בשלימות שלו התגלה ובא התיקון השביעי הזה שנקרא "ואמת". כי אמת וחסד נכללו כאן זה בזה, בסוד של "תתן אמת ליעקב חסד לאברהם".

ובא וראה ותעמוד על הסדר הזה שאמרתי לך עד כאן, בכל הדרגות שראית עד עתה, ותסתכל בציורים שלהם כראוי, ותמצא אותם כמו ציור של ערוגה אחת שנזרע בה נטיעות, שתים כנגד שתים ואחת יוצאת זנב. דהיינו, למעלה ראש ואורח, ולמטה לנגדם ממש ראש ואורח, והאחת הזאת של עתה שנקראת "ורב חסד", שהיא באמצע כלפי כולם ולמטה מכולם.

וישנה ערוגה שהנטיעות האלו מצויירים בה בצירוף אחר, דהיינו, שלש נטיעות למעלה,

ונחשבים **לראש תוך וסוף**. שהראש העליון נקרא **ראש**, והאורח העליון נקרא **תוך**, והראש התחתון נקרא **סוף**. ומה הטעם שצירופם כך? משום, ששלוש נטיעות הללו, טעמם ומראם וריחם שוים הם. ובסוד זה מצטרפים שלושה כאחד, ונחשבו שלושתם לעליונים, בסוד של **ראש תוך וסוף**.

והדרך התחתון הזה, והיחוד הזה של "ורב חסד" נקראים **ב' בדי ערבות**. מה הטעם, משום שנמצאים בד בבד, ובני הגלות שנמצאים בין האומות והתערבו עמהם, אומרים על אלו **ב' בדי ערבה**, שאין בהם טעם וריח. ונמצא בערוגה זו שאמרתי, שלש למעלה ושנים למטה.

ובאלו חמישה אותיות שאמרנו, יש ק"ך צירופים. אבל אני אמרתי שנים אלו, כדי להראות צירוף אחד ב"זכור", וצירוף אחד ב"שמור". והיתר מתכללים באלו שני צדדים שאמרתי.

וסדרים אלו נקראים חמישה אותיות של שם אלקים. מה הטעם? משום שהסתדרו לאורך דרך אצילותם, זה מתחת לזה. אבל יש סוד של מדידה ברוחב, ועד עתה לא שמעתי ממך יוצא מפורש מפי הכתב, ועל כן אין אני יכול לדבר מסוד זה כלל, עד שלא אשמע שאתה שורה בו בעצמך.

וזה שאמרתי למעלה ולמטה, לא על המקומות רמזתי, כי לרוחות אין מקום, אבל זמן יש להם ודאי להתודע בעולם. וזה שאמרתי למעלה, זה משום שנראה בתחילה. ולמטה אני קורא מה שנראה אחריו.

ויותר אני מבקש ממך, כאשר תפרש לי בלשונך, כל אלו חמישה פרקים שהראיתי לך עליהם בסדר של מעלה ומטה, תפרש לי כל זמן וזמן, מתי שורה הפרק הראשון, ומתי הפרק שלאחריו. וכן כולם בדקדוק לפי כוחך שבזכרונך, או חשבון קרוב פחות או יותר. ומשך הזמן של כל פרק.

וביותר אני צמא לשמוע משך הזמן של אלו **ב' בדי ערבות**, שאמרתי על האורח התחתון שנקרא תיקון של "אפיים". ועל הפרוכת הקדושה שנקראת "ורב חסד", והתחלה שלהם "אמת" הוא.

ואף-על-גב שדבר קטן הוא לגבך, אבל לדידי [עבורי] גדול הוא. וכמדומני, שכבר רמזת לי במכתב אחד, ששכחת הזמנים שלהם, אבל היזכר בדבר זה, כי אני כמו יושב בבית הסוהר, ולא אוכל לטרוח ולבוא אתך בשמעתא [בַּסּוּגְיָא] מטעם גדול שבלבי. ועל-כן התחזק להזכר זמנם פחות או יותר, הן במשכם, והן בהתחלתם.

ובבקשה ממך מאד שתחוס על הזמן שהולך לאבוד בצער לחנם ותשלח לי מכתב מפורש, לכל אלו השאלות שבקשתי ממך, בביאור שלם, שלא יהיה לי צורך להחליף ולבוא עמך במכתבים לאחריו.

עתה יקירי בא וראה איך תוכל לפרנסיני בתירוצי אמת שלך, ומכל זה שאני נושא בעול עמך, אין לי כעת יותר מעגמת נפש, ואין לי קושיא עליך, כי התירוצים קודמים לקושיות, - אם על חייו לא חס וכו'.

אמנם מה שהיה היה, ומעתה ספור הרגעים שלא תאבד אפילו רגע אחד מהם, כי כרוז עלינו ממרום בכל יום ויום: **לא שררה נתתי לכם אלא עבודות נתתי לכם**.

ומי הוא ואיה הוא זה שמנהיג קליפה רעה נוכרית של עצלות ידים כאן בתוך בני המלך. חציפות היא ודאי כלפי שמיא. ו"הדלת תסוב על צירה ועצל על מטתו". והשכינה הקדושה מושלכת לעפר תחת רגליה של שפחתה, שעוברת ודשה על ראשה וזרועה בקביעות, בחציפות גדולה, כמנהגן של שפחות נוכריות, שכל מה שעולה ברצונן הוא, כאשר יורקות רוק טמא בפני גבירתן, וכדי ביזיון וקצף.

על כל אלה שיש כח בידיהם למחות בחוצפה זו, ועומדים ורואים כל החציפות הזו, ולא מוחים, לאלה אתה קורא עצלים? לא עצלים שמם, אלא אין להם שום תפישה בערך היקר והשבח של מארי שמיא [אדון השמים] שנמצא לראשם.

וכעין זה צריך להודיע, שאין יגיעה בריבוי הזמן, אלא בעיון, כי החומר המטונף הזה, מתרצה ומתפייס יותר לעבוד כ"ד שעות ביממה, ולא לעבוד שעה אחת בטורח של עיון.

ועיקר הטרחה שייכת במציאת כל רזי וטעמי

תורה. כי שום עבודות אחרת אין בגלות זו. ובכל מתרצה החומר המטונף הזה, אלא לא להתייגע בטעמי מצוה.

ואפילו אם נמצא איזה טעמים, אז מראים לו עייפות בזה, שאין כל-כך חידוש נראה באחד יותר מחברו, ואז מתעייף ולא יכול לטרוח יותר. ובקבר זה קבור הכלב הזה. וצריך לשרש אחריו ולהוציאו מחצרות בית ה', ולקבל על עצמו טרחה, למצוא טעמי תורה וסודות המצוות בלשון התורה. ואז - **והושב היוצר על כנו.**

[העורך: סוף התרגום לעברית. המשך האגרת בעמ' 680, ד"ה "אתמול לעת ערב"]

אגרת ה

שנת תרפ"א (1921)

שנת אפר"ת

לכבוד ידי"נ ... נ"י לעד

... ומה שרמזת לי במכתבך האחרון, שאני את פני אסתיר ממך, ואחשיב אותך כמו אויב, הנה כוונתך, כמו-שומע את חרפתו ושותק. ואיני נושא בעול עם חבירי, ולא איכפת לי כלל במכאובים של חבירי, באמת אודה שצדקת בזה, שאיני מרגיש כלל את המכאובים האלו, שאתה מרגיש, ואדרבה אני שש ושמח באותם הקלקולים הגלוים, ומתגלים.

אמנם כמה אני מתאונן ומצטער, על הקלקולים שעדיין לא נתגלו, ועתידים להתגלות, כי קלקול הטמון **הוא באפס תקוה**, ותשועה גדולה מהשמים - היא **ההתגלות שלו**, כי זה הכלל, שאין לך נותן מה שאין בו, ואם נתגלה עכשיו, אין שום ספק שהיה גם מעיקרא, אלא שטמון היה, לכן שמח אני בצאתם מחוריהם, כי תשים עיניך בהם ויהיו גל של עצמות, שבזה איני מסתפק אפילו לרגע, מפני שיודע אנכי שרבים אשר עמנו מאשר עמהם וד"ל.

אבל ברפיון ידים, מתארך הזמן, ואותם הגמלים הבזוים טמונים, ולא נודע מקומם אפילו. ועז"ז אומר החכם: "הכסיל חבק את ידיו ואוכל את בשרו". כי הניח משה את ידיו, אבל כאשר ירים משה את ידי אמונה שלו, מתגלים מיד כל שצריך להתגלות, ואז, וגבר ישראל, לכל היד החזקה ולכל המורא הגדול וכו'.

וז"ע "כל אשר תמצא ידך לעשות בכחך עשה", וכאשר נתמלא סאתם מקוים המקרא: "הפוך רשעים", ובאבדן רשעים באה האורה והשמחה לעולם, ואז "ואינם".

וזוכר אנכי שכדברים האלה היה לי עמך ביום א' דרה"ש תרפ"א, בחזרתינו מבית א"מ נ"י מקידוש, ספרת לי מחשבונות מעציבות מאד, שראית בסידורך בבוקר בעת התפלה, ונתמלאתי שמחה בפניך מאד, ושאלת אותי, שמחה זו מה עושה, אמרתי לך גם כן כנ"ל, שבהתגלות רשעים קבורים, אע"פ שלא נכבשו בשלימות, מכל מקום התגלותם עצמם, לתשועה גדולה יחשב, שזה גרם קדושת היום.

ומה שכתבת לי שלא תוכל לבכר את בן האהובה על פני בן השנואה הבכור, הנה הרבה פעמים דברתי אתך פא"פ מזה, אשר מקום האמונה נקרא - "בור", ומילואה של האמונה נקרא - "באר" מים חיים, ובדיוק נמרץ נקרא - "חיים", דהיינו, לא כטבע מים פשוטים, שבהחסר מעט מים, עדיין הבאר במקומה, על דייק שטבע בעלי חי, לבאר הזו, ולא עוד, אלא שכל החלקים שבה, המה אברים שהנשמה תלויה בהם, ונקיבתם במשהו, ומיד ימות כל קומת החי, ואינו. וז"ש "אותי עזבו מקור מים חיים לחצב להם בארות בארות נשברים אשר לא יכלו המים".

הגם שאין חסרון במים, אבל יש חסרון משהו בבור, הרי כולו נשבר, וודאי בלי ספק, "שלא יכיל המים שבו", שזה מרמז הנביא בשם ה', וזו קבלה אמיתית, לכל חכם ומבין מדעתו. ואם אינך מבין, צא לך ובחון, ואז גם אתה תהיה חכם ומבין מדעתך.

ומה שכתבת לי בשולי מכתבך, שתרצה ממני להשמיעך את קולי הנעים, באשר אצלי אין שום יגיעה, לשמח כל מר נפש מתלאותיהם, כי לב המלא אהבה ממתיק אותם בשורשם, שורש כל נועם.

אשיבך בקצרה, כי לכל זמן, ועת לכל

דבר, והנך ראית בעליל, אשר במכתבי הראשון, כתבתי לך ורשמתי לך דבר נחמד מאד בעתו, המשמח לב אלקים ואנשים, בפירוש העניין האמיתי של "ישבעו ויתענגו מטובך" עי"ש היטב, כי אמיתי הוא, וסופו יונעם לכל חך משתוקק לדבר אמת.

אתה רואה איך אני יכול להתאמץ ולשמחך עם דברי אמת בעת הזאת; ולשמחך בדברי שקר חלילה, כמו נביאי השקר, בעת החורבן, חלילה לי מחטוא, כי שקר אין בגבולי במציאות כלל, ומכבר ידעת את שיחתי, במנהג אותם המקרבים תלמידיהם לאמת, בחבלי זיוף ובמטוה של שקרים, או מותרות, אשר מעודי לא נטמאתי בגילוליהם, ולא באלה חלק יעקב, ולכן כל דברי נאמרים באמת, ובאותו מקום שאי אפשר לגלות דבר אמת, אני שותק לגמרי.

ולא יעלה על דעתך, שאם הייתי סמוך אליך, הייתי מדבר יותר, מאשר על הכתב, כי אם ידעתי שכן הוא, לא הייתי נוסע ממך כל עיקר. ואמת גמורה היא את אשר אמרתי לך: "שלפי ההכנה שלנו אינך צריך לי" וכן היא האמת, ואל תחשדני אשר להנאת עצמי ח"ו, בדיתי דברים שלא יאמנו לנו. וכאשר יעזור ה' לזכות לגמר התיקון, אז "תהיה צריך לי מאד", ויתן ה' שנזכה לזה במשך י"ב חודש. כי עוד היום גדול, ואינך מהיר כמוני. מכל מקום אקוה שבמשך י"ב חודש, מהאי יומא דלעילא [מן היום הזה והלאה], תגמור את המלאכה, ואז תראה בכל מאמצי כוחך שנהיה ביחד, איזה שנים, כי עיקר עמקות המלאכה - מגמרו מתחלת.

כ"ז הארכתי לך, בגלל הרהורי דברים שהרגשתי בין שורות מכתבך, כי שכחת את האמת הצרופה, שתמיד בפי ובלבי. ואבטיחך שיותר ממה שנוכחת עד עתה באמיתות דברי, תוכח בעליל לעין, שכל דברי ממש, המה חיים וקיימים לעד, לא ישונו כחוט השערה, וכן כל הדברים שאני כותב אליך, יש בהם מובן אמיתי, שלא יקבלו שינוי, אלא שצריכים לתשומת לב, "מפני שהעת היא עת לקצר".

האמן לי, שהדברים הגלויים במכתבי זה, לא יכולתי לכתוב לך עד היום הזה, מפני טעמים הכמוסים עמדי, כי עיני מונחים בתכלית, אשר יעלה על צד היותר טוב, וזהו שמקיפני בגדר של שמירה מעולה, על כל מלה ומלה וד"ל. ויודע אני שבמשך הזמן יתבררו לך כל דברי ומנהגי כלפיך, כמ"ש: "אשריך כלים שנכנסת בטומאה ויצאת בטהרה" - כי דרך תורה היא.

כבר נלאתי לדרוש אחר ריבוי מכתביך אלי, ולהבטיחך בשכר זה כי אנכי ארבה לך מכתבי. ובכל יום ויום אני יושב ומצפה אולי יגיע לי איזה ידיעה ממך, מחייך הרוחניים, או מחייך הגשמיים, ואין קול ואין קשב.

ומה תענה על זה ותצדיק, אין כאן לא ענות גבורה, ולא ענות חלושה, זולת ענות במלין יבישין, בדרך המליצה, כמו מרוב טרדות וכדומה, אבל ודאי אתה בעצמך לא תבין אותך.

...אבל עכ"ז ברור לי שיטיבו העתים, ואז תגדל בשיעור הטבתם, גם שיעור אהבתם הגלויה. ועוד נרוה באהבה בתמידות יחד, כמעין דלא פסיק [כמעין שלא נפסק], בשביעה ותענוג יחד, כי נועם ה' למקבל השלם, לא מרגיש שום שביעה כי בעד זה נקרא כל יכול ית', שלעושי רצונו מופיע אור ישן ואור חדש ביחוד אחד, שזה קונים בשמירת שבתות ושמיטות, לעולמו של יובל, וז"ס "ויניחו אותו עד הבקר וכו' ולא הבאיש ורמה לא היתה בו". כמ"ש "ישבעו ויתענגו מטובך". כי באכילה גשמית, יתמלא הבטן, בשיעור הגשמי, ולא עוד אלא מעלה עשן למוחא, מתוך בישול הקבה, והוא עיף ויגע ונופל לתרדמה.

וז"ס שדקר פנחס הרומח לתוך קבתה, בשעה שהיו דבוקים. "ויעמד פנחס ויפלל ותעצר המגפה". ולכן זכה לשמן המשחה, הגם שלא היה מבני אהרון, כי משה עצמו אמר לו: "הנני נתן לו את בריתי שלום". מתחילה היה ב"ויו קטיעה", אבל באור תורה מתארך ובריתי היתה אתו החיים והשלום יחדיו, ובאור פני מלך חיים.

יהודה ליב

אגרת ו
שנת תרפ"א (1921)

ב"ה ועש"ק חזון אפר"ת ווארשה

לכבוד ידי"נ ... נ"י לעד

מכבר ערכתי לך שני מכתבים, ולא עלה בידי לשלחם אליך. והאמת שארצה לראותך טרם נסיעתי אי"ה כ"ב מנחם-אב. עתה אתכבד להטעימך מנופת צוף דבשי.

כתיב: "תאבד דברי כזב איש דמים ומרמה יתעב ה'". משל: למלך שלקח בנו אצלו ללמדו תכסיסי מלוכה. ויראהו את כל הארץ, את אויביו ואת אוהביו.

ויתן המלך לבנו חרב מגנזי אוצרותיו. וסגולה נפלאה בחרב זה, אשר בהראותו החרב לאויבים - כרגע יפלו לפניו כדומן על האדמה.

וילך בן המלך ויכבוש מדינות רבות, וישלול שללם ויעש חיל.

לימים אמר המלך לבנו: עתה אעלה למרום המגדל ואסתיר עצמי שם. ואתה תשב על כסאי ותנהיג את כל הארץ בחכמה ובגבורה. ועוד לך מגן זה אשר עד היום היה טמון בגנזי המלכות, ושום אויב ומתנכל לא יוכל להרע לך. בהמצא המגן הזה ברשותך.

ויטול המלך את החרב ויכרכו במגן, ויתן לבנו. והמלך עצמו עלה אל המגדל ויסתתר שם.

ולא ידע בן המלך כי החרב והמגן כרוכים זה בזה. וכיון שהמגן לא היה חשוב כלל בעיניו - לא שמר אותו, ונגנב ממנו המגן, ועמו החרב.

וכהשמע במדינה אשר בן המלך מנהיג הארץ, וגם נגנבו ממנו החרב והמגן, מיד העיזו פניהם, והתחילו אויביו לערוך עמו מלחמה, עד שנפל בידם בשבי. הוא וכל הרכוש הרב. ועתה שאויבם בידם - שפכו כל חמת נקמתם עליו. ונפרעו ממנו על כל מה שהתעלל בהם בימי הנהגת אביו. ובכל יום ויום הכו אותו מכות נמרצות.

ויתבייש בן המלך מאביו, כי צרת אביו כאבה לו יותר מצרתו. וישת עצות בנפשו לעשות חרב ומגן כראשונים כדי לפייס את אביו ולהראותו חכמתו וגבורתו.

ובתחבולות עשה מין חרב, דומה לחרב הראשון. וכן עשה מגן, דומה למגן הראשון.

וכאשר נכונו כלי מלחמתו בידו, קרא בקול אל אביו שבראש המגדל: התפאר עלי, כי בן חכם ישמח אב וכו' ועד שהוא קורא אל אביו, אויביו הולכים ופוצעים את מוחו וכבדו. וככל שירבו עליו המכות - כן יתגבר ויחזק את עצמו כדי לפייס את אביו. וצועק: עתה איני ירא מכל. ומי יוכל להלחם בי בזמן שהחרב והמגן שלי בידי.

וכל כמה שהוא מתפאר - אויביו מרבים עליו מכות ופצעים. אבנים ומקלות פורחים על ראשו. ודמו שותת על לחיו. והוא מתאמץ לזקוף קומתו בגאוה, כגבורים, להראות לאביו שעתה אינו ירא מכל. וכשחק מאזניים נחשבו לעומת גבורתו. כי החרב עמד לו, או המגן עמד לו וכו'.

וזה שרמז המשורר, "תאבד דברי כזב", דהיינו, אותם שפניהם כקוף בפני אדם. ועושים בכח עצמם חרב כמעשי הקב"ה; ולא עוד, אלא שרוצים גם כן להתפאר במלאכה זו כמו שהשי"ת מתפאר וכו', ועליהם נאמר "איש דמים ומרמה יתעב ה'", כי במעשי אנוש עושה מגן ומתפאר שאינו מרגיש שום כאב וכו' - גם זה יתעב ה', דהיינו, ששליתו נהפך על פניו, כי אומר שהוא בעל חכמה וגבורה, ואינו ירא מכל, ויחד עם זה מלא מרמה ומבקש תחבולות וכו', זה יתעב ה'.

אלא כל השלמות מונח בסוד שם הקדוש "אלקי צדקי", אשר כל אבריו וגידיו ידעו שמקום "השראת השכינה", הוא במקום "הצדק", דהיינו, בזה הידיעה החלוטה, אשר צדקו יתדיו כל מחשבותיו, ולא צעד עוד שום אדם בעולם פסיעה רעה שוה בשוה, כמו שלא יצעד בכח עצמו פסיעה טובה ודו"ק.

והגם שהכל מאמינים כך, אבל לידיעה הם צריכים, להתישב על הלב, כמו "מושכל ראשון", אשר ההשתפכות של לב נאמן אמיתי אל הבורא ית', מסוגלת לגלות שכל זה

בעולם, כמו כל דבר פשוט ומקובל שמתישב כל צרכו על הלב.

וז"ע "ובקשתם "משם" את ה' אלקיך ומצאת", וזה ענין ברכת "הטוב ומטיב", שהוא "מטיב לאחריני", כי השגתו שורה באמת על הטובה, כי ע"כ, נקרא "טוב", ושם זה מושג לכל אדם בנקל. וזה ג"כ שם "אלקי חסדיי". אבל מחמת קלותו להתקבל, לא נשאר היחיד על כל הבריות ודו"ק.

אבל ע"כ עבודה שבגלות וקיום תורה מעוני, מגולה בעליל לעין כל אבריו של עובד ה', השם הקדוש "אלקי צדקי", דהיינו, שלא היה רע כלל במציאות, אפילו ברגע קטן מהזמן, שז"ס "ומטיב", פירוש שאינו מתגלה על "הטוב", רק על "המטיב לאחריני", בסוד, "גם זו לטובה". שז"ע עמוק ונכבד מכל הנכבדות, ויחוד הזה לא משאיר שום מקום, אפילו ... עת הזאת חוץ הימנו. וז"ס הוי' אחד ושמו אחד, המושג פשוט לשלמים.

יהודה ליב

אגרת ז

שנת תרפ"ב (1922)

ב"ה יום ג' דחנוכה תרפ"ב פה ירושלים עיה"ק שתיבנה במהרה

לאמיתי ורעי, לבי ונקודתי כבוד שמו הוא תפארתי ... נ"י ויופיע לעד ולנצח נצחים אכי"ר.

מן ט' אלול יום ב' דחנוכה כארבעה חדשים, אשר קויתי להנות מאור פרי עטך, ולסוף מונח לפני מכתב ארוך למליצה ורמז, וְלָא חֵילֵק וְלָא בֵּילֵק יָדְעָנָא, אפי' כְּתָעֲלָא דְּמָסִיק מִבֵּי כְּרָבָא [אפילו כמו האבק שמעלה השועל כשדורך על שדה חרוש] ומה עוול מצאת בי עד שאיני כדאי לידע כלום ממצביך, הגם שאתה יודע עד כמה המה נוגעים לי.

כן תמה אני למה לא שמת לב אל המדובר בינינו, שלא תכתוב לי שום דבר שיהי' מעוטף בכנפי המליצה שאנכי פורח בהם עד אין קץ בקץ טעמים עד שאותך לא אמצא באחת מהם.

אבקשך, למעה"ש [למען השם] מהיום ולהלאה, כי תכתוב לי איזה ידיעה, תכתוב בשום שכל לפרשו בפשיטות ממש, כמו שידבר איש אל רעהו שאינו נביא, ולהעמידו על נכון שלא ימצא בו מקום לנטות או אפי' מקום עיון, ולא יסתכל על יפיו של הלשון אלא על טוב קלות ההסברה ועיקר שלא יערב בלשונו מליצה או רמז כי אין שום פחד מעין איש זר... ובביתי אין ביאה לנכרים וזרים.

כשתכתוב לי חדושי תורה, תברר אותם לי, בלי שום שמות ופרצופים המפורסמים בספ', רק בלשון בני אדם, כי גם אנכי לעצמי, מדייק לברר עניני בלשון המדובר, ונופל תחת חושי בפשיטות גמור עד לתכלית, כי זה דרך קרוב ואמיתי, לברר דבר לאמיתו.

כי בזמן שאלביש הדברים בשמות הספרים, מתעורר בקרבי יחד עם זה חשק לידע מחשבות הספרים, וממילא נעתק שכלי מן חפץ המטרה, של דרכי, וזה אצלי בדוק ומנוסה. זאת ועוד, בהשגתי איזה מכוון במליצת הספרים לדרכי, חדותא מסתייעא [מתגברת החדוה], לערב שקר באמת, לכן בשעת עמידתי לברר איזה דבר הנחוץ לי, אשמור את עצמי מאד מלהסתכל בספרים, הן מלפניו והן מלאחריו. וכמו"כ בכתב, ואתם איני משמש במליצה כדי שאהי' תמיד מזומן בטהרה למצוא דבר אמת בלי תערובת, ובלי סיוע מדבר חיצון ממנו, ורק אז חיך אוכל יטעם...

יהודה ליב

אגרת ח

שנת תרפ"ב (1922)

ב"ה ח' ניסן נשיא לבני מנשה גמליאל בן פדהצור ה' צו פ"ב ירושלים עיה"ק ת"ו

כבוד רעי... ה' עליו

הנני עתה רק להעירך על שתתרפה במלאכתך מלאכת הכתיבה תמה, לצאת לפני כפעם בפעם, בידיעות מנקודותיך, כי אז הי' איתוספי' [היו מתווספים] כמה ספסלי בבי מדרשא [בבית המדרש]. וכבר הוכחתי לך

במכתבי הקודם מיום הראשון בניסן.

ועיין במדרש רבה יתרו, "א"ר ירמיה, ומה אם בשעה שהוא נותן חיים לעולם ארץ רעשה, כשיבוא לפרוע מן הרשעים שעברו על דברי תורה אעכ"ו שנאמר לפני זעמו מי יעמוד, ומי מכלכל את יום בואו. כשהוא רצוי אין בריה יכולה לעמוד בכוחו. כשהוא קם בחרון אפו מי יעמוד לפניו הוי מי לא יראך מלך הגויים". הגם שדברי ר' ירמיה טעמם מוכח מתוכו עם כל זה, תורה, כל זמן שאתה ממשמש אתה מוצא בו טעם. והנני להאיר אותם לפניך.

אתה מוצא בפיוט: "ואתה איום על כל אימים, גא על כל גאים סובב את כל, ומלא את הכל".

פירוש, אנו רואים איומות ונוראות וכו', וכאבים שנוראים יותר ממיתה וכו'. ומי הוא העושה כל זה? ... וזה שמו, "איום על כל אימים", שהוא מסולק מהם!

וכן אנו רואים מימות עולם, עד היום הזה, כמה אנשים שמירדו את חייהם בכל מיני יסורים וסיגופים, וכל זאת כדי למצוא איזה טעם בעבדות ה', או לידע מי הוא בעל הבירה!

וכולם זרעו חייהם לריק, ויצאו מעולמם כמו שבאו, ולא ידעו רווחה כלל, ולמה לא ענה ה' על כל תפילותיהם? ולמה התגאה עליהם כל כך? ובהחלט, לא התפייס להם? ומה שמו? "גאה על כל גאים", זה שמו (ועיין בשירי המצורף למכתב הזה, השואל בשביל מי נזרע השדה? כי מענה נכונה בפי). אבל "מקבלי האיומות" ומשיגי "הגאות המרוחק הזה", יודעים בהחלט שהשי"ת מסולק מהם, הגם שלא ידעו למה הוא מסולק!

ומה מספרים על כך בעלי הפייט? המה אומרים שישנה מטרה נכבדה לכל מקרי העולם הזה, שנקרא "טפת היחוד", אשר שוכני בתי חומר הללו כשעוברים דרך כל אותם האיומים, וכל אותו ההחלט בגאותו המסולקת מהם, אז נפתח איזה פתח בקירות לבם "האטום מאד", מטבע הבריאה עצמה, ונעשים כדאים על ידיהם להשראת אותה "טפת היחוד" בקרב לבם. ויתהפכו כחומר חותם ויראו בעליל כי "נהפוך הוא" שאדרבה, דוקא באותם האיומות הנוראות מגיעים להשגת ההחלט המסולק בגאוה זרה, שם; ורק שם, דבוק השם עצמו ית' וית', ושם יכול להשרות עליהם "טפת היחוד".

סבב עליהם את כל, במדה כזו, שבעל היחוד היה יודע כי "מצא כופר", ופתח פתוח להשראתו ית'.

וז"ש בפיוט "סובב את כל ומלא את הכל", שבשעת ההשגה מורגש שפע המתגלה ומתישב דוקא על כל ההפכים, וזהו "איום על אימים וגאה על כל גאים" כנ"ל, וממילא הוא "מלא את כל" כי בעל הפייט ידע "שהוא ממלא אותם" בהרוחה גדולה; ולא היה עוד משיג נועם יחודו, עד כי נדמה לו בשעת שלימותו, אשר היסורים שעברו, יש להם איזה ערך, לערך טעם ונועם שפע יחודו ית', וכל איבריו וגידיו יאמרו ויעידו לו, אשר כל אחד ואחד מבני העולם היו מקצצים ידיהם ורגליהם שבע פעמים ביום, כדי להשיג רגע אחד בכל ימי חייהם, בטעם כזה המורגש להם.

וזאת תורת המצורע ביום טהרתו / והובא אל הכהן במרבית אשמתו. וזה משפט לכל פעולה טובה / כה תפגוש לפועלה בארץ חובה. ולכל עובר ושב לו יהיה / נודע איך ידורו אי והוא. ושיחתו מה היא באותם הימים / בעת הטיול בין קרני ראמים. שם יש אוזן לדברים מאוד ערבים / ממשיכים נהרי אפרסמון גבים גבים. ורואים הנשמע שאך באשמתם הוא ערב / וסרחונם מרחיק מהם כרחוק מזרח ממערב. ושוחק להם, כי יודע נפשם מעודם / אשר לא יגבל הכופר כלל בעינם. בעת שיתן עצמו להם לכופר / וכל זרה יהיו אזנים לאמרי שפר. וזהו יד לכל כלי טהרה / בו יאחז לגלות האורה. לברוא ולקיים עליה האורה / במשפט הגאולה ובמשפט התמורה.

והגם שלא יפלא מעיניך כל אלה, אני רוצה למלא עמהם דברי ר' ירמיה. וזו כוונתו הנשגבה במליצת דבריו: "מה וכו' כשהוא רצוי אין בריה יכולה לעמוד בכוחו, כשהוא קם בחרון אפו מי יעמוד לפניו - הוי, מי לא

יראך מלך הגוים". דהיינו, "איום על כל אימים גאה על כל גאים" כנ"ל. והכל כדי להשמיע "דברות אלקים חיים".

פירוש שמשקל האיומים הנשגבים, היו נערכים רק לראות את הקולות, מה שאין העין יכול לראות והלב לחשוב ולהרהר, ועד שבא לידי מדה זו, היה מהלך השי"ת בדרך פועל, בלי שום תרעומת ח"ו על הפעולה. כמורגש כי הפעולה עדיין לא היתה, ואם כן בכל מהלך האיום הארוך הזה, היה רצוי ומפויס לפעולתו, לגלותה לעת נועד.

וזה שאמר ר' ירמיה "כשהוא רצוי וכו'", דהיינו, כל כוונתו להוכיח את עובדי ה' שיהי' העבר הנשגב האמיתי הזה, נוכח פניהם תמיד, אחר שהפעולה כבר נתגלתה למכביר.

ואם כן יש "למי לתבוע", על כבודו ית' שלא יתחלל, כי מי פתי שיאמר שהקב"ה ותרן הוא; והביא את הפסוק: "ומי יעמוד ביום **אפו** ומי יכלכל את יום **בואו**" ודו"ק מאוד, מן העבר הארוך הנשגב, אשר "יום אפו", הוא הוא המכלכל את "יום בואו", כמו במאזנים ישקלו יחד כנ"ל.

ובזה תבין מאמר ר' טרפון, שס"ל [שהוא סובר] שאמרינן "דיו", והוכיח מהכתוב "ואביה ירק ירק בפניה הלא תכלם שבעת ימים", ק"ו לשכינה שיהיה שבועים עכ"פ, ומ"מ מסיק "ותסגר שבעת ימים", דהיינו, ממש כמו טרם שנתגלתה "הפעולה והשכינה" והיה רק "אביה ירק ירק בפניה", פירוש, "לגלות פניה", והבן.

ונבחן ב' ירקות, א' לבחינת "לבא" וב' לבחינת "מותא", בסוד, "איום על כל אימים וגאה על כל גאים" כנ"ל. ואמרינן "דיו" לפני השכינה "כמעיקרא", ואם בר לבב אתה, תבין מלבך סוד הכתוב, שאחר הסגר שבעת ימים נסעו לדרכם, במערכות התורה, מה שאין כן טרם מילואו של ההסגר.

ואילו פי מלא שירה כים, ושפתותי מליצה כהמון גליו, לא יספיק לי, מלבאר צדקות ה', אשר עשה ועושה ויעשה, לעיני בריותיו אשר ברא ובורא ויברא. נוכחתי לדעת היטב הדק, אשר היו והווים בעולם המון גדול מאוד, אשר צועקים בכל כוחם ואינם נענים, ובגפם יבואו ובגפם יצאו, וכמו בתחילתם, כן בסופם, הרבה הרבה גורעים ואין מוסיפים, ואוי לאותה בושה ואוי לאותה כלימה.

כי "כלל מדוקדק הוא" אשר "מעלין בקודש ולא מורידין" אבל יחודו של השי"ת, כמו שמתגאה על הגופות הריקות מכל חמדה, אינו נחלש ח"ו כלל, ומתגאה אפילו על "קראי מועד אנשי שם" וגם המה אם לא ישמרו את עצמם היטב מלבלות זמנם. יוכלו לפטור מעולמם, כמו הראשונים, כי כבודו של עולם חזק הוא, ואינו משתנה מפחד פי בריותיו כמובן.

והרבה גדולים טעו בזה, כי יאמרו שמובטחים המה שלבם ער. והכתוב אומר: "ויהי ער בכור יהודה **רע** בעיני ה' וימתהו ה'", וזה מאמר החכם "גם מתרפה במלאכתו אח הוא לבעל משחית", כי העיקר לשים לב ורעיון ו"כל אשר תמצא ידך לעשות בכחך עשה", לגדל ולקדש את שמו הגדול ומבורך.

ודוקא באורח שכל, ולא כצעקת הכסילים שיודעים לדבר דיבורים בלי לב חכם. אבל החכם עיניו בראשו, ושום כוחות גופניים לא ידע, והוא, לא "ער", ולא "אונן", אלא "דברי חכמים בנחת נשמעים" בכח עיון נמרץ בלתי לה' לבדו, כמ"ש בזוהר: "הכל במחשבה איתבררו", ואין כאן שום צעקה ושום סיגופים וכל מחלה וכל תקלה כלל וכלל, "כי דרכיה דרכי נועם וכל נתיבותיה שלום", "וכל גרגרן כועס", ו"כל הכועס כאלו עובד ע"ז", ונשמתו מסתלקת הימנו.

אבל כוחות שכליות ומחשבות יש להרבות בכל מגמתו וכוחו ו"כל היום וכל הלילה תמיד לא יחשו המזכירים את ה', **אל דמי לכם, ואל תתנו דמי לו** עד יכונן ועד ישים את (הירא והשלם) ירושלים תהלה בארץ".

והאמת אומר לך: כשאני רואה הריקים מכל, מבלים ימיהם לריקות, אינו סובב עלי כל דאבון לב, כי סוף סוף לא יאונה בהם שום דבר רוחני, ורק גוף של בשר ועצמות מתענה, אשר לכך נוצר, כנ"ל ברוחב ביאור. וסוף כל בהמה לשחיטה, ובלי שכל כולם כבהמות נדמו.

וכל הסדרים שבטבע, אינם מעציבים את בר הלבב, ואדרבה "משמחי לב" המה למבינים, אמנם כשאני רואה הנפילים אנשי השם אשר מעולם, אז, כמו חרב אש לוהט יבואו בלבבי, כי המה מענים את השכינה הקדושה, בהבליהם, שבדים ובודים מלבם.

ווי להאי שופרא דבלי בהאי עפרא! [אוי ליופי זה שבלה בעפר זה!] שפה הקדושה והנאמנה, שכל ההשגחה הארוכה סובבת לגלות פניה של אמת, ובגילויה חוזרת וזורקת מים טהורים, מים נאמנים על כל פנות ההשגחה והמציאות, וכל הריקים מלאים, וכל המעונים מושפעים, ואין כאן לא קורי ברזל ולא קורי עכביש, אבל יש כאן כבוד גדול ואהבה נאמנה, חוזרות ושבות מהשי"ת לנבראיו, ובכל מקום שנותן עיניו - מתרפא.

ואשרי האוזן שלא שמעה לשון הרע מימיה, ואשרי עין שלא ראתה דבר שוא מימיה, וכל שיקלל - מקולל בהחלט, וכל שיברך - מבורך בהחלט, וכל היוצא מפיו, אין בו שום פקפוק ואין בו יותר. אלא זה הדבר אשר צוה הוי', ולדבקה בו!

עפרא עפרא כמה את קשי קדל, כל מחמדי עינא איתבלי בך, כמה את בחציפו [עפר עפר, כמה אתה קשה עורף, כל מחמדי העין בלים בך, כמה אתה בחוצפה], אותו העין שמברך בכל אשר תפנה, איך נהפכה לזרות, ובכל מקום שנותן עינו נשרף וכלה! ואיך ינוחמו אותם האנשים האנושים מכל, "בנחמת הבל ושמחת בשר", ומה יענו ליום פקודה! וכדי בזיון וקצף.

אשר על כן הרבה דברתי מגנות אותם אנשים עמך פב"פ, ועל דברים שבודים מלבם כמו התפשטות הגשמיות. וכמוהם כן מעשיהם, "כל אשר בוטח בהם", ו"ארור הגבר אשר יבטח באדם, ושם בשר זרועו", ו"ברוך הגבר אשר יבטח בה'", ו"אשרי האיש אשר לא הלך בעצת רשעים וכו', כי אם בתורת הוי' חפצו, ובתורתו יהגה יומם ולילה" כמו שאמרו ז"ל: "בראתי יצר הרע בראתי לו תורה תבלין", ו"אם פגע בך מנוול זה משכהו לבית המדרש" ודי. וכמה לא חלי ולא מרגיש גברא דמארי סייעא [וכמה לא חושש ולא מרגיש האדם שאדונו מסייע לו].

וזה שאמרתי לך פנים בפנים בשעת חדוה, אשר עיקר חטא דור דעה היה בסוד הכתוב: "אבותינו במצרים לא השכילו נפלאותיך וכו', וימרו על ים, בים סוף", ופירשתי, שמתנה יקרה וערכה, היא לפי יקר הדרת הנותן. והמה פגמו בזה לראשונה, "שלא השכילו את נפלאותיך", אלא סתם "נפלאות" ואם כן העיקר חסר מן הספר, וזה גרם להם שחזרו לאחוריהם בשעת קבלת התורה, ואמרו: "דבר אתה עמנו ונשמעה", והגם שהתורה לא מיחסת להם חטא בדבר, כי נאמר "מי יתן והיה לבבם זה ליראה אותי וכו' כל הימים", הוא משום שחטא שקדם למתן תורה לא נכתב בתורה, כידוע. כי התורה בדרך התיקון עוסקת ולא בדרך חטאים.

שאלת אותי ומה לעשות ע"ז? ואמרתי לך שצריך להתאמץ ולהרבות תודה על הטובה, כי מדרך הטבע, כשהנותן רואה שאין המקבל מכיר לו טובה, נחלש מנתינתו להבא. וענית לי שאין התודה על ברכותיו ניכרת בדיבורי פה גשמי, אלא מתוך האימוץ והרחבת לב בטוב מעלת היחוד, אשר מתוך זה נשבתים האויבים מימין ומשמאל, וכזה נקרא "תודה על ברכותיו", ולא על דיבורי פה גשמי.

ובא וראה כמה חביבים מים נאמנים ממעין דלא פסיק [ממעין שאינו פוסק] שנאמר עליו: "ישבעו ויתענגו מטוביך", והשביעה אינה מבטלת את התענוג מחמת שהשכיל "נפלאותיך" ולא נפלאות ומופתים, כי למי יענה, ואפילו הוא עצמו כלל אינו צריך לזה, ומעולם לא אמר להם, ולשכמותם "הבו לי ומכחכם שחדו בעדי". וכבר מאס אבותם מלשית עם כלבי צאנו לשמירה פחותה, "וכשל עוזר ונפל עזר" ו"שדי לא מצאנוהו שגיא כח".

וכל זה עלתה לו, מעת ששכח מדתו של "רם ונשא, גבוה הגבה מאוד", והתחיל לעסוק לפי מדידת בשר ודם, ומשם למדידת העצים וכמו כן מחשבון רוצה להבנות, והיה מחשב חשבונות של אחרים, אבל כבר מקרא כתוב "ומצאתה", ואמר רבנאי: עד דאתא לידיה

משמע ובראיה בעלמא לא קני, והן לישנא דעלמא, [ואמר רבנאי: עד שבא לידו. משמע שבראיה סתם אינו קונה. וזה לשון הרחוב:]. **"לא קני עד דאתי לידיה** [לא קונה עד שבא לידו]**", ולפיכך תני תנא ב' בבות** [שני שערים] **אחד במציאה, ואחד במשא ומתן, להבין ולהורות עד דאתי לידיה** [עד שבא לידו] **ממש. ונראה שיגלה באחרית הימים, קמתמי חז"ל: ולחזי זוזי ממאן נקט? ומשני דנקט מתרוייהו** [ושיראה הזוזים ממי לקח? ומתרצים שלקח משני אנשים] **(כאן רמז דבר נוסף שיגלה לקץ הימין) מחד מדעתיה ומחד בעל כורחיה** [מאחד - בהסכמתו, ומהשני - בעל כורחו]**, ולא ידענא מי הוא מדעתיה ומי הוא בעל כורחיה** [ולא ידענו מי הוא בהסכמתו ומי הוא בעל כורחו]**. וזה סוד "מה נעשה לאחותנו ביום שידבר בה", תתגלה בע"ה ותראה בקץ הימין, כי נעריך בהלכתא למשיחא.**

ונחזור לענינינו, שעיקר הוא להשכיל הרבה בנותן המתנה, כמה גדלו, וכמה הוא שוה, ואז יזכה לדביקות אמיתי, וישיג טעמי תורה, שאין שום תרופה, זולתה, בעולמינו.

ואשורר עליה שירה דקה ונעימה, משמחת "לב אמיתי ובדוקה ומנוסה" בעשר נסיונות.

טפתי טפתי דקה את, וכל מרחבי חייתי / כל שחרי כל ערבי.

פני הלוט מגבהת המסכה, ברחבי עתידותי / כל אבלי כל נחמתי.

מקום המבוקה ישאוך המון רב בדליות הספתי / כל חורבתי וכל מלואי.

חודרה את בלבבי, וכל שכרך בידי, מכל דגלי אהבתי / כל זהבי וכל סחרי.

ואורח טוב מה הוא אומר? כל טרחות שטרח בעה"ב, לא טרח אלא בשבילו. בטעם המימרא: "חייב אדם לומר בשבילי נברא העולם". וכן הוא האמת, שכמו שהעולם נברא בשבילו, כל הפרטים שבמציאותו יחד כמ"כ נבראות בשבילו.

פרט אחד שזה מעוצם היחוד שכלל ופרט שוין אליו, וכל שישיגו כלל בני העולם בגמר התיקון משיגים פרטים השלימים בכל דור ודור, אשר על כן מוצא כל אחד ואחד את פרטי האיברים שלו בתורה, כי כמו שערוכה בכללה לכלל כולו, כן ערוכה בכללה לפרט אחד, ולא עוד אלא אדרבה, שאין בכלל יותר ממה שיש בפרט, וזה שיעור נשלם ואמיתי בעיון רב, אשר על כן כתוב "באהבתה תשגה תמיד" "והגית בו יומם ולילה, ו"אורייתא וקב"ה וישראל חד הוא", והוא שיעור מותאם בתכלית התאום שהכל אחד הוא, ואין הרוחני נחתך לחלקים, וצריך לקדש את עצמו ולטהר במוחא ולבא, וכשתברך בברכות התורה כמתחילה, תשיג את הפסוק הנכבד: "ראו עתה כי אני אני הוא ואין אלהים עמדי".

אבקשך שלח לך להנאתך ולטובתך ידיעות תכיפות אלי ממצבך בתורה, כי יקצר זמן הרבה. ודע לך כי אריכות זמני התיקון יקטינו ערך התיקון, וכל דבר רוחני משתבח ומתעלה. בלקחו חלק קטן יותר מן הזמן, ואלמלא ידעת הענין שמזיק האריכות על שבילי דנהורא, כמו שאני יודע, אז בטח היית יותר מהיר במלאכתך.

הגם שאיני חפץ ואיני רשאי ללמוד בשבילך, אבל מותר ומצוה רבה, לשמח ולבסם אותם הדודאים, שאתה מוצא בשדה שברכו ה', כי כל עסקינו בחיים רק לאקמא שכינתא מעפרא [להקים השכינה מהעפר]**, ולשמחה ולשיר לפניה בכל עוז, ולשבח תמיד את הבורא ית' מן המותר בפיך, ומכל שכן במקום שנדע שבטח תצליח דרכיך אשר ע"כ לידיעותיך בתכיפות אני צריך, ונרוה אהבים ביחד לבער הקוצים ונראה את השושנה העליונה בקרוב בימינו אכי"ר.**

יהודה

אגרת ט

שנת תרפ"ג (1923)

ב"ה מוצש"ק ויקרא אל משה, נשיא לבני מנשה גמליאל בן פדהצור

ש' פ"ג ירושלים עיר הקודש תובב"א

לאמיתי וידידי ... נ"י ויופיע לרום המעלה.

לא אוכל עוד להתאפק לכל הנצב בינינו, ואנסה נא את התוכחה המגולה האמיתית. כי

צריך אני לדעת כמה הוא שוה ערך, דבר אמת בארצנו: כי כן דרכי תמיד, לחקור בכל מעשי הבריאה, ולדעת ערכה, אם טוב ואם רע, אך בדקדוק נמרץ, מפני שרק מקום זה הניחו לי אבותי להתגדר בו, ובע"ה כבר מצאתי חמודות וגנייזן בתמונות העוברות ובטלות האלו: כי לא לחנם נערך כל ההמון הזה נגד עיני, והמה אותיות נחמדות, למשפט כל חכמה וכל דעת, ולא נבראו אלא לצרופי חכמה בלבד.

מתחילה נשפוט את מדת העצלות השורה בעולם הזה ... ובכללה איננה מדה גרועה ובזויה כל כך, והראיה, שכבר אמרו חז"ל: "שב ואל תעשה עדיף". ואע"ג שהשכל הפשוט, וכמה כתובים מכחישים את הכלל הזה, מכל-מקום כדי דייקת ביה כראוי, אראה ש"אלו ואלו דברי אלקים חיים הן" והכל על מקומו יבוא בשלום.

זה מבורר בלי ספק, שאין שום עבודה בעולם, זולת עבודתו ית', וכל מיני העבודות זולתו, ואפילו לנשמות, אם הוא בערך עצמיותו בפרטו, הרי ראוי לו שלא בא לעולם, כי מהפך הקערה על פיה, כי ממקבל לא נעשה משפיע, שזהו חוק ולא יעבור, ו"אלו היה שם לא היה נגאל".

ואם כן לא כדאי לנו כלל וכלל לדון עובד או עבודה כזו שבעליו הוא בצורת מקבל. מחמת שזה ריקות מוחלט, ואין כל ספק שמוטב היה לו להיות "שב ואל תעשה", כי הוא מזיק במעשה זה, או לו, או לאחרים. ותועלתו נמנע בהחלט, כמו שדברנו לעיל.

ולא איכפת לי כלל וכלל, אם נמצא עמך איזה מספר אברים מרמ"ח אבריך, שאינם נוחים מהלכה זו; ואפילו מתערבים את עצמם במחאה גלויה נגד דברי אלו, כי כן טבע כל דבר אמת, שאינה דורשת הסכמה משום ילוד אשה, קטן או גדול, וכל מי שזוכה לדעת התורה ביותר, נמצא עמדן על דעתו ביותר.

אשר על כן אחרי האמת הגדול, המפורסם הזה, אשר מחרף במלאכתו - "חבר הוא לאיש משחית", עם כל זה, אין לו שום רחמנות ודאגה על העצלים, לטכס עצה בעדם, מחמת הכלל הגדול: "שב ואל תעשה עדיף"; כי ממ"נ, אם דבר ה' יקר להם, ורוצים באמת לעבוד לקונם ית' להשביח מעשיו, אז אין שום ספק שרות העצלות לא תהיה עמהם, כי רוח ה' מלביש עוז וגבורה, שהעצלות נדף ממנו כקש מפני רוח, אלא אם יצוייר שיש להם חבור עם רוח העצלות הזה, אז בלי ספק שבשעה הזאת אין דעתם נוחה בלתי לה' לבדו. ואם כן, ודאי "שב ואל תעשה עדיף".

יש לי לדבר בענין זה נכבדות, אולם מה אעשה שהזמן גרמא, שאינך מבין בלשוני, כי אינך רגיל בחדושי תורה שלי, הנאמרים בתכלית הפשיטות, אשר צריך להיות בגובה הקומה מאד, עד שיוכל להשפיל קומתו כ"כ ולהגביה אותם; ולא אוכל לשנות דרכי, מחמת שאני רואה בו רצון השי"ת וד"ל.

הגם ששמעת ממני תורה הרבה, על צד הפשיטות, וגם טרחתי מאד בענין להבינך כל דרכי וכל חפצי בעבודת הבורא ית', רצוני לומר, באותו המקצוע שבעזו"ה הוספתי על רבותי שבדורי ושלפני, והסכים השי"ת על ידי, ואתה עידי.

עם כל זה מחמת שכל למודנו בענין הזה, היה זמן קצר, בערך ... ... מיום ב' פרשת בהעלותך תר"ף עד פרשת שמות תר"ף (תרפ"א), כי המצב שלך בשבוע ... לא נתן לי עוד לדבר עמך יותר, מחדושי תורתי, וכן הפסקתי אז כל דרך הלמוד שלי מפני טעמים הכמוסים עמי; וגם מקודם לכן גיליתי אזנך בדבר זה, בקצת טעמים.

ומכיון שהזמן היה קצר מאד, הוא הגורם שלא הורגלת בדרכי, ולא נבלעו דרכי כלל באבריך, ולכן הכנסת מדעתך שינויים הרבה בתורתי ... ... ומחמתם הפסדת זמן הרבה ... ...

ובפרוש הוציא לפני שפתותיך, אשר בכל כחך ואונך תעזור לי בברור דרכי תורתי והתפשטותו בעולם; ורק הנך יושב ומצפה, מתי יגיע השעה המוצלחת, שיהיה לאל ידיך, שתוכל להשתתף עמי בזה הענין.

והבטחה זו הוציאו כל רמ"ח אבריך ושס"ה גידיך, בכל תוקף ועוז, גם בחדוה, ללא ספק

קטן וקל, שמי יודע אם תזכה לזה המדובר וד"ל.

עתה מה תאמר לכל הבטחותיך עמי... ואני יודע עצתך והתחבולה שהמצאת מדעתך, דהיינו, לשטוף בפעם אחת כל גופך, במים שאין להם סוף, ודי לחכימא ברמיזא.

גם יודע אנכי התרוץ המוכן באמתחתך, על שאלתי זאת, דהיינו, שעדיין אינך מוכשר כלל לגלות דעת, ולסתור או לבנות, ומכל שכן להתחבר עמי בעבודה, בה בשעה שאתה בעצמך לא החזקת בה כראוי.

אמנם אם כן יצר הסוכן בך, אתה סותר את עצמך מניה וביה, רצוני לרמוז, שעל שאלה אחרת אתה מתרץ את עצמך לא בענוה, ואדרבה וד"ל, ואם כן איך אתה תופס את החבל בשני ראשים.

... ואני אומר לך שאין כאן שום בושה, שום קטנות ושום גדלות, רק שהצליח מעשי שטן, להפריע על כל דבר טוב שלא יותגלה בדרכיו, כי מה אכפת לך, אם אבין את קטנותך יותר מדי, האם לשמוע שבחים מפי תכסוף, ואני יודע שנפשך טהור מסיגים כאלו.

וגם מאי אכפת לך, אם אבין את גדולתך בשעור המדוקדק, כמו שהוא בין כתלי לבך; וכלום אינך ירא מלגלוגי עליך, כי עמדן על דעתך אתה.

וגם בושה זו מאי היא, לדבר בפני חבר כמותי, בפום ממלל רברבן [בפה מדבר גְדולות], וכן דרכו בדרך הזה כל קדמונינו, לגלות סודם כמו שבא בקירות לבם ממש, לרב מיוחד, או לחבר מיוחד האמיתי, אם רם אם שפל.

כי דרכי דרך האמת, אין להם שום התפעלות מן האמת, אם מר אם מתוק. והעיקר כל עיון כמו מקובל בשעתו, כי השכל צריך להיות "נקי", וח"ו להטות משפט מחמת מרירותו, וגם הלב על מקומו צריך להיות "צדיק", ומצדיק את הבורא ית', עכ"פ שלא יצוייר.

וכמו שאין שעור למעלת הבורא ית' ולכל יכולתו, כמו כן אין שעור לשפלות ילוד אשה (ולחולשתו), אלא אם רק הבריאה הזו עם כל שפלותה מוכנת לקבל דבר אמת, בלי שום נגיעה בדבר, לצורך גופו הנגוף, אלא נמצאת תמיד בסוד הכתוב: "ונקי וצדיק אל תהרוג", כן הולכת ופוסעת על מדרגות הקדושה וטהרה, עד ... ... **מה העבודה הזאת לכם.**

ואני רואה בעליל בלי ספק, שתפול בפחת הזה, אם פחות, אם יותר, וזה השטן האחרון, אשר אני מוצא בעבודתי הפוריה, בעד כללות בני דורי. כי ב"ה מצאתי חן בעיני בוראי ית', לגלות לי כל שפלות הדור, וכל מיני תקונים קלים ונאמנים, להשיב כל נפש לשרשה בתכלית המהירות.

אבל מה אעשה ביום פקודה, כי תצטרך לענות על שאלת אדם רשע, "מה העבודה הזאת לכם"? ואע"פ שהתירוץ מבורר בהגדה, "אלו היה שם לא היה נגאל", כי אין חפץ בכסילים, עובדי הריקות. ועדיין לא נבחר שום בן אדם לעבודתו ית', אם אין לבו שלם עם ה', לעבוד עבודת משא במסירת נפש, כל היום וכל הלילה, תמיד לא יחשה, אך ורק לעשות איזה נדנוד של נחת רוח ליוצרו ית'; ואם כן מה לרשע הזה להתערב ולדון עם אוהבי ה' כאלו.

אמנם אחי, באמת אין זו שאלה שכליית, ברור הוא, ואמת הוא, לא נשאר שום הרהור ומשא מתן בדבר, אך דוקא בגלל זה הוא פרכא שאין עליה תשובה, כי שאלת חומר עכור ומעוכר הוא, והיא רק תביעה מגוף החומרי לשוב אל גילולי אבותיו, שיש לו חלק שותפות בעבודתם, או יותר אמיתי, שהוא בעל העבודה, וכל הנאה שלו. וכיון שהשואל הוא רק חומר וגוף בלי שכל, על כן חלש כח השכל, לענות לו שום תרוץ, כי אין אזנים לו, וכפתן חרש יאטם אזנו וכו'.

ועתה ידעתי כח העדפה יתירה, שחנן אותי בוראי ית' על יתר בני גילי, שזמן כביר חקרתי אותה, למה נבחרתי יותר ברצות ה'; ואחרי כל השפלות הנובע מבן רשע הנ"ל, שהוא הקליפה השולטת בזמני, ואחרי הועדי בשיעורה האמיתי, אז אכיר טובת השי"ת עמדי, להסית את לבבי היום ותמיד, מלשמוע שאלת הרשע הנ"ל. כי אני מוצא א"ע מחויב ומוכרח כהיום כתמיד להיות כשור לעול וכחמור

למשא, כל היום וכל הלילה לא אחשה, מלתור איזה מקום שבו אעשה איזה נחת רוח ליוצרי, ואפילו ביום הזה שאני בו, חביב עלי הדבר לעבוד בעול גדול, אפילו שבעים שנה יחד. ובלי ידיעה כלל בהצלחתה, (כל ימי אפילו) זולת יהיה על הדרך שנצטויתי בודאי ללכת בכל דרכיו, ולדבקה בו, ששמעתי מכל מראש.

יחד עם זה איני יכול כלל וכלל לפטור עצמי, בשום הרהור והגה רוח, שלא לעשות איזה עבודה לשמו ית׳, מחמת שפלותי; ואני חושב ותואב כל היום, על גבהו של עבודות ה׳, ובתכלית הגובה, עד שאי אפשר לי כעת להעלות על הכתב.

והן אמת כמו שדברתי עם בני גילי מענינים אלו, ראיתי שיש להם כמו שולחן ערוך שמעיינים בו ומוצאים שעור לעבודת ה׳, בעדם ולכל הצטרכותם.

אבל אני, לא ראיתי מעודי את השו״ע הזה, להיות קצוב בו, תנאי וקצבה, לחפץ השי״ת מבריותיו אשר ברא, במעלות הדביקות בו.

ובדרך כלל קבלתי פא״פ וכו׳ שקטן וגדול שוים הם לפניו ית׳. וכל הבריות מוכנים להשראת שכינתו בלבבם, ושעור ההשראה, תלוי בחפץ הבורא ית׳, ולא בו כלל, אתמהה לכן, חרפה גדולה לילוד אשה, יהיה מי שיהיה, ליתן איזה שעור, או כמין שעור באיכות חפץ הבורא ית׳.

והנה דברי אלו פשוטים בתכלית הפשיטות, עם כל זה לא ראיתי עוד בדורי, מי שיהיה בעיני עצמו לאיש פשוט כזה שיבין ערך דברי אלו, כמו שהם לעצמם, והוא מחמת שאי אפשר להם להרכין גופם כל כך.

וכיון שבאתי לזה, אגלה לך כל סודם בחדרי משכיותם. אם תבין ... כי כל זה עלתה להם מחמת שאלת אדם רשע, מה העבודה הזאת לכם, כי הם צריכים תמיד לסמיות עינים כלפי אדם רשע הזה ... ...

... אבל המה אנשים, ומדוע לא יסבו עכ״פ כל עבודתם למקצוע הזה, מה יש לבעל הכרם מכרמו? ועל כל פנים, היו עובדים עבודה שכליית לבוראם, בין אם יערה עליהם רוח ממרום לראות פירות בעמלם, ובין ח״ו לא. אבל לא היו יוצאים מן גדר עובדי ה׳ על כל פנים.

בהיותם נמשל כבהמות נדמו ומנשאים הרגשים החומריים, כמו עבודה רצוניית אלקיית, ולא ירצו להבין שכל החומר יחד עם כל מה שיוכל לרכוש, יאבדו יחד. ואבד ונשבת זכרם מן הארץ לנצח.

אמנם אחי, הרבה הרבה דברתי עמך מענינים אלו פנים אל פנים בהיותנו יחד, ואי אפשר להאריך בהם כ״כ על הכתב. אבל אני יודע בטח, שאם תעיין כראוי בדברים אלו שכתבתי בכל המכתב הזה, מחוייב אתה למצוא הרבה ענינים, שאין דעתך נחה בהם, אשר בכונה גדולה כתבתים אליך, כי אני חושב אולי תבין מכאן ולהבא, ותודיעני כל דבר וכל פרט וכל שורש, שאינך מסכים עמי לגמרי, באשר שלבי שלם עמך, ואתה ... ... וסהדי [וְעֵדִי] במרום אם הייתי יכול להאכילך את חלב השמים ממעל לא חסתי (כלל) על שום עבודה, ועל שום עמל.

יהודה ליב

אגרת י
שנת תרפ״ה (1925)

ר׳ עש״ק שמות פ״ה ורשה.

לכבוד בני הישיבה דעטור רבנים ה׳ עליהם יה״ו

...אצטער מאד על אברים המדולדלים שסיבות החיצוניות גברו עליהם מלהסתפח עמכם, יתן ה׳ שיחזקו ויוכלו להתחבר עמנו ויהי ה׳ עמהם.

ואני מבין שאינכם עוסקים כ״כ ביחודין דמוחא וליבא כחפצי, עכ״ז עשו כפי כחכם ותשועת ה׳ כהרף עין, והעיקר העומד היום לפניכם, הוא אחדות החברים והתאמצו בזה יותר ויותר כי יש בה לשלם בעד כל החסרונות.

איתא [מובא]: ״תלמיד שגלה, מגלין רבו עמו״. פירוש, שהיה קשה לחז״ל, איך אפשרי הדבר שישלטו קטרוגים בתורה ועבודה של התלמיד, עד כדי גירושו מלהסתפח בנחלת

ה׳, וזאת אחר שהוא דבוק ברב אמיתי? וע״ז תירצו, כי בעת ירידת התלמיד, ידמה לו כמו שהרב גם הוא ירד ח״ו, עמו, וכיון שכן הרי באמת כן, כלומר, שלא יוכל להנות מרבו, אלא כפום [לפי] מה משער בלבו, וא״כ אין לו אלא רב שפול וירוד. בו במדה שמדד אותו ועל כן גולין את רבו עמו. וד״ל.

תחילת גלות מצרים והשעבוד מתחיל מהכתוב: ״ויקם מלך חדש על מצרים אשר לא ידע את יוסף״, פירוש, שנתגלה שליטה חדשה במוחם של כל אחד ואחד, שליטה חדשה מקרוב, כי נפלו ממדרגתם הקדומה, וכנ״ל ״שתלמיד שגלה מגלין רבו עמו״, וממילא לא ידעו את יוסף, כלומר, שלא השיגו אותו אלא כפי מה ששיערו בלבם. ולכן ציירו בלבם תמונת יוסף כמוהם עצמם, ומכיון שכן ״לא ידעו את יוסף״ והתחיל השעבוד, שאם לא כן, ודאי היה הצדיק מגין עליהם, ולא היה מצוייר להם כלל בחינת גלות ושעבוד.

ומפורש שעבודם ״בחומר ובלבנים״ ״חומ״ר״, ה״ס עון החמור שדנין בזה על ״המחשבה״ ובלבני״ם, ה״ס ״התשובה״ שזכו לרחמים עליונים, והשיגו לשעתם אור עליון, מאמונת האבות הקדושים, ונתלבנו מעונותיהם, אלא שלא היה לתמידות, והיו מתגלגלים ובאים מחמת זה בכל עבודה בשדה, דהיינו, המשך עבודה קשה הנוגעת בכל שאר המצוות. כמו שאמרו ז״ל: ״בינונים זה וזה שופטן״, ולכן נקראת קליפה זו ״פרעה״, אותיות ״פ״ה ר״ע״, פי׳, דבחי׳ מלכות שבמוחין נקרא פה, שסודו הוא בחי׳ הכרעה והסכמה שלא יחל דברו וכל היוצא מפיו יעשה. ובגלות מצרים היתה שליטה ל״פה רע״ הנ״ל והיו חוזרים לסורם. ולכן אף על גב שזכו לאיזו הארה עליונה מט״ר, אבל היא לא יכולה להיות נבלעת בגוף, מפני ש״פה רע״, שהוא לעומת ״פה דקדושה״, דהיינו העורף היה מפסיק השפע היורד מן הראש. ויונק ומוצץ כל השפע שהתחיל לרדת בשביל ישראל. וזה סוד ״שלא היה שום עבד יכול לברוח ממצרים״. כי פרעה עשה כשוף גדול על פתחי מצרים. כמו שאמרו חז״ל.

ובזה מובן הפ׳ ״ואני ידעתי כי לא יתן אתכם מלך מצרים להלך ולא ביד חזקה״, פירוש, שהשי״ת הודיע על ידי משה עבדו, ששום יד חזקה, וכוחות שבעולם, לא יועילו על קליפה רעה זו, מפני שאינה נכנעת אלא מפני השי״ת בכבודו ובעצמו. שז״ס ״אני ולא שליח״, וז״ס ״ושלחתי את ידי והכתי במצרים וכו׳ ונתתי את חן העם הזה בעיני מצרים״ וכו׳.

ועתה בא נבוא לפרש לכם בעזהשי״ת בשורת הגאולה ושליחות משה. כתוב: ״ויען משה ויאמר והן לא יאמינו לי, וכו׳ כי יאמרו לא נראה אליך ה׳״. פירוש, דכיון שפה דקדושה היה בגלות, בסוד ״כי כבד פה וכבד לשון אנכי״. לכן היה משה רעיא מהימנא [הרועה הנאמן], טוען לפני השי״ת ״והן לא יאמינו לי״, כי אם אפילו אקשר את ישראל עמי ואוריד להם איזה השפעה, הלא קלי׳ פרעה מוצצת ותוססת אותה מעמהם. ואע״ג שדביקים עמי, עם כל זה לא ישמעו בקולי. פירוש, שבעוד שיש להם שליטה לקליפת פרעה, ופה ודבור בגלות, מכל מקום אם היו מאמינים ברעיא מהימנא [ברועה הנאמן] כראוי, היו יכולים בני ישראל לשמוע בקולו של משה, שהוא למעלה מפה ודבור, ואם היו מתחזקים בזה, ודאי היו נצולים מקליפת פרעה.

ועל זה התלונן משה רעיא מהימנא [הרועה הנאמן] לפני השי״ת ״כי יאמרו לא נראה אליך ה׳״, פירוש על דרך הנ״ל: ״ויקם מלך חדש על מצרים אשר לא ידע את יוסף״, שבעת ירידתם ״לחומר״, יכפרו גם בגדלות משה רעיא מהימנא [הרועה הנאמן] וא״כ איך אפשר שמשה יגאל אותם מתחת קליפה רעה וחזקה כזו? לכן מסר השי״ת ג׳ אותות, שיראה משה לפני בני ישראל, ולימד אותו לסדר אותות אלו לפניהם בזה אחר זה, והבטיח לו השי״ת שיעזור לו מן השמים, שיהיה סיפק בידו להראותם, ואחר שיקבלו בני ישראל ממנו את האותות האלו, יבואו לשמוע בקולו של משה, ואז יוכל לגאול אותם מגלות המר הזה.

ועתה אבאר סוד שלושת האותות. אות א׳

התהפכות המטה לנחש ונחש למטה. אות ב' שבהוצאת ידו ולא מחיקו נמצא מצורעת כשלג ובהוצאת ידו מחיקו הנה שבה כבשרו. אות ג' שבשפיכת מימי היאור ליבשה יהיה לדם.

ואפרש עכשיו איך הראה אותם לישראל: בידו של הגואל היה מטה שה"ס ר"מ, שיש "מטה" בידו "להטות" לבן של ישראל לאביהם שבשמים, ואם "משליכהו ארצה", פירוש, שבני ישראל לוקחים את מטהו, לשמש עמו כרצונם (ארצה כמו לרצון). "ויהי לנחש", שנראה להם חטאם, כמו בעלי חי, שמעיקרו טרם קרבו למטהו, היה חטאם בבחי' דומם, ואחר שקרבו את עצמם למטהו, נעשה לנחש ממש, עד "וינס משה מפניו" (פירוש, לפום מאי [לפי מה] ששיערו ישראל בעצמם ע"ד לא ידע את יוסף כנ"ל).

ואח"כ כשבא משה להצילם מנשיכת הנחש היה אוחז את הנחש בזנבו ולא בראשו. כי גואל שקר כשבא להציל לישראל, אוחז את הנחש בראשו, לפצץ את רישא דחויא [לפוצץ את ראש הנחש], שכן אורח כל תופשי הנחשים.

אבל גואל אמיתי אוחז אותו דוקא בזנבו, (ע"פ הסוד דהאי חויא כפוף לרישא, ומָחֵי בזנבו [שהנחש הזה מכופף ראשו, ומכה בזנבו] שכבר פרשתי לכם) "ויהי למטה בכפו", שאז פועל באמת בקרב לבם, להטותם לכף זכות, ואחר שמקבלים בני ישראל את האות הזה, נותן לו השי"ת רשות ויפוי כח, להראותם אות השני.

וכבר פרשתי לכם דבר חז"ל, "יקריב אותו וכו', לרצונו הא כיצד? כופין אותו עד שיאמר רוצה אני". כי לזוהמא דחויא [לזוהמת הנחש], שדנין על המחשבה, יתוקן בקרבן עולה המכפר על המחשבה.

אבל גם הקרבת הקרבן, צריכה להיות באהבה ויראה, ומי שצריך לקרבן אפשר לו להתאמץ, על בחינת יראה אבל לא באהבה כידוע. ואם כן גם הקרבן נפסל מחוסר אהבה וע"ז מתרצים חז"ל: "כופין אותו" - את השי"ת ועל דרך "נצחוני בני", כי העובד מיראה נקרא זווגו ע"ד הכפיה. והבן. "עד שיאמר" השי"ת, ויגלה לו רצונו ויאמר לו "רוצה אני" בעבודה זו, ואיגלאי מילתא [ומתגלה הענין] למפרע, שאין שום כפיה, אלא זווג ממש באהבה ורעות.

וז"ס, "פיה פתחה בחכמה ותורת חסד על לשונה", שבפתיחת הפה מתגלה חכמה עילאה, כי בה בשעה, שנפרדת קלי' "פה רע" מקדושה, יוצא פה דקדושה לאור עולם, שז"ס, פתיחת הפה להרוחה, ואין עוד פגע רע ליחל דברו. כי "יודע תעלומות מעיד עליו שלא ישוב לכסלו עוד", ומיד זוכה לחכמה עילאה [לחכמה עליונה], כי גילוי חוק ומשפט באים תמיד ביחד, וז"ס "פיה פתחה בחכמה".

וכיון שהגיע לגילוי חכמה, שלא זכה בה, אלא ע"י יגיעתו הקודמת בזווגים שלו, ע"ד הכפיה, נמצא, שלולא לשון דנוקבא, שבה סגולת היגיעה, לא היה זוכה לכלום. ממילא, איגלאי מילתא [מתגלה הענין] למפרע, שאפילו זווגין דכפיה הי' ממש זווגין דאהבה וחיבה ודו"ק. וז"ס "ותורת חסד על לשונה", "על לשונה" דוקא ולא בלשון אחר.

ונשוב לענינינו שאות הא', שאחיזת משה בזנבו נהפך למטה בכפו, ה"ס "תשובה מיראה" על דרך "פיה פתחה בחכמה", שמעת הזאת שנקבעת למטה, והקליפה משולחת ואינה חוזרת, מתחיל שורש גילוי חכמה עילאה [חכמה עליונה].

וסוד אות הב', ה"ס ושורש, לתשובה מאהבה. שבהיותו מביא ובא ידו בחיקו, בהמנותא עילאה [באמונה עליונה], מתגלה התורת חסד על לשונה, ולא זולתה.

ודו"ק בדברים כי באמת צריך להוציא ידו מחיקו, כי חיק, ה"ס, "אנכי ולא יהיה לך". והוצאת יד, ה"ס "התפשטות הדעת", ואם בשעה שמוציא יד להתפשטות טעמי תורה ורזי תורה, זוכר היטב את שורשו שלא לשנות את טעמו, ויודע בטוב שמוציא ידו מחיקו. נמצא שחוק ומשפט קשורים זה בזה כב' ריעין דלא מתפרשין [כשני רעים שלא נפרדים], אז הולך השפע בדרכיו כדבעי [כראוי].

ובזה תבין הפירוש, "ויבא ידו בחיקו", שה"ס קבלת החוק "ויוציאה", שבא להמשיך

התפשטות הדעת, ואינו מתחזק להיות דבוק גם בשורש, שה"ס "החיק" ואז "והנה ידו מצרעת כשלג". ומתרגמינן ביונתן בן עוזיאל "והא ידיה סגירתא" שנסגרו מבואות השפע, ואין תיקון זולת להתחזק פעם ב', "וישוב ידו אל חיקו", בקבלת החוק, ואז, "ויוציאה מחיקו והנה שבה כבשרו", פירוש, שהחוק מתלוה ומתחבר אל הוצאת יד, וחוק ומשפט מחוברים. ואז שב מהלך החיים והשפע למקומו.

וז"ש "והי' אם לא יאמינו וכו' לקול האות הראשון" ויוציא ידו ולא מחיקו. "והאמינו לקול האות האחרון". כי יראה שבהוצאת יד מחיקו הרי שב לאיתנו.

ואות הג' הענין עמוק, כי היאור הוא אלוה של מצרים, ופרעה אלוה של היאור, שאמר: "לי יאורי ואני עשיתני", שכבר אמרנו, שפרעה חמס אליו כל השפע שיורד מעל הראש, בשביל ישראל.

אמנם תמצית של השפע שחומס, נתן לישראל. ותמצית זו הניתן על ידי פרעה, נקרא נילוס, והוא משקה לכל הדרים במצרים, ונקרא לחם עצלות, שא"צ יגיעה אחריה, ולכן היה פחד שלא יפגמו ב"י אחר גאולת מצרים בלחם אבירים, כמו שקרה במדבר, באמרם "זכרנו את הדגה אשר נאכל במצרים חינם", וזהו התיקון, "והי' המים וכו' לדם ביבשת", כי הכל יראו שנפסלו ממשקה ישראל, שאח"כ הגיע להם מזה דם פסח ודם מילה. וז"ס "צופיה הליכות ביתה", פי' שמימי היאור נהפכו לדם ביבשה, ואז "ולחם עצלות לא תאכל", והוא ענין עמוק והאריך במקום אחר.

יהודה ליב

אגרת יא

שנת תרפ"ה (1925)

ב"ה יום ועש"ק בא י' לחודש שבט, פה ורשה יע"א

לכבוד הקשור במוסרות לבי ... נ"י

קבלתי דבריך ובענין נסיעת ... נ"י הנני להודיעך שבעז"ה אביאהו עמי יחד ירושלימה וכדומה לי שאעשה לו ויזע לבירוט ומשם לירושלים ברשיון שלי, כי אין לי דרך אחר כעת, וכבר הודעתי כזה במכתבי לב"ב שיחי'.

... ובענין ד"ת שתדרוש ממני, היה לך לכתוב מה חסר לך בלעדם, כי את הכל תקבל באהבה, הן אמת שכן דרך האמת, אבל צריך להרגיש את האהבה, והיא אינה מורגשת אלא במקום חסרון, שז"ע "כל המצטער עצמו עם הצבור זוכה ורואה בנחמת צבור", ו"במדה שאדם מודד מודדין לו".

וכבר שמעת הרבה, שכל טוב דאתערותא דלתתא [של התעוררות מלמטה] אינו נוהג אלא בהשכלתינו להרגיש החסרון, כמו שהוא ערוך לפנינו מהשי"ת, שז"ס "תפילה עשתה מחצה", כי כל עוד שאינו מרגיש חסרון המחצה, כלומר, החלק שנחלק מכל והחלק אינו מרגיש כראוי, אינו מסוגל כלל לדביקות השלם, כי לא ליתרון יחשב לו, והאדם לא ישמור ולא יקיים שום דבר שאין בו צורך. והשמיענו חז"ל אשר יש סגולה להרגשה זו בכח התפילה, וכשיתמיד להתפלל ולחשוק לדבקה בו בתמידות. הרי התפילה מסוגלת לעשות מחצה, כלומר, שיכיר שמחצה היא, וכשיתרבו הניצוצין ויובלעו באברים, ודאי יזכה לישועה השלמה ויודבק החלק בכל לנצחיות.

וז"ס, "אין בין מים עליונים לתחתונים אלא כמלא נימא", ע"ד שאמרו ז"ל "נימא נקשרה לו", בסוד, "הרים התלוין בשערה", כי נימא זו למילוא הוא צריך, שזהו סיבת התחלקות מים תחתונים מעליונים ודו"ק.

וז"ס הכתוב "והיה פי ראשו בתוכו", פי', כל עוד שלא נפתח הסתום, דהיינו, פה שבראש, הרי הוא ניזון דרך טבורו, והסתום מחויב להיות פתוח, ונמצא "פי ראשו בתוכו שפה יהיה לפיו סביב", פי', שלא יהיה מסתפק במיעוט, כי אם "חלקנו נתיר חלק מזב"ח מי יתיר"? וע"כ ירגיש הכובד שבראש. והרגשה זו יסב"ב לו שפה לפה, כי ירבה בשפיכת לבו למרום, לטהר השפה תתאה [תחתונה], שזה שיעור הכתוב "שפה יהיה לפיו סביב מעשה אר"ג", פירוש, שניצוצי ההשתוקקות מתקבצין יד על יד, ומתחברין יחד כ"מעשה אר"ג כפי תחרא יהיה לו",

פירוש, אלו הסיבות המסבבות הרגש הכאב, ושפיכת הלב, לא יבטלו כלל, אלא מתקבצים יחד ונעשים בבחי' פה, ע"ד שאמרו ז"ל "ידונות נעשו לו כזכיות", וא"כ יש לו שתי פיות, והבן, ש"סביב" בלשון תרגום "סחור סחור מלשון סחורה", דהיינו, הפנים הוא פרצוף שלם והאחוריים הוא פרצוף שלם, ואם זוכה לזה ויקנה הפי תחרא, אזי להוי האי "גברא באבטחותא [אזי יהיה איש זה בהבטחה] אשר לא יקרע, כי ינון שמו לנצח נצחים". ודו"ק ותשכח [והתבונן היטב ותמצא], שז"ס: "בארצם משנה יירשו".

עמקות גדולה יש בדברי אלו, ואין בי כח עכשיו לפרשם. אמנם אם תבין את דברי, תזכה בטח ליעול וליפוק [לבוא ולצאת] בלא בר וכמו שסיים הפרשה, "ונשמע קולו "בבאו" אל הקדש "ובצאתו" וכו', וכי"ר.

ובכלל אינך מבין סגולת התורה והשגתה, ואם היית מבין ודאי מסרת נפשך עליה, והיית זוכה בה, והנך רואה הכתוב, כי "נר מצוה ותורה אור", ואם יהיה לך בית מלא נרות, ולא יהיה לך אור, הלא יתפסו הנרות מקום בכדי [לשווא]. ומלת תורה הוא מלשון "הוראה" ומלשון "מראה וראיה", דהיינו, הכרה השלמה שאינה מנחת אחריה נימא. יתן ה' שתבינו מהיום את דברי. ...

עוד זאת אבקש ממך להתאמץ ביתר עוז באהבת חברים להמציא המצאות המסוגלות להרבות אהבה בין החברים, ולבטל מאתכם תאות מושגי הגוף. כי זהו המטיל שנאה. ובין עושי נ"ר ליוצרם לא יצויר שום שנאה אדרבה רחמנות ואהבה יתירה יש ביניהם, והדברים פשוטים.

אבקש שכל אחד ואחד יראה המכתב שיש לרעהו, כי הדברים נאמרים מאחד לאחד, ותורה אחת יהיה לכם, בשעבוד הגוף, וקדושת הנפש, ולא לשנות ח"ו, כמנהג בעלי הגוף, וראוי לכם לשמוע מהיום והלאה את דברי, כי חייכם ואורך ימיכם הוא, ולא לטובתי אני דורש, ומה יעשה המצביא המצוין, בעת שבני הצבא ישנו הוראותיו אליהם וכו'.

יהודה

אגרת יב

שנת תרפ"ה (1925)

ב"ה כ"ו לחודש טבת פ"ה ורשה יע"א

כבוד התלמידים ה' עליהם יחיו.

... עליכם להתחזק במה שנוגע לעיקר החפץ הנרצה לנו, וידוע לכם מה שפרשתי על הפ' "וברכך ה' אלוקיך בכל אשר תעשה", אשר אדם התחתון מחויב לעשות כל מה שבכחו לעשות, ורק אז יש מקום להשראת הברכה, אבל כסילות היא לחשוב שהשי"ת נעשה מחוייב בזה להשרות הברכה בדיוק במקום עשייתו, אדרבה עפ"י רוב, העשיה במקום אחד, והברכה, במקום אחר, במקום כזה שלא עשה שם האדם כלל, כי לא ידע או לא יכול לעשות שם מצדו. ובברכה האמיתית היא חוק ולא יעבור, שז"ס שנקרא מציאה ע"ד "יגעתי ומצאתי" וכבר הארכתי בזה.

וכשאני לעצמי נהנה אני מיגיע כפי, וע"כ "ודורשי ה' לא יחסרו כל טוב" וכמ"ש "קרובה ישועתי לבא וצדקתי להגלות".

ועיקר בקשתי גדולה התחזקו והיו לבני חיל ויהיה ה' עמכם, ודברו נא על לב החברים המדולדלים להתחבר עמנו, ויסורו יראות נכריות מקרבם, וכי יפנו את הבית והי' מקום לגלולים, אל תראו מלהט החרב המתהפכת בדרך עץ חיים.

ואם תרצו לידע, אודיע לכם שאיני מוצא את עצמי רחוק מכם כלל וכלל, ומי שמרגיש התרחקות הוא מסבת עצמו וד"ל.

יתר חדשות אין, דברי המשתוקק להתאחד עמכם ביחוד גמור...

יהודה ליב

אגרת יג

שנת תרפ"ה (1925)

ב"ה יום ועש"ק בא י' לחדש שבט תרפ"ה ורשה יע"א

כבוד היקר לי ... נ"י לנצחיות.

קבלתי דבריך בלב מלא געגועים, כי

תסתיר עצמך ממני, עכ"פ יש לך לדבר עמי מפי הכתב.

ומה שכתבת שתודיעני גלות מצרים אתמהא, "זיל קרי בי רב הוא". "ויזעקו ותעל שועתם אל האלקים מן העבודה", אז "וידע אלקים" עש"ה. ואם לא יהיה ידיעת השי"ת בגלות, אי אפשר לגאולה, וידיעת הגלות עצמו היא סבת הגאולה, ואיך תאמר להודיעני בשעת הגאולה?

והאמת יורה דרכו, שהמצטער מודיע צערו, ואי אפשר לו להסתיר ולהתאפק. אמנם כן ארגיש את כולכם יחד, אשר התחלף לכם **היום למחר**, ובמקום עכשיו תאמרו אח"כ. ואין לזה תרופה. זולת להתאמץ להבין הטעות והמעוות הזה, שהנושע מה', אינו נושע זולת בנצרך לישועה היום, ומי שיכול להמתין למחר ישיג שכלו לאחר שנותיו ח"ו.

וזה התהוה לכם מסבת התרשלות בבקשתי להתאמץ באהבת חברים, שהסברתי לכם בכל השבעים לשון, **שדי בסגולה זו להשלים כל מחסורכם**. ואם לא תוכלו לעלות השמימה, הלא נתתי לפניכם מהלכים בארץ. ולמה לא הוספתם בעבודה זו כלל?

ומלבד מהסגולה הגדולה הטמונה בזה, שאין לי לפרשו. היה לכם לדעת שהרבה ניצוצי קדושה ישנם בכל אחד מהחבורה, ובאספכם כל הניצוצי קדושה למקום אחד, בשבת אחים, באהבה וידידות, ודאי יהיה לכם קומה של קדושה חשובה מאד לפי שעה מאור החיים. וכבר הארכתי בזה בכל מכתבי לחברים.

גם בקשתי שכל אחד ואחד, יראה מכתבו לרעהו, וכן תעשה גם אתה, ובתנוני נא מהיום, להבין ולשמוע אותי, על כל פנים במה שבידכם לעשות, כי אז "יפתח ה' לך את אוצרו הטוב".

ול... תאמר שיעשה חשבון בעצמו. ומה היה חסר לו, אם היה בא עמי בחליפת דברים, ולמה יסתיר עצמו ממני, ואבקשו מאד שיתאמץ לראות מעלות החברים, ולא חסרונם כלל ח"ו, ויתקשר באהבה אמיתית יחד, עד - "ועל כל פשעים תכסה אהבה". ויתבוננו להשכיל בכל המכתבים שאני שולח לחברים **"ולחם עצלות לא יאכל עוד"**.

איה המה הר' ... והר' ..., לא שמעתי מהם שמץ דבר עד היום. ואמור להם, שעל כל פנים יחזיקו בשמלות רעיהם, ויתבוננו כל צרכם במכתבים שלהם, ולא ישכחו, כי השאלה הראשונה היא: "ציפית לישועה". ואם המה מצפים לישועה, היתכן שיאמרו, עבודה כזאת יסתגלו להם חפץ ה'. ואם הייתי צריך להציל את החיים של אחד מהם, מבני החברים, ודאי הייתי עמל ויגע יותר מכם. ומכל שכן חיי המלך כביכול. לפיכך הרבו מוהר ומתן למלכו של עולם, ואז תזכו בבת המלך ותשועת ה' כהרף עין.

יהודה

אגרת יד

שנת תרפ"ה (1925)

ב"ה י' שבט תרפ"ה ורשה יע"א

לכבוד ... נ"י

... ועיין היטב באלף יומין דחול! כי הם שבילי דנהר דעה, והיינו דקאמר שמואל: "נהירין לי שבילי דשמיא [ברורים לי שבילי השמים]". בבחינת שבת, "כשבילי דנהרדעה", בחינת יומין דחול [ימי החול]. כלומר, "מי שלא טרח בערב שבת, מהיכן יאכל בשבת". ואם כן כל האורות דשבת נערכין באורות שמרויחין ביומין דחול. שז"ס "אלף יומין דחול".

ובזה יובן הפסוק, "בא אל פרעה", וה"ס השכינה הקדושה בהתגלות, מלשון "ופרע את ראש האשה". כמ"ש בזוהר. והענין שבמדה שבני ישראל חשבו שמצרים מעבידים אותם ומטרידים אותם מעבדות ה', באותה מדה היו באמת בגלות מצרים, וכל הטרחא של הגואל, לא היתה אלא לגלות להם שאין כאן כח אחר מעורב, ו"אני ולא שליח", כי אין שום כח זולתו. שזה היה באמת אור הגאולה, כמו שמבואר בהגדה של פסח.

וזה שנתן הקדוש ב"ה למשה בדבור: "בא אל פרעה", כלומר, תייחד האמת, שכל הביאה למלך מצרים, אינו אלא **לסוד פרעה**, לגלות

השכינה הקדושה, וזה שאמר: "כי אני הכבדתי את לבו וכו' למען שתי אתתי אלה בקרבו". כי **ברוחניות** אין אותיות, כמו שהארכתי מכבר בזה. וכל הפריה ורביה שברוחניות שורה על האותיות הנשאבים מהחומריות דעולם הזה, בסוד "ובורא חשך", שאין כאן שום הוספה וחדוש אלא בריאת החשך, שהוא מרכבה מותאמת לגלות האור כי טוב. ונמצא שהשם ית' בכבודו ובעצמו הכביד את לבו, ולמה זה? כי לאותיות אני צריך.

וזה ענין, "למען שתי אותותי וכו', ולמען תספר וכו'. וידעתם כי אני הוי'". פירוש, שאחר שתקבלו האותיות, כלומר, שתבינו, שאנכי נתתי והטרחתי בעדכם, בסוד **אל תסורו "מאחרי"** וכו', כי תקיימו היטב את האחוריים לי לשמי. ואז תעשה השפע את שלה, ותמלא את האותיות, ויהפכו המדות להיות ספירות, כי טרם המילוי נקראים מדות, ובמלואם לטובה נקראים ספירות, "ספיריית", שמאירים לעולם. **מסוף העולם עד סופו.** שזה סוד "ולמען תספר", וכל זה אני צריך בשביל הסוף דבר. דהיינו, "וידעתם כי אני הוי'", "ולא שליח". שז"ס שער הנון, שאין לו דרך להתגלות זולת בהקדם מ"ט פנים טהור וטמא, בזה לעומת זה, שבהם "צדיק מ"ט לפני רשע".

וזה ענין הכתוב: "אל יתהלל חכם בחכמתו ואל יתהלל הגבור בגבורתו וכו', כי אם בזאת יתהלל המתהלל השכל וידע אותי". פירוש, על דרך שכתוב: "לא תהיה משכלה ועקרה בארצך וכו'", והבן, אשר "משכלה ועקרה", הוא ענין אחד, אלא **שעקרה** נקראת בחינת החסרון והאות עצמה. **ומשכלה** נקראת בחינת המלוי, שנותן הסטרא אחרא, למלאות החסרון הזה, שאין לו קיום, וקצר ימים ושבע רוגז. ולעת תיקון נגלה לעין, שמזו **המשכלה** נעשית **ההשכל**, ומזו **העקרה** נגלה בחי' "וידוע אותי".

וזה שהורה לנו הנביא: "אל יתהלל החכם בחכמתו והגבור בגבורתו", כי כל בחינת הישות ומהות שאדם מרגיש בעצמו, אין בזה שום רוח, לא לעליונים, ולא לתחתונים, כי בכל בחינות מהות ואורות אין בו שום חדוש, שזה סוד, "ויוצר אור", פירוש, באור אין חדוש, אלא **היצירה** כלומר, בשעה שיש להשפיע מהלכים על גב אותיות ומגלה צורות העליונים.

אבל "ובורא חושך" **שברא**, הוא ענין הוצאת "יש מאין", כמ"ש הרמב"ן ז"ל. ואין כאן **חדוש אלא חשך**. כמו דיו לספר תורה. אשר בהתאמצות העובד הוי' לעשת נחת רוח ליוצרו, ולהשלים חפץ הוי', אז מתגרה "המשכלה ועקרה". ובסוד קבלת עול מלכות שמים בשלמות, שזה סוד "זאת" - זוכה ורואה הצורות האמיתיות שיוצר אור, בקושיות וטרדות, ואז זוכה להתהלל בהשכל וידוע שזהו רוות אמיתי, הלל ונרצה במחשבה תחילה.

ובזה יובן הפסוק: "ויאמר אליהם יהי כן ה' עמכם וכו'. ויגרש אתם מאת פני פרעה" - אשר כל התגברות פרעה מלך מצרים, לא היה אלא "בטף" **כי לא ידע את יוסף שכלכלם בלחם לפי הטף.** וסוד הטף, הוא סוד, שפע המצומצמת בשעת קטנות. בסוד מה שאמרו ז"ל: "טף למה באין כדי ליתן שכר למביאיהם". ולכן הראה כחו על הטף, ואמר: "ראו כי רעה נגד פניכם. לא כן לכו נא הגברים". כי על ניצוצי הגבורות בעבודת ה', יש לו להודות שעל ידי הקדוש ב"ה באו. אבל על ניצוצי הרעה שנגד פניכם, זה אי אפשר לומר, שמצד השי"ת הוא. ודו"ק בזה.

ולכן אמר: "כי אותה אתם מבקשים". כלומר, כל מגמתכם הוא להגביר ניצוצי הגבורה. ולהגביר ניצוצי הרעה. ואיך תוכלו ליחד ניצוצין הרעות להשי"ת. ובזה נגרשו מבחינת הפנים של פרעה ודו"ק כאן.

ובזה יובן מכת הארבה, שנאמר: "וכסה את עין הארץ וכו', ואכל את יתר הפלטה" פירוש, כיון שראה השי"ת שכל אחיזתו של מלך מצרים (עד שגירש אותם וכו'). היה במה שבירר הגברים, ודחה את הטף (על דרך אותה אתם מבקשים כנ"ל) לכן המכה חמסה מהם גם בחינת הגברים. ואבדו גם כל ניצוצי הגבורה.

ובזה תבין הפסוק של הגאולה: "החדש הזה לכם ראש חדשים". פירוש, במצרים היה נקרא החדש **סיון** ע"ד שאמרו ז"ל בהר סיני,

שמשם ירדה שנאה, כמו כללות עבודה קשה שבמצרים נקרא סיון, כמו שנאן, כלומר, שנאה שלנו כנ"ל, על דרך "אותה אתם מבקשים", וכל ההתאמצות שלהם רק למחוק האותיות, מפני ששנאו אותם. ודו"ק.

ובאור הגאולה, כשזכו לאלפי שנאן, נעשה החדוש (החודש) הזה, לראש וראשון, ובמקום סיון, נצטרפו האותיות לניסן. כלומר, נסים שעמנו. וזה שפירש רש"י על הכתוב הזה: "החודש הזה, מלמד שהראה הקדוש ב"ה למשה לבנה בחדושה". והדברים עתיקין.

יהודה ליב

אגרת טו

שנת תרפ"ה (1925)

ב"ה יום ח"י לחודש שבט יתרו פ"ה וורשה יע"א

לידידי מוה"ר ... נ"י לנצח

למענה על מכתבך מיום ו' בא, שהשגתי יחד עם מכתבך מיום ד' בשלח.

אודות הוכות נראה ביותר פירושך האחרון. ואמלא מעט את דבריך: "דלתי לבי לאורח עליון אפתח" - כמו הבטחה להרים את עצמו לאורח העליון המופשט מכל מיני השגות התחתונים.

"ווי עמודי תהלות יביעו", - שבאופן העליה הזאת מעלה מעלה, אז מתחברים עמודי הלב בקשרים הידועים, הנקרים "ווין" (ע"פ בווין תתקטר [בווין תתקשר]) לדבקות אמיתי, שאז נובע אור העליון עליו.

"וכל מורשי לחפשי אשלח", - כמו מפקיר כל הונו, רצוני לומר כל מושגיו, כי מורשי הלב הם מושגי הגוף, ואין ענינו שישלחם לחפשי, שיהיה להם בכח להתדבק עמו בויכוחים, אלא אדרבה כלה גרש יגרש אותם מביתו, שלא יהיה להם עוד שום מגע ומשא עמו.

וכדי לפעול את זה בהחלט, בא מאמר הסוגר ואומר: "יודיעו על מה אדניה הטבעו", פירוש הדבר, כמו שאלה ששואל למורשי, ומתוכח ואומר, אולי יש לכם אדנים בארץ גדולים או קטנים, או מאומדים אשר על אדנים אלו נסמך איזה בנין שכלי? ובזה אומר להם, שיודיעו זאת, אם ידעו לענות אותו על החרוזים הנמשכים להלאה, שאין עליהם שום תירוץ אנושי, ובזה כלה יגרש אותם, להודיע שתולה ארץ על בלימה ע"כ.

ועל מכתבך מיום ד' בשלח, מה שכתבת שאינכם מבינים דברי, אתמהא אין זה כי אם מרפיון עבודה ומה אעשה, ומכ"ש בעת הוזאת קבלו נא על כל פנים דבר הזה, להיות ביניכם קשר אמיץ באהבה, כמו שהזהרתי אתכם טרם הפרדי מכם.

וכבר כתבתי ע"ז כמה מכתבים ולבי אומר לי שתתרשלו בזה, כי אני מרגיש עזובה ביניכם בכלל. והשי"ת ירחם עלינו ונזכה לישועה בקרוב...

יהודה ליב

אגרת טז

שנת תרפ"ה (1925)

ב"ה יום ו' עש"ק משפטים כ' שבט תרפ"ה וורשא יע"א

כבוד ידי"נ מור"ה... נ"י לנצח אחדשה"ט

אתמול קבלתי מכתבך - ונהנתי, כי אראה שעכ"פ תרצה למלאות רצוני. ואודות שאלתך הא', דבריך מגומגמים מאד. והוא ענין עמוק מאד. עתה טרוד אנכי, ומכל מקום אאריך מעט בענין, אולי תבין ותקבל מעכשיו.

כבר אמרתי בשם הבעש"ט. כי קודם עשיית המצוה, אין לחשוב כלל בהשגחה פרטית, אלא אדרבה, צריך האדם לומר: "אם אין אני לי מי לי". אבל אחר המעשה, מחוייב האדם להתישב בעצמו, ולהאמין שלא מכוחי ועוצם ידי עשיתי המצוה, אלא רק מכח ה', שכן חשב עלי מכל מראש, וכן הייתי מוכרח לעשות.

כמו כן הסדר במילי דעלמא [בעניני העולם], כי שקולים הם הרותניות והגשמיות, לכן טרם שאדם יוצא לשוק להרויח דבר יום ביומו, צריך הוא לסלק מחשבותיו מהשגחה פרטית, ולומר אז: "אם אין אני לי מי", ולעשות כל ההמצאות שעושים הגשמיים,

בכדי שירויח מעותיו כמותם.

אולם בערב, כשבא לביתו ושכרו אתו, ח"ו מלחשוב שברבוי המצאותיו, עשה את הרווח, אלא אפילו היה מונח במרתף כל היום גם היה מצוי שכרו בידו. כי כן חשב עליו השי"ת מכל מראש, וכן מוכרח להיות.

ואע"ג שבשכל החיצון, הם דברים הופכיים, ואינם מקובלים על לב, מכל-מקום, מחוייב האדם להאמין כן, כי כן חקק עליו השי"ת בתורתו, מפי סופרים ומפי ספרים.

וזהו סוד היחוד "הוי' אלקים", שסוד הוי', ה"ס ההשגחה הפרטית, שהשי"ת מהוה את כל, ואינו צריך שיושבי בתי חמר יעזרו לו. ואלקים, בגמטריה הטבע, אשר האדם המתנהג על-פי הטבע שהטביע במערכות שמים וארץ הגשמיים, ושומר חוקם כמו שאר הגשמיים; ויחד עם זה, נמצא מאמין בשם הוי', כלומר, בהשגחה הפרטית, נמצא מייחד זה בזה, והיו לאחדים בידו, ועושה בזה נחת רוח גדול ליוצרו, ומביא הארה בכל העולמות.

שז"ס ג' הבחינות: **מצוה, עבירה, רשות. אשר המצוה** היא מקום **הקדושה. העבירה** היא מקום הס"א. **ורשות** שאינה - לא מצוה ולא עבירה. היא מקום המערכה שעליה נלחמים הקדושה והס"א. בהיות האדם עושה דברים הרשותיים, ואינו מייחד אותם לרשות הקדושה, נופל כל המקום הזה לרשות הס"א. ובהיות האדם מתחזק לעשות במילי דרשותא [בדברי רשות], יחודים כפי כחו, מחזיר הרשות לגבול הקדושה.

ובזה פירשתי מה שאמרו חז"ל: "מכאן שנתנה רשות לרופא לרפאות". פירוש, אע"ג שהרפואה ביד ה' בלי ספק, ותחבולות אנושיות לא יזיזהו ממקומו, מכל-מקום הודיענו התורה הקדושה: "ורפא ירפא", להודיעך שרשות הוא, שהוא מקום המערכה בין מצוה לעבירה כנ"ל. אם כן הרי מחויבים אנו מצד עצמנו, **לכבוש תחת הקדושה** את "רשות" הזה; והכיצד נכבשת? אלא בהיות האדם הולך לרופא האומן, והרופא נותן לו תרופה בדוקה המנוסה אלף פעמים, ואחר שזוכה לקבל הרפואה הבריא, אז מחוייב להאמין שבלעדי הרופא, היה השי"ת גם-כן מרפא אותו. כי כבר קצוב חייו מכל מראש, ובמקום לשיר ולשבח את הרופא האנושי, הרי הוא מודה ומשבח להשי"ת, ובזה **כובש את הרשות תחת גבול הקדושה.**

ועל דרך זה בשאר דברי "הרשות". ובזה הולך ומרחיב גבולי הקדושה, על דרך שהקדושה מתרחבת בכל שיעורה, ופתאום רואה עצמו וכל קומתו עומד וחי בהיכל הקודש, כי כל-כך נתרחבה הקדושה וגבוליה, עד שהגיעה למקומו עצמו. והבן זה.

כל האמור בארתי לכם כבר כמה פעמים, מפני שענין זה, הוא **אבן מכשול לכמה בני אדם, שאין להם קבלה מבוררת בהשגחה פרטית**, ו"עבדא בהפקירא ניחא ליה [עבד, בחיי הפקר נוח לו]", ובמקום עבודה רוצה ביותר לבטוח; ועוד יותר חושק לבטל הקושיות מאמונתו, ולקנות לעצמו אותות ומופתים שלמעלה מהטבע, ולכן נענשים ודמם בראשם. כי מחטא אדה"ר ולמעלה, המציא ה' תיקון לחטא זה בסוד היחוד **הוי' אלקים**, על דרך שבארתי, וז"ס: "בזעת אפיך תאכל לחם", ומטבע האדם, שמה שמשיג על-ידי רבוי כוחותיו, קשה לו מאד לומר, שמתת השי"ת הוא. ממילא יש לו מקום עבודה, להתאמץ באמונה שלמה בהשגחה פרטית, ולהחליט שאפילו בלי עבודתו היה משיג כ"ז. ובזה הולך ונמתק עוון זה.

ולכן, אחר שידעת וכתבת, שהטבע הוא תנאי מהשי"ת כנ"ל, איך נסתפקת שוב לעבור לפעמים חלילה, על תנאי והיה בעבור מה שיהיה. ועובר תנאי השי"ת, ודאי לא יצלח בלי ספק, **כי אינו מיחד ה' בהוי' אלקים.** ו"האומר אחטא ואשוב אין מספיקים בידו לעשות תשובה". ועוד, למה לו נסיונות, בעת שיש פעולות מעשיות, וגם אני מבין, מהיכא תיתי לחשוב [מהיכן תבוא לחשוב], שאין צריך לקבוע את ההשגחה הפרטית, וכבר הזהרתי ע"ז פעמים רבות.

ומה שכתבת בענין המשפט להצטער על המשכה הבשריית. זה ודאי חיוב הכרחי, ואם איש חיל אתה, אין לך בכל היום, ותמיד לא

תמצא בשעת בדיקה איזה כתמים. כלומר, שגם אתה עזרת באפס מה לגמר הזה. ומכל שכן בשעת כעס, וכן בשעת קנאה ובהרגש גאות וכדומה, שכל אלו הם כתמים הבאים מרקמי רעיונות, שכחי ועוצם ידי יש בקניני ורכושי. אולם צריך אומנות גדול שלא לפול מחמת זה בהתרשלות עבודה, כי לא יוכל להרגיז את היצר טוב, על יצר הרע, ולומר: "אם אין אני לי מי לי" וכדומה, כמ"ש: "וכסיל מתעבר ובוטח", אלא כמו שכתבתי בשם הבעש"ט לעיל, וכל הנ"ל הם חוקים קבועים לא יבטלו ח"ו, והם נצחיות.

וצריכים להבין בזה, שלא מחשבותיו מחשבותינו, ולגבי השי"ת, אין כלל ענין ההופכיות במציאות, וכל זה הוא ההערכה כלפי חמשה חושנו. וכן יש להבין שכל האותיות והצרופים מצדינו מתאוים, ומפי עליון הכל נכלל בשתי צורות. דהיינו, בחינת **נייחא** ובחינת **רוגזא** שסובבים בכל מקרי העולם. כי **נייחא** כוללת המנוחה וכל תענוגיו. ו**הרוגזא** כולל כח התנועה, וכל... וכל תנועות... חדוש הבריאה. שז"ס: "יוצר אור ובורא חושך...

יהודה ליב

אגרת יז

שנת תרפ"ו (1926)

ב"ה ד' ויגש ו' טבת תרפ"ו

כבוד... מוה"ר... נ"י

... עם כל זה אכתוב לך, בחינת עמודי דאמצעיתא בעבודת השי"ת, שיהיה לך תמיד למטרה ימין ושמאל, כי יש הולך שעוד גרוע מיושב ובטל. והוא, המטה מהדרך, כי דרך האמת הוא קו דק מאד, שעליו פוסעים והולכים, עד שבאים להיכלא דמלכא [להיכל המלך]. וכל מי שמתחיל ללכת בתחילת הקו צריך שמירה מעולה, שלא יטה לימין הקו או לשמאלו, אפילו כחוט השערה, כי אם בתחילה הנטיה היא כחוט השערה, אפילו אחר כך הולך ישר באמת, אבל כבר לא יבוא בשום אופן, להיכלא דמלכא [להיכל המלך], משום שאינו דורך על הקו האמיתי, כזה עד"מ:

והוא משל אמיתי כהלכתו.

ואבאר לך סוד עמודא דאמצעיתא; שה"ס "אורייתא וקב"ה וישראל חד הוא". כי תכלית הנשמה בבאה לגוף, שתזכה בעודה מלובשת בגוף לשוב לשרשה ולהדבק בו ית', כמ"ש: "לאהבה את ה' אלקיכם וללכת בכל דרכיו ולשמור מצותיו ולדבקה בו". הנך רואה שגמר הענין הוא "ולדבקה בו". דהיינו, כמו שהיתה טרם התלבשותה בגוף.

אבל צריכין הכנה דרבה, - שהוא ללכת בכל דרכיו, ומי יודע דרכי השי"ת? אמנם ז"ס "אורייתא שיש בה תרי"ג אורחין [תורה שיש בה 613 דרכים]", שההולך עליהם סופו שיזדכך, עד שגופו לא יהווה מחיצה של ברזל בינו לבין קונו. כמ"ש: "והסירותי את לב האבן מבשרכם", ואז, יתדבק בקונו, ממש כמו שהיה דבוק טרם התלבשות נשמה בגוף.

נמצא, שיש לך שלוש בחינות: א. **ישראל**, הוא המייגע א"ע לשוב לשורשו. ב. **הקב"ה**, שהוא השורש שאליו משתוקק. ג. הוא בחינת **תרי"ג אורחין דאורייתא**, אשר עליהם מזכך נפשו וגופו, שה"ס **התבלין**, כמ"ש "בראתי יצר הרע, בראתי לו תורה תבלין".

אך באמת הני שלשה אחד הם ממש, שכן בסופו של דבר כל עובד ה', משיג אותם בבחינה אחת יחידה ומיוחדת. ומה שנראה שמחולקים לשלשה, הוא בערך הבלתי שלם בעבודת השי"ת.

ואבינך באפס מה, קצה תראה, אבל כולו לא תראה, זולת בישועתו ית' אליך: סוד הנשמה נודע, שהיא חלק אלקי ממעל, שמטרם ביאתה בגוף היא דבוקה כענף בשורש. ועיין בעץ חיים בתחילתו, שע"כ ברא השי"ת את העולמות, משום שהיה רצונו לגלות שמותיו הקדושים, "רחום וחנון" וכו', שאם לא יהיו בריות אין על מי שירחם עליהם וכו'

ע"ש. והם דברים עמוקים מאד.

אמנם מעט כפי כח העט, - אשר "כל התורה כולה הם שמותיו של הקב"ה". כאמרם ז"ל. וענין סוד השגה, "שכל מה שלא נשיג לא נדעהו בשם". כמובא בספרים, אשר כל אלו השמות הם שכר הנשמות, שעל כרחה באה לגוף, שבאמצעות הגוף דוקא, מסוגלת להשיג שמותיו של הקב"ה, ולפי השגתה, כן מדת קומתה. וכללא נקוט: כל דבר רוחני, כל חיותו הוא ערך ידיעתו. שבעל חיים גשמי מרגיש את עצמו, כיון שהוא מורכב משכל ותומר. נמצא שהרגש רוחני, הוא בחינה ידועה, ושעור קומה רוחני, שעור גדלו של ידיעה, ע"ד שכתוב: "לפי שכלו יהלל איש". אבל בעל חיים יודע, ולא מרגיש כלל. והבן זה היטב.

תבין שכר הנשמות: הנשמה טרם ביאתה בגוף, היתה בחינת נקודה קטנה, הגם שהיא דבוקה בשורש כענף באילן, ונקודה זו נקראת, שורש הנשמה ועולמה. ואם לא באה לעולם הזה בגוף, לא היה לה אלא עולם שלה. כלומר, שעור חלקה בשורש.

אמנם מה שזוכה יותר ללכת בכל דרכי השי"ת, שה"ס תרי"ג אורחין דאורייתא [613 דרכי התורה], השבים להיות שמותיו של הקב"ה ממש, אז מתגדלת קומתה בשעור השמות האלו שהשיגה, וז"ס ש"הקב"ה מנחיל לכל צדיק וצדיק ש"י עולמות". פירוש, הנשמה נכללת מב' צדיקים: צדיק עליון, וצדיק תחתון, ע"ד התחלקות הגוף מטבור ולמעלה ומטבור ולמטה. והיא זוכה בזה בתורה, שבכתב ובתורה שבעל-פה, שהם שני פעמים ש"י שבגמטריה תר"ך, שה"ס תרי"ג מצוות דאורייתא, ושבע מצוות דרבנן.

וז"ש בע"ח: ש"לא נבראו העולמות, אלא לגלות שמותיו של הקב"ה", עש"ה ותבין. והנך רואה, כיון שירדה הנשמה להתלבש בחומר מטונף הזה, לא יכלה עוד לשוב ולהתדבק בשרשה, בבחינת עולמה עצמה, כמו שהיתה בשורשה קודם ביאתה לעולם הזה, אלא היא מחויבת להגדל קומתה "תר"ך" פעמים, כמו שהיתה מלפנים בשורש, שה"ס כל השלמות, כל הנרנח"י עד היחידה, שע"כ נקראת היחידה בשם "כתר", לרמז על מספר "תר"ך" הנ"ל.

והנך רואה שסוד תר"ך שמות הנ"ל של תרי"ג מצוות דאורייתא וז' מצוות דרבנן, הם בעצם ה' בחינות של הנשמה. דהיינו, נרנח"י, כי הכלים של הנרנח"י הם מתר"ך מצוות הנ"ל, והאורות דנרנח"י הם עצם אור תורה, שבכל מצוה ומצוה. נמצא שהתורה והנשמה הם אחד.

אבל קוב"ה ה"ס אור א"ס המלובש באור תורה שיש בתר"ך מצוות הנ"ל. והבן זה היטב, שז"ס שאמרו ז"ל: "כל התורה כולה שמותיו של הקב"ה". פירוש, שהקב"ה מהכולל, והתר"ך שמות הם פרטים וחלקים, אשר פרטים אלו, הם לפי פסיעות ומדרגות של הנשמה, אשר אינה מקבלת אורה בפעם אחת, זולת בדרך מדרגה, לאט לאט, בזא"ז.

המתבאר לך מכל זה, אשר סוף הנשמה להשיג את כל התר"ך שמות הקדושים, וקונה כל קומתה, שהם תר"ך פעמים, בכמות שהיתה מטרם ביאתה, אשר שעור קומתה נראית מתר"ך מצוות, שאור תורה מלובש בהם, וקב"ה בכללות האור תורה, הרי לך מפורש ש"אורייתא וקב"ה וישראל חד הוא" ממש.

והתבונן מאד בדברים, שאינם דרושים אלא פשט פשוט, אשר ע"ז אמרו: "הפשט לא אפשט". ואשריך אם תבין את אשר לפניך.

ונחזור לענין, אשר טרם ההשתלמות בעבודת השי"ת, נראים אורייתא וקב"ה וישראל, כמו ג' בחינות, דהיינו, שלפעמים ישתוקק להשלים את נשמתו להשיבה לשרשה, שזה בחי' ישראל, ולפעמים הוא רוצה להבין דרכי השי"ת, ורזין דאורייתא [וסודות התורה], "דמאן דלא ידע ציוויא דמארי איך יעבוד ליה [מי שלא יודע מצוות אדונו איך יעבוד לו]", שזה בחי' אורייתא. ולפעמים משתוקק להשגת קב"ה, כלומר להדבק בו בהכרה שלמה, ומצטער רק אחר זה בעיקר, ואינו מצטער כ"כ להשגת רזין דאורייתא [סודות התורה], וגם אינו מצטער כ"כ להשבת נשמתו לשרשה, כמו שהיתה טרם התלבשות בגוף.

לכן ההולך על הקו האמיתי בהכנה לעבודות ה', מחויב תמיד לבדוק את עצמו, אם הוא משתוקק לג' בחינות הנ"ל בשוה ממש, כי

סוף מעשה משתווה לתחלתו, ואם משתוקק לבחי' אחת מהם ביותר מבחי' הב' או הג', הרי נוטה מדרך האמת הזה, והבן זה.

על כן מוטב שתאחוז את המטרה להשתוקק לציוויא דמאריה [למצוות האדון], "דמאן דלא ידע אורחין דמאריה וצוויין דמאריה, שהם רזין דאורייתא, איך יעבוד ליה [שמי שלא יודע דרכי אדונו ומצוות אדונו, שהם סודות התורה, איך יעבוד לו]", שהוא מבטיח ביותר קו הממוצע בין שלושתם.

וז"ס, "פתחו לי פתח א' של תשובה כחודה של מחט, ואני פותח לכם פתחים שיהיו עגלות וקרנות נכנסות". פירוש, פתחו של מחט אינה לכניסה ויציאה, אלא להכניס בו חוט לתפירה ולעבודה, כן תשתוקק רק אחר ציוויא דמאריה [מצוות אדונו], לעבוד עבודה, ואז אפתח לכם פתח כפתחו של אולם. שה"ס שם המפורש בפסוק "ואולם חי אני וימלא כבוד ה' את כל הארץ".

יהודה ליב

אגרת יח

שנת תרפ"ו (1926)

ב"ה פרשת ראה תרפ"ו

כבוד ידי"נ... נ"י

... אמנם שמור רגליך מלקבל טלטולא דגברא [טלטול של גבר] טרם הזמן. כי "במקום שאדם חושב, שם הוא". ועל כן בזמן שאדם בטוח שלא יחסר לו כל טוב, אפשר לו לשים עמלו בדברי תורה, כי "ברוך מתדבק בברוך".

אבל בחוסר הבטחון יתחייב בטרחא, וכל טרחא הוא מס"א. "ואין ארור מתדבק בברוך". כי לא יוכל לשים כל עמלו בדברי תורה. ואם אמנם מרגיש הוא לכתת רגליו במדינת הים, על כל פנים, לא יחשוב בדברים אלו כלום, אלא במהירות גדולה כמו שכפאו שד, ויחזור לקביעותיה, כדי שלא יפזר נצוציו בזמנים ומקומות אשר זולת זה, עודם אינם מאוחדים כראוי.

ודע שלא ישוער שום פגם מהתחתונים, רק בזמן ומקום המורשים, כמו שהוא עכשיו, רצוני לומר, אם מועיל, או מצטער, או ח"ו מתיאש לרגע הנוכחה, הרי הוא "שדי תכלה בכל הזמנים, ובכל המקומות שבעולם", שז"ס "רגע באפו" ו"כמה זעמו? רגע".

על כן אין תקנה לאדם, אלא להיישיר כל הרגעים ההוים, והעתידים לבוא, שיהיו מוקטרים ומוגשים לשמו הגדול. ומי שדוחה רגע שנוכח פניו, כי מוקשה הוא, מגלה כסילותו לכל, שכל העולמות, וכל הזמנים, אינם כדאים בעדו, באשר שאין אור פניו מלובש בשינוי העיתים והזמנים, אע"פ שעבודתו של אדם, בהכרח משתנה על ידיהם. ובעבור זה, הוכן לנו בזכות אבותינו הקדושים, האמונה והבטחון שלמעלה מן הדעת, שהאדם משתמש בהם, ברגעים הקשים, בלי טורח ובלי לאות.

וזה ענין "בהאי אתא קלילא, זמין לכל עבידתיה בהני יומא שיתא [מזומנת לכל מעשיו בשישה ימים אלו]". כי אות ה"א שהיא שורש הבריאה, היא אות קלה, שאין הטורח מועיל להגדיל קומתה ולא כלום, באשר "דאזדריקת ע"ד א"ס וא"ת [שנזרקה על דרך אין סיבה ואין תכלית]", ע"כ המקבל עליו עול מלכות שמים שלמה, אינו מוצא טורח בעבודת השי"ת, ועל כן יכול להיות דבוק בהשי"ת ביום ובלילה, באור ובחושך, ולא יעצרנו הגשם, הנברא בעובר ושב, בחלוף ותמורה, כי הכתר שה"ס אין סוף ב"ה, מאיר לכולם בשוה ממש, שהסכל ההולך, תחת מבול של המניעות הזורם עליו, מלפניו ומלאחריו, ואומר לכל, שאינו מרגיש בחסרון הפסק הדבקות, איזה קלקול ואון בעדו.

כי אם היה מרגיש את זה, ודאי היה מתחזק למצוא איזה תחבולה, להנצל על כל פנים מהפסק הדבקות, הן פחות והן יותר, אשר תחבולה זו עדיין לא נמנעה משום מבקש אותה, או על דרך "מחשבת האמונה", או על דרך "הבטחון", או על ידי "בקשות תפלתו", שהמה מותאמים לאדם דוקא במקומות הצרים הדחוקים, כי אפילו "גנבא אפום מחתרתא רחמנא קרי [אפילו הגנב, במחתרת, קורא לבורא]", אשר על כן אין צורך לזה למוחין

דגדלות, לשמור על הענף שלא יופסק משורשו כרגע.

"ואם שלוש אלה לא יעשה לה", אלא "ויצאה" לרשות הרבים, תחת שעבוד הבריות, "חנם אין כסף", לאדון זה, כי לא יתנו לו כלום, בעד טרחתו, בעמל של דברים בטלים. כמו שכתוב: "כמוהם יהיו עושיהם", וכו', ומה יבקש מאתם כזה שנברא על ידי הנעבד, משתחוה למעשה ידיו? על כן, **כל האומר שיש לו מניעות מן השמים, אני אומר עליו, ששקר העיד בקונו.** אלא בזדון לבו עושה את עצמו מונע באשר שאין לו הרצון האמיתי, להיות דבוק בהשי"ת, מחמת קשריו החזקים עם "הכתרין דמסאבותא [כתרים דטומאה]", שאינו רוצה מתוך פנימיות הלב להפרד מהם לנצחיות.

וזש"ה "ואשר אין לו כסף לכו שברו ואכלו ולכו שברו בלוא כסף, ובלוא מחיר יין וחלב". דהיינו, כל תפלתנו להשי"ת, שיעניק לנו מחכמתו וזיוו יתברך, הוא רק משום שחפץ ממנו שנתקשט לפניו ברצונות האלו, בסוד "רות אמשיך רות ואייתא רות [רוח מושך רוח ומביא רוח]".

על דרך משל: משום שאין זה מן הנמוס לבוא אל המלך פנימה, בלי איזה בקשה... אבל האמת שאין לנו עסק עם המתנה בערכה עצמה, אלא בזה שזכינו להיות דבוק הן פחות והן יותר, בו ית'.

ועל דרך משל: בעבד שרוצה להתדבק במלך מתוך תשוקת לבו, ומתחיל ללכת בנמוסי המלכות. ומסדר לו ית' איזה בקשה. והמלך דוחה אותו. אם פיקח הוא, הרי הוא אומר למלך, אמיתיות נקודת לבו, שאינו חפץ בשום מתנות, אלא שהמלך יסדר לו איזה שרות, הפחות שבפחותים, ויהיה באיזה צורה שיהיה, רק להיות דבוק באיזה שעור עם המלך. בקטורא חדא [בקשר אחד] דלא יופסק ח"ו מאד. כרגע כבר גלה לנו המלך זה בצורה של דביקות, אשר שפלה היא בעיני השפלים, וערכה תמיד לפי מדת הרצון, של נקודת הלב, דהיינו, התפלה, האמונה והבטחון, שהוא תמיד לא יחסר המזג כנ"ל, אפילו ברגע קטן מכ"ד שעות המעת לעת.

אבל השפלים, מתוך נקודת לבבם, אינם משתוקקים לדביקות במלך עצמו, בגופא דמלכא [בגוף המלך], אלא במתנותיו המרובות ובשמעם דבר המלך, שמחלק מקנה וחיל בתענוגים נפלאים. אשר יזרמו הניצוצות מתוך עומק לב אל מתנותיו העצומות. אשר על כן, מוצאים טורח בדביקותו ית', דמה ח"ו יהיה מזה, וכדומה מהצורות של מה בכך, אלא תפוחי הזהב... ועל כן, כל מבין יצחק אל העובדים האלו שלבם חסר, ואומרים לכל שסכלים המה, כי מספרים שיש להם מניעות וד"ל.

אבל "ברית אבות לא תמה", "והבא לטהר מסייעין אותו", ותכף בבוקר, בקומו משנתו יקדש הרגע הראשון בדביקותו ית', וישפוך לבו להשי"ת, שישמרהו כל הכ"ד שעות שבמעל"ע, שלא יעבור במוחו דבר בטל, ולא ידומה לו זאת לנמנע, או למעלה מן הטבע, כי תמונת הטבע העושה המחיצה של ברזל וכו'. וראוי לאדם לבטל מחיצות הטבע המוחשות לו. אלא מתחילה יאמין שאין מחיצות הטבע מפסיק אליו ית' ח"ו, ואחר כך יתפלל בכל לבו, אפילו על דבר שהוא למעלה מרצון טבעו.

והבן את זה תמיד, גם כן בכל שעה שיהיו עוברים ושבים עליו צורות שאינם של קדושה, ויופסק כרגע, תכף בזוכרו, יראה לשפוך לבבו, שמכאן ולהלאה, יציל אותו השי"ת מהפסק מדבקותו, בכל יכולתו, ולאט לאט יתרצה לבו לה', ויחשוק להדבק בו באמת. וחפץ ה' בידו יצליח.

יהודה ליב

אגרת יט

שנת תרפ"ז (1927)

ב"ה ער"ה דשנת תרפ"ז לאנדאן יע"א

כבוד ידי"נ ותלמידי מוהר"ר... נ"י וכל החברים ה' עליהם יחיה

קבלתי כל מכתבך, ויהיו נא לרצון לפני אדון כל ית'. אבל "דע את אלקי אביך

ועבדהו". דע פירוש הכרה, כי נפש בלא דעת לא טוב, זאת אומרת, המשתוקק ומתגעגע לעבוד אותו ית', כי בעל נפש הוא, אבל אינו מכיר את רבונו, אז לא טוב הוא.

ואע"ג שבעל נפש, אינו מוכן מעצמו להכיר אותו ית', עד אשר יערה עליו "רוח" ממרום, אך הוא מחוייב לתת אודנין [אזניים] למשמע לדברי חכמים, ולהאמין בהם בשלימות.

וכבר מקרא כתוב: "אך טוב וחסד ירדפוני כל ימי חיי". פירוש, ע"ד שפירש זקנך הק' הבעש"ט, "ה' צלך". כמו הצל המתנענע אחר תנועות האדם, וכל נטיותיו בהתאם לנטיות האדם, כמו כן, כל האדם בהתאם להשי"ת, פירוש, שבהתעוררות אהבה להשי"ת, יבין שהשי"ת התעורר אליו בגעגועים עצומים וכו'. שזהו כוונת רבי עקיבא "אשריכם ישראל לפני מי אתם מטהרין, ומי מטהר אתכם", והבן.

על כן בתחילת התקרבות האדם, נותנים לו נפש מסטרא דאופנים [מצד האופנים], דהיינו, שהשי"ת מתעורר אליו בכל עת שיש איזה הזדמנות מצד האדם, בכיסופים וגעגועים, להתדבק באדם. וזה שהודיענו המשורר: "אך טוב וחסד ירדפוני כל ימי חיי", שדוד המלך ע"ה, הוא כללות הנפש דכלל ישראל, ועל-כן היה תמיד משתוקק ומתאוה ונכסף לדביקות האמיתית בו ית'.

אבל צריך להכיר בנפשו, אשר השי"ת, רודף אחריו, ממש באותו השיעור, שהוא רודף אחר השי"ת. ואסור לו לשכוח ח"ו את זה, גם בעת הגעגועים היותר גדולים, ובזכרו שהשי"ת, מתגעגע ורודף להתדבק בו בשיעור עצום כמדת עצמו, נמצא תמיד הולך בכיסופים וגעגועים, מחיל אל חיל, בזווגא דלא פסיק [בזווג שלא נפסק], שהוא תכלית שלמות כח הנפש, עד שזוכה לתשובה מאהבה. דהיינו, "תשוב ו' לגבי ה'", שהוא יחוד - קוב"ה ושכינתיה.

אבל נפש בלי דעת, והכרה את רבונו, נמצא בירידה גדולה, לאחר שמתרבים געגועים באיזה שיעור. כי נדמה לו שהשי"ת מואס בו ח"ו, אוי לאותה בושה וכלימה, שמלבד שאינו משלים את תשוקתו וכיסופיו, עד שיתמלא לאהבה נצחית, נמצא עוד בבחינת "ונרגן מפריד אלוף" ח"ו, משום שנדמה לו, שרק הוא הכוסף וחושק ומתגעגע אחרי השי"ת, ואינו מאמין לחז"ל, שבאותו מדה ממש גם השי"ת תואב וכוסף ומתגעגע, אחרי האדם.

ומה לנו לעשות ולהועיל לאלה אשר עוד לא נקבע בלבבם אמונת חכמים. ומבשרי אחזה אלוקי, כי כבר הוכחתי לכם כמה פעמים, אשר "כל מיני הנהגות דהאי עלמא [של העולם הזה], המה אותיות שהאדם מחויב להעתיק אותם, במקומם האמיתי ברוחניות, כי הרוחניות, אין לה אותיות".

אמנם בסוד שבירת הכלים, נעתקו כל האותיות, להנהגות ובריות הגשמיים, שבהיות האדם משתלם ומגיע אל שורשו, מוכרח מעצמו ללקטם, אחת לאחת, ולהמציאם לשורשם לקדושה, שז"ס "מכריע את עצמו ואת העולם כולו לכף זכות". וענין "יחוד קוב"ה ושכינתיה", שהאדם גורם בהתמלאות סאתו בכיסופיו וגעגועיו, דומה ממש לבחינת זווג התחתון, הנוהג בלידת גוף גשמי, שהוא גם כן נמשך מסבה הקודם בהכרת, דהיינו הקישוי, פירוש, מדה ידועה של כיסופים וגעגועים, שנקרא קושי בלשון הגשמי, שאז יהיה גם זרעו לברכה, באשר שיורה כחץ, בנפש, שנה, ועולם, שז"ס היכי דמי תשובה [איך היא תשובה], באותו זמן ואותו מקום ואותה אשה. כי ה' תתאה [תחתונה] כוללת נפש, שנה, עולם.

"נפש" ה"ס מדת הכיסופים והגעגועים. "ושנה" ה"ס הזמנים של בחי' הערואות כי ביאה שלימה יש לה שעור השלם להכניס העטרה ליושנה, כלומר ע"ד שהיו הדביקות בשורשם טרם התפרדם בעולם הגשמי. אבל לא בפעם אחד, ימצא האדם מוכן לזווג הגבוה, מאד נעלה, שנקרא ביאה שלמה. אלא "אך טוב וחסד ירדפוני" כנ"ל. וע"כ עושה הערואה שהיא תחילת ביאה, שז"ס, "צדיק ורע לו", שהשי"ת אינו רוצה בדביקותו, ועל כן אינו טועם בגעגועים ובכיסופים בחינת אהבה, הצריך ל"אותו דבר" ול"אותו מקום", ונמצא בו בחינת צער, שה"ס נגע העתיד להתמתק

לבחינת ענג.

אולם "מה שלא יעשה השכל יעשה הזמן", כי השי"ת מונה כל הערואתיו, ומחבר אותם לשיעור השלם, שבמדת הקושי', ליום המיועד, שזה כוונת הפייטן, "תעיר ותריע להכרית כל מריע". כי "תקיעה" ה"ס גמר ביאה, ע"ד שאמרו "תקע ביבמתו", שה"ס הזווג דקוב"ה ושכינתיה, מעילא לתתא [מלמעלה למטה], טרם התלבשה הנשמה בגלגולים דהאי עלמא [של העולם הזה], ואחר כך בשעת הכנת האדם לשוב אל שורשו. אז לא בפעם אחד יגרום זווג שלם, אלא עושה הערואת, שהוא סוד, דרגת הנפש, בסוד, מסטרא דאופנים [מצד האופנים], אשר רודפים בכל כוחם ברתת ובזעה, אחר השכינה הקדושה, עד שנמצאים מתעגלים על קוטב הזה, כל היום וכל הלילה, תמיד לא יחשו. כמו"ש בספרים, בסוד האופנים, וכל עוד שמשתלמת נפשו בדרגות הנפש, הולך ומתקרב, כן מתרבה געגועיו וצערו, כי התשוקה העזה שאינה משתלמת, משאירה אחריה צער גדול, לפי שעור תשוקתו.

וזה סוד "תרועה", ומלמד אותנו הפייטן ואומר: "תעיר", כלומר, שאתה עושה הערואות, בשכינה הקדושה. "ותריע", שע"כ, אתה גורם לצער גדול, שאין כמותו, בסוד "גנוחי גנח", כי בשעה שאדם מצטער שכינה מה אומרת וכו', ולמה אתה עושה כן? הוא כדי, "להכרית כל מריע", פירוש, כי "צדקת הצדיק לא תצילנו ביום פשעו". ולידע תעלומות גלוי שעור החפץ שבלב האדם לקרבתו ית', אשר עדיין אפשר להיות מתפסק ח"ו. ועל כן הוא ית' מרבה הערואתיו, כלומר, התחלות הביאות, שאם האדם שומע לקולו ית', בסוד "ה' צלך" כנ"ל, נמצא שאינו נופל ויורד מחמת התגברות הצער של ההערואות, כי רואה ושומע שגם השכינה הקדושה סובלת כמדתו, מחמת הגעגועים המתרבים, ממילא נמצא הולך ומתעצם, פעם אחר פעם, ביתר געגועים, עד שמשלים נקודת לבבו, בחפץ השלם, בקשר חזק שלא ימוט.

ע"ד שאמר רשב"י ז"ל באדרא: "אני לדודי ועלי תשוקתו, כל יומין דאתקטרנא בהאי עלמא, בחד קטירא אתקטרנא ביה בקב"ה, ובג"כ השתא ועלי תשוקתו [כל הימים שהייתי קשור בעולם הזה, בקשר אחד נקשרתי בקדוש ברוך הוא, ומשום כך, עתה ועלי תשוקתו]", וכו' ע"ש. והיינו, "עד שיעיד עליו יודע תעלומות שלא ישוב לכסלו עוד", ועל כן זוכה להשיב את ה' לגבי ו' לנצחיות. דהיינו, גמר ביאה, והכנסת עטרה ליושנה, שהוא סוד "תקיעה גדולה".

וכל זה בכוחות וסגולות של התרועות, כי הכריתו כל מריע ולא ישוב לכסלו עוד. ואז זוכה להכרה השלמה, בזווגא דלא פסיק [בזווג שלא נפסק], בסוד "הדעת", ורואה שכל הקושי שהגיע אליו בריבוי הזמנים, אינו אלא "לדעת", והוא סוד "באותו הזמן", כלומר, "הידוע ליודע תעלומות", שהזמנים עשו בו הסגולה הנ"ל, שיעמוד בצדקתו לנצחיות.

"ובאותו מקום", שה"ס הכנסת עטרה ליושנה, כמו שהיתה קודם מיעוטה, כמו ששמעתם ממני כמה פעמים, שהשי"ת אינו עושה חדשות בעת גמר התיקון, כסברת הכסילים, אלא "ואכלתם ישן נושן", כלומר, עד שיאמר רוצה אני. וד"ל.

"ובאותה אשה", כי "שקר החן והבל היופי, אשה יראת ה' היא תתהלל". כלומר, שבשעת הכנה נראה החן והיופי לעיקר השלימות, שאחר זה הוא משתוקק וכוסף, אולם בעת התיקון, "שימלא הארץ דעה את ה'", אז, עולם הפוך ראיתי, כי רק היראה והגעגועים הם עיקר השלימות הנכסף להם, ומרגישים שבזמן הכנה היו משקרים בעצמם, והבן זאת. וז"ס "צדיק וטוב לו", דהיינו גמר ביאה לזוכה לתקיעה גדולה כנ"ל, זה צדיק גמור ודו"ק.

הראה דברים אלו לפני עיני כל החברים, ובזה אברך אתכם בכוח"ט בספרן של צדיקים.

יהודה ליב

הנה טרדותי רבו עלי, ואיני יכול להודיע לכם גודל געגועי אחריכם, אולם בטחוני חזק בישועה קרובה, ומצדכם תחסרו ביותר ממניעת מכתבכם אלי, ועל כל פנים מכתב ארוך אחד בכל שבוע, והאמינו לי, שעוד אתם כותבים

לי, תשיגו את תשובתכם תיכף, והנה מחברנו ... נ"י, לא השגתי כלום, ואולי אין מחסור ליראיו, גם זה יודיעני, ואני מתגעגע לשמוע ממנו ומב"ב כל טוב ובע"ה נזכה עוד לדבר בהרחבה מרוב טוב.

יהודה

אגרת כ

שנת תרפ"ז (1927)

ב"ה ער"ה תרפ"ז לאנדאן

לכבוד ידי"נ ותלמידי הר' ... נ"י

... למה לא הודעתני מדבקות החברים, אם מתרבה והולך מחיל אל חיל, שזה כל יסוד העתיד הטוב שלנו. ומהצלחתכם על במתי ההוראה וכו'.

אודה ולא אבוש, שהטרדות מתרבות עלי, עד שאין בכוחי להשתעשע עמכם, נגד רוחו של כל אחד ואחד כרצונו תמיד. אולם חקוקים אתם במורשי לבבי, כל היום וכל הלילה, ובמשרפות הצמאון אחר טובכם ושלמותכם, והשי"ת יודע כמה יגיעות וכוחות נתתי בעסקכם. ובטוחים אנו בזה שלא יהיו ח"ו לבטלה, ודבר ה' לעולם תעמוד.

אבל למה שכחתם התורה שאמרתי בחג השבועות, על הפסוק: "דומה דודי לצבי", שענין "מחזיר פנים לאחור", אשר הפנים נבנים בזמן הבריחה וההסתר, רק בבחינת אחורים, שהוא ענין מדת הצער מהריחוק מקום וההסתר. ואשר באמת האחורים האלו הם פנים ממש, כלשונם ז"ל: "מחזיר פנים לאחוריו", ונמצא הפנים באחורים, ודו"ק, שז"ס "אני הוי' לא שניתי ואתם בני יעקב לא כליתם", ודו"ק, והיינו דכתיב: "ומשחרי ימצאונני".

הנה, כתבתי לכם כוונת התקיעות לדעת למה תוקעים ומריעים כשהם עומדים וכו'. ... "כי קדוש היום לאדוננו". והגם שאני יודע שלא יגיע אליכם דברי בעת שמיעת קול שופר. אולם, "טרם ישמעו ואני אענה" כתיב, על כן כתבתי בעתו וזמנו.

גם אתה תראה מכתבי זה לכל החברים, ואולי יטו אזנם, לשמוע את דברי.

... ומהיום ולהלאה נתחזק בעז"ה בתורה ובמצוות, "כשור לעול וכחמור למשא", לאקמא שכינתיה מעפרא [להקים שכינה מהעפר], "וכדי בזיון וקצף", והזדונות יהפכו לזכיות, כי, ימלא כבודו את כל הארץ.

ובעז"ה בטחוני חזק שישועתינו קרובה להגלות, ונזכה לעבוד יחד את השי"ת מתוך הרחבה, וחפץ ה' בידנו יצליח.

יהודה ליב

אגרת כא

שנת תרפ"ז (1927)

ב"ה יום ט"ז לחודש מר-חשון פ"ז לאנדאן

כבוד ידי"נ מוה"ר ... נ"י לנצח.

מכתבך מיום י"ג תשרי קבלתי. ועל מה שאתה כותב לי: "מכיר אני בשעור גדול עד אין ערך, כמה שאני צריך לסגופים חיצונים לתקן את החיצוניות שלי". עד כאן דבריך. אומר אני, שאין אתה צריך לסגופים, ואין אתה צריך לתקן את החיצוניות. ומי למד אותך תורה חדשה זו? אין זה כי אם שאינך דבוק עמי כמקדם, ועל כן אתה שומר כרמים זרים.

דע כי אין לך עוד ידיד נאמן בכל עולמך. ואני איעצך, שלא תתקן כלל את החיצוניות שלך, אלא רק את הפנימיות שלך. כי רק הפנימיות שלך עומדת לקבל תקון. ועיקר מה שהפנימיות מתקלקלת מחמת ריבוי החטאים, הוא הזוהמא, וסימנו הוא, הישות והגאות. והזוהמא הזאת, אינה מתיראת מפני כל מיני הסגופים שבעולם. ואדרבה היא אוהבת אותם, מחמת שהישות והגאות מתרבים ומתחזקים על ידי הסגופים.

אולם אם אתה רוצה למרק החטאים ממך יש לך לעסוק בבטול הישות, במקום הסגופים. דהיינו, שתרגיש בעצמך, שאתה השפל והגרוע ביותר מכל באי העולם. וצריך למוד והשכלה מרובה, כדי להבין זאת. ובכל פעם צריך לנסות עצמו, אם אינו משטה ומרמה עצמו, ומועיל גם כן להשפיל את עצמו בפועל לפני חברו.

אכן צריך להזהר שלא ישפיל עצמו, אלא

מאנשים כשרים, ועל כן, אם ירצה לעסוק בזה בפועל, יוכל לבטל עצמו לפני החבריא שלנו, ולא לפני זרים ח"ו. אבל מוכרח לדעת נאמנה, שהוא הגרוע והירוד מכל בני העולם, כי כן הוא האמת.

הנה עצתי זו, נקיה וקלה היא, ואפילו איש חלש יוכל לקיים אותה בכל תוקף. כי אינה מטשת כוחות הגוף, והיא הטהרה השלמה. והגם שלא דברתי עמך מזה, הוא, מפני שלא היית צריך לה כל כך. כי בהיותך דבוק עמי במקום אחד, לאט לאט היית מכיר ממילא בשפלות שלך, בלי שום למודים ומעשים, מה שאין כן עכשיו, שאינך עמי במקומי, אזי אתה מוכרח לעסוק בבטול הישות דרך הנזכר לעיל.

והעיקר להרבות בתפלה ולחזק הבטחון שיצליח השם יתברך אותך לזכות לתשובה שלמה. ולדעת איך להתדבק בו יתברך בקשר אחד לנצחיות. כי זהו העיקר, ובזה ניכר בין עובד הוי' ללא עבדו. ו"אל דמי לך, ואל תתן דמי לו". עד שיסלח לכל חטאתיך ופשעך, ויקרבך אליו לעד ולנצח נצחים.

וצריך אתה להדבק בי באופן שהמקום לא יפריד בינינו, כי אמרו ז"ל: "הדבק לדהינא ואידהן [הדבק לְמְשׁוּחַ שמן, וְתִמַּשַׁח בעצמך]", שזהו עיקר גדול מפעולות הלמוד של הבעש"ט להזדווג בצדיקים. והלואי חכמת להבין זאת. ותאמין לי שמצדי אין שום מניעה וכובד, ואלמלא ידעתי שיש באפשרותי לעשות לכם יותר טובות בעודי עמכם בארץ ישראל ודאי לא הנחתי אתכם. ובאמת גם נסיעתי מכם היתה בדיוק לטובתכם.

יהודה ליב במהר"ש אשלאג

אגרת כב

שנת תרפ"ז (1927)

ב"ה ט"ז מר-חשון תרפ"ז לאנדאן

כבוד ידי"נ מה"ר ... נ"י

מכתבך מיום י"ד תשרי קבלתי, אבל ידידי, למה אין דעתך נוחה בסדר הראשון שסדרתי לך, ואתה מבקש אחר החדשות. וכבר אמרתי לך, שכל עוד שלא תתרגל בסדר הראשון, אין אתה רשאי לעשות לך סדרים אחרים, הן קלים, הן חמורים, והנה אתה עושה עצמך שוכח מעקרו, ותדפוק עלי אחר סדרים חדשים, אין זה כי אם מהסת היצר.

הנני להזכירך את הסדר הראשון שנתתי לך, ויעזור לך השי"ת, שלא יהיו לך מעתה שום הפסק בעבודתו ית', רק לעלות מעלה מעלה, עד שתזכה להדבק בהשי"ת כראוי.

א. להיות נכון לעבודתו יתברך, בערך שתי שעות אחר חצות לילה, לא יאוחר (דהיינו משעה השמינית ערבית).

ב. בשתי השעות הראשונות, לעסוק בתיקון חצות לצער עצמך על גלות ישראל, וצער השכינה הקדושה, בגרם עוונותיו, ואחר כך בתפלות ותחנונים, עד השעה העשירית.

ג. משעה העשירית עד התפלה, הוא זמן עיון בספרים הקדושים, בראשית חכמה וכדומה, ובכתבי האר"י. ותראה להבין היטב ולהשכיל בכל אשר תלמד, ואם לא תבין על בוריו, אל תתן דמי להשי"ת, עד שיפתח לבך, ותבין אותו, כי זהו העיקר, רצוני לומר, מה שהשי"ת מחכים.

ד. לקבוע עתים לתורה, בלי הפסק שיחה קלה ח"ו. ותראה לקבוע עת לא פחות מחמש שעות כסדרן, ותוכל לקבוע אותם אימתי שתרצה, בכל משך שעות היום. אבל העיקר שלא תפסיק בשום שיחה בנתיים, ויהיו כסדרן, ובלימוד הנגלה דוקא. ולהזהר שלא לשכוח מהלימוד כלום. ועל כן תחזור על הלימוד כראוי. ונכון בידך שתלמוד הוראה, והוא מסוגל לך ביותר.

גם תוכל ללמוד בחבורה עם מי שאתה רוצה במשך החמש שעות הנ"ל. אולם אל תדבר בדברים אחרים, שאינם מענין הלימוד, אפילו בדרכי עבודות וכדומה. ואם השותף לא ירצה ללמוד זולת שתים או שלוש שעות, תוכל להשלים אחר כך בפני עצמך, עד שתשלים החמש שעות, וביתר שעות היום, תצליח במשא ומתן.

הרי שלך לפניך, התאמץ וזרז עצמך, וקח את השי"ת עמך שתצליח להתנהג כמו שרשמתי לך, ויתקיים בך מאמר רשב"י ז"ל באדרא

זוטא "אני לדודי וכו' כל יומין דאתקטרנא בהאי עלמא בחד קטירא אתקטרנא ביה בקב"ה ובג"כ השתא ועלי תשוקתו [כל הימים שנקשרתי בעולם הזה, בקשר אחד נקשרתי בו, בקדוש ברוך הוא, ומשום כך, עתה, "ועלי תשוקתו"]".

וכעבור כמה חדשים שתתרגל היטב בסדר הזה, תודיעני ואוסיף לך בדרכי השי"ת.

באמת איני רחוק מכם כלום, כי הכל תלוי בכם, כי אין הזמן והמקום מפריע ולא כלום ברוחניות. ולמה לא תזכרו התורה שאמרתי בחג השבועות על הפסוק: "דומה דודי לצבי", שדרשו ז"ל "מה הצבי בשעה שהוא בורח מחזיר פניו לאחוריו כך הקב"ה בשעה שהוא מסתלק ח"ו מישראל מחזיר פניו לאחוריו". ופרשתי לכם, אשר אז חזר הפנים להיות באחורים, כלומר, שמשתוקק ומתגעגע לחזור ולהדבק בישראל. ומזה נולדים גם בישראל געגועים והשתוקקות להדבק בהשי"ת, אשר השעור של השתוקקות והכיסופין, הוא באמת הפנים עצמם. ע"ד שאיתא [על דרך שמובא] בברכי נפשי שחיבר הר"י הלוי "פני אל תפלתך ברוצך לחלות פני האדון ה'". אשר ע"כ עיקר הסגולה בזמן הזה, רק להתמיד ולהרבות הגעגועים והכיסופים, כי בזה מתגלה הפנים. אכי"ר.

והרבה עלי מכתבך, וגם זה יהיה לך למשיב נפש.

יהודה ליב במהר"ש

אגרת כג

שנת תרפ"ז (1927)

ב"ה יום ט"ז מר-חשון תרפ"ז לאנדאן יע"א

כבוד ידידי מהר' ... נ"י לנצח

... בענין השואת ענינך לדרכי השתלשלות העולמות, אשר רוח חבריך אינה נוחה מזה, הוא משום שקבלו הימני שצריך מתחילה להבין העולמות העליונים, שכן הוא הסדר, מעילא לתתא [ממעלה למטה] מתחילה, ואחר כך - מתתא לעילא [ממטה למעלה], כי מעין גשמי לא יולד אלא גשמיות, ובכל מקום שנותן עיניו, נמצא רק מגשם. ומעין רוחני יוצא רק תמונות רוחניות. ובכל מקום שנותן עיניו מתברך.

ואפילו התמונות הגשמיות, שמרגישים את מקורם, חוזרים להיות רוחניים אמיתיים, לא על צד ההשואה ודמיון, אלא מתהפכים לרוחניות גמורה, על דרך שכתוב: "תתהפך כחומר חותם ויתיצבו כמו לבוש".

מה שאתה דורש הימני, לחזור ולשנות לך ענין היחודים, כי לא זכית לקבלם מפי סופרים, אתמהא, איך תקבלם מפי ספרים.

ראיתי המשלים והמליצות שלך, המתחילים: "אשא משלי ואומר, דברים המדודים בעומר". אמנם, מדדת דבריך בעומר, אך התאמץ עוד לברך ברכת העומר: כי "העומר עשירית האיפה הוא". איפה, הוא לשון תמהון לבב גדול, כמו שכתבת: "איפה הוא הצד צודק. ועשירית הוא מלשון אסורות". כי יש אם למסורת, ויש אם למקרא כנודע, והוא ע"ד: "מלך אסור ברהטים".

וענין המדה הזאת תורה, אשר בכוח האמונה והבטחון, גם התמהון לבב נאסר, כלומר, שלא נשאר אפילו רושם של תמהון, אשר זהו שעור העומר. אבל צריכים לברך, וזה לא מצאתי במכתבך.

איתא [מובא]: "בוצע ברך נאץ ה'". פירוש, כי "תפלה עשתה מחצה". ודרך כל המתפלל על עצמו שאין לו שלמות, זולת המחצה. כי השלם אין לו על מה להתפלל. על כן הזהירו אותנו חז"ל שלא לעבוד ע"מ לקבל פרס, אלא לשלמות, והוא סוד נשגב, לא יבין אותו אלא מי שאין לו שום אתערותא [התעוררות] בעד עצמותו.

על כן אמרו חז"ל: "בעל הבית בוצע ואורח מברך". דהיינו, אסור לו לשקר בעצמו, שבעל הבית נותן לו שלמות, אלא עליו להרגיש האמת כמו שהיא, בדיוק נמרץ. ועל כן אמרו: "בעל הבית בוצע". ואף על פי כן אורח צריך לברך. "אורח", הוא מלשון והריחו ביראת השם, וכיון שמקבל מה שבעל הבית נותן לו בבציעה, כמו שהיתה על צד השלימות, ממילא נמצא "מברך". ושעור מדת

ברכתו, כפי שעור שמחתו במתנה, והוא אפשרי לו, רק בכוח **והריחו ביראת השם.**

וזה שאמרו ז"ל: "הרי שגזל סאה של חטים טחנה לשה ואפאה והפריש חלה כיצד מברך? אין זה מברך, אלא "מנאץ". והוא עמוק עמוק. כי הגוזל אינו נותן תודה לנגזל, כי הנגזל לא נתן לו כלום. אלא לקח ממנו על כרחו, שלא בטובתו.

ועניין הבציעה והפרס שמגיע לאדם, הכל מכוח עוון ראשון ר"ל, כי "עבירה גוררת עבירה". "בתחילה דומה לחוט של בוכיא [עכביש] **ולבסוף דומה כעבותות העגלה". והכל הולך בתר ההתחלה. והבן.**

ועל כן, אף על-גב, שמאמין שכל החסרונות והבציעות, יד ה' פעל כל זאת, מכל מקום, על עוון הראשון לא יוכל לחשוב כזאת, כי ודאי "מפי עליון לא תצא הרעות" ודו"ק. ונמצא ודאי גזלן אמיתי בזה, כמו שזה חטף מה' שלא בטובתו. והבן.

ו"עץ הדעת חטה היתה", כנודע, וז"ש: "הגוזל סאה חטים", "סאה" ע"ש "בסאסאה בשלחה תריבנה". חטים, היינו עוון ראשון, ואם כן, אע"ג שטחנה ואפאה כלומר, שנעשו "לעבותות העגלה", ואחר כך יפריש ממנה חלה, והוא מלשון חולין, "כולו לה'", שרומז על הרוממות והפרשה למעלה מהדעת, אין זה "מברך", אלא "מנאץ". כי היא "מצוה הבאה בעבירה". דאי לאו [שאם לא] **העוון הראשון. לא היתה המצוה הגדולה הזו. והבן.**

וכל זה מפני שגזלן הוא, ואינו מתבונן שצדיק חונן ונותן, ועל כן אינו מברך בכל לבו, ואינו עושה "תשובה מאהבה", שאז היו "זדונות נעשו לו כזכויות". והיה מכיר בסאה חטים, שמתנת ה' היא, ולאו כוחו ועוצם ידו.

על כן אמרו ז"ל: "בעל הבית בוצע" ולא "אורח". דהיינו, גם הסאה חטים, מתנת ה', "לשמרי בריתו ולזכרי פקודיו לעשותם". וכשהאורח מתחזק להאמין, שכל מה שטרח בעה"ב לא טרח אלא בשבילו, אז מברכהו בכל לבו, ונמצא שזו הבציעה עצמה, היא באמת דבר שלם, אחרי ברכת ה' מעילא לתתא [ממעלה למטה].

אבל מתחילה צריך להתחזק מעין ברכותיו מתתא לעילא [ממטה למעלה]. **והיינו שנקרא אורח שאפשר לו להתחזק ולהתאמץ בכוח הריח, בסו"ה: "והריחו ביראת ה'". ובסו"ה: "גוזל אביו ואמו ואומר אין פשע חבר הוא לאיש משחית". זאת אומרת, שעוון הראשון נשרש בגופו מכח אביו ואמו, ועל כן נעשה האדם גזלן, בזה שאומר שעצמו הוא כנ"ל, ולא מתנת ה', ועל כן נקרא גוזל אביו ואמו, ועוד מוסיף חטא על פשע, כי אומר אין פשע. כלומר שגם המצוה מתחבבת להשחית ח"ו. ודע לחכימא ברמיזא.**

וזה סוד "ברכת העומר". שצריך להרגיש "מתנת ה'", גם בסאה החטים. והיינו, בכוח הריח כנ"ל, ואז שמחתו שלמה בכל עבודתו, ובזה חוזר הפרס להיות שלמה. ויודע ה' דרך צדיקים.

יהודה ליב במהר"ש נ"י

אגרת כד

שנת תרפ"ז (1927)

ב"ה ט"ז מרחשון תרפ"ז לאנדאן

כבוד ידי"נ מהר"ר ... נ"י.

את מכתבך מיום י"ד תשרי קבלתי ונהניתי מאד, ומשובחים מעשיך בדבר התאמצותך בדבקות חברים, יתן השי"ת שתזכה ג"כ לכוונה השלמה.

ונא ידידי, להתחזק מאד בלימוד התורה, הן נגלה והן נסתר, כי לא חסר לך יותר, אלא להתחזק בעול התורה, שאין יצר הרע שורה אלא בלב פנוי מחכמה, ולהשמר מאד מעצלות, כי בעצלתים ימך המקרה, והיא הקליפה היותר קשה בעולם, והכל לפי רוב המעשה, וסימן לעצלים היא העצבות, וסימן לזריזים הוא השמחה.

אם לא קשה לך, הייתי מיעצך, שתלמוד למוד ההוראה, בכדי שתגיע להוראה, שהיא יפה לנשמה. והעיקר להתפלל ולבטוח בה', על כל מה שתרצה לעשות, ויועיל לך לגמור בכי טוב.

כבר ידעת שהתפילה והבטחון, עולים בקנה

אחד. וצריכים להאמין באמונה שלמה, שהשי״ת שומע תפילת כל פה, וביחוד מה שנוגע לשכינה הק׳, ובאמונה זו קונים הבטחון, ואז תהיה תפילתו שלמה, בבטחון שיושע, ואז יזכה להיות בבטחון ובשמחה כל היום, כמו שכבר נושע.

ותזכור מה שאמרתי לך, שהשעה הראשונה אחר הקימה, תשבר את לבך ותעסוק בתיקון חצות דרך מחשבה, ותצער עצמך בצער השכינה, שסובלת בגרם מעשיך. אבל לא תאריך בזה, יותר משעה אחת. ואחר כך תיכף תגביה את לבך, בדרכי השי״ת, באמונה ובטחון כנ״ל בשלימות. ותעסוק כל היום בתורה ועבודה בשמחה. ואם תרצה, תוכל לעסוק בשבירת הלב, גם חצי שעה טרם השינה.

אבל הזהר מתחבולות היצר, שרוצה דוקא להעציב את האדם, בעת עסקו בעבודת השי״ת, ובעת כזאת אומרים ליצר הרע: אף על גב שהצדק אתך, עם כל זה-המתן, כי יש לי שעה קבועה לכך. ואז אחשוב בזה, ולא בעת עמדי לפני המלך, ועל כן היה לכהן בגדים מיוחדים לדשן את המזבח, ובגדים מיוחדים לעבוד עבודה.

וד״ל והזהר בדברי אלה, ואז תזכה לקרב את עצמך לדביקותו ית׳ וחפץ ה׳ בידך יצליח.

יהודה ליב במהר״ש אשלאג

אגרת כה

שנת תרפ״ז (1927)

ב״ה יום ועש״ק וישלח תרפ״ז לאנדאן יע״א

כבוד ידי״נ מה״ר ... נ״י לנצח

... ומה שכתבת שאינך מבין את החדושי תורה שכתבתי לך, אמנם כן היו צריכים להיות מובנים לך, ובהיישיר דרך עבודתך בודאי תבין אותם, כי על כן כתבתים לך.

ומה שפירשת, על ״זדונות נעשו לו כזכיות״, אשר בעת תשובתו אל ה׳ רואה בעליל, שהשי״ת אנסו על עונותיו, ועם כל זה נותן נפשו על תקונם כמו שהיו עונותיו ברצון, שבזה נמצאים הזדונות כזכיות וכו׳. עדיין לא קלעת למטרה, כי סוף סוף אתה עושה מאונסים זכיות, אבל לא מזדונות. ועוד ביותר נטית מהדרך, בפירוש חטאו של אדם הראשון, וחייבת את נשמתו גלות מצד אונס הנ״ל, ועשית האונס כשוגג. ומה שתירצת, שאין חילוק אם התינוק מתלכלך מעצמו או במעשי אביו, סוף סוף מלוכלך הוא, ומחויב לצאת לרחוץ. אתמהא, איך יצא לכלוך מטהור?

ודבריך האחרונים כנים הם, שהודות שנכנסת במקום שאינו שלך, ובשביל הרגלך להיות עוטה על עדרים שאינם שייכים לך, ועל כן לא הבנת דברי הקולעים בדיוק, רק אליך ולשמך לבדך. מי יתן והיו דברי אלו דים לך, שלא לרעות עוד בכרמים שאינם שלך. וכן איתא [מובא] בזוהר: ״אסור ליה לברנש לאסתכלא באתר דלא אצטריך [אסור לו לאדם להסתכל במקום שאינו צריך]״.

ומה שכתבת שאני מעלים דברי בין השורות וכו׳, ואיתא: ״צרכי עמך ישראל מרובין״ וכו׳. כי אין לך שעה שהוא דומה לחברו, ומכל שכן ״הני דמהדרא אפתחא רצין ושבין, ותרעין לא פתחין [אלו שֶׁמְּחַזְּרִים על הפתח, רצים ושבים והשערים לא נפתחים]״. אין קץ לשנוי מצביהם. ובשעה שאני כותב ד״ת, או בע״פ, אני אומר אותם שיפרנסו לכל הפחות כמה חדשים, דהיינו שיהיו מובנים בעתים הטובות במשך הזמן, ומה אעשה אם העתים הטובות פחותות המה, או הפרוץ מרובה על העומד, ודברי נשכחים?

וזה ודאי, שבשכל האנושי העיוני, לא יתבוננו כלל דברי, כי המה נאמרין ונצרפין מאותיות דליבא [של הלב].

ובדבר הזה שדימת שנכנסת ולא ידעת לצאת, כי נלאית מלכלכל את הענין, אומר לך בדרך כלל, שהשב מאהבה, הוא הזוכה לתכלית הדביקות. דהיינו, רום המעלות. ואיש המוכן לחטאים, הוא מצוי בשאול תחתית. והמה שתי נקודות היותר רחוקות בכל המציאות הזו.

לכאורה יש לדייק על לשון תשובה, שהיה צריך להקרא לשון שלמות, אלא להורות, שהכל ערוך מכל מראש, וכל נשמה ונשמה,

כבר נמצאת בכל אורה וטובה ונצחיותה. רק עבור "נהמא דכיסופא [לחם בזיון]" יצאה הנשמה בסוד הצמצומים, עד שמתלבשת בגוף העכור, ורק בסגולתו, היא חוזרת לשורשה לטרם הצמצום, ושכרה בידה מכל המהלך הנורא שעשתה, שכללות השכר הוא הדבקות האמיתי. כלומר, שהתפטרה מנהמא דכיסופא. כי כלי קבלתה נהפך לכלי השפעה, ושוה צורתה ליוצרה. וכבר דברתי הרבה בענין זה.

ובזה תבין. אם הירידה לצורך עליה היא. היא נחשבת עליה ולא ירידה, ובאמת הירידה עצמה, היא העליה, כי אותיות התפילה עצמם מתמלאים משפע, ובתפילה קצרה, יקצר השפע, כי יחסרו אותיות. וכן אמרו ז"ל: "אלמלא חטאו ישראל, לא ניתן להם אלא חמשה חומשי תורה וספר יהושע בלבד". ודו"ק.

הא למה זה דומה: לעשיר גדול שהיה לו בן יחיד רק בשנים. ויהי היום והעשיר נאלץ היה לנסוע למרחקים לתקופה של שנים רבות. ויירא העשיר שמא בנו יפזר את רכושו בענין רע.

ע"כ התחכם, והחליף את רכושו באבנים טובות ומרגליות ובזהב. וכן בנה מרתף גדול עמוק באדמה, והטמין בו את כל הזהבים והאבנים הטובות והמרגליות, וגם את בנו הכניס שם.

ויקרא לעבדיו הנאמנים לו, ופקד עליהם שישמרו את בנו שלא יצא מן המרתף, עד מלאות לו עשרים שנה. ובכל יום יורידו לו מכל מאכל ומשקה, אך בשום אופן לא יורידו לו אש ונרות. ושיבדקו את הקירות מכל סדק שלא יפלו שם קרני השמש. ולמען בריאותו יוציאו אותו מן המרתף בכל יום למשך שעה אחת ויטיילו אתו בחוצות העיר, אבל בשמירה מעולה שלא יברח, וכשימלאו לו עשרים שנה, אז תתנו לו נרות ותפתחו לו חלון ותניחו לו לצאת.

מובן שצערו של הבן היה עד אין קץ, ומכ"ש בעת שטייל בחוץ, וראה שכל הנערים אוכלים ושותים ושמחים בחוצות, בלי שמירה ובלי זמן קצוב, והוא נתון בבית כלא, ורגעי אורה ספורים לו, ואם היה מנסה לברוח מכים אותו בלי חמלה. ויותר הוא נדאב ונדכא בשמעו שאביו בעצמו הסיב לו כל היגון הזה, כי המה עבדי אביו עושים פקודת אביו. כמובן שחושב, שאביו הוא האכזר הגדול מכל האכזרים הקדמונים, כי מי שמע כזאת.

ביום שמלאו לו עשרים שנה, שלשלו העבדים אליו נר אחד כמצות אביו, לקח הנער את הנר והתחיל להסתכל מסביבו, והנה מה הוא רואה, שקים מלאים זהב וכל סגולות מלכים.

רק אז הבין את אביו, שהוא רחמן אמיתי, וכל מה שטרח לא טרח אלא בשביל טובתו, ומיד הבין שבודאי העבדים יניחו לו לצאת חפשי מהמרתף, וכן עשה, יצא מהמרתף, וכבר אין שמירה, אין עבדים אכזריים, אלא הוא עשיר נעלה על כל עשירי ארץ.

והנה באמת אין כאן חדוש ולא כלום, כי איגלאי מילתא [מתגלה הענין] למפרע, שעשיר גדול היה כל ימיו, אמנם לפי הרגש הוא היה עני ואביון, המדוכא בשאול תחתית כל ימיו, ועתה ברגע אחד התעשר בהון עצום, ועלה "מבירא עמיקתא לאיגרא רמה [מבור עמוק לגג גבוה]". ומי יוכל להבין את המשל הזה? מי שמבין אשר "הזדונות", הם הם המרתף העמוק בשמירה המעולה שלא לברוח משם. ואתמהא, אם אתה מבין את זה.

ובזה פשוט הוא, שהמרתף והשמירה המעולה כל אלו המה "זכיות", ורחמי אב על בנו, שבלי זה לא היה לו מציאות כלל בשום פנים, שיהיה עשיר כאביו, אבל "הזדונות" המה "זדונות ממש". ולא "שוגגין". ולא "אונסין מפי הדבור". אלא, טרם ששב אל עשרו, שולט הרגש הנ"ל, בכל מלואו ומובנו, אבל אחר ששב אל עשרו, רואה כל זה שרחמי אב הם, ולא כלל אכזריות ח"ו.

וצריך להבין שכל קשר האהבה של האב ובן יחידו הנ"ל, תלוי בהכרת רחמנותו של האב על הבן בדבר עניני המרתף והחשכות והשמירה המעולה, כי טרחא גדולה וחכמה עמוקה, רואה הבן ברחמי אביו האלו.

גם בזהר הקדוש, דברו מזה, ואמרו שהזוכה בתשובה, השכינה הקדושה מתגלית אליו, כמו אם רכת לב, שלא ראתה את בנה ימים רבים, ועשו פעולות גדולות ומרובות, לראות זה את זו, ומחמת זה באו שניהם בסכנות עצומות וכו', ולסוף הגיע להם זה החופש המקווה בכליון עינים, וזכו לראות זא"ז אשר אז האם נופלת עליו ומנשקו ומנחמו ומדברת על לבו, כל היום וכל הלילה, ומספרת לו הגעגועין והסכנות בדרכים שעברו עליה עד היום, ואיך היתה עמו מעודו, ולא זזה שכינה, אלא שסבלה עמו בכל המקומות, אלא שלא יכל לראות א"ז.

וזה לשון הזוהר: שאומרת לו, כאן לנו, כאן נפלו עלינו לסטים ונצלנו מהם. כאן מתחבאים היינו בבירא עמיקתא [בבור עמוק] וכו', ומי פתי לא יבין רבוי האהבה והנועם והעונג המתפרץ ויוצא מספורי נחמה האלו.

ואמת שטרם שנפגשו פנים אל פנים היה בזה הרגשי יסורים קשים ממות, אבל בסוד נגע מחמת שה"ע" בא לסוף הצרוף, אך בעת הספור מדברי הנחמה, אשר ה"ע" בתחילת הצרוף, ודאי ענג, אלא הם שתי נקודות שאינם מאירות רק אחר מציאת הויתם בעולם אחד. וסוב ודמה לך, אב ובן שחכו זה לזה בכליון עינים, אורך ימים ושנים, ולסוף ראו את עצמם, אבל הבן הוא אלם וחרש, ואינם יכולים כלל להשתעשע זה עם זה, ונמצא עיקר האהבה בתענוגים כיד המלך.

יהודה ליב

אגרת כו

שנת תרפ"ז (1927)

ב"ה כסלו תרפ"ז לונדון

כבוד ידי"נ ... מוה"ר נ"י לנצח

מכתבך האחרון מיום ה' כסלו השגתי לנכון, ועל פליאתך ממיעוט מכתבי, אומר לך שטרדותי רבו מאד, ע"כ אשא תפילה לה' שיגמור בעדי.

אני מתפלא למה לא פרשת את מכתבי ששלחתי לידידינו נ"י, בענין "בעל הבית בוצע ואורח מברך". כי כתב לי שאינו מבין בו.

וכמדומה לי שנלאית נשוא את הגעגועים לזכות לעול תורה ומצוות לסיבת פגעי הזמן.

ומה אוכל לומר לך מרחוק, בעת שלא תוכל לשמוע את קולי, גם דבורי, זולת להסתכל באותיות מתות יבשות, עד להפיח בהם רוח חיים, אשר לזה צריכים יגיעה, וליגיעה צריכים זמן מרווח לדעתך.

כתוב: "פעמון זהב ורמון פעמון זהב ורמון, על שולי המעיל סביב. וכו'. ונשמע קולו בבואו אל הקודש וכו'".

הנה סוד האפוד, מלשון אי' פה'ד'. כי במקום הדלת שם הפתח, בשעה שסגור. בגשמיות, אפשר לראות הדלת, כמו שאפשר לראות את הפתח, אבל ברוחניות, אינם רואים זולת הפתח. ואי אפשר לראות את הפתח כלל, זולת באמונה שלימה וברה רואים את הדלת, וברגע הזאת מתהפך לפתח, כי הוא אחד ושמו אחד.

וכוח הזה לשמוע בקול חכמים במציאות זאת בד', נקרא אמונה, מפני שאינה נקבעת בפעם אחת, אלא בחינוך, בהסגל, ובעבודה, ע"ד שאומנים את הילד הקטן, המונח כאבן שאין לו הופכים, זולת האומן הזה המגדל אותו. ועל-כן נקראת כללות העבודה הזאת בלשון "מעיל". להיותו בגד חיצוני, והיותו ב"למעלה" משכל האנושי, ושבו שילוב ע"ד שולי הכלי, ששם מקום קבוץ השמרים והזוהמא.

דהנה במשך ימי האומנות הוא בבחינת **הולך ושוב**, ככל דמהדרי אפתחא [ככל המחפשים אחר הפתח], וברגע האחרון של ההליכה, כשנמצא קרוב לפתח, אז דוקא, נלאה, וחוזר לאחוריו. **הליכה** הזו נקראת "זהב", מלשון "זה הב", כמוש"כ הזוה"ק, כי ההליכה נעשית בכוח ההשתוקקות והגעגועים, לדביקותו ית', ומיחל ומתהלל, **זה הב זה הב**.

ונקרא "פעמון", משום שאין לו כוח לפתוח, וחוזר לאחוריו, וכן מבלה זמנו בהלוך ושוב, פעם אחר פעם, באהדורא אפתחא [בלחפש אחרי הפתח]. ונקרא "רמון", כי רוממות הלמעלה משכל מקיפו סביב. ועל-כן **שוב** נקרא "רמון", דאם לא כן, היה ח"ו

גופל לגמרי.

וברבות הימים מתקבצת זוהמא וחרדה גדולה, בשולי המעיל סביב, הן מבחינת הפעמון, והן מבחינת הרמון (המתקבצת) מסביב האי" פו" ד", שאין לו קצה...

ולמה עשה ה' ככה לבריותיו, הוא, משום שצריך להמציא הקול לדבורים, שיתגלה פה ד' בבואו אל הקודש, כמו"ש "ונשמע קולו בבואו אל הקודש".

צא ולמד, מאותיות דהאי עלמא [מאותיות העולם הזה], דאין קול אלא בחרדה, כמורגש בנימין של הכינור, כי עקב תוקפו של התמשכות הנימין, יש שם חרדה באויר, שהוא הוא הקול, ולא זולת, ועל דרך זה, יש בכל אוזן אנושי, מין עקומא דאודנין [עיקום באוזן], שנקרא תוף, בלשון הרופאים, אשר מתוך שפה חבירו מכה באויר, באים ניצוצי אויר המוכים, על אוזן האדם, דוחפים ביותר, על-כן הם מכים על התוף שבאוזן, והתוף נחרד מכל הכאה בצורה אחרת. ובזה נמצאים כל מעלת מובחר היצורים, מין המדבר, שבזכות זה, "כל שתה תחת רגליו".

וז"ש "וגילו ברעדה", ודרשו ז"ל: "במקום גילה שם תהא רעדה". והלשון קשה, דהיה להם לתפוס לשון קצרה, "הגילה והרעדה יהיו ביחד", אלא יורנו, אשר הגילה לא היתה לה מקום בלעדי הרעדה. וזה שאמרו: בו במקום שצריך להמצא גילה ושמחה, דרך שם מציאות הרעדה, שהוא מקום גילה.

גם תוכל לנסות זאת, בזוג המקשקש על הברזל בגיגית, ומשמיע קול. אבל אם תשים ידך על הגיגית, מיד יחלש הקול, וזאת מפני שהקול היוצא מהגיגית, הוא בחינת הרעדה של הגיגית, ועל ידי הכאת הזוג ושימת ידך, אתה מחזק את הגיגית, וממעיט את הרעדה, וממילא נחלש הקול.

והנך רואה את הקולות, אשר הקול והחרדה דבר אחד הוא. אבל לא כל הקולות ראוים לנעימות, שהוא באיכות צורת הקודם, דהיינו החרדה, למשל: קול רעם מפחיד ולא ינעם לאוזן האדם, מפני שהחרדה תופסת שיעור גדול בכוח המכה, וגם כן מדה של זמן ארוך יותר מדאי, ואפילו כוח המכה היה קטן, היה גם כן, צורם לאוזן, מפני תפיסת זמן מרובה. אבל קול כינור ערב לאוזן השומע, להיותו משוער בכוח המכה, והיותו משוער בתכלית הדקדוק באריכות זמן, והמאריך בתפיסת זמן אפילו חלק מס"ד מדקה, יקלקל הנעימות.

ומכל שכן להבין את הקולות לדבר ה', כי יקר הוא, ודאי צריכים דקדוק גדול, בכוח המכה, המחולק על שבע מדרגות. ומכל שכן בתפיסת זמן, שלא לקלקל חלק ס"ד מדקה, כי שם רגל גאוה נמצא, כמ"ש: "ותשם בס"ד רגלי", ואז תדע שכל המלאכים עולים בשיר, ובמקום גילה הוקדם הרעדה, ועל כן לא כל החרדות טובות, אלא החרד לדבר ה', מקבץ כל החרדות למקום והקדם הגילה, וה"ס "יקוו המים וכו' אל מקום אחד", לא זולת ח"ו.

וזהו שאמרו ז"ל: "כינור היה תלוי למעלה ממטתו של דוד, וכיון שהגיע חצות לילה, באה רוח צפונית ונושבת בו ומנגן מאליו", כי החרד לדבר ה' נקרא החרדה במקום רוח צפונית, דהיינו, בסוד "הרמון" כנ"ל, שבזה "בעה"ב בוצע".

ואתפליג [ונחלק] לילה ע"ד "תפילה עושה מחצה", שעל-כן הוא שוכב במטה, שה"ס "לא יתן לעולם מוט לצדיק" וכו', ועד"ש על, "וישכב במקום ההוא", דרשו: "יש כ"ב" אותיות, שהוא "כף" המחזיק "ב" אותיות שהם ב' הנקודות היותר רחוקות במציאות שלפנינו, כמו שהארכתי במכתבי. ולמעלה ממטתו שם ה"ס רמון כנ"ל. וכיון שנתגלתה הנקודה של מטה. אז הקב"ה יוצא לטייל עם הצדיקים בג"ע, כי הפתח פתוח, והשכינה הקדושה אומרת כל השירות והתשבחות שלה, ועל כן כינור של דוד מנגן מאליו, כלומר, בלי חיבור שום דבר, זולת החרדה דרוח צפונית וד"ל.

ואם עדיין אין הדברים ברורים, צא ולמד אלף בית. שלא נחסר כל ל"ב" שהעולם נברא בו, זולת ה"א" של "אנכי", וזו הפרצה שלה ברוח הצפונית של ה"ב". וע"כ "מצפון תפתח הרעה", שהיא פרצה גדולה. אמנם על כן "מצפון זהב יאתה". מתחילה בפעמונים,

ובהתיחדם של הב' אותיות, מתגלה פה ה', ועל-כן צריכים לקבץ החרדות למקום אחד, להיות חרד רק על דבר ה'. ואז מכינים "פעמון זהב ורמון על שולי המעיל סביב".

ועי"ד זה לאט לאט, יהיה העומד מרובה על הפרוץ, ויריח ביראת ה', ומרגיש ש"כל מה שטרח בעה"ב לא טרח אלא בשבילי". וידע ויראה שבעה חלקי הרוח רעדה כנ"ל, דהיינו, שנוסף על הרוח של יראת השם. עוד שש רוחות. השורים על משיח ה', כמ"ש "ונחה עליו וכו' וכו' רוח חכמה ובינה" וכו' ע"ש.

ועל כיוצא בו אמרו ז"ל: "בעל הבית בוצע" וכו', שאע"פ שבעל הבית בוצע האורח מברך על הפרוסה, כמו על השלימה, ומי אשר ח"ו אינו עושה כן, עליו נאמר: "ובאו בה פריצים וחללוה". ח"ו כמו"ש: "הגם לכבוש את המלכה עמי בבית". לבוא שם בגסות הרוח, בפרוץ מרובה על העומד, וכדי בזיון וקצף. וז"ס "יוד" קטוע דשלום דפנחס, להיותו עומד בפרוץ מרובה לפניו, ותעצר המגפה, שבקדושתו הרבה העומד על הפרוץ, ושוב נתיחדו העם עם משה וד"ל, והיה שכרו שהקב"ה אמר למשה: "והנני וכו' ברית כהונת עולם". לנצחיות כמו"ש בזוהר.

ובזה יתבאר לאברהם, **הזאת זכרון** שלו שיש שם, שלא יחשוב האדם בפרטות העניינים שנלכד בהם, שזהו עצת היצר והס"א. רק בכללות, והכוונה כמו שהארכתי כאן די באר, וז"ס כל עשיותיו של אדם, צריכים להיות בכונה רק לאקמא שכינתא מעפרא [להקים שכינה מעפר], שהנחש הקדמוני ניזון הימנו. ודו"ק.

ומה אעשה לאלה שנודדים ונודבים על דעת רבים להטות, ודי להם חצי הנחמה שמקבלים על ידיהם, כמו שאומרים (אינשי): "צרת רבים חצי נחמה", ועל כן, עובדים ומסתפקים, כדי לקבל פרס, ולוא גבהו דרכיהם פעם אחת לתמיד, למעלה מיוד טפחים, אז יראו את הדלת, כי פתח פתוח להרוחה הוא, ולא יהיה עוד ב' הפכים במקום אחד, ובזמן אחד, להיותו שורה למעלה מיוד.

... כתוב: "אם ללצים הוא יליץ ולענוים יתן חן" (משלי ג, לד) - אפתח במשל פי, אולי תבינו:

מלך גדול, טוב ומטיב, אשר כל מגמתו היתה רק להנות בני מדינתו. כי לא נזקק לשום עבודה שיעבדוהו. אלא שכל שאיפתו היתה להטיב עם בני מדינתו.

אמנם ידע שיש מדרגות במקבלי טובתו, בשיעור אהבתם אליו ובמדת הכרת ערך מעלתו - עלה ברצונו להנות בשיעור מופלג את הכשרים שבבני מדינתו ביחוד. וכל יתר העם יראו שאין המלך מקפח שכר המרבים אהבה אליו, אלא שמשביע אותם מטובו משפע התענוגים אשר הכין עבורם, ובנוסף על התענוגים שנותן להם כיד המלך, יש להם תענוג מיוחד בזה שמרגישים שנבחרים המה מעם, וגם זה רצה ליתן לאוהביו.

וכדי להשמר מהתלונה של העם, שמא ישקרו בעצמם, או יטעו גם כן את עצמם לומר: מאוהבי המלך המה - ועם כל זה נגרע שכרם. ומחמת שלמותו של המלך נשמר גם מזה, ועל כן חשב תחבולות להוציא מחשבותיו אל הפועל בשלמותם. עד שמצא עצה נפלאה:

נתן צו לכל בני המדינה כולם, אחד לא יחסר לבוא לשנה תמימה אל עבודת המלך. ויחד מקום בהיכלו לכך. והתנה בפרוש שאסור לעבוד מחוץ למקום המיועד, כי פיגול הוא, ובעיני המלך לא ירצה.

והנה שכרם אתם במקום פעולתם. שהכין להם סעודות גדולות וכל מעדני עולם בכל אימת שרוצים. - ואחר ככלות מועד שנת העבודה, אז יקח את כולם לשולחן המלך עצמו, ויהיו מרואי פניו היושבים ראשונה במלכות.

והכרוז התפרסם. וכולם כאחד באו לעיר המלך המוקפה חיל וחומה, כי נסגרו שם במשך השנה הנועדה, ותחל העבודה.

סבורים היו שהמלך הכין משגיחים על אופן עבודתם, לדעת מי עובדו ומי לא עובדו. - אמנם המלך הסתתר, ואין שום השגחה, ואיש הישר בעיניו יעשה. כך נראה הדבר בעיניהם. ולא ידעו מההמצאה הנפלאה אשר נתן מין אבק רע במעדנים ומגדנות. וכנגדו נתן אבק מרפא בבית של העבודה.

ובזה התבררה ההשגחה מעצמה. כי אוהביו ונאמניו באמת ובתמים, אף על פי שראו שאין השגחה במקום הזה. מכל מקום מחמת אהבתם הנאמנה, שמרו מצוות המלך בדקדוק, ועשו כל עבודתם כפי המוטל עליהם. וגם דייקו לעבוד במקום המיועד לכך דווקא. וממילא שאבו לתוך גופם את אבק המרפא. וגם כאשר הגיע זמן האכילה - טעמו את המגדנות והמעדנים. והיה בהם אלף טעמים, מעודם לא השיגו טעמים כאלו ולא הרגישו מתיקות כזאת.

ועל כן היו מהללים ומשבחים את המלך מאד. כי על שולחן המלך הנעלה על כל שבחים המה אוכלים!

אבל השפלים, שאינם מבינים כלל בחינת מעלה במלך, שראוי משום זה לאהוב אותו באהבה מסורה ונאמנה. כיון שראו שאין השגחה - לא שמרו את מצות המלך כראוי. זלזלו במקום המיועד לעבודה, וכל אחד עבד עבודתו במקום שנראה לו במגרשי המלך. וכשהגיע זמן האכילה, כיון שטעמו את המגדנות - נתמלא חיכם טעם מר, מחמת האבק הנ"ל. ויחרפו ויבזו את המלך ושולחנו הבזוי אשר הכין להם לשכר חלף טרחתם. והוחזר המלך אצלם לשקרן גדול שאין כמותו. אשר במקום מעדנים ומחמדי עולם - נתן להם מרורות ומלוחות כאלו.

וכיון שכן, התחילו להמציא להם ממגרש העיר מיני מזונות. לשבור רעבם. ואז משנה שברון שברם - כי עבודתם נתרבה פי שנים. ולא ידעו החמדה שבשולחן המלך המצוי לעיניהם.

והנמשל הוא: התורה נחלקת לב' חלקים: חלק לשיעבוד המקום, כמו תפילין, שופר, ולימוד התורה. חלק לשיעבוד הבריות: כמו, גזלה, ושמרתם לנפשותיכם וכו' גניבא, אונאת איש, להקפיד על נקיות וכו'.

והנה החלק שבין אדם לחברו הוא העבודה האמיתית. והחלק שבין אדם למקום הוא השכר והמחמדים הפרושים על שולחן המלך.

אמנם, "כל פעל ה' למענהו" פעל, שגם החלק של שעבוד הבריות צריך להיות במקום של מלך. דהיינו, "לאקמא שכינתא מעפרא [להקים שכינה מעפר]". ובזה יש אבק מרפא לסם המוות המוטל בן אדם למקום.

וזה סוד: "ולענוים יתן חן". בתורה ומצוות שבין אדם לחברו, ובין אדם למקום. "לאוהביו ולשומרי מצוותיו" - לעשותם עובדים הכל על המקום הנועד, ויש להם החן דקדושה. ו"בארצם יירשו משנה" - כי מלבד שאינם עובדים כל כך בשעבוד הבריות - המה שרויים בתענוג כל ימיהם בחן ה'.

אבל "ללצים הוא יליץ" כנ"ל. ואומרים שולחן המלך מגואל הוא ח"ו. כי מרגישים את הקדושה כמו ליצנות ח"ו ואם כן הרשעים אינם מרויחים ברשעם, ואם כן מי יוכל להפסיד מה, אם יתפרש מהם אפילו בשעת תקוה למציאת חן.

יהודה ליב

אגרת כז
שנת תרפ"ז (1927)

ב"ה ג' שמות תרפ"ז לאנדאן יע"א

כבוד תלמידי ... נ"י

... ודאי אני רוצה להתאחד עמכם בגוף ונפש, בזה ובבא. אמנם איני יכול לעבוד, זולת ברוחניות ובנפש, כי יודע אני את נפשכם, ואני יכול להתאחד עמה, אבל אתם אין היכולת בלבכם לעבוד זולת בגוף, כי אינכם יודעים את רוחניותי, שתוכלו להתאחד עמה, ואם תבינו את זה, תבינו גם כן, שאני איני מרגיש בעצמי שום מרחק מכם, אבל אתם, ודאי לקרבת גוף ומקום צריכים, אך זה, לעצמכם ולעבודתכם, ולא לי, לעבודתי, ומתרץ אני את עצמי בזה מראש, על הרבה קושיות.

אבל אני מתפלל לה' שיוליך אתכם בדרך אמת, ותנצלו מכל המעקשים המצוים בדרכים, וכל מה שתעשו ה' יצליח בידכם.

ומצדכם עליכם לדקדק בדרכי שהיישרתי לכם, בענין מוחא ולבא, געגועים ותפלות, ואז יצליחנו ה' בודאי, ונתאחד בקרוב בגוף ונפש בזה ובבא.

מענה למכתבך מכ"ו כסלו ב' דחנוכה,

כתבת: שהעולם נברא בשביל עבודה, ולסבת עבודה ברא את החושך, שיהיה בו חומר לעבודה, כי באור יש תענוג ולא עבודה. והקשית לפי זה, קליפת הימין למה, בשמשים החושך לאור, והנברא מרגיש החושך לנבדל הימנו, וכמו שאינו שלו, ואם כן יוכל לסבב כל שבעים שנותיו. ואדם כזה למה נברא? ואתה דורש ע"ז תשובה שלמה, ולא לאורות הגדולים אתה צריך, רק להסיר ממך חרפת הצביעות הנוגע עד הנפש, ואתה מסיים, שע"ז אתה יכול לומר... האמת יורה דרכו, ומה כבר הגיע השנה החמישית וכו' ע"כ.

הנה דבריך מבולבלים, איני יודע לכן את האמת הזה. אמרת חדשות, שהעולם נברא בשביל העבודה. ואם כן צריכה העבודה להשאר לנצחיות? ונודע שהנצחיות הוא בסוד המנוחה! ומה שאתה מקשה על הנברא השם חושך לאור, ואינו מכיר החושך שיש בו? צריכים לדעת להבחין בין ימין ושמאל, ועדיין לא זכית לראות החושך, כי ערך החושך והאור הם כפתילה ואור, על כן צריכים לראות את הנר, ולהנות לאורו, אז תדע ימין ושמאל!

אולם מה אתה מתמיה בכלל על הבורא יתברך, שנתן כוחות גדולים לקליפות. כבר אמרתי לך בענין זה באורים גדולים - והעיקר, שהשי"ת מגין על עצמו שהדבוק בו לא יהרהר עליו, וזה לא יקרה לעולם, כי כל יכול הוא. - ואיני רוצה להאריך כאן.

אבל דבריך מעורכים אצלי, ע"ד "תפלה לעני", שהיא תפלה בתורעמותא, שקרובה היא להתקבל לפני כל התפלות. ועיין בזוהר על הפסוק "תפלה לעני" וכו': "וכי דוד עני הוי, אלא תפלת עני היא בתרעומתא, וכו'". כי"ר.

ומה שאתה דואג על סימן יפה, נראה שנחוץ לך ענין השלמות, על בחינת סימן בעלמא, וזהו סימן טוב, שלפני חמש שנים לא התרעמת כזה וכו' וד"ל. וכבר אמרתי לך, שמן "ויסעו מרפידים", עד קבלת התורה, אינו אלא נסיעה אחת, אבל תדע, שאין דברי אמורים לקרר דאגתך ולנחם אותך. כי בסוף שנה אחת היית במדרגה יותר חשובה מהיום. אלא שאל תתיאש מן הרחמים.

ומה שהבאת ראיה על מטרת הבריאה, שהיא לעבודה, מן הכתוב: "מה ה' אלקיך שואל ממך כי אם ליראה את ה' אלקיך וכו' ולעבוד את ה' אלקיך" וכו'. אמנם כן, יש שתי מטרות: אחת, שצריכה להיות לעיני האדם, ואחת, לבורא ית' בעצמו. והכתוב מדבר מה שצריך להיות לעיני הנברא.

והענין כמו"ש בפרקי אבות: "לא עליך המלאכה לגמור, ולא אתה בן חורין להבטל ממנה". כלומר, שבהיות השלמות מטרת העבודה וגמר מלאכתה, אם כן יש צד פרוץ לפני הס"א, להתקרב ולהבינו, שאינו מסוגל לזה, ולהביאו ליאוש, כי על כן צריך האדם לדעת, שגמר מלאכה אינו עסק האדם כלל וכלל, כי אם עסק השי"ת, ואם כן איך אתה יכול לדעת את השי"ת, ולשערהו אם יכול הוא לגמור מלאכתו, או אינו יכול ח"ו, שזה ודאי חוצפה והמרה.

"ולא אתה בן חורין להבטל ממנה", אפילו בו באופן, אם השי"ת רוצה שתעבוד, בלי לגמור מלאכה. וז"ש: "מה ה' אלקיך שואל" וכו'. פירוש, הנברא מחוייב לדעת רק אחת שהשי"ת... עבודה, ועל כן יעשה רצונו יתברך בתמימות, ע"ד: "פתחו לי פתח א' של תשובה כחודה של מחט", וע"כ ינצל מהס"א, שלא יתקרב אליו לעולם, ואם האדם נשלם בזה, יכול הוא להיות בטוח שהשי"ת מצדו יגמור מלאכתו. "ואני פותח לכם פתחים שיהיו עגלות וקרנות נכנסות".

אבל אם אינו מוכן מצדו לעבדו, אפילו באופן שלא יזכה לגמר מלאכה, ולפתחו של אולם, ודאי לא יועיל לו כל התנופות והשקרים, וכבר ביארתי מ"ש בזוהר "ע"פ שנים עדים וכו' יומת המת", דא ס"ם דאיהו מת מעיקרא שאין הדבר כבד להרוג את המת, הגם שיש למת קליפת ימין, כי הקליפה היותר קשה מתבטלת ברבוי הודאה לפני השי"ת, ורבוי העבודה.

איני יודע אם דברי מספקים אותך, אמנם

הודיעני עוד, ואיישב לך לפי העת, כי שאלת מה העדות, שאלת חכם היא, אם בעל עבודה הוא.

יהודה

אגרת כח

שנת תרפ"ז (1927)

ב"ה עשרה באדר ב' תרפ"ז לאנדאן

כבוד תלמידי ... נ"י

...הנה המכתב הנ"ל, שלא נשלח בעת כתיבתו, אשיבו לך כעת. והנני גם כן להשיב על מכתבך האחרון מיום ער"ח אדר ב'.

...ומה ששאלת בענין נהי"מ, שלא בארתי ימין ושמאל ואמצע שבהם, הוא גם כן להיותו שייך לתכונת האו"ח, וכבר כתבתי לך שתכונות האו"ח, המה צריכים לכל הבאורים שבספרי.

כמה פעמים עוררתיך, אשר המדות הרוחניות, בשום אופן לא יוכלו להיות טובות מהמדות הגשמיות. ואתה בשלך, שאינך מרגיש טעם עבודות בנקיות.

לדעתי כל מקום שיש רצון העבדות, כבר נאבד שם... מהעבודה, כי עכוב הנייחא דרוחא [עיכוב הנחת רוח] **והשפע הנמשך, נקרא עבדות, ע"ד שאמרו: "עבדא בהפקירא ניחא ליה** [עבד, בהפקר נוח לו]**". ועל כן בהמצאו מקושר תחת עול שעבוד אדונו, נקרא עבד ועובד.**

ועיין בפתיחה, שענין "עבודה ויגיעה", נמשכות מהמסך המעכב על אור עליון החמוד לו מאד, וענין השכר נמשך מאור חוזר, שבזה שבה המלכות להיות כתר, ונמצא יוצא משעבוד לגאולה שלמה, ברחמים הפשוטים, שה"ס כתר.

ועל כן אמרו ז"ל: "עבדא דנהום כרסיה לא שויא [עבד שאינו שווה את לחם כריסו]**", משום דאור חוזר מוגדר בשם נהי"ם נה"י דז"א והמלכות המזדווגים בהכאה, כנודע.**

ואם היה העבד שוי נהי"ם כרסיה עד הגולגלתא, היה יוצא לגאולה כנ"ל. אלא דלא שוי, רק עד הכרס עצמו. כלומר, דכוונת העכוב שלו, אינו בקושיות דהמסך בבחינה ד', אלא על מנת לקבל. ונמצא גם בחינת מסך המעכב שלו יהיה גם כן כלי קבלה, ולא כלי עכוב בבחינת כנ"ל, ועל כן מתהפך ח"ו הכתר להיות מלכות, ומכתר מצורף רק כרס, ונהי"מ כרסיה לבד, ועל כן נשאר להיות עבדא.

וכל ההבחן הזה, בין מסך דכתר, ומסך דכרס, בא לו על ידי מאוס בכלי קבלה לבטנו, בתכלית המאוס. כלומר, גם התענוג הנמשך לבטנו מאליו. היה דומה עליו, כמו תענוג של הגורר ומתכך בשחין ובועא, שהוא התענוג המאוס לכל אדם, משום דברי הזוקא [משום שהנזק ברור]**, ועל ידי הכות המאוס בטבע, נטבע בו טבע שני, למאוס באמת בתענוגי בטנו, ובזה יהיה המסך שלו נאזר בכות העכוב כבחינה ד', השב להיות כתר.**

אך מה נעשה לאלה, אשר אינם מקפידים כל כך אנקיותא [על נקיות]**! ודבר מאוס, גם בטבע הראשון שלו, הגשמי, עליו יש רחמנות גדולה! שמצדו, הוא מזוכך, וכבר מיאס בדבר שצריך למאס, אבל אינו יכול להבחין כ"כ מצד טבע גשמיותו, שאינו בורח כל כך בזהירות הראויה אפילו לדבר מאוס הגשמי. ועם זה מתורץ קושייתך בדבר הצביעות. שע"כ יצא לך הטעות, שהעולם נברא בשביל עבודה. שמה שאצלי שכר, מתבלבל אתה מבלי משים לב, שהיא עבודה, ונכון שתתקן עצמך בטרם באתי ירושלימה, וביותר קודם חג החרות.**

יהודה ליב

אגרת כט

שנת תרפ"ז (1927)

ב"ה עשרה לאדר שני תרפ"ז לאנדאן יע"א

כבוד ידי"נ מהר'... נ"י

גם מכתבך מיום כ"ב אדר א' קבלתי לנכון: ומה שאתה מצטער, שאין החידושים שלך מוצאים מקום וזמן המוכשר לתשומת עין ולהתחשב עמהם, גם אני מצטער על זה, ולדעתי יותר ממך: אבל קוה אל ה' ויאמץ

לבך וכו'.

ומה שאתה כותב יפה עשית שלא הלכת, אבל עתה לא עת צניעות הוא, כי כבר נדפס רובו של הספר, וכל העומד להגלות כגלוי דמי, ועל כן תוכל לפרסם הספר כחפצך.

גם מצדי, אני רוצה לדעת אודות האוסרים כל חדש בתורה, ומוציאים החדש מפני הישן, אשר יש להם בספרי ב' דרכים, או לאמר שאין כאן תוספת וחידוש כלל, מפני שהכל כתוב בכתבי האר"י, וכן הוא האמת. או לאמר, שכל דברי הם סברות הבטן, ולמה לא נזכר מהראשונים, אף מלה אחת מכל האמור בדברי? ומי יודע אם אפשר לסמוך על אדם כזה שרוצה לברוא שיטה חדשה בקבלה, אשר לא שערום אבותינו, ואחר כך לתלות על יתדם זה כל קופתם של שרצים.

והאמת אני מודיע לך, שלא הוספתי שום דבר על הכתוב בכתבי האר"י, בכוונה להסיר אבן המכשול מתחת רגלי העורים והפסחים, אולי יזכו לראות בטוב ה' בארץ חיים. וטוב היה שתמהר להיות בקי בכל ספרי בטרם הגלותו לעיני החיצונים, כדי שתוכל להראותם כל דבר ודבר כתוב ומפורש בכתבי האר"י ז"ל.

והנה עיקר וקוטב כל הביאורים שבחיבורי, הוא גילוי האור חוזר, אשר האר"י ז"ל, קיצר בו, להיותו מגולה די באר, לכל המקובלים, עוד מיסודם של הראשונים מטרם ביאתו לצפת ת"ו. ועל כן לא האריך והרחיב דבר זה.

אבל בענף ד' מביא להדיא [בְּפֵירוּשׁ] - והוא מובא בע"ח דף קד' ע"ב בשער מ"ז סדר אבי"ע פרק א'. אשר במקום זה מובאים לנו כל מה שחידשתי בענין ה' בחינות דאור ישר, וענין האור חוזר.

ודע אשר ה' בחינות דאור ישר המובא פה, זה קוטב כל חידוש קבלת האר"י ז"ל על הראשונים. ועל זה היה כל מחלוקת אנשי דורו עליו, בכוות המשנה שבספר יצירה, "עשר ולא תשע", "עשר ולא י"א". ואגלה לך עם זה, אשר היא שנתנה בלבול גדול בהבנת דבריו ז"ל, להיותו מביא ברוב המקומות בחי' העשר ספירות במקום ה' בחינות, ואני חושד שהרח"ו עשה זאת בכוונה להסיר ממנו עיקשות פה ולזות שפתיים הנ"ל. ובבאורי כבר הערתי תלונה זו בהוכיחי היטב, אשר אלו ואלו דברי אלקים חיים כמבואר בהפתיחה כוללת.

ועיין בדרוש הדעת, בשער ההקדמות, ששם טרח עצמו הרח"ו ז"ל, מאד מאד להשוות הע"ס, וה' בחינות יחד. אבל אינם מספיקים לגמרי לבעלי העיון. ועל כן חתם רק את שמו עצמו על הדברים ע"ש.

בענין זווג דהכאה, שאני מרחיב דיבורי, ובכתבי האר"י מובאים בקיצור. הוא מטעם הנ"ל, לסיבת גילוי הענין יותר מדי, בין תלמידי הרמ"ק ז"ל, ועל דבר זה אמר האר"י ז"ל, שכל דברי הרמ"ק נאמרים רק על עולם התוהו, ולא על עולם התיקון, כי ענין זווג דהכאה, אינו נוהג רק בעולמות שקודם האצילות, וכן בחיצוניות אבי"ע, אבל בפנימיות אבי"ע, אינו נוהג הכאה, אלא זווגא דפיוסא [זווג של פיוס], הנקרא חיבוק נשיקין, ויסודות, כמו שאבאר בע"ה בהתחלת עולם התיקון. אולם ביסודות עצמם נוהג זה בכל מקום, רק בבחי' פיוסא.

ועיין היטב בשער מאמרי רשב"י, בתחילת פרשת שמות, בביאור על הזוהר שם: "והמשכילים יזהירו כזוהר הרקיע" וכו', נהרין ונצצין בזווגא עילאה [מאירים ומתנוצצים בזווג העליון] עש"ה בסוד ב' הצדיקים, צדיק דעאל [שנכנס] בה הנקרא יוסף, וצדיק דנפיק מינה [שיוצא ממנה] הנקרא בנימין, דהא' נקרא נהירו [מאיר], שז"ס התפשטות ט' הספירות דאור ישר אליה. והב' נקרא נציצו [מתנוצץ], שהוא סוד חי העולמים, עש"ה ותראה שלא הוספתי כלום בכל דברי, חוץ ממה שסידרתי הדברים למתחילים, וזהו סובב רק על מהרנ"ש ז"ל, ועל מהר"ש ויטל ז"ל וודאי אין בזה קפידא.

לפעמים, אני מפסיק דרוש אחד באמצע, מפני שהוא שייך לעולם התיקון. ואיני רוצה לבלבל המעיין, רק להדריך אותו בדרך נאמן ובטוח. בדעתי לאחר שאפרש בקיצור איה"ש את כללות הפרצופין והעולמות והמוחין, אחזור לראש, ואז אוכל לבאר את המאמרים השלימים בסדר נפלא, כאשר חשב הררח"ו ז"ל.

... והמצטער עצמו עם הציבור זוכה ורואה בנחמן, להיות אלו ואלו דברי אלקים חיים, ובשיעור הצער נמדדת השלוה להיותו באמת אחד, וכל ההבחן בזה, הוא רק בהדביקות בו יתברך, שבשעת הדביקות מתהפכים כל הדינים להיות רחמים פשוטים, וסימן לדבר, שאפילו חייב מיתה הנראה אל עיני המלך, נפטר וזוכה בחיים, אשר על כן, שלא בשעת דביקות, נמצא ההבחן של אלו ואלו שני "מטי"ת" בגימטריא צח, כי אז "צדיק מט לפני רשע", ו"שבע יפול צדיק וקם"...

קשה לי מאד להיות בחג הפסח בלונדון, והוא ביותר מפני שעדיין אני באמצע עבודתי. והגם שלבי מלא תקוות, אבל מנהגי להגות רק מההוה, שהיא היא הסגולה לקרוב העתידות הטובות. ועל כן יש לי מקום רחב של געגועים.

אני חושב אחר הפסח לשוב ירושלימה ת"ו, ואני רוצה לראות אתכם מוכנים ומזומנים בהיכלא דמלכא [בהיכל המלך], כי בשמחת חג המצות, תצאו מכל אותם דמהדרי אפתחא [שמחפשים את הפתח] ברצוא ושוב...

... וע"ד המובא להמשיך ו' במצה ואז נהפך המצה להיות מצוה, והפרוסה לשלימה, ועד אנה תעסקו בהלכות יחץ. וכבר אמרו ז"ל: "אל תהיו כעבדים המשמשים את הרב על מנת לקבל פרס", כי לא תשבר להם טרם הקבלה לידים, ומרגלא בפומייהו דאינשי [ומרגלית שגורה בפי האנשים]: "ש"וב"ר כל עצמותיו אחת מהנה לא נשברה", כי אם מתחזק בהמחצה שביד הנותן, אז נעשין ב' המחצות כל אחד ואחד לשלימות, שזה סוד, והצדיקים: "בארצם משנה יירשו", כי אין כאן שבור ושניהם מלאים ושלימים, ונמצא כי אחת מהנה לא נשברה, ויש לו לחם משנה, כי המלכות חוזרת להיות כתר; וזה שביקש אלישע מאליהו הנביא: "ויהי נא פי שנים ברוחך אלי", דהיינו ברוח הנותן.

... אמרו ז"ל: "חייב אדם לבסומי בפוריא [להשתכר בפורים] עד דלא ידע" וכו'. פירוש, שאדם זוכה להרחבת הדעת על ידי אשה נאה, ודירה נאה, וכלים נאים, כמו שאמרו בזוהר, על הפסוק: "ושמרו בני ישראל את השבת" ע"ש.

אך יש זוכה להרחבת הדעת על ידי שכרות יין ושכר, כמוש"כ: "תנו שכר לאובד, ויין למרי נפש", ובאמת הוא ענין של שקר, כי מה יתן לך ומה יוסיף לך הרחבת הלב במקרה השכרות, ששוכב ושמח, דכולי עלמא דיליה [שכל העולם שלו]. ועל כן כתוב "לץ היין", להיותו מתלוצץ על אנשים בשמחה של שקר, ושאין לו שחר. וזה היה חטאו של נח, ומלאכי השרת מבזין אותו ששכור הוא.

אבל ישנה קליפה שפלה ובזויה, הנקראת קליפת עמלק "שחותך המילות וזורקן כלפי מעלה", וכו'. כלומר, שהוא כל כך חומרי, עד שאי אפשר לפייס אותו אפילו בי"ג בריתות, וי"ג נהרות דאפרסמונא דכיא [של אפרסמון טהור]. כי גם אותם זורק כלפי מעלה, ואומר: "טול מה שנתת להם".

וזה סוד הכתוב גבי אלישע, שהיה חורש י"ב צמדי בקר, "והוא בשנים העשר". שהעבודות הנמוכות נקרא חרישה, וכבר היה בדרגא היותר שפלה, דהיינו בסופה שהיא "השנים עשר", ובמדרגות השנה נקרא חודש אדר, "חודש השנים עשר". ואז אליהו הנביא השליך את אדרתו וכו', ויעשהו עולה לה' וכו', ע"ש. כי בהחזיקו באדרתו של הנותן, זכה לנצח עד גמירא. כי "אדר", מלשון "אדיר", והתחזקות היוצאת מהכלל, נקרא "אדר", והתחזקות הזו מגיעה לו "לאדר", רק על ידי ריבוי תורה. והגם שבמקום זה, אין חכמה ואין תבונה ואין עצה, אבל עמלק נחלש ונחרב ונעדר, ובא צדיק ויורש מקומו.

והענין שאין ע"ז נבטלת אלא בעובדיה, שיש לו שייכות עמה, כי אי אפשר להכות את הרות עם הגרזן, אלא רוח המכה דוחה רוח, וברזל בברזל, וכדומה. וכיון שכל עיקרו של עמלק הוא "לץ", ומחריב הכל בחומריות, בלי דעת, רק בליצנות בעלמא, על כן אי אפשר לבערו מן העולם, עם רוח הדעת, אלא אדרבה, בדבר שלמעלה מן הדעת, והיינו, על ידי יינה של תורה.

כי מכללות האור תורה, נשאר כח "אדיר"

הזה ובזה תבין דאף-על-פי שלץ היין הומה שכר, אבל סגולה טובה, לכלות ולאבד זרע עמלק (כמוש"כ להומם ולאבדם, מדה כנגד מדה ונהפוך הוא וכו'). במשתה היין של אסתר המלכה, שעומדת מחיקו של וכו', וטובלת ויושבת בחיקו וכו'. והיינו דאמרו חכז"ל, דמותר לשנות ב"פורים" ובאושפיזא [בהכנסת אורחים] ובמסכתא, וד"ל.

ועל דרך שאמרו, "חייב אדם לבסומי בפוריא [להשתכר בפורים]", והיינו דאמרו: "אשר למד לא נאמר, כי אם אשר יצק מים, ללמדך, שגדולה שמושה של תורה יותר מלימודה". דמחמת השימוש, זכה לפי שנים, ולא כלל מחמת הלימוד, להיותם ב' הפכים בנושא אחד. שעל כן נקראים פי שנים, והאיסור הוא ההתר, שבמפתח הראוי לסגירה, ראוי לפתיחה.

וזה סוד משלוח מנות איש לרעהו עיין בפע"ח, להיות שאינו ניכר בין בעל ג"ר לבעל ו"ק, מפני ב' מנות ששולחים זה לזה, וזה שאמר בזוהר שיר השירים: "כי טובים דודיך מיין", דהיינו, שהידידות נמשכת מיינה של תורה ע"ש. להיותו דבוק בתכלית השלימות עם הקב"ה, אפילו במקום שאין חכמה וכו', שאין זה מחכמת התורה עצמה, אלא מיינה של תורה הנובע ויוצא מתוך ריבוי תורה.

וזה סוד "וזכרם לא יסוף מזרעם", דהיינו בחי' הזכריות להיות מביט "על רשעים ואינם". ואגלאי מילתא [ומתגלה העניין], שאין כאן אחורים כלל, "וימי הפורים האלה נ"זכר"ים ונעשים" כנ"ל. "ומרדכי יצא מלפני המלך בלבוש מלכות". הכל בזכר תליא מילתא [כל הענין תלוי בזכר], אפילו מגילוי של אסתר וד"ל.

קצרתי בדברים, להיות שהענינים האלה דברתי כמה פעמים באריכות, ואקוה לה' יתברך שירחיב גבולכם בכל המלואים השייכים לדברים הנ"ל, כי קרוב הדבר אליך עד מאד, ועד כמה תנסון את ה', ואם תאמינו בו ית', ודאי לא הרביתם פעמיכם לשוב לאחור.

ולמה האמין השי"ת את רשב"י, שלא ישוב לאחור, כש"א "אני לדודי" וכו' "כל יומין דאתקטרנא בהאי עלמא. בחד קטירא אתקטרנא ביה בקב"ה, ובג"כ השתא ועלי תשוקתו" וכו' [כל הימים שנקשרתי בעולם הזה, בקשר אחד נקשרתי בו, בקדוש ברוך הוא, ומשום זה עתה, "ועלי תשוקתו"].

אלא שאדם יראה לעינים וה' ללבב, כי אין פיכם ולבכם שוים לעשותו, ותבלין לזה הוא התורה כנודע.

ובאמת הרבה תורה למדתי לכם. אמנם הכנסתם טיפות של דברים בטלים, אך כנגדם יצאו טיפות של תורה.

אני אין בכוחי להלחם עם החומריות שלכם, ובמקום זה, האיר עליכם אור תורתי המצויין אפילו בדורות שעברו.

אבל אתם לא עבדתם לעצמכם מול החומריות כלום, ואין לכם התפעלות מגדלות השי"ת, ומגדלות עבדיו, ומתורתו הקדושה, אשר אני עומד ומזהיר אתכם בזה, זה כמה; וזה הכותל המפסיק ביני וביניכם, זה זמן רב "ווי להאי שופרא דבלי בהאי עפרא [אוי ליופי זה שבלה בעפר זה]".

ודעו שהעבודה הזאת מסוגלת ביותר, בטרם ביאתי אליכם, להיותה עבודת חוץ, והמנקה בגדיו לפני המלך, לא ישיג כבוד, ועל כן התקינו עצמיכם בעתו ובזמנו, כדי שתכנסו לטרקלין, כי אינני רואה חסרון אחר זולתו, ומי שאמר לעולמו די וכו'. והזמן קצר והמלאכה מרובה מאד במקום תורה, על כן מהרו וסעו מרפידים לאור באור החיים, ונתברך יחד בברכת הגאולה אשר גאלנו וגאל את אבותינו אכי"ר.

יהודה ליב

אגרת ל

שנת תרפ"ז (1927)

ב"ה ניסן תרפ"ז לונדון.

לכבוד ידי"נ מהר"ר ... נ"י

כל מכתביך השגתי לנכון, ומה שאתה רוצה לקבל דמי קדימה על הספר, כי סוף כל סוף יתגלה, אשריך, כי מעלת הצניעות להצניע עד כמה שהוא ביכולת, על דרך שאמרו ז"ל:

"הכל יודעין כלה למה נכנסה לחופה", וכו', כי כל הענינים הגדולים והעיקריים בצניעות באים. וזה שכתוב בזוהר הקדוש, על ר' אבא שיודע לגלות ברזא, והכל כפי היכולת. אמנם אחר היכולת, אין שום מעלה בצניעות, אבל הצניעות דמעיקרא, שורה ומשרה עליו הברכה לעולמים.

יהודה ליב

אגרת לא

שנת תרפ"ז (1927)

בס"ד נשיא לבני מנשה גמליאל בן פדהצור תרפ"ז לאנדאן יע"א

לכבוד התלמידים ה' עליהם יחיה

... והנה אשיב לכם ביחד, להיות הכל נובע מרצון אחד, וקדושת החג מתקרב ובא, וכמו שידעתם שדרכי להתקבץ אל עצמי, ולא לותר זמן בימים אלו.

והגם אין לי עוד הוצאות גדולות לצרכי אוכל נפש על החג, כי ב"ה השגתי המצות והיין לנכון. אבל טרוד אנכי לקבל את הבן הנולד מכל העובר עלי במשך חדשי העבור מחודש תשרי, והבן יקיר לי מאד, ילד שעשועים, ועל כן המו מעי לו, ולכל צרכיו.

בטח שמתם לב לכתוב במכתבים הקודמים, שתכינו עצמכם לנהרות אל ה' ואל טובו בימים האלו, בטרם ביאתי אליכם, כי הזמן מוכשר לכך-אם תרצו, כי בצרכי ה', וחלק ה', אין הזמן והמקום מגבילים בינינו כלום, והקופה של גשמיות? תלו אותה לאחריכם! והננו אחד.

כבר תמהו חז"ל, "אסתר מן התורה מנין"? ואמרו: "ואנכי הסתר אסתיר", והענין, "שמתוך שלא לשמה בא לשמה", ש"המאור שבה היה מחזירן למוטב", ואם כן שפיר הקשו, איך אפשר להיות הסתר לאיזה אדם? ואפילו אם תאמר שרשע הוא, שעוסק בתורה ומצוות שלא לשמה, מכל מקום המאור שבה מוכרח להחזירו למוטב, ותירצו, שיש ב' הסתרות, בסוד "הסתר אסתיר", הסתר אחד ממיעוט הירח, כמ"ש "מאורות, חסר כתוב", ונחסר הו' מהמאור שבה, **מאר** במקום **מאור**. הסתר שני, מחטא אדם הראשון, בבחינה **שזרק בה זוהמא**, ונתמעט ג"כ בראשון **ונמצא מר** במקום **מאר**, ובמעשי בראשית הקדים רפואה למכה, שנאמר בפסוק אור "יהי אור", "ויהי אור", דהיינו, שיהיה מספיק לב' הסתרות הנ"ל.

והנה בכח הנחש המסית, נפגם גם אור השני, ונשאר ממנו **ור**, ומכבר חסר באור הראשון הו' כנ"ל ונשאר **סער על ראש הנחש וסיעתו**, "ארור אתה מכל הבהמה", וכו'. שמראשון נשאר **אר**, ומהשני נשאר **ור** ועל כן נקצצו לו גם הרגלים, ועל גחונו ילך ודו"ק. כי אין לי פנאי להאריך. שזה סוד אור ששימש בז' ימי בראשית וכו', שגנזו לצדיקים לעתיד לבוא והבן.

אולם כל התיקונים המה במקבלי האור, שבהיותם אינם כדאים לקבל האור העליון, הנם ח"ו במורדי האור כי **אור** ה"ס, **השפעה**. וכשמגיע לכלל קבלה, נקרא **מאור**, שה"ס, **פנימיות המחזירו למוטב**, המתלבש בכלי קבלה, ואור העליון מתלבש באותיות כל התפילות, והוא ושמו אחד, שה"ס שהיו אבותינו משוקעים בטיט ובלבנים, מגלולי מצרים בשער מ"ט דהטומאה, ואז נגלה עליהם, מלך מלכי המלכים הקב"ה וגאלם, והטעם, שהיו צריכים לגלות כל אותיות התפילה, ועל כן המתין להם הקב"ה. אמנם כשכלו התפילות מהר עליהם לגאלם, ו"גיטו וידו באין כאחד" ממש.

ומרדכי הצדיק באמנו את ה"דתא" (הדסה) זכה בה מצד שהיתה בת דודו אביחיל, ואע"ג "ומראה כבוד אש ה' כאש אוכלת בראש ההר", מרעה טוב ושמן היה לה אצלו, כמ"ש "מימינו אש דת למו". שהבין באור צדקתו, והמשיך עליה חוט של חסד, ובהמשכה זו המשיך מדת ה"קו" לקדושה י"ד יום (דמדת קו ה"ס חסד) מסיבת ב' המעוטין הנ"ל בסוד "ואביה ירק ירק בפניה", עד שזכה "ותהי אסתר נשאת חן בעיני כל רואיה", אפילו לאומות העולם ממש.

ומתחילה תקנה באחורים, דהיינו "שעומדת מחיקו של אחשורוש, וטובלת ויושבת בחיקו של מרדכי הצדיק", שה"ס הטהרה, בסוד

"ומתרגמינא מרי דכיא", (וזה שתירצו שמרדכי הו"ס התרגום של תורה). דהיינו, ה"מר" מסטרא דחויא [מצד הנחש] הנ"ל. שהטיל בה זוהמא, (וזה סוד לרוב אחיו, ולא לכל אחיו והבן היטב) ופרח ממאור שבה הא' ד"אין אני והוא יכולים לדור בעולם" כי "אין אדם דר עם נחש בכפיפה אחת". וזכה וטיהרה לה, כי המשיך לה אלופו ומיודעו: אבל, עדיין מארת חסר כתיב, דהיינו, הו' מצד מיעוט הירח כנ"ל.

אך בעבור זה זכה אחר כך "בלבוש מלכות וכו', ועטרת זהב גדולה". כמ"ש "את שני המארת הגדולים". ואז "מרדכי מן התורה", כמ"ש "מר דרור", דהיינו, "חירות ממלאך המות". והיינו בלשון הקודש ממש. כי כל הטהרה באחורים שה"ס תרגום, וחירות גמורה בלשון הקודש. דמ"ט פנים טהור, ומ"ט פנים טמא, מסיטרא דמיעוט הירח הוא [מצד של מיעוט הירח הוא]. ועל כן תיקון א' יוצאים הכלים בטהרה, ותיקון ב' הוא "שם חדש, אשר פי' הוי' יקבנו", "הויה שמה" "ובכל מקום מוקטר ומוגש לשמי".

והארכתי עד פה להטעימכם מרור של מצוה אם תרצו, שסוד "וימררו את חייהם" - בחוסר ב' אלפין דתוהו, הגם דזוהמא דחויא [שזוהמת הנחש], לא היה אלא באור א' כנ"ל. אבל תלה הקלקלה בעליונה שחוסר הואו דמיעוט הירח הדיח (הוכיח) שא חסר גם שם ח"ו, והלביש אותם כמו אור וכלי, שמן המאר ואור, נטל א דמאר (דהו' כבר חסר) וא דאור, והרכיבן זה בזה, ועשה מר ור והיינו מלאך המות, שב' רישין נעשין לת', וכשזוכין "במר דרור" כנ"ל, אז "ואתא קב"ה ושחט למלאך המות" - הנעשה שוב פעם מלאך קדוש. ואין כאן מ"ט ומ"ט, כף זכות, וכף חובה, שהם כף ב אותיות אלא "הוא ושמו אחד", כי "לא ישיא אויב בו, ובן עולה לא יעננו", "הפוך רשעים ואינם" וכו'.

ועל כן מתחילה צריכים לאסור את אלוה של מצרים, באסור (בעשור) לחודש, להיות נתלים בתורה, "לא יוכל לבכר (לבקר) את וכו', כי את הבכור בן השנואה יכיר לתת לו פי שנים", שז"ס, הכנה למכת בכורות, בן השנואה.

ובזה שאסרו את אלהי מצרים לכרעי המטה, המשיכו עליהם אור יקרות, במקום הכרות, ו"יקיר כמו יכיר", ואין ביקור, ויש ביכור, כי אין מום, כמו שנאמר "הבן יקיר לי אפרים ילד שעשועים", וכו'. כי "שכל את ידיו", וישם יד ימינו על ראש אפרים, וה"ס... "שה לבית אבות", מידי אביר יעקב כנ"ל. ובארבעה ימים של ביכור, שחטו אותו בארבעה אסור (עשור) והפה שאסר, (שהו"ס פי שנים יכיר ויקיר) הוא הפה שהתיר ובאור לי ה', ולילה כאור תהיה. ואז "שה לבית". ו"בעצם היום הזה, יצאו כל צבאות ה'", וכו'. "אני ולא שליח" וכו'. "וטבלתם בדם אשר בסף", בשיפולי כרעא [בתחתית רגלי המיטה], "והגעתם אל המשקוף, ואל שתי המזוזות", דהיינו, התיקון אשר ממלא את ב' המיעוטין הנ"ל, ה"ס "שתי מזוזות", מלשון מז"וזה", בסוד אמונת אומן, ואמונת נאמן, והבת שאומן היא ממש אמו בנאמן, כמו שפירשתי לכם כבר, ואז "והגעתם אל המשקוף" וכו', כי "דמים תרתי משמע", ואין לי פנאי להאריך. והמשכילים יבינו.

ומה מאד כלתה נפשי לשמוע מכם בשורת הגאולה, וברכת הגאולה, אשר גאלנו וכו', כי "בניסן נגאלו ובניסן עתידין ליגאל", כלומר, "שהיה הוה" מתיחדים בפי שנים כאחד, כי רואה את אחוריו, כמו את פניו, ואל יהיו לכם לפלא, הלא קופה של שרצים, תלוי לכל אחד ואחד מאחוריו, ואיך תבא לקו המשוה עם שלפניו.

אמנם זה בסוד הוה לבד, שהנצחיות הוא סוד הוה, והמשוה יהיה להוה והיה, והיינו בזוכים לאור אמת, המתלבש רק ברצון אחד ומיוחד, וכל היותר משהו מרצון אחד, על כיוצא בו אמרו: "כל יתר כנטול דמי", שזהו ביחוד של הדביקות האמיתי מהכרת לבו, המלא מאור הויה ב"ה, על כל גדותיו.

ואפילו כשמכוון לבו לשמים, צריך להזהר

מאד, באחדות הרצון, שיתיחד ביחוד אמיתית הכרה פנימית בשיעור הדביקות על גבהו של היכולת ה'... ית' כי ידו לא תקצר ח"ו, כמ"ש: "ואולם חי אני וימלא כבוד ה' את כל הארץ".

וז"ס גאולתן של ישראל, בסוד "אני הויה, אני ולא שליח, ולא מלאך, ולא שרף", כמ"ש ז"ל.

כי מי שיש לו רצוניות הרבה, הרבה שליחים למקום, והרבה מדרגות יש, כמ"ש המקובלים, שאפילו בנפש דעשיה, יש קכ"ה מדרגות, אבל מי שאין לו אלא לב אחד, ורצון אחד, אין לו כל החשבונות, וכל המדרגות הנעשים ע"י שרפים וחיות ואופני הקודש, אלא "ואהיה אצלו אמון", ילד שעשועים, כי עבד ה' שיש לו נחת מעבדות שלו, סימן מובהק הוא שהש"י יש לו נחת מעבדו הנאמן, ולהיפך, הוא ח"ו להיפך.

ועל כן צריכים לכוון לב רק להשתעשע עמו יתברך, בשהוא השעשועים לו לעצמו לבדו, ולא להעציב ח"ו, בכל אופן שלא יהיה; וכן בן חכם, מביט תמיד בפנים של אביו, אם יש לו שמחה הימנו, להיות לו מגמה אחת, לשמח האב ותו לא מידי. וז"ס "כעת יאמר ליעקב ולישראל מה פעל א-ל", שפירשו ז"ל: שמלאכים ושרפים לומדים ידיעת השי"ת מישראל, וז"ס "כי טוב מאד, זה הס"ם", להיותו פורח באחת, וכשנוטלין ממנו זה הכח לקדושה, אז מקויים בנו ובכל מאודך. וז"ס שמתחית המתים זוכין לגילוי אליהו, שפורח בארבע, ואז מתתקן בנו הכח הזה לעבוד ולעדוד באחת, דהיינו טוב מאד כנ"ל, המקוה לנו בב"א אכי"ר.

מכתבי זה ערכתי בקיצור לשון מסיבת קוצר הזמן; אבל ברצות הוי' יספיק שתכינו את עצמיכם, ותזכו לכל הנ"ל, בטרם ביאתי אליכם, ואז "באתרא דליעול "ירקא" ליעול בשרא וכוורא [במקום שעולה ירק על השולחן יעלה בשר ודג]", כי אחר כל הזכיה הנ"ל, תתחילו להיות מוכנים, לקבל אורו ית' ע"י, כחפץ ה' מכל מראש, והגם שהוא פלא בעיניכם, להשקפתכם. אבל על כל פנים תאמינו לי שאין כוונתי ח"ו להתפאר, כי טובת ה' היא טובתכם, ואם קטנים אתם בעיניכם, תביטו על בעל מלאכתכם שפעל אתכם, כי אומן נפלא, אינו פועל דברים שפלים ונמוכים. ורעיון רוח הזה, הוא הפגם מסטרא דחויא [מצד הנחש] שהטיל בה זוהמא, לחשוב את עצמו לנמוך ושפל, ולא ירגיש כי הויה עומד לימינו, גם ורק בעת תחתית שפלותו, ואני מה שאני רואה, אני אגיד, אולי ימצא השי"ת חן בעיניכם בימינו בקרוב.

יהודה ליב

מצאתי הגהה אחת בדף א' של הפתיחה ע"ב, שבמקום זולת שכתבתי, נכתב אלא, או רק, וכנראה שהוא מהר' ... נ"י, מכבר נתווכח עמי במילה זו, ואז שתקתי לו על חציו, אמנם כעת שמתי אל ליבי ומצאתי מפורש במלכים י"ב "לא היה אחרי בית דוד זולתי שבט יהודה לבדו". וכן במלכים ב כ"ד "לא נשאר זולת דלת עם הארץ", ופירש המצודת ציון ע"ש והשיבני דבר.

ובענין סילוק החובות המרובים שאחדים מבקשים במכתבים, אני מצידי שואל למה לא תשלמו לי את חובי להריץ לי מכתב בכל שבוע כבקשתי אליכם. אמנם כן, כל החובות ממצוה אחת נתפשטו.

הנ"ל

אגרת לב

שנת תרפ"ז (1927)

בעזהש"י ב' אייר תרפ"ז לאנדאן יע"א

כבוד התלמידים ה' עליהם יחיה

אתמול השגתי השני מאות פתיחות, והיום מכתבכם. וכולכם באחת, שמכתבי הם בקיצור, וכשאני לעצמי הארכתי בו הרבה, שע"כ לזמן צריכים, שכן טבע כל דבר גדול להיות מושכל בהמשך הזמן.

מה שכתב הרב ... שלא הבין את מכתבי והוא מסבת היותו כ"ראשי תיבות", נראה שעדיין הוא אינו יודע, שאינו יודע, כי

האמת שהוא, "סופי תיבות", ולא "ראשי תיבות", כי בכל יום ויום, אני מקוה לה', שיגמור בעדינו, שאין אנו בני חורין להפטר ממנו יתברך.

ומה שהעיר על זה שכתבתי שיהיה להם לפלא שלאחר שיזכו לכל הכתוב, אז יוצרכו לקבל אורו יתברך על ידי וכו', וכתב שאין זאת לפלא אצלו כלל וכו', היינו משום שלא הבין כתבי, כפי שמודה בעצמו, ואיך יבין את הפלא? אבל אני אומר שגם בעיני הוא פלא; ויהי נא בעל נסיון ויבחנו דברי.

ומה שכתב בענין להתאזרח בארץ, הנני מסכים, גם טוב עלי המעשה, להנות מזכות אבות, כי ברית אבות לא תמה, והמעשה רב.

ומ"ש... בפירוש מכתבי, ש"דרור" בגימטריה "קודש", היה לו לומר בהיפך ש"קודש" בגימטריה "דרור", ומה שכתב שרוצה לדעת, אימתי אשוב לביתי? - ואני רוצה לדעת, אם הוא מוכן כבר לקבלני, ולהנות ממני, ובעה"ש אודיע זאת מצידי בעתו.

גם מכתב הר' ... קבלתי ומה שכתב חוץ "מיכיר ויקיר", שלא יוכל לכלכל כדבעי [כראוי], ידע שהוא קוטב כל מכתבי, ואם אינו מבין את זה, אי אפשר לו כלל לרדת לעומק הדברים.

... ואיתא [ומובא] ברש"י ז"ל חיי שרה "בת ק' כבת כ' לעונשין (לחטא) (וב"ב נח ע"א) "הכל בפני חוה כקוף בפני אדם". ואלו רמזים בעלמא. אבל בפשיטות הכ' מתחלפת בק' להיותם ממבטא אחד גיכק, ועל כן "הבן יקיר' לי", יוכל להתפרש שהבן "מוקיר" לאבא, או הבן "מכיר" אביו, כי באמת הם מבטא אחד, "שהמוקיר מכיר", "והמכיר מוקיר", בלי הכרע כלל.

ונודע בשם הבעש"ט סימן מובהק לידע כמה הקדוש ב"ה משתעשע עמו, להסתכל בלב עצמו, כמה הוא משתעשע עם הקב"ה. וכך כל הענינים בסוד ה' צלך. וע"כ מי שמרגיש עדיין איזה הבחן, בין "מוקיר למכיר", הרי עדיין ליחוד לב צריך, להיותם מצד הקב"ה אחד ממש. והוא ענין עמוק, שהקב"ה באמת שורה בלב כל איש מישראל, וזהו מצידו יתברך, ועל כן מה האדם חסר? רק לדעת זאת, והידיעה מתחלפת, והידיעה גומרת. וזה סוד "ה' צלך", הנ"ל.

ומה ששאל איזה קודם, גילוי אליהו, או תחיית המתים או שניהם כאחד באים, זה אינו שוה לכל, וכמה מדרגות יש בו, וצריך אריכות גדולה להסביר זאת ואכמ"ל.

ר' ... נ"י, יפה עשה... אבל נראה שגם אתה לא עיינת בקונטרסים כראוי, כי אינך יודע להראות להם, שכל דברי נמצאים בעץ החיים, וממש לא הוספתי אפילו מלה אחת, חוץ מזה שכתבתי בפרוש "המלכות" בכל מקום שהוא, הוא ענין הרצון לקבל, והרי דבר זה מוסכם מכלל כתבי האר"י, בלי צורך לפרש מקומו. בזוהר ובתיקונים, זה מובא בפירוש, וחוץ מזה אינו יודע שום שינוי לשון.

ומה שדימה ספרי לעמק המלך, הנה ראיתיו פה בפעם הראשונה, ובשבוע שעברה כתבתי ממנו. אמנם ספר זה כל יסודותיו מחודשים, והמה מסודרים על קבלת הגאונים, שמתחיל בצמצום א', ואחר כך עולם המלכות, ואחר כך אויר קדמון, ואחר כך טהירו, ואחר כך אצילות, אלא שענינים האלו, הוא ממלא בסדרים של האר"י ז"ל... ובאמת שאין להם דמיון כלל, כי האר"י ז"ל לא דיבר יותר אלא מקו וצמצום, ואחר כך א"ק עקודים, נקודים, ואצילות. כמו שמובא בשמונה שערים, ובכל כתבי האר"י.

ולימודי האצילות המיוחס להאר"י, אינם כלל מהאר"י, זולת איזה קיצור מספר עמק המלך גופי', ועל כן, ספר זה לא מצא חן בעיני המקובלים, הנמשכים אחר האר"י ז"ל.

כתבתי לך שתלמוד מקודם את הקונטרס, עד שתוכל לומר לכל אחד ואחד, ולהראות את אי ידיעתם כי תוכל באמת למצוא כל דבר בעץ החיים, ובשמונה שערים, ומכל שכן אם תעיין היטב בענף ג', ובענף ד' ה' בפנים מאירות, כי בע"ג מפורש האו"ח, בענף ד' הד' בחי' דאו"י, ובענף ה' ו' מבוארים ענין הזדככות של המסך שעל ידו נעשה הסתכלות דאו"ח, ותוכל להוכיח לכל מי שמחויב לשמוע מה שמדבר, ואם תעשה כן ודאי תוכיח צדקתך.

והנה בין הספרים שלי נמצא הספר חפצי בה להרח"ו, הכרוך יחד עם ספר הקבלה מחכם מסעוד שנתן לי במתנה, ואני צריך אותו מאד, ועל כן אבקש לשלחו אלי בהקדם האפשרי.

יהודה ליב

אגרת לג

שנת תרפ"ז (1927)

ב"ה יו"ד למסב"י תרפ"ז לאנדאן יע"א

כבוד התלמידים ה' עליהם יחיו

שלשום בלילה קרה לי מקרה נפלא: איש אחד ביקש ממני לבוא לביתו, כדי לראות את אוצר הספרים שלו. שביניהם גם ספרי קבלה...

ראיתי שם, ספר גדול, כמאה שמונים דפים, ב' לבויגען - בשם "עמק המלך" לחד מבני עליה הפלא ופלא הרב נפתלי אשכנזי זלה"ה, נדפס באמסטרדם שנת ת"ח.

המחבר עשה סדר שלם לחכמת האמת, ע"ד ספר עץ החיים, מתחיל מהצמצום, ומסיים בעולמות בי"ע התחתונים. ובנוי על יסודות האריז"ל בביאורים של עצמו. גם מסתייע מקבלת הגאונים והראשונים, ע"ד הר' יעקב קאפיל זצלה"ה.

כשפתחתי את הספר, ראיתי בו הרבה ענינים ויסודות שאינם מובאים בשום ספרי האריז"ל והראשונים, זולת בספר לימודי האצילות לבד שמובאים בספרו אות באות - והיה לי לפלא. עברתי על הספר בעיון רב, עד שנתברר לי, שכל ספר לימודי האצילות, המיוחס להאריז"ל, הוא בדוי ומזויף, אלא מעתיק אחד קיצר את ספר עמק המלך הנ"ל, ועשה ממנו חבור קטן, שהוא ספר לימודי האצילות המצוי אצלנו.

ולא עוד, אלא שהמעתיק הזה היה בור גדול ולא הבין בקבלה כלום. ועל כן בלבל את דפי הספר באופן מבהיל, כי לקח מכל עשרה דפים חצי דף ושליש דף, והעתיקם אות באות, ואחר כך חברם יחד לענין אחד, ויצא שענין אחד בספר לימודי אצילות מלוקט ומחובר מעשרה שלישי דפים מעשרה ענינים מיוחדים, שבספר עמק המלך. ועל כן הוא מוזר ומתמיה. גודל כעסי על הרשע השוטה הזה אין להעלות על הכתב. היות ולקח אצלי זמן רב לסדר לעצמי את הענינים.

אולם חביבים היו עלי מחמת רום קדושתם של הענינים המובאים שם, על כן ביליתי זמן רב מאד - למעלה מהמשוער, על ספר זה. ואני מבין שלכל הגדולים קרה אותו הדבר. ומכיון שכן ברצוני לפרסם ברבים: א. שהוא לא מכתבי האר"י ז"ל. ב. שהוא משובש ומבולבל עד שאסור להסתכל בו ויש לגנזו כדי להסיר מכשול מדורות הבאים. והרוצה לעמוד על קדושתם של הדברים, ימציא לו את הספר הקדוש עמק המלך הנ"ל ששם מובאים הענינים בשלימותם ותפארתם הרמה. ואני חושב לפרש הדבר בהקדמה שאסדר.

הספר הנ"ל הוא יקר המציאות. כנראה שלא נדפס יותר מפעם אחת. קרוב לשלוש מאות שנה. וזו לי הפעם הראשונה שאני רואה אותו. והשגחה עליונה היתה בדבר. היות שלקחתי עמי לדרך את ספר לימודי האצילות, וכשרציתי לעיין בו, לא מצאתי אותו. התענינתי אולי אוכל לשאול אותו. אך לא מצאתיו באף מקום. ובסוף מצאתיו בתרמילי והיה לי לפלא.

אודות השאלות הפרטיות. אשא תפלתי: שבכל אשר יפנה יצליח, כי א"א לי להתיישב בענינים פרטיים בימים אלו. כי טרדותי מקיפים אותי, וע"כ באורו נראה אור.

יהודה ליב

אגרת לד

שנת תרפ"ז (1927)

ב"ה יו"ד למסב"י תרפ"ז לונדון יע"א

כבוד התלמידים ה' עליהם

אני חושב שאיני צריך כ"כ לכתוב לכם ד"ת, כי יש לכם די והותר, מתוך הכתב, ומתוך הדפוס. אבל מי יודע אם המה עדיין בעיניכם כחדשות, דהמחדש בטובו בכל יום תמיד מעשה בראשית, ועל כן אין האדם מתפעל לשבח, אלא מחדשות.

הנה קודם הפסח כתבתי לכם חידושי תורה, כמו שאומרים "יום טוב דיגע תורה".

(תורה של חג) ועמהם תבינו דברי חז"ל, בענין יראת שמים, ד"כל העולם כולו, לא נברא אלא לצוות לזה", שיש לדייק. "לזאת" מיבעי ליה [צריך להיות]? כי המלכות שה"ס הלכה, וסוד יראת שמים, נקראת "זאת", כנודע, וקוב"ה נקרא "זה", אלא נודע למדקדקים, כשאנו אומרים, מזכר ונקבה יחד, מבטאים הדבור בלשון זכר, והקב"ה נקרא "זה" בסו"ה ודברי חז"ל, "דעתיד הקב"ה, לעשות מחול לצדיקים, וכל אחד ואחד מראה באצבעו ואומר: הנה אלקינו זה וכו' זה ה' קוינו לו" וכו'.

אבל בטרם התיקון של עשיית מחול לצדיקים, שמחול ה"ס מחילה, אז נאמר: "ואל יבוא בכל עת אל הקודש", והיינו מסבת הגלגל על כ"ח עתים, י"ד לטובה, וי"ד להפך, כנודע, אלא "בזאת יבוא אהרן אל הקודש", דהיינו, בי"ד לטובה הנקראת "זאת", וז"ש ז"ל: "כל העולם כולו לא נברא אלא לצוות לזה", דהיינו, ליחוד קוב"ה ושכינתיה, שנקראים אז "זה", שעד כאן צריכים לעלות ביראת הרוממות, דהיינו במהפך קבלתו להשפעה, והמשפיע, שהוא למעלה מגלגל, ודאי יכול להשפיע לכל עת, אפילו לי"ד דלהפך, שבבחינת השפעה, אין כאן ח"ו שום רע, כמו שנתבאר היטב.

וזס"ה "שמרה זאת לעולם ליצר מחשבות לבב עמיך", דכל זמן שלא זכינו להתאחד בקוב"ה, בבחינת מחשבה אחת אלא שתי מחשבות וכו', ע"כ אנו מבקשים "שמרה זאת", תן לנו כח ועוצמה, לבוא אל הקודש, בשמירת הכתוב בזאת יבא אהרן אל הקודש. "זכור ושמור בדבור אחד נאמר", ובזה נתעלה להתאחד באחדות האמיתי ית'. שמו ויתעלה בבנין עדי עד.

כתוב "אל דמי לכם, ואל תתנו דמי לו, עד יכונן, ועד ישים את ירושלים תהלה בארץ", וכן אנו מריצים בקשותינו למרומים, דפיקו בתר דפיקו [הכאה אחר הכאה], בלי עייפות, ובלי הרף, ואין אנו נרפים כלל וכלל, מזה שאינו עונה לנו. באמונתינו ששומע תפלה הנו ית', אלא שממתין לנו, לעת שיהיה לנו הכלים לקבל השפע הנאמן. ואז נשיג מענה על כל תפלה ותפלה, בפעם אחת כי "יד ה' לא תקצר" ח"ו.

וז"ש הכתוב: "ילדים אשר אין בהם כל מאום וכו' ואשר כח בהם לעמוד בהיכל המלך", ללמדך אפילו אותם שזכו למחילת עוונות, שנעשים כזכויות, שבזה אגלאי מילתא [מתגלה הענין] למפרע, שאין בהם כל מום, ועם כל זה, צריכים עוד כוח לעמוד בהיכל המלך, כלומר, לעמוד ולהתפלל ולחכות, בלי עייפות, אלא בדפיקו בתר דפיקו [בהכאה אחר הכאה], עד שמפיקים רצון השלם מהשי"ת.

ועל כן צריכים ללמוד מלאכה זו בטרם שנכנסים להיכל המלך, דהיינו לאזור כוח ועוז, לעמוד כעמוד של ברזל, עדי נפיק [נוציא] רצון מהשי"ת, כמ"ש "אל דמי לכם", אף על גב שהשי"ת נראה ששותק ואינו עונה, אל יעלה על דעתכם משום זה, לידום גם כן ח"ו, "אל דמי לכם", לא לזה כיוון השי"ת בדממה שלו, אלא להמציא לכם כח אחר כך, לעמוד בהיכל המלך, באותו שעה שלא יהיה לכם שום מום, ועל כן "אל תתני דמי לו" וכו', ומובן שכל המלאכות מלמדים בעוד שנמצאים מחוץ להיכל, דאח"כ לא זמן ליחוד מלאכות הוא כמובן.

ואני פורש בשלום כל התלמידים, ומפני טרדותי לא אוכל לענות בפרטות יותר, ואקוה אל ה' וטובו.

יהודה ליב

אגרת לה

שנת תרפ"ז (1927)

ב"ה אחד ושלשים למב"י תרפ"ז פה לאנדאן יע"א

כבוד התלמידים ה' עליהם יחי'

...ומה שמשתומם על קנאתי והתמסרותי על עמק המלך, שאני רוצה לפרסמו, הוא משום שלא הבין אותי, כי לא את עמק המלך אני מקנא, רק הקיצור הימנו, והוא לימודי

אצילות, שהמעתיק בזדון יחסו על האר"י ז"ל. ומתוך קצורו שתי רעות עשה. א' שלקח זמן מכל חקרי לב, בחנם ולבהלה, לסבת הרחוקים, המתקרבים בשורותיו ומתמיהים. ב', שאלה דברים של הרב החכם בעל עמק המלך בכהאר"י, ומביא בזה ערבוב הדעת, עד אין לשער. ומתוך זמני עצמי, שהלך לאבוד, אני מקנא.

ובנדון הספר הנ"ל, הנה המחבר הוא אדם קדוש מאד נעלה בלי ספק. אבל דבריו בנויים על יסודות מהר"י סרוק ז"ל, שגם לדעתי, לא הבין דברי האר"י ז"ל רבו.

אמנם דברי הר"י סרוק ז"ל, התפשטו לכל הקדושים אשר בארץ המה, והוא משום שהר"י סרוק ז"ל סדר על כל פנים דבריו ששמע מהאר"י ז"ל, ועל כן מובנים המה, לכל בעל מדרגת השגה, כי גדלות מוחו והשגתו של מהר"י סרוק, הוא עד אין חקר.

ועל כן גם בעל עמק המלך, נסמך כולו על יסודותיו, ועמו כל המקובלים שבחו"ל עד היום הזה, וזאת משום הקושיות שבדברי הרח"ו ז"ל, שקצרים המה ובלתי מסודרים. והוא גם אחד מהסבות שנתעוררתי לחקוק דברי עלי ספר, בסדור קבלת האר"י ז"ל, שהגיע לנו מהרח"ו, שהבין אותם כמו שהאר"י ז"ל בעצמו מעיד עליו. וגם מהר"י סרוק הודה לזה.

ולפלא על החיד"א שלא הבין להציל את עמק המלך מקשיות המקור חיים, שח"ו לא שיקר כלל בקבלת האר"י ז"ל, חוץ ממה שנסמך על מהר"י סרוק, והוא מקרה כל המקובלים והמחברים מחו"ל פחות או יותר, אחד מהם לא נמנע.

ולדעתי גם מהר"י צמח ז"ל, מהר"מ פאפרש, מהר"ן שפירא ומהר"מ די לונזאנו זכר כולם לברכה וכו'. נבנים הרבה מאד מהר"י סרוק ז"ל, ולמה לא כעס עליהם?

אולם כשאני לעצמי אקוה בעז"ה לטהר דברי האר"י ז"ל בלי ערוב משמות והשגות מזולתו, שנתערבו עד היום הזה בתוך דבריו, באופן שיהיה מוסכם במשך הזמן, מכל הגדולים, ולא יצטרכו להשקות יסודות האר"י ז"ל במעינות זולתו.

ומענין... שהתפלא מדוע לא הבאתי את הרש"ש? למה לא ענה לו שהרש"ש ז"ל מתחיל ספרו מעולם-הנקודים, ואני - באמצע עקודים עומד. ופרט לאיזה דברים מקוטעים בהשמש, שגם המה שייכים לה' פרצופי אצילות, לא נשמע דבר הימנו בענינים אלו.

ומה שהשיג על פירושי "הכתר" מש' מ"ב בע"ח. תוכל לומר לו משמי, שאינו מבין הפירוש שם. כי שם מדבר מספירת הכתר שכולל ע"ס דאור ישר וע"ס דאור חוזר שה"ס א"ק הפנימי, שהוא אמצעי בין א"ס, ובין עסמ"ב, אלא שנגלו לחוץ הימנו כנודע, ועד"ז יש בכל פרצוף ופרצוף סוד הכתר, דוגמת א"ק הפנימי, שכולל עשרים ספירות, דע"כ נקראים בלשון הזוהר "כ". ועליו אומר הע"ח שאפשר לקראו א"ס, ואפשר לקראו נאצל. ואלו ואלו דברי אלקים חיים.

ואני מדבר רק מהכתר מע"ס דאור ישר, שלא יתכן לקראו רק בשם א"ס, ובשם מאציל, ולא יתכן כלל לקראו אמצעי ח"ו, ומכל שכן תחת שם היולי, ושורש לד' יסודות דחו"ב תו"מ. כי טרם הגלות ספירת הבינה דאו"י, אין כלל אפילו בחינת שורש לכלי, כמו שהארכתי בענף א', אשר בחינת הכלי הן הכוח, והן הפועל, הכל מצד הנאצל. עש"ה.

ובענין אור פנימי דעגולים, עירבב דברי לאחר שחלקתי אותם בב' נקודות, בזה שחלקתי דהארת או"מ, הוא מצד א"ס המקיף. וענין אור פנימי הוא ממה שיכולים העגולים מצד עצמם לקבל, שהם ב' בחינות.

שם בסמוך בבחינה ג' פירשתי האו"פ וז"ל: "ואור זה המגיע להם נקרא אור פנימי, שכ' פי' שמגיע להם מצד עצמם, וזה נקרא אור הרשימו, כלומר, שהרשימו עדיין בכוחה למשוך ולינק מא"ס, אלא בהארה המצומצמת, שמכונה משום זה, רשימו הנשאר אחר אור הגדול שמטרם הצמצום". והארכתי שם. לאפוקי [להבדיל] מהמדמים לעצמם שענין הרשימו בכל

מקום מורה כמו שנחצב חלק מאור הקדוש. ונשאר דבוק במקום, אחר הסתלקות האור, שהוא טעות מופלג, להיות כל אור דבוק בשורשו, ונמשך משורשו בלי הפסק אפילו רגע, הן אור גדול, והן אור קטן, הנשאר אחר הסתלקות הנקרא רשימו.

ובבחינה ד' שם פירשתי, את או"מ בזה"ל: "כי הא"ס מאיר עכשיו בחי' השפעה ממקומו" וכו' ע"ש. כוונתי, שאור זה אינו בא על תכונת מקום הצמצום, שהוא בגבול ומדה כמו או"פ, אלא אדרבה, הוא מאיר בלי גבול. ואינו מבחין בין גדול לקטן, שעשה הנאצל לעצמו.

ועניינים אלו מפורשים במבו"ש ושה"ק במקומות הרבה. ואין כלל חלוק בינו וביני, רק במובן, אבל לא בלשון כלל, כי גם אני אומר, שאור הרשימו הוא או"פ, אלא פירשתי אותו כדי שלא יטעו בזה כנ"ל.

ומה שכתב, שאינו מסודר אל התכלית הנרצה, שהיא הכוונה. אמור לו, שלזה כל כוונתי בסדור ההקדמות, שרבים טועים בו, וכל אחד ואחד, בונה במה לעצמו, והוא משום, שהאר"י ז"ל ורח"ו, לא סדרו בעצמם, וע"כ הכרחתי לבאר יסודותי בפרוש ע"ס, שרובם טועים בו מאד. ובפרוש ובסדור פרצופי א"ק שרובם טעו בו הרבה.

ואחרי שאבאר סדר פרצופי האצילות, ועליות המדרגות כהלכתם, אז אבאר את ספר נהר שלום, שנדפס בסתירות גדולות, מסבה שהדפיסו אותו שלא מדעת הרש"ש ז"ל. ונתחברו דברים שאמר בילדותו... וחזר מהם לעת זקנותו. ולולא היה מחברם בעצמו, ודאי היה מגיה מה שצריך.

אמנם נודע הדבר, שהוא לא חברו, אלא אחרים גנבו והדפיסו אותו, בשעה שלא היה בביתו, והיה מצטער על זה כנודע. וראיתי פירושים שנדפסו לתרץ דבריו, אך פירושיהם מעידים עליהם שלא ירדו אפילו לתחילת דעתו של הרש"ש ז"ל, חוץ מספר אחד, תורת חכם, המשיג למקצתו, אבל לא ירד להיישיר הדברים. ובעז"ה יתפרש כל זה לנכון.

אמנם שיטת הרש"ש ז"ל, הוא כנגד כל המחברים עד היום, ועל כן לא יכולתי לישא וליתן בדבריו האמיתיים, בטרם אני מראה יסודותיו האמיתיים, בלמוד הע"ח, אשר בעז"ה אגלה אותם אי"ה בימים הבאים.

והנה אחבר גם כן מראה מקומות, על כל דברי שב"פנים מסבירות ופנים מאירות". כי לא הוספתי שום מובן על הכתוב ומפורש בשמונה שערים, ובעץ חיים ובמבוא שערים, וגם מספר חפצי בה להרח"ו ז"ל, קבלתי איזה דברים, ומשאר כתבי האר"י לא קבלתי ליסדותי כלום וכלום, מיראתי על טהרת בעליהם עליהם, ואין צריך לומר מקבלת הראשונים והגאונים וכל זולתו, אשר כמעט שלא ראיתי אותם כלל. ומה שהבאתי את הרמב"ן ז"ל בפירושו על ספר יצירה, לא הבאתי ליסוד החכמה, אלא ליסוד הטהרה מגשמיות, שגם הרח"ו מביא אותו לענין זה, כי כן הבאתי גם את הרמב"ם לענין זה.

מצאתי לנחוץ להאריך בזה, כדי שתוכלו להשיב למי שצריך. בהשכל ודעת, ודברי חכמים בנחת נשמעים. ובעז"ה אחבר מראה מקומות כדי שתוכלו להראות כל דבור ודבור.

כעת אני טרוד לסדר הקדמת הספר. ולאחר מכן אסדר מראה מקומות ומפתחות העניינים ור"ת ומרוב טרדותי מאריכים לי הזמן, ומה עוד שהמה מלאכות שאני לא רגיל בהם וע"כ נדחים מיום ליום.

מענין בית הכנסת החדש, אני נהנה מאד, ורציתי לשמוע מה נעשה בבית הכנסת השני שקוו לעשות בעיר העתיקה.

ואדרוש בשלומכם,
יהודה ליב

אגרת לו
שנת תרפ"ז (1927)

ב"ה מוצש"ק פרשת ויקהל תרפ"ז לונדון

כבוד ידי"נ מוה"ר ... נ"י

...ומ"ש בענין הנקיות בגדים, אני מסכים עמך. ומ"ש "ע"ס דאור חוזר", במה מושג האור? ומה מושג הכלי? זה מבואר בהמשך הספר לכל מבקש, אשר בחי' ד' שהיא בעלת

המסך, היא הכלי, אבל אינה כלי קבלה, זולת כלי השפעה, ובזה חוזרת להיות כתר. ומושג האור הוא מושג כללות כל החכמה הזאת, כי כל המדובר בחכמה הוא רק בערכי האו"ח, אבל באור ישר כולם שוים זה לזה, ע"פ ד' הבחינות הנודעים, כמבואר שם, וענין התחלקות ט"ס התחתונות דאור חוזר, כבר כתוב שם, שהמה מתחברים בכלים דאור ישר.

בקונטרס הד' שאלת בזו השבוע בע"ה, תראה שם בהקדמת אח"פ בפנים מסבירות באות י"א, בסוד קו האורך המיוחס לאור ישר וקו הרוחב לאור חוזר, ובזה תתבונן שעיקר האור חוזר, נבחן על כמות המשכות אור העצמות בפרצוף שבלעדי האור חוזר אינו נמשך בהנאצל, דע"כ נקרא הארת הקו, קו דק, עש"ה ונקוט כלל זה בידך.

יהודה ליב

אגרת לז

שנת תרפ"ז (1927)

ב"ה ה' שמיני תרפ"ז לונדון

כבוד ידי"נ ... נ"י

כל מכתביך קבלתי לנכון. חזק ונתחזק, אל תירא ואל תחת מפניהם. וסימן יהיה בידך, שבהתקרב ההצלחה, יתגדל היראה ופחד מהם.

ובדבר שאלתך אם לנסוע לאמריקה, איני יודע כל עת לשער את רוחך בעבודת הוי', אולי ימצאו בזה השונאים מקום חלש, לרפות ידיך מעבודתו ית'.

והגם ש"שלוחי מצוה אינן ניזוקין", היינו "בעידנא דעסיק בה [בזמן שעוסק בה]", פירוש, שאינו מבטל בשבילה יותר זמן ממה שצריך בשביל המצוה, אבל אם מתרפה ומפסיד זמן, יותר ממה שצריך על קיום המצוה, אז יש מקום לאחיזת הקליפות. והבן היטב.

על כן תעשה נסיון בזה: תתחיל לעבוד בהכנות וצידה לדרך, ותראה ותמוד כחך, אם לא יטרידו אותך מחשבותיך, שלא בעת המעשה, אלא מיד אחר המעשה הנחוץ, תקח עצמך לעבודת הוי', ותוכל לדחות את המלי דעלמא הנוטפים מענינים אלו, אז תדע, כי איש חיל אתה ולך, כי שלחך הוי', ויברך הוי' את דרכך ואת מעשי ידיך.

אבל, אם לא תוכל להסיר את המחשבות העודפות, גם שלא בעת הצורך והעסק, כי יטרדו אותך גם "בעידנא דלא עסיק בה [בזמן שאינו עוסק בה]", אז לא בך בחר הוי' לדבר הגדול הזה, ועדיין אתה צריך להזדכך ולהזדרז בכל מילי דמיטב [בכל דבר שמיטיב], כראוי להיות לשלוחי דרחמנא [לשלוחי הבורא].

יהודה ליב

אגרת לח

שנת תרפ"ז (1927)

ב"ה א' אחרי תרפ"ז לאנדאן

כבוד מהר'... נ"י

מכתבך קבלתי, ואברך אותך במז"ט, על הסמיכה שהשגת, והנהו החומה הראשונה שגדרה דרכך מללכת קדימה, ואקוה שמהיום תתחיל להצליח וללכת מחיל אל חיל, עדי תגיע להיכלא דמלכא פנימה [עד אשר תגיע להיכל המלך פנימה].

הייתי רוצה שתשיג עוד סמיכה, אבל זרז עצמך מהיום לבלות רוב הזמן בהכנת גופך לאזור חיל ואומץ, "כשור לעול וחמור למשא". לבל לאבד אפילו רגע קט, "כי אורחין רחיקיתין וזבדין קלילין [הדרך רחוקה והצידה מועטת]".

ואם תאמר הכנה זו איכה היא? אומר לך, כאשר שמעתי מהאדמו"ר מקאלשין זי"ע. שבימים הראשונים היה צורך להקדים להשגת השי"ת כל שבע החכמות החיצוניות, המכונים "שבע נערות המשמשות לבת מלך", ולסגופים נוראים. ועם כל זה לא הרבה היו זוכים למציאת חן בעיני השי"ת: אולם, מעת שזכינו ללימוד האר"י ז"ל, ולעבודות הבעש"ט, הוא באמת דבר השוה לכל אדם, ואינם צריכים עוד הכנות הנ"ל.

כי תדרוך בב' אלה הנ"ל, שבחמלת ה' אלי מצאתי חן בעיניו, וקבלתי אותם בשתי ידי, ודעתי קרובה אליך כקרבת האב אל בנו. בטח אמסרם לך לעת שתהיה כדאי לקבל פה

אל פה.

והעיקר היא היגיעה, כלומר, לחשוק איך להתיגע בעבודתו ית', כי אין העבודות הרגיל עולה בשם כלל, זולת הגירומין של היותר מהרגילות, הנקראת יגיעה, בדומה לאדם הצריך לאכול ליטרא לחם לשביעתו, אז כל אכילתו אינו עולה בשם סעודה שיש בה שביעה, זולת הכזית האחרון מן הליטרא, שכזית זה עם כל קטנו, הוא הגירומין שהכריע את הסעודה לבחינה שיש בה שביעה והבן. וכן מכל עבודות ועבדות, שואב השי"ת רק את הגירומין העודפין על הרגיל לו, והמה יהיו האותיות וכלים לקבלת אור פניו ית'. והבן זה היטב.

יהודה ליב

אגרת לט

שנת תרפ"ז (1927)

ב"ה עש"ק שלח תרפ"ז לאנדאן

לכבוד החסיד המפורסם מוה"ר ... נ"י אחדשה"ט כיאות

הנני להודיעך, שברגע זה השגתי מכתב המדאיב נפשי עד למאד, בדבר שמסרו קונטרסי הקדוש לידי החיצונים, להתעלל בו כחפצם, ועתה תבין אותי ואת הזהרתי הכפולה והמשולשת, להחזיק סוד, ולמה לא שלחתי הקונטרסים עד היום הזה, כי יגורתי מזה, וע"כ רציתי לשלוח מקודם את הקונטרסים, לכ"ק מרן שליט"א ולידי הרה"ק שליט"א.

והנה אשר יגורתי בא לי, וידי נערים מדעת בגדו בי, לעשות אשר לא צויתי, אחר הזהרתי הגדולה, שלא לגלות סודי לשום איש, יהיה מי שיהיה, והנה הבאישו את רוחי בעיני הדור, ואשר הכשילו אותי בדרך עבודתי הנשאה לעשות נ"ר לקוני, מי יוכל למחול להם את זה, ובשמים סהדי, על עמלי בכל כוחי, להמשיך קדושתו ית' להדור ההוא.

אמנם הס"א מוצאת תמיד אנשיה, עושי שליחותה, להפיל לי מכשולים, בכל פנותי שאני פונה בשביל להטיב לאחרים, ועכ"ד "רבים אשר עמנו מאשר עמהם", ואין הקב"ה מקפח שכרי, ולאט לאט אני הולך ומפנה הדרך, פעם פחות, פעם יותר, אבל תמיד (בשכר) עם רווח ב"ה, עד שאזכה להפיל כל שונאי השי"ת בעזרת שמו הגדול והנורא.

ואתה, אל תירא מפחד פתאים, ומוציאי הדבר קטני עבה ממתנם. כן רצה השי"ת, וכן עשה אותי ומי יאמר לו מה תעשה ומה תפעל. כי זכות תורתי גדולה מזכות אבותם, וכן בני דורו של עמוס הנביא הי' מבזים אותו ואמרו שלא היה לו להקב"ה על מי להשרות שכינתו אלא על פסילוס [המגמגם] הזה, כמ"ש בפסיקתא.

אמנם כתוב: "שפת אמת תכון לעד ועד ארגיעה לשון שקר", כי לסוף אנשי האמת, המה המנצחים. עמוס, נשאר חי וקים לנצח נצחים, ומי שמע או ידע מהנעשה עם בעלי ריבו.

כן הדבר הזה, אין בעלי הלשון יכולים להזיק אלא לבני מינם, ונמצא הסער על ראש רשעים יחול, והאמת חי וקים, אינו נחלש מכל מיני השקרים, אלא עוד מתחזקת על ידיהם, כמו שדה זרועה המתחזקת ע"י זבל ואשפות, שזורקים אותם, וברכת השדה פרה ורבה על ידיהם ברצות השי"ת.

עדיין איני מרגיש הנזק שיגיע לי על ידם להפצת תורתי. וע"כ איני יודע, לכלכל לי איזה דרך להשכין אור, ולהצילו מרעתם. אבל ודאי הוא, אם ארגיש איזה נזק, אהיה נוקם ונוטר בהם, כדת של תורה, ואמדוד את כוחי עמהם, וכל מה שימצא ידי בכוחי לעשות אותו אעשה, כי את האלקים אני ירא ואין עוד כוח זולתו ח"ו וד"ל.

ובדרך כלל למענך עצמך תדע, שלא לכבודי ולצרכי, חברתי את הספר, זולת למענו ית' ויתעלה לבד, כי ראיתי בלבול דברים גדול בכתבי האר"י אשר סבתו הוא, מפני שהאר"י ז"ל, לא כתב וסידר אותם בעצם כתב יד קדשו כראוי, לעומק החכמה הנשאה הזאת, והרח"ו ז"ל, בעת ששמע וכתב הדברים, עדיין לא היה במדרגות השלימות, המוכרחות

להשיג אותם השמועות בשרשם, כי היה אז צעיר לימים, בן שלושים שנה הי' בעמדו לפני האר"י ז"ל, כמו שכתוב בשער הגלגולים (שער ח' דף מ"ט) וז"ל: "ושעתה בשנת השל"א ליצירה שאני בן כ"ט שנים ללידתי", וכו' ע"ש, שאז בפסח כבר שימש את האר"י ז"ל, ובועש"ק פרשת מטות מסעי יום ר"ח אב שנת של"ב נחלה ר"ל. וביום שלישי שלאחריו ה' באב נפטר לחיי עולם הבא.

והנך מוצא שלעת פטירתו ז"ל הימנו הי' רק בן שלשים שנה, והאר"י ז"ל חי שלושים ושמונה שנים כנודע, וכתב עוד שם (שער ח' דף ע"א).

שבעת פטירתו לא היה שם הרח"ו ז"ל וזה לשונו מלה במלה: "סיפר לי הר' יצחק הכהן ז"ל, כי בעת פטירת מורי ז"ל, כשיצאתי מאצלו נכנס הוא (היינו מהר"י כהן ז"ל), ויבכה לפניו ויאמר וכי זו היא התקוה שהיינו כולנו מתאוים בחייך, לראות טובה ותורה וחכמה גדולה בעולם, וישיבהו אלו מצאתי אפילו אחד בלבד צדיק גמור בכם לא סלקוני מעוה"ז קודם זמני, ועודנו מדבר בזה, שאל עלי, (על הרח"ו ז"ל) ואמר היכן הלך חיים, וכי בשעה כזאת הלך מאצלי, ויצטער מאד, והבין מדבריו כי היה ברצונו למסור לי איזה דבר סתר אז אמר לו (מהר"י כהן ז"ל) מה נעשה מכאן ואילך, ויאמר (האר"י ז"ל) תאמר לחברים משמי, שמהיום והלאה לא יתעסקו כלל בחכמה זו שלמדתי, כי לא הבינו אותה כראוי, ואמנם הרח"ו לבדו יעסוק בה לבדו בלחישה בסתר, ויאמר (מהר"י כהן) וכי ח"ו אין עוד תקוה, ויאמר אם תזכו אני אבוא לכם ואלמדכם, ויאמר לו, איך תבוא ותלמדנו, אחר שאתה נפטר עתה מעוה"ז, ויאמר לו אין לך עסק בנסתרות, איך תהיה ביאתי לכם וכו' ותיכף נפטר לחיי עולם הבא".

והארכתי להעתיק דברי ספר שער הגלגולים מהרח"ו ז"ל הנ"ל, כדי שתראה שהאר"י ז"ל אסר להרח"ו ז"ל ללמד תורתו לאחרים, והוא משום, שאז לא הבין השמועות ששמע מהאר"י ז"ל על בוריים, והוא הסבה שלא רצה אפילו לסדר הכתבים ששמע מרבו, וסדרו אותו הבאים אחריו, דור השלישי, המה מהר"י צמח ז"ל, מהר"מ פאפרש ז"ל, ומהר"ש ויטאל ז"ל, אשר כל אחד מאותם המסדרים, לא היה להם כל כתבי האר"י בשלימות, כי שש מאות ניירות מן הכתבים נגנבו בחיי הרח"ו ז"ל, שמהם סידר מהר"י צמח ז"ל את רוב הע"ח, ועוד איזה חבורים, וחלק אחד גזר וציוה הרח"ו ז"ל לקבור אתו בקבר, וכן עשו. וחלק שלישי הניח בירושה ליד בנו מהר"ש ויטאל ז"ל, שנסדר מהם שמונה השערים הנודעים, ואח"כ לזמן מרובה, נתקבצו מהר"י צמח ז"ל, וסיעה גדולה של ת"ח, והוציאו חלק הג' מן הקבר, ונסדר מהם מהדורא קמא [מהדורה ראשונה], ומהדורא בתרא [ומהדורה הבאה] של הע"ח, ועולת תמיד, ועוד חבורים.

והנה תראה, שבכל פעם לא הגיע ליד המסדר אלא חלק שליש מכללות הכתבים, שהמה ביחד עצם אחד ובנין אחד, והלואי שיספיק, וכיון שלא היה בידם אלא מיעוט קטן מהכתבים. לא הבינו עומק החכמה אז ובלבלו ביותר את הדברים במה שלא הבינו איך לסדר.

ותדע נאמנה, שעדיין לא היה מזמן האר"י ז"ל עד היום הזה, מי שיבין שיטת האר"י ז"ל על שורשו, כי היה ביותר קל להשיג מח גדול וקדוש פי שנים ממש מהאר"י ז"ל, מאשר להבין את שיטתו, ששלטו בו ידים רבות, מבעל השמועה והכותב הראשון עד המסדרים האחרונים, בו בעת שעוד לא השיגו הדברים על מכנם בשרשם העליון, שכ"א היפך ובלבל בדברים.

והנה ברצון עליון ית', זכיתי לעיבור נשמת האר"י ז"ל, לא מפני מעשי הטובים, אלא ברצון עליון, שנשגב גם ממני עצמי, למה נבחרתי אנכי לנשמה נפלאה זו, שלא זכה בה אדם מעת פטירתו עד היום, ולא אוכל להאריך בענין זה מפני שאין דרכי בזה לדבר בנפלאות, אלא מצאתי חובתי מטעם... להרגיע את רוחך, לעומת שטף מים עזים, מעבדים המתפרצים על אדוניהם, ויגרשו

מימיהם רפש וטיט, שיפלו במפעלם אשר פעלה נפשם הבהמי, שעוד לא הבינו בשלימות, איך להפרידו מנפש הרוחני. כי תדע שאסור לירא מפני כוחות כאלו, שאינם נובעים, אלא לשטוף כל קודש ח"ו, והקב"ה מצילנו מידם.

ואני חושב שתאמין לי, מפני שאין דרכי מעודי, לשקר ולגזם, או לרדוף אחר כבוד וקניית שם בין הטפשים וכדומה: שעד היום הזה סבלתי, ולא היה לי רצון אפילו להלחם עמהם.

וליתר עוז שלא תתבלבל מחיילות של הס"א האלו, אודיעך סימן מובהק, שקבלנו מפי האר"י ז"ל לידע מי הוא צדיק אמיתי, ומי שהוא צדיק שאינו אמיתי, אלא ראוי להיות צדיק, שמפני זה צריך ג"כ לנהוג בו כבוד, וכסבור אתה שאנו צריכים להפיל גורלות על זה, לידע מי עובד ה', ומי לא עבדו, כי האותות והמופתים אינם מכריעים בענין זה, כמו שנודע בין החסידים, וא"כ לגורל אנו צריכים, הס מלהזכיר.

אלא תדע, ששאלה זו שאל הרח"ו ז"ל את האר"י ז"ל, ומפורש זה בספר שער רוח הקודש, שהוא שער ז' מן השמונה שערים הנודעים מהאר"י ז"ל דף א' וז"ל אות באות: "והסימן שנתן לי מורי ז"ל הוא בראותינו אם הוא מאמת בכל דבריו, או אם כל דבריו לשם שמים, ולא יבטל אפילו אות אחת מדבריו, (סובב על סוד אות אחת שלומד מחברו שצריך וכו' כנודע ליו"ח) וגם ידע לבאר רזי התורה וסודותיה, זה ודאי נוכל להאמין בו", והרח"ו עצמו מסיים על סימן זה וז"ל אות באות: **"וכפי דבריו נוכל לידע ולהכיר גדלו ומעלתו כפי ידיעתו" עכ"ל.**

והביאור הוא כמ"ש לפני זה, שבהיות האדם, צדיק וחסיד ועוסק בתורה ומתפלל בכוונה וכו', ממנו נבראים מלאכים ורוחין קדישין, שז"ס "העושה מצוה אחת קנה לו פרקליט אחד" וכו'. וההבלים דנפקו מפומייהו [וההבלים שיצאו מפיו] **נעשים מרכבה אל נשמות הצדיקים הראשונים, לרדת למטה, ללמד תורה לאדם ההוא וכו', ע"ש.**

ואומר שם עוד שבאם המצוות אינם שלימות, נעשה מזה בחי' מלאכים ורוחין שאינם שלימים, והם נקראים מגידים וכו', וע"ז נתן סימן הנ"ל אם התורה והמצוות שלימים, זוכה להשגה שלימה, ויודע לבאר כל רזי התורה. ואם הוא חסר בזה, כלומר, שאינו יודע לבאר אלא מקצתם, ודאי אין מעשיו שלימים עש"ה.

והנה כל אותם שיכולים להיות לבעלי ריבי, הוא מפני שאין מבינים אפילו את שיחתי, ואיך אפשר להחזיק אותם לצדיקים גמורים, והנה נתתי בידך סימן מובהק.

וכבר כתבתי לך, שספרי, אין צריך להסכמה, בהיות שלא הוספתי על דברי האר"י ז"ל אפילו מלה אחת, וכן כבר עשיתי מראה מקומות על כל סברא וסברא להראות מקומם בכתבי האר"י ז"ל, וא"כ האר"י ז"ל א"צ הסכמת אנשי דורנו, ועשיתי זה בכונה עמוקה, בראותי דרכי הס"א לעומתי מכל מראש, וכמעט שלא ניכר מלאכתי עצמי, והוספה בכל ב' הפירושים האלו, וא"כ, איך יחזיקו מעמד ומערכה לעומת המתברת הזאת, ואם יהיה להם תלונה, על מה שלמדתי ואני בקי בכתבי האר"י ז"ל יותר מהם, זו אינה טענה, לא היה להם לבלות זמנם בדברי רוח, והיה להם זה הפנאי לעיין בכתבי האר"י ז"ל, וכיון שחבקו ידים יאכלו עתה את בשרם.

ואני פורש שלומך ושלום... ושלום... ואמור לו, שכל דרכיו המה כמעשה זה, אשר כוונתו טובה, והמעשים לא טובים, והכל הולך אחר המעשה, אבל מה אעשה לו, אך עצמי ובשרי הוא, ועכ"פ יודיעני באריכות כל סדר המעשה הזה איך נפל הדבר מתחילת עד סוף וכו', ואשיבו דבר.

ואני מבקש אותך מאד להשיבני דעתך על מכתבי זה, ומהנעשה עוד ביניהם באריכות ובפרטות גדול, כי אני צריך לדעת כל הפרטים כדי לדעת להחזיק מגן, כי לא דבר קטן הוא, מלאכת ה' הוא.

יהודה

אגרת מ

שנת תרפ"ז (1927)

ב"ה ד' חוקת פ"ז לאנדאן יע"א

כבוד התלמידים ה' עליהם יחיו

השבוע קבלתי מנה כפולה של מכתבים מפרשת שלח וקרח. בשבוע שעבר לא קבלתי כל מכתב. וחשבתי שלא כתבתם היות שביום ג' פרשת קרח מלאה שנה מיום שעזבתי אתכם.

מה ש... נתפעל מאד מקושי'... בדבר "לא ראיתם כל תמונה", עד שכתב לי שגם חכמת שלמה קצרה מלפרנס קושיה גדולה כזו. - ואני קורא עליו מאמר חז"ל: "אל תדון את חברך עד שתגיע למקומו". ולוא היה לו אפילו חכמת משה רבינו ע"ה, שכתוב עליו: "ותמונת ה' יביט" היה יכול גם להקהות את שיניו כי יש צורה ברוחניות.

מה שכתבתי הוא לפי דעת השוטים, שפירשו מלת צורה ומלת תמונה בענין אחד. אבל תמה אני עליך. - שבו במקום שטחנתי חטה לקמח למאכל אדם, חזרת ועשית מהקמח חטה כדי לכוססה כבהמות יער.

כי פירשתי באריכות גדולה ענין הצורה ושינוי הצורה, שאינו אלא הפרש בין מאציל לנאצל, שהכרחתי שנמצא איזה הבחן שבגללו נקרא נאצל, ולא מאציל, ועל ההבחן הזה הנחתי "השם", כדי שיהיה אפשר לעסוק ולדבר הימנו.

ועי"כ כיניתי אותו, שינוי צורה והשואת הצורה. ולפעמים אני מכנה - דביקות מעולה ודביקות מועטת. וכן אפשר לכנותו באיזה שם שנרצה, להסברת הענין המדובר. לאחר כל טחינת הדברים מכמה דפים שבספר. חזר ועשה אותם לחטה. והגשים תיבת הצורה, והלבישה בתמונה גשמית, עד שנאסרו ידיו ורגליו בתמונה זו באין עצה. כי בתורה כתוב בפירוש: "כי לא ראיתם כל תמונה". וכאן כתוב אשר יש "צורה ושינוי צורה והשתוות הצורה..." הארכתי בדבריך כדי להעריך על נטייתך לחיצוניות שצריך לפשפש במעשים.

ומה שהר'... נ"י מדקדק בשם א"ס ואור א"ס, הנה הלשון שבס' חפצי בה: "וכל אלו העולמות ומלכות היו כלולים בעולם העליון כאו"א, וכן הם ג"כ כלולים בכתר והכללות דא"ס ית"ש שכל העולמות היו בתוכו מובלעים וכו'. והיה הכל אחדות גמורה, והיה הכל א"ס ית"ש". עכ"ל מלה במלה.

ומה שכתב בשם ספר שלה"ק דף כ', לא ידעתי הראשי תיבות של שם זה, גם לא הסופי תיבות.

ומה שמדמה ללשוני בפתיחה: "דהאור וכל טוב כבר כלול במהותו, ית' עצמו". אין לו ענין לדברי בהתכללות עולמות התחתונים, בא"ס ב"ה. כי שם אני מסביר במיוחד ענין האור פשוט שאינו משתנה בכל מקום שהוא. וכל השינוי שבין מאציל לנאצל הוא דוקא בבחינת החשך, וע"כ כתבתי בדיוק נמרץ "במהותו" ית', שאין לו שם ומלה. ואפילו לאור אין סוף אין אני מתכוון שם ח"ו.

איני מבין אותך כלל, איך אתה מעיין ולא תטעום מה שאתה מדבר. ומדמי מלתא למלתא כי אוכלא לדנא [וּמְדַמֶּה ענין לענין כמו אוכל לחבית]. אין זה אלא מרבוי עסקים - או רצון לריבוי עסקים.

ומה שמשוטט בשם "מחשבה" לדעת מקומה איה ותפש לשוני "בבינה" ובסדר אבי"ע איתא באצילות, וכן בתי"ז חכמה עילאה אתקרי מחשבה [חכמה עליונה נקראת מחשבה].

הנה זה מסודות הנפלאים והמכוסים. אבל עי' בשער מאמרי רשב"י, וזה לשונו במדרש הנעלם של רות, משה היינו דעת בסוד ת"ת, ור"ע בסוד בינה, הנקרא - "יש", וכו', שאילו נתנה התורה מצד הבינה, לא היו לקליפות התלבשות בתורה, והקב"ה רצה לתת חלק ואחיזה להם, כדרך שעלו הניצוצות הראשונות בחכמה ש"ך ניצוצין, וזהו, כך עלה במחשבה וכו'.

והנך מוצא כאן שר"ע בסוד בינה הנקרא "יש" שקשה לכאורה. כי נודע ש"יש" הוא שם חכמה? אלא עיין שם בענף ב' בפמ"ס בדברי (גם בהקדמת אח"פ) גם בפתיחה, בענין עליית המלכות לבינה, שמבואר אשר בחינה ד' עלתה לחכמה ונעשית בחינת נוקבא לחכמה דבחינה

ד' אתקנת [נתקנה] בסוד אימא עילאה. דע"כ יצאה הבינה שהיא בחינה ב' לחוץ. כלומר, למטה מבחינה ד', שסיומא נקרא פרסא, שמן בינה זו שיצאה לחוץ הותקנו ב' הפרצופים ישסו"ת למטה מפרסא.

ובזה תבין שאותו המלכות שעלתה, עלתה באמת לחכמה, וקנתה שם אימא עילאה, והיא נקראת "יש", והיא נקראת מחשבה, ושמה סוד המתקת הדין ברחמים. וע"כ שמה עלו הש"ך ניצוצין. להיותם מבחינה ד'. אבל לא עלו לחכמה ממש, אלא לאימא עילאה, שהיא חכמה. וז"ס: "הכל במחשבה אתברירו". כי שם שורשם כנ"ל. ולפעמים נקראת בשם בינה להיות נוקבא דחכמה. וע"כ אמרתי דמלכות עלתה לבינה, כלומר, דקבלה צורת בינה עילאה. שנקראת מחשבה, ו"יש" מאין. כנ"ל. והוא העמוק שבעמקים, ע"כ קיצרו בזה המחברים.

ומ"ש דבפמ"ס דף ו' ד"ה אמנם, כתוב ט"ס, תוך וראש, כבר אין זה בנמצא בקונטרסים, אלא נדפס תוך וסוף.

ומ"ש הר' ... שאפציר בעדו וכו'. הרי זה דומה למכונת קיטור ההולכת ועובדת. וכל מכונת מלאכה אשר תמשיך אליה רצועה ותדביקה למכונת הקיטור. נמצאת כוחה כמותה, אלא לדביקות אנו צריכים וד"ל.

יהודה ליב

אגרת מא

שנת תרפ"ז (1927)

ב"ה ד' פנחס תרפ"ז לונדון יע"א

כבוד התלמידים ה' עליהם יחיה

מכתבכם השגתי לנכון, והנני שולח עתה את ההקדמה: והגם שאיננה מוגהת מצידי, אפילו בכתיבה, אבל אני סומך עליכם כי תבינו איך להגיה אותה על צד השלימות. נייר מפה לא אוכל לשלוח לכם, פשוט - מפני חסרון כיס.

ההקדמה תחזיק כנראה בויגען וחצי, ששה דפים, ובצרוף לוח המפתחות והמראה מקומות יהיו שני קונטרסים שלמים, שמונה דפים.

אולם, כל ההקדמה היא ענין אחד שלם, ואין בה דין חלוקה כלל ועיקר, כי הם דברים העומדים ברומו של עולם, כמו שתראו אחר - שתבינו. ונכון למהר המעשה עד כמה שאפשר, בכדי שיהיה לי היכולת להיות ביו"ט בעה"י.

... ואנו מקוים שיהיה הכל לטובת השי"ת ולטובתנו, ואין לנו אלא להתאמץ בתורתו ועבודתו, למלאות החסרון ולתקן המעוות...

איני מבין את מיעוט הגעגועים שבקרבכם, לתשובתי אליכם. וכשאני לעצמי, אני מוצא באמת קרוב אליכם, לא פחות כלל וכלל, מידי היותי עמכם. ואני נוטל חלק בצערכם ובשמחתכם, ממש כמו שהייתי עמכם בבית אחד, והחלפנו דברנו זל"ז. אבל אתם תדעו שנים, ואני יודע אחד, ועל כן דברי מעטים.

כל מה שכתבתי למעלה בענין שלמות ההקדמה, בטח תשמרו.

יהודא

אגרת מב

שנת תרפ"ז (1927)

ב"ה ה' פנחס תרפ"ז לאנדון יע"א

כבוד מ' ... נ"י

הנני בדברי אלה לגלות לך לבי: שאני מתפלא מאד שאין החבריא מתגעגעים כראוי, לשובי הקרוב הביתה. ואני חושב עליך, שעל כל פנים אתה המובחר מכולם, להיות שאינך יכול לכתוב אלי ולפרש שיחתך, ועל כן לקבלת פנים אתה צריך יותר מכולם. ומכיון שכן, אחשוב שאתה מתגעגע יותר מהם, וע"כ אשיחה וירוח לי.

...אולם לאידך גיסא [לצד שני], נספור נא את הרוחים אשר רכשת, בכל ימי שבתך עמי. והגם, שעדיין אינו ברור במי תלויה האשמה, אבל בין כך ובין כך, התקוה מתחלשת ולחזוק צריך.

מצדי אני איני יכול להושיע לך בזה, רק לברר לך על בטח, שאין האשמה בי כלל ועיקר, רק בעצמך לבדך. והוא, מפני מיעוט דעתך, או מחולשתך באמונה, וכדומה. ועל כן לא הועילו לך כל תפלותי בעדך, כי לא

הבנת עוד, איך להוציא הדבר לפועל, ולפיכך אתן לך הקדמה שלמה, ושמרת אותה, ויונעם לך.

כי בשעה שהאדם מוצא חן בעיני השי"ת, והשי"ת קורא אותו להדבק בו ית', מובן שהוא מוכן ומזומן לזה, בכל לבבו ומאודו, דאי לאו הכי [שאם לא כן], לא היה מזמינו לסעודתו. ואם האמונה בלבבו כיתד שלא תמוט, אז מבין בקריאה הנאמנה, ומכיר את מקומו לנצח, וכן עושה ואוכל ומקבל פני המלך, ואינו מתפעל להתמעט ח"ו מחמת זה, להיותו בדעתו ואמונתו בשלמות.

ואמרו ז"ל: "את ה' אלקיך תירא, לרבות ת"ח"; והוא לרבות המתאחד באחדות אמיתי, ואשרי לעומדים בזה.

ותוכל לראות אמיתיות הדברים, בך בעצמך, כי בהגיע השעה והיית כדאי להתחבר עמך, לא קלקלתי הזמן, לחכות עד שתבוא אלי הביתה, כי תיכף הייתי אצלך, והגם שלא ראית גשמיותי, אבל הרגשת אהבתי, ורוממות הקדושה, בעמקי לבך. ומה נשאר לך אז לעשות יותר, כי אם, למהר ולבוא לקבל פני באהבה. והחושק, עושה וגומר את שלו, וכן עשית, ורגשות אהבה, ורוממות ושמחה, היית שולח לאזני בכל הדרך, מביתך עד הגבעה, בתשוקה נאמנה.

אך אחר עליתך אל הגבעה, וקבלת פני, התחילה השמחה והאהבה להתמעט. והוא, משום חוסר אמונתך בי, ובאהבתי הישרה אליך, כמו אתה אלי, כמים פנים אל פנים, והוא הפגם הראשון, ביני ובינך, אשר בהרהור הזה, מיד יצאת והתרחקת הימני, בזה השיעור, וכן טבע כל רוחני, שנארגים הענינים במהירות נפלאה, והריון ולידה קרובים, ועל כן אחר שהרה בטנך בחשש הזה, "מיד ילדת קש". כלומר, שהרהרת אחר עצמך, ומחשבותיך הנעימים, והנשגבים, והרוממים עלי, כי המה היו נערכים יותר משיעור, ואולי אינו כן, ואחר כך ודאי אינו כן ח"ו. ונמצאתי בהכרח נפרד ממך, וכל עבודתי וטרחתי, קבצתי לפקדון, לזמן יותר מוכשר.

ובזמן המוכשר, חזרתי עמך כמקודם, וגם אתה חזרת על מעשיך הראשונים, פחות או יותר. ולפעמים היית רוצה לשמוע ממני דבורים בענין הזה בפרוש, כאשר ידבר איש אל רעהו, לא פחות כלל, ובדבר הזה אני חלש, כמו"ש: "כבד פה וכבד לשון אנכי". וגם אין לך לקוות לזה להבא אלא אם תזכה לקדש כל כך את גופך הגשמי, בעל הלשון והאזנים, שיהיה שוה כמעלת הרוחני ממש.

ואינך יכול להבין זאת, מפני שאין לך עסק בנסתרות, אבל אנכי, כל מה שאני רשאי, איני מונע ח"ו כלל, "ויותר מה שהעגל" וכו'.

ואצייר לך עניניך הנזכרים עמי, בדרך משל: אדם ההולך באם הדרך, ורואה גן נחמד למראה, ושומע קול קורא מכוון אליו מהמלך אשר מתהלך בתוך הגן. מרוב התפעלות עבר בקפיצה אחת את הגדר והנה הוא בתוך הגן. ומתוך התרגשותו וזריזותו לא הרגיש שהוא הולך לפני המלך, והמלך נמצא בסמוך אליו ומטייל מאחוריו.

וכך הוא הולך ומודה ומשבח את המלך בכל כוחו בכוונה להכין את עצמו לקבל פני המלך. והוא אינו מרגיש כלל שהמלך מצוי לידו. ולפתע הוא מחזיר פניו ורואה את המלך נמצא לידו. כמובן שלשעתו, גדלה השמחה מאד. והתחיל לטייל אחרי המלך, בהלול ושבח כפי כוחו, כי המלך מלפניו והוא אחרי המלך.

וכה הולכים ומטיילים, עד מקום הפתח. ונמצא האדם יוצא מהפתח, ושב אל מקומו כבתחילה, והמלך נשאר בגן ונועל הפתח. וכשמסתכל האדם שכבר נפרד הוא. ואין המלך עמו, הוא מתחיל לבקש פתח הגן לעומת שיצא, באופן שהמלך יהיה מלפניו. אבל אין פתח כזה כלל. אלא לעומת שבא בפעם הראשונה באופן שהוא מקדים את המלך. והמלך היה מאחוריו מבלי שירגיש בזה.

כן צריך להיות גם עתה. אבל צריך שיהיה אומן גדול לזה. והבן והשכל. במשל הזה, כי הוא מקרה נאמן בינינו. כי בהיותך אצלי והרגשתי את הקרירות שנולדה אצלך בערך הקודם, היה עליך על כל פנים, להסתיר פניך מהביט בי כאילו אני לא יודע כלום, מכל מה

שעבר עליך ובלבך בכל הדרך, עד הגיעך אלי.

וזה ענין "ויאמינו בה' ובמשה עבדו", כי בשכר ויסתר משה פניו זכה לתמונת ה' יביט. כלומר, אם היית מאמין בתפילתי עליך, ובהיותי עמך ושמיעתי כל השבח וההלול שחשבת עלי, ודאי שהיית בוש מאד מפני הקרירות במקום חמימות. ואם היית מתבייש ומצטער כראוי היית זוכה לרחמי השי"ת עליך. ואז פחות או יותר ההתלהבות היתה שבה אליך. והיית זוכה להתאחד עמי כראוי לא ימוט לנצח.

יהודה ליב

אגרת מג

שנת תרפ"ז (1927)

ב"ה ה' פנחס תרפ"ז לונדון יע"א

כבוד הר' ... נ"י

... וכבר אמרו ז"ל: "מורא רבך כמורא שמים", אם כן אפוא יהיה שעור הרוממות שאיש כזה משיג בקדושתו יתברך, אשר בשום פנים לא יעלה רוממותו יתברך, למעלה מרוממות רבו.

וזה שהתפאר הריז'נער ז"ל, כי זכה למדרגה גדולה מכל חכמי דורו, בעבור שקנה אמונת חכמים ביותר מכל בני דורו.

וצריכים להבין שהאמונה אינה על צד השאלה, כי אמונה כזו יכולים לקנות גם הפעוטים בני ו' שנה, אלא על צד הרגש הרוממות והתפעלות נפשו מחכמת חכמים, אשר חלק מחכמתו יתברך ליראיו.

וכבר אמרתי והרחבתי דברים, שהוא המסך היותר גדול מכל, בעבודה בבני ארץ ישראל, כי שליטת קליפת כנען במקום הזה, וכל אחד ואחד שפל עד לעפר, וחבריו עוד למטה מעפר, ורבו כמותו.

בדרך צחות אפשר לומר מקרא ודרוש חז"ל, על הכתוב "אותי עזבו ותורתי שמרו", "הלואי אותי עזבו", כלומר, שהיו מתגאים ברוממות, ואף על גב "שאין אני והוא יכולין לדור במקום אחד". אבל על כל פנים "תורתי שמרו", שיהיו דבוקים בצדיק האמיתי, באמונת חכמים כראוי, שאז יש תקוה שהצדיק יחזיר אותם למוטב, ויכריע אותם לכף זכות כראוי למחיצתו של הקב"ה, ומה יוכל להיות מהעניוות ושפלות שלהם, כדי שלא לעזוב את הקב"ה להעתיק דירתם מהם, אם אין להם צדיק אמיתי שידריך אותם בתורתו ותפלתו ויגיעם למקום תורה וחכמה.

וכבר נודע שאסור להשיא בתו לעם הארץ. ובזה נמצאים לאט לאט מתיבשים כעצמות יבשות ח"ו, ומה אפשר לעשות בשבילם, אם לא להכפיל דברים כאלו מזמן לזמן, עד שהחי ישים אל לבו.

... וכתיב, "ומשה יקח את האהל" וכו', ולמה נטה אהלו חוץ למחנה. וסוברים הטפשים שעשה זאת כדי להשבית שטף מעיין החכמה, מסבת החטא. ח"ו לא יעלה על הדעת, כי אחר החטא, הם צריכים באמת למעיינות התורה והחכמה אלף אלפי אלפים פעמים יותר מבתחילה. וכמו"ש ז"ל: "אלמלא חטאו ישראל, לא ניתן להם, אלא חמשה חומשי תורה וספר יהושע בלבד". אלא אדרבה היא הסגולה הנאמנה לפתחון פה מעיינות החכמה למקור נאמן, להיות שאחר שנטה משה אהלו מחוץ למחנה, נתרבה אליו ההשתוקקות בתוך המחנה, כי "אינו דומה מי שיש לו פת בסלו" וכו'. ועמה גם הדביקות אליו, וממילא זכו להתפשטות נשמת משה ביניהם, שע"כ נקראו דור דעה.

וכבר אמרתי, גם הזכרתי לכם התורה שאמרתי בחג השבועות בטרם נסיעתי מכם, על הפסוק, "ברח דודי ודמה לך לצבי" "מה צבי זה כשהוא נס מחזיר פניו לאחוריו" וכו'. אשר באין תחבולה להמציא הפנים, מטכסים המצאה זו, אשר מביאים הפנים באחוריים, וז"ש: "כך הקב"ה בשעה וכו', מחזיר פניו לאחוריו", כי על ידי הרגשת הפירוד והאחוריים ואי היכולת לקבל פני הקדושה, נמצאים מתרבים ועולים נצוצי ההשתוקקות במדה יתרה, עד שהאחוריים הם הפנים, כי הלוחות מזה ומזה הם כתובים. וכבר הגיע הזמן לשים לב לדברים האלו.

יהודה

אגרת מד

שנת תרפ"ז (1927)

ב"ה מטות פ"ז לאנדאן יע"א

כבוד התלמידים ה' עליהם יחי'

... ומשבח אני את הר' ... שאני מרגיש אותו קרוב אלי יותר מכל התלמידים, ובכוונה גדולה אני משבח אותו בפניו, כדי שיתן אל לבו, שבח והודיה להשי"ת על זאת, שאחר נטייתי הימנו על זמן קצר, זכה להתקשר עמי בשיעור גדול, אין זה כי את מתנת הוי'.

ומה שאיני משיבו על שאלותיו בפרטיות, הוא כי כן דרכי בדברים נכבדים, לשנות את הכתובות מאיש לרעהו, בכדי שלא ליתן אחיזה לסט"א. וע"כ מחוייב כל אחד ואחד לאמץ את עצמו, להבין בכל המכתבים, בלי להשגיח על הכתובת כלל ועיקר.

ואל יחשדוני, שדבריו אינם נחקקים בלבבי כדבעי [כראוי]**, חס מלהזכיר, אלא שאני נושא בעול עמו, בכל יגיעותיו וטרחותיו ומכאוביו.**

הן אמת שזה איזה חדשים שהזכיר את עצמו לפני, בדבר המכאוב הגדול שאחז לו בחצי ראשו, ורציתי מאד, למהר לכתוב לו סגולה נאמנה והיא - להתאמץ בלמוד התורה. אבל כן דרכי מאז ומקדם, שבטרם שאני מודיע את הסגולה שלי, אבקש מהשי"ת, שישיג בעצמו. ואחר שהוא משיג מעצמו, אז גם אני אבוא ואמלא הדברים, "כי יהודה ועוד לקרא", ואומר לו אותה הסגולה.

ועל כן מה מאד ששו בני מעי, כשהשגתי זה איזה שבועות הימנו, ד"ת על הפסוק "והאיש משה עניו מאד", שגילה זה בשכל אמיתי, שכל ענין הישועה, הוא בהשגת החכמה, ורזי התורה וכו'. ונתתי שבח והודיה להשי"ת ע"ז.

אבל לאחר מכן קבלתי ממנו מכתב שהבנתי מתוכו, שעבר על "בל יחל דברו", ושוב מבין דרכים וישועות, בטרם השגת סודות התורה, היות שכתב לי ששוב אחזו הכאב בכל ראשו.

לפיכך באתי עתה להזכירו, אשר כבר מוסכם אצלו, שלא יצוייר ישועה שלמה לנצחיות, בטרם שמשיג טעמי תורה, וטעמי מצוה, ועל כן, אסור לו להצטער, זולת להשגות התורה.

כי נודע, שאין הקב"ה משיא את בתו לעם הארץ, כמו שאמרו ז"ל: "כל המשיא בתו לעם הארץ, כאלו כופתה ומניחה לפני הארי", וכו'.

...ונודע שהאשה נקראת תמיד על שם האיש. דאיהו מלך, ואיהי מלכה. איהו חכם ואיהי חכמה. איהו נבון, ואיהי בינה. כמו שכתוב בתקוני זוהר. ונמצא על כן, דאשת עם הארץ, כסילות שמה, להיותו כסיל, שאינו יודע להזהר בכבוד מלכים. כי דירת קבע של היצה"ר, בלב פנוי מתורה, אלא שהתורה וחכמה, דוחה את היצר הרע מן הלב, לאט לאט, וכיון דאיהו כסיל, נמצא מוכנת לו אשת כסילות, שהיא קליפת נוגה דאפתי [שפתתה] **לחוה.**

וזה שאומר הכתוב: "וכעס בלב כסילים ינוח". והנך מוצא טעם מובהק, למה לא יתן המלך, בתו לעם הארץ. אלא אם באמת חשקה נפשך בבת יעקב, אינך צריך להרבות מוהר ומתן, כדעת החיצון, של חמור אבי שכם החיוי, אלא להשתדל אחר השגות טעמי תורה, וטעמי מצוה, אחד מהם לא נעדר, כי אז חשקו וחשקה יפגשו ויתיחדו זה בזה, והאהבה גומרת את שלה מאליה, בלי שום סיוע מהצד, כלומר מכוח אנושי.

יהודה

אגרת מה

שנת תרפ"ז (1927)

ב"ה ב' מסעי פ"ז לאנדאן יע"א

כבוד התלמידים ה' עליהם יחיו

הנה אני מכין עצמי לשוב לביתי, ומה חשקה נפשי, למצוא אתכם מוכנים ומזומנים, לשמוע דבר ה' כיאות.

לעת עתה בוש אני מ... ומ... שהיו חשובים, המובחרים מהחבריא, וכעת מי יודע? ויכול להיות שגם ... נ"י, מתקרב אלי יותר מהם, ואם יזכה לבטחון השלם, ויקם ויחי. כמ"ש "הן אמת חפצת בטוחות ובסתם חכמה תודיעני", שבהשגת הבטחון, צרור ומתגלה, כל

חכמת העולמות, עליונים ותחתונים, שכלום צריך להשגה זו, אלא לב טהור, שכבר מאוס בעיניו האהבה העצמית, ומוקטר ומוגש כליל לשמו ית׳, על כן יפה עשה שאינו מתפעל כלל ממה ש... נ״י ו... נ״י מבטלים אותו, מפני שחסר לו ערמומיות, אלא ויגבה לבו בדרכי ה׳, וקטן וגדול שם הוא.

ומה אוכל לעשות עוד ל... נ״י, שהכל רוצה ללמוד ממני, זולת מענין השפלות, כי עסק זה לא ניחא ליה כל עיקר, ואינו מסופק שיפה ומשובח הוא, יותר מהאנשים הסומים והיבשים, ואין צריך לומר מאחיו, שפניו כפני ווינקלער, עד שבטוח שגם אנכי מודה לו בזה, היות שלא התבייש לכתוב לי, והיה נראה לי בעדו, שיאציל חלק חשוב מהזמן לעסוק זה.

אבל אין כוונתי כמו השפלי שפלים, כלומר, כמו השפלים שמחפשים שפלות, כי ההוא עוד גרוע מהגאות בעצמו. כי מי הוא שישבע על אבן שהוא אבן? אלא ודאי שיש הוה אמינא שהוא זהב. אלא שידע ויאמין, שכל הברואים, הם ״כחומר ביד היוצר, ברצותו מרחיב וברצותו מקצר״.

גם לא יכעוס כלל על הרשעים, אלא יחמול עליהם לא פחות משהוא חומל על נפשו עצמו, וכל זמן שלא זכה לרחמים העליונים, איך ידע מה להבחין, ולכעוס, אדרבה עליהם מתגבר הרחמים ביותר, להיותם עשוקים באין מנחם ר״ל.

כמו האב שב׳ בניו חולים ר״ל, האחד יש לו מעות לעסוק ברפואות, ולשני אין לו מעות, מובן, שלבו של האב מרחם יותר לאותו הבן שאין לו מעות לעסוק ברפואות, כי מי שיש לו מעות, ממ״נ [ממה נפשך, כך או כך], אם יחזור אחר רפואות יתרפא, ואם לא יחזור, **איהו ח״ו דאפסיד אנפשיה** [הוא זה שחס ושלום הורג את עצמו], אבל על הבן השני, הרחמנות של אביו וכל רואיו, חותך הלב, ואם כן מה אתה מבטל כל כך לאחיך שיש לו פני ווינלקער [איש מכוער], ואתה כועס על העולם, שהמה מכבדים אותו יותר ממך? לדעתי ראוי הוא יותר לכבוד ממך, כאמור לעיל, והוא פשוט, וכן טבע העולם, ״אע״ג **דאיהו לא חזי מזליה חזי** [אף על גב שהוא לא ראה, מזלו ראה]״, וקל להבין.

מ... נודע לי בשבוע שעבר, שגמר בדעתו, להתפטר מעסקי, שהעמסתי עליו יותר מדי, ולבוא אלי לונדונה, בלי שאלת פי, כי איך ישאלני, ואני נוגע בדבר? ועוד, שגם תינוק הבורח מבית הספר יודע זאת, שלשבת סמוך לשולחן רבו, בהרחבה גדולה, ולהשתעשע בסודות התורה וברזין עליונים, מקובל ביותר, מלעסוק בדרכי רבו בדברים שפלים ומבוזים, שאין לשאוב מתוכם, אלא טרדות עצומות, באין יכולת להתפלל אפילו כאיש פשוט בפירוש המילות.

ואני משיב ללא שאלות, שמי שנוהג עמי ככה בעת הזאת, כשהוא צמא ומתגעגע, גדולה טובתי עמו, ומה עוד, יהיו מעשיו עמי, בעת שאזכה לקרבו תחת כנפי השכינה, כי יכול אז, לחשוב בלבו, הרק אך במשה דבר ה׳, גם עמי דבר ה׳. וגם לי שולחן לערוך, ולפרנס כל העולמות העליונים, ואיך אוכל כהיום להתבטל, לעסקי גופו של רבי ובקושיות אשר לקח?

כי כל עיקר כבוד ומורא בהשואה להשי״ת, נאמר ביחוד על העת הזאת, שכבר זכה להתלבשות השכינה הקדושה בתוך לבו לנצחיות, כי צריך אתה להאמין שעסקי הגוף של רבך, המה עסקי הנשמה ממש, דע״כ אמרו ז״ל: ״למד לא נאמר, אלא יצק מלמד שגדולה שמושה יותר מלמודה״. כי תלמיד אצל הרב צריך להיות בהתבטלות אמיתי, במלוא מובן המלה, כי אז מתאחד עמו, ויכול לפעול ישועות בעדו. ואי אפשר לתלמיד להיות דבוק בנשמת רבו, להיותה למעלה מהשגתו, וכמ״ש אלי ... נ״י, אשר מאמין שגוף של צדיק הוא גדול כמו נשמה של אחר. והגם שלא שמע מה שדיבר בעצמו, כי סיים על... ומכל מקום הוא מסכים לנסיעתי לאמריקא וכו׳, ואם היה שומע מה שאמר לא היה מסכים כל כך בפשיטות. אמנם כן הוא האמת, אשר גוף של צדיק אמיתי, הוא גדול ממש כמו הנשמה, אשר הצדיקים קדושי עליון, זוכים אליה. ולפיכך הלואי שתזכו להידבק בבחינת גופי, ואז תהיה בטוח לראות עולמך

בחייך, וע"כ שבחו חז"ל השימוש, להיותו קרוב לדביקות התלמיד ברב כאמור.

את הר'... נ"י, קשה לי לגמרי מלהשיגו, כי איך יתכן שאחר כל טרחתי הגדולה, שטרחתי בשבילו עד הנה, כי חברתי חבור נאה ויפה, הוא ספרי "אור הפנים", עם כל מיני הידורים בשבילו, בניר היפה, ואותיות בולטות, הקדמה שלמה, ופתיחה כוללת. מפתחות הענינים, וראשי תיבות. והיו לב' המאורות הגדולים, מאירות ומסבירות כהלכה.

גם, כמעט מדי שבוע בשבוע, אערוך לו מעשי אצבעותי למלחמה, מכתב ארוך ורחב, ולפעמים שני מכתבים בשבוע אחד. ולא אוכל לחושדו, שאינו ח"ו אורח טוב, שלא יאמר ח"ו, כל מה שטרח בעל הבית לא טרח אלא בשבילי. אלא אני מוצא אותו יושב מוקף חומה הק', כי לולא ישב מחוץ לחומה, ודאי לא היה משוה עצמו עם יצרו, לנהוג מנהג היבש הזה. וחוששני עוד עליו, אשר יחד עם מנהגו זה, אומר עוד בלבבו, שדבוק ומקושר בי יותר מכל בני החבריא, כי אחר כוונת הלב הן הן הדברים, ורחמנא ליבא בעי [והקב"ה דורש את הלב], וכיון שנקודת לבו דבוקה בי, אינו צריך ליותר, לחזור אחר מעשים, שהמה נחוצים ונאותים, רק לקטני הדעת, שאין להם דרך אחר, מה שאין כן ליהודי מקושט כמותו (שיינער יוד בלע"ז) לב טוב עולה על כולנה, באופן שאינו צריך עוד לגלות כלי מעשה, בהכשר ויתרון.

הן אמת, שעדיין לא שמעתי מכל החבריא, שום התפעלות, מתוך ספרי "אור הפנים", זולת ... נ"י בלבד, שעל כל בויגן ובויגן ששלחתי לכם, כתב לי תלי תילים של שירות ותשבחות, מעומק לבו, ומובטחני עליו ע"כ, שיועיל לו בעזהי"ת. ... ויש לו פחות או יותר עין טובה להרגיש בערך איש ומפעלו, ועל כן לבו לב אנושי, על כל פנים להתפעלות מחוייב ע"ד שכתבתי מכבר, בפירוש הכתוב "הבן יקיר לי אפרים", "יקיר" כמו "יכיר", ו"יכיר" כמו "יקיר", כלומר שתלוים זה בזה, ובאים כאחד ממש, ודכירנא, מה שכתב אלי ... נ"י, והודה ולא בוש, אשר כל המכתב הלז הבין בטוב, חוץ מענין יכיר ויקיר, שמוכרח להכניס פילא בקופא דמחטא [להכניס פיל בחור המחט], ותלה זה שיכול להיות שחסר לו עוד הקדמות, וידיעות הצדיק. ולפיכך היא שניתנה לו בין אצבעותיו, לכתוב אלי במכתב האחרון, שיש מסגר סודי על ספרי, ולא ידע ולא יבין אותו. ומה יכולתי לענות לו? ע"כ אמרתי בלבבי, מה שלא יעשה השכל יעשה הזמן, ויתבאר לו שהכרה הוא לפי הרגש היקר, כלומר, ההתפעלות וההתבטלות מהטובה האמיתית. שזה מעלה ומחזיק הרוממות והיקר, ואז הולך ונוסף בו ההכרה, ואחריה מתרומם היקר, וכן הולכים ומתעלים במעלות הקדושה, עד שזוכים למלאות החסרון ולתקן המעוות, עד ליחוד השלם האמיתי.

במכתב הנ"ל כתבתי שענין יכיר כמו יקיר על הש"י. אבל נודע שעולים בקנה אחד, כמ"ש "ויאמינו בה' ובמשה עבדו". וכמ"ש ז"ל: "המהרהר אחר רבו כאלו מהרהר אחר שכינה", כי הרצון העליון השוה בדברים שיהיו נמדדים ובאים במידה אחת ממש.

ומה אשוחח אתכם ילידי הארץ, כסבורים אתם שאני בחו"ל ח"ו ואתם בארץ ישראל!

אעידה עלי התורה הקדושה, במה שמשה רבנו עומד ומצוה עלינו בפרשת מסעי: "צו את בני ישראל וכו' כי אתם באים אל הארץ", בפסוקים אלו הוא מציין ומסמן לנו גבולות הארץ באר היטב, באופן, שכל הבא לארץ ישראל אין לו עוד כל ספק בהם.

הוא גוזר ואומר: "והיה לכם פאת נגב". "נגב" הוא מלשון נגיבה, כי "ישועת ה' כגן רטוב". ולפיכך יכונה ההסתלקות מאורו ית' בלשון "נגב". "והיה" הוא לשון שמחה, המורה על ישועת השי"ת שכולל את האות: "והיה לכם פאת נגב", כלומר, שידעו כי **פאת נגב** היא בבחינת **פאה וגבול דמנכרא**. בסו"ה: "ואבדתם מהרה". והיינו, "ממדבר צין על יד אדום", "צין" הוא מלשון "צינים ופחים" שאמרו ז"ל, שאינם בידי שמים, אלא על ידי "אדום". כי תכף כשיד אדום באמצע, אומר הקב"ה: "אין אני והוא יכולים לדור בעולם".

לפיכך אומר "והיה לכם גבול נגב".

"גבול" הוא הסוף, אשר סוף הנגיבה הנ"ל מסתיים, "מקצה ים המלח קדמה". פירוש, כאשר רק תתחילו לנגוע בקצהו של מלכות שמים. "קדמה" כמקדם, מיד יסתיים לכם הניגוב ותתחיל השפע מטרות עוזו להופיע עליכם.

ומוסיף ואומר: "ונסב לכם הגבול מנגב". פירוש, כיון שתחילת הזריחה היתה אחר "הנגיבה", "ובגבולה", לפיכך הולך ויצא המיצר לחוץ, ועוקם לצד צפונו של עולם באלכסון כמו שפרש"י ז"ל עש"ה. דהיינו, "למעלה עקרבים". פירוש, שבסיבה הנ"ל צומחים ועולים עקרבים לנגדכם.

"ועבר צינה", צינה נוראה עוברת ברוב העצמות המתפרצת ובאה ממדבר צין הקדים, דאיהו צין ואיהו צינה; וכתרגומו: "מדרומא למסקנא" דעקרבים.

"ויעבר לצין", ע"ד שאמרו ז"ל: "ואפילו נחש כרוך על עקבו לא יפסיק", אבל עקרב פוסק לדברי הכל; ועל כן: "ויהון מפקנוהי [והיו תוצאותיו] מדרומא לרקם גיאה". כי הקנאה כאש אוכלת לעומת העקרבים, עד שמוכרח לבוא "לקדש ברנע", שהיא "רקם גיאה", פירוש, שמחשבותיו רוקמים לבוש גאות להפליא. עד "ויצא חצר אדר", כי הגם שהת"אדר" באדרת שער ולא יחטיא וכו' כמו היושבים ראשונה במלכות, מכל מקום הוא מרגיש שהוא עומד בחצר, ומחוץ יעמוד. וע"כ נקרא מקום זה "חצר אדר", כלומר, תרתי דסתרי אהדדי [שניים הסותרים זה את זה], כנ"ל.

"ועבר עצמונה", עצמ' ונ' ה' איהו עצם ואיהו עצמון ואיהו עצמונה, כי המקום גרם, ונעשה כמו עצם קשה שאי אפשר לשברו. וכמו הפיל שאין לו צירים בעצמותיו, ואינו יכול להטות ראשו לאחריו. וכשרוצה להביט לאחריו, מחויב לטלטל ולהפך כל אורך קומתו מראשו עד זנבו כנודע לבקיאים בטבע החיות.

וכמו שמסיק ואומר: "ונסב לכם הגבול מעצמון נחלה מצרים", פירוש, העצמונה שב להיות עצמון, ועל כן שב ל"נחל מצרים", אשר אמר ה': "לא תשוב בדרך הזה עוד". אבל אינו גלות מצרים ממש, אלא, על קצהו של הגלות הזה.

"והיו תוצאתיו הימה". כלומר, אחר שנלקח ונחלה ב"נחלה מצרים" - זוכה משם לתוצאות חכמה לשוטט בים החכמה. וכמו שפרש"י ז"ל: "אותה רצועה שבלטה לצד צפון היתה מקדש ברנע עד עצמון ומשם והלאה נתקצר המצר וכו' לנחל מצרים". עש"ה.

פירוש דבריו ז"ל: ע"ד שכתוב בשם האר"י ז"ל בזוהר הרקיע, וכמדומה שכן כתוב גם בשה"ק, שמתחילה נברא העולם ב"ב". - ונודע שנקודה באמצעותא ד"ב", שה"ס חכמה, וצד צפון פרוץ. (עיין ברש"י בראשית) שאחר כך נתפשט האי נקודה דחכמה שבתוך ה"ב" כמו "ו" ושבה לצד צפונה של ה"ב" כזה: "ם" ונעשית מ"ם סתומה.

וזה פירוש מאמר חז"ל: "הלא במאמר אחד יכול להבראות", שזה ה"ם" ה"ס מאמר אחד.

אבל החכמה לא היתה יכולה להתפשט מחמת ש"ם" זו היא אות סתומה מכל ד' הרוחות, ועל כן חזרה החכמה והצטמצמה, בסוד: נקודה באמצעות ה"ב" - בסוד "ו", ואז נתפשטה החכמה למתן שכר לצדיקים.

וז"ס דע"כ "נברא העולם בעשרה מאמרות, כדי להפרע מהרשעים שמאבדין העולם שנברא בעשרה מאמרות" כנ"ל.

כי מתוך שמעצמון נסב לו הגבול לנחלה מצרים, כמ"ש: "ראיתי רשעים קבורים ובאו", וכמ"ש: "שלו הייתי ויפרפרני ואחז בערפי ויפצפצני ויקימני לו למטרה". שכל זה מסיבת הרצועה הבולטת הנ"ל. שה"י" נתפשטה ל"ו" לצד צפונו של ה"ב", שעל כרחך נתקצר הגבול לנחלת מצרים כנ"ל. ועל כן נאבדו שם כל שונאי ישראל, ובני ישראל באים 'הימה' לשאוב מעיינות החכמה לחידוש העולם כבראשונה; והיינו, כדי "ליתן שכר טוב לצדיקים שמקימין את העולם שנברא בעשרה מאמרות".

ומסיים הכתוב: "וגבול ים והיה לכם הים הגדול", הוא עיקר המקווה לזכות לחכמה רבתי, שנקרא "ים הגדול", שמשם מתחילים לשאוף אוירא דארץ ישראל אשר נשבע ה' לתת לנו

745 אגרות תשמה

וכו'. ולזרז אותנו לדבר הזה, מכפיל הכתוב ואומר: "וגבול זה יהיה לכם גבול ים" כלומר, כל תוצאות ים החכמה אינם אלא לגבול זה! דהיינו, ים הגדול, ימה של ארץ ישראל, מותין דגדלות! שאי אפשר לזכות בהם אלא אחר עברו על כל עשרת הגבולים. שה"ס "ותחלף את משכורתי עשרת מונים", שאחר זה זוכים להתיישב בארץ ישראל, ארץ זבת חלב ודבש. ארץ חמדה טובה ורחבה.

הנה נתתי לכם סוסים אם תוכלו לתת עליהם רוכבים, תגיעו עדי להתיישב בארץ חמדה טובה ורחבה לנצח נצחים, ועד אז, אל תאמרו ח"ו שאני נסעתי מארץ ישראל, אלא אתם מתרשלים בזה, ואינכם מתגעגעים כראוי לשבת בה עמי יחד.

כיון שקראתי לפניכם הפרשה, - אפטיר לכם בנביא: "שמעו דבר ה' בית יעקב וכל משפחות בית ישראל וכו' אומרים לעץ אבי אתה ולאבן את ילדתנו, כי פנו אלי ערף וכו' ואיה אלקיך אשר עשית לך יקומו אם יושיעוך בעת רעתך" וכו'.

וכי יעלה על הדעת שאבותינו הק' שבזמן הבית והנבואה - כסילים היו, לומר לעץ ואבן אבא ואמא? רק טפשים ההולכים ומטפשים יוכלו להרהר כזאת על אבותינו ז"ל.

אלא הענין הוא, כי עץ, זה "עץ החיים", אבן זה "עץ הדעת", פירוש, שהנגלה כלפי האדם בדוק ומנוסה שהוא "עצת" ה', להיות שעל ידי עץ ועצה הללו, הולך וממשיך אור החיים העליונים, נקרא "עץ החיים". והנסתר ממערכי אנוש ותחבולותיו והיותו עדיין מסופק אם עץ טוב או רע הוא בעיני אדוניו למצוא חן בעיניו ית', נקרא "עץ הדעת טוב ורע" או: "אבן, מלשון: "אבין", כלומר, אתבונן ואראה אם טובה היא, או עצה רעה היא.

היושב ומצטער זמן רב, נקרא גם "מדוכה", כמו שרמזו ז"ל: "על מדוכה זו ישב חגי הנביא" וכו'. והיא נקראת מדוכה. להיותה מוכנה לאוילים לכתוש ולדכות עצמותיהם שם. כמו שכתוב: "אם תכתוש את האויל במכתש וכו' לא תסור מעליו אולתו".

ויש להקשות: איך מונח האויל תחת העלי במכתש בדביקות נמרצת, ובשום אופן אינו פורש מאולתו? ועוד, אף שרואה בעיניו, אשר לאויל יהרוג כעש, ואל יעבור על זוהמתו?

אלא שהאויל מוצא לעצמו טעם גם בעת שבתו בתוך המדוכה, וכעין קורת רוח לו בזה.

ואין להתפלא על זה, כי על כיוצא בו אמרו: "ואל תדין את חברך עד שתגיע למקומו". - ולפיכך נקרא אליל זה "אלהי אבן". או "אבן משכית". כי שום גמול אינו משיב לעובדיו, שעובדים אותו במסירות נפש כנ"ל. ואין מושיע אותם בעת צרתם.

לעומת אליל האבן, נמצאים העובדים "לעץ", פירוש, שמסתפקים בהארתם המועטה בכמה שיכולים להציל להם. וכמו שקצרה יד ה' להושיע להם בעת צרתם. ואינם זזים מעץ הנגלה להם, כי נדמה להם שאף בעל הבית אינו יכול להציל משם את כליו, מאחר שעץ הזה כבר בדוק ומנוסה להם לאבי החיים. ושוכחים, או עושים עצמם שוכחים, אשר מעלין בקודש ולא מורידין.

ודבר זה סימן לקדוש וקדושה. כמ"ש: "אל תאמר שהימים הראשונים היו טובים מאלה, כי לא מחכמה שאלת זאת", כי העובדים לאל אחר דאסתרים ולא עביד פירי [לאל אחר שנסתרס ולא עושה פירות], הולכים ומתמעטים כפרי החג. "וימותו ולא בחכמה" ח"ו. - ונמצאים כל ימיהם בהרגש, שהימים הראשונים היו טובים מאלה.

וזה שמתמרמר עליהם הנביא, כי אחר שארכו להם הימים בעבודות זרות הנ"ל, כבושת גנב כי ימצא וכו', "אומרים לעץ אבי אתה". כלומר, כמו שמצילים מפני הדליקה, כן הם שמחים בחלקם, להיות העץ הזה להם כמו אבי החיים כנ"ל. "ולאבן את ילידתיני" כנ"ל.

ואחר שקבלו את שלהם, המשילם הנביא כאנשים המונחים בין העלי למכתש, ממשיך הנביא ושואל "ואיה אלהיך אשר עשית לך יקומו אם יושיעוך בעת רעתך". פירוש, חשבו כמה נתנו לכם אלהות האלו, וכמה הצילו אתכם מרעותיכם.

ומתמיה עליהם עוד, ואומר: "כי מספר

תשמו　　עבודה רוחנית　　746

עריך היו אלהיך יהודה". פירוש, שבכל התעוררות והתעוררות, מעירין האלו היה בעקשנות ובבטחה, לעומת הצדדין הנ"ל. לעץ או לאבן כנ"ל. עד שכל מלכי מזרח ומערב, לא היה ביכולתם להפריע את העבודות מעמכם. וכל עיר ועיר נעשה לך אלהית, כמו דבר אלקים וד"ל וכו'.

ואתם כתבו לי באר היטב, כמה שאתם מבינים במכתב הארוך הזה, וכמה שאינכם מבינים. וביחוד תאריכו לבאר לי, בפרטות ובאריכות כל עשרת הגבולים, שציירתי לכם. ותפרשו לי יותר ממה שכתבתי בה. כי אני כתבתי בקצרה.

בעיקר אל תתבישו לגלות לי, כל מה שאינכם מבינים, וכל הפירושים שלכם, ואז אענה לכם את הדגן את התירוש ואת היצהר. ודבר אחד מדבריכם אחור לא ישוב ריקם.

יהודה

אגרת מו

שנת תרפ"ז (1927)

ב"ה מוצש"ק דשופטים פ"ז לאנדאן יע"א

כבוד גברא רבא חסידא ופרישא אוצר י"ש חכמה ודעת כדש"ת מה"ר ... שליט"א

מכתבכם קבלתי ושמחתי לראות כתב ידו שהי' לסימן לי על מיטב בריאותו בע"ה, ומ"ש שאינו מחזיק את הרב לבעל מקובל כמו שאני חושב, איני יודע מי הגיד ומי חשד את הרב הנ"ל לבעל מקובל, וע"כ אחשוב שכת"ה חושב שאני מתגעגע אחר הסכמתו בשביל חיזוק דברי תורתי, וכבר כתבתי שרצוני בזה רק בשביל השגת כסף להדפיס את הספרים בהיות שאין לי הסכמה ממפורסם שיהי' חשוב במקום הזה כמו שכתבתי שם.

ע"כ אני חושב שכת"ה רוצה לתהות על קנקני ולכנס עמי בדברים בענין הזה וגם בזה הנני מוכן למשמעתו ואענה על הדברים כפי כוחי. ומכ"ש אחר שסילק את עצמו מענין ההשתדלות הנזכר שם, א"כ איני עתה שום נוגע בדבר והנני כמו ת"ח שבא קודם מעשה ששומעין לו ואענה על ראשון ראשון.

א. מ"ש שאינו רואה בזמן הזה מי שהוא מקובל, אתמהא, איך אפשר לישב בסביבה מוגבלת ולראות בכל העולם, ומכ"ש ראיה כזו מי שהוא בעל מקובל, והן אמת שגם אנכי לא ראיתי מקובל אמיתי בזמני זה, אבל אני מבין שלא אלמן ישראל ואין לך דור שאין בו כאברהם יצחק ויעקב - ובכלל לא ראינו אינו ראיה.

ב. מה שהודיעני בענין מקובל עד"ש "ויהי נא פי שנים ברוחך אלי", שהקשה מה שאל ומה השיב, ותי' ששאל שיהי' מקבל ומקובל ביחד "וזה שהשיב לו אם תראה שאני מקבל ממך בעת, כעת שאתה מקבל הימני והבן עכ"ל", הנה אני מודה שאיני מבין קוצר אמריו, והרי זה דומה אלי כמו שאחד מבקש מחבירו שיתן לו מתנה, והשיבו אם תראה שאני אתן לך מתנה אז יהי' לך המתנה, שאין זה תשובה כלל, ומכ"ש שא"צ על זה תנאי כפול כמ"ש שם.

ג. מ"ש אנכי ראיתי ברבותי מפ'... ומק'... זצלל"ה שהיה להם מדרגה זו עכ"ל. הנה לדעתי בלי ספק כלל שא"א לראות שום מדרגה ברבותיו, מה שעדיין לא זכה בה בעצמו; ועל כיוצא בזה אמרו ז"ל, ש"אין אדם עומד על דעת רבו עד ארבעים שנה", ואפי' בחבירו א"א לראות מה שאינו ברשותו עצמו. ורציתי לשמוע דעת כת"ה בזה.

ועתה אשתעשע מעט בדבריו, במ"ש בענין מקבל ומקובל כאחד, אשר הוראת הדברים האלו אפשר להבינם אך במדרגה לשון כמו שקוראים, דהיינו, שכל מקבל השפע מהשי"ת נמצא מתפאר בעטרות השי"ת, ומי שזכה להרגיש בשעת המעשה, איך שהשי"ת גם מתפאר עמו על שמצאו מוכן לקבל השפעתו, הוא נקרא מקובל, והיא ודאי מדרגה גדולה עד"ש: "מצאתי דוד עבדי בשמן קדשי משחתיו" וכו' וד"ל.

ובסו"ה **פי שנים** הנני לבאר ע"ד "תן לחכם" וכו' והוא בסו"ה: "לא יוכל לבכר את בן האהובה וכו' אותו יכיר לתת לו **פי שנים**" וכו'. וסוד הבכורה ידוע בשם הרבי ר' בער זצלל"ה ממעזרעטש, בסוד איך בכר גלש, אמנם

פי שנים הוא הפה דאתגנז בי' האי רוחא דאתרחצנו בי' אבהתנא עי' באדרא [״פי שנים״, הוא הפה שנגנז בו אותו הרוח שבטחו בו האבות, עיין באדרא]. **ואפרשהו לתתא** [למטה] **וממנו ילמד לעילא** [למעלה].

נודע שיש ב' צדיקים, צדיק דעאל בה [צדיק שנכנס בה] **וצדיק דנפיק מינה** [וצדיק שיצא ממנה] **בסוד ״בצאת נפשה״ וכו', וע״כ זווגיהו פסיק** [זיווּגם נפסק] **כנודע בזווגין דזו״נ אשר לע״ל יהי' זווגיהו שלים** [זיווּגם שלם] **ואז נקראת פי שנים, וזה שאמר לו אליהו ז״ל: ״הקשית לשאול״, שרמז לו עד היכן מגיע, דהיינו, ״אם תראה אותי לקח מאתך״, ״לקח״ הוא בקבוץ, שהוראתו נתלקח מאתך, פי' בהפך ממש ממה שחשבת עד היום, שאני אדוניך ואתה מתלקח הימני. אלא שאני מתלקח מאתך ואז ״יהי' לך כן״ כי אז תזכה ל״פי שנים״. ולפיכך לא היה לו כח באלישע לבקש אותו עוד על זה. (בדומה בערך כמ״ש באיש חסיד והחזיק בו כמו רבו).**

אבל בסופו של דבר זכה לזה כמ״ש: ״ואלישע רואה והוא מצעק אבי אבי רכב ישראל ופרשיו״, פי', שראה איך כל כללות אורות ישראל שנכללין באליהו אדונו, כולם נמשכין ומתלקחין הימנו בעצמו, ולפיכך, הי' מתקשה מאד, כמו שאמר לו ״הקשית״ וכו'. שלא היה יכול לסבול זה עד שצעק: ״אבי אבי״, שה״ס ״פי שנים״. שגם זו״ן תתאין כאו״א עלאין וכו'.

וע״כ ״ולא ראהו עוד״ להיות שראה אך את עצמו. וד״ל כנ״ל. והי' בלחץ גדול משום זה, וע״כ ״ויחזק בבגדיו ויקרעם לשנים קרעים״, פירוש, דכללות האורות בסוד ״רכב ישראל ופרשיו״ נרמזים בכתוב בסוד ״בגדיו״ וד״ל כנ״ל. ... עד שזכה בסו״ה ״וירם את אדרת אליהו אשר נפלה מעליו״ שה״ס אדרת... שעד עתה חשבה לבח' ירודה וחיצוניות ועתה הבין להרים אותה למקומה ואז זכה באמת לפי שנים.

ומכאן ואילך הי' לו בחי' הנפילה דאדרת אליהו לדוגמת העלאת מ״ן. וז״ש: ״ויקח וכו' אשר נפלה מעליו וכו' ויאמר איה ה' אלקי אליהו אף-הוא״ וכו'. ״אף״, ה״ס כלי הנפש, כמ״ש: ״ויפח באפיו נשמת חיים ויהי האדם לנפש חיה״. וזה הנפילה דביני וביני, כנ״ל בסוד קריעת הבגדים נעשה לו בסוד ״אף הוא וכו' ויעבור אלישע״, וכו'. ״ויאמרו נחה רוח אליהו על אלישע״ וכו'. דהיינו, שכל מדרגות אליהו רבו נקשרו ודאי באלישע כנ״ל.

ובזה מובן מ״ש בליקוטי תורה מהאר״י ז״ל שאלישע גלגול קין שכתוב בו ״ואל מנחתו לא שעה״ אמנם הותתקן באלישע שאותיותיו אלי שעה והיינו כאמור בסוד ״פי שנים״.

(חסר ההמשך)

יהודה ליב

אגרת מז

שנת תרפ״ז (1927)

ב״ה יום ד' לחודש ... תרפ״ז

כבוד היקר לי כנפשי מה״ר ... לנצח נצחים.

הן היום הגיעני דבריך, ואחת אני רואה בהם, שיראתך עצומה עלי שלא אתרחק חס ושלום ממך כמלוא שערה.

אמנם כן, מוטבע בבאי עולם, וכן נותן רשות... להמשיך שפע אמיתי לצד אחר, ובמקום ששפע היראה צריך לפעול על עצמך, לראות בלבבך בכל עת ותמיד לבלתי הרחק לבך ממני כשערה, תהפוך יראה זו עלי שלא יורחק לבבי ממך, ונמצאת עומל ומתקן במקום השלם, שלא נתקלקל מעולם. ומקום השבור נשאר בקלקולו, מבלי משים לב עליו. ידעתי שגם דברים הללו יהיו לפניך בלתי צלולים, ולא תבין מאין מוצאם, ובשעת חדוה תוכל לחשוב ח״ו עוד.

מאד הומה לבי עליך יקירי, לזרוק לבית בליעתך טפה של אמת, אשר אין לה אף חובה אחת, בכל תרי״ג אברים של גוף בנין האנושי, וכמה פעמים הבנת זאת מפי, ועם כל זה, בכל עת שאקרב לפניך דבר אמת, תלחם עמי בכל כחך. אמנם כן טבע הרוחניות, אשר הדבוק בה', מרגיש את עצמו בבחינת אינו דבוק, ודואג ומהסס על זה, ועושה כל שימצא ידו בכוחו לזכות לדביקות.

כי חכם מרגיש הפוך, ממי שאינו דבוק בה', שירגיש עצמו מסתפק ושבע, ולא ידאג כראוי, אלא לקיים מצות דאגה וגעגועים, כי "שוטה אינו מרגיש". וכמו שאי אפשר להשכיל לעוור מתולדה מהות העדר הראיה, זולת בהנתן לו אור העינים, כן הדבר הזה. ודו"ק.

כבר כתבתי שאתם טועים בי לאמור, שנסעתי מכם, במקום שאתם צריכים להבין שאתם נסעתם ממני. האמינו לי, שעיני ולבי אתכם תמיד, בלי הרגש ריחוק מקום וזמן כלל, ולולא צריכים לדעת השומע, אזי הייתם עדי ראיה בדבר זה. ואדרבה התרחקות גשמית מכם מסוגלת לפעול בכם ביתר מהירות, והאמת תדעו שכן קוותי, וכן אני מקוה, באם תבינו יותר.

הן אמת שגם אני ממשמש בכף זכות בעדכם, בהיותי משער את אוירא דירושלים ת"ו, בעודני מצוי לעיניכם. ומכל שכן בעת הסתרה מכם, וזו הסבה שסדרתי לכם סדרים, שעל ידם מסוגלים על כל פנים להחזיק מעמד ומצב, מבלי נטות אחורנית ח"ו, ואשר אחד המיוחד בהם הוא, דיבוק חברים.

והבטחתי נאמנה, שמסוגלת היא, האהבה הזאת, ואזכיר לכם כל דבר טוב שאתם צריכים, ואם הייתם מתחזקים, על כל פנים בדבר הזה, ודאי הלכתם מחיל אל חיל בעליות הקודש כמו שהבטחתי מקודם.

ואיך אסלח לכם לדבר הזה, והסולם המוצב ארצה פנוי הוא, באין עולה ומטפס עליו. ובמקום היום, תאמרו מחר. אמרו נא לי אתם, מה תרויחו מסליחתי, ואדעה ואענה לכם. לא גוזר גזרות ומחוקק חוקים אנכי, וזה תדעו גם אתם למדי, ולולא יגורתי מנטיה אחורנית, לא הייתי יוצא מגדרי, כי היה קשה עלי מאד מאד. אך כחס אנכי על אריכות הזמן... אבל סבלה נפשי מזה במדה לא נשערה מראש, גם במצב השוה, ומכל שכן ח"ו בנדנוד לאחוריכם, זה ראיתי מקדם, ואמרתי לתקן קודם מעשה.

אשר על כן זכור אזכיר לכם. עוד תוקף הדבר של אהבת חברים-על כל פנים בעת הזאת, "אשר בזה תלוי זכות הקיום שלנו, ובו נמדד אמת המדה של הצלחתנו הקרובה לנו".

לכן פנו לכם מכל העסקים המדומים, ותנו לב לחשוב מחשבות ולהמציא המצאות נכונות לקשר לבכם בלב אחד ממש, ויקויים בכם הכתוב, "ואהבת לרעך כמוך" בפשיטות. כי "אין מקרא יוצא מידי פשוטו", והייתם נקיים ממחשבת האהבה שתהיה מכסה על כל פשעים, ובחנוני נא בזאת, ותתחילו להתקשר באהבה בשיעור אמיתי, ואז תראו "וחיך יטעם" וכל הבריות לא יפסיקו ביני ובינך וד"ל.

ובדבר התרשלותך, לבוא לתפלה, אני יודע ומרגיש גורלך וצערך. ולולא שאיני רואה אשר שיעור ההפסד לא נתמעט מצדקות הסבה, אז לא אמרתי דבר.

יהודה ליב

אגרת מח

שנת תרפ"ז (1927)

ב"ה יום ג' תצ"א פ"ז לונדון יצ"ו

לכבוד התלמידים ה' עליכם

כל מכתביכם קבלתי לנכון, ומ"ש לי הר'... אודות הבזיונות והחבורים עליו, יאמין לי שאני נוטל בכל היסורים ועג"נ שלו, חלק כחלק עמו ולידיעתו אני מרגיש כאבו יותר הימנו עצמו.

אבל יזכהו השם ויהי משכורתו כפול בעז"ה, ואם היה יכול להתחזק לנהוג מנהג עובד השי"ת לאמור בפיו ולבו שוין "שרי לי' רחמנא לכל מאן דמצער לי [התיר לו הבורא לכל מי שמצער אותי]", הייתי מיעץ לו להתחזק בזה מאד ויועיל לו לכל דרכיו בעז"ה.

ובדבר שאלותיו אם יכול להראות את המכתב והד"ת של הפ"ח והיית אך שמח וכו', ודאי יכול להראות לכל החבריה.

ובמכתב הר'... נ"י אני שמח בראותי בו שכבר התחיל לעשות רצוני עמו בזה.

ומש"כ הרב... נ"י שאינו רואה עצה אחרת כי אם לבוא בעצמי לביתי, הנני מסכים עמו בזה וכבר כל מחשבותי בהכנת צידה לדרך ולמהר ביאתי לביתי בכל האפשרות. ועבודה

גדולה יש לי בזה לעמוד כנגד כל המניעות העומדים עלי לעכבני עוד פה.

וישאל לבני... למה לא הודיעני עוד מהפיוס השלם שנודע לי.

ותודה ל... נ"י בעד הידיעה ממסיבת החבריא בה' סוכות, ומענין השלם בין החברים כבר כתבתי שאין לעשות בזה עבודות גדולות כי בעז"ה באופן שה' יגמור בעדינו שהתחלנו למען כבוד שמו ית' וית'...

יהודה ליב

אגרת מט

שנת תרפ"ז (1927)

ב"ה יום ג' תצ"א פ"ז לונדון יצ"ו

לכבוד התלמידים ה' עליכם

יחד ע"ז שאתן אימון בהתחיבותכם לקיים כל הגה שאוציא מפי תומ"י במס"נ באמת וכו', הנני מצווה, שתתחילו בכל מאמצי כחכם לאהוב איש את חברו - כמו את עצמו, ולהצטער בצרת חברו, ולשמוח בשמחת חברו עד כמה שאפשר. ואקוה שתקיימו בזה דברי ותשאו הענין בשלימותו.

המכתבים ומלואם קבלתי, ואין עתה בכוחי לענות בפרטיות, ומלבד מה שכבר עניתי לכל אחד ואחד במכתבים הקודמים הנני מבטיח לדבר עוד בהרחבה אי"ה.

והציוּוי הנ"ל כוונתי בדיוק בין החברים כי "רעך" כתוב וד"ל. ועל אנשים מבחוץ צריכים לימוד גדול כי ההפסד קרוב יותר משכר, מסבת דביקותם בגשמיות ובעצמיות, ואכמ"ל. ובין החברים ח"ו להתקבל, הזהר והזהר, המצפה לישועה כי קרובה היא...

יהודה

אגרת נ

שנת תרפ"ז (1927)

ב"ה א' תבוא פ"ז לאנדאן יצ"ו

כבוד התלמידים ה' עליכם יחי'

מכתבכם מפרשת שופטים קבלתי בצרוף חדושי התורה של כל אחד ואחד, פרט מ.... נ"י ואקוה מאד לקבל מכתבו היום.

רצוי מאד שתכתבו לי את החידושים שלכם בעבודות ה', וגם השאלות שיש לכם בענין זה. ואין כל נ"מ אם אענה לכם תרוצים, או שהעיר לכם, או אם איני כותב ואיני מעיר, כי עצם שאלתכם חצי תשובה היא. ואידך אני מביא לפני השי"ת שיענה לכם דבר בעתו, ואני מתפלא שעדיין אינכם מבינים את זה כל צרכו.

הערה אחת אעיר לכם והיא: בשעה שאתם כותבים אלי חדושי תורה, אינכם מבינים כלל, אם הדרכים שאתם מדברים בהם, נמצאים כבר ברשותכם, או עכ"פ במדרגתכם, כלומר, שבידכם לעשותם, או אם הם למעלה ממדרגתכם, אלא תצפו להשי"ת שיחונן אתכם דעת לעשותם, וכגון דא, צריכים אתם להזהר לפרש תמיד בלשון תפלה לה', שתזכו לחידוש שהשגתם, או לרמז, בדרך התנצלות, אשר עוד לא זכה לזה וכדומה.

הנה הראש של העתיד הנעים המקוה לנו בעזרתו ית' מתקרב אלינו. ועל כן אני חושק ומתגעגע מאד שתמצאו בסמוך לי בגוף ונפש. (דהיינו, שתתקרבו אתם אלי, ולא אני אליכם, שזהו מן הנמנע וגם ללא תועלת וד"ל).

והנני להתנצל עתה, אשר בתשרי העבר, היה עת רצון גדול מאד, אך לא הייתם בסמוך אלי באותו הזמן. ואת... נ"י בקשתי מאד בכל החודש הנזכר ולא מצאתי בגבולי כלל. ולא ראיתי רק אחד או שנים מכם. ומובן מעצמו הצער שהיה לי במשך כל השנה שעברה בגלל זה.

וסבת הדבר היא, הגאות והישות שהתגנב בכם, וכמדתה שנאת החנם ביניכם (מאגבה) בדבקות בחברים חומרניים אשר לא מחברתנו המה... וברור הוא כי אם אתם שונאים לאחד מבני החבורה, סימן מובהק הוא שגם אתי אינכם באהבה גמורה.

והגם שהיצה"ר מראה לכם מטתו של אותו חבר, כלומר, שמעשיו רעים וחטאים להשי"ת, היה עליכם להתפלל ולבטוח למענו להשי"ת

שודאי יעזור לו, כיון שתלמיד שלי הוא.

ואם אתם כבר מבינים באותו חבר - שיד ה' קצרה בשבילו, וגם תפלותי אינם כדאים לעמוד לו בעת צרה, חס מלהזכיר, א"כ חוזר הדין ח"ו על השונא עצמו וד"ל. ובאו וראו ותנו על לבכם מהיום, שאל תיפלו יותר ברשת הזה.

... גם אין לכם להסתכל כלל וכלל אם אני מרחק בפה ממש לאיזה חבר... ותדונו אותו לכף זכות, באמת.

והאמת אומר לכם, כי בהתרחקות שלי נמצאת אחדות גדולה יותר מבהתקרבות שלי, בדומה לכל אומן הטרוד באומנותו להשלים מלאכתו, באופן היותר נאות, אשר אין לאיש זר להסתכל עליו באמצע מלאכתו, כי לא יבין מנהגו במלאכתו, זולת אומן הגדול כמותו. ודי לכל הרוצה להבין.

הארכתי בענין זה כדי שתדעו כי בנפשכם הוא.

אף שאין דרכי לבוא בהדרכות פרטיות, מ"מ אני מוכרח להעיר לכם, על מה שהזהרתי אתכם זה כמה: שלא יאמר איש לחברו את "החדושי תורה" שלו שהשיג. "ולא להוכיח" כלל וכלל, ואפילו הרצון בזה, הוא פגם נורא מאד. זולת מה שהתרתי בשעה שאני מחוץ לביתי, לאמור חדושי תורה זל"ז, ממה שכבר הוצאתי מפי, בדיוק שאפשר להסבירם, אבל בדיוק נמרץ, בלי כל הוספה מדעתו.

כמו"כ דברי התורה שאמרתי, ושאותו החבר עדיין לא שמע אותם מפי, אין לדבר אודותם, ויש להבליעו בהשכל ובדעת.

מצאתי לנחוץ לחזור ולהזהיר על הנ"ל מפני שאני מרגיש שכבר הרחבתם את הגבול שהגבלתם לכם. ותדעו נאמנה שבשמירה זו תזכו לאמור חדושי תורה לפני השי"ת ולהוכיח עצמיכם. והמפזר מדותיו באלה לא יכון בעיני השי"ת ו"דין פרוטה כדין מאה" בענין זה. והשי"ת יעזור לכם וידריך אתכם אל אדני האמת.

יהודה ליב

אגרת נא

שנת תרפ"ז (1927)

ב"ה יום ג' בין כסה לעשור דשנת תפר"ח פה לונדון יצ"ו

כבוד ידי"נ הנאמנים ... ה' עליהם יחי'

באשר שזמן שמחתנו ממשמש ובא, הנני לרמז עליו בע"ה.

כתוב "והיית אך שמח", הדקדוק מורגש שהי"ל והיית שמח. אבל הוא הדבר אשר דרשתי בה כמה פעמים, שכל הקושי בעבודתו ית', להיותה אצל העובד תמיד בבחינת "שני הפכים בנושא אחד", שאחדותו ית', פשוט, וצריכה להתלבש בגוף האדם, המורכב מגוף ונשמה, שהם שני הפכים.

על כן, בכל ענין רוחני המושג לאדם, מיד נעשה בו ב' צורות הפוכות, צורה אחת מצד הגוף. וצורה אחת מצד הנשמה. והאדם אינו מסוגל מצד בריאתו לברר את הגוף והנשמה, כמו שני נושאים, אלא הוא מורכב בכוח השי"ת לאחד. כלומר, לנושא אחד, ולפיכך קשה עליו ההשגה הרוחנית, ממש כמו שני הפכים, שאי אפשר להתלבש בנושא אחד. ודומה לעקדת יצחק, שהשי"ת אמר לאברהם "כי ביצחק יקרא לך זרע", והשי"ת אמר לו "והעלהו שם לעולה", אשר ודאי כלפי השי"ת הוא כמ"ש "אני הוי' לא שניתי", אלא במושג המקבל, נעשה ההפכים, ועל כן כתוב "והיית אך שמח", ד"אכין ורקין מיעוטין", ושמחת הרגל ודאי לשלמות צריך. אמנם, שניהם כהויתן ממש צריכים לבוא במושג המקבל לשמחת הרגל.

וכן כתוב: "מי עור כי אם עבדי וחרש כמלאכי אשלח", וכן כתוב "החרשים שמעו והעורים הביטו לראות" וכדומה יש הרבה, והיינו שאמרו ז"ל: "אף אתה עשה אזניך כאפרכסת", כלומר, כמו שלא היה כלל בבית דין של שמיעה, משפט הבחירה, לברר מי הוא חייב, ומי הוא זכאי וכדומה, כי אלו ואלו דברי אלקים חיים. כלומר, בסוד הכתוב, "אני הוי' לא שניתי", שמצדו ית' אין כאן,

אלא צורה אחת.

וזה ענין המצוה "תשבו", כמו תדורו, פירוש, ע"ד שדוד המלך ביקש "שבתי בבית הוי' כל ימי חיי לחזות בנועם ה'". כי "בית ה'", זו השכינה הקדושה כנודע, בסוד "צדיקים יושבים ועטרותיהם בראשיהם". וכשזוכים ביותר, אז הוית לו כמו בית, בקביעות לנצחיות.

והיה ברצון השי"ת לומר לעבדיו, "צא מדירת קבע ושב בדירת ארעי", דהיינו, רק בצלו ית' לבד, שה"ס מצוה קלה, מצות סוכה, שהאדם יושב בצל פסולת גורן ויקב, שהוא ממש צל השי"ת, ואע"ג שהם תרתי דסתרי [שנים הסותרים זה את זה], שהרי בעינים הגשמיים ובידים הגשמיים, אנו רואים וממשמשים שהצל מכח פסולת בא. ובאמת הוא השי"ת בכבודו ובעצמו, אלא מצד המקבל בהכרח שיתרשמו בו ב' הצורות ההפכיות הללו כנ"ל.

והענין, כי טרם שנברא האדם המורכב, אין כאן שום פסולת, אלא כיון שנברא האדם, ונרגש הפסולת והדין, נעשה באבריו המריבה. ע"ד שאמרו ז"ל: "התבן והקש והמוץ מדיינים זה עם זה, זה אומר בשבילי נזרעה השדה, וזה אומר בשבילי נזרעה השדה וכו'. כיון שהגיע זמן הגורן כולם יודעים בשביל מי נזרעה השדה". וכל המריבה והדינים הללו נמשכו בימים נוראים, כי שלשה ספרים נפתחו מחמתם: צדיקים, רשעים, בינונים.

והנה אחר שנתבררו ונתלבנו הזכאים בדין, בסוד החטה, בסגולת יום הכפורים, והרשעים לאלתר למיתה "כמוץ אשר תדפנו רוח", כי הכל יודעים בשביל מי נזרעה השדה, אז הגיענו המצוה, "צא מדירת קבע ושב בדירת ארעי". כלומר, כי תדע, כי רק דירת ארעי הוא, וח"ו לא ידח ממנו נדח. וד"ל. עד"ש ז"ל: "אפילו כל העולם כולו אומרים לך צדיק אתה, היה בעינך כרשע", וז"ס הכתוב "והיית אך שמח", כנ"ל.

ועל כן נקרא חג האסיף זמן שמחתנו, ללמדך שהאדם צריך לשבת בצל סוכה בשמחה גדולה, בשוה ממש כמו בבית המלך, ויושבים ראשונה במלכות, "תשבו" כעין "תדורו", בלי שום נפקותא [הבדל] כלל וכלל.

ועם כל זה ידע שיושב בצל סוכה, דהיינו, פסולת גורן ויקב, אלא ש"בצלו חמדתי וישבתי", להיותו שומע דברו "צא מדירת קבע ושב בדירת ארעי". ואלו ואלו דברי אלקים חיים. ואז יציאתו הנאה לו כביאתו, שזהו דוקא בדיוק הנ"ל, "החרשים שמעו והעורים הביטו לראות", דאי לאו הכי, לא הוי [שאם לא כך, לא היה] אפילו צל סוכה, ופשוט הוא. כי לא אלינו אותם המגששים כעורים קיר, יושבים בצל מצל, דהיינו חשך כפול, שעליהם ר"ל נאמר: "יירש הצלצל", ב"מ, להיות הסכך שלהם ראוי עוד לקבל טומאה, כמו המסכך ביתדות, שה"ס חסרי ראש, או בשברי כלים, שיש בהם עוד מבחינת הסיגים, כי עוד נמצאים בבחינת התוהו ושבירת הכלים ר"ל.

ובזה תבינו שאין אדם יכול לקיים מצות סוכה, בטרם שזוכה למדרגת היחוד, הוי' אדני, שה"ס "חמה בנרתיקה" כנודע, וכן אמרו ז"ל להדיא [במפורש] כלפי אומות העולם: לעתיד, שמוציא הקב"ה חמה מנרתיקה וכל אחד בועט בסוכתו והולך לו, ופריך, ישראל נמי [ומקשה, גם ישראל?] וכו', ותירצו "בעוטי לא מבעטי [הם לא בועטים]" עש"ה, הרי מפורש שבאם ח"ו אין האדם זוכה לסוד חמה בנרתיקה, אי אפשר לו כלל לקיים מצוות סוכה וד"ל, וז"ס שהוי' אדני בגי' צ"א, לרמז על "צא מדירת קבע" כנ"ל.

וז"ס "עכבו עמי עוד יום אחד". בסוד סעודה קטנה דעצרת, דהיינו, בזכות השמחה השלמה דחג, עד"ה אך שמח, שיקבל שני ההפכים בנושא אחד, ולא יבטל ח"ו אחת מפני חברתה, זוכה בסוד יום השמיני, שה"ס עכבו עמי עוד יום אחד, לאותו יום שכתוב עליו: "יום יודע לה', לא יום ולא לילה והיה לעת ערב יהיה אור וכו'". פירוש, דיום ה"ס מעשיהם של צדיקים, ולילה ה"ס מעשיהם של רשעים, כמ"ש במדרש רבה בראשית בסו"ה

"ויאמר אלקים יהי אור" וכו', עדיין איני יודע במאי בחר השי"ת, אם במעשיהם של צדיקים, אם במעשיהם של רשעים, כשהוא אומר "ויקרא אלקים לאור יום" וכו', ללמדך שבחר במעשיהם של צדיקים, עש"ה.

ועל כן בגמר התיקון, בסוד "לבלתי ידח ממנו נדח", כתוב: "יום יודע לה', לא יום ולא לילה", דהיינו, הבחירה הנ"ל, אלא לעת ערב, שהוא ענין "הפסולת גורן ויקב" כנ"ל, "יהיה אור", וכל זה בזכות העכבה דיום השמיני. וד"ל.

ועל כן נקרא חג העצרת, כלומר, כמו שעוצרין השמן מן הזית, דהיינו, אויסקוועשינג בלע"ז, שהוא הוא העיקר... מכל העבודות "דאך" יום, ונכתש במכתשת למען כבוד שמו ית', "ואמת מארץ תצמח", "והיה ה' למלך על כל הארץ" וכו' כי יהיה כולו לה', כי "אך" חלק, חציו מותר וחציו אסור, "חציו לכם, חציו לה'". אולם בסוד יום השמיני והעצרת נעשה כולו לה'.

יהודה ליב

אגרת נב

שנת תרפ"ח (1928)

ב"ה ערב סוכות תפר"ח פ"ה לונדון

כבוד מהר'... נ"י

מכתבך והפתקאות השגתי לנכון: והנה ר'... נ"י פירש לי את הכתוב "דרשו ה' בהמצאו קראוהו בהיותו קרוב" וכו'. לכאורה קשה אם השי"ת כבר במציאות אצלו, וכבר הוא קרוב, א"כ מה הצורך עוד לדרוש ולקרוא לו ית'? ותירץ, שהכתוב מדבר לאותם שכבר זכו לקרבת ה' תמיד, מזהיר אותם הנביא שאע"פ שכבר נדמה אצלם שאין עוד מה לבקש ולהשיג, ח"ו לחשוב כזה, דהוי [שנמצא] כמקצץ בנטיעות, אלא ידרוש עוד ויקרא אל ה' להשגות יותר גדולות וכו' וכו' והדברים כנים.

אבל אמלא אחריו לפרש זה ע"פ דרכנו, דפשוט הוא שכל מי שזוכה למציאות חן בעיני קונו ית', נמצא שהשי"ת ממלא לו כל משאלותיו, כמנהג האוהבים והידידים שמשלימים חפצם זה לזה, כל אחד לפי יכלתו, וכיון שהאדם הזה זכה להעשות ידיד ה', בהכרח שמורכב מגוף ונפש א"כ אינו... להם מקום לגלותם לפני השי"ת, אבל "על כל פשעים תכסה אהבה", ומכ"ש לפני ית' ודאי לא שייך דבר מגונה או פשעים, כמ"ש: "כל טנופת לא תטנפך אש אוכלה אש לא תשרפך" (עי' בשיר היחוד). ע"כ מכוח האהבה האמיתית בינו לבין השי"ת, לא ימלט שלא יגלה האדם גם רצונות גופניות לעיניו ית'.

ומובן מעצמו שיד השי"ת לא תקצר למלאות כל חפץ אוהבו, הן מה שהוא לפי הנימוס, והן מה שאינו לפי הנימוס, כי יכולת ה' בחפצו קשורה: אבל לאחר שכבר מלא השי"ת את חפצו, נמצא האדם בעצמו כמו וכדמיון מתחרט על משאלותיו היתרים, שהביא לפני השי"ת: ו"גמירי דמיהב יהבי (מהשמים) מישקל לא שקילי [למדנו, מהשמים נותנים, ולא לוקחים]" כי כבר קדשו השם.

ע"כ נמצא, שהאדם מוכרח לחזור ולתקן המעוות הנזכר, בשנים א': מה שזולזל בכבוד השי"ת להביא משאלות גופניות לפני המלך. ב': שלא נזהר לחבב מתנת מלך מה"מ הקב"ה אם קטן אם גדול.

כי ב' ערכים יש בכל מתנה, ערך א', היא המתנה, אם גדולה היא, או קטנה היא, ערך הב', הוא הנותן, אם חשוב הוא, או פחות הוא: כמובן שאדם חשוב אפי' נותן דבר קטן, יש למתנה ערך חשוב מאד נעלה, לפי מעלתו של הנותן ע"ד שאמרו ז"ל: ... ... להמצא בהיכל המלך, ומוכרח לצאת החוצה להתתקן: וכיון שיוצא החוצה, נמצא אובד כל השגותיו שכבר זכה להשיגם, היות שמתנותיו של השי"ת מיוחדים "בעולם שנה נפש". שצריך להיות "נפש" נבחר, וב"זמן" נבחר ו"במקום" נבחר, וכיון ששינה מקומו, נמצא נשתנים עליו גם "השנה נפש", כנ"ל: ואז נמצא האדם במבוכה גדולה.

וע"ז מזהיר הנביא: "דרשו ה' בהמצאו", פי' לחזור ולהמשיך ולהשיג כל עניני הרוחניות שהשיג, כי בענינים הנפשיים מצוי השי"ת לכל, וע"ז כתוב: בהמצאו "קראהו בהיותו

קרוב" הם ענינים הגופניים. שכבר השיג לסבת היותו "קרוב" כנ"ל. ומזהיר הנביא שכאן אסור **לדרוש** ח"ו מפני שוילותא דמלכא [זלזול במלך] הוא ח"ו לבוא לפניו במשאלות גופניים, אלא מחויב "לקרוא" לו "בשם הזה" לבד, פי' בשעה שמציע תפילותיו לפני השי"ת, מחויב להזכיר רוב טובותיו שעשה עמו מלפנים בטוב ומטיב למלאות לו דברים גופניים, א"כ אצ"ל, שימלא לו עכשיו ענינים הנפשיים.

וז"ס דברי חז"ל, באומרת: "השמים ביני לבינך יעשו דרך בקשה". והדברים עמוקים. ובדברים האלו מתפרשים לנכון כל המשך ההפטרה ש"בן הנכר" סובב על ענינים גופניים ו"הסריס" סובב על ענינים נפשיים, והמשכילים יבינו.

והנה הפי' הנ"ל עמוק עמוק מי ימצאנו: וע"כ אפרש ע"ד ע' פנים לתורה, כי הנה כשהאדם מישב א"ע ומרגיש מצבו הדל, ונתעורר לשוב אל ה', ושופך תפילותיו בגעגועים גדולים להדבק בה', הריהו חושב כל התפילות האלה, וכל ההתעוררות הזו, לכוח עצמו, ונמצא יושב ומצפה לישועת ה' קטנה או גדולה, ובהאריך הענן ואינו רואה שום הסברת פנים ביותר מן השי"ת. נמצא ח"ו נופל ליאוש, כי לא יחפוץ בו ה', היות שאחר מספר גדול של הגעגועים האלו, לא פנה אליו ולא כלום ח"ו.

וע"כ אומר הכתוב: "דרשו ה' בהמצאו", כלומר, בשעה שהשי"ת ממציא את עצמו אליכם לדרישה, אז בהכרח שתדרשו אותו ג"כ, שדרך האיש להקדים, כלומר, שהשי"ת מקדים א"ע ליתן לכם לב לדרוש אותו.

וכשתדע את זה בטח תתחזק מצדך כמה שתוכל לדרוש ביתר שאת וביתר תעצומות. כי המלך קורא אותך.

וכה"א: "קראהו בהיותו קרוב", כלומר, בשעה שתקראו אל ה' שיקרב אתכם אליו ית', תדעו, שכבר קרוב הוא אליכם, דאי לאו הכי [שאם לא כן], ודאי שלא הייתם קוראים לו, וזה ג"כ שיעור הכתוב "טרם יקראו ואני אענה", דהיינו כנ"ל, כי אם אתם קוראים אליו ית', הלא כבר פנה אליכם, ליתן לכם ההתעוררות לקרוא אותו.

"עוד הם מדברים ואני אשמע", כלומר, ששיעור השמיעה של הקב"ה, תלוי ממש בשיעור הגעגועים המתגלים בדיבורי התפילה; ובהרגיש האדם געגועים יתרים, ידע בשעת מעשה, שהשי"ת שומע אליו ביותר. ומובן מעצמו, שביודע את זה, נמצא מתחזק ביותר בשפיכת לבו, כי אין לך זכות גדולה מזו. אשר מלכו של עולם מטה אוזן קשבת אליו; ודומה בערך, למה שאמרו חז"ל: "הקב"ה מתאוה לתפלתן של צדיקים", כי בתאותו של השי"ת להאדם שיתקרב אצלו, נתעורר כח וגעגועים גדולים בהאדם לתאוב להשי"ת, כי "כמים הפנים לפנים כן לב האדם לאדם". ונמצא ממש שדיבורי התפילה ושמיעת התפילה, עולים ובאים בקנה אחד, עד שיתקבצו לשיעור השלם וקונה הכל וכו' וז"ע "רוח אמשיך ואייתי רוח" וכו'. ושים לבך בדברים האלו שהם יסודות הראשונים בדרכי השי"ת.

הנה כתבת ודרשת שאקבל אותך בתור תלמיד, גם חשדתני, בספק שמא איני מרוצה בך. להיות שיש לי כבר די תלמידים. והנה האמת אומר לך, שכבד אתה עלי יותר מאחרים, והוא, כיון שאתה מיוחס יותר מאחרים. ובטח שמעת שהר"ר אלימלך זי"ע לא רצה בשום אופן לקבל תלמידים מיוחסים, והרבה הפצרות ובכיות שפך הרב מרופשיץ זי"ע לפני הר"ר אלימלך, ולא הועיל לו עד שהופג ממנו כל ריח היחוס, ואמר לפניו כלשון הזה: "וואס בין איך שילדיג אז דער טאטע מיינער איז אגרוסיער יחסן [מה אני אשם שאבא שלי עם כזה יחוס גדול?]". ולאחר שהכיר באמיתיות דבריו אז קבלו.

ואל יהיה לך זה לפלא, כי ע"פ דעת בעלי הבתים נראה, אשר היחסן קרוב לה' מאיש פשוט, להיותו רואה ומסתכל במעשים הטובים של אביו מנעוריו, וגרסא דינקתא [גרסת הילדות] נקבע יותר בלב.

אבל הענין, כי בכל תנועה ותנועה בעבודתו ית' נמצאים ב' הפכים בנושא אחד, כמו שהארכתי במכתבים הקודמים, שהוא מסבת המקבל, להיותו מורכב מגוף ונשמה,

שהם הפכים זל"ז, ע"כ עושה בכל השגה קטנה או גדולה ב' מיני צורות הפכים מהדדי [זה מזה].

והנה ב' כוללים יש בעבודות ה', א: הוא "תפילה ובקשה". ב: הוא "שבח והודאה". ומובן מאליו ששנים אלו מחויבים להיות על תכלית גובהם. והנה להשלמת ענין "התפילה" מחוייב האדם להרגיש קרבת ה' אליו כדבר מחוייב. כמו אבר המדולדל מהקומה כביכול. כי אז יכול להתמרמר ולשפוך לפניו כל לבו.

אבל כנגד זה, לענין "שבח והודאה" על שלמותם, מחויב האדם להרגיש קרבת ה' אליו, לדבר נוסף ולהעדפה, כמו דבר שאינו שייך לו כלל, כי "מה אדם ותדעהו, בן אנוש ותחשבהו", כי אז ודאי יכול ליתן שבח והודיה לשמו הגדול בשלמות, אשר בחרו בין כל העומדים עליו לשרת את ה'.

וזו עבודה גדולה לאדם המורכב, להשתלם בשני הפכים האלו שיהיו נקבעים בלבו לנצחיות בבת אחת. והנה בחי' הב' הנ"ל, להרגיש את עצמו שפל ורחוק וטובת ה' לבחי' העדפה. הוא מושג יותר כבד מאד לאין ערוך מן המושג הא' הנ"ל. וע"פ רוב כל הנדחים ח"ו נכשלים רק במושג הב' ודו"ק היטב. ובזה תדע, אשר היחסן הוא רחוק יותר ממושג הב', מהאיש הפשוט, בהיותו מרגיש טובת ה' עליו במחוייב, ודו"ק כי אמת הוא.

ועכ"ז החשד הזה אין בי ח"ו, כי כבר שעבדתי א"ע להשי"ת לעבוד לפניו בכל אשר אמצא, אין עבודה כבדה בעולם שיבצר ממני למען כבוד שמו ית', ואדרבה אני אוהב תמיד, ומהדר אני אחר יגיעות גדולות לנ"ר לו ית', והראיה שבחרתי מקום עבודתי בא"י ששם שליטת הס"ם ביותר כנודע, ולא עוד אלא בירושלים, אשר אפי' האר"י הקדוש זי"ע פחד מלפתוח בירושלים את בית מדרשו כנודע... וכן אספתי ג"כ המיוחסים מירושלים לבית מדרשי. ... ומכ"ז תוכל לדעת שאין אני בורח מעבודה, אלא הכל תלוי בך לבדך! וזכור זה תמיד.

הנה הזמן קצר מאד שמחת יו"ט ממשמש ובא, לא אוכל להאריך לך בזה. ואם תאמין לי תזכה ג"כ לעמוד על סוף דעתי...

יהודה ליב

אגרת נג

שנת תרפ"ח (1928)

ב"ה א' נח תפר"ח לונדון יצ"ו

כבוד ידי"נ מוהר"ר ... נ"י לעד ולנצח.

...אמנם כן, הסיבותם לי עבודה רבה בענין הפירוד והשנאה אשר נזרע וגדל ביניכם, בשיעור אשר לא שערתי מראש, כי כל אחד מהתלמידים שיחי' נצח, הוא כמו אבר שלי עצמי, והנה אין שלום בעצמי מפני חטאתי, וע"כ, אני מוכרח להתחיל ולזכך את עצמי, כמו תינוק שנולד, עד שאזכה לעשות שלום בין התלמידים שיחי' נצח.

והאמת אכתוב לכם כי קויתי בטרם נסיעתי מביתי, אשר כל הגדיים שהנחתי אזכה בשובי לביתי לראות אותם תיישים, אשר ע"כ לקחתי על עצמי, כולי האי טלטולא דגברא [כל אלה טלטולי הגבר], וטרדות עצומות, אשר מעודי לא טעמתי אותם, גם אפס קציהם. ובגלל הדבר הזה זכיתי באמת לישועה גדולה ונפלאה בעד כולכם, ונפתחו שערי שמים עלינו בעז"ה.

אולם הפירוד והשנאה, שאין להם שום שורש, זולת בקליפות ושמרי הקליפות המה הי' בעכרנו ועשו הפרעות על דרכינו כי דרך שם מצאו הקליפות מקום להתגנב בגופות, ולעקם את הצינורות הקדושים.

למותר לפרש לכם גודל הגעגועים והצער, אשר הסבותם לי בדבר הזה. אודה ולא אבוש, שעד עתה לא הבנתי את נ"ע ענין האר"י ז"ל, אשר הצטער כל כך מסיבת המחלוקת שנעשה בין החבריא שלו עד נכ"י ח"י. עתה ראיתי "כי אין חכם כבעל הנסיון" וד"ל. אמנם אקוה לתקן הכל בעזה"י בשובי לביתי עצהיו"ט.

הנביא שואל ומשיב "ומה ה' דורש ממך כי אם עשות משפט ואהבת חסד והצנע לכת עם אלוקיך", והדברים עמוקים מאד מי ימצאם.

והענין שאיתא [שמובא] **בזוהר: "ג' עלמין לו לקב"ה וכו' וז"ס קדוש קדוש קדוש, דסובב על ג' עלמין הנ"ל אשר בכל אחד ואחד מלא כל הארץ כבודו", פי' עד"ה: "צדק ומשפט מכון כסאך" וכתוב "פתחו לי שערי צדק", ונודע שצדק הוא נעשה לך אלהות, כמו דבר אלקות וד"ל וכו'.**

יהודה ליב

אגרת נד

שנת תרפ"ח (1928)

ב"ה יום א' שמות תפר"ח

לידי"נ מהר"ר ... נ"י

היום קבלתי מכתבך, עם כל הני הרפתקאי דעדו עלוך [כל ההרפתקאות האלו שקרו לך], **ומה שכתבת מליל ד' ויחי: "אשר אם היה האור מקיף לכל גופך אז כבר היית מוצל מכל מלחמותיך". עכ"ל.**

הנה לפי זה נראה, שעדיין לא נבלע באבריך, את אשר אמרתי לך בטרם נסיעתך. "כי אין ישועה אחרת זולת השגת התורה, ואשר כל מרכבת הס"א, אינו אלא להשטות האדם בענינים אחרים, בכדי למנוע הימנו האמת הזה", שה"ע גלות מצרים בחומר ובלבנים וכו', **והתפארות מלכם: "לי יאורי ואני עשיתני".**

וראה מש"כ בפרשה זו: "וזה לך האות כי אנכי שלחתיך בהוציאך את העם ממצרים תעבדון את האלקים על ההר הזה", פי', שהשי"ת ברצונו לאמת לו את המעמד הקדוש שזכה אז, (כמו שמפורש בכתובים) האמית לו "באות הזה", ששוב יזכה בלי ספק "לקבלת התורה באותו המקום" עש"ה. והבן זה היטב, שאפי' למשה שהי' פני השי"ת מתגלה אליו בתכלית הבהירות, עד כי ירא מהביט אל האלקים מ"מ היה צריך להבטחת התורה, דאי לאו הכי [שאם לא כן], **ודאי לא היה השי"ת הבט אותו, והבן זה.**

וז"ש "דרשו ה' בהמצאו קראוהו בהיותו קרוב" וכו'. פי', "בקשו את ה' בהמצאו", דהיינו, במקום שנמצא, ולא תכשלו בהס"א, המטה תמיד את האדם לבקשהו ית', במקום שלא נמצא. ונמצא מפוזרת יגיעתו של אדם לריק ולבטלה, וע"כ מזהיר הנביא "דרשו ה' בהמצאו". דהיינו, במקום תורה, ולא במקום שאין שם תורה, כי לא נמצא כלל וכלל שמה.

ואומר עוד "קראוהו בהיותו קרוב" פי', בו בשעה שהשי"ת מאיר פניו עליכם, היא העת לקרוא אותו, כלומר, להגות ולעיין ברזי ובטעמי תורה שהיא הקריאה. כנ"ל, אולי יתעשת ה' ויפתח לבו של אדם לזכות בברכת התורה. והבן זה מאד ומאד. כי ז"ס "קב"ה אורייתא וישראל חד הוא", ובזה תוכל להתבונן גם בענין הצורך שהיה לו להשי"ת תיכף במעמד הנבואה הראשונה למשה רבנו ע"ה, להבטיחהו נאמנה באות הזה של קבלת התורה כנ"ל דו"ק ותשכח [התבונן היטב ותמצא].

וזה שיעור הכתוב: "מי יעלה בהר ה', ומי יקום במקום קודשו. נקי כפים ובר לבב אשר לא נשא לשוא נפשי, ולא נשבע למרמה" וכו'.

איתא [מובא] **אשר בטרם יציאת האדם ממעי אמו משביעין אותו: "אפילו כל העולם כולו אומרים לך צדיק אתה, היה בעיניך כרשע" והענין צריך פירוש: כי כבר אמרו ז"ל: "ואל תהי רשע בפני עצמך", ומכל שכן כל העולם עדיו שצדיק הוא, יחזיק את עצמו לרשע, אתמהא, ועוד צריך להבין הלשון "היה בעיניך כרשע", שמשמע, אבל בלבו יוכל לידע האמת שהוא צדיק.**

והענין שיש ב' עבודות: א' בלבא, ב' במוחא. כלומר, להפך הכלי קבלה שבשניהם ע"מ להשפיע כנודע.

והנה בעת וברגע שאדם מטהר הכלי קבלה דבחי' ליבא, תיכף ראוי לאורו ית', ההולך ושופע תמיד ואינו נפסק. ואור זה נקרא נפש, ע"ש גילוי הנפישה בכל האברים.

וז"ש הכתוב: "מי יעלה בהר ה' ומי יקום וכו'", פי' שיהיה לו קומה לנצחיות, ולא יחזור ויפול. והיינו דוקא "אשר לא נשא לשוא נפשי", כלומר, אחר שפנה אליו השי"ת,

וקרבהו מעט, צריך מאד להתחזק, ולקחת את האור הזה, לעיון התורה, למצוא רזיה ולהרבות הכרתו בהשי"ת, אשר ה"ס הגבהת עיינין דשכינתא קדישא, עד"ש "כלה שעיניה יפות אין כל גופה צריך בדיקה", ואם האדם אינו שם לבו להגביה העיינין. נמצא שנושא אור הנפש לשוא בלא תועלת. ועוד גרוע מזה, "נשבע למרמה".

כי בעת הלידה השביעו אותו "ואפילו כל העולם כולו אומרים לו צדיק אתה", פי', אפילו יזכה לאור הנפש אשר כל אברים וגידין דעולם קטן שלו, מרגישין שצדיק גמור הוא, ומוטל בגן עדן, מ"מ לא יתן שום אמון בזה, בטרם שמגביה עיינין דקדושה.

וז"ס "מי יעלה" "ומי יקום", היינו דוקא "נקי כפים", כלומר, שזכה לנקות ב' בחינות קבלה שלו, דמותא, ודליבא "ובר לבב" היינו שזכה להשיג טעמי תורה וכל סודותיה כמ"ש "וידעת היום והשבות אל לבבך, כי ה' הוא האלקים וכו' אין עוד", "אשר לא נשא לשוא נפשי". כלומר, שהבין איך לעבוד ולשמש באור הנפש שהאיר לו השי"ת. "ולא נשבע למרמה". אלא הגביה העיינין כנ"ל; ודו"ק היטב בכל האמור פה כי היא העצה הישרה האמיתית שלא להלכד בעצת הס"א ההולכת ומשטת תמיד לדרוש ה' במקום שלא נמצא. כנ"ל. וע"כ צריך בכל יום להזכיר את עצמו בזה. וד"ל.

ומה אעשה לך אם לא תחשיב את דברי כראוי. ועל כן אתה מפזר כוחות בחנם, והלואי תשמע אותי מעכשיו, כי דברי תמיד בלא תוסיף ולא תגרע, וע"כ עדיין עומדים ומחכים אחר לב שומע ומי יתן!

והנה דברי אלו נאמרים בעתם כי עבודה המדויקת הנזכרת, מסוגלת ביותר בימים אלו שנקראים בספרים תקון "שובבי"ם ת"ת".

ואגלה לך ענין זה, כי בספרים נמצא אך רמזים בלתי מובנים כלל ועיקר להמון, אמנם סימנו "שובבי"ם ת"ת", "ת"ת ר"ת תלמוד תורה, ואין תקון אחר זולת "ת"ת". ו"מאן דלא ידע ציוויה דמארי" וכו'.

והענין ע"ד הנ"ל, כי אור העליון המתקרב אל האדם להטותו לתחיה נק' **נפש**, ע"ש קבלת בחי' נפישה באברים כל חד לשיעורו בעתו, אבל אין לו זכות קיום כלל בלי **רוח**, דהיינו השגת התורה כנ"ל.

וע"כ נקרא אדם זה "שובב", כמו נער קטן הנותן שתי ידיו בשק מלא דינרין, ומפזז ומכרכר, ואינו יודע מה לעשות בדינרין הללו, כי אינו יודע **בצורתא דזוזי** [בצורת הזוזים], ובטוב מקח וממכר. ונמצא מי שנותן מתנה שק דינרין לנער קטן, אינו עושה לו בזה טובה, אלא אדרבה הוא משובב ומשגע אותו ביותר, וזה שיעור הכתוב "נפשי ישובב", וכו'. כלומר, באם השי"ת אינו נותן **הרוח**, אלא **נפש** לבד, נמצא שהוא משובב ומשגע אותו, אבל "מתוך שלא לשמה בא לשמה", כנודע, והיינו, דקמסיים "למען שמו" פירוש, שמתוך זה יזכה לשמה. והבן.

וזה שאמר "שובו בנים שובבים" וכו', היינו, אותם שעוד לא זכו לרות. שה"ע השגת התורה כנ"ל, וכמו שדברתי אתך טרם נסיעתך, שהוא ענין קליפת פרעה מלך מצרים, שהיתה קליפה קשה כזו, ששום עבד לא היה יכול לברוח ממצרים מפני האורות שהי' ברשותם ליתן לכל אלה שנפלו ברשותם, עד שלא היה יכול לפרוש מהם. בסו"ה. "לי יאורי ואני עשיתני", כמו שפרשתי לך בעודך פה. ... אשר ע"כ בפרשת שמות, מתחיל השעבוד מגלות מצרים **ומסתיים לא לפני פרשת יתרו בקבלת התורה**. בסו"ה "וזה לך האות כי אנכי שלחתיך בהוציאך את העם ממצרים תעבדון את האלקים על ההר הזה" כמו שפירשתי לעיל.

ולפיכך מסוגל מאד לכל אדם הרוצה להשלים את החפץ הנדרש הימנו, שבאלו הסדרות "שובבי"ם תרומה תצוה" יפשפש במעשיו ויתקן דרכיו לקבלת התורה. ... וכל נצוצי אור נפשו שנשבו בקליפת מצרים, יקבץ אותם למקום תורה ובגעגועים ובכסופים גדולים. ובלימוד בשכל החיצוני על דרך "כל אשר תמצא ידך לעשות בכחך עשה", כנודע, עד שנזכה שיפתח לבנו בתורתו ובעמקי סודותיו ונזכה לקבלת התורה כמפורש בפרשת יתרו, והמשך הסדרות משפטים תרומה תצוה

ה"ע שמורה מעשיית העגל ושבירת הלוחות.

והנה בספרים מרומז תקון שובבי"ם על ענין הוצאת שז"ל הנקרא קרי כל, אמנם הוא ענין אחד: ע"ד שפירשתי, שמי שלא טיהר את הכלי קבלה דבחי' לבא, בהכרח שגם כלי קבלה דמוחא מטונפים הם, ואמונתו פגומה, כי לא יכול להאמין מה שאין עיניו רואות וכו'.

עד"ז ממש, מי שכלי קבלה דלבא מטונפים, בהכרח שמהרהר איזה פעם ביום, יבוא לידי קרי בלילה.

גם יחד עם זה ממש, בהכרח שיבוא לו מחשבה של מינות ח"ו הנק' "חמת קרי" כי כלי קבלה דלבא, וכלי קבלה דמוחא עולים ממש בקנה אחד, שאז "צדקת הצדיק לא תצילנו ביום פשעו", ונמצא כל אורות שקבל נופלים ברשת הס"א ודו"ק בזה: כי קצרתי, וכ"ז נמשך ר"ל עד שזוכים להמשיך רוח עם הנפש היינו קבלת התורה.

לא אוכל להמשיך בזה עוד וכבר בא העת שתקח דברי אל לבך אולי יתעשת ה' לנו ויערה עלינו רוח ממרום עד אשר חפץ ה' בידך נצליח...

יהודה ליב

אגרת נה

שנת תרצ"ב (1932)

ב"ה ב' דר"ח כסלו ד' תולדות תרצ"ב פעיה"ק ירושלים ת"ו בב"א

כבוד היקר לי מכל ... שליט"א

הן היום השגתי מכתבך עם בשורת הבנים, יתן ה' הברכה במז"ט ובשם טוב בקרב ישראל.

בדרך כלל מצאתי במכתב הזה שעה אחת של קורת רוח. הגם שלא מנעת גם מכאן את החיק הגופני מליטול חלק בראש, עם-כל-זה הנקודה אמנם רבה על הכתב, כמו שכתבת בעצמך.

ומה שכתבת שאנכי בכעס, או בדאגה עליך, על שלא כתבת לי כלום, זה שנתים ימים, כי כן אתה מרגיש. הנני להשיבך: כי הגם שהרגשה זו איננה מאכזבת מכללה, אולם מאוכזבת היא בצורתה, כי גלוי וידוע לפני השי"ת, שלא יקרני ח"ו שום טוב ורע ממשיגי הגוף, וכמאז כן עתה, אני עומד באחת, "ווי להאי שופרא דבלי בהאי עפרא [אוי ליופי זה שבלה בעפר זה]", ומכאן כל ששוני וכל יגוני.

ואחר ההקדמה הזאת, אבוא למלא דרישתך, שכתבת לי בזה הלשון: "אבקשך מאד שתכתוב לי איזה מלין חדתין דאורייתא [דברי תורה חדשים]".

יש לנו להתבונן מאד בדברי חז"ל, שכל דבריהם כגחלי אש. והנה אמרו: "יפה שעה אחת בתשובה ומעשים טובים בעולם הזה מכל חיי העולם הבא, ויפה שעה אחת של קורת רוח בעולם הבא מכל חיי העולם הזה". אשר לכאורה רישא וסיפא [התחלה וסוף] סותרים זה את זה, כי לאחר שהחליטו, ששעה אחת של עולם הבא יפה מכל חיי העולם הזה, ואם כן ודאי שהכוונה על החיים הרוחניים שבעולם הזה. דהיינו, "תשובה ומעשים טובים". כי אין ח"ו לחשוד שהמשנה מדברת מחיים של תענוג המדומה, הנוהג אצל רשעים, שוטים וגסי רוח.

כי כבר הורו לנו חז"ל: ש"רשעים בחייהן קרויין מתים". כלומר, שאותה הצורה של חיים, אשר הרשע יכול להדמות אליה, הרי הצורה הזו המות בעצמו. דהיינו, ההפכי מהחיים והאושר, באופן שהמיתה המובנת אצל הרשע בההעדר של התענוג המדומה, הרי זה מובן של שקר. כי העדר תענוג גופני, אינו הפכי מהחיים, שיהיה ראוי להגדיר בשם מיתה. אלא אך ורק הישות של תענוגים הגופניים, שהרשעים מקבלים וששים ושמחים, הן הם, אשר נארגים אליהם למחיצה של ברזל, ומפרידם מחיי החיים, ונשקעים בעלמא דמותא [בעולם הַמָּוֶת]. כמו"ש: "הוא שטן, הוא יצר הרע, הוא מלאך המוות".

ולפי זה גלוי בבטחה שדברי המשנה: "חיי העולם הזה", מורים על חיים רוחניים שבעולם הזה, כי לשון חכמים מרפא, ולא ידברו כזב ח"ו.

ועל זה אמרו, ששעה אחת של קורת רוח

תשנח עבודה רוחנית 758

בעולם הזה יפה ממנו. ואם-כן איך הוסיפו לומר ששעה אחת של תשובה ומעשים טובים בעולם הזה יפה מכל חיי העולם הבא? ואין לדחוק לחלק שענין תשובה ומעשים טובים, הוא דבר של טרחא וסבלנות. אשר על כן עומד נבדל מחיי העולם הזה, ועל-כן אמרו בתחילה, ששעה אחת של קורת רוח של עולם הזה יפה הימנו.

אמנם, הטרחא והיגיעה הריקנית מתענוג, הוא משובח מהתענוג הרוחני שבעולם הזה, שעולה עוד יותר מכל חיי העולם הבא. אולם דברים כאלו אינם מתקבלים רק בין קטני הדעת. ולא יבואו לעולם על שולחנם של חכמים. כי כבר הגדירו לנו חז"ל בזוהר הקדוש: "אשר באתר דאית טרחותא, תמן אית ס"א, בגין דס"א איהו בגריעו [במקום שיש טרחה, שם יש ס"א, משום שהס"א בחסרון], וכן כל הכרוכים אחריה, מה שאין כן הקדושה, תמן אית שלימו, וכל עובדין דקדושה איהו בשלימא [שם יש שלימות, וכל עובדי הקדושה הם בשלימות], בלי טרחא רק בתענוגים ואושר". עש"ה.

בטרם נחדור לעומק דבריהם ז"ל, אגדור לך היטב פירוש המילות האלו: עולם הזה ועולם הבא בדברי חז"ל: והוא כמו שמובא בזוהר בשם ספר הבהיר, דשאלו לר' רחימאי, מאי עולם הבא, ומאי לעתיד לבוא? והשיב להם: "בעלמא דאתי ובא". כלומר, שהשפע עומד לבוא לפנינו. ע"ש.

והנך רואה היטב ההפרש והגדר, בין עולם הזה לעולם הבא. אשר ענין הזה, הוא המושג לנו "בהוה", או שכבר השגנו "בהיה". מה שאין כן ענין עולם הבא, שאותה עדיין לא השגנו כאן עכשיו "בהוה", אלא שראוי לבוא לנו "ביהיה". דהיינו, לאחר זמן. אבל שניהם מדברים במה שאדם משיג ומקבל בעולם הזה, כי המובן של שכר הנשמה המקווה בעתיד, מובא בזוהר הנ"ל - שהיא מוגדרת אך ורק במלה "לעתיד לבוא". כלומר, שבטרם התיקון אין בני אדם שבעולם הזה, מוכשרים כלל לקבלו, אלא הנשמות המופשטות מגוף, או לאחר גמר התיקון, שאז עולם הזה יתעלה במעלה גדולה של עולם האצילות, ואין עתה להאריך בזה.

איתא [מובא]: "מתחילה עובדי עבודה זרה היו אבותינו, ועכשיו קרבנו המקום לעבודתו תרח אבי אברהם" וכו'. וצריכים להבין רצונו של בעל ההגדה, ביחס הזה של "תרח אבי אברהם", להזכיר לנו במובחר הזמנים, זמן חרותנו?

אולם אנו מוצאים כזה גם בתורה הקדושה, שכתוב: "וימת תרח בחרן". "ויאמר ה' אל אברם לך לך מארצך וכו'". כי הנה הסמיכות הזו מפליאה ומתמיה, אשר התגלות ה' בראשונה לאב הראשון, שהוא השורש והגרעין של כלל ישראל, וכל התיקון שהוא כולל כל השפע והאושר המקווה שיתגלה לנו, ושפע בעולמות לכל הצדיקים והנביאים מראש ועד סוף.

כי כן חוק הקדושה והרוחניות, אשר השורש כולל בעצמו כל הצאצאים, אשר באים ומתגלים בסבתו, כמ"ש ז"ל על אדם הראשון שהיה כולל לכל הנשמות שיבואו בעולם. וכן הבכור, כולל לכל הבנים הנולדים אחריו כנודע בספרים. ואם כן היה צריך לכאורה להפסיק בכמה כתובים בין שמו של תרח, להתגלות הראשון של אברהם, שהוא שורש הכל, כאמור.

וצריך אני להסביר כאן ענין עבודה זרה בשורשה. והוא ע"ד שאיתא [שמובא] בספרים, על הפסוק: "לא יהיה בך אל זר", אשר המובן הוא, שהשי"ת, לא יהיה אצלך כמו זר. כלומר, כי העבודה לאדם זר הוא של טורח, ועל כן הוא ע"ז. אלא עבדות השי"ת צריכה להיות באהבה ובשמחה, ואז מקומה בקדושה, ולא זולת.

וכמו כן איתא [מובא] בשם הבעש"ט ז"ל: "לא יהיה לך אלהים אחרים על פני", כי המאמין שיש כוחות אחרים (על פני) זולת כח השי"ת, המכונה "אלקים", הרי זה עובד ע"ז, והדבר עמוק. והוא משום שהעובד ה' אינו צריך לשום שינוי במערכה הגשמית, להיותה מסודרת בעין טובה (ויפה) ונפלאה. כמ"ש בשיר היחוד: "מכל חפצך לא שכחת, ודבר אחד לא חסרת. לא החסרת ולא העדפת ודבר

ריק בם לא פעלת".

והמערכה הגשמית מסודרת באופן כזה: שכל בני העולם יתחברו ויוכשרו לעבודתו ית', כמ"ש: "כל פעל ה' למענהו". וז"ש: "לא היה שמחה לפניו כיום שנברא בו שמים וארץ". וכן מקרא כתוב: "וירא אלקים את כל אשר עשה והנה טוב מאד". אמנם מסודרת באופן הראוי לעבודה כזו, שמוכשרת לשכר הנפלא, אשר "עין לא ראתה אלקים זולתך". והוא ענין **העבודה ושכר**, המסודר לנו לעינינו בעולם הזה, בגשמיות.

וכאן אנו רואים שכל תשלום שכר, הוא לפי צער המושג לעובד בשעת העבודה. אבל המושג של היגיעה ויסורים המתגלים בשעת העבודה, נערכים ונמדדים בשיעור הרחקת התשלומים. משעת היגיעה, כי טבעי הוא, שהתשלומים מכבים ועוקרים היסורים של היגיעה משורשה. כלומר, שאינה מושגת לצער, לא מינה ולא מקצתה.

והגע בעצמך, אם אתה מחליף פרה בחמור, הרי מושג לך הקורת רוח שאתה משיג בחמור, בשוה בכל רחבה והקיפה אל הפרה, ועל כל פנים לא פחות הימנה. כי אלולא כן לא היית מחליף אותה בחמור. וגם הפועל, לולא בעל הבית היה נותן לו תשלומים ותמורה כזאת, אשר מעמידו בקורת רוח, לא פחות על-כל-פנים מבטרם עבודתו. הנה ודאי, שלא החליף עמו עבודתו בשכרו. כי ודאי שכונת הפועל להרויח ולקבל נייחא דרוחא בסבת החליפים, ולא להרבות עוד איזה עצב על עצביו, והוא דבר פשוט ומובן לכל.

ואמת שיש כאן פרטים יוצאים מהכלל, אבל הכוונה על רוב העולם. כי מחיר היגיעה לאמיתה, הנה מתאמתת רק ברוב בני העולם, ולא בפרטים.

והנה אחר כל האמור לעיל הרי שחוש מכחיש כי סוף סוף, נדמה כי הגוף לא יעשה חשבונות שכליות, והוא מרגיש כתוב פחות או יותר בשעת העבודה, ואין ענין תשלומים מכבה כלל, אש הכאב של היגיעה לשעתו.

אבל באמת החשבון צודק, כי הגוף אינו מתענג ומצטער מן היהיה, אלא מן ההוה. ולפיכך אם בעל הבית היה עומד עליו ומשלם לפועל את תשלומיו, בהוה, כלומר, לרגעיו, בעד כל הרגש הוא (הווי) יתן לו פרוטה, בטוח הדבר שלא היה מרגיש כלל את יגיעתו, מפני שהתשלומים היו מכבים את הכאב, והיו עוקרים אותו משורשו.

אולם בעל הבית לא יעשה כן, אלא משלם לו תשלומיו והחליפין בסוף עבודתו. אחר יום, או שבוע, או חודש. ועל-כן **הגוף הבהמי** שאינו מתענג ומצטער מהעתיד הוא יכאב וידאג, משום שהוא באמת מפסיד כל טרחתו להרגשה הבהמית.

היוצא מדברנו שהגוף המקבל את התשלומים לא עבד כלום, והגוף שעבד לא קיבל כלום תמורתו, דע"כ הוא בפירודא, שאינו נהנה רק מרגע ההוה והרגש העתיד, נרגש לו כגוף זר. והבן זה מאד.

בוא וראה, הסוחר בעל החנות, אשר הוא באמת מקבל שכרו בהוה, דהיינו, בעד כל רגע ורגע, שטורח וסובל בעת שימושו את הקונים, הריהו באמת אינו מרגיש כלל בטרחתו, אלא אדרבה הוא שש ושמח בשעת הפדיון, והיגיעה הכרוכה עם הפדיון, נעקרת אצלו משורשה, ואינו דומה לפועל שמקבל שכרו בערב, שהוא בעצב ובצער בשעת עבודתו.

וזה שאמרתי: אשר כל מושג של כאב ויסורים שישנו במציאות, הוא אך ורק בהרחקת התשלומים משעת העבודה. גם אם תעיין יותר, תמצא אשר כריחוק הזמן ביניהם, כן יתרבה הכאב של העבודה, וממש כמו שתי טפות של מים שוים זה לזה.

ועם האמור מובן הגדר של ב' השמות, "צדיק" ו"רשע", כי האדם אינו הולך בטל בעולם הזה, ובהכרח בכל רגע יש לו איזה הרגשה בסבת מציאותו בעולם, או לברכה, או לקללה ח"ו. כלומר, שענין הברכה שאנו מצווים לברך את הבורא ית', הוא ענין הנעשה מאליו. כמו שהעשיר הנותן מתנה הגונה לעני, הוא יודע בבטחה, שהעני מברך אותו על זה, ואינו צריך להטות אליו אזנו למה שמוציא מפיו. וכן להפך אם אדם מכה ומקלל את חברו, הוא יודע בבטחה שחברו

מקלל אותו, ואינו צריך לתת דעתו על זה.

ועל דרך זה ממש, אם האדם נהנה ממציאותו בעולמו של השי"ת, הרי באותו הזמן נמצא מברך לבוראו, שברא אותו להנותו, וכמעט שאינו צריך להוציא בפיו, כנ"ל. ולהפך ח"ו, אם האדם מרגיש איזה כאב, בזמן מציאותו בעולמו של השי"ת, הרי באותו הזמן, עושה להפך ח"ו, כנ"ל.

ואף-על-פי, שאינו מוציא דבר מגונה מפיו, מכל-מקום **ההרגשה היא השולטת**, וזהו השם: "רשע". כי בשעה שמשיג איזה כאב, בהכרח הוא, שמרשיע ח"ו וכו'. כי התרעומת מתבטאת בהרגשה עצמה, ואינה צריכה להתגלות ברבים.

והגם שמוציא מפיו איזה ברכה, הרי זה דומה לחנופה ח"ו בדומה לבעל-הבית המכה את עבדו, והעבד אומר לו, אני נהנה מאד מהמכות, אני שש ושמח בכל לבי. על-זה נאמר: "דובר שקרים לא יכון".

ועל-פי הדברים האלו, תבין גם הגדר של השם: "צדיק", שהכוונה היא על אדם השרוי בעולמו של הקב"ה, ועם כל זה הולך ומקבל תמיד הרגשות טובות ונעימות, והוא שרוי בתענוג בתמידיות. אשר ע"כ נמצא תמיד מברך את השי"ת, שבוראו להמציא לו עולם טוב ומשמח כזה. וגם הוא, ודאי אינו צריך להוציא הדברים במוצאות הלשון דוקא, כי ההרגשות בעצמם המה הברכות שהוא הולך ומברך את השי"ת. כמוסבר במשל הנ"ל. וע"כ נקרא "צדיק". שמצדיק את הבריאה ומרגישה כמות שהיא באמת. כמ"ש: "וירא אלקים את **כל אשר עשה** והנה טוב מאד". וז"ש: "וצדיק באמונתו יחיה". והוא בא ללמדנו כוחו של הצדיק, כי לכאורה הוא דבר בלתי מובן לאיש פשוט, כי איך אפשר שימצא אדם בעולם הזה, ויהיה נפלט מכאב ויסורים; ועוד יותר פליאה, שיהיה הולך ושורה בתענוג תמידי, שלכאורה הוא נגד החוש!

אבל עם האמור תבין, שכל ענין **המושג** של יגיעה וכאב שישנו במציאות, הוא מצוי רק בבחינת ההרחקה של התשלומים מן העבודה, אשר על-כן, אף-על-פי, שיש בערכם של התשלומים לכבות את היסורים, ולעקור אותם מעיקרם. מכל-מקום אינם פועלים עליו בשעת העבודה, ויש לו זמן להרגיש אותם כנ"ל בארוכה. וכמשל בעל החנות. - אשר כאב טרחתו נעקר לגמרי, והביט על מקומם ואינם כלל בשעת הפדיון ושימוש הקונים. מהסיבה שהשכר והיגיעה באים כאחד, ואין ביניהם רוח של זמן שיתגלה הכאב של הטרחה. והבן היטב.

ובזה תבין בפשיטות דברי הזוהר: "אשר באתר דאית טרחותא תמן אית סטרא אחרא, בגין דאיהו בגריעו, וכל עובדין דילה הוא בגריעו [במקום שיש טרחה, שם נמצא הסטרא אחרא, משום שהיא בחסרון, וכל המעשים שלה בחיסרון]" וכו' ע"ש. והוא כי מי שזוכה לאמונה שלמה, הרי **היהיה משמש אצלו בהוה ממש**, דאי לאו הכי [שאם לא כך], לא נקראת שלמה. עד"מ: - אם אדם נאמן מבטיח לי דבר מה, הרי אני כאלו קבלתי הדבר בידי, ואם אמנם חסר מהרגשתי איזה שיעור, כלומר, שאני מרגיש שהיה נעים לי יותר אם הייתי מקבל באמת הדבר בידי, אם-כן נחסר לי זה השעור ממש באמונתו בו. והבן זה מאד.

נמצא מובן מאליו, אשר אדם צדיק שזוכה לאמונה שלמה, בשעור שאמרו ז"ל: "נאמן הוא בעל מלאכתך שישלם לך שכר פעולתך". בהכרח שמרגיש בכל קורטוב וקורטוב של כאב טרחתו, את תשלומיו שמקבל מהשי"ת, **אע"פ שעדיין לא קבלם בהוה**, אמנם בשביל זה מאירה לו אמונתו בשלמות, באופן אשר הנתינה בעצמה, אין לה מקום להוסיף אפילו חלק הקטן ביותר, של נייחא דרוחא.

כי אם היתה הנתינה חשובה במעט מן ההבטחה, - ואפילו שיהיה בתכלית הקטנות - א"כ עדיין לא הגיע לסופה של האמונה, ואם כן **לא נקרא צדיק**. אלא בהכרח שהגיע לסופה של האמונה, **שההבטחה משמשת לו כנתינה**, ואין לו כל חילוק בין **יהיה להוה**, ואם כן הרי הוא דומה **לבעל החנות**, שלא שייך שיתגלה אצלו מקום כאב הטרחה בשעה

שמשמש את הקונים, היות שהטרחא והתשלומים באים כאחד. וז"ש: "וצדיק באמונתו יחיה".

ובזה מובן דברי הזוהר, ד"**באתר דאית טרחא תמן ס"א וכו', ואין הקדושה שורה אלא בשלימו" וכו'**. ע"ש. שהרי סימן מובהק הוא, אם הוא זכה להיות דבוק בקדושה, בהכרח שזכה לאמונה שלמה. ואם כן הרגש הטרחא והיגיעה מניין לו? אלא בהכרח שהס"א שורה עליו, כי אמונתו אינה שלמה. ואם כן בהכרח, שהוא מקבל הרגשים של צער, שאז נקרא "רשע". כמ"ש לעיל בארוכה ע"ש.

וז"ש: ש"רשעים בחייהם קרויים מתים". שהרשע "קצר ימים ושבע רוגז". "וצדיק באמונתו יחיה". והבן.

ובזה תבין קושיית הפילוסופים, על תורתנו הקדושה, במצוה של אהבת השי"ת. כי לפי חוקי הטבע, אין ענין מצוה וכפיה נוהגת באהבה. אלא הוא ענין המגיע מאליו וכו'. כמו שהאריכו בשטותם.

ובהאמור, תבין כאן מקום שאלה. כי לא נתנה תורה אלא לבני-ישראל, שזכו מקודם לאמונה שלמה. כמ"ש: "ויאמינו בה' ובמשה עבדו". וכן הקדימו "נעשה לנשמע" כנודע.

ועל דרך זה השגנו כל התרי"ג מצוות, לעבוד אותם בהקדם האמונה השלמה כנודע, שהוא התרעא לדרתא [שער לדירה]. ואם כן יהיה שעור הכתוב **ואהבת את ה' אלקיך**, תלוי ממש בידו של האדם, דהיינו שיתאמץ בכל כוחו, לבוא במדריגה תמידית כזו, שיהיה הולך ומקבל תמיד שפע קודש, ומטרות עוז, וכל נועם בתענוג תמידי, ואז האהבה בטוחה לו מאליו, כפי שהיא ארוכה בחוקי הטבע, באופן ששעור האהבה ומצוותה, הוא ענין הכשרתנו לקבל ממנו תענוג תמידי, נועם על נועם, כדרך הקדושה, שמעלין בקודש.

וזהו ודאי בידינו, דהיינו, תיקון האמונה, כאמור. שאם זה ודאי אור אהבתו ית' בא מאליו, כי הרגש קבלת התענוג, היא עצמה הביטוי של אהבה וברכה לנותן. בדומה לנר ואורה, והוא פשוט.

יהודה ליב

אגרת נו

שנת תרצ"ב (1932)

ב"ה כ"ג כסלו וישב תרצ"ב

לכבוד החסיד וכו' מהר' ... נ"י

מכתבך קבלתי היום והבנתי אותו. - אולם אמצא לנכון, כי תדע גם את דעתי בדברך זה, הגם שלפי השערתי, אין לך עדיין כל קבלה עליהם. ועל כן לא יהיו הדברים משמחים אותך, ולא יהיו חביבים כ"כ בעיניך - ועל-זה האמת יורה דרכו.

הנה רבים אומרים "מי יראני טוב", ועם כל זה, מיעוטא דמיעוטא מוצאים את זה. וצריך אם כן להבין, איה טמון המכשול הגדול הנמרץ הזה, המכשיל את הרבים בלי חמלה.

כבר העירותיך כמה פעמים, על החוק המפורסם בספרים הקדושים: שאין שום דבר ניתן אלא "בזכות". דהיינו, על ידי יגיעה, המכונה בכל מקום: "אתערותא דלתתא [התעוררות מלמטה]". שזולתה לא יארע לעולם בשום פנים, כל **השפעה מלעילא** המכונה: "אתערותא דלעילא [התעוררות מלמעלה]".

הדברים והחוקים הללו מפורסמים לכל, אולם שעורם לא ידוע, או לא ירצו לדעתם, ובגלל זה, יש בנין גדול של הס"א, העומד ומיקל בדבר - **אשר א"צ יגיעה למעלה מכח אנושי**. ובשעת הדחק, יש לו תורה שלמה מפי סופרים וספרים, להראות טובו ורחמנותו של הנהגתו ית', עם האדם שאינו מקפיד כל-כך. ויש לו מן המוכן אלף ראיות על זה ברגע אחד, כמ"ש: "אין הקב"ה בא בטרוניא עם בריותיו", וכדומה.

ועל זה וכיוצא בזה, אמרו ז"ל - שהתורה נקראת ס"ם. משום שאם לא זכה נעשה לו התורה עצמה סם המות, משום שלומדים תורה מפי ס"ם הרשע ר"ל, וממנו המה מבינים, ודברי תורה שלו מתקבלים מיד על הלב, גם שמורים בזכרון תמיד, שהוגים בהם יומם ולילה - ר"ל ממנו ומהכרוכים אחריו.

ומה נעשה לאלה ואיך נוכל להושיט להם ידינו, או להזיזם בשעור מה ממקומם, באותה

שעה שאינם מוכנים כלל **לאתערותא דלתתא** [התעוררות מלמטה]? **רצוני לומר, אפילו אם נצליח על-ידי רחמי שמים, להמשיך עליהם התעוררות הגדולה ביותר של הגוף, לנהום ולחשוק אליו ית'. עם-כל-זה לא ירצו, או לא יוכלו עם כוחם זה, לתת את שעור אתערותא דלתתא המשוער לאתערותא דלעילא** [שעור ההתעוררות מלמטה המשוער להתעוררות מלמעלה]. **אשר הקב"ה לא ותר על-זה מימות עולם עד היום הזה, ותמיד. כי "חוק נתן ולא יעבור".**

ועל-זה נאמר: "בסאסאה בשלחה תריבנה", אשר הקב"ה מודד לאדם סאה בסאה. וכן מקרא כתוב: "כי לא שלם עון האמרי עד הנה", שהכונה גם-כן על הגדון שלנו. כי עון האמורי הוא ענין הקליפה השומרת ומסבבת על הפרי, הנקראת "אתערותא דלעילא [התעוררות מלמעלה]**", או ארץ ישראל. והקליפה הזאת לא תזוז ממקומה כחוט השערה, בטרם שישראל משלימים בדיוק נמרץ את שעור "אתערותא דלתתא** [התעוררות מלמטה]**", המחויב שנקרא "זכות". דהיינו, היגיעה ועמל למעלה מכח אנושי.**

כי כל שבכחו לעשות נקרא עבודה סתם, ואינו נקרא עוד יגיעה, וכשבאים ישראל עד לנקדה זו, אז משלימים שעורם, ואז מכונה: "כי שלם עון האמורי". כלומר, שניכר לכל, שאין ארץ-ישראל וכבוד ה', שה"ס השכינה הקדושה, שייכת להם. ואז שוברים אותה הקליפה שנקר' "אמורי", ומקימים שכינה מעפרא, ולא קודם לזה אפילו רגע כמימרא. שז"ס, המספר המפורש "ד' מאות שנים", המראה לנו בדיוק הגדול, השייך בענין הזה, שאין ענין ויתור נוהג כאן כלל וכלל. וכמו שאמרו ז"ל, שענין דילג את הקץ, שהיה מחויב ומוכרח בשביל כלל ישראל, הנה, הדילוג הזה, גרם לכל הגלויות עד הנה, כנודע.

ונודע גם-כן, שכלל ופרט שוה, כי גם לכל פרט מישראל, בנוגע לנשמתו, נוהג בו ענין ביאת הארץ, וכל האמור בכלל ישראל. וכי באתערותא דלתתא [בהתעוררות מלמטה] **שלו יש לו גם אותו המספר "ת" שנים, שה"ס "ת" מות, "ת" חיים. שאמרו ז"ל עש"ה - שענין ת' שנים של השעבוד, הוא ענין המקום שנותנים לו לפרוע שעור היגיעה שלו, בדיוק, שבזה אין ויתור אפילו כחוט השערה, כאמור.**

מכאן אמרו ז"ל: "לא יגעתי ומצאתי אל תאמן". וכן: "אין התורה מתקיימת אלא במי שממית עצמו עליה". וכן: "הרוצה לחיות ימית את עצמו". ועוד כהנה רבים.

וכנגד זה אמרו: "יגעתי ולא מצאתי אל תאמן", כי ידעו ז"ל שאותו ס"ם הרשע שתורתו בידו להראות כי אפשר למצוא את ישועת השי"ת, בלי יגיעה למעלה מכח אנושי, שבו מרפים ידיו מ"מאתערותא דלתתא [מהתעוררות מלמטה]**", ודוחים אותו יום יום לתהום רבה.**

הנה אחר-כך, כשחוזר ומכיר בשקרו, ומוצא אמונתו בדברי חז"ל - אשר חסרון היגיעה ואתערותא דלתתא הורידו אותו לטמיון, ועל-כן רוצה להתחזק ולמסור נפשו בעבודת ה', - הנה אז מיד חוזר עליו בכפירה חדשה. אשר גם יגיעה אינה מועלת כלל, כי ח"ו אינו שומע תפלת כל פה. דהיינו, שיש לו ראיות מן המוכן, להראות שישנם מתיגעים ואינם מוצאים כלל ח"ו. ועל-כן הזהירו: "יגעתי ולא מצאתי אל תאמן" ח"ו.

הנה הראיתי לך את הרשת שבו נדונים נשמות העשוקות שאין להם מנחם. דהיינו, הטעות הזה, בפירוש המלה של יגיעה, אבל אמת הכתוב "ומשחרי ימצאנני".

עוד רעה רבה אראה בעולם, אשר הנלכדים ברשת הס"א, נמצאים שמתיגעים שלא לצורך, שהוא רק ציור של עונשים. כלומר, שאינו מצטרף כלל בחשבון "ת" שנים. ועל-זה לבי דאבה יותר מהכל. ועל כיוצא בזה צריך אדם להתחזק בתפלה: "יהי רצון וכו', שלא ניגע לריק" ח"ו. כי צריכים הצלחה גדולה בדבר הזה.

גם תדע שענין היגיעה והעמל המתגלה בלב האדם בשעת תפלתו, היא היותר נאמנה ויותר מצלחת ומגיעה למטרתה מכל הענינים שבמציאות.

יהודה ליב

אגרת נז
שנת תרצ"ב (1932)

ב"ה ראש לחדשים נשיא לבני יהודה תרצ"א פעיה"ק ירושלים תובב"א

לכבוד האברך המפורסם החסיד בנש"ק מו"ה ... נ"י.

מכתבך קבלתי, ובמקום שאתה מצטער על מה שאינו חסר, מוטב לדאוג, על מה שחסר. וזה הכלל, כל מה שתלוי ביד השי"ת, הוא מצוי בשפע גדול. ורק על כלי קבלה שאי אפשר שיותפעלו זולת על ידי התחתונים. כי ליגיעתם בקדושה וטהרה. הוא יתברך עומד ומצפה. ועל זה אנו דואגים, איך לזכות לרבוי יגיעה. והמוסיף על זה ודואג ללא צורך, נמצא גורע. ומלבד שאין לו צורך כלל, נמצא גם כן למזיק. והבן זה היטב.

ובשאלת חבר שאתה שואל - אין לי ברגע זה במה להתנגד "וכל הערום יעשה בדעת" וכו'. וביתר השאלות שאתה רוצה תשובות ממני. אענה לך תשובתי האחת על כולנה.

אין מצב יותר מאושר בעולמו של האדם, אלא בשעה שמוצא עצמו כמיואש מכחותיו עצמו, כלומר, כי כבר יגע ועשה כל מה שמצוייר בכוחו לעשות ותרופה אין. כי אז ראוי לתפלה שלמה לעזרתו ית'. שהרי יודע בבטחה שעבודתו עצמו לא תביא לו התועלת, וכל עוד שמרגיש איזה כוח עבודה מצדו עצמו, אין תפלתו שלמה. כי היצר הרע מקדים עצמו, ואומר לו, שמחוייב קודם לעשות מה שבכוחו, ואחר כך יהיה רצוי להשי"ת.

ועל ז"א: "רם ה' ושפל יראה" וכו'. כי אחר שהאדם מתייגע בכל מיני עבודות ומתאכזב הוא בא לשפלות אמיתית. שיודע שהוא השפל שבאנשים, כי אין לו שום דבר המועיל בבנין גופו, ואז תפלתו שלמה, ונענה מידו הרחבה.

ועל זה אומר הכתוב: "ויאנחו בני ישראל מן העבודה וכו' ותעל שועתם" וכו'. כי כלל ישראל באו בזמן ההוא למצב מיואש ר"ל "מן העבודה". כמו השואב בכלי מנוקב, שהולך ושואב כל היום, ואין לו טפת מים לרוות צמאונו, כן בני ישראל במצרים, כל כמה שבנו היה נבלע הבנין במקומו בקרקע, כמ"ש חז"ל.

כמו כן מי שלא זכה לאהבתו ית', כל מה שפעל בעבודתו בטהרת הנפש ביום האתמול, נמצא כמו נשרף כליל ביום מחר. וכל יום וכל רגע, צריך להתחיל מחדש, כמו שלא פעל כלום מימיו. ואז "ויאנחו בני ישראל מן העבודה". כי ראו בעליל, שאינם מוכשרים לעולם, שיצמח מה מעבודתם עצמם. ועל כן היתה אנחתם ותפלתם בשלמות כראוי, ועל כן "ותעל שועתם" וכו'. כי השי"ת שומע תפלה, ורק לתפלה שלמה הוא מחכה.

היוצא מהאמור, שאין שום דבר קטן או גדול, מושג רק בכח התפלה, וכל ענין היגיעה והעבודה שאנו מחוייבים, אינם אלא לגלות את מיעוט כחותינו ושפלותנו, שאין אנו ראויים לכלום מכחנו עצמנו, כי אז אנו מוכשרים לשפוך תפלה שלמה לפני יתברך.

ואין לטעון על זה, אם כן, אני מחליט מראש בלבי שאינני ראוי לכלום, וכל הטרחא והיגיעה למה לי? אמנם חוק הוא בטבע, שאין חכם כבעל הנסיון, ובטרם שאדם מנסה בפועל לעשות כל מה שבכוחו, אינו מוכשר בשום אופן לבוא לשפלות האמיתי, בשיעור האמיתי כאמור.

ולכן אנו מחויבים להתיגעות בקדושה וטהרה, כמ"ש: "כל אשר תמצא ידך לעשות בכוחך עשה וכו'". והבן זה, כי עמוק ואמת הוא.

לא גיליתי לך את האמת הזה, אלא כדי שלא תרפה ידיך ואל תתיאש ח"ו מן הרחמים. ואע"פ, שאינך רואה כלום, מפני שאפילו בשעה שנגמרה הסאה של יגיעה, הוא הזמן של תפלה. ועד שם האמן בחז"ל: "לא יגעתי ומצאתי אל תאמין". וכשיגמר הסאה יהיה תפלתך בשלמות, והשי"ת יענה כידו הרחבה, וזה שהורינו ז"ל: "יגעתי ומצאתי תאמין". כי אינו ראוי לתפלה מקודם זה, והשי"ת שומע תפלה.

יהודה ליב

אגרת נח
שנת תרצ"ב (1932)

ב"ה יום ה' אדר תש"א לפ"ק פעיה"ק ירושלים ת"ו

לכבוד הרה"ק מדברנאה דעמי' נהורא דנהיר עדי עד ולא פסיק לעלמין גזע קודש הקדשים וכו' ...

... השאלה היתה, מהו הרמז של "המן מן התורה מנין", מתוך הכתוב "המן העץ אשר ציויתיך לבלתי אכול ממנו" וכו'. ואמר שהשאלה היתה היכן מצאנו בתורה שהשי"ת יזמין שליח להחזיר לאדם למוטב בעל כרחו, כמו שהיה בהמן, כמ"ש "אני אעמיד עליכם מלך כהמן ובעל כרחכם אתם חוזרים למוטב". וזה שהראו חז"ל על הכתוב "המן העץ אשר ציויתיך" וכו'. כי אז נברא היצה"ר שהוא מלאך המות המכריח לאדם לעסוק בתורה, כמ"ש "בראתי יצה"ר בראתי תורה תבלין" כי אם לא יעסוק בתורה הרי היצה"ר ממית אותו. ונמצא שגילוי החטא דעצה"ד הממית המבואר בכתוב "המן העץ" וכו'. הוא השליח המכריח לאדם לחזור למוטב בעל כרחו. בדומה ל"אני אעמיד עליכם מלך כהמן ובעל כרחכם אתם חוזרים למוטב".

ואם לא הי' נלכד ברשת הנחש והמתין על שבת והיה מקדים אכילת עצה"ח לאכילת עצה"ד היה זוכה לתיקון שהיצה"ר יהי' תבלין לתורה, ולא היה צריך לשליח מכריח כהמן. ע"ד "בראתי יצה"ר בראתי תורה תבלין", אלא להפך שיצה"ר היה נעשה תבלין לתורה, ועכשיו שחטא הוצרך לשליח מכריח וכו'. ודפח"ח.

ועל זה הוספתי על פי מקור יותר גבוה שיש בקדושת השבת, כי מה שהיצה"ר נעשה תבלין לתורה, ה"ס סעודת ליל שבת. וז"ס המרומז בזמירות האריז"ל "למיעל גו פתחין דבחקל תפוחין [להכנס לתוך הפתחים שבשדה תפוחים]", בסו"ה "זה השער לה'". וכמבואר בכל ההמשך של הזמירות אלו. וביום השבת בסעודתא דעתיקא קדישא, אז אפשר לקבל ממקום הגבוה ביותר, אשר התורה אינה צריכה שם לשום תבלין, דהיינו, בסוד "אורייתא וקוב"ה חד הוא". והיינו, על ידי עליה לעולם האצילות, ששם נאמר "לא יגורך רע" כנודע. ולפי זה נמצא, שאם היה אדם הראשון ממתין בזווגו על שבת, היה זוכה למדרגה הנפלאה של "אורייתא וקוב"ה חד הוא". כי בזמן אדם הראשון היו העולמות גבוהים מאד, כמ"ש במרשב"י קדושים.

ובאמת גם אחר החטא היה יכול לעלות לאצילות, בסוד העליה דשבת, ולא לירד משם. שזה סו"ה "פן ישלח ידו ולקח גם מעץ החיים ואכל וחי לעולם". כי היה שם בסוד "אורייתא וקוב"ה חד הוא". אלא שהקב"ה גרשו משם, כמ"ש "ויגרש את האדם" וכו'. אכן יש להקשות ומאי איכפת ליה להשי"ת אם היה אוכל מעצה"ח וחי לעולם?

והתשובה היא, כי כל הקדושה הנפלאה ד"אורייתא וקוב"ה חד הוא", שהיתה מגולה בסוד השבת, היתה רק בסוד הלואה בלבד. כי שבת ה"ס "אתערותא דלעילא [התעוררות מלמעלה]", בלי שום "אתערותא דלתתא [התעוררות מלמטה]". אמנם ודאי אין האורייתא נשלמת רק על ידי אתערותא דלתתא [התעוררות מלמטה], בקיום התורה והמצות, ולפי זה יש לתמוה, איך זכה בשלימות בבחינת קוב"ה, אם האורייתא עוד לא היה לו בשלמות? וזה שתירצו חז"ל בסוד שאמר הקב"ה, "לוו עלי ואני פורע". כלומר, שאני יכול להלוות לכם שלמות התורה עד גמירא [עד תום], עד שיהיה מספיק לבחינת "אורייתא וקוב"ה חד הוא", והוא משום "אני פורע", כלומר שאיני חושש כלל ל"לוה לרשע ולא ישלם". כי בידי הוא להעמיד עליכם מלך כהמן ובעל כרחכם אתם חוזרים למוטב, ותקיימו התורה מאהבה. "וכל העומד לגבות כגבוי דמי". ועל כן אני מלוה לכם ביום השבת. בסו"ה "וצדיק חונן ונותן". ולפיכך לא רצה השי"ת "שישלח ידו ולקח מעץ החיים" וכו'. כי אז לא היה אדה"ר פורע ומגלה את אורייתא בבחינת אתערותא דלתתא [התעוררות מלמטה], והיתה נשארת בבחינת הלואה. ואז היתה מופרכת מעיקרה. כי אורייתא שאינה

נשלמת איננה ראויה כלל לבחינת "אורייתא וקוב"ה חד הוא". כמובן. אלא שהשי"ת כבר חושב ההלואה, כמו שכבר היתה נפרעת, מתוך שבידו הוא להכריתו. "וכל העומד לגבות כגבוי דמי" כנ"ל. ועל כן הכריתו באמת: "ויגרש את האדם" וכו'. כדי שישלם את ההלואה. ובאמת גם הגירושין הוא נמשך מאכילת עץ הדעת. וז"ס מה שאמרו ז"ל על הכתוב "נורא עלילה לבני אדם". ענין החטא דעץ הדעת בעלילה באת עליו וכו'. ומובן עם הנ"ל דהיינו, כדי להכריתו לשלם את מה שלוה.

ועם דברים אלו מתבאר גם כן דברי קדשו במ"ש שהרמז דהמן מן התורה הוא, כי ענין עץ הדעת הוא בחינת, "אני מעמיד עליכם מלך כהמן" וכו'. כי כמו שהמן רצה להשמיד ולהרוג ולאבד את כל היהודים טף ונשים ביום אחד, כן עץ הדעת, ביום אכלכם ממנו מות תמותון; וכמו שעל ידי פחד המיתה מכח גזירת המן הכריח אותם לתשובה מאהבה, כן גילוי החטא דעץ הדעת המבואר בסו"ה: "המן העץ אשר צויתיך" וכו'. יכריח את האדם לתשובה מאהבה. בסוד "בראתי יצה"ר בראתי תורה תבלין". כי אם לא יעסוק בתורה תיכף ימות בעטיו של נחש. וכו'. והשי"ת יעזור לנו לשלם מה שהלוינו ונזכה לגאולה שלמה.

יהודה ליב

הסתר וגילוי פנים של השי"ת - א

הסתר א'

(ציור) שאין פניו יתברך מגולים, דהיינו שאין השם יתברך מתנהג עמו בהתאם לשמו יתברך הטוב ומטיב, אלא חס ושלום להיפך מזה, כי הוא מקבל ממנו יסורין, או שהוא מחוסר פרנסה, ויש לו בעלי חוב מרובים הממררים לו את חייו, והוא מלא טרדות ודאגות כל היום. או שסובל חס ושלום ממחלות. ואינו מכובד על הבריות. כל תכנית שמתחיל אינה עולה בידו לגומרו. והולך כל היום בלי סיפוק נפשי.

והנה באופן זה אין האדם רואה את פניו הטוב של השם יתברך. כמובן אם הוא מאמין שעל כל פנים השם יתברך סובב לו הדברים הללו, או מחמת עונש על העבירות שעשה או כדי להיטיב באחריתו, כמו שכתוב "את אשר יאהב ה' יוכיח", וכן אשר הצדיקים תחלתן יסורין מחמת שהשם יתברך רוצה ליתן להם בסופם שלוה רבה, אבל אינו נכשל לומר שכל זה הגיע לו מגורל עיור ומטבע חס ושלום בלי חשבון ודעת, אלא מתחזק להאמין שהשם יתברך סובב לו בהשגחתו את כל אלה, נבחן שרואה על כל פנים את האחורים של השם יתברך.

הסתר ב'

הסתר ב' דהיינו הנקרא בספרים הסתר תוך הסתר, פירושו, שאינו רואה אפילו את האחורים של השם יתברך, אלא אומר, שהשם יתברך עוזב אותו ואינו משגיח עליו, וכל היסורים שמקבל תולה שקיבלם מתחת ידי הגורל העיור והטבע. והוא, כי דרכי ההשגחה נעשים לו מסובכים ביותר, שמביאים לידי כך עד להתפקר חס ושלום.

דהיינו (ציור) שמתפלל ועושה צדקה על צרותיו ואינו נענה כלל, ודוקא בשעה שפוסק מלהתפלל על צרתו, אז נענה. בכל שעה שמתגבר להאמין בהשגחה, ומטיב מעשיו, פונה לו ההצלחה עורף ויורד אחורנית באכזריות גדולה, ובשעה שמתפקר חס ושלום, ומתחיל להריע מעשיו, אז מתחיל להצליח ביותר, וינשום להרוחה ביותר.

לא יזדמן לו פרנסה בדרך כשרות, אלא דוקא בדרך הונאה להבריות, או על ידי חילול שבת, וכדומה.

או, שכל המכירים שלו שהם בעלי תורה ומצוה, סובלים עניות, ומחלות מרובות, ומבוזים מאד בעיני הבריות, והבעלי מצוה האלו נדמה לו, שהמה חסרי דרך ארץ, וטפשים מלידה, וצבועים גדולים, עד שמאוס לו לישב בחברתם אפילו רגע.

וכל המכירים הרשעים, המתלוצצים על אמונתו, הנה המה המוצלחים ביותר, בריאים ושלימים, לא ידעו מחלה, פקחים, בעלי מדות טובות, וסימפטים בכל דרכיהם, יושבים בלי דאגות, ובבטחון ובשלוה רבה נמצאים כל היום ותמיד.

וכשהשגחה מסתדרת לו להאדם באופן כזה נקרא הסתר תוך הסתר, כי אז חס ושלום רובץ תחת משאו לא יוכל עוד להמשיך בהתחזקות, להאמין שיסוריו באים לו מהשם יתברך מאיזה טעם כמוס, עד שנכשל ומתפקר לומר חס ושלום שהשם יתברך אינו משגיח כלל על בריותיו, וכל מה שבא לו חס ושלום מידי הגורל והטבע, שזהו שאינו רואה אפילו את אחורים.

ציור של גילוי פנים

הביקוש של האדם להתחזק באמונת השגחתו יתברך על העולם בזמן ההסתרה מביאהו להגות בספרים, בתורה, ליקח משם הארה והבנה איך להתחזק באמונת השגחתו יתברך. והנה ההארות וההתבוננות הללו שמקבל על ידי התורה מכונה בשם תורה תבלין, עד שיתקבץ לשעור מסוים והקדוש ברוך הוא מרחם עליו ויערה רוח ממרום זאת אומרת שפע עליונה.

אבל אחר שגילה בשלימות את התבלין, דהיינו האור תורה שהאדם שואף לגופו,

מחמת התחזקותו באמונת השם יתברך, כי אז נעשה מוכשר להשגחה בגילוי פניו יתברך, שפירושו, שהשם יתברך מתנהג עמו, בהתאם כשמו הטוב ומטיב יתברך.

שמו יתברך מראה לנו שהוא טוב ומטיב לכל בריותיו, דהיינו בכל דרכי הטבה המספיק לכל מיני המקבלים שבכלל ישראל, שבודאי אין תענוג וטוב של אחד דומה לתענוג וטוב של חבירו. למשל העוסק בחכמה לא יתענג מכבוד ועושר, ושאינו עוסק בחכמה לא יתענג מהשגות והמצאות גדולות שבחכמה, אלא ודאי שלזה נותן עושר וכבוד, ולזה נותן השגות נפלאות בחכמה.

נמצא (ציור) שמקבל מהשם יתברך רוב טוב ושלוה רבה, ומצוי תמיד בסיפוק נפשי. כי משיג פרנסתו בקלות גדול ובמילואו, לא ידע טרדות ודוחק לעולם, לא ידע משום מחלה, מכובד מאד בעיני הבריות, גומר בקלות כל מיני תכניות שעולות על דעתו, ובכל אשר יפנה יצליח.

וכשחסר לו דבר מה, הוא מתפלל ונענה תיכף על המקום. כי עונה לו תמיד בכל מה שידרוש ממנו יתברך, אף תפילה אחת לא שבה ריקם. ובשעה שמתגבר במעשים טובים, הצלחתו עולה במדה מרובה, וכשמתרשל, נמצא שבמדה זו יורד הצלחתו.

כל המכירים שלו הולכי בדרך הישר, המה בעלי פרנסה לא ידעו מחלה. והם המכובדים ביותר בעיני הבריות, ואין להם שום טרדות. והשקט ושלוה רבה להם, כל היום ותמיד. והמה פקחים, אנשי אמת, בעלי צורה, עד שמתברך ומתענג ביותר לישב בחברתם.

וכל המכירים שלו שאינם הולכים בדרך התורה, המה מחוסרי הפרנסה, מוטרדים בחובות מרובים, לא ימצא להם אף רגע אחת לנשום בהרוחה, סובלים מחלות, מלאים מכאובים, ומבוזים ביותר בעיני הבריות, והמה נראים לו חסרי דעת, וחסרי דרך ארץ, רעים ואכזרים עם הבריות, חנפנים מלאים שקרים, עד שמאוס לו לישב בסמוך לחברתם.

הסתר וגילוי פנים של השי"ת - ב

ציור של הסתרת פנים

א. קבלת יסורין, כגון מחסור בפרנסה או מחסור בבריאות, בזיונות, ואי הצלחה לגמור את תכניותיו, ואי סיפוק נפשי.

ב. מתפלל ואינו נענה. בשעה שמיטיב מעשיו, למשל ששומר את עצמו שלא להונות חבריו, נמצא יורד אחורנית, ובשעה שמריע את מעשיו נמצא מצליח ביותר.

אין מזדמן לו פרנסה בדרך כשרות, זולת בדרך הונאה וגניבה, או בחילול שבת.

ג. כל מכיריו ההולכים בדרך ישר סובלים עניות ומחלות וכל מיני בזיונות. ומכיריו הרשעים מתלוצצים עליו יום יום, מצליחים ועולים בעשירות ובבריאות ויושבים בשלוה בלי דאגות.

ד. כל מכיריו הצדיקים מקיימי תורה ומצווה דומה לו שהמה אכזרים ואגואיסטים משונים או טפשים מלידה וחסר להם דרך ארץ, וצבועים גדולים, עד שמאוס לו לישב עימהם אפילו בגן עדן עד שאינו יכול להיות בחברתם אף רגע.

ציור של גילוי פנים

א. קבלת טובה ורוב שלוה, השגת פרנסתו בקלות גדול ובמילואו, לא ירגיש דוחק לעולם, לא ידע מחלות כלל, ישיג כבוד בכל אשר יפנה, וכל תכניותיו שעולה על דעתו גומר בקלות בהצלחה רבה.

ב. מתפלל ונענה תיכף על המקום. בשעה שמיטיב מעשיו מצליח ביותר ובשעה שמריע את מעשיו מאבד את הצלחתו.

ג. כל מכיריו, ההולכים בדרך הישר, המה בעלי פרנסה ועשירים, בריאים, לא ידעו שום מחלה, ומכובדים ביותר בעיני העולם, יושבים בהשקט ושלוה רבה.

ומכירים שאין הולכים בדרך ישר, המה מחוסרי פרנסה, מלאים טרדות וצער, סובלים מחלות ומבוזים ביותר בעיני הבריות.

כל המכירים הצדיקים, רואה אותם פקחים, בעלי חשבון, בעלי דרך ארץ עם הבריות, אנשי אמת, בעלי צורה, עד שמתענג מאוד להיות בחברתם.

הקדמה לתלמוד עשר הספירות

א) בריש מלים, מצאתי לי צורך גדול, לפוצץ מחיצת ברזל, המצויה ומפסקת, בינינו לבין חכמת הקבלה, מעת חורבן הבית ואילך, עד דורנו זה, שהכבידה עלינו במדה חמורה מאד, ומעוררת פחד, שלא תשתכח ח"ו מישראל. והנה, כשאני מתחיל לדבר, על לב מי שהוא, אודות העסק בלימוד הזה, הנה היא,

שאלתו הראשונה: למה לי לדעת, כמה מלאכים בשמים, וכיצד נקראים בשמותיהם, האם לא אוכל, לקיים כל התורה כולה, בפרטיה ודקדוקיה, בלי ידיעות הללו?

שנית ישאל: הלא כבר קבעו חכמים, שצריכים מתחילה, למלאות כריסו בש"ס ובפוסקים. ומי הוא, שיוכל לרמות את עצמו, שכבר גמר כל התורה הנגלית, ורק תורת הנסתר חסרה לו?

שלישית, הוא מפחד, שלא יחמיץ ח"ו, מחמת העסק הזה. כי כבר קרו מקרים, שנטו מדרך התורה, בסבת העסק בקבלה. וא"כ הצרה הזאת, למה לי? ומי פתי יכניס את עצמו בסכנה, על לא דבר?

רביעית: אפילו החובבים את הלימוד הזה, אינם מתירים אותה, אלא לקדושים משרתי אל, ו"לא כל הרוצה ליטול את השם, יבא ויטול"?

חמישית, והוא העיקר: כי קיימא לן בכל ספק, אשר פוק חזי מאי עמא דבר, ועיני הרואות, שבני תורה שבדורי, כולם המה עמי בדעה אחת, ושומטים ידיהם מלימוד הנסתר, וגם מיעצים לשואליהם, שבלי שום פקפוק, מוטב ללמוד דף גמרא, במקום העסק הזה?

ב) אכן, אם נשים לבנו, להשיב רק על שאלה אחת, מפורסמת מאד, בטוח אנכי, שכל השאלות והספיקות הללו, יתעלמו מן האופק, ותביט אל מקומם, ואינם. והיינו, השאלה הזעומה, הנשאלת מכל בני ירד, שהיא: מהו הטעם בחיינו?

כלומר, מספר שנות חיינו הללו, העולים לנו ביוקר כל כך, דהיינו מרבית היסורים והמכאובים, שאנו סובלים בעדם, בכדי להשלימם על אחריתם, הנה, מי הוא הנהנה מהם? או ביתר דיוק: למי אני מהנה?

והן אמת, שכבר נלאו חוקרי הדורות, להרהר בזה. ואין צריך לומר, בדורנו זה, שלא ירצה מי שהוא, אפילו להעלותה על הדעת. עם כל זה, עצם השאלה בעינה עומדת, בכל תוקפה ומרירותה, שהרי לעתים, היא פוגשת אותנו בלתי קרוא, ומנקרת את מוחינו, ומשפילתנו עד עפר, בטרם שנצליח למצוא, התחבולה הידועה, דהיינו, להסחף בלי דעת, בזרמי החיים, כדאתמול.

ג) אכן, לפתרון חידה סתומה זו, דיבר הכתוב: "טעמו וראו, כי טוב ה'". כי מקימי התורה והמצות כהלכתן, המה הטועמים טעם החיים. והמה הרואים ומעידים "כי טוב ה'", כמ"ש חז"ל, שברא העולמות, כדי להיטיב לנבראיו, כי מדרך הטוב להיטיב.

אבל ודאי, מי שעדיין לא טעם, את החיים של קיום תורה ומצוות, הוא לא יכול להבין ולהרגיש "כי טוב ה'", כדברי חז"ל, אשר כל הכונה של השי"ת, בבראו אותו, היתה רק להיטיב לו.

וע"כ, אין לו עצה אחרת, אלא לילך ולקיים, התורה והמצות כהלכתם.

וז"ש בתורה (פרשת נצבים): "ראה, נתתי לפניך היום, את החיים ואת הטוב, ואת המות ואת הרע". כלומר, בטרם נתינת התורה, לא היו לפנינו, אלא המות והרע. פירוש, כמ"ש חז"ל, שהרשעים בחייהם נקראים "מתים", משום שטוב מותם מחייהם, להיות היסורים והמכאובים, שסובלים בשביל השגת קיום חייהם, עולה פי כמה מרובה, על קצת התענוג, שמרגישים בחיים הללו.

אמנם עתה, שזכינו לתורה ומצות, אשר בקיומה, אנחנו זוכים בחיים האמתיים, השמחים ומשמחים לבעליהן, כמ"ש: "טעמו וראו כי טוב ה'". וע"כ אומר הכתוב: "ראה, נתתי לפניכם היום, את החיים והטוב", מה שלא

היה לכם, במציאות כלל, קודם נתינת התורה.

וזהו שמסיים הכתוב: "ובחרת בחיים, למען תחיה אתה וזרעך". שלכאורה הלשון מכופל: ובחרת בחיים, למען תחיה. אלא הכונה על החיים, בקיום תורה ומצוות. שאז חיים באמת. משא"כ חיים בלי תורה ומצוות, המה קשים ממות.

וז"ש חז"ל: "רשעים בחייהם נקראים מתים", כמבואר. וז"ש הכתוב: "למען תחיה אתה וזרעך". כלומר, שחיים בלי תורה, לא לבד, שאין בהם הנאה של כלום לבעלים, אלא, גם אינו יכול להנות לאחרים. כלומר, אפילו בבנים שמוליד, אין לו נחת. להיות גם חיי הבנים האלו, קשים ממות. ואיזו מתנה הוא מנחיל להם?

אמנם, החי בתורה ומצוות, לא רק שזוכה ליהנות מחייו עצמו, הוא שמח עוד להוליד בנים, ולהנחילם מהחיים הטובים הללו. וז"ש: "למען תחיה אתה וזרעך", כי יש לו תענוג נוסף, בחיים של בניו, שהוא היה הגורם להם.

ד) ובאמור, תבין דברי חז"ל, על הכתוב: "ובחרת בחיים", הנ"ל (עי' שם בפירוש רש"י ז"ל), וז"ל: אני מורה לכם, שתבחרו בחלק החיים, כאדם האומר לבנו: "בחר לך, חלק יפה בנחלתי". ומעמידו על החלק היפה. ואומר לו: "את זה ברור לך?"

ועל זה נאמר: "ה' מנת חלקי וכוסי, אתה תומך גורלי, הנחת ידי על הגורל הטוב, לומר: "את זה, קח לך".

שלכאורה, הדברים תמוהים, כי הכתוב אומר "ובחרת בחיים", שהמשמעות היא, שהאדם בוחר מעצמו. והם אומרים, שמעמידו על החלק היפה. א"כ, כבר אין כאן בחירה? ולא עוד, אלא שאומרים, אשר השי"ת, מניח ידו של אדם, על גורל הטוב. וזה מפליא מאד, דא"כ, היכן הבחירה שבאדם?

ובמבואר, תבין דבריהם כמשמעם. כי אמת הדבר ונכון מאד, שהשי"ת בעצמו, מניח ידו של אדם, על גורל הטוב, דהיינו, על ידי שנותן לו, חיי נחת ועונג, בתוך החיים הגשמיים, המלאים יסורים ומכאובים וריקנים מכל תוכן. שבהכרח, נעתק האדם ובורח מהם, בזמן, שיראה לו, אפילו כמציץ מן החרכים, איזה מקום שלוה, להמלט שמה, מהחיים האלו, הקשים ממות. שאין לך, הנחת ידו של אדם, מצדו ית', גדולה מזו.

ודבר הבחירה של האדם, היא רק לענין החיזוק. כי ודאי, עבודה גדולה ויגיעה רבה יש כאן, עד שיזכך גופו, ויוכל לקיים התורה ומצוות כהלכתם, דהיינו, לא להנאת עצמו, אלא כדי להשפיע נחת רוח ליוצרו, שנקרא "לשמה". שרק באופן זה, זוכה לחיי אושר ונועם, המלווים עם קיום התורה.

ובטרם שמגיע לזכוך הזה, נוהג ודאי בחירה, להתחזק בדרך הטוב, בכל מיני אמצעים ותחבולות. ויעשה, כל מה שתמצא ידו, לעשות בכחו, עד שיגמור את מלאכת הזכוך. ולא יפול ח"ו, תחת משאו באמצע הדרך.

ה) וע"פ המתבאר, תבין דברי חז"ל במסכת אבות: "כך היא דרכה של תורה: פת במלח תאכל, ומים במשורה תשתה, ועל הארץ תישן, וחיי צער תחיה, ובתורה אתה עמל. אם אתה עושה כן, אשריך וטוב לך: אשריך בעולם הזה, וטוב לך בעולם הבא".

ויש לשאול, על דבריהם אלו: מה נשתנתה חכמת התורה, משאר חכמות העולם, שאינן צריכות לסיגופים הללו ולחיי צער, אלא העמל לבד, מספיק לגמרי, בחכמות הללו, לזכות בהן, וחכמת התורה, אע"פ שאנו עמלים בה במדה רבה, עדיין אינו מספיק לזכות בה, זולת על ידי הסיגופים של "פת במלח וחיי צער וכו'"?

וסיומם של הדברים, מפליא עוד יותר, שאמרו: "אם אתה עושה כן, אשריך בעולם הזה וטוב לך לעולם הבא". כי בשלמא בעולם הבא, אפשר שיהיה טוב לי. אכן בעוה"ז, בעת שאני מסגף עצמי, באכילה ושתיה ושינה ואני חי בצער רב, יאמרו על חיים כאלו: "אשריך בעולם הזה". הכאלו חיים, "מאושרים" יקראו, במובן שבעולם הזה?

ו) אמנם, לפי המבואר לעיל, אשר עסק התורה וקיום המצוות, כהלכתן, בתנאם החמור, שהוא, בכדי להשפיע נחת רוח ליוצרו, ולא

לצורך הנאתו עצמו - אי אפשר לבא לזה, אלא בדרך העבודה הגדולה וביגיעה רבה בזכוך הגוף.

והתחבולה הראשונה היא: להרגיל עצמו, שלא לקבל כלום להנאתו, אפילו בדברים המותרים והמוכרחים, שבצרכי קיום גופו. שהם: אכילה ושתיה ושינה, וכדומה מהכרחיים. באופן, שיסלק את עצמו לגמרי, מכל הנאה, המלווה לו אפילו בהכרח, בדרך ההספקה של קיום חייו. עד שחיי צער, יחיה פשוטו כמשמעו.

ואז, אחר שכבר התרגל בזה, וכבר אין בגופו, שום רצון לקבל הנאה כל שהיא לעצמו, אפשר לו, מעתה, לעסוק בתורה ולקיים המצוות ג"כ בדרך הזה, דהיינו, בכדי להשפיע נחת רוח ליוצרו, ולא להנאת עצמו במשהו.

וכשזוכה בזה, אז זוכה לטעום, את החיים המאושרים, המלאים מכל טוב ועונג, בלי פגם של צער כל שהוא, המתגלים בעסק התורה והמצוה לשמה. כמו שרבי מאיר אומר (אבות פ"ו): "כל העוסק בתורה לשמה, זוכה לדברים הרבה. ולא עוד, אלא שכל העולם כולו כדאי לו וכו'. ומתגלין לו רזי תורה, ונעשה כמעין המתגבר וכו'", עש"ה.

ועליו הכתוב אומר: "טעמו וראו, כי טוב ה'", כמבואר לעיל, שהטועם טעם, העוסק בתורה ומצות לשמה, הוא הזוכה ורואה, בעצמו, את כונת הבריאה, שהיא, רק להיטיב לנבראיו, כי מדרך הטוב להיטיב, והוא השש ושמח, במספר שנות החיים, שהעניק לו השי"ת, וכל העולם כולו כדאי לו.

ז. עתה תבין, את שני הצדדים, שבמטבע של העסק בתורה ומצות:

כי **צד הא'** - הוא דרכה של תורה. כלומר, ההכנה הרבה, שהאדם צריך להכין את טהרת גופו, בטרם שיזכה, לעצם קיום התורה והמצות. ואז בהכרח, שעוסק בתורה ומצות שלא לשמה, אלא בתערובות של להנאתו עצמו, שהרי, עדיין לא הספיק לזכך ולטהר את גופו, מהרצון לקבל הנאות, מהבלי העולם הזה. ובעת הזאת, מוטל עליו, לחיות חיי צער ולעמול בתורה, כנ"ל במשנה. אכן, אחר שגמר והשלים, את דרכה של תורה, וכבר זכך גופו, ומוכשר לקיים התורה והמצות לשמה, בכדי להשפיע נחת רוח ליוצרו, הרי הוא בא

לצד השני של המטבע - שהוא חיי עונג ושלוה רבה, שעליה היתה כונת הבריאה "להיטיב לנבראיו". דהיינו, החיים המאושרים ביותר, שבעוה"ז ועוה"ב.

ח) והנה נתבאר היטב, ההפרש הגדול, בין חכמת התורה לשאר חכמות העולם: כי שאר חכמות העולם, אין השגתן מטיבה כלל, את החיים שבעוה"ז. כי אפילו הספקה בעלמא לא יתנו לו, בעד המכאובים והיסורים, שהולך וסובל במשך ימי חייו. ע"כ אינו מוכרח לתקן גופו, ודי לו בעמל שנותן בעדם. כמו כל קניני העולם הזה, הנקנים על ידי יגיעה ועמל עליהם.

משא"כ עסק התורה והמצות, שכל ענינם הוא, להכשיר את האדם, שיהיה ראוי לקבל, כל אותו הטוב, שבכונת הבריאה "להיטיב לנבראיו", ע"כ ודאי, שצריך לזכך גופו, שיהיה ראוי וכדאי, לאותו הטוב האלקי.

ט) גם נתבאר היטב, מה שאומרת המשנה: "אם אתה עושה כן, אשריך בעוה"ז". כי בכונה גמורה דייקו זאת, להורות, כי חיי העולם הזה, המאושרים, אינם מוכנים, אלא רק למי שהשלים את דרכה של תורה. באופן, שענין הסיגופים, של אכילה שתיה שינה וחיי צער, האמורים כאן, המה נוהגים, רק בעת היותו, בדרכה של תורה. כי על כן, דייקו ואמרו "כך היא דרכה של תורה".

ואחר שגמר דרך זו, של שלא לשמה, בחיי צער וסיגופים, מסיימת המשנה: "אשריך בעוה"ז", כי תזכה לאותו האושר והטוב, שבכונת הבריאה. וכל העולם כולו, יהיה כדאי לך. דהיינו, אפילו העוה"ז. ומכל שכן, לעולם הבא.

י) וז"ש בזוהר (בראשית דף ל"א ע"ב. בזוהר ע"פ הסולם, בראשית א', אות שמ"ח. בחילופי גרסאות) על הכתוב: "ויאמר אלקים, יהי אור ויהי אור", - יהי אור לעוה"ז ויהי

אור לעולם הבא".

פירוש, כי מעשה בראשית, בצביונם נבראו, ובכל קומתם נבראו, כמ"ש חז"ל. דהיינו, בתכלית שלימותם ותפארתם. ולפי זה, האור, שנברא ביום א', יצא בכל שלימותו, הכולל גם חיי העולם הזה בתכלית העידון והנועם, כפי השיעור המתבטא בהמלות "יהי אור".

אלא, כדי להכין מקום בחירה ועבודה, עמד וגנזו לצדיקים, לעתיד לבא, כדברי חז"ל. ע"כ אמרו בלשונם הצח: "יהי אור לעולם הזה". אמנם, לא נשאר כן, אלא: "ויהי אור לעולם הבא". כלומר, שהעוסקים בתורה ומצות לשמה, זוכים בו, רק לעתיד לבא, שפירושו, בזמן העתיד לבא, אחר גמר הזדככות גופם, בדרכה של תורה, שכדאים אז לאור הגדול ההוא, גם בעולם הזה, כמ"ש חז"ל: "עולמך תראה בחייך".

יא) אמנם, אנו מוצאים ורואים, בדברי חכמי התלמוד, שהקלו לנו, את דרכה של תורה, יותר מחכמי המשנה. כי אמרו: "לעולם יעסוק אדם בתורה ובמצות, אפילו שלא לשמה. ומתוך שלא לשמה, בא לשמה. והיינו, משום, שהמאור שבה מחזירו למוטב".

הרי שהמציאו לנו ענין חדש, במקום הסיגופים, המובאים במשנה אבות, הנ"ל. שהוא, "המאור שבתורה", שיש בו די כח, להחזירו למוטב, ולהביאהו לעסק התורה והמצות לשמה. שהרי, לא הזכירו כאן סיגופים, אלא רק שהעסק, בתורה ומצות בלבד, מספיק לו, אותו המאור, המחזירו למוטב, שיוכל לעסוק בתורה ומצות, בכדי להשפיע נחת רוח ליוצרו, ולא כלל להנאת עצמו, שהוא הנקרא "לשמה".

יב) אבל יש להרהר לכאורה, אחר דבריהם אלו: הלא מצאנו כמה לומדים, שלא הועיל להם, העסק בתורה, שיזכו, על ידי המאור שבה, לבא לשמה.

אמנם, ענין העסק בתורה ומצות שלא לשמה, הפירוש, שהוא מאמין בהשי"ת, ובתורה, ובשכר ועונש, והוא עוסק בתורה, מחמת שהשי"ת צוה לעסוק, אבל משתף הנאת עצמו, עם עשיית הנ"ר ליוצרו. ואם, אחר כל טרחתו, בעסק התורה והמצות, יוודע לו, שלא הגיעה לו, ע"י העסק והטורח הגדול הזה, שום הנאה ותועלת פרטית, הוא מתחרט, על כל יגיעתו שיגע, מטעם שאינה את עצמו מתחילתו, שכסבור, שגם הוא יהנה מטרחתו - כגון זה "שלא לשמה" נקרא (כמ"ש בתוספות, רה"ש, דף ד', ד"ה "בשביל").

ואעפ"כ, התירו חז"ל, את תחילת העסק בתורה ומצות, גם שלא לשמה. מטעם, שמתוך שלא לשמה, בא לשמה, כמבואר לעיל.

אמנם בלי ספק, אם העוסק הזה, לא זכה עדיין, לאמונת השי"ת ותורתו, אלא מתגורר בספיקות ח"ו, לא עליו אמרו חז"ל, שמתוך שלא לשמה בא לשמה. ולא עליו אמרו (במ"ר בפתיחתא דאיכה, ובירושלמי חגיגה פ"א ה"ז, ד"ה "שמתוך שלא לשמה בא לשמה", איכה רבה פתיחה ב), שמתוך שמתעסקים בה, המאור שבה מחזירם למוטב.

כי המאור שבתורה, אינו מאיר, אלא לבעל אמונה. ולא עוד, אלא שמדת גודל המאור הזה, היא כמדת תוקף אמונתו.

אבל למחוסרי אמונה ח"ו, היא להיפך, כמ"ש: "למשמאילים, בה סמא דמותא" (שבת פ"ח), כי מקבלים חושך מהתורה, ונחשכות עיניהם.

יג) וכבר משלו חכמים, משל נאה, על ענין זה, על הפסוק (עמוס ה): "הוי המתאוים את יום ה', למה זה לכם יום ה', הוא חושך ולא אור?". משל לתרנגול ועטלף, שהיו מצפים לאור. אמר לו, תרנגול לעטלף: "אני מצפה לאורה, שאורה שלי הוא. ואתה, למה לך אורה?" (סנהדרין צ"ח ע"ב). ודו"ק מאד.

ומובן היטב, שאותם הלומדים, שלא זכו, מתוך שלא לשמה לבא לשמה, היינו משום, שהם מחוסרי אמונה ח"ו, וע"כ לא קבלו, שום מאור מהתורה, ועל כן בחשכה יתהלכון, וימותו ולא בחכמה.

אבל אותם, שזכו לאמונה שלמה, מובטחים בדברי חז"ל, שמתוך שמתעסקים בתורה, אפילו שלא לשמה, המאור שבה מחזירם למוטב, ויזכו, גם בלי הקדם של יסורים וחיי צער, לתורה לשמה, המביאה לחיי אושר וטוב,

בעוה"ז ובעוה"ב, כנ"ל. ועליהם הכתוב אומר: "אז, תתענג על ה', והרכבתיך על במתי ארץ".

יד) ומעין ענין הנ"ל, פירשתי פעם את מליצת חז"ל: "מי שתורתו אומנותו". אשר בעסק תורתו, ניכר שיעור אמונתו: כי "אומנתו" אותיות "אמונתו". בדומה לאדם, שמאמין לחבירו, ומלוה לו כסף. אפשר, שיאמין לו, על לירה אחת. ואם ידרוש ממנו שתי לירות, יסרב להלוות לו. ואפשר, שיאמין לו, עד מאה לירות, אבל לא יותר מזה. ואפשר, שיאמין לו, אפילו להלוות לו, את חצי רכושו, אבל לא את כל רכושו. ואפשר גם כן, שיאמין לו, על כל רכושו, בלי שום צל של פחד. ואמונה זו האחרונה, נחשבת לאמונה שלימה. אבל באפנים הקודמים, נבחנת לאמונה בלתי שלמה, אלא שהיא אמונה חלקית, אם פחות אם יותר.

כך אדם: אחד מקצה לו, מתוך שיעור אמונתו בה', רק שעה אחת מיומו, לעסוק בתורה ובעבודה. והשני מקצה לו, שתי שעות, לפי מדת אמונתו בה'. השלישי, אינו מזניח אפילו רגע אחד, משעת הפנאי שלו, מבלי לעסוק בתורה ובעבודה. הוי אומר, שרק האחרון, אמונתו שלמה היא, שהרי מאמין להשי"ת, על כל רכושו. משא"כ הקודמים, עדיין אין אמונתם שלמה לגמרי, כמובן. ואין להאריך בכגון זה.

טו) והנה נתבאר היטב, שאין לו לאדם, לצפות, שהעסק בתורה ומצות שלא לשמה, יביאהו לשמה, רק בזמן, שידע בנפשו, שזכה באמונת השי"ת ותורתו כראוי. כי אז "המאור שבה, מחזירו למוטב", ויזכה ל"יום ה', שכולו אור". כי קדושת האמונה, מזככת את העינים של האדם, שתהנינה מאורו ית', עד ש"המאור שבתורה מחזירו למוטב".

אמנם, מחוסרי אמונה, דומים לעטלפים, אשר לא יוכלו להסתכל באור היום. כי נהפך להם, אור היום לחושך, נורא יותר מחשכת ליל. כי אינם ניזונים, אלא בחושך הלילה.

כן מחוסרי אמונה, עיניהם מתעוורות כלפי אור ה'. ע"כ נהפך להם האור לחושך, ו"סמא דחיי" נהפך להם ל"סמא דמותא". ועליהם אמר הכתוב: "הוי המתאוים את יום ה', למה זה לכם יום ה', הוא חושך ולא אור". אלא, שצריכים מקודם, להשתלם באמונה שלמה, כמבואר.

טז) ובאמור, מתורצת קושית התוספות (תענית, דף ז', ד"ה "וכל"), דאמרינן שם: "כל, העוסק בתורה לשמה, תורתו נעשית לו סם חיים. וכל, העוסק בתורה שלא לשמה, נעשית לו סם המות". והקשו: והלא אמרינן: "לעולם יעסוק אדם בתורה, אע"ג שאינה לשמה, שמתוך שלא לשמה בא לשמה". ולפי המבואר, יש לחלק בפשטות, כי כאן, בעוסק בתורה "לשם מצות לימוד התורה", עכ"פ להיותו מאמין בשכר ועונש, אלא שמשתף הנאתו ותועלתו עצמו, עם הכונה דלעשות נ"ר ליוצרו, ע"כ "המאור שבה מחזירו למוטב", ובא לשמה.

וכאן, בעוסק בתורה שלא "לשם מצות לימוד התורה", כי אינו מאמין בשכר ועונש, בשיעור הזה, עד שבשבילה יתיגע כל כך, אלא רק לשם הנאתו עצמו מתיגע, ועל כן נעשית לו סם המות, כי "האור שבה נהפך לו לחושך", כמבואר.

יז) ולפיכך, מתחייב הלומד, בטרם הלימוד, להתחזק באמונת השי"ת ובהשגחתו בשכר ועונש, כמ"ש חז"ל: "נאמן בעל מלאכתך, שישלם לך שכר פעולתך". ויכוון את היגיעה שלו, שיהיה "לשם מצות התורה". ובדרך הזה, יזכה ליהנות מהמאור שבה, שגם אמונתו תתחזק ותתגדל בסגולת המאור הזה, כמ"ש: "רפאות תהי לשרך, ושקוי לעצמותיך" (משלי ג', ח').

ואז, יהיה נכון לבו בטוח, כי "מתוך שלא לשמה יבא לשמה". באופן, אפילו מי שיודע בעצמו, שעדיין לא זכה ח"ו לאמונה, יש לו תקוה גם כן, על ידי עסק התורה. כי אם ישים לבו ודעתו, לזכות על ידה, לאמונת השי"ת, כבר אין לך מצוה גדולה מזו, כמ"ש חז"ל: "בא חבקוק והעמידן על אחת "צדיק באמונתו יחיה" (מכות, כ"ד).

ולא עוד, אלא שאין לו עצה אחרת מזו,

כמו שאיתא (ב"ב דף ט"ז, ע"א): "אמר רבא, ביקש איוב, לפטור את כל העולם כולו מן הדין, אמר לפניו: "רבש"ע, בראת צדיקים, בראת רשעים, מי מעכב על ידך?"

ופירש"י שם: "בראת צדיקים, על ידי יצר טוב, בראת רשעים, על ידי יצר הרע. לפיכך, אין ניצול מידך. כי מי יעכב? אנוסין הן החוטאין. ומאי אהדרו ליה חבריה דאיוב [ומה השיבו לו חבריו של איוב]: "אף אתה תפר יראה, ותגרע שיחה לפני אל. ברא הקב"ה יצר הרע, ברא לו תורה תבלין (איוב ט"ו).

ופירש"י שם: "ברא לו תורה, שהם תבלין, שהיא מבטלת את "הרהורי עבירה", כדאמר בעלמא: "אם פגע בך מנוול זה, משכהו לבית המדרש, אם אבן הוא נימוח וכו', הלכך לאו אנוסין נינהו [ולכן לא אנוסים הם], שהרי יכולין להציל עצמן (קידושין דף ל'), ע"ש ודו"ק.

יח) וזה ברור, שאינם יכולים, לפטור את עצמם מן הדין, אם יאמרו, שקבלו התבלין הזה, ועדיין יש להם הרהורי עבירה. כלומר, שמתגוררים עוד בספיקות ח"ו, ועדיין היצר הרע לא נמוח. כי הבורא ב"ה, שברא אותו, ונתן לו ליצה"ר את תוקפו, ברור, שידע גם כן, לברוא את התרופה והתבלין, הנאמנים להתיש כחו של היצה"ר, ולמחותו כליל.

ואם מי שהוא, עסק בתורה, ולא הצליח להעביר היצה"ר ממנו, אין זה, אלא:

או שהתרשל, לתת את היגיעה והעמל, המחויב ליתן בעסק התורה, כמ"ש: "לא יגעתי ומצאתי, אל תאמין".

או יכול להיות, שמילאו את "כמות" היגיעה הנדרשת, אלא שהתרשלו ב"איכות", כלומר, שלא נתנו דעתם ולבם, במשך זמן העסק בתורה, לזכות להמשיך את המאור שבתורה, המביא האמונה בלב האדם, אלא שעסקו בהסח הדעת, מאותו העיקר הנדרש מהתורה, שהוא המאור, המביא לידי האמונה, כאמור. ואע"פ, שכיוונו לו מתחילה, הסיחו דעתם ממנו, בעת הלימוד.

ובין כך ובין כך, אין ליפטור את עצמו מן הדין, בטענת אונס, אחר שמחייבים חז"ל בטענה "בראתי יצה"ר, בראתי לו תורה תבלין". כי אם היה בזה איזה יוצא מהכלל, הרי הקושיא של איוב במקומה עומדת, ח"ו. ודו"ק.

יט) ובכל, המתבאר עד הנה, הסרתי תלונה גדולה, ממה שתמהים על דברי הרח"ו ז"ל, בהקדמתו על שער הקדמות מהאריז"ל, וכן נדפס בתואר הקדמה על ספר העץ חיים. וזה לשונו:

"ואמנם, אל יאמר אדם, אלכה לי ואעסוק בחכמת הקבלה, מקודם, שיעסוק בתורה ובמשנה ובתלמוד. כי כבר אמרו רבותינו ז"ל, אל יכנס אדם לפרדס, אלא אם כן, מלא כריסו בבשר ויין. והרי זה דומה לנשמה בלי גוף, שאין לה שכר ומעשה וחשבון, עד היותה מתקשרת בתוך הגוף, בהיותו שלם, מתוקן במצות התורה בתרי"ג מצות.

וכן בהפך, בהיותו עוסק בחכמת המשנה ותלמוד בבלי, ולא יתן חלק גם אל סודות התורה וסתריה - הרי זה דומה לגוף, היושב בחושך, בלי נשמת אדם, נר ה', המאיר בתוכו. באופן, שהגוף יבש, בלתי שואף ממקור חיים וכו'.

באופן, שהת"ח, העוסק בתורה לשמה, צריך שיעסוק מתחילה, בחכמת המקרא והמשנה והתלמוד, כפי מה שיוכל שכלו לסבול. ואחר כך יעסוק, לדעת את קונו, בחכמת האמת. וכמו שצוה דוד המלך ע"ה, את שלמה בנו, דע את אלקי אביך ועבדהו.

ואם האיש הזה, יהיה כבד וקשה בענין העיון בתלמוד, מוטב לו, שיניח את ידו ממנו, אחר שבחן מזלו בחכמה זאת, ויעסוק בחכמת האמת. וז"ש, מכאן לתלמיד, שלא ראה סימן יפה במשנתו חמש שנים, שוב אינו רואה (חולין דף כ"ד). ואמנם, כל איש, שהוא קל לעיון, מחויב לתת חלק, שעה או ב' שעות, ביום, בעיון ההלכה, ולכוין ולתרץ הקושיות, הנופלות בפשט ההלכה וכו'".

עכ"ל הקדוש שם, מלה במלה.

כ) והנה, לכאורה, דבריו אלו מתמיהים מאד, כי אומר, שבטרם הצליח בלימוד הנגלה, ילך ויעסוק בחכמת האמת, שהוא בסתירה

לדברי עצמו הקודמים, שחכמת הקבלה בלי תורת הנגלה, היא כנשמה בלי גוף, שאין לו מעשה וחשבון ושכר.

והראיה, שהביא, מתלמיד שלא ראה סימן יפה וכו', היא עוד יותר תמוהה: וכי אמרו חז"ל, שיניח, משום זה את לימוד התורה, ח"ו? - אלא ודאי, להזהיר אותו, להסתכל על דרכיו, ולנסות אצל רב אחר, או במסכת אחרת. אבל ודאי, לא בשום פנים, לעזוב התורה ח"ו, ואפילו תורת הנגלה.

כא) ועוד קשה הן, בדברי הרח"ו ז"ל, והן בדברי הגמרא. דמשמע מדבריהם, שצריך האדם, לאיזו הכנה והצטיינות מיוחדת, כדי לזכות בחכמת התורה. והלא אמרו חז"ל(מדרש רבה, פ' "וזאת הברכה"): "אמר הקב"ה לישראל, חייכם, כל החכמה וכל התורה, דבר קל הוא. כל מי שמתיירא אותי, ועושה דברי תורה, כל החכמה וכל התורה בלבו". הרי, שאין צריכים כאן, לשום הצטיינות מוקדמת, אלא רק בסגולת יראת השם וקיום המצוות בלבד, זוכים לכל חכמת התורה.

כב) אכן, אם נשים לב לדבריו ז"ל, המה מתבהרים לפנינו, כעצם השמים לטוהר. כי מה שכתב: "מוטב לו, שיניח את ידו הימנו, אחר שבחן מזלו בחכמת הנגלה", אין הכוונה, על מזל של חריפות ובקיאות, אלא כמו שביארנו לעיל, בפירוש "בראתי יצה"ר בראתי תורה תבלין". כלומר, שעמל ויגע, בתורת הנגלה, ועדיין היצה"ר בתוקפו עומד, ולא נמוח כלל. כי עדיין לא ניצל, מהרהורי עבירה, כמ"ש רש"י לעיל, בביאור "בראתי לו תורה תבלין", עש"ה.

ולפיכך, מיעץ לו, שיניח את ידו הימנו, ויעסוק בחכמת האמת, משום שקל יותר, להמשיך המאור שבתורה, בעסק ויגיעה בחכמת האמת, מביגיעה בתורת הנגלה. והטעם הוא פשוט מאד, כי חכמת תורת הנגלה, לבושה בלבושים חיצונים גשמיים, דהיינו, גניבה גזילה ונזיקין וכדומה, אשר משום זה, קשה וכבד מאד, לכל אדם, לכוין דעתו ולבו להשי"ת, בעת העסק, כדי להמשיך המאור שבתורה. ומכל שכן לאיש כזה, שהוא כבד וקשה, בעיון התלמוד עצמו.

ואיך יוכל לזכור עוד, בשעת הלימוד, בהשי"ת? כי להיות העיון הוא, בנושאים גשמיים, הם ח"ו אינם יכולים לבא אצלו, עם הכוונה להשי"ת, בבת אחת. ולכן, מיעצו, לעסוק בחכמת הקבלה, אשר חכמה זו, לבושה כולה בשמותיו של הקב"ה. ואז, כמובן, יוכל לכוין, דעתו ולבו, להשי"ת, בשעת לימוד, בלי טורח. ואפילו הוא קשה העיון ביותר. כי העיון, בנושאים של החכמה, והשי"ת, הם אחד. וזה פשוט מאד.

כג) ולפיכך, מביא ראיה יפה, מדברי הגמרא: "מכאן, לתלמיד, שלא ראה סימן יפה במשנתו חמש שנים, שוב אינו רואה". כי למה לא ראה סימן יפה במשנתו? - ודאי אין זה, אלא משום חסרון כוונת הלב בלבד. ולא משום חסרון כשרון אליה. כי חכמת התורה, אינה צריכה לשום כשרון, אלא, כמ"ש במדרש הנ"ל: "אמר הקב"ה לישראל, חייכם, כל החכמה וכל התורה, דבר קל הוא. כל מי שמתיירא אותי, ועושה ד"ת, כל החכמה וכל התורה בלבו".

אמנם ודאי, שצריך זמן, להרגיל את עצמו, במאור שבתורה ומצוות. ואיני יודע, כמה? ויכול אדם לצפות כן, בכל שבעים שנותיו. לפיכך, מזהירה אותנו הברייתא (חולין, כ"ד), שאין לצפות יותר מחמש שנים. ור' יוסי אומר רק ג' שנים (ע"ש בחולין, דף כ"ד), אשר די ומספיק לגמרי, לזכות בחכמת התורה.

ואם לא ראה סימן יפה, בשיעור זמן כזה, לא ישטה עוד את עצמו, בתקות שוא ומפוחי כזב, אלא ידע, שלא יראה עוד סימן יפה לעולם. ולכן יראה תיכף, למצוא לעצמו, איזו תחבולה יפה, שיצליח על ידה, לבא לשמה, ולזכות בחכמת התורה.

והברייתא לא פירשה את התחבולה. אלא שמזהירה, שלא ישב באותו המצב, ויחכה עוד.

וזהו שאומר הרב, שהתחבולה המוצלחת יותר ובטוחה לו, הוא העסק בחכמת הקבלה. ויניח ידו מעסק חכמת תורת הנגלה לגמרי, שהרי כבר בחן מזלו בה, ולא הצליח. ויתן כל

זמנו לחכמת הקבלה, הבטוחה להצלחתו, מטעם המבואר לעיל. עש"ה.

כד) וזה פשוט מאד, שאין כאן שום מדובר, מלימוד התורה הנגלית, בכל מה שמוכרח לידע הלכה למעשה, "כי לא עם הארץ חסיד, ושגגת תלמוד עולה זדון, וחוטא אחד יאביד טובה הרבה". ע"כ מחויב בהכרח, לחזור עליהם, עד כמה שיספיק לו, שלא יכשל למעשה.

אלא, כל המדובר כאן, הוא רק בעיון בחכמת התורה הנגלית, לכוין ולתרץ הקושיות, הנופלות בפשטי ההלכות, כמו שמסיק שם הרח"ו בעצמו. דהיינו, חלק הלימוד שבתורה, שאינה באה לכלל מעשה. ולא כלל בהלכות למעשה.

אכן, אפשר להקל בזה, ללמוד מהקיצורים ולא מהמקורות. וגם זה צע"ג. כי אינו דומה יודע ההלכה מהמקור, ליודע אותה מסקירה אחת ובאיזה קיצור. וכדי שלא לטעות בזה, הביא הרח"ו ז"ל, תיכף בתחילת דבריו, **שאין הנשמה מתקשרת בגוף, אלא בהיותו שלם, מתוקן במצות התורה, בתרי"ג מצות.**

כה) עתה תראה, איך כל הקושיות, שהבאנו בתחילת ההקדמה, המה הבלי הבלים, אלא המה הם, המכמורים, שפורש היצה"ר, לצוד נפשות תמימות, כדי לטורדן מהעולם בלי חמדה.

ונראה את הקושיא הא', שמדמים את עצמם, שיכולים לקיים כל התורה כולה, גם בלי ידיעת חכמת הקבלה - הנה אני אומר להם: "אדרבא, אם תוכלו לקיים, לימוד התורה וקיום המצוות, כהלכתן לשמה, דהיינו כדי לעשות נ"ר ליוצר ב"ה בלבד, אז אינכם צריכים באמת ללימוד הקבלה, כי אז נאמר עליכם "נשמת אדם תלמדנו", כי אז מתגלים לכם, כל רזי תורה, כמעיין המתגבר, כדברי רבי מאיר (במשנה אבות הנ"ל), בלי שתצטרכו סיוע מהספרים.

אלא, אם עדיין אתם עומדים, בבחינת העסק שלא לשמה, אלא שתקותכם לזכות על ידיה לשמה, א"כ יש לי לשאול אתכם: כמה שנים אתם עוסקים כן? אם עדיין אתם נמצאים בתוך חמש השנים, לדברי תנא קמא, או תוך שלוש השנים, לדברי רבי יוסי, אז יש לכם עוד לחכות ולקוות.

אבל, אם עבר עליכם, העסק בתורה שלא לשמה, יותר מג' שנים לדר"י, וה' שנים לת"ק, הרי הברייתא מזהירה אתכם, שלא תראו סימן יפה עוד, בדרך הזה, שאתם דורכים. ולמה לכם, להשלות נפשכם, בתקות שוא, בשעה, שיש לכם תחבולה כל כך קרובה ובטוחה, כמו הלימוד של חכמת הקבלה, כמו שהוכחתי הטעם לעיל, להיות העיון בנושאי החכמה, דבר אחד עם הש"ת עצמו. עי' היטב לעיל.

כו) וכן נמשש, את הקושיא השניה, במ"ש, שצריכים תחילה למלאות כריסם בש"ס ופוסקים - הנה בודאי הוא, שכן הוא לדברי הכל.

אמנם ודאי, שכל זה אמור, אם כבר זכיתם ללימוד לשמה, או אפילו שלא לשמה, אם אתם עומדים בתוך ג' השנים או ה' שנים.

משא"כ, אחר הזמן ההוא, הרי הברייתא מזהירה אתכם, שלא תראו עוד סימן יפה לעולם, וכמו שנתבאר לעיל. וא"כ, מוכרחים אתם, לנסות הצלחתכם, בלימוד הקבלה.

כז) עוד צריכים לדעת, שישנם ב' חלקים בחכמת האמת:

חלק א' - הוא הנקרא "סתרי תורה", שאסור לגלותם, זולת ברמיזה, מפי חכם מקובל, למקבל מבין מדעתו. ומעשה מרכבה ומעשה בראשית, שייכים ג"כ לחלק הזה. וחכמי הזוהר, מכנים החלק הזה, בשם "ג' ספירות ראשונות. כתר, חכמה, בינה". ומכונה ג"כ בשם "ראש הפרצוף".

חלק שני - הוא הנקרא "טעמי תורה", שמותר לגלותם, וגם מצוה גדולה לגלותם. ונקרא בזוהר בשם "ז' ספירות תחתוניות של הפרצוף". ומכונה ג"כ בשם "גוף של הפרצוף". כי בכל פרצוף ופרצוף דקדושה, יש בו עשר ספירות, הנקראות: כתר, חכמה, בינה, חסד, גבורה, תפארת, נצח, הוד, יסוד, מלכות. שג' ספירות הראשונות מהם, מכונות "ראש הפרצוף". וז' ספירות התחתוניות, מכונות בשם "גוף הפרצוף".

ואפילו בנשמה של האדם התחתון, ישנן

ג"כ בחינות עשר הספירות, בשמותיהן הנ"ל. וכן בכל בחינה ובחינה, הן בעליונים והן בתחתונים, כמו שיתבארו הדברים בטעמיהם, בפנים הספר, בע"ה.

והטעם, שז' ספירות התחתוניות, שהן גוף הפרצוף, נקראות בשם טעמי תורה, הוא סוד הכתוב "חיך אוכל יטעם". כי האורות, המתגלים מתחת לג' הראשונות, שהם סוד ראש, מכונים "טעמים". והמלכות דראש, מכונה "חיך". ומשום זה, נקראים בשם "טעמי תורה". כלומר, המתגלים מחיך הראש, שהוא בחינת מקור כל הטעמים, שהוא מלכות דראש. אשר משם ולמטה, אין שום איסור לגלותם. ואדרבא, שכר המגלה אותם, גדול לאין קץ ולאין שיעור.

אכן, ג' הספירות הראשונות הללו, וז"ס התחתוניות הללו, האמורות כאן, מתפרשות, או בכלל כולו, או בפרטי פרטיות, שאך אפשר לחלק. באופן, שאפילו ג' הספירות הראשונות, מהמלכות שבסוף עולם העשיה, שייכות לחלק "סתרי תורה", שאסור לגלותן, וז' הספירות התחתוניות, שבכתר דראש האצילות, שייכות לחלק "טעמי התורה", אשר מותר לגלותן. והדברים האלה מפורסמים בספרי הקבלה.

כח) ומקור הדברים הללו, תמצא במסכת פסחים (דף קי"ט), דאמרינן שם, כתיב (ישעיהו כ"ג): "והיה סחרה, ואתננה קודש לה', לא יאצר ולא יחסן, כי אם ליושבים לפני ה', יהיה סחרה, לאכול לשבעה, ולמכסה עתיק וכו'. מאי, למכסה עתיק? זה המכסה דברים, שכיסה עתיק יומין. ומאי ניהו? סתרי תורה. ואיכא דאמרי, זה המגלה דברים, שכיסה עתיק יומין. מאי ניהו? טעמי תורה.

ופירש רשב"ם ז"ל, וז"ל: "עתיק יומין" זה הקב"ה. דכתיב: "ועתיק יומין יתיב". "סתרי תורה", הוא מעשה מרכבה ומעשה בראשית. ופירושו של שם, כדכתיב: "זה שמי לעלם. "והמכסה", היינו, שאינו מוסר אותם לכל אדם, אלא למי שלבו דואג, כמ"ש ב"אין דורשין:" "זה המגלה דברים, שכיסה עתיק יומין". והכי משמע, למכסה סתרי תורה, שהיו מכוסין מתחילה. ועתיק יומין גילה אותן, ונתן רשות לגלותם. ומי שמגלה אותם, זוכה, למה שאמר בפסוק זה". עד כאן לשונו.

כט) הרי לך במפורש, ההפרש הגדול, בין: **סתרי תורה**, אשר המשיגם נוטל כל השכר הגדול הזה (המפורש שם, בגמרא, בפירוש הכתוב), בשביל שמכסה אותם, ואינו מגלה אותם.

והיפוכם, **טעמי התורה**, אשר המשיגם, נוטל כל השכר הגדול הזה, בשביל שמגלה אותם לאחרים.

והאיכא דאמרי, לא פליגי, אלישנא קמא. אלא רק משמעות דורשין, איכא בינייהו, אשר הלישנא קמא, דורשין סיפא, דקרא "ולמכסה עתיק", וע"כ מפרשין השג השכר הגדול, על מכסה את סתרי התורה.

והאיכא דאמרי דורשין, רישא דקרא "ולאכול לשבעה", שמשמעותו "טעמי תורה", בסו"ה "וחיך אוכל יטעם". כי אורות הטעמים, מכונים "אכילה". וע"כ מפרשים השג השכר הגדול, הנאמר בכתוב, על המגלה את טעמי התורה.

אבל, אידי ואידי סוברים, שאת סתרי התורה חייבים לכסות, ואת טעמי התורה חייבים לגלות.

ל) הרי לך, תשובה ברורה, על הקושיות, הרביעית והחמישית, שבתחילת ההקדמה. שמה שתמצא בדברי חז"ל, וגם בספרים הקדושים, ש"אין מוסרים אותה, אלא למי שלבו דואג בקרבו וכו'", היינו את אותו החלק, שנקרא "סתרי תורה", שהוא בחינת, ג' ספירות ראשונות ובחינת ראש, שאין מוסרין אותה, אלא לצנועים, ובתנאים ידועים, שבכל ספרי הקבלה, שבכתב ושבדפוס, לא תמצא אפילו זכר מהם. כי הם הדברים, שכיסה עתיק יומין, כנ"ל בגמרא.

ואדרבא, אמור אתה, אם אפשר להרהר, ואפילו להעלות על הדעת, שכל אלו הקדושים, והצדיקים המפורסמים, שהם גדולי האומה, משופרי דשופרי, כגון ספר יצירה, וספר הזוהר, ובריית׳א דר' ישמעאל, ורב האי גאון, ור' חמאי גאון, והר"א מגרמיזא, ויתר הראשונים עד לרמב"ן, ובבעל הטורים, ובבעל

השו"ע, עד לגאון מוילנא, והגאון מלאדי, ויתר הצדיקים, זכר כולם לברכה, שמהם יצאה לנו כל התורה הנגלית, ומפיהם אנו חיים, לידע המעשה, אשר נעשה, למצוא חן בעיני השי"ת, והרי, כל אלו כתבו והדפיסו ספרים בחכמת הקבלה. כי אין לך גילוי, גדול מכתיבת ספר, אשר הכותב אותו, אינו יודע, מי הם המעיינים בספרו, שיכול להיות, שח"ו רשעים גמורים יסתכלו בו.

ואם כן, אין לך גילוי רזי תורה יותר מזה. וח"ו להרהר, אחר מיטתם של קדושים וטהורים הללו, שיעברו, אפילו כקוצו של יוד, על מה שכתוב ומפורש במשניות ובגמרא, שאסור לגלות אותם, כמ"ש באין דורשין (במסכת חגיגה).

אלא בהכרח, שכל הספרים, הנכתבים והנדפסים, המה בבחינת "טעמי תורה", שעתיק יומין כיסה אותם, מתחילה, ואח"כ גילה אותם, בסוד "חיך אוכל יטעם" כנ"ל, שסודות אלו, לא רק שאין איסור לגלותם, אלא אדרבא, מצוה גדולה לגלותם (כנ"ל בפסחים, קי"ט). ומי שיודע לגלות, ומגלה אותם, שכרו הרבה מאד, כי בגילוי האורות הללו לרבים, ולרבים דוקא, תלוי דבר ביאת גואל צדק, בב"א.

לא) וצריכים מאד, להסביר פעם, למה תלויה ביאת גואל צדק, בהתפשטות לימוד הקבלה לרבים, המפורסם כל כך בזוהר, ובכל ספרי הקבלה. וההמונים תלו בזה בוקי סריקי, עד לבלי סבול.

וביאור ענין זה, מפורש בתיקוני זוהר (תיקון ל', ד"ה "נתיב תנינא"), וז"ל:

"נתיב תנינא [נתיב שני], **ורוח אלקים מרחפת על פני המים. מאי ורוח** [מה זה "ורוח"?], **אלא בודאי בזימנא דשכינתא נחתת בגלותא, האי רוח נשיב על אינון דמתעסקי באורייתא, בגין שכינתא דאשתכחא בינייהו וכו'** [אלא בודאי, בזמן שהשכינה יורדת בגלות, הרוח הזה נושב על אלו שמתעסקים בתורה משום שכינה שנמצאת ביניהם].

כל הבשר חציר, כלא אינון, כבעירן דאכלין חציר [כולם הם כבהמות שאוכלות חציר]. **וכל חסדו, כציץ השדה (ישעיהו, מ'). כל חסד דעבדין, לגרמייהו עבדין** [כל חסד שעושים, לעצמן עושים], **וכו'. ואפילו כל אינון, דמשתדלין באורייתא, כל חסד דעבדין לגרמייהו עבדין** [ואפלו כל אלו שיגעים בתורה, כל חסד שעושים לעצמם עושים].

בההוא זימנא [באותו זמן], **ויזכור, כי בשר המה רוח הולך ולא ישוב (תהלים ע"ח) לעלמא** [לעולם], **ודא איהו רוחא דמשיח** [וזה הוא רוח המשיח]. **וי לון מאן דגרמין** [אוי להם למי שגורם], **דיזיל מן עלמא** [שילך מן העולם], **ולא יתוב לעלמא** [ולא ישוב לעולם], **דאלין אינון דעבדי לאורייתא יבשה** [שאלו הם שעושים את התורה יבשה], **ולא בעאן לאשתדלא בחכמת דקבלה** [ולא רוצים להתיגע בחכמת הקבלה], **דגרמין דאסתלק נביעו דחכמה** [שגורמים שיסתלק מעין החכמה], **דאיהו י' מינה** [שהוא י' ממנה] **וכו'. והאי רוח דאסתלק, איהו רוח דמשיח, ואיהו רוח הקודש** [וזה הרוח שהסתלק הוא רוח של משיח והוא רוח הקודש], **ואיהו** [והוא] **רוח חכמה ובינה, רוח עצה וגבורה, רוח דעת ויראת ה'.**

פקודא תנינא, ויאמר אלקים יהי אור ויהי אור. דא אהבה [זה אהבה], **דאיהי** [שהיא] **אהבת חסד, הה"ד** [הדא הוא דכתיב, וזה מה שכתוב], **ואהבת עולם אהבתיך, ע"כ משכתיך חסד. ועלה אתמר** [ועל זה נאמר], **אם תעירו ואם תעוררו את האהבה, עד שתחפץ וכו', רחימו ודחילו** [אהבה ויראה], **עיקרא דיליה** [שהם עיקרו]. **בין טב ובין ביש** [בין טוב ובין רע], **ובגין דא אתקריאת, האי יראה ואהבה** [ומשום זה נקראת זו יראה ואהבה], **על מנת לקבל פרס. ובגין דא** [ומשום זה], **אמר קב"ה, השבעתי אתכם בנות ירושלים, בצבאות או באילות השדה, אם תעירו ואם תעוררו את האהבה עד שתחפץ, דאיהו רחימו בלאו פרס** [שהיא אהבה בלא פרס], **ולא על מנת לקבל פרס, דיראה** [דיראה] **ואהבה על מנת לקבל פרס, איהי** [היא] **של שפחה. ותחת שלש רגזה הארץ וגו', תחת עבד כי ימלוך, ושפחה כי תירש גברתה.**

לב) ונתחיל לבאר, את תיקוני הזוהר,

מסיפא לרישא. כי אומר, שהיראה והאהבה, שיש לאדם, בעסק התורה והמצות, על מנת לקבל פרס, דהיינו שמקוה, שתצמח לו איזו טובה, מחמת התורה והעבודה, הרי זו בחינת שפחה, שעליה כתיב: "ושפחה, כי תירש גברתה". שלכאורה קשה: הרי קיימא לן "לעולם יעסוק אדם, בתורה ובמצוות, אע"פ שלא לשמה". ולמה רגזה הארץ? ועוד יש להבין, דבר היחס של העסק שלא לשמה, לבחינת שפחה דוקא? גם המליצה "שיורשת את גבירתה" - איזו ירושה ישנה כאן?

לג) והענין תבין, עם כל המתבאר לעיל בהקדמה זאת, כי לא התירו את העסק של לא לשמה, **אלא, משום**, שמתוך שלא לשמה בא לשמה, בהיות המאור שבה מחזירו למוטב.

ולפיכך, יחשב העסק שלא לשמה, לבחינת שפחה המסייעת, ועובדת את העבודות הנמוכות, בעד גבירתה, שהיא השכינה הקדושה, שהרי סופו לבא לבחינת לשמה, ויזכה להשראת השכינה. ואז, נחשבת גם השפחה, שהיא בחינת העסק שלא לשמה, לבחינת שפחה דקדושה, שהרי היא המסייעת ומכינה את הקדושה. אך נקראת בבחינת עולם עשיה של הקדושה.

אמנם, אם אין אמונתו שלימה ח"ו, ואינו עוסק בתורה ובעבודה, אלא רק מטעם, שהשי"ת צוה אותו ללמוד, כבר נתבאר לעיל, שבתורה ועבודה כאלה, לא יתגלה כלל המאור שבה, כי עיניו פגומות, ומהפכות האור לחושך, בדומה לעטלף, כנ"ל. ובחינת עסק כזה, כבר יצאה מרשות שפחה דקדושה, כי לא יזכה ח"ו על ידיה לבוא לשמה. וע"כ באה לרשות השפחה דקליפה, שהיא יורשת את התורה והעבודה האלו, ועושקתן לעצמה.

ולפיכך רגזה הארץ, דהיינו השכינה הקדושה, שנקראת ארץ, כנודע. כי אותן התורה והעבודה, שהיו צריכות לבא אליה, לרכושה של השכינה הקדושה, עושקת אותן השפחה בישא, ומורידה אותן לרכושן של הקליפות. ונמצאת, השפחה יורשת, ח"ו, את הגבירה.

לד) ופירשו תיקוני הזוהר, סוד השבועה: דאם תעירו, ואם תעוררו, את האהבה, עד שתחפץ. שההקפדה היא, שישראל ימשיכו אור החסד העליון, שנקרא אהבת חסד, כי זהו הנחפץ. שהוא נמשך, דוקא ע"י העסק בתורה ובמצוות, שלא על מנת לקבל פרס.

והטעם, כי על ידי אור החסד הזה, נמשך לישראל אור החכמה העליונה, המתגלה ומתלבש, באור החסד הזה, שהמשיכו ישראל. ואור החכמה הזה, ה"ס הכתוב: "ונחה עליו רוח ה', רוח חכמה ובינה, רוח עצה וגבורה, רוח דעת ויראת ה'" (ישעיה י"א), הנאמר על מלך המשיח. כמו שנאמר שם להלן: "ונשא נס לגוים, ואסף נדחי ישראל, ונפוצות יהודה יקבץ מארבע כנפות הארץ".

כי אחר שישראל ממשיכין, על ידי אור החסד, את אור החכמה, בסוד רוח חו"ב וכו', אז מתגלה המשיח, ומקבץ נדחי ישראל וכו'. הרי, שהכל תלוי, בעסק התורה והעבודה לשמה, המסוגל להמשיך, אור החסד הגדול, שבו מתלבש ונמשך, אור החכמה. שז"ס השבועה "אם תעירו ואם תעוררו וכו'", כי הגאולה השלימה וקיבוץ הגלויות, אי אפשר, זולתה, היות סדרי צנורות הקדושה, מסודרים כן.

לה) וזה שפירשו עוד: "ורוח אלקים מרחפת ע"פ המים. מאי ורוח אלקים? אלא בודאי, בזמנא דשכינתא נחתת בגלותא, האי רוח, נשיב על אינון דמתעסקי באורייתא, בגין שכינתא דאשתכחת בינייהו [מהו ורוח אלקים? אלא בודאי, בזמן שהשכינה יושבת בגלות, הרוח הזה נושב על אלו שמתעסקים בתורה, משום שכינה שנמצאת ביניהם]".

פירוש הדברים: שבזמן גלות, בעת שישראל, עדיין עוסקים, בתורה ומצוות שלא לשמה, אמנם אם הם בבחינה זו "שמתוך שלא לשמה בא לשמה", הרי השכינה ביניהם, אלא בבחינת גלות, מטעם, שעדיין לא בא לשמה, וכנ"ל, בסוד השפחה דקדושה.

וז"ש: "בגין שכינתא דאשתכחת בינייהו [משום שכינה שנמצאת ביניהם]", כלומר בהסתר. אבל סופם, לזכות לגילוי שכינה. ואז, הרוח דמלך המשיח, מרחפת על העוסקים, ומעוררת אותם לבא לשמה, בסוד "המאור שבה מחזירם

למוטב", שמסייעת ומכינה להשראת השכינה, שהיא גבירתה.

אמנם, אם ח"ו, אין העסק הזה דשלא לשמה, ראוי להביאם לשמה, מטעמים הנ"ל, אז מצטערת השכינה ואומרת: "כל הבשר חציר, כלא אינון, כבעירין דאכלין חציר [כולם הם כבהמות האוכלים חציר]". פירוש: שלא נמצא בעוסקים בתורה, אותו רוח האדם, העולה למעלה, אלא שמסתפקין ברוח הבהמה, היורד למטה.

ומפרשים שם הטעם: משום דכל חסדו כציץ השדה, ואפילו כל אינון דמשתדלין באורייתא, כל חסד דעבדין לגרמייהו הוא דעבדין [כל אלו שמשתדלים בתורה, כל חסד שעושים לעצמם הם עושים]. כלומר, שכל עסקם בתורה ומצות, הוא לתועלתם ולהנאתם עצמם, ואין העסק בתורה, מסוגל להביאם לשמה ח"ו.

וז"ש שם: "בההוא זמנא [באותו זמן], ויזכור כי בשר המה, רוח הולך ולא ישוב לעלמא [לעולם], ודא איהו רוחא דמשיח [וזה הוא רוח המשיח]. פירוש: שעליהם, אין רוחא דמשיח מרחפת, אלא הולכת מהם ולא תשוב, כי השפחה הטמאה עושקת תורתם, ויורשת את הגבירה, כנ"ל, משום שאינם בדרך, לבא מתוך שלא לשמה לבחינת לשמה, כנ"ל.

ועל"כ מסיק שם: דאלין אינון דעבדין לאורייתא יבשה, ולא בעאן לאשתדלא בחכמת הקבלה [שאלו הם שעושים את התורה יבשה ולא רוצים להשתדל בחכמת הקבלה]. פירוש הדברים: כי אעפ"י, שאינם מצליחים, ע"י העסק בתורה הנגלית, משום שאין בה מאור, והוי יבשה [ונמצאת יבשה], מסיבת קטנות דעתם (כנ"ל אות ט"ז, ד"ה "והנה"), מ"מ הרי יכולים להצליח, על ידי העסק בלימוד הקבלה, משום שהמאור שבה, מלובש בלבושין דהקב"ה, דהיינו השמות הקדושים והספירות, אשר בנקל, היו יכולים לבא, באותה הבחינה של "שלא לשמה המביאתם לשמה".

שאז, היתה רוח אלקים, מרחפת עליהם, בסוד "המאור שבה המחזירם למוטב". אמנם, בשום אופן, אינם חפצים בלימוד הקבלה. וז"ש: "וי לון דגרמין, עניותא וחרבא וביזה והרג ואבדן בעלמא, והאי רוח דאסתלק, איהו רוח דמשיח, כמא דאתמר, דאיהו רוח הקדש, ואיהו רוח חכמה ובינה וכו' [אוי להם, שגורמים עניות וחרב וביזה והרג ואבדן בעולם, וזה הרוח שהסתלק, הוא רוח המשיח, כמו שנאמר רוח הקדש, והוא רוח חכמה ובינה וכו']".

לו. המתבאר, מדברי תיקוני הזוהר, הוא, שישנה שבועה, שלא יתעורר אור החסד והאהבה בעולם, עד שמעשיהם של ישראל בתורה ומצוות, יהיו על הכונה שלא לקבל פרס, אלא רק להשפיע נחת רוח ליוצר ב"ה, שז"ס השבועה "השבעתי אתכם, בנות ירושלים, וכו'".

באופן, שכל אריכות הגלות, והיסורים שאנו סובלים, תלויים ומחכים לנו, עד שנזכה, לעסק התורה ומצוות לשמה. ואם רק נזכה לזה, תיכף יתעורר אור האהבה והחסד הזה, שסגולתו להמשיך, סוד הכתוב "ונחה עליו רוח חו"ב וכו'". ואז נזכה לגאולה השלימה.

גם נתבאר, שאי אפשר, שכל כלל ישראל, יבואו לטהרה הגדולה הזו, זולת על ידי לימוד הקבלה, שהיא הדרך הקלה ביותר, המספיקה גם לקטני הדעת.

משא"כ, בדרך העסק בתורת הנגלה בלבד, אי אפשר לזכות על ידה, זולת ליחידי סגולה, ועל ידי יגיעה רבה, אבל לא למרבית העם, מטעם המבואר לעיל, באות כ"ב, ד"ה "אכן". ובזה נתבארה היטב, האפסיות, שבקושיא הרביעית והחמישית, שבתחילת ההקדמה.

לז) והקושיא השלישית, שהיא הפחד שלא יחמיץ - הנה אין כאן פחד, ולא כלום. כי ענין הנטיה מדרך ה' ח"ו, שקרתה פעם, היתה מב' סיבות:

א. או שעברו על דברי חז"ל, בדברים האסורים לגלות,

ב. או משום, שתפסו דברי הקבלה, במשמעותם החיצונית, דהיינו בהוראות גשמיות, ועברו על "לא תעשה לך פסל וכל תמונה". וע"כ, באמת היתה חומה בצורה, מסביב החכמה הזו, עד היום. אשר רבים ניסו, והתחילו, בלימוד, ולא יכלו להמשיך בו, מחסרון הבנה, ומחמת הכינויים הגשמיים.

אשר ע"כ, טרחתי בביאור "פנים מאירות

ופנים מסבירות", לפרש את הספר הגדול "עץ החיים" מהאר"י ז"ל, ולהפשיט הצורות הגשמיות, ולהעמידן בחוקי הרוחניים, למעלה ממקום ומזמן. באופן, שיוכל כל מתחיל, להבין הדברים בטעמם ונימוקם, בשכל בהיר ובפשטות גדולה, לא פחות, כמו שמבינים גמרא ע"י פירוש רש"י ז"ל.

לח) ונמשיך, להרחיב את החיוב, של העסק בתורה ומצוות לשמה, שהתחלתי לדבר בו. הנה, יש להבין, את השם הזה של "תורה לשמה". למה מוגדרת, העבודה השלימה הרצויה, בשם הזה "לשמה", והעבודה, שאינה רצויה, בשם של "לא לשמה"?

כי לפי המובן הפשוט, שהעוסק בתורה ומצוות, מחוייב, לכוון לבו לעשות נ"ר ליוצרו, ולא לשם טובת עצמו, היה צריך לכנות זה, ולהגדירו, בשם "תורה לשמו" ו"תורה שלא לשמו", שפירושו לשם שמים.

ולמה מגדירים זה בשם "לשמה" ו"שלא לשמה", שפירושו לשם התורה?

אלא, ודאי, שיש כאן הבנה יתירה מהאמור. שהרי, הלשון מוכיחה, ש"תורה לשמו", שפירושו לעשות נחת רוח ליוצרו, אינו מספיק עדיין, אלא, שצריך עוד, שיהיה העסק לשמה, שפירושו "לשם התורה". וזה צריך ביאור.

לט) והענין הוא, כי נודע, ששם התורה הוא "תורת חיים", כאמור כי "חיים הם למוצאיהם וגו'" (משלי ד', כ"ב). וכה"א: "כי לא דבר ריק הוא, מכם, כי הוא חייכם וגו'" (דברים, ל"ב, מ"ז). וכיון שכן, הרי פירושה של "תורה לשמה", אשר העסק בתורה ומצוות, מביא לו חיים ואריכות ימים. כי אז, התורה היא, כשמה.

ומי, שאינו מכוון את לבו ודעתו, לנאמר, נמצא, שהעסק בתורה ומצוות, מביא לו את ההיפך, מהחיים ואריכות הימים, חו"ש, דהיינו לגמרי "שלא לשמה", שהרי שמה הוא "תורת חיים", והבן.

ודברים אלו, באים מפורשים בדברי חז"ל (תענית ז' ע"א): "כל, העוסק בתורה שלא לשמה, תורתו נעשית לו סם המות. וכל, העוסק בתורה לשמה, תורתו נעשית לו סם חיים".

אמנם, דבריהם אלו, צריכים ביאור: להבין, איך, ובמה, נעשית לו התורה הקדושה, לסם המות? - המעט הוא, שמתיגע לריק ולבטלה. ואין לו שום תועלת מטרחתו ויגיעתו, ח"ו, אלא עוד, שהתורה והעבודה עצמה, נהפכת לו לסם המות, שדבר זה מתמיה מאד.

מ) ונבין מתחילה, את דברי חז"ל (מגילה ו' ע"ב), שאמרו: "יגעתי ומצאתי, תאמן, לא יגעתי ומצאתי, אל תאמן". שיש להקשות, על הלשון "יגעתי ומצאתי", שנראים, כתרתי דסתרי אהדדי:

א. שהרי "יגיעה", היא ענין עבודה וטורח, שנותנים במחיר כל קנין רצוי. שבעד קנין חשוב, נותנים יגיעה מרובה, ובעד קנין פחות, נותנים יגיעה מועטת.

ב. והיפוכה היא "מציאה", אשר דרכה, לבא אל האדם, בהסח הדעת לגמרי, בלי שום הכנה, של טורח ויגיעה ומחיר.

וא"כ, איך תאמר: "יגעתי ומצאתי"? ואם יגיעה יש כאן, היה צריך לומר: "יגעתי וקניתי", או "יגעתי וזכיתי", וכדומה, ולא "יגעתי ומצאתי"?

מא) והנה, איתא בזוהר, על הכתוב "ומשחרי ימצאונני", שאלו ע"ז: היכן מוצאים את השי"ת? - ואמרו, שאין מוצאים אותו יתברך, אלא בתורה. וכן אמרו על הכתוב, "אכן, אתה, אל מסתתר", אשר הקב"ה, מסתיר את עצמו, בתורה הקדושה.

ויש להבין דבריהם ז"ל כראוי. כי לכאורה, הקב"ה מוסתר, רק בדברים ודרכים הגשמיים, ובכל הבלי העולם הזה, שהם מחוץ לתורה. ואיך תאמר את ההיפך, אשר רק בתורה הוא מסתיר את עצמו?

גם המובן הכללי, שהקב"ה מסתיר את עצמו, באופן שצריכים לבקשו, הסתר זה למה לו? וכן, "כל מבקשי אותו, ימצאוהו", המובן בכתוב, "ומשחרי ימצאונני", צריך להבין היטב, דבר הביקוש הזה, ודבר המציאה הזו, מה הם, ולמה הם?

מב) וצריך שתדע אמנם, אשר סיבת כל

הריחוק הזה, שאנו רחוקים כל כך מהשי"ת, ומה שאנו עלולים כל כך, לעבור על רצונו ית', אין כל זה, אלא משום סיבה אחת, שנעשתה למקור, לכל המכאובים והיסורים, שאנו סובלים, ולכל הזדונות והשגגות, שאנו נכשלים ובאים בהם ח"ו.

שיחד עם זה, מובן, שבהסרת הסיבה ההיא, נפטרים תיכף, מכל צער ומכל מכאוב, וזוכים תיכף להדבק בו ית', בכל לב נפש ומאד. ואומר לך, שהסיבה המקורית ההיא, אינה אחרת, אלא "מיעוט ההבנה שלנו, בהשגחתו ית', על בריותיו", שאין אנו מבינים אותו יתברך, כראוי.

מג) ונניח, למשל, אם היה הקב"ה, נוהג עם בריותיו, בהשגחה גלויה, באופן, אשר למשל, כל האוכל דבר איסור, יחנק תיכף על מקומו, וכל העושה מצוה, ימצא בה התענוג הנפלא, בדומה לתענוגות, המצוינים ביותר שבעולם הזה הגשמי, כי אז:

א. מי פתי היה מהרהר, אפילו לטעום דבר איסור, בשעה שהיה יודע, שתיכף יאבד מחמתו את חייו, כמו שאינו מהרהר, לקפוץ לתוך הדליקה.

ב. וכן, מי פתי היה עוזב, איזו מצוה מבלי לקיימה, תיכף בכל הזריזות, כמו שאינו יכול, לפרוש או להתמהמה, על תענוג גדול גשמי, הבא לידו, מבלי לקבלו מיד, בכל הזריזות שביכלתו.

הרי, שאם היתה לפנינו השגחה גלויה, היו כל באי העולם צדיקים גמורים.

מד. הרי לעיניך, שבעולמנו, לא חסר לנו, אלא השגחה גלויה. כי אם היתה לנו השגחה גלויה, היו כל באי עולם צדיקים גמורים. וגם היו דבקים בו ית', בתכלית האהבה. כי ודאי, לכבוד גדול היה זה, לכל אחד ממנו, להתידד ולהתאהב בו ית', בכל לב ונפש, ולהדבק בו תמיד, בלי אפילו הפסד רגע.

אלא, מתוך שאינו כן, אלא "שכר מצוה בהאי עלמא ליכא", גם אין עוברי רצונו, נענשים כלל לעינינו, אלא השי"ת מאריך אפים להם, ולא עוד, אלא שלפעמים, נדמה לנו ההיפך ח"ו, כמ"ש (תהלים ע"ג): "הנה, אלה רשעים ושלוי עולם, השגו חיל וגו'".

ולפיכך, "לא כל הרוצה, ליטול את השם, יבא ויטול". אלא, שאנו נתקלים, בכל פסיעה ופסיעה ח"ו, עד, כמ"ש חז"ל (ויק"ר פ"ב) על הכתוב: "אדם אחד מאלף מצאתי", אשר "אלף נכנסים לחדר, ואחד יוצא להוראה".

הרי, שהבנת השגחתו ית', היא הסיבה לכל טוב. ואי ההבנה, היא הסיבה לכל רע. ונמצא, שהיא הקוטב, אשר כל באי עולם, מתגלגלים עליו, אם לשבט ואם לחסד.

מה) וכשנתבונן היטב, בהשגת השגחה, הבאה להרגשת בני אדם, אנו מוצאים בהם ד' סוגים, שכל סוג וסוג, מקבל השגחת השי"ת עליו, במיוחד. באופן, שיש כאן ד' בחינות של השגת ההשגחה. ובאמת. הן רק שתים, דהיינו:

א. הסתר פנים,

ב. וגילוי פנים.

אלא שנחלקים לארבע. כי יש ב' בחינות בהשגחה של הסתר פנים, שהם:

א. הסתר אחד,

ב. והסתר בתוך הסתר.

וב' בחינות בהשגחה של גילוי פנים, שהן:

ג. השגחה של שכר ועונש,

ד. והשגחת הנצחיות.

כמו שיתבארו לפנינו, בע"ה.

מו) והנה הכתוב אומר (דברים ל"א, י"ז): "וחרה אפי בו, ביום ההוא, ועזבתים, "והסתרתי" פני מהם, והיה לאכל, ומצאהו רעות רבות וצרות, ואמר ביום ההוא, הלא על כי אין אלקי בקרבי, מצאוני הרעות האלה. ואנכי "הסתר אסתיר" פני ביום ההוא, על כל הרעה, אשר עשה, כי פנה אל אלהים אחרים.

וכשתסתכל בדברים תמצא, שמתחילה כתוב: "וחרה אפי וגו' והסתרתי פני וגו'", דהיינו, הסתר אחד. ואח"כ כתוב: "ומצאוהו, רעות רבות וצרות וגו', ואנכי הסתר אסתיר פני וגו'", דהיינו הסתר כפול. וצריכים להבין, הסתר כפול, זה מהו.

מז) ומתחילה, נבין, מה הפירוש של "הפנים" של השי"ת, שהכתוב אומר עליו: "והסתרתי פני". ותבין זה, בדומה לאדם, בשעה שרואה, הפנים של חברו, מכירו תיכף. משא"כ,

בְרואהו דרך אחוריו, כי אז, אינו בטוח בהכרתו, ועלול להיות בספק "אולי אחר הוא, ואינו חברו?"

וכן הדבר, שלפנינו. כי הכל יודעים ומרגישים, את השי"ת, כי טוב הוא, ומדרך הטוב להיטיב. ולפיכך, בשעה, שהשי"ת הולך ומטיב, עם בריותיו אשר ברא, כמתנת ידו הרחבה, נבחן זה, ש"פניו ית' מגולות לבריותיו". כי אז, הכל יודעים ומכירים אותו, בהיותו מתנהג כראוי לשמו ית', כמו שנתבאר לעיל, בדבר ההשגחה הגלויה. עש"ה.

מח) אמנם, בשעה, שמתנהג עם בריותיו, להיפך מהאמור, דהיינו, בעת שמקבלים, יסורים ומכאובים בעולמו ית', הרי נבחן זה ל"אחורים של השי"ת", כי "הפנים" שלו, דהיינו מידת טובו השלמה, נסתרה מהם לגמרי, שאין מנהג זה מתאים לשמו ית'.

ודומה, לרואה את רעהו מאחוריו, שהוא עלול להטיל ספק, ולחשוב, אולי אחר הוא. וזש"ה: "וחרה אפי וגו', והסתרתי פני מהם וגו'". כי בעת חרון האף, שהבריות מקבלים צרות ומכאובים, נמצא שהקב"ה "מסתיר פניו ית'", שהם מידת טובו השלמה, ורק אחוריו מגולים. ואז, צריכים להתחזקות גדולה, באמונתו ית', כדי להזהר מהרהורי עבירה ח"ו, משום שקשה להכירו מאחוריו, כמבואר. וזהו הנקרא "הסתר אחד".

מט) אמנם, ברבות ח"ו הצרות והמכאובים, במידה מרובה ביותר, הנה גורם זה להסתר כפול, שנקרא בספרים "הסתר תוך הסתר". שפירושו, שאפילו אחוריו יתברך, אינם נראים ח"ו. כלומר, שאינם מאמינים, שהשי"ת כועס עליהם ומענישם. אלא תולים חס ושלום זאת, במקרה ובטבע. ובאים, לידי כפירה, בהשגחתו יתברך בשכר ועונש. וזש"ה: "ואנכי הסתר אסתיר פני וגו', כי פנה אל אלהים אחרים". דהיינו, שבאים לידי כפירה ופונים לע"ז, ח"ו.

נ) משא"כ לפני זה, שהכתוב מדבר רק מבחינת הסתר אחד, מסיים הכתוב: "ואמר ביום ההוא, הלא על, כי אין אלקי בקרבי, מצאוני הרעות האלה". כלומר, שמאמינים עוד בהשגחת שכר ועונש, ואומרים, שהצרות והיסורים, מגיעים להם מחמת, שאינם דבוקים בהשי"ת. ככתוב: "על כי אין אלקי בקרבי, מצאוני הרעות האלה". שזה נבחן, שרואים עוד את השי"ת, אבל רק דרך אחוריו. ועל כן נקרא "הסתר אחד", דהיינו "הסתר הפנים בלבד".

נא) והנה, נתבארו ב' הבחינות, של תפיסת ההשגחה הנסתרת, המורגשות לבריות, דהיינו: הסתר א', והסתר תוך הסתר.

ההסתר הא' - פירושו, הסתר פנים בלבד, והאחוריים מגולים להם. כלומר, שמאמינים, שהשי"ת סיבב להם היסורים, מחמת עונש. ואע"פ, שקשה להם, להכיר את השי"ת תמיד, דרך אחוריו, כמבואר לעיל, שבאים מחמת זה, לידי עבירה, עכ"ז, אפילו אז, נקראים בבחינת "רשע שאינו גמור". כלומר, שהעבירות הללו דומות לשגגות, כי הגיעו להם מחמת ריבוי היסורים, שהרי בכללות, המה מאמינים בשכר ועונש, כאמור.

נב) והסתר תוך הסתר - שפירושו, שאפילו אחוריו של הקב"ה נסתרו מהם. כי אינם מאמינים בשכר ועונש, כנזכר לעיל. הנה העבירות שבידיהם, נבחנות לזדונות. ונקראים "רשעים גמורים", משום שהם פוקרים ואומרים, שהשי"ת אינו משגיח כלל על בריותיו, ופונים לע"ז, כמ"ש: "כי פנה אל אלהים אחרים", ח"ו.

נג) וצריכים לדעת, שכל ענין העבודה, הנוהגת בקיום התורה והמצוות, בדרך הבחירה, נוהגת בעיקר, בב' הבחינות, של ההשגחה המוסתרת, האמורות. ועל הזמן ההוא, אומר: "בן הא הא, לפום צערא אגרא" (אבות ספ"ה).

שהיות, שהשגחתו יתברך, אינה גלויה, ואי אפשר לראותו יתברך, אלא בהסתר פנים, דהיינו רק דרך אחוריו, בדומה לאדם, הרואה רעהו מאחוריו, שעלול להטיל ספק, ולחשוב, אולי אחר הוא. הנה בדרך זאת, נמצאת תמיד, הבחירה בידי האדם - אם לקיים רצונו ית', או ח"ו לעבור על רצונו.

כי הצרות והמכאובים, שמקבל, מביאים לו את הספק, במציאות השגחתו ית' על בריותיו, כנ"ל - אם כבחינה א', שהמה שגגות, אם ח"ו כבחינה ב', שהמה זדונות, עש"ה.

ובין כך ובין כך, הוא נמצא, בצער רב ויגיעה מרובה. ועל הזמן ההוא, אומר הכתוב: "כל, אשר תמצא, ידך לעשות בכחך, עשה וגו'" (קהלת ט'). כי לא יזכה לגילוי הפנים, שפירושו, המידה השלימה של טובו ית', בטרם שישתדל ויעשה, כל מה, שאך בידו ובכחו לעשות. ולפום צערא, אגרא.

נד) אמנם, אחר שרואה השי"ת, שהאדם השלים מידת יגיעתו, וגמר, כל מה שהיה עליו לעשות, בכח בחירתו והתחזקותו באמונת השי"ת, אז עוזר לו השי"ת, וזוכה להשגת ההשגחה הגלויה, דהיינו לגילוי פנים.

ואז, זוכה לתשובה שלימה, שפירושה, ש"שב" ומתדבק בהשי"ת, בכל לב נפש ומאד, כמו שנמשך מאליו, מצד ההשגה של ההשגחה הגלויה.

נה) והנה, השגה זאת ותשובה זו, האמורות, באות לו לאדם, בב' מדרגות, שהראשונה היא - השגת השגחת שכר ועונש בהחלט. ומלבד שמשיג, בהשגה ברורה, את שכרה של כל מצוה לעוה"ב, זוכה ג"כ להשיג התענוג הנפלא, שבעת קיום המצוה, תיכף בעוה"ז. וכן מלבד שמשיג העונש המר, הנמשך מכל עבירה, לאחר מיתתו, זוכה ג"כ להרגיש, את טעמה המר של כל עבירה, ג"כ בעוד בחיים חיתו.

ומובן מאליו, שהזוכה להשגחה הגלויה הזאת, בטוח בעצמו, שלא יחטא עוד. כמו שאדם בטוח, שלא יחתוך באבריו ויגרום לעצמו יסורים נוראים. וכן בטוח בעצמו, שלא יעזוב המצוה, מלקיימה תיכף כשבאה לידו, כמו שהאדם בטוח, שלא יעזוב שום תענוג העוה"ז או ריוח גדול, הבא לידו.

נו) ובזה תבין מ"ש ז"ל: "היכי דמי תשובה, עד שיעיד עליו, יודע תעלומות, שלא ישוב לכסלו עוד". שלכאורה, הדברים מתמיהים: שא"כ, מי יעלה השמימה, לשמוע עדותו של השי"ת? גם לפני מי, צריך השי"ת להעיד עדותו זאת? וכי לא מספיק, שהשי"ת בעצמו יודע, שהאדם שב בכל לבו, ולא יחטא עוד?

ומהמתבאר הדבר פשוט לגמרי. כי באמת, אין האדם בטוח לחלוטין, שלא יחטא עוד, בטרם שיזכה, להשגת ההשגחה של שכר ועונש המבוארת, דהיינו גילוי פנים כנ"ל. וגילוי פנים זה, שמצד ישועת השי"ת, מכונה בשם "עדות". שהרי, ישועתו ית' בעצמו, להשגה הזו של שכר ועונש, היא המבטיחה לו, שלא יחטא עוד, כמבואר לעיל. ונבחן על כן, שהשי"ת מעיד עליו.

וז"ש: "היכי דמי תשובה". כלומר, מתי יהיה אדם בטוח, שזוכה לתשובה שלמה? וע"כ נתנו לו אות ברור, דהיינו, עד שיעיד עליו יודע תעלומות, שלא ישוב לכסלו עוד. כלומר, שיזכה לגילוי פנים. שאז, ישועתו ית' עצמו, מעידה עליו, שלא ישוב לכסלו עוד, כמבואר.

נז) והנה, תשובה זו האמורה, נקראת בשם "תשובה מיראה". כי הגם ששב, אל השי"ת, בכל לב ונפש "עד שמעיד עליו יודע תעלומות, שלא ישוב לכסלה עוד", כמבואר, עכ"ז, הרי כל הבטחון הזה, שלא יחטא עוד, הוא מטעם השגתו והרגשתו, את העונש והיסורים הרעים, הנמשכים מהעבירות. אשר ע"כ, בטוח בעצמו, שלא יחטא כנ"ל. ע"ד שבטוח, שלא יסבב לעצמו יסורים נוראים.

אמנם סוף סוף, נמצאים התשובה והבטחון הזה, שהוא, רק מחמת יראת העונשים, הנמשכים מהעבירות. ונמצא, שתשובתו היא, רק מיראת העונש, ונקראת משום זה "תשובה מיראה".

נח) ועם זה, מובנים דברי חז"ל, ש"העושה תשובה מיראה, זוכה, שהזדונות נעשין לו כשגגות". ויש להבין: איך נעשה זה?

ועם הנ"ל תבין היטב, כי נתבאר לעיל (אות נ"ב, ד"ה "והסתר"), שהזדונות, שהאדם עושה, המה נמשכים לו, מבחינת קבלת ההשגחה של ההסתר הכפול, שהוא הסתר בתוך הסתר, שפירושו, שאינו מאמין בהשגחת שכר ועונש ח"ו.

אמנם, מבחינת הסתר אחד, שפירושו, שמאמין בהשגחת שכר ועונש, אלא שמתוך ריבוי היסורים, בא לפעמים לידי הרהורי עבירה, כי אע"פ שמאמין, שהיסורים הגיעו

לו מחמת עונש, עכ"ז דומה, לרואה את רעהו מאחוריו, שעלול להטיל ספק, ולחשוב, אולי אחר הוא, כנ"ל עש"ה, שהחטאים האלה, המה רק שגגות, שמתוך שמאמין בכלל, בהשגחת שכר ועונש. ע"ש.

נט) ולפיכך, אחר שזוכה לתשובה מיראה הנ"ל, שפירושה, בהשגה ברורה של השגחת שכר ועונש, עד שבטוח שלא יחטא, הנה נתקנת לו לגמרי, בחינת ההסתר בתוך הסתר. שהרי, עתה רואה הוא בעליל, שיש השגחת שכר ועונש. וברור לו, שכל ריבוי היסורים, שהרגיש מעודו, היו לו לעונש, מהשגחתו יתברך על החטאים שעשה.

ואגלאי מלתא למפרע, שהיתה לו אז טעות מרה. ולפיכך, עוקר הזדונות האלה משורשם. אמנם לא לגמרי, אלא שנעשים לו לשגגות. כלומר, בדומה לעבירות שעשה מבחינת הסתר אחד, שנכשל מחמת בלבול הדעת, שהגיע לו מתוך ריבוי היסורים, שמעבירים את האדם מדעתו, שהמה נחשבים רק לשגגות, כנ"ל.

ס) אמנם את הסתר הפנים הא', שהיה לו לפני זה, לא תיקן כלל, בתשובתו זאת. רק מכאן ולהבא, אחר שזוכה לגילוי פנים, כנ"ל. אבל לשעבר, בטרם שזכה לתשובה, הרי נשארו לו הסתר הפנים וכל השגגות, כמו שהיו, מבלי שום תיקון ושינוי כלל. שהרי גם אז האמין, שהצרות והיסורים, באו לו מחמת עונש, כמש"ה: "ואמר ביום ההוא, על כי אין אלקי בקרבי, מצאוני הרעות האלה". כנ"ל, עש"ה.

סא) ולכן, עדיין לא נקרא "צדיק גמור". כי הזוכה לגילוי פנים, שפירושו, מידת טובו השלימה, כראוי לשמו ית', כנ"ל, אות נ"ה, ד"ה "והנה", הוא הנקרא בשם "צדיק", להיותו מצדיק את השגחתו ית'. כמות שהיא באמת. דהיינו, שנוהג עם בריותיו, בתכלית הטוב ובתכלית השלימות. באופן, שמיטיב לרעים ולטובים.

וע"כ, כיון שזוכה לגילוי פנים, מכאן ואילך ראוי להקרא בשם "צדיק". אמנם, מתוך שלא תיקן לגמרי, אלא את בחינת הסתר בתוך הסתר, אבל בחינת הסתר א' עדיין לא תיקן, אלא רק מכאן ואילך, כנ"ל, ונמצא, שהזמן ההוא, דהיינו בטרם שזכה לתשובה, אינו ראוי עדיין להקרא בשם "צדיק", שהרי אז, נשאר לו הסתר הפנים, כמו שהיה. וע"כ נקרא "צדיק שאינו גמור". כלומר, שעדיין יש לתקן את העבר שלו.

סב) ונקרא ג"כ "בינוני". משום, שאחר שזכה עכ"פ ל"תשובה מיראה", נעשה מוכשר על ידי העסק השלם בתורה ומע"ט, לזכות ל"תשובה מאהבה" גם כן. אשר אז, יזכה לבחינת צדיק גמור. ולפיכך נמצא עתה, שהוא הבינוני, בין היראה לאהבה, שעל שם זה נקרא "בינוני". משא"כ בטרם זה, לא היה מוכשר לגמרי, אפילו להכין את עצמו ל"תשובה מאהבה".

סג. והנה נתבארה היטב, המדרגה הראשונה, של השגת גילוי הפנים, דהיינו, ההשגה והרגשת השגחת שכר ועונש. באופן, שיעיד עליו יודע תעלומות, שלא ישוב לכסלו עוד, כנ"ל. שזה נקרא "תשובה מיראה", שהזדונות נעשו לו כשגגות. ונקרא "צדיק שאינו גמור". וגם נקרא "בינוני", כמבואר.

סד) ועתה נבאר, את המדרגה השניה, של השגת גילוי הפנים, שהיא השגת ההשגחה השלימה האמיתית הנצחית. שפירושה, שהשם יתברך, משגיח על בריותיו, בבחינת הטוב והמיטיב לרעים ולטובים. אשר עתה, הוא נקרא "צדיק גמור" ו"תשובה מאהבה". אשר זוכה, שהזדונות נהפכו לו לזכויות.

והנה נתבארו כל ד' הבחינות של הבנת ההשגחה, הנוהגים בבריות. אשר, שלש הבחינות הראשונות, שהם: הסתר כפול, והסתר אחד, והשגת השגחת שכר ועונש - אינם אלא הכנות, שעל ידיהם, יזכה האדם לבחינה הד', שהיא השגת ההשגחה האמיתית הנצחית, שעניינה יתבאר לפנינו, בע"ה.

סה) ויש להבין אמנם, למה לא די לו לאדם, בחינה ג', שהיא השגת ההשגחה של שכר ועונש? שאמרנו, אשר כבר זכה, שהיודע תעלומות, מעיד עליו, שלא יחטא עוד. ולמה נקרא עדיין "בינוני" או "צדיק שאינו גמור", ששמו מוכיח עליו, שעדיין אין עבודתו רצויה,

בעיני השי"ת? ועדיין נמצא, חסרון ופגם, בבחינת התורה והעבודה שלו?

סו) ונקדים לברר, מה שהקשו המפרשים, על המצוה של אהבת ה'. כי איך חייבה אותנו התורה הקדושה, במצוה, שאין בידינו לקיימה כלל? שהרי על הכל, אפשר לו לאדם, שיכוף את עצמו, וישעבד את עצמו לקיימו, אבל על אהבה, אינם מועילים שום שעבוד וכפיה שבעולם?

ותירצו, שמתוך שהאדם מקיים, את כל תרי"ב המצוות, כהלכתן, נמשכת לו אהבת השם מאליה. ולפיכך, נחשבת לו, כמו בידו לקיימה. שהרי, יכול לשעבד ולכוף את עצמו בתרי"ב המצוות, שיקיימן כהלכתן, שאז זוכה גם באהבת ה'.

סז) אמנם דבריהם אלו, צריכים עוד לביאור רחב, כי סוף סוף, לא היתה אהבת ה' צריכה להגיע לנו, בבחינת מצוה, מאחר, שאין לנו בה, שום מעשה ושעבוד כלל מידינו, אלא שבאה מאליה, אחר שנשלמים בתרי"ב המצוות. וא"כ, די לנו ומספיק לגמרי, הציווי של תרי"ב המצוות. ולמה נכתבה מצות האהבה?

סח) וכדי להבין זאת, צריכים מקודם להבנה אמיתית, במהותה של אהבת ה' עצמה. ויש לדעת, שכל הנטיות והמדות, הטבועות באדם, לשמש עמהן כלפי חבריו, הנה כל אלו הנטיות והמדות הטבעיות, כולן נחוצות לעבודת השי"ת. ומתחילה, לא נבראו והוטבעו באדם, אלא רק משום תפקידן הסופי, האמור, שהוא תכלית וסוף כל האדם, בסו"ה "ולא ידח ממנו נדח", אשר אז, צריך להם לכולם, כדי להשתלם עמהם, בדרכי קבלת השפע, ולהשלים חפץ ה'.

וז"ש: "כל הנקרא בשמי ולכבודי, בראתיו וגו'" (ישעיה מ"ג, ז'). וכן: "כל פעל ה' למענהו וגו'" (משלי ט"ז, ד'). אלא שבינתים, הוכן לו לאדם, עולם מלא, כדי שכל אלו הנטיות והמדות הטבעיות שבו, יתפתחו וישתלמו, ע"י שיתעסק בהן עם הבריות, באופן, שיהיו ראויים לתכליתם.

וז"ש חז"ל: "חייב אדם לומר, בשבילי נברא העולם", משום שכל בריות העולם נחוצים

ליחיד, שהמה המפתחים ומכשירים את נטיותיו ומדותיו, של כל אדם יחיד, עד שיוכשרו ויעשו, לכלי שרת לעבודתו ית'.

סט) וכיון שכן, הרי יש לנו להבין, את מהותה של אהבת ה', מתוך מדות האהבה, שהאדם נוהג בהן, כלפי חברו. אשר בהכרח, גם אהבת ה', מושפעת במדות אלו. כי מתחילה, לא הוטבעו באדם, אלא לשמו ית', כמבואר לעיל.

וכשנתבונן במדות האהבה, שבין איש לרעהו, נמצא בהן, ד' מדות של אהבה, זו למעלה מזו. כלומר, שתים, שהן ארבע.

ע) הא' - היא אהבה התלויה בדבר. שפירושה, אשר מרוב טובה ותענוג ותועלת, שקיבל מחברו, דבקה בו נפשו בו באהבה נפלאה. ובזה ב' מדות:

מידה א' - שבטרם, שהכירו ונתאהבו זה בזה, גרמו רעות אחד לחברו, אלא שאינם רוצים לזכור אותן, משום שעל כל פשעים תכסה אהבה.

ומידה ב' - היא, שמעודם עשו טובות ותועלת זה לזה, ושום זכר של נזק ורעה כלשהם, איננו ביניהם מעולם.

[הערת העורך: אות ע"א חסרה במקור]

עב) הב' - היא אהבה שאינה תלויה בדבר. שפירושה, שהכיר מעלת חברו, שהיא מצוינת ועולה בהפלגה גדולה, על כל המשוער והמדומה, שמתוך כך, דבקה נפשו בו, באהבה רבה לאין קץ.

וגם כאן, יש ב' מידות:

מידה א' - היא בטרם שמכיר, כל הליכותיו ועסקיו של חברו, עם אחרים, שאז נבחנת אהבה זו, ל"אהבה בלתי מוחלטת", משום, שנמצא לחברו, אילו עסקים עם אחרים, שבשטחיות נדמה, כמי שגורם להם רעות ונזק, מתוך התרשלות, באופן, שאם היה האוהב רואה אותם, היתה נפגמת כל מעלתו של חברו, והיתה האהבה מתקלקלת ביניהם. אלא שעדיין, לא ראה עסקיו אלה, ולכן עדיין אהבתם שלימה וגדולה בהפלאה יתירה.

עג) מידה ב' - ב"אהבה שאינה תלויה בדבר", היא המידה הד' של האהבה בכללה.

היא באה ג"כ מהכרת מעלה שבחברו כנ"ל. אלא, נוסף על זאת, עתה מכיר הוא, כל עסקיו והליכותיו עם כל אדם, אף אחד מהם לא יחסר, ובדק ומצא, שלא לבד שאין בהם שמץ דופי, אלא, טובתו מרובה עליהם לאין קץ, ועולה על כל המשוער והמדומה. ועתה היא "אהבה נצחית ומוחלטת".

עד) והנה כל אלו, ד' המידות של האהבה, הנוהגות בין איש לרעהו, המה נוהגות ג"כ, בין האדם למקום. ולא עוד, אלא שהמה נעשו כאן, באהבת ה', בבחינת מדרגות, על דרך סיבה ומסובב. ואי אפשר לזכות, בשום אחת מהן, בטרם שיזכה למידה הא' של האהבה התלויה בדבר, ואחר שזכה בה על שלימותה, המידה הא' הזאת מסבבת לו לזכות במידה הב', ואחר שזכה בה במידה הב' והגיע לסופה, הרי היא מסבבת לו לזכות במידה הג', וכן המידה הג' למידה הד', לאהבה הנצחית.

עה) ולפי"ז, מתעוררת השאלה: איך יצוייר לו לאדם, לזכות למדרגה ראשונה של אהבת ה', שהיא מידה א' של "האהבה התלויה בדבר", שפירושה, אהבה הבאה מחמת רוב טובה שהשיג מהנאהב, בעת, שקיימא לן, שכר מצוה בהאי עלמא ליכא?

ומכ"ש לפי המתבאר, שכל אדם מוכרח לעבור, דרך ב' הבחינות הראשונות של ההשגחה בדרך הסתר פנים, שפירושה, שהפנים שלו ית', דהיינו, מידת טובו ית', שמדרך הטוב להיטיב, הן נסתרות באותו זמן, כנ"ל (אות מ"ז ד"ה ומתחילה) עש"ה, ולפיכך, מקבלים אז צער ויסורים ע"ש?

אמנם נתבאר, שכל העסק, בתורה ובעבודה, דרך בחירה, נוהגים בעיקר, בזמן ההוא של הסתר פנים, ע"ש. ואם כן, איך יצוייר, שיזכה למידה ב' של האהבה התלויה בדבר, שפירושה, שמעודו עד היום הזה, עשה לו הנאהב רק טובות מרובות ונפלאות, ולא גרם לו, שום שמץ של רע כל שהוא, ואצ"ל, שיזכה למדרגה ג' או ד'?

עו) אמנם כן, צללנו לתוך מים אדירים. ולכל הפחות, יש לנו להעלות מכאן, מרגלית יקרה. ונבאר ע"כ מאמר חז"ל (ברכות י"ז): "כי הוו מפטרי רבנן מבי רבי אמי [כשהיו החכמים יוצאים מבית רבי אמי], ואמרי לה מבי רבי חנינא [ויש אומרים מבית רבי חנינא], אמרי ליה הכי [אמרו לו כך], עולמך תראה בחייך, ואחריתך לחיי העולם הבא וכו', ופעמיך ירוצו לשמוע דברי עתיק יומין". עכ"ל.

ויש כאן להבין: למה לא אמרו "עולמך תקבל בחייך", אלא רק "תראה"? ואם באו לברך, היה להם לברך בשלימות, דהיינו, שישיג ויקבל עולמו בחייו? ועוד יש להבין בכלל: למה לו לאדם, לראות העוה"ב שלו בחייו, המצער הוא, אשר אחריתו לחיי העוה"ב? ועוד, למה העמידו ברכה זו בראשונה?

עז) והנה קודם כל, צריכים להבין, ראיה זו, של העוה"ב שלו בחייו, איך היא? כי ודאי, שבעינים הגשמיות, אין רואים שום דבר רוחני. גם אין מדרכו של השי"ת, לשנות סדרי בראשית. כי כל סדרי בראשית, מתחילתם, לא סדרם השי"ת, בסדרים הללו, אלא משום, שהמה המוצלחים ביותר, לתכלית הנרצית מהם, דהיינו, שיזכה האדם, על ידיהם, להתדבק בו ית', כנ"ל, כמ"ש: "כל פעל ה' למענהו". וא"כ יש להבין: איך יצוייר לאדם, ראיית עולמו בחייו?

עח) ואומר לך, שראיה זו, מגיעה לו לאדם, על ידי "פקיחת עינים" בתורה הקדושה, עד"ה: "גל עיני ואביטה נפלאות מתורתך". ועל דבר זה, משביעים לה לנשמה, בטרם ביאתה לגוף (נדה דף ל' ע"ב): "אשר אפילו, כל העולם יאמרו לך, שצדיק אתה, תהיה, בעיניך, כרשע". דהיינו, "בעיניך" דוקא. פירוש: כל עוד, שלא זכית לפקיחת "עינים" בתורה, תחזיק את עצמך כרשע, ובל תשטה את עצמך, מכח הפרסום, שיש לך בכל העולם, לצדיק.

ובזה תבין ג"כ, למה העמידו הברכה של "עולמך תראה בחייך" בראש הברכות. כי לפני זה, אינו זוכה אפילו לבחינת "צדיק שאינו גמור".

עט) אמנם יש להבין: אם באמת יודע בעצמו, שכבר קיים כל התורה כולה, וכן כל העולם כולו הסכימו לו בזה, למה כל זה לא

יספיק לו כלל, אלא שמושבע ועומד, להחזיק את עצמו, לרשע? ומשום, שחסרה לו, המדרגה הנפלאה הזאת, של פקיחת העינים בתורה, לראות עולמו בחייו, אתה מדמה אותו לרשע? דבר זה מתמיה ביותר.

פ) אמנם כבר נתבארו, ד' הדרכים של השגתם של בני האדם, את השגחתו ית' עליהם, שהן: שתים מבחינת הסתר הפנים, ושתים מבחינת גילוי הפנים. ונתבאר הטעם, של הסתרת הפנים מהבריות, שהיא בכונה גדולה, כדי ליתן מקום לבני אדם, להתיגע ולעסוק, בעבודתו ית' בתורה ומצוות, מבחינת "בחירה".

כי אז, עולה נחת הרוח לפני המקום, מעבודתם בתורתו ומצוותיו, ביותר מהנ"ר שלו מהמלאכים של מעלה, שאין להם בחירה, אלא שמוכרחים בשליחותם, כנודע. גם יש עוד טעמים מובהקים ביותר, שאין כאן המקום להאריך בהם.

פא) ועם כל השבח, האמור על בחינת הסתר פנים, איננה נחשבת לשלימות, אלא לבחינת "מעבר" בלבד. כי היא המקום, שמשם זוכים לכל השלימות המקווה. דהיינו, שכל שכר מצוה, המוכן לאדם, אינו זוכה בה, אלא מתוך יגיעתו בתורה ומע"ט, בזמן של הסתר הפנים. כלומר, מזמן שעוסק מכח "בחירה".

כי אז יש לו צער, מתוך התחזקותו באמונתו ית' בקיום רצונו, וכל השכר של האדם אינו נמדד, אלא לפי הצער, שסובל מקיום התורה והמצוה, כדברי בן הא הא, לפום צערא אגרא.

פב) ולפיכך, מוכרח כל אדם, לעבור ה"מעבר" הזה, של הזמן מהסתר הפנים. וכשמשלים זה, אז זוכה להשגת ההשגחה הגלויה, דהיינו, לגילוי הפנים, כנ"ל.

ובטרם שזכה לגילוי הפנים, ואע"פ שרואה את האחוריים, אי אפשר לו, שלא יבא פעם לידי עבירה, כנ"ל ד"ה "וצריכים". ולא בלבד, שאין בידו לקיים כל תרי"ג המצוות, משום שאין האהבה באה בדרך הכפיה והאונס, אלא אפילו בתרי"ב מצוות, ג"כ אינו שלם, כי אפילו היראה שלו אינה קבועה כהלכתה, כנ"ל.

וז"ס, אשר "תורה" היא בגימטריא תרי"א, שכל גימטריא ה"ס אחוריים, שאפילו תרי"ב אינו יכול לקיים כהלכתן. וז"ס: "לא לנצח ירי"ב וכו'", אלא סופו לזכות לגילוי הפנים, כאמור.

פג) והנה, מדרגה ראשונה של גילוי הפנים, שהיא "השגת השגחת שכר ועונש בבירור המוחלט" - אין זו באה לו לאדם, אלא על ידי ישועתו ית', שזוכה בפקיחת עינים בתורה הקדושה בהשגה נפלאה, "ונעשה כמעיין המתגבר", כר"מ (אבות פ"ו), ובכל מצוה שבתורה הקדושה, שכבר קיים אותה מתוך היגיעה מבחירתו, זוכה ורואה בה, את שכר המצוה, המיועד לו לעוה"ב. וכן ההפסד הגדול, שבעבירה.

פד) ואע"פ, שעדיין לא הגיע השכר לידו, כי "שכר מצוה בהאי עלמא ליכא", עכ"ז מספיקה לו ההשגה הברורה הזאת, מכאן ואילך להרגיש התענוג הגדול, בעת עשיית כל מצוה, כי "כל העומד לגבות, כגבוי דמי".

למשל, כסוחר, שעשה עסק והרויח בו סכום גדול: אע"פ שעתיד הריוח להגיע לידו לאחר זמן רב, מ"מ אם הוא בטוח בלי שום צל של ספק קל, שהריוח יגיע לידו בזמן, הרי אצלו השמחה שוה, כמו שהגיע לידו תיכף.

פה) ומובן מאליו, שהשגחה גלויה כזאת, מעידה עליו, שמכאן ואילך יתדבק בתורה ומצות בכל לב ונפש ומאד. וכן שיפרוש ויברח מהעבירות, כמו שבורח מפני אש.

ואע"פ, שאינו עוד צדיק גמור, כנ"ל, משום שלא זכה עדיין לתשובה מאהבה, מ"מ, הדביקות הגדולה שלו בתורה ומע"ט, עוזרת לו, לאט לאט, לזכות ג"כ בתשובה מאהבה, דהיינו המדרגה הב' של "גילוי פנים". ואז יכול לקיים כל תרי"ג המצוות בשלימות, ונעשה צדיק גמור.

פו) ועתה מובן לנו היטב, מה שהקשינו בענין השבועה, שמשביעין את הנשמה טרם ביאתה לעוה"ז, אשר "אפילו כל העולם אומרים, לך צדיק, אתה תהיה בעיניך כרשע".

שהקשינו: מאחר שהעולם כולו מסכימים עמו, שהוא צדיק, למה מחויב להחזיק עצמו כרשע, וכל העולם כולו לא יהיה נאמן לו?

ויש עוד להוסיף להקשות, על הלשון "ואפילו כל העולם כולו אומרים וכו'", מה ענין העדות של העולם כולו לכאן? והלא האדם יודע בעצמו יותר מכל העולם כולו, והיה לו להשביעו "שאפילו אתה יודע בעצמך שצדיק אתה, וכו'".

וביותר קשה: הלא גמרא מפורשת היא (ברכות ס"א): "אמר רבא, לידע איניש בנפשיה, אם צדיק גמור הוא, אם לאו". עכ"ל. הרי, שיש חיוב ומציאות, להיות באמת צדיק גמור. ולא עוד, אלא מחוייב לחקור, ולידע בעצמו, את האמת הזו. ואם כן, איך משביעים את הנשמה, ש"תמיד תהיה בעיניה כרשע", ושלא תדע לעולם את האמת בעצמה, אחר שחז"ל חייבו את ההיפך, כמבואר?

פז) אמנם, הדברים מדוייקים מאד, כי האדם עצמו, כל עוד שלא זכה לפקיחת עינים בתורה בהשגה נפלאה, עד שיספיק לו להשגה ברורה בהשגת שכר ועונש, הנה ודאי, שלא יוכל לרמות את עצמו בשום אופן, להחזיק את עצמו כצדיק, - כי מרגיש בהכרח, שחסרים לו ב' המצוות הכוללות ביותר שבתורה, שהן "אהבה" ו"יראה".

שאפילו, לזכות ל"יראה" בשלימות, דהיינו, באופן "שיעיד עליו יודע תעלומות, שלא ישוב לכסלו עוד", מחמת רוב יראתו מהעונש וההפסד של העבירה, כנ"ל, הנה זה לא יצוייר לאדם כלל, בטרם שיזכה להשגה שלימה וברורה ומוחלטת, בהשגת שכר ועונש, דהיינו, הזכיה של מדרגה א' של גילוי פנים, המגיעה לו לאדם, ע"י פקיחת עינים בתורה, כנ"ל.

ואין צריך לומר ל"אהבה", שענינה לגמרי מחוץ לגדר יכלתו, להיותה תלויה באבנתא דליבא, ושום יגיעה וכפיה אינה מועילה לו כאן.

פח) ולפיכך, לשון השבועה היא: "ואפילו כל העולם אומרים לך, שצדיק אתה, וכו'". כי ב' המצוות האלו, "אהבה ויראה", הן מסורות רק לאדם עצמו, ואין אחד מבבני העולם זולתו, יכול להבחין בהן ולדעת אותן.

ולפיכך, כיון שרואים אותו שלם בתרי"א מצוות, מיד אומרים, שמן הסתם, יש לו המצוות של אהבה ויראה ג"כ. ומתוך שטבע האדם, מחייב להאמין לעולם, הריהו עלול מאד, ליפול לטעות מרה. לפיכך, משביעים את הנשמה על זה, עוד טרם ביאתה לעוה"ז. והלואי שיועיל לנו. אמנם, האדם, כשהוא לעצמו, מחוייב ודאי לחקור ולידע בנפשו, אם צדיק גמור הוא, כנ"ל.

פט) גם מובן היטב, מה שהקשינו לעיל, בדבר זכיית האהבה. הקשינו: איך אפשר לזכות, אפילו למדרגה ראשונה של אהבה, בה בשעה, "שקיימא לן, שכר מצוה בהאי עלמא ליכא"?

ועתה מובן היטב, שהרי, אינו צריך לקבל ממש, את שכר המצוה בחייו, כי ע"כ דייקו, "עולמך תראה בחייך, ואחריתך לחיי העוה"ב". דהיינו, להורות, ש"שכר מצוה בהאי עלמא ליכא", אלא בעוה"ב. אמנם, לראות ולידע ולהרגיש, שכר המצוה, העתיד לבא בעוה"ב, הוא מוכרח באמת לדעת זה, בבירור גמור, בעוד בחיים חיתו, דהיינו, על ידי השגתו הנפלאה בתורה, כנ"ל. כי אז זוכה עכ"פ, לבחינת "האהבה התלויה בדבר", שהיא מדרגה ראשונה, של היציאה מהסתר פנים, וביאתו לגילוי פנים. המוכרחת לו לאדם, לקיום תורה ומצוות כהלכתן, באופן "שיעיד עליו יודע תעלומות שלא ישוב לכסלו עוד".

צ) ומעתה, מתוך שמתאמץ, בשמירת התורה והמצוות, מבחינת "אהבה התלויה בדבר", הבאה לו מידיעת "השכר העתיד לו בעוה"ב", מבחינת "כל העומד לגבות, כגבוי דמי", כנ"ל ד"ה "ואע"פ".

אז הולך וזוכה, למדרגה הב' של גילוי הפנים, שהיא בחינת השגחתו יתברך על העולם, מתוך נצחיותו ואמיתיותו, דהיינו, שהוא "טוב ומיטיב לרעים ולטובים". וזוכה ל"אהבה, שאינה תלויה בדבר", שאז "הזדונות נעשים לו כזכויות". ומשם ואילך נקרא "צדיק גמור", כי יכול לקיים התורה והמצוות באהבה ויראה. ונקרא "גמור", כי יש לו כל תרי"ג המצוות בשלימות.

צא) ומיושב ג"כ, מה שהקשינו לעיל, בזוכה בבחינה ג' של ההשגחה, דהיינו "השגחת שכר ועונש", שכבר "יודע תעלומות, מעיד עליו,

שלא ישוב לכסלו עוד". ועכ"ז נקרא עדיין רק "צדיק שאינו גמור", ע"ש.

ועתה מובן היטב, כי סוף סוף עדיין חסרה לו "מצוה אחת", דהיינו מצות האהבה, כמבואר. והוא אינו גמור ודאי, שהרי צריך לגמור בהכרח מספר תרי"ג המצוות, שהן בהכרח הפסיעה הראשונה על מפתן השלימות.

צב) ובכל האמור, יתבארו לנו היטב, הקושיות המפורשות, שהקשו: איך חייבה אותנו התורה במצות האהבה, בשעה שהמצוה הזאת, איננה כלל בידינו לעסוק ולנגוע בה, אפילו במגע כל שהוא?

ועתה תבין ותראה, שעל הדבר הזה הזהירונו חז"ל: "יגעתי, ולא מצאתי, אל תאמן". וכן: "לעולם יעסוק אדם בתורה ומצוות שלא לשמה, כי מתוך שלא לשמה בא לשמה" (פסחים נ'). וכן, שעל דבר זה, מעיד הכתוב "ומשחרי ימצאונני" (משלי ח').

צג) וזהו לשון חז"ל (מגילה דף ו' ע"ב): "אמר רבי יצחק, אם יאמר לך אדם, יגעתי ולא מצאתי, אל תאמן. לא יגעתי ומצאתי, אל תאמן. יגעתי ומצאתי, תאמן. הני מילי בדברי תורה, אבל במשא ומתן, סיעתה דשמיא הוא".

והנה, הקשינו לעיל, באות מ' ד"ה "ונבין", על מ"ש "יגעתי ומצאתי, תאמן", שהלשון לכאורה סותרת את עצמה. כי יגיעה נופלת על קנין, ומציאה נופלת על דבר שמגיע לו בלי טורח כלל ובהסח הדעת. והיה לו לומר: "יגעתי וקניתי" ע"ש.

אמנם תדע, שלשון "מציאה" זו, שמזכירים כאן הכונה, היא על לשון הכתוב "ומשחרי ימצאונני". וסובב על "מציאות פניו של השי"ת", ע"ד שאיתא בזוהר, ש"אינם מוצאים אותו ית', אלא רק בתורה". כלומר, שעל ידי יגיעה בתורה, זוכים למצוא גילוי הפנים של השי"ת.

ולפיכך, דייקו חז"ל בדבריהם, ואמרו: "יגעתי ומצאתי, תאמן. כי ה"יגיעה" היא בתורה, וה"מציאה" היא בגילוי הפנים של השגחתו ית' (כנ"ל אות מ"ז, ד"ה "ומתחילה").

ובכונה לא אמרו: "יגעתי וזכיתי, תאמן", או: "יגעתי וקניתי", כי אז היה מקום לטעות בדברים, שהזכיה או הקנין, סובבים על קנין התורה בלבד. ולפיכך דייקו בלשון "מצאתי", להורות שהכונה היא, על דבר נוסף על קנין התורה, דהיינו, מציאות גילוי פניו של השגחתו יתברך, כמבואר.

צד) ובזה מתיישב ג"כ מ"ש: "לא יגעתי ומצאתי, אל תאמן". כי לכאורה תמוה: מי פתי יעלה על דעתו, שאפשר לזכות בתורה, בלי שיהיה צריך להתיגע עליה? אלא, מתוך, שהדברים סובבים על הכתוב "ומשחרי ימצאונני" (משלי ח' י"ז), שהמשמעות היא, כל מי שהוא, כקטן כגדול, המבקש אותו ית', תיכף מוצא אותו, כי כן מורה הלשון "ומשחרי". והיה אפשר לחשוב, שאין צריך לזה, יגיעה כל כך. ואפילו איש פחות, שאינו מוכן ליתן על זה שום יגיעה, גם הוא ימצא אותו ית'. לזה הזהירונו חז"ל, שאל תאמין לפירוש כזה, אלא היגיעה היא הכרחית כאן. ו"לא יגעתי, ומצאתי, אל תאמן".

צה) ובזה תבין, למה נקראת התורה בשם "חיים", כמ"ש: "ראה, נתתי לפניך היום, את החיים ואת הטוב, וגו'" (דברים ל', ט"ו). וכן: "ובחרת בחיים וגו'". וכן: "כי חיים הם למצאיהם" (משלי ד', כ"ב).

כי דבר זה נמשך לה מהכתוב: "כי באור פני מלך חיים" (משלי ט"ז). בהיות שהשי"ת, הוא מקור כל החיים וכל הטוב, וע"כ החיים נמשכים לאותם הענפים, הדבקים במקורם, שזה אמור, באותם, שהתייגעו ומצאו אור פניו ית' בתורה. דהיינו, שזכו לפקיחת עינים בתורה בהשגה הנפלאה. עד שזכו לגילוי הפנים, שפירושו, השגת ההשגחה האמיתית, הראויה לשמו ית' "הטוב", ושמדרך הטוב להיטיב. (כנ"ל ד"ה "והנה", עש"ה).

צו) והזכאים הללו, כבר אינם יכולים לפרוש את עצמם, מקיום המצוה כהלכתה, כמו אדם, שאינו יכול לפרוש את עצמו, מתענוג נפלא, שהגיע לידו. וכן בורחים מפני העבירה, כבורח מפני הדליקה, כנ"ל ד"ה "והנה", עש"ה.

ועליהם נאמר: "ואתם, הדבקים בה'

אלקיכם, חיים כלכם היום", להיות אהבתו ית', מגיעה ומושפעת אליהם, באהבה טבעית, בצנורות הטבעיים, המוכנים לו לאדם מטבע הבריאה, כי עתה נמצא הענף דבוק בשרשו כראוי, והחיים מושפעים לו בשפע רב ממקורו בלי הפסק. ועל שם זה, נקראת התורה בשם "חיים".

צז) ולפיכך הזהירונו חז"ל במקומות הרבה, על תנאי, המחוייב בעסק התורה, שיהיה "לשמה" דוקא. דהיינו, באופן שיזכה על ידיה ל"חיים", כי תורת חיים היא. ולדבר זה, היא ניתנה לנו, כמ"ש: "ובחרת בחיים".

ולפיכך, מוכרח כל אדם, בשעת העסק בתורה, להתייגע בה, וליתן דעתו ולבו, למצוא בה את אור "פני" מלך חיים, דהיינו, השגת ההשגחה הגלויה, שנקראת "אור הפנים", כנ"ל ד"ה "ומתחילה".

וכל אדם מוכשר לזה, כמ"ש: "ומשחרי ימצאונני". וכמ"ש: "יגעתי ולא מצאתי, אל תאמן". וכלום חסר לו לאדם בדבר זה, רק היגיעה בלבדה. וז"ש: "כל העוסק בתורה "לשמה", תורתו נעשית לו "סם חיים" (תענית ז' ע"א). דהיינו, רק שיתן דעתו ולבו לזכות ל"חיים", שזהו פירושו של "לשמה", כמבואר.

צח) עתה תראה, שמה שהקשו המפרשים, על מצות האהבה, לומר, שהמצוה הזאת איננה בידינו, משום שאין האהבה באה בדרך כפיה ושעבוד - שאין זו קושיא כלל, כי הוא לגמרי בידינו. שהרי, אפשר לכל אדם, להתייגע בתורה, עד שימצא השגת השגחתו ית' הגלויה, כמ"ש ז"ל: "יגעתי ומצאתי, תאמן". וכשזוכה להשגחה הגלויה, כבר האהבה נמשכת לו מאליה, בצנורות הטבעיים, כמ"ש לעיל.

ומי שאינו מאמין, שאפשר לו לזכות לזה, על ידי יגיעתו, יהיה זה מטעם שיהיה, נמצא בהכרח, שאינו מאמין ח"ו בדברי חז"ל, אלא מדמה לעצמו, שהיגיעה אינה מספקת לכל אדם, שהיא בניגוד למ"ש: "יגעתי ולא מצאתי, אל תאמן". וכמו כן, בניגוד לדברי הכתוב, שאומר "ומשחרי ימצאונני". דהיינו, "ומשחרי" דייקא, יהיה מי שיהיה, כקטן כגדול. אמנם, ליגיעה הוא צריך ודאי.

צט) ומהמתבאר תבין ג"כ, מ"ש חז"ל: "כל העוסק בתורה שלא לשמה, תורתו נעשית לו סם המות" (תענית ז' ע"א). גם על מ"ש על הכתוב: "אכן אתה, אל מסתתר", שהקב"ה מסתיר את עצמו בתורה.

שהקשינו לעיל, ד"ה "והנה": שהדעת נותנת, שהשי"ת מוסתר דוקא במלי דעלמא, ובהבלי העוה"ז, שהמה מחוץ לתורה. ולא בתורה עצמה, שרק שם מקום הגילוי בלבד?

ועוד הקשינו: הסתר זה, שהקב"ה מסתיר עצמו, כדי שיחפשוהו וימצאו אותו, כמ"ש בזוהר, כל זה למה לי?

ק) ומהמתבאר תבין היטב, שהסתר זה, שהקב"ה מסתיר את עצמו, כדי שיבקשוהו, פירושו, דבר הסתר הפנים, שנוהג עם בריותיו, בב' הבחינות: הסתר אחד, והסתר בתוך הסתר, כנ"ל ד"ה "אמנם". ומשמיענו הזוהר, שאל יעלה על הדעת, שהשי"ת רוצה להשאר ח"ו, בבחינת השגחה של הסתר פנים מבריותיו, אלא בדומה לאדם, שמסתיר את עצמו, בכונה, כדי שחברו יחפש אחריו וימצאהו - כן השי"ת, בשעה, שנוהג עם בריותיו בהסתר פנים, זה רק משום, שרוצה, שהבריות יבקשו את גילוי פניו, וימצאו אותו.

כלומר, משום שאין שום דרך ומבוא לבריות, שיוכלו לזכות באור פני מלך חיים, אם לא היה נוהג עמהם מתחילה בהסתר פנים. באופן, שכל ההסתר, הוא רק הכנה בעלמא, אל גילוי הפנים, כמבואר לעיל, ד"ה "והנה".

קא. וז"ש, שהקב"ה מסתיר את עצמו בתורה. כי ענין היסורים והצער, שהאדם משיג, בשעת הסתר הפנים, אינו דומה, באדם שיש בידו עבירות ומיעט בתורה ומצוות, לאדם שהרבה בתורה ומעשים טובים.

כי הראשון, מוכשר ביותר לדון את קונו לכף זכות, דהיינו, לחשוב, שהיסורים הגיעו לו, מחמת העבירות ומיעוט התורה שבידו.

משא"כ השני, קשה לו ביותר לדון את קונו לכף זכות, שהרי לפי דעתו, אינו ראוי לעונשים קשים כל כך. ולא עוד, אלא שרואה, שחבריו הגרועים ממנו, אינם סובלים כל כך,

עד"ה: "רשעים ושלוי עולם השגו חיל, וכן לשוא זכיתי לבבי".

ומכאן תראה, אשר כל עוד, שהאדם אינו זוכה, להשגחה של גילוי פנים, נמצא, שהתורה והמצוות, שהרבה, מכבידים לו הסתר הפנים, במידה מרובה. וז"ש, אשר הקב"ה מסתיר עצמו בתורה. ודו"ק כאן.

ובאמת, כל הכובד הזה, שהוא מרגיש ביותר על ידי התורה, אינו, אלא כבחינת כרוזים, אשר התורה הקדושה בעצמה, קוראת אליו עי"ז, ומעוררתו להזדרז ביותר, ולמהר ליתן את סכום היגיעה, הנדרש ממנו, בכדי לזכותו תיכף לגילוי הפנים, כחפץ ה'. והבן מאד.

קב. וז"ש, ש"כל הלומד שלא לשמה, תורתו נעשית לו סם המות". כי מלבד שאינו יוצא מבחינת הסתר פנים לגילוי פנים, שהרי לא כיוון דעתו, להתייגע ולזכות לו, הנה עוד התורה, שמרבה, מוסיפה לו הסתר פנים במידה מרובה, עד שנופל ח"ו ל"הסתר תוך הסתר". שהוא בחינת "מות", להיות מנותק לגמרי משורשו. ונמצא, שתורתו נעשית לו "סם המות".

קג. ובזה מתבארים ב' השמות, הנוהגים בתורה, שהם: נגלה, ונסתר. שיש להבין, ענין תורת הנסתר למה לי? ולמה אין כל התורה מגולה?

אמנם, יש כאן כונה עמוקה. כי תורת "הנסתר" מרמזת, אשר השי"ת "מסתתר בתורה", כמבואר לעיל. ועל שם זה, נקראת "תורת הנסתר".

ו"נגלה" נקראת, משום, שהשי"ת מתגלה על ידי התורה, כנ"ל.

ולפיכך, אמרו המקובלים, וכן איתא בסידור הגר"א, אשר סדר השגת התורה, מתחילה בסוד, ומסיימת בפשט. דהיינו כאמור, שע"י היגיעה הרצויה, שהאדם מתייגע מתחילתו בתורת הנסתר, זוכה על ידיה, לתורת הנגלה, שהיא הפשט, כמבואר לעיל היטב. הרי שמתחיל בנסתר, שנקרא "סוד", וכשזוכה, מסיים ב"פשט".

קד) ונתבאר היטב, מה שהקשינו לעיל, ד"ה "ולפי"ז:" איך אפשר לזכות למדרגה ראשונה של אהבה, שהיא בחינת "האהבה התלויה בדבר", כי נודענו, שאע"פ ש"שכר מצוה בהאי עלמא ליכא", מ"מ השגת שכר המצוה ישנה גם בהאי עלמא, הבאה לו לאדם על ידי פקיחת עינים בתורה, וכו'.

וכנ"ל, אשר ההשגה הברורה הזאת, דומה לו לגמרי, כמו שמקבל שכר המצוה תיכף על המקום, (כנ"ל אות פ"ד ד"ה ואע"פ, עש"ה), שמשום זה, מרגיש הטבתו הנפלאה הכלולה במחשבת הבריאה, שהיא כדי להנות לנבראיו, כידו המלאה הטובה והרחבה ית', שמתוך רוב הטובה, שמשיג, מתגלה בינו לבין המקום ית', אהבה נפלאה, המושפעת אליו בלי הפסק, באותם הדרכים והצנורות, שבהם מתגלה האהבה הטבעית וכו', כנ"ל.

קה) אמנם, כל זה מגיע לו, מעת השגתו ואילך. אבל כל בחינת היסורים, מחמת השגחת הסתר הפנים, שסבל בטרם שזכה לגילוי פנים האמור, אע"פ שאינו רוצה לזכור אותם, כי על כל פשעים תכסה אהבה, - אמנם נחשבים ודאי לפגם גדול, אפילו מבחינת אהבה שבין הבריות (כנ"ל ד"ה הא'), ואין צ"ל כלפי אמיתיות השגחתו ית', להיותו טוב ומיטיב לרעים ולטובים.

ולפיכך יש להבין: איך אפשר לו לאדם, לזכות לאהבתו ית', בבחינה כזו, אשר ירגיש וידע, שהשי"ת עשה לו טובות נפלאות תמיד, מעת הולדו ואילך, ולא עשה לו שום גרם של רע כל שהוא, מעודו ולתמיד, שהיא בחינה ב' של אהבה (כנ"ל ד"ה הא')?

קו. וכדי להבין זאת, לדברי חז"ל אנו צריכים, שאמרו: "שהעושה תשובה מאהבה, נעשו לו הזדונות כזכויות". פירוש, שהשי"ת, לא בלבד שמוחל לו הזדונות, אלא כל זדון ועבירה שעשה, מהפך השי"ת למצוה.

קז. ולפיכך, אחר שזכה האדם להארת פנים, במידה כזו, שכל עבירה שעשה, אפילו אותן שעבר במזיד, היא נהפכת ונעשית לו למצוה, הנה נמצא, מחמת זה, ששש ושמח, על כל רגשי היסורים והמכאובים המרים, והטרדות המרובות, שעברו עליו מעודו, מעת היותו נתון בבי' הבחינות של הסתר הפנים הנ"ל, כי

המה הם שגרמו והביאו לו את כל הזדונות הללו, שנהפכו לו עתה למצוות, מסיבת הארת פניו ית', המפליא פלאות כנ"ל.

וכל צער וטרדה, שהעבירו אותו על דעתו, ונכשל בשגגות, כבהסתר הא', או שנכשל בזדונות, כבהסתר הכפול (כנ"ל אות נ"ב ד"ה והסתר), נהפך ונעשה לו עתה, לבחינת גרם והכנה רגילה, לקיום מצוה. ולקבל עליה שכר גדול ונפלא לנצח. ונהפך לו ע"כ, כל צער לשמחה גדולה, וכל רעה לטובה נפלאה.

קח) וזה דומה, למעשה שמספר העולם, על יהודי, נאמן בית אצל אדון אחד, שהיה האדון אוהבו כנפשו. וקרה פעם, שהאדון נסע לדרכו, והניח עסקיו ביד ממלא מקומו. והאיש הזה, היה שונא ישראל. מה עשה, נטל ליהודי, והלקה אותו חמש מכות בפרהסיא, לעיני כולם, כדי להשפילו היטב. וכאשר חזר האדון, הלך אליו היהודי, וסיפר לו כל שקרה לו. ויחר אפו מאד, ויקרא לממלא המקום, ויצוהו לתת ליהודי תיכף על יד, אלף אדומים בעד כל מכה שהלקהו.

נטלם היהודי ושב לביתו. מצאה אותו אשתו בוכה. אמרה לו בחרדה רבה: "מה קרה לך עם האדון?" סיפר לה. אמרה לו: "א"כ, למה אתה בוכה?" אמר לה: "אני בוכה, משום שלא הלקה לי, אלא חמש מכות. והלואי, היה נותן לי לכל הפחות עשר מכות. כי עתה היו לי עשרת אלפים אדומים".

קט) והנה הראית לדעת, אשר אחר שזכה האדם למחילת עוונות, בדרך שהזדונות נעשו לו כזכויות, הנה אז זוכה ג"כ לבא עם השי"ת, בבחינת אהבה במדרגה הב', אשר הנאהב לא גרם לאוהבו מעודו שום רע, ואפילו צל של רע, אלא הולך ועושה לו טובות מרובות ונפלאות, מעודו ולתמיד (כנ"ל אות ע' ד"ה הא'). באופן, שתשובה מאהבה, והתהפכות הזדונות לזכויות, באים כאחד, כדברי חז"ל, הנ"ל.

קי) ועד כאן לא ביארנו, אלא בחינת "האהבה התלויה בדבר", בב' דרגותיה. אבל עדיין צריך להבין: איך זוכה האדם לבא עם קונו ית', בב' הבחינות של "האהבה שאינה תלויה בדבר"?

ובדבר הזה, צריכים להבין היטב דברי חז"ל, במ"ש (קידושין דף מ' ע"ב): "ת"ר, לעולם יראה אדם את עצמו, כאלו חציו חייב וחציו זכאי. עשה מצוה אחת, אשריו שהכריע עצמו לכף זכות. עשה עבירה אחת, אוי לו שהכריע את עצמו לכף חובה, שנאמר: "וחוטא אחד וגו'".

ר' אלעזר בר' שמעון אומר: "לפי שהעולם נידון אחר רובו, והיחיד נידון אחר רובו, עשה מצוה אחת - אשריו שהכריע את עצמו ואת כל העולם לכף זכות, עבר עבירה אחת - אוי לו, שהכריע את עצמו ואת כל העולם לכף חובה, שנאמר: "וחוטא אחד וגו'", בשביל חטא יחידי, שעשה זה, אבד ממנו ומכל העולם טובה הרבה".

קיא) ולכאורה, הדברים הללו מוקשים, מתחילתם עד סופם. כי אומר, שהעושה מצוה אחת, תיכף מכריע לכף זכות, בשביל שנידון אחר רובו. הלא זה אמור, רק באותם, שחציים חייב וחציים זכאי, שמזה אין ר"א בר"ש מדבר כלל. והעיקר חסר מהספר.

ורש"י ז"ל פירש דבריו, שסובבים על דברי תנא קמא, שאומר: "לעולם יראה אדם את עצמו, כאלו חציו חייב וחציו זכאי". ור"א מוסיף, שיראה כן, גם את העולם כולו, כאלו הם חציים חייבים וחציים זכאים, עש"ה. אמנם העיקר חסר מהספר. ועוד, למה שינה לשונו, ולמה אינו מדבר, כמו הלשון של ת"ק, אם המשמעות היא אחת?

קיב) וביותר קשה על הדבר גופו: שהאדם יראה את עצמו, כאלו הוא רק מחצה חייב. שזה פלא: אם האדם יודע את עונותיו המרובים, ישקר בעצמו לומר, שהוא מחצה על מחצה. והתורה אמרה: "מדבר שקר תרחק".

ועוד: הרי קרא קדריש: "וחוטא אחד, יאביד טובה הרבה". דהיינו, משום עבירה אחת, מכריע את עצמו ואת העולם כולו לכף חובה. הרי, שהמדובר הוא, ממציאות אמיתית, ולא באיזה דמיון כוזב, שהאדם צריך לדמות את עצמו ולעולם.

קיג) וכן תמוה: היתכן, שאין בכל דור ודור, אנשים הרבה, שעושים מצוה אחת? ואיך העולם מוכרע לכף זכות? כלומר, שאין המצב משתנה כלל, אלא, עולם כמנהגו נוהג? אלא, שצריכים כאן לעמקות יתירה, כי הדברים, ע"פ שטחיותם, אין להם שום הבנה.

אמנם הברייתא אינה מדברת כלל, על אדם, שיודע בעצמו, שעוונותיו מרובים, ללמד אותו לשון שקר, שהוא מחצה על מחצה, וכן לפתותו, שאינה חסרה לו, אלא מצוה אחת. שאין זה מדרך חכמים כלל.

אלא, הברייתא מדברת, על אדם, שמרגיש ומדמה עצמו, שצדיק גמור הוא לגמרי, ומוצא את עצמו בתכלית השלימות. שהוא, משום שכבר זכה למדרגה ראשונה של אהבה, על ידי פקיחת עינים בתורה, כנ"ל, אשר כבר "היודע תעלומות מעיד עליו שלא ישוב לכסלו עוד", כנ"ל ד"ה "ומהמתבאר".

ואליו מדבר התנא, ומברר לו את דרכיו, ומוכיח לו, שעדיין אינו צדיק, אלא שהוא בינוני, שפירושו, מחצה חייב ומחצה זכאי. והוא משום, שעדיין חסרה לו "מצוה אחת", ממספר תרי"ג המצוות שבתורה, שהיא מצות האהבה, כנ"ל ד"ה "ומיושב", עש"ה. כי כל עדותו של "היודע תעלומות שלא יחטא עוד", הנה הוא רק מחמת הבהירות שבהשגתו, בהפסד הרב של העבירה, כנ"ל, שזה נבחן ל"יראת העונש", ומכונה משום זה "תשובה מיראה", כמו שהארכנו בזה לעיל, ד"ה "והנה".

קיד) גם נתבאר לעיל, שמדרגה זאת של תשובה מיראה, עדיין אינה מתקנת את האדם, אלא מעת התשובה ואילך. אמנם כל הצער והיסורים, שסבל בטרם שזכה לגילוי הפנים, נשארים כמות שהיו, בלי שום תיקון. גם העבירות שעשה, לא נתקנו לו לגמרי, אלא שנשארים בבחינת שגגות, כמו שהארכנו בזה לעיל, ד"ה "ועם זה", עש"ה.

קטו) ולפיכך אומר התנא קמא, שאדם כזה, שעדיין חסרה לו "מצוה אחת", יראה את עצמו "כאלו הוא חציו חייב וחציו זכאי". כלומר, שידמה לעצמו, שאותה העת שזכה לתשובה, הרי היא נמצאת באמצע שנותיו. שבאופן זה נמצא "חציו חייב", דהיינו, באותה מחצית שנותיו, שעברה עליו בטרם שעשה תשובה, שהוא מאז בודאי חייב, כי התשובה מיראה אינה מתקנת אותם, כנ"ל.

ונמצא גם כן, שהוא "חציו זכאי", דהיינו, במחצית שנותיו מעת שזכה לתשובה ואילך, שאז הוא זכאי ודאי, להיותו בטוח שלא יחטא עוד, כנ"ל. הרי שבחצי שנותיו הראשונים הוא חייב, ובחצי שנותיו האחרונים הוא זכאי.

קטז) ואומר לו התנא, שיחשוב בעצמו, שאם עשה "מצוה אחת", דהיינו אותה המצוה, שחסרה לו ממספר תרי"ג (כנ"ל ד"ה ומיושב): "אשריו, שהכריע עצמו לכף זכות". כי הזוכה למצות האהבה, דהיינו על ידי התשובה מאהבה כנ"ל, שזוכה על ידיה, שהזדונות נהפכו לו לזכויות, שאז גם כל צער ועצב שסבל מעודו, מטרם שזכה לתשובה, נהפכים לו לתענוגות נפלאים לאין קץ, עד שמצטער בעצמו, על מה שלא סבל מהם כפלי כפליים, כמשל הנ"ל מהאדון ואוהבו היהודי, בד"ה "וזה".

הנה זהו שנקרא "הכרעה לכף זכות". שהרי, כל רגשותיו עם השגגות והזדונות, נהפכו לו ל"זכויות". והיינו הכרעה ל"כף זכות", שכל הכף המלאה חובות, נהפכה ונעשתה לכף מלאה זכויות. והתהפכות זו מכונה בלשון חכמים "הכרעה".

קיז) ועוד אומר התנא, ומזהיר אותו, שכל עוד שהוא בינוני, ולא זכה ל"מצוה אחת" החסרה לו מהמספר תרי"ג, אל יאמין בעצמו עד יום מותו. ולא יסמוך עצמו גם, על העדות של "היודע תעלומות שלא ישוב לכסלו עוד". אלא, שהוא עלול עוד לבא לידי עבירה.

ולפיכך יחשוב בעצמו: אם עבר עבירה אחת, אוי לו שהכריע את עצמו לכף חובה. כי אז יאבדו תיכף, כל השגתו הנפלאה בתורה, וכל גילוי הפנים שזכה, וחוזר לבחינת הסתר פנים. ונמצא, מכריע את עצמו לכף חובה. כי יאבדו כל הזכויות והטוב, אפילו מחצי שנותיו האחרונים. ועל זה מביא לו התנא ראיה מהכתוב: "וחוטא אחד, יאבד טובה הרבה".

קיח) עתה תבין את ההוספה, שר"א בר"ש מוסיף, על דברי התנא קמא. גם, למה אינו

מביא הלשון של "חציו חייב וחציו זכאי", כמו הת"ק. כי הת"ק מדבר מבחינה ב' ומבחינה ג' של האהבה, על דרך שנתבאר לעיל (אות ע' ד"ה הא', ואות ע"ב ד"ה הב'). ור"א בר"ש מדבר אמנם מבחינה ד' של האהבה, כנ"ל ד"ה "מידה", שהיא האהבה הנצחית, דהיינו גילוי הפנים כמות שהוא באמת, מבחינת "הטוב והמיטיב לרעים ולטובים".

קיט) ונתבאר שם, שאי אפשר לזכות לבחינה ד', אלא רק בשעה, שהוא בקי ומכיר ויודע כל עסקיו של הנאהב, איך הוא מתנהג עם כל אחרים, אף אחד מהם לא יחסר לו. ולכן, גם הזכות הגדולה, שהאדם זוכה להכריע את עצמו לכף זכות, עדיין אינה מספיקה לו, לזכות לאהבה השלמה, דהיינו לבחינה ד', כי עתה אינו משיג מעלתו ית' מבחינת הטוב ומיטיב לרעים ולטובים, אלא מתוך השגחתו ית' כלפי עצמו. ע"ד הנ"ל באות ק"ז, ד"ה "ולפיכך".

אבל עוד אינו יודע מהשגחתו יתברך, באופן הנעלה והנפלא הזה, עם יתר בריות העולם. ונתבאר לעיל, שכל כמה שאינו יודע, כל עסקיו של הנאהב עם אחרים, עד אף אחד מהם לא יחסר, עדיין אין האהבה נצחית, כנ"ל באות ע"ג, ד"ה "הב'", עש"ה. ולפיכך הוא מחוייב, להכריע גם כל העולם לכף זכות. ורק אז מתגלה לו האהבה הנצחית.

קכ) וזה שאומר ר"א בר"ש: "לפי שהעולם נידון אחר רובו, והיחיד נידון אחר רובו וכו'". ומתוך שמדבר מכל העולם, אינו יכול לומר כמו הת"ק, שיראה אותם, כאלו הם חציים חייב וחציים זכאי. כי מדרגה זו מגיעה לו לאדם, רק בזמן שזוכה לגילוי פנים, ולתשובה מיראה, כנ"ל. ואיך יאמר זה על כל העולם כולו, בזמן שהמה לא זכו לתשובה זו? ולפיכך, מוכרח רק לומר, שהעולם נידון אחר רובו, והיחיד נידון אחר רובו.

פירוש, כי אפשר לחשוב, שאין האדם זוכה לבחינת צדיק גמור, אלא, בזמן שאין לו שום עבירה ולא חטא מעודו. אבל הללו, שנכשלו בחטאים וזדונות, כבר אינם ראויים לזכות, לבחינת צדיקים גמורים. לפיכך מלמדנו ר"א בר"ש, שאינו כך, אלא שהעולם נידון אחר רובו, וכן היחיד.

כלומר, שאחר שיצא מבחינת בינוני, דהיינו, לאחר שעשה תשובה מיראה, כנ"ל, שאז זוכה תיכף בתרי"ג מצוות ונקרא "בינוני", דהיינו, מחצית שנותיו חייב ומחצית שנותיו זכאי, כנ"ל, הנה אחר זה, אם רק מוסיף מצוה אחת, דהיינו מצות אהבה, נבחן שהוא רובו זכאי, ומכריע הכל לכף זכות. כלומר, שהכף של העבירות, נהפכת גם כן לזכויות, כנ"ל בדברי ת"ק, ע"ש.

הרי, שאפילו יש בידו כף מלאה של עוונות וזדונות, נהפכים כולם לזכויות. ודומה ודאי, למי שלא חטא מעולם, ונחשב לצדיק גמור. וזש"א, שהעולם וכן היחיד נידון אחר רובו. כלומר, שהעבירות שבידו מלפני התשובה, אינן באות בחשבון כלל, כי נהפכו לזכויות. הרי, שאפילו רשעים גמורים, אחר שזכו לתשובה מאהבה, נחשבים לצדיקים גמורים.

קכא) ולפיכך, אומר, שאם היחיד עשה "מצוה אחת", כלומר, אחר התשובה מיראה, שאז אינה חסרה לו אלא "מצוה אחת" כנ"ל, "אשריו שהכריע את עצמו והעולם כולו לכף זכות".

כלומר, לא בלבד, שזוכה על ידי התשובה מאהבה שעשה, עד להכריע את עצמו לכף זכות, כדברי תנא קמא, אלא עוד נמצא, שזוכה ג"כ להכריע את כל העולם לכף זכות.

פירוש, שזוכה לעלות בהשגות נפלאות בתורה הקדושה, עד שמתגלה לו, איך כל בני העולם כולו, סופם לזכות לתשובה מאהבה, אשר אז, גם עליהם תגלה ותראה כל אותה ההשגחה הנפלאה, כמו שהשיג לעצמו. וגם המה מוכרעים כולם לכף זכות, אשר אז "יתמו חטאים מן הארץ, ורשעים עוד אינם וכו'".

ואע"פ, שבני העולם בעצמם, עדיין לא זכו אפילו לתשובה מיראה, מכל מקום, אחר שהיחיד משיג, את ההכרעה לכף זכות העתידה לבא להם, בהשגה ברורה ומוחלטת, הרי זה דומה, לבחינת "עולמך תראה בחייך", האמור כלפי העושה תשובה מיראה. שאמרנו, שמתפעל ומתענג מזה, כמו שכבר היה מושג

לו תיכף, משום "דכל העומד לגבות, כגבוי דמי", כנ"ל (ד"ה ואע"פ) עש"ה.

וכן כאן, נחשב לו לאותו היחיד, המשיג את תשובת כל העולם, ממש כמו שמכבר היו זכו ובאו לתשובה מאהבה, והכריע כל אחד ואחד מהם, את כף חובותיו לכף זכות, עד שמספיק לו לגמרי, לידע עסקיו ית' עם כל אחד ואחד מבני העולם.

וז"ש ר"א בר"ש: "אשריו, שהכריע את עצמו ואת כל העולם לכף זכות". שמעתה, נמצא יודע את כל דרכי השגחתו ית' עם כל בריה ובריה, מבחינת גילוי פניו האמיתיים, דהיינו "הטוב ומיטיב לרעים ולטובים". וכיון שיודע זה, הרי זכה לבחינה ד' של אהבה, שהיא האהבה הנצחית, כמבואר לעיל, ד"ה "מידה".

וכן ר"א בר"ש כמו הת"ק, מזהירו גם כן, שאפילו אחר שזכה, גם להכריע את כל העולם לכף זכות, מ"מ אל יאמין בעצמו עד יום מותו. ואם ח"ו יכשל בעבירה אחת, יאבדו כל השגותיו וטובותיו הנפלאות תיכף, כמ"ש: "וחוטא אחד, יאבד טובה הרבה וכו'", כנ"ל בדברי תנא קמא.

והנה נתבאר ההפרש מהת"ק לר"א בר"ש:

כי הת"ק, שמדבר רק מבחינה ב' ומבחינה ג' של האהבה, לפיכך אינו מזכיר את הכרעת כל העולם כולו.

אמנם, ר"א בר"ש, מדבר מבחינה ד' של האהבה, שהיא לא תצוייר זולת על ידי ההשגה של הכרעת כל העולם כולו לכף זכות, כמבואר.

אלא, עדיין יש להבין: במה זוכים להשגה הנפלאה הזו, להכריע את כל העולם לכף זכות?

קכב) וצריכים אנו כאן להבין דברי חז"ל (תענית י"א ע"א), וז"ל: "תניא אידך, בזמן שהציבור שרוי בצער, אל יאמר אדם, אלך לביתי, ואוכל ואשתה, ושלום עליך נפשי, ואם עושה כן, עליו הכתוב אומר, והנה ששון ושמחה, הרוג בקר ושחוט צאן, אכול בשר ושתות יין, אכול ושתו, כי מחר נמות.

מה כתיב בתריה, ונגלה באזני ה' צבאות, אם יכופר העון הזה לכם עד תמותון. עד כאן מידת בינונים. אבל במידת רשעים, מה כתיב, אתיו אקחה יין ונסבאה שכר, והיה כזה יום מחר. מה כתיב בתריה, הצדיק אבד, ואין איש שם על לב, כי מפני הרעה נאסף הצדיק. אלא יצער אדם עם הצבור וכו', זוכה ורואה בנחמת צבור. עכ"ל.

קכג) ולכאורה אין לדברים הללו שום קשר, כי רוצה להביא ראיה מהכתוב, אשר האדם מחוייב להצטער עצמו עם הצבור. ואם כן, מה יש לנו להבדיל כאן ולחלק, בין מידת בינונים למידת רשעים?

ועוד: מהי הלשון שמדייק "מידת" בינונים, ו"מידת" רשעים, ולמה אינו אומר בינוניים ורשעים, ומידות למה לי?

ועוד: מאין משמע, שהכתוב מדבר בעון, שאינו מצטער עצמו עם הצבור?

ועוד, שאין אנו רואים שום עונש במידת רשעים, אלא, במ"ש: "הצדיק אבד, ואין איש שם על לב וכו'"? ואם הרשעים חטאו, צדיק מאי עבידתיה שיענש? ומאי איכפת להו לרשעים, אם הצדיק נאסף?

קכד) אמנם תדע, שאלו המידות, של בינונים ושל רשעים וצדיק, שמזכירים בברייתא הזאת, אינם באנשים מיוחדים, אלא, ששלשתם נמצאים בכל אדם ואדם שבעולם. כי בכל אדם, יש להבחין ג' המידות הנ"ל.

כי בזמן הסתר פנים של האדם, דהיינו, עוד מטרם שזכה אפילו לתשובה מיראה, נבחן אז במידתם של רשעים.

ואח"כ, אם זוכה לתשובה מיראה, נבחן במידתם של בינונים, כנזכר לעיל.

ואחר כך, אם זוכה גם כן לתשובה מאהבה, בבחינה ד' שבה, דהיינו אהבה נצחית כנ"ל, נבחן לצדיק גמור.

ולפיכך, לא אמרו בינונים וצדיקים סתם, אלא מידת בינונים ומידת רשעים, כמבואר.

קכה) עוד צריכים לזכור, שאי אפשר לזכות, לבחינה ד' של אהבה האמורה, אם לא שיזכה קודם, להשיג לבחינת גילוי פנים, העתיד לבא לכל העולם, שבזה כחו יפה להכריע גם את כל העולם לכף זכות, כדברי ר"א בר"ש הנ"ל.

וכבר נתבאר, שענין גילוי הפנים, מחוייב להפוך כל צער ועצבון, שבאו בעת הסתר פנים, ולעשותם לתענוגות נפלאים, עד כדי להצטער על מיעוט היסורים שסבל, כמו שנתבאר היטב לעיל ד"ה "ולפיכך", עש"ה.

ומכיון שכן, יש לשאול: אדם, כשהוא מכריע את עצמו לכף זכות, הוא ודאי זוכר, כל הצער והמכאובים, שהיו לו בשעת הסתרת הפנים. לכן יש מציאות, שכולם מתהפכים לו לתענוגות נפלאים, כאמור.

אך, כשהוא מכריע את כל העולם לכף זכות, מאין יודע את מידת הצער והמכאובים, שכל הבריות שבעולם סובלים, כדי שיבין אותם, איך הם מוכרעים לכף זכות, באותו האופן שביארנו באדם, בהכרעת עצמו לעיל ד"ה "ולפיכך"?

וכדי שלא תהיה כף הזכות של כל העולם חסרה, בעת שיהיה מוכשר להכריע אותם לכף זכות, אין לאדם שום תחבולה אחרת, אלא שיראה, להצטער עצמו תמיד בצרת הצבור ממש כמו שמצטער בצרותיו עצמו, כי אז, תהיה לו כף החובה של כל העולם מוכנה בקרבו, כמו כף החובה של עצמו, באופן, שאם יזכה להכריע את עצמו לכף זכות, יוכל גם כן להכריע את כל העולם לכף זכות, ויזכה לבחינת צדיק גמור.

קכו) ומהמתבאר מובנים דברי הברייתא כהלכתם, שאם האדם אינו מצטער עצמו עם הצבור, נמצא, שאפילו בעת שזוכה לתשובה מיראה, שהיא מידת בינוני, כנ"ל ד"ה "ונקרא", אומר עליו הכתוב, ומדבר בעדו: "והנה ששון ושמחה".

פירוש, שהאדם, שזוכה לברכה של "עולמך תראה בחייך", ורואה את כל שכר המצוה שלו המוכן לעולם הבא, הנה הוא ודאי "מלא ששון ושמחה", ואומר לעצמו, "הרוג בקר ושחוט צאן, אכול בשר ושתות יין, אכול ושתו כי מחר נמות". כלומר, שמלא שמחה גדולה מחמת השכר המובטח לו לעוה"ב. וזה שאומר בשמחה רבה: "כי מחר נמות, ואגבה את חיי העוה"ב שלי משלם לאחר מיתתי".

אמנם מאי כתיב בתריה: "ונגלה באזני ה' צבאות, אם יכופר העון הזה לכם, עד תמותון". כלומר, שהכתוב מוכיח אותו על השגגות שבידו. כי נתבאר, שהעושה תשובה מיראה, הזדונות נהפכות לו רק לשגגות, כנ"ל ד"ה "ולפיכך". וא"כ, מכיון שלא ציער עצמו עם הצבור, ואינו יכול לזכות לתשובה מאהבה, אשר אז הזדונות נהפכו לו לזכויות, א"כ הכרח הוא, אשר לשגגות שבידו, לא תהיה שום כפרה בחיים חיתו. ואיך יוכל לשמוח בחיי העוה"ב שלו? וז"ש הכתוב: "אם יכופר לכם העון הזה". דהיינו, השגגות, עד תמותון, כלומר, בטרם שימות, והריהו נמנע מכפרה.

קכז) ואומרת עוד הברייתא: זו "מידת בינונים". כלומר, שהמקרא הזה מדבר, מעת שעשה תשובה מיראה ואילך, שבזמן הזה נקרא בינוני, כנ"ל. "אבל במידת רשעים מה כתיב" - פירוש, מה יהיה מאותו, שהיה שרוי בהסתר פנים, שנקרא אז "מידת רשעים", כנ"ל.

ונתבאר, אשר תשובה מיראה, אינה מתקנת את העבר עליו, מטרם שעשה תשובה. ולפיכך, מביאה עליהם הברייתא מקרא אחר, שהוא "אתיו אקחה יין ונסבאה שכר, והיה כזה יום מחר". פירוש, שאותם הימים והשנים, שעברו עליו מזמן של הסתר הפנים, שלא תיקן עוד אותם כנ"ל, שנקרא "מידת רשעים", הנה הם אינם חפצים שימות, משום שאין להם שום חלק, לאחר מיתה בעוה"ב, להיותם מידתם של רשעים.

ולפיכך, באותה השעה שמידת הבינונים שבו, שמחה וצוהלת "כי מחר נמות", ותזכה לחיי העוה"ב, הרי יחד עמה, מידת הרשעים שבו אינה אומרת כן, אלא שאומרת "והיה כזה יום מחר", כלומר, שרוצה לשמוח ולחיות בעוה"ז לעולם, כי אין לה עדיין שום חלק לעוה"ב, כי לא תיקן אותה, כמבואר לעיל, שאין לה תיקון, אלא על ידי תשובה מאהבה.

קכח) וזה שמסיימת הברייתא: מה כתיב בתרי', "הצדיק אבד". כלומר בחינת "הצדיק הגמור", שהאדם הזה צריך לזכות בו, הנה זה אבד ממנו, "ואין איש שם על לב, כי מפני הרעה נאסף הצדיק". כלומר, מפני שאותו הבינוני, לא ציער עצמו עם הצבור, ואינו יכול

לזכות משום זה לתשובה מאהבה, המהפכת הזדונות לזכויות ואת הרעות לתענוגות נפלאים כנ"ל, אלא כל השגגות והרעות, שסבל מטרם שזכה לתשובה מיראה, עדיין הן עומדות בעינן, מבחינת "מדת רשעים", המרגישים רעות מהשגחתו ית', ומפני הרעות האלו שעודם מרגישים, אינו יכול לזכות ולהיות צדיק גמור.

וזה שהכתוב אומר: "ואין איש שם על לב". כלומר, אותו האדם אינו שם אל לבו, "כי מפני הרעה", כלומר, משום ה"רעות" שעדיין מרגיש מזמן שעבר, בהשגחתו ית', "נאסף הצדיק", כלומר, נאבדה לו בחינת צדיק, וימות ויפטר מהעולם רק בבחינת בינוני בלבד, כמבואר. וכל זה הוא, שכל מי שאינו מצער עצמו עם הצבור, אינו זוכה ורואה בנחמת הצבור, כי לא יוכל להכריע אותם לכף זכות, ולראות בנחמה שלהם, כמבואר. ולפיכך, לא יזכה לעולם לבחינת צדיק, כנ"ל באריכות.

קכט) והנה, מכל האמור עד הנה, זכינו לדעת, שאין לך ילוד אשה, שלא יעברו עליו ג' המידות הנ"ל, שהן: מידת רשעים, ומידת בינונים, ומידת צדיקים. ונקראות בשם "מידות", להיותן נמשכות ממידות השגתם את השגחתו ית'. וע"ד שאמרו ז"ל: "במידה שאדם מודד, מודדים לו" (סוטה ח'). כי המשיגים מידת השגחתו מבחינת הסתר פנים, נבחנים במידת רשעים - או "רשעים שאינם גמורים", שמצד ההסתר האחד, או "רשעים גמורים", שמצד ההסתר הכפול, כנ"ל ד"ה "אמנם".

ומשום, שלדעתם והרגשתם, מתנהג העולם בהשגחה לא טובה ח"ו, דהיינו כמו שהם "מרשיעים" את עצמם, שמקבלים מהשגחתו ית', יסורים ומכאובים ומרגישים רק רע כל היום, והמה עוד "מרשיעים" ביותר, במה שחושבים, שכל בני העולם מושגחים כמותם בהשגחה לא טובה ח"ו.

ולפיכך, משיגי ההשגחה מצד הסתר הפנים, מכונים בשם "רשעים". והבן זה, כי מתוך מעמקי הרגשתם, מתגלה בהם השם הזה, ובאבנתא דלבא תלוי, ולא חשוב כלל הדיבור או המחשבה, המצדקת השגחתו ית', בשעה שהיא מתנגדת להרגשת כל האברים והחושים, שאינם יודעים לשקר בעצמם מאונס כמותה.

ולפיכך, הנמצאים במידת השגת ההשגחה הזאת, נבחנים שהכריעו את עצמם ואת כל העולם לכף חובה, כנ"ל בדברי ר"א בר"ש עש"ה. שהוא, מטעם האמור, להיותם מדמים לעצמם, שכל בני העולם מושגחים כמותם, בהשגחה לא טובה ח"ו, כראוי לשמו ית' "הטוב ומיטיב לרעים ולטובים".

קל) והזוכים להשיג ולהרגיש השגחתו ית', מבחינת גילוי פנים במדרגתו הראשונה, המכונה תשובה מיראה, כנ"ל ד"ה "והנה", נבחנים במידת בינונים, משום שרגשותיהם מתחלקים לב' חלקים, המכונים "ב' כפות המאזנים": כי עתה שזוכה ל"גילוי פנים" מבחינת "עולמך תראה בחייך", כנ"ל ד"ה "ואומר", הרי כבר השיגו לכל הפחות מכאן ואילך, את השגחתו יתברך הטובה, כראוי לשמו יתברך הטוב, ויש להם על כן "כף זכות".

אמנם כל הצער והיסורים המרים, שנחקקו היטב ברגשותיהם, מכל הימים והשנים שקבלו השגחת הסתר הפנים, דהיינו, מזמן העבר, מטרם שזכו לתשובה האמורה, הרי כל אלו עומדים בעינם, ונקראים "כף חובה".

וכיון שיש להם ב' הכפות הללו, הערוכות זו לעומת זו, באופן: שמרגע תשובתם ולפניהם ערוכה ועומדת בעינה כף החובה, ומרגע תשובתם ולאחריהם, ערוכה ומובטחת להם כף הזכות, הרי עת התשובה נמצאת להם "בין" החובה ו"בין" הזכות. וע"כ נקראים "בינונים".

קלא) והזכאים לבחינת גילוי פנים ממדרגה ב', המכונה "תשובה מאהבה", שזדונות נעשים להם אז כזכויות, כנ"ל ד"ה "ולפיכך", נבחנים, שהכריעו את "כף החובה" הנ"ל ל"כף זכות".

דהיינו, שכל הצער והיסורים, שנחקקו בעצמותיהם, בעת שהיו עומדים תחת השגחת הסתר פנים, הוכרעו עתה ונהפכו ל"כף זכות". כי כל צער ועצב, נהפך לתענוג נפלא לאין קץ, כנ"ל ד"ה "וזה דומה". ונקראים עתה "צדיקים", על שם שמצדיקים השגחתו ית'.

קלב) וצריכים לדעת, שמידת הבינונים,

799 הקדמה לתלמוד עשר הספירות תשצט

האמורה, נוהגת ג"כ בשעת היות האדם, אפילו תחת השגחת הסתר פנים. כי ע"י התאמצות יתירה באמונת שכר ועונש, מתגלה אליהם, אור של בטחון גדול בהשי"ת. וזוכים לשעתם, במדרגת גילוי פניו ית', במידתם של בינונים. אלא החסרון הוא, שאינם יכולים לעמוד על מידותיהם, שישארו כן בקביעות. כי להשאר בקביעות, אי אפשר, אלא על ידי תשובה מיראה, כנ"ל ד"ה "והנה".

קלג) גם יש לדעת, שמה שאמרנו, שאין ענין הבחירה נוהג אלא בזמן הסתר הפנים, כנ"ל ד"ה "וצריכים", אין הכונה, שאחר שזכה להשגחה של גילוי פנים, אין לו עוד שום טורח ויגיעה, בעסק התורה והמצוות, אלא אדרבה, עיקר העבודה בתורה ומצוות כראוי, מתחילה אחר שזכה האדם לתשובה מאהבה, כי רק אז אפשר לו לעסוק בתורה ומצוות באהבה ויראה, כמצווה עלינו. "ולא איברי עלמא, אלא לצדיקי גמירי" (ברכות ס"א).

אלא הדבר דומה למלך, שחשק לבחור לעצמו, כל אוהביו הנאמנים לו ביותר שבמדינה, ולהכניסם לעבודתו בהיכלו פנימה. מה עשה, נתן צו גלוי במדינה, שכל הרוצה בקטן כגדול, יבא אליו לעסוק בעבודות הפנימיות שבהיכלו. אבל העמיד מעבדיו שומרים רבים, על פתחו של ההיכל, ובכל הדרכים המובילים להיכלו. וציווה אותם להטעות בערמה את כל המתקרבים להיכלו, ולהדיחם מהדרך המוביל להיכל.

וכמובן, שכל בני המדינה התחילו לרוץ להיכל המלך. אמנם, נידחו בערמת השומרים החרוצים. ורבים מהם התגברו עליהם, עד שהצליחו להתקרב אל פתח ההיכל. אלא ששומרי הפתח היו חרוצים ביותר. ומי שהוא שהתקרב אל הפתח, הסיתו אותו והדיחו אותו במזימה רבה, עד ששב כלעומת שבא.

וכן חזרו ובאו ושבו, ושוב התחזקו וחזרו ובאו ושבו, וכן חזרו חלילה כמה ימים ושנים, עד שנלאו מלנסות יותר. ורק הגבורים מהם, אשר מידת סבלנותם עמדה להם, וניצחו את השומרים ההם, ופתחו הפתח, זכו תיכף לקבל פני המלך, שמינה כל אחד על משמרתו המתאימה לו.

וכמובן, שמאז ואילך, לא היו להם עוד עסקים עם השומרים הללו, שהסיתו והדיחו אותם ומררו את חייהם כמה ימים ושנים, בהלוך ושוב על הפתח, כי זכו לעבוד ולשמש מול הדר אור פני המלך בהיכלו פנימה.

כן הוא הדבר בעבודת הצדיקים הגמורים, שהבחירה, הנוהגת בעת הסתר פנים, ודאי אינה נוהגת עוד, מעת שפתחו הפתח להשגת ההשגחה הגלויה, אמנם מתחילים בעיקר עבודתו ית', שמבחינת גילוי פנים, שאז מתחילים לפסוע על המדרגות הרבות, ש"בסולם המוצב ארצה וראשו מגיע השמימה", בסו"ה: "וצדיקים ילכו מחיל אל חיל". וכדרז"ל, ש"כל צדיק וצדיק נכוה מחופתו של חברו", אשר העבודות הללו מכשירות אותם לחפץ ה', שתתקיים בהם מחשבתו ית' שבבריאה, שהיא "כדי להנות לנבראיו", כידו ית' הטובה והרחבה.

קלד) ורצוי לדעת החוק העליון הזה, שאין לך שום גילוי, אלא במקום שהיה ההסתר, כמו בעניני העוה"ז, אשר ההעדר הוא קודם להויה, כי אין צמיחת החיטה נגלית, אלא במקום שנזורעה ונרקבה.

וכן בדברים העליונים, אשר ההסתר והגילוי יש להם יחס, כפתילה והאור, הנאחז בה. כי כל הסתר, אחר שבא לתיקון, הנה נגלה בסיבתו, האור המיוחס למין ההסתר הזה. והאור שנתגלה, נאחז בו, כמו אור בפתילה. וזכור זה על כל דרכיך.

קלה) ועם זה תבין מ"ש חז"ל, שכל התורה כולה הם שמותיו של הקב"ה. שלכאורה הדבר תמוה, כי מצינו הרבה דברים גסים, כמו שמות של רשעים: פרעה, ובלעם, וכיוצא בהם, ואיסור, וטומאה, וקללות אכזריות שבב' התוכחות, וכדומה. ואיך אפשר להבין, שכל אלו יהיו שמותיו של הקב"ה?

קלו) ולהבין זאת צריכים לידע, שלא דרכיו דרכינו. היות שמדרכינו הוא, להגיע מהבלתי מושלם אל השלימות, ומדרכו ית' באים לנו כל הגילויים, מהשלימות אל הבלתי מושלם.

כי מתחילה נאצלת ויוצאת מלפניו השלימות הגמורה. והשלימות הזו יורדת מפאת פניו ית', ומשתלשלת בצמצום אחר צמצום, דרך כמה מדרגות, עד שמגיעה לשלב האחרון, המצומצם ביותר, המתאים לעולם החמרי שלנו. ואז מתגלה הדבר לנו, כאן בעוה"ז.

קלז) ומהאמור תשכיל לדעת, אשר התורה הקדושה, שלגובה מעלתה אין קץ, הנה לא נאצלה ויצאה מלפניו תיכף, כמות שהיא מצויה לעינינו כאן בעוה"ז, שהרי נודע, ש"אורייתא וקוב"ה חד הוא", ובתורה דעוה"ז לא ניכר זה כלל.

ולא עוד, אלא שהעוסק בה שלא לשמה, נעשית תורתו לו סם המות, כנ"ל ד"ה "וז"ש". אלא כנ"ל, שמתחילה כשנאצלה מלפניו ית', הנה נאצלה ויצאה בתכלית השלימות, דהיינו, בבחינת "אורייתא וקב"ה חד הוא" ממש. וזה שנקרא "תורה דאצילות", שאיתא בהקדמת תיקוני זוהר דף ג: "דאיהו וחיוהי וגרמוהי חד בהון".

ואחר כך ירדה מפאת פניו ית', ונצטמצמה דרך המדרגה בצמצומים רבים, עד שניתנה מסיני, שנכתבה כמות שהיא לעינינו כאן בעוה"ז, בהתלבשותה בלבושים הגסים שבעולם החומרי.

קלח) אמנם תדע, שאע"פ, שהמרחק שבין לבושי התורה שבעוה"ז, עד הלבושים שבעולם האצילות, הוא לאין ערוך כנ"ל, עם כ"ז, התורה עצמה, כלומר, המאור שבתוך הלבושים, אין בו שום שינוי כל שהוא, בין תורה דאצילות לתורה דעוה"ז, שזסו"ה "אני ה' לא שניתי" (מלאכי ג', ו').

ולא עוד, אלא הלבושים הגסים הללו, שבתורה דעשיה שלנו, אינם ח"ו שום פחיתות ערך אל המאור המתלבש בה, אלא אדרבה, שחשיבותם עולה בהרבה לאין ערוך, מבחינת גמר תיקונם, על כל הלבושים הזכים שלה, שבעולמות העליונים.

והוא מטעם, שההסתר הוא סיבת הגילוי. שההסתר, אחר תיקונו בעת הגילוי, נעשה לגילוי, כמו פתילה לאור הנאחז בה, כנ"ל. וכל שההסתר הוא גדול ביותר, דרכו בעת תיקונו, שיתגלה ויאחז בו האור הגדול ביותר.

הרי, שכל אלו הלבושים הגסים, שהתורה התלבשה בהם בעוה"ז, אינם כלל שום פחיתות ערך, כלפי המאור המתלבש בה, אלא עוד להיפך, כמבואר.

קלט) ובזה ניצח משה למלאכים, בטענתו: "כלום קנאה יש ביניכם, יצר הרע יש ביניכם?" (שבת פ"ט ע"א), עש"ה. דהיינו כמבואר, שההסתר היותר גדול מגלה את האור היותר גדול. והראה להם, שבלבושים זכים, אשר התורה מתלבשת בהם בעולם המלאכים, אי אפשר שיתגלו על ידיהם האורות היותר גדולים, כמו שאפשר בלבושים דעוה"ז, כמבואר.

קמ) הרי נתבאר, שאין שום שינוי ח"ו במשהו, מתורה דאצילות, ש"אורייתא וקב"ה חד הוא", עד התורה שבעוה"ז. אלא, כל ההבחן הוא בלבושים. כי לבושים שבעוה"ז, המה מעלימים להקב"ה ומסתירים אותו, כנ"ל ד"ה "וז"ש".

ותדע, שעל שם התלבשותו יתברך בתורה, הוא מכונה בשם "מורה", להודיעך שאפילו בעת הסתר הפנים, ואפילו בבחינת ההסתר הכפול, כנ"ל ד"ה "והסתר", הרי הקדוש ברוך הוא שורה ומלובש בתורה, כי הוא יתברך "מורה", והיא "תורה".

אלא שלבושי התורה הגסים לעינינו, המה בחינת כנפים, המכסים ומסתירים את המורה ית', המלובש ומסתתר בהם. אמנם, כשזוכה האדם לגילוי פנים, בתשובה מאהבה בבחינתה הד' (כנ"ל ד"ה מידה וד"ה ולפיכך), נאמר עליו "ולא יכנף עוד מוריך והיו עיניך רואות את מוריך" (ישעיה ל', כ'), כי מאז ואילך, אין לבושי התורה מכניפים ומסתירים עוד את ה"מורה", ונתגלה לו לנצח כי "אורייתא וקוב"ה חד הוא".

קמא) ובזה תבין דברי חז"ל, על הכתוב: "אותי עזבו ותורתי שמרו", שפירשו: "הלואי אותי עזבו, ותורתי שמרו, המאור שבה, מחזירן למוטב" (ירושלמי חגיגה פ"א ה"ז). שלכאורה תמוה. אמנם כונתם, כי המה היו צמים ומתענים למצוא גילוי פניו ית', כמ"ש:

"קרבת אלקים יחפצון" (ישעיה נ"ח, ב'). ואומר להם הכתוב בשם ה', שאומר להם: "הלואי שתעזבו אותי", כי כל יגיעתכם לריק וללא הועיל, משום שאינני נמצא בשום מקום, אלא בתורה. לכן שמרו את התורה, ושם תחפשו אותי. והמאור שבה, יחזירכם למוטב. ותמצאונני, כמבואר (ד"ה ובזה) בכתוב: "ומשחרי ימצאונני", ע"ש.

קמב) ועתה אפשר לבאר, מהות חכמת הקבלה באפס-מה, באופן שיספיק למושג נאמן בטיב החכמה ההיא, שלא להטעות את עצמו בדמיונות כוזבים, שההמונים למרביתם מדמים לעצמם.

וצריך שתדע, שהתורה הקדושה, מתחלקת לד' בחינות, המקיפות את כל המציאות:

כי ג' בחינות - נבחנות בכלל המציאות שבעוה"ז, שנקראים: עולם, שנה, נפש.

ובחי"ד היא - דרכי קיומם של אותם ג' חלקי המציאות, דהיינו, הזנתם והנהגתם וכל מקריהם.

קמג) פירוש, כי:

א. החיצוניות של המציאות - כמו השמים והרקיעים והארץ והימים וכדומה, הכתובים בתורה הקדושה, כל אלו מכונים בשם "עולם".

ב. והפנימיות של המציאות - דהיינו האדם והבהמה והחיה והעוף למיניהם וכדומה, המובאים בתורה, אשר ישנם במקומות הנ"ל, שנקראים חיצוניות, הם מכונים בשם "נפש".

ג. והשתלשלות המציאות לדורותיהם - בשם סיבה ומסובב. למשל, כמו ההשתלשלות של ראשי הדורות, מאדם הראשון עד יהושע וכלב באי הארץ, המובאת בתורה, שהאב נבחן ל"סיבה" אל בנו ה"מסובב" על ידו, הנה בחינת ההשתלשלות הזו של פרטי המציאות, בדרך סיבה ומסובב האמורה, מכונה בשם "שנה".

ד. וכל דרכי הקיום של כל המציאות, הן מהחיצוניות והן מהפנימיות הנ"ל, לכל דרכי הנהגותיהם ומקריהם, המובאים בתורה מכונים בשם "קיום המציאות".

קמד) ותדע, שד' העולמות הנקראים בחכמת הקבלה: "אצילות", "בריאה", "יצירה", "עשיה", בעת שנשתלשלו ויצאו, הנה יצאו זמ"ז, בבחינת חותם ונחתם, כלומר, כמו שכל מה שנמצא רשום בחותם, מתגלה בהכרח ויוצא בדבר הנחתם ממנו, לא פחות ולא יותר.

כן היה בהשתלשלות העולמות, באופן, שכל ד' הבחינות, שהם עש"נ וקיומיהם כנ"ל, שהיו בעולם האצילות, יצאו כולם ונחתמו ונתגלו דוגמתם, גם בעולם הבריאה. וכן מעולם הבריאה לעולם היצירה, עד לעולם העשיה.

באופן, שכל ג' הבחינות שבמציאות שלפנינו המכונות עש"נ, עם כל דרכי הקיום שלהם, הערוכים לעינינו כאן בעוה"ז, הנה נמשכו ונתגלו כאן, מעולם היצירה, והיצירה מן שלמעלה ממנו. באופן, שמקור כל הפרטים המרובים הללו שלעינינו, הם בעולם האצילות. ולא עוד, אלא אפילו אותם החידושים, המתחדשים ובאים היום בעולם הזה, הנה מוכרחת כל חידוש להתגלות מקודם מלמעלה בעולם האצילות, ומשם בא ומשתלשל ונגלה לנו בעוה"ז.

וז"ש חז"ל: "אין לך כל עשב מלמטה, שאין עליו מזל ושוטר מלמעלה, שמכה עליו ואמר לו, גדל" (בראשית רבה פ"י). וז"ס: "אין אדם נוקף אצבעו מלמטה, עד שמכריזין עליו מלמעלה" (חולין דף ז' ע"ב). והבן.

קמה) ותדע, שבחינת התלבשות התורה בג' בחינות המציאות: עולם, שנה, נפש, וקיומיהם שבעוה"ז, החומריים כנ"ל, הנה מכאן נמצאים לנו האיסור והטומאה והפסול, שבאים בתורה הנגלית, אשר נתבאר לעיל, שהקב"ה מלובש בה, בסוד "אורייתא וקב"ה חד הוא". אלא בהעלם והסתר גדול, היות והלבושים החומריים האלו, המה הכנפיים, המכסים ומעלימים אותו ית'. אמנם בחינת התלבשות התורה, בבחינת עש"נ הזכים וקיומיהם שבג' העולמות העליונים, שנקראים אצילות, בריאה, יצירה, המה מכונים בכללם, בשם "חכמת הקבלה".

קמו) באופן, שחכמת הקבלה והתורה הנגלית, הם היינו הך. אלא, בעוד שהאדם מקבל מבחינת השגחה של הסתר פנים, והקב"ה

מסתתר בתורה (כנ"ל ד"ה וז"ש), נבחן, שעוסק בתורת הנגלה, כלומר, שאינו מוכשר לקבל שום הארה מתורה דיצירה, ואצ"ל עוד מלמעלה ליצירה.

וכשהאדם זוכה לגילוי פנים, כנ"ל ד"ה "והנה", אז מתחיל לעסוק בחכמת הקבלה. היות, ולבושי התורה הנגלית בעצמם, נזדככו בעדו, ונעשתה תורתו - תורת היצירה, שנקראת "חכמת הקבלה". ואפילו הזוכה לתורה דאצילות, אין הפירוש ח"ו, שנתחלפו לו אותיות התורה, אלא אותם הלבושים עצמם, של התורה הנגלית, נזדככו לו ונעשו ללבושים זכים מאוד, שהם נעשו בסו"ה "ולא יכנף עוד מוריך, והיו עיניך רואות את מוריך", כנ"ל, שאז נעשו בבחינת "איהו וחיוהי וגרמוהי חד בהון", כנ"ל.

קמז) וכדי לקרב הדבר מעט אל השכל, אתן לך דוגמא. למשל, כי בעוד שהיה האדם בזמן הסתר פנים, הנה בהכרח שהאותיות ולבושי התורה, היו מסתירים את הקב"ה, כי ע"כ נכשל ע"י הזדונות והשגגות שעשה. ואז היה מוטל תחת שבט העונש ח"ו, המלבושים הגסים שבתורה, שהם טומאה ואיסור ופסול וכדומה.

אמנם, בעת שזוכה להשגחה הגלויה, ולבחינת תשובה מאהבה, שהזדונות נעשו לו כזכויות, הרי כל הזדונות והשגגות, שנכשל בהם מעת היותו תחת הסתר פנים, הנה נתפשטו עתה מלבושיהם הגסים והמרים מאד, ונתלבשו בבחינת לבושי אור ומצוה וזכויות. כי אותם הלבושים הגסים, בעצמם נתהפכו לזכויות, כנ"ל ד"ה "ולפיכך", עש"ה, שהמה עתה בחינת לבושים, הנמשכים מעולם האצילות, או בריאה, שהמה אינם מכניפים ומכסים על ה"מורה" ית', אלא אדרבה "והיו עיניך רואות את מוריך", כנ"ל.

הרי, שאין ח"ו שום חילוף של משהו, בין תורה דאצילות לתורה שבעוה"ז, דהיינו בין חכמת הקבלה לתורת הנגלה. אלא, שכל ההבחן הוא, רק בבחינת האדם, העוסק בתורה. ושנים, עוסקים בתורה, בהלכה אחת ובלשון אחת ממש, ועכ"ז, לאחד תהיה התורה ההיא בבחינת חכמת הקבלה ותורה דאצילות, ולשני תהיה תורה דעשיה ונגלה. והבן זה היטב.

קמח) ובזה תבין צדקת דברי הגר"א מווילנא ז"ל (בסידור, בברכת התורה), שכתב, שמתחילין התורה בסוד, דהיינו, תורת הנגלה דעשיה, שהיא בחינת נסתר, שהשי"ת מסתתר שם לגמרי כנ"ל. ואח"כ, ברמז, כלומר, שנתגלה ביותר בתורה דיצירה. עד שזוכה לפשט, שה"ס תורה דאצילות, שנקראת "פשט", משום שנתפשטה מכל הלבושים, המסתירים להשי"ת, כמבואר.

קמט) ואחר שבאנו לכאן, אפשר ליתן איזה מושג והבחן, בד' העולמות, הנודעים בחכמת הקבלה בשמות: אצילות, בריאה, יצירה, עשיה של הקדושה, ובד' העולמות אבי"ע של הקליפות, הערוכים בסוד "זה לעומת זה", לעומת אבי"ע דקדושה הנ"ל. ותבין כל זה מהביאור הנ"ל, בד' הבחינות של השגת השגחתו ית', ומד' המדרגות של האהבה. ונבאר מתחילה את ד' העולמות אבי"ע דקדושה. ונתחיל מלמטה מעולם העשיה.

קנ) כי הנה נתבארו לעיל בד"ה "והנה", ב' הבחינות הראשונות של ההשגחה, מבחינת הסתר פנים, עש"ה. ותדע, ששניהם הם בחינת עולם העשיה, כי ע"כ איתא בספר עץ חיים (שער מ"ח פ"ג), אשר עולם העשיה רובו רע. וגם אותו מיעוט טוב, שישנו בו, מעורב ג"כ יחד עם הרע, בלי להכירו, עכ"ל.

פירוש, כי מצד ההסתר הא', כנ"ל ד"ה "משא"כ", נמשך שרובו רע, דהיינו, היסורים והמכאובים, שמקבלי ההשגחה הזאת מרגישים, ומצד ההסתר הכפול, נמצא גם הטוב מתערב ברע, ואין הטוב ניכר לגמרי, כנ"ל ד"ה "והסתר".

והבחינה הראשונה של גילוי פנים, היא בחינת "עולם היצירה", וע"כ איתא בע"ח (שער מ"ח פ"ג), שעולם היצירה חציו טוב וחציו רע, עכ"ל. דהיינו, כמ"ש לעיל (ד"ה אמנם), שהמשיג הבחינה הראשונה של גילוי פנים, שהיא בחינה א' של האהבה התלויה בדבר, המכונה רק "תשובה מיראה", הוא נקרא "בינוני", והוא חציו חייב וחציו זכאי, כנ"ל.

והבחינה השניה של האהבה (כנ"ל ד"ה הא'), שהיא ג"כ תלויה בדבר, אלא שאין שום זכר ביניהם, מהיזק ורע כל שהוא. וכן בחינה ג' של האהבה, שהיא בחינה א' של "אהבה שאינה תלויה בדבר", הנה הן שתיהן, בחינת "עולם הבריאה". וע"כ איתא בע"ח (שמ"ח פ"ג), שעולם הבריאה הוא "רובו טוב ומיעוטו רע, ומיעוט הרע אינו ניכר", עש"ה.

דהיינו, כמ"ש לעיל (ד"ה ואומר), בפירוש הברייתא, שמתוך שהבינוני זוכה למצוה אחת, הוא מכריע את עצמו לכף זכות, שנקרא משום זה "רובו טוב", והיינו בחינה ב' של האהבה. ומיעוט הרע, שאינו ניכר, שישנו בבריאה, נמשך מבחינה ג' של האהבה, שהיא "אינה תלויה בדבר". וגם כבר הכריע את עצמו לכף זכות, אמנם עדיין לא הכריע את העולם כולו (כנ"ל ד"ה ונתבאר), שנמצא מזה, שמיעוטו רע, כי עדיין אין האהבה הזו בבחינת נצחיות, כמ"ש שם, עש"ה. אמנם, אין המיעוט הזה ניכר, כי עדיין לא הרגיש שום רע והיזק, אפילו כלפי אחרים (כנ"ל ד"ה הב').

ובחי"ד של האהבה, שפירושה "אהבה שאינה תלויה בדבר, וגם היא נצחית" (כנ"ל ד"ה מידה וד"ה ואע"פ), היא בחינת עולם האצילות. וז"ש בע"ח, שבעולם האצילות אין שום רע כל שהוא, ושם סו"ה לא יגורך רע. כי אחר שהכריע גם את העולם כולו לכף זכות, הרי האהבה נצחית ומוחלטת, ולא יצוייר עוד שום כיסוי והסתר לעולם, כי שם מקום גילוי הפנים לגמרי, בסו"ה "ולא יכנף עוד מוריך, והיו עיניך רואות את מוריך". כי כבר יודע כל עסקיו של הקב"ה עם כל הבריות, בבחינת ההשגחה האמיתית, המתגלה משמו ית' "הטוב והמיטיב לרעים ולטובים", כנ"ל.

קנא) ובזה תבין ג"כ בחינת ד' העולמות אבי"ע דקליפה, הערוכים לעומת אבי"ע דקדושה, בסוד "זה לעומת זה עשה אלקים". כי המרכבה של הקליפות דעשיה, היא מבחינת הסתר הפנים בב' דרגותיה, שמרכבה ההיא שולטת, כדי לגרום לאדם, שיכריע הכל לכף חובה, ח"ו.

ועולם היצירה דקליפה, תופס בידיו את כף החובה, שאינה מתוקנת בעולם היצירה דקדושה (כנ"ל ד"ה ולפיכך). ובזה שולטים על הבינונים, המקבלים מעולם היצירה, כנ"ל, בסוד "זה לעומת זה עשה אלקים".

ועולם הבריאה דקליפה, יש בידיהם אותו הכח, כדי לבטל את "האהבה התלויה בדבר", דהיינו, רק לבטל את הדבר, שבו נתלית האהבה. והיינו, הבלתי שלימות שבאהבה דבחינה ב'.

ועולם האצילות דקליפה, הוא שתופס בידיו, אותו מיעוט הרע שאינו ניכר, שיש בבריאה, מכח בחינה ג' של האהבה, שאע"פ שהיא אהבה אמיתית, מכח "הטוב והמטיב לרעים ולטובים", שהיא בחינת אצילות דקדושה, עכ"ז, כיון שלא זכה להכריע באופן זה גם את העולם כולו לכף זכות, יש כח ביד הקליפה, להכשיל את האהבה, מכח ההשגחה על האחרים (כנ"ל ד"ה הב').

קנב) וז"ש בע"ח, אשר עולם האצילות של הקליפות, עומד לעומת עולם הבריאה, ולא לעומת האצילות, ע"ש. דהיינו, כמו שנתבאר, כי עולם אצילות דקדושה, שמשם נמשכת רק בחינה ד' של האהבה, הרי שאין שם שליטה לקליפות כלל, היות שכבר הכריע את כל העולם לכף זכות, ויודע כל עסקיו של השי"ת, גם בהשגחתו על כל הבריות, מהשגחת שמו ית' "הטוב והמיטיב לרעים ולטובים".

אלא בעולם הבריאה, שמשם נמשכת הבחינה הג', שעדיין לא הכריעה את העולם כולו, ועל כן יש עוד אחיזה לקליפות. אלא, שקליפות אלו, נבחנות לאצילות דקליפה, להיותם לעומת בחינה ג', שהיא "האהבה שאינה תלויה בדבר", כנ"ל. שאהבה זו היא בחינת אצילות.

קנג) ונתבארו היטב, ד' עולמות אבי"ע דקדושה והקליפות, שהן בחינת הלעומת של כל עולם ועולם, שהם מבחינת החסרון, שיש בעולם שכנגדו בקדושה, והם שמכונים ד' עולמות אבי"ע של הקליפות, כמבואר.

קנד) והנה הדברים האלו מספיקים לכל מעיין, שירגיש בדעתו, את מהותה של חכמת הקבלה באפס מה. וראוי שתדע, שרוב מחברי

ספרי הקבלה, לא התכוונו בספריהם, אלא כלפי מעיינים כאלו, שכבר זכו לגילוי פנים, ולכל ההשגות העליונות, כנ"ל. ואין לשאול, אם כבר זכו להשגות, הרי הם יודעים הכל מהשגתם עצמם, ולמה להם עוד ללמוד בספרי חכמת הקבלה מאחרים?

אמנם לא מחכמה שאלה זאת. כי זה דומה לעוסק בתורת הנגלה, ואין לו שום ידיעה בעסקי העוה"ז, בבחינת עולם שנה נפש שבעוה"ז, כמ"ש לעיל, ואינו יודע במקרי בני אדם והנהגתם לעצמם, והנהגתם עם אחרים, ואינו יודע את הבהמות, החיות והעופות שבעוה"ז. וכי יעלה על דעתך, שאיש כזה יהיה מסוגל להבין, איזה ענין בתורה כהלכתו? כי היה מהפך הענינים שבתורה, מרע לטוב ומטוב לרע, ולא היה מוצא את ידיו ורגליו בשום דבר.

כן הענין שלפנינו: אע"פ שהאדם זוכה להשגה, ואפילו להשגה מתורה דאצילות, מ"מ אינו יודע משם, אלא מה שנוגע לנפשו עצמו, ועדיין אמנם צריך לדעת, כל ג' הבחינות: עולם שנה ונפש, הנ"ל, בכל מקריהם והנהגותיהם, בתכלית ההכרה, כדי שיוכל להבין את עניני התורה המיוחסת לאותו עולם. שענינים אלו, בכל פרטיהם ודקדוקיהם, מבוארים בספרי הזוהר ובספרי הקבלה האמיתיים, שכל חכם ומבין מדעתו, מחוייב להגות בהם יומם ולילה.

קנה) ולפי"ז יש לשאול: א"כ, למה זה חייבו המקובלים, לכל איש, ללמוד חכמת הקבלה?

אמנם יש בזה דבר גדול, וראוי לפרסמו: כי יש סגולה נפלאה לאין ערוך, לעוסקים בחכמת הקבלה, ואע"פ שאינם מבינים מה שלומדים, אלא מתוך החשק והרצון החזק, להבין מה שלומדים, מעוררים עליהם את האורות המקיפים את נשמתם.

פירוש: כי כל אדם מישראל, מובטח בסופו, שישיג כל ההשגות הנפלאות, אשר חשב השי"ת במחשבת הבריאה להנות לכל נברא. אלא, מי שלא זכה בגלגול זה, יזכה בגלגול ב' וכו', עד שיזכה להשלים מחשבתו ית', שחשב עליו, כמ"ש בזוהר, כנודע.

והנה, כל עוד, שלא זכה האדם לשלימותו, נבחנים לו אותם האורות, העתידים להגיע אליו, בבחינת "אורות מקיפים", שמשמעותם היא, שעומדים מוכנים בעדו, אלא שהמה מחכים לאדם, שיזכה את כלי הקבלה שלו, ואז יתלבשו האורות האלו בכלים המוכשרים.

ולפיכך, גם בשעה שחסרו לו הכלים, הנה, בשעה שהאדם עוסק בחכמה הזאת, ומזכיר את השמות של האורות והכלים, שיש להם מבחינת נשמתו שייכות אליו, הנה הם תיכף מאירים עליו, בשיעור מסויים. אלא, שהם מאירים לו בלי התלבשות בפנימיות נשמתו, מטעם שחסרים הכלים המוכשרים לקבלתם, כאמור. אמנם ההארה, שמקבל פעם אחר פעם, בעת העסק, מושכים עליו חן ממרומים, ומשפיעים בו שפע של קדושה וטהרה, שהמה מקרבים את האדם מאד, שיגיע לשלימותו.

קנו) אבל תנאי חמור יש בעת העסק בחכמה זאת: שלא יגשימו הדברים, בענינים מדומים וגשמיים, שעוברים בזה על "לא תעשה לך פסל וכל תמונה", ח"ו. כי אז, אדרבה, מקבלים היזק במקום תועלת. ולפיכך, הזהירו ז"ל, שלא ללמוד החכמה, כי אם לאחר ארבעים שנה, או מפי רב, וכדומה, מהזהירות. וכל זה הוא מהטעם האמור.

ולפיכך, הכינותי בעז"ה את הפירושים פנים מאירות ופנים מסבירות על עץ חיים, שעשיתי, כדי להציל המעיינים מכל הגשמה.

אמנם, אחר שנדפסו ד' החלקים הראשונים מביאורים אלו, ונתפשטו בקרב הלומדים, ראיתי בהם, שעדיין לא יצאתי ידי חובת ביאור, כמו שחשבתי. וכל הטרחה הגדולה, שטרחתי לבאר ולהרחיב, כדי שיתבהרו העניינים בלי קושי, היתה כמעט ללא הועיל.

והיה זה, מחמת שהמעיינים, אינם מרגישים את החובה הגדולה, לשקוד על פירוש כל מלה ומלה, המגיעה לפניהם, ולחזור עליה כמה פעמים, באופן שיספיק להם לזכרה היטב, בהמשך הספר בכל מקום שמובאת שם אותה המלה. ומתוך השכחה של איזו מלה, היו מתבלבלים להם הענינים ההם, כי מתוך דקות הענין, הרי חוסר פירוש של מלה אחת, די לטשטש להם הענין כולו.

והנה, כדי לתקן זה, התחלתי לחבר "פירוש המלות", ע"פ סדר א"ב, על כל המלות, המובאות בספרי הקבלה, שצריכות פירוש: מצד אחד קבצתי את הפירושים של האריז"ל ויתר המקובלים הראשונים, בכל מה שאמרו על אותה המלה. ומן הצד השני, ביארתי התמצית מכל אותם הפירושים. וערכתי הגדרה נאמנה בביאור המלה ההיא, באופן שיספיק למעיין להבינה, בכל מקום ומקום. שיפגוש אותה המלה, בכל ספרי הקבלה האמיתיים, מהראשונים עד האחרונים. וכן עשיתי על כל המלות, השגורות בחכמת הקבלה.

והנה כבר הדפסתי בעזרת השם, את המלות המתחילות באות א'. גם קצת מאות ב'. ורק מצד אחד. והם כבר קרובים לאלף דפים. אכן מחמת חסרון כסף, הפסקתי העבודה בהתחלתה. וזה קרוב לשנה, שאינני ממשיך עוד בעבודה החשובה הזו, והשי"ת יודע, אם הדבר יעלה לי עוד, כי ההוצאות מרובות ביותר, ומסייעים אין לי כעת.

לפיכך לקחתי לי עתה דרך אחרת, ע"ד "תפשת מועט תפשת". והוא הספר הזה "תלמוד עשר הספירות להאריז"ל", שבו אני מקבץ מספרי האריז"ל, וביחוד מספר "עץ חיים" שלו, כל המאמרים העיקריים, הנוגעים לביאור עשר הספירות, שהצבתי אותם בראש כל דף. ועליו עשיתי ביאור אחד רחב, הנקרא בשם "אור פנימי", וביאור שני, הנקרא "הסתכלות פנימית", המבארים כל מלה וכל ענין, המובאים בדברי האריז"ל בראש הדף, בפשטות ובלשון קלה, עד כמה שיכולתי.

וחילקתי הספר לששה-עשר חלקים, שכל חלק יהיה שיעור אחד על ענין מיוחד שבעשר הספירות. אשר ה"אור פנימי" מבאר בעיקר את דברי האריז"ל, המובאים באותו השיעור, ו"הסתכלות פנימית" מבארת בעיקר הענין בהקף הכללי. ועליהם סדרתי "לוח השאלות" ו"לוח התשובות" על כל המלות ועל כל העניינים, המובאים באותו החלק.

ואחר שיגמור המעיין אותו החלק, ינסה בעצמו, אם יוכל להשיב כהלכה על כל שאלה, המובאת ב"לוח השאלות". ואחר שהשיב, יסתכל ב"לוח התשובות" בתשובה, המיוחסת לאות ההיא של השאלה, לראות אם השיב כהלכה. ואפילו אם ידע היטב, להשיב על השאלות מתוך הזכרון, עם כל זה יחזור על השאלות פעמים הרבה מאד, עד שיהיו כמו מונחים בקופסא. כי אז יצליח לזכור המלה, בעת שיצטרך לה, או על כל פנים יזכור מקומה, כדי לחפש אחריה. "וחפץ ה' בידו יצליח".

סדר הלימוד

למד תחילה את ה"פנים", דהיינו דברי האריז"ל, המודפסים בראשי העמודים, עד סוף הספר. ואע"פ שלא תבין, חזור עליהם כמה פעמים, ע"ד "מתחילה למגמר והדר למסבר". אח"ז למד את הביאור "אור פנימי". והשתדל בו, באופן שתוכל ללמוד ולהבין היטב את ה"פנים" גם בלי עזרת הביאור. ואח"ז למד את הביאור "הסתכלות פנימית, עד שתבינהו ותזכרהו כולו. ואחר כולם, נסה עצמך ב"לוח השאלות". ואחר שהשבת על השאלה, הסתכל בתשובה, המסומנת באותה האות של השאלה. וכן תעשה בכל שאלה ושאלה. ותלמד ותשנן ותחזור עליהם כמה פעמים, עד שתזכרם היטב כמונחים בקופסא. כי בכל מלה ומלה ממש, שבחלק השלישי, צריכים לזכור היטב כל שני החלקים הראשונים, אף מובן קטן לא יחסר. והגרוע מכל הוא, שהמעיין לא ירגיש כלל מה ששכח, אלא, או שהדברים יתטשטשו בעיניו, או שיתקבל לו פירוש מוטעה בענין, מחמת השכחה. וכמובן, שטעות אחת גוררת אחריה עשר טעויות, עד שיבא לאי הבנה לגמרי, ויהיה מוכרח להניח את ידו מהלימוד לגמרי.

המחבר

הקדמת פי חכם

הנה נודע מפי סופרים ופי ספרים אשר לימוד חכמת הקבלה הוא מחויב בהחלט לכל אדם מישראל, **ולו למד אדם כל התורה כולה, ובקי בש"ס ופוסקים בע"פ, גם ממולא במידות ובמעשים טובים יותר מכל בני דורו ולא למד חכמת הקבלה, הוא מחויב להתגלגל ולבא עוד פעם בעוה"ז כדי ללמוד רזי תורה וחכמת האמת,** שזהו מובא בכמה מקומות במדרשי חז"ל.

וז"ל הזוהר "שיר השירים" בביאור הפסוק "אם לא תדעי לך היפה בנשים וכו'", שפירשו חז"ל על הנשמה הבאה לפני כסא הכבוד לאחר פטירתו של אדם, שאומר לה הקב"ה "אם לא תדעי לך היפה בנשים", אע"ג שאנת יפה בנשים, וזכאה אנת בעובדין טבין יתיר ויאה מכל הנשמות, אם לית לך ידיעה ברזין דאורייתא, "צאי לך בעקבי הצאן", פוק לך מהכא ותוב לעלמא דין, "ורעי את גדיותיך על משכנות הרועים", תמן תלכי אל בתי מדרשאות ותילף רזי דאורייתא מפומייהו דרבנן עש"ה.

וצריכים להבין דבריהם ז"ל בזה שנתלה שלימות האדם על לימוד חכמת האמת, ולכאורה מאי שאני משאר דברי תורה הנגלה, שלא מצאנו בשום מקום שיהיה חיוב על האדם להבין בכל המקצועות שבתורה ושלא יושלם בחסרון מקצוע אחד בתורה, ואדרבא אמרו ז"ל "שלא המדרש עיקר אלא המעשה", ועוד אמרו ז"ל "אחד המרבה ואחד הממעיט ובלבד שיכוון לבו לשמים", וכהנה נמצא מאמרים רבים.

ובכדי להשיג עומק דבריהם ז"ל בהנ"ל, מחוייבים אנו מקודם להבין בטוב טעם ודעת מה שאיתא הרבה פעמים בזוהר ותיקונים אשר **אורייתא, וקוב"ה, וישראל, חד הוא,** ולכאורה הדברים מתמיהים מאד.

וטרם אבא בביאור דבריהם אודיעך כלל גדול שגדרו לנו רבותינו ז"ל על כל השמות הקדושים והכינויים הנמצאים בספרים, אמרו ז"ל וזה לשונם הזהב: **כל מה שלא נשיג לא נגדרהו בשם.** פירוש: נודע **דלית מחשבה תפיסא ביה כלל וכלל,** כמו דאיתא במאמר "פתח אליהו" בתחילת ה"תיקוני זוהר", אשר ע"כ בעצמות הבורא ית' וית' אפילו ההרהור אסור ואצ"ל הדיבור, וכל השמות שאנו מכנים אותו ית', אינם על בחי' עצמותו ית' אלא רק על אורותיו המתפשטים הימנו ית' לתחתונים. אפילו השם הקדוש "אין סוף" המובא בספרי הקבלה הוא ג"כ בחי' אור המתפשט מעצמותו ית', אלא כיון שגדר אורו ית' המתפשט מעצמותו להיות מושג לתחתונים בבחי' אין סוף, ע"כ נגדרהו בשם הזה, אבל אין הכוונה על עצמותו ית' דכיון דלית מחשבה תפיסא ביה כלל וכלל איך נגדרהו בשם ומלה, דכל מה שלא נשיג לא נגדרהו בשם.

וכל מתחיל להשכיל בחכמת האמת מחויב להעלות על דעתו כלל גדול הנ"ל, טרם כל עיון בספר קבלה, אשר בעצמותו ית' אפילו הרהור אסור דלית מחשבה תפיסה ביה כלל, ואיך נאמר בו ח"ו שם ומלה שהיא מורה השגה. משא"כ, **בהארותיו ית', המתפשטין הימנו ית', שהם כל השמות הקדושים והכינויים המובאים בספרים, אדרבה מצוה גדולה לדרוש ולחקור, והוא חיוב גמור בהחלט על כל אדם מישראל, ללמוד ולהבין רזין דאורייתא וכל דרכי השפעותיו ית' לתחתונים, שהם עיקר חכמת האמת ושכר הנשמות לעתיד לבא.**

ואיתא במדרשי חז"ל ובזוהר ותיקונים בכ"מ, אשר כל העולמות העליונים וכל הספירות הקדושות דה' עולמות א"ק ואבי"ע בכמותם ואיכותם, כל זה הוכן מכל מראש רק להשלמות בני ישראל, כי נשמת איש הישראלי היא חלק אלוקי ממעל, ו"סוף מעשה במחשבה תחילה", שעלה ברצונו הפשוט להנות לנשמות בדרך שכר טרחתם חלף עבודתם, אשר לסיבה זו התפשטה לפניו כל המציאות

בדרך השתלשלות עילה ועלול זו מזו, בירידת המדרגות דרך העולמות א"ק ואבי"ע עד שלסופם הוציאו ב' בחי' מלובשות זו בתוך זו, דהיינו נשמה מגנזי מרומים מתפשטת ומתלבשת בגוף גשמי. וכמו **שמהות המציאות** התפשט עד הדיוטא התחתונה שהוא גוף הגשמי בעל נשמה, כמו כן נעשה ההשתלשלות בדרך עילה ועלול בבחי' מהות **קיום של המציאות** הנ"ל שהוא דרכי השפעותיו המשתלשלין דרך המדרגות, באופן שאור העליון גבוה מעל גבוה יהיה סופו להתפשט ולבא להנשמה המלובשת בגוף הגשמי בעוה"ז, כמ"ש "ומלאה הארץ דעה את הויה ולא ילמדו עוד איש את חבירו לדעת את ה' כי כולם ידעו אותי למגדולם ועד קטנם" והבן.

ואיתא בחז"ל ובספר הזוהר ש"כל התורה כולה היא שמותיו של הקב"ה", **דכל הסיפורים והחוקים והמשפטים הכל הוא שמותיו ית' הקדושים.** ולפי המתבאר לעיל, שכל מה שלא נשיג לא נגדרהו בשם, תבין היטב, שסוד שמותיו של הקב"ה הקדושים הם סוד ההשגות המתפשטות הימנו ית' וית' לעבדיו הנביאים והצדיקים, לכל אחד לפי מהללו, בסו"ה "ונפלינו אני ועמך מכל העם אשר על פני האדמה", אשר הפלאה הזו מגיעה לנו ע"י קבלת התורה וקיום המצוות, מתחילה ע"ד הנגלה לבד, שסגולתה לזכך גופותינו ולהגדיל נשמתינו בשיעור כזה עד שאנו ראויים להשיג כל התורה כולה ומצוותיה בבחי' שמותיו ית', שזהו כל שכר המיועד לנשמות לעתיד לבא, אמנם גם בעוה"ז, ע"ד שאיתא בגמרא "עולמך תראה בחייך" והבן.

ובזה מתבאר לנו מה שבכמה מקומות בזוהר מכנה לתרי"ג מצוות - "תרי"ג עיטין דאורייתא", ובהרבה מקומות בזוהר קורא לתרי"ג מצות - "תרי"ג פקודין", כי מתחילה מחוייב האדם בשמירת התורה והמצוות כדי לזכך גופו ולהגדיל נשמתו, ואז נמצאים אצלו התרי"ג מצוות בבחי' "תרי"ג עיטין", דהיינו עיצות איך שיזכה סוף סוף לבא לפני המלך ולזכות לאור פניו, כי שמירת התורה וקיום המצוות מזככין אותו לאט לאט, עד שיזכה לאור פני מלך חיים, וע"ד שאיתא בגמ' "מאי איכפת לו להקב"ה בשוחט מן הצואר או שוחט מן העורף, אלא לא נתנו תורה ומצוות אלא כדי לצרף בהם את ישראל". אמנם אחר שנזדכך די צרכו, וזוכה לאור פניו ית', אז נפתחו עיניו ונשמתו, וזוכה להשיג תרי"ג אורות הקדושים הנמצאים בתרי"ג המצוות, שהם סוד שמותיו הקדושים, דהיינו שבאים להשגתו, וע"י קיום כל אחת מהמצוות נוטל חלק האור המופקד בהמצוה, כי המצוה ה"ס הכלי, ובו מלובש האור, דהיינו שם קדוש השייך בפרטיות למצוה הזאת, שז"ס "נר מצוה ותורה אור", ואז נקראים אצלו תרי"ג מצוות "תרי"ג פקודין", דומה לאדם המפקיד אבנים טובות ומרגליות בכלי, ואומר לאוהבו קח לך הכלי, אמנם תשמור אותו מן הגנבים והלסטים, ונמצא שכל המדובר ביניהם הוא מהכלי לבד, אבל עיקר הכוונה היא על האבנים הטובות המופקדות שמה, ודו"ק היטב.

ונודע בספרי הקבלה, שסוד שם הקדוש "הקדוש ברוך הוא" או "קודשא בריך הוא" המובא בחז"ל ובזוהר, שהוא קאי על שם הויה, ששם הקדוש הזה כולל כל השמות הקדושים עד גבוה מעל גבוה. ולפיכך נמצאנו למדין ש"אורייתא וקוב"ה חד הוא", דאע"ג לעיני ההמון לא נראה בתורה אלא סיפורים וחוקים ומשפטים לבד, אמנם כבר ביארתי ש"תפוחי זהב במשכיות כסף" דע"כ נקראים תרי"ג פקודין כנ"ל, וכמו שאמרו ז"ל "כל התורה כולה שמותיו של הקב"ה" כנ"ל. וא"כ **התורה וקב"ה חד הוא**, אלא בסוד כלל ופרט, שקוב"ה הוא כלל כל השמות ואור כולל, והתורה נחלקת לתרי"ג אורות, ונמצא שכולם **יחד הוא אחד וסוד קוב"ה עצמו** וד"ל.

עתה נשאר עוד לנו לבאר בחי' ישראל, וצריך שתבין מתחילה ענין הריבוי בצורות נבדלות ברוחניות, דהיינו איך ובמה המה מתחלקים ונבדלים זה מזה (*הג"ה), כי דברים הגשמיים נבדלין בסכין וכדומה, או המקום והזמן מפריד ומבדיל ביניהם, מה שלא יתכן לחשוב כזה ברוחניות, באשר, שהמה למעלה מן המקום והזמן כנודע. אולם תדע, שכל ענין

ההבדל ברוחניות ובין אורות העליונים אינם אלא בשינוי צורה. עד"מ בנפשות השכליות שבבני אדם, שודאי מחולקים ונבדלים לעצמם כל נפש אדם ואדם מחבירו, אמנם כל עיקר הבדלם אינו יותר, אלא מתוך שינוי צורתם, דהיינו שנפש של זה טובה, וזה רעה, או זו השיגה חכמה, וזו השיגה כסילות, וכדומה, וע"ד שאמרו חז"ל: "כשם שפרצופיהם משונים זה מזה כך דעותיהם משונות זו מזו".

ועם זה מובן, אשר אם כל בני האדם היו משיגים מושכלות שוות ונטיות שוות, בלי שום הבדל כלל וכלל, אז היו באמת כל הנפשות של בני העולם, לנפש אחת תחשב. וערכה היה, כמו אור השמש שמתלבש האור בכל בני העולם, ומכל מקום לא נבחין כלל שיש צורות נבדלות באור השמש, כמו כן היתה נפש משכלת אחת מתלבשת בהרבה גופים, כי המקומות אינם מבדילים כלל בכל דבר רוחני אם לא יש בתכונתם צורות נבדלות, ודו"ק היטב.

ועכשו נבא אל הביאור, דכבר נודע דסוד נשמות דבני ישראל ה"ס חלק אלוקי ממעל, אשר היא נשתלשלה ע"ד עילה ועלול וירדה מדרגא לדרגא עד שהיא ראויה לבא לעוה"ז, ולהתלבש בגוף הגשמי המזוהם. ואשר על ידי שמירת התורה וקיום מצותיה, נמצאת מתעלית מדרגא לדרגא, עד שנשלמת קומתה, וראויה לקבל שכרה משלם, המוכן לה מכל מראש, דהיינו השגת התורה הקדושה בבחי' שמותיו של הקב"ה שה"ס תרי"ג פקודין כנ"ל.

ועכשו הנך רואה בעיני שכלך, שאוריתא וישראל חד הוא, דכל ההבדל בין התורה ובין הנשמה הוא רק מכח שינוי צורה הנמצא בנשמה, שנתמעטה בבחי' אור קטן עד למאוד, והתורה הוא אור פשוט המתפשט ממהותו ית', שרוממותו עד אין קץ כנ"ל, דאוריתא וקב"ה חד הוא. אמנם לעת השתלמות הנשמה בכל קומתה, והיא מקבלת התורה בסוד שמותיו ית', דהיינו, שמשגת כל האור המופקד בתורה ומצוות, נמצא ממילא, שאור הנשמה שוה הוא אל אור התורה, דהא כבר השיגה כל האור שבתורה. דכל עוד שיש איזה מיעוט בהשגת חלק קטן ודק מן כללות אור התורה, עדיין נחשבת לאינה שלימה, משום דכל כללות אורה הוכן בשביל הנשמות, ע"ד שביארתי לעיל ד"כל מה שלא נשיג לא נגדרהו בשם", וכיון שהוכן האור להשגת הנשמה, והנשמה לא השיגה את כולה, נמצאת אינה שלימה, ע"ד "אקיים כל התורה כולה חוץ מדבר אחד", שודאי הוא רשע גמור, אמנם תשפוט כזה בקיום התורה מצוות בהשגת תרי"ג הפקודין, שעכ"פ אינה שלימה בחסר לה דבר אחד גדול או קטן, וע"כ לעת קץ שסופה לבא לכלל השלימות, שהיא השגת כל אור התורה, ממילא לא נמצא אז שום שינוי צורה בין אור הנשמה לאור התורה. וממילא מתבאר לך בטוב טעם, שאוריתא וישראל חד הוא ממש, משום דאין ביניהם הבדל ושינוי צורה, נמצאים אחד ממש, ודו"ק בזה מאוד כי דברים דקים המה.

וכיון שכבר הוכחנו לדעת שקוב"ה ואורייתא חד הוא (עיין לעיל), וכאן הוכחנו שאורייתא וישראל חד, א"כ נמצא ברור **שאורייתא וקוב"ה וישראל חד הוא".**

המתבאר לנו מכל הנ"ל אשר יש ב' חלקים בתורה ומצוות, הא' הוא תורה ומצוות על דרכם הנגלה לעיני כל שהם בחי' קיום המצוות ולימוד התורה ע"ד תרי"ג עיטין, שסגולתם לזכך ולצרף את הגוף, ולהגדיל מעלת הנשמה, שתהיה ראויה וכדאית לקבל אור פני מלך חיים, כמו שהיתה הנשמה בשורשה, טרם מיעוטה וביאתה לגוף השפל בעולם השפל. וחלק הב' הוא קיום המצוות ולימוד התורה ע"ד תרי"ג פקודין, שהוא ענין השגת שמותיו ית', וכל שכר הנשמות. וערך חלק הב' על חלק הא' כערך השמים על הארץ, כי חלק הא' הוא רק בחי' הכנה, וחלק הב' הוא עצם ההשלמה ותכלית הבריאה.

ובזה נתבאר קושיתינו לעיל על דברי חז"ל, דאפילו אדם מצוין בתורה ובמע"ט יותר מכל בני דורו, ואם לא למד רזין דאורייתא וחכמת האמת, מחוייב להתגלגל ולבא עוד פעם לעולם. והקשינו: מאי שנא מקצוע זה דחכמת האמת משאר המקצועות שבתורה,

שלא מצאנו בשום מקום, שיהיה האדם מחוייב לעסוק בכל המקצועות שבתורה, ואדרבא מצאנו בהרבה מקומות כנגד זה, כמו "אחד המרבה ואחד הממעיט, ובלבד שיכוון לבו לשמים", ו"לא המדרש עיקר אלא המעשה", עיין לעיל.

ועכשו מתבאר הענין בפשיטות, באשר שכל חלק התורה הנגלה, אינו אלא בחי' הכנה, שנהיה ראוי וכדאי להשיג חלק הנסתר, וכנ"ל, אשר חלק הנסתר, הוא עצם השלימות והתכלית, שעליו נברא האדם, א"כ ודאי וברור דאם חסר מחלק הנסתר אע"פ ששמר התורה וקיים מצוותיה בחלק הנגלה, מחויב עוד להתגלגל ולבא לעולם לקבל מה שראוי לקבל, דהיינו חלק הנסתר ע"ד תרי"ג פקודין כנ"ל, שאך בזה נשלמת הנשמה, כמו שחשב עליה השי"ת מכל מראש כנ"ל.

והנך רואה חיוב המוחלט, המוטל על כל ישראל, יהיה מי שיהיה, לעסוק בפנימיות התורה ובסודותיה, שלא תושלם באדם כוונת הבריאה זולתה. ולסבה זו אנו מתגלגלים, דור יוצא ודור בא, עד דורינו זה שהוא השארית של הנשמות, שעדיין לא נשלמה עליהן כוונת הבריאה, מפני שלא זכו להשיג בדורות שעברו עליהן את סודות התורה, כנ"ל בזוהר, וע"כ אמרו בזוהר "עתידין רזי תורה וסודותיה שיתגלו לעקבתא דמשיחא", שזהו ברור לכל מבין, מחמת שהמה תהיינה משלימות הכונה בבריאה, דעל כן תזכינה לביאת המשיח, וא"כ על כרחך שיגולו ביניהן סודות התורה באתגליא, דבלאו הכי נמנע התיקון, כי תתחייבנה עוד בגלגול.

ובזה יתורץ לך מה שיש להקשות על ביאור הזה בכלל, דמי אני ומי אבותי, אשר זכיתי לעשות ביאור בהרחבת הדעת על סודות חתומים שבזוהר וכתבי האר"י, ולמה לא מצאנו עד היום הזה שום מבאר בחכמה זו בהתגלות כמותי?

ובהנ"ל תבין מפני שדורינו זה הוא עקבתא דמשיחא ממש, אשר כולנו עומדים על מפתן התיקון השלם, אשר כל המניעה היא עזיבת חכמת האמת השוררת בדור הזה עד לקצה, מסבת קושי הלשונות והענינים המפוזרים, שאין דעתו של אדם ... בלי דעת. עוד נוסף על כולם הוא קטנות הדעת וטרדות המרובות הנוהג בדורינו זה, וע"כ ברצות ה' להחיש פדות נפשינו גלגל זכות על ידי לגלות השיעור שבביאור הזה וחפץ ה' הצליח בידי.

ועוד סבה היתה לי מה שבאתי לביאור גילוי הזה, ע"ד שאיתא בזוהר "חייב אדם למילף זעיר מן שטותא" בסו"ה "כיתרון האור מתוך החושך", כי אחרי בלותי במדינת פולין בעיר וארשא סגור ומסוגר בד' אמותי, דבר לא היה לי עם חשכת סביבותי, היתה לי עדנה, ונתישבתי בירושלים עיה"ק תובב"א. וכבואי פה עם הבריות ראו ראיתי בעוני עמי, עניות הדעת ושחוק הכסילים עלה עלי כקול הסירים תחת העיר לשקץ ולרמש על נשמת בית מאוינו, מדברים סרה על ה' ועל תורתו ועל עמו קול גדול שבחכמת הקבלה כולה אין כאן בינה ודעת וסברה כלל וכלל אלא המה קיבוץ של מלות ושמות, לא משל ולא נמשל רק דברים ככתבם, וזכות הוא לפטפט פטומי מלים בדברים ככתבם באמונה שלימה שהם דברים קדושים שבזה תושלם עלינו כונת הבריאה, וכשיתרבו העוסקים בהדברים ככתבן באמונה שלימה, מיד ייתי מלכא משיחא כי יושלם בזה כל התיקון ותו לא מידי ח"ו.

עד שפגשתי את המפורסמים שבהם, המה אנשים שכבר כילו שנותיהם על הלימוד בכתבי האר"י וזוהר, והצליחו שכל ספרי האר"י שגורים בפיהם עד להפליא ושם להם כקדושים שהיו בארץ, ושאלתים אם למדו אצל רב שהיתה לו השגה בפנימיות הדברים, וענו לי - חס מלהזכיר, אין כאן שום פנימיות זולת דברים ככתבם מסורים לנו ותו לא מידי ח"ו. ושאלתים אם הרח"ו ז"ל השיג פנימיות הדברים, וענו לי - ודאי לא השיג יותר ממה שאנו משיגים. ושאלתים על האר"י ז"ל עצמו, וענו לי - ודאי לא ידע פנימיות יותר הימנו כלום, וכל מה שידע מסר לתלמידו הרח"ו ז"ל וכן הגיעו אצלינו. וצחקתי מאד עליהם,

דא"כ איך נתחברו הענינים בלב האר"י ז"ל בלי שום הבנה ודעת, וענו לי - אשר חיבור הענינים קיבל מפי אליהו ז"ל, והוא ידע הפנימיות באשר שהוא מלאך. וכאן שפכתי חמתי עליהם כי אפס בי כח הסבלנות לעמוד אצלם.

והנה בראותי אשר שטותם זה מצא שורשים כמעט בכל העוסקים בחכמה זו בזמן הזה, אוי לאזנים שכך שומעות, "הגם לכבוש את המלכה עמי בבית", וכבר שפך הזוהר הק' מרה על כחש החטאים בנפשותם לומר שאין סודות פנימיות בתורה, כמו"ש בפ' "וירא" דאם אורייתא אתי לאחזאה סיפורין ודברי הימים הרי נמצא ג"כ בין יתר האומות סיפורים ודברי הימים כאלה, ואמרו ז"ל שהמה מקצצים בנטיעות דנוטלין מלכות בלחודוי ע"ש. ומה היו אומרים בעלי הזוהר בראותם תרבות אנשים חטאים הנ"ל להכחיש שאין שום חכמה וסברא בדברי הזוהר וחכמת האמת עצמם, שברזין דאורייתא עצמם אומרים שאין שם דעת וסברא מגולה בעוה"ז, אלא פטומי מילים בעלמא, הרי באו לכבוש השכינה הקדושה ח"ו בבית המלך פנימה, אוי להם כי גמלו רעה לנפשותם. וחז"ל אמרו שהתורה הקדושה מקוננת לפני הקב"ה - עשאוני בניך שיר בבתי משקאות וכו', והמה אפילו דמות שיר אינם עושים מהתורה רק דיבורים מבהילים לכל שומע וכדי בזיון וקצף, ועוד מבקשים שכר כפנחס באמרם שבאמונה שלימה המה עושים, ועליהם הכתוב אומר "יען נגש העם הזה בפיו ובשפתיו כבדוני ולבו רחק הימני" שזוהי סבת החורבן דבית ראשון, ועדיין השטן מרקד בינינו דוקא בעקבתא דמשיחא שהוא זמן תכלה דרזין דאורייתא, וקנאת ה' צבאות באה כאש בעצמי לא תכבה, אשר מסבתה נתהותה בקרבי התעוררות לגלות את השמלה בשיעור כזה אשר ידעו שיש חכמה בישראל, וסבה זו לקחה בי חלק גדול בין יתר הסבות העקריות שבגללם באתי לידי ביאורי זה.

*הג"ה: וצריך שתבין בכל תכלית וכל מטרה שהיא פשוטה בתכלית הפשטות, אמנם כל החידוד והחכמות והרבות הענינים מתהווים בההכנה עד שבאים להמטרה. עד"מ כשרוצה אדם לשבת בבית צריך לחכמות וחידודים בצורת התוכנית ובצורת ההמצאות ובכמות ובאיכות החדרים והקנינים, וסוף מטרתו אינה אלא בחי' פשוטה - לשכון שם. וז"ס הכתוב "כתפארת אדם לשבת בית", שהוא מחשבה פשוטה בלי מושכלות וריבוי כלל ובלי חידוד אלא רצון פשוט.

ודע שכל החידוד שיש במושכלות המה לפי רוב הטעויות הראויות ליפול בדבר האמת, אמנם דבר האמת בעצמו הוא פשוט בלי חידוד כלל.

ויש סוד בזה אשר זהו עיקר החומה של ברזל המפסקת בינינו ואבינו שבשמים, כי יש לך דברים הנסתרים מחמת גודל עומק ורום שבהם, ויש לך דברים הנסתרים מחמת דקות (הנמרצת), עד"מ כזבובים הפורחים באויר שאינם נראין לעין מפני דקותם.

וכיון שאורו ית' אור פשוט כזה, אשר שכל האדם שאינו מרגיש זולת שיעור של מהות ע"כ אינו תופס פשוט, כמו דברים קטנים מזה השיעור שצריך לכלי ממש שבראיה, כי עומק רום ועומק רוחב הגם שאין כולם נתפשים אבל מושג לך עכ"פ זה המקצת הקרוב, משא"כ דברים הדקים דומה לך כמו שאינם במציאות כלל כי אינך משיג אפילו מקצתם.

כתבי
הדור האחרון

הקדמת העורך

כתבים אלה מצויים בכתבי יד שבארכיון המכון למחקר ע״ש הרב אשלג.

תהליך ההוצאה לאור היה מורכב למדי עקב מצבם של כתבי היד ומשום שהדברים נכתבו בצפיפות גדולה מאוד. תחילה אותרו כל החומרים השייכים ל״כתבי הדור האחרון״ על פי תוכנם. לאחר מכן נעשתה העתקה מדוקדקת וקפדנית של כתבי היד, ללא עריכה וללא תיקוני לשון כלשהם. במקומות שבהם לא ניתן היה לראות מילה מסוימת או חלק ממילה סומן הדבר בשלוש נקודות.

הכתבים מחולקים לחמישה חלקים ולהקדמה, על פי הופעתם בכתבי היד. יש לציין כי סידור החלקים בזה אחר זה נעשה על ידינו. כל הכותרות המצויות בכתבים ניתנו על ידי בעל הסולם, ובמקום שהיה צורך להוסיף כותרת מזהה לקטע מסוים, נעשה שימוש באותיות א-ב בלבד.

תשומת לב יתרה עלינו לתת לחלק הארי ב״כתבי הדור האחרון״, חלק א. על פי כתב היד, החומר מחולק למעשה לשניים: (א) מאמר; (ב) תוספות-טיוטות למאמר.

חלק התוספות-טיוטות של כתב היד שזור בחלקו בסימוני מספרים המהווים מעין ״מצביעים״, והם מצויים גם בקטעים מסוימים של המאמר עצמו. לעתים נרשמו מספרים אלה בצד הפִסקה ולעתים מעליה. כדי לשמור על מקוריותו של כתב היד ובד בבד לא לסרבל את הקריאה, הובאו המספרים הללו בסוגריים עגולים ובגופן קטן. במקרים שבהם נמצאו המספרים בכתב היד מעל שורת הטקסט, שילבנו אותם בין שתי המילים שמעליהן היו במקור. נדגיש כי אין כל צורך להתייחס לסימונים אלה כדי לקרוא את הדברים.

העורך

הקדמה

משל לחברה רעבים וצמאים התועים במדבר, והנה אחד מהם מצא מקום ישוב בכל טוב, התחיל נזכר באחיו האומללים, אמנם כבר נעתק מהם הרבה עד שלא ידע מקום המצאם. מה עשה התחיל לצעוק בקול גדול ולתקוע בשופר, אולי ישמעו חביריו הרעבים והאומללים את קולו ויתקרבו אליו ויבואו ג"כ לישוב ההוא המלא מכל טוב.

כן הדבר שלפנינו, הנה תעינו במדבר הנורא יחד עם כל האנושות ועתה מצאנו אוצר גדול המלא מכל טוב דהיינו הספרי קבלה שבאוצר, שמשביעים נפשינו השוקקות וממלא אותנו דשן ונחת ושבענו והותרנו, אלא זכרון החבירים שלנו שנשארו במדבר הנורא אובדי עצות, אמנם המרחק רב בינינו ואין הדברים נשמעים בינותינו, ולפיכך ערכנו את השופר הזה לתקוע בקולות אולי ישמעו אחינו ויתקרבו אלינו ויהיו מאושרים כמותינו.

דעו אחינו בשרינו, כי חכמת הקבלה כל עקרה הוא הידיעות איך נשתלשל העולם ממרום גבהה השמימי עד ביאתה לשפלותינו. והמציאות הזה היה מוכרח משום ש"סוף מעשה במחשבה תחילה" ומחשבתו ית' פועלת תיכף כי אינו צריך לכלי מעשה כמותינו, ולפיכך יצאנו מתחילה בא"ס ב"ה עם כל השלמות ומשם עד לעולם הזה - ולפיכך קל מאד למצוא כל התיקונים העתידים לבא מתוך העולמות השלמים שקדמו לנו.

ומתוך זה אנו יודעים האיך לתקן דרכינו מכאן ולהבא כמו מעלת האדם על הבהמה, ש"רוח הבהמה יורד למטה", כלומר שאינו רואית אלא ממנה והלאה ואין לה שכל ובינה לראות מהעבר עליו כדי לתקן העתיד, נוסף עליה האדם ש"רוח האדם עולה למעלה", כלומר להעבר, ומסתכל בהעבר כמו אדם המסתכל במראה ורואה לתקן את פגמיו, כן השכל רואה בהעבר עליו ומתקן את דרכיו על מכאן ולהבא.

ולפיכך אין התפתחות למין הבהמה ועדיין עומדים על אותו המקום שנבראו, משום שאין להם המראה להבין מתוכה איך לתקן הדרכים ולהתפתח לאט לאט כמו האדם. והאדם הולך ומתפתח יום יום עד שמעלתו מובטחת ומורגשת שעוד על הפלנטות העליונים ירכב.

וכל זה אמור בדרכי הטבעים שמחוץ ממנו דהיינו הטבע שבהמציאות שבסביבתינו, דהיינו מזונותינו ועניני החיצונים, שעל זה מועיל בהסתפקות גמור השכל הטבעי.

משא"כ בפנימיותינו ועצמינו, הגם שאנו מתפתחים למקצת אבל אנו מתפתחים ומשתבחים מחמת דחיפות מאחורינו (ויז-א-טערגא) ע"י יסורין ושפיכות דמים. והוא מטעם שאין לנו שום תחבולה להשיג מראה לראות בפנימיות האדם שהיו בהדורות שעברו, ואצ"ל בפנימיות הנפשות והעולמות איך שנשתלשלו ובאו לחורבן נורא כהיום שלא יהיו לנו בטוחות בחיינו, ונהיה מוכנים ועומדים לטבח ומיתות משונות בשנים הקרובות, עד שהכל מודים שאין להם שום עצה למנוע זה.

ותדמו לעצמכם למשל, אם היום תמצאו איזה ספר הסטורי שהיה מצייר לכם את הדורות האחרונים שיהיה אחר עשרת אלפים שנה, כי כמו שאנו ואתם מרגישים בטח יספיק הלקח של היסורים והשחיטות שיחזיר אותם למוטב בסדרים טובים.

ואנשים אלו, הרי לפניהם סדרים טובים המשמשים להם להספיק הבטחה והשאננות לכל הפחות להבטיח את חייהם היומיומית בהשקט ושלוה.

ובלי ספק, אם היה איזה חכם שהמציא לנו את הספר הזה מחכמת המדינות ומדרכי היחיד, אז היו המנהיגים שלנו ימצאו כל התרופה איך לסדר את החיים כמותם ו"אין יוצאת ואין צוחה ברחובותינו", ומתבטלים היו השחיטות והיסורין הנוראים והכל על מקומו יבוא שלום.

עתה רבותי, הרי לפניכם ערוך ומוטל בארון זה הספר שבו כתוב ומפורש כל חכמת

המדינות וכל סדרי היחיד והצבור אשר יהיו בסוף הימים דהיינו הספרי קבלה [בכתב היד, בצד הטקסט המתחיל כאן, הופיע הכיתוב: "הם השלימות קודם לבלתי שלימות"], **שבו מסודרים העולמות המתוקנים שיצאו עם השלימות, כנ"ל שמהשי"ת יוצא השלימות בראשונה אח"כ אנו מתקנים אותם ובאים לשלימות המונח וקיים בעולם העליון היוצא מא"ס ב"ה בדרך "סוף מעשה - במחשבה תחילה". ומטעם שמהשלם לא נמשך תיכף בלתי שלם אלא בדרך הדרגה ואין העדר ברוחני, וע"כ נשארים כולם קיימים ומצויירים בכל דמויים וצלמם בכללות ופרטות בחכמת הקבלה.**

פתחו הספרים הללו ותמצאו כל סדרים הטובים שיתגלו באחרית הימים, ומתוכם תקבלו הלקח הטוב איך לסדר הדברים גם היום כדרכיכם בעיניני העוה"ז, שאפשר ללמוד את הסטוריה העוברת וממנה אנו מתקנים את הסטוריה הבאה.

קריאה לבני סגולה ללמוד קבלה

ואנכי הכותב מכיר מעט את עצמי ומקומי שאינני מהמצויינים ביותר שבמין האדם, ואם אדם כמוני היום יגע ומצא כל זה בהספרים הגנוזים בארונות שלנו הרי קל וחומר בן בנו של קל וחומר שאם יחידי סגולה שבדור יתיגעו בהספרים האלה, כמה מהאושר והטוב מוכן להם ולכל העולם כולו.

קולי שבשופר למה בא?

וכל זה שמתי אל לבי עד שאינני יכול להתאפק עוד, והוסכם אצלי לגלות מההסתכלותי וממה שמצאתי כתוב בספרים ההם כדי דרכי התיקון העתיד המוחלט לנו, ואצא ואקרא לבני העולם בשופר הזה אשר לפי דעתי והערכתי יספיק לקבץ את כל בני סגולה שיתחילו ללמוד ולהגות בהספרים, ויכריעו את עצמם ואת כל העולם כולם לכף זכות.

חלק א

הבסיס לכל ביאורי, הוא הרצון לקבל המוטבע בכל נברא, והוא שינוי צורה מהבורא, וע"כ נפרדה ממנו הנשמה כאבר הנפרד מגוף, כי שינוי צורה ברוחנית הוא כמו גרזן מפריד בגשמיות.

ומכאן ברור מה ה' רוצה מאתנו, הוא השואת הצורה, שאז אנו חוזרים ונדבקים בו כמטרם שנברא.

וז"ש "הדבק במדותיו, מה הוא רחום" וכו', דהיינו שנשנה המדות שלנו שהוא הרצון לקבל, ולקחת המדות של הבורא שהוא רק להשפיע. באופן שכל מעשנו יהיה רק להשפיע לזולתנו ולהועיל להם בכל יכולתנו, ובזה אנחנו באים להמטרה להדבק בו שהוא השואת הצורה.

ומה שאדם עושה לצרכי עצמו בהכרח, דהיינו בשיעור מינימום המוכרח לקיומו ולקיום משפחתו, זה אינו נחשב לשינוי צורה, כי ההכרח לא יגונה ולא ישובח.

וזהו הגילוי הגדול שלא יתגלה בכל שלמותו אלא בימות המשיח, וכאשר יקבלו הלמוד הזה אז נזכה לגאולה השלמה.

וכבר דברתי מזה, שיש ב' דרכים לגילוי השלמות, או דרך תורה או דרך יסורין, ולפיכך סיבב הקב"ה ונתן את הטכניקה לבני אדם עד שמצאו הפצצה של אטם ושל מימן, שאם עוד לא ברור לעולם החורבן הכללי שהם עתידים להביא לעולם, יחכו עד למלחמות עולם שלישית או רביעית ח"ו, ואז יעשו הפצצות את שלהם, והשארית שישארו אחר החורבן, לא יהיה להם עצה אחרת אלא לקחת על עצמם עבודה הזו - שהן יחיד והן אומה לא יעבודו בשביל עצמם יותר ממה שצריכים לקיומם ההכרחי ושאר כל מעשיהם יהיו לטובת זולתם. ואם כל אומות העולם יסכימו לזה, אז יתבטלו המלחמות מן העולם, שהרי כל איש לא ידאג כלל לטובת עצמם אלא לטובת זולתם, ואין מקום לזולתם.

ותורה זו של השואת הצורה היא תורתו של משיח. ועל זה נאמר: "והיה באחרית הימים וגו' והלכו גוים רבים ואמרו לכו ונעלה וגו' כי מציון תצא תורה וגו' ושפט בין עמים רבים", דהיינו שהמשיח ילמד אותם עבודת ה' בהשואת הצורה, שהוא תורה ומשפט של המשיח "והוכחה לגוים עצומים", דהיינו שיוכיח להם שאם לא יקבלו עליהם עבודת ה', יישמדו כל הגוים ע"י המלחמות ואם יקבלו תורתו, נאמר אז "וכתתו חרבותיהם לאתים" וגו'.

ואם תלכו בדרך תורה ותקבלו התבלין מוטב, ואם לאו תלכו בדרך יסורים, דהיינו שיתגלו המלחמות של פצצות אטום ומימן בעולם ואז יחפשו כל אומות העולם עצה איך להמלט ממלחמות, ויבואו אל המשיח לירושלים והוא ילמד אותם את התורה הזאת.

*

טרם נגעי בענין אקדים הקדמה קצרה במדות בני אדם. ואומר כי בני האדם מתחלקים על ב' סוגים: אגואיסטים ואלטרואיסטים. אגואיסטים פירושו, שכל מה שהם עושים הוא לתועלת עצמם. ואם עושים פעם לתועלת זולתם הם צריכים שיגיע להם תמורה משתלמת יפה על עבודתם, אם כסף או כבוד וכדומה. אלטרואיסטים פירושו, שמקריבים כל ימיהם לתועלת זולתם בלי שום תמורה, אלא שמזניחים תמיד צרכיהם עצמם כדי לעזור לזולתם. ולא עוד, אלא שיש מהם, שמוסרים נפשם ומאודם לתועלת זולתם, כמו שמצינו במתנדבים לצאת למלחמה לתועלת בני אומתם. וגם מצינו אלטרואיסטים יותר כוללים, דהיינו המוסרים נפשם ומאודם כדי לעזור לנחשלים של כל אומות העולם, כמו הקומוניסטים, הלוחמים לתועלת מדוכאי כל אומות העולם, ומוכנים לשלם בעד זה בחייהם ובמאודם.

והנה האגואיזם מונח בטבע כל אדם, כמו בכל בעלי חיים. אבל האלטרואיזם הוא כנגד

הטבע של בני אדם. ועם כל זה מחוננים יחידי סגולה בטבע הזה, שאני מכנה אותם אידיאליסטים. אבל כל מדינה או חברה היא רובה ככולה מבני בשר ודם פשוטים, דהיינו אגואיסטים. ומועטים הם יוצאים מן הכלל להיות אלטרואיסטים, לכל היותר, יהיו עשרה אחוזים מן החברה.

ועתה אדבר לענין. כי מטעם האמור, שהאלטרואיסטים מועטים הם בכל חברה, לפיכך הקומוניסטים הראשונים שהיו לפני זמנו של קרל מרקס, לא הצליחו במעשיהם, שתתפשט הקומוניזם בעולם, כפתגם העולם, שצפור אחת לא עושה קיץ. ולא עוד אלא שהיו מהם שייסדו אפילו מושבים שיתופיים, על דרך הקיבוצים שבארצנו, ולא הצליחו בהם, כי לא יכלו להתקיים ולהחזיק מעמד. והיה זה, מטעם, כי גם בני החברה השיתופית צריכים כולם להיות אידיאליסטים אלטרואיסטים, כמו המיסדים עצמם. וכיון שתשעים אחוזים מכל חברה, אפילו מחברה המפותחת ביותר, הם אגואיסטים, על כן לא יכלו לעמוד בסדרי החברה השיתופית, שהיא בטבעה רק אלטרואיסטית.

ונמשך זה עד זמן קרל מרקס, שהמציאו תכנית מוצלחת מאד להתפשטות הקומוניזם, דהיינו לשתוף המדוכאים עצמם במלחמת הקומוניזם, שילחמו עמהם ביחד עם משטר הקפיטליסטי הבורגני, ומתוך שהמדוכאים מעונינים במלחמה זו רק לטובת עצמם, דהיינו רק מטעמים אגואיסטיים, קבלו מיד את התכנית מהם, והקומוניזם נתפשט משום זה בכל שכבות הנחשלים והמדוכאים. ומתוך שהנחשלים הם רוב החברה אין פלא שהקומוניזם הצליח כהיום להקיף שליש העולם.

אבל זווג זה של הק' האלטרואיסטים עם הפרוליטריון האגואיסטים אע"פ שהיה מוצלח מאד להפיל משטר הרכושני השנוא על שניהם, עם כל זה, אין הזווג עולה יפה כלל לקיים משטר שתופי עם חלוקה צודקת, והוא מטעם פשוט מאד, כי אין אדם עושה איזה תנועה, אלא אם כן, שיש לו איזה מטרה שהיא, המחייבתו לעשות תנועה ההיא, אשר אותה המטרה משמשת לו לכח דוחף לעשיית התנועה, כמו דלק המשמש כח דוחף למכונה.

למשל, אין אדם מניע ידו ממקום למקום אלא מטעם שחושב שבמקום השני יהיה יותר נוח לו להניח שם את ידו, והמטרה הזאת, שמבקש מקום נוח יותר בשביל ידו, היא החמר דלק, הדוחף את ידו ממקום זה למקום ההוא. ואין צריך לומר הפועל העובד כל היום, שהוא מחויב לחמר דלק לתנועותיו הקשות שהוא עושה והיא התמורה שמקבל בעד עבודתו, שהתמורה שמקבל, הוא החמר דלק הדוחף אותו לעבודתו הקשה. באפן שאם לא יתנו לו תמורה בעד עבודתו, או שאין לו צורך לאותו התמורה, לא יוכל לעבוד, כי יהיה כמו מכונה שלא נתנו בה חמר דלק, שאין פתי בעולם, שיחשוב שהמכונה תזוז ממקומה.

לפיכך במשטר קומוניסטי מובהק, שהפועל יודע שלא יוסיפו לו אם יעבוד יותר, ולא יגרעו ממנו אם יעבוד פחות, ומכל שכן לפי הסיסמא המושלמת, "שכל אחד יעבוד כפי כחו ויקבל כפי צרכיו", נמצא שאין לו לפועל שום תמורה בעד חריצותו היתרה ואין לו פחד כלל מפני התרשלות שלו, אז אין לו חמר דלק שידחוף אותו לעבודה, ואז ירד פריון עבודתם של הפועלים עד לאפס, ועד שיחריבו את המשטר כולו. ושום חינוך שבעולם לא יועיל להפוך טבע האדם, שיוכל לעבוד בלי חמר דלק, דהיינו בלי תמורה. היוצא מכלל הזה הוא האידיאליסט האלטרואיסט מלידה, שבשבילו התמורה היותר יפה היא, טובת זולתו, שחמר דלק האלטרואיסטי הזה מספיק לו לגמרי לכח עבודה, כמו התמורה האגואיסטית לכל בני האדם. אכן אידיאליסטים הם מועטים, ומספרם אינו מספיק שהחברה תתבסס עליהם. והנך רואה שקומוניזם ואלטרואיזם היינו הך.

ויודע אנכי, שיש עצות להכריח את העובדים שישלימו חלק עבודתם, שיטילו עליהם המפקחים. דהיינו ע"י אותם המנהגים הנוהגים במשטר הרכושני, שכל אחד יקבל שכרו לפי פריון עבודתו. ועוד נוסף על זה, להטיל עונשים קשים ומרים על המתרשלים,

כנוהג בארצות הסובייטים. אמנם אין זה קומוניזם כלל, ואין צריך לומר, שאין זה הגן עדן המקוה ממשטר הקומוניסטי, שיהיה כדאי למסור את הנפש בשבילו. ואדרבא שמשטר כזה, הוא גרוע לאין ערך יותר ויותר ממשטר הרכושני, מטעמים מובהקים כמו שנראה להלן.

ואם על כל פנים היה משטר הכפיה הזה בבחינת שלב אל ק' המושלמת, עוד היה אפשר לקבלו ולסבול אותו, אבל אינו כן, כי שום חינוך שבעולם לא תהפוך את טבע האדם מן אגואיזם לאלטרואיזם, ולפיכך משטר הכפיה הנוהג בסובייטים הוא משטר נצחי שאין לשנותו לעולם. ומתי שירצו לשנותו למשטר שיתופי אמיתי, יאזל החמר דלק מן העובדים, ולא יכלו לעבוד, ויחריבו את המשטר. הרי שאגואיסטים ואנטי קומוניסטים היינו הך. והם זהות.

ולא עוד, אלא שמשטר קומוניסטי בדרך כפיה, אינו בן קיימא לגמרי, כי אין זכות קיום למשטר הנסמך על כדונים בלבד, וסוף סוף יקומו הרוב צבור עליו ויבטלוהו. ולא לעולם יכלו עשרה האחוזים האידיאליסטים לשלוט על תשעים האחוזים האגואיסטים ואנטי קומוניסטים, על דרך שאנו מוצאים בסובייטים ומדינות המזרח.

ועוד יותר מזה, שאפילו אותו הקומץ האידיאליסטים הקומוניסטים העומדים היום במדינות האלו בראש ההנהלה, אינם מובטחים שישארו כן לדורות, כי אידיאלים אינם מורישים לבניהם, ואע"פ שהאבות הם אידיאליסטים אין שום בטחון שהבנים ימשיכו אחריהם. וא"כ מאין לנו הבטחון, שהנהלות של דור השני או השלישי תהיינה ביד קומוניסטים אידיאליסטים כמו היום. ואולי תאמר שרוב הצבור יבחר אותם תמיד מבין הצבור, זה טעות גדול, כי אין רוב הצבור האגואיסטי בוחר אלא את הקרובים לרוחם ולא את המתנגדים אליהם. והכל יודעים שגם הנהלות של היום, אינם נבחרי הצבור כלל. וא"כ מי ישמור, שנבחרי הצבור יהיו תמיד האידיאליסטים שבצבור? ובשעה שהאגואיסטים יגיעו לשלטון, בלי ספק שיבטלו תיכף המשטר הזה, או על כל פנים יהפכוהו למין נאציונל קומוניסטים, והערען פעלקער [עמים של אדונים].

והנה כל זה שאמרתי הוא לפי השקפתי עצמי, דהיינו כמו שהוכחתי שקומוניזם ואלטרואיזם היינו הך וכן אגואיזם ואנטי קומוניזם היינו הך. אבל אם תשאל לקומוניסטים עצמם, יכחישו לך זאת בכל תוקף, כי יאמרו, להיפך "אנו רחוקים מכל מוסר הבורגני, ואין לנו כל סנטימנטאליות אלא רק הצדק אנו מבקשים, שלא ינצלו איש את רעהו". דהיינו על דרך המדה "שלי שלי ושלך שלך". שהוא באמת מדת האגואיסטים. ולפיכך יש לי להסתכל על פני הדברים לפי תפישתם הם, ונבקר את הצדק הזה שהמה מבקשים, ומוסרים נפשם עליו.

ראשית, לפי התפתחות המשטרים הקומוניסטים, אני מוצא, שאותם הגדרים "בורגנים" ו"פרוליטריון", כבר אינם מספיקים לבאר ההסטוריה הכלכלית ואנו צריכים לגדרים יותר כוללים. ויותר נכון לחלק את החברה למעמד של חרוצים ולמעמד של נחשלים, אשר במשטרי הבורגנים: ה"חרוצים" הם הקפיטליסטים והבינונים, וה"נחשלים" הם העובדים העמלים בשבילם. ובמשטרי הקומוניסטים: ה"חרוצים" הם המנהלים והמפקחים, והאינטליגנציה, וה"נחשלים" הם העובדים העמלים בשבילם. ורוב כל חברה תמיד הם הנחשלים, והחרוצים לא יגיעו לשלשים אחוזים מהחברה. וחוק טבעי הוא, שמעמד החרוצים ינצלו בכל מדת יכלתם את מעמד הנחשלים, כמו דגים שבים, שהחזק בולע את החלש.

ואין הפרש בזה אם החרוצים הם הקפיטליסטים והסוחרים, כמו במשטר הבורגני, או אם החרוצים הם המנהלים והמפקחים והאינטליגנציה והמחלקים, כמו במשטר הקומוניסטי. כי סוף סוף החרוצים ינצלו את הנחשלים העמלים, כפי מדת יכולתם, ולא יחוסו עליהם כלל, החרוצים ישאבו תמיד את השמנת והחמאה, ומי החלב הכחושים ישאירו להעובדים העמלים. רק השאלה

היא, מה נשאר להעמלים אחר הניצול האכזרי שהחרוצים מנצלים אותם, וכמה שיעור השעבוד שהחרוצים מטילים עליהם. וכמה חופש וחירות אנושי החרוצים מרשים להם. ורק לפי שיעור השיירים הללו שהחרוצים מניחים להנחשלים, יש לנו לבאר כל משטר, ולהבדיל בין משטר למשטר, ולבחור איזה משטר עדיף.

ונזכיר שוב מה שאמרנו שהאדם אינו יכול לעבוד בלי איזה תמורה, שהוא אליו כמו חמר דלק למכונה. ובמשטר קומוניסטי בלתי אלטרואיסטי, מוכרחים לתת לפועלים שכר בעד עבודתם ועונשים חמורים בעד התרשלותם. אמנם צריכים למפקחים מרובים שישמרו עליהם, כי באין השגחה כראוי לא יספיקו, כמובן, השכר והעונשים כלום, אבל, לעמוד על אנשים וליסרם וליגעם, אין לך עבודה קשה כזאת, כי אין שום אדם רוצה להיות תליין. ולפיכך אפילו אם מעמידים מפקחים, וממונים על המפקחים, ועוד ממונים גבוהים שומרים עליהם, כולם יחד יזניחו את השגחתם, ולא ייסרו ולא יעבידו את הפועלים כראוי לפי הצורך.

ואין עצה לזה אלא להרבות החמר דלק אל הפקידים בשיעור כזה שיספיק בעד עבודה קשה כזה, דהיינו עבודת תליין. כלומר, לתת להם שכר פי כמה על פועל הפשוט. ולפיכך אל תתמה אם משלמים ברוסיה לפקידים מפי עשרה עד פי חמשים יותר משכר פועל פשוט. כי יגיעתם גדולה יותר מפועל הפשוט מפי עשרה עד פי חמשים, ואם לא יתנו להם תמורה מספקת הם מוכרחים להזניח השגחתם, והמדינה תחרב.

ועתה צא ותחשוב במטבע של ארצנו. ונאמר למשל, ששכר פועל פשוט הוא מאה ל״י לחודש. נמצא שהפקידים הנמוכים ביותר יקבלו אלף ל״י לחדש דהיינו פי עשרה, ונמצא שבמשך שנה יצבור י״ב אלף ל״י ובמשך עשרה שנים מאה ועשרים אלף ל״י. ואם נגרע עשרה אחוזים מזה לכלכלתו, ישאר לו מאה ושמונה אלף ל״י. וכנראה שיש לחשבו לקפיטליסט מכובד. ומכל שכן הפקידים הגבוהים. באפן שבאיזה עשרות שנים יתהפכו הפקידים להיות למיליונרים, בלי שום סיכון, אלא ישר מניצול העמלים. וזהו שאמרתי, שלפי הנסיון של היום, אין לחלק החברה עוד לבורגנים ולפרוליטריון, אלא לחרוצים ונחשלים.

ואולי תאמר שכל זה הוא רק שלב אל הקומוניזם המובהק, דהיינו שע״י חינוך ודעת הצבור יתחנכו את ההמונים עד ש**״כל איש יעבוד לפי כחו ויקבל לפי צרכיו״** ולא יהיו צריכים מפקחים ומשגיחים. זה הוא טעות גדול. כי הסיסמא הזאת שכל אחד יעבוד לפי כחו ויקבל לפי צרכיו, הוא סיסמא אלטרואיסטית מובהקת. ובכל הדברים, שכל אחד יוכל לעבוד לטובת החברה בלי חמר דלק, אינה דרך טבעית כלל, אלא אם כן האלטרואיזם תהיה הסבה והחמר דלק לעבודתו, כמו שהוכחתי.

ולפי״ז אין לקוות לשום שינוי לטובה, אלא אדרבה, שיש לחשוש שאותו קומץ הקומוניסטים האידיאליסטים העומדים היום בראש ההנהגה, לא יורישו הנהלתם לאידיאליסטים אחרים, כי לאט לאט יתגבר כח העם האגואיסטי, ויבחרו הנהלה עליונה לפי רוחם האגואיסטי. ואז יחזירו שיטת הקפיטליזם. ולכל הפחות, יהפכו הקומוניזם למין נאציונל קומוניזם, והערען פאלק [עם אדונים], כמו שעשה היטלר ימ״ש. כי לא תהיה להם סיבה שתמנע אותם מלנצל עמים אחרים להנאתם, אם יהיה להם כח.

ואולי תאמר שע״י חינוך ודעת הצבור אפשר להפך טבע ההמון ולעשותם אלטרואיסטים. זה גם טעות גדול, כי החינוך אינו מסוגל לעשות יותר מדעת הצבור, דהיינו שדעת הצבור תכבד את האלטרואיסטים ותבזה את האגואיסטים, וכל זמן שדעת הצבור תעמוד ותשמור על האלטרואיזם באמצעי הכבוד והבזיון, יועיל החינוך. אבל אם יבא זמן, ואיזה נואם מנוסה ומוצלח ינאום יום יום להיפך מדעת הצבור, בלי ספק שיוכל לשנות דעת הצבור כפי רצונו.

וכבר יש לנו נסיון מר כזה בהיסטוריה, איך אותו רשע ימ״ש, הפך עם מחונך היטב כמו הגרמנים, ועשה אותם לחיות טרף, ע״י

דרשותיו יום יום. אשר אז פקע ונעלם כמו שלפוחית בורית, כל חינוכם מכמה מאות שנים. והיה זה, מפני שנשתנה דעת הצבור, ואין עוד לחינוך על מה לסמוך. כי אין החינוך יכול להתקיים בלי תמיכה של דעת הצבור.

הרי לעיניך בעליל שאין שום סיכוי לשנות משטר הכפיה הזה, ואין שום תקווה שההמון יגיע פעם, לקומוניזם האמיתי לפי הסיסמא, כל אחד יעבוד לפי כחו ויקבל לפי צרכיו, אלא העמלים מוכרחים להשאר לנצח תחת שבט הנורא של המנהלים והמפקחים, והמנהלים והמפקחים ימצצו תמיד את דם העמלים על דרך הקפיטליסטים הבורגנים אם לא גרוע הרבה יותר מהם. שהרי במשטר הכפיה של הקומוניסטים, אין להם לעמלים אפילו זכות שביתה, והחרב והרעב תלויים על ראשם תמיד כנודע מן הנסיון הסובייטי. ואם יבטלו פעם משטר הכפיה אין ספק שתיכף תהרס החברה, כי אז יאזל חמר הדלק מן העובדים.

והנה ... אומרים, שבמשטר קומוניסטי, כדאי לפרוליטריון לסבול, מפני שסובלים בשביל עצמם, כי הם הבעלים של כל העודפים והרכוש ואמצעי היצור, ושום איש לא ינצל אותם. משא"כ במשטר בורגני, אין להם אלא לחם חוקם לבד וכל העודפים יקבלו להם הקפיטליסטים. ומה נאות מלות הללו לפי שטחיותם. אכן, אם יש בדברים אלו קורטוב של אמת, יהיו הדברים אמורים כלפי החרוצים, שהם הפקידים והמנהלים, שבלאו הכי כל הנאה שבמשטר הכפיה, שלהם הוא, אבל הם מלות נבובות לגמרי כלפי הפרוליטריון, כלומר כלפי הנחשלים העמלים.

נקח למשל המסלות ברזל שלנו, שהוא רכוש המדינה, דהיינו שהבעלות על מסלת הברזל הוא של כל אזרחי המדינה. אני שואל, האם מרגיש איזה אזרח מאתנו את זכות הבעלות שלו על מסלת הברזל? ואם יש לו משהו טובת הנאה יותר כשנוסע במסלת ברזל מולאמת, מלנסוע על מסלת הברזל קפיטליסטי פרטי. או נקח למשל בעלות פרוליטריון טהור, כמו ה"סולל בונה" וכו' שהוא תחת בעלות של הפועלים בלבד. האם יש לפועלים העובדים ברכוש שלהם טובת הנאה יתרה מכשהם עובדים ברכוש קפיטליסטי זר. ואני חושש שהעובד אצל קבלן זר, הרבה יותר מרגיש עצמו כבבית, ממי שעובד בסולל בונה, אע"פ שיש לו כביכול בעלות עליה.

ורק לקומץ המנהלים, להם כל הבעלות, והם עושים עם רכוש הלאומי הזה כטוב בעיניהם, ואין רשות אפילו לשום אזרח פרטי לשאול אותם "מה תעשו ומה תפעלו", כך אין הפרוליטריון מרגישים שום הנאה כל שהוא מכל רכוש המדינה ואמצעי היצור שהוא תחת ידי המנהלים והפקידים הנוגשים אותם תמיד, ומשפילים אותם כעפר הארץ. וא"כ מהו העודף שיש להם במשטר הכפיה הקומוניסטי, יותר מלחם חוקם?

איני מקנא כלל את הפרוליטריון הנמצאים ושימצאו במשטר הכפיה הקומוניסטי תחת עולם הקשה של הפקידים והמפקחים, כי יוכלו לענותם בסבליהם בכל מיני אכזריות בלי שום בושה מדעת הצבור והעולם, שהרי כל אמצעי הפרסום הוא בידיהם של הפקידים. ולא יהיה שום אפשרות למי, שיגלה מעשיהם הרעים ברבים. ונוסף על זה, כל אחד ואחד יהיה כבול תחת ידיהם, שלא יוכל לצאת ממדינה למדינה ולא יוכל להמלט מהם, ממש על דרך שהיו אבותינו כלואים במצרים, ששום עבד לא היה יכול לצאת משם לחירות, משום שכל פועל מניח את כל עודפי היצור שלו בשביל המדינה, ואיך יתנו אותו לצאת למקום אחר, בעת שהמדינה תפסיד את העודפים שלו.

במלה אחת, במשטר קומוניסטי בלתי אלטרואיסטי מוכרח להיות תמיד ב' מעמדות, מעמד החרוצים, שהם המנהלים והפקידים והאינטליגנציה, ומעמד הנחשלים, שהם העמלים היוצרים, שהם רובה של החברה. ומעמד החרוצים מוכרחים, אם מדעתם ואם בעל כרחם, דהיינו מפני תקון המדינה, להעביד ולייסר ולהשפיל את מעמד העמלים בלי רחם ובלי בושה. וינצלו אותם שבעתים משמנצלים אותם הבורגנים, מפני שיהיו מחוסרי מגן

לגמרי, כי לא יהיה להם זכות שביתה. ולא יהיה להם אפשרות לגלות מעשיהם הרעים של המעבידים ברבים. ולגמרי לא ישמחו בבעלות של אמצעי היצור שרכשו להם הפקידים.

ב: עוד דבר, והוא העיקר. כי על הקומוניזם מוטל לא לבד לתקן את העולם בסדר הכלכלי אלא גם לשמור על קיום חיי בני העולם המינימאלים, דהיינו למנוע המלחמות שלא תחריב אומה את רעותה.

וכבר צווחתי ככרוכיא על זה עוד בשנת תרצ"ג בספרי "קונטרס השלום", והזהרתי שהמלחמות קבלו ממדים בימינו המסכנים חיי העולם כולו. ואין עצה למנוע זה, כי אלא ע"י שיקבלו כל האומות את משטר הקומוניסטי המושלם דהיינו האלטרואיסטי. ואין צריך לומר כהיום, אחר הגילוי והשימוש בפצצות האטומיות וגילוי פצצות המימניות, כנראה, שאין הדבר מוטל עוד בספק שאחרי מלחמה אחת או שתים ושלש תחרב כל הציביליזציה והאנושיות, בלי להשאיר שריד.

והקומוניזם המודרני האגואיסטי אין בכחו להבטיח שלום בעולם. כי אפילו אם יקבלו כל אומות העולם את המשטר הקומוניסטי הזה, עוד לא תהיה שום סבה מחייבת, שהאומות העשירות באמצעי יצור ובחמר גלם ובציביליזציה יתחלקו עם אומות העניות בחמר גלם ובאמצעי יצור, שוה בשוה, ולמשל עמי אמריקה לא ירצו להשוות רמת החיים שלהם לעמי אסיה ואפריקה, או אפילו לעמי אירופה.

ואם באומה אחת, יש כח להשוות רמת החיים של עשירים ובינונים בעלי אמצעי היצור, בשוה עם הפרוליטריון, דהיינו ע"י הסתת ההמונים העניים, שהם רוב החברה, שישמידו העשירים והבינונים ויקחו להם את רכושם, הנה עצה זו לא תועיל כלל, להכריח אומה העשירה שתחלק את הרכוש ואמצעי היצור שלה עם אומה העניה, כי אומה העשירה כבר הכינה לה כלי זין ופצצות לשמור את עצמה מפני שכנותיה העניות.

ואם כן מה הועילו חכמים בתקנת משטר הקומוניזם בעולם, מאחר שתשאיר מצב הקנאה בין האומות, ממש כמו שהוא במשטר הרכושני, בלי הקלה כל שהוא. כי חלוקה הצודקת שבכלל אומה פרטית בפני עצמה, לא תסייע אף משהו לחלוקה צודקת בין אומה לאומה. לפיכך, בעת שהחיים המינימאלים נמצאים בסכנה קרובה כל כך, חבל על הזמן של אותם העוסקים להשביח את משטר הכלכלי, ומוטב להם שיטכסו איזה עצה ותחבולה, באותו הזמן, איך להציל את חיי האנושיות המינימאלי.

והנה הראית לדעת, שכל הצרה במשטרי הק' של היום, הוא מפני חסרון התמורה המותאמת, שהוא החמר דלק לכח פריון העבודה של העובדים. ומשום כך אי אפשר להעבידם בהצלחה, אלא בחמר דלק של שכר ועונש, אשר משום זה צריכים אמנם למפקחים ומשגיחים ומנהלים, שיקבלו על עצמם עבודה קשה הזה, לעמוד על הפועלים, ולמצוץ באכזריות הדם והיזע של הפועלים, ולמרר להם חייהם תמיד בקושי השעבוד. אשר בשכר העבודה הקשה הזו, מוכרחים לתת גם להם תמורה משתלמת, שהוא לא פחות, מלעשות אותם למיליונרים, כי לא ירצו להיות תליינים של בני אדם מרצונם החפשי בפחות מזה, כמו שאנו רואים בארץ הסובייטים.

וגם אין לקוות שמשטר האימים הזה ישתנה פעם, כמו שהאופטימיסטים מבטיחים, כי לא כידונים, ולא חינוך ודעת הציבור, יוכלו לשנות את טבע האדם, שיעבוד מרצונו החפשי בלי חמר דלק מתאים. ולפיכך הוא קללה לדורות, כי מתי שיעבירו ויבטלו משטר הכפיה, יחדלו העובדים לתת פריון עבודתם, שיספיק לקיום המדינה. ואין עצה לזה אלא להביא בלב העובד אמונת שכר ועונש רוחני מן השמים היודע תעלומות, אשר ע"י חינוך ותעמולה מותאמת, אותו שכר ועונש הרוחני יהיה חמר דלק מספיק לפריון עבודתם. ולא יצטרכו עוד למנהלים ומשגיחים שיעמדו עליהם. אלא כל אחד ואחד יעבוד בשביל החברה בנפש חפצה יותר ויותר, כדי לזכות בשכרו מן השמים.

חיוב

א. [1/1] הק' הוא אידיאה, כלומר מוסרי. [14/1] ע"ז מעיד הסוף "לעבוד כפי היכולת ולקבל כפי הצורך".

ב. לכל מוסר צריך [1/2] בסיס המחייבו [14/2], והחינוך ודעת הצבור, הוא בסיס חלש מאד, וההוכחה מהיטלר.

ג. כיון שכל נצחון [1/3] בדעה, מובטח [14/3] להרוב צבור, ואצ"ל ההוצאה לפועל של הק' המתוקן הוא ע"י רוב הצבור. א"כ מחויבים להעמיד רמה המוסרית של רוב הצבור על בסיס שיחייב ויבטיח את הק' המתוקן שלא יתקלקל לעולם. ואינה מספיקה האידיאה המוקלטת באדם מלידה, להיותם מיעוט קטן ונטול ערך ברוב הצבור.

ד. הדת, הוא בסיס [4/1] היחיד, שיהיה גורם בטוח להעלות רמה המוסרית של הצבור, להגיע להכלל "לעבוד לפי היכולת ולקבל לפי הצורך".

ה. יש לקחת הק' מן [4/4] הפסים של "שלי [14/4] שלי ושלך שלך", שהוא מדת סדום, ולהעבירו אל הפסים של "שלי שלך ושלך שלך", דהיינו לאלטרואיזם אבסולוטי. וכשרוב הצבור יקבל תורה זו בפועל, אז הזמן להגיע לכלל לעבוד לפי היכולת ולקבל לפי הצורך. וסימנה הוא, אם כאו"א יעבוד כפועל בקבלנות.

ו. מטרם שהצבור יגיע לרמה [2/10] מוסרית הזו, [14/5] אסור להלאים הרכוש. כי כל עוד שאיננו קיים גורם מוסרי בטוח ברוב הצבור, לא יהיה להם חמר דלק לעבודה.

ז. כל העולם משפחה אחת [3/1] היא, [2/1] ומסגרת הק' צריך לבסוף להקיף כל העולם ברמת חיים שוה לכולם. אמנם תהליך המעשי הוא לאט לאט, דהיינו כל אומה שרוב צבור שבה תקבל עליהם הבסיסים באֹפן מעשי, ויהיה להם גורם בטוח לחמר דלק, יכנסו תיכף במסגרת הק'.

ח. הצורה הכלכלית, והדתית [2/2] במדה שמבטחת הק', היא אחת לכל האומות. חוץ מצורות הדתית שאינן נוגעות לכלכלה, ושאר מנהגים, יהיה לכל אחד צורה בפ"ע, שאין לשנותה בדיוק.

ט. אין לתקן העולם בעניני הדת [4/2] מטרם שמבטיחים להעולם תיקון הכלכלי.

י. לעשות תכנית מפורט מכל החוקים [2/3] הנ"ל ושאר חוקים הנחוצים לענין זה, וכל הנכנס למסגרת הק' צריך להשבע אמונים.

יא. תחילה יש לעשות מוסד קטן שרוב צבורו [2/4] יהיו אלטרואיסטים בשיעור הנ"ל דהיינו שיעבדו בחריצות כמו בקבלנות, גם מעשרה עד י"ב שעות ביום ויותר, וכל אחד ואחד יעבוד לפי כוחו ויקבל לפי צרכיו. ויהיה בו כל הצורות של הנהגת מדינה, עד שאפילו אם מסגרת המוסד הזה תכיל בקרבה כל העולם כולו, אשר אז יתבטל כליל משטר האגרוף, לא יהיה צורך לשנות דבר בין בעבודה ובין בהנהגה. והמוסד הזה יהיה כעין נקודה מרכזית עולמית שעליה ילכו ויקיפו עמים ומדינות עד סוף העולם. וכל הנכנס במסגרת הק' יהיו להם תכנית אחת והנהגה אחת עם המרכז, ויהיו כמו עם אחד ממש לרוחים ולהפסדים ולתוצאות.

יב. אסור באיסור חמור [2/5] לבני המוסד, שישתמש באיזה מוסד משפטי וכדומה, מכל צורות הנמצאות במשטר הכח. אלא כל הסתירות יכריעו בינם לבין עצמם, כלומר בין הצדדים הנוגעים בדבר. ודעת הצבור המגנה את האגואיזם יגנה את הבעל דבר שינצל צדקת חבירו לתועלתו.

יג. עובדה היא שיהודים שנואים על רוב [7/1] האומות. והם הולכים וממעטים אותם הן הכנסיה שלהם והן החילוניות שלהם והן הק' שלהם ואין עצה להלחם כנגד זה אלא להביא מוסר אמיתי אלטרואיסטי בלב האומות עד לקוסמופיטליזם.

יד. אם יחיד אסור לנצל חבריו, למה אומה [3/2] מותרת לה לנצל חברותיה. ואיזה חזקה נותן צדקה לאומה שתהנה מהארץ יותר מחברותיה. ולפי"ז יש ליסד ק' בין לאומי.

כי כמו שיש יחידים שזכו אם [3/3] בחריצות אם במקרה, אם בירושה מאבותיו לחלק יתר על חשבון המרושלים כן ממש באומות, וא"כ למה תגדל המלחמה על היחידים יותר מעל האומות.

טו. אם היית באי פראים שלא תוכל [4/3] לסדרם בדרך החוק כי אם בדרך דת, ההיית מפקפק בזה ועוזב אותם שישמידו זה את זה? כן מבחינת אלטרואיזם כולם פראים, ואין שום תחבולה שיקובל עליהם אם לא בדרך דת. מי יהסס לעזבם לנפשם עד שישמידו זא"ז בפצצות מימן.

טז. ג' יסודות הם להתפשטות [5/1] האמונה - סיפוק תשוקות, הוכחות, ותעמולה:

תשוקות, הן כמו השארת הנפש, שכר. וכן שכר לאומי שיהיה תפארת האומה.

הוכחות, הן שאין קיום לעולם זולתו, מכ"ש בימי האטום ה...

תעמולה, יכולה לשמש במקום הוכחה ג"כ אם היא בחריצות.

יז. מחמת תאות הרכוש, נמצא אשר הק' האלטרואיסטי אי אפשר שיבנה [4/4] זולת בהקדמת [4] הק' האגואיסטי. כמו שהוכיחו כל החברות שרצו ליסד ק' אלטרואיסטי מטרם המארקסיזם. אלא עתה אחר ששליש העולם כבר הניחו יסודותיהם על משטר ק' אגואיסטי, אפשר להתחיל ליסד ק' אלטרואיסטי בר קיימא על בסיס דתי.

יח. הק' האלטרואיסטי סופו לבטל לגמרי [2/6] ממשלת הכח, אלא "איש כל הישר בעיניו יעשה". ואין לתמוה ולפקפק על זה, כי כן לא האמינו שאפשר לחנך ילדים בהסברה אלא במקל חובלים עד שכהיום רוב העולם קבלו זה למעט ממשלת הכח על ילדים. וזה אמור בילדים שאין להם כח הסבלנות ואין להם דעת ומכ"ש בקיבוץ אנשים בעלי דעת וסבלנות ומחונכים באלטרואיזם, ולא יהיה צורך להם משטר של כח.

ובאמת אין דבר משפיל ומבזה את האדם יותר מהיותו כפוף לממשלת הכח הערטלאי.

ואפילו לבתי משפט לא יהיו צריכים, אלא אם יארע איזה מקרה יוצא מהכלל שהשכנים לא יפעלו על אדם יוצא דופן, אז ידקקו לו מחנכים מומחים להטותו בויכוחים ובהסברת טובתם של החברה עד שיחזירו אותו אל השורה.

ואם יארע איזה אדם עקשן שכל זה לא יועיל לו אז יפרשו ממנו הצבור כמו מן מנודה עד שיהיה מוכרח להתחבר לחוקי החברה.

היוצא מזה שאחר שתוסד קיבוץ אחד מק' אלטרואיסטי, וימצא בו רוב שקבלו עליהם אותם החוקים בפועל תיכף יקבלו עליהם שלא להביא איש את חבירו לשום בית המשפט או לסוכני הממשלה, או לכח איזה שהוא אלא הכל בהסברה רכה כנ"ל.

ומחמת זה אין מקבלים איש לחברה מטרם יבדק אם אינו איש גס ביותר, ואינו מסוגל לחינוך האלטרואיזם.

יט. טוב לתקן, שלא יהיה שום אדם [2/7] תובע צרכיו מהחברה, אלא יהיו נבחרים לכך, שיחקרו מחסור כל אחד ויחלקו אותן לכל אחד ואחד. ודעת הצבור יוקיע את התובע לעצמו איזה צורך לאיש גס ומנוול כמו גנב וגזלן של היום. ולפיכך תהיינה מחשבותיו של כאו"א נתונות אך להשפיע לזולתו. כטבע כל חינוך המחשב את זה, מטרם ירגיש חסרונות לעצמו.

אם רוצים לקפוץ על [1/5] שלחן צריכים להכין עצמם לקפוץ הרבה למעלה מן השלחן ואז סופו לקפוץ על השלחן. אבל אם ירצה לקפוץ רק על רמת השלחן אז יפול למטה.

כ. יש להודות שק' אגואיסטי הוא שלב לצדק, על דרך "משלא לשמה באים לשמה". אלא אני [5/2] אומר, שכבר הגיע עת לשלב הב' שהוא ק' אלטרואיסטי, אכן צריכים להנהיגו בארץ אחת לדוגמא, כי אז ודאי יקבלוהו בעלי שלב הא'.

והחפזון חשוב מאד, כי החסרונות והשמוש בכח שבק' האגואיסטי מרחיקים רוב העולם בעלי התרבות משיטה זו בכללה. ולפיכך צריכים להראות לעולם את הק' המושלמת, שאז בלי ספק יקבלוהו רוב בעלי התרבות שבעולם.

ויש לחשוש מאד שלא יקדימו האימפר' לבטל את הק' מן העולם. אכן אם תתפרסם שיטתנו המושלמת בפועל, בוודאי ישארו האימפר' כמלך בלי חיל.

כא. ברור שלא יתכן חיי חברה תקינה [4/6] ויציבה זולת שהסתירות שבבני החברה תהיינה נכרעות ע"י הרוב, וזה מברר לנו שאי אפשר

שיהיה משטר טוב בחברה זולת אם הרוב הוא טוב. באופן שחברה טובה פירושה שיש בה רוב שהם טובים, וחברה רעה פירושה שהרוב שבה הם רעים. וזה שאמרתי לעיל אות ג׳, שאין לייסד ק׳, מטרם שרוב אנשי החברה הם ברצון להשפיע.

כב. אין שום תעמולה יכולה (10/5) להבטיח משטר בכח על דורות העתידים. ולא יועיל כאן חינוך ולא דעת הצבור, שמטבעם ללכת ולהתחלש, חוץ מדת שמטבעו ללכת ולהתחזק, ואנו רואים בנסיון, שאותם העמים שקבלו תחילה הדת, ע״י אונס וכפיה, ובדורות אחריהם מקיימים אותם מתוך בחירה ורצון. ולא עוד אלא שמוסרים נפשם עליו.

ויש להבין, שאע״פ שהאבות (10/6) קבלו עליהם (4/7) הק׳ האלטרואיסטי מחמת שהם אידאליסטים אין עוד שום בטחון שבניהם אחריהם ימשיכו במשטר הזה. ואין צורך לומר אם גם האבות קבלוה בכפיה ואונס כנהוג בק׳ אגואיסטי, שלא יתקיים זה לדורות אלא סוף סוף יתגברו עליו ויבטלוהו.

ואין לכפות משטר של כפיה לדורות, כי אם בדרך מצוות הדת.

כג. מה שאני אומר שאין להנהיג (4/8) משטר ק׳ מטרם שיהיה רוב אלטרואיסטי, אין הפירוש שיהיו כן מבחינת אידיאה בחפץ לב, אלא הפירוש הוא שיקיימו זה מחמת הדת בצירוף דעת הצבור וכפיה זו סופה להתקיים לדורות מחמת שהדת הוא הכופה העיקרי.

כד. יש לזכור (5/2) כל היסורים וחבלי העוני והשחיתות והמלחמות והאלמנות והיתומים השוררים בעולם ומבקשים גאולה מק׳ האלטרואיסטי, ואז לא יקשה לאדם לתת ולמסור כל חייו כדי להציל אותם מכליון והכאבים הנוראים. ומכ״ש אדם צעיר שעוד לא טמטם לבו מחסרונותיו עצמו, ודאי שיעזור לזה בכל נפשו ומאודו.

שלילה

א. אם עושים הלאמה (8/1) מטרם (1) שהצבור מוכן לכך, דהיינו מטרם שיהיה לכל אחד בסיס בטוח וגורם בטוח לחמר דלק לעבודה, דומה לסותר ביתו הקטן מטרם שיש לו האמצעים לבנות בית אחר.

ב. השואת הצבור: אין (8/2) הפירוש, להשוות המוכשרים והמוצלחים לרמת המרושלים והנדכאים כי זהו חורבן הצבור ממש. אלא הפירוש הוא לתת לכל א׳ מהצבור רמת החיים של הבינונים. שגם המרושלים, יקבלו חדות החיים כמו הבינונים.

ג. החופש של הפרט צריך להיות (2/8) נשמר, אם אינו מזיק לרוב הצבור. ועל המזיקים אין לרחם כלל. ולעשותו בלתי מזיק.

ד. הק׳ העכשוי מתקיים בזכות האידיאליסטים (8/3) שבראשה, שהיו אידיאליסטים מטרם שנעשו ק׳, אבל דור השני שיבחרו מנהיגים ע״פ דעות רוב צבור, ילך הלוך ומתבטל, ויקבל צורת נציזם, או שיחזור לרכושנות, כי לא יהיה להם גורם, שימנע אותם מלנצל אומות אחרות המרושלות.

ה. הק׳ האלטרואיסטי אין בו שום גורם (9/1) למנוע מלחמות, כי בסיס כל המלחמות הוא שטת המחיה שכל אחת רוצה להבנות על חורבן חברתה, אם בצדק ואם בקנאה על מה שהאחרת יש לו יותר. והק׳ המבוסס על ״שלי שלי״ במסגרת חלוקה שוה, אינו מסיר כלל קנאת האומות זו בזו, ומכ״ש המחסור של האומה בשטת מחיה. גם אין תקוה שאומות העשירות יתנו מחלקן להשתוות עם העניות. כי ״שלי שלי ושלך שלך״ אינו מחייב את זה, וכל זה לא יפתור רק הק׳ של ״שלי שלך ושלך שלך״.

ו. גם היום ראינו שיש כח עולמי (9/2) שנתגבר וכבש כל הארצות הק׳ ועושה בהם כבתוך שלו. דהיינו ממש כדרך ההסטוריה באומות קדמונים, פיון ורומי וכו׳. ובלי ספק שכח הזה יתפצל לחלקים, בבאים. וכבר אנו מוצאים את טיטו. וכשיתפצלו ודאי ילחמו זב״ז. כי במה מושל רוסיה על צ׳כוסלובקיה אם לא בכח החרב והחנית. או על אחרות.

ז. בקומוניזם המעבידים רוצים למעט (8/4) הצריכה של העובד ולהגדיל פריון עבודתו. ובאימפריאליזם המעבידים רוצים ופועלים להרבות הצריכה של הפועל, ופריון עבודתו

להשוות לצריכה.

ח. המעמד השליטים והמפקחים (13/1) סופם ליצור כמין גלות מצרים על מעמד העובדים, משום שכל עובד מניח העודפים שלו ליד מעמד השליטים, והם הלוקחים ממנו חלק בראש. ע"כ לא יתנו לשום עובד להמלט מתחת ידיהם למדינה אחרת, ויהיו העובדים כלואים ונשמרים כמו ישראל אצל פרעה במצרים.

ט. המעמד השליטים, סופם להמית (13/2) כל הנכים והזקנים ממעמד העובדים, בטענה שאוכלים יותר ממה שמייצרים, והם פארזיטים על המדינה. ושום אדם לא ימות מיתת עצמו.

י. ואם הקומוניזם יתפשט בעולם כולו, ימיתו כל אומה שאוכלת יותר מכפי שהיא מיצרת.

יא. אם הספסרים והסוחרים יתהפכו למחלקים, יתהפכו הקונים למקבלי חסד וצדקה מן המחלקים, והמחלקים יתנהגו עמהם לפי צדקתם, או בשיעור היראה מפני המפקחים.

- משטר אינו מתקיים לנצח על רמחים -

יב. אין ק' מתקיים (10/1) על חברה אנטי ק', משום שאין זכות קיום למשטר הנסמך על כדונים ורמחים, כי סוף סוף תתגבר רוב החברה ותפיל המשטר ההוא.

לפיכך צריכים מקודם ליצור רוב ק' אלטרואיסטים. והמשטר יסתמך על הרצון.

- ההרגל של גלי שנאה וקנאה יתהפך אחר כך על הנחשלים -

יג. הק' הנבנה על גלי השנאה (10/2) והקנאה לא יצליח יותר מלהפיל הבורגנים אבל לא להיטיב עם הנחשלים ולהיפך, כי אותם שהורגלו לקנא ולשנוא הנה בזמן שלא יהי' להם בורגנים יהפכו חיצי השנאה על הנחשלים.

- הק' האגואיסטי מובטח למלחמה נצחית עם הצבור -

יד. המשטר הק' מטבעו (10/3) יוצרך כל ימיו להלחם עם אנטי ק'. כי כל אדם מטבעו נוטה אחר רכוש. ונוטה לקבל השמנת ולהניח לחבירו הסערווידקע [מי החלב הכחושים].

ואין הטבע משתנה מחמת החינוך או דעת הצבור. ולא יצוייר לעולם שאדם יסכים מרצונו לחלוקה צודקת. וכידוני הצבא אינם מסוגלים להפך הטבע ומכ"ש החינוך ודעת הצבור. ואידיאליסטים מלידה מועטים הם.

ואם תאמר הרי גניבה וגזילה במשטר הרכושני נשמרים היטב. אומר לך שהוא מטעם שהחוק מניח להאדם מקום להתחרות בדרך המותר.

ואפשר לדמות זה למי שמקבץ חברה שרובם רוצחים ושודדים ורוצה למלוך עליהם ולכופם שישמרו חוק, וכלפי ביטול רכוש כל אחד שודד וחמסן.

- ישראל מוכשר להראות דוגמה לכל העמים -

טו. הק' האלטרואיסטי הוא (12/1) דבר נדיר לרוח האדם, ולפיכך העם היותר אציל צריך לקבל על עצמו להראות דוגמא לכל העולם.

- המדינה היא בסכנה. ק' אלטרואיסטי יסייע לקיבוץ גלויות -

טז. האומה היא (11/1) בסכנה, כי מטרם שתתייצב הכלכלה יפרחו כל אחד למקום אחר. כי לא כל אדם יוכל לעמוד בנסיון לסבול בעת שיש לו עצה לחיות בהרחבה.

ובדרך הק' האלטרואיסטי, יאיר האידיאל לכל אחד ויתן לו סיפוק שירצה בשביל זה לסבול. ולא עוד, אלא ימשיך קיבוץ גלויות מכל המדינות, כי הדאגה ומלחמות הקיום שיש לכל אחד בארצות חוץ יתן להם דחיפה לשוב לארצם ולחיות במנוחה, ובצדק.

- פילוסופיה כבר מוכנת, דהיינו קבלה המיוסדת על הדת -

יז. כל שיטה מעשית צריכה גם (4/5) מזון אידיאלי המתחדש, שאפשר להגות בו, כלומר פילוסופיה. ולגבי דידן יש כבר פילוסופיה שלמה מוכנת, אלא שמיועדת רק למנהיגים. דהיינו קבלה.

- למה אנו עם הנבחר לזה -

יח. עלינו מוטל להיות דוגמא (12/2) טובה

לעולם, משום שאנו מוכשרים יותר מכל האומות, ולא משום שאנו אידיאליסטים יותר מהם, אלא משום שאנו סבלנו מן העריצות יותר מכל האומות. וע"כ אנו מוכנים יותר מהם לבקש תחבולה שתכלה העריצות מן הארץ.

יט. כיון שהבעלות והשליטה 13/4) אינם זהות. למשל על חברת מסילת הברזל שהבעלות היא של בעלי מניות, והשליטה למנהלים, אעפ"י שאין להם אלא מניה אחת או לא כלום. וכן לחברת אניות, שאין לבעלי המניות שום זכות לשלוט או ליעץ בהם. ולמשל אניות מלחמה, שהבעלות היא של המדינה, ועם כל זה אין לשום אזרח דריסת רגל עליה. כמו כן אם תהיה המדינה ביד הפרוליטריון בבחינות בעלות סוף סוף ההנהלה תהיה כאותם המנהלים של עתה או הדומים להם במזגם ולא יהיה לפרוליטריון שום דריסת רגל וטובת הנאה יותר מהיום, אלא אם כן השליטים יהיו אידיאליסטים דואגים לטובת כל פרט באשר הוא פרט.

במלה אחת, שמבחינת השליטה אין שום נפקא מינה [הבדל] אם הבעלות בידי קפיטליסטים או בידי המדינה, כי סוף סוף ינהגו בהם המנהלים ולא הבעלים, ולפיכך עיקר תיקון החברה צריך להיות במנהלים. "אילוף השלטון", 214 ["אילוף השלטון" הוא פרק בספר "שלטון" של הפילוסוף הבריטי ברטרנד ראסל (1872-1970)].

וכיוצא בזה אמר אבניאל בכנסת (חירות, יום ...) [בנימין אבניאל (1906-1993) היה חבר כנסת החל מן הכנסת השנייה ועד הכנסת השישית והשתייך לתנועת החרות]. שבישראל ההפרש בין פקיד הקטן לגדול ביותר כמו מ-1 עד 1.7, ובאנגליה מ-1 עד 10, וכן בשאר המדינות פחות מעט או יתר מעט, אבל ברוסיה מ-1 עד 50. הרי שבמדינה של הפרוליטריון יבזבזו הפקידים והמנהלים את יגיעתם, הרבה יותר מבמדינות הקפיטליסטים. וזה גרם משום שהיא ממשלה אוליגרכית ולא דמוקרטית, או בלשון פשוט מפני שהק' שולטים על אנטי קומוניסטים. מוכרח להיות אוליגרכיה. וזה לא ישתנה לעולם כי ק' פירושו אידיאליסט, שזה אינו נחלת הרוב.

כ. מדינה כזו, שק' שולטים 13/5) על אנטי ק', מוכרחת להיות בידי קבוצה של מנהלים אוטוקרטים, בדיקטטורה מוחלטת וכל אנשי המדינה יהיו בידיהם כמו אפס, ומחוייבים להחזיק תמיד בידיהם להט החרב למיתות ולמאסרים ולעונשים גלוים ונסתרים ולכריתת מזון וכל מיני עונשים כשרירות לבם של כל מנהל ומנהל, כדי להחזיק את אנטי ק' במורא ובפחד גדול שיעבדו בשביל המדינה. ולא יהרסוה בשגגה או בזדון.

כא. במדינה כזו צריכים 13/6) ומוכרחים המנהלים לדאוג שלא תהיה אפשרות לבני המדינה לבחור הנהלה דמוקרטית. מטעם שרוב המדינה הם אנטי קומוניסטים.

כב. במדינה כזו, שהק' ישלטו על 8/8) אנטי ק', מוכרחים המנהלים לראות שלא תהיה לבני המדינה שום אפשרות של תעמולה, או לגלות העול הנורא הנעשה לבני המדינה, או לבני המיעוטים שבמדינה. דהיינו שהמדפיסים לא ידפיסו ומנהלי בתי העם ישגיחו על הנואמים שלא יגלו שום בקורת על מעשיהם. ולהעניש קשה כל מי שחושב או עלה על דעתו לבקר מעשיהם. באופן שהממשלה תהיה כל יכולת לנהוג כשרירות לבם, ולא יהיה מי שיעכב בידיהם. ("שלטון", ...21).

כג. המוסר 14/7) אינו יכול להסתמך על החינוך ועל דעת הצבור בלבד, משום שדעת הצבור אינו מחייב רק מה שהוא לתועלת הצבור, לפיכך אם יבא מי ויוכיח שהמוסר מזיק להצבור והוולגארי מועיל יותר תיכף ימאסו במוסר ויבחרו בוולגאריות והיטלר יוכיח.

כד. הק' האגואיסטי המיוסד 7/3) על גלי קנאה שנאה, לא יפטרו מהם לעולם, אלא בשעה שלא יהי' להם בורגנים יפילו שנאתם על ישראל. ואין לטעות כלל אשר הק' האגואיסטי ירפא שנאת ישראל מן האומות. ורק הק' האלטרואיסטי אפשר לצפות ממנו רפואה זו.

ויכוח

א. זה ברור שהסיסמא כל אחד יקבל לפי

צרכיו ויעבוד לפי כוחו, היא (1/6) אלטרואיזם מוחלט. וכשיקוים זה אז בהכרח כבר יהיו רוב צבור או כולו משוריין במדת "שלי שלך", א"כ יאמרו נא איזה הם הגורמים יביאו את הצבור לרצון הזה. כי הגורמים של היום, דהיינו שנאת הרכושנים וכל מיני שנאות אל הנמשכות מזה, לא יביאו להאדם רק אל ההיפך, דהיינו שינטעו באדם מדת "שלי שלי ושלך שלך". שהוא מדת סדום ההפוך לאהבת זולתו.

ב. אין לי מה לדבר עם הנמשך אחר הזרם, אלא רק עם מי שיש לו דעה משלו וכח בקורת.

ג. נודע רעיון היסוד של אנגלס (8/5) בשם מרקס "שאין המעמד המנוצל והמדוכא יכול להשתחרר מן המעמד המנצלו ומדכאו, בלי שישחרר בה בשעה את החברה כולה אחת ולתמיד, מניצול, דיכוי, ומלחמות מעמדות". זה סתירה לנוהג הק' המודרניים, לשחוט ולנוון את כל חלקי החברה הבורגנים, ששנאה עזה זו לא ימחה מבניהם לעולם. וכן הוא בסתירה למה שמקימים מעמד רבוני ושליט ומפקח על מעמד הפועלים, שאין לך מלחמות מעמדות כואב ומיצר יותר מהם, והם שואבים את השומן מלשד הפועלים ומניחים להם השירים מלווה בפחד מות תמידי או פחד שלא ישלחו אותם לסיביר. ואיזה גאולה כאן, כי החליפו מעמד הבורגני שבכלל אינו כל כך נורא, ולאמיתו של דבר סר צילם מעליהם, כי יש בידי הפועלים כח שביתה עליהם, החליפוהו במעמד רבוני, שליט ומפקח, במעמד עבדים מנוצלים ע"י שפחד עונשים מוטל עליהם תמיד לאין ערך יותר ממה שהיה להם במלחמה עם הבורגנים.

ד. המדינה נחלקת לב' מעמדות: החרוצים, והנחשלים. החרוצים, הם המעבידים והמנהיגים. והנחשלים, הם העובדים והמונהגים. וזהו חוק טבעי, שהחרוצים ינצלו את הנחשלים, אלא השאלה היא כמה חירות ושויון ורמת החיים הם מניחים לנחשלים. וכן כמות העבודה שהחרוצים ידרשו מהם. הנחשלים הם תמיד הרוב רובו של החברה, והחרוצים רק עשרה אחוזים מהחברה, שהיא שיעור מדויק לפי הצורך להפעלת החברה. ואם יתרבה או יתמעט משיעור האחוזים הנצרכים נעשה משבר, ואלו הם המשברים שבחברה הב', וכן יהיו המשברים בחברה הק' אם בצורה אחרת, אמנם באותה מדת היסורין. השם "חרוצים", כולל ג"כ את יורשיהם ואת בעלי הפרוטקציה אל החרוצים. ובשם "נחשלים" נכללים ג"כ אותם החרוצים הנפלטים משום איזה סבה למעמד הנחשלים.

ה. בענין הדת. - "מצב הקבע המוסרי אינו נובע מן הדת, כי אם מן המדע". "אמפיריו קריטיציזם", **324** [זוהי אמירה של לנין בספרו "מטריאליזם ואמפיריו-קריטיציזם"].

ו. מוסר המבוסס על תועלת החברה מצאנו (14/6) גם בחיות החברתיות אמנם אין זה מספיק, מאחר שמשתנה לוולגריות במקום שמזיק להחברה, כגון הרוצח הגדול הפטריוט, הנישא על כפות הלאומיים.

ומכאן שרק מוסר המיוסד על בסיס הדת הוא שריר וקיים ואין לו תחליף.

וכן אנו מוצאים אצל עמים הפראים שמדת המוסר שלהם עולה עד אין קץ על העמים התרבותיים.

ז. אי אפשר שתהיה חברה טובה אא"כ הרוב (8/3) שבה הוא טוב. אמנם יש מדהימים או מפתים את הרוב הרע בכל מיני תחבולות עד שמוכרח לבחור בהנהגה טובה. וזה מנהג כל הדמוקרטיות, אבל סוף סוף יתחכמו בני הרוב, או שאחרים יחכימו אותם, ויבחרו הנהגה רעה ממש כרצונם הרע.

ח. יש להבין למה זה החליטו מרקס ואנגלס (10/4) ששלמות הק' הוא "לעבוד לפי כחו ולקבל לפי צרכיו". מי הכריחם לזה, ולמה לא מספיק אם מקבל כפי פריון עבודתו ולא להשוותו עם רשלן או מחוסר בנים. והענין הוא, כי הקומוניזם לא יתקיים בדרך אגואיזם אלא בדרך אלטרואיזם, מטעמים הנ"ל.

חדשות

(15/1) ממש באותה הדרך שהשמידו את הקפיטליסטים, הוכרחו להשמיד את האכרים, ובמובן חדוות החיים, יהיו מוכרחים להשמיד לעולם את הפרולטריון.

(15/2) **מרקס ואנגלס**, אע"פ שהיו הראשונים לשים תקון העולם על הפרוליטריון, עכ"ז לא עלה על דעתם לעשות זה בדרך כפיה אלא בדרך דמוקרטי. וע"כ היה צריך שהפועלים יהיו רוב, ואז יעשו משטר פועלי, אשר בעלי המשטר יתתקנו לאט לאט עד יבואו לאלטרואיזם המופשט איש לפי מעשיו ואיש לפי צרכו.

הוסיף עליו לנין, להנהיג המשטר הקומוניסטי בדרך הכפיה של דעת מיעוט על רבים בתקוה שלאחר זה ינהיג ביניהם גם האלטרואיזם, ובזה לא היה צריך אלא למחנה מזויינת של פועלים, שבהיות בעלי הרכוש מפוזרים יוכלו לקחת הממשלה בחזקה, ואח"כ יבואו ויכניעו את כל בעלי הרכוש החלשים מחוסר ארגון. ולזה חלק על מרקס ואמר להפך, שבמדינות הנחשלות, אפשר ביתר קלות להכניעם, כי לא היה צריך אלא להפוך החיילים לקומוניסטים ולמשמידים את בעלי הרכוש, ולקחת רכושם, שלדבר זה, בארץ נחשלת קל יותר להסית החיילים שישמידו ויחמסו ויהרגו את בעלי הרכוש. וע"כ הבין שאי אפשר להמצא המון יותר גס מבארץ, וע"כ אמר שארצו תהיה המתחלת. ועכ"ז כיוון שראה למעשה שלא די להשמיד עשרה האחוזים הרכושנים אלא שצריך להשמיד גם המיליונים האכרים, אז נתעייף, כי אי אפשר להשמיד חצי אומה.

נוסיף עליו סטלין שאמר שהמטרה מקדשת האמצעים וקבל על עצמו גם מלאכה הזו להשמיד את האכרים. והצליח בזה.

אמנם כולם לא הביאו בחשבון, כי סוף סוף גם צריכים לטובת לבם של הפרוליטריון שיעבדו. ולהנהיג בהם מדת אלטרואיזם שיביאו אותם לסיסמא זו. וזה אי אפשר כלל שאין לשנות הטבע, שלא לבד שיעבוד לפי צרכיו אלא עוד לצורך חבירו שזה אי אפשר כלל אלא בדרך אונס וכפיה, שסוף יקומו הרוב ויבטלו את המשטר.

(15/) **שקר אומרים אלו**, שהאידיאליזם טבע הוא באדם, או תולדה מחינוך, אלא שהוא תולדה ישרה מהדת, שכל הזמן שהדת לא נתפשט בעולם, בשיעור גדול, היה כל העולם ברברים בלי שמץ מוסר כליות. אלא אחר שנתפשטו עובדי אלקים, נעשו זרעם הכופרים אנשים אידיאליסטים. באופן שהאידיאליסט הוא רק מקיים מצות אבותיו אלא מצוה יתומה, דהיינו בלי מצַוֶּה.

ומה יהיה אם הדת יתבטל לגמרי מן העולם? אז יתהפכו כל הממשלות להיטלרים ששום דבר לא יעכב על דרכם, מלהוסיף טובת עמם בלי שיעור.

כי גם היום בממשלות אין יודעים סנטימנטים, עכ"ז יש למעשיהם גבול בין הדומם ובין האידיאליסטים שבמדינה. וכשיתבטל הדת, לא קשה יהי' להמושלים לעקור את האידיאליסטים הנשארים, כמו שלא היה קשה להיטלר ולסטלין.

וההפרש בין דתיים לאידיאליסטים, כי האידיאליסט אין בסיס למעשיו, כי לא יוכל לשכנע למי למה הוא מבכר הצדק ומי מחייב כך. אולי אינו אלא חולשת לב, כדבר ניטשה. אין לו שום מלה של טעם בפיו. ולפיכך הגבירו עליהם סטלין והיטלר.

אבל הדתי יענה בעזות, כי מצות אלקים הוא, וימסור נפשו ...

(15/) **אם דברי יביא תועלת**, טוב, ואם לאו ידעו דורות אחרונים למה נתבטל הק', שאין זה מטעם שאי אפשר לקיימה בין החיים, כדבר הרכושנים, אלא מטעם שהמנהיגים לא הבינו כיצד לקבוע את המשטר, והקימו משטר של אגואיזם במקום שהיו צריכים להקים משטר של אלטרואיזם.

ואם יחלוק מי עלי שיאמר שהחינוך בלבד יספיק על זה, אני מרשה אותו לייסד לו חברה על חינוך בלבד. אבל אני לא אוכל להשתתף בזה מחמת שאני יודע ברור שזה דברים בטלים. **וע"כ ירשה ויסייע לי להקים חברה המיוסדת על דת.**

תוספות וטיוטות

[ארבעה עשר קטעים המהווים תוספות או טיוטות למאמר שהובא בחלק א׳]

קטע א

[קטע זה מכיל רישומים הנראים כעיקרי דברים שכתב המחבר לעצמו לקראת כתיבת המאמר שהובא בחלק א׳, מעין טיוטה ראשונה וכוללת]

"הקומוניזם הביקורתי לא סירב מעולם ואינו מסרב גם עתה להפרות את מחשבתו בשפע הרעיונות האידיאולוגיים, המוסריים, הפסיכולוגיים והחינוכיים שאפשר להגיע אליהם מתוך לימוד כל צורות הקומוניזם" (מבואות א׳ לבריולה למאני׳ הק׳, 117) [מתוך המבוא למניפסט שכתב אנטוניו לאבריולה (1843 - 1904), פילוסוף סוציאליסט איטלקי].

ב. "אלו אמרנו לחשוב היום כמרקס ואנגלס בשעה שאם הם עצמם היו היום היו חושבים אחרת" (מבואות פלכאנוב למאני׳ ק׳, 128) "אלו שמרנו על אות המתה של תורתם" וכו׳ (שם). [מתוך המבוא למניפסט שכתב גיאורגי פלכאנוב (1856-1918), אבי המרקסיזם הרוסי].

מוסר חיוב

1. ראיות לק׳ האלטרואיסטי.

2. לחוקי החברה הק׳ האלטרואיסטית.

3. לק׳ בין לאומי.

4. לדת תועלתי.

5. סדר תעמולה להתפשטות הדת.

6. הק׳ האגואיסטי הוא מוקדם לק׳ אלטרואיסטי.

7. לקיום היהדות.

שלילה

1. חולשת קוי המשטר של הק׳ האגואיסטי (8).

2. לא יבטלו המלחמות (9).

3. הוכחות שהק׳ האגואיסטי אי אפשר שיתקיים (10).

4. מוטיבים מציונות (11).

5. שישראל צריכים צריכים להיות מופת לגויים (12).

6. מעניני משטר האגואיסטי (13).

7. מוסר (14).

14/4 14/8 10/2 **שהק׳ הוא אגואיסטי בדרך, אע״פ שסופו אלטרואיסטי.**

3/3 8/1 **ויש לחלק העולם לב׳ סוגים אגואיסטים ואלטרואיסטים** 0/0.

10/6 10/2 10/1 10/3 **רוב צבור הוא תמיד אנטי ק׳.**

8/2 **ועי״כ משטר הק׳ מחויב להסמך על כדונים.**

13/7 **החסרונות בהנהלה הק׳ האגואיסטית.**

מן 8/9 עד 9/1 **הק׳ לא יצילנו ממלחמות.**

הק׳ צריך שיהיה בין לאומי מ3/2 עד 12/1/2.

11/1 **חיזוק הציונות - ומכ״ש הקבוצים שהם בסכנה של ביטולם.**

משטר ק׳ על אנטי ק׳ לא יתקיים על כדונים, אותם האידיאליסטים שהם מנהלים היום, בדור השני העם לא יבחר בהם אלא במנהלים אגואיסטים כמוהם, ויתהפכו לנציזם.

אני מדבר רק לפרוליטריון, כלומר לנחשלים, וכן לאותם האידיאליסטים המוסרים נפשם לטובתם, אבל לחרוצים סתם איני מדבר, כי באמת לא יחסר להם בכל המשטרים, ואפילו במשטר הגרוע ביותר לא יקופחו. ולא יקפידו אם יקראו להם תעשינים וסוחרים, או יקראו להם מנהלים ומפקחים או מחלקים.

ועכ״ז אע״פ שזווג האלטרואיסטים עם האגואיסטים הצליח כל כך להפיל את המשטר הבורגני, אינו מוכשר כלל להעמיד חברה שתופיות מאושרות כחפץ המייסדים. ולא עוד אלא להיפך כי זווג הזה של הק׳ האידיאליסטים עם המדוכאים האגואיסטים, סופו להפרד מן הקצה אל הקצה ויוליד תוהו ובוהו בחברה.

1 כמה משאירים

2 כמה שיעור השעבוד

3 כמה שיעור החירות

אין תקון לנחשלים אא״כ הם יבחרו הועד

3 החרוצים לא יניחו לצאת ממדינתם

3 בסופם ימיתו הזקנים והחולים

1 כשהסוחרים יעשו למחלקים יהיו הקונים למקבלי חסד

2 הבעלות והשליטה אינם זהות

3 במשטר הכפיה לא יהיה בחירות דמוקרטיות

2 במשטר כזה בני המדינה כאפס בעיני הממשלה

2 במשטר כזה המנהלים ישעבדו יותר

2 במשטר כזה יוכלו המעבידים להעלם אכזריותם

ביאור להיטלריזם

1 הדת הוא הבסיס הבטוח היחיד לתקונים

1 הדת הבסיס היחיד להעלות הרמה המוסרית

1 ואפילו תחילתו באונס, סופו ברצון

2 אין ליסד ק' מטרם שהאלטרואיזם מקיף רוב צבור

1 הדת והאידיאה משלימים זא"ז: זה למיעוט וזה לרוב

3 מחמת תאות האדם לעבוד פחות ולקבל יותר לא היה אפשר שיקבלו דת ק' מטרם שדת אגואיסטי הקיף שליש העולם

4 אם באת באי פראים המשמידים זא"ז היית מהסס להציע להם איזה דת להציל חייהם וקיומם

5 האדם לא יוכל להסתפק במצוות יבישות וצריך לאיזה פילוסופיה לבאר לו מעשיו הטובים וזהו שכבר הכינו

קטע ב

להקדמה

א. (9/3) כבר מסרתי עקרי דעותי בתרצ"ג. גם דברתי עם מנהיגי הדור, ודברי לא נתקבלו אז אע"פ שצווחתי ככרוכיה והזהרתי אז על חורבן העולם, לא עשה זה רושם. אבל עתה אחר הפצצה האטומית והמימנית אני חושב שהעולם יאמינו לי שקץ העולם מתקרב ובא בצעדים נמהרים וישראל יהיו נכוים תחילה לשאר האומות כמו שהיה במלחמה הקודמת, ע"כ היום טוב לעורר את העולם שיקבלו תרופתו היחידה ויחיו ויתקיימו.

ב. (14/8) ויש להבין למה חייבו מרקס ואנגלס את הק' הסופי שכל איש יעבוד לפי כחו ויקבל לפי צרכיו. למה אנו צריכים לתנאי החמור הזה, שזו היא מדת "שלי שלך ושלך שלך". אלטרואיזם מוחלט.

וע"ז באתי במאמר הזה להוכיח, שאין שום תקווה לקומוניזם להתקיים אם לא יביאו אותו על סופו זה, שהוא אלטרואיזם גמור ועד כאן אינו אלא שלבים שלבים בקומוניזם. (10/7) (14/9) אחר שהוכחתי צדקת הסיסמא "איש לפי כחו ואיש לפי צרכיו" צריכים לראות אם השלבים הללו מוכשרים להביא התוצאה הזו.

(8/9) הגדרים בורגני ופרוליטריון, כבר אינם מספיקים בימינו לבאר על ידיהם את ההסטוריה הכלכלית, אלא צריכים לשמות יותר כוללים, והיינו מעמד החרוצים ומעמד הנחשלים (לעיל בויכוח אות ד).

אחרי 25 שנים של נסיון באנו במבוכה בדבר האושר המוחלט המובטח לנו ממשטר הק', כי השונאיו אומרים שהוא בכל רע, והאוהבים אומרים שהוא ג"ע עלי אדמות. אכן אין לדחות דברי השונאים במחי יד, כי כשהאדם רוצה להכיר מדותיו של חבירו הוא מחויב לשאול אוהביו ושונאיו גם שניהם, כי כלל בידינו שהאוהבים ידעו רק מעלותיו בלבד ולא שום חסרון, כי "על כל פשעים תכסה האהבה", והשונאים הם להפך, שלא ידעו רק חסרונות בלבד כי על כל המעלות תכסה השנאה, ונמצא כששומע דברי שניהם אז ידע האמת. ורצוני לבקר כאן את הקומוניזם משורשו, ולתת הסבר על מעלותיו ומגרעותיו והעיקר הוא שרצוני לבאר את התקונים איך אפשר לתקן את כל מגרעותיו, באופן שהכל יודו ויראו שמשטר הזה הוא באמת משטר הצדק והאושר גם יחד.

מה גדלה שמחתנו אז, כשהק' בא לידי נסיון מעשי באומה כ"כ גדולה כרוסיה, כי היה ברור לנו שאחר איזה שנים מועטות יגלה משטר הצדק והאושר לעיני כל העולם, שמתוך כך, יעלם משטר הרכושני כהרף עין מן העולם. אכן לא כך היה, ולהיפך, כל האומות בעלי הציביליזציה מדברים על משטר הק' הסובייטי כל מום רע, עד שלא לבד שלא נתבטל המשטר הרכושני, אלא שנתחזק כפלי

כפלים יותר מטרם הנסיון הסובייטי.

קטע ג

‹14/8› למה חייבו ... צורת הק׳ להיות איש לפי כחו ואיש לפי מעשיו.

‹10/1› אין משטר ק׳ מתקיים על חברה אנטי ק׳, משום שאין זכות קיום למשטר הנסמך על כידונים.

‹10/2› הק׳ הנבנה על גלי קנאה מוכשר רק להפיל ולהחריב הבורגנים אבל לא להטיב עם הפרוליטריון הנחשלים, ולהיפך שבשעה שיכלו הבורגנים יפול חיצי השנאה על הנחשלים.

‹10/5› אין דבר שיכול להבטיח משטר בכח על דורות הבאים חוץ מהדת.

‹10/6› אע״פ שהאבות שהם אידיאליסטים קבלו עליהם הק׳ אין בטחון שבניהם ימשיכו בו.

‹4› ואין צריך לומר אם גם האבות קבלו הק׳ בכפיה ואונס כנהוג בק׳ אגואיסטי, שסוף סוף יקומו ויחריבוהו.

‹10/3› ‹10/1› אין משטר ק׳ מתקיים על חברה אנטי ק׳, כי יתחייב להלחם כל ימיו עם האנטי ק׳. כי כל אדם מטבעו נוטה לרכוש.

ואינו יכול לעבוד בלי מוטיב פאוואר [כוח המניע]

וכידוני הצבא לא יהפכו טבע האדם ואידיאליסטים מועטים המה.

כי כמה אלפים שנה של עונשים רובצים על הגנבים והגזלנים והרמאים ועכ״ז לא שינו את טבעם אע״פ שיש להם דרכים להשיג הכל בדרך המותר. והדבר דומה כלפי דידן, למי שמוצא חברה שכולם גנבים ורוצחים ושודדים ורוצה להנהיגם ולהגבילם בדרך החוק ע״י כח: שמוכרח להתפוצץ.

‹10/4› כפול. ‹14/1› כפול. ‹14/2› כפול.

‹14/3› כיון שנצחון בדעה מובטח להרוב, ומכ״ש ההוצאה לפועל של הק׳ לא יתקיים אלא ע״י רוב צבור. אנו מחויבים להנציח רמה המוסרית של רוב צבור באֹפן שלא יקולקל לעולם.

‹4/1› ‹ואולי גם 4/2› והדת הוא בסיס הבטוח היחיד שלא יתבטל לדורות.

‹14/4› צריכים להעביר הק׳ על הפסים של ״שלי שלך ושלך שלך״, דהיינו אלטרואיזם אבסולוטי. ואחר שרוב הצבור יגיע לזה, יתקיים ״כל איש יעבוד לפי כחו ויקבל לפי צרכיו״.

‹14/5› מטרם שרוב צבור הגיע לרמת המוסר כזה, אסור להלאים הרכוש. מטעמים הנ״ל.

קטע ד

‹8/1› אם עושים הלאמה, מטרם שרוב צבור מוכן לכך דומה לסותר ביתו הרעוע מטרם שיש לו האמצעים לבנות בית חזק.

‹8/2› חלוקה צודקת, אין הפירוש להשוות החרוצים אל הנחשלים כי זהו חורבן הצבור. אלא להשוות הנחשלים אל המוכשרים.

‹8/3› הק׳ האגואיסטי מתקיים עתה בזכות קבוצת אידיאליסטים שבראשה. אבל בדורות הבאים, אין הצבור בוחר באידיאליסטים אלא במוכשרים ביותר, שהאידיאה אינה מגבילתם, ואז יקבל הק׳ צורה של נציזם.

‹8/4› בק׳ האגואיסטי רוצים המעבידים למעט הצריכה של העובד, ולהרבות פריון עבודתו, שיהיה תמיד בספק אם יספיק. ומשובח ממנו האימפריאליסטים, שהמעבידים רוצים להרבות הצריכה של הפועל, ולהשוות פריון עבודתו לצריכה.

קטע ה

‹8/9› הגדרים בורגני ופרוליטריון כבר אין מספיקים לבאר ההיסטוריה, אלא: למעמד חרוצים ולמעמד נחשלים.

‹8/6› חוק טבעי הוא שמעמד החרוצים ינצלו את מעמד הנחשלים, כמו דגים שבים שהחזק בולע את החלש. ואין הפרש אם החרוצים הם בורגנים או פקידי הממשלת הק׳, אלא השאלה היא כמה חירות וחדוות החיים הם משאירים להנחשלים.

מעמד החרוצים הם 10 אחוזים, ומעמד הנחשלים המונהגים מהם, הם תשעים אחוזים מהחברה.

‹0/0› אין תקון לנחשלים, אלא אם כן הם יבחרו בעצמם ‹8› את אותם החרוצים שימשלו עליהם. ואם אין בידיהם כח הזה, אז סופם להיות מנוצלים לבלי גבול ע״י החרוצים.

קטע ו

(13/1) מעמד החרוצים, דהיינו השליטים והמפקחים, סופם ליצור גלות מצרים על מעמד הנחשלים שהם העובדים, משום שהשליטים מקבצים לידם כל העודפים של העובדים, והם הלוקחים מהם חלק בראש, וכן מטעם טובת הצבור, לא יניחו לשום עובד להמלט מתחת ידיהם למדינה אחרת וישמרו עליהם כמו ישראל במצרים, שאין עבד יוצא מהם לחירות.

(13/2) מעמד החרוצים, בסופם, ימיתו כל הנכים והזקנים, שאוכלים ואינם עושים, או אפילו אם אוכלים יותר ממה שיוכלו לעבוד. כיון שהוא לרעת החברה: וסנטימנטים אין להם, כנודע.

(13/3) בשעה שהסוחרים והספסרים יתהפכו למחלקים יתהפכו הקונים למקבלי לצדקה מידיהם, וגורלם יתחך לפי חסדי המחלקים, או בשיעור היראה מפני המפקחים, אם יהיה להם ענין בזה.

(13/4) כיון שהבעלות והשליטה אינם זהות, למשל אניה השייך להמדינה, שכל אזרח יש לו בעלות עליה, עם כל זה אין לו דריסת הרגל שמה, אלא לפי רצונם של המנהלים השולטים עליה כמו כן אפילו אם תהיה ממשלת פרוליטריון, לא תהיה להם שום עדיפות יותר בנכסי הממשלה ממה שיש להם עתה בנכסי הבורגנים. כי כל השליטה שבהם רק למנהלים, שהם הבורגנים של עתה, או הדומים להם.

(13/5) מדינה כזו, שק׳ שולטים על אנטי ק׳, מוכרח להמצא בידי אוליגרכיה בדיקטטורה מוחלטת אשר כל אנשי המדינה יחשיבו כמו אפס, ויהיו נתונים בידיהם לעונשים אכזריים, כפי שרירת לבו של כל מנהל ומנהל. כי באופן אחר לא יבטיחו קיום צרכיהם של המדינה.

(13/6) במשטר כזה צריכה הממשלה לדאוג שלא תהיה בחירה דמוקרטית, מחמת שרוב צבור הם אנטי ק׳.

(8/5) הק׳ האגואיסטי אינו משחרר כלום את הפרוליטריון ואדרבא במקום מעבידים בורגנים שהולכים בנות עם העובדים יעמידו מעמד מנהלים ומפקחים שישעבד את הפרוליט׳ בכפיה בעונשים קשים ומרים והניצול והדיכוי יוכפלו עליהם, ולא יקל להם כלום מה שהניצול הוא לטובת המדינה, כי סוף סוף השמנת יקבלו המעבידים והמדכאים, ולעמלים יתנו הסערוויטקע [מי החלב הכחושים]. ותחת זה נמצאים בפחד מות תמידי או עונשים הגרועים ממות.

(8/8) במדינה כזו, שהק׳ ישלטו על אנטי ק׳, מוכרחים המנהלים לראות, שלא תהיה אפשרות לבני המדינה לגלות העול והדיכוי שלהם, כי אחר שכל העבודות תהיינה ברשותם, אז יגזרו על המדפיסים שלא ידפסו, ועל הנואמים שלא ידברו ולא יגלו שום ביקורת על מעשיהם, אלא שיהיו מחויבים לשקר ולחפות עליהם ולצייר גן עדן עלי אדמות. ולא תיוודע צרתם לעולם. ומכ״ש המיעוטים שלא ימצאו חן בעיני המנהלים משום איזה טעם שהוא יוכלו להעבירם מעולם בלי בושה ובלי יראה שיודע לחוץ. ומה יהיה עם יהודים שרוב בני העולם שונאים אותם?

(8/7) אמנם אמת גמור הוא שאי אפשר שתהיה חברה טובה ומושלמת אא״כ הרוב שבה הוא טוב כי ההנהלה מציירת טיב החברה, וההנהלה נבחרת מרוב צבור, ואם רובם רע, בהכרח גם ההנהלה היא רעה. כי רעים לא ישימו עליהם מושלים שיהיו למורת רוחם.

ואין להקשות מן הדמוקרטיות המודרניות כי המה בתחבולות שונות מרמים את צבור הבוחרים. וכשיתחכמו ויבינו העורמות שלהם, אז בטח יבחרו הרוב הנהלה כפי רוחם. ועיקר הערמה עומדת להם במה שמקדשים מתחילה אנשים בשם טוב, ומפרסמים אותם אם בחכמה אם בצדקות, ואז ההמונים מאמינים ובוחרים אותם. אבל שקר אינו מתקיים לעולם.

(0/0) ובזה נמצא הסבר להיטלריזם. כי אחד מפלאי הטבע הוא, מה קרה לגרמנים, שנחשבו מעמים בעלי ציביליזציה היותר נעלים, ופתאום ביום אחד נהפכו ונעשו עם פראי אדם, הגרוע ביותר מין עמים הפרימיטיבים, שכבר היו מעולם. ולא עוד; שהיטלר נבחר על פי

רוב ובהאמור הוא פשוט מאד. כי באמת אין שום דעה לרוב הצבור, שסורן רע, אפילו בעמים הציבוליזירטע [בעלי הציביליזציה הגבוהה] ביותר. אלא שמרמים את רוב הצבור כנ"ל. ולפיכך אפילו שרוב הצבור הוא רע יכול להיות הנהגה טובה.

אבל אם בא אדם רע המוכשר לגלות את הרמאות שעושים המנהלים עם אנשים המפורסמים שהם יוצרים, ומראה אותם אנשים הראוים לבחירה לפי רוחם ורצונם, כמו שעשה היטלר (וכן לנין וטרוצקי [לב טרוצקי (1940-1879), מהפכן יהודי רוסי]), אין שום פלא שמשליכים כל הרמאים ובוחרים במנהיגים רשעים לפי רוחם.

ולפיכך היה היטלר באמת נבחר דמוקרטי שנתיחד בו רוב הצבור. ואח"ז הכניע וביער כל האנשים בעלי אידיאה ועשה בעמים כרצונו וכרצון העם.

וזהו כל החידוש כי מימות עולם עוד לא קרה שרוב הצבור ישלטו באיזו מדינה, אלא או האוטוקרטים, שסוף סוף יש בהם איזה שיעור של מוסר. או אוליגרכיה, או דמוקרטים הרמאים כנ"ל. אבל רוב הצבור הפשוט לא שלטו אלא בימי היטלר ימ"ש.

ונוסף על זה הרים הרשעות כלפי עמים זרים. והרים טובת הכלל עד למסירת נפש. כי הבין נפש הסדיסטים שאם נותנים להם מקום לפרוק את הסדיזם, ישלמו בעד זה גם בנפשם.

קטע ז

(9/1) הק' האגואיסטי אין בכחו למנוע מלחמות. כי האומות החרוצים או בעלי חומר הגלם לא ירצו להשתוות ולהתחלק עם אומות העניות והנחשלות. וע"כ שוב אין לקוות על השלום אלא בכח השמירה מפני המלחמות דהיינו בהכנות כלי זיין, להשמר מפני הקנאה והשנאה של האומות העניות והנחשלות, ממש כמו היום.

(9/2) ולא עוד, אלא גם יתווספו מלחמות מחמת שינוי אידיאות למשל, טיטואיזם, ציוניזם.

(9/3) כבר דברתי וכתבתי מזה בתרצ"ג וצווחתי ככרוכיה והזהרתי כי המלחמות של היום יחריבו העולם. ולא האמינו. אבל עתה אחר הפצצות האטומית והמימית אני חושב שהכל יאמינו לי אם לא נינצל ממלחמות יהי' קץ העולם.

קטע ח

(3/2) הק', אם היא צודקת כלפי כל אומה, היא צודקת כלפי כל האומות, כי איזה זכות ובעלות יש על חמר גלם של הארץ לאומה יחידה, יותר מלשאר. מי חקק חוק החזקה ומכ"ש שקנוהו בחרבות וכידונים. וכן למה תנצל אומה אחת את חברתה, אם דבר זה אינו צודק לכל יחיד. במלה אחת, כמו שצודק ביטול רכוש ליחיד, כן הוא צודק כלפי כל אומה. ורק אז יהיה שלום בארץ. ותמה על עצמך, אם החזקה וחוק הירושה (3/3) אינה מקנה זכות קנין ליחיד, למה יהיה מקנה לאומה שלמה, וכמו שחלוקה צודקת נוהגת ביחידי האומה, כן צריכה להיות חלוקה צודקת בין לאומי: בין החמר גלם, ובין אמצעי היצור ובין רכוש המצטבר לכל האומות בשוה בלי הפרש בין לבן לשחור, בין צביליזרטי [בן ציביליזציה] לפרימיטיבי. ממש כנוהג בין יחידים של אומה אחת.

(9/4) ובשום אופן אין לחלק בין יחידים, אומה אחת, או בין כל אומות העולם, וכל עוד שיהיה איזה (0/0) הפרש, לא יפסקו המלחמות.

(0/0) מק' אגואיסטי אין שום תקוה לק' בין לאומי. ואפילו אמריקה תקבל משטר ק', וגם הודו וסין יקבלו (9/6) משטר ק'. אין עוד שום גורם שיכריח בני אמריקה להשוות רמות החיים שלהם עם בני אפריקה והודו הפראים והפרימיטיבים. וכאן לא יועילו כל התרופות של מרקס ולנין, דהיינו לשסה את מעמד העני, שיגזלו את מעמד העשיר, כי מעמד העשיר כבר הכינו להם כלים לשמירה.

ואם לא יועיל, הרי כל הק' האגואיסטי לשוא ולריק, כי לא ימנעו מלחמות כל עיקר.

קטע ט

(7/1) עובדה היא שישראל שנואים מכל האומות אם מטעם דת אם מטעם גזע אם

מטעם קפיטליזם אם מטעם ק' אם מטעם קוסמופוליטים וכו'. (7/3) כי השנאה קודמת לכל הטעמים, אלא שכל אחד פותר שנאתו לפי הפסיכולוגיה שלו. ולא יועיל שום עצה לזה אלא להביא ק' אלטרואיסטי בין לאומי המוסרי בין כל הגויים. (7/2 כפול)

(12/1 ו 12/2) על ישראל מוטל לקבל הק' האלטרואיסטי הבין לאומי תחילה לכל האומות ולהיות סמל להראות הטוב והיופי שבמשטר הזה. כי משום שהם סובלים ויסבלו מהעריצות שבמשטרים יותר מכל האומות. והם כמו הלב הניכוה תחילה לאברים. לפיכך מוכשרים יותר מכולם לקבל המשטר התקין תחילה.

(11/1) כל מציאותנו במדינת ישראל היא בסכנה. משום שלפי סדר הכלכלה הנוהגת, עוד יעבור זמן מרובה מאוד מטרם שכלכלתנו תהיה יציבה. ומועטים מאד שיוכלו לעמוד בנסיון להתענות בארצינו בשעה שיש להם עצה להגר לארצות אחרות העשירות. ולאט לאט יברחו מהסבל עד שלא ישאר מספר הראוי להקרא בשם מדינה, ויבלעו ח"ו בין הערבים.

ואם יקבלו המשטר הק' האלטרואיסטי הבין לאומי, מלבד שיתן להם סיפוק להיות אבנגארד [חיל-החלוץ] לגאולת העולם, שידעו שכדאי לסבול משום זה. אלא גם יוכלו לשלוט בנפשם להוריד רמת חייהם בעתו, ולעבוד הרבה, בשיעור שיבטיח כלכלה יציבה להמדינה.

(0/0) ואין צריך לומר הקיבוצים, שכל מציאותם שמה בנויה על אידיאלים, שמטבעו ללכת ולהתמעט בדורות יבואו, כי אידיאל אינו ניתן בירושה, ובלי ספק שהם יחרבו תחילה קודם לכל.

קטע י

(4/1) הדת הוא בסיס היחיד הבטוח להעלות הרמה המוסרית של החבר עד שכל אחד יעבוד לפי כחו ויקבל לפי צרכיו.

(4/2) בלתי מובן ...

(4/3) אם היית באי של פראים, אשר לא תוכל להציל חייהם, שלא ישמידו את עצמם באכזריות נוראה, זולת על ידי הדת, ההיית מפקפק בזה לסדר להם דת המספיק להציל מציאות האומה הזו שלא תשמד מן העולם.

ולגבי ק' אלטרואיסטי הכל פראים, ואין שום תחבולה להטיל משטר כזה על העולם זולת בדרך הדת, כי כפיה דתית נעשית רצון בבנים (4/7) כמו שראינו בנסיון באומות שקבלו דת מחמת כפיה ואונס. מה שאין כן בכפיה ע"י חינוך ודעת הצבור שאינה ירושה לבנים, אלא הולכת ומתמעט. וא"כ תאמר מוטב שכל העולם ישמידו זה את זה ואל תטיל עליה גורם בטוח להובילם אל החיים ואל האושר. קשה להאמין שאיזה בר דעת יהסס בזה.

(4/6) כיון שאי אפשר חברה דמוקרטית יציבה זולתי ע"י חברה שרובה טובה וישרה. מחמת שהנהגת החברה היא ע"י הרוב, אם טוב ואם רע, לפיכך אין לייסד משטר ק' אלטרואיסטי אא"כ רוב צבור מוכן לזה לדורות, ואין להבטיח זה כי אם ע"י דת (4/8) כי מטבע הדת הוא, שאע"פ שמתחילתו הוא באונס סופו הוא ברצון.

(0/0) הדת והאידיאה משלימים זה את זה, כי כמו שהאידיאה לא תוכל להיות נחלת הרוב, כן האמונה שולטת ביותר על הרוב הפרימיטיבי שאינו מסוגל לאידיאה.

(4/4) מחמת תאוות הרכוש, וכן לעבוד פחות מחבירו ולקבל יותר מחבירו, אי אפשר לבנות ק' אלטרואיסטי מטרם שמתפשט הק' האגואיסטי, אלא עתה, אחר שכבר שליש העולם קיבל את הק' האגואיסטי, אפשר בצירוף כח הדת לייסד ק' אלטרואיסטי.

(4/5) האדם לא יוכל להסתפק בצווים יבשים בלי שילוה אותם טעמים הגיוניים ההולכים ומחזקים המנהגים ההם. כלומר, שיטה פילוסופית. ולגבי דידן כבר מוכנת פילוסופיה שלמה על הרצון להשפיע, שהוא ק' אלטרואיסטי המספיק לאדם להגות בו כל ימיו ולהתחזק על ידו במעשי ההשפעה.

קטע יא

(3/4) הק' האגואיסטי סופו לקחת צורת נאציזם לגמרי, אלא בתמונת נציונל-קומוניזם, שאין חילוף שם הזה מפריע אף לאחת מכל

מעשים השטנים של היטלר. באפן שהרוסים יהיו ההערין פאלק [עם האדונים] וכל העולם עבדים נרצעים להם בנוסח היטלר. (עי' 8/3)

במשטר הבורגני, עיקר חמר הדלק להצלחה היא ההתחרות החופשי, שבעלי התעשיה והסוחרים ישחקו בה, ולזוכים נעים מאד ולבלתי זוכים גורלם מר מאד.

וביניהם הוא מעמד הפרולטריון, שאינו מקבל חלק במשחק הזה, אלא הוא כמו נייטראלי ביניהם, ואינו עולה ואינו יורד, אבל רמת חייו בטוחה, מחמת כח השביתה שיש בידיו.

(13/7) סוף סוף הן במשטר ק' והן במשטר בורגני הנחשלים אינם ראויים להנהגה, אע"פ שהם הרוב צבור, אלא שמוכרחים לבחור מנהיגים מן החרוצים, עכ"ז כיון שהם נבחרים על ידיהם יש להם תקווה שלא ינצלו אותם כל כך.

מה שאין במשטר הק' האגואיסטי שאין המנהלים נבחרים מפי רוב צבור, להיותם אנטי ק'. וכמו ברוסיה ושאר שאין לוח נבחרים אלא מק' בלבד, לפיכך גורלם מרה מאד כי אין לפרוליטריון שום נציג בהנהגה.

וכל האמור הוא לפי הכלל, שהפרוליטריון הם אנטי קומוניסטים מטבעם. כי הפרוליטריון אינם אידאליסטים, והם רוב החברה הנחשלים, אשר לפי דעתם חלוקה "צודקת" פירושו שיתחלקו שוה בשוה עם החרוצים, אשר החרוצים לעולם לא ירצו בזה.

(0/0) דברי הם רק לפרוליטריון, דהיינו אל הנחשלים (14/1) שהם רוב החברה, כי לחרוצים והאינטליגנציה הם ישאבו תמיד את השמנת הן במשטר ק' והן במשטר בורגני. ועל פי הסברה ייטב להם יותר, לחלק גדול מהם, במשטר ק', מפני שלא ייראו מפני בקורת. כנ"ל אות ...

רק לכם הפרוליטריון הנחשלים לכם יהיה גרוע בתכלית במשטר הק', כנ"ל.

אבל מעמד החרוצים יקבלו שם אחר, דהיינו מנהלים ומפקחים, ואז יהיה להם יותר טוב, כי יתפטרו מההתחרות המפיל חללים בבורגנים, ויקבלו שלהם בקביעות ובהרווחה.

ואין שום עצה ותחבולה אל הנחשלים שיצאו מפחד המלחמות והאבטלה והשפלות, אלא הק' האלטרואיסטי. לפיכך אין דברי מופנים לחרוצים והאינטליגנציה, כי בטח לא יקבלו דברי, אלא רק הפרוליטריון והנחשלים הם יוכלו להבין אותי ואליהם אני מדבר. וגם לאותם החסים על הנחשלים ומשתתפים בצערם.

(14/2) (0/0) אחד מחירויות האדם הוא שלא יהיה קשור למקום אחד כמו הצומח שאינו רשאי לעזוב מקום יניקתו. לפיכך כל מדינה מחויבת להבטיח שלא תעכב על האזרחים לבא למדינה אחרת. ועם זה צריכים להבטיח, שכל מדינה לא תסגור שעריה מפני גרים ומהגרים. (עי' 13/1)

(2/10) מטרם שרוב צבור מוכן להשפיע לזולתו אין לקבוע משטר ק' אלטרואיסטי.

(2/1) סוף הק' האלטרואיסטי הוא להקיף את כל העולם ולכל העולם תהיה רמת חיים שוה. אמנם תהליך המעשי הוא לאט לאט, שכל אומה שרוב צבור שלה כבר נתחנך להשפעה לזולתו יכנסו בראש למסגרת הק' הבין לאומי.

וכל האומות, שכבר נכנסו במסגרת ק' בין לאומי יהיו להם רמות חיים שוים, באפן שהעודפים של אומה העשירה או החרוצה ישבחו רמת החיים של אומה הנחשלה או העניה בחמר גלם ובאמצעי יצור.

(2/2) הצורה הדתית של כל האומות צריכה לחייב בראשונה את חבריה את ההשפעה לזולתו בצורה (שחיי חברו קודמים לחייו) של "ואהבת לרעך כמוך" שלא יהנה מהחברה יותר מחבר הנחשל. וזהו דת כולל לכל האומות שיבואו במסגרת הק'. אבל חוץ מזה יכולה כל האומה ללכת בדתה היא ובמסורת שלה, ואין לאחת להתערב בחברתה.

(2/11) חוקי הדת השוה לכל העולם הם:

א. שיעבוד בשביל טובת בני האדם כפי יכלתו ויותר מיכלתו אם יהיה צורך עד שלא יהיה רעב וצמא בכל העולם.

ב. אע"פ שהוא עובד חרוץ לא יהנה מהחברה יותר ממי שהוא נחשל, באופן שיהיה רמת חיים שוה לכל נפש.

ג. עכ"ז אע"פ שיש דת יש להוסיף אותות כבוד ע"פ דת. שכל המהנה להחברה יותר יקבל אות כבוד חשוב ביותר.

ד. כל המעכב מלגלות מדת חריצותו לטובת החברה יענש לפי חוקי החברה.

ה. כל אחד ואחד מחויב להתאמץ על פי הדת להרים רמת חיים של העולם יותר ויותר באופן שכל באי עולם יהנו מחייהם ויהי' להם חדות [חדוות] החיים יותר ויותר.

ו. וכמו כן ברוחניות אלא ברוחניות לא כל אחד מחויב לעסוק בזה אלא אנשים מיוחדים לפי הצורך.

ז. יהיה כמו ב"ד עליון, וכל מי שירצה לתת חלק כושר עבודתו על חיים רוחניים מחויב לקבל רשות מב"ד הזה.

וכן לפרט יתר חוקים הנחוצים.

2/3 כל הנכנס, יחיד או צבור, למסגרת הק' האלטרואיסטי מחויב לשבע שבועת אמונים שיקיים כל זה, מטעם שה' צוה כן.

או עכ"פ יתחייב למסור לבניו שה' צווה כן. ומי שאומר שמספיק לו האידיאה, יש לקבלו ולנסותו אם אמת הוא. ואם הוא אמת, אפשר לקבלו. ועכ"פ יבטיח שלא ימסור לבניו מדרך הכפירה שלו, אלא ימסור אותם לחינוך המדינה.

ואם אינו רוצה לא זה ולא זה, אין לקבלו כלל. כי יקלקל את חביריו ויצא שכרו בהפסדו.

2/4 תחילה יש לעשות מוסד קטן, שרוב צבור שבו יהיו מוכנים לעבוד כפי יכלתם ולקבל כפי צרכם מטעם דת. ויעבדו בחריצות כמו עובד בקבלנות. וכן יותר ממדת העבודה של 8 שעות. וכן יהיה בו כל הצורות של הנהגת מדינה שלמה. במלה אחת שכל הסדר של החברה הקטנה ההיא יהיה מספיק למסגרת בשביל כל אומות העולם כולם, בלי לגרוע ובלי להוסיף.

והמוסד הזה יהיה כעין נקודה מרכזית ההולכת ומתרחבת על עמים ומדינות עד סוף העולם. וכל הנכנס למסגרת ההיא יקבל עליו אותה הנהגה ואותה התכנית של המוסד באופן שכל העולם יהיה עם אחד לריוח והפסד ולתוצאות.

2/5 המשפט הנסמך על הכח יבטל לגמרי מהמוסד הזה, אלא שכל הסתירות שתהיינה בין בני החברה תהיינה נפתרות בין הנוגעים בדבר בעצמו. וכל מי שינצל צדקת חבירו או חולשתו לטובת עצמו יגונה מדעת הצבור הכללי.

עכ"ז, יהיה ב"ד קבוע וישמש רק לברר את הספיקות שיבואו בין אדם לחבירו. אבל לא יהיה נסמך על שום כח. והמסרב לדעת ב"ד יגונה מדעת הצבור, ותו לא.

2/6 ואין לפקפק אם זה מספיק, כי כן לא האמינו שאפשר לחנך ילדים בהסברה גרידא, אלא רק במקל חובלים. עד שהיום רוב הציביליזציה קבלו על עצמם שלא להכות ילדים, והחינוך הזה מצליח יותר מבשיטה הקודמת.

כן אם ימצא איזה יוצא דופן בהחברה, אין להביאו לפני משפט הנסמך על כח. אלא ע"י הסברים וויכוחים ודעת הצבור, עד שיחזירו אותו למוטב.

ואם כל התחבולות לא יועילו לו אז יפרשו ממנו בני החברה כמו ממנודה, ואז לא יוכל לקלקל אחרים מהחברה.

2/7 טוב לתקן ששום אדם לא יתבע צרכיו מהחברה, אלא שיהיו ממונים שיחזרו על הפתחים לחקור צרכי כל אחד והם ימציאו לו מעצמם.

באֹפן, שיהיה מחשבות כל אחד רק להשפיע לזולתו ולא יהיה נזקק לעולם לחשוב לצרכו עצמו.

0/0 הבסיס על זה: כיון שאנו רואים שבמדת הצריכה אנו שוים לכל החי, וכן כל המעשים הבזוים שבעולם באים מן הצריכה. ולהיפך אנו רואים שכל המעשים המאושרים שבעולם באים ממדת ההשפעה לזולתו.

לפיכך יש לנו לקמץ ולדחות המחשבות של צריכה לעצמו ולמלאות מחשבתינו רק במחשבות של השפעה לזולתו. שזה יתכן באֹפן הנ"ל.

החופש של הפרט צריך להיות נשמר כל זמן שאינו מזיק להחברה

חוץ ממי שרוצה לעזוב את החברה וללכת

לאחרת אין לעכבו בשום פנים שבעולם, אפילו שזה מזיק להחברה. וגם זה באֹפן שלא תהרס כל החברה.

קטע יב

תעמולה

(5/1 ג' יסודות הן להתפשטות הדת: א. סיפוק תשוקות. ב. הוכחות. ג. תעמולה.

א. סיפוק תשוקות: הוא כי בכל אדם אפילו בחפשי יש ניצוץ בלתי נודע, התובע התייחדות עם אלקים. וכשהוא מתעורר לפרקים מעורר בו תשוקה לדעת את האלקים או לכפור באלקים והיינו הך. ואם ימצא מי שיעורר בו סיפוק תשוקה זו, יסכים להכל.

יש להוסיף על זה ענין השארת הנפש ושכר לעולם הבא. וכן כבוד הפרט וכבוד האומה.

ב. הוכחות. שאין קיום לעולם זולתו, ומכ"ש בימי האטום ופצצת המימן.

ג. תעמולה. לשכור אנשים להפיץ הדברים הנ"ל בין הצבור.

(6/1 הק' האגואיסטי הוא מוקדם לק' האלטרואיסטי, כי מאחר שיש לו שליטה בחיים לבטול הרכוש. אפשר לחנך שהביטול רכוש יהיה מחמת אהבת זולתו.

(5/2 יש למהר לשלב השני של הק', שהוא ק' אלטרואיסטי, מטעם כי החסרונות והשמוש בכח של הק' האגואיסטי מרחיקים את העולם מכל השיטה. ולפיכך הגיע הזמן להראות השלב הסופי של הק' האלטרואיסטי, שיש בה מכל הנועם ואין בו שום דופי. גם יש לחשוש מאד שלא יתעוררו מקודם המלחמה השלישית, כי פן יבולע כל הק' מן העולם.

במלה אחת אין מהלומה יותר קשה למשטר הרכושני, כמו צורת ק' מושלמת על דרך הנ"ל.

(0/0 כבר אנו עדי ראיה שמשטר הרכושני חזק הוא וגם הפרוליטריון של המדינות הרכושניות ממאסים במשטר הק'. וכל זה מפני הכפיה והכח המחויבת בה, מטעם שליטת קבוץ של ק' על חברה אנטי ק'. לפיכך אין לצפות כלל שהמשטר מתבטל מאליו. ואדרבה להיפך הזמן פועל לטובתם, כי כל עוד משטר הק' יקיף העולם יתגלו הכפיה והשעבוד שבו שכל אדם בינוני ממאס בהם בתכלית.

כי כל אשר לאדם יתן בעד חרותו.

ועוד דבר. כיון שהק' אינו מתפשט בארצות הציביליזציה אלא בארצות הפרימיטיביות יהיה נמצא בסופו של דבר חברת מדינות עשירות עם רמת חיים גבוה במשטר הרכושני, וחברות מדינות עניות עם רמת חיים נמוכה במשטר הק'.

ואז יחתך הדין על הק' ששום אדם בן חורין לא ירצה לשמוע ממנו וימאס אותו כמו שממאסים היום במשטר של עבדים מכורים לכל חייהם.

(5/2 להתפשטות ותעמולה

יש לזכור שכל היסורים וחבלי עוני והשחיטות וכו' אין להם תקון אלא בק' אלטרואיסטי, ואז לא יקשה לאדם לתת ולמסור נפשו עליו.

(7/1 היהדות צריכה לתת דבר חדש לגויים, ולזה המה מחכים משיבת ישראל לארץ, ואין זה בחכמות אחרות, כי בהם לא חידשנו מעולם ובהן אנו תמיד תלמידיהם. אלא המדובר הוא בחכמת הדת ובצדק ובשלום. שבזה רוב הגויים תלמידנו הם. וחכמה זו מיוחסת רק לנו.

,7 (11/1 כל הציונות סופו להתבטל, אם חלילה יתבטל שיבה זו. ומדינה זו עניה מאד, ותושביה עתידים לסבול הרבה שבלי ספק לאט לאט המה או בניהם עתידים לעקור מן הארץ ולא ישאר רק מספר מבוטל, שסופו להיטמע בין הערבים.

והעצה לזה רק הק' האלטרואיסטי שמלבד מה שמאחד כל האומות להיות אחד שיסייעו זה לזה, הנה גם נותנת כח הסבלנות לכל אחד ואחד, והעיקר שהק' נותנת כח מרובה לעבודה באֹפן שפריון העבודה ישלים חסרון העניות.

(4/ אם יקבלו הדת אז יתכן לבנות ביהמ"ק ולהחזיר כל הפאר העתיק, שזה ודאי היה מוכיח צדקת ישראל לכל הגוים על חזרתם לאדמתם. ואפילו על הערבים. משא"כ שיבה חילונית כיום, אינו עושה שום רושם על

הגוים, ויש לחוש אם לא ימכרו עצמאות ישראל בשביל צרכיהם.

ואצ"ל על החזרת ירושלים.

ואפילו על הקתולים היה מטיל פחד.

קטע יג

ועד כאן בארתי שק' ואלטרואיזם היינו הך וכן אגואיסטים ואנטי ק' היינו הך. אמנם כל זה הוא שיטתי עצמי. אבל אם תשאל לראשי הק' עצמם, יכחישו זאת בפה מלא. ולהיפך, כי יאמרו שהם רחוקים מכל סנטימנטליות וממוסר הבורגני, אלא המה מבקשי הצדק בלבד, על דרך "שלי שלי ושלך שלך".

(וכל זה עלתה להם מפני החיבור שנתחברו עם הפרולטריון)

ולפיכך נסתכל על פני הדברים לפי תפישתם הם. ונבקר את הצדק הזה שהם מבקשים.

לפי התפתחות המשטרים של היום אותם הגדרים בורגני ופרוליטריון כבר אינם מספיקים לבאר ההיסטוריה. כי צריכים לגדרים יותר כוללים, וראוי לגדור אותם תחת השמות חרוצים (שבמשטר הב' הם הקפיטליסטים, ובמשטר הק' וכו') ונחשלים.

כי כל חברה נחלקת על חרוצים ונחשלים, דהיינו כ-20 אחוזים יהיו חרוצים ו-80 אחוזים נחשלים. וחוק טבעי הוא שמעמד החרוצים ינצלו את מעמד הנחשלים, כמו דגים שבים שהחזק בולע את החלש. ואין הפרש בזה אם החרוצים הם בורגנים קפיטליסטים או שהם מנהלים ומפקחים ואינטליגנציה, סוף סוף אותם העשרים אחוזים החרוצים ישאבו תמיד השמנת, וישאירו להעמלים את מי החלב הכחושים. אלא השאלה היא, כמה הם מנצלים את הנחשלים. ואיזה מין חרוצים מנצלים יותר את הנחשלים אם מין הבורגנים, או מין המנהלים והמפקחים.

קטע יד

הבסיס של כל הביאור, הוא גילוי חומר הבריאה הרוחנית והגשמית שאינה אלא רצון לקבל, שהוא יש מאין. אבל מה שהחומר זה מקבל נמשך יש מיש.

ומכאן ידוע בבירור מה טוב ומה ה' דורש מאתנו, אינו אלא השואת הצורה. כי הגוף שלנו מטבע בריאתו אין לו אלא רצון לקבל, ולא להשפיע כלל. שהוא ההיפך מהבורא ית' שכולו להשפיע ולא לקבל כלל, כי ממי יקבל? ובשינוי צורה זו נפרדה הבריאה מן הבורא ית' ועל כן נצטוינו לעשות מעשים לעשות נ"ר ליוצרו בתורה ומצות וכן להשפיע לחברו, כדי לקבל צורת ההשפעה ונחזור ונתדבק בבורא ית' כמקודם הבריאה.

ההבדלים ביני לשופנהואר
[ארתור שופנהאואר (1788-1860),
פילוסוף גרמני]:

א. הוא תופס אותו לעצם כשהוא לעצמו, ואני תופס אותו לצורה ולנשוא. אמנם המהות הוא בלתי נודע, אבל יהיה מה שיהיה, הוא נמשך יש מיש.

ב. הוא תופס עצם הרצון, לשאיפה, ששום מטרה לא תוכל לשים לה קץ, אלא העפלה תמידית ודחיפה בלתי פוסקת. ואצלי הוא מוגבל לקבל דברים מסוימים ויש לו שביעה, דהיינו מגמה. אלא השגת המטרה מגדלת הרצון לקבל. ע"ד "יש לו מנה רוצה מאתים". אבל מקודם לכן היה הרצון לקבל מוגבל בהשגת מנה בלבד, ולא רצה מאתים. באפן שהשאיפה התמידית הוא מקרה התרחבות שברצון, ואינו עצם הרצון לקבל.

ג. הוא אינו מחלק בין רצון להשפיע ובין רצון לקבל, ואצלי רק הרצון לקבל הוא עצם הבריה, משא"כ הרצון להשפיע שבו הוא אור אלקי, והוא בחינת בורא ולא נברא.

ד. הוא תופס הרצון עצמו לעצם, ומה שרוצה הוא מחשיב כמו צורה ומקרה בעצם. ואצלי הדגש הוא דוקא על הצורה של הרצון, דהיינו הרצון לקבל, אבל הנושא של צורת הרצון לקבל הוא מהות בלתי נודע.

א. כיון שרואה ברצון את הנושא, הוא מוכרח להגדיר איזה רצון כולל בלי צורה, וע"כ בוחר את השאיפה הבלתי נפסקת לחומר, ומה שרוצה הוא הצורה.

אבל באמת אין כאן שאיפה בלתי פוסקת,

אלא רצון המתגדל ומתגדל אחר המגמה, והוא צורה ומקרה ברצון.

א. לדידיה עצם, ולדידי צורה [לדידיה ולדידי פירושו לשיטתו ולשיטתי].

ב. לדידיה שאיפה בלתי פוסקת, ולדידי מוגדל במגמה.

ג. לדידיה אין חילוק בין להשפיע ובין לקבל, ולדידי הרצון להשפיע היא ניצוץ בורא.

ד. לדידיה השאיפה היא חומר, ואיכות הקבלה היא צורה, ולדידי איכות הקבלה היא חומר הבריאה, והנושא לאיכות הוא בלתי מודע, ואיך שהוא, הוא יש מיש.

חלק ב

מנהיגים של הדור

ההמונים מטבעם להאמין למנהיג שאין לו שום מחשבות ואינטרסים של עצמו אלא שהקדיש והפקיר כל פרטיותו בשביל תועלת הצבור, כי באמת כן צריך להיות. ואם המנהיג עושה רעה לאחד מהצבור מתוך אינטרס פרטי הרי זה בוגד ושקרן וברגע שידעו זאת הצבור ירמסנו עד עפר.

אמנם יש לאדם ב׳ מיני אינטרסים פרטים: הא׳ הוא אינטרסים חומריים. הב׳ אינטרסים נפשיים. ומאלו אינטרסים הנפשיים אין לך מנהיג בעולם שלא יכשיל בשבילם את הצבור. למשל שהוא רחמן, ובשביל זה לא יבער את עושי הרע ולא יתריע עליהם. הרי שבשביל אינטרס פרטי מחריב הצבור. או שמפחד מפני נקמות ואפילו נקמות הבורא ובשביל זה יסתייג עצמו ולא יעשה תיקונים הנצרכים.

באופן אם יבטל אינטרסים חומרים עוד לא ירצה לבטל האינטרסים האידאלים או הדתיים לתועלת הצבור אע״פ שהם רק הרגשים שלו הפרטיים, והצבור כולו אין להם עסק עמהם כי המה אינם מבחינים רק במלה ה״תועלת״ לבד, כי אין להם דבר לו אידיאלי ביותר שיעמוד בפני התועלת.

מעשים קודמים לשכל

כמו ברצון ואהבה היגיעה אחר החפץ מוליד יקר ואהבה להחפץ, כן המעשים טובים מולידים אהבה לה׳ והאהבה מולידה דבקות והדבקות מוליד שכל ודעת.

ג׳ פוסטמאטים

[אקסיומות]

כאלו בן חורין, כאלו בן אלמות, כאלו אשעין [מילה לא ברורה בכתב היד]. והם רעגבליאטיבי לתכונה מעשיית (מוסר) לטוב הנעלה ביותר.

אמת ושקר

נודע שהמחשבה והחומר והרצון הם ב׳ מודיפיקציות [שינויי צורה] של ענין אחד: ונמצא שהעתקה הפסיכולוגיה מן הויה והעדר הפיזי הוא אמת ושקר, באופן שהאמת כמו הויה הוא תזיס. והשקר כמו ההעדר הוא אנתיתזיס ומבין שניהם נולד הסינתזיס הנרצה.

[מעבר לעמוד חדש]

[במקום זה וכן להלן הציון ״מעבר לעמוד חדש״ מורה כי בכתב היד מתחיל עמוד חדש או קטע חדש]

דעת היחיד דעת הצבור

כמו דעת יחיד הוא כמין מראה שבו מקובלים כל התמונות של המעשים התועלתיים עם המזיקים שהאדם מסתכל באותם הנסיונות ומברר לו הטובים התועלתיים ודוחה את המעשים שהזיקו לו (המכונה מוח הזכרון), כלמשל הסוחר מתחקה במוח הזכרון כל מיני סחורות שהפסיד בהם והסבות ועד״ז כל מיני הסחורות והסבות שהביאו רוחים והם מסתדרים במוחו כמין מראה של הנסיונות, שלאח״ז הולך ומברר את המועילים ודוחה המזיקים עד שנעשה סוחר טוב ומוצלח. ועד״ז כל אדם בנסיונות החיים שלו.

עד״ז יש להצבור מוח משותף ומוח הזכרון והמדמה משותף, ששם נחקקים כל המעשים שנעשו ביחס להצבור ולהכלל מכל אדם התועלתיים והמזיקים, וגם המה בוחרים את המעשים והעושים התועלתיים ומשתוקקים שיתמידו בהם כל העושים אותם, וכן נחקקים במוח ה״זכרון״ והמדמה שלהם כל העושים והמעשים הרעים המזיקים להכלל, והם ממאסים אותם ומשתוקקים לתחבולות להפטר מהם.

לפיכך מהללים ומשבחים להעושים והמעשים התועלתיים כדי להניעם במעשים אלו יותר ויותר שמכאן נולדו ויצאו האידיאלים והאידילאסטים וכל מדות טובות וחכמת המוסר. ולהיפך יגנו מאד את העושים והמעשים

המזיקים כדי למנוע ולהפטר מהם ומכאן נולדו כל מיני מדות רעות והחטאים ושפלות מין האדם.

באופן שהתפעלות דעת יחיד דומה לגמרי להתפעלות דעת הצבור. וזה וזה נערך רק בתועלת והזק בלבד.

הקלקול שבדעת הצבור

הקלקול שבדעת הצבור הוא כי הצבור אינו נערך לפי רוב מנין שבו אלא רק לפי רוב בנין, דהיינו רק התקיפים שבהם, ע"ד שאומרים שעשרים אנשים תופסים ההגה בכל מדינת פראנציא [צרפת]. וע"פ רוב הם העשירים שבהם שהם רק עשרה אחוזים מהצבור. והם תמיד ההדיוטים שבעם (שזה ג"כ לפי דעת הצבור הנ"ל) כי הם המזיקים להציבור והם המנצלים אותם. וע"כ אין דעת הצבור שולט כלל בהעולם. אלא דעת מזיקים שולטים בהצבור באופן שאפילו האידיאלים שנתקדשו בעולם אינם אלא שדים ומלאכי חבלה ביחס רוב מנין של הצבור. ולא לבד הדת אלא גם משפט השלום הוא לטובת העשירים בלבד. ומכ"ש תורת המוסר והאידיאלים.

מקור הדמוקרטיה והסוציאליזם

מכאן נולד רעיון הדמוקרטיה שיחזיקו רוב מנין של הצבור את משפט השלום והמדיניות בידיהם הם. וכן הסוציאליזם שהפרוליטאראט יקח את גורלם בידיהם הם. שבקיצור הוא, שרוב מנין יעשו את דעת הצבור להבחין מה תועלת להם ומה הזק להם, ועפ"ז יהי' כל החוקים והאידיאלים.

הניגוד שנעשה בין הדמוקרטיה והסוציאליזם

הניגוד שנעשה בין הדמוקרטיה והסוציאליזם כפי הנראה ברוסיה, כי עשרה אחוזים שולטים שם בכל הצבור ובדיקטטורה שלמה. הטעם פשוט. כי חלוקה צודקת צריכה לאידיאליסטים שזה לא נמצא ברוב מנינו של הצבור. וע"כ סופו ליפול: ואין תקנה לזה רק בדרך דת מלמעלה שיעשה כל הצבור לאידאליסטים.

[מעבר לעמוד חדש]

קונטקט עמו ית'

ההמונים מדמים לעצמם שמי שיש לו קונטקט עמו ית' הוא אדם ... הטבע ושיש לפחוד לדבר עמו ומכ"ש להמצא בד' אמות שלו. כי כן טבע האדם שמפחד מכל דבר שמחוץ לטבע הבריאה והוא מפחד גם מדבר בלתי שכיח כמו רעם וחזיז קולות.

אמנם למעשה אינו כן, כי אדרבא כי אין דבר יותר טבעי מלהשיג מגע עם בוראו, כי הוא בעל הטבע, ובאמת יש לכל נברא מגע עם בוראו, כמ"ש "מלא כל הארץ כבודו", אלא שאינו יודע ומרגיש זאת. והעובדו הזוכה לקונטקט עמו אינו ניתוסף לו רק הידיעה לבד, כמו האדם שיש לו אוצר בכיסו ואינו יודע ובא אחד והודיע לו מה שיש לו בכיסו אשר באמת עתה נתעשר. ועכ"ז אין כאן שום חדש לו ואין ממה להתרגש כי במציאות הממשי לא נתחדש דבר.

כן הזוכה לחביבות יתירה לדעת שהוא בן למקום אין לו שום שינוי משהו בהמציאות הממשי, אלא ידיעה מה שלא ידע מקודם לכן.

ולפיכך אדרבה גם האדם הזוכה נעשה מתוך כך טבעי ביותר. ופשטן ביותר ועני ביותר, עד שאפשר לומר שמטרם הזכיה היה אותו האדם וכן כל ההמון מחוץ להטבע הפשוטה. כי עתה הוא שוה ופשטן ומבין את כל האנשים ומעורב עמהם מאד ואין קרוב וטבעי להההמון ממנו, ויש רק לאהוב אותו לבד כי אין להם את קרוב כמוהו.

[מעבר לעמוד חדש]

בנין עולם מחדש

עי' "דעת יחיד דעת ציבור" ו"הניגוד שבין סוציאליזם אל דמוקרטיה", עש"ה.

נתבאר שם, שעד עתה היה דעת הצבור נבנה ומתפתח לפי רוב בנינו של הצבור דהיינו התקיפין. וזה מקרוב שנתפתחו ההמונים ע"י דת, וע"י הסקולין [בתי ספר], וע"י רבולוציוניען, וחפשו שיטת הדמוקרטיה והסוציאליזם.

אכן לפי החוק הטבעי "עייר פרא אדם

יוָלד", והאדם הוא נצר מחיה רעה וקוף כשיטת דרוין או כחז"ל, שלאחר החטא ירד מין האדם לקופין כי "כולם בפני חוה כקוף בפני האדם", אמנם לפי מעלת האדם המורכב מהכנה שכלית הלך ונתפתח ע"י המעשים והיסורין, וקבל דת ומדיניות ומשפט השלום עד שנסתדר להיות אדם מן הישוב. וכל התפתחות הזאת היה מונח כך על רוב בנינו של הישוב וההמונים מונהגים אחריהם כ"עולם גולם".

וכשהמונים פקחו עיניהם ליטול הגורל לידיהם עצמם, אשר בשביל זה היו מחויבים לבטל את כל התקונים והחוקים של התקיפין שהם הדת ומשפט השלום והמדיניות, אשר כל אלו היו רק לפי רוחם של התקיפים ולפי התפתחותם לטובתם עצמם.

נמצא שהם צריכים לבנות עולם מחדש, כלומר שהם דומים כמו אדם הקדמון הקוף הדארויני, כי לא עליהם עברו הנסיונות הללו שהביאו להם שיעור התפתחות הנוהג כהיום. שרשרת התפתחות על שכמות התקיפים פעל בלבד ולא על ההמונים שהיו עד עתה קרקע בתולה.

ולפיכך נמצא העולם עתה במצב של חורבן גמור פרימיטיבי מאד במובן מדיני כבזמן אדם המערה ... עוד לא עברו עליהם אותם הנסיונות והמעשים שהביאו להתקיפין לקבל עליהם הדת והנימוס והמשפט השלום. באופן שאם נניח את העולם להתפתח לפי סדירו הטבעי, הרי העולם של היום מוכרח לתהליך כל היסורין והחורבנות שעברו על האדם הפרימיטיבי, עד שיכריחו אותם לקבל משפט מדיני קבוע ותועלתי.

והפרי הראשונה של החורבן בא עלינו בדמות הנאצים שסוף סוף הם רק תולדה ישרה מהדמוקרטיה והסוציאליזם, כלומר מהנהגה של רוב מנין אחר פריקת עול של הדת ונימוס ומשפט השלום.

נאציזם אינה תולדת גרמניה

ונתבאר שהעולם בטעות החושבים את הנאציזם לתולדת גרמניה בלבד, כי הוא תולדתה של הדמוקרטיה והסוציאליזם, שנשארו בלי דת ונימוס ומשפט השלום. וא"כ כל האומות שוים בזה ואין תקוה כלל שהנאצים יגוועו עם הנצחון של בעלי הברית, כי מחר יקבלו האנגלוסאקסים את הנאציזם, שהרי גם הם נמצאים בעולמם של דמוקרטים ונאציסטים.

וזכור שגם הדמוקרטים מוכרחים לכפור בדת ונימוס ומשפט השלום כמו המארקסיסטים, מפני שכל אלו המה משמשים נאמנים רק להתקיפין שבצבור ומניחים מכשולים תמיד להדמוקרטים. או לרוב בנין [מנין] של הצבור.

אמת הוא שהוגי דעות בין הדמוקרטים משגיחים בשבע עינים שלא יחריבו את הדת והנימוסים בפעם אחת כי יודעים הם שהעולם יחרב. אמנם בשיעור זה המה מפריעים גם ממשלת הרוב ואחר שהרוב יתכימו להבין אותם בודאי יבחרו במנהיגים אחרים בדומה להיטלר. כי הוא ממש בא כח מובהק מבטא את רוב מנינו של כל צבור, יהי' גרמני או אנגלו סאקסי או פולני.

העצה האחת

לא כהדמוקרטיה האומרים לבטל את הדת והנימוס לאט לאט ולהתאים מדיניות חדשות באופן שלא יחריב העולם, כי ההמונים לא יתכו על ידם כנ"ל. אלא כמאמרם ז"ל, אין סותרין בית הכנסת מטרם שאפשר לבנות בית הכנסת חדשה במקומה.

דהיינו שאסור לנו להניח את הרוב בנין [מנין] ליטול לידיהם את ההנהגה מטרם שנבנה דת ונימוס ומדיניות המתאים בשבילם, כי בינתים יחרוב העולם ולא יהי' עם מי לדבר.

[מעבר לעמוד חדש]

ניהיליזם
[תפיסה פילוסופית השוללת את
כל הערכים והמוסדות המסורתיים]

לא ניהיליזם מוחלט אלא ניהיליזם הערכים (ע"ד ניטשה לערכי נצרות) היינו לכל הערכים בסדרי הדת והמוסר וסדרי המדיניות המקובלים עד הנה בתפיסת האנושיות.

כי כל אלו הם פשרות בשיעורי האגואיזם היחיד או המדינה או העובד לה'.

ואני אומר שכל שיעור באגואיזם פסול ומזיק ואין סדר אחר אלא אלטרואיסטי הן ביחיד, והן בצבור, והן בה'.

מוניזם מטריאליסטי

שהחומר הוא אבי הכל והמחשבה הוא פְּרִיָם של המעשים והתחושות וכמין מראה. ואין חירות רצון רק חירות מעשים. אכן לא ע"י עצמו כי מעשה רעה גוררת מעשה רעה, ודבר חירות המעשה מובנת ע"י שיסתכל (במראה המעשים הנק') בשכל של אחר ואז יש לו חרות לציית לו.

ולא יוכל לבחור מתוך (מראה שלו) שכלו עצמו, כי כל איש דרכו ישר בעיניו. ויש לו תמיד הסכמת שכלו.

מחוץ לעוה"ז

מחוץ לעוה"ז יש להבין ולחקור רק בדרך סוביקטיבי ופרגמטי (מעשי) ובדרך הזה הרי זה מחקר של עוה"ז אע"פ שהוא מחוץ לו. כי הוא הוגה לפי שיעור המלובש בטבע עוה"ז, גם לפי שיעור התועלתי השמושי (פרגמטי).

מהו מחוץ לעוה"ז?

רק השי"ת הוא מחויב המציאות שהוא מקומו של עולם ואין העולם מקומו. ואותו לבדו אנו מבינים שהוא גם מחוץ לעוה"ז לא שום משהו אחר. בניגוד לפנתאיזם.

ועוה"ז הוא מונח אוביקטיבי הניתן להבינו גם בבחינה אוביקטיבית שעיקריהם הראשונים הם חלל וזמן.

ומחוץ לעוה"ז שהם א"ק ואבי"ע [עולמות אדם קדמון, אצילות, בריאה, יצירה ועשיה] **ניתן להבין רק בדרך סוביקטיבי מבלי לנגוע בהאוביקט אף משהו מהמשהו.**

ומהות האוביקטים שאנו מגדירים בשמות באבי"ע הם לפי ההנחה כיון שהכל תופסים כן בלי יוצא מהכלל. (כלומר יחידי סגולה שבכל דור שהמה בכלל רבבות ומיליונים שהיו והעתידין לבא) א"כ יש לנו שם השגה אוביקטיבית. אע"פ שאיננו נוגעים באוביקטים כלום.

ומכאן יצאו לנו הד' עולמות שלמעלה מעוה"ז אע"פ שע"פ טבעם הם רק סוביקטיביים ומתלבשים בטבעי העוה"ז בב' הדרכים: התפשטות ומחשבה, דהיינו פרלליזם פסיכוו-פיזי: כי כל עצם מוכר לנו ע"י ב' סדרים: תחילה פיזי, אח"כ פסיכי, והולכים תמיד יחד בארח פרללי [מקביל]**.**

ונודע שגם בעוה"ז יש רבים התופסים שיטת "אכספרס יוניזם" דהיינו רק לפי תפיסה סוביקטיבית בלבד. אמנם אני מחזיק גם בשיטת "אימפרס יוניזם" לבאר מושגי עוה"ז בדרך אוביקטיבי כמה שאפשר ללא תערובת מרובה של חזוק סוביקטיבי.

[מעבר לעמוד חדש]

מהות הדת

מהות הדת מובנת רק בדרך פרגמטי כמ"ש זיעמס [ויליאם ג'יימס (1842-1910), פילוסוף אמריקני]**: מקורה של אמונה בצורך והאמת בה עד כמה שהיא מספקת צורך זה.**

ויש אמנם ב' מיני צורכים: הא' צורך נפשי, שמאוס לו החיים עד להקאה, זולתה. הב' צורך פיזי, וצורך זה מתגלה בעיקר בסדרי חיי החברה, כמו בתורת המוסר והמדיניות. כמ"ש קנט [עמנואל קנט (1724-1804), פילוסוף גרמני]**, האמונה בסיס לתורת המוסר ושומרת אותה.**

ומובן מאליו שחכמי הדת לא יבואו רק מאותם שיש להם צורך נפשי כי הוא צריך לה גם מבחינה סוביקטיבי, משא"כ לחלק הב' יגיע להם הסיפוק דהיינו האמת גם מבחי' סוביקטיבי. ועכ"ז "מתוך שלא לשמה הוא בא לשמה".

הצורך הוא קודם לסבה המחייבת לאמונה.

מנהיגי הציבור

אם לפ"ע יש ודאי לכל אחד טעם ורשות לבחור אם באקספריוניזם או באמפרסיוניזם. אמנם מחזיקי הרסן, אין להם רשות להנהיג

הצבור זולת בדרך פוזיטיבי ופרגמטי, דהיינו לפי שיטת האקספריוניזם. כי לא יוכל להזיק לצבור בשביל אינטרס פרטי שלו, למשל לא יוכל להורות אמונה לצבור בשביל הבנת האימפרסיוניזם של עצמו ובשביל זה יפסיד הנימוס והמוסר מהצבור. ואם אינו שולט על עצמו מוטב לו להתפטר. ולא להזיק לצבור עם האידאלים שלו.

תפיסת העולם

העולם נברא ע"י התפתחות בסבתיות ע"ד המטריאליזם ההיסטורי וע"פ הדיאלקטיקה של הגל [גיאורג וילהלם פרידריך הגל (1770-1831), פילוסוף גרמני]. **תזיס ואנטיתזיס וסינתזיס.**

אכן הוא תכליתית להרגש עם השי"ת מדצח"ם [דומם, צומח, חי, מדבר] **עד לנבואה או לדעת ה'.**

התענוג הוא התזיס, והיסורין הוא האנטיתזיס והרגש מחוץ להעור הוא הסינתזיס.

מהות הקלקולים ותיקונם הוא בדעת הצבור

כמו דעת היחיד הוא הבורר לו בין ההפסדים והרוחים ומעמידו על עסק המוצלח ביותר: כן דעת הצבור מברר בסדרי המדיניות ומעמידם על המוצלח ביותר, אכן יש רוב מנין ורוב בנין.

רוב מנין ורוב בנין

ועד עתה היו דעת רוב בנין (שהם התקיפין) עושים ומבררים את דעת הצבור כולו וע"כ כל המוסר והמשפט.

והדת שמשו להזיק לרוב המנין שהם 80% מהחברה.

הרוב מנין הוא פרימיטיבי כאדם הקדמוני

הרוב מנין הוא פרימיטיבי כאדם הקדמוני כי לא ניסה לו לשמש עם הסדרי משפט ודת ומוסר ששמשו עד הנה לא לו. אמנם ודאי שכל אלו לא הגיעו למצב ההוי זולת ע"י יסורין רבים בדרך הסבתיות ודיאלקטי. אשר הרוב מנין לא שם לבו אליו כלל וממילא לא יוכל לתופשם.

הפעולה היותר מהירה הוא הדת

ובכדי להפעיל דעת הצבור מחדש בהרוב מנין באופן המועיל אין עצה מהירה זולת ע"י הדת. וע"י המיאוס של כל רצון לקבל במשהו וע"י הנעלה והיופי של הרצון להשפיע במדה מרובה.

וכל זה ע"י מעשים דוקא כי הגם שהפסיכופיזי המה פרללים עכ"ז הפיזי הוא קודם לפסיכי.

[מעבר לעמוד חדש]

הגאונים

הגאונים הוא פרי הדור, שיש לו נטיה רבה להשפיע ואינו צריך לעצמו כלום. ובזה יש לו השואת הצורה עם השם ומתדבק בו מאליו, וממשיך ממנו חכמה ותענוג, ומשפיע להאנושיות.

והם מוחלקים לב' סוגים: או עובדים מדעתם, שפירושו להשפיע נ"ר ליוצרם ומשום מגמה זו משפיעים לאנושיות. או עובדים שלא מדעתם: דהיינו שאינם מרגישים ויודעים שדבקים בהשם, ודבקים בו שלא מדעת, והם משפיעים רק להאנושיות.

וע"פ יסוד הזה, אין קידמה לאנושיות רק להטביעם הרצון להשפיע, ויתרבה הגאונים בעולם.

טלאולוגיה
[תורת התכלית]

טלאולוגיה מחויבת היא בקבלה, ע"פ שיטת אנטרופוצנטריות שהעולמות נבראו בשביל ישראל והם התכלית וכן שהשי"ת נמלך בנשמותיהם של צדיקים.

וכן מובא התכלית בהנבואה ו"מלאה הארץ דעה את השם" ואין לך תכלית יותר מובהק.

הרמב"ם נוטה אחר שיטת דיסטלאולוגיה, ואומר שיש לו להשי"ת בהבריאה גם תכליתים אחרים זולת מין האדם, כי קשה לו להבין שהשי"ת ברא בריאה כ"כ גדולה עם מערכת הכוכבים שהפלנט שלנו בטל במציאותו כמו גרגיר חרדל, ויהי' כל זה רק לתכלית שלמות האדם?

התכלית מחויב לכל בר שכל והפועל בלי תכלית הוא חסר דעה, ולפי מעשיו הכרנוהו שברא העולם בדצח"ם, שהמדבר הוא בחיר היצירה להיותו מרגיש זולתו ומשפיעהו, ונוסף עליהם הנביא שמרגיש להשי"ת ומכירהו, שזה מובן לתענוג לו ית' ותכליתו בכל הבריאה הגדולה.

והקושיה של הגל, הרי יש בהכרת בריות בלי תכלית בהטבע כמו ריבויים שבפלנט שלנו וריבוי פלנטים לאין קץ אשר האדם אינו משמש עמהם כלל? התשובה היא, לפי החוק "שהבלתי מודע לא יסתיר את המודע" ו"אין לו לדיין רק מה שעיניו רואות". ואולי יש דצח"ם בכל הפלנטים, ובכל פלנט: תכליתו המדבר. וכדומה מן הבלתי מודע. ואיך יסתור זה את המודע ומוכר בדרך הנבואה.

וזהו פשוט שתענוג להבורא לברוא אוביקט שיוכשר למשא ומתן עמו ולהחלפת הדעות וכדומה. וכן יש תענוג ממין בשאינו מינו ואנו סומכין לגמרי על הנבואה.

סיבתיות ובחירה

סיבתיות ובחירה הם "דרך יסורין, שנפרעין שלא מדעת", ע"י החוקים הדיאלקטיים. שכל הויה יש בתוכה גנוז ההעדר וקיום ההויה כל עוד שלא נגלה ההעדר שבה, וכשיתגלה ויתפתח האנטיתזיס הוא מחריב את התזיס, ומביא במקומה הויה היותר מושלמת מהראשונה, להיותה כוללת התיקון של האנטיתזיס הקודמה. (כי כל העדר הוא קודם להויה) וע"כ מכונה הויה השניה בשם "סינתזיס", כלומר שהיא כוללת ונולדת משניהם, שהם הויה והעדרה שקודמו אל הויה זו החדשה. ועד"ז הולכת האמיתיות ומושלמת תמיד ע"י ה"דרך יסורין" שהם הויה והעדר, תזיס ואנטיתזיס, ומולידים תמיד סינתזיס יותר אמיתיים עד שמגלה הסינתזה השלמה. אבל מהו השלמות?

ובמטריאליזם היסטורי מתבאר הדרך יסורין הנ"ל רק על חפץ הכלכלי, שכל תזיס פירושו משטר צודק לשעתו וכל אנתיתזיס פי' חלוקה בלתי צודקת בהכלכלה, וכל סינתזיס הוא משטר המיישב את האנתיזה שנתגלה ולא יותר, וע"כ גם בה גנוז ההעדר, וכשמתפתח ההעדר מחריב את הסינתזה ההיא ג"כ וחוזר חלילה, עד שיתגלה החלוקה הצודקת.

"והדרך תורה"

"והדרך תורה" היא נתינת הגורל ליד הנדכאים שזהו ממהר את הקץ במדה שהנדכאים ישגיחו על הדבר. וזהו נק' **"בחירה"** כי מעתה **הבחירה הוא בידי הנוגעים בדבר.**

הרי ש"דרך יסורין" פעולה אוביקטיבית, ו"דרך תורה" היא פעולה סוביקטיבית והגורל בידי הנוגעים בדבר.

[מעבר לעמוד חדש]

העקרון: השפעה לזולתו, **ההנהגה:** משטר חובה: למינימום חיים ומעשי מצוות לרמת חיים להחברה. **התכלית והמטרה:** דבקותו ית'. **זהו לדעתי הסינתזיס האחרון שאין ההעדר גנוז בתוכו עוד.**

מעשים טובים ומצות

לוק [ג'ון לוק (1632-1704), פילוסוף אנגלי] אמר אין דבר בהשכל שלא יהי' מקודם בהחושים. וכן **שפינוזה** [ברוך שפינוזה (1632-1677), פילוסוף יהודי הולנדי] **אמר,** שאינו רוצה הדבר בשביל שהוא טוב אלא שהוא טוב בשביל שאני רוצה הדבר. ויש להוסיף ע"ז שאין דבר בהחושים שלא יהי' קודם בהמעשים, באופן שהמעשים מולידים חושים וחושים מולידים ההבנה.

למשל שאי אפשר לחוש שיתענגו על ריבוי ההשפעה מטרם שישפיעו בפועל וכן אי אפשר להבין ולהשכיל חשיבותו הגדולה של ההשפעה מטרם שטועמים אותו בהחושים.

ועד"ז אי אפשר לטעום תענוג מדבקות מטרם שירבה מעשים טובים המסוגלים לזה דהיינו בשמירה גמורה של התנאי לעשות נ"ר לו, דהיינו להתענג על הנחת שגרם אליו ית' בעשית המצוה. ואחר הרגש התענוג הטוב במעשים אפשר להבין אותו בשיעור התענוג הזה. ואם ... לתענוג נצחי ותמידי מגרימת נ"ר אליו אז יזכה לדעת ...

ועי' לעיל שיש ב' מגמות בדת א' "שלא לשמה" שהוא תועלתיות לבד, דהיינו בכדי לבסס היטב המוסר לתועלת עצמו ונמצא בהשיגו מגמה זו כבר יש לו הסיפוק.

ויש מגמה ב' בהדת שהוא צורך נפשי להדבק בו. וזהו נק' "לשמה", והוא יכול ע"י מעשים לזכות להנ"ל. ו"מתוך שלא לשמה בא לשמה".

מגמת החיים

יש ג' דעות בספרים ובמחקר, או אידיאמניות, לזכות לדבקותו ית', או בכדי לזכות לקדמה ולפרוגרס, הנק' יוטיליטיליטיזם "תועלתיות". או תענוג בשרי וחושני הנק' היידאניזם [הדוניזם] או קיראניזם.

והנה שיטת היידינזם ולואי היתה אמת אבל הצרה הוא שהמכאובים מרובים על מעט תענוג החושים שאפשר להאדם להתענג בהם. ומלבד הפגם של יום המיתה.

ושיטת היוטיליטי להביא פרוגרס וקדמה בעולם, יש כאן שאלה גדולה מי יזכה להפרוגרס השלם ... אשר אני משלם תמורה מרובה כ"כ במכאובים ויסורין.

לפיכך נראה רק האידאמניות שהמגמה הוא לאשרו של האדם שע"י שכלול כל הכחות שבנפש זוכה לכבוד בחייו ולשם טוב לאחר מותו.

וקאנט לגלג על שיטה זו לבסס תורת המוסר על מגמה אגואיסטית והורה לעשות ע"מ שלק"פ [על מנת שלא לקבל פרס].

המדע המודרני בחר לו יותר את היוטיליזם הנ"ל אלא רק לצורך הכלל. דהיינו להשפיע. וגם זה דומה לע"מ שלק"פ ומי ירצה זה? גם שאלה הנ"ל מה יביא כל הקידמה והפרוגרס להדורות שבשביל זה אעבוד בכ"כ יסורין כדי להשפיע זאת. עכ"פ יש לי הצדק לידע מהו הנרצה מהקידמה ומי יהנה מאותה הקידמה?

ומי פתי ישלם תמורה גדולה כ"כ ולא ידע מה ישפיע?

כל הצרה היא שהתענוג קצר ימים והיסורין באריכת ימים.

התכלית מהחיים

מכל האמור תמצא שמגמת החיים הוא לזכות לדבקותו מטעם תועלת השי"ת לבדו בקפדנות. או לזכות את הרבים שיגיעו לדביקותו ית'.

ב' שעבודים בעולם

ב' שעבודים בעולם, או שעבוד הבורא או שעבוד לבריותיו ואחת מהם מוכרח, כי אפילו מלך ונשיא עובד הבריות בהכרח. ואין אמנם טעם בן חורין גמור אלא המשועבד להבורא לבדו ולא לשום בריה בעולם.

השעבוד מוכרח: כי המקבל מגונה ובהמיות היא. ולהשפיע - יש שאלה למי?

חלק ג

קטע א

קומוניזם פרגמטי

קבלת הדת של "ואהבת לרעך". פשוטו כמשמעו.

חלוקה צודקת של הרוחים שכל אחד יעבוד כפי כשרונותיו - ויקבל כפי צרכו.

הרכוש מקוים, רק הבעלים אסור לו לקבל מרוחים יותר מכפי צרכיו.

סוג א' של הרכושנים יהי' עם פקות צבור, סוג ב' בנאמנות עצמו או ע"י פנקסים.

המובטלים יקבלו צרכיהם בשוה עם העסוקים.

החיים בדרך קומונה יקבלו אותם הסכומים כהעובדים הבעלי בתים, ואת הריוח שירויחו ע"י חיי השותפות יעשו מהם רכוש צבורי בשייכות פרטי לאותו הקיבוץ.

השתדלות לבנות חיי קומונה גם לפועלים בעיירות.

המעלות

העובדים ומכ"ש המפחדים מפני ביטול עבודה ודאי יקבלו עליהם הדת - שישיגו בטחון בחייהם.

סוג רכושנים אידיאליים יקבלו ג"כ הדת.

ע"י הטפה על בסיס דתי יש לבסס דעת הצבור אשר המקבל יתר מצרכיו הוא דומה להורגי נפשות, באשר בשבילו יוכרח העולם להמשך ברציחות ובנימוסי היטלר ובמלחמות נוראות, ועי"ז יעשו נפשות רבות לקומוניזם.

ע"י דוחק של חוזים ושביתות אפשר למרר חייהם של הרכושנים שיקבלו עליהם את הדת, מתוך שאינו נוגעים ברכושם רק ברוחים.

מתוך שהדת יהי' בין לאומי אפשר לקנות ע"י כסף וע"י השפעה דתית את לב השייחים הערבים, --- שיקבלו הדת בשותפות עמנו לאגודה אחת ויעשו נפשות בין העובדים והרכושנים הערבים.

מזה יצמח טובה לציונות, כי מאחר שיקבלו הדת שמחייב: אהבה והשפעה לכל האנושיות יחד במדה אחת א"כ לא ייצרו עינם על גזל הארץ, כי יבינו שהארץ לה' הוא.

רמת החיים של הערבים, יהי' שוה עם רמת החיים של היהודים, וזה יהיה בקשיש גדול לעשיית נפשות ביניהם.

קטע ב

דעת יחיד ודעת הצבור

כמו שיש דעת היחיד שהוא כח השיפוט שלו ששם נעתקים כל המעשים המועילים והמזיקים וכמו שמסתכל במראה הולך ובוחר המועילים ודוחה המזיקים. כן יש שכל משותף לכל הצבור ששמה נעתקים המועילים להחברה עם המזיקים, ודעת הצבור מברר להמועילים להם ומהללים לעושיהם, ולהיפך הם מגנים לעושיהם שמכאן נולדים אידיאליסטען ומנהיגים וחוקים וגעשמאקען [טעמים] וכו'.

הקלקול שבדעת הצבור: רוב בנין

עד היום היה כח ההנהגה וכח השיפוט רק להתקיפין שהם רוב בנין, כמ"ש שכ' אנשים מנהיגים לכל פראנקרייך [צרפת] והם העושים דעת הצבור. והמשפט והמוסר והדת סדרו להם לתועלתם. ולפי שהם המנצלים לרוב מנין של הצבור נמצאים כל אלו הדת והמשפט והמוסר רק מזיקים להצבור. כלומר לרוב מנין.

ויש לזכור שהמשטר הנוכחי של רוב בנין היה מספיק לגמרי עד היום. מפני שלהמונים לא הי' כח השיפוט כלל, וכל החורבנות שקדמו להסדר המדיני של היום הי' רק בין התקיפין לבד.

אמנם לא בדור אחד השיגו הסדר של היום אלא על חורבנות נוראים, עד שהשכילו את הדת והמוסר והמשפט שהביא סדר לעולם.

בנין החדש

ובדורות אחרונים ע"י הצוואנג שמללע [לחץ האילוצים] וע"י הדמוקרטיה והסוציאליזם התחילו ההמונים לפקות עיניהם ולקבל הנהלת

חברה לידי עצמם לרוב מנין. וכיון שכן מצאו הדת והנימוס והמשטר והמשפט שלום שכל זה הוא לרעתם כי כן הוא האמת כנ"ל כי הם משמשין לרוב בנין לעשרה פ"ס [פרסנט = אחוזים] של הצבור ולכולם מזיקים.

וע"כ נולדו לנו ב' תמונות במשטר ההמונים.

או כנאציסטען שפרקו עול מהדת והנימוס ומשפט ועושים כמעשה אדם הפרימיטיבי שקדמו לסדרי החיים של רוב בנין.

או כהסאוויעטין שעשרה אחוזים מהצבור שולטים בדיקטאטורע על כל הצבור. וזה אי אפשר להמשך זמן רב. לפי הדיאלעקטיזם ההיסטורי.

"ואם יתבטל הנימוס ח"ו ימחו אויבי ישראל כולם" בקיצור אנו חוזרים בהכרח ובהחלט אל אדם היער. עד שגם (ההמונים) הרוב מנין ילמדו הדיאלקטיקה על בשרם ועצמותיהם הם (כמלפנים הרוב בנין) ואז יסכימו על סדר.

ומכאן שהנאציזם אינו פאטענט גרמני

אם נזכור שההמונים אינם אידיאליסטען - **אין עצה רק הדת שממנה נאצל כטבעי**, הנימוס והצדק. אבל עתה ישמשו הרוב מנין. והכיצד? אין זה אלא הדת של השפעה.

העקרון השפעה לזולתו, ההנהגה: חובה למינימום, ומצוה לרמת חיים.

המטרה: דבקות ה'.

נאציזם הוא פרי הסוציאליזם

כי אידיאליסטים מועטים הם והנושאים האמיתים הפועלים ואכרים הם אגואיסטים. ובכל אומה אם יעמוד איזה דרשן כהיטלר שסוציאליזם לאומי יותר נוח ומועיל להם מאינטרנציונלי למה לא ישמעו לו?

[מעבר לעמוד חדש]

א. אם הי' הנאציזם וחורבנם מושכל באיזה שנים מקודם והיו איזה חכמים מטכסים עצה להצילם ע"י דת אדוק שיספיק להגנה. האם הי' אסור מטעם שקר?

ב. אם לאחר המלחמה יבואו האומות לכלל הבבנה שמוכרחין לפזר דוקא לישראל לד' רוחות ולגרשינו מארצינו ובא אחד והטביע הדת מחדש (כדי לעמוד מסירות נפש) בינינו ובין האומות וע"ז יסכימו להיפך שגם בני חו"ל יבואו להארץ. האם הי' זה איסור?

ג. אם יתגברו ח"ו הנאצים וימשלו על העולם וירצו לאבד שארית יעקב, אם מותר להטביע הדת בכל האומות כדי להציל האומה?

פרגמאטיזם

מקורה של האמונה בצורך, והאמת בה עד כמה שמספקת להצורך הזה (זיעמס [ויליאם ג'יימס]). הרי שהצורך הוא סיבת האמונה והספקת הצורך היא אמיתיותה.

ב' צורכים:

הא' - צורך חומרי, שהוא לביסוס חיי החברה. והיא אמיתיותה.

הב' - צורך נפשי שמאוס לו החיים זולתה. וזהו לשמה.

וכמובן שחכמי הדת באים מצורך נפשי. אבל "משלא לשמה בא לשמה".

עי' ב-אמת פראגמטי.

מגמת החיים

א. להביא פרוגרעס ואושר להחברה והוא מהמדע המודרני.

ב. שע"י שכלול כל הכחות שבנפש יזכה לכבוד בחייו ושם טוב לאחר מותו, וע"ז מלגלג קאנט שהיא אגואיזם. והורה רק שללק"פ [שלא לקבל פרס].

ויש להבין אם לא כדאי לחיות בשביל עצמי תאמר שכדאי לחיות בשביל אלף כמוני או מיליארד?

ומכאן שהמגמה היא לתועלת הבורא. או לפרטיותו עצמו או לכל העולם שיזכו לדבקותו ית'.

אמת ושקר

אמת ושקר הוא העתקה פסיכיס מן הויה והעדר שהם תזיס ואנטיטזיס, שמתוכם נצמח "אמת לשעתו" שהוא סינתזיס. וזהו **אמת פראגמטי** ונמשך זה עד שיתגלה "אמת

מוחלט", שאין במצפוניו שקר.

משל ד' (עי' לעיל) **אם הי' בזמן האדם הקדמוני הפרימיטיב שהיו גוזלים ורוצחים איש לחבירו כחית היער אם הי' מתיר להנהיג ביניהם משטר דתי?**

משל ה' (עי' לעיל) **בקטנותי לא רציתי לקרות רומאנים בכדי לא לעסוק בשקרים, ולא קריתי רק היסטוריה. וכשגדלתי והבנתי התועלת שבהם שהם מפתחים הדמיון אז נעשו לי לאמת.**

[מעבר לעמוד חדש]

הצורך

מבחי' לשמה הוא צורך נפשי. ויש להודות כי מועטים הם (ע"ד שאמרו "ראה צדיקים וכו' ושתלן בכל דור") שיהי' להם תביעה מלידה. אמנם ישנם כזה שמואסים בחיי חומר ואם לא ישיגו מטרת הדביקות הי' מאבדין עצמם.

העקרון הדתי, מתוך שלא לשמה בא לשמה

והכין ההשגחה הנהגת הבריות בדרך אגואיסטית שבהכרח תביאה לחורבן העולם אם לא יקבלו הדת להשפיע. וע"כ יש בה צורך פרגמטי. ומתוכה בא לשמה.

מהו צורך נפשי

כמו שלעור לא יושג צבעים ולסריס אהבת המין כן החסר הצורך נפשי א"א לצייר לו הצורך הזה. אמנם צורך מחויב הוא.

מעשה מצות

מעשה מצות מסוגלים לעשות לו צורך נפשי.

מוסריות נימוס

מוסריות נימוס פירושה, מדות טובות שלא על מנת לקבל פרס, וללא הכרח חיצוני, רק שמבוסס על אלטרואיסם והרגש אחריות כלפי החברה האנושיות. מושג ע"י חינוך.

אמנם החינוך צריך לדעת הצבור שיפרנס ויקיים ויעמידו אחר יציאתו מרשות החינוך.

ודעת הצבור אינו נמשך מחינוך אלא רק מתועלת הצבור.

ותועלת הצבור נערך רק בפי המדינה הפרטית של אותו הצבור שבהכרח הוא בסתירה לעמים ומדינות אחרות - ואיך יועיל ע"ז חינוך. והראיה כי עוד לא נברא הנימוס ואפי' הדת שיספיק "לבין לאומיות" כי הרציחה והגזילה וכו' שולט בכל חמתם. בלי שום נימוס כל שהוא ואדרבה הרוצח הגדול פטריאט ומנומס יחשב וכהיום לנימוס בין לאומי צריכים.

לאגואיזם צבורי אין תקנה רק דת

לאגואיזם צבורי אין תקנה רק דת כי החינוך שאינו מבוסס על כלום בנקל יוכל איזה רשע ערום להחריבו, והראיה, גרמניה. ואילו קרה היטלר לגרמניה דתית לא הי' עושה כלום.

האגואיזם הטבעי

האגואיזם הטבעי לא תשבור בדברים מלאכותיים כגון חינוך ודעת הצבור. ואין תקנה לזה רק דת שהוא טבעי.

תועלתיות כפול

דת ההשפעה מביאה תועלת הן לגוף והן לרוח וע"כ מוכרח ומוסכם מכל השיטות שבעולם, עי' להלן באורך.

מוטיב פאוור

[כוח המניע]

ב' בחי' בו: או כח המושך וויז-א-פראנטא, או כח הכפיה וויז-א-טרגא [כוח הדוחה]**.**

ואיך יועיל החינוך בעת שיוצא בן חורין לעצמו, ואין לו שום מוטיב פאוור על החובות שנתחנך שהרי אין בהם כח מושך ונעדר גם מכח הכפיה.

[מעבר לעמוד חדש]

השארת הנפש

הוא מובן מאליו בהיותה חלק אלקי ממעל.

אמנם אינה באה בחכמת הקבלה, כי שום עצם אינו בא בהשגה. אכן הנפש מתגלית להאדם הנושא אותה רק ע"י פעולות, ופעולותיה הוא רק השגותיו ית' בלבד.

ומכאן מובן שהפתגם "דע את עצמך ותכיר כל" הוא מ... פילוסופי כי בקבלה צריכין לומר להיפך, "דע הכל ו... תשיג את עצמך". שאין עצם נפש מושג כלל רק פעולות בלבד שהם השגות שמותיו ית'. דהיינו רק סוביעקטיבי.

ה' חושים

סגולת מעשי המצות הוא כמו בגשמיות שהמעשים מגירים החושים, וכשנשאר ... החושים במח הזכרון נעשים שם לדימוים של מועיל ומזיק ורכוש, וכשהשכל או הרצון או שומר הג... מסתכל בהמראה של הזכרון, הולך ומברר את הדימוים ומקרב האמיתיות דהיינו המועיל או הרכוש ודוחה הכזבים שהם המזיקים. ולפי בהירות הבירור יגדל השכלת האדם. ואם במתמטיקה ירגיל לה דימוים מועילים בבהירות ואמיתיות. וגם בהסכון זמן כי אלה יועילו לו בבחי' רכוש קיים. וכן בניגון או ברפואה ותכונה.

ועד"ז סגולת מעשים רוחניים ש... המצוות שהם מגירים החושים האדם הרוחניים. וכאן יש ב' מיני חושים או רשר"ד [ראייה, שמיעה ריח, דיבור] רג... וכן חג"ת נ"ה [חסד, גבורה, תפארת, נצח, הוד] גופנים: כי התמדת המעשים טובים מ... בהעובד רוח "אהבה", ובהצטברה לשיעור חשוב מ... בו חוש ה"יראה" שלא לחטא ולאבד האהבה, וכשבט... בעצמו שיש לו חוש אהבה ויראה נולד בו חוש התפא... על חבריו שלא זכו לזה (וזהו רכוש). ואחר ג' חושים ה... נולד בו ה"נצח" כגבור מושל ברוחו, ולפי כל הרגשי ד' החושים אלו נולד לו "הוד" שמודה במציאות השי"ת.

ובכל מצוה שמוסיף מתרבה בו ה' חושים תתאין הנ"ל וטעמי מצות. וכשמתקבצים לשיעור הנרצה נולדים בו ה' חושים עליונים רשר"ד לראות כבודו ממש ולשמוע קול ה' ולהריח ביראתו ולדבר לפני' ית'.

וכשזוכה יותר נשאר בזכרונו דימוים מהתפעלות ה' חושים תתאין וה' חושים עלאין, שכמו במראה השכל מסתכל בהתפעלויות אלו ומברר המועילים והר... ודוחה המזיקים, ולפי בהירות הבירורים יגדל דעת ה'.

לוקסוס, ורכוש מצטבר

כמו בגשמיות כן במושכלות ... בחכמות חיצוניות יהי' חכמת הכלכלה ... ורפואה בחי' בירורים של המועילים לרמת החיים לש... ללוקסוס, שהוא דרגה א' של רכוש. ודרגה ב' הוא רכוש מצטבר שאינו עומד לשימוש כמו העשירות: והוא חכמת המאטע... ותכונה וניגון.

ועד"ז ברוחניות הבירורים העומדים לשימוש ... הם לרמת חיים רוחניים ורכוש בלתי מצטבר.

ויש בירורים גבוהים שאינם משמשים לרמת חיים, רק לבח' רכוש מצטבר ולבחי' קנין חשוב כמו העשירות והתכונה והפילוסופיע.

אבל אלו ואלו באים מדימוים רוחנים שקבל פעם בהחושים. שברירת המועיל או לו או לאחרים נק' דעת ה'. ודע שבחכמת הקבלה יש ג"כ ב' מיני רכוש הנ"ל.

פאראלטיזם פסיכופיזי

שתי דרכי הופעה של מהות אחת. כמו הרעם והברק. וזה סוד "מעשים טובים ותורה". אמנם האדם מרגיש תחילה את ההסבר הפסיכי ואח"כ הפיזי. כמו באהבה שהמקבל מתנה מרגיש תחילה בשכלו שהנותן אוהב אותו ואח"כ נזרמים ומתפשטים בו ניצוצי אהבה ... ראש מגלה הוא פסיכי ובתוך הוא התלבש...

[מעבר לעמוד חדש]

מקור כל הטעותים שבעולם

מקור כל הטעותים שבעולם: אידיאה: פירושה שלוקחים איזה מושג או דימוי שהיה פעם מלובש בגוף ומציגים אותו כאובייקט מופשט כמו שלא הי' פעם בגוף, כלומר שמשבחין אותה או מגנים לה לפי הערכה המופשטת הזאת.

והצרה הוא, כי המושג אחר שנתפשט מהגוף כבר נאבד לו בדרכו חלקים חשובים ממשמעותו הראשונה שבעת התלבשותו הגוף. והדנים אותו לפי המשמעות הנשאר בו מחויבים לטעות בהכרח.

למשל. האמת והשקר בעת שפעלו בגוף אנחנו משבחים האמת לפי רוב תועלתו להיחיד או לה...

ואנחנו מגנים השקר לפי רוב הזיקו להכלל ופרט. אמנם אחר שנתפשטו האמת ושקר מהגופין ונעשו מושגים מופשטים כבר נאבד מהם עיקר משמעו... וקנו קדושה או טומאה בצורתם המופשטת, ולפי... אפשר להמעריך לשבח את האמת גם בעת שהוא מזיק גדול להכלל או פרט, וכן לגנות ... את השקר גם בעת שמביא תועלת היותר גדול להפרט או להצבור. וזהו טעות מר המזיק לב... ואין אדם חפשי לשאול לעצמו מי קדש האמת הזה? או ... טימא ואוסר השקר הזה?

תועלתיות, למעשה הכל מודים בה

כי החולקים הוא ... שיש להם תועלת נפ... ונימוסי מוסרי שלפעמים בסתירה לתועלתיות גופנית. אמנם ביסוד הרי המוסר והדת ג"כ תועלת ... הכל אלא אושר רוחני ומהו הנ"מ [נפקא מינה - הבדל פסיק, שוני].

ואין שוטה שיעמול עצמו בלי תועלת לא לגוף ולא לרוח.

תועלתיות הכפול

ולפי"ז מוכרח תורת ההשפעה לזולתו מכל דרי עוה"ז יח... שהרי בה תועלתיות גופני וגם נפשי לפי חכמת הקבלה.

[מעבר לעמוד חדש]

תסביך מעורפל שיש לפתרו
אחת לאחת בזה אחר זה

עיקר הקושי, הוא שיש כאן סב... מסובך של כמה ספיקות המשתלבים זו בזו:

הא' - אפי' שלא לקחת בחשבון את האמיתיות יש שאלה אם הוא תועלתי בהחלט?

הב' - אפי' אם הוא תועלתי אם אפשר לקיימו בפועל?

הג' - מי המה האנשים שיוכשרו לאימון הדור בדבר גבוה כזאת?

הד' - אולי יביא הפעולה הזו בזיון וצחוק מהצבור?

ידיעה

ידיעה היא בא' מג' דרכים; או מבחי' אמפירי שהוא מתוך הסתכלות חושנית (מנסיונות ממש); או "הסתורית", שמתוך תעודות ומסמכים; או מתימטית שמתוך צירופי מספר גודל ותבנית. (ע"י ידיעה) - ...

וחכמת הקבלה מאושרת מכל הג' דרכים הנ"ל.

וכן יש דרך ד' לידיעה שהוא מתוך הקשים פילוסופיים או בדרך דדוקטיבי או אינדוקטובי, שפירושו מהכלל אל פרטיו או מהפרט על הכלל. וזהו איסור חמור בחכמת הקבלה. כי כל מה שלא נשיג לא נדע...

חלק ד

קטע א

הביאור שגם עתה אנו משפיעים ולא ומקבלים הן ממה שאין נוטלים את העודף שאנו מייצרים אלי קבר.

2 ומטעם שאם היגיעה של יום מקבל תענוג של חצי יום נק' זה השפעה. ומתוך שכללות התענוג ממועט מאד מהיגיעה שאדם מתייגעים נמצאים כולנו רק משפיעים ולא מקבלים - וזה חשבון מתמטי.

3 הביאור שאנו מתייגעים היום מחמת שעבוד החברה לכה"פ 14 שעות ביום עם צער ומכאובים - שהרי כל מנהגינו באים מהשעבוד לצבור.

... הביאור שאם נשתמש ב"ממשלת הארץ" אפשר להחיש ה"דור האחרון" גם בדורינו זה.

4 דבר זה של התחרות מתוך היחידיות בהשפעה לזולתו איננה פנטזיה מופשטת, שהרי משתמשים בה בהחיים המעשיים כגון המפוזרים כל רכושם או רובם לצרכי רבים, או חברי המפלגות האידיאליסטים ביותר שמפקירים ומאבדים את חייהם לטובת הכלל וכדומה.

[מעבר לעמוד חדש]

משל למה הדבר דומה, לעשיר שהיה לו אב זקן ולא הי' רוצה לפרנסו. הביאוהו להבית המשפט ויצא הפסק דין שיפרנסו על שלחנו בכבוד לא פחות משהו ממה שמאכיל את בני ביתו, ואם לאו יענש בעונש חמור.

וכמובן שלקחו לביתו והוכרח לפרנס אותו בכל טוב אלא לבו היה מלא צער. טען אליו הזקן, בין כך ובין כך אתה נותן לי כל מעדני עולם שעל שלחניך ומה איכפת לך ומה תוכל להפסיד אם תהיה לך גם הכונה הטובה המקובל על דעת כל אדם הגון, לשמוח על אשר יש לך הזדמנות לכבד את אביך אשר פזר עליך כל כחו ועשאך לאיש עם מעמד מכובד בין הבריות, ולמה תתעקש בפנימיות לבך עד להצטער. האם תוכל לפטור את עצמך משהו מחמת זה.

כן הדבר ההוא. כי סוף סוף אנו משפיעים להחברה ורק החברה מרוַחת מחיינו כי כל איש כקטן כגדול מוסיף אצור ומעשיר את קופת החברה.

והאדם עצמו כשישקול את הצער והתענוג שמקבל יהווה דפיציט [גירעון] גדול, וא"כ אתה משפיע לזולתך אלא שהוא בכאב לב וביסורין גדולים ומרים, ומה איכפת לך הכונה הטובה.

קטע ב

[קטע זה כולל ארבעה מקטעים
אשר קובצו יחד על פי הקשרם]

כל אדם מהם ממלא את תפקידו בשרות הצבור באופן המצויין ביותר ואע"פ שאין רואה אותו, כי דעת הקהל לוחץ על כל אדם אפילו בסתר עד שמרגיש המשהו אונאה שהוא מאנה את החברה לשגגתו כמו הורג נפש בשגגה.

כל מדינה נחלקת לחברות אשר מספר מסוים של אנשים עם אמצעים המוכשרים לספק לעצמם את הספקתם בכל צרכם מתחברים לחברה אחת.

כל חברה יש לה תקציב שעות עבודה בהתאם לפי תנאי המקום שנמצאים בה, אשר תקציב הזה מתמלא מחציתו משעות חובה דהיינו שכל חבר מתחייב לעבוד מספר שעות לפי כחו ומחציתו השני משעות נדבה.

אדם שנכשל באיזה עובדה לתועלתו הפרטית, הרי כל עמידתו החברתית מתנדפת והלכה לה באויר החיים של החברה כעננים על פני רוח, מחמת האנטיפיא העמוקה שמקבל מכל שדרות העם אליו.

*

כי אז כל יחיד

א. כל יחיד עומד מדעתו החפשי לרשות הצבור בכל עת ובכל זמן שיצטרכו לו

ב. ההתחרות חפשי לכל יחיד אלא הוא על שדה של השפעה לזולתו

ג. גילוי רצון של קבלה לעצמו בכל צורה

שהוא היא פחיתות ופגם גדול מאד עד שהוא עומד בין השפלים והירודים שבחברה
ד. כל אדם בינוני

*

א. יש להם הרבה ספרי חכמה שיטתיים וספרי מוסר המוכיחים את התפארת והרוממות של ההצטיינות בהשפעה לזולתו, אשר כל העם מקטנו ועד גדלו עסוקים בהם ראשם ורובם.

ב. כל מקבל משרה חשובה גבוה מחויב לגמור מקודם קורס מסוים בחכמה האמורה.

ג. הבתי משפט שלהם עסוקים בעיקר בנתינת תוארי כבוד המציינים מדת הצטיינות כל איש בהשפעה לזולתו. ואין אדם שלא יהיה מזויין בתואר כבוד על שרוולו, ועבירה גדולה היא לקרוא שם אדם בלי התואר כבוד שלו. גם עבירה גדולה יחשב לאיש המוחל על כבודו הראוי לו לפי תואר הכבוד.

ד. התחרות גדולה נמצאת להם בהשדה פעולה של השפעה לזולתו עד שמרביתם מביאים את עצמם בסכנות נפשיות, כי דעת הקהל מחשיב ומכבד מאד בהתפעלות יצאה מהכלל את התוארי כבוד ממדרגות הגבוהים בהשפעה לזולתו.

ה. אם מכירים באיזה אדם, שעשה לצרכיו איזה עבודה כדי להטיב מעט לעצמו ביותר ממה שנקבע לו מסדרי החברה, נעשה בזה ביזוי גדול בעיני החברה עד שבושים לדבר עמו, וגם פוגם כבוד כל המשפחה שלו במדה מרובה מאד. ואין תרופה למכתו זולת לבקש עזרת בית המשפט שיש להם אופנים מסוימים איך לעזור לאומללים כאלו שאבדו עמדתם בהחברה, אשר עפ״ר משנים לו את מקומו, כי דעה קדומה, כי אין לשנות דעת הקהל.

ו. אין מלת עונש מצויה כלל בחוקי בית המשפט כי לפי החוקים שלהם נמצא תמיד שהנאשמים ביותר הם מרויחים ביותר. למשל אם הנאשם עבר שאינו ממלא את שעות העבודה אז או שמפחיתין לו את הזמן עבודה או שמקילין לו או שמשביחים את אורח הספקתו, ולעתים מקציבים לו זמן טיפול בבית החינוך ללמדו מעלתה הרבה של ״השפעה לזולתו״. הכל לפי ראות עיני השופטים.

*

א. המדינה מחולקת לחברות. מספר אנשים המוכשרים לספק לעצמם הספקתם בכל צרכם יכולים להבדל לעצמם לפי רצונם בחברה מיוחדת.

ב. החברה הזאת יש לה תקציב של שעות עבודה במספר מסויים בהתאם עם התנאים שנמצאים בהם דהיינו לפי תנאי המקום ולפי טעם החברים שבה.

ותקציב הזה מתמלא משעות חובה ומשעות מתנדבים ועפ״ר עולים שעות המתנדבים כמחציתם של שעות חובה.

השעות עבודה באים מד׳ סוגים המתחלקים לפי הכח לעבודה: סוג א׳ החלשים, סוג ב׳ הבינונים, סוג ג׳ האמיצים, סוג ד׳ הזריזים.

אשר של העבודה של שעה אחת מסוג א׳ נותן סוג ב׳ שתי שעות, וסוג ג׳ ד׳ שעות, וסוג ד׳ ו׳ שעות.

וכל אדם נאמן להתאים לו הסוג וכל אדם נאמן להעריך לעצמו את הסוג המותאם לכחו כעבודה.

קטע ג

1. הקדמה האנושיות תולדה ישרה מהדת.
2. ותהליך הדת בעגולים באה שבנקודת השפלה בא חורבן האנושיות בשיעור חורבן הדתיות, ועי״כ בעל כורחם מקבלים הדתיות ותנועת העליה מתחלת מחדש ונעשה עיגול חדש.
3. מדת גדלו של העיגול לפי אמיתיות הדת שנחשב ״לבסיס״ בעת העליה.

תכנית א׳

כמו שדרישתנו מהמשחקים בתיאטרון שיעשו כל מה שבכחם עד שיפתו את יד הדמיון שלנו לחשוב את הצגותיהם למציאות ממש,

כן חפצינו ממבארי הדת שיוכלו לדבר על

לִבֵּנו כל כך עד שאמונת הדת יתפוש בלבותינו כח של מציאות ממשי.

כבלי הדת לא יִכַבֵּד כלל על האינם מאמינים, כי דרישת המצות "שבין אדם לחבירו" מקובל בלאו הכי ו"מבין אדם למקום" די רק באיזה מצות בפרסיא כגון שמת"י.

תכנית ב׳

"טבע בגי׳ אלקים". וא"כ כל מה שמחייבת הטבע ... דבר ה׳. אשר התועלת החברה הוא שכר והזק החברה הוא העונש.

לפי"ז אין שום טעם להפך אלקים לטבע כלומר [מילה מקוטעת בכתב היד] בורא עור שלא יראה ולא יבין למעשי ידיו, ומוטב לנו ומסתבר בדעה כל איש בריא כי יראה ויודע הכל שהרי הוא מעניש ומשכיר כמבואר. כי הכל רואים שהטבע הוא מעניש ומשכיר. והיטלר יוכיח.

תוכנית ג׳

כל השכר המקוה מהשי"ת וכן מטרת כל הבריאה הוא דבקות השי"ת בסוד "מגדל מלא מכל טוב ואין לו אורחין", והוא מקובל לדבקים בו ית׳ באהבה.

וזה ברור שתחילה יוצאים מבית אסורים שהוא יציאה מעור גופו ע"י השפעה לזולתו, ואח"כ באים להיכל המלך שהוא הדבקות בו ע"י הכונה להשפיע נ"ר ליוצרו.

ולפיכך עיקר המצוות הם בין אדם לחבירו. והמעדיף מקודם את המצוות שבין אדם למקום דומה לעולה על מדרגה ב׳ מטרם שעלה על מדרגה הא׳, כי ברור שישבר את רגליו.

אמונה בהמון

כמ"ש "קול המון כקול שדי". אכן אין זאת אומרת, אלא, שלפי המציאות בחרו את הרע במיעוטו ובשיעור הזה הולכים בדרך הטוב תמיד, אמנם ודאי שצריכים לשנות את המציאות באופן שיוכלו לקבל דרך השלם לגמרי. והבן. והן אמת שכח השמירה שבההמון בכללם בוחר להם דרך לפי המצב. וע"כ מאחר שקלקלו בפירוש התורה והמצות לכן פרקו עול. אמנם חוב קדוש הוא למצוא פירוש בחברה לאמתו, ואז אדרבה יהי׳ כח השמירה שבהמון כח מחייב לשמירת התורה והמצות.

*

... צבורי ממדרגה ראשונה.
להכין דרך ניסה (טעמא)

א. הנאציזם; אגואיזם; והאינטרנ׳: אלטרואיזם.

ב. לחתור תחת הנאציזם, אי אפשר, כי אם בדת של אלטרואיזם.

ג. רק הפועלים מוכנים לנושא הדת הזה, בהיותו מהפיכה בתפיסא הדתית.

ד. לתפיסה דתית זו יש ג׳ תפקידים:

הא׳ - לחתור תחת הנאציזם.

הב׳ - להכשיר להמון לקבל על ידיהם המשטר השתופי, שלא יכשלו כהרוסים. (וזה לפי המונח: שקדמה האנושיות רק בדת באה) כי כל כמה שהעובד צריך תמורה בעד עבודתו, אין המשטר מתקיים כדברי מארקס.

הג׳ - לגזול את הדת מידי הרכושנים ולהפכו למכשיר בידי העובדים.

ה. תחילה יתקבל ע"י העובדים ועל ידיהם לכל ישראל. ועד"ז לאינטרנציונאל של כל האומות ועל ידיהם לכל המעמדות שבין האומות.

ו. המהפיכה בתפיסא דתית פירושה, כי תחת שהנזירים עד עתה היו מבלי עולם וכשיקבלו ענין האלטרואיזם יהיו הנזירים בוני עולם, כי מדת החרדות ישוער במדת העזרה להחברה: כדי להשפיע נ"ר ליוצרו.

ז. תפיסא זו מתבארת בקרוב לב׳ אלפים דפין המבאר כל רזין דאוריתא שעין אנוש לא ישורנם והיא תכריח לכל אדם להאמין באמיתיותה, כי יראו שדברי ה׳ הם, כי גנזי חכמה מפוארה המיוחסת לנבואה מעידה על אמיתיותם.

ח. המפיץ של הדת: צריך להיות מסוגל לתכנית הא׳ שיביא אמונה כמה שאפשר בהעם.

ומלבד זה צריך שיביא הספקה גמורה

לדצח"ם, שלולא זה אין לו להדת זכות קיום כמאמר הרמב"ם, שדומה לשורה של עורים שרואה אחד עומד בראש השורה. דהיינו שבחי' המדבר צריך לעמוד בכל מקום ובכל דור בראש השורה, וא"כ כל דת שאינו מבטיח להוציא אדם אחד מאלף להיות למדבר אין הדת ההוא בר קיום.

ט. הפצת הדת האהבה הוא ע"י תורה ותפילה המתאימה להגביר בהאדם מדת השפעה לזולתו. ואז נמצא התורה ותפילה כמו המחדד את סכינו שיכול לחתוך ולכלות עבודתו במהרה, לאפוקי [להבדיל] **מהעובד בסכין מטומטם שנדמה לו שטוב יותר לבלי לבלות זמן על חידוד הסכין, והוא מוטעה כי עבודתו מתארכת ביותר.**

(גם זה מובן על המונח שאין קידמה לאנושיות זולת בדת).

י. (שייך לסעיף ט') תפקיד ד' הוא לטובת הציונות, כי בעת שביתת הנשק כשיתחכו גורלות מדינות לא יהי' לנו אותם השונאים מהשמרנים החושבים אותנו למחוסרי דת כנודע מדברי ווייצמאן [חיים ויצמן (1874-1952), נשיאה הראשון של מדינת ישראל]**, והמתווכים בטח יהיו מהשמרנים הללו.**

חלק ה

בל תשחית

כבר אחזו להם קלי הדעת אשר אי אפשר לבנות זולת על מקום חורבתו של חבירו, ושיטה זו היא המטגנת את בני העולם על האש עד היום הזה. כי בטרם שאדם מוצא מקום חלש ברשות חביריו אין לו אפילו העלאת על הדעת לבנות מה, אלא באותו רגע שמוצא דבר חלש בשיטת חבירו אז ינעוץ שם צפרניו וארסו עד שמחריבו עד היסוד ושם בונה היכל חכמתו.

באופן שכל היכלות המדע נבנים במקום חורבן וע"כ כל חוקר אין לו ענין אלא להחריב וכל המחריב יותר הוא מפורסם ומשובח ביותר - והאמת שהוא מדרכי התפתחות החכמה א"א להכחיש, אמנם למה זה דומה כמו ההתאבקות שהיה שולט בחורבנותיו האיומים כמה מליוני שנים בטרם שנוצר היבשה עלי הים, כי גם זה היה מעין התפתחות בלי ספק. אמנם עכ"ז אין לקנאות אותם הבריות שהיו עדי ראיה לאותם המהפכות, ויותר יש לקנאות לאותם הבריות אשר כבר באו לעולם אחר העשית שלום אחר שהחומרים המתאבקים עשו שלום ביניהם, וכל אחד מצא את מקום מנוחתו עלי אדמות כהיום הזה.

והגם שחוק התאבקות אינו נפסק גם היום, אמנם הוא עכ"פ התאבקות מקצתו ולא מהפכות שכל אחד החריב חבירו שנחלש עד תומו אלא כבר הבינו זה שאסור להשחית, כי "על דאטפת אטפוך וסוף מטייפיך יטופון" [על שהטבעת אחרים, הטביעוך. וסופם של אלה שהטביעוך שיטבעו אף הם. (אבות ב, ו)]. אלא דבר ההתאבקות הוא בבחי' החלשה וצמצום ויחד עם זה שומר חיי החלש שלא להחריבו, כי יודע שבנפשו הוא שאח"כ יתהפך הגלגל "ומטייפיך יטופון", כדמיון החוקים שבמלחמה שהלוחמים שומרים עליהם בזמן מלחמתם שהוא ג"כ מאותו הטעם.

עתה אם באמת אנו לומדים מהיסטוריה המעשית אל לנו לדלג על עקרון האמור, ויש לנו להתחשב עם המציאות ע"ד סטאטוס קווא ולענוש על רוצח דעה כמו על רוצח נפש. עכ"פ כי נפש בלא דעה אינו בסוג של הרגש רחמנות כי רבים המה על כל האשפתות והאגמים ובכל האויר, שמשום זה מסורים להשגחה ואין לנו עצות לסייעם.

ע"כ יש לנו להניח חוק אשר הארץ שלפנינו רחבת ידים הוא ויש מקום לכל הדעות לנוח בהם כטובים כרעים. כי באמת ההורג ומחריב דעה רעה הוא כמו מחריב דעה מתוקנת משום שאין כלל דעה רעה בעולם אלא דעה בלתי מבושלת הוא רעה. וע"כ יש לנו לדון אותה כמו ההורג נפש רעה אשר "קול דמי זרעו וזרע זרעו" אנו נפרעים מהמזיק, כן דעה הרעה הוא גרעון שעדיין אינו ראויה לאכילה אמנם סופה לצמות ולהתפתח.

והיכל החכמה שאנו רוצים לבנות נחפש לנו מקום חדש כלומר מקום ריק מבנינים של אחרים, כלומר מבלי לפגוע ברעה לשום שיטה שישנה במציאות. כי השכל עמוק ורחב ידים הוא ודברי חכמים בנחת ישמעו - ושיטת המנצלים והמנוצלים הוא מוסכם לרעה לדברי הכל כמבואר, ע"כ אותה לבד יש לבער משום שנושנת ומאוסה הוא לדברי הכל.

אמנם יחד ע"ז יש לנו לשמור על כל דרכי החיים ע"פ סטטוס קוו וע"פ חופשתו של הפרט, כי אותם אינם נחוצים לבנינינו החדש כי סוף סוף אינו רק בנין כלכלי. והרי זה דומה לסוחר שרוצה לפתוח חנות מכולת וירא מפני קונקורנציה [מתחרים] ע"כ שורף את כל חנותים שבעיר, על הזהב ומרגליות ותכשיטים והבגדים, שהוא טפש יותר מדאי. כי לא יעשיר כלום משריפת חנותי תכשיטים אך חנותי מכולת לבד היה די' לחורבנו - והנח להם להמשמרים על משמרתם והחפשנים על חופשתם, ולכל היותר יש להוקק חוק אשר כל משמר צריך להוסיף עבודה שיספיק בשביל בעלי הבחינה.

[מעבר לעמוד חדש]

יודע אני מ"ש מארק, אשר אחר אחר שיתחבש הגוף מפגעיו ומטרדותיו אז נתחיל ויהי' לנו מקום נאמן לחקור על אידיאלין. הנה מלבד שיש לנו לטעון על עיקר יסודו שאינו אמיתי, משום שע"פ הנסיון נודע בעליל שגוף מוטרד ומעונה מוצא דעת ואמת יותר מגוף השבע ואינו יודע מחסור.

אכן זולת זה אפילו נניח כדבריו, עדיין יש לנו לומר "בל תשחית" עכ"פ הרי זה דומה לאדם הקוצץ עצי פרי משום שרוצה לעיין בהם שיצמחו ביותר עוז הרי זה פתי, כי אם יקצוץ אותם ימותו ולא יהי' מי ש"יטעון פיירי [פירות]".

כן בהדעות אשר באו לנו בירושה מאבותינו ממאות דורות של התפתחות הוא הולך ומקצץ אותם ומייבשן ומחריבן, ומבטיח לנו שאח"כ כשיהי' במנוחה ישים עינו עליהם וישבחם אם אפשר הרי זה פתי גמור.

הניח שדתיות מזיק לקומונה (ומאין בטוח בהנחה זו, סוף כל סוף הוא דעה מגולגלת בין האנשים של קיום ושלילה ורבים המה המצדדים). הוא רק יכול לערער על צורת ההבנה אשר המנצלים מנצלים לטובתם, וע"כ צריך ללחום על הבנה שלא יזיק, אבל לשפוט אותה משפט מות

אמנם כל התאוריה שלו אינה אלא בנין על שנאה דתית לבד כמו בנינים של חכמי זמנו על שנאת הדת, בלי שום מאטיוו של הזק כלכלי. וע"כ יש לנו רשות לתבוע מהחכמים האמיתיים שכל מגמתם רק צד הכלכלי, אשר ימחו את סעיף הזה מספריהם ורק אז יהי' להם תקוה של נצחון נצחי בלתי מתגלגל על קיהו [קיאו, מלשון להקיא] ולא זולת.

במלה אחת, אין ששון בלי אסון, אין טוב בלי רע, וגם החכם היותר גדול אינו ניצול מערבוביא של שגאות, וזהו צד החלש שבו שמניח מקום להבאים להתגדר שמה ולהחריבו עד תומו - והוא הצד החלש שבמרקסיזם, שמשום זה קשה להם הכיבוש ועוד פי מאה הזכות קיום.

ולפיכך אם בנים נאמנים אתם לשיטתכם ורוצים בקיומו, מהרו נא למחוק את סעיף האמָר מתוך החוקים שלכם ואז תדעו לבטח דרככם.

הנתקימה נבואת מרקס?

הנה מצד אחד אפשר לראות נבואתו כאלו נתקימה בכל הנרצה. כי בעלי הכח יושבים זה כמה על הפחד מחורבן הבטוח על הנשקי פלאים שנצטברו ואין להם שום קו או ניצוץ של תקוה להפטר או לבא לעמק השוה. וכן בעלי הכלכלה רואים את חורבנם בעיניהם ונכבו בהמציאות כל זיק של הצלה, המחנות רעבים הולכים ומצטברים בהמון איום יום יום, הפרולטריאט של המעמד הבינוני כמעט שנגמר ונתבשל כל צרכו וכו' וכו'.

למה הושלכו להימין?

אמנם מצד השני אנו מוצאים את ההיפך. כי אדרבא הפאשיזם מתרבה וגדול יום יום, מלפנים איטליא ועתה גרמניא ולמחר פולניא וכן אמריקא עומדת על הסף וכו' וכו' - וא"כ ודאי נתעלם איזה דבר מאֹתו הנביא שעל פיה נמשך שגיאתו הקיצֹני.

אמנם הכלב קבור בתורתו עצמו

אמנם הכלב קבור בתורתו עצמו, כי הוסיף מותרות בתורת השתתפות והן המה הגרעינים הקשים שההסתוריא אינו יכול לעכלם בשום אופן (הדתיות והלאומיות) ונדחו לימין.

[מעבר לעמוד חדש]

המדיניות המשובשת

אין השומר צריך להיות יושב ומשמר על העודפות שאינם נוגעים לשמרנות שלו, ואין החפשן צריך לתבוע חופש למותרות הגוף, ואין המשתף צריך להחריב את הדעות שאינם בניגוד להשתפנות שלו.

כל ג' השטות הללו המה אמתיים ומכובדים על נושאיהם שוה בשוה עכ"פ. ואם הכתות יעדיפו לכתה אחת להחריב את חברתה לשעתו הרי גלגול הוא זה, וסוף סוף צריכים לחוקי

הגבלה על מיני הנשק שלא יחריב אחת לחברתה במדה יותר גדולה, משום שגלגל הוא בעולם ואין אדם יודע יום המחרת שלו. וע"כ בטרם יבוא ההתאבקות יש זמן לשכל להגן על חורבן שלם של איזה צד שהוא, ואל לבטוח על כח העכשוי אלא להתחשב עם העתיד המובטח. וענין האמת שבין השטות אני מגדיר את מלה זו ע"פ חוק האבולוציה, כי כל דעה וכל שיטה היא מכינה ומפנה דרך לשיטה יותר טובה. וכל זמן שלא עשאה זה, דין שמירה וקיום לה, כי בהחריבה תחריב את הדעה והשיטה שעל תפקידה להביאה לבישולה.

והנה ע"ז כבר עמד מרקס בעצמו ע' ... כי אומר שמבטן הבורגנות הגדולה יוצאים ונולדים הפועלים הפרולטריט. וא"כ תראה בטח אם הי' עומד איזה מציל להפרולטריט בשעתו להחריב את הבורגנות הגדולה ודאי היה מוחק את יסודות הקומונה מעקרה - הרי אומר לך חוק חזק הזה של "בל תשחית" עד שיבא עת מאליה. וע"ז אני חולק עליו כי אומר שיש למהר את הקץ בכל מחירים, ואני מגיה, חוץ מחורבן דעות שאינם צריכים כלל להקץ הזה.

אין לך דבר שאין לו שעה ולשיטה השתפנות הגיע שעתה בזה הזמן, ואוי להם לכסילים שמחמיצים את השעה והניחו לעצמם מכשולים וגדרים שאינם נחוצים כלל ואדרבה כעשן לעיניהם. וע"כ בטרם שיתהפכו אנה ואנה כבר נתהפך העולם וימצאו "רֶוַח והצלה ממקום אחר", והמה ושיטתם יאבדו לזמן ארוך.

המלחמה על הגדר של לאומיות הוא לגמרי מיותרה ואין בזה שום דמיון לקנין הפרטי, כי קנין הפרטי אינו נוהג ברוחני רק בקנינים גשמיים. ומי אינו רוצה בהתפתחות החכמה ומי אינו יודע שקנאת סופרים תרבה חכמה, וע"כ אין חולק עליה אפילו בהמרקסיסטים השמאלים הקיצונים. אלא כלל המלחמה נסבה רק על קנינים הגשמים אשר קנאתם אינם מביאתם אלא בהלה ויסורים לבטלה, וא"כ למה לכם להלחם בקנינים רוחניים ולאומיות.

נניח שבדבר הכלכלה כל האמות באו לעמק השוה ולבטל את כל הקנין הפרטי באופן שלא יצוייר בכלל ענין של מנצלים, אלא במקום שכל אומה ואומה התחרו זה עם זה לנכסים גשמיים יהי' מעתה התחרות בנכסים רוחנים. והתחרות הזה ודאי שיצוייר בפרטים כמו בכללים. הנה ע"ז ודאי שאין כאן פוצה פה אפילו בין היותר קיצונים ומי יתן והי'.

וא"כ כל הויכוח שלנו סובב רק על נכסים הרוחניים מהעבר. כי תאמרו אנחנו מתירים לקנות נכסים כאלו בהעתיד בכל חופש הראוי והנרצה רק את העבר תבערו מין בתיכם, האין זה חולי רע וליקוי מוחין, כי מה שמותר בהעתיד למה נחריב את המוכן בשיעור ענקי כזה מן העבר. הרי זה כמו אותו מלך מצרי הידוע, אשר הי' לו ירושה ביבליוטק [ספרייה] של שלשה חוצות עם ספרים יקרים, ופקד עליהם לשורפם ונשרפו משום שאינם צריכים לקיומה של הדת או חשש הזק.

ומלבד ששום אומה לא יציית לפקודתכם לחרוב את כל נכסי העבר שלה וילחמו בגללה במסירות נפש (הרי זה דבר מותר לכם לגמרי כי אותה אינכם צריכים כלל), אלא אפילו אם רוח עִוְעִים ושגעון יבוא על הארץ לציית להם כזאת, הרי עליהם לחוס על בנין ענקי כזה של כמה דורות שילך לאיבוד "על לא חמס בכפיה" ולא כלום.

ע"כ יש לכם להניח את ה"אתה בחרתנו" של כל אומה ואומה על מכונה בכל השיעור שרוצים, רק בסיס הגשמי של כל אומה אותה לבדה יש למחוק. כי הבסיס הזה הגיע על שעתה ויושב על המשבר מאליו וע"כ היא עלולה לקבל תיקון מכל יד הפשוטה אליה. אמנם יחד עם זה ליתן בטחון מלא ונאמן לכל אומה ואומה לשמור על נכסים הרוחניים על כל מלואם וטהרתם.

ואין לטעון על המשפטים העומדים בניגוד על השתפנות כמו על הדת, כי הן המחוקקים העיונים והן בעלי הדת מודים אשר "הפקר ב"ד הפקר ודינא דמלכותא דינא". וא"כ ישארו כל החוקים האלה המתנגדים לעצם השתפנות כמו הסתוריא שעבר שעתה, אשר גם עתה יש כבר רוב גדול בגניזה בלי שימוש.

יש לפנינו במציאות שלשה כחות הלוחמים זה עם זה, והגם שהוא בניגוד לדעת

המארקסיסטים שמחשבים רק שני כחות מנצלים ומנוצלים, אמנם זה הוא תיאוריה מופשטת ואין לה זכות יותר מכל התיאריות המוקדעמים. אמנם לפי הבאסיס של המארקסי' בעצמו יש לנו להתחשב רק עם מעשיות ולא על תיאריות שאין להם קץ, וע"כ בחרתי לשפוט ג' כחות כמו שערוכים לעינינו בהמציאות.

מעמדות מחדש: זריז ועצל

נניח שאומה אחת עצלה ואומה אחת ע"פ טבעה היא יותר זריזה, ומה שאחת תעשה בשעתים יעשה השניה בשעה אחת. ומובן מאליו שיתחילו טענות. האחת יאמרו לכל האומות זמן עבודה שוה, והשנית תאמרה העיקר הוא הייצור שנותנים. וכדרך המתוכחים כל אחת תעמוד בשלה - ומהו היסוד שעליה ימנו הב"ד. אם ע"פ היסוד "כל אחד נותן כמה שיוכל וניזון כמה שצריך" הרי עדיין אין זה מחייב זמן שוה. ואם באמת נשפוט כן בין האומות ע"פ משקל וכמות עבודה, א"כ גם ליחידי יש טענה כזו והגבור יעבוד למחצה מהחלש. וא"כ כבר הכנת בעצמך מעמד חדש מעמד של זריזים ומעמד של עצלים.

אלא תאמר יש כח בהרוב העצלים לכפות את המיעוט הזריזים שבאומתו אבל אין כח מאומה על אומה וזה בלי ספק, א"כ תעשה מעמדות בין האומות ומנצלים ומנוצלים בין היחידים.

ביאת הגואל

והנה אין זה חידוש כי גם המיסדים עצמם ידעו זאת כמו שאומר ... שמתחלה יראו בפשרות כיצד שאפשר, ולבסוף יבוא לאידאלים אמתיים למדרגה הגבוה של השתפנות. שכל אחד יתן כמה שיכול, ואח"כ לא יקח אלא כמה שצריך כלומר בשוה עם העצלים. אין זה אלא בעזרת ביאת הגואל צדק ש"ימלא הארץ דעה", ואז המשפיע יבין שעומל לאלקיו ועושה נחת רוח ליוצרו.

[מעבר לעמוד חדש]

הנה איסטינקטין האידיאליים כבר הכתה שורשין לאין קץ במין האנושי, גם באו ונושנו והתאזרחו במקום בטוח שאין שום יד בן אדם יכול להגיע שמה הוא הסובקאנישיעס [תת-מודע] שבמוות המָאֳרך, המניע את עצבי האדם מאליו בלי דעת הבעל הבית. וע"כ באו בנסיון ברוסיא כנודע שלא פעלו כלום בכל מלחמותיהם. וידעו נא הלוחמים האלה כי הכל יתן להם הלב האנושי זולת אם יניחו לו את האידאות שבאו לו במורשה מדורי דורות בסובקאנישיעס שלו, ואם יתעקשו להשחית גם המורשה הזאת אז סוף כל סוף דמם בראשם עצמו. כי החום והגפרית הולך ומצטבר יד על יד עד שיתמלא על גדותיו ויתחיל ההתפוצצות.

ומלבד כל אלה הולך וגדול דור חדש "אשר לא ידע את יוסף", אשר אינם מבינים כלל את הצורך והנחיצות לבטל את קנין הפרטי מתוך בשרם ודמם אלא רק ע"פ תיאוריא יבישה. וע"כ תאות קנין הפרטי הקבור היטב בהסובקאנשיעס שלהם מדורי דורות, אשר אחר כל הלימודים בבוקר אחד לא עבות יקומו מחנות צעירים מכל הצדדים, והמה בעצמם ימיתו את הזקנים עם כל משקם וחכמתם. כי ענין האידיאה אינה באה לאדם מתוך השכל, רק מתוך הניסיון של החיים מתוך הריתום והרכב של טוב ורע כשיטת האוטומאטען, והשכל אין לו שום שליטה על הגוף כי זר לגמרי הוא אצלנו. וע"כ אותם הצעירים השתפנים שרכשו להם הידיעות מתוך שכלם, אין בהם אימון של כלום וכמו בועה של בורית יפרחו להם.

מילה אחרונה של מדיניות

אז ישבו להם ג' כחות - ימין, אמצע, שמאל - על דוכנם בהמועצות, יתוכחו ויתנגחו זה עם זה. הימין כנגד החפשיות שבשמאל, והשמאל כנגד הריאקציַע שבימין, והחפשנים יתנו מקום לשניהם והרוב יפתור ויכריע.

אכן באחת כבר באו לידי פתרון והוא השתפנות בכל הצרכים ההכרחים והחיובים של

החיים, דהיינו חלוקי שוה בכל צרכי הכלכלה. ארץ אחת לכל החיים עליה וחלוקה אחת בתענוגיה הגופניים. וכל המשפטים והויכוח יעמיסו על סבל הנשואים הרוחניים, ויחד עם זה ג׳ המדרגות, קנאה וכבוד ותאוה, יתהפכו ויצטמצו [ויצטמצמו] רק בגבולים הרוחנים בלבד.

ונוסח זה אמנם יהי׳ מלה אחרונה של מדיניות, משום שכן ישאר לנצח "חוק ולא יעבור". כי כפי התפתחות מין האדם כן יתפרדו ויתחזקו הדעות, וכל אחד יעמוד על דעתו הרבה יותר מעל ממונו של עתה, ולצאת ממצר הזה אין תקוה זולת אם האדם יתחיל ליסוג אחור עד שיקבל צורת פתי, כלומר שיתרוקן מכל דעתו.

ועי״כ יתרבו המפלגות כמעט לפי היחידים, ואין פותר אותו זולת חוק הקבוע "אחרי רבים להטות". ואז יעשו היחידים בינו לבינם מיני פשרות וביצועים עד שיתקבצו לחבורות. ובהחבורות יהיו התחרות עם אופוזיציות עד שהאופוזיציה תצא לעצמה לפירוד בפ״ע. וכה יתפלגו החבורות הגדולות לקטנות, והקטנות לקטני קטנות, וגם יסחרו ביניהם חבורה עם חבורה כרגיל בזה״ז. אמנם המו״מ הזה מוכרח לילֵך ולקבל בכל פעם צורה יותר חריפה, ממש כפי שיעור התפתחות הדעות בלי פשרה לנצח שכן צריך להיות לנצחיות.

[מעבר לעמוד חדש]

אמנם באחת: בקנין הפרטי כבר באו לידי פתרון מוסכם, אשר כל אחד יתן כמה שמוצלח ליתן ויקבל כמו בלתי מוצלח בלי תוספות כחוט השערה. וזמן העבודה יהיו שוה לכל בחיוב מוחלט. ומלבד החיוב יושגו תוספות זמן של הותיקים אשר יתנו לעומת החלשים לפטור אותם לגמרי ולא לענותם, והיה זה דוגמת הצדקה הרגילה עכשיו. ובכל עיר וקהלה יתחלקו אותם החלשים במספר שוה לה, ואם ימצאו בהקהלה הרבה מנדבים אז יפטרו כל חלושי כח, ואם מעטים יהיו אז יפטרו רק מקצתם והיותר חלושים וכדומה.

העובר על חוקים הללו יענש או במתן חוקו או בדרך פלילי.

פרצוף פנים של אידאה

אמיתיות ברות העונג של המביעו ניכרת. נעשיתי ק׳ ... הגם ש... [מילים לא ברורות בכתב היד] הרבה שנים מקודם זה, אמנם לא הסיבותי תשומת לבי עד שראיתיהם מדברים ומתוכחים אז הכרתי האמת בפרצופו. כי חוק הוא שאיש בלתי מוטרד בשום אופן לא יהי׳ לו סיפוק בקניני גשמיים גם בשעה שאדם עוסק באידאיה מוכרת להרגיש רות תענוג בשעת העסק, ושיעור הרות והעונג שהוא מרגיש תלוי באמתיות האידיאה שהוא עוסק. ומתוך כך מצאנו להאמת פרצוף פנים להכירו, דהיינו רק בהסתכלות לאדם המביע אותו אם ענוג הוא. וכמות העונג הוא כמות האמת - וזהו שהביאני להאמין באידעה זאת, כי לא ראיתי עד אז מי שיביע איזה אידאה בקורת רות ועונג כמותם.

אמת מוחלט

אם לא יש אמיתיות מוחלטות אלא בעלי זמן, א״כ אומר אני שכל אמת לפ״ע בשעתו הוא אמת מוחלט, כמו שאי אפשר לי [לומר] על איזה מציאות שעומד למות אשר כמת דמי משום שבזמן שחי הריהו מציאות מוחלט בשעתו.

[מעבר לעמוד חדש]

אין שום דבר נפעל או בדרך הרצון או בדרך הכפיה והשכל אינו מכריח כנודע. וא״כ יש לנו שאלה מי ינועע את השתפן בעת פעולתו, ממקור מי יתלקח לו הרצון להתנועע, או מכח מי יבוא אליו הכפיה.

כי אז יהפך התנועה למין קנין פרטי. וכל אדם מקפיד על האנרגיע שלו שלא תתפזר בלתי תועלת עוד יותר מעל ממונו. ואם השתפנות אינו מחסר לו מחמת כינוס האנרגיה ודאי לא יפזר האנרגיה בכדי, והצדק או החמלה מאין יבואו?

למהר זמן בישולה: בדתיות

רעיון השתפני צריכה בישול וביכור במוחו האדם לא פחות מג׳ דורות שלימים ושל שלוה והסכמה כללית, ולפיכך עוד הרבה גלגולים ונסיונות יעברו בעולם בטרם תבואה על קצה - ואין דרך יותר נקל לבשל הרעיונות רק בדרך הדתיות.

שירי הסולם

שיר קודש

אלקי נשמה שנתת בי טהורה
הפחתה באפי והיתי לנפש חיה
מה נפלאתה אבהתך לחמדה והאורה
נבלו שפתותי מלאמר דיה דיה

ובוראי עצבני עודני באבי
נפשי אנושה פצע-בלבבי
כי לשרתו חמדתי בשהוא אבי
ואני מאד חפץ בו, והוא בי

ולו רחבת ידים ועבודה רבה
ואני איש משכיל ובן תשועה
כיאות להמלכה באמונה וחבה
אכן דחפני ולבבי קרועה.

נפשי כגלגל סובבת על אופניה
מקוטבה ולהלאה אף משהו לא תזיעה
אור שמשה נטה מעבר פניה
ומאז, מכל משאלותיה גרועה.

יד נעלמה בקעה את עצמותי
ונקלותי והיתי לשתי מחנות
האחת סרה תחת פקודת גויתי
ושאריתם אחרי נפשי פונות

אכן גופי מהם לא ידע תאוה
כי אלקיו בחמדה לא כבדהו
כמו סריס תמה מנעהו מאהבה
אשר עמלו ללא ידעהו יעזבהו

האוכל דבר עמו מאשישי חשקי
מפליאות אהבה גילוי נסתרות
או דברי עגבות מצופי ושיקוי
בלעג יהסני "מה יאמרו הבריות"

ההואה, לעולם לא יטעום ממנעימותי
ואנכי הכי אפנה. למטעמותיו
ונוסף גם על צרותי
להכעיסני בקצפיו ומהלומותיו

גם ביום הרוחה לא יתן לי ברכה
אך לעג כארבה עלי ירבה
מה לכי בהעננים כי תדאגי ככה
כי שרף תשרופי כמו להבה.

אם הזמן שיחק ואליך פנה
יחדיו לא ידעוך ואת חלומותיך
הרי בבזיון יפגשוך בכל פנה
זה יירק בפניך וזה ימרוט שערותיך

דיינו

אשרי אדם עוז לו בך, וה' המסילות בלבבו
אשרי איש שישמע למצותיך, ותורתך ודברך תשים על לבו
אתה יוצר אור ובורא חשך עושה שלום ובורא את הכל
ואלו כרית לי אזן לשמוע אתה באהבת נפש לנצחיות
ולא הראיתני איך עיניך צופיות מסוף העולם עד סופו דיינו
ואלו הבטחתני להשיג כל רזיך ולהיות בין הנגשים אליך
ולא הלבשתם בי כהווה ממש דיינו.
ואלו הלבשתני בהם בהווה ממש
ולא השגתי שאין כבודך מחול ולא יגבילוך אפילו רוחות דיינו.
ואלו השגתי שלא יגבילוך רוחות
ולא קבעת לי אתה לבית תפילה לקבל מידך כל מחסורי דיינו

ואלו זכיתי לקריאתך ולהענות כתבוע איש מרעהו על כל מורשי לבי
ולא הפלאתני בהיוחל ארץ ביום אחד והיוליד גוי בפעם אחת דיינו
ואלו הראת לדעת סוד הנשקף על ארץ ממכון שבתו
ולא העמדתני בההתחלה ולהרגיש התלבשותך בלבבי שם דיינו
ואלו זכיתי להרגיש כל אורותיך באו"פ להאיר אור פנים
ולא הודעתני שזהו תכליתם שתרצה מכל בריאתך וכל תענוגך דיינו
ואלו הודעתני תענוגך המיוחד שתקוה מכל מלאכת שמים וארץ
ולא למדתני לדעת איך ברכתו מכל הימים וקדשתו מכל הזמנים דיינו
ואלו זכיתי בברכת כל הימים וקדשת כל הזמנים עבר ועתיד יחדיו
ולא הטרחת לפייסני ברוב חכמה וידידות להסיר ממני הבושה דיינו

ואלו זכיתי להטהר כעצם השמים וצבאם ולסוד פני אל תפילתך וכו'.
ולא שאלתני סו"ה אם יהללו בניך בריתי וכו' דיינו
ואלו שמעתי מפיך השבועה בקדושתך אם לדוד אכזב
ולא הוריתני שחוץ מתענוגך זה שיך לתענוגי עצמי דיינו

ואלו פלט חכי כל חכמה וכל תאוה ורק לזיוך כל פניותי
ולא בררת לי שאין לי מה להוסיף ורשאי לילך מהעולם דיינו
ואלו הבנתי בכל שכלי שיש לי להסתלק תכף מהעולם
ולא העירותני לחפש איזה תשורה בכלי ולא מצאתי כלום דיינו
ואלו העירותני שביגיע כפים רצונך ולא בהעונג סתם
ולא העירותני בפנים מסבירות ואי זה מקום בינה בספרים דיינו
ואלו הערותני להתגעגע אחר בינה בספרים
ולא לימדתני שעקר הוא הודאיות ובר לבב, ולאור אין ערך דיינו
ואלו השגתי שאין חשיבות בהאור רק בהודאיות ובר לבב
ולא העניקתני הגעגועים אחר את"ה, ומבלי יכלת לקבלה שלא לפגום בך דיינו

ואלו נסתלקתי, במילוי כל תכליתי, מהעולם
ולא זכיתי לסו"ה אל יתהלל חכם בחכמתו והיכלת לקבל את התחדשות דאומן נאמן דיינו
ואלו זכיתי להתחדשות דאומן נאמן ומי דקיימא לשאלה
ולא זכיתי, לכל האורות הנפלאות ולכל התורה כלה ברא(?) ולעט סופר מהיר דיינו
ואלו זכיתי שם לכל הכבוד ולחסדים הנאמנים בזווג דלא פסיק
ולא זכיתי לברכה דאדם לירד בדגת הים וכו' עד להחלט הפרישה מתוך, דיינו

ואלו נסתלקתי מהעולם אחר זכות הזה לדור בשמים ובארץ בבת אחת
ולא הארת לי הפתרון דצדיק ונושע דייני.
ואלו הארת לי הפתרון דצדיק ונושע
ולא העצרתני באחימן וסיתום שערי צדק, עד להאומרים לאל סור וכו' דייני

ואלו נסתלקתי מהעולם אחר מלוי שלמות הזה
ולא למדתני סו"ה אחות לנו קטנה ודדים אין לה וכו' דייני
ואלו חדשת חיותי במה נעשה לאחותינו ביום שידבר בה
ולא האירותני בהאורות הנפלאים ומאכן נודע הדבר, וטירת כסף, ולוח ארז דייני
ואלו הראיתני אז כל חסדיך הנפלאים בהשראת הכתר
ולא למדתני בסוד המבול, ושבה"כ, והכרובים, ומטי ולא מטי וכו' דייני

ואלו הקבעת אמונתך בלבי ע"י הכרובים ומול"מ עד הפרסה דהשתים שמעתי
ולא הפלאתני בסו"ה קרח נפג וזכרי דייני
ואלו הפלאתני בהיחוד הגדול דקרח נפג וזכרי
ולא המשכתני לתוך מקוה בקומה זקופה ע"י אנקת"ם דייני
ואלו זכיתי לגלות כל הברכה והקדשה מרו"ת דמקוה בפו"ר ע"י אנקת"ם
ולא זכיתי לראות ההפלגה הגדולה שבכל"א עד לשאת יתר על ראש מקוה דייני
ואלו זכיתי להשגות בכל התורה במקום הכל"א ובסוד מנוחה ואור....
ולא זכיתי לראות את ירושלים הבנויה באופן החלטי שלא תחרב עוד דייני

ואלו נסתלקתי מהעולם אחר השגה הנצחית דירושלים הבנויה
ולא הוריתני באמונה רבה סו"ה שמע ישראל ה' אלוקינו ה' אחד דייני
ואלו הוריתני ההחלטיות הודאית שבאת"ה לעיני כל האמות בבירור גמור
ולא העירותני לחזור לתוך מקוה כי לא נפסק הקשר ועוד תתפאר בי דייני

ואלו העירותני לשלח יד במלאכתך שבתוך
ולא הפלאתני בהמראה איך ה' לוקח ומתעלה ממני עד הסתלקי דייני
ואלו הפלאתני בהתעלות ה' שמשכתי עד הסתלקותה למעלה
ולא קבעת בי הרצון לשליחת ידים מכה, איכה ידע אל וכו'
כי הנה אלה הרשעים שהשגו חיל. ובסוד מי כמכה בעל גבורות
ומי דומה לך וכיון שהגבורות אינם נצחיים ע"כ המשכתני
לתוך. וכו' וכו'. דייני (כי מה מתוק האור הודאיות וכו')
ואלו קבעתני בשליחת יד במלאכתך
ולא הצעת לעיני סו"ה אם יתן איש את כל הון ביתו וכו' דייני
ואלו עמדתי בנסיוני שלא לחשוב כל הון ביתך תמור אהבתך
ולא נתת לי מתיקות בהעליות וגלוי רזי תורתך למכביר דייני
ואלו זכיתי ע"י העליות וע"י גילוי רזין עד להמשיך ב' שנה
ולא זכיתי להסרק במסרקות ברזל עד שיצאה נשמתי באחד דייני
ואלו זכיתי במסירת נר"ן באחד עד לבטול כל הויתי
ולא זכיתי לטל תחיה שתנער לאט לאט על ראשי דייני
ועל אחת כמה וכמה טובה כפולה ומכופלת שזכיתי
לכל הנ"ל וגם לתחית המתים בחמלה רבה לקרבני
בתשובה שלימה ביראה ואהבה ועבודה אמתית וקרבתני בחזרה לכלל ישראל ולתורתך באהבה רבה
ונאמנה מה אשיב לך כל תגמולך עלי.

ועל אחת כמה וכמה טובה כפולה ומכופלת עלי כי כרית לי אוזן לשמוע אתה באהבת נפש ורוב שלום לנצחיות מוחלטת והראתני אל עיניך צופיות מסוף העולם עד סופו להשיג בבטחה כל סודותיך ככל מקורביך

היושבים ראשונה במלכותך והלבשתם בי בהווה גמור ומוחלט והשגתי שאין כבודך מחול לעולם. ואפילו אורות ורוחות לא יגבילוך, וקבעת האתה למקום בית תפילה, כתבוע ומקבל איש מרעהו, לכל מורשי לבבי בלי חוסר משהו. והפלאתני בהיוחל ארץ והיוליד גוי, עד לסודך הגדול הנשקף על ארץ ממכון שבתו, גם הודעתני שרק זה חפץ תכליתך מכל בריאת שמים וארץ, והוריתני שברכתו מכל הימים והזמנים כולם, ופייסתני ברוב חכמה עד שהסרת ממני הבושה לגמרי, כעצם השמים בסוד פני אל תפילתך ברוצך לחלות וכו׳, גם נשבעת לי בקדשך שלא תסיר חסדך ואור פניך ממני לעולם, גם הודעתני שתוך מתענוגך זה שייך לעצמי, ופלט חכי כל חכמה ותאווה, רק לראות זיוך אתאווה. והודעתני שיש לי להסתלק תיכף מהעולם מפני שאין לי עוד מה להוסיף, גם העירותני לחפש איזו תשורה ולא מצאתי, והעירותני להתגעגע אחר חזרה לראש ולא יכולתי מבלי לפגוע בכבודך הרם, והודעתני שאין חשיבות באורות וחכמות רק בהודאיות ובר-לבב.

גם הראתני המי דקיימא לשאלה, קו הירוק המקיף לכל העולמות כולם, וחדשת חיותי הגדלת על כל שמך אמרתך ככסא החובק שמים וארץ כאחת והפלאת עם אורותיך מיפיפית מבני אדם הוצק חן וכו׳, וממעשה בראשית וכל התורה כולה בסוד לשוני כעט סופר מהיר ובברכה דאדם לירד בדגת הים ובכל רמש הרומש על הארץ וכו׳ גם הוספתי נפלאותיך להסביר בסוד צדיק ונושע והאחימן וסיתום עד שהיה .....

גם מסרת לי האחות קטנה וחידשת חיותי גם עטרתו בהאורות הנפלאים מאכן נודע דבר, וטירת כסף, ולוח ארז, גם הביאתני בשביה״כ, ובמבול, ובמול״מ, עד בשתים שמעתי. גם הפלאתני לראות קורח ונפג וזכרי, גם בהיחוד הגדול והקדוש דאנקת״מ להמשיכני לתוך מקוה. ולכל גילוי אורות דתרי״ג מצוות. ולהפלגה דכל״א על... מקוה. וערכתי לעיני סוד ירושלים הבנויה, גם סוד הכתוב ה׳ אלקינו ה׳ אחד עד להחלטיות שבתרי״ג מצוות לעיני כל הגויים. גם הוריתני כי לא נפסק הקשר מתוך מקוה ועודך מתפאר בי כבראשונה לראות איך למעשה ידיך תכסוף והמראה הגדולה מבלי יכולת להמשיך היו״ד תוך הה״א ובאמצע הדרך נתעלה למעלה ככוכב העולה עד שנסתלקה שם, ובירדתי לי ההיתר דשליחת יד במלאכתך בסוד הכתוב כי הנה אלה הרשעים ושלוי עולם השגו חיל וכו׳ וכו׳ ובחנתני בסוד הכתוב אם יתן איש את כל הון ביתו באהבה בוז יבוזו לו גם הענקתני בענותנותך מתיקות נחמדה בהעליות ופקדתני בגילוי רזי תורתך עד להחיבורים הנפלאים על קודמי גם זכיתי להיסרק במסרקות של ברזל על אהבת יחודיך, גם זכיתי להוציא נשמתי כולה באחד קם חזרת והחייתני בטל תחיה.

הבהיר

"הבהיר! ומן שחקים מזהיר
שמה: מבפנים לפרכת המסך.

סוד צדיקים שמה מתבהר!
ויאירו יחדיו האור והחושך

טוב מאוד, לחקור מפעליו,
ואליו הזהרו משלות יד

אז תשמעוהו, וכה תפגשוהו,
במגדל עוז, שם המיוחד.

ויערב לכם דבר אמת,
לדבר דבר בלי בר.

וכל שאתם תחזו לכם,
עיניכם תראנה ולא זר!"

שיר, יסודתו בהררי קודש

אור אצלות נעלה וברה
מנצח עלי הוד הבריאה
נזון מזיו יקרו העשוי איתן
כרמו אלי נוטרים נתן

בחסדים וגבורות מתפאר
ועל יסוד היצירה שומר
וכמו עטרה עליו חופף
משברים יתחטא מסרת העודף

מושיבני ומקימיני בהודו
ככל העומדים על סודו
כן שמעתיהו וראיתיו מתפאר
טעום וראה כי-עתידותי אמהר

הוא יראני נפלאות מתורתו
ותחזינה עיני מכל הוד מלכותו
הנני וכל-טובי נעמודה יחד
אכן בחנני בחר לך אחד

האח! מי נותן לי חבר
יודעי פשר כל דבר
הן הם עדיו, ואשריהם
מכל מה ששאלו עיניהם

ממוצאי חן אנשי חמודות
שבסודו יגעו ומצאו תוצאות
שכל יכלתו מלא כפיהם
וכל העולה על לביהם

הנעלם ונשגב מכל תעלומה
ראה ראיתי מקוה כל חכמה
אנא מלמד לאנוש בינה
- החכמה והמדע לך נתונה!

ובאשר חכמה שם הוא
ובטרם בינותי מצאתיהו חקרתיהו
לך תהלה, חנוני ואמור מלה
שאתה הוא הפועל לכל פעולה

אשמותי רבות ויתר מהן עלבוני
הימחלו לעוני ינחמוני עלי יגוני
ומוצא התבונה מצא אמונה
ששמחהו בעמלו ומי כמוהו עונה

נשיתי בן אדם ומלאך יחדיו
לכן בינותי שאין עוד בלעדיו
ובאצבעו יראה לאלקים אשר אוה
תחת עון אהבה ותחת עלבון גאוה

אשר בידו כל עתידותי
רחמני ויריצני כדי גאולתי
ודורי זוכר אשר בלבבות
ובינו לביני דברי אהבות;

ממנו כל ששוני וכל יגוני
ומאז חולת אהבה אני
לאור חשקי יצפה אצל פנה
גואלי חי, טפי מתקי ימנה

יחשב לפי שנותי ורוחי לא חבלה
יחדש כנשר נעורי והחכמה נגולה
וחסדיו עצמו מבית ומחוץ ומסביבותי
וענני חשכי עתות חביון זדונותי.

התחבאני ולא אדע איך, ובמה
עפרי מחלב ידשן ואלמתי קמה
ותהי נפילותי, עתותי להשגת חמודותי
תמיד אשכילם, הכי היו תאות גבעותי

השמים לא יכלכלוהו ובקבתי אבה
חמדתו נתקעה בלבי כמו לבה
חיי אמת טעמתי, מהאולם ולפנים בנוי,
גבורותיו מללתי, וצפונות תמלא בטני,

ומכל צדדיו ועבריו שעשועים וחבה
מאליה מתלקחת ועולה לא תכבה
ובו לא עמלתי, והכל לתבניתו נבנה:
וכצל נמשכתי החדרה, והממלכה נכונה.

יסדתיו בעניי ח׳ מרחשון תרפ״ט לפ״ק
פעיה״ק ירושלם תובב״א. יהודה הלוי אשלג

נספחים

לוח ראשי תיבות וקיצורים

א

א"א: אברהם אבינו; אי אפשר; אריך אנפין; ארך אפים.
אב"א: אחור באחור.
אב"ג: אנא בכח גדולת.
אבי"ע: אצילות, בריאה, יצירה, עשיה (ד' עולמות העליונים).
א"ג: אין גורסים; ארבע גלויות.
א"ד: אינו דומה; איכה דאמרי (יש אומרים).
אדה"ר: אדם הראשון.
אדל"ג: אפשר דלא גרסינן.
א"ה, או"ה, אוה"ע: אומות העולם.
אה"ל: אור הלבנה.
או"א: אבא ואמא; אחד ואחד.
או"ב: "אור ברוך".
או"ח: אור חוזר.
או"י: אור ישר.
או"מ: אור מקיף.
או"נ: אריך ונוקבא.
או"פ: אור פנימי.
או"ש: "אור שלום".
אחב"פ: אחור בפנים.
אח"ז: אחר זה.
אחז"ל: אמרו חכמינו זכרם לברכה.
אח"כ: אחר כך; אחרי כן.
אח"פ: אוזן חוטם פה.
א"י: ארץ ישראל.
א"כ: אם כן; אינו כדאי; אין כאן.
אכי"ר: אמן, כן יהיה רצון.
אכמ"ל: אין כאן מקומו להאריך.
א"ל: אמר ליה.
אל"ה: ג' אותיות משם אלהים.
אמ"ר: אור מים רקיע.
אנ"כ: אורות נצוצין כלים.
א"ס: אין סוף.
א"ע: את עצמו.
אע"ג: אף על גב.
אע"פ: אף על פי.
אעפ"כ: אף על פי כן.
א"צ: אינו צריך.
אצ"ל: אין צריך לומר.
א"ק: אדם קדמון (שם עולם); אין קץ; אמר קרא (כתוב במקרא).
אקב"ו: אשר קדשנו במצותיו וצונו.
א"ר: אמר רב; אל רחום.
ארגמ"ן: אוריאל, רפאל, גבריאל, מיכאל, נוריאל (שמות מלאכים).
ארמ"ע: אש, רוח, מים, עפר (ארבע יסודות העולם).
אשל"י: אדום, שחור, לבן, ירוק.
א"ת: אם תאמר; אל תאמר; אל תקרא; אי תימא.
א-ת: (האותיות מן א עד ת).
אתב"ש: אחד מצרופי אותיות הא"ב (הראשונה עם האחרונה, השניה עם זו שלפני האחרונה וכן הלאה).
את"ל: אם תמצא לומר.
אתעד"ל: אתערותא דלעילא.
אתעדל"ת: אתערותא דלתתא.

ב

ב"א: בראשית א'; בן אדם; בנין אב; ברוך אתה.
בא"ד: באמצע דבור.
באבי"ע: באצילות, בריאה, יצירה, עשיה.
באד"ר: באדרא רבא.
באדר"ז: באדרא זוטא.
בא"י: ברוך אתה ה'.
ב"ב: בראשית ב'.
בב"א: בבת אחת.
בג"ד: בגין דא.
בג"ה: בינה, גבורה, הוד.
בג"כ: בגין כך.
ב"ד: בית דין.
בד"א: במה דברים אמורים; בדרך אחרת.
בד"כ: בדרך כלל.

בדר"ו: בדחילו ורחימו.
ב"ה: בית הלל; ברוך הבא; בית המקדש; בין השמשות, ברוך הוא.
בהכ"נ: בית הכנסת.
ביהמ"ק: בית המקדש.
בוצד"ק: בוצינא דקרדנותא.
בחי': בחינה; בחינות.
בחי"א: בחינה א'.
בחי"ב בחי"ג בחי"ד: בחינה ב'-ג'-ד'.
בי"ע: בריאה, יצירה, עשיה.
בכ"מ: בכל מקום; בכמה מקומות.
במ"א: במקום אחר.
במ"ר: במדרש רבה.
ב"נ: בר נש.
ב"ן: מספר (שם הויה במילוי ההין).
בס': בספר.
בס"ד: בספרא דצניעותא; בסייעתא דשמיא.
בסו"ה: בסוד הכתוב.
ב"ע: בריאות עולם.
בע"א: בענף א'.
בע"ה: בעזרת השם.
בעוה"ב: בעולם הבא.
בעוה"ז: בעולם הזה.
בעוה"ר: בעונותינו הרבים.
בעה"ח: בעץ החיים.
בע"ח: בעץ חיים.
בע"כ: בעל כרחו.
בע"מ: בעל מנת.
בע"ס: בעל הסולם.
בע"ש: בערב שבת.
בעש"ק: בערב שבת קודש.
בע"ת: בעל תשובה.
ב"פ: ב' פעמים.
בפ"ע: בפני עצמו.
ברהמ"ז: ברכת המזון.
בר"ת: בראשי תיבות.
ב"ש: ב' שלישים; בית שמאי.
בשכמל"ו: ברוך שם כבוד מלכותו לעולם ועד.
בש"ת: ב' שלישי תפארת; ב' שלישין תתאין.
בת"ת: בתפארת.

ג

ג"א: גירסא אחרינא (גרסא אחרת נוסח אחר); ג' אלפים; ג' אמצעיות.
גו"ע: גולגלתא ועינים.
ג"ט קר"ע פ"ת: (ז' תיקוני רישא) גולגלתא לבנה, טלא דבדולחא, קרומא דאוירא, רעוא דמצחא, עמר נקא, פקיחו דעיינין, חוטמא.
גי': גימטריה (צרופי האותיות למספרן).
ג"כ: גם כן.
גמה"ת: גמר התיקון.
ג"ע: גן עדן; גלוי עריות.
ג"ע אח"פ: גולגלת, עינים, אוזן, חוטם פה.
גע"ס: גלגלתא, ע"ב, ס"ג.
ג"פ: ג' פעמים.
ג"ר: ג' ראשונות.
ג"ש: גזרה שוה.
ג"ת: ג' תחתוניות.

ד

ד': דף.
ד"א: דבר אחר; דרך אמת.
ד"ה: דברי הימים; דבור המתחיל; דברי הרב.
דהו"ג: דהוד וגבורה.
דו"נ: דכר ונוקבא.
דו"ק: התבונן היטב; דייק.
ד"ז: דפוס זולצבך.
דחז"ל: דברי חכמינו זכרם לברכה.
דט"ר: דט' ראשונות.
דכ"ז: דכל זה.
דלפי"ז: דלפי זה.
ד"מ: דפוס מנטובא; דרך משל; דיני ממונות; דבר מצוה.
ד"נ: דיני נפשות; דם נדה.
דנת"א: דנקודות, תגין, אותיות.
דע"כ: דעל כן; דעל כרחך.
דע"ס: דעשר ספירות.
דעסמ"ב: דע"ב ס"ג מ"ה ב"ן.
דפו"י: דפוס ישן.
דצח"מ: דומם, צומח, חי, מדבר.

ד"ק: דפוס קרימונה.
ד"ש: דרכי שלום.
ד"ת: דברי תורה; דין תורה.
דת"י: דעת, תפארת, יסוד.

ה

הא"ח: הארת חכמה.
הבעש"ט: הבעל שם טוב (רבי ישראל בן אליעזר, 1698-1760)
הי"ע: השם ירחם עליו.
האר"י: האלקי רבינו יצחק (הרב יצחק לוריא, 1534-1572).
ה"ג: ה' גבורות.
ה"ה: הוא הדין; הרי הוא; הלא הוא; שני ההיי"ן של שם הוי"ה.
הה"ד: הדא הוא דכתיב.
ה"ח: ה' חסדים.
הי': היה.
הי"ם: הוד, יסוד, מלכות. (ג' אותיות משם אלהים).
הל"ל: הוי ליה למימר.
ה"מ: ה' מקיפים; הני מילי.
ה"נ: הכא נמי.
הנז': הנזכר.
הנ"ל: הנזכר לעיל; הנזכר למעלה.
ה"ס: הוא סוד.
ה"פ: הכי פשיטו; ה' פעמים; ה' פרצופין; הכי פירושו; הברה פשוטה.
הק': הקדוש.
ה"ק: הכי קאמר.
הקב"ה: הקדוש ברוך הוא.
הקוב"ה: הקודשא בריך הוא.
הקסה"ז: הקדמת ספר הזהר.
ה"ר: ה' ראשונות; ה' ראשונה.
הרח"ו: הרב חיים ויטאל (1543-1620).
הרמ"ק: האלקי רבינו משה קורדובירו (1522-1570).
השי"ת: השם יתברך.
ה"ת: ה' תתאה, ה' תחתונות.
התפ"א: התפשטות א'.
התפ"ב: התפשטות ב'.

ו

ואכ"מ: ואין כאן מקומו.
ואכמ"ל: ואין כאן מקום להאריך.
ואל"כ: ואם לא כן; ואהבת לרעך כמוך.
ובעוה"ר: ובעונותינו הרבים.
ובש': ובשער.
וגו': וגומר (ראה וכו').
ודו"ק: דייק (כמו התבונן היטב, לדייק בשעת העיון ולא בקרוב).
וד"ל: ודי למבין.
ול"ב: ודי לחכימא ברמיזא.
והמ"י: והמשכיל יבין.
וזה"ד: וזה הדין.
וז"ל: וזה לשונו.
וכה"א: וכן הוא אומר.
וכו': וכולה; וכולי. (כמו וגומר, סימן להמשיך את המאמר או המספר עד הסוף, אף אם אין סופו נזכר בכתב).
ול"נ: ולי נראה.
ונלע"ד: ונראה לפי עניות דעתי.
וע"ד: ועל דא.
ועד"ז: ועל דרך זה.
ועכ"ז: ועם כל זה; ועל כל זה.
ו"ק: ו' קצוות.
וש"נ: ושם נסמן.
ו"ת: ו' תחתונות.
ותי': ותיקונים.

ז

ז"א: זעיר אנפין; זכות אבות; זה אומר.
זאה"ל: זכור אותו האיש לטוב.
זא"ז: זה אצל זה; זה אל זה; זה את זה; זה אחר זה (וכן זו).
זב"ז: זה בזה.
זה"ז: זמן הזה.
זה"פ: זה הפרוש.
זה"ש: זה הוא שאמר.
זו"ן: זעיר ונוקבא; זה לשונו; זכרו (זכרונו) לברכה.
זל"ז: זה לזה.
ז"ח: זהר חדש.

זכ"ל: ז' כוכבי לכת.
זלמ"ז: זה למטה מזה; זה למעלה מזה.
ז"מ: ז' מלכים.
זמ"ז: זה מזה.
זמ"ן נק"ט: סדר ששת סדרי המשנה - זרעים, מועד, נשים, נזיקין, קדשים, טהרות.
ז"ס: זה סוד.
ז"ע: זה ענין.
זעה"א: זקני עם הארץ.
זע"ז: זה על זה; זה עם זה.
ז"פ: ז' פעמים.
זצ"ל: זכר צדיק לברכה.
ז"ק: זרע קודש; זקף קטן.
ז"ש: זה שכתב; זה שאמר; זה שאומר; זה שכותב.
זש"א: זה שאמר.
ז"ת: ז' תחתונות.
זת"ז: זה תוך זה; זה תחת זה.
זת"ח: זקני תלמידי חכמים.

ח

ח': חלק; חדש.
ח"א: חלק א'; חכמים אומרים; חד אמר.
ח"ב: חלק ב'; חכמה בינה.
חב"ד: חכמה, בינה, דעת.
חבת"ם: חכמה, בינה, תפארת, מלכות.
ח"ג: חלק ג'; חלופי גרסאות.
חג"ת: חסד, גבור, תפארת.
ח"ד: חלק ד'.
חד"ר: חסד דין רחמים.
ח"ה: חלק ה'; חלול ה'.
חה"ש: חלול השם.
חה"מ: חול המועד.
ח"ו: חלק ו'; חסר ואו; חס ושלום.
חו"ג: חסדים וגבורות.
חו"ד: חוקר ודורש; חלב ודבש.
חוה"מ: חול המועד.
חוהמ"ס: חול המועד סוכות.
חוהמ"פ: חול המועד פסח.
חו"ל, ח"ל: חוץ לארץ.
ח"ז: חלק ז'; חדש זה.
חז"ל: חכמינו זכרם לברכה.
חח"ן: חכמה חסד נצח.
חכ"א: חכמים אומרים.
חל"ה: חלק לעולם הבא.
חנ"ה: חנוכת הבית.
חנכ"ל שצ"ם: שבעה כוכבי הלכת - חמה, נוגה, כוכב, לבנה, שבתאי, צדק, מאדים.
ח"ס: חכמה סתימאה.
ח"ע: חיי עולם; חתימת עדים.
חע"ה: חיי עולם הבא.
ח"ש: חצי שעה; חלול שבת.
חש"ו: חרש, שוטה וקטן.
חש"ח: חולם, שורק, חיריק.

ט

ט"א: טור א'; טעם אחר.
טו"ר: טוב ורע.
ט"מ: טומאת מת; טעמא מאי; טעמי מקרא.
טנת"א: טעמים, נקודות, תגין, אותיות.
ט"ס: ט' ספירות.
ט"ר: ט' ראשונות.
טש"ת, סא"ב, מע"ק, גד"ד: י"ב המזלות - טלה, שור, תאומים, סרטן, אריה, בתולה, מאזנים, עקרב, קשת, גדי, דלי, דגים.
ט"ת: ט' תחתונות.

י

י"א: יש אומרים; יש אוסרים; ירא אלהים; ירחמהו אל.
יא"י: ישוב ארץ ישראל.
יא"ל: יש אם למקרא; יש אם למסורת; יזכרם אלהים לטובה.
י"ג: יש גורסים; יין גפן; מספר.
י"ד: יש דורשים.
ידי"נ: ידיד נפש
י"ה: ב' אותיות הראשונות משם הויה.
יה"א: ג' מלואים של שם הוי"ה יודין ההין אלפין.
יה"כ, יוהכ"פ: יום הכפורים.

יה״ר: יהי רצון.
יו״כ: יום כפור.
יו״ש: ימין ושמאל.
יחנר״ן: יחידה, חיה, נשמה, רוח, נפש.
י״ט: יצר טוב; יש טעם; יום טוב.
יו״ט: יום טוב.
יול״א: יתברך ויתעלה לעולם אמן.
יט״ל: יש טעם לדבר.
י״י: רמז על יחוד הוי״ה ואדני.
יי״י: יברכך יאר ישא.
יכ״ק: יום כפור קטן.
י״ל, יל״ד: יש לדעת.
י״ל, יל״ה: יש להבין.
י״ל, יל״ו: יש לומר.
י״ל, יל״ש: יש לשאול.
י״מ: יש מפרשים; יש מקומות; יציאת מצרים.
י״ס: יוד ספירות; יש ספרים; יש סוברים.
יס״ג: יש ספרים גורסים.
יצה״ט: יצר הטוב.
יצה״ר: יצר הרע.
יש״א: ימין, שמאל, אמצע.
ישסו״ת: ישראל סבא ותבונה.
ית׳: יתברך; יתעלה.
ית״ש: יתברך שמו.

כ

כ׳: כבוד.
כ״א: כי אם; כל אחד; כך אמר; כתוב אחד; כלל אחד.
כא״א: כתוב אחד אומר.
כאו״א: כל אחד ואחד; כל איש ואיש.
כאו״ל: כל אומה ולשון.
כאחז״ל: כך אמרו חכמינו זכרם לברכה.
כ״ב: אותיות התורה.
כ״ג: כהן גדול.
כ״ד: כדי דבור; כל דבר; כך דרשו.
כד״א: כמה דאת אמר; כדא דאת אמרת.
כד״ש: כדרך שאמרו.
כ״ה: כתוב הכא.
כה״א: כן הוא אומר.
כה״ג: כהן גדול; כהאי גוונא.
כהמ״ג: כל המוסיף גורע.
כה״נ: כן היא נוסחת.
כה״ק: כתבי הקודש.
כו׳, וכו׳: וכולה.
כו״כ: כך וכך.
כו״פ: כלל ופרט.
כופו״כ: כלל ופרט וכלל.
כ״ז: כל זה; כל זמן; כף זכות; כלי זיין.
כ״ח: כלי חיצון; כתר חכמה.
כח״ב: כתר, חכמה, בינה.
כחב״ד: כתר, חכמה, בינה, דעת.
כח״ב תו״מ: כתר, חכמה, בינה, תפארת ומלכות.
כ״י: כנסת ישראל; כתב יד; כן ירבו.
כי״ר: כן יהי רצון
כ״כ: כל כך; כמו כן; כתוב כאן.
כל״ז: כלי זין.
כל״י: כהן, לוי, ישראל.
כ״מ: כל מה; כל מקום; כן מצאתי; כן משמע; כן מוכח.
כמד״א: כמה דאת אמרת.
כמו״ש: כמו שכתוב.
כמש״א: כמו שאתה אומר.
כמש״ה: כמו שאמר הכתוב.
כ״נ: כן נאמר; כן נראה.
כנה״ג: כנסת הגדולה.
כנז׳: כנזכר.
כנ״י: כנסת ישראל.
כנ״ל: כנזכר לעיל; כן נראה לי.
כנלע״ד: כן נראה לפי עניות דעתי.
כסה״כ: כסא הכבוד.
כ״ע: כולי עלמא; כתר עליון.
כ״פ: כלי פנימי; כל פנים; כך פרשו.
כצ״ל: כן צריך לאמור - להיות - לבאר.
כ״ק: כלי קודש; כבוד קדושת.
כ״ש: כל שכן; כבוד שמו; כל שעה; כבוד שבת.
כש״ד: כללו של דבר.
כש״כ: כל שכן.
כשו״ש: כל שעה ושעה; כל שנה ושנה.
כש״ט: כתר שם טוב.

כש"ש: כמו שכתבתי שם.
כ"ת: כתר תורה.
כתה"ק: כתבי הקודש.
כתחז"ל: כתקון חכמינו זכרם לברכה.

ל

ל"א: לשון אחר.
לא"א: לא אמרו אלא.
ל"ב: מספר.
לבנ"ה: ל"ב נתיבות החכמה.
ל"ג: לא גרסינן; לשון גמרא.
ל"ד: לאו דוקא; לפי דעת; לא דמי.
לד"א: לדעת אחרים; לדבר אחר.
לד"ה: לדברי הכל.
ל"ה: לבנת הספיר; למען השם.
לה"פ: לחם הפנים.
לו"ל: לפני ולפנים.
ל"ז: לשון זכר.
לזעי"צ: לזכר עולם יהי צדיק.
ל"כ: לא כתוב; לא כן.
לכאו"א: לכל אחד ואחד.
לכ"ל: לכן נראה לי.
לכ"ע: לכולי עלמא.
לכ"ש: לא כל שכן.
ל"מ: לא מצאתי.
למה"ד: למה הדבר דומה.
ל"נ: לי נראה; לשון נקבה.
לנ"ל: לכן נראה לי.
לע"ע: לעתה עתה.
לעסמ"ב: לע"ב, ס"ג, מ"ה, ב"ן.
לעת"ל: לעתיד לבוא.
לפ"ג: לפרט גדול.
לפמש"ה: לפנים משורת הדין.
לפ"ע: לפי ענינו.
לפע"ד: לפי עניות דעתי.
לפ"ק: לפרט קטן.
לפ"ש: לפי שעה.
ל"צ: לא צריך.
ל"ש: לא שנו; לא שנא; לא שייך; ליל שמורים.
לשה"ר: לשון הרע.
לש"ש: לשם שמים.
ל"ת: לא תעשה.

מ

מ"א: מקום אחר; מקום אחד; מדרש אגדה; מלכים א'; מים אחרונים; מנהג אבותינו.
מאה"ג: מאור הגדול; מאור הגולה.
מארז"ל: מאמר רבותינו זכרם לברכה.
מ"ב: שם מ"ב אותיות; מה בכך; מתן בסתר.
מב"ד: מיתת בית דין; משיח בן דוד.
מב"ו: מלך בשר ודם; מתנת בשר ודם.
מב"י: משיח בן יוסף.
מ"ג: מחזור גדול (כ"א שנים); מסורה גדולה; מלת גוף.
מג"מ: מצוה גוררת מצוה.
מ"ד: מיין דוכרין; מאן דאמר; מאי דכתיב; מי דמי; מה דעתך; מי דבש.
מד"א: מאן דאמר; משום דרכי אמורי.
מדה"ד: מדת הדין.
מדה"נ: מדרש הנעלם.
מדה"ר: מדת הרחמים.
מד"ש: מפני דרכי שלום.
מ"ה: מספר הויה במילוי אלפין; משום הכי; מלך העולם; מלאך המות.
מה"ד: מדת הדין.
מה"ה: מה ההבדל.
מהל"ל: מה היה ליה למימר.
מה"מ: מלאך המות; מלך המשיח; מנא הני מילי.
מה"נ: מדרש הנעלם.
מה"פ: מה הפרוש.
מה"ש: מלאכי השרת.
מו"ל: מוציא לאור.
מול"מ: מטי ולא מטי.
מו"מ: מעלה ומטה; משא ומתן; מגע ומשא.
מו"ס: מותא סתימאה.
מוצי"ט: מוצאי יום טוב.
מוצש"ק: מוצאי שבת קודש.
מו"ש: מוצאי שבת.
מ"ז: משנה ז'.
מחז"ל: מאמר חכמינו זכרם לברכה.

מ"ט: מקח טעות.
מטטרו"ן: שם מלאך.
מ"י: ב' אותיות משם אלהים.
מכ"ש: מכל שכן.
מ"ל: מנא לן.
מלה"ד: משל למה הדבר דומה.
מלה"ש: מלאכי השרת.
מל"ת: מצות לא תעשה; מסיח לפי תומו.
מ"מ: מכל מקום; מארי מתניתין; מארי מתיבתא; מאי משמע; מראה מקום; מת מצוה; משנה מקום.
ממ"ה: מלך מלכי המלכים.
ממ"ן: ממה נפשך.
מ"ן: מיין נוקבין.
מנ"מ: מאי נפקא מינה?.
מ"ס: מדת סדום; מר סבר; מוחא סתימאה.
מסה"ז: מסורת הזהר.
מ"ע: מצות עשה; מראית עין; מצות ערוב.
מע"ה: מעלה עליו הכתוב.
מע"ט: מעשים טובים.
מעל"ע: מעת לעת (יום שלם).
מ"צ: משיח צדק.
מצפ"ץ: שם הויה באותיות א"ת ב"ש.
מרע"ה: משה רבינו עליו השלום.
מ"ש: מה שכתוב; מאי שנא.
משא"כ: מה שאין כן.
מש"כ: מה שכתוב כאן.
מ"ת: משנה תורה; מתן תורה.
מת"ל: מה תלמוד לומר.

נ

נ"א: נוסחא אחרינא; נביאים אחרונים.
נא"כ: נאמר כאן.
נג"ע, ר"ע: נפילים, גבורים, ענקים, רפאים, עמלקים.
נגה"ד: נגמר הדין.
נ"ה: נמי הכי; נר הבדלה; נצח הוד.
נה"י: נצח, הוד יסוד.
נהי"מ: נצח, הוד, יסוד, מלכות.
נו"ה: נצח והוד.
נו"נ: נע ונד; נעשה ונשמע.
נוק': נוקבא.
נח"ש: נדוי, חרם, שמתא.
נ"י: נרו יאיר
נ"ל: נראה לי.
נ"מ: נפקא מינה.
נ"נ: נח נפש.
נ"ע: נוקבי עינים; נשמתו עדן; נוחו עדן.
נ"צ: נחמת ציון.
נק': נקרא.
נ"ר: נפש רוח; נחת רוח; נביאים ראשונים.
נר"ן: נפש, רוח, נשמה.
נרנח"י: נפש, רוח, נשמה, חיה, יחידה.
נש"ב: נ' שערי בינה.
נת"א: נקודות, תגין, אותיות.

ס

ס"א: ספרים אחרים; סטרא אחרא; סתרי אותיות.
ס"ב: סימן ברכה.
ס"ג: הוי"ה במילוי יודין ואלף בואו; סנהדרין גדולה.
ס"ד: סוף דבר; סלקא דעתך.
סד"א: סלקא דעתך אמינא.
סו"ה: סוד הכתוב.
סו"ס: סוף סוף; ספירה וספירה.
סי': סימן.
ס"י: ספרים ישנים; ספר ישן; סימן יפה; ספר יצירה.
ס"ל: סת לי; סבירה ליה.
ס"מ: סטרא מסאבותא.
ס"נ: סכנת נפשות.
ס"ע: סדר עבודה.
ס"פ: סוף פסוק.
ספ"י: סבר פנים יפות.
ספי': ספירה.
ס"ת: ספר תורה; סתרי תורה; סוף תיבה.

ע

ע': עיין.
ע"א: ענף א'; עמוד א'; ענין אחר; על אודות.
עאכו"כ: על אחת כמה וכמה.
ע"ב: הויה במילוי יודין; שם ע"ב.

עבגע"מ: עור, בשר, גידין, עצמות, מוחא.
ע"ג: ענף ג'; עבודת גלולים; על גב.
ע"ד: על דבר; על דרך; על דעת.
עד"ה: על דרך הכתוב; על דרך האמת - האמור.
עד"ז: על דרך זה.
עצל"ד: עוד צריך לדעת.
עד"מ: על דרך משל.
עד"ר: על דרך רמז.
ע"ה: עליו השלום; עשרת הדברים; עם הארץ; עין הרע; עבד ה'.
עה"ב: עולם הבא.
עה"ז: עולם הזה.
עה"ח: עץ החיים.
עה"ס: עשר הספירות.
עה"ר: עין הרע.
עה"ש: עליו השלום.
עו"א: עובדי אלילים.
עוה"ב: עולם הבא.
עוה"ז: עולם הזה.
עוה"א: עולם האצילות.
עוה"נ: עולם הנקודים.
עומ"ש: עול מלכות שמים.
עו"נ: עתיק ונוקבא.
ע"ז: עבודה זרה; על זה; עם זה; עבר זמנו.
ע"ח: עץ חיים.
ע"ט: על טעם; עצה טובה; עין טובה.
ע"י: עיין; עילאין.
ע"י: על ידי; על יד.
עי"א: על ידי אחרים.
עיה"ק: עיר הקדש.
עיו"ט: ערב יום טוב.
עיו"כ: ערב יום כפור.
עי"ז: על ידי זה.
עי"מ: עבור, יניקה, מוחין.
עיקת"ו: עיר קדשנו תיבנה ותכונן.
ע"כ: על כן; עד כאן; עד כמה; עבודת כוכבים; עבד כנעני.
עכאו"א: על כל אחד ואחד; עם כל איש ואיש.
עכ"ד: עד כאן דבריו; עד כאן לשונו.
עכ"ז: עם כל זה.
עכו"ם: עבודת כוכבים.
עכ"ל: עד כאן לשונו.
עכ"פ: על כל פנים.
ע"ל: עין לעיל.
על"ה: על מנת להשפיע.
על"ק: על מנת לקבל.
ע"מ: על מנת; על משקל; עשר מאמרות; על מה; על מחצה; עשר מכות.
עמוד"א: עמודא דאמציעתא.
עמ"ש: עין מה שכתבתי; עד מאה שנים; עול מלכות שמים.
ענ"ב: עקודים, נקודים ברודים.
ע"ס: עשר ספירות; על סמך.
עמס"ב: ע"ב ס"ג מ"ה ב"ן.
עע"ז: עובדי עבודה זרה.
עעכו"ם: עובדי עבודת כוכבים ומזלות.
ע"פ: על פי.
עצה"ד: עץ הדעת.
עצהי"ט: על צד היותר טוב.
ע"ק: עתיקא קדישא.
ע"ר: ערב רב.
ער"ה: ערב ראש השנה.
ער"ח: ערב ראש חדש.
ע"ש: עיין שם; ערב שבת; על שלחן.
עש"א: עד שיבוא אליהו.
עש"ה: עיין שם היטב.
עש"מ: על שום מה.
ע"ת: ערוב תחומים; על תנאי.

פ

פ"א: פרק א'; פעם אחת; פרוש אחר.
פא"פ: פנים אל פנים; פה אל פה; פעם אחר פעם.
פ"ב: פרק ב'
פב"א: פנים באחור.
פב"פ: פנים בפנים.
פ"ג: פרק ג'.
פ"ד: פסק דין; פרק ד'.
פד"ה, פדה"ב: פדיון הבן.
פו"א: פנים ואחור.
פו"ח: פנימיות וחיצוניות.
פו"כ: פרט וכלל.
פו"ר: פריה ורביה.

פי': פירוש.
פ"י: פושעי ישראל; פועל יוצא.
פלה"ק: פתיחה לחכמת הקבלה.
פלו': פלוני.
פלחה"ק: פתיחה לחכמת הקבלה.
פלח"ק: פתיחה לחכמת הקבלה.
פמ"א: פנים מאירות.
פמ"ס: פנים מסבירות.
פ"נ: פקות נפש; פדיון נפש.
פס"ד: פסק דין.
פ"פ: פתחון פה.
פ"ק: פרק קמא; פורים קטן; פרט קטן.
פר"א: פרקי רבי אליעזר.
פרד"ס: פשט, רמז, דרוש, סוד.
פ"ש: פסח שני; פרשת שקלים; פדיון שבויים.
פתלחה"ק: פתיחה לחכמת הקבלה.

צ

צא"ל: צריך אתה לדעת.
צ"ג: ציון ג'; צום גדליה.
צ"ד: ציון ד' וכדומה.
צח"מ: צומח, חי, מדבר.
צ"ל: צריך לומר; צריך להיות.
צל"ד: צריך לדעת.
צל"ה: צריך להיות.
צל"ו: צריך לומר.
צ"ע: צריך עיון.
צעב"ח: צער בעלי חיים.
צע"ג: צריך עיון גדול.

ק

ק': קדוש; קמא; קהל; קטן.
ק"א: קונטרס אחרון.
קב"ה: קודשא בריך הוא.
קבו"ש: קודשא בריך הוא ושכינתיה.
קה"מ: קריאת המגילה.
קה"ק: קדש הקדשים.
קה"ת: קריאת התורה.
ק"ו: קל וחומר.
קו"ח: קל וחומר.
קוש"י: קוצו של יוד.
קכ"ד: קדם כל דבר.
קכ"ה: מספר.
קלי': קליפות.
קמ"ל: קא משמע לן.
ק"פ: קרבן פסח.
ק"ק: קדש קדשים; קדשים קלים.
קק"ק: קדוש, קדוש, קדוש.
ק"ש: קריאת שמע; קבלת שבת.

ר

ר"א: רבי אבא; רבי אלעזר.
ראב"ד: ראש בית דין.
ר"א בר"ש: רבי אלעזר בן רבי שמעון.
ר"ג: ריש גלותא.
רדל"א: רישא דלא אתידע.
ר"ה: ראש השנה.
רה"י: רשות היחיד.
רה"ק: רוח הקדש.
רה"ר: רשות הרבים.
ר"ח: ראש חדש.
רח"ו: ר' חיים וויטאל.
ר"י: רבי יהודה; רבי יצחק; רבי יוסי.
רי"ו: מספר.
ר"ל: רחמנא לשזיבן; רחמנא ליצלן; ראיה לדבר; רצוני לומר.
רל"ה: רצון להשפיע.
רל"ק: רצון לקבל.
ר"מ: ראש מתיבתא; רעיא מהימנא; ריש מתיבתא.
רמ"ח: מספר.
רמ"ק: ר' משה קורדובירו.
רע"מ: רעיא מהימנא.
רפ"ח: מספר.
רשב"י: ר' שמעון בר יוחאי.
רשר"ד: ראיה, שמיעה, ריח, דבור.
ר"ת: ראשי תיבות.
רת"ס: ראש, תוך, סוף.

ש

ש': שורה; שעה; שאלה.
ש"א: שמואל א'; שליש אמצעי; שליש א'.
ש"ב: שמואל ב'; שער ב'.
שב"ד: שליח בית דין

שב"ה: שמחת בית השואבה.
שביה"כ: שבירת הכלים.
שבי"כ: שבירת כלים.
ש"ג: שער ג'; שיעור ג'.
שג"ע: של גן עדן.
שה"ש: שיר השירים.
שוא"ת: שב ואל תעשה.
שוי"ט: שבת ויום טוב.
שו"ש: ששון ושמחה.
שו"ת: שאלות ותשובות.
ש"ח: שנאת חנם; שבת חנכה.
שי"ל: שיש לאמר; שיש לברך.
ש"כ: מספר.
שכ"א: שכל אחד.
שכאו"א: שכל אחד ואחד.
שמרשב"י: שער מאמרי רבי שמעון בן יוחאי.
ש"נ: שם נסמן.
שנגל"ה: שורש, נשמה, גוף, לבוש, היכל.
שנא"ן: ד' חיות המרכבה - שור, נשר, אריה, אדם.
שס"ה: מספר.
ש"ע: שליש עליון; שמנה עשרה; שמיני עצרת.
ש"צ: שליח צבור.
שצ"ם חנכ"ל: ז' כוכבי לכת - שבתאי, צדק, מאדים, חכמה, נוגה, כוכב, לבנה.
ש"ר: שלוש רגלים; שם רע.
ש"ש: שם שמים.
ש"ת: שמחת תורה; שליש תחתון.

ת

ת': תשובה.
ת"א: תרגום אונקלוס; תרוץ אחר.
תא"מ: תהלים, איוב, משלי.
ת"ד: תיקונא דיקנא.
תה"ד: תפלת הדרך.
תה"ר: תהומא רבא.
תה"ש: תפלת השחר.
ת"ו: תם ונשלם.
תובב"א: תבנה ותכונן במהרה בימינו אמן.
תובי"ל: תם ונשלם ברוך ה' לעולם.
תוה"ק: תורתנו הקדושה.
תו"מ: תפארת ומלכות; תרומות ומעשרות; תיכף ומיד.
ת"ו, שלב"ע: תם ונשלם שבח לאל בורא עולם.
תושב"כ: תורה שבכתב.
תשבע"פ: תורה שבעל פה.
ת"ז: תקוני זהר.
ת"ח: תא חזי; תקונים חדשים; תלמיד חכם.
תחה"מ: תחית המתים.
תכ"ב: תלת כלילן בתלת.
תכ"ד: תוך כדי דבור.
תכ"ה: תורת כהנים.
ת"ל: תלמוד לומר; תרי לישני (שתי נוסחאות; תהלה לאל.
ת"מ: תפלת מנחה.
תע"ס: תלמוד עשר ספירות.
ת"ע: תפלת ערבית.
תק"ז: תקוני זהר.
תרי"ג: מספר, תרי"ג מצות.
ת"ש: תפלת שחרית; תא שמע.
תש"י: תפילין של יד.
תש"ר: תפילין של ראש.
ת"ת: תפארת.

תוכן עניינים מפורט למאמרי "שמעתי"

א. אין עוד מלבדו 513
ב. ענין שכינתא בגלותא 515
ג. ענין ההשגה הרוחנית 515
ד. מהו סיבת הכבידות, שהאדם מרגיש בבטול לה', בעבודה 517
ה. לשמה זהו אתערותא דלעילא. ולמה צריכים אתערותא דלתתא? .. 518
ו. מהו סמכין בתורה, בעבודה 520
ז. מהו, ההרגל נעשה טבע שני, בעבודה 522
ח. מהו, הבדל בין צל דקדושה לצל דס"א 523
ט. מהו, ג' דברים שמרחיבים דעתו של אדם, בעבודה 524
י. מהו, ברח דודי, בעבודה 524
יא. ענין גילה ברעדה, בעבודה 525
יב. עיקר עבודת האדם 525
יג. ענין רמון 525
יד. מהו רוממות ה' 525
טו. מהו, אלהים אחרים, בעבודה 526
טז. מהו יום ה' וליל ה', בעבודה 527
יז. מהו, שהס"א נקראת, מלכותא בלי תגא 529
יח. מהו, במסתרים תבכה נפשי, בעבודה 530
יט. מהו, שהקב"ה שונא את הגופים, בעבודה 531
כ. ענין לשמה 536
כא. בזמן שהאדם מרגיש את עצמו בבחינת עליה 537
כב. תורה לשמה 538
כג. אוהבי ה' שנאו רע 538
כד. מיד רשעים יצילם 539
כה. דברים היוצאים מהלב 540
כו. העתיד של האדם תלוי וקשור בהודאה על העבר 540
כז. מהו רם ה' ושפל יראה 541
כח. לא אמות כי אחיה 541
כט. כשבאים הרהורים לאדם 541
ל. עיקר לרצות רק להשפיע 541
לא. כל שרות הבריות נוח הימנו 542
לב. גורל הוא סוד אתערותא דלעילא . 542
לג. ענין גורלות, שהיה ביום כפורים, ואצל המן 542
לד. יתרון ארץ בכל הוא 547
לה. בענין החיות דקדושה 550
לו. מהו, ג' בחינות גופים באדם 552
לז. מאמר לפורים 553
לח. יראת ה' הוא אוצרו 557
לט. ויתפרו עלה תאנה 559
מ. אמונת רבו, מהו השיעור 559
מא. מהו קטנות וגדלות באמונה 561
מב. מהו, שראשי תיבות אלול "אני לדודי ודודי לי" מרמזת בעבודה .. 561
מג. ענין אמת ואמונה 564
מד. מוחא ולבא 565
מה. ב' בחינות בתורה ובעבודה 565
מו. שליטת ישראל על הקליפות 566
מז. "במקום שאתה מוצא גדלותו" 566
מח. עיקר היסוד 567
מט. עיקר הוא מוחא וליבא 567
נ. שני מצבים 567
נא. אם פגע בך מנוול זה 569
נב. אין עבירה מכבה מצווה 569
נג. ענין הגבלה 570
נד. מטרת העבודה 571
נה. המן מן התורה מנין 572
נו. תורה נקרא יורה 572
נז. יקריב אותו לרצונו 573
נח. השמחה היא בחינת "מראה" ממעשים טובים 574
נט. ענין מטה ונחש 574
ס. מצוה הבאה בעבירה 576
סא. וסביביו נשערה מאד 577
סב. יורד ומסית עולה ומקטרג 578
סג. לוו עלי ואני פורע 578
סד. מתוך שלא לשמה באים לשמה ... 578
סה. ענין נגלה וענין נסתר 579
סו. עניין מתן תורה 580
סז. סור מרע 581

קה. ממזר תלמיד חכם קודם לכהן גדול עם הארץ 607		סח. קשר האדם אל הספירות 582	
קו. מהו הרמז של י"ב חלות בשבת . 608		סט. מקודם יהיה תיקון העולם 583	
קז. ענין ב' המלאכים 608		ע. ביד חזקה ובחימה שפוכה 584	
קח. אם תעזבני יום, יומים אעזבך .. 609		עא. במסתרים תבכה נפשי 584	
קט. ב' מיני בשר 610		עב. הבטחון הוא הלבוש להאור 585	
קי. שדה אשר ברכו ה' 611		עג. לאחר הצמצום 585	
קיא. הבל, קול ודיבור 612		עד. ענין עולם שנה נפש 586	
קיב. שלשת המלאכים 612		עה. יש בחינת עולם הבא, ויש בחינת עולם הזה 586	
קיג. תפילת שמונה עשרה 616		עו. על כל קרבנך תקריב מלח 586	
קיד. ענין תפילה 617		עז. נשמת אדם תלמדנו 587	
קטו. ענין דומם, צומח, חי, מדבר ... 617		עח. אורייתא וקב"ה וישראל חד הוא .. 587	
קטז. למאן דאמר מצוות אין צריכות כוונה 618		עט. אצילות ובי"ע 587	
		פ. ענין אחור באחור 587	
קיז. יגעת ולא מצאת אל תאמין 618		פא. ענין העלאת מ"ן 588	
קיח. להבין ענין ברכים 619		פב. התפילה שצריכין להתפלל תמיד .. 588	
קיט. ההוא תלמיד דלמד בחשאי 619		פג. ענין ו' ימינית, ו' שמאלית 589	
קכ. טעם על מנהג שלא אוכלין אגוזים בראש השנה 620		פד. מהו, ויגרש את האדם מגן עדן, מטעם שלא יקח מעץ החיים 590	
קכא. היתה כאניות סוחר 620		פה. מהו, פרי עץ הדר, בעבודה 590	
קכב. להבין מה שמבואר בשולחן ערוך . 621		פו. ויבן ערי מסכנות 591	
קכג. ענין גיטו וידו באין כאחד 621		פז. שבת שקלים 595	
קכד. שבת בראשית - ודשיתא אלפי שני 621		פח. כל העבודה הוא רק במקום שיש ב' דרכים 596	
קכה. המעניג את השבת 622		פט. בכדי להבין את דברי הזה"ק 596	
קכו. חכם בא לעיר 623		צ. בזהר בראשית 596	
קכז. להבין ההפרש בין עיקר ועצמות, ותוספת שפע 623		צא. ענין בני תמורה 597	
		צב. ביאור לבחינת מזלא 597	
קכח. מהאי גלגלתא נטיף טלא לז"א .. 624		צג. ענין סנפיר וקשקשת 597	
קכט. בחינת שכינתא בעפרא 625		צד. ושמרתם את נפשותיכם 598	
קל. טבריא דרז"ל, טובה ראיתך 625		צה. ענין הסרת הערלה 598	
קלא. הבא לטהר 626		צו. מהו פסולת גורן ויקב, בעבודה .. 599	
קלב. בזיעת אפיך תאכל לחם 626		צז. ענין פסולת גורן ויקב 600	
קלג. אורות דשבת 626		צח. רוחניות נקרא, מה שלא יתבטל לעולם 601	
קלד. יין המשכר 626			
קלה. נקי וצדיק אל תהרוג 626		צט. רשע או צדיק לא קאמר 602	
קלו. החילוק בין אגרות הראשונות לאגרות האחרונות 626		ק. תורה שבכתב ותורה שבעל פה ... 604	
		קא. ביאור להזמר "למנצח על שושנים" 605	
קלז. צלפחד היה מקושש עצים 626			
קלח. ענין יראה ופחד שבא לפעמים להאדם 627		קב. ולקחתם לכם פרי עץ הדר 605	
		קג. ידבנו לבו 606	
קלט. הבדל מששת ימי המעשה לשבת . 627		קד. והמחבל הוי יתיב 606	

תוכן עניינים מפורט למאמרי "שמעתי"

קמ.	מה אהבתי תורתך	627	קעח.	ענין ג' שותפין באדם 641
קמא.	ענין חג הפסח	627	קעט.	ענין ג' קוין 641
קמב.	עיקר המלחמה	627	קפ.	בזוהר, אמור 642
קמג.	אך טוב לישראל	628	קפא.	ענין כבוד 643
קמד.	ישנו עם אחד	628	קפב.	משה ושלמה 643
קמה.	מהו יהיב חכמתא לחכימין דוקא	628	קפג.	בחינת משיח 643
קמו.	פירוש על זהר	629	קפד.	ההבדל בין אמונה להשכל 643
קמז.	ענין העבודה של קבלה והשפעה	629	קפה.	עם הארץ, אימת שבת עליו 644
קמח.	בירור מר ומתוק, אמת ושקר ...	629	קפו.	עשה שבתך חול ואל תצטרך לבריות 644
קמט.	למה צריכים להמשיך בחינת חכמה	630	קפז.	להכריע ביגיעה 644
קנ.	זמרו לה', כי גאות עשה	630	קפח.	כל העבודה היא רק במקום שיש ב' דרכים 644
קנא.	וירא ישראל את מצרים	630	קפט.	המעשה פועל על המחשבה ... 644
קנב.	כי השוחד יעור עיני חכמים	631	קצ.	כל פעולה עושה רושם 645
קנג.	המחשבה היא תולדה מהרצון ...	631	קצא.	זמן הירידה 646
קנד.	אי אפשר להיות חלל ריק בעולם	631	קצב.	ענין הגורלות 646
קנה.	נקיות הגוף	632	קצג.	ענין כותל אחד משמש לשניהם . 647
קנו.	פן לקח מעץ החיים	632	קצד.	ענין ז' שלמים 647
קנז.	אני ישנה ולבי ער	632	קצה.	זכו אחישנה 648
קנח.	טעם שלא נוהגים לאכול אחד אצל השני בפסח	633	קצו.	אחיזה לחיצונים 649
קנט.	ויהי בימים הרבים ההם	633	קצז.	ספר סופר סיפור 649
קס.	טעם הצנע במצוות	634	קצח.	חירות 649
קסא.	ענין מתן תורה	634	קצט.	לכל איש ישראל 649
קסב.	ענין "חזק" שאומרים אחר סיום הסדרה	635	ר.	הזדככות המסך 649
קסג.	ענין מה שאמרו בעלי זהר	635	רא.	רוחניות וגשמיות 650
קסד.	יש הפרש בין גשמיות לרוחניות .	636	רב.	בזיעת אפיך תאכל לחם 650
קסה.	ביאור לבקשת אלישע מאליהו ...	636	רג.	גאות אדם תשפלנו 650
קסו.	ב' בחינות בהשגה	636	רד.	מטרת העבודה 651
קסז.	טעם למה שקורין שבת תשובה .	636	רה.	החכמה בחוץ תרונה 651
קסח.	מנהגי ישראל	637	רו.	ענין אמונה ותענוג 651
קסט.	ענין צדיק גמור	637	רז.	ענין קבלה להשפיע 652
קע.	לא יהיה בכיסך אבן גדולה ...	637	רח.	ענין היגיעה 652
קעא.	זהר, אמור	637	רט.	ג' תנאים בתפילה 652
קעב.	ענין המניעות והעיכובים	639	רי.	מום יפה שבך 652
קעג.	מדוע אומרים לחיים	639	ריא.	כעומד בפני מלך 653
קעד.	ענין הסתר	639	ריב.	חיבוק הימין וחיבוק השמאל ... 653
קעה.	והיה כי ירחק ממך	640	ריג.	ענין גילוי החסרון 653
קעו.	בעת שתיית י"ש אחר ההבדלה ..	640	ריד.	נודע בשערים 654
קעז.	ענין כפרות	640	רטו.	ענין אמונה 655
			רטז.	ימין ושמאל 655
			ריז.	אם אין אני לי מי לי 655

תתפב
882

תוכן עניינים מפורט למאמרי "שמעתי"

ריח.	אורייתא וקוב"ה חד הוא	655	רלג.	ענין מחילה סליחה וכפרה 660
ריט.	ענין מסירות נפש	656	רלד.	הפוסק מדברי תורה ועוסק בדברי שיחה 661
רכ.	ענין יסורים	656		
רכא.	רשות הכל	657	רלה.	מסתכל בספר מחדש 661
רכב.	ענין חלק שנותנין לס"א, כדי שיפרד מהקדושה	657	רלו.	כי חרפוני צוררי כל היום 661
רכג.	לבוש - שק - שקר - שקד	657	רלז.	כי לא יראני האדם וחי 661
רכד.	ענין יסוד נוקבא ויסוד דדכורא	658	רלח.	אשרי איש שלא ישכחך ובן אדם יתאמץ בך 662
רכה.	להגביה את עצמו	658	רלט.	החילוק בין מוחין דשבועות לדשבת במנחה 662
רכו.	תורה שבכתב ותורה שבעל פה	658		
רכז.	שכר מצוה, מצוה	658	רמ.	דרוש נא דורשיך בדרשם פניך .. 662
רכח.	דגים קודמים לבשר	658	רמא.	קראוהו בהיותו קרוב 663
רכט.	כיסי המן	659	רמב.	מהו הענין לשמח העניים ביום טוב, בעבודה 664
רל.	רם ה' ושפל יראה	659		
רלא.	טהרת הכלי קבלה	659	רמג.	ענין בדיקת הצל בליל הושענא רבה 664
רלב.	השלמת היגיעה	659		

תוכן עניינים מפורט לאגרות

אגרת א 665
אגרת ב 668
אגרת ג 672
אגרת ד 675
אגרת ה 685
אגרת ו 687
אגרת ז 688
אגרת ח 688
אגרת ט 692
אגרת י 695
אגרת יא 698
אגרת יב 699
אגרת יג 699
אגרת יד 700
אגרת טו 702
אגרת טז 702
אגרת יז 704
אגרת יח 706
אגרת יט 707
אגרת כ 710
אגרת כא 710
אגרת כב 711
אגרת כג 712
אגרת כד 713
אגרת כה 714
אגרת כו 716
אגרת כז 719
אגרת כח 721
אגרת כט 721
אגרת ל 724
אגרת לא 725
אגרת לב 727
אגרת לג 729
אגרת לד 729
אגרת לה 730
אגרת לו 732
אגרת לז 733
אגרת לח 733
אגרת לט 734
אגרת מ 737
אגרת מא 738
אגרת מב 738
אגרת מג 740
אגרת מד 741
אגרת מה 741
אגרת מו 746
אגרת מז 747
אגרת מח 748
אגרת מט 749
אגרת נ 749
אגרת נא 750
אגרת נב 752
אגרת נג 754
אגרת נד 755
אגרת נה 757
אגרת נו 761
אגרת נז 763
אגרת נח 764

טבלת מעבר מ"כתבי בעל הסולם" לספר "פרי חכם - אגרות"

כתבי בעל הסולם	פרי חכם - אגרות	כתבי בעל הסולם	פרי חכם - אגרות
אגרת א - שנת תר"פ (1920)	עמ' כ"ה	אגרת ל - שנת תרפ"ז (1927)	עמ' ק'
אגרת ב - שנת תר"פ (1920)	עמ' ל'	אגרת לא - שנת תרפ"ז (1927)	עמ' ק"א
אגרת ג - שנת תר"פ (1920)	עמ' ל"ז	אגרת לב - שנת תרפ"ז (1927)	עמ' ק"ו
אגרת ד - שנת תר"פ (1920)	עמ' קע"ה	אגרת לג - שנת תרפ"ז (1927)	עמ' ק"ח
אגרת ה - שנת תרפ"א (1921)	עמ' י"א	אגרת לד - שנת תרפ"ז (1927)	עמ' ק"ט
אגרת ו - שנת תרפ"א (1921)	עמ' י"ד	אגרת לה - שנת תרפ"ז (1927)	עמ' קי"א
אגרת ז - שנת תרפ"ב (1922)	עמ' י"ז	אגרת לו - שנת תרפ"ז (1927)	עמ' קט"ו
אגרת ח - שנת תרפ"ב (1922)	עמ' י"ח	אגרת לז - שנת תרפ"ז (1927)	עמ' קט"ז
אגרת ט - שנת תרפ"ג (1923)	עמ' מ"ג	אגרת לח - שנת תרפ"ז (1927)	עמ' קט"ז
אגרת י - שנת תרפ"ה (1925)	עמ' מ"ח	אגרת לט - שנת תרפ"ז (1927)	עמ' קי"ח
אגרת יא - שנת תרפ"ה (1925)	עמ' נ"ג	אגרת מ - שנת תרפ"ז (1927)	עמ' קכ"ג
אגרת יב - שנת תרפ"ה (1925)	עמ' נ"ה	אגרת מא - שנת תרפ"ז (1927)	עמ' קכ"ה
אגרת יג - שנת תרפ"ה (1925)	עמ' נ"ה	אגרת מב - שנת תרפ"ז (1927)	עמ' קכ"ו
אגרת יד - שנת תרפ"ה (1925)	עמ' נ"ז	אגרת מג - שנת תרפ"ז (1927)	עמ' קכ"ח
אגרת טו - שנת תרפ"ה (1925)	עמ' ס'	אגרת מד - שנת תרפ"ז (1927)	עמ' ק"ל
אגרת טז - שנת תרפ"ה (1925)	עמ' ס"א	אגרת מה - שנת תרפ"ז (1927)	עמ' קל"ב
אגרת יז - שנת תרפ"ו (1926)	עמ' ס"ג	אגרת מו - שנת תרפ"ז (1927)	עמ' ק"מ
אגרת יח - שנת תרפ"ו (1926)	עמ' ס"ז	אגרת מז - שנת תרפ"ז (1927)	עמ' קמ"ב
אגרת יט - שנת תרפ"ז (1927)	עמ' ע'	אגרת מח - שנת תרפ"ז (1927)	עמ' קמ"ד
אגרת כ - שנת תרפ"ז (1927)	עמ' ע"ד	אגרת מט - שנת תרפ"ז (1927)	עמ' קמ"ה
אגרת כא - שנת תרפ"ז (1927)	עמ' ע"ה	אגרת נ - שנת תרפ"ז (1927)	עמ' קמ"ו
אגרת כב - שנת תרפ"ז (1927)	עמ' ע"ו	אגרת נא - שנת תרפ"ז (1927)	עמ' קמ"ח
אגרת כג - שנת תרפ"ז (1927)	עמ' ע"ח	אגרת נב - שנת תרפ"ח (1928)	עמ' קנ"א
אגרת כד - שנת תרפ"ז (1927)	עמ' פ'	אגרת נג - שנת תרפ"ח (1928)	עמ' קנ"ה
אגרת כה - שנת תרפ"ז (1927)	עמ' פ"א	אגרת נד - שנת תרפ"ח (1928)	עמ' קנ"ו
אגרת כו - שנת תרפ"ז (1927)	עמ' פ"ה	אגרת נה - שנת תרצ"ב (1932)	עמ' קס"ב
אגרת כז - שנת תרפ"ז (1927)	עמ' צ"א	אגרת נו - שנת תרצ"ב (1932)	עמ' ק"ע
אגרת כח - שנת תרפ"ז (1927)	עמ' צ"ד	אגרת נז - שנת תרצ"ה (1935)	עמ' ק"ס
אגרת כט - שנת תרפ"ז (1927)	עמ' צ"ה	אגרת נח - שנת תש"א (1941)	עמ' קע"ב

טבלת מעבר מספר "פרי חכם - אגרות" ל"כתבי בעל הסולם"

פרי חכם - אגרות	כתבי בעל הסולם	פרי חכם - אגרות	כתבי בעל הסולם
עמ' י"א	אגרת ה - שנת תרפ"א (1921)	עמ' צ"ה	אגרת כט - שנת תרפ"ז (1927)
עמ' י"ד	אגרת ו - שנת תרפ"א (1921)	עמ' ק"א	אגרת לא - שנת תרפ"ז (1927)
עמ' י"ז	אגרת ז - שנת תרפ"ב (1922)	עמ' ק"ח	אגרת לג - שנת תרפ"ז (1927)
עמ' י"ח	אגרת ח - שנת תרפ"ב (1922)	עמ' ק"ט	אגרת לד - שנת תרפ"ז (1927)
עמ' כ"ה	אגרת א - שנת תר"פ (1920)	עמ' קי"א	אגרת לה - שנת תרפ"ז (1927)
עמ' ל'	אגרת ב - שנת תר"פ (1920)	עמ' קט"ו	אגרת לו - שנת תרפ"ז (1927)
עמ' ל"ז	אגרת ג - שנת תר"פ (1920)	עמ' קט"ז	אגרת לז - שנת תרפ"ז (1927)
עמ' מ"ג	אגרת ט - שנת תרפ"ג (1923)	עמ' קט"ז	אגרת לח - שנת תרפ"ז (1927)
עמ' מ"ח	אגרת י - שנת תרפ"ה (1925)	עמ' קי"ח	אגרת לט - שנת תרפ"ז (1927)
עמ' נ"ג	אגרת יא - שנת תרפ"ה (1925)	עמ' קכ"ג	אגרת מ - שנת תרפ"ז (1927)
עמ' נ"ה	אגרת יב - שנת תרפ"ה (1925)	עמ' קכ"ה	אגרת מא - שנת תרפ"ז (1927)
עמ' נ"ה	אגרת יג - שנת תרפ"ה (1925)	עמ' קכ"ו	אגרת מב - שנת תרפ"ז (1927)
עמ' נ"ז	אגרת יד - שנת תרפ"ה (1925)	עמ' קכ"ח	אגרת מג - שנת תרפ"ז (1927)
עמ' ס'	אגרת טו - שנת תרפ"ה (1925)	עמ' ק"ל	אגרת מד - שנת תרפ"ז (1927)
עמ' ס"א	אגרת טז - שנת תרפ"ה (1925)	עמ' קל"ב	אגרת מה - שנת תרפ"ז (1927)
עמ' ס"ג	אגרת יז - שנת תרפ"ו (1926)	עמ' ק"מ	אגרת מו - שנת תרפ"ז (1927)
עמ' ס"ז	אגרת יח - שנת תרפ"ו (1926)	עמ' קמ"ב	אגרת מז - שנת תרפ"ז (1927)
עמ' ע'	אגרת יט - שנת תרפ"ז (1927)	עמ' קמ"ד	אגרת מח - שנת תרפ"ז (1927)
עמ' ע"ד	אגרת כ - שנת תרפ"ז (1927)	עמ' קמ"ה	אגרת מט - שנת תרפ"ז (1927)
עמ' ע"ה	אגרת כא - שנת תרפ"ז (1927)	עמ' קמ"ו	אגרת נ - שנת תרפ"ז (1927)
עמ' ע"ו	אגרת כב - שנת תרפ"ז (1927)	עמ' קמ"ח	אגרת נא - שנת תרפ"ז (1927)
עמ' ע"ח	אגרת כג - שנת תרפ"ז (1927)	עמ' קנ"א	אגרת נב - שנת תרפ"ח (1928)
עמ' פ'	אגרת כד - שנת תרפ"ז (1927)	עמ' קנ"ה	אגרת נג - שנת תרפ"ח (1928)
עמ' פ"א	אגרת כה - שנת תרפ"ז (1927)	עמ' קנ"ו	אגרת נד - שנת תרפ"ח (1928)
עמ' פ"ה	אגרת כו - שנת תרפ"ז (1927)	עמ' ק"ס	אגרת נז - שנת תרצ"ה (1935)
עמ' צ"א	אגרת כז - שנת תרפ"ז (1927)	עמ' קס"ב	אגרת נה - שנת תרצ"ב (1932)
עמ' צ"ד	אגרת כח - שנת תרפ"ז (1927)	עמ' ק"ע	אגרת נו - שנת תרצ"ב (1932)
עמ' ק'	אגרת ל - שנת תרפ"ז (1927)	עמ' קע"ב	אגרת נח - שנת תש"א (1941)
עמ' ק"ו	אגרת לב - שנת תרפ"ז (1927)	עמ' קע"ה	אגרת ד - שנת תר"פ (1920)

www.ingramcontent.com/pod-product-compliance
Lightning Source LLC
Chambersburg PA
CBHW051706160426
43209CB00004B/1039
* 9 7 8 1 7 7 2 2 8 0 5 9 3 *